D1697218

100 Jahre Caritasverband für die Stadt Düsseldorf

Ulrich Brzosa

100 Jahre Caritasverband für die Stadt Düsseldorf

Die Geschichte der Caritas in Düsseldorf
von den Anfängen bis zur Gegenwart

Herausgegeben vom
Caritasverband für die Stadt Düsseldorf e.V.

2004

BÖHLAU VERLAG KÖLN WEIMAR WIEN

Der Druck des Buches »100 Jahre Caritasverband für die Stadt Düsseldorf. Die Geschichte der Caritas in Düsseldorf von den Anfängen bis zur Gegenwart« wurde durch großzügige Unterstützung der nachfolgend genannten Spender ermöglicht:

Bank im Bistum Essen, Essen; C & A Mode, Düsseldorf; Diözesan-Caritasverband für das Erzbistum Köln e.V., Köln; Erzbistum Köln, Köln; Henkel KGaA, Düsseldorf; Landeshauptstadt Düsseldorf; Stadtsparkasse Düsseldorf, Düsseldorf; Verein zur Förderung von Wissenschaft und Forschung im Bereich der Freien Wohlfahrtspflege e.V., Köln; Dipl.-Ing. Heinz Zinke, Architekt, Düsseldorf und weitere Spender.

Der Caritasverband für die Stadt Düsseldorf bedankt sich bei den Freunden und Förderern, dem Vorstand, der Geschäftsführung und den Mitarbeiterinnen und Mitarbeitern für die Förderung des Projektes, die Geschichte des Verbandes und der Caritasarbeit in Düsseldorf zu verschriftlichen.

Wir danken Frau Sabine Wiebelhaus, Graphik Designerin, für die kostenlose Gestaltung des Schutzumschlages und des Buchdeckels.

Herausgeber:
Caritasverband für die Stadt Düsseldorf e.V.
Hubertusstraße 5, 40219 Düsseldorf
Tel. (0211) 16 0 20, Fax (0211) 16 02-1140
www.caritas-duesseldorf.de

Januar 2004/3-2004/Auflage: 1.500

Bibliografische Information der Deutschen Bibliothek
Die Deutsche Bibliothek verzeichnet diese Publikation
in der Deutschen Nationalbibliografie;
detaillierte bibliografische Daten sind im Internet über
http://dnb.ddb.de abrufbar.

© 2004 by Böhlau Verlag GmbH & Cie, Köln
Ursulaplatz 1, D-50668 Köln
Tel. (0221) 91 39 00, Fax (0221) 91 39 011
info@boehlau.de
Alle Rechte vorbehalten

Druck und Bindung: Druckerei Runge GmbH, Cloppenburg
Gedruckt auf chlor- und säurefreiem Papier
Printed in Germany
ISBN 3-412-15103-3

Für die Menschen in unserer Stadt Düsseldorf

Das Buch ist den vielen Menschen gewidmet, die in Düsseldorf Beratung, Pflege, Hilfe und Unterstützung des Caritasverbandes zu einem selbstständigen und verantwortlichen Leben nach ihren Vorstellungen und Möglichkeiten angenommen oder sich als ehrenamtliche oder hauptamtliche Mitarbeiterin oder Mitarbeiter der Aufgabe gestellt haben, den Dienst mit und an dem Nächsten als Dienst von Christen zu gestalten.

Inhalt

Dank XIII
Vorwort XV
Einleitung 1

I. Caritas - Selbstverständnis und Geschichte 3

   1. Caritas als kirchliche Grundfunktion 3
   2. Caritas im Altertum und Mittelalter 4

II. Kirche und Armenpflege in Düsseldorf vom Mittelalter bis zur Säkularisation 11

   1. Gründung und Erweiterung der Stadt 11
   2. Kirche und Stift 13
   3. Gasthaus 17
   4. Düsseldorf als Wallfahrtsort 18
   5. Armenpflege, Armenhäuser, Kreuzbrüderkloster 21
   6. Bruderschaftswesen 24
   7. Ordenswesen 29

      Kapuziner 29 - Jesuiten 30 - Jesuitenkongregationen 33 - Cölestinerinnen 35 - Karmelitessen 37 - Cellitinnen 38 - Franziskaner 40 - Ursulinen 43 - Zisterzienser 44 - Ordenscaritas 45

   8. Kommunale und kirchliche Armenfürsorge (Verordnungen, Stiftungen, Gasthäuser, Arbeitshäuser) 46
   9. Reorganisation und Niedergang des Gasthauses 54
  10. Max - Joseph - Krankenhaus 58
  11. Allgemeine Armenversorgungsanstalt 63

III. Kirche und Armenpflege in Düsseldorf von der Säkularisation bis zur Revolution 1848/49 73

   1. Säkularisation des Stiftes und der Klöster 74
   2. Kommunale Armenfürsorge 79
   3. Pauperismus 81
   4. Kranken-, Sterbe- und Unterstützungskassen 83
   5. Adreß - Comptoir für die arbeitende Klasse 85

6. Caritaskreise 92

Verein für Pflege, Erziehung und Unterricht armer katholischer Waisen 93 - Komitee für die Gründung eines katholischen Knabenwaisenhauses 95 - Frauenverein für Pempelfort und Flingern 97 - Katholischer Liebesverein 98 - Ursula-Gesellschaft 99 - Rheinisch-Westfälische Gefängnis-Gesellschaft 100 - Asyl für weibliche Strafgefangene 103

7. Armenhaus Kaiserswerth 105

IV. Kirche und Armenpflege in Düsseldorf von der Revolution 1848/49 bis zum Kulturkampf 109

1. Düsseldorf während der Revolution 1848/49 109
2. Piusverein 112
3. Katholischer Knabenwaisenverein 115
4. Vinzenzverein 117
5. Elisabethverein 121
6. Katholischer Gesellenverein 124
7. Ordensniederlassungen 126

Karmelitessen und Cellitinnen 127 - Töchter vom Heiligen Kreuz (Altestadt, Rath, Friedrichstadt, Flingern) 135 - Schwestern vom Armen Kinde Jesu Derendorf und Altstadt 144 - Franziskaner 146 - Franziskanerinnen (Kaiserswerth, Neustadt, Pempelfort, Altstadt) 151 - Schwestern vom Armen Kinde Jesu Oberbilk 165 - Arme Dienstmägde Jesu Christi (Bilk, Oberbilk, Hamm, Karlstadt, Benrath) 167 - Klarissen 172 - Dominikaner 174 - Karthäuser 178

V. Kirche und Armenpflege in Düsseldorf vom Kulturkampf bis zum Ersten Weltkrieg 181

1. Kulturkampf 181
2. Das Ende des Kulturkampfes 185
3. Ordensniederlassungen 185

Töchter vom Heiligen Kreuz Unter-Rath 186 - Arme Dienstmägde Jesu Christi (Oberbilk I, Friedrichstadt, Bilk, Benrath, Pempelfort, Oberbilk II) 189 - Friedensgesetze 195 - Franziskaner 196 - Dominikaner 197 - Klarissen 197 - Karthäuser 198 - Ursulinen 198 - Franziskanerinnen (Altstadt, Flingern I, Flingern II, Stoffeln, Pempelfort, Kaiserswerth, Hamm) 199 - Barmherzige Brüder 209 - Schwestern vom Armen Kinde Jesu (Derendorf, Oberbilk) 210 - Dominikanerinnen (Josephshaus, Krankenhaus, Jugendhaus, Antoniushaus) 214 - Töchter vom Heiligen Kreuz (Pempelfort, Flingern, Altestadt, Rath) 221 - Vinzentinerinnen (Derendorf, Oberbilk, Himmelgeist) 231 - Cellitinnen (Oberbilk, Pempelfort) 238 - Augustinerinnen (Gerresheim, Eller) 241 - Christenserinnen (Neustadt, Holthausen) 243

VI. Sonderarbeitsbereiche 247

Inhalt

1. Kleinkinderfürsorge 247

Kleinkinderbewahranstalten (St. Lambertus, St. Maximilian, St. Andreas, Neustadt) 248 - Katholische Kleinkinderbewahranstalten in Düsseldorf und Umgebung 1914 253 - Fröbelsche Kindergärten 254

2. Gefangenenfürsorge 255
3. Wanderfürsorge 260
4. Trinkerfürsorge 267
5. Mädchenschutz 276
6. Frauen- und Kinderfürsorge 287
7. Männerfürsorge 295
8. Behindertenfürsorge 301
9. Katholische Wohlfahrtseinrichtungen und -vereine in der Stadt Düsseldorf und den Bürgermeistereien Benrath und Kaiserswerth 1914 307

VII. Die Gründung des Deutschen Caritasverbandes und des Diözesancaritasverbandes für das Erzbistum Köln 313

1. Max Brandts 313
2. Gründung des Deutschen Caritasverbandes 322
3. Gründung des Diözesancaritasverbandes Köln 329

VIII. Der Caritasverband für die Stadt Düsseldorf von der Gründung bis zum Ersten Weltkrieg 339

1. Zentralauskunftsstelle der Privatwohltätigkeit 339
2. Gründung des Caritasverbandes für die Stadt Düsseldorf 343
3. Rekonstituierung des Caritasverbandes für die Stadt Düsseldorf 352
4. Handbuch für die Katholiken Düsseldorfs 356
5. Stagnation des Caritasverbandes für die Stadt Düsseldorf 361

IX. Caritasarbeit in Düsseldorf während des Ersten Weltkrieges 369

Kriegsbegeisterung 369 - Kriegsfolgen für Deutschland 372 - Kriegsfolgen für Düsseldorf 373 - Zentralstelle für freiwillige Liebestätigkeit 374 - Kinderhorte 379 - Lazarette 381 - Kriegsfürsorge des Theresienhospitals 385 - Kinderfürsorge 386 - Caritassekretariat Bilker Straße 388 - Sekretariatsbericht 1916 399 - Erholungsfürsorge 400 - Johannes Becker 401 - Kriegsfürsorge des Caritasverbandes 403 - Caritassekretariat Neustraße 409

X. Caritasarbeit in Düsseldorf während der Weimarer Republik 413

Ausgangsbedingungen 413 - Raphaelsverein 423 - Erholungsfürsorge 427 - Jugendfürsorge 428 - Jugendhaus Borbeck 429 - Caritassonntag 430 - Katholikentag 1920 432 - Städtisches Wohlfahrtsamt 434 - Pfarrcaritas 445 - Inflation 451 - Kirchensteuer 457 -

Katholischer Gemeindeverband 459 - Verbandszentrale Tonhallenstraße 465 - Verbandsbericht 1924 I 469 - Johannesstift 474 - Liebfrauenstift 475 - Aloysianum 476 - Dritter Orden 477 - Josefsheim 479 - Verbandsbericht 1924 II 480 - Verbandsorgan 483 - Romfahrt 1925 485 - Gesolei 486 - Krankenhausfürsorge 494 - Gerichtshilfe 496 - St. Regis Komitee 497 - Nichtsesshaftenhilfe 497 - Raphaelsheim und Jugendschutzheim Schützenstraße I 499 - Caritassekretariat 1926 (Beratungsstelle in Aufwertungsangelegenheiten, Ferienwanderungen, Rotala) 502 - Ein Tag im Düsseldorfer Caritassekretariat 503 - Statutenrevision 505 - Sterbeversicherung 510 - Kindertageseinrichtung Ulmenstraße 513 - Caritasverband und Stadtverwaltung 514 - Opfertag 515 - Arbeiterwohlfahrt 517 - Kommunale Gebietsreform 518 - Cäcilienstift 519 - Herz-Jesu Kloster Holthausen 520 - Herz-Jesu Kloster Urdenbach 521 - Marienkrankenhaus 521 - Rheinhaus "Maria Viktoria" 523 - Randgemeinden 524 - Heinefeld 526 - Wirtschaftskrise 534 - Jugendschutzheim Schützenstraße II 537 - Caritasheim 539 - Erziehungsberatungsstelle 542 - Verein für arme unbescholtene Wöchnerinnen 544 - Caritassekretariat 1930 544 - Hilfskrankenhaus Blücherstraße 545 - Lehrlingsheim Kruppstraße 546 - Liebfrauenkrankenhaus 549 - Martinuskrankenhaus 551 - Agnesheim 552 - Winterhilfe 554

XI. Caritasarbeit in Düsseldorf während des Nationalsozialismus 563

Katholische Wohlfahrtseinrichtungen in der Stadt Düsseldorf 1933 563 - NSV 570 - Caritas 579 - Winterhilfswerk 585 - Caritas-Volkstag 598 - Reichsgemeinschaft der freien Wohlfahrtspflege 602 - Hilfswerk "Mutter und Kind" 604 - Wandernde Kirche 608 - Caritasmitgliedschaft und Pfarrcaritas 610 - Übergriffe 615 - Braune Schwestern 618 - Marienheim Pempelfort 624 - Schwiertz-Stephan-Stiftung 624 - Marienheim Benrath 625 - NSV-Kindergärten 625 - Caritasschwestern 628 - Stellenvermittlung 629 - Bahnhofsdienste 630 - Sammlungen 633 - Sterilisation 636 - Euthanasie 638 - Entkonfessionalisierung der Wohlfahrtsarbeit 642 - Beratungs- und Hilfsstelle für Alkoholkranke 649 - Statutenrevision 651 - Widerstand 652 - Referendum vom 19. August 1934 652 - Elisabeth Heidkamp 657 - Der Zweite Weltkrieg 664 - Düsseldorf im Zweiten Weltkrieg 666 - Der Caritasverband für die Stadt Düsseldorf im Zweiten Weltkrieg 669

XII. Caritasarbeit in Düsseldorf während der Trümmerjahre 685

Kriegsende 685 - Lebensmittelversorgung 687 - Auslandshilfe 690 - Schwarzmarkt 694 - Hungerdemonstration 695 - Wohnraumbeschaffung 695 - Kriegsgefangenenhilfe 698 - Suchdienst 699 - Vertriebenen- und Flüchtlingshilfe 700 - Düsseldorfer Nothilfe 701 - Nothilfe St. Martin 702 - Notgemeinschaft christlicher Frauen und Mütter 703 - Verbandsbericht 1945/1946 704 - Schloss Heltorf 706 - Berufsnot der Jugendlichen 707 - Luisenheim 709 - Lehrlingsheim Eller 709 - Heimstatt 710 - Don Bosco Haus 712 - Caritasheim 713 - Caritaswerkheim 715 - Seminar für Wohlfahrts- und Jugendpfleger 716 - Caritassekretariat 717 - Familienfürsorge 718 - Doppelspitze: Die Caritasdirektoren Johannes Becker und Werner Drehsen 719

XIII. Der Caritasverband für die Stadt Düsseldorf in der zweiten Hälfte des 20. Jahrhunderts und der Gegenwart 723

1. Kinder-, Jugend- und Familienhilfe 723

Erziehungs- und Familienberatungsstelle 723 - Heilpädagogisches Kinderheim und Heilpädagogisches Seminar Haus Elbroich 729 - Geriatrisches Krankenhaus Elbroich 734 - Familienpflege 735 - Sozialpädagogische Familienhilfe 737 - Freiwillige Hauswirtschafts- und Familienhilfe 741

2. Seniorenhilfe 741

2.1. Stationäre Altenhilfe 741

Herz-Jesu-Heim und Horten-Stiftung 742 - Johannes-Höver-Haus 747 - Kloster der Barmherzigen Brüder 750 - Hildegardisheim 750 - Vinzentinum 758 - Klara-Gase-Haus 761 - Josefshaus 765 - Hubertusstift 771 - Martinstift 776 - Betreutes Wohnen 778 - Betreutes Wohnen Stockum 781 - Betreutes Wohnen am Hubertusstift 783 - Betreutes Wohnen im Marienstift 784

2.2. Offene Altenhilfe 785

Seniorenklubs 785 - Altentagesstätten 789 - Begegnungsstätte Hassels 790 - Begegnungsstätte Flingern 792 - Begegnungsstätte Unterrath 794 - Begegnungsstätte Wersten 796 - Begegnungsstätte Oberbilk 798 - Mahlzeitendienst 798 - Netzwerke 800 - ExtraNett 803 - Netzwerk Bilk 806 - Netzwerk Oberbilk 808 - Netzwerk Flingern/Düsseltal 808 - Netzwerk Stockum 809 - Koordination der Netzwerke 810

3. Erholungshilfe 810

Kindererholung 810 - Familienerholung 814 - Altenerholung 816 - Beratungsstelle "Ferien und Erholung" 818

4. Ostzonenhilfe 819

Exkurs: DDR - Kontakte 822

5. Gefährdetenhilfe 825

6. Migrationshilfe 834

Displaced Persons 834 - Gastarbeiter 838 - Migrationsdienst 841 - Flüchtlingsdienst 856 - Gemeinwesen- und Schulsozialarbeit 858 - Aussiedlerberatung 860 - Caritas Zentrum International 868 - Raphaelswerk 869

7. Wohnungslosenhilfe 872

Wohngemeinschaft Harkortstraße 877 - Don Bosco Haus 877 - Fachberatung 880 - Wohnen nach § 72 BSHG, Streetwork für Wohnungslose und Wohnungslosenhilfe 882

8. Pflegehilfe 883

Pflegestation Ost 887 - Pflegestation Mitte 889 - Pflegestation Süd und Benrath 890 - Pflegestation Nord 891 - Pflegestation Heerdt 893 - Neuorganisation der Pflegestationen 893 - Pflegestation und Pfarrei 894 - Pflegekurse 895 - Mobiler Sozialer Hilfsdienst und Pflegehilfsmitteldepot 896 - Individuelle Schwerstbehinderten Betreuung, Pflegenotruf, Kinderkrankenpflege und Pflegeberatung 896 - Pflegeversicherung 898

9. Gemeindecaritas 900

9.1. Arbeitslosenhilfe 913

Arbeitslosentreffpunkte 914 - Arbeit für Alle-St. Bruno e.V. 917 - Arbeitslosenzentren 918 - Kleiderkammer St. Konrad 919 - Nähstube St. Josef 922 - Arbeit statt Sozialhilfe 924 - Erprobungs- und Motivationsprojekt für arbeitslose Sozialhilfeempfänger 926 - Möbelbörse 926 - Fahrrad- und Rollstuhlwerkstatt 927 - Mobiler Sozialer Hilfsdienst/Sozialer Betreuungsdienst 929 - Mobile Gruppe, GzA-Mobile Gruppe, Arbeit direkt, HaGaCa, Grünmobil 931 - Einrichtung Qualifizierung und Beschäftigung 933 - Beratungsstelle für Arbeitslose 935 - Jugend in Arbeit 937 - TABIM/MOrie 937 - V.I.A.-Vermittlung in Arbeit 939 - Jugendagentur 941 - Beschäftigungsbegleitende Hilfen 942 - Freiwilliges Soziales Trainingsjahr 942 - Beratungsagentur für Klein- und Mittelständische Unternehmen 943 - Projekt B 72 945

9.2 Das Ehrenamt 945

Kommern-Seminare 948 - Arbeitsgemeinschaft der Düsseldorfer Caritasgruppen 951 - Fachberatung Freiwilligenarbeit Gemeinden 952 - Caritassonntag, Ideenbörsen, Fachmessen 953 - Freiwilligenagentur Impuls 954 - Junge Leute in Aktion-JuLiA 960

10. Sinti - Projekt und Sinti Kindertagesstätte 964
11. Psychosoziale HIV/AIDS - Beratung 982
12. Sozialberatung für Hörbehinderte und Gehörlose 986
13. Kindertageseinrichtung Volmerswerth 994
14. Caritas Hospiz und Fachberatung Hospiz 998
14.1. Hospizvereine 1012
15. Schülerhilfe 1013

Schule von acht bis eins 1013 - Schulsozialarbeit 1020 - Rather Modell 1029 - Offene Ganztagsgrundschule 1034

16. Geschäftsstellen 1037
17. Statuten 1046
18. Die Caritas für Düsseldorf im 21. Jahrhundert - Schlaglichter 1051

Satzungsreform 1051 - Organisationsentwicklung 1053 - Risikopotentialanalyse 1055 - Interne Revision 1058 - Interne Fortbildung 1058 - Geistliche Begleitung 1060 - Zeitung 1060 - Internet und Intranet 1062 - Hartzreform 1063 - Sparmaßnahmen Land - Bistum 1064 - Caritas Hausgemeinschaften Lörick 1065 - Betreutes Wohnen Hamm 1067 - Sanierung CAZ St. Hildegard und CAZ St. Martin 1067

Anhang 1071
Quellen- und Literaturverzeichnis 1077
Abbildungsnachweis 1205
Index 1211

Dank

Viele Menschen hatten und haben das Vertrauen, dass ihnen die verbandliche Caritasarbeit eine Hilfe für die Bewältigung ihrer Lebenssituation sein kann. Dieses Vertrauen in unseren Verband und zu den vielen ehrenamtlichen und hauptamtlichen Mitarbeiterinnen und Mitarbeitern hat diese Form der Caritasarbeit in 100 Jahren wachsen lassen, geformt und geprägt. Dafür herzlichen Dank !

Die Katholische Kirche im Erzbistum Köln fördert die verbandliche Caritasarbeit in finanzieller und ideeller Weise. Der Caritasverband für die Stadt Düsseldorf kann mit dieser Hilfestellung sich selbst für seinen Dienst in Düsseldorf qualifizieren und entwickeln: Dies ist eine wesentliche Basis für die Fähigkeit, den Sorgen und Nöten von Menschen in unserer Stadt zu begegnen. Danke für die verantwortliche "Rückenstärkung" dem Erzbistum Köln und dem Diözesan - Caritasverband für das Erzbistum Köln.

Die Landeshauptstadt Düsseldorf hat durch Verträge und Zuwendungen eine solide Grundlage für die Finanzierung vieler sozialer Aufgaben unseres Verbandes gelegt. Zusammen mit erheblichen Eigenmitteln kann die Caritasarbeit ihre volle Leistungskraft entfalten. Die Akzeptanz des Wohlfahrtsverbandes der Katholischen Kirche in Düsseldorf macht es uns möglich, die anwaltschaftliche Aufgabe der Caritas als Partner für benachteiligte Bürger wahrzunehmen und in politische Mitwirkung umzumünzen. Danke für diesen kooperativen Weg.

Die Kompetenzen und Chancen der verbandlichen Caritasarbeit in unserer Stadt liegen in den Händen der Menschen, die ehrenamtlich oder hauptamtlich die Dienste, Beratungsstellen, ambulante oder stationäre Pflegeeinrichtungen, Treffpunkte oder soziale Aufgaben ausführen, unterstützen oder leiten. Die ehrenamtlichen Gremien wie Vorstand und Caritasrat und die alle drei Jahre tagende Vertreterversammlung sind verantwortlich für die Vereinsarbeit, die durch die Geschäftsstelle durchgeführt wird. Alle Mitwirkenden haben an ihrer Stelle, an ihrem Platz die Verpflichtung, dafür zu sorgen, dass der Caritasverband so ist, wie er ist: Begleiter für Menschen zu sein, die zu ihrer Lebensgestaltung den Nächsten erwarten und seine Hilfe annehmen. Danke - und unterstützen Sie uns bitte weiter, wo Sie können.

"Danke" sagen wir allen Institutionen, den Spendern und Stiftungen, die unsere Arbeit in den 100 Jahren wirtschaftlich gefördert haben, uns mit Erbschaften für soziale Aufgaben bedacht haben und uns weiter fördern.

Zuletzt sei der Dank an die Mitwirkenden dieses Buches deutlich erwähnt. Durch die gezielte finanzielle Förderung, die auf den ersten Seiten nachgelesen werden kann, ist es uns gelungen, eine wissenschaftliche Dokumentation der mehr als 100 Jahre währenden Caritasarbeit und Verbandsarbeit herauszugeben. Viele kirchliche und kommunale Archive sowie das Archiv des Landes Nordrhein Westfalen haben den beauftragten Kirchenhistoriker bei der Abfassung seines Buches die nötigen Informationen freundlicherweise bereitgestellt. Herrn Dr. Brzosa gilt unser besonderer Dank. Er hat durch seine intensive Kenntnis des katholischen Düsseldorfs diese wissenschaftliche Arbeit so erfolgreich abfassen können. Eine caritasinterne Arbeitsgruppe unter Leitung von Frau

Claudia Fischer hat für die Herausgabe alles Nötige geleistet. Ihnen danken die Unterzeichner sehr herzlich für die mehr als dreijährige Arbeit.

Wir hoffen, dass das Buch "100 Jahre Caritasverband für die Stadt Düsseldorf" Ihnen Wissenswertes und Interessantes aus der Caritasarbeit erschließt.

Caritasverband für die Stadt Düsseldorf
am 24. Oktober 2003

Msgr. Rolf Steinhäuser	Johannes Böcker
Stadtdechant	Caritasdirektor

Vorwort

100 Jahre Caritasverband für die Stadt Düsseldorf

Der Caritasverband für die Stadt Düsseldorf ist 100 Jahre alt. Von der Idee der engeren Verbindung und Verbindlichkeit der vielen Caritasaktivitäten in Düsseldorf angetrieben, haben engagierte Frauen und Männer am 25. April 1904 die jahrzehntelange Arbeit der wohlverstandenen Fürsorge für Kinder, Frauen und Männer in die Vereinsgründung münden lassen.

Wie heute war die Verbindung von sozialer Aufgabe für den Nächsten und Gemeindecaritas, von christlich - sozialer Verantwortung und Nachfolge Jesu, von sozialpolitischer Mitgestaltung und individueller Zuwendung sowie die Wirkung im sozialen Lebensraum Maßstab des Einsatzes der Caritas in der Katholischen Kirche. Frauen und Männer der ersten Stunden waren von der Überzeugung geprägt, der verbandliche Zusammenschluss ist die positive Perspektive aus einzelnen Engagements wirkungsvolle und kirchlich geprägte Caritasverbandsarbeit "zu machen", auch, um in der Öffentlichkeit den Stimmen der Armen Gehör zu verschaffen und die entsprechenden Hilfeformen der damaligen Zeit zu vermitteln.

"Es ist fast eine Verpflichtung", so der Verfasser des Vorwortes, 2000 bei der Einführung des Mitarbeiters Dr. Ulrich Brzosa, der als Kirchenhistoriker diese wissenschaftliche Arbeit zu verfassen hatte, "die fast 150 jährige Geschichte des sozial - caritativen Katholizismus zu dokumentieren". Bis heute ist das Bild der Stadt Düsseldorf als soziale Stadt und bürgerschaftlich gestaltetes Gemeinwesen durch die christlich motivierte gesellschaftspolitische Mitwirkung und aktive soziale Arbeit der Caritas geprägt. Das Buch, das sich auf viele Quellen stützt, zeugt von dieser sozialen Verantwortung und wirkt gleichzeitig als Nachschlagewerk für viele soziale Einrichtungen in der Stadt am Rhein.

Die drei Grundfunktionen der Katholischen Kirche: - Verkündigung, Feier der Eucharistie und Caritasdienst - stehen eng beieinander und sind voneinander nicht zu trennen. Wenn die Caritas in diesem Buch die Blicke und Berichte auf die "Säule" des Dienstes für den Menschen, für den Nächsten richtet, dann ist dies dem Jubiläum des Caritasverbandes für die Stadt Düsseldorf geschuldet, nicht der Absicht, der Caritas einen besonderen Stellenwert zu schenken.

Die Herausforderung einer Dokumentation liegt neben der Darstellung von Fakten in der Aufzeichnung von Fragen, die den "Jubilar" bewegen und seinen Standort erläutert. Aus diesem Grund sind einige aktuelle Themen zur Caritasverbandsarbeit im Folgenden angesprochen:

- Grundlagen der Caritasarbeit
- Caritasverbandsarbeit und Caritas der Gemeinde
- Caritas und Wirtschaftlichkeit

- Vertrauen in die Caritas - Qualität ist Marke

Grundlagen der Caritasarbeit

Not sehen und handeln: Dies ist der Auftrag der Caritas. Das Maß für ihr Tun sind der Anspruch des Evangeliums und der Glaube der Kirche. Auf dieser Grundlage hat die Caritas eine übergreifende Beschreibung ihrer Aufgaben und Ziele, Herausforderungen und Perspektiven in einem Leitbild formuliert. Dazu gehört unverrückbar, dass der Dienst der Caritas wie der Gottesdienst und die Verkündigung der Lebensvollzug der Kirche ist. Zu Grunde liegt die Gewissheit: "Jeder Mensch ist einmalig als Person und besitzt eine ihm von Gott gegebene unverfügbare Würde". Menschliches Leben ist deshalb von Anfang bis Ende, von der Empfängnis bis zum Tod zu achten, zu schützen und, falls nötig, helfend zu begleiten.

Caritasarbeit ist Hilfe für alle Menschen, die unsere Hilfe und Begleitung annehmen. Einen besonderen Auftrag hat die Caritas für benachteiligte und schwache Menschen und will sie vor Ausnutzung, vor Ausgrenzung und zugleich vor Vereinnahmung schützen. Die Caritas bezieht dabei die Lebenswelt der Hilfesuchenden und ihre persönliche Situation mit ein und unterstützt sie, Veränderungen selbst in die Hand zu nehmen. Darüber hinaus macht die Caritas Not in ihrem Ausmaß und ihren Folgen für die Betroffenen in der Gesellschaft öffentlich.

Die verbandliche Caritas ist Gesprächspartnerin für die Vertreter von Sozial- und Gesellschaftspolitik und übernimmt selbst Verantwortung dafür, bedarfsgerechte soziale Infrastrukturen zu schaffen. Das von der katholischen Soziallehre entwickelte Subsidiaritätsprinzip soll dabei das Gleichgewicht zwischen den Bedürfnissen des einzelnen und der Gesellschaft halten: Der Stärkere übernimmt erst dann die Verantwortung, wenn der Schwächere an die Grenzen seiner Möglichkeiten stößt.

Unter dem Eindruck der durch die industrielle Revolution ausgelösten sozialen Nöte gründete Lorenz Werthmann 1897 den "Charitasverband für das katholische Deutschland". Bald folgten Orts-, Kreis- und Diözesancaritasverbände, darunter 1904 der Caritasverband für die Stadt Düsseldorf. In der Präambel seiner Satzung heißt es: "Caritas ist Ausdruck des Lebens der Kirche, in der Gott durch die Menschen sein Werk verwirklicht. In der Caritas, 'wird der Glaube in der Liebe wirksam' (Galater 5,6). Somit ist Caritas Pflicht des gesamten Gottesvolkes und jedes einzelnen Christen. Ihrer vollen Erfüllung in der Diözese gilt die besondere Sorge des Bischofs. Daher steht dieser Caritasverband unter dem Schutz und der Aufsicht des Erzbischofs von Köln. In ihm sind alle innerhalb seines Bereiches der Caritas dienenden Einrichtungen und Dienste institutionell zusammengefasst; er vertritt die Caritas seines Bereiches nach außen. Der Verband ist Mitgliederverband und für seinen Bereich Verband der freien Wohlfahrtspflege. Er ist Repräsentant der sozial - caritativen Arbeit der katholischen Kirche in der Stadt Düsseldorf".

Der Caritasverband für die Stadt Düsseldorf hat engagierte und qualifizierte Mitarbeiterinnen und Mitarbeiter, die bereit sind, den Auftrag unseres Verbandes mit zu tragen. Fachlichkeit, Einsatzwille, Flexibilität und Loyalität sind Grundlage für die professionellen Dienste, die mit ehrenamtlichen Mitarbeitern eng zusammen arbeiten. Der Caritasverband beteiligt seine Mitarbeiterinnen, Mitarbeiter und Ehrenamtlichen an Entscheidungen, sorgt für die Delegation von Kompetenzen sowie Verantwortung und stärkt eigenverantwortliches Handeln[1].

Caritasverbandsarbeit und Caritas der Gemeinde

Im caritativen Tun der Kirchengemeinden setzen sich Gläubige dafür ein, was ihnen als Christen aufgetragen ist. Es ist der ureigenste Auftrag einer christlichen Gemeinde caritativ zu wirken. Dies geschieht in Form von eher informeller Hilfe, etwa in der Nachbarschaft oder in organisierter Form in Caritasgruppen, Elisabeth- und Vinzenzvereinen oder anderen gemeindlichen Gruppen und Vereinen. In jüngerer Zeit spielen Netzwerke, die auch einen gemeindlichen Bezug haben können, eine immer größere Rolle.

Der Pfarrer trägt als Leiter einer Gemeinde oder eines Seelsorgebereichs die Verantwortung dafür, dass Caritas als eine Grundfunktion der Gemeinde verwirklicht wird. Unterstützt wird er in dieser Verantwortung von anderen pastoralen Diensten und dem Pfarrgemeinderat. Häufig sind Diakone, Gemeinde- oder Pastoralreferentinnen und -referenten die vom Pfarrer beauftragten Ansprechpartner für die Caritas der Gemeinde.

Von bleibender Bedeutung ist die Ebene der Kirchen und Pfarrgemeinden. Diakonische und caritative Arbeit darf sich nicht auf die professionalisierten Dienste beschränken und darf nicht einfach an sie abgegeben werden. Es ist wichtig, dass Kirchengemeinden, kirchliche Gruppen und Verbände mit Hilfe von Aktivitäten, wie z. B. Besuchsdienstkreisen und Treffpunkten, "die sie umgebende soziale Wirklichkeit wahrnehmen und den sozial Benachteiligten in ihrer eigenen Mitte Aufmerksamkeit schenken"[2].

Neben der Caritas der Gemeinde ist es aber in der Welt von heute geradezu unerlässlich, dass die "Caritas" in gemeinschaftlichen, institutionalisierten und "organisierten" Formen bezeugt wird[3]. Der "Geist der Liebe" fordert die wohlüberlegte und organisierte Durchführung einer sozialen und caritativen Aktion wie sie in den Caritasverbänden zum Ausdruck kommt[4].

Die professionellen Dienste der verbandlichen Caritas unterstützen die Gemeinden in ihrem Tun und leiten ihren Auftrag von dem der Gemeinde ab. So wird der Caritasverband für die Stadt Düsseldorf e.V. auch aufgrund seiner Satzung und Struktur durch die Gemeinden getragen. Neben der fachlich professionellen Unterstützung der Caritasarbeit in den Gemeinden bietet die Caritas für Düsseldorf eigene Einrichtungen und Dienste an, welche die der gemeindlichen Caritas subsidiär ergänzen. Eine enge Zusammenarbeit mit anderen katholischen Verbänden und Institutionen ist dabei selbstverständlich.

---

[1] Vgl. auch Orientierungspunkte für die Caritasarbeit. Eine Arbeitshilfe für die Dienste, Einrichtungen und Beratungsstellen der Caritas für Düsseldorf, Stand Dezember 2001.
[2] Für eine Zukunft in Solidarität und Gerechtigkeit, Kirchenamt der evangelischen Kirche in Deutschland, Sekretariat der Deutschen Bischofskonferenz.
[3] Vgl. "Apostolicam actuositatem" (Dekret über das Laienapostolat) 15 f, 18 f, 23.
[4] Vgl. "Gaudium et spes" (Die pastorale Konstitution über die Kirche in der Welt von heute), 88.

Die Situation unserer Gesellschaft ist so unübersichtlich geworden, die Not der Menschen hat so viele Gesichter angenommen, dass ihr nur in entschlossenem und vertrauensvollem Zusammenwirken der professionellen Caritasmitarbeiter, der gemeindlichen und örtlichen Initiativen, der Pfarrgemeinderäte mit ihren Sachausschüssen und der Gemeindeseelsorge zu begegnen ist. Dieses in vielerlei Hinsicht notwendige Zusammenwirken soll durch die "Fachberatung Gemeindecaritas" gefördert werden. Dabei gilt es, die vorhandenen Kräfte zu nutzen und an einem sozialen Netz mitzubauen, das Lebensqualität bringt und viele unterschiedliche Situationen trägt und hält.

Der Begriff "Gemeindecaritas" meint in diesem Zusammenhang "die beruflich geleistete Förderung der Caritas in den Pfarrgemeinden durch einen Fachbereich im örtlichen Caritasverband"[5]. Die caritativen Aktivitäten von Kirchengemeinden bezeichnet man dagegen als "Caritas der Gemeinde". Der Caritasverband übernimmt dabei die Strukturförderung des Verbindungsnetzes zwischen Kirchengemeinden, Ehrenamtlichen und Freiwilligen sowie Lebensräumen und Fachdiensten. In diesem Sinne arbeitet auch die Freiwilligenagentur der Caritas für Düsseldorf.

Grundvoraussetzung für ein gelingendes Miteinander von Caritasverband und Kirchengemeinden ist eine gute Kommunikationsstruktur und die Bereitschaft, sich auf einen Prozess der gemeinsamen Orientierung auf die verschiedenen Formen der Caritasarbeit einzulassen. Denn in der Tat ist es eine bleibende Aufgabe, zu einer wirklichen Begegnung und Verschränkung von Caritas der Gemeinde und verbandlicher Caritas zu kommen.

Caritas und Wirtschaftlichkeit

Caritas und Wirtschaftlichkeit - diese beiden Begriffe stehen häufig als Synonyme für etwas Gegensätzliches, das sich auszuschließen scheint. Auch innerhalb der Caritas für Düsseldorf ist diese Spannung ein Thema, das sich im Alltag des caritativen Handelns immer wieder stellt. Das Thema ist nicht neu: Schon im Oktober 1922 ! wurde es in der Diözesan - Synode des Erzbistums Köln beraten. Damals in dem "Gewand" der Diskussion um die Berechtigung öffentlicher Wohlfahrtspflege und die "volle Freiheit für die kirchliche Karitas". Weiter hieß es dort "Die Selbständigkeit (der Caritas) und der konfessionelle Charakter in ihren Organisationen, Anstalten und Einrichtungen sind auch überall da zu wahren, wo sie mit Rücksicht auf ihre Bedeutung für die Allgemeinheit und auf die außerordentlichen Nöte der Zeit auf die Unterstützungen aus öffentlichen Mitteln angewiesen scheint". Eine wichtige Frage war offensichtlich damals schon, wie die finanzielle Sicherheit der Caritas gefestigt werden kann. Denn erst die finanzielle Sicherheit ermöglicht, dass die Caritas als katholischer Wohlfahrtsverband zuverlässig dort helfen kann, wo Hilfe notwendig ist.

Die Risiko- und Chancenanalyse, die unser Verband mit der Beratung von Ernst & Young in dem ersten Halbjahr 2002 durchgeführt hat, legte offen, dass Führungskräfte, Geschäftsführung und Vorstand in gleicher Weise die derzeitigen finanziellen und so-

---

[5] Puschmann: Gemeindecaritas: Alibi für Kirchlichkeit oder Grundprinzip sozialer Arbeit im Caritasverband ?, in: Caritas 98 (1997), 4, 161 - 167, 161.

zial - mentalen Bedingungen des wirtschaftlichen Handelns in unseren sozialen Aufgaben sehr deutlich wahrnehmen. Die Caritas für Düsseldorf steht dafür, diese Bedingungen in Einklang mit dem Anspruch einer menschlich und christlich begründeten Arbeit für den Nächsten zu bringen. Sicher auch deswegen wurde dem Thema "Caritas und Wirtschaftlichkeit" in der Risiko- und Chancenanalyse die höchsten Chancen, aber auch die höchsten Risiken für die Zukunft der Caritas für Düsseldorf zugeordnet. Dieses "Thema" ist nicht zuletzt durch die faktische Aufgabe der Vorrangstellung der freien Wohlfahrtspflege bei den sozialen Aufgaben schärfer und konturenreicher geworden.

Einige Beispiele für dieses "Spannungsfeld" lassen sich sofort aufzählen: Ganzheitliche Pflege für Menschen im Rahmen des Pflegesatzes, Hilfe zur Selbsthilfe in vielen Beratungssituationen, Einhalten der Vermittlungsquoten in den Maßnahmen zur beruflichen Integration, zeitumfängliche Begleitung von Sterbenden und Trauernden. Auch die internen Dienstleistungen stehen im Dienst der Caritas unter den Anforderungen wirtschaftlichen Handelns: zielgenaue Abrechnung für erbrachte Leistungen, Einhaltung der Arbeitsvertragsrichtlinien des Deutschen Caritasverbandes, zeitgenaue Durchführung der Gehaltsabrechnung, ordnungsgemäße Finanzbuchhaltung und termingesteuertes Berichtswesen, ergebnisorientiertes Qualitätsmanagement, aufgaben- und mitarbeiterbezogene Fortbildung, sichere Haustechnik, professionelle EDV - Technik ... .

Die Caritas ist die Seite der Zugewandtheit zum Menschen, zum Ratsuchenden, zum Patienten, zur Mitarbeiterin, zum Mitarbeiter. Die Wirtschaftlichkeit hat dienende Funktion, sie sichert, dass über 1.000 Mitarbeiterinnen und Mitarbeiter für Düsseldorfer Bürger ausdauernd und verlässlich ihre Qualifikation für die helfende Begegnung einsetzen können. Die Wirtschaftlichkeit ist der Garant dafür, dass die christliche Grundlage der Caritasarbeit in beruflichen Zusammenhängen ihr Gesicht entfalten kann. Zu denken, dass sich die konkrete Caritasarbeit für den Nächsten aus den Konflikten, die wirtschaftliche Entscheidungen mit sich bringen, heraushalten kann, ist ebenso kurzsichtig, wie ein Bestreben, die Wirtschaftlichkeit zum Maß aller Dinge zu machen.

Zuerst die Caritas, die Wirtschaftlichkeit hat ihr zu dienen. Es ist wichtig, diese Spannung in überzeugenden Personen und in ihren Taten zu erkennen, wie beispielsweise bei dem hl. St. Martin, der hl. Elisabeth, dem hl. Vincenz von Paul und die im Oktober 2003 selig gesprochene Mutter Teresa.

Kardinal Lehmann, Vorsitzender der Deutschen Bischofskonferenz hat die Caritas zwischen Barmherzigkeit und Ökonomie während seiner Ansprache zum Amtswechsel des Präsidenten des Deutschen Caritasverbandes am 8. Juli 2003 in Freiburg im Breisgau so verortet: "Zunächst ist es wichtig zu betonen, dass der Grundgedanke richtig verstandener Ökonomie, nämlich ein langfristig verantwortlicher und möglichst effizienter Umgang mit knappen Ressourcen, in keinem Widerspruch zu den Grundprinzipien der Katholischen Soziallehre steht. Spätestens mit der Päpstlichen Enzyklika 'Centesimus annus', die im Jahr 1991 zur hundertsten Wiederkehr der Veröffentlichung der ersten Sozialenzyklika 'Rerum novarum' durch Papst Leo XIII. erschien, hat zwischen dem vorherrschenden ökonomischen System, der Sozialen Marktwirtschaft, und der Katholischen Soziallehre eine Annäherung, sogar eine Art von Versöhnung stattgefunden, und zwar in folgender Hinsicht: Es wird ein Wirtschaftssystem bejaht, das die grundlegende und positive Rolle des Marktes, des Privateigentums, der freien Kreativität des Menschen im Bereich der Wirtschaft anerkennt. Der freie Markt - so die Enzyklika - 'scheint das wirksamste Instrument für die Anlage der Ressourcen und für die beste Befriedigung der Bedürfnisse zu sein'. Im Zusammenhang mit der Betonung des Subsidiaritätsprinzips stellt die Enzyklika in Richtung eines überdehnten Wohlfahrtsstaates jedoch auch fest: 'Der Wohlfahrtsstaat, der direkt eingreift und die Gesellschaft ihrer Verantwortung beraubt, löst den Verlust an menschlicher Energie und das Aufblähen der Staatsapparate aus, die mehr von bürokratischer Logik als von dem Bemühen beherrscht ist, den Empfängern zu dienen: Hand in Hand geht damit eine ungeheure Ausgabensteigerung'. Eine Konsequenz dieser Annäherung von Sozialer Marktwirtschaft und Katholischer Soziallehre besteht darin, dass auch der Wettbewerbsgedanke christlich geprägten Strukturprinzipien im Bereich des Gemeinwesens nicht grundsätzlich fremd ist. Es ist vielmehr Aufgabe der Katholischen Kirche und auch der kirchlichen Sozialarbeit, das Instrument des Wettbewerbs zum Wohl der Menschen zu nutzen. Der spezifische Charakter kirchlicher Einrichtungen kann etwa im Sinne eines besonderen Qualitätsmerkmals als ein Wettbewerbsvorteil eingebracht werden. Ich denke dabei zum Beispiel an den hohen Bekanntheitsgrad der Caritas, an die jahrzehntelange Erfahrung in der Entwicklung, Konzeptionierung und Bereitstellung sozialer Dienste sowie an den Anteil der ehrenamtlich Engagierten in diesen Diensten. Hinzuweisen ist auch auf den hohen Stellenwert einer ganzheitlichen Betrachtungsweise in Gesundheitseinrichtungen der Caritas. In unseren Krankenhäusern ist ein Patient kein bloßer 'Fall', der eine Art Reparatur eines bestimmten Defektes vornehmen lässt, sondern ein Mensch in seiner ganzen Befindlichkeit, körperlich, seelisch und geistig. Die Angebote der Krankenseelsorge sind in unseren Häusern wesentliche Elemente beim Heilungsprozess eines Patienten, oder das Vertrauen auf ein Leben nach dem Tod, auf ein Geborgensein in Gott, das uns in Zeiten großen Leids nicht verzweifeln lässt. Gerade im Zusammenhang mit den Grenzerfahrungen menschlichen Lebens, im Übergang vom Leben zum Tod, ist für viele die Aussicht auf eine neue Existenz im Reich Gottes ein Trost, ob als Betroffener, als Ehepartner, Familienangehöriger bzw. Nahestehender oder auch als Arzt bzw. Pflegekraft. Es hat also durchaus Sinn, auch im caritativen Bereich, wo es um extrem Bedürftige geht, bis zu einem bestimmten Grad marktwirtschaftliche Gesichtspunkte und Elemente des Wettbewerbs stärker einzuführen. Dies würde aber scheitern, wenn das caritative Handeln sich nur nach diesem Denken ausrichten würde. Die Caritas muss immer auch auf diejenigen schauen, die auf dem Markt nicht mithalten können. Die Märkte dürfen sich nicht selbst überlassen werden, sonst bedrohen Konzentration und Missbrauch von wirtschaftlicher Macht die Freiheit des Einzelnen. Außerdem liefert der Markt weder öffentliche Güter noch Einkommen für diejenigen, die nicht am Erwerbsleben teilnehmen können. Hier setzt die Verantwortung des Staates ein, der die Rahmenbedingungen für die Gestaltung des Wettbewerbs regeln muss. Die Prinzipien von Personalität, Solidarität und Subsidiarität sind dafür nach meiner Ansicht die besten sozialethischen Orientierungen. Ich verweise in diesem Zusammenhang auf die Stellungnahme der deutschen Bischöfe vom Mai 2003 mit dem Titel 'Solidarität braucht Eigenverantwortung. Orientierungen für ein zukunftsfähiges Gesundheitssystem', die kürzlich erschienen ist".

Soweit der Auszug aus der Rede des Vorsitzenden des Deutschen Bischofskonferenz. Die dargestellte Spannung, die überzeugend von Kardinal Lehmann vertieft und theologisch bewertet ist, bleibt in der täglichen Caritasarbeit die Herausforderung von Auftrag und Praxis vor Ort.

Vorwort   XXI

Vertrauen in die Caritas - Qualität ist Marke

Unter dem Titel Perspektive Deutschland lief von Oktober bis Dezember 2002 eine Online Umfrage mit überwältigender Resonanz von 356.000 Teilnehmern. Die McKinsey & Company Studie hat die Meinung über den Reformbedarf von 22 Institutionen erforscht, darunter auch den der Katholischen Kirche und der Caritas.

Die Studie weist auf, dass 65 % der Bevölkerung 2001 in den großen Kirchen konfessionsgebunden waren, sich 39 % als religiös bezeichnen. Von der Bevölkerung wird den Kirchen mit 50 % als Hauptverbesserungsvorschlag stärkeres soziales Engagement vorgeschlagen.

25 % der Gesamtbevölkerung bescheinigen der Caritas eine gute Aufgabenerfüllung (15 % bei den Gewerkschaften), lediglich 13 % sehen einen dringenden Verbesserungsbedarf. "Je mehr Kontakt die Bürger ... haben, desto positiver fällt die Bewertung aus: 59 % ... derer, die mehr als sechsmal in den letzten drei Jahren Kontakt mit der Caritas hatten, bewerten die Aufgabenerfüllung ... als gut"[6]. Der positive Erfahrungswert bei den Menschen deutet auf die Qualität der Arbeit der Mitarbeiterinnen und Mitarbeiter, aber auch auf den Leistungswillen der Führungskräfte hin, die die Strukturqualität der Caritasdienste prägen und steuern.

Die Qualität im Sinne der verbandlichen Caritas, die hier im Kontext des Einleitungstextes für dieses Buch steht, stellt die Güte und die Beziehungsdimension einer Dienstleistung in den Vordergrund. "Sie ist grundsätzlich mehrdimensional. Qualität hat fachliche, ökonomische und ökologische, aber auch biblisch - theologische und ethische Dimensionen. Von der Qualität sozialer Arbeit zu sprechen, meint zuerst das Gelingen von Beziehung und Begegnung zwischen Menschen. Gelingende Beziehungen und Begegnungen setzen wechselseitige Anerkennung voraus. Auf dieser Grundlage kann das notwendige Vertrauen wachsen. In der Freiheit und Verantwortung von Mitarbeiterinnen und Mitarbeitern und Hilfe Suchenden hat Qualitätsentwicklung ihre Basis. In diesem Sinn ist für die Caritas Qualität nicht etwas Zusätzliches, sondern in jedem Augenblick der professionellen Beziehungsgestaltung gegenwärtig und erfahrbar. Die Qualitätsorientierung der Caritas ist gleichzeitig Ausdruck einer christlich - ethischen Selbstverpflichtung, die sich in der Entwicklung und Überprüfung von geeigneten Methoden, Strukturen und Prozessen zeigt. ... Qualitätsmanagement hat das Ziel, eine optimale fachliche und caritasgemäße Qualität in den Dimensionen Struktur, Prozess und Ergebnis der Dienstleistungen zu erzielen"[7].

In dem Mitarbeiter bezogenen und qualifiziert begleiteten Organsiationsentwicklungsprozess des Caritasverbandes im Jahr 2003 wurde die Qualitätssicherung als Führungsaufgabe und Führungsverantwortung definiert. Die schon abgeschlossenen Qualitätsmanagementprozesse in der Pflege durch ein Pflegequalitätshandbuch, in der Erziehungsberatung und im Migrationsdienst durch extern begleitete Pojektprozesse

---

[6] Kurzbericht Perspektive Deutschland, McKinsey, stern, T-online und ZDF, 2003, S. 32, www.Perspektive-Deutschland.de.
[7] Aus den Eckpunkten für Qualität in der verbandlichen Caritas, Seite 3, Hrsg. Deutscher Caritasverband, Freiburg, 2003.

sind erfolgreiche Wege für die bessere Begleitung der sich uns anvertrauenden Menschen. Die Ergebnisse McKinsey Studie unterstützen diesen Arbeitsansatz.

In der Einleitung ist der Versuch unternommen drängende Fragen der verbandlichen Caritasarbeit vorzustellen. Die Erörterung ist fortzusetzen und wird Einfluss auf die Zukunftsgestaltung des Caritasverbandes für die Stadt Düsseldorf haben. Wir von der verbandlichen Caritas freuen uns auf diese Entwicklungsarbeit.

Lassen Sie sich jetzt über die wissenschaftlich erarbeiteten Entwicklungen der Caritasarbeit bis 2004 informieren.

Johannes Böcker
Caritasdirektor

Einleitung

"Das nützlichste Buch, das heute geschrieben werden sollte, und das nützlichste Denkmal, das errichtet werden sollte, wäre in unseren Augen eine 'Geschichte der katholischen Caritas'"[1]. Dem Diktum des französischen Historikers Léon Gautier (1832 - 1897) folgend, möchte der Caritasverband für die Stadt Düsseldorf mit vorliegender Studie ein bescheidenes Kapitel zu einer "Geschichte der katholischen Caritas" beisteuern. Das Vorhaben erscheint um so dringlicher als für die Stadt Düsseldorf wie für andere Städte und Regionen die Feststellung gilt, dass die Bemühungen um die Erforschung der Caritasgeschichte bis heute in einem Missverhältnis stehen zu dem, was in der Praxis an wertvoller und vielfältiger Caritasarbeit geleistet wurde und wird.

Caritas als Hilfe für Not leidende Menschen ist für die Christen am Niederrhein seit den Missionsreisen des Hl. Suitbertus eine unverzichtbare Signatur ihres Glaubens. Zwar versuchten die Bergischen Landesherrn mit Beginn der Aufklärung die Kirche aus dem Bereich der Armenpflege zu verdrängen und diese als öffentliche Aufgabe zu reklamieren, doch erwiesen sich die seit dem ausgehenden 18. Jahrhundert in Düsseldorf geschaffenen Anstalten kommunaler Armenpflege als ungeeignet, der mit der Frühindustrialisierung einhergehenden Verarmung weiter Bevölkerungskreise abzuhelfen. Die Erkenntnis, dass den neuen sozialen Problemen nicht mit überkommenen Mitteln der Armenhilfe, sondern nur sozialpolitisch beizukommen war, setzte sich erst nach der Mitte des 19. Jahrhunderts durch.

Der Einsicht war als Ausfluss der Katholischen Bewegung eine Wiederentdeckung der Armenhilfe vorausgegangen, die auch in Düsseldorf von verschiedenen Initiativkreisen, später von Vereinen und den zur Abhilfe der neuen Not zahlreich in die Stadt gerufenen Ordensgemeinschaften getragen wurde. Spektakuläres Ergebnis ihrer Anstrengungen war der flächendeckende Aufbau eines Anstaltswesens für Arme, Kranke und Waisen, das sich seit dem Ende des Jahrhunderts mit voranschreitender Professionalisierung immer mehr differenzierte und 1904 mit Gründung des "Katholischen Charitasverbandes Düsseldorf" einen gemeinsamen Verbund erhielt.

Das sich immer mehr verdichtende Netz katholischer Anstalten und Hilfeinitiativen bildete in Düsseldorf bis in die Gründungsjahre der Bundesrepublik Deutschland hinein einen wesentlichen Teil des Katholischen Milieus, doch beschränkte sich diese Liebestätigkeit bei aller kirchlichen Rückbindung keineswegs auf katholische Glaubensgenossen. So waren zum Beispiel verschiedene Ordensgemeinschaften in kommunalen oder privaten, also nicht kirchlich getragenen Anstalten tätig. Auch als die caritative Arbeit mit dem Ausbau der Sozialversicherungssysteme immer stärker von diesen finanziert und abhängig wurde, war das spezifisch christliche Ethos der Caritas nicht in Frage gestellt und die Rückbindung caritativer Hilfe an die Düsseldorfer Pfarreien und Seelsorgekräfte unbestritten.

---

[1] Léon Gautier, Études et tableaux historiques, Lille 1890, 25.

Seit den späten sechziger Jahren setzten mit der Erosion des Katholischen Milieus indes folgenschwere Veränderungen ein. Im Kontext des allgemeinen Wirtschaftswachstums und der staatlichen Förderung kirchlicher Sozialarbeit kam es zu einem gewaltigen Anwachsen caritativer Einrichtungen und dem Aufbau eines Netzes bisher nicht gekannter Beratungsstellen, verbunden mit einer Vervielfachung der Mitarbeiter bei gleichzeitiger Auflösung kirchlicher Bindungen. Nicht zu übersehen war, dass viele althergebrachte Caritasdienste sich zu modernen, kirchlich getragenen Dienstleistungen wandelten, die mehr oder minder an die katholische Lebenswelt in der Stadt Düsseldorf rückgekoppelt waren. Vor dem Hintergrund dieses Befundes überrascht es wenig, dass der Caritasverband für die Stadt Düsseldorf seit einigen Jahren intensiv über das Proprium der Caritas und ein Leitbild für die gegenwärtige und zukünftige Arbeit diskutiert.

Caritas ist mehr als ein Verband. Diesem Gemeinplatz folgend, ist die vorliegende Untersuchung bestrebt, für die Stadt Düsseldorf nicht nur die Grundzüge, sondern vor allem die vielen Träger caritativen Wirkens, ihre Motive und nicht selten erheblichen Schwierigkeiten bei der Realisierung ihrer Arbeit namhaft zu machen. Nach einem zügigen Gang durch das Mittelalter und die Frühe Neuzeit wird im zweiten Hauptabschnitt die Aufsehen erregende Entwicklung von der Säkularisation bis zum Ersten Weltkrieg geschildert, die von einem imposanten Neuaufbruch mit Gründung zahlreicher Ordensniederlassungen, Erziehungsanstalten und Vereinen getragen wurde und durch Konstituierung des "Katholischen Charitasverbandes Düsseldorf" letztlich in eine Gesamtorganisation caritativen Wirkens mündete. In den weiteren Kapiteln kommt die Geschichte des Caritasverbandes für die Stadt Düsseldorf und zahlreicher Düsseldorfer katholischer Wohlfahrtseinrichtungen während der Weimarer Republik und des Dritten Reiches sowie der Wiederaufbau und die Neuentfaltung nach dem Zweiten Weltkrieg zur Darstellung. Das letzte Hauptstück zeichnet die Entwicklung der Dienste und Einrichtungen des Caritasverbandes für die Stadt Düsseldorf von den Jahren des Wirtschaftswunders bis zur Gegenwart unter besonderer Berücksichtigung der sozialen, politischen und kirchlichen Umbrüche nach.

Der Unterzeichende dankt allen bei der Arbeit behilflichen Personen und Einrichtungen, insbesondere den Kolleginnen und Kollegen der Caritas für Düsseldorf und des Deutschen Caritasverbandes in Freiburg, für vielfache Hilfe. Er betrachtet die Studie als einen Beitrag zum 100jährigen Bestehen des Caritasverbandes für die Stadt Düsseldorf. Von ganzem Herzen dankt er Claudia Fischer und Monika Wichtmann für ihre Geduld beim Erstellen der Druckvorlage und die Hilfe beim Lesen der Korrekturen.

Düsseldorf, im Frühjahr 2004   Ulrich Brzosa

I. Caritas - Selbstverständnis und Geschichte

1. Caritas als kirchliche Grundfunktion

Caritas ist die lateinische Übersetzung des neutestamentlichen Begriffs Agape. Diese bezeichnet die "Liebe" als Wesen und Handeln Gottes und die Gottes- und Nächstenliebe als Lebensvollzug des Christen, der Gemeinde und Kirche[1]. Ist die Liebe das Leitmotiv des Heilshandelns Gottes, dann liegt es auf der Hand, dass Liebe (Caritas) als Handlungsnorm die "geheilten" Söhne und Töchter Gottes antreibt und bewegt. Zu Recht wird daher das Einheitsgebot der Gottes- und Nächstenliebe (Mk 12,29-31, Mt 22,37-39, Lk 10,27) als Grundgesetz der christlichen Caritas genannt[2]. Problematisch bleibt die genaue Verhältnisbestimmung beider Elemente. Wer das Hauptgewicht auf die Gottesliebe legt, nimmt der Nächstenliebe das Eigengewicht und macht sie zum bloßen Testfall für die dominierende Gottesliebe. Wer Gott dagegen nur im Mitmenschen liebt, läuft Gefahr, die transzendente Dimension der Religion aus dem Auge zu verlieren[3]. Die richtige Verhältnisbestimmung muss folglich dialektisch ansetzen: Der Mensch liebt Gott im Mitmenschen, weil er den Mitmenschen immer auch in Gott liebt. Niemals darf die Gottes- und Nächstenliebe aus diesem Spannungsverhältnis herausfallen[4].

Das in der Schwebe gehaltene Einheits-(Doppel-)Gebot hat, wie das biblische Umfeld des Spruchs zeigt, gleichwohl eine deutliche Akzentverschiebung in Richtung Mitmenschlichkeit erhalten[5]. Das Lukasevangelium etwa hebt in seiner Gesamttendenz auf den Sozialdienst als Ausdruck christlichen Glaubens ab. Oft zitiertes Beispiel für die Humanisierung der Gottesliebe ist das Gleichnis vom barmherzigen Samariter, das dem Doppelgebot angehängt ist (Lk 10,25-37). Die Repräsentanten von Religion und Kult lassen in ihrer frommen Verblendung den Überfallenen am Straßenrand liegen, während der "heidnische" Samariter mit klarem Blick erkennt, was der Augenblick fordert. Er hilft dem Notleidenden an Ort und Stelle und sorgt darüber hinaus auch noch für seine Zukunft. Seine praktizierte "Barmherzigkeit" ist Ausdruck jener Gottesliebe, die Jesus in dem Einheitsgebot einfordert. Die Frage nach der Identität des Nächsten, die der Gesetzeslehrer in dem "Prüfungsgespräch" an Jesus richtet, spiegelt Überlegungen in Kreisen der Lukasgemeinde wider. Die Antwort ist erhellend: Nicht Allerweltsliebe kann des

---

[1] Vgl. Viktor Warnach, Agape. Die Liebe als Grundmotiv der neutestamentlichen Theologie, Düsseldorf 1951, 181 ff.
[2] Vgl. Karl Rahner, Über die Einheit von Nächsten- und Gottesliebe, in: Geist und Leben. Zeitschrift für Aszese und Mystik 38 (1965), 168 - 185, 168 ff.
[3] Vgl. Andrea Tafferner, Gottes- und Nächstenliebe in der deutschsprachigen Theologie des 20. Jahrhunderts, Innsbruck 1992, 24 ff.
[4] Vgl. Joseph Löhr, Geist und Wesen der Caritas, in: Caritas. Zeitschrift für Caritaswissenschaft und Caritasarbeit Jg. 27 Nr. 1 (Januar/Februar 1922), 18 - 27 und Nr. 2 (März/April 1922), 55 - 72, 18 ff.
[5] Vgl. Andreas Nissen, Gott und der Nächste im antiken Judentum. Untersuchungen zum Doppelgebot der Liebe, Tübingen 1974, 219 ff.

Rätsels Lösung sein, auch nicht eine theoretische Entfernten - Liebe, sondern die situationsbezogene unmittelbare helfende Tat, wie jener unbekannte Samariter beispielhaft gezeigt hat[6].

Fundament der Barmherzigkeit ist der Glaube. Es gibt weder eine Caritas ohne Glauben noch einen Glauben ohne Caritas. In der Sicht des Neuen Testament hat der Glaube durch die enge Bindung an das Humanum eine neue Qualität erhalten. Seit Jesus kann man Gott am Mitmenschen vorbei nicht mehr lieben[7]. Rudolf Bultmann hat diesen Zusammenhang in seinem Jesusbuch treffend zur Sprache gebracht: "Der Nächste ist also nicht gleichsam ein Werkzeug, mittels dessen ich die Gottesliebe übte, und die Nächstenliebe kann nicht gleichsam mit einem Seitenblick auf Gott geübt werden. Sondern wie ich den Nächsten nur lieben kann, wenn ich meinen Willen ganz hingebe an Gottes Willen, so kann ich Gott nur lieben, indem ich will, was er will, indem ich den Nächsten wirklich liebe"[8].

Nach Ausweis des Neuen Testaments ist die christliche Gemeinde gleichermaßen Glaubensgemeinschaft, Gottesdienstgemeinschaft und Liebesgemeinschaft. Dementsprechend musste sich das pastorale Engagement neben der Verkündigung des Wortes, dem Gebet und der gottesdienstlichen Feier vor allem auf die Caritas im weitesten Sinne des Wortes konzentrieren. Das Prinzip Caritas ist der Gemeinde Jesu durch ihren Herrn eingestiftet; als Erwählte können die Glaubenden durch nichts auf der Welt von der Liebe Christi geschieden werden (Röm 8,35.39). Wie bedeutend der Rang der Caritas innerhalb der Trias "Glaubensdienst - Gottesdienst - Bruderdienst" ist, lässt sich in fast allen Schriften des Neuen Testaments, von Paulus über die Evangelien bis hin zu den Spätschriften aufzeigen[9].

2. Caritas im Altertum und Mittelalter

In der Gewissheit, im Armen Christus selbst zu begegnen, folgte die christliche Gemeinde der alten Kirche dem Beispiel und Wort Jesu: "Ich war hungrig, und ihr habt mir zu essen gegeben; ich war durstig, und ihr habt mir zu trinken gereicht; ich war fremd, und ihr habt mich beherbergt; nackend war ich, und ihr habt mich bekleidet; krank, und ihr habt mich besucht; im Gefängnis, und ihr seid zu mir gekommen" (Mt 25,35 f).

Eine der frühesten Formen caritativer Betätigung waren die Agapen, Mahlzeiten in den christlichen Gemeinden, die das Gemeinschaftsbewusstsein zwischen ihren Mitgliedern verschiedener sozialer Stellung stärken sollten, die aber zugleich die Möglichkeit boten, den Armen und Notleidenden unter ihnen in rücksichtsvoller Form eine wirk-

---

[6] Vgl. Werner Monselewski, Der barmherzige Samariter. Eine auslegungsgeschichtliche Untersuchung zu Lukas 10, 25 - 37, Tübingen 1967, 18 ff.

[7] Vgl. Raphael Schulte, Jesus Christus. Leitbild christlich - caritativer Diakonie, in: Heinrich Pompey, Caritas - das menschliche Gesicht des Glaubens. Ökumenische und internationale Anstöße einer Diakonietheologie, Würzburg 1997, 278 - 303, 282 ff.

[8] Rudolf Bultmann, Jesus, Tübingen 1951, 99.

[9] Vgl. Rudolf Pesch, Die Diakonie der Gemeinde nach dem Neuen Testament, Freiburg 1974, 3 ff.

2. Caritas im Altertum und Mittelalter

same materielle Hilfe zu gewähren[10]. Sie wurden unter dem Vorsitz des Bischofs abgehalten, der als pater pauperum (Vater der Armen) das Mahl mit einem Gebet über die mitgebrachten Gaben einleitete. Über die Praxis der Versammlung einer christlichen Gemeinde des 2. Jahrhunderts berichtet der Märtyrer Justin (+165) in seinen Apologien: "Wenn wir mit dem Gebet zu Ende sind, werden Brot, Wein und Wasser herbeigeholt. Der Vorsteher spricht Gebete und Danksagungen mit aller Kraft. Und das Volk stimmt ein, indem es das Amen sagt. Darauf findet die Ausspendung statt. Jeder erhält seinen Teil von dem Konsekrierten. Den Abwesenden aber wird es durch die Diakone gebracht. Wer aber die Mittel und guten Willen hat, gibt nach seinem Ermessen, was er will. Das, was da zusammenkommt, wird bei dem Vorsteher hinterlegt. Dieser kommt damit Witwen und Waisen zu Hilfe, solchen, die wegen Krankheit oder aus sonst einem Grunde bedürftig sind, den Gefangenen und Fremdlingen, die in der Gemeinde anwesend sind. Kurz, er ist allen, die in der Stadt sind, ein Fürsorger"[11]. Aus dem Text werden die Umrisse der gemeindlich organisierten Caritas deutlich. Der Bischof als Vorsteher der Liturgie verantwortete auch die soziale Diakonie der Gemeinde. Tertullian gibt in seinem Apologeticum einen instruktiven Einblick in die caritative Arbeit der Christengemeinde Karthagos am Beginn des 3. Jahrhunderts. Hier existierte eine Art Gemeindekasse für die freiwilligen Beiträge der Mitglieder, aus denen man die Armen unterhielt, für das hilfsbedürftige Alter sorgte, eltern- und mittellosen Kindern Hilfe leistete, die eingekerkerten Brüder betreute und die zur Zwangsarbeit in den Bergwerken Verurteilten unterstützte[12]. Wie aus weiteren Quellen ersichtlich, galt die Sorge der altkirchlichen Gemeinde den sozialschwachen Gruppen der Witwen, Waisen, Gefangenen und Fremden nicht nur des christlichen Bekenntnisses. In den Canones Hippolyti, die um 350 entstanden, wird die Sorgepflicht des Bischofs als ein fester Bestandteil seines Weiheversprechens angeführt. Er gelobte darin, die Aufsicht über die Armenhilfe zu führen sowie regelmäßig in Begleitung des von ihm bestellten Diakons die Armen und Kranken zu besuchen[13].

Das episkopal - diakonale Doppelamt scheint sich vor allem von den paulinischen Gemeindegründungen aus durchgesetzt und dann mit dem älteren Amtspresbyterat so verbunden zu haben, dass bei der Aufgabenteilung dem eingesetzten Presbyter vor allem die kultische Vertretung des Bischofs zukam, der Diakon aber zur rechten Hand des Bischofs wurde. In dieser Rolle trat er hauptsächlich in Erscheinung bei der bischöflich verantworteten Sozialhilfe, aber auch als Assistent bei einigen kultischen Funktionen, wo, etwa bei der eucharistischen Gemeindeversammlung, der Bischof den Vorsitz führte und die Gebete sprach, der Diakon hingegen das Brot und den Kelch reichte und immer

---

[10] Vgl. Urs Eigenmann, Agape feiern. Grundlagen und Modelle, Luzern 2002, 193 ff.
[11] Justinus, Apologiae I. 67.
[12] Vgl. Origines, Apologeticum 39.
[13] Vgl. Hippolytus, Canones 24 f und 32. Vgl. auch John E. Stam, Episcopacy in the Apostolic Tradition of Hippolytus, Basel 1969, 66 ff; Hans Jürgen Brandt, Grundzüge der Caritasgeschichte, in: Paul Nordhues, Handbuch der Caritasarbeit. Beiträge zur Theologie, Pastoral und Geschichte der Caritas mit Überblick über die Dienste in Gemeinde und Verband, Paderborn 1986, 142 - 158, 143.

namens des Bischofs Liebesgaben austeilte, auch an die abwesenden Bedürftigen der Gemeinde[14].

Zur Verhütung von Missbräuchen mussten die Diakone ein fortlaufendes Verzeichnis (matricula) der Armen führen. Musterhaft war besonders die Ordnung in Rom, wo seit Papst Fabian (236 - 250) den 14 Regionen der Stadt 7 Diakone und 7 Subdiakone für die Armenpflege vorstanden; den Mittelpunkt bildete je ein Zentralhaus (diaconia)[15]. Neben den Diakonen kannte die Alte Kirche auch Diakonissen, bei denen es sich zumeist um verwitwete Frauen handelte. Den subsidiären Dienst von Diakonissen umschreibt die in der ersten Hälfte des 3. Jahrhunderts entstandene Didaskalia. Sie verrichteten hiernach sowohl caritative wie liturgische Hilfsdienste. Sie pflegten kranke Frauen, besuchten Christinnen, die in heidnischen Häusern lebten und halfen bei der Taufe von Frauen[16].

Einer Sonderform frühchristlicher Caritas begegnet man in der schon in apostolischer und nachapostolischer Zeit gerühmten und auch im 3. Jahrhundert nicht minder geschätzten und empfohlenen Gastfreundschaft, die den durchreisenden Glaubensbruder in weitherziger Liebe aufnahm und umsorgte[17]. Origines macht die Gastfreundschaft zum Thema zweier Homilien, Cyprian hinterließ einem seiner Presbyter Mittel, die er während seiner Abwesenheit für bedürftige Fremde verwenden sollte[18]. Die reisenden Christen und ihre Aufnahme bildeten offenbar ein herausragendes Kennzeichen des Gemeindelebens, stärkten das ökumenische Zusammengehörigkeitsgefühl und führten zum Institut der Xenodochien, die, mit den gottesdienstlichen Versammlungsräumen zusammenhängend, so starken Eindruck machten, dass Julian der Apostat meinte sie nachahmen zu müssen, um dem Christentum Konkurrenz zu bieten[19]. Zu einem weiteren Kennzeichen der frühen christlichen Gemeinde zählte die von der Antike hochgeschätzte Begräbnispflicht auch an Namenlosen[20]. Die organisierte Versorgung bezog schließlich auch die Arbeitsunfähigen mit ein, beschaffte dem Arbeitsfähigen Arbeit in der Gemeinde, denn arbeitsfähige Brüder sollten nur übergangsweise, höchstens drei Tage, unterstützt werden[21].

---

[14] Vgl. Justinus, Apologiae I. 65 ff; Paul August Leder, Die Diakonen der Bischöfe und Presbyter und ihre urchristlichen Vorläufer. Untersuchungen über die Vorgeschichte und die Anfänge des Archidiakonats, Stuttgart 1905, 134 ff; Ottmar Fuchs, Der Diakonat als Ferment einer diakonischen Kirche, in: Diaconia Christi. Kairos und Aufbruch Jg. 25 Nr. 1 (Februar 1990), 2 - 8, 3 ff; Wolfgang Stockburger, Der Diakon im Auftrag der Armen, München 1997, 11 ff.

[15] Vgl. Paul August Leder, Die Diakonen der Bischöfe und Presbyter und ihre urchristlichen Vorläufer. Untersuchungen über die Vorgeschichte und die Anfänge des Archidiakonats, Stuttgart 1905, 7 ff; Paul Gaechter, Die Sieben (Apg 6,1-6), in: Zeitschrift für katholische Theologie Jg. 74 Nr. 2 (1952), 129 - 166, 129 ff.

[16] Vgl. Adolf Kalsbach, Die altkirchliche Einrichtung der Diakonissen bis zu ihrem Erlöschen, Freiburg 1926, 9 ff.

[17] Vgl. Michaela Puzicha, "Ich war fremd, und ihr habt mich aufgenommen". Zur Aufnahme des Fremden in der Alten Kirche, in: Ottmar Fuchs, Die Fremden, Düsseldorf 1988, 167 - 182, 167 ff.

[18] Vgl. Cyprian, Epistulae 7; Origenes, Homiliae in Gen. 4 f.

[19] Vgl. Georg Ratzinger, Geschichte der Kirchlichen Armenpflege, Freiburg 1884², 139 ff.

[20] Vgl. Ulrich Köpf, Bestattung, in: Hans Dieter Betz, Religion in Geschichte und Gegenwart. Handwörterbuch für Theologie und Religionswissenschaft Bd. 1, Tübingen 1998⁴, 1366 - 1367, 1366 f.

[21] Vgl. Tertullian, Apologeticum 39.

2. Caritas im Altertum und Mittelalter

Der Übergang zur nachkonstantinischen Reichskirche brachte für die Caritas keine spektakuläre Wende. Die wichtigsten Entwicklungstendenzen der Folgezeit hatten schon vorher eingesetzt. Dennoch bahnte sich ein prinzipieller Wandel an: Aus der verfolgten Minderheit wurde eine privilegierte, gesellschaftlich maßgebende Gruppe. Hatte man bisher als Gemeinde in der Diaspora den christlichen Liebesdienst von Haus zu Haus besorgen müssen, musste nun das Herrengebot der Liebe zum Nächsten in Regionen und Provinzen bedacht und realisiert werden[22].

Mit der Wende setzt die Geschichte der christlichen Anstaltscaritas ein. Im Frühmittelalter waren es vor allem die Hospitäler gewesen, die sich in besonderer Weise der sozialen Nöte annahmen. Ihre verschiedenen Namen, die sie führten, zeigen an, welchen verschiedenen Zwecken sie dienten: Xenodochium (lat. Hospitium = Fremdenherberge), Ptochotropium, Orphanotrophium, Brephotrophium (Armen-, Waisen-, Kinderpflegehaus), Noscochonium, Gerontochomium (Krankenhaus, Altersheim)[23]. Das erste Xenodochium soll der Hl. Zoticus in Konstantinopel noch unter der Regierung Konstantins gegründet haben. Nach dem Konzil von Nicäa 325, das allen Bischöfen zur Pflicht machte, an ihren Kathedralstätten ein Xenodochium zu errichten, breitete sich das Herbergs- und Hospitalwesens bald über weite Teile der Ökumene aus[24]. Bekannt geworden ist vor allem die "neue Stadt, die Vorratskammer der Frömmigkeit", in der Bischof Basilius von Caesarea nach 370 eine ganze Kolonie für Fremde, Arme, Leprakranke aufbaute[25]. Um eine Kirche gruppierten sich ein Xenodochium für Fremde und Pilger, ferner ein Noscochonium für Kranke und abgesonderte Unterkünfte für Aussätzige, dazu Häuser für Ärzte und Personal. Im Abendland setzte die Entwicklung etwas später ein. Das erste Nosocomium in Rom geht auf eine Gründung der vermögenden Witwe Fabiola (um 380) zurück. Ungefähr zur gleichen Zeit errichtete Pammachius in der Hafenstadt Porto bei Ostia ein Xenodochium für Fremde und Pilger[26].

Ungeachtet des Wandels der individuellen Caritas hin zur organisierten Anstaltscaritas, blieb die Aufsicht des Bischofs über das gesamte Armenwesen bestehen. Die Pflege in den Fremden- und Pilgerhospizen und in den Krankenspitälern besorgten Priester und Laien gemeinsam, das Hauptpersonal stellten die Diakonissen und Witwen. Letztere taten sich früh zu den Genossenschaften der Parabolanen zusammen, die die Kranken aufsuchten, in das Hospital überführten, hier pflegten und die Verstorbenen zu Grabe geleiteten[27]. Die Mittel zur Unterhaltung der Häuser wurden nicht mehr aus Oblationen beim Gottesdienst, sondern zunehmend aus festem Kirchengut gewonnen. Die kirchli-

---

[22] Vgl. Wilhelm Schneemelcher, Der diakonische Dienst in der Alten Kirche, in: Herbert Krimm, Das Diakonische Amt der Kirche, Stuttgart 1953, 60 - 101, 81 ff.

[23] Vgl. Georg Ratzinger, Geschichte der Kirchlichen Armenpflege, Freiburg 1884², 139 f.

[24] Vgl. Charles DuFresne DuCange, Historia Byzantina duplici commentario illustrata. Prior Familias ac stemmata imperatorum Constantinopolitanorum, cum eorundem Augustorum nomismatibus, et aliquot Iconibus; praeterea familias dalmaticas et turcicas complectitur: alter descriptionem urbis Constantinopolitanae, qualis extitit sub Imperatoribus Christianis, Paris 1680, 163 ff.

[25] Vgl. Basilius von Caesarea, Epistulae 94; Gregor von Nazianz, Orationes 39 in laudem Basilius.

[26] Vgl. Hieronymus, Epistulae ad Oceanum; Hieronymus, Epistulae ad Pammachium.

[27] Vgl. Anton Josef Binterim, Die vorzüglichsten Denkwürdigkeiten der Christ - Katholischen Kirche aus den ersten, mittlern und letzten Zeiten. Mit besonderer Rücksichtnahme auf die Disciplin der katholischen Kirche in Deutschland Bd. 6/3, Mainz 1838, 26 ff.

chen Einkünfte wurden seit dem 5. Jahrhundert entsprechend der Teilungsregel Papst Gelasius I. (492 - 496) für das Kirchengut viergeteilt und je ein Teil dem Bischof, dem Klerus, den Armen und der Kirchenfabrik zugewandt[28].

Neben der bischöflichen gab es die seit dem Frühmittelalter immer wichtigere Armenpflege durch Mönchsgemeinschaften und Klöster. Während das mönchische Leben im Morgenland vom Anachoretentum geprägt war, setzte sich im Abendland Augustins Ansicht "von der Arbeit der Mönche" stärker durch, und in der Klosterregel Benedikts von Nursia und der Nonnenregel des Caesarius von Arles gewannen gerade die Hilfsdienste, die im Umkreis der "sieben Werke der Barmherzigkeit" geschahen, eine feste Ordnung[29]. Das Kloster wurde vor allem seit karolingischer Zeit stellvertretend und beispielhaft für die Gemeinden, zum Träger der Caritas, der organisierten Hilfe für Bedürftige. An der Klosterarchitektur dieser Zeit lässt sich anschaulich das soziale Selbstverständnis der Mönche ablesen. Bei der Kapelle an der Pforte lagen die␣␣Gasträume für Pilger, Arme und Kranke. Im Klosterbezirk diente eine zweite Baugruppe der gleichen Zwecksetzung. Sie umfasste die Infirmerie, das Spital der Mönche mit eigener Kapelle, Kreuzgang, Bade- und Ärztehaus sowie Klosterapotheke[30].

Während die Benediktinerklöster in der Regel auf dem Lande lagen, übernahmen in den wachsenden Städten die Dom- und Kollegiatstifte mit ihren Hospizen und Hospitälern die in dieser Form organisierte Caritas[31]. Die Stiftshospitäler gehen auf die unter Kaiser Ludwig dem Frommen 816 gehaltene Synode von Aachen zurück. Seit Ende des 8. Jahrhunderts war das gemeinsame Leben der Domkapitel durch eine Regel des Bischofs Chrodegang von Metz (+766) geordnet worden. Jene Aachener Synode erweitere diese Regel u.a. durch die Bestimmung, dass jene Stifte wie auch die Kanonissenstifte Hospitäler unterhalten müssten, die rechtlich den Stiftskirchen angegliedert werden sollten. Die Einkünfte wurden teils aus dem Gesamtvermögen des Stifts genommen, teils mussten die einzelnen Kanoniker den Zehnten ihres Einkommens an das Hospital abführen[32].

Der Aufschwung monastischen Lebens infolge der cluniazensischen Reform machte sich auch auf dem Gebiet der Armenpflege bemerkbar. In Cluny selbst wurde das Amt eines Almosenpflegers eingeführt, der regelmäßig auch die Kranken der Nachbarschaft zu besuchen hatte[33]. Jede neue Klosterreform gab auch der Liebestätigkeit neue Impulse; Zisterzienser und Prämonstratenser wetteiferten mit den alten Klöstern der benediktinischen Ordensfamilie[34].

---

[28] Vgl. Georg Ratzinger, Geschichte der Kirchlichen Armenpflege, Freiburg 1884², 120 f.
[29] Vgl. Wilhelm Maurer, Die christliche Diakonie im Mittelalter, in: Herbert Krimm, Das Diakonische Amt der Kirche, Stuttgart 1953, 124 - 155, 131 ff.
[30] Vgl. Chrysostomus, Homiliae 1.72 in Mt.
[31] Vgl. Siegfried Reicke, Das deutsche Spital und sein Recht im Mittelalter Bd. 1, Stuttgart 1932, 13 ff.
[32] Vgl. Siegfried Reicke, Das deutsche Spital und sein Recht im Mittelalter Bd. 1, Stuttgart 1932, 25 ff.
[33] Vgl. Lorain Prosper, Geschichte der Abtei Cluny von ihrer Stiftung bis zu ihrer Zerstörung zur Zeit der französischen Revolution, Tübingen 1858, 1 ff.
[34] Vgl. Kaspar Elm, Die Stellung des Zisterzienserordens in der Geschichte des Ordenswesens, in: Kapsar Elm, Zisterzienser. Ordensleben zwischen Ideal und Wirklichkeit. Eine Ausstellung des Landschaftsverbandes Rheinland, Rheinisches Museumsamt, Brauweiler : Aachen, Krönungssaal des Rathauses 3. Juli - 28. September 1980, Köln 1980, 1 - 40, 1 ff; Norbert Backmund, Geschichte des Prä-

2. Caritas im Altertum und Mittelalter

Nach der Jahrtausendwende gründeten sich religiöse Gemeinschaften, die die Unterhaltung von Hospitälern als Hauptaufgabe ansahen. Der eigentliche Förderer und Wegbereiter der Bewegung war der Hospitalorden vom Hl. Johannes zu Jerusalem, der sich im Anschluss an den ersten Kreuzzug besonders ausdehnte und seit 1530 den Namen Malteserorden führte[35]. Er ging vermutlich aus einer alten Hospizstiftung Karls des Großen hervor, die um 1020 von Kaufleuten erneuert und 1048 durch ein Spital zu Ehren Johannis des Barmherzigen erweitert wurde[36]. Zum Ordensauftrag der Johanniter zählten gemäß den Traditionen der ursprünglichen Hospitalgemeinschaft caritativ - seelsorgliche Aufgaben der Hospitalität, während seit 1136 militärische Funktionen durch die Übertragung strategisch wichtiger Grenzverteidigungsaufgaben hinzukamen und zunehmend das Wirken des Ordens bestimmten[37]. Infolge der Dominanz der militärischen Aufgaben übernahmen seit etwa 1230 die Ritterbrüder die Führung im Orden, während die Priesterbrüder wie die "dienenden Brüder" an Einfluss verloren[38]. Die ursprüngliche Regel der Johanniter blieb aber Richtschnur für zahlreiche Ritter- und Laienorden wie Antonier (1095), Templer (1119), Lazariter (vor 1142) und Deutscher Orden (1191)[39]. Auch der um 1175 durch Guido von Montpellier gegründete und von Papst Innozenz III. geförderte Orden vom Hl. Geist widmete sich der Spitalpflege[40]. Sein Patrozinium ging auf zahlreiche Spitäler im Reich über[41]. Eine weitere Welle von religiösen Gemeinschaften, die sich der christlichen Caritasarbeit zuwandten, erwuchs aus der mittelalterlichen Frauen- und Laienbewegung. Mit den so genannten Beginen erhielten seit dem

---

monstratenserordens, Grafenau 1986, 21 ff; Immo Eberl, Die Zisterzienser. Geschichte eines europäischen Ordens, Stuttgart 2002, 47 ff.

[35] Vgl. Adam Wienand, Die Johanniter und die Kreuzzüge, in: Adam Wienand, Der Johanniterordern, der Malteserorden. Der ritterliche Orden des hl. Johannes vom Spital zu Jerusalem. Seine Geschichte, seine Aufgaben, Köln 1988³, 32 - 103, 32 ff; Hubert von Waldburg - Wolfegg, Der Orden auf Malta, in: Adam Wienand, Der Johanniterordern, der Malteserorden. Der ritterliche Orden des hl. Johannes vom Spital zu Jerusalem. Seine Geschichte, seine Aufgaben, Köln 1988³, 191 - 225, 191 ff.

[36] Vgl. Hans Karl von Zwehl, Nachrichten über die Armen- und Kranken - Fürsorge des Ordens vom Hospital des heiligen Johannes von Jerusalem oder Souveränen Malteser - Ritterordens, Rom 1911, 11 ff; Axel Hinrich Murken, Krankenpflege unter dem Banner des Malteserkreuzes. Zur Geschichte des Johanniter- und Malteserordens und ihrer Hospitäler (1099 - 1798), in: Axel Hinrich Murken, Krankenpflege unter dem Banner des Malteserkreuzes. Zur Geschichte des Johanniter- und Malteserordens und ihrer Hospitäler (1099 - 1798), Herzogenrath 2001, 7 - 33, 7 ff.

[37] Vgl. Jörg - Dieter Brandes, Korsaren Christi. Johanniter und Malteser. Die Herren des Mittelmeeres, Sigmaringen 1997, 10 ff.

[38] Vgl. Ernle Bradford, Kreuz und Schwert. Der Johanniter/Malteser - Ritterorden, München 1983, 47 ff.

[39] Vgl. Ernst von Bertouch, Kurzgefaßte Geschichte der geistlichen Genossenschaften und der daraus hervorgegangenen Ritterorden, Wiesbaden 1887, 19 ff.

[40] Vgl. Rudolf Virchow, Der Hospitaliter - Orden vom heiligen Geiste, zumal in Deutschland, in: Monatsberichte der Königlich Preußischen Akademie der Wissenschaften 1877, Berlin 1878, 339 - 371, 339 ff.

[41] Vgl. Alexander Stollenwerk, Zur Geschichte des "Hospitals zum Heiligen Geist" und des "Gotteshauses" in Boppard, Boppard 1961, 9 ff; Ulrich Knefelkamp, Das Heilig - Geist - Spital in Nürnberg vom 14. - 17. Jahrhundert. Geschichte, Struktur, Alltag, Nürnberg 1989, 25 ff.

ausgehenden 12. Jahrhundert die Frauen Zugang zur sozial - caritativen Tätigkeit vor allem in den Städten[42].

Die Bettelmönche seit dem 13. Jahrhundert, deren Exponenten Franz von Assisi (+1226) und Dominikus (+1221) waren, übten keine anstaltliche Wohlfahrtspflege mehr aus[43]. Die Verpflichtung auf die Armut versagte den Mendikantenorden ein Konzept institutionalisierter Caritasarbeit. So errichteten sie keine Hospitäler, doch siedelten sie sich bezeichnenderweise dort an, wo die Großzahl der Armen das Dasein fristete, nämlich in den Städten[44]. In der Regel bauten sie Kirche und Kloster am Stadtrand, in der Nähe der Mauer[45]. An die Seite der bis dahin fast ausschließlich kirchlich - sozialen Anstalten traten seit dem 14. Jahrhundert zunehmend die Magistrate der Städte als Stifter oder Träger von Hospitälern[46]. Mit ihrem Bemühen, dem wachsenden Bettelwesen und Zustrom von Fremden zugunsten der eigenen Bürger zu steuern, schufen sie Ansätze einer staatlichen Sozialpolitik, die einen neuen Abschnitt in der Geschichte der organisierten Kranken- und Armenfürsorge ankündigte[47].

---

[42] Vgl. Frank - Michael Reichstein, Das Beginenwesen in Deutschland. Studien und Katalog, Berlin 2001, 31 ff.
[43] Vgl. Dieter Berg, Die Franziskaner in Westfalen (1215 - 1800), in: Géza Jászai, Monastisches Westfalen. Klöster und Stifte 800 - 1800, Münster 1982, 143 - 162, 143 ff; Kaspar Elm, Franziskus und Dominikus. Wirkungen und Antriebskräfte zweier Ordensstifter, in: Festgabe Kaspar Elm, Vitasfratrum. Beiträge zur Geschichte der Eremiten- und Mendikantenorden des zwölften und dreizehnten Jahrhunderts, Werl 1994, 121 - 141, 121 ff.
[44] Vgl. Helmut G. Walther, Betteorden und Stadtgründung im Zeichen des Landesausbaus. Das Beispiel Kiel, in: Dieter Berg, Bettelorden und Stadt. Bettelorden und städtisches Leben im Mittelalter und in der Neuzeit, Werl 1992, 19 - 32, 19 ff.
[45] Vgl. Richard Krautheimer, Die Kirchen der Bettelorden in Deutschland, Köln 1925, 57 ff.
[46] Vgl. Otto Meyer, Bürgerspital Würzburg 1319 bis 1969. Festrede aus Anlaß der 650. Wiederkehr des Stiftungstages am 23. Juni 1969, Würzburg 1969, 7 ff; Brigitte Pohl - Resl, Rechnen mit der Ewigkeit. Das Wiener Bürgerspital im Mittelalter, Wien 1996, 74 ff.
[47] Vgl. Thomas Fischer, Städtische Armut und Armenfürsorge im 15. und 16. Jahrhundert. Sozialgeschichtliche Untersuchungen am Beispiel der Städte Basel, Freiburg im Breisgau und Straßburg, Göttingen 1979, 161 ff; Andreas Bingener, Almosen und Sozialleistungen im Haushalt deutscher Städte des späten Mittelalters und der frühen Neuzeit, in: Peter Johanek, Städtisches Gesundheits- und Fürsorgewesen vor 1800, Köln 2000, 41 - 62, 41 ff.

II. Kirche und Armenpflege in Düsseldorf vom Mittelalter bis zur Säkularisation

Der Prozess der "Verbürgerlichung" auf dem Gebiet des Hospitalwesens wurzelte nicht in kirchlichen Missständen, sondern im städtischen Selbstbewusstsein und Verantwortungsgefühl[1]. Auch handelte es sich dabei nicht um eine Säkularisierung, denn das Leben in den Hospitälern blieb religiös geprägt. Beides - eine selbstbewusste Residenzstadt und eine den Alltag prägende Kirche - war auch in Düsseldorf anzutreffen, als hier im ausgehenden 14. Jahrhundert zum ersten Mal von einem Gasthaus die Rede ist[2].

1. Gründung und Erweiterung der Stadt

Düsseldorf verdankte seine Erhebung zur Stadt den Herren und Grafen von Berg, die von der späteren Abtei Altenberg aus seit der Mitte des 12. Jahrhunderts ein ausgedehntes, aber nicht zusammenhängendes Territorium beherrschten[3]. Kleinere Orte wie Hilden, Elberfeld und das zwischen 1135 und 1159 erstmals urkundlich erwähnte Düsseldorf waren zu jener Zeit noch im Besitz fremder Herrscher und unterbrachen die Einheit des Landes[4]. Zur Arrondierung der Grafschaft Berg und zur Beteiligung am Rheinhandel erwarb Graf Engelbert I. (1161 - 1189) die rechtsrheinischen Besitzungen des Edelherrn Arnold von Tyverne, zu denen u.a. die Ortschaften Monheim, Holthausen, Himmelgeist und Düsseldorf zählten[5]. Die Nachfolger Engelberts führten die Expansionspolitik der Grafschaft Berg fort, trafen aber auf den entschiedenen Widerstand der Kölner Erzbischöfe, die zur gleichen Zeit ihre Vormachtstellung am Niederrhein durch Gebietserweiterungen festigen wollten[6]. Die Gegensätze kamen zum Ausbruch,

---

[1] Vgl. Siegfried Reicke, Das deutsche Spital und sein Recht im Mittelalter Bd. 1, Stuttgart 1932, 196 ff.
[2] Vgl. unten S. 17.
[3] Vgl. Wilhelm Crecelius, Die ältesten Grafen von Berg und das Kloster Altenberg, Elberfeld 1882, 1 ff; Hans Mosler, Die Abtei Altenberg in ihrem Verhältnis zum Landesherrn, in: Düsseldorfer Jahrbuch 47 (1955), 177 - 198, 177 ff.
[4] Vgl. HAK 100, Schreinskarten, St. Laurenz 2 III, 10; HAK 266, St. Ursula Urkunden 9; Thomas R. Kraus, Die Entstehung der Landesherrschaft der Grafen von Berg bis zum Jahre 1225, Neustadt an der Aisch 1981, 50 ff.
[5] Vgl. BSB Codex germanicus 2213 Bd. VII, Bl. 431.
[6] Vgl. August von Haeften, Überblick über die Niederrheinisch - Westfälische Territorial - Geschichte bis zum Anfange des 15. Jahrhunderts, in: Zeitschrift des Bergischen Geschichtsvereins 2 (1865), 1 - 41 und 3 (1866), 224 - 300, 259 ff; Franz - Reiner Erkens, Das Erzstift Köln im geschichtlichen Überblick, in: Kurköln. Land unter dem Krummstab. Essays und Dokumente, Kevelaer 1985, 19 - 52, 27; Jens Friedhoff, Territorium und Stadt zwischen Ruhr und Sieg (1200 - 1350). Untersuchungen zur Stadt-

als im Jahre 1280 die Limburger Linie der Grafschaft Berg ausstarb und legitime Erbansprüche der bergischen Grafen mit Waffengewalt gegen den Kölner Erzbischof durchgesetzt werden mussten[7]. Die mehrjährigen Auseinandersetzungen um das Erbe der Limburger Herzöge entschied Graf Adolf V. von Berg mit einem Sieg über Erzbischof Siegfried von Westerburg in der denkwürdigen Schlacht bei Worringen[8]. Um dem siegreichen Waffengang, der als blutigstes Scharmützel in der niederrheinischen Geschichte gilt[9] und mit der Gefangenschaft des Bischofs endete[10], Dauerhaftigkeit zu verleihen, errichtete Graf Adolf zur Sicherung seiner bedrohten Westgrenze einen befestigten Platz an der Düsselmündung. Am Vorabend des Festes Maria Himmelfahrt vollzog er am 14. August 1288 urkundlich die Erhebung des Dorfes an der Düssel zur Stadt[11]. Nach der mittlerweile in Verlust geratenen Erhebungsurkunde von 1288 bestand das damalige Stadtgebiet aus einem Innen- und einem Außenbezirk. Das Kerngebiet beschränkte sich auf die heute noch "Alte Stadt" genannte Straße, die Lewengasse (Liefergasse) und die gegen den Rhein durch eine Mauer abgeschlossene Krämerstraße. Den Mittelpunkt bildete die heutige Pfarrkirche St. Lambertus mit dem ehemaligen Kirchhof (heute Stiftsplatz). Der Außenbezirk setzte sich aus fünf größeren Gehöften zusammen, zu denen u.a. die Besitzungen des Ritters Adolf von Flingern und der Hof des Rumpold von Pempelfort gehörten[12].

Unter der Herrschaft des Grafen und späteren Herzogs Wilhelm (1360 - 1397) nahm Düsseldorf sowohl in politischer und wirtschaftlicher als auch in kirchlicher Hinsicht einen gewaltigen Aufschwung[13]. Die Stadt wurde 1371 aus dem Verband des Landgerichts Kreuzberg gelöst und erhielt das Recht, in der Stadtfreiheit Gerichtsentscheide zu vollstrecken. Zugleich wurde der Wochenmarkt eingeführt und das Privileg erteilt, Maß- und Wiegegeld nach eigener Festlegung erheben zu dürfen[14]. Im Jahre 1377 erhielt Düsseldorf die Anerkennung als Zollstätte[15], wodurch die Stadt wirtschaftliche Vorteile und politische Aufwertung erfuhr. Als König Wenzel drei Jahre später Graf Wilhelm II. von

---

erhebungs- und Territorialpolitik der Grafen von Berg im Hoch- und Spätmittelalter, in: Düsseldorfer Jahrbuch 69 (1998), 11 - 125, 63 ff.

[7] Vgl. Wilhelm Herchenbach, Geschichte des Limburger Erbfolgestreites. Die Schlacht bei Worringen und die Erhebung Düsseldorfs zur Stadt, Düsseldorf 1888, 1 ff.

[8] Vgl. Richard Knipping, Die Regesten der Erzbischöfe von Köln im Mittelalter Bd. 3.2, Bonn 1913, S. 168 - 171, Nr. 3193.

[9] Vgl. Ulrich Lehnart, Die Schlacht von Worringen 1288. Kriegführung im Mittelalter. Der Limburger Erbfolgekrieg unter besonderer Berücksichtigung der Schlacht von Worringen, 5.6.1288, Frankfurt 1993, 112 ff.

[10] Vgl. Tilman Röhrig, Die Schlacht bei Worringen, in: Tilman Röhrig, Die Schlacht bei Worringen. Freiheit für Köln. Eine Residenz für Bonn. Stadtrecht für Düsseldorf, Köln 1988, 9 - 18, 18.

[11] Vgl. BSB Codex germanicus 2213 Bd. XIII, Bl. 42 ff. Eine deutsche Übersetzung der Stadterhebungsurkunde bietet Theodor Johann Josef Lenzen, Beiträge zur Geschichte der Stadt Düsseldorf, in: Niederrheinisch - Westfälische Blätter Jg. 1 Nr. 1 (Erstes Quartal 1801), 105 - 121, 105 ff.

[12] Vgl. BSB Codex germanicus 2213 Bd. XIII, Bl. 42 ff.

[13] Vgl. Clemens von Looz - Corswarem, Düsseldorfer Wirtschaftsgeschichte von den Anfängen bis 1609, in: Düsseldorfer Wirtschaftschronik, Wien 1996, I/11 - I/40, I/19 ff.

[14] Vgl. BSB Codex germanicus 2213 Bd. V, Bl. 336.

[15] Vgl. NHS Berg Urkunden 493.

Berg die Herzogswürde verlieh[16], hatte Düsseldorf bereits einen so bedeutenden Machtzuwachs erfahren, dass es zur Hauptstadt des Herrschaftsbereichs der bergischen Landesherren, die sich bisher abwechselnd in Altenberg, Bensberg und Burg aufhielten, erkoren war[17]. Durch Privilegien vom 25. März 1384[18] und 1. April 1384[19] wurden die Honschaften Golzheim und Derendorf sowie der zwischen der Stadt und der Bilker Kirche liegende Grundbesitz von Diensten, Schatzungen, Beden und der Verpflichtung zum Schöffen- und Honamt befreit und der Gewalt des Düsseldorfer Magistrats unterworfen. Zehn Jahre später kamen die Bewohner des Kirchspiels Hamm, die den Raum zwischen der Neustadt und dem südlichen Düsselarm besiedelten, als neue Stadtbürger hinzu[20]. Mit der Erhebung zur Residenzstadt und der Erweiterung der Stadt, die durch die Eingemeindungen von 3,8 auf etwa 4000 ha vergrößert wurde[21], setzte in Düsseldorf eine rege Bautätigkeit ein[22]. Um Düsseldorf auch äußerlich das Antlitz einer Hauptstadt zu verleihen, ließ Herzog Wilhelm I. neben zahlreichen Profanbauten, unter denen das Schloss auf dem Burggelände hervorragte[23], auch kirchliche Gebäude errichten bzw. erweitern.

2. Kirche und Stift

In die erste nachweisbare Blüte Düsseldorfs im 14. Jahrhundert und die Ausgestaltung der bergischen Residenzstadt fällt der Ausbau der heutigen Pfarrkirche St. Lambertus, deren Ursprünge im tiefen Dunkel liegen. Wann und durch welche Umstände das Christentum im Düsseldorfer Raum Fuß fasste, ist nicht bestimmbar[24]. Schriftliche Zeugnisse für christliches Leben in der kleinen Siedlung an der Düsselmündung liegen erst aus der

---

[16] Vgl. NHS Berg Urkunden 513.
[17] Vgl. Clemens von Looz - Corswarem, Wo residierte der Fürst ? Überlegungen zu den Aufenthaltsorten der Herzöge von Jülich - Berg bzw. Jülich - Kleve - Berg und ihres Hofes im 15. und 16. Jahrhundert, in: Klaus Fink, Territorium und Residenz am Niederrhein. Referate der 7. Niederrhein - Tagung des Arbeitskreises niederrheinischer Kommunalarchivare für Regionalgeschichte (25. - 26. September 1992 in Kleve), Kleve 1993, 189 - 209.
[18] Vgl. SAD Urkunden 1, Bl. 11 f.
[19] Vgl. SAD Urkunden 3.
[20] Vgl. SAD Urkunden 1, Bl. 12.
[21] Vgl. Edmund Spohr, Düsseldorf Stadt und Festung, Düsseldorf 1979², 18.
[22] Vgl. Willi Schnellenbach, Streifzüge durch Düsseldorfs Baugeschichte. Herausgegeben von der Bau - Innung Düsseldorf zu ihrem 250. Jubiläum im Jahre 1957, Düsseldorf 1957, 35 ff.
[23] Vgl. NHS Nachlass Friedrich Lau 2; Karl Leopold Strauven, Geschichte des Schlosses zu Düsseldorf von seiner Gründung bis zum Brand am 20. März 1872, Düsseldorf 1872, 3 ff; Annette Fimpeler - Philippen, Ein Blick auf und hinter die Mauern des Schlosses, in: Annette Fimpeler - Philippen, Das Schloß in Düsseldorf, Düsseldorf 1999, 101 - 288, 115 ff; Hatto Küffner, Edmund Spohr, Burg und Schloß Düsseldorf. Baugeschichte einer Residenz, Jülich 1999, 25 ff.
[24] Vgl. Ulrich Brzosa, Die Geschichte der katholischen Kirche in Düsseldorf. Von den Anfängen bis zur Säkularisation, Köln 2001, 17 ff.

Mitte 12. Jahrhundert vor. Zum ersten Mal wird eine Kirche im Dorf an der Düssel am 23. Mai 1159 in einem Privileg von Papst Hadrian IV. (1154 - 1159) für das Kölner Stift St. Ursula bezeugt[25]. Die Urkunde bestätigt den Rechtsanspruch des Frauenkonvents an älteren Besitzungen, insbesondere an Gefällen der Kirchen zu Jülich, Kirchberg, Keltz, Büsdorf, Aroldsweiler, Kendenich, Longerich, Euenheim, Haugen und Düsseldorf[26]. Was der wortkarge Urkundenschreiber unter der Düsseldorfer Kirche verstand, welchen Status sie besaß und wo sie sich befand, geht aus dem Schriftstück nicht hervor. Nach Stiftsaufzeichnungen aus der zweiten Hälfte des 17. Jahrhunderts handelte es sich um eine zu Ehren der Muttergottes geweihte Kapelle, deren Fundamente man bei Grabungsarbeiten im Chor der heutigen Lambertuskirche glaubte entdeckt zu haben[27]. Möglicherweise war diese Marienkapelle eine Kirche, die zum Hof der Familie von Tyvern gehörte[28], doch gibt es für diese Konjektur in den überlieferten Quellen keine Anhaltspunkte. Ebenso wenig ist eine Notiz im Stiftsarchiv zu verifizieren, anstelle der Marienkapelle sei ein "Sacellum sub Patrocinio Ss. Lamberti, Severini et Annonis" errichtet worden, welches das heutige Chor der Altestadt Basilika bildet[29].

Unabhängig von der Frage nach den Anfängen der heutigen Lambertuskirche steht fest, dass der weitere Werdegang der Düsseldorfer Kirche maßgeblich vom Ausgang der Schlacht von Worringen im Jahre 1288 bestimmt wurde. Nachdem Graf Adolf V. Düsseldorf zur Stadt erhoben hatte, betrieb er hier zeitgleich die Errichtung eines Kanonikerstiftes an der Pfarrkirche. Es war vermutlich weniger "die Dankbarkeit wegen des errungenen Sieges bei der überaus frommen Gesinnung, welche in dem Geschlechte von Berg ein kostbares Erbteil war"[30], als vielmehr der Versuch, mit Hilfe der Kirche den angestrebten Wandel des Düsseldorfes zur Düsselstadt zu forcieren[31]. Voraussetzung dafür war, die bisher bescheidene Kirche an der Düsselmündung aus ihrem Dornröschenschlaf zu wecken und durch Vermehrung der geistlichen Stellen in ihrem Ansehen zu heben. Auf Bitten von Graf Adolf gab Papst Nikolaus IV. (1288 - 1292) durch Breve vom 5. September 1288 seine Zustimmung zur Errichtung eines Kanoniker Kollegiums und beauftragte mit der Gründung des Stiftes den Abt von Siegburg für den durch Gefangenschaft "verhinderten" Erzbischof[32].

Wie im benachbarten Kaiserswerth, wo bereits seit längerer Zeit das Suitbertusstift existierte[33], bestand auch in Düsseldorf das Kollegiatstift aus einer Vereinigung von Ka-

---

[25] Vgl. HAK 266, St. Ursula Urkunden 9.

[26] Die Kölner Besitzungen wurden am 11. September 1162 noch einmal von Papst Viktor IV. (1159 - 1164) bestätigt (vgl. BMR Manuscrits de la Collection Prosper Tarbé, Carton II n. 11).

[27] Vgl. PfA Düsseldorf St. Lambertus Akten 747, Bl. 37.

[28] Vgl. Günter Aders, Die Geschichte der Pfarrei St. Lambertus und des Marienstiftes Düsseldorf, in: Die Stifts- und Pfarrkirche St. Lambertus zu Düsseldorf, Ratingen 1956, 15 - 40, 15.

[29] Vgl. PfA Düsseldorf St. Lambertus Akten 747, Bl. 37.

[30] August Dattenfeld, Die St. Lambertuspfarre einst und jetzt. Zur 700jährigen Jubelfeier, Düsseldorf 1906, 8.

[31] Vgl. Bernhard Hampel, Düsseldorf im Mittelalter 1288 - 1510, Düsseldorf 1990, 168 ff.

[32] Vgl. NHS Düsseldorf Stift Urkunden 1.

[33] Vgl. Ulrich Brzosa, Die Geschichte der katholischen Kirche in Düsseldorf. Von den Anfängen bis zur Säkularisation, Köln 2001, 26 ff.

2. Kirche und Stift

nonikern, die laut Statuten der Leitung eines Dechanten unterstellt waren[34]. An der Fundierung von Pfründen zur Sicherstellung ihrer Subsistenz beteiligten sich zunächst Graf Adolf und sein Bruder Wilhelm sowie die Ritter von Eller, die zu den bereits von den Landesherren ausgestatteten vier Kanonikaten aus ihren Mitteln zwei weitere hinzufügten[35]. Ungeklärte juristische Probleme waren vermutlich der Grund, warum Erzbischof Heinrich von Virneburg die Einrichtung der Kanonikate erst am 29. April 1306 bestätigte[36] und am 7. Juli 1306 die päpstliche Sanktionierung durch Clemens V. (1304 - 1314) erfolgte[37]. Erst nach der kanonischen Anerkennung des Stiftes mehrten sich die Zuwendungen an den Konvent, zu dessen sechs bestehenden Präbenden im Jahre 1308 drei neue als Stiftung des Grafen Adolf VI. hinzukamen[38]. Durch Stiftung der Vikarie zu Ehren der allerseligsten Jungfrau (1334)[39] und des Altares des heiligen Kreuzes (1335)[40] traten abermals zwei Geistliche hinzu, so dass Mitte des 14. Jahrhunderts elf Kleriker im Dienst der Stiftskirche standen.

Einen weiteren Aufschwung erlebte die Kirche im Frühjahr 1384 nach der Erweiterung des Stadtgebietes durch die Eingemeindung der Ortschaften Golzheim, Derendorf und Bilk[41]. Der am 24. Mai 1380 von Kaiser Wenzel in den Herzogstand erhobene Wilhelm von Jülich stiftete neben einer größeren Zahl von Vikarien am 1. März 1392 zu den acht bestehenden Präbenden zehn neue Kanonikate sowie als besondere Dignitäten eine Propstei, Scholasterie, Thesaurarie und Kantorei[42]. Neben den Inhabern der Dignitäten gab es die einfachen Kanoniker und Vikare[43], deren Zahl Ende des 14. Jahrhunderts mit 40 angegeben wurde[44], die täglich für den feierlichen Gottesdienst zu sorgen hatten. Für die Seelsorge der Düsseldorfer Bevölkerung war der Dechant verantwortlich, auf den die Aufgaben des früheren Pfarrers übergegangen waren[45]. Er hatte jeden Morgen vor dem altare primum die erste Messe für die Pfarrangehörigen zu lesen[46]. Daneben führte er den Vorsitz im Kapitel, investierte die Kanoniker und Vikare und überwachte ihre Amtsführung[47].

Mit der Vermehrung der geistlichen Stellen war in der zweiten Hälfte des 14. Jahrhunderts die bereits angesprochene Vergrößerung der Düsseldorfer Kirche notwendig

---

[34] Vgl. Statuta quarundam Illustrissimi Principis ac Domini D. Guilielmi Juliacensium Clivorum, ac Montensium Ducis, Comitis Marchiae et Ravensburgi, Domini in Ravenstein etc. Collegiatarum Ecclesiarum, authoritate Apostolica correcta et confirmata, Düsseldorf 1575, 9 ff.
[35] Vgl. NHS Düsseldorf Stift Urkunden 1; NHS Düsseldorf Stift Urkunden 13.
[36] Vgl. NHS Düsseldorf Stift Urkunden 36.
[37] Vgl. NHS Düsseldorf Stift Urkunden 37.
[38] Vgl. NHS Düsseldorf Stift Urkunden 38.
[39] Vgl. NHS Düsseldorf Stift Urkunden 48.
[40] Vgl. NHS Düsseldorf Stift Urkunden 49.
[41] Vgl. oben S. 13.
[42] Vgl. NHS Düsseldorf Stift Urkunden 110.
[43] Vgl. PfA Düsseldorf St. Lambertus Akten 747, Bl. 66 ff.
[44] Vgl. NHS Düsseldorf Stift Repetitorien und Handschriften 4, Bl. 11.
[45] Vgl. PfA Düsseldorf St. Lambertus Akten 747, Bl. 61 f.
[46] Vgl. NHS Düsseldorf Stift Urkunden 13; NHS Düsseldorf Stift Urkunden 114.
[47] Vgl. PfA Düsseldorf St. Lambertus Akten 747, Bl. 60 ff.

geworden. Bei der Dürftigkeit der Überlieferung ist allerdings eine gesicherte Rekonstruktion der zeitlichen Abfolge der Erweiterungsbauten kaum möglich. Noch schwieriger ist es, ein Bild über die architektonische Gestalt der Stiftskirche vor Beginn der Ausbaumaßnahmen zu entwerfen. Nach der aus dem Jahre 1932 stammenden, aber bis heute überzeugenden Darstellung von Oskar Karpa, hat im ausgehenden 13. Jahrhundert für den Pfarrgottesdienst und den liturgischen Dienst der Kanoniker eine zweijochige romanische Kleinbasilika mit Chor und Turm bestanden[48]. Dieses zwischen dem heutigen Chor und westlichem Joch der Lambertuskirche zu lokalisierende Gotteshaus wurde ein halbes Jahrhundert nach seiner Vollendung um einen neuen gotischen Chorraum und Turm sowie ein zusätzliches Joch erweitert[49]. Wie sich der Ausbau im einzelnen vollzog, in welcher Reihenfolge die verschiedenen, insbesondere die älteren romanischen und gotischen Bauteile errichtet wurden, ist nicht mehr zu rekonstruieren. Sicher ist nur, dass die Kirche unter Graf Wilhelm II. in der zweiten Hälfte des 14. Jahrhunderts ihre heutige architektonische Form erhielt: eine dreischiffige gotische Tuff- und Backsteinkirche mit dreijochiger Halle, Umgangschor und fünfgeschossigem Westturm[50]. Im Jahre 1384 war der neue Chorumgang so weit vollendet, dass bereits für Gräfin Margarethe eine Gruft ausgehoben werden konnte[51]. Nach Stiftsaufzeichnungen aus dem 17. Jahrhundert wurde die erweiterte Kirche am 13. Juli 1394 feierlich zu Ehren Unserer Lieben Frau und der Heiligen Thomas, Lambertus, Apollinaris, Severinus und Anno geweiht; im folgenden Jahr fand die Einsegnung sämtlicher Altäre statt[52]. Aus zeitgenössischen Urkunden ist eine Konsekration der Kirche und der Altäre zwar nicht mehr belegbar, doch ist zu konstatieren, dass ab der Wende zum 15. Jahrhundert in den überlieferten Urkunden nur noch der Name "Liebfrauenkirche"[53] und nicht mehr die bis dahin gebräuchliche Bezeichnung "ecclesia beati Lamberti" oder "sente Lamberechtz kirchen zu Dusseldorpp" erscheint[54]. Mit Abschluss der Vergrößerung der Kollegiatskirche wurde der Bezirk um das basilikale Gotteshaus mit seinen Stifts- und Kanonikerhäusern, wie aus einer Bestätigungsurkunde Herzog Wilhelms vom 5. Februar 1396 hervorgeht, zur Immunität erklärt, mit der weiteren Bestimmung, sämtliche vom Kollegiatstift zu Düsseldorf erworbenen Hofstätten in der Alten Stadt von allen Abgaben und Diensten zu befreien[55].

---

[48] Vgl. Oskar Karpa, Die Stifts- und Pfarrkirche St. Lambertus zu Düsseldorf, Düsseldorf 1932, 8 und 16 ff.
[49] Vgl. Oskar Karpa, Die Stifts- und Pfarrkirche St. Lambertus zu Düsseldorf, Düsseldorf 1932, 8 und 20.
[50] Vgl. Joseph Gregor Lang, Reise auf dem Rhein Bd. 2, Koblenz 1790, 385; Paul Clemen, Die Kunstdenkmäler der Stadt und des Kreises Düsseldorf, Düsseldorf 1894, 35.
[51] Vgl. PfA Düsseldorf St. Lambertus Akten 747, Bl. 76 und 87 f.
[52] Vgl. PfA Düsseldorf St. Lambertus Akten 747, Bl. 43.
[53] Vgl. PfA Düsseldorf St. Lambertus Urkunden 21.03.1435; NHS Düsseldorf Stift Urkunden 197; SAD NL 100 Hubertushospital 304.
[54] Vgl. PfA Düsseldorf St. Lambertus Urkunden 12.03.1344; NHS Düsseldorf Stift Urkunden 14.
[55] Vgl. NHS Düsseldorf Stift Urkunden 142.

3. Gasthaus

Unweit der Stiftskirche und der Immunität, aber bereits außerhalb der Stadtmauern lag das Gasthaus oder Heilig - Geist Hospital, das über mehrere Jahrhunderte die wichtigste und einzige Fürsorgeanstalt Düsseldorfs war[56]. Obwohl die lokale Geschichtsschreibung sich schon früh der Erforschung dieses Instituts zuwandte[57], liegen über die Frühzeit des Gasthauses nur wenig gesicherte Erkenntnisse vor. Die erste urkundliche Erwähnung eines Hospitals findet sich in einer Zoll- und Kellnereirechnung aus dem Jahre 1382, in der es heißt: "Omnium sanctorum gerechnet mit meister Luydken aas vam hospitail, asso dat hey darin vermurt hadde 132000 steens"[58]. Ob es sich bei den Arbeiten um einen von Herzog Wilhelm I. veranlassten Neubau oder, wie die ältere Forschung vermutete, um die Erweiterung eines bereits seit dem 13. Jahrhundert bestehenden Hauses handelte[59], kann nicht entschieden werden. In der Stiftschronik findet sich die Nachricht, die Herren von Eller hätten das Gasthaus auf einem in ihrem Besitz befindlichen Grundstück an der Liebfrauenkapelle erbaut. Sollte diese Angabe zutreffend sein, wäre dies ein Indiz für die These, bereits vor dem Jahre 1382 habe an gleicher Stelle ein Hospital bestanden, da sich das Grundstück gegen Ende des 14. Jahrhunderts bereits im Besitz des Landesherrn befand[60].

Als gesichert gilt, dass das Gasthaus neben der Liebfrauenkapelle vor den Toren der Stadt (heute Ratinger Str. 2) stand. Dies geht aus einer Urkunde vom 13. Mai 1395 hervor, die zugleich den Zweck der Einrichtung umschreibt als eine Stiftung, um "de arme peilgrime (Pilger), seeken (Kranke) ind lamen (Lahme) ind blynden (Blinde) to spysen ind to laven ... in dat Hospitael ind Gasthuys, dat gelegen is zo Dusseldorpe vur lieven Vrouwen porte"[61]. Wie in vielen anderen Städten hatte auch in Düsseldorf das Gasthaus die Doppelfunktion, Kranke und Arme zu unterstützen und durchreisende Fremde und Pilger zu beherbergen[62]. Obwohl für die Unterbringung von Pilgern nur wenige Belege

---

[56] Zur medizinhistorischen Bedeutung des Düsseldorfer Gasthauses vgl. August Hofacker, Kurze Geschichte der Kranken-, Heil- und Pflegeanstalten Düsseldorfs, in: Arthur Schloßmann, Die Düsseldorfer Kranken-, Heil- und Pflegeanstalten, Düsseldorf 1926, 7 - 8, 7; Wilhelm Haberling, Die Geschichte der Düsseldorfer Ärzte und Krankenhäuser bis zum Jahre 1907, in: Düsseldorfer Jahrbuch 38 (1936), 1 - 141, 27 f; Robert Helsper, 100 Jahre Verein der Ärzte Düsseldorfs. Festschrift zur Erinnerung an die Gründung des Vereins im Jahre 1865, Neuss 1965, 86 ff.
[57] Vgl. Joseph Bücheler, Das Gasthaus der Stadt Düsseldorf oder das St. Hubertus - Hospital geschichtlich dargestellt, Düsseldorf 1849, 1 ff.
[58] NHS Jülich - Berg I 1328, Bl. 29a.
[59] Vgl. UBD D.Sp.G. 162 (2º), Sammlung Moritz Wächter Bd. 2, S. 287 ff; Joseph Bücheler, Das Gasthaus der Stadt Düsseldorf oder das St. Hubertus - Hospital geschichtlich dargestellt, Düsseldorf 1849, 4.
[60] Vgl. PfA Düsseldorf St. Lambertus Akten 747, Bl. 108; NHS Handschriften N I 6 V 1a, Bl. 16 f; Franz - Ludwig Greb, Zwei Gnadenbilder in der St. - Lambertus - Pfarrkirche zu Düsseldorf, in: Leonhard Küppers, Die Gottesmutter. Marienbild in Rheinland und in Westfalen Bd. 1, Recklinghausen 1974, 127 - 151, 140.
[61] NHS Düsseldorf Kreuzbrüder Urkunden 5. Vgl. auch SAD Urkunden 11.
[62] Siegfried Reicke, Das deutsche Spital und sein Recht im Mittelalter Bd. 1, Stuttgart 1932, 278 ff.

4. Düsseldorf als Wallfahrtsort

Um die Vorrangstellung der jungen Residenzstadt am Niederrhein nicht nur in religiöser, sondern auch in wirtschaftlicher und politischer Hinsicht zu festigen, vermehrte Herzog Wilhelm den Reliquienschatz der Düsseldorfer Stiftskirche[64], "um sie zu einem weit höheren Glanze, zu einer ersten Residenz der hingeschiedenen Heiligen" zu erheben[65]. Er wandte sich an Papst Bonifatius IX. (1389 - 1404) und erbat am 5. Mai 1394 die Vollmacht, Reliquien aufgelassener Kirchen und Kapellen in die Düsseldorfer Kollegiatskirche überführen zu dürfen[66]. Der römische Pontifex entsprach dem herzoglichen Gesuch und legte seiner Antwort einige Reliquienteile bei, die den Grundstock zu einer der bedeutendsten Reliquiensammlungen am Niederrhein bildeten[67]. Welche Partikel aus Rom stammten, ist ebenso unbekannt wie die Herkunft der meisten übrigen Reliquien, die sich Ausgangs des Mittelalters im Besitz der Stiftskirche befanden. Verzeichnisse aus den Jahren 1397, 1437, 1510 und 1667 belegen[68], dass in der Düsseldorfer Kollegiatskirche zeitweise mehr als zweihundert Gebeine verehrt wurden, zu denen eine unbekannte Zahl von Splittern hinzukam, "deren Namen man nicht weiß, die aber im Buch der Seligkeit aufgeschrieben sind"[69]. Zu den wertvollsten Stücken zählte eine Kreuzpartikel aus Groß - St. Martin in Köln, das der Tradition nach Otto dem Großen bei seiner Kaiserkrönung vom Papst überreicht wurde und später in den Besitz seines Bruders Bruno gelangt war[70]. Wie die Kreuzpartikel, die in einer goldenen Monstranz aufbewahrt wurde, waren auch die meisten übrigen bedeutenden Gebeine in kostbare Reliquiare gefasst. Im Reliquienverzeichnis aus dem Jahre 1397 werden 20, in den Registern von 1437 und 1667 hingegen 13 bzw. 27 Schaugefäße genannt[71].

---

[63] Vgl. Ulrich Brzosa, Die Geschichte der katholischen Kirche in Düsseldorf. Von den Anfängen bis zur Säkularisation, Köln 2001, 502 ff.
[64] Vgl. Oskar Karpa, Die Stifts- und Pfarrkirche St. Lambertus zu Düsseldorf, Düsseldorf 1932, 9.
[65] Joseph Krebs, Zur Geschichte der Heiligthumsfahrten. Als Erinnerung an die Aachener Heiligthumsfahrt im Jahre 1881, Köln 1881, 32 f.
[66] Vgl. NHS Düsseldorf Stift Repetitorien und Handschriften 4, Bl. 14.
[67] Vgl. Bernhard Gustav Bayerle, Die katholischen Kirchen Düsseldorf's von ihrer Entstehung bis auf die neueste Zeit. Ein Beitrag zur Geschichte der Stadt, Düsseldorf 1844, 9.
[68] Vgl. NHS Düsseldorf Stift Repetitorien und Handschriften 4, Bl. 1 ff und 135 ff; PfA Düsseldorf St. Lambertus Handschriften 13, Bl. I ff; PfA Düsseldorf St. Lambertus Akten 477, Bl. 1 ff.
[69] PfA Düsseldorf St. Lambertus Akten 477, Bl. 6. Vgl. auch Franz - Ludwig Greb, Düsseldorf als Wallfahrtsort. Ein Beitrag zur Stadtgeschichte, in: Hermann J. Richartz, St. Lambertus - Ons grote Kerk en Düsseldorf. Aufsätze zur Geschichte und Kunst in und um St. Lambertus, Düsseldorf 1990, 39 - 57, 42.
[70] Vgl. Peter Opladen, Groß St. Martin. Geschichte einer stadtkölnischen Abtei, Düsseldorf 1954, 109.
[71] Vgl. NHS Düsseldorf Stift Repetitorien und Handschriften 4, Bl. 1 ff, 135 ff und 143 ff.

4. Düsseldorf als Wallfahrtsort

Alle Monstranzen und Reliquienbehälter, soweit sie nicht in Altären der Stiftskirche eingelassen waren, wurden nachweislich seit dem Jahre 1443 am Festtag des Jakobus (25. Juli) in feierlicher Prozession durch die Stadt getragen[72]. Die Gebeine der Heiligen, mehr noch aber die mit ihrer Verehrung und dem Besuch der Düsseldorfer Stiftskirche verbundene Gewinnung von Ablässen, waren Magnete, die Gläubige nicht nur aus der näheren Umgebung anzogen. Der älteste bekannte Ablassbrief, der für die Düsseldorfer Kollegiatskirche ausgestellt wurde, stammt aus der Zeit um die Wende zum 14. Jahrhundert[73]. Er geht auf den Jerusalemer Erzbischof Basilius (1295 - 1306) zurück, der allen Besuchern der Konventualkirche St. Lamberti einen 40tägigen Ablass gewährte, wenn sie an den Festen Weihnachten, Ostern, Himmelfahrt, Pfingsten, zu den Festtagen der Gottesmutter Maria, Johannes des Täufers, des Erzengels Michael, Peter und Paul, Laurentius, Stephanus, Lambertus, Nicolaus, Martinus, Katharina, Margaretha, Lucia, Allerheiligen sowie zum Weihetag der Kirche oder zur Oktav der genannten Feste für die Kirchenfabrik, die Beleuchtung, die Ornamente, die Bibliothek oder andere Bedürfnisse der Kirche spendeten. Fast 100 Jahre später erteilte Papst Bonifatius IX. (1389 - 1404) am 29. September 1393 allen Gläubigen, welche die neu ausgestattete Stiftskirche am Fest der Maria Magdalena (22. Juli) besuchten, den gleichen Ablass wie den Besuchern der Marienkirche in Collemaggio/Aquila am Fest der Enthauptung des Hl. Johannes[74]. Am 5. Mai 1394 erweiterte Papst Bonifatius IX. vorgenanntes Privileg dahin, dass auch Besucher und Spender zu Mariae Reinigung (2. Februar) und Mariae Geburt (8. September) je ein Drittel des gewährten Ablasses erhalten konnten[75]. Gegen Ende des gleichen Jahres verlieh der Papst am 30. November 1394 allen Personen, die vor dem Altar des Märtyrer Christophorus und des Confessors Alexius in der Kollegiatskirche beteten an folgenden Tagen vollkommene bzw. unvollkommene Ablässe: Weihnachten, Neujahr, Epiphanie, Ostern, Christi Himmelfahrt, Pfingsten, Fronleichnam, Mariä Geburt, Mariä Verkündigung, Mariä Reinigung, Mariä Geburt, Mariä Himmelfahrt, Johann Baptist, Peter und Paul, Christophorus und Alexius, am Tag der Altarweihe und Allerheiligen sowie in der Oktav von Weihnachten, Epiphanias, Ostern, Himmelfahrt, Fronleichnam, Johann Baptist und Peter und Paul sowie an den sechs Tagen nach Pfingsten[76]. Einen weiteren Ablass erteilte Bonifatius IX. am 6. Juli 1395 allen Gläubigen, die am Tage der Kreuzauffindung (3. Mai) die Düsseldorfer Pfarrkirche aufsuchten[77]. Mit den zahlreichen Ablässen von Papst Bonifatius IX., dessen Wappen der Herzog aus Dank im Chorumgang hinter dem Hochaltar in einem Gewölbeschlussstein der Stiftskirche anbringen ließ[78], war das Gotteshaus das ganze Kirchenjahr hindurch privilegiert,

---

[72] Vgl. NHS Düsseldorf Kreuzbrüder Urkunden 26.
[73] Vgl. PfA Düsseldorf St. Lambertus Urkunden 06.02.1300.
[74] Vgl. PfA Düsseldorf St. Lambertus Urkunden 29.09.1393; NHS Düsseldorf Stift Repetitorien und Handschriften 4, Bl. 12.
[75] Vgl. PfA Düsseldorf St. Lambertus Urkunden 05.05.1394 (1); PfA Düsseldorf St. Lambertus Urkunden 05.05.1394 (2); NHS Düsseldorf Stift Repetitorien und Handschriften 4, Bl. 12.
[76] Vgl. NHS Düsseldorf Stift Repetitorien und Handschriften 4, Bl. 14.
[77] Vgl. PfA Düsseldorf St. Lambertus Urkunden 06.07.1395.
[78] Vgl. Günter Aders, Die Geschichte der Pfarrei St. Lambertus und des Marienstiftes Düsseldorf, in: Die Stifts- und Pfarrkirche St. Lambertus zu Düsseldorf, Ratingen 1956, 15 - 40, 23.

wodurch ständig neue Pilgerscharen nach Düsseldorf gelockt wurden. Wie in anderen Wallfahrtsorten erhielten die Pilger nach Verrichtung aller Andachtsübungen auch in Düsseldorf eine Medaille ausgehändigt. Das einzige bisher bekannt gewordene Düsseldorfer Pilgerzeichen, eine im 15. Jahrhundert angefertigte Bleiplakette, zeigt eine stehende Muttergottes, flankiert von einem barhäuptigen Heiligen mit Buch und Keule (möglicherweise Apollinaris) und einem Bischof mit Krummstab und Schwert (möglicherweise Lambertus)[79].

Dass die Wallfahrer nicht nur aus dem Düsseldorfer Umland sondern aus einem weiterreichenden Einzugsbereich stammten, geht aus der Limburger Chronik des Tilemann Elhen von Wolfhagen hervor, die für das Jahr 1394 berichtet: "Item in dem selben jare vurgeschreben da ging daz abelaß unde Romesche fart ane zu Dusseldorf, daz da liget in Niderlant unde ist des herzogen von dem Berge. Unde was daz von gnaden Bonifacien des nunden babestes zu Rome. Unde wart in der selben zit da selbes gistiftet ein canonie von nuwen uf; daz was von dem großen zuaufe, der da was. Auch ging di selbe gnade unde gracien zu Collen an; die werte ein ganz jar"[80]. Um welche Art von Pilgerzug es sich bei der "Römerfahrt nach Düsseldorf" handelte, ist weder aus der Limburger Chronik noch aus anderen zeitgenössischen Quellen erschließbar. Für die in lokalgeschichtlichen Darstellungen immer wieder anzutreffende Behauptung[81], Düsseldorf habe vom 15. bis zum 18. Jahrhundert neben Aachen, Trier, Köln, Mönchengladbach, Schillings - Kapellen und Gräfrath zu den Hauptwallfahrtsorten des Rheinlands gehört, die alle sieben Jahre nacheinander besucht wurden[82], finden sich in der Überlieferung keine Anhaltspunkte. Vor dem Hintergrund politischer Spannungen und kriegerischer Fehden um die Wende zum 15. Jahrhundert, die den mühsam errungenen Aufstieg der bergischen Residenzstadt schlagartig stoppten und der Stadt vorerst jede weitere Entwicklungsmöglichkeit nahmen[83], ist vielmehr zu vermuten, dass Düsseldorf bald wieder aus dem Kreis überregionaler Wallfahrtszentren ausschied und zu einem Pilgerort herabsank, der nur für das nähere Umland bedeutsam war[84].

---

[79] Vgl. SKK Inventarnummer N. T. 80.
[80] Tilemann Elhen von Wolfhagen, Die Limburger Chronik, in: Monumenta Germaniae Historica inde ab anno Christi quingentesimo usque ad annum millesimum et quingentesimum. Scriptorum qui vernacula lingua usi sunt Tom. 4.1, Hannover 1883, 1 - 118, 88 f.
[81] Vgl. Joseph Krebs, Zur Geschichte der Heiligthumsfahrten. Als Erinnerung an die Aachener Heiligthumsfahrt im Jahre 1881, Köln 1881, 29 ff.
[82] Vgl. Erich Stephany, Der Zusammenhang der großen Wallfahrtsorte an Rhein - Maas - Mosel, in: Kölner Domblatt 23/24 (1964), 163 - 179, 163 ff.
[83] Vgl. Karl Leopold Strauven, Die Gefangennahme Herzog Wilhelm von Berg durch seinen Sohn, den Grafen Adolf von Ravensberg am 28. November 1403, in: Zeitschrift des Bergischen Geschichtsvereins 15 (1879), 227 - 240, 227 ff.
[84] Vgl. Heinz Finger, Neuss und Düsseldorf als mittelalterliche Wallfahrtsorte, in: Hans Hecker, Pilgerfahrten, Düsseldorf (zurzeit im Druck).

5. Armenpflege, Armenhäuser, Kreuzbrüderkloster

Spätestens seit dieser Zeit hatte im Düsseldorfer Gasthaus die Sorge für einheimische Arme, Alte und Waisen, Kranke und Invalide, überhaupt für alle der Hilfe Bedürftigen den Vorrang[85]. Dass das Gasthaus mit dem Niedergang Düsseldorfs als Wallfahrtsort immer mehr von einem Xenodochium zu einem Armenhaus transformierte[86], hat vor allem in den wichtigsten Quellen zur Geschichte des Gasthauses, den Rechnungen der Jahre 1421 bis 1849[87], seinen Niederschlag gefunden. Aus den Gasthausrechnungen geht hervor, dass das rund ein Dutzend Plätze[88] zählende Haus sein Selbstverständnis nicht mehr in der Bereitstellung angemessener Unterkünfte für Reisende und Wallfahrer sah, sondern aus der Sorge um eine gerechte Verteilung von Almosen an Bedürftige ableitete. Die unterstützten Armen, im Gasthaus wie in der offenen Armenfürsorge, waren in der Mehrzahl verwaiste Kinder und allein stehende Frauen[89]. Der Anteil letzterer an der Gesamtheit der Bedürftigen war, wohl hauptsächlich aufgrund schlechterer Einkommenssituation, drei- bis viermal so hoch wie der Anteil der Männer. Die offene Armenfürsorge erbrachte neben der überwiegenden Unterstützungsleistung in Geld, etwa einen bis drei Albus pro Woche, auch Sachleistungen[90]. Dazu gehörte die Ausgabe von Tuch- und Kleiderspenden an Bedürftige[91] ebenso wie die Übernahme der Kosten einer wundärztlichen Behandlung[92] oder Unterhaltszahlungen an Eltern mit Pflegekindern[93]. Das Gasthaus trat auch in Not und Krisensituation in Erscheinung; so versorgte es Bürger inundierter Bezirke mit Brot oder organisierte die Separierung, Pflege und Beisetzung von Pestkranken[94]. Ziel der Zuteilungen war es anscheinend, die Armenfürsorgeleistungen einheimischen Armen vorzubehalten und den Zuzug von Bedürftigen abzuwehren. Dies ist jedoch ein Eindruck, der sich nicht zur Gewissheit verdichten lässt. Eine säkulare Entwicklung stellt der starke, teilweise sogar systematische Ausbau der Unterstüt-

---

[85] NHS Düsseldorf Kreuzbrüder Urkunden 5.

[86] Vgl. Josef Wilden, Zur Geschichte der öffentlichen Armenpflege in Düsseldorf, in: Beiträge zur Geschichte des Niederrheins 21 (1906/07), 276 - 311, 278.

[87] Vgl. SAD NL 100 Hubertushospital 1 bis 25, Gasthausrechnung 1421 bis 1849.

[88] Vgl. SAD NL 100 Hubertushospital 2a, Gasthausrechnung 1536, Bl. 5.

[89] Vgl. Erich Wisplinghoff, Mittelalter und frühe Neuzeit. Von den ersten schriftlichen Nachrichten bis zum Ende des Jülich - Klevischen Erbstreites (ca. 700 - 1614), in: Hugo Weidenhaupt, Düsseldorf. Geschichte von den Ursprüngen bis ins 20. Jahrhundert Bd. 1, Düsseldorf 1988, 161 - 445, 271 f.

[90] Vgl. SAD NL 100 Hubertushospital 3, Gasthausrechnung 1580, Bl. 38; SAD NL 100 Hubertushospital 4, Gasthausrechnung 1585, Bl. 28.

[91] Vgl. SAD NL 100 Hubertushospital 3, Gasthausrechnung 1570, Bl. 21 ff; SAD NL 100 Hubertushospital 3, Gasthausrechnung 1578, Bl. 23 ff; SAD NL 100 Hubertushospital 4, Gasthausrechnung 1590, Bl. 30 ff.

[92] Vgl. SAD NL 100 Hubertushospital 2a, Gasthausrechnung 1550, Bl. 15.

[93] Vgl. SAD NL 100 Hubertushospital 3, Gasthausrechnung 1570, Bl. 34 f; SAD NL 100 Hubertushospital 3, Gasthausrechnung 1580, Bl. 41 f; SAD NL 100 Hubertushospital 4, Gasthausrechnung 1589, Bl. 50 f.

[94] Vgl. SAD NL 100 Hubertushospital 3, Gasthausrechnung 1571, Bl. 15 f; SAD NL 100 Hubertushospital 3, Gasthausrechnung 1573, Bl. 46.

zung der Hausarmen dar[95]. So verfügte eine Bestimmung aus dem Jahre 1560, "bei Ausspendung der Almosen nicht auf die sogenannten Ledigsgänger, die nur im Schein der Armut herumlaufen und betteln, sondern auf die rechten, wahren, bekannten Hausarmen vorzuglich aufzumerken"[96]. Diese aus Gründen der Scham nicht bettelnden, im Allgemeinen dem unteren Bürgertum angehörenden Armen empfingen im 16. Jahrhundert immer umfangreichere öffentliche Hilfen. In einem "Normaljahr" wie 1550 erhielten etwa 145 Personen größere oder kleinere Zuwendungen; in Seuchenjahren wie 1577 oder 1587 verdoppelte sich die Zahl der Unterstützten auf über 300[97].

Die Aufsicht über das Gasthaus führte der Bürgermeister, der in Absprache mit dem Magistrat die Leitung und Verwaltung der Anstalt einem Gasthausmeister übertrug. Dieser kümmerte sich um die Instandhaltung des Gasthauses und war für die Beschaffung von Lebensmitteln und Kleidung verantwortlich. Darüber hinaus war er an der Ausgabe von Gelddeputaten beteiligt, die sich überwiegend aus Stiftungsgeldern speisten, die einst wohlhabende Düsseldorfer Kanoniker und Bürger zur Unterhaltung des Hospitals ausgesetzt hatten[98]. Größere Zuwendungen waren unter den Vermächtnissen die Ausnahme; in der Regel handelte es sich um Stiftungen mit nur geringen Kapitalerträgen. Zu dieser Kategorie gehörte etwa die im Jahre 1399 von Rycke Joris erworbene Rente von einer Mark. Im Regest der Urkunde heißt es: "Rycke Joris und Hinricken ihre Sohn verkaufen an Henrichen Breeggmann und Hermann Blyde gekoren Gastmeistern und Vormünder unser lieben Frawen zu Düsseldorff in urbar und behuf der armen Pilgrime eine Mark brabändisch erblicher jährlicher Renten, wofür man den alten Leuten die Kohlen gelten solle pro termino Sti Jacobi apostoli oder 14 Nacht unbefangen binnen Düsseldorff in das Gasthaus zu zahlen, gegen eine dafür erhaltene Summe Geldes, und verpfänden dafür ihr Haus"[99].

Um den Missbrauch von Fürsorgeleistungen zu unterbinden, wurden die Gasthausmeister im Jahre 1512 angewiesen, im Hospital "gein unbequeme noch unerber personen zo husen, noch zu herbergen ind boeven alle de armen reinlich ind wail zo halden, zo spisen und zo laven van den ... jaiirenten ind anders zo dem ... gasthuis gehoerende"[100]. Für die praktische Hilfe und die konkrete Verteilung von Unterstützungsleistungen war die Gasthausfrau verantwortlich, die auch die Kranken pflegte und für die

---

[95] Vgl. Erich Wisplinghoff, Mittelalter und frühe Neuzeit. Von den ersten schriftlichen Nachrichten bis zum Ende des Jülich - Klevischen Erbstreites (ca. 700 - 1614), in: Hugo Weidenhaupt, Düsseldorf. Geschichte von den Ursprüngen bis ins 20. Jahrhundert Bd. 1, Düsseldorf 1988, 161 - 445, 272.

[96] Zitiert nach August Schönherr, Das Düsseldorfer Pflegehaus und seine Geschichte. Ein Beitrag zur Düsseldorfer Heimatgeschichte, Düsseldorf 1927, 11.

[97] Vgl. SAD NL 100 Hubertushospital 2b, Gasthausrechnung 1550, Bl. 1 ff; SAD NL 100 Hubertushospital 3, Gasthausrechnung 1577, Bl. 1 ff; SAD NL 100 Hubertushospital 4, Gasthausrechnung 1587, Bl. 1 ff.

[98] Vgl. NHS Düsseldorf Stift Repetitorien und Handschriften 14, Bl. 29; NHS Jülich - Berg II 3942, Bl. 1 ff; SAD NL 100 Hubertushospital, unsigniertes Konvolut, 29.12.1739; Hermann Lohausen, Die Düsseldorfer Gasthausmeister. Düsseldorfer Dokumente aus einem halben Jahrtausend bürgerlicher Fürsorge, Düsseldorf 1986, 57 ff.

[99] Zitiert nach August Schönherr, Das Düsseldorfer Pflegehaus und seine Geschichte. Ein Beitrag zur Düsseldorfer Heimatgeschichte, Düsseldorf 1927, 39.

[100] NHS Handschriften A II 3, Bl. 40 ff.

5. Armenpflege, Armenhäuser, Kreuzbrüderkloster

Reinigung des Hauses sorgte[101]. Obwohl das Gasthaus eine profane Einrichtung war und keine Bindung an den Klerus oder eine kirchliche Institution besaß, hatte es unverkennbar "einen kirchlichen Anstrich"[102]. Nach Ausweis der Akten mussten nicht selten diejenigen, "welche bleibend ... aufgenommen sein wollten, ihre weltliche Kleidung ablegen, allem Eigenthume entsagen, und häufigerem Gebet und gottesdienstlicher Übung obliegen, als sonst bei Laien gewöhnlich war"[103].

Im Zuge der Planungen zum Bau eines Klosters für die Kreuzbrüder, die Herzog Gerhard (1437 - 1475) nach Düsseldorf berufen und am 14. August 1443 mit der Liebfrauenkapelle und dem angrenzenden Gasthaus ausgestattet hatte[104], wurde das Xenodochium vor dem Liebfrauentor aufgehoben und ein neues Hospital auf dem heutigen Grundstück Flinger Str. 21 eingerichtet[105], das spätestens in den Jahren 1449/50 seine Pforten für Bedürftige öffnete[106]. Zum neuen Hospital gehörte eine Hauskapelle[107], zu deren Bedienung der Boslarer Pfarrer und frühere Düsseldorfer Schlosskaplan Heinrich von Friemersheim am 14. März 1507 die St. Annen - Vikarie stiftete[108]. Der zur Vikarie gehörige Altar wurde "zo der eren des almechtigen gotz, Marin syner gebenedider moder ind alre liever hilgen ind sunderheit zo loeve der hilgen sent Cristofer, merteler, sent Jheronimus, sent Servacius, sent Gwilhelmus, confessoren ind der hilger vrouwen sent Annen, moder der hoichgeloiffder jungfferen Marien, ind der XI dusent mechde ind sent Birgitte, wedve" geweiht[109]. Die Kollatur für den Altar stand dem Bürgermeister, den Schöffen, dem Rat und den Kirchmeistern zu[110].

Außer dem Gasthaus in der Flinger Straße gab es seit Mitte des 16. Jahrhunderts in der "Lewengasse" (heute Liefergasse 2/8) ein im Jahre 1549 vom Stiftsscholaster Wilhelm Steingen gegründetes Armenhaus, das von Kreuzbrüdern verwaltet wurde[111]. Wegen fehlender Unterlagen bleibt aber sowohl das Bild vom Haus, das noch 1804 als

---

[101] Vgl. SAD NL 100 Hubertushospital 3, Gasthausrechnung 1572, Bl. 13 und 18; SAD NL 100 Hubertushospital 4, Gasthausrechnung 1588, Bl. 31; SAD NL 100 Hubertushospital 5, Gasthausrechnung 1598, Bl. 28 und 45.

[102] Joseph Bücheler, Das Gasthaus der Stadt Düsseldorf oder das St. Hubertus - Hospital geschichtlich dargestellt, Düsseldorf 1849, 6.

[103] Joseph Bücheler, Das Gasthaus der Stadt Düsseldorf oder das St. Hubertus - Hospital geschichtlich dargestellt, Düsseldorf 1849, 6 f.

[104] Vgl. NHS Düsseldorf Kreuzbrüder Urkunden 26.

[105] Vgl. NHS Nachlass Friedrich Lau 4, 03.02.1710; Friedrich Lau, Das Gasthaus an der Flinger Straße und der Düsselstein, in: Alt - Düsseldorf Jg. 1 Nr. 1 (07.02.1924), 2 - 3, 2.

[106] Vgl. SAD NL 100 Hubertushospital 1, Gasthausrechnung 1449/50, Bl. 3.

[107] Vgl. SAD NL 100 Hubertushospital 6, Gasthausrechnung 1601, Bl. 13 und 15.

[108] Vgl. SAD Urkunden 32, 14.03.1507; Friedrich Lau, Die Bauten am Düsseldorfer Schloß während des 16. Jahrhunderts, in: Düsseldorfer Jahrbuch 31 (1920/24), 138 - 151, 151.

[109] NHS Düsseldorf Stift Akten 28, Bl. 6.

[110] Vgl. PfA Düsseldorf St. Lambertus Urkunden 15.03.1639; NHS Handschriften N I 6 V 1a, Bl. 6; NHS Düsseldorf Stift Urkunden 287; NHS Jülich - Berg II 321, Bl. 15; NHS Jülich - Berg II 617, Bl. 1 ff; SAD Urkunden 32, 18.08.1538.

[111] Vgl. PfA Düsseldorf St. Lambertus Urkunden 20.03.1587; NHS Düsseldorf Kreuzbrüder Urkunden 111.

"Armenhaus" bezeichnet wird[112], wie auch der Anteil der Kreuzbrüder an der Düsseldorfer Armenpflege unscharf. Bekannt ist, dass zu den Aufgaben der Kreuzbrüder neben der Betreuung der Liebfrauenkapelle und Versorgung der nach Düsseldorf pilgernden Wallfahrer vor allem die "vermehrunghe des gotlichen dienstes" sowie das Predigen und Beichthören in ihrer Kirche gehörte[113]. Außerhalb des Klosters durften die Konventualen keine Seelsorge ausüben, vor allem keine Sakramente spenden. An Festtagen mussten die Kreuzbrüder die Gläubigen ausdrücklich auf den Gottesdienst in der Stiftskirche verweisen: "Ind besunder dat sij sullen in den oversten hogezijden, as Cristmissen, Paisschen, Pinxsten ind Unser Liever Vrauwen dage, Alreheiligen dage und des gestichtz und moderkirchen patronen dage die kirspelslude guetlichen underwijsen, yn yere moderkirchen zo sijn, as sij dat schuldich synt"[114]. Da der im belgischen Huy entstandene Orden dem kontemplativen Leben verpflichtet war und die Ausübung des kirchlichen Predigeramtes zu seiner wichtigsten Aufgabe zählte[115], verwundert es nicht, dass die Düsseldorfer Kreuzbrüder auf dem Gebiet der Armenpflege nur wenig in Erscheinung traten.

6. Bruderschaftswesen

Anders verhielt es sich mit den kirchlichen Bruderschaften, die bis zur Reformation in Düsseldorf neben freiwilligen Werken der Frömmigkeit (vermehrter Gottesdienstbesuch, besondere Gebete, Bußwerke) vor allem sozial - caritative Dienste leisteten. Die Idee der Bruderschaften gründete in der christlichen Brüderlichkeit, die die Gemeinschaft der Kirche bestimmt. Vorläufer der eigentlichen Bruderschaften waren Gebetsverbrüderungen, die von Klöstern ausgingen, aber auch von städtischen und ländlichen Kirchengemeinden getragen wurden. Die Mitglieder waren durch Gebetsverpflichtungen miteinander verbunden und traten in geistlicher Verantwortung füreinander ein. Diese religiös begründeten Gemeinschaftsformen, für die die persönliche Entscheidung und das genossenschaftliche Element bestimmend waren, verdichteten sich in der mittelalterlichen Bruderschaft. Ihr soziales Umfeld war die Stadt, in der die Bruderschaften mit ihren religiösen und weltlichen Aufgaben zu konstitutiven Elementen der städtischen Gesellschaft wurden. Die Organisationsformen der Bruderschaften waren weitgehend identisch und angeglichen: Statuten, Vermögensbildung aus Eintritts-, Jahresgeldern, Spenden, Gebetsverpflichtungen, Bindung an bestimmte Kirchen, Kapellen oder Altäre, gesellschaftliche Aufgaben und gesellige Veranstaltungen. Die religiöse Motivation schlug sich in besonderen Andachtsformen nieder: Altarsakrament, Marienverehrung,

---

[112] NN, Düsseldorfer Armenanstalt, in: Wochentliche Nachrichten (Düsseldorf). Mit Churpfalz - Bayerisch Gnädigster Freyheit Nr. 17 (24.04.1804), o. S. (8).
[113] Vgl. NHS Düsseldorf Kreuzbrüder Urkunden 26.
[114] NHS Düsseldorf Kreuzbrüder Urkunden 26.
[115] Vgl. Robert Haaß, Die Kreuzherren in den Rheinlanden, Bonn 1932, 1 ff.

6. Bruderschaftswesen

Bindung an besondere Heilige, die auch Berufs- und Standespatrone sein konnten. Die gesellschaftlichen Aufgaben lagen neben dem stellvertretenden Gebet vor allem auf dem sozial - caritativen Gebiet: Krankenpflege, Totenbestattung, Pilger- und Fremdenfürsorge, Gefangenenbefreiung[116].

Über die Anfänge des Bruderschaftswesens im Düsseldorfer Raum liefern die Quellen nicht einmal Andeutungen[117]. Vermutlich handelte es sich um so genannte Spital-, Pilger- oder Elendenbruderschaften, die vermehrt seit dem 14. Jahrhundert im Gefolge der Armut in schnell wachsenden Städten wie auch der zunehmenden Verbreitung des Pilgerwesens entstanden[118]. Entsprechend dem Betätigungsfeld dieser Kommunitäten lassen sie sich im Gebiet zwischen Düssel und Kittelbach nur in den städtischen oder stadtähnlichen Gemeinden von Kaiserswerth, Gerresheim und Düsseldorf nachweisen. Da keine Fundationsurkunden oder Statuten der Fürsorgebruderschaften überliefert sind, ist ihr Charakter nur anhand späterer Nachrichten und durch Vergleich mit zeitgenössischen Bruderschaften an anderen Orten zu erschließen. Dies gilt vor allem für die "fraternitas sancte marie in weerda (Kaiserswerth)", die älteste im heutigen Stadtgebiet von Düsseldorf nachweisbare Bruderschaft. Auskunft über ihren Zweck und ihre Tätigkeit geben weder ein im Jahre 1360 angelegtes Verzeichnis mit den Namen von 89 lebenden und 88 verstorbenen Mitgliedern[119], noch zahlreich überlieferte Urkunden, in denen die Kommunität Erwähnung findet[120]. Nur einige Schenkungsurkunden für die Liebfrauenbruderschaft lassen erahnen, dass es sich bei dieser Vereinigung um eine Armenbruderschaft handelte, die möglicherweise mit einem der Kaiserswerther Gasthäuser in Zusammenhang stand[121]. Einer Urkunde des Schultheissen Geerlich Grys vom 14. April 1448 ist zu entnehmen, dass die Kaiserswerther Marienbruderschaft über eine Rente verfügte, deren Zinsen an den Quatembern des Pfingstfestes der Armenfürsorge zukommen sollte[122]. In einer am 8. Januar 1508 ausgestellten Schenkungsurkunde des Kanonikus Ludwig van Poillich wird auf einen Stiftungsfond der Bruderschaft verwie-

---

[116] Vgl. Klaus Militzer, Quellen zur Geschichte der Kölner Laienbruderschaften vom 12. Jahrhundert bis 1562/63 Bd. 1, Düsseldorf 1997, XI ff; Klaus Militzer, Laienbruderschaften in Köln in Spätmittelalter und früher Neuzeit, in: Albert Gerhards, Kölnische Liturgie und ihre Geschichte. Studien zur interdisziplinären Erforschung des Gottesdienstes im Erzbistum Köln, Münster 2000, 222 - 242, 222 ff; Klaus Militzer, Laienbruderschaften in Köln im 16. Jahrhundert, in: Georg Mölich, Köln als Kommunikationszentrum. Studien zur frühneuzeitlichen Stadtgeschichte, Köln 2000, 255 - 270, 255 ff.

[117] Vgl. Ulrich Brzosa, Die Geschichte der katholischen Kirche in Düsseldorf. Von den Anfängen bis zur Säkularisation, Köln 2001, 397 ff.

[118] Vgl. Ernst von Moeller, Die Elendenbrüderschaften. Ein Beitrag zur Geschichte der Fremdenfürsorge im Mittelalter, Leipzig 1906, 6 ff; Josef Heinsberg, Die Elendenbruderschaft des Mittelalters als soziologisches Phänomen, Düsseldorf 1933, 5 ff.

[119] Vgl. NHS Kaiserswerth Stift Akten 9d. Vgl. dazu Hermann Burghard, Kaiserswerth im späten Mittelalter. Personen-, wirtschafts- und sozialgeschichtliche Untersuchungen zur Geschichte einer niederrheinischen Kleinstadt, Köln 1994, 405.

[120] Vgl. dazu die bei Heinrich Kelleter, Urkundenbuch des Stiftes Kaiserswerth, Bonn 1904, 630 und Guido Rotthoff, Inventar des Archivs der Pfarrkirche St. Suitbertus in Kaiserswerth, Essen 1961, 142 unter dem Lemma "Liebfrauenbruderschaft" zusammengestellten Urkunden und Akten.

[121] Vgl. unten S. 51.

[122] Vgl. NHS Kaiserswerth Stift Urkunden 439.

sen, dessen jährlicher Ertrag zur Einkleidung der Armen in der Suitbertusstadt bestimmt war[123]. Wenige Wochen zuvor war der Bruderschaft am 12. November 1507 eine nicht näher bestimmbare Armenspende zugefallen[124].

Ähnliche Ziele wie die Kaiserswerther Marienbruderschaft dürfte die Liebfrauenbruderschaft in Gerresheim verfolgt haben, deren Existenz durch Urkunden des Hippolytstiftes verbürgt ist[125]. Dass es sich bei dieser im Jahre 1400 erstmals unter dem Namen "unser vrauwen broderschap zo Gerisheim"[126] in Erscheinung getretenen Vereinigung um eine Armenbruderschaft handelte, die vermutlich auch hier in Verbindung mit einem Gasthaus stand[127], legt die seit dem Jahre 1550 nachweisbare Verpflichtung der Bruderschaftsmitglieder nahe, am Freitag nach Christi Himmelfahrt an die Armen von Gerresheim 1,5 Malter Roggen auszugeben[128].

Analog zu den Marienbruderschaften in Kaiserswerth und Gerresheim wird auch bei der Düsseldorfer Liebfrauenbruderschaft die Sorge um Arme, Kranke und Fremde im Mittelpunkt des Bruderschaftslebens gestanden haben. Schon ihr Sitz an der Liebfrauenkapelle neben dem Gasthaus weist auf dieses Betätigungsfeld hin. Weitere Indizien für eine enge Verflechtung beider Institutionen sind die Abgabe der Einschreibegebühren neuer Mitglieder an das Gasthaus[129] sowie das Bruderschaftsessen am Sonntag nach St. Jakobus aus Mitteln des Hospitals[130]. Die erstmals um 1407 erwähnte Marienbruderschaft an der Liebfrauenkapelle hatte zwar viele Gemeinsamkeiten mit mittelalterlichen Spitalbruderschaften anderer Städte[131], doch darf sie nicht mit diesen gleichgesetzt werden. Sie war weder Träger des Düsseldorfer Gasthauses noch stellte sie das Aufsichts- und Pflegepersonal. Als Annex der Marienkapelle, in der sie ihre Gottesdienste feierte, hatte sie keinerlei Einfluss auf die Verwaltung des Spitals[132]. Neben Unterstützung der Armen- und Fremdenfürsorge dürfte vor allem die Ausrichtung von Begräbnissen für Auswärtige eine zentrale Aufgabe der Düsseldorfer Marienbruderschaft gewesen sein[133]. Während die Bestattung Einheimischer in der Regel von Familienangehörigen durchge-

---

[123] Vgl. NHS Kaiserswerth Stift Urkunden 562.
[124] Vgl. NHS Kaiserswerth Stift Urkunden 560.
[125] Vgl. NHS Gerresheim Stift Urkunden 200; NHS Gerresheim Stift Urkunden 238; NHS Gerresheim Stift Urkunden 244; NHS Gerresheim Stift Urkunden 336; NHS Gerresheim Stift Akten 45, Bl. 10 ff.
[126] NHS Gerresheim Stift Urkunden 151.
[127] Vgl. unten S. 52 f.
[128] Vgl. NHS Jülich - Berg II 227, Bl. 119.
[129] Vgl. SAD NL 100 Hubertushospital 1, Gasthausrechnung 1422/23, Bl. 3; SAD NL 100 Hubertushospital 2a, Gasthausrechnung 1519, Bl. 4; SAD NL 100 Hubertushospital 2a, Gasthausrechnung 1532, Bl. 5.
[130] Vgl. SAD NL 100 Hubertushospital 1, Gasthausrechnung 1422/23, Bl. 4; SAD NL 100 Hubertushospital 1, Gasthausrechnung 1464, Bl. 16.
[131] Vgl. Siegfried Reicke, Das deutsche Spital und sein Recht im Mittelalter Bd. 1, Stuttgart 1932, 48 ff.
[132] Vgl. Ulrich Brzosa, Die Geschichte der katholischen Kirche in Düsseldorf. Von den Anfängen bis zur Säkularisation, Köln 2001, 366.
[133] Zum mittelalterlichen Begräbniswesen vgl. Norbert Ohler, Sterben, Tod und Grablege nach ausgewählten mittelalterlichen Quellen, in: Hansjakob Becker, Im Angesicht des Todes. Ein interdisziplinäres Kompendium Bd. 1, St. Ottilien 1987, 569 - 591, 583 ff; Norbert Ohler, Sterben und Tod im Mittelalter, München 1990, 51 ff.

6. Bruderschaftswesen

führt wurde, fühlte sich beim Tod von Fremden niemand zuständig. Da nach altkirchlicher Tradition aber Christen zur Beerdigung Heimatloser verpflichtet waren[134], übten die Marienbruderschaften eine nicht unbedeutende Gemeinschaftsaufgabe aus[135].

Über den weiteren Werdegang der Liebfrauenbruderschaft an der Marienkapelle sind bis zur Reformation kaum Nachrichten überliefert. Abgesehen von einigen Düsseldorfer Gasthausrechnungen, gibt es nur wenige Schriftstücke, in denen sie genannt wird[136]. Daher kann auch nur spekulativ die Vermutung angestellt werden, die Marienbruderschaft sei im Laufe der Zeit zu einer Rosenkranzbruderschaft transformiert[137]. Wie ein heute im Gemeindehaus der Pfarrei St. Lambertus aufbewahrtes Triptychon aus dem Jahre 1528 zeigt[138], bestand nach der Bildunterschrift in Düsseldorf um diese Zeit eine "Broderschaft der Freuden unser lever Frauen von Susteren und Broederen des Rosenkrantz". Diese war möglicherweise aus der Bruderschaft an der Liebfrauenkapelle entstanden, als Mitte des 15. Jahrhunderts das Gasthaus von der Ratinger Straße in die Flinger Straße verlegt wurde. Da die Marienbruderschaft mit Übersiedlung des Hospitals keinen unmittelbaren Kontakt mehr zu Armen und Hilfsbedürftigen hatte, ist es denkbar, dass sich die Kommunität unter Einfluss des benachbarten Kreuzbrüderklosters von einem praktisch orientierten Hilfsbündnis zu einer spirituell ausgerichteten Gebetsgemeinschaft wandelte. Wie schon die Marienbruderschaft, so erfreute sich auch die Düsseldorfer Rosenkranzbruderschaft der Protektion der Landesherrn[139]. Auf dem Triptychon von 1528 ist eine Schutzmantelmadonna im Rosen geränderten Strahlenkreuz zu erkennen, unter deren Mantel Herzog Johann III. mit seiner Frau und seinem Sohn knien und gemeinsam mit anderen Bruderschaftsmitgliedern den Rosenkranz beten. Trotz der landesherrlichen Begünstigung kam es, dass die Rosenkranzbruderschaft die Wirren der Reformation nicht überdauerte und vermutlich bereits in der ersten Hälfte des 16. Jahrhunderts unterging[140].

Einige Jahre später als Marienbruderschaften, dafür wesentlich häufiger begegnen im Untersuchungsraum Sebastianusbruderschaften. Sie lassen sich bis zur Säkularisation in Benrath, Bilk, Derendorf, Düsseldorf, Gerresheim, Hamm, Heerdt, Himmelgeist und Kaiserswerth nachweisen[141]. Als exemplarisch für ihr Selbstverständnis kann die am 20.

---

[134] Vgl. Ernst von Moeller, Die Elendenbrüderschaften. Ein Beitrag zur Geschichte der Fremdenfürsorge im Mittelalter, Leipzig 1906, 166 ff.
[135] Vgl. Peter Löffler, Studien zum Totenbrauchtum in den Gilden, Bruderschaften und Nachbarschaften Westfalens vom Ende des 15. bis zum Ende des 19. Jahrhunderts, Münster 1975, 75 ff.
[136] Vgl. etwa SAD Urkunden 8.
[137] Vgl. Heinrich Börsting, Errichtung einer Rosenkranz - Bruderschaft an der ehemaligen Kreuzherrenkirche in Düsseldorf im Jahre 1408, in: Maria im Kult, Essen 1964, 226 - 228, 226 ff.
[138] Eine Abbildung des Triptychons findet sich bei Sonja Schürmann, Triptychon der Rosenkranzbruderschaft mit der Darstellung der herzoglichen Familie. Katholische Pfarrkirche St. Lambertus, Düsseldorf, in: Düsseldorf Archiv, Braunschweig 1988 ff, Nr. D 03012.
[139] Vgl. PfA Düsseldorf St. Lambertus Handschriften 8, Bl. 6 f.
[140] Die Mitgliederliste der alten Rosenkranzbruderschaft reicht bis zum Jahre 1532 (vgl. PfA Düsseldorf St. Lambertus Handschriften 8, Bl. 217).
[141] Vgl. Ulrich Brzosa, Die Geschichte der katholischen Kirche in Düsseldorf. Von den Anfängen bis zur Säkularisation, Köln 2001, 412 ff.

Januar 1435 ausgestellte Erneuerungsurkunde der Düsseldorfer Sebastianusbruderschaft angesehen werden[142]. Die 22 Artikel umfassende Satzung regelte neben der Einsetzung von Brudermeistern zur Leitung und den Modalitäten zur Aufnahme neuer Brüder und Schwestern vor allem die Feierlichkeiten am Titularfest (20. Januar) der Bruderschaft. So wurde bestimmt, "dat eyn yeclich broder und suster vyren sall op Sebastianis dach gelych den vyer hogetzyden, want he unsser geselschaft und broderschaft patrone is" (Artikel 4). Es sollten "yechliches jair op den vurgenanten sent Sebastianis dach halden ... zwa missen, as eyne sancmisse und eyne lesemisse, vur broder und sustere, levendige und doiden der vurs. broderschaft" (Artikel 5). Nach den Gottesdiensten war ein Mahl vorgesehen, bei dem "eyn yeclich broder und suster ... vertzeren yre gelaich zosamen" (Artikel 6). Außerdem legten die Statuten fest, dass die Mitglieder zur Unterstützung verarmter und zum Begräbnis verstorbener Bruderschaftsangehöriger verpflichtet waren (Artikel 8, 10, 17, 19). Daneben enthielt das Regelwerk einen umfangreichen Tugendkatalog, dem jedes einzelne Mitglied Folge zu leisten hatte und dessen Missachtung mit strengen Strafen geahndet wurde. So sollte "geyn broeder dem anderen gelt, noch golt, noch eynicherley punten affwynnen myt eynicher kunne spele, id sy cleyn off grois, as sy in yree geselschaft synt" (Artikel 12).

Im Zuge der Reformation, die die Kraft des gegenseitigen Fürbittgebets grundsätzlich in Frage stellte[143], wurde den mittelalterlichen Bruderschaften ihre theologische Grundlage weitgehend entzogen. Auch am Niederrhein sanken die Fraternitäten mit Ausnahme der Sebastianusbruderschaften zur völligen Bedeutungslosigkeit herab oder transformierten wie die Düsseldorfer Liebfrauenbruderschaft zu Vereinigungen mit neuer Zweckbestimmung. Zwar versuchten die Bruderschaften der Gegenreformation an alte Traditionen anzuknüpfen, doch stellten sie sowohl hinsichtlich ihrer Zielsetzungen wie auch Strukturen nach einen Neuanfang dar[144]. Gegenüber den vortridentinischen Verhältnissen ist nicht zu übersehen, dass sich das religiöse Moment eindeutig in den Vordergrund schob und caritatives Handeln und geselliger Verkehr zugunsten von Frömmigkeitsübungen und katechetischer Unterweisung zurückdrängte[145].

---

[142] Vgl. SAD Urkunden 17a. Die Urkunde ist abgedruckt bei NN, Stiftungs - Urkunde der S. Sebastiany Bruderschaft vom Jahre 1435, in: Düsseldorfer Kreisblatt und Täglicher Anzeiger Jg. 7 Nr. 194 (20.07.1845), o. S. (1) und Nr. 195 (21.07.1845), o. S. (1).
[143] Vgl. Martin Luther, Eyn Sermon von dem Hochwirdigen Sacrament des heyligen waren Leychnamß Christi, und von den Bruderschafften, Wittenberg 1519, o. S. (1 ff).
[144] Vgl. Bernhard Schneider, Wandel und Beharrung. Bruderschaften und Frömmigkeit in Spätmittelalter und Früher Neuzeit, in: Hansgeorg Molitor, Volksfrömmigkeit in der frühen Neuzeit, Münster 1994, 65 - 87, 68 ff.
[145] Vgl. Thomas Paul Becker, Konfessionalisierung in Kurköln. Untersuchungen zur Durchsetzung der katholischen Reform in den Dekanaten Ahrgau und Bonn anhand von Visitationsprotokollen 1583 - 1761, Bonn 1989, 181 ff.

7. Ordenswesen

Die weithin spürbaren Folgen der spätmittelalterlichen Bruderschaftsauflösungen aufzufangen und abzumildern, waren am ehesten die Klöster zu berufen. Doch konnten oder wollten die im Zeitalter der Gegenreformation nach Düsseldorf berufenen Ordensgemeinschaften das auf sozial - caritativem Gebiet entstandene Vakuum nur bedingt ausfüllen.

Kapuziner

Nachdem Pfalzgraf Wolfgang Wilhelm im Jahre 1614 von der protestantischen zur katholischen Kirche übergetreten war, förderte der Konvertit mit Eifer die Interessen seiner neuen Kirche[146]. Die erste Kongregation, die zur Durchführung der Gegenreformation nach Düsseldorf berufen wurde, war der Kapuzinerorden[147]. Wer den Anstoß zur Niederlassung der Patres in der bergischen Residenzstadt gab, ist aus der dürftigen Quellenüberlieferung nicht erkennbar. Als am 10. November 1617 die ersten Patres von Köln nach Düsseldorf übersiedelten[148], hatte Herzog Wolfgang Wilhelm seinen Statthalter bereits angewiesen, den Ordensbrüdern eine provisorische Unterkunft zur Verfügung zu stellen[149]. Da Barthold von Wonsheim keine geeigneten Räumlichkeiten fand, nahm er die Kapuziner zunächst in seinem Haus auf, bis er ihnen nach drei Wochen "in der Gegend, wo nachher ihr Kloster errichtet wurde", eine dauerhafte Bleibe zuweisen konnte[150]. In den folgenden Monaten erwarb Wolfgang Wilhelm aus Spenden der Bevölkerung auf dem heutigen Grundstück Flinger Str. 23 einen Bauplatz zur Errichtung einer Ordenskirche[151]. Am 20. Juli 1621 konnte er in Gegenwart des gesamten bergischen Adels den Grundstein zur Kapuzinerkirche legen, für deren Baukosten der Herzog größtenteils selbst aufkam[152]. Drei Jahre dauerte es, bis eine in schmuckloser Backsteinart gehaltene zweischiffige Hallenkirche vollendet war und am 25. Februar 1624 vom Kölner Weihbischof Otto Gereon zur Ehre der Hl. Maria Magdalene, der Na-

---

[146] Vgl. Ulrich Brzosa, Die Geschichte der katholischen Kirche in Düsseldorf. Von den Anfängen bis zur Säkularisation, Köln 2001, 234 ff.
[147] Vgl. Arsenius Jacobs, Die Rheinischen Kapuziner 1611 - 1725. Ein Beitrag zur Geschichte der katholischen Reform, Münster 1933, 17 ff.
[148] Vgl. RKK CC 9, Bl. 14; HHS Abteilung 3004 B 33 b, Origines et memorabiliora conventuum et fabricarum ordinis minorum s. Francisci Capuccinorum provinciae Rhenanae.
[149] Vgl. RKK CC 9, Bl. 14; NHS Jülich - Berg II 606, Bl. 2 ff.
[150] Vgl. RKK CC 9, Bl. 14.
[151] Vgl. Bernhard Gustav Bayerle, Die katholischen Kirchen Düsseldorf's von ihrer Entstehung bis auf die neueste Zeit. Ein Beitrag zur Geschichte der Stadt, Düsseldorf 1844, 63 f; Wilhelm Kleeblatt, Die Kapuziner in Düsseldorf. Das ehemalige Kapuzinerkloster an der Flinger Straße. Rettung aus Feuersnot. Kapuzinerpredigten an der Schwarzen Kapelle. Prophezeiung eines Kapuziners, in: Düsseldorfer Nachrichten Jg. 53 Nr. 530 (17.10.1928), o. S. (5).
[152] Vgl. RKK PC G 12, Eusebius Casselanus, Annales provinciae Coloniensis ad 1756, Bl. 83 f.

menspatronin der Herzogin, konsekriert werden konnte[153]. Nach und nach kamen die Kapuziner in den Besitz der unmittelbar an die Kirche anschließenden Häuser (heute Flinger Str. 23 - 31) und ergänzten die Anlage durch Neubauten, bis gegen Ende des 17. Jahrhunderts ein ansehnlicher Klosterkomplex mit 33 Zellen entstanden war[154], der um einen über die Wallstraße hinausreichenden Garten ergänzt wurde[155]. Unter Kurfürst Johann Wilhelm wurde das Hauptgebäude des Kapuzinerklosters niedergelegt und von Grund auf erneuert. Am 10. Juni 1706 legte Graf von Hochkirchen im Namen des kurfürstlichen Herrscherhauses den ersten Stein zu einem neuen Kloster[156], das in schlichter Ausführung anstelle des alten Konventsgebäudes errichtet wurde.

Über das Ordensleben und die pastorale Tätigkeit der Düsseldorfer Kapuziner sind nur wenige Nachrichten bekannt. Ob durch ihr Auftreten die katholische Restaurationsarbeit vorangetrieben wurde, geht aus den spärlichen Aufzeichnungen nicht hervor. Ungeteilten Respekt fand die Arbeit der Kapuziner bei der Düsseldorfer Bevölkerung zu Zeiten der Pestilenz. Bereits kurz nach ihrer Ankunft grassierte die ansteckende Seuche, der im Jahre 1622 sechs vom Kapuzinerkonvent zur Pflege von Pestkranken abgestellte Kleriker sowie drei Laienbrüder zum Opfer fielen[157]. An der Pest starben ein halbes Jahrhundert später auch P. Willibaldus und P. Philippus, zu deren Erinnerung im Jahre 1666 dankbare Bürger ein Denkmal neben dem Eingang zur Düsseldorfer Pfarrkirche, wo sie begraben wurden, stifteten[158].

Jesuiten

Fast gleichzeitig mit den Kapuzinern hielten die Jesuiten in Düsseldorf ihren Einzug, die bis zur Säkularisation wie kein anderer Orden das kirchliche Leben der Stadt beeinflussten und prägten. Durch Vermittlung von Geheimrat Peter Simon Ritz stand Pfalzgraf Wolfgang Wilhelm seit dem Jahre 1616 mit dem Kölner Provinzial Johann Kopper im Gespräch über eine Weiterführung des Düsseldorfer Gymnasiums durch den Jesuitenorden, um den drohenden Niedergang der einstmaligen Düsseldorfer Eliteschule abzuwenden[159]. Nach langwierigen Verhandlungen stimmte der Kölner Provinzial dem

---

[153] Vgl. RKK PC G 12, Eusebius Casselanus, Annales provinciae Coloniensis ad 1756, Bl. 105; NHS Handschriften N I 6 V 1a, Bl. 16; SMD C 5128; Paul Clemen, Die Kunstdenkmäler der Stadt und des Kreises Düsseldorf, Düsseldorf 1894, 139.
[154] Vgl. RKK CC 9, Bl. 2 ff; RKK PC G 12, Eusebius Casselanus, Annales provinciae Coloniensis ad 1756, Bl. 56.
[155] Vgl. RKK CC 9, Bl. 15.
[156] Vgl. RKK CC 9, Bl. 26 ff; RKK PC G 12, Eusebius Casselanus, Annales provinciae Coloniensis ad 1756, Bl. 382.
[157] Vgl. RKK PC G 12, Eusebius Casselanus, Annales provinciae Coloniensis ad 1756, Bl. 99 und 101; HHS Abteilung 3004 B 33 b, Origines et memorabiliora conventuum et fabricarum ordinis minorum s. Francisci Capuccinorum provinciae Rhenanae.
[158] Vgl. Heinrich Ferber, Historische Wanderung durch die alte Stadt Düsseldorf Bd. 2, Düsseldorf 1890, 21.
[159] Vgl. NHS Jülich - Berg II 5050, Bl. 1 ff.

7. Jesuiten

ehrgeizigen Bildungsprojekt des Landesherrn zu und entsandte am 30. März 1619 die Patres Bernhard Buchholtz und Johannes Lippius sowie den Laienbruder Michael Esser nach Düsseldorf, um die Übernahme des Gymnasiums vorzubereiten[160]. Bis zur Herrichtung einer geeigneten Wohnung "in der Nähe des Schlosses" logierten die Neuankömmlinge im Haus von Theodor Heistermann, der seit längerer Zeit mit dem Orden in freundschaftlicher Verbindung stand[161]. Wenige Tage nach ihrer Ankunft hielten die Patres bereits Predigten in der Stiftskirche und reorganisierten nach Ostern an gleicher Stelle die sonntägliche Kinderkatechese[162]. In der Folgezeit übersiedelten immer mehr Ordensbrüder aus verschiedenen Kollegien nach Düsseldorf, so dass am 12. November 1620 die Schule mit fünf Klassen in ihren alten Räumen am Stiftsplatz eröffnet werden konnte[163].

Unbeeindruckt von Anfeindungen gegen den Orden hielt Pfalzgraf Wolfgang Wilhelm an der Förderung der Jesuiten fest. Er kaufte am 30. Juni 1620 zur Erweiterung der Niederlassung für 7500 Reichstaler den ossenbroichschen Besitz zwischen der heutigen Andreasstraße, dem Kay - und - Lore - Lorentz Platz und der Mühlenstraße[164], auf dem ein mit dem Vordergiebel zur Andreasstraße gerichtetes Haus stand[165]. Rund vier Jahrzehnte lebten die Jesuiten in diesem Gebäude, bis es durch ein neues, wesentlich erweitertes Jesuitenkolleg, dessen Komplex bis heute in nahezu unveränderter Form als so genanntes Stadthaus erhalten blieb, an gleicher Stelle ersetzt wurde[166]. Offenbar waren die Bauarbeiten bereits weit vorangeschritten, als Rektor Gottfried Otterstedt den Landesherrn am 12. November 1662 davon in Kenntnis setzte, er werde nächste Woche den Grundstein für den zweiten Flügel des Kollegs legen[167]. Vermutlich handelte es sich dabei um den Westtrakt des neuen Kollegsgebäudes, der sich als Quergebäude von der

---

[160] Vgl. Friedrich Reiffenberg, Historia Societatis Jesu ad Rhenum inferiorem e mss. codicibus, principum, urbiumque diplomatis, et authoribus synchronis nunc primum eruta; atque ad historiam patriae ex occasione illustrandam accommodata Tom. 1, Köln 1764, 512.

[161] Vgl. Friedrich Reiffenberg, Historia Societatis Jesu ad Rhenum inferiorem e mss. codicibus, principum, urbiumque diplomatis, et authoribus synchronis nunc primum eruta; atque ad historiam patriae ex occasione illustrandam accommodata Tom. 1, Köln 1764, 512; Friedrich Küch, Beiträge zur Kunstgeschichte Düsseldorfs, in: Beiträge zur Geschichte des Niederrheins 11 (1897), 64 - 81, 73.

[162] Vgl. Friedrich Reiffenberg, Historia Societatis Jesu ad Rhenum inferiorem e mss. codicibus, principum, urbiumque diplomatis, et authoribus synchronis nunc primum eruta; atque ad historiam patriae ex occasione illustrandam accommodata Tom. 1, Köln 1764, 513.

[163] Vgl. Friedrich Reiffenberg, Historia Societatis Jesu ad Rhenum inferiorem e mss. codicibus, principum, urbiumque diplomatis, et authoribus synchronis nunc primum eruta; atque ad historiam patriae ex occasione illustrandam accommodata Tom. 1, Köln 1764, 516; Angelika Masberg, Schulalltag im Spiegel zeitgeschichtlicher Entwicklungen. Studien zum Wandel der ältesten höheren Schule in Düsseldorf, des heutigen Görres - Gymnasiums, Diss. Düsseldorf 1985, 107 ff.

[164] Vgl. NHS Düsseldorf Jesuiten Urkunden 53; NHS Jülich - Berg II 5050, Bl. 12; BNP Cabinet des Estampes Hd 4c, 113; BNP Cabinet des Estampes Hd 4d, 177.

[165] Vgl. Friedrich Küch, Beiträge zur Kunstgeschichte Düsseldorfs, in: Beiträge zur Geschichte des Niederrheins 11 (1897), 64 - 81, 73.

[166] Vgl. Paul Kauhausen, Das Stadthaus in der Mühlenstraße im Wandel der Zeiten. Jesuitenkloster - Stadthaus - Andreasstraße - Mühlenstraße, in: Mitteilungen für die Stadtverwaltung Düsseldorf Jg. 18 Nr. 21 (15.11.1951), Beilage o. S. (1 - 4, 1 ff).

[167] Vgl. NHS Jülich - Berg II 3707, Bl. 40 f.

heutigen Mühlenstraße bis zur Andreasstraße erstreckt. Zuvor hatte man bereits den südlichen Trakt an der heutigen Andreasstraße vollenden können[168]. Im November 1664 begannen die Patres das neue Koinobion zu beziehen, das im folgenden Jahr endgültig fertig gestellt wurde[169]. Schließlich wurden um das Jahr 1710 die Arbeiten am dreistöckigen Nordtrakt entlang der Mühlenstraße aufgenommen[170], dessen Räume 1774 das Gymnasium bezog[171].

Den architektonischen Glanzpunkt des Viertels bildet bis heute die Andreaskirche, die zu den bedeutendsten Gotteshäusern des rheinischen Jesuitenstiles zählt[172]. Wenige Wochen nach Vorlage der Baupläne beim römischen Ordensgeneralat konnte bereits am 5. Juli 1622 unter Leitung des Kölner Weihbischofs Otto Gereon der erste Stein für eine neue Kirche gelegt werden[173]. Obwohl noch im gleichen Jahr das Fundament der Kirche gelegt werden konnte[174], erstreckten sich die Ausführungen der weiteren Baumaßnahmen über einen Zeitraum von sieben Jahren. Erst im Jahre 1629 konnte am Fest des Hl. Andreas die erste Messe in der fünfjochigen Hallenkirche gefeiert werden[175].

Auch nach Fertigstellung der Andreaskirche setzten die Jesuiten ihre Homilien in der Kollegiatskirche fort[176]. Daneben hielten sie in verschiedenen Kirchen und Kapellen der Stadt sowie in sechs Dörfern der näheren Umgebung Katechesen für Kinder und Erwachsene ab[177]. Von Düsseldorf aus betrieben die Jesuiten die Errichtung von Missionsstationen in Blankenberg, Ravenstein, Solingen, Elberfeld und Mülheim an der Ruhr, um von diesen Stützpunkten aus die Rekatholisierung des gesamten Herzogtums in Angriff zu nehmen[178]. "Mit unerschrockenem Mut und allem Eifer" gingen die Jesuiten daran, "den eingerissenen Glaubensirrtümern sich zu widersetzen, durch stete Verkündigung des Wortes Gottes und Erklärung der Katechismuslehre Große und Kleine in dem wah-

---

[168] Vgl. Paul Kauhausen, Das Stadthaus in der Mühlenstraße im Wandel der Zeiten. Jesuitenkloster - Stadthaus - Andreasstraße - Mühlenstraße, in: Mitteilungen für die Stadtverwaltung Düsseldorf Jg. 18 Nr. 21 (15.11.1951), Beilage o. S. (1 - 4, 1).

[169] Vgl. Bernhard Duhr, Geschichte der Jesuiten in den Ländern deutscher Zunge Bd. 3, München 1921, 26.

[170] Vgl. HAK 223, Jesuiten Akten 646/1, Litterae Annuae, Bl. 74.

[171] Vgl. SAD I 208, 13.05.1774; NN, Verkauf und Vergantung, in: Gülich- und Bergische Wochentliche Nachrichten Nr. 12 (22.03.1774), o. S. (3 - 4, 3 f).

[172] Vgl. Paul Clemen, Die Kunstdenkmäler der Stadt und des Kreises Düsseldorf, Düsseldorf 1894, 27. .

[173] Vgl. Friedrich Reiffenberg, Historia Societatis Jesu ad Rhenum inferiorem e mss. codicibus, principum, urbiumque diplomatis, et authoribus synchronis nunc primum eruta; atque ad historiam patriae ex occasione illustrandam accommodata Tom. 1, Köln 1764, 517.

[174] Vgl. Joseph Braun, Die Kirchenbauten der deutschen Jesuiten. Ein Beitrag zur Kultur- und Kunstgeschichte des 16., 17. und 18. Jahrhunderts Bd. 1, Freiburg 1908, 202.

[175] Vgl. Bernhard Gustav Bayerle, Die katholischen Kirchen Düsseldorf's von ihrer Entstehung bis auf die neueste Zeit. Ein Beitrag zur Geschichte der Stadt, Düsseldorf 1844, 132.

[176] Vgl. Bernhard Duhr, Geschichte der Jesuiten in den Ländern deutscher Zunge Bd. 4.1, München 1928, 41.

[177] Vgl. HAK 223, Jesuiten Akten 642 - 656, Litterae Annuae, 1680 - 1772.

[178] Vgl. Bernhard Duhr, Geschichte der Jesuiten in den Ländern deutscher Zunge Bd. 3, München 1921, 26 ff; Bernhard Duhr, Geschichte der Jesuiten in den Ländern deutscher Zunge Bd. 4.1, München 1928, 42 ff.

7. Jesuitenkongregationen

ren Glauben zu befestigen, die Wankenden zu stärken, die Gefallenen aufzurichten und mit der katholischen Kirche wieder zu vereinigen"[179]. Wie breit das Spektrum der seelsorglichen Wirksamkeit der Jesuiten war, verdeutlicht ein Schreiben des Düsseldorfer Hausvorstehers an den römischen Ordensgeneral vom 31. Dezember 1633, in dem es heißt: "Reich sind die Früchte, welche wir durch unsere verschiedenartige Wirksamkeit hier ernten. ... Wir waren darauf bedacht, keine Gelegenheit zu übersehen, dem Nächsten uns nützlich zu erweisen, sei es in den Gefängnissen und Kerkern, die wir regelmäßig besuchen, sei es in dem Armenhospital, wo wir wöchentlich zweimal einer großen Schar Armen das Brot der christlichen Lehre brechen, sei es am Bette der Kranken, zu denen wir gerufen werden und die wir auch sonst bei Tag oder Nacht besuchen, sei es in den Knaben- und Mädchenschulen, sei es bei den Soldaten, sei es bei den Bürgern, die wir in ihrer Wohnung aufsuchen und denen wir durch Rat und Tat, soweit es unsere Ordensbestimmungen zulassen, zu helfen trachten"[180].

Jesuitenkongregationen

Bald nach ihrer Ankunft hatten die Jesuiten in Düsseldorf am 26. Mai 1619 eine "Kongregation von der Verkündigung der seligsten Jungfrau" errichtet, die in späterer Zeit die "lateinische Sodalität" oder das "Pactum Marianum" genannt wurde[181]. Ziel des Zusammenschlusses von "Herren und Gelehrten" war es, "unter dem Schutze der großen Himmelskönigin Maria, mit gemeinschaftlichem Eifer die Tugend und wahre Religion zu handhaben"[182]. Da die "Sodalität der Vornehmen ... ungemein Heilbringend ... auf die übrigen Klassen der Menschen" wirkte[183], wurden am Jesuitengymnasium bzw. an der Andreaskirche in der ersten Hälfte des 17. Jahrhunderts noch weitere Marianische Kongregationen ins Leben gerufen. Nachdem Herzog Wolfgang Wilhelm den Jesuiten im Jahre 1620 die Erlaubnis zur Unterrichtung der Düsseldorfer Gymnasiasten erteilt hatte, wurde noch im gleichen Jahr eine eigene Vereinigung für Schüler unter dem Titel "Mariä, der Königin der Engel" errichtet[184].

Um möglichst allen Bewohnern der Stadt Düsseldorf den Beitritt zu einer Sodalität zu eröffnen, ließ Herzog Wolfgang im Jahre 1621 eine Vereinigung für den Bürgerstand

---

[179] Das Marianische Andachtsbuch zum Gebrauche der hochlöblichen Junggesellensodalität unter dem Titel der Reinigung Mariae zu Düsseldorf, Düsseldorf 1799, 15.
[180] Zitiert nach Bernhard Duhr, Geschichte der Jesuiten in den Ländern deutscher Zunge Bd. 2.1, Freiburg 1913, 83.
[181] Vgl. HAK 223, Jesuiten Akten 646/3, Litterae Annuae, Bl. 464; Heinrich Horstmann, Aus einem goldenen Düsseldorfer Marienbuche, in: Katholische Kirchenzeitung (Düsseldorf) Jg. 1 Nr. 32 (09.11.1924), o. S. (6 - 7, 6 f).
[182] Das Marianische Andachtsbuch zum Gebrauche der hochlöblichen Junggesellensodalität unter dem Titel der Reinigung Mariae zu Düsseldorf, Düsseldorf 1799, 15 f.
[183] Marianisches Andachtsbuch zum Gebrauche der hochlöblichen Bürgersodalität unter dem Titel der Himmelfahrt Mariä zu Düsseldorf, Düsseldorf 1826, 8.
[184] Vgl. Das Marianische Andachtsbuch zum Gebrauche der hochlöblichen Junggesellensodalität unter dem Titel der Reinigung Mariae zu Düsseldorf, Düsseldorf 1799, 16.

errichten, "worinn alle Klassen und Zünfte desselben, Verheirathete und Unverheirathete, Kaufleute und Handwerker, unter der Leitung eines Priesters der Gesellschaft Jesu auf den Sonntagen und Festen der seligsten Jungfrau versammelt, und durch eifrige Ermahnung und einhellige Zusammenstimmung der Gemüther alle irrige Glaubensmeynungen ausgerottet, die christliche Liebe, die wahre Andacht und Gottseligkeit in alle Stände wieder eingeführt würde"[185]. Im Mittelpunkt der Kongregationsregeln[186] stand die Verehrung der Gottesmutter und die Aufforderung, ihrem tugendhaften Lebenswandel nachzueifern. Daher sollten "alle Sodalen die hochgelobte Jungfrau, und Mutter Gottes Maria nicht allein mit sonderlicher Andacht verehren, und um Fürbitte bey Gott dem Herrn anrufen, sondern auch sich befleissen, dem Exempel ihrer für Mariä, der Königin der Engel trefflichen Tugenden mit einem züchtigen, und auferbau Mariä, der Königin der Engel lichen Wandel nachzufolgen, und einer den anderen zu aller Gottesfurcht anreitzen" (Artikel 2). Da "die Herren Sodalen nach der Christlichen Voll Mariä, der Königin der Engel kommenheit trachten" sollten, war ihnen aufgetragen, sich in "Christlichen Tugenden" zu üben. Darunter verstand man: "Öfter beichten, com Mariä, der Königin der Engel municiren, den Rosenkranz und unser lieben Frauen Tagszeiten bethen, dem innerlichen Gebethe und Betrachtungen öfters obliegen, die Unerfahrenen in Bethen und Christen - Lehre unterweisen, Kranke und Gefangene besuchen" (Artikel 6).

Die Befolgung der Regeln sollte den idealtypischen Kongregationisten formen, den ein Marianisches Andachtsbuch aus dem Jahre 1796 wie folgt charakterisierte: "Ein Sodalis soll den Regeln fleißig nachleben, er soll ein verträglicher Ehemann, ein christlich - lieber Vater, der seinen Kindern und Untergebenen mit guten Christlichen Beispielen vorgehet, ein friedlicher, sanftmüthiger Regierer seines Hauses, in Gesellschaften erträglich seyn, und zu jenen nur sich gesellen, wovon er einen christlichen Vortheil zu hoffen hat, bei allen Zwistigkeiten zum Frieden beitragen, in Andachten erbaulich, in seinen Amts - Pflichten getreu, gegen die Armen mitleidig, gegen den Nächsten lieblich, mit seinem Stande zufrieden, in geistlichen Gesprächen vorsichtig seyn, keine schlechten Bücher lesen, und im Hause haben, kein lauer Christ ... [187] nur die Ehre Gottes und das Wohl seinen Nächsten zum Ziel haben, in Hülfleistung seines Nächsten eifrig, in seine Traktaten und Versprechungen getreu seyn, für die Lebendigen und Verstorbenen öfters bethen, fleissig dem Worte Gottes beywohnen, öfters geistliche gute Bücher lesen, so viel es möglich, zu dem Seelen - Heile seines Nächsten beytragen, seiner geist- und weltlichen Obrigkeit gehorsamen, in Gefahren soll er auf Gott vertrauen, in Nöthen Gott anrufen, kurz, es soll in einem Marianischen Sodalis bei allen seinen Handlungen was mehr, als ein gemeiner Christ hervorleuchten; er soll nüchtern, kein Säufer, kein Fresser,

---

[185] Das Marianische Andachtsbuch zum Gebrauche der hochlöblichen Junggesellensodalität unter dem Titel der Reinigung Mariae zu Düsseldorf, Düsseldorf 1799, 17.
[186] Vgl. PfA Düsseldorf St. Andreas, (Bruderschaftsbuch der Marianischen Bürgersodalität unter dem Titel Mariä Himmelfahrt zu Düsseldorf 1621 ff), Bl. 4 ff und 203 ff; Marianisches Sodalitäts - Buch in dreien Teilen. Erstens: Sodalitäts - Pflichten; Zweitens: Gebethe; Drittens: Gesänge. Herausgegeben von der Bürger Sodalität in Düsseldorf. Zusammengetragen von einem Mitglied selbiger Sodalität, Düsseldorf 1796, 10 ff.
[187] Rasur von 2 Zeilen.

7. Cölestinerinnen

Spieler, Verschwender, Unkeuscher, Flucher, Hochmüthiger, Zänker, Feindschaftlicher, Spötter, Ungerechter, Kleinmüthiger, Zweifler, Müssiggänger, kein Eigensinniger seyn"[188].

Im Jahre 1636 trennte sich der losledige Stand der Bürgersodalen von den verheirateten Mitgliedern und richtete mit Erlaubnis des Provinzials und des Rektors des Düsseldorfer Kollegiums eine Junggesellen Sodalität unter dem Titel der Reinigung Mariä ein[189]. Bereits ein Dezennium vor dieser Teilung war in Düsseldorf eine Marianische Kongregation für Frauen ins Leben gerufen worden. Den Anstoß zu diesem Zusammenschluss gab Witwe Margaretha Heistermanns, die im Pestjahr 1627 zehn Frauen für "eine andächtige Versammlung ihres Geschlechtes unter dem Titel und zur Ehre seligsten Jungfrau Mariä, der heiligen Ursula und ihre Gesellschaft" vereinigte[190]. Am Tag der Himmelfahrt Mariä wurde die Andacht zum ersten Male gehalten mit dem Ziel, die Frauen "zu einem frömmern Lebenswandel ... und Liebeswerken in Versorgung der Armen und Verpflegung der mit der Pest behafteten Kranken" anzuleiten[191]. Trotz des caritativen Engagements strebte die Düsseldorfer Frauenvereinigung aber wie die Männerkongregationen primär eine Selbstformung des Menschen im katholischen Sinne an. Im Jahre 1651 wurde die Sodalität, für die sich bald der Name "Ursula - Gesellschaft" einbürgerte, vom Kölner Generalvikar und im folgenden Jahr von Papst Innozenz X. (1644 - 1655) bestätigt und mit vielen Ablässen ausgestattet[192]. Die weibliche Kongregation gewann schnell an Zulauf, vor allem als sich "die vornehmsten Frauenzimmer der Stadt", unter ihnen die spätere römische Kaiserin Eleonora, einschreiben ließen und "mit dem Glanze der herrlichsten Tugendbeyspiele ihrem Geschlechte vorleuchteten"[193].

Cölestinerinnen

Bezeichnend für die subalterne Rolle, die Düsseldorf in politischer und kirchlicher Hinsicht im mittelalterlichen Rheinland spielte, ist der Befund, dass es in der Stadt bis zur Gegenreformation kein Frauenkloster gab. Erst unter pfalz - neuburgischer Herrschaft gab es Bemühungen, Monialen nach Düsseldorf zu berufen, um das religiöse Leben auf

---

[188] Marianisches Sodalitäts - Buch in dreien Teilen. Erstens: Sodalitäts - Pflichten; Zweitens: Gebethe; Drittens: Gesänge. Herausgegeben von der Bürger Sodalität in Düsseldorf. Zusammengetragen von einem Mitglied selbiger Sodalität, Düsseldorf 1796, 17 f.
[189] Vgl. Das Marianische Andachtsbuch zum Gebrauche der hochlöblichen Junggesellensodalität unter dem Titel der Reinigung Mariae zu Düsseldorf, Düsseldorf 1799, 20.
[190] Das Marianische Andachtsbuch zum Gebrauche der hochlöblichen Junggesellensodalität unter dem Titel der Reinigung Mariae zu Düsseldorf, Düsseldorf 1799, 18.
[191] Marianisches Andachtsbuch zum Gebrauche der hochlöblichen Bürgersodalität unter dem Titel der Himmelfahrt Mariä zu Düsseldorf, Düsseldorf 1826, 13.
[192] Vgl. AEK Gen. 12.2.1, 26.07.1827.
[193] Andachtsbüchlein zum Gebrauch der hochlöblichen Versammlung des weiblichen Geschlechtes unter dem Titel der allerseligsten Jungfrau Maria, der h. Ursula und ihrer Gesellschaft in der Kirche zum h. Andreas zu Düsseldorf, Düsseldorf 1817, 3.

spirituellem, später auch auf caritativem Gebiet zu heben. Die ersten Schwestern, die sich auf Bitten von Herzog Wolfgang bereiterklärten[194], in Düsseldorf eine Niederlassung zu errichten, gehörten zum Orden der Annunciaten, die wegen der himmelblauen Farbe ihrer Tracht allgemein Cölestinerinnen[195], in Düsseldorfer Mundart meist "Blaue Bejingen" genannt wurden[196]. Nachdem sie am 24. November 1639 eine provisorische Unterkunft in der Bolkerstraße bezogen hatten[197], übersiedelten die Cölestinerinnen 1642 mit Unterstützung der herzoglichen Familie und des städtischen Magistrats in ein geräumigeres Haus in der Ratinger Straße[198]. Nach und nach gelangten die Nachbargrundstücke dieses Hauses mit den aufstehenden Gebäuden in den Besitz der Annunciaten[199], bis Ende der achtziger Jahre des 17. Jahrhunderts der Ordensbesitz in dieser Gegend so groß war, dass an den Bau eines dem Klosterleben adäquaten Gebäudes und einer Kirche gedacht werden konnte. Im Jahre 1688 begann der Abriss der alten Häuser und der Bau einer neuen Anlage[200], die sich über die heutigen Grundstücke Ratinger Str. 11 - 13 erstreckte[201]. Nach Fertigstellung der Konventsgebäude im Jahre 1691 wurde fünf Jahre später mit dem Bau einer Ordenskirche (heute Ratinger Str. 15) begonnen[202], die der Kölner Dompropst Christian August Herzog von Sachsen - Zeitz, Bischof von Raab am 27. September 1701 zu Ehren des Mensch gewordenen Sohnes Gottes, der Verkündigung Mariä, des HH. Joseph und Johannes des Täufers konsekrierte[203].

Über das Wirken der Cölestinerinnen in Düsseldorf sind nur wenige Nachrichten überliefert. Vornehmlich ist dies auf den weltabgewandten Lebenswandel der Schwes-

---

[194] Vgl. NHS Handschriften N I 6 V 1a, Bl. 16.

[195] Vgl. Hippolyt Helyot, Ausführliche Geschichte aller geistlichen und weltlichen Kloster- und Ritterorden für beyderley Geschlecht, in welcher deren Ursprung, Stiftung, Regeln, Anwachs, und merkwürdigste Begebenheiten, die aus ihnen entstandenen oder auch nach ihren Mustern gebildeten Brüderschafften und Congregationen, imgleichen der Verfall und die Aufhebung einiger, nebst der Vergrößerung anderer, durch die mit ihnen vorgenommenen Verbesserungen, wie auch die Lebensbeschreibungen der Stifter und Verbesserer hinlänglich vorgestellt, und die besondern Kleidungen eines jeden Ordens nebst den Ordenszeichen der Ritter Bd. 4, Leipzig 1754, 349.

[196] Vgl. Daniel Schürmann, Bemerkungen über Düsseldorf und Elberfeld auf einer Reise von Köln nach Hamm, Elberfeld 1794, 30; Oswald Gerhard, Düsseldorfer Sagen aus Stadt und Land, Düsseldorf 1926, 107.

[197] Vgl. THD Chronik der Carmelitessen Bd. 1, S. 77; Leonard von Aachen, Eigentliche Abbildung einer recht vollkommener Obrigkeit. Historisch- und Sittlicher Weiß entworffen in dem geführten Leben der Ehrwürdiger Muttern, Mariae Joannae Franciscae, Erster Priorinnen deren Annunciaten Coelestineren zu Düsseldorff. Von dem Viel - Ehrwürdigen P. Mansueto Novocastrensi, deß Ordens deß H. Vatters Francisci, Capuciner genant, Prediger, auff dem Papier in der Frantzösischer Sprach beschrieben, in die Teutsche aber übersetzt und zum Truck verfertigt durch R. P. Leonardum von Aachen, selbigen Ordens Prediger, Köln 1683, 146.

[198] Vgl. NHS Düsseldorf Annunciaten Urkunden 2; NHS Jülich - Berg II 613, Bl. 51 ff; SMD Urkunden D 1, Landsteuerbuch von 1632, Bl. 13.

[199] Vgl. NHS Düsseldorf Annunciaten Urkunden 2.

[200] Vgl. NHS Handschriften N I 6 V 1a, Bl. 17.

[201] Vgl. Günter Aders, Zur Geschichte des Hauses Ratinger Straße 15 und seiner Nachbarhäuser, in: Jan Wellem Jg. 32 Nr. 4 (April 1957), 5 - 8 und Nr. 5 (Mai 1957), 9 - 11, 6.

[202] Vgl. NHS Handschriften N I 6 V 1a, Bl. 17.

[203] Vgl. THD Chronik der Carmelitessen Bd. 1, S. 391 f.

tern zurückzuführen, die nach den allgemeinen Ordensstatuten von 1648 strengste Klausurbestimmungen einhalten mussten[204]. Dazu gehörte etwa die Anordnung, dass die einfachen Klosterschwestern nur sechsmal im Jahr zu bestimmten Zeiten mit Verwandten sprechen durften, und zwar mit Männern, die im ersten Grad, und mit Frauen, die im ersten oder zweiten Grad mit ihnen verwandt waren[205]. Mehr noch als die isolierte Lebensart der Schwestern ist für den Mangel an überlieferten Quellen aber die Zerstörung des Klosters während des Bombardements der Stadt in der Nacht vom 6. zum 7. Oktober 1794 verantwortlich[206], bei der die Kirche schwer beschädigt und das Konventsgebäude samt Klosterarchiv vollkommen zerstört wurde[207].

Karmelitessen

Bereits zwei Jahre vor Ankunft der ersten Cölestinerinnen hatten die unbeschuhten Karmelitessen zu Köln von Wolfgang Wilhelm die landesherrliche Erlaubnis zur Niederlassung in Düsseldorf erhalten. Wegen unzureichender Mittel konnte der Kölner Karmel von dem am 27. Januar 1637 erteilten Privileg aber zunächst keinen Gebrauch machen[208]. Erst vier Jahre später wagte die Kölner Priorin Norbertine Therese de Jesu das beabsichtigte Vorhaben in die Tat umzusetzen und entsandte am 24. August 1641 Anna Maria von Knippenburg, eine den Karmeliterinnen eng verbundene Freifrau, zur Gründungsvorbereitung nach Düsseldorf[209]. Hier fand sie Aufnahme im Haus der Mutter der Priorin, Freifrau Anna von Binsfeld, die "zu Düsseldorff in der Gassen zwischen der Müllen und Sanct Andreaß Straß am pütz gelegene ihre Behausung damahlen zu denen Vier windten genannt, bewohnete"[210]. Dank namhafter Zuwendungen konnte der Orden im Jahre 1643 für 325 Reichstaler ein Haus nahe der Stiftskirche erwerben, das auf jenem Platz lag, der durch eine Explosion des Pulverturms im Jahre 1634 entstanden

---

[204] Vgl. Statuta oder Satzungen der würdigen Closter Jungfrawen deß Ordens B. V. Annunciatae oder Mariae Verkündigung unter der Regel deß H. Vatters Augustini, welcher gestifft worden zu Genua, Anno Christi 1604. Auß Welscher und Frantzösischer in die Teutsche Sprach versetzet im Jahr 1648, Linz 1648, 1 ff.
[205] Vgl. Hippolyt Helyot, Ausführliche Geschichte aller geistlichen und weltlichen Kloster- und Ritterorden für beyderley Geschlecht, in welcher deren Ursprung, Stiftung, Regeln, Anwachs, und merkwürdigste Begebenheiten, die aus ihnen entstandenen oder auch nach ihren Mustern gebildeten Brüderschafften und Congregationen, imgleichen der Verfall und die Aufhebung einiger, nebst der Vergrößerung anderer, durch die mit ihnen vorgenommenen Verbesserungen, wie auch die Lebensbeschreibungen der Stifter und Verbesserer hinlänglich vorgestellt, und die besondern Kleidungen eines jeden Ordens nebst den Ordenszeichen der Ritter Bd. 4, Leipzig 1754, 358 ff.
[206] Vgl. Otto R. Redlich, Düsseldorf und das Herzogthum Berg nach dem Rückzug der Österreicher aus Belgien 1794 und 1795. Zugleich ein Beitrag zur Geschichte des kurpfälzischen Heeres, in: Beiträge zur Geschichte des Niederrheins 10 (1895), 1 - 125, 17 ff.
[207] Vgl. Theodor Ilgen, Rheinisches Archiv. Wegweiser durch die für die Geschichte des Mittel- und Niederrheins wichtigen Handschriften Bd. 1, Trier 1885, 71 f.
[208] Vgl. THD Fach 1, Urkunde 27.01.1637.
[209] Vgl. THD Chronik der Carmelitessen Bd. 1, S. 43 ff und 78.
[210] THD Chronik der Carmelitessen Bd. 1, S. 85 ff.

war[211]. Nach Ankauf des Hauses (heute Altestadt 2) wandte sich die Kölner Priorin an Erzbischof Ferdinand und erwirkte am 18. Juli 1643 die Erlaubnis, vier Schwestern aus dem Karmel in der Kupfergasse nach Düsseldorf entsenden zu dürfen[212]. Als im folgenden Jahr zwei weitere Schwestern aus dem Antwerpener Karmelitessenkloster nach Düsseldorf übersiedelten, wählte der kleine Konvent am 17. August 1644 Anna von Lovenstom zur ersten Priorin und wurde als St. Josephskloster vom Kölner Karmel in die Selbständigkeit entlassen[213].

In den Jahrzehnten bis zum Ausbruch des spanischen Erbfolgekriegs konnte der Gönnerkreis des Klosters am Hof und in der Stadt erheblich erweitert werden[214]. Dies hatte zur Folge, dass der Karmel innerhalb weniger Jahre durch Schenkungen[215] und günstige Verkaufsofferten einen Großteil der Häuser und Grundstücke im heutigen Geviert von Schlossufer, Ritterstraße, Ursulinengasse und Altestadt erwerben konnte, die im Jahre 1687 zu einem provisorischen Klosterbezirk zusammengefasst wurden[216]. Nach Beendigung des spanischen Erbfolgekriegs wurde 1712 mit dem Bau einer Klosterkirche begonnen[217], die von Stiftsdechant Albert Jacob Robertz am 15. Dezember 1716 zu Ehren des Hl. Joseph benediziert wurde[218]. Noch vor Vollendung der Kirche hatte man am 24. März 1713 den Grundstein zum Bau eines neuen Klosters gelegt, das den Schwestern am 25. Oktober 1717 übergeben werden konnte[219].

Der Ablauf des klösterlichen Alltagslebens wurde weitgehend von den allgemeinen Ordensstatuten bestimmt. Die Schwestern versammelten sich um 6.00 Uhr zur Frühmesse, nahmen um 8.00 Uhr das Frühstück ein, sangen um 9.00 Uhr die Terz, um 12.00 Uhr die Sext, um 15.00 Uhr die Non, um 18.00 die Vesper und beteten bei Einbruch der Dunkelheit die Komplet. Dann gingen sie zu Bett und erhoben sich noch einmal um Mitternacht, um in der Kirche die Metten zu singen[220]. Nur selten gab es Anlass, vom strengen Tagesablauf des Klausurlebens abzuweichen[221].

Cellitinnen

Unter den caritativen Ordensgenossenschaften Düsseldorfs ist die nach der Augustinerregel lebende Kongregation der Cellitinnen oder Schwarzen Schwestern der älteste Pfle-

---

[211] Vgl. THD Chronik der Carmelitessen Bd. 1, S. 85.
[212] Vgl. THD Chronik der Carmelitessen Bd. 1, S. 89.
[213] Vgl. THD Chronik der Carmelitessen Bd. 1, S. 95.
[214] Vgl. NN, Urkunden und Actenstücke, die Frauenklöster in Düsseldorf betreffend, in: Zeitschrift des Düsseldorfer Geschichtsvereins Jg. 1 Nr. 6 (1882), 1 - 9 und Jg. 2 Nr. 2 (1883), 25 - 36, 2 ff.
[215] Vgl. SAD Urkunden 132.
[216] Vgl. THD Chronik der Carmelitessen Bd. 1, S. 255.
[217] Vgl. THD Chronik der Carmelitessen Bd. 2, S. 25 (Anlage).
[218] Vgl. THD Chronik der Carmelitessen Bd. 2, S. 63.
[219] Vgl. THD Chronik der Carmelitessen Bd. 2, S. 34 und 70.
[220] Vgl. Franz - Ludwig Greb, Die Geschichte des "Karmelitessenklosters", in: Edmund Spohr, Das Theresienhospital. Ein Stück Düsseldorfer Stadtgeschichte 1288 - 1980, Düsseldorf 1980, 29 - 60, 45.
[221] Vgl. THD Chronik der Carmelitessen Bd. 1, S. 75.

7. Cellitinnen

gekonvent[222]. Ihre Niederlassung erfolgte während einer der zahlreichen Pestepidemien des 17. Jahrhunderts, mit der Absicht, Pestilenzopfer zu pflegen bzw. nach christlichem Ritus zu begraben[223]. Am 6. Dezember 1650 kamen sechs Schwestern aus einem Kölner Cellitinnenkloster in die bergische Kapitale[224], "um ihre Liebesdienste anzubieten und den Grund zu einem Kloster zu legen"[225]. Angesichts des defizitären Fürsorge- und Gesundheitswesens ist es nicht verwunderlich, dass die Schwestern gerne in Düsseldorf aufgenommen wurden und der Kölner Erzbischof am 20. September 1651 die neue Niederlassung genehmigte[226]. Von der ersten, heute nicht mehr zu lokalisierenden Unterkunft der Cellitinnen ist nur überliefert, dass sie baufällig war und den Anforderungen des klösterlichen Lebens nicht genügte. Daher baten am 7. Juli 1681 die "Matersche und sämbtliche Celliter oder Wardtsschwestern" den Landesherrn Johann Wilhelm um Erlaubnis, ein nebenan liegendes Haus ankaufen zu dürfen[227]. Im gleichen Jahr bewilligte der Stadtrat den Schwestern für ihre "so enge und baufällige" Wohnung eine Kollekte, weil das Haus einzustürzen drohte und "die Bewohner sich nicht vor dem Regen schützen" konnten[228]. Ohne die Sammlung wäre der Orden kaum in der Lage gewesen, vor dem Jahre 1689 auf dem "Hundts - Ruggen" (heute Hunsrückstr. 10) ein Klostergebäude und eine Kirche zu erbauen, die am 8. September 1699 zu Ehren der Hl. Elisabeth geweiht wurde[229]. Auf einer im Jahre 1739 angefertigten Karte der Stadt und Festung Düsseldorf ist deutlich zu erkennen, dass das Langhaus der Kirche mit seiner Westwand entlang der Ostseite der heutigen Hunsrückstraße lief und die nördliche bzw. südliche Schmalseite des Sakralraums direkt an die Häuser Hunsrückstr. 8 bzw. 12 anschlossen[230]. Das eigentliche Konventsgebäude, das um das Jahr 1775 durch einen Neubau ersetzt wurde[231], grenzte an die Ostwand des mit einem Dachreiter ausgestatte-

---

[222] Vgl. Henricus Quodbach, Regel, und Satzungen der so genannten Wart - Schwestern. Aus Alten, schier unlesbaren Schriften in gegenwärtiges Teutsch übersetzt, und gemelten Schwesteren zum besten in Druck übergeben. Alles zu grösserer Ehren Gottes, der Clösterlichen Zucht, Aufnahm und Fortpflanzung, Düsseldorf 1785, 33 ff.

[223] Vgl. Franz - Ludwig Greb, Die Geschichte des "Karmelitessenklosters", in: Edmund Spohr, Das Theresienhospital. Ein Stück Düsseldorfer Stadtgeschichte 1288 - 1980, Düsseldorf 1980, 29 - 60, 53.

[224] Vgl. Bernhard Gustav Bayerle, Die katholischen Kirchen Düsseldorf's von ihrer Entstehung bis auf die neueste Zeit. Ein Beitrag zur Geschichte der Stadt, Düsseldorf 1844, 214.

[225] Die Heil - Anstalt für weibliche Kranke im Elisabethen - Kloster. Erster Bericht der barmherzigen Schwestern Celliten - Ordens von der Regel des heiligen Augustin zu Düsseldorf, Düsseldorf 1836, 3.

[226] Vgl. Die Heil - Anstalt für weibliche Kranke im Elisabethen - Kloster. Erster Bericht der barmherzigen Schwestern Celliten - Ordens von der Regel des heiligen Augustin zu Düsseldorf, Düsseldorf 1836, 3.

[227] Vgl. NHS Jülich - Berg II 608, Bl. 4 f.

[228] Vgl. Die Heil - Anstalt für weibliche Kranke im Elisabethen - Kloster. Erster Bericht der barmherzigen Schwestern Celliten - Ordens von der Regel des heiligen Augustin zu Düsseldorf, Düsseldorf 1836, 3 f.

[229] Vgl. THD Fach 3, Private Stiftungen Cellitinnen 1695 - 1752, 10.09.1699; Die Heil - Anstalt für weibliche Kranke im Elisabethen - Kloster. Erster Bericht der barmherzigen Schwestern Celliten - Ordens von der Regel des heiligen Augustin zu Düsseldorf, Düsseldorf 1836, 4.

[230] Der Plan ist abgedruckt bei Edmund Spohr, Düsseldorf Stadt und Festung, Düsseldorf 1979^2, 261.

[231] Vgl. NHS Großherzogtum Berg 838, Bl. 175.

ten Kirchenschiffes[232] und erstreckte sich bis zum Haus Neustr. 11[233], das sich gleichfalls im Besitz der Schwarzen Schwestern befand[234].

Dass das Kloster nie nennenswerte Gewinne erwirtschaftete und auf die ständige Unterstützung der bergischen und kölnischen Landesfürsten angewiesen blieb[235], ist vor allem auf den uneigennützigen Caritasdienst der Ordensfrauen zurückzuführen. Wie aus Notizen um die Wende zum 18. Jahrhundert hervorgeht, beschäftigten sich die Düsseldorfer Cellitinnen ausschließlich mit ambulanter Krankenpflege in der Stadt und im nahen Umland. Am 4. Juli 1695 gab "der Junfferen Celliten Mutter" in einer Erklärung über die Einkünfte des Klosters an, "dass sie gar Keine Einkomen hätte, sondern Von ihrer täglicher Kranken Auffwartung die Sustentation nehme"[236]. Als Tagesentgelt für diesen Dienst verlangten die Schwarzen Schwestern zu Beginn des 19. Jahrhunderts von vermögenden Leuten in der Stadt 6 Stüber, auf dem Land 7,5 Stüber; allen anderen Patienten wurde Krankenpflege ohne Zahlung eines Honorars gewährt[237].

Welchen Gefahren die Düsseldorfer Warteschwestern bei ihrem Dienst ausgesetzt waren, verdeutlicht eine Begebenheit, die sich in der zweiten Hälfte des 17. Jahrhunderts ereignete. Nach Aufzeichnungen des Klosterarchivs hielt man es bei der "verheerenden Seuche" des Jahres 1669 für nötig, "die Häuser, in welchen Pestkranke gestorben, 6 Wochen lang zu sperren" und den Wärterinnen nicht zu gestatten, das Haus eher zu verlassen[238]. Gegen die Anordnung erhob der apostolische Kommissar der Cellitinnen Protest und untersagte am 3. Juli 1669 den Schwestern solange die Pflege von Seuchenkranken, bis der Magistrat die Verfügung wieder zurücknahm[239].

Franziskaner

Große Schwierigkeiten fanden die Franziskaner, als sie 1650 von Köln aus in Düsseldorf eine Niederlassung gründen wollten. Angesichts der Vielzahl von Monasterien, die seit der Konversion von Wolfgang Wilhelm im Bereich der heutigen Altstadt gegründet wurden, scheint es verständlich, dass der Pfalzgraf dem Vorhaben zunächst skeptisch gegenüberstand[240]. Da der Düsseldorfer Pfarrsprengel um die Mitte des 17. Jahrhunderts

---

[232] Vgl. SAD Karten 69.
[233] Vgl. SAD Karten 82.
[234] Vgl. NHS Großherzogtum Berg 837, Bl. 1 ff.
[235] Vgl. NHS Jülich - Berg II 4573, Bl. 8; NHS Jülich - Berg III 1024.
[236] NHS Jülich - Berg II 402, S. 130.
[237] Vgl. NHS Jülich - Berg II 4573, Bl. 8.
[238] Vgl. NHS Jülich - Berg II 609, Bl. 1; Die Heil - Anstalt für weibliche Kranke im Elisabethen - Kloster. Erster Bericht der barmherzigen Schwestern Celliten - Ordens von der Regel des heiligen Augustin zu Düsseldorf, Düsseldorf 1836, 7.
[239] Vgl. NHS Jülich - Berg II 609, Bl. 1 f.
[240] Vgl. HAK 295, Geistliche Abteilung 199, Adam Burvenich, Annales Ministrorum Provincialium, Ordinis Fratrum Minorum almae Provinciae Coloniae a prima origine eiusdem usque ad praesens tempus, cum Elencho omnium Conventuum eiusdem Provincie Colonia, Köln 1659 ff, S. 566.

nur 13000 Katholiken zählte[241], war die seelsorgliche und caritative Betreuung der Bevölkerung durch Stiftskanoniker, Kreuzbrüder, Kapuziner, Jesuiten, Cölestinerinnen, Karmeliterinnen und Cellitinnen mehr als genügend gewährleistet. Nach chronikalischen Aufzeichnungen gab Wolfgang Wilhelm nach anfänglichem Zögern seine Vorbehalte gegen die Errichtung einer Franziskanerniederlassung auf[242] und erteilte am 9. Januar 1651 "zu der ehren Gottes und mehrer fortpflantzung des Catholischen allein Seligmachenden Glaubens" die gewünschte Erlaubnis und schenkte dem Orden ein für 2000 Reichstaler von Generalleutnant Johann von Norprath erworbenes Haus auf der Zitadelle[243].

Dass die Befürchtungen des Herzogs hinsichtlich der Ansiedlung eines weiteren Mendikantenordens in Düsseldorf nicht grundlos waren, zeigte sich spätestens von dem Zeitpunkt an, als die Franziskaner selbständig ihren Lebensunterhalt erwirtschaften, d.h. erbetteln mussten. Nicht nur die ungünstigen ökonomischen Verhältnisse nach Beendigung des Dreißigjährigen Kriegs erschwerten die Beschaffung von Almosen, sondern vor allem der offen ausgetragene Konkurrenzkampf der Klöster um die Gunst der Wohltäter minderte die Spendenbereitschaft der Düsseldorfer Bevölkerung[244]. Namentlich die Spannungen zwischen dem Franziskaner- und dem Kapuzinerorden belasteten den kirchlichen Frieden in Düsseldorf, da beide Kongregationen ausschließlich von Almosen lebten und auf Zuwendungen der Bürgerschaft in Stadt und Land angewiesen waren[245].

Trotz dieser ungünstigen Ausgangsbedingungen gelang es den Minderbrüdern im Laufe der Zeit, sich durch ihre populären Volkspredigten und Katechismusstunden das Wohlwollen und die Anerkennung der Bevölkerung zu erwerben[246]. Am 9. Mai 1655 wurde in Anwesenheit des Fürstenpaares und des Hofstaates nach einem feierlichen Gottesdienst in der Kapelle des Franziskanerkonvents der Grundstein für eine Kirche und ein neues Kloster auf der Zitadelle gelegt[247]. In dreijähriger Bauzeit entstand am heutigen Schnittpunkt von Schul- und Citadellstraße ein neues Klostergebäude, von dem

---

[241] Vgl. PfA Düsseldorf St. Lambertus Akten 747, Bl. 49.
[242] Vgl. UBD Bint. Ms 2b, Annales seu chronicon almae provinciae Coloniae fratrum minorum strictioris observatiae regularis seu recollectorum Tom. Ib, S. 443 und 482; UBD Bint. Ms 2b, Annales seu chronicon almae provinciae Coloniae fratrum minorum strictioris observatiae regularis seu recollectorum Tom. II, S. 25 und 85.
[243] Vgl. AFM 13/3, 09.01.1651.
[244] Vgl. NHS Düsseldorf Franziskaner Akten 2, Chronica conventus Dusseldorpiensis Fratrum minorum Recollectorum, S. 1 f.
[245] Vgl. UBD Bint. Ms 2b, Annales seu chronicon almae provinciae Coloniae fratrum minorum strictioris observatiae regularis seu recollectorum Tom. Ib, S. 444; UBD Bint. Ms 2b, Annales seu chronicon almae provinciae Coloniae fratrum minorum strictioris observatiae regularis seu recollectorum Tom. II, S. 25.
[246] Vgl. NHS Düsseldorf Franziskaner Akten 2, Chronica conventus Dusseldorpiensis Fratrum minorum Recollectorum, S. 3 und 6.
[247] Vgl. NHS Düsseldorf Franziskaner Akten 2, Chronica conventus Dusseldorpiensis Fratrum minorum Recollectorum, S. 10; UBD Bint. Ms 4, Honoratus Herpers, Descriptio brevis ortus et progressus almae Provinciae Coloniensis Fratrum Minorum S. P. Francisci Recollectorum, S. 68.

zunächst der westliche und nördliche Flügel errichtet wurde[248]. Erst nach endgültiger Fertigstellung der Klostergebäude im Jahre 1661[249] konnte daran gedacht werden, die Bauarbeiten für die bereits seit längerer Zeit geplante Kirche zu Ehren des Hl. Antonius von Padua aufzunehmen[250]. Acht Jahre dauerte es, bis der lang gestreckte sechsjochige Saalbau im spätgotischen Stil mit seinem "etwas dicken Dachreiter, dessen Haube die Form einer lang ausgezogenen Zwiebel hatte"[251], vollendet war und zu Pfingsten 1668 im Beisein des Herzogs eingeweiht werden konnte[252].

Unter der Regierung von Kurfürst Johann Wilhelm wurde der westliche Klostertrakt an der heutigen Citadellstraße im Jahre 1695 um mehr als das Doppelte verlängert[253] und die neuen Räumlichkeiten zur Einrichtung einer Lateinschule verwendet[254]. Die Bauunternehmungen am Franziskanerkloster fanden um die Wende zum 18. Jahrhundert ihren vorläufigen Abschluss, als im Jahre 1699 mit der Errichtung des schmalen Verbindungstraktes vom Ende des Erweiterungsbaues zur gegenüberliegenden Orangerie begonnen wurde[255], der nach seiner Fertigstellung vorübergehend als Pflegeheim für Gebrechliche diente[256].

Wie unentbehrlich der Franziskanerorden für die Seelsorge in Düsseldorf und Umgebung war, dokumentiert eine Urkunde aus dem Jahre 1770, in der die Pfarrer bzw. Rektoren des Dekanates Düsseldorf die Gläubigen zu mildtätigen Spenden für die Minderbrüder aufrufen: "Wir Dechant, Camerarii, Pastores und übrige der Christianität Düsseldorf einverleibte Pastores thun kund, zeugen und bekennen hiemit, wie daß die um unsere Pfarrey Districten wohnende und daselbst zu ihrer unentbärlicher Nahrung das Allmosen sammelnde armen Franziscaner uns, und unseren Pfarrgenossen auf jedesmalige von uns beschehene Ersuchung mit Meß - Lesen, Beichthören, fort sonstige Austheilung der heiligen Sacramenten treue Hülf leisten; uns und unseren Pfarrgenossen ist diese Hülfleistung so unentbärlicher, als es bekant, daß an vielen Orthen theils keine frühe Messen fundirt, noch für die nöthige Auskunft eines Weltgeistlichen genugsame Reditus gestiftet seynd. Es hat sich auch die Zahl der Pfarrkinder, besonders bey den

---

[248] Vgl. UBD Bint. Ms 2b, Annales seu chronicon almae provinciae Coloniae fratrum minorum strictioris observatiae regularis seu recollectorum Tom. II, S. 86 ff.
[249] Vgl. UBD Bint. Ms 2b, Annales seu chronicon almae provinciae Coloniae fratrum minorum strictioris observatiae regularis seu recollectorum Tom. II, S. 230.
[250] Vgl. STD Archiv der Kölnischen Provinz der Franziskaner Akten 29.
[251] Alfred Kamphausen, Die Pfarrkirche zum hl. Maximilian in Düsseldorf. Ein geschichtlicher Führer durch die ehemalige Franziskanerkirche, Düsseldorf 1930, 6.
[252] Vgl. NHS Düsseldorf Franziskaner Akten 2, Chronica conventus Dusseldorpiensis Fratrum minorum Recollectorum, S. 50; UBD Bint. Ms 2b, Annales seu chronicon almae provinciae Coloniae fratrum minorum strictioris observatiae regularis seu recollectorum Tom. II, S. 596.
[253] Vgl. UBD Bint. Ms 2b, Annales seu chronicon almae provinciae Coloniae fratrum minorum strictioris observatiae regularis seu recollectorum Tom. III, S. 570.
[254] Vgl. Max Meurer, Die Maxschule. Ein Beitrag zur Düsseldorfer Schulgeschichte, in: Das Tor Jg. 4 Nr. 9 (September 1935), 225 - 248, 225 ff.
[255] Vgl. UBD Bint. Ms 2b, Annales seu chronicon almae provinciae Coloniae fratrum minorum strictioris observatiae regularis seu recollectorum Tom. III, S. 618.
[256] Vgl. UBD Bint. Ms 2b, Annales seu chronicon almae provinciae Coloniae fratrum minorum strictioris observatiae regularis seu recollectorum Tom. V, S. 38.

7. Ursulinen

um die Statt liegenden Örter so merklich vermehret, daß es zur Unmöglichkeit bey einigen Pfarreyen fast zu werden scheint, daß den Pfarrgenossen auf die einfallende höchste Festag von den Pastoribus ohne Hülfleistung der sich auf solche Tag uns in allem beyzustehen einstellende Franziscaner abgeholfen werden könte. Wir können darum nicht sagen, daß unsere catholische Pfarrgenossen wegen diesen ihnen zum Dienst seyenden Ordensgeistlichen in Hergebung ihrer willkürlicher Allmosen Beschwer führen oder daß selbige über deren Vielheit sich beklagen solten, sondern wir finden, daß von vielen, auß einem natürlichen Antrieb einer christschuldigen Dankbarkeit darum diesen Ordensgeistlichen in allen Stücken mehr als allen fremdherkommenden Terminanten mit Austheilung der Allmosen guths gethan werde"[257].

Ursulinen

Für den Unterricht der weiblichen Jugend wurden in der zweiten Hälfte des 17. Jahrhunderts eigene Schwestern nach Düsseldorf berufen. Bereits im Jahre 1677, so berichtet die Chronik der Düsseldorfer Karmelitessen, wohnten "nechst am Hildebrandtischen Erb im Herrn Aachenß Hauß" (heute Altestadt 2) einige "geistliche Jungfferen" aus dem Ursulinenorden[258]. Wegen unzulänglicher Räumlichkeiten konnten die Ursulinen aber erst nach Bezug des Hauses der Witwe Kaldenberg (heute Altestadt 15) im Jahre 1681 ihre Unterrichtstätigkeit aufnehmen[259]. Neben einer "Volksschule" richteten sie eine "Höhere Schule" ein, die mit einem Internat für Schülerinnen gut situierter Eltern gekoppelt war[260].

Als Anfang der achtziger Jahre des 17. Jahrhunderts die nördliche Stadtmauer in Richtung der heutigen Eiskellerstraße vorgezogen und das neu gewonnene Terrain zum Bau neuer Häuser erschlossen wurde[261], ersuchten die Ursulinen im Jahre 1684 den Pfalzgrafen, bei der Verteilung der Grundstücke auf dem "Neuen Werk" berücksichtigt zu werden[262]. Nachdem Johann Wilhelm den Schwestern einen in unmittelbarer Nähe des Rheines gelegenen Platz zum Klosterbau angewiesen hatte[263], begannen die Ursulinen noch im gleichen Jahr, den Bauplatz zu planieren[264] und "die Materialia zu praeparieren und kalk zu fahren"[265]. Zwei Jahre später konnte der Bau vollendet und von den Schwestern am 10. Oktober 1686 bezogen werden[266]. Mit der am 30. Mai 1700 erfolgten

---

[257] SAD Urkunden A 114.
[258] Vgl. THD Chronik der Carmelitessen Bd. 1, S. 236 f.
[259] Vgl. AUD Chronik der Ursulinen, S. 8.
[260] Vgl. Franz - Ludwig Greb, Die Anfänge der Ursulinen in Düsseldorf, in: 300 Jahre Ursulinen in Düsseldorf 1681 - 1981, Düsseldorf 1981, 14 - 37, 25.
[261] Vgl. Edmund Spohr, Düsseldorf Stadt und Festung, Düsseldorf 1979², 325 ff.
[262] Vgl. AUD Chronik der Ursulinen, S. 17. Vgl. auch NHS Jülich - Berg II 6557, Bl. 14.
[263] Vgl. UKM Ursulinenkloster Düsseldorf, Urkundensammlung, 24.06.1684.
[264] Vgl. AUD Chronik der Ursulinen, S. 31.
[265] AUD Chronik der Ursulinen, S. 30.
[266] Vgl. AUD Chronik der Ursulinen, S. 33 und 35.

Benediktion der Herz - Jesu Klosterkapelle[267], zu der am 11. Juni 1699 der Grundstein gelegt worden war[268], fanden die Baumaßnahmen am Ursulinenkloster ihren vorläufigen Abschluss.

Über die Unterrichtstätigkeit der Schwestern berichten die Chronikblätter der Ursulinen nur wenig. Der Bau einer neuen "außwendigen schull" im Jahre 1707 weist jedoch daraufhin, dass sich die Schulen des Klosters gut entwickelten und allgemeiner Beliebtheit erfreuten[269].

Zisterzienser

Die letzte Kongregation, die sich in Düsseldorf vor der Säkularisation niederließ, war der Zisterzienserorden, der zu Beginn des 18. Jahrhunderts im heutigen Düsseltal eine Abtei einrichtete. Die Ursprünge des Monasteriums, lagen nicht im äußersten Osten des damaligen Düsseldorfer Stadtgebietes, sondern auf der zum Pfarrsprengel von Büderich gehörenden Rheininsel Lörickerwerth[270]. Hier hatten Zisterzienser aus Orval bereits zum Jahreswechsel 1701/02 einen kleinen Konvent eingerichtet[271], der aus Gründen der Sicherheit im Jahre 1706 nach Düsseltal verlegt wurde[272]. Dank generöser Zuwendungen von Kurfürst Johann Wilhelm, der "im Hinblick auf die ewige Vergeltung" den Zisterziensern am 1. August 1707 zur Subsistenz den gesamten "unterhalb dem Grafenberg gelegenen Wald, welcher gemeiniglich der Unterflingerbusch und Broich genannt wird" (heute Düsseltal), übereignet hatte[273], wurde die kleine Niederlassung bereits 1708 zur Abtei erhoben[274]. Ihre erste Unterkunft hatten die Ordensbrüder vermutlich auf einem der Speckerhöfe gefunden, doch sind darüber ebenso wenig Nachrichten überliefert wie über den Bau der späteren Klosteranlage im heutigen Bereich zwischen Gruner-, Mathilden-, Fritz - Wüst- und Max - Planck - Straße. Wie eine Grundkarte aus der Mitte des 18. Jahrhunderts zeigt, waren die verschiedenen Klosterbereiche sehr ausgedehnt[275]. Die Abtei wurde an drei Seiten von einer spätestens im Jahre 1717 fertig gestellten Ring-

---

[267] Vgl. AUD Chronik der Ursulinen, S. 34.
[268] Vgl. AUD Chronik der Ursulinen, S. 34.
[269] Vgl. AUD Chronik der Ursulinen, S. 34.
[270] Vgl. Johann Peter Lentzen, Historische Spaziergänge. Das Kloster Mönchenwerth, in: Niederrheinische Volkszeitung (Krefeld) Jg. 41 Nr. 218 (21.09.1889), o. S. (2) und Nr. 224 (28.09.1889), o. S. (2); Johann Peter Lentzen, Kloster Mönchenwerth, in: General - Anzeiger für Düsseldorf und Umgegend Jg. 15 Nr. 61 (02.03.1890), o. S. (2).
[271] Vgl. Friedrich Everhard von Mering, Die Abtei Düsselthal, in: Friedrich Everhard von Mering, Geschichte der Burgen, Rittergüter, Abteien und Klöster in den Rheinlanden und den Provinzen Jülich, Cleve, Berg und Westphalen nach archivarischen und anderen authentischen Quellen Bd. 11, Köln 1858, 1 - 7, 2 f.
[272] Vgl. NHS Düsseltal Abtei Akten 2, Bl. 1.
[273] Vgl. NHS Düsseltal Abtei Urkunden 14.
[274] Vgl. NHS Düsseltal Abtei Urkunden 15.
[275] Vgl. NHS Karten 1079; SAD Karten 278 a/b; SMD E 548.

7. Ordenscaritas

mauer umschlossen[276], von der noch heute der so genannte Hungerturm (Max - Planck - Straße/Fritz - Wüst - Straße) erhalten ist; die Ostseite begrenzte die Düssel. Am südwestlichen Rand der 36 Bergische Morgen großen Anlage erhob sich die Prälatur sowie eine schlichte Kirche und die Mönchszellen[277]. Etwas abseits davon lagen die langgezogenen Trakte der Wirtschaftsbauten, die Mühle, die Gärten und ein Weiher[278].

Zahlreich und vielfältig ist die Quellenüberlieferung über die Lebensverhältnisse der Mönche[279], deren stilles und zurückgezogenes Wirken schon frühzeitig die Neugierde vieler Zeitgenossen weckte. So heißt es in einem Reisebericht aus dem Jahre 1718: "Wir hatten eine unvergleichliche Freude, diese Engel der Einöde zu sehen, wir erkannten in ihnen wahre Schüler des heiligen Bernhard und in ihren Gebäuden ein vollkommenes Bild des ersten Klosters von Clairvaux. Der Geist der Liebe, welche sie beseelt, diese äußerste Abtötung, welche sie gelobt haben, diese große Armut, welche all ihren Reichtum ausmacht, diese Einfalt, welche bei Allem, was man bei ihnen sieht, herrscht, erwirbt ihnen Ehrfurcht bei allen vornehmen Leuten. ... Sie wiesen mir ein Zimmer an, in welchem sie einen Bischof beherbergt hatten; dasselbe war in Wahrheit so klein, dass ich mit der Hand beinahe die Zimmerdecke berühren konnte. Ihre Kirche ist ebenfalls sehr klein und ganz niedrig, einfache Bänke dienen ihnen als Chorstühle, ihre Chorbücher liegen auf ärmlichen Pulten. ... Wir bemerkten ferner, dass alle ihre Zierraten ohne Gold, ohne Silber und ohne Seide waren. Ihre Betten stehen in der Mitte ihres Schlafsaales, das eine von dem anderen durch einen Verschlag getrennt"[280].

Ordenscaritas

Blickt man auf den Lebensstil und die Tätigkeit der in Düsseldorf niedergelassenen Orden, wird deutlich, dass sie mit Ausnahme der Cellitinnen keine tragende Stütze caritativer Werke sein konnten. Nicht nur klassische Mendikantenorden wie Kapuziner und Franziskaner, sondern fast alle klösterlichen Gemeinschaften waren auf Zuwendungen und Almosen der Gläubigen angewiesen. Dass von diesen Mitteln zur allgemeinen Armenfürsorge ein nur geringer Bruchteil abgeführt werden konnte, liegt auf der Hand. Wie die Haushaltsrechnungen der Zisterzienserabtei Düsseltal für die Jahre 1787 bis 1803 ausweisen, bewegten sich die Ausgaben für Almosen in diesem Zeitraum zwischen 4 Reichstaler (1801) und 51 Reichstaler (1792), was einem Anteil von 0,1 bzw. 1,0 % der Gesamtausgaben entsprach[281]. Trotz des Befundes darf aber nicht vergessen werden, dass Hilfesuchende von den Orden vor allem in Notzeiten wie den Pestwellen des 17.

---

[276] Vgl. NHS Düsseldorf Stift Urkunden 435.
[277] Vgl. NHS Düsseldorf Stift Urkunden 429; NN, Abtey Düsselthal, in: Wochentliche Nachrichten (Düsseldorf). Mit Churpfalz - Bayerisch Gnädigster Freyheit Nr. 42 (16.10.1804), o. S. (1).
[278] Vgl. Franz Rennefeld, Vom alten und neuen Derendorf bis 1948, Manuskript Düsseldorf 1948, 486.
[279] Vgl. NHS Handschriften N I 2 III, Bl. 139 ff.
[280] Voyage litteraire de deux Religieux Benedictins de la Congregation de Saint Maur Vol. 2, Paris 1724, 229 f.
[281] Vgl. NHS Düsseltal Abtei Akten 30, Bl. 1 ff; Rüdiger Nolte, Pietas und Pauperes. Klösterliche Armen-, Kranken- und Irrenpflege im 18. und frühen 19. Jahrhundert, Köln 1996, 93 f und 131.

Jahrhunderts nicht abgewiesen wurden. Mögen die Düsseldorfer Klöster auch nur elementare Überlebenshilfen angeboten haben, kann kaum bezweifelt werden, dass hier Einheimischen wie auch Wandernden der Genuss eines einfachen Essens oder der Unterkunft für eine Nacht nicht vorenthalten wurde. Der genaue Umfang klösterlicher Sozialleistungen zugunsten Armer und das Verhalten der Orden ihnen gegenüber ist trotz erhaltener Armen- und Almosenrechnungen nicht endgültig zu erfassen, da nicht bekannt ist, ob alle Hilfeleistungen in schriftlicher Form festgehalten wurden. Insgesamt darf die Rolle der Klöster als Armenpfleger aber nicht überschätzt werden. Als der Bürger und Ratsverwandte Heinrich Merffels aus Jülich am 20. März 1629 seinen "bresthaften" Sohn auf Lebenszeit bei den Düsseldorfer Kreuzbrüdern zur Pflege unterbrachte, hatte er für alle entstehenden Belastungen aufzukommen. Bei Vertragsabschluß musste er 200 Kölnische Taler zahlen und hatte weitere 500 Taler, die nach seinem Tod fällig wurden, zu hinterlegen. Außerdem sollte er die Kosten für Kleidung, medizinische Versorgung und Bestattung seines Sohnes begleichen[282].

8. Kommunale und kirchliche Armenfürsorge (Verordnungen, Stiftungen, Gasthäuser, Arbeitshäuser)

Die einzige über zureichende Kapitalien verfügende Institution zur kommunalen Armenfürsorge war und blieb auch nach der Reformation das Gasthaus in der Flinger Straße, das trotz Neuordnung der Armenpflege durch den Erlass von Zulassungskriterien für Bettler und die Einführung von Kontrollen an seiner Bedeutung nichts verloren hatte. Der Staat bzw. die Stadt betrachteten weder die drei großen Bereiche der sozialen Fürsorge (Krankheit, Alter, Armut)[283], noch die strukturelle Verhinderung von Verelendung als ihre Aufgabe; beide behielten sich aber Regelungskompetenzen vor. So verkündete etwa am 8. Juli 1525 Herzog Johann, er gehe gegen alle "spitzbouen, landleufere, gaengler, oder gesunde Bedeler" vor und dulde sie nicht mehr in seinem Land, da sie die "unterthanen ... durch vielerley diebstaell, Verrazherey, Mord, Brand" bedrohten. Jeder, der keiner regelmäßigen Arbeit nachging, sollte "durch amptheute und Befehlshaber zu der arbeit gezwungen, und wo solches geweigert, mit Rhoden, oder ander schmaheit aus unseren landen verjagt werden". Nur "alte Kranke oder gebrechliche arme" waren geduldet und sollten von den Kirchengemeinden versorgt werden[284]. Handlungsrichtlinien für eine geordnete Armenpflege enthielt auch eine Verordnung von Herzog Wilhelm, die am 5. Oktober 1546 erlassen wurde. Danach mussten in jeder Gemeinde zwei oder drei Provisoren für die Armenpflege aus dem Kreis der Schöffen, Kirchmeister oder Priester ernannt werden, die an jedem Feiertag in der Kirche Almo-

---

[282] Vgl. NHS Düsseldorf Kreuzbrüder Urkunden 149.
[283] Vgl. Christoph Sachße, Geschichte der Armenfürsorge in Deutschland vom Spätmittelalter bis zum Ersten Weltkrieg, Stuttgart 1980, 23 ff.
[284] Vgl. NHS Handschriften L II 7 I, Nr. 21 (08.07.1525).

8. Kommunale und kirchliche Armenfürsorge

sen sammelten und später an Hilfsbedürftige verteilten. Durch Bestellung der Provisoren sollte das Fürsorgewesen eine gewisse Zentralisation und Organisation erhalten, in die auch die klösterliche Armenpflege eingebunden war[285].

Die Einrichtung von Institutionen, die die Berechtigung zum Empfang von Almosen wider der traditionellen kirchlichen Almosenlehre überprüfen und ihre Einhaltung gewährleisten sollten, war das grundlegend Neue an der herzoglichen Armenordnung. Unverkennbar intendierte der Erlass eine Bürokratisierung von Fürsorge, die durch Einrichtung eines entsprechenden Verwaltungsapparates zwischen spendenwilligen Bürgern und Almosen suchenden Armen umgesetzt werden sollte. Am deutlichsten lassen sich die Elemente neuzeitlicher Armutsverwaltung in der Figur des Provisors erkennen, dessen Aufgabenfeld im Jahre 1546 wie folgt umschrieben war: "Die Provisoren oder Fürstender der armen, sollen mit fleyß erkundigen, wie vil armen in dem Kirspel sein, die sich nit erneren können, damit denselben notturfft gereicht werde. Die erkundigung der haußarmen gelegentheyt, sall zum wenigsten alle Quatertemper einmal geschehen, damit man wissen mög, wes sich mitler zeit verändert". Zur Unterstützung der Provisoren sollte in jeder Gemeinde ein "fromer Man" eingesetzt werden, "der den Fürstendern anzeige, off mitler zeit jemandt mit kranckheit oder armut beladen wurdt, also das er der almussen bedurfft, und hinweder, off die jhenige, so der allmussen gebruchen, sich unerbarlich hielten, oder widerumbtgestalt wurden, sich mit arbeit, oder sunst zu erneren"[286].

Da es keine Instanz gab, welche die Umsetzung der landesherrlichen Vorschriften überwachte, scheint es nur in wenigen Kommunen des Bergischen Landes zu einer Neudisposition der öffentlichen Armenpflege gekommen zu sein[287]. Aus den überlieferten Quellen des Düsseldorfer Raums lässt sich nicht erkennen, dass es hier zu einer konsequenten Ausführung der Verordnung vom 5. Oktober 1546 gekommen wäre. Zur Anwendung kam nur der zweite Teil des Erlasses, der drakonische Strafen gegen das Betteln vorsah[288]. Danach war das Sammeln von Almosen in der Öffentlichkeit fortan streng verboten und nur dort gestattet, wo die Provisoren nicht über ausreichende Armenmittel verfügten. Die Bedürftigen erhielten in diesem Fall ein Genehmigungsschreiben oder ein an der Brust zu tragendes Abzeichen, das sie zum Betteln berechtigte[289].

Trotz dieser Maßregeln blieb das Betteln eine gängige Erscheinung, da die sozialen, ökonomischen und politischen Ursachen der Armut nicht bekämpft wurden. War man schon nicht in der Lage, das Betteln zu unterbinden, so sollten die Almosenempfänger wenigstens aus dem Stadtbild verschwinden. In der "Stadt - Düsseldorffische Policey- und Tax - Ordnung" von 1706 heißt es: "Die in hiesiger Burgerschaft gebohrne Einheimische, und in Unseren Militair - Diensten Blessirte, so kranck und gebrechlich oder

---

[285] Vgl. NHS Handschriften L II 7 I, Nr. 42 (05.10.1546).
[286] NHS Handschriften L II 7 I, Nr. 42 (05.10.1546).
[287] Vgl. Josef Wilden, Zur Geschichte der öffentlichen Armenpflege in Düsseldorf, in: Beiträge zur Geschichte des Niederrheins 21 (1906/07), 276 - 311, 280.
[288] Vgl. NHS Handschriften L II 7 I, Nr. 42 (05.10.1546).
[289] Vgl. NHS Düsseltal Abtei Akten 7a, 28.10.1774; NHS Handschriften L II 7 XI, Nr. 2014 (18.11.1767); Düsseldorf im Jahre 1898. Festschrift den Theilnehmern an der 70. Versammlung deutscher Naturforscher und Ärzte, Düsseldorf 1898, 175.

sonst zu fernerem Dienen und Handt - Arbeit untüchtig seyndt, ... und vermitz Anhangung des Stadt - Zeichens admittiret worden, sollen in der auswendiger Burgerschafft sich auffhalten, und zu deren Unterhaltung dasjenige, so in denen Wochentlich zweymahl umbgehender Armen - Büchse und Brodt - Korb an Allmusen eingehen wird, vor- oder unter dem Thor ihnen ausgetheilet werden, welchemnegst alles und jedes offentliches Betteln in hiesiger Stadt auff den Gassen sowohl, als vor und in denen Kirchen bey Verlust des ihnen gegebenen Stadt - Zeichens, gäntzlich abgestellet, und verbotten seyn solle"[290].

Ungeachtet der restriktiven Vorschriften wird übereinstimmend in amtlichen Stellungnahmen, in Eingaben und in Reiseberichten des 18. Jahrhunderts festgestellt, dass in Düsseldorf vielerlei Formen von Armut anzutreffen waren[291]. Noch im Jahre 1785 prangerte Konrad Frohn nicht zu übersehende Missstände in der "Hauptstadt der Herzogthümer Gülich und Berg" in scharfer Form an: "Alle Landescollegien beider Herzogthümer, mit Räthen und Kanzleiverwandten, Advokaten, Prokuratoren, Schreibern und Schreibergenossen über und über besetzt; ... nebst diesen ein unzählbarer Haufe öffentlich- und heimlicher Armen, eine gewöhnliche Folge der Ueberbevölkerung, noch mehr aber der unzureichenden Staatsanstalten (sie werden nur dem allerkleinsten Theile nach in die jährlichen Listen eingeschrieben) alles zusammengenommen in einem kleinen Raume zusammengedrängt, macht diese mittelmäßige Stadt, ohngeachtet ihrer gesunden Lage in einer Ebene am Rhein, zu einem grossen Siechenhaus, worinn jährlich der 26ste sein Leben aufopfern muß. Ein ungeheures Verhältnis, wenn man bedenkt, daß in einer der grösten Städte Deutschlands, ich meine Berlin, nur von 28 Menschen jährlich einer stirbt. Man hat dem immer mehr einreissenden Uebel im letztern Jahrzehend dadurch vorzubeugen gesucht, daß man den Kirchhof ausserhalb den Mauern der Stadt verlegt, und die Stadt selbst zu erweitern angefangen hat. Die mit solchen Umständen verbundene schnellere Verbreitung epidemischer Krankheiten veranlaßte den würdigen Direktor des gülich bergischen Medicinalrathes Herrn Hofrath Brinkmann, ein öffentliches Krankenhaus in Vorschlag zu bringen, dessen Errichtung aber bisher durch die Herbeischaffung hinlänglicher Fonds aufgehalten worden; auch scheint es, daß man gegen die sehr überhandgenommene Armut, welche unter den Ursachen des hohen Grades der Sterblichkeit keine der geringsten ist, wirksamere Mittel vorzukehren, und auch von dieser Seite der Ungesundheit der Stadt zu Hülfe zu kommen willens sei"[292].

Einziger Lichtblick im System der Düsseldorfer Armenfürsorge waren die seit dem 16. Jahrhundert vermehrt anzutreffenden gemeinen Spenden, die privat oder öffentlich zugunsten Bedürftiger eingerichtet wurden. In der Regel handelte es sich bei der gemeinen Spende um die Vergabe von Broten an eine begrenzte oder unbegrenzte Zahl von Armen der Stadt zu einem einmaligen oder jährlich wiederkehrenden Termin. Von

---

[290] Stadt - Düsseldorffische Policey- und Tax - Ordnung auffgerichtet im Jahr 1706 und 1728 wiederumb auffs neu auffgelegt, Düsseldorf 1728, 25.
[291] Vgl. Theodor Hartmann, Die zu errichtende allgemeine Armenanstalt in Düsseldorf nach dem von der Hauptverwaltung erhaltenen Auftrage am letzten Sonntage im Oktober 1800 öffentlich angezeigt und empfohlen, Düsseldorf 1800, 26.
[292] Konrad Frohn, Neueste Staatskunde von Deutschland aus authentischen Quellen. Erste Abteilung 4. und 5. Stück. Gülich und Berg, Frankfurt 1785, 147 f.

8. Kommunale und kirchliche Armenfürsorge

Wohlhabenden anlässlich ihres Todes oder zum späteren Gedächtnis angeordnet, war sie grundsätzlich mit dem Auftrag an die Armen verbunden, für die Stifterin oder den Stifter zu beten. Die verteilten Brote stellten gewissermaßen das Medium dar, durch das sich die verstorbenen Stifter die Gebete der Armen als Hilfen für ihre Seele sicherten. Beide Seiten waren durch Geben und Empfangen miteinander verbunden[293].

Es fällt auf, dass die soziale Dimension der Armut nicht im Mittelpunkt des Almosens stand, sondern Hilfeleistung sich häufig als ein Nebenprodukt darstellte. Die Vergabe von Spenden richtete sich nicht nach den Notwendigkeiten individueller Notlagen, sondern etwa nach Reihenfolge und Bedeutung kirchlicher Feiertage, an denen jedermann ein bestimmtes Quantum von Geld oder Naturalien erhalten konnte. Eine Absprache zwischen einzelnen kirchlichen Institutionen gab es nicht, so dass den Hilfeleistenden Einrichtungen jeder Überblick über Quantität und Qualität von Notlagen fehlte und von einer planvollen Verteilung der vorhandenen Ressourcen keine Rede sein konnte. Da es an feststehenden Verteilungsformen und -kriterien mangelte, blieb es den Betroffenen in der Regel selbst überlassen, sich ihren Bedarf zu erbetteln. Das Fehlen von Kontrollmechanismen für die Almosenempfänger bedeutete allerdings auch, dass der Empfang von Unterstützung ohne jede stigmatisierende und entwürdigende Konsequenzen für den Empfänger blieb. Wer bettelte, dem wurde im Rahmen des Vorhandenen gegeben[294].

Dass vorrangig die Beförderung des eigenen Seelenheiles und nicht die Versorgung der Armen ein Motiv von Stiftungen war, spiegelt sich in zahlreichen Vermächtnissen der Bergischen Landesherren wie auch von Düsseldorfer Geistlichen und Bürgern wider. So vermachten Herzog Wilhelm und seine Frau Anna dem Düsseldorfer Stift am 23. Februar 1393 die Höfe in Kirchholthausen und Honrath für die Abhaltung der Memorien[295]. Bei den Gedenkfeiern war ein schwarzer Gulden unter 40 Arme zu verteilen; außerdem sollte ein Malter Roggen zu Brot verbacken und ein Malter Gerste zu Bier gebraut und unter die Hausarmen der beiden Höfe verteilt werden[296]. Mit einem Fond von 400 Goldgulden stiftete Kanonikus Johann Buff am 10. November 1536 eine dauernde Spende für 13 Bedürftige[297], die zunächst jeden Freitag[298], später auch jeden Mittwoch

---

[293] Vgl. Brigitte Klosterberg, Zur Ehre Gottes und zum Wohle der Familie. Kölner Testamente von Laien und Klerikern im Spätmittelalter, Köln 1995, 156 ff.

[294] Vgl. Andreas Voß, Betteln und Spenden. Eine soziologische Studie über Rituale freiwilliger Armenunterstützung, ihre historischen und aktuellen Formen sowie ihre sozialen Leistungen, Berlin 1993, 9 ff.

[295] Vgl. NHS Düsseldorf Stift Urkunden 120. Zum Memorienwesen vgl. Joachim Wollasch, Die mittelalterliche Lebensform der Verbrüderung, in: Karl Schmid, Memoria. Der geschichtliche Zeugniswert des liturgischen Gedenkens im Mittelalter, München 1984, 215 - 232, 215 ff; Peter - Johannes Schuler, Das Anniversar. Zu Mentalität und Familienbewußtsein im Spätmittelalter, in: Peter - Johannes Schuler, Die Familie als sozialer und historischer Verband. Untersuchungen zum Spätmittelalter und zur frühen Neuzeit, Sigmaringen 1987, 67 - 117, 67 ff.

[296] Vgl. NHS Düsseldorf Stift Urkunden 120.

[297] Vgl. SAD Urkunden 45. Vgl. auch NHS Düsseldorf Stift Repetitorien und Handschriften 2, Bl. 79; Bernhard Gustav Bayerle, Die katholischen Kirchen Düsseldorf's von ihrer Entstehung bis auf die neueste Zeit. Ein Beitrag zur Geschichte der Stadt, Düsseldorf 1844, 26.

[298] Vgl. NHS Düsseldorf Stift Urkunden 402; NHS Düsseldorf Stift Akten 29.

und jeden Sonntag "uiß dem almißhuyßgen hyselfs ain der kyrchdueren"[299] des Stiftes ausgegeben wurde[300]. Der Hofprediger Winand Thomas setzte gegen Ende des 16. Jahrhunderts ein Kapital von 1200 Reichstalern zur Armenpflege aus[301]. In seinem Testament vom 11. Oktober 1636 bestimmte Stiftsdechant Wilhelm Bont, am Tag seines Anniversars und der tricesima solle jährlich Brot aus einem Malter Roggen an Arme verteilt werden[302]. Wer die endgültigen Empfänger der Spenden waren und aus welchem Grund gerade sie in den Genuss der Zuwendungen kamen, ist nur selten festgehalten. Dem Rechnungsbuch des Düsseldorfer Stiftes über Spenden für "Haus- und Spendarme" (1751 - 1770) ist beispielsweise zu entnehmen, dass 1757 eine verarmte Witwe mit vier Kindern 2 Reichstaler, 1758 ein elternloses Kind für ein Quartal Kostgeld in Höhe von 5 Reichstalern und im gleichen Jahr ein armes Kind ein Paar Schuhe und Strümpfe für 93 Albus erhielt[303].

Außer in der Stadt gab es auch in den Düsseldorfer Außengemeinden und Vororten gemeine Spenden, doch ist darüber wie auch über die hier vielfach anzutreffenden Armen- oder Gasthäuser kaum etwas aus den Quellen zu erfahren.

Der Erkrather Pfarrer Adolf Bleckmann, zuvor Vorsteher der Kirche von Bilk, richtete im Jahre 1559 am Düsseldorfer Gasthaus eine Stiftung ein, in deren Genuss vor allem Bürger aus seinem alten Pfarrsprengel gelangen sollten[304]. An der Volmerswerther Pfarrkirche war eine erstmals im Jahre 1744 erwähnte rosellsche Stiftung eingerichtet[305], die jährlich 97 Brote und vierteljährlich 18 Schillinge zur Bekleidung von Armen auswarf[306].

Aus der Heerdter Kirchenrechnung des Jahres 1605 geht hervor, dass der höchste Einzelposten mit 13 Gulden der Armenfürsorge zukam[307]. Zudem lastete auf fast allen Gütern in der St. Benediktus Pfarrei eine jährliche Brotspende, die am ersten Freitag nach Christi Himmelfahrt von den Kirchmeistern auf dem Kirchplatz verteilt wurde[308]. So gab das Gut Zoppenbruch fünf Brote[309], der Heerdter Hof vier Brote[310], die meisten

---

[299] NHS Düsseldorf Stift Urkunden 335.

[300] Vgl. Friedrich Lau, Geschichte der Stadt Düsseldorf. Von den Anfängen bis 1815, Düsseldorf 1921, 225.

[301] Vgl. NHS Düsseldorf Stift Urkunden 377; NHS Jülich - Berg III 1002, Bl. 1 ff; SAD II 1623, Bl. 1 ff.

[302] Vgl. PfA Düsseldorf St. Lambertus Urkunden 11.10.1636; PfA Düsseldorf St. Lambertus Akten 353, Bl. 1 ff.

[303] Vgl. NHS Düsseldorf Stift Akten 29, 14.11.1757, 24.10.1758 und 03.10.1758; Rüdiger Nolte, Pietas und Pauperes. Klösterliche Armen-, Kranken- und Irrenpflege im 18. und frühen 19. Jahrhundert, Köln 1996, 122.

[304] Vgl. SAD NL 100 Hubertushospital 304. Vgl. auch PfA Düsseldorf St. Lambertus Urkunden 20.05.1559; SAD NL 100 Hubertushospital 6, Gasthausrechnung 1601, Bl. 50.

[305] Vgl. SAD II 1622, Bl. 1 ff. Vgl. auch SAD Urkunden 149.

[306] Vgl. PfA Volmerswerth St. Dionysius 594, S. 25; AEK Nachlass Hans Neumann, Volmerswerth.

[307] Vgl. PfA Heerdt St. Benediktus 1, Kirchenbuch 1644 - 1705, S. 75 ff.

[308] Vgl. PfA Heerdt St. Benediktus 1, Kirchenbuch 1644 - 1705, S. 21 ff.

[309] Vgl. PfA Heerdt St. Benediktus 1, Kirchenbuch 1644 - 1705, S. 23.

[310] Vgl. PfA Heerdt St. Benediktus 1, Kirchenbuch 1644 - 1705, S. 25.

8. Kommunale und kirchliche Armenfürsorge

anderen Höfe, etwa Dreißig, je ein Brot[311]. Für die Armen waren auch Renten reserviert[312], die an bestimmten Tagen ausgezahlt wurden. Bedürftigen gewährten "die Kirchmeister uff erste quatertemper nach S. Lucia und die andere folgende quatertemper nach Eschtags (Aschermittwoch), nach pfingsten, und nach H. Creutz erhebungs tags ... nach gedanem Gottes dienst in der Kirchen zu Herdt" kleinere finanzielle Zuwendungen[313].

Als insgesamt dürftig ist die Überlieferung im Hinblick auf die Armenfürsorge in Kaiserswerth zu bezeichnen, obwohl hier die Existenz mehrerer Gasthäuser bezeugt ist. Neben einem im Jahre 1445 erstmals erwähnten Hospital nahe der St. Georgskirche auf dem Kreuzberg (heute Schnittpunkt Im Spich/Egbertstraße)[314] lässt sich seit dem Jahre 1398 ein Gasthaus an der heutigen Clemensbrücke nachweisen[315]. Es verfügte bereits zu Beginn des 15. Jahrhunderts über einen eigenen Sakralraum, da im Jahre 1415 von einem Rektor an der "U.L.F. Kapelle" beim Gasthaus nahe der Brücke zu Kaiserswerth die Rede ist[316]. Darüber hinaus gab es im 16. Jahrhundert ein "domus hospitalitatis apud Puteum" (heute Kaiserswerther Markt)[317], das vermutlich mit einem im Jahre 1482 als "dat gasthuiss" bezeichneten Hospital in der Stadt identisch war[318]. In welcher Verbindung die vorgenannten Gasthäuser mit zwei gegen Ende der fünfziger Jahre des 17. Jahrhunderts erwähnten Hospitälern auf dem Freihof (heute An St. Swidbert) und am Kaiserswerther Wall standen[319], lässt sich nicht mehr rekonstruieren. Ebenso ist nichts über den Ursprung des ehemaligen Pesthauses in der Kuhstraße (heute An St. Swidbert) bekannt, das im Jahre 1679 in den Besitz des Kaiserswerther Kapuzinerklosters gelangte[320]. Eine Einrichtung zur Versorgung von Hilfsbedürftigen musste sich auch bei dem außerhalb von Kaiserswerth gelegenen Haus Schwanen befunden haben, da eine Aufstellung der Kriegsschäden des Jahres 1688 resümierte, das dortige "armen Gasthaus mit einem kleinen Capellgen, so die bibels - Kirch geheischen ist", sei "totaliter destruirt worden"[321]. Völlig im Dunkeln liegen auch die Anfänge des Armenhauses der Kaiserswerther "Hauptarmenbruderschaft St. Lukas mit der Marien - Armenbruderschaft"[322] auf dem heutigen Grundstück "An St. Swidbert 60", das am 10. Dezember 1807 der nur wenige Wochen zuvor selbständig gewordenen Kaiserswerther "Armen - Versorgungs - Anstalt" übertragen worden war und aus dem später das Marien - Krankenhaus entstand[323].

---

[311] Vgl. PfA Heerdt St. Benediktus 1, Kirchenbuch 1644 - 1705, S. 21 ff.
[312] Vgl. PfA Heerdt St. Benediktus 1, Kirchenbuch 1644 - 1705, S. 61, 171 und 181; PfA Heerdt St. Benediktus 2, Kirchenbuch 1730, Bl. 2.
[313] PfA Heerdt St. Benediktus 1, Kirchenbuch 1644 - 1705, S. 21.
[314] Vgl. NHS Kaiserswerth Stift Urkunden 433; NHS Karten 425.
[315] Vgl. NHS Kaiserswerth Stift Urkunden 328.
[316] Vgl. NHS Rath Kloster Urkunden 8.
[317] Vgl. NHS Kaiserswerth Stift Urkunden 189.
[318] Vgl. NHS Kaiserswerth Stift Urkunden 525.
[319] Vgl. NHS Kurköln II 4297, Bl. 220.
[320] Vgl. NHS Handschriften Q 2, S. 11.
[321] PfA Kaiserswerth St. Suitbertus Akten 27, Bl. 212.
[322] Vgl. PfA Kaiserswerth St. Suitbertus Akten 770, 28.06.1855.
[323] Vgl. PfA Kaiserswerth St. Suitbertus Akten 1025, 10.12.1807; NHS Regierung Düsseldorf 54512, Bl. 63; SAD XVI 782, S. 1 ff und 49 ff.

II. Vom Mittelalter bis zur Säkularisation

Bemerkenswert ist, dass in Kaiserswerth 1736 auf Betreiben des Kölner Kurfürsten das erste Zucht- und Arbeitshaus am Niederrhein errichtet wurde[324]. Das "Stock- oder Zuchthaus" war eine Einrichtung für "verdächtige Vagabunden, Müßiggänger und Bettler, Mann- und Weiblichen Geschlechts", die "im hiesigen Ertzstifft zu unseren Unterthanen höchsten Beschwehr, auch Stöhrung innerlicher Ruhe und Sicherheit häuffig einschleichen, und nicht allein liederlich gottloses Leben beym Müßig- und Bettelgang treiben, sonderen auch dahin sich erfrechen, dass sie dem Haußmann aufm Land Geld, Fleisch und Früchten unter allerhand Bedrohungen abpressen". Hier sollten sie "vermittels ihnen auflegender Arbeit, nebst Speisung und Brod zur Zucht und Correction gebracht werden"[325]. Aus den Anstaltsakten geht hervor, dass im Kaiserswerther Zucht- und Arbeitshaus nicht nur Bettler und Vagabunden sonderen auch Mörder, Diebe und Betrüger einsaßen[326]. Die Hausordnung sah für die Inquisiten folgenden Tageslauf vor: Nach dem Aufstehen, Waschen und Sprechen des Morgengebetes begann der 14stündige Arbeitstag, der nur durch zwei einstündige Ruhepausen und eine einstündige Christenlehre unterbrochen wurde[327]. Neuankömmlinge band man nach ihrer Einlieferung an einen Pfahl auf dem Zuchthaushof, wo ihnen je nach Strafmaß der "kleine" oder "große Willkomm", d.h. 10 bis 15 oder 25 bis 30 Stockschläge erteilt wurde[328]. Der Zuchtmeister sprach dabei: "Aus Verordtnung hoher Obrigkeit hastu alhier deinen Willkomm zu empfangen"[329].

Noch karger als für die Suitbertusstadt ist die Überlieferung von Nachrichten über armenfürsorgliche Einrichtungen in Gerresheim, wo meist ohne nähere Angaben und Erläuterungen im 13. Jahrhundert von einem Hospital[330], 1550[331] und 1642[332] von einem

---

[324] Vgl. NHS Kurköln II 3286, Bl. 50; Vollständige Sammlung deren die Verfassung des Hohen Erzstifts Cölln betreffender Stucken, mit denen benachbahrten Hohen Landes - Herrschaften geschlossener Concordaten und Verträgen, dan in Regal- und Cameral - Sachen, in Justitz-, Policey- und Militair - Weesen vor- und nach ergangener Verordnungen, und Edicten Bd. 2, Köln 1773, 73 ff; Fritz Gehne, Wie in Kaiserswerth eine staatliche Arbeitsanstalt errichtet werden sollte, in: Jan Wellem Jg. 36 Nr. 7 (Juli 1961), 104 - 106, 104 ff; Dieter Weber, Das Zucht- oder Stockhaus, in: Christa - Maria Zimmermann, Kayserswerth. 1300 Jahre Heilige, Kaiser, Reformen, Düsseldorf 1981, 210 - 214, 210 ff; Dieter Weber, Zucht- und Arbeitshäuser am Niederrhein im 18. Jahrhundert, in: Düsseldorfer Jahrbuch 60 (1986), 78 - 96, 82 ff; Friedhelm Weinforth, Armut im Rheinland. Dokumente zur Geschichte von Armut und Fürsorge im Rheinland vom Mittelalter bis heute, Kleve 1992, 100 ff; Karl Härter, "... zum Besten und Sicherheit des gemeinen Weesens ...". Kurkölnische Policeygesetzgebung während der Regierung des Kurfürsten Clemens August, in: Frank Günter Zehnder, Im Wechselspiel der Kräfte. Politische Entwicklungen des 17. und 18. Jahrhunderts in Kurköln, Köln 1999, 203 - 235, 222 ff.

[325] Vollständige Sammlung deren die Verfassung des Hohen Erzstifts Cölln betreffender Stucken, mit denen benachbahrten Hohen Landes - Herrschaften geschlossener Concordaten und Verträgen, dan in Regal- und Cameral - Sachen, in Justitz-, Policey- und Militair - Weesen vor- und nach ergangener Verordnungen, und Edicten Bd. 2, Köln 1773, 73.

[326] Vgl. NHS Jülich - Berg Hofrat A 234a, Bl. 9 ff.

[327] Vgl. NHS Jülich - Berg Hofrat A 248, Bl. 315 f.

[328] Vgl. SAD D 1 VI, 29.01.1779.

[329] SAD D 1 VI, 29.01.1779.

[330] Vgl. NHS Gerresheim Stift Repetitorien und Handschriften 3, Bl. 164 ff (zurzeit vermisst); Woldemar Harleß, Heberegister der Höfe des Stifts Gerresheim (1218 - 1231), mit Nachträgen bis um 1350,

8. Kommunale und kirchliche Armenfürsorge

"gasthuis", 1685 von einem Gasthaus am Kölner Tor[333], 1716 von einem Siechenhaus[334] und 1725/26 von einem städtischen Hospital die Rede ist[335].

Kaum günstiger ist die Quellenlage im Hinblick auf die Caritas für das ehemalige Amt Monheim, zu dem die heutigen Düsseldorfer Pfarreien Benrath, Himmelgeist und Itter gehörten. Nach Ausweis einer Erhebung vom 3. Januar 1578 besaß die Vikarie in Benrath ein auf dem Kirchhof gelegenes Häuschen, das "umb Gottes willen ... durch arme leude bewoenet" war[336]. Vermutlich handelte es sich dabei um jene Liegenschaft, die in der überarbeiteten Benrather Kirchenrolle von 1653 wie folgt beschrieben wurde: "Item dass hauss ahm Kirchhoff So vor Zeiten ein Gasthauss gewesen und ietzo Herman am Kirchhoffs Hinderlassenen Erben im Besitz haben"[337]. Nachweislich seit Mitte des 16. Jahrhunderts bestand zu Benrath eine Armenspende, die jährlich unter den Hausarmen verteilt wurde. In einem Visitationsbericht der Pfarrei vom 14. August 1550 heißt es: "Ist ein spind zo Benrodt, wirt ipso die sacramenti gehalden, daro ein malder korns gestifft, und jeder huisman gibt darzo ein broit"[338]. Neben dieser "spind" standen der Benrather Armenfürsorge noch einige testamentarische Stiftungen wie die jährliche Brotspende von Johann Kurten (1669) und die regelmäßige Geldrente von Jacob Katterbach (1686) zur Verfügung[339].

Aus Itter liegen verschiedene Dokumente vor, die übereinstimmend die Verteilung von Liebesgaben am Tag der Hagelfeier bezeugen. So wird bereits im Jahre 1550 berichtet: "Scheffen und kirchmeister haben ein spinde uf der hagelfir, jeder husman gibt darzo ein broit und wirt under den husarmen uisgedeilt"[340]. Unter Pfarrer Peter Laer wurden um das Jahr 1600 "auff Hagelfeyer den anderen Tagh nach Himmelfarth Christi" rund ein Dutzend "Brott unter den armen außgetheilt"[341]. Aus einem von Pfarrer Petrus a Kayr (1624 - 1642) aufgestellten Einkünfteverzeichnis geht schließlich hervor, dass in Itter am Tag der Hagelfeier "nach getaner Andacht etliche Almosen ausgeteilt" und "den Wohltätern ... ein andächtiges Gebet für derselben Seelen" gehalten wurde[342]. Unabhängig vom Fest der Hagelfeier hatte Mechthild von Reuschenberg im Jahre 1654 verfügt, alljährlich an ihrem Todestag in der Itter Kirche ein Totenamt zu halten und für

---

in: Woldemar Harleß, Archiv für die Geschichte des Niederrheins Bd. 6, Düsseldorf 1867, 116 - 137, 120.

[331] Vgl. NHS Jülich - Berg II 227, Bl. 119 f.
[332] Vgl. NHS Sammlung Carl Guntrum I 18, 05.08.1642.
[333] Vgl. NHS Gerresheim Stift Akten 38, Bl. 4.
[334] Vgl. Anton Fahne, Das Ende der Siechenhäuser im westlichen Deutschland, in: Zeitschrift des Bergischen Geschichtsvereins 10 (1874), 81 - 115, 97.
[335] Vgl. AEK Dec. Dusseldorpiensis Generalia 5.
[336] Vgl. NHS Jülich - Berg II 234, Bl. 319.
[337] PfA Benrath St. Cäcilia 330, Bl. 6.
[338] NHS Jülich - Berg II 227, Bl. 24.
[339] Vgl. PfA Benrath St. Cäcilia 330, Bl. 21 und 25.
[340] NHS Jülich - Berg II 227, Bl. 26.
[341] PfA Itter St. Hubertus 12, S. 39.
[342] PfA Itter St. Hubertus 12, S. 103 f.

die Armen drei Malter Roggen zu verbacken[343]. Angesichts der beständigen Sorge um Hilfsbedürftige überrascht daher die Feststellung eines Visitationsberichts über Itter aus dem Jahre 1720: "Non ad sunt hospitalia, nec fundationes pauperum, nisi Superflua ex anniversariis, et pecunia collecta"[344].

9. Reorganisation und Niedergang des Düsseldorfer Gasthauses

Suggeriert die Vielzahl der Armenhäuser, Stiftungen und Legate innerhalb und außerhalb der Stadt Düsseldorf auch den Eindruck einer gut organisierten Fürsorge, so bot der Zustand des kommunalen Armenwesens insbesondere gegen Ende des 17. Jahrhunderts kein erfreuliches Bild. Dies gilt vor allem für die Stadt Düsseldorf und hier vor allem für das Gasthaus. Trotz solider Finanzbasis war die Armenanstalt im Laufe der Zeit zunehmend in Verfall geraten[345]. Äußeres Indiz für den Niedergang ist der Befund, dass immer mehr vermögende Bürger in das Hospital aufgenommen und verpflegt wurden[346] und die ursprünglich intendierte Armenfürsorge nur noch eine untergeordnete Rolle spielte[347]. Im Jahre 1695 monierte Gasthausmeister Peter Leers, dass das Hospital "zwarn Theils freyen länderey einige Rhenten geniesse, wegen Überhauff aber der darin anverordtneten Armen die Ausgaben Viell grösser alss der Empfang und Jährlich Von Capitalien hier und dort auffzunehmen gemüssiget"[348]. Erst zu Beginn des 18. Jahrhunderts wurde unter Kurfürst Johann Wilhelm eine grundlegende Reformierung der Anstalt in die Wege geleitet, die sowohl auf Erhöhung des Stiftungskapitals wie auch auf effizientere Koordination der verschiedenen Fürsorgeorgane ausgerichtet war[349].

Zur Aufstockung des Gasthausfonds wurden auf Anraten von Ferdinand Orban SJ, Beichtvater des Herzogs und spiritus rector des reorganisierten Hospitals[350], die Einkünfte mehrerer milder Stiftungen im Bereich des Landesterritoriums gebündelt und

---

[343] Vgl. NHS Elbroich Haus Akten 68 (zurzeit vermisst); Friedrich Everhard von Mering, Der Rittersitz Elbroich, in: Friedrich Everhard von Mering, Geschichte der Burgen, Rittergüter, Abteien und Klöster in den Rheinlanden und den Provinzen Jülich, Cleve, Berg und Westphalen nach archivarischen und anderen authentischen Quellen Bd. 3, Köln 1836, Köln 1836, 54 - 102, 93.
[344] PfA Kaiserswerth St. Suitbertus Akten 26, Bl. 421.
[345] Vgl. Klaus Müller, Unter pfalz - neuburgischer und pfalz - bayerischer Herrschaft (1614 - 1806), in: Hugo Weidenhaupt, Düsseldorf. Geschichte von den Ursprüngen bis ins 20. Jahrhundert Bd. 2, Düsseldorf 1988, 7 - 312, 119.
[346] Vgl. SMD Urkunden D 4, Gasthaus Protokollbuch 1666 - 1698, Bl. 27.
[347] Vgl. August Schönherr, Das Düsseldorfer Pflegehaus und seine Geschichte. Ein Beitrag zur Düsseldorfer Heimatgeschichte, Düsseldorf 1927, 12.
[348] NHS Jülich - Berg II 402, S. 130.
[349] Vgl. Joseph Bücheler, Das Gasthaus der Stadt Düsseldorf oder das St. Hubertus - Hospital geschichtlich dargestellt, Düsseldorf 1849, 12 ff.
[350] Vgl. Else Rümmler, Die Kasernenstraße in Düsseldorf. Anfänge eines Stadtteils, in: Düsseldorfer Jahrbuch 57/58 (1980), 277 - 302, 281.

9. Reorganisation und Niedergang des Düsseldorfer Gasthauses

dem Düsseldorfer Hospital zugeführt[351]. Zusätzlich reaktivierte der Herzog am 29. September 1708[352] den im Jahre 1444[353] gestifteten, "aber durch die bey nach und nach zufälligen unglücklichen Zeitwechslungen erfolgte Empörungen in Untergang gerathenen Ritterlichen Orden des Heyligen Huberti"[354] und band die Adelsvereinigung an das Gasthaus[355]. Der Orden, der sich aus Aristokraten von unbeschränkter Zahl und zwölf Rittern gräflichen und freiherrlichen Standes zusammensetzte[356], verfolgte das Ziel, dem Kurfürsten treu und "zum Trost der Armen" barmherzig zu sein[357]. Gemäß Artikel 7 der Statuten sollten die Ritter des Ordens sich "den Armen und Bedörfftigen mild und gutthätig erweisen, und zu dem Ende so wohl zu derselben, als auch dergleichen Spithäler und Armen - Häuser zu Trost und Beyhülff den zehenden Theil der auß denen ihnen gnädigst anweisenden Commenden ziehender Jährlicher Einkünfften mitzutheilen schuldig und gehalten seyn"[358]. Zuvor hatte jeder neu ernannte Ritter bei seiner Aufnahme 100 Dukaten an das Gasthaus zu zahlen[359].

Die bedeutende Vermehrung des Stiftungskapitals erlaubte es, die Zahl der Hospitaliten von 22 auf 100 zu erhöhen[360]. Da die vorhandenen Räumlichkeiten für eine derartige Erweiterung nicht ausreichen, ließ der Kurfürst das Gasthaus, mittlerweile "eine elende Hütte zur Unzierde der Stadt"[361], in ein neu zu errichtendes Hospital an der heutigen Kasernenstraße verlegen[362]. Dieses neue, speziell für die Zwecke einer Fürsorgeanstalt konzipierte Gebäude[363] wurde bereits am 2. Mai 1710 von den ersten Gasthaus-

---

[351] Ein Verzeichnis der betreffenden Einkünfte bietet August Schönherr, Das Düsseldorfer Pflegehaus und seine Geschichte. Ein Beitrag zur Düsseldorfer Heimatgeschichte, Düsseldorf 1927, 15 f.
[352] Vgl. UBD O.u.H.G. 822 (2⁰), Constitutionen des Hubertusorden vom 29. September 1708, Bl. 8. Eine lateinische Fassung der Statuten findet sich bei Werner Teschenmacher, Annales Cliviae, Juliae, Montium, Marcae Westphalicae, Ravensbergae, Geldriae et Zutphaniae, Frankfurt 1721, 224 ff.
[353] Vgl. UBD O.u.H.G. 822 (2⁰), Constitutionen des Hubertusorden vom 29. September 1708, Bl. 1.
[354] UBD O.u.H.G. 822 (2⁰), Constitutionen des Hubertusorden vom 29. September 1708, Bl. 1.
[355] Vgl. Johannes Thomas Brosius, Juliae, Montiumque Comitum, Marchionum et Ducum Annalium a primis primordiis ex classicis autoribus, vetustis documentis, imperatorum, regumque plurimis diplomatibus ad haec usque tempora deductorum Tom. 3, Köln 1731, 216.
[356] Vgl. UBD O.u.H.G. 822 (2⁰), Constitutionen des Hubertusorden vom 29. September 1708, Artikel 1.
[357] Vgl. UBD O.u.H.G. 822 (2⁰), Constitutionen des Hubertusorden vom 29. September 1708, Bl. 2.
[358] UBD O.u.H.G. 822 (2⁰), Constitutionen des Hubertusorden vom 29. September 1708, Artikel 7.
[359] Vgl. UBD O.u.H.G. 822 (2⁰), Constitutionen des Hubertusorden vom 29. September 1708, Artikel 24.
[360] Vgl. NHS Düsseldorf Stift Repetitorien und Handschriften 14, Bl. 31.
[361] NHS Düsseldorf Stift Repetitorien und Handschriften 14, Bl. 31.
[362] Vgl. Else Rümmler, Die Kasernenstraße in Düsseldorf. Anfänge eines Stadtteils, in: Düsseldorfer Jahrbuch 57/58 (1980), 277 - 302, 277 ff.
[363] Vgl. Jörg Gamer, Matteo Alberti. Oberbaudirektor des Kurfürsten Johann Wilhelm von der Pfalz, Herzogs zu Jülich und Berg etc., Düsseldorf 1978, 256 ff; Else Rümmler, Die Kasernenstraße in Düsseldorf. Anfänge eines Stadtteils. in: Düsseldorfer Jahrbuch 57/58 (1980), 277 - 302, 281 f.

insassen bezogen[364], nachdem im Jahre 1709 auf einem von Johann Wilhelm gestifteten Grundstück der Grundstein zu einem großzügig angelegten Gebäudekomplex gelegt worden war[365].

In der 1710[366] errichteten Gasthauskirche konsekrierte Weihbischof Johann Werner von Veyder am 4. September 1712 den Hochaltar zu Ehren des Hl. Geistes und zwei Nebenaltäre zu Ehren des Hl. Hubertus und der Hl. Anna[367]. Die im Rokokostil erbaute Backsteinkirche stand im Zentrum der Gasthausanlage (heute Kasernenstr. 30)[368], bildete mit der Fassade den Mittelteil der Straßenfront[369] und war im symbolischen Sinn der eigentliche Eingang.

Nach den Seiten schlossen sich für Geschlechter getrennt die Wohnflügel an[370]. Eine vom Kurfürsten erlassene Regula schrieb vor, nur "alte, arme, preßhafte, miserable Personen" in das Hospital aufzunehmen[371]. Als weiteres Auswahlkriterium trat die Zugehörigkeit zur katholischen Kirche hinzu[372]. Man erwartete, "daß alle und Jede so schwärer unpäßlichkeit halber nicht gehindert, Täglich dem ordinairen Gottesdienst, und gebett mit innerlich und äußerlicher andacht beywohnen, nemblich Vormittag umb halb acht Uhren dem H. Meßopfer, folgendem Gebett und Sacramentalischer seegen, Nachmittag aber von 4 Uhren dem gebett des H. Rosen - Krantz, litaney und hochheiligen seegen" beiwohnte[373]. Für die Konfessionalisierung des Gasthauses, das fortan St. Hubertushospital genannt wurde, war ohne Zweifel Pater Orban verantwortlich[374], dem bis zum Tod von Johann Wilhelm (+8. Juni 1716) die Leitung des Instituts oblag[375]. Als er im Jahre 1719 die Stadt verließ, wurde die Aufsicht einer Kommission aus Mitgliedern des Geheimen Rates übertragen[376]. Für die Aufrechterhaltung der inneren Ordnung und die Abwicklung der Geschäftsvorgänge blieb jedoch der katholische Hospitalpfarrer ver-

---

[364] Vgl. Bernhard Gustav Bayerle, Die katholischen Kirchen Düsseldorf's von ihrer Entstehung bis auf die neueste Zeit. Ein Beitrag zur Geschichte der Stadt, Düsseldorf 1844, 25, der aber fälschlicherweise über einen Umzug der Hospitalinsassen von der Kasernenstraße zur Neusser Straße spricht.
[365] Vgl. NHS Düsseldorf Stift Repetitorien und Handschriften 14, Bl. 31.
[366] Vgl. SAD NL 100 Hubertushospital 298, Bl. 6.
[367] Vgl. SAD Urkunden 141.
[368] Vgl. GA 06.10.1906.
[369] Vgl. MKK Sammlung Robert Angerhausen, Handzeichnungen 148.
[370] Vgl. SMD D 5668.
[371] Vgl. Joseph Bücheler, Das Gasthaus der Stadt Düsseldorf oder das St. Hubertus - Hospital geschichtlich dargestellt, Düsseldorf 1849, 32.
[372] Vgl. Joseph Bücheler, Das Gasthaus der Stadt Düsseldorf oder das St. Hubertus - Hospital geschichtlich dargestellt, Düsseldorf 1849, 29.
[373] Zitiert nach Joseph Bücheler, Das Gasthaus der Stadt Düsseldorf oder das St. Hubertus - Hospital geschichtlich dargestellt, Düsseldorf 1849, 29.
[374] Vgl. August Schönherr, Das Düsseldorfer Pflegehaus und seine Geschichte. Ein Beitrag zur Düsseldorfer Heimatgeschichte, Düsseldorf 1927, 62.
[375] Vgl. Joseph Bücheler, Das Gasthaus der Stadt Düsseldorf oder das St. Hubertus - Hospital geschichtlich dargestellt, Düsseldorf 1849, 15.
[376] Vgl. Friedrich Lau, Geschichte der Stadt Düsseldorf. Von den Anfängen bis 1815, Düsseldorf 1921, 227.

9. Reorganisation und Niedergang des Düsseldorfer Gasthauses

antwortlich, der nun anstelle des bisherigen Gasthausvikars die Bewohner seelsorglich betreute[377].

Mit dem Tod des Kurfürsten geriet das Gasthaus, in dem 1716 noch 90 "arme Personen"[378], 1741 aber nur noch 60 Insassen lebten[379], erneut in Verfall, da die Verwalter, meist emeritierte Staatsbeamte, dem Hospital immer mehr Renten entfremdeten[380]. Am 12. Oktober 1743 berichtete Geheimrat Robertz, seit dem Regierungsantritt von Kurfürst Karl Philipp seien "nicht nur vier arme Personen, sondern auch alte unvermögende ... Hofbediente vom Hoflager (Mannheim) abgeschickt und angenommen worden, außerdem Militär - Personen"[381]. Nach Ausweis einer beigefügten Liste lebten im Hospital 37 Personen, darunter 4 Männer, 19 Witwen, "eine Majorin, eine Hauptmanninnen und fünf Jungfern"[382]. Unter dem 20. April 1744 wurde verfügt, "weil die emeriti gemeinlich unter die Invaliden gesetzt werden, keine mehr in das Hospital" aufzunehmen und "die zum arbeiten noch tüchtigen Weibspersonen" fortzuschaffen[383]. Aus einer Statistik des Jahres 1767 geht hervor, dass nach der Reformierung in den 72 Zimmern des Hospitals 45 Frauen und 12 Männer wohnten; hinzu kamen die außerhalb des Gasthauses lebenden Präbendare: 18 Frauen, 6 Männer und 13 Hausarme in Bilk[384].

In den siebziger Jahren des 18. Jahrhunderts musste das Hubertushospital erneut verlegt werden, da das Gasthaus einschließlich Kirche zur Einrichtung eines Militärlazaretts benötigt wurde[385]. Als Ersatz für die abgetretenen Liegenschaften erhielt das Hubertushospital im Jahre 1772 eine Immobilie in der Neustadt, die allgemein unter dem Namen "Judenhaus" (heute Neusser Str. 25)[386] bekannt war. Das im Jahre 1712 erbaute Haus des kurpfälzischen Hoffaktors Joseph Jacob van Geldern hatte der jüdischen Ge-

---

[377] Vgl. NHS Jülich - Berg III 681, Bl. 86.
[378] Vgl. SAD NL 100 Hubertushospital 271, 12.12.1716.
[379] Vgl. SAD NL 100 Hubertushospital, unsigniertes Konvolut, 12.12.1741.
[380] Vgl. SAD NL 100 Hubertushospital 268, Bl. 1 ff; SAD NL 100 Hubertushospital 290, 12.10.1743; Friedrich Lau, Geschichte der Stadt Düsseldorf. Von den Anfängen bis 1815, Düsseldorf 1921, 227 f.
[381] SAD NL 100 Hubertushospital 290, 12.10.1743.
[382] SAD NL 100 Hubertushospital 290, 10.09.1743.
[383] Vgl. SAD NL 100 Hubertushospital 273, 20.04.1744.
[384] Vgl. NHS Jülich - Berg II 3911, Bl. 20 f.
[385] Vgl. M. Kohtz, Geschichte der Infanterie- und Artillerie - Kaserne zu Düsseldorf nebst Aufzeichnung verschiedener Garnison - Angelegenheiten, in: Zeitschrift des Düsseldorfer Geschichtsvereins Jg. 2 Nr. 1 (1883), 1 - 21, 7 f.
[386] Vgl. August Hofacker, Karte von Düsseldorf und Umgebung. Mit einem historischen Plane der Stadt und erläuterndem Text, Düsseldorf 1874, Nr. 20. Die Häuser neben und hinter dem Grundstück des Hubertusstiftes wurden im Laufe des 19. Jahrhunderts Eigentum der Düsseldorfer Hauptarmenverwaltung (vgl. SAD I 169a; SAD Karten 295; SAD Karten 619; SAD Karten 620). Am 5. Juli 1809 erwarb das französische Gouvernement das jansensche Haus (Neusser Str. 23) durch den Hospitalverwalter Vetter (vgl. SAD Urkunden 160; SAD II 2129, Bl. 9 ff; SAD XXIII 339, Bl. 7); es folgte in preußischer Zeit der Ankauf des Hauses von Heinrich Camphausen (Neusser Str. 25, Hinterhof, später Choleralazarett) am 26. Oktober 1831 (vgl. SAD II 2131, 18.01.1863) und des rahrschen Hauses (Neusser Str. 27) am 19. Oktober 1856 (vgl. SAD II 2132, 19.10.1856).

meinde als Synagoge gedient[387], bis es von der Garnison als Kommisbäckerei übernommen wurde[388]. Vermutlich erfolgte die Verlegung um die Wende 1771/1772, da Stiftsdechant Johann Theodor Jacob von Kylmann bereits am 31. Januar 1772 die Vollmacht erhielt, die Kapelle des neuen Hospitals zu benedizieren[389].

Als sich die wirtschaftlichen Verhältnisse des wesentlich verkleinerten Hubertushospitals mehr und mehr konsolidierten[390], drohte dem Gasthaus mit dem Verlust des linken Rheinufers an die Franzosen im Jahre 1794 der völlige Untergang[391]. Da die Einkünfte der Anstalt zu etwa zwei Dritteln aus linksrheinischen Besitzungen stammten[392], war an eine Fortführung der Tätigkeit im bisherigen Umfang nicht mehr zu denken. Aus eigener Kraft konnte die einst bedeutendste Institution des Düsseldorfer Fürsorgewesens, die um die Wende zum 19. Jahrhundert zu einer reinen Wohnanstalt für mittellose Frauen herabgesunken war, die erlittenen Einkommensverluste nicht kompensieren[393]. Aus Sicht des Hubertushospitals war es ein Glücksfall, dass zur Zeit seines Niederganges eine andere Fürsorgeanstalt ins Leben trat, die wenig später mit dem Gasthaus fusionierte und das einstige Xenodochium vor der kaum noch abwendbaren Schließung bewahrte.

10. Max - Joseph - Krankenhaus

Bei dieser Institution handelte es sich um das Max - Joseph - Krankenhaus, das seine Entstehung einer Initiative der Marianischen Bürger - Sodalität verdankte[394] und in der

---

[387] Vgl. Friedrich Lau, Die Düsseldorfer Neustadt (Extension), in: Düsseldorfer Jahrbuch 31 (1920/24), 66 - 73, 69.
[388] Vgl. NHS Jülich - Berg II 3911, Bl. 58 f.
[389] Vgl. NHS Düsseldorf Stift Repetitorien und Handschriften 14, Bl. 31.
[390] Vgl. SAD NL 100 Hubertushospital 303; UBD D.G.V. 1252 (4º), Karl Klapdor, Aus dem Entwurfe einer Verwaltungsgeschichte des St. Hubertusstiftes, Manuskript Düsseldorf 1935, 249 ff.
[391] Vgl. DA 12.11.1863.
[392] Vgl. Die Rheinprovinz der preußischen Monarchie, oder Beschreibung der systematischen Eintheilung in Regierungsbezirke, Kreise, Bürgermeistereien und Honnschaften, so wie der Städte, Flecken, Dörfer, einzelner Etablissements, mit Angabe der Einwohnerzahl, Gewerbe, Merkwürdigkeiten, Anstalten usw.. Ferner die Beschreibung der Hauptstädte Europa's etc.. Ein historisch - geographisch - statistisches Handbuch zum Gebrauche aller Stände. Aus den neuesten Quellen geschöpft und zusammengestellt von mehreren Gelehrten Bd. 1, Düsseldorf 1833, 12.
[393] Vgl. August Schönherr, Das Düsseldorfer Pflegehaus und seine Geschichte. Ein Beitrag zur Düsseldorfer Heimatgeschichte, Düsseldorf 1927, 18 f; Klaus Müller, Unter pfalz - neuburgischer und pfalz - bayerischer Herrschaft (1614 - 1806), in: Hugo Weidenhaupt, Düsseldorf. Geschichte von den Ursprüngen bis ins 20. Jahrhundert Bd. 2, Düsseldorf 1988, 7 - 312, 119.
[394] Vgl. Marianisches Andachtsbuch zum Gebrauche der hochlöblichen Bürgersodalität unter dem Titel der Himmelfahrt Mariä zu Düsseldorf, Düsseldorf 1826, 16.

10. Max - Joseph - Krankenhaus

Düsseldorfer Medizingeschichte als erstes Krankenhaus im eigentlichen Sinne gilt[395]. Den entscheidenden Anstoß zur Einrichtung einer stationären Unterkunft für Kranke gab der Düsseldorfer Textil - Kaufmann Carl Eberhard Roosen im Jahre 1798, "wo die Stadt noch nicht ein einziges Bett besaß, auf dem sie arme Kranke hätte pflegen und heilen können"[396]. Der rührige Geschäftsmann und engagierte Bürger - Sodale hatte auf seinen Reisen vielfach Gelegenheit gefunden, Einrichtungen zur Pflege und Versorgung erkrankter Personen kennen zu lernen[397]. Nachdem Carl Eberhard Roosen zur Gründung einer Krankenanstalt in seiner Heimatstadt aufgerufen hatte[398], beschloss die Marianische Bürger - Sodalität am 11. September 1798, ein allgemeines Krankenhaus einzurichten, in dem mittellose Patienten ohne Unterschied der Religion und des Standes aufgenommen und verpflegt werden sollten[399]. Der Sodalitätsvorstand bat den Kurfürsten, "einige Stuben zu diesem Behuf miethen zu dürfen", die ihm, wie es im ersten Jahresbericht des Krankenhauses heißt, "den 17. Juli 1799 und zwar mit Erlassung aller Miethzinsen gnädigst zugestanden" wurden[400]. Bereits zuvor hatte die "hiesige hochlöbliche Landesregierung" der Bürger - Sodalität "unter dem 11. April 1799 eine vierteljährliche Collecte für die Anstalt zu halten bewilliget"[401].

Von der Marianischen Bürger - Sodalität wurden in der Reuterkaserne zwei Zimmer "geschwind und zweckmäßig" hergerichtet[402]. Im November 1799 konnten die ersten

---

[395] Vgl. Anton Hubert Hucklenbroich, Krankenpflege und Krankenhauswesen am Niederrhein, insbesondere in Düsseldorf, in: Historische Studien und Skizzen zu Naturwissenschaft, Industrie und Medizin am Niederrhein. Der 70. Versammlung der deutschen Naturforscher und Ärzte gewidmet von dem naturwissenschaftlichen Verein, dem Architekten- und Ingenieur - Verein, dem Geschichts - Verein und dem Verein der Ärzte Düsseldorfs, Düsseldorf 1898, 89* - 101*, 89*; Hans Schadewaldt, Düsseldorf und seine Krankenanstalten, Düsseldorf 1969, 48 f; Hans Schadewaldt, Zur Geschichte der Düsseldorfer Krankenhäuser, in: Der Krankenhausarzt Jg. 42 Nr. 6 (Juni 1969), 185 - 190, 187; Reiner van der Valk, Krankenhäuser in Düsseldorf, 1840 - 1939, Diss. Düsseldorf 1996, 81; Fritz Dross, Krankenhaus und lokale Politik um 1800. Das Beispiel Düsseldorf 1770 - 1850, Diss. Düsseldorf 2002, 153 ff.

[396] Joseph Bücheler, Das Gasthaus der Stadt Düsseldorf oder das St. Hubertus - Hospital geschichtlich dargestellt, Düsseldorf 1849, 17.

[397] Vgl. Joseph Bücheler, Das Gasthaus der Stadt Düsseldorf oder das St. Hubertus - Hospital geschichtlich dargestellt, Düsseldorf 1849, 17.

[398] Vgl. Josef G. Kreutzer, Beschreibung der Beleuchtung, die am 15. und 20. August 1821 zu Düsseldorf statt hatte, als man daselbst das zweihundertjährige Jubelfest der Marianischen Bruderschaft feierte, Düsseldorf 1821, 9 f.

[399] Vgl. Jahrbuch der Armen - Versorgungsanstalt und Adreß - Buch von Düsseldorf 1801, Düsseldorf 1800, 170; NN, Nachricht von dem allgemeinen Armen Krankenhaus, in: Gülich- und Bergische wochentlichen Nachrichten Nr. 3 (19.01.1802), o. S. (5 - 6, 5).

[400] Jahrbuch der Armen - Versorgungsanstalt und Adreß - Buch von Düsseldorf 1801, Düsseldorf 1800, 170 f. Vgl. auch LAS A 7 - 101, Bl. 3 ff; NN, Nachricht wegen des dahier zu errichtenden Armen Krankenhauses, in: Gülich- und Bergische wochentlichen Nachrichten Nr. 31 (30.07.1799), o. S. (6).

[401] Jahrbuch der Armen - Versorgungsanstalt und Adreß - Buch von Düsseldorf 1801, Düsseldorf 1800, 171.

[402] Vgl. LAS A 7 - 61; NN, Nachricht wegen des dahier zu errichtenden Armen Krankenhauses, in: Gülich- und Bergische wochentlichen Nachrichten Nr. 31 (30.07.1799), o. S. (6).

Patienten aufgenommen werden[403], von denen einer "aus den Bilker Gärten" stammte und mit einer Porto - Chaise überführt wurde[404]. Bis Ende September 1800 wurden 16 Kranke versorgt, "von welchen nur Drey starben; Sieben aber das Haus gesund verließen"[405]. Die Toten wurden von den Mitgliedern der Sodalität beerdigt und "für katholisch Gestorbene" eine Messe gelesen[406]. Während einige Mitglieder der Bürger - Sodalität, die um die Wende zum 19. Jahrhundert rund 600 Sodalen zählte[407], ehrenamtlich die Aufsicht über den Pflegebetrieb führten, wurde Carl Eberhard Roosen zum hauptamtlichen Direktor und Verwalter des Krankenhauses bestellt[408]. Für die medizinische Betreuung konnten der Stadtphysicus und zwei Chirurgen, für die seelsorgliche Betreuung Jesuitenpater Heinrich Wüsten und die protestantischen Prediger Theodor Hartmann und Carl Ludwig Pithan gewonnen werden, von denen "jeder in seinem Fache, unentgeltlich mit zum Besten der Anstalt" wirkte[409].

Als die Räume in der Reuterkaserne den wachsenden Anforderungen und Ansprüchen nicht mehr genügten[410], wurde das Armen - Krankenhaus der Marianischen Bürger - Sodalität in die leer stehenden Zimmer des Hubertushospitals verlegt[411]. Pfalzgraf Maximilian Joseph ordnete am 8. Juli 1802 von München aus die Fusion beider Anstalten an, wobei er beabsichtigte, das Hubertushospital "nach und nach durch das Abster-

---

[403] Vgl. NN, Anzeige, in: Gülich- und Bergische wochentlichen Nachrichten Nr. 46 (12.11.1799), o. S. (2 - 3, 3); Jahrbuch der Armen - Versorgungsanstalt und Adreß - Buch von Düsseldorf 1801, Düsseldorf 1800, 171.

[404] Vgl. Joseph Bücheler, Das Gasthaus der Stadt Düsseldorf oder das St. Hubertus - Hospital geschichtlich dargestellt, Düsseldorf 1849, 17. Vgl. auch NN, Bekanntmachungen, in: Gülich- und Bergische wochentlichen Nachrichten Nr. 7 (18.01.1800), o. S. (7).

[405] Jahrbuch der Armen - Versorgungsanstalt und Adreß - Buch von Düsseldorf 1801, Düsseldorf 1800, 171. Vgl. ferner NN, Anzeige, in: Gülich- und Bergische wochentlichen Nachrichten Nr. 18 (06.05.1800), o. S. (6); NN, Nachricht von der hiesigen Marianischen Bürgersodalität des Armen - Kranken betreffend, genannt H. Maria, in: Gülich- und Bergische wochentlichen Nachrichten Nr. 30 (28.07.1801), o. S. (5 - 6, 5 f).

[406] Vgl. Jahrbuch der Armen - Versorgungsanstalt und Adreß - Buch von Düsseldorf 1801, Düsseldorf 1800, 172.

[407] Vgl. Jahrbuch der Armen - Versorgungsanstalt und Adreß - Buch von Düsseldorf 1801, Düsseldorf 1800, 171.

[408] Vgl. Jahrbuch der Armen - Versorgungsanstalt und Adreß - Buch von Düsseldorf 1801, Düsseldorf 1800, 171.

[409] Vgl. Jahrbuch der Armen - Versorgungsanstalt und Adreß - Buch von Düsseldorf 1801, Düsseldorf 1800, 171 f.

[410] Vgl. NN, Nachricht von der hiesigen Marianischen Bürger - Sodalität des Armen - Krankenhauß, genannt: H. Maria betreffend, in: Gülich- und Bergische wochentlichen Nachrichten Nr. 17 (28.04.1801), o. S. (5 - 6, 5 f); NN, Nachricht von der hiesigen Marianischen Bürgersodalität des Armen - Kranken betreffend, genannt H. Maria, in: Gülich- und Bergische wochentlichen Nachrichten Nr. 30 (28.07.1801), o. S. (5 - 6, 6).

[411] Vgl. PfA Düsseldorf St. Andreas, Kurze Anfuhrung der Entstehung der Bürger Sodalität in Düsseldorff gezogen aus Denen Regelen. Betreffend die Wahl der Vorsteher. Nebst Inhalt der Monathlichen Berathschlagung, welche die Herren Sodalen zu halten Verbunden sind. Eingerichtet von denen Herren Vorsteher der Sodalität V. Schnass et C. E. Roosen Anno 1790, S. 26; NHS Jülich - Berg II 11, Bl. 304 ff.

10. Max-Joseph-Krankenhaus

ben der noch lebenden Hospitaliten, welche einstweilen im Spital noch beizubehalten" waren, eingehen zu lassen[412]. Bei der Aufnahme in das neue Krankenhaus sollte wie bisher die Zugehörigkeit zu einer bestimmten Konfession keine Rolle spielen, "sondern bloß auf das Bedürfnis und die übrigen aus der Natur eines solchen Instituts fließenden Erfordernisse zur Aufnahme Rücksicht genommen werden"[413]. Obwohl sich beide Institute unter einem Dach befanden und der Oberaufsicht eines vom bergischen Geheimen Rat ernannten Direktors unterstellt waren[414], blieben sie rechtlich getrennt[415]. Letzteres kam vor allem darin seinen Ausdruck, dass das Krankenhaus, welches auf Anordnung des Kurfürsten vom 8. Juli 1802 den Namen "Max-Josephs-Spital" trug[416], unter der Leitung von Kaufmann Carl Eberhard Roosen blieb[417] und seine Betriebskosten allein aus Spendensammlungen der Bürger-Sodalität deckte[418]. Das Hubertushospital wurde dagegen nach wie vor vom Magistrat geleitet und deckte seine Ausgaben aus den noch verbliebenen Stiftungskapitalien und Zuschüssen der Hauptarmenverwaltung[419].

Die Absicht des Kurfürsten, das Krankenhaus mit den Revenuen des Hubertushospitals zu einem für alle Konfessionen gemeinnützigen Institut umzugestalten, wurde von verschiedenen Seiten durchkreuzt. Resignierend stellte ein Regierungsreskript aus dem Jahre 1827 fest, "der menschenfreundliche Sinn" der kurfürstlichen Verordnung von 1802 hat "keine allgemeine Wurzel genommen, und engherziges Confessions-Interesse, auf Rechtszustände gestützt, hat hier, wie anderwärts bald wieder ein Separationssystem herbeigeführt"[420]. Die divergierenden Konfessionsinteressen bezeugt ein im Jahre 1803 vorgelegter Bericht der ersten Deputation der kurfürstlichen Landesdirektion zu Düsseldorf. Aus ihm ergibt sich, dass bald nach Umzug des Max-Josephs-Hospitals die Forderung erhoben wurde, zur Leitung des Krankenhauses außer dem Bürger-Sodalen

---

[412] Vgl. LAS A 7 - 101, Bl. 41 f.
[413] LAS A 7 - 101, Bl. 41 f.
[414] Vgl. August Schönherr, Das Düsseldorfer Pflegehaus und seine Geschichte. Ein Beitrag zur Düsseldorfer Heimatgeschichte, Düsseldorf 1927, 61.
[415] Vgl. Erwin Gatz, Kirche und Krankenpflege im 19. Jahrhundert. Katholische Bewegung und karitativer Aufbruch in den preußischen Provinzen Rheinland und Westfalen, München 1971, 525.
[416] Vgl. LAS A 7 - 101, Bl. 41; NN, Bekanntmachung, in: Gülich- und Bergische wochentlichen Nachrichten Nr. 33 (17.08.1802), o. S. (3).
[417] Vgl. Jahrbuch der Armenversorgungs-Anstalt und Adreß-Buch von Düsseldorf für 1802, Düsseldorf 1801, 80.
[418] Vgl. PfA Düsseldorf St. Andreas, Kurze Anfuhrung der Entstehung der Bürger Sodalität in Düsseldorff gezogen aus Denen Regelen. Betreffend die Wahl der Vorsteher. Nebst Inhalt der Monathlichen Berathschlagung, welche die Herren Sodalen zu halten Verbunden sind. Eingerichtet von denen Herren Vorsteher der Sodalität V. Schnass et C. E. Roosen Anno 1790, S. 27, 37 und 75 f; NHS Düsseldorf Stift Akten 35, Bl. 1 ff; NN, Armen Krankenhauß, in: Gülich- und Bergische wochentlichen Nachrichten Nr. 13 (30.03.1802), o. S. (6).
[419] Vgl. August Schönherr, Das Düsseldorfer Pflegehaus und seine Geschichte. Ein Beitrag zur Düsseldorfer Heimatgeschichte, Düsseldorf 1927, 19 ff.
[420] Abdruck des Reskripts bei August Schönherr, Das Düsseldorfer Pflegehaus und seine Geschichte. Ein Beitrag zur Düsseldorfer Heimatgeschichte, Düsseldorf 1927, 62.

Carl Eberhard Roosen einen reformierten und einen lutherischen Direktor zu berufen[421].

Entscheidend für das Scheitern des kurfürstlichen Projektes waren jedoch nicht konfessionelle Spannungen, sondern die Abtrennung des Herzogtums Berg vom wittelsbachischen Territorialverband. Da Düsseldorf seit dem Jahre 1806 nicht mehr unter bayerischer sondern unter französischer Herrschaft stand[422], waren Verordnungen und Erlasse des ehemaligen Kurfürsten nur noch Makulatur. Nur so ist es zu erklären, dass der großherzogliche Minister des Innern auf Drängen des Hubertus - Stiftes und des Düsseldorfer Munizipalrates[423] am 14. September 1811 die Einweisung neuer Bewohner in das Hubertushospital gestattete[424]. Mit der Unterbringung neuer Hospitaliten war nicht nur die geplante Auflösung des Gasthauses endgültig gescheitert, sondern auch eine komplizierte Rechtslage hinsichtlich der Verwaltung des ehemaligen "Judenhauses" in der Neustadt entstanden[425]. Verbindliche Absprachen zwischen Hubertushospital und Max - Josephs - Krankenhaus über die Aufteilung der Räumlichkeiten und Umlegung der Instandhaltungskosten fehlten. Auch ein kaiserliches Dekret vom 3. November 1809, das die Verwaltung des Hospitals und des Krankenhauses einer "Kommission für Verpflegungshäuser" unterstellte[426], vermochte die komplizierte Situation nicht zu entschärfen; beide Institutionen blieben autarke Anstalten. Die Reform hatte auf die Verwaltung des Hubertushospitals, das seit seiner Gründung unter kommunaler Leitung stand, nur geringe Auswirkungen. Dagegen wurde der Marianischen Bürger - Sodalität im Zuge der Verwaltungsreform die Aufsicht über das Max - Joseph Hospital entzogen und der bisherige Direktor Carl Eberhard Roosen aus seinem Amt gedrängt[427]. Verständlicherweise fühlte sich die Bürger - Sodalität in der Folgezeit nicht mehr für den Unterhalt des Krankenhauses verantwortlich und stellte im Jahre 1813 ihre Finanzhilfe ein. Das entstandene Haushaltsloch konnte die Kommission für Verpflegungshäuser nur durch Zuschüsse aus der Stadtkasse stopfen[428]. Die Kommission zur Verwaltung der

---

[421] Abdruck des Berichtes bei August Schönherr, Das Düsseldorfer Pflegehaus und seine Geschichte. Ein Beitrag zur Düsseldorfer Heimatgeschichte, Düsseldorf 1927, 68.
[422] Vgl. Rudolf Goecke, Das Großherzogthum Berg unter Joachim Murat, Napoleon I. und Louis - Napoleon 1806 - 1813. Ein Beitrag zur Geschichte der französischen Fremdherrschaft auf dem rechten Rheinufer, Köln 1877, 3 ff.
[423] Vgl. August Schönherr, Das Düsseldorfer Pflegehaus und seine Geschichte. Ein Beitrag zur Düsseldorfer Heimatgeschichte, Düsseldorf 1927, 19 und 62.
[424] Abdruck der Verfügung bei August Schönherr, Das Düsseldorfer Pflegehaus und seine Geschichte. Ein Beitrag zur Düsseldorfer Heimatgeschichte, Düsseldorf 1927, 63.
[425] Vgl. August Schönherr, Das Düsseldorfer Pflegehaus und seine Geschichte. Ein Beitrag zur Düsseldorfer Heimatgeschichte, Düsseldorf 1927, 20.
[426] Vgl. NN, Kaiserliches Decret, in Betreff der Wohltätigkeits - Anstalten, in: Gesetz - Buelletin des Großherzogthums Berg. Bulletin des Lois du Grand - Duché de Berg Abt. 2 Nr. 2 (1809), 92 - 123, 102.
[427] Vgl. Friedrich Lau, Geschichte der Stadt Düsseldorf. Von den Anfängen bis 1815, Düsseldorf 1921, 223. Ab dem Jahre 1834 wurde das Max - Josef Hospital von einem neugeschaffenen Kuratorium geleitet; ihm gehörten neben dem Oberbürgermeister als Präsidenten der Pfarrer für das Hubertusstift und der Arzt der Krankenanstalt an (vgl. NHS Regierung Düsseldorf 1616, Bl. 35 ff).
[428] Vgl. NHS Regierung Düsseldorf 1616.

Düsseldorfer Verpflegungshäuser wurde später der Zentralwohltätigkeitsanstalt unterstellt, die am 1. April 1811 aus der Armenversorgungsanstalt hervorgegangen war[429].

11. Allgemeine Armenversorgungsanstalt

Letztere war entstanden, nachdem man gegen Ende des 18. Jahrhunderts erkannte hatte, dass das mittelalterliche System der Düsseldorfer Fürsorge an seine Grenzen gelangt war. So sehr man Armut als Faktum anerkannte, so hilflos stand man in der Praxis dem Problem gegenüber. Weder präventiv noch kurativ war man in der Lage, die Verbreitung struktureller Armut im Zeichen des aufkommenden Pauperismus zu bewältigen[430]. Um wenigstens die zersprengten Kräfte der Armenfürsorge in der Karlstadt zu bündeln, hatte Appellationsgerichtsrat Theodor Johann Josef Lenzen hier bereits im Jahre 1793 aus freiwilligen Spenden eine überkonfessionelle Armenversorgungsanstalt für Kranke, Witwen und Waisen gegründet[431]. Obwohl keine Nachrichten über die Wirksamkeit des Instituts im Einzelnen überliefert sind, musste das Unternehmen beachtliche Erfolge erzielt haben. Aus einem Schreiben der Landesregierung an Theodor Johann Josef Lenzen vom 8. Januar 1800 geht hervor, dass der Leiter der Karlstädter Anstalt gebeten wurde, die Arbeit seiner Fürsorgeanstalt über den Bezirk der Inneren Extension hinaus zu erweitern, da es "für die hiesige Stadt vortheilhaft seyn würde, wann dergleichen Einrichtung auch für die übrigen Quartiere der Stadt getroffen würde, um den mit jedem Tage sich vermehrenden Armen die nöthige Unterstützung nach ihrem Bedürfnis zuzuwenden"[432]. Theodor Johann Josef Lenzen wurde der Auftrag erteilt, sich des "löblichen Geschäfts zum Besten der Nothleidenden zu unterziehen, und zur Erreichung des Zwecks den Meistbeerbten in jedem Quartier die geeigneten Vorschläge zu machen, um den Erfolg gehorsamst vorzulegen"[433]. In der Folge trat unter Leitung von Theodor Johann Josef Lenzen ein neunköpfiges Gremium aus Repräsentanten der Verwaltung, Wirtschaft und Kirche zusammen, um ein geeignetes Konzept zur Reformierung der Düsseldorfer

---

[429] Vgl. Georg Arnold Jacobi, Ursprüngliche Verfassung der im Jahr 1800 gestifteten allgemeinen Armenpflege zu Düsseldorf, Düsseldorf 1815², 5 f; Bilanz über Empfang und Ausgabe der Armen - Verwaltung, in dem zehnjährigen Zeitraume von 1811 bis 1820 einschließlich, Düsseldorf 1821, 3.
[430] Vgl. Angelika Riemann, Krieg, Verelendung und Armenpolitik, in: Das Herzogtum Berg 1794 - 1815. Herzogtum Berg 1794 - 1806. Großherzogtum Berg 1806 - 1813. Generalgouvernement Berg 1813 - 1815. 20.3. - 26.5.1985. Stadtmuseum Düsseldorf, Düsseldorf 1985, 61 - 68, 61 ff.
[431] Vgl. Jahrbuch der Armen - Versorgungsanstalt und Adreß - Buch von Düsseldorf 1801, Düsseldorf 1800, 83.
[432] Jahrbuch der Armen - Versorgungsanstalt und Adreß - Buch von Düsseldorf 1801, Düsseldorf 1800, 156.
[433] Jahrbuch der Armen - Versorgungsanstalt und Adreß - Buch von Düsseldorf 1801, Düsseldorf 1800, 157.

Armenpflege zu entwerfen[434]. Die Kommission orientierte sich bei ihrer Arbeit an den Fürsorgemodellen anderer Städte, prüfte ihre Anwendbarkeit auf die Düsseldorfer Verhältnisse und legte schließlich Richtlinien für eine Neuordnung des Armenwesens vor, die am 9. September 1800 vom Geheimen Rat genehmigt wurden[435], nachdem eine öffentliche Versammlung der Bürgerschaft zuvor ihre Zustimmung erteilt hatte[436]. Zur Umsetzung des neu erarbeiteten Organisationsplans wurde am 1. Januar 1801 die "Allgemeine Armenanstalt" (später "Allgemeine Armen - Versorgungsanstalt Düsseldorf") ins Leben gerufen[437], die zwar mit öffentlichen Rechten ausgestattet, letztlich aber eine private Vereinigung zur Ausübung der Armenpflege war[438]. Es kennzeichnet den Charakter dieser Anstalt, dass nicht der Magistrat sondern vor allem die Düsseldorfer Geistlichkeit die Popularisierung des neu eingerichteten Instituts betrieb. In einer für die Düsseldorfer Kirchengeschichte beispiellosen überkonfessionellen Predigtreihe warben katholische Welt- und Ordensgeistliche sowie die Vorsteher der reformierten und lutherischen Gemeinden im Jahre 1800 von ihren Kanzeln für die neue Armenversorgungsanstalt[439].

Im Mittelpunkt der Unterstützungskampagne stand die Betonung der Arbeitspflicht aller Bürger und die Ächtung der Armut als Nicht - Arbeit. Plakativ hieß es zur Notwendigkeit einer allgemeinen Armenpflege: "Es gewährt auch in der That einen recht traurigen, und häßlichen Anblick: in einer Stadt, der es nicht an Hülfsmitteln und Nahrungsquellen fehlt, Schaaren von Menschen zu sehn, die von ihrer Kindheit an bis zum Alter nichts thaten, als in verderblichen Müßiggange zu leben, und die Gassenbetteley, gleichsam gewerbsmäßig, zu treiben. Aber noch weit trauriger, und schrecklicher ist der Gedanke: wie sehr diese Menschen durch solche Lebensart an Leib und Seele verwilderten, bis sie zuletzt jeder Anstrengung ihrer Kräfte unfähig, muthlos, meist kränklich, und für alles Gute unempfänglich wurden; oder gar der öffentlichen Sicherheit gefährlich, in Laster und Schande verfielen, und als Ausgeburten der verwahrlosten Mensch-

---

[434] Vgl. Jahrbuch der Armen - Versorgungsanstalt und Adreß - Buch von Düsseldorf 1801, Düsseldorf 1800, 158.

[435] Vgl. Jahrbuch der Armen - Versorgungsanstalt und Adreß - Buch von Düsseldorf 1801, Düsseldorf 1800, 169.

[436] Vgl. Josef Wilden, Zur Geschichte der öffentlichen Armenpflege in Düsseldorf, in: Beiträge zur Geschichte des Niederrheins 21 (1906/07), 276 - 311, 282.

[437] Vgl. NN, Nachricht von der Armen - Versorgungs - Anstalt in der Stadt Düsseldorf, in: Gülich- und Bergische wochentlichen Nachrichten Nr. 47 (25.11.1800), o. S. (2); Josef Küster, Übersicht der Fortschritte und des gegenwärtigen Bestandes der Armenversorgungs - Anstalt, Düsseldorf 1801.

[438] Vgl. NHS Großherzogtum Berg 4706 I und II; Josef Wilden, Zur Geschichte der öffentlichen Armenpflege in Düsseldorf, in: Beiträge zur Geschichte des Niederrheins 21 (1906/07), 276 - 311, 282.

[439] Vgl. NN, Nachricht von der Armen - Versorgungs - Anstalt in der Stadt Düsseldorf, in: Gülich- und Bergische wochentlichen Nachrichten Nr. 47 (25.11.1800), o. S. (2); NN, Geistliche Rede von der Mildthätigkeit gegen die Armen, in: Gülich- und Bergische wochentlichen Nachrichten Nr. 49 (09.12.1800), o. S. (6); NN, Errichtung einer Armenpflege, in: Gülich- und Bergische wochentlichen Nachrichten Nr. 50 (16.12.1800), o. S. (4); NN, Predigt Nachricht, in: Gülich- und Bergische wochentlichen Nachrichten Nr. 52 (30.12.1800), o. S. (6 - 7, 6 f).

11. Allgemeine Armenversorgungsanstalt

heit, vollends zu Grunde gingen"[440]. Als Zugangsvoraussetzung für öffentliche Unterstützung wurde mehr und mehr das Kriterium der Arbeitsunfähigkeit betont. "Der wahrhaft Hülfsbedürftige, der, wenn er nur Gelegenheit und Mittel dazu hätte, seine Kräfte so gerne noch gebrauchen, seinen Unterhalt so gerne redlich verdienen möchte - ergreift erst im äußersten Drange der Noth die letzte Zuflucht, fremd Hülfe anzusprechen. Darum fällt es an Orten, wo wegen Mangel einer allgemeinen Armenfürsorge die Betteley von lange her eingewurzelt war - so schwer, ja ist da nicht wohl mehr möglich, den wahrhaft Hülfsbedürftigen vom vorsetzlichen Müßiggänger, oder vom lügenhaften Bettler zu unterscheiden. Man giebt da blindlings Allmosen - man mag nicht, und man darf auch nicht einmal lange untersuchen, ob man einem hülfsbedürftigen Armen gebe; oder ob man die Unterstützung, die diesem gebührte, an einen Unwürdigen verschwende. Daher kömmt es denn, daß dem hülfsbedürftigen Armen, den sein Ehrgefühl noch schüchtern und zurückhaltend macht, gewöhnlich das Wenigste an Gaben zufließt, weil die schamlosen Bettler durch ihre Zudringlichkeit überall das Meiste zu erhaschen wissen"[441]. Insgesamt wurde der Ausschluss "Unwürdiger" von der öffentlichen Unterstützung angestrebt, da diese vermeintlich den Keim zum Untergang eines jeden Gemeinwesens in sich trugen. "Es werden große Summen, ... unglaublich große Summen jährlich an Arme gegeben; aber wenn auch noch Einmal soviel gegeben würde: so gewährte solche dem blinden Zufall überlassene Wohltätigkeit dem Armen doch keine dauernde Hülfe; vielmehr würde der wahre Arme noch immer unbemerkt, und verlassen zurückstehen müssen. Während müßig umherirrende Haufen sich in die reichere Aerndte theilten, und zur Fortsetzung ihres wüsten Lebens sich aufgemuntert fänden: würden in verborgenen Hüten des Jammers unzählige Nothleidende ohne Unterstützung seyn, Kranke, gebrechliche Alte würden ohne Labung und Pflege verschmachten, und die Kinder jener Elenden würden aus Mangel an Aufsicht und Erziehung fernerhin verkümmern, und unglückliche Opfer der Verdorbenheit ihrer Eltern werden. Das Elend der Armen würde also, ungeachtet die Mildthätigkeit des Publikums den höchsten Grad erreicht hätte - dennoch nicht gemindert, sondern vielmehr noch vergrößert werden; und das Übel der Betteley mit allen seinen abscheulichen Folgen würde fortfahren: den Wohlstand der Stadt allmählig zu untergraben, die Kräfte der arbeitsamen Classe zu lähmen, und mit einer Menge namenloser Laster - Sittenlosigkeit und Verderben über einen großen Theil der Einwohner zu verbreiten, und ihre Nachkommenschaft gleichsam im Keime zu zerstören"[442].

Als "Endzweck" der allgemeinen Armenpflege in Düsseldorf wurde festgelegt: "Jeder wahrhaft Hülfsbedürftige (er gehöre, zu welcher kirchlichen Confession er wolle) soll Hülfe und Unterstützung erhalten; dem ganz Unvermögenden (wegen Alter, Krankheit und Gebrechlichkeit) zur Arbeit unfähigen Armen soll alles dasjenige gereichet werden, was er an Nahrung, Leibeskleidung, Labung, und Heilung zu seinem Le-

---

[440] Jahrbuch der Armen - Versorgungsanstalt und Adreß - Buch von Düsseldorf 1801, Düsseldorf 1800, 78 f.

[441] Jahrbuch der Armen - Versorgungsanstalt und Adreß - Buch von Düsseldorf 1801, Düsseldorf 1800, 79 f.

[442] Jahrbuch der Armen - Versorgungsanstalt und Adreß - Buch von Düsseldorf 1801, Düsseldorf 1800, 80 f.

bensunterhalte bedarf; - dem Arbeitsfähigen Armen hingegen soll Beschäftigung, und Gelegenheit zu eignem Verdienste verschafft, und ihm nur dasjenige zur Unterstützung gereichet werden, was er durch redlichen Arbeitsfleiß zu seinem und der Seinigen Unterhalte nicht selbst verdienen kann"[443].

Zur Erlangung vorgenannter Ziele wurde Düsseldorf 1801 in Anlehnung an die Organisationsstruktur des Hamburger Fürsorgewesens[444] in neun[445], später in fünfzehn[446] Bezirke eingeteilt, die die eigentliche pflegerische Tätigkeit ausübten und von zwei ehrenamtlichen Vorstehern geleitet wurden. Die Meistbeerbten eines Bezirks wählten mehrere Armenaufseher, denen die genaue Beobachtung und Kontrolle der Bedürftigen und die Ausgabe von Geld, Naturalien und Kleidung oblag[447]. Zu den Aufgaben der Armenpfleger gehörte es, "von allen in ihrem Distrikte wohnenden Armen nicht nur durch Nachfrage bey den Nachbarn und Hauswirthen, sondern hauptsächlich durch eigenes Nachsehen sich die genaueste Kenntnis zu verschaffen, dies Kenntniß durch öftere, wenigstens alle Monate wiederholte, Aufnahme zu unterhalten; dabey auf das sittliche Betragen der eingezeichneten Armen, auf ihren Gesundheitszustand (um besonders durch zur rechten Zeit geleistete Hülfe langwierigen Krankheiten vorzubeugen) ferner auf ihre Arbeitsfähigkeit, auf ihre verbesserte, oder verschlimmerte häusliche Umstände, ein stetes Augenmerk zu haben, und über ein und anderes in ihren, an den Bezirks-Pfleger einzureichenden Verzeichnissen hinreichende Auskunft ... mitzutheilen"[448]. Zu den Pflichten der Aufseher zählte auch, "ihren Armen Fleiß, Ordnung, Sparsamkeit und Reinlichkeit anzuempfehlen; muthwillige Müßiggänger, treulose Arbeiter, oder Trunk ergebene zu ermahnen, und im fernern Betretungsfalle anzuzeigen; auf lüderliche Wirthschaft, und sonstige, dem Aufkommen der Armen schädliche Betriebe ein wachsames Auge zu haben; ferner die sich bey ihnen meldenden oder sonst bekannt gewordenen Armen, über die Art, woher sie verdiente Hülfe erlangen können, zurecht zu weisen"[449].

---

[443] Jahrbuch der Armen - Versorgungsanstalt und Adreß - Buch von Düsseldorf 1801, Düsseldorf 1800, 86 ff.

[444] Vgl. Jahrbuch der Armen - Versorgungsanstalt und Adreß - Buch von Düsseldorf 1801, Düsseldorf 1800, 83. Vgl. dazu Caspar von Vogt, Über die Errichtung der hamburgischen Armenanstalt im Jahre 1788, in: Carl Jantke, Die Eigentumslosen. Der deutsche Pauperismus und die Emanzipationskrise in Darstellungen und Deutungen der zeitgenössischen Literatur, Freiburg 1965, 197 - 207, 197 ff.

[445] Vgl. Jahrbuch der Armen - Versorgungsanstalt und Adreß - Buch von Düsseldorf 1801, Düsseldorf 1800, 161 ff.

[446] Vgl. Georg Arnold Jacobi, Ursprüngliche Verfassung der im Jahr 1800 gestifteten allgemeinen Armenpflege zu Düsseldorf, Düsseldorf 1815², 34 ff.

[447] Vgl. Jahrbuch der Armen - Versorgungsanstalt und Adreß - Buch von Düsseldorf 1801, Düsseldorf 1800, 108 ff und 119 ff.

[448] Jahrbuch der Armen - Versorgungsanstalt und Adreß - Buch von Düsseldorf 1801, Düsseldorf 1800, 111 f.

[449] Jahrbuch der Armen - Versorgungsanstalt und Adreß - Buch von Düsseldorf 1801, Düsseldorf 1800, 111.

11. Allgemeine Armenversorgungsanstalt

Finanziert wurden die Zuwendungen in erster Linie aus den bisherigen privaten und kirchlichen Armenfonds[450] sowie aus regelmäßigen, nach eigenem Ermessen festgesetzten Beiträgen der Bürgerschaft[451]. Schon bald musste der Kurfürst allerdings erkennen, dass sein "festes Zutrauen", jeder Einwohner von Düsseldorf werde "freywillig seinen verhältnismäßigen Beytrag geben", eine Utopie war. Um die notwendigen Mittel für die Unterhaltung der Fürsorgeeinrichtungen einzutreiben, ordnete er die Einführung "geeigneter Zwangsmittel zur Beobachtung der Zahlungspflicht" an. Die in der Verordnung enthaltene Versicherung, "daß der freywillige Beytrag, welchen der Beytragende, mehr nach dem Maße seines innern Gefühles für die Noth seiner Mitmenschen als nach dem Maße seines Vermögens und nach dem Maße der Beyträge und des Vermögens Anderer, bestimmt, gegen niemand bey irgend einem Anschlage als Richtschnur werde genommen", war jedoch wenig geeignet, die Zahlungsmoral der Bürger zu heben[452].

Ob der gut gemeinte Appell, Theateraufführungen und Konzerte mit einer freiwilligen Armenabgabe zu belegen, den erhofften Erfolg brachte, ist nicht bekannt[453]. An einer evidenten Begründung für eine "Lustbarkeitssteuer" mangelte es indes nicht: "Nichts kann den Genuß öffentlicher Ergötzungen mehr erhöhen, mehr veredlen, als das beruhigende Bewußtseyn: daß auch der darbende Unglückliche seinen Antheil und einen frohen Augenblick davon zu erwarten habe. Die Schauspielergesellschaften werden sich aus diesem Grunde bey ihrer Aufnahme die Bedingung gerne gefallen lassen, entweder von jeglicher Einnahme einen gewissen Abtrag zur allgemeinen Armencasse verabfolgen zu lassen, oder etwa zwey (von der Hauptverwaltung selbstausgewählte) Vorstellungen unentgeltlich zum Besten hiesiger Armen auszuführen"[454].

Der Kreis von Berechtigten zum Empfang von Almosen war in fünf verschiedene Kategorien unterteilt: 1. alte Arme, 2. chronisch erkrankte Arme, 3. vorübergehend erkrankte Arme, 4. geisteskranke Arme, 5. arme Kinder[455]. Alle anderen Armen wurden ohne Unterscheidung der "Classe der arbeitsfähigen Armen" zugerechnet, die durch ge-

---

[450] Vgl. Jahrbuch der Armen - Versorgungsanstalt und Adreß - Buch von Düsseldorf 1801, Düsseldorf 1800, 95 ff; Anton Overbach, Ausführliche Nachweisung über Empfang und Ausgabe bey der Allgemeinen Armen - Anstalt in Düsseldorf für das Jahr 1805 nebst zweckmäßigen Bemerkungen, Düsseldorf 1806, o. S. (5); Bilanz der Einnahme und Ausgabe bey der allgemeinen Armenversorgungs - Anstalt in Düsseldorf für das Jahr 1806, Düsseldorf 1807, o. S. (5 ff).

[451] Vgl. NN, Bekanntmachung, in: Gülich- und Bergische wochentlichen Nachrichten Nr. 5 (02.02.1802), o. S. (7 - 8, 7 f); Justus Gruner, Meine Wallfahrt zur Ruhe und Hoffnung oder Schilderung des sittlichen und bürgerlichen Zustandes Westphalens am Ende des achtzehnten Jahrhunderts Bd. 2, Frankfurt 1803, 287 ff.

[452] Vgl. NN, (Düsseldorfer Armenanstalt), in: Bergische wöchentlichen Nachrichten Nr. 24 (14.06.1803), o. S. (1 - 4, 1 ff).

[453] Vgl. Carl Heinrich August Mindel, Wegweiser Düsseldorf's oder Grundlage zur geographisch, statistisch-, topographisch-, historischen Darstellung von Düsseldorf, nach seinen frühern und derzeitigen Verhältnissen. Aus den zuverläßigsten Quellen entnommen, zusammengetragen und aufgestellt, Düsseldorf 1817, 15.

[454] Jahrbuch der Armen - Versorgungsanstalt und Adreß - Buch von Düsseldorf 1801, Düsseldorf 1800, 99 f.

[455] Vgl. Jahrbuch der Armen - Versorgungsanstalt und Adreß - Buch von Düsseldorf 1801, Düsseldorf 1800, 120 f.

eignete Maßnahme zu regelmäßiger Arbeit herangeführt werden sollte: "Jeder gesunde, mit Kräften ausgerüstete Mensch, kann und muß arbeiten; und wenn ein solcher am nothdürftigsten Unterhalt Mangel leidet: so fehlt es ihm entweder an Gelegenheit zur anständigen Beschäftigung; oder es fehlt ihm an hinlänglicher Geschicklichkeit; oder an gutem Willen und Entschlusse. Den zwey ersten Fällen läßt sich durch versorgte Gelegenheit zu Arbeiten abhelfen, die jedermann, zu jeder Jahreszeit, ohne große Kunstanwendung, leicht verrichten und erkennen kann; im letzten Falle aber tritt die alte Wahrheit ein: wer nicht arbeiten will, muß darben, das heißt, der Arbeitsfähige, der sich nicht durch eigenes Ehrgefühl und willige Überzeugung will leiten lassen, muß durch das dringende Gefühl der Noth angetrieben werden, von der verschaften Gelegenheit zur Arbeit Gebrauch zu machen. Es würde eine Mißbrauchung der öffentlichen Wohltätigkeit, eine Verkürzung des wahrhaft Hülfsbedürftigen, eine Zerstörung des eigenen Wertes seyn: Den anwürdigen, vorsetzlichen und muthwilligen Müßiggänger auf übelverstandenem Mitleiden mit Almosen zu unterstützen, und dadurch in seiner sündhaften Faulheit noch mehr zu bestärken"[456].

Die Wende von der mittelalterlichen Caritas zur frühmodernen Armenversorgung begleiteten in Düsseldorf repressive Maßnahmen zur Unterdrückung der Bettelei. "Es versteht sich", so die Richtlinien der allgemeinen Armenpflege, "daß jedem Einwohner unverwehrt bleiben muß: bekannten und nicht bettelnden Hülfsbedürftigen in ihrer Wohnung so viele Unterstützung zukommen zu lassen, als ihm nur immer beliebt. Solche im Verborgenen, ohne öffentliches Aufsehen zu erregen, ausgeübte Privat-Wohlthätigkeit wird der allgemeinen Armenfürsorge in keinem Betrachte nachtheilig seyn, sondern vielmehr von großem Nutzen, und sie gereicht auch dem Wohlthäter selbst zur schönsten Zierde und Prüfung seiner Tugend. Allein öffentlich, d.h. (an den Thüren, auf den Straßen, in, und an den Kirchen, auf öffentlichen Plätzen, Spaziergängen usw.) einem bettelnden Armen, er mag bekannt, oder unbekannt seyn, etwas zu geben: dieß darf schlechterdings nicht gestattet werden, weil dadurch dem Endzwecke der allgemeinen Armenpflege gerade zuwider gehandelt würde, wenn die zahlreiche Classe all jener, die aus bloßem Müßiggange sich zur Arbeit nicht verstehn wollen, noch immer Gelegenheit fände, durch Betteln mehr zu erwerben, alls sie durch Arbeit verdienen können"[457]. Bürger, die an Bettler aus Mitleid Almosen verteilten, wurden regelrecht stigmatisiert "Es ist freylich weit gemächlicher", so die Richtlinien, "einen lästigen Bettler mit einer kleinen Gabe abzufertigen; aber es ist nicht rechtschaffen, nicht bürgerlich, und männlich gehandelt: aus gemächlicher Weichheit dem Endzwecke der gemeinnützlichsten öffentlichen Anstalt entgegen zu wirken; aus Übel angebrachtem Mitleid zur Untergrabung des heilsamsten Instituts für die leidende Menschheit - ein böses Beyspiel zu geben; und zum unabsehlichen Nachtheil so vieler armen Familien, deren Rettung bloß von der Fortdauer dieses Institutes abhangen wird - sich durch unwürdige Bettlerkünste bethören zu lassen, schamlosen Müßiggang, und wüstes Vagabunden Leben zu

---

[456] Jahrbuch der Armen - Versorgungsanstalt und Adreß - Buch von Düsseldorf 1801, Düsseldorf 1800, 133 f.

[457] Jahrbuch der Armen - Versorgungsanstalt und Adreß - Buch von Düsseldorf 1801, Düsseldorf 1800, 148 f.

11. Armenversorgungsanstalt

befördern"[458]. Die Bürger der Stadt Düsseldorf sollten nicht wahllos spenden, sondern ihren regelmäßigen Beitrag den öffentlichen Versorgungseinrichtungen stiften.

Für die Einhaltung der Richtlinien war die Hauptverwaltung der Armenpflege verantwortlich, die aus zwei landesherrlichen Kommissaren, dem Hauptkassierer, den Bezirksvorstehern und Bezirkskassierern, dem Oberaufseher der Armenschule, den Pfarrern der drei christlichen Gemeinden, dem Stadtphysikus, einem Wundarzt, einem Vertreter des Magistrats, dem Vorsteher des Max - Joseph - Krankenhauses und den beiden Aufsehern der Arbeitsanstalt bestand[459].

Die Arbeitsanstalt war eine Einrichtung der Düsseldorfer Armenversorgungsanstalt, die der regelmäßigen Beschäftigung von arbeitsfähigen Bedürftigen dienen sollte[460] und in der Hauptsache Web- und Strickwaren[461] produzierte bzw. Arbeitskräfte an private Unternehmer vermittelte[462]. Das Institut wurde am 26. September 1800 in der Reuterkaserne eingerichtet[463], wo sich auch ein Armenhaus mit 88 Zimmern zur Unterbringung bedürftiger Familien befand[464]. Später wurde die Arbeitsanstalt in das ehemalige Knabenhaus neben dem alten Schloss (früher Krämerstr. 19, heute Burgplatz) verlegt, das Herzog Max Joseph am 12. März 1803 der Armenversorgungsanstalt zur Verfügung gestellt hatte[465].

Das Arbeitshaus der Düsseldorfer Armenversorgungsanstalt operierte nicht ohne Erfolg. Im Jahre 1801 waren hier durchschnittlich 505 Personen beschäftigt, von denen 47 im Arbeitshaus selbst eingesetzt waren. Neben Strumpfstrickern waren es vor allem Wollpflücker und Wollspinner, die hier vorübergehend ein bescheidenes Auskommen fanden[466]. "Außer diesen Beschäftigungen wurden durch die zum Besten der Armen übernommene Straßensäuberung an Männern, Weibern und Kindern 69 Personen, durch das Laternen - Anzünden 8 größtentheils ernährt. 20 Kinder arbeiteten auf der sogenannten Spinnstube, etwa 80 in der Industrie - Schule, einige 40 Personen in der Baumwollspinnerey des Herrn Commerzienrath Brügelmann, einige 20 in der Schreibfedern - Fabrik des Herrn F. W. Carstanien, und anderwärts für Lohn. Durch Schleifung der Fes-

---

[458] Jahrbuch der Armen - Versorgungsanstalt und Adreß - Buch von Düsseldorf 1801, Düsseldorf 1800, 149 f.

[459] Vgl. Jahrbuch der Armen - Versorgungsanstalt und Adreß - Buch von Düsseldorf 1801, Düsseldorf 1800, 104 ff.

[460] Vgl. NN, Nachricht für Arbeitssuchende, in: Gülich- und Bergische wochentlichen Nachrichten Nr. 42 (21.10.1800), Beilage.

[461] Vgl. NN, An das wohlthätige Publikum, in: Gülich- und Bergische wochentlichen Nachrichten Nr. 5 (03.02.1801), o. S. (2); NN, Anzeige, in: Gülich- und Bergische wochentlichen Nachrichten Nr. 36 (07.09.1802), o. S. (6).

[462] Vgl. NN, Nachricht an das Publikum, in: Gülich- und Bergische wochentlichen Nachrichten Nr. 33 (18.08.1801), o. S. (2 - 3, 2 f).

[463] Vgl. SAD Urkunden 152.

[464] Vgl. Ausführliche Nachweisung über Empfang und Ausgabe bey der Armen - Anstalt in Düsseldorf für das Jahr 1804, Düsseldorf 1804, 8.

[465] Vgl. SAD II 1600, 12.03.1803.

[466] Vgl. Jahrbuch der Armenversorgungs - Anstalt und Adreß - Buch von Düsseldorf für 1802, Düsseldorf 1801, 121c.

tungswerke wurden mehrere Männer, durch Flachspinnen und dergleichen noch Weiber und Kinder beschäftigt und ernährt"[467].

Neben der Arbeitsanstalt und dem Armenhaus unterhielt die Armenversorgungsanstalt in der Reuterkaserne seit dem 25. April 1804 eine "Erziehungsanstalt für elternlose und verwahrloste Kinder"[468]. Wegen hoher Unterhaltskosten wurde das Waisenhaus bereits im Jahre 1816 wieder aufgelöst und die Kinder in Pflegefamilien untergebracht[469].

Die zweifellos wirksamste Einrichtung der Armenversorgungsanstalt war die Armenschule[470], die am 1. Januar 1801 in der Reuterkaserne (später im Militärzeughaus der Reuterkaserne)[471] eröffnet wurde und "von dem Tage der Gründung ... , das erste Augenmerk aller Armenfreunde" auf sich lenkte[472]. Sie war auf Initiative des Stiftskanonikers Johann Vincent Josef Bracht eingerichtet worden, um Kindern, die "den Ausschweifungen, der Rohheit und Versunkenheit meist verdorbener Eltern so schrecklich" ausgeliefert waren, "zu bessern, sittlichen brauchbaren, arbeitsamen Menschen zu erziehen" und "sie dem abscheulichen Bettlerleben, der Unwissenheit in allen sittlichen Kenntnissen, und Berufspflichten, den Folgen des Müßigganges, der Verwilderung im Elende und Laster zu entreißen"[473].

Rund ein Jahrzehnt nach Eröffnung der Schule wurde die zentrale Düsseldorfer Fürsorgeeinrichtung im Jahre 1812 um eine Suppenküche erweitert, die täglich mehrere hundert Arme "mit einer sehr guten, und völlig sättigenden Suppe" verköstigte. Nach einer Notiz im Echo der Berge vom 27. März 1812 war die "wohltätige Einrichtung" getroffen, "daß die durchreisende Armen dort umsonst gespeiset werden, sich im Winter

---

[467] Jahrbuch der Armenversorgungs - Anstalt und Adreß - Buch von Düsseldorf für 1802, Düsseldorf 1801, 121c.

[468] NN, Nachricht an die Einwohner Düsseldorfs über die Errichtung eines Erziehungshauses für verwaiste und vernachläßigte Kinder, nebst einer Aufforderung zur Unterstützung dieser Anstalt, in: Wochentliche Nachrichten (Düsseldorf). Mit Churpfalz - Bayerisch Gnädigster Freyheit Nr. 14 (03.04.1804), Beilage; NN, Düsseldorfer Armenanstalt, in: Wochentliche Nachrichten (Düsseldorf). Mit Churpfalz - Bayerisch Gnädigster Freyheit Nr. 21 (22.05.1804), o. S. (4).

[469] Vgl. Carl Heinrich August Mindel, Wegweiser Düsseldorf's oder Grundlage zur geographisch, statistisch-, topographisch-, historischen Darstellung von Düsseldorf, nach seinen frühern und derzeitigen Verhältnissen. Aus den zuverläßigsten Quellen entnommen, zusammengetragen und aufgestellt, Düsseldorf 1817, 16; Nachweise über Einnahme und Ausgabe bei der allgemeinen Armen - Versorgungs - Anstalt in Düsseldorf vom Jahr 1811 bis 1817 einschließlich, Düsseldorf 1818, o. S. (12); Bilanz über Empfang und Ausgabe der Armen - Verwaltung, in dem zehnjährigen Zeitraume von 1811 bis 1820 einschließlich, Düsseldorf 1821, 8.

[470] Vgl. NN, Das Jahrbuch der Armen - Versorgungsanstalt und Adreßbuch von Düsseldorf 1801, in: Gülich- und Bergische wochentlichen Nachrichten Nr. 51 (23.12.1800), o. S. (4); Josef Küster, Übersicht der Fortschritte und des gegenwärtigen Bestandes der Armenversorgungs - Anstalt, Düsseldorf 1801.

[471] Vgl. NN, (Düsseldorfer Armenanstalt), in: Bergische wöchentlichen Nachrichten Nr. 24 (14.06.1803), o. S. (1 - 4, 2); Übersicht des Geschäftsbetriebes der Central - Armen - Verwaltung zu Düsseldorf für die Jahre 1823 und 1824, Düsseldorf 1825, 10 f.

[472] Vgl. Bilanz über Empfang und Ausgabe der Armen - Verwaltung, in dem zehnjährigen Zeitraume von 1811 bis 1820 einschließlich, Düsseldorf 1821, 7.

[473] Jahrbuch der Armen - Versorgungsanstalt und Adreß - Buch von Düsseldorf 1801, Düsseldorf 1800, 131 f. Zu den Bildungsgrundsätzen der Schule vgl. Georg Arnold Jacobi, Ursprüngliche Verfassung der im Jahr 1800 gestifteten allgemeinen Armenpflege zu Düsseldorf, Düsseldorf 1815², 102 ff.

11. Allgemeine Armenversorgungsanstalt

in einer besondern Stube wärmen können, und obendrein mit einem Reisepfennig entlassen werden"[474]. Da nur geringe Mittel zur Unterhaltung der Suppenküche zur Verfügung standen, war die Einrichtung bereits im Jahre 1814 auf Veranlassung des Präsidenten der Wohltätigkeitsanstalt wieder geschlossen worden[475].

---

[474] NN, Düsseldorf, in: Das Echo der Berge Nr. 87 (27.03.1812), o. S. (1). Vgl. auch NHS Regierung Düsseldorf 1571, 04.03.1833; SAD II 1664, 12.12.1832.
[475] Vgl. Nachweise über Einnahme und Ausgabe bei der allgemeinen Armen - Versorgungs - Anstalt in Düsseldorf vom Jahr 1811 bis 1817 einschließlich, Düsseldorf 1818, o. S. (9 und 11); Josef Wilden, Zur Geschichte der öffentlichen Armenpflege in Düsseldorf, in: Beiträge zur Geschichte des Niederrheins 21 (1906/07), 276 - 311, 307.

III. Kirche und Armenpflege in Düsseldorf von der Säkularisation bis zur Revolution 1848/49

Während durch Einrichtung der Allgemeinen Armenanstalt die städtische Armenpflege um die Wende zum 19. Jahrhundert eine merkliche Verbesserung erfuhr, geriet zur gleichen Zeit das über Jahrhunderte aufgebaute System kirchlicher Caritas bedrohlich ins Wanken. Der Reichsdeputationshauptschluss vom 25. Februar 1803 hatte nicht nur die geistlichen Staaten säkularisiert, sondern auch den deutschen Landesfürsten in § 35 des Reichstagskonklusums die Möglichkeit gegeben, sämtliche Stiftskirchen und Klöster "sowohl zum Behuf des Aufwandes für Gottesdienst, Unterrichts- und andere gemeinnützige Anstalten, als zur Erleichterung ihrer Finanzen" aufzuheben[1]. Von dieser Bestimmung ist vor allem im Herzogtum Berg umfassender Gebrauch gemacht worden[2]. Bereits seit dem Jahre 1799 hatte Kurfürst Max Joseph von Bayern Verzeichnisse der im Land befindlichen Klöster, die Zahl ihrer Mitglieder und ihrer Tätigkeit, des Vermögens, der Einkünfte und Schulden, der regelmäßigen landesherrlichen Zuwendungen usw. anlegen lassen[3]. Zur Durchführung der Säkularisation rief der Kurfürst eine Zentralbehörde in München ins Leben, der eine Separatkommission von vier Mitgliedern in Düsseldorf unterstand[4]. Obwohl sich die Stadt Düsseldorf beim Landesherrn aus seelsorglichen, politischen und wirtschaftlichen Gründen energisch für den Erhalt der Klöster einsetzte, vermochte sie nicht den geringsten Erfolg zu erzielen[5]. Während die Düsseldorfer Stadtverwaltung in einer Eingabe an die Regierung den Ordensleuten das Zeugnis ausstellte, "daß sie ihren Ordensstatuten gemäß sich betragen und der ganzen Bürgerschaft mit einem einleuchtenden frommen Beispiele vorgehen"[6], rechtfertigte die Münchener Regierung die Aufhebung der Niederlassungen gerade zum Vorteil der ordentlichen Seelsorge und des allgemeinen Volkswohls[7]. Nach einem kurfürstlichen Erlass vom 30. Juni 1804 erfolgte die Suppression der Mendikantenklöster, "um die sittliche

---

[1] Hauptschluß der ausserordentlichen Reichsdeputation vom 25sten Februar 1803 die Entschädigungen betreffend, mit der französischen Original - Ausfertigung der 47 ersten §§ nebst dem Reichsgutachten darüber vom 24sten März, und dem kaiserlichen Kommissions - Ratifikationsdekret vom 27sten April desselben Jahres, Frankfurt 1803, 30.
[2] Vgl. Jörg Engelbrecht, Die Säkularisation der Klöster im Herzogtum/Großherzogtum Berg, in: Das Herzogtum Berg 1794 - 1815. Herzogtum Berg 1794 - 1806. Großherzogtum Berg 1806 - 1813. Generalgouvernement Berg 1813 - 1815. 20.3. - 26.5.1985. Stadtmuseum Düsseldorf, Düsseldorf 1985, 44 - 47, 45 f.
[3] Vgl. NHS Jülich - Berg VI 54, Bl. 1 ff.
[4] Vgl. NHS Jülich - Berg II 4573, Bl. 128; NN, Im Nahmen einer Churfürstlichen Durchlaucht zu Pfalz - Bayern, in: Bergische wochentliche Nachrichten Nr. 41 (11.10.1803), o. S. (1).
[5] Vgl. Ursula Klein, Die Säkularisation in Düsseldorf, in: Annalen des Historischen Vereins für den Niederrhein 109 (1926), 1 - 67, 10 f.
[6] NHS Jülich - Berg II 4573, 05.05.1802.
[7] Vgl. NHS Jülich - Berg II 4573, Bl. 1 ff.

Kultur und Wohlfahrt des Staates für die Gegenwart und Zukunft dauerhaft zu gründen und um den Weltpriesterstand in jene ursprüngliche Wirksamkeit und Rechte der Seelsorger wieder einzusetzen, die er in den ältesten Zeiten der Christenheit ausschließlich behauptet hat"[8].

1. Säkularisation des Stiftes und der Klöster

Am 12. September 1803 erging die definitive Entscheidung über die Klöster im Herzogtum Berg. Alle fundierten, nichtadligen Klöster und Stifte wurden aufgehoben mit Ausnahme jener weiblichen Genossenschaften, die sich der Krankenpflege oder dem Unterricht widmeten[9]. Als geschlossen galt in Düsseldorf zu diesem Zeitpunkt bereits das Cölestinerinnenkloster, das 1794 während des französischen Bombardements der Stadt abgebrannt war[10]. Da es unmöglich war, für alle Chor- und Laienschwestern in oder außerhalb der Stadt ein passendes Gebäude zu finden, mussten die Cölestinerinnen ihre Klausur aufgeben und in benachbarten Klöstern oder bei befreundeten Familien Unterschlupf suchen[11]. An einen schnellen Wiederaufbau des Klosters war angesichts der geringen Rücklagen der Annunciaten und der allgemeinen Wirtschaftsrezession als Folge des Ersten Revolutionskriegs nicht zu denken[12]. Als der neue Landesherr Max Joseph von Bayern auch noch seine Unterstützung für eine Wiederherstellung der Niederlassung versagte, war das Kloster bereits dem Untergang geweiht, bevor es in der Säkularisation endgültig am 26. März 1804 ohne Ausstellung eines Dekrets aufgelöst wurde[13].

Überblickt man die gesamten Einkünfte der Kreuzbrüderkanonie, gab das im Vergleich zu den übrigen Düsseldorfer Orden nicht unbedeutende Vermögen (1802: 5 Höfe, 4 Häuser, 2 Weingüter, 1 Holzgewalt, 1 Garten, 2 Morgen Land, diverse Renten[14]) ohne Zweifel Anlass, dass dieses Kloster in Düsseldorf als erstes der Säkularisation zum Opfer fiel[15]. Das namhafte Vermögen sollte mit den Besitzungen des 1773 aufgehobe-

---

[8] NHS Handschriften L II 7 XIV, Nr. 2766 (30.06.1804).
[9] Vgl. NHS Handschriften L II 7 XIV, Nr. 2715 (12.09.1803).
[10] Vgl. Ulrich Brzosa, Die Geschichte der katholischen Kirche in Düsseldorf. Von den Anfängen bis zur Säkularisation, Köln 2001, 313 f.
[11] Vgl. PfA Unterrath Maria unter dem Kreuz 21, S. 25 und 94; PfA Unterrath Maria unter dem Kreuz 34, S. 47; PfA Unterrath Maria unter dem Kreuz 46, 11.01.1845.
[12] Vgl. Ursula Klein, Die Säkularisation in Düsseldorf, in: Annalen des Historischen Vereins für den Niederrhein 109 (1926), 1 - 67, 50 f.
[13] Vgl. NHS Großherzogtum Berg 4873, 20.06.1804 und 22.06.1804. Vgl. auch NHS Jülich - Berg II 6289, Bl. 72 ff; NHS Großherzogtum Berg 4872, Bl. 1 ff; NHS Großherzogtum Berg 6731, Bl. 1 ff; Ursula Klein, Die Säkularisation in Düsseldorf, in: Annalen des Historischen Vereins für den Niederrhein 109 (1926), 1 - 67, 50 ff.
[14] Vgl. NHS Jülich - Berg II 6281, Bl. 47 ff.
[15] Vgl. NHS Düsseldorf Kreuzbrüder Akten 3, Bl. 15

nen Jesuitenkollegs einen Schulfond bilden[16]. Die aus ihrem Haus vertriebenen Ordensleute wurden nach Beyenburg versetzt und in der vormaligen Mutterkanonie untergebracht[17]. Spätestens bis zum 14. April 1803 musste die Übersiedlung der Düsseldorfer Kreuzbrüder nach Beyenburg abgeschlossen sein, da das Düsseldorfer Gymnasium an diesem Tag neue Schulräume in der ehemaligen Kanonie an der Ratinger Straße bezog[18]. Für rund ein Dezennium konnten in der Kirche der Kreuzbrüder aber noch der Schulgottesdienst und die liturgischen Andachtsübungen der Düsseldorfer Rosenkranzbruderschaft abgehalten werden[19]. Erst als das reich ausgestattete Gotteshaus am 24. April 1812 vom Ministerium des Innern der Zollbehörde zur Lagerung von Tabak übergeben wurde, fand die Geschichte der ältesten Düsseldorfer Klosterkirche ihr vorläufiges Ende[20].

Anders als bei den Kreuzbrüdern wurden das Kloster und die Kirche der Kapuziner sofort auf Abbruch verkauft. Nachdem die Mendikanten am 1. Juli 1804 ihr Haus verlassen und, sofern sie dem Orden noch angehörten, in das Kaiserswerther Zentralkloster der Kapuziner verzogen waren[21], wurde der Komplex an der Flinger Straße in sechs Parzellen eingeteilt und im Jahre 1805 meistbietend versteigert[22].

Die Kirche der Franziskaner blieb hingegen bis heute für gottesdienstliche Zwecke erhalten, nachdem das Gotteshaus am 19. Juni 1805 unter dem Patronat des hl. Maximilian für die Karlstadt zur zweiten Düsseldorfer Pfarrkirche erhoben und der ehemalige Franziskanerpater Ildephons Schmitz zum Pfarrer ernannt worden war[23]. Wie viele seiner Mitbrüder hatte er sich nach Auflösung des Düsseldorfer Konventes am 1. Juli 1804 entschlossen, nicht in das Zentralkloster Wipperfürth zu übersiedeln, sondern den Ordensstand zu verlassen und in der Stadt zu bleiben[24]. Außer der Kirche blieben auch die Klostergebäude an der Citadellstraße vom Abriss verschont. Sie wurden dem Schulfond überlassen, der in dem ausgedehnten Komplex das neu gegründete Lyzeum und eine

---

[16] Vgl. Eduard Debusmann, Der bergische Schulfonds, in: Jan Wellem Jg. 4 Nr. 8 (August 1929), 275 - 281, 275 ff; Ulrich Brzosa, Die Geschichte der katholischen Kirche in Düsseldorf. Von den Anfängen bis zur Säkularisation, Köln 2001, 305 ff.
[17] Vgl. Alex Hermandung, Das ehemalige Kloster der Kreuzbrüder zu Beyenburg - Wupper, Beyenburg - Wupper 1908, 7 ff; Robert Haaß, Die Kreuzherren in den Rheinlanden, Bonn 1932, 131.
[18] Vgl. NHS Jülich - Berg II 4510, Bl. 25 ff.
[19] Vgl. PfA Düsseldorf St. Lambertus Handschriften 9, Bl. 141; PfA Düsseldorf St. Lambertus Handschriften 10, Bl. 6 f.
[20] Vgl. PfA Düsseldorf St. Lambertus Akten 378, 24.04.1812, 01.05.1812, 01.06.1812 und 14.06.1812; NHS Großherzogtum Berg 7968, 24.04.1812; NHS Regierung Düsseldorf 3890, Bl. 1 ff; NHS Regierung Düsseldorf 4513, Bl. 1 ff.
[21] Vgl. AEK Gen. 24.2, 30.06.1804; NHS Großherzogtum Berg 9918, Bl. 32.
[22] Vgl. NHS Großherzogtum Berg 840, 26.04.1805.
[23] Vgl. PfA Düsseldorf St. Lambertus Handschriften 14, 19.06.1805.
[24] Vgl. AEK Gen. 24.2, 30.06.1804; Willibald Kullmann, P. Ildephons Schmitz, der erste Pfarrer an St. Maximilian in Düsseldorf, in: Rhenania Franciscana Jg. 3 Nr. 3 (Juli 1932), 82 - 88, Nr. 4 (Oktober 1932), 122 - 126, Jg. 4 Nr. 4 (1933), 108 - 115, Jg. 5 Nr. 1 (1934), 9 - 14, Jg. 5 Nr. 3 (1934), 74 - 80 und Jg. 5 Nr. 4 (1934), 109 - 116, 82 ff.

Pfarrschule einrichtete sowie Wohnungen an die Geistlichen der Maxkirche vermietete[25].

Gottesdienste finden heute auch noch in der im Barockstil erbauten Josephskapelle der Karmeliterinnen statt, deren Konvent aus leicht durchschaubaren Gründen einer definitiven Auflösung entging[26]. Da das Kloster über keine nennenswerten Rücklagen verfügte, beließ die Regierung vorerst der Kommunität die Vermögensverwaltung, um sich der sonst eintretenden Verpflichtung zum Unterhalt der Insassinnen zu entziehen[27]. Die Schwestern blieben in den Konventsgebäuden gegenüber der Pfarrkirche, waren aber zum Aussterben verurteilt, da keine Novizinnen mehr aufgenommen werden durften[28]. Die Zahl der Karmeliterinnen verminderte sich von Jahr zu Jahr, bis schließlich nur noch die Vorsteherin und eine Laienschwester lebten[29]. Beide wurden in ihren letzten Lebensjahren von Cellitinnen versorgt, denen durch Kabinettsorder Friedrich Willhelms III. vom 1. Januar 1831 das Kloster der Karmeliterinnen mit dem gesamten Vermögen zur Einrichtung eines Krankenhauses überschrieben worden war[30].

Bis zur Übereignung des Düsseldorfer Karmeliterinnenklosters bestand das Vermögen der Cellitinnen aus zwei Häusern nahe der Andreaskirche und mehreren Holzgewalten im Bilker Busch[31]. Trotz des bescheidenen Besitzes wurde den Cellitinnen die Güterverwaltung genommen. Am 28. Juni 1804 begab sich die Separatkommission zu den Cellitinnen[32] und eröffnete den Schwestern die Bestimmungen von § 30 des kurfürstlichen Normalreskriptes vom 12. September 1803: "Die Cellitinnen als Krankenwärterinnen sollen allein bei ihrer bisherigen Verfassung belassen bleiben, und es ist uns genehm, daß sie zu wohltätigen Verrichtungen einige Unterstützungen aus dem Klosterfonds er-

---

[25] Vgl. NN, Vergantungen, in: Wochentliche Nachrichten (Düsseldorf). Mit Churpfalz - Bayerisch Gnädigster Freyheit Nr. 17 (24.04.1804), o. S. (3); NN, Bekanntmachung, in: Wochentliche Nachrichten (Düsseldorf). Mit Churpfalz - Bayerisch Gnädigster Freyheit Nr. 31 (31.07.1804), o. S. (2); DZ 21.08.1853; Julius Asbach, Das Düsseldorfer Lyceum unter bairischer und französischer Herrschaft (1805 - 1813), Düsseldorf 1900, 3 ff.

[26] Vgl. Ulrich Brzosa, Theresienhospital. 150 Jahre Töchter vom Hl. Kreuz in Düsseldorf 1852 - 2002, Düsseldorf 2002, 23 ff.

[27] Vgl. AEK Monasteria Düsseldorf III Karmelitessen, Bl. 1 ff; NHS Großherzogtum Berg 835 I, 14.03.1808; NHS Großherzogtum Berg 836, 20.07.1804; NHS Regierung Düsseldorf 3886, Bl. 1 ff; NHS Regierung Düsseldorf Präsidialbüro 1215, Bl. 1 ff; NN, Urkunden und Actenstücke, die Frauenklöster in Düsseldorf betreffend, in: Zeitschrift des Düsseldorfer Geschichtsvereins Jg. 2 Nr. 6 (1882), 1 - 9 und Jg. 3 Nr. 2 (1883), 25 - 36, 29.

[28] Vgl. NN, Urkunden und Actenstücke, die Frauenklöster in Düsseldorf betreffend, in: Zeitschrift des Düsseldorfer Geschichtsvereins Jg. 2 Nr. 6 (1882), 1 - 9 und Jg. 3 Nr. 2 (1883), 25 - 36, 29.

[29] Vgl. AEK Erzbistum Ch 1 Gen. 1, 14.01.1817; SAD II 981, 1824, 1828 und 1830; NN, Kirchliche Nachrichten, in: Der Religions - Freund für Katholiken Jg. 1 Nr. 35 (30.11.1822), 674 - 675, 674 f; NN, Düsseldorf, in: Niederrheinischer Beobachter Nr. 202 (24.08.1824), o. S. (4); Die Heil - Anstalt für weibliche Kranke im Elisabethen - Kloster. Erster Bericht der barmherzigen Schwestern Celliten - Ordens von der Regel des heiligen Augustin zu Düsseldorf, Düsseldorf 1836, 26; DZ 06.09.1842; Ulrich Brzosa, Theresienhospital. 150 Jahre Töchter vom Hl. Kreuz in Düsseldorf 1852 - 2002, Düsseldorf 2002, 28 ff.

[30] Vgl. NHS Regierung Düsseldorf 3867, 01.01.1831.

[31] Vgl. NHS Großherzogtum Berg 838, Bl. 40 und 157 f.

[32] Vgl. NHS Großherzogtum Berg 838, Bl. 7.

1. Säkularisation des Stiftes und der Klöster

halten"[33]. Dann wurden die neuen Bestimmungen über Unterstützung, Termin, Kommissar, Ökonomie und Ordnung verlesen. Jede Schwester, deren Zahl auf zehn festgesetzt wurde, erhielt von der Regierung zum Lebensunterhalt jährlich 100 Taler ausgezahlt. Zur Tilgung der Schulden ließ die Seperatkommission 1805 eine Holzgewalt versteigern und verkaufte im folgenden Jahr ein den Cellitinnen gehörendes Haus an der Neustraße[34].

Neben den Cellitinnen waren die Düsseldorfer Ursulinen der einzige Orden im Herzogtum Berg, dem unter Beachtung bestimmter Auflagen die Aufnahme von Novizen gestattet war. Richtschnur für die Schulschwestern war § 29 des Normalreskriptes von 1803: "Die Ursulinerinnen sind der nämlichen Hauptdisposition wie die übrigen Klosterfrauen zu unterwerfen, und sollen diejenigen unter ihnen, welche sich mit dem Schulunterricht abgeben, eine besondere Gratifikation wegen ihrer beschwerlichen Arbeit nebst einer Pension erhalten und in Ansehung ihres Schulunterrichts unmittelbar unter der Schulkommission und nicht unter ihrer Oberin stehen. Überhaupt sind wir aber nicht geneigt, Nonnenklöster als Unterrichtsinstitute für immer bestehen zu lassen, sondern es soll so bald möglich dafür ein anderes zweckmäßiges Surrogat hergestellt werden"[35]. Obwohl die Ursulinen ständig um den Fortbestand ihrer Bildungseinrichtungen fürchten mussten, blieb die Zahl der Schülerinnen konstant. Im Jahre 1808 wurde die französische Schule von 52, die deutsche Schule von 120 Mädchen besucht[36]. In preußischer Zeit wurde die Ursulinenschule 1840 als öffentliche Pfarrschule für den Gemeindebezirk St. Lambertus anerkannt, in der zeitweise 400 bis 500 Kinder dem Unterricht beiwohnten. Neben der Volksschule wurde im Jahre 1858 eine höhere Mädchenschule für 200 Schülerinnen eingerichtet[37].

Außer den Klöstern wurde in Düsseldorf auch das Stift als älteste geistliche Korporation säkularisiert. Am 19. Oktober 1803 war den Kanonikern die bevorstehende Aufhebung des Stiftes und die Übernahme der Vermögensverwaltung durch die Regierung verkündet worden[38]. Wirksam wurde der Erlass durch ein Reskript vom 17. Mai 1805, das die endgültige Auflösung der Kommunität zum 1. September 1805 und zugleich die Höhe der Pensionen bestimmte[39]. Mit dem Tag der Aufhebung hörte der Chordienst auf[40]. Die Stiftskirche wurde wieder Pfarrkirche und nahm ihren alten, vor 1288 geführten Namen "Pfarrkirche zum Hl. Lambertus" an[41]. Rechtliche Grundlage des Vorgehens

---

[33] NHS Handschriften L II 7 XIV, Nr. 2715 (12.09.1803).
[34] Vgl. NHS Großherzogtum Berg 837, 08.11.1806; NHS Großherzogtum Berg 838, Bl. 55.
[35] NHS Handschriften L II 7 XIV, Nr. 2715 (12.09.1803).
[36] Vgl. NHS Generalgouvernement Berg 247, 06.09.1808.
[37] Vgl. UKM Ursulinenkloster Düsseldorf, Hefter Chronik 55, 1840 und 1859; NHS Regierung Düsseldorf 2784, Bl. 2 ff; NN, Düsseldorf, in: Rheinisches Kirchenblatt Jg. 1 Nr. 1 (Januar 1844), 67; DJ 14.01.1858; DJ 07.07.1858.
[38] Vgl. NHS Düsseldorf Stift Akten 16, 19.10.1803; NHS Großherzogtum Berg 831, 19.10.1803.
[39] Vgl. PfA Düsseldorf St. Lambertus Akten 74, 25.06.1805; NHS Großherzogtum Berg 831, 10.09.1805; NHS Großherzogtum Berg 4889, 04.03.1807.
[40] Vgl. NHS Großherzogtum Berg 4889, 04.03.1807.
[41] Vgl. Ulrich Brzosa, Die Geschichte der katholischen Kirche in Düsseldorf. Von den Anfängen bis zur Säkularisation, Köln 2001, 94.

war § 33 des Aufhebungsreskriptes vom 12. September 1803, der auch das Schicksal der benachbarten Stifter in Kaiserswerth und Gerresheim besiegelte: "Da unsere Verordnung in unsern sämtlichen Erbstaaten sich gleichfalls auf die Stifter erstrecket, so soll auch das Vermögen der 3 Stifter zu Düsseldorf, Kaiserswerth und Gerresheim vorschriftsmäßig inventiret und in unserem Namen in Administration genommen werden. Nach dem sich ergebenden Resultat über ihren Vermögensstand, welcher uns seiner Zeit vorzulegen ist, soll ihre verhältnismäßige Pensionierung in Vorschlag gebracht werden .... In Ansehung der damit verbundenen Pfarreien ist wie bei den Klöstern zu verfahren"[42].

Nennenswerten Widerstand gegen die Maßnahmen der Säkularisation hat es in Düsseldorf abgesehen von den bereits angeführten Eingaben weder im Volk noch beim Weltklerus gegeben[43]. Letztere gehörten ohne Zweifel zu den Nutznießern der Säkularisation, da sie von der Konkurrenz der Bettelorden befreit waren. Die Düsseldorfer Ordensleute selbst scheinen sich zum größten Teil mit der Aufhebung abgefunden zu haben. Insbesondere trifft diese Feststellung für die Mendikanten zu, die mit Ausnahme der Klostergebäude kaum materielle Werte zu verlieren hatten. Ihren bisher aushilfsweise in den Pfarrgemeinden geleisteten Verkündigungsdienst konnten die Ordensgeistlichen durch Übernahme einer festen Seelsorgestelle in gewohnter Weise fortsetzen[44]. Grundlage dafür war eine gesonderte Verfügung für die Bettelorden vom 30. Juni 1804. Nach ihr war es den Mendikanten freigestellt, in den Stand eines Weltgeistlichen überzutreten oder aber, falls sie weiterhin in klösterlicher Gemeinschaft leben wollten, eines der dafür bestimmten Zentralklöster aufzusuchen[45].

Für die Armenpflege in der Stadt hatte besonders die Aufhebung des Stiftskapitels weitreichende Folgen. Zahlreiche Armenlegate waren fortan der kirchlichen Verfügung entzogen und wurden von der Regierung nicht selten einer zweckfremden Verwendung zugeführt[46].

---

[42] NHS Handschriften L II 7 XIV, Nr. 2715 (12.09.1803).
[43] Vgl. Ursula Klein, Die Säkularisation in Düsseldorf, in: Annalen des Historischen Vereins für den Niederrhein 109 (1926), 1 - 67, 9 ff; Eduard Hegel, Das Erzbistum Köln zwischen Barock und Aufklärung. Vom Pfälzischen Krieg bis zum Ende der Französischen Zeit 1688 - 1814, Köln 1979, 499 ff; Jörg Engelbrecht, Die Säkularisation der Klöster im Herzogtum/Großherzogtum Berg, in: Das Herzogtum Berg 1794 - 1815. Herzogtum Berg 1794 - 1806. Großherzogtum Berg 1806 - 1813. Generalgouvernement Berg 1813 - 1815. 20.3. - 26.5.1985. Stadtmuseum Düsseldorf, Düsseldorf 1985, 44 - 47, 46; Kurt Wesoly, Widerstand gegen die Säkularisation ? Zur Aufhebung der Klöster im Herzogtum Berg im Jahre 1803, in: Georg Mölich, Klosterkultur und Säkularisation im Rheinland, Essen 2002, 321 - 330, 321 ff.
[44] Vgl. AEK Gen. 24.2, 30.06.1804; SAD E 279 Joseph Hurlock, Sketch of a Journey in France, the Netherlands, Holland - and the Prussian Provinces on the Rhine, S. 64.
[45] Vgl. NHS Handschriften L II 7 XIV, Nr. 2766 (30.06.1804).
[46] Vgl. Joseph Bücheler, Das Gasthaus der Stadt Düsseldorf oder das St. Hubertus - Hospital geschichtlich dargestellt, Düsseldorf 1849, 16.

2. Kommunale Armenfürsorge

Durch den Ausfall der kirchlichen Stiftungen wurde in Düsseldorf die Armenversorgungsanstalt bzw. die spätere Zentralwohltätigkeitsanstalt zu einem immer wichtigeren Instrument der Fürsorge. Aufschlussreich ist dabei die Feststellung, dass die Einkünfte der Zentralwohltätigkeitsanstalt trotz Zunahme der Unterstützungsbedürftigen während der französischen Herrschaft ständig sanken[47]. Im steigenden Maße musste für die Armenpflege die Stadtkasse in Anspruch genommen werden. Was heute als selbstverständlich erscheint, war bis zur Säkularisation eher die Ausnahme und erst durch eine Bestimmung in den napoleonischen Gesetzen möglich. Im Jahre 1809 leistete die Stadt für die Armenpflege einen Zuschuss von 1212 Reichstalern (1805: 549), während zur gleichen Zeit der Anteil der bürgerlichen Beiträge auf 8500 Reichstaler (1805: 11752 Reichstaler) gefallen war[48].

Die prekäre Situation begann sich erst zu entspannen, als Justus Gruner die Zentralwohltätigkeitsanstalt napoleonischer Art beseitigte und die alte Armenversorgungsanstalt am 1. Januar 1815 wieder in ihrer früheren Funktion einsetzte[49]. Infolge der zerrütteten Finanzen und der großen Anforderungen des Teuerungsjahres 1817[50] kam die Armenanstalt aber erst im Jahre 1818 zur Regelung ihrer Verhältnisse[51]. Von da an blieb sie bis zum Jahre 1851 die Trägerin der Armenpflege in Düsseldorf. Nach einer Aufstellung aus dem Jahre 1826 waren die Pfleglinge in acht Kategorien eingeteilt und wurden je nach Gruppierung wie folgt unterstützt: "1. Hausarme, welche wöchentlich nach Beschaffenheit ihrer Lage 14 Stüber bis 1 Thaler 3 Stüber erhalten. 2. Verschämte Arme, durch baare verhältnismäßige Vorschüsse zur Fortsetzung und Aufrechthaltung ihrer Gewerbe. 3. Kranke, durch unentgeldlich ärztliche Behandlung, Unterhaltung und Verpflegung. 4. Greise, welche wegen Altersschwäche und Arbeitsunfähigkeit sich nicht ernähren können. 5. Geschwächte, welche bei gänzlicher Unvermögenheit zu rechtlichen Frauen gegeben werden. 6. Waisenkinder, durch die Erziehung bei Pflege - Eltern aus dem unbe-

---

[47] Vgl. Bilanz über Empfang und Ausgabe der Armen - Verwaltung, in dem zehnjährigen Zeitraume von 1811 bis 1820 einschließlich, Düsseldorf 1821, 3 ff.

[48] Vgl. Anton Overbach, Ausführliche Nachweisung über Empfang und Ausgabe bey der Allgemeinen Armen - Anstalt in Düsseldorf für das Jahr 1805 nebst zweckmäßigen Bemerkungen, Düsseldorf 1806, o. S. (2 ff); Friedrich Lau, Geschichte der Stadt Düsseldorf. Von den Anfängen bis 1815, Düsseldorf 1921, 232.

[49] Vgl. Übersicht des Zustandes der allgemeinen Armenpflege zu Düsseldorf in dem Jahr 1815, Düsseldorf 1816, 3.

[50] Die Ernährungskrise 1817 war eine der "letzten großen Hungerkatastrophe(n) in ganz Mitteleuropa" (vgl. Clemens Wischermann, Hungerkrisen im vormärzlichen Westfalen, in: Kurt Düwell, Rheinland - Westfalen im Industriezeitalter. Beiträge zur Landesgeschichte des 19. und 20. Jahrhunderts Bd. 1, Wuppertal 1983, 126 - 147, 127 f). Wegen der um das Drei- bis Vierfache gestiegenen Lebensmittelpreise griffen die Menschen auf ungewöhnliche Ersatzlebensmittel wie Nesseln zurück (vgl. Carl Vossen, Die Anschreibebücher des Johann Holzschneider, "Schmit in Heerdt", in: Heerdt im Wandel der Zeit 3 (1985), 43 - 48, 44).

[51] Vgl. Bilanz über Empfang und Ausgabe der Armen - Verwaltung, in dem zehnjährigen Zeitraume von 1811 bis 1820 einschließlich, Düsseldorf 1821, 4 f.

mittelten aber rechtlichen Bürgerstande. 7. Die Kinder armer Eltern durch freien Schulunterricht in den Armenschulen. 8. Arbeitslose Personen durch Weben, Stricken, Wollzupfen, Spinnen usw. gegen eine bestimmte Vergütung aus dem Armen - Arbeitshause"[52]. Pflegebedürftige Arme waren im "Alt Männerhaus in der Reuterkaserne" (später Städtisches Männerpflegehaus Neusser Str. 23) bzw. im Alt Frauenhaus auf der neuen Halle" (später Städtisches Frauenpflegehaus Neusser Str. 27) untergebracht[53]. Im letzteren befand sich auch die "Krankenanstalt für venerische Weibsbilder", die im Februar 1816 auf Betreiben des Magistrats eingerichtet worden war[54]. Zur ärztlichen Armenpflege war die Bürgermeisterei Düsseldorf seit dem 1. Januar 1824 in vier "Medizinal - Armen - Sektionen" eingeteilt, der jeweils ein Arzt und ein Wundarzt vorstanden[55]. Für die Betreuung von Geisteskranken standen im Max - Joseph Krankenhaus zwar einige Plätze zur Verfügung, doch waren diese selbst nach damaligen Maßstäben ungenügend. Schon im Jahre 1817 bemerkte Carl Heinrich August Mindel: "Ist kein eigentliches Irren - Haus, und kann in seiner gegenwärtigen schlechten Verfassung nur als vorläufiger Aufbewahrungs - Ort für Wahnsinnige betrachtet werden. Dieses nothwendige Institut, zur Zeit eine wahre Höhle des Jammers, verdient rücksichtlich seiner Verbesserung die höchste Beachtung; denn es ist nichts von allem dem vorhanden, was die physischen Bemühungen des Arztes, in moralischer Hinsicht, zur möglichen Wiederherstellung des Kranken, nothwendigerweise unterstützen muß"[56]. Die Missstände auf diesem Gebiet konnten erst beseitigt werden, als im Jahre 1826 am heutigen Fürstenwall die überregionale "Departemental - Irren - Anstalt" errichtet wurde[57].

Nicht zu übersehen ist, dass die Armenanstalt immer mehr ihren ursprünglichen Charakter verlor, besonders da die freiwilligen Beiträge zusammenschmolzen. Um einen Ausgleich zu schaffen und nicht nur die Mildtätigen die Armenlast tragen zu lassen, befahl die Regierung im Jahre 1821, "die Beträge, welche der städtischen Kasse von jeher

---

[52] Johann Andreas Demian (u.d.P. Willibald Rheineck), Rheinreise von Mainz bis Düsseldorf. Nebst ausführlichen Gemälden von Frankfurt, Mainz, Koblenz, Bonn, Köln und Düsseldorf mit ihren Umgebungen, Mainz 1826², 481.

[53] Vgl. Übersicht des Zustandes der allgemeinen Armenpflege zu Düsseldorf in dem Jahr 1815, Düsseldorf 1816, 7; Carl Heinrich August Mindel, Wegweiser Düsseldorf's oder Grundlage zur geographisch, statistisch-, topographisch-, historischen Darstellung von Düsseldorf, nach seinen frühern und derzeitigen Verhältnissen. Aus den zuverläßigsten Quellen entnommen, zusammengetragen und aufgestellt, Düsseldorf 1817, 17 und 19.

[54] Vgl. Carl Heinrich August Mindel, Wegweiser Düsseldorf's oder Grundlage zur geographisch, statistisch-, topographisch-, historischen Darstellung von Düsseldorf, nach seinen frühern und derzeitigen Verhältnissen. Aus den zuverläßigsten Quellen entnommen, zusammengetragen und aufgestellt, Düsseldorf 1817, 18.

[55] Vgl. Übersicht des Geschäftsbetriebes der Central - Armen - Verwaltung zu Düsseldorf für die Jahre 1823 und 1824, Düsseldorf 1825, 10.

[56] Carl Heinrich August Mindel, Wegweiser Düsseldorf's oder Grundlage zur geographisch, statistisch-, topographisch-, historischen Darstellung von Düsseldorf, nach seinen frühern und derzeitigen Verhältnissen. Aus den zuverläßigsten Quellen entnommen, zusammengetragen und aufgestellt, Düsseldorf 1817, 20.

[57] Vgl. Die Departemental - Irrenanstalt zu Düsseldorf. 1826 - 1898, Düsseldorf 1898, 6 ff. Vgl. dazu unten S. 301.

5. Pauperismus

zur Last gelegen haben, wieder wie ehemals aus den Städtischen Gemeine Mitteln zu entrichten; was aber ferner zur nothdürftigen Verpflegung der Armen erforderlich wäre, so weit es nicht aus den flüssigen Armenmitteln genommen werden könnte, besonders umzulegen; sodann jedem hierbei seinen freiwilligen Beytrag in Rechnung zu bringen, und es der Wohlthätigkeit zu überlassen, die Lage der Armen über das Nothdürftige zu verbessern"[58]. Damit hatte die Regierung eine Armensteuer eingeführt und zwar im Gegensatz zur Armenanstalt, die gehofft hatte, die Bürger zu größeren Leistungen noch einmal anspornen zu können.

3. Pauperismus

Eine nur vom guten Willen der Bürgerschaft getragene städtische Armenpflege entsprach je länger desto weniger den Herausforderungen der Zeit. Die Verarmung weiter Schichten der Düsseldorfer Bevölkerung steigerte sich in der ersten Hälfte des 19. Jahrhunderts bis zu jenem Phänomen, das heute allgemein unter dem Begriff "Pauperismus" bekannt ist[59]. Eine Ursache für die sozioökonomischen Strukturwandlungen war die starke Zunahme der Bevölkerung Düsseldorfs bei einem überproportionalen Wachstum der Unterschichten[60]. Wurde die Bevölkerung der Stadt um 1801 noch mit 19532 angegeben[61], überschritt Düsseldorf schon 1882 mit mehr als 100000 Einwohnern die Grenze zur Großstadt[62]. Das Wachstum resultierte aus der besseren Hygiene und medizinischen Versorgung, dem Rückgang der Sterblichkeit und dem Abbau von Heiratsbeschränkungen[63]. Nach einer leichten Bevölkerungszunahme gegen Ende der 1820er Jahres begann um 1840 eine Phase raschen Wachstums. Seit etwa 1860 beschleunigte sich der Prozess noch einmal, so dass sich die Einwohnerzahl Düsseldorfs in

---

[58] Bilanz über Empfang und Ausgabe der Armen - Verwaltung, in dem zehnjährigen Zeitraume von 1811 bis 1820 einschließlich, Düsseldorf 1821, 11.
[59] Vgl. Wolfgang Köllmann, Pauperismus in Rheinland - Westfalen im Vormärz, in: Kurt Düwell, Rheinland - Westfalen im Industriezeitalter. Beiträge zur Landesgeschichte des 19. und 20. Jahrhunderts Bd. 1, Wuppertal 1983, 148 - 157, 148 ff.
[60] Vgl. Friedrich Lenger, Zwischen Kleinbürgertum und Proletariat. Studien zur Sozialgeschichte der Düsseldorfer Handwerker 1816 - 1878, Göttingen 1986, 24 f.
[61] Vgl. Friedrich - Wilhelm Henning, Düsseldorf und seine Wirtschaft. Zur Geschichte einer Region Bd. 1, Düsseldorf 1981, 198.
[62] Vgl. Bericht über die Verwaltung und den Stand der Gemeinde - Angelegenheiten der Stadt Düsseldorf für das Rechnungsjahr vom 1. April 1882 bis 31. März 1883, Düsseldorf 1883, 6; Wolfgang Krämer, Verfassung und Verwaltung der Stadt Düsseldorf 1856 - 1914, Examensarbeit o. O. 1958, 53 ff; Hilmar Czerwinski, Die Stadtentwicklung Düsseldorfs im 19. Jahrhundert, in: 1882. Düsseldorf wird Großstadt, Düsseldorf 1982, 19 - 41, 19 ff.
[63] Vgl. Wilhelm Simonis, Düsseldorf im Jahre 1898. Festschrift den Theilnehmern an der 70. Versammlung deutscher Naturforscher und Ärzte, Düsseldorf 1898, 90 ff.

fast zwanzig Jahren verdoppelte[64]. Vergleicht man die Einwohnerzahlen von 1801 mit denen von 1858, so ergibt sich für die Stadt ein Zuwachs von 140 Prozent[65]. Bemerkenswert ist, dass der Zuwachs von den in den Industrialisierungsprozess einbezogenen Außengemeinden wie Pempelfort, Bilk, Derendorf, Oberbilk und Flingern getragen wurde, während die überwiegend landwirtschaftlich geprägten Bezirke wie Hamm, Flehe und Volmerswerth stagnierten[66].

Der Wandel Düsseldorfs im 19. Jahrhundert von einer Residenz- zu einer Industriegroßstadt vollzog sich nur langsam. Noch zu Beginn der preußischen Herrschaft im Jahre 1815 waren die Industrie und das Gewerbe schwach entwickelt. Als Friedrich Raumer vom Tal der Wuppertal bereits berichtete, "auf eine Meile weit streckten sich zu beiden Seiten dieses Flusses die Häuser und Fabrikanlagen .... Überall bemerkt man Thätigkeit und Wohlstand, die herrschende Kraft der Gegenwart, den Muth für die Zukunft"[67], stellte der Handlungsvorstand, ein Zusammenschluss Düsseldorfer Kaufleute zur Förderung des Handels, am 20. Februar 1813 in einem Bericht fest: "Fabriken hat Düsseldorf selbst sozusagen keine"[68]. Eine "Magistratualische Aufnahme vom Jahre 1816" nennt 1578 Handel- und Gewerbetreibende[69], aber keine einzige Fabrik oder Manufaktur. Im Jahre 1826 registrierte Johann Andreas Demian unter der Rubrik "Fabricksanstalten" vier Tabakfabriken, drei Wagenfabriken, vier Lederfabriken, je eine Spiegel-, Spielkarten-, Senf- und Likörfabrik[70]. Der Regierungspräsident stellte im April des gleichen Jahres lapidar fest, dass die Stadt "in beziehung auf Fabrikthätigkeit sehr zurück-

---

[64] Vgl. Bericht über die Verwaltung und den Stand der Gemeinde - Angelegenheiten der Stadt Düsseldorf für das Jahr 1860, Düsseldorf 1860, 3; Bericht über die Verwaltung und den Stand der Gemeinde - Angelegenheiten der Stadt Düsseldorf für das Jahr 1866, Düsseldorf 1867, 3; Friedrich Lenger, Zwischen Kleinbürgertum und Proletariat. Studien zur Sozialgeschichte der Düsseldorfer Handwerker 1816 - 1878, Göttingen 1986, 235.
[65] Vgl. Bericht über die Verwaltung und den Stand der Gemeinde - Angelegenheiten der Stadt Düsseldorf für das Jahr 1859, Düsseldorf 1860, 3.
[66] Vgl. Verwaltungs - Bericht für das Jahr 1851 vorgetragen von Bürgermeister Hammers in der Gemeinderaths - Sitzung vom 7. Januar 1852 und Etat der Gemeinde Düsseldorf für das Jahr 1852, Düsseldorf 1852, 6; Bericht über die Verwaltung und den Stand der Gemeinde - Angelegenheiten der Stadt Düsseldorf für das Jahr 1859, Düsseldorf 1860, 3 f.
[67] Friedrich von Raumer, Lebenserinnerungen und Briefwechsel Bd. 2, Leipzig 1861, 218.
[68] Zitiert nach Friedrich Lau, Geschichte der Stadt Düsseldorf. Von den Anfängen bis 1815, Düsseldorf 1921, 165.
[69] Vgl. Carl Heinrich August Mindel, Wegweiser Düsseldorf's oder Grundlage zur geographisch, statistisch-, topographisch-, historischen Darstellung von Düsseldorf, nach seinen frühern und derzeitigen Verhältnissen. Aus den zuverläßigsten Quellen entnommen, zusammengetragen und aufgestellt, Düsseldorf 1817, 46.
[70] Vgl. Johann Andreas Demian (u.d.P. Willibald Rheineck), Rheinreise von Mainz bis Düsseldorf. Nebst ausführlichen Gemälden von Frankfurt, Mainz, Koblenz, Bonn, Köln und Düsseldorf mit ihren Umgebungen, Mainz 1826², 473. Vgl. auch Johann Ferdinand Wilhelmi, Panorama von Düsseldorf und seinen Umgebungen. Mit besonderer Rücksicht auf Geschichte, Topographie, Statistik, Gewerbfleiß und Handel des Regierungsbezirks Düsseldorf, Düsseldorf 1828, 107; Otto Most, Geschichte der Stadt Düsseldorf. Von 1815 bis zur Einführung der Rheinischen Städteordnung (1856), Düsseldorf 1921, 147.

stände", und bisher "fast garnicht zu den Fabrikstädten gezählt werden könnte"[71]. Noch lange Zeit war das Handwerk die tragende Stütze der Düsseldorfer Wirtschaft und der überwiegende Teil der städtischen Bevölkerung kleinbürgerlich - proletarisch geprägt.

Gegenüber früheren Armen, die von der Fürsorge oder vom Bettel lebten, unterschied sich diese breite Schicht dadurch, dass sie im Handel, im Gewerbe oder in der Landwirtschaft tätig war, aber ein nur knapp über dem Existenzminimum liegendes Einkommen bezog[72]. Neben den Handwerkern bildeten die Hilfsarbeiter und Ungelernten eine zweite Gruppe, die man zu einfachsten, oft auch schwersten Arbeiten gebrauchte. Davon wieder unterschieden sich die Taglöhner, die ohne dauernde Bindung je nach Bedarf eingesetzt wurden, und schließlich eine dritte Gruppe von Heimarbeitern, die in der eigenen Wohnung vornehmlich für Textil- oder Metallbetriebe beschäftigt waren. Lohnarbeiter, die dem so genannten "vierten Stand" zugerechnet wurden und hauptsächlich in Fabriken arbeiteten, waren in Düsseldorf im ersten Drittel des 19. Jahrhunderts noch unbekannt. Eine Berufsstatistik aus dem Jahre 1827 kennt 228 Beamtenfamilien, 85 geistliche Beamte, 490 Rentner, 1514 in der Landwirtschaft tätige Familien, 672 alleinarbeitende Handwerker, 402 Handwerksbetriebe mit Gehilfen, 106 Großhändlerfamilien oder Fabrikanten, 345 Krämerfamilien, 66 Hausiererfamilien, 205 Personen im Gast- und Schankgewerbe, 226 sonstige Gewerbe, 935 Tagelöhner, 1980 Dienstboten und 450 öffentlich Unterstützte[73].

4. Kranken-, Sterbe- und Unterstützungskassen

Die am Rande des Existenzminimums lebenden Arbeiter und Handwerker waren bei gleichzeitig nachlassender Funktionsfähigkeit traditioneller Subsistenzsicherungssysteme ständig von absoluter Verarmung bedroht[74]. Bei Ausbleiben des kaum noch ausreichenden Einkommens im Fall von Krankheit, Invalidität, Arbeitslosigkeit, Alter und Tod des Ehepartners sank ein Bürger nicht selten in den Armenstand herab. Als Reaktion war eine verstärkte Gründung von Kranken-, Sterbe- und Unterstützungskassen zu beobachten, die Jonathan Sperber zu Recht als "the mass organization of the proletariat, long before the existence of working - class political parties or cultural organizations" bezeichnete[75]. Die zur Vorsorge vor Verarmung gegründeten Kassen waren auf dem Prinzip der Selbsthilfe beruhende Vereinigungen von Handwerkern oder Arbeitern zur

---

[71] Zitiert nach Otto Most, Geschichte der Stadt Düsseldorf. Von 1815 bis zur Einführung der Rheinischen Städteordnung (1856), Düsseldorf 1921, 148.
[72] Vgl. Wilhelm Abel, Der Pauperismus in Deutschland am Vorabend der industriellen Revolution, Dortmund 1966, 4 ff.
[73] Vgl. NHS Regierung Düsseldorf 386, Bl. 169 ff.
[74] Vgl. Werner K. Blessing, "Theuerungsexesse" im vorrevolutionären Kontext. Getreidetumult und Bierkrawall im späten Vormärz, in: Werner Conze, Arbeiterexistenz im 19. Jahrhundert. Lebensstandard und Lebensgestaltung deutscher Arbeiter und Handwerker, Stuttgart 1981, 356 - 384, 356 ff.
[75] Vgl. Jonathan Sperber, Popular Catholicism in nineteenth - century Germany, Princeton 1984, 31 f.

gegenseitigen Unterstützung in Fällen Krankheit, Arbeitsunfähigkeit und Tod, teils konfessionell, teils örtlich, teils beruflich organisiert[76]. Die ersten Düsseldorfer Kranken- und Sterbeladen gingen aus Unterstützungseinrichtungen hervor, die kirchliche Bruderschaften oder Sodalitäten bereits vor der Säkularisation entweder als Kranken-, Alten- oder Hinterbliebenenkasse ins Leben gerufen hatten[77]. Dazu gehörte etwa der seit 1692 nachweisbare "Verein zur Unterstützung alter und kranker Sodalen" der Marianischen Junggesellensodalität[78] oder die 1798 als Sterbekasse gegründete "Bruderschaft unter dem Schutze und zu Ehren des heiligen Donati, Patronen des Hochgewitters in der Hauptstadt Düsseldorf"[79]. Das zunehmende Bedürfnis nach nichtbruderschaftlicher Absicherung sozialer Risiken führte in der ersten Hälfte des 19. Jahrhunderts zur Gründung einer Vielzahl neuer Unterstützungskassen, die sich bewusst auch niedrigeren Ständen öffneten[80]. In ihrer sozialen Zusammensetzung recht typisch für private Laden waren der "erneuerte Liebesverein"[81], die "Bürger - Sterbekasse"[82] und die "Allgemeine Kranken- und Sterbelade"[83]. Letztere wurde vom "Verein zur Beförderung von Arbeitsamkeit, Sparsamkeit, Wohlstand und Sittlichkeit unter der arbeitenden Bevölkerung" betrieben, der 1841 aus patriarchalischer Gesinnung des Regierungsrats Karl Quentin für von Verarmung bedrohte Arbeiter und Handwerker gegründet wurde[84]. Der Verein hatte sich die Aufgabe gestellt, "diejenigen Klassen der bürgerlichen Gesellschaft, welche von ihrer Hände Arbeit leben und sich zwar selbst zu ernähren im Stande sind, aber zugleich der Armuth am nächsten stehen und durch Unwissenheit, Leichtsinn, Krank-

---

[76] Vgl. SAD II 2212, 01.11.1841; Margaret Asmuth, Gewerbliche Unterstützungskassen in Düsseldorf. Die Entwicklung der Krankenversicherung der Arbeitnehmer 1841 bis 1884/85, Köln 1984, 25 ff; Jörg Vogeler, "... für eine kleine Opferbringung, eine große Erleichterung". Freie Kranken- und Sterbekassen in Düsseldorf, Düsseldorf 2000, 53 ff.

[77] Vgl. Ulrich Brzosa, Die Geschichte der katholischen Kirche in Düsseldorf. Von den Anfängen bis zur Säkularisation, Köln 2001, 443 ff.

[78] Vgl. SAD II 881, 26.03.1839; SAD II 2212, 01.11.1841.

[79] Vgl. PfA Düsseldorf St. Lambertus Akten 390, 25.02.1798; NHS Jülich - Berg II 598, 28.02.1798; Statut der Kranken- und Sterbelade der St. Donatus - Bruderschaft zu Düsseldorf, Düsseldorf 1868, 3.

[80] Vgl. SAD II 2212, 01.11.1841; Ulrich Brzosa, Aus der Vorgeschichte der St. Sebastianus Schützenbruderschaft Düsseldorf - Unterrath. Ein Beitrag zur Geschichte des Düsseldorfer Bruderschaftswesens, in: Die Bilker Sternwarte Jg. 45 Nr. 11 (November 1999), 251 - 257, 251 ff.

[81] Vgl. NHS Regierung Düsseldorf 25114, 12.02.1857; Statut der Kranken- und Sterbe - Lade Erneuerter Liebesverein in Düsseldorf, Düsseldorf 1855, 3 ff.

[82] Vgl. DA 01.07.1862; DA 23.08.1862.

[83] Vgl. Statut der allgemeinen Kranken- und Sterbe - Lade des Vereins zur Beförderung von Arbeitsamkeit, Sparsamkeit, Wohlstand und Sittlichkeit unter der arbeitenden Bevölkerung der Ober - Bürgermeisterei Düsseldorf, Düsseldorf 1845, 3 ff.

[84] Vgl. LHK 403 - 912, S. 472; NHS Regierung Düsseldorf Präsidialbüro 948, Bl. 1 ff; SAD II 869, 02.11.1856; Statut des Vereins zur Beförderung von Arbeitsamkeit, Sparsamkeit, Wohlstand und Sittlichkeit unter der arbeitenden Bevölkerung der Oberbürgermeisterei Düsseldorf, Düsseldorf 1841, 1 ff; Vierte General - Versammlung des Vereins zur Beförderung von Arbeitsamkeit, Sparsamkeit, Wohlstand und Sittlichkeit unter der abreitenden Bevölkerung der Oberbürgermeisterei Düsseldorf, Düsseldorf 1845, 5 ff; NN, Der Düsseldorfer Verein zur Beförderung von Arbeitsamkeit, Sparsamkeit, Wohlstand und Sittlichkeit, in: Mittheilungen des Centralvereins für das Wohl der arbeitenden Klassen Jg. 1 Nr. 1 (25.08.1848), 35 - 40, 35 ff.

heit oder augenblicklichen Arbeitsmangel leicht in Noth gerathen können, vor dem Verfall zu bewahren"[85]. Zu diesem Zweck gründete der Verein eine Krankenkasse, die "den Teilnehmern ein auskömmliches Krankengeld gegen ein Minimum des laufenden Beitrages zu sichern und die Anstalt möglichst gemeinnützig zu machen"[86]. Die solidarisch - gemeinschaftliche Ausrichtung und die auf Verarmungsvorsorge zielende Motivation der Düsseldorfer Kranken- und Sterbeladen kam nicht nur in den Statuten, sondern auch in programmatischen Namen wie "Bruderliebe", "Einigkeit", "Hoffnung" oder "Zufriedenheit" zum Ausdruck[87]. Schutz vor krankheitsbedingter Verarmung boten auch konfessionell gebundene Unterstützungskassen wie die "Evangelische Kranken- und Sterbelade" oder die katholische "St. Rochuslade", "St. Hubertuslade", "St. Maximianslade", "St. Martinuslade" sowie der "St. Barbaraverein"[88]. Abgesehen von den jährlichen Stiftungs- und Patronatsgottesdiensten sowie Seelenämtern für die Verstorbenen spielte die Religiosität in den kirchlichen Laden insgesamt eine nur untergeordnete Rolle; im Vordergrund stand auch hier die soziale Versorgungsfunktion[89].

5. Adreß - Comptoir für die arbeitende Klasse

Das Absinken der Existenzen breiter Bevölkerungsschichten bis knapp über bzw. unter das Existenzminimum, das im Pauperismus der 30er und 40er Jahre seinen Höhepunkt erreichte, vermochten weder die neuen Vorsorge- noch die traditionellen Fürsorgeeinrichtungen zu verhindern. In Düsseldorf stieg als Ausdruck der pauperistischen Krise die Not der Bevölkerung im Laufe der 40er Jahre noch weiter an[90]. Am 31. August 1847 stellte Oberbürgermeister Joseph von Fuchsius fest: "Die Lage der untersten Volks-

---

[85] NN, Der Düsseldorfer Verein zur Beförderung von Arbeitsamkeit, Sparsamkeit, Wohlstand und Sittlichkeit, in: Mittheilungen des Centralvereins für das Wohl der arbeitenden Klassen Jg. 1 Nr. 1 (25.08.1848), 35 - 40, 36.
[86] NN, Der Düsseldorfer Verein zur Beförderung von Arbeitsamkeit, Sparsamkeit, Wohlstand und Sittlichkeit, in: Mittheilungen des Centralvereins für das Wohl der arbeitenden Klassen Jg. 1 Nr. 1 (25.08.1848), 35 - 40, 37.
[87] Vgl. Wilderich von Spee, Statistik des Kreises Düsseldorf für die Jahre 1859, 1860 und 1861, Düsseldorf 1864, 134 ff.
[88] Vgl. SAD II 2212, 01.11.1841; Statut der Kranken- und Sterbelade für die Pfarre Bilk, Oberbürgermeisterei Düsseldorf, Düsseldorf 1848, 3 ff; Statuten des Vereins vom heiligen Rochus in Pempelfort und Flingern, verbunden mit einer Kranken- und Sterbelade, gestiftet am 15. Februar 1848. Statuten - Buch, Düsseldorf 1850, 2 ff; Statuten der evangelischen Kranken- und Sterbelade zu Düsseldorf, Düsseldorf 1854, 5 ff; DV 20.01.1886.
[89] Vgl. Statuten des Vereins vom heiligen Rochus in Pempelfort und Flingern, verbunden mit einer Kranken- und Sterbelade, gestiftet am 15. Februar 1848. Statuten - Buch, Düsseldorf 1850, 2.
[90] Vgl. Hugo Weidenhaupt, Von der französischen zur preußischen Zeit (1806 - 1856), in: Hugo Weidenhaupt, Düsseldorf. Geschichte von den Ursprüngen bis ins 20. Jahrhundert Bd. 2, Düsseldorf 1988, 313 - 479, 423 f; Jörg Vogeler, "... für eine kleine Opferbringung, eine große Erleichterung". Freie Kranken- und Sterbekassen in Düsseldorf, Düsseldorf 2000, 23.

klasse in Düsseldorf nimmt mit der ganzen Theilnahme die ernsteste Sorge der Mitbürger und der Gemeindeverwaltung in Anspruch"[91]. Die nachdrückliche Feststellung des Düsseldorfer Gemeinderatvorstehers macht deutlich, dass als Reaktion auf Änderungen der Armutsstruktur mittlerweile auf bürgerlicher wie auf politischer Ebene ein Bewusstseinswandel eingesetzt hatte. Die neue Betrachtung von Armut zog sowohl von privater als auch von staatlicher Seite neue Behandlungsweisen nach sich. Der aufkommende Wirtschaftsliberalismus ließ alte humanistische oder religiöse Motive der Wohltätigkeit in den Hintergrund treten, zumal die neue Armut verarmter Handwerker neue Denkansätze erforderte. Die Sorge der bürgerlichen Öffentlichkeit für die Armen wich einer moralischen Verurteilung der Armut. Vielfach glaubte man, Armut sei selbstverschuldet und beruhe auf unmoralischen Lebensverhältnissen. Daher wurde Armut nicht mehr als gottgewollt akzeptiert, sondern als ein rationales Problem gesellschaftlicher Wirklichkeit angesehen, das durch soziale und wirtschaftspolitische Maßnahmen zu beseitigen war[92]. Lebhaft diskutierten gemeinnützige und philanthropische Zirkel über die Lage der Armen und wie ihr Schicksal zu verbessern sei.

Das wegen sozialer Unruhen besorgte Bürgertum setzte auf die Gründung von Vereinen und die Anregung zur Selbsthilfe. Hierzu gehörte das 1847 durch den Düsseldorfer Gemeindeverordneten und Armenarzt Joseph Bücheler ins Leben gerufene "Adreß - Comptoir für die arbeitende Klasse", das Arbeitsstellen vermittelte und die Kinder- und Jugendfürsorge förderte[93]. Aufgeschreckt von "dem herrschenden Übel unsrer Zeit, dem wachsenden Pauperismus mit seinem moralischen und physischen Verderben"[94], hatte Joseph Bücheler erkannt, dass die staatlich normierte und im Wesentlichen von der kommunalen Armenverwaltung getragene Armenversorgung den Anforderungen der Massenarmut nicht gewachsen war. In einer 1847 von einem "Proletarier" unter dem Titel "Die Zustände der arbeitenden Klasse" verfassten Schrift, die ohne Zweifel der Feder von Joseph Bücheler oder eines nahen Parteigängers entstammt, wurden der aufziehende Kapitalismus und die Rechtlosigkeit des Arbeiters als Hauptursachen für die Not der Zeit namhaft gemacht[95]. Ausgangspunkt der Überlegungen war die traditionelle Unterscheidung von arbeitsfähigen und arbeitsunfähigen Armen verbunden mit der Forderung, dass auch unter den neuen Formen entfremdeter Arbeit die Lohnarbeit attraktive Alternative gegenüber Armenunterstützung bleiben musste. "Der Müßiggang", so der Proletarier, "hat ... verschiedenen Ursprung: Arbeitsunfähigkeit, Arbeitslosigkeit und Arbeitsscheu - und muß nach diesem klassifiziert werden. Der Arbeitsunfähige hat den ersten Anspruch auf Unterstützung Seitens des glücklichern Theiles der Gesell-

---

[91] DK 14.01.1848.
[92] Vgl. Leo Kauffeldt, Elend und Auswege im 19. Jahrhundert, Frankfurt 1981, 90.
[93] Vgl. Joseph Bücheler, Wo ist Arbeit ? oder das Adreß - Comptoir für die arbeitende Klasse zu Düsseldorf. Ein Versuch, Düsseldorf 1847, 1 ff. Zu Joseph Bücheler vgl. DV 22.04.1879; Wilhelm Haberling, Die Geschichte der Düsseldorfer Ärzte und Krankenhäuser bis zum Jahre 1907, in: Düsseldorfer Jahrbuch 38 (1936), 1 - 141, 65.
[94] 1847. Die Zustände der arbeitenden Klasse. Beleuchtet und gezeichnet von einem Proletarier. Ein Beitrag zur sozialen Reformation des neunzehnten Jahrhunderts, Düsseldorf 1847, 1.
[95] Vgl. 1847. Die Zustände der arbeitenden Klasse. Beleuchtet und gezeichnet von einem Proletarier. Ein Beitrag zur sozialen Reformation des neunzehnten Jahrhunderts, Düsseldorf 1847, 1 ff.

schaft; der Arbeitslose verdient allen Vorschub, der ihm zum redlichen Erwerbe nur immer geleistet werden kann und der Arbeitsscheue sollte mit rücksichtsloser Strenge angehalten werden, sich sein Brod auf ehrliche Weise selbst zu verdienen. Nur die erste Kategorie, die der Arbeitsunfähigen, kann und sollte eigentlich Gegenstand der Armenverwaltungen seyn, denn nur sie zählen zu den Armen, da sie nichts haben, um ihr unglückliches Daseyn zu fristen; leider aber umfassen unsere Armenverwaltungen alle Klassen der Müßiggänger und entziehen dadurch nicht nur dem wahrhaft Dürftigen einen namhaften Theil des ihm zugedachten Almosens, sondern nähren und pflegen auch noch jenen Theil der Müßiggänger, der seine Zeit mit Schlechtigkeiten zubringt"[96].

Als Ursache für die sozialen Missstände machte die Schrift das Übergewicht verantwortlich, "welches das Geld - Kapital über das Arbeits - Kapital oder den Arbeiter erlangt hat"[97]. Mit scharfen Worten kritisierte der Proletarier die Folgen des sich sukzessiv ausweitenden bürgerlich - kapitalistischen Spekulantentums. "Es ist einmal Verhängniß über das Menschengeschlecht; 'im Schweiße des Angesichtes sein Brod zu verdienen' und wird dieses Verhängniß für sehr viele dadurch zum Fluche, daß sich immer mehr Menschen durch's Geld der Arbeit zu entziehen wissen"[98]. Gemeint waren nicht die "auf eine redliche Weise" wirkenden Händler und Geldverleiher, sondern "jede Art von Wucherer ... , die, ohne Rücksicht auf den armen Arbeiter, nur die Vermehrung ihres Geld - Kapitals im Auge halten und gerade aus der Noth ihre Vortheile ziehen"[99]. Exemplarisch griff der Verfasser eine "Spezies" heraus, die der "unbeschränkten Gewerbefreiheit" ihre Existenz verdankte. "Die Fruchtspekulanten, bestehend aus Personen aller Stände und Gewerbe, erscheinen uns wie eine egyptische Landplage der Neuzeit, welche nicht minder als die Heuschrecken die allgemeine Noth vermehren"[100]. Sie steckten "ihr disponibles Geld zur Zeit in den Fruchthandel ... , um nach hinaufgeschraubten Preisen ihre wucherischen Prozente einzuziehen". Nicht Missernten waren für die Teuerungen verantwortlich, "denn im Allgemeinen hat die Erde Früchte genug hervorgebracht, um ihre Bewohner zu nähren; deß sind die Vorräthe Zeuge, die in Rußland, Amerika und selbst in manchen Gegenden unseres Vaterlandes aufgespeichert liegen"[101]. Abhilfe konnte nur ein geregelter, "rechtschaffener" Handel bringen. "Statt dessen sehen wir, wie man sich überbietet, um sich des Vorrathes zu bemächtigen und ihn so lange zurückzuhalten, als das aufgewendete Kapital entbehrt oder Preis gesteigert werden

---

[96] 1847. Die Zustände der arbeitenden Klasse. Beleuchtet und gezeichnet von einem Proletarier. Ein Beitrag zur sozialen Reformation des neunzehnten Jahrhunderts, Düsseldorf 1847, 2 f.
[97] 1847. Die Zustände der arbeitenden Klasse. Beleuchtet und gezeichnet von einem Proletarier. Ein Beitrag zur sozialen Reformation des neunzehnten Jahrhunderts, Düsseldorf 1847, 24.
[98] 1847. Die Zustände der arbeitenden Klasse. Beleuchtet und gezeichnet von einem Proletarier. Ein Beitrag zur sozialen Reformation des neunzehnten Jahrhunderts, Düsseldorf 1847, 24.
[99] 1847. Die Zustände der arbeitenden Klasse. Beleuchtet und gezeichnet von einem Proletarier. Ein Beitrag zur sozialen Reformation des neunzehnten Jahrhunderts, Düsseldorf 1847, 24.
[100] 1847. Die Zustände der arbeitenden Klasse. Beleuchtet und gezeichnet von einem Proletarier. Ein Beitrag zur sozialen Reformation des neunzehnten Jahrhunderts, Düsseldorf 1847, 24.
[101] 1847. Die Zustände der arbeitenden Klasse. Beleuchtet und gezeichnet von einem Proletarier. Ein Beitrag zur sozialen Reformation des neunzehnten Jahrhunderts, Düsseldorf 1847, 24.

kann"[102]. Resignierend stellte der Proletarier fest: "Gegenwärtig ... hat das Geldkapital es in der Hand, die Masse des arbeitenden Volkes auszuhungern, indem es kein Mittel gibt, die Lebensmittelvorräthe seinen Händen zu entwinden; die Preise der Lebensmittel haben eine Höhe erreicht, die im schreiendsten Mißverhältnisse steht zum Arbeitslohn sowohl, als zu den Vorräthen, die vorhanden sind"[103].

Während Arbeitslosigkeit erst von wenigen als soziales Problem erkannt worden war, richtete Joseph Bücheler bereits ein Stellenvermittlungsbüro ein, dessen Ursprung und erstes Wirken von ihm selbst in der Broschüre "Wo ist Arbeit? oder Adreß - Comptoir für die arbeitende Klasse zu Düsseldorf" festgehalten wurde[104]. Geleitet von dem Gedanken "Wie die Krankheit das Mittel zu ihrer Heilung, so birgt die Armuth die Arbeit in sich"[105], stellte der Düsseldorfer Arzt am 1. Januar 1847 sein Vorhaben der Zentralarmenverwaltung vor[106]. Die Einrichtung eines Adreß - Comptoirs sollte die Erfassung aller vorhandenen Arbeiten wie auch aller unbeschäftigten Arbeitskräfte gewährleisten, um "der drohenden Verarmung unter der arbeitenden Klasse vorzubeugen, ihre jetzige Noth zu lindern und sie vor künftiger zu wahren"[107]. Außerdem wollte es "der Bettelei mächtig entgegenwirken, daß die Arbeitsfähigen, aber Arbeitsscheuen von selbst veranlaßt werden, von ihrer Trägheit abzulassen und sich zu einer geordneten Thätigkeit zu bequemen"[108]. Auf diese Weise konnte "das Bureau einen nicht unbedeutenden Dienst der Central - Armen- Verwaltung erweisen ... , daß es dieselbe auf jene verborgenen Hausarmen aufmerksam macht, welche unter jetzigen Umständen am wenigsten beachtet werden. Das Bureau wird hiezu um so mehr befähigt sein, weil der still Darbende sich mit weniger Scheu an dasselbe wenden kann, da sein Gesuch nicht mehr als eine Bettelei betrachtet wird, sondern als ein ehrliches Suchen nach Verdienst"[109].

Als die Zentralarmenverwaltung in ihrer Sitzung vom 4. Februar 1847 den eingereichten Entwurf zwar "allgemein beifällig" zur Kenntnis nahm, aber nicht an eine sofortige Realisierung des Vorhabens dachte[110], überschritt Joseph Bücheler "den stillen Kreis ärztlicher Wirksamkeit" und trat "auf den geräuschvollen Markt des öffentlichen

---

[102] 1847. Die Zustände der arbeitenden Klasse. Beleuchtet und gezeichnet von einem Proletarier. Ein Beitrag zur sozialen Reformation des neunzehnten Jahrhunderts, Düsseldorf 1847, 24 f.
[103] 1847. Die Zustände der arbeitenden Klasse. Beleuchtet und gezeichnet von einem Proletarier. Ein Beitrag zur sozialen Reformation des neunzehnten Jahrhunderts, Düsseldorf 1847, 26.
[104] Vgl. Joseph Bücheler, Wo ist Arbeit? oder das Adreß - Comptoir für die arbeitende Klasse zu Düsseldorf. Ein Versuch, Düsseldorf 1847, 1 ff.
[105] Joseph Bücheler, Wo ist Arbeit? oder das Adreß - Comptoir für die arbeitende Klasse zu Düsseldorf. Ein Versuch, Düsseldorf 1847, 2.
[106] Vgl. DK 27.01.1847; DZ 28.01.1847.
[107] Joseph Bücheler, Wo ist Arbeit? oder das Adreß - Comptoir für die arbeitende Klasse zu Düsseldorf. Ein Versuch, Düsseldorf 1847, 6.
[108] Joseph Bücheler, Wo ist Arbeit? oder das Adreß - Comptoir für die arbeitende Klasse zu Düsseldorf. Ein Versuch, Düsseldorf 1847, 5.
[109] Joseph Bücheler, Wo ist Arbeit? oder das Adreß - Comptoir für die arbeitende Klasse zu Düsseldorf. Ein Versuch, Düsseldorf 1847, 5.
[110] Vgl. DK 12.01.1847.

5. Adreß - Comptoir für die arbeitende Klasse

Lebens selbst hinaus"[111]. Zusammen mit Kaplan Clemens August Mertens von der Andreaskirche und dem Rentner Carl Josef Titz rief er einen Verein ins Leben, der das "Adreß - Comptoir für die arbeitende Klasse" ohne jeden Eigennutz unterhalten sollte. "Nachdem wir drei", so Joseph Bücheler, "uns zum Vorstande constituirt, die Central - Armenverwaltung einen Theil des von ihr als Suppenanstalt[112] benutzten Locales uns bereitwilligst eingeräumt und der Herr Oberbürgermeister von Fuchsius den am 6. Februar eingereichten Statuten die polizeiliche Concession in einem noch demselben Datum erlassenen Schreiben huldreichts ertheilt hatte, konnten wir bereits am 10. desselben Monats zur Eröffnung des Adreß - Comptoirs übergehen"[113]. Das Comptoir im Haus Neustr. 2 war täglich eine Stunde geöffnet und erteilte jedem Arbeitsuchenden unentgeltlich Auskunft. "Der Andrang der Arbeitsuchenden war in der ersten Zeit sehr groß, so daß Nummern ausgegeben werden mußten, nach welcher Jeder einzeln in das Bureau - Zimmer eingelassen wurde. Es meldeten sich den ersten Tag 48, den zweiten 40, den dritten 73, den vierten 72 usw., so daß im Monat Februar 591, ... Arbeitsgesuche aufgezeichnet worden sind"[114]. Bis Ende Dezember waren es 2115 Männer und Frauen, von denen 1233 vor allem in handwerkliche und gewerbliche Berufe vermittelt werden konnten[115].

Bereits bei Eröffnung des Adreß - Comptoirs hatte Joseph Bücheler die Erfahrung gemacht, dass es vielen schulentlassenen Jugendlichen "an der nöthigen Fähigkeit resp. Fertigkeit selbst in den gewöhnlichsten Handarbeiten fehle"[116]. Um die Jugend "der arbeitenden Klasse" in der "bildungsfähigen Zeit" in jenen Fächern zu unterrichten, "womit sie sich später ihren Lebensunterhalt erschwingen" konnten, wurde dem Adreß - Comptoir eine Arbeitsschule angeschlossen[117]. Nachdem die notwendigen Utensilien angeschafft und eine Näherin als Lehrerin angestellt war[118], konnte bereits am 1. Juni 1847 im Haus Neustr. 2 eine Nähschule für 35 unbemittelte Kinder eröffnet werden[119]. Im Abstand von wenigen Wochen folgte am 1. Juli 1847 die Einrichtung einer Strick-

---

[111] Joseph Bücheler, Wo ist Arbeit ? oder das Adreß - Comptoir für die arbeitende Klasse zu Düsseldorf. Ein Versuch, Düsseldorf 1847, 10.
[112] Vgl. dazu NHS Regierung Düsseldorf 1571, 04.03.1833; NHS Regierung Düsseldorf 1625, 19.12.1845; SAD II 1664, 11.12.1831.
[113] Joseph Bücheler, Wo ist Arbeit ? oder das Adreß - Comptoir für die arbeitende Klasse zu Düsseldorf. Ein Versuch, Düsseldorf 1847, 10. Vgl. auch DK 10.02.1847; DZ 21.02.1847.
[114] Joseph Bücheler, Wo ist Arbeit ? oder das Adreß - Comptoir für die arbeitende Klasse zu Düsseldorf. Ein Versuch, Düsseldorf 1847, 12.
[115] Vgl. Joseph Bücheler, Wo ist Arbeit ? oder das Adreß - Comptoir für die arbeitende Klasse zu Düsseldorf. Ein Versuch, Düsseldorf 1847, 19; DZ 06.01.1848.
[116] Joseph Bücheler, Wo ist Arbeit ? oder das Adreß - Comptoir für die arbeitende Klasse zu Düsseldorf. Ein Versuch, Düsseldorf 1847, 27.
[117] Vgl. DK 01.02.1847; DZ 21.04.1847; DZ 18.05.1847; Joseph Bücheler, Wo ist Arbeit ? oder das Adreß - Comptoir für die arbeitende Klasse zu Düsseldorf. Ein Versuch, Düsseldorf 1847, 27.
[118] Vgl. DK 18.05.1847.
[119] Vgl. Joseph Bücheler, Wo ist Arbeit ? oder das Adreß - Comptoir für die arbeitende Klasse zu Düsseldorf. Ein Versuch, Düsseldorf 1847, 28.

und Bügelschule[120]. "Demnach haben wir die vielversprechende Aussicht", so der Vorstand des Adreß - Comptoirs, "die weibliche heranwachsende Jugend der arbeitenden Klasse einem mehrjährigen Lehrcursus in unserer Arbeitsschule unter unsern Augen durchmachen zu sehen, um sie dereinst als gesuchte Dienstboten und gute, glückliche Hausmütter im Leben wieder zu finden"[121]. Wegen der Beschränktheit der Mittel konnte für die männliche Jugend am 10. November 1847 zunächst nur eine Schule zur Anfertigung von Holzschuhen eröffnet werden[122]. Wie in den Arbeitsschulen der Mädchen erfolgte auch hier die Aufnahme "ohne alle Rücksicht auf die Confession" und die Unterrichtung unentgeltlich[123]. Nachdem die Zentralarmenverwaltung die provisorische Benutzung der oberen Räume der Suppenanstalt und der dort befindlichen Webstühle gestattet hatte, konnte die Arbeitsschule auch Aufträge in der Kunstweberei entgegennehmen, wodurch am 1. Dezember 1847 als vierter Zweig eine Webschule für Mädchen und Jungen entstand[124]. Insgesamt waren in der Bücherlerschen Arbeitsschule gegen Ende des Jahres 1847 etwa 100 Kinder gemeldet, die von zwei Lehrerinnen und drei Werkmeistern mit fester Besoldung angeleitet wurden[125].

Die Erfolge des Adreß - Comptoirs und der Arbeitsschule im Gründungsjahr 1847 waren beachtlich, doch stand das Unternehmen personell wie materiell auf schwachen Beinen. Von Seiten des Vorstandes wurde daher wiederholt der Versuch unternommen, die aus privater Initiative hervorgegangene Einrichtung zu einer öffentlichen Anstalt der Stadt zu machen[126]; alle Unternehmungen in diese Richtung schlugen indes fehl. Im Januar 1848 musste das bisher mietfrei von der Zentralarmenverwaltung zur Verfügung gestellte Lokal der Arbeitsvermittlung und die "Allgemeine Arbeitsschule des Adreß - Comptoirs für die arbeitende Klasse" in die Lambertusstr. 2/4 verlegt werden[127]. Resignierend vermerkt der Vorstandsbericht des Jahres 1849: "Nachdem wir eingesehen haben, daß die hohe Aufgabe, welche sich ... das Adreß - Comptoir gestellt hatte, ohne alle Teilnahme der betreffenden Behörden unmöglich errichtet werden konnte, haben wir dasselbe am 10. Mai 1848 geschlossen und haben seitdem auf die Erweiterung und Vervollkommnung der allgemeinen Arbeitsschule unsere ungeteilte Sorgfalt verwandt"[128]. In der Tat wurde beispielsweise die Nähschule mit 50 aus der Elementarschule entlassenen Mädchen im Alter von 12 bis 16 Jahren ohne Unterbrechung fortgeführt[129]. Der besoldeten Lehrerin standen einige Frauen zur Seite, die das nötige Arbeitsmaterial beschaff-

---

[120] Vgl. DZ 14.11.1847; Joseph Bücheler, Wo ist Arbeit ? oder das Adreß - Comptoir für die arbeitende Klasse zu Düsseldorf. Ein Versuch, Düsseldorf 1847, 29.

[121] Joseph Bücheler, Wo ist Arbeit ? oder das Adreß - Comptoir für die arbeitende Klasse zu Düsseldorf. Ein Versuch, Düsseldorf 1847, 29. Vgl. auch DZ 19.09.1847.

[122] Vgl. DZ 14.11.1847; DZ 05.12.1847.

[123] Vgl. Joseph Bücheler, Wo ist Arbeit ? oder das Adreß - Comptoir für die arbeitende Klasse zu Düsseldorf. Ein Versuch, Düsseldorf 1847, 28.

[124] Vgl. DZ 11.01.1849.

[125] Vgl. DZ 12.12.1847.

[126] Vgl. DZ 07.04.1848.

[127] Vgl. DZ 16.01.1848; DZ 04.02.1848.

[128] DZ 11.01.1849.

[129] Vgl. DZ 11.01.1849.

ten, die Arbeit beaufsichtigten und zur Aufrechterhaltung "der Zucht und Ordnung" wesentlich beitrugen[130]. Die Schule förderte auch "den Sinn für das Schöne und Edle in ihren Zöglingen", wozu der "überwiegenden Mehrzahl katholischer Mädchen das ganze Jahr hindurch jeden Sonntag von einem katholischen Geistlichen Unterricht in der Religions- und Sittenlehre erteilt" wurde[131]. Neben dem Religionsunterricht waren für die Mädchen "das tägliche Gebet vor und nach der Arbeit" sowie "die alle vier Wochen stattfindende gemeinschaftliche Kommunion in der nächstgelegenen Pfarrkirche" obligatorisch[132].

Trotz widriger Zeitumstände gelang es Joseph Bücheler, sein Institut am 13. Juli 1848 um eine Bewahrschule für 104 Kleinkinder aus unbemittelten Familien zu erweitern[133]. Über den Nutzen der Anstalt heißt es im Jahresbericht 1850: "Die Eltern können, nachdem sie ihre Kleinen früh Morgens abgegeben, unbekümmert ihrem Broderwerb nachgehen, ohne daß sie genöthigt wären, dieselben in die dunstige Stube einzusperren oder auf der unheilschwangern Straße herumlaufen zu lassen. Die Kleinkinderschule übernimmt aber nicht nur die Sorge, den zarten Körper der Kleinen vor Gefahren zu hüten, sie will noch etwas mehr als bloße Bewahranstalt sein, indem sie zugleich die Seelen- und Geisteskräfte der Kinder zu wecken, das Herz für das Gute empfänglich zu machen, das aufkeimende Böse sofort zu unterdrücken, die Sinnen zu üben, das Sprachorgan naturgemäß zu entwickeln, das Gedächtniß zu stärken und den Frohsinn rege zu erhalten bemüht ist; endlich will sie noch den Samen des ewig Guten, Wahren und Schönen durch den Mund dieser Unmündigen in die Herzen der Familien, denen sie Mittags und Abends zurückgegebene werden, ausstreuen"[134].

Einen weiteren Aufschwung verzeichnete die allgemeine Arbeit- und Kleinkinderschule, als Fürstin Josephine von Hohenzollern - Sigmaringen nach einem Besuch am 5. November 1852 das Protektorat der Fürsorgeeinrichtung übernahm[135]. Dank des prestigeträchtigen Namens der Fürstin konnte das Institut in der Folgezeit den Spendeneinlauf beträchtlich vermehren und im Frühjahr 1856 ein eigenes Lokal im Haus Südstr. 2 beziehen[136]. Mit der Verlegung in die Karlstadt erhielt die bisher als "Büchelersche Erziehungs - Anstalt"[137] bekannte Arbeit- und Kleinkinderschule einen neuen Namen. Am 6. Mai 1856 meldete das Düsseldorfer Kreisblatt: "Nachdem die hohe Protektorin der allgemeinen Arbeit- und Kleinkinderschule Ihre Hoheit die Fürstin Josephine zu Hohenzollern gestattete, daß genannte Anstalt mit Höchstderselben erlauchtem Namen sich schmücke, so wird die allgemeine Arbeit- und Kleinkinderschule von nun an den Namen Josephinenstift führen"[138]. Auch unter neuer Bezeichnung nahm die

---

[130] Vgl. DZ 11.01.1849.
[131] DZ 11.01.1849.
[132] Vgl. DJ 03.11.1852.
[133] Vgl. DZ 11.01.1849.
[134] SAD XXIII 350, 31.12.1850.
[135] Vgl. SAD II 776, 31.12.1852; DJ 07.11.1852.
[136] Vgl. DK 06.05.1856; DK 05.07.1856; DK 06.07.1856; DK 08.10.1856.
[137] Vgl. DJ 20.10.1849.
[138] DK 06.05.1856.

Anstalt 2 bis 5 jährige Jungen und Mädchen zur "Bewahrung" auf und unterrichtete ältere Mädchen im Sticken, Nähen, Bügeln und Kochen[139], damit sie "vor leiblichen und sittlichen Gefahren bewahrt werden"[140].

Obwohl die Büchelersche Erziehungsanstalt resp. das Josephinenstift in seinen Statuten ausdrücklich den überkonfessionellen Charakter der Einrichtung betonte, war die Arbeit- und Kleinkinderschule ohne Zweifel eine der katholischen Kirche nahe stehende Institution. Neben dem bereits genannten Religionsunterricht, den der Pfarrer von St. Andreas erteilte, und der monatlichen Gemeinschaftskommunion[141], weist die sicher nicht ohne Auswirkung auf die Leitung der Anstalt gebliebene Mitgliedschaft von Joseph Bücheler in der "lateinischen Sodalität" bzw. dem "Pactum Marianum" in diese Richtung[142].

6. Caritaskreise

Die Übergänge zwischen "bürgerlicher" und "kirchlicher", aber auch zwischen "überkonfessioneller" und "konfessionsgebundener" Fürsorge waren in der Biedermeierzeit fließend und für die Düsseldorfer Armenpflege geradezu ein Charakteristikum[143]. Erst langsam entwickelte sich seit Beginn der dreißiger Jahre des 19. Jahrhunderts im Kontext der katholischen Erbneuerungsbewegung neben der bürgerlichen auch wieder eine kirchlich gebundene Armenpflege[144]. Außer dem Adreß - Comptoir von Joseph Bücheler gab es in Düsseldorf weitere, aus christlichem Selbstverständnis entstandene Armenpflegevereine, die ganz im Sinne der von Wilhelm Liese 1922 als "Caritaskreise" bezeichneten Zusammenschlüsse wirkten[145]. Die Interessenslagen und Profile der Caritaskreise waren sehr unterschiedlich und vielfältig. Einige Kreise bildeten für nur kurze Zeit eine gemeinsame Organisation, andere sind in Düsseldorf durch die von ihnen geschaffenen, teils noch heute bestehenden Caritaswerke in Erinnerung.

---

[139] Vgl. DK 06.05.1856.
[140] Vgl. DK 05.07.1856.
[141] Vgl. DJ 03.11.1852.
[142] Vgl. Pactum Marianum de una missa quae, dum pacti socius moritur, tam pro isto quam pro omnibus adhuc vivis a quolibet confoederatio curari debet Anno MDCXIX inceptum Dusseldorpii, et ad praesentem annum MDCCCLV continuatum, Düsseldorf 1855, 28.
[143] Vgl. Wilhelm Simonis, Düsseldorf im Jahre 1898. Festschrift den Theilnehmern an der 70. Versammlung deutscher Naturforscher und Ärzte, Düsseldorf 1898, 176.
[144] Vgl. Eduard Hegel, Das Erzbistum Köln zwischen Barock und Aufklärung. Vom Pfälzischen Krieg bis zum Ende der Französischen Zeit 1688 - 1814, Köln 1979, 438.
[145] Vgl. Wilhelm Liese, Geschichte der Caritas Bd. 1, Freiburg 1922, 327 ff. Vgl. auch Wilhelm Wiesen, Die Entwicklung der Caritas während des 19. Jahrhunderts im Rheinlande, Freiburg 1925, 3 ff.

6. Verein für Pflege, Erziehung und Unterricht armer katholischer Waisen

Verein für Pflege, Erziehung und Unterricht armer katholischer Waisen

Zu den Caritaskreisen im engeren Sinn gehörte der am 20. Januar 1830 von "Menschenfreunden" ins Leben gerufene "Armen- und Hülfsverein"[146], über dessen Wirksamkeit nur wenige Nachrichten überliefert sind. Seine Aufgabe war die Sammlung milder Gaben zur Unterstützung Düsseldorfer Bürger, die durch Missernten Ende der zwanziger Jahre in Bedrängnis geraten waren[147]. Nach Überwindung der drückendsten Not führte der Verein seine Tätigkeit fort, richtete seine Anstrengungen aber auf den Unterhalt städtischer Waisen[148], deren Versorgung seit Auflösung des Erziehungshauses der Armenanstalt im Jahre 1807 ausschließlich in den Händen von Pflegefamilien lag[149]. Der vorherrschenden Auffassung folgend, Waisenkinder in einer Anstalt zu vereinigen und elternlose Kinder nur im Ausnahmefall in Familien unterzubringen[150], richtete im Jahre 1834 ein "Kuratorium für Unterbringung der Waisen und verlassenen Kinder" unter Leitung von Gräfin Charlotte von Goltstein, Gräfin Sophie von Spee - Merveldt und Freifrau Franziska von Heister im ehemaligen Choleralazarett hinter dem Hubertushospital ein bescheidenes Haus für die Unterbringung von 15 verwaisten Mädchen ein[151]. Als am 9. Januar 1841 der Beschluss erfolgte, "die Waisenkinder bis zu ihrer Großjährigkeit in Aufsicht zu behalten", vermittelte der "Hülfs - Waisen - Verein" Patenschaften "speciell unter die Damen des Vereins", um die Entwicklung der Mädchen besser beobachten zu

---

[146] Vgl. LHK 403 - 912, S. 288; Geschichtliche Nachrichten über Ursprung und Entwickelung des Vereins für Pflege und Erziehung armer katholischer Waisenmädchen zu Düsseldorf, nebst den Statuten und einigen Erörterungen über das Amt einer Aufseherin und die Hausordnung in der Pflegeanstalt, Düsseldorf 1880, 3; Georg Spickhoff, 100 Jahre im Dienste Düsseldorfer Waisen. Dem katholischen Waisenmädchenverein zum 100jährigen Bestehen am 20. Januar 1930, in: Düsseldorfer Tageblatt Jg. 64 Nr. 19 (19.01.1930), o. S. (5).

[147] Vgl. Geschichtliche Nachrichten über Ursprung und Entwickelung des Vereins für Pflege und Erziehung armer katholischer Waisenmädchen zu Düsseldorf, nebst den Statuten und einigen Erörterungen über das Amt einer Aufseherin und die Hausordnung in der Pflegeanstalt, Düsseldorf 1880, 3.

[148] Vgl. LHK 403 - 912, S. 288; Geschichtliche Nachrichten über Ursprung und Entwickelung des Vereins für Pflege und Erziehung armer katholischer Waisenmädchen zu Düsseldorf, nebst den Statuten und einigen Erörterungen über das Amt einer Aufseherin und die Hausordnung in der Pflegeanstalt, Düsseldorf 1880, 3.

[149] Vgl. Übersicht des Geschäftsbetriebes der Central - Armen - Verwaltung zu Düsseldorf für die Jahre 1823 und 1824, Düsseldorf 1825, 10; Übersicht der Einnahmen und Ausgaben an Armenbedürfnissen in dem Jahre 1834, Düsseldorf 1835, 17.

[150] Vgl. Karl Graetz, Beiträge zur Geschichte der Erziehung der Waisen, verlassener und verwahrloster Kinder unter besonderer Berücksichtigung der Frage: Anstalts- oder Familienerziehung ? nebst einem Anhange: Übersicht der Entwickelung der Waisensache in Düsseldorf während des zehnjährigen Zeitraumes von 1876/77 bis 1885/86, Düsseldorf 1888, 7 ff.

[151] Vgl. SAD II 2125, 15.05.1843 und 12.10.1843; Geschichtliche Nachrichten über Ursprung und Entwickelung des Vereins für Pflege und Erziehung armer katholischer Waisenmädchen zu Düsseldorf, nebst den Statuten und einigen Erörterungen über das Amt einer Aufseherin und die Hausordnung in der Pflegeanstalt, Düsseldorf 1880, 3; Paul Kauhausen, Hundert Jahre Katholischer Waisenverein Düsseldorf 1851 - 1951, Düsseldorf 1951, 10.

können[152]. Mit Blick auf die religiöse Erziehung galt der Grundsatz, "daß die Waisen, welche man gemeinsam erzöge, derselben Konfession angehören und des überwiegenden Bedürfnisses wegen nur katholischer Konfession sein sollten"[153]. Am 7. März 1844 konstituierte sich der bisherige Armen- oder Hülfsverein ausdrücklich als "Verein für Pflege, Erziehung und Unterricht armer katholischer Waisen"[154]. Nach der Wahl von Gräfin Sophie von Spee - Merveldt und Regierungsrat Franz Otto zu Vorstehern verabschiedeten die Mitglieder neue Statuten, die von der Düsseldorfer Regierung am 29. März 1844 genehmigt wurden[155]. Zur zweckdienlicheren Unterbringung der Waisen mietete der Vorstand von der Pfarrei St. Lambertus die kegeljansche Curie (heute Stiftsplatz 10) und schloss mit der Stadt am 29. März 1844 auf 12 Jahre einen Vertrag, der die Ausübung der Waisenmädchenerziehung durch den Verein unter Kontrolle der Zentralarmenverwaltung regelte[156]. Ausgenommen von der Beaufsichtigung waren nur Militärwaisenkinder, die wegen Platzmangel nicht aufgenommen werden konnten[157]. Mit Verlegung des Waisenhauses von der Neustadt in die Altestadt am 24. Februar 1844[158] verdoppelte sich das Raumangebot von bisher 12 - 16 auf nunmehr 30 Plätze[159]; außerdem konnte in dem neuen Lokal eine Schule zur Unterrichtung der Waisenmädchen eingerichtet werden[160].

Über das Leben im Waisenhaus, das "zwei stille, im Geiste der geistlichen Schulschwestern wirkende Jungfrauen" leiteten, "die sich als treue Mütter in Besorgung der körperlichen Pflege und in christlicher Erziehung der Kinder, so wie als erfahrene Frauen in Anleitung der Kinder in weiblichen Handarbeiten und häuslichen Beschäftigungen,

---

[152] Vgl. SAD II 2125, 01.01.1844; Geschichtliche Nachrichten über Ursprung und Entwickelung des Vereins für Pflege und Erziehung armer katholischer Waisenmädchen zu Düsseldorf, nebst den Statuten und einigen Erörterungen über das Amt einer Aufseherin und die Hausordnung in der Pflegeanstalt, Düsseldorf 1880, 3.

[153] Geschichtliche Nachrichten über Ursprung und Entwickelung des Vereins für Pflege und Erziehung armer katholischer Waisenmädchen zu Düsseldorf, nebst den Statuten und einigen Erörterungen über das Amt einer Aufseherin und die Hausordnung in der Pflegeanstalt, Düsseldorf 1880, 3 f.

[154] Vgl. AEK GVA Düsseldorf überhaupt 27.1, 13.03.1849; LHK 403 - 912, S. 288; Geschichtliche Nachrichten über Ursprung und Entwickelung des Vereins für Pflege und Erziehung armer katholischer Waisenmädchen zu Düsseldorf, nebst den Statuten und einigen Erörterungen über das Amt einer Aufseherin und die Hausordnung in der Pflegeanstalt, Düsseldorf 1880, 4.

[155] Vgl. LHK 403 - 912, S. 288; DZ 10.03.1844; Geschichtliche Nachrichten über Ursprung und Entwickelung des Vereins für Pflege und Erziehung armer katholischer Waisenmädchen zu Düsseldorf, nebst den Statuten und einigen Erörterungen über das Amt einer Aufseherin und die Hausordnung in der Pflegeanstalt, Düsseldorf 1880, 4.

[156] Vgl. SAD II 2125, 29.03.1844; DZ 10.03.1844; DZ 02.10.1844; Geschichtliche Nachrichten über Ursprung und Entwickelung des Vereins für Pflege und Erziehung armer katholischer Waisenmädchen zu Düsseldorf, nebst den Statuten und einigen Erörterungen über das Amt einer Aufseherin und die Hausordnung in der Pflegeanstalt, Düsseldorf 1880, 4.

[157] Vgl. Geschichtliche Nachrichten über Ursprung und Entwickelung des Vereins für Pflege und Erziehung armer katholischer Waisenmädchen zu Düsseldorf, nebst den Statuten und einigen Erörterungen über das Amt einer Aufseherin und die Hausordnung in der Pflegeanstalt, Düsseldorf 1880, 4.

[158] Vgl. SAD II 2125, 19.03.1844.

[159] Vgl. DZ 10.03.1844.

[160] Vgl. DZ 23.02.1845.

um die verwaisten Kinder" kümmerten[161], heißt es im Jahresbericht 1848: "Nur den künftigen Beruf der Kinder hat der Vorstand stets im Auge und ist immer bemüht, nicht bloß die traurige Gegenwart den Kindern zu erleichtern, als vielmehr dieselben für ihre einstige Zukunft, in der sie allein in der Welt stehen, geistig und körperlich tüchtig zu machen. Deshalb sind die Kinder vom Morgen bis an den Abend abwechselnd nach einer vorgeschriebenen Tagesordnung beschäftigt. ... In den Stunden vor und nach der Schule werden die Kinder unter der Aufsicht der Schwestern unseres Hauses unter abwechselnder Erholung mit Stricken und Nähen, mit Vorbereitungen und Arbeiten für die Schule beschäftigt, und in der Nacht schlafen sie in unmittelbarer Nähe der beiden mütterlichen Erzieherinnen. Wie wahr und nützlich diese Thätigkeit neben dem Schulunterricht ist, mag das Ergebniß zeigen, daß 842 Hemden, 157 Strohsäcke und 66 Frauen - Juppen genäht, 38 Paar Strümpfe gestrickt, außerdem alle Kleidungsstücke für die Kinder im Hause angefertigt und die andern häuslichen Arbeiten unter so vielen Hausbewohnern ohne andere Magd von Kindern geschehen sind. Die Nahrung im Hause ist einfach und gesund und bewährt sich zum sprechenden Zeugniß in dem gesunden und frischen Aussehen der Kinder und in dem körperlichen Gesundheitszustande sämmtlicher Hausbewohner während des ganzen Jahres. Nach einer bestimmten Folge wechseln für Mittag und Abend nahrhafte Suppen, Fleisch, Gemüse, Kartoffeln, und ebenso ist das Morgen- und Nachmittagbrod bestimmt"[162].

Am 23. Oktober 1849 verlieh der preußische König dem "Verein zur Pflege und Erziehung armer Waisen katholischer Konfession zu Düsseldorf" Korporationsrechte[163], nachdem die Statuten am 13. März 1849 "unter Mitwirkung der hiesigen katholischen Pfarrer" revidiert und am 1. Mai 1849 vom Kölner Erzbischof genehmigt worden waren[164].

Komitee für die Gründung eines katholischen Knabenwaisenhauses

Als Gegenstück zum "Verein für Pflege, Erziehung und Unterricht armer katholischer Waisen", der ausschließlich elternlose Mädchen betreute, strebte Hauptlehrer Wilhelm Basse die Einrichtung eines "Comites für die Gründung eines katholischen Knabenwaisenhauses" an[165]. Die Eröffnung einer Anstalt hielt der rührige Lehrer der Max - Freischule geboten, da die evangelische Kirchengemeinde seit dem Jahre 1843 in Düsseldorf bereits zwei Häuser zur Unterbringung von Waisenkindern unterhielt[166]. In einem Au-

---

[161] SAD II 2125, 15.01.1849.
[162] SAD II 2125, 15.01.1849.
[163] Vgl. SAD II 2125, 23.10.1849.
[164] Vgl. AEK GVA Düsseldorf überhaupt 27.1, 26.03.1849; Geschichtliche Nachrichten über Ursprung und Entwickelung des Vereins für Pflege und Erziehung armer katholischer Waisenmädchen zu Düsseldorf, nebst den Statuten und einigen Erörterungen über das Amt einer Aufseherin und die Hausordnung in der Pflegeanstalt, Düsseldorf 1880, 9 ff.
[165] Vgl. DK 09.05.1845.
[166] Vgl. DK 01.05.1845.

ßenbezirk der Stadt, auf dem Areal der ehemaligen Zisterzienserabtei Düsseltal[167], hatte Graf Adelbert von der Recke - Volmerstein am 19. Juni 1822 eine Erziehungsanstalt für "verwahrloste Kinder" ins Leben gerufen[168]. In der Anfangszeit angefeindet und von katholischer Seite der "Proselytenmacherei" verdächtigt[169], entwickelte sich das protestantische Institut zu einem der bedeutendsten seiner Art[170]. In der Stadt selbst richtete die evangelische Gemeinde am 17. Oktober 1843 ein Waisenhaus ein, das zunächst in der Ratinger Str. 11/13 (ehemaliges Cölestinerinnenkloster), ab dem Jahre 1857 gegenüber dem Malkasten Garten in der Pempelforter Str. 38 untergebracht war[171].

In seinem ersten öffentlichen Aufruf, abgedruckt im Düsseldorfer Kreisblatt vom 1. Mai 1845 unter dem Titel "Die Gründung eines katholischen Waisenhauses betreffend", mahnte Wilhelm Basse: "Unsere hiesigen protestantischen Glaubensbrüder sind uns mit einem guten Beispiele vorangegangen durch die Stiftung eines Waisenhauses, und von katholischer Seite ist für die weiblichen Waisen eben so gut gesorgt; aber unsere 60 katholischen Waisenknaben sind bisher noch immer ein Gegenstand des Bedauerns und lassen nicht viel Gutes in der Zukunft erwarten. Sie sind, wie früher gegen täglich 18 Pfennig bei Leuten untergebracht und gibt ihnen die Armenverwaltung noch außerdem jährlich eine vollständige Kleidung"[172].

Angesichts der bedauernswerten Umstände forderte Wilhelm Basse alle "achtbaren und einflußreichen" Katholiken der Stadt auf, sich an der Errichtung einer Knabenwaisenanstalt zu beteiligen und "zu diesem hohen Zwecke" einen entsprechenden Verein ins Leben zu rufen[173]. Zwar findet sich in den Düsseldorfer Zeitungen der Jahre 1845 und 1846 noch ein gutes Dutzend weiterer von Wilhelm Basse unterzeichneter Aufrufe[174], doch scheint sein Vorhaben nie über die Phase reinen Wunschdenkens hinausgekommen zu sein. Trotz des Misserfolges wurde der Philanthrop in seinem sozialen Engagement nicht müde. Jahr für Jahr verfasste Wilhelm Basse ein Düsseldorfer Weihnachts- und Neujahrsbüchlein, das "zum Vorteil der armen Kinder der Max - Freischule" vertrieben wurde[175]. Vom Ertrag der ersten Ausgabe 1845 kaufte er 400 Paar

---

[167] Vgl. Ulrich Brzosa, Die Geschichte der katholischen Kirche in Düsseldorf. Von den Anfängen bis zur Säkularisation, Köln 2001, 352 ff.

[168] Vgl. Friedrich Georgi, Fest - Büchlein über Entstehung, Verlauf und gegenwärtigen Bestand der Rettungsanstalten zu Overdyck und Düsselthal, Düsseldorf 1850, 6.

[169] Vgl. AEK GVA Düsseldorf überhaupt 39, 06.03.1823, 26.01.1824 und 09.07.1824; NN, Über die Rettungsanstalt des Herrn Grafen von der Recke in Düsselthal bei Düsseldorf, in: Der Katholik Jg. 7 Bd. 23 Nr. 7 (1827), 275 - 279, 275 ff; NN, Ausserrömische Proselyten - Macherei, in: Der Katholik Jg. 7 Bd. 26 Nr. 10 (1827), IX - XII, IX ff.

[170] Vgl. Gerlinde Viertel, Anfänge der Rettungshausbewegung unter Adelbert Graf von der Recke Volmerstein (1791 - 1878). Eine Untersuchung zu Erweckungsbewegung und Diakonie, Köln 1993, 72 ff.

[171] Vgl. Adelbert Natorp, Geschichte der evangelischen Gemeinde zu Düsseldorf. Eine Festschrift zur Einweihung ihres neuen Gotteshauses, der Johanneskirche, Düsseldorf 1881, 222 f.

[172] DK 01.05.1845.

[173] Vgl. DK 01.05.1845.

[174] Vgl. DK 09.05.1845; DZ 25.05.1846; DZ 26.05.1846; DK 30.06.1846; DZ 30.10.1846.

[175] Vgl. A. Fr. Wilhelm Basse, Düsseldorfer Weihnachts- und Neujahrsbüchlein. Ein Geschenk für Kinder, Düsseldorf 1845/1853. Vgl. dazu DJ 14.11.1854.

Holzschuhe, da die meisten seiner Schüler kein taugliches Schuhwerk besaß[176]. Betroffen merkte Wilhelm Basse an: "Es gibt leider noch mehrere Kinder in meiner Schule, die keine ledernen Schuhe besitzen und deshalb im Winter den sonntäglichen Gottesdienst nicht besuchen können"[177].

Frauenverein für Pempelfort und Flingern

Von wem im Jahre 1840 der Anstoß zur Gründung eines "Frauenvereins für Pempelfort und Flingern" erfolgte, ist heute aus Mangel an zeitgenössischen Unterlagen nicht mehr rekonstruierbar. Den unter dem 3. April 1840 vom Koblenzer Oberpräsidenten genehmigten "Statuten eines Frauen - Vereins in den Armen - Bezirken Pempelfort und Flingern" ist zu entnehmen, dass es sich um einen paritätischen Zusammenschluss von "Armenfreunden" im 11. Bezirk der Allgemeinen Armenversorgungsanstalt handelte[178], "welcher sich die Förderung christlicher Erziehung und lebenstüchtiger Bildung armer Mädchen ... zum Zwecke" setzte (Präambel)[179]. "Um den ausgesprochenen Hauptzweck des Vereins so viel als möglich zu verwirklichen", sollte zunächst eine Strick-, Näh- und Spinnschule errichtet werden (§ 10)[180]. Aufgabe der Schule sollte es sein, "die armen Mädchen bei einer liebreichen Behandlung in den nöthigen weiblichen Handarbeiten zu unterrichten, um sie dadurch in den Stand zu setzen, sich früher selbständig und ehrenvoll zu ernähren, oder auch in ihren künftigen häuslichen Verhältnissen durch Geschicklichkeit, Fleiß und Ordnung sich und ihre Familie von einer drückenden, zur physischen und moralischen Verkommenheit, führenden Armuth bewahren zu können" (§ 11)[181]. Nicht minder sollte "es sich die Schule angelegen sein lassen, die Kinder bei jeder Gelegenheit auf ihre künftigen Lebenspflichten aufmerksam zu machen, so wie die rohen Eindrücke der gemeinen Erziehung, so viel wie möglich, zu beseitigen, um sie für den Unterricht ihrer Religionslehrer und Seelsorger desto geeigneter und empfänglicher vorzubereiten" (§ 12)[182]. Zur Umsetzung des Vorhabens plante der Frauenverein die Anstellung einer Lehrerin (§ 17) und die Einrichtung eines Schulzimmers, in dem auch die monatlichen Versammlungen des Vereins abgehalten werden sollten (§ 16)[183].

---

[176] Vgl. DZ 30.10.1846.

[177] DZ 30.10.1846.

[178] Vgl. Georg Arnold Jacobi, Ursprüngliche Verfassung der im Jahr 1800 gestifteten allgemeinen Armenpflege zu Düsseldorf, Düsseldorf 1815², 34 und 80. In einer Zeitungsannonce des Jahres 1846 rief der Vorstand explizit "das katholische und protestantische sowie jüdische Publikum" zur Unterstützung des Frauenvereins auf (vgl. DK 03.04.1846).

[179] AEK GVA Düsseldorf überhaupt 15.1, 03.04.1840; SAD II 776, 21.05.1851. In einem Aufruf aus dem Jahre 1841 hieß es: "Nicht phantastische Communisten wollen wir werden, aber wohl den edlen christlichen Weg verfolgen, wo es dem mehr an zeitlichen Gütern Gesegneten zur Pflicht wird, seinen dürftigen Mitmenschen mit Rat und That zu helfen" (DK 31.12.1841).

[180] Vgl. AEK GVA Düsseldorf überhaupt 15.1, 03.04.1840.

[181] AEK GVA Düsseldorf überhaupt 15.1, 03.04.1840.

[182] AEK GVA Düsseldorf überhaupt 15.1, 03.04.1840.

[183] Vgl. AEK GVA Düsseldorf überhaupt 15.1, 03.04.1840.

In welchen angemieteten Räumlichkeiten der Verein noch im gleichen Jahr sein erstes Schullokal eröffnete, ist unbekannt. Nach einem Gutachten vom 21. Mai 1851 wurde die Strick- und Nähschule im ersten Dezennium durchschnittlich von 100 bis 110 Kindern "ohne Unterschied der Konfession" besucht und wirkte "nicht ohne vielseitigen, sichtbaren Erfolg"[184]. Da die "fortgesetzten Anstrengungen" der Frauen "vom Segen Gottes begleitet waren, so wurde nach und nach in allen Kreisen der Bürgerschaft, wie auch an höherer und höchster Stelle, so viel Anerkennung und Unterstützung gewonnen, daß im Jahre 1847 auf einem, zu dem Ende erworbenen kleinen Grundstück[185] ... ein eigenes Haus erbaut werden konnte"[186]. Das neue Gebäude, "welches in seinem Innern wie durch den Garten und freien Platz ... für die Zwecke des Vereins eben so gut gelegene, als eingerichtete Räume" bot, war auf dem heutigen Grundstück Gerresheimer Str. 21 errichtet und Anfang September 1847 fertig gestellt worden[187]. Die Finanzierung "für die Erwerbung eines Lokales zum Unterricht und zur Wartung armer Kinder" erfolgte aus Spenden und Kollekten[188]. Innerhalb von nur sechs Wochen wurden 692 Taler gesammelt, wobei die Königin, Prinzessin Luise und "die ganze Noblesse" mit gutem Beispiel vorangingen und "mit ermunternder Freundlichkeit" reichlich schenkten[189]. "Die Künstler, die Bürger alle reichten bereitwillig ihre Gaben und selbst im niederen Stübchen empfingen wir das gottgefällige Scherflein"[190]. Zur Unterhaltung der neuen Arbeitsschule, die am 1. August 1849 um eine Bewahrschule für etwa 100 Kinder erweitert wurde[191], rief der am 9. Mai 1848 mit Korporationsrechten ausgestattete Frauenverein eine Aktiengesellschaft ins Leben[192].

Katholischer Liebesverein

Ob der am 8. Februar 1829 aus der Marianischen Bürgersodalität als Kranken- und Sterbelade hervorgegangene "Katholische Liebesverein"[193] sich seinem Selbstverständnis nach als Caritaskreis verstand, ist schwer bestimmbar, da von seiner Wirksamkeit nur wenige Nachrichten überliefert sind. Aus den erhaltenen Dokumenten geht hervor, dass sich der Verein im ersten Drittel des 19. Jahrhunderts für den Erhalt der völlig in Verfall

---

[184] Vgl. SAD II 776, 21.05.1851.
[185] Das Grundstück Gerresheimer Str. 21 hatte der Frauenverein bereits im Oktober 1846 erworben (vgl. DZ 12.09.1847).
[186] SAD II 776, 21.05.1851.
[187] Vgl. SAD II 776, 21.05.1851; DZ 12.09.1847.
[188] Vgl. DK 03.04.1846.
[189] Vgl. DZ 29.03.1846; DZ 17.07.1846.
[190] DZ 17.07.1846.
[191] Vgl. NHS Regierung Düsseldorf 29425, 23.10.1876.
[192] Vgl. AEK GVA Düsseldorf überhaupt 15.1, 09.05.1848; DZ 17.07.1846.
[193] Vgl. NHS Jülich - Berg II 4505, Bl. 160; SAD II 2212, 01.11.1841.

geratenen Rochuskapelle in Pempelfort einsetzte[194]. Als bei Ausbruch der Cholera 1831 viele Düsseldorfer Katholiken wünschten, in der Einsturz gefährdeten und seit einigen Jahren geschlossenen Pilgerstätte wieder Andachten und Gottesdienste abzuhalten, sammelten die Mitglieder des "Katholischen Liebesvereins" mit Genehmigung des Derendorfer Kirchenvorstands die hierfür notwendigen Mittel und "legten bei der Reparatur selbst Hand an"[195]. Nach Wiederherstellung der Kapelle wurde seit August 1831 jeden Montag eine vom Katholischen Liebesverein gestiftete Messe zur Abwendung der "asiatischen Seuche" gehalten und die Oktavwoche des Hl. Rochus durch Aussetzung der Eucharistie in besonderer Weise gefeiert[196]. In einem Schreiben vom 1. Dezember 1833 unterrichtete der Vorstand den Derendorfer Pfarrer Wilhelm Overkamp darüber, dass "die von uns so sehr gefürchtete Cholera - Krankheit in dem uns nächst liegenden Kreis Duisburg, gleichsam an der Grenze zu Düsseldorf halt machte"[197]. Ausdrücklich stimmten die Mitglieder dem Bilker Pfarrer Anton Josef Binterim zu, "wenn er in seiner Rede am verflossenen Rochus - Fest unsere Kapelle eine Schutzwehr für unsere Stadt und Gegend nannte"[198]. Dem Vorstand schien es, "Gott habe der Krankheit befohlen: So weit kannst Du kommen, aber nicht weiter. Schade, wem Du Schaden willst; diese Stadt, diese Gegend sollst Du nicht betreffen"[199]. Ohne Zweifel war es dem "Katholischen Liebesverein" zu verdanken, dass in der Rochuskapelle auch nach Abwendung der akuten Choleragefahr regelmäßig Gottesdienste und Andachten wie besondere Feiern zu Ehren des Hl. Sebastianus und des Hl. Rochus gehalten wurden[200].

Ursula - Gesellschaft

Aus den marianischen Kongregationen an der St. Andreaskirche erwuchs zu Beginn der vierziger Jahre des 19. Jahrhunderts ein weiterer Caritaskreis, der als Abzweigung der Ursula - Gesellschaft von 1627 die Aufgabe hatte, "täglich eine Suppe zu bereiten und zu vertheilen an kranke Frauen und arme Wöchnerinnen"[201]. Zu diesem Zweck hatten einige Frauen der Ursula - Gesellschaft am 1. Januar 1842 in der Kurzestr. 14 eine Suppenküche eingerichtet[202], "wohin der Vorstand die guten Mitbürger in Liebe" einlud und jeden Morgen zwischen 11 und 12 Uhr kleine Mahlzeiten an Bedürftige ohne Unter-

---

[194] Vgl. AEK GVA Düsseldorf St. Rochus 13, 27.07.1833 und 01.12.1833. Zur Geschichte der Pempelforter Rochuskapelle vgl. Ulrich Brzosa, Die Geschichte der katholischen Kirche in Düsseldorf. Von den Anfängen bis zur Säkularisation, Köln 2001, 534 ff.
[195] Vgl. AEK GVA Düsseldorf St. Rochus 13, 27.07.1833. Zur Cholera 1831 in Düsseldorf vgl. THD Fach 4, Korrespondenz 1831 - 1840, 30.11.1831.
[196] Vgl. AEK GVA Düsseldorf St. Rochus 13, 27.07.1833 und 01.12.1833.
[197] AEK GVA Düsseldorf St. Rochus 13, 01.12.1833.
[198] AEK GVA Düsseldorf St. Rochus 13, 01.12.1833.
[199] AEK GVA Düsseldorf St. Rochus 13, 01.12.1833.
[200] Vgl. AEK GVA Düsseldorf St. Rochus 13, 25.01.1851; PfA Düsseldorf St. Lambertus Akten 25, 1833.
[201] SAD XXIII 350, 31.12.1852.
[202] Vgl. LHK 403 - 912, S. 308.

schied der Konfession ausgab[203]. Wurden im Jahre 1843 noch etwa 28 Portionen täglich verteilt[204], so waren es zehn Jahre später an manchen Tagen mehr als 70 Portionen[205]. Der Jahresbericht von 1852 meldete: "Die periodische Hülfe in armen Familien, wo die Mutter des Hauses krank oder körperlich unfähig geworden ist, und eine tägliche Hülfe mit einer nahrhaften Fleischsuppe oder abwechselnd mit einer süßen Suppe nebst Fleisch und Weißbrödchen, erscheint doch allgemein sehr zweckmäßig und wird oft mehr, als die Kräfte des Vereins leisten können, nachgesucht"[206]. Im folgenden Jahr erweiterte die Ursula - Gesellschaft ihren Wirkungskreis bis in die Außenbezirke: "Durch zweckmäßige Ökonomie, deren Führung ein Verein von Hausfrauen leitet, ist es möglich geworden, mit unverhältnismäßig kleinen Mitteln Wohltaten für einen großen Kreis von Bedürftigen zu spenden. Gegenwärtig werden bereits außer den Armen der Stadt die Notleidenden der Umgebung bis Flingern, Pempelfort, Neustadt und Bilk mit Suppen versorgt"[207]. Die Ausdehnung des Tätigkeitsraumes war vermutlich auch der Grund, warum die Suppenküche vor dem Jahre 1855 in das Haus Neustr. 11 verlegt wurde[208]. Von welchem Geist die Arbeit der Ursula - Gesellschaft beseelt war, erhellt eine Bemerkung des Vorstandes vom 31. Dezember 1852: "Moralische und materielle Kräfte sind dem Vereine nothwendig, um mit Liebe seine Aufgabe zu lösen: in Zubereitung und Austheilung der Suppe, in Anschaffung und Vertheilung der Victualien, welches Alles die Mitglieder selbst besorgen, so wie in den Besuchen der Kranken, die noch manche Unterstützung am Krankenbette nothwendig machen ... . Die Liebe unter den mitwirkenden Frauen möchte so gern den armen Kranken und Wöchnerinnen jede mögliche Mithülfe verschaffen zur christlichen Ertragung ihrer momentanen Leiden und zur Erweckung einer bleibenden christlichen Gesinnung im Leben der Familie"[209]. Um die Anliegen der in Not geratenen Familien besser erfassen zu können, versammelten sich die "Frauen nicht blos wie bisher halb- oder vierteljährig zur Besprechung der materiellen Interessen, Anschaffungen für die Küche, Rechnungs - Ablage usw. ... , sondern in Zukunft wöchentlich"[210].

Rheinisch - Westfälische Gefängnis - Gesellschaft

Dass fallweise zwischen den Konfessionen einvernehmliche Zusammenarbeit praktiziert wurde, zeigt das Beispiel der Rheinisch - Westfälischen Gefängnis - Gesellschaft, die zwar über die Stadt hinaus wirkte, aber in Düsseldorf den Anfang nahm und hier ihren

---

[203] Vgl. SAD XXIII 350, 31.12.1852.
[204] Vgl. LHK 403 - 912, S. 308.
[205] Vgl. SAD XXIII 350, 31.12.1852.
[206] SAD XXIII 350, 31.12.1852.
[207] DJ 25.11.1853.
[208] Vgl. Adreß - Buch der Bürgermeisterei Düsseldorf, Düsseldorf 1855, 188.
[209] SAD XXIII 350, 31.12.1852.
[210] SAD XXIII 350, 31.12.1852.

6. Rheinisch-Westfälische Gefängnis-Gesellschaft

Sitz hatte[211]. Am 18. Juni 1826 traten sechs "Menschenfreunde"[212] (3 Staatsanwälte, 2 Geistliche, 1 Kaufmann), unter ihnen der "fromme Katholik" Carl Peter Joseph Wingender und der Kaiserswerther Gefängnispfarrer Theodor Fliedner, im Düsseldorfer Landgericht zusammen, um die "Grundgesetze und den Wirkungsplan" eines Privatvereins unter dem Titel "Rheinisch - Westfälische Gefängnis - Gesellschaft" festzustellen[213]. Gegenstand der Gesellschaft war, "eine mit den Staatsgesetzen übereinstimmende Beförderung der sittlichen Besserung der Gefangenen, durch Beseitigung nachteiliger und Vermehrung wohltätiger Einwirkung auf dieselben, sowohl während der Haft, als nach der Entlassung" (§ 2). Um seine Ziele zu erreichen, wollte die Vereinigung "nach Rücksprache mit den geistlichen und Schulbehörden, unter höherer Bestätigung, eigene Hausgeistliche für jede christliche Konfession, desgleichen Lehrer für den Elementarunterricht, erwählen, anstellen, besolden und unter Aufsicht halten" (§ 3). Neben der religiösen Unterweisung der Gefangenen stand die Wiedereingliederung der Haftentlassenen im Mittelpunkt der Vereinsarbeit: "Den Entlassenen wird sie Quellen ehrlichen Erwerbes zu eröffnen und sie in angemessene Verhältnisse zu bringen suchen, um hierdurch, sowie durch Aufsicht christlich gesinnter Menschen, den Rückfällen zu neuen Vergehen möglichst vorzubeugen" (§ 7)[214]. Um die praktische Arbeit in den Gemeinden zu stärken, wurden Tochtergesellschaften des Hauptvereins an allen größeren Orten im Rheinland und in Westfalen errichtet[215].

---

[211] Vgl. Adelbert Natorp, Kreuz und Kerker. Die Arbeit der christlichen Liebe an den Gefangenen und aus dem Gefängniß Entlassenen, vorzüglich nach der Wirksamkeit der Rheinisch - Westfälischen Gefängniß - Gesellschaft, Köln 1867, 18 ff; Gerhard Deimling, Die Entstehung der rheinisch - westfälischen Gefängnisgesellschaft 1826 - 1830, in: Zeitschrift des Bergischen Geschichtsvereins 92 (1986), 69 - 100, 71 ff; Petra Recklies - Dahlmann, Religion und Bildung, Arbeit und Fürsorge. Die Rheinisch - Westfälische Gefängnisgesellschaft 1826 - 1850, Essen 2001, 59 ff.
[212] Erster Bericht des in der General - Versammlung am 12. Mai 1828 gewählten Ausschusses der Rheinisch - Westphälischen Gefängniß - Gesellschaft zur sittlichen und bürgerlichen Besserung der Gefangenen, Düsseldorf 1828, 3.
[213] Vgl. AEK CR 27.5.1, Bl. 1 ff; Grundgesetze der Rheinisch - Westphälischen Gefängniß - Gesellschaft, Düsseldorf o. J (um 1827), 1 ff; NN, Die Bildung der Rheinisch - Westphälischen Gefängniß.- Gesellschaft betreffend, in: Amtsblatt der Regierung zu Düsseldorf Nr. 22 (21.04.1828), 175 - 176, 175 f; Erster Bericht des in der General - Versammlung am 12. Mai 1828 gewählten Ausschusses der Rheinisch - Westphälischen Gefängniß - Gesellschaft zur sittlichen und bürgerlichen Besserung der Gefangenen, Düsseldorf 1828, 5 ff; Theodor Fliedner, Kurze Geschichte der Entstehung der ersten evangelischen Liebes - Anstalten zu Kaiserswerth. (Des Asyls, des Diakonissen - Mutter - Hauses und des Hospitals), in: Der Armen- und Krankenfreund. Eine Monatsschrift für die Diakonie der evangelischen Kirche Jg. 8 Nr. 1 (Januar/Februar 1856), 2 - 16, 4; Theodor Fliedner, Entstehungsgeschichte der ersten evangelischen Liebesanstalten zu Kaiserswerth. Wie sie der Diakonissenvater D. Theodor Fliedner anno 1856 selbst aufgezeichnet hat, Düsseldorf 1933, 7 f.
[214] Erster Bericht des in der General - Versammlung am 12. Mai 1828 gewählten Ausschusses der Rheinisch - Westphälischen Gefängniß - Gesellschaft zur sittlichen und bürgerlichen Besserung der Gefangenen, Düsseldorf 1828, 5 ff.
[215] Vgl. Theodor Just, Hundert Jahre Geschichte der Rheinisch - Westfälischen Gefängnis - Gesellschaft 1826 - 1926, Düsseldorf 1926, 17 f.

Fast zwei Jahre lang arbeitete der Verein provisorisch, bis er sich durch eine ordentliche Mitgliederversammlung am 12. Mai 1828 endgültig konstituierte[216]. Während dieser Zeit hatte er im Düsseldorfer Arresthaus an der Akademiestraße gemäß dem Wirkungsplan für die Festanstellung von Hausgeistlichen gesorgt[217]. Kaplan Joseph Antweiler von der Maximilianspfarre übernahm die Seelsorge der katholischen Gefangenen[218], die er bisher "freiwillig aus edler Menschenliebe übernommen hatte"[219]. Die evangelischen Gefangenen wurden von Pfarrer Fliedner betreut, der "drei Jahre lang weder die glühende Sommerhitze noch eisige Winterkälte gescheut hatte, um alle 14 Tage den zweistündigen Marsch von Kaiserswerth nach Düsseldorf zu machen"[220]. Das Wirken der Geistlichkeit im Düsseldorfer Gefängnis zeigte bald Erfolg: "Auf vielen Stuben veränderte sich die Stimmung auffallend zum Bessern; das Lärmen, Fluchen nahm ab, die Ruhe und der Fleiß in ihrem Tagwerke nahm zu, die Begierde nach religiöser Unterhaltung vermehrte sich so sehr, daß sie, statt vorher über die Ankunft des Geistlichen zu spötteln, jetzt mit froher Ungeduld derselben entgegensahen"[221]. Für die weiblichen Gefangenen wurde eine Aufseherin in Dienst genommen und für den Schulunterricht ein Lehrer angestellt[222]. Zur "Vorbeugung und Verminderung der Rückfälle zu Vergehen und Verbrechen" übernahm die Muttergesellschaft am Düsseldorfer Gefängnis die Rolle eines Hilfsvereins, der den Entlassenen bei der Suche nach einer Unterkunft und einer Arbeitsstelle half und "den Wiedereintritt ... in das bürgerliche Leben" vorbereitete[223].

---

[216] Vgl. NN, Die Bildung der Rheinisch - Westphälischen Gefängniß - Gesellschaft betreffend, in: Amtsblatt der Regierung zu Düsseldorf Nr. 22 (21.04.1828), 175 - 176, 175.

[217] Vgl. AEK GVA Düsseldorf überhaupt 9, 11.09.1828. Zum "Plan der Wirksamkeit der Rheinisch - Westphälischen Gefängniß - Gesellschaft" vgl. Erster Bericht des in der General - Versammlung am 12. Mai 1828 gewählten Ausschusses der Rheinisch - Westphälischen Gefängniß - Gesellschaft zur sittlichen und bürgerlichen Besserung der Gefangenen, Düsseldorf 1828, 15 ff.

[218] Vgl. Zweiter Bericht, enthaltend den in der zweiten General - Versammlung am 12. Mai 1829 vorgelegten Jahresbericht der Rheinisch - Westphälischen Gefängniß - Gesellschaft zur sittlichen und bürgerlichen Besserung der Gefangenen, Düsseldorf 1829, 15.

[219] Bernhard Gustav Bayerle, Die katholischen Kirchen Düsseldorf's von ihrer Entstehung bis auf die neueste Zeit. Ein Beitrag zur Geschichte der Stadt, Düsseldorf 1844, 225.

[220] Theodor Just, Hundert Jahre Geschichte der Rheinisch - Westfälischen Gefängnis - Gesellschaft 1826 - 1926, Düsseldorf 1926, 15.

[221] Zweiter Bericht, enthaltend den in der zweiten General - Versammlung am 12. Mai 1829 vorgelegten Jahresbericht der Rheinisch - Westphälischen Gefängniß - Gesellschaft zur sittlichen und bürgerlichen Besserung der Gefangenen, Düsseldorf 1829, 11.

[222] Vgl. Zweiter Bericht, enthaltend den in der zweiten General - Versammlung am 12. Mai 1829 vorgelegten Jahresbericht der Rheinisch - Westphälischen Gefängniß - Gesellschaft zur sittlichen und bürgerlichen Besserung der Gefangenen, Düsseldorf 1829, 15.

[223] Vgl. Theodor Just, Hundert Jahre Geschichte der Rheinisch - Westfälischen Gefängnis - Gesellschaft 1826 - 1926, Düsseldorf 1926, 17 f. Vgl. dazu Übersicht der Wirksamkeit der Rheinisch - Westphälischen Gefängniss - Gesellschaft seit ihrem Bestehen, Düsseldorf 1835, 3 f.

Asyl für weibliche Strafgefangene

Mit dem Düsseldorfer Gefängnis waren zwei Asyle für entlassene weibliche Strafgefangene "zur Beherbergung und fortgesetzten Besserung derselben" verbunden: für protestantische Frauen in Kaiserswerth, für katholische Frauen in Ratingen[224].

Am 17. September 1833 war mit Aufnahme eines aus dem Werdener Zuchthaus entlassenen Mädchens im fliednerschen Gartenhaus das "evangelische Asyl für weibliche Entlassene zu Kaiserswerth" ins Leben gerufen[225]. Als Ziel verfolgte das Asyl den Zweck, "solchen weiblichen Entlassenen, welche während der Haft Hoffnung zu einer gründlichen Sinnesänderung gegeben haben, und bei ihrer Entlassung nicht alsbald ein passendes Unterkommen finden können, hier einen Zufluchtsort zu gewähren, damit sie nicht in Ermangelung eines Dienstes oder bei fehlender Arbeit in neue Vergehungen gerathen"[226]. In der Notunterkunft fanden die Mädchen für einige Monate Unterkunft und Arbeit[227], "und unter der beständigen Leitung und Aufsicht einer christlichen Aufseherin Gelegenheit, ihre Besserung zu bewähren, in derselben zuzunehmen durch die ihnen zu Theil werdende christliche Unterweisung und Zucht, und die für ihr künftiges Verhältniß als Mägde nöthigen Arbeiten zu erlernen oder sich darin zu vervollkommnen"[228].

---

[224] Vgl. Bernhard Gustav Bayerle, Die katholischen Kirchen Düsseldorf's von ihrer Entstehung bis auf die neueste Zeit. Ein Beitrag zur Geschichte der Stadt, Düsseldorf 1844, 226 f.

[225] Vgl. Theodor Fliedner, Erster Bericht über das evangelische Asyl für weibliche Entlassene zu Kaiserswerth, von der Mitte des September 1833 bis zu Ende des Juni 1834, in: Siebenter Bericht, enthaltend den in der siebenten General Versammlung am 22. Juli 1834 vorgelegten Jahresbericht der Rheinisch - Westphälischen Gefängnis - Gesellschaft zur sittlichen und bürgerlichen Besserung der Gefangenen, Düsseldorf 1834, 49 - 53, 49; Übersicht der Wirksamkeit der Rheinisch - Westfälischen Gefängnis - Gesellschaft, zunächst in der Rheinprovinz, Düsseldorf 1841, 3 f; Theodor Fliedner, Kurze Geschichte der Entstehung der ersten evangelischen Liebes - Anstalten zu Kaiserswerth. (Des Asyls, des Diakonissen - Mutter - Hauses und des Hospitals), in: Der Armen- und Krankenfreund. Eine Monatsschrift für die Diakonie der evangelischen Kirche Jg. 8 Nr. 1 (Januar/Februar 1856), 2 - 16, 2 f; Theodor Fliedner, Züge aus der fünf und zwanzigjährigen Geschichte unsers Asyles und Magdalenen - Stiftes, in: Der Armen- und Krankenfreund Eine Monatsschrift für die Diakonie der evangelischen Kirche Jg. 10 Nr. 5 (September/Oktober 1858), 1 - 12, 2 ff.

[226] Theodor Fliedner, Erster Bericht über das evangelische Asyl für weibliche Entlassene zu Kaiserswerth, von der Mitte des September 1833 bis zu Ende des Juni 1834, in: Siebenter Bericht, enthaltend den in der siebenten General Versammlung am 22. Juli 1834 vorgelegten Jahresbericht der Rheinisch - Westphälischen Gefängnis - Gesellschaft zur sittlichen und bürgerlichen Besserung der Gefangenen, Düsseldorf 1834, 49 - 53, 49.

[227] Vgl. SAD XVI 1069, Bl. 1 ff.

[228] Theodor Fliedner, Erster Bericht über das evangelische Asyl für weibliche Entlassene zu Kaiserswerth, von der Mitte des September 1833 bis zu Ende des Juni 1834, in: Siebenter Bericht, enthaltend den in der siebenten General Versammlung am 22. Juli 1834 vorgelegten Jahresbericht der Rheinisch - Westphälischen Gefängnis - Gesellschaft zur sittlichen und bürgerlichen Besserung der Gefangenen, Düsseldorf 1834, 49 - 53, 49.

Das katholische Asyl wurde gleichfalls in Kaiserswerth errichtet[229]. Hier hatte Kaplan Carl Schmitz im Mai 1835 in der Vikarie an der Feldgasse (heute Am Mühlenturm 8) einen Raum zur Verfügung gestellt[230], "um die aus den Gefängnissen entlassenen weiblichen Personen, welche während der Haft Hoffnung zur Besserung erwecken, und nicht selbst ein passendes Unterkommen finden können, vor fernern Fehltritten zu bewahren, sie sittlich und religiös zu bessern"[231]. In diesem "Zufluchtshaus" sollten sie "bei Arbeit, christlicher Unterweisung und Zucht den Ernst der Sinnesänderung bewähren und stärken können", um ihnen dann "einen Dienst bei wohlgesinnten Herrschaften zu verschaffen"[232]. Im ersten Jahr seines Bestehens fanden in dem von einer Vorsteherin geleiteten Asyl 15 Mädchen aus den umliegenden Strafanstalten vorübergehend Aufnahme[233]. "Das Betragen der Aufgenommenen war bei den Meisten", so eine Notiz im Rechenschaftsbericht 1837, "recht gut, und bemühten sie sich die empfangenen Wohltaten durch Gehorsam und Fleiß nach Kräften zu vergelten. Nur eine, die sich weder zur Arbeit anschicken noch an die Hausordnung binden wollte, entfloh"[234]. In der Regel konnten die Mädchen aber "völlig gebessert der bürgerlichen Gesellschaft zurückgegeben" werden[235].

Als Carl Schmitz im März 1839 zum Pfarrer von Kaiserswerth ernannt wurde[236], konnte "selbiger ... über die Kaplanei - Wohnung ... nicht mehr disponieren"[237]. Im Düsseldorfer Amtsblatt vom 20. Mai 1840 teilte die Rheinisch - Westfälische Gefängnis -

---

[229] Vgl. NN, Das Asyl für entlassene weibliche Gefangene katholischer Konfession zu Kaiserswerth betreffend, in: Amtsblatt der Regierung zu Düsseldorf Nr. 62 (15.10.1836), 350; NN, Erster Bericht über das katholische Asyl für weibliche Entlassene zu Kaiserswerth, in: Zehnter Bericht, enthaltend den in der zehnten General Versammlung am 3. Juli 1837 vorgelegten Jahresbericht der Rheinisch - Westphälischen Gefängnis - Gesellschaft zur sittlichen und bürgerlichen Besserung der Gefangenen, Düsseldorf 1837, 41 - 48, 41 ff.

[230] Vgl. SAD XVI 1068, 19.05.1835 und 22.04.1836; NN, Das Asyl für entlassene weibliche Gefangene katholischer Konfession zu Ratingen betreffend, in: Amtsblatt der Regierung zu Düsseldorf Nr. 28 (20.05.1840), 237 - 238, 237.

[231] NN, Das Asyl für entlassene weibliche Gefangene katholischer Konfession zu Kaiserswerth betreffend, in: Amtsblatt der Regierung zu Düsseldorf Nr. 62 (15.10.1836), 350.

[232] NN, Das Asyl für entlassene weibliche Gefangene katholischer Konfession zu Kaiserswerth betreffend, in: Amtsblatt der Regierung zu Düsseldorf Nr. 62 (15.10.1836), 350.

[233] Vgl. NN, Erster Bericht über das katholische Asyl für weibliche Entlassene zu Kaiserswerth, in: Zehnter Bericht, enthaltend den in der zehnten General Versammlung am 3. Juli 1837 vorgelegten Jahresbericht der Rheinisch - Westphälischen Gefängnis - Gesellschaft zur sittlichen und bürgerlichen Besserung der Gefangenen, Düsseldorf 1837, 41 - 48, 42.

[234] NN, Erster Bericht über das katholische Asyl für weibliche Entlassene zu Kaiserswerth, in: Zehnter Bericht, enthaltend den in der zehnten General Versammlung am 3. Juli 1837 vorgelegten Jahresbericht der Rheinisch - Westphälischen Gefängnis - Gesellschaft zur sittlichen und bürgerlichen Besserung der Gefangenen, Düsseldorf 1837, 41 - 48, 42.

[235] Vgl. NN, Das Asyl für entlassene weibliche Gefangene katholischer Konfession zu Ratingen betreffend, in: Amtsblatt der Regierung zu Düsseldorf Nr. 28 (20.05.1840), 237 - 238, 238.

[236] Vgl. NN, Personal - Chronik, in: Amtsblatt der Regierung zu Düsseldorf Nr. 10 (04.03.1839), 76.

[237] NN, Das Asyl für entlassene weibliche Gefangene katholischer Konfession zu Ratingen betreffend, in: Amtsblatt der Regierung zu Düsseldorf Nr. 28 (20.05.1840), 237 - 238, 237. Vgl. dazu SAD XVI 1068, 27.10.1839; Martin Gerhardt, Theodor Fliedner. Ein Lebensbild Bd. 2, Düsseldorf 1937, 296.

Gesellschaft daraufhin mit: "Dieser Umstand und mehrere andere Gründe haben uns bewogen das Asyl nach Ratingen zu verlegen, und ist es uns gelungen daselbst nicht allein ein passendes Haus nebst Garten, sondern auch eine empfohlene Vorsteherin in der Person der Schullehrerin Wittwe Höttges zu finden"[238]. Das neue Asyl für entlassene weibliche Strafgefangene wurde am 1. Mai 1840 eröffnet und bot Platz zur Betreuung von sieben Mädchen[239]. Die Beschäftigung der Pfleglinge bestand "in gewöhnlichen Haus- und Garten - Arbeiten" sowie in der Unterrichtung von Lesen, Schreiben, Nähen, Stricken und Spinnen. Auch wurde "von Seiten des Pfarramtes die häusliche und sittliche Ordnung und Führung durch öftere Besuche und Erkundigungen beaufsichtigt und bei Wahrnehmung jeder etwaigen Ungehörigkeit im Verhalten der Pfleglinge eingeschritten und auch darauf gehalten, daß durch regelmäßige Morgen- und Abendandachten, ... durch täglichen Besuch des öffentlichen Gottesdienstes ... die so nothwendigen sittlichen und religiösen Erhebungen der Pfleglinge ... in geeigneter Weise vorgenommen" wurden[240]. Am 1. Mai 1849 wurde das Asyl in Ratingen aus nicht näher bekannten Gründen geschlossen[241].

7. Armenhaus Kaiserswerth

Zeitgleich mit der Einrichtung des katholischen Asyls für weibliche Strafgefangene betrieb Kaplan Carl Schmitz in Kaiserswerth den Ausbau des Armenhauses auf dem heutigen Grundstück "An St. Swidbert 60"[242]. Ehedem von den Armenbruderschaften St. Lukas und Unserer Lieben Frau unterhalten[243], war es im 19. Jahrhundert unter Leitung

---

[238] NN, Das Asyl für entlassene weibliche Gefangene katholischer Konfession zu Ratingen betreffend, in: Amtsblatt der Regierung zu Düsseldorf Nr. 28 (20.05.1840), 237 - 238, 237 f. Vgl. dazu Asyl für entlassene weibliche Gefangene zu Ratingen, Düsseldorf 1841, 2.
[239] Vgl. SAD XVI 1068, 16.03.1840; NN, Erster Jahresbericht für weibliche Entlassene zu Ratingen, vom 1. Mai 1840 bis Ende Mai 1841, in: Vierzehnter Bericht, enthaltend den in der vierzehnten General Versammlung am 21. Juni 1841 vorgelegten Jahresbericht der Rheinisch - Westphälischen Gefängnis - Gesellschaft zur sittlichen und bürgerlichen Besserung der Gefangenen, Düsseldorf 1841, 42 - 48, 42.
[240] NN, Erster Jahresbericht für weibliche Entlassene zu Ratingen, vom 1. Mai 1840 bis Ende Mai 1841, in: Vierzehnter Bericht, enthaltend den in der vierzehnten General Versammlung am 21. Juni 1841 vorgelegten Jahresbericht der Rheinisch - Westphälischen Gefängnis - Gesellschaft zur sittlichen und bürgerlichen Besserung der Gefangenen, Düsseldorf 1841, 42 - 48, 43 f. Vgl. auch NN, Düsseldorf, in: Sion Jg. 13 Nr. 7 (17.01.1844), 71.
[241] Vgl. NN, Neunter und letzter Jahresbericht über das katholische Asyl für weibliche entlassene Gefangene zu Ratingen, vom 1. Januar 1848 bis 1. Mai 1849, als dem Zeitpunkte der Auflösung desselben, in: Zweiundzwanzigster Jahresbericht, enthaltend die in der General - Versammlung vom 23. Juli 1849 vorgetragene Darstellung des Umfanges und der Wirksamkeit der Rheinisch - Westphälischen Gefängniß - Gesellschaft zur sittlichen und bürgerlichen Besserung der Gefangenen, Düsseldorf 1849, 35 - 37, 35 ff.
[242] Vgl. oben S. 51.
[243] Vgl. oben S. 51.

der bürgerlichen Kaiserswerther Armenverwaltung weitgehend in Verfall geraten. Berichte aus den Jahren 1808 und 1823 bezeugen, dass sich das Haus in einem trostlosen Bauzustand befand[244]. Ungeachtet der schlechten Beschaffenheit wurde das Haus auf Initiative von Carl Schmitz im Jahre 1838 um einen Anbau zur Aufnahme von pflegebedürftigen Kranken erweitert[245]. Für das sich immer mehr zu einem Krankenhaus wandelnde Armenhaus war bereits am 1. August 1833 ein "Reglement" aufgestellt worden, dessen Einhaltung von der Witwe Freitag als Aufseherin überwacht wurde[246]. Sie hatte für Lüftung, Heizung und Reinigung des Hauses, Hofes und der Straße zu sorgen. Außerdem gehörte es zu ihren Pflichten, "den hülfsbedürftigen Kranken die nöthige Handreichung und Aufwartung zu leisten, ihre Lage möglichst zu erleichtern und besonders für ihre körperliche Reinlichkeit Sorge zu tragen"[247]. Dabei war sie angehalten, "das Alter und die Lage der Hausbewohner zu berücksichtigen und diese ihrerseits stäts mit der Mäßigung und Schonung zu behandeln, welche die christliche Nächstenliebe erfordert"[248]. Obwohl das Armenhaus eine überkonfessionelle Einrichtung war, sollte "nach der bisher bestehenden fromme Sitte ... täglich ... auf der gemeinschaftlichen Stube der h. Rosenkranz für die Wohlthäter des Armenhauses und Krankenzimmers gebetet werden"[249]. Am Samstag wurde von der Wärterin statt des Rosenkranzes eine Litanei "aus der Handpostill des betreffenden sonntäglichen Evangeliums" vorgetragen[250]. Von allen Pflegebedürftigen wurde erwartet, dass sie den gemeinschaftlichen Hausandachten beiwohnten. Diejenigen, "welche hierin sowohl als in der Erfüllung der übrigen Religionspflichten saumselig" waren, hatte die Wärterin "nahmhaft zu machen"[251]. Mit der am 22. Oktober 1843 zwischen dem Kirchenvorstand von St. Suitbertus und der Kaiserswerther Armenverwaltung ausgehandelten Trennung des katholisch - kirchlichen Armenvermögens vom bürgerlichen Armenfond gelangte das Armenhaus unter die Aufsicht der neu eingerichteten katholischen Armenverwaltung[252]. Auch unter neuer Trägerschaft war das Kaiserswerther Armenhaus weiterhin vom Niedergang bedroht. Als im Jahre 1844 "im Innern des Armenhauses ein Theil eingestürzt" war, konnte das Gebäude nur durch die Schenkung von 100 Talern notdürftig repariert werden[253]. War der

---

[244] Vgl. NHS Regierung Düsseldorf 1646, 14.08.1823; SAD XVI 782, 03.03.1808; SAD XVI 800, 12.08.1823.
[245] Vgl. SAD XVI 800, 16.10.1838 und 18.10.1838.
[246] Vgl. SAD XVI 800, 01.08.1833. Vgl. auch PfA Kaiserswerth St. Suitbertus Akten 1027, 18.04.1840; SAD XVI 800, 18.04.1840.
[247] SAD XVI 800, 01.08.1833.
[248] SAD XVI 800, 01.08.1833.
[249] SAD XVI 800, 01.08.1833.
[250] Vgl. SAD XVI 800, 01.08.1833.
[251] Vgl. SAD XVI 800, 01.08.1833.
[252] Vgl. PfA Kaiserswerth St. Suitbertus Akten 1029, 14.04.1848 und 30.06.1848; PfA Kaiserswerth St. Suitbertus Akten 1030, Bl. 2. Nach einer Notiz von Pfarrer Karl Reistor wurde das Vermögen am 1. Januar 1847 endgültig getrennt (vgl. PfA Kaiserswerth St. Suitbertus Akten 1030, Bl. 2), wobei für die katholische Armenverwaltung eigens aufgestellte Statuten vom 14. April 1848 verbindlich waren (vgl. SAD XVI 799, 14.04.1848).
[253] Vgl. NHS Regierung Düsseldorf 54512, Bl. 1; SAD XVI 800, 12.08.1844.

bauliche Zustand des Hauses auch noch für längere Zeit ruinös, so konnte die katholische Armenverwaltung wenigstens einige Desiderate auf dem Gebiet der Krankenpflege beheben. Auf Drängen von Pfarrer Karl Reistor wurde am 1. Oktober 1845 mit der Witwe Lepper eine Pflegerin angestellt, die allein für die Aufsicht der Kranken verantwortlich war[254].

---

[254] Vgl. SAD XVI 784, 19.09.1845. Vgl. auch NHS Regierung Düsseldorf 54512, Bl. 3 und 24.

IV. Kirche und Armenpflege in Düsseldorf von der Revolution 1848/49 bis zum Kulturkampf

Die Monate zwischen Februar 1848 und August 1849 gehören zur bewegtesten Zeit der Düsseldorfer Stadtgeschichte[1]. Nach dem Sturz des französischen Königs am 27. Februar 1848 fanden, wie an anderen Orten, auch hier Versammlungen statt, auf denen der Ruf nach einer Demokratisierung des Staates laut wurde[2]. Einen ersten Erfolg verzeichnete die Volksbewegung, als in Preußen am 17. März die Pressezensur aufgehoben wurde[3]. Da der König aber nicht gewillt war, weitere Zugeständnisse zu machen, kam es in Berlin am 18. und 19. März 1848 zu blutigen Straßenschlachten[4]. Schockiert von den Barrikadenkämpfen mit 254 Toten und zahlreichen Verwundeten, kapitulierte der König und stellte die baldige Einrichtung eines Parlaments in Aussicht[5].

1. Düsseldorf während der Revolution 1848/49

Das politische Leben der Stadt Düsseldorf war in den Wochen nach den Märzereignissen durch die vom Frankfurter Vorparlament für Mai ausgeschriebenen Wahlen zur deutschen Nationalversammlung in Frankfurt und zur preußischen Nationalversammlung in Berlin beherrscht[6]. Als erste politische Organisation bildete sich in Düsseldorf

---

[1] Vgl. Düsseldorf 1848. Bilder und Dokumente, Düsseldorf 1948, 7 ff; Dietmar Niemann, Düsseldorf während der Revolution 1848/49, Münster 1983, 3 ff; Martin Meise von Ambüren, Die Revolution 1848/49 in Düsseldorf, in: Bernd Füllner, Düsseldorf als Stadt der Kunst 1815 - 1850. Quellensammlung, Düsseldorf 1987, 317 - 387, 317 ff; Dietmar Niemann, Die Revolution von 1848/49 in Düsseldorf. Geburtsstunde politischer Parteien und Bürgerinitiativen, Düsseldorf 1993, 51 ff; Ulrich Brzosa, Die Geschichte der Kolpingfamilie Düsseldorf von den Anfängen bis zur Aufstellung des Kolpingdenkmals im Jahre 1954, in: 150 Jahre Kolpingfamilie Düsseldorf - Zentral 1849 - 1999. Festschrift zum 150jährigen Bestehen der Kolpingfamilie Düsseldorf - Zentral, Düsseldorf 1999, 1 - 120, 2 ff.
[2] Vgl. DZ 27.02.1848; DZ 07.03.1848.
[3] Vgl. DZ 18.03.1848; DZ 20.03.1848.
[4] Vgl. Vollständiges Verzeichniß von sämmtlichen im Friedrichs - Haine Beerdigten, welche als Opfer für die Freiheit am 18. und 19. März in Berlin gefallen sind, Berlin 1848, 3 ff; Wilhelm Busch, Die Berliner Märztage von 1848. Die Ereignisse und ihre Überlieferung, München 1899, 1 ff.
[5] Vgl. Christina Klausmann, Revolutionärer Aufbruch in Deutschland, in: Lothar Gall, 1848. Aufbruch zur Freiheit. Eine Ausstellung des Deutschen Historischen Museums und der Schirn Kunsthalle Frankfurt zum 150jährigen Jubiläum der Revolution von 1848/49. 18 Mai bis 18. September 1998 in der Schirn Kunsthalle Frankfurt, Berlin 1998, 115 - 158, 116 ff.
[6] Vgl. SAD Protokolle Stadtverordnetenversammlung Bd. 18, 28.03.1848; DZ 22.03.1848; DZ 18.04.1848; DK 23.04.1848; DZ 23.04.1848; DZ 25.04.1848; DZ 03.05.1848; Leo Busch, Düsseldorf im

der "Verein für demokratische Monarchie", der unter dem Vorsitz von Hugo Wesendonk für die Einführung einer parlamentarischen Demokratie in Deutschland eintrat[7]. Etwa zeitgleich verbanden sich reformkonservative und katholische Strömungen zu einem Wahlbündnis, das gleichfalls eine Demokratisierung der Parlamente anstrebte, dem König und den alten Gewalten jedoch weitergehende Kompetenzen zugestehen wollte[8]. Aus den Urwahlen vom 1. Mai 1848 ging in Düsseldorf der Verein für demokratische Monarchie als Sieger hervor, der sowohl in das Frankfurter wie in das Berliner Parlament ausgeprägte Demokraten als Abgeordnete entsandte[9].

Nachdem sich abzeichnete, dass in der Frankfurter Nationalversammlung reformkonservative Kräfte die Oberhand gewannen[10], schlossen sich die Düsseldorfer Demokraten zu einem neuen Bündnis zusammen. Im Düsseldorfer Volksklub sammelte sich um Julius Wulff und Ferdinand Freiligrath ein buntes Spektrum radikal demokratischer Kräfte, in dessen weiterem Umfeld auch Ferdinand Lassalle anzutreffen war[11].

Als der König am 9. November 1848 die Berliner Abgeordnetenversammlung entmachtete[12], führte dies in Düsseldorf zu einer Radikalisierung der demokratischen Kräfte. Der Volksklub erklärte sich für permanent tagend, rief eine Barrikadenkommission zur Bewaffnung ins Leben und forderte zum Steuerboykott auf[13].

In den folgenden Tagen drohten die Ereignisse in Düsseldorf immer mehr zu eskalieren, bis schließlich am 22. November 1848 der Düsseldorfer Regierungspräsident Adolph Theodor von Spiegel über die Stadt den Belagerungszustand verhängte[14]. Um Ruhe und Ordnung wiederherzustellen, wurde die Entwaffnung aller Bürger und die Verhaftung vermeintlicher Rädelsführer angeordnet und durchgeführt. Gleichzeitig wurden alle wichtigen Plätze der Stadt vom Militär besetzt und opponierende Regierungsräte von ihren Ämtern suspendiert[15]. Erst am 20. Januar 1849 wurde der Belagerungszustand für beendet erklärt[16].

Wahlkampfe zum ersten deutschen Parlament im Jahre 1848, in: Düsseldorfer Tageblatt Jg. 59 Nr. 183 (04.07.1925), o. S. (3).

[7] Vgl. DZ 18.04.1848; DZ 23.04.1848; DZ 03.07.1848. Vgl. dazu Hugo Wesendonk, Erinnerungen aus dem Jahre 1848, New York 1898, 3 ff.

[8] Vgl. SAD XXIII 2, 21.04.1848; DK 18.04.1848; DK 19.04.1848; DZ 23.04.1848; Anton Josef Binterim, Die Wünsche und Vorschläge der katholischen Geistlichkeit Düsseldorfs an den Hochwürdigsten Herrn Erzbischof von Köln. Ein Wort zur Rechtfertigung derselben, Düsseldorf 1848, 8 f.

[9] Vgl. DZ 03.05.1848.

[10] Vgl. Wilhelm Ribhegge, Das Parlament als Nation. Die Frankfurter Nationalversammlung 1848/49, Düsseldorf 1998, 83 ff.

[11] Vgl. NHS Regierung Düsseldorf 200, 06.06.1848; Düsseldorf 1848. Bilder und Dokumente, Düsseldorf 1948, 29 ff; Dietmar Niemann, Die Revolution von 1848/49 in Düsseldorf. Geburtsstunde politischer Parteien und Bürgerinitiativen, Düsseldorf 1993, 120 ff.

[12] Vgl. Wolfram Siemann, Die deutsche Revolution von 1848/49, Frankfurt 1985, 173 ff.

[13] Vgl. NHS Regierung Düsseldorf 200, 12.11.1848; DZ 15.11.1848; DZ 16.11.1848; Wilhelm Herchenbach, Düsseldorf und seine Umgebung in den Revolutionsjahren von 1848 - 1849, Düsseldorf 1882, 113 ff.

[14] Vgl. DZ 23.11.1848.

[15] Vgl. DZ 23.11.1848; DZ 24.11.1848; DZ 26.11.1848.

[16] Vgl. NHS Regierung Düsseldorf Präsidialbüro 814, 20.01.1849; DJ 20.01.1849.

1. Düsseldorf während der Revolution 1848/49

Dass die Belagerung die politische Stimmung der Düsseldorfer Bevölkerung nicht im Sinne der Regierung besserte, sondern weiter radikalisierte, offenbarte sich am Jahrestag der Berliner Revolution. Trotz restriktiver Anordnungen kam es am 18. März 1849 in Düsseldorf zu nicht genehmigten Kundgebungen, in deren Verlauf etwa 20 Personen verletzt wurden[17].

Wenige Wochen nach diesen Vorfällen lösten Auseinandersetzungen um die im Frankfurter Parlament beratene Reichsverfassung letzte schwere Unruhen in Düsseldorf aus[18]. Als erkennbar wurde, dass die preußische Regierung nicht gewillt war, die neue Verfassung des Deutschen Reiches anzuerkennen, kam es in Düsseldorf zu verschiedenen regierungsfeindlichen Versammlungen und Demonstrationszügen[19]. Seinen Höhepunkt erreichte der Konflikt am 9. Mai 1849, als das Geschehen in der Stadt völlig außer Kontrolle geriet: "Der traurige Conflict zwischen Krone und Volk", so die Düsseldorfer Zeitung vom 10. Mai 1849, "hat in unserer Stadt blutige Scenen hervorgerufen, und viele Familien in namenloses Leid gestürzt. Gestern Abend 8 1/2 Uhr hatten einzelne Gruppen sich vom Mittelpunkte der Stadt in Bewegung gesetzt, und bald nachher hieß es, daß man an den Häusern mehrerer höhern Civil- und Militärbehörden argen Unfug verübt. Es dauerte nicht lange, so erschien Infanterie und gleichzeitig ertönte das Lärmhorn der Bürger. Man riß das Pflaster auf, und in allen Straßen des ältern Stadttheils erhoben sich mit Blitzesschnelle Barrikaden. Man erstieg die Thürme und das Sturmläuten wurde bald vom Donner der Kanonen und Peletonfeuer assistirt. Furchtbar war der Lärm, und mit jeder Stunde vermehrte sich das Feuern. Einzelne Barrikaden wurden von den Truppen genommen, nachdem die Kartätschen ihre vernichtende Wirkung vorher daran erprobt. Gegen 3 Uhr heute in der Frühe schien auf beiden Seiten Waffenruhe eingetreten, wenigstens vernahm man längere Zeit keine Schüsse und die Glocken schwiegen"[20].

Offizielle Stellen teilten später mit, dass bei der nächtlichen Straßenschlacht insgesamt 16 Düsseldorfer Bürger den Tod fanden, die in aller Stille auf dem Golzheimer Friedhof beigesetzt wurden[21]. Am 10. Mai 1849 wurde zum zweiten Mal der Belagerungszustand über Düsseldorf verhängt, Zivilisten entwaffnet, strategisch bedeutende Plätze von Soldaten besetzt, verdächtige Personen verhaftet und Zeitungen unter Zensur gehalten[22].

---

[17] Vgl. NHS Regierung Düsseldorf 8804, 19.03.1849 und 20.03.1849; DZ 21.03.1849.
[18] Vgl. dazu Wolfgang J. Mommsen, Die zweite Revolution, die nicht sein sollte: Die Reichsverfassungskampagne: die letzte Phase der Revolution von 1848/1849, in: Festschrift Wolfgang Schieder, Europäische Sozialgeschichte, Berlin 2000, 113 - 126, 113 ff.
[19] Vgl. DJ 09.05.1849; Wilhelm Herchenbach, Düsseldorf und seine Umgebung in den Revolutionsjahren von 1848 - 1849, Düsseldorf 1882, 146 ff.
[20] DZ 10.05.1849. Vgl. dazu Ulrich Brzosa, Der 9. Mai 1849: Zur Erinnerung an Düsseldorfs blutigste Straßenschlacht. Wie Düsseldorf zum "Haupttherd der Anarchie und Unordnung für die Rheinprovinz" wurde, in: Die Bilker Sternwarte Jg. 45 Nr. 6 (Juni 1999), 134 - 136, 134 ff.
[21] Vgl. Albert Küster, Erinnerungen aus den ersten zwanzig Jahren meines Lebens, Düsseldorf 1906, 45 f; Düsseldorf 1848. Bilder und Dokumente, Düsseldorf 1948, 93 f.
[22] Vgl. DZ 12.05.1849.

Auch nach Aufhebung des Belagerungszustandes am 6. August 1849 gehörten Verhaftungen oppositioneller Verdächtiger, Denunziationen unbequemer Personen und Verbote politischer Vereine zur Tagesordnung[23]. Es schien, als ob das vorrevolutionäre Düsseldorf wiederhergestellt wäre: Der vorübergehend auf Seite der Revolutionäre stehende Gemeinderat schloss regierungsfeindliche Mitglieder aus; die demokratische Bewegung war mit der Verfolgung aller, die revolutionärer Umtriebe verdächtig waren, mundtot gemacht[24].

2. Piusverein

Welche Rolle die Katholiken der Stadt in jener bewegten Zeit spielten, lässt sich nur schwer rekonstruieren.

Die Sorge um die öffentliche Stellung der Kirche und die Glaubensfreiheit ihrer Angehörigen war die Parole gewesen, welche auch die deutschen Katholiken im Jahre 1848 politisch aktivierte und zur Wahl eigener Vertreter in die Parlamente veranlasste[25]. Als geeignete Methode zur Verwirklichung politischer Ziele galt die Gründung von Vereinen, für die sehr bald der Ende März 1848 in Mainz gegründete "Pius - Verein für religiöse Freiheit" zum Vorbild wurde[26]. Da es "in dieser entscheidenden und tiefbewegten Zeit die heiligste Pflicht aller überzeugungstreuen Katholiken" war, "zusammenzustehen zur Wahrung und Aufrechterhaltung ihres höchsten Gutes, der Freiheit und Sicherheit ihrer Religion"[27], umschrieb das Mainzer Bündnis in seinen Statuten den Vereinszweck mit den Worten: "Der Verein, huldigend dem Grundsatze der Freiheit und vollständiger Parität in religiösen Dingen, wird zunächst darüber wachen, daß diese Freiheit und Parität in keiner Weise und von keiner Seite her zum Nachtheil der katholischen Religion verletzt werde" (§ 1)[28]. Die Vereinsgründer betrachteten die Rechtsgleichheit als ein allen Konfessionen zu gewährendes Recht. Ihr erster Aufruf erklärte daher: "Dieser entscheidende Zeitmoment legt auch den Katholiken bezüglich ihrer Religion eine große Pflicht auf: nämlich die Pflicht, die Freiheit des Gewissens, die Freiheit der Rede und der Presse, die Freiheit der Association, welche für Alle zugestanden ist, zugunsten ihrer Religion und ihrer Kirche mit allem Nachdruck und durch alle gesetzlichen Mittel geltend zu machen und zu wahren, wie sie dieselben kostbaren Rechte und Freiheiten auch

---

[23] Vgl. NN, Verordnungen und Bekanntmachungen der Königlichen Regierung, in: Amtsblatt der Regierung zu Düsseldorf Nr. 56 (16.08.1849), 391 - 395, 391 f.
[24] Vgl. DJ 25.03.1857.
[25] Vgl. Valmar Cramer, Die Katholische Bewegung im Vormärz und im Revolutionsjahr 1848/49, in: Ludwig Lenhart, Idee, Gestalt und Gestalter des ersten deutschen Katholikentages in Mainz 1848, Mainz 1948, 21 - 63, 37 ff.
[26] Vgl. NN, Mainz, in: Der Katholik Jg. 28 Nr. 36 (24.03.1848), 147.
[27] NN, Mainz, in: Der Katholik Jg. 28 Nr. 40 (02.04.1848), 163 - 164, 164.
[28] NN, Mainz, in: Der Katholik Jg. 28 Nr. 40 (02.04.1848), 163 - 164, 164.

2. Piusverein

zu Gunsten aller anderen Confessionen in vollem Maaße gewahrt wissen wollen"[29]. Mitglied des Piusvereins konnte jeder unbescholtene deutsche Katholik werden (§ 3). Filialvereine in anderen Orten sollten sich dem Zentralverein in Mainz angliedern und mit ähnlichen Organisationen in anderen deutschen Staaten Verbindung aufnehmen (§ 5)[30]. Das Modell des Mainzer Piusvereins breitete sich in Deutschland rasch aus, ohne die Nachfolgevereine in ein starres Korsett zu zwängen. Bis Oktober 1848 waren in Deutschland über 400 lokale Vereine gegründet, die über hunderttausend Katholiken erfassten[31].

Während sich die deutschen Katholiken 1848 überall zusammenschlossen, fehlte Düsseldorf, eine im 19. Jahrhundert immerhin zu mehr als 2/3 katholische Stadt[32], lange Zeit auf der Karte des organisierten Katholizismus[33]. Hier wurde erst am 25. Februar 1849, als in vielen Teilen Deutschlands die politische Bewegung wieder am Abklingen war, von führenden Katholiken ein Piusverein ins Leben gerufen[34].

Im Gegensatz zum Nachbarverein in Köln, der seine Hauptaufgabe darin sah, "die sozialen und politischen Fragen vom christlichen, speziell vom katholischen Standpunkte aus zu behandeln und insbesondere die Freiheit, die Unabhängigkeit und das

---

[29] NN, Mainz, in: Der Katholik Jg. 28 Nr. 40 (02.04.1848), 163 - 164, 164.
[30] Vgl. NN, Mainz, in: Der Katholik Jg. 28 Nr. 40 (02.04.1848), 163 - 164, 164.
[31] Vgl. Josef Grunau, Festschrift zum goldenen Jubiläum des Pius - Vereins, Neuss 1898, 13 ff; Josef May, Geschichte der Generalversammlungen der Katholiken Deutschlands, Köln 1903, 21 ff; Johannes Baptist Kißling, Geschichte der deutschen Katholikentage Bd. 1, Münster 1920, 187 ff; Paul Mazura, Die Entwicklung des politischen Katholizismus in Schlesien von seinen Anfängen bis zum Jahre 1880, Breslau 1925, 7 ff; Gottfried Huperz, Die Anfänge katholisch - politischer Vereinsbildung in Westfalen. Ein Beitrag zur Geschichte der katholisch - politischen Bewegung in Deutschland in den Jahren 1848 und 1849, Diss. Münster 1927, 29 ff; Rita Hemmer, Katholische Vereinsbildung im Revolutionsjahr 1848. Ein Beitrag zur Geschichte der Piusvereine bis zu ihrer ersten Generalversammlung, in: Munuscula. Versuch einer Festschrift für Konrad Repgen zum 50. Geburtstag am 5. Mai 1973, Bonn 1973, 36 - 49, 36 ff; Ernst Heinen, Der Kölner Piusverein 1848/49 - ein Beitrag zu den Anfängen des politischen Katholizismus in Köln, in: Jahrbuch des Kölnischen Geschichtsvereins 57 (1986), 147 - 242, 147 ff; Heinz Hürten, Kurze Geschichte des deutschen Katholizismus 1800 - 1960, Mainz 1986, 85; Ernst Heinen, Das katholische Vereinswesen in der Rheinprovinz und in Westfalen 1848 bis 1955. Kirchenpolitik oder Christliche Demokratie ?, in: Winfried Becker, Christliche Demokratie in Europa. Grundlagen und Entwicklungen seit dem 19. Jahrhundert, Köln 1988, 29 - 58, 29 ff; Ernst Heinen, Der demokratische Katholikenverein/Piusverein Trier (1848 - 1850), in: Kurtrierisches Jahrbuch 30 (1990), 253 - 305, 253 ff; Ernst Heinen, Der katholische Volksverein/Piusverein Koblenz 1848/50 (53), in: Archiv für mittelrheinische Kirchengeschichte 42 (1990), 193 - 216, 193 ff; Norbert Schloßmacher, Die Piusvereine Poppelsdorf, Bonn und Rheinbach 1848/49 - 1857. Ein Beitrag über die Anfänge des politischen Katholizismus und des kirchlichen Vereinswesens im Bonner Raum, in: Bonner Geschichtsblätter 42 (1992), 339 - 383, 339 ff; Ernst Heinen, Anfänge des politischen Katholizismus in Aachen. Der Piusverein (1848 - 1854/55), in: Zeitschrift des Aachener Geschichtsvereins 100 (1995/96), 327 - 471, 327 ff.
[32] Vgl. Wilderich von Spee, Statistik des Kreises Düsseldorf für die Jahre 1859, 1860 und 1861, Düsseldorf 1864, 13 ff; DS 14.11.1869; DT 13.10.1934.
[33] Vgl. CVD 170, Geschichte des Vinzenzvereins in Düsseldorf 1850 - 1935, S. 24.
[34] Vgl. CVD 170, Geschichte des Vinzenzvereins in Düsseldorf 1850 - 1935, S. 27; DJ 28.02.1849; Heinrich Auer, Die ersten fünf Jahre des Vinzenzvereins in Deutschland auf Grund meist unerforschten Materials dargestellt, in: Hermann Bolzau, Vinzenzgeist und Vinzenzverein. Festgabe zum hundertjährigen Bestehen des Vinzenzvereins, Köln 1933, 17 - 48, 36.

Wohl der katholischen Kirche zu bewahren und zu fördern"[35], verfolgte der Düsseldorfer Verein das Ziel, "mäßigend auf die aufgewogten Leidenschaften der Zeit zu wirken"[36]. Nicht der Ruf nach Befreiung der Gesellschaft von politischer Bevormundung hatte die Gründungsmitglieder des Düsseldorfer Piusvereins zusammengeführt, sondern die Angst vor unkontrollierbaren Auswüchsen der Revolution. In einer anonymen Zuschrift aus Düsseldorf vom 10. Juni 1849 an den "Katholiken" hieß es: "Der Piusverein hat hier einen zahlreichen Anhang gefunden. Daß unter den Vereinsmitgliedern die Scheu vor der Politik groß ist, ist nicht zu verwundern. Die hiesigen Zustände zeigen nur deutlich die Abgründe, welche die Politik der Religion droht, und alle Ruhigdenkenden werden einverstanden sein, daß kirchliche Vereine in den rein politischen Fragen leicht ihr Grab finden"[37]. Eine politische Programmatik sucht man in der Satzung des Düsseldorfer Piusvereins vergebens[38]. Zwar galt auch hier die Sorge um die zukünftige Rolle der Kirche in Staat und Gesellschaft als Hauptzweck des Vereins, doch war die Erörterung "politischer Fragen" in den Versammlungen laut Statut ausgeschlossen (§ 1)[39].

Das Aktionsfeld des Düsseldorfer Piusvereins war auf die Kirchenpolitik begrenzt[40]. Das Rüstzeug für die Auseinandersetzung mit Andersdenkenden sollte den Mitgliedern durch religiös - kirchliche Bildungsarbeit vermittelt werden[41]. Welche Gegenstände in den Versammlungen berührt wurden, zeigt der Rückblick auf das erste Vereinsjahr: "Was nun die Wirksamkeit des hiesigen Pius - Vereins betrifft, so sind im Laufe der Zeit alle wichtigen Zeitfragen, welche sich auf die Stellung der Kirche in der gegenwärtigen Zeit, ihr Verhältniß zum Staate, ihren Einfluß auf das Familien- und Völkerleben, insbesondere auf die socialen Zustände, ihre Rechte und Freiheiten vielfach und gründlich besprochen und discutiert worden und wenn eben kein neuer Gegenstand aus den Zeitereignissen vorhanden war, der zu einem Vortrage geeignet schien, so wurden andere nicht minder wichtige und lehrreiche Gegenstände aus dem großen Gebiet der katholischen Literatur und des kirchlichen Lebens behandelt. Es wurden namentlich ausführliche und zum Theil sehr treffliche Vorträge gehalten über die ... Schulfrage, über christliche Erziehung, über die Linderung der Noth der arbeitenden Classen, über die Freiheiten der Kirche, ... über die weltliche Herrschaft des Papstes"[42].

Da die Mehrzahl der Düsseldorfer Katholiken die gewalttätigen Unruhen als Resultat zunehmender Verelendung weiter Bevölkerungskreise verstand, glaubte der hiesige Piusverein, insbesondere auf diesem Gebiet in Aktion treten zu müssen. Die Linderung

---

[35] NN, Verein Pius IX., in: Pius IX. Christlich - democratische Wochenschrift Jg. 1 Nr. 2 (12.07.1848), o. S. (2 - 4, 2). Vgl. auch NN, Statut des Vereins Pius IX. zu Köln, in: Pius IX. Vereins - Organ. Herausgegeben unter Leitung des Kölner Vereins - Vorstandes Jg. 1 Nr. 3 (30.03.1849), 9 - 10, 9.
[36] DT 10.05.1907. Vgl. auch NN, Düsseldorf, in: Der Katholik Jg. 29 Nr. 71 (15.06.1849), 284.
[37] NN, Düsseldorf, in: Der Katholik Jg. 29 Nr. 71 (15.06.1849), 284.
[38] Vgl. Statuten des Pius - Vereins zu Düsseldorf, Düsseldorf 1849, o. S. (1 ff).
[39] Vgl. Statuten des Pius - Vereins zu Düsseldorf, Düsseldorf 1849, o. S. (2).
[40] Vgl. NN, Düsseldorf, in: Sion Jg. 18 Nr. 82 (11.07.1849), 758; NN, Düsseldorf, in: Katholische Sonntagsblätter zur Belehrung und Erbauung Jg. 8 Nr. 35 (02.09.1849), 278.
[41] Vgl. DZ 04.08.1849; DZ 17.02.1850; DJ 02.03.1850; DZ 05.07.1850.
[42] DJ 01.06.1850.

sozialer Not war von Beginn an eines seiner leitenden Motive. Wörtlich war den Statuten vorangestellt, dass der Düsseldorfer Piusverein die "socialen Fragen, so weit dies Aufgabe der Kirche ist, ... durch Förderung aller Werke der christlichen Nächstenliebe, der geistigen und leiblichen Noth zu steuern sich bemühen wird" (§§ 1 und 2)[43]. Nicht zu Unrecht bilanzierte der Düsseldorfer Piusverein im Sommer 1850: "Es sind nicht bloß Reden gehalten, Discussionen geführt und Schriftstücke verfaßt worden, der Verein hat auch gehandelt, er hat bereits mehrfache Früchte seiner Wirksamkeit in dem bürgerlichen Leben hervorgebracht, und also auch seinen wirklichen praktischen Werth zur Genüge bewiesen"[44].

3. Katholischer Knabenwaisenverein

Auch wenn das Protokollbuch des Düsseldorfer Piusvereins, das vor wenigen Jahrzehnten noch im Archiv des Deutschen Caritasverbandes in Freiburg aufbewahrt wurde[45], heute nicht mehr auffindbar ist, lässt sich aus anderen Quellen rekonstruieren, um welche "Früchte" es sich dabei im einzelnen handelte. Das Düsseldorfer Journal und Kreis - Blatt meldete am 24. August 1849: "Der Piusverein hierselbst hat in seiner Sitzung vom 19. August den einstimmigen Beschluß gefaßt, das längst gehegte Projekt der Gründung eines katholischen Knabenwaisenhauses in Düsseldorf wieder aufzunehmen, da sich ein solches Institut als ein Bedürfnis für die Stadt erweist. Es wurde zu dem Ende eine Kommission von zwölf Mitgliedern erwählt, welche die Sache sofort in die Hand nehmen wird"[46]. In nur wenigen Monaten gelang dem Gremium, was zuvor in mehreren Versuchen gescheitert war: die Gründung eines Katholischen Knabenwaisenhauses[47]. Als der Piusverein vier Jahre nach Wilhelm Basses ersten Versuchen die Eröffnung eines katholischen Waisenvereins erneut in Angriff nahm, hatten sich die Voraussetzungen für ein Gelingen grundlegend geändert[48]. Hatte Wilhelm Basse die "achtbaren und einflußreichen" Katholiken der Stadt erst mühsam für sein Vorhaben sensibilisieren müssen[49],

---

[43] Statuten des Pius - Vereins zu Düsseldorf, Düsseldorf 1849, o. S. (2).
[44] DJ 01.06.1850.
[45] Vgl. Heinrich Auer, Die ersten fünf Jahre des Vinzenzvereins in Deutschland auf Grund meist unerforschten Materials dargestellt, in: Hermann Bolzau, Vinzenzgeist und Vinzenzverein. Festgabe zum hundertjährigen Bestehen des Vinzenzvereins, Köln 1933, 17 - 48, 36. Vgl. auch CVD 170, Geschichte des Vinzenzvereins in Düsseldorf 1850 - 1935, S. 23 f.
[46] DJ 24.08.1849.
[47] Vgl. oben S. 95 ff.
[48] Vgl. Ulrich Brzosa, 150 Jahre St. Raphael Haus. Ein Streifzug durch die Geschichte, in: Die Bilker Sternwarte Jg. 46 Nr. 10 (Oktober 2000), 238 - 240, Nr. 11 (November 2000), 251 - 255 und Nr. 12 (Dezember 2000), 277 - 282, 238 ff.
[49] Vgl. DK 01.05.1845.

so war dies nach Etablierung des "alle Werke der christlichen Nächstenliebe" (§ 2) fördernden Piusvereins nicht mehr notwendig[50].

Nachdem der Piusverein im Herbst des Jahres 1849 auf seinen Monatsversammlungen mehrfach über die Einrichtung eines Waisenvereins beraten hatte[51], fanden sich 37 katholische Männer, fast alle Mitglied im Piusverein, am 23. Dezember im Pfarrhaus von St. Andreas (Hunsrückenstr. 10) ein und erklärten, heute einen Verein zum Zweck der Gründung einer Waisenanstalt ins Leben rufen zu wollen[52]. Im ersten Artikel der bereits am 12. November 1849 im Piusverein verabschiedeten Statuten wurde die Absicht mit den Worten umschrieben: "Unter dem Namen Katholischer Waisen - Verein zu Düsseldorf bildet sich daselbst ein Verein, dessen Zweck es ist, eine Anstalt mit Corporationsrechten für Aufnahme, Pflege, Unterricht und Erziehung katholischer verwaister Kinder und, soweit es Raum und Mittel gestatten, auch verwahrloster Kinder zunächst der Samtgemeinde Düsseldorf zu gründen"[53]. Zum Vorsitzenden des Waisenvereins wurde Gymnasialdirektor Karl Kiesel gewählt, der bis zu seinem Tod am 2. November 1903 in nahezu allen katholischen Vereinen der Stadt eine führende Rolle einnahm[54].

Dank der Unterstützung bekannter Persönlichkeiten wie Wilhelm von Schadow oder Prinzessin Stephanie von Hohenzollern, die sich bereitwillig in den Dienst der Sache stellten[55], wurde zum Erwerb eines Waisenhauses in nur wenigen Monaten ein Stiftungsfond von beachtlichen 12000 Talern zusammengetragen[56]. Die Freigebigkeit der Düsseldorfer Katholiken machte es möglich, dass der Waisenverein bereits am 17. März 1850 von der Witwe Amalie von Hagens das Haus Nr. 20 in der Ritterstraße anzukaufen vermochte[57].

Der Eröffnung des Knabenwaisenhauses am 2. September 1850 ging die kirchliche Weihe am 31. August voraus[58]. Der Ablauf der Feierlichkeit, der auch Kardinal Johannes von Geissel aus Köln beiwohnte, ist einem eigens hierzu angefertigten Programmzettel zu entnehmen: Die Feier begann morgens 7 Uhr in der Pfarrkirche St. Lambertus mit einem Gottesdienst, dem eine Ansprache und eine Kollekte folgte. Nach der Messe fand ein Festzug zur Ritterstraße statt, an dem sich die Pfarrschulen der Altstadt, sämtliche

---

[50] Vgl. Statuten des Pius - Vereins zu Düsseldorf, Düsseldorf 1849, o. S. (2).
[51] Vgl. DJ 24.08.1849; DJ 02.09.1849; NN, Düsseldorf, in: Katholische Sonntagsblätter zur Belehrung und Erbauung Jg. 8 Nr. 35 (02.09.1849), 278; DJ 17.10.1849; DJ 01.11.1849; DJ 03.11.1849; DJ 10.11.1849; NN, Düsseldorf, in: Katholische Sonntagsblätter zur Belehrung und Erbauung Jg. 9 Nr. 4 (27.01.1850), 29; NN, Düsseldorf, in: Der Katholik Jg. 30 Bd. 1 Nr. 2 (1850), 95.
[52] Vgl. NHS Notar Rep. 2209 Nr. 3269, 12.11.1849; NHS Regierung Düsseldorf 29812, 14.03.1850; DJ 11.01.1850.
[53] AEK GVA Düsseldorf überhaupt 4, 12.11.1849. Vgl. auch DZ 03.02.1850.
[54] Vgl. AEK GVA Düsseldorf überhaupt 4, 25.03.1850; NN, Zur Erinnerung an Dr. Karl Kiesel, in: Jahrbücher des Vereins vom heiligen Vincenz von Paul Jg. 58 Nr. 3/4 (März/April 1906), 67 - 72, 68 ff.
[55] Vgl. KRD 13, 24.03.1852 und 16.08.1858; DA 18.01.1857; Verzeichniß der Mitglieder und Theilnehmer des Katholischen Waisenvereins zu Düsseldorf während des Jahres 1857, Düsseldorf 1857, 5 ff.
[56] Vgl. NHS Regierung Düsseldorf 29812, 14.03.1850.
[57] Vgl. KRD 7, 24.05.1852; DJ 01.11.1851; DT 04.05.1913.
[58] Vgl. AEK GVA Düsseldorf überhaupt 4, 17.08.1850; KRD 9, 31.08.1850; KRD 42, 20.08.1850, 29.08.1850, 02.09.1850 und 11.09.1850; NHS Sammlung Carl Guntrum II 73, 31.08.1850; DZ 30.08.1850; DZ 05.09.1850.

kirchliche Bruderschaften und Vereine der Stadt sowie die gesamte Düsseldorfer Geistlichkeit beteiligten[59]. Wie aus der Chronik hervorgeht, wurden am 2. September 1850 morgens 9 Uhr in Gegenwart des gesamten Vereinsvorstandes zwölf von der städtischen Armenverwaltung überwiesene Waisenknaben als erste Kinder in der Anstalt aufgenommen[60].

Im folgenden Jahr, in dem der Verein durch königliche Kabinettsorder vom 29. März 1851 das für den Erwerb von Immobilien und Kapitalien wichtige Korporationsrecht verliehen bekam[61], wurden bereits 40 Knaben verpflegt[62]. Unter ihnen befanden sich 25 Kinder, die auf Kosten der städtischen Armenverwaltung bislang in Pflegefamilien untergebracht waren, nach einem Beschluss der Düsseldorfer Stadtverordnetenversammlung vom 1. Juli 1851 aber zu einem Pflegesatz von 30 Talern in das neue Waisenhaus verlegt wurden[63]. Über ihren Werdegang berichtete das Düsseldorfer Journal wenige Wochen später: "Die jetzt im Waisenhause befindlichen 23 Knaben waren die verwahrlosesten aller Kinder. Sie waren mit Ungeziefer und meistens mit ekelhaften Krankheiten behaftet und geistig fast alle verkommen. Die Schwestern vom armen Kindlein Jesu haben hier ihre Menschenliebe bewiesen. Die Kinder sind alle gesund und munter und haben dicke Backen bekommen. Sie betragen sich sittig und haben die geistige Stumpfheit verloren"[64].

4. Vinzenzverein

Die erkennbare Zurückhaltung des Düsseldorfer Piusvereins in Fragen der Politik dürfte auch Ursache gewesen sein, dass hier Ende der vierziger Jahre entgegen der allgemeinen Entwicklung noch keine Vinzenzkonferenz eingerichtet war.

Die Anregung hierzu stammte aus Frankreich, wo sich 1833 unter Frédéric Ozanam sechs Pariser Studenten zu einer "Conférence de Charité" zusammengeschlossen hatten, um arme und bedürftige Familien zu besuchen und zu unterstützen[65]. Die Studenteninitiative wuchs schnell, erstreckte sich auf immer mehr Bereiche tätiger Nächstenliebe, bildete Zweigkonferenzen und stellte sich 1834 unter das Patronat des Vinzenz von Paul

---

[59] Vgl. KRD 9, 31.08.1850; NHS Sammlung Carl Guntrum II 73, 31.08.1850.
[60] Vgl. KRD 42, 02.09.1850; DZ 05.09.1850.
[61] Vgl. AEK GVA Düsseldorf überhaupt 4, 29.03.1851.
[62] Vgl. DJ 01.11.1851.
[63] Vgl. KRD 17, 04.05.1851; KRD 42, 02.07.1851; SAD Protokolle Stadtverordnetenversammlung Bd. 22, 01.07.1851; DJ 14.10.1851; DJ 01.11.1851; Verwaltungs - Bericht für das Jahr 1851 vorgetragen von Bürgermeister Hammers in der Gemeinderaths - Sitzung vom 7. Januar 1852 und Etat der Gemeinde Düsseldorf für das Jahr 1852, Düsseldorf 1852, 11.
[64] DJ 31.08.1851.
[65] Vgl. Heinrich Auer, Friedrich Ozanam, der Gründer des Vinzenz - Vereins. Ein Leben der Liebe, Freiburg 1913², 64 ff.

(1581 - 1660)⁶⁶. Als vergleichbarer Zusammenschluss bildete sich in Deutschland 1845 in München der erste deutsche Vinzenzverein, der schon früh den Anschluss an die Pariser Zentrale suchte⁶⁷. Zum Durchbruch kam der Gedanke in Deutschland auf dem Mainzer Katholikentag von 1848. Hier stellte August Reichensperger erstmals einer breiten Öffentlichkeit die Grundanliegen des Vinzenzvereins vor und rief alle deutschen Katholiken zur Unterstützung des selbstlosen Hilfswerkes auf⁶⁸.

Der Appell verhallte in Deutschland nicht ungehört; überall, vor allem aber im Rheinland und in Westfalen fand das Liebeswerk von Frédéric Ozanam Eingang⁶⁹. Die ersten rheinischen Städte, in denen der Vinzenzverein Fuß fasste, waren Koblenz (1848), Mainz (1848), Köln (1848), Aachen (1849), Bonn (1849) und Eupen (1849)⁷⁰. Die rasche Ausbreitung der ersten flächendeckenden Caritasorganisation machte noch im gleichen Jahr die Einrichtung eines Verwaltungsrates für die Provinz Rheinpreußen notwendig, dessen Vorsteher am 24. Dezember 1849 zum auswärtigen Mitglied des Pariser Generalrates ernannt wurde⁷¹.

---

⁶⁶ Vgl. Luigi Mezzadri, Federico Ozanam. Se non ho la carità, non sono niente, Milano 2000, 7 ff.

⁶⁷ Vgl. Bernhard Kühle, Der Münchener Vinzenzverein. Eine typische Laienorganisation katholischer Caritas, Wuppertal 1935, 15 ff.

⁶⁸ Vgl. Verhandlungen der ersten Versammlung des katholischen Vereins Deutschlands am 3.,4., 5. und 6. Oktober zu Mainz. Amtlicher Bericht, Mainz 1848, 62 f; Heinrich Metzner, "Das Werk der Nächstenliebe", der St. Vinzenz - Verein auf der 1. Versammlung der "Katholischen Vereine" in Mainz, in: Ludwig Lenhart, Idee, Gestalt und Gestalter des ersten deutschen Katholikentages in Mainz 1848, Mainz 1948, 248 - 267, 254 ff.

⁶⁹ Vgl. NN, Protokoll der Generalversammlung der Conferenzen von Rheinland und Westphalen, gehalten zu Köln am 11. März 1851, in: Jahrbücher des Vereins vom heiligen Vincenz von Paul Jg. 1 Nr. 3 (März 1851), 107 - 122, 107 ff; NN, Übersichtliche Zusammenstellung der Wirksamkeit der Conferenzen in Rheinland und Westphalen im Jahre 1850, in: Jahrbücher des Vereins vom heiligen Vincenz von Paul Jg. 1 Nr. 4 (April/Mai 1851), 177; Heinrich Auer, Die ersten fünf Jahre des Vinzenzvereins in Deutschland auf Grund meist unerforschten Materials dargestellt, in: Hermann Bolzau, Vinzenzgeist und Vinzenzverein. Festgabe zum hundertjährigen Bestehen des Vinzenzvereins, Köln 1933, 17 - 48, 27 ff.

⁷⁰ Vgl. NN, Der Verein zum heiligen Vincenz von Paula in Köln, in: Der Katholik Jg. 29 Nr. 103 (29.08.1849), 411 - 412, 411 f; Jakob Huschens, Geschichte des Vereins vom heiligen Vincentius von Paul in der Diözese Trier (1848 - 1895), Trier 1895, 8 ff; NN, Der St. Vincenz - Verein für Rheinpreußen, in: Jahrbücher des Vereins vom heiligen Vincenz von Paul Jg. 51 Nr. 1 (Januar 1899), 1 - 7, 3 ff; J. Wagels, Der Vincenzverein zu Aachen. (Ein Gedenkblatt zum fünfzigjährigen Bestehen des Vereins), in: Charitas. Zeitschrift für die Werke der Nächstenliebe im katholischen Deutschland Jg. 5 Nr. 7 (Juli 1900), 159 - 162, Nr. 8/9 (August/September 1900), 182 - 185, Nr. 10 (Oktober 1900), 221 - 234 und Nr. 11/12 (November/Dezember 1900), 252 - 255, 159 ff; Heinrich Auer, Die ersten fünf Jahre des Vinzenzvereins in Deutschland auf Grund meist unerforschten Materials dargestellt, in: Hermann Bolzau, Vinzenzgeist und Vinzenzverein. Festgabe zum hundertjährigen Bestehen des Vinzenzvereins, Köln 1933, 17 - 48, 27 ff; Gertraud Wopperer, Die neuen Formen sozial - caritativer Arbeit in der Oberrheinischen Kirchenprovinz 1834 - 1870, Freiburg 1957, 131.

⁷¹ Vgl. NN, Revue de la Correspondance, in: Bulletin de la Société de Saint - Vincent - de - Paul Tom. 2 No. 13 (Janvier 1850), 9 - 23, 9 f.

4. Vinzenzverein

Auf der konstituierenden Versammlung des Verwaltungsrates für Rheinpreußen war die Stadt Düsseldorf nicht vertreten[72]. Hier hielt man die Einrichtung einer Vinzenzkonferenz wegen des sozialen Engagements vom Piusverein für entbehrlich. Ohne Zweifel musste um die Mitte des 19. Jahrhunderts die Gründung einer Vinzenzkonferenz in Düsseldorf unzweckmäßig erscheinen, da nahezu alle auf dem Gebiet der Caritas tätigen Katholiken bereits im Piusverein zusammengeschlossen waren[73]. Dass in Düsseldorf um diese Zeit dennoch ein Verein im Sinne von Frédéric Ozanam gegründet wurde, war der Fürsorge der Nachbarstadt Köln zu verdanken. Zu Beginn des Jahres 1850 konstatierte Leo Meurin, Kölner Domvikar und Sekretär des Verwaltungsrates der rheinpreußischen Vinzenzvereine, in einem Brief an Karl Kiesel, "es sei doch auffällig, daß in Düsseldorf noch kein Vinzenzverein wirke"[74].

Auf einer Festversammlung der Düsseldorfer Vinzenzbrüder am 13. Oktober 1886 schilderte Karl Kiesel in Gegenwart von Erzbischof Philipp Krementz, welche Reaktionen der Kölner Tadel in Düsseldorf ausgelöst hatte: "Das Schreiben fand Anklang bei einer Anzahl von Männern, die sich schon in dem Interesse für Wahrung und Förderung religiöser Interessen, in dem Piusverein, begegnet waren. Nachdem sich ihrer 18, darunter 7 Priester und 11 Laien, bereit erklärt hatten, eine Konferenz des Vincenzvereins zu bilden, erschien am 14. Februar 1850 ein Mitglied des Provinzialrates, der Seminarprofessor Franz Adolph Buse ... in Düsseldorf, um den angehenden Schülern des h. Vincenz den nötigen Unterricht zu erteilen"[75].

Über die Wirkung des Vortrages von Franz Adolph Buse in Düsseldorf heißt es in den Erinnerungen von Karl Kiesel: "Dieser Unterricht zeigte den Zuhörern die Wohltätigkeit in einem ganz neuen Lichte, als eine Art geselligen Verkehrs mit denjenigen ihrer Mitmenschen, welche von der Welt fast vergessen sind, als Erweisung von Teilnahme, als fortdauerndes Bemühen um Verbesserung der Verhältnisse, als eine Erholung von eigener Berufsarbeit, als Erfüllung einer religiösen Pflicht, als eine Ergänzung der zum eigenen Vorteil geübten Tätigkeit. Es wurde klar, daß die Vereinigung, die man zu bilden im Begriffe stand, ihren Mitgliedern ebensoviel, vielleicht mehr Nutzen als den von ihnen zu Unterstützenden verspreche, daß sie eine Schule wirksamer Nächstenliebe zu werden geeignet sei, daß sie richtige Beurteilung und zweckmäßige Behandlung der von Armut Gedrückten lernen könne, von denen man sich nicht als Bittenden aufsuchen lassen dürfe, sondern die man selbst aufsuchen müsse, um in gesammeltem und liebreichem Verkehr mit ihnen die Quellen der Not kennen zu lernen und demnach die Mittel

---

[72] Vgl. NN, Der Verein zum heiligen Vincenz von Paula in Köln, in: Der Katholik Jg. 29 Nr. 103 (29.08.1849), 411 - 412, 411 f.

[73] Vgl. DJ 08.03.1850; DV 14.10.1886; Heinrich Auer, Die ersten fünf Jahre des Vinzenzvereins in Deutschland auf Grund meist unerforschten Materials dargestellt, in: Hermann Bolzau, Vinzenzgeist und Vinzenzverein. Festgabe zum hundertjährigen Bestehen des Vinzenzvereins, Köln 1933, 17 - 48, 36; Ulrich Brzosa, 150 Jahre Dienst am Nächsten. Aus der Geschichte des Düsseldorfer Vinzenzvereins, in: Jan Wellem Jg. 75 Nr. 3 (Juli/September 2000), 5 - 7, 5.

[74] DV 30.04.1900.

[75] DV 14.10.1886. Vgl. auch CVD 170, Geschichte des Vinzenzvereins in Düsseldorf 1850 - 1935, S. I f.

ausfindig zu machen, um Beseitigung oder wenigstens Linderung derselben herbeizuführen"[76].

Am 1. März 1850 hielt die neu gegründete Vinzenzkonferenz, die sich zunächst auf den Bereich der Pfarrei St. Andreas beschränkte[77], im Konferenzzimmer des Gymnasiums "ihre erste Sitzung, in welcher sie die ersten Versuche machte, Arme zu entdecken und Verkehr mit ihnen anzuknüpfen"[78]. Zu den Gründungsmitgliedern gehörten neben Karl Kiesel, der zum Vorsitzenden ernannt wurde, mehrere Professoren der Kunstakademie, unter ihnen Wilhelm von Schadow, Carl Müller, Ernst Deger und Franz Ittenbach[79]. Bereits wenige Monate später trat unter Leitung von Sanitätsrat Richard Hasenclever am 1. Oktober 1850 eine Vinzenzkonferenz für die Pfarrgemeinde St. Maximilian zusammen[80]. Beide Vereine, die im ersten Jahr ihres Bestehens zusammen 32 Familien betreuten und mit insgesamt 389 Talern unterstützten[81], beschlossen die Einsetzung eines örtlichen Verwaltungsrates, der am 26. Dezember 1850 seine erste Sitzung abhielt[82]. Hier wurde Karl Kiesel zum ersten Präsidenten gewählt, eine Funktion, die der rührige Direktor des Gymnasiums bis zum Goldenen Jubiläum des Düsseldorfer Vinzenzvereins im Jahre 1900 ausüben sollte[83]. Als ein Gesuch des St. Josephsvereins an der Lambertuspfarre (heute Kolpingfamilie Düsseldorf - Zentral) um Anschluss an den Vinzenzverein unter Beibehaltung seiner bisherigen Tätigkeit abgelehnt wurde, errichteten am 1. Januar 1851 einige Mitglieder des Gesellenvereins eine Vinzenzkonferenz für das Pfarrgebiet von St. Lambertus[84]. Im Protokoll der Generalversammlung der rheinischen Vinzenzvereine vom 11. März 1851 ist über die Fortschritte in Düsseldorf vermerkt: "Der Vicepräsident des örtlichen Verwaltungsrathes von Düsseldorf berichtet über das stets zunehmende Leben der Conferenzen daselbst. Der dortige Verein hat unter seiner vielfachen Wirksamkeit ein Hauptaugenmerk auf die Erziehung der Kinder der unterstützten Familien gerichtet. Die Bildung der dritten Conferenz, meist aus jungen Hand-

---

[76] DV 14.10.1886.
[77] Vgl. NN, Übersichtliche Zusammenstellung der Wirksamkeit der Conferenzen in Rheinland und Westphalen im Jahre 1850, in: Jahrbücher des Vereins vom heiligen Vincenz von Paul Jg. 1 Nr. 4 (April/Mai 1851), 177; DV 14.10.1886; DV 18.10.1903.
[78] DV 14.10.1886. Vgl. auch CVD 170, Geschichte des Vinzenzvereins in Düsseldorf 1850 - 1935, S. II.
[79] Vgl. CVD 170, Geschichte des Vinzenzvereins in Düsseldorf 1850 - 1935, S. 1 f.
[80] Vgl. CVD 170, Geschichte des Vinzenzvereins in Düsseldorf 1850 - 1935, S. II; NN, Allgemeiner Bericht über die Werke des Vereines vom h. Vincenz von Paul während des Jahres 1850, in: Jahrbücher des Vereins vom heiligen Vincenz von Paul Jg. 1 Nr. 4 (April/Mai 1851), 155 - 175, 158; DV 18.10.1903.
[81] Vgl. NN, Übersichtliche Zusammenstellung der Wirksamkeit der Conferenzen in Rheinland und Westphalen im Jahre 1850, in: Jahrbücher des Vereins vom heiligen Vincenz von Paul Jg. 1 Nr. 4 (April/Mai 1851), 177.
[82] Vgl. CVD 170, Geschichte des Vinzenzvereins in Düsseldorf 1850 - 1935, S. II.
[83] Vgl. CVD 170, Geschichte des Vinzenzvereins in Düsseldorf 1850 - 1935, S. II; DV 30.04.1900.
[84] Vgl. CVD 170, Geschichte des Vinzenzvereins in Düsseldorf 1850 - 1935, S. II; NN, Protokoll der Generalversammlung der Conferenzen von Rheinland und Westphalen, gehalten zu Köln am 11. März 1851, in: Jahrbücher des Vereins vom heiligen Vincenz von Paul Jg. 1 Nr. 3 (März 1851), 107 - 122, 109; DV 14.10.1886; Werner Schönen, Gott segne das ehrbare Handwerk ! Festschrift zum Goldenen Jubiläum des katholischen Gesellen - Vereins zu Düsseldorf 1849 - 1899, Düsseldorf 1899, 20 ff.

werkern, erfüllt die Versammlung mit inniger Freude"[85]. Noch im gleichen Jahr wurde am 4. Oktober 1851 an der Pempelforter St. Rochuskapelle die erste Konferenz außerhalb der inneren Stadt ins Leben gerufen[86]. In den übrigen Düsseldorfer Pfarrgemeinden vermochte der Vinzenzverein erst nach Beendigung des Kulturkampfes Fuß zu fassen. Im Jubiläumsjahr 1900 gab es im Düsseldorfer Stadtgebiet bei 12 Pfarreien 10 Konferenzen[87], 1925 bei 34 Pfarreien 25 Vereine[88].

Die Mitglieder der einzelnen Konferenzen bemühten sich, durch persönliche Einsicht in die Haushaltungen zu prüfen, wo Unterstützung notwendig war und wie diese am zweckmäßigsten angebracht werden konnte. Wöchentlich trafen sich die Konferenzteilnehmer, um Erfahrungen auszutauschen und die Arbeit zu koordinieren[89]. Am 6. September 1868 berichtete das Düsseldorfer Sonntagsblatt: "Der Vinzenzverein, welcher außer den drei städtischen für die drei Pfarrbezirke bestimmten Konferenzen auch eine in Pempelfort besitzt, will nach seinen Statuten den Kranken und Gefangenen Trost, den armen, verlassenen oder verhafteten Kindern Unterweisung und den Sterbenden die geistliche Hülfe in dem Augenblick des Todes bringen"[90].

5. Elisabethverein

Was die Vinzenzvereine für die Männer waren, sollten die Elisabethvereine für die Frauen sein[91]. Obwohl sie in Düsseldorf fast zeitgleich mit Konferenzen des Hl. Vinzent entstanden, vermochten sie bei weitem nicht deren Bedeutung zu erlangen.

Die Gründung des ersten Elisabethvereins auf deutschem Boden erfolgte in Trier, wo sich im Jahre 1840 ein "Verein katholischer Frauen und Jungfrauen zur Sorge für arme Kranke innerhalb der Stadt Trier" konstituierte[92]. Der Verein setzte sich zur Auf-

---

[85] NN, Protokoll der Generalversammlung der Conferenzen von Rheinland und Westphalen, gehalten zu Köln am 11. März 1851, in: Jahrbücher des Vereins vom heiligen Vincenz von Paul Jg. 1 Nr. 3 (März 1851), 107 - 122, 109.

[86] Vgl. CVD 170, Geschichte des Vinzenzvereins in Düsseldorf 1850 - 1935, S. II f; DV 14.10.1886.

[87] Vgl. CVD 170, Geschichte des Vinzenzvereins in Düsseldorf 1850 - 1935, S. 5; DV 30.04.1900; DV 26.02.1901.

[88] Vgl. DT 16.11.1925.

[89] Vgl. CVD 170, Geschichte des Vinzenzvereins in Düsseldorf 1850 - 1935, S. 3; NN, Jahresberichte aus dem Provinzialraths - Bezirke Rheinpreußen, in: Jahrbücher des Vereins vom heiligen Vincenz von Paul Jg. 11 Nr. 3 (März 1861), 89 - 104, 101 ff.

[90] DS 06.09.1868.

[91] Vgl. Wilhelm Liese, Die St. Elisabethen - Vereine, in: Anton P. Plattner, Die heilige Elisabeth von Thüringen. Ihr Leben, ihre Verehrung und ihre Nachfolge. Mit Gebeten, einer Meßandacht und einer Novene. Nebst einem Sozial - charitativen ABC für Frauen, zusammengestellt von der Zentralstelle des Volksvereins für das katholische Deutschland, Mönchengladbach 1907, 93 - 98, 93 ff.

[92] Vgl. NN, Trier, in: Der Katholik Jg. 21 Bd. 81 Nr. 7 (1841), XXXV - XXXVII, XXXV ff; Anne Goeken, Hundert Jahre Elisabetharbeit in Trier, in: Maria Bornitz, Erbe der Heiligen. Von christlichem Armendienst in Vergangenheit und Gegenwart, Freiburg 1940, 31 - 80, 74 ff.

gabe, "jeden armen Kranken, männlichen wie weiblichen Geschlechtes", zu besuchen, "nach seinen Bedürfnissen zu forschen und nach Kräften denselben abzuhelfen" (§ 2)[93]. Werke der Nächstenliebe zu üben, wurde als Ausdruck gelebter Nachfolge Jesu Christi und der hl. Elisabeth verstanden: "Wir beginnen unsern Verein im Namen und zur Ehre unsers Herrn und Heilandes Jesu Christi, der uns lehrte, jeden dem Nebenmenschen erwiesenen Liebesdienst als Ihm Selbst erwiesen zu betrachten, und unter Anrufung der großen Armen- und Krankenpflegerin, der heil. Elisabeth ... , deren fürbittlichem Schutze wir die unter uns errichtete Schwesterschaft empfehlen" (§ 1)[94]. Bald griff der Zusammenschluss auf andere Städte wie München (1842), Barmen (1843) und Köln (1848) über[95], ohne allerdings einen festen Dachverband zu bilden, der die Gründung weiterer Vereine hätte anstoßen können. Bis einschließlich 1860 waren in der Erzdiözese Köln erst 21 Vereine entstanden, die zum überwiegenden Teil zwischen 1850 und 1852 errichtet wurden[96].

In diese Zeit fallen auch die Gründung der Elisabethvereine an St. Lambertus und an St. Maximilian, die bis zum Kulturkampf die einzigen Konferenzen im Dekanat Düsseldorf waren[97].

Statuten, Protokollbücher oder sonstige Aufzeichnungen der beiden Konferenzen sind mit Ausnahme einiger weniger Zeitungsnotizen für das 19. Jahrhundert nicht überliefert. Aus letzteren geht hervor, dass Mitte Dezember 1851 auf Anregung von Kaplan Johann Joseph von der Burg in der Pfarre St. Lambertus ein "Elisabeth - Verein" gegründet wurde[98]. Die neue Konferenz geriet schon wenige Tage nach ihrer Konstituierung in die Kritik, da die Mitglieder in der gesamten Stadt milde Beiträge für Hilfsbedürftige in der Lambertuspfarre sammelten[99]. Zur Rechtfertigung seines Vorgehens ließ der Vorstand verlautbaren, "daß der Verein, gleichwie das Motiv, welches ihn ins Leben gerufen - die christliche Liebe - grenzenlos ist, mithin sich so wenig in Beschaffung seiner Mittel, als in Ausübung seines Zweckes auf eine Pfarre beschränken wird. Hat der Verein aber ... sich vor der Hand bei Ausübung seines Zweckes auf Hülfsbedürftige der Pfarre zum heil. Lambertus beschränken, dagegen schon Mittel in andern Pfarren suchen müssen, so dürfen wir von jedem Billigdenkenden erwarten, daß er bei einiger Kenntniß der lokalen Verhältnisse hiesiger Stadt ... darum keinen Anstoß nehme, da un-

---

[93] NN, Trier, in: Der Katholik Jg. 21 Bd. 81 Nr. 7 (1841), XXXV - XXXVII, XXXVI.
[94] NN, Trier, in: Der Katholik Jg. 21 Bd. 81 Nr. 7 (1841), XXXV - XXXVII, XXXVI.
[95] Vgl. Auguste von Pechmann, Der St. Elisabethen - Verein in München, in: Charitas. Zeitschrift für die Werke der Nächstenliebe im katholischen Deutschland Jg. 2 Nr. 1 (Januar 1897), 8 - 11, 9; Elvira Mayer - Montfort, Aus der Geschichte der deutschen Elisabethvereine, in: Mathilde Otto, Elisabethgeist und Elisabethengeist. Zum VII. Centenarium den deutschen Elisabeth- und Frauen - Vinzenzvereinen gewidmet, Freiburg 1931, 13 - 34, 17 ff.
[96] Vgl. Max Brandts, Ambulante Armen- und Krankenpflege; Hausarmenpflege, in: Arbeiterwohl Jg. 14 Nr. 4/5 (April/Mai 1894), 73 - 116, 92 f.
[97] Vgl. AEK CR 22.9, 31.05.1865; DV 19.11.1876.
[98] Vgl. CVD 170, Geschichte des Vinzenzvereins in Düsseldorf 1850 - 1935, S. III; DJ 13.12.1853; DV 15.11.1901; DT 27.12.1910.
[99] Vgl. DJ 04.01.1852.

5. Elisabethverein

bestritten die Pfarre zum heil. Lambertus die meisten Hülfsbedürftigen und die wenigsten opferfähigen Mitbürger zählt"[100].

Mit Ernennung von Domkapitular Gottfried Strauß zum Kommissar für die Elisabethvereine in der Erzdiöcese Köln am 18. September 1852 gewannen die Konferenzen einen Förderer, der die gezielte Ausbreitung und Vereinheitlichung der Bestrebungen vorantrieb[101]. Letzteres wurde noch im gleichen Jahr durch Erarbeitung einer Mustersatzung für das Erzbistum Köln erreicht, die auch den Düsseldorfer Konferenzen als Grundlage gedient haben dürfte[102]. Die Pflegebefohlenen sollten als Brüder und Schwestern gesehen und in ihnen Jesus Christus selbst gepflegt werden (Art. 24)[103]. Nur solche Frauen wurden vom 16. Lebensjahr an zu Mitgliedern, die geeignet schienen, "sich und die Andern zu erbauen und sich bestreben, ihre Mitgenossinnen wie Schwestern, und die Armen wie Brüder zu lieben" (Art. 16)[104]. Die Mitgliederversammlungen hatten einen religiösen Rahmen; erst nach einem Gebet und einer erbaulichen Lesung sollten von den Frauen die notwendigen Vereinsgeschäfte erledigt werden (Art. 17)[105].

Wenige Wochen vor dem ersten Stiftungsfest der Lambertuskonferenz am Patronatstag hatte Papst Pius IX. durch ein Ablassbreve vom 31. August 1852 die "kirchlichen Wohltätigkeits - Vereine der h. Elisabeth für die Stadt und Erzdiöcese Köln" offiziell anerkannt[106]. Offenbar war die Konferenz an St. Maximilian, die im Jahre 1902 ihr goldenes Jubiläum feierte[107], zu diesem Zeitpunkt noch nicht gegründet. Noch am 20. November 1852 kennt das Düsseldorfer Journal in einem Bericht über die Bestrebungen der Pfarrkonferenz an St. Lambertus nur einen Elisabethverein in der Stadt: "Der genannte Verein, welcher aus Jungfrauen und Frauen besteht, zählt besonders auch in den vornehmern Kreisen viele Mitglieder. Er hat dieselbe Tendenz, wie der rühmlichst bekannte 'Vincenz - Verein', nämlich die Armen, Kranken und Verlassenen in ihren Wohnungen aufzusuchen und sie geistig und körperlich zu unterstützen und zu pflegen"[108].

Den wenigen Berichten über die Wirksamkeit der Düsseldorfer Konferenzen ist zu entnehmen, dass das Aufgabenfeld der Elisabethvereine an St. Lambertus und St. Ma-

---

[100] DJ 08.01.1852.
[101] Vgl. NN, Elisabeth - Vereine betreffend, in: Kirchlicher Anzeiger für die Erzdiöcese Köln Jg. 1 Nr. 22 (01.12.1852), 96; Karl Theodor Dumont, Sammlung kirchlicher Erlasse, Verordnungen und Bekanntmachungen für die Erzdiözese Köln, Köln 1891², 457.
[102] Vgl. Regeln des Vereins von der heiligen Elisabeth. Zum Gebrauche für die Mitglieder, insbesondere für den Vorstand, Köln 1852, 3 ff.
[103] Vgl. Regeln des Vereins von der heiligen Elisabeth. Zum Gebrauche für die Mitglieder, insbesondere für den Vorstand, Köln 1852, 11.
[104] Regeln des Vereins von der heiligen Elisabeth. Zum Gebrauche für die Mitglieder, insbesondere für den Vorstand, Köln 1852, 9.
[105] Vgl. Regeln des Vereins von der heiligen Elisabeth. Zum Gebrauche für die Mitglieder, insbesondere für den Vorstand, Köln 1852, 9.
[106] Vgl. NN, Apostolisches Breve für die Elisabeth - Vereine, in: Kirchlicher Anzeiger für die Erzdiöcese Köln Jg. 1 Nr. 21 (15.11.1852), 91 - 92, 91 f; DJ 20.11.1852.
[107] Vgl. DV 06.11.1902.
[108] DJ 20.11.1852.

ximilian bis ins 20. Jahrhundert hinein nahezu unverändert blieb[109]. Am 20. September 1868 meldete das Düsseldorfer Sonntagsblatt: "Eine gewiß aufrichtige Anerkennung seiner edlen Bestrebungen müssen die Frauen und Jungfrauen des Elisabethen - Vereins in der eifersuchtslosen Liebe erkennen, womit alljährlich auch Angehörige anderer Confessionen in aufopfernder und ehrenwerther Weise die Mitglieder des katholischen Elisabethen - Vereins unterstützen. ... Der Elisabethen - Verein bemüht sich, vorzüglich dem weiblichen Theil der seiner Unterstützung empfohlenen und würdigen Familien seine Hülfe zuzuwenden, indem seine Elisabetherinnen ... ihre Schützlinge persönlich besuchen und unterstützen. ... Der aus zwei Conferenzen bestehende Verein der h. Elisabeth zählt etwa 70 Mitglieder, welche in regelmäßigen wöchentlichen Armenbesuchen während des vergangenen Jahres die Summe von ca. 1500 Taler zur Vertheilung gebracht haben"[110].

Das Patronatsfest der Konferenzen wurde am Elisabethtag (19. November) alternierend in St. Lambertus und St. Maximilian feierlich begangen[111]. Unterstützungsbedürftige im Pfarrbezirk von St. Andreas wurden vom Elisabethverein an St. Lambertus versorgt[112], da an der ehemaligen Jesuitenkirche die meisten caritativ tätigen Frauen bereits in der Ursulagesellschaft zusammengeschlossen waren[113]. Erst Ende des Jahres 1909 wurde auch für diesen Pfarrbezirk eine eigene Konferenz ins Leben gerufen[114].

6. Katholischer Gesellenverein

Vertreter der katholisch - sozialen Bewegung in Düsseldorf erkannten frühzeitig, dass die neuen wirtschaftlichen und sozialen Probleme mit armenpflegerischen Mitteln allein nicht zu beheben waren. Zu ihnen zählte Franz Keberlet, Kaplan an St. Andreas, der sein Interesse auf die Gesellen in der Stadt richtete, die keineswegs eine nur unerhebliche Randgruppe waren[115]. Angeregt durch die von Adolph Kolping verfasste Schrift

---

[109] Vgl. Adreßbuch der Wohlfahrtseinrichtungen in Düsseldorf. Auf Grund der von der städtischen Armenverwaltung beschafften Unterlagen bearbeitet im städtischen Statistischen Amte, Düsseldorf 1910, 6.
[110] DS 20.09.1868.
[111] Vgl. AEK CR 22.9, 19.09.1888.
[112] Vgl. AEK CR 22.9, 31.05.1865; DA 12.10.1867; DA 15.10.1869.
[113] Vgl. oben S. 35.
[114] Vgl. PfA Düsseldorf St. Lambertus unsignierte Akte, 10.11.1909; PfA Düsseldorf St. Andreas, Chronik der Pfarrei St. Andreas 1908 - 1972, 1909.
[115] Vgl. Friedrich Lenger, Zwischen Kleinbürgertum und Proletariat. Studien zur Sozialgeschichte der Düsseldorfer Handwerker 1816 - 1878, Göttingen 1986, 36 ff; Ulrich Brzosa, Die Geschichte der Kolpingfamilie Düsseldorf von den Anfängen bis zur Aufstellung des Kolpingdenkmals im Jahre 1954, in: 150 Jahre Kolpingfamilie Düsseldorf - Zentral 1849 - 1999. Festschrift zum 150jährigen Bestehen der Kolpingfamilie Düsseldorf - Zentral, Düsseldorf 1999, 1 - 120, 12 ff.

6. Katholischer Gesellenverein

"Der Gesellenverein"[116], rief er am 8. September 1849 im Lokal Joseph Hülser (Hunsrückenstr. 2) einen katholischen Gesellenverein für Düsseldorf ins Leben[117]. Undurchsichtig bei der Konstituierung ist die Rolle des Piusvereins, der von sich behauptete, "die Bildung eines Gesellen - Vereins" mit in Gang gesetzt zu haben[118].

Will man die Hintergründe der Vereinsgründung erhellen, ist man heute auf Mitteilungen von Pfarrer Werner Schönen aus dem Jahre 1899 angewiesen[119], der die Gründungsgeschichte des Düsseldorfer Gesellenvereins mit Hilfe des im Zweiten Weltkrieg verloren gegangenen Protokollbuchs rekonstruiert hatte: Als im Jahre 1849, "am Feste der Geburt Mariä (8. September), einige Mitglieder der ... an St. Andreas bestehenden Sodalität zu einer Besprechung zusammentraten über die Frage, ob es in der sturmbewegten Zeit nicht sehr zweckmäßig sei, sich an gewissen Abenden der Woche in irgend einem ruhigen Lokale der Stadt zu versammeln, fand sich auch - scheinbar zufällig, - Kaplan Keberlet ein. Es wurde ihm unter Hinweis auf die Unternehmungen Kolpings in Elberfeld und Köln nicht sehr schwer, die Anwesenden für die Gründung eines 'Gesellenvereins' zu gewinnen, zumal da die anwesenden Sodalen fast sämmtlich dem Handwerkerstande angehörten. Mit 16 Gesellen eröffnete Keberlet den 'Düsseldorfer Gesellenverein'. Während Keberlet das Präsidium übernahm, wurden zu Senioren gewählt die Schuhmachergesellen Heinrich Knepper und Heinrich Knops; zu Assistenten Franz Mehl, Carl Hugemann, Wilhelm Kleinmanns und Adam Hommerich. Das Haus, Altestadt 14, wurde als festes Versammlungslokal gewählt, und Statuten nach dem Schema der in der Kolpingschen Schrift abgedruckten Statuten des Elberfeldes Vereins entworfen"[120].

In der Tat bestätigt ein im Düsseldorfer Stadtarchiv erhaltenes Exemplar der ersten "Statuten des katholischen Gesellen - Vereins zu Düsseldorf", dass sich die Düsseldorfer Gesellen bei Verabschiedung der Gründungssatzung weitgehend am Elberfelder Reglement orientierten[121]. Der Vereinszweck wurde in den am 18. September 1849 genehmigten Statuten mit den Worten umschrieben: "Der Verein der katholischen Gesellen ist ein geselliger, brüderlicher Verein und er bezweckt durch brüderliche Geselligkeit Belebung und Kräftigung eines religiösen und bürgerlichen Sinnes; des Vereins Wahlspruch ist: frisch, fromm, froh!" (§ 1). Als "Mittel zum Zweck" dienten "Vorlesungen und freie Vorträge über gemeinnützige Gegenstände, gelegentliche Erörterung religiöser, religiös - politischer und sozialer Fragen, Gesang, passende Lektüre, freie freundliche Besprechung" (§ 2).

---

[116] Vgl. Adolph Kolping, Der Gesellen - Verein. Zur Beherzigung für Alle, die es mit dem wahren Volkswohl gut meinen, Köln 1849, 3 ff.
[117] Vgl. SAD II 1394, 18.09.1849; Werner Schönen, Gott segne das ehrbare Handwerk! Festschrift zum Goldenen Jubiläum des katholischen Gesellen - Vereins zu Düsseldorf 1849 - 1899, Düsseldorf 1899, 20 ff.
[118] Vgl. DJ 01.06.1850.
[119] Vgl. Werner Schönen, Gott segne das ehrbare Handwerk! Festschrift zum Goldenen Jubiläum des katholischen Gesellen - Vereins zu Düsseldorf 1849 - 1899, Düsseldorf 1899, 20 ff.
[120] Werner Schönen, Gott segne das ehrbare Handwerk! Festschrift zum Goldenen Jubiläum des katholischen Gesellen - Vereins zu Düsseldorf 1849 - 1899, Düsseldorf 1899, 20 ff.
[121] Vgl. SAD II 1394, 18.09.1849.

Neben der religiös - kirchlichen Betreuung und der fachlichen Weiterbildung zur Berufsertüchtigung sah der Düsseldorfer Gesellenverein seine Hauptaufgabe darin, Gesellen auf der Wanderschaft Unterkunft und Unterhaltung und damit einen Ersatz für die Familie zu bieten[122]. Zwar konnte ein vereinseigenes Gesellenhaus (heute Bilker Str. 40) nach verschiedenen Provisorien erst im Jahre 1867 in Betrieb genommen werden[123], doch war das Konzept, das Beruf und Familie, politische und religiöse Dimensionen des Lebens in die Arbeit des Vereins einzubeziehen versuchte, auch noch zu dieser Zeit äußerst fortschrittlich. Für alle erkennbar, war der Düsseldorfer Gesellenverein um eine ganzheitliche Antwort auf das Problem der gesellschaftlichen Desintegration einer großen proletarischen Schicht bemüht[124].

7. Ordensniederlassungen

Für niemanden voraussehbar war, dass der später so eindrucksvolle Aufstieg der kirchlichen Armenpflege und Caritas mit ihrer immer stärkeren Differenzierung aufs engste mit der Reorganisation bestehender bzw. Anwerbung neuer Ordensgemeinschaften einhergehen sollte. Ohne diese wäre der Ausbau der modernen Sozialarbeit in Düsseldorf im 19. und 20. Jahrhundert nicht möglich gewesen. Gleichwohl waren die Bedingungen vor der Revolution von 1848/49 für Ordensgemeinschaften gerade hier alles andere als günstig. Die drei Düsseldorfer Konvente, die die Säkularisation überstanden hatten, siechten lange Zeit dahin. Ihre Lebensfähigkeit wurde vor allem vom Verbot der Aufnahme neuer Mitglieder und durch Austritte beeinträchtigt[125]. Die Behörden betrachteten die Gemeinschaften ausschließlich unter dem Gesichtspunkt ihrer Nützlichkeit und zeigten für deren geistliche Anliegen kaum Verständnis. Erst unter Erzbischof Ferdinand August von Spiegel (1825 - 1835) kam es zu Bemühungen um eine Erneuerung.

---

[122] Vgl. Ulrich Brzosa, Die Geschichte der Kolpingfamilie Düsseldorf von den Anfängen bis zur Aufstellung des Kolpingdenkmals im Jahre 1954, in: 150 Jahre Kolpingfamilie Düsseldorf - Zentral 1849 - 1999. Festschrift zum 150jährigen Bestehen der Kolpingfamilie Düsseldorf - Zentral, Düsseldorf 1999, 1 - 120, 36 ff.
[123] Vgl. DA 16.03.1867; DA 02.05.1867; DA 04.05.1867; DA 07.05.1867. Der katholische Gesellenverein eröffnete in Düsseldorf am 5. Mai 1886 in der Birkenstr. 14 ein zweites und am 18. September 1910 in der Blücherstr. 4/6 ein drittes Hospiz (vgl. DV 21.06.1886; DV 25.10.1887; DT 18.09.1910).
[124] Vgl. Ulrich Brzosa, Die Geschichte der Kolpingfamilie Düsseldorf von den Anfängen bis zur Aufstellung des Kolpingdenkmals im Jahre 1954, in: 150 Jahre Kolpingfamilie Düsseldorf - Zentral 1849 - 1999. Festschrift zum 150jährigen Bestehen der Kolpingfamilie Düsseldorf - Zentral, Düsseldorf 1999, 1 - 120, 17 ff.
[125] Vgl. oben S. 76.

Karmelitessen und Cellitinnen

Bei Aufhebung der Klöster im Jahre 1803 war der Besitz der Karmelitessen nicht eingezogen worden[126]. Erst im Juli 1811 entschloss sich die französische Verwaltung, dem Kloster die bisher gelassene Vermögensverwaltung zum 1. August 1811 zu nehmen[127]. Trotz faktischer Enteignung des Besitzes durften die elf noch verbliebenen Chor- und Laienschwestern ohne weitere Auflagen in ihren Konventsgebäuden gegenüber der Lambertuskirche bleiben[128]. Zwar versuchten die Ordensfrauen zur Erhaltung des letzten deutschen Karmels mehrfach, eine Genehmigung zur Aufnahme neuer Mitglieder zu erwirken, doch wurde ihnen dies von König Friedrich Wilhelm III. wegen der Zugangssperre verweigert[129]. Als im Jahre 1826 nur noch drei ältere Schwestern in der ausgedehnten Klosteranlage lebten[130], suchte der angesehene Schul- und Konsistorialrat Johann Vinzenz Josef Bracht (1771 - 1840), ehemals Kanoniker am Düsseldorfer Kollegiatstift[131], die leer stehenden Räume des Karmels einem neuen Verwendungszweck zuzuführen[132].

Nutznießer sollten die Cellitinnen an der Hunsrückenstraße sein, die aufgrund § 30 des kurfürstlichen Erlasses vom 12. September 1803 als "Krankenwärterinnen" von der allgemeinen Klosteraufhebung ausgenommen waren[133]. Für jedes Konventsmitglied der Cellitinnen, deren Zahl auf zehn beschränkt war (§ 3), zahlte die Regierung seit dem 1. November 1805 eine jährliche Staatspension von 100 Talern, die der Klosterkommissar für die Schwestern zu verwalten hatte[134]. Wenige Tage vor Inkrafttreten dieser Regelung hatte das Kloster durch Reskript vom 18. Oktober 1805 ein neues Statut erhalten[135], da es "der höchste Wille ist, daß dieses der Menschheit so wohlthätige Celliten Institut dem wahren Zwecke seiner Bestimmung näher gebracht, und für den Staat nutzbar gemacht

---

[126] Vgl. oben S. 76.
[127] Vgl. NHS Regierung Düsseldorf 3886, Bl. 1 ff.
[128] Vgl. NHS Großherzogtum Berg 9918, 01.01.1811; NHS Regierung Düsseldorf 3886, Bl. 9; NN, Vorrede, in: Zwölf geistliche Reden, gehalten bei dem zweihundertjährigen Jubelfeste der Heiligsprechung der heiligen Theresia, in der Carmelitessen - Klosterkirche zu Düsseldorf 1822, Köln 1823, III - IX, III f.
[129] Vgl. NHS Regierung Düsseldorf Präsidialbüro 1215, Bl. 1 ff.
[130] Vgl. PfA Düsseldorf St. Lambertus Akten 31, 01.08.1826, 05.08.1826 und 10.08.1826; THD Fach 4, Chronik von 1831 und 1832 des Karmelitessenhospitals nach Übernahme durch die barmherzigen Schwestern, sog. Celliten, 30.05.1831; NHS Regierung Düsseldorf 3867, Bl. 6.
[131] Vgl. Edmund Rothkranz, Die Kirchen- und Schulpolitik der Düsseldorfer Regierung in den Jahren 1820 - 1840 (Johann Vincenz Josef Bracht, 1771 - 1840), Diss. Köln 1943, 2 ff.
[132] Vgl. PfA Düsseldorf St. Lambertus Akten 31, 15.02.1826, 01.08.1826 und 05.08.1826; NHS Regierung Düsseldorf 3867, 16.08.1826; DZ 21.06.1840; Bernhard Gustav Bayerle, Die katholischen Kirchen Düsseldorf's von ihrer Entstehung bis auf die neueste Zeit. Ein Beitrag zur Geschichte der Stadt, Düsseldorf 1844, 95 ff; Edmund Rothkranz, Die Kirchen- und Schulpolitik der Düsseldorfer Regierung in den Jahren 1820 - 1840 (Johann Vincenz Josef Bracht, 1771 - 1840), Diss. Köln 1943, 100 ff.
[133] Vgl. NHS Handschriften L II 7 XIV, Nr. 2715 (12.09.1803); NHS Großherzogtum Berg 838, Bl. 5.
[134] Vgl. AEK Erzbistum Ch 1 Gen. 1, 14.01.1817; NHS Großherzogtum Berg 838, Bl. 190 f.
[135] Vgl. NHS Großherzogtum Berg 838, 18.05.1805; NHS Regierung Düsseldorf 29392, 18.05.1805; SAD II 984, 18.05.1805.

werde". Nach dem Reglement durften nur Frauen "von untadelhafter Aufführung" aufgenommen werden, denen ein Zeugnis der Medizinalräte die Eignung zum "wissenschaftlichen Unterricht in dem Krankenwärterdienste" und namentlich die Fähigkeit zum Lesen und Schreiben attestierte (§ 1). Ohne diese Kenntnisse hätten die Schwestern nicht am obligatorischen Fortbildungsunterricht teilnehmen können, zu dem sie nach § 2 verpflichtet waren. Die Bestimmung lautete: "Um den Nonnen dieses Klosters wissenschaftliche Kenntnisse im Krankenwärterdienste beyzubringen, wird hierfür einer der Medicinal - Räthe jährlich 3 Monate, nach des Geheimrathes May Abhandlung über den Krankenwärterdienst[136] im Celliten - Kloster unentgeldlichen Unterricht geben, und jede Novizin ist schuldig, diesem Unterrichte drey Jahre nacheinander beyzuwohnen; und demnächst erst soll die Novize, wenn sie ein Zeugniß der Medicinal - Räthe über ihre Fähigkeit in gedachtem Dienst beygebracht, und sich übrigens während des Noviziates ordentlich betragen haben wird, nach vorläufiger Genehmigung der hiesigen Stelle zur Profession zugelassen werden".

Als Tagestaxe für die Krankenwartung waren in der Stadt 6 Stüber festgesetzt, auf dem Lande ein Schilling (§ 5). Darüber hinaus sollte "für jede chirurgische Operation" ein weiterer Schilling genommen werden. Von den Einkünften sollte die pflegende Schwester einen Stüber für ihre persönlichen Bedürfnisse behalten, den Hauptteil aber an die Klosterkasse abführen. Zahlungsunfähige Patienten mussten unentgeltlich betreut werden (§ 6). Beim Krankendienst durften die Schwestern "eine sittsame, ihrem geistlichen Stande angemessene weltliche Kleidung" tragen, wenn die Patienten dies wünschten (§ 7). Der Kommissar musste die Schwestern, denen die üblichen Gelübde der Armut, Keuschheit und des Gehorsams gestattet waren (§ 9), auf Verlangen zu jeder Kranken schicken ohne Rücksicht auf deren Konfession oder Vermögenslage. Dabei pflegten die Schwestern nicht nur Kranke, sie hielten auch Leichenwache und nahmen sogar kleinere Operationen vor (§ 11). Der aufopfernde Berufseifer machte vermutlich die Einfügung des § 12 notwendig, der die Schwestern ermahnte, den Bereich der eigentlichen Krankenwartung und die Anweisungen der Ärzte nicht zu überschreiten.

Am 17. Oktober 1805 wurde das Statut den Schwestern eröffnet und trat einen Tag später in Kraft[137]. Der in § 2 geforderte Krankenpflegekurs begann im Frühjahr 1806 unter Leitung von Medizinalrat Bernard Joseph Reyland[138]. Die jährliche Kompetenz erhielten die Schwestern aus der Regierungskasse, während die Mittel zur Instandhaltung der Klostergebäude von der Stadt Düsseldorf aufgebracht wurden[139]. Trotz gesicherter Einkünfte war die Funktionsfähigkeit des Klosters rückläufig. 1800 zählte es 15 Schwestern[140]. Das Statut von 1805 schrieb jedoch eine Normalzahl von zehn vor, wodurch Neuaufnahmen unmöglich waren. Im Jahre 1827 waren von den zehn Schwestern drei

---

[136] Vgl. dazu Franz Anton May, Unterricht für Krankenwärter zum Gebrauch öffentlicher Vorlesungen, Mannheim 1782, 3 ff.
[137] Vgl. SAD II 984, 17.10.1805.
[138] Vgl. NHS Großherzogtum Berg 838, Bl. 13 ff; NHS Regierung Düsseldorf 29392, Bl. 9 ff.
[139] Vgl. SAD II 984, 02.03.1832.
[140] Vgl. Ursula Klein, Die Säkularisation in Düsseldorf, in: Annalen des Historischen Vereins für den Niederrhein 109 (1926), 1 - 67, 59.

7. Karmelitessen und Cellitinnen

altersschwach, vier alt und nur im Tagesdienst tätig[141]. Hinzu kam, dass die alte Behausung der Cellitinnen gegenüber der Andreaskirche immer weniger den Arbeitserfordernissen der Schwestern entsprach und zusehends baufällig wurde[142]. Zu Beginn des 19. Jahrhunderts "bedauerten sie täglich, daß der beschränkte Raum ihres Klosters ihnen nicht gestattete, unbemittelte Kranke und Dienstboten zu sich zu nehmen, um ihnen bessere Pflege zu gewähren. Nur zu oft machten die Schwestern die Erfahrung, daß alle Sorge und Mühe vergeblich war, weil es dem Kranken an einem ordentlichen Lager, oder an der nöthigen Ruhe, Reinlichkeit, frischer Luft, und oft an allem dem fehlte, was die Genesung fördern kann"[143].

In dieser Situation schlug Johann Vinzenz Josef Bracht im Jahre 1826 eine Einweisung der Cellitinnen in das Kloster in der Altestadt vor[144], wo ohne Zweifel genügend Räume zur Unterbringung beider Konvente vorhanden waren. Obwohl der Kölner Erzbischof Ferdinand August von Spiegel und der Düsseldorfer Landdechant Wilhelm Heinzen den Plänen der Regierung bald ihre Zustimmung gaben[145], ließ die Ausführung der Neuordnung noch fünf Jahre auf sich warten. In dieser Zeit, im Spätherbst 1828 kam auch der Plan auf, mit dem Kloster eine Krankenanstalt zu verbinden[146], zu deren Fundierung eine Stiftung von 4000 Talern bereitstand[147].

Am 1. Januar 1831 übertrug König Friedrich Wilhelm III. durch Kabinettsorder unentgeltlich das Klostergebäude der Karmelitinnen, ihre Kirche und das vorhandene Kapitalvermögen von 10617 Talern mit den darauf ruhenden Lasten dem Cellitinnenorden[148]. Die Kosten zur Unterhaltung von Kirche und Kloster wurden der Stadt Düsseldorf auferlegt[149]. Neben dem Wohnrecht auf Lebenszeit wurde den beiden letzten Karmelitessen[150] zugesichert, dass sie "ganz ungestört in ihrem klösterlichen Tageswerk und ihren Gewohnheiten" bleiben konnten[151]. Erzbischof Ferdinand August von Spiegel unterrichtete den Düsseldorfer Karmel am 7. April 1831 von der Entscheidung des preußischen Königs und bat die Schwestern um Verständnis[152]. Da das Haus in kirchlicher

---

[141] Vgl. NHS Regierung Düsseldorf 29392, 31.12.1827.

[142] Vgl. NHS Regierung Düsseldorf 3887, Bl. 1 ff.

[143] Die Heil - Anstalt für weibliche Kranke im Elisabethen - Kloster. Erster Bericht der barmherzigen Schwestern Celliten - Ordens von der Regel des heiligen Augustin zu Düsseldorf, Düsseldorf 1836, 8.

[144] Vgl. PfA Düsseldorf St. Lambertus Akten 31, 01.08.1826 und 05.08.1826.

[145] Vgl. PfA Düsseldorf St. Lambertus Akten 31, 05.08.1826, 10.08.1826 und 25.11.1827; NHS Regierung Düsseldorf 3867, 16.08.1826.

[146] Vgl. NHS Regierung Düsseldorf 3867, Bl. 54 ff.

[147] Vgl. Die Heil - Anstalt für weibliche Kranke im Elisabethen - Kloster. Erster Bericht der barmherzigen Schwestern Celliten - Ordens von der Regel des heiligen Augustin zu Düsseldorf, Düsseldorf 1836, 8 f.

[148] Vgl. NHS Regierung Düsseldorf 3867, Bl. 102.

[149] Vgl. THD Fach 6, Urkundensammlung, 02.07.1831 und 07.07.1831; NHS Regierung Düsseldorf, Bl. 1 ff; SAD II 985, Bl. 1 ff.

[150] Vgl. SAD II 981, 12.12.1828 und 07.01.1830; Die Heil - Anstalt für weibliche Kranke im Elisabethen - Kloster. Erster Bericht der barmherzigen Schwestern Celliten - Ordens von der Regel des heiligen Augustin zu Düsseldorf, Düsseldorf 1836, 26.

[151] Vgl. NHS Regierung Düsseldorf 3867, 11.02.1828.

[152] Vgl. THD Fach 6, Urkundensammlung, 07.04.1831.

Hand blieb, fiel es der Priorin Maria Elekta (+19. September 1845)[153] nach einem Protokoll vom 9. April 1831 nicht schwer, die Übertragung der Gebäude an die Cellitinnen, angesichts des nicht mehr aufhaltbaren Untergangs des Karmels, zu begrüßen[154].

Die Düsseldorfer Regierung setzte die Warteschwestern am 28. Mai 1831 offiziell davon in Kenntnis, "daß die hiesigen Carmelitessen - Klostergebäude mit der Kirche und dem Kapitalvermögen, ausschließlich jedoch ... der aus der Staats - Kasse fließenden jährlichen Competenz ..., welche zur Pensionierung der noch lebenden zwei Klostergeistlichen bestimmt sind, Ihrer Klostergemeine überwiesen werden; damit der wohlthätige Zweck Ihres Instituts noch erweitert und eine Krankenpflege im Bereiche des Klosters selbst eingerichtet werden könne"[155]. Weiter hieß es: "Die Bedingung ist jedoch daran geknüpft, daß die auf dem Vermögen haftenden Lasten auf Ihr Kloster übergehen. Indem wir Sie hiervon in Kenntnis setzen, bemerken wir Ihnen, daß die Überweisung des Fonds folgen wird. Wir halten es für zweckmäßig, daß Sie unverzüglich, das Ihrer Klostergemeine bestimmte Gebäude beziehen, das in demselben vorfindliche Mobiliar übernehmen, und für dessen gute Aufbewahrung sorgen. Der Herr Konsistorial - Rath Bracht, welcher von uns mit Auftrag versehen ist, wird Ihnen das Weitere eröffnen. Wir zweifeln nicht, Sie und alle Glieder Ihrer Klostergemeine werden dieses Gnadengeschenk des Königs Majestät in seinem vollen Wert dankbar erkennen und freudig dahin wirken, daß nach der wohltätigen Absicht des Gebers die Erweiterung Ihres Wirkungskreises vielen Leidenden zur Linderung, Hülfe und Segen gereiche"[156].

Am 30. Mai 1831 erfolgte die definitive Übertragung des Karmels an die Cellitinnen; die ersten Schwestern übersiedelten zusammen mit der Oberin Adelheid Loosen von der Hunsrückenstraße in die Altestadt, um die notwendigen Umbaumaßnahmen einzuleiten[157]. "Das uns geschenkte Klostergebäude, geräumig und fest gebaut", so die Ordenschronistin, "eignete sich in jeder Hinsicht für den Zweck; nur bedurfte es in seinem Innern einer wesentlichen Umgestaltung; denn für Klosterfrauen, die sich dem ascetischen Leben widmen, erbauet, fehlte ihm der freundliche und heitere Charakter, der einer Heilanstalt so unentbehrlich ist"[158]. Finanziert wurden die notwendigen Arbeiten

---

[153] Das Grab befindet sich noch heute auf dem alten Golzheimer Friedhof (vgl. Franz Frechen, Der Golzheimer Friedhof zu Düsseldorf. Verzeichnis der im Jahre 1938 noch vorfindlichen Grabzeichen, in: Clemens von Looz - Corswarem, Der Golzheimer Friedhof zu Düsseldorf, Köln 1990, 29 - 150, 53).
[154] Vgl. AEK GVA Düsseldorf überhaupt 12, 09.04.1831.
[155] THD Fach 6, Urkundensammlung, 28.05.1831.
[156] THD Fach 6, Urkundensammlung, 28.05.1831.
[157] Vgl. THD Fach 4, Chronik von 1831 und 1832 des Karmeltessenhospitals nach Übernahme durch die barmherzigen Schwestern, sog. Celliten, 30.05.1831; THD Fach 6, Urkundensammlung, 30.05.1831; NN, Auszug aus dem Zeitungs - Berichte der Königlichen Regierung zu Düsseldorf für den Monat März 1834, in: Gemeinnützige und unterhaltende Rheinische Provinzial - Blätter Jg. 1 Nr. 2 (1834), 41 - 47, 44. Vgl. auch NHS Regierung Düsseldorf 3867, Bl. 1 ff; Die Heil - Anstalt für weibliche Kranke im Elisabethen - Kloster. Erster Bericht der barmherzigen Schwestern Celliten - Ordens von der Regel des heiligen Augustin zu Düsseldorf, Düsseldorf 1836, 9.
[158] Die Heil - Anstalt für weibliche Kranke im Elisabethen - Kloster. Erster Bericht der barmherzigen Schwestern Celliten - Ordens von der Regel des heiligen Augustin zu Düsseldorf, Düsseldorf 1836, 9.

7. Karmelitessen und Cellitinnen

aus einem Vermächtnis der Theresia von Buschmann in Höhe von 4000 Talern[159]. Im Juli wurde der letzte Gottesdienst in der Klosterkirche St. Elisabeth gefeiert; am 24. Oktober 1831 verließen die letzten Cellitinnen ihr altes Domizil[160].

Bereits am 3. Juni 1831 hatte Johann Vinzenz Josef Bracht den Kölner Erzbischof ersucht, für das Zusammenleben der Düsseldorfer Cellitinnen ein neues Reglement zu entwerfen: "Gut würde es sein, wenn den Cellitinnen jetzt eine Vorschrift von Euer erzbischöflichen Gnaden gegeben würde, die den geistlichen Sinn, der bei ihnen sehr geschwunden ist, wieder belebte und die klösterliche Zucht näher bestimmte. Die Oberin, eine würdige Geistliche, verlangt sehr nach einer solchen Vorschrift von Euer Erzbischöflichen Gnaden"[161]. Trotz des unüberhörbaren Appells blieben neue Statuten für das Cellitinnenkloster in Düsseldorf noch lange ein Desiderat[162].

Ungeachtet dieses Mangels eröffneten die Cellitinnen nach Abschluss der ersten Umbaumaßnahmen am 1. Januar 1832 eine "Heilanstalt für weibliche Kranke im Elisabethen - Kloster"[163], in der am 24. Januar die erste Patientin Aufnahme fand und stationär versorgt wurde[164]. Bereits am 28. Mai 1831 hatte die Düsseldorfer Regierung in einem Reskript verfügt, die Krankenaufnahme im Max - Joseph Hospital auf Männer und im Elisabeth - Kloster auf Frauen zu beschränken[165]. Um zu verhindern, dass die neue Einrichtung sich zu einem Siechenhaus entwickelt, wurden Greise abgewiesen und als längste Verweildauer ein Aufenthalt von drei Monaten festgelegt[166]. Arme sollten kostenlos, Vermögende für einen Tagessatz von fünf Silbergroschen verpflegt werden. Mit der Stadtverwaltung schlossen die Schwestern am 22. März 1832 einen Vertrag, der die Kommune auf fünf Jahre zur Zahlung von 300 Talern an das Kloster verpflichtete. Als

---

[159] Vgl. THD Fach 4, Chronik von 1831 und 1832 des Karmelitessenhospitals nach Übernahme durch die barmherzigen Schwestern, sog. Celliten, 31.05.1831 und 11.06.1831; Die Heil - Anstalt für weibliche Kranke im Elisabethen - Kloster. Erster Bericht der barmherzigen Schwestern Celliten - Ordens von der Regel des heiligen Augustin zu Düsseldorf, Düsseldorf 1836, 8 f.

[160] Vgl. THD Fach 4, Chronik von 1831 und 1832 des Karmelitessenhospitals nach Übernahme durch die barmherzigen Schwestern, sog. Celliten, 03.07.1831 und 24.10.1831.

[161] AEK GVA Düsseldorf überhaupt 12, 03.06.1831. Vgl. auch PfA Düsseldorf St. Lambertus Akten 31, 08.06.1831.

[162] Vgl. PfA Düsseldorf St. Lambertus Akten 34, 14.08.1842, 21.10.1842, 22.02.1843, 07.01.1843 und 18.10.1844.

[163] DZ 30.12.1831. Vgl. auch PfA Düsseldorf St. Lambertus Akten 31, 08.06.1831.

[164] Vgl. THD Fach 4, Chronik von 1831 und 1832 des Karmelitessenhospitals nach Übernahme durch die barmherzigen Schwestern, sog. Celliten, 24.01.1832; Die Heil - Anstalt für weibliche Kranke im Elisabethen - Kloster. Erster Bericht der barmherzigen Schwestern Celliten - Ordens von der Regel des heiligen Augustin zu Düsseldorf, Düsseldorf 1836, 9.

[165] Vgl. SAD II 1655, 28.05.1831.

[166] Vgl. THD Fach 4, Chronik von 1831 und 1832 des Karmelitessenhospitals nach Übernahme durch die barmherzigen Schwestern, sog. Celliten, 24.01.1832; THD Fach 12, Verhältnis zur Stadt Düsseldorf 1832 - 1908, 22.03.1832; Die Heil - Anstalt für weibliche Kranke im Elisabethen - Kloster. Erster Bericht der barmherzigen Schwestern Celliten - Ordens von der Regel des heiligen Augustin zu Düsseldorf, Düsseldorf 1836, 13 f.

Gegenleistung boten die Cellitinnen an, täglich fünf zahlungsunfähige Kranke aus der Stadt ohne Entgelt zu pflegen[167].

Auch wenn die Schwestern wenig geschult waren, bedeutete die Ausübung stationärer Krankenpflege durch die Cellitinnen ohne Zweifel einen bedeutsamen Fortschritt auf dem Gebiet der Düsseldorfer Krankenhausfürsorge. Mag das Max - Joseph Hospital in der Neustadt medizingeschichtlich auch als erstes Krankenhaus in Düsseldorf gelten[168], so boten die "Barmherzigen Schwestern", wie sich die Cellitinnen seit dem Umzug in den Karmel selbst bezeichneten[169], mit ihrer neuen Heilanstalt erstmals mehr als eine bloße Verwahranstalt für Kranke. In einer Beschreibung des Jahres 1836 heißt es über die Vorzüge der Anstalt: "Das Gebäude vereiniget viele Eigenschaften, die seinen Werth für die jetzige Bestimmung erhöhen. Die ruhige Lage, die vortheilhafte Richtung der Krankensäle (nach Morgen), der abgeschlossene, jeder fremden Einsicht entzogene Garten, die frische Rheinluft, die freie Aussicht in eine anmuthige Landschaft und der Anblick des Rheinstroms und seiner belebten Ufer sind Vortheile, die kein anderes Gebäude unsrer Stadt darbietet, und die man auf solche Weise vereint, in vielen andern Städten vergebens suchen wird"[170]. Die Schwestern achteten darauf, dass die Patientinnen nicht nur geheilt wurden, sondern auch einen "Zuwachs an christlicher Gesinnung" erfuhren[171].

Bei der ambulanten Krankenpflege beschränkten sich die Cellitinnen nicht nur auf die medizinische Versorgung der Patientinnen, sondern nahmen im Bedarfsfall auch "die Stelle ein, welche die Kranke in gesunden Tagen in der Haushaltung eingenommen hat"[172]. Ihrer häuslichen Arbeit lag nach dem Jahresbericht von 1839 folgendes Selbstverständnis zugrunde: "In unseren Ansprüchen werden wir uns beschränken, damit in der Haushaltung so wenig als möglich unsertwegen Aufwand und Kosten veranlaßt werden. Als ein thätiges Mitglied der Familie wird die Wärterin sich ansehen, ohne jedoch in die Familien - Angelegenheiten sich zu mischen; sie wird soviel sie kann, jeden Schaden abwenden, jeden Vortheil des Hauses suchen; wo der Familie die Beköstigung schwer fällt, oder unangenehm ist, wird die wartende Schwester die Beköstigung im

---

[167] Vgl. THD Fach 4, Chronik von 1831 und 1832 des Karmelitessenhospitals nach Übernahme durch die barmherzigen Schwestern, sog. Celliten, 21.03.1832 und 22.03.1832; THD Fach 12, Verhältnis zur Stadt Düsseldorf 1832 - 1908, 22.03.1832; THD Chronik des Hospitals Maria - Theresia 1921 - 1936, S. 9. Vgl. auch THD Fach 12, Verhältnis zur Stadt Düsseldorf 1832 - 1908, 31.05.1842; SAD, Copeybuch der Urkunden der Stadt und Sammtgemeinde Düsseldorf Bd. 1 1288 - 1850, Nr. 64 (31.05.1842); SAD Urkunden 210; Fest - Bericht zur Einweihung des neuen Hospitalgebäudes der barmherzigen Schwestern Töchter vom heiligen Kreuz zu Düsseldorf, den 4. Juni 1912, Düsseldorf 1912, 4.
[168] Vgl. oben S. 58 ff.
[169] Vgl. NN, Auszug aus dem Zeitungs - Berichte der Königlichen Regierung zu Düsseldorf für den Monat März 1834, in: Gemeinnützige und unterhaltende Rheinische Provinzial - Blätter Jg. 1 Nr. 2 (1834), 41 - 47, 46.
[170] Die Heil - Anstalt für weibliche Kranke im Elisabethen - Kloster. Erster Bericht der barmherzigen Schwestern Celliten - Ordens von der Regel des heiligen Augustin zu Düsseldorf, Düsseldorf 1836, 10.
[171] Vgl. AEK GVA Düsseldorf überhaupt 12, 28.01.1833.
[172] Die Heil - Anstalt für weibliche Kranke im Elisabethen - Kloster, während des Jahres 1839. Fünfter Bericht der barmherzigen Schwestern Celliten - Ordens von der Regel des heiligen Augustin zu Düsseldorf, Düsseldorf 1840, 19.

7. Karmelitessen und Cellitinnen

Kloster suchen; getreu wird sie alle Aufträge des Familienhauptes vollziehen; Verschwiegenheit über alles beachten, was sie während des Aufenthaltes in der Familie wahrnimmt. ... Nicht streben wird sie, sich unentbehrlich zu machen, noch weniger, irgend eine Herrschaft über die Kranken ausüben"[173].

Ein Hemmnis für den weiteren Ausbau der Heilanstalt, in der im ersten Jahr 36 Kranke aufgenommen wurden[174], blieb die geringe Schwesternzahl, die schon für die ambulante Krankenpflege allein kaum ausreichend war[175]. Trotz neuer Aufgaben im Bereich der stationären Pflege durfte die Höchstzahl von 10 Schwestern nicht überschritten werden[176]. Eine Erhöhung der Schwesternzahl lehnte die Düsseldorfer Regierung bis zur Neufassung eines Statuts ab[177]. Zwar lebten in der Kommunität auch Novizinnen und Aspirantinnen, doch konnte ihnen wegen der Beschränkungen nur wenig Hoffnung auf dauernde Aufnahme in den Orden gemacht werden[178]. Trotz des Mangels an Pflegekräften nahm die Heilanstalt, soweit Platz vorhanden war, jede Kranke ohne Rücksicht auf die Konfession auf (1836: 151 Patientinnen, davon 142 katholisch, 9 evangelisch)[179]. Nur Siechen und Sterbenden wurde die Aufnahme ebenso verweigert, wie Patientinnen, "deren Ruf nicht so befleckt ist, daß er den anderen Kranken anstößig wird"[180].

Nach dem Tod der Oberin Adelheid Loosen (+14. Dezember 1839)[181] und des Schul- und Konsistorialrates Johann Vinzenz Josef Bracht (+12. Juni 1840)[182], denen die

---

[173] Die Heil - Anstalt für weibliche Kranke im Elisabethen - Kloster, während des Jahres 1839. Fünfter Bericht der barmherzigen Schwestern Celliten - Ordens von der Regel des heiligen Augustin zu Düsseldorf, Düsseldorf 1840, 19.
[174] Vgl. NN, Auszug aus dem Zeitungs - Berichte der Königlichen Regierung zu Düsseldorf für den Monat März 1834, in: Gemeinnützige und unterhaltende Rheinische Provinzial - Blätter Jg. 1 Nr. 2 (1834), 41 - 47, 45; Die Heil - Anstalt für weibliche Kranke im Elisabethen - Kloster. Erster Bericht der barmherzigen Schwestern Celliten - Ordens von der Regel des heiligen Augustin zu Düsseldorf, Düsseldorf 1836, 11.
[175] Vgl. PfA Düsseldorf St. Lambertus Akten 34, 14.08.1842.
[176] Vgl. Die Heil - Anstalt für weibliche Kranke im Elisabethen - Kloster. Erster Bericht der barmherzigen Schwestern Celliten - Ordens von der Regel des heiligen Augustin zu Düsseldorf, Düsseldorf 1836, 39.
[177] Vgl. PfA Düsseldorf St. Lambertus Akten 33, 29.08.1846 und 24.09.1846; PfA Düsseldorf St. Lambertus Akten 34, 22.02.1843; SAD II 984, Bl. 20 ff.
[178] Vgl. PfA Düsseldorf St. Lambertus Akten 33, 17.04.1845, 13.06.1845 und 16.06.1845.
[179] Vgl. Die Heil - Anstalt für weibliche Kranke im Elisabethen - Kloster, während des Jahres 1836. Zweiter Bericht der barmherzigen Schwestern Celliten - Ordens von der Regel des heiligen Augustin zu Düsseldorf, Düsseldorf 1837, 4. Vgl. auch Die Heil - Anstalt für weibliche Kranke im Elisabethen - Kloster, während des Jahres 1837. Dritter Bericht der barmherzigen Schwestern Celliten - Ordens von der Regel des heiligen Augustin zu Düsseldorf, Düsseldorf 1838, 5 f.
[180] Die Heil - Anstalt für weibliche Kranke im Elisabethen - Kloster. Erster Bericht der barmherzigen Schwestern Celliten - Ordens von der Regel des heiligen Augustin zu Düsseldorf, Düsseldorf 1836, 14.
[181] Vgl. Die Heil - Anstalt für weibliche Kranke im Elisabethen - Kloster, während des Jahres 1839. Fünfter Bericht der barmherzigen Schwestern Celliten - Ordens von der Regel des heiligen Augustin zu Düsseldorf, Düsseldorf 1840, 5.
[182] Vgl. PfA Düsseldorf St. Lambertus Akten 32, 15.06.1840; DZ 21.06.1840; Die Heil - Anstalt für weibliche Kranke im Elisabethen - Kloster, während des Jahres 1840. Sechster Bericht der barmherzigen

Kommunität trotz widriger Umstände ihre Festigung zu verdanken hatte, begann ein spürbarer Niedergang der Heilanstalt. Zwar dekretierte Erzbischof Johannes von Geissel am 15. April 1843 "Lebens- und Verhaltungsregeln der Barmherzigen Schwestern im Cellitinen - Kloster zu Düsseldorf"[183], doch erfolgte die Inkraftsetzung ohne vorherige Konsultation der Regierungsbehörden. Während der Düsseldorfer Regierungspräsident und der Koblenzer Oberpräsident den vorgelegten Statuten zustimmten, lehnte der Preußische Kultusminister Johann von Eichhorn eine Approbation ab, solange eine einheitliche Organisation der Schwesternhäuser in Preußen fehlte[184]. Ohne rechtsverbindliches Statut aber konnte das Leben der Düsseldorfer Kommunität nicht wirklich gehoben und weder die personelle noch die finanzielle Krise der Heilanstalt wirksam behoben werden.

Das Vertrauen der Bevölkerung in die Arbeit der Warteschwestern sank zusehends; am 4. Mai 1850 stellte das Kölner Generalvikariat in einem Schreiben an Pfarrer Philipp Joesten besorgt fest: "Wiederholt vernahmen wir Klagen über den Zustand des dortigen Klosters der barmherzigen Schwestern. Dasselbe soll ungeachtet der fortwährend belehrenden und leitenden Einwirkung Euer Hochwürden, die keineswegs verkannt wird, bei Weitem die Wirksamkeit nicht entfalten, die nach den dortigen Verhältnissen und vorhandenen Mitteln erzielt werden könnte. Die Klostergemeinde halte sich, wie behauptet wird, kaum noch zusammen, sinke aber mehr in Ansehen und Vertrauen bei der dortigen Bürgerschaft, was um so nachtheiliger sei, als die evangelische Genossenschaft von Fliedner zu Kaiserswerth sich hebe und an Vertrauen gewinne, so daß wo früher in Familien die barmherzigen Schwestern als Krankenpflegerinnen gesucht wurden, man sich nun von ihnen wegwende, worüber dann die Schwestern selbst, die einzeln ihr Gutes hätten, mißmuthig würden und in ihrer Wirksamkeit wie in ihrem geistlichen Leben verkümmerten"[185].

Als der Zustand der Kommunität im Streit um die Wiederwahl von Elisabeth Ilbertz zur Oberin[186] und die Ernennung eines Beichtvaters[187] immer desolater wurde[188], empfahl Franziskanerpater Xaverius Kaufmann am 28. Oktober 1850 zur Leitung der Heilanstalt die Berufung einer neuen Genossenschaft[189]. Dieser Empfehlung schlossen sich wenig später auch die Düsseldorfer Pfarrer an, die in einer Eingabe an das Kölner Generalvikariat vom 26. November 1850 gleichfalls den trostlosen Zustand des Klosters be-

---

Schwestern Celliten - Ordens von der Regel des heiligen Augustin zu Düsseldorf, Düsseldorf 1841, 4 ff; Franz - Ludwig Greb, Nachwort, in: Düsseldorfer Jahrbuch 52 (1966), 67 - 76, 67 ff.
[183] Vgl. AEK GVA Düsseldorf überhaupt 6.1, 15.04.1843; LHK 403 - 7409, 15.04.1843.
[184] Vgl. NHS Regierung Düsseldorf 29420, Bl. 133 ff.
[185] PfA Düsseldorf St. Lambertus Akten 734, 04.05.1850.
[186] Vgl. PfA Düsseldorf St. Lambertus Akten 733, 27.09.1849; PfA Düsseldorf St. Lambertus Akten 734, 04.05.1850; AEK CR 18.12, 21.08.1841.
[187] Vgl. PfA Düsseldorf St. Lambertus Akten 732, 23.09.1847; PfA Düsseldorf St. Lambertus Akten 733, 12.11.1847.
[188] Vgl. AEK CR 18.12, Bl. 1 ff; PfA Düsseldorf St. Lambertus Akten 734, 04.05.1850; Franz - Ludwig Greb, Cellitinnen und Kreuzschwestern im Karmel zu Düsseldorf zwischen 1803 und 1859, Düsseldorf 1991, 11 ff.
[189] Vgl. AEK CR 18.12, 28.10.1850.

7. Töchter vom Heiligen Kreuz Altestadt

klagten[190]. Dabei sparten sie nicht mit Kritik an der Eigensucht der Schwestern: "Die Persönlichkeit der gegenwärtigen Nonnen ist mit nur geringer Ausnahme derart, daß eine Gewinnung für gemeinsames Wirken oder für einträchtiges oder nur passives Verhalten sehr fraglich, bei einigen sogar die Aussicht auf Widerspenstigkeit, Zänkereien und Intrigen mit deren zerrüttenden Folgen für das Ganze gewiß erscheine"[191]. Die Geistlichen der Stadt schlugen daher vor, die Tätigkeit der Cellitinnen wie früher auf die ambulante Krankenpflege zu reduzieren und für die Heilanstalt eine neue Genossenschaft zu suchen[192].

Eindringlich warnte Pfarrer Philipp Joesten das Generalvikariat am 22. Januar 1851 davor, die Warteschwestern vom "Reorganisationsplan" frühzeitig in Kenntnis zu setzen: "Von dem ferneren Verlangen, daß wir vor Allem die Celliten von der beabsichtigten Reorganisation vollständige Mittheilung machen und deren Erklärungen darüber einziehen und vorlegen sollen, bitten wir ganz dringend, geneigtest abstehen zu wollen. Denn wenn hochderselbe deren Zustimmung zur Genehmigung des Plans erforderlich hält, so lässt sich mit Sicherheit übersehen, dass aus der ganzen Sache Nichts wird"[193].

Töchter vom Heiligen Kreuz Altestadt

Als sich abzeichnete, dass die auf dem Gebiet der Krankenpflege erfahrenen und daher bevorzugten Borromäerinnen aus Trier nicht zur Verfügung standen[194], bekundete der Klosterrektor der Lütticher Kreuzschwestern, Kanonikus Jean Guilleaume Habets, für seine Genossenschaft im Dezember 1850 das Interesse, die Krankenpflege in Düsseldorf zu übernehmen[195]. Der Niedergang der Anstalt war ihm durch den Übertritt einiger Cellitinnenpostulantinnen zu den Töchtern vom Hl. Kreuz und durch einen zufälligen Aufenthalt in Düsseldorf am 14. Juli 1850 bekannt geworden[196]. Im Januar 1851 legte der Lütticher Kanoniker dem Pfarrer von St. Andreas, Franz Grünmeyer, eindringlich dar, die Genossenschaft wolle das Hospital übernehmen und die alten Cellitinnen in gesonderten Räumen pflegen[197]. Kardinal Johannes von Geissel entschied sich, nachdem er im Februar 1851 von Jean Guilleaume Habets aufgesucht worden war, für die Kreuz-

---

[190] Vgl. AEK CR 18.12, 26.11.1850; PfA Düsseldorf St. Lambertus Akten 734, 26.11.1850. Vgl. auch PfA Düsseldorf St. Lambertus Akten 733, 12.01.1849 und 31.01.1849.
[191] AEK CR 18.12, 26.11.1850; PfA Düsseldorf St. Lambertus Akten 734, 26.11.1850.
[192] Vgl. AEK CR 18.12, 26.11.1850; PfA Düsseldorf St. Lambertus Akten 734, 26.11.1850; NHS Regierung Düsseldorf 29420, 10.03.1851, 13.08.1851 und 25.07.1851.
[193] PfA Düsseldorf St. Lambertus Akten 734, 22.01.1851.
[194] Vgl. AEK CR 18.12, 26.11.1850.
[195] Vgl. PfA Düsseldorf St. Lambertus Akten 734, 22.01.1851. Vgl. auch AEK CR 18.12, 12.01.1851 und 22.01.1851; PfA Düsseldorf St. Lambertus Akten 734, 15.02.1851 und 28.10.1851; NHS Regierung Düsseldorf 29420, 08.01.1851.
[196] Vgl. TKA Jean Guilleaume Habets, Maison de Dusseldorf. Etablissment de Dusseldorf, 1856 ff, S. 3.
[197] Vgl. AEK CR 18.12, 12.01.1851; TKA Jean Guilleaume Habets, Maison de Dusseldorf. Etablissment de Dusseldorf, 1856 ff, S. 7 ff.

schwestern und beauftragte Philipp Joesten, wegen der Reorganisation mit der Regierung zu verhandeln[198].

Der Pfarrer von St. Lambertus ersuchte in seiner Eigenschaft als Klosterkommissar am 10. März 1851 den Düsseldorfer Regierungspräsidenten, den Hospitaldienst der Cellitinnen in Zukunft von Aspeler Schwestern ausüben zu lassen. Mit Nachdruck betonte er dabei: "Das hiesige Cellitinnen - Kloster der barmherzigen Schwestern befindet sich mit der ihm untergebenen Krankenpflege - Anstalt in einem so mangelhaften Zustande, daß zur Abwendung baldigen gänzlichen Verfalls eine möglichst schleunige durchgreifende Reform desselben Nothtut. ... Die acht im Kloster noch vorhandenen Schwestern sind außer Stande, die Kranken - Anstalt gegen den allmähligen gänzlichen Verfall zu sichern, vielweniger, sie auf jene Höhe zu bringen, die unsere Zeit mit Recht bei solchen Instituten erreicht wissen will. ... Es fehlen ihnen die unentbehrlichsten Kräfte, um mit dem äußeren Wartedienste in der Stadt den schweren und vielfordernden Spitaldienst zu verbinden, und hat es vieler Versuche ungeachtet nicht gelingen wollen, aus anderen Klöstern des Ordens oder durch Aufnahme neuer Mitglieder jene Beihülfe zu erlangen, ohne welche die Kranken - Anstalt nicht gehörig geleitet und forterhalten werden kann. Auch hat die Erfahrung gelehrt, daß die Celliten, deren eigentlicher Beruf ausschließlich die ambulatorische Krankenpflege ist, und dieses auch bis zum Jahre 1831 auf den äußeren Wartedienst beschränkt haben, bei übrigens gutem Willen die richtige und würdige Auffassung eines Spitaldienstes niemals recht zu finden vermochten, und solche bei immer geringeren Kräften und steigender Muthlosigkeit, wie bei dem fühlbaren Mangel an der erforderlichen Ausbildung für dergleichen Anstalten stets weniger finden werden. ... Demnach wird nach bereits erfolgter Genehmigung Seiner Eminenz des Herrn Erzbischofs jetzt beabsichtigt, zur Ausführung der nothwendigen Reform sofort in der Art vorzugehen, daß 1) die Celliten von dem Hospitaldienst gänzlich entbunden und ausschließlich der ambulatorischen Krankenpflege zurückgegeben werden; 2) daß fünf bis sechs andere Schwestern, wozu nach eingezogenen sorgfältigen Erkundigungen die Anstalt der barmherzigen Schwestern vom heiligen Kreuze zu Aspel bei Rees die geeigneten Kräfte darbietet, gewonnen werden, um von den Celliten völlig getrennt, wozu die Klostergebäude sich vollkommen eignen, den Hospitaldienst ausschließlich zu übernehmen, 3) daß auf Anweisung des Klosterkommissars von den Einkünften des Klostervermögens der Celliten das zu ihrer Sustentation Erforderliche, und den neuen Schwestern der ganze Überrest zu Hospitalzwecken zugewendet wird"[199].

Mit Schreiben vom 24. April 1851 an Kardinal Johannes von Geissel erklärte sich die Düsseldorfer Regierung mit der Einweisung neuer Schwestern einverstanden, bestand jedoch darauf, dass sich die Cellitinnen der ihnen seit 1831 obliegenden Verpflichtung zum Hospitaldienst nicht entziehen und die Töchter vom Heiligen Kreuz aus ihrer Tätigkeit keine Rechtsansprüche auf das Klostervermögen herleiten konnten[200].

Gegen alle Erwartungen stimmten die Düsseldorfer Cellitinnen bereits am 24. Juli 1851 der Übertragung eines Zweiges ihrer bisherigen Tätigkeiten auf eine andere Genos-

---

[198] Vgl. AEK CR 18.12, 15.02.1851; PfA Düsseldorf St. Lambertus Akten 734, 15.02.1851.
[199] PfA Düsseldorf St. Lambertus Akten 734, 10.03.1851.
[200] Vgl. THD Fach 6, Urkundensammlung, 24.04.1851 und 16.10.1851.

senschaft zu[201]. An diesem Tag sprachen ohne Ausnahme alle Konventsmitglieder dem Kölner Domkapitular Peter Hyacinth Trost als Sonderunterhändler gegenüber das Verlangen aus, "daß Seine Eminenz der Hochwürdigste Herr Erzbischof uns möglichst bald jene Hülfe zuwenden möge, deren wir so sehr bedürfen. Überzeugt, daß Hochdieselben mit väterlicher Obsorge eben so sehr das Gedeihen der doppelten Wirksamkeit der Anstalt sowie das wahre Wohl der Personen und des geistlichen Lebens der Genossenschaft fördern werden, als auch am Besten ermessen können, in welcher Art die nöthige Hülfe mit Rücksichtnahme auf die dabei betheiligten Interessen zu beschaffen ist, legen wir das ganze Werk der erforderlichen besseren Gestaltung hierdurch in die Hände Seiner Eminenz und bitten Hochdenselben insbesondere ehrfurchtsvoll, unsere Stellvertretung, wie sie, sei es bei dem Hospitaldienste, sei es bei der auswärtigen Krankenpflege in der Stadt, durch Mitglieder einer anderen geistlichen Genossenschaft erforderlich sein wird, anzuordnen, sowie die geeigneten Einrichtungen zu deren Aufnahme ins Klostergebäude treffen und denselben die nöthigen Mittel aus den Competenzen des Cellitenklosters und aus den übrigen Jahres Revenüen des demselben zugehörigen Vermögens überweisen zu wollen. Wir fügen noch bei, daß wir zum wahren Heile für das unserer Pflege anvertraute Institut sowohl als auch zu unserer eigener Beruhigung auf das lebhafteste wünschen, daß die vorgedachten Anordnungen, denen wir uns in pflichtschuldiger Unterwerfung treu und willig fügen werden, möglichst bald getroffen werden mögen"[202].

Am 2. Juni 1852 wurde der Gestellungsvertrag von Jean Guilleaume Habets und Philipp Joesten unterzeichnet[203]. Darin verpflichtete sich das Mutterhaus in Lüttich, "vier oder nach Bedürfniß und Verlangen auch fünf qualifizierte und der deutschen Sprache mächtige Schwestern aus der Genossenschaft vom h. Kreuz zur Verrichtung des Dienstes in der Kranken - Anstalt des hiesigen Celliten - Klosters der barmherzigen Schwestern hierher zu schicken"[204]. Am 13. Juli übersiedelten fünf Schwestern von Aspel nach Düsseldorf[205], unter ihnen Emilie Schneider (1820 - 1859)[206], die den kleinen Konvent

---

[201] Vgl. AEK CR 18.12, 24.07.1851; THD Fach 6, Urkundensammlung, 24.07.1851.
[202] AEK CR 18.12, 24.07.1851; THD Fach 6, Urkundensammlung, 24.07.1851.
[203] Vgl. THD Fach 6, Abschriftensammlung, 02.06.1852; PfA Düsseldorf St. Lambertus Akten 732, 09.06.1852.
[204] THD Fach 6, Abschriftensammlung, 02.06.1852.
[205] Vgl. PfA Düsseldorf St. Lambertus Akten 732, 02.07.1852, 15.07.1852 und 17.07.1852; PfA Düsseldorf St. Lambertus Akten 734, 09.08.1852; NHS Regierung Düsseldorf 29420, 17.08.1852.
[206] Zu Emilie Schneider vgl. AEK Gen. 32.22; DJ 26.03.1859; Johann Joseph von der Burg, Kurzer Bericht über die Leiden und den Tod der ehrwürdigen Schwester Emilie, in: Geistliche Briefe der ehrwürdigen Schwester Emilie, Oberin des Klosters der Töchter vom heiligen Kreuze zu Düsseldorf, nebst einem kurzen Bericht über ihre Leiden und ihren Tod, Düsseldorf 1860, 187 - 213, 187 ff; Karl Richstätter, Eine moderne deutsche Mystikerin. Leben und Briefe der Schwester Emilie Schneider, Oberin der Töchter vom heiligen Kreuz zu Düsseldorf, Freiburg 1924, 3 ff; W., ... Sturm auf dem Meere. Er aber schlief. Zum 4. Sonntag nach Epiphanie. Eine moderne deutsche Mystikerin, in: Bonner Katholische Kirchenzeitung Jg. 1 Nr. 18 (01.02.1925), o. S. (5 - 7, 5 ff); Ina Neundörfer, Schwester Emilie Schneider, Tochter vom heiligen Kreuze. Ein Lebensbild, in: Katholischer Frauenkalender 2 (1926), 42 - 50, 42 ff; NN, Seligsprechungsprozeß Emilie Schneider, in: Kirchlicher Anzeiger für die Erzdiözese Köln Jg. 67 Nr. 2 (15.01.1927), 5; Hans Hümmeler, Helden und Heilige Bd. 1, Bonn 1934², 162 - 164, 162 ff; Aloys

leitete und am 15. Juli von Philipp Joesten als erste Oberin eingeführt wurde[207]. Die bisherige Cellitinnenoberin Elisabeth Ilbertz wurde ihr mit dem Titel "Mutter" zur Seite gestellt[208].

Nach Aufzeichnungen von Jean Guilleaume Habets sorgten die Cellitinnen bereits am Ankunftstag der neuen Schwestern für einen Eklat. Als Pfarrer Philipp Joesten den Mitgliedern beider Konvente die Instruktionen des Kardinals und die neue Klosterordnung erläutern wollte, fielen die Cellitinnen ihm ins Wort und erhoben schwere Vorwürfe gegen die Amtsführung des rührigen Klosterkommissars. Da die Warteschwestern nicht mehr zu beruhigen waren, musste Philipp Joesten die Unterweisung vorzeitig abbrechen[209].

Dank des aufopferungsvollen Einsatzes der neuen Schwestern gelangte das kleine Spital in der Altestadt, das im Jahre 1855 über 34 Betten verfügte und mit 13 Schwestern über 200 Patientinnen versorgte[210], bald zu neuer Blüte. Nicht ohne Stolz konnte Emilie Schneider der Lütticher Generaloberin 1855 berichten: "Gott hilft uns sichtbar. Wir hatten vor vierzehn Tagen den Besuch dreier hochgestellter Herren aus Berlin, einen Geheimrat, einen Regierungsrat und einen Medizinalrat. Sie kamen während unserer Erholungszeit und wollten das Krankenhaus sehen. Ich habe sie überall herumgeführt und sie zeigten sich sehr zufrieden und bezeugten mir ihre Anerkennung für die Ordnung und die Sauberkeit, die überall herrscht. Ich dachte schon nicht mehr an diesen Besuch, als der Herr Rat Sebastiani kam, um mir zu sagen, daß der Regierungspräsident einen Brief aus Berlin erhalten habe mit einem Bericht dieser Herren über ihre Besuche in den Krankenhäusern, von denen das unsere das beste gewesen sei, sehr gut ausgestattet und geführt"[211].

Trägerin des Hauses in der Altestadt und verantwortlich für die ambulante Krankenpflege blieben die Cellitinnen, doch verminderte sich ihre Zahl wie auch ihr Ansehen,

---

Weber, Emilie Schneider, in: Albert Köhler, Kommende deutsche Heilige. Heiligmäßige Deutsche aus jüngerer Zeit, Dülmen 1936, 184 - 194, 184 ff; Else Budnowski, Ein Leben tätiger Liebe. Schwester Emilie Schneider. Tochter vom Heiligen Kreuz, Kevelaer 1949, 7 ff; Mechtild Linde, Emilie Schneider (1820 - 1859), in: Elisabeth Fischer - Holz, Anruf und Antwort. Bedeutende Frauen aus dem Raum der Euregio Maas - Rhein. Lebensbilder in drei Bänden Bd. 2, Aachen 1991, 118 - 144, 118 ff; Mechtild Linde, Emilie Schneider (1820 - 1859). Tätige Liebe unter dem Kreuz, in: Günter Beaugrand, Die neuen Heiligen. Große Christen auf dem Weg zur Heilig- oder Seligsprechung, Augsburg 1991, 179 - 186, 179 ff; Thomas Vollmer, Mystik - Impulse für Christen von morgen ? Zur Bedeutung der Mystikerin Emilie Schneider, in: Pastoralblatt für die Diözesen Aachen, Berlin, Essen, Hildesheim, Köln, Osnabrück Jg. 45 Nr. 2 (Februar 1993), 49 - 57, 49 ff; Irmgard Wolf, Caritas und Mystik. Schwester Emilie Schneider F. C., Oberin in Düsseldorf, in: Annalen des Historischen Vereins für den Niederrhein 196 (1994), 103 - 157, 103 ff; Irmgard Wolf, Schwester Emilie Schneider. Ihr Leben, ihr Wirken, ihre Düsseldorfer Zeit, o. O. 1999, 1 ff.

[207] Vgl. AEK CR 18.12, 09.08.1852; PfA Düsseldorf St. Lambertus Akten 732, 09.08.1852.
[208] Vgl. AEK CR 18.12, 09.08.1852; PfA Düsseldorf St. Lambertus Akten 732, 09.08.1852.
[209] Vgl. TKA Jean Guilleaume Habets, Maison de Dusseldorf. Establissment de Dusseldorf, 1856 ff, S. 57 f.
[210] Vgl. TKA, Schwester Emilie, Übersicht über die Leistungen des Krankenhauses im Jahre 1855, 15.01.1856.
[211] TKA Jean Guilleaume Habets, Maison de Dusseldorf. Establissment de Dusseldorf, 1856 ff, S. 162 f.

begleitet von Missstimmigkeiten innerhalb des Konvents und gehässigen Intrigen gegen die Töchter vom Hl. Kreuz[212], merklich. Durch immer neue Winkelzüge und fortdauernde Ausstreuung unwahrer Gerüchte[213] glaubte Jean Guilleaume Habets die Düsseldorfer Niederlassung auf Dauer nicht halten zu können. In einem Brief vom 14. März 1853 erwog er sogar, den Kardinal um den Abzug der Schwestern zu bitten, um sie nicht einer unnützen Sache zu opfern[214].

Die Verhältnisse in Düsseldorf erhielten eine neue Wendung, als einige Warteschwestern in die Genossenschaft übertraten[215] und im Jahre 1857 nur noch drei Cellitinnen neben zwölf Kreuzschwestern unter einem Dach lebten[216]. Bereits im Jahr zuvor hatten die Barmherzigen Schwestern aus Kräftemangel die noch immer von ihnen ausgeübte Krankenambulanz an die Töchter vom Hl. Kreuz abtreten müssen[217].

Am 7. März 1859 machte Kardinal Johannes von Geissel der Regierung unter eingehender Schilderung der Verhältnisse den Vorschlag, den Krankenhausbetrieb unter die Leitung der Kreuzschwestern zu stellen; das seinerzeit den Cellitinnen geschenkte Vermögen sollte ganz dem Krankenhaus erhalten bleiben. Die Verwaltung sollte wie bisher vom Klosterkommissar, anstelle der Vorsteherin der Cellitinnen jedoch von der Oberin der Kreuzschwestern geführt werden. Bewusst wurde die Frage des Eigentums am Krankenhaus und den übrigen Vermögensobjekten in der Vorlage nicht berührt, um der notwendigen Neuorganisation keine unnötigen Fußangeln in den Weg zu legen[218].

Überraschenderweise antwortete die Regierung jedoch mit Schreiben vom 31. März 1859: "Euer Eminenz haben ... die Einführung von Kreuzschwestern betreffend, anerkannt, wie durch diese Einführung die Rechtsverhältnisse bezüglich des den Celliten geschenkten Vermögens völlig unberührt bleiben. Wenn daher die Celliten aussterben sollten, so könne behauptet werden, daß das denselben geschenkte Vermögen dem Staate wieder anheimgefallen sei, und scheint es uns daher einer Allerhöchsten Kabinets - Ordre zu bedürfen, welche wir s. Zt. zu beantragen bereit sind, wodurch für den gedachten Fall die Schenkung aufrecht erhalten und der Übergang des qu. Vermögens auf die Schwestern vom heil. Kreuz genehmigt wird"[219].

Alle Unsicherheiten schienen zerstreut, als Prinz Wilhelm von Preußen am 26. September 1859 entschied: "Ich will hierdurch genehmigen, daß die Anstalt der barmherzigen Schwestern zu Düsseldorf bei fortdauernder Wirksamkeit der noch vorhandenen

---

[212] Vgl. PfA Düsseldorf St. Lambertus Akten 732, 14.03.1853 und 01.04.1853; PfA Düsseldorf St. Lambertus Akten 734, 05.04.1853, 18.08.1853, 24.08.1853, 02.09.1853 und 28.10.1853.
[213] Vgl. PfA Düsseldorf St. Lambertus Akten 734, 18.08.1853, 24.08.1853 und 02.09.1853.
[214] Vgl. TKA Jean Guilleaume Habets, Maison de Dusseldorf. Etablissment de Dusseldorf, 1856 ff, S. 106 ff; PfA Düsseldorf St. Lambertus Akten 732, 14.03.1853.
[215] Vgl. PfA Düsseldorf St. Lambertus Akten 734, 21.09.1852, 09.06.1853 und 30.06.1853.
[216] Vgl. AEK CR 18.12. 18.11.1857; PfA Düsseldorf St. Lambertus Akten 734, 31.10.1857 und 18.11.1857.
[217] Vgl. PfA Düsseldorf St. Lambertus Akten 734, 31.10.1857 und 18.11.1857.
[218] Vgl. THD Fach 6, Urkundensammlung, 07.03.1859.
[219] THD Fach 6, Urkundensammlung, 31.03.1859.

Celliten den Schwestern aus der Congregation vom heiligen Kreuze zu Aspel bei Rees in der Art überwiesen werde, daß diese künftig ganz an die Stelle der Cellitinnen treten"[220].

Töchter vom Heiligen Kreuz Rath

Die Töchter vom heiligen Kreuz waren im Dekanat Düsseldorf nicht nur in der Krankenpflege, sondern auch auf dem Gebiet des Unterrichtswesens tätig. Als am 1. Juli 1856 in der Gemeinde Rath bei Düsseldorf die Schankwirtschaft von Johann Inhoffen (heute Am Klosterhof 1) von den Erben Klapdor zum Verkauf angeboten wurde[221], ergriff Pfarrer Stephan Schachtmann die Initiative, um hier ein Frauenkloster einzurichten, "dessen Schwestern sich mit dem Unterrichte und der Erziehung der weiblichen Jugend beschäftigen" sollten[222]. In einem Gesuch an Schulrat Mathias Sebastiani vom 26. Mai 1856 schilderte der Rather Pfarrer die Vorzüge der offerierten Immobilie: "Das Haupthaus mit den Nebengebäuden ist so groß, daß nebst einer Schule für die hiesige weibliche Jugend, deren schulpflichtige Zahl sich auf etwa 150 beläuft, recht passend ein Pensionat für Mädchen aus dem Mittelstande errichtet werden könnte, wodurch einem lange gefühlten Bedürfnisse für hiesige Gegend abgeholfen würde"[223]. Das Gasthaus, nahe bei der Pfarrkirche gelegen, sollte passend zur Wohnung für die Schwestern und zum Pensionat eingerichtet, das Scheunenhaus für die Volksschule benutzt werden. Mit Recht konnte Pfarrer Stephan Schachtmann darauf verweisen, dass in Rath bereits um die Mitte des 14. Jahrhunderts ein Frauenkloster bestand, das 1811 der Säkularisation zum Opfer gefallen war[224]. "Eine passendere Gelegenheit zur Gründung eines neuen Klosters hier wird sich schwerlich darbieten und muß alles aufgeboten werden, um dieses Haus für einen Orden zu gewinnen, welcher sich mit der Erziehung der weiblichen Jugend beschäftigt"[225]. Der rührige Pfarrer dachte dabei an Kreuzschwestern, die "im Unterrichten und in der Erziehung der weiblichen Jugend rühmlichst bekannt" waren und zu dessen Rektor Jean Guilleaume Habets in Lüttich er bereits Kontakt aufgenommen hatte[226].

---

[220] THD Fach 6, Urkundensammlung, 26.09.1859; PfA Düsseldorf St. Lambertus Akten 733, 26.09.1859. Vgl. auch PfA Düsseldorf St. Lambertus Akten 732, 03.11.1859; PfA Düsseldorf St. Lambertus Akten 733, 10.10.1859; Fest - Bericht zur Einweihung des neuen Hospitalgebäudes der barmherzigen Schwestern Töchter vom heiligen Kreuz zu Düsseldorf, den 4. Juni 1912, Düsseldorf 1912, 5.
[221] Vgl. PfA Unterrath Maria unter dem Kreuz 2, 04.05.1856; BB 28.06.1856.
[222] PfA Unterrath Maria unter dem Kreuz 2, 26.05.1856.
[223] PfA Unterrath Maria unter dem Kreuz 2, 26.05.1856.
[224] Vgl. Ulrich Brzosa, "Compassio Beatae Mariae virginis - Mitleid der seligen Jungfrau Maria". Ein Streifzug durch die Geschichte der Pfarrei "Maria unter dem Kreuz" in Düsseldorf - Unterrath von den Ursprüngen bis zum Zweiten Weltkrieg, in: Düsseldorfer Jahrbuch 70 (1999), 13 - 85, 39 ff; Ulrich Brzosa, Die Geschichte der katholischen Kirche in Düsseldorf. Von den Anfängen bis zur Säkularisation, Köln 2001, 254 ff.
[225] PfA Unterrath Maria unter dem Kreuz 2, 26.05.1856.
[226] Vgl. PfA Unterrath Maria unter dem Kreuz 2, 26.05.1856.

7. Töchter vom Heiligen Kreuz Rath

Gegen den Widerstand des Gemeinderates, der die Errichtung einer gesonderten Mädchenschule und die Berufung geistlicher Lehrerinnen abgelehnt hatte[227], erwirkte Pfarrer Stephan Schachtmann beim Kölner Generalvikariat und bei der Düsseldorfer Regierung eine Unterrichtserlaubnis für die Schwestern[228]. Nachdem er die Schankwirtschaft für das Lütticher Mutterhaus der Töchter vom Hl. Kreuz erworben hatte[229], wurde unter Mithilfe der Rather Bevölkerung das Gasthaus nach Plänen von Baumeister Josef Custodis zu einem Kloster und zu einer Schule umgebaut[230]. Am 20. April 1857 konnte die Lehr- und Erziehungsanstalt mit 7 Schwestern aus Aspel und 12 Zöglingen eröffnet werden[231]. In einer Werbeschrift für das "Deutsch - französische Pensionat unter der Leitung der Schwestern vom heiligen Kreuze zu Rath bei Düsseldorf" hieß es: "Zweck dieser Anstalt ist, der ihr anvertrauten weiblichen Jugend eine auf Religion gegründete moralische und wissenschaftliche Bildung zu geben. Die Unterrichtsgegenstände sind: Religion, deutsche und französische Sprach- und Styllehre, Lesen und Deklamation, Rechnen, Buchführen, Geographie, Geschichte, Naturkunde, Schönschreiben, Zeichnen, Gesang und alle weiblichen Handarbeiten. Auch die Haushaltung kann auf Verlangen der Eltern in der Anstalt erlernt werden. ... Der Pensionspreis beträgt 130 Taler und ist in gleichen Teilen beim Beginn eines jeden Vierteljahres zu entrichten"[232]. Aufnahme im Pensionat und "vollständige Ausbildung" fanden in Rath auch "Aspirantinnen, welche sich dem Elementar - Lehrfache widmen wollen"[233].

Mit Beginn des neuen Schuljahres im Oktober 1857 übernahmen die Schulschwestern in der Rather Elementarschule die Mädchenklasse wie auch eine gemischte Unterklasse[234]. Da das Pensionat bald einen guten Ruf genoss[235], mussten die Räumlichkeiten bis zum Ausbruch des Kulturkampfes mehrfach erweitert werden[236]. Im Jahre 1865 lebten in der Rather Niederlassung 19 Schwestern und 50 Pensionärinnen, von denen etwa die Hälfte zu Elementarlehrerinnen oder Lehrerinnen für höhere Töchterschulen ausgebildet wurden[237].

---

[227] Vgl. NHS Regierung Düsseldorf 2750, Bl. 221 f; Wolfgang Schaffer, Schulorden im Rheinland. Ein Beitrag zur Geschichte religiöser Genossenschaften im Erzbistum Köln zwischen 1815 und 1875, Köln 1988, 214.
[228] Vgl. AEK GVA Düsseldorf überhaupt 59, 21.08.1856; PfA Unterrath Maria unter dem Kreuz 2, 18.08.1856; PfA Unterrath Maria unter dem Kreuz 60, 02.04.1857.
[229] Vgl. AEK GVA Düsseldorf überhaupt 59, 18.08.1856.
[230] Vgl. PfA Unterrath Maria unter dem Kreuz 2, 13.06.1856.
[231] Vgl. AEK GVA Düsseldorf überhaupt 59, 20.04.1857 und 22.06.1857; PfA Unterrath Maria unter dem Kreuz 353, 20.04.1857; BB 01.04.1857; DA 02.04.1857.
[232] AEK GVA Düsseldorf überhaupt 59, 1857.
[233] AEK GVA Düsseldorf überhaupt 59, 1857.
[234] Vgl. AEK GVA Düsseldorf überhaupt 59, 22.06.1857 und 20.04.1865.
[235] Vgl. PfA Unterrath Maria unter dem Kreuz 2, 20.12.1860; NHS Regierung Düsseldorf 2750, 22.11.1859.
[236] Vgl. PfA Unterrath Maria unter dem Kreuz 2, 05.08.1864.
[237] Vgl. AEK GVA Düsseldorf überhaupt 59, 20.04.1865.

Töchter vom Heiligen Kreuz Friedrichstadt

Als in Rath Mitte der sechziger Jahre alle Raumkapazitäten erschöpft waren und immer mehr Schülerinnen und Aspirantinnen abgewiesen werden mussten, kam der Gedanke an die Eröffnung einer Ordensschule in Düsseldorf auf. Bereits im Jahre 1866 war von den Kreuzschwestern in der Friedrichstadt nahe dem Dominikanerkloster ein Grundstück zur Errichtung einer höheren Töchterschule mit Mädchenpensionat erworben worden[238]. Das neue Institut sollte nicht nur die Rather Anstalt entlasten, sondern auch jene katholischen Schülerinnen aufnehmen, die bisher die evangelische Luisenschule in der Friedrichstadt besuchten[239]. Mit Unterstützung von Landdechant Philipp Joesten konnten die Töchter vom Hl. Kreuz zunächst das Haus Friedrichstr. 34 beziehen[240], wo sie am 7. Januar 1868 mit bischöflicher Genehmigung ein Externat für katholische Mädchen eröffneten[241]. Ein Jahr später mieteten die Schwestern für jährlich 1325 Taler vom Rentner Peter Joseph Weidenhaupt das ehemalige Dominikanerkloster Friedrichstr. 44[242], das am 4. Mai 1869 von den Schwestern und Schülerinnen bezogen wurde[243]. Neben der höheren Töchterschule unterhielten die Kreuzschwestern in der Friedrichstr. 44 einen "Fröbelschen Kindergarten", der Kinder von 3 bis 6 Jahren mit Beginn des Wintersemesters am 5. Oktober 1869 aufnahm[244].

Töchter vom Heiligen Kreuz Flingern

Ein weiteres Betätigungsfeld eröffnete sich den Töchtern vom Hl. Kreuz in Düsseldorf, als der Frauenverein für Pempelfort und Flingern in einer am 9. Februar 1859 einberufenen Generalversammlung beschloss, "die dortige Arbeits- und Kleinkinderschule eingehen zu lassen" und der Witwe Therese Erhardt, "welche seit 20 Jahren mit ihren Töchtern der Anstalt als Lehrerin vorgestanden" hatte, zu kündigen[245]. Wie aus dem Düsseldorfer Journal vom 8. Januar 1859 hervorgeht, bestand "die Näh- und Strickschule zu Pempelfort" nur noch auf dem Papier, während die mit der Arbeitsschule verbundene Kleinkinderbewahrschule ihrer gewohnten Fürsorgearbeit nachging[246]. Anlass für den Niedergang der Arbeitsschule gaben Schwestern vom Armen Kinde Jesu, die seit November 1858 in der Mädchenschule für Flingern und Pempelfort gesetzlich vor-

---

[238] Vgl. AEK GVA Düsseldorf überhaupt 18, 14.12.1867.
[239] Vgl. AEK GVA Düsseldorf überhaupt 18, 31.12.1867.
[240] Vgl. AEK GVA Düsseldorf überhaupt 18, 31.12.1867.
[241] Vgl. AEK GVA Düsseldorf überhaupt 18, 02.01.1868; DA 24.12.1867.
[242] Vgl. SAD III 4717, 31.07.1875; SAD III 4730, 03.09.1875.
[243] Vgl. DA 22.04.1869; Théophile de Ville, Geschichte des Lebens und Wirkens der Mutter Maria Theresia, Stifterin der Genossenschaft der Töchter vom heiligen Kreuz in Lüttich, Köln 1891, 201; Alfons Väth, Unter dem Kreuzesbanner. Die ehrwürdige Mutter Maria Theresia Haze und ihre Stiftung die Genossenschaft der Töchter vom heiligen Kreuz, Düsseldorf 1922, 79.
[244] Vgl. DS 12.09.1869.
[245] Vgl. DJ 14.02.1859.
[246] Vgl. DJ 08.01.1859.

7. Töchter vom Heiligen Kreuz Flingern

geschriebenen Handarbeitsunterricht erteilten[247]. Im Auftrag der Töchter vom Hl. Kreuz, die im Frühjahr 1859 die Leitung der Bewahrschule übernahmen und zusätzlich eine Krankenambulanz einrichteten[248], erwarb Rektor Johann Joseph von der Burg (Altestadt) den Platz neben der weiterhin vom Frauenverein für Pempelfort und Flingern unterhaltenen Kleinkinderschule (Gerresheimer Str. 21) und ließ hier zu caritativen Zwecken ein neues Gebäude errichten. Mit Schenkungsurkunde vom 6. Dezember 1862 übertrug er das Objekt den Schwestern mit der Auflage, in dem Haus "verwahrloste Mädchen" aufzunehmen und in der näheren Umgebung "ambulante Krankenpflege" auszuüben[249]. Neben der Bewahrschule und Krankenambulanz wurde an der Gerresheimer Straße im folgenden Jahr unter dem Titel Christi Hilf eine Anstalt eingerichtet[250], die zwei Abteilungen umfasste: "Für Büßerinnen, das Werk der Sühne, und für gefährdete Mädchen und die verwahrloste schulentlassene Jugend, das Werk der Rettung"[251]. Am 1. August 1863 wurde der Nießbrauch des Besitzes von der Genossenschaft der Töchter vom Hl. Kreuz an den Frauenverein übertragen. Die Überweisung des Grundstückes, "bestehend aus einem kleineren Wohnhaus an der Cölner Chaussee, nebst Stallung, Hofe und Garten, einem größeren zweistöckigen Hause an dem Communalwege neben der ... Schule gelegen, und mit dieser durch Thüren in der Giebelmauer verbunden", erfolgte mit der Verpflichtung, die Immobilie "im Sinne des Stifters" zu gebrauchen, das Haus instand zu halten und für aus der Benutzung entstehende Schäden aufzukommen[252]. Eine 1894 angebrachte Gedenktafel im Kloster Christi Hilf erinnert noch heute an den Schenkungsakt: "Der derzeitige Frauen - Verein von Pempelfort und Flingern errichtet in Dankbarkeit diese Gedenktafel dem Hochwürdigen Herrn Johann von der Burg, jetzt Dechant in Gymnich, welcher im Jahre 1863 als Rektor der hiesigen Kreuzschwestern durch eine Schenkung an obigen Verein, bestehend in Land an der Gerresheimer Straße, ein darauf erbautes Haus und ein gesammeltes Kapital, den ersten Grundstein zur Errichtung der Anstalt Christi Hilf legte". Im Gestellungsvertrag vom 16. August 1863 wurde festgelegt, dass die Töchter vom Hl. Kreuz sechs Schwestern für die Kleinkinderbewahrschule und die Besserungsanstalt abstellen und hierfür vom Frauenverein freie Wohnung, Verpflegung und Entlohnung erhalten sollten[253].

Aufnahme in der "einzigen und letzten Zufluchtsstätte in dieser Welt"[254] fanden "leichtfertige" und "entartete" Mädchen, "die durch die Ungunst der Verhältnisse oder durch Verführung auf dem Weg des Lasters gebracht" wurden, denen aber "Schamge-

---

[247] Vgl. DJ 30.03.1859; DJ 01.04.1859.
[248] Vgl. AEK GVA Düsseldorf überhaupt 15.1, 09.02.1859, 06.04.1859, 27.10.1859 und 06.11.1862; DJ 30.03.1859; Alfons Väth, Unter dem Kreuzesbanner. Die ehrwürdige Mutter Maria Theresia Haze und ihre Stiftung die Genossenschaft der Töchter vom heiligen Kreuz, Düsseldorf 1922, 78.
[249] Vgl. AEK GVA Düsseldorf überhaupt 15.1, 01.08.1863 und 06.12.1894; SAD II 984, 28.01.1863.
[250] Vgl. DA 07.12.1863.
[251] Alfons Väth, Unter dem Kreuzesbanner. Die ehrwürdige Mutter Maria Theresia Haze und ihre Stiftung die Genossenschaft der Töchter vom heiligen Kreuz, Düsseldorf 1922, 78.
[252] Vgl. AEK GVA Düsseldorf überhaupt 15.1, 01.08.1863.
[253] Vgl. AEK GVA Düsseldorf überhaupt 15.1, 16.08.1863.
[254] DS 20.09.1868.

fühl, Sittlichkeit und Religiosität noch nicht ganz abhanden gekommen" war[255]. Über die in der "Rettungsanstalt 'Christi Hilf' in Pempelfort - Düsseldorf" erzielten Erziehungserfolge heißt es in einer vom Frauenverein für die Jahre 1863 bis 1868 vorgelegten Bilanz: Die Mädchen "fanden hier Obdach, Kleidung, Nahrung, Unterricht in Handarbeiten und häuslichen Beschäftigungen und vor Allem eine christliche Erziehung und wohl von den meisten derselben dürfen wir voll Freude sagen, daß sie gebessert entweder ihrer eigenen Familie zurückgegeben worden oder als brauchbare Dienstmädchen eine Stelle annehmen konnten. Nur einige Wenige mußten ihres unverbesserlichen Charakters wegen entlassen werden. Von den 106 Aufgenommenen wurden 23 ihren Eltern zurückgegeben, 23 in einen Dienst, 6 wegen Krankheit, 5 wegen Unverbesserlichkeit entlassen und 2 starben"[256].

Schwestern vom Armen Kinde Jesu Derendorf und Altstadt

Die Töchter vom Hl. Kreuz waren nicht die erste Schwesterngemeinschaft, die nach der Säkularisation zur Reorganisation des Ordenswesens nach Düsseldorf berufen wurde. Angestoßen durch die Arbeit der katholischen Waisenvereine[257], hatte zwei Jahre vor den Lütticher Schwestern bereits die Genossenschaft der Schwestern vom Armen Kinde Jesu in Düsseldorf Fuß gefasst. Mit der Auflage, "ein Erziehungs- und Pflegehaus für arme, besonders aber für verwahrloste Mädchen katholischer Religion" einzurichten, war dem Aachener Mutterhaus von Therese von Hagens und Clara Kylmann am 26. Juni 1850 das kylmannsche Gut in Derendorf offeriert worden[258]. Auf dem 24 Morgen großen Areal an der heutigen Annastr. 62/64 sollten vor allem jene katholischen Kinder eine neue Heimat finden, die in der Düsseltaler Erziehungsanstalt des Grafen Adelbert von der Recke untergebracht waren[259]. Als am 29. Juli 1850 die ersten Aachener Schwestern in Derendorf eintrafen und die Eröffnung eines Kinderheims im Herrenhaus vorbereiteten, war aus dem projektierten Rettungshaus für Kinder bereits ein Waisenhaus für Mädchen geworden[260]. Auf Betreiben der Generaloberin Clara M. Fey war zwischen den Derendorfer Stifterinnen, dem "Verein zur Pflege und Erziehung katholischer Wai-

---

[255] Vgl. DS 25.10.1868.
[256] DS 25.10.1868.
[257] Vgl. oben S. 93 ff und 95 ff.
[258] Vgl. AEK GVA Düsseldorf überhaupt 27.3, 18.11.1885; PfA Derendorf Hl. Dreifaltigkeit 48, 28.06.1866; NHS Regierung Düsseldorf 29408, 31.08.1850; Geschichtliche Nachrichten über Ursprung und Entwickelung des Vereins für Pflege und Erziehung armer katholischer Waisenmädchen zu Düsseldorf, nebst den Statuten und einigen Erörterungen über das Amt einer Aufseherin und die Hausordnung in der Pflegeanstalt, Düsseldorf 1880, 4; Georg Spickhoff, Das Klostergut im Winkelsfeld, in: Jan Wellem Jg. 5 Nr. 2 (Februar 1930), 49 - 50, 49 f.
[259] Vgl. AEK GVA Düsseldorf überhaupt 27.3, 18.11.1885; PfA Derendorf Hl. Dreifaltigkeit 48, 28.06.1866; Georg Spickhoff, Das Klostergut im Winkelsfeld, in: Jan Wellem Jg. 5 Nr. 2 (Februar 1930), 49 - 50, 49 f.
[260] Vgl. Geschichtliche Nachrichten über Ursprung und Entwickelung des Vereins für Pflege und Erziehung armer katholischer Waisenmädchen zu Düsseldorf, nebst den Statuten und einigen Erörterungen über das Amt einer Aufseherin und die Hausordnung in der Pflegeanstalt, Düsseldorf 1880, 5 f.

7. Schwestern vom Armen Kinde Jesu Derendorf und Altstadt

senmädchen zu Düsseldorf" und der Genossenschaft in Aachen eine Neuordnung der katholischen Waisenmädchenpflege herbeigeführt worden. In einem Vertrag zwischen den Schwestern und dem Waisenverein vom 3. August 1850 heißt es: "Die der Obhut des genannten Vereins anvertrauten Waisen - Mädchen werden vom 1. September dieses Jahres an der Pflege der mit der Verwaltung des Hauses zu Derendorf beauftragten Schwestern übergeben" (§ 1). Das Waisenhaus für 35 Mädchen auf dem Stiftsplatz sollte aufgelöst werden und nach Übergabe allen Mobiliars in der neuen Derendorfer Anstalt aufgehen (§ 4). Der Mädchenwaisenverein zahlte der Schwesternschaft für jedes überwiesene Kind jährlich 35 Taler, "welche er seinerseits dafür contractmäßig von der Armenverwaltung" erhielt (§ 6)[261]. Einen Tag vor Eröffnung des katholischen Mädchenwaisenhauses wurde am 31. August 1850 zwischen der Aachener Genossenschaft und den Stifterinnen der notarielle Schenkungsvertrag über das kylmannsche Gut unterzeichnet[262]. Als im Jahre 1853 die Aufnahmekapazität des provisorischen Waisenhauses erschöpft war, stellte Friedrich von Loe, Premier - Leutnant im 5. Ulanenregiment, 10000 Taler zur Verfügung, um auf dem Anwesen ein neues Kinderhaus, die so genannte Engelsburg, errichten zu lassen[263].

Neben der Waisenpflege widmeten sich die Schwestern vom Armen Kinde Jesu der Lehrtätigkeit und richteten 1853 eine Privat- und Armenschule für schulpflichtige Mädchen ein[264]. Schulunterricht erteilten die Schwestern seit 1858 auch in der Derendorfer und in der Flinger Armenschule wie seit 1868 in der Mädchenfreischule der Andreaspfarre[265]. Zur Beaufsichtigung von Kleinkindern hatte die Genossenschaft 1865 im später vom Volksmund als Annakloster bezeichneten Institut eine eigene Bewahrschule errichtet[266].

Für die seelsorgliche Betreuung der Waisenmädchen wurde ein Klosterrektor angestellt und in den Jahren 1861/1863 eine vom Düsseldorfer Franziskanerbruder Paschalis

---

[261] Vgl. AEK GVA Düsseldorf überhaupt 27.1, 03.08.1850; Geschichtliche Nachrichten über Ursprung und Entwickelung des Vereins für Pflege und Erziehung armer katholischer Waisenmädchen zu Düsseldorf, nebst den Statuten und einigen Erörterungen über das Amt einer Aufseherin und die Hausordnung in der Pflegeanstalt, Düsseldorf 1880, 5.

[262] Vgl. NHS Regierung Düsseldorf 29408, 31.08.1850; Geschichtliche Nachrichten über Ursprung und Entwickelung des Vereins für Pflege und Erziehung armer katholischer Waisenmädchen zu Düsseldorf, nebst den Statuten und einigen Erörterungen über das Amt einer Aufseherin und die Hausordnung in der Pflegeanstalt, Düsseldorf 1880, 5.

[263] Vgl. Otto Pfülf, M. Clara Fey vom armen Kinde Jesus und ihre Stiftung 1815 - 1894, Freiburg 1913², 221.

[264] Vgl. NHS Regierung Düsseldorf 2749, 23.04.1853 und 01.10.1853; SAD II 760, 19.08.1852, 25.05.1853 und 01.10.1853; Peter Fischer, Die Schule zu Düsseldorf - Derendorf im 19. Jahrhundert, Examensarbeit Neuss 1965, 10.

[265] Vgl. SAD II 690, 19.05.1858 und 01.06.1858; SAD II 755, 01.06.1858 und 01.11.1858; SAD VIII 817, 09.06.1873; DJ 22.11.1858; DS 01.11.1868; DA 17.12.1868; Bericht über den Stand und die Verwaltung der Gemeinde - Angelegenheiten der Stadt Düsseldorf für das Jahr 1868, Düsseldorf 1869, 9.

[266] Vgl. Otto Pfülf, M. Clara Fey vom armen Kinde Jesus und ihre Stiftung 1815 - 1894, Freiburg 1913², 222; Johanna Knopp, Die St. Anna - Schule 1900 - 1937, in: 100 Jahre St. Anna - Kloster, Düsseldorf. Festschrift des St. Anna - Klosters Düsseldorf zum hundertjährigen Bestehen 29 Juli 1850 - 29. Juli 1950, Düsseldorf 1950, 38 - 45, 40.

Gratze entworfene zweischiffige Kapelle gebaut, die wegen ihrer großzügigen Anlage eine spürbare Entlastung der Seelsorge an der Derendorfer Dreifaltigkeitskirche mit sich brachte[267]. In der Zeit des Kapellenbaues wurde 1862 auch ein Haus für Schwestern fertig gestellt, die bisher in den alten Stallungen des Gutes untergebracht waren[268].

Nur einen Monat nach dem Einzug in die Derendorfer Niederlassung übernahmen die Schwestern der Genossenschaft vom Armen Kinde Jesu am 2. September 1850 die Betreuung der Waisenkinder und die hauswirtschaftliche Führung des Knabenwaisenhauses in der Ritterstraße, wo ihnen im heute noch erhaltenen Josephshaus (Eiskellerstr. 9) eine Klausur eingerichtet wurde[269].

Franziskaner

Fast 50 Jahre nach der Säkularisation und Aufhebung des Klosters in der Karlstadt kehrten die Franziskaner 1853 als erster männlicher Orden nach Düsseldorf zurück. Den Anstoß zur erneuten Niederlassung gab Ende der vierziger Jahre die traditionelle Wallfahrt von Düsseldorf nach Kevelaer[270], auf der sich zufällig die Wege des niederländischen Franziskanerpaters Johannes de Veer (Kloster Megen) und des Kaplans Johann Heinrich Hemmerling von der St. Andreaskirche kreuzten. Beeindruckt von seinen Predigten lud Johann Heinrich Hemmerling den Minderbruder im Frühjahr 1850 nach Düsseldorf ein, wo sofort der Wunsch nach einer Rückkehr des Franziskanerordens in die Stadt laut wurde[271]. Um der Neugründung Nachdruck zu verleihen, richteten zahlreiche Düsseldorfer Bürger am 9. Februar 1851 und der Düsseldorfer Landdechant Philipp Joesten am 19. Februar 1851 eine Eingabe an den Kölner Erzbischof Johannes von Geissel[272]. In seiner Bittschrift befürwortete der Dechant die Errichtung eines Klosters, von dem er sich nicht nur eine Unterstützung in der Seelsorge für die Stadt, sondern auch eine Festigung des religiösen Lebens versprach. Nach seiner Überzeugung tat ein Orden Not, der die Armenpflege übernehmen konnte, die "bei aller möglichen Thätigkeit der Civilgemeinde immerhin mangelhaft" war, und der "durch eine in der erforderlichen Muße geordnete und in asketischen Übungen erstarkte wissenschaftliche Fortbildung der falschen Weisheit der Welt mit größerem Nachdruck bei dem Predigt-

---

[267] Vgl. PfA Derendorf Hl. Dreifaltigkeit 48, 28.06.1866; DA 02.07.1863; DA 20.12.1863; DA 23.12.1863.
[268] Vgl. Georg Spickhoff, Das Klostergut im Winkelsfeld, in: Jan Wellem Jg. 5 Nr. 2 (Februar 1930), 49 - 50, 50.
[269] Vgl. AEK GVA Düsseldorf überhaupt 4, 17.08.1850; KRD 2, 07.08.1850.
[270] Vgl. Ulrich Brzosa, Die Geschichte der katholischen Kirche in Düsseldorf. Von den Anfängen bis zur Säkularisation, Köln 2001, 605 ff.
[271] Vgl. AEK GVA Düsseldorf überhaupt 29, 19.02.1851; FKD Chronik Konvent Düsseldorf 1853 - 1932, 15.04.1896; Cajetan Schmitz, Gründung des Franziskanerklosters in Düsseldorf, in: Beiträge zur Geschichte der sächsischen Franziskaner - Ordens - Provinz. Separat - Ausgabe des Jahrbuchs 1907, Düsseldorf 1908, 83 - 111, 86 f.
[272] Vgl. AEK GVA Düsseldorf überhaupt 29, 09.02.1851 und 19.02.1851.

7. Franziskaner

amte sowie bei der Verwaltung des Bußsakramentes entgegentreten" sollte[273]. Daß beide Tätigkeiten ein Orden allein übernahm, hielt Philipp Joesten für ausgeschlossen, so daß "zur Zeit nur die letztere in der Art gestellt werden könne, wie sie mit segensreichem Erfolge von vielen Mitgliedern des vormals hier bestandenen und im Jahre 1803 aufgehobenen Franziskaner - Klosters ausgeführt wurde"[274].

Als der Metropolit am 28. Februar 1851 eine wohlwollende Prüfung der Angelegenheit bei Nachweis der hierzu erforderlichen Mittel zusicherte[275], konstituierte sich am 27. Mai 1851 im Gymnasium ein Komitee zur Gründung eines Franziskanerklosters in Düsseldorf[276]. Maßgeblichen Anteil an der Vereinsgründung hatte der Franziskanerbruder Elias Büsken aus Hardenberg, der zu jener Zeit an der Düsseldorfer Kunstakademie studierte[277]. Für das Komitee war die Eröffnung einer Franziskanerniederlassung ein zeitgemäßes und unverzichtbares Erfordernis: "Es muß nach unserer anspruchslosen Meinung", so eine Eingabe vom 26. Januar 1852, "Asyle geben, in welche sich unverdorbene fromme Gemüter flüchten können, um sich vor den Verirrungen und Verwirrungen des Lebens zeitig in Sicherheit zu bringen; Asyle, in welche sich andere, vom Leben unglücklich umhergetriebene flüchten können, um sich aus dem Strom des Verderbens zu retten und von ihren Wunden wieder heil zu werden. ... Auch will uns bedünken, Klöster könnten heute wieder werden, was sie ehemals waren: Bollwerke der Kirche im Kampfe gegen das moderne Heidenthum, Brennpunkte der Andacht und des immerwährenden Gebets, dessen die Welt ebensosehr, wie der seelsorglichen praktischen Thätigkeit zu ihrem Heile bedarf, Erziehungsinstitute für große tüchtige, in sich concentrierte, in Gott starke Charaktere, wie sie vor Alters in so großer Anzahl zur Rettung wie zur Verherrlichung der Kirche, aus denselben hervorgingen"[278].

Seine erste Aufgabe sah der Verein in der Sicherstellung des Baufonds und der Beschaffung eines geeigneten Bauplatzes. Da bereits seit längerer Zeit der Bau einer vierten Pfarrkirche "für die Bewohner des neuen Stadttheils, an der Ost- und Nordseite von Düsseldorf" gefordert wurde[279], konzentrierte sich die Suche auf das Gebiet von Pempelfort. Der Flinger Steinweg (heute Schadowstraße) und die umliegende Gegend bildete seit der Mitte des 19. Jahrhunderts einen neuen Stadtteil, dessen "großer Übelstand ... in dieser sonst so angenehmen Gegend der Mangel einer eignen Kirche und die nicht un-

---

[273] AEK GVA Düsseldorf überhaupt 29, 19.02.1851.
[274] AEK GVA Düsseldorf überhaupt 29, 19.02.1851.
[275] Vgl. AEK GVA Düsseldorf überhaupt 29, 28.02.1851.
[276] Vgl. AEK GVA Düsseldorf überhaupt 29, 26.01.1852.
[277] Vgl. AEK GVA Düsseldorf überhaupt 29, 26.01.1852; Placidus Pütz, Eine historisch - rechtliche Denkschrift zur Wiederherstellung der Kölnischen Ordensprovinz von P. Placidus Pütz aus seinem Nachlaß herausgegebene und mit einer Einleitung und Anmerkungen versehen von P. Edmund Kurten, in: Rhenania Franciscana Jg. 37 Nr. 4 (Oktober/Dezember 1984), 247 - 249, Jg. 38 Nr. 1 (Januar/März 1985), 335 - 342, Nr. 3 (Juli/September 1985), 566 - 572, Nr. 4 (Oktober/Dezember 1985), 701 - 706, Jg. 39 Nr. 1 (Januar/März 1986), 784 - 789, Nr. 2 (April/Juni 1986), 948 - 951, Nr. 3 (Juni/September 1986), 1033 - 1037, 787.
[278] AEK GVA Düsseldorf überhaupt 29, 26.01.1852.
[279] Vgl. Bernhard Gustav Bayerle, Die katholischen Kirchen Düsseldorf's von ihrer Entstehung bis auf die neueste Zeit. Ein Beitrag zur Geschichte der Stadt, Düsseldorf 1844, 228.

beträchtliche Entfernung von den städtischen Kirchen" war[280]. Hinzu kam das soziale Gefälle: während der Steinweg eine bevorzugte Wohngegend des wohlhabenden Düsseldorfer Bürgertums war, galt die Gegend am Windschlag und an der Pfannenschoppenstraße (heute Klosterstraße) "als Zufluchtsstätte all des lichtscheuen Gesindels, dem der Boden in der Stadt zu heiß geworden war"[281].

Die Verwahrlosung des Viertels war stadtbekannt. Am 21. Dezember 1845 druckte die Düsseldorfer Zeitung unter der Überschrift "Außergewöhnliche Dreckhöhe" folgendes "humoristische" Eingesandt ab: "Seit gestern Abend halb 5 Uhr ist der Dreck am 'Windschlag' wieder um einen Fuß gestiegen und steht gegenwärtig zwei und einen halben Fuß am dortigen Pegel. Die ältesten Leute können sich eines solchen Dreckstandes nicht entsinnen, der in den achtziger Jahren nur 1,5 Fuß Pegel maß. Die Fahrzeuge sind selbst mit einem Lotsen nicht imstande, der starken Dreckströmung zu widerstehen und geraten oft über den Strand auf die Felder, die vom Modderschlag bespült werden. Leider haben wir auch ein Menschenleben zu betrauern: Ein Polizei - Sergeant ist schrecklich verschwunden, und ein Kind konnte nur gerettet werden, indem es zwei und dreiviertel Fuß maß und mit dem Mund über dem Dreck - Niveau stand"[282].

Für den Verein zur Errichtung eines Franziskanerklosters erwarb Freiherr Friedrich von Loe, der bereits den Ausbau des Klosters "Zum Armen Kinde Jesu" im Winkelsfeld finanziert hatte, am 11. August 1852 von der Witwe Agnes Heuser für 7800 Taler ein 14 Morgen großes Geviert, das heute von der Kloster-, Ost-, Immermann- und Charlottenstraße umschlossen wird[283]. Obwohl das Gelände noch bis zum 1. Mai 1854 verpachtet war, wurde zur provisorischen Unterbringung der Minderbrüder noch vor Vertragsablauf ein etwa 5 Morgen großes Stück an der Pfannenschoppenstraße ausgewählt, auf dem sich ein kleines Bauernhaus, eine alte Fruchtscheune und ein Kuhstall befanden[284].

Sofort wurde unter Aufsicht von Paschalis Gratze mit der Umgestaltung des Heuserschen Hofes begonnen und Vorkehrungen zur Aufnahme der ersten Ordensbrüder getroffen[285]. In der baufälligen Scheune wurde eine Notkirche und im Stall das erste Wohnhaus errichtet[286]. "Besonderes Interesse", so das Düsseldorfer Journal vom 2. April 1853, "erregen die kleinen engen Zellen mit ihrer einfachen, ja dürftigen Ausstat-

---

[280] Bernhard Gustav Bayerle, Die katholischen Kirchen Düsseldorf's von ihrer Entstehung bis auf die neueste Zeit. Ein Beitrag zur Geschichte der Stadt, Düsseldorf 1844, 228.

[281] Cajetan Schmitz, Das Franziskanerkloster in Düsseldorf, in: Festblatt 55. Generalversammlung der Katholiken Deutschlands Nr. 4 (17.08.1908), o. S. (1 - 2, 1).

[282] DZ 21.12.1845.

[283] Vgl. AEK GVA Düsseldorf überhaupt 29, 26.01.1852 und 25.07.1853; FKD Akten über das Klostergrundstück und Kloster 1826 - 1875, 11.08.1852; ALD Grundbuchblatt Pempelfort 4987, 24.08.1881; NN, Düsseldorf, in: Neue Sion. Eine Zeitschrift für katholisches Leben und Wissen Jg. 8 Nr. 108 (07.09.1852), 576; DJ 02.04.1853; NN, Düsseldorf, in: Die Sächsische Franziskaner - Provinz vom Heiligen Kreuze. Jahresbericht 1905, Düsseldorf 1906, 16 - 20, 16.

[284] Vgl. FKD Chronik Konvent Düsseldorf 1853 - 1932, 15.04.1896.

[285] Vgl. DJ 02.04.1853.

[286] Vgl. AEK GVA Düsseldorf überhaupt 29, 05.08.1853; NN, Düsseldorf, in: Katholisches Missionsblatt Jg. 2 Nr. 17 (24.04.1853), 156.

7. Franziskaner

tung"²⁸⁷. Ende Juli 1853 war eine äußerst primitive Behausung für den Einzug der Konventualen fertig gestellt. Unter großer Beteiligung der Bevölkerung und Teilnahme von drei Angehörigen des alten Düsseldorfer Franziskanerkonvents wurden am 18. August 1853 nach einer Festrede von Landdechant Philipp Joesten die Kirche und das Kloster durch Provinzial P. Xaverius Kaufmann eingeweiht²⁸⁸.

Die an die Klostergründung geknüpften Erwartungen erfüllten sich schon wenige Monate nach dem Einzug der ersten Patres. Die zerstreut wohnenden Katholiken der Umgegend hatten in der neuen Klosterkirche ein Gotteshaus gefunden, in dem es an Sonn- und Festtagen förmlich "von Andächtigen und Neugierigen ... wimmelt"²⁸⁹. Der Zudrang, besonders zu den Predigten, war so stark, dass die Volkskatechese oftmals auf dem Vorplatz gehalten werden musste²⁹⁰. Auch in sozialer und wirtschaftlicher Beziehung zeigte sich schon bald eine Wendung zum Besseren. Findige Grundstücksspekulanten hatten sich in der Gegend eingekauft und noch im Gründungsjahr des Klosters am Beginn der heutigen Oststraße eine Anzahl neuer Häuser errichtet²⁹¹. Die Sicherheit nahm zu und der Ruf der Gegend, eine Zufluchtsstätte für "zerrüttete Subjekte" zu sein²⁹², wandelte sich mehr und mehr in sein Gegenteil.

Kaum zeichnete sich ab, dass der Konvent in Düsseldorf für seinen Unterhalt selbst aufkommen konnte, wurde am 16. November 1853 ein Komitee ins Leben gerufen, um den Bau einer Klosteranlage in Angriff zu nehmen²⁹³. Nachdem am 15. März 1855 die polizeiliche Bauerlaubnis eintraf²⁹⁴, wurde sofort mit den Ausschachtungsarbeiten für die Kirche begonnen²⁹⁵ und am Fest des hl. Antonius (13. Juni), dem die Kirche und das Kloster geweiht werden sollten, in feierlicher Weise die Grundsteinlegung vollzogen²⁹⁶. Noch vor Einbruch des Winters konnte das Dach und der Glockenturm errichtet werden. Im Frühjahr 1856 wurde das Gewölbe eingesetzt und mit dem Bau des ersten Klosterflügels (Gartenflügel) begonnen²⁹⁷. Während der Abschluss der Arbeiten am Got-

---

[287] DJ 02.04.1853.
[288] Vgl. DJ 20.08.1853; NN, Düsseldorf, in: Katholisches Missionsblatt Jg. 2 Nr. 36 (04.09.1853), 320; NN, Kurze Lebensbilder, in: Rhenania Franciscana Jg. 10 Nr. 3/4 (1939), 175 - 184, 180.
[289] DZ 17.09.1853.
[290] Vgl. AEK GVA Düsseldorf überhaupt 29, 12.09.1853.
[291] Vgl. DZ 17.09.1853.
[292] Vgl. AEK GVA Düsseldorf überhaupt 29, 26.01.1852.
[293] Vgl. FKD Chronik Konvent Düsseldorf 1853 - 1932, 16.11.1853; FKD Geschichte von der Gründung des Klosters 1853 bis zum Kulturkampf 1875, 16.11.1853; DZ 22.12.1854; NN, Kirchen - Collecte für den Neubau einer Kirche und Wohnung der Franziskaner in Düsseldorf, in: Kirchlicher Anzeiger für die Erzdiöcese Köln Jg. 5 Nr. 17 (01.09.1856), 74 - 75, 74 f.
[294] Vgl. NHS Regierung Düsseldorf 27317, 15.03.1855; BSD Bauakte Immermannstr. 20, 08.05.1855.
[295] Vgl. DJ 20.05.1855.
[296] Vgl. AFM 4/4 Kloster Düsseldorf 52, 09.06.1855; DJ 10.06.1855; DJ 13.06.1855; DJ 15.06.1855; NN, Düsseldorf, in: Katholisches Missionsblatt Jg. 4 Nr. 25 (24.06.1855), 218.
[297] Vgl. AEK GVA Düsseldorf überhaupt 29, 05.09.1856; BSD Bauakte Immermannstr. 20, 14.04.1857, 25.04.1857 und 24.01.1858; NN, Düsseldorf, in: Katholisches Missionsblatt Jg. 5 Nr. 9 (02.03.1856), 79 - 80, 79 f; DK 25.03.1856; DJ 10.08.1856; NN, Düsseldorf, in: Katholisches Missionsblatt Jg. 5 Nr. 34 (24.08.1856), 288; NN, Düsseldorf, in: Katholisches Missionsblatt Jg. 5 Nr. 45 (09.11.1856), 375; DJ 16.06.1857; DJ 03.11.1857.

teshaus mit der Benediktion durch Landdechant Philipp Joesten am 31. Januar 1858 zusammenfiel[298], erhielt das Kloster erst im Jahre 1860 mit dem Bau des Süd- und Westflügels (Oststraße) seine Vollendung[299]. Ein Jahr zuvor war die bisherige Residenz zum Konvent erhoben und hatte in P. Gregor Janknecht den ersten Guardian erhalten[300].

Nach Notizen des Derendorfer Pfarrers Wilhelm Overkamp beschränkte sich die seelsorgerische Tätigkeit der Patres nicht nur auf den Klosterraum, sondern fand aushilfsweise auch in den Nachbarpfarreien Derendorf, Flingern, Bilk wie auch anderen auswärtigen Pfarrgemeinden statt; hier hielten sie Gottesdienste, Andachten und Predigten, spendeten das Sakrament der Buße und verrichteten den Krankendienst[301]. In einem Kollektenaufruf des Jahres 1856 hieß es: "Durch Gottesdienst und Seelsorge, durch Wort und Beispiel, eine lebendige Predigt für alle Stände, für Reich und Arm, wirken die Franziscaner - Väter in Eintracht mit der Pfarrgeistlichkeit zum Trost und Heile vieler trost- und heilsbegierigen Seelen"[302].

Wie viel die Düsseldorfer Franziskaner für Arme und Bedürftige taten, ist zahlenmäßig nur schwer zu erfassen[303]. Ohne Zweifel war ihr Hauptverdienst, dass sie den Blick auf die Notleidenden richteten und viele Menschen zur Unterstützung der Hilfsbedürftigen ermutigten. Hierzu waren die Söhne des Hl. Franziskus nach einer Eingabe des Düsseldorfer Komitees zur Errichtung eines Franziskanerklosters wie kein anderer Orden berufen. Nicht nur vor dem Hintergrund tief greifender politischer Auseinandersetzungen hatte das Komitee schon im Jahre 1852 festgestellt: "Die antichristlichen Theorien sind längst schon in praktische Tendenzen übergegangen, welche man mit dem Namen des Socialismus zu bezeichnen pflegt, dieses Todtfeindes der Kirche und der Gesellschaft, dessen angebliche Absicht es ist, die Gegensätze des Lebens auszugleichen, und namentlich die Kluft, die sich in so gefahrdrohender Weise zwischen Reichthum und Armuth geöffnet hat, um jeden Preis, und so bald es sein kann, mit Gewalt auszufüllen. Zur Bekämpfung und Vernichtung dieses Todtfeindes der Kirche und der Gesellschaft ist freilich Niemand im Stande, als die Kirche selbst, aber kein Orden scheint uns so geeignet, ihr dabei hülfreiche Hand zu leisten, als der Orden des h. Franziskus. Es hat sich zwar so zu sagen zu eben diesem Zwecke in den letzten 20 Jahren der Verein vom h. Vincenz von Paul der Kirche, seiner Mutter, zur Seite gestellt, und es dürfte die soci-

---

[298] Vgl. PfA Derendorf Hl. Dreifaltigkeit 589, S. 1204 ff; DJ 27.01.1858; DJ 02.02.1858; NN, Düsseldorf, in: Katholisches Missionsblatt Jg. 7 Nr. 7 (14.02.1858), 62.

[299] Vgl. PfA Derendorf Hl. Dreifaltigkeit 589, S. 1207 f; BSD Bauakte Immermannstr. 20, 10.06.1859, 19.06.1859 und 07.02.1860; DJ 19.01.1860; DA 04.05.1860; DA 19.02.1861; Düsseldorf und seine Bauten. Herausgegeben vom Architekten- und Ingenieur - Verein zu Düsseldorf, Düsseldorf 1904, 96 und 98.

[300] Vgl. FKD Chronik Konvent Düsseldorf 1853 - 1932, S. 32; Cajetan Schmitz, Gründung des Franziskanerklosters in Düsseldorf, in: Beiträge zur Geschichte der sächsischen Franziskaner - Ordens - Provinz. Separat - Ausgabe des Jahrbuchs 1907, Düsseldorf 1908, 83 - 111, 110; DT 01.03.1913.

[301] Vgl. PfA Derendorf Hl. Dreifaltigkeit 774, S. 811; NHS Regierung Düsseldorf 20111, 21.10.1872.

[302] NN, Kirchen - Collecte für den Neubau einer Kirche und Wohnung der Franziscaner in Düsseldorf, in: Kirchlicher Anzeiger für die Erzdiöcese Köln Jg. 5 Nr. 17 (01.09.1856), 74 - 75, 74.

[303] Vgl. Ulrich Brzosa, Die Geschichte der Franziskaner in Düsseldorf von 1853 bis 1960, in: Robert Jauch, Franziskaner in Düsseldorf. 150 Jahre "Klösterchen" (1853 - 2003), Düsseldorf 2003, 29 - 72, 35 ff.

7. Franziskanerinnen Kaiserswerth

ale Wirksamkeit desselben um so fruchtbarer erscheinen, da er sich vorzugsweise aus kirchlich gesinnten Laien rekrutiert; aber dieser Verein allein genügt, so viel wir sehen, nicht; ... es bedarf nicht bloß des Herabsteigens der Reichen zu den Armen, der Gebildeten zu den Ungebildeten, wobei jeder von beiden am Ende doch seine äußere Stellung im Leben beibehält, es bedarf vielmehr, wenn wir nicht irren, eines viel größeren Beispiels der Selbstverläugnung, nämlich des Beispiels freiwilliger, wirklicher, gänzlicher Armuth, einer freiwilligen Armuth, die aus dem Schoße der Kirche hervorgegangen, an ihrem Herzen ruhend, von ihr geweiht, von ihr mit dem Stempel religiös - sittlicher Würde bezeichnet, von ihr einer gottvergessenen Zeit als Muster aufgestellt, auf der einen Seite den Reichen wie eine lebendige Predigt gegenübertritt und ihnen sagt, daß sie als solche im Reiche Gottes keinen Werth besitzen, und daß auch die Reichen erst geistig arm werden müssen, um dem Reiche Gottes erst anzugehören, auf der andern Seite aber den Armen entgegentritt und sie lehrt, die Armuth nicht als ein unbedingtes Übel zu fliehen, sie vielmehr wie ein heiliges Kleid, in welchem unser Herr und Meister selbst auf Erden wandelte, zu tragen und zu erkennen, daß der Mensch auch ohne allen eigenen Besitz nicht nur leben, sondern auch gut, froh, glücklich und in Gott selig sein könne. Von diesem Gesichtspunkte aus betrachtet, möchte vielleicht der Franziskaner Orden in gegenwärtiger Zeit vorzugsweise berufen sein, seine ehrwürdige ... Mission aufs Neue anzutreten und mit erneuerten Kräften zu vollziehen. Und sollte eine solche fortwährende, lebende Predigt der geistlichen Armuth, die der Heiland an die Spitze seiner Predigt gestellt hat, nicht auch unserer guten Stadt Düsseldorf zum Heile gereichen?"[304].

Franziskanerinnen Kaiserswerth

In Preußen entstanden um die Mitte des 19. Jahrhunderts in kurzer Folge eine größere Zahl von Franziskanerinnen - Gemeinschaften. Die erste und für die Erzdiözese Köln bedeutendste geht auf die Aachener Patriziertochter Franziska Schervier zurück[305]. Die von ihr ins Leben gerufene Gemeinschaft der Armen Schwestern vom hl. Franziskus arbeitet noch heute vorwiegend in der Haus-, Armen- und Krankenpflege. Schon in den Statuten vom 9. Mai 1851 hieß es, Zweck der Gemeinschaft sei die "a) Pflege der Kranken, b) Unterstützung armer Familien oder verlassener Personen in ihren Wohnungen, c) überhaupt Ausübung der Barmherzigkeit gegen Leidende und Hilfsbedürftige, Büßerinnen, Gefangene und Sträflinge nicht ausgenommen"[306].

Im Dekanat Düsseldorf eröffneten die Franziskanerinnen 1854 im Ratinger "Gasthaus zum hl. Geist" (heute St. Marienkrankenhaus) ihre erste Niederlassung[307]. Auf einer Kollektenreise kamen sie am Magdalenentag 1854 nach Kaiserswerth, wo sie von Pfarrer

---

[304] AEK GVA Düsseldorf überhaupt 29, 26.01.1852.
[305] Vgl. Ignatius Jeiler, Die selige Mutter Francisca Schervier. Stifterin der Genossenschaft der Armenschwestern vom hl. Franciscus, dargestellt in ihrem Leben und Wirken, Freiburg 1893, 1 ff; Joseph Brosch, Mutter Franziska Schervier. Stifterin der Armen Schwestern vom hl. Franziskus, Aachen 1953, 7 ff; Erich Kock, Franziska Schervier. Zeugin einer dienenden Kirche, Mainz 1976, 7 ff.
[306] PfA Kaiserswerth St. Suitbertus Akten 1396, 09.05.1851.
[307] Vgl. MSF 8 - 069, S. 1.

Karl Reistor freundlich empfangen wurden[308]. Als die Schwestern über ihre Tätigkeit auf dem Gebiet der Armen-, Kinder- und Krankenpflege berichteten, sprach Pfarrer Karl Reistor den Wunsch nach einer eigenen Niederlassung in Kaiserswerth aus. Sofort wurden Verhandlungen mit der Generaloberin Franziska Schervier in Aachen aufgenommen, die schnell zum Abschluss gebracht werden konnten[309]. Die katholische Armenverwaltung stellte den Ertrag einer Stiftung und ihr Armenhaus (An St. Swidbert 60) zur Verfügung[310]. Am 5. Juli 1855 entsandte Mutter Franziska drei Schwestern in das Kaiserswerther Armenhaus, um hier die weltliche Aufseherin abzulösen und eine Ordensniederlassung unter dem Schutz des Hl. Paulus einzurichten[311]. Mit den Schwestern Clemens, Leo und Suitberta hatte Franziska Schervier, so die Ordenschronik, "die schönsten Pflänzlein aus ihrem Garten für Kaiserswerth auserwählt, damit sie dort ein guter Zweig Christi sein sollten"[312].

Ein nicht unbedeutendes Moment bei Gründung der Kaiserswerther Niederlassung war der Konkurrenzkampf zwischen den Konfessionen um den Vorrang in der Kranken- und Armenpflege. In der Suitbertusstadt, wo das Mutterhaus der Diakonissen seit 1836 eine rege Betriebsamkeit entfaltet hatte[313], wurde von Seiten der Katholiken die Niederlassung von Ordensschwestern geradezu herbeigesehnt[314]. Über die Ankunft der Franziskanerinnen bemerkte Pfarrer Karl Reistor: "Sie fanden die freudigste Aufnahme und begannen in dem alten beschränkten Armenhause ihre heilverkündende Wirksamkeit. So sind die katholischen Kranken in der Pfarre und Umgegend auch nicht mehr angewiesen auf die antikatholisch - pietistische Theilnahme der Fliednerschen Diakonissen - Anstalt!"[315]. Ein Sohn des Gründers der gescholtenen Anstalt, Fritz Fliedner (1845 - 1901), reagierte auf die Anstrengungen der Kaiserswerther Katholiken gelassen und stellte in seinen Erinnerungen nüchtern fest: "Sie konnten ... ein Krankenhaus, in Opposition zu dem unsern, bauen"[316].

Da die Schwestern ihrer Hauptaufgabe, Pflege der Armen und Kranken[317], in dem ruinösen Armenhaus kaum nachgehen konnten, erwarb die katholische Armenverwaltung von den Eheleuten Gerhard Langen durch Ausgabe und Zeichnung von Aktien[318]

---

[308] Vgl. MSF 8 - 069, S. 2.

[309] Vgl. MSF 8 - 069, S. 2 f.

[310] Vgl. AEK CR 8 C 1.1, 02.02.1855 und 15.02.1855; NHS Regierung Düsseldorf 54512, 16.07.1855.

[311] Vgl. MSF 8 - 069, S. 3; PfA Kaiserswerth St. Suitbertus Akten 1396, 04.08.1855.

[312] MSF 8 - 069, S. 3.

[313] Vgl. Theodor Fliedner, Entstehungsgeschichte der ersten evangelischen Liebesanstalten zu Kaiserswerth. Wie sie der Diakonissenvater D. Theodor Fliedner anno 1856 selbst aufgezeichnet hat, Düsseldorf 1933, 16 ff; Ruth Felgentreff, Das Diakoniewerk Kaiserswerth 1836 - 1998. Von der Diakonissenanstalt zum Diakoniewerk - ein Überblick, Düsseldorf 1998, 16 ff.

[314] Vgl. MSF 8 - 069, S. 1 ff; PfA Kaiserswerth St. Suitbertus Akten 1392, 12.10.1887.

[315] PfA Kaiserswerth St. Suitbertus Akten 559, 05.07.1855.

[316] Fritz Fliedner, Aus meinem Leben. Erinnerungen und Erfahrungen Bd. 1, Berlin 1903[7], 75 f.

[317] Vgl. PfA Kaiserswerth St. Suitbertus Akten 1396, 09.05.1851.

[318] Vgl. PfA Kaiserswerth St. Suitbertus Akten 559, 08.12.1856; PfA Kaiserswerth St. Suitbertus Akten 1030, 13.03.1856; PfA Kaiserswerth St. Suitbertus Akten 1032, 30.03.1856; Wilderich von Spee, Statistik des Kreises Düsseldorf für die Jahre 1859, 1860 und 1861, Düsseldorf 1864, 145.

7. Franziskanerinnen Kaiserswerth

das Weinrestaurant "Pfälzischer Hof" (heute Kaiserswerther Markt 25, "St. Anna")[319], das am 8. Dezember 1856 feierlich zu Ehren der Gottesmutter Maria als neues Armen- und Krankenhaus eingeweiht wurde[320]. Obwohl sich die Gesundheitsversorgung mit dem Haus am Kaiserswerther Markt spürbar verbesserte, genügte die Anstalt nur bedingt den steigenden Ansprüchen auf dem Gebiet der Hygiene und Medizin. Schon am 7. August 1860 wurde von der Königlichen Regierung in Düsseldorf die "an sich ungeeignete Zusammendrängung von Waisen, altersschwachen Pfleglingen männlichen und weiblichen Geschlechtes" mit kranken Personen bemängelt[321]. "Diese Anstalt ist als ein lobenswerther Anfang anzuerkennen", doch erwartete die Behörde vom Vorstand, "daß es ihm gelingen möge, durch angemessene Erweiterung mit der Zeit den zur Krankenpflege bestimmten Raum von den übrigen besser zu trennen"[322]. Veranlasst durch die nicht unberechtigte Kritik, erfolgte im Jahre 1861 der Ankauf des Hauses von Heinrich Gartmann (heute Suitbertus - Stiftsplatz 14b, "Romanisches Haus"), in dem unter dem Patronat des Hl. Joseph am 25. März 1862 ein Waisen- und Pflegehaus eingerichtet wurde[323]. Noch im gleichen Sommer erweiterte der Armenvorstand das Haus um einen kleinen Anbau, der sich auf dem Grundstück des heutigen Marienkrankenhauses (An St. Swidbert 17, Haupthaus) befand und am 20. Oktober 1862 von einer neu eröffneten Kinderbewahrschule in Nutzung genommen wurde[324]. Einer Beschreibung aus dem Jahre 1864 ist zu entnehmen, wie das "Katholische Krankenhaus zu Kaiserswerth, verbunden mit einem Pflegehaus für alte Männer und Frauen und einem Waisenhause" seinen Unterhalt erwirtschaftete: "Dieses Haus ist ein Institut der katholischen kirchlichen Armenverwaltung zu Kaiserswerth, errichtet zunächst für die Bedürfnisse der Stadt. Doch werden auch arme Kranke der zur Landbürgermeisterei gehörenden Ortschaften gegen eine geringe Geldentschädigung von 3 bis 4 Silbergroschen täglich darin aufgenommen und verpflegt, und zwar mit Rücksicht darauf, daß die Ordensschwestern, welche den Dienst des Hauses übernommen, in diesen Gemeinden Kollekten zum Besten des Hauses halten"[325].

---

[319] Vgl. PfA Kaiserswerth St. Suitbertus Akten 1396, 01.09.1872; PfA Kaiserswerth St. Suitbertus Akten 1573, S. 192 und 445; PfA Kaiserswerth St. Suitbertus Akten 1623, 09.08.1856; NHS Regierung Düsseldorf 54512, 31.12.1856, 14.06.1857, 10.10.1872 und 29.10.1872; DT 17.10.1930.
[320] Vgl. MSF 8 - 069, S. 7 f; PfA Kaiserswerth St. Suitbertus Akten 559, 08.12.1856; PfA Kaiserswerth St. Suitbertus Akten 892, Bl. 176.
[321] Vgl. NHS Regierung Düsseldorf 54512, 29.10.1872.
[322] NHS Regierung Düsseldorf 54512, 29.10.1872.
[323] Vgl. PfA Kaiserswerth St. Suitbertus Akten 560, 25.03.1862; PfA Kaiserswerth St. Suitbertus Akten 1027, 07.05.1861; PfA Kaiserswerth St. Suitbertus Akten 1030, 30.11.1860; PfA Kaiserswerth St. Suitbertus Akten 1425, 02.01.1861; PfA Kaiserswerth St. Suitbertus Akten 1573, S. 193 und 445; PfA Kaiserswerth St. Suitbertus Akten 1628, 13.06.1861; NHS Regierung Düsseldorf 54512, 10.11.1872; Wilderich von Spee, Statistik des Kreises Düsseldorf für die Jahre 1859, 1860 und 1861, Düsseldorf 1864, 145; Paul Clemen, Die Kunstdenkmäler der Stadt und des Kreises Düsseldorf, Düsseldorf 1894, 144.
[324] Vgl. PfA Kaiserswerth St. Suitbertus Akten 560, 20.10.1862; PfA Kaiserswerth St. Suitbertus Akten 1030, 12.09.1862; MSF 8 - 069, S. 8 f; NHS Regierung Düsseldorf 54512, 10.10.1872.
[325] Wilderich von Spee, Statistik des Kreises Düsseldorf für die Jahre 1859, 1860 und 1861, Düsseldorf 1864, 145.

Nach dem Tod von Pfarrer Karl Reistor (+17. Oktober 1868) plante sein Nachfolger Aloys Dauzenberg den Ausbau der Anstalt zu einem modernen Krankenhaus[326], doch vereitelte der deutsch-französische Krieg von 1870/71 zunächst die Ausführung des Vorhabens[327]. Erst am 15. August 1871 wurde mit der Grundsteinlegung der Plan wieder aufgegriffen und das alte Krankenhaus durch einen von August Rincklake errichteten Neubau (heute An St. Swidbert 17, Haupthaus) ersetzt[328]. Von der Grundsteinlegung berichtet die Hauschronik: Die Öffnung des Grundsteins "wurde mit einem früher wahrscheinlich in der Pfarrkirche in einem der abgebrochenen Altäre sich befindenden Altarstein bedeckt, welchen Herr Pastor den Schwestern geschenkt hatte. So diente dieser Stein, auf welchem so oft das hl. Opfer dargebracht wurde, wieder zu einem Altarsteine, da ja ein Krankenhaus für die barmherzige Schwester ein Altar ist, auf welchem sie täglich die Opfer der Liebe und Barmherzigkeit, der Abtödtung und Selbstverleugnung darbringen soll"[329]. Zur Finanzierung des Bauobjektes, das am 19. März 1873 feierlich zu Ehren dem Hl. Herzen der Unbefleckten Jungfrau Maria eingeweiht wurde[330], hatten die Schwestern durch Vermittlung der Fürstenfamilie Stolberg mehrere Kollektenfahrten in Schlesien, Sachsen und Berlin unternommen, die recht einträgliche Ergebnisse brachten[331].

Rückblickend hob Pfarrer Aloys Dauzenberg in einem Promemoria vom 12. Oktober 1887 die Vorzüge der neuen Anstalt mit den Worten hervor: "Aus diesen Erwägungen", gemeint waren die unzureichenden Verhältnisse, "wurde im Jahre 1872 ein ganz neues, großes Krankenhaus erbaut nach dem neuesten System mit Luftkanälen für alle Zimmer versehen; dasselbe enthält ohne Souterrain 30 Räume, worunter 4 große Krankensääle mit je 10 Betten und 12 Zimmer für höhere Verpflegungsklassen; in demselben wurde auch eine recht schöne Hauskapelle eingerichtet ... . Die 2 alten Krankenhäuser wurden gründlich restaurirt und für Pfleglinge benutzt; das eine für Männer (d.i. Haus St. Joseph), das andere für Frauen (d.i. Haus St. Anna[332]) mit gehöriger Trennung"[333]. Das östlich an das Frauenpflegeheim angrenzende Haus von Catharina Wimmer (heute Kaiserswerther Markt 27) hatte der Kirchenvorstand bereits durch Schenkungsakt vom 19. Mai 1871 bzw. 9. Januar 1872 für den Ausbau der Ordensniederlassung gewinnen können[334]. In aller Eile wurde "dieses sehr elend eingerichtete Haus" renoviert und zu einer Kleinkinderschule umgebaut, da die alte Bewahranstalt dem Neubau des Marien-

---

[326] Vgl. PfA Kaiserswerth St. Suitbertus Akten 1048, Bl. 5 ff; NN, Kaiserswerth, in: Kölnische Volkszeitung Jg. 12 Nr. 349 (18.12.1871), 3.
[327] Vgl. MSF 8 - 069, S. 26 ff.
[328] Vgl. MSF 8 - 069, S. 30, 37 und 42 ff; PfA Kaiserswerth St. Suitbertus Akten 1425, 04.05.1871 und 13.05.1871.
[329] MSF 8 - 069, S. 43.
[330] Vgl. MSF 8 - 069, S. 78 ff; DT 17.10.1930.
[331] Vgl. MSF 8 - 069, S. 37 ff und 47 ff.
[332] Vgl. MSF 8 - 070, S. 1.
[333] PfA Kaiserswerth St. Suitbertus Akten 1392, 12.10.1887.
[334] Vgl. MSF 8 - 069, S. 32 ff; PfA Kaiserswerth St. Suitbertus Akten 1573, S. 32.

krankenhauses hatte weichen müssen[335]. Das neue Lokal wurde in der Oktav Mariä Heimsuchung eingesegnet und am 5. Juli 1871 von den Kindern bezogen[336].

Obwohl bei den Franziskanerinnen als Haupttätigkeit die Pflege von Kranken und Bedürftigen galt, richteten sie in Niederlassungen, "wenn eine dringende Nothwendigkeit" vorlag, auch Strick- und Nähschulen ein. "So war es auch nun hier der Fall; schon seit mehreren Jahren besuchten viele Kinder der Stadt die Strick- und Nähschule in der Diakonissen - Anstalt, wodurch oft ein schädlicher Einfluß auf die Kinder ausgeübt wurde"[337]. Zur Beseitigung dieses "Missstandes" eröffneten die Schwestern für katholische Mädchen aus der näheren Umgebung im Wimmerschen Haus am 5. August 1873 eine Nähschule[338].

Franziskanerinnen Neustadt

Da die Franziskanerinnen aus dem Aachener Mutterhaus von Beginn an dem Massenelend der frühindustriellen Zentren besondere Aufmerksamkeit schenkten, waren Tochterniederlassungen in ländlichen Gegenden die Ausnahme. Im Jahre 1869 hatte Franziska Schervier erklärt: "Die Pflege der armen Kranken, in der Weise wie unsere Genossenschaft sich dieselbe als Hauptzweck gestellt hat, findet zumeist in den größeren Städten ihren geeigneten Wirkungskreis"[339].

Während die Genossenschaft verschiedene Angebote aus kleineren Orten und Gemeinden ablehnte[340], gründete sie in der Stadt Düsseldorf im Abstand von nur wenigen Jahren drei neue Niederlassungen. Im Max - Joseph - Hospital und dem angrenzenden städtischen Pflegehaus an der Neusser Straße wurden an Stelle weltlicher Wärter und Wärterinnen seit dem 1. Juli 1868 Ordensschwestern vom heiligen Franziskus eingesetzt, die unter Aufsicht des Kuratoriums der städtischen Pflege- und Armenhäuser die Wirtschaft und die Kranken- und Altenpflege der Anstalten besorgten[341]. Wie in Kaiserswerth hatte auch in Düsseldorf der Pflegedienst evangelischer Diakonissen die Bereitschaft der Aachener Schwestern zur Übernahme der Aufgabe vorangetrieben. Anlass zur Berufung von Franziskanerinnen in das Max - Joseph - Hospital gab das evangeli-

---

[335] Vgl. oben S. 153.
[336] Vgl. AEK GVA Kaiserswerth St. Suitbertus 10, 07.10.1932; MSF 8 - 069, S. 35 f; NHS Regierung Düsseldorf 54512, 10.10.1872.
[337] MSF 8 - 069, S. 84.
[338] Vgl. MSF 8 - 069, S. 85; MSF 8 - 075, 20.06.1873; PfA Kaiserswerth St. Suitbertus Akten 1030, 07.04.1873.
[339] Zitiert nach Erwin Gatz, Kirche und Krankenpflege im 19. Jahrhundert. Katholische Bewegung und karitativer Aufbruch in den preußischen Provinzen Rheinland und Westfalen, München 1971, 395.
[340] Vgl. Erwin Gatz, Kirche und Krankenpflege im 19. Jahrhundert. Katholische Bewegung und karitativer Aufbruch in den preußischen Provinzen Rheinland und Westfalen, München 1971, 395.
[341] Vgl. SAD Protokolle Stadtverordnetenversammlung Bd. 27, 19.05.1868; DA 05.06.1868; DA 01.07.1868; DA 17.12.1868; Bericht über die Thätigkeit der Armen - Verwaltung während des Jahres 1868; erstattet in der Plenarsitzung vom 25. Mai 1869, Düsseldorf 1869, 7.

sche Krankenhaus am Fürstenwall[342], wo die katholische Geistlichkeit schon seit längerer Zeit mit Sorge beobachtete, dass viele Katholiken den Pflegedienst von Diakonissen in Anspruch nahmen[343]. Vor diesem Hintergrund berichtete das Düsseldorfer Sonntagsblatt am 27. September 1868 über die Situation im städtischen Kranken- und Verpflegungshaus: "Am 2. Januar 1867 siedelten die in demselben sich befindenden 11 protestantischen Kranken und Pfleglinge in ihr neues, schönes Krankenhaus über, während die Katholiken, ca. 160 an der Zahl, im Gebäude verblieben und die große Wohltat von barmherzigen Schwestern verpflegt zu werden, schmerzlich vermißten. Die natürliche Folge war, daß viele katholische Kranken statt in das städtische, in das protestantische Krankenhaus sich aufnehmen ließen. Wie groß war nun die Freude der Kranken und Alten als sie die Nachricht erhielten, daß mit dem 1. Juli die ehrwürdigen Franziskanerinnen die Vewaltung des städtischen Kranken- und Verpflegungshauses übernehmen würden"[344]. In der Tat verstummten mit Ankunft der Franziskanerinnen die zuvor nicht abreißenden Klagen über die Neustädter Pflegeeinrichtungen[345]. Schon der Bericht der Stadtverwaltung für das Jahr 1868 unterstrich, dass der "wohltätige Einfluß" der Schwestern "auf die Anstalt bereits sichtbar hervortritt"[346].

Franziskanerinnen Pempelfort

Als "die fromme Schwesternschaft des Franziskaner - Ordens"[347] ihre Tätigkeit in der Neustadt mit acht Schwestern aufnahm, war bereits entschieden, dass die Genossenschaft auch die Krankenpflege im projektierten Marienhospital übernehmen sollte[348].
Die Anfänge des Marienhospitals reichen bis in die Mitte des 19. Jahrhunderts zurück. Den Bedürfnissen der prosperierenden Stadt Düsseldorf (1831: 28710, 1858: 46849 Einwohner[349]) genügten das Max - Joseph - Hospital in der Neustadt, die Krankenpflegeanstalt der Barmherzigen Schwestern in der Altestadt und das 1849 eröffnete Krankenhaus der evangelischen Gemeinde in der Berger Straße nicht mehr[350]. "Schon jahre-

---

[342] Vgl. Theodor Kogge, Hundert Jahre evangelisches Krankenhaus Düsseldorf. Bericht über die Geschichte des Hauses, Düsseldorf 1949, 15 ff; Helmut Ackermann, Ich bin krank gewesen ... . Das Evangelische Krankenhaus Düsseldorf 1849 - 1999, Düsseldorf 1999, 39 ff.
[343] Vgl. DS 27.09.1868.
[344] DS 27.09.1868. Vgl. auch DS 04.10.1868.
[345] Vgl. GA 11.08.1901.
[346] Bericht über den Stand und die Verwaltung der Gemeinde - Angelegenheiten der Stadt Düsseldorf für das Jahr 1868, Düsseldorf 1869, 7.
[347] DA 01.07.1868.
[348] Vgl. DA 11.12.1866; DA 05.06.1868; DA 10.12.1868.
[349] Vgl. Friedrich Lenger, Zwischen Kleinbürgertum und Proletariat. Studien zur Sozialgeschichte der Düsseldorfer Handwerker 1816 - 1878, Göttingen 1986, 235.
[350] Vgl. NHS Regierung Düsseldorf 1616, 16.10.1856; NN, Düsseldorf, in: Katholisches Missionsblatt Jg. 5 Nr. 7 (17.02.1856), 63. Zur Einrichtung des Evangelischen Krankenhauses vgl. Robert Schultze, Das evangelische Krankenhaus, in: Wilhelm Simonis, Düsseldorf im Jahre 1898. Festschrift den Theilnehmern an der 70. Versammlung deutscher Naturforscher und Ärzte, Düsseldorf 1898, 207 - 209, 207 ff; Theodor Kogge, Hundert Jahre evangelisches Krankenhaus Düsseldorf. Bericht über die Ge-

7. Franziskanerinnen Pempelfort

lang", so ein Bericht über das Max - Joseph - Hospital, "hat man alle jene Unglücklichen von der Aufnahme ausschließen müssen, die an einer unheilbaren Krankheit leiden, aber auch dieser traurige Grundsatz hilft nicht mehr; für die heilbaren Kranken gebricht es häufig an Raum"[351]. Als sich mehr und mehr die Erkenntnis durchsetzte, dass ein Neubau unumgänglich sei, beauftragte die Verwaltung im Frühjahr 1858 den Gemeinderat Christian Schlienkamp, in Begleitung des Chirurgen Dr. Franz Zens und Stadtbaumeisters Eberhard Westhofen, die Krankenhäuser in Köln, Bonn und Aachen zu visitieren[352]. Obwohl die Delegation am 6. März 1858 einen Bericht über ihre Erfahrungen vorlegte[353], wurde der Bau eines neuen allgemeinen städtischen Krankenhauses bald wieder verworfen, "weil die hiesigen Konfessionsgemeinden die Absicht kundgegeben haben, dem vorhandenen Bedürfnisse durch ihrerseits alsbald zu erbauende konfessionelle Krankenhäuser abzuhelfen"[354].

Nachdem die Verwaltung für den Bau eines städtischen Krankenhauses das 31 Morgen große Gut Stockkamp am 23. Juli 1859 für 18000 Taler angekauft hatte[355], wandte sich das Kuratorium der evangelischen Gemeinde am 3. März 1860 an Oberbürgermeister Ludwig Hammers und fragte an, "ob das evangelische Krankenhaus nach wie vor neben dem städtischen bestehen solle, oder ob es nicht zweckmäßiger sein dürfte, daß die katholischen Gemeinden einerseits, und die evangelische Gemeinde andererseits durch ein von der Stadt aufzubringendes Baucapital in den Stand gesetzt würden, die für die Bedürfnisse, jeder Konfession ausreichenden Krankenhäuser jede für sich zu erbauen"[356]. Der Magistrat sollte die Oberaufsicht behalten, doch hätte er nicht mehr die Last der Verwaltung zu tragen brauchen. Außerdem wäre den konfessionellen Gemeinden so "die längst gewünschte Möglichkeit geboten, die Pflege der Kranken den geeigneten Orden und Bruderschaften zu übergeben, und die geistliche Pflege der Kranken in der jeder Konfession entsprechenden Weise zu ordnen. Es würde ferner, von der augenblicklich nothwendigen Besteuerung der Communen für die Neubauten abgesehen, die Möglichkeit geboten, die Steuerlast für die fernere Unterhaltung der Krankenhäuser in einem nicht unbedeutendem Maße zu verringern, indem letztere von Seiten der Stadt nur einen Pflegesatz für die von ihr überwiesenen Kranken zu beanspruchen hätten"[357].

Als die katholischen Gemeinden Düsseldorfs am 31. März 1860 dem Auf- und Ausbau kircheneigener Krankenhäuser gleichfalls den Vorzug gaben[358], beschlossen die

---

schichte des Hauses, Düsseldorf 1949, 7 ff; Helmut Ackermann, Ich bin krank gewesen ... . Das Evangelische Krankenhaus Düsseldorf 1849 - 1999, Düsseldorf 1999, 15 ff.
[351] DA 08.02.1860.
[352] Vgl. DZ 07.03.1858.
[353] Vgl. DZ 07.03.1858.
[354] Bericht über die Verwaltung und den Stand der Gemeinde - Angelegenheiten der Stadt Düsseldorf für das Jahr 1860, Düsseldorf 1860, 5. Vgl. dazu NHS Regierung Düsseldorf 1621, Bl. 1 ff.
[355] Vgl. DA 23.03.1864.
[356] THD Fach 12, Erweiterungen 1860 - 1900, 04.03.1860.
[357] THD Fach 12, Erweiterungen 1860 - 1900, 04.03.1860.
[358] Vgl. SAD II 1655, 31.03.1860.

Stadtverordneten am 31. Oktober 1860 die Einrichtung konfessioneller Heilanstalten[359]. Die Förderung von Krankenhäusern in kirchlicher Trägerschaft ließen die Stadt erhebliche Einsparungen erwarten. Auf evangelischer Seite dachte man an einen Neubau, während die katholischen Pfarreien am 4. Januar 1861 eine Erweiterung der Heilanstalt der Schwestern vom hl. Kreuz von 40 auf 250 Betten in Betracht zogen[360]. Da noch unklar war, wer für die Durchführung des Bauvorhabens verantwortlich sein sollte, schlug ein Leser des Düsseldorfer Anzeigers am 1. Dezember 1860 vor: "Wie wäre es, wenn der verehrliche Verein zur Errichtung einer Mariensäule den Gedanken der Erbauung eines 'Marien - Hospitals' zu dem seinigen machen würde ?"[361]. Zwar wurde die Anregung nicht weiter verfolgt, doch blieb zumindest der Name "Marienhospital" weiter im Gespräch.

Trotz mehrfacher Umarbeitungen wurde 1862 "die von den katholischen Pfarrgemeinden beabsichtigte Erweiterung des Klosters der barmherzigen Schwestern zu einem größeren katholischen Krankenhause ... Seitens der königlichen Regierung aus medizinal - polizeilichen Gründen für unstatthaft erklärt und ein anderer Plan zur Beschaffung eines katholischen Krankenhauses eingefordert"[362]. Da ein Neubau nicht in Frage kam, verfolgten die Vertreter der katholischen Kirche nun den Plan, das Max - Joseph - Hospital in der Neustadt zu erwerben, mit dem Hubertushospital zu verbinden und beide Anstalten durch Um- oder Neubau zu einem Krankenhaus zu erweitern[363]. Wegen der komplizierten und verwickelten Eigentumsverhältnisse des Hubertusstiftes wurden von der Stadtverwaltung verschiedene Gutachten über die Rechtslage in Auftrag gegeben. Obwohl der Besitzstand nicht eindeutig zu klären war, erkannte die Stadtverordnetenversammlung am 13. Oktober 1863 "das Hubertus - Hospital als rein katholische Anstalt und als Eigentümerin des sogenannten Max - Joseph - Kranken- und Verpflegungshaus ... unter der Verpflichtung der Einrichtung dieser Immobilien zu einem katholischen Krankenhause und Aufnahme der von der Stadt zu verpflegenden Kranken" an[364]. Ausgenommen waren das Cholerahaus, das rahrsche Haus und das janssensche Haus, die nachweisbar dem Fiskus gehörten, doch wurden diese Gebäude der Kirche für die

---

[359] Vgl. SAD Protokolle Stadtverordnetenversammlung Bd. 25, 31.10.1860; SAD Protokolle Stadtverordnetenversammlung Bd. 26, 31.10.1860.

[360] Vgl. THD Fach 12, Erweiterungen 1860 - 1900, 23.12.1860, 07.02.1861 und 14.02.1861.

[361] DA 01.12.1860. Zum Verein zur Errichtung der Mariensäule vgl. Statut des Vereins zur Errichtung einer Marien - Säule in Düsseldorf, Düsseldorf 1859, 2 ff; Das Marien - Denkmal von Düsseldorf und die Antwort des Stadtraths auf die Eingabe um Bewilligung des Friedrichplatzes für dies Denkmal im Jahre 1866, beleuchtet vom Standpunkt der Kunst, Parität und Billigkeit, Düsseldorf 1869, 3 ff; Der denkwürdige Tag von Düsseldorf oder das Marien - Denkmal zum 3. Male vor dem Forum des Stadtraths, Düsseldorf 1870, o. S (1 ff); Georg Spickhoff, Die Mariensäule auf dem Maxplatze. Ihre Geschichte: Denkmalsverein, Platzfrage, Vollendung. Unterhaltungspflicht. Denkmalspflege. Gesamtverband, in: Düsseldorfer Tageblatt Jg. 59 Nr. 104 (15.04.1925), o. S. (5).

[362] Bericht über den Stand und die Verwaltung der Gemeinde - Angelegenheiten der Stadt Düsseldorf für das Jahr 1862, Düsseldorf 1863, 5. Vgl. auch THD Fach 12, Erweiterungen 1860 - 1900, 25.11.1862; SAD II 1655, 16.05.1861.

[363] Vgl. DA 10.03.1864; DA 12.03.1864; DA 23.03.1864; DA 24.03.1864; DA 07.07.1864.

[364] Bericht über den Stand und die Verwaltung der Gemeinde - Angelegenheiten der Stadt Düsseldorf für das Jahr 1863, Düsseldorf 1864, 5.

7. Franziskanerinnen Pempelfort

Summe von 13000 Talern zum Kauf angeboten[365]. Am 30. Dezember 1863 erklärte sich das Kuratorium des Hubertushospitals zur Einrichtung eines katholischen Krankenhauses bereit, wenn die katholischen Pfarreien das hierzu erforderliche Kapital bereitstellten[366]. Optimistisch prognostizierte der städtische Verwaltungsbericht des Jahres 1863: "Die in Folge dessen zwischen dem Hubertus - Hospital und den katholischen Pfarrern gepflogenen Unterhandlungen sind ihrem Abschlusse nahe und hängt hiernach die endliche Herstellung geeigneter, geräumiger konfessioneller Krankenhäuser nur noch davon ab, ob die hiesige katholische Bevölkerung im Stande sein wird, in gleicher Weise, wie dies von den evangelischen Bewohnern der Stadt bereits geschehen ist, die Geldmittel für die Einrichtung jener, von ihnen gewünschten, konfessionellen Anstalt aufzubringen"[367].

Dem Optimismus der Stadtverwaltung gegenüber stand der Pessimismus der Düsseldorfer Geistlichkeit, die nicht zu Unrecht fürchtete, viele Katholiken könnten sich einer freiwilligen Spende entziehen. Ein abschlägiger Bescheid des Kirchenvorstandes von St. Andreas führte am 6. Februar 1864 zur Begründung des Votums an: "Leitend für diesen Beschluß ist die Betrachtung, daß es gesetzlich Sache der Zivilgemeinde ist, für ihre erkrankten Gemeindemitglieder die Sorge in vollem Maße zu übernehmen, daß zu dieser Sorge wesentlich auch gehört, diese Kranken in einem zweckentsprechendem Raume unterzubringen, wozu sich am besten empfiehlt die Erbauung von einem oder mehreren Krankenhäusern, die den Anforderungen der Wissenschaft und der Erfahrung an solche entsprechen: daß es der Zivilgemeinde besonders bei so geordneten Finanzen, wie in unserer Gemeinde, ein Leichtes ist, die nötigen Gelder für die Errichtung oder Einrichtung von Krankenhäusern auf gesetzlichem Wege aufzubringen: daß es aber nicht im Entferntesten wahrscheinlich ist, daß in den betreffenden Pfarreien im Wege des freiwilligen Sammelns die enormen Summen aufgebracht werden, die nach dem Projekte in Aussicht gestellt sind, zumal sogar der Zivilgemeinde die Gebäulichkeiten für das katholische Krankenhaus noch besonders mit 13000 Talern aus den Liebesopfern der Pfarrkinder erstattet werden sollen"[368].

Am 15. Februar 1864 beriet Oberbürgermeister Ludwig Hammers die Angelegenheit mit den Pfarrern von St. Lambertus, St. Maximilian und St. Andreas[369]. Zwar gelang es ihm nicht, den Klerus für den Ausbau des Max - Joseph - Hospitals zu gewinnen[370], doch erhielt er von den Geistlichen die Zusage für die Veranstaltung einer Spendensammlung[371]. Alle Pfarrgemeinden benannten Mitglieder zu einem "Comitè für die Errichtung eines katholischen Kranken- und Verpflegungshauses", das sich am 1. März

---

[365] Vgl. DA 12.11.1863.
[366] Vgl. DA 07.03.1864.
[367] Bericht über den Stand und die Verwaltung der Gemeinde - Angelegenheiten der Stadt Düsseldorf für das Jahr 1863, Düsseldorf 1864, 5.
[368] SAD II 1655, 06.02.1864.
[369] Vgl. SAD II 1655, 15.02.1864; DA 24.02.1864.
[370] Vgl. DA 10.03.1864; DA 12.03.1864.
[371] Vgl. SAD II 1655, 15.02.1864.

1864 erstmals mit einem Aufruf an die Katholiken der Stadt Düsseldorf wandte[372]. Der Appell blieb jedoch ohne nennenswerte Resonanz und brachte kaum 800 Taler ein[373].

Die katholischen Kräfte waren erst durch eine Entscheidung in der Stadtverordnetenversammlung vom 7. Juni 1864 zu mobilisieren[374]. Hier hatte der Magistrat unter dem Vorsitz von Oberbürgermeister Ludwig Hammers beschlossen, die für den Krankenhausneubau vorgesehenen Einzugsgelder in Höhe von 29406 Talern nach der Kopfzahl auf die drei Konfessionen zu verteilen. Die Auszahlung war an folgende Bedingungen geknüpft: "Es soll der auf die Evangelischen hiernach fallende Anteil dem hiesigen Presbyterium derselben als Vertreter der evangelischen Gemeinde, der auf die Katholiken fallende Anteil dem Vorstande des Vereins, welcher sich zu diesem Zwecke unter den Katholiken der Oberbürgermeisterei Düsseldorf bilden wird und Korporationsrechte erhalten haben muß, und der auf die Israeliten fallende Anteil dem Vorstande der hiesigen Synagogengemeinde übergeben werden, sobald der Erwerb des zur Erbauung des Krankenhauses erforderlichen Terrains und dessen Privilegien- und Hypothekenfreiheit oder doch die Beschaffung des zum Ankaufe des Terrains erforderlichen Fonds und mindestens ein Drittel der Bausumme, binnen zwei Jahren von heute ab, nachgewiesen sein wird"[375]. Obwohl die Stadtverordnetenversammlung am 20. September 1864 ihren Beschluss noch einmal revidierte und die Baugelder nicht mehr als verlorenen Zuschuss, sondern nur noch als zinsfreies Darlehen über 24 Jahre gewährte[376], hielten trotz dieser Auflage alle Parteien an der grundsätzlich getroffenen Entscheidung fest.

Die Kirchenvorstände der sieben Düsseldorfer Pfarreien beschlossen am 10. Juni 1864 die Errichtung eines katholischen Krankenhauses und riefen am 6. Juli einen Ausschuss zur Bildung eines "Marien - Hospital - Vereins" ins Leben[377], der Ende des Jahres bereits 1401 Mitglieder zählte und über 20382 Taler gezeichnete Stiftungsmittel verfügte[378]. Ziel des Zusammenschlusses war es, "ein ganz neues, allen Anforderungen entsprechendes Krankenhaus zu erbauen, in welchem es nicht nötig werden würde, auf den ursprünglichen beschränkteren Plan, die Gebäude des Max - Joseph - Krankenhauses zu einem katholischen Krankenhause einzurichten"[379]. Das "Statut für die zu errichtende katholische Kranken- und Verpflegungs - Anstalt in der Sammtgemeinde Düsseldorf" vom 22. Juli 1864 formulierte den Zweck mit den Worten: "Es bildet sich ein Verein zum Zwecke der Gründung und Leitung einer Anstalt mit Corporationsrechten unter dem Namen 'Marienhospital' zur Verpflegung heilbarer und unheilbarer Kranken und womöglich auch zur Verpflegung altersschwacher Personen, ohne Rücksicht auf religiöses Bekenntniß (§ 1)"[380]. Nach Annahme der Statuten auf einer Mitgliederversammlung

---

[372] Vgl. SAD II 1655, 01.03.1864; DA 04.03.1864.
[373] Vgl. SAD II 1655, 19.06.1864.
[374] Vgl. SAD II 1655, 07.06.1864; DA 08.06.1864.
[375] DA 08.06.1864.
[376] Vgl. DA 21.09.1864.
[377] Vgl. DA 05.07.1864; DA 07.07.1864.
[378] Vgl. PfA Derendorf Hl. Dreifaltigkeit 589, S. 1088. Vgl. auch DA 05.12.1865.
[379] Bericht über den Stand und die Verwaltung der Gemeinde - Angelegenheiten der Stadt Düsseldorf für das Jahr 1864, Düsseldorf 1865, 6.
[380] SAD II 1655, 22.07.1864. Vgl. auch Marien - Hospital zu Düsseldorf, Düsseldorf 1871, 3.

7. Franziskanerinnen Pempelfort

am 3. August 1864 in der Tonhalle[381] wurde der "Marien - Hospital - Verein" am 2. Dezember 1864 durch die Wahl von Hermann von Mallinckrodt zum Vorsitzenden und Emil Schauseil zum Stellvertreter endgültig konstituiert[382].

Angetrieben von den deutlichen Fortschritten beim Bau des evangelischen Krankenhauses am Fürstenwall, dessen Grundsteinlegung am 15. Juli 1864 erfolgt war[383], veranstaltete der Hospitalverein eine Vielzahl von Sammlungen[384] und mehrwöchige Zyklen wissenschaftlicher Vorlesungen "zum Besten des Marien - Hospitals"[385]. Am 23. Mai 1865 erklärte sich der Stadtrat bereit, "dem Marien - Hospitalverein den zur Erbauung eines katholischen Kranken- und Verpflegungshauses den nötigen Teil des Gutes Stockkamp, welchen näher zu bestimmen die Stadtverordnetenversammlung sich vorbehält, zum selbstkostenden Preise zu verkaufen"[386]. Das circa 11 Morgen große Grundstück in Pempelfort (Sternstr. 91) eignete "sich nach dem Gutachten von Sachverständigen sowohl der Lage als der Beschaffenheit nach ganz besonders für das zu errichtende Hospital"[387]. Im Mai 1866 begannen mit dem Abziegeln des Baugeländes die vorbereitenden[388], ein Jahr später die eigentlichen Bauarbeiten nach Plänen des Architekten August Rincklake[389]. Das projektierte Krankenhaus, das ohne Kapelle und Pflegehaus eine Länge von 239 Fuß erhalten, aus zwei Flügeln und einem Mittelbau, dem Erdgeschoss und zwei Etagen bestehen sollte, war auf 250 Betten berechnet[390].

Vom Festakt zur Grundsteinlegung am 17. September 1867 berichtete die Düsseldorfer Tagespresse: "Mit der heute Vormittag erfolgten feierlichen Grundsteinlegung zu dem St. Marien - Hospital und Verpflegungshause ist endlich das langersehnte Krankenhaus in Angriff genommen, dessen Vollendung von jedem Düsseldorfer, der es mit seiner Vaterstadt gut meint, ernstlich gewünscht wird, und das unseren armen, kranken, alters- und körperschwachen Mitbürgern eine trostreiche Zufluchtsstätte zu bereiten und ihnen ein freundliches Unterkommen und liebreiche Pflege zu gewähren bestimmt

---

[381] Vgl. DA 29.07.1864; DA 01.08.1864; DA 05.08.1864; DZ 05.08.1864.
[382] Vgl. DA 03.12.1864; DA 19.12.1864; DA 05.12.1865.
[383] Vgl. Gesänge zur Feier der Grundsteinlegung des evangelischen Kranken- und Pflegehauses zu Düsseldorf am 15. Juli 1864, Düsseldorf 1864, o. S. (1 f). Das evangelische Krankenhaus wurde 1866 vollendet und noch im Laufe des Jahres als Reserve - Lazarett für verwundete Krieger benutzt. Die von der Stadt zu verpflegenden Kranken fanden hier vom 1. Januar 1867 ab Aufnahme (vgl. Bericht über den Stand und die Verwaltung der Gemeinde - Angelegenheiten der Stadt Düsseldorf für das Jahr 1866, Düsseldorf 1867, 6).
[384] Vgl. DA 31.03.1864; DA 05.12.1865; DA 07.06.1867; DA 03.08.1867; DA 26.11.1867; DA 28.01.1869.
[385] Vgl. DA 04.10.1864; DA 30.12.1864; DA 07.01.1865; DA 08.01.1866; DA 21.02.1867; DA 11.03.1867.
[386] DA 24.05.1865.
[387] DA 04.01.1865.
[388] Vgl. DA 01.05.1866; DA 19.05.1866; DA 11.12.1866.
[389] Vgl. SAD II 1655, 26.02.1866; DA 31.01.1866; DA 16.08.1866; DA 19.11.1866; DA 11.12.1866; DA 18.05.1867; Bericht über den Stand und die Verwaltung der Gemeinde - Angelegenheiten der Stadt Düsseldorf für das Jahr 1867, Düsseldorf 1868, 9.
[390] Vgl. DA 18.05.1867.

ist"[391]. Nach dem Hochamt in der St. Lambertuskirche zog eine feierliche Prozession zur Baustelle, wo die kirchliche Weihe und Segnung des Grundsteins durch Domkapitular Philipp Joesten vorgenommen wurde[392].

Noch im gleichen Jahr konnten die Fundamente und Souterrains im Rohbau vollendet werden[393]; im März 1868 wurde der Weiterbau aufgenommen und der Aufbau der beiden Etagen fertig gestellt[394]. Am 2. Oktober 1868 war der Neubau des Marienhospitals unter Dach gebracht und die "Aufrichtung" abgehalten worden[395]. Bis zum Herbst des folgenden Jahres war der innere Ausbau des Hauses so weit vorangetrieben[396], dass die Vollendung des katholischen Krankenhauses für das Frühjahr 1871 erwartet wurde[397].

Der Ausbruch des deutsch-französischen Krieges machte indes eine vorzeitige Eröffnung notwendig[398]. Die fertig gestellten Teile des Marienhospitals wurden nach einem Beschluss des Vorstandes vom 18. Juli 1870 im Erdgeschoss und im ersten Stock beschleunigt zu einem Lazarett unter Leitung des Johanniter-Malteser-Ordens ausgebaut[399]. Am 15. August 1870, am Fest Maria Himmelfahrt, wurde das Lazarett in einer stillen Feier für "etwa 150 Krieger" eingeweiht[400]; bereits am nächsten Tag konnten die ersten Verwundeten aufgenommen werden, deren Pflege in den Händen von zehn Armen Schwestern vom hl. Franziskus zu Aachen lag[401].

Noch vor Beendigung des Krieges wurde am 15. März 1871 die Auflösung des Lazarettes im Marienhospital beschlossen[402]. "Die vorzügliche Pflege der Schwestern, die kräftige Kost und die ausgezeichnete ärztliche Behandlung hat", so der Generalbericht der Malteser-Genossenschaft 1871, "von den ersten Sanitätsbehörden eine hervorragende Anerkennung gefunden"[403].

---

[391] DA 18.09.1867.

[392] Vgl. DA 16.09.1867; DA 18.09.1867; DA 27.09.1867.

[393] Vgl. DA 11.12.1867.

[394] Vgl. DA 29.05.1868.

[395] Vgl. DA 30.09.1868; DS 20.12.1868; Bericht über den Stand und die Verwaltung der Gemeinde-Angelegenheiten der Stadt Düsseldorf für das Jahr 1868, Düsseldorf 1869, 7.

[396] Vgl. DA 13.10.1869; DA 09.11.1869.

[397] Vgl. PfA Derendorf Hl. Dreifaltigkeit 589, S. 1091.

[398] Vgl. MSF 8 - 062, Chronik Marienhospital Bd. 1, S. 9 f.

[399] Vgl. DA 07.08.1870.

[400] Vgl. MSF 8 - 062, Chronik Marienhospital Bd. 1, S. 12 f; DA 15.08.1870; DA 16.08.1870; DS 21.08.1870; DA 14.09.1870; Berthold Bockholt, Festschrift zur Feier des 50 jährigen Bestehens des Marienhospitals in Düsseldorf, Düsseldorf 1922, 14; Hans Stöcker, Dienst am Nächsten. Das Marienhospital in Düsseldorf. Ein Stück Stadtgeschichte 1864 - 1970, Düsseldorf 1970, 64.

[401] Vgl. General - Bericht der Centralstelle der Johanniter - Malteser - Genossenschaft in Rheinland - Westfalen. Krieg 1870 - 1871, Köln 1871, 100; Eduard Graf, Die Königlichen Reserve - Lazarette zu Düsseldorf während des Krieges 1870/71, Elberfeld 1872, 8.

[402] Vgl. General - Bericht der Centralstelle der Johanniter - Malteser - Genossenschaft in Rheinland - Westfalen. Krieg 1870 - 1871, Köln 1871, 41.

[403] General - Bericht der Centralstelle der Johanniter - Malteser - Genossenschaft in Rheinland - Westfalen. Krieg 1870 - 1871, Köln 1871, 40 f.

7. Franziskanerinnen Altstadt

Vom Juni 1871 ab, als das Marienhospital von verwundeten und erkrankten Soldaten allmählich geräumt war, überwies die städtische Verwaltung, um Raum für Pockenkranke im städtischen Krankenhaus zu gewinnen, die "sonstigen männlichen Kranken aus dem letzteren dem Marienhospital"[404]. Wegen Aufnahme dieser Patienten konnte die Absicht, "das Marien - Hospital zum Zwecke des beim Ausbruche des Krieges unterbrochenen inneren Ausbaues gänzlich zu räumen, nicht zur Ausführung gelangen; die Fertigstellung des Gebäudes mußte vielmehr trotz mancher, daraus entstehender Unzuträglichkeiten und Mehrkosten während der Benutzung desselben als Krankenhaus allmählich bewirkt werden"[405]. Nach seiner endgültigen Fertigstellung konnte das von der Regierung am 3. Juli 1871 zum Betrieb einer Krankenanstalt konzessionierte Marienhospital etwa 320 Kranke aufnehmen[406], eine für die damalige Zeit beachtenswerte Zahl. Mit der Eröffnung der neuen Anstalt wurden alle "städtischen Kranken" je nach Konfession in das evangelische Krankenhaus am Fürstenwall oder ins katholische Marienhospital an der Sternstraße überwiesen und die leer stehenden Räumlichkeiten des Max - Joseph - Hospitals zur Unterbringung von "altersschwachen und geistig oder körperlich gebrechlichen Personen" genutzt[407]. Ohne formal aufgelöst worden zu sein, endete mit der faktischen Verschmelzung von Hubertusstift und Max - Joseph - Krankenhaus nach rund einem Dreivierteljahrhundert die Geschichte der ersten Düsseldorfer Heilanstalt.

Franziskanerinnen Altstadt

Nur wenige Wochen nach Umwandlung des Marienhospitals von einem Militärlazarett in ein ziviles Krankenhaus errichteten die Aachener Franziskanerinnen Ende des Jahres 1871 in Düsseldorf eine weitere Niederlassung. Am 11. März 1870 war auf Anregung von Landrat Wilderich von Spee und Kaplan Hermann - Joseph Schmitz (St. Andreas) eine von 50 "notabelsten" Katholiken besuchte Versammlung zusammengetreten, um die Einrichtung einer Mädchenherberge zu prüfen[408]. Veranlassung hierzu gab eine statistische Erhebung, "wonach sich in hiesiger Stadt 14 concessionierte Gesinde - Bureaus und mehr als ein Dutzend von Wirthshäusern sehr zweideutigen Rufes befinden, in welchen die dienstlosen Mägde einzukehren gezwungen sind"[409]. Nach amtlichen Unterlagen gab es in Düsseldorf etwa 5000 Dienstmägde, "die während eines Jahres ... den

---

[404] Vgl. Das Marien - Hospital zu Düsseldorf. Bericht des Vorstandes für die Jahre 1864 - 1873, Düsseldorf 1874, 19.
[405] Das Marien - Hospital zu Düsseldorf. Bericht des Vorstandes für die Jahre 1864 - 1873, Düsseldorf 1874, 20.
[406] Vgl. Das Marien - Hospital zu Düsseldorf. Bericht des Vorstandes für die Jahre 1864 - 1873, Düsseldorf 1874, 20.
[407] Vgl. MSF 8 - 058 Pflegehaus, 12.01.1872. Vgl. auch ASD Chronik des St. Anna - Stiftes 1871 - 1959, S. 2 f; August Hofacker, Kurze Geschichte der Kranken-, Heil- und Pflegeanstalten Düsseldorfs, in: Arthur Schloßmann, Die Düsseldorfer Kranken-, Heil- und Pflegeanstalten, Düsseldorf 1926, 7 - 8, 7; DT 14.08.1934.
[408] Vgl. DS 20.03.1870; DA 12.04.1870.
[409] DS 20.03.1870.

Dienst wechseln und eine Durchschnittszahl von 1800 Dienstmädchen, welche alljährlich von Außen in die Stadt um Dienste zu suchen, einziehen"[410].

Vor dem Hintergrund dieser Zahlen und der Tatsache, "daß gerade die dienstlose Zeit bei der ungebundenen Freiheit und dem eben eingehändigten Sparpfennige die allergefährlichsten für die Dienstmägde in sittlicher Beziehung seien", hielt die Versammlung das Bedürfnis nach einem Mägdehaus in Düsseldorf für gegeben[411]. Im Unterschied zur evangelischen Mägdeherberge (Nordstr. 116), die bereits im Jahre 1863 zur Aus- und Fortbildung eröffnet worden war[412], wollte das katholische Institut in erster Linie präventiv wirken. Das Haus sollte Dienstmädchen ein Unterkommen während ihrer Freizeit bieten, "um sie vor dem Besuch zweifelhafter Wirtschaften und Ausbeutung durch Gesinde zu schützen"[413].

Zugleich war geplant, die Anstalt mit einer Krankenambulanz zu verbinden, die hilfsbedürftige Menschen in ihren Wohnungen aufsuchen und pflegen sollte[414]. Dabei lag die Annahme zugrunde, "daß auch nach Gründung des Marienhospitals die Krankenpflege in den Häusern namentlich den Armen unsere volle Fürsorge in Anspruch nehmen müsse"[415]. Bei dieser Gelegenheit wurde daran erinnert, "daß es gerade der spezielle Beruf der Franziskanerinnen sei, nicht allein dem Elend armer und kranker Familien abzuhelfen, sondern die leibliche und sittliche Vollkommenheit aufzusuchen"[416]. Diese "spezielle Berufsart" der Armen Schwestern vom Hl. Franziskus gab der Erwartung Raum, "daß gerade sie auf die untersten Klassen der Bevölkerung auch in sittlicher und religiöser Beziehung äußerst günstig einwirken würden"[417]. Nach vorherrschender Ansicht wurden die "untersten Klassen der Bevölkerung ... durch gegnerische Agitation, durch überhandnehmende Genußsucht, durch rohe entartete Unabhängigkeit dem kirchlichen Leben mehr denn je entfremdet"[418].

Nachdem die Entscheidung für einen Zusammenschluss gefallen war, gewann der "Verein zur Einrichtung und Unterhaltung einer Mädchenherberge" schnell 700 Mitglieder, die sich verpflichteten, einen jährlichen Beitrag von mindestens einem Taler zu zahlen[419]. Der Ausbruch des deutsch - französischen Krieges 1870/71 unterbrach alle weiteren Gründungsvorbereitungen[420]. Erst nach Beendigung des Krieges konnte der Ver-

---

[410] DS 20.03.1870.
[411] Vgl. DS 20.03.1870.
[412] Vgl. DA 21.04.1863; Adelbert Natorp, Geschichte der evangelischen Gemeinde zu Düsseldorf. Eine Festschrift zur Einweihung ihres neuen Gotteshauses, der Johanneskirche, Düsseldorf 1881, 247 f.
[413] NHS Regierung Düsseldorf 29398, 16.02.1881.
[414] Vgl. AEK GVA Düsseldorf überhaupt 22, 07.07.1871; St. Anna - Stift Marienstr. 19. Statuten des Vereins zur Gründung eines Hauses für Beherbung von weiblichen dienstlosen Dienstboten und ambulante Krankenpflege, Düsseldorf 1871, o. S. (1).
[415] DS 20.03.1870.
[416] DS 20.03.1870.
[417] DS 20.03.1870. Vgl. auch Bericht über das St. Annastift zu Düsseldorf, für das Jahr 1889, Düsseldorf 1890, o. S. (2 f).
[418] DS 22.05.1870.
[419] Vgl. NHS Regierung Düsseldorf 29398, 16.02.1881.
[420] Vgl. DA 29.07.1870; DS 07.08.1870; DV 27.09.1871; DV 04.11.1871.

ein mit den Armen Schwestern vom heiligen Franziskus in Aachen, denen die Leitung der Anstalt übertragen wurde, einen Kontrakt abschließen[421]. Am 21. November 1871 eröffneten die Franziskanerinnen in dem gemieteten Haus Marienstr. 19 unter dem Namen St. Annastift eine Mädchenherberge mit 5 Schwestern und 14 Dienstmädchen[422]. Über ihre Einführung berichtet die Hauschronik der Anstalt: "An diesem Festmorgen kam nun die ehrwürdige Mutter mit den 3 Schwestern Corona, Leonarda, Augusta und einer Postulantin Anna, nach Düsseldorf und kehrten im Marien - Hospital ein, woselbst sie das Mittagessen nahmen. Den genannten Schwestern wurde hier noch Schwester Willibroda zugestellt ... . Nach beendigter Recreation begleitete Schwester Bernardin die würdige Mutter mit den Schwestern zum Hause in der Marienstraße, woselbst das Comite zu deren Empfang sich versammelt hatte. ... Der hochwürdige Herr Dechant hielt eine Ansprache, worin derselbe auf das Wirken der Schwestern während des Krieges und die großen Vortheile hinwies, welche durch Errichtung dieses Hauses erzielt werden sollten"[423].

Die erste Einrichtung war sehr einfach und "ließ nach manchen Seiten hin die Wirkungen der Hl. Armuth durchfühlen"[424]. Ein Jahr nach Eröffnung konnte das Kuratorium für 10000 Taler das ehemalige Knabenwaisenhaus Ritterstr. 20 erwerben[425], das am 25. Oktober 1872 vom Anna - Stift bezogen wurde[426]. "Am Feste des Hl. Rafael, dem Patron der Reisenden", so die Ordenschronik, "machten die Schwestern mit Sack und Pack die große Reise von der Marienstraße zur neuen Wohnung in der Ritterstraße"[427]. Bei der feierlichen Einweihung des neuen Hauses war Prinzessin Antoinette von Hohenzollern anwesend, die am 6. Mai 1872 das Protektorat über die Anstalt angenommen hatte[428]. Im Jahr der Verlegung wurden im Annastift 385 Dienstmädchen beherbergt und 275 arme Kranke verpflegt[429].

Schwestern vom Armen Kinde Jesu Oberbilk

Der Kuratoriumsbeschluss zur Verlegung des Annastiftes in die Ritterstraße überrascht, da ein von Religionslehrer Ludwig Krahe im Namen des Knabenwaisenvereins verfasster Bericht schon um 1865 zu dem Schluss kam, "daß die häßliche, auch moralisch nicht zuträgliche Gegend des jetzigen Hauses in der Ritterstraße eine Verlagerung des Waisenhauses erheische"[430]. Im Wissen um das abträgliche Umfeld war der Vorstand fortan

---

[421] Vgl. DS 01.05.1870; DV 14.11.1871.
[422] Vgl. ASD Chronik des St. Anna - Stiftes 1871 - 1959, S. 4; DV 23.11.1871.
[423] ASD Chronik des St. Anna - Stiftes 1871 - 1959, S. 4 ff.
[424] ASD Chronik des St. Anna - Stiftes 1871 - 1959, S. 6.
[425] Vgl. ASD Chronik des St. Anna - Stiftes 1871 - 1959, S. 12; KRD 3, 01.08.1870 und 07.03.1873.
[426] Vgl. DV 31.10.1872; DV 09.11.1872.
[427] ASD Chronik des St. Anna - Stiftes 1871 - 1959, S. 13.
[428] Vgl. NHS Regierung Düsseldorf 29398, 16.02.1881.
[429] Vgl. NHS Regierung Düsseldorf 29398, 16.02.1881.
[430] Zitiert nach Paul Kauhausen, Hundert Jahre Katholischer Waisenverein Düsseldorf 1851 - 1951, Düsseldorf 1951, 28.

um den Erwerb eines Grundstückes zum Bau eines neuen Waisenhauses bemüht[431]. Nach Ansicht des Waisenvereins war hierzu eine in unmittelbarer Nachbarschaft zum gerade im Bau befindlichen Marienhospital anstoßende Liegenschaft besonders geeignet, doch lehnte die Stadtverordnetenversammlung am 23. November 1869 ein Kaufgesuch mit dem Bemerken ab, dem Krankenhaus stehe ein Vorkaufsrecht auf das gesamte Pempelforter Stockkamp Gut zu[432].

Geleitet von dem Gedanken, das Waisenhaus von der Ritterstraße in eine ländliche Gegend zu verlegen, fand der Verein kurze Zeit später in Oberbilk ein geeignetes Anwesen. Laut Notariatsurkunde vom 5. März 1870 veräußerte die Witwe des Elberfelder Fabrikanten Johann Heinrich Neuhoff dem Katholischen Waisenverein für 18000 Taler ein 12 Morgen großes Grundstück am Kommunalweg von Oberbilk nach Unterbilk mit dem darauf stehenden herrschaftlichen Wohnhaus und seinen Nebengebäuden (heute Oberbilker Allee 157/159)[433].

Zum Kummer des Vorstandes und der Schwestern vom Armen Kinde Jesu konnte das Waisenhaus nicht sofort nach Oberbilk verlegt werden. Zunächst hatte die Stadtverwaltung wegen Ausbruchs einer Pockenepidemie im Herrenhaus ein Behelfskrankenhaus eingerichtet[434], dann verhinderte der deutsch-französische Krieg einen Umzug. Während des Krieges 1870/71 diente das Anwesen den Schwestern von der Oberbilker Schwesternstation als Lazarett zur Versorgung verwundeter Soldaten[435].

Erst zweieinhalb Jahre nach Ankauf des Neuhoff-Gutes konnte der lang ersehnte Umzug nach Oberbilk am 30. Oktober 1872 durchgeführt werden[436]. Das Düsseldorfer Volksblatt feierte die Verlegung mit den Worten: "Der Tausch ist in jeder Beziehung zu begrüßen; die Lage des neuen durch Anbauten bedeutend vergrößerten Hauses ist eine recht gesunde; allen Erfordernissen, welche die Fortschritte der Gesundheitslehre an solche Institute stellen, ist in möglichst vollkommener Weise entsprochen worden"[437]. Das erst wenige Jahre alte herrschaftliche Wohnhaus der Familie Neuhoff wurde 1872 entsprechend seiner neuen Bestimmung umgebaut und durch einen Neubau (rechter Flügel) bedeutend vergrößert, so dass anfangs bis zu 100 Pflegekinder untergebracht werden konnten[438].

---

[431] Vgl. KRD 30, 11.04.1867, 18.06.1868 und 30.07.1868; NHS Regierung Düsseldorf 29812, 27.11.1869.

[432] Vgl. KRD 1, 24.11.1869; KRD 30, 11.04.1867; SAD Protokolle Stadtverordnetenversammlung Bd. 27, 23.11.1869; DS 28.11.1869.

[433] Vgl. KRD 1, 05.03.1870. Vgl. auch NHS Regierung Düsseldorf 29812, 08.03.1870; DS 08.05.1870; DS 29.05.1870.

[434] Vgl. unten S. 170 und Bericht über den Stand und die Verwaltung der Gemeinde-Angelegenheiten der Stadt Düsseldorf für die Jahre 1870 und 1871, Düsseldorf 1872, 15.

[435] Vgl. KRD 3, 01.08.1870; NHS Regierung Düsseldorf 29812, 03.10.1870.

[436] Vgl. NHS Regierung Düsseldorf 29812, 02.11.1872.

[437] DV 31.10.1872.

[438] Vgl. DV 31.10.1872; Düsseldorf und seine Bauten. Herausgegeben vom Architekten- und Ingenieur-Verein zu Düsseldorf, Düsseldorf 1904, 246.

Arme Dienstmägde Jesu Christi Bilk

Besonders zahlreich waren in Düsseldorf und Umgebung die Armen Dienstmägde Jesu Christi aus dem Mutterhaus Dernbach vertreten. Die Anfänge der Kongregation liegen in einer frommen Vereinigung zur Krankenhilfe und Armenhilfe in Dernbach, die 1848 von Katharina Kasper (1820 - 1898) ins Leben gerufen wurde[439]. An ihren Grundsätzen und ihrem Beispiel misst die Genossenschaft noch heute ihr Arbeiten[440]. In den 1850 vom Limburger Bischof Peter Joseph Blum anerkannten Konstitutionen hatte Katharina Kasper bestimmt, dass die Mitglieder "bei der Pflege der Kranken ... für die geistlichen und leiblichen Bedürfnisse derselben eifrig und pünktlich besorgt sein" müssen[441]. Die Limburger Diözesangenossenschaft erhielt raschen Zuwachs und breitete sich schnell vom Westerwald bis ins Rheinland aus[442].

Auf Wunsch der Fürstin Josephine von Hohenzollern und durch Vermittlung der Gräfinnen von Spee und von Goldstein sowie Mitgliedern des katholischen Mädchenwaisenvereins wurden die ersten Dernbacher Schwestern zur "Verpflegung und Abwartung armer Kranker" nach Düsseldorf gerufen[443]. Begleitet von der Stifterin und Generaloberin Katharina Kasper trafen am 13. Juli 1859 drei Schwestern ein, die zwei Tage später von Pfarrer Johann Wilhelm Palm in "einem engen, zwischen Bilk und der Neustadt gelegenen, Bauernhause" eingeführt wurden[444]. Von hier, so konstatierte schon der Düsseldorfer Anzeiger am 2. Oktober 1860, übten sie "ihren schweren Beruf, der ihnen die Pflege armer, notdürftiger Kranken in ihren Häusern auferlegt, mit einer Gewissenhaftigkeit, Menschenliebe und Treue aus, daß sie sich bei Allen, die sie in ihrem gottseligen und segenbringenden Wirken kennen gelernt haben, die größte Hochachtung erworben haben"[445].

Nur ein Jahr nach ihrer Ankunft erweiterte sich das Aufgabenfeld der Armen Dienstmägde beträchtlich. Nachdem der katholische Mädchenwaisenverein am 12. Juni 1860 für 8400 Taler das Haus von Nikolaus Krings (heute Martinstr. 7) erworben hatte[446], wurde den Schwestern die "Erziehung der aus der Waisen - Anstalt zu Derendorf ent-

---

[439] Vgl. Walter Nigg, Die verborgene Heilige. Katharina Kasper (1820 - 1898), Dernbach 1967, 47 ff.
[440] Vgl. Wendelin Meyer, Mutter Maria Kasper. Stifterin der Genossenschaft der Armen Dienstmägde Jesu Christi. Heiliges Magdtum vor Gott, Wiesbaden 1933, 91 ff.
[441] Katharina Kasper. Gründerin der Kongregation der Armen Dienstmägde Jesu Christi. Schriften Bd. 1, Kevelaer 2001, 47. Vgl. auch Wilhelm Liese, Geschichte der Caritas Bd. 2, Freiburg 1922, 71.
[442] Vgl. Wendelin Meyer, Mutter Maria Kasper. Stifterin der Genossenschaft der Armen Dienstmägde Jesu Christi. Heiliges Magdtum vor Gott, Wiesbaden 1933, 137 ff.
[443] Vgl. AEK CR 18.17.1, 04.04.1859 und 25.05.1859; DZ 04.10.1860.
[444] Vgl. AEK CR 18.17.1, 06.09.1859.
[445] DA 02.10.1860.
[446] Vgl. Geschichtliche Nachrichten über Ursprung und Entwickelung des Vereins für Pflege und Erziehung armer katholischer Waisenmädchen zu Düsseldorf, nebst den Statuten und einigen Erörterungen über das Amt einer Aufseherin und die Hausordnung in der Pflegeanstalt, Düsseldorf 1880, 6; Georg Spickhoff, 100 Jahre im Dienste Düsseldorfer Waisen. Dem katholischen Waisenmädchenverein zum 100jährigen Bestehen am 20. Januar 1930, in: Düsseldorfer Tageblatt Jg. 64 Nr. 19 (19.01.1930), o. S. (5).

lassenen Mädchen" übertragen[447]. Als die Genossenschaft am 3. Oktober 1860 das nahe der Bilker Pfarrkirche gelegene Kloster bezog[448], meldete die Düsseldorfer Presse: "Ihre Wirksamkeit in dem neuen geräumigen Hause wird sich in der Folge auch auf die Leitung einer Kleinkinderbewahrschule und auf die Heranbildung armer Waisenmädchen zu guten und treuen Dienstboten ausdehnen und außerdem werden sie weiblichen Dienstboten, welche augenblicklich ohne Stelle sind, bis sie ein geeignetes Unterkommen gefunden haben, in ihrem Ordenshause ein Asyl bieten, in welchen sie vor aller Versuchung bewahrt bleiben, und sie vor den größten Gefahren gesichert sind, denen weibliche Dienstboten ausgesetzt zu sein pflegen"[449]. Da die Einrichtung für den Waisenverein nicht den gewünschten Erfolg zeigte, verkaufte der Verein das kringssche Haus an den Grafen August von Spee, der es durch notariellen Akt vom 17. Februar 1864 dem Orden zur Fortführung seiner Fürsorgearbeit überließ[450].

Im gleichen Jahr fielen den Armen Dienstmägden in Bilk zwei Vermächtnisse der Familien Goldstein und von Heister in Höhe von 1000 bzw. 3000 Talern zu, verbunden mit der Auflage, unheilbar Kranke gegen eine Vergütung von 8 Silbergroschen pro Tag aufzunehmen[451]. Die Verpflichtung zur stationären Krankenpflege machte die Ausführung von verschiedenen Um- und Neubauten notwendig[452]. Im Jahre 1865 wurden die Scheune und Stallungen abgerissen und ein neuer Flügel an der rechten Seite des Hauses errichtet, an dessen Ende sich eine am 28. Juli eingesegnete Kapelle befand[453]. Dank der Erweiterung brauchten sich die Schwestern "nicht mehr allein darauf zu beschränken ... , armen Kranken in ihren mitunter sehr dürftigen und beschränkten Wohnungen die notwendige Pflege angedeihen zu lassen". Vielmehr waren sie nun in der Lage, "eine ziemliche Anzahl Kranker bei sich aufzunehmen und ihnen die nötige Hilfe und Pflege zu gewähren"[454].

---

[447] Vgl. Adreßbuch der Oberbürgermeisterei Düsseldorf. Zusammengestellt nach amtlichen Quellen am 1. April 1867, Düsseldorf 1867, 187; Adreßbuch der Oberbürgermeisterei Düsseldorf. Zusammengestellt nach amtlichen Quellen am 1. August 1868, Düsseldorf 1868, 193; Geschichtliche Nachrichten über Ursprung und Entwickelung des Vereins für Pflege und Erziehung armer katholischer Waisenmädchen zu Düsseldorf, nebst den Statuten und einigen Erörterungen über das Amt einer Aufseherin und die Hausordnung in der Pflegeanstalt, Düsseldorf 1880, 6.
[448] Vgl. DA 04.10.1860; NN, Bilk, in: Kölnische Blätter Nr. 156 (06.10.1860), o. S. (4).
[449] DA 02.10.1860. Vgl. auch NVZ 30.09.1860; DZ 02.10.1860; DZ 04.10.1860.
[450] Vgl. AEK GVA Düsseldorf überhaupt 28, 17.05.1902; Geschichtliche Nachrichten über Ursprung und Entwickelung des Vereins für Pflege und Erziehung armer katholischer Waisenmädchen zu Düsseldorf, nebst den Statuten und einigen Erörterungen über das Amt einer Aufseherin und die Hausordnung in der Pflegeanstalt, Düsseldorf 1880, 7.
[451] Vgl. DA 06.03.1862; Geschichtliche Nachrichten über Ursprung und Entwickelung des Vereins für Pflege und Erziehung armer katholischer Waisenmädchen zu Düsseldorf, nebst den Statuten und einigen Erörterungen über das Amt einer Aufseherin und die Hausordnung in der Pflegeanstalt, Düsseldorf 1880, 7; Jakob Hecker, St. Martinus - Krankenhaus, Martinstraße 7, in: Arthur Schloßmann, Die Düsseldorfer Kranken-, Heil- und Pflegeanstalten, Düsseldorf 1926, 214 - 218, 214.
[452] Vgl. DA 28.07.1865.
[453] Vgl. DA 28.07.1865.
[454] DA 28.07.1865.

7. Arme Dienstmägde Jesu Christi Oberbilk

Während die Dernbacher Schwestern sich in den ersten Jahren ausschließlich der Kranken- und Armenfürsorge widmeten, übernahm die Genossenschaft seit Mitte der sechziger Jahre auch die Unterrichtung von Schulkindern. Am 1. März 1866 erhielt Schwester Edmina (Hyacinthe Collart) von der Düsseldorfer Regierung die Konzession, im Kloster eine Privatschule für 30 Kinder einzurichten[455]. In den Jahren 1867, 1868, 1869 und 1872 wurde den Armen Dienstmägden auch der Unterricht in verschiedenen Klassen der Mädchenschulen in Bilk und in der Neustadt übertragen[456]. Auf Wunsch des Bilker Pfarrers Johann Wilhelm Palm richteten die Schwestern außerdem im Juli 1874 für weibliche Jugendliche eine Näh- und Strickschule ein[457].

Arme Dienstmägde Jesu Christi Oberbilk

Schulunterricht erteilten die Armen Dienstmägde seit 1. April 1867 auch in der ersten und zweiten Mädchenklasse der neu erbauten städtischen Pfarrschule in Oberbilk[458]. Hier, im Schulhaus Ellerstr. 116, waren den Schwestern aus der Niederlassung Bilk von der Schulverwaltung vier Räume zur Übernachtung überlassen worden[459]. Am 10. Dezember 1868 wurde den Schwestern Donatilla Schönberger und Elisabeth Dees auch der Unterricht in den Mädchenklassen der I. Oberbilker Bezirksschule (heute Stoffeler Str. 11) übertragen[460]. Als im folgenden Frühjahr die Schwesternräume in der II. Oberbilker Bezirksschule zu einem Schulsaal umgebaut wurden, bezogen die Dienstmägde am 20. März 1869 "ein kleines Privathaus (heute nicht mehr ermittelbar), erst teilweise, später ganz"[461]. Wenige Wochen nach dem Umzug ersuchte die Provinzialoberin am 27. Mai 1869 das Kölner Generalvikariat, für die im Schulunterricht und der ambulanten Krankenpflege tätigen Schwestern in Oberbilk eine eigene Niederlassung einrichten zu dürfen[462]. "Stifter und besondere Wohlthäter", so heißt es zu Beginn der Oberbilker Hauschronik, "hatten die Schwestern nicht. Sie lebten von dem Schulgeld, das für jede

---

[455] Vgl. DA 06.03.1866; NN, Verordnungen und Bekanntmachungen der Königlichen Regierung, in: Amtsblatt der Regierung zu Düsseldorf Nr. 14 (10.03.1866), 99 - 100, 99.

[456] Vgl. MKD Chronik der Filiale Bilk 1859 - 1929, Mai 1867, Januar 1868, April 1869 und 20.11.1872; SAD II 690, 18.09.1872; Adreßbuch der Oberbürgermeisterei Düsseldorf. Zusammengestellt nach amtlichen Quellen am 1. April 1867, Düsseldorf 1867, 190; Adreßbuch der Oberbürgermeisterei Düsseldorf. Zusammengestellt nach amtlichen Quellen am 1. August 1868, Düsseldorf 1868, 196; Adreßbuch der Oberbürgermeisterei Düsseldorf. Zusammengestellt nach amtlichen Quellen am 1. Januar 1870, Düsseldorf 1870, 71; Adreßbuch der Oberbürgermeisterei Düsseldorf für 1872. Nach amtlichen Quellen (zusammengestellt und berichtigt bis zum 1. November 1871), Düsseldorf 1871, 72.

[457] Vgl. MKD Chronik der Filiale Bilk 1859 - 1929, Juli 1874.

[458] Vgl. AEK Gen. 24.3.6, 11.02.1867; MKD Chronik der Filiale Bilk 1859 - 1929, April 1867; SAD II 742, Bl. 69 ff; DA 26.12.1866; DA 02.04.1867; DT 01.04.1917.

[459] Vgl. MAD Chronik Marienstift Düsseldorf - Oberbilk, S. 1; SAD II 738, 10.10.1867.

[460] Vgl. MAD Chronik Marienstift Düsseldorf - Oberbilk, S. 1; DA 17.12.1868; Bericht über den Stand und die Verwaltung der Gemeinde - Angelegenheiten der Stadt Düsseldorf für das Jahr 1868, Düsseldorf 1869, 9.

[461] MAD Chronik Marienstift Düsseldorf - Oberbilk, S. 1.

[462] Vgl. AEK GVA Düsseldorf überhaupt 38, 27.05.1869.

Schwester jährlich 180 Thaler betrug"[463]. Trotz der unzureichenden Mittel unterhielten die Armen Dienstmägde in dem angemieteten Haus neben einer ambulanten Krankenstation auch eine Kleinkinderbewahrschule und eine Handarbeitsschule[464]. Vom Schicksal der Oberbilker Niederlassung während des deutsch-französischen Krieges berichtet die Ordenschronistin: "In den Kriegsjahren 1870 und 71 nahmen die Schwestern mit Aussetzung der Verwahr-, Strick- und Nähschule in die gemiethete Wohnung verwundete Soldaten auf; außerdem wurde in einem Privathause (Neuhoffsgut, heute Oberbilker Allee 157/159) ein Lazareth für Verwundete und später für Pockenkranke errichtet"[465].

Trotz der Wirren des Krieges ließ die Stadt Düsseldorf im Jahre 1871 an der Hildener Str. 18 ein neues Schulhaus bauen, "mit 8 Schulsälen und Wohnung und Oratorium für die Schwestern, welche diese im Herbst desselben Jahres noch bezogen. Sämtliche Mädchenklassen der I. und II. Bezirksschulen wurden nun in dieses Haus verlegt, ebenfalls wurde wieder Verwahr-, Strick- und Nähschule angefangen und die ambulante Krankenpflege in Oberbilk übernommen"[466]. Gerade letzteres, "daß beim Erkrankungsfalle der Frau der Mann ruhig zu seiner Arbeit gehen kann, da seitens der Schwestern das ganze Hauswesen betreut wird"[467], wurde von der Oberbilker Bevölkerung besonders geschätzt.

Arme Dienstmägde Jesu Christi Hamm

Außer in Bilk und Oberbilk hatte die Genossenschaft der Armen Dienstmägde vor Ausbruch des Kulturkampfes auch in Hamm und in der Karlstadt ständige Niederlassungen eingerichtet. Ähnlich wie in Oberbilk hatten die Schwestern in der Hammer Dorfschule, wo sie seit 1869 Unterricht hielten, eine Wohnung bezogen[468] und leisteten der Bevölkerung von hier aus ambulante Krankenhilfe[469].

---

[463] MAD Chronik Marienstift Düsseldorf - Oberbilk, S. 2.
[464] Vgl. AEK GVA Düsseldorf überhaupt 38, 27.05.1869; AEK GVA Düsseldorf St. Josef 1, 26.08.1884; MAD Chronik Marienstift Düsseldorf - Oberbilk, S. 2; SAD VIII 405, 07.02.1874; SAD VI-II 413, 23.11.1869.
[465] MAD Chronik Marienstift Düsseldorf - Oberbilk, S. 2.
[466] MAD Chronik Marienstift Düsseldorf - Oberbilk, S. 2 f. Vgl. auch AEK GVA Düsseldorf überhaupt 38, 24.10.1872 und 04.11.1872; PfA Oberbilk St. Joseph, Pfarrchronik Düsseldorf - Oberbilk St. Joseph, 02.03.1883; SAD II 739, Bl. 1 ff; SAD III 2260, 02.08.1873; DV 12.10.1871; Bericht über den Stand und die Verwaltung der Gemeinde - Angelegenheiten der Stadt Düsseldorf für die Jahre 1870 und 1871, Düsseldorf 1872, 26.
[467] AEK GVA Düsseldorf St. Josef 1, 26.08.1884.
[468] Vgl. AEK GVA Düsseldorf überhaupt 73, 11.12.1869.
[469] Vgl. DV 19.07.1873.

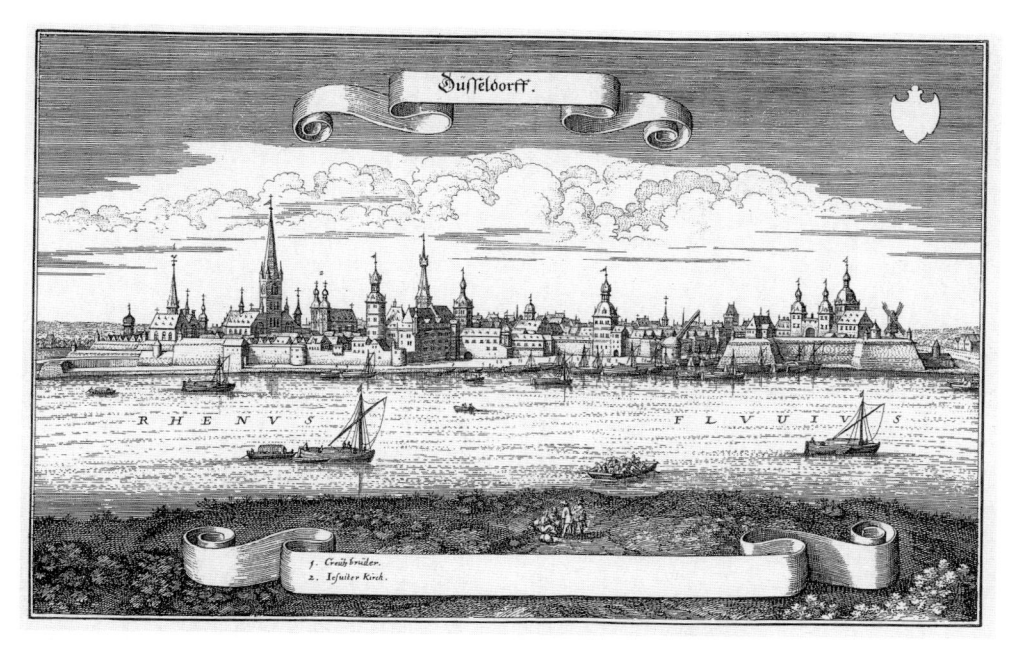

Abb. 1   Düsseldorf – Ansicht, 1647

Abb. 2   Kaiserswerth – St. Suitbertus, 1853

Abb. 3   Gerresheim – St. Margareta / Kreuzgang, um 1950

Abb. 4 Altestadt – St. Lambertus, 1844

Abb. 5 Düsseldorf – Kreuzbrüderkloster / Ordenskirche und Muttergotteskapelle, undatiert

Abb. 6 Altestadt – St. Lambertus / Wallfahrtsmedaille, 15. Jh.

Abb. 7 Düsseldorf – Gasthaus / Gasthausmeister und Hausarme, 1629

Actus solennis inaugurationis equitum.

Abb. 8 Düsseldorf – Hubertusorden / Aufnahme neuer Ritter, 1769

Abb. 9 Düsseldorf – Hubertushospital / Gedenkblatt zur Einweihung des Neubaues an der heutigen Kasernenstraße, 1712

Abb. 10   Neustadt – Hubertushospital, um 1770

Abb. 11   Neustadt – Hubertushospital / St. Annakapelle, um 1930

Abb. 12   Altestadt – St. Lambertus / Triptychon der Rosenkranzbruderschaft, 1528

Abb. 13   Düsseldorf – Kreuzbrüderkloster, 1888

Abb. 14   Gerresheim – Franziskanerinnenkloster, um 1910

Abb. 15   Rath – Franziskanerinnenkloster, um 1900

Abb. 16   Düsseldorf – Kapuzinerkloster, Ende 18. Jh.

Abb. 17   Düsseldorf – Jesuitenkolleg / Hofansicht, 1911

Abb. 18
Düsseldorf – Cölestinerinnenkloster / Ordenskirche, 1812 zum Wohnhaus Ratinger Str. 15 umgebaut, um 1911

Abb. 19 Altestadt – Karmelitessenkloster, vor 1909

Abb. 20 Düsseldorf – Cellitinnenkloster Hunsrückenstraße, 1837

Abb. 21
Düsseldorf – Ursulinenkloster, 1900

Abb. 22 Düsseldorf – Franziskanerkloster Citadellstraße, um 1900

Abb. 23 Düsseltal – Zisterzienserabtei, vor 1803

Abb. 24   Antoniushaus, Achenbachstr. 142/144, 1907

Abb. 25   Arresthaus, Akademiestr. 1/3, 1890

Abb. 26 Theresienhospital, Altestadt 2/4, 1926

Abb. 27
Josephshaus, Alt-Heerdt 3, um 1898

Abb. 28   Augustakrankenhaus, Amalienstr. 9, um 1920

Abb. 29   Rheinhaus Maria Viktoria, An St. Swidbert 53, um 1930

Abb. 30 Annakloster, Annastr. 62/64, um 1910

Abb. 31
Herz-Jesu-Kloster, Bahlenstr. 164/166, um 1935

Abb. 32   Agnesstift, Benrather Str. 30, 1887

Abb. 33 Zentralhospiz, Bilker Str. 36/42, 1910

Abb. 34 Josephshaus, Birkenstr. 14, 1928

Abb. 35   Kolpinghaus, Blücherstr. 4/8, 1930

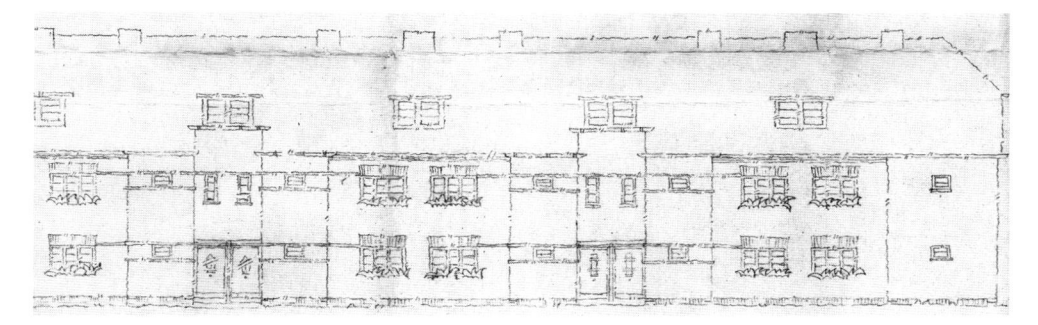

Abb. 36 Herz-Jesu Kloster, Bockhackstr. 40, 1927

Abb. 37
Antoniuskloster, Cheruskerstr. 29, um 1914

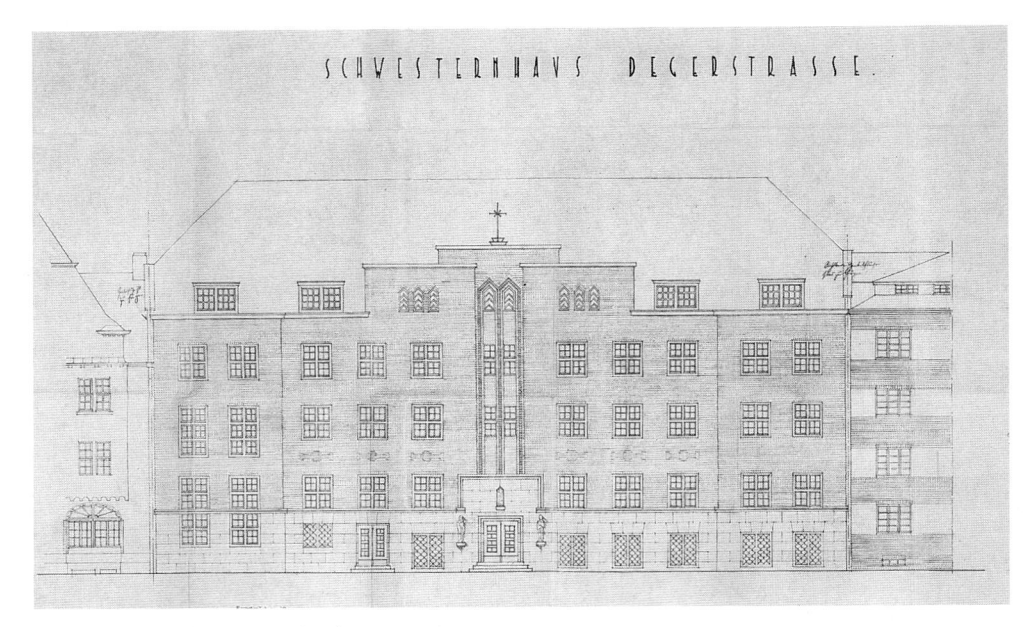

Abb. 38   Liebfrauenkrankenhaus, Degerstr. 59/61, 1927

Abb. 39   Rochusstift, Derendorfer Str. 54, 1957

Abb. 40 Marienstift, Ellerstr. 213, 1883

Abb. 41   Adolfushaus, Fischerstr. 75, 1913

Abb. 42   Kloster Christi Hilf, Flurstr. 57, um 1925

Arme Dienstmägde Jesu Christi Karlstadt

Wesentlich umfangreicher war die Tätigkeit in der Karlstadt. Als Joseph Bücheler und seine Frau am 1. Mai 1867 die Leitung des von ihnen begründeten Josephinenstiftes (Südstr. 2) niederlegten[470], wurde ihr Werk von Armen Dienstmägden aus Bilk fortgeführt[471]. Anfang Juni 1867 fand die kirchliche Einweihung des nunmehr zu einer klösterlichen Niederlassung umgewidmeten Hauses statt[472]. Neben der bereits vorhandenen Arbeits- und Kleinkinderschule richteten die Schwestern eine ambulante Krankenpflege ein[473] und erhielten im Juli 1867 die Konzession zur Eröffnung einer Privatelementarschule mit zwei Klassen für 80 Kinder[474], in der am 1. Oktober 1867 der Unterrichtsbetrieb aufgenommen wurde[475].

Mit der Übernahme des Josephinenstiftes gründeten die Armen Dienstmägde im Sommer 1867 einen Verein, um "die mehr und mehr sich steigernde Verwahrlosung und Zuchtlosigkeit der hiesigen Fabrikjugend, namentlich der weiblichen, zu bekämpfen"[476]. Neben gemeinsamen Gottesdienstbesuchen in der Maxkirche oder der Hauskapelle[477] wurden die Fabrikarbeiterinnen "an den Sonntagnachmittagen im Josephinenstift zu nützlicher Beschäftigung und Unterhaltung versammelt"[478]. Im ersten Jahresbericht heißt es über das Wirken des Vereins: "Mit großer Liebe und Anhänglichkeit haben sich die meisten Mädchen ihren Beschützerinnen angeschlossen und sich treu und willig unter die Leitung ihres Vereins gestellt. Das Gefühl der Zusammengehörigkeit, in dem Bewußtsein, vereint zu sein durch gleichartige Arbeit, Mühen und Entbehrungen einer langen harten Woche, aber geeint auch durch gleiches Streben nach einem tugendhaften, sittlichen Wandel, ermuntert und gehoben durch eine ungezwungene Ordnung und den heiteren, frischen, frohen Sinn erlaubter Freude fühlen die Arbeiterinnen sich glücklich ... unter dem Schutz derer, die durch ihre Fehler betrübt werden und Rechenschaft fordern über ihr ganzes Betragen"[479].

---

[470] Vgl. oben S. 85 ff.
[471] Vgl. MAD Chronik Josephinenstift Düsseldorf, S. 1; DA 10.06.1867; DA 30.11.1867; DA 18.03.1868; Franz Ranft, Ernst Franz August Münzenberger. Stadtpfarrer von Frankfurt (1870 - 1890). Studien zu seinem Wirken und zu seiner Persönlichkeit, Fulda 1926, 67.
[472] Vgl. DA 18.03.1868.
[473] Vgl. DA 18.03.1868.
[474] Vgl. Franz Ranft, Ernst Franz August Münzenberger. Stadtpfarrer von Frankfurt (1870 - 1890). Studien zu seinem Wirken und zu seiner Persönlichkeit, Fulda 1926, 67.
[475] Vgl. DA 18.03.1868.
[476] DA 18.03.1868. Vgl. auch DA 30.11.1867; DA 18.03.1868.
[477] Vgl. DA 18.03.1868.
[478] DA 30.11.1867.
[479] DS 20.09.1868.

Arme Dienstmägde Jesu Christi Benrath

Außerhalb des Düsseldorfer Stadtgebietes gründeten die Dernbacher Schwestern am 18. April 1864 in Benrath eine Niederlassung für ambulante Krankenpflege und Unterricht der weiblichen Jugend[480]. Angestoßen wurde das Werk, als Pfarrer Johann Ferdinand Heubes am 20. Oktober 1862 von Josef Richartz das alte Bauerngut "Richartz - Denge" am Kreysgäßchen (heute Benrather Marktplatz) erwarb und zu einem Kloster umgestaltete[481]. Von der Generaloberin Katharina Kasper wurden zunächst drei Schwestern nach Benrath entsandt. Schwester Cäcilia als Oberin, Schwester Felix als Krankenpflegerin und Schwester Melania als Elemetarlehrerin[482]; am 21. Mai 1864 folgte eine vierte Schwester zur Einrichtung einer Bewahrschule[483].

Klarissen

Im Gegensatz zu den sozial - caritativ und im schulischen Bereich tätigen Ordensgemeinschaften und Kongregationen war das Wirken der Klarissen, die Mitte des 19. Jahrhunderts nach Düsseldorf kamen, wegen ihrer kontemplativen Ausrichtung in der Öffentlichkeit kaum sichtbar. Entsprechend den Regeln des Hl. Franziskus und der Hl. Klara lebten die Schwestern von dem, was ihnen mildtätig angeboten wurde, was sie erbettelten und was sie durch ihre Hände Arbeit erwerben konnten[484].

Die Gründung des Düsseldorfer Klosters erfolgte von Tongern (Diözese Lüttich) aus. Am 2. November 1857 ersuchte die Äbtissin des dortigen Klarissenklosters Kardinal Johannes von Geissel um Erlaubnis, in der Diözese Köln eine Niederlassung eröffnen zu dürfen[485]. Als die Wahl auf Düsseldorf fiel[486], waren in der Stadt die Reaktionen auf das Vorhaben durchaus geteilt. Während Rektor Johann Joseph von der Burg (Altestadt) den Orden als einen "großen Gewinn für Düsseldorf" bezeichnete und betonte, "es ist gut für die Stadt, eine beständig betende Gemeinde in ihrer Mitte zu haben"[487], äußerte sich Landdechant Philipp Joesten wesentlich zurückhaltender. Grundsätzlich be-

---

[480] Vgl. AEK CR 18.17.1, 30.03.1864; MAD Chronik des Cäcilienstiftes Benrath, S. 1; NHS Landrat Düsseldorf 312, Bl. 347.
[481] Vgl. PfA Benrath St. Cäcilia 341.12, 20.10.1862; PfA Benrath St. Cäcilia 341.13, Bl. 1 ff; AHB III - 1 - 02 - 1 - 2148, Adolf Bützer, Pfarrchronik St. Cäcilia Benrath, Manuskript Düsseldorf o. J. (um 1963), S. 13a; DT 01.05.1914; Theo Fühles, Die Hauptstraße in Benrath, Düsseldorf 1993, 33 und 44.
[482] Vgl. AEK GVA Benrath St. Cäcilia 1, Mai 1869; MAD Chronik des Cäcilienstiftes Benrath, S. 1; DT 01.05.1914.
[483] Vgl. MAD Chronik des Cäcilienstiftes Benrath, S. 1; NHS Regierung Düsseldorf 29430, 19.09.1918; AHB III - 1 - 02 - 1 - 2148, Adolf Bützer, Pfarrchronik St. Cäcilia Benrath, Manuskript Düsseldorf o. J. (um 1963), S. 13a.
[484] Vgl. AEK CR 18.19.1, Bl. 45 ff; Engelbert Grau, Leben und Schriften der Heiligen Klara von Assisi, Werl 1952, 71 ff.
[485] Vgl. AEK CR 18.19.1, 02.11.1857.
[486] Vgl. AEK CR 18.19.1, 20.07.1858.
[487] AEK CR 18.19.1, 11.02.1858.

7. Klarissen

fürwortete auch er das Kommen der Schwestern, doch fragte er nach dem praktischen Nutzen eines beschaulichen Ordens für die Stadt. Um die Gunst der Bevölkerung zu gewinnen, empfahl er, das geplante Kloster am Stadtrand zu eröffnen, wo die Gläubigen zum Teil sehr weite Wege zu ihren Pfarrkirchen in Bilk oder Derendorf hatten[488].

Durch Vermittlung von Rektor Johann Joseph von der Burg konnte das Haus Schadowstr. 17 als provisorische Wohnstätte der Schwestern angemietet und hergerichtet werden[489]. Am 23. August 1859 war Äbtissin Marie Lucie de Schietere zusammen mit fünf Schwestern von Tongern nach Düsseldorf gereist[490]. Bereits am folgenden Tag wurde von Landdechant Philipp Joesten die Einsegnung des Hauses und einer behelfsmäßigen Kapelle vorgenommen[491]. Zur ersten Äbtissin des Düsseldorfer Hauses wurde Schwester Maria Immaculata von Proff - Irnisch gewählt, die mit dreißig Jahren im neu eingerichteten Klarissenkonvent die älteste Schwester war[492].

Einem Bruder des Schwagers der Äbtissin, Landgerichtsassessor Hermann Ariovist Freiherr von Fürth, gelang es zwei Jahre später, für den Orden als "Mandatar der Schwestern" ein geeignetes Terrain zur Erbauung eines Klosters zu akquirieren. Am 3. Mai 1861 erwarb er für 4500 Taler den Heisterschen Garten am Schnittpunkt Kaiserstraße/Rosenstraße[493]. Sofort wurde von Baumeister Vinzenz Deckers ein Bauplan entworfen[494], dessen Ausführung am 3. Oktober 1861 mit der Grundsteinlegung zum ersten Klosterflügel begann[495]. Bereits am 2. August des folgenden Jahres konnten die Schwestern den südlichen Trakt, der entlang der Rosenstraße verlief, in Benutzung nehmen[496]. Zwar war im ersten Stockwerk über der Pforte eine kleine Kapelle eingerichtet, doch hatte das neue Kloster noch einen ausgesprochenen provisorischen Charakter. "Im neuen Klösterchen", so schrieb die Chronistin, "war es übrigens bei unserer Ankunft noch absolut klausurfrei, denn selbst die Haustüre fehlte noch, und wir mußten abends die Öffnung mit Brettern zustellen"[497]. Erst im Jahre 1863 konnte der Missstand beseitigt werden. "Im Sommer des folgenden Jahres bauten wir zum Schutze der Klausur die hohe Mauer südlich, was uns nur dadurch ermöglicht war, daß wir ein Stück

---

[488] Vgl. AEK CR 18.19.1, 26.05.1858.
[489] Vgl. AEK CR 18.19.1, 20.06.1859.
[490] Vgl. Gerhard Modemann, Hundert Jahre Klarissenkloster Düsseldorf, in: Kirchenzeitung für das Erzbistum Köln Jg. 14 Nr. 34 (23.08.1959), 16; 1859 - 1984. 125 Jahre Klarissenkloster Düsseldorf, Düsseldorf 1984, 2; Gisela Fleckenstein, Frauen des Gebetes: Das Kloster der Klarissen in Düsseldorf 1859 - 1949, in: Ariane Neuhaus - Koch, Der eigene Blick. Frauen - Geschichte und -Kultur in Düsseldorf, Neuss 1989, 93 - 106, 94.
[491] Vgl. PfA Derendorf Hl. Dreifaltigkeit 589, S. 1076 f; DJ 28.09.1859.
[492] Vgl. Gerhard Modemann, Hundert Jahre Klarissenkloster Düsseldorf, in: Kirchenzeitung für das Erzbistum Köln Jg. 14 Nr. 34 (23.08.1959), 16.
[493] Vgl. AEK CR 18.19.1, 24.02.1861, 03.05.1861, 27.01.1867 und 28.02.1867.
[494] Vgl. AEK CR 18.19.1, 26.08.1861, 13.09.1861 und 14.09.1861; BSD Bauakte Kaiserstr. 40, 29.07.1861; DA 09.08.1861.
[495] Vgl. DA 02.10.1861.
[496] Vgl. DA 02.08.1862.
[497] FDK Chronik des Klarissenklosters Düsseldorf, S. 5.

Land an der Rosenstraße von unserem Garten abschnitten, welches Herr F. kaufte"[498]. Um den Raummangel zu beseitigen, ließen die Schwestern nach Plänen des Franziskanerbruders Paschalis Gratze zu Beginn des Jahres 1864 den Klosterbau erweitern und eine Kirche errichten[499]. Der Grundstein für den Erweiterungsbau und das neue Gotteshaus wurde am Fest des heiligen Herzens Jesu (23. Juni) 1865 gelegt[500], auf dessen Namen letzteres nach seiner Fertigstellung am 9. November 1866 durch Domkapitular Philipp Joesten auch geweiht wurde[501]. "Durch ihre günstige Lage auf der Mitte der Kaiserstraße", so ein Zeitungsbericht, "war die Kapelle sehr geeignet, der ganzen dortigen Umgebung an Sonn- und Festtagen eine große und schon lange herbei gewünschte Erleichterung in Erfüllung der kirchlichen Pflichten zu bieten"[502]. Das Kloster mit seinen 15 Zimmern und 27 kleinen Zellen und die Kapelle bildeten nun ein Rechteck, in dessen Inneren der Hof und ein Hausgarten angelegt waren[503].

Fortan konnten die Schwestern ohne Beengung ihrer eigentlichen Berufung nachgehen. In strenger Abgeschiedenheit von der Welt führten die Klausurschwestern ein Leben inniger Gottverbundenheit, des Gebetes und der Buße[504]. Nur selten verließen sie ihr Kloster; Begegnungen mit der Außenwelt fanden nur im Sprechzimmer statt. Das ganze Jahr hindurch beachteten sie das Abstinenzgebot und an allen Wochentagen das Fastengebot. Zu den Charakteristika der Klarissen gehörte, dass die völlige Besitzlosigkeit nicht nur für das einzelne Konventsmitglied, sondern für die Ordensgemeinschaft auch als Ganzes galt. Der Konvent durfte keinen Grundbesitz, keine Spareinlagen und keine laufenden Einnahmen haben. Alles, was die Schwestern von den freiwilligen Almosen der Düsseldorfer Bevölkerung nicht zu ihrem überaus bescheidenen und anspruchslosen Lebensunterhalt benötigten, kam sofort den Armen und Notleidenden zugute. Noch bis in die jüngste Vergangenheit wies an der Tür zum Kloster ein Zettel mit der Aufschrift "Brotausgabe von 10 - 13 und 14 - 16 Uhr" auf die Mildtätigkeit der Schwestern hin[505].

Dominikaner

Rund drei Jahrzehnte nach Aufhebung des letzten Konvents der alten Teutonia eröffnete der Dominikanerorden im Jahre 1856 in Materborn wieder eine deutsche Nieder-

---

[498] FDK Chronik des Klarissenklosters Düsseldorf, S. 5. Vgl. auch BSD Bauakte Kaiserstr. 40, 16.07.1861.
[499] Vgl. AEK CR 18.19.1, 12.02.1865; BSD Bauakte Kaiserstr. 40, 12.05.1864; DA 12.04.1865.
[500] Vgl. AEK Gen. 29.2.1, 17.06.1865; DA 22.06.1865; DA 24.06.1865.
[501] Vgl. NN, Düsseldorf, in: Kölnische Blätter Nr. 299 (24.10.1866), o. S. (3); DV 25.08.1898.
[502] NN, Düsseldorf, in: Kölnische Blätter Nr. 299 (24.10.1866), o. S. (3).
[503] Vgl. AEK CR 18.19.2, 20.08.1892.
[504] Vgl. dazu Jacob Hubert Schütz, Das segensreiche Wirken der Orden und Kongregationen der katholischen Kirche in Deutschland samt Ordenstrachtenbildern Bd. 1, Paderborn 1926, 239 ff.
[505] Vgl. Ursula Bender, Das Neunzehnte Jahrhundert und die Jahrhundertwende, in: Ursula Bender, Zierlich und zerbrechlich. Zur Geschichte der Frauenarbeit am Beispiel Düsseldorf, Köln 1988, 49 - 183, 117.

7. Dominikaner

lassung[506]. Als sich der abgelegene Flecken im Kreis Kleve für die Wiederbegründung einer Provinz als ungeeignet erwies, kam im Herbst 1858 der Gedanke auf, das Kloster in eine größere Stadt zu verlegen[507]. Auf Empfehlung des Luxemburger Bischofs Johann Theodor Laurent reisten die Dominikanerpatres Dominikus Lentz und Ceslaus von Robiano im Juli 1859 nach Düsseldorf, um hier die Einrichtung einer Niederlassung vorzubereiten[508]. Da bei der wachsenden Ausdehnung der Stadt die Seelsorge von den Gläubigen schon lange als unzureichend empfunden wurde, "kamen die Predigerbrüder gerade einem tiefempfundenen Bedürfnis entgegen"[509]. Von der Eröffnung eines Dominikanerklosters versprachen sich vor allem die Katholiken in der neu angelegten Friedrichstadt eine Verbesserung der pastoralen Verhältnisse[510]. Auch Bischof Johann Theodor Laurent glaubte hier einen idealen Standort zu erkennen: "Für eine katholische Bevölkerung von mehr als 30000 Seelen", so schrieb er am 14. Oktober 1858, "gibt es dort (in Düsseldorf) nur drei Pfarreien und ein kleines Kloster der Rekollekten. Dieses, am äußersten Ostende der Stadt gelegen, steht mehr im Dienste der Dörfer der Umgebung. Am äußersten Westende, in der Nähe des Rheins, gäbe es einen geeigneten Platz für ein zweites Männerkloster. Kein Kloster paßte besser als ein Konvent des heiligen Dominikus, um mit dem des heiligen Franziskus auszukommen. Die Bevölkerung ist dort sehr rege und geistig sehr aufgeweckt, die Schwestern wären dafür leicht zu gewinnen. Aber aus dem gleichen Grunde ist es auch leicht, das Volk zu verführen. Auch das sittliche Elend ist dort jetzt sehr groß. Es gibt also dort so etwas wie ein braches Land, an dem sich der Eifer eines tätigen Ordens bewähren könnte"[511]. Um den Seelsorgenotstand in der Friedrichstadt zu beseitigen, baten am 2. September 1859 zahlreiche Bürger, unter ihnen Kunstmaler Ernst Deger, Regierungsrat Hermann von Mallinckrodt sowie die

---

[506] Vgl. Paulus von Loe, Geschichtliches über das Dominikanerkloster zu Düsseldorf. Zur fünfzigjährigen Jubelfeier seines Bestehens, in: Düsseldorfer Tageblatt Jg. 45 Nr. 212 (04.08.1911), o. S. (6 - 7, 6); Meinolf Lohrum, Die Wiederanfänge des Dominikanerordens in Deutschland nach der Säkularisation 1856 - 1875, Mainz 1971, 32.

[507] Vgl. Paulus von Loe, Geschichtliches über das Dominikanerkloster zu Düsseldorf. Zur fünfzigjährigen Jubelfeier seines Bestehens, in: Düsseldorfer Tageblatt Jg. 45 Nr. 212 (04.08.1911), o. S. (6 - 7, 6); Meinolf Lohrum, Die Wiederanfänge des Dominikanerordens in Deutschland nach der Säkularisation 1856 - 1875, Mainz 1971, 39 f.

[508] Vgl. Meinolf Lohrum, Die Wiederanfänge des Dominikanerordens in Deutschland nach der Säkularisation 1856 - 1875, Mainz 1971, 57. Zu Ceslaus von Robiano vgl. Josef M. Keller, P. Ceslaus M. Graf von Robiano vom Dominicaner - Orden. Lector der Theologie und Doctor beider Rechte, +2. April 1902 im Kloster seines Ordens zu Düsseldorf, in: Der Marien - Psalter Jg. 25 Nr. 8 (Mai 1902), 175 - 180, Nr. 9 (Juni 1902), 201 - 205 und Nr. 10 (Juli 1902), 221 - 227, 175 ff; Josef M. Keller, Die letzten Tage und das gottselige Hinscheiden des hochwürdigen Pater Ceslaus Maria Grafen von Robiano aus dem Dominicaner - Orden, Dülmen 1902, 2 ff; Hieronymus Wilms, Ceslaus von Robiano, in: Albert Köhler, Kommende deutsche Heilige. Heiligmäßige Deutsche aus jüngerer Zeit, Dülmen 1936, 316 - 322, 317 f; Hieronymus Wilms, Alfred Graf Robiano. P. Ceslaus, der Erneuerer des Dominikanerordens in Deutschland, Düsseldorf 1957, 1 ff.

[509] NN, Das Dominikanerkloster zu Düsseldorf, in: Festblatt 55. Generalversammlung der Katholiken Deutschlands Nr. 7 (19.08.1908), o. S. (17 - 18, 17).

[510] Vgl. AEK GVA Düsseldorf überhaupt 93.1, 01.08.1859.

[511] Zitiert nach Meinolf Lohrum, Die Wiederanfänge des Dominikanerordens in Deutschland nach der Säkularisation 1856 - 1875, Mainz 1971, 54.

Bauunternehmer Peter Josef und Anton Weidenhaupt, den Kölner Erzbischof, eine Niederlassung des Dominikanerordens zur Abhaltung regelmäßigen Gottesdienstes genehmigen zu wollen[512].

Nachdem Kardinal Johannes von Geissel am 15. September 1859 "zur Ergänzung und Verstärkung der Seelsorge für die außerordentlich angewachsene Zahl der Gläubigen der Stadt und deren nächsten Umgebung eine Niederlassung des Dominikaner - Ordens" befürwortet hatte[513], wurde das Kloster in Materborn zum 18. Januar 1860 aufgehoben und am gleichen Tag in der Friedrichstadt ein neues Haus eröffnet[514]. "Bei ihrer Ankunft auf dem Cöln - Mindener Bahnhof", so der Düsseldorfer Anzeiger vom 19. Januar 1860, "wurden die hochwürdigen Herren von einer Deputation der Friedrichstadt ... empfangen und freundlichst begrüßt und sodann in die für sie eingerichtete Kloster - Wohnung begleitet"[515]. Das von Pater Dominikus Lentz und den übrigen Neuankömmlingen bezogene Haus befand sich in der Friedrichstr. 44 und war von den Gebrüdern Weidenhaupt angemietet worden[516]. Schon am 26. Januar 1860 segnete Dechant Philipp Joesten eine provisorische Hauskapelle ein[517], wo fortan regelmäßig öffentlicher Gottesdienst und "jeden Sonntag Nachmittag 4 Uhr die Predigt gehalten" wurde[518]. Da der Sakralraum sich schon bald als zu klein erwies, wurde er am 8. Dezember 1861 durch eine dem Hl. Joseph gewidmete Kapelle im Garten ersetzt[519].

Für den Bau eines Klosters und einer Klosterkirche erwarb August Graf von Spee für den Orden am 28. Juli 1860 von den Gebrüdern Weidenhaupt ein zwischen der Herzog- und Talstraße gelegenes Terrain[520]. Mit Ausführung der ehrgeizigen Baupläne des Wiener Dombaumeisters Friedrich von Schmidt begannen die Dominikaner im

---

[512] Vgl. AEK GVA Düsseldorf überhaupt 93.1, 02.09.1859.

[513] AEK GVA Düsseldorf überhaupt 93.1, 15.09.1859. Vgl. auch DA 16.02.1860.

[514] Vgl. DA 19.01.1860; DJ 19.01.1860; Meinolf Lohrum, Die Wiederanfänge des Dominikanerordens in Deutschland nach der Säkularisation 1856 - 1875, Mainz 1971, 41 f; Willehad Paul Eckert, Das Dominikanerkloster St. Joseph in der Herzogstraße von den Anfängen bis 1933, in: caritas und scientia. Dominikanerinnen und Dominikaner in Düsseldorf. Begleitbuch zur Ausstellung, Düsseldorf 1996, 83 - 97, 84.

[515] DA 19.01.1860.

[516] Vgl. Polizei - Verordnung betreffend Bezeichnung der Strassen, Thore, öffentlichen Plätze, Werfte etc. und die Nummerirung der Häuser in dem innerhalb des Stadtbau- und Stadterweiterungs - Planes liegenden Theile der Ober - Bürgermeisterei Düsseldorf nebst Nummerirungs - Register und Nummerirungs - Plan, Düsseldorf 1858, Nr. 47; Paulus von Loe, Geschichtliches über das Dominikanerkloster zu Düsseldorf. Zur fünfzigjährigen Jubelfeier seines Bestehens, in: Düsseldorfer Tageblatt Jg. 45 Nr. 212 (04.08.1911), o. S. (6 - 7, 6); Th. Klassen, Die Friedrichstadt von 1854 bis 1929, in: 75 Jahre Friedrichstadt. Eine Denkschrift zum 75jährigen Bestehen des Stadtgebietes Friedrichstadt, Düsseldorf 1929, 16 - 23, 22.

[517] Vgl. DA 27.01.1860.

[518] Vgl. AEK GVA Düsseldorf überhaupt 93.1, 20.01.1860; DA 19.01.1860; DA 23.01.1860; DA 14.02.1860.

[519] Vgl. NVZ 08.12.1861; DA 14.12.1861; DZ 14.12.1861.

[520] Vgl. AEK GVA Düsseldorf überhaupt 93.1, 03.08.1860; Paulus von Loe, Geschichtliches über das Dominikanerkloster zu Düsseldorf. Zur fünfzigjährigen Jubelfeier seines Bestehens, in: Düsseldorfer Tageblatt Jg. 45 Nr. 242 (03.09.1911), o. S. (6 - 7, 6 f); Meinolf Lohrum, Die Wiederanfänge des Dominikanerordens in Deutschland nach der Säkularisation 1856 - 1875, Mainz 1971, 231 f.

7. Dominikaner

März 1866[521], doch zeichnete sich schon bald ab, dass wegen fehlender Kapitalreserven vorerst nur der Chor und die Sakristei der Kirche mit dem anstoßenden Klosterflügel zwischen der Herzog- und Talstraße fertig zu stellen waren[522]. Am 19. April 1869 weihten die Ordensbrüder die Teilkirche ein und bezogen ihre neue Behausung an der Herzogstr. 17[523].

Obwohl die pastorale Arbeit der Dominikaner in der Friedrichstadt der seelsorglichen Tätigkeit der Franziskaner in Pempelfort in nichts nachstand, fand das Engagement der Predigerbrüder in Düsseldorf nur wenig Anerkennung. Ein regierungsamtlicher Bericht vom 21. Oktober 1872 hatte für den Befund folgende Erklärung zur Hand: "Unseres Wissens genießen sie (die Dominikaner) aber nicht die gleiche Popularität bei dem Volke, was vielleicht seine Erklärung in dem Umstande findet, daß die ärmeren Klassen wie bei den Franziskanern nicht das Hauptobjekt ihrer Sorge sind"[524]. Ohne Zweifel nahm der Predigtdienst bei den Dominikanern entsprechend den Ordensstatuten den ersten Rang ein[525], doch wurde auch die Armenpflege durch Beköstigung von Bedürftigen (Mittagsspeisung), Verteilung von Broten, Krankenbesuche und Versorgung mit Lebensmitteln sowie kleinen Geldunterstützungen nicht vergessen[526]. Auch in Not- und Krisenzeiten waren die Patres aus der Friedrichstadt zur Stelle, wie etwa im Seuchenjahr 1871: "Die schwarzen Pocken waren zumal unter der Arbeiterbevölkerung zu Oberbilk aufgetreten und rafften täglich neue Opfer dahin. Ein besonderes Pocken-Krankenhaus[527] wurde errichtet, aber es war schwer für dasselbe einen Seelsorger zu finden, da die Geistlichen des Rektorats Oberbilk bereits mit Arbeiten überladen waren. Freiwillig erboten sich nun die Dominikaner zu diesem Liebesdienst und eilten, der Gefahr der Ansteckung ungeachtet, zu den Kranken und Sterbenden hin, um ihnen die heiligen Sakramente zu spenden und sie in ihren Leiden zu trösten. Am 12. Juni 1871 sandte der Bürgermeister ein eigenes Schreiben an das Kloster, um sich im Namen der Bürgerschaft für die Bereitwilligkeit und die Dienste der Patres zu bedanken"[528].

---

[521] Vgl. DA 25.05.1866; Paulus von Loe, Geschichtliches über das Dominikanerkloster zu Düsseldorf. Zur fünfzigjährigen Jubelfeier seines Bestehens, in: Düsseldorfer Tageblatt Jg. 45 Nr. 298 (29.10.1911), o. S. (5 - 6, 5).
[522] Vgl. DA 17.02.1868.
[523] Vgl. NHS Sammlung Carl Guntrum II 76, 19.04.1869; DA 12.04.1869; BB 13.04.1869; DA 22.04.1869.
[524] NHS Regierung Düsseldorf 20111, 21.10.1872.
[525] Vgl. Karl Hoeber, Volk und Kirche. Katholisches Leben im deutschen Westen, Essen 1935, 125 ff.
[526] Vgl. Adreßbuch der Wohlfahrtseinrichtungen in Düsseldorf. Auf Grund der von der städtischen Armenverwaltung beschafften Unterlagen bearbeitet im städtischen Statistischen Amte, Düsseldorf 1910, 5.
[527] Vgl. oben S. 170.
[528] Paulus von Loe, Geschichtliches über das Dominikanerkloster zu Düsseldorf. Zur fünfzigjährigen Jubelfeier seines Bestehens, in: Düsseldorfer Tageblatt Jg. 46 Nr. 12 (13.01.1912), o. S. (10).

Karthäuser

Die letzte Ordensgemeinschaft, die vor Ausbruch des Kulturkampfes, eine Niederlassung im Dekanat Düsseldorf eröffnete, waren die Kartäuser. Auf Wunsch des französischen Generalpriors Carl Maria Saisson sollte in der Nähe von Köln, der Geburtsstadt des heiligen Brunos, nach der Säkularisation wieder eine Kartause errichtet werden[529]. Die Wahl fiel auf das alte Rittergut Haus Hain bei Rath, das von den Erben Carl von Hymmen im Jahre 1869 zum Verkauf angeboten wurde[530]. Mit dem Auftrag, das Anwesen für den Orden zu erwerben, wurden die Patres Vinzent Maria Celle und Hieronymus Keiflin von der Grande Chartreuse bei Grenoble nach Düsseldorf entsandt[531], wo sie am 30. August 1869 eintrafen[532]. Nachdem sie am 10. September 1869 vom Kölner Weihbischof Paul Melchers die Genehmigung zur Gründung einer Kartause erhalten hatten[533], unterzeichneten die beiden Mönche acht Tage später den notariellen Kaufvertrag für Haus Hain[534]. Zum Preis von 156000 Talern erwarb der Kartäuserorden ein 754 Morgen großes Anwesen mit Herrenhaus und zwei Bauerngehöften[535]. Noch am Tag der Vertragsunterzeichnung, dem 18. September 1869, wurde in der einen Tag zuvor von Pfarrer Stephan Schachtmann benedizierten Kapelle die erste Messe gelesen[536].

In der Folgezeit begann nach Plänen der Architekten August Rincklake und Caspar Clemens Pickel die Umgestaltung von Haus Hain zu einer Kartause[537], wozu 6 Millionen Ziegelsteine nötig waren[538]. Die Kirche, das Hauptgebäude und einige Zellen wurden bald errichtet, wobei die alten Wirtschaftsgebäude des Gutes mitbenutzt wurden[539]. Als Einsiedler verbrachten die Kartäusermönche den größten Teil ihres Lebens in einer Zelle, einem kleinen Häuschen mit Garten, wo ihnen das Notwendigste zur Verfügung stand. Die kargen Mahlzeiten wurden außer an Sonn- und Feiertagen in die Zelle gereicht; Nachtoffizium, Konventmesse und Vesper wurden hingegen gemeinsam in der Kapelle gefeiert. Die Karthäuser verstanden sich in ihrem Leben der Buße als Zeugen

---

[529] Vgl. Hubert Schmitz (u.d.P. H. Faber), Unter den Karthäusern. Eine Beschreibung der Karthause Hain bei Düsseldorf und des Lebens ihrer Bewohner, Mönchengladbach 1892, 22; Anton Iseke, Deutschlands einzige Karthause, Warnsdorf 1900, 78.

[530] Vgl. Heinrich Ferber, Die Rittergüter im Amte Angermund, in: Beiträge zur Geschichte des Niederrheins 7 (1893), 100 - 119, 105 f.

[531] Vgl. SAD XVII 83, 22.08.1872.

[532] Vgl. PfA Unterrath Maria unter dem Kreuz 552, Bl. 1.

[533] Vgl. PfA Unterrath Maria unter dem Kreuz 552, Bl. 1.

[534] Vgl. PfA Unterrath Maria unter dem Kreuz 552, Bl. 1; DA 06.09.1869; DS 26.09.1869.

[535] Vgl. PfA Unterrath Maria unter dem Kreuz 552, Bl. 1; DA 29.03.1870.

[536] Vgl. PfA Unterrath Maria unter dem Kreuz 552, Bl. 2.

[537] Vgl. NN, Düsseldorf, in: Organ für christliche Kunst Jg. 22 Nr. 4 (15.02.1872), 46; Anton Iseke, Deutschlands einzige Karthause, Warnsdorf 1900, 6 ff; Horst Schmitges, Caspar Clemens Pickel 1847 - 1939. Beiträge zum Kirchenbau des 19. Jahrhunderts, München 1971, 123.

[538] Vgl. DA 29.03.1870.

[539] Vgl. Hubert Schmitz (u.d.P. H. Faber), Unter den Karthäusern. Eine Beschreibung der Karthause Hain bei Düsseldorf und des Lebens ihrer Bewohner, Mönchengladbach 1892, 22 f.

Christi, verbunden mit der ganzen Menschheit[540]. Trotz ihres Welt abgeschiedenen Lebens vergaßen die Mönche dabei nicht den Dienst am Nächsten. Auch wenn nur Quellen aus dem 20. Jahrhundert bezeugen, dass die Kartäuser angesichts geringer Eigenmittel eine beachtliche Armenspeisung unterhielten[541], ist anzunehmen, dass dieses Werk der Barmherzigkeit von Beginn an das kontemplative Leben der Kartäuser ergänzte.

---

[540] Vgl. Der Karthäuser - Orden. Ein Beitrag zur Kenntnis der Orden im Allgemeinen und des Karthäuser - Ordens im Besonderen, sowie das Wesen und die Geschichte desselben. Von einem Karthäuser der Karthause Hain bei Düsseldorf, Dülmen 1892, 5 ff; Hubert Schmitz (u.d.P. H. Faber), Unter den Karthäusern. Eine Beschreibung der Karthause Hain bei Düsseldorf und des Lebens ihrer Bewohner, Mönchengladbach 1892, 71 ff; Anton Iseke, Deutschlands einzige Karthause, Warnsdorf 1900, 36 ff; Kurze Beschreibung der Lebensweise der Karthäuser, Düsseldorf o. J.³ (nach 1909), 3 ff; Josef Wenzler, Kennst Du den Karthäuserorden ? Eine Frage, gebildeten Jünglingen und Männern zum Überdenken vorgelegt, Kempen 1912, 5 ff; Wilhelm Heermann, Der weiße Mönch. Szenen aus dem Karthäuserleben. Festgabe zum fünfzigjährigen Bestehen der Karthause Hain bei Düsseldorf, Düsseldorf 1919/1921², 7 ff.
[541] Vgl. KMW Chronik der Kartause Maria Hain, S. 311 ff; Matthias Wego, Maria Hain. Die wechselvolle Geschichte der ehemaligen Kartause in Düsseldorf, Kevelaer 1991, 51.

V. Kirche und Armenpflege in Düsseldorf vom Kulturkampf bis zum Ersten Weltkrieg

Der Aufstieg der sozial - caritativ und erzieherisch tätigen Ordensgemeinschaften in Düsseldorf kam mit den klosterfeindlichen Maßnahmen des preußischen Kulturkampfes für nahezu ein Jahrzehnt empfindlich ins Stocken.

1. Kulturkampf

Den Auftakt bildete die Entfernung der Ordensleute aus den Elementarschulen. Ein Erlass des Kultusministeriums vom 15. Juni 1872 bestimmte, "daß die Mitglieder einer geistlichen Congregation oder eines geistlichen Ordens in Zukunft als Lehrer und Lehrerinnen an öffentlichen Schulen nicht mehr zuzulassen und zu bestätigen sind"[1]. Die Verfügung hatte zur Folge, dass bis zum Herbst 1875 in den Dekanaten Düsseldorf und Ratingen sämtliche Schulschwestern der Ursulinen (Lambertusschule), der Schwestern vom Armen Kinde Jesu (Andreasschule, Flingern, Derendorf), der Töchter vom Hl. Kreuz (Rath) und der Armen Dienstmägde Jesu Christi (Neustadt, Bilk, Oberbilk, Hamm, Benrath) durch weltliche Lehrerinnen ersetzt wurden; private Elementarschulen der Orden (Arme Dienstmägde Jesu Christi: Bilk, Karlstadt; Schwestern vom Armen Kinde Jesu: Oberbilk, Derendorf) wurden ohne Ersatz aufgelöst[2].

Einschneidender war das "Gesetz, betreffend die geistlichen Orden und ordensähnlichen Kongregationen der katholischen Kirche" vom 31. Mai 1875, auf Grund dessen alle religiösen Genossenschaften mit Ausnahme jener, die sich der Krankenpflege widmeten, aus Preußen ausgewiesen wurden (§ 2). Im Gegensatz zur Säkularisationsgesetzgebung von 1803 waren damit auch jene religiösen Genossenschaften, die sich dem Unterricht und der Erziehung widmeten, gezwungen, ihre Tätigkeit einzustellen[3].

In Düsseldorf mussten zunächst die Seelsorgeorden und kontemplativen Gemeinschaften ihre Niederlassungen aufgeben. Über die Auflösung der Konvente der Franziskaner und Dominikaner am 15. August 1875 berichtete der Düsseldorfer Oberbürgermeister: "Während die Auflösung der Dominikaner auch nicht die geringste Demonstration veranlaßt hat, fanden vor dem Franziskanerkloster im Laufe des gestrigen Abends, nachdem Kirche und Kloster und Thür geschlossen worden, wiederholt größere

---

[1] J. August Giebe, Verordnungen, betreffend das gesamte Volksschulwesen in Preußen mit besonderer Berücksichtigung des Regierungs - Bezirks Düsseldorf, Düsseldorf 1875², 43 f.
[2] Vgl. NHS Regierung Düsseldorf 29317, Bl. 2 ff.
[3] Vgl. Paul Hinschius, Die Preußischen Kirchengesetze der Jahre 1874 und 1875 nebst dem Reichsgesetze vom 4. Mai 1874 mit Einleitung und Kommentar, Berlin 1875, 81 - 103, 94 ff.

Ansammlungen von Menschen statt, welche durch das Einschreiten der Polizei entfernt werden mußten. In Folge wiederholten durch Singen und Schreien veranlaßten Unfugs, ist die Verhaftung von 6 Excedenten erfolgt"[4]. Die Kartäuser zogen am 1. September 1875 von Hain nach Grenoble[5], die Klarissen gingen am 30. September 1875 von Pempelfort nach Tongerlo (Diözese Utrecht) ins Exil[6].

Die Kranken pflegenden Orden blieben wie bei der Säkularisation auch im Kulturkampf von der Verbannung ausgenommen. Sie wurden jedoch der Staatsaufsicht unterstellt (§§ 2 - 3) und die Aufnahme neuer Mitglieder bedurfte der Genehmigung des Oberpräsidenten, dem auch jede personelle Veränderung innerhalb der Niederlassungen anzuzeigen war[7]. Unter die Ausnahmeregelung fielen im Kreis Düsseldorf die Armen Schwestern vom Hl. Franziskus (Hubertusstift Neustadt, Städtisches Pflegehaus Neustadt, Marienhospital Pempelfort, Marienkrankenhaus Kaiserswerth), die Töchter vom Hl. Kreuz (Krankenhaus Altestadt) und die Armen Dienstmägde Jesu Christi (Krankenambulanzen Bilk, Karlstadt, Oberbilk, Benrath). Während den Kongregationen die stationäre und ambulante Krankenpflege ohne Einschränkungen gestattet blieb, mussten die Schwestern alle Nebeneinrichtungen wie Kleinkinderbewahranstalten, Näh- und Strickschulen, Besserungsanstalten oder Waisenhäuser aufgeben oder an weltliche Kräfte abgeben[8].

Die Auflösung der höheren Mädchenschulen, der Erziehungsanstalten und Waisenhäuser zog sich teilweise bis zum Jahre 1877 hin, da die Behörden nicht in der Lage waren, Ersatzanstalten in kurzer Frist einzurichten oder Ersatzkräfte im ausreichenden Maße anzustellen. Während die Ursulinen (Ritterstr. 12/14) ihre "höheren Lehrklassen"[9] am 14. August 1875[10] und die Töchter vom Hl. Kreuz das deutsch - französische Pensionat und Lehrerinnenseminar in Rath am 18. September 1875[11] ohne Angebot einer Ersatzschule schließen mussten, wurden die Schülerinnen der Höheren Töchterschule der Kreuzschwestern (Friedrichstr. 44) am 1. Oktober 1877 in die neu geschaffene paritätische Friedrichschule (später Luisenschule) überwiesen[12].

---

[4] SAD III 4725, 16.08.1875.
[5] Vgl. NHS Regierung Düsseldorf 29318, 26.10.1875.
[6] Vgl. DV 30.09.1875.
[7] Vgl. Paul Hinschius, Die Preußischen Kirchengesetze der Jahre 1874 und 1875 nebst dem Reichsgesetze vom 4. Mai 1874 mit Einleitung und Kommentar, Berlin 1875, 94 ff.
[8] Vgl. NHS Regierung Düsseldorf 29410, 07.12.1876.
[9] Als Ersatz für die Mitte der zwanziger Jahre eingegangene Französische Schule der Ursulinen hatte die Düsseldorfer Regierung am 28. Oktober 1858 genehmigt, "daß mit der Mädchenschule in dem Kloster der Ursulinen dahier eine über den gewöhnlichen Elementar - Unterricht gehobene Klasse verbunden werde, in welcher neben dem gesteigerten Unterricht in den Elementar - Fächern auch die französische Sprache gelehrt wird" (SAD II 605, 28.10.1858. Vgl. auch DJ 14.01.1858; DJ 07.07.1858).
[10] Vgl. NHS Regierung Düsseldorf 29317, 01.10.1875; DV 16.08.1875; DV 31.10.1875.
[11] Vgl. NHS Regierung Düsseldorf 29318, 26.10.1875.
[12] Vgl. SAD III 4717, 15.01.1877; Bericht über die Verwaltung und den Stand der Gemeinde - Angelegenheiten für den Zeitraum vom 1. Januar 1876 bis 31. März 1877, Düsseldorf 1877, 39; Wolfgang Krämer, Verfassung und Verwaltung der Stadt Düsseldorf 1856 - 1914, Examensarbeit o. O. 1958, 162.

1. Kulturkampf

In einer mehr als schwierigen Konfliktlage waren die Verantwortlichen jener pädagogischen Anstalten, die sich in der Trägerschaft katholischer Vereine oder Kuratorien befanden. Vor die Wahl gestellt, die Aufgaben der Ordensschwestern von weltlichen Kräften fortführen oder die Einrichtung eingehen zu lassen, kam es zu unterschiedlichen Entscheidungen. So fasste etwa der "Verein zur Einrichtung und Unterhaltung einer Mädchenherberge" am 31. März 1876 den Entschluss, im Annastift die Armen Schwestern vom Hl. Franziskus von der Beaufsichtigung der Dienstmädchen zu entbinden und zur Unterweisung der Mädchen weltliches Personal anzustellen[13]. Da die Schwestern die ambulante Krankenpflege in der Altstadt fortführen sollten, durften die Franziskanerinnen in der Klausur wohnen bleiben[14]. Um jeden Kontakt zwischen den Mädchen und den Klosterfrauen zu unterbinden, wurde das Haus Ritterstr. 20 auf behördliche Anordnung durch eine Bretterwand geteilt[15], so dass "denn kein 'staatsfeindlicher Hauch' in die anderen Räume eindringen" konnte[16]. "Diesen Unbequemlichkeiten", so die Hauschronik, "fügte man sich gern, um das gute Werk aufrechtzuerhalten und die Schwestern nicht ganz zu entfremden"[17].

Den seit 1876 wiederholt eingehenden Aufforderungen, die Töchter vom Hl. Kreuz in der Rettungsanstalt Christi Hilf an der Gerresheimer Straße durch weltliches Personal zu ersetzen[18], entzog sich der Frauenverein für Pempelfort und Flingern durch einen Winkelzug. Als die behördliche Schließung der Anstalt drohte, beschloss der Vereinsvorstand, das "Asyl für gefallene Mädchen" zum 1. April 1878 in eine "Anstalt für kranke, gefallene Mädchen" umzuwandeln. Die Entscheidung stützte sich auf Atteste des Anstaltsarztes Dr. Erich von Kühlwetter, der 41 von 60 Schützlingen für krank befunden hatte[19]. Obwohl der Düsseldorfer Oberbürgermeister Friedrich Wilhelm Becker den Entscheid als bewusste Umgehung der Maigesetze wertete, um "die Klosterniederlassung vollständig intact zu halten"[20], anerkannte das preußische Kultusministerium das Mädchenasyl Christi Hilf am 30. März 1878 als "eine ausschließlich für die Heilung von kranken gefallenen Frauenspersonen bestimmte Anstalt"[21]. Die mit der Rettungsanstalt verbundene, seit Ende der sechziger Jahre in das Haus Kölner Str. 18 verlegte Klein-

---

[13] Vgl. ASD Chronik des St. Anna - Stiftes 1871 - 1959, S. 36; DV 31.03.1876; Führer in das katholisch - politische, christlich - sociale und kirchliche Vereinswesen umfassend die katholischen Vereine in Deutschland, Österreich - Ungarn und der Schweiz, Würzburg 1880, 17 und 44.
[14] Vgl. DV 03.04.1876.
[15] Vgl. ASD Chronik des St. Anna - Stiftes 1871 - 1959, S. 36; DN 29.12.1929.
[16] Ignatius Jeiler, Die gottselige Mutter Franziska Schervier. Stifterin der Genossenschaft der Armenschwestern vom hl. Franziskus, Freiburg 1913³, 426 f.
[17] ASD Chronik des St. Anna - Stiftes 1871 - 1959, S. 36.
[18] Vgl. NHS Regierung Düsseldorf 29425, 26.08.1877; SAD III 4719, 29.08.1876.
[19] Vgl. NHS Regierung Düsseldorf 29425, 26.01.1878; SAD III 4719, 24.11.1877, 28.11.1877, 21.12.1877, 01.02.1878, 30.03.1878 und 24.05.1878.
[20] Vgl. NHS Regierung Düsseldorf 29425, 01.02.1878; SAD III 4719, 01.02.1878.
[21] Vgl. NHS Regierung Düsseldorf 29425, 07.02.1878; SAD III 4719, 30.03.1878.

kinderbewahrschule[22] war bereits am 1. Dezember 1876 vollständig von der Klosterniederlassung getrennt und von einer weltlichen Lehrerin weitergeführt worden[23].

Uneinheitlich war die Reaktion der beiden katholischen Waisenvereine in Düsseldorf auf die Ausweisung der Schwestern vom Armen Kinde Jesu, die in Derendorf das Mädchenwaisenhaus und in Oberbilk das Knabenwaisenhaus leiteten. Während der Knabenwaisenverein bis zum 1. Oktober 1877 alle Schwestern durch weltliche Lehrerinnen ersetzte und Rektor Werner Schönen die Leitung des Hauses übertrug[24], gaben die Vorstandsdamen des Mädchenwaisenvereins einer anderen Lösung den Vorzug. Als am 29. September 1877 die letzten Oberbilker Schwestern ihre Reise ins Exil nach Roermond antraten[25], waren bereits sämtliche Waisenkinder in Privatpflege gegeben[26]. "Diese Veränderung", so der städtische Verwaltungsbericht 1876/77, "vollzog sich verhältnismäßig leicht, indem eine Menge gut situierter und wohlgeeigneter Pflegeeltern sich meldeten und Kinder aufnahmen"[27]. Das Kloster "Zum Armen Kinde Jesu" mit seinem weitläufigen Gartenterrain fiel an den Erzbischöflichen Stuhl und wurde in der Folgezeit von einem königlichen Klosterkommissar verwaltet[28].

Der erzwungene Verzicht auf die Arbeit in Schule und Erziehung bei den Töchtern vom Hl. Kreuz, den Franziskanerinnen und den Armen Dienstmägde Jesu Christi förderte in Düsseldorf die Konzentration auf die Krankenpflege und damit die Professionalisierung. Bis zum Kulturkampf befassten sich nur das Krankenhaus in der Altestadt und das Marienhospital ausschließlich mit stationärer Krankenpflege. In den übrigen Hospitälern lebten, namentlich in den kleineren Häusern im Düsseldorfer Umland, Alte, Invaliden und Waisenkinder. Als diese die Spitäler verlassen mussten, wurde eine Umstrukturierung von großer Tragweite eingeleitet. Mit der Entlastung von Erziehungsaufgaben konzentrierten sich die Hospitäler ausschließlich auf die Arbeit an alten und kranken Menschen und entwickelten sich dadurch zu eigentlichen Krankenhäusern.

---

[22] Vgl. Adreßbuch der Oberbürgermeisterei Düsseldorf. Zusammengestellt nach amtlichen Quellen am 1. Januar 1870, Düsseldorf 1870, 15; DV 12.11.1899; Max Brandts, Die katholischen Wohlthätigkeits - Anstalten und -Vereine, sowie das katholisch - sociale Vereinswesen, insbesondere in der Erzdiöcese Köln, Köln 1895, 21.

[23] Vgl. NHS Regierung Düsseldorf 29425, 01.12.1876 und 04.01.1879; SAD III 4719, 31.10.1876 und 01.12.1876.

[24] Vgl. NHS Regierung Düsseldorf 29408, 02.10.1877.

[25] Vgl. NHS Regierung Düsseldorf 29423, 02.10.1877; DV 28.09.1877; DV 03.10.1877.

[26] Vgl. NHS Regierung Düsseldorf 29408, 18.07.1877.

[27] Bericht über die Verwaltung und den Stand der Gemeinde - Angelegenheiten für den Zeitraum vom 1. Januar 1876 bis 31. März 1877, Düsseldorf 1877, 60. Vgl. auch AEK GVA Düsseldorf überhaupt 27.1, 27.08.1877; DV 14.10.1877.

[28] Vgl. AEK GVA Düsseldorf überhaupt 27.1, 01.10.1877; NHS Regierung Düsseldorf 29408, 02.10.1877.

2. Das Ende des Kulturkampfes

Nach mehr als fünf Jahren Kulturkampf erkannte Reichskanzler Otto von Bismarck, dass die katholischen Institutionen aus dem öffentlichen Leben nicht zu verdrängen waren. Um sich aus der politischen Bedrängnis zu befreien, erließ er "Milderungsgesetze", die den Vollzug der antikirchlichen Verordnungen der Jahre 1872 bis 1875 abschwächten[29].

Am 14. Juli 1880 wurde das erste Milderungsgesetz betreffend "Abänderung der kirchenpolitischen Gesetze" erlassen. Die Gesetzesvorlage vom 20. Mai 1880 betraf unter anderem die weiblichen Genossenschaften. Der entsprechende Passus in Artikel 6 lautete: "Die Minister des Innern und der geistlichen Angelegenheiten sind ermächtigt, die Errichtung neuer Niederlassungen von Genossenschaften, welche im Gebiete der Preußischen Monarchie gegenwärtig bestehen und sich ausschließlich der Krankenpflege widmen, zu genehmigen, auch widerruflich zu gestatten, daß gegenwärtig bestehende weibliche Genossenschaften, welche sich ausschließlich der Krankenpflege widmen, die Pflege und Unterweisung von Kindern, die sich noch nicht im schulpflichtigen Alter befinden, als Nebenthätigkeit übernehmen. Neu errichtete Niederlassungen unterliegen der Aufsicht des Staates in Gemäßheit des § 3 im Gesetz vom 31. Mai 1875 und können durch Königliche Verordnung aufgehoben werden. Der Krankenpflege im Sinne des Gesetzes vom 31. Mai 1875 ist die Pflege und Unterweisung von Blinden, Tauben, Stummen und Idioten, sowie von gefallenen Frauenspersonen gleichgestellt"[30].

3. Ordensniederlassungen

Dank der geänderten Gesetzeslage war die Gründung neuer Niederlassungen wieder möglich. Auch die strenge Begrenzung der Arbeit auf die Krankenpflege war aufgehoben, offenbar in Reaktion auf die Erfahrung, dass sich nicht alle Ordensleute adäquat durch weltliche Kräfte ersetzen ließen. In Düsseldorf und Umgebung machten die meisten Kongregationen von der Möglichkeit zur Wiederherstellung alter Konvente, zur Erweiterung bestehender Niederlassungen oder zur Gründung neuer Häuser schon bald Gebrauch.

---

[29] Vgl. Helmut Mann, Der Beginn der Abkehr Bismarcks vom Kulturkampf 1878 - 1880 unter besonderer Berücksichtigung der Politik des Zentrums und der römischen Kurie, Diss. Frankfurt 1953, 35 ff.
[30] Paul Hinschius, Das Preußische Kirchengesetz vom 14. Juli 1880 nebst den Gesetzen vom 7. Juni 1876 und 13. Februar 1878 mit Kommentar. Nachtragsheft zu den Kommentaren der Preußischen Kirchengesetze der Jahre 1873, 1874 und 1875, Berlin 1881, 28.

Töchter vom Heiligen Kreuz Unter - Rath

Nachdem die Töchter vom Hl. Kreuz am 3. August 1875 ihren gesamten Rather Besitz an Peter Meuther, Rentmeister des Freiherrn von Kalkstein, verkauft hatten[31], kehrten sie acht Jahre später in die leer stehenden Gebäude zurück[32]. Am 17. Mai 1882 eröffnete Rechtsanwalt Gustav Biesenbach der Düsseldorfer Regierung, dass die Kongregation auf "vielfachen und aus verschiedenen Kreisen ihr entgegengetragenen Wünschen" bereit sei, "in dem zu diesem Zwecke vortrefflich eingerichteten Gebäude zu Rath, sowohl für Rath und Umgegend, als auch für Düsseldorf eine sogenannte ambulante Krankenpflege einzurichten, Aufbewahrung und Erziehung kleiner und die Aufnahme verwahrloster Kinder und die Pflege alter und gebrechlicher Personen weiblichen Geschlechtes zu übernehmen"[33]. Mit Recht konnte Gustav Biesenbach darauf verweisen, vor kurzem sei "die Aufnahme der verwahrlosten Kinder ... Seitens der Provinzialverwaltung geradezu als ein unabweisbares Bedürfnis bezeichnet" worden[34]. Gemäß dem ersten Milderungsgesetz genehmigte das Berliner "Ministerium der geistlichen, Unterrichts- und Medizinalangelegenheiten" den Töchtern vom Hl. Kreuz am 31. August 1882, in Rath die ambulante Krankenpflege auszuüben und eine Kleinkinderbewahrschule einzurichten; die Aufnahme "sittlich verwahrloster Kinder" und die Pflege "alter und gebrechlicher Personen weiblichen Geschlechts" wurde nicht gestattet[35]. Da die Ordensschwestern in Rath neben der Krankenpflege und Kleinkindererziehung auch Jugendfürsorge betreiben wollten, unterrichtete Gustav Biesenbach den Düsseldorfer Regierungspräsidenten am 23. November 1882 von der Absicht, in der wiederherzustellenden Rather Niederlassung epileptische Mädchen aufzunehmen, "deren Versorgung sich in letzter Zeit als dringendes Bedürfnis ergeben hat"[36]. Am 17. Juli 1883 wurde zwischen der "Genossenschaft der Schwestern vom heiligen Kreuz in Düsseldorf, Altestadt" und der Landesdirektion der Rheinprovinz ein "Vertrag betreffend die Aufnahme katholischer weiblicher epileptischer Kranken in das Kloster der Schwestern vom heiligen Kreuz zu Rath" unterzeichnet, der die Schwestern gegen Entgelt rückwirkend ab dem 1. April 1883 zur Aufnahme und "vollständigen Pflege" von bis zu 100 katholischen Epileptikerinnen in Rath verpflichtete[37]. Obwohl die Berliner Regierung erst auf Betreiben der Provinzialverwaltung am 7. Juli 1883 Einwände gegen die Aufnahme epileptischer Pfleglinge zu-

---

[31] Vgl. NHS Regierung Düsseldorf 29447, 13.08.1875.
[32] Vgl. NHS Regierung Düsseldorf 29447, 21.06.1882.
[33] NHS Regierung Düsseldorf 29447, 17.05.1882.
[34] NHS Regierung Düsseldorf 29447, 17.05.1882.
[35] Vgl. NHS Regierung Düsseldorf 29447, 31.08.1882; SAD III 4742, 31.08.1882; SAD XVII 81, 31.08.1882.
[36] Vgl. NHS Regierung Düsseldorf 29447, 23.11.1882 und 02.12.1882. Vgl. dazu DV 16.07.1881; Ernst Wiehl, Fürsorge für Geisteskranke. Idioten und Epileptiker, in: Johannes Horion, Die rheinische Provinzial - Verwaltung. Ihre Entwicklung und ihr heutiger Stand. Herausgegeben zur Jahrtausendfeier der Rheinprovinz, Düsseldorf 1925, 125 - 178, 129 ff.
[37] Vgl. LRP 4194, 17.07.1883.

3. Töchter vom Heiligen Kreuz Unter-Rath

rückstellte[38], konnte Gustav Biesenbach den Düsseldorfer Stellen bereits am 23. Januar 1883 melden, die Schwestern hätten alle Vorbereitungen für die Krankenpflege, namentlich zur Betreuung der Epileptiker getroffen; "eine längere Verzögerung ist mit erheblichen Unkosten und sonstigen Nachtheilen verbunden"[39].

Die wiederhergestellte Rather Niederlassung der Töchter vom Hl. Kreuz wurde am 1. April 1883 vertragsgemäß eröffnet[40]. Wann die Schwestern eingetroffen waren, um das stark vernachlässigte drei Morgen große Anwesen wieder herzurichten, bleibt dunkel. Aus den überlieferten Unterlagen ist lediglich bekannt, dass im Laufe des Frühjahrs 1883 vier oder fünf Schwestern unter Leitung der späteren Oberin Maria Josef nach Rath kamen[41]. Zu ihnen gehörte Schwester Josephine Sieben, deren Aufenthalt in Rath seit dem 3. Januar 1883 bezeugt ist[42]. Als Regierungsrat Heinrich Steinmetz am 14. April 1883 die neue Anstalt besichtigte, wurden ihm "bereitwillig die in der Errichtung begriffenen Räumlichkeiten" gezeigt, wo bereits fünf Epileptikerinnen untergebracht waren[43]. Am 16. November 1883 ließ der Düsseldorfer Regierungspräsident verlautbaren: "Es wird bekannt gemacht, daß mit staatlicher Genehmigung in dem Alexianerkloster zu Aachen und in dem Kloster der Schwestern vom Heiligen Kreuz zu Rath bei Düsseldorf durch Vermittlung der provinzialständischen Verwaltung katholische Epileptiker aus der Rheinprovinz Aufnahme finden können, und zwar werden in Aachen männliche und in Rath weibliche Epileptiker untergebracht"[44]. Bis zum Inkrafttreten dieser Regelung hatten die Katholiken, so das Düsseldorfer Volksblatt vom 14. März 1885, "schmerzlich empfinden müssen, daß es in den westlichen Provinzen keine Anstalt gab, wo sie ihre an der Epilepsie erkrankten Angehörigen unterbringen konnten. Viele sahen sich genötigt, dieselben der großen evangelischen Anstalt Bethel bei Bielefeld zu übergeben"[45].

Laut "Betriebsplan der Anstalt für epileptische weibliche Krancken zu Rath bei Düsseldorf" erhielten die Schwestern von der Provinzverwaltung für jeden Pflegling eine Tagespauschale von 1,50 Mark[46]. Durch den stetigen Zuwachs an eingewiesenen Mädchen waren bis zur Jahrhundertwende im Kloster an der Bahnstraße (heute Am Klosterhof) erhebliche bauliche Erweiterungen erforderlich, die in den Jahren 1889 (Erweite-

---

[38] Vgl. NHS Regierung Düsseldorf 29447, 27.01.1883 und 07.07.1883; SAD III 4742, 07.07.1883; DV 22.10.1883.

[39] NHS Regierung Düsseldorf 29447, 23.01.1883.

[40] Vgl. PfA Unterrath Maria unter dem Kreuz 549, Chronik des Klosters der Töchter vom Hl. Kreuz in Düsseldorf - Unterrath von 1875 - 1965, S. 3 und 6; DV 14.03.1885; Théophile de Ville, Geschichte des Lebens und Wirkens der Mutter Maria Theresia, Stifterin der Genossenschaft der Töchter vom heiligen Kreuz in Lüttich, Köln 1891, 194.

[41] Vgl. PfA Unterrath Maria unter dem Kreuz 549, Chronik des Klosters der Töchter vom Hl. Kreuz in Düsseldorf - Unterrath von 1875 - 1965, S. 3; SAD III 4742, 08.04.1883 und 31.12.1892.

[42] Vgl. SAD III 4742, 08.04.1883 und 31.12.1892.

[43] Vgl. NHS Regierung Düsseldorf 29447, 14.04.1883. Vgl. auch SAD III 4742, 08.04.1883.

[44] NN, Verordnungen und Bekanntmachungen der Provinzialbehörden, in: Amtsblatt der Königlichen Regierung zu Düsseldorf Nr. 50 (15.12.1883), 399 - 402, 400 f.

[45] DV 14.03.1885. Vgl. auch NHS Regierung Düsseldorf 29447, 16.03.1883.

[46] Vgl. NHS Regierung Düsseldorf 29447, 23.05.1883; SAD III 4742, 21.05.1883.

rung der Kapelle), 1890 (Flügel an der Kapelle[47]), 1894 (Wirtschaftsgebäude Unterrather Straße[48]), 1893/96 (Ausbau des Isolierhauses[49]), 1897 (Hochhaus an der Kapelle[50]) und 1899 (Kinderbewahrschule Auf der Reide 13, eröffnet 25. April 1900[51]) ausgeführt wurden[52].

Nach einer "außerordentlichen Besichtigung der Pflege - Anstalt der Töchter vom heiligen Kreuz für epileptische Mädchen zu Rath" am 11. Juli 1895 heißt es in einem hierüber angefertigten Bericht zur Raumsituation: "Die Anstalt besteht aus einem Haupt- und drei Nebengebäuden. Das Hauptgebäude besteht aus einem älteren einstöckigen und einem neueren vor 3 Jahren errichteten zweistöckigen Theil, welche unmittelbar miteinander zusammenhängen und verbunden sind ... . Im Erdgeschoß befinden sich ein Theil der Wohnungen der Schwestern, die Bureaus, Besuchszimmer und zwei große Saale als Tagesaufenthaltsräume. Im ersten Stockwerk befindet sich die Abteilung für nicht bildungsfähige, idiotische epileptische Kinder (Tages- und Schlafraum getrennt) sowie große Schlafsaale, das ganze obere Stockwerk wird nur von Schlafsaalen eingenommen. ... Die Räume sind einfach, doch durchaus angemessen ausgestattet, die Lagerstätten bestehen theils aus hölzernen, theils aus eisernen Gestellen, welche durch kastenartige Aufsätze Schutz gegen das Herausfallen der Pfleglinge in epileptischem Anfalle bieten. ... Das eine Nebengebäude enthält in seinem Erdgeschoß Kochküche, Waschküche und andere Wirtschaftszimmer, das obere Stockwerk ist ausschließlich für die bildungsfähigen epileptischen Kinder in Benutzung, deren Zahl 13 beträgt. Hier befindet sich ein Schulzimmer, welches zugleich als Tagesaufenthaltsraum benutzt wird. ... Ein zweites isoliert belegenes Gebäude dient zur Aufnahme geisteskranker, zeitweise in tobsüchtige Erregung verfallende Epileptiker. Hier sind 21 Einzelzellen für je einen Pflegling vorhanden, außerdem sind hier 3 Schwestern zur beständigen Aufsicht stationiert. ... In einem dritten Gebäude endlich befinden sich außer Näh- und Bügelzimmer 2 Zimmer als Tagesaufenthalt derjenigen Pfleglinge, welche hier beschäftigt werden können"[53]. Laut Revisionsbericht betrug die Zahl der überwiesenen Zöglinge 146; zum Pflegepersonal gehörten 27 Schwestern. Zur Leitung einer "Fortbildungsschule in weiblichen Handarbeiten (Stricken, Nähen, Flicken)", die im Frühjahr 1889 aus den Revenuen einer Stiftung zugunsten der Pfarrgemeinde Maria unter dem Kreuz eingerichtet worden war, wurde eine Schwester abgestellt[54].

---

[47] Vgl. NHS Regierung Düsseldorf 8103, 03.03.1890.
[48] Vgl. SAD VI 1579, 28.01.1895.
[49] Vgl. SAD VI 1579, Bl. 18 ff.
[50] Vgl. SAD VI 1579, 04.02.1897.
[51] Vgl. SAD III 4742, 31.12.1900; SAD VI 1579, 20.08.1899.
[52] Vgl. NHS Regierung Düsseldorf 54068, 18.05.1896 und 25.11.1897; Josef Günther, St. Josefs - Heil- und Pflegeanstalt Düsseldorf - Unterrath, in: Arthur Schloßmann, Die Düsseldorfer Kranken-, Heil- und Pflegeanstalten, Düsseldorf 1926, 186 - 191, 186.
[53] NHS Regierung Düsseldorf 54068, 11.07.1895.
[54] Vgl. PfA Unterrath Maria unter dem Kreuz 60, 31.03.1889; SAD III 4742, 25.03.1902; Max Brandts, Näh-, Flick- und Haushaltungs - Schulen, in: Arbeiterwohl Jg. 15 Nr. 11/12 (November/Dezember 1895), 375 - 382, 381.

Arme Dienstmägde Jesu Christi Oberbilk I

Mit der Aufnahme von Epileptikerinnen wandelte sich die Rather Niederlassung von einer Erziehungsanstalt zu einer Pflegeanstalt. Ein vergleichbarer Wandel vollzog sich in Oberbilk, wo die Armen Dienstmägde Jesu Christi nach dem Unterrichtsverbot für Ordensmitglieder seit dem Jahre 1872 ihre Tätigkeit auf die Ausübung ambulanter Krankenpflege konzentrierten. Als die Schwestern am 23. Dezember 1873 den Unterricht in den Oberbilker Schulbezirken einstellen mussten[55], wurde ihnen auch das Wohnrecht in der Schule an der Hildener Straße entzogen[56]. Aus Aufzeichnungen in der Ordenschronik geht hervor, dass die Oberbilker Bevölkerung die Schwestern nicht gehen lassen wollte, "sondern ... bei der vorgesetzten Behörde des Mutterhauses ein ferneres Verbleiben mit dem Wunsche" erwirkte, "sich nun der Krankenpflege widmen zu wollen"[57]. Die Armen Dienstmägde bezogen zunächst eine Mietwohnung in der Kölner Straße[58], wenig später das Haus Markenstr. 11, das "gute Bewohner von Oberbilk" im Jahre 1874 für 330 Taler "zur Krankenpflege" angemietet hatten[59]. Neben der Krankenambulanz unterhielten die Schwestern hier noch bis zum 31. März 1876 die Bewahrschule für Kleinkinder sowie die Näh- und Strickschule[60]. Am 2. März 1883 trat das "Wohnungskomitee für die hiesigen Krankenschwestern", das bislang für den Unterhalt des Hauses Markenstraße aufkam[61], mit dem Oberbilker Kirchenvorstand zu einer Sitzung zusammen, um den Bau eines eigenen Klostergebäudes zu prüfen, "damit die ehrwürdigen Schwestern dauernd der Gemeinde in der Krankenpflege erhalten bleiben"[62]. Auf der Versammlung wurde der Neubau einer festen Niederlassung beschlossen und eine Hauskollekte für den Stadtkreis Düsseldorf beantragt[63]. Offenbar erbrachte die Sammlung einen guten Ertrag, da das Komitee schon kurze Zeit später an der Ellerstr. 213 zum Preis von 30000 Mark ein neues Klostergebäude errichten konnte[64]. Nur wenige Monate nach dem Erwerb des Grundstücks am 17. Oktober 1882 und der Grundsteinlegung im Mai 1883[65], wurde die Niederlassung am 15. Oktober 1883 von den Schwestern bezogen und am 18. November 1883 feierlich eingeweiht[66]. Auf ausdrück-

---

[55] Vgl. MAD Chronik Marienstift Düsseldorf - Oberbilk, S. 3; DV 13.12.1873.
[56] Vgl. MAD Chronik Marienstift Düsseldorf - Oberbilk, S. 3; DV 12.07.1873.
[57] MAD Chronik Marienstift Düsseldorf - Oberbilk, S. 3.
[58] Vgl. AEK GVA Düsseldorf überhaupt 38, 04.11.1873; PfA Oberbilk St. Joseph, Pfarrchronik Düsseldorf - Oberbilk St. Joseph, 02.03.1883.
[59] Vgl. MAD Chronik Marienstift Düsseldorf - Oberbilk, S. 3; NHS Regierung Düsseldorf 29413, 30.07.1875.
[60] Vgl. SAD III 4714, 31.03.1876 und 20.04.1876; SAD VIII 405, 07.02.1874.
[61] Vgl. MAD Chronik Marienstift Düsseldorf - Oberbilk, S. 3.
[62] PfA Oberbilk St. Joseph, Pfarrchronik Düsseldorf - Oberbilk St. Joseph, 02.03.1883. Vgl. auch PfA Oberbilk St. Joseph Protokollbuch Kirchenvorstand, 02.03.1883.
[63] Vgl. MAD Chronik Marienstift Düsseldorf - Oberbilk, S. 4.
[64] Vgl. PfA Oberbilk St. Joseph, Pfarrchronik Düsseldorf - Oberbilk St. Joseph, 02.03.1883; PfA Oberbilk St. Joseph Karton Grundstücke, 17.04.1884; DV 25.03.1883; DV 04.06.1883.
[65] Vgl. MAD Chronik Marienstift Düsseldorf - Oberbilk, S. 3 f.
[66] Vgl. MAD Chronik Marienstift Düsseldorf - Oberbilk, S. 4.

lichen Wunsch der Ordensgenossenschaft wurde das Klostergrundstück mit dem aufstehenden Gebäude am 17. April 1884 der Rektoratspfarrei St. Joseph überschrieben[67]. Bis zu Beginn der neunziger Jahre blieb die Tätigkeit der Armen Dienstmägde in der Rektoratspfarrei St. Joseph auf die ambulante Krankenpflege und die Öffnung einer Armenküche während der Wintermonate (seit 1886) beschränkt[68]; erst am 1. Oktober 1890 (Hildener Str. 18, seit 1. April 1897 Stoffeler Str. 11) und 1. April 1892 (Höhenstr. 5) wurde die Arbeit auf die Leitung mehrerer Bewahrschulen ausgedehnt[69]; im Jahre 1906 kam am 5. Februar die Einrichtung einer Handarbeitsschule (Ellerstr. 213) hinzu[70].

Arme Dienstmägde Jesu Christi Friedrichstadt

Räumliche Veränderungen und Erweiterungen der Tätigkeitsfelder gab es in den achtziger und neunziger Jahren auch im Josephinenstift. Am 6. Juli 1881 verlegten die Dernbacher Schwestern ihre Krankenambulanz Südstr. 2 in das geräumigere Haus Friedrichstr. 44[71], das zuvor den Dominikanern als Unterkunft bzw. den Töchtern vom Hl. Kreuz als Schulhaus gedient hatte. Bewahrschulen eröffneten die Armen Dienstmägde 1891 in der Friedrichstraße (später Kirchfeldstraße)[72], 1897 in der Corneliusstraße (später Oberstraße, heute Jahnstraße)[73] und 1906 in der Orangeriestraße[74]. Von der bereits 1894 erteilten Genehmigung zur Unterhaltung einer "Handarbeitsschule für katholische Mädchen in nicht mehr schulpflichtigem Alter" machte die Kongregation erst am 1. Februar 1898 Gebrauch, als im Hause Oberstr. 13 (heute Jahnstraße) eine Näh- und Strickschule eingerichtet wurde[75]. Nachdem das Josephinenstift rund ein Vierteljahrhundert an der belebten Friedrichstraße seinen Standort hatte, bezogen die Armen Dienstmägde am 15. Juni 1905 das neu erbaute Haus Nr. 65 in der wesentlich ruhigeren Talstraße[76]. Von hier aus betrieben die Schwestern ambulante Krankenpflege für die Friedrichstadt und beaufsichtigten die Bewahrschulen in den Pfarreien St. Peter und St.

---

[67] Vgl. MAD Chronik Marienstift Düsseldorf - Oberbilk, S. 4; PfA Oberbilk St. Joseph Protokollbuch Kirchenvorstand, 15.02.1884 und 18.05.1885; PfA Oberbilk St. Joseph Karton Grundstücke, 17.04.1884.
[68] Vgl. MAD Chronik Marienstift Düsseldorf - Oberbilk, S. 6 f.
[69] Vgl. MAD Chronik Marienstift Düsseldorf - Oberbilk, S. 10 f, 15 und 25; PfA Oberbilk St. Joseph, Pfarrchronik Düsseldorf - Oberbilk St. Joseph, 1890 ff; NHS Regierung Düsseldorf 29413, 19.08.1890; SAD II 741, 26.04.1890, 19.08.1890, 01.04.1892 und 1898.
[70] Vgl. NHS Regierung Düsseldorf 29413, 05.02.1906; SAD III 4712, 16.12.1905; SAD III 4714, Bl. 142.
[71] Vgl. NHS Regierung Düsseldorf 29412, 17.07.1881.
[72] Vgl. NHS Regierung Düsseldorf 29412, 02.12.1896.
[73] Vgl. NHS Regierung Düsseldorf 29412, 05.02.1897; DV 28.01.1898.
[74] Vgl. NHS Regierung Düsseldorf 29412, 31.12.1906.
[75] Vgl. NHS Regierung Düsseldorf 29412, 04.09.1894; SAD III 4717, 09.02.1898; DV 28.01.1898.
[76] Vgl. DT 20.04.1905; DT 15.06.1905.

3. Arme Dienstmägde Jesu Christi Bilk

Maximilian; im Josephinenstift selbst war eine Kleinkinderschule (früher Kirchstraße) und eine Handarbeitsschule (früher Jahnstraße) untergebracht[77].

Arme Dienstmägde Jesu Christi Bilk

Etwa zur gleichen Zeit wie in Oberbilk und in der Karlstadt bzw. Friedrichstadt veränderte die Niederlassung der Armen Dienstmägde in Bilk ihr Gesicht. Ursprünglich als Erziehungsanstalt gegründet, war das Kloster in der Martinstraße während des Kulturkampfes zu einer Pflege- und Krankenanstalt umgestaltet worden. Hatten die Schwestern noch am 29. Januar 1878 eine behördliche Aufforderung erhalten[78], "alle Kranken und Pensionärinnen aus dem Kloster zu entfernen, weil man glaubte, in der Aufwartung und Bedienung solcher Leute noch einen Zweig der Berufstätigkeit zu finden, der sich mit der ambulanten Pflege nicht vereinbaren ließ"[79], so wurde ihnen nur drei Monate später vom preußischen Kultusministerium die Konzession erteilt, "Sieche und Altersschwache gegen Entgelt aufzunehmen"[80]. Im Oktober 1878 verlegte Dr. Paul Höhndorf, Facharzt für Unterleibskrankheiten, seine Praxis in das Kloster[81], die er mit Konzession vom 16. Mai 1879 zu einer Frauenklinik ausbaute[82]. Die Pflege und Versorgung der stationären Patientinnen oblag den Armen Dienstmägden. Die Kranken zahlten in der ersten Klasse 4 Mark, in der zweiten Klasse bei kleineren Zimmern 2,50 Mark und in der dritten Klasse 1,25 Mark pro Tag[83]. Bedingt durch eine schwere Erkrankung von Paul Höhndorf, erlosch Ende 1883 die Konzession für die Frauenklinik[84]. Um fehlende Einnahmen aus der Krankenanstalt auszugleichen, ersuchten die Schwestern den Düsseldorfer Oberbürgermeister um Erlaubnis zur Aufnahme von Kostdamen. Wörtlich schrieben sie am 13. Februar 1884: "Nachdem wir in unserem Hause Martinstr. 7 die Frauenklinik aufgelöst haben, sind uns einige Zimmer frei geworden und wir beabsichtigen, dieselben an einzelstehende Damen aus besseren Ständen zu vermieten"[85]. Der Antrag wurde am 16. August 1884 bewilligt und bereits kurze Zeit später zogen die ersten

---

[77] Vgl. SAD III 4717, 03.04.1905; DT 20.04.1905; DT 15.06.1905; Bericht über den Stand und die Verwaltung der Gemeinde - Angelegenheiten der Stadt Düsseldorf für den Zeitraum vom 1. April 1904 bis 31. März 1905, Düsseldorf 1905, 99.
[78] Vgl. NHS Regierung Düsseldorf 29410, 07.02.1878; SAD III 4716, 29.01.1878 und 12.02.1878.
[79] MKD Chronik der Filiale Bilk 1859 - 1929, Februar 1877.
[80] Vgl. MKD Chronik der Filiale Bilk 1859 - 1929, April 1877.
[81] Vgl. MKD Chronik der Filiale Bilk 1859 - 1929, 1878.
[82] Vgl. NHS Regierung Düsseldorf 29411, 08.07.1884; NHS Regierung Düsseldorf 54854, Bl. 109 ff; NN, Verordnungen und Bekanntmachungen anderer Behörden, in: Amtsblatt der Königlichen Regierung zu Düsseldorf Nr. 21 (24.05.1879), 206 - 208, 208.
[83] Vgl. MKD Chronik der Filiale Bilk 1859 - 1929, 1879.
[84] Vgl. NHS Regierung Düsseldorf 29411, 16.02.1884; SAD III 4716, 13.02.1884; DV 04.08.1884; Jakob Hecker, St. Martinus - Krankenhaus, Martinstraße 7, in: Arthur Schloßmann, Die Düsseldorfer Kranken-, Heil- und Pflegeanstalten, Düsseldorf 1926, 214 - 218, 214.
[85] SAD III 4716, 13.02.1884.

Frauen ein[86]. Kurz zuvor war am 1. August 1884 im Kloster eine Näh- und Strickschule eingerichtet worden, die im Gegensatz zur 1876[87] erloschenen Handarbeitsschule nun unter Leitung einer weltlichen Lehrerin stand[88]. Zur Betreuung der Bilker Kleinkinder wurde am 1. Oktober 1885 in der Martinstraße[89] und am 1. Dezember 1891 in der Neustädter Volksschule (Neusser Str. 53)[90] eine Bewahrschule eröffnet. Als am 12. April 1887 die letzte Kostdame verstorben war[91], hielten die Armen Dienstmägde in der Folgezeit ihr Kloster als "Rettungsanstalt bzw. Schutzanstalt für verwahrloste Kinder" offen, die ihnen von der Rheinischen Provinzialverwaltung zugewiesen wurden[92]. Um den Fabrikarbeiterinnen der Umgebung die Möglichkeit für Handarbeiten zu bieten, richteten die Schwestern am 1. Advent 1888 eine Sonntagsflickschule ein[93]. Damit die entlassenen und "im Dienste stehenden Mädchen die Frucht der Erziehung bewahren und auch fortan einen sittlichen Halt an den Schwestern" hatten, wurde 1890 ein St. Notburga Verein gegründet, nach dessen Statuten sich die Mädchen alle 14 Tage in der Anstalt zur Unterhaltung und Belehrung einfinden sollten[94].

Angesichts der vielen Aufgaben waren die Raumkapazitäten der Bilker Niederlassung bald erschöpft. Im Jahre 1892 wurde durch den Aufbau eines Mansardenstockes das Vorderhaus vergrößert; vier Jahre später erfolgte der Anbau eines Flügels an der Südseite des Hauses[95]. Nach der Jahrhundertwende erwarben die Schwestern den wibbeschen Garten (1902)[96] und zwei Grundstücke am Düsseldorfer Weg (1904)[97]. Auf dem erweiterten Areal errichtete die Kongregation eine Elementarschule für weibliche Fürsorgezöglinge (1905)[98], ein Kinderhaus mit neuer Klosterkapelle (1907/08)[99], einen Flü-

---

[86] Vgl. AEK GVA Düsseldorf überhaupt 28, 18.09.1913.

[87] Vgl. NHS Regierung Düsseldorf 29318, 01.04.1876.

[88] Vgl. MKD Chronik der Filiale Bilk 1859 - 1929, 01.08.1884; AEK GVA Düsseldorf überhaupt 28, 09.06.1908.

[89] Vgl. NHS Regierung Düsseldorf 29317, 04.11.1885; NHS Regierung Düsseldorf 29411, 27.08.1885 und 04.11.1885.

[90] Vgl. NHS Regierung Düsseldorf 29411, 14.12.1891 und 09.02.1892; SAD II 731, 01.09.1891, 01.12.1891 und 09.02.1892.

[91] Vgl. MKD Chronik der Filiale Bilk 1859 - 1929, 12.04.1887.

[92] Vgl. NHS Regierung Düsseldorf 29411, 31.05.1887 und 01.05.1908.

[93] Vgl. DV 28.12.1888.

[94] Vgl. MKD Chronik der Filiale Bilk 1859 - 1929, 1890.

[95] Vgl. MKD Chronik der Filiale Bilk 1859 - 1929, 1892 und 1896.

[96] Vgl. AEK GVA Düsseldorf überhaupt 28, 17.05.1902; MKD Chronik der Filiale Bilk 1859 - 1929, 1902. Der wibbesche Garten gehörte zum Grundstück Martinstr. 5 (vgl. Adreßbuch 1902 für die Stadtgemeinde Düsseldorf und die Landbürgermeistereien Benrath, Eller, Gerresheim, Heerdt, Kaiserswerth und Rath, Düsseldorf 1902, 269).

[97] Vgl. MKD Chronik der Filiale Bilk 1859 - 1929, 04.01.1904. Der "Düsseldorfer Weg" trägt heute die Bezeichnung "Heinsenstraße" und "Plockstraße"; der obere Düsseldorfer Weg folgte in etwa dem Verlauf der heutigen Völklinger Straße.

[98] Vgl. MKD Chronik der Filiale Bilk 1859 - 1929, 03.01.1906; NHS Regierung Düsseldorf 29411, 13.11.1905; SAD III 4716, 13.01.1906; Bericht über den Stand und die Verwaltung der Gemeinde - Angelegenheiten der Stadt Düsseldorf für den Zeitraum vom 1. April 1905 bis 31. März 1906, Düsseldorf 1906, 111.

gel mit Schlafräumen (1910)[100] und ein "Ledigenheim für weibliche Personen katholischer Konfession" (1914); letzteres war "auf dem zwischen Martinstraße und Düsseldorferweg gelegenen, teilweise auch an die Gladbacher Straße anstoßenden Terrain"[101] errichtet (heute Martinuskrankenhaus) und wurde im Mai 1914 von den ersten "auf den Kontoren des Hafens, der Fabriken, in Büros und in Geschäften ... versicherungspflichtigen einzelnstehenden weiblichen Angestellten" bezogen[102].

Arme Dienstmägde Jesu Christi Benrath

Die seit dem Kulturkampf auf ambulante Krankenpflege eingeschränkte Arbeit der Armen Dienstmägde in der Niederlassung am heutigen Benrather Markt wurde zur Nebentätigkeit als die Ortskrankenkasse in der Bürgermeisterei Benrath zu Beginn der neunziger Jahre ein neues Krankenhaus (heute Hospitalstr. 1) errichtete. "Um den katholischen Charakter des Hauses zu sichern"[103], so das Düsseldorfer Tageblatt vom 30. Dezember 1908, schloss die Pfarrgemeinde St. Cäcilia mit der Ortskrankenkasse Benrath am 3. Juli 1891 folgenden Vertrag: "Artikel 1: Die Ortskrankenkasse verpflichtet sich, dem von ihr zu erbauenden Krankenhaus einen katholischen Namen beizulegen; Artikel 2: Die Ortskrankenkasse verpflichtet sich, den hiesigen Ordensschwestern die Krankenpflege in dem zu erbauenden Krankenhaus zu übertragen; Artikel 3: Die bisher von den Ordensschwestern ausgeübte ambulante Krankenpflege in der Pfarrgemeinde und den benachbarten Ortschaften - ohne Unterschied der Konfession der Erkrankten - soll auch nach Vollendung des Krankenhauses fortbestehen und von den Schwestern ausgeübt werden"[104]. Ein weiterer Vertrag vom 29. Februar 1892 bestimmte, dass das Kölner Generalvikariat ein Mitglied der Pfarrgeistlichkeit in das Kuratorium des Krankenhauses entsenden durfte[105].

Nach Fertigstellung des Benrather Hospitals im Jahre 1892 wurde die Anstalt vertragsgemäß "St. Josephs - Krankenhaus" benannt und die Krankenpflege den Armen Dienstmägden übertragen[106]. Mit der Eröffnung des St. Josephs - Krankenhauses am 24. Juni 1892[107] siedelten sechs Schwestern in die heutige Hospitalstraße über, wo im ersten Betriebsjahr 556 Kranke versorgt wurden und "noch 83 Verpflegungen außerhalb des Hauses kamen"[108]. Die steigende Zahl der Pflege Suchenden, im Jahre 1912 wurden

---

[99] Vgl. MKD Chronik der Filiale Bilk 1859 - 1929, 1907 und 1908.
[100] Vgl. MKD Chronik der Filiale Bilk 1859 - 1929, 1910.
[101] DT 14.07.1914.
[102] Vgl. MKD Chronik der Filiale Bilk 1859 - 1929, Mai 1914; NHS Regierung Düsseldorf 29411, 08.06.1914 und 01.08.1914; DT 14.07.1914.
[103] DT 30.12.1908.
[104] PfA Benrath St. Cäcilia 55, 03.07.1891; SAD XII 1758, 03.07.1891.
[105] Vgl. SAD XII 1758, 29.02.1892.
[106] Vgl. DT 30.12.1908; DT 01.05.1914.
[107] Vgl. Theo Fühles, Das alte Benrather Krankenhaus an der Hospitalstraße, in: Gebäude in Benrath, Düsseldorf 1989, 57 - 64, 57.
[108] Vgl. DT 01.05.1914.

1034 Kranke betreut, machte bis zum Ersten Weltkrieg verschiedene Erweiterungen des Krankenhauses notwendig[109]. Zusätzlich zur ambulanten und stationären Krankenpflege übernahmen die Armen Dienstmägde in der Bürgermeisterei 1895 bzw. 1910 die Leitung der Bewahrschule Benrath (heute Benrather Schlossallee 93)[110] bzw. Hassels (Hasselsstr. 125/127)[111]. Vom alten Schwesternhaus gegenüber der Pfarrkirche haben sich keine Spuren erhalten; das Kloster hatte die Zivilgemeinde bereits 1892 zur Anlage eines neuen Marktplatzes auf Abbruch erworben[112].

Arme Dienstmägde Jesu Christi Pempelfort

In Nordpempelfort richteten die Schwestern von der Genossenschaft der Armen Dienstmägde für das Rektorat St. Rochus am 31. Januar 1895 eine Niederlassung zum Zweck der ambulanten Krankenpflege und zur Unterhaltung einer Bewahrschule und Handarbeitsschule ein[113], die zunächst im gemieteten Haus Derendorfer Str. 53 untergebracht war[114]. Im Herbst 1899 bezogen die Schwestern das pfarreigene Haus Derendorfer Str. 54, das frühere Pastoratsgebäude, unter dem Namen St. Rochusstift. Ein hinter dem Haus liegendes Gebäude (Derendorfer Str. 60) hatte bereits seit dem 2. April 1895 als Kinderbewahrschule gedient[115]. Nachdem große Teile des Pastoratsgrundstücks an die Stadt verkauft worden waren und die aufstehenden Gebäude für den Bau der Schule an der Franklinstraße niedergelegt werden mussten, baute der Kirchenvorstand in den Jahren 1907/08 eine hinter dem Garten des Rochusstiftes liegende Kleinkinderschule (Derendorfer Str. 58), die gleichzeitig als Vereinssaal genutzt wurde[116].

---

[109] Vgl. DT 01.05.1914.
[110] Vgl. AEK GVA Benrath St. Cäcilia 8, 06.06.1895; NHS Regierung Düsseldorf 29432, 20.08.1895; Bericht über die Verwaltung und den Stand der Gemeinde - Angelegenheiten der Gemeinde Benrath für die Zeit vom 1. April 1908 bis 31. März 1909, Düsseldorf 1909, 35 und 88; DT 01.05.1914.
[111] Vgl. AEK GVA Benrath St. Cäcilia 8, 20.07.1910; DT 01.05.1914.
[112] Vgl. AHB, Chronik der katholischen Volksschule in Urdenbach 1891 - 1897, 16.07.1893; NN, Benrath, in: Der Rheinländer. Generalanzeiger für die Bürgermeistereien Benrath, Dormagen, Hitdorf, Monheim, Richrath und Zons Jg. 8 Nr. 47 (22.04.1893), o. S. (1); DT 30.12.1908.
[113] Vgl. AEK GVA Düsseldorf überhaupt 33, 26.07.1894; SAD III 4735, 11.10.1894 und 31.01.1895.
[114] Vgl. SAD XXIII 366, S. 37; DV 04.02.1895; Bericht über den Stand und die Verwaltung der Gemeinde - Angelegenheiten der Stadt Düsseldorf für den Zeitraum vom 1. April 1894 bis 31. März 1895, Düsseldorf 1895, 87.
[115] Vgl. PfA Pempelfort St. Rochus, Chronik der Pfarre zum hl. Rochus, 02.04.1895; BSD Bauakte Derendorfer Str. 58, 29.10.1894; BSD Bauakte Derendorfer Str. 60, 12.12.1899 und 26.01.1900.
[116] Vgl. AEK GVA Düsseldorf St. Rochus 1, 28.06.1907; PfA Pempelfort St. Rochus, Chronik der Pfarre zum hl. Rochus, S. 53; BSD Bauakte Derendorfer Str. 58, 15.04.1907, 20.04.1907 und 28.04.1907.

Arme Dienstmägde Jesu Christi Oberbilk II

Dank einer Stiftung der Ziegeleibesitzer Geschwister Eyckeler, die dem Oberbilker Pfarrer Josef Hollaender im Herbst 1912 ihr Haus Siemensstr. 44 zur Einrichtung einer Gemeindestation mit ambulanter Krankenpflege, Kleinkinderbewahrschule und Handarbeitsschule zur Verfügung stellten, konnten die Armen Dienstmägde Jesu Christi auch in der jungen Rektoratsgemeinde St. Apollinaris eine Niederlassung eröffnen[117]. In einem Gesuch vom 30. September 1912 begründete Pfarrer Josef Hollaender gegenüber dem Kölner Generalvikariat die Notwendigkeit einer Krankenambulanz mit dem Bemerken, dass die Seelenzahl des Rektorates auf über 20000 angestiegen war und die Bewohner vom Marienstift in der Nachbarpfarrei St. Joseph nicht mehr versorgt werden konnten[118]. Ein nicht weniger dringendes Bedürfnis war für die "Fabrikbevölkerung" die Einrichtung einer eigenen Kleinkinderschule, da immer mehr Kinder in den umliegenden Bewahranstalten abgewiesen wurden. "Fast jeden Tag kommen Mütter, die des Mitverdienstes halber darauf angewiesen sind, außerhalb ihrer Familie eine Stundenstelle zu verfolgen und bitten flehentlich um Aufnahme ihrer Kleinen. Leider können die Schwestern nur die Achseln zucken, da alles überfüllt ist". Eine nähere Begründung zur Errichtung einer Näh- und Handarbeitsschule für schulentlassene Mädchen des Gemeindebezirkes hielt Pfarrer Josef Hollaender für entbehrlich, "sind doch heutzutage gediegene Kenntnisse im Nähen ein fast notwendiges Requisit für eine tüchtige Hausfrau, so daß gerade in sozialer Hinsicht diese Schule viel Gutes wirken dürfte"[119]. Nach Eingang der staatlichen Genehmigung vom 23. April 1913 nahmen fünf Dernbacher Schwestern ihren Pflege- und Fürsorgedienst im Rektoratsbezirk St. Apollinaris auf und eröffneten am 2. Oktober 1913 in der Siemensstraße unter dem Namen "Christinenstift" eine ambulante Krankenpflegestation, eine Bewahrschule und eine Nähschule[120].

Friedensgesetze

Weitestgehend liquidiert wurde das Gesetz vom 31. Mai 1875 durch die Friedensgesetze vom 21. Mai 1886 und 29. April 1887. Artikel 13 des Gesetzes vom 21. Mai 1886 lautete: "Die Bestimmungen des Artikel 6 des Gesetzes vom 14. Juli 1880 werden ausgedehnt auf die Übernahme der Pflege und Leitung in Waisenanstalten, Armen- und Pfründnerhäusern, Rettungsanstalten, Asylen und Schutzanstalten für sittlich gefährdete Personen, Arbeiterkolonien, Verpflegungsanstalten, Arbeiterherbergen, Mägdehäusern sowie

---

[117] Vgl. AEK GVA Düsseldorf überhaupt 50, 30.09.1912; PfA Oberbilk St. Apollinaris, Ordner Ordensniederlassungen, 30.09.1912 und 29.10.1912.
[118] Vgl. AEK GVA Düsseldorf überhaupt 50, 30.09.1912; PfA Oberbilk St. Apollinaris, Ordner Ordensniederlassungen, 30.09.1912.
[119] AEK GVA Düsseldorf überhaupt 50, 30.09.1912; PfA Oberbilk St. Apollinaris, Ordner Ordensniederlassungen, 30.09.1912.
[120] Vgl. MAD Chronik des Christinen - Stiftes zu Düsseldorf 1913 - 1961, S. 1 ff; NHS Regierung Düsseldorf 29386, 23.04.1913 und 02.10.1913; NHS Regierung Düsseldorf 29388, 23.04.1913 und 02.10.1913; SAD III 4748, 23.04.1913 und 02.10.1913; BSD Bauakte Siemensstr. 44, 23.06.1913.

auf die Übernahme der Leitung und Unterweisung in Haushaltungsschulen und Handarbeitsschulen für Kinder in nichtschulpflichtigem Alter, als Nebentätigkeit der ausschließlich krankenpflegenden Orden und ordensähnlichen Kongregationen, welche im Gebiet der preußischen Monarchie gegenwärtig bestehen"[121]. Das zweite Friedensgesetz vom 29. April 1887 ließ in Preußen wieder alle Orden und ordensähnlichen Kongregationen zu, die sich der Aushilfe in der Seelsorge, der christlichen Nächstenliebe, "dem Unterrichte und der Erziehung der weiblichen Jugend in höheren Mädchenschulen und gleichartigen Erziehungsanstalten" widmeten, bzw. ein beschauliches Leben führten[122].

Von den seelsorgerischen, kontemplativen bzw. unterrichtenden Gemeinschaften waren die Franziskaner am 4. September 1887[123], die Klarissen am 13. Oktober 1887[124] und die Dominikaner am 20. Dezember 1887[125] nach Düsseldorf zurückgekehrt; die Ursulinen folgten am 7. Mai 1888[126] und die Kartäuser am 18. August 1890[127].

Franziskaner

Durch den Kulturkampf war die pastorale Versorgung der Düsseldorfer Katholiken stark beeinträchtigt. Daher setzten die Gläubigen gerade in die Rückkehr der Seelsorge - Orden große Erwartungen und Hoffnungen. Am 11. August 1887 meldete das Düsseldorfer Volksblatt: "Die Franziskaner ... treffen schon eifrig allerwärts Vorbereitungen zu einer tatkräftigen Aushilfe in der Seelsorge. Die allerorts so arg verbreitete Trunksucht, die Verwüsterin des Familienglücks, die statistisch nachgewiesene stetige Zunahme der Falscheide, die die Gerichtshöfe in fast jeder Sitzung beschäftigenden Sittlichkeitsverbrechen, Messeraffairen und Eigentumsverletzungen, dazu die Verrohung der Schuljugend, die zum Verbrechen einen von Jahr zu Jahr gestiegenen Prozentsatz liefert, zeigen den Mönchen in der Tat ein erschreckend weites Arbeitsgebiet"[128].

---

[121] Paul Hinschius, Das Preußische Kirchengesetz betreffend Abänderungen der kirchenpolitischen Gesetze vom 21. Mai 1886, Berlin 1886, 71 ff.
[122] Vgl. Paul Hinschius, Das Preußische Kirchengesetz betreffend Abänderungen der kirchenpolitischen Gesetze vom 29. April 1887. Nachtragsheft zu der Ausgabe des Preußischen Kirchengesetzes vom 21. Mai 1886, Berlin 1887, 17 ff.
[123] Vgl. SAD III 4725, 31.12.1887; NN, Düsseldorf, in: Katholisches Missionsblatt Jg. 36 Nr. 34 (21.08.1887), 540.
[124] Vgl. DV 16.10.1887.
[125] Vgl. SAD III 4727, 19.12.1887 und 10.01.1888; NN, Düsseldorf, in: Katholisches Missionsblatt Jg. 36 Nr. 37 (11.09.1887), 589; NN, Düsseldorf, in: Katholisches Missionsblatt Jg. 36 Nr. 46 (13.11.1887), 729; DV 19.12.1887; NN, Düsseldorf, in: Katholisches Missionsblatt Jg. 36 Nr. 52 (25.12.1887), 827.
[126] Vgl. DV 12.09.1895; Salesius Elsner, Die Ursulinen von St. Salvator nach meist ungedruckten Quellen, Trier 1913, 134.
[127] Vgl. NHS Regierung Düsseldorf 29442, Bl. 40; NN, Rath bei Düsseldorf, in: Kölnische Volkszeitung Jg. 31 Nr. 229 (20.08.1890), 1; DV 21.08.1890.
[128] DV 11.08.1887.

3. Dominikaner

Dominikaner

Während die Klosterbauten der Franziskaner am Schnittpunkt Oststraße/Klosterstraße bereits vor ihrer Ausweisung fertig gestellt waren, hatten die Dominikaner im Jahre 1875 an der Herzogstraße ein noch unvollendetes Monasterium zurückgelassen[129]. Nach dem Wiedereinzug war für den Predigerorden daher die Vollendung der im Jahre 1866 begonnenen Klosterkirche und Konventsbauten vorrangig[130]. Um den Ausbau zu beschleunigen, wurde der St. Dominikusbauverein gegründet und von der Landesbank der Rheinprovinz eine günstig konditionierte Anleihe aufgenommen[131]. Am Herz-Jesu-Fest 1888 begann der Weiterbau und schritt "durch den Opfersinn der Katholiken aus allen Bevölkerungsschichten" rasch voran[132]. Bereits am 16. Dezember 1889 konnte Pater Dominicus Scheer die Kirche einsegnen[133] und am 28. Oktober 1890 die feierliche Konsekration durch Kardinal Philipp Krementz erfolgen[134]. Nach Fertigstellung der Kirche wurde im Juni 1893 der Bau der beiden noch fehlenden Flügel des Klosters in Angriff genommen[135] und im Juli 1894 vollendet[136]. Mit dem Anwachsen der Dominikaner auf 50 Religiose dehnte der Düsseldorfer Predigerorden auch seine Tätigkeit weiter aus. Vom Kloster in der Friedrichstadt aus wurden in allen größeren Städten und Gemeinden des Erzbistums viel besuchte Volksmissionen gehalten. Daneben hielten die Patres Exerzitien für geistliche Genossenschaften und für einzelne Stände und beteiligten sich an allen anderen Aufgaben der Seelsorge[137].

Klarissen

Ohne besonderes Aufsehen vollzog sich die Rückkehr der Klarissen nach Pempelfort. Im Kloster an der Kaiserstraße waren nach der Auflösung die beiden Außenschwestern Helene Custodis und Elise Kreienbaum in Zivil zurückgeblieben und sorgten für die Instandhaltung der Kirche und der Klausur[138]. Als die Äbtissin Maria von Proff am 28. Mai 1887 von Harreveld aus die Wiedereröffnung der Düsseldorfer Niederlassung "zum

---

[129] Vgl. DV 19.12.1887; DV 05.06.1888.
[130] Vgl. DV 14.06.1888.
[131] Vgl. Paulus von Loe, Geschichtliches über das Dominikanerkloster zu Düsseldorf. Zur fünfzigjährigen Jubelfeier seines Bestehens, in: Düsseldorfer Tageblatt Jg. 46 Nr. 163 (16.06.1912), o. S. (5 - 6, 5).
[132] Vgl. NN, Das Dominikanerkloster zu Düsseldorf, in: Festblatt 55. Generalversammlung der Katholiken Deutschlands Nr. 7 (19.08.1908), o. S. (17 - 18, 17).
[133] Vgl. DV 17.12.1889.
[134] Vgl. DV 29.10.1890.
[135] Vgl. NN, Verschiedene Nachrichten, in: Der Marien-Psalter Jg. 16 Nr. 11 (August 1893), 261 - 263, 261 f.
[136] Vgl. DV 15.06.1893; NN, Das Dominikanerkloster zu Düsseldorf, in: Festblatt 55. Generalversammlung der Katholiken Deutschlands Nr. 7 (19.08.1908), o. S. (17 - 18, 17).
[137] Vgl. NN, Das Dominikanerkloster zu Düsseldorf, in: Festblatt 55. Generalversammlung der Katholiken Deutschlands Nr. 7 (19.08.1908), o. S. (17 - 18, 17 f).
[138] Vgl. AEK CR 18.19.2, 1885.

Zwecke der Führung eines rein beschaulichen Lebens" beantragte, wurde dem Gesuch von kirchlichen und staatlichen Stellen sofort entsprochen[139].

Karthäuser

Anders als in Düsseldorf hatte der Empfang des beschaulichen Ordens der Karthäuser in Rath geradezu den Charakter eines Volksfestes. Am 19. August 1890 berichtete das Düsseldorfer Volksblatt aus Rath: "Montag haben die Kartäuser nach 14jähriger Abwesenheit wieder ihren Einzug in unser schönes Dorf gehalten. Der Prokurator der Großen Kartause bei Nancy und der für die hiesige Kartause ernannte Prior trafen am Montagabend von Frankreich kommend hier ein. Die Herren wurden am Bahnhof zu Düsseldorf von unserem Hochwürdigen Herrn Pfarrer Schauten empfangen und nach Rath geleitet. ... Die Kunde hiervon hatte sich schnell verbreitet, und zahlreich eilten die Bewohner herbei. Der Platz vor der Kirche strahlte bei Ankunft der Herren in bengalischer Beleuchtung. Nachdem das Magnifikat gesungen, begrüßte der Herr Pfarrer die Herren in französischer Sprache und hieß sie in seinem und seiner Pfarre Namen herzlich willkommen. ... Hierauf fuhren dieselben weiter und langten gegen 10 Uhr auf der Kartause an, wo sich die Bevölkerung zum Empfange versammelt hatte, der ebenso herzlich verlief"[140]. Zum Klosterbau bemerkte das Volksblatt: "Der schöne Bau geht seiner Vollendung entgegen, und dürfte im Laufe dieses Jahres alles zur Aufnahme der gesamten Ordensgemeinde bereitgestellt sein"[141]. Der Optimismus war nicht unbegründet. Bereits am 26. August 1891 nahm Kardinal Philipp Krementz die Konsekration der einschiffigen Klosterkirche vor[142].

Ursulinen

Große Erwartungen verbanden die Düsseldorfer Katholiken mit der Rückkehr der Ursulinen, die nach 13 Jahren wieder ihre ehemalige Niederlassung an der Ritterstraße bezogen und in den früheren Räumen eine höhere Töchterschule einrichteten. Die steigende Zahl der Schüler machte schon bald die Vermehrung der Klassenräume zu einem dringenden Bedürfnis, dem nur durch einen 1893 abgeschlossenen Erweiterungs- bzw. Neubau abgeholfen werden konnte[143]. Als die Zahl der Schülerinnen nach der Jahrhundertwende auf über 500 gestiegen war, wurde am 25. April 1906 am Fürstenwall 165 das

---

[139] Vgl. AEK CR 18.19.2, 28.05.1887.
[140] DV 19.08.1890.
[141] DV 19.08.1890.
[142] NN, Vermischte kirchliche Nachrichten, in: Kirchlicher Anzeiger für die Erzdiözese Köln Jg. 31 Nr. 18 (15.09.1891), 126.
[143] Vgl. Unsere Ursulinen - Schulen. Eine Erinnerung an das Jubiläum 1913. Von einem Freunde der Schulen, Düsseldorf 1913, 16.

3. Franziskanerinnen Altstadt

St. Angela Lyzeum als Dependance der Ursulinenschule eröffnet[144]. Vier Jahre später war für das nur provisorisch eingerichtete Schulhaus an gleicher Stelle ein Neubau fertig gestellt, der am 11. April 1910 eingeweiht wurde[145].

Franziskanerinnen Altstadt

Während die Rückkehr der seelsorglichen, kontemplativen oder unterrichtenden Gemeinschaften kaum Auswirkungen auf die praktische Caritasarbeit hatte, knüpften die Kranken pflegenden und erziehenden Orden nach Erlass der zweiten Milderungsgesetze in Düsseldorf ein immer dichter werdendes Netz tätiger Fürsorge. Neben den Töchtern vom Heiligen Kreuz und den Armen Dienstmägden Jesu Christi, deren Wirken in den Niederlassungen Rath, Oberbilk, Friedrichstadt, Bilk, Benrath und Pempelfort bis zum Ausbruch des Ersten Weltkrieges bereits dargestellt wurde, waren hieran vor allem die Armen Schwestern vom heiligen Franziskus beteiligt.

Bereits im Winter 1876 wurde von den Franziskanerinnen im Annastift "als Ersatz für die Entziehung des Mägdehauses" eine Armenküche eröffnet, die täglich 200 bis 300 Suppen an Bedürftige ausgab[146]. "Zuerst versuchte man, für arme Kranke Suppe, Gemüse und Fleisch zu kochen, aber bald merkte man, daß dies nicht das richtige sei für dieses Stadtviertel, welches mit Armen überladen ist und stets war, indem für die wenigen bedürftigen Kranken eine oder die andere Herrschaft gerne sorgt. Nun kochte man mal eine dicke nahrhafte Suppe für die Armen"[147]. Ihren größten Einsatz verzeichnete die fortan jeden Winter eingerichtete Suppenanstalt während des Hochwassers 1882/83, bei dem in drei Monaten über 44000 Suppen ausgegeben wurden[148]. Später unterstützten die Franziskanerinnen ganzjährig bedürftige Hausarme mit Kleidern, Wäsche und Nahrungsmitteln[149]. Im Jahre 1880/81 wurde im Hof des Annastiftes die St. Josephskapelle bedeutend erweitert[150]. Wenig später wurde im Jahre 1882 das Nachbarhaus Ritterstr. 22 erworben, um dort ein Hospiz und eine Sonntagsschule für Fabrikarbeiterinnen einzurichten[151]. Als Begründung für die besondere Fürsorge an den Fabrikarbeite-

---

[144] Vgl. NHS Regierung Düsseldorf 29419, 25.04.1906; SAD III 2434, 09.02.1906; DT 22.04.1906; Salesius Elsner, Die Ursulinen von St. Salvator nach meist ungedruckten Quellen, Trier 1913, 146 ff.
[145] Vgl. DT 02.04.1910; DT 10.04.1910; DT 12.04.1910.
[146] Vgl. ASD Chronik des St. Anna - Stiftes 1871 - 1959, S. 37; NHS Regierung Düsseldorf 29398, 16.02.1881; DV 21.06.1877.
[147] ASD Chronik des St. Anna - Stiftes 1871 - 1959, S. 37 f.
[148] Vgl. ASD Chronik des St. Anna - Stiftes 1871 - 1959, S. 56 ff; Stadt Düsseldorf. Bericht der Armen - Verwaltung für das Rechnungsjahr 1882/83 enthaltend zugleich einen Bericht des städtischen Hülfskomites für die Überschwemmten, Düsseldorf 1883, 14 und 36 ff; DV 25.01.1884.
[149] Vgl. Adreßbuch der Wohlfahrtseinrichtungen in Düsseldorf. Auf Grund der von der städtischen Armenverwaltung beschafften Unterlagen bearbeitet im städtischen Statistischen Amte, Düsseldorf 1910, 5.
[150] Vgl. ASD Chronik des St. Anna - Stiftes 1871 - 1959, S. 46 ff; DV 27.07.1881.
[151] Vgl. ASD Chronik des St. Anna - Stiftes 1871 - 1959, S. 66 f; DV 04.11.1882; NN, Ein Beitrag zur Lösung der socialen Frage, in: Germania Jg. 13 Nr. 39 (18.02.1883), o. S. (6); DV 25.01.1884.

rinnen nannte das Kuratorium: "Eine sehr schlimme Folge der ganztägigen Beschäftigung ist der Mangel jeglicher Gelegenheit für diese Fabrikarbeiterinnen, sich im Nähen, Bügeln und Kochen, überhaupt in jenen häuslichen Arbeiten auszubilden, welche für die Gründung eines eigenen Haushaltes in ihrer Zukunft unentbehrlich sind. Ihre Unerfahrenheit wird zu einem Unglück für das häusliche Leben der Arbeiter - Bevölkerung. ... Gegen das Einerlei der Beschäftigung von morgens bis abends tritt am Sonntag eine Reaktion des physischen und geistigen Menschen ein; er verlangt nach Ausspannung und Zerstreuung, nach Genuß. Vielfach artet dieses an und für sich berechtigte Verlangen in Ausgelassenheit und unsittlicher Ausschweifung aus. Soll diesen verschiedenartigen Übeln abgeholfen werden, dann muß den Fabrikarbeiterinnen ein Unterricht in den häuslichen Frauen - Arbeiten, eine Anleitung zur Sparsamkeit und Gelegenheit zu geziemendere Erholung geboten werden"[152]. Als die weltliche Vorsteherin des Annastiftes im Jahre 1887 aus dem Dienst ausschied, "übernahm Schwester Benedicta wieder ganz die Leitung des Mägdehauses, was auch glücklich gelang, denn die Schwestern durften ja nun schon wieder freier wirken"[153].

In den Jahren 1907/08 wurden die Räumlichkeiten des Annastiftes zwischen der Ritterstraße und Eiskellerstraße bedeutend vergrößert[154]; im Erweiterungsbau wurde u.a. ein Damenheim "für alleinstehende Fräuleins" eingerichtet und am 24. Oktober 1909 der Pfarrkindergarten von St. Lambertus eröffnet[155].

Franziskanerinnen Flingern I

Ein weiteres Betätigungsfeld eröffnete sich den Schwestern, als am Franziskustag des Jahres 1888 in Flingern das Herz - Jesu Kloster eingeweiht wurde[156]. Ein Expose zur Entwicklung der Niederlassung berichtet, schon lange habe Rektor Jakob Spickernagel beabsichtigt, ein Kloster unter der Leitung von Schwestern aus dem Orden des Hl. Franziskus einzurichten. Da die Mittel zur Ausführung fehlten, "mußte nothwendiger Weise die Wohlthätigkeit gut katholischer Familien in Anspruch genommen werden, welche sich in der Familie Schwann, Oststr. 82 fand"[157]. Damals gehörten zur bekannten Düsseldorfer Verlegerfamilie fünf Brüder und fünf Schwestern, alle unverheiratet, an de-

---

[152] DV 04.02.1886.
[153] ASD Chronik des St. Anna - Stiftes 1871 - 1959, S. 81.
[154] Vgl. ASD Chronik des St. Anna - Stiftes 1871 - 1959, S. 89; ASD Protokolle des Vorstandes des St. Annastiftes 1907 - 1967, 18.02.1907, 16.06.1907, 24.01.1908 und 16.02.1908; DT 18.06.1907; DT 18.02.1908; DT 15.03.1908; Bericht des Vorstandes des St. Annastiftes für das Jahr 1907, Düsseldorf 1908, o. S. (2).
[155] Vgl. ASD Chronik des St. Anna - Stiftes 1871 - 1959, S. 89; PfA Düsseldorf St. Lambertus Akten 24, 24.10.1909; NN, Die Charitasverbände im katholischen Deutschland, in: Jahrbuch des Charitasverbandes für das Geschäftsjahr 2 (1908/1909), 1 - 16, 9.
[156] Vgl. MSF 8 - 066, 04.10.1888; NHS Regierung Düsseldorf 29401, 04.10.1888.
[157] MSF 8 - 066, Bl. 32/1.

ren Spitze Franz Schwann (1815 - 1888) stand[158]. Eine nicht mehr erhaltene Marmortafel im Innern des Hauses gab Auskunft, "zu welchem Zwecke man die Franziskanerinnen aus dem Mutterhause zu Aachen ... ins Auge faßte", warum Verhandlungen mit der Generaloberin Vincentia aufgenommen wurden und "Hochwürdiger Herr Präses Spickernagel am 27. April 1886 von derselben in Aachen die Zusage der Übernahme zur neuen Gründung erhielt, wonach Herr Schwann am 9. Juli 1886 sich bereit erklärte, daß das Kloster ... auf seine und seiner unverheirateten Geschwister Kosten sollte erbaut werden"[159]. Die Grundsteinlegung für das neue Kloster, dessen Bau von Mathias Engels geleitet und Heinrich Florack ausgeführt wurde, erfolgte am 29. März 1887[160]. Erst danach reichte Rektor Jakob Spickernagel zusammen mit etwa 25 Mitunterzeichnern am 17. Juni 1887 beim Berliner Ministerium der geistlichen, Unterrichts- und Medizinal - Angelegenheiten ein "Gesuch ... um Zulassung einer Niederlassung der Franziskanerinnen in einem zu Düsseldorf an der Rethelstraße zu gründenden Kloster für Kranken- und Armenpflege" ein[161]. Nachdem der Minister am 29. September 1887 seine Zustimmung erteilt hatte[162], ging der Bau des Herz - Jesu Klosters an der Rethelstr. 15 (heute Mendelssohnstraße[163]) zügig voran.

Zu Beginn des Jahres 1888 erschienen in der Düsseldorfer Presse verschiedene Aufrufe, die die dringende Notwendigkeit einer sozial - caritativen Einrichtung in Flingern betonten und zur Unterstützung des Vorhabens aufforderten: "Der Bau eines Klosters für Kranken- und Armenpflege in dem nordöstlichen Teile unserer Stadt entsprach einem schon längst empfundenen Bedürfnisse. ... Die Bewohner des nordöstlichen Teiles unserer Stadt werden ... selten in Krankheitsfällen das Glück haben, eine barmherzige Schwester als Krankenpflegerin zu erhalten, weil die Schwestern, welche sich dem Dienste der Kranken in deren Wohnungen widmen (Dienstmägde Christi in der Friedrichstraße und die Schwestern vom hl. Franziskus im St. Anna - Stift) zu weit von jenem Stadtteil entfernt wohnen. ... Was ferner die ambulante Krankenpflege anlangt ..., so dürfte es wohl allgemein bekannt sein, daß in keinem Teile unserer Stadt mehr Armut herrscht, als gerade in Flingern. Einen großen Teil der Bewohner von Flingern bilden die Familien der armen Fabrikarbeiter, welche auf den Fabriken am Grafenberg und in Oberbilk ihren Verdienst suchen. Derselbe ist aber oft so niedrig, daß davon eine zahlreiche Familie nicht leben kann, so daß die öffentliche oder private Wohlthätigkeit eingreifen muß, wenn es diesen armen Familien nicht oft an dem Notwendigsten mangeln soll. Es sieht aber Jeder ein, daß sowohl die öffentliche als auch die private Wohlthätigkeit den Armen nicht die Thätigkeit der Schwestern ersetzen können, welche mit den Armen in näheren Verkehr treten, sie in ihren Wohnungen aufsuchen und dort aus eigener Anschauung das Elend kennen lernen, dort erfahren, woran es am meisten den Ar-

---

[158] Vgl. Hundert Jahre Buchverlag 1821 - 1921 Leonhard Schwann Druckerei und Verlag Düsseldorf, Düsseldorf 1921, 8.
[159] MSF 8 - 066, Bl. 32/2.
[160] Vgl. MSF 8 - 066, Bl. 32/2 f; BSD Bauakte Mendelssohnstr. 15, 07.01.1887.
[161] Vgl. NHS Regierung Düsseldorf 29401, 17.06.1887; SAD III 4722, 17.06.1887. Vgl. auch AEK GVA Düsseldorf überhaupt 30, 15.04.1887.
[162] Vgl. NHS Regierung Düsseldorf 29401, 29.09.1887; SAD III 4722, 29.09.1887; DV 26.11.1887.
[163] Vgl. DV 19.06.1889.

men fehlt. Von dem größten Einflusse ist, wie die Erfahrung bestätigt, dieser Verkehr der Schwestern mit den Armen sehr oft auf die sittliche Hebung der armen Familien. In dem sittlichen Verfall einer Familie hat aber oft die Armut selbst ihre Quelle"[164].

Nach Fertigstellung des Klosters kamen am 23. September 1888 die ersten Franziskanerinnen nach Flingern, um die Einweihung des neuen Hauses (heute Mendelssohnstr. 15) für den 4. Oktober 1888 vorzubereiten[165]. "Am 9. October 1888 besuchten wir", so ein Erinnerungsbericht, "die ersten Kranken, welche sich bald vermehrten, und fingen am 15. October an für dieselben zu kochen"[166]. Erst nach Aufnahme seiner Tätigkeit ging das Herz - Jesu Kloster in den Besitz des Kuratoriums vom St. Annastift über. Verbunden mit der Auflage, die Bewohner der Anstalt sollten für die Angehörigen der Familie Schwann täglich zwei Vater Unser beten und jährlich eine Messe halten, unterzeichnete Margaretha Schwann für ihren verstorbenen Bruder Franz am 11. April 1889 den notariellen Schenkungsvertrag[167].

Bis zur Jahrhundertwende wurde das Herz - Jesu - Kloster neben der ambulanten Krankenpflege[168] um folgende Einrichtungen erweitert: Kochschule für Fabrikarbeiterinnen (1888)[169], Suppenküche (1889)[170], Handarbeitsschule für Fabrikmädchen (1889)[171], Bewahrschule (1896)[172], Bewahrschule Mülheimer Str. 9 (1903)[173], Damenheim (1907)[174]. An Gebäuden und Immobilien kamen neben einer Kapelle (1891)[175] die Häuser Mendelssohnstraße Nr. 13 (1906)[176] und Nr. 11 (1926)[177] hinzu.

---

[164] DV 09.01.1888; DV 13.02.1888.
[165] Vgl. MSF 8 - 066, 04.10.1888; NHS Regierung Düsseldorf 29401, 04.10.1888; SAD III 4722, 04.10.1888; DV 22.08.1888.
[166] MSF 8 - 066, Bl. 10. Vgl. auch SAD III 4722, 14.10.1888.
[167] Vgl. MSF 8 - 066, 11.04.1889. Vgl. auch AEK GVA Düsseldorf überhaupt 22, 17.04.1940; ASD Chronik des St. Anna - Stiftes 1871 - 1959, S. 110; Bericht über das St. Annastift zu Düsseldorf, für das Jahr 1889, Düsseldorf 1890, o. S. (1).
[168] Vgl. DV 18.10.1888.
[169] Vgl. MSF 8 - 066, 23.09.1890; DV 22.08.1888.
[170] Vgl. BSD Bauakte Mendelssohnstr. 15, 05.07.1889; Bericht über das St. Annastift zu Düsseldorf, für das Jahr 1889, Düsseldorf 1890, o. S. (2). Hierzu gehörte später auch die Unterstützung armer Familien durch Kleidung und Essen, Mittagessen und Milch an arme Schulkinder (vgl. MSF 8 - 066, Bl. 32/13; Adreßbuch der Wohlfahrtseinrichtungen in Düsseldorf. Auf Grund der von der städtischen Armenverwaltung beschafften Unterlagen bearbeitet im städtischen Statistischen Amte, Düsseldorf 1910, 6).
[171] Vgl. AEK Gen. 20.17.1, 04.04.1889; MSF 8 - 066, Bl. 32/14.
[172] Vgl. MSF 8 - 066, 19.06.1896; NHS Regierung Düsseldorf 29401, 19.06.1896; SAD III 4722, 19.06.1896. Die Bewahrschule stand von 1888 bis 1896 unter Leitung der Töchter vom Hl. Kreuz aus dem Kloster Christi Hilf (vgl. unten S. 223; NHS Regierung Düsseldorf 29424, 24.04.1889; SAD III 4719, 24.04.1889; Bericht über das St. Annastift zu Düsseldorf, für das Jahr 1889, Düsseldorf 1890, o. S. (2)).
[173] Vgl. SAD III 4722, 23.06.1903; BSD Bauakte Mülheimer Str. 9, 03.04.1903.
[174] Vgl. MSF 8 - 066, 29.04.1907.
[175] Vgl. AEK GVA Düsseldorf überhaupt 30, 12.03.1891; MSF 8 - 066, Bl. 32/15 f; DV 21.12.1891.
[176] Vgl. ASD Protokolle des Vorstandes des St. Annastiftes 1907 - 1967, 19.04.1907; Bericht des Vorstandes des St. Annastiftes für das Jahr 1907, Düsseldorf 1908, o. S. (3).
[177] Vgl. AEK GVA Düsseldorf überhaupt 22, 17.04.1940; ASD Protokolle des Vorstandes des St. Annastiftes 1907 - 1967, 11.11.1926.

Wie im Annastift widmeten die Franziskanerinnen auch im Herz - Jesu Kloster den Dienstmädchen ihre besondere Aufmerksamkeit. Im Saalbau des angrenzenden Josephshauses vom Düsseldorfer Gesellenverein (Birkenstr. 14/Lindenstr. 30) fanden regelmäßig Versammlungen statt[178], "um ordentlichen, weiblichen Dienstboten unter Aufsicht der Ordensschwestern an ihren freien Sonntagnachmittagen eine Zufluchtsstätte zu bieten gegen die großen Gefahren, denen sie dann ausgesetzt sind"[179]. Plakativ hieß es 1888 im Aufruf zur Einrichtung des Herz - Jesu Klosters: "Wer weiß, für wie viele brave und wohlerzogene Mädchen die freien Sonntagnachmittage, an denen sie sich selbst überlassen bleiben, die gefährliche Klippe gewesen sind, an welchen ihre Unschuld und ihr Lebensglück gescheitert ist! Da gingen sie gefährlichen Vergnügungen nach, da knüpften sie mit leichtsinnigen Menschen unerlaubte, frühzeitige Bekanntschaften an, die in ihren unseligen Folgen bei so Vielen die Ursache wurden zu ihrem Unglück für die ganze Zukunft. Wer da glauben sollte, diese Schilderungen seien übertrieben, der möge sich beispielsweise in der besseren Jahreszeit das ungebundene zügellose Treiben in den gewöhnlichen Vergnügungslokalen in der Nähe unserer Stadt, wo so viele weibliche Dienstboten an ihren freien Nachmittagen ihr Vergnügen suchen, in Augenschein nehmen. Dann wird man erkennen, daß in solchen gefährlichen Gelegenheiten die Tugend und gute Sitte eines Mädchen nicht lange Stand halten wird"[180].

Franziskanerinnen Flingern II

Seit dem Jahre 1908 waren die Schwestern vom Herz - Jesu Kloster auch für die Ausübung der ambulanten Krankenpflege und die Leitung einer Bewahrschule in der Pfarrei St. Paulus verantwortlich[181]. Zu diesem Zweck hatte Pfarrer Johannes Wellenberg am 1. Mai 1907 das Grundstück Ahnfeldstr. 142/144 (heute Achenbachstraße) erworben und ließ hier durch die "St. Antonius - Haus GmbH Düsseldorf" eine Schwesternstation errichten[182]. Zur Rechtfertigung seiner ungewöhnlichen Vorgehensweise teilte der Pfarrer von St. Paulus dem Kölner Generalvikariat am 16. April 1908 mit, dass die Gemeinde vor kurzem "für den Bau eines Pfarrhauses und einer Küsterwohnung zu sorgen hatte und demnächst den Kirchenbau in Angriff zu nehmen gedenkt". Um die Pfarrei mit der Gründung einer klösterlichen Niederlassung nicht noch mehr zu belasten, wurde "der private und aussichtsreichere Weg zur Gründung einer Gesellschaft mit beschränkter Haftung gewählt"[183]. Da das Generalvikariat fürchtete, "zwei Niederlassungen in so naher Nachbarschaft würden sich gegenseitig Konkurrenz machen", durften die Aachener Franziskanerinnen im Antoniushaus keine eigene Niederlassung einrichten. Stattdessen wurde der Orden am 19. Juni 1908 aufgefordert, die Zahl der Schwestern im Herz - Jesu

---

[178] Vgl. DV 22.08.1888.
[179] DV 09.01.1888.
[180] DV 09.01.1888.
[181] Vgl. MSF 8 - 066, Bl. 34 ff.
[182] Vgl. MSF 8 - 066, 09.05.1907; SAD III 18398, 23.07.1911.
[183] AEK GVA Düsseldorf St. Paulus 4, 16.04.1908.

Kloster zu vermehren, "um die Hauptzwecke der geplanten Niederlassung in der Pfarre St. Paul zu erfüllen"[184].

Franziskanerinnen Stoffeln

Kurz nach Fertigstellung des Herz - Jesu - Klosters nahm die Stadtverwaltung den Bau eines neuen Pflegehauses in Angriff. Unter welchen unzureichenden Bedingungen die Armen Schwestern vom Hl. Franziskus ihren Dienst in der bisherigen Anstalt neben dem Hubertusstift leisteten, verdeutlicht der Bericht der städtischen Armenverwaltung der Jahre 1885/86: "In dem Pflegehaus an der Neußer Straße waren 1885/86 155 Männer, 205 Frauen und 78 Kinder, in Summa also 438 Personen untergebracht. Am Schlusse des Jahres war ein Bestand von 331 Pfleglingen zu verzeichnen. Das Verwaltungspersonal besteht aus 20 Ordensschwestern, 8 Dienstboten und 1 Bäcker. Den Ordensschwestern gebührt für die liebevolle und hingebende Pflege und Wartung der zum größten Teil altersschwachen und siechen Insassen, zumal in Anbetracht der gesteigerten Frequenz des Hauses, die höchste Anerkennung. Des wärmsten Dankes der Verwaltung dürfen sie sich versichert halten. Nur ungern vermissen wir in dem Berichte die Hervorhebung, wie absolut notwendig für dieses Institut die Errichtung eines neuen, größeren Hauses ist. Wenn man die unzureichenden Räumlichkeiten des jetzigen Gebäudes in Betracht zieht, so erscheint es kaum glaublich, wie eine so große Menschenzahl in demselben untergebracht werden kann. Die meisten der Pfleglinge müssen fast durchweg ihr Bett hüten, es gibt aber auch solche unter ihnen, die aufstehen, herumgehen und schließlich noch ihr Pfeifchen rauchen können. Für diese gibt es jetzt absolut keinen Raum, wo sie sich tagsüber aufhalten können, das Schlafzimmer ausgenommen. Ist nun eine Unterbringung einer großen Zahl von Leuten in kleinen Räumen schon an und für sich wenig im Interesse der Gesundheit, so wird der Umstand dadurch, daß die Zimmer unausgesetzt besetzt sind und sozusagen gar keine Gelegenheit zum ausgiebigen Lüften vorhanden ist, noch weit bedenklicher". Hoffnungsvoll schloss der Bericht mit dem Hinweis: "Das Pflegehaus besitzt selbst ein schönes, großes und entsprechendes Grundstück. Es bleibt zu erwarten und zu hoffen, daß seitens der Armenverwaltung in Bälde der Antrag eingebracht wird, auf diesem ein den Bedürfnissen des Pflegehauses wirklich genügendes Anstaltsgebäude zu errichten"[185].

Tatsächlich fasste die Armendeputation und das Kuratorium für die städtischen Verpflegungshäuser am 2. Dezember 1886 den Beschluss, an der Himmelgeister Str. 152 eine neue Anstalt für 500 Pfleglinge und für das erforderliche Verwaltungs-, Warte- und Dienstpersonal zu errichten[186]. Gleichzeitig wurde vereinbart, die bisherigen städtischen

---

[184] AEK GVA Düsseldorf St. Paulus 4, 19.06.1908.
[185] Zitiert nach August Schönherr, Das Düsseldorfer Pflegehaus und seine Geschichte. Ein Beitrag zur Düsseldorfer Heimatgeschichte, Düsseldorf 1927, 22.
[186] Vgl. Düsseldorf im Jahre 1898. Festschrift den Theilnehmern an der 70. Versammlung deutscher Naturforscher und Ärzte, Düsseldorf 1898, 185 ff; August Schönherr, Das Düsseldorfer Pflegehaus und seine Geschichte. Ein Beitrag zur Düsseldorfer Heimatgeschichte, Düsseldorf 1927, 22 ff.

3. Franziskanerinnen Pempelfort

Pflegehäuser Neusser Str. 23, 27, 29 und 51, Derendorfer Str. 26 und Ratinger Str. 11/13 zu räumen und neuen Verwendungszwecken zuzuführen[187].

Am 21. Juni 1890 wurde für das neue Pflegehaus an der Himmelgeister Straße der Grundstein gelegt[188]; am 14. Juli 1892 konnte die Anstalt eingeweiht und von 400 Pfleglingen und 30 Franziskanerinnen bezogen werden[189]. Neben der Betreuung von alten Menschen und Invaliden widmeten sich die Schwestern auch der ambulanten Krankenpflege in der näheren Umgebung[190].

Franziskanerinnen Pempelfort

Bauliche Veränderungen gab es auch im Marienhospital, wo die Armen Schwestern vom heiligen Franziskus seit der Eröffnung im Jahre 1871 für die Pflege der Kranken verantwortlich waren[191]. Nach einer Beschreibung aus dem Jahre 1874 war das zweigeschossige Hauptgebäude des Hospitals, zu dessen Haupteingang an der Sternstr. 91 man durch einen weitläufigen Garten gelangte, im gotischen Rohbaustil ausgeführt. Die Küche lag im Mittelbau hinter dem Haupthaus; darüber befanden sich Zellen für 24 Ordensschwestern. Die Säle und Zimmer der Kranken lagen nach Süden, Osten und Westen, die Korridore, Apotheke, Operationssaal und Toiletten nach Norden, im Untergeschoss befanden sich acht Räume für Krätzkranke und sieben Räume für "Irre". Das Erdgeschoss enthielt mehrere große Säle und zwölf Zimmer für Kranke sowie im rechten Flügel eine provisorische Hauskapelle, die der Mutter vom guten Rat geweiht war. Der erste Stock umfasste acht große Säle, 14 Krankenzimmer und den Operationssaal, das zweite Stockwerk für unheilbar Kranke neun Säle und 14 Zimmer[192].

Am 2. Januar 1880 beschloss der Verwaltungsrat des Marienhospitals den Bau einer Krankenhauskapelle, die nach Entwürfen von Caspar Clemens Pickel und August Rincklake ausgeführt wurde[193]. Nach der Grundsteinlegung am 28. Mai 1880[194] konnte

---

[187] Vgl. August Schönherr, Das Düsseldorfer Pflegehaus und seine Geschichte. Ein Beitrag zur Düsseldorfer Heimatgeschichte, Düsseldorf 1927, 24.
[188] Vgl. DV 23.06.1890. Vgl. dazu SAD III 10868, Bl. 1 ff; SAD Karte 2415 bis 2435.
[189] Vgl. GA 15.07.1892; Ludwig Moraht, Bericht betreffend die Besichtigung von Anstalten der geschlossenen Armenpflege in Rostock, Lübeck, Halle a. S., Frankfurt, Mainz, Wiesbaden und Düsseldorf, Hamburg 1898, 14 ff; Düsseldorf und seine Bauten. Herausgegeben vom Architekten- und Ingenieur - Verein zu Düsseldorf, Düsseldorf 1904, 247 ff.
[190] Vgl. Max Brandts, Allgemeine Kranken- und Pflegehäuser, in: Arbeiterwohl Jg. 15 Nr. 1/2 (Januar/Februar 1895), 99 - 134, 125.
[191] Vgl. MSF 8 - 066, Nr. 1.
[192] Vgl. MSF 8 - 062, Chronik Marienhospital Bd. 1, S. 18; Das Marien - Hospital zu Düsseldorf. Bericht des Vorstandes für die Jahre 1864 - 1873, Düsseldorf 1874, 28 ff; Ludwig Sträter, Das Marienhospital, in: Wilhelm Simonis, Düsseldorf im Jahre 1898. Festschrift den Theilnehmern an der 70. Versammlung deutscher Naturforscher und Ärzte, Düsseldorf 1898, 205 - 207, 205 ff; Düsseldorf und seine Bauten. Herausgegeben vom Architekten- und Ingenieur - Verein zu Düsseldorf, Düsseldorf 1904, 249 ff.
[193] Vgl. PfA Derendorf Hl. Dreifaltigkeit 589, S. 1092 f.

der westlich an das Hauptgebäude anstoßende Kapellenbau am 31. Mai 1881 eingeweiht werden[195].

Nach der Jahrhundertwende wurde am Marienhospital ein großzügiges Ausbauprogramm durchgeführt, das nach Plänen des Architekten Caspar Clemens Pickel realisiert wurde und in zweijähriger Bauzeit bis zur Einweihung am 16. April 1912 über 250000 Mark verschlang[196]. Das Düsseldorfer Tageblatt vom 5. März 1913 bemerkte dazu: "Die Anstalt ist durch diese Bauten in die vorderste Reihe der hiesigen Krankenhäuser gestellt, was Berücksichtigung der neuzeitlichen Forderungen nach Einrichtung für Chirurgie, Asepsis, Hygiene, Therapie und Komfort anlangt"[197]. Im Frühjahr 1914 folgte ein Ausbau der Klausur und der Wirtschaftsräume des mittlerweile auf 411 Betten erweiterten Marienhospitals[198].

Franziskanerinnen Kaiserswerth

Wiederholt erweitert wurde auch das unter Leitung der Franziskanerinnen stehende Marienkrankenhaus in Kaiserswerth. Am 21. Januar 1880 erwarb der Kirchenvorstand das Hintergebäude des Anstreichers Laurenz Apel (heute Kaiserswerther Markt 21) und richtete hier eine Isolierstation für Infektionskranke ein[199]. Im folgenden Jahr veräußerte Josef Hubert Berntgen sein Anwesen ("Langels Haus") an das benachbarte Krankenhaus, wodurch das Kaiserswerther Spital über einen "Thorweg" direkten Zugang zur Düsseldorfer Straße (heute An St. Swidbert 17) erhielt[200]. Nahe diesem Torweg wurde im Jahre 1888 ein neues Leichenhaus gebaut[201]. Etwas abseits vom Hauptgebäude des Marienkrankenhauses lag nördlich der Pfarrkirche das strengsche Haus (heute Suitbertus - Stiftsplatz 11), das 1884 von Pfarrer Aloys Dauzenberg angekauft wurde. Später unter dem Namen "Marienstift" bekannt, diente es zur Aufnahme von Pensionärinnen, die "sich dort gegen Vergütung einmiethen, oder auch gegen einmalige Zahlung für ihr Leben einkaufen" konnten[202]. Damit war der von Pfarrer Aloys Dauzenberg angestrebte

---

[194] Vgl. MSF 8 - 062, Chronik Marienhospital Bd. 1, S. 39; DV 24.03.1880; DV 25.05.1880; DV 01.06.1880.

[195] Vgl. PfA Derendorf Hl. Dreifaltigkeit 589, S. 1093; PfA Derendorf Hl. Dreifaltigkeit 774, S. 891 f; SAD NL 15 Karl Leopold Strauven 2/295, 31.05.1881.

[196] Vgl. SAD III 18413, 16.04.1912; DT 17.04.1912; Bericht des Marien - Hospitals zu Düsseldorf über das Jahr 1911 und über die am 16. April 1912 eingeweihten Neubauten, Düsseldorf 1912, 3 ff; Berthold Bockholt, Festschrift zur Feier des 50 jährigen Bestehens des Marienhospitals in Düsseldorf, Düsseldorf 1922, 26 ff; Horst Schmitges, Caspar Clemens Pickel 1847 - 1939. Beiträge zum Kirchenbau des 19. Jahrhunderts, München 1971, 126.

[197] DT 05.03.1913.

[198] Vgl. DT 05.03.1913; Franz Kudlek, Marienhospital, Sternstraße 91, in: Arthur Schloßmann, Die Düsseldorfer Kranken-, Heil- und Pflegeanstalten, Düsseldorf 1926, 201 - 213, 201 f; DN 02.10.1932.

[199] Vgl. MSF 8 - 070, S. 73; PfA Kaiserswerth St. Suitbertus Akten 1573, S. 194 und 446; PfA Kaiserswerth St. Suitbertus Akten 1637, 21.01.1880.

[200] Vgl. MSF 8 - 070, S. 74; PfA Kaiserswerth St. Suitbertus Akten 1573, S. 446.

[201] Vgl. MSF 8 - 070, S. 84.

[202] MSF 8 - 070, S. 78 f.

3. Franziskanerinnen Kaiserswerth

Zweck, "die katholischen Kranken aus dem Diaconissen - Krankenhause fern zu halten", vollständig erreicht. "Das Marien - Krankenhaus mit seinem ganzen An- und Zubehör", so der Kaiserswerther Pfarrer 1887, "ist nunmehr im Stande gewesen 220 bis 250 Kranke resp. Pfleglinge aufzunehmen; den in den verschiedenen Stationen wirkenden 22 Schwestern stehen circa 20 Dienstleute helfend zur Seite"[203]. Gleichwohl expandierte die Krankenanstalt von Jahr zu Jahr weiter. 1887 wurde von Fürst Alfred von Hatzfeld der Fronhof an der Düsseldorfer Straße (heute An St. Swidbert 18) erworben und als Ökonomie des Klosters eingerichtet[204]. Zwei Jahre später gelang es, am Rhein gegenüber dem Zollhaus die Häuser von Edmund Fabritius (heute Kaiserswerther Markt 1) und der Witwe Zimmermann (heute Kaiserswerther Markt 3) zu erwerben[205]. Das Zimmermannsche Haus "kostete 2550 Mark, wurde niedergelegt und ein Neubau auf dem Grund und Boden errichtet"; das fabritische Haus "kostete 9000 Mark, wurde im Innern ganz neu hergestellt und von Außen gründlich restauriert"[206]. Wie im angrenzenden strengschen Haus am Stiftsplatz fanden Rekonvaleszente und Eingekaufte in beiden neuen Objekten ihren Platz; folgerichtig wurde für das Kleinod "mit herrlicher Fronte nach dem Rhein hin" später die Bezeichnung "Marienstift II" gebräuchlich[207]. Der Neubau des Kaiserswerther Rathauses (heute Kaiserswerther Markt 23) gab 1891 den Anstoß, das benachbarte Haus St. Anna "nach Außen etwas zu verbessern". Pfarrer Aloys Dauzenberg "ließ ein zweites Stock aufbauen, im Innern die Treppe verlegen, den Giebel nach dem Garten hin ganz abreißen und neu aufbauen. Nach dem Markte hin kam eine neue Hausthüre, auch wurde eine neue Steintreppe gelegt"[208]. Im Jahre 1895 wurde die Kleinkinderbewahrschule am Marienkrankenhaus, die am 16. Dezember 1876 von den Franziskanerinnen aufgegeben werden musste[209], wieder eröffnet[210]. Hierzu musste das "Langensche Haus" an der Düsseldorfer Straße niedergelegt und 1894 an gleicher Stelle unter Einbeziehung des Torweges ein Neubau errichtet werden, dessen gotischer Giebel als "Zierde der Stadt" galt[211]. Zur Entlastung des Männerpflegehauses wurde 1899 im Klostergarten das Antoniushaus errichtet[212], das auch als Genesungs-

---

[203] PfA Kaiserswerth St. Suitbertus Akten 1392, 12.10.1887. Vgl. auch NHS Regierung Düsseldorf 54512, 16.12.1872.
[204] Vgl. PfA Kaiserswerth St. Suitbertus Akten 1392, 12.10.1887; PfA Kaiserswerth St. Suitbertus Akten 1573, S. 447; PfA Kaiserswerth St. Suitbertus Akten 1622, 26.05.1887.
[205] Vgl. PfA Kaiserswerth St. Suitbertus Akten 1573, S. 447; NHS Regierung Düsseldorf 54512, 06.06.1890 und 01.08.1890; DT 28.03.1928.
[206] PfA Kaiserswerth St. Suitbertus Akten 1573, S. 447.
[207] Vgl. MSF 8 - 070, S. 85 f.
[208] MSF 8 - 070, S. 87.
[209] Vgl. NHS Regierung Düsseldorf 20151, 20.12.1876; DV 22.12.1876.
[210] Vgl. NHS Regierung Düsseldorf 29443, 21.05.1895 und 09.09.1895.
[211] Vgl. PfA Kaiserswerth St. Suitbertus Akten 1573, S. 191 und 446.
[212] Vgl. PfA Kaiserswerth St. Suitbertus Akten 1426, Bl. 1 ff; PfA Kaiserswerth St. Suitbertus Akten 1427, Bl. 1 ff; NHS Regierung Düsseldorf 54512, 30.10.1895, 07.09.1897 und 17.02.1899; NHS Landrat Düsseldorf 155, Bl. 15 ff und 79; DT 24.12.1907; DT 28.03.1928.

heim und Lungenstation diente[213]. Nach der Jahrhundertwende wurde das Apelsche Haus abgerissen und 1902 durch ein neues Isolierhaus ("Villa Jutta") ersetzt[214].

Auch nach dem Tod von Pfarrer Aloys Dauzenberg am 22. Dezember 1907 ließ die Bautätigkeit nicht nach. Hinter dem Wimmerschen Haus am Kaiserswerther Markt lag das Grundstück des Schmiedemeisters Peter Josef Eisen. "Derselbe kaufte sich bei uns ein und schenkte dem Hause sein Eigentum mit dem Wunsche, ein Kinderhaus dort zu bauen"[215]. Dem Wunsch des Stifters entsprechend wurde unter Einbeziehung des Wimmerschen Hauses neben dem Pflegehaus St. Anna ein neues Waisenhaus (heute Kaiserswerther Markt 27) errichtet, dessen Grundsteinlegung am 2. August 1909 erfolgt war. Da der dreigeschossige Neubau am Michaelstag des folgenden Jahres eingeweiht wurde, erhielt das Kinderheim den Namen "Haus St. Michael". Das Waisenhaus bot Platz zur Aufnahme von 25 Säuglingen und Kleinkindern sowie 70 bis 80 Schulkindern[216]. Aus Raumnot mussten im Jahre 1909 vorübergehend einige Zimmer im Hause der Geschwister Gimborn (heute Suitbertus - Stiftsplatz 14) angemietet werden[217]. "Eine große Sorge und viele Missstände" bereitete den Schwestern zur gleichen Zeit der Garten von Theodor Borgs, der zwischen Haupthaus und St. Antonius lag. "Alle Kaufangebote von unserer Seite hat er bis jetzt abgeschlagen"[218]. Nach längerem Zögern erklärten sich die Erben Borgs jedoch am 17. Juni 1909 zum Verkauf bereit und überließen dem Krankenhaus zum Preis von 30000 Mark ein Gartengrundstück (heute Krankenhauspark) nebst Haus (heute Suitbertus - Stiftsplatz 18)[219]. Im Jahre 1912 wurde das Leichenhaus hinter der Bewahrschule am Torweg zur Düsseldorfer Straße durch einen Neubau mit Kapelle ersetzt[220].

Franziskanerinnen Hamm

Rund 40 Jahre nach dem Auszug der Armen Dienstmägde aus Hamm[221] nahmen sich in der Pfarrei St. Blasius wieder Ordensschwestern der Fürsorge von Jugendlichen und Kranken an[222]. Am 12. August 1911 bezogen vier Franziskanerinnen die alte Hammer

---

[213] Vgl. Heinrich Zitzen, Vom Werden des St. - Marien - Krankenhauses in Kaiserswerth, in: Katholischer Kirchenkalender 1930 für die katholische Pfarrgemeinde Kaiserswerth, Essen 1929, 23 - 29, 25.
[214] Vgl. PfA Kaiserswerth St. Suitbertus Akten 1573, S. 194.
[215] MSF 8 - 070, S. 107. Vgl. auch PfA Kaiserswerth St. Suitbertus Akten 1510, Bl. 1 ff.
[216] Vgl. MSF 8 - 070, S. 109 f; PfA Kaiserswerth St. Suitbertus Akten 1428 bis 1440; BSD Bauakte Suitbertus - Stiftsplatz 15, 15.05.1909 und 22.05.1909.
[217] Vgl. MSF 8 - 070, S. 108.
[218] MSF 8 - 070, S. 107 f.
[219] Vgl. MSF 8 - 070, S. 108; PfA Kaiserswerth St. Suitbertus Akten 1442, Bl. 36 ff; PfA Kaiserswerth St. Suitbertus Akten 1573, S. 176; WZ 20.08.2002.
[220] Vgl. MSF 8 - 070, S. 111; PfA Kaiserswerth St. Suitbertus Akten 1441, 20.06.1912; PfA Kaiserswerth St. Suitbertus Akten 1442, Bl. 1 ff; BSD Bauakte Suitbertus - Stiftsplatz 15, 12.10.1912.
[221] Vgl. DV 19.07.1873; DV 23.07.1873.
[222] Vgl. AEK GVA Düsseldorf überhaupt 73, 14.04.1909 und 28.01.1910.

3. Barmherzige Brüder

Vikarie (heute Florens Str. 28)[223] und übernahmen die Ausübung der ambulanten Kranken- und Armenpflege, die Leitung einer Näh- und Haushaltungsschule sowie eines Notburgavereins für Dienstmädchen[224]. Wenige Monate später erfolgte am 23. März 1912[225] auf dem Grundstück des niedergelegten leuchtenschen Haus (heute Hammer Dorfstr. 121) der erste Spatenstich für ein neues von Joseph Kleesattel entworfenes Klostergebäude[226]. Die in unmittelbarer Nachbarschaft zur Pfarrkirche gelegene Niederlassung konnte noch im gleichen Jahr fertig gestellt und am 17. November 1912 eingeweiht werden[227]. Bemerkenswert ist, dass das Josephskloster in Hamm als "Samariterstation für erste Hülfe bei Unglücksfällen im Hafen" galt[228].

Barmherzige Brüder

Die einzige männliche Kongregation, die in Düsseldorf der Armen- und Krankenpflege nachging, waren die Barmherzigen Brüder aus dem Mutterhaus Montabaur. Zwar richtete der Orden erst im Jahre 1887 eine feste Niederlassung ein, doch reicht seine Tätigkeit in der Stadt bis in die Zeit des deutsch - französischen Krieges zurück.

Schon im Jahre 1870 pflegten Barmherzige Brüder aus Montabaur auf besonderes Ersuchen in einzelnen Fällen männliche Kranke in Düsseldorf. Mehrfach erbat der praktische Arzt Dr. Hermann Josephson in der Folgezeit für seine Patienten Brüder aus dem weit entfernten Bistum Limburg[229]. Als das Bedürfnis nach zuverlässiger Krankenpflege für Männer immer dringender wurde, sprachen "interessierte Kreise" den Wunsch nach einer festen Niederlassung der Genossenschaft in Düsseldorf aus[230]. Nachdem das Berliner Kultusministerium am 21. März 1887 die Genehmigung zur Eröffnung eines Klosters erteilt hatte[231], bezogen am 26. April 1887 vier Brüder "sehr beschränkte Räume auf der zweiten Etage eines vielbewohnten Hauses des östlichen Stadtteils" (Klosterstr. 79)[232]. Ihre von hier aus seit dem 1. Mai 1887 "ohne Unterschied der Krankheit und der Konfession" geleistete Fürsorgetätigkeit fand schnell "bis in die entlegens-

---

[223] Vgl. AEK GVA Düsseldorf überhaupt 73, 29.07.1911; DT 05.05.1911.
[224] Vgl. MSF 8 - 058 Hamm, 12.08.1911; MSF 8 - 058 Hamm, Bl. 14 f; MSF 8 - 068, o. S (3); DT 08.01.1911; Johannes Schmitz, Kunde von Hamm. Festschrift zur Einweihung der neuen Kirche, Düsseldorf 1911, 24.
[225] Vgl. DT 23.03.1912.
[226] Vgl. PfA Hamm St. Blasius Akte "Josefskloster Neubau 1911 - 1945", Bl. 1 ff; DT 24.03.1912.
[227] Vgl. MSF 8 - 068, o. S (6); DT 06.10.1912; DT 16.11.1912; DT 18.11.1912.
[228] Vgl. MSF 8 - 058 Hamm, 28.04.1909; NHS Regierung Düsseldorf 29405, 26.04.1910; SAD III 4746, 06.12.1910.
[229] Vgl. NHS Regierung Düsseldorf 29414, 27.12.1886.
[230] Vgl. AEK GVA Düsseldorf überhaupt 23, 09.03.1885; NHS Regierung Düsseldorf 29414, 27.12.1886.
[231] Vgl. NHS Regierung Düsseldorf 29414, 21.03.1887.
[232] GA 09.06.1891. Vgl. auch NHS Regierung Düsseldorf 29414, 21.03.1887; SAD III 4724, 26.04.1887, 02.05.1887 und 05.05.1887.

ten Teile der Stadt" Anerkennung[233]: "Wo immer die häusliche Pflege bei einem Kranken nicht ausreicht und eine kundige Hülfe wünschenswert ist, sind sie zur Stelle, bei Reich und Arm, Vornehm und Gering, ohne Unterschied der Konfession, immer gleich opferbereit, freundlich und liebenswürdig"[234]. Am 30. April 1888 übersiedelte die Genossenschaft mit 10 Brüdern in ein geräumigeres Haus am Hafenwall (Reuterkaserne 2)[235]. Erst nach Erwerb des 1285 qm großen Grundstücks Talstr. 104 im Herbst 1891 war die Kongregation in der Lage[236], ein eigenes Kloster mit Kapelle nach Plänen des Architekten Wilhelm Sültenfuß zu errichten[237], das am 20. März 1893 eingeweiht und bezogen werden konnte[238]. Das Haus, so das Düsseldorfer Volksblatt vom 19. März 1893, "ist außerordentlich zweckdienlich eingerichtet und gewährt seinen frommen Bewohnern, alle diejenigen Bequemlichkeiten, deren sie nicht wohl entbehren können, sollen anders ihre geistigen und körperlichen Kräfte die unumgänglich notwendige Stärkung und Erfrischung erhalten zur freudigen Ausübung ihrer dem Wohle der leidenden Menschheit gewidmeten Tätigkeit"[239].

Schwestern vom Armen Kinde Jesu Derendorf

Als die Barmherzigen Brüder aus Montabaur Ende der achtziger Jahre in Düsseldorf endgültig Fuß fassten, hatten die Orden in der Stadt die Kulturkampfeinschränkungen nahezu überwunden. Defizite gab es noch bei der Betreuung von katholischen Waisenmädchen, die seit Auflösung des Derendorfer Klosters "Zum Armen Kinde Jesu" im Jahre 1877 in den Händen verschiedener Pflegeeltern lag[240].

Ein von April bis November 1878 durchgeführter Versuch, in Räumen des ehemaligen Ursulinenklosters weibliche Waisen gemeinsam zu pflegen und zu erziehen, scheiterte an der Kostenfrage. Die vom Mädchenwaisenverein in Obhut genommenen Kinder wurden wieder in private Pflege gegeben, bis im Frühjahr 1880 erneut beschlossen wurde, ein Waisenmädchenhaus einzurichten und hierzu das leer stehende Pastorat in Derendorf (Becherstr. 17) anzupachten[241]. Unter dem 15. Mai 1880 überließ der Kir-

---

[233] Vgl. DV 28.04.1887; DV 10.05.1887; NN, Düsseldorf, in: Katholisches Missionsblatt Jg. 36 Nr. 20 (15.05.1887), 316; DV 28.07.1887.
[234] GA 09.06.1891.
[235] Vgl. DV 30.04.1888.
[236] Vgl. DV 02.10.1891; RP 18.04.1962.
[237] Vgl. NHS Regierung Düsseldorf 29414, 06.02.1893; SAD IV 7244, 27.02.1892 und 28.06.1892.
[238] Vgl. DV 09.03.1893; DV 19.03.1893; DV 21.03.1893.
[239] DV 19.03.1893.
[240] Vgl. oben S. 184.
[241] Vgl. Geschichtliche Nachrichten über Ursprung und Entwickelung des Vereins für Pflege und Erziehung armer katholischer Waisenmädchen zu Düsseldorf, nebst den Statuten und einigen Erörterungen über das Amt einer Aufseherin und die Hausordnung in der Pflegeanstalt, Düsseldorf 1880, 8.

chenvorstand der Dreifaltigkeitspfarre dem Waisenverein gegen einen geringen Mietzins von jährlich 447 Reichsmark das alte Pfarrhaus, in dem etwa 30 Kinder Platz fanden[242].

Unterdessen wurde das verwaiste Klostergut im Winkelsfeld vom königlichen Klosterkommissar gewinnbringend verwaltet. Auf dem weitläufigen Terrain mit seinen großzügigen Bauten waren neben Unterrichtsräumen der Derendorfer Elementarschule[243] zeitweise 34 Haushaltungen untergebracht[244]; eine 1886 vom städtischen Latrinenreiniger Robert Ploum eingerichtete Bier- und Milchwirtschaft sowie ein Bootsverleih am Fischweiher lockte zahlreiche Ausflügler zur heutigen Prinz - Georg - Straße[245].

Zu den Mietern gehörte auch der katholische Mädchenwaisenverein, der am 21. Juli 1886 vom Erzbischöflichen Stuhl einen Teil seines ihm selbst zur Waisenpflege überlassenen Gutes pachtete[246]. Nachdem das alte Derendorfer Waisenhaus am 1. August 1886 von etwa 40 Schützlingen bezogen wurde[247], entstand bald der Wunsch, die Leitung der Anstalt wieder in Hände von Ordensschwestern zu legen[248]. Daher sprach der Vorstand des Waisevereins am 18. Juni 1888 beim Kölner Generalvikariat die Bitte aus, die Simpelvelder Schwestern vom Armen Kinde Jesu zur Rückkehr nach Düsseldorf bewegen zu dürfen[249].

Bereits am 26. Dezember 1888 gestattete das Ministerium der geistlichen, Unterrichts- und Medizinal - Angelegenheiten der Genossenschaft die Wiederherstellung der Derendorfer Niederlassung "zum Zwecke der Übernahme der Pflege und Leitung in einer Erziehungs- und Pflegeanstalt für Waisenmädchen, sowie der Pflege und Unterweisung von Kindern, welche sich noch nicht im schulpflichtigen Alter befinden, in einer Kleinkinder - Bewahrschule"[250]. Ende Februar 1889 trafen die ersten Schwestern vom Armen Kinde Jesu in Düsseldorf ein, um die Neueröffnung des Klosters "Zum Armen Kinde Jesu" für den 25. März 1889 vorzubereiten[251]. Neben der Leitung des Mädchenwaisenhauses und der Bewahrschule richteten die Schwestern im Kloster in der Folgezeit eine Haushaltungsschule (1893)[252] und eine Handarbeitsschule (1897)[253] ein. Nach

---

[242] Vgl. AEK GVA Düsseldorf überhaupt 27.3, 11.03.1886; Wilhelm Herchenbach, Der Düsseldorfer Waisenmädchenverein und sein Pflege- und Erziehungshaus in Derendorf, in: Düsseldorfer Sonntags - Bote. Gratis - Beilage zum Düsseldorfer Merkur Jg. 2 Nr. 5 (30.01.1881), o. S. (4); Stadt Düsseldorf. Bericht der Armen - Verwaltung für das Rechnungsjahr 1881/82, Düsseldorf 1882, 14.
[243] Vgl. Bericht über die Verwaltung und den Stand der Gemeinde - Angelegenheiten für das Rechnungsjahr vom 1. April 1882 bis 31. März 1883, Düsseldorf 1883, 70.
[244] Vgl. Adreß - Buch der Oberbürgermeisterei Düsseldorf für 1884. Nach amtlichen Quellen (zusammengestellt und berichtigt bis zum 1. November 1883), Düsseldorf 1883, 13.
[245] Vgl. AEK GVA Düsseldorf überhaupt 27.1, 1878; AEK GVA Düsseldorf überhaupt 27.3, 11.03.1886, 21.07.1886, 18.06.1888 und 23.11.1888; DV 14.04.1878; DT 07.08.1906; DT 24.03.1929; Georg Spickhoff, Das Klostergut im Winkelsfeld, in: Jan Wellem Jg. 5 Nr. 2 (Februar 1930), 49 - 50, 50.
[246] Vgl. AEK GVA Düsseldorf überhaupt 27.3, 21.07.1886; DV 27.08.1886; DV 25.10.1886.
[247] Vgl. AEK GVA Düsseldorf überhaupt 27.3, 21.07.1886.
[248] Vgl. AEK GVA Düsseldorf überhaupt 27.3, 18.06.1888 und 22.06.1888; DV 08.01.1889.
[249] Vgl. AEK GVA Düsseldorf überhaupt 27.3, 18.06.1888.
[250] NHS Regierung Düsseldorf 29408, 26.12.1888.
[251] Vgl. NN, Ein Doppeljubiläum der Schwestern vom armen Kinde Jesu und der St. Anna - Schule in Düsseldorf, in: Katholische Kirchenzeitung (Düsseldorf) Jg. 2 Nr. 34 (22.11.1925), 279 - 281, 280 f.
[252] Vgl. NHS Regierung Düsseldorf 29408, 08.07.1893.

mehreren abschlägig entschiedenen Antragsverfahren[254] erteilte das Berliner Kultusministerium der Kongregation am 9. Mai 1899 die Erlaubnis zur Errichtung einer höheren katholischen Mädchenschule[255], die am 26. April 1900 mit 5 Klassen und 100 Schülerinnen im Kloster ihren Unterrichtsbetrieb aufnahm[256]. Mit Beginn des Schuljahres 1901/02 wurde auf dem Klostergelände ein neues Schulhaus fertig gestellt, in dem auch die Handarbeits- und die Bewahrschule Platz fanden[257]. Außerhalb des Annaklosters leiteten die Schwestern seit dem 13. Juni 1906 im Hause Schlossstr. 99 (heute Barbarastr. 11) einen Kinderhort[258]. Die am 9. Juli 1909 als Lyzeum anerkannte Mädchenschule[259] wurde im Jahre 1913 um einen Anbau (Prinz - Georg - Str. 2) erweitert; im gleichen Jahr wurde an der Anstalt ein Pensionat für auswärtige Schülerinnen eröffnet[260].

Das Kloster an der Annastraße war nach Einführung der Sonntagsruhe im Jahre 1891 Versammlungsort der Düsseldorfer Gehilfinnen im Handelsgewerbe. Angeregt durch Kaplan Hermann - Josef Schmitz[261] wurde in der Stadt am 6. August 1893 ein "Verein für katholische Ladengehilfinnen" ins Leben gerufen, "um den alleinstehenden Gehilfinnen, welche keine passende Erholung in der Familie, im elterlichen Hause oder im Hause des Ladenbesitzers finden, eine Gelegenheit zu nützlicher und passender Verbringung des freien Nachmittags im Kreise gleichgesinnter Genossinnen zu schaffen"[262]. Für die gesellige Vereinigung der Gehilfinnen stellten die Schwestern vom Armen Kinde die Räumlichkeiten und den Garten des Derendorfer Klosters für "weite Spaziergänge und frohe Spiele" zur Verfügung[263].

Schwestern vom Armen Kinde Jesu Oberbilk

Etwa zeitgleich mit dem Vorstand des Mädchenwaisenvereins befasste sich auch das Kuratorium des Katholischen Knabenwaisenhauses mit einer Rückberufung der Schwestern vom Armen Kinde Jesu nach Oberbilk[264]. Die Leitung der Waisenanstalt auf dem Neuhoff Gut lag seit dem erzwungenen Fortgang der Ordensgenossenschaft im

---

[253] Vgl. AEK GVA Düsseldorf überhaupt 27.4, 04.09.1897; SAD III 2417, 19.11.1897.
[254] Vgl. AEK GVA Düsseldorf überhaupt 27.4, 16.12.1896 und 16.01.1897; NHS Regierung Düsseldorf 29408, 07.05.1894, 01.10.1894, 17.12.1896 und 28.07.1897.
[255] Vgl. NHS Regierung Düsseldorf 22185, 09.05.1899 und 09.11.1899; DV 17.07.1899.
[256] Vgl. NHS Regierung Düsseldorf 22185, 30.04.1900; SAD III 2453, Bl. 34.
[257] Vgl. DV 17.09.1901.
[258] Vgl. AEK GVA Düsseldorf überhaupt 27.4, 10.07.1905; NHS Regierung Düsseldorf 29408, 10.01.1906 und 13.06.1906; DT 18.05.1906.
[259] Vgl. 1. Jahresbericht der St. Anna - Schule, Höhere Mädchenschule der Schwestern vom armen Kinde Jesus (Prinz Georg - Straße) zu Düsseldorf. Schuljahr 1909, Düsseldorf 1909, 16.
[260] Vgl. NHS Regierung Düsseldorf 29408, 17.05.1913; DT 12.02.1913.
[261] Vgl. Wilhelm Liese, Handbuch des Mädchenschutzes, Freiburg 1908², 353.
[262] DV 03.08.1893. Vgl. auch NN, Düsseldorf, in: Katholisches Missionsblatt Jg. 42 Nr. 45 (05.11.1893), 717.
[263] Vgl. DV 05.10.1893.
[264] Vgl. KRD 2, 07.01.1889; KRD 31, 09.11.1887.

3. Schwestern vom Armen Kinde Jesu Oberbilk

Jahre 1877 in den Händen des ehemaligen Klosterrektors Werner Schönen, der die Geschicke der Oberbilker Anstalt mit Hilfe weltlicher Lehrerinnen für mehr als ein Jahrzehnt mit viel Umsicht lenkte[265]. Welche Verdienste er sich um den Waisenverein erwarb, macht ein Dankschreiben vom 14. Dezember 1892 deutlich, das der Vorstand an ihn aus Anlass seiner Berufung zum Pfarrer von Lennep richtete. Darin hieß es: "Da Ihre Berufung in ein anderes Amt Ihrer seit vielen Jahren dem hiesigen Katholischen Knabenwaisenhaus gewidmeten Tätigkeit ein Ziel setzt, fühlt sich der Vorstand des Waisenhauses gedrungen, Ihnen für Ihre bisherige segensreiche Wirksamkeit innigen Dank auszusprechen. Sie sind schon zu der Zeit, da die Waisenknaben sich noch unter der Pflege der Schwestern vom Armen Kinde Jesus befanden, als Seelsorger und Religionslehrer des Hauses den Kindern ein väterlicher Freund und den Schwestern ein einsichtiger Berater gewesen. Als aber bedrohlichen Gesetzen zufolge die Schwestern das Haus verlassen mußten, haben Sie es verstanden, eine nach Ihrem Rat geschaffene neue Einrichtung des Hauses so in Betrieb zu erhalten, daß dasselbe in Erfüllung seiner Aufgaben nicht beeinträchtigt wurde. Sie haben mit einer ununterbrochenen, über alles Einzelne sich erstreckenden Fürsorge und Wachsamkeit die Anstalt durch die ungünstige und gefahrvolle Zeit glücklich hindurchgeleitet. Daher hat der Vorstand auch da, als ein Versuch, das Haus zu seiner früheren Verfassung zurückzuführen, möglich geworden war, einen solchen Versuch so wenig für dringend gehalten, daß er unbedenklich den Kindern die Leitung, zu der Sie ja fernerhin bereit waren, erhalten habe. Jetzt, da infolge Ihrer veränderten Stellung darauf gedacht werden muß, wie das Haus wieder zu der von den Statuten des Vereins geforderten Verfassung gelangen könne, muß der Vorstand Ihnen bei Ihrem Scheiden außer den Glückwünschen, mit denen er Sie in Ihre neuen Verhältnisse begleitet, auch die Dankbarkeit für das Geleistete, die er während Ihrer, nun zum Abschluß gelangten Tätigkeit immer empfunden hat, noch einmal ausdrücklich zu erkennen geben"[266].

Zur Enttäuschung des Vorstandes hatten die Schwestern vom Armen Kinde Jesu bereits am 14. November 1892 eine Rückkehr ausgeschlossen, da der Ordensgemeinschaft seit einer Statutenänderung die Fürsorge an Knaben untersagt war[267]. Durch Vermittlung des Kölner Generalvikariats trat der Waisenhausvorstand mit der Trierer Generaloberin der Schwestern vom Hl. Borromäus in Kontakt, die sofort die Entsendung einiger Ordensschwestern in Aussicht stellte[268]. "Nicht gering war die Freude aller Beteiligten", als am 19. Juni 1893 die staatliche Genehmigung zur Eröffnung einer Nie-

---

[265] Vgl. oben S. 184.
[266] Zitiert nach Paul Kauhausen, Hundert Jahre Katholischer Waisenverein Düsseldorf 1851 - 1951, Düsseldorf 1951, 43.
[267] Vgl. AEK GVA Düsseldorf überhaupt 4, 03.12.1892; KRD 2, 14.11.1892; KRD 31, 27.11.1892.
[268] Vgl. AEK GVA Düsseldorf überhaupt 4, 12.04.1893; KRD 31, 19.02.1893; NHS Regierung Düsseldorf 29402, 08.02.1893; DV 03.09.1893. Zur Geschichte der Schwestern vom Hl. Karl Borromäus aus dem Mutterhaus in Trier vgl. Wilhelm Hohn, Die Nancy - Trierer Borromäerinnen in Deutschland 1810 - 1899. Ein Beitrag zur Statistik und Geschichte der barmherzigen Schwestern ihres wohltätigen und sozialen Wirkens, Trier 1899, 3 ff; Die Kongregation der Barmherzigen Schwestern vom heiligen Borromäus, Trier 1953, 7 ff; Gudrun Neises, Die Trierer Borromäerinnen als Wegbereiter der missionarischen Krankenpflege (1811 - 1889), Diss. Köln 1990, 14 ff.

derlassung der Barmherzigen Schwestern vom Hl. Karl Borromäus in Düsseldorf eintraf und am 1. September 1893 nach "einer bedeutungsvollen und erhebenden Feier" der Einzug von sechs Schwestern im Katholischen Knabenwaisenhaus an der Oberbilker Allee erfolgte[269].

Dem wachsenden Bedürfnis folgend, wurde im Oberbilker Waisenhaus 1900 Raum für weitere 20 Pfleglinge geschaffen und 1903 ein größerer Neubau (Westflügel) nach Plänen des Architekten Bernhard Tüshaus in Angriff genommen, der die Unterbringung von 150 Kindern, 15 Schwestern und 10 Dienstleuten ermöglichte. Das Hauptgebäude enthielt nun im Kellergeschoss Koch- und Waschküchen, Backraum, Schuhputzraum und Vorratsräume. Im Erdgeschoss befanden sich Aufenthalts- und Esszimmer für die Kinder, Wohnzimmer der Schwestern und vier Klassenzimmer für den Schulunterricht. Im Obergeschoss lagen Schlafräume für Kinder und Schwestern, Krankenzimmer, Waschraum, Bad und die Kapelle mit Nebenräumen[270].

Dominikanerinnen Josephshaus

Während die Rückkehr der Schwestern in die Katholischen Waisenhäuser den Endpunkt der Reorganisation des Düsseldorfer Ordenswesens nach Erlass der Milderungsgesetze markierte, nahm in der linksrheinischen Gemeinde Heerdt mit der Berufung von Ordensschwestern die Geschichte klösterlicher Niederlassungen gerade ihren Anfang. Obwohl der Pfarrsprengel von St. Benediktus zu den ältesten Kirchengemeinden am Niederrhein gehört[271], hatte hier weder vor der Säkularisation noch vor dem Kulturkampf ein Ordensinstitut Fuß fassen wollen.

Der weiße Fleck auf der Karte der Klosterniederlassungen im Bistum Köln verschwand, nachdem sich in Heerdt auf Anregung von Pfarrer Gottfried Savels (1889 - 1900) am 4. August 1889 der Verein "Christliches Heim" zur Errichtung eines Hauses für eine "Verwahrschule" und "Haushaltungs - Lehranstalt nebst Vereinszimmer und Krankenpflege" konstituiert hatte[272]. Bereits am 10. August 1889 erklärten sich Johann Creutz und sein Schwager Cornelius Scheuten bereit, der Pfarrgemeinde ihr Anwesen Oberstr. 3 (heute Alt - Heerdt 3), "bestehend in Wohnhaus, Stallung, Scheune und Obstwiese" für mildtätige Zwecke unentgeltlich zu übertragen[273]. Mit welcher Entschlossenheit der Bauverein sein Ziel verfolgte, dokumentiert das Vorstandsprotokollbuch, wo unter dem 22. Januar 1890 der Beschluss festgehalten ist, in den Unter-

---

[269] Vgl. NHS Regierung Düsseldorf 29402, 19.06.1893; SAD III 4733, 19.06.1893; DV 24.07.1893; DV 03.09.1893.
[270] Vgl. AEK GVA Düsseldorf überhaupt 4, 13.07.1904; Düsseldorf und seine Bauten. Herausgegeben vom Architekten- und Ingenieur - Verein zu Düsseldorf, Düsseldorf 1904, 246 f.
[271] Vgl. Ulrich Brzosa, Die Geschichte der katholischen Kirche in Düsseldorf. Von den Anfängen bis zur Säkularisation, Köln 2001, 136 ff.
[272] Vgl. PfA Heerdt St. Benediktus 132, 15.07.1889 und 04.08.1889; PfA Heerdt St. Benediktus 214, 15.07.1889 und 04.08.1890; DV 16.08.1889.
[273] Vgl. AEK GVA Düsseldorf überhaupt 66, 16.08.1889, 18.10.1889, 21.11.1890 und 26.11.1891; PfA Heerdt St. Benediktus 94, S. 60 ff und 87 ff; PfA Heerdt St. Benediktus 214, 08.08.1889 und 10.08.1889.

3. Dominikanerinnen Josephshaus

richts- und Wohnräumen der alten Mädchenschule (heute Alt - Heerdt 29) umgehend eine provisorische Bewahrschule für Kinder und eine Station für ambulante Krankenpflege einzurichten[274]. Die Leitung der Anstalt wurde zwei weltlichen Pflegerinnen des St. Vinzenz - Hauses in Oberhausen übertragen, die zu Ostern (6. April 1890) ihre Arbeit in Heerdt aufnahmen[275]. Vom viel versprechenden Anfang und weiteren Fortgang des Unternehmens berichtete das Düsseldorfer Volksblatt am 15. Mai 1890: "Der im Sommer vorigen Jahres gegründete Verein 'Christliches Heim' ... erfreut sich einer sehr zahlreichen Beteiligung sowohl bei den Besitzern und Vertretern unserer gewerblichen Etablissements als auch bei den einzelnen Bürgern. Auch ist bereits ein kleiner Anfang der zu begründenden Wohltätigkeitsanstalt gemacht; zwei aus dem St. Vinzenzhauses zu Oberhausen gekommene Pflegerinnen haben in dem unbenutzten Schulsaale eine Bewahrschule mit etwa 70 Kindern, sowie eine Handarbeitsschule für die der Elementarschule entwachsenen Mädchen errichtet. ... Diese Einrichtungen sowie die ambulante Krankenpflege, welche von den Pflegerinnen geübt wird, erweisen sich als sehr nützlich"[276].

Als die Zivilgemeinde Heerdt kurze Zeit später Eigenbedarf an der alten Schule reklamierte, wurde der Bau des "Christlichen Heimes" zu einer dringenden Notwendigkeit[277]. Am 20. Dezember 1890 genehmigte das Kölner Generalvikariat einen vom Franziskanerbruder Paschalis Gratze entworfenen Bauplan mit der Auflage, das "Christliche Heim" unter den Schutz eines Heiligen zu stellen[278]. Nach einer Meldung der Neußer Zeitung vom 3. Februar 1891 begannen noch im Winter die Vorarbeiten zur Errichtung eines nunmehr dem Hl. Joseph[279] gewidmeten Klosters, das "in erster Linie ein Krankenhaus", dann "Kleinkinderbewahranstalt, sowie eine Art Unterrichtsschule für junge Mädchen im Kochen, Nähen und weiteren Handarbeiten" und "Heim für altersschwache, alleinstehende Personen" sein sollte[280]. Aus Anlass der Grundsteinlegung am Ostermontag 1891 (30. März 1891) bekräftigten die Initiatoren noch einmal, die Anstalt solle "unter den Schutz der h. Familie gestellt werden und ihren Namen haben von demjenigen, welcher nach Gottes Vorsehung zum Pflegevater und Haupt über dieselbe gesetzt war"[281].

Als die Bauarbeiten im vollen Gange waren, erhielt der Kirchenvorstand von der erzbischöflichen Behörde am 19. Juni 1891 die Erlaubnis, Arenberger Dominikanerin-

---

[274] Vgl. PfA Heerdt St. Benediktus 132, 22.01.1890; NZ 03.02.1891.

[275] Vgl. AEK GVA Düsseldorf überhaupt 66, 09.03.1890 und 16.03.1890; PfA Heerdt St. Benediktus 94, S. 91 f; PfA Heerdt St. Benediktus 132, 22.01.1890.

[276] DV 15.05.1890.

[277] Vgl. DV 15.05.1890.

[278] Vgl. AEK GVA Düsseldorf überhaupt 66, 20.12.1890; PfA Heerdt St. Benediktus 14, 05.12.1890 und 20.12.1890; PfA Heerdt St. Benediktus 15, 07.04.1891; PfA Heerdt St. Benediktus 94, 13.11.1890; PfA Heerdt St. Benediktus 132, 04.11.1890 und 03.01.1891.

[279] Vgl. AEK GVA Düsseldorf überhaupt 66, 22.03.1891; PfA Heerdt St. Benediktus 220, 25.03.1891.

[280] Vgl. NZ 03.02.1891. Vgl. auch PfA Heerdt St. Benediktus 216, 16.02.1891 ff.

[281] DV 29.03.1891. Vgl. auch PfA Heerdt St. Benediktus 132, 18.03.1891; NZ 01.04.1891.

nen anstelle der Oberhausener Tertiarierinnen nach Heerdt berufen zu dürfen[282]. Pfarrer Gottfried Savels nahm Verbindung mit dem Mutterhaus der Dominikanerinnen in Arenberg auf und handelte mit der Priorin Cherubine Willimann[283] am 23. Juli 1891 einen Vertrag über die zukünftige Tätigkeit der Schwestern in Heerdt aus[284].

In Gegenwart der Arenberger Priorin und des Heerdter Bürgermeisters Josef Spickenheuer wurde das St. Josephshaus (heute Alt - Heerdt 3) am 17. Januar 1892 eingeweiht[285]. Bei der Übergabe verfügte die Einrichtung über 28 Zimmer zur Aufnahme kranker und altersschwacher Personen[286]. Aus einem Gutachten des Neusser Kreisphysikus vom 30. September 1892 geht hervor, dass das Josephshaus "massiv" gebaut war. Im Erdgeschoss befanden sich die Verwaltungsräume, die Küche und die Kleinkinderbewahrschule, "in der ersten Etage die Krankenabtheilung und in der zweiten Etage und auf dem Speicher die Invalidenabtheilung. ... Die Krankenabtheilung enthält ein Operations- und 7 Krankenzimmer, die Invalidenabtheilung 12 Zimmer"[287]. Der erste Patient, aufgenommen am 23. Februar 1892, war ein Kapitän mit einer Beinwunde, "welche sich inzwischen so verschlimmerte, daß seine Aufnahme in das Krankenhaus erfolgen mußte"[288].

Am 26. März 1892 trafen vier Dominikanerinnen in Heerdt ein, um in der Pfarrei St. Benediktus ambulante Krankenpflege auszuüben und die Übersiedlung weiterer Schwestern vorzubereiten[289]. Erst in den folgenden Monaten konnten die Schwestern ihre vertraglich festgelegten Aufgaben im vollen Umfang erfüllen: Unterhaltung einer Kinderbewahrschule, einer Handarbeits- und Haushaltsschule und einer am 22. Januar 1893 eröffneten Sonntagsschule für Fabrikarbeiterinnen[290]. Hinzu kamen die stationäre und am-

---

[282] Vgl. AEK GVA Düsseldorf überhaupt 66, 16.06.1891 und 19.06.1891; PfA Heerdt St. Benediktus 94, 06.02.1890; PfA Heerdt St. Benediktus 214, 19.06.1891; SAD III 4745, 18.07.1891.

[283] Vgl. dazu Benvenuta Hemmelrath, Auf den Spuren von Mutter M. Cherubine Willimann. Gründerin der Dominikanerinnen von Arenberg. Meditative Studie, Trier 1968, 11 ff; Hieronymus Wilms, Cherubine Willimann, in: Albert Köhler, Kommende deutsche Heilige. Heiligmäßige Deutsche aus jüngerer Zeit, Dülmen 1936, 359 - 361, 359 ff.

[284] Vgl. AEK GVA Düsseldorf überhaupt 66, 26.11.1891; PfA Heerdt St. Benediktus 214, 23.07.1891.

[285] Vgl. PfA Heerdt St. Benediktus 132, 08.01.1892; NZ 12.01.1892; DV 13.01.1892; NZ 19.01.1892; DV 20.01.1892.

[286] Vgl. PfA Heerdt St. Benediktus 15, 31.03.1891; NZ 19.01.1892; DV 20.01.1892.

[287] NHS Regierung Düsseldorf 54668, 30.09.1892.

[288] NZ 26.02.1892.

[289] Vgl. KAD E 9.38, 17.05.1899; SAD III 4745, 27.03.1892; DV 30.03.1892; NZ 30.03.1892; Nikolaus Gladel, Caritas vom Arenberge. Geschichte der deutschen Kongregation der Schwestern von der hl. Katharina von Siena, Trier 1936, 86; Josef Schöber, Geschichte der Arenberger Dominikanerinnen in Düsseldorf, in: caritas und scientia. Dominikanerinnen und Dominikaner in Düsseldorf. Begleitbuch zur Ausstellung, Düsseldorf 1996, 165 - 174, 166 f; Josef Schöber, Die Geschichte der Arenberger Dominikanerinnen und ihrer Niederlassung in Düsseldorf - Heerdt, in: Heerdt im Wandel der Zeit 5 (2000), 61 - 80, 63; 100 Jahre Arenberger Dominikanerinnen in Düsseldorf - Heerdt. Festschrift, Düsseldorf 2002, 9.

[290] Vgl. AEK GVA Düsseldorf überhaupt 66, 18.11.1892; AEK Gen. 20.17.1, 24.11.1896; PfA Heerdt St. Benediktus 132, 12.11.1892; PfA Heerdt St. Benediktus 214, 23.07.1891, 10.01.1893 und 27.11.1896; NZ 18.01.1893; DV 19.01.1893.

3. Dominikanerinnen Krankenhaus

bulante Krankenpflege und "Aufnahme von Invaliden der hiesigen Gemeinde und Pensionäre"[291].

Dominikanerinnen Krankenhaus

Mit Eröffnung der Oberkasseler Brücke am 12. November 1898 griff der Düsseldorfer Wirtschaftsraum auf linksrheinisches Gebiet über[292]. Eine Folge für die Bürgermeisterei Heerdt war eine verstärkte Bevölkerungszunahme, die sowohl kommunale als auch kirchliche Fürsorgeeinrichtungen vor erhebliche Probleme stellte[293]. Zur Sicherung der Invalidenpflege erwarb die Oberin des Josephshauses, Katharina Beyer, um die Jahrhundertwende am Rheinbogen ein vier Morgen großes Areal und beauftragte den Düsseldorfer Architekten Wilhelm Sültenfuß mit dem Bau eines neuen Pflegehauses[294]. Nach der Grundsteinlegung am 8. November 1901 durch Pfarrer Ludwig Dubois gingen die Arbeiten zügig voran[295]. Das zweigeschossige Gebäude an der Rheinallee 26 verfügte über 30 Betten und wurde am 1. Oktober 1902 feierlich seiner Bestimmung übergeben[296]. Viel Unmut rief das eigenmächtige Vorgehen der Schwestern hervor, die ohne jede Abstimmung mit staatlichen und kirchlichen Stellen in dem Neubau anstelle des projektierten Invalidenhauses ein nicht genehmigtes Krankenhaus zur Aufnahme "innerlich und äußerlich Kranke (einschließlich gynäcologisch Erkrankte) ohne Unterschied des Geschlechtes und des Bekenntnisses"[297] einrichteten[298].

Den weitsichtigen Bemühungen von Cherubine Willimann, die als Oberin für beide Heerdter Häuser ernannt worden war, ist es zu verdanken, dass das Heerdter Krankenhaus unter ihrer Nachfolgerin Bonaventura Hörsting (1905 - 1920) bis zum Jahre 1910

---

[291] PfA Heerdt St. Benediktus 214, 23.07.1891. Vgl. auch SAD III 4745, 27.03.1892; SAD XV 312, 22.10.1892, 15.01.1893 und 10.04.1894.

[292] Vgl. Karl Bernd Heppe, Düsseldorfer Brückengeschichte. 28 April bis 31. Juli 1988. Stadtmuseum Düsseldorf. Schiffahrtmuseum im Schlossturm Düsseldorf, Burgplatz 30, Düsseldorf 1988, 16 ff.

[293] Vgl. AEK GVA Düsseldorf überhaupt 66, 25.04.1900.

[294] Vgl. PfA Heerdt St. Benediktus 95, 25.04.1901; KAD Nikolaus Knopp, Das Krankenhaus der Dominikanerinnen Düsseldorf - Heerdt, Manuskript Düsseldorf o. J. (um 1925), Bl. 1; DKD Chronik des Dominikus Krankenhaus zu Düsseldorf - Heerdt 1902 - 1948, S. 2; SAD XV 312, 09.12.1901; Maurus M. Niehues, Die Fürsorgesammelstation der Dominikanerinnen zu Düsseldorf - Heerdt, in: Caritas. Zeitschrift für die Werke der Nächstenliebe im katholischen Deutschland Jg. 19 Nr. 6 (März 1914), 150 - 155, 152; Hieronymus Wilms, Heilende Liebe im Leben und in der Gründung der Mutter M. Cherubine Willimann, Dülmen 1921, 62 ff.

[295] Vgl. DKD Unterlagen für das Lagerbuch, 08.11.1901.

[296] Vgl. AEK GVA Düsseldorf überhaupt 66, 17.11.1902; DKD Chronik des Dominikus Krankenhaus zu Düsseldorf - Heerdt 1902 - 1948, S. 4; DKD Unterlagen für das Lagerbuch, I. Bauabschnitt; PfA Heerdt St. Benediktus 95, 26.10.1903; PfA Heerdt St. Benediktus 214, 13.10.1903; SAD XV 311, 18.11.1902.

[297] SAD XV 312, 1903. Vgl. auch Dominikus - Krankenhaus Düsseldorf - Heerdt 1972, Koblenz 1972, 8.

[298] Vgl. PfA Heerdt St. Benediktus 95, 11.08.1903 und 26.10.1903; NHS Regierung Düsseldorf 54668, 18.12.1901 und 04.02.1902.

in zwei Bauabschnitten auf 200 Betten erweitert werden konnte[299]. Wurden im Jahre 1903 nur 246 Kranke verpflegt, so waren es 1907 bereits 755 Patienten; 1913 stieg die Zahl auf 1680[300]. Den wachsenden Bedarf an Pflegefachkräften deckte eine der Anstalt angegliederte Krankenpflegeschule, die am 10. Mai 1907 eröffnet wurde und am 5. September 1908 die staatliche Anerkennung erhielt[301]. Zur seelsorglichen Betreuung der Patienten errichtete die Genossenschaft eine dem Hl. Herzen gewidmete und am 25. November 1911 durch Weihbischof Josef Müller benedizierte Krankenhauskapelle[302], deren Grundsteinlegung am 4. August 1909 erfolgt war[303]. Das nördlich an den Gesamtkomplex anschließende Gotteshaus ersetzte eine im Jahre 1903 nahe dem Haupteingang zum Krankenhaus eingerichtete provisorische Hauskapelle[304].

Dominikanerinnen Jugendhaus

Nach Ausgliederung der stationären Krankenpflege war die Tätigkeit der Dominikanerinnen in der Niederlassung Oberstraße auf ambulante Krankenpflege, Unterhaltung der Kinderbewahrschulen in Heerdt, Niederkassel (heute Niederkasseler Str. 36, eröffnet 1892[305]) und Oberkassel (heute Oberkasseler Str. 40, eröffnet 1906[306]), Leitung der Handarbeits- und Haushaltsschule und die Pflege von Invaliden, Pensionären und weiblichen Fürsorgezöglingen beschränkt[307]. Letztere wurden den Schwestern von der rheinischen Provinzialverwaltung überwiesen und wohnten im angrenzenden alten Pfarrhaus

---

[299] Vgl. AEK GVA Düsseldorf überhaupt 66, 19.07.1910; DKD Chronik des Dominikus Krankenhaus zu Düsseldorf - Heerdt 1902 - 1948, S. 11 ff; DKD Herz - Jesu - Kapelle der Dominikanerinnen Düsseldorf - Heerdt, 04.08.1909; DKD Unterlagen für das Lagerbuch, S. 1 ff; SAD XV 312, 30.05.1905, 19.07.1905 und 17.02.1907; DT 17.02.1910; DT 10.09.1910; Horst Schmitges, Caspar Clemens Pickel 1847 - 1939. Beiträge zum Kirchenbau des 19. Jahrhunderts, München 1971, 126.

[300] Vgl. KAD Nikolaus Knopp, Das Krankenhaus der Dominikanerinnen Düsseldorf - Heerdt, Manuskript Düsseldorf o. J. (um 1925), Bl. 2.

[301] Vgl. SAD XV 312, 23.05.1908, 26.06.1908 und 14.09.1908. Vgl. dazu DKD Chronik des Dominikus Krankenhaus zu Düsseldorf - Heerdt 1902 - 1948, S. 20; DKD Chronik Krankenpflegeschule 1908 - 1944, S. 1; Willi Drese, Krankenpflegeschule besteht 70 Jahre. Schwestern und Pfleger lernen drei Jahre, in: Rheinische Post Jg. 32 Nr. 284 (08.12.1977), Beilage "Bei uns in Oberkassel, Heerdt, Lörick, Niederkassel" o. S. (15).

[302] Vgl. DKD Chronik des Dominikus Krankenhaus zu Düsseldorf - Heerdt 1902 - 1948, S. 16; DKD Herz - Jesu - Kapelle der Dominikanerinnen Düsseldorf - Heerdt, 25.11.1911.

[303] Vgl. DKD Erzbistum Köln Generalvikariat, 02.06.1909; DKD Chronik des Dominikus Krankenhaus zu Düsseldorf - Heerdt 1902 - 1948, S. 16; DKD Herz - Jesu - Kapelle der Dominikanerinnen Düsseldorf - Heerdt, 04.08.1909; DT 09.09.1909; DT 12.09.1909.

[304] Vgl. PfA Heerdt St. Benediktus 31, 14.08.1903, 28.08.1903 und 03.09.1903; DKD Chronik des Dominikus Krankenhaus zu Düsseldorf - Heerdt 1902 - 1948, S. 4 und 10 f; DKD Erzbistum Köln Generalvikariat, 03.09.1906.

[305] Vgl. AEK GVA Düsseldorf überhaupt 68, 19.09.1892; NHS Regierung Düsseldorf 29712, 11.08.1892, 14.08.1892 und 15.03.1893; SAD III 4745, 27.03.1892.

[306] Vgl. NHS Regierung Düsseldorf 29712, 30.03.1907 und 04.04.1907; SAD III 4745, 01.08.1906.

[307] Vgl. AEK GVA Düsseldorf überhaupt 66, 17.11.1902.

3. Dominikanerinnen Jugendhaus

(heute Alt - Heerdt 5)[308], das der Orden am 15. Juni 1902 zur Unterbringung von etwa 60 Mädchen angemietet hatte[309]. Da die Aufnahmekapazität für nicht schulpflichtige Fürsorgekinder bald erschöpft war, unterzeichnete die Arenberger Generaloberin Cherubine Willimann am 12. Juli 1908 einen Kontrakt zur Übernahme eines gerade in Bau befindlichen kommunalen Fürsorgehauses an der Kölner Str. 133 (heute Pariser Str. 115)[310]. Das Düsseldorfer Tageblatt meldete bereits am 27. Juni 1908: "Vor einigen Tagen wurde mit den Ausschachtungsarbeiten des vom Gemeinderate vor einiger Zeit beschlossenen ... Baues eines Waisenhauses und eines Pflege- und Erziehungshauses für weibliche Fürsorgezöglinge begonnen. Das Haus wird auf dem der Gemeinde gehörigen Grundstücke an der Ecke der Grünstraße (heute Kribbenstraße), südlich der Kölnerstraße errichtet und grenzt an die Besitzung der Dominikanerinnen - Genossenschaft, deren Krankenhaus in demselben Baublocke liegt. Sowohl das Fürsorgezöglings- und das Waisenhaus, bestehend aus einem Doppelhaus mit den Fronten zur Kölner- und Grünstraße hin, soll von den Dominikanerinnen - Schwestern, die bereits das in der alten Pastorat an der Oberstraße untergebrachte Fürsorgehaus verwalten, geleitet werden. Das Waisenhaus bietet Raum für etwa 15 Knaben und 15 Mädchen; in das Pflege- und Erziehungshaus können dagegen 60 weibliche Fürsorgezöglinge aufgenommen werden"[311]. Für das nach Plänen vom Düsseldorfer Architekten Caspar Clemens Pickel ausgeführte Bauvorhaben hatte der Heerdter Gemeinderat einen Etat von 130000 Mark bewilligt[312]. Noch vor Abschluss der Bauarbeiten gelang es dem Orden, das projektierte Fürsorgehaus nebst Areal am 29. März 1909 von der Gemeinde zum Selbstkostenpreis zu erwerben[313].

Die neue Niederlassung der Dominikanerinnen an der Pariser Straße wurde am 29. Mai 1909 als Erziehungshaus eröffnet und nahm schon bald den Namen St. Josephshaus an[314]. Neben der Unterbringung von Waisenkindern und Aufnahme schulentlasse-

---

[308] Vgl. NHS Regierung Düsseldorf 29712, 22.07.1903; DKD Chronik des Dominikus Krankenhaus zu Düsseldorf - Heerdt 1902 - 1948, S. 23 f; PfA Heerdt St. Benediktus 29, 19.06.1901.

[309] Vgl. AEK GVA Düsseldorf überhaupt 66, 29.05.1903; KAD E 9.37, 22.07.1903; DKD Aufzeichnungen über das Jugendhaus der Dominikanerinnen, Düsseldorf, Bl. 2; PfA Heerdt St. Benediktus 95, 09.01.1900 und 03.03.1902; PfA Heerdt St. Benediktus 214, 15.10.1902; PfA Heerdt St. Benediktus 243, Anhang S. 12; NHS Regierung Düsseldorf 29712, 16.11.1903; SAD III 4745, 16.11.1903; DT 27.06.1908; Hieronymus Wilms, Heilende Liebe im Leben und in der Gründung der Mutter M. Cherubine Willimann, Dülmen 1921, 71 ff; Kranken-, Heil- und Pflege - Anstalten im Rheinland, Düsseldorf 1930, 55 f.

[310] Vgl. AEK GVA Düsseldorf überhaupt 66, 20.04.1906, 27.04.1906 und 08.01.1908; DKD Unterlagen für das Lagerbuch, 12.07.1908; SAD XV 866, Bl. 1 ff; DT 08.02.1906; DT 25.02.1906; DT 27.05.1906.

[311] DT 27.06.1908. Vgl. auch NN, Heerdt - Oberkassel, in: Heerdt - Ober - Niedercasseler Zeitung Jg. 8 Nr. 137 (17.06.1908), o. S. (1).

[312] Vgl. DT 27.06.1908. Vgl. auch NN, Heerdt - Oberkassel, in: Heerdt - Ober - Niedercasseler Zeitung Jg. 8 Nr. 137 (17.06.1908), o. S. (1); Horst Schmitges, Caspar Clemens Pickel 1847 - 1939. Beiträge zum Kirchenbau des 19. Jahrhunderts, München 1971, 126.

[313] Vgl. DKD Chronik des Dominikus Krankenhaus zu Düsseldorf - Heerdt 1902 - 1948, S. 29; DKD Unterlagen für das Lagerbuch, 29.03.1909; SAD XV 866, 29.03.1909; DT 07.03.1909.

[314] Vgl. DKD Chronik des Dominikus Krankenhaus zu Düsseldorf - Heerdt 1902 - 1948, S. 29; DKD Erzbistum Köln Generalvikariat, 02.06.1909; NHS Regierung Düsseldorf 29712, 20.01.1910.

ner Mädchen zur hauswirtschaftlichen Unterrichtung diente die Anstalt vornehmlich als "Sammelstation katholischer Fürsorgezöglinge"[315]. Vom "Leben und Wirken" der Spezialabteilung berichtete der Düsseldorfer Dominikanerpater Maurus M. Niehues im Jahre 1914: "Wir treffen dort Kinder beiderlei Geschlechtes in allen Altersstufen bis zu den 'Kriechlingen' und Säuglingen hinab. Es handelt sich um arme, bedauernswerte Geschöpfe, die in der Familie nicht bloß des fürsorglichen Elternschutzes entbehren mußten, sondern infolge Kriminalität der eigenen Eltern vielfach schon verwahrlost oder doch in größter Gefahr waren, auf die abschüssige Bahn zu geraten. Die Behörden haben sie durch einen weisen Überweisungsdienst ausfindig gemacht und der Anstalt zugeführt, um sie so dem verderblichen Milieu zu entreißen und zu brauchbaren Menschen erziehen zu lassen. ... Erfahrungsgemäß würden fast 90 % keine Pflegeeltern finden, wenn nicht in den Sammelbecken zuvor die reinigende Hand das von Schmutz und Ungeziefer strotzende Kind in einen annehmbaren Zustand versetzt und der gesundheitliche Status desselben durch ärztliche Bemühung gehoben worden wäre. Daraus erhellt schon die große Bedeutung unserer Sammelstationen, in denen durch eine planmäßige Jugendfürsorge dieser Art dem Staate jährlich zahlreiches Menschenmaterial erhalten bleibt, das ihm sonst unfehlbar verloren ginge"[316].

Nach Eröffnung des Erziehungshauses wurden die Aufgabenfelder der verschiedenen Niederlassungen in Heerdt neu geordnet. Das Josephshaus (Alt - Heerdt 3), das durch einen in den Jahren 1909/10 errichteten Anbau in südlicher Richtung beträchtlich erweitert worden war[317], beschränkte seine Arbeit auf die Ausübung der ambulanten Krankenpflege sowie Leitung einer Kleinkinderbewahrschule, Handarbeits- und Haushaltungsschule und eines Altersheimes. Das Krankenhaus (Rheinallee 26) und das Josephshaus (Pariser Str. 115) wurden zu einer zweiten Niederlassung zusammengefasst und der Leitung einer Oberin unterstellt. Neben der stationären Krankenpflege und Betreuung von Fürsorgezöglingen und Waisenkindern widmeten sich die Dominikanerinnen hier der Unterhaltung einer weiteren Handarbeits- und Haushaltungsschule sowie Leitung der Kleinkinderbewahrschulen in Niederkassel und Oberkassel[318]. Bis zum Bau eines eigenen Schulhauses auf dem Gelände des Josephshauses im Jahre 1913 erfolgte

---

[315] Vgl. Die Sammelstation der noch nicht schulentlassenen Fürsorgezöglinge im Erziehungshause der Dominikanerinnen zu Düsseldorf - Heerdt Pariserstraße 115, Düsseldorf 1912, 5 ff; Sabine Blum - Geenen, Fürsorgeerziehung in der Rheinprovinz von 1871 - 1933, Köln 1997, 172 f.

[316] Maurus M. Niehues, Die Fürsorgesammelstation der Dominikanerinnen zu Düsseldorf - Heerdt, in: Caritas. Zeitschrift für die Werke der Nächstenliebe im katholischen Deutschland Jg. 19 Nr. 6 (März 1914), 150 - 155, 152 f. Vgl. auch Peter Krebsbach, Die Sammelstation der noch nicht schulentlassenen Fürsorgezöglinge im Erziehungshause der Dominikanerinnen zu Düsseldorf - Heerdt, in: Düsseldorfer Tageblatt Jg. 46 Nr. 328 (28.11.1912), o. S. (6).

[317] Vgl. AEK GVA Düsseldorf überhaupt 66, 26.10.1908; PfA Heerdt St. Benediktus 95, 21.05.1907, 26.01.1909, 20.08.1909, 21.09.1909 und 19.11.1909; PfA Heerdt St. Benediktus 214, S. 48; PfA Heerdt St. Benediktus 217; PfA Heerdt St. Benediktus 218; PfA Heerdt St. Benediktus 220; BSD Bauakte Alt - Heerdt 3, 06.03.1909, 01.07.1909 und 09.09.1910; DT 06.10.1909.

[318] Vgl. DKD Chronik des Dominikus Krankenhaus zu Düsseldorf - Heerdt 1902 - 1948, S. 12; DKD Oberbürgermeister Düsseldorf an Generaloberin Arenberg, 02.01.1911; SAD III 4317, 11.09.1913.

die Erteilung des Elementarunterrichts an die Waisenkinder in provisorischen Unterrichtsräumen[319].

Dominikanerinnen Antoniushaus

Kurz vor Ausbruch des Ersten Weltkrieges eröffneten die Dominikanerinnen im linksrheinischen Düsseldorf mit dem Antoniushaus in Oberkassel eine dritte Niederlassung. Auf Bitten und mit Unterstützung der Ortsgruppe Heerdt - Oberkassel des Vaterländischen Frauenvereins bezogen am 16. April 1914 drei Schwestern im Haus Cheruskerstr. 29 (früher Auferstehungskirche) eine Wohnung, um die Kranken der Pfarrgemeinden St. Anna und St. Antonius schneller versorgen zu können[320]. Außerdem übernahmen sie die Leitung der Bewahrschulen von Nieder- und Oberkassel, die durchschnittlich von 55 bzw. 45 Kindern besucht wurden[321].

Töchter vom Heiligen Kreuz Pempelfort

Auch im rechtsrheinischen Düsseldorf vermehrte sich in Wilhelminischer Zeit die Zahl klösterlicher Einrichtungen um ein Vielfaches. Allmählich überzogen vor allem weibliche Ordensgenossenschaften das gesamte Stadtgebiet und die angrenzenden Bürgermeistereien mit einem dichten Netz von Krankenpflege- und Erziehungseinrichtungen. Nicht selten gingen die neuen Niederlassungen auf Stiftungen wohlhabender Familien zurück. Hierzu gehörte das Elisabethkloster neben der Pfarrkirche Mariä Empfängnis, das aus einer Stiftung von Elisabeth Francken hervorging, "die aus Pietät gegen ihre verstorbene Mutter (d.i. Berta Francken, geb. Schwann, gest. 24. Dezember 1899) dies Denkmal kindlicher Liebe setzte"[322]. Am 6. Oktober 1897 bezogen sechs Töchter vom Heiligen Kreuz das neu erbaute Klostergebäude an der Hohenzollernstr. 20a, wo eine Station für ambulante Krankenpflege und eine Schutzanstalt für Waisen und "verwahrloste Kinder" eingerichtet wurde[323]. Zur Jahrhundertwende stellte Elisabeth Francken

---

[319] Vgl. DKD Chronik des Dominikus Krankenhaus zu Düsseldorf - Heerdt 1902 - 1948, S. 32 f; DKD Unterlagen für das Lagerbuch, S. 14 f; Bericht über den Stand und die Verwaltung der Gemeinde - Angelegenheiten der Stadt Düsseldorf für den Zeitraum vom 1. April 1910 bis 31. März 1911, Düsseldorf 1911, 70; DT 20.04.1913.
[320] Vgl. SAD III 4317, 11.09.1913; SAD III 4749, 06.08.1913 und 16.04.1914.
[321] Vgl. DKD Chronik des Antoniushauses Oberkassel, 1914.
[322] Alfons Väth, Unter dem Kreuzesbanner. Die ehrwürdige Mutter Maria Theresia Haze und ihre Stiftung die Genossenschaft der Töchter vom heiligen Kreuz, Düsseldorf 1922, 201. Vgl. auch AEK GVA Düsseldorf überhaupt 57, 11.10.1898 und 24.10.1898.
[323] Vgl. AEK GVA Düsseldorf überhaupt 57, 19.12.1897; TKA, Chronik des St. Elisabethklosters Düsseldorf 1944 - 1951, S. 2 und 10; NHS Regierung Düsseldorf 29427, 18.10.1897; SAD III 4737, 21.05.1895 und 19.10.1897; Adreßbuch der Wohlfahrtseinrichtungen in Düsseldorf. Auf Grund der von der städtischen Armenverwaltung beschafften Unterlagen bearbeitet im städtischen Statistischen Amte, Düsseldorf 1910, 24.

den Ordensschwestern ein soeben fertig gestelltes Nachbarhaus (Hohenzollernstr. 24) zur Leitung einer Kleinkinderbewahrschule und einer Handarbeitsschule zur Verfügung[324]. Letztere wurde am 15. Mai 1901 mit 20 Mädchen eröffnet[325]; von der Einrichtung eines Kindergartens wurde Abstand genommen, da die Schwestern in der benachbarten Leopoldstr. 30 eine entsprechende Anstalt für die Pfarrgemeinde unterhielten[326]. Wenige Jahre später wurde das Elisabethkloster erneut um ein Haus aus dem Besitz der Verleger- und Druckerfamilie Francken erweitert. Im April 1906 nahm im ehemaligen Wohnhaus von Elisabeth Francken (Hohenzollernstr. 22), das sich im Besitz ihres am 1. November 1905 verstorbenen Vaters befand, eine Koch- und Haushaltungsschule ihren Unterrichtsbetrieb auf[327].

Bemerkenswert ist, dass es im Bezirk der Marienpfarre neben dem Elisabethkloster noch weitere, von Laien initiierte Wohlfahrtseinrichtungen für Kinder gab. Bereits vor Errichtung der Pfarrgemeinde Maria Empfängnis wurde von "einigen Damen" am 1. Mai 1884 im Haus Grünstr. 11 eine später unter Aufsicht des Pfarrers der Marienkirche stehende "Spitzenklöppelschule" eingerichtet, um "arme schulpflichtige Kinder von der Straße fernzuhalten und ihnen Gelegenheit zu einigem Verdienst zu geben"[328]. Später kamen noch der "Nähverein Marienheim" (Leopoldstr. 30) zur Kleidung bedürftiger Schulkinder und der bis in die Inflationszeit nachweisbare "Nähverein zur Unterstützung armer Schulkinder der Maria - Empfängnispfarre" hinzu[329].

Töchter vom Heiligen Kreuz Flingern

Zwei Anstalten der Töchter vom Heiligen Kreuz, das Kloster Christi Hilf in Pempelfort und das Krankenhaus in der Altestadt, wurden in Wilhelminischer Zeit erheblich erweitert. Die Schwestern der Pflegeanstalt für "kranke gefallene Personen" an der Gerresheimer Str. 21 hatten auf Drängen des Düsseldorfer Regierungspräsidiums bereits am 5. Juli 1881 vom Berliner Ministerium der geistlichen, Unterrichts- und Medizinal - Angelegenheiten die Genehmigung erhalten, die mit der Anstalt verbundene, seit dem 1. De-

---

[324] Vgl. AEK GVA Düsseldorf überhaupt 57, 22.12.1900; NHS Regierung Düsseldorf 29427, 02.04.1901; SAD III 4737, 08.01.1901 und 21.05.1901; SAD IV 2378, Bl. 1 ff; BSD Bauakte Hohenzollernstr. 24, 27.04.1900 und 23.05.1900.

[325] Vgl. NHS Regierung Düsseldorf 29427, 15.05.1901 und 21.05.1895; SAD III 2386, 02.04.1901; SAD III 4737, 21.05.1901.

[326] Vgl. AEK GVA Düsseldorf überhaupt 57, 22.12.1900; NHS Regierung Düsseldorf 29390, 10.02.1908.

[327] Vgl. AEK GVA Düsseldorf überhaupt 57, 19.04.1906; NHS Regierung Düsseldorf 29427, 24.06.1896, 14.11.1911 und 13.08.1912; SAD III 2386, 14.11.1911; SAD III 4737, 14.11.1911; SAD IV 2378, Bl. 15 ff; BSD Bauakte Hohenzollernstr. 22, 30.08.1898, 13.02.1903 und 17.03.1906; Adreßbuch der Wohlfahrtseinrichtungen in Düsseldorf. Auf Grund der von der städtischen Armenverwaltung beschafften Unterlagen bearbeitet im städtischen Statistischen Amte, Düsseldorf 1910, 24.

[328] Max Brandts, Näh-, Flick- und Haushaltungs - Schulen, in: Arbeiterwohl Jg. 15 Nr. 11/12 (November/Dezember 1895), 375 - 382, 377.

[329] Vgl. Carl Mosterts, Handbuch für die Katholiken Düsseldorfs, Düsseldorf 1909, 146; DT 02.07.1911; Handbuch der Wohlfahrtspflege in der Stadt Düsseldorf, Düsseldorf 1922, 55.

zember 1876 aber von einer weltlichen Lehrerin geleitete Kinderbewahrschule (Kölner Str. 18) wieder zu übernehmen[330]. Seit dem Jahre 1888 beaufsichtigten die Töchter vom Heiligen Kreuz auch die Kinder der neu eingerichteten Bewahranstalt im Herz - Jesu Kloster (Mendelssohnstr. 15)[331]. Im Jahre 1896 ging diese Aufgabe an Schwestern vom Hl. Franziskus über[332], da das Kloster Christi Hilf in der Zwischenzeit von Pempelfort nach Flingern verlegt worden war.

Der Bau einer neuen Rettungsanstalt war nach Aufhebung der Kulturkampfgesetze zu einer immer dringenderen Notwendigkeit geworden[333]. "Die bisherigen Räumlichkeiten erwiesen sich als unzureichend", so der Düsseldorfer Generalanzeiger vom 11. Januar 1893 und "waren auch nicht mehr den gesteigerten Ansprüchen der Neuzeit in hygienischer Beziehung gänzlich entsprechend"[334]. Die im Jahre 1878 erzwungene Beschränkung auf Betreuung und Versorgung "erkrankter" Mädchen bestand schon lange nicht mehr. Bereits am 18. März 1881 hatte eine Revision des Asyls ergeben, "daß unter den ... in dem Asyl befindlich gewesenen 72 Frauenspersonen sich eine große Anzahl solcher befand, welche weder geistig oder körperlich krank oder sonst mit Gebrechen behaftet waren"[335]. Folgerichtig fehlte in den revidierten Statuten des Frauenvereins vom 11. April 1881 jeder Hinweis auf die Unterbringung kranker Mädchen[336]. Vielmehr hieß es unter der Überschrift "Ausführung des Vereinszweckes" in Artikel 8: "Um den ausgesprochenen Zweck des Vereins so viel als möglich zu verwirklichen, soll eine Anstalt für Aufnahme, Pflege, Unterricht, Erziehung armer und verwahrloster Mädchen ohne Unterschied der Konfession zunächst aus den Armenbezirken Pempelfort und Flingern ein Asyl zur Aufnahme und Pflege gefallener Frauenspersonen errichtet werden. Auch wird die bestehende Kleinkinderschule, so lange als nötig ist, beibehalten"[337]. Da ein Ausbau des Klosters an der Ecke Gerresheimer Straße/Kölner Straße nicht möglich war, erwarb der Frauenverein für Pempelfort und Flingern im Jahre 1890 das Grundstück Flurstr. 97 (heute Flurstr. 57)[338] im Rektorat Maria Himmelfahrt[339]. Zur Sicherung des Baufonds wurde am 12. Juli 1892 ein "Baucomitee für den Neubau des Klosters Christi Hilf" ins Leben gerufen, dem unter Leitung von Rektor Jakob Spicker-

---

[330] Vgl. NHS Regierung Düsseldorf 29317, 05.07.1881; SAD III 4719, 01.12.1876, 18.03.1881 und 05.07.1881; DV 10.08.1881.

[331] Vgl. NHS Regierung Düsseldorf 29424, 24.04.1889; SAD III 4719, 24.04.1889; Bericht über das St. Annastift zu Düsseldorf, für das Jahr 1889, Düsseldorf 1890, o. S. (2).

[332] Vgl. NHS Regierung Düsseldorf 29401, 19.06.1896; SAD III 4722, 19.06.1896.

[333] Vgl. AEK GVA Düsseldorf überhaupt 15.1, 10.02.1889 und 18.03.1889; DV 21.12.1889; DV 05.01.1890.

[334] GA 11.01.1893.

[335] SAD III 4719, 18.03.1881.

[336] Vgl. SAD III 1178, 11.04.1881; SAD III 4719, 11.04.1881 und 05.07.1881.

[337] SAD III 4719, 11.04.1881.

[338] Vgl. Adreßbuch 1907 für die Stadtgemeinde Düsseldorf und die Landbürgermeistereien Benrath, Eller, Gerresheim, Heerdt, Kaiserswerth, Ludenberg und Rath, Düsseldorf 1907, 41; Adreßbuch 1908 für die Stadtgemeinde Düsseldorf und die Landbürgermeistereien Benrath, Eller, Gerresheim, Heerdt, Kaiserswerth, Ludenberg und Rath, Düsseldorf 1908, 38.

[339] Vgl. SAD III 4719, Bl. 258.

nagel (Christi Hilf), Pfarrer Anton Höhne (Mariä Empfängnis), Pfarrer Theodor Bollig (Maria Himmelfahrt) und Hyazinthe Weckbecker (Vorsitzende des Frauenvereins für Pempelfort und Flingern) etwa 40 Frauen beitraten[340]. Unmittelbar nach Konstituierung des Bauvereins begab sich der Frauenverein, in dem seit der Generalversammlung vom 7. Januar 1891 nicht mehr alle, sondern nur noch "römisch-katholische" Mitglieder stimmberechtigt waren[341], zur Baustelle, wo noch am gleichen Tag die feierliche Segnung des Grundsteins für den bereits bis zur ersten Etage fertig gestellten Rohbau durch Rektor Jakob Spickernagel erfolgte[342]. In einem Aufruf des Baukomitees heißt es über Bedeutung und Nutzen des Klosters: "In dasselbe werden sowohl solche, der Schule entlassene Mädchen aufgenommen, die wegen ihres jugendlichen Leichtsinnes, oder ihrer jugendlichen Unerfahrenheit in großer Gefahr stehen, den Weg des Guten zu verlassen, als auch solche, die wirklich schon auf Abwege gerathen sind, aber den guten Willen der Besserung zeigen. Die Aufgabe, welche sich die Anstalt gestellt hat, ist nun die, mit Hilfe der Gnade Gottes an der sittlichen Hebung und Vervollkommnung dieser armen Mädchen zu arbeiten, zugleich aber auch dieselben in den für ihr späteres Leben nothwendigen weiblichen Arbeiten zu unterweisen. Kann es wohl einen edleren und gottgefälligeren Zweck geben, als den, arme Kinder deren Unschuld und Tugend gefährdet ist, im Guten zu erhalten und zu befestigen, oder auch jene, die den guten Weg verlassen haben, dem Verderben zu entreißen und sie wieder zu würdigen Gliedern der menschlichen Gesellschaft heranzubilden ? ... Die Erfahrung lehrt, daß bei sehr vielen armen Mädchen, die dem Kloster 'Christi Hilf' zur Erziehung anvertraut werden, nicht eigentliche Bosheit die Ursache ihres tadelhaften Lebenswandels ist, sondern, daß davon die äußeren, oft überaus traurigen Lebensverhältnisse dieser armen Kinder zumeist die größte Schuld tragen. In der Regel ist die schlechte häusliche Erziehung derselben in den Jahren der Kindheit der tiefere Grund ihres späteren leichtsinnigen Verhaltens, nicht selten aber auch ist in den gefährlichen Jahren der reiferen Jugend der Mangel an Überwachung von Seiten der Eltern und Vorgesetzten dieser Kinder in Beziehung auf ihren Umgang und Verkehr der Grund ihres sittlichen Unterganges"[343].

Am 28. Januar 1894 konnte das Düsseldorfer Volksblatt den Bezug der neuen Rettungsanstalt Christi Hilf vermelden: "In aller Stille geschah in der vergangenen Woche der Umzug der Töchter vom hl. Kreuz mit den denselben zur Besserung anvertrauten, verwahrlosten Mädchen aller Konfessionen aus ihrer seit den vierziger Jahren unter dem Namen 'Christi Hilf' bekannten, in der Gerresheimerstraße gelegenen Wohnung in das in der Flur Straße neuerbaute 'Christi Hilf', um dort mit Gottes Hülfe ihr segensreiches Wirken in größerem Maßstabe fortsetzen zu können"[344]. Voll des Lobes über das neue

---

[340] Vgl. DV 14.07.1892.
[341] Vgl. NHS Regierung Düsseldorf 29424, 21.05.1890; SAD III 1178, 03.04.1890, 21.05.1890, 07.01.1891, 08.01.1891, 30.01.1892 und 30.10.1900; DV 14.07.1892. Seit dem 7. Januar 1891 führte der Verein den Namen "Katholischer Frauenverein in den Armenbezirken Pempelfort und Flingern", seit dem 20. Juni 1902 die Bezeichnung "Katholischer Frauenverein zu Düsseldorf" (vgl. SAD III 1178, 20.06.1902 und 09.09.1902; ALD Grundbuchblatt Pempelfort 4044, 20.06.1902).
[342] Vgl. AEK GVA Düsseldorf überhaupt 15.1, 06.06.1892; SAD III 4719, 07.01.1892.
[343] SAD XXIII 366, S. 295 f.
[344] DV 28.01.1894.

3. Töchter vom Heiligen Kreuz Flingern

Haus berichtete das Blatt weiter: "Der Frauenverein für Pempelfort und Flingern zur Erziehung verwahrloster Mädchen, hat es sich angelegen sein lassen, den Schwestern durch Erbauung eines gesunden und freundlichen mit den besten Einrichtungen der Neuzeit versehenen Heimes, die übernommenen schweren Pflichten nach allen Seiten hin zu ermöglichen und zu erleichtern. Große, luftige und trockene Räume bieten den von der Außenwelt Abgeschlossenen einen gesunden und freundlichen Aufenthalt bei den verschiedenen Arbeiten des Nähens, Stickens etc.. Die neuesten Apparate, wie Wasch-, Spül-, Schleuder- und Mangelmaschine, von einer 10pferd. Dampfkraft getrieben, sowie eine Bleiche garantieren für eine schnelle und sorgfältige Ausführung der anvertrauten Wäsche"[345]. Die Kapelle des Hauses wurde zu Ehren der Gottesmutter und des Hl. Joseph geweiht[346]. Zur Tilgung der Bauschulden verkaufte der Frauenverein das alte, am 31. Mai 1893 vom Orden erworbene Kloster an der Gerresheimer Straße für 155000 Mark an Oberrentmeister Norbert Berenbrok[347]; zurückbehalten wurde nur die bisherige Waschküche, die nach einem Umbau als Kinderbewahr- und Gewerbeschule sowie Annahmestelle für das neue Haus diente[348]. Erst am 11. November 1899 wurden beide Schulanstalten in das Marienheim an der Leopoldstraße verlegt[349].

Das Kloster an der Flurstraße, das den Töchtern vom Hl. Kreuz vom Katholischen Frauenverein 1897 verpachtet und 1902 übereignet worden war[350], bot Platz "zur Bewahrung und Besserung" von etwa 200 "sittlich gefährdeten, verwahrlosten oder gefallenen Mädchen"[351]. Die Tätigkeit der Schwestern blieb zunächst auf die weibliche Fürsorgeerziehung und die ambulante Krankenpflege in Flingern beschränkt[352]. Erst nach der Jahrhundertwende wurde die Anstalt am 5. Februar 1901 um eine Kinderbewahrschule[353] und am 10. Juni 1901 um eine Handarbeitsschule erweitert[354].

---

[345] DV 28.01.1894. Vgl. auch AEK GVA Düsseldorf überhaupt 15.1, 24.01.1894.
[346] Vgl. AEK GVA Düsseldorf überhaupt 15.1, 24.01.1894; Handbuch der Erzdiözese Köln 17 (1895), 92.
[347] Vgl. AEK GVA Düsseldorf überhaupt 15.1, 02.06.1892, 31.05.1893 und 06.06.1893; SAD III 1178, 08.07.1893 und 16.08.1893.
[348] Vgl. DV 17.04.1893.
[349] Vgl. NHS Regierung Düsseldorf 29424, 12.05.1900; DV 12.11.1899; DV 29.01.1900.
[350] Vgl. AEK GVA Düsseldorf überhaupt 15.1, 02.12.1895, 02.06.1896, 22.02.1897 und 20.08.1897; SAD III 4719, Bl. 258 f.
[351] Vgl. SAD III 4719, 31.07.1875; DV 14.12.1893; Max Brandts, Anstalten zur Bewahrung und Besserung sittlich gefährdeter, verwahrloster oder gefallener Mädchen, in: Arbeiterwohl Jg. 14 Nr. 1/2 (Januar/Februar 1894), 23 - 27, 26.
[352] Vgl. DV 29.07.1899.
[353] Vgl. NHS Regierung Düsseldorf 29424, 20.02.1901; SAD III 4719, 15.09.1900 und 07.02.1901.
[354] Vgl. NHS Regierung Düsseldorf 29424, 18.07.1901; SAD III 4719, 15.09.1900 und 25.06.1901; Bericht über den Stand und die Verwaltung der Gemeinde - Angelegenheiten der Stadt Düsseldorf für den Zeitraum vom 1. April 1900 bis 31. März 1901, Düsseldorf 1901, 76; Adreßbuch der Wohlfahrtseinrichtungen in Düsseldorf. Auf Grund der von der städtischen Armenverwaltung beschafften Unterlagen bearbeitet im städtischen Statistischen Amte, Düsseldorf 1910, 23.

Töchter vom Heiligen Kreuz Altestadt

Nicht ohne Einfluss auf das Wirken der Töchter vom Hl. Kreuz in Düsseldorf blieb das Bismarcksche Krankenversicherungsgesetz, das am 15. Juni 1883 in Kraft getreten war und das bunte Bild weithin leistungsschwacher Unterstützungskassen ablöste[355]. Faktisch klammerte die neue Gesetzgebung die Krankenfürsorge aus dem Bereich der Armenpflege aus und markierte damit das Ende einer Epoche. Vor allem die Arbeit der Krankenhäuser, die wegen der Vorzüge einer stationären Behandlung zunehmend von allen Volkskreisen aufgesucht wurden, wurde finanziell auf eine völlig neue Basis gestellt. Um der steigenden Zahl von Patienten eine qualifizierte Behandlung zu bieten, musste in Düsseldorf vor allem das Krankenhaus der barmherzigen Schwestern in der Altestadt vergrößert und die Zahl der Betten wie auch des Personals vermehrt werden.

Schon im Jahre 1880 hatte der Krankenhausvorstand erwogen, das östlich an das ehemalige Karmelitessenkloster anschließende, bereits von den Cellitinnen am 4. November 1840 zur Erweiterung erworbene, bislang aber vermietete Haus Altestadt 2 niederzulegen und durch einen Neubau zu ersetzen[356]. Nach chronikalen Aufzeichnungen kam es aber erst "1882 den 28. Juli zur Grundsteinlegung"; der im Jahre 1883 fertig gestellte und bezogene Erweiterungsbau "bot eine Reihe besserer Zimmer in 2 Stockwerken"[357]. Nach der Jahrhundertwende wurden 1907 die Häuser Ritterstr. 5 und Altestadt 4 für 62000 Mark von den Erben des Malers Peter Joseph Minjon angekauft[358]. Schon

---

[355] Vgl. NN, Gesetz, betreffend die Krankenversicherung der Arbeiter. Vom 15. Juni 1883, in: Reichs - Gesetzblatt Nr. 9 (15.04.1883), 73 - 104, 73 ff; Wilhelm Zeller, Das Reichsgesetz, betreffend die Krankenversicherung der Arbeiter. Vom 15. Juni 1883. Mit einer geschichtlichen Einleitung, einer Darstellung der Prinzipien des Gesetzes auf Grund der Motive, Kommissionsberichte und Reichstagsverhandlungen, sowie kurzen Noten und alphabetischem Sachregister, Nördlingen 1883, 1 ff; Georg Eucken - Addenhausen, Krankenversicherungsgesetz. Text - Ausgabe mit Einleitung, Anmerkungen, Anhang und Sachregister, Berlin 1903[10], 42 ff.

[356] Vgl. THD Fach 9, Akten betreffend des Grundbesitz des Hospitals 1838 - 1938, 04.11.1840; THD Fach 12, Erweiterungen 1860 - 1900, 12.07.1880 und 05.10.1880; THD Chronik des Hospitals Maria - Theresia 1921 - 1936, S. 14; SAD VI 17682, 31.03.1881, 09.08.1881, 30.03.1882 und 22.04.1882; DZ 07.03.1840; Die Heil - Anstalt für weibliche Kranke im Elisabethen - Kloster, während des Jahres 1840. Sechster Bericht der barmherzigen Schwestern Celliten - Ordens von der Regel des heiligen Augustin zu Düsseldorf, Düsseldorf 1841, 11.

[357] Vgl. THD Fach 6, Beschluß - Buch des Vorstandes der Kranken - Anstalt der barmherzigen Schwestern, Töchter vom heiligen Kreuz, 1880 - 1931, S. 1 f; THD Fach 12, Erweiterungen 1860 - 1900, 28.07.1882; THD Chronik des Hospitals Maria - Theresia 1921 - 1936, S. 14; PfA Düsseldorf St. Lambertus Akten 39, Bl. 1; NHS Regierung Düsseldorf 29421, 26.03.1884; Heinrich Ferber, Historische Wanderung durch die alte Stadt Düsseldorf Bd. 1, Düsseldorf 1889, 21; Fest - Bericht zur Einweihung des neuen Hospitalgebäudes der barmherzigen Schwestern Töchter vom heiligen Kreuz zu Düsseldorf, den 4. Juni 1912, Düsseldorf 1912, 5 f.

[358] Vgl. THD Fach 6, Beschluß - Buch des Vorstandes der Kranken - Anstalt der barmherzigen Schwestern, Töchter vom heiligen Kreuz, 1880 - 1931, S. 42 f, 48 und 53; THD Fach 9, Akten betreffend des Grundbesitz des Hospitals 1838 - 1938, 11.02.1907 und 01.08.1907; THD Chronik des Hospitals Maria - Theresia 1921 - 1936, S. 21 f; NHS Regierung Düsseldorf 18411, 08.01.1909 und 10.03.1909; Fest - Bericht zur Einweihung des neuen Hospitalgebäudes der barmherzigen Schwestern Töchter vom heiligen Kreuz zu Düsseldorf, den 4. Juni 1912, Düsseldorf 1912, 6; Heinrich Ferber, Historische Wande-

3. Töchter vom Heiligen Kreuz Altestadt

zuvor war Joseph Kleesattel mit dem Entwurf für einen Umbau des Hauses beauftragt worden[359], doch gelangte das Vorhaben nicht mehr zur Ausführung. Der Krankenhausvorstand hatte am 5. November 1906 einen vollständigen Hospitalneubau unter Einschluss der Häuser Altestadt 2 und 4 beschlossen, da das Krankenhaus trotz Erweiterung in keiner Weise den gestiegenen Anforderungen moderner Krankenpflege genügte[360]. "Die Fortschritte der Hygiene und der Chirurgie, die gesteigerten Ansprüche der Patienten aller Kassen, auch der Krankenkassen, der berechtigte Wunsch, hinter den mustergültigen neuen Hospitälern in der Stadt nicht zurückzubleiben", so ein Bericht aus dem Jahre 1912, "zwangen den Vorstand, die alten Gebäude zu opfern und die nun vollendete moderne Anstalt an deren Stelle zu errichten"[361]. Gemeint war das neue Hospitalgebäude der Töchter vom Heiligen Kreuz, das in dreijähriger Bauzeit nach Plänen des Architekten Caspar Clemens Pickel (1847 - 1939) auf dem Gelände "de Kammeletese" ausgeführt wurde[362].

Als im Frühjahr 1909 alle Patienten des "Klösterkes" in das Marienhospital und die Städtischen Krankenanstalten verlegt waren[363], mieteten die Schwestern das Haus Karlstr. 129, das Platz zur Aufnahme von 20 bis 30 Kranken der Chirurgisch - Klinischen Abteilung "im Stil einer ruhigen und vornehmen Privatklinik" bot und am 15. Juni bezogen wurde[364]. Nachdem Ende 1909 die alten Krankenhausbauten mit Ausnahme der Josephskapelle abgebrochen waren[365], wurde am 31. Juli 1910 in der Altestadt durch Dechant Johannes Kribben der Grundstein für ein neues "Kreuzschwestern - Hospital"

---

rung durch die alte Stadt Düsseldorf Bd. 1, Düsseldorf 1889, 21 f; Franz - Ludwig Greb, Die Geschichte des "Karmelitessenklosters", in: Edmund Spohr, Das Theresienhospital. Ein Stück Düsseldorfer Stadtgeschichte 1288 - 1980, Düsseldorf 1980, 29 - 60, 57 f.

[359] Vgl. THD Fach 6, Beschluß - Buch des Vorstandes der Kranken - Anstalt der barmherzigen Schwestern, Töchter vom heiligen Kreuz, 1880 - 1931, S. 42 ff.

[360] Vgl. THD Fach 6, Beschluß - Buch des Vorstandes der Kranken - Anstalt der barmherzigen Schwestern, Töchter vom heiligen Kreuz, 1880 - 1931, S. 47.

[361] Fest - Bericht zur Einweihung des neuen Hospitalgebäudes der barmherzigen Schwestern Töchter vom heiligen Kreuz zu Düsseldorf, den 4. Juni 1912, Düsseldorf 1912, 6. Vgl. auch THD Fach 9, Akten betreffend des Grundbesitz des Hospitals 1838 - 1938, 10.03.1911; DT 31.07.1910.

[362] Vgl. THD Fach 6, Beschluß - Buch des Vorstandes der Kranken - Anstalt der barmherzigen Schwestern, Töchter vom heiligen Kreuz, 1880 - 1931, S. 48 f, 65 und 68; SAD VI 17144, 18.05.1909; Heinrich Carl Ständer, "Et Klösterke" am Rhein, in: Kirchenzeitung für das Erzbistum Köln Jg. 16 Nr. 35 (27.08.1961), 17; Horst Schmitges, Caspar Clemens Pickel 1847 - 1939. Beiträge zum Kirchenbau des 19. Jahrhunderts, München 1971, 126.

[363] Vgl. THD Fach 6, Beschluß - Buch des Vorstandes der Kranken - Anstalt der barmherzigen Schwestern, Töchter vom heiligen Kreuz, 1880 - 1931, S. 74; DT 19.06.1909.

[364] Vgl. THD Fach 6, Beschluß - Buch des Vorstandes der Kranken - Anstalt der barmherzigen Schwestern, Töchter vom heiligen Kreuz, 1880 - 1931, S. 70, 74 und 85; NHS Regierung Düsseldorf 29422, 1909; NHS Regierung Düsseldorf 54576, 14.03.1909; DT 19.06.1909; DT 31.07.1910; Unter dem Kreuzesbanner im Schatten von Sankt Lambertus. Geschichte des Theresienhospitals Düsseldorf 1852 - 1952, Aspel 1952, 36.

[365] Vgl. THD Fach 6, Beschluß - Buch des Vorstandes der Kranken - Anstalt der barmherzigen Schwestern, Töchter vom heiligen Kreuz, 1880 - 1931, S. 75 und 77.

(früher Stiftsplatz 13, heute Altestadt 2/4) gelegt[366]. Der viergeschossige Neubau mit 150 Betten, eingeweiht am 4. Juni 1912[367], lag mit seiner Hauptfront am Stiftsplatz, zog sich hinter der Karmelitessenkapelle zum Schlossufer hinüber und an diesem entlang bis zur Ritterstraße[368]. Zum Garten hin hatte das Gebäude zwei Rückflügel, wo u.a. das Isolierhaus für Infektionskranke untergebracht war. Das Krankenhaus war nach dem Korridorsystem erbaut; "es sind dabei die Krankenzimmer so verteilt, daß auch in der dritten Klasse eine Anzahl Zimmer mit nur zwei Betten für Schwerkranke geschaffen sind; die übrigen Zimmer der Dritten Klasse haben vier, sechs und sieben Betten; und nur drei Zimmer sind so groß, daß sie mit zehn Betten belegt werden können"[369]. Im Gedenken an die Ordensstifterin Maria Theresia Haze erhielt das neue Haus schon bald den Namen "Maria - Theresia - Hospital"[370], doch wurde am 19. November 1914 auf Antrag des Marienhospitals zur Vermeidung von Verwechslungen die heute noch übliche Bezeichnung "Theresienhospital" eingeführt[371].

Töchter vom Heiligen Kreuz Rath

Das blühende und bei der Düsseldorfer Bürgerschaft sehr beliebte Krankenhaus der Töchter vom Hl. Kreuz in der Altestadt hatte die Bewohner der Bürgermeisterei Rath schon um die Jahrhundertwende zur Nachahmung angeregt[372]. Im letzten Dezennium des 19. Jahrhunderts waren in der kleinen Landgemeinde eine Reihe größerer Fabrikwerke entstanden, die den Zuzug zahlreicher Arbeiter aus der näheren Umgebung, aber auch aus entfernteren Gegenden begünstigten[373]. Die Zunahme der Bevölkerung stellte mancherlei wirtschaftliche und soziale Forderungen an die Verwaltung der Gemeinde, wobei vor allem die medizinische Versorgung schnell an die Grenzen ihrer Leistungsfähigkeit zu stoßen drohte. Besonnene Männer wie der Rather Bürgermeister Anton David, der katholische Pfarrer Karl Brucherseifer und der evangelische Pastor Ferdinand

---

[366] Vgl. THD Fach 6, Beschluß - Buch des Vorstandes der Kranken - Anstalt der barmherzigen Schwestern, Töchter vom heiligen Kreuz, 1880 - 1931, S. 81 und 85; SAD IV 2365, Bl. 39; DT 29.07.1910; DT 31.07.1910; DT 01.08.1910; DT 02.08.1910.

[367] Vgl. SAD IV 2365, 12.08.1912; DT 05.06.1912.

[368] Vgl. DT 25.05.1912; DT 30.05.1912.

[369] Fest - Bericht zur Einweihung des neuen Hospitalgebäudes der barmherzigen Schwestern Töchter vom heiligen Kreuz zu Düsseldorf, den 4. Juni 1912, Düsseldorf 1912, 8.

[370] Vgl. SAD IV 2365, 12.08.1912; Alfons Väth, Unter dem Kreuzesbanner. Die ehrwürdige Mutter Maria Theresia Haze und ihre Stiftung die Genossenschaft der Töchter vom heiligen Kreuz, Düsseldorf 1922, 196.

[371] Vgl. THD Fach 6, Beschluß - Buch des Vorstandes der Kranken - Anstalt der barmherzigen Schwestern, Töchter vom heiligen Kreuz, 1880 - 1931, S. 118; SAD III 18411, Bl. 147.

[372] Vgl. DT 09.12.1904; DT 23.12.1904.

[373] Vgl. Karl Artur Siebel, Die geschichtliche Entwicklung von Rath. Nach einem auf dem I. Rather Volks - Unterhaltungsabend am 27. März 1904 gehaltenen Vortrage, Düsseldorf 1904, 13 f; DT 04.11.1931.

3. Töchter vom Heiligen Kreuz Rath

Haberkamp erkannten den Mangel und fassten schon früh den Plan, für die Gemeinde Rath ein eigenes Krankenhaus zu errichten[374].

Da die Geschwister Wenders, deren Familie durch Grundstücksverkäufe an die Firma Mannesmann zu Wohlstand gekommen war[375], der Pfarrei St. Joseph bereits im Jahre 1898 die Überlassung eines Grundstückes zum Bau einer klösterlichen Niederlassung im heutigen Oberrath in Aussicht gestellt hatten[376], ergriff die katholische Kirchengemeinde die weitere Initiative. Am 16. Juli 1901 fasste der Kirchenvorstand den Beschluss, "daß ein Krankenhaus auf dem nahe der Kirche gelegenen Grundstück ... mit einer Bausumme von etwa 40 - 50000 Mark gebaut werden soll". Zur Erlangung "eines sicheren Planes" wurde der Bauunternehmer Heinrich Eßmann beauftragt, "Pläne und Kostenanschläge für den Bau des Krankenhauses aufzustellen"[377]. Als der Düsseldorfer Bauunternehmer einen Bauplan in Höhe von 110000 Mark vorlegte, wurde dieser in der Kirchenvorstandssitzung vom 9. September 1901 "als zweckmäßig und schön anerkannt", doch waren die Mitglieder der Meinung, "daß man wegen der Höhe der Bausumme vorläufig von der Ausführung Abstand nehmen müsse". Mit Rücksicht "auf das große Bedürfnis eines Krankenhauses hierselbst" geriet der Bau jedoch nicht aus dem Blick. "Als nächster Weg zur Lösung der Frage wurde vorgeschlagen und beschlossen, daß dem Orden der Dienstmägde Christi das Ersuchen unterbreitet werden soll, den Bau zu übernehmen, wozu der vorhandene Platz zur Verfügung gestellt wird"[378]. Nach einer Notiz von Pfarrer Karl Brucherseifer an das Kölner Generalvikariat vom 17. August 1901 sollten die Dernbacher Schwestern für die 6000 Katholiken der Bürgermeisterei Rath eine Gemeindestation mit ambulanter Krankenpflege, Kleinkinderbewahrschule und Haushaltungsschule einrichten[379]. Von einem Krankenhaus war in dem Schreiben keine Rede. Daher überrascht die Mitteilung des Vorsitzenden in der Kirchenvorstandsitzung vom 28. Oktober 1901, "daß die Schwestern in Dernbach nicht geneigt seien, hier ein Krankenhaus auf eigene Rechnung zu erbauen". Hierzu bereit waren jedoch die Töchter vom Hl. Kreuz, deren Angebot in gleicher Sitzung "mit Dank" angenommen wurde[380]. Mit Schreiben vom 27. November 1901 ersuchte der Kirchenvorstand beim Düsseldorfer Regierungspräsidenten die Genehmigung, unter Leitung der Töchter vom Hl. Kreuz in Rath ein Krankenhaus zur Aufnahme von Patienten beider Konfessionen, eine ambulante Krankenpflegestation, eine Bewahrschule sowie eine Handarbeits- und Haushaltungsschule für Mädchen "gegen das soziale Elend der Arbeiterfamilien" einrichten zu dürfen[381].

---

[374] Vgl. DT 09.11.1929.
[375] Vgl. Antje Olivier, "Min Vatter jeht no Mannesmann". Durch Rath und Aaper Wald, in: Udo Achten, Düsseldorf zu Fuß. 17 Stadtteilrundgänge durch Geschichte und Gegenwart, Hamburg 1989, 155 - 164, 161.
[376] Vgl. AEK GVA Rath St. Josef 5, 27.07.1898.
[377] PfA Rath St. Joseph, Protokollbuch des Kirchenvorstandes zu Rath 1901 - 1963, 16.07.1901.
[378] PfA Rath St. Joseph, Protokollbuch des Kirchenvorstandes zu Rath 1901 - 1963, 09.09.1901.
[379] Vgl. AEK GVA Düsseldorf überhaupt 58, 17.08.1901.
[380] Vgl. AEK GVA Düsseldorf überhaupt 58, 26.10.1901 und 28.10.1901.
[381] Vgl. NHS Regierung Düsseldorf 29449, 27.11.1901; SAD III 4742, 25.03.1902.

Da das 2,5 Morgen große Grundstück aus dem Besitz der Geschwister Wenders und ein Kapital von 15000 Mark bereits vorhanden waren[382], konnte 1903 der Bau eines Krankenhauses und einer Schwesternstation in Rath sofort nach Eintreffen der staatlichen Genehmigung in Angriff genommen werden[383]. Schon im April des folgenden Jahres war der Rohbau vollendet[384], so dass die Töchter vom Hl. Kreuz am 28. September 1904 nach Rath ziehen[385] und am 15. November 1904 in dem der ordenseigenen "Aktiengesellschaft für gemeinnützige Unternehmungen zum Zwecke der Erziehung und Krankenpflege" überschriebenen Krankenhaus an der Augustastr. 7 (heute Amalienstr. 9) ihren Pflegedienst aufnehmen konnten[386]. Feierlich eröffnet wurde das Rather Krankenhaus mit seinen 75 Betten am 19. Dezember 1904[387]; zuvor war schon am 1. Dezember 1904 eine kleine Hauskapelle eingesegnet worden[388]. "Wie sehr ein Krankenhaus den Verhältnissen des stark aufblühenden Ortes Rath entspricht, geht schon daraus hervor", so das Düsseldorfer Tageblatt vom 2. Dezember 1904, "daß gleich in den ersten Tagen 5 Kranke Aufnahme fanden"[389]. Neben ambulanter und stationärer Krankenpflege leiteten die Schwestern eine am 15. Januar 1905 eröffnete Handarbeitsschule[390] und eine am 1. Juni 1909 neben der Volksschule Moltkestr. 69 (heute Helmutstr. 69) eingerichtete Kleinkinderbewahrschule[391]; zur gleichen Zeit traf am 12. Mai 1909 die Genehmigung zur Unterhaltung einer anstaltseigenen Krankenpflegeschule ein[392]. Nach der Eingemeindung von Rath zur Stadt Düsseldorf im Jahre 1909 wurde der ursprüngliche Name "St. Josephs - Krankenhaus" in "Augusta - Krankenhaus" geändert[393], um Verwechselungen mit dem Josephskrankenhaus in Oberbilk zu vermeiden.

---

[382] Vgl. AEK GVA Düsseldorf überhaupt 58, 26.10.1901; PfA Rath St. Joseph, Protokollbuch des Kirchenvorstandes zu Rath 1901 - 1963, 16.07.1901; NHS Regierung Düsseldorf 29449, 27.11.1901.
[383] Vgl. NHS Regierung Düsseldorf 54069, Bl. 1 ff; NHS Landrat Düsseldorf 155, 28.12.1903; NHS Landrat Düsseldorf 312, 13.02.1903 und 24.02.1903; SAD IV 2370, 15.12.1902; BSD Bauakte Amalienstr. 9, 29.06.1903.
[384] Vgl. NHS Regierung Düsseldorf 29449, 27.09.1904; NHS Landrat Düsseldorf 312, 05.04.1904.
[385] Vgl. AEK GVA Düsseldorf überhaupt 58, 16.09.1904; NHS Regierung Düsseldorf 29449, 31.12.1904; SAD III 4742, 31.12.1904; DT 27.09.1904.
[386] Vgl. DT 02.12.1904; DT 31.07.1906.
[387] Vgl. SAD IV 2370, 16.12.1904; DT 09.12.1904; DT 23.12.1904.
[388] Vgl. AEK GVA Rath St. Josef 7, 01.12.1904; DT 02.12.1904; DT 09.12.1904.
[389] DT 02.12.1904.
[390] Vgl. NHS Regierung Düsseldorf 29449, 05.06.1905.
[391] Vgl. NHS Regierung Düsseldorf 29449, 09.09.1908 und 26.06.1909; DT 29.05.1909.
[392] Vgl. SAD IV 2370, 12.05.1909.
[393] Vgl. DT 23.12.1904; Adreßbuch 1910 für die Stadtgemeinde Düsseldorf und die Bürgermeistereien Benrath und Kaiserswerth, Düsseldorf 1910, 16; Adreßbuch 1911 für die Stadtgemeinde Düsseldorf und die Bürgermeistereien Benrath und Kaiserswerth, Düsseldorf 1911, 15.

Vinzentinerinnen Derendorf

Wie die Töchter vom Hl. Kreuz sind auch die Vinzentinerinnen aus der Geschichte der Düsseldorfer Armen- und Krankenfürsorge nicht wegzudenken, obwohl sie erst verhältnismäßig spät den Weg nach Düsseldorf fanden. Wegbereiter war der Derendorfer Pfarrer Heinrich Saedler (1887 - 1903), der im April 1894 das Mutterhaus der Vinzentinerinnen in Köln - Nippes um die Entsendung einiger Schwestern "behufs Übernahme einer Anstalt zur Pflege der Kranken und Armen" im Bereich der "ausgedehnten und bevölkerten" Dreifaltigkeitspfarre ersuchte[394]. "Die Berufung von barmherzigen Schwestern zu genanntem Zwecke", so Pfarrer Heinrich Saedler in einem Schreiben vom 13. Juni 1894, "ist hierselbst schon längst als ein dringendes Bedürfnis empfunden worden; demselben können die in der Stadt bestehenden, demselben Zwecke dienenden Anstalten nicht abhelfen, weil dieselben zu weit von dem hiesigen, den ganzen nördlichen und nordöstlichen Stadttheil umfassenden, großen Arbeitsfelde entfernt sind. Die Armuth ist eine große; von den mehr als 12000 Bewohnern der Pfarre gehört weitaus die größte Zahl dem Arbeiterstande an, das Elend in manchen Familien ist übergroß und es mehrt sich die Dürftigkeit, weil immer mehr arme Familien zuziehen. Die Schwestern sollen in die Häuser der Armen eintreten und uns behülflich sein, die materielle Noth sowohl, als die sittlichen Schäden, welche der Druck der Verhältnisse, die sociale Zeitströmung und andere Einflüsse in den Hütten armer Arbeiterfamilien haben, zu heilen. Sie sollen die armen Kranken, welche wegen der Arbeit der übrigen erwachsenen Familienglieder mit ihren Kleinen in hülfloser Lage sich befinden und der nöthigen Pflege entbehren, während des Tages in den Häusern pflegen. Sie sollen eine Armenküche einrichten, in welcher arme Kinder der Pfarre eine kräftige Nahrung erhalten; denn leider müssen wir gar zu oft die traurige Erfahrung machen, daß die Kinder pflichtvergessener Eltern darben und nicht selten sind die Fälle, daß arme Kinder im Winter hungern und ohne warmes Frühstück zur Schule geschickt werden. Ferner sollen sie eine Näh- und Handarbeitsschule einrichten, in welcher außerhalb der Schulzeit noch schulpflichtige Mädchen, welche wegen Abwesenheit der Eltern sich selbst überlassen sind, zumal an den langen Winterabenden unentgeltlich beaufsichtigt und beschäftigt werden, auch der Schule entlassene Mädchen weitere Ausbildung und Schutz gegen die ihnen allerwärts drohenden sittlichen Gefahren. Endlich ist auch die Gründung einer Bewahranstalt ins Auge gefasst, in welcher arme Kinder gleichfalls unentgeltliche Aufnahme finden"[395]. Zur provisorischen Aufnahme der Vinzentinerinnen, die zunächst mit ambulanter Armen- und Krankenpflege sowie Einrichtung einer Armenküche beginnen sollten, stand ein von der Pfarrei für diese Zwecke angemietetes Doppelhaus Schlossstr. 83/85 zur Verfügung[396].

---

[394] Vgl. PfA Derendorf Hl. Dreifaltigkeit 20, 13.06.1894 und 06.12.1894; NHS Regierung Düsseldorf 29426, 13.06.1894.
[395] PfA Derendorf Hl. Dreifaltigkeit 20, 13.06.1894; NHS Regierung Düsseldorf 29426, 13.06.1894. Vgl. auch AEK GVA Düsseldorf überhaupt 34, 21.05.1894.
[396] Vgl. PfA Derendorf Hl. Dreifaltigkeit 20, 13.06.1894; NHS Regierung Düsseldorf 29426, 13.06.1894; NN, Düsseldorf, in: Annalen der Congregation der Mission oder Sammlung erbaulicher Briefe der Priester dieser Congregation und der barmherzigen Schwestern Jg. 5 Nr. 3 (1898), 359 - 369, 359 f.

Noch vor Unterzeichnung eines Vertrages (6. Dezember 1894) zwischen der Pfarrei und der Genossenschaft über Umfang und Vergütung der Tätigkeit[397], war am 3. Dezember 1894 Schwester Maria Thelen nach Derendorf gezogen, der innerhalb einer Woche noch vier weitere Vinzentinerinnen aus Nippes folgten[398]. In Aufzeichnungen der ersten Oberin Philippa Hilgers (1894 - 1928) heißt es über den Zustand der vorgefundenen Unterkunft in der Schlossstraße: "Das Häuschen war ein Anbau, ein sogenanntes Doppelhaus. Mehrere Familien wohnten in demselben zur Miethe. Vor unserer Ankunft waren alle ausgezogen ohne die Räume besenrein gemacht zu haben"[399]. Die Anfänge der Vinzentinerinnen in Düsseldorf waren außerordentlich bescheiden. "Nichts von Möbeln und Einrichtungsgegenständen fand sich vor, nicht einmal ein Ofen oder Herd. ... Das Betzimmerchen war ganz leer, und die Schwestern knieten bei ihren gemeinsamen Übungen auf dem Boden vor einem Kruzifix, daß an der sonst ganz leeren Wand hing"[400]. Glaubt man den überlieferten Nachrichten, gab es zunächst kaum Almosen, "da die Schwestern in der fremdartigen Tracht unbekannt waren und fast mit Misstrauen angesehen wurden"[401].

Noch im Winter 1894/95 eröffneten die Vinzentinerinnen eine Suppenküche, "die täglich über 100 Portionen austeilte und dazu noch armen Kindern warmes Frühstück und Vesperbrot verabreichte"[402]. Außerdem übernahmen die Schwestern am 1. Juni 1895 die Leitung der katholischen Bewahrschule an der Nordstr. 94, die im Jahre 1881 von Caroline Prosch als privates Institut eingerichtet worden war[403]. Etwa zur gleichen Zeit wurde das Vinzenzhaus in der Schlossstraße um einen größeren Saalbau erweitert. "Nun war Raum da, um den Fabrickmädchen, denen man ein Asyl einrichtete, auch einen Vereinssaal, sowie Zimmer für Näh- und Flickunterricht zur Verfügung zu stellen"[404]. Die vielseitige Tätigkeit der Schwestern wurde nochmals erweitert, als der Düs-

---

[397] Vgl. MVK 49, 06.12.1894; PfA Derendorf Hl. Dreifaltigkeit 20, 06.12.1894.
[398] Vgl. NHS Regierung Düsseldorf 29426, 1894; SAD III 4734, 1894; DV 07.01.1895.
[399] MVK 49, Aufzeichnungen Philippa Hilgers, 1894 ff.
[400] DT 02.12.1919. Vgl. auch NN, Düsseldorf, in: Annalen der Congregation der Mission oder Sammlung erbaulicher Briefe der Priester dieser Congregation und der barmherzigen Schwestern Jg. 5 Nr. 3 (1898), 359 - 369, 362 f.
[401] DT 02.12.1919. Vgl. auch NN, Düsseldorf, in: Annalen der Congregation der Mission oder Sammlung erbaulicher Briefe der Priester dieser Congregation und der barmherzigen Schwestern Jg. 5 Nr. 3 (1898), 359 - 369, 362 f.
[402] DT 02.12.1919. Vgl. auch NN, Düsseldorf, in: Annalen der Congregation der Mission oder Sammlung erbaulicher Briefe der Priester dieser Congregation und der barmherzigen Schwestern Jg. 5 Nr. 3 (1898), 359 - 369, 364; Adreßbuch der Wohlfahrtseinrichtungen in Düsseldorf. Auf Grund der von der städtischen Armenverwaltung beschafften Unterlagen bearbeitet im städtischen Statistischen Amte, Düsseldorf 1910, 6.
[403] Vgl. NHS Regierung Düsseldorf 29426, 22.06.1894, 01.06.1895 und 06.07.1895; SAD III 4734, 22.06.1894; SAD III 2381, 14.07.1881, 17.10.1881 und 27.12.1887; BSD Bauakte Nordstr. 94, 10.08.1887.
[404] DT 02.12.1919. Vgl. auch BSD Bauakte Schloßstr. 85, 20.08.1895; NN, Düsseldorf, in: Annalen der Congregation der Mission oder Sammlung erbaulicher Briefe der Priester dieser Congregation und der barmherzigen Schwestern Jg. 5 Nr. 3 (1898), 359 - 369, 365; Franz Rennefeld, Vom alten und neuen Derendorf bis 1948, Manuskript Düsseldorf 1948, 251.

3. Vinzentinerinnen Derendorf

seldorfer Gynäkologe Josef Merttens am 21. August 1895 im Vinzenzhaus ein Operationszimmer für "unterleibsleidende Frauen" einrichtete[405]. Trotz latenter Raumnot mussten die Vinzentinerinnen der Frauenklinik aus Geldmangel immer mehr Räume abtreten, "um dem schreiendsten Bedürfnisse abzuhelfen"[406]. Die Schwestern waren gezwungen, "von einem Zimmer ins andere zu flüchten und schließlich ihre Speise- und Schlafzimmer auf den unwirthlichen Speicher unmittelbar unter dem Dache der zum Notbehelf nebenan erbauten Bewahrschule (Schlossstr. 85, eröffnet 1896[407]) zu verlegen"[408].

Dank "des Anerbietens eines Wohltäters, die Zinsen für den Kaufpreis zahlen zu wollen", konnte die Genossenschaft das Grundstück Schlossstr. 83/85 am 5. März 1897 für 25000 Mark von Adolf Jacob von Eynatten ankaufen[409] und auf dem weitläufigen Areal einen Erweiterungsbau "beim Fehlen jeglicher Mittel im Vertrauen auf die Unterstützung edelgesinnter Menschenfreunde" in Angriff nehmen[410]. Der projektierte Neubau, dessen Grundsteinlegung am 25. September 1897 erfolgt war, sollte die bereits bestehenden Wohlfahrtseinrichtungen (ambulante Armen- und Krankenpflege, Speiseanstalt für Arme, Kleinkinderbewahrschule, Sonntagsschule/Näh- und Flickschule für Fabrikarbeiterinnen, private Frauenklinik) aufnehmen, "sowie auch andern Bedürfnissen dringlicher Natur begegnen"[411]. Hierunter wurde neben der Einrichtung einer Haushaltungsschule (Eröffnung März 1905[412]) vor allem die Eröffnung eines "Asyls für entlassene, weibliche Gefangene"[413] und eines "Mädchenheims" verstanden. Während das von den übrigen Räumen vollständig getrennte Asyl jungen Frauen die Rückkehr "zu einer ehrenhaften Lebensstellung" erleichtern sollte, hatte das Mädchenheim präventive Auf-

---

[405] Vgl. SAD III 4851, 07.08.1896; DT 02.12.1919; Josef Merttens, St. Vincenzhaus, Privatfrauenklinik, Schloßstraße 81, in: Arthur Schloßmann, Die Düsseldorfer Kranken-, Heil- und Pflegeanstalten, Düsseldorf 1926, 256 - 264, 256.

[406] Vgl. PfA Derendorf Hl. Dreifaltigkeit 20, 12.06.1897.

[407] Vgl. AEK GVA Düsseldorf überhaupt 34, 31.01.1896; NHS Regierung Düsseldorf 29426, 19.05.1896; SAD III 4734, 03.01.1893.

[408] AEK GVA Düsseldorf überhaupt 34, März 1898. Vgl. auch NN, Düsseldorf, in: Annalen der Congregation der Mission oder Sammlung erbaulicher Briefe der Priester dieser Congregation und der barmherzigen Schwestern Jg. 5 Nr. 3 (1898), 359 - 369, 360.

[409] Vgl. MVK 49, 05.03.1897; NN, Düsseldorf, in: Annalen der Congregation der Mission oder Sammlung erbaulicher Briefe der Priester dieser Congregation und der barmherzigen Schwestern Jg. 5 Nr. 3 (1898), 359 - 369, 360.

[410] Vgl. PfA Derendorf Hl. Dreifaltigkeit 20, 12.06.1897.

[411] Vgl. AEK GVA Düsseldorf überhaupt 34, März 1898; DV 29.04.1897; NN, Düsseldorf, in: Annalen der Congregation der Mission oder Sammlung erbaulicher Briefe der Priester dieser Congregation und der barmherzigen Schwestern Jg. 5 Nr. 3 (1898), 359 - 369, 367 ff.

[412] Vgl. SAD III 4734, 1905.

[413] Vgl. SKF Protokollbuch des Katholischen Frauenfürsorgevereins Düsseldorf 1903 - 1905, 23.07.1903; Einundsiebzigster Jahresbericht der Rheinisch - Westfälischen Gefängniß - Gesellschaft über das Vereinsjahr 1897/98, Düsseldorf 1898, 193; DV 17.03.1898; NN, Katholischer Fürsorge - Verein für Mädchen und Frauen, in: Charitas. Zeitschrift für die Werke der Nächstenliebe im katholischen Deutschland Jg. 7 Nr. 2 (Februar 1902), 40 - 42, 42; Sechsundsiebzigster Jahresbericht der Rheinisch - Westfälischen Gefängnis - Gesellschaft über das Vereinsjahr 1902/03, Düsseldorf 1903, 185 f.

gaben. "In demselben sollen alleinstehende Fabrikarbeiterinnen, auch sonstige, heimathlose Lohnarbeiterinnen eine Zuchtstätte finden, Kost und Logie erhalten, damit sie vor den in den Logierhäusern vielfach ihnen drohenden religiösen und sittlichen Gefahren, sowie vor der Gelegenheit zur Nachtschwärmei und dem Herumtreiben auf den Straßen bewahrt bezw. denselben entrissen, und durch Anleitung zu einem gesitteten Verhalten und zu einem geregelten Leben vor späteren Familienelend, dem sie sonst zweifellos verfallen würden, geschützt werden"[414]. Unter dem Dach des am 19. September 1898 von Dechant Johannes Kribben eingeweihten Erweiterungsbaues (Jülicher Straße) befanden sich neben den genannten Sozialeinrichtungen auch Krankenzimmer für 40 Betten und großzügige Operationszimmer[415]. Durch einen weiteren Neubau verschmolzen im Frühjahr 1902 die drei Jahre zuvor erneuerten Häuser an der Schlossstraße und der ostwärts gelegene Mittelbau zu einem gemeinsamen Gebäudekomplex[416], der am 1. März 1914 durch Ankauf des angrenzenden Nachbarhauses Schlossstr. 81 zum Alten Friedhof an der Jordanstraße arrondiert wurde[417]. Außerhalb der Pfarrei Hl. Dreifaltigkeit leiteten die Schwestern des Vinzenzhauses die Kleinkinderbewahrschule im St. Adolfushaus (Fischerstr. 75), die am 02.07.1911 mit Einweihung des Vereinshauses der Pfarrei St. Adolfus ihre Türen öffnete[418].

Vinzentinerinnen Oberbilk

Die Errichtung einer zweiten Niederlassung der Vinzentinerinnen im ausgehenden 19. Jahrhundert für den Stadtteil Oberbilk begann mit einem Trick. In den Annalen der kölnischen Provinz heißt es: "Gegen Ende des Jahres 1897 sollten ... die Verhandlungen betreffend die Gründung eines zweiten Hauses zum Abschluß kommen. Ein Doktor, welcher die Schwestern in ihrem ersten Hause in Düsseldorf kennen gelernt hatte, wollte dieselben nun auch in einem Teile dieser Stadt, wo viele Fabriken sind, einführen. Da

---

[414] AEK GVA Düsseldorf überhaupt 34, März 1898. Vgl. auch NN, Düsseldorf, in: Annalen der Congregation der Mission oder Sammlung erbaulicher Briefe der Priester dieser Congregation und der barmherzigen Schwestern Jg. 5 Nr. 3 (1898), 359 - 369, 365 f.
[415] Vgl. NHS Regierung Düsseldorf 54117, 15.05.1898 und 16.08.1898; SAD III 4852, 06.09.1898; DV 18.09.1898; DV 21.09.1898; Josef Merttens, St. Vincenzhaus, Privatfrauenklinik, Schloßstraße 81, in: Arthur Schloßmann, Die Düsseldorfer Kranken-, Heil- und Pflegeanstalten, Düsseldorf 1926, 256 - 264, 256.
[416] Vgl. Sechsundsiebzigster Jahresbericht der Rheinisch - Westfälischen Gefängnis - Gesellschaft über das Vereinsjahr 1902/03, Düsseldorf 1903,185; Franz Rennefeld, Vom alten und neuen Derendorf bis 1948, Manuskript Düsseldorf 1948, 252.
[417] Vgl. AEK GVA Düsseldorf überhaupt 34, März 1898; MVK 49, Aufzeichnungen Philippa Hilgers, 1894 ff; NHS Regierung Düsseldorf 54505, 26.08.1914; SAD IV 2368, 13.09.1912 und 28.03.1914.
[418] Vgl. AEK GVA Düsseldorf überhaupt 34, 12.01.1911; AEK GVA Düsseldorf St. Adolfus 1, 18.04.1909; PfA Derendorf St. Adolfus, Pfarr - Chronik von St. Adolfus 1903 - 1929, 02.07.1911; NHS Regierung Düsseldorf 29386, 01.07.1911; NHS Regierung Düsseldorf 29426, 01.07.1911; SAD III 4734, 01.07.1911; DT 04.07.1911; Bericht über den Stand und die Verwaltung der Gemeinde - Angelegenheiten der Stadt Düsseldorf für den Zeitraum vom 1. April 1911 bis 31. März 1912, Düsseldorf 1912, 77; Johannes Veen, Jugendheime, Düsseldorf 1913, 137 ff.

man in der Diözese Köln den Grundsatz hat, solchen Anstalten, welche einen Doktor persönlich angehören, keine Schwestern zu geben, um zu verhindern, daß der Doktor die Schwestern für seine Privatinteressen ausbeute, so versagte man zuerst die Einwilligung zur Errichtung dieser Anstalt, bis ein Priester, welcher Doktor des Kirchenrechtes war, zu gleicher Zeit wie der Arzt selbst ein kluges Mittel ersannen, wodurch es der kirchlichen Behörde ermöglicht wurde, ihre Zustimmung zu geben, ohne ihrem Grundsatze untreu zu werden. Der Arzt begnügte sich damit, als von den Schwestern aufgenommener Doktor betrachtet zu werden; er überließ ihnen das Eigentumsrecht und streckte ihnen auch die nötige Summe vor, damit sie sich einrichten und für drei Jahre die Miete zahlen konnten"[419].

Die in den Archiven erhaltenen Schriftstücke zur Gründung der Oberbilker Niederlassung bestätigen die geschilderte Vorgehensweise. Nachdem ein Gesuch des Sanitätsrates Gustav Fischer vom 14. September 1897 um Entsendung von Ordensschwestern zur Pflege seiner Patienten zurückgewiesen wurde[420], bot der seit vier Jahren in Oberbilk niedergelassene Arzt der caritativen Vereinigung in Nippes am 11. November 1897 die Überlassung seiner Praxis zu den in den Annalen beschriebenen Konditionen an[421]. Schnell kam es zu einer Verständigung, so dass am 29. Dezember 1897 ein Vertrag aufgesetzt und von beiden Parteien unterzeichnet werden konnte[422]. Bereits am 1. Januar 1898 eröffneten fünf Schwestern vom Hl. Vinzenz in der Kruppstr. 22 unter dem Namen "St. Josephshaus" ein kleines, von Gustav Fischer unterhaltenes "Privat - Hospital" zur Durchführung kleiner Operationen und Behandlung leichter Verletzungen[423]. Die Anstalt war anfangs mit 30 Kranken, "meist Fabrikarbeitern ohne Unterschied der Confession belegt und erwies sich für die umliegenden Fabriken als ein großes wirkliches Bedürfnis, daß man schon nach kaum einem Jahre zu der Überzeugung kam, die Räumlichkeiten des auf 3 Jahre gemieteten Hauses würden nur zu bald nicht mehr ausreichen"[424]. In der Tat beschlossen die Schwestern schon Ende 1899 auf Drängen der Bevölkerung, "einen zweckentsprechenden Bau herzustellen, der einerseits als Hospital, dann aber auch andern Zwecken der öffentlichen Wohltätigkeit dienen sollte, namentlich der ambulanten Armen- und Krankenpflege, sowie der Einrichtung einer Suppenanstalt und einer Haushaltungsschule für die Töchter der Fabrikarbeiter"[425]. Da die sozia-

---

[419] Julius Schreiber, Anfang und Entwicklung der kölnischen Provinz der Barmherzigen Schwestern, in: Annalen der Kongregation der Missionen oder erbauliche Briefe der Priester dieser Kongregation und der Barmherzigen Schwestern Jg. 16 Nr. 2 (1909), 145 - 153, 146.

[420] Vgl. AEK GVA Düsseldorf überhaupt 36, 14.09.1897, 20.09.1897 und 11.11.1897; MVK 58, 20.11.1897.

[421] Vgl. AEK GVA Düsseldorf überhaupt 36, 11.11.1897, 28.11.1897 und 15.09.1901; NN, Selbstlose Liebe zu alten Menschen. St. Josefshaus in Oberbilk, in: Kirchenzeitung für das Erzbistum Köln Jg. 16 Nr. 8 (19.02.1961), 21.

[422] Vgl. MVK 58, 29.12.1897.

[423] Vgl. NHS Regierung Düsseldorf 54626, 02.09.1897; SAD III 4734, 31.12.1898; DV 01.01.1898; DV 27.01.1901; DT 07.04.1911; Gustav Fischer, St. Josefskrankenhaus Düsseldorf - Oberbilk, in: Arthur Schloßmann, Die Düsseldorfer Kranken-, Heil- und Pflegeanstalten, Düsseldorf 1926, 175 - 185, 175.

[424] MVK 58, 12.02.1901.

[425] MVK 58, 12.02.1901. Vgl. auch NHS Regierung Düsseldorf 54626, 29.11.1899.

len Einrichtungen vor allem Arbeitern zu Gute kommen sollten, wandten sich die Schwestern um die Jahrhundertwende in einem Aufruf "an die Arbeiterfreunde und Fabrikbesitzer Düsseldorfs" mit der Bitte um finanzielle Unterstützung[426]. Dank verschiedener Zuwendungen konnte das über zwei Morgen große Grundstück Kruppstr. 23 zum Preis von 60000 Mark erworben werden[427]. Auf dem Gelände gegenüber der bisherigen Niederlassung wurde in nur wenigen Monaten ein Neubau errichtet, der am 1. Januar 1901 von den Schwestern bezogen werden konnte[428]. In dem neuen Haus, das "allen Anforderungen der Neuzeit entsprechend eingerichtet war", waren für etwa 100 Patienten "mehrere Doktoren neben dem ersten Gründer mit Eifer tätig"[429]. Neben der stationären und ambulanten Krankenpflege war den Oberbilker Vinzentinerinnen in dem mit breiter Front zur Straße gelegenen Haus die Unterhaltung einer Suppenanstalt genehmigt worden; die Eröffnung einer Kochschule untersagte der Minister der geistlichen, Unterrichts- und Medizinal - Angelegenheiten am 10. Februar 1902, "weil ein Bedürfnis zur Errichtung einer solchen Schule nicht vorliegt"[430]. Im Kellergeschoss befand sich neben verschiedenen Wirtschaftsräumen eine Armenküche mit Armenspeisenraum. Das Erdgeschoss enthielt Warte- und Sprechzimmer, Baderäume und einen Operationssaal. Im ersten Obergeschoss lagen neun Krankenzimmer und eine Kapelle, die der Kunstmaler Joseph Kurthen in mehrjähriger Arbeit ausmalte. Das zweite Obergeschoss enthielt acht weitere Krankenräume[431]. Die Frequenz des Krankenhauses war im ersten Jahr 325 Patienten und stieg in der Folgezeit mehr und mehr an[432]. Da es bald an Raum mangelte, musste 1910/11 von der Rückseite des Josephshauses aus in den Garten hinein ein Erweiterungsbau mit 65 Betten errichtet werden[433]. Hier waren im Erdgeschoss

---

[426] Vgl. MVK 58, 12.02.1901; DV 27.01.1901.

[427] Vgl. MVK 58, 12.02.1901; DV 27.01.1901.

[428] Vgl. MVK 58, 12.02.1901; NHS Regierung Düsseldorf Präsidialbüro 957, Bl. 1 ff; BSD Bauakte Kruppstr. 23, 14.07.1900; DV 27.01.1901.

[429] Julius Schreiber, Anfang und Entwicklung der kölnischen Provinz der Barmherzigen Schwestern, in: Annalen der Kongregation der Missionen oder erbauliche Briefe der Priester dieser Kongregation und der Barmherzigen Schwestern Jg. 16 Nr. 2 (1909), 145 - 153, 147. Vgl. auch Gustav Fischer, St. Josefskrankenhaus Düsseldorf - Oberbilk, in: Arthur Schloßmann, Die Düsseldorfer Kranken-, Heil- und Pflegeanstalten, Düsseldorf 1926, 175 - 185, 175.

[430] Vgl. SAD III 4739, 10.02.1902 und 31.12.1902.

[431] Vgl. SAD III 4852, Bl. 274; Düsseldorf und seine Bauten. Herausgegeben vom Architekten- und Ingenieur - Verein zu Düsseldorf, Düsseldorf 1904, 254 f; Gustav Fischer, St. Josefskrankenhaus Düsseldorf - Oberbilk, in: Arthur Schloßmann, Die Düsseldorfer Kranken-, Heil- und Pflegeanstalten, Düsseldorf 1926, 175 - 185, 177 und 179.

[432] Vgl. Gustav Fischer, St. Josefskrankenhaus Düsseldorf - Oberbilk, in: Arthur Schloßmann, Die Düsseldorfer Kranken-, Heil- und Pflegeanstalten, Düsseldorf 1926, 175 - 185, 175.

[433] Vgl. NHS Regierung Düsseldorf 54626, 28.06.1911; SAD III 4847, Bl. 144 ff; SAD III 18633, 05.08.1910 und 02.08.1911; DT 23.08.1910; DT 28.12.1910; DT 07.04.1911; Gustav Fischer, St. Josefskrankenhaus Düsseldorf - Oberbilk, in: Arthur Schloßmann, Die Düsseldorfer Kranken-, Heil- und Pflegeanstalten, Düsseldorf 1926, 175 - 185, 175.

3. Vinzentinerinnen Himmelgeist

die Männerstation und in den beiden oberen Geschossen die "Privatklassen" untergebracht[434].

Vinzentinerinnen Himmelgeist

Weitab vom städtischen Zentrum richteten die Schwestern des Heiligen Vinzenz auch in der Landpfarrei Himmelgeist eine Sozialstation ein. Am 19. März 1911 ersuchte Pfarrer Matthias Fegers den Düsseldorfer Regierungspräsidenten um die Genehmigung, in seinem Sprengel eine Niederlassung "zum Zwecke der ambulanten Krankenpflege, Leitung einer Kleinkinderbewahrschule sowie Handarbeits- und Haushaltungsschule für aus der Schule entlassene Mädchen" einrichten zu dürfen. Zur Begründung führte er an, dass Einrichtungen dieser Art nur in den größeren Nachbargemeinden zu finden sind, die "in Ermangelung einer elektrischen Bahn" von Himmelgeist aber kaum erreicht werden konnten[435]. "Daß fünf Kilometer weit, in Düsseldorf und Benrath, die nächsten Schwesternhäuser sich befinden, wird bei Krankheitsfällen sehr schmerzlich empfunden, besonders da auf dem Lande die Unerfahrenheit und Unempfindlichkeit in der Krankenpflege unglaublich groß ist"[436]. Der Antrag des Himmelgeister Pfarrers wurde vom Düsseldorfer Oberbürgermeister unterstützt, da die Jugendlichen "durch diese Schulen den vielen Gefahren der Straße und Tanzlokale entzogen und durch geistige Anregung usw. in moralischer Beziehung günstig beeinflußt werden"[437].

Mit Hilfe einer Anleihe von 40000 Mark bei der Landesversicherungsanstalt konnte im Sommer 1912 auf dem bereits am 7. September 1908 aus Mitteln der Witwe Isabella Theegarten für den Orden erworbenen Grundstück Nikolausstr. 19 mit dem Bau eines Schwesternhauses begonnen werden[438]. Nach der Grundsteinlegung am 13. Juli 1912 und dem Richtfest am 26. Oktober 1912 wurde die neue Niederlassung am 10. August 1913 feierlich unter dem Namen "Nikolausstift" eingeweiht[439]. Drei Tage später folgte der erste Gottesdienst in der Hauskapelle[440]. Von der Genehmigung zur Eröffnung einer Handarbeits- und Haushaltungsschule machten die Schwestern zunächst keinen Ge-

---

[434] Vgl. SAD III 4847, Bl. 144 ff; Gustav Fischer, St. Josefskrankenhaus Düsseldorf - Oberbilk, in: Arthur Schloßmann, Die Düsseldorfer Kranken-, Heil- und Pflegeanstalten, Düsseldorf 1926, 175 - 185, 175.
[435] Vgl. AEK GVA Himmelgeist St. Nikolaus 6, 06.02.1911; NHS Regierung Düsseldorf 29406, 19.03.1911; SAD III 4317, 19.03.1911; SAD III 4750, 16.03.1911.
[436] NHS Regierung Düsseldorf 29406, 19.03.1911.
[437] NHS Regierung Düsseldorf 29406, 19.01.1912.
[438] Vgl. AEK GVA Himmelgeist St. Nikolaus 6, 06.02.1911; MVK 52, 1913; MVK Chronik. Niederlassungen der Töchter der christlichen Liebe vom heiligen Vinzenz von Paul Provinz Köln, S. 74; BSD Bauakte Nikolausstr. 39, 07.05.1912 und 18.05.1912; DT 16.06.1914.
[439] Vgl. MVK 52, 1913; SAD III 4750, 10.08.1913; NN, Neugegründete Anstalten der Barmherzigen Schwestern, in: Annalen der Kongregation der Mission und der Barmherzigen Schwestern Jg. 21 Nr. 2 (1914), 377 - 379, 378 f.
[440] Vgl. AEK GVA Himmelgeist St. Nikolaus 6, 19.07.1913; MVK Chronik. Niederlassungen der Töchter der christlichen Liebe vom heiligen Vinzenz von Paul Provinz Köln, S. 74.

brauch[441]; dafür wurde in der Niederlassung neben der bereits bestehenden ambulanten Krankenstation und Kleinkinderbewahrschule eine von den Behörden am 15. April 1914 konzessionierte "Anstalt für pflegebedürftige Personen katholischer Konfession" eingerichtet[442].

Cellitinnen Oberbilk

Anders als die Vinzentinerinnen, die sich schwer taten, Schwestern in nichtkirchliche Sozialeinrichtungen zu entsenden, stellten sich andere Orden auch solchen Institutionen zur Verfügung. Zu ihnen gehörten die Cellitinnen, die 18 Jahre nach dem Tod der letzten Schwester im alten Elisabethkloster (Stiftsplatz 13)[443] durch Übernahme des Pflegedienstes im städtischen Barackenkrankenhaus in Düsseldorf wieder Fuß fassten. Durch eine Verfügung des Düsseldorfer Regierungspräsidenten vom 21. Juli 1895 waren alle konfessionellen Krankenanstalten angewiesen worden, keine an Syphilis oder Krätze erkrankten Patienten mehr in ihren Häusern aufzunehmen[444]. Wie andere Kommunen war die Stadt Düsseldorf damit in der Notlage, selber für die Unterbringung dieser Patienten sorgen zu müssen. Bis zu einer endgültigen Regelung empfahl die Sanitätskommission die Aufstellung von vier Krankenbaracken auf dem städtischen Grundstück Eisenstr. 18[445]. Nachdem die Stadtverordnetenversammlung am 21. August 1895 der Kommissionsempfehlung zugestimmt hatte, wurden die Baracken in Oberbilk nach dem Dökerschen System aufgestellt[446] und am 15. August 1896 mit dem Einzug von fünf Schwestern aus dem Kölner Cellitinnenkloster (Severinstraße) ihrer Bestimmung übergeben[447].

---

[441] Vgl. SAD III 4750, 24.02.1912 und 02.02.1923.
[442] Vgl. MVK 52, 07.05.1914; NHS Regierung Düsseldorf 29406, 08.07.1914; NHS BR 1013/129, Bl. 68.
[443] Vgl. DT 19.11.1907.
[444] Vgl. NHS Regierung Düsseldorf 54773, 23.09.1895; Denk - Schrift betreffend den Bau eines allgemeinen städtischen Krankenhauses in Düsseldorf in Verbindung mit der Errichtung einer Akademie für praktische Medizin, Düsseldorf 1904, 4.
[445] Vgl. SAD III 10869a, Bl. 1 ff; Denk - Schrift betreffend den Bau eines allgemeinen städtischen Krankenhauses in Düsseldorf in Verbindung mit der Errichtung einer Akademie für praktische Medizin, Düsseldorf 1904, 4.
[446] Vgl. SAD Protokolle Stadtverordnetenversammlung Bd. 35, 21.08.1895; Vierter Bericht über die Thätigkeit des Städtischen Barackenkrankenhauses in Düsseldorf für die Zeit vom 1. April 1900 bis 15. August 1901 (zugleich als Übersicht über die fünf Berichtsjahre 15. August 1896 bis 15. August 1901) vom leitenden Arzte Dr. Carl Stern. Im Anhang Bericht über das Pflegehaus Himmelgeisterstrasse nebst Bemerkungen über Reconvalescentenpflege im Allgemeinen, Düsseldorf 1901, 5; Denk - Schrift betreffend den Bau eines allgemeinen städtischen Krankenhauses in Düsseldorf in Verbindung mit der Errichtung einer Akademie für praktische Medizin, Düsseldorf 1904, 4; Düsseldorf und seine Bauten. Herausgegeben vom Architekten- und Ingenieur - Verein zu Düsseldorf, Düsseldorf 1904, 253.
[447] Vgl. AEK GVA Düsseldorf überhaupt 37, 09.01.1896 und 11.02.1896; NHS Regierung Düsseldorf 29403, 15.07.1896 und 15.08.1896; SAD III 3998, 15.08.1896; SAD III 4736, 15.08.1896; Düsseldorf im Jahre 1898. Festschrift den Theilnehmern an der 70. Versammlung deutscher Naturforscher und Ärzte, Düsseldorf 1898, 216.

3. Cellitinnen Pempelfort   239

Auf Beschluss der Stadtverordnetenversammlung vom 9. Juli 1901 wurde das kleine Barackenlager um den Bau eines Steinhauses mit 42 Betten erweitert, der ausschließlich zur Aufnahme von Prostituierten diente[448]. Mit Eröffnung der allgemeinen Krankenanstalten der Stadt Düsseldorf[449] endete der Dienst der Cellitinnen am 1. Februar 1907 in Oberbilk, da alle Patienten in den dortigen Fachabteilungen Aufnahme fanden[450].

Cellitinnen Pempelfort

Noch ehe ihre Arbeit im Barackenkrankenhaus beendet war, fanden die Cellitinnen in Düsseldorf ein neues Betätigungsfeld. Der "Katholische Frauenverein für Pempelfort und Flingern" hatte unter dem Namen "Marienheim" in der Leopoldstr. 30 für 94000 Mark ein Haus erworben und für sozial - caritative Zwecke eingerichtet, das vor allem der Aufnahme und Betreuung "katholischer Damen und Fräuleins" diente[451]. In einer Zeitungsanzeige vom 24. Oktober 1898 hieß es zur bevorstehenden Eröffnung der Anstalt: "Der Frauenverein für Pempelfort und Flingern ... glaubt in dem neuen Hause ein gutes Stück christlicher Caritas zu gründen, indem er einzeln stehenden hiesigen Damen, Lehrerinnen, Geschäfts - Fräulein, Künstlerinnen etc. für billiges Entgelt ein angenehmes, ihrer katholischen Gesinnung entsprechendes Heim biete". Wer die Verhältnisse einer Großstadt kenne, "wird oft die betrübende Erfahrung gemacht haben, daß Mädchen in genannten oder ähnlichen Berufsstellungen wegen der unzulänglichen Existenzmittel ein Unterkommen suchen müssen, das ihrer sozialen Stellung sehr wenig entspricht und mit großen Gefahren verknüpft ist". Bewusst wurde ein Haus in der Nähe des Hauptbahnhofs angemietet, "damit die zureisenden oder durchreisenden Damen sich leicht dahin begeben können". Vorgesehen war, die Anstalt im Laufe der Zeit zu einer "Auskunfts- und Vermittlungsstelle für Ladengehilfinnen, Gouvernanten und bessere Dienstmädchen" auszubauen. Erwünscht war daher, "wenn seitens der Herrschaften die Vakanzen unter Angabe der genauen Anforderungen und Salärverhältnisse gemeldet werden"[452]. Mit der Leitung des Mitte November 1898 eröffneten Hauses, das

---

[448] Vgl. SAD Protokolle Stadtverordnetenversammlung Bd. 39, 09.07.1901; SAD III 10870, 09.07.1901; Vierter Bericht über die Thätigkeit des Städtischen Barackenkrankenhauses in Düsseldorf für die Zeit vom 1. April 1900 bis 15. August 1901 (zugleich als Übersicht über die fünf Berichtsjahre 15. August 1896 bis 15. August 1901) vom leitenden Arzte Dr. Carl Stern. Im Anhang Bericht über das Pflegehaus Himmelgeisterstrasse nebst Bemerkungen über Reconvalescentenpflege im Allgemeinen, Düsseldorf 1901, 6; Übersicht über die Thätigkeit des Städtischen Barackenkrankenhauses in Düsseldorf für das Etatsjahr 1901, Düsseldorf 1901, 1 ff; Düsseldorf und seine Bauten. Herausgegeben vom Architekten- und Ingenieur - Verein zu Düsseldorf, Düsseldorf 1904, 253 f.
[449] Vgl. SAD III, 27.07.1907; DT 27.07.1907; Max Greve, Geleitwort zur Feier der Eröffnung der Allgemeinen Krankenanstalten und der Akademie für Praktische Medizin in Düsseldorf, Düsseldorf 1907, 1 ff.
[450] Vgl. MCA Sonstige Niederlassungen Fürsorge 5.6 Marienheim, 01.02.1907; NHS Regierung Düsseldorf 29386, 01.10.1907; DT 23.12.1906.
[451] Vgl. SAD III 1178, 15.12.1898.
[452] DV 24.10.1898.

zunächst über 12 Zimmer verfügte, wurde "eine wohlerfahrene weltliche Dame, Fräulein Otterbein, beauftragt"[453].

Zur Vermittlung freier Stellen eröffnete der Frauenverein am 10. Mai 1899 in der Kaiser - Wilhelm Str. 57 (heute Friedrich - Ebert Straße) ein Auskunftsbüro, durch das "Erzieherinnen, Verkäuferinnen, Haushälterinnen, Köchinnen, Wärterinnen, Stundenfrauen, Waschfrauen und Dienstmägde aller Art passende Stellen angewiesen und Stellensuchenden auch standesgemäße und billiges Unterkommen verschafft" werden konnte[454]. Ende des Jahres 1899 wurde die Stellenvermittlung in das Marienheim Leopoldstraße verlegt[455]. Neben dem "Heim für Ladenfräuleins und alleinstehende Damen" hatte der katholische Frauenverein für die Armenbezirke Pempelfort und Flingern hier bereits am 11. November 1899 seine bisher in der Gerresheimer Str. 21 bzw. Kölner Str. 18 untergebrachte Handarbeitsschule und Kinderbewahrschule eingerichtet; letztere blieb unter der Leitung der Töchter vom Hl. Kreuz aus dem benachbarten Elisabethkloster[456].

Im Herbst 1900 dehnte der Frauenverein seine "Fürsorge für alleinstehende Damen" noch einmal aus, indem er "den Laden - Gehilfinnen für die Nachmittage der Sonn- und Feiertage Gelegenheit zu geselliger Vereinigung und Erholung" bot[457]. Die "Herz und Geist anregende Unterhaltung" in den Freistunden der kaufmännischen Gehilfinnen, so Pfarrer Julius Frischen auf der Eröffnungsversammlung am 21. Oktober 1900, sollte den Mädchen das Elternhaus ersetzen[458]. Noch im gleichen Jahr wurde die Versammlungstätigkeit im Marienheim durch Konstituierung des "Verbandes katholisch kaufmännischer Gehülfinnen" in eine feste Organisationsform überführt[459]. "Die idealen Bestrebungen des Verbandes, so das Düsseldorfer Volksblatt 1902, "sind gerichtet auf Erhaltung des religiösen Sinnes, moralischen Schutz, geistige und berufliche Fortbildung, wirtschaftliche Hebung, Pflege edler Geselligkeit"[460]. Hierzu bot der Tochterverein des Katholischen Frauenvereins seinen Mitgliedern neben geselliger Unterhaltung und Vermittlung von Stellen auch Kurse für Schreibmaschine, Schönschrift, Buchführung, Stenographie etc. an, aus denen später eine private kaufmännische Handelsschule im Marienheim entstand[461].

---

[453] Vgl. SAD III 1197, 17.12.1898; DV 21.10.1898; DV 24.10.1898; DV 23.11.1898.

[454] Vgl. DV 09.05.1899.

[455] Vgl. DV 31.12.1899.

[456] Vgl. SAD VI 14406, 30.09.1898; DV 12.11.1899; DV 29.01.1900; Adreßbuch der Stadt Düsseldorf für das Jahr 1901, Düsseldorf 1901, 989 f.

[457] DV 17.09.1900. Vgl. auch DV 22.10.1900.

[458] Vgl. DV 22.10.1900.

[459] Vgl. DV 24.10.1901; NN, Der Verband katholisch - kaufmännischer Gehilfinnen und Beamtinnen, in: Blätter für die Frauenwelt. Beilage zum Düsseldorfer Tageblatt Jg. 1 Nr. 4 (22.03.1908), o. S. (4); NN, Verein katholisch kaufmännischer Gehilfinnen und Beamtinnen, in: Katholische Kirchenzeitung (Düsseldorf) Jg. 2 Nr. 14 (05.07.1925), 124b; DT 06.12.1925.

[460] DV 30.09.1902.

[461] Vgl. DV 30.09.1902; NN, Der Verband katholisch - kaufmännischer Gehilfinnen und Beamten, in: Blätter für die Frauenwelt. Beilage zum Düsseldorfer Tageblatt Jg. 1 Nr. 5 (29.03.1908), o. S. (4); Handbuch der Wohlfahrtspflege in der Stadt Düsseldorf, Düsseldorf 1922, 60.

Unter dem Anwachsen der Aufgaben musste der Frauenverein erkennen, "daß er außerordentliche Unterstützung benötigte"[462]. Am 8. März 1907 ersuchte der Verein daher das Generalvikariat um Genehmigung, in das im Jahre 1901 um das Haus Leopoldstr. 28 erweiterte Marienheim Kölner Cellitinnen berufen zu dürfen[463]. Nach Erteilung der kirchlichen und staatlichen Genehmigung bezogen am 1. Juli 1908 fünf Schwestern das Marienheim, wo sie die Mitglieder des Frauenvereins in der hauswirtschaftlichen Leitung des Damenheims und der Handarbeitsschule sowie die Töchter vom Hl. Kreuz in der Beaufsichtigung der Kinderbewahrschule ablösten[464].

Augustinerinnen Gerresheim

Zu den Cellitinnengenossenschaften zählten auch die Barmherzigen Schwestern nach der Regel des heiligen Augustinus[465], die in der Umgebung von Düsseldorf vor der Jahrhundertwende zwei Niederlassungen eröffnen konnten. In Gerresheim hatte der Fabrikant Heinrich Frieding am 14. September 1891 zur Erinnerung an seinen verstorbenen Sohn Aloysius eine wohltätige Stiftung an der Kirchengemeinde eingerichtet[466]. Zur Schenkung gehörte die Abtragung der alten Gerresheimer Pfarrkirche (Gerricusplatz 28) neben der heutigen Basilika St. Margareta, die bis zum Jahre 1806 als Pfarrkirche und dann als Wohnhaus gedient hatte[467], und der Bau eines neuen Hauses zur Einrichtung einer Schwesternstation[468]. Mit Annahme der Stiftung verpflichtete sich die Pfarrgemeinde zum monatlichen Rosenkranzgebet für die Familie, zur Feier eines Hochamtes für die Verstorbenen der Familie am Aloysiustag und zur Benennung der projektierten

---

[462] NHS Regierung Düsseldorf 29390, 01.07.1907.
[463] Vgl. AEK GVA Düsseldorf überhaupt 43, 22.05.1907; MCA Sonstige Niederlassungen Fürsorge 5.6 Marienheim, 08.03.1907; ALD Grundbuchblatt Pempelfort 3747, 14.07.1901; SAD III 1178, 09.01.1901, 24.11.1902 und 22.12.1902.
[464] Vgl. MCA Sonstige Niederlassungen Fürsorge 5.6 Marienheim, 08.07.1908; SAD III 4741, 01.07.1908, 23.07.1907 und 20.03.1908; NN, Generalversammlung des Katholischen Frauenbundes zu Düsseldorf, in: Blätter für die Frauenwelt. Beilage zum Düsseldorfer Tageblatt Jg. 1 Nr. 20 (12.07.1908), o. S. (2); NN, Das Marienheim, in: Blätter für die Frauenwelt. Beilage zum Düsseldorfer Tageblatt Jg. 1 Nr. 35 (25.10.1908), o. S. (4).
[465] Vgl. Karl Kreiner, Geschichte der Neußer Augustinerinnen. Festschrift zur Hundertjahrfeier des St. - Josef - Krankenhaus in Neuß, Neuss 1958, 7 ff; Claus Schreiner, Frauenorden in Deutschland, Fulda 1993, 34.
[466] Vgl. AEK GVA Düsseldorf überhaupt 76, 22.07.1893; PfA Gerresheim St. Margareta 12, 22.07.1893; PfA Gerresheim St. Margareta 38, 14.09.1891; PfA Gerresheim St. Margareta 95, 30.06.1891, 30.10.1891 und 10.03.1892.
[467] Vgl. Ulrich Brzosa, Die Geschichte der katholischen Kirche in Düsseldorf. Von den Anfängen bis zur Säkularisation, Köln 2001, 71 ff.
[468] Vgl. AEK GVA Düsseldorf überhaupt 70, 17.02.1892; AEK GVA Düsseldorf überhaupt 76, 22.07.1893; PfA Gerresheim St. Margareta 12, 22.07.1893; PfA Gerresheim St. Margareta 38, 13.09.1892 und 16.05.1892; PfA Gerresheim St. Margareta 45, 10.01.1892; PfA Gerresheim St. Margareta 77, 14.12.1880 und 01.04.1880; PfA Gerresheim St. Margareta 95, S. 17 ff.

Anstalt nach dem Hl. Aloysius[469]. Da die Notwendigkeit einer Schwesternniederlassung für Gerresheim vor allem zur Versorgung der Glashüttenarbeiter außer Zweifel stand, wurde die Umsetzung des Vorhabens zügig vorangetrieben[470]. Nach Abbruch der alten Kirche im Juli/August 1892[471] konnte bereits am 13. September der Grundstein für das Aloysianum gelegt werden[472]. Noch vor Eintreffen der landesherrlichen Genehmigung zur Schenkungsannahme hatte der Gerresheimer Kirchenvorstand mit der Generaloberin der Augustinerinnen in Neuss Verhandlungen aufgenommen und um Entsendung einiger Schwestern gebeten[473]. Nachdem das Aloysianum im Januar 1895 vollendet und vom Stifter mit dem notwendigen Mobiliar ausgestattet worden war[474], wurde das Haus am 13. Februar 1895 benediziert und den Schwestern zur Ausübung ambulanter Krankenpflege überlassen[475]. Am 21. Februar 1896 wurde den Augustinerinnen die Eröffnung einer Bewahrschule und Handarbeitsschule gestattet, die am 1. Mai 1896 in den Räumen der alten Schule (heute Gerricusplatz 2/3) ihren Betrieb aufnahmen[476].

Augustinerinnen Eller

Nur zwei Jahre nach Einweihung des Aloysianums konnten die Neusser Augustinerinnen eine weitere Niederlassung in der Nachbarpfarrei St. Gertrud eröffnen. In der Kirchenvorstandssitzung vom 27. Januar 1897 forderte der Eller Pfarrer Winand Selbach mit Blick auf die Arbeiterbevölkerung "wegen der besonders in letzter Zeit in beunruhigender Weise fühlbar machenden akatholischen Propaganda" die baldige Einrichtung

---

[469] Vgl. AEK GVA Düsseldorf überhaupt 70, 30.10.1891; AEK GVA Düsseldorf überhaupt 76, 22.07.1893; PfA Gerresheim St. Margareta 12, 22.07.1893; PfA Gerresheim St. Margareta 95, 30.10.1891.
[470] Vgl. AEK GVA Düsseldorf überhaupt 70, 17.02.1892; PfA Gerresheim St. Margareta 38, 13.09.1892; PfA Gerresheim St. Margareta 95, 22.12.1891; NHS Landrat Düsseldorf 312, 23.11.1894.
[471] Vgl. PfA Gerresheim St. Margareta 38, 13.07.1892 und 13.09.1892; PfA Gerresheim St. Margareta 45, 10.01.1892; PfA Gerresheim St. Margareta 95, 12.07.1892; NN, Gerresheimer Zeitung, in: Rund um den Quadenhof Jg. 9 Nr. 2 (September 1958), 14 - 15, 14.
[472] Vgl. PfA Gerresheim St. Margareta 38, 17.01.1896; PfA Gerresheim St. Margareta 446 Bd. 7, 11.09.1892.
[473] Vgl. AEK GVA Düsseldorf überhaupt 70, 23.09.1894; PfA Gerresheim St. Margareta 38, 13.09.1892 und 28.09.1893; PfA Gerresheim St. Margareta 67, 21.01.1895; PfA Gerresheim St. Margareta 95, 28.02.1893, 19.07.1893, 26.10.1893 und 21.01.1895; DV 06.05.1894.
[474] Vgl. PfA Gerresheim St. Margareta 446 Bd. 7, 03.02.1895.
[475] Vgl. AEK GVA Düsseldorf überhaupt 70, 11.10.1895; PfA Gerresheim St. Margareta 38, 17.01.1896; PfA Gerresheim St. Margareta 95, 28.01.1895; PfA Gerresheim St. Margareta 446 Bd. 7, 03.02.1895 und 10.02.1895; SAD III 4743, 23.11.1894, 07.02.1895 und 13.02.1895.
[476] Vgl. AEK GVA Düsseldorf überhaupt 70, 11.10.1895; PfA Gerresheim St. Margareta 38, 23.03.1895; PfA Gerresheim St. Margareta 95, 30.07.1895; PfA Gerresheim St. Margareta 446 Bd. 7, 19.04.1896; SAD III 4743, 21.02.1896; SAD XXIII 189, Heinrich Hoegen, Geschichte der Stadt Gerresheim, Manuskript Düsseldorf 1920, 108.

eines Klosters[477]. Obwohl die Frage nach einer dauerhaften Unterkunft der Schwestern noch ungeklärt war, unterzeichneten der Eller Kirchenvorstand und die Neusser Generaloberin am 22. November 1897 einen Vertrag. Hierin verpflichtete sich die Genossenschaft neben der Unterhaltung einer Handarbeitsschule und einer Kleinkinderbewahrschule vor allem zur Ausübung ambulanter Krankenpflege in der kleinen Landgemeinde vor den Toren Düsseldorfs. Die Schwestern sagten zu, "die armen Kranken in der Gemeinde Eller, jedoch mit Ausschluß solcher, deren Pflege für Klosterfrauen unpflichtig ist, z.B. Wöchnerinnen, in ihren Häusern zu besuchen und daselbst zu pflegen und besonders bei ansteckenden Krankheiten jede mögliche Aushilfe zu leisten, ohne irgendwelche Honoration dafür zu beanspruchen"[478]. Bereits einen Monat nach Vertragsunterzeichnung trafen die Augustinerinnen am 15. Dezember 1897 in Eller ein, worüber das Düsseldorfer Volksblatt meldete: "Am heutigen Tage wurde die klösterliche Niederlassung der barmherzigen Schwestern von der Regel des hl. Augustinus zu Neuß hierselbst eröffnet. Am Bahnhofe wurden die Schwestern von einigen Damen des Ortes per Wagen abgeholt und in ihr neues festlich geschmücktes Heim geleitet, dessen Nachbarschaft als Willkommen reichlich geflaggt hatte"[479]. Die Schwestern, die am 28. Dezember 1897 eine Handarbeitsschule und am 3. Januar 1898 eine Bewahrschule eröffneten, waren zunächst in einer Mietwohnung (heute Gumbertstr. 155) untergebracht[480], bis sie am 1. Mai 1899 das von der Pfarrgemeinde angekaufte Haus Kaiserstr. 115 (heute Gumbertstraße) beziehen konnten[481]. Eine den Bedürfnissen ihrer Arbeit genügende Behausung erhielten die Schwestern jedoch erst ein Jahrzehnt später, als die Kirchengemeinde in den Jahren 1911/12 auf dem Grundstück Gertrudisstr. 14 einen Klosterbau errichtete, der aus einer Stiftung der Familie Peter Schmitz hervorging[482]. Mit Fertigstellung und Bezug des Gertrudisklosters im Frühjahr 1912 erweiterten die Augustinerinnen ihr Aufgabenfeld und eröffneten am 1. Mai 1912 zusätzlich "eine Waisen- und Schutzanstalt für sittlich gefährdete Kinder katholischer Konfession"[483].

Christenserinnen Neustadt

Zur weit verzweigten Familie der Cellitinnen gehörten auch die Aachener Christenserinnen, die nach der Augustinerregel lebten und sich seit alters der Kranken- und Alten-

---

[477] Vgl. PfA Eller St. Gertrudis 03.8, 27.01.1897. Vgl. auch NHS Regierung Düsseldorf 29436, 27.07.1897, 07.08.1897 und 23.09.1897.
[478] PfA Eller St. Gertrudis 71.7, 22.11.1897.
[479] DV 17.12.1897.
[480] Vgl. PfA Eller St. Gertrudis 71.1, 01.12.1897; GA 19.12.1897; DV 30.12.1897.
[481] Vgl. AEK GVA Eller St. Gertrudis 5, 21.12.1910; AEK GVA Eller St. Gertrudis 12, 13.02.1899; PfA Eller St. Gertrudis 03.8, 04.05.1898, 25.09.1898 und 05.12.1898; SAD VI 13695, 31.03.1899.
[482] Vgl. PfA Eller St. Gertrudis 71.2, 22.03.1911; PfA Eller St. Gertrudis 03.13, 25.10.1911; PfA Eller St. Gertrudis 71.4, 1911; SAD III 18359, 24.11.1914; BSD Bauakte Gertrudisstr. 14, 20.01.1911.
[483] Vgl. NHS Regierung Düsseldorf 29386, 01.05.1912; NHS Regierung Düsseldorf 29436, 15.08.1911; SAD III 4317, 01.04.1912.

pflege widmeten[484]. Die Gründung einer Niederlassung in Düsseldorf war für das Mutterhaus mit ungewöhnlichen Schwierigkeiten verbunden. Auf Antrag des "Katholischen Frauenvereins für Pempelfort und Flingern" hatte das Berliner Ministerium der geistlichen, Unterrichts- und Medizinal - Angelegenheiten am 15. April 1901 die Einrichtung einer ambulanten Krankenstation in Flingern durch Schwestern aus der Ordensgemeinschaft der Christenserinnen gestattet[485]. Von der Genehmigung konnte der Verein jedoch keinen Gebrauch machen, da mittlerweile das für die Niederlassung in Aussicht genommene Haus in andere Hände übergegangen war. Bei dem Objekt handelte es sich um das spätere Luisenkrankenhaus, das am 12. Oktober 1901 von der "Caritasgesellschaft vom Roten Kreuz mbH" in der Degerstr. 8 als Krankenhaus des "Roten Kreuzes" eröffnet wurde[486]. Da der Frauenverein trotz aller Anstrengungen in Flingern kein geeignetes Haus mehr fand, schlug die Vorsitzende Bertha Klein dem Düsseldorfer Oberbürgermeister Wilhelm Marx am 13. November 1901 vor, den abrufbereiten Christenserinnen die Pflege und Hauswirtschaft im Hubertusstift zu übertragen[487]. Schnell einigte sich die Genossenschaft mit dem Kuratorium des Hubertusstifts, das bisher von weltlichen Kräften geführt wurde, über den Umfang der auszurichtenden Tätigkeit, so dass bereits am 28. Dezember 1901 in der Neustadt fünf Schwestern ihre Arbeit aufnehmen konnten[488]. Hierzu gehörte neben ambulanter Krankenpflege in der näheren Umgebung vor allem die Pflege der im Hubertusstift lebenden Logierdamen[489]. Aufnahme in das Stift fanden in jener Zeit "hilfsbedürftige weibliche, ledige oder verwitwete Personen aus Düsseldorf, die keine dienende Stellung eingenommen haben", katholischen Bekenntnisses waren und ein "Attest des zuständigen Pfarrers und dreier sonstiger glaubwürdiger Personen über Charakter und Lebenswandel" vorlegen konnten[490].

Bei ihrer Ankunft waren die Christenserinnen in "fünf Zellen gegen eine jährliche Miete von 200 Mark" untergebracht[491]. Da die zugewiesenen Räume im Hubertusstift für das klösterliche Leben völlig ungeeignet waren, erwarb das Kuratorium am 12. Februar 1906 im Tausch mit der Stadt Düsseldorf das nördlich angrenzende Nachbarhaus

---

[484] Vgl. Bruno Gossens, Die Genossenschaft der Christenserinnen zu Aachen, Aachen 1933, 7 ff.
[485] Vgl. NHS Regierung Düsseldorf 29404, 24.11.1900 und 15.04.1901; SAD III 4738, 07.11.1900 und 15.04.1901.
[486] Vgl. UBD D.Sp.G. 162 (2⁰), Sammlung Moritz Wächter Bd. 9, S. 157; Adreßbuch der Wohlfahrtseinrichtungen in Düsseldorf. Auf Grund der von der städtischen Armenverwaltung beschafften Unterlagen bearbeitet im städtischen Statistischen Amte, Düsseldorf 1910, 12.
[487] Vgl. SAD III 4738, 13.11.1901.
[488] Vgl. NHS Regierung Düsseldorf 29404, 28.12.1901; SAD III 4738, 28.12.1901 und 24.02.1902; DV 15.12.1901.
[489] Vgl. Adreßbuch der Wohlfahrtseinrichtungen in Düsseldorf. Auf Grund der von der städtischen Armenverwaltung beschafften Unterlagen bearbeitet im städtischen Statistischen Amte, Düsseldorf 1910, 13.
[490] Vgl. Adreßbuch der Wohlfahrtseinrichtungen in Düsseldorf. Auf Grund der von der städtischen Armenverwaltung beschafften Unterlagen bearbeitet im städtischen Statistischen Amte, Düsseldorf 1910, 18.
[491] Vgl. MCS Ordensaufzeichnungen Mutterhaus - Hubertusstift, Kloster von der unbefleckten Empfängnis Mariä, Bl. 1.

3. Christenserinnen Holthausen

(heute Hubertusstr. 3/5) und verpachtete es der Ordensgemeinschaft auf 30 Jahre[492]. Die Schwestern ließen das marode Haus im Juni 1907 niederlegen und ersetzten es durch einen Neubau, der am 22. Juli 1908 feierlich unter dem Namen "Kloster von der unbefleckten Empfängnis Mariä" eingeweiht werden konnte[493].

Christenserinnen Holthausen

Zwei Jahre nach Fertigstellung des Klosters an der Hubertusstraße nahm das Aachener Mutterhaus der Christenserinnen die Eröffnung einer Filiale im Dekanat Düsseldorf II in den Blick. Gegen eine geringe Leibrente wollte das Holthausener Ehepaar Gerhard (+25. August 1921)[494] und Anna Homrich der Pfarrei St. Joseph zu Beginn des Jahres 1909 das Haus Alicestr. 8 (heute Bahlenstr. 172) zur Einrichtung einer Gemeindestation überlassen[495]. Obwohl das Angebot mit der Option verbunden war, die Immobilie solle nach dem Tod der Geschenkgeber Eigentum der Pfarrgemeinde werden[496], endeten sofort aufgenommene Verhandlungen mit Pflegeorden wie den Aachener Franziskanerinnen ohne greifbares Ergebnis[497]. Das Vorhaben kam erst zur Ausführung, als Pfarrer Josef Kirsch im Herbst 1911 die Aachener Christenserinnen für die Caritasarbeit in Holthausen gewann[498] und Gerhard Homrich sich bereiterklärte, nicht ein Haus, sondern ein unbebautes Grundstück zum Bau eines Klosters zur Verfügung zu stellen[499]. Nachdem zwischen der Pfarrei St. Joseph und der Ordensgemeinschaft der Christenserinnen am 21. Februar 1912 ein Vertrag unterzeichnet worden war[500], fand am 17. August 1912 der erste Spatenstich für einen Klosterbau an der heutigen Bahlenstr. 164 (früher Alicestr. 16) statt[501]. Ein Jahr später konnte die neue Niederlassung am 15. August 1913 unter dem Namen "Herz - Jesu - Kloster" eingeweiht und von fünf Schwestern der Genossenschaft bezogen werden[502]. Außer ambulanter Krankenpflege wurde von der Niederlassung eine Kleinkinderbewahrschule unterhalten sowie eine Station

---

[492] Vgl. MCS Ordensaufzeichnungen Mutterhaus - Hubertusstift, Kloster von der unbefleckten Empfängnis Mariä, Bl. 1; SAD VI 5731, 12.02.1906.
[493] Vgl. MCS Ordensaufzeichnungen Mutterhaus - Hubertusstift, Kloster von der unbefleckten Empfängnis Mariä, Bl. 1; SAD VI 5731, 01.06.1906; DT 02.07.1907; DT 24.07.1908.
[494] Vgl. BT 27.08.1921.
[495] Vgl. AEK GVA Holthausen St. Josef 7, 21.01.1909 und 14.11.1921; DT 30.04.1909; DT 27.04.1912.
[496] Vgl. AEK GVA Holthausen St. Josef 7, 21.01.1909.
[497] Vgl. AEK GVA Holthausen St. Josef 7, 04.01.1909; DT 30.04.1909; Bericht über die Verwaltung und den Stand der Gemeinde - Angelegenheiten der Gemeinde Benrath für die Zeit vom 1. April 1908 bis 31. März 1909, Düsseldorf 1909, 89.
[498] Vgl. AEK GVA Holthausen St. Josef 7, 15.12.1911; SAD XII 285, 22.11.1911.
[499] Vgl. DT 05.08.1909; BZ 05.11.1909; DT 05.11.1909; DT 27.04.1912; DT 04.09.1913.
[500] Vgl. AEK GVA Holthausen St. Josef 7, 13.03.1912.
[501] Vgl. AEK GVA Holthausen St. Josef 7, 03.09.1909; PfA Holthausen St. Joseph, Chronik der Pfarrei St. Joseph, 17.08.1912; SAD VI 18576, 31.05.1912, 23.07.1912 und 09.08.1913; DT 04.09.1913.
[502] Vgl. MCS Ordensaufzeichnungen Mutterhaus - Holthausen, Bl. 1; PfA Holthausen St. Joseph, Chronik der Pfarrei St. Joseph, 15.08.1913; DT 04.09.1913.

"zur Aufnahme und Pflege altersschwacher und gebrechlicher Personen" eingerichtet[503]. Da sich schon bald die Notwendigkeit einer Trennung von Kinderfürsorge und Altenpflege ergab, wurde noch im Jahre 1913 zur Unterbringung der Kleinkinderbewahrschule im Garten ein Pavillon errichtet[504].

---

[503] Vgl. NHS Regierung Düsseldorf 29439, 19.12.1911 und 11.04.1912; NHS Landrat Düsseldorf 312, 11.04.1912.
[504] Vgl. MCS Ordensaufzeichnungen Mutterhaus - Holthausen, Bl. 1; SAD VI 18576, 22.10.1913 und 02.01.1914.

VI. Sonderarbeitsbereiche

1. Kleinkinderfürsorge

Viele Ordensgemeinschaften und Kongregationen übernahmen im Verlauf des 19. Jahrhunderts neben der Armen- und Krankenpflege auch Aufgaben in der Erziehungshilfe. Hierzu gehörte vor allem die Einrichtung von Bewahr- und Kleinkinderschulen für Jungen und Mädchen im Alter von zwei bis sechs Jahren. Die Idee der Warteanstalten war zu Beginn des 19. Jahrhunderts von England nach Deutschland gekommen[1]. Wegweisend war die 1802 durch Fürstin Pauline zu Lippe in Detmold gegründete "Aufbewahrungs - Anstalt kleiner Kinder", wo Vorschulkinder unter der Beaufsichtigung von angelernten "Kinderwärterinnen" standen[2].

In Düsseldorf wurden die ersten Anstalten zur Kleinkinderbetreuung von Witwen, gelegentlich auch von ehemaligen Volksschullehrerinnen eingerichtet[3]. Nach einer Aufstellung von Carl Heinrich August Mindel gab es 1817 im Stadtgebiet Düsseldorf neun "Wart - Schulen". Dabei handelte es sich um private Unternehmungen, die weder soziale noch caritative sondern ausschließlich finanzielle Interessen verfolgten[4]. Erst als Theodor Fliedner am 4. Mai 1835 eine Kleinkinderschule für die evangelische Gemeinde von Düsseldorf eröffnete[5], setzte in den Anstalten eine systematische Erziehung ein, die neben katechetischer Unterweisung auch das Einprägen von Merkversen einschloss. Das Lokal der evangelischen Bewahrschule war zunächst in einem Haus hinter der Lambertuskirche[6], seit April 1836 im alten Pfarrhaus neben der Neanderkirche (Andreasstr. 15)[7] und seit 1849 im evangelischen Waisenhaus Ratinger Str. 9 untergebracht[8].

---

[1] Vgl. Johanna Wezel, Kindergarten, in: Oskar Karstedt, Handwörterbuch der Wohlfahrtspflege, Berlin 1924, 227 - 235, 228.
[2] Vgl. Elisabeth Solle, Glaube und soziales Handeln der Fürstin Pauline zur Lippe (1769 - 1820), in: Lippische Mitteilungen aus Geschichte und Landeskunde 38 (1969), 101 - 150, 145 f.
[3] Vgl. SAD II 658, 20.01.1836.
[4] Vgl. Carl Heinrich August Mindel, Wegweiser Düsseldorf's oder Grundlage zur geographisch, statistisch-, topographisch-, historischen Darstellung von Düsseldorf, nach seinen frühern und derzeitigen Verhältnissen. Aus den zuverläßigsten Quellen entnommen, zusammengetragen und aufgestellt, Düsseldorf 1817, 13.
[5] Vgl. Erster Jahresbericht über die evangelische Kleinkinderschule zu Düsseldorf. Herausgegeben von dem dasigen Vereine für evangelische Kleinkinderschulen, Düsseldorf 1836, 5.
[6] Vgl. Erster Jahresbericht über die evangelische Kleinkinderschule zu Düsseldorf. Herausgegeben von dem dasigen Vereine für evangelische Kleinkinderschulen, Düsseldorf 1836, 5.
[7] Vgl. Erster Jahresbericht über die evangelische Kleinkinderschule zu Düsseldorf. Herausgegeben von dem dasigen Vereine für evangelische Kleinkinderschulen, Düsseldorf 1836, 6.
[8] Vgl. Adelbert Natorp, Geschichte der evangelischen Gemeinde zu Düsseldorf. Eine Festschrift zur Einweihung ihres neuen Gotteshauses, der Johanneskirche, Düsseldorf 1881, 235; Eugen Funke, 25 Jahre evangelischen Gemeindelebens. Geschichte der Evangelischen Gemeinde Düsseldorf von 1881 bis 1907, Düsseldorf 1908, 28.

Kleinkinderbewahranstalt St. Lambertus

Erste Bestrebungen zur Errichtung einer Bewahrschule für die katholischen Kinder von Düsseldorf gab es in der Pfarrei St. Lambertus, wo sich im Herbst 1837 ein Komitee zur Gründung einer "Armen - Warteschule" für den Pfarrbezirk konstituiert hatte[9]. Nach kurzen Verhandlungen mit den zuständigen Behörden wurde am 2. Januar 1838 eine katholische Kleinkinderschule im ehemaligen Knabenhaus nahe dem Schlosturm (früher Kremer Str. 19, heute Burgplatz) eröffnet[10]. Bemerkenswert ist, dass es sich um eine von Kirche und Stadt unabhängige Institution handelte, da Leitung und Unterhalt der Anstalt allein in den Händen eines Kreises gut situierter katholischer Bürger lagen[11]. Erst als der Stadtrat um 1845 erklärte, die Unterhaltskosten für die Bewahrschule aufzubringen, zog sich das Gründungskomitee aus der Verantwortung zurück[12]. Um die Beisteuer für die nun als "Städtische Warteschule für den Pfarrbezirk St. Lambertus" bezeichnete Anstalt zu senken, wurde das Institut in der Folgezeit mit der Volksschule im Sprengel der Düsseldorfer Mutterkirche verbunden[13]. Mit der Zusammenlegung begann für die Bewahrschule eine Odyssee durch Düsseldorf, da die St. Lambertus Volksschule bis zum Ersten Weltkrieg mehrfach geteilt bzw. verlegt wurde. Wie Düsseldorfer Adressbücher und Zeitungsannoncen ausweisen, befand sich das Lokal der Kleinkinderschule 1845 bis 1873 Stiftsplatz 6, 1874 bis 1881 Lambertusstr. 1, 1882 bis 1884 Ritterstr. 14, 1885 bis 1887 Ratinger Str. 11, 1888 bis 1893 Neubrückstr. 20, 1894 bis 1899 Stiftsplatz 6, 1900 Lambertusstr. 1, 1901 bis 1904 Stiftsplatz 6, 1905 bis 1921 Ritterstr. 18a.

Eltern, die ihre Kinder in der Lambertus Bewahrschule anmeldeten, waren seit Mai 1838 angehalten: "1.) Daß sie persönlich ihre Kinder der Lehrerin vorstellen und derselben die Impfscheine vorzeigen, 2.) Daß sie täglich ihre Kinder, Vormittags 8 Uhr oder auch früher, und Nachmittags 2 Uhr, mit einem Butterbrot, in die Anstalt bringen, und um 12 Uhr Mittags und um 7 Uhr Abends von da wiederabholen. Diejenigen Eltern, welche ihre Kinder über Mittag in der Bewahranstalt lassen wollen, müssen denselben so viele Eßwaren mitgeben, als sie brauchen, um sich zu sättigen, 3.) Daß die Kinder gesund, ohne Hautausschläge, mit gewaschenen Händen, reinem Gesichte, ordentlich gekämmten Haaren, und, wenn auch noch so ärmlich, doch rein und ganz gekleidet in die Bewahranstalt gebracht werden, 4.) Daß sie ihre Kinder vom täglichen Besuch der Anstalt nicht zurückhalten, Krankheitsfälle ausgenommen, welche sie der Lehrerin gleich anzuzeigen haben"[14].

Neben der städtischen Kleinkinderschule gab es im Pfarrbezirk von St. Lambertus noch die Bewahrschule des Annastiftes (Ritterstr. 20/22), die am 25. Oktober 1909 als

---

[9] Vgl. SAD II 701, 20.10.1837.
[10] Vgl. SAD II 701, Bl. 12.
[11] Vgl. DZ 04.12.1840; DK 27.12.1841; DZ 24.11.1844.
[12] Vgl. DK 20.02.1846.
[13] Vgl. Adreß - Kalender und Wohnungs - Anzeiger der Stadt Düsseldorf und der Vorstädte, Düsseldorf 1847, 155.
[14] SAD II 701, Mai 1838.

1. Kleinkinderbewahranstalt St. Maximilian

Bewahrschule für die Pfarrgemeinde St. Lambertus eröffnet wurde[15]. Formal leiteten die Schwestern vom Hl. Franziskus im Auftrag des Annastiftkuratoriums die Warteschule[16], doch wäre ihre Einrichtung ohne die fortlaufende Unterstützung der Pfarrgemeinde nicht möglich gewesen.

Kleinkinderbewahranstalt St. Maximilian

Unter ähnlichen Voraussetzungen wie in St. Lambertus wurde um die Mitte des 19. Jahrhunderts für den Bereich von St. Maximilian eine Kleinkinderschule ins Leben gerufen. Hier konnte aus Mitteln einer Schenkung des Grafen von Spee an die städtische Armenverwaltung am 1. September 1843 eine katholische Warteschule eröffnet werden, die zunächst in einem Raum der Gastwirtschaft von Rudolph Knein (Kasernenstr. 65) untergebracht war[17]. Kurze Zeit später wurde die Bewahrschule am 1. März 1846 in das Haus Bilker Str. 10 verlegt[18]. Am 18. März 1853 mietete die Stadtverwaltung einige Räume im Haus des Dachdeckermeisters Carl Müller (Citadellstr. 11) an, wo die Warteschule für die Maxpfarrei ein Vierteljahrhundert lang verblieb[19]. In den Jahren 1878 bis 1894 befand sich die Kleinkinderschule im Pfarrhaus Schulstr. 11, bis sie 1895 mit der "um die Ecke" liegenden Maxschule (Citadellstr. 2) verbunden wurde[20]. Nach der Jahrhundertwende kam neben dem städtischen Konfessionskindergarten die Kleinkinderschule "St. Maximilian" im gemeindeeigenen Haus Orangeriestr. 1 hinzu. Der Pfarrkindergarten wurde am 15. Oktober 1906 eröffnet und den Armen Dienstmägden Jesu Christi des Josephinenstiftes (Talstr. 65) zur Betreuung überlassen[21].

Kleinkinderbewahranstalt St. Andreas

Über die Geschichte der Bewahrschule für die Pfarrgemeinde St. Andreas ist nur wenig bekannt. Zwar hatte der am 4. März 1849 verstorbene Regierungskalkulator Johann Christoph Georg Winckelmann bereits in seinem Testament vom 24. Oktober 1848 verfügt, man möge einen Teil seines Vermögens zugunsten einer katholischen Warteschule in der Andreaspfarre verwenden[22], doch wurde hier erst am 1. Juli 1855 eine Kleinkin-

---

[15] Vgl. NHS Regierung Düsseldorf 29386, 25.10.1909.
[16] Vgl. Bericht über den Stand und die Verwaltung der Gemeinde - Angelegenheiten der Stadt Düsseldorf für den Zeitraum vom 1. April 1909 bis 31. März 1910, Düsseldorf 1910, 109.
[17] Vgl. SAD VIII 392, 31.07.1843.
[18] Vgl. SAD II 709, 01.03.1846.
[19] Vgl. SAD II 709, 18.03.1853.
[20] Vgl. Adreß - Buch der Oberbürgermeisterei Düsseldorf für 1878. Nach amtlichen Quellen (zusammengestellt und berichtigt bis zum 15. November 1877), Düsseldorf 1877, 96; Adreßbuch der Stadt Düsseldorf für das Jahr 1895. Nach dem Stande vom 1. Dezember 1894 und amtlichen Materialien bearbeitet, Düsseldorf 1894, 98.
[21] Vgl. NHS Regierung Düsseldorf 29412, 31.12.1906.
[22] Vgl. SAD II 716, 24.10.1848.

derschule eröffnet[23]. Bis zu diesem Zeitpunkt waren die Kinder in dem Bezirk um die ehemalige Jesuitenkirche auf die Bewahrschulen von St. Lambertus und St. Maximilian verteilt[24]. Wie aus dem Protokollbuch der Düsseldorfer Stadtverordnetenversammlung hervorgeht, bewilligte der Magistrat am 14. August 1855 zur Einrichtung einer Bewahrschule in der Pfarrei einen jährlichen Zuschuss von 100 Talern für das Gehalt einer Lehrerin sowie weitere 100 Taler für die Unterhaltung eines Lokals[25]. Da im Pfarrgebiet von St. Andreas kein geeignetes Lokal für eine Bewahrschule zur Verfügung stand, musste die Anstalt zunächst in der Strick- und Nähschule von Joseph Bücheler (Lambertusstr. 4) untergebracht werden[26]. Erst mit Eröffnung der St. Andreas - Pfarrschule für Mädchen am heutigen Grabbeplatz (Neubrückstr. 20) konnte die Kleinkinderschule am 12. April 1858 in den Pfarrbezirk verlegt werden[27]. Mit der Mädchenschule blieb das Institut verbunden, bis die Warteschule von St. Andreas im Jahre 1904 aufgelöst und mit der Kleinkinderschule von St. Lambertus vereinigt wurde[28].

Skurril klingen heute Beschwerdeschreiben an die Düsseldorfer Stadtverwaltung über unzumutbare Lärmbelästigungen in der Altstadt, für die u.a. die Bewahrschulen verantwortlich gemacht wurden. So richtete etwa die Hauptlehrerin Bertha B. (Neubrückstr. 20) am 6. August 1884 folgendes Gesuch an den Düsseldorfer Stadtschulinspektor Johannes Heyer: "Wiederholt habe ich mündlich gebeten, die Bewahrschule aus dem Andreas Mädchen Schulhause zu verlegen, und sehe ich mich genötigt, diese meine äußerst begründete Bitte hierdurch schriftlich zu wiederholen. Die Bewahrschule wird nicht von mehr als hundert Kindern besucht, und machen diese einen solchen Lärm, daß es geradezu unmöglich ist, sich in der darüberliegenden Wohnung aufzuhalten. Ich habe bis aufs äußerste gewartet, ehe ich klagte, darf aber die Bitte um Verlegung derselben nicht aufschieben, da ich wegen meiner durch das fortwährende Geräusch überreizten Nerven nicht länger der steten Unruhe ausgesetzt sein kann ohne ernstlich zu erkranken. Meine Wohnung im Schulhause bietet, obwohl sie geräumige Zimmer enthält, sehr viele Unannehmlichkeiten, von denen ich nur die, welche die erforderliche Ruhe beeinträchtigen, zu erwähnen mir erlaube. An den freien Nachmittagen stört das Reinigen der Klassen und des Hauses empfindlich, weil meine Wohnung mit den Klassen in einem Korridore liegen. In der Ferienzeit finden meist bauliche oder sonstige Veränderung statt, welche meist viele Unruhe verursachen. Jeden Abend haben wir bis mindestens 11 Uhr, und an den Sonn- und Feiertagen meist den ganzen Tag von der an das Haus stoßenden Kegelbahn des Wirtes von der Warth (Neubrückstr. 12) zu leiden, während an den drei Kirmestagen fast Tag und Nacht in einem gleichfalls an den Bach und also auch an das Schulhaus stoßenden Zelte Tanzmusik stattfindet. Daß also meine Wohnung keine ruhige ist, geht aus diesen wahrheitsgemäßen Gründen hervor und zwingen sie mich zu der Bitte um Verlegung der Bewahrschule, damit dem regelmäßigen Geräusche abgehol-

---

[23] Vgl. SAD II 716, 01.07.1855.
[24] Vgl. DA 20.11.1856.
[25] Vgl. DJ 19.08.1855.
[26] Vgl. SAD II 716, 11.11.1855.
[27] Vgl. SAD II 716, 12.04.1858.
[28] Vgl. Carl Mosterts, Handbuch für die Katholiken Düsseldorfs, Düsseldorf 1909, 54.

fen und mir eine wirkliche Wohnung, nicht bloß Obdach und Aufenthaltsort verschafft werde. Da ich zudem eine jährliche Miete von 465 Mark zahle, so dürfte ich wohl eine ruhige Wohnung beanspruchen können, und die Gerechtigkeit meiner Bitte dürfte leicht anerkannt, sowie dem Übelstande abgeholfen werden. Ich erwarte vertrauensvoll baldige Änderung, damit ich im Stande bleibe, meine Pflichten in gewohnter Treue und Pünktlichkeit obzuliegen"[29].

Kleinkinderbewahranstalt Neustadt

Bereits vor Errichtung der Bewahrschulen von St. Maximilian und St. Andreas war in der Pfarrei St. Martin eine Kleinkinderschule für den Bezirk der Neustadt ins Leben gerufen worden. Am 27. Februar 1842 hatte der Bilker Pfarrer Anton Josef Binterim (1779 - 1855) als Vorsitzender des Neustädter Schulvorstandes bei der Stadtverwaltung die Einrichtung einer Bewahrschule in seinem Aufsichtsbezirk beantragt[30]. Begründet wurde die Eingabe mit dem Bemerken, dass gerade in der Neustadt viele Tagelöhner wohnten, "welche außerhalb des Hauses sich das tägliche Brot verdienen müssen"[31]. Dies brächte es mit sich, dass "die meisten dieser Kinder leider nur zu sehr verwahrlost sind, indem sie ohne Beaufsichtigung von Seiten eines Erwachsenen, sich selbst überlassen, unter sich zu Hause oder auf der Straße sich die Zeit vertreiben nach Gefallen, wodurch nicht selten der Ruin zur Unsittlichkeit rasch entwickelt und befördert wird"[32]. Als Vorsteherin der neuen Anstalt schlug Anton Josef Binterim die im Hubertusstift (Neusser Str. 25) lebende Lehrerin Josepha Lohausen vor[33]. Der Düsseldorfer Regierungspräsident genehmigte am 27. April 1842 das Gesuch des Schulvorstandes[34], während die Düsseldorfer Stadtverordnetenversammlung bereits am 12. April 1842 einen jährlichen Zuschuss von 30 Talern zur Unterhaltung eines Schullokals in Aussicht gestellt hatte[35]. Dank einer günstigen Offerte von Nikolaus Schmitz konnte noch im Sommer des Jahres 1842 im Haus Neusser Str. 41 ein geeigneter Raum zur Betreuung von 70 nichtschulpflichtigen Kindern angemietet und die erste Bewahrschule in Bilk eröffnet werden. Als Vorschullehrerin wurde die von Anton Josef Binterim in Vorschlag gebrachte Josepha Lohausen angestellt, die im gleichen Haus eine Wohnung bezog[36].

Obwohl der Raum im schmitzschen Hause zunächst nur als Provisorium angemietet war, mit der Option, in Kürze ein geeigneteres Lokal zu erwerben, blieb die Neustädter Kleinkinderschule für zwei Dezennien im Miethaus Neusser Str. 41 untergebracht. Erst als Josepha Lohausen einen dringenden Appell zur Verlegung der Bewahrschule an die

---

[29] SAD II 716, 06.08.1884.
[30] Vgl. SAD II 731, 27.02.1842.
[31] SAD II 731, 27.02.1842.
[32] SAD II 731, 27.02.1842.
[33] Vgl. SAD II 731, 27.02.1842.
[34] Vgl. SAD II 731, 27.04.1842.
[35] Vgl. SAD II 731, 12.04.1842.
[36] Vgl. SAD II 731, 27.02.1842, 31.05.1842, 28.10.1845 und 15.02.1847.

Düsseldorfer Schulkommission richtete, leitete die städtische Verwaltung Schritte zur Beseitigung mittlerweiler unzumutbarer Zustände ein[37]. In einem Beschwerdebrief der langjährigen Vorsteherin vom 24. Januar 1861 hieß es: "Das Haus, in dessen Hintergebäude sich die Schule befindet, ist nicht weniger als von 36 Familien, meistens der ärmlichen Klasse angehörend, bewohnt, und ist in Folge dessen Zank, Streit und Schlägereien an der Tagesordnung. Wenn schon an und für sich dies mich und die Angehörigen der die Schule besuchenden Kinder höchst unangenehm berührt, da die Letzteren größtentheils zur Schule gebracht und abgeholt werden, geht die Rohheit der Einwohner auch noch so weit, daß aller Koth sogar der eigene Unrath Eimerweise gerade der Schule gegenüber niedergeworfen und so die Passage buchstäblich zum Abtritt gemacht wird. Bei der gewesenen großen Kälte war es nun unvermeidlich, daß sich ein großer Haufen unmittelbar vor der Schule auftürmte, der nun langsam auftauend, den unerträglichsten Geruch verbreitet, während die Unsauberkeiten bis über die Schwelle der Thüre in den Eingang zur Schule dringen. Unter solchen Zuständen sind Krankheiten unter den Kindern, die, wenn sie zur Schule wollen, durch den Koth warten müssen unvermeidlich in Folge des pestilenzialischen Geruchs, sobald der Mist in Fäulnis übergeht. Alle Eltern haben sich über diesen Übelstand bitter beklagt und sehr viele Halten ihre Kinder aus Furcht vor Krankheit aus der Schule zurück"[38]. Nach Prüfung der angeführten Missstände kündigte Oberbürgermeister Ludwig Hammers zum 1. Oktober 1861 das Lokal im schmitzschen Haus und verlegte die Neustädter Warteschule in das rahrsche Haus (Neusser Str. 27)[39]. Von hier aus übersiedelte die Kleinkinderschule am 2. November 1882 zum Fürstenwall 9, wo seit Oktober einige Klassen der Neustädter Volksschule (Neusser Str. 53) untergebracht waren[40].

Eine neue Epoche brach für die Kleinkinderschule in der Neustadt an, als die Aufsicht der Vorschule in die Hände von Ordensschwestern gelegt wurde. Am 13. November 1891 richtete der Bilker Pfarrer Heinrich Bechem an Oberbürgermeister Wilhelm Marx die Bitte, die vakant gewordene Lehrerinnenstelle mit einer Schwester aus dem Orden der Armen Dienstmägde Jesu Christi zu besetzen[41]. Zur Begründung führte er an, dass der Orden seit einigen Jahren erfolgreich einen Kindergarten im Kloster Martinstr. 7 unterhalte[42]. In der Tat leiteten die Armen Dienstmägde seit dem 1. Oktober 1885 eine ordenseigene Bewahrschule, die von zahlreichen Kindern der Martinspfarre besucht wurde[43]. Obwohl der Düsseldorfer Regierungspräsident erst am 9. Februar 1892 die notwendige Erlaubnis erteilte[44], stand der Neustädter Kleinkinderschule bereits seit dem 1. Dezember 1891 eine Schwester der Armen Dienstmägde Jesu Christi vor[45].

---

[37] Vgl. SAD II 731, 24.01.1861.
[38] SAD II 731, 24.01.1861.
[39] Vgl. SAD II 731, 01.10.1861.
[40] Vgl. SAD II 731, 02.11.1882.
[41] Vgl. SAD II 731, 13.11.1891.
[42] Vgl. SAD II 731, 13.11.1891.
[43] Vgl. oben S. 192.
[44] Vgl. SAD III 4716, 09.02.1892.
[45] Vgl. SAD II 731, 01.12.1891.

Katholische Kleinkinderbewahranstalten in Düsseldorf und Umgebung 1914

In Wilhelminischer Zeit waren Ordensschwestern nicht nur in den Bewahrschulen der Altstadt und von Bilk anzutreffen. Eine Übersicht für die Stadt Düsseldorf und das angrenzende Umland zeigt, dass bei Ausbruch des Ersten Weltkrieges fast alle katholischen Warteschulen von religiösen Genossenschaften betreut wurden. Von 35 ermittelten Anstalten standen allein 30 unter der Leitung einer Ordensschwester; mit einer Ausnahme waren weltliche Kräfte nur in städtischen Einrichtungen anzutreffen.

Pfarrei	Straße	Träger	Leitung
St. Adolfus	Fischerstr. 75	Kirchengemeinde	Vinzentinerinnen
St. Adolfus	Nordstr. 94	Orden	Vinzentinerinnen
St. Anna	Niederkasseler Str. 47	Kirchengemeinde	Dominikanerinnen
St. Antonius	Oberkasseler Str. 38	Kirchengemeinde	Dominikanerinnen
St. Antonius	Jahnstr. 13	Orden	Arme Dienstmägde Christi
St. Apollinaris	Siemensstr. 44	Kirchengemeinde	Arme Dienstmägde Christi
St. Apollinaris	Ellerstr. 116	Stadt	Arme Dienstmägde Christi
St. Benediktus	Alt - Heerdt 3	Kirchengemeinde	Dominikanerinnen
St. Blasius	Hamm 192 (heute Florensstr. 40)	Stadt	Weltliche Lehrerin
St. Cäcilia	Schulstr. 18 (heute Hauptstr. 58)	Kirchengemeinde	Arme Dienstmägde Christi
St. Cäcilia	Hasselsstr. 125/127	Bürgermeisterei	Arme Dienstmägde Christi
Dreifaltigkeit	Schlossstr. 81/85	Orden	Vinzentinerinnen
Dreifaltigkeit	Annastr. 62/64	Orden	Schwestern vom Armen Kinde Jesu
St. Elisabeth	Mendelssohnstr. 15	Kuratorium Annastift	Arme Schwestern vom Hl. Franziskus
St. Gertrud	Gumbertstr. 115	Kirchengemeinde	Cellitinnen
St. Joseph	Alicestr. 16 (heute Bahlenstr. 164)	Kirchengemeinde	Christenserinnen
St. Joseph	Amalienstr. 9	Orden	Töchter vom Hl. Kreuz
St. Joseph	Stoffeler Str. 11	Stadt	Arme Dienstmägde Christi
St. Lambertus	Ritterstr. 20/22	Kuratorium Annastift	Arme Schwestern vom Hl. Franziskus
St. Lambertus	Ritterstr. 18a	Stadt	Weltliche Lehrerin
Liebfrauen	Flurstr. 57	Orden	Töchter vom Hl. Kreuz
St. Margareta	Gerricusplatz 2/3	Kirchengemeinde	Cellitinnen
Maria Empfängnis	Leopoldstr. 30	Katholischer Frauenverein	Cellitinnen
Maria Empfängnis	Steinstr. 55	Katholischer Deutscher Frauenbund	Weltliche Lehrerin
Mariä Empfängnis	Kreuzstr. 62	Stadt	Weltliche Lehrerin
Maria unter dem Kreuz	Auf der Reide 13	Orden	Töchter vom Hl. Kreuz
St. Martin	Martinstr. 7	Kirchengemeinde	Arme Dienstmägde Christi
St. Martin	Fürstenwall 9	Stadt	Arme Dienstmägde Christi
St. Max	Citadellstr. 2	Stadt	Weltliche Lehrerin
St. Max	Orangeriestr. 1	Kirchengemeinde	Arme Dienstmägde Christi
St. Nikolaus	Nikolausstr. 19	Kirchengemeinde	Vinzentinerinnen
St. Paulus	Achenbachstr. 142/144	Kirchengemeinde	Arme Schwestern vom Hl. Franziskus

St. Peter	Talstr. 65	Orden	Arme Dienstmägde Christi
St. Rochus	Derendorfer Str. 58	Kirchengemeinde	Arme Dienstmägde Christi
St. Suitbertus	Kirchplatz 82 (heute An St. Swidbert 17)	Kirchengemeinde	Arme Schwestern vom Hl. Franziskus

Fröbelsche Kindergärten

Bewusst von den Methoden in den Kinderbewahranstalten hatte sich Friedrich Fröbel (1782 - 1852) abgesetzt, der mit seiner Idee einer außerfamiliären Institution für Kleinkinder den Kindergarten als pädagogisch eigenständige Einrichtung schuf. Weniger die sozialpolitische Notwendigkeit von Betreuungsinstitutionen war der Ausgangspunkt seiner pädagogischen Überlegungen als vielmehr die Frage nach einer bildenden Einwirkung auf Kinder, unabhängig von jeder familienfürsorgerischen Betreuungssituation. Seine genuine Leistung lag in der Entwicklung einer Theorie der Kleinkindpädagogik, die unabhängig vor jeder standespolitischen Zwecksetzung die Bildung des Menschen zum Thema hatte. Im "Spiel des Kindes" sah Friedrich Fröbel das Fundament einer bildenden Auseinandersetzung mit der Welt und dem eigenen Ich. Um dem Kind angemessene Zuwendungsformen zu bieten, rief er im Jahre 1840 zur Gründung eines "Allgemeinen Deutschen Kindergartens" auf, an der Spielführerinnen ausgebildet werden sollten. Die Fröbelsche Idee zur Früherziehung begann sich in Deutschland aber erst in der zweiten Hälfte des 19. Jahrhunderts langsam durchzusetzen[46].

Unter den katholischen Kleinkinderschulen der Stadt Düsseldorf gab es nur zwei Anstalten, die sich ausdrücklich als "Fröbelscher Kindergarten" verstanden. Neben dem "Fröbelschen Kindergarten der Schwestern vom Armen Kinde Jesu"[47] im Annakloster (Annastr. 62/64) unterhielt der Düsseldorfer Zweigverein des Katholischen Deutschen Frauenbundes eine Kleinkinderanstalt, die der Pädagogik des "Kindergartens" folgte. Am 1. Mai 1909 eröffnete der Frauenbund unter Leitung einer "erfahrenen Kindergärtnerin" mit sechs Zöglingen einen "Fröbelschen Kindergarten", dessen Lokal zunächst in einem von der Marienschule (Alexanderstr. 1) provisorisch überlassenen Klassenzimmer untergebracht war[48]. Im Gegensatz zu den meisten Düsseldorfer Kleinkinderschulen, die überwiegend von Kindern der Unterschicht besucht wurden, fanden hier ausschließlich "Kinder des Mittelstandes und der höheren Stände" Aufnahme, da sich die pädagogische Spezialeinrichtung des Frauenbundes aus den Betreuungsgeldern der Eltern finanzieren musste[49].

---

[46] Vgl. Rosemarie Boldt, Friedrich Wilhelm August Fröbel, Köln 1982, 94 ff.

[47] Vgl. Adreßbuch der Wohlfahrtseinrichtungen in Düsseldorf. Auf Grund der von der städtischen Armenverwaltung beschafften Unterlagen bearbeitet im städtischen Statistischen Amte, Düsseldorf 1910, 22.

[48] Vgl. NN, Jahresbericht des Katholischen Frauenbundes Zweigverein Düsseldorf, in: Blätter für die Frauenwelt. Beilage zum Düsseldorfer Tageblatt Jg. 2 Nr. 16 (18.04.1909), o. S. (1 - 3, 2); DT 16.12.1909; DT 20.09.1910.

[49] Vgl. NN, Fröbelscher Kindergarten, in: Blätter für die Frauenwelt. Beilage zum Düsseldorfer Tageblatt Jg. 2 Nr. 42 (17.10.1909), o. S. (3 - 4, 3 f); NN, Fröbelschule des katholischen Frauenbundes, Zweigverein Düsseldorf (E. V.), in: Blätter für die Frauenwelt. Beilage zum Düsseldorfer Tageblatt Jg. 3

Nachdem der Katholische Deutsche Frauenbund das Haus Steinstr. 55 (heute Stresemannstr. 21) erworben hatte, wurde der Kindergarten am 1. Oktober 1909 aus der Marienschule in das neue Verbandshaus verlegt[50]. Da von der Vorbesitzerin Margareta Weinstock in dem Haus seit dem Jahre 1906 ein privater Fröbelscher Kindergarten betrieben wurde[51], liegt die Vermutung nahe, dass der Ankauf der Immobilie Steinstr. 55 als Vereinszentrale nicht zuletzt wegen des bereits vorhandenen Kindergartenlokals erfolgt war. Dank der erweiterten Räumlichkeiten "im schönen, luftigen Frauenbundhaus" stieg die Zahl der Schützlinge im Kindergarten bis zum Ende des Jahres 1909 auf 56 Kleinkinder[52].

2. Gefangenenfürsorge

Als im Jahre 1826 die Rheinisch - Westfälische Gefängnis - Gesellschaft ins Leben gerufen wurde und in der Folgezeit an allen größeren Orten im Rheinland und in Westfalen ein engmaschiges Netz von Tochtergesellschaften und Hilfsvereinen entstand[53], unterblieb bis zur Wilhelminischen Zeit die Gründung eines katholischen Gefängnisvereins für das Dekanat Düsseldorf. Obwohl in der Stadt bereits 1831 ein Evangelischer Gefängnisfürsorgeverein für Männer und 1837 ein Evangelischer Gefängnis - Frauenhilfsverein ins Leben gerufen wurde[54], gab es bis zum Ausbruch des Kulturkampfes keinen ernsthaften Versuch, hier eine eigene Hilfsorganisation für katholische Strafgefangene einzurichten. Ob "der Sitz der Muttergesellschaft in Düsseldorf ... in den ersten Jahrzehnten ... den Gedanken an einen eigenen katholischen Hilfsverein gar nicht aufkommen" ließ[55], mag eine mögliche, jedoch nicht verifizierbare Erklärung sein.

Tatsache bleibt, dass der Mangel eines katholischen Gefängnisvereins in Düsseldorf immer wieder beklagt wurde. Unter der Überschrift "Ein Stück socialer Frage" forderte

---

Nr. 31 (31.07.1910), o. S. (4); U. Hesse, Vierte Generalversammlung des Katholischen Frauenbundes zu Düsseldorf vom 23. bis 27. Oktober, in: Der Katholische Frauenbund Jg. 4 Nr. 2 (20.11.1910), 13 - 32, 31.

[50] Vgl. DT 20.09.1910.

[51] Vgl. BSD Bauakte Stresemannstr. 21, 02.06.1906; Adreßbuch 1907 für die Stadtgemeinde Düsseldorf und die Landbürgermeistereien Benrath, Eller, Gerresheim, Heerdt, Kaiserswerth, Ludenberg und Rath, Düsseldorf 1907, 353.

[52] Vgl. SAD III 2426, 01.10.1909; DT 26.09.1909; GA 26.09.1909; NN, Fröbelscher Kindergarten, in: Blätter für die Frauenwelt. Beilage zum Düsseldorfer Tageblatt Jg. 2 Nr. 42 (17.10.1909), o. S. (3 - 4, 3 f); DT 16.12.1909; DT 23.03.1910.

[53] Vgl. oben S. 100 ff.

[54] Vgl. Vierter Bericht, enthaltend den in der vierten General - Versammlung am 24. Mai 1831 vorgelegten Jahresbericht der Rheinisch - Westphälischen Gefängniß - Gesellschaft zur sittlichen und bürgerlichen Besserung der Gefangenen, Düsseldorf 1831, 6 f; Handbuch der Wohlfahrtspflege in der Stadt Düsseldorf, Düsseldorf 1922, 95.

[55] 100 Jahre 1893 - 1993 Katholischer Gefängnisverein Düsseldorf e. V.. Unterstützen statt verwahren, eingliedern statt ausschließen, Düsseldorf 1993, 5.

das Düsseldorfer Sonntagsblatt vom 5. September 1869 mit Rekurs auf Heinrich Dorfner, der auf der Generalversammlung der Katholischen Vereine Deutschlands in Trier 1865 die Einrichtung von Schutzvereinen für entlassene Strafgefangene vorgeschlagen hatte[56], einen katholischen "Hülfsverein" für Düsseldorf. Bildhaft wurde das Erfordernis mit den Worten verdeutlicht: "Über die Zahl der im Laufe eines einzigen Jahres aus den Gefängnissen etwa eines Landgerichtsbezirks entlassenen Gefangenen hat man selten eine genaue und richtige Vorstellung. Man bedenke nur, daß beispielsweise durch das Arrest- und Correctionshaus zu Düsseldorf jährlich durchschnittlich 2000 katholische Strafgefangene hindurchgehen, die nach ihrer Entlassung größtentheils wieder zu ihren Familien und in ihre früheren Wohnsitze zurückkehren. Auf die Stadt Düsseldorf allein mögen hiervon ca. 200 jährlich kommen, zu denen dann noch eine nicht geringe Zahl auswärtiger hier Arbeit und Unterkommen suchender aus andern Strafanstalten entlassener Gefangenen hinzutreten ... . Was bringen Sie mit ? Wo bleiben Sie ? Was finden Sie vor ? Alle ziehen sie ein mit leeren Händen und oft großen Bedürfnissen, finden selten Entgegenkommen und Vertrauen, tragen fast alle die starke Versuchung zu neuen Vergehen und Verbrechen in sich und finden auch an den Stätten ihrer Niederlassung Gelegenheit und Antrieb dazu. ... Unzweifelhaft ... ist die Kirche ... für diesen Kreis ihrer kranken Glieder in ganz besonderem Maße in Anspruch zu nehmen, und wird sich ohne Verschuldung der Pflege und der Handreichung gegen dieselben nicht wohl entziehen können und dürfen. ... Freilich ohne die Hülfe von eigentlichen Schutzvereinen wird die Aufgabe wenigstens in größeren Städten nicht auszuführen sein. ... Unter den Städten des Düsseldorfer Landgerichtsbezirkes sind die katholischen Gemeinden zu Crefeld mit der Bildung eines katholischen Gefängniß - Hülfsvereines den anderen Städten vorangegangen. ... Düsseldorf aber beansprucht eine solche Hülfe für katholische entlassene Gefangene besonders in den letzten Jahren in keinem geringeren Maße"[57].

Obgleich die Rheinisch - Westfälische Gefängnisgesellschaft ein interkonfessioneller Zusammenschluss war, überwog im Verein das protestantische Element[58]. Trotz bischöflicher Empfehlungen[59] scheuten viele Katholiken den Beitritt zur Dachorganisation und versuchten stattdessen die Gründung eigener Rettungswerke für Strafentlassene in die Wege zu leiten. Zu ihnen gehörte der Pempelforter Kapellenrektor Heinrich Klaes, der auf der Generalversammlung der Katholischen Vereine Deutschlands in Düsseldorf 1883 nachdrücklich ein flächendeckendes Netz von katholischen Gefangenenvereinen forderte, da die Rheinisch - Westfälische Gefängnisgesellschaft "nur von pro-

---

[56] Vgl. Heinrich Dorfner, (Rede über Strafanstaltsseelsorge), in: Verhandlungen der siebenzehnten General - Versammlung der Katholischen Vereine Deutschlands in Trier am 10., 11., 12. 13. und 14. September 1865. Amtlicher Bericht, Trier 1865, 34 - 46, 45.
[57] DS 05.09.1869.
[58] Vgl. Gerhard Deimling, Die Entstehung der rheinisch - westfälischen Gefängnisgesellschaft 1826 - 1830, in: Zeitschrift des Bergischen Geschichtsvereins 92 (1986), 69 - 100, 89 ff.
[59] Vgl. AEK CR 27.5.1, 29.07.1828; Zweiter Bericht, enthaltend den in der zweiten General - Versammlung am 12. Mai 1829 vorgelegten Jahresbericht der Rheinisch - Westphälischen Gefängniß - Gesellschaft zur sittlichen und bürgerlichen Besserung der Gefangenen, Düsseldorf 1829, 7.

2. Gefangenenfürsorge

testantischer Seite gefördert und unterhalten" würde, dagegen "auf katholischer Seite nichts dergleichen" zu finden sei[60].

Obwohl der Appell von Düsseldorf ausgegangen war, wurde hier erst sechs Jahre später die Initiative zur Konstituierung eines katholischen Fürsorgevereins für Strafentlassene ergriffen. Nachdem das Kölner Generalvikariat durch Verfügung vom 14. Juni 1888 noch einmal ausdrücklich die Gründung von Vereinen zur Fürsorge für entlassene Gefangene empfohlen hatte[61], wurde von den Düsseldorfer Pfarrern auf der Dekanatskonferenz vom 17. Oktober 1888 einstimmig die Gründung eines Unterstützungsvereins "zunächst unter sich" beschlossen, "indem sie sich als Mitglieder zur Zahlung eines jährlichen Beitrages von drei Mark schon für das Jahr 1. Oktober 1888 bis 1. Oktober 1889 verpflichteten, und den Verein baldmöglichst in ihre Pfarrgemeinden einzuführen"[62]. Zu letztgenanntem Zweck wurde am 14. Juli 1889 im Dekanat "unter geeigneter Erklärung der Zwecke des Vereins" eine Kollekte abgehalten, um auf diese Weise den Verein "unter den Pfarrgenossen" bekannt zu machen und neue Mitarbeiter anzuwerben[63].

Wie der Düsseldorfer "Verein zur Fürsorge für entlassene katholische Gefangene und deren Familien" in Verbindung zur Rheinisch - Westfälischen Gefängnisgesellschaft stand, bleibt undeutlich. In der Dekanatskonferenz vom 17. Oktober 1888 war ein Schreiben der Gesellschaft zu Verlesung gekommen, in dem Landdechant Johannes Kribben gebeten wurde, "die Gründung eines katholischen Hülfsvereins für entlassene Gefangene und Familien Inhaftirter in Düsseldorf unternehmen zu wollen". Weiter ist im Konferenzprotokoll vermerkt: "Mit Bezug auf dieses Gesuch wurde von der Versammlung beschlossen, daß von einem Anschlusse des von ihr gegründeten Vereins zur Fürsorge für entlassene katholische Gefangene bzw. Familien von Gefangenen an die Rheinisch - Westfälische Gefängnis - Gesellschaft abgesehen werden solle"[64]. Im folgenden Jahr ließ Pfarrer Johannes Kribben dem Dachverband jedoch "in Erwiderung dessen Schreibens vom 15. März 1888 unter dem 1. August 1889 die erforderlichen Mitteilungen zugehen"[65].

Unklar bleibt auch, ob der Gefangenenverein jemals in Tätigkeit trat. Obwohl Landdechant Johannes Kribben in der Dekanatsversammlung vom 2. Oktober 1889 "über die Wirksamkeit des Vereins im ersten Vereinsjahre Bericht erstattet und über die Einnahmen ... und Ausgaben Rechnung gelegt" hat, scheint das Hilfswerk über die "Absicht, diesen Verein in den Pfarrgemeinden einzuführen", zunächst nicht hinausgekom-

---

[60] Vgl. Verhandlungen der XXX. General - Versammlung der Katholiken Deutschlands zu Düsseldorf, am 10., 11., 12. und 13. September 1883. Nach stenographischer Aufzeichnung, Düsseldorf 1883, 183.
[61] Vgl. NN, Fürsorge für entlassene Gefangene betreffend, in: Kirchlicher Anzeiger für die Erzdiöcese Köln Jg. 28 Nr. 13 (01.07.1888), 61; Karl Theodor Dumont, Sammlung kirchlicher Erlasse, Verordnungen und Bekanntmachungen für die Erzdiözese Köln, Köln 1891², 477.
[62] PfA Düsseldorf St. Lambertus Akten 22, 02.10.1889. Vgl. auch KGD 97, Protokollbuch des Dekanates Düsseldorf 1839 - 1896, 17.10.1888.
[63] Vgl. PfA Düsseldorf St. Lambertus Akten 22, 02.10.1889; DV 12.07.1889.
[64] KGD 97, Protokollbuch des Dekanates Düsseldorf 1839 - 1896, 17.10.1888. Vgl. auch PfA Düsseldorf St. Lambertus Akten 22, 02.10.1889.
[65] PfA Düsseldorf St. Lambertus Akten 22, 02.10.1889.

men zu sein[66]. Trotz bischöflicher Gutheißung vom 5. Februar 1889 und eines Gesuches an den Düsseldorfer Gefängnispfarrer Theodor Schleiden vom 17. Juli 1889, "hinsichtlich der zum Dekanate gehörigen entlassenen Gefangenen bzw. Familien von Gefangenen die ihm erforderlich erscheinenden Mittheilungen an den betreffenden Pfarrer gelangen zu lassen, damit dieser die geeignete religiös - sittliche Einwirkung und materielle Unterstützung seitens des Vereins veranlassen könne"[67], brechen die überlieferten Vereinsdokumente mit einem am 2. Oktober 1889 in Düsseldorf ausgestreuten Werbeflugblatt ab[68].

Eine Spur findet sich erst wieder, als am 1. Mai 1893 im Katholischen Vereinshaus (Bilker Str. 5) ein vorbereitender Ausschuss zur Errichtung eines katholischen Gefängnisvereins zusammentrat[69]. Unter Leitung von Landesrat Peter Klausener und Teilnahme von Gefängnispfarrer Karl Wilhelm Meister wurde die Gründung eines "Vereins zur Fürsorge für die aus den Gefängnisanstalten in Düsseldorf entlassenen katholischen Gefangenen und deren Familien" beschlossen, dessen Konstituierung am 23. November 1893 im Paulushaus (Luisenstr. 33) stattfand[70]. Nach einem Bericht des Düsseldorfer Volksblattes wurde die Versammlung, "an der sich über 60 Herren beteiligten", von Landesrat Peter Klausener eröffnet, der besonders betonte, "daß es sich nicht um Erschließung einer neuen Quelle charitativen Charakters handele, sondern daß der zu gründende Verein nur die einzelnen Arme schon bestehender Quellen zusammenfassen wolle"[71]. Dann wurde Landesrat Max Brandts das Wort erteilt, "welcher in einem zündenden Vortrage die Bestrebungen des vorigen Jahrhunderts mit den philanthropischen Bemühungen der Neuzeit für Sträflinge verglich". Mit Blick auf die Tätigkeit des neu zu gründenden Vereins führte er aus: "Nicht jeder, der eine Freiheitsstrafe verbüßt, sei unrettbar verloren, auch der Gefallene könne sich moralisch wieder erholen, und wie es einen reumütigen Schächer am Kreuze gegeben habe, so gäbe es auch noch gute Diebe, gute Vagabunden. Verloren und verlassen sei so mancher, der gerettet worden wäre, wenn eine hülfreiche Hand ihn nach Verbüßung seiner ersten Strafe geleitet und unterstützt hätte. Der Verein solle den Vermittler zwischen dem Entlassenen und seiner Familie und der Gemeinde abgeben, er solle für den Heimtransport des gefallenen Mitmenschen sorgen entweder in seine Familie oder, wenn diese nichts tauge, in eine andere passende Unterkunft"[72].

---

[66] Vgl. KGD 97, Protokollbuch des Dekanates Düsseldorf 1839 - 1896, 02.10.1889; PfA Düsseldorf St. Lambertus Akten 22, 02.10.1889.

[67] PfA Düsseldorf St. Lambertus Akten 22, 02.10.1889.

[68] Vgl. PfA Düsseldorf St. Lambertus Akten 22, 02.10.1889.

[69] Vgl. SAD III 7117, 07.12.1893; 100 Jahre 1893 - 1993 Katholischer Gefängnisverein Düsseldorf e. V.. Unterstützen statt verwahren, eingliedern statt ausschließen, Düsseldorf 1993, 5.

[70] Vgl. SAD III 7117, 07.12.1893; DV 14.11.1893; DV 24.11.1893.

[71] DV 24.11.1893.

[72] DV 24.11.1893. Vgl. auch Max Brandts, Fürsorge für entlassene Gefangene und deren Familien, in: Arbeiterwohl Jg. 13 Nr. 10/12 (Oktober/Dezember 1893), 209 - 218, 213; Max Brandts, Der Anstaltszögling nach der Anstaltspflege. Einige Winke für die Beaufsichtigung der aus der Erziehungsanstalt entlassenen armen Kinder, in: Charitas. Zeitschrift für die Werke der Nächstenliebe im katholischen Deutschland Jg. 1 Nr. 4 (April 1896), 64 - 66, 64 ff.

2. Gefangenenfürsorge

Nach weiteren Redebeiträgen folgte in der konstituierenden Versammlung die Beratung und Annahme der Satzungen[73]. Zum Zweck des Vereins wurde "die Fürsorge für die aus den Gefängnisanstalten in Düsseldorf (Strafgefängnis Akademiestr. 1/3 bis 1904[74], Zellengefängnis Ulmenstr. 95 ab 1893[75]) entlassenen Gefangenen katholischer Confession und deren Familien" (§ 1) erklärt. Diese sollte ausgeübt werden: "1. durch Unterstützung der Entlassenen mit Kleidungsstücken, Naturalien und dergleichen; 2. durch Beschaffung von Arbeitsgelegenheit; 3. durch sachgemäße Verwendung der dem Vereine bzw. seinen Organen zu überweisenden Arbeitsprämie; 4. durch moralische und materielle Unterstützung der Familie der Gefangenen während der Dauer des Aufenthaltes der Letzern im Gefängniß (§ 2)". Sein besonderes Augenmerk richtete der Verein auf jugendliche Straffällige, die durch Unterbringung in Familien oder geeigneten Anstalten in ein bürgerliches Leben zurückgeführt werden sollten (§ 2). Zur Erreichung seiner Ziele nahm der Verein Kontakt mit den örtlichen Geistlichen und den kirchlichen Vereinen und Anstalten auf; außerdem wurden Vertrauensmänner für bestimmte Bezirke gewählt (§ 3). Im Bedarfsfall wurde "als Übergang aus der Strafanstalt in die Familie zeitweilige Überweisung in die katholische Arbeitercolonie bzw. in eine Anstalt zum guten Hirten ... in Aussicht genommen (§ 3)"[76].

Auf der ersten Vorstandssitzung des katholischen Gefangenenvereins, dem während der Gründungsversammlung 54 Mitglieder beigetreten waren[77], wurde am 7. Dezember 1893 Staatsanwalt Cornelius Cretschmar zum Vorsitzenden gewählt[78]. Dem Protokoll dieser Sitzung ist außerdem zu entnehmen, dass "das dem ehemaligen Dekanatsverein, der sich mit dem katholischen Gefängnisverein vereinigte, entstammende Bargeld an den Kassierer Roland von Ayx ausgehändigt" wurde[79].

Die Zahl der Mitglieder des Vereins, der sich über den ganzen Landgerichtsbezirk erstreckte[80], wuchs bis zur Jahrhundertwende von 187 (1894)[81] auf 1065 (1900)[82]. Im

---

[73] Vgl. DV 24.11.1893.

[74] Vgl. Bericht über das X. Vereinsjahr des Vereins zur Fürsorge für die aus den Gefängnisanstalten in Düsseldorf entlassenen katholischen Gefangenen und deren Familien (Hülfsverein der Rheinisch - Westfälischen Gefängnisgesellschaft) erstattet in der Generalversammlung vom 5. Mai 1904, Düsseldorf 1904, 5.

[75] Vgl. Düsseldorf und seine Bauten. Herausgegeben vom Architekten- und Ingenieur - Verein zu Düsseldorf, Düsseldorf 1904, 174.

[76] NN, Satzungen des Vereins zur Fürsorge für die aus den Gefängnißanstalten in Düsseldorf entlassenen katholischen Gefangenen und deren Familien, in: Arbeiterwohl Jg. 13 Nr. 10/12 (Oktober/Dezember 1893), 218 - 219, 218 f; Bericht über das I. Vereinsjahr des Vereins zur Fürsorge für die aus den Gefängnissanstalten in Düsseldorf entlassenen katholischen Gefangenen und deren Familien (Hülfsverein der Rheinisch - Westfälischen Gefängnisgesellschaft) erstattet in der Generalversammlung vom 18. Februar 1895, Düsseldorf 1895, 20 f.

[77] Vgl. DV 24.11.1893.

[78] Vgl. GVD Protokollbuch des Katholischen Gefängnisvereins Düsseldorf 1893 - 1916, 07.12.1893.

[79] GVD Protokollbuch des Katholischen Gefängnisvereins Düsseldorf 1893 - 1916, 07.12.1893.

[80] Vgl. GVD Protokollbuch des Katholischen Gefängnisvereins Düsseldorf 1893 - 1916, 26.02.1894 und 09.04.1894; DV 27.02.1896.

[81] Vgl. Bericht über das I. Vereinsjahr des Vereins zur Fürsorge für die aus den Gefängnissanstalten in Düsseldorf entlassenen katholischen Gefangenen und deren Familien (Hülfsverein der Rheinisch -

ersten Jahr der Vereinstätigkeit konnte 33 Schützlingen eine Arbeitsstelle vermittelt werden. Außerdem wurden 54 männliche und 43 weibliche Entlassene mit Lebensmitteln und Kleidung unterstützt. Hilfeleistungen "mit baarem Gelde" bildeten die Ausnahme, da "die blanke Münze ... bald dahin" ist[83]. Am 9. Oktober 1894 fasste der Vorstand "in voller Billigung Seiner Eminenz" einstimmig den Beschluss, "den Verein dem grossen Verbande der Rheinisch - Westfälischen Gefängnissgesellschaft als Hülfsverein anzuschließen"[84].

3. Wanderfürsorge

Erste Bemühungen, der Wanderbettelei durch eine planmäßige Organisation entgegenzutreten, leistete in Düsseldorf der im April 1875 gegründete "Verein gegen Verarmung und Bettelei", der erkannt hatte, dass ein planloses Almosengeben die Ursachen der Bettelei nicht beseitigt[85]. Um die Auswüchse einzudämmen, betrieb der Verein zunächst an verschiedenen Düsseldorfer Wohltätigkeitsanstalten die Unterhaltung von Suppenanstalten, bis er im Jahre 1885 an der Picksgasse (heute Wagnerstr. 15) eine eigene Speiseausgabe errichtete[86]. Zu den Unternehmungen des "Vereins gegen Verarmung und Bettelei" gehörte auch eine "Arbeitsstätte für die wandernde Bevölkerung", die nach zwei Jahren mäßigen Erfolgs aber wieder aufgegeben wurde[87]. Beiträge zur Wanderfürsorge leisteten auch das katholische Gesellenhaus an der Bilker Straße[88] wie das evangelische

---

Westfälischen Gefängnissgesellschaft) erstattet in der Generalversammlung vom 18. Februar 1895, Düsseldorf 1895, 4.

[82] Vgl. DV 01.04.1900; Bericht über das VI. Vereinsjahr des Vereins zur Fürsorge für entlassene katholische Gefangene, vornehmlich solcher aus den Gefängnisanstalten in Düsseldorf und deren Familien erstattet in der Generalversammlung vom 28. März 1900, Düsseldorf 1900, 4.

[83] Vgl. Bericht über das I. Vereinsjahr des Vereins zur Fürsorge für die aus den Gefängnisanstalten in Düsseldorf entlassenen katholischen Gefangenen und deren Familien (Hülfsverein der Rheinisch - Westfälischen Gefängnissgesellschaft) erstattet in der Generalversammlung vom 18. Februar 1895, Düsseldorf 1895, 8.

[84] GVD Protokollbuch des Katholischen Gefängnisvereins Düsseldorf 1893 - 1916, 09.10.1894. Vgl. auch DV 19.02.1895; Bericht über das I. Vereinsjahr des Vereins zur Fürsorge für die aus den Gefängnisanstalten in Düsseldorf entlassenen katholischen Gefangenen und deren Familien (Hülfsverein der Rheinisch - Westfälischen Gefängnissgesellschaft) erstattet in der Generalversammlung vom 18. Februar 1895, Düsseldorf 1895, 8; Achtundsechzigster Jahresbericht der Rheinisch - Westfälischen Gefängniß - Gesellschaft über das Vereinsjahr 1894/95, Düsseldorf 1895, 152.

[85] Vgl. Statuten des Vereins gegen Verarmung und Bettelei in Düsseldorf, Düsseldorf 1875, o. S. (1); Verein gegen Verarmung und Bettelei. Bericht für das Jahr 1876, Düsseldorf 1876, o. S. (1); DV 19.02.1877; Bericht über die Verwaltung und den Stand der Gemeinde - Angelegenheiten für den Zeitraum vom 1. Januar 1876 bis 31. März 1877, Düsseldorf 1877, 62; DA 02.03.1891; Handbuch der Wohlfahrtspflege in der Stadt Düsseldorf, Düsseldorf 1922, 68.

[86] Vgl. DA 02.03.1891.

[87] Vgl. DA 02.03.1891.

[88] Vgl. oben S. 124 ff.

3. Wanderfürsorge

"Gasthaus zur Heimath" (Oststr. 69, 1872 eröffnet)[89], doch war hier eine Unterstützung ohne Mitgliedschaft in den Trägervereinen nicht möglich. Erst spät begann die organisierte Caritas der Stadt, das Problem in den Blick zu nehmen und gezielte Gegenmaßnahmen einzuleiten.

Vorkämpfer des Gedankens der Wanderunterstützung gegen Arbeit war in Düsseldorf die "Rheinisch - Westfälische Gefängnisgesellschaft". Hier wurde zuerst erkannt, dass Versuche zur Wiedereingliederung von Landstreichern und entlassenen Strafgefangenen nicht selten an der Arbeitsvermittlung scheiterten. In den Generalversammlungen 1879 und 1881 war die Vagabundenfrage ein Hauptthema der Verhandlungen[90]. Im Jahre 1881 wurde "die Darbietung von Arbeitsgelegenheit sowohl für die ansässige als auch für die vagirende Bevölkerung, sei es in Beschäftigungsanstalten, sei es in Kolonien" zu einer Aufgabe der Gesellschaft erklärt[91]. Auf der Generalversammlung des Jahres 1882 berichtete Pastor Friedrich von Bodelschwingh über die Arbeiterkolonie Wilhelmsdorf bei Bielefeld[92]. Hier wie in anderen Kolonien fanden mittellose Wanderer Aufnahme gegen Arbeitsleistung in landwirtschaftlichen oder industriellen Betrieben. Vorrangiges Ziel war es, die Kolonisten in ein dauerndes Erwerbsverhältnis zu überführen[93]. In den meisten Arbeiterkolonien wurden die Wanderer zur Kultivierung von Heide-, Sumpf- und Moorländereien sowie in der Landwirtschaft und in Werkstätten eingesetzt, die zum Unterhalt der Anstalt beitrugen[94]. Die Männer erhielten Kost, Unterkunft und eine kleine Vergütung, um ihnen den Übergang in ein geregeltes Arbeitsleben zu erleichtern[95]. In

---

[89] Vgl. Adelbert Natorp, Geschichte der evangelischen Gemeinde zu Düsseldorf. Eine Festschrift zur Einweihung ihres neuen Gotteshauses, der Johanneskirche, Düsseldorf 1881, 244 ff.

[90] Vgl. Zweiundfünfzigster Jahresbericht der Rheinisch - Westfälischen Gefängniß - Gesellschaft über das Vereinsjahr 1878/79, Düsseldorf 1880, 19 ff. Vgl. auch Gustav von Rohden, Geschichte der Rheinisch - Westfälischen Gefängniß - Gesellschaft. Festschrift zum 75jährigen Bestehen der Gesellschaft, Düsseldorf 1901, 64 ff.

[91] Vgl. Hugo Stursberg, Die Vagabundenfrage, Düsseldorf 1882, 67. Vgl. auch Vierundfünfzigster Jahresbericht der Rheinisch - Westfälischen Gefängniß - Gesellschaft über das Vereinsjahr 1880/81, Düsseldorf 1881, 23 f; Fünfundfünfzigster Jahresbericht der Rheinisch - Westfälischen Gefängniß - Gesellschaft über das Vereinsjahr 1881/82, Düsseldorf 1882, 17 ff.

[92] Vgl. Fünfundfünfzigster Jahresbericht der Rheinisch - Westfälischen Gefängniß - Gesellschaft über das Vereinsjahr 1881/82, Düsseldorf 1882, 25 ff.

[93] Vgl. Friedrich von Bodelschwingh, Die Ackerbau - Colonie "Wilhelmsdorf" nach ihren bisherigen Erfahrungen, Bielefeld 1882, 3 ff; Josef Weydmann, Die Wanderarmenfürsorge in Deutschland, Mönchengladbach 1908, 31 ff; Wolfgang John, Die Vorgeschichte der Arbeiterkolonien, in: Ein Jahrhundert Arbeiterkolonien. "Arbeit statt Almosen". Hilfe für Obdachlose Wanderarme 1884 - 1984, Freiburg 1984, 12 - 22, 12 ff; Jürgen Scheffler, Frömmigkeit und Fürsorge: Die Gründung der Arbeiterkolonie Wilhelmsdorf und die Wohlfahrtspflege in Westfalen und Lippe um 1880, in: Hans Bachmann, Diakonie: Geschichte von unten. Christliche Nächstenliebe und kirchliche Sozialarbeit in Westfalen, Bielefeld 1995, 117 - 142, 120 ff; Jürgen Scheffler, Die Wandererfürsorge zwischen konfessioneller, kommunaler und staatlicher Wohlfahrtspflege, in: Jochen - Christoph Kaiser, Sozialer Protestantismus und Sozialstaat. Diakonie und Wohlfahrtspflege in Deutschland 1890 bis 1938, Stuttgart 1996, 104 - 117, 108 ff.

[94] Vgl. Wilhelm Klein, Arbeiterkolonie, in: Oskar Karstedt, Handwörterbuch der Wohlfahrtspflege, Berlin 1924, 17 - 20, 18 f.

[95] Vgl. Ephrem Ricking, Die deutschen Wanderarbeitsstätten, Mönchengladbach 1912, 47.

die Kolonien kamen "arbeitsscheue Bummler", Invaliden, Trinker, Verwahrloste, die keine volle Arbeitsleistung erbringen konnten, sowie Arbeitslose[96].

Die Idee der Arbeiterkolonie gewann in der Rheinisch - Westfälischen Gefängnisgesellschaft nach dem Vortrag von Friedrich von Bodelschwingh schon bald konkrete Gestalt. Am 28. Mai 1883 lud ein provisorisches Komitee zur Gründung des "Rheinischen Vereins wider die Vagabundennoth" zu einer Versammlung in die Düsseldorfer Tonhalle ein[97]. Auf der von Rheinisch - Westfälischer Gefängnisgesellschaft und Innerer Mission initiierten Veranstaltung wurde vor etwa 400 Teilnehmern das Vorhaben erörtert, zwei Kolonien auf konfessioneller Grundlage, eine evangelische im nördlichen und eine katholische im südlichen Teil der Rheinprovinz zu errichten[98]. Unter Leitung von Landesrat Peter Klausener und Teilnahme von Dechant Johannes Kribben fand am 7. November 1883 wiederum in der Tonhalle die konstituierende Sitzung und die Annahme der Statuten des "Rheinischen Vereins wider die Vagabundennoth" statt[99]. Seine Ziele wollte der Verein erreichen: "1. durch Gründung von zwei Arbeiter - Colonien mit confessionellem Charakter; 2. durch Einführung einer organisirten Naturalverpflegung der mittellosen wandernden Bevölkerung in geeigneten Herbergen soweit irgend möglich gegen Arbeitsleistung und durch Einrichtung von Arbeitsnachweisungs - Büreaus durch die ganze Provinz". Den konfessionellen Verhältnissen sollte hierbei, "soweit thunlich Rechnung getragen werden" (§ 2)[100]. Letzteres fand bereits bei der Wahl des 24köpfigen Verwaltungsrates, der je zur Hälfte aus evangelischen und katholischen Mitgliedern bestand, seinen Ausdruck[101].

Im März 1884 erging von Seiten des Vereins gegen die Vagabundennot ein "Aufruf an die Bewohner der Rheinprovinz" mit der Bitte um Unterstützung. Die dringende Notwendigkeit des Unternehmens wurde mit den Worten umschrieben: "Seit Jahren lastet die Landplage des Bettelns durch die Fluth der Vaganten mit allen ihren verderblichen Folgen auch auf unserer Provinz. Tagtäglich wird an Unbekannte eine Menge von Almosen prüfungslos gegeben, die zusammen eine bedeutende Summe ausmachen, welche meist in schlechte Herbergen fließt und Faulheit und niedere Genußsucht fördert. Leider muß sich fast durchweg auch der mittellose ordentliche Wanderer in die Reihen dieser Unbekannten stellen, wenn er sein Dasein fristen will. Obwohl er sein Brod zu erarbeiten willig wäre, drohen auch ihm für sein Bitten Gefängniß und Arbeitsanstalt. ... Darum will der Verein Arbeiter - Colonien auf konfessioneller Grundlage gründen, wel-

---

[96] Vgl. Jürgen Scheffler, Die Gründungsjahre 1883 - 1913, in: Ein Jahrhundert Arbeiterkolonien. "Arbeit statt Almosen". Hilfe für Obdachlose Wanderarme 1884 - 1984, Freiburg 1984, 23 - 35, 23 ff.

[97] Vgl. DV 29.05.1883; Entwurf von Statuten des Rheinischen Vereins wider die Vagabundennoth, festgestellt von dem in der Versammlung am 28. Mai 1883 erwählten Comité, Düsseldorf 1883, 1; Verhandlungen der ersten ordentlichen Generalversammlung des Rheinischen Vereins wider die Vagabundennoth am Mittwoch, den 11. März 1885 in Düsseldorf, Düsseldorf 1885, 4.

[98] Vgl. DV 29.05.1883.

[99] Vgl. DV 06.11.1883; DV 08.11.1883; Entwurf von Statuten des Rheinischen Vereins wider die Vagabundennoth, festgestellt von dem in der Versammlung am 28. Mai 1883 erwählten Comité, Düsseldorf 1883, 1 ff.

[100] Statuten des Rheinischen Vereins wider die Vagabundennoth, Düsseldorf o. J. (um 1884), 1.

[101] Vgl. DV 19.03.1884.

3. Wanderfürsorge

che barmherzige Liebe für jeden öffnet, der sonst nirgendwo mehr ein Lebenserwerb finden kann und freiwillig die Colonie aufsucht; Colonien, in denen die Pflege des religiösen Lebens; tüchtige Arbeit, verbunden mit ernster Zucht und Ordnung, das Rettungswerk an den Pfleglingen ausübt; Colonien, aus denen der Weg zur Rückkehr in die bürgerliche Gesellschaft zu einem ordentlichen arbeitsamen Leben gebahnt wird"[102].

Auf der ersten Generalversammlung des Vereins am 11. März 1885 konnte der evangelische Gefängnisgeistliche Hugo Stursberg bereits vermelden, dass die Eröffnung einer evangelischen Arbeiterkolonie in der Lühlerheide bei Wesel unmittelbar bevorstand[103]. Nur schleppend ging die Gründung einer katholischen Kolonie voran. Weder war ein geeignetes Areal noch eine Ordensgemeinschaft gefunden, der die Leitung der Anstalt übertragen werden konnte[104]. Trotzdem sah der Berichterstatter, Landesrat Peter Klausener, mit Optimismus der Zukunft entgegen: "Wir treten also trotz der vielen Mühe mit leeren Händen vor Sie hin; wir bitten Sie nun, das Versprechen von uns entgegenzunehmen, daß wir rastlos und unentwegt weiter arbeiten werden und geben wir uns der Hoffnung hin, bei unserm nächsten Zusammentreten Ihnen mit besseren Resultaten aufwarten zu können"[105].

Die Zuversicht war nicht unbegründet. Der Vorstand des "Rheinischen Vereins wider die Vagabundennoth" konnte auf der Zweiten Generalversammlung am 28. März 1887[106] in Düsseldorf nicht nur vom Betriebsbeginn der evangelischen Arbeiterkolonie Lühlerheim am 15. Februar 1886[107] sondern auch von der Eröffnung eines katholischen

---

[102] SAD XV 245, März 1884. Vgl. auch DV 19.03.1884.

[103] Vgl. Hugo Stursberg, Bericht über die bisherige Vereinsthätigkeit und die Gründung der Arbeiter - Kolonie in der Lühler - Heide bei Wesel, in: Verhandlungen der ersten ordentlichen Generalversammlung des Rheinischen Vereins wider die Vagabundennoth am Mittwoch, den 11. März 1885 in Düsseldorf, Düsseldorf 1885, 8 - 16, 8 ff. Vgl. auch DV 11.07.1884; DV 20.01.1885; DV 12.03.1885; Statut des Rheinischen evangelischen Arbeiterkolonie Lühlerheim bei Wesel, Langenberg 1890, 1 ff; Heinrich Bruckmann, 100 Jahre Rheinische Evangelische Arbeiterkolonie Lühlerheim 1886 - 1986. Dargestellt auf Grund der Jahresberichte des Kuratoriums und des Vorstandes in hundert Jahren, in: 100 Jahre Rheinische Evangelische Arbeiterkolonie Lühlerheim 1886 - 1986, Schermbeck 1986, 9 - 88, 14.

[104] Vgl. DV 12.03.1885; Peter Klausener, Bericht über die Gründung der zweiten Arbeiter - Kolonie, in: Verhandlungen der ersten ordentlichen Generalversammlung des Rheinischen Vereins wider die Vagabundennoth am Mittwoch, den 11. März 1885 in Düsseldorf, Düsseldorf 1885, 17 - 21, 17 ff.

[105] Peter Klausener, Bericht über die Gründung der zweiten Arbeiter - Kolonie, in: Verhandlungen der ersten ordentlichen Generalversammlung des Rheinischen Vereins wider die Vagabundennoth am Mittwoch, den 11. März 1885 in Düsseldorf, Düsseldorf 1885, 17 - 21, 21.

[106] Vgl. DV 29.03.1887; NN, Der Rheinische Verein wider die Vagabundennoth, in: Die Arbeiter - Kolonie. Correspondenzblatt für die Interessen der deutschen Arbeiter - Kolonien und Natural - Verpflegungs - Stationen Jg. 4 Nr. 8 (August 1887), 234 - 235, 234 f; Zweite ordentliche Generalversammlung des Rheinischen Vereins wider die Vagabundennoth in der Städtischen Tonhalle zu Düsseldorf am Montag, den 28. März 1887. Stenographischer Bericht, Düsseldorf 1887, 3 ff.

[107] Vgl. DV 13.03.1886; NN, Lühlerheim, in: Die Arbeiter - Kolonie. Correspondenzblatt für die Interessen der deutschen Arbeiter - Kolonien und Natural - Verpflegungs - Stationen Jg. 3 Nr. 7 (Juli 1886), 150 - 152 und Nr. 8 (August 1886), 199 - 207, 150; Martin Graeber, Bericht des Kuratoriums über seine Thätigkeit während des Vereinsjahres 1887/88, in: Erster Jahresbericht der Rheinischen evangelischen Arbeiterkolonie Lühlerheim über das Vereinsjahr 1887/88, Düsseldorf 1888, 3 - 8, 3; Heinrich Bruckmann, 100 Jahre Rheinische Evangelische Arbeiterkolonie Lühlerheim 1886 - 1986. Dargestellt auf

Gegenstücks in Elkenroth (Kreis Altenkirchen) berichten. Im März 1886 war es gelungen, bei Elkenroth das passende Terrain für eine Kolonie anzukaufen[108], die am 11. Oktober 1886 von Franziskanerbrüdern aus Waldbreitbach bezogen[109] und am 20. Oktober 1886 mit etwa 50 Kolonisten als zweites Vereinsunternehmen eröffnet werden konnte[110].

Da sich "die kirchlich gesinnten Kreise" als Folge konfessioneller Spannungen aus dem "Rheinischen Verein wider die Vagabundennoth" immer mehr zurückzogen, wurde auf der zweiten Generalversammlung der Vorstand ermächtigt, "die bestehenden Arbeiter - Kolonien Lühlerheim und Elkenroth an zwei neu zu gründenden Vereine auf konfessioneller Grundlage zu übertragen und unter Zustimmung des Verwaltungsraths die näheren Modalitäten dieser Übertragung festzusetzen"[111].

Am 9. November 1887 traten in Köln die katholischen Mitglieder zur konstituierenden Versammlung zusammen und stimmten den Statuten für einen neuen Trägerverein der Kolonie Elkenroth zu[112]. Hier hieß es in Paragraph 1: "Unter dem Namen 'Rheinischer Verein für katholische Arbeiter - Kolonien' wird für die Rheinprovinz ein Verein begründet, welcher Arbeiter - Kolonien auf katholischer Grundlage ins Leben zu rufen und zu erhalten bezweckt. Auf diesen Verein geht die Verwaltung der bereits ins Leben gerufenen katholischen Arbeiter - Kolonie 'Elkenroth' über". Der Verein hatte seinen

---

Grund der Jahresberichte des Kuratoriums und des Vorstandes in hundert Jahren, in: 100 Jahre Rheinische Evangelische Arbeiterkolonie Lühlerheim 1886 - 1986, Schermbeck 1986, 9 - 88, 15; Horst Hörl, "Rheinischer Verein wider die Vagabundennoth", in: Jahrbuch für den rechten Niederrhein 1 (1987), 31 - 46, 34.

[108] Vgl. NN, Düsseldorf, in: Katholisches Missionsblatt Jg. 34 Nr. 47 (22.11.1885), 749; Zweite ordentliche Generalversammlung des Rheinischen Vereins wider die Vagabundennoth in der Städtischen Tonhalle zu Düsseldorf am Montag, den 28. März 1887. Stenographischer Bericht, Düsseldorf 1887, 6 ff.

[109] Vgl. Die Genossenschaft der Franziskanerbrüder zu St. Josefshaus bei Waldbreitbach, Waldbreitbach 1912, 123; Genossenschaft der Franziskanerbrüder von Waldbreitbach Diözese Trier, Waldbreitbach 1928, 156.

[110] Vgl. DV 12.09.1886; NN, Wo liegt die Arbeiter - Kolonie ?, in: Die Arbeiter - Kolonie. Correspondenzblatt für die Interessen der deutschen Arbeiter - Kolonien und Natural - Verpflegungs - Stationen Jg. 4 Nr. 2 (Februar 1887), 35 - 36, 35; Jahres - Bericht des Rheinischen Vereins für katholische Arbeiter - Colonien zu Düsseldorf und des Lokal - Vorstandes der katholischen Arbeiter - Colonie zu Elkenroth pro 1887/88, Brauweiler 1888, 1; Hermann Brungs, Jubiläums - Bericht der rheinischen katholischen Arbeiter - Kolonie St. Josephshaus bei Elkenroth, Düsseldorf 1911, 3; Heinrich Arndt, Die katholische Arbeiterkolonie St. Josef in Elkenroth 1886 - 1927: Ereignisse - Erinnerungen, in: 1886 - 1986. 100 Jahre Katholische Arbeiterkolonien im Rheinland. Rheinischer Verein für Katholische Arbeiterkolonien e. V., Aachen 1986, 64 - 85, 64 ff.

[111] Zweite ordentliche Generalversammlung des Rheinischen Vereins wider die Vagabundennoth in der Städtischen Tonhalle zu Düsseldorf am Montag, den 28. März 1887. Stenographischer Bericht, Düsseldorf 1887, 13. Vgl. auch DV 29.03.1887; Hannes Kiebel, "Rheinischer Verein für Katholische Arbeiterkolonien". Anmerkungen zur historischen Entwicklung, in: 1886 - 1986. 100 Jahre Katholische Arbeiterkolonien im Rheinland. Rheinischer Verein für Katholische Arbeiterkolonien e. V., Aachen 1986, 9 - 44, 16 f.

[112] Vgl. DV 07.11.1887; DV 10.11.1887; NN, Elkenroth, in: Die Arbeiter - Kolonie. Correspondenzblatt für die Interessen der deutschen Arbeiter - Kolonien und Natural - Verpflegungs - Stationen Jg. 4 Nr. 12 (Dezember 1887), 355 - 356, 356; NN, Die katholische Arbeiter - Colonie in der Rheinprovinz, in: Kölnische Volkszeitung Jg. 30 Nr. 112 (25.04.1889), 2.

3. Wanderfürsorge

Sitz in Düsseldorf (§ 2). Zweck des neuen Vereins war es, arbeitslosen aber arbeitswilligen Männern Beschäftigung zu bieten, "um sie hierdurch, sowie durch ernste sittliche, religiöse Einwirkung und durch eine strenge Hausordnung zu einem geordneten und arbeitsamen Leben zurückzuführen und ihnen den Weg zu selbständigen Erwerb ihres Lebensunterhaltes wieder zu eröffnen, auch ihnen hierbei, soweit möglich, durch Stellenvermittlung behülflich zu sein" (§ 3)[113]. Für die Arbeiterkolonie in Lühlerheim wurde am 5. Mai 1887 ein eigenes Kuratorium eingerichtet[114]; am 8. August 1889 löste sich der "Rheinische Verein wider die Vagabundennoth" selbst auf[115].

Ein Jahrzehnt nach Eröffnung des St. Josephshauses in Elkenroth folgte die Gründung einer weiteren Kolonie. Am 23. April 1896 konnte der Rheinische Verein für katholische Arbeiterkolonien in Urft (Kreis Schleiden) unter dem Namen "Hermann - Joseph - Haus" eine zweite Anstalt eröffnen[116]; eine dritte Einrichtung, nach Landesrat Peter Klausener "Petrusheim" genannt, nahm am 29. April 1902 in Weeze den Betrieb auf[117]. Außerdem war der Verein maßgeblich an der Gründung der "Katholischen Erzie-

---

[113] NN, Statut des Rheinischen Vereins für katholische Arbeiter - Kolonien, in: Jahres - Bericht des Rheinischen Vereins für katholische Arbeiter - Colonien zu Düsseldorf und des Lokal - Vorstandes der katholischen Arbeiter - Colonie zu Elkenroth pro 1887/88, Brauweiler 1888, 1 - 8, 1 ff. Vgl. auch AEK Gen. 23.8, 09.11.1887; NN, Zur Empfehlung der katholischen Arbeiterkolonien, in: Christlich - sociale Blätter Jg. 22 Nr. 8 (1889), 250 - 255, 250 ff; Jahresbericht des Rheinischen Vereins für katholische Arbeiterkolonien für die Zeit vom 1. Juli 1902 bis 30. Juni 1903, Düsseldorf 1903, 6 ff.

[114] Vgl. Martin Graeber, Bericht des Kuratoriums über seine Thätigkeit während des Vereinsjahres 1887/88, in: Erster Jahresbericht der Rheinischen evangelischen Arbeiterkolonie Lühlerheim über das Vereinsjahr 1887/88, Düsseldorf 1888, 3 - 8, 3 f; Heinrich Bruckmann, 100 Jahre Rheinische Evangelische Arbeiterkolonie Lühlerheim 1886 - 1986. Dargestellt auf Grund der Jahresberichte des Kuratoriums und des Vorstandes in hundert Jahren, in: 100 Jahre Rheinische Evangelische Arbeiterkolonie Lühlerheim 1886 - 1986, Schermbeck 1986, 9 - 88, 17.

[115] Vgl. DV 29.06.1889; DV 21.07.1889.

[116] Vgl. DV 26.04.1896; NN, Neue katholische Arbeiterkolonie in der Erzdiöcese Köln, in: Charitas. Zeitschrift für die Werke der Nächstenliebe im katholischen Deutschland Jg. 1 Nr. 4 (April 1896), 82; NN, Das St. Hermann Joseph - Haus zu Urft, in: Charitas. Zeitschrift für die Werke der Nächstenliebe im katholischen Deutschland Jg. 1 Nr. 6 (Juni 1896), 129; Die Genossenschaft der Franziskanerbrüder zu St. Josefshaus bei Waldbreitbach, Waldbreitbach 1912, 139; Genossenschaft der Franziskanerbrüder von Waldbreitbach Diözese Trier, Waldbreitbach 1928, 90; Hannes Kiebel, Die zweite katholische Kolonie im Rheinland: St. Hermann - Joseph - Haus in Urft/Eifel. Hinweise, in: 1886 - 1986. 100 Jahre Katholische Arbeiterkolonien im Rheinland. Rheinischer Verein für Katholische Arbeiterkolonien e. V., Aachen 1986, 86 - 91, 86 ff.

[117] Vgl. DV 21.06.1899; NN, Wo liegt die Kolonie Weeze ?, in: Der Wanderer Jg. 19 Nr. 9 (September 1902), 286; DV 18.12.1902; Jahresbericht des Rheinischen Vereins für katholische Arbeiterkolonien für die Zeit vom 1. Juli 1902 bis 30. Juni 1903, Düsseldorf 1903, 1; Jahresbericht des Rheinischen Vereins für katholische Arbeiterkolonien für die Zeit vom 1. Juli 1903 bis 30. Juni 1905, Düsseldorf 1905, 4 f; Die Genossenschaft der Franziskanerbrüder zu St. Josefshaus bei Waldbreitbach, Waldbreitbach 1912, 139; Bericht des Rheinischen Vereins für katholische Arbeiterkolonien (Caritas) Düsseldorf 1926/27, Düsseldorf 1927, 7; Genossenschaft der Franziskanerbrüder von Waldbreitbach Diözese Trier, Waldbreitbach 1928, 90 ff; NN, Berichte der Arbeiterkolonien über die Monate April, Mai, Juni 1930, in: Der Wanderer Jg. 47 Nr. 9 (September 1930), 192; Hannes Kiebel, St. Petrusheim. Arbeiterkolonie und Altenheim in Weeze/Niederrhein, in: 1886 - 1986. 100 Jahre Katholische Arbeiterkolonien im Rheinland. Rheinischer Verein für Katholische Arbeiterkolonien e. V., Aachen 1986, 95 - 114, 95 ff.

hungsfürsorge - Gesellschaft" (7. Juni 1900) mit Sitz in Düsseldorf beteiligt[118], die am 4. August 1902 das "St. Raphaelshaus in Dormagen" als Fürsorgeerziehungsanstalt für "schulentlassene, gefährdete, männliche Jugendliche" eröffnete[119]. Außer in Elkenroth lagen auch in Urft und Weeze die Verwaltung und Leitung der Anstalten in den Händen der Franziskanerbrüder aus Waldbreitbach[120]. Das Raphaelshaus in Dormagen wurde ebenso von Franziskanerbrüdern geführt, jedoch aus der Genossenschaft der Armen Brüder vom hl. Franziskus Seraphicus aus dem Mutterhause in Bleyerheide[121].

Vom Arbeitsalltag in der katholischen Arbeiterkolonie Elkenroth wird im Jahre 1889 berichtet: "Die Aufgenommenen gehörten den verschiedensten Gewerben und Lebensstellungen an, und arbeitete der Tagelöhner, Handwerker und Weber gemeinsam mit dem Kaufmann, Lehrer und Maler, geeint in dem Vorsatz der Besserung und in dem anerkennenswerten Streben, durch Arbeit, nüchternes und religiöses Leben, auf den verlassenen Pfad eines geregelten Lebens wieder zurückzugelangen. ... Was die Beschäftigung in der Kolonie betrifft, so bestand dieselbe zur Sommerzeit und während des Herbstes in ausgedehnten Meliorationsarbeiten ... . Ent- und Bewässerungsarbeiten auf ausgedehnten ... Terrains haben dazu gedient, unfruchtbare Flächen in fruchtbringende Weiden und Viehtriften umzuwandeln und somit den Bewohnern ertragfähige Wiesen an Stelle öden Sumpflandes zu verschaffen. ... In der Winterszeit bietet die Ausbeute eines nahe gelegenen und der Kolonie pachtweise überlassenen Steinbruchs hinreichende und gleichzeitig lohnende Beschäftigung für eine größere Anzahl von Arbeitern, welchen durch hergestellte Schuppen gegen die Einflüsse der Witterung hinreichenden Schutz geboten ist. ... Außer diesen Feld-, Wiesen- und Steinbrucharbeiten beschäftigt die Kolonie in den mit ihr verbundenen Werkstätten, jedoch nur für ihre Zwecke und ohne dem Privatgewerbe und der Privatindustrie die geringste Conkurrenz zu schaffen,

---

[118] Vgl. AEK GVA Dormagen 13, 07.06.1900.
[119] Vgl. DV 26.09.1902; NN, Dormagen, in: Kölnische Volkszeitung Jg. 43 Nr. 866 (29.09.1902), 1; DV 18.12.1902; Jahresbericht des Rheinischen Vereins für katholische Arbeiterkolonien für die Zeit vom 1. Juli 1902 bis 30. Juni 1903, Düsseldorf 1903, 1; DT 13.06.1911; Die Fürsorge - Anstalt St. Raphael Dormagen. St. Raphaelshaus Fürsorgeerziehungs - Anstalt zu Dormagen. Festschrift anläßlich der Einweihung der voll ausgebauten Anstalt im Jahre 1911, Dormagen 1911, 3; DT 15.05.1927; Bericht des Rheinischen Vereins für katholische Arbeiterkolonien (Caritas) Düsseldorf 1926/27, Düsseldorf 1927, 3; Kranken-, Heil- und Pflege - Anstalten im Rheinland, Düsseldorf 1930, 192 f; Hannes Kiebel, Das "St. Raphaelshaus" zu Dormagen. Der "Rheinische Verein für katholische Arbeiterkolonien" engagiert sich für männliche Minderjährige, in: 1886 - 1986. 100 Jahre Katholische Arbeiterkolonien im Rheinland. Rheinischer Verein für Katholische Arbeiterkolonien e. V., Aachen 1986, 92 - 94, 93.
[120] Vgl. Die Genossenschaft der Franziskanerbrüder zu St. Josefshaus bei Waldbreitbach, Waldbreitbach 1912, 123 und 139; Genossenschaft der Franziskanerbrüder von Waldbreitbach Diözese Trier, Waldbreitbach 1928, 90 ff.
[121] Vgl. AEK GVA Dormagen 13, 31.10.1899; Die Genossenschaft der Armen Brüder vom Hl. Franziskus Ser. Mutterhaus Bleyerheide. Johannes Höver und seine Stiftung. Die Genossenschaft der Armen Brüder vom Hl. Franziskus Ser., Düsseldorf o. J. (um 1929), 23.

4. Trinkerfürsorge

nach Maßgabe der Fähigkeiten und Kenntnisse, Tag aus Tag ein eine Anzahl Kolonisten"[122].

4. Trinkerfürsorge

Die Anfänge der deutschen Abstinenzbewegung reichen bis zu Beginn des 19. Jahrhunderts zurück[123]. Unorganisiert entstanden im ganzen Land verschiedenste Initiativen zur "Trinkerrettung", die vor allem den eingeschränkten Konsum von Spirituosen propagierten. Erst im Zeitalter der Industrialisierung kamen Gruppierungen hinzu, die einen völligen Verzicht auf Alkohol forderten. Waren die Anfänge der Nüchternheitsbewegung stark von religiös - moralischen Argumenten mit dem Ziel der individuellen "Trinkerrettung" geprägt[124], rückten im Laufe der Zeit hygienische Motive wie Gesundheitserhaltung und Arbeitskraftschonung immer mehr in den Vordergrund[125].

Auf erste Spuren einer kirchlich organisierten Abstinenzbewegung stößt man in Düsseldorf in den vierziger Jahren des 19. Jahrhunderts. Am 5. Februar 1843 hatte der reformierte Pfarrer Rudolph Spies unter dem Namen "Enthaltsamkeits - Verein der evangelischen Gemeinde zu Düsseldorf" einen Mäßigkeitsverein ins Leben gerufen, der seine Mitglieder zur Abstinenz von Branntwein verpflichtete[126]. "In der Überzeugung", so Paragraph 1 der Vereinsstatuten, "daß der Genuß des Brantweins, und zwar nicht bloß wenn er schon zur Trunksucht ausgeartet ist, die Veranlassung zu tiefem Verderben, zu Verwüstung und Elend unseres Volkes, der Familien wie des Einzelnen, geworden ist und immer mehr zu werden droht; in der Überzeugung ferner, daß Jeder verpflichtet ist, durch Wort und That entgegen zu wirken, so viel er vermag: verbinden sich die Unterzeichneten ... zur Mäßigkeit im Genusse jedes geistigen Getränks"[127]

---

[122] UBD D.Sp.G. 162 (2⁰), Sammlung Moritz Wächter Bd. 3, S. 173. Vgl. auch Jahres - Bericht des Rheinischen Vereins für katholische Arbeiter - Colonien zu Düsseldorf und des Lokal - Vorstandes der katholischen Arbeiter - Colonie zu Elkenroth pro 1887/88, Brauweiler 1888, 3 f.

[123] Heinrich Tappe, Auf dem Weg zur modernen Alkoholkultur. Alkoholproduktion, Trinkverhalten und Temperenzbewegung in Deutschland vom frühen 19. Jahrhundert bis zum Ersten Weltkrieg, Stuttgart 1994, 123 ff.

[124] Vgl. Lorenz Werthmann, Bilder aus der katholischen Mäßigkeitsbewegung, in: Jahrbuch des Charitasverbandes für das Geschäftsjahr 2 (1908/1909), 34 - 48, 34 ff.

[125] Vgl. Heinrich Tappe, Auf dem Weg zur modernen Alkoholkultur. Alkoholproduktion, Trinkverhalten und Temperenzbewegung in Deutschland vom frühen 19. Jahrhundert bis zum Ersten Weltkrieg, Stuttgart 1994, 281 ff.

[126] Vgl. NN, Zur Enthaltsamkeits - Sache, in: Kirchlicher Anzeiger der evangelischen Gemeinde zu Düsseldorf Jg. 3 Nr. 50 (11.12.1853), o. S. (2 - 4, 2); Adelbert Natorp, Geschichte der evangelischen Gemeinde zu Düsseldorf. Eine Festschrift zur Einweihung ihres neuen Gotteshauses, der Johanneskirche, Düsseldorf 1881, 205.

[127] NN, Zur Enthaltsamkeits - Sache, in: Kirchlicher Anzeiger der evangelischen Gemeinde zu Düsseldorf Jg. 3 Nr. 50 (11.12.1853), o. S. (2 - 4, 2 f).

Im März 1883 wurde mit Gründung des paritätischen "Deutschen Vereins gegen den Mißbrauch geistiger Getränke" die Abstinenzbewegung im Reich erstmals planmäßig organisiert[128]. Ziel des Zusammenschlusses war die präventive Einflussnahme auf Gesetzgebung und Verwaltung sowie Aufklärung und Forschung[129]. Der Verein vertrat die Auffassung, "daß ein mäßiges Trinken von nicht allzustark alkoholhaltigen Flüssigkeiten unverfänglich und einer edlen Volksgeselligkeit nicht hinderlich" sei[130]. Gesetzlich wurde daher eine Verminderung der Schankstätten, striktere Konzessionierung der Verkaufsstellen und erhöhte Besteuerung gefordert[131]. Auf dem Rheinischen Provinzialtag des Deutschen Vereins gegen den Mißbrauch geistiger Getränke am 2. Dezember 1884 in Düsseldorf regte der evangelische Gefängnisgeistliche Hugo Stursberg für die Stadt und das nähere Umland die Errichtung eines lokalen Bezirksvereins an[132]. Zur Heilung und Besserung der "Gewohnheitstrinker" verfolgte der "Bezirksverein gegen den Mißbrauch geistiger Getränke für Düsseldorf und Umgegend" statutengemäß vor allem den Zweck[133], "1. alle Bevölkerungsklassen über die Gefahren und Schäden des Mißbrauches geistiger Getränke durch das Wort und Schrift in geeigneter Weise aufzuklären; 2. durch Einrichtung von Schank- und Erholungsstätten, in welchen Ersatz - Getränke gegen den billigen Preis verabfolgt werden, die Gelegenheit zum Mißbrauche geistiger Getränke zu vermindern; 3. durch Beförderung aller auf ein geordnetes Familienleben hinzielenden Bestrebungen den Sinn für Häuslichkeit zu erhalten bzw. wachzurufen; 4. durch Unterbringung in geeigneten Anstalten dem bereits Trunksüchtigen Gelegenheit zur Besserung und Heilung zu bieten (§ 2)"[134]. Ein völliger Verzicht auf Alkohol war nicht gefordert. Aus Anlass der 10. Generalversammlung des "Deutschen Vereins gegen den Mißbrauch geistiger Getränke" vom 12. bis 13. Oktober 1893 in Düsseldorf[135] ließ der "Ortsausschuß zur Vorbereitung der Generalversammlung" unter Leitung von Landesrat Peter Klausener, Pastor Carl von Koblinski und Religionslehrer Karl Neumann kolportieren: "Der Verein will dem maßvollen Genuß geistiger Getränke, sei es in fröhli-

---

[128] Vgl. NN, Zum fünfundzwanzigjährigen Jubelfeste des deutschen Vereins gegen den Mißbrauch geistiger Getränke (14. bis 17. September in Kassel), in: Charitas. Zeitschrift für die Werke der Nächstenliebe im katholischen Deutschland Jg. 13 Nr. 12 (September 1908), 315 - 318, 316; Christian Stubbe, Der Deutsche Verein gegen den Mißbrauch geistiger Getränke e. V.. Sein Werden, Wachsen und Wirken in den ersten fünfundzwanzig Jahren, Berlin 1908², 14.

[129] Vgl. Christian Stubbe, Programm und Arbeit des Deutschen Vereins gegen den Mißbrauch geistiger Getränke, Kiel 1897, 2 ff.

[130] Josef Neumann, Zum Kampf gegen den Alkohol, in: Charitas. Zeitschrift für die Werke der Nächstenliebe im katholischen Deutschland Jg. 1 Nr. 5 (Mai 1896), 103 - 106, Nr. 7 (Juli 1896), 149 - 153, Nr. 9 (September 1896), 200 - 202 und Nr. 12 (Dezember 1896), 268 - 269, 149.

[131] Vgl. DV 03.12.1884.

[132] Vgl. SAD III 6094, 02.12.1884; DA 03.12.1884; DV 03.12.1884; DA 04.12.1884; GA 04.12.1884.

[133] DV 03.12.1884.

[134] Vgl. SAD III 6094, Satzungen für den Bezirksverein gegen den Mißbrauch geistiger Getränke für Düsseldorf und Umgegend, 15.09.1894. Vgl. auch SAD III 6094, Statuten des Düsseldorfer Bezirksvereins gegen den Missbrauch geistiger Getränke, um 01.08.1886.

[135] Vgl. DV 04.10.1893; DV 09.10.1893; DV 15.10.1893; DV 16.10.1893; Josef Neumann, Die Aufgabe der katholischen Charitas in der Mäßigkeitsbewegung. Vortrag gehalten zu Schwäbisch - Gmünd auf dem I. Charitastag und dem VI. praktisch - sozialen Kursus am 14. Oktober 1896, Essen 1896, 18.

cher Stunde, sei es nach getaner Arbeit nicht entgegen treten. Wohl aber will er deren Mißbrauch nach allen Kräften steuern, getragen von der Überzeugung, daß kein Laster Jahr aus Jahr ein dem deutschen Volke tiefere Wunden schlägt als die Trunksucht. In dieser verderblichen Leidenschaft - namentlich in dem unmäßigen Branntweingenusses - sieht der Verein den größten Feind des deutschen Volkes, welcher die Lebenskraft so manches hoffnungsfreudigen und blühenden Menschen vor der Zeit aufzehrend und Generationen mit dem Todeskeim erblichen Siechtums belastend, zugleich das wirtschaftliche Wohl zahlreicher Glieder unseres Volkes untergräbt und den Kampf ums Dasein tausentfältig erschwert"[136]. In Zusammenarbeit mit dem Bergischen Verein für Gemeinwohl nahm die Ortsgruppe des "Deutschen Vereins gegen den Mißbrauch geistiger Getränke" am 1. August 1903 an der Ufer Straße (heute Hammer Str. 1) ein "Volkskaffeehaus" in Betrieb[137].

Mit Gründung des paritätischen "Deutschen Vereins gegen den Mißbrauch geistiger Getränke" war die konfessionelle Nüchternheitsbewegung nicht verebbt[138]. Nur wenige Wochen nach der Konstituierung einigte sich die 29. Generalversammlung der Katholischen Vereine Deutschlands in Düsseldorf 1883 auf die Verlautbarung folgender Resolution: "a.) Im Anschlusse an die Beschlüsse der 28. Generalversammlung in Bonn im Jahre 1881[139] erklärt die gegenwärtige Generalversammlung die dringende Notwendigkeit, daß die überhandnehmende Trunksucht energisch und mit allen zu Gebote stehenden Mitteln bekämpft werde, b.) Von diesem Gesichtspunkte aus begrüßt die General - Versammlung alle Bestrebungen in dieser Richtung, erklärt jedoch c.) daß die Bekämpfung des Übels in erster Linie mit moralischen und religiös - kirchlichen Mitteln geschehen müsse und deshalb die Forderung der Gründung kirchlicher Mäßigkeits - Bruderschaften bzw. Kongregationen zu empfehlen und ins Auge zu fassen sei, d.) Die General - Versammlung empfiehlt der katholischen Presse die Verbreitung von Schriften, welche die Schäden des Branntweins darlegen, ... e.) Die Generalversammlung empfiehlt, an geeigneten Orten den Versuch der Gründung oder Unterstützung von Anstalten zu machen, welche den unteren Volksklassen, insbesondere den Arbeitern, unschädliche Getränke als Ersatz für den Branntwein zu billigen Preisen liefern"[140]. Zur gleichen Zeit bedauerte Franz Hitze auf der dritten Generalversammlung des Verbandes "Arbeiterwohl" am 10. September 1883 in Düsseldorf: "Leider können wir in den Kampf ge-

---

[136] DV 09.10.1893.
[137] Vgl. DV 31.07.1903; Ernst Sprungmann, Die Geschichte des Bergischen Vereins für Gemeinwohl, anläßlich seines 30jährigen Bestehens am 17. November 1916, Elberfeld 1916, 57.
[138] Vgl. Lorenz Werthmann, Bilder aus der katholischen Mäßigkeitsbewegung, in: Jahrbuch des Charitasverbandes für das Geschäftsjahr 2 (1908/1909), 34 - 48, 34 ff.
[139] Vgl. Verhandlungen der XXVIII. General - Versammlung der Katholiken Deutschlands in Bonn am 4., 5., 6., 7. und 8. September 1881. Nach stenographischer Aufzeichnung, Bonn 1881, 51, 131 ff und 334. Vgl. auch Gerhard Heinrich Weertz, Pater Anno Neumann und die neuere katholische Antialkoholbewegung, Heidhausen 1913, 10.
[140] Verhandlungen der XXX. General - Versammlung der Katholiken Deutschlands zu Düsseldorf, am 10., 11., 12. und 13. September 1883. Nach stenographischer Aufzeichnung, Düsseldorf 1883, 105. Vgl. auch Josef Neumann, Zur Reform der Trunksitten. Die Mitarbeit der deutschen Katholikentage an denselben, dargelegt aus ihren Verhandlungen. Ein kleiner Beitrag zur großen Alkoholfrage, Köln 1903, 14.

gen den Branntwein nicht eher mit voller Kraft eintreten, bis uns die Freiheit der Missionen wiedergegeben ist. Nur durch religiöse, bei Gelegenheit von großen Volksmissionen gegründete Mäßigkeits - Vereine kann ein durchschlagender Erfolg erzielt werden"[141].

Auf evangelischer Seite entstanden fast zur gleichen Zeit die ersten deutschen Vereine des "Blauen Kreuzes", das im Jahre 1877 vom Genfer Pfarrer Louis Lucien Rochat begründet worden war[142]. Der Verein, der auch Trinker für das Reich Gottes gewinnen wollte, fasste in Düsseldorf im Oktober 1898 mit einer eigenen Ortsgruppe Fuß[143].

Der Wegbereiter und langjährige Führer der neueren katholischen Abstinenzbewegung war Joseph Neumann (1856 - 1912)[144]. Als Rektor am Arbeiterinnenhospiz in Aachen (1888) begann er seinen Kampf gegen Alkoholismus, um ihn als Kaplan in Rellinghausen und besonders als Pfarrer von Mündt Titz bei Jülich seit 1901 fortzusetzen[145]. Sein Hauptmittel war 1897 die Gründung der Zeitschrift "Volksfreund"[146] und besonders die Nüchternheitsvereinigung "Kreuzbündnis" (seit 1926 Kreuzbund genannt[147]), deren erste Ortsgruppe 1899 in Rellinghausen gegründet wurde[148]. Anfangs noch mit Gruppen für Mäßige und Abstinente ausgestattet, gewannen letztere nach und nach das Übergewicht, bis das Kreuzbündnis am 8. Dezember 1909 nach vielen Auseinandersetzungen ein reines und ausgesprochenes Abstinenzprogramm annahm[149]. Im Laufe

---

[141] NN, III. General - Versammlung des Verbandes "Arbeiterwohl", in Düsseldorf, den 10. September 1883, in: Arbeiterwohl Jg. 3 Nr. 10 (Oktober 1883), 169 - 186, 171.

[142] Vgl. Heinz Klement, Das Blaue Kreuz in Deutschland. Mosaiksteine aus über 100 Jahren evangelischer Suchtkrankenhilfe, Wuppertal 1990, 12 ff.

[143] Vgl. SAD III 6542, 17.10.1898; Adreßbuch der Wohlfahrtseinrichtungen in Düsseldorf. Auf Grund der von der städtischen Armenverwaltung beschafften Unterlagen bearbeitet im städtischen Statistischen Amte, Düsseldorf 1910, 8.

[144] Vgl. Gerhard Heinrich Weertz, Das katholische Kreuzbündnis zur Bekämpfung des Alkoholismus, Essen 1905, 18 ff; Franz Roßnick, Am Grabe P. Annos. Ein Gedenkblatt für den Begründer der neuen katholischen Nüchternheitsbewegung im Deutschen Reiche, in: Franz Roßnick, Deutsche Nüchternheitsbewegung. In Skizzen bearbeitet und dem Andenken P. Anno Joseph Neumanns O. P. gewidmet, Hamm 1915, 217 - 304, 219 ff; Wilhelm Liese, Josef Neumann zum Gedächtnis, in: Volksfreund. Monatsschrift zur Förderung der Enthaltsamkeit und zur Pflege katholischer Lebenswerte Jg. 25 Nr. 7/8 (Juli/August 1921), 126 - 128, 126 ff.

[145] Vgl. Josef Neumann, Zum Kampf gegen den Alkohol, in: Charitas. Zeitschrift für die Werke der Nächstenliebe im katholischen Deutschland Jg. 1 Nr. 5 (Mai 1896), 103 - 106, Nr. 7 (Juli 1896), 149 - 153, Nr. 9 (September 1896), 200 - 202 und Nr. 12 (Dezember 1896), 268 - 269, 103 ff.

[146] Vgl. Josef Neumann, Zum Geleite, in: Volksfreund zur Beförderung der Mäßigkeitsbestrebungen Jg. 1 Nr. 1 (Mai 1897), 1.

[147] Vgl. Walter Wilhelm Baumeister, Alkoholismus, in: Michael Buchberger, Lexikon für Theologie und Kirche Bd. 1, Freiburg 1930², 270 - 274, 272.

[148] Vgl. Gerhard Heinrich Weertz, Das katholische Kreuzbündnis zur Bekämpfung des Alkoholismus, Essen 1905, 19; J. Brinkmann, 25 Jahre Kreuzbündnis. Geschichtlicher Rückblick, in: Volksfreund. Monatsschrift zur Förderung der Enthaltsamkeit und zur Pflege katholischer Lebenswerte Jg. 25 Nr. 7/8 (Juli/August 1921), 100 - 107, 101 f.

[149] Vgl. Gerhard Heinrich Weertz, Kreuzbündnis und katholischer Mäßigkeitsbund, in: Sobrietas Jg. 5 Nr. 3 (Juli 1911), 89 - 90, 89 f; NN, P. Anno Neumann, in: Westdeutsche Arbeiter - Zeitung Jg. 15 Nr. 1 (04.01.1913), 2; Bernard Schmüderrich, Die katholische Abstinenzbewegung, ihr Werden und Wesen,

4. Trinkerfürsorge

der Zeit kamen besondere Abteilungen für Frauen (Frauenbund[150]), Kinder (Schutzengelbund[151]) und Jugendliche (Jungborn[152]) sowie Geistliche (Priesterabstinentenbund 1901[153]) hinzu. Schließlich bemühte sich Joseph Neumann, der seit seinem Eintritt in den Dominikanerorden 1909 den Namen Pater Anno führte[154], ab der Jahrhundertwende um die Einrichtung von Trinkerheilanstalten, die nach mehrmonatigem Aufenthalt zur völligen Abstinenz führen sollten: für Männer in Heidthausen das Kamillushaus[155], für Frauen das Annahaus in Mündt[156]. Pater Anno war ein gesuchter Redner auf Abstinenzkongressen, Generalversammlungen der deutschen Katholiken und Caritastagungen[157].

Nach den am 5. Februar 1904 vom Kölner Erzbischof Antonius Fischer approbierten Statuten sollte das Kreuzbündnis den Alkoholmissbrauch bekämpfen und Trinker durch Belehrung und Wohlfahrtseinrichtungen vor dem Niedergang bewahren. Ausgewiesener Zweck der Vereinigung war es: "1. den Mißbrauch geistiger Getränke und die damit verbundenen schweren sittlich - religiösen und wirtschaftlichen Mißstände zu bekämpfen, sowie 2. sich der Trinkerfürsorge zu widmen (§ 1)". Die Mitglieder waren verpflichtet, "sich unter Anrufung des am Kreuze vor Durst verschmachtenden Heilandes ... von allen geistigen Getränken zu enthalten und ... sich unter den besonderen Schutz

---

ihre Wege und Ziele, in: Frankfurter zeitgemäße Broschüren Jg. 32 Nr. 6 (1913), 205 - 242, 222 f; NN, Die dem Caritasverband angeschlossenen Fachorganisationen, in: Caritas. Zeitschrift für die Werke der Nächstenliebe im katholischen Deutschland Jg. 23 Nr. 4/6 (Januar/März 1918), 121 - 151, 122.

[150] Vgl. Lorenz Werthmann, Bilder aus der katholischen Mäßigkeitsbewegung, in: Jahrbuch des Charitasverbandes für das Geschäftsjahr 2 (1908/1909), 34 - 48, 46.

[151] Vgl. Wilhelm Kohler, Unser Schutzengelbund, in: Volksfreund gegen den Alkoholismus und für Gesundheitspflege Jg. 11 Nr. 4 (01.04.1907), 59 - 60, 59 f; J. Knichel, Der Schutzengelbund. Grundsätzliches und Praktisches, Leutesdorf 1914, 1 ff.

[152] Vgl. Johannes Schick, Jungborn, in: Volksfreund. Monatsschrift zur Förderung der Enthaltsamkeit und zur Pflege katholischer Lebenswerte Jg. 25 Nr. 7/8 (Juli/August 1921), 116 - 119, 116 ff.

[153] Vgl. NN, Satzung des Priester - Abstinentenbundes, in: Sobrietas Jg. 3 Nr. 4 (Oktober 1909), 66 - 67, 66 f.

[154] Vgl. NN, Kirchliches, in: Kölnische Volkszeitung Jg. 53 Nr. 1094 (14.12.1912), 2; NN, P. Anno Neumann, in: Westdeutsche Arbeiter - Zeitung Jg. 15 Nr. 1 (04.01.1913), 2.

[155] Vgl. DV 17.11.1899; NN, St. Kamillus - Haus, Heilanstalt für alkoholkranke Männer katholischer Konfession zu Werden - Heidhausen an der Ruhr, in: Katholische Mäßigkeitsblätter Jg. 6 Nr. 5 (Oktober 1901), 36 - 39, 36 ff; NN, Die Einweihung des Kamillushauses, in: Volksfreund zur Beförderung der Mäßigkeit und Gesundheitspflege Jg. 5 Nr. 12 (Dezember 1901), 90 - 92, 90 ff; Josef Neumann, Zur Reform der Trunksitten. Die Mitarbeit der deutschen Katholikentage an denselben, dargelegt aus ihren Verhandlungen. Ein kleiner Beitrag zur großen Alkoholfrage, Köln 1903, 34 ff; W. Lamers, Ein Besuch im St. Kamillushaus zu Werden - Heidhausen, in: Zur katholischen Mäßigkeitsbewegung. Festschrift Würzburg 1907, Würzburg 1907, 9 - 13, 9 ff; J.K., Das Kamillus - Haus in Essen - Heidhausen. 50 Jahre Trinker Heilanstalt, in: Kirchenzeitung für das Erzbistum Köln Jg. 7 Nr. 43 (26.10.1952), 680.

[156] Vgl. Gerhard Heinrich Weertz, Pater Anno Neumann und die neuere katholische Antialkoholbewegung, Heidhausen 1913, 24.

[157] Vgl. Verhandlungen der 43. General - Versammlung der Katholiken Deutschlands zu Dortmund vom 23. bis 27. August 1896, Dortmund 1896, 300 f; Josef Neumann, Die Aufgabe der katholischen Charitas in der Mäßigkeitsbewegung. Vortrag gehalten zu Schwäbisch - Gmünd auf dem I. Charitastag und dem VI. praktisch - sozialen Kursus am 14. Oktober 1896, Essen 1896, 1 ff.

des hl. Johannes des Täufers" zu stellen (§ 2). Der Vereinszweck sollte erreicht werden: "1. durch persönliche Trinkerrettung und Trinkerfürsorge; 2. durch Unterstützung von Heilanstalten für Alkoholkranke beiderlei Geschlechts, 3. durch Aufklärung über die Gefahren und Schäden des Mißbrauchs geistiger Getränke in Wort und Schrift, in Versammlungen und durch Massenverbreitung von Flugblättern, Zeitschriften, sowie durch persönliches, gutes Beispiel der Mitglieder (§ 3)"[158]. Im Jahre 1907 gab es im Kreuzbündnis 52 Ortsgruppen mit 2113 Mitgliedern und 2139 Kindern im Schutzengelbund; 1913 waren es 462 Ortsgruppen mit 48962 Mitgliedern und 151609 Kindern im Schutzengelbund[159].

Während einer Vortragsreihe von Joseph Neumann im Dekanat Düsseldorf wurde auch hier die erste Ortsgruppe des Kreuzbündnisses errichtet. Am 17. April 1904 war der gelegentlich als "Wasserapostel"[160] bespöttelte Pfarrer aus Mündt im Paulushaus des Katholischen Arbeitervereins (Luisenstr. 33)[161], anschließend beim Volksverein der Pfarrgemeinde St. Maximilian zu Gast[162]. Über den Verlauf der Veranstaltungen berichtete der Volksfreund im Mai 1904: "Am Sonntag, 17. April, fand im Paulushaus eine große Volksversammlung statt zur Gründung einer Ortsgruppe des Kreuzbündnisses. Pfarrer Neumann hielt einen Vortrag über die Folgen und die Bekämpfung des Alkoholismus. ... Die Frucht der Versammlung war das Eintreten von zirka 40 Anwesenden in das Kreuzbündnis. Zum Vorsitzenden wurde Professor Dr. Jakob Schmitz, Brehmstr. 1, gewählt. Außer ihm nehmen der Präses und der Vizepräses des Arbeitervereins ... Anmeldungen entgegen. An demselben Abend hielt der Herr Pfarrer noch einen zweiten Vortrag in dem katholischen Volksverein in der Maxpfarre über dasselbe Thema"[163]. Am 5. Juni 1904 trat der neu gegründete Zweigverein im Paulushaus zur konstituierenden Sitzung zusammen und beschloss, die "statutenmäßig festgelegte Versendung des 'Volksfreundes gegen den Alkoholismus' an die Mitglieder" und "eine Versammlung des Kreuzbündnisses am 1. Sonntag jeden Monats im Paulushaus abzuhalten"[164]. Zu Beginn des Jahres 1905 weist eine Vereinsstatistik des Kreuzbündnisses für Düsseldorf 6 tätige Mitglieder, 76 Teilnehmer, 3 Gönner und 4 Jugendliche aus[165]. Dann brechen die Nach-

---

[158] NN, Satzungen des katholischen Kreuzbündnisses, in: Volksfreund gegen den Alkoholismus und für Gesundheitspflege Jg. 8 Nr. 3 (März 1904), 35 - 36, 35. Vgl. dazu Josef Neumann, Mäßigkeitskatechismus in Wort und Bild, Rellinghausen o. J.³, 30 ff.
[159] Vgl. NN, Die dem Caritasverband angeschlossenen Fachorganisationen, in: Caritas. Zeitschrift für die Werke der Nächstenliebe im katholischen Deutschland Jg. 23 Nr. 4/6 (Januar/März 1918), 121 - 151, 122.
[160] NN, Kirchliches, in: Kölnische Volkszeitung Jg. 53 Nr. 1094 (14.12.1912), 2.
[161] Vgl. NN, Vereinskalender für Sonntag den 17. April, in: Westdeutsche Arbeiter - Zeitung Jg. 6 Nr. 16 (16.04.1904), 64.
[162] Vgl. DV 19.04.1904.
[163] NN, Düsseldorf, in: Volksfreund gegen den Alkoholismus und für Gesundheitspflege Jg. 8 Nr. 5 (Mai 1904), 62. Vgl. auch SAD III 6541, 24.11.1904.
[164] DT 02.07.1904. Vgl. auch DV 04.06.1904.
[165] Vgl. NN, Ortsgruppen des Kreuzbündnisses, in: Volksfreund gegen den Alkoholismus und für Gesundheitspflege Jg. 9 Nr. 1 (Januar 1905), 9 - 10, 9.

4. Trinkerfürsorge

richten aus Düsseldorf ab; spätestens seit dem Jahre 1907 ruhte die Vereinstätigkeit[166]. Erst am 19. Januar 1908 kamen im Hotel Merkur (Bleichstr. 10a) "zwecks Neubelebung und Neuorganisierung des katholischen Kreuzbündnisses in unserer Stadt" wieder eine Anzahl von Interessenten zusammen[167]. Die Versammlung tagte unter dem Vorsitz von Pfarrer Joseph Neumann, der forderte, "in Düsseldorf wieder die Werbearbeit aufzunehmen, da hier bereits eine blühende Ortsgruppe bestanden habe ... , die in verschiedenen Abteilungen für Abstinente, Mäßige und Gönner bestanden habe. Leider habe der Ortsverein nicht die Unterstützung der Kreise erfahren, von denen man sie hauptsächlich hätte erwarten müssen. So sei er eingegangen"[168]. Dringend notwendig war die Wiederherstellung der Düsseldorfer Ortsgruppe, da die Landesversicherungsanstalt in Zusammenarbeit mit dem "Deutschen Verein gegen den Mißbrauch geistiger Getränke" in der Stadt die Errichtung einer "Zentralfürsorgestätte für Alkoholkranke" (Aderstr. 1) vorbereitete[169], "bei der die einzelnen Organisationen gegen den Alkohol zu Rate gezogen und Vertretung erhalten sollen"[170]. Zügig nahm der reorganisierte Verein unter dem Vorsitz von Kaplan Leonhard Zarth (St. Peter) und seinem Stellvertreter Generalsekretär Karl Mosterts (St. Lambertus) die Arbeit wieder auf[171].

Im März 1908 wandte sich das Düsseldorfer Kreuzbündnis mit folgendem Aufruf an die Katholiken der Stadt: "Tief hinein greift der Mißbrauch des Alkohols in unser nationales, gesellschaftliches und christliches Leben. Es ist eine offen zugestandene Tatsache, daß der moderne Alkoholismus mehr Menschenleben vernichtet, als Krieg und ansteckende Krankheiten, daß er die Krankenhäuser, Irrenhäuser, Armenhäuser und Zuchthäuser bevölkert, daß er Glück und Frieden zahlloser Familien ruiniert, ja sogar die Kinderwelt vergiftet und das heranwachsende Geschlecht in jeder Beziehung verderblich beeinflußt. Es ist eine offen zugestandene Tatsache, daß der moderne Alkoholismus Gesundheit, Wohlstand und Sittlichkeit ganzer Gemeinden, ja weiter Kreise des deutschen Volkes aufs schwerste schädigt und demselben für die angerichteten Verheerungen, noch eine Jahressteuer von etwa 3500 Millionen Mark auferlegt. ... Es ist eine offen zugestandene Tatsache, daß der moderne Alkoholismus im innersten Wesen widerchristlich ist, daß er Glaube und Frömmigkeit in der Wurzel anfrißt, das sittliche Gefühl abstumpft, den Charakter verdirbt und besonders mit dem Laster der Unzucht aufs engste verbündet ist. Diesem modernen Volksverderber hat das Kreuzbündnis den Krieg erklärt"[172]. Zu den vorrangigen Aufgaben des Düsseldorfer Kreuzbündnisses mit der Frauenabteilung St. Annabund und der Jugendabteilung Schutzengelbund zählte: "1. Die Bekämpfung des Alkoholismus durch Anleitung zur Enthaltsamkeit von geistigen Getränken. 2. Die Trinkerrettung und Trinkerfürsorge in katholischen Kreisen"[173].

---

[166] Vgl. DT 19.01.1908.
[167] Vgl. DT 19.01.1908; DT 20.01.1908.
[168] DT 20.01.1908.
[169] Vgl. dazu DT 19.01.1908; DT 26.07.1912.
[170] DT 20.01.1908.
[171] Vgl. DT 20.01.1908; NN, Düsseldorf, in: Volksfreund gegen den Alkoholismus und für Gesundheitspflege Jg. 12 Nr. 2 (01.02.1908), 30.
[172] DT 13.03.1908.
[173] DT 13.03.1908.

Nur drei Jahre nach der Reorganisation geriet der Düsseldorfer Zweigverein wieder in eine Krise. Nach der Versetzung von Kaplan Leonhard Zarth am 22. August 1910 nach Essen war das Amt des Präses vakant[174]. Da sich kein Nachfolger fand, wurde am 21. Januar 1912 eine Generalversammlung einberufen, um die Auflösung des Düsseldorfer Kreuzbündnisses zu beschließen[175]. In dieser Situation übernahm Pater Anno Neumann, der seit Oktober 1911 dem Dominikanerkonvent an der Herzogstraße angehörte[176], mit besonderer Erlaubnis die Leitung des Düsseldorfer Lokalvereins[177]. Letztere war notwendig, seit der Gründer des Kreuzbündnisses im Jahre 1909 zur Vorbereitung auf den Ordenseintritt alle Ämter in der katholischen Abstinenzbewegung niedergelegt hatte[178]. Zur Reorganisation hielt Pater Anno zahlreiche Agitationsversammlungen in allen Düsseldorfer Stadtteilen ab[179]. Der Erfolg blieb nicht aus. Dank des schnellen Mitgliederzuwachses konnte Pater Anno bereits auf dem Patronatsfest des Kreuzbündnisses am 10. Juli 1912 ankündigen: "Um allen Anforderungen katholischerseits gerecht zu werden, sei das Kreuzbündnis nicht nur in der Trinkerfürsorgestelle Aderstraße zweimal in der Woche tätig, sondern richte von nächster Woche an noch eine Sprechstunde ein in dem vom katholischen Frauenbund zur Verfügung gestellten Zimmer Steinstr. 55"[180].

Kurze Zeit später war der rührige Dominikanerpater am 8. September 1912 während einer Agitationsreise an einer Lungenentzündung erkrankt[181] und wurde zur Behandlung in das Heerdter Krankenhaus eingeliefert[182]. Obwohl er hier am 6. Oktober 1912 auf dem Krankenbett die Profess ablegte[183], sollte er das Hospital nicht mehr lebend verlassen. Im 56. Lebensjahr verstarb Pater Anno Neumann am 12. Dezember 1912 in Heerdt[184]. Sein Grab auf dem Düsseldorfer Südfriedhof (Feld 3) war in der Folgezeit eine viel besuchte Wallfahrtsstätte, die nicht nur von den Düsseldorfer Mitgliedern des

---

[174] Vgl. NN, Personal - Chronik der Erzdiözese Cöln, in: Kirchlicher Anzeiger für die Erzdiözese Cöln Jg. 50 Nr. 17 (01.09.1910), 102 - 104, 104.

[175] Vgl. DT 24.01.1912; DT 27.01.1912; NN, Kirchliches, in: Kölnische Volkszeitung Jg. 53 Nr. 1094 (14.12.1912), 2.

[176] Vgl. DT 13.12.1913.

[177] Vgl. NN, Aus der Bewegung, in: Sobrietas Jg. 6 Nr. 2 (April 1912), 58 - 60, 59; NN, Kirchliches, in: Kölnische Volkszeitung Jg. 53 Nr. 1094 (14.12.1912), 2.

[178] Vgl. NN, P. Anno Neumann, in: Westdeutsche Arbeiter - Zeitung Jg. 15 Nr. 1 (04.01.1913), 2.

[179] Vgl. DT 31.01.1912; NN, Kirchliches, in: Kölnische Volkszeitung Jg. 53 Nr. 1094 (14.12.1912), 2.

[180] DT 12.07.1912. Vgl. auch DT 21.06.1913.

[181] Vgl. DT 25.10.1912.

[182] Vgl. NN, Kirchliches, in: Kölnische Volkszeitung Jg. 53 Nr. 1094 (14.12.1912), 2.

[183] Vgl. NN, Kirchliches, in: Kölnische Volkszeitung Jg. 53 Nr. 1094 (14.12.1912), 2.

[184] Vgl. DT 14.12.1912; NN, Kirchliches, in: Kölnische Volkszeitung Jg. 53 Nr. 1094 (14.12.1912), 2; DT 17.12.1912; NN, P. Anno Joseph Neumann+, in: Volksfreund. Organ des Kreuzbündnis. Verein abstinenter Katholiken Jg. 17 Nr. 1 (01.01.1913), 2 - 3, 2; Kruse, Dominikanerpater Anno J. Neumann, in: Mäßigkeits - Blätter Jg. 30 Nr. 1 (Januar 1913), 7; Franziskus Stratmann, P. Anno Joseph Neumann, O.P.+, in: Der Marien - Psalter Jg. 36 Nr. 5 (Februar 1913), 149 - 153 und Nr. 6 (März 1913), 171 - 175, 149 ff.

4. Trinkerfürsorge

Kreuzbündnisses aufgesucht wurde[185]. Als im Jahre 1915 der Bezirksverband Düsseldorf mit eigener Geschäftsstelle im Hause Pempelforter Str. 92 eingerichtet wurde[186], waren in Düsseldorf folgende Kreuzbündnisgruppen tätig: Düsseldorf I (Innenstadt), Derendorf (Dreifaltigkeit, Herz Jesu, St. Adolfus, Hl. Geist)[187], Eller (St. Gertrud, Maria Rosenkranz, St. Michael)[188], Friedrichstadt (St. Peter, St. Antonius, St. Suitbertus)[189] und Flehe (Schmerzhafte Mutter, St. Dionysius)[190]. Hinzu kamen ein eigener Mädchenbund sowie Abstinentenzirkel am St. Angela Lyzeum, der Ursulinenschule und der Marienschule[191].

Nur geringen Zulauf hatte in Düsseldorf der "Verein abstinenter Katholiken". Von ehemaligen Mitgliedern des methodistischen Guttemplerordens 1905 in Hamburg gegründet, breitete sich der Verein über Ravensburg, München, Berlin, Essen usw. schnell über das gesamte Deutsche Reich aus[192]. In scharfer Abgrenzung zum Kreuzbündnis, das noch keine Totalabstinenz von allen seinen Mitgliedern verlangte, forderte die Vereinigung den strikten Verzicht auf alle alkoholischen Getränke[193].

In der Mitgliederzeitschrift "Der Kreuzritter - Stimmen aus dem Verein abstinenter Katholiken" findet sich erstmals im April 1908 der Hinweis, dass Auskünfte über den Verein in Düsseldorf durch das "Speisehaus Quisisana Karlstr. 72" zu erhalten sind[194]. Zur Gründung eines eigenen Zweigvereins kam es während der 55. Generalversammlung der Katholischen Vereine Deutschlands in Düsseldorf. Am 17. August 1908 kon-

---

[185] Vgl. DT 17.12.1912; Erich Reisch, Auch ein Apostel christlicher Caritas. Zum 25. Jahrestag des Todes von Pater Anno Neumann, in: Caritas. Zeitschrift für Caritaswissenschaft und Caritasarbeit Jg. 43 Nr. 1 (Januar 1938), 19 - 21, 19 ff.

[186] Vgl. DT 26.02.1915; Handbuch der Wohlfahrtspflege in der Stadt Düsseldorf, Düsseldorf 1922, 90 f.

[187] Vgl. DT 04.12.1915.

[188] Vgl. DT 05.04.1905; NN, Eller, in: Volksfreund gegen den Alkoholismus und für Gesundheitspflege Jg. 9 Nr. 5 (Mai 1905), 73; NN, Eller, in: Volksfreund gegen den Alkoholismus und für Gesundheitspflege Jg. 9 Nr. 7 (Juli 1905), 101; NN, Statistik III des Katholischen Kreuzbündnisses. Bestand am 31. Dezember 1908, in: Volksfreund gegen den Alkoholismus und für Gesundheitspflege Jg. 13 Nr. 5 (01.05.1909), 84.

[189] Vgl. DT 31.08.1913.

[190] Vgl. DT 04.04.1914.

[191] Vgl. DT 29.11.1914; DT 09.12.1915.

[192] Vgl. Lorenz Werthmann, Bilder aus der katholischen Mäßigkeitsbewegung, in: Jahrbuch des Charitasverbandes für das Geschäftsjahr 2 (1908/1909), 34 - 48, 46; Gerhard Heinrich Weertz, Pater Anno Neumann und die neuere katholische Antialkoholbewegung, Heidhausen 1913, 37 f.

[193] Vgl. Franz Roßnick, Am Grabe P. Annos. Ein Gedenkblatt für den Begründer der neuen katholischen Nüchternheitsbewegung im Deutschen Reiche, in: Franz Roßnick, Deutsche Nüchternheitsbewegung. In Skizzen bearbeitet und dem Andenken P. Anno Joseph Neumanns O. P. gewidmet, Hamm 1915, 217 - 304, 260.

[194] Vgl. NN, Auskunft über den Verein abstinenter Katholiken, in: Der Kreuzritter. Monatsschrift für die katholische deutsche Abstinenzbewegung. Organ des Vereins abstinenter Katholiken Jg. 2 Nr. 10 (April 1908), Einbandseite 2.

stituierte sich am Rande der Verhandlungen für Düsseldorf eine Ortsgruppe des "Vereins abstinenter Katholiken", die 14 Mitglieder zählte[195].

Bevor der Verein abstinenter Katholiken in Düsseldorf richtig Fuß fassen konnte, war der Zusammenschluss auf Reichsebene bereits dem Kreuzbündnis eingegliedert. Schon auf der Düsseldorfer Versammlung der Katholischen Vereine Deutschlands 1908 war es zu Gesprächen über eine Fusion von Kreuzbündnis und Verein abstinenter Katholiken gekommen[196], doch wurde der Zusammenschluss erst am 8. Dezember 1909 in Essen endgültig vollzogen[197]. Seit dieser Zeit führte das Kreuzbündnis im Untertitel den Namen "Verein abstinenter Katholiken" und nahm als Mitglieder nur noch total Abstinenzler auf[198].

5. Mädchenschutz

Durch den Auseinanderfall von Wohn- und Arbeitsplätzen und die industrielle Fabrikarbeit gelangten im ausgehenden 19. Jahrhundert immer mehr Frauen als Arbeiterinnen in Fabriken[199]. Der Strom wurde durch den parallel laufenden Ausbau der Eisenbahn verstärkt, der zu einer neuen Mobilität führte und den Zuzug Arbeit suchender Frauen aus ländlichen Gebieten in die Industriestädte noch mehr förderte. Da eine organisierte Stellenvermittlung noch unbekannt war, standen insbesondere alleinreisende Mädchen

---

[195] Vgl. Otto Koch, Eine Agitationsreise, in: Der Kreuzritter. Monatsschrift für die katholische deutsche Abstinenzbewegung. Organ des Vereins abstinenter Katholiken Jg. 3 Nr. 3/4 (September/Oktober 1908), 23 - 24, 23.
[196] Vgl. DT 18.08.1908; NN, Die Düsseldorfer Tagung, in: Der Kreuzritter. Monatsschrift für die katholische deutsche Abstinenzbewegung. Organ des Vereins abstinenter Katholiken Jg. 3 Nr. 3/4 (September/Oktober 1908), 17 - 19, 17 ff; NN, Einigungsverhandlungen, in: Der Kreuzritter. Monatsschrift für die katholische deutsche Abstinenzbewegung. Organ des Vereins abstinenter Katholiken Jg. 3 Nr. 3/4 (September/Oktober 1908), 19 - 23, 19 ff; NN, Zu den Einigungsverhandlungen in Düsseldorf, in: Der Kreuzritter. Monatsschrift für die katholische deutsche Abstinenzbewegung. Organ des Vereins abstinenter Katholiken Jg. 3 Nr. 6 (Dezember 1908), 51; Verhandlungen der 55. Generalversammlung der Katholiken Deutschlands in Düsseldorf vom 16. bis 20. August 1908, Düsseldorf 1908, 524; Franz Roßnick, Am Grabe P. Annos. Ein Gedenkblatt für den Begründer der neuen katholischen Nüchternheitsbewegung im Deutschen Reiche, in: Franz Roßnick, Deutsche Nüchternheitsbewegung. In Skizzen bearbeitet und dem Andenken P. Anno Joseph Neumanns O. P. gewidmet, Hamm 1915, 217 - 304, 268.
[197] Vgl. Gerhard Heinrich Weertz, Pater Anno Neumann und die neuere katholische Antialkoholbewegung, Heidhausen 1913, 39 f.
[198] Vgl. Gerhard Heinrich Weertz, Kreuzbündnis und katholischer Mäßigkeitsbund, in: Sobrietas Jg. 5 Nr. 3 (Juli 1911), 89 - 90, 89 f.
[199] Vgl. Wilhelm Liese, Handbuch des Mädchenschutzes, Freiburg 1908², 3 ff; Wolfgang Reusch, Bahnhofsmission in Deutschland 1897 - 1987. Sozialwissenschaftliche Analyse einer diakonisch - caritativen Einrichtung im sozialen Wandel, Frankfurt 1988, 27 ff.

5. Mädchenschutz

in der Gefahr, von dubiosen Schleppern an unseriöse Arbeitgeber vermittelt zu werden[200].

Berichte über Gefährdungen, Vereinsamung, Ausnutzung am Arbeitsplatz, Wohnungsnot, drohende Verwahrlosung in Sitte und Religion, Meldungen und Zahlen über den Anstieg von Prostitution und Mädchenhandel ließen umfassende Hilfemaßnahmen immer dringlicher erscheinen[201]. Zum wichtigsten Schutz für junge Arbeit suchende Frauen wurde in den großen Städten die Bahnhofsmission. Ihre Wurzeln liegen in Genf, wo im Jahre 1884 vom "Internationalen Verein der Freundinnen junger Mädchen" erstmals eine Rat- und Auskunftsstelle für ortsfremde und alleinreisende Mädchen eingerichtet wurde[202]. Zehn Jahre später nahm die Berliner evangelische Bahnhofsmission ihren Dienst auf[203]. Die erste katholische Mission wurde 1897 in München eröffnet[204]. Es folgten Breslau 1898, Köln 1899, Aachen, Dortmund und Frankfurt 1901[205].

In Düsseldorf wurde die Bahnhofsmission auf Initiative des Katholischen Frauenvereins für Pempelfort und Flingern ins Leben gerufen. Als Landesrat Peter Klausener auf der Generalversammlung des Vereins am 13. März 1900 von der Absicht berichtete, am Düsseldorfer Hauptbahnhof eine "Anstalt oder ein Büro" einzurichten, "um stellensuchenden weiblichen Dienstboten von dort aus mit näheren Anweisungen hilfreich zu dienen", wurde der Vereinsvorstand ermächtigt, das angestrebte Vorhaben finanziell zu unterstützen[206]. Außerdem fasste der Vorstand am 15. Juni 1900 den Entschluss, am Bahnhof ankommende Mädchen in das vereinseigene Marienheim an der Leopoldstraße zu weisen[207].

---

[200] Vgl. Edmund Willems, Kleinarbeit weiblicher Großstadtcaritas, in: Sankt Vinzenz Jg. 2 Nr. 4 (Juli/August 1927), 113 - 117, 114.

[201] Vgl. DV 28.02.1900; NN, Die dem Caritasverband angeschlossenen Fachorganisationen, in: Caritas. Zeitschrift für die Werke der Nächstenliebe im katholischen Deutschland Jg. 23 Nr. 4/6 (Januar/März 1918), 121 - 151, 134 f.

[202] Vgl. Theodor von Ditfurth, Die Gründung des Internationalen Vereins der Freundinnen junger Mädchen und die Entwicklung eines deutschen Zweigs, Berlin 1913, 33.

[203] Vgl. Theodor von Ditfurth, Die Gründung des Internationalen Vereins der Freundinnen junger Mädchen und die Entwicklung eines deutschen Zweigs, Berlin 1913, 35.

[204] Vgl. Theodor von Ditfurth, Die Gründung des Internationalen Vereins der Freundinnen junger Mädchen und die Entwicklung eines deutschen Zweigs, Berlin 1913, 34; Gabriele Kranstedt, IN VIA Katholische Mädchensozialarbeit - Deutscher Verband. 100 Jahre IN VIA Katholische Mädchensozialarbeit, in: Caritas '95. Jahrbuch des Deutschen Caritasverbandes, 351 - 360, 353.

[205] Vgl. DV 17.11.1899; NN, Marianischer Mädchenschutz - Verein (katholische Bahnhofsmission) in: Kirchlicher Anzeiger für die Erzdiözese Köln Jg. 40 Nr. 18 (01.09.1900), 87 - 88, 87 f; DV 10.10.1900; Wilhelm Liese, Die katholische Bahnhofsmission, in: Charitas. Zeitschrift für die Werke der Nächstenliebe im katholischen Deutschland Jg. 6 Nr. 12 (Dezember 1901), 261 - 264, 262; Wilhelm Liese, Handbuch des Mädchenschutzes, Freiburg 1908², 243 ff; Bruno W. Nikles, Soziale Hilfe am Bahnhof. Zur Geschichte der Bahnhofsmission in Deutschland (1894 - 1960), Freiburg 1994, 71.

[206] Vgl. Hans Rosenberg, 25 Jahre Katholischer Mädchenschutzverein (Bahnhofmission) Düsseldorf 1902 - 1927, Düsseldorf 1927, 6.

[207] Vgl. Hans Rosenberg, 25 Jahre Katholischer Mädchenschutzverein (Bahnhofmission) Düsseldorf 1902 - 1927, Düsseldorf 1927, 7.

Feste Gestalt nahm der Plan für eine Bahnhofsmission im Zuge der Vorbereitungen zur Düsseldorfer Industrie-, Gewerbe- und Kunstausstellung im Frühjahr 1902 an[208]. Am 20. Dezember 1901 meldete das Düsseldorfer Volksblatt: "Die Ausstellung des Jahres 1902 und damit die Zeit eines großartigen Verkehrs rückt allmählich für unsere Stadt heran. Bei dieser Gelegenheit beabsichtigt der katholische Frauenverein ein neues, längst geplantes Werk christlicher Liebesthätigkeit ins Leben treten zu lassen, ... nämlich den 'Mädchenschutz' durch die sogenannte 'Bahnhofs - Mission'. ... Um dieser Idee das rechte Verständnis weiter Kreise zu erschließen, gedenkt der katholische Frauenverein demnächst eine Versammlung katholischer Damen unserer Stadt zu berufen, in der ... Bedeutung, Ziele und Organisation der Bahnhofsmission dargelegt werden sollen "[209].

Bevor es hierzu kam, war am 31. Januar 1902 die Mitbegründerin der Kölner Mission Jeanne Trimborn zu Gast beim Vorstand des Katholischen Frauenvereins für Pempelfort und Flingern und erteilte "praktische Winke ... über die Bahnhofmission"[210]. Auf Vermittlung des Vorstandsmitgliedes Bertha Klein erklärte sich die Eisenbahndirektion Elberfeld am 15. Februar 1902 bereit, "den Missionsdamen" in Düsseldorf "die Aufstellung eines Pultes im Wartesaal dritter Klasse sowie den jederzeitigen freien Zutritt zu den Wartesälen und Bahnsteigen zu gestatten"[211].

Um "weitere Kreise der katholischen Frauenwelt Düsseldorfs zur Teilnahme zu begeistern", veranstaltete der Frauenverein am 18. März 1902 im Kaisersaal der Tonhalle die seit längerer Zeit angekündigte Agitationsversammlung zur Gründung einer Bahnhofsmission[212]. Vor einer "vieltausendköpfigen Zuhörerschaft" sprach der Berliner Dominikanerpater Bonaventura M. Krotz zum Thema "Frauenmut". Hinter dem ungewöhnlichen Titel steckte die These, christliche Caritas sei zu ihrer Realisierung insbesondere auf das entschlossene Handeln der Frauen angewiesen. Nach einem Bericht des Düsseldorfer Volksblatts zeichnete der bekannte Kanzelredner in seinen Ausführungen zunächst die Rolle der Frau in der Geschichte der Caritas nach. Mit Blick auf Tendenzen der Gegenwart stellte er dann resümierend fest: "Demut und Hochsinn sind die Tugenden, in welchem sich der Starkmut der christlichen Frau äußert, wenngleich diese nicht mehr modern und das gerade Gegenteil sind von dem 'Sich - Ausleben - Müssen' der Frauengestalten Ibsens, Sudermanns, Marie Madeleines usw.. Unsere Zeit braucht die ganze Stärke der Frau, vorzugsweise aber auf dem Gebiete, wo ohne ihre mutige und

---

[208] Vgl. August Hoffmann, Wohlfahrtspflege in den Provinzen Rheinland, Westfalen, dem Regierungsbezirk Wiesbaden, den Städten Offenbach und Hanau, Düsseldorf 1902, 56; DV 13.05.1903.
[209] DV 20.12.1901.
[210] Vgl. Hans Rosenberg, 25 Jahre Katholischer Mädchenschutzverein (Bahnhofmission) Düsseldorf 1902 - 1927, Düsseldorf 1927, 7. Zu Jeanne Trimborn vgl. NN, Frau Geheimrat Trimborn+, in: Caritas. Zeitschrift für die Werke der Nächstenliebe im katholischen Deutschland Jg. 24 Nr. 10/12 (Juli/September 1919), 212; Elisabeth Denis, Vom Werden und Wachsen des Deutschen Nationalverbandes der katholischen Mädchenschutzvereine, in: Mädchenschutz Jg. 6 Nr. 11/12 (August/September 1930), 87 - 105, 92; Elisabeth Denis, Mädchenschutzgedanke und Mädchenschutzarbeit in Vergangenheit und Gegenwart, in: Jahrbuch der Caritaswissenschaft 1930, 179 - 192, 183.
[211] Hans Rosenberg, 25 Jahre Katholischer Mädchenschutzverein (Bahnhofmission) Düsseldorf 1902 - 1927, Düsseldorf 1927, 7.
[212] Vgl. DV 19.03.1902.

thatkräftige Hilfe so viele junge Mädchen der Gefahr ausgesetzt sind, ihr Bestes zu verlieren, was sie haben: Ehre und Unschuld. Hier ist ein Feld, wo sich der Mut der Frau durch die That erproben kann"[213]. Glaubt man den überlieferten Presseberichten, war die Wirkung des Vortrages überaus tief und der abschließende Appell des Redners zur Gründung einer Bahnhofsmission verhallte nicht ungehört. Im Marienheim wurde eine Liste aufgelegt, in die sich Frauen zur Mitarbeit bei der Bahnhofsmission einzeichnen konnten[214].

Die eigentliche Geburtsstunde der Düsseldorfer Bahnhofsmission war der 2. April 1902. An diesem Tag hielt Jeanne Trimborn im Kreise der zur Teilnahme an der Mission bereiten Frauen einen "erklärenden Vortrag"[215]. Von 72 im Marienheim anwesenden Damen traten 28 sofort als tätige Mitglieder bei[216]. Ihre praktische Arbeit am Bahnhof nahm die Mission am 28. April 1902 mit 37 katholischen Frauen auf[217]. "Das edle Werk", so Hans Rosenberg im Jahre 1927, "bemerkenswerterweise von einem Manne angeregt, von Frauen ins Leben gerufen, trat seinen segensreichen Weg an"[218].

Am 1. Mai 1902, dem Eröffnungstag der Industrie-, Gewerbe- und Kunstausstellung[219], kolportierte das Düsseldorfer Volksblatt, dass die Damen der Mission ihre Tätigkeit aufgenommen hatten. Da die noch heute üblichen Missionsabzeichen in den gelb - weißen Papstfarben weitgehend unbekannt waren, erläuterte das Blatt seinen Lesern hierzu: "Die gelb - weißen Abzeichen sollen dazu dienen, den jungen Mädchen die Damen kenntlich zu machen, welchen sie vertrauensvoll ihre Anliegen vortragen können und von welchen sie Rat und Hülfe sicher erhalten werden"[220].

Zur ersten Vorsitzenden der neuen Einrichtung, die zunächst ein Zweigverein des Katholischen Frauenvereins für Pempelfort und Flingern blieb[221], wurde das langjährige Vorstandsmitglied Maria Lantz aus Lohausen gewählt[222]. Wie der "Verein der katholischen Bahnhofmission zu Düsseldorf" seine praktische Tätigkeit zu Beginn entfaltete, ist einem Rechenschaftsbericht zu entnehmen, der auf der ersten Generalversammlung am 8. Mai 1903 im Marienheim verlesen wurde. Darin hieß es: "Die Damen verpflichten

---

[213] Vgl. DV 19.03.1902.
[214] Vgl. DV 19.03.1902.
[215] Vgl. DV 01.04.1902.
[216] Vgl. Hans Rosenberg, 25 Jahre Katholischer Mädchenschutzverein (Bahnhofmission) Düsseldorf 1902 - 1927, Düsseldorf 1927, 7.
[217] Vgl. DV 03.07.1902; DV 01.05.1903; DV 13.05.1903.
[218] Hans Rosenberg, 25 Jahre Katholischer Mädchenschutzverein (Bahnhofmission) Düsseldorf 1902 - 1927, Düsseldorf 1927, 7.
[219] Vgl. Führer durch Düsseldorf und die Industrie- und Gewerbe - Ausstellung für Rheinland, Westfalen und benachbarte Bezirke, verbunden mit einer deutsch - nationalen Kunstausstellung, Düsseldorf 1902. Mit Plänen und Ansichten, Düsseldorf 1902, 33.
[220] DV 01.05.1902.
[221] Vgl. DV 13.05.1903.
[222] Vgl. DV 01.11.1903; NN, Comités nationaux et comités locaux. Membres actifs isolés. Vorstände der Landesverbände und der örtlichen Mädchenschutzvereine. Tätige Einzelmitglieder, in: Annuaire de l'Association Catholique Internationale des Oeuvres pour la protection de la jeune fille. Jahrbuch des Internationalen Verbands der katholischen Mädchenschutzvereine 2 (1904), 9 - 64, 19.

sich wöchentlich, mindestens an einem Tage 2 Stunden am Bahnhof zu sein und Dienst zu versehen. Derselbe dauerte gewöhnlich von morgens 9 bis abends 9 Uhr, man konnte aber auch gegen 11 Uhr nachts Damen am Bahnhofe sehen. ... Die Haupttätigkeit der Damen besteht darin, ihr Augenmerk auf die mit den Zügen ankommenden alleinreisenden Mädchen und Frauen zu richten. Im Durchschnitt konnten die Damen monatlich 25 bis 30 alleinreisenden Mädchen Auskunft und Anweisung geben, welche ohne bestimmtes Ziel ankamen und keine Unterkunft hatten"[223].

Nur wenige Tage vor der ersten Generalversammlung hatte am 21. April 1903 im Kölner Caritashaus eine Zusammenkunft von Deputierten der westdeutschen Bahnhofsmissionen stattgefunden, in der sich die Lokalvereine dem 1897 in Fribourg gegründeten Internationalen katholischen Mädchenschutzverband anschlossen[224] und einen Bund der westdeutschen Städte zur Förderung der Ziele des katholischen Mädchenschutzes bildeten[225]. Mit dem Anschluss an regionale und überregionale Vereinigungen hängt offenbar zusammen, dass seit dem Jahre 1904 die Bezeichnung "Katholischer Mädchenschutzverein (Bahnhofmission) Düsseldorf" üblich wurde und eine schrittweise Loslösung vom Mutterverein einsetzte[226]. Zur Emanzipation gehörte auch der Beitritt zu dem am 9. Oktober 1904 in Köln gegründeten Diözesanverband der Marianischen Mädchenschutzvereine[227] und zu dem am 20. August 1905 in Straßburg ins Leben gerufenen "Deutschen Nationalverband der Katholischen Mädchenschutzvereine"[228].

Ungeachtet aller organisatorischen Anbindungen, richteten die Damen der Bahnhofsmission ihr Augenmerk weiterhin "auf jene oft vorkommenden Fälle, in denen jugendliche weibliche Personen, die auf dem Bahnhof, die Abfahrt des Zuges erwarten, von ihnen unbekannten Personen angesprochen und zum Besuche der Stadt, eines Theaters usw. eingeladen werden, um mit Takt und Geschick der Befangenheit oder Ver-

---

[223] DV 13.05.1903.
[224] Vgl. NN, Comités nationaux et comités locaux. Membres actifs isolés. Vorstände der Landesverbände und der örtlichen Mädchenschutzvereine. Tätige Einzelmitglieder, in: Annuaire de l'Association Catholique Internationale des Oeuvres de protection de la jeune fille. Jahrbuch des internationalen Verbands der katholischen Mädchenschutzvereine 1 (1903), 9 - 56, 18; Elisabeth Denis, Mädchenschutzgedanke und Mädchenschutzarbeit in Vergangenheit und Gegenwart, in: Jahrbuch der Caritaswissenschaft 1930, 179 - 192, 186.
[225] Vgl. SAD III 1264, Bl. 21 ff; DV 13.05.1903.
[226] Vgl. SAD III 645, 29.01.1912; Hans Rosenberg, 25 Jahre Katholischer Mädchenschutzverein (Bahnhofmission) Düsseldorf 1902 - 1927, Düsseldorf 1927, 8.
[227] Vgl. DT 18.07.1905.
[228] Vgl. Louise Fogt, Die deutschen Mädchenschutzvereine auf der Katholiken - Versammlung in Straßburg, in: Charitas. Zeitschrift für die Werke der Nächstenliebe im katholischen Deutschland Jg. 10 Nr. 12 (September 1905), 284 - 286, 284 ff; NN, Deutscher National - Verband der katholischen Mädchenschutz - Vereine, in: Charitas. Zeitschrift für die Werke der Nächstenliebe im katholischen Deutschland Jg. 11 Nr. 2/3 (November/Dezember 1905), 80; Konstantin Brettle, Bedeutung des katholischen Mädchenschutzes für die Gegenwart und Zukunft (Referat, gehalten in der Mädchenschutz - Versammlung zu Straßburg am 21. August 1905), in: Charitas. Zeitschrift für die Werke der Nächstenliebe im katholischen Deutschland Jg. 11 Nr. 4/5 (Januar/Februar 1906), 120 - 123, 120 ff; Elisabeth Denis, Mädchenschutzgedanke und Mädchenschutzarbeit in Vergangenheit und Gegenwart, in: Jahrbuch der Caritaswissenschaft 1930, 179 - 192, 186.

5. Mädchenschutz

trauensseligkeit solcher Mädchen in angemessener Weise beizukommen. ... So wußte eine schlicht und einfach aussehende junge Frau, die sich als Kindergärtnerin ausgab und sonst einen vertrauenserweckenden Eindruck machte, wiederholt junge Mädchen vom Bahnhof mitzulocken, um ihnen die Stadt zu zeigen oder irgend eine Schaustellung zu besuchen - wie sich indes später in einem bestimmten Falle herausstellte, um diese der Verführung preiszugeben. Mehrfach konnten junge Mädchen aufgeklärt und von ihr fern gehalten werden"[229].

Obwohl mit dem Marienheim (Leopoldstr. 30), Annastift (Ritterstr. 20/22) und Vinzenzhaus (Schlossstr. 83/85) für katholische Mädchen und dem Marthastift (Nordstr. 116) und Augustahaus (Stephanienstr. 34) für evangelische Mädchen mehrere Aufnahmeheime zur Verfügung standen[230], war insbesondere abends die Unterbringung zugereister Mädchen schwierig[231]. Behelfsweise standen Zimmer in einem Hotel nahe des Düsseldorfer Hauptbahnhofs zur Verfügung. "Als sich die Unterbringung im Hotel, trotz vereinbarter geringer Preise, als zu kostspielig erwies", so eine Referentin auf der Generalversammlung des Katholischen Frauenvereins im Dezember 1909, "wurde in der Sitzung 4. September 1905 beschlossen im Hause Charlottenstr. 114[232], wo auch Frl. von der Heiden wohnte, ein Dachzimmer im Preise von 10 Mark zu mieten, um obdach- oder mittellosen Mädchen ein Unterkommen leisten zu können. Dasselbe wurde im ersten Monat - October 1905 14 mal benutzt. ... Das eine Zimmer genügte schon bald nicht mehr, so wurde denn ein zweites hinzugemietet"[233]. Über den Beginn ehrenamtlicher Tätigkeit bei der Bahnhofsmission berichteten die Schwestern Maria und Klara von der Heiden später rückblickend: "Zu der Zeit wohnten wir Charlottenstr. 114. Dort wurde eine große Mansarde frei; die wurde vom Vorstande des Vereins gemietet, und wir führten die Aufsicht. Ein altes Bett, ein Tisch und zwei Stühle waren vorhanden; Frau Lantz und andere Vorstandsdamen schenkten einiges Bettzeug und eine Lampe. So wurden von da an die Mädchen zu uns gebracht. Nach einigen Monaten erwies sich das Zimmer als zu klein, ein zweites wurde hinzugemietet, Betten und alte Möbel wurden geschenkt; wir gaben Frühstück und nach Bedarf aus Mittag- und Abendessen"[234].

Im Jahre 1905 mussten 147 Mädchen in die Notunterkunft überwiesen werden[235]. Da sich der Verein immer neuen Aufgaben stellen musste, für die das Raumangebot in der Charlottenstraße nicht ausreichend war, richtete der Mädchenschutzverein am 1. Dezember 1906 auf der ersten Etage des Hauses Klosterstr. 88 ein eigenes Mädchenasyl

---

[229] DT 04.07.1904.
[230] Vgl. DT 04.07.1904; NN, Comités nationaux et comités locaux. Membres actifs isolés. Vorstände der Landesverbände und der örtlichen Mädchenschutzvereine. Tätige Einzelmitglieder, in: Annuaire de l'Association Catholique Internationale des Oeuvres pour la protection de la jeune fille. Jahrbuch des internationalen Verbands der katholischen Mädchenschutzvereine 1906/1907, Fribourg 1906, 9 - 182, 31.
[231] Vgl. SAD III 1264, Bl. 9.
[232] Vgl. dazu DT 06.03.1906.
[233] SAD III 1264, Bl. 9 f.
[234] Hans Rosenberg, 25 Jahre Katholischer Mädchenschutzverein (Bahnhofmission) Düsseldorf 1902 - 1927, Düsseldorf 1927, 9.
[235] Vgl. DT 06.03.1906.

ein[236]. Über die neue Einrichtung berichtete das Düsseldorfer Tageblatt am 13. Dezember 1906: "Dort können weibliche Personen logieren; auch ist vom Vereine aus eine Stellenvermittlung eingerichtet[237]. In den Räumen, die zunächst als Dienstbotenheim dienen, wird weiblichen Dienstboten auch Gelegenheit geboten, sich in ihren freien Sonntagsstunden aufzuhalten, Unterhaltung und Zerstreuung zu finden, ihr Wissen durch die Benutzung der Bibliothek und der Zeitschriften zu mehren und sich durch geschulte Kräfte im Nähen, Zuschneiden und Flicken sowie theoretisch in der Haushaltung und Küche ausbilden zu lassen"[238].

Maria von der Heiden übernahm die Leitung des Hauses und "tat dies wegen der Armut des Vereins unentgeltlich sechs Jahre"[239]. Das Werk wurde allein aus Spenden und Zuwendungen unterhalten; "doch die gute Frau Lantz hielt eine schützende Hand über das junge Heim und steuerte eifrig bei. Ganz besonders war sie darauf bedacht, verirrte Schäflein wieder zum lieben Gott zurückzuführen. Ganze Tage und manche Nacht hat sie geopfert, bei den Mädchen gesessen und sie zum Guten ermahnt"[240].

Zum 1. April 1907 entschloss sich der Vereinsvorstand, das Haus Klosterstr. 88 von den Gebrüdern Carl und Franz Engelsmann vollständig für den Mädchenschutz anzumieten und zu einem zeitgemäßen Dienstbotenheim umzugestalten[241]. Dank der neuen Räumlichkeiten konnte der Verein sein Wirkungsfeld beträchtlich erweitern: Die bislang im Marienheim untergebrachte Stellenvermittlung des Frauenvereins war bereits übersiedelt[242]; ein Nähzimmer und eine Kochschule wurden eingerichtet[243]. In letzterer wurde "von einer Haushaltungslehrerin die feinere und einfache Küche zu mäßigen Preisen gelehrt"[244].

Dass der Mädchenschutzverein zu den sittlichen Gefahren der Zeit auch die Propaganda der Sozialdemokraten zählte, verdeutlicht ein im April 1908 gehaltener Vortrag des geistlichen Beirats Julius Frischen. Sinngemäß äußerte er: "Die Sozialdemokratie macht gewaltige Anstrengungen, die Dienstmädchen für ihre Zwecke zu gewinnen. Sie will sie aus dem Familienleben herauslösen und zu Stundenarbeiterinnen machen. Da will der Marianische Mädchenschutz - Verein nicht untätig bei Seite stehen und zusehen, wie aus den Dienstmädchen sozialdemokratische Frauen, Mütter und Agitatorinnen werden"[245]. Als Gegenmittel plante der Verein den Bau eines großen Saales, "wo an frei-

---

[236] Vgl. DT 13.12.1906; DT 06.03.1907; DT 19.06.1907.

[237] Vgl. dazu DT 15.03.1907; DT 19.06.1907.

[238] DT 13.12.1906.

[239] Hans Rosenberg, 25 Jahre Katholischer Mädchenschutzverein (Bahnhofmission) Düsseldorf 1902 - 1927, Düsseldorf 1927, 9. Vgl. auch DT 23.06.1907; NN, Der katholische Mädchenschutzverein in Düsseldorf, in: Charitas. Zeitschrift für die Werke der Nächstenliebe im katholischen Deutschland Jg. 14 Nr. 6 (März 1909), 175.

[240] Hans Rosenberg, 25 Jahre Katholischer Mädchenschutzverein (Bahnhofmission) Düsseldorf 1902 - 1927, Düsseldorf 1927, 9.

[241] Vgl. SAD III 4741, 23.07.1907; DT 15.03.1907; DT 19.06.1907.

[242] Vgl. oben S. 240.

[243] Vgl. SAD III 4741, 23.07.1907; DT 19.06.1907.

[244] DT 19.06.1907.

[245] DT 12.04.1908.

5. Mädchenschutz

en Sonntagnachmittagen die Dienstmädchen Unterkunft und Unterhaltung finden, ohne auf Tanzlokale oder gar auf schlimmere Vergnügungslokale angewiesen zu sein"[246].

Aus Sammlungen, größeren Stiftungen und einer erfolgreichen Verlosung konnte der Katholische Mädchenschutzverein im November 1909 das Nachbarhaus Klosterstr. 86 für 38000 Mark von den Erben Conrad Stürz hinzukaufen[247], am 1. April 1910 beziehen[248] und am 17. April 1910 durch Präses Julius Frischen einweihen[249]. Im Januar 1912 wurde das Haus Klosterstr. 88, im April 1912 das Haus Klosterstr. 90 erworben und beide Objekte am 1. April 1913 in Betrieb genommen[250]. Die räumliche Erweiterung gestattete es, neben dem bisherigen Dienstbotenheim für stellenlose Mädchen auch ein Damenheim für erwerbstätige Frauen (Vorderhaus Klosterstr. 88) einzurichten[251]. Die Leitung des Wirtschaftsbetriebes der Häuser wurde am 1. Juli 1912 Schwestern vom Hl. Vinzenz in die Hände gelegt[252]. Außerdem übernahmen sie die Anleitung der Mädchen in Handarbeits- und Haushaltungsbeschäftigungen und übten ambulante Krankenpflege aus[253].

Noch vor Ankunft der Schwestern aus dem Mutterhaus in Nippes hatte der Düsseldorfer Mädchenschutzverein auf seiner Generalversammlung vom 25. September 1911 die endgültige Lösung vom "Katholischen Frauenverein für Pempelfort und Flingern" vollzogen[254]. In den am gleichen Tag angenommenen Satzungen des katholischen Mädchenschutzvereins in Düsseldorf heißt es dazu: "Der seit Jahren als Tochterverein des Katholischen Frauen - Vereins in Düsseldorf bestehende Katholische Mädchenschutzverein konstituiert sich hierdurch im Einvernehmen mit dem Katholischen Frauen - Verein und nach Lösung seines Verhältnisses zu demselben als selbständiger Verein". Dieser "bezweckt im Anschluß an den Verband des organisierten katholischen Mädchenschutzvereins in der Erzdiözese Cöln und den Verband der katholischen Mädchenschutzvereine Westdeutschlands die Belehrung des katholischen Volkes über die der weiblichen Jugend in der Heimat, auf der Reise und in der Fremde drohenden religiösen, sittlichen und wirtschaftlichen Gefahren und die Durchführung der geeigneten Mittel, mit denen diesen Gefahren begegnet werden kann (§ 1)". Die vom Verein angestrebten

---

[246] DT 12.04.1908.
[247] Vgl. SAD III 1264, 28.05.1910 und 23.06.1910; DT 31.03.1911.
[248] Vgl. DT 02.03.1910; NN, Katholischer Mädchenschutzverein, in: Blätter für die Frauenwelt. Beilage zum Düsseldorfer Tageblatt Jg. 3 Nr. 10 (06.03.1910), o. S. (3); Jahresbericht des katholischen Mädchernschutzvereins (Bahnhofsmission) in Düsseldorf für das Jahr 1909, Düsseldorf 1910, o. S. (1).
[249] Vgl. DT 21.04.1910; Bericht über den Stand und die Verwaltung der Gemeinde - Angelegenheiten der Stadt Düsseldorf für den Zeitraum vom 1. April 1910 bis 31. März 1911, Düsseldorf 1911, XII.
[250] Vgl. DT 03.05.1913; DT 05.04.1914.
[251] Vgl. DT 05.07.1912; NN, Katholischer Mädchenschutz - Verein, e. V., in: Blätter für die Frauenwelt. Beilage zum Düsseldorfer Tageblatt Jg. 6 Nr. 2 (12.01.1913), o. S. (3); DT 03.05.1913.
[252] Vgl. AEK GVA Düsseldorf überhaupt 49, 16.06.1911; NHS Regierung Düsseldorf 29416, 03.12.1911 und 29.06.1912; DT 23.06.1912; DT 05.07.1912; Katholischer Mädchenschutz - Verein E.V. (Bahnhofmission) in Düsseldorf. Jahresbericht für 1912, Düsseldorf 1912, o. S. (1); NN, Neugegründete Anstalten der Barmherzigen Schwestern, in: Annalen der Kongregation der Mission und der Barmherzigen Schwestern Jg. 21 Nr. 2 (1914), 377 - 379, 377 f.
[253] Vgl. NHS Regierung Düsseldorf 29416, 18.08.1911, 14.11.1911 und 03.12.1911.
[254] Vgl. ALD Vereinsregister 3005, 12.10.1911.

Ziele sollten erreicht werden durch "1. die Gewinnung von einzelnen Katholiken und von katholischen Frauen- und Mädchenvereinigungen aller Art für die Mitarbeit an den Aufgaben des katholischen Mädchenschutzvereins, 2. die Aufstellung und Organisation von Vertrauenspersonen in Stadt und Land, 3. die Einrichtung von Auskunftsstellen, Stellenvermittlungen, Bahnhofmissionen, Logisstellen und Heimen, Abhalten von Kursen in Hauswirtschaft, 4. die Mitwirkung bei der Herausgabe von Führern, Mitteilungen an die Presse, Flugblätter, Aufrufe und andere geeignete Schriften, 5. Abhaltungen von Versammlungen, sowie Vorträge über Mädchenschutz in Vereinen aller Art, 6. Gründung und Förderung von Vereinen, die Zwecken des Mädchenschutzes dienen; namentlich der sozialen Standesvereine für Dienstboten, Arbeiterinnen, Ladengehülfinnen usw. (§ 4)"[255].

Zur Erlangung letztgenannten Zieles bot der Verein den Dienstmädchen seit 1906 in der Klosterstraße Gelegenheit, "auch den Nachmittag der Sonn- und Feiertage zu verbringen, sich zu belehren, zu unterhalten und zu erfreuen"[256]. Dabei waren "jedesmal mehrere Schutzdamen anwesend. In diesen Versammlungen sollen sich die Mädchen in ungezwungener Fröhlichkeit von den Anstrengungen der Woche erholen und zu neuer Arbeit stärken. Dies geschieht an den gewöhnlichen Sonntagen durch Spiel, Gesang, Lektüre und freie Deklamationen"[257]. Im Jahresbericht 1912 erscheint der Zusammenschluss der katholischen Hausangestellten erstmals unter dem Namen "Mechtildisverein", benannt nach der damaligen Kölner Provinzialoberin Mechtildis Kratz[258]. Er hatte die Aufgabe, "die am Orte in Stellung befindlichen Mädchen an den Sonn- und Feiertagnachmittagen zu ehrbarer Geselligkeit und religiösen oder wirtschaftlichen Belehrungen zu sammeln" und "so wenigstens ein Teil der Gutwilligen von den verführerischen Orten zweifelhaften Großstadtvergnügens" fernhalten zu können[259].

Herzstück der vielfältigen Tätigkeit des Katholischen Mädchenschutzvereins in Düsseldorf blieb auch nach dem Erwerb der Liegenschaften und der Vereinsselbständigkeit die Fürsorgearbeit im und um den nahe gelegenen Hauptbahnhof. "Kleine Hilfeleistungen" nannten die tätigen Mitglieder ihren Dienst am Bahnhof. Hierzu gehörte: Auskunft an Ortsfremde, Unterstützung alleinreisender Frauen oder mit Kindern reisender Familien, Unterbringung Zureisender, Fürsorge für Verletzte, Erkrankte oder sonst Hilfebedürftige, Berufsberatung, Stellenvermittlung und zahlreiche andere Dinge. Folgt man

---

[255] Satzungen des Katholischen Mädchenschutzvereins - eingetragener Verein - in Düsseldorf, Düsseldorf 1911, 1 f.
[256] DT 19.06.1907. Vgl. auch NN, Der Katholische Mädchenschutz - Verein, in: Blätter für die Frauenwelt. Beilage zum Düsseldorfer Tageblatt Jg. 1 Nr. 42 (13.12.1908), o. S. (3); NN, Deutscher Nationalverband der katholischen Mädchenschutzvereine mit dem Sitze in Frankfurt am Main, in: Annuaire de l'Association Catholique Internationale des Oeuvres pour la protection de la jeune fille. Jahrbuch des internationalen Verbands der katholischen Mädchenschutzvereine 1912, Fribourg 1912, 9 - 37, 27; Hans Rosenberg, 25 Jahre Katholischer Mädchenschutzverein (Bahnhofmission) Düsseldorf 1902 - 1927, Düsseldorf 1927, 19.
[257] DT 31.03.1911.
[258] Vgl. AEK Gen. 23.6.2, 08.11.1913; DT 07.07.1912; Hans Rosenberg, 25 Jahre Katholischer Mädchenschutzverein (Bahnhofmission) Düsseldorf 1902 - 1927, Düsseldorf 1927, 20.
[259] Hans Rosenberg, 25 Jahre Katholischer Mädchenschutzverein (Bahnhofmission) Düsseldorf 1902 - 1927, Düsseldorf 1927, 13.

5. Mädchenschutz

den Rechenschaftsberichten schwankte 1903 bis 1914 die Zahl der geleisteten Einzelhilfen zwischen 3500 und 6500[260].

Dem "Jahresbericht des katholischen Mädchenschutz - Vereins (Bahnhof - Mission) für das Jahr 1910" ist zu entnehmen, welche Hilfen im Einzelnen geleistet wurden: "Im Berichtsjahre haben sich 22 Damen der Bahnhofmission gewidmet, leider für unsere Düsseldorfer Verhältnisse viel zu wenig. In 2474 Dienststunden haben diese Damen 3669 Hilfeleistungen verschiedenster Art bieten können. So wurden 141 ankommende Mädchen zum Mädchenheim in der Klosterstraße 86 gebracht, in 154 Fällen erhielten Mädchen Adressen von hiesigen oder auswärtigen Heimen. 67 Mädchen wurden anderen Vereinen oder Anstalten der Stadt überwiesen. In 30 Fällen wurden mittellose Mädchen am Bahnhofe mit Reisegeld oder Nahrungsmittel unterstützt. An Auswanderer wurden 4 Raphaelskarten gegeben. Wiederholt wurden ahnungslose Mädchen vor Verschleppung bewahrt und aufdringlichen Personen entzogen. Auf Veranlassung der Damen wurde ein Mann verhaftet, der viele Mädchen nach Berlin verschleppt hatte, was die Gerichtsverhandlung ergab. Wiederholt wurde alleinreisenden Kindern und blinden Mädchen geholfen, auch wurden Mädchen in ihren Dienststellen und in Krankenhäusern besucht. Mit den Eltern besonderer Schützlinge wurden häufiger Briefe gewechselt, und eine Reihe von Dankesschreiben beweist, wie sehr die Eltern die Bestrebungen des Mädchenschutzvereins als eine Wohltat für ihre Töchter in der Fremde anerkennen"[261].

Die Zahl der ehrenamtlich tätigen Mitglieder stieg in den ersten Jahren nach der Vereinsgründung auf etwa 30 - 40 Frauen[262]. Als die Arbeitsfelder zunahmen, wurden zeitweise auch besoldete Helferinnen angestellt, unter ihnen im Jahre 1907 eine Polin für die zahlreich über Düsseldorf durchreisenden russisch - jüdischen Auswanderer[263]. In den Blickpunkt der allgemeinen Öffentlichkeit gerieten die "rettenden Engel" der Bahnhofsmission vor allem, wenn es ihnen gelang, junge Frauen vor der Prostitution zu bewahren. So meldete das Düsseldorfer Volksblatt am 22. Januar 1904: "Die Damen der hiesigen Bahnhofsmission kamen einem Mädchenhändler auf die Spur. Nach kurzer Zeit ist dem unsichtigen und tatkräftigen Eingreifen der hiesigen Polizei gelungen, den Betreffenden, der sich in einem hiesigen Hotel für 4 Wochen einquartiert hatte, zu verhaften"[264]. Am 9. Mai 1907 berichtete das Düsseldorfer Tageblatt: "Auf der Durchfahrt von Leipzig nach Antwerpen wurde auf dem hiesigen Hauptbahnhof von einer Vereinsdame des Marianischen Mädchenschutzvereins ein 16 - jähriges Dienstmädchen aus Weißenfels angehalten und vorläufig im Dienstbotenheim untergebracht. Das Mädchen, welches über seine Zukunft im Unklaren war, sollte in Antwerpen von einem Unbe-

---

[260] Vgl. Hans Rosenberg, 25 Jahre Katholischer Mädchenschutzverein (Bahnhofmission) Düsseldorf 1902 - 1927, Düsseldorf 1927, 15.
[261] DT 31.03.1911. Vgl. auch NN, Katholischer Mädchenschutzverein (Bahnhofsmission) Düsseldorf. Jahresbericht für das Jahr 1909 - 1910. in: Blätter für die Frauenwelt. Beilage zum Düsseldorfer Tageblatt Jg. 3 Nr. 20 (15.05.1910), o. S. (3).
[262] Vgl. DV 13.05.1903; DT 04.07.1904; DT 06.03.1906; Wilhelm Liese, Handbuch des Mädchenschutzes, Freiburg 1908², 244.
[263] Vgl. DT 19.06.1907.
[264] DV 22.01.1904.

kannten, dem es sich durch ein sichtbar zu tragendes Zeichen zu erkennen geben sollte, nach London weiter gebracht werden"[265].

Bemerkenswert ist, dass es in Düsseldorf bereits vor dem Ersten Weltkrieg eine interkonfessionelle Zusammenarbeit zwischen der katholischen und der evangelischen Bahnhofsmission gab. Letztere war im Jahre 1906 auf Anregung des Lokalvereins "Freundinnen junger Mädchen" und des Marthastiftes (Pempelforter Str. 76) ins Leben gerufen worden[266]. Bezeichnenderweise kam der entscheidende Anstoß zur Kooperation nicht von den Bahnhofsmissionen, sondern von der Verwaltung der Stadt Düsseldorf. Als der katholische Mädchenschutzverein am 23. Juni 1910 für seine Arbeit eine städtische Beihilfe beantragte[267], erhielt er einen abschlägigen Bescheid. Zur Begründung hieß es: "Nach den bei der städtischen Verwaltung bestehenden bisherigen Gepflogenheiten werden konfessionelle Vereine und Verbände grundsätzlich nicht unterstützt. So ist auch den vor einigen Jahren getrennt gestellten Anträgen des Katholischen Fürsorgevereins für Mädchen, Frauen und Kinder und des Evangelischen Frauen - Asylvereins auf Gewährung einer Beihilfe nicht entsprochen worden. Erst nachdem die beiden Vereine, welche die gleichen Zwecke verfolgen, sich zu einem interkonfessionellen Verbande unter dem Namen 'Verband der Düsseldorfer Fürsorgevereine' vereinigt hatten[268], hat der Verband eine Unterstützung erhalten". Da die Stadtverwaltung den Nutzen der Bahnhofsmissionen nicht in Frage stellte, sprach Oberbürgermeister Wilhelm Marx folgende Empfehlung aus: "Dieselben Zwecke wie der Katholische Mädchenschutzverein hat das von dem Gasthaus zur Heimat unterhaltene Evangelische Mädchenheim 'Marthastift' hierselbst, Pempelforter Str. 76. Ich gebe ergebenst anheim, sich mit der Leitung des Marthastifts in Verbindung zu setzen und mit dieser zusammen einen gemeinsamen Antrag auf Bewilligung einer Beihilfe zu stellen"[269].

Die Anregung wurde dankbar aufgegriffen. Am 18. Dezember 1910 ging im Rathaus das Schreiben eines "Verbandes der Mädchenschutzvereine in Düsseldorf" ein, der sich dem Oberbürgermeister als Zusammenschluss des Katholischen Mädchenschutzvereins, Marthastifts und Annastifts vorstellte. "Diese Körperschaften", so hieß es zur Erläuterung, "verfolgen übereinstimmend den Zweck, stellenlosen Mädchen namentlich solchen, die zugereist sind, ein Unterkommen zu schaffen, und den hier in Stellung befindlichen Mädchen an den Sonn- und Feiertagen Gelegenheit zu bieten, die freie Zeit in sittlich gesicherter und nutzbringender Weise zu verbringen. Zu diesem Zweck haben sie Unterkunftshäuser mit Aufenthaltsräumen geschaffen. Der Verband hat den Zweck, dieses gemeinsame Ziel zu fördern"[270]. Bedauerlicherweise sind vom "Verband der Mädchenschutzvereine in Düsseldorf" nur Unterlagen zur Bewilligung städtischer Beihilfen erhalten[271], so dass nicht gesagt werden kann, ob die katholische und evangelische Mis-

---

[265] DT 09.05.1907.

[266] Vgl. DN 11.10.1931; DN 14.10.1931.

[267] Vgl. SAD III 1264, 23.06.1910.

[268] Die Gründung des "Verbandes der Düsseldorfer Fürsorgevereine" war am 5. März 1907 erfolgt (vgl. SAD III 1241, 05.03.1907).

[269] SAD III 1264, 04.07.1910.

[270] SAD III 1264, 18.12.1910.

[271] Vgl. SAD III 1264, Bl. 1 ff.

sion vor dem Ersten Weltkrieg auch in ihrer praktischen Arbeit am Düsseldorfer Hauptbahnhof kooperierten.

6. Frauen- und Kinderfürsorge

Mit Einrichtung der Katholischen Bahnhofsmission im Jahre 1902 fand in Düsseldorf erstmals eine offene Gefährdetenfürsorge außerhalb von katholischen Anstalten statt. Eine geregelte Betreuung "gefallener" Mädchen und Frauen setzte allerdings erst mit der Gründung von Fürsorgevereinen ein. Nach Vorbild des "Vereins vom Guten Hirten", der auf Initiative von Agnes Neuhaus seit dem Jahre 1900 in Dortmund unehelichen Wöchnerinnen, Prostituierten und Geschlechtskranken, inhaftierten Frauen sowie weiblichen Mündeln helfend zur Seite stand[272], wurde für Düsseldorf drei Jahre später der "Katholische Fürsorgeverein für Mädchen und Frauen" ins Leben gerufen. Wie der Mädchenschutzverein war auch der Frauenfürsorgeverein eine Schöpfung des Katholischen Frauenvereins für Pempelfort und Flingern. Im ersten Jahresbericht von 1904 heißt es: "Bereits seit längerer Zeit war der katholische Frauenverein für Düsseldorf (vorm. Frauenverein für Pempelfort und Flingern[273]) zu der Ansicht gelangt, daß man der von ihm u.a. auch gepflegten Fürsorge für weibliche Personen angesichts der hier stets wachsenden Anforderungen nur dann voll gerecht werden könne, wenn dieser Zweig caritativer Wirksamkeit einem besonderen Verein als ausschließliche Aufgabe überwiesen werde. In Folge dessen bildete sich im Anfang des Sommers 1903 aus dem katholischen Frauenverein heraus der katholische Fürsorgeverein für Mädchen und Frauen"[274].

---

[272] Vgl. Agnes Neuhaus, Aus der Werkstätte des Guten Hirten, in: Charitas. Zeitschrift für die Werke der Nächstenliebe im katholischen Deutschland Jg. 10 Nr. 9 (Juni 1905), 197 - 203, 197 ff; DT 20.11.1928; Agnes Neuhaus, Aus der Geschichte der Katholischen Fürsorgevereins für Mädchen, Frauen und Kinder, Dortmund 1929, 3 ff; Elisabeth Zillken, Dem Gedächtnis von Frau Agnes Neuhaus, der Gründerin und Führerin des Katholischen Fürsorgevereins für Mädchen, Frauen und Kinder, Bigge 1944, 3 ff; Maria Victoria Hopmann, Agnes Neuhaus. Leben und Werk, Mainz 1949, 45 ff; Elisabeth Zilken, Entwicklung und Gestalt des KFV aus der Verantwortung für Jugend und Familie, in: Katholische Fürsorgearbeit im 50. Jahr des Werkes von Frau Agnes Neuhaus. Erbe, Aufgabe und Quellgrund 50jähriger Arbeit des Katholischen Fürsorgevereins für Mädchen, Frauen und Kinder. Dargestellt in den Vorträgen und Arbeitsergebnissen der Jubiläumstagung vom 13. bis 16. September 1950 in Dortmund, Dortmund 1950, 9 - 30, 9; Andreas Wollasch, Der Katholische Fürsorgeverein für Mädchen, Frauen und Kinder (1899 - 1945). Ein Beitrag zur Geschichte der Jugend- und Gefährdetenfürsorge in Deutschland, Freiburg 1991, 24 ff; Andreas Wollasch, Von der Fürsorge "für die Verstoßenen des weiblichen Geschlechts" zur anwaltschaftlichen Hilfe. 100 Jahre Sozialdienst katholischer Frauen (1899 - 1999, Dortmund 1999, 17.
[273] Der "Katholische Frauenverein für Pempelfort und Flingern" führte mit ministerieller Genehmigung vom 20. Juni 1902 den Namen "Katholischer Frauenverein zu Düsseldorf" (vgl. SAD III 1178, 20.06.1902 und 09.09.1902; ALD Grundbuchblatt Pempelfort 4044, 20.06.1902).
[274] DT 02.10.1904.

Initiatorin des Rettungswerkes war Anna Niedieck, die in Düsseldorf seit dem Jahre 1895 dem "Katholischen Pflegeverein für arme unbescholtene Wöchnerinnen" vorstand[275]. Zweck dieses im Jahre 1887 gegründeten und seit 1. Januar 1888 tätigen Vereins war es[276], "arme Frauen, ohne Unterschied der Confession, während des Wochenbettes nicht von ihren Familien zu trennen, sondern denselben in ihrem Daheim nach Kräften Schonung, Hülfe und Pflege angedeihen zu lassen"[277]. Um "armen, braven Müttern das Wochenbett in ihrem eigenen Heim zu erleichtern", wurde vom Verein eine "Wärterin" bestellt, die der Wöchnerin neun Tage lang vor allem Arbeiten im Haushalt abnahm[278]. Je nach Erfordernis wurden neben Geld und Krankenkost auch "Kinderzeug, Leib- und Bettwäsche verabreicht"[279]. Im Jahre 1899 konnte der Verein 380 katholische und 38 evangelische Wöchnerinnen mit 421 Säuglingen unterstützen[280].

Während für "unbescholtene", d.h. verheiratete Frauen im Bedarfsfall durch den Pflegeverein gesorgt war, gab es in Düsseldorf für ledige Mütter nur wenig Hilfe. Die städtische Armenverwaltung hatte die beiden Hebammen Auguste und Kunigunde Schwerm unter Vertrag, die sich in ihrer kleinen Entbindungsstation am Schwanenmarkt 4 (vorher Bastionstr. 15) unehelichen Kindern und ihrer Mütter die ersten Tage annahmen. Die Unterstützung wurde zehn Tage gewährt; danach waren die Mütter mit ihren Kindern weitgehend auf sich allein gestellt[281]. In Kenntnis der Düsseldorfer Missstände nahm Agnes Neuhaus auf Empfehlung der Pempelforter Pfarrer Peter Lausberg (Maria Empfängnis) und Heinrich Esser (St. Rochus) mit Anna Niedieck Kontakt auf, um einen weiteren Knotenpunkt in das mittlerweile auf rund ein Dutzend angewachsene Netzwerk von Fürsorgevereinen an Rhein und Ruhr zu knüpfen[282]. In einem Erinnerungsbericht aus Anlass des 25jährigen Jubiläums des Düsseldorfer Fürsorgevereins heißt es über ihre erste Begegnung im Mai des Jahres 1903: "Frau Niedieck kannte die

---

[275] Vgl. SAD III 1256, 15.01.1896.

[276] Vgl. SAD III 1256, 15.01.1893; DV 08.01.1888; DV 04.07.1889; Düsseldorf im Jahre 1898. Festschrift den Theilnehmern an der 70. Versammlung deutscher Naturforscher und Ärzte, Düsseldorf 1898, 195.

[277] Bericht über den Stand und die Verwaltung der Gemeinde - Angelegenheiten der Stadt Düsseldorf für den Zeitraum vom 1. April 1899 bis 31. März 1900, Düsseldorf 1900, 98. Vgl. auch SAD III 1256, Januar 1897; DV 08.01.1888.

[278] Vgl. Bericht über den Stand und die Verwaltung der Gemeinde - Angelegenheiten der Stadt Düsseldorf für den Zeitraum vom 1. April 1899 bis 31. März 1900, Düsseldorf 1900, 98; Adreßbuch der Wohlfahrtseinrichtungen in Düsseldorf. Auf Grund der von der städtischen Armenverwaltung beschafften Unterlagen bearbeitet im städtischen Statistischen Amte, Düsseldorf 1910, 32.

[279] Vgl. Bericht über den Stand und die Verwaltung der Gemeinde - Angelegenheiten der Stadt Düsseldorf für den Zeitraum vom 1. April 1899 bis 31. März 1900, Düsseldorf 1900, 98; Handbuch der Wohlfahrtspflege in der Stadt Düsseldorf, Düsseldorf 1922, 16.

[280] Vgl. Bericht über den Stand und die Verwaltung der Gemeinde - Angelegenheiten der Stadt Düsseldorf für den Zeitraum vom 1. April 1899 bis 31. März 1900, Düsseldorf 1900, 98.

[281] Vgl. SKF Erinnerungsbericht Emmy Hopmann 1903 - 1928, Manuskript Düsseldorf 1928, Bl. 3; SAD II 1574, 06.04.1891; Maria Victoria Hopmann, Agnes Neuhaus. Leben und Werk, Mainz 1949, 69.

[282] Vgl. SKF Erinnerungsbericht Emmy Hopmann 1903 - 1928, Manuskript Düsseldorf 1928, Bl. 1; SKF Aufzeichnungen Anna Niedieck, 18.01.1946; Maria Victoria Hopmann, Agnes Neuhaus. Leben und Werk, Mainz 1949, 66 ff.

6. Frauen- und Kinderfürsorge

dunklen Seiten der Großstadt kaum. Sie scheute vor dem Unbekannten zurück .... Aber Frau Neuhaus ließ nicht locker; sie suchte die Zögernde zuerst für den Gedanken der Hilfe im Vormundschaftswesen zu gewinnen und als sie ein leises Nachgeben bemerkte, rückte sie weiter vor. Man kann doch das uneheliche Kind nicht nehmen und eine Mutter zugrunde gehen lassen. Mutter und Kind gehören zusammen"[283]. Agnes Neuhaus konfrontierte Anna Niedieck mit dem Schicksal allein erziehender Mütter und suchte mit ihr Prostituierte auf den Geschlechtskrankenstationen auf. Glaubt man den überlieferten Nachrichten, war Anna Niedieck von den neuen Eindrücken überwältigt und sofort entschlossen zu helfen[284].

Wenige Wochen später traten am 12. Juli 1903 "aus dem Schoß des Düsseldorfer Frauenvereins" 22 Damen im Marienheim zusammen und konstituierten den "Katholischen Fürsorgeverein für Mädchen und Frauen" für Düsseldorf[285]. Neben der Vorsitzenden Anna Niedieck wurden in den Vorstand Dessire Bicheroux, Maria Horten, Caroline von Kühlwetter, Katharina Locher und Gräfin Elisabeth von Spee gewählt; außerdem wurden Gefängnispfarrer August Claßen zum geistlichen Beirat und Amtsgerichtsrat August Brandts zum juristischen Beirat berufen[286]. Der Verein nahm am gleichen Tag die Statuten der bereits in anderen Orten bestehenden Fürsorgevereine an und "trat zu diesen fortdauernd in nähere Beziehung"[287]. Als vorrangiger Zweck des Zusammenschlusses galt: "Schutz und Rettung sittlich gefährdeter und gefallener Mädchen und Frauen, sowie der verwahrlosten Jugend" (§ 1)[288]. Nach dem Eröffnungsprotokoll vom 12. Juli 1903 war damit in erster Linie gemeint, "unter Zuhilfenahme der neuen gesetzlichen Bestimmungen die Werke der Fürsorge an den Gefährdeten und Gefallenen, insbesondere der weiblichen Jugend zu üben und andererseits diesen die bestehenden Wohlfahrtseinrichtungen zu genanntem Zweck dienstbar zu machen"[289].

Bereits in der ersten Sitzung am 23. Juli 1903 traf der Vorstand, der im Elisabethkloster an der Hohenzollernstraße regelmäßig zur Aussprache zusammenkam, richtungweisende Beschlüsse. Im Protokoll ist unter Tagesordnungspunkt 3 vermerkt: "Die vorläufige Unterbringung weiblicher Personen betreffend wurde beschlossen, dieselben, wenn über 14 Jahre, Fürsorgezöglinge oder sittlich gefährdet, obdachlos oder sonstwie der Fürsorge bedürftig, im Vinzenzhaus (Schlossstraße) unterzubringen", wozu die Obe-

---

[283] SKF Erinnerungsbericht Emmy Hopmann 1903 - 1928, Manuskript Düsseldorf 1928, Bl. 1. Vgl. auch Maria Victoria Hopmann, Agnes Neuhaus. Leben und Werk, Mainz 1949, 69.

[284] Vgl. SKF Erinnerungsbericht Emmy Hopmann 1903 - 1928, Manuskript Düsseldorf 1928, Bl. 1 f; SKF Aufzeichnungen Anna Niedieck, 18.01.1946; NN, Zum Bilde von Frau Niedieck, in: Korrespondenzblatt für die Ortsgruppen des Katholischen Fürsorgevereins für Mädchen, Frauen und Kinder Jg. 20 Nr. 5 (Oktober 1950), 125 - 127, 125 f.

[285] Vgl. SKF Protokollbuch des Katholischen Frauenfürsorgevereins Düsseldorf 1903 - 1905, 12.07.1903; SKF Erinnerungsbericht Emmy Hopmann 1903 - 1928, Manuskript Düsseldorf 1928, Bl. 1.

[286] Vgl. SKF Protokollbuch des Katholischen Frauenfürsorgevereins Düsseldorf 1903 - 1905, 12.07.1903.

[287] DT 02.10.1904.

[288] Satzungen des Katholischen Fürsorge - Vereins für Mädchen, Frauen und Kinder, Düsseldorf 1903, o. S (1).

[289] SKF Protokollbuch des Katholischen Frauenfürsorgevereins Düsseldorf 1903 - 1905, 12.07.1903.

rin vom St. Vinzenzhaus sich schon bereiterklärt hatte. "Jüngere Kinder sollen dem Waisenhaus und eventuell dem Kloster zum Armen Kinde (Annastraße) überwiesen werden. Hierüber ist mit den Schwestern ein Einvernehmen zu treffen". Auf Antrag von August Brandts befürwortete der Vorstand außerdem, "die Anmeldung des Vereins beim Königlichen Amtsgericht (für Vormundschaftsangelegenheiten), bei der städtischen Armen- und Polizeiverwaltung sowie bei der Königlichen Eisenbahndirektion" zu veranlassen[290].

Nur mit Zustimmung und Unterstützung der Gerichte, der Polizei und der Armenfürsorge war der neu gegründete Fürsorgeverein in der Lage, seine in den Statuten unter § 2 festgelegte Vereinstätigkeit aufzunehmen. Unter "die Haupttätigkeit des Vereins" fiel "1. Die im § 1 Bezeichneten (gefährdete oder gefallene Mädchen und Frauen sowie verwahrloste Jugend) aufzusuchen", "die Gefährdeten und Gefallenen zu bestimmen" und "zu einem geordneten arbeitsamen Leben" zurückzuführen, "die Verwahrlosten ihrer verderblichen Umgebung zu entreißen", "die entgegenstehenden Hindernisse aus dem Wege zu räumen", "die Schutzbefohlenen, soweit ratsam, in die eigene Familie, sonst in gute Stellen, in Klöster, oder andere geeignete Anstalten unterzubringen, in jedem Fall sich dauernd derselben anzunehmen" und "2. Alle aus klösterlichen oder weltlichen Anstalten zur Entlassung kommenden derartigen Mädchen, auch wenn sie nicht vom Fürsorge - Verein untergebracht waren, liebevoll aufzunehmen und ihnen wie den oben Genannten zu helfen"[291].

Eine reichliche Quelle für die Arbeit waren das Gefängnis an der Ulmenstraße und das Barackenkrankenhaus an der Eisenstraße. Anna Niedieck und die tätigen Mitglieder suchten beide Anstalten regelmäßig auf und ermittelten hier Mädchen und Frauen, denen der Verein helfend und fördernd zur Seite stand. "Die Resultate unserer Bemühungen", so das Resümee des ersten Jahresberichtes, "sind zufriedenstellend". In der Zeit vom 15. September 1903 bis 15. September 1904 waren 24 aktive und 306 inaktive Mitglieder mit 254 Fürsorgefällen befasst, von denen 126 eine fortlaufende Tätigkeit verlangten. Im Einzelnen führte der Bericht aus: "Die Fürsorge betraf 75 Personen beiderlei Geschlechts im Alter bis zu 14 Jahren, 96 weibliche Personen im Alter von 14 - 21 Jahren, 50 weibliche Personen von 21 - 30 Jahren und 9 in höherem Lebensalter. In 63 Fällen wurde unsere Tätigkeit durch Ersuchen von Behörden veranlaßt, (Armenverwaltung, Polizeibehörde, Waisenrat, Vormundschaftsgericht), ein Beweis, daß die unserer Arbeit nahestehenden Behörden uns ihr Vertrauen entgegen bringen. Andererseits haben wir, soweit sich unserer Wirksamkeit Verhältnisse ergaben, die ein amtliches Eingreifen angezeigt erscheinen ließen, die zuständigen Behörden auf den Sachverhalt aufmerksam gemacht. So waren wir in 7 Fällen in der Lage, die Fürsorgeerziehung anzuregen, mehrfach auch konnten wir die Beschränkung bzw. Entziehung der elterlichen Gewalt in die Wege leiten; in 3 Fällen gelang es uns für würdige Schützlinge, die zu einer Freiheitsstrafe gerichtlich verurteilt waren, die Bewilligung von Strafaussetzung mit der Aussicht auf künftige Begnadigung zu erlangen. Bei 40 Kindern haben wir dem Vor-

---

[290] SKF Protokollbuch des Katholischen Frauenfürsorgevereins Düsseldorf 1903 - 1905, 23.07.1903.
[291] Satzungen des Katholischen Fürsorge - Vereins für Mädchen, Frauen und Kinder, Düsseldorf 1903, o. S (1 f).

6. Frauen- und Kinderfürsorge

mundschaftsgericht Vereinsmitglieder als Vormünder und bzw. als Pfleger zur Verfügung gestellt; es handelt sich dabei hauptsächlich um uneheliche Kinder. ... Abgesehen von den vorgedachten 40 Fällen ... haben wir außerdem für 20 Kinder unter 14 Jahren geeignete Pflegestellen besorgt, 27 weibliche Personen über 14 Jahre haben wir zwecks ihrer Besserung und Anlernung für häusliche Arbeiten in entsprechende klösterliche Anstalten untergebracht"[292].

Das schematische und nüchterne Zahlenwerk des ersten Jahresberichts verschleiert, dass sich hinter jedem Fall ein Einzelfall mit individueller Problemlösung verbarg. Im Protokollbuch des Katholischen Fürsorgevereins sind die Namen der Frauen und Kinder festgehalten, derer sich die Helferinnen in Düsseldorf annahmen. Vom Schicksal der ersten im Barackenkrankenhaus angetroffenen Schützlinge berichtet das Protokoll der Vorstandssitzung vom 16. Oktober 1903: "Gertrud D. wurde nach Entlassung aus dem Krankenhaus vorläufig im Vinzenzhaus untergebracht; Margarete H. soll möglichst mit ihrem Kinde ins Zufluchtshaus nach Dortmund; Margarete B. soll nach Christi Hilf oder zum Guten Hirten; Maria P. soll nach Junkersdorf; Auguste H. wurde von der Polizei ins Vinzenzhaus gebracht"[293]. Ergänzend ist den Erinnerungen von Emmy Hopmann (Vereinsvorsitzende 1938 - 1958) zum Fall der Margarete H. zu entnehmen: "Der erste Schützling war eine kranke Kontrollierte - eine werdende Mutter - ein Mädchen, das vor der Verbüßung einer Gefängnisstrafe stand. Nach der Entlassung aus dem Gefängnis nahm Frau Niedieck das Mädchen einige Tage in Arbeit in ihr Haus, um ihm zu beweisen, daß es noch einen Menschen gäbe, der an sein Aufstehen glaubte. Im ersten eben vollendeten Zufluchtshaus des Vereins - in Dortmund - weilte es dann mit dem Kinde längere Jahre. Dieses Mädchen ist eine brave Frau, Mitglied des Müttervereins geworden. Mann und Kind ahnen nichts von ihrem früheren, großen Unglück"[294].

Neben dem Gefängnis und Barackenkrankenhaus galt der Entbindungsstation der Geschwister Schwerm am Schwanenmarkt die besondere Aufmerksamkeit des Frauenfürsorgevereins. Glaubt man den Aufzeichnungen von Emmy Hopmann, war den Helferinnen des Vereins die Kontaktaufnahme zu den Müttern hier nur eingeschränkt möglich. "Frau Niedieck versuchte, Eingang in das Haus zu bekommen, um vorher mit den Mädchen über ihre Zukunft zu beraten, ihnen wenigstens ihre Adresse und den Groschen für die Pferdebahn zu geben, damit sie bei der Entlassung leichter - sie wohnte damals hinten in der Graf - Recke Straße - aufsuchen konnte. Die beiden Inhaberinnen hatten für diese neue Arbeit kein Verständnis. Frau Niedieck wurde abgewiesen und endlich mit einem großen Hunde vor die Türe gejagt. Sie wanderte zur Armenverwaltung und erhielt dort die Erklärung: 'Der Vertrag mit den Geschwistern sieht einen solchen Besuch nicht vor, wir bedauern, Ihren Wunsch nicht unterstützen zu können'. Es sprach sich aber doch in der Stadt herum, daß Frau Niedieck sich dieser Mädchen annahm, und so kamen sie dann nach und nach immer zahlreicher zu ihr heraus"[295].

---

[292] DT 02.10.1904.
[293] SKF Protokollbuch des Katholischen Frauenfürsorgevereins Düsseldorf 1903 - 1905, 16.10.1903.
[294] SKF Erinnerungsbericht Emmy Hopmann 1903 - 1928, Manuskript Düsseldorf 1928, Bl. 2 f.
[295] SKF Erinnerungsbericht Emmy Hopmann 1903 - 1928, Manuskript Düsseldorf 1928, Bl. 3. Vgl. auch SKF Aufzeichnungen Anna Niedieck, 18.01.1946.

Angesichts der großen Zahl von Schützlingen war der Düsseldorfer Fürsorgeverein trotz ehrenamtlicher Helferinnen früh gezwungen, eine hauptamtliche Kraft zu beschäftigen. Dank beachtlicher Mitgliederbeiträge und nicht unerheblicher Spendeneingänge konnte im Oktober 1904 Elsa Oehmen angestellt und vom Verein mit verschiedenen Fürsorgeaufgaben betraut werden[296].

Weitaus schwieriger war es, für die Vielzahl von Pfleglingen geeignete Unterkunftsräume zu finden. Wie aus den ersten Rechenschaftsberichten hervorgeht, begann die Arbeit des Frauenfürsorgevereins in der Wohnung von Anna Niedieck[297]. Hier, im Haus Nr. 24 an der Graf - Recke - Straße, befand sich nicht nur das Vereinsbüro, sondern auch ein Nachtlager für obdachlose Mütter mit ihren Kindern. Versuche, "ein Zimmer bei einer ordentlichen Frau zu benutzen", schlugen mehrfach fehl[298]. Da an den Erwerb oder den Bau eines eigenen Hauses zunächst nicht gedacht werden konnte, griff man gerne auf eine im Oktober 1904 angetragene Offerte zurück, sich an der Errichtung eines Zufluchthauses für katholische Mädchen und Frauen in Neuss beteiligen zu dürfen[299]. Hierbei handelte es sich um das Notburgahaus, dessen Bau auf Anregung der Rheinischen Provinzialverwaltung und in Trägerschaft des Vereins "Notburgahaus" erfolgte. Der Trägerverein wurde am 11. Januar 1906 aus 12 Vertretern des Katholischen Gefängnisvereins in Düsseldorf und den Katholischen Frauenfürsorgevereinen in Düsseldorf und Neuss gegründet[300] und hatte von der Stadt Neuss an der Preußenstr. 66 (heute Collegium Marianum) unentgeltlich ein 14 Morgen großes Grundstück zum Bau eines Mädchen- und Frauenasyls erhalten[301]. Die Fürsorgeanstalt "Notburgahaus", deren Leitung in den Händen der Ordensgenossenschaft der Töchter vom Hl. Kreuz lag[302], wurde am 30. Dezember 1908 mit 140 Plätzen eröffnet, am 4. Februar 1909 von den ersten Mädchen bezogen und am 15. Juni 1909 von Kardinal Antonius Fischer feierlich

---

[296] Vgl. SKF Protokollbuch des Katholischen Frauenfürsorgevereins Düsseldorf 1903 - 1905, 06.10.1904.

[297] Vgl. SKF Ordner Tätigkeitsberichte 1903 - 1961, Bl. 1 ff.

[298] Vgl. SKF Erinnerungsbericht Emmy Hopmann 1903 - 1928, Manuskript Düsseldorf 1928, Bl. 8.

[299] Vgl. SKF Protokollbuch des Katholischen Frauenfürsorgevereins Düsseldorf 1903 - 1905, 06.10.1904; DT 23.04.1907.

[300] Vgl. AEK GVA Neuss überhaupt 9, 11.01.1906; SAN Verb V 1 (Notburgahaus) Karton 1, Protokollbuch des Vereins Notburgahaus, 11.01.1906; SAN Verb V 1 (Notburgahaus) Karton 2, Akte: "Errichtung des Vereins, Satzungen, Verhandlungen mit dem Provinzialverband", Bl. 1 ff; DT 11.03.1906; Tätigkeitsbericht des katholischen Fürsorgevereins für Mädchen, Frauen und Kinder E. V. in Düsseldorf für das Geschäftsjahr 1906, Düsseldorf 1906, o. S. (1 f); DT 29.04.1907; Johannes Horion, Das Notburgahaus in Neuß, in: Charitas. Zeitschrift für die Werke der Nächstenliebe im katholischen Deutschland Jg. 14 Nr. 4 (Januar 1909), 97 - 102, 98; Joseph Lange, Das katholische Neuß in Vergangenheit und Gegenwart, Neuss 1960, 132 ff.

[301] Vgl. DT 11.03.1906; DT 29.04.1907; Johannes Horion, Das Notburgahaus in Neuß, in: Charitas. Zeitschrift für die Werke der Nächstenliebe im katholischen Deutschland Jg. 14 Nr. 4 (Januar 1909), 97 - 102, 100; Claudia Chehab, Soziale Lage im 19. und frühen 20. Jahrhundert im Spiegel von Quellen des Stadtarchivs Neuss, Neuss 1988, 138 ff; Sabine Blum - Geenen, Fürsorgeerziehung in der Rheinprovinz von 1871 - 1933, Köln 1997, 194 ff.

[302] Vgl. AEK GVA Neuss überhaupt 9, 14.03.1906; SAN Verb V 1 (Notburgahaus) Karton 2, Akte: "Übereinkunft mit der Ordensgenossenschaft", Bl. 1 ff.

6. Frauen- und Kinderfürsorge

eingeweiht[303]. Die Anstalt, "in der durch größere Individualisierung die Mängel anderer Anstalten zur Erziehung gefallener Mädchen vermieden werden" sollten[304], war Sammelbecken für die "am schwersten zu behandelnden weiblichen Fürsorgezöglinge aus der Rheinprovinz". Nach damaligem Verständnis war "für diese Elemente ... wie die Erfahrung vor allem in den Gefängnissen gelehrt hat, eine Besserung und ein Insichgehen nur in der Einzelzelle möglich". Daher waren im Notburgahaus "eine besondere Abteilung mit 30 durch schallsichere Wände getrennten Einzelarbeitszellen, die dem Zögling zum Aufenthalte bei Tag und Nacht dienen", eingerichtet. Die Ausstattung der Zelle war "selbstverständlich eine möglichst freundliche und alles vermieden, was am Gefängnis erinnern könnte, wie vergitterte Fenster, Doppeltüren usw. ... Bei der Unterbringung der übrigen 110 Zöglinge wurde als Grundsatz aufgestellt, daß jeder Massenbetrieb vermieden und eine möglichst individuelle Behandlung gewährleistet werden muß"[305].

Noch vor Vollendung des Neusser Notburgahauses gelang es dem Düsseldorfer Verein, der seit dem 5. Mai 1905 den Namenszusatz "Kinder" führte und sich fortan "Katholischer Fürsorgeverein für Mädchen, Frauen und Kinder" nannte[306], in der Stadt eine eigene Unterkunftsstätte für in Not geratene Mädchen und Frauen zu eröffnen. Bereits im Februar 1906 hatte der Vorstand den Beschluss gefasst, "in Düsseldorf ein Heim für katholische fürsorgebedürftige Mädchen sowie für Kinder in den ersten Lebensjahren zu errichten"[307]. Am 19. September 1906 ersuchte der Frauenfürsorgeverein den Düsseldorfer Regierungspräsidenten, "zur wirksamen Durchführung des Vereinszweckes ... ein Zufluchthaus" einrichten zu dürfen. In der Anstalt sollten "katholische fürsorgebedürftige weibliche Personen, insbesondere auch Gefallene unmittelbar vor und nach der Entbindung zusammen mit ihren Säuglingen, sowie Kinder katholischer Konfession in den ersten Lebensjahren Aufnahme finden". Im Kampf gegen die Säuglingssterblichkeit sollten die Mütter lernen, "ihre Kinder ordnungsgemäß zu erwarten und zu pflegen". Zur Leitung des Hauses standen Schwestern aus dem Cellitinnenorden bereit, die im Barackenkrankenhaus an der Eisenstraße bereits vielfältige Erfahrungen im Umgang mit "gefallenen Mädchen" gesammelt hatten[308]. Geplant war, für das projektierte Zufluchthaus ein neues Gebäude zu errichten. "Angesichts des dringenden Be-

---

[303] Vgl. Tätigkeitsbericht des katholischen Fürsorgevereins für Mädchen, Frauen und Kinder e. V. in Düsseldorf, für das Geschäftsjahr 1908, Düsseldorf 1908, o. S. (1); Johannes Horion, Das Notburgahaus in Neuß, in: Charitas. Zeitschrift für die Werke der Nächstenliebe im katholischen Deutschland Jg. 14 Nr. 4 (Januar 1909), 97 - 102, 100; GA 15.06.1909; DT 16.06.1909; GA 16.06.1909; DT 17.06.1909; Fürsorgeerziehungsanstalt Notburgahaus in Neuß. Bericht des Vorstandes über die Zeit von der Eröffnung der Anstalt bis zum 31. März 1910, Neuss 1910, o. S. (1).
[304] DT 29.04.1907.
[305] Johannes Horion, Das Notburgahaus in Neuß, in: Charitas. Zeitschrift für die Werke der Nächstenliebe im katholischen Deutschland Jg. 14 Nr. 4 (Januar 1909), 97 - 102, 100. Vgl. auch Bericht des Provinzialausschusses der Rheinprovinz über die Ergebnisse der Provinzialverwaltung. Rechnungsjahr vom 1. April 1905 bis 31. März 1906, Düsseldorf 1906, 141 f.
[306] Vgl. SKF Protokollbuch des Katholischen Frauenfürsorgevereins Düsseldorf 1903 - 1905, 05.06.1905.
[307] DT 22.07.1906.
[308] Vgl. DT 23.04.1907; MCA Sonstige Niederlassungen Fürsorge 5.6 Gertrudisheim, 15.09.1906 und 07.08.1907.

dürfnisses", so der Schluss in der Eingabe, "soll indes die Anstalt schon sofort nach Erteilung der behördlichen Genehmigung zunächst in einem gemieteten Privathaus eröffnet werden"[309]. Am 24. Juli 1907 gestattete die Regierung den Cellitinnen die "Übernahme der Pflege und Leitung in der vom katholischen Fürsorgeverein zu gründenden Schutzanstalt für sittlich gefährdete weibliche Personen katholischer Konfession und für katholische Kinder unter zwei Jahren"[310]. Zur Aufnahme der Schützlinge wurde am 1. Januar 1908 das Haus Rethelstr. 115 angemietet und am 31. Januar von den Cellitinnen bzw. am 1. Februar von den Mädchen und Frauen bezogen[311]. Zur ersten Oberin der neuen Niederlassung wurde Schwester Ignatia berufen. Sie hatte dem Oberbilker Barackenkrankenhaus zu der Zeit vorgestanden, als Anna Niedieck hier ihre ersten Schutzbefohlenen aufsuchte[312].

In Erinnerung an Gertrud von Helfta (1256 - 1302) erhielt das neue Zufluchtsheim des Fürsorgevereins für Mädchen, Frauen und Kinder den Namen "Gertrudisheim". Neben einigen Büroräumen bot es Platz für 20 Erwachsene und 8 Säuglinge[313]. "Das Haus war gewiß noch klein und bescheiden in seiner Ausstattung", so Emmy Hopmann, "aber es war für die Arbeit ein unschätzbarer Gewinn. Jetzt hatte man für die auf dem Schwanenmarkt entlassenen Mütter ein Plätzchen, wo sie bleiben und mit ihrem Kinde zusammen sein konnten, jetzt konnte man das Mädchen aus dem Gefängnis, aus der Krankenstation aufnehmen und ihnen durch die Zwischenstation den Übergang ins Leben erleichtern"[314].

Im Jahre 1910 beherbergte das Gertrudisheim 276 Schützlinge[315], zwei Jahre später waren es 356[316]. Um dem wachsenden Bedarf gerecht zu werden, hatte der Fürsorgeverein bereits im April 1910 das 38 ar große Grundstück Ulmenstr. 83/83a erworben[317]. Zur Finanzierung des neuen Zufluchtshauses waren größere Anleihen bei der Landes-

---

[309] NHS Regierung Düsseldorf 29387, 19.09.1906.
[310] NHS Regierung Düsseldorf 29387, 24.07.1907. Vgl. auch SAD III 4740, 09.10.1906.
[311] Vgl. AEK GVA Düsseldorf überhaupt 46, 20.01.1908; AFM 4/4 Kloster Düsseldorf 52, 18.01.1908; MCA Sonstige Niederlassungen Fürsorge 5.6 Gertrudisheim, 08.01.1908; SKF Erinnerungsbericht Emmy Hopmann 1903 - 1928, Manuskript Düsseldorf 1928, Bl. 9; NHS Regierung Düsseldorf 29387, 01.01.1908 und 31.01.1908; Tätigkeitsbericht des katholischen Fürsorgevereins für Mädchen, Frauen und Kinder E. V. in Düsseldorf für das Geschäftsjahr 1907, Düsseldorf 1907, o. S. (2); DT 05.02.1908; DT 09.06.1908; DT 27.04.1909.
[312] Vgl. SKF Erinnerungsbericht Emmy Hopmann 1903 - 1928, Manuskript Düsseldorf 1928, Bl. 9.
[313] Vgl. DT 05.02.1908.
[314] SKF Erinnerungsbericht Emmy Hopmann 1903 - 1928, Manuskript Düsseldorf 1928, Bl. 9.
[315] Vgl. Tätigkeitsbericht des katholischen Fürsorgevereins für Mädchen, Frauen und Kinder e. V. in Düsseldorf, für das Geschäftsjahr 1910, Düsseldorf 1910, o. S. (1).
[316] Vgl. Tätigkeitsbericht des katholischen Fürsorgevereins für Mädchen, Frauen und Kinder E. V. in Düsseldorf für das Geschäftsjahr 1912, Düsseldorf 1912, o. S. (2).
[317] Vgl. Tätigkeitsbericht des katholischen Fürsorgevereins für Mädchen, Frauen und Kinder E. V. in Düsseldorf für das Geschäftsjahr 1909, Düsseldorf 1909, o. S. (1); DT 21.10.1910; Tätigkeitsbericht des katholischen Fürsorgevereins für Mädchen, Frauen und Kinder e. V. in Düsseldorf, für das Geschäftsjahr 1910, Düsseldorf 1910, o. S. (1).

versicherungsanstalt und der Pfarrgemeinde St. Lambertus notwendig[318]. Nachdem am 18. August 1911 der erste Spatenstich erfolgt war, wurden nahe des Derendorfer Gefängnisses zum Preis von 450000 Mark drei Gebäude errichtet: das Anstaltsgebäude (Gertrudisheim) mit Platz zur Aufnahme von 53 Säuglingen und 106 Erwachsenen (Ulmenstr. 83a), das Verwaltungsgebäude mit Arbeits- und Wohnräumen für Mitarbeiter (Ulmenstr. 83) und die Ökonomie zur Einrichtung einer Wäscherei und Näherei (Ulmenstr. 83a)[319]. Die Verlegung der Verwaltung von der Rethelstraße zur Ulmenstraße fand am 19. November 1912 statt; zwei Tage später erfolgte der Umzug der Schwestern mit ihren Pfleglingen[320]. Die feierliche Einweihung des neuen Gertrudisheimes wurde am 6. Mai 1913 von Erzbischof Felix von Hartmann geleitet[321]. Mit welchem Selbstverständnis die Fürsorgearbeit an der Ulmenstraße begann, veranschaulicht ein Rückblick der Spezialärzte Dr. Hermann Becker und Dr. Richard Dreher, die im Säuglingsheim der Anstalt die Aufsicht führten. "Das Haus war gedacht als eine mustergültige Pflegestätte für den Säugling, eine Heim-, Ausbildungs- und Erziehungsstätte für die Mütter. Dort sollten sie zuerst einmal zur Ruhe kommen, das innere Gleichgewicht wieder gewinnen. Dann hoffte man, daß die Pflege des Kindes die Liebe, das Verantwortungsgefühl und das Bewußtsein wecken würde, daß diejenige, die dem Kinde das Leben gab, auch Förderer und Erhalter des Lebens sein muß, daß das Dasein des Kindes sie zur Arbeit für das Kind verpflichtet. Die wachsende Liebe aber sollte sie gleichzeitig warnen, einem zweiten Kinde das Leben zu geben, dem sie nicht Vater und Heimat bieten kann. Um die Mutter fähig zu machen, für sich und das Kind zu sorgen, wurde eine Ausbildung nicht nur in den hausfraulichen Kenntnissen und Fähigkeiten, sondern auch eine Berufsausbildung entweder im Waschen und Bügeln oder im Nähen vorgesehen"[322].

7. Männerfürsorge

Die intensive Arbeit des "Katholischen Fürsorgevereins für Mädchen, Frauen und Kinder" zeigte bald, dass es in Düsseldorf an wirksamer Hilfe für die gefährdete männliche Jugend nahezu ganz fehlte. Der Säuglinge und Kleinkinder nahmen sich die Frauen oh-

---

[318] Vgl. SKF Erinnerungsbericht Emmy Hopmann 1903 - 1928, Manuskript Düsseldorf 1928, Bl. 10; DT 21.10.1910; Tätigkeitsbericht des katholischen Fürsorgevereins für Mädchen, Frauen und Kinder E. V. in Düsseldorf für das Geschäftsjahr 1912, Düsseldorf 1912, o. S. (1 f).
[319] Vgl. SKF Erinnerungsbericht Emmy Hopmann 1903 - 1928, Manuskript Düsseldorf 1928, Bl. 10; BSD Bauakte Ulmenstr. 83, 26.04.1910, 08.05.1910 und 23.06.1910; DT 01.05.1913; DT 04.05.1913; DT 07.05.1913; DT 01.07.1914; AW 20.01.1926.
[320] Vgl. SKF Erinnerungsbericht Emmy Hopmann 1903 - 1928, Manuskript Düsseldorf 1928, Bl. 10; DT 17.11.1912.
[321] Vgl. Tätigkeitsbericht des katholischen Fürsorgevereins für Mädchen, Frauen und Kinder E. V. in Düsseldorf für das Geschäftsjahr 1913, Düsseldorf 1914, o. S. (1).
[322] Hermann Becker, Gertrudisheim, Ulmenstraße 83, in: Arthur Schloßmann, Die Düsseldorfer Kranken-, Heil- und Pflegeanstalten, Düsseldorf 1926, 160 - 166, 160.

ne Unterschied des Geschlechtes an; waren die Kinder aus der Schule entlassen, gab es nur für Mädchen ein organisiertes Rettungswerk. Satzungsgemäß schloss der Frauenfürsorgeverein die Betreuung der Knaben von seiner Tätigkeit aus, "weil die Damen nicht ohne Grund annehmen, daß für diese Jugendlichen die starke Hand des Mannes zur Rettung notwendig ist"[323].

Schon vor der Gründung des Düsseldorfer Frauenfürsorgevereins hatte der Oberverwaltungsrat des Vinzenzvereins für Rhein - Preußen im April 1902 ein Zirkular an die ihm angeschlossenen Konferenzen gerichtet, in dem die Fürsorge für die Jugend "als eine der schönsten und edelsten Aufgaben des Vinzenzvereins dringend empfohlen wird"[324]. Für die Stadt Köln wurde daraufhin noch im gleichen Jahr ein "Vinzenzverein, Abt. Jugendfürsorge" gegründet[325]. Auch die 50. Generalversammlung der Katholiken Deutschlands in Köln forderte im August 1903 dringend, "namentlich für größere Städte und Industriebezirke die Gründung von Jugendfürsorgevereinen, und zwar, soweit örtlich möglich, unter Anlehnung an etwa bestehende Vincenzvereine" einzurichten[326]. Glaubt man den Aufzeichnungen von Ludwig Offenberg, der dem örtlichen Verwaltungsrat der Düsseldorfer Vinzenzkonferenzen in den Jahren 1900 bis 1925 vorstand[327], fielen die Kölner Empfehlungen für eine planvolle offene Jugendfürsorgearbeit in der Nachbarstadt auf fruchtbaren Boden. Wörtlich heißt es in der Chronik der Düsseldorfer Vinzenzvereine: "Nach Erlaß des Jugendfürsorgegesetzes 1901 und anschließend an die Bestrebungen des Provinzialrates in Köln wandte man im Rate sein Interesse einer weiteren Organisation der Jugendfürsorge zu"[328].

Wie und in welchem Umfang die Düsseldorfer Vinzenzkonferenzen im ersten Jahrzehnt des 20. Jahrhunderts die Fürsorge der männlichen Jugend wahrnahmen, ist im

---

[323] Christian Bartels, Der Katholische Männer - Fürsorge - Verein, in: Theologie und Glaube Jg. 6 Nr. 6 (Juni 1914), 441 - 448, 442.

[324] Zitiert nach W.O., 25 Jahre katholischer Männerfürsorgeverein, in: Der Weg. Vierteljahrsschrift für Wanderer- und Straffälligenfürsorge Jg. 9 Nr. 1 (1938), 2 - 6, 3. Vgl. auch NN, Der Schutz und die Fürsorge gegen die Verwahrlosung der Jugend, in: Jahrbücher des Vereins vom heiligen Vincenz von Paul Jg. 54 Nr. 3 (März 1902), 37 - 47, 47; NN, Der Vincenzverein, Abteilung Jugendfürsorge, in: Jahrbücher des Vereins vom heiligen Vincenz von Paul Jg. 54 Nr. 9 (September 1902), 161 - 167, 163 f; NN, Der Vincenzverein, Abteilung Jugendfürsorge, in: Jahrbücher des Vereins vom heiligen Vincenz von Paul Jg. 55 Nr. 1 (Januar 1903), 1 - 5, 1.

[325] Vgl. NN, Der Vincenzverein, Abteilung Jugendfürsorge, in: Jahrbücher des Vereins vom heiligen Vincenz von Paul Jg. 54 Nr. 9 (September 1902), 161 - 167, 164; NN, Jahresbericht des Oberwaltungsrates des St. Vincenz - Vereins in Rheinpreußen für das Jahr 1902, in: Jahrbücher des Vereins vom heiligen Vincenz von Paul Jg. 55 Nr. 6 (Juni 1903), 101 - 110, 109 f; NN, Generalversammlung der Vincenzvereine Deutschlands, in: Jahrbücher des Vereins vom heiligen Vincenz von Paul Jg. 55 Nr. 10 (Oktober 1903), 190 - 198, 191 f; Peter Ludemann, 1902 - 1982. Sozialer Dienst im Wandel von Not und Zeit. Vincenz - Fürsorge - Verein Köln. Katholischer Männer - Fürsorge - Verein e. V. Köln. Sozialdienst katholischer Männer e. V. Köln. Ein fragmentarischer Versuch zur Geschichte des Vereins anläßlich seines 80jährigen Bestehens, Köln 1982, 21 ff.

[326] Verhandlungen der 50. Generalversammlung der Katholiken Deutschlands in Köln vom 23. bis 27. August 1903, Köln 1903, 74 f. Vgl. auch Verhandlungen der 50. Generalversammlung der Katholiken Deutschlands in Köln vom 23. bis 27. August 1903, Köln 1903, 320 und 449 f.

[327] Vgl. AW 13.11.1925.

[328] CVD 170, Geschichte des Vinzenzvereins in Düsseldorf 1850 - 1935, S. 9.

Einzelnen nicht überliefert. Kursorisch resümierte der Rechenschaftsbericht des örtlichen Verwaltungsrates im Jahre 1912, "vor 10 Jahren hat der Verein die Jugendfürsorge für gefährdete und verwahrloste Knaben übernommen"[329].

Zu einer systematischen Fürsorgearbeit an der männlichen Jugend scheint es in Düsseldorf erst mit Einführung der Jugendgerichtsbarkeit im Jahre 1908 gekommen zu sein[330]. Dem Rechenschaftsbericht 1909/10 des Katholischen Gefängnisvereins Düsseldorf ist zu entnehmen, dass dem Verein in diesem Jahr "durch Errichtung eines Jugendgerichtes" ein "neues Arbeitsgebiet" zugefallen war. Im Berichtszeitraum wurden dem Gefängnisverein 52 Jugendliche zur Schutzaufsicht überwiesen, "die meist von Vinzenzmitgliedern geleistet wird"[331].

Mit Intensivierung der Jugendfürsorgearbeit wurde nicht nur in Düsseldorf sondern in vielen deutschen Städten immer schmerzlicher der Mangel einer eigenen Organisation zur Betreuung junger Männer empfunden[332]. Gelegentlich des 15. Caritastages am 12. Oktober 1910 in Essen referierte Agnes Neuhaus über "Moderne Probleme der Jugendfürsorge" und erhob dabei die Forderung: "Nicht wahr, ... wir fühlen, daß alle hier gestellten Fragen in eine Frage zusammenlaufen, daß sie einer einheitlichen Antwort bedürfen. Und diese Antwort lautet: Wir brauchen eine Organisation, die einerseits überall eingreift und hilft, die die Helfer sammelt und schult, die anderseits aber auch jedem Helfenden wie jedem Hilfesuchenden bekannt und zugänglich ist. Mit andern Worten: Wir müssen überall gut arbeitende katholische Fürsorgevereine haben; sie können alle hier genannten Aufgaben übernehmen und lösen. Für die Mädchen und Kinder sind solche Vereine schon da ... . Aber die schulentlassenen Knaben und die jungen Leute ! Da klafft wirklich eine schmerzliche Lücke in unserer katholischen Caritas, die wir Frauen der Fürsorgevereine ganz genau kennen, weil die jungen Menschen und ihre Angehörigen zu uns in ihrer Not kommen. Aber es liegt auf der Hand, daß wir Frauen da nicht die geeigneten sind, daß für diese Hilfesuchenden die Männer mit einem eigenen Verein eintreten müssen; und es muß klar erkannt werden, daß die Gründung eines solchen Vereins eine augenblickliche und dringende Notwendigkeit ist. ... Es wird hier und da gesagt, der Vinzenzverein könne diese Aufgaben übernehmen. Ich halte das, sowohl nach der Natur der hier verlangten Arbeit wie nach der Erfahrung für ausgeschlossen. Man kann nicht eine vielfache, schwierige Aufgabe, die besondere Schulung verlangt, mit einer doch verhältnismäßig einheitlichen Aufgabe, die für die ganze kirchliche Gemeinde bestimmt ist, vereinigen und vielleicht noch weniger eine Arbeit von ganz interlokaler Natur mit einer rein lokalen Arbeit unter dieselbe Organisation bringen, ohne daß eine von beiden darunter leidet. In Dortmund ist es zunächst geschehen; aber schon

---

[329] DT 22.07.1912. Vgl. auch DT 14.04.1913.

[330] Vgl. Julius Ferdinand Landsberg, Jugendgerichte, in: Paul Posener, Rechtslexikon. Handwörterbuch der Rechts- und Staatswissenschaften Bd. 1, Berlin 1909, 871 - 876, 873.

[331] DT 04.08.1910. Vgl. auch NN, Die Caritasverbände im katholischen Deutschland, in: Jahrbuch des Caritasverbandes für das Geschäftsjahr 3 (1909/1910), 1 - 20, 10; NN, Die Caritasverbände im katholischen Deutschland, in: Jahrbuch des Caritasverbandes für das Geschäftsjahr 4 (1910/1911), 6 - 31, 18.

[332] Vgl. Josef Beeking, Die katholische Jugendfürsorge, in: Josef Beeking, Katholische Kinder- und Jugendfürsorge. Festschrift zum ersten Gesamtkongreß der katholischen Kinder- und Jugendfürsorge Deutschlands. München 17. - 19. Oktober 1927, München 1927, 57 - 60, 58.

im ersten Stadium der Entwicklung des Knabenfürsorgevereins war die Trennung vom Vinzenzverein eine selbstverständliche, er wäre sonst verkümmert"[333]. Trotz der eindeutigen Stellungnahme von Agnes Neuhaus blieb in den anschließenden Sektionsberatungen des Caritastages die Frage, ob die zu bildende Fürsorgeorganisation ein selbständiger Verein oder eine Abteilung des Vinzenzvereins sein sollte, offen[334]. Beschlossen wurde lediglich: "Die heutige Versammlung drückt den Wunsch aus, daß der Vinzenzverein fortfahren möge, Vereine für die verwahrloste männliche Jugend zu gründen. Sie wählt die Herren Landesrat Dr. Horion[335], Landrichter Mengelkoch[336], Geheimrat Offenberg, Pfarrer Döhmer, Frau Amtsgerichtsrat Neuhaus als Kommission[337], um ihrerseits die Gründung von solchen Vereinen in die Wege zu leiten im Einvernehmen mit den Ortsgruppen des Vinzenzvereins, wo solche bestehen. Es wird in Aussicht genommen, die zu gründenden Fürsorgevereine später zu einer eigenen Organisation zusammenzuschließen"[338].

Da Ludwig Offenberg der Kommission angehörte, verwundert es wenig, dass der Essener Beschluss in Düsseldorf schon bald umgesetzt wurde. Im Protokollbuch des Düsseldorfer Vinzenzvereins ist unter dem 24. Februar 1911 vermerkt: "Der Oberver-

---

[333] Agnes Neuhaus, Moderne Probleme der Jugendfürsorge. Vortrag auf dem Caritastag in Essen am 12. Oktober 1910, in: Caritas. Zeitschrift für die Werke der Nächstenliebe im katholischen Deutschland Jg. 16 Nr. 5/6 (Februar/März 1911), 121 - 127, 125 f. Vgl. auch NN, Die Jugendfürsorge, in: Jahrbücher des Vereins vom heiligen Vincenz von Paul Jg. 62 Nr. 10 (Oktober 1910), 207 - 211, 207 ff; NN, Der fünfzehnte Caritastag in Essen an der Ruhr vom 10. bis 13. Oktober 1910, in: Jahrbuch des Caritasverbandes für das Geschäftsjahr 5 (1911/1912), 6 - 22, 14 ff; Christian Bartels, Der katholische Männer - Fürsorge - Verein, in: Zeitschrift für katholische caritative Erziehungstätigkeit Jg. 2 Nr. 6 (Juni 1913), 84 - 87, 84; Alois Braekling, Die Gründung des Katholischen Männerfürsorgevereins, in: Korrespondenzblatt Katholischer Fürsorgeverein für Mädchen, Frauen und Kinder Jg. 13 Nr. 3 (März 1934), 124 - 128, 124 ff; W.O., 25 Jahre katholischer Männerfürsorgeverein, in: Der Weg. Vierteljahresschrift für Wanderer- und Straffälligenfürsorge Jg. 9 Nr. 1 (1938), 2 - 6, 3.

[334] Vgl. NN, Der fünfzehnte Caritastag in Essen an der Ruhr, in: Caritas. Zeitschrift für die Werke der Nächstenliebe im katholischen Deutschland Jg. 16 Nr. 2/3 (November/Dezember 1910), 42 - 80, 68; XV. allgemeiner Caritastag in Essen (Ruhr). (10. bis 13. Oktober 1910). Leitsätze für die Referate in den Sektionsberatungen und Caritas - Versammlungen, Freiburg 1910, o. S. (11 f); NN, Der Vinzenzverein und die caritative Jugendfürsorge, in: Flugblätter des Vinzenzvereins für Deutschland Nr. 3 (Juli 1912), o. S. (1 - 3, 1 ff); NN, Katholischer Männer - Fürsorge - Verein und Vinzenz - Verein, in: Zeitschrift für katholische caritative Erziehungstätigkeit Jg. 1 Nr. 10 (Oktober 1912), 159.

[335] Vgl. dazu Johannes Becker, Landeshauptmann Dr. Johannes Horion+, in: Caritas. Zeitschrift für Caritaswissenschaft und Caritasarbeit Jg. 38 Nr. 3 (März 1933), 118 - 119, 118 f.

[336] Zu seinem Engagement auf dem Gebiet der Jugendhilfe vgl. Karl Mengelkoch, Die städtischen Jugendämter und die freiwillige Jugendfürsorge, in: Die staatliche und gemeindliche Jugendfürsorge und die Caritas. Auf Grund der Jugendfürsorgekonferenz des sechzehnten Caritastages zu Dresden, 25. September 1911, Freiburg 1912, 221 - 231, 221 ff.

[337] Vgl. dazu DCF 319.4 AA.02/06a Fasz. 1, 12.12.1910.

[338] Zitiert nach le, Von der Idee zur Wirklichkeit, in: Unser Sozialer Dienst. Mitteilungen und Anregungen für die Ortsgruppen des Sozialdienstes Katholischer Männer Jg. 4 Nr. 1 (Sonderheft 1987), 2 - 4, 3. Vgl. auch NN, Die Jugendfürsorge, in: Jahrbücher des Vereins vom heiligen Vincenz von Paul Jg. 62 Nr. 10 (Oktober 1910), 207 - 211, 210 f; Christian Bartels, Der katholische Männer - Fürsorge - Verein, in: Zeitschrift für katholische caritative Erziehungstätigkeit Jg. 2 Nr. 6 (Juni 1913), 84 - 87, 84 f; Maria Victoria Hopmann, Agnes Neuhaus. Leben und Werk, Mainz 1949, 111 ff.

7. Männerfürsorge

waltungsrat ersucht dringend um Einrichtung einer besonderen Konferenz oder einer sonstigen Zentrale für Fürsorge für verwahrloste männliche Jugend, wie sie für die weibliche Jugend schon besteht. Der Herr Vorsitzende berichtet über die dies bezüglichen Verhandlungen auf dem Karitastag in Essen und die späteren Erörterungen"[339]. Am 5. April 1911 nahm die Abteilung Jugendfürsorge im Düsseldorfer Vinzenzverein die Tätigkeit auf und bearbeitete noch im gleichen Jahr 29 Fälle[340]. Über die Zusammensetzung und Benennung der Sektion ist den Erinnerungen von Ludwig Offenberg zu entnehmen: "1911 wurde ... eine besondere Abteilung des Vinzenzvereins für Jugendfürsorge aus einigen geistlichen Herren, Lehrern und Vinzenzbrüdern gebildet. Der Vorsitzende des Örtlichen Verwaltungsrates gehörte ihr an, u.a. auch Pfarrer Ludwig Pütz von St. Elisabeth, Kaplan Kremer von h. Herz - Jesu, Lehrer Willi Krämer, Heinrich Wiedenfeld u.a.. 1912 nannte sie sich Vinzenz - Konferenz für Jugendfürsorge, wie sich denn auch in anderen Großstädten wie Köln, Aachen, Krefeld solche Sonderkonferenzen gebildet hatten"[341].

Der bereits 1910 in Essen erwogene Zusammenschluss der deutschen Fürsorgevereine zu einem eigenständigen Verband erfolgte zwei Jahre später. Wiederum in Essen wurde am 11. September 1912 beschlossen, "eine selbständige Organisation unter dem Namen 'Katholischer Männerfürsorgeverein' zu gründen als einheitlichen Gesamtverein, der in den Städten und Industriegegenden seine Ortsgruppe hat, die zwar selbständig arbeiten, aber doch einer einzigen Zentrale unterstellt sind"[342]. Von den Delegierten wurde in gleicher Sitzung eine bereits vorbereitete Satzung angenommen[343] und für den Gesamtverein eine Geschäftsordnung aufgestellt[344]. Eine eigens eingerichtete Geschäftsstelle wurde mit dem Generalsekretariat des Vinzenzvereins verbunden[345]. Zum Vorsitzenden der Zentrale wurde Domkapitular Christian Bartels in Paderborn gewählt[346], der Ende 1912 auf einer Sitzung des Katholischen Männerfürsorgevereins den Zusammen-

---

[339] CVD 170, Geschichte des Vinzenzvereins in Düsseldorf 1850 - 1935, S. 11.
[340] Vgl. DT 01.04.1912; NN, Vermischte kirchliche Nachrichten, in: Düsseldorfer Kirchenblatt Jg. 2 Nr. 2 (07.04.1912), o. S. (6); NN, Die Caritasverbände im katholischen Deutschland, in: Jahrbuch des Caritasverbandes für das Geschäftsjahr 5 (1911/1912), 22 - 56, 38.
[341] CVD 170, Geschichte des Vinzenzvereins in Düsseldorf 1850 - 1935, S. 9 f.
[342] Zitiert nach W.O., 25 Jahre katholischer Männerfürsorgeverein, in: Der Weg. Vierteljahresschrift für Wanderer- und Straffälligenfürsorge Jg. 9 Nr. 1 (1938), 2 - 6, 4. Vgl. auch Alois Braekling, Die Gründung des Katholischen Männerfürsorgevereins, in: Korrespondenzblatt Katholischer Fürsorgeverein für Mädchen, Frauen und Kinder Jg. 13 Nr. 3 (März 1934), 124 - 128, 126.
[343] Vgl. AEK Gen. 23.9, um 1915; AEK Gen. 23.41.1, Satzung des Katholischen Männer - Fürsorge - Vereins Ortsgruppe ...; Christian Bartels, Der katholische Männer - Fürsorge - Verein, in: Zeitschrift für katholische caritative Erziehungstätigkeit Jg. 2 Nr. 6 (Juni 1913), 84 - 87, 85.
[344] Vgl. NN, Geschäftsordnung des Gesamtvereins Katholischer Männer - Fürsorge - Verein, in: Vinzenz - Blätter. Zeitschrift des Vinzenzvereins für Deutschland Jg. 1 Nr. 7 (1912), 108 - 111, 107 ff.
[345] Vgl. Christian Bartels, Der katholische Männer - Fürsorge - Verein, in: Zeitschrift für katholische caritative Erziehungstätigkeit Jg. 2 Nr. 6 (Juni 1913), 84 - 87, 86.
[346] Vgl. NN, Katholischer Männer - Fürsorge - Verein und Vinzenz - Verein, in: Zeitschrift für katholische caritative Erziehungstätigkeit Jg. 1 Nr. 10 (Oktober 1912), 159.

schluss von 19 Ortsgruppen mitteilen konnte³⁴⁷. Hierzu gehörte auch Düsseldorf³⁴⁸, wo am 29. November 1912 die endgültige Trennung der Jugendabteilung vom Vinzenzverein erfolgt war³⁴⁹. Im Protokollbuch heißt es hierzu: "Die Abteilung Jugendfürsorge soll aus der Verwaltung des Vinzenz - Vereins ausscheiden und der neugebildeten Verwaltungsstelle in Paderborn unterstellt werden. Die Anwesenden erklären sich hiermit einverstanden. Auf Anregung des Herrn Vorsitzenden wird für die Jugendfürsorge der Betrag von 1000 RM bewilligt"³⁵⁰. Zum Vorsitzenden wurde Religionslehrer Albert Piekarek (1912 - 1920)³⁵¹, zum stellvertretenden Vorsitzenden Ludwig Offenberg bestellt, "letzterer um die Fühlung mit dem Vinzenzverein aufrechtzuerhalten. In einer Reihe von Jahren gab der Vinzenzverein aus seiner Zentralkasse dem jungen mittellosen Verein erhebliche Unterstützungen und alle Konferenzvorsitzenden erklärten sich zu aktiven Mitgliedern"³⁵². In der Tat dauerte es noch einige Zeit, bis sich der Düsseldorfer Männerfürsorgeverein endgültig von den Vinzenzkonferenzen abnabeln konnte. Im Februar 1913 gehörten von 28 tätigen Mitgliedern allein 21 dem Vinzenzverein an. Bei den letztgenannten handelte es sich um die Vorsitzenden der 21 Konferenzen im örtlichen Vinzenzrat³⁵³.

Als Zweck des neuen Vereins wurden in der Satzung "Schutz und Rettung gefährdeter und verwahrloster Knaben, Jünglinge und Männer" genannt (§ 2)³⁵⁴. Die Haupttätigkeit des Vereins war "Ermittelung, Beratung, Beeinflußung, Beaufsichtigung und Unterbringung gefährdeter oder verwahrloster männlicher Jugendlicher, sowie Mitarbeit auf allen Gebieten der öffentlichen Jugendfürsorge" (§ 3)³⁵⁵. Wie der Düsseldorfer Verein seinen selbst gestellten Aufgaben in der Praxis nachging, ist dem Rechenschaftsbericht des Jahres 1915 zu entnehmen. "Vor dem Jugendgericht stand der Verein 48 Knaben bei. Seit August trat ein Mitglied des Vereins, Herr Kremer, fast jeden Mittwoch bei den Verhandlungen als Helfer auf. In Schutzaufsicht wurden 36 Knaben neu aufgenommen, und die früheren Fälle weitergeführt. Als Vormünder und als Beistand wurden 8 Mitglieder bestellt. In Pflege wurden 32 Kinder gegeben. Die Pflegekosten betrugen 2494,30 Mark. Die Einnahmen des Vereins betrugen 1647,65 Mark. Sie wurden in dankenswerter Weise ergänzt durch 1600 Mark, die der Vinzenzverein für die Unterbringung der Kinder zahlte"³⁵⁶.

---

³⁴⁷ Vgl. W.O., 25 Jahre katholischer Männerfürsorgeverein, in: Der Weg. Vierteljahresschrift für Wanderer- und Straffälligenfürsorge Jg. 9 Nr. 1 (1938), 2 - 6, 4.
³⁴⁸ Vgl. NN, Geschäftsordnung des Gesamtvereins Katholischer Männer - Fürsorge - Verein, in: Vinzenz - Blätter. Zeitschrift des Vinzenzvereins für Deutschland Jg. 1 Nr. 7 (1912), 108 - 111, 107 ff.
³⁴⁹ Vgl. CVD 170, Geschichte des Vinzenzvereins in Düsseldorf 1850 - 1935, S. 11; DT 03.12.1912.
³⁵⁰ CVD 170, Geschichte des Vinzenzvereins in Düsseldorf 1850 - 1935, S. 11.
³⁵¹ Vgl. Christian Bartels, Der Katholische Männer - Fürsorge - Verein, o. O. 1914, 8; DT 28.03.1928.
³⁵² CVD 170, Geschichte des Vinzenzvereins in Düsseldorf 1850 - 1935, S. 10.
³⁵³ Vgl. DT 10.02.1913. Vgl. auch CVD 695, 1917; DT 21.07.1913.
³⁵⁴ Vgl. ALD Vereinsregister 3047, 01.11.1925.
³⁵⁵ ALD Vereinsregister 3047, 01.11.1925. Vgl. dazu Franz Ostermann, Die Aufgaben des katholischen Männer - Fürsorge - Vereins, insbesondere die durch den Krieg geschaffenen, in: Theologie und Glaube Jg. 7 Nr. 10 (08.10.1915), 617 - 628, 617 ff.
³⁵⁶ PfA Düsseldorf St. Lambertus Akten 714, 31.12.1915. Vgl. auch DT 09.05.1916.

Über ein eigenes Büro zur Abwicklung der Vereinsgeschäfte verfügte der Katholische Männerfürsorgeverein erst seit dem 1. März 1918[357]; bis zu diesem Zeitpunkt hielten die tätigen Mitglieder im Vereinszimmer des Elisabethklosters an der Hohenzollernstraße jeden Montag Sprechstunde[358].

8. Behindertenfürsorge

Sondereinrichtungen für "Abnorme", worunter man "die Nichtvollsinnigen, die Schwachsinnigen und die Krüppel" begriff[359], entstanden in der Stadt Düsseldorf und der näheren Umgebung erst im 19. Jahrhundert. Angestoßen in französischer Zeit, nahm in den zwanziger Jahren die Einrichtung einer "Irrenanstalt" für das ehemalige Rheindepartment in Düsseldorf langsam Gestalt an[360]. Zu Beginn des Jahres 1825 wurde das von der Hauptarmenverwaltung erworbene böhnertsche Haus (Fürstenwall 1) in der Neustadt zu einer Anstalt für vierzig unheilbare Patienten umgebaut[361]. Nach Abschluss der Bauarbeiten überführte man am 23. Oktober 1826 vierzehn Kranke aus dem Max - Joseph - Krankenhaus zum benachbarten Fürstenwall und eröffnete das Institut unter dem Namen "Departemental - Irrenanstalt zu Düsseldorf"[362]. Die Zahl der aufgenommenen Patienten stieg von Jahr zu Jahr und machte schon bald einen Ausbau notwendig. Durch Erweiterungen in den Jahren 1837/38 und 1842/44 stieg die Aufnahmekapazität der Anstalt zunächst auf 70, dann auf 110 Kranke[363].

Eine Entlastung in der psychiatrischen Versorgung trat ein, als auf dem rheinischen Provinziallandtag im Jahre 1865 der Bau von fünf neuen Heil- und Pflegeanstalten beschlossen wurde[364]. Zur Unterbringung und Behandlung der Patienten aus dem Regie-

---

[357] Vgl. DT 02.03.1918.
[358] Vgl. CVD 170, Geschichte des Vinzenzvereins in Düsseldorf 1850 - 1935, S. 11; DT 21.07.1913.
[359] Vgl. Wilhelm Liese, Geschichte der Caritas Bd. 2, Freiburg 1922, 142. Vgl. auch Wilhelm Liese, Die Fürsorge für Abnormale, in: Caritasstimmen. Zeitschrift für die Mitglieder der Caritasverbände, Vinzenz- und Elisabethvereine und anderer katholischer Wohltätigkeitsorganisationen Deutschlands. Ausgabe für den Diözesan - Caritasverband Köln Jg. 3 Nr. 1/2 (1918/19), 2 - 7, 2 ff; Wilhelm Liese, Fürsorge für die Abnormen, in: Kuno Joerger, Caritashandbuch. Ein Leitfaden für die Caritasarbeit, Freiburg 1920, 175 - 186, 175 ff.
[360] Vgl. Die Departemental - Irrenanstalt zu Düsseldorf. 1826 - 1898, Düsseldorf 1898, 5 f. Zum "Irren - Haus" im Max - Joseph - Krankenhaus vgl. oben S. 80.
[361] Vgl. Die Departemental - Irrenanstalt zu Düsseldorf. 1826 - 1898, Düsseldorf 1898, 6.
[362] Vgl. Ordnung für die Departemental - Irren - Anstalt zu Düsseldorf, Düsseldorf 1826, 1; Die Departemental - Irrenanstalt zu Düsseldorf. 1826 - 1898, Düsseldorf 1898, 6 f.
[363] Vgl. NHS Regierung Düsseldorf 1513, 28.02.1837 und 22.04.1842; Die Departemental - Irrenanstalt zu Düsseldorf. 1826 - 1898, Düsseldorf 1898, 8 f.
[364] Vgl. Verhandlungen des im Jahre 1865 versammelt gewesenen achtzehnten Rheinischen Provinzial - Landtags (Vollständigere Ausgabe mit Protokollen und Referaten), Düsseldorf 1866, 29 ff; Karl Friedrich Werner Nasse, Geschichtliche Entwicklung der rheinischen Irrenpflege von der Gründung der Provinzial - Irren - Heilanstalt zu Siegburg bis zu deren Aufhebung, in: Die Provinzial - Irren-, Blinden-

rungsbezirk Düsseldorf erwarb die Provinzialverwaltung 1869 von Bernhard Eickenberg den Puddlerhof bei Gerresheim[365] und eröffnete auf dem weitläufigen Areal am 1. Juli 1876 die "Provinzial - Heil- und Pflegeanstalt Grafenberg"[366]. Die Anstalt war ursprünglich zur Unterbringung von 300 Kranken bestimmt und bestand neben zwei zentralen Blocks für Verwaltung und Wirtschaft aus zehn im Landhausstil errichteten Krankenhäusern[367]. In den Jahren 1897 bis 1908 kamen acht neue Krankenhäuser hinzu, wodurch sich die Belegzahl auf 840 Patienten erhöhte[368]. Hand in Hand mit den Neubauten ging die Modernisierung der alten Häuser durch Auflösung der Isolierzellen, Einrichtung von Wachsälen und Kurbaderäumen. Obwohl die Krankenbehandlung in der Anstalt "nach den modernen Grundsätzen der Psychiatrie und Neurosenbehandlung mit ihrem individuell angepaßten System der Bettbehandlung, Bäder-, Arznei-, elektrischen, medikomechanischen, psychotherapeutischen Behandlung, der Unterhaltungs- und Beschäftigungstherapie, von der einfachablenkenden Tätigkeit im Wachsaal und Tagesräumen an bis zur qualifizierten Einzelarbeit in Werkstätten und Landwirtschaft"[369] erfolgte, war die Haltung der Bevölkerung gegenüber psychiatrischen Heilanstalten noch immer voller Skepsis. Im "Handbuch für die Katholiken Düsseldorfs" findet sich noch im Jahre 1909 unter der Rubrik "Wohlfahrtsanstalten für Geistes- und Gemütskranke" der Appell: "Wenn bei irgendwelchen Kranken die Pflege in eigenen Anstalten unter ständiger ärztlicher Behandlung notwendig werden kann, so ist es bei diesen. Die Angehörigen mögen darum, sobald der Arzt die Überbringung in eine solche Pflegeanstalt für notwendig erachtet, sich nicht widersetzen, zu Hause durch mangelhaftes Verständnis

---

und Taubstummen - Anstalten der Rheinprovinz in ihrer Entstehung, Entwickelung und Verfassung, dargestellt auf Grund eines Beschlusses des 26. Rheinischen Provinzial - Landtages vom 3. Mai 1879, Düsseldorf 1880, 3 - 36, 8.

[365] Vgl. DS 28.03.1869. Zum Puddlerhof vgl. Ingrid Buschmann - Höltgen, Höfe und Familien im Kirchenspiel Gerresheim vor 1805, Ratingen 1987, 95.

[366] Vgl. DV 07.07.1876; Carl Pelman, Bericht über die Provinzial - Irrenanstalt zu Grafenberg, in: Die Provinzial - Irren-, Blinden- und Taubstummen - Anstalten der Rheinprovinz in ihrer Entstehung, Entwickelung und Verfassung, dargestellt auf Grund eines Beschlusses des 26. Rheinischen Provinzial - Landtages vom 3. Mai 1879, Düsseldorf 1880, 189 - 201, 191; Carl Pelman, Erinnerungen eines alten Irrenarztes, Bonn 1912, 116.

[367] Vgl. Franz Dreling, Technische Beschreibung und Erläuterung der fünf neuen Irrenanstalten, in: Die Provinzial - Irren-, Blinden- und Taubstummen - Anstalten der Rheinprovinz in ihrer Entstehung, Entwickelung und Verfassung, dargestellt auf Grund eines Beschlusses des 26. Rheinischen Provinzial - Landtages vom 3. Mai 1879, Düsseldorf 1880, 37 - 178, 38 ff und 111 ff; Carl Pelman, Chronik der Anstalt, in: Bericht über die Rheinische Provinzial - Irrenanstalt Grafenberg in den Jahren 1876 - 1885, Düsseldorf 1886, 5 - 10, 5 ff; Josef Peretti, Die Rheinische Provinzial - Irrenanstalt zu Grafenberg, in: Düsseldorf im Jahre 1898. Festschrift den Theilnehmern an der 70. Versammlung deutscher Naturforscher und Ärzte, Düsseldorf 1898, 219 - 223, 219.

[368] Vgl. Johann Herting, Die Provinzial - Heil und Pflegeanstalt Grafenberg und die Psychiatrische Klinik der Medizinischen Akademie, in: Arthur Schloßmann, Die Düsseldorfer Kranken-, Heil- und Pflegeanstalten, Düsseldorf 1926, 219 - 229, 219. Vgl. auch NHS Regierung Düsseldorf 8080, Bl. 1 ff; NHS Regierung Düsseldorf 8081, Bl. 1 ff.

[369] Johann Herting, Die Provinzial - Heil und Pflegeanstalt Grafenberg und die Psychiatrische Klinik der Medizinischen Akademie, in: Arthur Schloßmann, Die Düsseldorfer Kranken-, Heil- und Pflegeanstalten, Düsseldorf 1926, 219 - 229, 222.

8. Behindertenfürsorge

und unrichtige Behandlung die Heilung dieser bedauernswerten Kranken erschweren und unmöglich machen"[370].

Die Departemental - Irrenanstalt in der Neustadt blieb neben der Provinzialheilanstalt noch für mehrere Jahrzehnte bestehen, bis sie schließlich 1911/12 in den Grafenberger Anstaltskomplex inkorporiert wurde[371].

Zur Pastoration der Patienten standen in beiden Anstalten Gottesdiensträume zur Verfügung. In der Departemental - Irrenanstalt war über der Küche ein Andachtsraum eingerichtet[372]; auf dem Gelände der Provinzialheilanstalt wurde nördlich der Wirtschaftsgebäude eine eigene Kapelle gebaut[373]. Noch vor Eröffnung der Anstalt war zwischen dem Gerresheimer Pfarrer Aloys Theodor Hubert Hahn und der Direktionsleitung am 20. Juni 1876 ein Vertrag geschlossen worden, der die Abhaltung von Gottesdiensten regelte[374].

Spezielle Einrichtungen für Behinderte wurden erst in der zweiten Hälfte des 19. Jahrhunderts geschaffen. Sie sollten die Behinderten bilden und in den Erwerbsprozess eingliedern. Angestrebt wurde eine Heilung, doch entwickelten sich aus den Einrichtungen oft Pflege- und Verwahranstalten[375]. Hierzu gehörte auch die heutige St. Josephs - Heil- und Pflegeanstalt in Unterrath, die sich bis zum Ersten Weltkrieg im Untersuchungsraum als einzige kirchliche Einrichtung der Behindertenbetreuung widmete. Bereits bei Schilderung des äußeren Entwicklungsgangs der Anstalt wurde darauf hingewiesen, dass die Niederlassung der Töchter vom Hl. Kreuz seit ihrer Wiedereinrichtung im Jahre 1883 vorrangig zur Aufnahme, Pflege und ärztlichen Behandlung von weiblichen Epileptikern katholischer Konfession diente[376]. Ursprünglich auf die Pflege von Mädchen und jungen Frauen beschränkt, wurde der Patientinnenkreis schon bald auf erwachsene Epileptikerinnen erweitert[377]. Über die Unterbringung, Beschäftigung und Behandlung der Patientinnen ist dem "Reglement der Anstalt der Töchter vom hl. Kreuze

---

[370] Carl Mosterts, Handbuch für die Katholiken Düsseldorfs, Düsseldorf 1909, 181.

[371] Vgl. NHS Regierung Düsseldorf 8081, 18.01.1911 und 16.04.1912; Heinrich Neuhaus, Bericht über die Departemental - Irrenanstalt zu Düsseldorf in den letzten 25 Jahren (1884 bis 1909), Düsseldorf 1909, 3; GA 03.04.1911; DT 14.08.1934.

[372] Vgl. Adelbert Natorp, Geschichte der evangelischen Gemeinde zu Düsseldorf. Eine Festschrift zur Einweihung ihres neuen Gotteshauses, der Johanneskirche, Düsseldorf 1881, 202; Die Departemental - Irrenanstalt zu Düsseldorf. 1826 - 1898, Düsseldorf 1898, 20.

[373] Vgl. Franz Dreling, Technische Beschreibung und Erläuterung der fünf neuen Irrenanstalten, in: Die Provinzial - Irren-, Blinden- und Taubstummen - Anstalten der Rheinprovinz in ihrer Entstehung, Entwickelung und Verfassung, dargestellt auf Grund eines Beschlusses des 26. Rheinischen Provinzial - Landtages vom 3. Mai 1879, Düsseldorf 1880, 37 - 178, 113 und 122; Josef Peretti, Die Rheinische Provinzial - Irrenanstalt zu Grafenberg, in: Düsseldorf im Jahre 1898. Festschrift den Theilnehmern an der 70. Versammlung deutscher Naturforscher und Ärzte, Düsseldorf 1898, 219 - 223, 220 f.

[374] Vgl. PfA Gerresheim St. Margareta 90, 20.06.1876.

[375] Vgl. Peter Krautwig, Die katholische Krüppelfürsorge und ihr notwendiger Ausbau, in: Caritas. Zeitschrift für die Werke der Nächstenliebe im katholischen Deutschland Jg. 15 Nr. 2/3 (November/Dezember 1909), 52 - 61, 52 ff; Walter Fandrey, Krüppel, Idioten, Irre. Zur Sozialgeschichte behinderter Menschen in Deutschland, Stuttgart 1990, 113 ff.

[376] Vgl. oben S. 186 ff.

[377] Vgl. SAD III 4742, 12.10.1895.

für katholische weibliche Epileptische zu Unterrath" vom 21. Februar 1905 zu entnehmen: "Die Pfleglinge bilden, je nach ihren geistigen Fähigkeiten, fünf Abteilungen und jede derselben besitzt ein eigenes Wohn- resp. Speisezimmer. Bei der Aufnahme erhält jede Kranke eine Nummer, womit alle ihre Effekten bezeichnet werden. Die Pfleglinge sind verpflichtet, sich der bestehenden Hausordnung zu unterwerfen. ... Der Anstaltsarzt besucht wenigstens drei mal wöchentlich die Kranken, wird aber zudem in außergewöhnlichen Fällen telephonisch berufen. Die Schwestern pflegen die Kranken mit Liebe und Aufopferung, um ihnen das Elternhaus zu ersetzen. ... Die Nahrung ist gut und reichlich und wird der Speisezettel jede Woche dem Anstaltsarzt vorgelegt. ... Mit der größten Sorgfalt wird über die Reinlichkeit der Kranken gewacht, daher häufiges Baden derselben und öfteres Waschen ihrer Leib- und Bettwäsche. ... Die Pfleglinge werden nach ihren Neigungen und Fähigkeiten unter Leitung der Schwestern, mit Nähen, Stricken, Haus- und Gartenarbeiten beschäftigt. Die Pfleglinge wohnen täglich dem Gottesdienste in der Hauskapelle ... von einem geheizten Betsaale aus, bei. Bei schönem Wetter bringen die Pfleglinge die Erholung im Freien zu; bei schlechtem Wetter stehen ihnen die Bibliothek der Anstalt, sowie Gesellschafts - Spiele, wie Domino, Lotto, Halma etc. zur Verfügung. ... Körperliche Strafen sind ganz ausgeschlossen, Widersetzlichkeit gegen die Pflegeschwestern und thätliche Angriffe gegen die Gefährtinnen, werden mit einigen Stunden Isolierung bestraft"[378].

Neben Anstalten für Geistigbehinderte entstanden etwa zur gleichen Zeit Einrichtungen für Körperbehinderte. Als erste katholische "Krüppelanstalt" gilt die 1889 in Münster eingerichtete "Orthopädische Heilanstalt Hüfferstiftung"[379]. Zu Beginn des 20. Jahrhunderts gründete Heinrich Sommer mit Gleichgesinnten in Bigge die "Josefs - Gesellschaft, charitativer Verein für Heilung, Pflege und Ausbildung krüppelhafter Menschen"[380]. Für Heinrich Sommer war der behinderte Mensch berufen, "durch christliches Ertragen mehr als andere an der Erlösung der Welt beizutragen und durch sein Beispiel auf andere ermunternd einzuwirken"[381]. Durch medizinische Betreuung, Erziehung, Pflege und berufliche Ausbildung sollten die Behinderten gefördert und auf ein Leben in weittestmöglicher Selbständigkeit vorbereitet werden[382]. Im Jahre 1904 wurde hierzu in Bigge für sieben Lehrlinge das erste Heim zur Ablegung der Gesellenprüfung

---

[378] NHS Regierung Düsseldorf 54068, 21.02.1905.

[379] Vgl. Peter Sendler, Von der Krüppelheilanstalt zum Universitätsklinikum. Die "Hüfferstiftung" in Münster in Westfalen, Herzogenrath 1984, 24 ff.

[380] Vgl. Wilhelm Liese, Der Krüppelvater Heinrich Sommer, in: Caritas. Zeitschrift für Caritaswissenschaft und Caritasarbeit Jg. 32 Nr. 7 (Juli 1927), 198 - 206 und Nr. 8 (August 1927), 234 - 241, 198 ff; 25 Jahre Josefs - Gesellschaft für Krüppelfürsorge Bigge - Ruhr am 15. August 1929, Bigge 1929, 71 ff; 50 Jahre Josefs - Gesellschaft für Krüppelfürsorge 1904 - 15. August - 1954, Bigge 1954, 113 ff.

[381] 25 Jahre Josefs - Gesellschaft für Krüppelfürsorge Bigge - Ruhr am 15. August 1929, Bigge 1929, 46. Vgl. auch Luise Merkens, Fürsorge und Erziehungsarbeit bei Körperbehinderten in Deutschland bis zum preußischen Krüppelfürsorgegesetz 1920 mit Ausblick auf die gegenwärtige Situation. Eine historische Grundlegung zur Körperbehindertenpädagogik, Diss. Köln 1974, 139 ff.

[382] Vgl. Theodor Luig, Die Josefs - Gesellschaft für Krüppelfürsorge e.V., in: Jahrbuch der Caritaswissenschaft 4 (1962), 123 - 129, 123.

8. Behindertenfürsorge

errichtet[383]. Vom Sauerland aus wurden von der Josephsgesellschaft in einer Vielzahl westdeutscher Städte und Gemeinden weitere Heime ins Leben gerufen, darunter in Köln, Aachen, Maria - Veen und Helmeringhausen[384]. Da weder in Düsseldorf noch im näheren Umland eine katholische "Wohlfahrtseinrichtung für Verkrüppelte" eingerichtet war, konnte das "Handbuch für die Katholiken Düsseldorfs" im Jahre 1909 nur auf weit entferntere Anstalten verweisen. Neben der "Orthopädischen Heilanstalt Hüfferstiftung" in Münster und dem "Krüppelheim des Josefsvereins in Bigge bei Olsberg" wurde hier vor allem das "St. Vinzenzheim zu Aachen - Burtscheid" empfohlen, das vom Rheinischen Vinzenzverein, Abteilung "Jugendfürsorge" (Köln) eingerichtet worden war[385].

Unzulänglich war in Düsseldorf auch die Fürsorge an Blinden, Gehörlosen und Taubstummen. Zwar war die Notwendigkeit behindertenspezifischer Einrichtungen allgemein anerkannt, doch gab es für diesen Personenkreis in der Stadt keine einzige Hilfseinrichtung. Nach dem "Handbuch für die Katholiken Düsseldorfs" kamen um die Jahrhundertwende für Blinde "hauptsächlich die für dieselben eingerichteten Provinzialanstalten in Betracht", denen man rechtzeitig Kinder und Erwachsene zuweisen sollte, "da sie in denselben durch geeigneten Schul - Unterricht (Lesen, Schreiben, in eigener, mit den Händen fühlbare Blindenschrift, Rechnen, Religionsunterricht) herangebildet und auch zu praktischer Berufstätigkeit angeleitet werden, um ihnen sowohl ihren traurigen Zustand zu erleichtern als auch, so viel als möglich sie zu brauchbaren Menschen heranzuziehen"[386]. Ausdrücklich wurden Betroffene daher auf die Katholische Provinzialblindenanstalt in Düren (Elisabethstiftung) und die Provinzialblindenanstalt Augusta Viktoriahaus in Neuwied aufmerksam gemacht[387]. Da die Internatsunterbringung für untere Sozialschichten unerschwinglich war, bildeten sich zur Unterhaltung von Freiplätzen an vielen Orten öffentliche und private Stiftungen. In Düsseldorf wurden unheilbare Augenkranke von der "Dr. Moorenstiftung" unterstützt[388].

Mit ähnlicher Begründung wie bei Blinden empfahl das "Handbuch für die Katholiken Düsseldorfs" den Gehörlosen einen Aufenthalt in den Provinzialtaubstummenan-

---

[383] Vgl. Die Josefs - Gesellschaft e.V. zu Bigge an der Ruhr. Ihre Tätigkeit und ihre Anstalten für Krüppelfürsorge in Bigge, Aachen, Hochheim und Cöln 1904 - 1917. Josefs - Gesellschaft e.V. charitativer Verein für Heilung, Pflege und gewerbliche Ausbildung verkrüppelter Personen zu Bigge an der Ruhr. Bericht über die Gründung und zwölfeinhalbjährige Tätigkeit der Gesellschaft und ihrer Anstalten August 1904 - März 1917, Bigge 1917, 5 ff; 25 Jahre Josefs - Gesellschaft für Krüppelfürsorge Bigge - Ruhr am 15. August 1929, Bigge 1929, 71.

[384] Vgl. Michael Fischer, Wie die Caritas für die Krüppelkinder sorgt, in: Josef Beeking, Katholische Kinder- und Jugendfürsorge. Festschrift zum ersten Gesamtkongreß der katholischen Kinder- und Jugendfürsorge Deutschlands. München 17. - 19. Oktober 1927, München 1927, 35 - 38, 36; 50 Jahre Josefs - Gesellschaft für Krüppelfürsorge 1904 - 15. August - 1954, Bigge 1954, 10 ff.

[385] Vgl. Carl Mosterts, Handbuch für die Katholiken Düsseldorfs, Düsseldorf 1909, 181.

[386] Carl Mosterts, Handbuch für die Katholiken Düsseldorfs, Düsseldorf 1909, 180.

[387] Vgl. Carl Mosterts, Handbuch für die Katholiken Düsseldorfs, Düsseldorf 1909, 180.

[388] Vgl. Carl Mosterts, Handbuch für die Katholiken Düsseldorfs, Düsseldorf 1909, 180; Verzeichnis der von der Stadt Düsseldorf verwalteten Stiftungen und Fonds zu gemeinnützigen Zwecken nach dem Stande vom 1. April 1920. Zusammengestellt vom Statistischen Amt der Stadt Düsseldorf, Düsseldorf 1920, 27.

stalten von Aachen, Brühl (katholisch), Essen, Kempen (katholisch), Köln oder Trier (katholisch)[389]. Neben der Aus- und Weiterbildung gehörte die religiös - sittliche Unterweisung zu den vorrangigen Anliegen der katholischen Gehörlosenfürsorge[390]. Da Gehörlose in den herkömmlichen Gemeindegottesdiensten weder Predigt noch Christenlehre rezipieren konnten, waren zur Kommunikation besonders vorgebildete Geistliche notwendig[391]. Die spezielle Gehörlosenpastoration in Düsseldorf lässt sich bis in das Jahr 1910 zurückverfolgen. In diesem Jahr feierten die etwa 150 katholischen Taubstummen der Stadt erstmals am 24. Juli in der Bilker Martinskirche einen eigenen Gottesdienst, der von Kaplan Johann Schlütter aus Dülken zelebriert wurde[392]. Seit der Berufung von Jakob Reinartz zum Kaplan an St. Maximilian am 2. September 1911 fanden in der Andreaskirche monatlich Gottesdienste für Gehörlose mit anschließender Versammlung im Gesellenhaus Bilker Straße statt[393]. Aus dem Kreis der Gottesdienstbesucher wurde am 22. Oktober 1911 in Düsseldorf der "Katholische Taubstummenverein St. Joseph" gegründet[394], der etwa 50 Mitglieder zählte[395].

---

[389] Vgl. Carl Mosterts, Handbuch für die Katholiken Düsseldorfs, Düsseldorf 1909, 180.

[390] Vgl. Eugen Brachvogel, Zur Taubstummenseelsorge, in: Caritas. Zeitschrift für die Werke der Nächstenliebe im katholischen Deutschland Jg. 22 Nr. 4/5 (Januar/Februar 1917), 114 - 117, 114.

[391] Vgl. Josef Radomski, Die religiöse Versorgung der katholischen Taubstummen im Königreich Preußen, in: Caritas. Zeitschrift für die Werke der Nächstenliebe im katholischen Deutschland Jg. 18 Nr. 4 (Januar 1913), 98 - 100, 98 ff; Heinz Sproll, Studien zur sozio - ökonomischen Struktur von Randgruppen in Baden im 19. und 20. Jahrhundert. Die staatliche und verbandliche Fürsorge und die katholische Pastoration an Gehörlosen 1780 - 1939, Frankfurt 1975, 188 ff.

[392] Vgl. NN, Düsseldorf, in: Taubstummen - Führer. Katholische Blätter zur Erbauung, Belehrung und Unterhaltung für erwachsene Taubstumme Jg. 15 Nr. 14 (16.07.1910), 110; DT 21.07.1910. Vgl. auch NN, Düsseldorf, in: Taubstummen - Führer. Katholische Blätter zur Erbauung, Belehrung und Unterhaltung für erwachsene Taubstumme Jg. 15 Nr. 20 (16.10.1910), 158.

[393] Vgl. NN, Personal - Chronik der Erzdiözese Cöln, in: Kirchlicher Anzeiger für die Erzdiözese Cöln Jg. 51 Nr. 18 (15.09.1911), 115 - 116, 116; DT 03.08.1912; Franz Mansfeld, Zum 25jährigen Jubelfest des katholischen Taubstummen - Vereins "St. Josef" in Düsseldorf, in: Taubstummen - Führer. Zeitschrift für die katholischen Gehörlosen Deutschlands Jg. 41 Nr. 17 (01.09.1936), Beilage "Unsere Welt. Nachrichten aus dem Reichs - Verband und den Vereinen der katholischen Taubstummen", 67.

[394] Vgl. DT 21.10.1911; NN, Düsseldorf, in: Taubstummen - Führer. Blätter zur Erbauung, Belehrung und Unterhaltung für erwachsene Taubstumme Jg. 17 Nr. 19 (01.10.1912), 147 - 148, 147 f; NN, Düsseldorf, in: Taubstummen - Führer. Organ katholischer Taubstummen - Vereine Jg. 18 Nr. 2 (18.01.1913), 11; DT 22.01.1913; NN, Gottesdienstordnung für die Taubstummen von Düsseldorf und Umgebung, in: Düsseldorfer Kirchenblatt Jg. 2 Nr. 39 (28.09.1913), o. S. (6); NN, Düsseldorf, in: Taubstummen - Führer. Zeitschrift für die katholischen Gehörlosen Deutschlands Jg. 33 Nr. 20 (15.10.1928), 154; Franz Mansfeld, Zum 25jährigen Jubelfest des katholischen Taubstummen - Vereins "St. Josef" in Düsseldorf, in: Taubstummen - Führer. Zeitschrift für die katholischen Gehörlosen Deutschlands Jg. 41 Nr. 17 (01.09.1936), Beilage "Unsere Welt. Nachrichten aus dem Reichs - Verband und den Vereinen der katholischen Taubstummen", 67; Käthe Kraus, Zum Fest des 25jährigen Bestehens des katholischen Taubstummen - Vereins "St. Josef" Düsseldorf, in: Taubstummen - Führer. Zeitschrift für die katholischen Gehörlosen Deutschlands Jg. 41 Nr. 21 (01.11.1936), Beilage "Unsere Welt. Nachrichten aus dem Reichs - Verband und den Vereinen der katholischen Taubstummen", 83.

[395] Vgl. NN, Düsseldorf, in: Taubstummen - Führer. Organ katholischer Taubstummen - Vereine Jg. 18 Nr. 8 (12.04.1913), 62.

9. Katholische Wohlfahrtseinrichtungen und -vereine in der Stadt Düsseldorf und den Bürgermeistereien Benrath und Kaiserswerth 1914

Einrichtung	Straße	Träger	Orden	Tätigkeiten	Gründung
Wanderfürsorge	Friedrichstr. 68	Rheinischer Verein für katholische Arbeiter - Kolonien	Franziskanerbrüder Waldbreitbach/ Franziskanerbrüder Bleyerheide	Arbeiterkolonie Elkenroth (20.10.1886) Arbeiterkolonie Urft (23.04.1896) Arbeiterkolonie Weeze (11.04.1902) St. Raphaelshaus Dormagen (04.08.1902)	09.11.1887
Gefangenenfürsorge	Ulmenstr. 95	Verein zur Fürsorge entlassener katholischer Gefangener		Unterstützung von Gefangenen während und nach der Haft	23.11.1893
Gefangenenfürsorge	Ulmenstr. 95	Rheinisch - Westfälische Gefängnisgesellschaft		Unterstützung von Gefangenen während und nach der Haft	18.06.1826
Trinkerfürsorge		Kreuzbündnis		Trinkerfürsorge, Bekämpfung des Alkoholmissbrauchs	17.04.1904
Waisenfürsorge		Katholischer Mädchenwaisenverein		Waisenpflege	07.03.1844.
Männerfürsorge		Katholischer Männerfürsorgeverein		Schutz und Rettung gefährdeter und verwahrloster Jugendlicher und Männer	29.11.1912
Taubstummenfürsorge		Katholischer Taubstummenverein St. Joseph		Taubstummenfürsorge	22.10.1911
Hausarmenfürsorge		Vinzenzverein		Hausarmenpflege für verarmte Männer	01.03.1850
Hausarmenfürsorge		Elisabethverein		Hausarmenpflege für verarmte Frauen	Mitte Dezember 1850
Antoniushaus	Achenbachstr. 142/144	Pfarrei St. Paulus	Arme Schwestern vom Hl. Franziskus	ambulante Krankenpflege, Bewahrschule	Sommer 1908
Herz - Jesu - Kloster	Alicestr. 16	Pfarrei St. Joseph	Christenserinnen	ambulante Krankenpflege, Bewahrschule, Altersheim	15.08.1913
St. Josephshaus	Alt - Heerdt 3	Pfarrei St. Benediktus	Dominikanerinnen	ambulante Krankenpflege, Bewahrschule, Handarbeitsschule, Haushaltungsschule, Sonntagsschule für Fabrikarbeiterinnen, Pflege erholungsbedürftiger Damen und Invaliden	06.04.1890

Augustakrankenhaus	Amalienstr. 9	Töchter vom Hl. Kreuz	Töchter vom Hl. Kreuz	ambulante und stationäre Krankenpflege, Bewahrschule, Nähschule, Krankenpflegeschule	19.12.1904
Annakloster	Annastr. 62/64	Schwestern vom Armen Kinde Jesu	Schwestern vom Armen Kinde Jesu	Bewahrschule, Handarbeitsschule, Haushaltungsschule, Waisenpflege, Pensionat mit höherer Mädchenschule	29.07.1850
Jesuitenkloster	Augustastr. 18	Jesuiten	Jesuiten	Vortragsreisen	1912
Katholisches Gesellenhaus/Franz-Schweitzer-Haus	Bilker Str. 36/40	Katholischer Gesellenverein		Gesellenhospiz, materielle und geistige Unterstützung der Handwerksgesellen	05.05.1867
Josephshaus	Birkenstr. 14	Katholischer Gesellenverein		Gesellenhospiz, materielle und geistige Unterstützung der Handwerksgesellen	05.05.1886
Katholisches Gesellenhaus	Blücherstr. 4/6	Katholischer Gesellenverein		Gesellenhospiz, materielle und geistige Unterstützung der Handwerksgesellen	18.09.1910
St. Antoniuskloster	Cheruskerstr. 29	Pfarrei St. Antonius	Dominikanerinnen	ambulante Krankenpflege, Bewahrschule	16.04.1914
Rochusstift	Derendorfer Str. 54 und 58	Pfarrei St. Rochus	Arme Dienstmägde Christi	ambulante Krankenpflege, Bewahrschule, Handarbeitsschule	31.01.1895
Marienstift	Ellerstr. 213	Pfarrei St. Joseph	Arme Dienstmägde Christi	ambulante Krankenpflege, Bewahrschule, Handarbeitsschule	01.04.1867
Adolfushaus	Fischerstr. 75	Pfarrei St. Adolfus	Vinzentinerinnen	Bewahrschule	01.07.1911
Kloster Christi Hilf	Flurstr. 57	Töchter vom Hl. Kreuz	Töchter vom Hl. Kreuz	Erziehung und Verpflegung sittlich gefährdeter und gefallener Mädchen, Bewahrschule, Handarbeitsschule	1840
St. Angela Lyzeum	Fürstenwall 165	Ursulinen	Ursulinen	Unterricht und Erziehung der weiblichen Jugend	25.04.1906
Aloysianum	Gericusplatz 28	Pfarrei St. Margareta	Cellitinnen	ambulante Krankenpflege, Bewahrschule, Handarbeitsschule	13.02.1895
Gertrudiskloster	Gertrudisstr. 14	Pfarrei St. Gertrud	Cellitinnen	ambulante Krankenpflege, Bewahrschule, Handarbeitsschule, Waisenpflege	15.12.1897
Josephskloster	Hamm 71	Pfarrei St. Blasius	Arme Schwestern vom Hl. Franziskus	ambulante Krankenpflege, Handarbeitsschule, Haushaltungsschule, Notburgaverein	17.11.1911
Karthause Hain	Haus Hain	Karthäuser	Karthäuser	Beschauliches Leben	30.08.1869

9. Katholische Wohlfahrtseinrichtungen und -vereine 1914

Dominikanerkloster	Herzogstr. 17	Dominikaner	Dominikaner	Aushilfe in der Seelsorge, Abhaltung von Exerzitien und Missionen	18.01.1860
Städtisches Pflegehaus	Himmelgeister Str. 152	Stadt	Arme Schwestern vom Hl. Franziskus	Aufnahme altersschwacher und erwerbsunfähiger Personen	01.07.1868
Elisabethkloster	Hohenzollernstr. 20a	Pfarrei Maria Empfängnis	Töchter vom Hl. Kreuz	ambulante Krankenpflege, Erziehung von verwahrlosten Kindern, Handarbeitsschule, Haushaltungsschule	06.10.1897
St. Josephskrankenhaus	Hospitalstr. 1	Ortskrankenkasse Benrath	Arme Dienstmägde Christi	ambulante und stationäre Krankenpflege, Bewahrschule	18.04.1864
Kloster von der unbefleckten Empfängnis	Hubertusstr. 3	Christenserinnen	Christenserinnen	ambulante Krankenpflege, Pflege und Beköstigung der Stiftsdamen	28.12.1901
Klarissenkloster	Kaiserstr. 40	Arme Klarissen	Arme Klarissen	Beschauliches Leben	23.08.1859
Marienkrankenhaus	Kirchplatz 82	Pfarrei St. Suitbertus	Arme Schwestern vom Hl. Franziskus	ambulante und stationäre Krankenpflege, Bewahrschule, Waisenhaus, Damenpensionat, Erholungsheim, Handarbeitsschule, Pflege- und Invalidenhaus	05.07.1855
Mädchenschutzheim	Klosterstr. 86/90	Katholischer Mädchenschutzverein	Vinzentinerinnen	Dienstbotenheim, Stellenvermittlung, Haushaltungsschule, Mädchen- und Damenheim, Handarbeitsschule, ambulante Krankenpflege	01.12.1906
St. Josephskrankenhaus	Kruppstr. 23	Vinzentinerinnen	Vinzentinerinnen	stationäre Krankenpflege	01.01.1898
Franziskushaus	Kurfürstenstr. 5	Haus- und Familienpflegevereinigung des Dritten Ordens vom Hl. Franziskus		Hauspflege	1912
Marienheim	Leopoldstr. 28/30	Katholischer Frauenverein	Cellitinnen	Bewahrschule, Stellenvermittlung, Mädchen- und Damenheim, Handarbeitsschule	Mitte November 1898
Martinskloster	Martinstr. 7	Pfarrei St. Martin	Arme Dienstmägde Christi	ambulante Krankenpflege, Bewahrschule, Handarbeitsschule, Sonntagsflickschule für Fabrikarbeiterinnen, Privatschule für weibliche Fürsorgezöglinge, Ledigenheim für weibliche Personen	15.07.1859

Herz-Jesu-Kloster	Mendelssohnstr. 13/15	Kuratorium Annastift	Arme Schwestern vom Hl. Franziskus	ambulante Krankenpflege, Bewahrschule, Mädchen- und Damenheim, Armenküche, Ladnerinnenheim, Handarbeitsschule, Haushaltungsschule	04.08.1888
Armenküche	Neustr. 11	St. Ursula - Gesellschaft (1627)		Armenküche	01.01.1842
Notburgahaus	Neuss	Verein Notburgahaus		Errichtung, Leitung und Unterhaltung von Anstalten für katholische der Fürsorge bedürftige weibliche Personen und Kinder	11.01.1906
Hubertusstift	Neusser Str. 25	Kuratorium		Heim für ältere weibliche Personen ledigen oder verwitweten Standes, die keine dienende Stellung eingenommen haben	14. Jh.
Nikolausstift	Nikolausstr. 19	Vinzentinerinnen	Vinzentinerinnen	ambulante Krankenpflege, Bewahrschule, Pflegeheim	10.08.1913
Katholisches Knabenwaisenhaus	Oberbilker Allee 157/159	Katholischer Waisenverein	Schwestern vom hl. Karl Borromäus	Waisenpflege	02.09.1850
Franziskanerkloster	Oststr. 62/64	Franziskaner	Franziskaner	Aushilfe in der Seelsorge	18.08.1853
Josephshaus	Pariser Str. 115	Dominikanerinnen	Dominikanerinnen	Pflege und Erziehung verwahrloster oder gefährdeter Kinder und Mädchen, Waisenanstalt, Handarbeitsschule, Haushaltungsschule	29.05.1909
Krankenhaus der Dominikanerinnen	Rheinallee 24 und 26/27	Dominikanerinnen	Dominikanerinnen	stationäre Krankenpflege, Krankenpflegeschule	01.10.1902
Ursulinenkloster	Ritterstr. 12/14	Ursulinen	Ursulinen	Unterricht und Erziehung der weiblichen Jugend	1677
Annastift	Ritterstr. 20/22	Kuratorium	Arme Schwestern vom Hl. Franziskus	Dienstmädchen und Dienstbotenheim, ambulante Krankenpflege, Armenküche, Stellenvermittlung, Bewahrschule, Handarbeitsschule	21.11.1871
Vinzenzhaus	Schlossstr. 81/85	Vinzentinerinnen	Vinzentinerinnen	Mädchen- und Damenheim, Haushaltungsschule, Nähschule, Armenküche, Bewahrschule, Asyl für entlassene weibliche Strafgefangene, stationäre und ambulante Krankenpflege	03.12.1894
Christinenstift	Siemensstr. 44	Pfarrei St. Apollinaris	Arme Dienstmägde Christi	ambulante Krankenpflege, Bewahrschule, Handarbeitsschule	02.10.1913
Marienhospital	Sternstr. 91	Kuratorium	Arme Schwestern vom Hl. Franziskus	stationäre Krankenpflege	15.08.1870

9. Katholische Wohlfahrtseinrichtungen und -vereine 1914

Krankenanstalt der barmherzigen Schwestern	Stiftsplatz 13	Töchter vom Hl. Kreuz	Töchter vom Hl. Kreuz	stationäre Krankenpflege	01.01.1832
Kloster der barmherzigen Brüder	Talstr. 104	Barmherzige Brüder Montabaur	Barmherzige Brüder Montabaur	ambulante Krankenpflege	26.04.1887
Josephinenstift	Talstr. 65	Arme Dienstmägde Christi	Arme Dienstmägde Christi	ambulante Krankenpflege, Bewahrschule, Handarbeitsschule	10.02.1847
Gertrudisheim	Ulmenstr. 83/83a	Katholischer Fürsorgeverein für Frauen, Mädchen und Kinder 1903	Cellitinnen	Zufluchtshaus für sittlich gefährdete und gefallene Mädchen und Frauen, Vormundschaften, Stellenvermittlung, Wöchnerinnenheim	01.02.1908
St. Josephshospital	Unterrather Str. 1	Töchter vom Hl. Kreuz	Töchter vom Hl. Kreuz	Anstalt für weibliche Epileptiker, Bewahrschule, ambulante Krankenpflege, Handarbeitsschule	20.04.1857
Bahnhofsmission	Wilhelmplatz 14	Katholischer Mädchenschutzverein		Schutz und Hilfe für alleinreisende Mädchen und Frauen	02.04.1902

VII. Die Gründung des Deutschen Caritasverbandes und des Diözesancaritasverbandes für das Erzbistum Köln

Angesichts der vielfältigen, aber von Zersplitterung bedrohten Bestrebungen auf dem Gebiet der katholischen Fürsorge mehrten sich im ausgehenden 19. Jahrhundert die Stimmen nach einer Bündelung[1]. Obwohl mit dem protestantischen Zentralausschuss für Innere Mission, dessen Anfänge in das Revolutionsjahr 1848 zurückreichen[2], und dem 1880 als paritätische Zentralstelle für alle Fürsorgebestrebungen gegründeten "Deutschen Verein für Armenpflege und Wohltätigkeit"[3] seit längerer Zeit die Vorzüge übergreifender Zentralvereine bekannt waren, erhielt der caritative Katholizismus in Deutschland erst nach dem Kulturkampf eine wirkungsvolle Gesamtvertretung.

1. Max Brandts

Als "Vater der modernen katholischen Caritasbewegung", so der Freiburger Caritashistoriker Wilhelm Liese, "muß der leider am 16. Oktober 1905 schon verschiedene Landesrat Dr. Brandts (Düsseldorf) bezeichnet werden"[4]. Am 8. Februar 1854 in Linnich

---

[1] Vgl. Lorenz Werthmann, Vorboten und Vorkämpfer der Caritasbestrebungen, in: Jahrbuch des Caritasverbandes für das Geschäftsjahr 6 (1912/1913), 1 - 11, 1 ff; Hans - Josef Wollasch, Lorenz Werthmann und der Deutsche Caritasverband, in: Erwin Gatz, Caritas und soziale Dienste, Freiburg 1997, 173 - 183, 173.

[2] Vgl. Martin Gerhardt, Ein Jahrhundert Innere Mission. Die Geschichte des Central - Ausschusses für die Innere Mission der Deutschen Evangelischen Kirche Bd. 1, Gütersloh 1948, 9 ff.

[3] Vgl. Emil Münsterberg, Generalbericht über die Thätigkeit des deutschen Vereins für Armenpflege und Wohlthätigkeit während der ersten 15 Jahre seines Bestehens 1880 - 1895 nebst Verzeichnissen der Vereinsschriften und alphabetischem Register zu den Vereinsschriften, Leipzig 1896, 1 ff; Emil Münsterberg, Generalbericht über die Thätigkeit des deutschen Vereins für Armenpflege und Wohltätigkeit während der ersten 25 Jahre seines Bestehens 1880 - 1905 nebst Verzeichnissen der Vereinsschriften und alphabetischem Register zu den Vereinsschriften, Leipzig 1905, 1 ff; Friedrich Wilhelm Rudolph Zimmermann, Der Deutsche Verein für Armenpflege und Wohltätigkeit in den ersten 25 Jahren seines Bestehens 1880 - 1905, in: Zeitschrift für die gesamte Staatswissenschaft Jg. 62 Nr. 4 (20.09.1906), 739 - 756, 739 ff; Eberhard Orthbandt, Der Deutsche Verein in der Geschichte der deutschen Fürsorge. Zum hundertjährigen Bestehen des Deutschen Vereins aus Quellen erarbeitet und dargestellt, Frankfurt 1980, 4 ff.

[4] Wilhelm Liese, Wohlfahrtspflege und Caritas im Deutschen Reich, Deutsch - Österreich, der Schweiz und Luxemburg, Mönchengladbach 1914, 106. Vgl. dazu Wilhelm Liese, Lorenz Werthmann und der Deutsche Caritasverband, Freiburg 1929, 75 ff; Bruno W. Nikles, "Mehr Organisation, mehr Publikation". Maximilian Brandts und die Gründung des Deutschen Caritasverbandes, in: Stimmen der Zeit Jg. 122 Bd. 215 Nr. 9 (September 1997), 593 - 602, 597 ff.

geboren, studierte Max Brandts in Bonn, Tübingen und Straßburg Rechtswissenschaft und wurde nach dem Examen am 19. März 1877 zum Referendar in Aachen und am 3. Dezember 1881 zum Gerichtsassessor beim Düsseldorfer Amtsgericht bestellt[5]. Im Juni 1882 schied er aus dem Justizdienst aus und wechselte in die Verwaltungtätigkeit bei der Rheinischen Provinzialverwaltung, wo er am 1. Oktober 1883 zum Landesrat gewählt wurde[6]. Im April 1897 übernahm der "kernkatholische preußische Beamte"[7] die Leitung der Invaliden - Versicherungsanstalt der Rheinprovinz und im Februar 1903 die Direktion der Provinzial - Feuerversicherungsanstalt (Friedrichstr. 68/72)[8].

Mit der Ernennung zum Landesrat begann Max Brandts eine vielseitige amtliche und außeramtliche Tätigkeit für bedürftige Arme und sozial Benachteiligte[9]. Sein erstes Arbeitsfeld war die öffentliche Armenpflege, mit der er vor allem als Dezernent für "Landarmenwesen", "Zwangserziehung" und "Irrenwesen" bei der Rheinischen Provinzialverwaltung in Berührung kam[10]. "Hier hatte er reichlich Gelegenheit, die Nacht- und

---

[5] Vgl. Johannes Horion, Max Brandts+, in: Charitas. Zeitschrift für die Werke der Nächstenliebe im katholischen Deutschland Jg. 11 Nr. 2/3 (November/Dezember 1905), 30 - 35, 30; NN, Dr. Max Brandts, in: Soziale Kultur Jg. 25 Nr. 12 (Dezember 1905), 665 - 674, 665; NN, Dr. Max Brandts, Mitbegründer des Charitasverbandes für das katholische Deutschland, in: Jahrbuch des Charitasverbandes für das Geschäftsjahr 1 (1907/1908), 9 - 13, 9; Karl Borgmann, Max Brandts, in: An der Aufgabe gewachsen. Zum 60jährigen Bestehen des Deutschen Caritasverbandes 1897 - 1957. Vom Werden und Wirken des Deutschen Caritasverbandes aus Anlaß seines sechzigjährigen Bestehens herausgegeben vom Zentralvorstand 1957, Freiburg 1957, 212.

[6] Vgl. DT 18.10.1905; NN, Max Brandts, in: Kölnische Volkszeitung Jg. 46 Nr. 862 (18.10.1905), 4; Johannes Horion, Max Brandts+, in: Charitas. Zeitschrift für die Werke der Nächstenliebe im katholischen Deutschland Jg. 11 Nr. 2/3 (November/Dezember 1905), 30 - 35, 30; NN, Dr. Max Brandts, in: Soziale Kultur Jg. 25 Nr. 12 (Dezember 1905), 665 - 674, 665.

[7] Cyprian Fröhlich, Das Seraphische Liebeswerk in seiner caritativ - sozialen und religiösen Bedeutung, in: Chrysostomus Schulte, Aus dem Leben und Wirken des Kapuziner - Ordens mit besonderer Berücksichtigung der deutschsprachigen Provinzen. Festschrift zum 400jährigen Jubiläum des Ordens, München 1928, 130 - 132, 131. Vgl. auch Cyprian Fröhlich, Fünfundzwanzig Jahre im Dienste des göttlichen Kinderfreundes. Eine Geschichte des Seraphischen Liebeswerkes und eine Zeitgeschichte, Altötting 1914, 31 f.

[8] Vgl. DT 18.10.1905; NN, Max Brandts, in: Kölnische Volkszeitung Jg. 46 Nr. 862 (18.10.1905), 4; Johannes Horion, Max Brandts+, in: Charitas. Zeitschrift für die Werke der Nächstenliebe im katholischen Deutschland Jg. 11 Nr. 2/3 (November/Dezember 1905), 30 - 35, 33; NN, Dr. Max Brandts, in: Soziale Kultur Jg. 25 Nr. 12 (Dezember 1905), 665 - 674, 665; NN, Dr. Max Brandts, Mitbegründer des Charitasverbandes für das katholische Deutschland, in: Jahrbuch des Charitasverbandes für das Geschäftsjahr 1 (1907/1908), 9 - 13, 9.

[9] Als literarische Produkte seiner amtlichen Tätigkeit seien genannt: Max Brandts, Die neuen preußischen Verwaltungsgesetze für die Rheinprovinz nebst den Rheinischen Gemeinde - Verfassungsgesetzen in der durch die neuere Gesetzgebung veränderten Fassung, Aachen 1887; Max Brandts, Die Beteiligung größerer Verbände an der Armenlast, in: Max Brandts, Die Beteiligung größerer Verbände an der Armenlast. Zwei Berichte erstattet im Auftrage des Vereins, Leipzig 1897, 1 - 15.

[10] Vgl. Johannes Horion, Max Brandts+, in: Charitas. Zeitschrift für die Werke der Nächstenliebe im katholischen Deutschland Jg. 11 Nr. 2/3 (November/Dezember 1905), 30 - 35, 30; NN, Dr. Max Brandts, in: Soziale Kultur Jg. 25 Nr. 12 (Dezember 1905), 665 - 674, 666 f.

1. Max Brandts

Schattenseiten des menschlichen Lebens kennen zu lernen"[11]. Schon früh war Max Brandts dem "Deutschen Verein für Armenpflege und Wohltätigkeit" beigetreten, an dessen Verhandlungen er regelmäßig, gelegentlich auch als Redner, teilnahm[12]. So referierte er etwa auf der Generalversammlung des Vereins im Jahre 1897 über die Frage der "Beteiligung größerer Verbände an der Armenlast"[13]. Die Praxis der Wohltätigkeit hatte Max Brandts an der Stelle gelernt, "die wie keine andere dazu geeignet ist, nämlich in den Vinzenzvereinen"[14]. Schon als Referendar in Aachen war er aktives Mitglied und stand in den Jahren 1893 bis 1899 der Konferenz St. Maximilian in der Karlstadt vor[15].

Mit Ende des Kulturkampfes und Gründung zahlreicher caritativer Vereine und Einrichtungen hatte "der feurig begeisterte" Max Brandts die Notwendigkeit einer zeitgemäßen Neugestaltung der privaten Wohltätigkeit erkannt[16]. "Er sah die machtvolle Stellung der evangelischen Innern Mission mit ihrer einheitlichen und zielbewußten Arbeit; er wußte, daß für die katholische Caritas etwas Ähnliches geschaffen werden müßte, wenn sie bei der öffentlichen Armenpflege die nötige Beachtung finden sollte"[17]. Seine Reformgedanken fanden vor allem im Verein "Arbeiterwohl, Verband katholischer Industrieller und Arbeiterfreunde" in Mönchengladbach, dem Max Brandts seit 1883 als Mitglied und seit 1890 als Vorstandsmitglied angehörte[18], allgemeine Zustimmung. Auf Anregung des Düsseldorfer Landesrates trat erstmals am 7. Oktober 1889 in Mönchengladbach eine Konferenz zu Fragen der Armenpflege und Caritas zusammen[19]. Eine zweite Unterredung fand am 8. April 1890 in Düsseldorf statt[20]. Das Ergebnis beider

---

[11] NN, Dr. Max Brandts, Mitbegründer des Charitasverbandes für das katholische Deutschland, in: Jahrbuch des Charitasverbandes für das Geschäftsjahr 1 (1907/1908), 9 - 13, 9.

[12] Vgl. Johannes Horion, Max Brandts+, in: Charitas. Zeitschrift für die Werke der Nächstenliebe im katholischen Deutschland Jg. 11 Nr. 2/3 (November/Dezember 1905), 30 - 35, 30; NN, Dr. Max Brandts, in: Soziale Kultur Jg. 25 Nr. 12 (Dezember 1905), 665 - 674, 666; Emil Münsterberg, Generalbericht über die Thätigkeit des deutschen Vereins für Armenpflege und Wohltätigkeit während der ersten 25 Jahre seines Bestehens 1880 - 1905 nebst Verzeichnissen der Vereinsschriften und alphabetischem Register zu den Vereinsschriften, Leipzig 1905, 40 und 233. Vgl. auch Max Brandts, Der deutsche Verein für Armenpflege und Wohlthätigkeit, in: Charitas. Zeitschrift für die Werke der Nächstenliebe im katholischen Deutschland Jg. 2 Nr. 6 (Juni 1897), 110 - 113, 110 ff.

[13] Vgl. Max Brandts, Die Beteiligung größerer Verbände an der Armenlast, in: Max Brandts, Die Beteiligung größerer Verbände an der Armenlast. Zwei Berichte erstattet im Auftrage des Vereins, Leipzig 1897, 1 - 15, 1 ff.

[14] Johannes Horion, Max Brandts+, in: Charitas. Zeitschrift für die Werke der Nächstenliebe im katholischen Deutschland Jg. 11 Nr. 2/3 (November/Dezember 1905), 30 - 35, 31.

[15] Vgl. CVD 170, Geschichte des Vinzenzvereins in Düsseldorf 1850 - 1935, S. VI, VIII und 12.

[16] Vgl. Lorenz Werthmann, Vorboten und Vorkämpfer der Caritasbestrebungen, in: Jahrbuch des Caritasverbandes für das Geschäftsjahr 6 (1912/1913), 1 - 11, 6.

[17] Wilhelm Liese, Caritativ - soziale Lebensbilder, Mönchengladbach 1916, 35.

[18] Vgl. NN, X. General - Versammlung des Verbandes "Arbeiterwohl" in Koblenz, am 26. August 1890, in: Arbeiterwohl Jg. 10 Nr. 9 (September 1890), 205 - 232, 221; Johannes Horion, Max Brandts+, in: Charitas. Zeitschrift für die Werke der Nächstenliebe im katholischen Deutschland Jg. 11 Nr. 2/3 (November/Dezember 1905), 30 - 35, 32 f; NN, Dr. Max Brandts, in: Soziale Kultur Jg. 25 Nr. 12 (Dezember 1905), 665 - 674, 667 ff.

[19] Vgl. NN, Dr. Max Brandts, in: Soziale Kultur Jg. 25 Nr. 12 (Dezember 1905), 665 - 674, 667.

[20] Vgl. NN, Dr. Max Brandts, in: Soziale Kultur Jg. 25 Nr. 12 (Dezember 1905), 665 - 674, 667.

Zusammenkünfte war eine Eingabe an den Kölner Erzbischof Philippus Krementz, in der die Notwendigkeit der Organisation und Statistik der katholischen Caritas dargelegt wurde[21]. "Was unserer katholischen Wohltätigkeit abgeht", so Max Brandts in einer Rede auf der Generalversammlung des Verbandes Arbeiterwohl in Bocholt 1891, "das sind vor allem zwei Dinge: erstens die Publizität unserer Einrichtungen, ihre öffentliche Bekanntmachung, die Mitteilung ihrer Aufgaben und Resultate; zweitens die organische Verbindung derselben untereinander, ihre Organisation"[22]. An das Buch "Die Wohltätigkeits - Anstalten der christlichen Barmherzigkeit in Wien" des Jesuiten Heinrich Pesch[23] anknüpfend, schlug er als Form der Organisation ein Diözesankomitee bestehend aus Bischof, Geistlichen und Laien, zum Zweck der Statistik eine vom Generalvikariat durchgeführte Enquête über sämtliche Wohltätigkeitsanstalten und -vereine im Erzbistum Köln vor[24].

Nach einer persönlichen Unterredung mit dem Kölner Erzbischof verfasste Max Brandts eine umfangreiche "Denkschrift betreffend die Stellung der katholischen Kirche zur sozialpolitischen Liebesthätigkeit; Mängel der katholischen Wohlthätigkeit; Nothwendigkeit einer engeren Verbindung der katholischen Wohlthätigkeitsveranstaltungen untereinander und mit der vorgesetzten geistlichen Behörde"[25], die außerdem von Franz Brandts (Mönchengladbach), Landesrat Aloys Fritzen (Düsseldorf), Generalsekretär Franz Hitze (Mönchengladbach), Dechant Karl Neu (Poppelsdorf) und Dechant Heinrich Schumacher (Köln) unterzeichnet und Erzbischof Philippus Krementz am 14. August 1890 übersandt worden war[26]. "Angesichts der erhöhten Ansprüche", so der Ausgangspunkt von Max Brandts, "welche an die heutige Wohlthätigkeit gestellt werden müssen, ergeben sich dem aufmerksamen Beobachter bezüglich der Theilnahme der katholischen Kirche an der Linderung der sozialen Übel folgende Fragen: 1. Welche Zweige der Fürsorge und Armenpflege überläßt man nothwendig oder zweckmäßig dem Staate, den Gemeinden oder den confessionellen Vereinen, auf welche aber soll die confessionelle sich concentriren ? 2. Wenn ein und derselbe Zweig der Wohlthätigkeit von

---

[21] Vgl. Johannes Horion, Max Brandts+, in: Charitas. Zeitschrift für die Werke der Nächstenliebe im katholischen Deutschland Jg. 11 Nr. 2/3 (November/Dezember 1905), 30 - 35, 31.

[22] Max Brandts, (Die besonderen Aufgaben der katholischen Liebesthätigkeit in der heutigen Zeit), in: Arbeiterwohl Jg. 11 Nr. 10/12 (Oktober/Dezember 1891), 207 - 219, 208. Vgl. auch Max Brandts, Die öffentliche und private Armenpflege in Gesetzgebung und Praxis. Vortrag des Herrn Landesrath Brandts - Düsseldorf im Praktisch - socialen Cursus in Mönchengladbach, in: Arbeiterwohl Jg. 12 Nr. 9/11 (September/November 1892), 187 - 210, 187 ff.

[23] Vgl. Heinrich Pesch, Die Wohltätigkeitsanstalten der christlichen Barmherzigkeit in Wien, Freiburg 1891, 1 ff.

[24] Vgl. Max Brandts, Die Organisation der katholischen Wohltätigkeit, in: Arbeiterwohl Jg. 11 Nr. 9 (September 1891), 173 - 181, 218 f.

[25] AEK CR 2.19.12, Max Brandts, Denkschrift betreffend die Stellung der katholischen Kirche zur sozialpolitischen Liebesthätigkeit; Mängel der katholischen Wohlthätigkeit; Nothwendigkeit einer engeren Verbindung der katholischen Wohlthätigkeitsveranstaltungen untereinander und mit der vorgesetzten geistlichen Behörde, o.O. 1890. Vgl. dazu Wilhelm Wiesen, Die Entwicklung der Caritas während des 19. Jahrhunderts im Rheinlande, Freiburg 1925, 51 ff.

[26] Vgl. Johannes Horion, Max Brandts+, in: Charitas. Zeitschrift für die Werke der Nächstenliebe im katholischen Deutschland Jg. 11 Nr. 2/3 (November/Dezember 1905), 30 - 35, 31.

1. Max Brandts

den genannten verschiedenen Corporationen (Staat, Gemeinde, Ordensgenossenschaften, confessionellen und confessionslosen Vereinigungen) nebeneinander behandelt wird, wie sollen diese Korporationen, um in keine Kollisionen zu geraten, sowie um unzweckmäßige Vergeudung von Geld und Mühe zu vermeiden, zu einander in Verbindung treten ? 3. Genügen die katholischen Einrichtungen den heutigen Bedürfnissen oder sind uns protestantische oder confessionslose Veranstaltungen zuvorgekommen ? Haben solche uns überflügelt ? Sind einzelne neuere Zweige der Fürsorge uns ganz entgangen ? 4. Sind die vorhandenen katholischen Einrichtungen richtig organisiert, stehen sie in gehöriger Verbindung zueinander ? Sind sie hinreichend bekannt ? Stehen sie mit der kirchlichen Behörde in der richtigen Verbindung ?" Nachdem Max Brandts die Bedeutung der katholischen Caritas, aber auch ihre Mängel dargelegt hat, ging er der Frage nach, wie den Unzulänglichkeiten abzuhelfen sei und kam zu dem Ergebnis: "In mehrfachen Konferenzen haben 12 - 15 Herren aus der Erzdiöcese Köln diese Frage besprochen und sind zu dem Resultat gekommen, daß die Mängel zurückzuführen sind lediglich auf den Mangel jedweder Organisation und Zentralisation der katholischen Wohlthätigkeit und daß Heilung nur zu suchen sei in der Schaffung einer Organisation, in einer Zusammenfassung der gesamten katholischen Wohlthätigkeit. Alles drängt heutzutage zu Verbänden; auf allen Gebieten des staatlichen, wirtschaftlichen und kommunalen Lebens bilden sich Verbände zur Berathung und Wahrung der gemeinsamen Interessen. Speziell auf dem Gebiete des Volkswohles und der Wohlthätigkeit erblicken wir eine Anzahl von lebendigen und thätig wirkenden Organisationen. Die ganze evangelische Wohlthätigkeit ist zusammengefaßt in der sogenannten innern Mission ... . Die öffentlichen Verbände: Provinzen und Gemeinden sind behufs Beratung von wichtigen Fragen des Volkswohles zu dem deutschen Verein für Armenpflege und Wohlthätigkeit zusammengetreten. ... Wenn auch katholische Vereine bestimmter Art zu Versammlungen zusammentreten, z.B. der Vinzenzverein, Gesellenverein, Arbeiterwohl etc., so sind wir doch zu einer alle katholischen Wohlthätigkeitsveranstaltungen umfassenden Organisation bisher nicht gelangt"[27].

Wenige Wochen nach seiner Fertigstellung lag das Memorandum der Herbstkonferenz der preußischen Bischöfe in Fulda zur Beratung vor, wo es "die freudige Zustimmung der hohen Versammlung" fand[28]. Ermutigt von der positiven Resonanz veranlasste der Kölner Erzbischof sofort die Durchführung einer Enquête und ließ an alle Pfarrer des Bistums einen von Max Brandts zusammengestellten Fragenkatalog zur Beantwortung versenden. Die Erhebung berührte sämtliche Bereiche der katholischen Caritasarbeit und bestand aus 14 detaillierten Einzelfragebögen[29]. "In der Freude und im

---

[27] AEK CR 2.19.12, Max Brandts, Denkschrift betreffend die Stellung der katholischen Kirche zur sozialpolitischen Liebesthätigkeit; Mängel der katholischen Wohlthätigkeit; Nothwendigkeit einer engeren Verbindung der katholischen Wohlthätigkeitsveranstaltungen untereinander und mit der vorgesetzten geistlichen Behörde, o.O. 1890.
[28] Vgl. AEK CR 2.19.12, 20./22.08.1890; Johannes Horion, Max Brandts+, in: Charitas. Zeitschrift für die Werke der Nächstenliebe im katholischen Deutschland Jg. 11 Nr. 2/3 (November/Dezember 1905), 30 - 35, 31.
[29] Vgl. NN, Resultate einer Enquete über die katholischen Wohlthätigkeits - Anstalten der Erzdiöcese Köln, in: Arbeiterwohl Jg. 12 Nr. 12 (Dezember 1892), 241 - 245, 241 f; NN, Die katholischen

ersten Eifer waren die mannigfaltigen und eingehendsten Fragen gestellt - alle in sich durchaus berechtigt und lehrreich, namentlich auch zur Selbstkritik für die Vereine sehr anregend -, aber welch eine Arbeit, als dieser Ballen von Fragebogen zur Bearbeitung kommen sollte ! Diese gewaltige Arbeit hat Herr Dr. Brandts ganz allein übernommen ! Und wie hat er sie geleistet ! Zunächst als Einzelabhandlungen in 'Arbeiterwohl' (1893 bis 1895)[30] veröffentlicht, gestalteten sich die trockenen Zahlen zu einem höchst anregenden, praktischen Handbuch aus"[31], das 1895 bei Josef P. Bachem in Köln unter dem Titel "Die katholischen Wohlthätigkeits - Anstalten und -Vereine, sowie das katholisch - sociale Vereinswesen, insbesondere in der Erzdiöcese Köln" erschien[32]. In "gedrängter, ansprechender Darstellung" wurden alle sozialen und caritativen Anstalten und Vereine in ihrer Entstehung gewürdigt und ihr Zweck, ihre Organisation und notwendige Reformen erläutert; "die Zahlen gewannen so Leben und Gestalt"[33]. Selbst die protestantische "Zeitschrift für Pastoral - Theologie" fand das Buch "ganz vortrefflich" und sprach den Wunsch nach einer ähnlichen Erhebung für die Innere Mission aus[34]. Überschwänglich urteilte Wilhelm Liese, Nestor der deutschen Caritasgeschichte, im Jahre 1916 über den Wegweiser von Max Brandts: "Dieses Werk sichert ihm für immer einen Ehrenplatz in der Geschichte der neuern katholischen Caritasbewegung Deutschlands. Hat er doch damit nicht nur eine Reihe ähnlicher statistischer Werke über andere Diözesen hervorgerufen, sondern vor allem dem kommenden Caritasverband in weiten Kreisen die Wege geebnet"[35].

Wohlthätigkeits - Anstalten und -Vereine sowie das katholisch - sociale Vereinswesen, insbesondere in der Erzdiöcese Köln, in: Arbeiterwohl Jg. 16 Nr. 1/2 (Januar/Februar 1896), 46 - 48, 47; Max Brandts, Fragebogen für die Charitas - Enquete, in: Charitas. Zeitschrift für die Werke der Nächstenliebe im katholischen Deutschland Jg. 1 Nr. 6 (Juni 1896), 121 - 129, 121 ff; Max Brandts, Die katholischen Liebeswerke der Diöcesen Köln und Würzburg - eine vergleichende Studie, in: Charitas. Zeitschrift für die Werke der Nächstenliebe im katholischen Deutschland Jg. 3 Nr. 1 (Januar 1898), 18 - 20, 18 ff.

[30] Vgl. Max Brandts, (Die katholischen Wohlthätigkeits - Anstalten und -Vereine, sowie das katholisch - sociale Vereinswesen, insbesondere in der Erzdiöcese Köln), in: Arbeiterwohl Jg. 13 Nr. 7/9 (Juli/September 1893), 132 - 145, Nr. 10/12 (Oktober/Dezember 1893), 190 - 199, Jg. 14 Nr. 1/2 (Januar/Februar 1894), 23 - 27, Nr. 4/5 (April/Mai 1894), 73 - 116, Jg. 15 Nr. 1/2 (Januar/Februar 1895), 99 - 134, Nr. 6/7 (Juni/Juli 1895), 155 - 168, Nr. 9/10 (September/Oktober 1895), 231 - 285 und Nr. 11/12 (November/Dezember 1895), 323 - 382.

[31] NN, Dr. Max Brandts, in: Soziale Kultur Jg. 25 Nr. 12 (Dezember 1905), 665 - 674, 668.

[32] Vgl. Max Brandts, Die katholischen Wohlthätigkeits - Anstalten und -Vereine, sowie das katholisch - sociale Vereinswesen, insbesondere in der Erzdiöcese Köln, Köln 1895, IX ff.

[33] NN, Dr. Max Brandts, in: Soziale Kultur Jg. 25 Nr. 12 (Dezember 1905), 665 - 674, 668. Vgl. auch NN, Die Wohlthätigkeitsanstalten und -vereine der Erzdiöcese Köln, in: Charitas. Zeitschrift für die Werke der Nächstenliebe im katholischen Deutschland Jg. 1 Nr. 2 (Februar 1896), 29 - 30, 29 f.

[34] Vgl. Paul Wurster, Die Litteratur zur sozialen Frage im Jahre 1896, in: Zeitschrift für Pastoral - Theologie Jg. 20 Nr. 4 (April 1897), 222 - 227 und Nr. 5 (Mai 1897), 258 - 269, 269.

[35] Wilhelm Liese, Caritativ - soziale Lebensbilder, Mönchengladbach 1916, 35 f. Verwunderlich ist, dass Max Brandts im "Who is who der Sozialen Arbeit" keinen Eingang fand (vgl. Hugo Maier, Who is who der Sozialen Arbeit, Freiburg 1998, 7 ff).

1. Max Brandts

In der Tat regte die brandtssche Schrift viele kirchliche Behörden, etwa in den Diözesen Straßburg[36], Ermland[37], Limburg[38], Breslau[39], Berlin[40] oder Paderborn[41], zur Veröffentlichung eigener Verzeichnisse an, "wenn auch keine derselben an Vollständigkeit ihr gleichkommt"[42]. Von Bedeutung war das Kompendium von Max Brandts nicht nur als erste deutsche Diözesan - Caritas - Statistik; auch die in der Einleitung ausgesprochenen Grundsätze über die Organisation der Caritas waren richtungsweisend. Ausgangspunkt der Überlegungen war eine "locale Organisation" aller katholischen Wohlfahrtseinrichtungen. "Wir denken uns", so Max Brandts, "eine solche Organisation etwa folgendermaßen: In jeder größern Stadt, auf dem Lande in jedem politischen Kreise, oder besser noch in Anlehnung an die kirchliche Eintheilung in jedem Stadt- und Landdekanate treten die Geistlichen, die Vertreter der verschiedenen charitativen Vereine, Ordensniederlassungen und Anstalten zu einem Comitè zusammen. Dieses bildet eine anregende, beobachtende, berathende und je nach Wunsch der Betheiligten auch leitende Central - Instanz für die gesammte katholische Charitas seines Bezirkes. Dieses Centralcomité vermittelt den Verkehr der verschiedenen Veranstaltungen untereinander, sorgt für den Austausch der Listen der Unterstützten, nimmt die Jahresberichte der Einzelvereine und Anstalten entgegen und veröffentlicht dieselben geeigneten Falles. In diesem Comité werden die gegenseitigen Erfahrungen und Beobachtungen ausgetauscht, es sucht die Mängel der bestehenden Einrichtungen zu beseitigen, es verfolgt neue oder verwandte Bestrebungen der bürgerlichen Gemeinde oder der confessionslosen Vereine, tritt eventuell zur Gemeinde - Armenverwaltung in organische Beziehung, usw."[43]. Wichtiger noch war für Max Brandts die Schaffung von Zentralstellen für einen größeren Bezirk, die den Anstalten "mit Rath und That" helfen sollten, bei Freiplätzen die "Anmeldung der Vacanzen" entgegennahmen, das "Bedürfniß an Wohlthätigkeits - Einrichtungen" ermittelten, "die Vorsteher gleichartiger Anstalten und Vereine zu gemeinsamen Conferenzen" beriefen und die "richtigen Grundsätze für die Ausübung der Wohlthätigkeit" aufstellten"[44].

---

[36] Vgl. Die katholischen Wohlthätigkeits - Anstalten und Vereine sowie das katholisch - soziale Vereinswesen in der Diözese Straßburg, Freiburg 1900, 1 ff.
[37] Vgl. Georg Matern, Die katholischen Wohlthätigkeits - Anstalten und -Vereine sowie das Katholisch - soziale Vereinsleben in der Diöcese Ermland, Freiburg 1900, 1 ff.
[38] Vgl. Jakob Strieth, Die katholischen Wohltätigkeits - Anstalten und -Vereine sowie das katholisch - soziale Vereinsleben in der Diözese Limburg, Freiburg 1903, 1 ff.
[39] Vgl. Alfred Saltzgeber, Die katholischen Wohlthätigkeits - Anstalten und -Vereine sowie das katholisch - soziale Vereinswesen in der Diözese Breslau preußischen Anteils, einschließlich des Delegaturbezirks, Freiburg 1904, 1 ff.
[40] Vgl. Amtlicher Führer durch die Fürstbischöfliche Delegatur. Wegweiser durch die kirchlichen, sozialen und charitativen Einrichtungen Berlins und der Delegatur 1904, Berlin 1904, 1 ff.
[41] Vgl. Wilhelm Liese, Die katholischen Wohltätigkeits - Anstalten und sozialen Vereine in der Diözese Paderborn, Freiburg 1906, 1 ff.
[42] NN, Dr. Max Brandts, in: Soziale Kultur Jg. 25 Nr. 12 (Dezember 1905), 665 - 674, 668.
[43] Max Brandts, Die katholischen Wohlthätigkeits - Anstalten und -Vereine, sowie das katholisch - soziale Vereinswesen, insbesondere in der Erzdiöcese Köln, Köln 1895, XVIII.
[44] Max Brandts, Die katholischen Wohlthätigkeits - Anstalten und -Vereine, sowie das katholisch - soziale Vereinswesen, insbesondere in der Erzdiöcese Köln, Köln 1895, XVIII ff. Vgl. auch Max Brandts,

Lebhafte Unterstützung fand der brandtssche Gedanke von Organisation und Publikation auf den Katholikenversammlungen in München (1895)[45] und Dortmund (1896)[46]. In praktische Tat umgesetzt wurden beide Forderungen zunächst durch Abhaltung von Caritastagen in Schwäbisch - Gmünd (1896)[47] und Köln (1897)[48], dann durch die Herausgabe der Zeitschrift "Charitas" (1895)[49] und schließlich durch die Gründung des Deutschen Caritasverbandes (1897)[50]. Zur definitiven Organisation des Letzteren gab ohne Zweifel der Sekretär des Freiburger Erzbischofs, Lorenz Werthmann, den entscheidenden Impuls und Anstoß[51], doch heißt es im Urteil der Zeitgenossen auch: "Herr Geistlicher Rat Dr. Werthmann in Freiburg im Breisgau erwarb sich das große Verdienst, den kühnen Wurf zu wagen und unter Einsetzung seiner ganzen Person das Werk durchzuführen; aber der, welcher ihm als treuer Eckehard stets zur Seite gestanden und ihn persönlich und schriftstellerisch unterstützt hat, war Landesrat Brandts"[52].

Neben der organisatorischen Zusammenführung der Caritaskräfte war Max Brandts in den letzten Jahren seines Lebens maßgeblich an den Bestrebungen zur Ausbildung ländlicher Krankenbesucherinnen und weltlicher katholischer Krankenpflegerinnen beteiligt[53]. In seiner Heimatstadt Düsseldorf war er Mitglied im Kirchenvorstand von St. Martin[54] und nahm regen Anteil an der Arbeit des "Vereins zur Fürsorge für die aus den Gefängnisanstalten in Düsseldorf entlassenen katholischen Gefangenen und deren Familien", den er im Jahre 1893 mitbegründet hatte[55]. Literarisch trat er 1898 zusammen mit Eckart von Aufseß nochmals hervor durch die Schrift "Das Deutsche Armenrecht, insbesondere das Reichsgesetz vom 6. Juni 1870 über den Unterstützungswohnsitz in seiner Bedeutung für die Privatwohlthätigkeits - Vereine und -Anstalten. Mit einem Anhange über die öffentliche Armenpflege in Bayern"[56], womit die Reihe der "Caritas-

---

Centralstellen für Armenpflege und Wohlthätigkeit, in: Charitas. Zeitschrift für die Werke der Nächstenliebe im katholischen Deutschland Jg. 3 Nr. 3 (März 1898), 63 - 65, 63 ff.

[45] Vgl. unten S. 324.

[46] Vgl. Verhandlungen der 43. General - Versammlung der Katholiken Deutschlands zu Dortmund vom 23. bis 27. August 1896, Dortmund 1896, 164 ff und 281 ff.

[47] Vgl. unten S. 325.

[48] Vgl. unten S. 325 ff.

[49] Vgl. unten S. 324.

[50] Vgl. unten S. 325 ff.

[51] Vgl. unten S. 323. Vgl. dazu Wendelin Röhrich, Lorenz Werthmann. Seine Bedeutung für die Entwicklung der caritativ - sozialen Arbeit in Deutschland. Zu seinem 100. Geburtstag am 1. Oktober 1958, in: Jahrbuch für Caritaswissenschaft und Caritasarbeit 1958, 25 - 36, 25 ff.

[52] NN, Dr. Max Brandts, in: Soziale Kultur Jg. 25 Nr. 12 (Dezember 1905), 665 - 674, 669.

[53] Vgl. Max Brandts, Die Ausbildung ländlicher Krankenbesucherinnen. (Vortrag, gehalten auf dem sechsten Charitastag am 16. Juli 1901 zu Aachen), in: Charitas. Zeitschrift für die Werke der Nächstenliebe im katholischen Deutschland Jg. 6 Nr. 10 (Oktober 1901), 221 - 224 und Nr. 11 (November 1901), 246 - 250, 221 ff; NN, Der katholische Krankenfürsorgeverein zur Ausbildung weltlicher Krankenpflegerinnen, in: Jahrbuch des Charitasverbandes für das Geschäftsjahr 2 (1908/1909), 85 - 90, 85.

[54] Vgl. DT 17.10.1905.

[55] Vgl. oben S. 258.

[56] Vgl. Eckart von Aufseß, Max Brandts, Das Deutsche Armenrecht, insbesondere das Reichsgesetz vom 6. Juni 1870 über den Unterstützungswohnsitz in seiner Bedeutung für die Privatwohlthätigkeits -

schriften" aus Freiburg "glücklich" eröffnet wurde[57]. Hervorzuheben ist, dass Max Brandts als Leiter der Landesversicherungsanstalt an entscheidender Stelle den Ausbau kirchlicher Wohltätigkeitsanstalten förderte[58].

Nicht minder als im Bereich der Caritasarbeit war Max Brandts auf dem Gebiet der Sozialpolitik tätig. Zahlreiche aus seiner Feder stammende Aufsätze über soziale Fragen in der Verbandszeitschrift "Arbeiterwohl" zeugen von seinem Kenntnisreichtum auf diesem Sektor[59]. Als Leiter der Landesversicherungsanstalt der Rheinprovinz war er mit der Durchführung der sozialen Versicherungsgesetzgebung betraut[60]. "Seinem Ruhm als Sozialpolitiker hat er aber begründet durch seine Tätigkeit auf dem Gebiete der Wohnungsreform. Die Kenntnis vom Wohnungselend der minder bemittelten Klassen und den damit zusammenhängenden hygienischen und sittlichen Gefahren hatte er nicht vom grünen Tische allein, vielmehr hatte er seine Erfahrungen geschöpft aus den Besuchen, die er als Mitglied des Vinzenzvereins in den Wohnungen der Armen gemacht hatte"[61]. Auf der Generalversammlung des Verbandes Arbeiterwohl im Jahre 1896 trug er seine Gedanken zu diesem Fragenkomplex erstmals der Öffentlichkeit vor und veröffentlichte anschließend zwei Aufsätze unter dem Titel "Die Arbeiterwohnungsfrage, eine Frage des Stadtbauplanes und der Stadtordnung" und "Die Betheiligung des Staates an der Lösung der Wohnungsfrage"[62]. In der Folgezeit sammelte Max Brandts die zer-

---

Vereine und -Anstalten. Mit einem Anhange über die öffentliche Armenpflege in Bayern, Freiburg 1898/1902²/1909³, 1 ff. Vgl. dazu Wilhelm Liese, Lorenz Werthmann und der Deutsche Caritasverband, Freiburg 1929, 192 ff.

[57] Vgl. NN, Der Charitasverband für das katholische Deutschland, in: Jahrbuch des Charitasverbandes für das Geschäftsjahr 1 (1907/1908), 5 - 9, 6 f; Wilhelm Liese, Caritativ - soziale Lebensbilder, Mönchengladbach 1916, 36. Vgl. auch NN, Die Charitas - Druckerei zu Freiburg i. Br. von 1897 - 1907, in: Jahrbuch des Charitasverbandes für das Geschäftsjahr 2 (1908/1909), 31 - 34, 32; NN, Bücherschau, in: Caritas. Zeitschrift für Caritaswissenschaft und Caritasarbeit Jg. 27 Nr. 1 (Januar/Februar 1922), 46 - 48, 46 ff.

[58] Vgl. NN, Direktor Dr. Max Brandts+, in: Westdeutsche Arbeiter - Zeitung Jg. 7 Nr. 43 (28.10.1905), 170.

[59] Vgl. unten S. 1090 f.

[60] Vgl. Johannes Horion, Max Brandts+, in: Charitas. Zeitschrift für die Werke der Nächstenliebe im katholischen Deutschland Jg. 11 Nr. 2/3 (November/Dezember 1905), 30 - 35, 30 ff; NN, Dr. Max Brandts, in: Soziale Kultur Jg. 25 Nr. 12 (Dezember 1905), 665 - 674, 667 ff.

[61] Johannes Horion, Max Brandts+, in: Charitas. Zeitschrift für die Werke der Nächstenliebe im katholischen Deutschland Jg. 11 Nr. 2/3 (November/Dezember 1905), 30 - 35, 32 f. Vgl. dazu Max Brandts, Wohnungsnoth und Vincentiusvereine, in: Charitas. Zeitschrift für die Werke der Nächstenliebe im katholischen Deutschland Jg. 1 Nr. 5 (Mai 1896), 92 - 95, 92 ff; Max Brandts, Vincenzverein und Wohnungsfrage, in: Charitas. Zeitschrift für die Werke der Nächstenliebe im katholischen Deutschland Jg. 2 Nr. 1 (Januar 1897), 15 - 16, 15 f.

[62] Vgl. NN, XVI. Generalversammlung des Verbandes "Arbeiterwohl" in Schwäbisch Gmünd am 15. October 1896, in: Arbeiterwohl Jg. 16 Nr. 11/12 (November/Dezember 1896), 255 - 277, 272 ff; Max Brandts, Die Arbeiterwohnungsfrage, eine Frage des Stadtbauplanes und der Stadtordnung, in: Arbeiterwohl Jg. 17 Nr. 1/3 (Januar/März 1897), 8 - 36, 8 ff; Max Brandts, Die Betheiligung des Staates an der Lösung der Wohnungsfrage, in: Arbeiterwohl Jg. 17 Nr. 4/5 (April/Mai 1897), 65 - 97, 65 ff. Vgl. auch Max Brandts, Die Lösung der Wohnungsfrage in Paul Lechlers "Nationaler Wohnungsreform", in: Charitas. Zeitschrift für die Werke der Nächstenliebe im katholischen Deutschland Jg. 1 Nr. 9 (September 1896), 198 - 200, 198 ff.

streuten Kräfte zur Lösung der Wohnungsbaufrage und gründete am 10. Dezember 1897 den "Rheinischen Verein zur Förderung des Arbeiterwohnungswesens"[63].

Max Brandts starb am 16. Oktober 1905 im Alter von 51 Jahren an einem "typhösen Leiden"[64]. Während der Trauerfeier auf dem Südfriedhof (Grabfeld 18), an der auch Lorenz Werthmann teilnahm[65], ehrte Prof. Carl Johannes Fuchs (Freiburg) den Verstorbenen mit den Worten: "An diesem offenen Grabe stehen in tiefer Trauer und aufrichtigem Schmerz nicht nur die zahlreichen Verwandten und persönlichen Freunde des zu früh Dahingegangenen, sondern auch wir alle, denen es vergönnt war, ihm in gemeinsamer Arbeit nahe zu treten und dadurch, wie es bei dem gewinnenden Zauber seiner Persönlichkeit nicht anders sein konnte, auch seine Freunde zu werden. Zu uns gesellen sich aber heute noch Hunderte, ja Tausende, welche ihn nicht persönlich gekannt haben, denen aber die Früchte seiner segensreichen Tätigkeit zuteil geworden sind oder die in Anerkennung und Bewunderung sein vorbildliches Wirken als Sozialpolitiker und Organisator verfolgt haben. Und auch die Wissenschaft, welche die Geschichte der Sozialreform in Deutschland zu schreiben hat, kann an dem Lebenswerk von Max Brandts nicht vorübergehen, sein Name ist mit goldenen Buchstaben in den Blättern dieser Geschichte eingezeichnet"[66].

2. Gründung des Deutschen Caritasverbandes

Zwischen Max Brandts Forderung nach mehr Publikation und Organisation der katholischen Wohltätigkeit 1890 und der Umsetzung durch Herausgabe der Zeitschrift "Charitas" 1895 und Gründung des Deutschen Caritasverbandes 1897 lag ein langer Weg, der viele Gefährten hatte. Als Vorkämpfer für eine einheitliche Caritasorganisation traten hervor: Franz Brandts, Gründer des Verbandes "Arbeiterwohl"[67], August Pieper, Generalsekretär des "Volksvereins für das katholische Deutschland"[68] und Cyprian Fröhlich,

---

[63] Vgl. DT 24.11.1905; DT 06.05.1906; DT 01.07.1906; Wohnkultur in gesellschaftlicher Verantwortung. 100 Jahre Wohnungswirtschaft in Rheinland und Westfalen 1901 - 2001, Düsseldorf 2001, 18 ff.
[64] Vgl. DT 17.10.1905.
[65] Vgl. DT 21.10.1905.
[66] Zitiert nach Johannes Horion, Max Brandts+, in: Charitas. Zeitschrift für die Werke der Nächstenliebe im katholischen Deutschland Jg. 11 Nr. 2/3 (November/Dezember 1905), 30 - 35, 34. Vgl. auch NN, Landesrat Dr. Brandts, in: Kölnische Zeitung Nr. 1081 (17.10.1905), o. S. (1 - 2, 1 f); DT 18.10.1905; NN, Max Brandts, in: Kölnische Volkszeitung Jg. 46 Nr. 862 (18.10.1905), 4; NN, Direktor Dr. Brandts+, in: Kölnische Volkszeitung Jg. 46 Nr. 864 (18.10.1905), 1.
[67] Vgl. Wolfgang Löhr, Franz Brandts (1834 - 1914), in: Jürgen Aretz, Zeitgeschichte in Lebensbildern. Aus dem deutschen Katholizismus des 19. und 20. Jahrhunderts Bd. 3, Mainz 1979, 91 - 105 und 286, 91 ff.
[68] Vgl. Rudolph Bauer, August Pieper, in: Hugo Maier, Who is who der Sozialen Arbeit, Freiburg 1998, 471.

2. Gründung des Deutschen Caritasverbandes

Gründer des "Seraphischen Liebeswerkes"[69]. Zu den Wegbereitern gehörte auch Franz Hitze, Generalsekretär des Verbandes Arbeiterwohl[70], der im Jahre 1896 feststellte: "'Mehr Organisation !' - das ist der Ruf der Zeit auf allen Gebieten; er gilt auch für die Charitas. Die Aufgaben derselben wachsen an Inhalt und Umfang, die Ansprüche steigen. Die Verhältnisse werden verwickelter, schwieriger. Die Conkurrenz wird schärfer. Guter Wille und Opfersinn allein genügen nicht - es muß klar und zielbewußt gearbeitet werden. Nach einheitlichem Plan muß das ganze Gebiet des Elendes und der Noth in allen Formen in Bearbeitung genommen werden, daß nirgends Kräfte vergeudet, nirgends Mittel verschwendet, kein Gebiet vernachläßigt wird. Je gewaltiger das Arbeitsfeld sich ständig ausdehnt, je weniger die Kräfte ausreichen, desto mehr bedarf es einer wohlüberlegten, geordneten Zusammenarbeit"[71].

Im Herbst 1894 fasste am Rande des IV. Praktisch - Sozialen Kurses des Volksvereins in Freiburg (12. bis 20. Oktober 1894) eine von Lorenz Werthmann herbeigeführte Besprechung mit Franz Brandts, Max Brandts, Cyprian Fröhlich, Franz Hitze und August Pieper den Entschluss, ein "Charitas - Comite zur Gründung einer Organisation und Publikation für die gesamte katholische Nächstenliebe in Deutschland" ins Leben zu rufen[72]. Nach der Konstituierung des Fördervereins im folgenden Frühjahr[73] tagte am 19. August 1895 in Bingen eine Caritasversammlung mit 31 Vertretern aus neun Diözesen, unter ihnen Landesrat Max Brandts, die sich für die Herausgabe einer Zeitschrift und die Abhaltung jährlicher Caritastage aussprach[74].

---

[69] Vgl. Cyprian Fröhlich, Vortrag über die Charitas gehalten zu Neisse auf dem praktisch - socialen Cursus, in: Arbeiterwohl Jg. 13 Nr. 10/12 (Oktober/Dezember 1893), 167 - 178 und Jg. 14 Nr. 1/2 (Januar/Februar 1894), 14 - 23, 167 ff; Cyprian Fröhlich, Fünfundzwanzig Jahre im Dienste des göttlichen Kinderfreundes. Eine Geschichte des Seraphischen Liebeswerkes und eine Zeitgeschichte, Altötting 1914, 3 ff; Bruno W. Nikles, Pater Cyprian Fröhlich (1853 - 1931) - Ein Wegbereiter des Deutschen Caritasverbandes, in: Caritas '93. Jahrbuch des Deutschen Caritasverbandes, 321 - 331, 324 f.

[70] Vgl. Hubert Mockenhaupt, Franz Hitze (1851 - 1921), in: Rudolf Morsey, Zeitgeschichte in Lebensbildern. Aus dem deutschen Katholizismus des 20. Jahrhunderts, Mainz 1973, 53 - 64 und 299 - 300, 53 ff.

[71] Franz Hitze, Organisation der katholischen Charitas, in: Charitas. Zeitschrift für die Werke der Nächstenliebe im katholischen Deutschland Jg. 1 Nr. 2 (Februar 1896), 22 - 27 und Nr. 3 (März 1896), 43 - 44, 22.

[72] Vgl. NN, Praktisch - sozialer Kursus in Freiburg i. B., in: Der Volksverein. Zeitschrift für das katholische Deutschland Jg. 4 Nr. 8 (1894), 121 - 122, 121; Lorenz Werthmann, Die Zeitschrift "Charitas" und ihre Bestrebungen. Referat auf dem Charitastag zu Schwäbisch - Gmünd am 14. Oktober), in: Charitas. Zeitschrift für die Werke der Nächstenliebe im katholischen Deutschland Jg. 1 Nr. 11 (November 1896), 231 - 239, 231; Lorenz Werthmann, Vorboten und Vorkämpfer der Caritasbestrebungen, in: Jahrbuch des Caritasverbandes für das Geschäftsjahr 6 (1912/1913), 1 - 11, 9; Wilhelm Liese, Lorenz Werthmann und der Deutsche Caritasverband, Freiburg 1929, 108 f.

[73] Vgl. Wilhelm Liese, Lorenz Werthmann und der Deutsche Caritasverband, Freiburg 1929, 80 und 109 ff.

[74] Vgl. NN, Der erste "Charitas" - Tag, in: Charitas. Zeitschrift für die Werke der Nächstenliebe im katholischen Deutschland Jg. 1 Nr. 1 (Januar 1896), 16; Lorenz Werthmann, Vorboten und Vorkämpfer der Caritasbestrebungen, in: Jahrbuch des Caritasverbandes für das Geschäftsjahr 6 (1912/1913), 1 - 11, 9; Wilhelm Liese, Lorenz Werthmann und der Deutsche Caritasverband, Freiburg 1929, 116 f.

Wenige Tage später fand in München die Generalversammlung der Katholiken Deutschlands statt, auf der folgender von Lorenz Werthmann im Namen des "Charitas - Comités" eingesandter Antrag angenommen wurde: "Die 42. Generalversammlung der Katholiken Deutschlands hält eine größere Veröffentlichung, Organisation und Centralisation der charitativen Thätigkeit im katholischen Deutschland für dringend wünschenswerth und begrüßt deshalb die vom Charitaskomité zu Freiburg im Breisgau beabsichtigte Herausgabe einer Zeitschrift für die Werke der Nächstenliebe im katholischen Deutschland unter dem Titel 'Charitas' auf's freudigste"[75].

Noch im gleichen Jahr erschien im Oktober die Programmnummer der "Charitas"[76]. Der Untertitel "Zeitschrift für die Werke der Nächstenliebe im katholischen Deutschland" war Programm: "Die neue katholische Zeitschrift für Charitas will die ganze weitverzweigte Thätigkeit der christlichen Nächstenliebe zunächst im katholischen Deutschland in den Bereich ihrer Darstellung ziehen. Sie will: 1. die Werke der katholischen Nächstenliebe zur Ehre Gottes, seiner heiligen Kirche und zum Nutzen der Katholiken mehr bekannt machen; sie will ferner 2. eine bessere Organisation dieser Werke anregen, fördern und befestigen; 3. den Wirkungskreis der katholischen Nächstenliebe erweitern; 4. die der katholischen charitativen Thätigkeit anhaftenden Mängel beseitigen helfen; 5. die staatlichen, gemeindlichen, protestantischen und humanitären Wohlthätigkeitsbestrebungen zur Belehrung und Anregung der Katholiken sachgemäß darstellen; 6. über die Art und Weise des Zusammenwirkens mit den genannten Factoren belehren; 7. über die sociale und Armengesetzgebung des Deutschen Reiches sowie 8. über die Gesundheitspflege, soweit dieselbe das Gebiet der Charitas berührt, näher unterrichten; sie will endlich 9. die im Dienste der Charitas wirkenden katholischen Männer und Frauen in ihrem Wirken bestärken, erheben, vervollkommnen"[77]. Die Zeitschrift erschien seit Januar 1896 monatlich und trug maßgeblich zur Verbreitung des katholischen Caritasgedankens bei[78].

---

[75] Verhandlungen der 42. General - Versammlung der Katholiken Deutschlands zu München vom 25. bis 29. August 1895, München 1895, 86. Vgl. auch Verhandlungen der 42. General - Versammlung der Katholiken Deutschlands zu München vom 25. bis 29. August 1895, München 1895, 293 und 441.

[76] Vgl. NN, Zur Einführung, in: Charitas. Zeitschrift für die Werke der Nächstenliebe im katholischen Deutschland Jg. 1 "Programm - Nummer" (Oktober 1895), I - II, I f; NN, Der Charitasverband für das katholische Deutschland, in: Jahrbuch des Charitasverbandes für das Geschäftsjahr 1 (1907/1908), 5 - 9, 5; Lorenz Werthmann, Vorboten und Vorkämpfer der Caritasbestrebungen, in: Jahrbuch des Caritasverbandes für das Geschäftsjahr 6 (1912/1913), 1 - 11, 9; Wilhelm Liese, Lorenz Werthmann und der Deutsche Caritasverband, Freiburg 1929, 112 ff.

[77] NN, Was will die neue Zeitschrift ?, in: Charitas. Zeitschrift für die Werke der Nächstenliebe im katholischen Deutschland Jg. 1 "Programm - Nummer" (Oktober 1895), II - III, II f.

[78] Vgl. Lorenz Werthmann, Die Zeitschrift "Charitas" und ihre Bestrebungen. Referat auf dem Charitastag zu Schwäbisch - Gmünd am 14. Oktober), in: Charitas. Zeitschrift für die Werke der Nächstenliebe im katholischen Deutschland Jg. 1 Nr. 11 (November 1896), 231 - 239, 231 ff; Wilhelm Liese, Zum Silberjubiläum der "Caritas", in: Caritas. Zeitschrift für die Werke der Nächstenliebe. Organ des Deutschen Caritasverbandes Jg. 26 Nr. 1/2 (Oktober/November 1920), 2 - 4, 2 ff; Wilhelm Liese, 25 Jahrgänge "Caritas", in: Caritas. Zeitschrift für die Werke der Nächstenliebe. Organ des Deutschen Caritasverbandes Jg. 26 Nr. 5/6 (Februar/März 1921), 37 - 38, 37 f; Hans - Josef Wollasch, 75 Jahre Zeitschrift "Caritas", in: Caritas. Zeitschrift für Caritasarbeit und Caritaswissenschaft Jg. 72 Nr. 1 (Januar 1971), 1 - 6, 1 ff; Catherine Maurer, Wie entstand die "Caritaswissenschaft" ? Ursprung und Entwicklung eines Kon-

2. Gründung des Deutschen Caritasverbandes

Der erste Caritastag fand am 14. Oktober 1896 in Schwäbisch - Gmünd statt, der vor allem Fragen des Mädchenschutzes und der Abstinenzbewegung zum Gegenstand hatte[79]. Lorenz Werthmann leitete als "Präsident des Charitas - Comités" die Tagung, "während Herr Landesrath Brandts von Düsseldorf, der vor sechs Jahren zuerst in Deutschland auf die Nothwendigkeit einer Publication und Organisation der katholischen Charitas hingewiesen hatte", so das Verlaufsprotokoll, "unter dem Beifall der Versammlung zum Ehrenpräsidenten ernannt wurde"[80]. Ermutigt vom guten Versammlungsverlauf, brachte Lorenz Werthmann in der Märzausgabe der "Charitas" einen "Aufruf zur Gründung eines Charitas - Verbandes für das katholische Deutschland" zum Abdruck[81]. Dem von 25 Mitgliedern des Caritas - Komitees mit Lorenz Werthmann als Präsidenten unterzeichneten Appell war eine vorläufige Satzung vom 2. Februar 1897 beigefügt, die für den zu gründenden Verband folgende Aufgaben vorsah: Abhaltung jährlicher Caritastage, Anregung zur Gründung von Diözesankomitees, von Fach- und Diözesankonferenzen, Gründung einer Zentral - Auskunftsstelle, Veranstaltung von Erhebungen über die Werke der Caritas, Herausgabe der Monatsschrift "Charitas" und wissenschaftlicher wie auch populärerer Caritasschriften, Beförderung des Caritasstudiums, besonders durch Sammlung einer Bibliothek (§ 2)[82].

Auf dem zweiten Caritastag in Köln am 9. November 1897 erfolgte die endgültige Gründung des "Charitasverbandes für das katholische Deutschland"[83]. Am gleichen Tag

---

zeptes und einer Handlungspraxis, in: Michael Manderscheid, Die ersten hundert Jahre. Forschungsstand zur Caritasgeschichte. Dokumentation eines Symposions der Fortbildungsakademie des Deutschen Caritasverbandes, Freiburg 1998, 138 - 158, 145.

[79] Vgl. NN, Der erste katholische Charitastag, in: Monatsschrift für Innere Mission Jg. 16 Nr. 7 (Juli 1896), 519 - 523, 520 ff; NN, Auf zum Charitastage nach Schwäbisch - Gmünd !, in: Charitas. Zeitschrift für die Werke der Nächstenliebe im katholischen Deutschland Jg. 1 Nr. 9 (September 1896), 180 - 183, 180 ff; NN, Vorläufiges vom ersten Charitastag, in: Charitas. Zeitschrift für die Werke der Nächstenliebe im katholischen Deutschland Jg. 1 Nr. 11 (November 1896), 242 - 244, 242 ff.

[80] NN, Vorläufiges vom ersten Charitastag, in: Charitas. Zeitschrift für die Werke der Nächstenliebe im katholischen Deutschland Jg. 1 Nr. 11 (November 1896), 242 - 244, 242.

[81] Vgl. NN, Aufruf zur Gründung eines Charitas - Verbandes für das katholische Deutschland, in: Charitas. Zeitschrift für die Werke der Nächstenliebe im katholischen Deutschland Jg. 2 Nr. 3 (März 1897), 37 - 41, 37 ff.

[82] Vgl. NN, Aufruf zur Gründung eines Charitas - Verbandes für das katholische Deutschland, in: Charitas. Zeitschrift für die Werke der Nächstenliebe im katholischen Deutschland Jg. 2 Nr. 3 (März 1897), 37 - 41, 39; NN, Der Charitasverband für das katholische Deutschland, in: Jahrbuch des Charitasverbandes für das Geschäftsjahr 1 (1907/1908), 5 - 9, 5.

[83] Vgl. Lorenz Werthmann, Einladung zum zweiten Charitastag in Köln am Rhein, in: Charitas. Zeitschrift für die Werke der Nächstenliebe im katholischen Deutschland Jg. 2 Nr. 10 (Oktober 1897), 193 - 194, 193 f; NN, Die Gründung des Charitas - Verbandes für das katholische Deutschland, in: Charitas. Zeitschrift für die Werke der Nächstenliebe im katholischen Deutschland Jg. 2 Nr. 12 (Dezember 1897), 246 - 250, 246 ff; NN, Vom Charitastage zu Köln am Rhein, in: Charitas. Zeitschrift für die Werke der Nächstenliebe im katholischen Deutschland Jg. 2 Nr. 12 (Dezember 1897), 253 - 254, 253 f; Hermann - Joseph Schmitz, Zielpunkte der charitativen Thätigkeit in der Gegenwart (Rede in der öffentlichen Charitasversammlung am 10. November 1897 zu Köln am Rhein, in: Charitas. Zeitschrift für die Werke der Nächstenliebe im katholischen Deutschland Jg. 3 Nr. 1 (Januar 1898), 1 - 7, 1 ff; Klemens Rieg, Die Verhandlungen auf dem zweiten Charitastag über die Organisation der katholischen Charitas, in: Charitas. Zeitschrift für die Werke der Nächstenliebe im katholischen Deutschland Jg. 3 Nr. 2 (Februar 1898),

wurden die überarbeiteten Statuten angenommen, die den Verband zur "planmäßigen Förderung der Werke der Nächstenliebe" (§ 1) unter den Schutz der Bischöfe stellten und Freiburg zum Sitz der Zentrale bestimmten[84]. Zum Präsidenten wurde Lorenz Werthmann berufen[85], dem ein Vorstand, ein Verbandsausschuss mit Diözesandelegierten und eine Mitgliederversammlung zur Seite stand[86]. Die Zugehörigkeit zum "Charitas - Verband" war in Paragraph 4 der Satzung festgelegt, wo es heißt: "Der Verband besteht aus Mitgliedern und Ehrenmitgliedern. Mitglieder können sowohl katholische Charitasfreunde wie auch katholische Corporationen und Anstalten werden. Zu Ehrenmitgliedern werden solche Katholiken vom Vorstand ernannt, welche die Bestrebungen des Verbandes in hervorragender Weise unterstützen. Der Eintritt der Mitglieder vollzieht sich durch Anmeldung und darauf erfolgte schriftliche Aufnahmeerklärung seitens des Vorstandes. ... Zahlungsverweigerung des fälligen Jahresbeitrags gilt als Austrittserklärung mit der Wirkung des sofortigen Verlustes aller Rechte gegenüber dem Verbande"[87]. Jedes Mitglied musste einen jährlichen Mindestbeitrag von 6 Mark leisten. Einzelpersonen, die Mitglied auf Lebenszeit werden wollten, hatten einen einmaligen Beitrag von 150 Mark zu entrichten (§ 5). Die Mitglieder erhielten kostenlos die Verbandszeitschrift

---

35 - 42, 35 ff; Charitas - Verband für das katholische Deutschland, Freiburg 1898², 1 ff; Hans - Josef Wollasch, "Der an sich schöne Gedanke der Charitas" und die Geburtswehen des Verbandes 1897, in: Caritas '88. Jahrbuch des Deutschen Caritasverbandes, 311 - 333, 311 ff; Jochen - Christoph Kaiser, Die zeitgeschichtlichen Umstände der Gründung des Deutschen Caritasverbandes am 9. November 1897, in: Michael Manderscheid, Lorenz Werthmann und die Caritas. Aufgegriffenes und Liegengelassenes der Verbandsgründung im Jahre 1897. Dokumentation eines Kolloquiums der Fortbildungs - Akademie des Deutschen Caritasverbandes vom November 1987, Freiburg 1989, 11 - 29, 11 ff; Winfrid Halder, Katholische Vereine in Baden und Württemberg 1848 - 1914. Ein Beitrag zur Organisationsgeschichte des südwestdeutschen Katholizismus im Rahmen der Entstehung der modernen Industriegesellschaft, Paderborn 1995, 298.

[84] Vgl. NN, Die Gründung des Charitas - Verbandes für das katholische Deutschland, in: Charitas. Zeitschrift für die Werke der Nächstenliebe im katholischen Deutschland Jg. 2 Nr. 12 (Dezember 1897), 246 - 250, 249; NN, Satzung des Charitas - Verbandes für das katholische Deutschland. (Nach den Beschlüssen der constituirenden Versammlung vom 9. November 1897 zu Köln am Rhein), in: Charitas. Zeitschrift für die Werke der Nächstenliebe im katholischen Deutschland Jg. 2 Nr. 12 (Dezember 1897), 250 - 251, 250 f; Charitas - Verband für das katholische Deutschland, Freiburg 1898², 10 ff.

[85] Vgl. NN, Die Gründung des Charitas - Verbandes für das katholische Deutschland, in: Charitas. Zeitschrift für die Werke der Nächstenliebe im katholischen Deutschland Jg. 2 Nr. 12 (Dezember 1897), 246 - 250, 249.

[86] Vgl. NN, Die Gründung des Charitas - Verbandes für das katholische Deutschland, in: Charitas. Zeitschrift für die Werke der Nächstenliebe im katholischen Deutschland Jg. 2 Nr. 12 (Dezember 1897), 246 - 250, 249; Wilhelm Liese, Lorenz Werthmann und der Deutsche Caritasverband, Freiburg 1929, 157 ff. Zu den Mitgliedern des ersten Verbandausschusses gehörte u.a. Landesrat Max Brandts (vgl. Lorenz Werthmann, Die soziale Bedeutung der Charitas und die Ziele der Charitasverbandes. (Rede, gehalten auf der General - Versammlung der Katholiken Deutschlands zu Neiße am 31. August 1899). Mit einem Anhang: Satzungen und Mitgliederverzeichnis des Charitasverbandes, Freiburg 1900, 32).

[87] NN, Satzung des Charitas - Verbandes für das katholische Deutschland. (Nach den Beschlüssen der constituirenden Versammlung vom 9. November 1897 zu Köln am Rhein), in: Charitas. Zeitschrift für die Werke der Nächstenliebe im katholischen Deutschland Jg. 2 Nr. 12 (Dezember 1897), 250 - 251, 250.

2. Gründung des Deutschen Caritasverbandes

"Charitas" zugestellt und erwarben "das Recht ... der kostenfreien Benutzung sämtlicher Einrichtungen des Verbandes" (§ 5)[88].

Eine erste Liste der Mitglieder war dem Aufruf zur Verbandsgründung im März 1897 angehängt, die 11 "lebenslängliche Mitglieder", 52 Einzelmitglieder und 5 "Corporationen" auswies[89]. Zu den Mitgliedern auf Lebenszeit gehörten der Geistliche Friedrich Graf von Spee (Heltorf), Gräfin Maria Anna von Spee, geb. Gräfin von Galen, Gräfin Agnes von Spee, Frl. Johanna Weckbeker (alle Düsseldorf). Als Einzelmitglieder waren aus Düsseldorf eingeschrieben: Landesrat Max Brandts, Landesrat Peter Klausener, Landesassessor Clemens Adams, Kreisbauinspektor Anton Adams, Königlicher Kammerherr Freiherr Adolf von Eynatten, Kaplan Dr. Franz Werhahn (St. Maximilian), Justizrat Notar Carl Holter, Landgerichtsdirektor Ludwig Schmitz, Oberrentmeister Norbert Berenbrock, August Berenbrock, Rittergutsbesitzer Eugen von Lezaak, Gräfin Antonia von Spee, geb. Freiin von Mirbach[90]. Bis Ende Dezember 1897 kamen als weitere Mitglieder aus Düsseldorf hinzu: Rentnerin Fräulein Maria Dorff (auf Lebenszeit), Freiherr Roland von Ayx, Pfarrer Heinrich Bechem (St. Martin), Rechtsanwalt Josef Bewerunge, Pfarrer Theodor Bollig (Liebfrauen), Bäckermeister Franz Anton Crux, Kaufmann Heinrich Ditges, Pfarrer Heinrich Esser (St. Rochus), Justizrat Otto Euler, Justizrat Peter Frings, Landesrat a.D. Aloys Fritzen, Katholischer Gefängnisverein Düsseldorf vertreten durch Staatsanwalt Dr. Cornelius Cretschmar, Kaplan Albert Kessels (St. Lambertus), Landgerichtsrat Otto Meyer, Medizinalrat Prof. Dr. Albert Mooren, Dr. med. Heinrich Neuhaus, Dr. med. Josef Pütz, Justizrat Ferdinand Schiedges, Kaufmann Wilhelm Weilinghaus, Regierungsrat Ludwig Aloys von Werner, Pfarrer Heinrich Cremer (St. Lambertus), Kaplan Friedrich Steenaerts (St. Lambertus), Kaplan Michael Stupin (Liebfrauen), Landgerichtsdirektor Ludwig Schmitz, Apotheker Julius Kleinertz[91]. Mit Blick auf den Mitgliederzuwachs im Gesamtverband schrieb Lorenz Werthmann im April 1897 anerkennend: "Wie empfänglich ... die Herzen für unsere Bestrebungen sind,

---

[88] Vgl. NN, Satzung des Charitas - Verbandes für das katholische Deutschland. (Nach den Beschlüssen der constituirenden Versammlung vom 9. November 1897 zu Köln am Rhein), in: Charitas. Zeitschrift für die Werke der Nächstenliebe im katholischen Deutschland Jg. 2 Nr. 12 (Dezember 1897), 250 - 251, 250.

[89] Vgl. NN, Aufruf zur Gründung eines Charitas - Verbandes für das katholische Deutschland, in: Charitas. Zeitschrift für die Werke der Nächstenliebe im katholischen Deutschland Jg. 2 Nr. 3 (März 1897), 37 - 41, 41. Zur Mitgliederstruktur vgl. Catherine Maurer, Le modèle allemand de la charité. La Caritas de Guillaume II à Hitler, Strasbourg 1999, 71 ff.

[90] Vgl. NN, Aufruf zur Gründung eines Charitas - Verbandes für das katholische Deutschland, in: Charitas. Zeitschrift für die Werke der Nächstenliebe im katholischen Deutschland Jg. 2 Nr. 3 (März 1897), 37 - 41, 41.

[91] Vgl. Lorenz Werthmann, Charitas - Verband für das katholische Deutschland, in: Charitas. Zeitschrift für die Werke der Nächstenliebe im katholischen Deutschland Jg. 2 Nr. 4 (April 1897), 83 - 84, 83 f; NN, Charitas - Verband für das katholische Deutschland, in: Charitas. Zeitschrift für die Werke der Nächstenliebe im katholischen Deutschland Jg. 2 Nr. 6 (Juni 1897), 123; NN, Neue Mitglieder des Charitas - Verbandes, in: Charitas. Zeitschrift für die Werke der Nächstenliebe im katholischen Deutschland Jg. 2 Nr. 12 (Dezember 1897), 251 - 253, 252; NN, Neue Mitglieder des Charitasverbandes, in: Charitas. Zeitschrift für die Werke der Nächstenliebe im katholischen Deutschland Jg. 3 Nr. 5 (Mai 1898), 111 - 113, 111. Vgl. auch Mitglieder - Verzeichniß des Charitas - Verbandes für das katholische Deutschland. (Nach den Anmeldungen bis 1. August 1898), Freiburg 1898, 3 ff.

zeigt die Stadt Düsseldorf, wo durch die Bemühungen unserer Freunde bereits ein stattlicher Mitgliederkranz geworben werden konnte"[92]. Wenn namentlich auch nicht genannt, ging der hohe Anteil Düsseldorfer Mitglieder ohne Zweifel auf die rührige Werbetätigkeit von Max Brandts zurück[93]. Noch zehn Jahre nach der Verbandsgründung war Düsseldorf Vorort der Caritasbewegung und jene Stadt, in der reichsweit die meisten Einzelmitglieder lebten. Neben den lebenslänglichen Mitgliedern Johanna Brauchitsch, geb. Weckbecker, Frau Joseph Decker (geb. Tietz), Elisabeth Freusberg, Frl. Rentiere Antonie Haller, Frl. Rentiere Elisabeth Jahn, der Kartause Hain, Frl. Christine Kropp, Gräfin Agnes Spee, Gräfin Maria Anna von Spee, geb. Gräfin von Galen, Freifrl. Isabella von Steffens hatten 1907 von 4085 Mitgliedern 183 ihren Wohnsitz in Düsseldorf (zum Vergleich: Aachen 80, Breslau 71, Essen 25, Freiburg 164, Köln 73, München 30, Münster 57, Straßburg 59). Auch in den kleineren Nachbargemeinden der Stadt Düsseldorf hatte die verbandliche Caritas, meist durch die Mitgliedschaft der Geistlichen bezeugt, ihren Anfang genommen (Benrath 2, Gerresheim 1, Heerdt 1, Itter 1, Lohausen 1, Oberkassel 2)[94].

Noch vor Konstituierung des Deutschen Caritasverbandes hatte sich am 24. Mai 1897 unter dem Namen "Katholische charitative Vereinigung für die Stadt Essen" ein Ortskomitee[95] und am 29. November 1897 in Wiesbaden der Diözesancaritasverband für das Bistum Limburg gebildet[96], doch ging der Aufbau regionaler und lokaler Caritasverbände bis zum Ausbruch des Ersten Weltkrieges nur schleppend voran. Im Jahre 1915 gab es Caritasverbände in 25 größeren deutschen Städten und Diözesanverbände in den Bistümern Straßburg (1903), Freiburg (1903), Ermland (1906), Metz (1909), Breslau (1910), Grafschaft Glatz (1913), Limburg (1914 reorganisiert), Paderborn (1915); außerdem waren dem Verband 6 örtliche Caritaskomitees in Schlesien und 12 caritative

---

[92] Lorenz Werthmann, Charitas - Verband für das katholische Deutschland, in: Charitas. Zeitschrift für die Werke der Nächstenliebe im katholischen Deutschland Jg. 2 Nr. 4 (April 1897), 83 - 84, 83.

[93] Vgl. Wilhelm Liese, Lorenz Werthmann und der Deutsche Caritasverband, Freiburg 1929, 160.

[94] Vgl. NN, Mitglieder - Verzeichnis, in: Jahrbuch des Charitasverbandes für das Geschäftsjahr 1 (1907/1908), 80 - 113, 80 ff. Nach einem Mitgliederverzeichnis aus dem Jahre 1900 lebten in Düsseldorf 38, in Heerdt 1 und in Kaiserswerth 2 Mitglieder (vgl. Lorenz Werthmann, Die soziale Bedeutung der Charitas und die Ziele der Charitasverbandes. (Rede, gehalten auf der General - Versammlung der Katholiken Deutschlands zu Neiße am 31. August 1899). Mit einem Anhang: Satzungen und Mitgliederverzeichnis des Charitasverbandes, Freiburg 1900, 34 ff).

[95] Vgl. AEK CR 22.31.2, 27.10.1897 und 09.04.1898; NN, Organisation der Charitas, in: Charitas. Zeitschrift für die Werke der Nächstenliebe im katholischen Deutschland Jg. 2 Nr. 6 (Juni 1897), 121 - 122, 121 f; NN, Die katholische charitative Vereinigung für Essen, in: Charitas. Zeitschrift für die Werke der Nächstenliebe im katholischen Deutschland Jg. 2 Nr. 11 (November 1897), 228 - 229, 228 f; Statuten der katholischen charitativen Vereinigung für die Stadt Essen, Essen 1897, 3 ff; Franz Laarmann, Die katholische charitative Vereinigung für die Stadt Essen, in: Charitas. Zeitschrift für die Werke der Nächstenliebe im katholischen Deutschland Jg. 5 Nr. 10 (Oktober 1900), 219 - 221, 220; Was ihr tut ... . 75 Jahre Caritasverband für die Stadt Essen, Essen 1972, 53 und 63; 1897 - 1997. Jubiläum "100 Jahre Caritas in Essen". Nah' dran. Zuwendung als gelebter Glaube, Essen 1997, 11 f.

[96] Vgl. NN, Der erste Diöcesan - Charitas - Verband, in: Charitas. Zeitschrift für die Werke der Nächstenliebe im katholischen Deutschland Jg. 3 Nr. 1 (Januar 1898), 22 - 23, 22 f.

Fachorganisationen[97] wie die "Josefs - Gesellschaft, caritativer Verein für Heilung, Pflege und gewerbliche Ausbildung verkrüppelter Personen" (1904), der "Verband katholischer Anstalten Deutschlands für Geistesschwache" (1905) oder die "Vereinigung für katholische caritative Erziehungstätigkeit" (1909) angeschlossen[98].

3. Gründung des Diözesancaritasverbandes Köln

Obwohl die deutsche Caritasbewegung in Köln 1897 ihr endgültiges Profil erhalten hatte, kam der organisatorische Ausbau in diesem Bistum selbst kaum voran. Knapp zwei Dezennien nach der Verbandsgründung hatten sich die caritativen Kräfte in nur drei Städten zu Ortsverbänden (Essen 1897, Düsseldorf 1904, Düren 1911) zusammengeschlossen[99]; eine Organisation auf Diözesanebene fehlte ganz. Der Befund überrascht, da in der Erzdiözese Köln schon früh viel versprechende Initiativen zur Organisation auf Bistums- und Dekanatsebene angedacht und eingeleitet wurden. Im Frühjahr 1898 wollten sich die Caritasbewegungen in Bonn, Köln und Krefeld nach dem Vorbild der "Katholischen charitativen Vereinigung für die Stadt Essen" zu lokalen Organisationskomitees zusammenschließen, doch verweigerte das Generalvikariat hierzu seine Zustimmung. Nach einem Gespräch mit dem Provinzialvorsitzenden der Vinzenzvereine, dem Kölner Kaufmann Franz Rody[100], vermerkte Generalvikar Peter Kreutzwald am 10. März 1898 in den Akten: "Wir tragen Bedenken, zur Bildung eines localen Caritas - Co-

---

[97] Vgl. dazu Lorenz Werthmann, Vorboten und Vorkämpfer der Caritasbestrebungen, in: Jahrbuch des Caritasverbandes für das Geschäftsjahr 6 (1912/1913), 1 - 11, 9 ff; NN, Die dem Caritasverband angeschlossenen Fachorganisationen, in: Caritas. Zeitschrift für die Werke der Nächstenliebe im katholischen Deutschland Jg. 23 Nr. 4/6 (Januar/März 1918), 121 - 151, 121 ff; Erich Reisch, Caritasverband und Fachverbände in historisch - genetischer Betrachtung, in: Caritas. Zeitschrift für Caritasarbeit und Caritaswissenschaft Jg. 75 Nr. 3 (Mai 1974), 141 - 149, 141 ff; Hans - Josef Wollasch, Der Deutsche Caritasverband - eine imperialistische Scheinmacht ? Geschichtliche Zeugnisse zum Verhältnis zwischen Caritasverband und caritativen Fachverbänden, in: Caritas '90. Jahrbuch des Deutschen Caritasverbandes, 365 - 383, 365 ff.

[98] Vgl. Lorenz Werthmann, Vorboten und Vorkämpfer der Caritasbestrebungen, in: Jahrbuch des Caritasverbandes für das Geschäftsjahr 6 (1912/1913), 1 - 11, 1 ff; NN, Der allgemeine Caritasverband. Geschäftsbericht vom 1. Oktober 1912 bis 30. September 1913, in: Jahrbuch des Caritasverbandes für das Geschäftsjahr 7 (1913/1914), 21 - 32, 23 f; NN, Caritasverband für das katholische Deutschland e. V.. Bericht über die Geschäftsjahre 1913/14 und 1914/15, in: Caritas. Zeitschrift für die Werke der Nächstenliebe im katholischen Deutschland Jg. 21 Nr. 2/3 (November/Dezember 1915), 41 - 56, 45 f; Constantin Noppel, Denkschrift über den Ausbau der katholischen Caritasorganisation, Freiburg 1915, 9; Benedict Kreutz, Caritas und Deutscher Caritasverband E. V., in: Oskar Karstedt, Handwörterbuch der Wohlfahrtspflege, Berlin 1924, 102 - 110, 105 f; Wilhelm Liese, Lorenz Werthmann und der Deutsche Caritasverband, Freiburg 1929, 217 ff.

[99] Vgl. NN, Caritasverband Düren, in: Caritas. Zeitschrift für die Werke der Nächstenliebe im katholischen Deutschland Jg. 16 Nr. 7 (April 1911), 203.

[100] Vgl. AEK CR 22.31.2, 28.02.1898.

mité für die Stadt Köln Anlaß zu geben oder mitzuwirken"[101]. Als die Kölnische Volkszeitung am 20. März 1898 meldete, in Bonn und Krefeld seien "charitative Vereinigungen" ins Leben getreten[102], erinnerte Generalvikar Peter Kreutzwald am 21. bzw. 22. März 1898 die Dechanten beider Städte daran, dass kirchliche Vereine der erzbischöflichen Genehmigung bedürften, wenn sie dem Verband beitreten wollten[103]. Daraufhin teilte der Bonner Dechant Karl Neu am 21. April 1898 mit, eine Gründung sei zwar geplant, aber noch nicht vollzogen[104]. Die Krefelder Organisatoren legten dem Generalvikar am 5. April 1898 "Statuten der katholischen charitativen Vereinigung für die Stadt Krefeld" zur Genehmigung vor[105]. Beide Dechanten erhielten am 26. April 1898 vom Generalvikariat zur Antwort, sie sollten die Angelegenheit bis zur weiteren Klärung der Organisationsfrage lokaler Caritasvereinigungen ruhen lassen[106]. In beiden Städten erlahmte daraufhin das Interesse; in Krefeld wurde 1916[107], in Bonn erst 1920 ein Caritasverband gegründet[108].

Die Notwendigkeit von Zusammenschlüssen auf Diözesanebene war von Max Brandts schon 1891 erkannt worden. In seiner Bocholter Rede über "Die besonderen Aufgaben der katholischen Liebesthätigkeit in der heutigen Zeit" gab er auf die Frage, "wer soll denn diese Centralstelle bilden?", die Antwort: "Ich meine, das kann kaum zweifelhaft sein. Nach unserer katholischen Anschauung kann dies nur der Bischof sein; wie in frühern Jahrhunderten, so trete er auch heute an die Spitze aller Wohlthätigkeits-Institute seiner Diöcese. Selbstredend bedarf derselbe hierzu einer nicht geringen Anzahl sachkundiger und eifriger Berather, welche sich aber aus den Vorstehern der Hauptanstalten und Vereine leicht finden lassen. Das würde eine Art charitativen Generalstabes neben der eigentlich bischöflichen Verwaltung sein"[109]. Der Gedanke der caritativen Diözesanorganisation unter Leitung des Bischofs wurde von Max Brandts im Gründungsjahr des Deutschen Caritasverbandes 1897 nochmals aufgegriffen und in Verbindung mit Weihbischof Hermann - Josef Schmitz (Köln), Geheimrat Peter Klausener (Düsseldorf), Landgerichtsdirektor August Reichensperger (Köln) und Justizrat

---

[101] AEK CR 22.31.2, 10.03.1898.
[102] Vgl. NN, Krefeld, in: Kölnische Volkszeitung Jg. 39 Nr. 215 (20.03.1898), 2. Vgl. auch NN, Charitative Vereinigungen, in: Charitas. Zeitschrift für die Werke der Nächstenliebe im katholischen Deutschland Jg. 3 Nr. 4 (April 1898), 94.
[103] Vgl. AEK CR 22.31.2, 21.03.1898 und 22.03.1898.
[104] Vgl. AEK CR 22.31.2, 21.04.1898.
[105] Vgl. AEK CR 22.31.2, 05.04.1898; Statuten der katholischen charitativen Vereinigung für die Stadt Krefeld, Krefeld 1898, 3 ff.
[106] Vgl. AEK CR 22.31.2, 26.04.1898.
[107] Vgl. Not sehen und handeln. Der Caritasverband für die Region Krefeld e. V., Krefeld 2000, 4.
[108] Vgl. NN, Ein Caritasverband für die Stadt Bonn, in: Caritas. Zeitschrift für die Werke der Nächstenliebe. Organ des Deutschen Caritasverbandes Jg. 26 Nr. 5/6 (Februar/März 1921), 46.
[109] Max Brandts, (Die besonderen Aufgaben der katholischen Liebesthätigkeit in der heutigen Zeit), in: Arbeiterwohl Jg. 11 Nr. 10/12 (Oktober/Dezember 1891), 207 - 219, 218 f.

3. Gründung des Diözesancaritasverbandes Köln

August Custodis (Köln) dem Kölner Kardinal Philippus Krementz in einer Denkschrift vorgelegt[110].

Verwirklicht wurden die Empfehlungen der Eingabe erst unter Kardinal Antonius Fischer. Am 17. Januar 1904 veröffentlichte er im Kirchlichen Anzeiger einen "oberhirtlichen Erlaß betreffend Organisation der Werke christlicher Liebe und sozialer Fürsorge innerhalb der Erzdiözese", der die Einrichtung eines Diözesanausschusses bzw. Diözesankomitees für Caritasangelegenheiten ankündigte. Nach Aufzählung und Beschreibung aller "altbewährten" Werke christlicher Nächstenliebe im Bistum schrieb der Kardinal: "So herrscht, Gott Dank, ein reges Leben nach allen Richtungen christlicher Liebesthätigkeit und sozialen Schaffens innerhalb der Erzdiözese, und wir haben wahrscheinlich keinen Grund, in unzeitig angebrachter Bescheidenheit auf diesem wichtigen Gebiete öffentlichen Lebens uns als rückständig zu bezeichnen zu lassen. Nur Eines fehlt uns: Die Organisation. Wohl haben einzelne der Vereine einen vom Bischof ernannten Diözesanpräses; wohl haben alle Vereinigungen eine gewisse mehr oder weniger enge, manchmal freilich recht lose, Fühlung mit dem Oberhirten der Diözese, wie auch anderseits die Personen, die sich in der Literatur oder sonst mit der Besprechung und Behandlung derartiger Fragen beschäftigen, wahrlich den Bischof nicht ausschließen wollen, ihn vielmehr vielfach zu Rate ziehen: selbstverständlich gilt letzteres an erster Stelle von unsern Priestern. Allein es fehlt an einem einigenden Bande zwischen den einzelnen Vereinen und zwischen der mannigfachen Wirksamkeit, und es fehlt namentlich dem Bischofe selbst an den Mittelspersonen, die ihn fortdauernd über den Stand der Dinge im einzelnen unterrichten, ihn auf wünschenswerte Besserungen hinweisen, auf neue Bedürfnisse aufmerksam machen, kurz, die ihn in all diesen Dingen auf dem Laufenden halten, damit er imstande sei, seinerseits mit Einsicht zu urteilen und gegebenen Falles mit Umsicht zu handeln. Dieser Mangel macht sich um so mehr geltend, je größer die Erzdiözese ist und je mehr gerade auf ihrem Boden die sozialen Verhältnisse verschlungen werden und die soziale Not in der mannigfaltigen Weise sich kundtut. ... Demgemäß treffe ich, nachdem ich reiflich über die Sache nachgedacht und mich mehrfach mit erfahrenen Männern geistlichen und weltlichen Standes beraten habe, folgende Anordnungen. Ich setze zunächst einen Diözesanausschuß ein für die Werke christlicher Liebe und die christlich - sozialen Bestrebungen innerhalb der Erzdiözese. Derselbe hat die Aufgaben, die gesamte einschlägige Tätigkeit auf genanntem Gebiete zu beobachten, sich über neu hervortretende Bedürfnisse zu unterrichten, entsprechende Anregungen zu geben, von den charitativen und sozialen Einrichtungen, die anderswo und von anderer Seite ins Werk gesetzt werden, sich genaue Einsicht zu verschaffen, die einschlägige Literatur, seien es periodische Veröffentlichungen oder fachmännische Schriften, zu verfolgen und über alles den Oberhirten der Diözese fortdauernd in Kenntnis zu setzen. Als Vorsitzenden dieses Ausschusses ernenne ich den Hochwürdigsten Herrn Weihbischof Müller und als ordentliche Mitglieder desselben die Herren Domkapitular Dr. Ludwigs, Domkapitular Dr. Blank, Seminarpräses Lausberg und Pfarrer Dr. Oberdörffer in Cöln. Der Hochwürdigste Herr Weihbischof wird die Güte haben, selber die Obsorge

---

[110] Vgl. Johannes Horion, Max Brandts+, in: Charitas. Zeitschrift für die Werke der Nächstenliebe im katholischen Deutschland Jg. 11 Nr. 2/3 (November/Dezember 1905), 30 - 35, 32.

für die Ordensgenossenschaften, soweit sie hier in Frage kommen, zu übernehmen. Als Referenten für die mehr religiösen Vereine (marianische Kongregationen, Müttervereine, Verein der h. Familie, dritter Orden des h. Franziskus usw.) bestimme ich Herrn Domkapitular Dr. Ludwigs; als Referenten für die Werke christlicher Liebe die Herren Domkapitular Dr. Blank und Seminarpräses Lausberg, und zwar so, daß letzterer besonders sich dem Wirken der verschiedenen Frauenvereine widmen wird; endlich für die gesamte soziale Frage beziehungsweise die sozialen Einrichtungen im engeren Sinne Herrn Pfarrer Dr. Oberdörffer. Die engere Abgrenzung der verschiedenen Gebiete, die vielfach gegenseitig verschlungen sind, wird der Ausschuß selber unter Leitung eines Vorsitzenden vornehmen. Zu diesem Diözesanausschuß berufe ich dann ferner als außerordentliche Mitglieder; den Generalpräses der Gesellenvereine Herrn Rektor Schweitzer, den Diözesanpräses der Arbeitervereine Herrn Dr. Pieper, den Vorsitzenden des Provinzialausschusses der Vincenzvereine Herrn F. Rody, sowie den Diözesanpräses der Elisabethvereine Herrn Domkapitular Dr. Pingsmann. Der Herr Vorsitzende wird, je nach Bedürfnis, von Zeit zu Zeit die Mitglieder, sei es des engeren oder auch des weiteren Ausschusses, versammeln, um über schwebende Fragen zu beraten. Gegebenen Falls werde ich selber solche Sitzungen berufen oder denselben beiwohnen. Neben diesem Diözesanausschuß bilde ich zu demselben Zwecke ein weiter gefasstes Diözesankomitee. Dasselbe wird aus Mitgliedern bestehen, die aus dem Bereich der gesamten Erzdiözese, und namentlich aus den mehr industriellen Gebieten derselben, entnommen sind. Sie werden gewissermaßen die Korrespondenten des Diözesan - Ausschusses sein. Dieselben werden für ihren Ort und ihre Umgebung die einschlägigen Bedürfnisse studieren, sich mit der Tätigkeit der dort bestehenden Vereinigungen auf caritativem und sozialem Gebiete vertraut machen, mit den betreffenden Leitern derselben fortlaufenden Verkehr unterhalten, gegebenen Falls andere Vertrauenspersonen geistlichen oder weltlichen Standes heranziehen, auf etwa neu ins Leben zu rufende Einrichtungen aufmerksam machen und dabei stets mit dem Diözesanausschuß in Verbindung bleiben, der seinerseits wieder die Beziehungen mit dem Diözesankomitee, sei es durch briefliche Korrespondenz, sei es auch durch persönlichen Austausch, unterhalten wird. Von Zeit zu Zeit, der Regel nach wenigstens einmal im Laufe des Jahres, wird der Vorsitzende des Diözesanausschusses sämtliche Mitglieder des Diözesankomitees mit dem Diözesanausschuß in Cöln oder an einem anderen Orte der Erzdiözese zu einer Generalversammlung vereinigen behufs gegenseitiger Aussprechung und Beratung. Es ist dem Ermessen des Diözesanausschusses anheimgegeben, zu dieser Generalversammlung gegebenen Falls auch andere auf dem entsprechenden Gebiete erfahrene Herren, Priester oder Laien, einzuladen. Ich werde möglichst selber diesen Versammlungen beiwohnen"[111]. Die Mitglieder des Diözesankomitees wurden vom Erzbischof berufen; als Delegierte für die Stadt Düsseldorf und den näheren Umkreis waren bestimmt: Pfarrer

---

[111] NN, Oberhirtlicher Erlaß betreffend Organisation der Werke christlicher Liebe und sozialer Fürsorge innerhalb der Erzdiözese, in: Kirchlicher Anzeiger für die Erzdiözese Cöln Jg. 44 Nr. 3 (01.02.1904), 12 - 16, 13 ff. Vgl. dazu Manfred Baldus, Gründung des Diözesan - Caritasverbandes für das Erzbistum Köln - 1904, 1916 oder wann ? Von der Mühe des kanonischen Rechts mit der christlichen Caritas, in: Norbert Feldhoff, Die verbandliche Caritas. Praktisch - theologische und kirchenrechtliche Aspekte, Freiburg 1991, 9 - 20, 13 ff.

3. Gründung des Diözesancaritasverbandes Köln

Heinrich Bechem (Bilk, St. Martin), Pfarrer Theodor Bollig (Flingern, Liebfrauen), Dechant Winand Selbach (Eller, St. Gertrudis), Pfarrer Johann Heinrich Weyers (Ratingen, Peter und Paul) und Arbeiterpräses Dr. Jakob Schmitt (Karlstadt, St. Maximilian)[112].

Über erste Anfänge kam das breit angelegte Projekt von Kardinal Antonius Fischer nicht hinaus. Die wenigen überlieferten Nachrichten über den "Diözesanausschuß für die Werke christlicher Liebe und sozialer Fürsorge in der Erzdiözese Köln" lassen kaum erkennen, in welche Richtung das Gremium wirksam wurde. Die jährlich vorgeschriebene Generalversammlung des Diözesanausschusses und des Diözesankomitees trat nur einmal zusammen. Im Oktober 1905 berichtete die Charitas: "Nach mehreren, teilweise unter dem persönlichen Vorsitz Sr. Eminenz abgehaltenen Versammlungen des engeren und weiteren Ausschusses wurde am Donnerstag den 4. Mai 1905 im Erzbischöflichen Priesterseminar zu Köln die durch den ... Erlaß Sr. Eminenz vorgesehene Generalversammlung des Diözesan - Ausschusses, sowie des Diözesan - Komitees 'behufs gegenseitiger Aussprechung und Beratung' abgehalten. Außer dem Herrn Kardinal und dem Herrn Weihbischof waren alle Ausschuß- und die meisten der Komitee - Mitglieder aus allen, auch den entferntesten Teilen der Erzdiözese erschienen. Um für die Versammlung ein bestimmtes Programm und für die Diskussion eine feste Grundlage zu gewinnen, waren unter Genehmigung Sr. Eminenz drei ganz besonders praktische Themata zu kurzen Vorträgen ausgewählt worden. An diese knüpfte dann die Beratung an, in welcher von den verschiedensten Gesichtspunkten aus die betreffende Frage in ruhiger Rede und Gegenrede beleuchtet wurde. Das dargebotene Material bot hierfür einen so reichhaltigen Stoff, daß allgemein bedauert wurde, wegen der bereits vorgerückten Zeit die anregende Besprechung abbrechen zu müssen. Wiederholt griffen Se. Eminenz in die Diskussion ein, erklärten ihre Zustimmung zu dem Resultat der Verhandlungen und stellten die Berufung einer zweiten Generalversammlung für den Herbst, etwa im Monat Oktober, in Aussicht. Der Herr Weihbischof sprach dann Sr. Eminenz für ihr Erscheinen den Dank der Versammlung aus und ersuchte letztere, geeignet erscheinende Themata, Vorschläge und Anregungen, welche für die nächste Generalversammlung den Stoff der Beratungen bilden sollten, zeitig an den von Sr. Eminenz ernannten stellvertretenden Vorsitzenden, Herr Domkapitular Dr. Ludwigs, gefälligst einsenden zu wollen. In der Generalversammlung sprachen Herr Seminarpräses Lausberg über die vom Standpunkte der Seelsorge aus für die schulentlassene Jugend zu treffenden Maßnahmen, Herr Pfarrer Odenthal aus Mülheim a. Rh. über die Sorge für die vom Lande zuziehenden Arbeiter und Dienstboten, Herr Dr. Pieper, Diözesanpräses der Arbeitervereine, über die Stellung des Klerus zu den christlichen Gewerkschaften"[113].

Nach der ersten Generalversammlung des Diözesanausschusses im Jahre 1905 verliert sich seine Spur; die Frage nach einem Zusammenschluss aller in der Erzdiözese Köln tätigen Caritaskräfte wurde erst wieder unter veränderten Vorzeichen virulent. Mit

---

[112] Vgl. NN, Oberhirtlicher Erlaß betreffend Organisation der Werke christlicher Liebe und sozialer Fürsorge innerhalb der Erzdiözese, in: Kirchlicher Anzeiger für die Erzdiözese Cöln Jg. 44 Nr. 3 (01.02.1904), 12 - 16, 15.

[113] NN, Diözesan - Ausschuß für die Werke christlicher Liebe und sozialer Fürsorge in der Erzdiözese Köln, in: Charitas. Zeitschrift für die Werke der Nächstenliebe im katholischen Deutschland Jg. 10 Nr. 10 (Juli 1905), 241 - 242, 242.

Ausbruch des Ersten Weltkrieges im Sommer 1914 entstanden neue Formen und Situationen von Not, denen die dezentral organisierten Hilfswerke der katholischen Kirche kaum gewachsen waren. Neben der Unterhaltung von Vereins- und Reservelazaretten mussten vor allem Suchdienste nach vermissten Soldaten und Zivilisten, Auskunftstellen für die Kriegsopferfürsorge und Angebote zur Kindererholung und Jugenderziehungshilfe bereitgestellt werden[114]. Aufgeschreckt von den wachsenden Anforderungen, den strukturellen Organisationsdefiziten und der Ausweitung staatlicher und privater Kriegswohlfahrtspflege empfahl Lorenz Werthmann am 27. Januar 1915 nach einem Gespräch mit dem Paderborner Bischof Karl Joseph Schulte, "den Caritasverband noch inniger als bisher mit der Kirche zu verbinden, sodaß wir allmählich zu einer wirklich kirchlichen Organisation kommen". Hierzu sei eine getreue Untersuchung notwendig, "was der Caritasverband bisher geleistet hat, was der katholischen Caritas gegenüber der nicht katholischen Wohltätigkeit noch mangelt, was auf dem Spiele steht, wenn die katholische Caritas nicht organisiert wird, wie unbedeutend unsere Tätigkeit vielfach gegenüber den Anstrengungen der offiziellen Armenpflege und der staatlichen Wohlfahrtspflege ist, wie wichtig die Anleitung des Klerus zur Ausübung der Caritas in moderner Weise ist, und wie gerade jetzt infolge des Krieges und der dabei zu Tage getretenen Wohlfahrtsbestrebungen die Zeit gekommen ist, um die katholischen Organisationen enger zusammenzuschließen"[115].

Die von Lorenz Werthmann empfohlene Analyse und Darlegung wurde vom Berliner Jesuitenpater Constantin Noppel ausgeführt und der Fuldaer Bischofskonferenz am 17. August 1915 in Form eines Memorandums unter dem Titel "Denkschrift über den Ausbau der katholischen Caritasorganisation" vorgelegt[116]. Hier zeigte Constantin Noppel die Gefahren auf, die von einer Monopolisierung der öffentlichen und von der Interkonfessionalisierung der freien Wohlfahrtspflege ausgingen, und nannte als Schwächen der Caritas: "1. den Mangel an ausreichenden materiellen Mitteln, 2. den Mangel an gründlich vorgebildeten und genügend zahlreichen führenden Persönlichkeiten und Be-

---

[114] Vgl. Lorenz Werthmann, Die Wohltätigkeit im Kriege und die Aufgaben der Caritas nach dem Kriege, in: Caritas. Zeitschrift für die Werke der Nächstenliebe im katholischen Deutschland Jg. 21 Nr. 2/3 (November/Dezember 1915), 35 - 41, 35 ff; NN, Der Caritasverband in seiner Neugestaltung, in: Caritas. Zeitschrift für die Werke der Nächstenliebe im katholischen Deutschland Jg. 22 Nr. 4/5 (Januar/Februar 1917), 117 - 121, 118; Lorenz Werthmann, Unser Caritasprogramm an der Neige des Weltkrieges, in: Caritas. Zeitschrift für die Werke der Nächstenliebe im katholischen Deutschland Jg. 22 Nr. 8 (Mai 1917), 245 - 250, 245 ff; NN, Der Deutsche Caritasverband in den Kriegsjahren 1915/16 und 1916/17, in: Caritas. Zeitschrift für die Werke der Nächstenliebe im katholischen Deutschland Jg. 23 Nr. 4/6 (Januar/März 1918), 69 - 89, 69 ff; Was hat die katholische Caritas im Weltkrieg geleistet? Gesamtbericht der Freiburger Kriegshilfsstelle des Deutschen Caritasverbandes über ihre Tätigkeit in den Jahren 1914 - 1918, Freiburg 1919, 14 ff; Hans - Josef Wollasch, "Kriegshilfe" der Caritas im Ersten Weltkrieg. Eine Skizze, in: Caritas '87. Jahrbuch des Deutschen Caritasverbandes, 331 - 340, 331 ff.
[115] DCF 124.021 Fasz. 1, 27.01.1915.
[116] Vgl. NN, Protokoll der Bischofskonferenz Fulda, 17. - 19. August 1915, in: Erwin Gatz, Akten der Fuldaer Bischofskonferenz Bd. 3, Mainz 1985, 233 - 245, 236. Vgl. auch Hans - Josef Wollasch, Ein Kaufmannssohn aus Radolfzell als Pionier für Jugendpflege und Seelsorge. Zum 100. Geburtstag von P. Constantin Noppel SJ (1883 - 1945), in: Hegau Jg. 28 Nr. 40 (1983), 7 - 58, 11 ff.

3. Gründung des Diözesancaritasverbandes Köln

rufsarbeitern, 3. den Mangel an einheitlicher Organisation"[117]. Der Freiburger Erzbischof Thomas Nörber bestätigte als Korreferent die aufgedeckten Defizite und forderte auf diözesaner und lokaler Ebene eine systematische Zentralisation der Caritasarbeit[118]. Erleichtert kommentierte Lorenz Werthmann die Beratungen der Bischöfe mit den Worten: "Die im August 1915 zu Fulda versammelten deutschen Bischöfe haben die Organisation der Caritas in ihren Diözesen und den Anschluß dieser Diözesanorganisationen an den allgemeinen Caritasverband einmütig zum Beschlusse erhoben. Diese hocherfreuliche Tatsache bedeutet einen entscheidenden Markstein in der Caritasbewegung"[119]. Übersehen hatte Lorenz Werthmann, dass sich die Bischofskonferenz mit der Frage des Caritasverbandes zwar wohlwollend beschäftigt, aber noch keinen verbindlichen Beschluss gefasst hatte. Dieser, später als "Anerkennungsbeschluss" bezeichnete Entscheid erfolgte erst am 23. August 1916: "Die Bischofskonferenz", so der grundlegende Satz, "anerkennt den Caritasverband für das katholische Deutschland als die legitime Zusammenfassung der Diözesanverbände zu einer einheitlichen Organisation"[120].

Obwohl die Bestätigung an die Revision des Verbandsstatuts, der Einrichtung eines Zentralrates und der Angleichung der Satzungen der Diözesancaritasverbände gekoppelt war, ebnete die Denkschrift von 1915 und der Anerkennungsbeschluss von 1916 den Weg in eine neue Zeit. In dichter Folge konstituierten sich weitere Diözesan- und Ortscaritasverbände[121], darunter 1916 der Diözesancaritasverband für das Erzbistum Köln. Ein Lokalverband für die Domstadt selbst war bereits am 18. Juli 1915 gebildet worden[122].

Die Proklamation des Diözesancaritasverbandes für das Erzbistum Köln war durch Kardinal Felix von Hartmann am 27. Februar 1916 im Gürzenich während des 1. Diö-

---

[117] Constantin Noppel, Denkschrift über den Ausbau der katholischen Caritasorganisation, Freiburg 1915, 8.

[118] Vgl. Thomas Nörber, Organisation der katholischen Caritas, in: Erwin Gatz, Akten der Fuldaer Bischofskonferenz Bd. 3, Mainz 1985, 247 - 253, 247 ff.

[119] Lorenz Werthmann, Die hochwürdigsten deutschen Bischöfe und die Caritasorganisation. Gründung des Caritasverbandes für die Diözese Paderborn, in: Caritas. Zeitschrift für die Werke der Nächstenliebe im katholischen Deutschland Jg. 21 Nr. 5/6 (Februar/März 1916), 157 - 163, 157.

[120] NN, Protokoll der Bischofskonferenz Fulda, 22. - 23. August 1916, in: Erwin Gatz, Akten der Fuldaer Bischofskonferenz Bd. 3, Mainz 1985, 261 - 269, 266. Vgl. dazu Lorenz Werthmann, Die Bedeutung der Fuldaer Bischofsbeschlüsse über die Organisation der Caritas im katholischen Deutschland, in: Caritas. Zeitschrift für die Werke der Nächstenliebe im katholischen Deutschland Jg. 22 Nr. 1 (Oktober 1916), 2 - 7, 2 ff; Hans - Josef Wollasch, Caritasverband und katholische Kirche in Deutschland. Zur Bedeutung des "Anerkennungsbeschlusses" der Fuldaer Bischofskonferenz vom Jahre 1916, in: Caritas '72. Jahrbuch des Deutschen Caritasverbandes, 59 - 75, 59 ff.

[121] Vgl. Wilhelm Liese, Lorenz Werthmann und der Deutsche Caritasverband, Freiburg 1929, 218 ff.

[122] Vgl. NN, Gründung eines katholischen Caritasverbandes für die Stadt Köln, in: Caritas. Zeitschrift für die Werke der Nächstenliebe im katholischen Deutschland Jg. 20 Nr. 11 (August 1915), 298 - 300, 298 ff; NN, Caritasverband für das katholische Deutschland e. V.. Bericht über die Geschäftsjahre 1913/14 und 1914/15, in: Caritas. Zeitschrift für die Werke der Nächstenliebe im katholischen Deutschland Jg. 21 Nr. 2/3 (November/Dezember 1915), 41 - 56, 45; NN, Die Gründung eines katholischen Caritas - Verbandes Köln, in: Vinzenz - Blätter. Zeitschrift des Vinzenzvereins für Deutschland Jg. 4 Nr. 2 (1915/16), 29 - 30, 29 f.

zesancaritastages in Köln erfolgt[123]. Wenige Tage später gab der Erzbischof die Gründung und den geplanten Aufbau der Caritasorganisation im Kirchlichen Anzeiger bekannt: "Gegenüber den säkularisierenden und radikalen Bestrebungen der modernen Zeit gilt es, einen schützenden Wall um die christliche Caritas aufzurichten durch Schaffung einer systematischen Organisation, was den engen Anschluß an die Leitung der heiligen Kirche, der von Gott gesetzten Hüterin der christlichen Güter, bedingt. Diese Organisation soll nun so gegliedert werden, daß in den größeren Gemeinden mit zwei oder mehreren Pfarreien sogenannte örtliche Caritasverbände gebildet werden als örtliche Zentralstellen für alle daselbst entstehenden oder bestehenden caritativen Vereine, Anstalten, Einrichtungen usw.. ... Wo größere Gemeinschaften nach Lage der Verhältnisse entstanden sind, die durch ihre Zusammengehörigkeit oder die gleichen Interessen ein moralisches Ganze bilden, also in allen größeren Stadtgemeinden mit mehr als einer Pfarre, in kleineren Städten mit den umgebenden Landgemeinden, oder selbst in ländlichen Bezirken, die durch günstige Lage oder wirtschaftliche Verhältnisse ein zusammenzufassendes Ganze bilden können, sollen diese für die betreffenden Bezirke geltende Ortszentrale erhalten als Zusammenschluß aller daselbst wirkenden caritativen Vereine, Gruppen, Abteilungen, sonstiger Verbände usw. als Vermittlungsorgan zum neu ins Leben gerufenen und von mir am Sonntag den 27. Februar in der großen Caritasversammlung auf dem 'Gürzenich' hierselbst feierlich für die ganze Erzdiözese proklamierten Diözesanverband. Derselbe wird das einigende Organ sämtlicher in unserem weit ausgedehnten Kirchensprengel bereits bestehenden oder noch zu gründenden Caritasveranstaltungen sein unter der unmittelbaren Oberaufsicht und Leitung des jeweiligen Oberhirten der Erzdiözese, wie es dem Geist unserer heiligen Kirche entspricht. Als meinen Stellvertreter habe ich bis auf weiteres den hochwürdigsten Herrn Weihbischof Dr. Peter Joseph Lausberg zum Vorsitzenden des Diözesanverbandes Cöln ernannt. ... Indem ich im Vorstehenden den allgemeinen Plan der neu beschlossenen Organisation dem Klerus und Volke der Erzdiözese kundgebe, behalte ich mir vor, nähere Ausführungsbestimmungen später zu veröffentlichen, ersuche aber jetzt schon die Freunde und Gönner der Caritas, des Liebesvermächtnisses unseres göttlichen Heilandes, das er als 'sein Gebot', und zwar 'ein neues Gebot' bezeichnet hat, unverweilt die entsprechenden Vorbereitungen zur Bildung der Pfarrausschüsse und Ortszentralen zu treffen und sich

---

[123] Vgl. NN, Programm des Diöcesan - Caritastages zu Cöln am Sonntag den 27. und Montag den 28. Februar 1916, in: Kirchlicher Anzeiger für die Erzdiözese Cöln Jg. 56 Nr. 4 (15.02.1916), 27 - 28, 27 f; NN, Ansprache Sr. Eminenz des Kardinal - Erzbischofs Felix von Hartmann beim Kölner Diözesan - Caritastag am 27. Februar 1916, in: Caritas. Zeitschrift für die Werke der Nächstenliebe im katholischen Deutschland Jg. 21 Nr. 7 (April 1916), 203 - 205, 203 ff; NN, Der erste Diözesan - Caritastag und die Gründung des Diözesan - Caritasverbandes für die Erzdiözese Köln, in: Caritas. Zeitschrift für die Werke der Nächstenliebe im katholischen Deutschland Jg. 21 Nr. 7 (April 1916), 222 - 224, 222 ff; August Löhr, Die Gründung des Caritasverbandes für die Erzdiözese Köln, in: Caritasstimmen. Zeitschrift für die Mitglieder der Caritasverbände, Vinzenz- und Elisabethvereine und anderer katholischer Wohltätigkeitsorganisationen Deutschlands. Ausgabe für den Diözesan - Caritasverband Köln Jg. 1 Nr. 1 (1917), 13 - 14, 13 f.

3. Gründung des Diözesancaritasverbandes Köln

behufs Auskunft mit dem Büro des Diözesanverbandes Cöln (Eintrachtstr. 168/170) in Verbindung zu setzen"[124].

---

[124] NN, Caritas - Organisation in der Erzdiözese, in: Kirchlicher Anzeiger für die Erzdiözese Cöln Jg. 56 Nr. 6 (15.03.1916), 45 - 46, 45 f. Vgl. auch NN, Diözesan - Caritas - Verband, in: Kirchlicher Anzeiger für die Erzdiözese Cöln Jg. 56 Nr. 25 (15.12.1916), 165 - 166, 165 f.

VIII. Der Caritasverband für die Stadt Düsseldorf von der Gründung bis zum Ersten Weltkrieg

Zu Beginn des 20. Jahrhunderts war in Düsseldorf nicht nur die katholische, sondern die gesamte private Wohltätigkeit der Stadt zersplittert.

1. Zentralauskunftsstelle der Privatwohltätigkeit

Vordenker und Wegbereiter einer institutionellen Zusammenführung aller Düsseldorfer Fürsorgekräfte war Landesrat Franz Appelius[1], der sämtliche Privatwohltätigkeitsvereine der Stadt am 17. März 1904 zu einer Versammlung "zwecks Gründung einer Zentralauskunftsstelle der Privatwohltätigkeit" ins Ständehaus einlud[2]. Dem Aufruf folgten 25 Vereine; neben elf paritätischen Vereinen (Bergischer Verein für Gemeinwohl, Wohnungsfürsorgeverein, Verein gegen Verarmung, Verein Frauenfürsorge, Düsseldorfer Frauenverein, Vaterländischer Frauenverein, Wöchnerinnenasyl, Verein für Arbeitsnachweis, Verein Kinderfürsorge des rheinisch - westfälischen Logenverbandes, Zigarrenabschnittsammelverein, Verein zur Unterstützung hilfsbedürftiger Kinder in Oberbilk) waren acht katholische Vereine (Elisabethenvereine, Vinzenzvereine, Fürsorgeverein für katholische Gefangene, Katholischer Frauenverein, Katholischer Fürsorgeverein für Mädchen und Frauen, Bahnhofsmission, Verein der Ladengehülfinnen, Pflegeverein für arme unbescholtene Wöchnerinnen), fünf evangelische Vereine (Armen - Nähverein, Evangelischer Frauenasylverein für gefährdete und gefallene Mädchen, Evangelischer Gefängnishülfsverein, Evangelische Diakonie, Evangelischer Frauenarmenverein) und ein jüdischer Verein (Israelitischer Frauenverein) mit ihren Vertretern erschienen. Außerdem nahm der Beigeordnete Max Greve als Leiter der Düsseldorfer Armenverwaltung an den Beratungen teil[3].

Nachdem Landesrat Franz Appelius die Versammlung eröffnet hatte, referierte er über Nachteile und Gefahren eines unkoordinierten Fürsorgewesens und warb für ein kooperatives Zusammengehen der verschiedenen Kräfte. "Unter dem Zusammenschluß

---

[1] Vgl. Franz Appelius, Die Zentralisation der Privatwohltätigkeit, in: Zeitschrift für Kommunalwissenschaft Jg. 1 Nr. 5 (August 1914), 198 - 202, 198 ff.

[2] Vgl. Bericht über die im Jahre 1904 am Donnerstag, den 17. März, nachmittags 3 1/2 Uhr, im Ständehause stattgehabte Besprechung zwecks Gründung einer Zentral - Auskunftsstelle für Privatwohltätigkeit, Düsseldorf 1904, 1 ff.

[3] Vgl. Bericht über die im Jahre 1904 am Donnerstag, den 17. März, nachmittags 3 1/2 Uhr, im Ständehause stattgehabte Besprechung zwecks Gründung einer Zentral - Auskunftsstelle für Privatwohltätigkeit, Düsseldorf 1904, 1 f.

der Privatwohltätigkeit", so Franz Appelius, "versteht man ein Hand in Hand arbeiten aller diesbezüglich in Betracht kommenden Faktoren, sei es unter Führung der Armenverwaltung oder unter Leitung einer von letzterer unabhängigen Stelle. Diese letztere ist nun entweder eine Zentrale, in deren Hand alle Fäden zusammenlaufen, die also einen gewissen bestimmenden Einfluß auf die Vereinstätigkeit hat, oder sie ist nur eine Stelle, welche die Vereinstätigkeit lediglich vermittelt, anregt und Auskunft an Bedürftige und an Unterstützenwollende - seien es Vereine oder Privatleute - erteilt - sogenannte Auskunftsstelle"[4]. Einrichtungen dieser Art, die es in Frankfurt, Hamburg, Dresden, Breslau, Berlin, Elberfeld und anderen Orten bereits gab, "beruhen auf der Erkenntnis, daß in großen Städten die vielfach nebeneinander bestehenden nützlichen Wohltätigkeitseinrichtungen dem großen Publikum und den bedürftigen Hülfesuchenden unbekannt sind oder nicht zugänglich erscheinen; sie beruhen aber auch auf der ferneren Erkenntnis, daß ein planloses Nebeneinanderarbeiten der Vereine ohne Connex mit sich und insbesondere mit der Armenverwaltung und anderen öffentlichen Einrichtungen Mißstände im Gefolge hat, die dem Prinzip der Wohltätigkeit direkt zuwider laufen, daß aber umgekehrt ein Hand in Hand arbeiten erst das wahre Wesen der Wohltätigkeit darstellt, erst der guten Absicht den Erfolg sichert". Das Wesen der Wohltätigkeit bestehe nicht darin, "einem Mitmenschen eine Gabe zuzuwenden, sondern darin, diese Gabe auch zweckdienlich zu gestalten". Wohltun bestehe nicht nur im Geben, sondern im Helfen. Bei jeder Unterstützung sei daher zu prüfen: "Ist die Gabe überhaupt angebracht ? und ferner: Genügt sie auch ? ist nicht noch mehr zu veranlassen, um diese Gabe erst im Verein mit anderen Hülfeleistungen wirklich zu einer ersprießlichen zu machen ?"[5].

Resümierend stellte Franz Appelius am Ende seines Referates fest: "Hier in Düsseldorf haben wir ein derartiges allseitiges Zusammenarbeiten nicht; es sind nur wenige Vereine, die Fühlung genommen haben. Daß indes das Bewußtsein von der Notwendigkeit und die Erkenntnis von der Richtigkeit eines solchen Zusammenarbeitens bei allen in Sachen der Privatwohltätigkeit in Frage kommenden Sachverständigen vorhanden ist, das habe ich in den privaten Aussprachen, die ich mit allen Vorständen der heute versammelten Vereine gehabt habe, zu meiner Freude gesehen"[6]. Ermutigt von der Kooperationsbereitschaft der Vereine rief der rührige Landesrat zur Einrichtung einer "Zentralauskunftsstelle für die Privatwohltätigkeit" auf, "die von den Vereinen gebildet, die gegenseitige Tätigkeit anregt und vermittelt und im Anschluß an die Armenverwaltung arbeitet". Ausdrücklich wurde betont: "Die Vereine bleiben dabei nach jeder, ins-

---

[4] Bericht über die im Jahre 1904 am Donnerstag, den 17. März, nachmittags 3 1/2 Uhr, im Ständehause stattgehabte Besprechung zwecks Gründung einer Zentral - Auskunftsstelle für Privatwohltätigkeit, Düsseldorf 1904, 2 f.

[5] Bericht über die im Jahre 1904 am Donnerstag, den 17. März, nachmittags 3 1/2 Uhr, im Ständehause stattgehabte Besprechung zwecks Gründung einer Zentral - Auskunftsstelle für Privatwohltätigkeit, Düsseldorf 1904, 3.

[6] Bericht über die im Jahre 1904 am Donnerstag, den 17. März, nachmittags 3 1/2 Uhr, im Ständehause stattgehabte Besprechung zwecks Gründung einer Zentral - Auskunftsstelle für Privatwohltätigkeit, Düsseldorf 1904, 4.

1. Zentralauskunftsstelle der Privatwohltätigkeit

besondere nach vermögensrechtlicher Seite hin selbständig und selbst entschließungsberechtigt"[7].

Im Anschluss an die Kernthesen seines Referates stellte Landesrat Franz Appelius acht Leitsätze zur Diskussion. Zweck und Aufgabe der zu errichtenden Auskunftsstelle sollte sein: "1. Einschränkung der gewerbsmäßigen Bettelei und der unberechtigten Ausnutzung des Wohltätigkeitssinnes der Bevölkerung; 2. Verhütung überflüssiger mehrfacher Unterstützungen an einzelne Personen; 3. Verhütung der Zuwendung an unwürdige Personen; 4. Verhütung der Unterstützung von Personen - die nach Erwerbung des Unterstützungswohnsitzes der Gemeinde zur Last fallen würden - ohne Vorwissen der Gemeinde; 5. Erteilung von Rat und Auskunft an die Einzelvereine; 6. Vermittlung der für den Fall richtigen und zutreffenden Vereinstätigkeit; 7. Erleichterung des einheitlichen Vorgehens der Vereine der Privatwohltätigkeit mit der öffentlichen Armenpflege im allgemeinen sowie besonders behufs Hülfe bei außergewöhnlichen Notständen; 8. Vorbereitung bzw. Anregung zu Einrichtungen solcher Zweige der Mildtätigkeit, die bisher noch nicht von einem der bestehenden Vereine gepflegt wurden"[8]. Zum Gelingen der Aufgabe sollte jeder Verein die Auskunftsstelle über seine Fälle unterrichten; umgekehrt sollte die Agentur jedem Verein Auskünfte über gemeldete Fälle erteilen. Zu den Aufgaben der Zentralauskunftsstelle für die Privatwohltätigkeit sollte außerdem die Vermittlung von Arbeitsstellen, die Beratung über Ansprüche auf Krankengeld, Unfallrente, Altersrente etc., die Meldung "polizeiwidriger Zustände" oder drohender Kinderverwahrlosung und die Förderung der Zusammenarbeit mit der städtischen Armenverwaltung gehören. Zur Unterhaltung des Büros stand der interkonfessionelle Verein gegen Verarmung bereit, der erklärt hatte, die Auskunftsstelle einzurichten und den erforderlichen Jahresetat in Höhe von 1500 Mark aufzubringen[9].

In der anschließenden Diskussion teilte Landesrat Franz Appelius mit, "daß eine Konstituierung des Vereines heute noch nicht möglich sein werde, weil die katholischen Unterstützungsvereine, wie ihm gesagt worden sei, noch erst einen demnächst zu erwartenden erzbischöflichen Erlaß über den Zusammenschluß aller charitativen Vereine der Diözese abwarten müßten"[10]. Indes wurde aus der Mitte der Versammlung betont, "daß die katholischen Vereine vollkommen frei in ihren Entscheidungen seien"[11]. Trotz-

---

[7] Bericht über die im Jahre 1904 am Donnerstag, den 17. März, nachmittags 3 1/2 Uhr, im Ständehause stattgehabte Besprechung zwecks Gründung einer Zentral - Auskunftsstelle für Privatwohltätigkeit, Düsseldorf 1904, 4.

[8] Bericht über die im Jahre 1904 am Donnerstag, den 17. März, nachmittags 3 1/2 Uhr, im Ständehause stattgehabte Besprechung zwecks Gründung einer Zentral - Auskunftsstelle für Privatwohltätigkeit, Düsseldorf 1904, 12 f.

[9] Vgl. SAD III 1259, 20.10.1905; DV 18.03.1904; Bericht über die im Jahre 1904 am Donnerstag, den 17. März, nachmittags 3 1/2 Uhr, im Ständehause stattgehabte Besprechung zwecks Gründung einer Zentral - Auskunftsstelle für Privatwohltätigkeit, Düsseldorf 1904, 15.

[10] DV 18.03.1904. Vgl. auch Bericht über die im Jahre 1904 am Donnerstag, den 17. März, nachmittags 3 1/2 Uhr, im Ständehause stattgehabte Besprechung zwecks Gründung einer Zentral - Auskunftsstelle für Privatwohltätigkeit, Düsseldorf 1904, 26.

[11] DV 18.03.1904. Vgl. auch Bericht über die im Jahre 1904 am Donnerstag, den 17. März, nachmittags 3 1/2 Uhr, im Ständehause stattgehabte Besprechung zwecks Gründung einer Zentral - Auskunftsstelle für Privatwohltätigkeit, Düsseldorf 1904, 27.

dem bat Landesrat Max Brandts, "heute noch nichts Definitives zu beschließen, vielmehr erst den einzelnen Vereinen Gelegenheit zu geben, zu den Einzelheiten des Projektes Stellung zu nehmen". Da verschiedene Seiten betonten, "es gelte, die Begeisterung des Augenblicks sich zu nutze zu machen", wurde dennoch am gleichen Abend ein "Namensaufruf" durchgeführt. Dieser ergab, dass 14 Vereine ihren sofortigen Beitritt zur Zentralauskunftsstelle erklärten; die übrigen 11 Vereine machten den Anschluss von der Zustimmung ihrer Verbände abhängig. Zum Abschluss der Versammlung wurde ein Ausschuss bestimmt, der umgehend ein Statut für die Zentralauskunftsstelle entwerfen sollte[12].

Am 12. April 1904 trat der Ausschuss zu seiner ersten Sitzung zusammen und nahm nach kurzer Diskussion einen vorbereiteten Satzungsentwurf an. Zum Vorsitzenden wurde Landesrat Franz Appelius, zum stellvertretenden Vorsitzenden Ludwig Offenberg gewählt. Mit Befriedigung konnte mitgeteilt werden, dass mit einer Ausnahme alle 25 Vereine der vorbereitenden Versammlung ihren Beitritt erklärt hatten[13]. In Wirkung trat die Zentralauskunftsstelle der Privatwohltätigkeit am 14. Mai 1904 mit Eröffnung eines Büros im Hause Aderstr. 1[14]. "Die Tätigkeit der Auskunftsstelle", so der Geschäftsbericht des Jahres 1910, "erstreckt sich in erster Linie darauf, festzustellen, wo Unterstützung nötig und angebracht und wo das nicht der Fall ist, wo Doppelunterstützung am Platze und wo sie nicht erforderlich ist. Es soll eine Auslese getroffen werden zwischen den wirklich Bedürftigen - insbesondere verschämten Armen - und denen die es nicht nötig haben, die die Vereine und insbesondere die Privaten ausbeuten und brandschatzen, die Bettelbriefe desselben Inhalts gleich dutzendweise schrieben, durch deren Darstellung oft Private, die die Verhältnisse nicht untersuchen, gerührt werden und in ihren Beutel greifen, ohne zu ahnen, wie wenig ihre Gabe in ihrem Sinne verwendet wird"[15].

Mit einer kleinen Schar von Helfern beginnend, vergrößerte sich das Aufgabenfeld bis zum Ausbruch des Ersten Weltkrieges erheblich. In einem Rückblick aus Anlass des zehnjährigen Bestehens der Einrichtung heißt es im Mai 1914: "Während anfangs in einem kleinen Bureauraum eine Schriftführerin den Arbeiten oblag, sind jetzt sechs besoldete Kräfte in drei Räumen mit der Erledigung beschäftigt. Der Gesamtumfang betrug in den Jahren 1904 - 1910: 2370 Fälle, 1911: 442, 1912: 837, 1913: 1013 .... Die in den drei letzten Jahren von Jahr zu Jahr verdoppelte Tätigkeit der Auskunftsstelle hängt nicht nur damit zusammen, daß aus den im Jahre 1904 der Gründung zustimmenden 14 Vereinen jetzt 50 im Ausschusse mit Sitz und Stimme vertretene Vereine und sonstige

---

[12] Vgl. DV 18.03.1904; Bericht über die im Jahre 1904 am Donnerstag, den 17. März, nachmittags 3 1/2 Uhr, im Ständehause stattgehabte Besprechung zwecks Gründung einer Zentral - Auskunftsstelle für Privatwohltätigkeit, Düsseldorf 1904, 26 f.
[13] Vgl. DV 19.04.1904; Zentralstelle der Privatwohltätigkeit zu Düsseldorf. Geschäftsbericht der Auskunftsstelle der Privatwohltätigkeit für die Jahre 1904 bis 1910, Düsseldorf 1911, 1.
[14] Vgl. SAD III 1259, 20.10.1905; DT 29.06.1904; DT 25.06.1905.
[15] Generalkonferenz der Zentralstelle der Privatwohltätigkeit (Auskunftsstelle) in Düsseldorf am 16. März 1911 im Sitzungssaale des Ständehauses, Düsseldorf 1911, 5. Vgl. auch Zentralstelle der Privatwohltätigkeit zu Düsseldorf. Geschäftsbericht der Auskunftsstelle der Privatwohltätigkeit für die Jahre 1904 bis 1910, Düsseldorf 1911, 1 f.

Wohlfahrtseinrichtungen geworden sind, sondern daß auch die Bureaus verschiedener Vereine nach und nach der Zentralstelle in Personalunion angegliedert wurden"[16]. Hierzu gehörten der Wohnungsfürsorgeverein, die Brockensammlung, der Verein gegen den Missbrauch geistiger Getränke nebst Trinkerfürsorgestelle, die Fürsorgestelle für Geisteskranke und deren Angehörige sowie der Verein für das Wöchnerinnenasyl[17]. "War die Arbeit der Zentrale auch nicht einfach und leicht", so das Resümee der Rückschau, "so hat sie sich doch immer in der friedlichsten Weise erledigen lassen. Im Verkehr mit den Vereinen ergaben sich keinerlei Unzuträglichkeiten. Die Auskünfte wurden gegenseitig gerne erteilt. Auch im Zusammenwirken mit der Armenverwaltung hat die Zentralstelle stets das beste Entgegenkommen erfahren und erhielt auf das bereitwilligste die erbetenen Mitteilungen"[18].

2. Gründung des Caritasverbandes für die Stadt Düsseldorf

Wie berichtet, standen die "katholischen Unterstützungsvereine" im Frühjahr 1904 der Konstituierung einer Zentralauskunftsstelle der Privatwohltätigkeit in Düsseldorf zurückhaltend gegenüber, da sie "erst einen demnächst zu erwartenden erzbischöflichen Erlaß über den Zusammenschluß aller charitativen Vereine der Diözese abwarten müßten"[19]. Mit dem Zusammenschluss war ohne Zweifel der Diözesanausschuss bzw. das Diözesankomitee für Caritasangelegenheiten gemeint, deren Einrichtung Kardinal Antonius Fischer am 17. Januar 1904 für das Erzbistum Köln angekündigt hatte[20].

Nicht auszuschließen ist, dass den katholischen Vertretern ein weiteres, in der Öffentlichkeit nicht benanntes Hindernis im Weg stand. Möglicherweise gab es am 17. März 1904, als im Ständehaus die Aussprache aller Düsseldorfer Wohlfahrtsvereine stattfand[21], auf katholischer Seite bereits Vorbereitungen für einen Zusammenschluss der Caritaskräfte in Düsseldorf.

Bedauerlicherweise lässt sich die Spekulation nicht verifizieren, da die Quellen jener Zeit nur unvollständig überliefert sind. Erhalten ist ein Schreiben vom 20. April 1904, das die Vorsteher aller katholischen Vereine, Anstalten und Stiftungen "behufs Festsetzung der von dem unterzeichneten hierzu beauftragtem Comité ausgearbeiteten Satzungen des katholischen Charitasverbandes Düsseldorfs ... zu einer Sitzung in die Düssel-

---

[16] Franz Appelius, Das zehnjährige Bestehen der Zentralstelle für Privatwohltätigkeit in Düsseldorf, in: Concordia. Zeitschrift der Zentralstelle für Volkswohlfahrt Jg. 1 Nr. 13 (01.07.1914), 231 - 232, 231.
[17] Vgl. Franz Appelius, Das zehnjährige Bestehen der Zentralstelle für Privatwohltätigkeit in Düsseldorf, in: Concordia. Zeitschrift der Zentralstelle für Volkswohlfahrt Jg. 1 Nr. 13 (01.07.1914), 231 - 232, 231.
[18] DT 02.05.1914.
[19] DV 18.03.1904.
[20] Vgl. NN, Oberhirtlicher Erlaß betreffend Organisation der Werke christlicher Liebe und sozialer Fürsorge innerhalb der Erzdiözese, in: Kirchlicher Anzeiger für die Erzdiözese Cöln Jg. 44 Nr. 3 (01.02.1904), 12 - 16, 13 ff.
[21] Vgl. oben S. 339 ff.

dorfer Bürgergesellschaft, Schadowstr. 40, Saal No. 25, auf Montag den 25. April 1904, nachmittags 6 Uhr, ergebenst" einlud[22]. An die Empfänger des Schreibens gerichtet, unterstrich das "unterzeichnende Comité", bestehend aus dem Vorsitzenden Pfarrer Heinrich Bechem (St. Martin), Dessire Bicheroux, Gefängnispfarrer August Claßen, Landesrat Johannes Horion, Philippine Kleinertz, Anna Niedieck, Regierungsrat Ludwig Offenberg, die Notwendigkeit eines Zusammenschlusses mit den Worten: "Schon lange hat man es als einen großen Übelstand empfunden, dass die der Charitas dienenden katholischen Anstalten, Stiftungen und Vereine hiesiger Stadt in ihrer Wirksamkeit vielfach nebeneinander hergehen, ohne besondere Beziehungen zu einander zu pflegen, ihre Erfahrungen auszutauschen, sich gegenseitig zu stützen und zu fördern. In dem großen Organismus unserer heiligen Kirche muss jede charitative Bestrebung wie ein lebendiges Glied an ein anderes sich anpassen und anschließen, alle müssen ineinandergreifen, damit das Leben des einen und die empfangenen Impulse von dem anderen aufgenommen und fortgesetzt werden; dann wird das Ganze, von dem Gefühl der Gemeinsamkeit durchdrungen und gehoben, viel lebendiger und leistungsfähiger sich gestalten. Insbesondere wo es notwendig ist, die Bestrebungen katholischer Charitas nach außen zur Geltung zu bringen, wird jedes Einzelunternehmen dadurch, dass es gestützt ist auf eine große, Alles umfassende Organisation, und diese Organisation selber erst recht weit erfolgreicher und machtvoller auftreten können, als es das einzelne Institut in seiner Isolirung vermag. Endlich gibt es noch so wichtige charitative Aufgaben für hiesige Stadt, die noch nach Lösung drängen und verlangen, die aber zugleich so schwierig und so umfassender Natur sind, dass sie eine Einzelbestrebung nicht siegreich durchführen kann, dass es vielmehr des Zusammenwirkens aller charitativen Bestrebungen hiesiger Stadt bedarf, um denselben gerecht werden zu können. Dann wird auch jedes Charitasunternehmen hierselbst über die kleine Zahl bisher mitwirkender Personen hinaus in weiteren Kreisen kräftige Hülfe finden, offene Herzen, liebevolle Teilnahme, tätige Hände"[23].

Dass zur Einrichtung einer "Alles umfassenden Organisation" für das katholische Wohlfahrtswesen in Düsseldorf bereits erste Schritte eingeleitet waren, ist dem zweiten Teil des Schreibens zu entnehmen, wo es heißt: "Aus diesen Erwägungen heraus ist unter hoher Genehmigung Seiner Eminenz unseres hochwürdigsten Herrn Kardinal - Erzbischofs, dem Vorbilde anderer Städte (Essen, München, Straßburg, Berlin u.s.w.) folgend, der katholische Charitasverband Düsseldorf gegründet worden mit der Aufgabe, die der Wohltätigkeit dienenden katholischen Anstalten, Stiftungen und Vereine Düsseldorfs in einer freien Vereinigung zusammenzuschließen, um die Werke der Nächstenliebe in planmäßiger Weise gemeinsam zu fördern. Die sämtlichen charitativen Vereine hiesiger Stadt haben sich bereits diesem Charitasverband angeschlossen. Es ist dringend erwünscht, dass auch alle der Wohltätigkeit dienenden katholischen Anstalten und Stiftungen hierselbst diesem Charitasverbande beitreten. Diesen Anstalten und Stiftungen ist es überlassen, entweder ihre Vorsteher oder Vorsteherinnen oder einen von ihnen selbst zu bestimmenden Vertreter in den Ausschuss des Charitasverbandes zu entsenden. Ordensanstalten, deren äußere Angelegenheiten durch ein Curatorium verwaltet

---

[22] PfA Düsseldorf St. Lambertus Akten 419, 20.04.1904.
[23] PfA Düsseldorf St. Lambertus Akten 419, 20.04.1904.

2. Gründung des Caritasverbandes für die Stadt Düsseldorf

werden, sind gebeten, neben einem Vertreter dieses Curatoriums auch einen Vertreter der betreffenden Ordensniederlassung in den Ausschuss des Charitasverbandes zu entsenden"[24].

Wann und auf wessen Anstoß hin der "katholische Charitasverband Düsseldorf" mit erzbischöflicher Genehmigung "gegründet" wurde, bleibt dunkel. Ob der Gedanke als Folge der Einrichtung des Kölner Diözesanausschusses und Diözesankomitees für Caritasangelegenheiten (17. Januar 1904) bzw. der Zentralauskunftsstelle der Privatwohltätigkeit in Düsseldorf (17. März 1904) aufkam, oder aber schon zuvor ins Spiel gebracht worden war, ist heute nicht mehr ermittelbar. Ebenso kann nicht gesagt werden, wer den entscheidenden Impuls gab. Mit Ausnahme von Pfarrer Heinrich Bechem waren alle Mitglieder des Gründungskomitees seit langer Zeit in verschiedenen Aufgabenfeldern der Düsseldorfer Caritasarbeit im Einsatz: Dessire Bicheroux im "Katholischen Frauenverein", "Katholischen Pflegeverein für arme unbescholtene Wöchnerinnen" und "Katholischen Fürsorgeverein für Mädchen und Frauen"[25], Gefängnispfarrer August Claßen im "Verein zur Fürsorge für entlassene katholische Gefangene und deren Familien" und "Katholischen Fürsorgeverein für Mädchen und Frauen"[26], Landesrat Johannes Horion im "Rheinischen Verein für katholische Arbeiterkolonien" und "Verwaltungsrat der Düsseldorfer Vinzenzkonferenzen"[27], Philippine Kleinertz im "Katholischen Mädchenschutzverein (Bahnhofmission) Düsseldorf" und "Katholischen Frauenverein"[28], Anna Niedieck im "Katholischen Fürsorgeverein für Mädchen und Frauen"[29], Regierungsrat Ludwig Offenberg im "Verwaltungsrat der Düsseldorfer Vinzenzkonferenzen"[30]. Obwohl Heinrich Bechem, seit 1891 Pfarrer der Bilker Martinskirche[31], bis zur Übernahme des Vorsitzes im Gründungskomitee des "katholischen Charitasverbandes Düsseldorf" in der örtlichen Wohltätigkeitsarbeit kaum hervortrat, war er in Cariraskreisen kein Unbekannter[32]. Kardinal Antonius Fischer hatte ihn am 17. Januar 1904 für die Stadt Düsseldorf in das Diözesankomitee für Caritasangelegenheiten berufen[33]. Ausschlaggebend hierfür war vermutlich sein waches Interesse bei der Gründung des Deutschen Caritasverbandes. Bereits im März 1897 hatte er sich dem noch zu gründenden Verband angeschlossen[34]; auf dem Kölner Caritastag im November 1897 war er nicht nur Zuhörer,

---

[24] PfA Düsseldorf St. Lambertus Akten 419, 20.04.1904.
[25] Vgl. ALD Vereinsregister 3859 (1), Bl. 26; SAD III 1178, 27.04.1903; DV 08.01.1888.
[26] Vgl. SAD III 1140, 30.09.1904; DV 28.10.1900.
[27] Vgl. DT 26.03.1926; Jahresbericht des Rheinischen Vereins für katholische Arbeiterkolonien 1928/1929, Düsseldorf 1929, 9; DT 20.02.1933.
[28] Vgl. DV 01.11.1903; NN, Generalversammlung des Katholischen Frauenbundes zu Düsseldorf, in: Blätter für die Frauenwelt. Beilage zum Düsseldorfer Tageblatt Jg. 1 Nr. 20 (12.07.1908), o. S. (2).
[29] Vgl. SAD III 1140, 30.09.1904.
[30] Vgl. CVD 170, Geschichte des Vinzenzvereins in Düsseldorf 1850 - 1935, S. 10.
[31] Vgl. NN, Personal - Chronik der Erzdiözese Köln, in: Kirchlicher Anzeiger für die Erzdiözese Köln Jg. 31 Nr. 16 (15.08.1891), 114.
[32] Vgl. NHS 861.10.2, Repertorium des Pfarramts ad St. Martinum in Düsseldorf - Bilk, Nr. IX 16.
[33] Vgl. oben S. 333.
[34] Vgl. Lorenz Werthmann, Charitas - Verband für das katholische Deutschland, in: Charitas. Zeitschrift für die Werke der Nächstenliebe im katholischen Deutschland Jg. 2 Nr. 4 (April 1897), 83 - 84, 83.

sondern meldete sich bei den Verhandlungen auch zu Wort[35]. Von Bedeutung ist ein Zwischenruf in der Aussprache über den dritten Leitsatz. Dieser lautete: "Sämmtliche confessionelle und interconfessionelle Wohlthätigkeitsveranstaltungen des Ortes, sowie neben diesen die öffentliche Armenbehörde, treten durch Abgeordnete zu einem örtlichen Wohlthätigkeitsausschuß zusammen behufs gegenseitiger Kenntnißgabe ihrer Zwecke und ihres Thätigkeitsfeldes, zu angemessener Arbeitstheilung, zur Besprechung und Stellungnahme in wichtigen Fragen der Armenpflege und bei hervortretenden Bedürfnissen, zur Vermeidung ungeeigneter Zersplitterung der Kräfte, zur Verhütung des Mißbrauches der Wohlthätigkeit, zur Anregung und Förderung des allgemeinen Verständnisses und Interesses für eine geordnete Armenpflege, zu vorbeugender Thätigkeit, nach Bedarf auch zur Herstellung gemeinsamer Einrichtungen (wie Auskunftsstelle, Arbeitsnachweis) und zur Beschaffung von Mitteln und zu angemessener Verfügung für gemeinsame oder Einzelzwecke"[36]. Im Verlauf der Verhandlungen forderte Pfarrer Heinrich Bechem, diese Ziffer um den Zusatz zu ergänzen: "Den katholischen charitativen Vereinen wird eventuell die Errichtung und Benützung einer centralen Auskunftsstelle empfohlen"[37]. Zur Begründung führte er an: "Manche Bedürftige wenden sich an alle möglichen Vereine usw.. So sei es schon bei Meldungen im Arbeitsnachweisbureau, geradeso aber machen es auch manche Nothleidende. Deshalb wäre eine allgemeine Centralstelle nothwendig. Die Errichtung einer specifisch - katholischen Auskunftstelle wäre vorzuziehen; wo aber dies nicht möglich sei, solle auch eine allgemeine benützt werden"[38]. Laut Verhandlungsprotokoll schloss sich Sitzungspräsident Lorenz Werthmann dieser Ansicht an, bat den Düsseldorfer Pfarrer aber, "da es ... heute besser sei, sich auf das Allgemeine zu beschränken, ... von seinem Antrag zurückzutreten"[39]. Heinrich Bechem zog seine Eingabe zurück[40], doch scheint er das Anliegen bis zur Gründung des "katholischen Charitasverbandes Düsseldorf" nicht aus dem Blick verloren zu haben.

---

[35] Vgl. Klemens Rieg, Die Verhandlungen auf dem zweiten Charitastag über die Organisation der katholischen Charitas, in: Charitas. Zeitschrift für die Werke der Nächstenliebe im katholischen Deutschland Jg. 3 Nr. 2 (Februar 1898), 35 - 42, 40.

[36] NN, Leitsätze für die Besprechung über die örtliche Organisation der Armenpflege auf dem Charitastage zu Köln, in: Charitas. Zeitschrift für die Werke der Nächstenliebe im katholischen Deutschland Jg. 3 Nr. 10 (Oktober 1897), Beilage.

[37] Klemens Rieg, Die Verhandlungen auf dem zweiten Charitastag über die Organisation der katholischen Charitas, in: Charitas. Zeitschrift für die Werke der Nächstenliebe im katholischen Deutschland Jg. 3 Nr. 2 (Februar 1898), 35 - 42, 40.

[38] Klemens Rieg, Die Verhandlungen auf dem zweiten Charitastag über die Organisation der katholischen Charitas, in: Charitas. Zeitschrift für die Werke der Nächstenliebe im katholischen Deutschland Jg. 3 Nr. 2 (Februar 1898), 35 - 42, 40.

[39] Klemens Rieg, Die Verhandlungen auf dem zweiten Charitastag über die Organisation der katholischen Charitas, in: Charitas. Zeitschrift für die Werke der Nächstenliebe im katholischen Deutschland Jg. 3 Nr. 2 (Februar 1898), 35 - 42, 40.

[40] Klemens Rieg, Die Verhandlungen auf dem zweiten Charitastag über die Organisation der katholischen Charitas, in: Charitas. Zeitschrift für die Werke der Nächstenliebe im katholischen Deutschland Jg. 3 Nr. 2 (Februar 1898), 35 - 42, 40.

2. Gründung des Caritasverbandes für die Stadt Düsseldorf

Ist der Anteil von Pfarrer Heinrich Bechem bei den Vorbereitungen zur Gründung des Düsseldorfer Caritasverbandes heute nicht mehr bestimmbar[41], steht unbestreitbar fest, dass der Verband unter seiner Lenkung die erste organisatorische Struktur erhielt. Verbindliches Richtmaß für seine Gestaltwerdung waren die "Satzungen des katholischen Charitasverbandes Düsseldorf", die am 25. April 1904 in der Düsseldorfer Bürgergesellschaft (Schadowstr. 40) von der konstituierenden Versammlung angenommen wurden[42]. In Anlehnung an die Statuten des Deutschen Caritasverbandes wurde der "Name und Zweck" des örtlichen Verbandes in § 1 mit den Worten umschrieben: "Die der Wohltätigkeit dienenden katholischen Anstalten, Stiftungen und Vereine Düsseldorfs, sowie einzelstehende Charitasfreunde treten zu einer freien Vereinigung unter dem Namen 'Katholischer Charitasverband Düsseldorf' zusammen, um die Werke der Nächstenliebe in planmäßiger Weise gemeinsam zu fördern. Ein Eingriff in die Tätigkeit und die Selbständigkeit der einzelnen Werke ist ausgeschlossen. Politische Bestrebungen liegen dem Verbande fern". Geborene Mitglieder des Verbandes waren die Düsseldorfer Pfarrer und Pfarrrektoren; die Mitgliedschaft erwerben konnten die "im § 1 bezeichneten Anstalten, Stiftungen und Vereine, sowie deren selbständige Abteilungen" sowie "katholische Charitasfreunde" (§ 2). Während letztere einen Jahresbeitrag von 3 Mark oder einen einmaligen Beitrag von 150 Mark entrichten mussten, war die Höhe der Beiträge für die übrigen Mitglieder "deren Ermessen anheimgegeben" (§ 2). Die Beitrittserklärungen der nicht geborenen Mitglieder nahm der Vorstand entgegen, der auch über die Aufnahme entschied (§ 2). Organe des Verbandes waren der "Ausschuss", der "Vorstand" und die "Allgemeine Mitgliederversammlung" (§ 3). Zum Ausschuss gehörten die geborenen Mitglieder, je ein Vertreter der angeschlossenen Wohltätigkeitsanstalten, Stiftungen sowie Vereine und deren selbständige Abteilungen wie auch "von dem Ausschuß aus den dem Verbande angehörigen Einzelpersonen gewählte Mitglieder, deren Zahl die Hälfte der übrigen Mitglieder des Ausschusses nicht übersteigen" sollte (§ 4). Der Ausschuss hatte beratende und beschließende Funktion und wurde nach Bedarf, "jedoch alljährlich wenigstens zweimal", unter Mitteilung der Tagesordnung vom Vorstand einberufen (§ 5). An der Spitze des Ausschusses stand ein siebenköpfiger Vorstand, "dem die Führung der laufenden Geschäfte des Verbandes" oblag. Die Vorstandsmitglieder wurden vom Ausschuss auf vier Jahre gewählt. Alle zwei Jahre sollten abwechselnd drei bzw. vier Mitglieder ausscheiden, deren Wiederwahl zulässig war (§ 6). Bei Abstimmungen galt im Vorstand die Stimmenmehrheit; bei Stimmengleichheit gab der Vorsitzende den Ausschlag. Über die Verteilung seiner Ämter beschloss der Vorstand selbständig; der Vorsitzende des Vorstandes war zugleich Vorsitzender des Ausschusses und des Verbandes (§ 6). Alljährlich fand wenigstens eine allgemeine und öffentliche Versammlung des Verbandes "zur Erstattung des Jahresberichtes über die Tätigkeit des Verbandes und zur Besprechung charitativer Fragen" statt (§ 7). Die Verwendung des Ver-

---

[41] In Aufzeichnungen von Ludwig Offenberg aus dem Jahre 1926 heißt es: "Auf Anregung von Köln bildete bald nach 1900 Pfarrer Bechem von St. Martin den anfänglichen örtlichen Karitasverband, bestehend aus einer Reihe in den katholischen Vereinen tätigen Herren und Damen" (CVD 170, Geschichte des Vinzenzvereins in Düsseldorf 1850 - 1935, S. 12).

[42] Vgl. PfA Düsseldorf St. Lambertus Akten 419, 20.04.1904; Satzungen des katholischen Charitas - Verbandes Düsseldorf, Düsseldorf 1904, 3 ff.

bandsvermögens war in Paragraph 8 geregelt: "Aus den Beiträgen, Zuschüssen, soweit sie dem Verband nicht mit fester Zweckbestimmung zugeflossen sind, werden zunächst die Verwaltungskosten bestritten; über die weitere Verwendung der Mittel beschließt der Ausschuß. Er kann den Beschluß widerruflich nach seiner näheren Bestimmung dem Vorstand übertragen". Der letzte Artikel der Gründungstatuten (§ 9) regelte die Abänderungen der Satzungen und die Auflösung des Verbandes; beides konnte nur auf einer eigens hierzu einberufenen Sitzung des Verbandsausschusses mit Zweidrittelmehrheit der Erschienenen erfolgen. Im Falle der Auflösung sollte das Verbandsvermögen "dem Erzbischöflichen Stuhl zu Cöln zur Verwendung möglichst im Sinne der Verbandszwecke" zu fallen[43].

Von der konstituierenden Versammlung des "katholischen Charitasverbandes Düsseldorf" sind keine Aufzeichnungen überliefert, was umso bedauerlicher ist, da nicht gesagt werden kann, welche Vereine und Persönlichkeiten an der Sitzung teilnahmen und dem Verband beitraten. Glaubt man dem Einladungsschreiben vom 20. April 1904, hatten sich "sämtliche charitativen Vereine hiesiger Stadt" dem zu konstituierenden "Charitasverband" bereits angeschlossen, während ein Beitritt der "der Wohltätigkeit dienenden katholischen Anstalten und Stiftungen" noch ausstand[44]. Ob alle katholischen Wohltätigkeitsvereine dem Düsseldorfer Caritasverband tatsächlich beigetreten waren, ist nicht verifizierbar. Nur vereinzelt finden sich in den erhaltenen Quellen hierzu Anhaltspunkte. Aufschluss gibt vor allem ein Zeitungsbericht über die Ausschusssitzung vom 19. Mai 1904, in der ein siebenköpfiger Vorstand gewählt wurde[45]. Mit einer Ausnahme gehörten alle Mitglieder des neu gewählten Vorstandes dem Gründungskomitee des Düsseldorfer Caritasverbandes an: Pfarrer Heinrich Bechem (Vorsitzender), Regierungsrat Ludwig Offenberg (Stellvertretender Vorsitzender), Landesrat Johannes Horion (Schriftführer), Gefängnispfarrer August Claßen (Kassierer) sowie Dessire Bicheroux, Anna Niedieck und Caroline von Kühlwetter; letztere war für Philippine Kleinertz in den Vorstand gerückt[46]. Durch die Vorstandsmitglieder waren, soweit bekannt, im Caritasverband folgende katholische Vereine der Stadt Düsseldorf vertreten: Der "Katholische Pflegeverein für arme unbescholtene Wöchnerinnen", der "Verein zur Fürsorge für entlassene katholische Gefangene und deren Familien", der "Katholische Fürsorgeverein für Mädchen und Frauen", der "Rheinische Verein für katholische Arbeiterkolonien", der "Verwaltungsrat der Düsseldorfer Vinzenzkonferenzen", der "Katholische Mädchenschutzverein (Bahnhofmission) Düsseldorf", der "Katholische Frauenverein".

Das Verbandsziel, "die Werke der Nächstenliebe in planmäßiger Weise gemeinsam zu fördern", glaubte der Vorstand in Düsseldorf im Gegensatz zu Städten wie Essen, München, Straßburg, Berlin ohne ein ständiges Caritassekretariat realisieren zu können[47].

---

[43] Vgl. Satzungen des katholischen Charitas - Verbandes Düsseldorf, Düsseldorf 1904, 3 ff.
[44] Vgl. PfA Düsseldorf St. Lambertus Akten 419, 20.04.1904.
[45] Vgl. DV 24.05.1904. Vgl. auch NN, Katholischer Charitasverband Düsseldorf, in: Charitas. Zeitschrift für die Werke der Nächstenliebe im katholischen Deutschland Jg. 9 Nr. 9 (Juni 1904), 179 - 180, 180.
[46] Vgl. PfA Düsseldorf St. Lambertus Akten 419, 20.04.1904; DV 24.05.1904.
[47] Vgl. DV 24.05.1904.

2. Gründung des Caritasverbandes für die Stadt Düsseldorf

Dessen Hauptaufgabe, "die Auskunftserteilung über Bedürftige", sah man hier bereits durch die Arbeit der "Auskunftsstelle der Privatwohltätigkeit" ausreichend gewährleistet[48]. Dass der Caritasverband der interkonfessionellen Auskunftsstelle schon bald nach seiner Gründung als Mitglied beigetreten war, ist dem Düsseldorfer Volksblatt vom 24. Mai 1904 zu entnehmen. "Der Charitasverband wird daher hier", so das Blatt weiter, "zunächst seine Aufgabe darin sehen, die katholische Charitas nach außen zu vertreten, den notwendigen Zusammenhang und die gegenseitige Kenntnis zwischen den zahlreichen katholischen charitativen Einrichtungen herzustellen, den einzelnen Vereinen Stütze und Anregung zu gewähren, sowie ferner der katholischen Charitas in die richtigen Kanäle, wo es am meisten Not tut, hinzulenken, und auch selbst die Lösung solcher Aufgaben in die Hand zu nehmen, die für die Einzelunternehmen zu schwierig und umfangreich sind"[49].

Vor dem Hintergrund, dass Düsseldorf stets ein Vorort der Deutschen Caritasbewegung war, überrascht der Befund, dass der Wunsch des Düsseldorfer Volksblattes, der hiesige Verband möge "eine recht segensreiche Tätigkeit entfalten und auch unter den Katholiken, die sich für die Charitas interessieren, recht viele Mitglieder gewinnen"[50], kein Gehör fand. Das Gegenteil war der Fall: Mit dem Artikel vom 24. Mai 1904 bricht die Berichterstattung im Düsseldorfer Volksblatt, der einzigen katholischen Tageszeitung in der Stadt[51], für lange Zeit ab. Nur aus kurzen Randglossen in Korrespondenzen und Presseberichten wird erkennbar, dass der "katholische Charitasverband Düsseldorf" überhaupt noch existierte. So meldete das Düsseldorfer Tageblatt am 21. Oktober 1904 knapp: "Ein Fürsorgeheim für katholische Knaben. Wie wir aus zuverlässiger Quelle vernehmen, beabsichtigt der Charitasverband hierselbst ein Fürsorgeheim für katholische Knaben in unserer Stadt zu errichten"[52]. In den Jahresberichten des Katholischen Fürsorgevereins für Mädchen und Frauen findet sich 1904 der Vermerk: "Dem im Frühjahr des Jahres gegründeten katholischen Charitasverband Düsseldorf ist der Verein beigetreten"[53]. Schließlich ist noch bekannt, dass Pfarrer Heinrich Bechem, "Vorsitzender des hier neugegründeten Caritasverbandes", im November 1904 bei der Düsseldorfer Bahnhofsmission über den Katholischen Frauenbund in Deutschland referierte[54].

Noch karger als für das Gründungsjahr ist die Nachrichtenüberlieferung in den Jahren 1905 und 1906. Spuren des "Katholischen Charitasverbandes Düsseldorf" findet man hier nur auf dem Caritastag in Dortmund und den Generalversammlungen des Deutschen Caritasverbandes[55]. Bedauerlich ist, dass ein in der "Charitas" angekündigter

---

[48] Vgl. DV 24.05.1904.
[49] DV 24.05.1904.
[50] DV 24.05.1904.
[51] Vgl. Friedrich Schubert, Düsseldorfer Zeitungswesen in Vergangenheit und Gegenwart, Düsseldorf 1932, 14; Hans Stöcker, Düsseldorfer Zeitungskunde. Ein Überblick über die Düsseldorfer Zeitungen und allgemeinen Zeitschriften von 1723 bis 1943, Düsseldorf 1947, 36.
[52] DT 21.10.1904.
[53] SAD III 1140, 30.09.1904.
[54] Vgl. DT 12.11.1904.
[55] Vgl. NN, Generalversammlung des Charitasverbandes zu Dortmund am Dienstag, den 3. Oktober, in: Charitas. Zeitschrift für die Werke der Nächstenliebe im katholischen Deutschland Jg. 11 Nr. 2/3

Bericht über die Tätigkeit des Düsseldorfer Lokalverbandes, vorgetragen von Landesrat Johannes Horion auf der Generalversammlung des Deutschen Caritasverbandes am 3. Oktober 1905, nicht zum Abdruck gelangte[56]. Berücksichtigung fand jedoch ein Referat über die "Abhaltung von Charitaskursen", das Landesrat Johannes Horion am gleichen Tag auf dem ebenfalls in Dortmund veranstalteten 10. Caritastag hielt. Obwohl der Vortrag nur am Rande die Arbeit des Düsseldorfer Caritasverbandes berührte, bietet er einen aufschlussreichen Einblick in das Selbstverständnis katholischer Wohltätigkeit, wie es Johannes Horion ohne Zweifel auch in die Arbeit des Düsseldorfer Caritasvorstandes hat einfließen lassen. "Der Charitasverband erblickt mit Recht eine seiner Hauptaufgaben", so Johannes Horion zu Beginn seiner Ausführungen, "in der Beförderung der Organisation der Wohltätigkeit zu Vereinen und Verbänden, sowie ferner in der Anregung zur Gründung neuer Vereine und Anstalten entsprechend den täglich neu auftauchenden Bedürfnissen". Allerdings dürfe man nicht vergessen, "daß es nicht der Verein und nicht die Anstalt ist, die die Charitas übt, sondern dies tut nur der einzelne Mensch". Weder die Vielzahl der Vereine und Anstalten noch "so vorzügliche Organisationen" können die notwendige Arbeit leisten, "wenn nicht die einzelne charitativ tätige Person ihrer Aufgabe voll und ganz gewachsen ist". Die Aufgabe ist nicht leicht, allerdings: "Alljährlich seine Beiträge an Wohltätigkeitsvereine und -Anstalten zu zahlen, ein Almosen dem Armen zu geben, eine Brot- und Kohlenkarte allwöchentlich einer armen Familie zu bringen und ein paar liebevolle und tröstende Worte dabei zu sagen, alles dies ist Ausübung der Charitas". Schon dies falle vielen Menschen schwer und "erfordert wie die Ausübung jeder Tugend manche Überwindung". Den Erfordernissen der Zeit entsprechend wird "vom Diener der Charitas" aber weit mehr verlangt: "Dem Armen soll er helfen und zwar auf materiellem und sehr häufig auch auf geistigem Gebiete; das erreicht er aber nicht dadurch, daß er den Armen lediglich mit Wohltaten überhäuft, wie sie ihm die barmherzige Gesinnung seines Herzens eingibt". Richtig sei es jedoch, die Tätigkeit im Dienst der Caritas mit der des Arztes bei einem Kranken zu vergleichen. "Ehe er eine Arznei verschreibt, gilt es auf Grund der Symptome die richtige Diagnose zu stellen und die Ursache der Krankheit zu erkennen; nur dann kann wirkliche Heilung erzielt werden". Zum Beispiel genüge es, "um einer armen Familie zu helfen, nicht die bloße Feststellung, daß in der Familie materielle Not herrscht, man muß sich vielmehr fragen: woher kommt die Not? Ist sie zurückzuführen auf Arbeitsunfähigkeit des Ernährers, oder auf unverschuldete Arbeitslosigkeit, oder auf Arbeitsscheu, oder vielleicht auf mangelnde Haushaltungsfähigkeit der Frau? Und in einem anderen Falle muß man sich fragen: ist die geistige und physische Verwahrlosung der Kinder zurückzuführen auf

---

(November/Dezember 1905), 43 - 47 und Nr. 4/5 (Januar/Februar 1906), 111 - 115, 43 ff; NN, Geschäftsbericht des Charitasverbandes für die Zeit vom 1. Oktober 1905 bis 1. Oktober 1906, in: Charitas. Zeitschrift für die Werke der Nächstenliebe im katholischen Deutschland Jg. 12 Nr. 1/2 (Oktober/November 1906), 41 - 46, 42.

[56] Vgl. NN, Der zehnte Charitastag in Dortmund, in: Charitas. Zeitschrift für die Werke der Nächstenliebe im katholischen Deutschland Jg. 11 Nr. 2/3 (November/Dezember 1905), 35 - 39, 35 ff; NN, Generalversammlung des Charitasverbandes zu Dortmund am Dienstag, den 3. Oktober, in: Charitas. Zeitschrift für die Werke der Nächstenliebe im katholischen Deutschland Jg. 11 Nr. 2/3 (November/Dezember 1905), 43 - 47 und Nr. 4/5 (Januar/Februar 1906), 111 - 115, 111.

2. Gründung des Caritasverbandes für die Stadt Düsseldorf

ihre eigene minderwertige körperliche und geistige Anlage, oder auf die materielle Not der Familie, oder auf die schlechte Umgebung, oder auf die Verkommenheit der Eltern ? Beruht der Fehltritt des gefallenen Mädchens oder des entlassenen Gefangenen mehr auf Verführung oder auf schlechter Anlage, oder auf materieller Not ?" Angesichts der vielfältigen Arbeitsfelder müsse der Helfende "ebenso wie der Arzt den ganzen Schatz der Heilmittel, wie sie ihn unsere, an charitativen und sozialen Bestrebungen so reiche Zeit darbietet, stets vor Augen haben, um im Einzelfalle das Richtige auswählen zu können: hier gilt es, die öffentliche Armenpflege in Anspruch zu nehmen, dort einen unterhaltspflichtigen Sohn oder Gatten im Zwangswege heranzuziehen, an einer andern Stelle ist auf die Kranken-, Unfall- oder Invalidenversicherung hinzuweisen, dort ist auf den Arbeitsnachweis aufmerksam zu machen, oder ein anderer Wohltätigkeitsverein ist heranzuziehen, an einer andern Stelle wieder ist die schwere Operation des Auseinanderreißens der Familie am Platze, indem die Entfernung der Kinder mit Hilfe der Fürsorgeerziehung oder sonstiger vormundschaftsgerichtlicher Maßnahmen herbeigeführt wird. Wieder an einer andern Stelle ist das einzige Heilmittel die strenge Versagung jedes Almosens und jeder Unterstützung". Zur "segensreichen Ausübung der Charitas" gehöre "ein gewisses Maß von Kenntnissen auf charitativen Gebiete". Daher forderte Johannes Horion die Abhaltung von Caritaskursen, wie es in Düsseldorf für den Winter 1905/06 bereits in Aussicht genommen wurde. Hier war geplant, die freiwilligen Helfer in zwölf Unterrichtseinheiten auf allen Gebieten der Caritasarbeit "abends, allerdings wegen der Teilnahme von Damen nicht zu spät", zu schulen. Vorgesehen war folgende Aufteilung des Unterrichtsstoffes: "1.) Ein Einleitungsvortrag. Allgemeines über die Armut, die Armen und Armenpflege. Überblick über die Mittel zum Helfen. Verhältnis derselben zueinander; 2.) Die öffentliche Armenpflege; 3.) Die Fürsorge für Kinder: I. Krippen, Kinderbewahranstalten, Kinderhorte, Suppenküchen, Ferienkolonien; 4.) Die Fürsorge für Kinder: II. Die öffentliche Waisenpflege, die Fürsorgeerziehung, vormundschaftsgerichtliche Maßnahmen auf Grund des § 1666 des Bürgerlichen Gesetzbuches; 5.) Fürsorge für sittlich gefährdete und gefallene Mädchen (Bahnhofsmission); 6.) Fürsorge für Obdachlose, für Arbeitslose und für entlassene Gefangene. Arbeitsnachweis; 7.) Die besondern Einrichtungen der Fürsorge für Kranke. Krankenhäuser, Armenärzte, Krankenküchen, Heilstätten, ambulante Krankenpflege. Fürsorge für Wöchnerinnen; 8.) Die katholischen Wohltätigkeitsvereine und -Anstalten Düsseldorfs, soweit sie nicht schon vorher behandelt; 9.) Die interkonfessionellen Wohltätigkeitsvereine und -anstalten Düsseldorfs; 10.) Die wichtigsten Bestimmungen der Kranken-, Unfall- und Invalidenversicherung; 11.) Die für die Charitas wichtigsten Vorschriften des bürgerlichen und Prozeßrechtes (Gesetzliche Unterhaltungspflicht, Vormundschaftsrecht, Armenrecht, Pfändungsbeschränkungen); 12.) Der Kampf gegen Alkoholismus und Unsittlichkeit"[57].

---

[57] Johannes Horion, Abhaltung von Charitaskursen. Referat, gehalten auf dem zehnten Charitastage zu Dortmund, am 3. Oktober 1905, in: Charitas. Zeitschrift für die Werke der Nächstenliebe im katholischen Deutschland Jg. 11 Nr. 2/3 (November/Dezember 1905), 47 - 51, 47 ff.

3. Rekonstituierung des Caritasverbandes für die Stadt Düsseldorf

Ob der projektierte Kursus vom "Katholischen Charitasverband Düsseldorf" im Winter 1905/06 tatsächlich eingerichtet und durchgeführt wurde, ist in den überlieferten Quellen nicht bezeugt. Offen bleibt auch die Frage, ob der Verband, den der Geschäftsbericht des Deutschen Caritasverbandes 1905/06 als angeschlossenen Zweigverein ausweist, am Stichtag 1. Oktober 1906 überhaupt noch bestand[58]. Erhebliche Zweifel weckt nicht nur der Befund, dass zu dieser Zeit vom "Katholischen Charitasverband Düsseldorf" jedes Lebenszeichen fehlt, sondern insbesondere eine Mitteilung im "Jahrbuch des Charitasverbandes für das Geschäftsjahr 1907/1908", wo unter der Rubrik "Einzelberichte der Charitasvereinigungen" berichtet wird: "Der katholische Charitasverband Düsseldorf hat am 14. Februar seine Rekonstituierung beschlossen und zum Vorsitzenden Herrn Pfarrer Flecken hierselbst gewählt. Es wurde ferner beschlossen, ein Jahrbuch für die Katholiken Düsseldorfs herauszugeben und ferner im Düsseldorfer Tageblatt jährlich eine Übersicht über die Tätigkeit der katholischen charitativen Vereine und Anstalten hierselbst zu veröffentlichen"[59].

Mit der Rekonstituierung und Festlegung neuer Arbeitsziele meldete sich der "Katholische Charitasverband Düsseldorf" auf der Bühne des Düsseldorfer Katholizismus zurück, doch bleiben für den Historiker viele Fragen offen. Zwar wird aus den Gründungsstatuten und dem Referat von Johannes Horion auf dem Dortmunder Caritastag in Umrissen das Selbstverständnis des Düsseldorfer Caritasverbandes erkennbar, doch bleibt völlig dunkel, auf welche Weise der Verband zwischen der Vorstandswahl am 19. Mai 1904 und der Rekonstituierung am 14. Februar 1907 am katholischen Leben der Stadt teilnahm und mit welchen Arbeiten er konkret befasst war. Begründete Darlegungen, warum eine "Rekonstituierung" des Caritasverbandes notwendig geworden war, fehlen ebenso wie verlässliche Angaben, wann der alte Verband auseinanderbrach[60]. Im Sitzungsprotokoll des Verbandsausschusses vom 14. Februar 1907 heißt es lediglich: "Der stellvertretende Vorsitzende, Geheimer Regierungsrat Offenberg erstattete Bericht über die bisherige Tätigkeit des Verbandes und führte insbesondere aus, daß der Verband infolge Erkrankung und demnächstiger Amtsniederlegung seines bisherigen Vorsitzenden, des Herrn Pfarrers Bechem und infolge der Schwierigkeit, einen neuen Vorsitzenden zu finden, seit etwa 1 Jahr seine Tätigkeit eingestellt habe. Nunmehr habe Herr Pfarrer Flecken sich bereit erklärt, den Vorsitz zu übernehmen und der Verband solle jetzt rekonstituiert werden. Die Versammlung war damit einverstanden. An Stelle der ausgeschiedenen Vorstandsmitglieder Pfarrer Bechem Düsseldorf und Direktor

---

[58] Vgl. NN, Geschäftsbericht des Charitasverbandes für die Zeit vom 1. Oktober 1905 bis 1. Oktober 1906, in: Charitas. Zeitschrift für die Werke der Nächstenliebe im katholischen Deutschland Jg. 12 Nr. 1/2 (Oktober/November 1906), 41 - 46, 41.

[59] NN, Einzelberichte der Charitasvereinigungen, in: Jahrbuch des Charitasverbandes für das Geschäftsjahr 1 (1907/1908), 15 - 27, 18. Vgl. auch AFM 4/4 Kloster Düsseldorf 22, 14.02.1907; DT 20.10.1907; DT 09.11.1907; DT 28.11.1907; Wilhelm Liese, Der Charitasverband für das katholische Deutschland, in: Soziale Kultur Jg. 27 Nr. 12 (Dezember 1907), 793 - 798, 797.

[60] Vgl. DT 04.10.1916.

3. Rekonstituierung des Caritasverbandes für die Stadt Düsseldorf

Classen zur Zeit Haus Fichtenhain bei Crefeld wurden in den Vorstand gewählt Pfarrer Flecken und Strafanstaltpfarrer Dr. Schmitt"[61].

Wenn auch mit der Wiedergründung die überlieferten Quellen zur Wirksamkeit des Düsseldorfer Caritasverbandes zahlreicher werden, ist vom rekonstituierten Verband kaum ein klares Bild hinsichtlich seiner Verfassung und Struktur zu gewinnen. Ob der Verband die alten Statuten adaptierte oder einer revidierten Satzung folgte, ist nicht bekannt. Für eine fortdauernde Gültigkeit des Reglements spricht, dass die rekonstituierende Versammlung bei der Festlegung des Mitgliederbeitrages ausdrücklich auf die Statuten von 1904 Rekurs nahm. "Bezüglich der Bemessung der nach § 2 der Satzungen dem Ermessen der Mitglieder anheimgegebenen Höhe der Beiträge", so das Beschlussprotokoll, "wurde es für angemessen erklärt, wenn diejenigen Vereine und Anstalten, die mit einem Jahresumsatze bis zu 1000 Mark rechnen, einen Mitgliederbeitrag von jährlich 3 Mark und diejenigen, die mit einem höheren Umsatze rechnen, einen Mitgliederbeitrag von jährlich 10 Mark zahlten"[62]. Überliefert ist, dass zum rekonstituierten Vorstand neben Pfarrer Peter Flecken (Vorsitzender) und Gefängnispfarrer Jakob Schmitt (Kassierer) die Erstmitglieder Regierungsrat Ludwig Offenberg (Stellvertretender Vorsitzender), Landesrat Johannes Horion (Schriftführer), Dessire Bicheroux, Caroline von Kühlwetter und Anna Niedieck gehörten[63], doch bleibt dunkel, welche Vereine, Anstalten, Stiftungen und "Charitasfreunde" sich dem wieder ins Leben gerufenen Verband anschlossen. Die Veranlassung zur Rekonstituierung dürfte im Wesentlichen den Notwendigkeiten im Gründungsjahr 1904 entsprochen haben, doch fehlt jeder Hinweis, wer hierzu den entscheidenden Impuls gab. Der neue Vorsitzende, Peter Flecken, war 1903 zum Pfarrer der Derendorfer Dreifaltigkeitskirche ernannt worden[64] und in Caritasangelegenheiten bis zur Rekonstituierung des Verbandes ein völlig unbeschriebenes Blatt. Ungewiss ist, welchen persönlichen Anteil er daran hatte, dass unter seinem Vorsitz die verbandliche Caritasarbeit in Düsseldorf endlich sichtbare Gestalt annahm.

Zwar ging die Fertigstellung des angekündigten "Jahrbuchs für die Katholiken Düsseldorfs" nur langsam voran, doch kam der Caritasverband seiner selbst auferlegten Verpflichtung, "jährlich eine Übersicht über die Tätigkeit der katholischen charitativen Vereine und Anstalten" vorzulegen, seit dem Jahre 1908 regelmäßig nach[65]. Im ersten Bericht dieser Art, der den Zeitraum 1. Oktober 1907 bis 30. September 1908 umfasst, heißt es zu Beginn: "Die Sammlung der charitativen Tätigkeiten unter einem Dache

---

[61] AFM 4/4 Kloster Düsseldorf 22, 14.02.1907. Vgl. auch CVD 170, Geschichte des Vinzenzvereins in Düsseldorf 1850 - 1935, S. 12.
[62] AFM 4/4 Kloster Düsseldorf 22, 14.02.1907.
[63] AFM 4/4 Kloster Düsseldorf 22, 14.02.1907.
[64] Vgl. NN, Personal - Chronik der Erzdiözese Cöln, in: Kirchlicher Anzeiger für die Erzdiözese Cöln, Jg. 43 Nr. 12 (01.06.1903), 78.
[65] Vgl. NN, Die Charitasverbände im katholischen Deutschland, in: Jahrbuch des Charitasverbandes für das Geschäftsjahr 2 (1908/1909), 1 - 16, 9; NN, Die Caritasverbände im katholischen Deutschland, in: Jahrbuch des Caritasverbandes für das Geschäftsjahr 3 (1909/1910), 1 - 20, 10 f; NN, Die Caritasverbände im katholischen Deutschland, in: Jahrbuch des Caritasverbandes für das Geschäftsjahr 4 (1910/1911), 6 - 31, 18; NN, Die Caritasverbände im katholischen Deutschland, in: Jahrbuch des Caritasverbandes für das Geschäftsjahr 5 (1911/1912), 22 - 56, 37 f.

scheiterte noch am Kostenpunkt für die Herstellung einer Zentrale"[66]. Was der Vorstand des Caritasverbandes unter "einer Zentrale" der "charitativen Tätigkeiten" in Düsseldorf verstand, wird im Bericht nicht weiter ausgeführt, doch ist anzunehmen, dass hiermit die Einrichtung einer Auskunftsstelle für Katholiken gemeint war, wie sie von der Zentralstelle der Privatwohltätigkeit schon seit dem Jahre 1904 betrieben wurde. Auch wenn eine eigene Geschäftsstelle noch fehlte, "war der Verband bemüht, andere und neue charitative Einrichtungen nach Kräften zu fördern"[67]. Auf welche Weise und in welchem Umfang der Caritasverband die Unternehmungen seiner Mitglieder förderte, ist nicht bekannt. Da der Verband weder über finanzielle noch personelle Ressourcen verfügte, wird sein Beitrag kaum mehr als bestärkender Zuspruch gewesen sein. Die Vermutung verdichtet sich, wenn es im Jahresbericht heißt: "So entstanden im Laufe des Jahres durch den Katholischen Frauenbund (sic!) das Nothburgahaus für Düsseldorf und Neuß. An letzterem Orte befindet sich das Heim, das von Kreuzschwestern geleitet wird. Die Provinz schickt weibliche Fürsorgezöglinge dorthin. Das Gertrudishaus in der Rethelstraße ist als Annexum des Nothburgahauses gedacht und soll durch letzteres unterstützt werden. Alle 20 Betten sind regelmäßig besetzt. Es dient der Aufnahme gefallener Mädchen, die bis zu ihrer Niederkunft daselbst arbeiten. Der Erfolg, den die von hier seitens der Stadt aus der Krankenanstalt entsandten Augustinerinnen von Köln erzielen, ist sehr befriedigend. Die katholischen, von Schwestern geleiteten Krankenhäuser haben trotz der großen Krankenanstalten der Stadt und der medizinischen Akademie, welche neu errichtet worden sind, großen Zuspruch und können nicht alle Anfragenden aufnehmen. Das St. Annastift (Ritterstraße) hat durch die Wohltätigkeit der St. Lambertuspfarrei einen neuen, großen Saal erhalten, in welchem die Dienstmädchen, die bis zur Erlangung einer neuen Stelle dort logieren, sich freier bewegen können. Auch hat eine Bewahrschule für Kinder der Altstadt dort Platz gefunden"[68].

Der erste umfassende Jahresbericht des Düsseldorfer Caritasverbandes zeigt, dass der Zusammenschluss der katholischen Wohltätigkeitseinrichtungen in der Stadt über das Erfassen von Werken christlicher Nächstenliebe noch nicht hinauskam; von einer Bündelung, Koordinierung oder gar Steuerung der vielfältigen Caritasaktivitäten in der Stadt war der Verband noch weit entfernt. Der Geschäftsbericht der Jahre 1908/09 bietet ein ähnliches Bild, doch sind hier auch erste Spuren eigenständiger Verbandsarbeit zu entdecken. So wird berichtet: "Im Laufe des Geschäftsjahres trat der Verein für Schul- und Jugendsparkassen durch Herrn Amtsrichter Mengelkoch an den Verband heran mit der Bitte um Beteiligung an diesem wichtigen Werke. Da in Düsseldorf die katholischen jugendlichen Vereine meist gutgeleitete Sparkassen haben, so hielt es der Verband nicht angängig, sich in dieser Beziehung dem allgemeinen Vereine anzuschließen. Dagegen

---

[66] NN, Die Charitasverbände im katholischen Deutschland, in: Jahrbuch des Charitasverbandes für das Geschäftsjahr 2 (1908/1909), 1 - 16, 9.

[67] NN, Die Charitasverbände im katholischen Deutschland, in: Jahrbuch des Charitasverbandes für das Geschäftsjahr 2 (1908/1909), 1 - 16, 9.

[68] NN, Die Charitasverbände im katholischen Deutschland, in: Jahrbuch des Charitasverbandes für das Geschäftsjahr 2 (1908/1909), 1 - 16, 9.

3. Rekonstituierung des Caritasverbandes für die Stadt Düsseldorf 355

bietet er gerne seine Hand dazu, in den hiesigen Schulen Sparvereine einzurichten"[69]. An anderer Stelle heißt es: "An den Beratungen über den Mädchenhandel, welche seitens des deutsch - nationalen Komitees in Düsseldorf stattfanden, hat der Verbandsvorstand regen Anteil genommen"[70].

Bei der Frage, wie die katholische Fürsorgeerziehung für die männliche Jugend in Düsseldorf organisiert werden soll, fasste der Caritasverband sogar einen Beschluss, der von den hiermit befassten Vereinen umgesetzt werden sollte[71]. "Seitens der Gerichtsbehörden", so der Bericht, "wurde die Hilfe des Caritasverbandes erbeten zur Fürsorgeerziehung der schulentlassenen männlichen Jugend. Nach eingehender Beratung wurde folgender Beschluß gefaßt: 'Es erscheint wünschenswert, daß die Fürsorge für die gefährdete, schulentlassene männliche Jugend, insbesondere die Mitwirkung bei vormundschaftsgerichtlichen Maßnahmen, von dem katholischen Gefängnisfürsorgeverein in die Hand genommen wird'. Der anwesende Vorsitzende dieses Vereins, Herr Landgerichtsdirektor Clostermann, erklärte sich mit diesem Beschlusse einverstanden. Auf Bitten des Herrn Vorsitzenden des Gerichtshofes für Jugendliche, Herrn Amtsgerichtsrat Mosler, wurde beraten, auf welche Weise für entsprechende Vormünder, Pfleger und Vermittler zwischen Gericht und Elternhaus gesorgt werden könnte. Der Vorsitzende des örtlichen Verwaltungsrates der St. Vinzenzvereine, Herr Geheimrat Offenberg, konnte die Mitteilung machen, daß die Vinzenzvereine bereit seien, die nötigen Kräfte zu stellen. Eine provisorische Zentrale für diese Angelegenheiten wurde in Verbindung mit dem Vorstande des Paulushauses geschaffen. Die Tätigkeit derselben hat kräftig eingesetzt. Noch sei erwähnt ein interessanter Vortrag über die gesetzliche Behandlung der Jugendlichen früher und jetzt, welchen Herr Landesassessor Müller bei der Generalversammlung des Caritasverbandes im Monat Dezember hielt"[72].

Schon bald stellte sich heraus, dass eine Fürsorge der männlichen Jugend in der projektierten Form nicht die erhoffte Wirkung erzielte. Die provisorische "Zentrale im Paulushause für Hilfeleistung beim Gerichtshofe für männliche schulentlassene Jugendliche" wurde aufgegeben[73] und das Aufgabenfeld, wie bereits dargestellt, bei einer Institution, dem Verwaltungsrat der Düsseldorfer Vinzenzkonferenzen, gebündelt[74]. Waren auch zwei Anläufe zur Problemlösung notwendig, so stellte der Düsseldorfer Ca-

---

[69] NN, Die Caritasverbände im katholischen Deutschland, in: Jahrbuch des Caritasverbandes für das Geschäftsjahr 3 (1909/1910), 1 - 20, 10.
[70] DT 20.12.1908.
[71] Vgl. DT 20.12.1908; NN, Die Caritasverbände im katholischen Deutschland, in: Jahrbuch des Caritasverbandes für das Geschäftsjahr 3 (1909/1910), 1 - 20, 10.
[72] NN, Die Caritasverbände im katholischen Deutschland, in: Jahrbuch des Caritasverbandes für das Geschäftsjahr 3 (1909/1910), 1 - 20, 10. Die Generalversammlung des Düsseldorfer Caritasverbandes hatte am 20. Dezember 1908 in der Aula der Marienschule (Alexanderstr. 1) stattgefunden. Neben Assessor Müller "hielt Kaplan Johann Hellen aus Essen einen geistreichen Vortrag über Christus und die Caritas" (DT 20.12.1908).
[73] Vgl. NN, Die Caritasverbände im katholischen Deutschland, in: Jahrbuch des Caritasverbandes für das Geschäftsjahr 4 (1910/1911), 6 - 31, 18.
[74] Vgl. oben S. 295 ff und NN, Die Caritasverbände im katholischen Deutschland, in: Jahrbuch des Caritasverbandes für das Geschäftsjahr 4 (1910/1911), 6 - 31, 18.

ritasverband unter Beweis, dass er im Einzelfall die Arbeitsfelder der Mitgliedsvereine abzustimmen vermochte.

Wurde auch "dem Wunsche des Verbandes, Jahresberichte aus den einzelnen Anstalten ihm zu überlassen, ... leider wenig Interesse entgegengebracht"[75], nahm die "Übersicht über die Tätigkeit der katholischen charitativen Vereine und Anstalten" auch im Jahresbericht 1908/09 wieder breiten Raum ein. Von den Fortschritten in den Kranken- und Fürsorgeeinrichtungen heißt es: "Die katholischen Krankenanstalten Düsseldorfs florieren nach wie vor aufs beste, trotz der großen städtischen Krankenanstalten und der Akademie für die medizinischen Wissenschaften. Das Karmelitessenkrankenhaus wird der Jetztzeit entsprechend umgebaut und erweitert und das Marienhospital schickt sich zu einem Vergrößerungsbau an. Auch das in Neuß errichtete Notburgahaus, welches die Düsseldorfer und Neußer Fürsorgevereine für erziehungsbedürftige Mädchen errichtet haben und das jüngst eingeweiht wurde, ist hervorragend caritativ tätig. Das St. Gertrudisstift für gefallene Mädchen in Düsseldorf, vom katholischen Fürsorgeverein eingerichtet, erfüllt ebenso seinen Zweck voll und ganz. Es wird geleitet von den Schwestern nach der Regel des hl. Augustinus von Cöln"[76].

4. Handbuch für die Katholiken Düsseldorfs

Wie im Jahr zuvor bedauerte der Berichterstatter, dass "das große Ziel, eine Zentralstelle für alle caritativen Bestrebungen zu schaffen, ... wegen Mangels an materiellen Mitteln" noch nicht erreicht wurde[77]. Dafür konnte der gelungene Abschluss eines anderen, seit längerer Zeit geplanten Unternehmens bekannt gegeben werden. Bereits bei seiner Rekonstituierung im Frühjahr 1907 hatte der Düsseldorfer Caritasverband angekündigt, "ein Jahrbuch für die Katholiken Düsseldorfs herauszugeben"[78]. Wenn auch aus dem "Jahrbuch" ein "Handbuch" für die Katholiken der Stadt wurde, bedeutete seine Veröffentlichung ein Meilenstein in der noch jungen Geschichte des Verbandes.

Wie die Zeitschrift "Charitas" am Anfang des Deutschen Caritasverbandes und der Wegweiser "Die katholischen Wohlthätigkeits - Anstalten und -Vereine, sowie das katholisch - sociale Vereinswesen, insbesondere in der Erzdiöcese Köln" am Anfang des Diözesancaritasverbandes für das Erzbistum Köln stehen, markiert das "Handbuch für die Katholiken Düsseldorf's" den eigentlichen Beginn der Wirksamkeit des Caritasverbandes für die Stadt Düsseldorf. Ganz im Sinne der Brandtschen Diagnose, "was unserer katholischen Wohltätigkeit abgeht, (ist) die Publizität unserer Einrichtungen, ihre öf-

---

[75] NN, Die Caritasverbände im katholischen Deutschland, in: Jahrbuch des Caritasverbandes für das Geschäftsjahr 3 (1909/1910), 1 - 20, 11.

[76] NN, Die Caritasverbände im katholischen Deutschland, in: Jahrbuch des Caritasverbandes für das Geschäftsjahr 3 (1909/1910), 1 - 20, 10.

[77] Vgl. DT 20.12.1908.

[78] NN, Einzelberichte der Charitasvereinigungen, in: Jahrbuch des Charitasverbandes für das Geschäftsjahr 1 (1907/1908), 15 - 27, 18.

4. Handbuch für die Katholiken Düsseldorfs

fentliche Bekanntmachung, die Mitteilung ihrer Aufgaben und Resultate"[79], legte Karl Mosterts, Kaplan an St. Lambertus[80] und Generalsekretär des Verbandes der katholischen Jünglingsvereinigungen Deutschlands[81], am 21. Januar 1909 "im Auftrage des Verbandes der katholischen Wohlfahrts - Einrichtungen und Vereine Düsseldorfs (Charitasverband)" ein Kompendium vor[82], das weit mehr als nur ein Adressbuch der katholischen Wohltätigkeitseinrichtungen in der Stadt war.

"Die erste Anregung zur Herausgabe eines 'Charitasführers' für Düsseldorf", so Karl Mosterts im Vorwort, "gab vor mehreren Jahren, der um die katholischen Wohlfahrtseinrichtungen der Stadt sehr verdiente damalige Gefängnispfarrer Classen"[83]. Da August Claßen seit dem 1. Juli 1906 Direktor der Provinzialfürsorgeanstalt Fichtenhain bei Krefeld war[84], musste die Idee eines Wegweisers schon den ersten Caritasvorstand beschäftigt haben[85]. Über das Stadium der "Anregung" scheint der Gedanke hier jedoch nicht weiter verfolgt worden zu sein, wenn Karl Mosterts schreibt: "Aus dem damaligen Vorschlage ist vorliegendes Handbuch erwachsen"[86].

Zweck des Handbuches war es, "zunächst den Katholiken Düsseldorfs ein Führer und Ratgeber zu sein in Benutzung der kirchlichen Institutionen, Schulen, Wohlfahrtseinrichtungen und katholischen Vereine der Stadt"[87]. Es bot daher "sowohl eine geordnete Zusammenstellung der in Betracht kommenden Einrichtungen und Bestrebungen, wie auch eine Orientierung über die Auffassung, welche nach katholischen Grundsätzen die Benutzung derselben leiten soll"[88]. Durch katechismusartige Belehrungen erhielt das Buch den Charakter eines "kleinen religiösen und sozialen Hausbuches", was einem vielfach geäußerten Wunsch der Düsseldorfer Geistlichkeit entsprach[89]. Historische Anmerkungen insbesondere zu den Kirchen und Klöstern der Stadt sollten "dem Ganzen einen anregenden Hintergrund geben und auch das Interesse und Verständnis für die wenigen Institutionen mit historischer Vergangenheit, welche Düsseldorf noch besitzt, fördern"[90]. Erst "der zweite Zweck des Büchleins" war es, "ein Handbuch zu sein: Auskunfts-, Nachschlage- und Adreßbuch vor allem denjenigen, welche

---

[79] Max Brandts, (Die besonderen Aufgaben der katholischen Liebesthätigkeit in der heutigen Zeit), in: Arbeiterwohl Jg. 11 Nr. 10/12 (Oktober/Dezember 1891), 207 - 219, 208.
[80] Vgl. NN, Personal - Chronik der Erzdiözese Cöln, in: Kirchlicher Anzeiger für die Erzdiözese Cöln Jg. 48 Nr. 2 (15.01.1908), 16.
[81] Vgl. Franz J. Wothe, Carl Mosterts. Ein Leben für die Jugend, Kevelaer 1959, 17 ff.
[82] Vgl. Carl Mosterts, Handbuch für die Katholiken Düsseldorfs, Düsseldorf 1909, I und IV.
[83] Carl Mosterts, Handbuch für die Katholiken Düsseldorfs, Düsseldorf 1909, III.
[84] Vgl. Handbuch der Erzdiözese Cöln 20 (1908), 95.
[85] Vgl. DT 20.10.1907; DT 09.11.1907; DT 28.11.1907.
[86] Carl Mosterts, Handbuch für die Katholiken Düsseldorfs, Düsseldorf 1909, III.
[87] Carl Mosterts, Handbuch für die Katholiken Düsseldorfs, Düsseldorf 1909, III. Vgl. auch AFM 4/4 Kloster Düsseldorf 22, 18.09.1907.
[88] Carl Mosterts, Handbuch für die Katholiken Düsseldorfs, Düsseldorf 1909, III.
[89] Vgl. Carl Mosterts, Handbuch für die Katholiken Düsseldorfs, Düsseldorf 1909, III.
[90] Carl Mosterts, Handbuch für die Katholiken Düsseldorfs, Düsseldorf 1909, III.

durch ihre berufliche oder freiwillige Tätigkeit die Aufgabe haben, über die aufgeführten Institutionen unterrichtet zu sein und anderen Rat und Hülfe zu bieten"[91].

Nicht unbegründet war die Befürchtung, "die Zusammenstellung der Wohlfahrtseinrichtungen", würde "besonders im Anfange, zu mißbräuchlicher und belästigender Inanspruchnahme führen"[92]. Die Besorgnis konnte "aber nicht davon abhalten, für die Allgemeinheit bestimmte Einrichtungen bekannt zu geben"[93]. Denn auf Dauer wird "gerade durch diese geordnete Bekanntgabe der verschiedenartigen Wohlfahrtseinrichtungen Mißbrauch und Belästigung vermieden werden können und die Möglichkeit geboten, die Hülfsbedürftigen jeweils auf die in Betracht kommenden Stellen zu verweisen; außerdem wird hierdurch eine präzisere, und individuellere Hülfeleistung, sowie eine zweckentsprechendere Inanspruchnahme der einzelnen Institutionen herbeigeführt werden, als dies vielfach jetzt geschieht und auch ein größeres Hand in Hand gehen der verschiedenen Bestrebungen ermöglicht werden können"[94].

Glaubt man den Worten von Karl Mosterts, war die Fertigstellung des Buches nicht nur wegen einer Krankheit, die ihn zu einer längeren Ruhepause zwang, mehr als mühsam. "Welche Schwierigkeiten es kostet", so das Vorwort, "das hier gebotene Material zusammen zu bringen, und welche Mühe man oft hat, trotz mehrmaliger höflicher Briefe und persönlicher Besuche, befriedigende Auskunft zu bekommen, kann ein Fernstehender kaum ermessen"[95]. Was den Kaplan von St. Lambertus antrieb, die einmal übernommene Aufgabe trotz aller Widrigkeiten zu Ende zu führen, erhellt seine Schlussbemerkung: "Wenn schließlich das Büchlein nicht bloß berechtigte Befriedigung wecken würde über das ideale Wirken so vieler guten Kräfte in Düsseldorf speziell in katholischen Kreisen, sondern auch die Anregung geben würde, noch mehr zu tun, Lücken hier und da auszufüllen, weniger blühende Institutionen neu zu beleben, so wäre ein weiterer Zweck erfüllt und des Herausgebers Mühe belohnt"[96].

Auf 210 Seiten, unterteilt in einen allgemeinen und einen speziellen Teil, entfaltete Karl Mosterts, was Katholiken über die Kirche und ihre Einrichtungen in der Stadt Düsseldorf wissen mussten. Der erste Teil mit der Überschrift "Unterweisungen über die wichtigsten religiösen Lehren und Pflichten, besonders den Empfang der hl. Sakramente" bot eine Einführung über das "Lehramt der Kirche als Vermittlerin der Wahrheit", "das Priesteramt der Kirche als Ausspenderin des übernatürlichen Lebens", "das Hirtenamt der Kirche als Führerin auf dem rechten Wege" und "die Organisation der Kirche". Im Mittelpunkt der vier Lektionen standen die Beachtung der religiösen Pflichten, der Empfang der Sakramente, der Besuch des Gottesdienstes und die Einhaltung der Fastengebote. Insbesondere bei Darlegung des katholischen Sakramentenverständnisses waren immer wieder Hinweise eingestreut, an welchen Orten und zu welchen Zeiten in Düsseldorf die Gelegenheit zum Empfang der Gnadenzeichen und zu ihrer

---

[91] Carl Mosterts, Handbuch für die Katholiken Düsseldorfs, Düsseldorf 1909, III.
[92] Carl Mosterts, Handbuch für die Katholiken Düsseldorfs, Düsseldorf 1909, IV.
[93] Carl Mosterts, Handbuch für die Katholiken Düsseldorfs, Düsseldorf 1909, IV.
[94] Carl Mosterts, Handbuch für die Katholiken Düsseldorfs, Düsseldorf 1909, IV.
[95] Carl Mosterts, Handbuch für die Katholiken Düsseldorfs, Düsseldorf 1909, IV.
[96] Carl Mosterts, Handbuch für die Katholiken Düsseldorfs, Düsseldorf 1909, IV.

4. Handbuch für die Katholiken Düsseldorfs

Verehrung (z.B. 40stündiges Gebet, Ewiges Gebet, Fronleichnamsprozession, Bittprozession) bestand[97].

Eigentlicher Ratgeber und Wegweiser durch das katholische Düsseldorf war der zweite Teil des Handbuchs. Unter dem Titel "Führer durch die Kirchen, Klöster, Schulen, Wohlfahrtseinrichtungen und Vereine mit den nötigen Erklärungen und Adressen" wurden in fünf Abschnitten sämtliche kirchliche oder kirchennahe Einrichtungen der Stadt vorgestellt[98]. Der erste Abschnitt galt den 21 Pfarr- und Rektoratskirchen, der Wallfahrtskapelle in Stoffeln, der Militärpfarre St. Anna und der Pastoration der Italiener, Polen und Niederländer[99]. Nach einer kurzen geschichtlichen Übersicht bot das Handbuch für jede Pfarrgemeinde ein Straßenverzeichnis, die Adressen der Pfarrer, Rektoren, Kapläne, Küster, Organisten, Leichenbitter etc., eine ausführliche Gottesdienstübersicht an Sonn- und Feiertagen sowie an Wochentagen, eine Zusammenstellung der feststehenden gottesdienstlichen Veranstaltungen (Patronatsfest, Andachten, Prozessionen, Gebetstage, etc.), eine Auswahl der feststehenden Gelegenheiten zum Empfang der Sakramente (Anmeldung von Geburten, Trauungen, Sterbefällen, hl. Messe, etc.) und eine Beschreibung aller Schulen, Vereine, Bruderschaften, Kongregationen und Wohlfahrtseinrichtungen im Bezirk[100]. Im zweiten Abschnitt wurden die Männerklöster "nebst Angabe der Entstehung des Klosters, der Tätigkeit des Ordens, des Oberen, Provinzialoberen, regelmäßigen Gottesdienstes, der feststehenden Gelegenheit zum Empfang der hl. Sakramente, der an der Klosterkirche bestehenden Bruderschaften" und die Frauenklöster "nebst Angabe der Entstehung, des Zweckes des betreffenden Klosters, der Oberin, Generaloberin, des Gottesdienstes und geistlichen Rektors" vorgestellt[101]. Die beiden folgenden Kapitel führten die Fach-, Volks-, Mittel- und Höheren Schulen sowie Wohlfahrtseinrichtungen Düsseldorfs auf und wiesen den Weg zu ihrer Benutzung[102]. "Viele Anfragen an Schulen und Wohlfahrtseinrichtungen über ihren Zweck, Kosten etc. werden so überflüssig gemacht. Den Eltern wird Aufschluß darüber erteilt, welche Schulen für ihre Kinder zu den einzelnen Berufen geeignet sind. Die Wohlfahrtseinrichtungen werden so mehr bekannt und ihr besonderer Zweck dem der anderen gegenübergestellt und so die Benutzung viel leichter dem eigentlichen Zwecke zugeführt"[103].

Die Wohlfahrtseinrichtungen in der Stadt Düsseldorf, soweit sie Katholiken zur Verfügung standen, waren zehn Rubriken zugeordnet: 1. Wohlfahrtseinrichtungen für Kinder (Unterkunftshäuser, Vereine zur Fürsorge, Bewahrschulen, Kinderhorte, Asyle, Waisenhäuser), 2. Wohlfahrtseinrichtungen für schulentlassene jugendliche Personen (Vereine, Jugendheime, Einrichtungen für sittlich Gefährdete oder Verwahrloste, Handarbeits- und Haushaltungsschulen, Bahnhofsmission, Hospize), 3. Wohlfahrtseinrichtun-

---

[97] Vgl. Carl Mosterts, Handbuch für die Katholiken Düsseldorfs, Düsseldorf 1909, 3 ff.
[98] Vgl. Carl Mosterts, Handbuch für die Katholiken Düsseldorfs, Düsseldorf 1909, 41 ff.
[99] Vgl. Carl Mosterts, Handbuch für die Katholiken Düsseldorfs, Düsseldorf 1909, 49 ff.
[100] Vgl. Carl Mosterts, Handbuch für die Katholiken Düsseldorfs, Düsseldorf 1909, 49 ff.
[101] Vgl. Carl Mosterts, Handbuch für die Katholiken Düsseldorfs, Düsseldorf 1909, 109 ff.
[102] Vgl. Carl Mosterts, Handbuch für die Katholiken Düsseldorfs, Düsseldorf 1909, 123 ff.
[103] DT 28.11.1907.

gen mit religiösen und sozialen Zwecken für Erwachsene aus den gewerblichen Ständen (Standesvereine und Hospize für Arbeiter, Handwerker und Kaufleute, die christlichen Gewerkschaften), 4. Einrichtungen zur Förderung der allgemeinen Bildung (Vorträge, Bibliotheken, Kolportagen), 5. Einrichtungen zur Vorsorge für Krankheit und Alter sowie zur Förderung des Sparsinns (Gesetzliche Versicherungen, Sterbekassen, Invaliden- und Altersversicherung, Sparkassen), 6.Wohlfahrtseinrichtungen für Arme (Öffentliche Armenfürsorge, Private Armenfürsorge, Vinzenzvereine, Elisabethvereine, Wohnungsfürsorgevereine, Brockensammlung, Spar- und Bauvereine, Stiftungen), 7. Wohlfahrtseinrichtungen für Arbeits-, Stellen- und Obdachlose (Stellenvermittlung, Hospize), 8. Einrichtungen zur unentgeltlichen Auskunft- und Raterteilung sowie des Rechtsschutzes, Meldeämter etc. (Auskunfts- und Rechtsstellen), 9. Wohlfahrtseinrichtungen für Kranke, Altersschwache und Invalide (Krankenhäuser, Hauskrankenpflege, Heilbäder, Erholungsheime, Armenärzte, Anstalten für Blinde, Taubstumme, Verkrüppelte, Geistes- und Gemütskranke, Idioten und Epileptiker und Alkoholkranke, Pflegehäuser für Altersschwache und Invaliden), 10. Wohlfahrtseinrichtungen für Verwahrloste und sittlich Gefährdete, für Gefangene und deren Familien, für entlassene Gefangene sowie zur Bekämpfung von Unsittlichkeit, Trunksucht etc. (Fürsorgevereine, Waisenhäuser, Fürsorgeerziehung, Sittlichkeitsvereine, Arbeiterkolonien)[104].

Der letzte Abschnitt des Handbuches stellte die katholischen Vereine in Düsseldorf vor, die unterteilt wurden in: 1. Religiös - kirchliche Vereine (Bruderschaften, Kongregationen, Dritte Orden), 2. Religiös - soziale Standesvereine, 3. Caritativ und sozial wirkende Vereine, 4. Vereine zur Erhaltung und Ausbreitung des Glaubens (Missionsvereine), 5. Kirchliche Bau-, Sammel- und Paramentenvereine, 6. Kirchliche Gesangvereine, 7. Vereine zur Förderung christlicher Bildung, Wissenschaft und Kunst, 8. Katholische gesellige Vereine[105].

Äußerst bescheiden fiel im "Handbuch für die Katholiken Düsseldorfs" die Darstellung und Beschreibung der herausgebenden Institution aus. Am Ende des Kapitels "Die Wohlfahrtseinrichtungen Düsseldorfs" findet sich auf Seite 186 in einer Fußnote mit der Überschrift "Anmerkung zum vierten Abschnitt" der Hinweis: "Alle der Wohltätigkeit dienende katholische Anstalten, Stiftungen und Vereine Düsseldorfs, bilden eine Vereinigung unter dem Namen Katholischer Charitasverband Düsseldorf, um die Werke der Nächstenliebe in planmäßiger Weise gemeinsam zu fördern. Ein Eingriff in die Tätigkeit der einzelnen Werke soll damit nicht geschehen. Der Vereinigung können sich auch einzelne Freunde der christlichen Wohltätigkeit anschließen (Beitrag 3 Mark). 1. Vorsitzender Pfarrer Flecken, Barbarastr. 9. 2. Vorsitzender Geheimer Regierungsrat Offenberg, Kronprinzenstr. 16. Schriftführer Landesrat Dr. Horion, Schillerstr. 45"[106]. Mehr als dieser knappe Hinweis ist über den örtlichen Caritasverband im Wegweiser für das katholische Düsseldorf, das vom Düsseldorfer Tageblatt gedruckt, verlegt und für 75

---

[104] Vgl. Carl Mosterts, Handbuch für die Katholiken Düsseldorfs, Düsseldorf 1909, 141 ff.
[105] Vgl. Carl Mosterts, Handbuch für die Katholiken Düsseldorfs, Düsseldorf 1909, 187 ff.
[106] Carl Mosterts, Handbuch für die Katholiken Düsseldorfs, Düsseldorf 1909, 186.

Pfennige (kartoniert) bzw. 1,25 Reichsmark (gebunden) vertrieben wurde[107], nicht zu finden.

Soweit im Handbuch bewegliche Feiertage genannt werden, sind die Termine für die Jahre 1909 und 1910 angegeben[108]. Dies lässt darauf schließen, dass für das Jahr 1911 möglicherweise eine aktualisierte Neuauflage vorgesehen war. In diese Richtung deutet auch das Vorwort von Karl Mosterts, wenn er mit Blick auf die Zuverlässigkeit des Vademekums bemerkt: "Daß in dieser Hinsicht manche Lücke und Ungenauigkeit vorhanden ist, weiß der Verfasser am besten; er bittet darum jeden, ihn auf Unvollständigkeiten oder Unkorrektheiten aufmerksam zu machen. Er bittet aber auch, an das Handbuch nicht die Ansprüche zu stellen, die ein erstmal erscheinendes Buch dieser Art kaum wird erfüllen können"[109]. Optimistisch fügt er aber hinzu: "Wo nun einmal eine geordnete Zusammenstellung vorhanden ist, wird es leichter sein, dieselbe zu vervollständigen. Dazu wird die Hülfe aller, die das Büchlein benutzen, erbeten; auch für sonstige Wünsche betreffs Änderung oder Ausgestaltung desselben wäre der Verfasser recht dankbar"[110]. Über die Gründe, warum das "Handbuch für die Katholiken Düsseldorf's" in der Folgezeit keine überarbeitete Neuauflage erlebte, kann nur spekuliert werden. Tatsache ist, dass es bis heute keinen ernsthaften Versuch gab, einen Wegweiser durch das katholische Leben Düsseldorfs in vergleichbarer Vollständigkeit und Aufmachung zu erstellen. So bleibt der im Auftrag des Düsseldorfer "Charitasverbandes" herausgegebene Ratgeber bis heute nicht nur für den Historiker ein lesenswertes Buch. Schon im Dezember 1909 urteilte der Rezensent des Kölner Pastoralblattes: "Das Handbuch für Düsseldorf verdient allen größeren Städten, soweit sie ein solches nicht haben, zur Nachahmung empfohlen zu werden. Der Verfasser desselben hat sich durch die recht praktische Ausführung seiner mühevollen Arbeit ein großes Verdienst erworben"[111].

5. Stagnation des Caritasverbandes für die Stadt Düsseldorf

Obwohl die weite Verbreitung des Handbuchs unter den Düsseldorfer Katholiken den Caritasgedanken ohne Zweifel popularisierte, blieb der Aktionsradius des Verbandes weiterhin begrenzt. Eine Ursache hierfür war der Umstand, dass die Vorstandsmitglieder des Caritasverbandes honorige Persönlichkeiten des öffentlichen Lebens waren, denen

---

[107] Vgl. DT 10.01.1910; Peter Geils, Gesamtverzeichnis des deutschsprachigen Schrifttums (GV) 1700 - 1910 Bd. 99, München 1983, 290.
[108] Vgl. Carl Mosterts, Handbuch für die Katholiken Düsseldorfs, Düsseldorf 1909, 14.
[109] Carl Mosterts, Handbuch für die Katholiken Düsseldorfs, Düsseldorf 1909, III f.
[110] Carl Mosterts, Handbuch für die Katholiken Düsseldorfs, Düsseldorf 1909, IV.
[111] NN, Rez. "Carl Mosterts, Handbuch für die Katholiken Düsseldorfs. Herausgegeben im Auftrage des Verbandes der katholischen Wohlfahrts - Einrichtungen und Vereine Düsseldorfs (Charitasverband), Düsseldorf 1909", in: Pastoralblatt (Köln) Jg. 43 Nr. 12 (Dezember 1909), 382. Vgl. auch DT 10.01.1910; NN, Generalpräses Prälat Karl Mosterts+, in: Caritas. Zeitschrift für Caritaswissenschaft und Caritasarbeit Jg. 31 Nr. 10 (Oktober 1926), 326.

aus verschiedenen, meist beruflichen Gründen kaum Zeit für eigenständige Verbandsunternehmungen blieb. Nicht zu Unrecht bedauerte der Geschäftsbericht der Jahre 1908/09: "Große Verluste sind dem Verbande dadurch entstanden, daß Herr Landesrat Dr. Horion wegen Überbürdung sein Amt als Schriftführer niedergelegt hat und daß Herr Dr. Schmitt, Kassierer des Verbandes, infolge seiner Wahl zum Abgeordneten der Verbandstätigkeit zum großen Teil fernbleiben muß"[112]. Für Landesrat Johannes Horion wurde Generalpräses Karl Mosterts als Schriftführer in den Vorstand des Caritasverbandes gewählt[113]; wie lange Jakob Schmitt, der von 1908 bis 1918 Mitglied der Zentrumsfraktion im Preußischen Abgeordnetenhaus war[114], noch dem Vorstand angehörte, ist nicht ermittelbar.

Wie der Düsseldorfer Caritasverband seiner statutenmäßigen Aufgabe, "die Werke der Nächstenliebe in planmässiger Weise gemeinsam zu fördern"[115], in der Praxis nachging, ist erstmals im Geschäftsbericht der Jahre 1909/10 angedeutet: "Von Zeit zu Zeit finden Besprechungen statt, zu denen die Vertreter resp. Vertreterinnen aller katholischen caritativen Vereinigungen der Stadt - einige 60 an der Zahl - eingeladen werden, damit durch gegenseitigen Austausch eventuelle Fehler verbessert, neue Anregungen gegeben und neue Pläne beraten werden. Diese Versammlungen gestalten sich durchweg äußerst interessant und lehrreich und geben immer wieder neuen Anlaß zum Ausbau der bestehenden Einrichtungen und zur Förderung von neuen caritativen Werken"[116]. Betrachtet unter diesem Blickwinkel, konnte der Bericht zu Recht in blumigen Worten vermelden: "Die nimmermüde Caritas trieb auch in diesem Jahre die schönsten Früchte. Auf allen Gebieten ist Fortschritt zu bemerken"[117]. Als Beispiele für die Entfaltung der Caritasarbeit wurden genannt: "Das Gertrudishaus, welches gefallene Mädchen aufnimmt, hat sich vollständig bewährt. Der wackere Vorstand hat sich ein Grundstück gesichert, auf welchem demnächst große Gebäude errichtet werden sollen, in welchen diesen Mädchen, sowie andern, deren sich niemand annehmen will, eine Heimstätte geboten wird. Frau Niedieck, die Vorsitzende des Katholischen Frauenbundes (sic!), welche schon so viel erreicht hat, setzt ihre ganze Kraft ein, dieses schöne Ziel zu erreichen. Das Mädchenheim in der Klosterstraße müßte durch Ankauf eines Hauses erweitert werden. Das sogenannte Karmelitessenkloster, welches Anforderungen der Neuzeit nicht mehr entsprach, mußte abgerissen werden und an seiner Stelle entsteht jetzt ein

---

[112] NN, Die Caritasverbände im katholischen Deutschland, in: Jahrbuch des Caritasverbandes für das Geschäftsjahr 3 (1909/1910), 1 - 20, 11.

[113] Vgl. NN, Die Caritasverbände im katholischen Deutschland, in: Jahrbuch des Caritasverbandes für das Geschäftsjahr 4 (1910/1911), 6 - 31, 18.

[114] Vgl. Bernhard Mann, Biographisches Handbuch für das preußische Abgeordnetenhaus 1867 - 1918, Düsseldorf 1988, 347.

[115] Vgl. oben S. 347.

[116] NN, Die Caritasverbände im katholischen Deutschland, in: Jahrbuch des Caritasverbandes für das Geschäftsjahr 4 (1910/1911), 6 - 31, 18.

[117] NN, Die Caritasverbände im katholischen Deutschland, in: Jahrbuch des Caritasverbandes für das Geschäftsjahr 4 (1910/1911), 6 - 31, 18.

5. Stagnation des Caritasverbandes für die Stadt Düsseldorf 363

großes, neues Krankenhaus mit entsprechenden Einrichtungen unter Leitung der Schwestern vom Heiligen Kreuz"[118].

Gegen Ende des Jahres 1910 starb unerwartet Pfarrer Peter Flecken, der dem Düsseldorfer Caritasverband seit seiner Rekonstituierung vorstand[119]. Mit Betroffenheit meldete das Düsseldorfer Tageblatt am 22. Dezember 1910: "Nun hat der unerbittliche Tod wieder in dem Kreise unserer Seelsorger Einkehr gehalten: Pfarrer Flecken von St. Dreifaltigkeit, der jugendfrische Greis, ist nicht mehr. Mittwoch (d.i. 21. Dezember 1910) morgen, kurz nach 11 Uhr gab er seinen Geist auf"[120]. Über die letzten Tage vor seinem Tod berichtete das Blatt: "Am Sonntag nachmittag noch predigte er in der Kirche, obwohl sein Fuß, der die tödliche Blutvergiftung zeitigte, ihn heftig schmerzte. Und zwar predigte er über den Tod. Damals dachte er wohl noch nicht daran, daß der Tod auch ihn sobald ereilen werde, und daß dieser Gang zur Kirche sein letzter sei. Zu der Blutvergiftung stellte sich noch eine Lungenentzündung ein. Alle Schmerzen, auch die der Operationen, ertrug er mit bewundernswerter Geduld. Immer war sein Geist noch rege und tätig; auch hier verließ ihn die Sorge um die ihm anvertrauten Seelen nicht. Mittwoch morgen jedoch nahmen die Kräfte immer mehr ab und er empfing die hl. Sterbesakramente"[121].

Bei der Würdigung seiner Verdienste hob das Düsseldorfer Tageblatt vor allem die Teilung der Derendorfer Mutterpfarrei hervor. Schon vor der Berufung von Peter Flecken im Jahre 1903 an die Dreifaltigkeitskirche, hatte der Düsseldorfer Norden einen gewaltigen Aufschwung genommen. Da eine geordnete Seelsorge an den zugezogenen Katholiken kaum noch zu leisten war, musste das Pfarrgebiet innerhalb kürzester Zeit wiederholt geteilt werden. Es entstanden: St. Adolfus (1903), St. Franziskus (1903), Herz Jesu (1910), Heilig Geist (1911)[122]. Sein caritatives Engagement streifte das Düsseldorfer Tageblatt in nur einem Satz: "Erwähnen wollen wir auch noch, daß Herr Pfarrer Flecken als Vorsitzender des Charitasverbandes Düsseldorf eine segensreiche Thätigkeit entfaltete; daß das Vinzenzhaus und der Kinderhort sich seiner wärmsten Fürsorge erfreuten"[123].

Mehr als das Düsseldorfer Tageblatt richtete die "Caritas" den Blick auf sein gemeinnütziges Wirken, doch bleibt auch hier undeutlich, in welcher Hinsicht der Caritasverband durch das Hinscheiden von Peter Flecken "einen herben Verlust" erlitt[124]. "Mit aufrichtiger Teilnahme steht der Caritasverband", so der Nekrolog im Januarheft, "der dem Verstorbenen lebhafte Förderung und umsichtige Unterstützung verdankt, an der Bahre des allzu früh Dahingeschiedenen. Die neuen Pfarreien St. Adolf, St. Franziskus und Herz Jesu, sowie die Heilig - Geist - Kirche, deren Vollendung er leider nicht mehr

---

[118] NN, Die Caritasverbände im katholischen Deutschland, in: Jahrbuch des Caritasverbandes für das Geschäftsjahr 4 (1910/1911), 6 - 31, 18.
[119] Vgl. DT 22.12.1910; DT 28.12.1910.
[120] DT 22.12.1910.
[121] DT 22.12.1910.
[122] Vgl. DT 22.12.1910.
[123] DT 22.12.1910.
[124] Vgl. NN, Die Caritasverbände im katholischen Deutschland, in: Jahrbuch des Caritasverbandes für das Geschäftsjahr 5 (1911/1912), 22 - 56, 37.

erleben sollte, werden dauernde Ehrenzeichen seiner treuen Hirtenseelsorge und seines unermüdlichen Gotteseifers bleiben. Ein frommer Priester vor Gott dem Herrn, ein besorgter Vater seiner Pfarrkinder, ein freigebiger und unermüdlicher Helfer der Armen ist in dem Verstorbenen dahingegangen. Bei der Gründung des Caritasverbandes in Düsseldorf hat er eifrig mitgewirkt und als Vorstand desselben sich unvergeßliche Verdienste erworben. Sein Andenken wird immer fortleben bei den Freunden der katholischen Caritas"[125].

Zum Nachfolger von Peter Flecken wurde im Frühjahr 1911 Max Döhmer, der seit drei Jahren an St. Andreas als Pfarrer tätig war[126], vom Kölner Erzbischof ernannt[127]. Anlässlich seines silbernen Priesterjubiläums am 15. August 1916 schrieb das Düsseldorfer Tageblatt in einer Laudatio: "Seine Verdienste auf dem Gebiete der Caritas in seiner Gemeinde, deren Pflege ihm besonders am Herzen liegt, führten zu seiner Wahl als Vorsitzender des örtlichen Caritasverbandes Düsseldorf. Unter seiner tatkräftigen Leitung hat der Caritasverband der Stadt einen neuen Aufschwung genommen und eine straffere Organisation erhalten, die der vielseitigen caritativen Liebestätigkeit unserer Stadt das Gepräge einer einheitlichen Liebestätigkeit gibt"[128]. In der Tat nahm der Düsseldorfer Caritasverband unter dem Vorsitz von Max Döhmer "einen neuen Aufschwung" und erhielt eine "straffere Organisation", doch setzte dieser Fortschritt erst nach Ausbruch des Ersten Weltkrieges ein.

Blickt man bis zum Jahre 1914 auf die von Max Döhmer verantworteten Ausschusssitzungen und die hier vorgetragenen Rechenschaftsberichte, ist kaum eine Entwicklung in der Wirksamkeit des Verbandes erkennbar. Im Mittelpunkt der Berichterstattung standen nach wie vor die Jahresrückblicke der 63 (Stand: Februar 1911) Wohltätigkeitseinrichtungen[129], während Hinweise zur Verbandstätigkeit nur in Randbemerkungen zu finden sind[130]. Auf der Generalversammlung des Düsseldorfer Caritasverbandes am 17. Juli 1911 beispielsweise referierte "nach der Begrüßung und dem Bericht des Vorsitzenden ... in überaus interessanter Weise die Vorsitzende des katholischen Fürsorgevereins für Frauen, Mädchen und Kinder, Frau Niedieck über die Tätigkeit dieses Vereins und dessen Hospizes St. Gertrudisheim"[131]. Zieht man die Presse über die Ausschusssitzung heran, fällt auf, dass in den Artikeln "der Bericht des Vorsitzenden" mit keinem Wort, das Referat von Anna Niedieck hingegen in aller Ausführlichkeit wiedergegeben wird[132].

---

[125] NN, Peter Joseph Flecken, in: Caritas. Zeitschrift für die Werke der Nächstenliebe im katholischen Deutschland Jg. 16 Nr. 4 (Januar 1911), 116.

[126] Vgl. NN, Personal - Chronik der Erzdiözese Cöln, in: Kirchlicher Anzeiger für die Erzdiözese Cöln Jg. 48 Nr. 22 (15.11.1908), 156.

[127] Vgl. AEK CR 22.31.2, 26.02.1911; DT 18.07.1911; NN, Die Caritasverbände im katholischen Deutschland, in: Jahrbuch des Caritasverbandes für das Geschäftsjahr 5 (1911/1912), 22 - 56, 38.

[128] DT 13.08.1916.

[129] Vgl. AEK CR 22.31.2, 26.02.1911.

[130] Vgl. DT 18.07.1911; NN, Die Caritasverbände im katholischen Deutschland, in: Jahrbuch des Caritasverbandes für das Geschäftsjahr 5 (1911/1912), 22 - 56, 38.

[131] DT 18.07.1911.

[132] Vgl. DT 18.07.1911; NN, Die Caritasverbände im katholischen Deutschland, in: Jahrbuch des Caritasverbandes für das Geschäftsjahr 5 (1911/1912), 22 - 56, 38.

5. Stagnation des Caritasverbandes für die Stadt Düsseldorf 365

Ähnliches gilt für die beiden anderen Vorträge des Abends, die den "Stadtverband für Frauenbestrebungen" (Maria Laurent) und die katholischen Krankenhäuser in Düsseldorf (Ludwig Offenberg) zum Gegenstand hatten[133]. Von den drei genannten Referenten nahm in seinen Ausführungen nur Ludwig Offenberg, Vorsitzender der Düsseldorfer Vinzenzvereine und des Krankenhauskuratoriums in der Altestadt, den Caritasverband in den Blick. Zur Lage der Düsseldorfer Krankenhäuser in katholischer Trägerschaft bemerkte er: "Mehrere haben sich erweitert oder einem Neubau unterzogen, um die Konkurrenz mit den übermächtigen neuen städtischen Krankenanstalten aufzunehmen, so das Marienkrankenhaus, das Karmelitessenhospital, das St. - Josephs - Krankenhaus, das Krankenhaus der Dominikanerinnen in Düsseldorf - Heerdt. Diese Anstalten müssen alle ihre Kräfte zusammennehmen, um die Konkurrenz mit den städtischen Anstalten zu bestehen. Leider werden durch diese die katholischen Armen der katholischen Krankenpflege fast ganz entzogen. Als eine Aufgabe des Caritasverbandes wurde bezeichnet, eine Vereinigung der Krankenanstalten Düsseldorfs herbeizuführen und zu pflegen. Diese soll bald gegründet werden. Auch die Sorge für eine intensivere religiöse Seelsorge für die Katholiken in den städtischen Krankenanstalten soll in Zukunft noch mehr vom Caritasverbande ins Auge gefaßt werden"[134].

Ergriffen im folgenden Jahr auf der Generalversammlung des Düsseldorfer Caritasverbandes auch andere Redner das Wort, so blieb die Rollenverteilung unverändert. Im Mittelpunkt der Ausschusssitzung am 25. Juli 1912 stand ein Vortrag "Seiner Königlichen Hoheit, dem Prinzen Max Herzog von Sachsen", der zum Thema "Caritas und Zeitfragen" referierte. "Mit begeisterten, zu gehenden Worten", so der Berichterstatter des Düsseldorfer Tageblattes, "wußte er die Himmelstochter Caritas mit der großen Sünderin und Büßerin Maria Magdalena zu identifizieren, indem er aus deren Leben die Szene herausgriff, wie sie dem Heiland die müden, von der langen Wanderung bestaubten Füße wäscht, sie mit ihren Haaren trocknet, küßt und salbt". So suche "auch die Caritas die elende, verworfene Menschheit auf, zieht sie aus dem Schlamm der Leidenschaft, reinigt sie von Schmutz und Kot, gibt ihre stolzen Gewänder ab, den Elenden zu helfen, und beglückt sie mit liebevollem Herzen. Nicht soll sie sich dabei von Pharisäern aufhalten und kritisieren lassen, selbst fromme, gutwillige Seelen tadeln oft die Wege der Caritas, selbst ein Fußtritt soll sie aber nicht beirren. Sie wirke zunächst im stillen, dann aber in Vereinen. Nur viele zusammen können den großen Notständen abhelfen, dann erst feiert die Caritas Triumphe"[135].

Nachdem Pfarrer Max Döhmer dem "prinzlichen Referenten" versicherte, "daß alle dem Verband angehörigen Vereine die Worte mit Befriedigung entgegengenommen hätten und zu weiterem Arbeiten angefeuert seien", ergriff Pater Anno Neumann das Wort und sprach über die "örtlichen Caritasaufgaben in Bekämpfung des Alkoholismus"[136]. Da das Kreuzbündnis alleine nicht in der Lage sei, alle aus der Trinksucht erwachsenden

---

[133] Vgl. DT 18.07.1911; NN, Die Caritasverbände im katholischen Deutschland, in: Jahrbuch des Caritasverbandes für das Geschäftsjahr 5 (1911/1912), 22 - 56, 38.
[134] NN, Die Caritasverbände im katholischen Deutschland, in: Jahrbuch des Caritasverbandes für das Geschäftsjahr 5 (1911/1912), 22 - 56, 38.
[135] DT 26.07.1912.
[136] DT 26.07.1912.

Probleme zu lösen, seien alle katholischen Wohltätigkeitseinrichtungen zur Unterstützung angehalten. "Zunächst gälte es, zur Unterbringung der von der Trunksucht Geheilten in passende Stellungen eines katholischen Arbeitsnachweises, dann besonders eines guten Obdachlosenasyls, da das städtische nicht mehr genüge bei der großen Zahl der Leute, die auf der Straße übernachten müßten. Nicht weniger wichtig sei auch der regelmäßige Besuch in Familien, deren Ernährer in einer Trinkerfürsorgeanstalt untergebracht sei, um dort die meist großen häuslichen Mängel abzustellen. Damen und Herren böte sich da ein dankbares Feld. Auch sollten die caritativen Vereine der Seelenlosigkeit moderner Kultur mehr zu steuern suchen und die Trinker in konfessioneller Beziehung heilsam zu unterstützen"[137]. Zum Schluss seiner Ausführungen forderte Pater Anno Neumann die Teilnehmer der Generalversammlung auf, "wenn auch nicht als persönlicher Abstinent, so doch als Freund, die wichtige Abstinenzbewegung durch Rat und Tat zu fördern". Auf Anregung des Referenten wurde schließlich "eine Kommission gebildet, die sich mit den Fragen eingehend beschäftigen soll"[138].

Wichtige, die Tätigkeit und Wirksamkeit des Düsseldorfer Caritasverbandes berührende Gegenstände, kamen auf den Versammlungen nur am Rande zur Sprache. Wiederholt wurde, meist in freundliche Appelle gekleidet, "die Schaffung einer Zentrale aller katholischen Wohltätigkeitsorganisationen bzw. einer Auskunftsstelle" gefordert und die Verbesserung des Informationsaustausches angemahnt[139]. So schloss Pfarrer Max Döhmer die Generalversammlung des Jahres 1911 mit dem Wunsch, "daß der Caritas - Verband in Zukunft ein recht kräftiges Leben betätigen möchte, wozu vor allem der Anschluß und die Beteiligung aller caritativen Vereinigungen und Institute der Stadt notwendig sei, sodann aber auch eine wenigstens alljährliche Berichterstattung an den Vorstand des Verbandes, der allein dadurch in der Lage ist, durch einen zusammenfassenden Bericht seinerseits, wiederum über die Gesamttätigkeit der hiesigen katholischen Wohlfahrtseinrichtungen und -Vereine die Öffentlichkeit über dieselben zu unterrichten und zur Förderung derselben anzuregen"[140]. Auch im folgenden Jahr betonte Ludwig Offenberg die Notwendigkeit eines Jahresberichtes aller katholischen Wohlfahrtseinrichtungen und "eines kurzen sozial - caritativen Wegweisers durch Düsseldorf, der eventuell alle zwei Jahre neu zu veröffentlichen wäre"[141]. Zwanzig Jahre nach Max Brandts diagnostizierte Ludwig Offenberg für den Düsseldorfer Caritasverband im Jahre 1912 noch immer: "Not tue dem Verbande mehr Publikation, Organisation und Studium"[142].

Der Weckruf von Ludwig Offenberg verhallte nicht nur ungehört, sondern das Gegenteil trat ein. Betrachtet man die überlieferten Quellen, verdichtet sich der Eindruck, der Düsseldorfer Caritasverband habe das Licht der Öffentlichkeit geradezu gescheut, da sich für die Jahre 1913 und 1914 vor allem im Düsseldorfer Tageblatt, in der Zeit-

---

[137] DT 26.07.1912.
[138] DT 26.07.1912.
[139] Vgl. DT 07.03.1911.
[140] DT 18.07.1911.
[141] DT 26.07.1912.
[142] DT 26.07.1912.

5. Stagnation des Caritasverbandes für die Stadt Düsseldorf

schrift "Caritas" und im Jahrbuch des Deutschen Caritasverbandes kein einziger Hinweis auf seine Unternehmungen findet. Bedauerlich ist der Befund vor allem mit Blick auf den Ausbruch des ersten Weltkrieges, der alle öffentlichen und privaten Düsseldorfer Wohltätigkeitseinrichtungen in nie gekannter Weise in Anspruch nahm.

IX. Caritasarbeit in Düsseldorf während des Ersten Weltkrieges

Kriegsbegeisterung

Der Erste Weltkrieg brachte für den Düsseldorfer Katholizismus mannigfache Belastungsproben[1]. An der Kriegsbegeisterung, die im August 1914 die Massen im ganzen Land ergriff, hatte er vollen Anteil. Überzeugt von der Notwendigkeit, das Vaterland zu verteidigen, das ihnen zu Unrecht angegriffen schien, galt den Katholiken der Krieg als gerecht, und viele sahen auch kein Hindernis, nach einem deutschen Sieg weitgehende Gewinne an Land und Gut vom niedergeworfenen Gegner zu fordern[2]. Zwei Tage vor der Kriegserklärung Österreich - Ungarns an Serbien am 28. Juli 1914 fand im Paulushaus eine Versammlung des "Vereins christlicher Arbeiter und Handwerker" statt, die in charakteristischer Weise die Stimmung unter den Düsseldorfer Katholiken widerspiegelt. Ein Bericht des Düsseldorfer Tageblatts gibt die Ansprache des Gastredners Pfarrer Johann Adenauer (St. Joseph, Rath) mit den Worten wieder: "Tiefe Ruhe herrschte im Saale, als Herr Pfarrer Adenauer mit fester begeisterter Stimme fortfuhr: 'Die Zeit ist ernst! Die Zeit ist schwer! Bange Sorgen birgt die nächste Zukunft. Die Gefahr des Krieges schwebt über uns, und es gilt harte Opfer zu bringen. Wir geben sie gern, und wenn auch bange Sorgen die Zurückbleibenden erfüllen, es gilt weit mehr: es gilt die Verteidigung des Vaterlandes. Da wollen wir beweisen, daß wir treue Söhne des Reiches sind, und beweisen, daß der Schimpf vaterlandsloser Gesinnung ein ruchloses Geschwätz unserer Gegner ist. Katholische Arbeiter! Es gilt schwere Opfer: aber wir bringen sie allezeit mit dem Gedanken, daß das Vaterland das höchste auf Erden ist, dem wir uns opfern. Hierbei stärkt uns unser Glaube, und Gott in den Himmeln wird uns die Wege weisen. Ihm stets zugetan und seiner heiligen Kirche. So sei es!' Eine wahre Begeisterung toste durch den Saal, als der Redner geendet. Herr Meyer forderte alle auf zu dem patriotischen Lied: 'Es braust ein Ruf wie Donnerhall', das stürmisch zu Ende gesungen wurde"[3].

Als vier Tage später in Berlin die Nachricht von der russischen Mobilmachung eintraf, erklärte die deutsche Regierung gemäß Artikel 68 der Reichsverfassung den "Zu-

---

[1] Vgl. Adalbert Oehler, Düsseldorf im Weltkrieg. Schicksal und Arbeit einer deutschen Großstadt, Düsseldorf 1927, 75 ff; Wolfgang D. Sauer, Düsseldorf im ersten Weltkrieg 1914 - 1918. Quellensammlung, Düsseldorf 1993, 55 ff.
[2] Vgl. PfA Düsseldorf St. Lambertus Akten 131 F, 23.08.1914, 30.08.1914 und 20.09.1914; PfA Pempelfort Heilig Geist, Chronik der Pfarrei Heilig Geist, S. 11 ff; PfA Pempelfort St. Rochus, Chronik der Pfarre zum hl. Rochus, 09.08.1914; DT 30.07.1914; DT 29.11.1914; DT 22.02.1915; DT 15.11.1915; DT 23.05.1917. Vgl. auch Heinrich Schrörs, Der Krieg und der Katholizismus, Kempten 1915, 2 ff; Heinrich Lutz, Demokratie im Zwielicht. Der Weg der deutschen Katholiken aus dem Kaiserreich in die Republik. 1914 - 1925, München 1963, 43 ff.
[3] DT 28.07.1914.

stand drohender Kriegsgefahr"[4], von dem die Düsseldorfer Bevölkerung noch am gleichen Abend durch Anschlagzettel unterrichtet wurde[5]. Gravierend für die Stadt Düsseldorf war, dass die Exekutivgewalt der Zivilverwaltung an den stellvertretenden kommandierenden General des VII. Armeekorps in Münster, Moritz von Bissing, überging, der aus eigenem Recht Maßnahmen mit Gesetzeskraft erlassen konnte[6]. Bereits am 1. August 1914 veröffentlichte er in den Düsseldorfer Zeitungen folgende Bekanntmachung: "Die vollziehende Gewalt geht auf mich über. ... Die Zivilverwaltungs- und Gemeindebehörden verbleiben in Tätigkeit, haben aber meinen Anordnungen und Aufträgen Folge zu leisten". Verboten wurde der Verkauf von Waffen, "alle Veröffentlichungen und Mitteilungen an andere Personen über militärische Vorgänge ... und der Verkehr von Brieftauben". Der gesamte Brief- und Telegraphenverkehr über die Reichsgrenze wurde einer besonderen Kontrolle unterzogen; der Fernsprechverkehr mit Ausnahme des Ortsverkehrs ausgesetzt. Für den Regierungsbezirk Düsseldorf wurde der verschärfte Kriegszustand erklärt und Kriegsgerichte eingesetzt. Haussuchungen und Verhaftungen konnten von den dazu berechtigten Behörden jeder Zeit vorgenommen werden. Plakate, Flugschriften und andere Veröffentlichungen durften nur gedruckt, öffentlich verkauft oder sonst verbreitet werden, nachdem die Ortspolizei die Erlaubnis dazu erteilt hatte. Am Tage durfte keine Versammlung von mehr als 10 Personen auf Straßen und öffentlichen Plätzen stattfinden[7].

Neben Oberbürgermeister Adalbert Oehler, der mit einem Aufruf "An meine Mitbürger" alle Zweifel an einer ausreichenden Lebensmittelversorgung zerstreuen wollte[8], gab am gleichen Tag auch das "Pfarrkapitel der Stadt Düsseldorf" eine Erklärung "An die katholischen Krieger" heraus: "Noch ist die Mobilmachung der gesamten Land- und Seemacht nicht erfolgt: aber wenn sie erfolgt ist, dann wird die Eröffnung der Feindseligkeiten nicht mehr lange auf sich warten lassen. Was die Zukunft bringen wird, Gott mag es wissen. Hoffen wir zuversichtlich, daß er, der 1870/71 die Waffen der Väter gesegnet hat, auch 1914 uns als Alliierter zur Seite steht. Das eine ist aber sicher, der Erfolg hängt zum guten Teil ab von der moralischen Kriegsbereitschaft. Aus dieser Erwägung heraus richtet das Pfarrkapitel der Stadt Düsseldorf folgenden Aufruf an die katholischen Krieger: Katholische Krieger! Der Kaiser ruft Euch zur Fahne; vielleicht werdet Ihr bald für das Wohl des Vaterlandes kämpfen müssen. Deutsche Tapferkeit und deutschen Heldenmut könnt Ihr um so herrlicher erweisen, wenn Ihr Euch im Frieden mit Gott, dem Lenker der Schlachten, wißt. Schaut Ihr dann nicht um so kühner den Gefahren des Krieges, selbst dem Tode, ins Auge ? Darum empfanget die hl.

---

[4] Vgl. Max Monteglas, Die deutschen Dokumente zum Kriegsausbruch. Vollständige Sammlung der von Karl Kautsky zusammengestellten amtlichen Aktenstücke mit einigen Ergänzungen Bd. 3, Berlin 1919, 1 ff.

[5] Vgl. Adalbert Oehler, Düsseldorf im Weltkrieg. Schicksal und Arbeit einer deutschen Großstadt, Düsseldorf 1927, 75.

[6] Vgl. DT 01.08.1914.

[7] Vgl. DT 01.08.1914.

[8] Vgl. DT 02.08.1914.

Sakramente, ehe Ihr einrückt. Gelegenheit zur Beichte ist an allen Tagen in allen Kirchen der Stadt, zu jeder Zeit!"[9].

Was jedermann ahnte, trat am Nachmittag bzw. Abend des 1. August 1914 ein: In Deutschland wurde die allgemeine Mobilmachung der gesamten Streitkräfte angeordnet und Russland der Krieg erklärt[10]. Unter der Überschrift "Wir sind bereit" schrieb das Düsseldorfer Tageblatt vom 2. August 1914: "Der deutsche Aar regt seine Schwingen und durch die deutschen Lande zittert ein Jubelschrei einmütigster Begeisterung. 'Mein Volk, steh auf, der Sturm bricht los'. Es schallt der Heerruf durch Germaniens Gaue, das sturmerprobte, lorbeerumkränzte deutsche Siegsbanner rauscht wieder im Winde. Vergessen sind Zwietracht und kleinlicher Hader und alles stehet da wie ein Mann. Feiertagsstimmung liegt über Düsseldorf, Feiertagsmenschen ziehen durch die Straßen, denn wir fühlen uns sicher und geborgen im Bewußtsein unserer Kraft. Zuversicht, rücksichtslose Entschlossenheit, wohin sich der Blick auch wendet, und was Viele schon erstorben, das herzinnige deutsche Gottvertrauen, den schlichte Heldenmut unserer Väter, gottlob, sie leben noch. Wir sicherten der großen Welt den Frieden. Sie wünscht ihn nicht. Slawische Ländergier, welche Revanchegelüste lärmen wild an deutschen Toren. Ein Höllenpfuhl von Neid und glühenden Haß schwelte ringsum und drohte uns zu ersticken im giftigen Rauch. Das Wort des Kaisers, das das gesamte Deutschland in den verflossenen Tagen der Gefahr ersehnt, es ist gesprochen. Gebannt sind die dräuenden Wolken, wir greifen den Fehdehandschuh, den man uns hinwarf, wir sind bereit"[11].

Da sich Deutschland stark genug für einen Zweifrontenkrieg fühlte, scheute es nicht davor zurück, am 3. August 1914 auch Frankreich den Krieg zu erklären[12]. In der vaterländischen Begeisterung der ersten Augusttage schien es für einen Augenblick, als seien die inneren Parteiungen der deutschen Gesellschaft überwunden[13]. Der weit verbreiteten Stimmung gab das Düsseldorfer Tageblatt vom gleichen Tag mit den Worten Ausdruck: "Deutschlands Heer ist ein Volksheer: zu den Waffen eilen die Männer aus den Fabriken und Kontoren, die wetterharten Bauernsöhne und die Akademiker, es gilt kein Ansehen von Person und Stand. Nebeneinander als Waffenbrüder stehen sie im Glied, bieten die Brust dem Feind, wissen, daß auch die feindliche Kugel nicht nach Stand und Rang fragt, ja den Offizier lieber sucht als den gemeinen Mann. Und der Krieg, den wir nicht zum Angriff, sondern zur Verteidigung führen, ist ein Volkskrieg. ... Wer heute durch die Straßen unserer Stadt wanderte, dem mußten Freudentränen ins Auge treten. Welch wunderbare Ruhe und Entschlossenheit! Eine Kundgebung deutscher Tatkraft, die jedes Deutschen Herz mit Stolz erfüllt. ... Es gibt keinen politischen, keinen sozialen Kampf mehr; die sich vordem in bitterer Fehde entgegenstanden, kennen jetzt nur noch

---

[9] DT 01.08.1914. Vgl. auch DT 15.11.1914.

[10] Vgl. Max Monteglas, Die deutschen Dokumente zum Kriegsausbruch. Vollständige Sammlung der von Karl Kautsky zusammengestellten amtlichen Aktenstücke mit einigen Ergänzungen Bd. 3, Berlin 1919, 37 ff.

[11] DT 02.08.1914.

[12] Vgl. Max Monteglas, Die deutschen Dokumente zum Kriegsausbruch. Vollständige Sammlung der von Karl Kautsky zusammengestellten amtlichen Aktenstücke mit einigen Ergänzungen Bd. 3, Berlin 1919, 185 f.

[13] Vgl. DT 05.08.1914.

die freudige Pflicht, die die gemeinsame Not, die Sorge um die höchsten idealen Güter gebiert, kennen nur noch das stolze Bewußtsein, daß wir alle Deutsche sind. Unnatürlich wäre es, glänzten nicht in den Augen der Männer, die sich zum Tode bereiten, der Eltern, der Gattinnen und Kinder die Tränen, wenn die Abschiedsstunde naht, aber es durchstrahlt sie das helle Licht der freudigen Opferbereitschaft. 'Lieb' Vaterland, magst ruhig sein !' Solange ein Volk von solchem Opfer- und Todesmut durchglüht ist, solange ist sein Schicksal gesichert. Und die, die nicht berufen sind, ihr Blut als Opferkreis anzubieten, sie beneiden die andern, die Blutzeugen für ihr Vaterland werden dürfen. Nein, kein Wort mehr von Streitigkeiten zwischen Parteien, Bekenntnissen und Ständen. Jetzt sind wir alle Brüder und Diener der gleichen hehrsten Sache. Jetzt verbindet uns die gleiche heilige Pflicht. Und unser Volk ist, wir fühlen es und schämen uns nicht der Freudentränen, in seinem Kerne gesund und stark. Wer daran zweifeln wollte, der wurde heute belehrt durch einen Blick in die Bethäuser und Kirchen, wo die zum Kriege berufenen Männer ihr Schicksal in die Hand Gottes, des Lenkers der Schlachten, legten. Gottvertrauen führte sie dahin, und mancher hat es wiedergefunden. Nur felsenfestes Gottvertrauen kann in der Stunde furchtbarster Gefahr ein Volk so stark machen, wie unser deutsches Volk heute stark ist. ... Unvergeßlich wird jedem, der es sah, das Bild des Abschiedes unserer Ulanen sein: auf den Gesichtern der stolzen Reiter der heilige Ernst, das Auge aufleuchtend bei dem frohen, siegvertrauenden Zuruf der die Straßen füllenden Volksmenge. ... Der Krieg ist ein furchtbar schrecklich Ding, und furchtbar ist die Verantwortung dessen, der ihn heraufbeschwor. Deutschlands Volk und Kaiser trifft sie nicht. Darum können wir mit vollem Vertrauen der Entscheidung erwarten, die der Lenker der Schlachten treffen wird. ... Und wir hoffen, daß der Sieg, den Gott unserer gerechten Sache schenken möge, nicht nur unserem Volke Freiheit und Macht sichern wird, sondern auch durch die Not des Krieges ihm eine Wiedergeburt und innerer Festigung bescheren wird. ... Und so vereinen wir unsern Rufe mit dem Rufe unserer Krieger: Gott mit uns ! Es lebe der Kaiser !"[14].

Kriegsfolgen für Deutschland

Der "Hurra - Patriotismus" der ersten Kriegstage war nicht von langer Dauer und wurde schon bald von drückenden Sorgen des Kriegsalltages verdrängt[15]. Da Deutschland im Jahre 1914 nur auf eine kurze Kriegsdauer eingestellt war, wurde für den Großteil der Bevölkerung die mangelnde wirtschaftliche Vorsorge besonders in der bald einsetzenden Lebensmittelverknappung spürbar[16]. Zwar kam aus neutralen Nachbarländern zunächst noch eine beträchtliche Zufuhr von überseeischem Getreide, doch wurde diese infolge der britischen und französischen Wirtschaftsblockade in den Jahren 1915 und 1916 er-

---

[14] DT 03.08.1914.
[15] Vgl. Anne Roerkohl, Hungerblockade und Heimatfront. Die kommunale Lebensmittelversorgung in Westfalen während des Ersten Weltkrieges, Stuttgart 1991, 23 ff.
[16] Vgl. Charles Paul Vincent, The politics of hunger. The Allied Blockade of Germany, 1915 - 1919, Ohio 1985, 27 ff.

heblich beschnitten. Die unvermeidliche und improvisierte Rationierung und Zwangsbewirtschaftung durch eine Reihe neu entstehender Reichsbehörden konnte nicht verhindern, dass die Katastrophe des Rüben- und Hungerwinters 1916/17 die in ihrer physischen Widerstandskraft langsam zermürbte Bevölkerung auf das Schwerste traf. In den Jahren 1914 bis 1918 starben in Deutschland über 750000 Menschen an Hunger. Die landwirtschaftliche Produktion sank im Verlaufe des Krieges infolge des Mangels an Arbeitskräften, Zugtieren, Futtermittel und Geräten erheblich. Der Kalorienwert der im Sommer 1917 zugeteilten rationierten Lebensmittel betrug 1000 im Gegensatz zu dem vom Reichsgesundheitsamt berechneten Mindestbedarf von 2280. Verbitterung und Ressentiments lösten im Gefolge des Hungers die innere Geschlossenheit, die das deutsche Volk in den ersten Kriegsmonaten gezeigt hatte, allmählich auf[17].

Kriegsfolgen für Düsseldorf

In Düsseldorf wurde schon am 2. August 1914 beschlossen, "alle größeren Vorräte an Getreide, Mehl, Futter, die in den großen Mühlen des Bezirks oder auf Rheinschiffen unterwegs waren", aufzukaufen[18]. "Die Stadt Düsseldorf erwarb so 30000 Zentner Weizen, 20000 Zentner Roggenmehl, 305 Eisenbahnwagen Roggenschrott, 4000 Sack Reis und Graupen, die mit Schiffen von Holland kamen, mehrere Eisenbahnwagen Nudeln und Schmalz. Die Stadt richtete auch sofort 7 Verkaufsstellen ein, in denen nur an die Verbraucher zu den von der Stadt vorgeschriebenen Preisen verkauft wurde"[19]. Wie überall in Deutschland, so wurde auch in Düsseldorf im März 1915 die Brotkarte als erste Maßnahme zur Zwangsbewirtschaftung der Lebensmittel eingeführt. Später traten noch Butter-, Fett-, Fleisch-, Kartoffel-, Zucker-, Eierkarten und eine Karte für sonstige Lebensmittel hinzu[20]. Seit dem Jahre 1916 war das Anstehen vor Lebensmittelgeschäften in Düsseldorf ein gewohntes Bild. Im Steckrübenwinter 1916/17 stand Milch nur noch Kindern und Kranken zur Verfügung. Als von der Stadt im Frühjahr 1917 nahezu keine Kartoffeln ausgegeben wurden[21], hatte dies zur Folge, dass Mangelerscheinungen und Unterernährung zunahmen. Verschlimmert wurde die Ernährungsmisere durch den Mangel an Heizmaterial. Viele Dinge des alltäglichen Lebens waren nur noch über den Schleichhandel zu erhalten. "Es gibt kaum mehr eine Familie", so die Westdeutsche Arbeiterzeitung vom 19. Mai 1918 über die Situation in Düsseldorf, "die es fertigbringt, ihr

---

[17] Vgl. Imanuel Geiss, Das Deutsche Reich und der Erste Weltkrieg, München 1978, 155 ff.
[18] Adalbert Oehler, Düsseldorf im Weltkrieg. Schicksal und Arbeit einer deutschen Großstadt, Düsseldorf 1927, 295.
[19] Adalbert Oehler, Düsseldorf im Weltkrieg. Schicksal und Arbeit einer deutschen Großstadt, Düsseldorf 1927, 295.
[20] Vgl. Adalbert Oehler, Düsseldorf im Weltkrieg. Schicksal und Arbeit einer deutschen Großstadt, Düsseldorf 1927, 305 ff.
[21] Vgl. Adalbert Oehler, Düsseldorf im Weltkrieg. Schicksal und Arbeit einer deutschen Großstadt, Düsseldorf 1927, 356 ff.

Leben nur mehr auf den Grundlagen der öffentlich zugeteilten Rationen zu fristen"[22]. Die Gedanken der Menschen kreisten meist nur noch um ein Thema: das Essen[23]. In Düsseldorf erhielt eine Person ab 14. Oktober 1916 nur noch 500 Gramm Kartoffeln pro Tag zugeteilt, ab Mitte Januar 1917 sogar nur noch 215 Gramm, dazu nunmehr 285 Gramm Steckrüben[24]. Die Not zwang viele Menschen, sich nach Ersatzlebensmitteln umzusehen, wodurch manche Unkrautpflanze wie Brennessel, Löwenzahn etc. als Kriegsgemüse Verwendung fand[25].

Zentralstelle für freiwillige Liebestätigkeit

In den Jahren 1914 bis 1918 war fast jede vierte Düsseldorfer Familie auf Kriegsunterstützung angewiesen[26]. Glaubt man den Worten des Düsseldorfer Oberbürgermeisters Adalbert Oehler (1911 - 1919), wollten vom ersten Kriegstage an, "alle helfen und sich nützlich machen"[27]. Zum Rathaus seien Tausende geströmt, "um ihre Hilfe oder die Hilfe ihrer Vereine anzubieten". Um den Freiwilligen "den Weg zu zeigen, wie alle diese Kräfte in geregelter und geordneter Weise für die vielen Aufgaben ... nutzbar zu machen" waren[28], wurde am 3. August 1914 in den Zeitungen unter der Überschrift "Düsseldorfs Frauen und Mädchen!" folgender Aufruf veröffentlicht: "In dieser ernsten Stunde sind viele Hände bereit, zu helfen. Damit diese Hilfe nicht zersplittert, sondern wirksam an all die, denen sie gilt, herangebracht werden kann, ist ein Zusammenschluß unerläßlich. Heute früh hat sich zu diesem Zweck, zusammengefaßt unter dem Zweigverein vom Roten Kreuz für den Stadtkreis Düsseldorf und dem Vaterländischen Frauenverein für den Stadtkreis Düsseldorf und der Stadtverwaltung Düsseldorf, eine Zentrale für die gesamte freiwillige Liebestätigkeit am Orte gebildet. Wir bitten dringend alle, die helfen wollen, Vereine sowohl wie Private, sich dieser Zentrale anzuschließen und ihre Einrichtungen und Hilfskräfte zur Verfügung zu stellen. Es soll von hier aus, wie wir hoffen, unter Hilfeleistung aller in der Wohlfahrtspflege erprobten Kräfte, das ungeheure Gebiet helfender Liebestätigkeit, das sich in der nächsten Zeit eröffnet, zentral

---

[22] NN, Die Klein - "Hamsterer", in: Westdeutsche Arbeiter - Zeitung Jg. 20 Nr. 20 (19.05.1918), 79 - 80, 79.

[23] Vgl. PfA Mörsenbroich St. Franziskus Xaverius, Chronik der Pfarrkirche von St. Franziskus - Xaverius - Mörsenbroich, S. 51 ff.

[24] Vgl. Adalbert Oehler, Düsseldorf im Weltkrieg. Schicksal und Arbeit einer deutschen Großstadt, Düsseldorf 1927, 341 ff.

[25] Vgl. DT 29.01.1915; DT 08.02.1915; DT 16.02.1915; DT 20.02.1915; DT 03.03.1915; DT 12.03.1915; DT 01.07.1915; DT 16.12.1916; Adalbert Oehler, Düsseldorf im Weltkrieg. Schicksal und Arbeit einer deutschen Großstadt, Düsseldorf 1927, 454 f.

[26] Vgl. Adalbert Oehler, Düsseldorf im Weltkrieg. Schicksal und Arbeit einer deutschen Großstadt, Düsseldorf 1927, 120.

[27] Adalbert Oehler, Düsseldorf im Weltkrieg. Schicksal und Arbeit einer deutschen Großstadt, Düsseldorf 1927, 77.

[28] Adalbert Oehler, Düsseldorf im Weltkrieg. Schicksal und Arbeit einer deutschen Großstadt, Düsseldorf 1927, 77.

bearbeitet werden. Abgesehen von der Pflege der Kranken und Verwundeten kommt die Ausbildung pflegerischer Hilfskräfte, der Beköstigungs-, Näh- und Bekleidungsdienst, Erfrischungsdienst auf den Bahnhöfen, Transport Verwundeter, Empfangnahme und Verteilung freiwilliger Liebesgaben, Unterbringung Obdachloser oder Rekonvaleszenten und ferner die Fürsorge für die Angehörigen der zu den Fahnen Berufenen oder die zurückgebliebenen verdienstlos Gewordenen in Frage. Gerade für dieses letzte Gebiet, das nur unter Mithilfe aller, in der offenen Fürsorge Bewährten, der konfessionellen und paritätischen Vereine, der städtischen Armen- und Waisenpflege usw. zugleich warmherzig und tatkräftig erledigt werden kann, ist der Anschluß der Genannten an die Zentralstelle unentbehrlich"[29]. Das Büro für die Zentralstelle für freiwillige Liebestätigkeit wurde im Düsseldorfer Rathaus eingerichtet[30].

Der Aufruf genügte, so Oberbürgermeister Adalbert Oehler, "um eine kaum absehbare Schar von weiblichen Hilfskräften zum Rathause zu führen. Schon stundenlang vor der festgesetzten Zeit bewegte sich ein ununterbrochener Zug von Frauen und Mädchen zum Rathause und ließ sich in die Listen eintragen. Hunderte von ihnen hatten sofort den Erfrischungsdienst auf dem Hauptbahnhof übernommen, die erste umfangreiche Aufgabe, welche sofort zu lösen war, da nun unaufhörlich, Tag und Nacht, lange Eisenbahnzüge heranrollten, um in ihren mit grünen Zweigen, Fahnen und allen möglichen ernsten und heiteren Aufschriften - vielfach 'nach Paris' - geschmückten Wagen unsere Krieger zur Westgrenze zu bringen"[31].

Der Andrang "von der greisen Witwe bis zum gerade der Schule entwachsenen Mädchen" war so groß, dass die Zahl der Helferinnen zunächst auf 3000 beschränkt werden musste[32]. Um zu erreichen, "daß jede Aufgabe, die irgendwie auftauchte, ihre Lösung fand, daß eine bestimmte Stelle oder eine Mehrheit von Kräften dafür bestimmt wurde, die Verantwortung hatte, aber auch die Mittel dafür erhielt, daß andererseits nicht auf demselben Gebiet, bei derselben Aufgabe gleichzeitig mehrere nebeneinander oder auch gegeneinander arbeiteten", wurde für die "Zentralstelle für freiwillige Liebestätigkeit" sofort ein straffer Arbeits- und Organisationsplan entwickelt[33].

Verteilt auf 35 Abteilungen, waren zunächst 90, im August 1917 über 180 gemeinnützige und caritative Vereine und Organisationen der Stadt durch die Zentralstelle für freiwillige Liebestätigkeit in die Düsseldorfer Kriegswohlfahrtspflege eingebunden[34]. Auch wenn keine zuverlässigen Nachrichten überliefert sind, an welchen Stellen katholische Helfer und Helferinnen zum Einsatz kamen, waren fast alle kirchlichen Wohlfahrtseinrichtungen der Zentralstelle angeschlossen. Für die Standesvereine der Stadt

---

[29] DT 03.08.1914.
[30] Vgl. DT 03.08.1914.
[31] Adalbert Oehler, Düsseldorf im Weltkrieg. Schicksal und Arbeit einer deutschen Großstadt, Düsseldorf 1927, 78.
[32] Vgl. Adalbert Oehler, Düsseldorf im Weltkrieg. Schicksal und Arbeit einer deutschen Großstadt, Düsseldorf 1927, 119. Vgl. auch DT 03.04.1915.
[33] Vgl. Adalbert Oehler, Düsseldorf im Weltkrieg. Schicksal und Arbeit einer deutschen Großstadt, Düsseldorf 1927, 119 und 121 ff.
[34] Vgl. Adalbert Oehler, Düsseldorf im Weltkrieg. Schicksal und Arbeit einer deutschen Großstadt, Düsseldorf 1927, 119 ff.

gab bereits am 3. August 1914 die Vorsitzende des "Vereins katholischer deutscher Lehrerinnen" im Vertrauen "auf die bekannte Opferfreudigkeit der Kolleginnen" den Beitritt zur Zentralstelle für freiwillige Liebestätigkeit bekannt[35]. Am 8. August 1914 erschien ein von Generalpräses Carl Mosterts und Bezirkspräses Heinrich Esser (St. Rochus) unterzeichneter Aufruf "An die Mitglieder der Katholischen Jünglingsvereinigungen", in dem es hieß: "Jünglinge ! Tapfer und treu folgten Tausende aus unseren Vereinen dem Rufe des Kaisers in den vom unehrlichen Feinde aufgezwungenen Krieg ! Viele von ihnen stehen schon im Kampfe. Tausende andere haben sich begeisterten Herzens freiwillig dem obersten Kriegsherrn gestellt und werden bald ihren Brüdern folgen. Auf alle sind wir stolz. Sie machen Ehre unserem Wahlspruche: 'Tapfer und Treu'. Aber ihr, die ihr noch daheim seid, habt ihr keine Pflichten ? Wir wissen es, auch ihr seid bereit, euer Leben dem Vaterlande zu weihen, und wenn ihr nicht in den heldenhaften Kampf ziehen könnt, so könnt ihr wenigstens eure ganze Kraft uneigennützig in den Dienst des Vaterlandes stellen, um dessen Kriegsnot zu lindern und den, den hoffentlich bald, siegreich zurückkehrenden Kriegern ihr Heim wohl geordnet zu erhalten. In dieser Überzeugung hat sich der Bezirksverband der katholischen Jünglingsvereine der Stadt Düsseldorf der 'Zentrale für freiwillige Liebestätigkeit' angeschlossen. Ferner ist auf dem Generalsekretariate der K.J.V.D., Stiftsplatz 10a, hierfür eine 'Geschäftsstelle der Hilfsdienste der Mitglieder katholischer Jünglingsvereine' eingerichtet worden, welche gerne Auskunft erteilt ... . Meldet euch darum baldigst und helft, wo ihr könnt und wie ihr könnt, übernehmt jeden Dienst, den man von euch wünscht. ... Der Liebes- und Hilfsdienste, die zu leisten sind und an denen auch ihr teilnehmen könnt, gibt es viele. Ich nenne nur: Hilfe beim Transport Verwundeter, in der Krankenpflege, Beaufsichtigung und Beschäftigung schulpflichtiger Knaben zur Bewahrung derselben vor Verwahrlosung in der Kriegszeit, Hilfe bei Erntearbeiten auf dem Lande, Dienst auf den Straßenbahnen als Schaffner und Führer für wenigstens 17jährige, Dienst als Post- und Telegraphenbote, Arbeit in den Bekleidungs- und Nähanstalten für die Lazarette, Arbeit in wichtigen Fabriken und gewerblichen Betrieben, Arbeit auf öffentlichen Bureaus, Boten- und Radfahrdienste verschiedener Art. ... Katholische deutsche Jünglinge ! Zeigt opferfreudige Vaterlandsliebe, betet und helfet euer Vaterland erhalten !"[36].

Einen Tag nach den Jünglingsvereinen rief der "Zentralverband der katholischen Männervereinigungen von Düsseldorf und Umgegend" (CV), der im Jahre 1902 "zur Hebung der katholischen Bestrebungen der katholischen Männervereinigungen sowie der Förderung des katholischen Lebens überhaupt" gegründet worden war[37], in einer Anzeige die "Katholiken Düsseldorfs" zum Beitritt in die Zentralstelle auf: "Bei dem großen Liebeswerk, das jetzt von allen Korporationen, Ständen und Konfessionen für unsere heldenhaften Vaterlandsverteidiger und deren Angehörigen ins Leben gerufen wird, stellen wir, in 120 Vereinen organisierten katholische Männer Düsseldorfs uns mit

---

[35] Vgl. DT 04.08.1914.
[36] DT 09.08.1914. Vgl. auch PfA Düsseldorf St. Lambertus Akten 131 F, 16.08.1914; DT 30.10.1915; DT 04.12.1915; DT 07.01.1916; NN, Die Vorständekonferenz des Bezirksverbandes Düsseldorf, in: Der Jugendverein. Ratgeber und Verbandszeitschrift für die Vorstände und Mitarbeiter in katholischen Jünglingsvereinigungen Jg. 7 Nr. 1 (Januar 1916), 14 - 15, 14 f; DT 28.09.1918.
[37] Vgl. DT 06.10.1917. Vgl. auch DV 15.04.1903.

unseren Frauen und Kindern in Reih und Glied. Ernste Arbeit gilt es jetzt zu tun; heiligste Pflichten rufen auch diejenigen von uns, die nicht mit zu den Fahnen ziehen dürfen, an die Stätten der Not, die sich infolge des furchtbaren uns aufgezwungenen Krieges auftun werden. Deshalb gebe jeder sein Bestes, bis zum letzten Scherflein; jeder stelle sich zur Mitarbeit zur Verfügung. Um eine unerwünschte Zersplitterung zu vermeiden, haben wir uns der Zentralstelle für freiwillige Liebestätigkeit angeschlossen und bitten, alle Gaben direkt oder durch Vermittelung der Vereine dorthin zu leiten und alle Anmeldungen dorthin zu richten"[38].

Auffällig ist, dass in der Zentralstelle für freiwillige Liebestätigkeit von katholischer Seite nur Anna Niedieck und der Katholische Fürsorgeverein für Mädchen, Frauen und Kinder an verantwortlicher Stelle (1916 - 1919 Leitung der Abteilung XIV Familien- und Erwerbslosenfürsorge) tätig war[39]. Im Organisationsplan der Zentralstelle für freiwillige Liebestätigkeit in Düsseldorf vom August 1917 werden neben dem Katholischen Verein für Kinderfürsorge nur der Augustinusverein zur Pflege der katholischen Presse (Annahme und Verteilung von Liebesgaben), das Rochusstift (Krankenküche[40]), das Herz - Jesu - Kloster (Krankenküche), Carl Mosterts (Arbeits- und Wohnungsvermittlung der Katholischen Jünglingsvereinigungen[41]) und Kaplan Augustin Hartmann (Soldatenheime der Katholischen Jünglingsvereinigungen[42]) genannt[43]. Nur aus verstreuten Quellen ist bekannt, dass der Zentralstelle für freiwillige Liebestätigkeit auch die 23 Vinzenzvereine und die 20 Elisabethvereine der Stadt[44] und der Katholische Deutsche Frauenbund angeschlossen waren. Letztere arbeiteten "seit den Mobilmachungstagen rege mit, die Leiden des Krieges zu lindern", indem sie im Vereinsheim (Steinstr. 55) "eine Zweigstelle des großen Ibachsaales" (Sammlung von Liebesgaben) und in der Wohnung der Vorsitzenden eine Annahmestelle einrichteten[45]. Bereits in den ersten Kriegstagen hatte der Katholische Frauenbund Zweigverein Düsseldorf an seine Mitglieder appelliert, sich in den Hilfsdienst des Vaterländischen Frauenvereins einzureihen: "Nur zu bald wird die Notwendigkeit eintreten, daß für unsere verwundeten Männer, Söhne und Brüder Sorge getroffen wird. Sie, die Gut und Blut auf dem Altare des Vaterlandes freudig geopfert haben, können verlangen, daß ihnen, wenn sie als Kranke oder Verwundete vom Kriegsschauplatz heimkehren, alle die Pflege und Sorgfalt zuteil wird, die uns unsere Liebe zu ihnen eingibt. Das heißt für alle Frauen und Mädchen, auf dem Posten zu sein;

---

[38] DT 10.08.1914.

[39] Vgl. SKF Protokollbuch des Katholischen Frauenfürsorgevereins Düsseldorf 1916 - 1957, 28.02.1917; Adalbert Oehler, Düsseldorf im Weltkrieg. Schicksal und Arbeit einer deutschen Großstadt, Düsseldorf 1927, 125.

[40] Vgl. dazu DT 06.08.1916.

[41] Vgl. dazu DT 28.09.1918.

[42] Vgl. dazu DT 02.06.1914; DT 30.04.1917; DT 07.07.1918.

[43] Vgl. Adalbert Oehler, Düsseldorf im Weltkrieg. Schicksal und Arbeit einer deutschen Großstadt, Düsseldorf 1927, 121 ff.

[44] Vgl. DT 18.08.1914; DT 20.08.1914; DT 22.02.1915; DT 13.12.1915; NN, Etwas von der Liebestätigkeit des Vinzenz - Vereins während der Kriegszeit 1914, in: Vinzenz - Blätter. Zeitschrift des Vinzenzvereins für Deutschland Jg. 3 Nr. 3/4 (1914/15), 42 - 59, 50 f.

[45] Vgl. DT 12.06.1914; DT 04.08.1914; DT 17.11.1914; DT 11.06.1916.

das Vaterland verlangt, daß jeder seine Pflicht tut. Der Vaterländische Frauenverein ist in Düsseldorf für den Samariterdienst auf das beste organisiert, der Katholische Frauenbund hat daher mit diesen ein Abkommen dahin getroffen, daß er seine Kräfte für die Zeit des Krieges dieser Organisation zur Verfügung stellt. Er bittet alle seine Mitglieder, die bereit sind zu helfen, sich an den Versammlungen und Arbeiten des Vaterländischen Frauenvereins zu beteiligen"[46]. Auf der Generalversammlung des Jahres 1915 teilte der Frauenbund mit, dass 84 Mitglieder "während der Kriegszeit dauernd im Krankendienst, in der Familienfürsorge, dem Bahnhofs-, Feldpost- und Bürodienst gestanden" oder sich "in öffentlichen Küchen, Krippen, Nähwerkstätten im Dienste des Vaterlandes betätigt" hatten[47].

Ob der Katholische Mädchenschutzverein in Düsseldorf der Zentralstelle für freiwillige Liebestätigkeit beigetreten war, ist nicht zweifelsfrei zu klären[48]. Fest steht jedoch, dass der Verein "sogleich zu Anfang des Krieges ... dem Vaterländischen Frauenverein eine Anzahl Damen zur Verfügung (stellte) für den am Bahnhofe eingerichteten Erfrischungsdienst für durchreisende Truppen"[49]. Wie dem Rechenschaftsbericht für das Jahr 1914 zu entnehmen ist, hatte der Vorstand "der Lazarett - Verwaltung das abgeschlossene 1. Stockwerk seiner Häuser mit 22 Betten für die Verwundeten angeboten. Der Zudrang von arbeits- und mittellosen Mädchen sowie von Flüchtlingen aus Belgien war jedoch so groß, daß von der Belegung des Hauses mit Verwundeten Abstand genommen wurde"[50]. Stattdessen konzentrierten die ehrenamtlichen Helferinnen "ihre ganze Kraft der Bahnhofmission, den Ausgewiesenen und der einheimischen weiblichen Jugend"[51].

Wie alle Düsseldorfer Schulen war auch das St. Ursula - Lyzeum (Ritterstr. 12/14) der Zentralstelle für freiwillige Liebestätigkeit beigetreten[52]. Dem Jahresbericht 1914 ist über das "Schulleben während des Krieges" zu entnehmen: "Am 1. August wurden die Schülerinnen versammelt und mit der politischen Lage bekannt gemacht. Zwei Tage später fand nach einer kurzen zündenden Rede an die 'deutschen Mädchen', die mit einem Kaiserhoch endigte, die Entlassung der Schülerinnen in die Ferien statt. ... Am 5.

---

[46] DT 04.08.1914.

[47] DT 12.06.1914. Vgl. auch NN, Übersicht über die Zweigvereine des Katholischen Frauenbundes und ihre Tätigkeit, in: Katholischer Frauen - Kalender für das Jahr 6 (1916), 98 - 173, 118 f; NN, Ein Leben im Dienst katholischer Frauenarbeit. Emma Horion feierte in Düsseldorf ihren 75. Geburtstag, in: Kirchenzeitung für das Erzbistum Köln Jg. 19 Nr. 37 (13.09.1964), 25.

[48] Vgl. IVD, Protokolle der Vorstands - Sitzungen 1914 - 1937, 03.08.1914 und 28.09.1914; DT 09.02.1915; Katholischer Mädchenschutz - Verein, e. V. (Bahnhofmission) in Düsseldorf. Vereinshaus: Klosterstraße 86/90. Jahresbericht für 1915, Düsseldorf 1916, o. S. (3); Katholischer Mädchenschutz - Verein e. V. (Bahnhofmission) in Düsseldorf, Vereinshaus Klosterstraße 86/90. Jahresbericht für 1917, Düsseldorf 1917, o. S. (3).

[49] DT 09.02.1915. Vgl. auch AEK Gen. 23.6.2, 16.02.1915.

[50] DT 09.02.1915. Vgl. auch AEK Gen. 23.6.2, 16.02.1915; DT 31.08.1914.

[51] DT 09.02.1915. Vgl. auch Katholischer Mädchenschutz - Verein E.V. (Bahnhofmission) in Düsseldorf. Jahresbericht für 1914, Düsseldorf 1915, o. S. (2 f); Katholischer Mädchenschutz - Verein e. V. (Bahnhofmission) in Düsseldorf. Vereinshaus: Klosterstraße 86/90. Jahresbericht für 1916, Düsseldorf 1917, o. S. (6 f).

[52] Vgl. DT 26.03.1915.

August fanden sich die Schülerinnen zu dem von der kirchlichen Behörde angeordneten feierlichen Hochamt ein, ebenso zu dem am folgenden Sonntag stattfindenden 13-stündigen Gebet, um den Sieg für die deutschen Waffen zu erflehen. Dann begann die praktische Arbeit im Dienste der nationalen Sache. Unaufgefordert meldeten sich Schülerinnen, deren Anzahl täglich zunahm, zu Hilfeleistungen aller Art. Die Schulgebäude waren zwar zu Lazarettzwecken angeboten und bereits ausgeräumt, jedoch nicht in Benutzung genommen worden. So verlegte sich denn die begeisterte Schar, soweit sie nicht in Jugendhorten oder im Dienste des Roten Kreuzes willkommene Arbeit fand, auf die Anfertigung von Wollsachen für unsere Truppen. Täglich wurde unter Aufsicht der Schule von 8 - 12 und von 3 - 7 Uhr mit der größten Ausdauer gestrickt. Unvergeßlich werden diese Stunden den Kindern bleiben, in denen die meisten zum erstenmal tiefer in die Geheimnisse der Strickkunst eingeweiht wurden. Während sie die Nadeln fleißig rührten, las Rektor Schlösser die neuesten Tagesereignisse vor. ... Nach verhältnismäßig kurzer Zeit konnten an 500 Stück Wollsachen abgeliefert werden. Als besonders ehrenvolle Auszeichnung galt es, zu denen zu gehören, die schwer bepackt mit Strümpfen, Jacken, Schals, Kopfwärmer etc. etc., diese Liebesgaben an die Sammelstelle des Roten Kreuzes abliefern durften"[53].

Kinderhorte

Schon vor Ausbruch des Ersten Weltkrieges waren in Düsseldorf eine große Anzahl städtischer und privater Kinderkrippen, Kinderbewahrschulen und Kinderhorte eingerichtet worden[54]. Mit der Mobilmachung reichten die vorhandenen Plätze nicht mehr aus, "denn die Frauen und Mütter gingen in viel größerem Umfange als sonst zur Arbeit, in die Fabriken, in die Geschäfte, in die Amtsstuben der Behörden, als Schaffnerinnen"[55]. Zu Kriegsbeginn mangelte es vor allem für schulpflichtige Kinder an Hortplätzen, für die vor dem Jahre 1914 kaum Bedarf bestanden hatte[56]. Neben dem "Verein paritätischer Kinderhorte", der zwischen 1915 und 1917 in Düsseldorf allein 19 Anstalten unterhielt, hatten sich auch, so der städtische Verwaltungsbericht 1914/19, "die katholischen und evangelischen Pfarreien um das Kinderhortwesen durch die Einrichtung einer großen Anzahl von Kinderhorten besondere Verdienste erworben"[57].

---

[53] St. Ursula - Lyzeum Jahresbericht für das Schuljahr 1914, Düsseldorf 1915, 11 f.
[54] Vgl. Bericht über den Stand und die Verwaltung der Gemeinde - Angelegenheiten der Stadt Düsseldorf für den Zeitraum vom 1. April 1913 bis 31. März 1914, Düsseldorf 1914, 76.
[55] Adalbert Oehler, Düsseldorf im Weltkrieg. Schicksal und Arbeit einer deutschen Großstadt, Düsseldorf 1927, 149. Vgl. auch DT 03.07.1917; Bericht über den Stand und die Verwaltung der Gemeinde - Angelegenheiten der Stadt Düsseldorf für den Zeitraum vom 1. April 1914 bis 31. März 1919, Düsseldorf 1919, 153.
[56] Vgl. Bericht über den Stand und die Verwaltung der Gemeinde - Angelegenheiten der Stadt Düsseldorf für den Zeitraum vom 1. April 1913 bis 31. März 1914, Düsseldorf 1914, 76. Vgl. dazu Jürgen Rolle, Der Hort im Spiegel seiner Geschichte. Quellen und Dokumente, Köln 1988, 23 ff.
[57] Bericht über den Stand und die Verwaltung der Gemeinde - Angelegenheiten der Stadt Düsseldorf für den Zeitraum vom 1. April 1914 bis 31. März 1919, Düsseldorf 1919, 153.

In der Tat war die Zahl der kirchlichen, insbesondere der katholischen Kinder- und Jugendfürsorgeeinrichtungen während des Ersten Weltkrieges in Düsseldorf und Umgebung sprunghaft angestiegen[58]. Nach einer Mitteilung von Johannes Becker aus dem Jahre 1925 waren während der Kriegszeit "an 90 Anstalten der katholischen Kinderfürsorge (Bewahranstalten, Horte, Tagesheime) entstanden, die aus eigenen Mitteln unterhalten wurden". Mit Kriegsende war eine Anzahl der Einrichtungen "eingegangen", was "teils an den knapper werdenden finanziellen Mitteln, teils an der Rückkehr normaler Familienverhältnisse" lag[59]. Letzteres galt vor allem für Kinderhorte, deren Platzangebot man um ein vielfaches erhöht hatte. Meist von Ordensschwestern oder ehrenamtlichen Damenkomitees an Bewahr- oder Volksschulen eingerichtet, waren zwischen 1914 und 1918 u.a. in folgenden Pfarrgemeinden neue Kinderhorte eröffnet worden: St. Adolfus, St. Andreas, St. Anna, St. Antonius Oberkassel, St. Cäcilia Benrath (3), Dreifaltigkeit, St. Elisabeth Reisholz, Heilig Geist, Herz - Jesu Derendorf, St. Joseph Holthausen, St. Joseph Oberbilk, Liebfrauen (2), St. Margareta, Mariä Empfängnis, St. Michael, St. Paulus, St. Peter.

Nach einem Artikel des Düsseldorfer Tagesblattes über die Eröffnung des Kinderhortes im Gerresheimer Aloysianum (Gerricusplatz 2/3) am 2. Januar 1917 war die Einrichtung für "Kinder aller Konfessionen von 1 bis 14 Jahren" gedacht, und "zwar solche Kinder, deren Mütter 1. außer dem Hause Beschäftigung haben, 2. krank sind, 3. durch ein Geschäft an der Erziehung behindert sind". Der Hort war täglich geöffnet "von morgens 7 Uhr bis abends 8 Uhr, so daß Kinder für den ganzen Tag mit voller Verpflegung oder nur für den Nachmittag von 2 - 7 Uhr aufgenommen werden" konnten. Alle Kinder, die zum Hort geschickt wurden, mussten sauber gekleidet sein. Als Leiterin des Hortes stand eine Schwester zur Verfügung, "die schon jahrelang in einer Großstadt einen großen, neuzeitlich eingerichteten Hort mit viel Erfolg geleitet hat, so daß für gute Leitung, Pflege und Erziehung der Hortkinder Sorge getragen" war. Die Aufnahme in den Hort erfolgte gegen einen Beitrag, dessen Höhe nach den Einkommensverhältnissen der Eltern bei der Anmeldung festgelegt wurde; nur "ganz arme Kinder" fanden unentgeltlich Aufnahme. Die Ausstattung mit Mobiliar und Spielsachen war auf das Mindeste beschränkt. Daher schloss der Zeitungsbericht mit der Bitte "um freundliche Überlassung von Kinderwäsche, altem Leinen, Kinderbettchen und Kinderwagen mit Füllung, Stühlen, Tischen und Schränken, Kinderspielzeug, Bilder- und Märchenbücher. Zur Anfertigung von Kinderarbeiten sind sehr erwünscht: Zigarrenkisten, Abfallholz, Garnrollen für Laubsägearbeiten, Pappdeckel, Buchhüllen, leere Kartons und Zeitungen und Zeitschriften, kurzum, der Kinderhort kann alles gebrauchen"[60].

---

[58] Vgl. DCF 127 D/2, 30.08.1920.

[59] Johannes Becker, Katholischer Caritas - Verband für die Stadt Düsseldorf, in: Mitteilungen der Caritassekretariate zu Aachen, Krefeld, Elberfeld, Essen - Stadt, Essen - Land, Düsseldorf Jg. 2 Nr. 1/3 (16.05.1925), 14 - 17, 15.

[60] DT 02.01.1917.

Lazarette

Wie die Leitung der Kinderbewahrschulen und Kinderhorte meist in den Händen von Ordensschwestern lag, so oblag den Genossenschaften vielfach auch die Einrichtung und Unterhaltung von Kriegslazaretten an katholischen Einrichtungen. Neben staatlichen und kommunalen Stellen waren in Düsseldorf für die Errichtung und Versorgung der Reservelazarette das Rote Kreuz und der Vaterländische Frauenverein verantwortlich[61]. Ursprünglich hatten diese den Aufbau eines zentralen Reservelazarettes in der städtischen Tonhalle (Schadowstr. 89/93) vorgesehen, doch wäre damit der Stadt die einzige größere Versammlungsstätte entzogen worden[62]. "Die Zentralstelle für freiwillige Liebestätigkeit", so berichtet Oberbürgermeister Adalbert Oehler, "mit der die Vereine vom Roten Kreuz sich zusammengetan hatten, kam nicht in Verlegenheit. Es fanden sich sofort ausreichende Anstalten und Räume zur Errichtung von Reservelazaretten, vor allem die großen öffentlichen Krankenanstalten, die einen Teil ihrer Betten und ihre ganze Einrichtung nebst Personal hierfür zur Verfügung stellten; auch andere geeignete Räume konnten hierfür verwendet und eingerichtet werden"[63]. Zur Disposition standen vor allem jene Gebäude, für die es in der Kriegszeit keine Verwendung gab wie dem Jägerhaus (Grafenberg), der Rheinlust (Oberkassel), dem Ausstellungspalast (Pempelfort), der Flora (Bilk) oder den Hospizen des Katholischen Gesellenvereins (Karlstadt, Flingern, Derendorf)[64]. Neben den unter militärischer Leitung stehenden Reservelazaretten konnte die Zentralstelle für freiwillige Liebestätigkeit eine Vielzahl von Vereinslazaretten einrichten, die gleichfalls unter ständiger militärischer und ärztlicher Aufsicht mit geschultem Pflegepersonal standen. Meist handelte es sich um kleinere Pflegestätten mit geringer Bettenzahl, die hauptsächlich der Versorgung von Leichtverwundeten und Genesenden dienten[65]. Insgesamt war das Angebot an Pflegeplätzen in allen Kriegsjahren größer als der Bedarf. Die Folge war, dass viele zumeist aus patriotischem Überschwang eingerichtete Pflegestätten, noch vor Kriegsende aufgelöst wurden. Soweit die Einrichtung der Lazarette nicht auf Kosten einzelner Spender erfolgte, übernahm es die Zentralstelle für freiwillige Liebestätigkeit, "die Lazarette entsprechend einzurichten, die Betten, Geräte, nötigenfalls, sonstige gesundheitliche Anlagen, auf ihre Kosten zu beschaffen, die nötigen Arzneien und Verbandsmittel zu liefern, die Pflegekräfte zu stellen, mit den Ärzten Verträge abzuschließen, auch mit den Inhabern des betreffenden Hauses oder sonstigen opferwilligen Persönlichkeiten, die die Verwaltung eines solchen Laza-

---

[61] Vgl. Die Reservelazarette, Vereinslazarette und Genesungsheime im Bereiche des VII. Armeekorps, Münster 1914, 15 ff.
[62] Vgl. Adalbert Oehler, Düsseldorf im Weltkrieg. Schicksal und Arbeit einer deutschen Großstadt, Düsseldorf 1927, 167.
[63] Adalbert Oehler, Düsseldorf im Weltkrieg. Schicksal und Arbeit einer deutschen Großstadt, Düsseldorf 1927, 167.
[64] Vgl. Adalbert Oehler, Düsseldorf im Weltkrieg. Schicksal und Arbeit einer deutschen Großstadt, Düsseldorf 1927, 167.
[65] Vgl. Adalbert Oehler, Düsseldorf im Weltkrieg. Schicksal und Arbeit einer deutschen Großstadt, Düsseldorf 1927, 167 ff.

rettes zu übernehmen sich bereit fanden, welche Vergütung für die Beköstigung auf den Kopf und Tag zu zahlen sei"[66].

Ende des ersten Kriegsmonats waren in den Düsseldorfer Lazaretten bereits mehr als 2500 Verwundete untergebracht. Am 12. September 1914 standen 7100 Betten zur Verfügung; kurze Zeit später war mit 8000 Pflegeplätzen die höchste Zahl verfügbarer Betten erreicht[67]. In den Jahren 1914 bis 1918 wurden in 53 Lazaretten und Privatpflegestätten der Stadt und in 16 Lazaretten in den Gemeinden des Landkreises Düsseldorf mehr als 113500 verwundete und kranke Soldaten versorgt[68]. Nach einer Aufstellung von Oberbürgermeister Adalbert Oehler waren von den 53 Düsseldorfer Lazaretten 16 in katholischen Anstalten und Einrichtungen untergebracht[69]. Hierzu gehörten die Reservelazarete: 1. Augustakrankenhaus mit Villa Siebel (Rath)[70], 2. Krankenhaus der Dominikanerinnen (Heerdt)[71], 3. Josephskrankenhaus (Oberbilk)[72], 4. Katholisches Gesellenhaus Bilker Straße (Karlstadt)[73], 5. Katholisches Gesellenhaus Birkenstraße (Flingern)[74], 6. Katholisches Gesellenhaus Blücherstraße (Derendorf)[75], 7. Marienhospital (Pempelfort)[76], 8. Theresienhospital (Altestadt)[77], 9. Vinzenzhaus (Derendorf)[78] und die Vereinslazarette: 1. Antoniuskloster (Oberkassel)[79], 2. Dominikanerkloster

---

[66] Adalbert Oehler, Düsseldorf im Weltkrieg. Schicksal und Arbeit einer deutschen Großstadt, Düsseldorf 1927, 169.

[67] Vgl. Adalbert Oehler, Düsseldorf im Weltkrieg. Schicksal und Arbeit einer deutschen Großstadt, Düsseldorf 1927, 169 und 172 f.

[68] Vgl. Adalbert Oehler, Düsseldorf im Weltkrieg. Schicksal und Arbeit einer deutschen Großstadt, Düsseldorf 1927, 173 f.

[69] Vgl. Adalbert Oehler, Düsseldorf im Weltkrieg. Schicksal und Arbeit einer deutschen Großstadt, Düsseldorf 1927, 172 f. Vgl. auch THD Fach 13, Reservelazarett Theresienhospital 1914 - 1918; SAD IV 2363, Bl. 21 ff; DT 31.08.1914.

[70] Vgl. PfA Mörsenbroich St. Franziskus Xaverius, Chronik der Pfarrkirche von St. Franziskus - Xaverius - Mörsenbroich, S. 51; DT 09.11.1929.

[71] Vgl. DT 31.12.1916; NN, Momentbilder aus dem Reserve - Lazarett der Dominikanerinnen zu Düsseldorf - Heerdt (Von einer pflegenden Schwester eingesandt), in: Der Marien - Psalter Jg. 38 Nr. 3 (Dezember 1914), 101 - 103; NN, St. Martin und St. Nikolaus im Kriegslazarett der Dominikanerinnen zu Düsseldorf Heerdt (Von einer Krankenschwester), in: Der Marien - Psalter Jg. 38 Nr. 5 (Februar 1915), 174 - 177; NN, Im Kriegslazarett der Dominikanerinnen zu Düsseldorf - Heerdt (Von einer Krankenschwester), in: Der Marien - Psalter Jg. 38 Nr. 6 (März 1915), 208 - 210 und Nr. 10 (Juli 1915), 368 - 369; NN, Drei kleine Rosenkranzgeschichten aus dem Heerdter Kriegslazarett (Von einer Krankenschwester), in: Der Marien - Psalter Jg. 38 Nr. 8 (Mai 1915), 293 - 294; NN, Aus dem Heerdter Kriegslazarett, in: Der Marien - Psalter Jg. 39 Nr. 6 (März 1916), 221 - 222.

[72] Vgl. BSD Bauakte Bogenstr. 9, 20.09.1916; DT 09.01.1916; DT 20.12.1916.

[73] Vgl. DT 22.11.1914; DT 15.12.1914; DT 28.10.1917; DT 31.08.1918; DT 13.09.1924.

[74] Vgl. DT 24.08.1914; NN, Düsseldorf, in: Kolpingsblatt. Organ des Verbandes katholischer Gesellenvereine Jg. 14 Nr. 35 (06.09.1914), 267; DT 22.11.1914; DT 30.12.1915; DT 22.12.1916; DT 02.01.1918; DT 12.09.1918; DT 13.09.1924.

[75] Vgl. SAD IV 37808, 05.08.1918; DT 22.11.1914; DT 30.12.1916; DT 13.09.1924.

[76] Vgl. DT 29.10.1914; DT 19.06.1916; DT 26.05.1917; DT 03.06.1918.

[77] Vgl. DT 29.01.1915; DT 10.03.1915.

[78] Vgl. DT 06.01.1915; DT 05.09.1915; DT 27.12.1916.

Vereinslazarette: 1. Antoniuskloster (Oberkassel)[79], 2. Dominikanerkloster (Friedrichstadt)[80], 3. Franziskanerkloster (Pempelfort)[81], 4. Knabenwaisenhaus (Oberbilk)[82], 5. Ledigenheim Martinstraße mit Hubertusstift (Bilk)[83], 6. Marienheim (Pempelfort)[84], 7. Lazarett des Müttervereins Heilig Geist (Derendorf)[85]. Die Pflege im Vereinslazarett Kunstpalast (Hofgartenstr. 4) war den Armen Dienstmägden Jesu Christi aus dem Josephinenstift (Talstr. 65) übertragen[86]. Kleinere, nur für kurze Zeit auf die Pflege verwundeter Soldaten eingerichtete Unterkunftsstellen waren das Kloster der Barmherzigen Brüder (Friedrichstadt)[87], das Elisabethkloster (Pempelfort)[88], das Kloster Christi Hilf (Flingern)[89] und das Marienstift (Oberbilk)[90]. Außerhalb des heutigen Düsseldorfer Stadtgebietes lagen das Reservelazarett im Kaiserswerther Marienkrankenhaus[91] und das

[79] Vgl. AEK GVA Düsseldorf überhaupt 68, 09.11.1916; DT 04.08.1914; DT 25.12.1915; DT 26.11.1916.

[80] Vgl. DT 10.08.1914; Theodor Windmüller, Aus dem Lazarett Dominikanerkloster in Düsseldorf, in: Der Marien - Psalter Jg. 38 Nr. 4 (Januar 1915), 138 - 139, Nr. 5 (Februar 1915), 173 - 174, Nr. 6 (März 1915), 210 - 211 und Nr. 7 (April 1915), 251 - 213, 138 ff; DT 27.08.1915; DT 02.10.1915; Wilhelm Liese, Die katholischen Orden Deutschlands und der Völkerkrieg 1914/15. Statistik ihrer Kriegsarbeit vom 1. August bis 31. Dezember 1914, Freiburg 1915, 7; DT 29.08.1916; DT 01.06.1917; DT 22.09.1918.

[81] Vgl. DT 11.08.1914; DT 15.08.1914; DT 16.10.1914; NN, Düsseldorf, in: Antoniusbote. Monatsschrift der Franziskaner Missionen und des Dritten Ordens Jg. 21 Nr. 12 (01.12.1914), 402; DT 29.01.1915; DT 18.02.1915; NN, Wehrdienst, in: Jahresbericht der Sächsischen Franziskanerprovinz vom Heiligen Kreuze 1914, Düsseldorf 1915, 9 - 10, 10; NN, Düsseldorf, in: Jahresbericht der Sächsischen Franziskanerprovinz vom Heiligen Kreuze 1914, Düsseldorf 1915, 23; Wilhelm Liese, Die katholischen Orden Deutschlands und der Völkerkrieg 1914/15. Statistik ihrer Kriegsarbeit vom 1. August bis 31. Dezember 1914, Freiburg 1915, 7; DT 26.02.1916; DT 04.06.1916; NN, Kriegschronik, in: Jahresbericht der Sächsischen Franziskanerprovinz vom Heiligen Kreuze 1915, Düsseldorf 1916, 7 - 16, 12 f; NN, Chronik des Dritten Ordens, in: Jahresbericht der Sächsischen Franziskanerprovinz vom Heiligen Kreuze 1915, Düsseldorf 1916, 58 - 65, 62; NN, Düsseldorf, in: Jahresbericht der Sächsischen Franziskanerprovinz vom Heiligen Kreuze 1916 und 1917, Düsseldorf 1918, 40 - 41, 40; Bruno Feldmann, Die Franziskaner der sächsischen Provinz vom Hl. Kreuz und der Weltkrieg, in: Franziskanische Studien Jg. 5 Nr. 1/2 (1918), 138 - 141, 138 ff.

[82] Vgl. unten S. 384 f.

[83] Vgl. MCS Ordensaufzeichnungen Mutterhaus - Hubertusstift, Kloster von der unbefleckten Empfängnis Mariä, 1914; MKD Chronik der Filiale Bilk 1859 - 1929, 1914; SAD III 4716, 10.08.1914; SAD IV 37808, 17.10.1918; DT 11.08.1914; DT 31.08.1914.

[84] Vgl. DT 10.08.1914; DT 11.02.1915; DT 20.04.1916; DT 04.08.1916; DT 24.12.1916; DT 03.01.1917; DT 01.08.1917; DT 22.04.1918.

[85] Vgl. PfA Pempelfort Heilig Geist, Chronik der Pfarrei Heilig Geist, S. 11 f; PfA Pempelfort Heilig Geist, Geschichte der Frauen - Congregation der Pfarre zum heiligen Geist, S. 6 f; DT 14.08.1914; DT 01.12.1914; DT 30.01.1915; DT 03.02.1915; DT 17.09.1915; DSA 31.10.1930.

[86] Vgl. DT 30.01.1916; DT 13.10.1916; DT 26.11.1916; DT 28.04.1917.

[87] Vgl. PfA Friedrichstadt St. Peter 662, Bericht über die Liebestätigkeit der Pfarre St. Peter während des Weltkrieges, um 1919; DN 25.04.1962.

[88] Vgl. DT 12.06.1915; Wilhelm Liese, Die katholischen Orden Deutschlands und der Völkerkrieg 1914/15. Statistik ihrer Kriegsarbeit vom 1. August bis 31. Dezember 1914, Freiburg 1915, 14.

[89] Vgl. DT 31.08.1914; DT 12.06.1915.

[90] Vgl. MAD Chronik Marienstift Düsseldorf - Oberbilk, S. 63.

[91] Vgl. PfA Kaiserswerth St. Suitbertus Akten 561, Bl. 9; SAD XVI 461, 16.12.1918; DT 27.12.1915.

Lazarett im Holthausener Herz - Jesu - Kloster[92]; die Benrather Lazarette im Arbeiterheim und der Turnhalle wurden gemeinsam vom dortigen Elisabethenverein und der evangelischen Frauenhilfe betreut[93].

Die Pflege der verwundeten Soldaten erfolgte durch geschulte Krankenschwestern (z.B. Christenserinnen im Dominikanerkloster[94], Barmherzige Schwestern der Hl. Elisabeth im Katholischen Gesellenhaus[95]) und eine Vielzahl ehrenamtlicher Kräfte, die in Spezialkursen zu Hilfsschwestern ausgebildet waren[96]. In den Krankenhäusern der Stadt übte das Stammpersonal, in katholischen Anstalten meist Ordensschwestern, den Pflegedienst aus, doch kamen auch hier freiwillige Hilfsschwestern und Rote - Kreuz - Schwestern zum Einsatz. Letztere nahmen den Platz von Berufspflegekräften ein, die in Feldlazarette an der Front oder in der Etappe eingezogen waren[97]. "Es war damals", so erinnerte sich Oberbürgermeister Adalbert Oehler, "ein besonderer Schmuck, den das Straßenbild der Stadt erhielt: die Hunderte von Frauen und Mädchen in der kleidsamen Tracht der Rote - Kreuz - Schwestern, der Hilfsschwestern, der Helferinnen, die tagaus, tagein von ihrer Wohnung zum Lazarett oder ihrem sonstigen vaterländischen Dienst und umgekehrt gingen oder im Freien Erholung von ihrem Dienst suchten"[98].

Zu Beginn des Krieges war die Verteilung der verwundeten Soldaten, die am Bahnhof Bilk eintrafen und von hier mit speziell zum Krankentransport umgerüsteten Straßenbahnen weitergeleitet wurden[99], ohne System. Erst im Laufe der Zeit spezialisierten sich die Lazarette auf die Behandlung bestimmter Schwerverwundeter. So war im Marienhospital ein psychologisches Laboratorium zur Erforschung traumatischer Neurosen und eine Spezialabteilung der peripheren Nervenverletzungen eingerichtet worden[100]. Erblindete Soldaten wurden im Lazarett des katholischen Knabenwaisenhauses in Oberbilk behandelt[101]. "Hier hatten die Pflegerinnen, darunter zwei Gräfinnen Rantzau, eine ganz besonders opferwillige Wirksamkeit aufzuwenden, um den Blinden soweit Ersatz für das fehlende Augenlicht zu geben, wie es menschlicher Kunst möglich ist, sie zu

---

[92] Vgl. PfA Holthausen St. Joseph, Chronik der Pfarrei St. Joseph, 1914; DT 15.08.1914; BT 25.08.1914.
[93] Vgl. ASE, Chronik der Katholischen Schule Benrath I 1914 - 1930, S. 1 ff.
[94] Vgl. MCS Ordensaufzeichnungen Mutterhaus - Hubertusstift, Kloster von der unbefleckten Empfängnis Mariä, 1914.
[95] Vgl. AEK GVA Düsseldorf überhaupt 45, 08.08.1918; DT 15.08.1914.
[96] Vgl. DT 29.10.1914.
[97] Vgl. DT 09.11.1929; Für den Sanitätsdienst an der Front hatten sich zu Kriegsbeginn auch 30 Franziskaner freiwillig gemeldet und der Malteser - Ritter - Genossenschaft zur Verfügung gestellt (vgl. DT 06.08.1914; DT 11.08.1914; Wilhelm Liese, Die katholischen Orden Deutschlands und der Völkerkrieg 1914/15. Statistik ihrer Kriegsarbeit vom 1. August bis 31. Dezember 1914, Freiburg 1915, 7). Die Provinz der Dominikaner hatte in den Kriegsjahren 23 Patres für den Lazarettdienst abgestellt (vgl. Wilhelm Liese, Die katholischen Orden Deutschlands und der Völkerkrieg 1914/15. Statistik ihrer Kriegsarbeit vom 1. August bis 31. Dezember 1914, Freiburg 1915, 7; DT 22.09.1918).
[98] Adalbert Oehler, Düsseldorf im Weltkrieg. Schicksal und Arbeit einer deutschen Großstadt, Düsseldorf 1927, 175.
[99] Vgl. PfA Friedrichstadt St. Peter 1, S. 12.
[100] Vgl. Adalbert Oehler, Düsseldorf im Weltkrieg. Schicksal und Arbeit einer deutschen Großstadt, Düsseldorf 1927, 174.
[101] Vgl. KRD 31, 30.12.1914 und 10.01.1917; DT 26.01.1918; DT 02.09.1918.

trösten, aufzuheitern, zu unterhalten und das lernen zu lassen was Blinde lernen können"[102]. Durch Räumung des Festsaals und eines Seitenflügels sowie Errichtung von Baracken im Hof der Waisenanstalt war ein Lazarett von 60 Plätzen geschaffen worden, das gegen Kriegsende auch "Ohnhänder", Invaliden, die den Gebrauch beider Hände verloren hatten, aufnahm[103]. Für weitere Sonderbehandlungen standen von den katholischen Krankenhauslazaretten zur Verfügung: für Augenkranke das Marienhospital, Augustakrankenhaus, St. Josephskrankenhaus, Theresienhospital; für Ohrenkranke das Marienhospital, Augustakrankenhaus, katholische Gesellenhaus; für Lungenkranke: das Marienhospital[104].

Kriegsfürsorge des Theresienhospitals

Zu den ersten Düsseldorfer Krankenhäusern, die der Militärverwaltung ihre Räumlichkeiten für Lazarettzwecke anboten, gehörte das Krankenhaus der Töchter vom Hl. Kreuz in der Altestadt. "Es verstand sich von selbst", so Ludwig Offenberg vom Krankenhausvorstand, "daß sich das Hospital mitsamt Schwestern- und Ärzteschaft dem bedrohten Vaterlande zur Verfügung stellte"[105]. Privatkranke, deren Gesundheitszustand es erlaubte, wurden nach Hause entlassen und die Aufnahme neuer Patienten stark beschränkt[106]. Bereits am 19. August 1914 verpflichtete sich das Hospital, "200 Kranke und Verwundete Krieger aufzunehmen und zu verpflegen, sowie das etwa noch erforderliche Pflege- und Wartepersonal unterzubringen und Beköstigung zu gewähren"[107]. Für die Pflege eines Soldaten erhielten die Schwestern eine Tagesvergütung von drei Mark sowie freie Arzneien, Verbandsmittel, Krankenkleider und Leibwäsche. Die Beköstigung bestand "in Morgenkaffee (oder Milch oder Suppe), Frühstück, Mittagessen (Suppe, Fleisch, Gemüse, Nachtisch nur für Offiziere, Nachmittagskaffee und Abendkost". Wurde vom Arzt eine besondere Kost verordnet, so war diese zu liefern[108].
In den Kriegsjahren 1914 bis 1918 waren im ersten Obergeschoss acht Zimmer, im zweiten und dritten Obergeschoss je elf Zimmer für Militärpersonen eingerichtet. Der Rheinflügel blieb den Offizieren und Privatpatienten vorbehalten[109]. Da sich das Theresienhospital zur Aufnahme von 200 pflegebedürftigen Soldaten verpflichtet hatte, das

---

[102] Adalbert Oehler, Düsseldorf im Weltkrieg. Schicksal und Arbeit einer deutschen Großstadt, Düsseldorf 1927, 179 f.
[103] Vgl. DT 02.09.1918.
[104] Vgl. Adalbert Oehler, Düsseldorf im Weltkrieg. Schicksal und Arbeit einer deutschen Großstadt, Düsseldorf 1927, 180.
[105] THD Chronik des Hospitals Maria - Theresia 1921 - 1936, S. 28.
[106] Vgl. THD Chronik des Hospitals Maria - Theresia 1921 - 1936, S. 28.
[107] THD Fach 13, Reservelazarett Theresienhospital 1914 - 1918, 19.08.1914. Vgl. auch THD Fach 13, Reservelazarett Theresienhospital 1914 - 1918, 10.03.1915 und 01.04.1916.
[108] Vgl. THD Fach 13, Reservelazarett Theresienhospital 1914 - 1918, 19.08.1914, 10.03.1915 und 01.04.1916.
[109] Vgl. THD Fach 13, Reservelazarett Theresienhospital 1914 - 1918, 03.04.1917.

Hospital aber nur über 150 Plätze verfügte, mussten auch die größeren Tagesräume zur Belegung herangezogen werden[110].

Eingehende "Liebesgaben durch die Zentralstelle der freiwilligen Liebestätigkeit" wurden an die Oberin abgegeben und "je nach Schwere der Verwundung oder Krankheit gleichmäßig verteilt"[111]. Mehrmals im Monat fanden "zur Erheiterung der Leute musikalische und deklamatorische Abendunterhaltungen" statt. Außerdem wurden Vortragsreihen und Ausflüge mit Rheindampfern organisiert[112].

Mit der Länge der Kriegsdauer wurde die Versorgung der Soldaten immer schwieriger, obwohl Lazarette bei der Lebensmittelzuteilung privilegiert waren[113]. Gleichwohl waren die Schwestern ständig darum bemüht, den Rekonvaleszenten ihren Aufenthalt so erträglich wie möglich zu gestalten[114]. Hiervon zeugen zahlreiche Dankesbriefe, die das Krankenhaus während und auch nach Ende des Krieges erreichten[115]. In Anerkennung der aufopfernden Pflege der Schwestern errichteten Soldaten im Garten des "Reserve - Lazarett Theresienhospital" einen "Erinnerungsbrunnen", der am 21. Juni 1917 in einem kleinen Festakt eingeweiht wurde[116].

Da das Theresienhospital, dessen Dach gegen Fliegergefahr mit einem großen "Roten Kreuz" gekennzeichnet war[117], seine Räumlichkeiten sofort zu Lazarettzwecken zur Verfügung gestellt hatte, blieb es von Beschlagnahmungen weitgehend verschont. Gleichwohl musste es im März 1916 mehrere Kochkessel aus Nickel[118] und im Mai 1917 eine Bronzeglocke aus dem Jahre 1752 an den Reichsmilitärfiskus abführen[119].

Kinderfürsorge

Wie berichtet, trat der Düsseldorfer Caritasverband im ersten Kriegsjahr in der Öffentlichkeit nicht in Erscheinung[120]. Auch wenn keine Aussagen darüber vorliegen, ist anzunehmen, dass die Verbandsarbeit zu dieser Zeit ruhte. Nur so ist auch zu erklären, warum Düsseldorf nicht unter den 30 örtlichen Caritasverbänden im Rechenschaftsbericht des Deutschen Caritasverbandes für die Jahre 1913/15 genannt wird (Stichtag 15. No-

---

[110] Vgl. THD Chronik des Hospitals Maria - Theresia 1921 - 1936, S. 28.
[111] THD Fach 13, Reservelazarett Theresienhospital 1914 - 1918, 03.04.1917.
[112] THD Fach 13, Reservelazarett Theresienhospital 1914 - 1918, 03.04.1917.
[113] Vgl. Adalbert Oehler, Düsseldorf im Weltkrieg. Schicksal und Arbeit einer deutschen Großstadt, Düsseldorf 1927, 202 f.
[114] Vgl. THD Fach 13, Reservelazarett Theresienhospital 1914 - 1918, 09.10.1917.
[115] Vgl. THD Fach 11, Dankschreiben und Schriftstücke über Spenden aus der Inflationszeit 1919 - 1933, 21.09.1918.
[116] Vgl. THD Fach 13, Reservelazarett Theresienhospital 1914 - 1918, 21.06.1917; DT 26.06.1917.
[117] Vgl. Julius Söhn, Düsseldorf während des großen Völkerringens 1914 - 1918. Eine Sammlung Kriegsbilder, Düsseldorf 1919, o. S. (Tafel Theresienhospital).
[118] Vgl. THD Fach 13, Reservelazarett Theresienhospital 1914 - 1918, 26.02.1916.
[119] Vgl. THD Fach 6, Beschluß - Buch des Vorstandes der Kranken - Anstalt der barmherzigen Schwestern, Töchter vom heiligen Kreuz, 1880 - 1931, S. 169.
[120] Vgl. oben S. 366 f.

vember 1915)[121]. Obwohl alle katholischen Wohlfahrtseinrichtungen in Düsseldorf ihre Kapazitäten zwischen 1914 und 1918 der Zentralstelle für freiwillige Liebestätigkeit unterstellten, sucht man in den überlieferten Dokumenten der Zentralstelle den Namen "Caritasverband für die Stadt Düsseldorf" vergebens. Dennoch war der Verband hier wie auch an anderen Stellen der Kriegsfürsorge tätig.

Im Organisationsplan der Zentralstelle für freiwillige Liebestätigkeit vom August 1917 wird in Abteilung XIV f "Kinderfürsorge" der "Katholische Verein für Kinderfürsorge" unter Vorsitz von Pfarrer Max Döhmer genannt, der 1 Säuglingsheim, 6 Kinderkrippen, 28 Bewahrschulen, 19 Horte, 11 Tagesheime, 4 Suppenküchen und 14 Strick- und Nähschulen vertrat[122]. Wie aus zeitgenössischen Unterlagen hervorgeht, war der katholische Kinderfürsorgeverein für die Stadt Düsseldorf im Jahre 1916 "aus den Nöten des Krieges geboren"[123] und stellte "eine Zusammenfassung aller hier bestehenden Kinder - Bewahranstalten, -horte und -heime" dar[124]. Im Jahresbericht des "Zentralverband Katholischer Kinderhorte Deutschlands" (Bonn) von 1917 war er als Mitgliedsverein ausgewiesen[125] und bezeichnete sich 1922 in einer Selbstbeschreibung als "Hauptstelle für die Bestrebungen der Kinderfürsorge im christlichen Sinne" und "Vertreter der Bestrebungen der katholischen Kinderheime und Schulen"[126].

Mit Blick auf das Wachsen und Werden des Caritasverbandes für die Stadt Düsseldorf ist von besonderem Interesse, dass Pfarrer Franz Sasse (St. Lambertus) in einem Schreiben an das Kölner Generalvikariat beiläufig bemerkte, der "Verein für katholische Kinderfürsorge" in Düsseldorf sei der "Caritas - Zentrale" unterstellt[127]. Da vom Kinderfürsorgeverein nur wenige Nachrichten überliefert sind, kann nicht gesagt werden, wie die Interessensvertretung dem Düsseldorfer Caritasverband "unterstellt" war. Ob der Verein auf Initiative verschiedener Träger katholischer Kinderfürsorgeeinrichtungen gegründet wurde und sich dem Caritasverband als "Fachverband" anschloss, oder innerhalb des Verbandes eine "Fachabteilung" für Bewahrschulen und Kinderhorte entstanden war, bleibt dunkel. Fest steht jedoch, dass der Caritasverband für die Stadt Düsseldorf mit dem "Verein für katholische Kinderfürsorge" erstmals über ein Instrumentarium verfügte, dass es ihm erlaubte, in der Stadt Düsseldorf, wenn auch nur für einen bestimmten Bereich, offiziell als Anwalt katholischer Wohlfahrtsbestrebungen aufzutreten.

---

[121] Vgl. Arthur Hugo Klieber, Caritasverband für das katholische Deutschland E. V.. Bericht über die Geschäftsjahre 1913/14 und 1914/15, in: Caritas. Zeitschrift für die Werke der Nächstenliebe im katholischen Deutschland Jg. 21 Nr. 2/3 (November/Dezember 1915), 41 - 56, 45. Vgl. auch Arthur Hugo Klieber, Statistisches zur Übersicht über die Caritasverbandsorganisationen, in: Caritas. Zeitschrift für die Werke der Nächstenliebe im katholischen Deutschland Jg. 21 Nr. 2/3 (November/Dezember 1915), 116 - 120, 117 f.
[122] Vgl. Adalbert Oehler, Düsseldorf im Weltkrieg. Schicksal und Arbeit einer deutschen Großstadt, Düsseldorf 1927, 128.
[123] AEK GVA Düsseldorf überhaupt 36, 26.03.1917.
[124] Vgl. DT 06.04.1919.
[125] Vgl. Zentralverband Katholischer Kinderhorte Deutschlands. Jahresbericht 1917, Bonn 1917, 7.
[126] Handbuch der Wohlfahrtspflege in der Stadt Düsseldorf, Düsseldorf 1922, 53.
[127] Vgl. AEK GVA Düsseldorf überhaupt 36, 26.03.1917.

Caritassekretariat Bilker Straße

Um Fürsprecher im sozialpolitischen Alltagsgeschäft zu sein, bedurfte der Caritasverband für die Stadt Düsseldorf, der bisher nur beim Zusammentritt seiner Verbandsorgane (Ausschuss, Vorstand, Allgemeine Verbandsversammlung) sichtbare Gestalt annahm[128], eines ständig agierenden Instrumentariums. Notwendig war die Einrichtung einer "Zentrale", die bereits bei der Rekonstituierung des Verbandes im Jahre 1907 gefordert wurde, aber nach Ausweis der Rechenschaftsberichte zum wiederholten Male am "Kostenpunkt für die Herstellung" scheiterte[129].

Die Vorzüge einer eigenen Geschäftsstelle lagen auf der Hand. In einer "Denkschrift über die Einrichtung von Caritassekretariaten in Großstädten"[130], vorgetragen im Jahre 1913, heißt es zur "Notwendigkeit eines Caritassekretariates": Der Zusammenschluss aller caritativen Kräfte in einem örtlichen Caritasverband bewirkt, "daß der Geist rechter Caritas in den einzelnen Vereinen und ihren Mitgliedern immer wacherhalten wird, damit sie nicht in der geschäftsmäßigen Abwicklung der gewöhnlichen Vereinsverrichtungen (Austragung von Brotkärtchen usw.) aufgehen, sondern das Ziel der materiellen, geistigen, sittlichen und religiösen Wiederaufrichtung einer unterstützten Familie nicht aus dem Auge verlieren"[131]. Durch den Zusammenschluss werden alle Mitgliedsvereine "immer auf die neu sie herantretenden Aufgaben aufmerksam" gemacht und "bei vernünftiger Arbeitsteilung ein richtiges Zusammenarbeiten der einzelnen caritativen Vereine" ermöglicht. "Durch den Zusammenschluß soll auch die entsprechende Vertretung der kommunalen Armenpflege gegenüber stattfinden: Benützung der städtischen Stiftungen, Inanspruchnahme der städtischen Armengelder, Übernahme von Sammelvormundschaften usw."[132]. Alle diese Aufgaben, so die Quintessenz der Denkschrift, können nur durchgeführt werden, "wenn genügend berufliche und freiwillige Kräfte zur Verfügung stehen. Ein mit Seelsorgearbeiten überlasteter Geistlicher kann heutigentags den Überblick über alle aktuellen Aufgaben der Caritas kaum mehr behalten, kann sich nicht die erforderlichen Kenntnisse in allen einzelnen Zweigen der Caritas, in allen entsprechenden Gesetzen und Verordnungen, staatlichen und kommunalen Hilfsmitteln erwerben, die zu rechter Ausnützung der verfügbaren Kräfte notwendig sind. Daher drängte die Entwicklung allerorts dazu, im Interesse einheitlicher und wirksamer Caritasarbeit ein Caritassekretariat mit einem hauptberuflich beschäftigten Leiter zu gründen. Durch ein solches Sekretariat lassen sich alle genannten Aufgaben und andere, die

---

[128] Vgl. oben S. 347.
[129] Vgl. oben S. 353 f.
[130] Vgl. NN, Denkschrift über die Einrichtung von Caritassekretariaten in Großstädten, in: Arthur Hugo Klieber, Katholische Liebestätigkeit in Baden. Bericht über den vierten badischen Diözesan - Caritastag in Mannheim vom 22. bis 24. Juni 1913, Freiburg 1913, 231 - 238, 231 ff.
[131] NN, Denkschrift über die Einrichtung von Caritassekretariaten in Großstädten, in: Arthur Hugo Klieber, Katholische Liebestätigkeit in Baden. Bericht über den vierten badischen Diözesan - Caritastag in Mannheim vom 22. bis 24. Juni 1913, Freiburg 1913, 231 - 238, 231.
[132] NN, Denkschrift über die Einrichtung von Caritassekretariaten in Großstädten, in: Arthur Hugo Klieber, Katholische Liebestätigkeit in Baden. Bericht über den vierten badischen Diözesan - Caritastag in Mannheim vom 22. bis 24. Juni 1913, Freiburg 1913, 231 - 238, 231 f.

überhaupt nur auf diesem Wege zu lösen sind, durchführen. Der Leiter desselben kann sich von Berufswegen in alle neuen Aufgaben einarbeiten und sich die hierzu erforderlichen Kenntnisse verschaffen, kann die angeschlossenen Vereine zu verständnisvoller Zusammenarbeit heranziehen, vermag auch die Initiative zu ergreifen gegenüber neuauftauchenden Fragen und Aufgaben. Im Sekretariat finden die angeschlossenen Vereine eine Zentralauskunftsstelle für die katholischen Armen, wodurch die städtische Auskunftsstelle und die Notwendigkeit des Zusammenarbeitens mit ihr zum Teil ausgeschaltet, zum Teil besser ausgenützt wird. Eine Caritasbibliothek[133] sowie eine Hausratsammelstelle läßt sich auf diesem Weg bald erreichen. Hier ist die Möglichkeit sofortiger Unterstützung in dringenden Fällen geboten, während die Vinzenz- und Elisabethvereine im allgemeinen für gewöhnlich naturgemäß ihre Sitzungen zur Erledigung eines Falles abwarten müssen. Zugleich kann eine gründliche Nachprüfung und Befolgung besonders schwieriger Fälle hier erfolgen. Die Fürsorge für Wanderarme und Obdachlose läßt sich überhaupt nur vermittels eines Sekretariats bewerkstelligen. Hier ist die Möglichkeit gegeben, das leidige Bettelunwesen zu beseitigen und durch einen hierin erfahrenen Mann eine Prüfung der Bedürftigkeit und eine zweckentsprechende Unterstützung bzw. Arbeitsvermittlung eintreten zu lassen. Durch ein solches Sekretariat kann vermieden werden, daß weiterhin vermögende katholische Leute ihre Almosen an die städtische Armenfürsorge ablösen, während das Caritassekretariat oft eine bessere Verwendung ermöglichte. Das Sekretariat kann den gesetzes- und rechtsunkundigen Mitgliedern der einzelnen Vereine die Arbeit abnehmen, in wirksamer Weise die Behörden für Unterstützungen, Unterbringung in Fürsorgeerziehung und Anstaltserziehung usw. angehen, überhaupt die städtischen Mittel für die Unterstützung der katholischen Armen mehr benützen. Das Sekretariat ist allein imstande, die brennende Frage der Sammelvormundschaft, besonders bei unehelichen Kindern und der Pflegschaft bei verwahrlosten Kindern und Jugendlichen sowie Trinkern zu lösen durch Vermittlung und Selbstübernahme solcher Vormundschaften und Pflegschaften. Die Mitarbeit am Jugendgericht, in der Fürsorge für Trinker, entlassene Gefangene oder Geisteskranke, und für Arbeitslose, Jugendliche, Gefährdete, sowie im Gefängnisbesuch, Bahnhofsmission u.a. wird durch das Sekretariat sehr erleichtert. Die einzelnen caritativen Vereine streben ohnehin schon nach eigenen Sekretariaten (Vinzenzverein, Fürsorgeverein, Kreuzbündnis) oder Büros. Das würde aber nur eine Zersplitterung hervorrufen. Aus dem Gesagten geht hervor, dass die Schaffung eines Caritassekretariates für Großstädte zur erfolgreichen und weitblickenden Durchführung der caritativen Aufgaben eine dringende Notwendigkeit geworden ist"[134].

Während vor dem Ersten Weltkrieg in zahlreichen Städten Caritassekretariate nicht nur als dringende Notwendigkeit erkannt, sondern bereits eingerichtet worden waren, war der Caritasverband für die Stadt Düsseldorf in dieser Angelegenheit über das Stadium reinen Wunschdenkens noch nicht hinausgekommen. Betrachtet man die überlie-

---

[133] Vgl. dazu Heinrich Auer, Handbücherei für Caritassekretariate und ähnliche Einrichtungen. Ein Verzeichnis der notwendigen Bücher und Zeitschriften, Freiburg 1919², 3 ff.
[134] NN, Denkschrift über die Einrichtung von Caritassekretariaten in Großstädten, in: Arthur Hugo Klieber, Katholische Liebestätigkeit in Baden. Bericht über den vierten badischen Diözesan - Caritastag in Mannheim vom 22. bis 24. Juni 1913, Freiburg 1913, 231 - 238, 232 f.

ferten Quellen, ist an keiner Stelle erkennbar, dass die im Caritasverband zusammengeschlossenen Wohltätigkeitseinrichtungen der Stadt ernsthaft die Gründung einer zentralen Auskunftsstelle betrieben hätten. Offenbar bedurfte es verschiedener Anstöße von Außen, bis auch hier die notwendigen Schritte zur Einrichtung einer Zentrale eingeleitet wurden.

Von den defizitären Organisationsstrukturen des Deutschen Caritasverbandes und der Caritasarbeit in Deutschland bei Ausbruch des Ersten Weltkrieges[135] wie auch die von Constantin Noppel angefertigte "Denkschrift über den Ausbau der katholischen Caritasorganisation" und ihre Beratung auf der Fuldaer Bischofskonferenz im August 1915 ist bereits an anderer Stelle berichtet worden[136]. Ebenso wurde geschildert, dass in Düsseldorf die Zusammenarbeit zwischen den katholischen Wohlfahrtseinrichtungen in der Kriegsfürsorge völlig unzureichend war und hier von der Zentralstelle für freiwillige Liebestätigkeit hergestellt werden musste. Beides, die Protektion der Caritasarbeit durch den deutschen Episkopat wie auch die mangelnde Kooperation vor Ort, dürften dazu beigetragen haben, die in völlige Lethargie verfallene Düsseldorfer Caritasbewegung neu zu beleben.

Glaubt man den überlieferten Dokumenten, ging der entscheidende Impuls von einer Seite aus, die im Caritasverband für die Stadt Düsseldorf bisher noch gar nicht in Erscheinung getreten war: die Düsseldorfer Geistlichkeit. "Es dauerte lange", so Ludwig Offenberg 1926, "ehe das Pfarrkapitel und die Kirchengemeinden es als ihre Aufgabe betrachteten, den Verband als den ihrigen reichlich zu unterstützen. Schließlich gaben sie doch die Mittel zur Erhaltung des Sekretariates"[137]. In der Tat hatte das Düsseldorfer Pfarrkapitel Ende 1915 einstimmig beschlossen, für das Dekanat ein Caritassekretariat ins Leben zu rufen[138]. Auf wessen Veranlassung und auf welcher Sitzung sich die Pfarrer, die nach § 2 der Statuten von 1904 "geborene Mitglieder des Verbandes" waren[139], mit der Frage beschäftigten, bleibt dunkel, da das Kapitelsprotokollbuch aus jener Zeit nicht auffindbar ist. Die Entscheidung musste vor dem 11. Dezember 1915 gefallen sein, da das Düsseldorfer Tageblatt an diesem Tag eine Generalversammlung der Vinzenzkonferenzen mit dem Bemerken ankündigte: "In dieser (Veranstaltung) wird Herr Kaplan Palmen, der in Aussicht genommene Sekretär des katholischen Caritasverbandes von Düsseldorf, eine Ansprache halten"[140].

Zwei Tage später zitierte das Tageblatt den Vorsitzenden der Vinzenzvereine, Ludwig Offenberg, mit den Worten, "daß der vor etwa 10 Jahren gegründete katholische Charitasverband von Düsseldorf in der Person des Herrn Kaplan Palmen nunmehr einen Generalsekretär erhalten habe. Dieser Charitasverband ist eine gewisse Notwendigkeit, um die 60 - 70 katholischen Wohltätigkeits - Vereinigungen, Anstalten und Klöster zu einem engeren gemeinschaftlichen Wirken zusammenzufassen und um überhaupt ein

---

[135] Vgl. oben S. 353 ff.
[136] Vgl. oben S. 334 f.
[137] CVD 170, Geschichte des Vinzenzvereins in Düsseldorf 1850 - 1935, S. 12.
[138] Vgl. DT 14.10.1920.
[139] Vgl. oben S. 347.
[140] DT 11.12.1915.

Bild von den einzelnen Tätigkeitsgebieten zu bekommen". Darauf stellte sich der neue Generalsekretär des Caritasverbandes, Kaplan Josef Palmen, der Versammlung vor und "hielt eine gehaltvolle Ansprache über den Geist der christlichen Charitas. Er knüpfte dabei an das schlichte und doch so überwältigende Bild der Fußwaschung an, wo der Gottessohn als Diener der Liebe erscheint. Die christliche Charitas brauche ebenfalls dienende Männer der Liebe, die selbstlos und ruhelos sich den bedrängten Mitmenschen widmen"[141]. Am 14. Dezember 1915 ersuchte Dechant Franz Sasse das Generalvikariat um Anstellung eines Generalsekretärs für den Düsseldorfer Caritasverband und die Bewilligung der hierzu notwendigen Mittel; gleichzeitig gab er Mitteilung, für das Amt stehe Josef Palmen zur Verfügung und die "anfänglich auf 2000 Mark geschätzten" Kosten werden von den Pfarrgemeinden der Stadt unter dem Titel "Allerhand" aufgebracht[142].

Welche Fähigkeiten Josef Palmen, der am 15. Februar 1913 zum Priester geweiht[143] und am 23. Dezember 1914 zum Vizepräses des Katholischen Gesellenvereins in Düsseldorf ernannt worden war[144], für das Amt eines "Generalsekretärs des örtlichen Caritasverbandes" qualifizierten, ist unbekannt. Dass er die Aufgabe ernst nahm, belegt eine Zuschrift, die er am 1. Januar 1916, dem Tag der Eröffnung des Düsseldorfer Caritassekretariates, im Düsseldorfer Tageblatt veröffentlichen ließ: "Schon seit einer Reihe von Jahren besteht in Düsseldorf ein katholischer Caritasverband mit dem Ziele, alle caritativ - tätigen Vereine aneinander anzuschließen. Aus den Stürmen und aus der Not der Zeit heraus erschien es schon seit langem notwendig, diesen Zusammenhang noch inniger, anregender und wirkungsvoller zu gestalten. Der große Völkerkrieg, der uns neben zahllosen, glorreichen Siegen doch auch manche Not, sogar vielfach unverschuldete, gebracht hat, drängte zur Verwirklichung dieses Planes. So wurde denn, wie in anderen Städten so auch hier von den Pfarrern Düsseldorfs für den 1. Januar 1916 die Errichtung einer Zentrale des Caritasverbandes beschlossen. Dieses Bureau, dessen Leitung in den Händen eines 'Generalsekretärs des örtlichen Caritasverbandes' und zwar eines Geistlichen liegt, wurde in diesen Tagen im Gesellenhause, Bilkerstraße 36 eingerichtet; dort werden an Wochentagen morgens von 10 - 12 Uhr, nachmittags von 4 - 6 Uhr - nur Samstagsnachmittags nicht - die Bureaustunden des Generalsekretärs sein"[145].

Ob aus gegebenem Anlass oder zur vorsorglichen Aufklärung betonte Josef Palmen noch einmal ausdrücklich, der Düsseldorfer Caritasverband werde die Eigenständigkeit der katholischen Wohlfahrtseinrichtungen der Stadt in keiner Weise beeinträchtigen: "Der örtliche Caritasverband, wie er auch hier besteht, will ... zunächst alle am Orte vorhandenen katholischen Wohltätigkeits - Vereine, -Anstalten und -Stiftungen in einem

---

[141] DT 13.12.1915.
[142] Vgl. AEK GVA Düsseldorf überhaupt 13.1, 14.12.1915.
[143] Vgl. NN, Vermischte kirchliche Nachrichten, in: Kirchlicher Anzeiger für die Erzdiözese Cöln Jg. 53 Nr. 5 (01.03.1913), 30.
[144] Vgl. NN, Personal - Chronik der Erzdiözese Cöln, in: Kirchlicher Anzeiger für die Erzdiözese Cöln Jg. 55 Nr. 1 (01.01.1915), 14; Realschematismus der Diözese Aachen, Mönchengladbach 1933, 468.
[145] Josef Palmen, Vom katholischen Caritasverband, Düsseldorf, in: Düsseldorfer Tageblatt Jg. 50 Nr. 1 (01.01.1916), o. S. (6). Vgl. auch AEK GVA Düsseldorf überhaupt 51, 07.10.1916; Josef Palmen, Vom örtlichen katholischen Caritasverband in Düsseldorf, in: Caritas. Zeitschrift für die Werke der Nächstenliebe im katholischen Deutschland Jg. 21 Nr. 5/6 (Februar/März 1916), 198.

Vereine zusammenschließen. Seine Aufgabe ist es aber keineswegs, den einzelnen Vereinen usw. ihre Arbeit zu nehmen, oder die Art seiner Wirksamkeit zu ändern. Jeder Verein usw. behält seinen Wirkungskreis und seine Organisation bei. Dem 'Verbande' schwebt da nur das eine Ziel vor, die einzelnen Vereine usw. miteinander bekannt zu machen in ihrem Streben und ihrer Organisation, so daß die Gesamtarbeit ein planmäßiges Wirken, eine gegenseitige Ergänzung und Unterstützung ermöglicht. Die ganze caritative Tätigkeit soll dadurch ein einheitliches, großes Ganzes werden, ein Garten der Nächstenliebe, in dem jeder seinen Ackerteil bestellt, aber in Fühlung mit jedem anderen im Dienste und zur Förderung der einen großen Sache"[146].

Da das Arbeitsfeld der Wohltätigkeit überaus groß war, "so wird es zweite Aufgabe der Charitaszentrale, durch Wort und Schrift aus allen katholischen Kreisen Männer und Frauen zu gewinnen, die irgendwo mithelfen im Dienste der Caritas, sei es als Mitglieder in Vinzenz- und Elisabeth - Vereinen, sei es vor allem auch heutzutage als Vormund und Pfleger bei der unglücklichen Jugend. Darum werden des öfteren Versammlungen sowohl gemeinsam wie in einzelnen Bezirken und Vereinen abgehalten werden müssen, um die herrlichen Aufgaben der Nächstenliebe, zumal wie die Stunde sie fordert, darzulegen, und die Arbeit selbst in ihren Grundsätzen zu schildern. So wird aber auch naturgemäß die Caritaszentrale zu einer Auskunftsstelle werden, besonders in schwierigeren Fällen; hilfesuchende Personen sollen da auch Rat und Beistand finden, je nach ihren besonderen Bedürfnissen auf die entsprechenden Vereine und Anstalten hingewiesen werden; falls es nötig ist, wird von der Zentrale aus die Unterstützung und Unterbringung vermittelt werden; sie besorgt die nötigen Aktenstücke, verfaßt Gesuche usw.. Um diese Tätigkeit möglichst erfolgreich führen zu können, wird dann die Caritaszentrale eine kleine Caritasbibliothek anlegen und die caritativen Zeitschriften zum Besten seiner Mitglieder beziehen, alle Jahresberichte der örtlichen Wohltätigkeitsvereine, -Anstalten und -Stiftungen sammeln, also kurzum in seinem ganzen Wirken der Diener aller sein, der die angeschlossenen Vereine zu unterstützen und zu heben hat, ohne in deren Selbständigkeit einzugreifen, oder sich Bevormundung derselben anzumaßen. Dadurch wird zugutletzt die Ausübung der Caritashilfe die Zentrale auch dazu führen, sich in der Seelsorge nach Anweisung der hochwürdigen Pfarrgeistlichkeit vermittelnd und zur schnelleren Erledigung gewisser Seelsorgsfragen zu betätigen"[147].

Äußerst aufschlussreich ist ein mit 14. Januar 1916 datierter Brief von Josef Palmen an Lorenz Werthmann in Freiburg. Aus dem ältesten erhaltenen Schreiben des Düsseldorfer Generalsekretariats geht hervor, dass der lokale Caritasverband völlig am Boden lag, nur langsam reaktiviert werden konnte und sich der Sekretär in sein neues Aufgabenfeld erst noch einarbeiten musste. Wörtlich teilte Josef Palmen dem Präsidenten des Deutschen Caritasverbandes mit: "Nachdem zwar schon seit einer Reihe von Jahren auch hier ein örtlicher Caritasverband bestanden, er aber in den letzten Jahren ziemlich aus der Öffentlichkeit verschwunden war, sollte nunmehr vom 1. Januar dieses Jahres ab

---

[146] Josef Palmen, Vom katholischen Caritasverband, Düsseldorf, in: Düsseldorfer Tageblatt Jg. 50 Nr. 1 (01.01.1916), o. S. (6).
[147] Josef Palmen, Vom katholischen Caritasverband, Düsseldorf, in: Düsseldorfer Tageblatt Jg. 50 Nr. 1 (01.01.1916), o. S. (6).

durch Gründung einer 'Zentralstelle' des örtlichen Caritasverbandes und durch Übertragung der Arbeiten an einen Geistlichen das Ganze neues Leben gewinnen. Zwar sind auch schon die 3 Hauptaufgaben des örtlichen Programms aufgestellt: Zusammenschluß und gegenseitige Ergänzung aller karitativ - tätigen Vereine hier, Auskunftsstelle und Hülfe in besonders schwierigen Fällen und Caritashilfe in der Großstadtseelsorge, aber es wird noch einige Zeit vergehen, ehe das Ganze einmal in Schuß gekommen ist, zumal ich mich in die vielartigen Fragen moderner Caritas ganz neu einarbeiten mußte bzw. noch stark muß. Anregungen und Hilfe Ihrerseits würde ich da mit aufrichtigem Dank begrüßen. ... Nehmen Sie dieses als erste Mitteilung der neuen Zentralstelle; gelegentlich werde ich gern, wenn erwünscht, größere Berichte über Ziele etc. zusenden"[148].

Erfreut über die Nachrichten aus dem Rheinland schrieb Lorenz Werthmann am 22. Januar 1916 an den "Generalsekretär des Caritasverbandes Düsseldorf" zurück: "Ihre Mitteilung, daß der Düsseldorfer Caritasverband zu neuem Leben erweckt worden ist, und daß bereits eine Zentralstelle mit einem Generalsekretär an der Spitze errichtet worden ist, hat mich außerordentlich erfreut. Sie dürfen sich jeder Unterstützung durch unsere Zentrale versichert halten. Insbesondere empfehlen wir Ihnen die Benutzung unserer reichhaltigen Bibliothek, die Ihnen alle einschlägigen Bücher gern senden wird, die Sie für das Studium des einen oder anderen Gebietes der Caritas benötigen. Unsere Geschäftsstelle habe ich beauftragt, Ihnen zu einer ersten Orientierung über Umfang der Caritasorganisation und Tätigkeit der einzelnen Caritasverbände, die bisher erschienenen Jahrgänge des Caritasjahrbuches[149] zu übermitteln. Das Liesesche Handbuch über 'Wohlfahrtspflege und Caritas'[150] wird in Ihrer Tätigkeit der wichtigste praktische Ratgeber für Sie sein, während Sie im Schaubschen Buch 'Die katholische Caritas und ihre Gegner'[151] die Theorie der Caritas vortrefflich behandelt finden. Die wichtigsten Caritasschriften haben Sie, wie ich aus Ihrem Schreiben an die Geschäftsstelle des Caritasverbandes entnommen habe, ja bereits bestellt"[152].

Auf die interessierte Nachfrage von Lorenz Werthmann, "ob der dortige Verband schon feste Statuten hat, oder nicht, und in welcher Weise Sie Ihr Verhältnis zum allgemeinen Caritasverband zu regeln gedenken"[153], findet sich in den überlieferten Schriftstücken keine Antwort. Dies ist umso bedauerlicher, da auch aus anderen Dokumenten nicht erkennbar wird, nach welcher Satzung der Düsseldorfer Verband seine Angelegenheiten seit der Errichtung des Caritassekretariates regelte. Viel sagend heißt es noch im Oktober 1920: "Der Anfang unseres Verbandes reicht in das Jahr 1904 zurück. ... Die damals gegebenen und heute wenigstens teilweise noch geltenden Satzungen sagten in ihrem ersten Paragraphen: Die der Wohltätigkeit dienenden katholischen Anstalten, Stiftungen und Vereine Düsseldorfs sowie einzelstehende Caritasfreunde treten zu einer

---

[148] DCF 127 D/2, 14.01.1916.
[149] Vgl. Jahrbuch des Charitasverbandes für das Geschäftsjahr 1 (1907/08) bis 11 (1916/17).
[150] Vgl. Wilhelm Liese, Wohlfahrtspflege und Caritas im Deutschen Reich, in Deutsch - Österreich, der Schweiz und Luxemburg, Mönchengladbach 1914.
[151] Vgl. Franz Schaub, Die katholische Caritas und ihre Gegner, Mönchengladbach 1909.
[152] DCF 127 D/2, 22.01.1916.
[153] DCF 127 D/2, 22.01.1916.

freien Vereinigung unter dem Namen 'Katholischer Caritasverband Düsseldorf' zusammen"[154]. Welche Paragraphen der Gründungsstatuten im Jahre 1916 noch galten, welche gestrichen, modifiziert oder hinzugekommen waren, ist nicht rekonstruierbar. Letztlich bleibt sogar unklar, ob eine Überarbeitung der Statuten überhaupt stattfand, was schon allein im Hinblick auf das Amt des Generalsekretärs und sein Verhältnis zu den Organen (Ausschuss, Vorstand und allgemeine Verbandsversammlung) eine dringende Notwendigkeit gewesen wäre. Da von einer Revision der Satzungen nichts bekannt ist, bleibt auch undeutlich, in welchem Verhältnis der Düsseldorfer Verband zum Deutschen Caritasverband in Freiburg stand. Soweit Unterlagen hierüber erhalten sind, wird an keiner Stelle ein Beitritt zum Zentralverband erwähnt. Offenbar war ein formaler Aufnahmeakt gar nicht vorgesehen und der Anschluss der Ortsverbände mit dem Bezug der Zeitschrift "Caritas" von selbst gegeben. Unmittelbar auf die Frage nach dem Verhältnis von Düsseldorfer und Deutschem Caritasverband führte Lorenz Werthmann in seinem Schreiben vom 22. Januar 1916 aus: "Wir haben es bei den übrigen örtlichen Caritasverbänden im allgemeinen so gehalten, daß diejenigen Mitglieder, die sechs Mark zahlen, die Zeitschrift 'Caritas' beziehen, wofür vier Mark an den allgemeinen Caritasverband, der dann die Versendung der Zeitschrift besorgt, abzuführen sind. Die Mitglieder, die weniger als sechs Mark zahlen erhalten das Caritasjahrbuch, wofür eine Mark an den allgemeinen Caritasverband pro Mitglied entrichtet wird"[155].

Dass Generalsekretär Josef Palmen die von Lorenz Werthmann empfohlene Literatur eingehend studierte, belegt das Düsseldorfer Tageblatt vom 30. Januar 1916, wo er unter dem Titel "Die deutsche Caritas und ihre Zentralisationsbestrebungen" einen Artikel über Wesen und Geschichte der Caritasbewegung zum Abdruck brachte. Ziel des Beitrages war es, zu zeigen, wie sich "seit einigen Jahrzehnten ... die deutsche Caritas in großartiger Tätigkeit und überaus segensreicher Wirksamkeit" entfaltet hatte[156]. Die Abhandlung war Auftakt zu einer groß angelegten Mobilisierung der Düsseldorfer Caritaskräfte, die mit einer öffentlichen Caritasversammlung unter Teilnahme von Weihbischof Peter Lausberg am 7. Februar 1916 im Kaisersaal der Tonhalle ihren Höhepunkt finden sollte[157].

Von der "Großen öffentlichen Caritasversammlung", die nach Herausgabe des Handbuchs für die Katholiken Düsseldorfs und Eröffnung des Caritassekretariates ohne Zweifel als dritter Meilenstein in der Geschichte des Caritasverbandes für die Stadt Düsseldorf anzusehen ist, berichtete die lokale Presse: "Mit Beginn dieses Jahres hat in Düsseldorf das reiche katholische Caritasleben eine straffere Organisation gefunden. Der örtliche Caritasverband Düsseldorf, der seit 1904 den inneren Zusammenhang zwischen den einzelnen caritativen Vereinen und Anstalten herstellt, ist nunmehr von den Pfarrern der Stadt zu einer Zentrale ausgebaut, deren Büro sich im Gesellenhause, Bilkerstraße 36, befindet. An ihrer Spitze steht als Generalsekretär Herr Kaplan Palmen.

---

[154] DT 14.10.1920.
[155] DCF 127 D/2, 22.01.1916.
[156] Josef Palmen, Die deutsche Caritas und ihre Zentralisationsbestrebungen, in: Düsseldorfer Tageblatt Jg. 50 Nr. 29 (30.01.1916), o. S. (5).
[157] Vgl. PfA Düsseldorf St. Lambertus Akten 131 F, 13.02.1916.

Der Krieg, der das Geheimnis und die innere Macht der Organisation in seiner großen Tragweite aufgezeigt hat, ließ auch im katholischen Caritasverband Düsseldorf den schon längst gehegten Plan der Errichtung einer Zentrale rasch ausreifen. Dazu drängte auch die gesteigerte Not, die der Krieg im Gefolge hat und noch bringen wird, und deren Linderung der privaten Liebestätigkeit vorbehalten ist. Heute trat der neugekräftigte katholische Caritasverband Düsseldorf in einer imposanten Massenversammlung vor die Öffentlichkeit, um sich über die Ziele und die Aufgabenkreise der Caritas auszusprechen und im besonderen die Bestrebungen der neugeschaffenen Zentrale klarzulegen und neue Kräfte für das anwachsende, schwierige Arbeitsfeld zu gewinnen. Welches Interesse der hochwürdigste Herr Erzbischof Kardinal Dr. von Hartmann an dem Wirken des Caritasverbandes nimmt, beweist, daß er als seinen Stellvertreter den hochwürdigsten Herrn Weihbischof Dr. Lausberg, den früheren Pfarrer von St. Mariä Empfängnis, hier, zu der Versammlung entsandte. Die Versammlung im Kaisersaal der Tonhalle, aus dessen Vordergrund die Büste des Kaisers und die Statue der hl. Elisabeth aus Blattgrün herniedergrüßten, war überaus zahlreich besucht. Saal und Galerie waren dicht besetzt. Die einzelnen durch die Einberufung ihrer Mitglieder geschwächten caritativen Männervereine waren teilweise vollzählig vertreten, wie auch die zahlreichen Frauenvereine und Anstalten. Außer Weihbischof Dr. Lausberg hatte sich auch Regierungspräsident Dr. Kruse eingefunden. Die Veranstaltung war sinnig umrahmt von Orgelvorträgen und Gedichten. Die weihevollen Klänge: Präludium und Fuge über Choralmelodie 'Ave verum corpus', von Organist Meisen meisterlich auf der Orgel dargeboten, leiteten den Abend ein. Darauf trug mit tiefer Wirkung Herr Johannes Wintgen ein eigens für die Veranstaltung verfaßtes Gedicht, 'Der Geist der hl. Elisabeth' vor, das dieses Vorbild der katholischen Caritas in leuchtenden Farben schilderte und die Versammlung in die Stimmung des Abends hinübergeleitete. Der Vorsitzende, Herr Pfarrer Döhmer, begrüßte sodann die Erschienenen und entwickelte das Programm der Veranstaltung. Er feierte die Caritas, die Christus in die Welt gebracht, und die seitdem segenspendend durch die Jahrhunderte und Völker gegangen. Kein Millionenarmenetat wird die Caritas verdrängen können. Verstehen und Mitleid sind so notwendig wie Brot und Kleidung. Es besteht in unserer Stadt eine große Anzahl von Vereinen und Anstalten, teils aus alter Zeit stammend, teils wieder der jüngsten Vergangenheit, geboren aus der Not der Verhältnisse. Die Gründung des Sekretariats, das heute zum erstenmal in die Erscheinung tritt, bedeutet einen Markstein in der Geschichte der Caritas in Düsseldorf. Mit großer Freude hat Seine Eminenz Kardinal Dr. von Hartmann davon Kenntnis genommen, und ich begrüße herzlichst seinen Vertreter, den hochwürdigsten Herrn Weihbischof Dr. Lausberg. Sodann widmete der Redner warme Worte der Begrüßung an Herrn Regierungspräsidenten Dr. Kruse. Leider sei der Oberbürgermeister der Stadt verhindert, heute an der Versammlung teilzunehmen. Der erste Vortrag des Abends, gehalten von dem Generalsekretär des katholischen Caritasverbandes in Deutschland, Dr. Löhr, befaßte sich mit den Aufgaben, die die Gegenwart und Zukunft an die kath. Caritas stellt. Das Thema seines Vortrages lautete: 'Die katholische Caritas von heute und ihre Zeitaufgaben'. Der Redner führte aus: Die materielle Hilfe ist in der Gegenwart in der Hauptsache an den Staat und die privaten Organisationen der Selbsthilfe übergegangen. Geblieben ist uns die ideelle Seite und damit eine Aufgabe von besonderer Tragweite. Es ist dies die zarteste und edelste Hilfe. Der veränderten Lage müssen wir klar ins Auge sehen und ihr uns anpassen. In der Organisation, in der Methodik und auf unserem Tätigkeitsgebiet. Vielfach wurde bisher von einzelnen Vereinen nebeneinander und ungewollt Gegeneinander gearbeitet. Manche Caritasübung stand eher im Zeichen der Almosenwirtschaft, als daß sie gründliche und dauernde Hilfe brachte. Der Caritasverband ist dazu bestimmt, die Caritasarbeit zu zielbewußter und erfolgreicher Tätigkeit zu führen. Seine Aufgabe besteht darin, aufklärend, belehrend und führend zu wirken. Die Ausübung der Liebestätigkeit im modernen Sinne bedeutet nichts anderes als Rückkehr zu den altbewährten Grundsätzen der Urkirche. Der erste Satz der Caritas muß lauten: Stelle Deine Person in den Dienst der Liebestätigkeit. Es muß sich zwischen den Mitwirkenden auf dem Gebiete der Caritas und den Schützlingen ein fortdauerndes Vertrauens- und Freundschaftsverhältnis entwickeln. Außer der materiellen Gabe müssen sie ihr Eigenstes, Innerstes und Edelstes bieten; das bildet das Geheimnis des Erfolges: Ohne Seelenpflege gibt es keine Armenpflege. Die Liebestätigkeit erfordert weiter eingehendes Studium der wirtschaftlichen Verhältnisse der Schützlinge. Es muß sich der Grundsatz durchsetzen: Erst dann bewillige eine Gabe, wenn du die Verhältnisse genau kennst. Die Lösung muß lauten: Mit kühlem Verstand und warmem Herzen. Zur Lösung der gewaltigen Aufgaben, ist ein ganzes Heer von Kräften erforderlich. Die Caritas muß der Stolz der katholischen Bevölkerung werden, alle Kreise müssen sich daran beteiligen. Die Wohlhabenden müssen es sich zur Ehrenpflicht machen, die Liebestätigkeit mit Stiftungen zu bedenken. Eine rege Propaganda soll neue Kräfte werben und die Caritas zur Sache des ganzen katholischen Volkes machen. Über die örtliche Caritaszentrale und ihre Ziele verbreitete sich sodann der Generalsekretär des katholischen Caritasverbandes, Herr Kaplan Palmen. Er führte in der Hauptsache aus: Im letzten Jahrzehnt des vorigen Jahrhunderts hatte ein Düsseldorfer der katholischen Caritas hier das Wort zugerufen: Mehr Publikation, mehr Studium und mehr Organisation. Dies Wort zündete und wurde zum Wahlspruch des am 9. November 1897 in Köln gegründeten Caritasverbandes für das katholische Deutschland. Gleich die erste Forderung, das katholische caritative Leben in die Öffentlichkeit zu bringen, fand Widerspruch. Inzwischen hat sich deren innere Berechtigung und Notwendigkeit durchgesetzt. Die zweite Forderung wurde das Studium der Caritas. Seitdem Staat und Gemeinden es als ihre Ehrenschuld betrachten, aus ihren Mitteln den hilfsbedürftigen Armen beizustehen, seitdem die Ausübung der Nächstenliebe neue Wege ersann, um nicht nur das Unglück eines einzelnen zu heilen, sondern auch der bedrängten Lage ganzer Stände vorbeugend schon zur Hilfe zu eilen, wurden nach und nach alle Fragen aus dem Erdenleid des Menschenlebens aufgegriffen und erörtert. Man erforschte genau die Verhältnisse des Notleidenden, die Ursachen seiner Not und die geeigneten Heilmittel, damit die Ausübung der Caritas nicht nur als ein blindes Almosengeben, sondern als ein wahrhaft großes Streben zur Beseitigung des materiellen wie auch sittlichen Elends der Bedrängten erscheinen könne. Die Früchte diese Studiums erblickt man in der einzig dastehenden sozialen Gesetzgebung unseres Volkes und hier in unserer Stadt in den zahllosen Vereinen, Anstalten und Stiftungen, wie sie die katholische Caritas so vielseitig geschaffen hat. Es ist, als wenn unsere moderne Caritas die erste christliche Sehnsucht in ihrem Herzen trüge, doch ja Sorge zu tragen, daß keiner, aber auch 'gar kein Bedürftiger unter den Ihren' sei, wie es einst in der Urkirche so herrlich der Fall war. Es fehlte aber bisher die Zentrale, die alle die mannigfaltigen Bestrebungen hier zusammenfaßt. Darum lautet auch zu dritt der Wahlspruch des Caritasverbandes: Organisation, Vereinigung aller, auf daß die Vertreter und Anstalten der Caritas sich näher kennen lernen, ihre Erfahrungen austauschen, von ihren Fehlern und Erfolgen lernen, ihre Methoden einander mitteilen, ihre Kräfte einmütig zu einem Ziele zu vereinigen. Das war es, was im Jahre 1904 die hiesigen katholischen caritativen Vereine, Anstalten und Stiftungen zum Zusammenschluß bewog, was die Pfarren in der Stadt veranlaßte, einen lebendigen Mittelpunkt zu schaffen, um die Ziele der einzelnen Wohltätigkeitszweige durch Gründung einer Zentralstelle des örtlichen katholischen Caritasverbandes noch mehr zu fördern und so der vielseitigen caritativen Tätigkeit unserer Stadt des Gepräge einer einheitlichen Liebestätigkeit zu geben. Dabei bleibt jeder Gruppe ihr eigenes Arbeitsfeld, ihre eigene innere Organisation. Die Zentrale will nicht über allem thronen, sie will vielmehr für alle und in allem sein. Vor allem hofft sie in engerer Verbindung mit den Organisationen neu auftauchende Fragen der Nächstenliebe zu beraten, um gemeinschaftlich an ihre Lösung heranzugehen. Im Zusammenschluß aller am Ort vorhandenen Einrichtungen der Caritas liegt das Programm der Urkirche: daß die Sorge unserer katholischen Bürgerschaft nicht rastet, bis 'kein Bedürftiger mehr in ihr weilt'. Doch solche Aufgaben sind groß, riesengroß, zu groß eigentlich für die Kräfte, die bisher sich dem Dienste ihrer leidenden Brüder und Schwestern geweiht haben. Da ist es wohl verständlich, daß die Caritaszentrale sich die andere Aufgabe stellen mußte: Gewinnung und Schulung neuer Kräfte, von Männern und Frauen aller Stände, die irgendwo ehrenamtlich in der Caritas mithelfen. Da ruft sie vor allem Die Frauenwelt auf. Wenn die heutige Industrie und Technik, die die Frauen der oberen Stände von manchen Arbeiten entlastet, die erwerbstätigen Frauen der unteren Stände mit einem Übermaß von Arbeit belastet, so erscheint es für jene glücklichen Frauen, die infolge der hochentwickelten Zeitlage über viel mehr Zeit verfügen, als eine Pflicht der ausgleichenden Gerechtigkeit, wenigstens einen Teil ihrer freien Stunden der Linderung sozialer Not ihrer Schwestern zu widmen. Als erforderliche Aufgaben der Zukunft bezeichnete Generalsekretär Palmen ferner die Errichtung von Heimen, Werkstuben, Volksküchen, Lesehallen, Stellenvermittlungen und Rechtsauskunftsstellen. Vor allem ist es wichtig, das Gebiet der Jugendfürsorge eingehendst zu pflegen. Es sind gewaltige große Aufgaben, die der Caritaszentrale obliegen: dadurch wird aber auch ihr weiteres Ziel begründet, Auskunftsstelle zu werden, zunächst für den einzelnen, und zwar für den einzelnen Hilfsbedürftigen wie auch für den einzelnen Helfer. Dem Hilfsbedürftigen werden dort Wege gewiesen, ob und inwieweit Staat und Gemeinde ihm ihre Unterstützung leihen, oder an welche Vereinigung oder Anstalt er sich zu wenden hat. Aber auch für den Helfer und die Vereine hat die Zentrale unbedingte Vorteile. Zur Schaffung einer Armenkartothek soll der Ausbeutung durch unwürdige Arbeitsscheue vorgebeugt werden, soll verhindert werden, daß das Almosen zur Prämie des Müßiggangs wird. Es ist in unserer Stadt bei dem großen Umfang des Arbeitsgebietes weiter dringend notwendig, daß jeder Verein, jeder Caritasfreund bei einem eintretenden Notfall sofort erfahren kann, welche Instanzen und Institute vorhanden sind, an die man sich wenden kann. Daraus entsteht für die Zentrale die neue Aufgabe, eine Caritas - Bibliothek zu halten, sowie caritative Zeitschriften aller Art und Jahresberichte zu sammeln. Nach einem weiteren Gedichtvortrag des Herrn Wintgen ergriff der hochwürdigste Herr Weihbischof Dr. Lausberg das Wort zu einer Ansprache. ... Der Caritasvorstand und das Sekretariat bilden die Unterlage einer herrlichen Organisation, die nach dem Wunsche und einstimmigen Beschluß des deutschen Episkopats in die Wege geleitet werden soll. Die christliche Caritas möge eifrige Förderung durch die örtlichen Caritasverbände finden. Ihr Rückhalt sind die Zentralen. Die örtlichen Verbände schließen sich zusammen zu Diözesanverbänden, und aus diesen erwächst der Gesamtcaritasverband für das ganze katholische Deutschland. Wenn wir diesen Bau übersehen, müssen wir sagen, daß in ihm die von Gott gesetzte Caritas ihr Wirken so fördern kann, wie es die Zeit verlangt. Weil groß die Zeit ist, müssen wir etwas Ganzes schaffen. Wir dürfen die örtlichen Organisationen nicht überschätzen, aber auch nicht unterschätzen. Die Organisation soll die eingeordneten Kreise stützen und fördern. Die Benutzung einer geordneten Literatur soll auch den kleinsten Vereinen zuteil werden. Schützend soll sich die Organisation über alles ausbreiten: sie soll ein Übergreifen der einzelnen Vereine in die Gebiete der andern verhüten und den Burgfrieden im eigenen Lager stets aufrecht erhalten. Geschlossen, mit heiligem Eifer müssen wir die Bestimmungen durchführen, die die Organisation erfordert. Aus Pflichtbewußtsein müssen wir alle in gottgefälliger Weise mitarbeiten und die Caritas fördern, wie wir es können. Der hochwürdigste Herr schloß mit der Mahnung; Werdet Freunde der christlichen Caritas und bleibet ihre Freunde. Herr Pfarrer Döhmer dankte in seinem Schlußwort allen, die bisher auf dem Gebiete der Caritas mitgearbeitet, und forderte die Anwesenden zum Beitritt in den Caritasverband auf. Auf zur Tat, das soll der Erfolg des Abends sein! Der hochwürdigste Herr Weihbischof erteilte darauf den bischöflichen Segen, den die Anwesenden kniend empfingen"[158].

Bedauerlicherweise bricht die Berichterstattung und Quellenüberlieferung nach der großen Caritasversammlung für einige Monate ab[159], so dass nur summarisch gesagt werden kann, welchen Aktivitäten das Caritassekretariat im ersten Jahr seines Bestehens nachging. Sicher ist, dass Josef Palmen als Generalsekretär im Nebenamt, kaum alle Arbeiten ausführen konnte, die der Deutsche Caritasverband im Oktober 1916 den örtlichen Verbänden in einer Zusammenstellung empfahl. In vielen Punkten mit der drei Jahre zuvor aufgestellten "Denkschrift über die Einrichtung von Caritassekretariaten in Großstädten"[160] identisch, lenkte sie den Blick zusätzlich auf zwei Arbeitsfelder, die dort noch gar nicht oder nur am Rande behandelt wurden: Die "dauernde Vertretung bei Behörden" und die "Übernahme besonderer caritativer Aufgaben". Über das "planmäßige Zusammenarbeiten mit dem öffentlichen Armenamt" hinaus empfahlen die Richtlinien "die allgemeine und dauernde Vertretung der katholischen Caritas bei den staatlichen und städtischen Behörden, z.B. dem Armenamt, dem Wohlfahrts- und Jugendamt, dem Arbeitsamt, sowie ferner bei den interkonfessionellen Wohlfahrts - Vereinen und -Veranstaltungen, um überall mit ihnen harmonisch zusammenzuarbeiten unter Aufrechterhaltung der katholischen Grundsätze und Wahrung der Existenz- und Wirkensberechtigung der katholisch - konfessionellen Caritas"[161]. Des Weiteren sollte "der örtliche Cari-

---

[158] DT 08.02.1916. Vgl. auch DT 13.08.1916.
[159] Vgl. DT 24.07.1916.
[160] Vgl. oben S. 388 ff.
[161] NN, Aufgaben eines örtlichen Caritasverbandes, in: Caritas. Zeitschrift für die Werke der Nächstenliebe im katholischen Deutschland Jg. 22 Nr. 1 (Oktober 1916), 22 - 24, 23.

tasverband auch zur Übernahme besonderer caritativer Aufgaben bereit" sein, "wenn deren Lösung für die örtlichen Verhältnisse nötig erscheint, oder wenn plötzlich neu auftretende Bedürfnisse katholischerseits eine rasche Stellungnahme verlangen. ... Selbstverständliche Voraussetzung ist, daß niemals Aufgaben übernommen werden, die bereits ein anderer Verein am Ort erfüllt. Dagegen kann er bei dieser Tätigkeit öfter in die Lage kommen, zu nötigen Neugründungen die Anregung zu geben. In allen diesen Fällen wird er vorher seine Mitglieder zur Beratung und Beschlussfassung über die zu ergreifenden Maßnahmen versammeln"[162].

Sekretariatsbericht 1916

Von einer "dauernden Vertretung bei Behörden" war der Caritasverband für die Stadt Düsseldorf noch weit entfernt, doch vermochte er seit Einrichtung eines Sekretariates, durchaus "besondere caritative Aufgaben" zu übernehmen. Glaubt man dem ersten von der Düsseldorfer Caritaszentrale zusammengestellten Jahresbericht, galt die Aufmerksamkeit im Jahre 1916 vor allem den Bereichen der Koordination, Schulung und Beratung. Nach der großen Caritasversammlung in der Tonhalle war es Hauptziel des örtlichen Caritasverbandes, "die in hiesiger Stadt bestehenden, schon seit langem wirkenden Einzelorganisationen der Caritas, deren Zahl nicht klein ist, einheitlich zusammenzuschließen, nicht so, daß damit die Arbeit der einzelnen beschränkt oder von oben herab bestimmt werden sollte, vielmehr so, daß durch den Zusammenschluß alle Arbeit planmäßig sich organisierte, sich gegenseitig ergänze und stütze. Das Jahr brachte denn auch die freudige Teilnahme der in den hiesigen Pfarreien bestehenden Vincenz- und Elisabethvereine, sowie mancher anderer Vereine, vor allem der großen Männer- und Fürsorgevereine, des Mädchenschutzvereines und des Frauenbundes. Ebenso zeigte der Großteil des katholischen Klerus und nicht wenige aus dem katholischen Volk, sowohl aus den oberen wie aus den weniger gut situierten Kreisen durch seinen Beitrag und nicht zum wenigsten durch seine Mitarbeit auf den einzelnen Gebieten der Caritas, welch hohe Bedeutung die Caritaszentrale für das Werk der Nächstenliebe in unserer Vaterstadt besitzt"[163]. Dass trotz aller Teilnahme an der Caritasbewegung noch Mitglieder zu gewinnen waren, belegt der Vorsatz, in den kommenden Monaten "auch die letzten Einzelorganisationen, sodann der Gesamtklerus und die einzelnen Pfarrvereine und Kongregationen, sowie nicht zuletzt noch recht viele aus dem katholischen Volksteil, zumal aus dem begüterten Kreise", zum Anschluss zu bewegen "und damit der Zentrale zu einem mehr und mehr segensreicheren Wirken" zu verhelfen[164].

Zweiter Arbeitsschwerpunkt des Caritassekretariates im Jahre 1916 war die Gewinnung und Schulung von ehrenamtlichen Caritashelfern. "Auch da", so der Bericht, "ist schon manches erreicht worden. Vorträge in einzelnen Kirchen und Gemeinden such-

---

[162] NN, Aufgaben eines örtlichen Caritasverbandes, in: Caritas. Zeitschrift für die Werke der Nächstenliebe im katholischen Deutschland Jg. 22 Nr. 1 (Oktober 1916), 22 - 24, 23.
[163] DT 03.01.1917.
[164] DT 03.01.1917.

ten dafür zu begeistern. Vor allem hat ... die Tätigkeit an der verwahrlosten und mit den staatlichen Gesetzen in Konflikt geratenen schulpflichtigen und schulentlassenen Jugendlichen Großes geleistet. Allein, das Fürsorgegesetz sieht hier eine konfessionelle Mitarbeit vor, wünscht vor allem die Mitarbeit des Klerus und bedarf ihrer auch dringend. ... Etwa 250 Fälle, davon allein etwa 150 seit Oktober, wurden der Caritaszentrale an die Hand gegeben! Welche Unsumme von Arbeit bedeutet Nächstenliebe dieser Schar gegenüber! Da gilt allen herzlichen Dank, die sich vom Klerus wie aus den Laien dieser Jugendlichen angenommen haben! Immer mehr ist dadurch aber auch das Bedürfnis nach Gründung der vom Erzbischof gewünschten Caritasgruppen in den einzelnen Pfarreien herangereift; opferfreudige Männer und Frauen sollen sich dort unter Leitung des Pfarrklerus zusammenschließen, um dann vor allem sich zunächst auf dem Gebiet der Jugendfürsorge zu betätigen"[165].

Ähnlich der kommunalen "Zentralauskunftsstelle der Privatwohltätigkeit in Düsseldorf" (Aderstr. 1) wollte die Caritaszentrale eine "Beratungs- und Hilfsstelle für alle schwierigeren Fälle der Not" sein. Neben "Schaffung einer allen zugänglichen Caritasbibliothek" und "Mithilfe in Fragen, die die allgemeine Großstadtseelsorge interessieren", strebte sie an, "Führer zu sein zu den schon bestehenden Caritas - Einzelorganisationen". Hier sei im Jahre 1916 viel geleistet worden. "In 66 Fällen, deren Behandlung sich zum Teil über Wochen und Monate hinzog, trat die Zentrale mit allen ihr zur Verfügung stehenden Mitteln ein. Viel Friede und Glück ist damit in unglückliche Menschenherzen eingekehrt". Auch eine kleine Caritasbibliothek war trotz geringer finanzieller Mittel entstanden. "Jedoch das schönste Werk des verflossenen Jahres", so der Geschäftsbericht 1916, war die "Unterbringung unterernährter, pflegebedürftiger Kinder auf dem Lande in den großen Ferien"[166].

Erholungsfürsorge

Sieht man von den Verflechtungen mit dem "Katholischen Verein für Kinderfürsorge" ab[167], waren die Erholungsmaßnahmen für Kinder der einzige direkt vom Düsseldorfer Caritasverband ausgehende Beitrag zur Kriegsfürsorge. Mag die Kinderverschickung angesichts der enormen Anstrengungen, die von der Zentralstelle für freiwillige Liebestätigkeit wie von anderen Düsseldorfer Wohlfahrtseinrichtungen in den Jahren 1914 bis 1918 ausgingen, auch als Marginalie erscheinen, so markiert sie in der Entwicklung des Caritasverbandes eine wichtige Wendemarke. Soweit bekannt, waren die Kinderferienaufenthalte die erste "besondere caritative Aufgabe", die der Düsseldorfer Caritasverband eigenständig und ohne Rückbindung an andere katholische Wohlfahrtsorganisationen durchführte. Zwar erfolgte die Abwicklung in Zusammenarbeit mit städtischen Stel-

---

[165] DT 03.01.1917.
[166] DT 03.01.1917. Vgl. dazu August Löhr, Die Unterbringung unterernährter Stadtkinder auf dem Lande, in: Caritas. Zeitschrift für die Werke der Nächstenliebe im katholischen Deutschland Jg. 22 Nr. 6/7 (März/April 1917), 202 - 221, 202 ff.
[167] Vgl. oben S. 387.

len[168], doch hatte das Düsseldorfer Caritassekretariat ganz im Sinne der Empfehlungen des Deutschen Caritasverbandes hier ein "plötzlich neu auftretendes Bedürfnis" erkannt, das "katholischerseits eine rasche Stellungnahme" verlangte[169]. Nach einer Notiz im Jahresbericht 1916 "verdankt diese Tat ihren Erfolg" einer bischöflichen Anregung. "Etwa 200 Kinder aus den verschiedensten Pfarreien der Stadt fanden dadurch Kräftigung und Gesundung in meist überaus liebevoller und geradezu hingebender Hingabe seitens unseres katholischen Landvolkes; alle Stände, Geistliche, Ärzte, Gutsbesitzer, aber auch vor allem viele Kleinfamilien, die oft selbst kinderreich waren, teilten ihr Brot mit den Kindern der Stadt. Wer die dankbaren Knaben und Mädchen gesehen, wer die Opfer der Familien auf dem Lande hat wahrnehmen dürfen, der weiß sich mit allen, die daran gearbeitet haben, in dem eins, daß die dornenvollen Vorarbeiten, die Sorge mit der Versicherung der Kinder und ihrer Pflegeeltern, die Begleitung der vor Freude übersprudelnden Kinder reich gelohnt worden sind mit dem Glück, das dadurch in manche, unter den Entbehrungen des Krieges leidenden Familien, eingekehrt ist, wie es sich so oft ergreifend widerspiegelt in den Dankbriefen der Väter aus der Front. Vor allem ist aber dadurch die Bedeutung der Caritaszentrale und ihrer Tätigkeit in das rechte Licht gekommen"[170].

Johannes Becker

Die von Josef Palmen als Generalsekretär geleistete Aufbauarbeit für den Düsseldorfer Caritasverband fand am 18. September 1916 mit seiner Ernennung zum Präses des Katholischen Gesellenvereins in Düsseldorf ein abruptes Ende[171]. Sechs Tage nachdem Josef Palmen am 1. Oktober 1916 offiziell in sein neues Amt eingeführt worden war[172], bat Dechant Franz Sasse das Kölner Generalvikariat um die Ernennung eines neuen Vizepräses für den Düsseldorfer Gesellenverein, der auch "die Geschäfte der Caritas - Zentrale besorgen möge. Derselbe müßte für die Caritas - Angelegenheiten Verständnis und Liebe haben, daß er sich nicht gezwungen, sondern mit Freude dieser Arbeit unterzöge"[173]. Zwei Wochen später teilte die erzbischöfliche Behörde mit, der bisherige Münstereifeler Konviktassistent Adolf Kalsbach solle zum Vizepräses ernannt werden und gleichzeitig die Leitung des Düsseldorfer Caritassekretariates übernehmen[174]. Offenbar war Pfarrer Max Döhmer als Vorsitzender des Düsseldorfer Caritasverbandes an der Berufung eines neuen Verbandssekretärs nicht beteiligt gewesen. Nur so ist zu erklären,

---

[168] Vgl. DT 14.10.1920.
[169] Vgl. oben S. 399.
[170] DT 03.01.1917.
[171] Vgl. NN, Personal - Chronik der Erzdiözese Cöln, in: Kirchlicher Anzeiger für die Erzdiözese Cöln Jg. 56 Nr. 20 (01.10.1916), 142. Vgl. auch NN, Personal - Chronik der Erzdiözese Cöln, in: Kirchlicher Anzeiger für die Erzdiözese Cöln Jg. 56 Nr. 21 (15.10.1916), 154; Realschematismus der Diözese Aachen, Mönchengladbach 1933, 468.
[172] Vgl. DT 01.10.1916; DT 03.10.1916.
[173] AEK GVA Düsseldorf überhaupt 51, 07.10.1916.
[174] Vgl. AEK GVA Düsseldorf überhaupt 51, 20.10.1916.

dass er am 30. Oktober 1916 beim Kölner Generalvikariat gegen die vorgesehene Regelung intervenierte und zu bedenken gab, "im Interesse unseres Caritassekretariates" müsse "dessen Generalsekretär in engster Fühlung mit dem Vorsitzenden" stehen. Als Pfarrer von St. Andreas schlug Max Döhmer vor, "den Herrn der hiesigen Kirche zuzuweisen, nicht zwar als Kaplan sondern als Generalsekretär des örtlichen Caritasverbandes, jedoch mit einem bestimmten Masse von Pflichten gegenüber der Pfarrkirche als Äquivalent für ihm seitens der Kirche zuteilwerdenden Zuschüsse"[175]. Der "Pflichtenkreis" sollte so umschrieben werden, "daß der Herr dadurch in seinen Arbeiten für die Caritas nicht behindert ist" und folgende Aufgaben einschließen: 1. Tägliche Zelebration einer Pfarrmesse, 2. Wöchentliche Vorbereitung einer Predigt, 3. Beichtabnahme an Sonn- und Feiertagen und in der Osterzeit sowie in den Ferien auch an deren Vorabenden, 4. Ausübung des Wöchnerdienstes an zwei Wochentagen, 5. Ministrationen, 6. Leitung eines Pfarrvereins[176]. Als geeigneten Kandidaten für beide Stellen schlug Max Döhmer dem Generalvikariat am 13. November 1916 den bisherigen Kaplan Johannes Becker von St. Peter vor[177]. Ende des Monats wurde der Altstadtpfarrer in Köln noch einmal vorstellig und teilte mit, Johannes Becker könne am 15. Dezember 1916 in seiner Pfarrgemeinde eine Wohnung beziehen und zum Jahreswechsel das Caritassekretariat eröffnen[178]. Tatsächlich folgte die Kirchenbehörde am 4. Dezember 1916 seiner Empfehlung und ernannte Johannes Becker mit Wirkung vom 1. Januar 1917 zum Generalsekretär des Caritasverbandes Düsseldorf und Hilfsgeistlichen an der Pfarrkirche St. Andreas[179]. Auf die vakant gewordene Kaplansstelle in St. Peter wurde am 1. Januar 1917 Adolf Kalsbach berufen[180].

Wie bei Josef Palmen bleibt auch bei Johannes Becker dunkel, welche Qualifikationen er mitbrachte, um das Amt des Generalsekretärs im örtlichen Caritasverband auszuüben. Am 27. Mai 1886 in Borbeck geboren, empfing er am 19. Februar 1910 die Priesterweihe[181] und wurde nach dreijähriger Tätigkeit in Düren[182] am 28. Februar 1913 zum Kaplan an St. Peter in der Friedrichstadt ernannt[183]. Bis zur Berufung als Generalsekretär war Johannes Becker in Düsseldorf über den Wirkungskreis seiner Pfarrgemeinde hinaus nur durch seine Mitarbeit beim "Düsseldorfer Kirchenblatt" hervorgetreten[184],

---

[175] AEK GVA Düsseldorf überhaupt 51, 30.10.1916.
[176] Vgl. AEK GVA Düsseldorf überhaupt 51, 30.10.1916.
[177] Vgl. AEK GVA Düsseldorf überhaupt 51, 13.11.1916.
[178] Vgl. AEK GVA Düsseldorf überhaupt 51, 30.11.1916.
[179] Vgl. DCF 127 D/2, 09.02.1917; DT 09.12.1916; NN, Personal - Chronik, in: Kirchlicher Anzeiger für die Erzdiözese Cöln Jg. 56 Nr. 25 (15.12.1916), 169.
[180] Vgl. NN, Personal - Chronik, in: Kirchlicher Anzeiger für die Erzdiözese Cöln Jg. 56 Nr. 25 (15.12.1916), 169.
[181] Vgl. NN, Vermische kirchliche Nachrichten, in: Kirchlicher Anzeiger für die Erzdiözese Cöln Jg. 50 Nr. 5 (01.03.1910), 42.
[182] Vgl. NN, Personal - Chronik der Erzdiözese Cöln, in: Kirchlicher Anzeiger für die Erzdiözese Cöln Jg. 50 Nr. 6 (15.03.1910), 48 - 50, 49.
[183] Vgl. NN, Personal - Chronik, in: Kirchlicher Anzeiger für die Erzdiözese Cöln Jg. 53 Nr. 6 (15.03.1913), 37 - 38, 38.
[184] Vgl. AEK GVA Düsseldorf überhaupt 51, 13.11.1916; DCF 127 D/2, 31.01.1917.

das von 1912 bis 1923 erschien und zuletzt unter seiner Schriftleitung herausgegeben wurde[185]. Schon ernannt, aber noch nicht offiziell in sein neues Amt eingeführt, hielt er am 10. Dezember 1916 in der Generalversammlung der Düsseldorfer Vinzenzkonferenzen zum Thema "Caritas und Humanität" einen Vortrag, "worin dargetan wurde, daß beide nicht im Gegensatz stehen und daß die freiwillige werktätige Nächstenliebe durch keine neuzeitliche natürliche Wohlfahrtspflege beseitigt werden kann und darf. Doch muß auch die freiwillige Caritas organisiert sein"[186].

Ungeachtet einer mehrmonatigen Vakanz konnte Johannes Becker am 2. Januar 1917 den Geschäftsverkehr im Generalsekretariat, das weiterhin in zwei Räumen des Gesellenhospizes Bilker Str. 36/40 untergebracht war, ohne Verzögerung aufnehmen[187]. Erste offizielle Amtshandlung des neuen Generalsekretärs war die Zusammenstellung des Rechenschaftsberichtes für das zurückliegende Jahr und seine Veröffentlichung, die bereits am 3. Januar 1917 durch das Düsseldorfer Tageblatt erfolgte[188]. Der an anderer Stelle bereits vorgestellte Jahresbericht endete mit dem Bemerken, das Caritassekretariat könne "mit dem Ergebnis des ersten Jahres seiner Tätigkeit sehr zufrieden sein", doch gelte es, "das einmal begonnene Werk immer mehr auszubauen, damit die hehre Aufgabe der Kirche, allen Jahrhunderten Botin der werktätigen Nächstenliebe zu sein, immer mehr Erfüllung findet". Hierzu bedürfe der Caritasverband "der Unterstützung vor allem der besser situierten Katholiken, die über Zeit und Geld verfügen, um nicht durch ihre Gaben, sondern vor allem auch durch ihre Person der Caritas zu helfen. Möge dieser Ruf manche neue begeisterte Helfer und Helferinnen bringen; für jeden ist irgendwo in der Caritasarbeit noch ein Plätzchen zu eifrigem Mittun"[189].

Kriegsfürsorge des Caritasverbandes

Trotz des angekündigten Vorhabens, die Arbeitsfelder des Düsseldorfer Caritasverbandes weiter auszudehnen, ging die Entwicklung in den Jahren 1917 und 1918 nur langsam voran. Während die Kriegsfürsorge in Düsseldorf auf den Bereich der Kinderfürsorge beschränkt blieb, setzten während des Ersten Weltkrieges sowohl der Deutsche Caritasverband wie auch zahlreiche Diözesan- und Ortsverbände caritative Maßnahmen in Gang, die das Maß des Üblichen weit überstiegen. Von herausragender Bedeutung war die Kriegshilfestelle des Deutschen Caritasverbandes, die von Freiburg aus Soldaten und

---

[185] Vgl. NN, Verantwortlich, in: Düsseldorfer Kirchenblatt Jg. 10 Nr. 8 (20.02.1921), o. S. (4); NN, Zwischen Glashaus und Geheimpolizei. Dramatischer Weg eines Jubilars. Eine Reportage, in: Kirchenzeitung für das Erzbistum Köln Jg. 9 Nr. 43 (24.10.1954), 22.
[186] DT 12.12.1916.
[187] Vgl. AEK GVA Düsseldorf überhaupt 83, 07.02.1924; DT 03.01.1917; Johannes Becker, Katholischer Caritas - Verband für die Stadt Düsseldorf, in: Mitteilungen der Caritassekretariate zu Aachen, Krefeld, Elberfeld, Essen - Stadt, Essen - Land, Düsseldorf Jg. 2 Nr. 1/3 (16.05.1925), 14 - 17, 14; Johannes Becker, Katholischer Caritas - Verband für die Stadt Düsseldorf. Geschichtlicher Rückblick, in: Katholische Kirchenzeitung (Düsseldorf) Jg. 2 Nr. 14 (05.07.1925), 124c.
[188] Vgl. DT 03.01.1917.
[189] DT 03.01.1917.

Kriegsgefangene mit Nahrungsmitteln, Kleidung und Lektüre versorgte[190]. Um "dem Vaterland zu dienen durch unentgeltliche Mithilfe an der Behebung und der Beseitigung des beispiellosen Leides, und der unsagbaren Not, die die traurigen Begleit- und Folgeerscheinungen des Krieges waren", hatte der Deutsche Caritasverband am 1. August 1914 eine "gemeinnützige Hilfs- und Beratungsstelle für die angehörigen unserer Heeresmannschaften" eröffnet, die in die Abteilungen "1. Allgemeine Auskunftstelle, 2. Rechtshilfestelle, 3. Verlustlistenstelle, 4. Vermißtenstelle, 5. Fürsorgestelle für Kriegskinder, 6. Büchersammelstelle, 7. Fürsorgestelle für Auslandsdeutsche, 8. Caritasbureau" gegliedert war[191]. Zu den Hauptarbeitsgebieten gehörte die Beratung in Angelegenheiten, "die mit dem Kriege in irgend einer Beziehung" standen, die Vermittlung im Verkehr mit Militärbehörden, die Übermittlung von Briefen und Gaben an Frontsoldaten, die Unterbringung von "Kriegerfrauen" und "Kriegerkindern" auf dem Lande sowie die Vermittlung von Nachrichten an Kriegsgefangene[192]. Trotz des Appells, auch andernorts Kriegshilfestellen einzurichten, erfolgte nur in Mannheim, Karlsruhe, Offenburg und Konstanz die Eröffnung vergleichbarer Büros[193]. Hinzu kam die 1915 ins Leben gerufene "Bischöfliche Kriegeshilfe Paderborn", die ihre Tätigkeit jedoch auf den Bereich des Vermisstensuchdienstes beschränkte[194]. Dass ein lokaler Caritasverband durchaus der Forderung folgen konnte, "beim Beginn des jetzigen Krieges sofort seine Mitarbeit auf dem Gebiete der Kriegsfürsorge den staatlichen und städtischen Behörden anzubieten und die einheitliche Durchführung derselben innerhalb der katholischen Kreise zu übernehmen"[195], stellte der Caritasverband in Essen unter Beweis. Hier hatte die "katholische charitative

---

[190] Vgl. NN, Der Deutsche Caritasverband in den Kriegsjahren 1915/16 und 1916/17, in: Caritas. Zeitschrift für die Werke der Nächstenliebe im katholischen Deutschland Jg. 23 Nr. 4/6 (Januar/März 1918), 69 - 89, 87 f; Arthur Hugo Klieber, Die Mitwirkung des katholischen Caritasverbandes bei der Kriegsgefangenenheimkehr, in: Caritas. Zeitschrift für die Werke der Nächstenliebe im katholischen Deutschland Jg. 24 Nr. 10/12 (Juli/September 1919), 165 - 169, 165 ff; Was hat die katholische Caritas im Weltkrieg geleistet ? Gesamtbericht der Freiburger Kriegshilfsstelle des Deutschen Caritasverbandes über ihre Tätigkeit in den Jahren 1914 - 1918, Freiburg 1919, 5 ff.

[191] Vgl. Was hat die katholische Caritas im Weltkrieg geleistet ? Gesamtbericht der Freiburger Kriegshilfsstelle des Deutschen Caritasverbandes über ihre Tätigkeit in den Jahren 1914 - 1918, Freiburg 1919, 8 f und 13.

[192] Vgl. Was hat die katholische Caritas im Weltkrieg geleistet ? Gesamtbericht der Freiburger Kriegshilfsstelle des Deutschen Caritasverbandes über ihre Tätigkeit in den Jahren 1914 - 1918, Freiburg 1919, 9 f.

[193] Vgl. Was hat die katholische Caritas im Weltkrieg geleistet ? Gesamtbericht der Freiburger Kriegshilfsstelle des Deutschen Caritasverbandes über ihre Tätigkeit in den Jahren 1914 - 1918, Freiburg 1919, 10 f.

[194] Vgl. Joseph Strake, Die kirchliche Auskunftsstelle für Kriegsvermißte, in: Theologie und Glaube Jg. 7 Nr. 6 (Juni 1915), 441 - 445, 441 ff; Kirchliche Kriegshilfe Paderborn. Vierter Tätigkeitsbericht (Stand vom 1. Oktober 1917), Paderborn 1917, 3 ff; Hans Jürgen Brandt, Der Caritasverband für das Erzbistum Paderborn in Geschichte und Gegenwart, Paderborn 1993, 30 ff.

[195] NN, Aufgaben eines örtlichen Caritasverbandes, in: Caritas. Zeitschrift für die Werke der Nächstenliebe im katholischen Deutschland Jg. 22 Nr. 1 (Oktober 1916), 22 - 24, 23.

Vereinigung" am 13. August 1914 eine "Zentralstelle der katholischen Essener Caritas für den Kriegsliebesdienst" eingerichtet[196].

Das weite Aufgabenfeld der Kriegsfürsorge war im Düsseldorfer Caritasverband auch noch im Jahre 1917 auf "die Unterbringung armer und bedürftiger Kinder auf dem Lande" begrenzt. Laut Geschäftsbericht kamen in diesem Jahr fast 1800 Kinder in den Genuss eines längeren Landaufenthaltes in verschiedenen ländlichen Bezirken der Kölner Erzdiözese, ferner in Hohenzollern, Niederbayern, in der Rheinpfalz und der Schweiz[197]. Die Bemühungen waren erfolgreich, "obwohl im dritten Kriegsjahre dem Werke der Kinderunterbringung größere Schwierigkeiten im Wege standen als 1916"[198]. Nicht ohne Stolz vernahm der Verbandsvorstand "die lobende Anerkennung" des Caritasverbandes "aus dem Munde des Herrn Oberbürgermeisters in der Stadtratssitzung vom 4. Dezember und des Herrn Beigeordnete Dr. Lehr in der Düsseldorfer Aufklärungswoche am 6. Dezember 1917"[199].

In Reaktion eines Beschlusses des Diözesancaritasverbandes vom 23. Januar 1917, der unter seiner Führung für die Zwecke des Vaterländischen Hilfsdienstes die Bildung einer Kriegsarbeitsgemeinschaft der katholischen Frauenorganisationen der Erzdiözese Köln auf Zeit forderte[200], wurde auch im Düsseldorfer Caritasverband "über Maßnahmen für die im vaterländischen Hilfsdienst beschäftigten Frauen und Mädchen" beraten[201]. "Um der städtischen Behörde unsere Bereitwilligkeit zum Ausdruck zu bringen, bei diesen caritativen Maßnahmen mitzuarbeiten, wurde eine Vertretung der katholischen Frauenwelt und der hiesigen religiösen Genossenschaften gewählt und der Stadt benannt"[202]. Als praktische Hilfsmaßnahme wurde im Mai 1917 für auswärtige Arbeiterinnen in Düsseldorfer Fabriken vom Mädchenschutzverein in Verbindung mit der Caritaszentrale ein Wohnungsnachweis eingerichtet, der in mehr als 115 Fällen eine passende Unterkunft vermittelte[203]. Unklar bleibt, warum die "Caritas - Zentrale" und nicht der Mädchenschutzverein zu einer Sitzung am 18. April 1917 in den Andreassaal (Neustr.

---

[196] Vgl. 1897 - 1997. Jubiläum "100 Jahre Caritas in Essen". Nah' dran. Zuwendung als gelebter Glaube, Essen 1997, 18.

[197] Vgl. PfA Friedrichstadt St. Peter 698, April 1918; DT 12.09.1917; DT 13.11.1917; DT 17.02.1918.

[198] PfA Friedrichstadt St. Peter 698, April 1918.

[199] PfA Friedrichstadt St. Peter 698, April 1918.

[200] Vgl. NN, Oberhirtlicher Erlaß über caritative Maßnahmen zur Ermöglichung des vaterländischen Hilfsdienstes der Frauen, in: Kirchlicher Anzeiger für die Erzdiözese Cöln Jg. 57 Nr. 2 (15.01.1917), 5; NN, Kriegsarbeitsgemeinschaft katholischer Frauen - Organisationen für den Vaterländischen Hilfsdienst der Frauen, in: Kirchlicher Anzeiger für die Erzdiözese Cöln Jg. 57 Nr. 5 (15.02.1917), 26 - 27, 26 f; NN, Kriegsarbeitsgemeinschaft katholischer Frauenorganisationen der Erzdiözese für den Vaterländischen Hilfsdienst, in: Caritasstimmen. Zeitschrift für die Mitglieder der Caritasverbände, Vinzenz- und Elisabethvereine und anderer katholischer Wohltätigkeitsorganisationen Deutschlands. Ausgabe für den Diözesan - Caritasverband Köln Jg. 1 Nr. 2 (1917), 29.

[201] PfA Friedrichstadt St. Peter 698, April 1918. Vgl. auch DT 17.02.1918.

[202] PfA Friedrichstadt St. Peter 698, April 1918. Vgl. auch DT 17.02.1918.

[203] Vgl. PfA Friedrichstadt St. Peter 698, April 1918; SAD III 1264, 06.03.1918, 09.03.1918 und 23.04.1918; DT 05.08.1917; DT 02.09.1917; DT 14.10.1917; Katholischer Mädchenschutz - Verein e. V. (Bahnhofsmission) in Düsseldorf, Vereinshaus Klosterstraße 86/90. Jahresbericht für 1917, Düsseldorf 1917, o. S. (2); DT 17.02.1918.

11) einlud, um Helferinnen für die neu erwachsenen Aufgaben der katholischen Bahnhofsmission zu werben[204].

Neu war im Jahre 1917 die Arbeit des Caritassekretariates auf dem Gebiet der männlichen Jugendfürsorge. Obwohl hierfür eigentlich der katholische Männerfürsorgeverein zuständig war, ergab sich "vorerst eine glückliche Arbeitsteilung derart, daß der Männerfürsorgeverein hauptsächlich die vom Gericht kommenden Fälle, die Geschäftsstelle des Caritasverbandes dagegen diejenigen der Polizeiverwaltung in Bearbeitung" nahm[205]. Von 612 überwiesenen Jugendlichen hatten sich 466 wegen Diebstahls, 25 wegen Unterschlagung, 21 wegen Hehlerei, 16 wegen Betrugs und 84 wegen verschiedener Vergehen zu verantworten[206]. "Kenner der Verhältnisse wissen", so der Caritasvorstand, "mit welcher Unsumme von Kleinarbeit vielfach ein einzelner Fürsorgefall umgeben sein kann; umsomehr ist die bezüglich der angegebenen Zahl von Fällen geleistete Arbeit zu bewerten"[207]. Außerdem hatte der Caritasverband zu der beabsichtigten Gründung einer alle Düsseldorfer Fürsorgevereine umfassenden Jugendfürsorgezentrale Stellung bezogen und eine heute nicht mehr ermittelbare Denkschrift verfasst, "in der die Anschauungen der katholischen Vereine dargelegt und entsprechende Forderungen für die eventuelle Neugründung aufgestellt wurden"[208].

Von der übrigen Tätigkeit der Caritaszentrale in der Bilker Straße ist im Jahre 1917 zu erfahren, dass sie "als Beratungs-, Auskunfts- und Vermittlungsstelle ... von zahlreichen Behörden, Vereinen, Anstalten und Einzelpersonen zu verschiedensten Zwecken in Anspruch genommen" wurde[209]. Nach einer Zeitungsannonce vom 2. September 1917 gehörten hierzu: "Unentgeltliche Beratung von Hilfsbedürftigen. Auskunfterteilung in allen caritativen Angelegenheiten. Den Bedürfnissen entsprechende Überweisung von Hülfegesuchen an die caritativen Fachvereine und Anstalten. Rat und Beistand in dringlichen und schwierigen Fällen. Mitwirkung bei der katholischen männlichen Jugendfürsorge"[210]. Bemerkenswert ist die Erledigung von 138 caritativen Einzelfällen, unter denen manche waren, "die wegen ihrer Eigenart an keinen Fachverein weitergegeben werden konnten, und viele, die wegen ihrer Dringlichkeit seiner sofortigen Hilfe bedurften"[211].

Angesichts der Tatsache, dass Johannes Becker das Caritassekretariat im Nebenamt leitete, konnte der Vorstand guten Gewissens erklären, die Zentralstelle habe 1917 insgesamt eine "ersprießliche Tätigkeit" entfaltet. Um kein Misstrauen aufkommen zu lassen, ergänzte der Vorstand des Düsseldorfer Caritasverbandes: "Wir sind weit entfernt, etwas von dem Verdienste der durch die Fachvereine geübten Werke der Nächstenliebe für uns in Anspruch zu nehmen. Aber es möge bei dieser Gelegenheit betont werden,

---

[204] Vgl. DT 17.04.1917.
[205] Vgl. DT 13.01.1918.
[206] Vgl. PfA Friedrichstadt St. Peter 698, April 1918. Vgl. auch DT 13.01.1918; DT 17.02.1918.
[207] PfA Friedrichstadt St. Peter 698, April 1918.
[208] PfA Friedrichstadt St. Peter 698, April 1918.
[209] PfA Friedrichstadt St. Peter 698, April 1918.
[210] DT 02.09.1917.
[211] PfA Friedrichstadt St. Peter 698, April 1918. Vgl. auch DT 17.02.1918.

daß viele wichtige Zweige der praktischen Caritas ohne die durch den Verband geschaffene, zielbewußte und energische Vertretung katholischer caritativer Interessen undenkbar wären"[212]. Um in Düsseldorf als anerkannte Fürsprecherin der katholischen Wohlfahrt aufzutreten, bedurfte der Caritasverband einer breiten Mitgliederbasis, doch stellte der Geschäftsbericht 1917 nüchtern fest: "Die Zahl unserer Mitglieder ist noch nicht sehr groß, wie es für eine wirksame caritative Betätigung unserer Zentrale notwendig wäre"[213].

Wie 1916 und 1917 stand auch im letzten Kriegsjahr die Unterbringung katholischer Stadtkinder auf dem Land im Mittelpunkt der Verbandsarbeit. In einem Erlass vom 15. Februar 1918 hatte Erzbischof Felix von Hartmann "die Gläubigen auf dem Lande" wiederholt zur Aufnahme von Stadtkindern angehalten[214]. Er dankte zunächst der Landbevölkerung für alle bisher erbrachten Opfer, insbesondere dass sie "diesen Kindern in christlichem Opfersinne nicht nur Pflege und Unterhalt geboten, sondern großmütig ihnen auch die ganze Liebe und den ganzen Segen ihres christlichen Familienlebens zuteil werden" ließen[215]. Indes hegte er auch "feste Zuversicht", dass "christlicher und vaterländischer Sinn sich ... noch einmal gegenüber der großen Not bedürftiger Stadt- und Industriekinder bewähren möge", obwohl selbst in ländlichen Gegenden die Nahrungsmittel knapp geworden waren[216]. Um die Kinderverschickung zu straffen, waren Geistliche aus allen Teilen der Diözese zu Vertrauensmännern ernannt worden, die die Zusammenarbeit mit den amtlichen Stellen koordinieren sollten[217]. In Düsseldorf liefen die Kontakte über eine Unterabteilung der Zentralstelle für freiwillige Liebestätigkeit[218]. Wie dem 3. Geschäftsbericht des Düsseldorfer Caritassekretariates zu entnehmen ist, war das Ergebnis trotz aller Appelle im Jahre 1918 nur mäßig. "25 geistliche Herren hatten sich dankenswerter Weise bereitgefunden, um in den Frühjahrsmonaten auf dem Lande in den zugewiesenen Kreisen Adenau, Ahrweiler, Düren und Siegburg Pflegefamilien für unsere unterernährten Kinder zu werben. Leider haben die Bemühungen nicht überall den gewünschten Erfolg gehabt: Vielerorts konnten sich die Landleute, die selbst je länger desto schlimmer unter der allgemeinen Kriegsnot und manchen drückenden Kriegsvorschriften zu leiden hatten, zur Aufnahme eines Stadtkindes nicht mehr verstehen. Manche waren auch hierdurch durch üble Erfahrungen in frühen Fällen abgeschreckt worden. Immerhin dürften weit über 1000 Kinder durch die städtische Stelle in die vom Caritasverband gewonnenen Familien verbracht worden sein"[219]. Verbunden mit einem

---

[212] PfA Friedrichstadt St. Peter 698, April 1918.
[213] PfA Friedrichstadt St. Peter 698, April 1918.
[214] Vgl. NN, Oberhirtlicher Erlaß an die Geistlichkeit und die Gläubigen der Erzdiözese auf dem Lande, in: Kirchlicher Anzeiger für die Erzdiözese Cöln Jg. 58 Nr. 4 (15.02.1918), 19 - 20, 19 f.
[215] NN, Oberhirtlicher Erlaß an die Geistlichkeit und die Gläubigen der Erzdiözese auf dem Lande, in: Kirchlicher Anzeiger für die Erzdiözese Cöln Jg. 58 Nr. 4 (15.02.1918), 19 - 20, 19.
[216] Vgl. NN, Oberhirtlicher Erlaß an die Geistlichkeit und die Gläubigen der Erzdiözese auf dem Lande, in: Kirchlicher Anzeiger für die Erzdiözese Cöln Jg. 58 Nr. 4 (15.02.1918), 19 - 20, 19 f.
[217] Vgl. NN, Landaufenthalt von Kindern aus Stadt- und Industriegegenden, in: Kirchlicher Anzeiger für die Erzdiözese Cöln Jg. 58 Nr. 4 (15.02.1918), 20 - 21, 20 f.
[218] Vgl. DT 08.06.1919.
[219] DT 08.06.1919.

besonderen Dank, betonte der Bericht, "daß vom R. K. Huisvesting Comité 258 arme und 110 zahlende Kinder in einen Erholungsaufenthalt nach Holland gebracht wurden"[220].

Das "Roomsch - Katholiek Huisvesting Comitee voor Oorlogskinderen uit Duitschland" mit Sitz in s'Hertogenbosch war unter dem Protektorat des Utrechter Erzbischofs im Jahre 1916 gegründet worden, um "deutsche Kinder namentlich aus dem an Holland grenzenden Industriebezirke Rheinlands und Westfalens in guten Familien unterzubringen"[221]. Das aus der Kriegsnot entstandene, aber noch lange nach Kriegsende tätige Hilfskomitee war der Caritaszentrale in Freiburg angeschlossen und wurde in Deutschland durch Hubert Hoener, Kamillianerpater und Rektor des Düsseldorfer Josephskrankenhauses (1912 - 1920), vertreten[222].

Neben der Ferienerholung für Kinder vermittelte das Düsseldorfer Caritassekretariat in Zusammenarbeit mit der städtischen Fürsorgevermittlungsstelle 1918 erstmals auch für "kränkliche und unterernährte Frauen und Mädchen einen ländlichen Erholungsaufenthalt"[223]. Zur Aufnahme hatten sich verschiedene Klöster bereit gefunden, denen die Gemeinde- und Betriebskrankenkassen für ihre Aufwendungen das Krankenpflegegeld überwiesen. Die Mädchen und Frauen waren "gut und billig" untergebracht; "nicht wenigen diente der Aufenthalt im stillen Kloster nicht bloß zu neuer körperlicher Kräftigung, sondern auch zu innerer Besinnung und Gesundung"[224]. Von Mitte Mai bis Mitte Oktober 1918 betrug die Zahl der untergebrachten Erholungsbedürftigen 175, von denen 94 die Fürsorgevermittlungsstelle überwiesen hatte[225].

Von dem ein Jahr zuvor übernommenen Aufgabenfeld der Fürsorge an jungen Männern heißt es im Verbandsbericht 1918 lediglich: "Eine ständige Arbeit des Caritassekretariates war die männliche Jugendfürsorge"[226]. Was damit gemeint war, erfuhr der Leser erst aus dem Jahresbericht des Katholischen Männerfürsorgevereins, der dem Rechenschaftsbericht des Caritasverbandes angehängt war. Letzterer eröffnete mit dem Bemerken, der Männerfürsorgeverein habe am 1. März 1918 "ein täglich geöffnetes Bü-

---

[220] DT 08.06.1919.

[221] NN, Huisvestingscomité zur Unterbringung von Kindern aus den Industriebezirken, in: Kirchlicher Anzeiger für die Erzdiözese Cöln Jg. 57 Nr. 22 (15.10.1917), 145.

[222] Vgl. NN, Huisvestingscomité zur Unterbringung von Kindern aus den Industriebezirken, in: Kirchlicher Anzeiger für die Erzdiözese Cöln Jg. 57 Nr. 22 (15.10.1917), 145; DT 14.10.1920; Handbuch der Wohlfahrtspflege in der Stadt Düsseldorf, Düsseldorf 1922, 26; Gedenkboek van het Nederlandsch R.K. Huisvestings - comité te 's-Hertogenbosch. De liefdadigheid der katholieken van Nederland. Volledig overzicht der hulpacties van het Nederlandsch R.K. Huisvestings - comité te 's-Hertogenbosch, ten bate van noodlijdenden in Belgie, Duitschland, Oostenrijk, Hongarije en Nederland, gedurende de jaren 1914 - 1924, 's-Hertogenbosch 1924, 38 ff; Johannes Kreyenpoth, Die Auslandshilfe für das Deutsche Reich, Stuttgart 1932, 29 f; Nederlandsch R. K. Huisvestingscomité 1914 - 1964. Mensen in Nood. Katholieke Nationale Stichting voor Bijzondere Noden en Vluchtelingenzorg, 's-Hertogenbosch 1964, 7.

[223] AEK GVA Düsseldorf überhaupt 83, 07.02.1924; DT 08.06.1919.

[224] DT 08.06.1919.

[225] Vgl. DT 08.06.1919.

[226] DT 08.06.1919.

ro für Sprechstunden und zur Erledigung der schriftlichen Arbeiten ... in der Caritas - Zentrale, Neustr. 11, eingerichtet"[227].

Caritassekretariat Neustraße

Unverständlicherweise findet sich im Jahresbericht des Caritasverbandes hierauf kein Hinweis, doch war das Verbandssekretariat in der Tat Anfang Januar 1918 von der Bilker Str. 36/40 zur Neustr. 11 verlegt worden[228]. In dem neuen Haus hatte der Caritasverband für die Stadt Düsseldorf von der Pfarrgemeinde St. Andreas zu einem günstigen Mietzins vier Zimmer angemietet[229]. Ausschlaggebend für den Umzug von der südlichen Karlstadt in das Zentrum der Altstadt war neben der verkehrgünstigen Lage und Verdoppelung der Arbeitsräume vor allem die Nähe zur Andreaskirche, in deren unmittelbaren Nachbarschaft auch Max Döhmer (Hunsrückenstr. 10) und Johannes Becker (Neubrückstr. 16) wohnten. Das Haus Neustr. 11 selbst war schon lange vor dem Einzug des Verbandssekretariates ein Haus der Caritas. Bis zur Säkularisation hatte es zum St. Elisabethkloster der Cellitinnen gehört[230]; nach dem Umzug der Schwestern in die Altestadt gelangte das Gebäude in den Besitz der Pfarrgemeinde St. Andreas, die hier einen Vereinssaal einrichtete und seit Mitte des 19. Jahrhunderts der Ursula - Gesellschaft einige Räume zur Unterhaltung einer Suppenküche überließ[231].

Die noch 1917 vom Männerfürsorgeverein und Caritasverband herbeigeführte "glückliche Arbeitsteilung", die zwischen gerichtlicher und polizeilicher Überweisung fürsorgebedürftiger Männer unterschied[232], war seit Eröffnung einer eigenen Geschäftsstelle für den Katholischen Männerfürsorgeverein im Caritassekretariat hinfällig geworden. Indes gab hierzu nicht die räumliche Nähe der Arbeitsräume den Ausschlag, sondern die Doppelfunktion von Generalsekretär Johannes Becker, der neben der Leitung des Caritassekretariates auch die Geschäftsführung für den Düsseldorfer Männerfürsorgeverein ausübte. Liest man den Rechenschaftsbericht des Männerfürsorgevereins für das Jahr 1918, erkennt man schnell, dass der Verein in der Neustraße keine eigene Geschäftsstelle eröffnet, sondern vielmehr die Ausübung der praktischen Fürsorgearbeit an das Caritassekretariat überwiesen hatte. Nicht von ungefähr heißt es in dem Bericht:

---

[227] DT 08.06.1919. Vgl. auch DT 02.03.1918.
[228] Vgl. DT 11.01.1918; DT 13.01.1918.
[229] Vgl. AEK GVA Düsseldorf überhaupt 83, 07.02.1924; AW 14.01.1925; Johannes Becker, Katholischer Caritas - Verband für die Stadt Düsseldorf, in: Mitteilungen der Caritassekretariate zu Aachen, Krefeld, Elberfeld, Essen - Stadt, Essen - Land, Düsseldorf Jg. 2 Nr. 1/3 (16.05.1925), 14 - 17, 14; Johannes Becker, Katholischer Caritas - Verband für die Stadt Düsseldorf. Geschichtlicher Rückblick, in: Katholische Kirchenzeitung (Düsseldorf) Jg. 2 Nr. 14 (05.07.1925), 124c.
[230] Vgl. oben S. 39 f.
[231] Vgl. oben S. 100. Vgl. auch Adreßbuch der Wohlfahrtseinrichtungen in Düsseldorf. Auf Grund der von der städtischen Armenverwaltung beschafften Unterlagen bearbeitet im städtischen Statistischen Amte, Düsseldorf 1910, 6; Handbuch der Wohlfahrtspflege in der Stadt Düsseldorf, Düsseldorf 1922, 15.
[232] Vgl. oben S. 406.

"Von den 1711 Briefeingängen und 3568 Briefausgängen des Caritassekretariates stellt der katholische Männer Fürsorgeverein das Hauptkontingent, ebenso von den 1645 Besuchern, die im Büro wegen caritativer Angelegenheiten vorsprachen"[233]. Was vermutlich nur als vorübergehende Zweckgemeinschaft gedacht war, wurde bis zur Auflösung des Katholischen Männerfürsorgevereins im Jahre 1979 eine dauerhafte Liaison. Von kurzen Unterbrechungen abgesehen, blieb die Geschäftsstelle des Männerfürsorgevereins beim Caritassekretariat angesiedelt und wurde vom Geschäftsführer des Caritasverbandes geleitet[234].

Obwohl formal beide Geschäftsstellen getrennte Einrichtungen waren, wurde der nur wenige aktive Mitglieder zählende Männerfürsorgeverein de facto vom Düsseldorfer Caritasverband gelenkt. Mit Übernahme der Geschäftsabwicklung im Bereich der Männerfürsorge stellte der Düsseldorfer Caritasverband sein bisheriges Selbstverständnis auf den Kopf, doch warb Johannes Becker wegen der Not der Zeit um Verständnis. Im Prolog des Sekretariatsberichtes von 1918 rechtfertigte er die Zäsur in der Verbandsentwicklung mit den Worten: "Vor stark drei Jahren in den Stürmen und Nöten des Weltkriegs gegründet, sollte es einen lebendigen Mittelpunkt aller katholischen caritativen Vereine, Anstalten und Korporationen Düsseldorfs darstellen. Es sollte keine Arbeit eines caritativen Fachvereins übernehmen, sondern neben seiner mehr zentralisierenden, organisierenden und informierenden Tätigkeit nur dort praktische Caritas leisten, wo neu auftretende Nöte dies erheischten. Unter dieser letzteren Aufgabe hat das ganze Berichtsjahr 1918 gestanden. Man mag es bedauern, daß infolgedessen die ersten Aufgaben zu kurz kamen, muß jedoch mit Rücksicht auf die geringen zur Verfügung stehenden Kräfte und Mittel der praktisch geleisteten Arbeit um so gerechtere Würdigung zuerkennen"[235].

Glaubt man den Ausführungen eines Referates, das Johannes Becker am 11. Oktober 1920 auf dem Düsseldorfer Katholikentag hielt[236], erfolgte der Selbstverständniswandel "der Not gehorchend, nicht dem eigenen Triebe". In seinem Vortrag über den "Dienst der Nächstenliebe" in Düsseldorf bemerkte er mit Blick auf die wachsende Zahl der Aufgabenfelder des Caritasverbandes: "Praktische Arbeit mußten wir in der männlichen Jugendfürsorge leisten. Der hierfür seit 1912 bestehende Verein konnte bei aller Anerkennung für das bis 1916/17 Geleistete wegen Kräfte - Mangels nur einen kleinen Ausschnitt aus der Jugendnot in Bearbeitung nehmen. Wiederholt traten die Behörden mit dem Ersuchen an uns heran, doch endlich auch für die männliche Jugend ein offenes Büro einzurichten, da nebenamtlich die Fülle der Arbeit nicht geleistet werden könnten. Wenn wir in letzter Stunde - der Not gehorchend, nicht dem eigenen Triebe - nicht zugegriffen hätten, wer weiß, was geschehen wäre. Die Erfahrung in caritativer und sozialer Arbeit beweist, daß es ohne und nicht selten gegen die kirchliche Liebestätigkeit geht, wenn letztere nicht zur Stelle ist. Für eine derartige Unterlassung kann kein

---

[233] DT 08.06.1919.
[234] Vgl. CVD Protokoll - Buch des Katholischen Männer - Fürsorge Vereins Düsseldorf 1937 - 1980, S. 1 ff.
[235] DT 08.06.1919.
[236] Vgl. DT 12.10.1920. Zum Düsseldorfer Katholikentag im Oktober 1920 vgl. unten S. 432 ff.

gewissenhafter Caritasleiter gegenüber Gott und Kirche die Verantwortung übernehmen. Also, haben wir in der männlichen Jugendfürsorge herzhaft zugegriffen. Und die Arbeit ist uns unter der Hand so lawinenartig gewachsen. Bisher wurden uns fast durchweg von den einzelnen in Betracht kommenden Behörden (zum geringeren Teil vom Publikum) fast 3200 Fälle überwiesen. Daß zur Bearbeitung dieser ein nicht geringer bürotechnischer Apparat aufgewendet werden muß, weiß jeder Sachkundige"[237].

Mit Verweis auf andere Caritasverbände in Deutschland reklamierte Johannes Becker auf dem Katholikentag auch für das Düsseldorfer Sekretariat den Doppelcharakter einer caritativen Zentralstelle und eines caritativen Fachvereins. "Als ersteres hat es in den 4 Jahren seines Bestehens bei zahllosen Fällen, über die wir keine Statistik führen Rat und Auskunft gegeben - mündlich, schriftlich, im Büro und am Fernsprecher. Nicht selten hat unser Verband die katholische Caritas bei der interkonfessionellen und städtischen Wohlfahrtspflege vertreten müssen. Bei zahlreichen anderen Fällen hat es, wenn nötig, in die eigenen katholischen Reihen caritative Anregung und Förderung gebracht. Ich denke an die Veröffentlichungen in der Presse, an die Ausgabe caritativer Literatur, an die Veranstaltung eines caritativen Lehrganges in der Jugendfürsorge, der Ende vergangenen Jahres begonnen wurde. Als caritative Zentralstelle wirkte unser Sekretariat auch durch die Gewinnung von Mitgliedern, die durch Zahlung eines Geldbetrages die Caritas - Organisation unterstützen. Wenn schon alle caritativen Fachvereine und Anstalten, sowie außerdem eine große Schar von Caritas - Freunden und Freundinnen unserem Verbande angeschlossen sind, so müssen unsere Reihen doch gewaltig gestärkt werden. Ich glaube keinen Widerspruch zu finden, wenn ich sage, daß heute die Förderung manches Zweiges der Caritas nur durch Unterstützung der Caritas - Organisation möglich ist"[238]. Dass das Caritassekretariat auch den Charakter "eines caritativen Fachvereins" hatte, veranschaulichte Johannes Becker mit Beispielen aus der Kriegsfürsorge des Verbandes. "Im Schoße unseres Verbandes haben wir wiederholt im Geiste der Liebe darüber gestritten, ob die Ausübung praktischer Caritasarbeit Sache des Sekretariats sein soll oder nicht. Nach meiner Meinung, die nicht theoretisch abstrakt, sondern aus tagtäglicher praktischer Arbeit geschöpft ist, ist das unbedingt nötig. Unser Verband wäre, wie P. Noppel auf dem Caritastage in Osnabrück gesagt hat, ein Schirm ohne Stock. Der Stock, der dem Schirme den erforderlichen Halt gibt, ist bei Ortsverbande die praktische Arbeit. Das Theoretisieren hat übrigens wenig Zweck, da wir - ohne es vielleicht zu wollen - zu praktischer Hilfstätigkeit gezwungen werden. Als unser jetziger Erzbischof (d.i. Karl Joseph Schulte) vor 4, 5 Jahren von Paderborn aus den Ruf ins Land erließ, die unterernährten Stadtkinder in Landfamilien unterzubringen, da wurden die Caritassekretariate und auch das unserige mit der praktischen Ausführung betraut. 5500 bis 6000 Kinder wurden seit 1916 teils direkt, teils in Verbindung mit der städtischen Entsendungsstelle eines Landaufenthalts teilhaftig. Erwähnt möge auch werden, wie durch Anregung und Organisierung unseres Verbandes die katholische Kinderfürsorge im Laufe des Krieges Großes durch Einrichtung von Bewahranstalten und Horten geleistet hat.

---

[237] DT 14.10.1920.
[238] DT 08.06.1919.

Die Anzahl derselben betrug zeitweise über 80"[239]. Außer der bereits beschriebenen Tätigkeit auf dem Gebiet der männlichen Jugendfürsorge zählte Johannes Becker als praktische Arbeit, "die uns die Verhältnisse aufzwangen", noch die Vermittlung in der Heilfürsorge. "Seit 1918 haben wir weit über 500 kränklichen Frauen und Mädchen, zuweilen auch Männern einen billigen und doch soliden Aufenthalt von längeren Wochen in ländlichen Krankenhäusern verschafft. Reicher Segen in körperlicher und seelischer Hinsicht - das darf ohne Überhebung gesagt werden -, ist den damit Bedachten dadurch geworden. 50 - 60000 Mark öffentlicher Gelder von verschiedensten Krankenkassen haben wir dadurch flüssig gemacht und sicherlich manchem finanziell schlecht stehenden Klösterlein auf dem Lande eine dankenswerte Beihilfe vermittelt"[240].

Festzuhalten bleibt, dass der Caritasverband für die Stadt Düsseldorf während des Ersten Weltkrieges in der örtlichen Kriegswohlfahrtspflege nur eine marginale Rolle spielte. Gleichwohl erfuhr der Verband zur gleichen Zeit innerhalb des Düsseldorfer Katholizismus, insbesondere im Kreis der katholischen Wohlfahrtseinrichtungen eine erhebliche Aufwertung. Ohne Zweifel wurde der Caritasverband von den Düsseldorfer Katholiken, begünstigt durch die Empfehlungen der deutschen Bischöfe, im Laufe des Krieges als legitime Zusammenfassung aller Caritaskräfte der Stadt zu einer übergreifenden Organisation anerkannt. Sichtbarer Ausdruck des erstarkenden Selbstbewusstseins war die Einrichtung eines Caritassekretariates und die Anstellung eines Generalsekretärs, der die Geschäfte des Caritasverbandes für die Stadt Düsseldorf leitete. "Von einem Diener der Kirche geleitet", so Johannes Becker 1920, "sollte das Sekretariat die uralte und ureigenste Aufgabe der Kirche, die Sorge für ihre armen, körperlich, seelisch und sittlich gedrückten Kinder, in äußerlich erkennbarer Hilfsstelle zum Ausdruck bringen"[241]. Den Erfordernissen der Zeit gehorchend, hielt das Sekretariat unter Leitung von Johannes Becker auch nach Kriegsende an seiner Doppelfunktion als "caritativer Zentralstelle" und "caritativer Fachverein" fest. Vor der Folie dieses Selbstverständnisses ist es wenig verwunderlich, dass dem Caritasverband für die Stadt Düsseldorf mit Einstellung der Kampfhandlungen und Beginn der Friedensverhandlungen sofort neue Aufgabengebiete zufielen.

---

[239] DT 08.06.1919.
[240] DT 08.06.1919.
[241] DT 14.10.1920.

X. Caritasarbeit in Düsseldorf während der Weimarer Republik

Ausgangsbedingungen

Nach dem verlorenen Krieg und dem Zusammenbruch des Kaiserreiches waren die Startbedingungen der neuen Republik äußerst ungünstig. Die wirtschaftlichen und finanziellen Schwierigkeiten in der Anfangsphase der Weimarer Republik von 1919 bis 1923, die durch die Demobilisierung, die Umstellung der Industrieproduktion von Kriegs- auf Friedenswirtschaft, Arbeitslosigkeit, Reparationsforderungen, Inflation und Ruhrbesetzung bedingt waren, brachten insbesondere das überkommene deutsche Sozial- und Fürsorgesystem in äußerste Bedrängnis. Sechs Millionen Soldaten und über drei Millionen Kriegshinterbliebene und Kriegsbeschädigte waren zu integrieren. Zu ihnen kamen verarmte Angehörige und weitere Arbeitslose der Umstellung von Kriegs- auf Friedensproduktion. Staat und Kommunen waren verschuldet und eine wachsende Inflation, die das Sparvermögen vernichten würde, schien nur eine Frage der Zeit. Auf diese Weise war aus der vor dem Krieg relativ begrenzten Schicht von "Armen" eine bedrohlich breite Schicht geworden, die nicht nur durch Kriegsopfer, sondern auch durch einen um seine Ersparnisse gebrachten Mittelstand aufgefüllt wurde[1].

Obgleich der Spielraum für eine planvolle sozial- und wohlfahrtsstaatliche Politik erheblich eingeschränkt war, waren die institutionellen Voraussetzungen gegenüber dem Kaiserreich erheblich verbessert. Grundlage war die Weimarer Verfassung vom 11. August 1919, die den vorrepublikanischen Grundrechtskatalog um eine Reihe sozialer Grundrechte erweiterte. Diese beinhalteten die uneingeschränkte Koalitionsfreiheit (Art. 159) und die Anerkennung der Tarifautonomie (Art. 165), den Anspruch auf Arbeit oder Unterhalt (Art. 163), die Garantie eines umfassenden Versicherungswesens (Art. 161), den Schutz der Arbeitskraft und die Forderung nach einem einheitlichen Arbeitsrecht (Art. 157), die soziale Verpflichtung des Eigentums (Art. 153) sowie die Ordnung des Wirtschaftslebens nach den Grundsätzen der Gerechtigkeit und die Gewährleistung eines menschenwürdigen Lebens (Art. 151). Von den Verfassungsbestimmungen waren allerdings nur die Koalitionsfreiheit und die Anerkennung der Tarifverträge vor Gericht einklagbar, während den anderen sozialen Grundrechten lediglich programmatischer Charakter zukam. Neben sozialpolitischen Leitartikeln enthielt die neue Verfassung auch Bestimmungen, die dem Reich die Gesetzgebungskompetenz gab für das "Armenwesen und die Wanderfürsorge", die "Bevölkerungspolitik, die Mutterschafts-, Säuglings-, Kinder- und Jugendfürsorge", "das Arbeitsrecht, die Versicherung und den Schutz der Arbeiter und Angestellten sowie den Arbeitsnachweis" und "die Fürsorge für die

---

[1] Vgl. Gunter Mai, "Wenn der Mensch Hunger hat, hört alles auf". Wirtschaftliche und soziale Ausgangsbedingungen der Weimarer Republik (1914 - 1924), in: Werner Abelshauser, Die Weimarer Republik als Wohlfahrtsstaat. Zum Verhältnis von Wirtschaft- und Sozialpolitik in der Industriegesellschaft, Stuttgart 1987, 3 - 62, 3 ff.

Kriegsteilnehmer und ihre Hinterbliebenen" (Art. 7). Soweit ein Bedürfnis für den Erlass einheitlicher Vorschriften bestand, hatte das Reich auch die Gesetzgebungskompetenz für die Wohlfahrtspflege (Art. 9)[2].

So gut diese Ausgangsbedingungen erscheinen mochten, so rasch häuften sich die Probleme. Die deutsche Gesellschaft und ihre Politik waren durch Kriegsverlust und außenpolitische Demütigung verstört, die bislang herrschenden Klassen teils gestürzt, teils desorientiert[3]. Die sich seit Anfang November 1918 überstürzenden Ereignisse im Gefolge des militärischen Zusammenbruchs, die am 9. November 1918 zum Sturz der Monarchie führten, trafen auch die deutschen Katholiken ebenso unerwartet und unvorbereitet wie die Übernahme der Regierungsgewalt durch selbsternannte republikanische Volksbeauftragte der MSPD und USPD[4]. Zwar hatte der deutsche Katholizismus bei der Neuordnung nach der Revolution, die er nicht gewollt und nicht bejaht hatte, politisch vieles von dem erreichen können, was lange Zeit unerfüllt geblieben war, doch wurde die neue staatliche Ordnung von den Katholiken keineswegs einhellig begrüßt. Zu den unbedingten Anhängern der Monarchie gehörte etwa der Kölner Erzbischof Kardinal Felix Hartmann, der auch nach dem Sturz den Kontakt zum Exkaiser aufrecht hielt[5]. Auch hatte die Fuldaer Bischofskonferenz nach Verkündigung der neuen Reichsverfassung gegen einige ihrer Bestimmungen, "die einen Eingriff in die unveräußerlichen Rechte der Kirche bedeuteten", Verwahrung bei der Reichsregierung eingelegt[6]. Indes waren die Verfassung als solche, Republik, Demokratie und Parlamentarismus von Seiten der Bischöfe ohne jede Kritik geblieben. Wenn der größte Teil der deutschen Katholiken sich dann doch rasch auf den Boden der Tatsachen stellte, dann geschah es, um eine sozialistische Diktatur und einen Kulturkampf zu verhüten, der sich in den ersten Monaten nach dem Umsturz in der Kulturpolitik der Minister Konrad Haenisch und Adolph Hoffmann abzeichnete[7]. Erzbischof Felix von Hartmann sah in seinem Hirtenbrief vom 12. Februar 1919 "unheimliche Mächte" am Werk, die bestrebt seien, "den Thron Christi umzustürzen, sein Reich zu vernichten"[8].

Auch in Düsseldorf waren die Monate nach der Abdankung Kaiser Wilhelm II. für die Katholiken eine Zeit des Hoffens und Bangens. Bereits am Nachmittag des 8. No-

---

[2] Vgl. Werner Abelshauser, Die Weimarer Republik - ein Wohlfahrtsstaat ?, in: Werner Abelshauser, Die Weimarer Republik als Wohlfahrtsstaat. Zum Verhältnis von Wirtschaft- und Sozialpolitik in der Industriegesellschaft, Stuttgart 1987, 9 - 31, 9 ff.

[3] Vgl. Walter Mönch, Weimar. Gesellschaft, Politik, Kultur in der Ersten Deutschen Republik, Frankfurt 1988, 19 ff.

[4] Vgl. Heinz Hürten, Die Kirchen in der Novemberrevolution. Eine Untersuchung zur Geschichte der Deutschen Revolution 1918/19, Regensburg 1984, 27 ff.

[5] Vgl. Eduard Hegel, Das Erzbistum Köln zwischen der Restauration des 19. Jahrhunderts und der Restauration des 20. Jahrhunderts 1815 - 1962, Köln 1987, 99.

[6] Vgl. NN, Die Fuldaer Bischofskonferenz und die neue Reichsverfassung, in: Bayerischer Kurier und Münchner Fremdenblatt Jg. 63 Nr. 323 (18.11.1919), 1.

[7] Vgl. Heinz Hürten, Die Kirchen in der Novemberrevolution. Eine Untersuchung zur Geschichte der Deutschen Revolution 1918/19, Regensburg 1984, 74 ff.

[8] NN, Fastenhirtenbrief, in: Kirchlicher Anzeiger für die Erzdiözese Cöln Jg. 59 Nr. 6 (18.02.1919), 35 - 39, 36 f. Vgl. auch DT 05.03.1919.

vember 1918 hatte die revolutionäre Bewegung auf Düsseldorf übergegriffen[9] und sich ein Arbeiterrat aus USPD, SPD und Soldaten konstituiert[10], der die öffentliche Ruhe, Sicherheit und Ordnung aufrechterhalten wollte, um die Lebensmittelversorgung, die Kohlezufuhr sowie die Kriegsunterstützung und andere Wohlfahrtseinrichtungen zu sichern[11]. Wie ein Großteil der Düsseldorfer Bevölkerung waren auch viele Katholiken der Stadt Monarchisten aus tiefster Überzeugung. Selbstverständlich kannten und respektierten sie die Lehre von Papst Leo XIII., dass die katholische Kirche nicht an eine bestimmte Staatsform gebunden sei[12]. Schon am Tag nach der Abdankung stellte sich das Düsseldorfer Tageblatt als Sprachrohr der Katholiken auf den berühmten "Boden der Tatsachen" und kommentierte den Vorgang mit den Worten: "Man darf die Ereignisse dieser Tage nicht mit dem Herzen, sondern nur mit dem kühlen Verstande beurteilen. Die geschehen Dinge sind nicht ungeschehen zu machen; wir müssen sie als Tatsachen hinnehmen"[13]. Gleichzeitig ließ das Blatt jedoch keine Zweifel an seinen Präferenzen für die untergegangene Monarchie aufkommen, wenn es schrieb: "Die Thronentsagung des Kaisers war nach der Entwicklung der letzten Tage zu erwarten. Gleichwohl erfüllt uns die Nachricht mit brennendem Schmerze, und es ist schwer, den Aufschrei des Herzens zu unterdrücken. Denn das deutsche Kaisertum, das Königtum der Hohenzollern, die Treue und Anhänglichkeit gegen Wilhelm II. war uns tiefst empfundene Herzenssache. Doch in der jetzigen Stunde dürfen wir uns dem Schmerze, der furchtbaren Herzensnot nicht überlassen. ... Nur fordere man nicht von uns, daß wir das nun Geschehene, wenn wir es auch als unabänderlich hinnehmen, als notwendig und gerecht anerkennen sollen. Das hatte Kaiser Wilhelm nicht verdient! ... Es ist ein Irrtum, daß die Thronentsagung uns bessere Friedensbedingungen bringen wird. Wenn er sich zur Abdankung entschlossen hat, dann tat er es, um dem deutschen Volke den größten Dienst zu erweisen, den er ihm noch erweisen konnte, um es vor den Schrecken des Bürgerkrieges zu bewahren. So bewährt er sich bis zum letzten Regierungsakt als der treueste Diener seines Volkes, als der ehrlichste Friedensfürst. Dafür wollen wir ihm danken, sind wir ihm unauslöschlichen Dank schuldig. Unsere Treue und unsere Liebe bleibt in unserem Herzen zu ihm unerschüttert"[14]. Wie stark die Zentrumsanhänger teilweise noch in der monarchischen Vergangenheit hafteten, verdeutlicht eine Versammlung der Zentrumspartei am 11. Dezember 1918 im Bezirk Altstadt II (St. Andreaspfarre), auf der Pfarrer Max Döhmer besonders "die unerhörten Angriffe" der sozialdemokratischen Presse auf die Person Kaiser Wilhelm II. beklagte und "mit Wärme der edlen Charaktereigenschaften des gewesenen Herrschers" gedachte[15].

---

[9] Vgl. Helmut Metzmacher, Der Novemberumsturz 1918 in der Rheinprovinz, in: Annalen des Historischen Vereins für den Niederrhein 168/169 (1967), 135 - 265, 199 ff.
[10] Vgl. DT 13.11.1918.
[11] Vgl. SAD III 1554, Bl. 2 ff.
[12] Vgl. Leo XIII., Enzyklika Sapientiae christianae vom 10. Januar 1890, in: Helmut Schnatz, Päpstliche Verlautbarungen zu Staat und Gesellschaft. Originaldokumente mit deutscher Übersetzung, Darmstadt 1973, 189 - 231, 189 ff.
[13] DT 10.11.1918.
[14] DT 10.11.1918.
[15] Vgl. SAD XXI 125, 11.12.1918.

Ungeachtet aller Treueschwüre war die Düsseldorfer Zentrumspartei gewillt, den Arbeiterrat in seinen Bestrebungen zur Erhaltung der öffentlichen Ordnung und Sicherheit zu unterstützen, verlangte aber am 14. November 1918 auf einer Versammlung eine Beteiligung aller Volkskreise an der Exekutive und Legislative[16]. Insbesondere drängte die Partei auf die sofortige Bildung und Einberufung einer Nationalversammlung zur endgültigen Gestaltung der staatsrechtlichen und innenpolitischen Verhältnisse Deutschlands[17]. Dabei hielt das Zentrum an seinen alten Forderungen, der Freiheit der Kirche und der religiösen Betätigung und Erziehung, besonders aber an der konfessionellen Schule, fest und verlangte die Aufhebung aller Ausnahmegesetze, die den Verlust des kirchlichen Einflusses in diesen Bereichen minderten[18].

In den letzten Wochen des Jahres 1918 griffen zahlreiche katholische Vereine und Verbände der Stadt die Forderungen der Düsseldorfer Zentrumspartei auf und verlangten deren sofortige Erfüllung. So verabschiedeten der Katholische Arbeiterverein und die Zentrumspartei in der Unterrather Pfarrgemeinde Maria unter dem Kreuz in einer Versammlung am 1. Dezember 1918 folgende Resolution: "Die in Düsseldorf - Unterrath versammelten Bürger aller Stände protestieren mit aller Entschiedenheit gegen jede Diktatur im Deutschen Reich und gegen das Vorgehen der ungesetzmäßigen preußischen Regierung, welche die im Volke tief verankerten Staats- und Kirchengesetze abschaffen, Trennung von Staat und Kirche einführen, die Schule ihres christlichen Charakters entkleiden wollen. Sie verlangen eine nach den freiheitlichen Grundsätzen, aber auch in aller Freiheit gewählte Nationalversammlung, die als wahre Vertreterin des deutschen Volkes einen gesetzmäßigen Zustand wiederherstellen muß"[19]. Am gleichen Tag fand im linksrheinischen Heerdt im Josephshaus an der Pariser Straße eine Protestversammlung gegen die "Entchristlichung des Volkes" statt, von der das Düsseldorfer Tageblatt berichtete: "Eine solch zahlreiche politische Versammlung hat Heerdt lange nicht mehr gesehen. Alle katholischen Vereine, vorab der Arbeiter- und der Volksverein, hatten ihre Mitglieder aufgeboten; restlos war auch die Wählerschar aus Jungfrauenkongregation und Frauen- und Mütterverein erschienen"[20]. Nachdem der Düsseldorfer Zentrumsabgeordnete Jakob Schmitt eine Rede "unter dem Zeichen des neuen Kulturkampfes" über die gegenwärtige Lage gehalten hatte, wurde an den Vollzugsausschuss in Berlin folgendes Telegramm gesendet: "Die im Saale des Fürsorgeheims zu Düsseldorf - Heerdt zu Hunderten versammelte Wählerschaft des linksrheinischen Düsseldorf legt feierlichen Protest ein gegen die geplante Entchristlichung des Volkes. Die Maßnahmen des Kultusministers gegen Schule und Kirche sind Vergewaltigung heiliger Rechte, die kein Christ ertragen kann und will"[21]. Eine Woche später trat im fengerschen Saal am Neusser Tor "eine große Volksversammlung" zusammen, auf der nach Reden von Pfar-

---

[16] Vgl. DT 15.11.1918.
[17] Vgl. DT 15.11.1918; DT 17.11.1918.
[18] Vgl. DT 15.11.1918.
[19] DT 03.12.1918.
[20] DT 05.12.1918.
[21] DT 05.12.1918. Vgl. auch PfA Heerdt St. Benediktus 43, Chronik der Pfarrei St. Benediktus 1917 - 1933, 01.12.1918.

rer Heinrich Göbbels (Wittlaer) und Hauptredakteur Heinz Brauweiler (Düsseldorfer Tageblatt) nachstehende Entschließung angenommen wurde: "Mehrere Hundert Gerresheimer Männer und Frauen erheben schärfsten Einspruch dagegen, daß die gegenwärtige sozialdemokratische Regierungsgewalt die durch die Revolution erlangte Macht mißbraucht, um die Rechte der Kirche und damit auch der gläubigen Christen zu vergewaltigen. Die notwendige Neuordnung zwischen Kirche und Staat kann nur Sache der möglichst bald zu wählenden Nationalversammlung sein"[22].

Entsprechend den Statuten von 1904, die in § 1 ausdrücklich erklärten, "politische Bestrebungen liegen dem Verbande fern", hielt sich der Caritasverband für die Stadt Düsseldorf mit Äußerungen zum Sturz der Monarchie, zur Herrschaft der Arbeiterräte, zur Wahl der Nationalversammlung und zur Verabschiedung der neuen Verfassung zurück. Lediglich am Ende des Verbandsberichtes für das Jahr 1918, der am 8. Juni 1919 im Düsseldorfer Tageblatt zum Abdruck gelangte, findet sich am Schluss die pragmatische Bemerkung: "In dem Kampf der Geister, der in diesen Tagen besonders scharfe Formen angenommen hat, wird die christkatholische Weltanschauung weniger durch gelehrte Vorträge, Abhandlungen und Disputationen, als vielmehr durch praktische sozial - caritative Tätigkeit am wirksamsten verteidigt"[23]. Durchdrungen von der ethischen Verpflichtung zum Helfen, scheint es, als sei die Revolution und ihre Folgen am Caritasverband für die Stadt Düsseldorf spurlos vorübergegangen und der Blick allein auf die Nöte der Zeit mit ihren neu eröffneten Arbeitsfeldern gerichtet gewesen zu sein[24].

Verdichtet wird der Eindruck, wenn man den Rechenschaftsbericht des Caritasverbandes für die Zeit von der Abdankung des Kaisers bis zur Annahme der Weimarer Verfassung liest. Problemlos gelang es dem Verband, die Tätigkeit von der Kriegsfürsorge auf die Kriegsfolgenhilfe umzustellen: "Bei der Demobilmachung", so der Bericht, "waren Kräfte des Sekretariats und des Verbandes in Verbindung mit der städtischen Flüchtlingsfürsorgestelle tätig, um den von Ost und West heimkehrenden und durchreisenden Flüchtlingen behilflich zu sein. Damen der Bahnhofsmission und Mitglieder des Vinzenzvereins hatten sich bereit gefunden, um durch mehrere Wochen den Bahnhofsdienst zu versehen. Wenn auch der Strom der hilfeheischenden Flüchtlinge gegen die Erwartung nicht sehr groß war, so ist doch manchem armen Volksgenossen in jenen traurigen Tagen geholfen worden"[25].

Mit Abschwächung der Flüchtlingsströme traten an den Düsseldorfer Caritasverband neue Aufgaben heran. Neben der Wohnungsfürsorge und Kriegsgefangenenfürsorge gehörten seit der zweiten Hälfte des Jahres 1919 und in der Folgezeit vor allem die Vermittlung von Geld, Lebensmitteln, Kleidern aus der Auslandshilfe zu den Kernaufgaben des Sekretariates[26]. Gerade auf Letzteres, die Zuwendung von Gütern des alltägli-

---

[22] DT 10.12.1918.
[23] DT 08.06.1919.
[24] Vgl. dazu Lorenz Werthmann, Die Caritas und die neue Zeit, in: Caritas. Zeitschrift für die Werke der Nächstenliebe im katholischen Deutschland Jg. 24 Nr. 1/3 (Oktober/Dezember 1918), 1 - 6, 1 ff.
[25] DT 08.06.1919.
[26] Zur Auslandshilfe vgl. Johannes Kreyenpoth, Die Auslandshilfe für das Deutsche Reich, Stuttgart 1932, 12 ff; Martin Vorgrimler, Auslandshilfe nach zwei Weltkriegen. Der Wandel der Auslandshilfe 1919 und 1945, in: Jahrbuch für Caritaswissenschaft und Caritasarbeit 1958, 86 - 101, 86 ff.

Lebens waren immer mehr Bürger der Stadt infolge der sich dramatisch verschlechternden Wirtschafts- und Versorgungslage angewiesen.

Zwar kamen nach Aufhebung der englischen Seeblockade wieder Lebensmittel nach Deutschland, doch waren diese für viele Familien unerschwinglich. Schon im ersten Verwaltungsbericht der Stadt Düsseldorf nach Ende des Krieges nahm die Klage über die zunehmende Armut breiten Raum ein: "Es vermehrte sich nicht nur die Zahl der Unterstützten - zum Teil auch wegen des Fortfalls der kriegsfürsorgerischen Maßnahmen des Reiches, der Länder und Gemeinden -, sondern es mußten auch dazu die Unterstützungssätze der wachsenden Teuerung einigermaßen angepaßt werden"[27]. Im November 1919 warnten die Düsseldorfer Nachrichten vor einer weiteren Steigerung der Lebensmittelpreise, was zwangsläufig eine weitere Unterernährung der Bevölkerung sowie eine Zunahme der Tuberkulose und der Hautleiden zur Folge gehabt hätte. Bei den Düsseldorfer Kindern sei schon jetzt ein Gewichtsverlust von 6 bis 9 % feststellbar gewesen[28]. Aus Anlass einer "Volkssammlung" für die Deutsche Kinderhilfe veröffentlichte das gleiche Blatt im Januar 1921 einen beklemmenden Bericht über die Unterernährung und Bekleidungsnot der Düsseldorfer Kinder: "In der Stadt Düsseldorf besaßen von 786 Säuglingen und Kleinkindern, die der Beobachtung unterworfen wurden, 28 Prozent nicht die allernotwendigste Wäsche und die unentbehrlichsten Kleidungsstücke, 15 Prozent keine ausreichenden Lagerstätten und 19 Prozent mußten wegen der Armut ihrer Eltern auf die Pflichtmenge Milch verzichten. Ostern 1920 mußten in einer hiesigen Schule von 120 angemeldeten Kindern weniger als 25 wegen Schulunfähigkeit zurückgewiesen werden. Nach neuesten schulärztlichen Feststellungen sind von den Düsseldorfer Schulkindern 25 bis 40 Prozent unterernährt. Die Wiegeergebnisse bei zwei Schulen besagen, daß der Gewichtsdurchschnitt einer Klasse ungefähr dem Durchschnitt der nächstniedrigeren Klasse vor dem Krieg gleichkommt. Die Wachstumshemmung bei Kindern geht bis 23 Zentimeter, in einem Einzelfall sogar bis 36 Zentimeter. Die Tuberkulose macht rasende Fortschritte. 1914 starben daran 78 Düsseldorfer Kinder im Alter bis zu 15 Jahren, 1919 waren es bereits 180. ... Nach Anschauung der Ärzte sind von den hiesigen Kindern im Alter bis zu 15 Jahren 40 Prozent tuberkulös! Die Bekleidungsnot ist ebenfalls groß. Nach Feststellungen in einer hiesigen Schule hatten von 620 Kindern nur einen, und zwar schlechten Anzug, 40 nur ein Hemd, 124 nur ein Paar (teilweise höchst mangelhafte) Strümpfe, 8 überhaupt keine Strümpfe, 180 nur ein Paar (zumeist kaum noch brauchbare) Lederschuhe, 40 überhaupt keine Lederschuhe"[29].

Obwohl auch nach Kriegsende viele Lebensmittel nur auf Karten abgegeben wurden, waren in den Übergangsjahren besonders Milch, Kartoffeln, Fleisch und Brot nur unzureichend erhältlich[30]. Als Ersatz für letzteres gelangte 1920 wegen der Getreideteuerung ein "Düsseldorfer Notbrot" in den Geschäften zum Verkauf, das vor allem aus

---

[27] Verwaltungsbericht der Stadt Düsseldorf für den Zeitraum vom 1. April 1919 bis 31. März 1922, Düsseldorf 1922, 175.
[28] Vgl. DN 22.11.1919.
[29] DN 14.01.1921.
[30] Vgl. DN 24.01.1919; DN 01.08.1920.

Bohnen- und Mischmehl bestand[31]. Zu den größten Sorgen der Düsseldorfer Bevölkerung zählte neben dem Mangel an Kleidung bzw. Schuhwerk insbesondere die Wohnungsnot[32]. Auch war die Zahl der Menschen ohne Arbeit nach Einstellung der Kriegsproduktion, der Demobilmachung, des Mangels an Rohstoffen und des Zusammenbruchs im Außenhandel dramatisch angestiegen[33]. In Düsseldorf gab es im Februar 1919 etwa 17000 Erwerbslose[34], die mangels einer Arbeitslosenversicherung vielfach auf die Unterstützung der Wohlfahrtshilfe angewiesen waren[35].

Welche Hilfen angesichts der drückenden Not durch das Sekretariat des Caritasverbandes für die Stadt Düsseldorf vermittelt wurden, ist in den Rechenschaftsberichten der ersten Nachkriegsjahre nur kursorisch festgehalten. In seinem Referat über die Verbandstätigkeit auf dem Düsseldorfer Katholikentag im Jahre 1920 zählte Johannes Becker zu den "praktischen Arbeiten" des Sekretariates neben der Wohnungs- und Kriegsgefangenenfürsorge auch die "Vermittlung von Geld, Lebensmitteln, Kleidern usw. aus der Auslandshilfe"[36]. Etwas differenzierter heißt es im Jahresbericht 1919: "Bei Rückkehr der Kriegsgefangenen überwies uns die für diese ins Leben gerufene öffentliche Fürsorgestelle die Namen der katholischen Heimkehrer, die unsererseits an die zuständigen Pfarrämter weitergeleitet wurden. Materielle Hilfe brauchten wir nur in wenigen Fällen zu bringen"[37]. Weitreichender war die Inanspruchnahme des Caritassekretariates bei der Verteilung der Auslandshilfe, worüber im gleichen Jahr berichtet wurde: "Zur Linderung der traurigen Kriegsschäden haben besonders in Amerika seit langem Bestrebungen eingesetzt, die vor allem den notleidenden Kindern zu Hilfe kommen wollen. Wie anderswo hat die religiöse Gesellschaft der Quäker[38], der die Ausführung der humanitären Bestrebungen obliegt, mit der Stadt eine Organisation getroffen, mit deren Hilfe viele tausend unterernährter Kinder in den vergangenen Monaten jeden Mittag ein kräftiges Essen erhalten. In dem städtischen Ausschuß für Auslandshilfe ist der Caritas - Verband vertreten. Während der vergangenen Monate haben katholische Vereine und Anstalten durch die von uns vermittelten Zuwendungen, die in Geld, Lebensmitteln oder Kleidungsstücken bestanden, den Wert der Organisation, wie sie im Caritas - Verband gegeben ist, kennen und schätzen gelernt"[39].

---

[31] Vgl. DN 08.08.1920.

[32] Vgl. DN 09.10.1918; DN 02.03.1919.

[33] Vgl. Josef Wilden, Von Versailles bis Locarno. Die Notzeit der Düsseldorfer Wirtschaft, Düsseldorf 1926, 24 ff.

[34] Vgl. DT 23.12.1921.

[35] Vgl. Josef Wilden, Von Versailles bis Locarno. Die Notzeit der Düsseldorfer Wirtschaft, Düsseldorf 1926, 35 ff.

[36] Vgl. DT 14.10.1920.

[37] DT 30.08.1920.

[38] Zum "Quäkerhilfswerk" vgl. DT 15.10.1920; Johannes Kreyenpoth, Die Auslandshilfe für das Deutsche Reich, Stuttgart 1932, 91 ff; Paul Frings, Das internationale Flüchtlingsproblem 1919 - 1950, Frankfurt 1951, 108 ff.

[39] DT 30.08.1920. Vgl. auch PfA Mörsenbroich St. Franziskus Xaverius, Chronik der Pfarrkirche von St. Franziskus - Xaverius - Mörsenbroich, 10.05.1920.

Detaillierteres Zahlenmaterial über die vom Caritassekretariat vermittelten Hilfen zur Linderung existenzieller Nöte liegen erst aus dem Jahr 1923 vor, das für die Düsseldorfer Bevölkerung wegen des Ruhrkampfes und Separatismus, vor allem aber wegen der Hochinflation zu den schwersten zählte[40]. Anfang September 1923 kostete ein Ei auf dem Düsseldorfer Wochenmarkt 530000 Mark, im November eine Straßenbahnfahrt im Stadtgebiet 150 Milliarden Mark[41]. Für das Düsseldorfer Tageblatt, das im Herbst 1920 noch 25 Pfennig gekostet hatte, musste man am 1. Dezember 1923 bereits 250 Milliarden Mark bezahlen[42]. Die Krise des Jahres 1923 zeigte sich in Düsseldorf vor allem in der Zunahme von Überfällen auf Lebensmittel- und Bekleidungsgeschäften. In den Düsseldorfer Nachrichten vom 29. Oktober 1923 waren die Plünderungen des zurückliegenden Wochenendes das beherrschende Thema. Nach Angaben der Zeitung zeigte die Schadowstraße kaum noch ein unbeschädigtes Fenster. Zu einem besonders folgenschweren Vorfall war es in der Nordstraße gekommen. "Dort hatten sich größere Ansammlungen gebildet, von denen Plünderungen erwartet werden mußten. Als die Polizei auf einem Kraftwagen erschien, wurde sie mit Schimpfworten und Steinwürfen empfangen. Der Aufforderung der Beamten, die Straße frei zu machen, wurde keine Folge geleistet. Die Haltung der Menge wurde immer drohender, so daß die Beamten sich mit der Schußwaffe verteidigen mußten. Dabei wurden die 25 Jahre alte Lageristin Eva A. durch einen Kopfschuß und der 18 Jahre alte Arbeiter Karl B. durch einen Schuß in die Lunge getötet. Außerdem wurden drei Arbeiter durch Schüsse in den Unterschenkel verletzt"[43]. Nach Aufzeichnungen in der Chronik der Pfarrei Maria Rosenkranz war die allgemeine Unsicherheit so groß, dass sich auf Veranlassung des Werstener Pfarrers am Buß- und Bettag 1923 ein Selbstschutz der Bürger bildete, der in der Nacht patrouillierte und in der Schule ein Wachlokal einrichtete. "Anfangs war es nur eine 'Knüppel - Garde' beherzter Männer, da die Franzosen jedes Waffentragen verboten hatten; später stellten sie für je 10 Mann einen Waffenschein aus für eine Waffe ! Leider hat auch ein Mitglied dieser Bürgerwehr, der Sohn des Postmeisters Bernhard Sch., im Dienste der Allgemeinheit sein Leben lassen müssen. An demselben Tage konnte der Pfarrer den Hungernden verkünden, daß es ihm mit Unterstützung der Stadt und der Bürger der Gemeinde gelungen sei, eine tägliche Volksspeisung zu veranstalten. In den Wurstküchen von Hecker und Wildschütz in der Dorfstraße wurde täglich außer Sonntags ein kräftiges Eintopfgericht hergestellt und zwar für 300 - 350 Liter"[44].

---

[40] Vgl. Paul Wentzcke, Den Helden des Ruhrkampfes, Düsseldorf 1931, 8 ff; Franz Beyer, Der Separatistenputsch in Düsseldorf 30. September 1923, Berlin 1933, 9 ff; Paul Wentzcke, Düsseldorf als Garnisonstadt, Düsseldorf 1933, 38; Friedrich - Wilhelm Henning, Düsseldorf und seine Wirtschaft. Zur Geschichte einer Region Bd. 2, Düsseldorf 1981, 561 ff; Wolfgang D. Sauer, Düsseldorf in den Jahren 1919 - 1923, in: Bodo Brücher, Düsseldorf während der Weimarer Republik 1919 - 1933. Quellensammlung, Düsseldorf 1985, 4 - 110, 17 ff.

[41] Vgl. DN 11.09.1923; Wolfgang D. Sauer, Düsseldorf in den Jahren 1919 - 1923, in: Bodo Brücher, Düsseldorf während der Weimarer Republik 1919 - 1933. Quellensammlung, Düsseldorf 1985, 4 - 110, 20.

[42] Vgl. DT 15.10.1920; DT 01.12.1923.

[43] DN 29.10.1923.

[44] PfA Wersten Maria Rosenkranz, Pfarrchronik Maria Rosenkranz 1929 - 1988, S. 38 f.

Trotz imponierender Zahlen war die Hilfe, die 1923 durch den Düsseldorfer Caritasverband vermittelt wurde, angesichts der herrschenden Not nicht mehr als der bekannte Tropfen auf dem heißen Stein. "Zur Linderung der Volksnot" konnten durch das Sekretariat in diesem Jahr aus Spenden vermittelt werden: "20 Sack Baumwollsaatmehl, 135 Sack Maismehl, 4 Sack Griesmehl, 17 Sack Weizenmehl, 7 Kisten Büchsenmilch, 2 Eisenbahnwaggons Weißkraut, 5 Eisenbahnwaggons (mit 57000 Kilogramm) Kartoffeln, Weißkraut, Roggen, Hülsenfrüchten usw., 2 Eisenbahnwaggons mit 1261 Liebesgabensendungen für bestimmte Adressaten in Düsseldorf und das besetzte Gebiet, 1 Eisenbahnwaggon (Gewicht 10000 Kilogramm), enthaltend 5 Kolli Frauenkleidung, 8 Kolli Männerkleidung, 1 Kolli Decken, 9 Kolli Schuhe, 7 Kolli Blusen, 5 Kolli Wäsche, 1 Kolli Priesterkleidung, 44 Kolli Verschiedenes. Außerdem konnten vor Weihnachten 1923 und im Januar und Februar 1924 insgesamt 190 Zentner Fleisch und Fett zur Verteilung kommen. Diese Angaben betreffen nur die Hilfsmaßnahmen des Caritas - Sekretariates. Ein übriges geschah in den zahlreichen caritativen Anstalten und Vereinen. Trotz der durch die Geldentwertung hervorgerufenen eigenen Bedürftigkeit hat jede Anstalt täglich zahlreiche Notleidenden, die an ihrer Pforte vorsprachen, mit Lebensmitteln, Kleidungsstücken usw. unterstützt. Viele Anstalten hatten teils aus eigenen Mitteln Suppenküchen eingerichtet, teils hatten sie die Küchen anderen Wohlfahrtsorganen zur Verfügung gestellt. Vinzenz- und Elisabethverein mit ihren 50 Pfarr - Konferenzen halfen nach besten Kräften allwöchentlich mit ihren Gaben. Wenn auch nicht alle Bedürftigen in ausreichendem Maße berücksichtigt werden konnten, lag es ebenfalls an der alles vernichtenden Geldinflation. In den Wintermonaten wurde die Caritashilfe in den 35 Pfarrbezirken besonders dadurch regsam, daß Mittagstische für Kinder und Erwachsene eingerichtet wurden, deren Zahl über 8000 betrug"[45].

Ein weiteres Glied im Abwehrkampf gegen die immer drückendere Not bildete die Papstspende[46]. So berichtet die Chronik der Pfarrei St. Nikolaus in Himmelgeist: "Zu verschiedenen Malen konnte der Pfarrer während des Jahres 1923 die dürftigen, vielfach arbeitslosen Fabrikarbeiterfamilien durch die Vermittlung des Caritasverbandes in Düsseldorf, aus Gaben seiner Heiligkeit des Papstes ... unterstützen mit Geld, Mehl, Kleidungsstücken, Gefrierfleisch, condensierter Milch, conservierter Leber etc., hin und wieder gegen eine kleine Gebühr, meistens aber ganz unentgeldlich"[47].

Im Zeichen der großen Not rückte in den Übergangsjahren 1919 bis 1923 die Auswanderfürsorge als ein neuer Arbeitsschwerpunkt in das Blickfeld des Caritasverbandes für die Stadt Düsseldorf. "Die infolge des Niedergangs entstandene Lust", so der Verbandsbericht für das Jahr 1919, "den Staub des unglücklichen Vaterlandes von dem Fuß zu schütteln und in anderen Ländern neues Lebensglück zu suchen, regt sich bekanntlich nach jedem verlorenen Kriege"[48]. In Erkenntnis dieses Umstandes hatte nach dem Krieg insbesondere das Reichswanderungsamt seine Tätigkeit intensiviert. Bereits am 29.

---

[45] AW 29.04.1924. Vgl. auch AEK GVA Düsseldorf überhaupt 83, 07.02.1924.
[46] Vgl. Rudolf Knobloch, Das päpstliche Hilfswerk für Deutschland, in: Caritas. Zeitschrift für Caritaswissenschaft und Caritasarbeit Jg. 30 Nr. 3 (März 1925), 87 - 88, 87 f; Johannes Kreyenpoth, Die Auslandshilfe für das Deutsche Reich, Stuttgart 1932, 56 ff und 119 ff.
[47] PfA Himmelgeist St. Nikolaus 92, S. 73.
[48] DT 30.08.1920.

Mai 1918 durch Erlass der Reichsregierung als Reichswanderungsstelle ins Leben gerufen, sollte die Behörde nach dem noch immer erwarteten Sieg vor allem die Rückkehr von Auslandsdeutschen aus Osteuropa, "in denen man eine willkommene Steigerung der Arbeitskräfte für die heimische Industrie und Landwirtschaft zu gewinnen hoffte", organisieren[49]. Durch den "unglücklichen Ausgang des Krieges" und die Revolution wurde der Schwerpunkt der Tätigkeit der Reichswanderungsstelle "merklich" verschoben. Als sich abzeichnete, dass statt einer großen Rückwanderung eine Massenauswanderung zu erwarten und für die Auswanderer "eine Fürsorgetätigkeit im großen Stile" notwendig war, wurde durch Erlass des Reichspräsidenten vom 7. Mai 1919 die Zuständigkeit der Reichswanderungsstelle auf alle Gebiete des Wanderungswesens ausgedehnt und sie zum selbständigen Reichsamt erhoben[50]. Das "Reichsamt für deutsche Einwanderung, Rückwanderung und Auswanderung" mit Sitz in Berlin errichtete in allen größeren Städten Deutschlands amtliche Auskunftsstellen, die als Zweigstellen des Auswanderungsamtes galten. Wie andernorts sollte auch die Düsseldorfer Beratungsstelle im Ständehaus (Ständehausstr. 1) "Auswanderlustige ... vor allem vor unüberlegter Auswanderung warnen und die zur Auswanderung Entschlossenen so orientieren, daß der große Strom der Auswanderer sich von vornherein in gesunden Bahnen vollzieht"[51]. Neben den amtlichen Auskunftsstellen wurde mit Hilfe jener freiwilligen Vereine, die sich bisher um die Betreuung von Rückwanderern, Auswanderern und Deutschen im Ausland bemüht hatten, in verschiedenen Orten "gemeinnützige öffentliche Auskunftsstellen" errichtet, die die staatlichen Zweigstellen in ihrer Tätigkeit unterstützen und "die Auswanderungslustigen im Sinne des Reichswanderungsamtes" beraten sollten. Durch Verfügung des Reichswanderungsamtes vom 11. August 1919 wurde die Zentralstelle des Deutschen Caritasverbandes in Freiburg zur amtlichen Zweigstelle des Reichswanderungsamtes bestellt[52]. Außerdem wurden "in Würdigung der durchweg besondern Eignung der Sekretariatsleiter" zur gleichen Zeit 26 Caritassekretariate, darunter die Geschäftsstelle in Düsseldorf, als "gemeinnützige öffentliche Auskunftsstelle" für deutsche Aus-, Rück- und Einwanderer anerkannt[53]. Glaubt man dem Rechenschaftsbericht 1919,

---

[49] Vgl. NN, Das Reichswanderungsamt und die Mitarbeit des Raphaelsvereins, in: Caritas. Zeitschrift für die Werke der Nächstenliebe im katholischen Deutschland Jg. 24 Nr. 10/12 (Juli/September 1919), 205 - 206, 205.

[50] Vgl. NN, Das Reichswanderungsamt und die Mitarbeit des Raphaelsvereins, in: Caritas. Zeitschrift für die Werke der Nächstenliebe im katholischen Deutschland Jg. 24 Nr. 10/12 (Juli/September 1919), 205 - 206, 205.

[51] NN, Das Reichswanderungsamt und die Mitarbeit des Raphaelsvereins, in: Caritas. Zeitschrift für die Werke der Nächstenliebe im katholischen Deutschland Jg. 24 Nr. 10/12 (Juli/September 1919), 205 - 206, 205.

[52] Vgl. dazu Lorenz Werthmann, Die drohende Auswandererflut im neuen Deutschland, in: Caritas. Zeitschrift für die Werke der Nächstenliebe im katholischen Deutschland Jg. 24 Nr. 7/9 (April/Juni 1919), 113 - 119, 113 ff; Lorenz Werthmann, Die Pflichten der deutschen Katholiken gegenüber der neuen Massenauswanderung, in: Caritas. Zeitschrift für die Werke der Nächstenliebe im katholischen Deutschland Jg. 24 Nr. 7/9 (April/Juni 1919), 119 - 122, 119 ff.

[53] Vgl. CVD 102, 21.03.1928; NN, Das Reichswanderungsamt und die Mitarbeit des Raphaelsvereins, in: Caritas. Zeitschrift für die Werke der Nächstenliebe im katholischen Deutschland Jg. 24 Nr. 10/12 (Juli/September 1919), 205 - 206, 205 f; Joseph Schmid, Auswandererfürsorge, in: Kuno Joerger, Cari-

bestand zwischen der Auskunftsstelle in der Neustraße, deren Leitung in den Händen von Johannes Becker lag, und der amtlichen Zweigstelle im Ständehaus "ein freundschaftliches Verhältnis, das in der praktischen Arbeit kein Gegeneinander, sondern Mit- und Füreinander" bedingen sollte[54]. Wie die Zentrale des Deutschen Caritasverbandes war das Caritassekretariat in Düsseldorf nicht nur Auskunftsstelle des Auswanderungsamtes, sondern auch Geschäftsstelle des Raphaelsvereins, der sich "in besonderer Weise der religiösen und kirchlichen Bedürfnisse katholischer Auswanderungslustiger" annahm[55].

Raphaelsverein

Der Raphaelsverein wurde im Jahre 1871 auf der Mainzer Katholikenversammlung zum Schutz katholischer deutscher Auswanderer ins Leben gerufen[56]. Sein Gründer war der Limburger Kaufmann Peter Paul Cahensly (1838 - 1923), der von 1861 bis 1868 in Le Havre als Volontär tätig war[57]. Hier hatte er sich der örtlichen Konferenz der Vinzenzbrüder angeschlossen und dabei Pater Lambert Rethmann kennen gelernt, der in der französischen Hafenstadt auswanderwillige Deutsche seelsorglich betreute[58]. Angerührt vom Elend seiner Landsleute, die in unzulänglichen Logierhäusern auf ihre Schiffspassage nach Übersee warteten[59], unternahm Peter Paul Cahensly in Deutschland verschiedene Anstrengungen zur Gründung einer katholischen Hilfsorganisation für Auswanderer. Auf der Versammlung der deutschen Katholiken in Trier 1865 brachte er zusammen mit

---

tashandbuch. Ein Leitfaden für die Caritasarbeit, Freiburg 1920, 282 - 289, 285 f; NN, Die Auswandererberatungsstelle des Caritasverbandes in Düsseldorf, in: Mitteilungen des Caritasverbandes für die Stadt Düsseldorf Jg. 4 Nr. 5 (Mai 1928), 40.

[54] Vgl. DT 30.08.1920.

[55] Vgl. NN, Das Reichswanderungsamt und die Mitarbeit des Raphaelsvereins, in: Caritas. Zeitschrift für die Werke der Nächstenliebe im katholischen Deutschland Jg. 24 Nr. 10/12 (Juli/September 1919), 205 - 206, 205 f; DT 30.08.1920; Joseph Schmid, Auswandererfürsorge, in: Kuno Joerger, Caritashandbuch. Ein Leitfaden für die Caritasarbeit, Freiburg 1920, 282 - 289, 285; Kuno Joerger, Deutscher Caritasverband und St. Raphaels - Verein, in: 80 Jahre St. Raphaels - Verein 1871 - 1951, Hamburg 1951, 15 - 19, 15; Friedrich Fröhling, Ein Jahrhundert Dienst der Kirche am wandernden Menschen durch den St. Raphaels - Verein, in: Caritas '71. Jahrbuch des Deutschen Caritasverbandes, 183 - 190, 184.

[56] Vgl. Peter Paul Cahensly, Der Raphaelsverein zum Schutze katholischer deutscher Auswanderer. Sein Werden, Wirken und Kämpfen während des 30jährigen Bestehens, Freiburg 1900, 16 ff.

[57] Vgl. Peter Paul Cahensly, Der Raphaelsverein zum Schutze katholischer deutscher Auswanderer. Sein Werden, Wirken und Kämpfen während des 30jährigen Bestehens, Freiburg 1900, 1 f; Wilhelm Nathem, Peter Paul Cahensly, der Gründer des St. Raphaelsvereins zum Schutze katholischer deutscher Auswanderer. Ein Gedenkblatt zu seinem 100. Geburtstag. 1838 - 28. Oktober - 1938, Hamburg 1938, 15 ff.

[58] Vgl. Peter Paul Cahensly, Der Auswanderungsapostel Pater Lambert Rethmann und die Anfänge des St. Raphaels - Vereins, in: Jahrbuch des Caritasverbandes für das Geschäftsjahr 3 (1909/1910), 21 - 34, 22 ff.

[59] Vgl. Verhandlungen der siebenzehnten General - Versammlung der Katholischen Vereine Deutschlands in Trier am 10., 11., 12., 13. und 14. September 1865. Amtlicher Bericht, Trier 1865, 79 ff; Peter Paul Cahensly, Der Raphaelsverein zum Schutze katholischer deutscher Auswanderer. Sein Werden, Wirken und Kämpfen während des 30jährigen Bestehens, Freiburg 1900, 2 ff.

Lambert Rethmann drei Anträge zur Verbesserung der Auswandererfürsorge ein. Neben der Forderung nach einer katholischen Missionsstelle in New York und Behebung "auf die in Antwerpen für die deutschen Auswanderer bestehenden Mißstände in religiöser Beziehung" lautete eine Eingabe: "Die General - Versammlung der katholischen Vereine Deutschlands wolle eine Adresse erlassen an die Regierungen der vier Einschiffungshäfen Hamburg, Bremen, Antwerpen und Havre, die Auswanderer in für Männer und Frauen getrennten Abteilungen zu befördern und so der bis jetzt beobachteten unwürdigen Praxis, die Schlafstätten ohne jede Rücksicht nach Alter und Geschlecht anzuweisen, ein Ende zu machen"[60]. Bei der Zusammenkunft der deutschen Katholiken in Bamberg 1868 war Peter Paul Cahensly maßgeblich an der Einrichtung eines Auswandererschutzkomitees beteiligt[61]. Ein Jahr später brachte er auf der Düsseldorfer Generalversammlung einen Antrag zur Gründung eines zentralen Hilfsvereins zum Schutz der Auswanderer unter dem Patronat des heiligen Erzengels Raphael ein, der jedoch keine Mehrheit fand[62]. Erst 1871 auf der Katholikenversammlung in Mainz gelang es ihm nach Überwindung zahlreicher Widerstände und Missverständnisse, für Deutschland den "St. Raphaels - Verein zum Schutze katholischer deutscher Auswanderer" ins Leben zu rufen[63].

Der 1878 von Papst Leo XIII. anerkannte Verein stellte an allen Haupthafenplätzen (Hamburg, Bremen, Antwerpen, Rotterdam, Le Havre etc.) Vertrauensmänner an, die den Auswanderern bei der Beschaffung der nötigen Papiere und Schiffskarten sowie der Sicherung ihrer Ersparnisse behilflich waren und ihnen vor Reisebeginn Gelegenheit zum Sakramentenempfang verschafften[64]. Da die Schiffspassagen unter oftmals katastrophalen Platz- und Hygienebedingungen stattfanden, setzte sich der Verein auch für eine Verbesserung der Überfahrtsgelegenheiten ein[65]. Im Jahre 1883 gründete Peter Paul Cahensly in den Vereinigten Staaten von Amerika einen eigenen Verein, der 1888 vorrangig für deutsche Einwanderer das Leo - House in New York einrichtete und un-

---

[60] Verhandlungen der siebenzehnten General - Versammlung der Katholischen Vereine Deutschlands in Trier am 10., 11., 12., 13. und 14. September 1865. Amtlicher Bericht, Trier 1865, 77 f.

[61] Vgl. Verhandlungen der neunzehnten General - Versammlung der katholischen Vereine der deutschen Länder in Bamberg am 31. August, 1., 2., und 3. September 1868. Amtlicher Bericht, Bamberg 1868, 217 ff.

[62] Vgl. Verhandlungen der zwanzigsten General - Versammlung der katholischen Vereine Deutschlands in Düsseldorf 6., 7., 8. und 9. September 1869. Amtlicher Bericht, Düsseldorf 1869, 195 ff.

[63] Vgl. Verhandlungen der einundzwanzigsten Generalversammlung der katholischen Vereine Deutschlands zu Mainz am 10., 11., 12., 13. und 14. September 1871. Nach stenographischer Aufzeichnung, Mainz 1871, 187 ff.

[64] Vgl. Peter Paul Cahensly, Der Raphaelsverein zum Schutze katholischer deutscher Auswanderer. Sein Werden, Wirken und Kämpfen während des 30jährigen Bestehens, Freiburg 1900, 20 ff; Max Größer, Raphaelsdienst. Ein Büchlein für den katholischen Auswanderer und seine Freunde in Kirche und Vaterland, Hamburg 1931, 6 ff; Victor Mohr, Die Geschichte des Raphaels - Werkes. Ein Beispiel für die Sorge um den Menschen unterwegs, in: Zeitschrift für Kulturaustausch Jg. 39 Nr. 3 (1989), 354 - 362, 355.

[65] Vgl. Peter Paul Cahensly, Die deutschen Auswanderer und der St. Raphael - Verein, in: Frankfurter zeitgemäße Broschüren Jg. 8 Nr. 11 (1887), 325 - 350, 335 ff.

terhielt[66]. Weitere Vereine wurden auf sein Betreiben 1882 in Italien, 1887 in Belgien, 1889 in Österreich und 1913 in Spanien ins Leben gerufen[67]. Seit dem Jahre 1908 ist der Raphaelsverein dem Deutschen Caritasverband als Fachverband angegliedert[68].

Obwohl der Raphaelsverein in Düsseldorf bis zum Ende des Kaiserreiches keine Agentur oder Vertretung unterhielt, stößt man hier in Wilhelminischer Zeit gleichwohl auf vereinzelte Spuren seines Wirkens. Regelmäßig inserierte der Verein im Düsseldorfer Volksblatt, um katholische Auswanderer mit den Vertrauensmännern der westeuropäischen Hafenstädte in Kontakt zu bringen[69]. 1907 heißt es im Rechenschaftsbericht des Düsseldorfer Mädchenschutzvereins: "Im letzten Jahre hatte die Bahnhofsmission besonders oft Gelegenheit, durchreisenden Auswanderern ihre Dienste anzubieten und in besonders dringenden Notfällen Nahrungsmittel zu geben. Elf von ihnen wurden dem St. Raphaelsverein für katholische Auswanderer überwiesen"[70]. Vermutlich war mit der "Überweisung" die Ausgabe von "Raphaelskarten" gemeint[71], mit denen sich Neuankömmlinge in Übersee als unterstützungswürdige Auswanderer legitimieren konnten[72]. Ungeachtet der Tatsache, dass der Raphaelsverein "weit entfernt" war, "die überseeische Auswanderung zu begünstigen" und nicht nur 1883 auf der Düsseldorfer Katholikenversammlung davor warnte, "ohne wichtige Gründe aus der Heimat fortzuziehen"[73], wurde seine Tätigkeit auch in Düsseldorf von der Polizei auf unerlaubte Auswanderungspropaganda überwacht[74].

Neben praktischer Unterstützung galt das Hauptaugenmerk der katholischen Auswandererfürsorge der Festigung des Deutschtums und des Glaubens. Das Berliner Reichswanderungsamt schätzte zu Beginn der zwanziger Jahre die Zahl der zur Auswanderung bereiten Deutschen auf 5 Millionen. "Diese Millionen strebsamer Deutscher", so der Freiburger Caritasreferent Joseph Schmid im Jahre 1920, "stellen ein überaus kostbares Volksgut dar, das uns verloren geht. Am liebsten würde das Vaterland

---

[66] Vgl. Colman James Barry, Geburtswehen einer Nation - Peter Paul Cahensly und die Einbürgerung der katholischen deutschen Auswanderer in Kirche und Nation der Vereinigten Staaten von Amerika, Recklinghausen 1971, 66 ff.

[67] Vgl. Lorenz Werthmann, Zum fünfzigjährigen Jubiläum des St. - Raphaels - Vereins, in: Caritas. Zeitschrift für die Werke der Nächstenliebe im katholischen Deutschland Jg. 24 Nr. 1/3 (Oktober/Dezember 1918), 15 - 22, 18 f; Georg Timpe, St. Raphaels - Handbuch. Ein Hilfsbuch für Priester in der Raphaelsarbeit, Hamburg 1921, 9 f; Engelbert Monnerjahn, Der St. - Raphaels - Verein zum Schutze katholischer deutscher Auswanderer, in: Jahrbuch der Caritaswissenschaft 5 (1963), 109 - 115, 111; Dienst am Menschen unterwegs. 1971. 100 Jahre St. Raphaels - Verein, Hamburg 1972, 8 ff.

[68] Vgl. Martina Lüdeke, Raphaels - Werk "Dienst am Menschen" unterwegs. Deutsche gehen ins Ausland, in: Caritas '91. Jahrbuch des Deutschen Caritasverbandes, 373 - 377, 374.

[69] Vgl. DV 17.08.1888.

[70] DT 19.06.1907.

[71] Vgl. DT 31.03.1911.

[72] Vgl. dazu Karl Theodor Dumont, Sammlung kirchlicher Erlasse, Verordnungen und Bekanntmachungen für die Erzdiözese Köln, Köln 1891², 451 f.

[73] Vgl. Verhandlungen der XXX. General - Versammlung der Katholiken Deutschlands zu Düsseldorf, am 10., 11., 12. und 13. September 1883. Nach stenographischer Aufzeichnung, Düsseldorf 1883, 245 ff und 298.

[74] Vgl. SAD III 3834, 06.09.1882.

alle seine Kinder der angestammten Heimat erhalten. Soweit ihm das aber wegen der wirtschaftlichen Not nicht gelingt, wird und muß es alles daransetzen, mit weitblickender Fürsorge die Scheidenden in die Fremde zu geleiten, auch dort ihnen hilfreich zu sein und ihre Treue gegenüber der alten Heimat zu fördern. Der vornehmste Leitgedanke wird dabei sein, die abwandernden Deutschen unserem Volkstum zu erhalten, das Auslandsdeutschtum der Zukunft moralisch und materiell zu unterstützen"[75]. In der materiellen Fürsorge allein durfte sich die Betreuung der Auswanderer indes nicht erschöpfen, da den Migranten "auch der Verlust höherer geistiger Güter" drohte. "Unsere katholischen Auswanderer", so Joseph Schmid weiter, "werden im fremden Lande nur dann ihre Heimat wiederfinden, wenn sie des Trostes und der Segnungen ihrer heiligen Kirche nicht entbehren. Zur Heimat gehört auch die deutsche Schule. Ohne sie werden die Kinder unserer katholischen Auslandsdeutschen deutscher Sitten und deutscher Sprache vergessen und dem Deutschtum entfremdet werden. Unsere Bestrebungen müssen daher auf die Erhaltung des deutschen Volkstums und des katholischen Bekenntnisses gerichtet sein"[76]. Ziel der katholischen Auswandererfürsorge musste es daher sein: "Rein katholische Kolonien zu gründen mit Kirche, Schule und Pfarrhaus". Nur so war ein geordnetes Pfarr- und Gemeindeleben zu schaffen und die Einheit der Nationalität und der Konfession zu erreichen[77]. In Anbetracht der drohenden Massenauswanderung sah sich der Raphaelsverein nach Ende des Ersten Weltkrieges vor eine "Riesenaufgabe" gestellt, die er 1920 so umschrieb: "1. Aufgaben in der Heimat: Vorausgehende Belehrung, Beratung und Auskunftserteilung an die Auswanderer über Siedlungsmöglichkeiten und -schwierigkeiten, auch über die kirchlich - religiösen Verhältnisse der neuen Länder. 2. Aufgaben in den Hafenstädten: Unterbringung der Auswanderer, Bestellung von Seelsorgern und Vertrauensleuten, welche die Auswanderer vor ihrer Abreise noch religiös betreuen und ihnen bei ihren mannigfachen Geschäften hilfreich an die Hand gehen. 3. Während der Reise: Fürsorge für den sittlichen und gesundheitlichen Schutz. 4. Bei der Ankunft im neuen Lande: Empfang der Auswanderer durch bewährte Vertrauensmänner, Beratung und Schutz bis zur endgültigen Unterbringung sowie religiöse Fürsorge. 5. In dem erwählten Siedlungsgebiet: Erhaltung des Volkstums und der Religion durch Schaffung von entsprechenden kirchlichen und sozial - caritativen Einrichtungen"[78].

In welchem Umfang und auf welche Weise das Düsseldorfer Caritassekretariat als Auskunftsstelle des Auswanderungsamtes und Nebenstelle des Raphaelsvereins auswanderwilligen Deutschen in den Übergangsjahren helfend zur Seite stand, ist in Zahlen nicht überliefert. Fest steht lediglich, dass beide Einrichtungen im Jahre 1919 dem Caritassekretariat angeschlossen und von Generalsekretär Johannes Becker als Geschäfts-

---

[75] Joseph Schmid, Auswandererfürsorge, in: Kuno Joerger, Caritashandbuch. Ein Leitfaden für die Caritasarbeit, Freiburg 1920, 282 - 289, 282 f.

[76] Joseph Schmid, Auswandererfürsorge, in: Kuno Joerger, Caritashandbuch. Ein Leitfaden für die Caritasarbeit, Freiburg 1920, 282 - 289, 283.

[77] Vgl. Joseph Schmid, Auswandererfürsorge, in: Kuno Joerger, Caritashandbuch. Ein Leitfaden für die Caritasarbeit, Freiburg 1920, 282 - 289, 283 f.

[78] Joseph Schmid, Auswandererfürsorge, in: Kuno Joerger, Caritashandbuch. Ein Leitfaden für die Caritasarbeit, Freiburg 1920, 282 - 289, 284 f.

führer geleitet wurden[79]. Nach dem "Handbuch der Wohlfahrtspflege in der Stadt Düsseldorf" widmete sich die "öffentliche gemeinnützige Auskunftsstelle" der "Rat- und Auskunftserteilung in Auswandererfragen", während sich der Raphaelsverein für den "Schutz katholischer Auswanderer aus Deutschland" einsetzte[80]. Offenbar unterlag die Inanspruchnahme des Sekretariates in Auswanderungsangelegenheiten starken Schwankungen und war Spiegelbild der wirtschaftlichen und sozialen Verhältnisse in Deutschland. Im Bericht des Düsseldorfer Caritassekretariates für das Jahr 1919 heißt es: "Die Zahl derer, die in Auswanderer - Fragen vorsprachen, war nach Ankündigung unserer Stelle groß, ließ aber später, hervorgerufen durch die einer Auswanderung gegenwärtig noch entgegenstehenden Schwierigkeiten, nach"[81]. Nach Überwindung der Hochinflation stellte der Jahresbericht 1924 fest: "Zur Zeit hat zwar der Auswandererstrom nachgelassen, er wird jedoch nicht versanden. Anfangs 1924 hatte noch Ungezählte die Auswanderungssucht wie eine Epidemie erfaßt, ließ aber mit Besserwerden der wirtschaftlichen und politischen Verhältnisse nach"[82]. Liegt für Düsseldorf auch kein statistisches Zahlenmaterial vor, ist an gleicher Stelle wenigstens zu erfahren, was die Düsseldorfer Nebenstelle des Raphaelsvereins bei der Betreuung "heimatmüder Menschen" in den Mittelpunkt ihrer Tätigkeit stellte. Ausdrücklich gehörte hierzu nicht die Vermittlung von Reisegeld, Wohn- und Arbeitsstätten, wozu die Beratungsstelle allenfalls sachkundigen Rat und Auskunft erteilen konnte. "Was aber der Verein will und künftig intensiver erreichen muß, ist die religiöse und seelische Betreuung der katholischen Auswanderer. In diesen die Schicksalsverbundenheit mit Heimatland und Mutterkirche sicherzustellen, ist sein Hauptziel"[83].

Erholungsfürsorge

Mit Übernahme der Auskunftserteilung in Auswanderungsangelegenheiten war dem Düsseldorfer Caritasverband im Jahre 1919 ein weiterer Arbeitsbereich zugewachsen, so dass Generalsekretär Johannes Becker mit Blick auf die vierjährige Wirksamkeit des Sekretariates zu Recht behaupten konnte: "Während der kurzen Zeit seines Bestehens hat es sich zu einem wirksamen Seelsorgsmittel erwiesen. Arbeiten und Aufgaben, die nur indirekt und mittelbar mit der reinen Seelsorge zusammenhängen, die dabei aber für katholische Interessen große Wichtigkeit haben, sind ihm mehr und mehr zur Erledigung zugewiesen worden"[84]. Nach dem Rechenschaftsbericht für das Jahr 1919 setzte der Caritasverband für die Stadt Düsseldorf einst "aus der Not der Zeit heraus" übernommene Tätigkeiten auch nach Kriegsende fort. Wenn der Verband "infolge beschränkter Mög-

---

[79] Vgl. DT 30.08.1920; Handbuch der Wohlfahrtspflege in der Stadt Düsseldorf, Düsseldorf 1922, 66.
[80] Vgl. Handbuch der Wohlfahrtspflege in der Stadt Düsseldorf, Düsseldorf 1922, 66.
[81] DT 30.08.1920.
[82] Johannes Becker, Caritative Tätigkeit in Düsseldorf (1924), in: Mitteilungen des Katholischen Caritas - Sekretariates, Düsseldorf Jg. 1 Nr. 1 (Juli/August 1925), 1 - 15, 5.
[83] Johannes Becker, Caritative Tätigkeit in Düsseldorf (1924), in: Mitteilungen des Katholischen Caritas - Sekretariates, Düsseldorf Jg. 1 Nr. 1 (Juli/August 1925), 1 - 15, 5.
[84] DT 30.08.1920.

lichkeiten nur verhältnismäßig wenigen helfen" konnte, so galt auch im ersten Friedensjahr seine besondere Aufmerksamkeit der Kinderfürsorge. "Vier Kinder wurden in Heilstätten verbracht, 153 Kinder eines sehr guten Erholungsaufenthaltes in holländischen Familien teilhaftig. Eine zur Förderung der katholischen Kinderfürsorge dienende, glänzende Oratorienaufführung in der Tonhalle erbrachte leider keinen Reingewinn". Bemerkenswert ist, dass angesichts der eigenen Kümmernisse gegen Jahresende eine Kirchenkollekte "zur Linderung der Kindernot in Österreich"[85] durchgeführt wurde, die "eine große Summe" ergab. Mehrere hundert Familien in Düsseldorf hatten sich überdies zur Aufnahme eines Wiener Stadtkindes bereit erklärt. Aus "politischen und wirtschaftlichen Gründen" war die Unterbringung indes unmöglich geworden[86].

Fortgeführt wurde 1919 auch die "Sorge für körperlich schwache Personen" durch Kuraufenthalte in ländlichen Krankenanstalten. Unter dem "Aufwand von vielen technischen und finanziellen Mitteln" konnte der Caritasverband 225 Frauen und Mädchen eine derartige Erholung verschaffen. Die anfallenden Pflegekosten, die zum großen Teil aus Zuwendungen öffentlicher Kassen stammten, betrugen 23000 Mark[87].

Jugendfürsorge

Als Geschäftsführer des Katholischen Männerfürsorgevereins setzte Johannes Becker schließlich auch das Engagement des Caritasverbandes auf dem Gebiet der Jugendfürsorge über den Waffenstillstand hinaus fort. Im Jahre 1919 erhielt die Geschäftsstelle von den Gerichten und der Polizei sowie "dem Waisenrat, andern Vereinen und vom Publikum" 775 neue Fälle zur Bearbeitung überwiesen. Hiervon wurden 98 Jugendliche in Anstalten, Lehr- und Arbeitsstellen untergebracht. An Vormundschaften wurden 25, an Pflegschaften 27, an Beistandschaften 2 neu übernommen; an Schutzaufsichten wurden 24 Fälle überwiesen. Nachdem am 1. August 1919 der Landeshauptmann den katholischen Männerfürsorgeverein "zum Fürsorger der katholischen männlichen Zöglinge im rechtsrheinischen Düsseldorf" bestellt hatte, kamen im Laufe des Jahres weitere 170 bis 180 Fürsorgefälle hinzu[88].

Noch vor Kriegsende hatten die Verbandsleitungen der katholischen Jünglingsvereine und der Jugendfürsorgevereine auf Reichsebene nach Möglichkeiten zur Eindämmung der "immer größer werdenden Gefahr der Verwahrlosung gerade der ortsfremden Jugendlichen" gesucht und sich im Jahre 1918 auf eine "planmäßige Fürsorge" geeinigt[89]. Es wurde eine Arbeitsteilung ausgehandelt, die vorsah, dass der Verband der Jünglingsvereinigungen "die von ihm seit altersher betriebene Fürsorge für ordentliche ortsfremde jugendliche Arbeiter und Lehrlinge" ausübte, während der Männerfürsorgeverein

---

[85] Vgl. dazu NN, Linderung der Hungersnot in Deutsch - Österreich, in: Kirchlicher Anzeiger für die Erzdiözese Cöln Jg. 59 Nr. 29 (15.12.1919), 176; NN, Hilfe für notleidende Kinder aus Wien, in: Kirchlicher Anzeiger für die Erzdiözese Cöln Jg. 59 Nr. 29 (15.12.1919), 176.
[86] Vgl. DT 30.08.1920.
[87] Vgl. DT 30.08.1920.
[88] Vgl. DT 30.08.1920.
[89] Vgl. DT 28.09.1918.

sich "der durch Obdachlosigkeit und Verwahrlosung besonders Gefährdeten" annahm[90]. Im Herbst 1918 wurde auf einer gemeinsamen Sitzung der Pfarrer, der Jünglingsvereinigungen, des Caritasverbandes und des Männerfürsorgevereins auch für Düsseldorf eine planmäßige Betreuung der ortsfremden Jugend vereinbart. Die Zentrale der katholischen Jünglingsvereinigungen (Schadowstr. 54) gliederte ihrer bereits seit längerer Zeit bestehenden Wohnungsvermittlung eine gesonderte Abteilung für ortsfremde Jugendliche an und begann mit Planungen zur Errichtung eines Jugendhospizes oder Lehrlingsheimes. Auch der katholische Männerfürsorgeverein, so kündigte das Düsseldorfer Tageblatt am 28. September 1918 an, sollte "voraussichtlich ebenfalls in Bälde ein Obdachlosenasyl für männliche Jugendliche verbunden mit einer Arbeitsvermittlung einrichten können"[91].

Jugendhaus Borbeck

Zur Frage nach Errichtung eines "caritativen Jugendheimes für gefährdete, obdachlose männliche Jugendliche" konnte Johannes Becker im Sommer 1920 berichten, dass sich im zurückliegenden Jahr "ein Komitee interessierter Persönlichkeiten gebildet" und "eine Geldsammlung bereits eine ansehnliche Summe als Grundstock für das beabsichtigte Heim ergeben" habe[92]. Außerdem seien zur gleichen Zeit Verbindungen mit der Ordensgemeinschaft der Salesianer in Wien geknüpft worden, "die die grundsätzliche Zusage seitens dieser Gesellschaft zur Übernahme des neuen Heimes zur Folge hatten"[93].

Nachdem eine Ordensgemeinschaft zur Betreuung obdachloser Jugendlicher gewonnen war, fand auf Wunsch von Generalsekretär Johannes Becker und Gefängnispfarrer Hermann Faßbender im Juli 1921 in Düsseldorf eine Unterredung mit den Wiener Salesianern August Hlond (Provinzial) und Franz Xaver Niedermayer (Direktor) sowie dem Bauunternehmer Franz Pothmann aus Essen - Borbeck statt. Letzterer vermittelte zwischen dem Gastwirt Christian Helsper und der salesianischen "Sozialen Jugendschutz GmbH" einen Vertrag zum Erwerb verschiedener Grundstücke und eines Gebäudes in Borbeck zum Zweck einer Jugendeinrichtung und bezahlte die Kaufsumme von 150000 Mark[94]. Bei dem angekauften Haus Borbecker Str. 1 (heute Theodor -

---

[90] Vgl. DT 28.09.1918.
[91] DT 28.09.1918.
[92] DT 30.08.1920.
[93] Vgl. DT 30.08.1920.
[94] Vgl. Franz Xaver Niedermayer, Das Deutsche Don - Bosco - Werk im Jahre der Seligsprechung Don Boscos 1929, München 1929, 122; Alois Bause, Entwicklung der Schule und Aspekte der heutigen Arbeit der Salesianer Don Boscos in Essen - Borbeck, in: 1921 - 1971. 50 Jahre Salesianer Don Boscos in Essen - Borbeck, Essen 1971, 16 - 19, 16; Johannes Wielgoß, 60 Jahre im Dienst an der Jugend. Die Salesianer Don Boscos im Ruhrgebiet, in: Baldur Hermanns, Steh auf und geh. Vergangenheit und Gegenwart kirchlicher Jugendarbeit im Bereich des Bistums Essen, Essen 1981, 79 - 99, 80 ff; Georg Söll, Die Salesianer Don Boscos (SDB) im deutschen Sprachraum 1888 - 1988. Rückblick zum 100. Todestag des heiligen Johannes Bosco (31. Januar 1988), des Gründers der "Gesellschaft des heiligen Franz von Sales", München 1989, 181 f; Johannes Wielgoß, Das Jugendheim der Salesianer Don Boscos im Leben des Jugendlichen Heinrich Bongers (1921 - 1946), in: Markus Graulich, 75 Jahre Padders in Borbeck, Essen 1996, 14 - 20, 14 ff.

Hartz - Straße) handelte es sich um das ehemalige Vereinsheim "Zentralhof" der evangelischen Kirchengemeinde Borbeck, das bereits am 15. August 1921 von den Salesianern in Gegenwart von Johannes Becker und Hermann Faßbender als Jugendheim eröffnet werden konnte[95].

Wenn Johannes Becker 1924 in einem Rückblick schreibt, "Dank einem von unserem Sekretariat gewonnenen Wohltäter gelang es, in Essen - Borbeck ein großes Gebäude mit entsprechendem Gartengelände ausfindig zu machen, das wir der Salesianer - Genossenschaft zur Verfügung stellten"[96], so kann dies nur bedeuten, dass der Borbecker Bauunternehmer Franz Pothmann das Terrain für ein Jugendhaus auf Bitten des Düsseldorfer Caritassekretärs erworben hatte. In welchem Verhältnis der in Borbeck geborene Johannes Becker zu Franz Pothmann stand, ist nicht bekannt. Auch bleibt dunkel, welchen Nutzen das Haus für die Caritasarbeit in Düsseldorf bringen sollte[97]. In den erhaltenen Unterlagen des Düsseldorfer Caritasverbandes wird die Anstalt nur in dem bereits zitierten Rückblick aus dem Jahre 1924 erwähnt, wo es heißt: "Dieses Jugendheim ist das erste der Salesianer in Nord - Deutschland. Es hat den ausgesprochenen Zweck, denjenigen katholischen männlichen Jugendlichen Unterkunft und Erziehung zu bieten, die zwar fürsorgebedürftig sind, aber wegen der besonderen Eigenart ihrer Hilfsbedürftigkeit weder in einem Waisen- oder Gesellenhaus, noch in einer Fürsorgeanstalt untergebracht werden können. Die Anstalt hat sich in den wenigen Jahren ihres Bestehens gut entwickelt"[98].

Dass von der Zweckdienlichkeit des Jugendhauses nur wenig bekannt ist, gründet nicht zuletzt in dem Umstand, dass für die Jahre 1920 bis 1922 kein Rechenschaftsbericht des Caritasverbandes für die Stadt Düsseldorf überliefert ist. Der Befund ist umso bedauerlicher, als in diese Zeit verschiedene Begebenheiten fallen, die nicht unerheblich die weitere Entwicklung des Verbandes beeinflussten.

Caritassonntag

Bereits seit längerer Zeit war den örtlichen Verbandssekretariaten vom Deutschen Caritasverband empfohlen worden, jährlich ein- oder zweimal einen "Caritassonntag" abzuhalten. "Am Morgen desselben", so eine Anregung im Caritashandbuch von 1920, "gehen die Mitglieder der caritativen Vereine möglichst vollzählig zur heiligen Kommunion. Im Hauptgottesdienst sind Predigt und Lieder caritativen Inhalts, gleichzeitig findet eine

---

[95] Vgl. ck, Don Bosco in Borbeck, in: Essener Volks - Zeitung Jg. 54 Nr. 195 (19.08.1921), o. S. (3); Johannes Wielgoß, Zur Geschichte des St. - Johannes - Stiftes in Essen - Borbeck (1921 - 1942), in: 1921 - 1971. 50 Jahre Salesianer Don Boscos in Essen - Borbeck, Essen 1971, 20 - 32, 20.
[96] AEK GVA Düsseldorf überhaupt 83, 07.02.1924. Vgl. auch Johannes Becker, Katholischer Caritas - Verband für die Stadt Düsseldorf, in: Mitteilungen der Caritassekretariate zu Aachen, Krefeld, Elberfeld, Essen - Stadt, Essen - Land, Düsseldorf Jg. 2 Nr. 1/3 (16.05.1925), 14 - 17, 15.
[97] Vgl. unten S. 499.
[98] AEK GVA Düsseldorf überhaupt 83, 07.02.1924. Vgl. auch Johannes Becker, Katholischer Caritas - Verband für die Stadt Düsseldorf, in: Mitteilungen der Caritassekretariate zu Aachen, Krefeld, Elberfeld, Essen - Stadt, Essen - Land, Düsseldorf Jg. 2 Nr. 1/3 (16.05.1925), 14 - 17, 15.

Caritaskollekte statt. Am Nachmittag oder Abend ist in einem geeigneten Lokal eine öffentliche caritative Versammlung, die durch verschiedene festliche Darbietungen vor allem der Mitgliederwerbung dienen soll"[99]. Wie in anderen Städten, wurde auch in Düsseldorf am 11. Juli 1920 zum ersten Mal ein Caritassonntag abgehalten. Vorrangiger Zweck war es, die Gläubigen der Stadt "an die erhabenen Ziele christlicher Caritas zu erinnern und sie zu veranlassen, diese Ziele nach ihren Kräften zu unterstützen". Ob sich das Caritassekretariat und die caritativen Vereine im Dekanat bei der Durchführung des Caritassonntags an die Empfehlungen des Handbuches hielten, ist nicht bekannt. Überliefert ist hingegen, welches Selbstverständnis und Selbstbewusstsein vom Caritasverband an diesem Tag in den Pfarrgemeinden kolportiert werden sollte. In einer Kolumne unter dem Titel "Nachklang vom Caritassonntag" schreibt das Düsseldorfer Tageblatt vom 13. Juli 1920: "Die caritative Hilfeleistung ... ist die Erfüllung der Pflicht, sowohl dem Nächsten nach Kräften Hilfe zu leisten, als auch darauf zu achten, daß durch das einzelne Werk die Gemeinschaft nicht geschädigt, sondern gefördert wird. Da nun der Gemeinschaft gerade auf caritativem Gebiete sehr häufig nur durch das einheitliche und planvolle Zusammenwirken Vieler wahrhaft gedient wird, so ergibt sich daraus die Pflicht der caritativen Organisation. Würde die Caritas nur von einzelnen Individuen geübt, so würden ihre Werke vielfach verzettelt und zersplittert ... . Deshalb geht seit Beginn des Christentums das Streben der Caritas nach Organisation, sei es durch die Kirche selbst, sei es durch kirchliche Vereine". Die Bedeutung zusammenfassender Organisation christlicher Nächstenliebe sei notwendiger denn je geworden. "Nicht nur, daß es heute für den Einzelnen viel schwieriger ist, seinen Nächsten nahe zu kommen, vor allem stehen heute der christlichen Organisation der Nächstenliebe mächtige weltliche Organisationen öffentlicher Wohlfahrtspflege gegenüber. Gemeinden, Kreise, Großstädte und Staat bemühen sich, alle Zweige der Wohlfahrtspflege zusammenfassend zu ordnen und unter ihre Leitung zu bringen". Wollte die christliche Caritas ihren Platz behaupten, so bedurfte es gewaltiger Anstrengungen. "Es genügt nicht, dahin zu wirken, daß die Gesetzgebung ihr Raum läßt sich mit und neben öffentlichen Wohlfahrtseinrichtungen zu entfalten. Es ist nötig, ihre Organisation so auszubauen, daß sie den ihr belassenen Raum ausfüllen kann. Die Gesetzgebung, auch die wohlwollendste, gibt uns gleichsam nur die Bauerlaubnis; für den Bauplatz und die Errichtung des Gebäudes müssen wir selbst sorgen". An "Bauplätzen" für die Caritas sei kein Mangel, doch fehle es an "Bauleuten" und "Bausteinen", an "Persönlichkeiten, die sich in ihren opfervollen Dienst" stellen und an Mitteln. "Wenn heute die Städte amtliche Wohlfahrtsstellen schaffen und sie schaffen müssen, um die Aufgaben weltlicher Wohlfahrtspflege bewältigen zu können, so müssen auch die Caritas und die ihr dienenden Vereine Ämter schaffen, um mitarbeiten zu können. Nirgendwo ist heute Gemeinschaftsarbeit ohne berufsmäßige Vorbildung und Ausübung möglich. Längst haben die politischen und wirtschaftlichen Organisationen ihre Ämter, ihre Angestellten, die die Förderung ihrer Ziele zu ihrer alleinigen Lebensaufgabe machen. Auch die Caritas kann der berufsmäßigen

---

[99] Michael Lewek, Der örtliche Caritasverband in größeren Städten. Begriff, Aufgaben, Einrichtung und Gründung, in: Kuno Joerger, Caritashandbuch. Ein Leitfaden für die Caritasarbeit, Freiburg 1920, 17 - 32, 27 f.

Lebensarbeit nicht mehr entbehren. Freiwillige Helfer können durch Lebens- oder Berufserfahrung oder durch Erledigung bestimmter Sachen wertvollste Hilfe leisten. Die Arbeit zu tun, die vom Morgen bis zum Abend Jahr um Jahr nötig ist und ständig wächst, ist freiwilligen Kräften unmöglich". So mündete der Artikel schließlich in der Feststellung: "Um die Mittel zu schaffen, die Kräfte zu wecken, damit auch in Düsseldorf der Bau der Caritas mächtig wieder erstehe, war der letzte Sonntag ganz ihrem Zwecke geweiht"[100].

Katholikentag 1920

Nur wenige Wochen nach dem Caritassonntag rückte das Liebeswerk der katholischen Kirche Düsseldorfs erneut in das Rampenlicht einer breiten Öffentlichkeit. Nachdem verfasste Amtskirche wie auch organisierter Laienkatholizismus die Revolution und staatliche Neuordnung in Deutschland ohne Schaden überstanden hatten, waren beide gezwungen, sich in der politisch grundlegend veränderten Gesellschaft neu zu verorten. In Düsseldorf trat hierzu Mitte August 1920 ein Komitee zur Vorbereitung eines örtlichen "Katholikentages" zusammen, das eine machtvolle Kundgebung katholischen Glaubenslebens ausrichten wollte[101]. Die am 10. und 11. Oktober 1920 abgehaltene Veranstaltung, die aus zwei Großkundgebungen, mehreren Vortragsreihen und einem Festzug bestand[102], verfolgte zwei Ziele: "Zunächst sollte gegenüber den Bestrebungen", so das Düsseldorfer Tageblatt, "Gott und die Kirche hinauszudrängen aus dem öffentlichen Leben, in einem machtvollen Festzug die Treue und die unverminderte Anhänglichkeit an die Kirche zum Ausdruck kommen. Von der großen Bedeutung der Religion, der Kirche und des Glaubens für das öffentliche Leben durchdrungen, wollten die Anhänger der katholischen Weltanschauung bekunden, daß sie mehr noch wie je die Durchdringung des öffentlichen Lebens mit den heilbringenden Grundsätzen des Christentums fordern"[103]. Die große Idee, die der Tagung jedoch den roten Faden gab, war "die erneuernde Kraft der katholischen Kirche", die jeden bekennenden Katholiken in der Stadt erfassen sollte. Auf den Punkt gebracht, formulierte das Tageblatt: "Wir müssen wieder einmal so recht unseres Glaubens froh werden, unsere Familien müssen wieder in Wahrheit zu christkatholischen werden"[104]. Ohne Zweifel sprach der Chefredakteur des Blattes vielen Düsseldorfer Katholiken aus der Seele, als er in einem Leitartikel zum Katholikentag schrieb: "Wir leben in einer unsagbar traurigen Zeit. Unsagbar traurig deshalb, weil alles ins Wanken und Schwanken geraten zu sein scheint. Die festesten Throne sind zusammengestürzt. Anschauungen, Meinungen, Ideen, alles wirbelt gegenwärtig wild durcheinander. Heute wird im geistigen Strudel diese Ansicht in die Höhe geworfen, um bereits morgen wieder von anderen, neueren besiegt und verschlungen zu

---

[100] DT 13.07.1920.
[101] Vgl. DT 06.10.1920.
[102] Vgl. DT 06.10.1920; DT 11.10.1920; DT 12.10.1920.
[103] DT 11.10.1920.
[104] DT 11.10.1920.

werden. Nichts mehr scheint Bestand zu haben. Jedem denkenden Menschen drängt sich in dieser wirren, wildbewegten Zeit die Frage übermächtig auf: Gibt es denn wirklich nichts mehr in unserer Zeit, was Ewigkeitskraft hat ? Gibt es keinen Felsen mehr, der auch in der Zeit allgemeiner Flut Sicherheit und Rettung bietet ? Gibt es denn in dieser Zeit wildester geistiger Revolutionen keine feststehende Wahrheit mehr, keinen, den menschlichen Irrtümern unerreichbaren Wegweiser, der uns aus dem Revolutions - Chaos geistigen Zusammenbruchs, den sicheren Weg zur rettenden Wahrheit zeigt ?"[105].

Antworten auf diese wie auch auf andere die Menschen in der Stadt bewegende Fragen versprach der Katholikentag mit seinen verschiedenen Veranstaltungen zu geben. Eröffnet wurde das Forum am 10. Oktober 1920 mit einem Pontifikalamt des Kölner Erzbischofs Karl Joseph Schulte in der Lambertuskirche, dem sich ein Festzug von 50000 Gläubigen durch die Düsseldorfer Innenstadt anschloss[106]. Der zweite Tag brachte am Vormittag zwei große Versammlungen in der Tonhalle, in denen die Fragen der Caritas und der Schule behandelt wurden[107]. Auf der ersten Kundgebung sprach der Berliner Caritasdirektor Benedict Kreutz, in der zweiten Veranstaltung der Vorsitzende der Organisation zur Verteidigung der konfessionellen Schule, Oberlandesgerichtsrat Wilhelm Marx (Düsseldorf). Am Nachmittag folgte ein Gartenfest im Zoologischen Garten und am Abend eine Schlussversammlung mit August Pieper (Mönchengladbach), der zum Thema "Die Gemeinschaft der Religion Christi und die Erneuerung des deutschen Volkes" sprach[108].

Die Versammlung der Caritasbewegung eröffnete Pfarrer Max Döhmer mit der Feststellung: "Über allen Trümmern leuchtet das Kreuz, und vom Kreuz herab glänzt die Liebe: die unbesiegbare Caritas. Nie ist die Not so groß gewesen wie heute, nie ist aber auch die Verpflichtung zur Caritas so allgemein. Darum ist es eine der ersten Aufgaben, den Geist der Liebe als den wichtigsten hineinzulegen in unser Volk und sie auflodern zu lassen zu heller Flamme. Dieser Aufgabe soll unsere gegenwärtige Versammlung dienen"[109]. Anschließend ergriffen Caritasdirektor Benedict Kreutz und Caritassekretär Johannes Becker das Wort und referierten über die Arbeit des Deutschen Caritasverbandes bzw. des Düsseldorfer Caritassekretariates[110]. Im Anschluß an die Vorträge fanden zwei Entschließungen einstimmig Annahme. In der ersten Erklärung erinnerte "der Katholikentag Düsseldorf - Stadt und -Land 1920" alle Gläubigen an die "dringliche Pflicht der Caritas - Übung" und verlangte "wie für unsere hl. Kirche ... auch für ihre Edelfrucht, die Caritas, das Recht der freien Betätigung"[111]. In der zweiten Resolution empfahl der Katholikentag, die bestehenden caritativen Vereine und Anstalten "sowohl durch persönliche Mitarbeit als durch Zuwendungen materieller Mittel" zu unterstützen. Angesichts "der in ihrem religiös - sittlichen Leben schwer bedrohten Jugend" rief die

---

[105] DT 11.10.1920.
[106] Vgl. DT 11.10.1920.
[107] Vgl. DT 11.10.1920; DT 12.10.1920.
[108] Vgl. DT 11.10.1920; DT 12.10.1920.
[109] DT 12.10.1920.
[110] Vgl. DT 12.10.1920; DT 14.10.1920.
[111] DT 12.10.1920.

Tagung die Katholiken der Stadt zur "eifrigen Pflege des christlichen Familienlebens" auf[112]. Entschieden sprachen sich die Besucher der Caritasversammlung "gegen die gegenwärtig sich geltend machenden Bestrebungen" aus, "die gesetzlichen Vorschriften zum Schutz des ungeborenen Kindes zu beseitigen, weil dadurch das Familienleben in seiner tiefsten Wurzel entweiht, und die sittlichen, völkischen und gesundheitlichen Interessen der menschlichen Gesellschaft sicheren Verfall entgegengeführt werden"[113]. Schließlich forderte der Katholikentag "den Zusammenschluß aller caritativen Vereine, Anstalten und Einrichtungen im örtlichen Caritasverband", was "sowohl im Interesse der weitverzweigten Caritasarbeit selbst als auch zur Herbeiführung eines ersprießlichen Zusammenarbeitens der katholischen Liebestätigkeit mit der humanitären kommunalen und staatlichen Wohlfahrtspflege" liege. Mit Blick auf die im Aufbau befindlichen Wohlfahrtsämter wurde daher verlangt, "daß die einzelnen dem Caritasverbande angeschlossenen katholischen Vereine mit Sitz und Stimme in dem zuständigen Wohlfahrtsamt vertreten sind"[114].

Städtisches Wohlfahrtsamt

Auch wenn Düsseldorf zur Zeit des Caritassonntages bzw. Katholikentages noch nicht zu jenen Städten zählte, die "alle Zweige der Wohlfahrtspflege zusammenfassend geordnet und unter ihre Leitung gebracht" hatten[115], so waren im Jahre 1920 gleichwohl Zeichen des Suchens nach einer zweckmäßigeren Form der Armenpflege erkennbar. Noch immer gründete das städtische Fürsorgewesen in vielen Bereichen in der "Organisation der Verwaltung des Armenwesens in der Gemeinde Düsseldorf vom 20. März 1851"[116], die ihrerseits die Zentralarmenverwaltung vom 1. Januar 1815 abgelöst hatte[117]. Die Übernahme des Armenwesens in städtische Verwaltung war vom Düsseldorfer Gemeinderat am 7. Januar 1851 beschlossen[118] und mit Annahme der "Grundzüge einer anderweiten Organisation der Verwaltung des Armenwesens in der Gemeinde Düsseldorf" am 1. April 1851 vollzogen worden[119]. Fortan lag die Leitung des Armenwesens in den Händen einer "gemeinderäthlichen Deputation", bestehend aus dem Bürgermeister oder einem Beigeordneten als Vorsitzenden, aus sechs vom Gemeinderat gewählten Gemeindeverordneten und vier Gemeindewählern als ordentlichen, stimmberechtigten Mitgliedern sowie den Pfarrern beider Konfessionen, dem Rabbiner der jüdischen Ge-

---

[112] Vgl. DT 12.10.1920.
[113] DT 12.10.1920.
[114] DT 12.10.1920.
[115] Vgl. DT 13.07.1920.
[116] Vgl. SAD II 1594, 20.03.1851; DJ 15.03.1851.
[117] Vgl. oben S. 79.
[118] Vgl. DJ 09.01.1851.
[119] Vgl. SAD II 1594, 01.04.1851; Joseph Bücheler, Die Reform des Armen - Wesens mit Rücksicht auf den Entwurf der neuen Armen - Ordnung zu Düsseldorf, Düsseldorf 1851, 5 ff; Verwaltungs - Bericht für das Jahr 1851 vorgetragen von Bürgermeister Hammers in der Gemeinderaths - Sitzung vom 7. Januar 1852 und Etat der Gemeinde Düsseldorf für das Jahr 1852, Düsseldorf 1852, 9.

meinde, dem Kreisphysikus, dem Polizeidirigenten, den vier Armenärzten und aus den Vorsitzenden jeder Bezirkskommission als Ehrenmitgliedern (§ 1). Für die spezielle Leitung des Armenwesens war die Gemeinde in zwanzig Bezirke geteilt und in jedem Bezirk eine Kommission gebildet; letztere wurde von der Armendeputation ernannt und bestand aus einem Armenpfleger, drei Armenfreunden und einem Geistlichen jeder Konfession (§ 2). Die Armenbezirkskommissionen traten an die Stelle des bisherigen Bezirkspflegers und leisteten Unterstützungen in der Regel durch Ausgabe von Naturalien (Brot, Kartoffeln Reis, etc.) oder in Gewährung freier Wohnung (§ 6). Die Armenordnung blieb mehr als ein Vierteljahrhundert unverändert in Kraft, bis sie am 19. Juni 1877 durch Übernahme des "Elberfelder Systems" modifiziert wurde[120]. Unter dem Namen "Städtische Armenverwaltung" (§ 1) nahm eine Verwaltungsdeputation, bestehend aus dem Oberbürgermeister und acht stimmfähigen Mitgliedern, die Arbeit auf (§ 2), bei der sie in der offenen Armenpflege durch 40 Bezirksvorsteher und 420 Armenpfleger und in der Verwaltung der städtischen Pflegehäuser und Gemeindehäuser durch vorgesetzte Kuratorien unterstützt wurden (§ 4). Jeder Armenpfleger erhielt ein nach Hausnummern bestimmtes Quartier der Stadt, jeder Bezirksvorsteher ein aus mehreren Quartieren bestehenden Bezirk überwiesen (§ 8)[121]. Die Armenpfleger, die nicht mehr als fünf Personen oder Familien gleichzeitig betreuen sollten, waren berechtigt, sich "durch eine sorgfältige persönliche Untersuchung Kenntnisse von den Verhältnissen des Bittstellers zu verschaffen"[122] und traten monatlich zu Bezirksversammlungen zusammen, um nach Stimmenmehrheit über alle Gesuche und Anträge zu entscheiden (§§ 9 - 12). Zur Unterstützung bewilligte Geldbeträge erhielten die Bezirksvorsteher auf Anweisung des Vorsitzenden der Armenverwaltung von der Armenkasse gezahlt (§ 15). Der städtischen Armenverwaltung kam neben Aufstellung des jährlichen Haushalts für die Armenpflege vor allem die Aufgabe zu, "die Verhältnisse der ärmeren Klasse der Bevölkerung und die Ursachen ihrer Verarmung zu erforschen, die zur Vorbeugung und zur Abhülfe dienlichen Einrichtungen zu treffen oder bei der städtischen Verwaltungsbehörde zu beantragen" (§ 19). Gegen Ende des 19. Jahrhunderts wurden Armenkontrollbeamte zur Erleichterung der Ermittlungstätigkeit angestellt, die den mehr und mehr überforderten Bezirksvorstehern und Quartierarmenpflegern helfend zur Seite standen[123]. In den Jahren bis zum Ausbruch des Ersten Weltkrieges verstärkte sich der Einfluss der Verwaltung auf die Ausübung der Armenpflege in Düsseldorf immer mehr. Kannte die Stadt bis 1909 nur das Armenamt, gliederte man in diesem Jahr ein besonde-

---

[120] Vgl. Armenordnung für die Stadt Düsseldorf, Geschäftsordnung für die städtische Armenverwaltung und Instruktion für die Bezirksvorsteher und Armenpfleger vom 19. Juni 1877, Düsseldorf 1895, III ff.
[121] Vgl. dazu Städtische Armenverwaltung Düsseldorf. Verzeichnis der Armenbezirke, der Bezirksvorsteher und Pfleger, Düsseldorf 1921, 1 ff.
[122] Düsseldorf im Jahre 1898. Festschrift den Theilnehmern an der 70. Versammlung deutscher Naturforscher und Ärzte, Düsseldorf 1898, 178; Armenordnung für die Stadt Düsseldorf, Geschäftsordnung für die städtische Armenverwaltung und Instruktion für die Bezirksvorsteher und Armenpfleger vom 19. Juni 1877, Düsseldorf 1895, 5 ff.
[123] Vgl. Bericht über den Stand und die Verwaltung der Gemeinde - Angelegenheiten der Stadt Düsseldorf für den Zeitraum vom 1. April 1899 bis 31. März 1900, Düsseldorf 1900, 82.

res Waisen- und Fürsorgeamt aus, das neben der Jugendfürsorge anfangs auch die Tuberkulosefürsorge bearbeitete[124]. Im Jahre 1912 wurde die Tuberkulosefürsorge mit anderen Fürsorgezweigen vorbeugender Natur zu einer besonderen Abteilung zusammengefasst[125], die sich in den nächsten Jahren durch Übernahme neuer Aufgaben (Fürsorge für Kinderreiche, Ferienkolonien, Aussendung von Kindern und Erwachsenen in Heime, einmalige Gaben außerhalb des Armenrechtes usw.) ständig vergrößerte und schließlich den Charakter der allgemeinen Wohlfahrtspflege annahm[126].

Eine grundlegende Änderung erfuhr das Düsseldorfer Fürsorgewesen zu Beginn der zwanziger Jahre. An die Stelle der traditionellen Armenpflege trat eine moderne Sozialfürsorge[127]. Ansatzpunkt der Reform war die Zersplitterung des Fürsorgewesens, seine Unübersichtlichkeit und finanzielle Schwäche, die der Verwaltungsbericht der Stadt Düsseldorf für die Jahre 1919 bis 1922 mit den Worten umschrieb: "Schon seit Jahren und Jahrzehnten besteht in Düsseldorf eine größere Zahl von öffentlichen privaten Fürsorgestellen. Vom stärksten Willen beseelt, strebte jede Stelle ihrem Ziele zu, ohne das des Nachbarn zu kennen und zu achten; ein ungeordnetes Nebeneinander ließ keine sinnreiche Zusammenarbeit entstehen, bewirkte sogar häufig genug ein störendes Gegeneinander. ... Alle bestehenden Kräfte - Mitleid, Menschenliebe, soziale Gesinnung, Geld und Naturalien - flossen auseinander, linderten hie und da die Not, ohne das Übel an der Wurzel zu packen, die Quelle zu verstopfen"[128]. Der Befund führte zu einer Zufassung und Vereinigung der Düsseldorfer Fürsorgestellen zu einem Amt, "dem es vor allem darauf ankommt, die persönlichen und sachlichen Mittel der Fürsorge durch möglichst wenige Kanäle dorthin zu leiten, wo man ihrer am dringendsten bedarf; also haushälterisch damit umzugehen, um selbst mit dem angesichts des großen Bedarfs geringen Leistungsvermögen, das unsern Gemeinden verblieben, den denkbar größten Erfolg zu erreichen"[129]. Durch Verfügung des Oberbürgermeisters vom 21. Februar 1921 wurden daher das Armenamt und das Waisen- und Fürsorgeamt zu einem Wohlfahrtsamt vereinigt[130]. Es zerfiel nach dem bis Ende des Jahres erfolgten Ausbau in die Abteilungen

---

[124] Vgl. NN, Die städtische Familienfürsorge in Düsseldorf, in: Mitteilungen des Caritasverbandes für die Stadt Düsseldorf Jg. 3 Nr. 9 (September 1927), 61 - 64, 62.

[125] Vgl. Bericht über den Stand und die Verwaltung der Gemeinde - Angelegenheiten der Stadt Düsseldorf für den Zeitraum vom 1. April 1912 bis 31. März 1913, Düsseldorf 1913, 104.

[126] Vgl. Entwicklung des Düsseldorfer städtischen Wohlfahrtsamtes, Düsseldorf 1926, 12.

[127] Vgl. NN, Die städtische Familienfürsorge in Düsseldorf, in: Mitteilungen des Caritasverbandes für die Stadt Düsseldorf Jg. 3 Nr. 9 (September 1927), 61 - 64, 61 f. Vgl. dazu Jürgen Reulecke, Vorgeschichte und Entstehung des Sozialstaats in Deutschland bis ca. 1930. Ein Überblick, in: Jochen - Christoph Kaiser, Sozialer Protestantismus und Sozialstaat. Diakonie und Wohlfahrtspflege in Deutschland 1890 bis 1938, Stuttgart 1996, 57 - 71, 66 f.

[128] Verwaltungsbericht der Stadt Düsseldorf für den Zeitraum vom 1. April 1919 bis 31. März 1922, Düsseldorf 1922, 157.

[129] Verwaltungsbericht der Stadt Düsseldorf für den Zeitraum vom 1. April 1919 bis 31. März 1922, Düsseldorf 1922, 157.

[130] Vgl. Josef Wilden, Auf dem Wege zur Wohlfahrtspflege. Dargestellt an den Düsseldorfer Einrichtungen, Düsseldorf 1921, 10 ff; Verwaltungsbericht der Stadt Düsseldorf für den Zeitraum vom 1. April 1919 bis 31. März 1922, Düsseldorf 1922, 157; Entwicklung des Düsseldorfer städtischen Wohlfahrtsamtes, Düsseldorf 1926, 11 ff.

"Allgemeine Wohlfahrtspflege", "Waisen- und Fürsorgeamt" und "Armenamt"[131]. In den Bereich der Allgemeinen Wohlfahrtspflege fielen Tuberkulosefürsorge, "Krüppelfürsorge"[132], Fürsorge für Gemüts- und Nervenkranke (neu eingerichtet Dezember 1921), Fürsorge für Kranke, Trunksüchtige und Geschlechtskranke, Erholungsbedürftige und gesundheitlich Gefährdete, Solbadkuren, Ferienkolonien, Seekuren, Familien- und Wohnungspflege (angegliedert November 1920), Fürsorge für kinderreiche Familien, Flüchtlingsfürsorge (angegliedert Februar 1921), Fürsorge für Kleinrentner (neu eingerichtet Juni 1921), Fürsorge für Gefährdete (angegliedert August 1921), Allgemeine Rechtsauskunftsstelle, Milde Stiftungen, Gangel - Burmann - Stiftung, Zentralauskunftsstelle[133]. Zum Waisen- und Fürsorgeamt gehörten Berufsvormundschaft, Gemeinde - Waisenrat, Fürsorgeerziehung, Mütter- und Kinderfürsorge mit den Unterabteilungen Schwangerenfürsorge, Wöchnerinnenfürsorge, Mütterberatung und Säuglingsfürsorge, Kleinkinderfürsorge, Fürsorge für Pflegekinder[134]. Das Armenamt bearbeitete die offene Armenpflege und die geschlossene Armenpflege mit den Unterabteilungen Städtisches Waisenhaus, Städtisches Pflegehaus, Obdachlosenheim, Krankenhauspflege, Armenhäuser[135].

Zwei Jahre nach Einrichtung des Wohlfahrtsamtes wurde das Waisen- und Fürsorgeamt, dem seit 1913 auch die Mütter- und Kinderfürsorge angeschlossen war[136], mit Rücksicht auf das neue Reichsjugendwohlfahrtsgesetz zum Jugendamt umgewandelt[137]. Im Jahre 1923 schied auch die Familienfürsorge aus der allgemeinen Wohlfahrtspflege aus und wurde eine selbständige Abteilung im Rahmen des Wohlfahrtsamtes[138]. Am 1. April 1924 vereinigte man das Gesundheitsamt, das sich seit dem Jahre 1901 unter dem Stadtarzt (später Stadtmedizinalrat) langsam entwickelt hatte[139], mit dem Wohlfahrtsamt

---

[131] Vgl. Verwaltungsbericht der Stadt Düsseldorf für den Zeitraum vom 1. April 1919 bis 31. März 1922, Düsseldorf 1922, 158.

[132] Vgl. Anton Gottesleben, Die Fürsorge für Krüppel und ihre Durchführung in Düsseldorf in den Jahren 1921 - 1927, Düsseldorf 1927, 5 ff.

[133] Vgl. Josef Wilden, Auf dem Wege zur Wohlfahrtspflege. Dargestellt an den Düsseldorfer Einrichtungen, Düsseldorf 1921, 15 f; Verwaltungsbericht der Stadt Düsseldorf für den Zeitraum vom 1. April 1919 bis 31. März 1922, Düsseldorf 1922, 158 ff.

[134] Vgl. Verwaltungsbericht der Stadt Düsseldorf für den Zeitraum vom 1. April 1919 bis 31. März 1922, Düsseldorf 1922, 170 ff.

[135] Vgl. Josef Wilden, Auf dem Wege zur Wohlfahrtspflege. Dargestellt an den Düsseldorfer Einrichtungen, Düsseldorf 1921, 55 ff; Verwaltungsbericht der Stadt Düsseldorf für den Zeitraum vom 1. April 1919 bis 31. März 1922, Düsseldorf 1922, 175 ff.

[136] Vgl. Entwicklung des Düsseldorfer städtischen Wohlfahrtsamtes, Düsseldorf 1926, 12.

[137] Vgl. Josef Wilden, Auf dem Wege zur Wohlfahrtspflege. Dargestellt an den Düsseldorfer Einrichtungen, Düsseldorf 1921, 16 und 43 ff; Verwaltungsbericht der Stadt Düsseldorf für den Zeitraum vom 1. April 1922 bis 31. März 1925, Düsseldorf 1925, 150.

[138] Vgl. Verwaltungsbericht der Stadt Düsseldorf für den Zeitraum vom 1. April 1922 bis 31. März 1925, Düsseldorf 1925, 165 ff.

[139] Vgl. Paul Seuwen, Organisation und Aufgaben des Düsseldorfer städtischen Gesundheitsamtes, Düsseldorf 1925, 3 ff.

zu einem gemeinsamen Wohlfahrts- und Gesundheitsamt[140]. Gleichzeitig schieden die gesundheitsfürsorgerischen Zweige (Mütter- und Kinderfürsorge, "Krüppelfürsorge", Psychopathenfürsorge und Tuberkulosefürsorge) aus den bisherigen Abteilungen des Wohlfahrtsamtes aus und wurden der Abteilung Gesundheitsamt einverleibt[141]. Im Übrigen wurden die Aufgaben der bisherigen Abteilungen nach den Gesichtspunkten der Zusammengehörigkeit neu verteilt; besonders im Hinblick auf die Reichsfürsorgepflichtverordnung vom 13. Februar 1924[142] wurde das bisherige Armenamt zu einem Unterstützungsamt ausgebaut, das nunmehr die gesamte wirtschaftliche Fürsorge nach einheitlichen Grundsätzen zusammenfasste[143]. Mitte der zwanziger Jahre zählte das Düsseldorfer Wohlfahrts- und Gesundheitsamt, dessen Diensträume im Hause Akademiestr. 1 untergebracht waren, folgende Abteilungen: Verwaltungsabteilung, Unterstützungsamt, Jugendamt, Familienfürsorge und Gesundheitsamt[144].

Um die individuelle Fürsorge unter veränderten Verhältnissen vor allem hinsichtlich der zahlreichen "neuen" Armen (Sozialrentner, Kleinrentner, Erwerbslose etc.) sicherzustellen, aber auch um die ehrenamtlichen Mitarbeiter in der Armenpflege zu entlasten, bekannte sich die Stadtverwaltung in der Armenordnung vom 27. Juli 1922 zum "Straßburger System" und ließ damit das Quartier - System fallen[145]. Das Düsseldorfer Stadtgebiet wurde in 10 Kreise mit je 8 bis 10 Bezirken aufgeteilt. Im Unterschied zu früher nahmen nun die amtlichen Kreisstellen die Anträge der Hilfesuchenden entgegen und leiteten sie nach Prüfung durch Ermittlungsbeamte und ehrenamtliche Mitarbeiter (Armenpfleger, Helfer und Helferinnen der freien Wohlfahrtspflege) durch den Vorsteher der Kreiskommission zur Beschlussfassung über Art und Maß der offenen Unterstützung zu[146]. Die Auszahlung der Beihilfen übernahm mehr und mehr die Verwaltung, während die pflegerische Betreuung der Dauerunterstützungsfälle in den Händen ehrenamtlicher Mitarbeiter blieb, allerdings unter dem wachsenden Einfluss und schließlich unter Leitung der Familienfürsorgerinnen, die sich in der Außenfürsorge immer mehr durchsetzten[147].

---

[140] Vgl. Verwaltungsbericht der Stadt Düsseldorf für den Zeitraum vom 1. April 1922 bis 31. März 1925, Düsseldorf 1925, 150.

[141] Vgl. Entwicklung des Düsseldorfer städtischen Wohlfahrtsamtes, Düsseldorf 1926, 13.

[142] Vgl. NN, Verordnung über die Fürsorgepflicht. Vom 13. Februar 1924, in: Reichsgesetzblatt Nr. 12 (15.02.1924), 100 - 107, 100 ff.

[143] Vgl. Verwaltungsbericht der Stadt Düsseldorf für den Zeitraum vom 1. April 1922 bis 31. März 1925, Düsseldorf 1925, 153 ff.

[144] Vgl. Entwicklung des Düsseldorfer städtischen Wohlfahrtsamtes, Düsseldorf 1926, Anhang "Städtische soziale Ämter in Düsseldorf".

[145] Vgl. Josef Wilden, Die Entwicklung der Armenpflege zur Wohlfahrtspflege, Düsseldorf 1921, 8; Johannes Becker, Katholischer Pfarr - Caritas - Ausschuß und städtisches Wohlfahrtsamt, in: Nachrichtenblatt des Düsseldorfer Caritas - Verbandes Jg. 1 Nr. 4 (April 1925), o. S. (3); Verwaltungsbericht der Stadt Düsseldorf für den Zeitraum vom 1. April 1922 bis 31. März 1925, Düsseldorf 1925, 153.

[146] Vgl. Verwaltungsbericht der Stadt Düsseldorf für den Zeitraum vom 1. April 1922 bis 31. März 1925, Düsseldorf 1925, 153.

[147] Vgl. Josef Wilden, Auf dem Wege zur Wohlfahrtspflege. Dargestellt an den Düsseldorfer Einrichtungen, Düsseldorf 1921, 18 ff; Verwaltungsbericht der Stadt Düsseldorf für den Zeitraum vom 1. April

Veranlasst durch die Fürsorgepflichtverordnung des Jahres 1924 wurde die Düsseldorfer Wohlfahrtspflege schließlich grundlegend neu geordnet. Die Armenpflege und die bisherigen Sonderunterstützungsmaßnahmen für Kleinrentner, Sozialrentner usw. wurden in einem gemeinsamen Unterstützungsamt nach den Grundsätzen der sozialen Wohlfahrtspflege zusammengefasst[148]. Die bisherige Scheidung und Sonderbehandlung der Unterstützungsempfänger nach Armen, Klein- und Sozialrentnern usw. wurde beseitigt. Für Voraussetzung, Art und Maß der Unterstützung war nicht mehr die Zugehörigkeit zu einer Gruppe, sondern die Eigenart des jeweiligen Falles maßgebend. Als hilfsbedürftig galt eine Person, die den notwendigen Lebensbedarf für sich und ihre unterhaltsberechtigten Angehörigen nicht oder nicht ausreichend aus eigenen Mitteln und Kräften beschaffen konnte oder von anderer Seite erhielt[149]. Eine besondere Gruppe bildeten die Kriegsbeschädigten und Kriegshinterbliebenen, Sozial- und Kleinrentner; der Umfang der Hilfe sollte deren frühere Lebensverhältnisse berücksichtigen; ihnen wurde außerdem ein besonderer Vermögensschutz gewährt[150]. Die gesetzlichen Vorschriften trugen erheblich zur Standardisierung und Verrechtlichung der Fürsorge bei. Sie beseitigten die Zersplitterung der öffentlichen Wohlfahrtspflege und schufen leistungsfähige öffentliche Träger. Die Hilfsbedürftigen erhielten einen prinzipiellen Rechtsanspruch auf Sozialfürsorge; sie sollten zur Selbsthilfe befähigt und in die Gesellschaft wieder integriert werden[151].

Die Kreisstellen der bisherigen Düsseldorfer Armenverwaltung wurden zu Wohlfahrtskreisstellen, in denen alle Unterstützungsangelegenheiten erledigt werden konnten[152]. Die Kreisbeamten (Kreisstellenleiter, amtliche Fürsorger) erledigten nunmehr ausschließlich Verwaltungsgeschäfte und bereiteten Vorlagen für die Kreiskommission vor[153]. Die Kreisfürsorgerinnen hingegen waren für die Außenfürsorge zuständig und verantwortlich; ihnen oblag auch die Leitung der Bezirksversammlungen, auf denen sämtliche ehrenamtliche Fürsorger und Fürsorgerinnen (Armenpfleger, Waisenpfleger, Helfer der Wohlfahrtsvereine) eines Fürsorgebezirks geeignete Unterstützungsfälle vom pflegerischen Standpunkt aus behandelten[154].

1922 bis 31. März 1925, Düsseldorf 1925, 150; NN, Die städtische Familienfürsorge in Düsseldorf, in: Mitteilungen des Caritasverbandes für die Stadt Düsseldorf Jg. 3 Nr. 9 (September 1927), 61 - 64, 61 ff.

[148] Vgl. Verwaltungsbericht der Stadt Düsseldorf für den Zeitraum vom 1. April 1922 bis 31. März 1925, Düsseldorf 1925, 153.

[149] Vgl. Entwicklung des Düsseldorfer städtischen Wohlfahrtsamtes, Düsseldorf 1926, 10.

[150] Vgl. Verwaltungsbericht der Stadt Düsseldorf für den Zeitraum vom 1. April 1922 bis 31. März 1925, Düsseldorf 1925, 154.

[151] Vgl. Deutsche Sozialpolitik 1918 - 1928. Erinnerungsschrift des Reichsarbeitsministeriums, Berlin 1929^2, 240 ff.

[152] Vgl. Verwaltungsbericht der Stadt Düsseldorf für den Zeitraum vom 1. April 1922 bis 31. März 1925, Düsseldorf 1925, 153.

[153] Vgl. Verwaltungsbericht der Stadt Düsseldorf für den Zeitraum vom 1. April 1922 bis 31. März 1925, Düsseldorf 1925, 153.

[154] Vgl. Verwaltungsbericht der Stadt Düsseldorf für den Zeitraum vom 1. April 1922 bis 31. März 1925, Düsseldorf 1925, 153; NN, Richtlinien über die Aufgaben der Bezirksversammlung in Düsseldorf, in: Mitteilungen des Caritasverbandes für die Stadt Düsseldorf Jg. 3 Nr. 11 (November 1927), 77 - 79, 77 ff.

Parallel zur Ausgestaltung des Armenamtes zum Wohlfahrtsamt verlief Anfang der zwanziger Jahre in Düsseldorf die Entwicklung der amtlichen Außenfürsorge von der Spezialfürsorge zur Familienfürsorge[155]. Im Gegensatz zur Spezialfürsorge, die "die hilfsbedürftige Familie im Dienste eines bestimmten Fürsorgezweiges" betreute und "sich im allgemeinen mit der Erledigung des jeweiligen besonderen Auftrages" begnügte, wollte die Familienfürsorge verschiedene Fürsorgemaßnahmen miteinander verbinden, "um das soziale Übel, unter dem die Familie leidet, in der Wurzel zu treffen und ihr dadurch möglichst gründlich und dauernd zu helfen"[156]. Hinter der Umgestaltung stand der Gedanke, "daß bei der gleichen Familie meistens mehreren Mängeln abzuhelfen ist, die ohne eine zusammenfassende Familienfürsorge das Eingreifen mehrerer Spezialfürsorgerinnen notwendig machen würden"[157]. Die ersten städtischen Fürsorgerinnen hatten bereits im Jahre 1905 ihre Tätigkeit aufgenommen und waren hauptsächlich mit der Aufsicht über Pflegekinder, ab 1909 auch mit der Tuberkulosefürsorge befasst[158]. Eine zweite Wurzel der Familienfürsorge war die Wohnungspflege, deren Fürsorgerinnen bei ihren Hausbesuchen "mit den verschiedenen sozialen Schäden innerhalb der Familie in Berührung" kamen und zur Erkenntnis gelangten, "daß man Wohnungspflege, die einen Dauererfolg verspricht, nicht mit einigen mehr oder weniger äußerlichen Mitteln betreiben kann, sondern im Zusammenhang mit den übrigen gesundheitlichen, erzieherischen und wirtschaftlichen Fürsorgemaßnahmen behandeln muß"[159]. Die Erfahrungen führten schließlich dazu, dass im Jahre 1921 die Fürsorgerinnen der Wohnungspflege und der Mütter- und Kinderfürsorge zur Bezirksfamilienfürsorge zusammengefasst wurden[160]. Nachdem zwei Jahre später auch die Tuberkulosefürsorge in die gemeinsame Außenfürsorge einbezogen war, wurden die Familienfürsorgerinnen den Wohlfahrtskreisstellen zugeordnet, "um sie mit der einheitlichen wirtschaftlichen Fürsorge in engste Verbindung zu bringen ... und eine geschlossene, alle Eigentümlichkeiten des Falles berücksichtigende Betreuung der hilfsbedürftigen Familien sicherzustellen"[161]. Bedeutsam ist, dass die Familienfürsorgerinnen die Außenfürsorge gemeinsam mit ehrenamtlichen Fürsorgekräften leisteten, für deren Arbeit sie der Verwaltung gegenüber verantwortlich waren[162]. Im Unterschied zum alten Quartiersystem war der Tätigkeitsbereich der ehren-

---

[155] Vgl. Entwicklung des Düsseldorfer städtischen Wohlfahrtsamtes, Düsseldorf 1926, 14 ff.

[156] Entwicklung des Düsseldorfer städtischen Wohlfahrtsamtes, Düsseldorf 1926, 15.

[157] Entwicklung des Düsseldorfer städtischen Wohlfahrtsamtes, Düsseldorf 1926, 15. Vgl. auch Johannes Becker, Katholischer Pfarr - Caritas - Ausschuß und städtisches Wohlfahrtsamt, in: Nachrichtenblatt des Düsseldorfer Caritas - Verbandes Jg. 1 Nr. 4 (April 1925), o. S. (3).

[158] Vgl. NN, Die städtische Familienfürsorge in Düsseldorf, in: Mitteilungen des Caritasverbandes für die Stadt Düsseldorf Jg. 3 Nr. 9 (September 1927), 61 - 64, 62.

[159] Entwicklung des Düsseldorfer städtischen Wohlfahrtsamtes, Düsseldorf 1926, 16. Vgl. auch NN, Die städtische Familienfürsorge in Düsseldorf, in: Mitteilungen des Caritasverbandes für die Stadt Düsseldorf Jg. 3 Nr. 9 (September 1927), 61 - 64, 62.

[160] Vgl. Entwicklung des Düsseldorfer städtischen Wohlfahrtsamtes, Düsseldorf 1926, 16; NN, Die städtische Familienfürsorge in Düsseldorf, in: Mitteilungen des Caritasverbandes für die Stadt Düsseldorf Jg. 3 Nr. 9 (September 1927), 61 - 64, 62.

[161] Entwicklung des Düsseldorfer städtischen Wohlfahrtsamtes, Düsseldorf 1926, 17.

[162] Vgl. Entwicklung des Düsseldorfer städtischen Wohlfahrtsamtes, Düsseldorf 1926, 18.

amtlichen Helfer allein auf den Bereich der eigentlichen Pflege beschränkt und von rein verwaltungsmäßigen Geschäften, die nur noch Berufsbeamte erledigten, vollkommen getrennt[163]. "Auf keinen Fall geschieht dadurch", so Josef Wilden im Jahre 1926, "den Vereinen der freien Wohlfahrtpflege irgendwelcher Abbruch; denn sie können nach wie vor unabhängig und selbständig ihre Schützlinge pflegen, erhalten zu diesem Zweck sogar größere Zuschüsse seitens der Stadt; sie müssen aber Wert darauf legen, daß ihre Helfer und Helferinnen an der amtlichen Außenfürsorge beteiligt werden, um sich über die Leistungen der öffentlichen Fürsorge ein genaues Bild zu verschaffen und folglich der privaten Fürsorge die richtigen Wege weisen zu können"[164].

Die Klarstellung von Josef Wilden erfolgte nicht grundlos und war eine Replik auf Äußerungen privater Düsseldorfer Wohlfahrtsverbände, die nicht zu Unrecht befürchteten, durch die Modernisierung der kommunalen Fürsorgearbeit in einen Nischenbereich gedrängt zu werden. Zu den kritischen Beobachtern der neuen Entwicklung gehörte auch der Caritasverband für die Stadt Düsseldorf, der Ende Mai und Ende Juli 1921 zwei Konferenzen mit den Trägern aller Zweige katholischer Wohlfahrtsarbeit abhielt, um eine einheitliche Stellungnahme zur Situation der Caritaskräfte nach Einrichtung des städtischen Wohlfahrtsamtes zu formulieren. Bedauerlicherweise sind von den Tagungen keine Verlaufsnotizen überliefert, doch liegt ein Artikel von Johannes Becker vom März 1922 vor, der unter dem Titel "Strömungen in der Düsseldorfer Wohlfahrtspflege" inhaltlich auf beide Sitzungen Bezug nimmt[165]. Anknüpfend an die dort vereinbarte Sprachregelung zur Tätigkeit des Düsseldorfer Wohlfahrtsamtes heißt es in dem Beitrag: "Bekanntlich haben amtliche und nichtamtliche, öffentliche und private Wohlfahrtspflege dasselbe Objekt, nämlich den notleidenden Menschen. Anderseits ist bei beiden das Motiv und Ziel der Arbeit verschieden. Ein Neben- und Zusammenarbeiten der verschiedenen Wohlfahrtsbestrebungen hat es immer gegeben. Somit konnte bei Gründung des Wohlfahrtsamtes die grundsätzliche Stellungnahme der katholischen Liebestätigkeit gar nicht zweifelhaft sein. Nur waren, wie das auch in den erwähnten Konferenzen zutage trat, bezüglich des taktischen Zusammengehens in einigen wenigen untergeordneten Punkten abweichende Meinungen möglich. Die Erfahrung der letzten Jahre hat es immer deutlicher gezeigt, und die Zukunft wird es noch deutlicher lehren, daß ein engeres Zusammen - Arbeiten von kirchlicher und städtischer Wohlfahrtspflege der ersteren keineswegs zum Nachteile ist. Dagegen ist Tatsache: Wenn die privaten Bestrebungen der Zeiterfordernisse sich sperren und die öffentlichen Organe allein vorgehen lassen, dann wirken sich die in letzteren tätigen feindlichen Kräfte bald gegen die privaten Organe aus. Erst geht es ohne die Caritas, nachher gegen dieselbe"[166].

Grundsätzlich begrüßten die Vertreter und Vertreterinnen katholischer Wohlfahrtseinrichtungen das städtische Wohlfahrtsamt "als einem über dem Parteigezänk

---

[163] Vgl. Entwicklung des Düsseldorfer städtischen Wohlfahrtsamtes, Düsseldorf 1926, 20.
[164] Entwicklung des Düsseldorfer städtischen Wohlfahrtsamtes, Düsseldorf 1926, 21.
[165] Vgl. Johannes Becker, Strömungen in der Düsseldorfer Wohlfahrtspflege, in: Mitteilungen des katholischen Caritasverbandes Düsseldorf Nr. 2 (März 1922), o. S. (1 - 4, 1 ff).
[166] Johannes Becker, Strömungen in der Düsseldorfer Wohlfahrtspflege, in: Mitteilungen des katholischen Caritasverbandes Düsseldorf Nr. 2 (März 1922), o. S. (1 - 4, 1 f).

stehenden Organ zur Linderung menschlicher Nöte"[167]. Die positive Bewertung des neuen Instrumentariums zur Optimierung der Fürsorgekräfte in der Stadt fiel ihnen umso leichter, als in dem aus amtlichen und privaten Persönlichkeiten bestehenden Beirat, der bei der Leitung der Behörde wichtige Befugnisse hatte, "die kirchliche Liebestätigkeit durch den Caritasverband offiziell vertreten" war. "Damit ist uns für die Entwicklung der städtischen Wohlfahrtspflege", so Johannes Becker, "sowohl hinsichtlich ihres organischen Ausbaus wie hinsichtlich der praktischen Arbeit ein starker Einfluß gesichert"[168]. In der Tat hatte die Stadtverordnetenversammlung durch Beschluss vom 20. April 1921 einen Ausschuss für das Wohlfahrtsamt bestellt, dem folgende Stadtverordnete und Bürger als Vertreter der Privatwohltätigkeit angehörten: Die Stadtverordneten Werner Fischges (Zentrum), Georg Kasteleiner (Zentrum), Stefan Stumpen (Zentrum), Anna Niedieck (Zentrum), Johanna Zumengen (Zentrum), Karl Kobe (USPD), Ludwig Schwarz (USPD), Emil Westkamp (USPD), Maria Zenk (USPD), Heinrich Meyer (SPD), Emil Schulz (SPD), Fritz Halstenberg (DDP), Luise Schweigel (DNVP), August Schönherr (SPD) sowie Kaplan Johannes Becker (Generalsekretär des Caritasverbandes Bezirk Düsseldorf), Pastor Karl Euler (Leiter des evangelischen Jugendpfarramtes), Arbeitersekretär Theodor Drösser (Katholischer Arbeiterverein), Gewerkschaftssekretär Adam Helpenstein (Christliche Gewerkschaften), Gewerkschaftssekretär Stanislaus Graß (Christliche Gewerkschaften), Elisabeth Sengespeik (Arbeiterwohlfahrt), Gewerkschaftssekretärin Nora Henke (Verband der Hausangestellten) und August Heyer[169]. Auch aus Sicht der Düsseldorfer Stadtverwaltung stand das Wohlfahrtsamt über seinen Beirat "in engster Verbindung mit der Privatwohltätigkeit", wodurch "eine Zusammenfassung aller amtlichen und freien Wohlfahrtseinrichtungen gewährleistet" und "der erstrebte Hauptzweck ... in der Erzielung einer einheitlichen und geschlossenen Fürsorge, die mit den Fürsorgemitteln wirtschaftlich umgeht", erreicht sei[170]. Expressiv heißt es im städtischen Verwaltungsbericht der Jahre 1919 bis 1922: "Die Gemeinschaftsarbeit von öffentlicher und privater Wohltätigkeit krönt die Zentralauskunftsstelle, die früher die Vereine der freiwilligen Liebestätigkeit unterhielten, die mit der Neuordnung der öffentlichen Fürsorge aber im Jahre 1921 an das Wohlfahrtsamt überging. Die Stelle gibt allen Bedürftigen Rat und Auskunft über die am Orte und auswärts vorhandenen Unterstützungsmöglichkeiten öffentlicher und privater Art und verweist sie auf dem schnellsten Wege an die zuständigen Quellen, mit denen die Auskunftsstelle selbst in jedem Falle die Verbindung herstellt. Wer Hilfe sucht, braucht also nicht mehr ratlos umherzuirren, sich nicht 'mangels Zuständigkeit' an vielen Orten ab-

---

[167] Johannes Becker, Strömungen in der Düsseldorfer Wohlfahrtspflege, in: Mitteilungen des katholischen Caritasverbandes Düsseldorf Nr. 2 (März 1922), o. S. (1 - 4, 2).
[168] Johannes Becker, Strömungen in der Düsseldorfer Wohlfahrtspflege, in: Mitteilungen des katholischen Caritasverbandes Düsseldorf Nr. 2 (März 1922), o. S. (1 - 4, 2). Vgl. auch Johannes Becker, Katholischer Pfarr - Caritas - Ausschuß und städtisches Wohlfahrtsamt, in: Nachrichtenblatt des Düsseldorfer Caritas - Verbandes Jg. 1 Nr. 4 (April 1925), o. S. (3).
[169] Vgl. Josef Wilden, Auf dem Wege zur Wohlfahrtspflege. Dargestellt an den Düsseldorfer Einrichtungen, Düsseldorf 1921, 16 f.
[170] Verwaltungsbericht der Stadt Düsseldorf für den Zeitraum vom 1. April 1919 bis 31. März 1922, Düsseldorf 1922, 158.

weisen zu lassen - ein Verfahren, das bei dem einen das Ehrgefühl vollend erstickt, den anderen überhaupt abhält, Hilfe zu beanspruchen - sondern wendet sich an die Zentralauskunftsstelle, die ihn unmittelbar vor die rechte Schmiede bringt"[171].

Zu den praktischen Arbeitsgebieten des städtischen Wohlfahrtsamtes, an denen der Caritasverband für die Stadt Düsseldorf den Anspruch auf Mitarbeit erhob, zählte neben dem Säuglings-, Kleinkinder- und Mutterschutz sowie der Jugendfürsorge vor allem das Feld der Bezirksfamilienfürsorge[172]. Letztere hatte das Wohlfahrtsamt im März 1922 bereits in 15 Stadtbezirken mit festen Bezirksbüros eingerichtet[173]. "Während bisher Regel war", so Johannes Becker, "daß für einen besonderen Notstand auch eine besondere Fürsorge eintrat, die von sogenannten Spezialfürsorgerinnen ausgeübt wurde, geht nunmehr das Bestreben dahin, an Stelle der bisherigen Spezialmaßnahmen eine Fürsorge eintreten zu lassen, die die Familie als Ganzes nimmt. Die Folge ist, daß die Spezialfürsorgerinnen mehr und mehr vor den Familienfürsorgerinnen zurücktreten. In erziehlicher Hinsicht hat das neue System zweifellos seine Vorteile". Da sich die Bezirksfamilienfürsorge "wegen der ihr von allen Seiten zuteil werdenden Unterstützung" schnell verbreite, beabsichtigte man, den Familienpflegerinnen weitere Aufgaben (z.B. in der Kinder-, Jugend-, Armen-, Kranken-, Trinkerfürsorge) zuzuweisen. Einleuchtend sei daher, "daß diese wegen ihrer geringen Zahl unmöglich allein die praktische Arbeit leisten können. Die Folge ist, daß man auf behördlicher Seite sich nach Hilfe umsieht. Diese kann von zwei weltanschaulich und wohlfahrtspflegerisch entgegengesetzten Richtungen kommen. ... Die 1. Richtung will durch möglichste Ausschaltung aller freien, insonderheit kirchlichen Liebestätigkeit den Nachweis liefern, daß alles Heil in der Wohlfahrtspflege, speziell der Bezirks - Familienfürsorge, von der amtlichen oder behördlichen Seite herkommen müsse. Um die Arbeit leisten zu können, müßten nach dieser Auffassung, hinreichend beamtete Kräfte angestellt werden. Erst Kommunalisierung, dann Sozialisierung ! das ist offenes Programm vieler Feinde der Privat - Wohltätigkeit. Die 2. Richtung will eine harmonische Zusammenarbeit in der Familienfürsorge zwischen amtlichen und ehrenamtlichen Kräften, zwischen städtischen Schwestern und den Helferinnen der kirchlichen Liebestätigkeit. Auf diesem Standpunkte steht auch die katholische Caritas"[174]. Der Verband sei gegenwärtig bemüht, ehrenamtliche Helferinnen für die Bezirksfamilienfürsorge aus den kirchlichen Frauenvereinen zu gewinnen. "Je größer deren Zahl ist, desto stärker ist der christliche Einfluß in dem Neuland städtischer

---

[171] Verwaltungsbericht der Stadt Düsseldorf für den Zeitraum vom 1. April 1919 bis 31. März 1922, Düsseldorf 1922, 158.

[172] Vgl. Johannes Becker, Die Vertiefung der städtischen Wohlfahrtspflege durch die katholische Caritas, in: Monatsblatt des Städtischen Wohlfahrts- und Gesundheitsamtes Düsseldorf Jg. 3 Nr. 5 (Mai 1929), 73 - 76, 74.

[173] Vgl. Johannes Becker, Strömungen in der Düsseldorfer Wohlfahrtspflege, in: Mitteilungen des katholischen Caritasverbandes Düsseldorf Nr. 2 (März 1922), o. S. (1 - 4, 2).

[174] Johannes Becker, Strömungen in der Düsseldorfer Wohlfahrtspflege, in: Mitteilungen des katholischen Caritasverbandes Düsseldorf Nr. 2 (März 1922), o. S. (1 - 4, 2 f). Vgl. auch Johannes Becker, Katholischer Pfarr - Caritas - Ausschuß und städtisches Wohlfahrtsamt, in: Nachrichtenblatt des Düsseldorfer Caritas - Verbandes Jg. 1 Nr. 4 (April 1925), o. S. (3); Johannes Becker, Caritative Tätigkeit in Düsseldorf (1924), in: Mitteilungen des Katholischen Caritas - Sekretariates, Düsseldorf Jg. 1 Nr. 1 (Juli/August 1925), 1 - 15, 14.

Wohlfahrtspflege; desto geringer ist der Einfluß der sozialistischen Frauen, die jetzt schon mit einer erklecklichen Ziffer vertreten sind; desto kleiner ist auch die drohende Gefahr der gänzlichen Kommunalisierung der Bezirks - Familienfürsorge"[175].

War zu Beginn der Weimarer Republik eine Beeinträchtigung des Wirkens freier Wohlfahrtspflege durch Ausdehnung des kommunalen Fürsorgewesens nicht von der Hand zu weisen, konnten sich die privaten Verbände bis Mitte der zwanziger Jahre unter Berücksichtigung des Subsidiaritätsprinzips in der Fürsorge eine gleichberechtigte Mitarbeit sichern. Wie in anderen Orten mussten auch in Düsseldorf die freien Verbände bei der Erledigung von Wohlfahrtsaufgaben berücksichtigt werden und erhielten Zuweisungen aus Haushaltmitteln. Die Kommune sollte keine neuen Einrichtungen schaffen, wenn der Bedarf durch die freien Verbände gedeckt war. Im neu gebildeten städtischen Wohlfahrts- und Jugendamt hatten sie, wie bereits berichtet, eine angemessene Vertretung[176]. Dies alles trug zu einem ungewöhnlichen Aufschwung der freien Wohlfahrtspflege und zur Ausweitung ihrer Tätigkeitsbereiche bei.

Freilich blieb nicht aus, dass vor dem Hintergrund dieser Entwicklung der Konkurrenzkampf unter den freien Wohlfahrtspflegern zunahm. Mit Sorge beobachtete der Caritasverband vor allem die Fortschritte der sozialdemokratischen Arbeiterwohlfahrt, die seit Anfang Januar 1920 in Düsseldorf tätig war[177] und in der Stadt insbesondere gegen die kirchliche Wohlfahrt agitierte. So hieß es etwa in den Leitsätzen der "Kinder - Schutzkommission der freien Gewerkschaften Düsseldorfs" zu Beginn der zwanziger Jahre: "Die Kinderkommission verfolgt den Zweck, das wirtschaftliche und kulturelle Los der Proletarier - Kinder zu bessern. Um mit Erfolg auf diesem Gebiete arbeiten zu können, hat sie sich mit der städtischen Kinderfürsorge, Lehrer- und Erzieherkorporationen in Verbindung gesetzt. ... Sämtliche Namen und Adressen der Mitglieder sind dem hiesigen Wohlfahrtsamt angegeben, die Mitglieder werden ersucht, sich bei Anfragen von dieser Seite um Übernahme von Posten als Waisenpfleger und Pflegerinnen, Vormünder und Helferinnen in der Wohlfahrtsfürsorge zu melden und diese nach Möglichkeit anzunehmen. Es ist wichtig, gerade von unserer Seite Einsicht in das gesamte städtische Wohlfahrtswesen zu bekommen und sich aktiv daran zu beteiligen, damit wir unsere sozialistischen Interessen darin vertreten und unsere Ideen verbreiten können, die doch den Menschen und auch den Kindern besonders wahre Hilfe bringen können. Leider beherrschen die Christlichen und Bürgerlichen das Gebiet zu sehr, die für wirkliche Not und Hilfsbedürftigkeit in recht vielen Fällen kein Verständnis haben"[178]. Vor dem Hintergrund solcher Äußerungen verwundert es wenig, dass Johannes Becker zum Abschluss seines Artikels "Strömungen in der Düsseldorfer Wohlfahrtspflege" forderte, den gewonnenen Einfluss der katholischen Fürsorge "durch unermüdliche Arbeit wie

---

[175] Johannes Becker, Strömungen in der Düsseldorfer Wohlfahrtspflege, in: Mitteilungen des katholischen Caritasverbandes Düsseldorf Nr. 2 (März 1922), o. S. (1 - 4, 3).
[176] Vgl. oben S. 434 ff.
[177] Vgl. FP 27.01.1920.
[178] Zitiert nach Johannes Becker, Strömungen in der Düsseldorfer Wohlfahrtspflege, in: Mitteilungen des katholischen Caritasverbandes Düsseldorf Nr. 2 (März 1922), o. S. (1 - 4, 4).

auch durch Förderung und Unterstützung der Caritas - Organisation zu sichern und zu verstärken"[179].

Pfarrcaritas

Zur Stärkung des Düsseldorfer Caritasverbandes gehörte die Installierung von Pfarrausschüssen, deren Einrichtung wiederholt vorgesehen war, aber erst nach der Kölner Diözesansynode des Jahres 1922 konsequent verfolgt wurde. Schon bei Bekanntgabe der Gründung des Diözesancaritasverbandes hatte Kardinal Felix von Hartmann am 15. März 1916 gefordert, die neu ins Leben gerufene Bistumsorganisation nicht nur durch "örtliche Zentralstellen" sondern auch durch "Pfarrausschüsse" zu festigen[180]. Letztere waren als Unterbau der Ortszentralen gedacht, "d.h. engere, aus caritativ wirkenden Männern und Frauen unter Leitung der Pfarrer oder ihrer Stellvertreter bestehende Komitees, welche in jedem Pfarrort oder Pfarrrektorat das caritative Arbeitsfeld in seinen Leistungen und Bedürfnissen überschauen und in den Beziehungen zur höheren Organisation vertreten"[181]. Die Bildung lokaler Pfarrausschüsse sollte "unverzüglich von den Herren Pfarrern und Pfarrektoren in den Einzelgemeinden, sowohl auf dem Lande wie in der Stadt, veranlaßt werden", wenn eine Pfarrgemeinde mehr als 8000 Seelen zählte[182]. Folgt man den Ausführungen des Jahresberichtes 1917, hielt auch der Caritasverband für die Stadt Düsseldorf "die Ausschüsse auf die Dauer" für unentbehrlich, "wenn die den örtlichen Caritas - Verbänden gesteckten Ziele erreicht werden" sollten[183]. Indes musste der Generalsekretär an gleicher Stelle bekennen, dass in Düsseldorf "die in dieser Einrichtung liegende Zweckidee erst wenig zur Auswirkung gekommen" war[184]. Was Johannes Becker unter der "Zweckidee" von Pfarrausschüssen verstand, ist dem Düsseldorfer Tageblatt vom 17. Februar 1918 zu entnehmen, wo es heißt: "Künftig wird jede Pfarrgemeinde ihren Caritasausschuß haben, der aus Vertretern und Vertreterinnen der caritativen Fach-, aber auch der religiös - kirchlichen Vereinigungen, sowie für die Caritas besonders interessierter Persönlichkeiten bestehen soll. Seine Obliegenheiten sind verschiedener und doch letzten Endes alle caritativ seelsorglicher Art. Als Bindeglieder zwischen Pfarren und Caritas - Zentrale sind die Ausschüsse dazu bestimmt, caritative Anregungen entgegen zu nehmen und zu geben. Sie sollen keine neuen Vereine sein, auch keine bisherigen Vereine in ihrer Betätigung stören, be-

---

[179] Johannes Becker, Strömungen in der Düsseldorfer Wohlfahrtspflege, in: Mitteilungen des katholischen Caritasverbandes Düsseldorf Nr. 2 (März 1922), o. S. (1 - 4, 4).
[180] Vgl. NN, Caritas - Organisation in der Erzdiözese, in: Kirchlicher Anzeiger für die Erzdiözese Cöln Jg. 56 Nr. 6 (15.03.1916), 45 - 46, 45. Vgl. auch NN, Diözesan - Caritas - Verband, in: Kirchlicher Anzeiger für die Erzdiözese Cöln Jg. 56 Nr. 25 (15.12.1916), 165 - 166, 165.
[181] NN, Caritas - Organisation in der Erzdiözese, in: Kirchlicher Anzeiger für die Erzdiözese Cöln Jg. 56 Nr. 6 (15.03.1916), 45 - 46, 45.
[182] Vgl. NN, Caritas - Organisation in der Erzdiözese, in: Kirchlicher Anzeiger für die Erzdiözese Cöln Jg. 56 Nr. 6 (15.03.1916), 45 - 46, 45.
[183] PfA Friedrichstadt St. Peter 698, April 1918.
[184] PfA Friedrichstadt St. Peter 698, April 1918.

einträchtigen oder sie gar überflüssig machen, vielmehr soll diese Neuorientierung dazu dienen, daß unseren bisher segensreich wirkenden Vereinen mehr Verständnis und Unterstützung entgegengebracht wird"[185].

Soweit die überlieferten Quellen über pfarrgemeindliche Fürsorgearbeit Auskunft geben, scheint bis zu Beginn der zwanziger Jahre keine Düsseldorfer Kirchengemeinde einen Pfarrausschuss zur Bündelung ihrer Caritaskräfte eingerichtet zu haben. Hierzu bedurfte es erst eines weiteren Anstoßes, der von der Diözesansynode des Erzbistums Köln im Oktober 1922 ausging[186]. Im Dekret "Von der Karitas und ihren neuzeitlichen Aufgaben" erinnerten die Synodalen zum wiederholten Male daran, dass die "Organisation der Karitas" auf den Unterbau der Pfarrgemeinden angewiesen sei. Wörtlich heißt es in der Erklärung: "Die Pfarrei hat unter Leitung des Pfarrers die Grundlage nicht nur für das kirchliche, sondern auch für das karitative Leben der Gläubigen zu bilden. Deshalb sollen die Pfarrgemeinden im Rahmen ihrer Leistungsfähigkeit außer für Besoldung, Kultus, Unterhalt der Kirche, auch für die Bedürfnisse der Karitas entsprechende Mittel bereitstellen, auf daß unserer Zeit der Not nicht das vorwurfsvolle Wort des hl. Bernhard gelte: 'ecclesia fulget parietibus, sed eget pauperibus'". Daher war in jeder Pfarrei "unter dem Vorsitze des Pfarrers ein Karitasausschuß zu bilden, der Einzelpersönlichkeiten sowie geeignete Vertreter der in der Pfarrgemeinde karitativ tätigen Vereine, Anstalten und Einrichtungen, die für das karitative Leben der Pfarrgemeinde bedeutungsvoll erscheinen, in ständige Fühlung untereinander bringen soll"[187]. Die Pfarrer waren angehalten, "in Predigt und Christenlehre, im Religionsunterricht, in den Volksmissionen, Exerzitien und Standesvorträgen, sowie im Beichtstuhle" die Gläubigen mit Nachdruck an ihre "unabweisbare Pflicht" zur Caritas zu erinnern, "deren Erfüllung nach der ausdrücklichen Lehre des Herrn das besondere Kennzeichen seiner Jünger ist"[188]. Bemerkenswert ist, dass die Kölner Kirchenversammlung bei allen Appellen zur tätigen Nächstenliebe in gleicher Weise vor übersteigertem Aktionismus und ungehöriger Konkurrenz warnte. Gerade mit Blick auf die ehrenamtliche Arbeit in den Pfarrgemeinden war den Synodalen die Pflege der Caritas "in cariate" ein besonderes Anliegen. "Durch Anregung zu religiös vertiefter Auffassung der karitativen Tätigkeit", so ein Passus im Caritasdekret, "ist der Geist ehrlicher, opferfreudiger Liebesgesinnung und verständnisvoller Güte vor allem bei denen Lebendig zu erhalten, die berufen sind, in dem großen und vielgestaltigen Organismus karitativer Gemeinschaftsarbeit mit seinen mannigfachen Reibungsmöglichkeiten zu wirken. Meinungsverschiedenheiten sind auf diesem Gebiete ganz besonders mit einer Herzlichkeit und Sachlichkeit auszugleichen, die den Karitasjünger vorbildlich erscheinen lassen. Den beruflichen Kräften, die gegenüber den übermäßigen Anforderungen unserer Zeit leicht Gefahr laufen, überangestrengt und

---

[185] DT 17.02.1918. Vgl. auch DT 27.06.1931.
[186] Vgl. Die Diözesan - Synode des Erzbistums Köln 1922 am 10., 11. und 12. Oktober, Köln 1922, 5 ff; NN, Der Pfarr - Caritas - Ausschuß, in: Nachrichtenblatt des Düsseldorfer Caritas - Verbandes Jg. 1 Nr. 4 (April 1925), o. S. (1 - 3, 1 f); Johannes Becker, Der Pfarrcaritasausschuß, in: Mitteilungen der Caritassekretariate zu Aachen, Krefeld, Elberfeld, Essen - Stadt, Essen - Land, Düsseldorf Jg. 2 Nr. 4/5 (31.05.1925), 24 - 29, 24.
[187] Die Diözesan - Synode des Erzbistums Köln 1922 am 10., 11. und 12. Oktober, Köln 1922, 64.
[188] Die Diözesan - Synode des Erzbistums Köln 1922 am 10., 11. und 12. Oktober, Köln 1922, 63 f.

zu früh verbraucht zu werden, ist planmäßige Schonung und für die Zeit des Alters oder des Siechtums tunlichst Versorgung angedeihen zu lassen, damit nicht diejenigen zu Opfern der Karitas werden, die ihre hingebendsten Stützen waren. An dem ehrenamtlichen Charakter der Karitasarbeit ist jedoch grundsätzlich festzuhalten"[189].

Waren die Empfehlungen der Kölner Diözesansynode von 1922 hinsichtlich der Einrichtung von pfarrgemeindlichen Caritasausschüssen auch eindeutig, so scheint in Düsseldorf mit der praktischen Umsetzung des Dekretes erst im Frühjahr 1924 begonnen worden zu sein. Erste Pfarrausschüsse im Dekanat Düsseldorf wurden etwa zeitgleich in Lierenfeld und in der Friedrichstadt ins Leben gerufen. Während für St. Michael nur aus verstreuten Einträgen in der Pfarrchronik bekannt ist, dass hier im März 1924 ein Pfarrcaritas - Ausschuß gegründet und der Pfarrsprengel in 17 Bezirke mit je einem festen Kreis ehrenamtlicher Helfer eingeteilt wurde, die alle vierzehn Tage zu einer "Lagebesprechung" zusammenkamen[190], ist das überlieferte Quellenmaterial für St. Peter ungleich ergiebiger. Neben verschiedenen Zeitungsartikeln[191] blieb das Protokollbuch des "Caritas - Pfarr - Ausschuß Skt. Peter" erhalten, in dem die praktische Liebestätigkeit der Friedrichstädter Katholiken für die Jahre 1924 bis 1934 niedergeschrieben ist[192]. Aus den ersten Seiten der Aufzeichnungen geht hervor, dass der Zusammenschluss aus einem Komitee hervorging, das sich zur Linderung der Not im Krisenwinter 1923/24 gebildet hatte[193]. Von den Ursprüngen berichtet Johanna Zumengen, Initiatorin und langjährige Geschäftsführerin des Caritasausschusses an St. Peter: "Die privaten Frauen - Organisationen aller Konfessionen schlossen sich in Verbindung mit dem Wohlfahrtsamt und den weiblichen Stadtverordneten zu einem 'Hilfsausschuß Düsseldorfer - Frauen' zusammen. Die Stadt wurde in 10 Bezirke geteilt; für den III. Bezirk, der die 3 Pfarreien St. Peter, St. Antonius und St. Suitbertus umfaßte, übernahm Frau Stadtverordnete Zumengen (Zentrum) die Leitung. Schon in den ersten Tagen stellten sich wohl 30 Caritashelferinnen aus den kirchlichen Organisationen zur Verfügung. ... Um in steter Fühlung mit den Bedürftigen zu sein, wurden im Konferenzzimmer der Schule an der Talstraße tägliche Sprechstunden eingerichtet. Hier im täglichen Verkehr mit den Hilfesuchenden hatte man nicht nur einen Einblick in die wirtschaftliche leibliche Not, sondern auch in die große seelische und sittliche Not weiter Volkskreise. Wenngleich das Büro paritätisch war, so konnten wir doch hier im III. Bezirk, wo nur

---

[189] Die Diözesan - Synode des Erzbistums Köln 1922 am 10., 11. und 12. Oktober, Köln 1922, 64.

[190] Vgl. PfA Lierenfeld St. Michael, Pfarrchronik St. Michael 1912 - 1953, März 1924. Vgl. auch NN, Caritas - Pfarrausschuß, in: Katholische Kirchenzeitung (Düsseldorf) Jg. 1 Nr. 7 (18.05.1924), o. S. (9).

[191] Vgl. etwa NN, Pfarramtliche Mitteilungen, in: Katholische Kirchenzeitung (Düsseldorf) Jg. 1 Nr. 5 (04.05.1924), o. S. (9); NN, Tätigkeitsbericht des Charitas - Pfarrausschusses St. Peter, in: Katholische Kirchenzeitung (Düsseldorf) Jg. 1 Nr. 44 (01.02.1925), o. S. (6); NN, Jahresbericht des Caritas - Pfarrausschusses St. Peter für 1925, in: Katholische Kirchenzeitung (Düsseldorf) Jg. 2 Nr. 45 (07.02.1926), 376b; NN, Jahresbericht des Pfarr - Karitas - Ausschusses St. Peter 1928, in: Katholische Kirchenzeitung (Düsseldorf) Jg. 6 Nr. 3 (20.01.1929), 20a; NN, Jahresbericht des Pfarr - Karitas - Ausschusses St. Peter 1929, in: Katholische Kirchenzeitung (Düsseldorf) Jg. 7 Nr. 6 (09.02.1930), 44a.

[192] Vgl. PfA Friedrichstadt St. Peter 689, Protokollbuch "Caritas - Pfarr - Ausschuß Skt. Peter" 1924 - 1934, S. 1 ff.

[193] Vgl. PfA Friedrichstadt St. Peter 689, Protokollbuch "Caritas - Pfarr - Ausschuß Skt. Peter" 1924 - 1934, 26.02.1924.

katholische Caritashelferinnen tätig waren, als Laienapostel unseren Glaubensgenossen auf religiös - sittlichem Gebiete beistehen". Als sich Ende Februar 1924 die wirtschaftlichen und sozialen Verhältnisse in Deutschland spürbar besserten, "wurde in einer Sitzung beschlossen, gegen Ende März die Küchen und Büros zu schließen". Den Helferinnen in der Friedrichstadt war indes bewusst, "daß zu diesem Zeitpunkt nicht alle caritative Arbeit eingestellt werden dürfe, sondern das einmal begonnene Werk vielleicht in anderen Formen fortgesetzt werden soll". So traten am 26. Februar 1924 die "kirchlichen Organisationen von St. Peter" zu einer Besprechung zusammen. Anwesend waren Vertreter des Kirchenvorstandes, der Vinzenzkonferenz, des Elisabethenvereins, der Frauen-, Jungfrauen- und Jünglingskongregationen, der Dritten Orden vom Hl. Franziskus und vom Hl. Dominikus, des Katholischen Frauenbundes und die Oberin des Josephinenstiftes. Nachdem die Versammlung von Pfarrer Peter Gruenter eröffnet wurde, referierte Johanna Zumengen über Hilfeleistungen im zurückliegenden Winter und entwickelte Perspektiven für eine Fortsetzung der begonnenen Arbeit. "Die Versammlung nahm das Vorgetragene mit großem Interesse auf. Sie beschloß, nach Auflösung des 'Hilfsausschusses Düsseldorfer Frauen', in einer neuen Versammlung einen Caritas - Pfarr - Ausschuß zu gründen"[194]. Die konstituierende Sitzung hierzu fand am 25. März 1924 statt[195]; am gleichen Tag wurde einstimmig eine vorbereitete Satzung für den "Caritas - Pfarr - Ausschuß St. Peter" angenommen. Zu Organisation, Zweck und Verhältnis zum Caritasverband für die Stadt Düsseldorf hieß es in den Statuten: "§ 1. Die engeren Vorstände der Vereine: Vinzenz-, Elisabethverein, Frauen-, Jungfrauenkongregation, III. Orden des hl. Franziskus und des hl. Dominikus, Katholischer Frauenbund ... sowie einzelne für die Caritas begeisterte Personen bilden unter dem Vorsitze des Pfarrers oder seines Stellvertreters den Caritas - Pfarr - Ausschuß. § 2. Der Caritas - Pfarr - Ausschuß erteilt Auskunft und Hilfe in allen caritativen Angelegenheiten für die Pfarrangehörigen von St. Peter. § 3. Der Caritas - Pfarr - Ausschuß bildet eine Zweigstelle der Caritaszentrale und steht in engster Verbindung mit den einzelnen Pfarrvereinen, die ihre Selbständigkeit durchaus behalten. § 4. Der Caritas - Pfarr - Ausschuß richtet ein Büro ein ... . Die Vereine wählen die Leiterin des Büros und stellen die notwendigen Helferinnen. Es wird eine Kleiderkammer eingerichtet, die unter der Aufsicht der Büroleiterin steht. Die Vereine senden ihm Pfleglinge mit Wunschzetteln in das Büro, welches in einzelnen Fällen auch selbständig austeilt. § 5. Jeder einzelne Fall wird in dem Büro registriert und zwar erstens in einer allgemeinen Liste, die nach dem Datum der Sprechstunde geordnet ist, und zweitens in besonderen Listen, geordnet nach den verschiedenen caritativen Hülfen. ... § 8. Alle Arbeiten im Pfarr - Ausschuß sind ehrenamtlich und zur Ehre Gottes und zum Wohle der Armen"[196].

---

[194] PfA Friedrichstadt St. Peter 689, Protokollbuch "Caritas - Pfarr - Ausschuß Skt. Peter" 1924 - 1934, 26.02.1924.
[195] Vgl. PfA Friedrichstadt St. Peter 689, Protokollbuch "Caritas - Pfarr - Ausschuß Skt. Peter" 1924 - 1934, 01.04.1924. Vgl. auch NN, Tätigkeitsbericht des Charitas - Pfarrausschusses St. Peter, in: Katholische Kirchenzeitung (Düsseldorf) Jg. 1 Nr. 44 (01.02.1925), o. S. (6).
[196] PfA Friedrichstadt St. Peter 689, Protokollbuch "Caritas - Pfarr - Ausschuß Skt. Peter" 1924 - 1934, 01.04.1924.

Am 30. März 1924 wurde von der Kanzel in St. Peter die Einrichtung des Pfarrausschusses für Caritasangelegenheiten bekannt gegeben; die erste Sprechstunde wurde am 1. April abgehalten[197]. Bereits einen Monat später wandte sich das Komitee mit einem Unterstützungsaufruf an die Öffentlichkeit, der in wenigen Worten die dringende Notwendigkeit einer Konzentration aller Caritaskräfte erläuterte und die durch den Zusammenschluss neu realisierbaren Hilfsangebote in der Friedrichstadt vorstellte. Die "pfarramtlichen Mitteilungen" von St. Peter kolportierten am 4. Mai 1924: "Aus den Vorständen der karitativtätigen Vereine hat sich ein Karitas - Pfarrausschuß gebildet, welcher in engster Verbindung mit der Caritaszentrale und mit den Wohlfahrtseinrichtungen der Stadt für die Notleidenden unserer Pfarre durch Rat und Tat helfen will. Noch immer ist die Not groß. Der Einzelne kann diese Not nicht immer richtig erkennen. Der Ausschuß untersucht jeden einzelnen Fall, sodaß eine Sicherheit besteht, daß die Hilfe gerade denen zuteil wird, welche ihrer wirklich bedürfen". Daher erging "an alle Pfarrangehörigen die herzliche Bitte, dem Ausschuß reichliche Mittel für seine Zwecke zu überweisen". Insbesondere wurden getragene Kleider, Schuhe und Wäsche erbeten. "Beschädigte Sachen werden in der Flickstunde wieder brauchbar gemacht. Schuhe werden fachmännisch für Gotteslohn repariert. Auch ist ein Wöchnerinnen - Wanderkorb vorhanden, um den Müttern in schwerer Stunde die Sorge für die nötige Wäsche zu erleichtern". Zentrale Anlaufstelle für alle Helfer und Hilfesuchende in der Pfarrei St. Peter war das "Büro des Karitas - Pfarrausschusses", das sich im Pfarrsaal hinter dem Pastorat (Friedrichstr. 76/78) befand; an jedem Dienstag und Freitag wurde hier eine zweistündige Sprechstunde gehalten[198]. Wie der erste Jahresbericht für den Zeitraum April bis Dezember 1924 ausweist, waren die Hilfeleistungen in der etwa 17500 Katholiken zählenden Pfarrgemeinde nicht unerheblich. Von 552 gestellten Anträgen konnte der Pfarrausschuss 490 erledigen. "In den meisten Fällen handelte es sich um Männer-, Frauen- und Kinderkleidung, Wäsche und Schuhe, die fast restlos erledigt werden konnten. Es wurden ferner ausgegeben: Säuglingswäsche in 30 Fällen, Wöchnerinnenwanderkörbe und Ermäßigung fürs Wöchnerinnenheim in 10 Fällen, Herde, Matratzen, Strohsäcke, Kinderwagen, Betten für Erwachsene und Kinder in 14 Fällen. ... Zu Pfingsten und zum Feste Peter und Paul wurden 275 Weißbrote, 50 Pfund Zwieback und 100 Büchsen Konserven verteilt. 100 Liter Milch für Kranke, Schwache und Kinder ausgegeben. Für den Charitasverband wurden 28 Fälle erledigt, vom Männer- und Frauen - Fürsorgeverein 11 Schutzaufsichten, 3 Pflegschaften und eine Vormundschaft übernommen. Landaufenthalt für Kinder, und Begleitung zum Heim, konnte in 6, für Erwachsene in 2 Fällen übernommen werden. Durch die enge Verbindung mit dem Wohlfahrtsamt konnten in vielen Fällen einmalige Gaben und Ernährungsbeihilfen vermittelt werden. Zu Weihnachten wurden 145 Familien durch die Vereine bedacht, die Leitung hatte der Pfarrausschuß. Es wurden ausgegeben: 8 wollene Schlafdecken, 8 Bettbezüge, 95 Bettücher, 100 Handtücher, 45 Kissenbezüge, Männer-, Frauen- und Kinderhemden

---

[197] Vgl. PfA Friedrichstadt St. Peter 689, Protokollbuch "Caritas - Pfarr - Ausschuß Skt. Peter" 1924 - 1934, 01.04.1924.
[198] Vgl. NN, Pfarramtliche Mitteilungen, in: Katholische Kirchenzeitung (Düsseldorf) Jg. 1 Nr. 5 (04.05.1924), o. S. (9).

70, 75 Unterröcke, Beinkleider und Strümpfe, 14 Blusen, 12 Kinderkleidchen, 30 Kinderunterzeuge, 15 Paar Schuhe usw.. Dazu an Lebensmittel 1 Zentner Mehl, Bohnen, Erbsen, 150 Büchsen Konserven, 75 Büchsen Milch, 70 Pfund Zwieback und Spekulatius, 1 Zentner Äpfel, 8 Zentner Kartoffel, 45 Pakete Kaffee, Tee und Kakao und anderes. In der Himmelwerkstätte der Jungfrauenkongregation wurden 15 Kinder beschert, außerdem nahmen durch Vermittlung des Pfarrausschusses 24 Kinder an der Amerikaspende teil"[199]. Im Jahre 1925 erledigte der Friedrichstädter Caritasausschuss 567 Fälle[200]; bis zum Jahre 1929 stieg die Zahl der gewährten Unterstützungen auf 920[201]. Hervorzuheben ist, dass der Caritas - Ausschuss von St. Peter am 5. Januar 1926 im Jugendheim Kirchfeldstr. 59 eine "Abendnähstube" eröffnen konnte. An zwei Abenden in der Woche wurden Mädchen und Frauen "in Flicken, Stopfen, Stricken, Wäschenähen und Schneidern für den eigenen Bedarf" von drei ehrenamtlichen Schneiderinnen unterrichtet[202]. Am 1. November 1931 nahm der Caritasausschuss in der Friedrichstadt mit Eröffnung einer Wärmestube eine weitere soziale Einrichtung in seine Trägerschaft[203].

Folgt man den Angaben von Johannes Becker, kam die Einrichtung von Caritasausschüssen im Dekanat Düsseldorf zu Anfang nur langsam voran. Obwohl das Caritassekretariat gezielt auf die Gründung von "Pfarr - Caritas - Ausschüssen" hinwirkte, hatte im Jahre 1924 "erst ein Teil der hiesigen Pfarrgemeinden ... die Ausschüsse eingerichtet"[204]. Welche Pfarreien neben St. Michael und St. Peter hierzu gehörten, ist nicht bekannt. Detaillierte Angaben über die Tätigkeit von Caritasausschüssen liegen für das Untersuchungsgebiet erst aus den Jahren 1925 und 1926 vor. Im April 1925 bestand ein "den Vorschriften der kirchlichen Behörde entsprechender Zusammenschluß der Pfarr - Caritas" an St. Antonius (Friedrichstadt), St. Gertrud (Eller), Maria Empfängnis (Pempelfort), Maria Rosenkranz (Wersten), St. Martin (Bilk), St. Maximilian (Karlstadt), St. Michael (Lierenfeld), St. Peter (Friedrichstadt), St. Rochus (Pempelfort) und St. Suitbertus (Bilk)[205]. Nach einer Zusammenstellung des Diözesancaritasverbandes waren bis zum Jahre 1926 Pfarrausschüsse auch in der Pfarrei St. Andreas (Altstadt), St. Benediktus (Heerdt), St. Blasius (Hamm), St. Cäcilia (Benrath), Dreifaltigkeit (Derendorf), St. Elisa-

---

[199] NN, Tätigkeitsbericht des Charitas - Pfarrausschusses St. Peter, in: Katholische Kirchenzeitung (Düsseldorf) Jg. 1 Nr. 44 (01.02.1925), o. S. (6).

[200] Vgl. NN, Jahresbericht des Caritas - Pfarrausschusses St. Peter für 1925, in: Katholische Kirchenzeitung (Düsseldorf) Jg. 2 Nr. 45 (07.02.1926), 376b.

[201] Vgl. NN, Jahresbericht des Pfarr - Karitas - Ausschuses St. Peter 1929, in: Katholische Kirchenzeitung (Düsseldorf) Jg. 7 Nr. 6 (09.02.1930), 44a.

[202] Vgl. AW 03.01.1926; NN, Caritas - Pfarrausschuß, in: Katholische Kirchenzeitung (Düsseldorf) Jg. 2 Nr. 40 (03.01.1926), 336a; NN, Jahresbericht des Pfarr - Karitas - Ausschusses St. Peter 1926, in: Katholische Kirchenzeitung (Düsseldorf) Jg. 3 Nr. 43 (23.01.1927), 364; 1930 St. Peter. Kirchenkalender 1930 und Wegweiser durch die Pfarre St. Peter, Düsseldorf 1929, o. S. (24 f).

[203] Vgl. NN, Herzlicher Aufruf zur karitativen Betätigung, in: Katholische Kirchenzeitung (Düsseldorf) Jg. 8 Nr. 42 (18.10.1931), 236.

[204] Johannes Becker, Caritative Tätigkeit in Düsseldorf (1924), in: Mitteilungen des Katholischen Caritas - Sekretariates, Düsseldorf Jg. 1 Nr. 1 (Juli/August 1925), 1 - 15, 5. Vgl. auch PfA Friedrichstadt St. Peter 689, Protokollbuch "Caritas - Pfarr - Ausschuß Skt. Peter" 1924 - 1934, 01.04.1924.

[205] Vgl. NN, Der Pfarr - Caritas - Ausschuß, in: Nachrichtenblatt des Düsseldorfer Caritas - Verbandes Jg. 1 Nr. 4 (April 1925), o. S. (1 - 3, 3).

beth (Reisholz), St. Elisabeth (Flingern), Herz Jesu (Derendorf), Herz Jesu (Urdenbach), Heilig Geist (Pempelfort), St. Hubertus (Itter), St. Joseph (Holthausen), St. Nikolaus (Himmelgeist), Schmerzhafte Mutter (Flehe) und St. Suitbertus (Kaiserswerth) eingerichtet worden[206].

Inflation

Dass die flächendeckende Einrichtung von Caritasausschüssen trotz Empfehlung der Diözesansynode von 1922 erst in der zweiten Hälfte der zwanziger Jahre einsetzte, war ohne Zweifel eine Folgewirkung der Inflation. Die bereits zur Zeit der Kölner Kirchenversammlung sich abzeichnende Geldentwertung hielt an und steigerte sich binnen einen Jahres zu einer nie da gewesenen Hochinflation, in deren Folge weite Teile der Bevölkerung verarmten. Zur Eindämmung und Bewältigung der Not, unter der vor allem ältere Menschen und kinderreiche Familie zu leiden hatten, waren alle Caritaskräfte im höchsten Maße gefordert. Caritative Einrichtungen und Organisationen jeder Art sahen sich im Krisenjahr 1923 hauptsächlich vor die Aufgabe gestellt, einen Massennotstand in bisher nicht gekanntem Ausmaß zu bewältigen, der jede organisatorische Fortentwicklung zum Erliegen brachte. Erst als Ende 1923 der wertlosen Papiermark zunächst die Goldmark, dann die Rentenmark entgegengestellt wurde und sich im Frühjahr des folgenden Jahres die Preise langsam stabilisierten, konnte die ausgesetzte Neuorganisation der Pfarrcaritas aufgenommen und auch in Düsseldorf endgültig umgesetzt werden.

Im Zeichen der großen Not war auch das Sekretariat des Caritasverbandes für die Stadt Düsseldorf gezwungen, wegen ausbleibender Gelder den Umfang seiner bisher vermittelten Hilfen drastisch zu reduzieren. Auf dem Höhepunkt der Inflation sah sich Caritassekretär Johannes Becker zur Abfassung eines Brandbriefes gezwungen, der auf die katastrophale Situation der Fürsorgearbeit aufmerksam machte und am 15. September 1923 im Düsseldorfer Tageblatt unter dem Titel "Die große Not in der Wohlfahrtspflege und Caritas" zum Abdruck gelangte[207]. Nüchtern stellte Johannes Becker zu Beginn seiner Ausführungen fest: "Es vergeht kein Tag, an dem nicht über die Not einzelner Stände und Volksschichten berichtet wird. Weniger oft liest man über die Not derjenigen, die als Träger und Organe der öffentlichen und privaten Wohlfahrtspflege anzusprechen sind". Landesversicherungsanstalten und Krankenkassen könnten längst nicht mehr die Mittel bereitstellen, "die sie in guten Zeiten für soziale Fürsorge aufzuwenden gewohnt waren". In diesem Zusammenhang erinnerte der Caritassekretär an eine unlängst ergangene Verordnung der Landesversicherungsanstalt, die die Übernahme von Heilverfahren nur noch in beschränktem Umfang zuließ. Pointiert beschrieb Johannes Becker die Lage mit den Worten: "Und wenn auch die Städte und Gemeinden Milliarden an Armenmitteln auswerfen, so ist es doch Tatsache, daß die kommunale Wohl-

---

[206] Vgl. Die Caritas im Erzbistum Köln. Übersicht über ihre Einrichtungen, Anstalten, Träger und ausübenden Kräfte nach dem Stand vom 1. April 1926, Köln 1926, 166.
[207] Vgl. Johannes Becker, Die große Not in der Wohlfahrtspflege und Caritas in: Düsseldorfer Tageblatt Jg. 57 Nr. 206 (15.09.1923), o. S. (5).

fahrtspflege sich starke Beschneidungen gefallen lassen mußte und in Zukunft noch mehr gefallen lassen muß. Wohlfahrtsarbeit ist eben nach Ansicht vieler 'unproduktiv'. Im Interesse des sozialen Gedankens und der sozialen Fürsorge ist diese Entwickelung der Dinge bedauernswert". In weit stärkerem Maße als die öffentliche sei die private Wohlfahrtspflege, also auch die Caritas, von der Not der Zeit getroffen, da ihr keine Steuermittel zur Aufrechterhaltung ihrer Einrichtungen und Unternehmungen zur Verfügung ständen. "Die Liebestätigkeit Einzelner und von Vereinigungen ist vielfach lahmgelegt. Viele von denen, die ehedem selbst mit vollen Händen zu geben pflegten, sind heute verarmt und stehen jetzt an den Plätzen derjenigen, die Almosen, Renten oder Armenunterstützungen empfangen. Die Geldentwertung hat furchtbare Zustände geschaffen. Und diese wirken umso furchtbarer, weil die von ihnen Betroffenen bis vor nicht langer Zeit selbst an der Linderung sozialer Mißstände beteiligt waren. Der Sparsamkeitssinn ist erloschen, und die Gebefreudigkeit ist längst nicht in dem Maße vorhanden, wie es entsprechend der gesunkenen Kaufkraft des Geldes und zur Linderung der Nöte erforderlich wäre". Nicht zu Unrecht verwies Johannes Becker darauf, dass die Not der Zeit vor allem auf das private Anstaltswesen empfindliche Auswirkungen hatte. Wie katholische Krankenhäuser, klösterliche Anstalten der ambulanten Kranken- und Armenpflege, kirchliche Altersheime, Gesellenhäuser und Heime des vorbeugenden Mädchenschutzes waren nahezu alle Fürsorganstalten in der Stadt "mehr oder weniger von der Not unserer Tage heimgesucht. Mehr als eine von ihnen hat vor dem nahen Zusammenbruch gestanden". Die dem Geldverfall nicht mehr entsprechenden Einnahmen reichten bei keinem Haus, um lebensnotwendige Dinge, besonders Brennmaterial und Lebensmittel, für die Insassen zu beschaffen. Da die Erhaltung caritativer Anstalten im allgemeinen Volksinteresse liege, müsse alles getan werden, sie ungeschmälert zu erhalten[208].

Der Beitrag des Caritasverbandes für die Stadt zum Erhalt des katholischen Anstaltswesens musste während der Inflation mangels eigener Finanzmittel darauf beschränkt bleiben, für die Einrichtungen einen der Geldentwertung sich anpassenden Pflegesatz bei den zuständigen Behörden auszuhandeln. "Als andere Städte den caritativen Anstalten noch lange Zeit gelegentliche Zuschüsse gaben", so Johannes Becker in einer Eingabe an das Generalvikariat, "hatte das hiesige Wohlfahrtsamt das Zuschußsystem beseitigt und der Förderung der Caritas nach Einführung eines festen (Grund-) Pflegesatzes (mal Orts - Indexziffer) nachgegeben. Seitens des Caritas - Sekretariates geschah ein Übriges, indem den Anstalten durch Zuwendung billiger Kartoffeln und Lebensmittel das Weiterbestehen ermöglicht wurde"[209]. Auf Anregung des Caritasverbandes traten die katholischen Ledigenheime in der Stadt zu einem "Zweckverband" zusammen, der neben Beratung und Hilfe in wirtschaftlichen Dingen die Aufgabe hatte, gemeinsame und der Teuerung entsprechend Pflegesätze zu vereinbaren[210].

---

[208] Vgl. Johannes Becker, Die große Not in der Wohlfahrtspflege und Caritas in: Düsseldorfer Tageblatt Jg. 57 Nr. 206 (15.09.1923), o. S. (5).
[209] AEK GVA Düsseldorf überhaupt 83, 07.02.1924.
[210] Vgl. AEK GVA Düsseldorf überhaupt 83, 07.02.1924.

Aus einer Kurzübersicht der Verbandtätigkeit für das Jahr 1923 ist erkennbar, dass Johannes Becker nicht nur für den Erhalt kirchlicher Fürsorgeanstalten eintrat, sondern auch alle Anstrengungen zur Aufrechterhaltung der Arbeit im Düsseldorfer Caritassekretariat unternahm[211]. Dem erstmals explizit nach "Abteilungen" für die Bereiche "Kinderfürsorge", "Jugendfürsorge", "Heilfürsorge", "Familienfürsorge" und "Auswanderfürsorge" untergliederten Bericht ist zu entnehmen, dass es dem Caritasverband für die Stadt Düsseldorf gelungen war, seine seit dem Jahre 1916 sukzessiv übernommenen Aufgabenfelder, mitunter stark eingeschränkt, durch die Zeit zu bringen. Im Berichtszeitraum konnte er 516 erholungsbedürftigen Kindern einen Ferienaufenthalt in Bayern vermitteln. Da das Düsseldorfer Caritassekretariat seit August 1920 deutsche Geschäftsstelle des "Roomsch - Katholiek Huisvesting Comitee voor Oorlogskinderen uit Duitschland" war, wurden von hier 4740 katholische Kinder aus allen Teilen des Reiches in die Niederlande verschickt. Eine weitere vom Huisvesting - Comité übernommene Aufgabe bestand in der Expedition von niederländischen Liebesgaben an über 1260 Adressaten in den besetzten deutschen Gebieten[212]. Als Geschäftsstelle des katholischen Männerfürsorgevereins bearbeitete die Caritaszentrale weiterhin "alle einschlägigen Gebiete" der Jugendfürsorge: Vormundschaftswesen, Schutzaufsicht, Gerichtshilfe, caritative Stellenvermittlung, Beaufsichtigung widerruflich entlassener Fürsorgezöglinge. Insgesamt bearbeitete die Abteilung Jugendfürsorge 1100 Fälle[213]. Nur in den ersten Monaten des Jahres 1923 konnte der Düsseldorfer Caritasverband in Verbindung mit den Betriebs- und Ortskrankenkassen erholungsbedürftige Erwachsene in Klöster und Krankenhäuser auf dem Lande vermitteln. "Um die Anstalten und uns selbst vor schlimmen Geldverlusten zu schützen", war der Verband mit der zunehmenden Geldentwertung zu einer "zeitigen Einstellung dieser Caritasarbeit" gezwungen[214]. Infolge der "großen Auswanderungslust zahlreicher Katholiken" wurde die "Abteilung Auswanderfürsorge" im Caritassekretariat mehr als in den Vorjahren von Ratsuchenden in Anspruch genommen. Nach Angaben des Berichts, war der Raphaelsverein bemüht, "in jeder Pfarrei die katholischen Auswanderer in Pfarrgruppen zusammenzuschließen"[215]. Nur wenig ist dem Rechenschaftsbericht über die Tätigkeit der Abteilung Familienfürsorge zu entnehmen, die in Anlehnung an die gleichnamige Einrichtung des städtischen Wohlfahrtsamtes nun auch im Caritassekretariat als eigene Sektion geführt wurde. Außer dem Hin-

---

[211] Vgl. AEK GVA Düsseldorf überhaupt 83, 07.02.1924. Vgl. auch AW 29.04.1924.
[212] Vgl. AEK GVA Düsseldorf überhaupt 83, 07.02.1924. Vgl. auch Gedenkboek van het Nederlandsch R.K. Huisvestings - comité te 's-Hertogenbosch. De liefdadigheid der katholieken van Nederland. Volledig overzicht der hulpacties van het Nederlandsch R.K. Huisvestings - comité te 's-Hertogenbosch, ten bate van noodlijdenden in Belgie, Duitschland, Oostenrijk, Hongarije en Nederland, gedurende de jaren 1914 - 1924, 's-Hertogenbosch 1924, 41 ff; Johannes Becker, Katholischer Caritas - Verband für die Stadt Düsseldorf, in: Mitteilungen der Caritassekretariate zu Aachen, Krefeld, Elberfeld, Essen - Stadt, Essen - Land, Düsseldorf Jg. 2 Nr. 1/3 (16.05.1925), 14 - 17, 16; Johannes Becker, Katholischer Caritas - Verband für die Stadt Düsseldorf. Geschichtlicher Rückblick, in: Katholische Kirchenzeitung (Düsseldorf) Jg. 2 Nr. 14 (05.07.1925), 124c.
[213] Vgl. AEK GVA Düsseldorf überhaupt 83, 07.02.1924.
[214] Vgl. AEK GVA Düsseldorf überhaupt 83, 07.02.1924.
[215] GVA Düsseldorf überhaupt 83, 07.02.1924. Vgl. dazu PfA Lierenfeld St. Michael, Pfarrchronik St. Michael 1912 - 1953, 1924.

weis, dass vom Caritasverband in den letzten drei Jahren unter den katholischen Frauenorganisationen der Stadt etwa 400 Helferinnen für die Mitarbeit in der Familienfürsorge gewonnen wurden, gibt der Bericht lediglich Zeugnis von der politischen Stoßrichtung der Abteilung, wenn es heißt: "Um ein Aufgehen der freien Liebestätigkeit in der kommunalen Arbeit zu verhindern und die katholische Eigenart nicht zu gefährden, hat die Caritas gefordert, daß die Mitarbeit in der städtischen Familienfürsorge nur erfolgen könne auf dem Boden der bestehenden freien Wohlfahrtsorganisationen"[216].

Dunkel bleibt, wer die eingehenden Hilfsgesuche in den fünf Abteilungen des Caritassekretariates bearbeitete. Erstmals findet sich im Rechenschaftsbericht von 1923 ein Hinweis, dass im Verbandsbüro an der Neustraße drei Kräfte beschäftigt waren[217]. Um wen es sich dabei handelte, welche Qualifikationen sie mitbrachten und in welchen Bereichen sie eingesetzt waren, ist den überlieferten Unterlagen nicht entnehmbar. Fest steht lediglich, dass die Zahl der Mitarbeiter nicht ausreichte, um Johannes Becker in seinem Amt spürbar zu entlasten. Nur so ist zu erklären, warum der Düsseldorfer Caritassekretär nach Ernennung von Max Döhmer zum Pfarrer an der Rochuskirche[218] dem "hochwürdigsten Erzbischöflichen Generalvikariat" am 16. Oktober 1923 "die ergebenste Bitte" unterbreitete, "vor der Neubesetzung der Pfarrstelle zum hl. Andreas in Düsseldorf die Stellung und seelsorglichen Verpflichtungen des der hiesigen Andreaskirche als Subsidiar adskribierten Caritas - Sekretärs einer Neuregelung unterziehen zu wollen"[219]. Nach eigenen Angaben gehörten zu seinen gottesdienstlichen und seelsorglichen Verpflichtungen: "Zelebration der hl. Messe, Ministration an Festtagen und vorkommenden Falles bei Exequien, Bination und sonntägliche Nachmittagsandacht im turnus, eine Predigt, Krankenwoche an 2 Werktagen"[220]. Die genannten Verpflichtungen wurden Johannes Becker zu einem Viertel auf seine ihm zustehenden Bezüge nebst freier Wohnung angerechnet. Für die Zukunft erbat der Caritassekretär, "die Subsidiarstelle dadurch selbständiger gestalten zu wollen, daß ich an den Wochentagen die Frühmesse halten kann, im Übrigen von der Krankenwoche und der sonntäglichen Nachmittagsandacht befreit werde"[221]. Zur Begründung führte er an: "Anfänglich konnten die seelsorglichen Verpflichtungen von mir ohne Beeinträchtigung der eigentlichen Berufsarbeit gehalten werden. Im Laufe der Jahre jedoch sind die Arbeiten und Aufgaben des Sekretariats immer zahlreicher und größer geworden. Die Hauptberufsarbeit leidet gegenwärtig unter der seelsorglichen Nebenbelastung. So geht es z.B. nicht an, daß ich an den Wochentagen, an denen ich die Spätmesse habe, erst nach 10 Uhr morgens meinen Bürodienst beginnen kann. Dieses Umstandes wegen müssen oft die im Caritas - Sekretariat vorsprechenden Personen mehrere Stunden warten. Auch kann es der Caritas - Sache nicht dienlich sein, wenn der Sekretär infolge seiner Verpflichtung, die Krankenwoche

---

[216] AEK GVA Düsseldorf überhaupt 83, 07.02.1924.
[217] Vgl. AEK GVA Düsseldorf überhaupt 83, 07.02.1924.
[218] Vgl. NN, Personal - Chronik der Erzdiözese Köln, in: Kirchlicher Anzeiger für die Erzdiözese Köln Jg. 63 Nr. 18 (24.09.1923), 93 - 94, 94.
[219] AEK GVA Düsseldorf überhaupt 83, 16.10.1923.
[220] AEK GVA Düsseldorf überhaupt 83, 16.10.1923.
[221] AEK GVA Düsseldorf überhaupt 83, 16.10.1923.

halten zu müssen, an wichtigen Sitzungen und Besprechungen in Wohlfahrtssachen bei Behörden, Anstalten und Vereinen nicht teilnehmen kann"[222].

Als Johannes Becker am 16. Oktober 1923 sein Gesuch in Köln einreichte, konnte er nicht wissen, dass er dort bereits zur Übernahme einer Pfarrei in Sonnborn vorgesehen war, wovon der Vorstand des Caritasverbandes für die Stadt Düsseldorf am gleichen Tag vom Generalvikariat in Kenntnis gesetzt wurde[223]. Wie unerwartet die Versetzung das "Kuratorium des Düsseldorfer Caritasverbandes" traf, zeigt ein von Stadtdechant Franz Sasse, Pfarrer Max Döhmer und dem gesamten Vorstand eine Woche später unterzeichneter Appell, in dem der Kölner Erzbischof ersucht wurde, "von einer Versetzung des Herrn Becker absehen zu wollen"[224]. Mit Nachdruck gab der Vorstand zu bedenken: "Ein Personenwechsel in der Sekretärstelle des Caritasverbandes würde im Augenblick bestimmt den völligen Zusammenbruch der hiesigen Caritasbestrebungen im Gefolge haben"[225]. Die Befürchtungen der Verantwortlichen im Caritasverband waren nicht unbegründet. Seitdem Johannes Becker 1916 zum Generalsekretär ernannt worden war, hatte der Verband nicht nur im katholischen Düsseldorf an Einfluss gewonnen und sein Profil geschärft. Erinnert sei an seine pragmatische Auslegung vom Selbstverständnis des Caritasverbandes, als es galt, während des Weltkrieges und der Inflation neue Wege zur Linderung der in Not geratenen Düsseldorfer Bevölkerung zu gehen[226]. Ursprünglich nur als vorübergehende Tätigkeiten gedacht, wurden viele vom Caritassekretariat übernommene Aufgabenfelder schnell zu festen Abteilungen, deren Zahl im Jahre 1923 bereits auf fünf gewachsen war[227]. Bezeichnenderweise tritt in den überlieferten Quellen der Jahre 1916 bis 1923 vom Caritasverband namentlich nur Johannes Becker in Erscheinung. Der Vorsitzende, Pfarrer Max Döhmer, sowie die übrigen Mitglieder des Vorstandes waren als Repräsentanten des Caritasverbandes völlig in den Hintergrund getreten. Mit dem Appell um Rücknahme der Versetzung des Caritassekretärs liegt für die Jahre 1907 bis 1927 das einzige Dokument vor, aus dem die vollständige Besetzung des Verbandsvorstandes hervorgeht. Neben Pfarrer Max Döhmer unterzeichneten das Schreiben Generalpräses Carl Mosterts, Pfarrer Ludwig Pütz (St. Elisabeth), Pfarrer Matthias Dahlhausen (Liebfrauen), Pfarrer Johannes Jansen (St. Paulus), Religionslehrer Albert Piekarek, Regierungsrat Ludwig Offenberg, Stadt- und Provinziallandtagsabgeordnete Anna Niedieck, Dessire Bicheroux und Caroline von Kühlwetter[228]. Seit wann das Gremium in dieser Zusammensetzung die Geschicke des Düsseldorfer Caritasverbandes lenkte, ist nicht bekannt. Gegenüber dem Gründungsvorstand von 1904 hatten sich folgende Änderungen ergeben: Pfarrer Heinrich Bechem (bis 1907), Landesrat Johannes Horion (bis 1908/09) und Gefängnispfarrer August Claßen (bis 1907) waren ausgeschieden, Kaplan Carl Mosterts (seit 1908/09, Generalpräses der

---

[222] AEK GVA Düsseldorf überhaupt 83, 16.10.1923.
[223] Vgl. AEK GVA Düsseldorf überhaupt 83, 22.11.1923.
[224] AEK GVA Düsseldorf überhaupt 83, 22.11.1923.
[225] AEK GVA Düsseldorf überhaupt 83, 22.11.1923.
[226] Vgl. oben S. 374 ff.
[227] Vgl. oben S. 453.
[228] Vgl. AEK GVA Düsseldorf überhaupt 83, 22.11.1923.

katholischen Jünglingskongregationen), Pfarrer Ludwig Pütz (Bezirkspräses der katholischen Frauen- und Müttervereine), Pfarrer Matthias Dahlhausen, Pfarrer Johannes Jansen, Religionslehrer Albert Piekarek (Vorsitzender Katholischer Männerfürsorgeverein) in den auf zehn Mitglieder aufgestockten Vorstand neu eingetreten. Der stellvertretende Vorsitzende Regierungsrat Ludwig Offenberg sowie Dessire Bicheroux, Anna Niedieck und Caroline von Kühlwetter scheinen dem Vorstand seit der Verbandsgründung ununterbrochen angehört zu haben.

Auch wenn keine weiteren Unterlagen als die Eingabe vom 22. November 1923 vorliegen, steht außer Zweifel, dass der Vorstand mit der von Johannes Becker als Caritassekretär geleisteten Arbeit mehr als zufrieden war. Im letztgenannten Schreiben rechtfertigte das "Kuratorium" seinen Wunsch zunächst mit Verweis auf eine gerade angelaufene Kindererholungsmaßnahme: "Ew. Eminenz wissen, daß zur Zeit eine großzügige Hilfsaktion der holländischen Katholiken zur Linderung deutscher Nöte im Gange ist. Das roomsch - katholiek Huisvestings Comité (Zentrale Hertogenbosch) läßt Woche für Woche aus zahlreichen deutschen Städten erholungsbedürftige katholische Kinder nach Holland kommen, sammelt Geld, Lebensmittel, Kleidungsstücke und Liebesgaben. Unter Ew. Eminenz Zustimmung bedient sich das Comité zur Durchführung seiner Arbeiten auf deutscher Seite des Düsseldorfer Caritassekretariats. Es ist einleuchtend, daß zur Erledigung dieser Arbeiten eine Fülle kleiner und kleinster Personen- und Sachkenntnisse notwendig ist, um das Zusammenarbeiten zwischen Holland und Deutschland schnell und reibungslos zu erledigen. Wird Herr Becker versetzt, muß die holländische Hilfsaktion in ihrer Durchführung auf deutscher Seite zu einem völligen Versagen führen, soweit es sich um Kinder und Lebensmittel - Transporte handelt. Bei einer Comité - Sitzung am Dienstag, dem 20. November, in Hertogenbosch, bemerkte der anwesende Hochwürdigste Herr Bischof von Paderborn gegenüber Herrn Becker wörtlich: 'Bitten Sie den Herrn Kardinal, daß er Sie in Düsseldorf läßt'"[229]. Des Weiteren verwiesen die Vorstandsmitglieder darauf, es seien "Verhandlungen über Erwerb eines Caritashauses" in Gang. "Herr Becker hat diese eingeleitet und bisher zu bestimmten Ergebnissen geführt"[230]. Abschließend lenkte der Vorstand den Blick auf grundsätzliche Überlegungen: "Erfahrungsgemäß arbeitet ein Geistlicher auf einem Spezialgebiet nur dann mit Erfolg, wenn er Spezialkenntnisse aufzuweisen hat. Besonders gilt dies von dem großen Gebiet des Fürsorge- und Wohlfahrtswesens. Herr Becker hat durch theoretisches Studium und durch jahrelange praktische Kleinarbeit sich die für eine wirksame Vertretung kirchlich caritativen Interessen erforderlichen Kenntnisse aneignen müssen. Im Vormundschaftswesen, in der Jugendgerichtshilfe, in der Schutzaufsicht über entlassene Zöglinge oder verurteilte jugendliche Rechtsbrecher sind nach Erlaß des Reichs - Jugendwohlfahrtsgesetzes[231] nicht bloß Sachkenntnisse, sondern auch ein genaues

---

[229] AEK GVA Düsseldorf überhaupt 83, 22.11.1923.
[230] AEK GVA Düsseldorf überhaupt 83, 22.11.1923.
[231] Vgl. dazu Josef Beeking, Die grundsätzliche Stellung der freien Liebestätigkeit im Reichsgesetz für Jugendwohlfahrt, in: Josef Beeking, Das Reichsgesetz für Jugendwohlfahrt und die Caritas. Eine grundsätzliche Würdigung verbunden mit Wegweisung für die praktische Arbeit, Freiburg 1923/1925³, 60 - 73, 60 ff; Albert Emil Lenné, Reichsjugendwohlfahrtsgesetz, in: Julia Dünner, Handwörterbuch der Wohlfahrtspflege, Berlin 1929², 521 - 526, 521 ff.

Vertrautsein mit den örtlichen Verhältnissen und zuständigen örtlichen Wohlfahrtsorganen vonnöten. Herr Becker hat diese Sach- und Personenkenntnisse. Seine Versetzung würde die von ihm geschaffenen wertvollen Verbindungen lockern und lösen"[232].

Der "um geneigteste Berücksichtigung unserer eingangs geäußerten Bitte", d.h. von einer Versetzung des Düsseldorfer Caritassekretärs vorläufig abzusehen[233], entsprach der Kölner Kardinal Karl Joseph Schulte bereits am 24. November 1923 und nahm die in Aussicht gestellte Ernennung von Johannes Becker zum Pfarrer in Sonnborn zurück[234]. Unklar bleibt, ob mit der Entscheidung des Erzbischofs auch eine Verringerung seiner Seelsorgeverpflichtungen an St. Andreas verbunden war. In den Akten des Kölner Generalvikariats heißt es am 3. September 1924 auf die Eingabe von Johannes Becker lediglich: "Durch mündliche Verhandlung mit Pfarrer Peter Vink erledigt"[235].

Kirchensteuer

Nach Überwindung der Inflation erlebte der Caritasverband für die Stadt Düsseldorf einen ungewöhnlichen Aufschwung und eine beachtliche Ausweitung seiner Tätigkeitsbereiche. Verantwortlich hierfür war nicht nur die Stabilisierung der wirtschaftlichen und sozialen Rahmenbedingungen im Reich, sondern vor allem der organisatorische Zusammentritt der Düsseldorfer Kirchengemeinden zu einem Zweckverband.

Wie andernorts hatte sich auch in Düsseldorf bis zum Beginn des 20. Jahrhunderts katholisches Leben zuerst und hauptsächlich in und an den einzelnen Pfarrkirchen vollzogen[236]. Mit ihren vielfältigen Einrichtungen für Seelsorge, Standespflege und Caritasangelegenheiten glichen zahlreiche Kirchengemeinden einem Mikrokosmos, der sich selbst genügte und nur selten mit anderen Pfarreien in Berührung kam. Ein Bedürfnis nach überpfarrlicher Zusammenarbeit kam erst auf, als nicht mehr jede Pfarrei des Dekanates in der Lage war, alle zur Seelsorge notwendigen Einrichtungen selber zu unterhalten und die Kluft zwischen vermögenden und mittellosen Gemeinden infolge zahlreicher Filiationen immer größer wurde[237].

Da die Pfarr- und Pfründevermögen der Kirchengemeinden nicht der Säkularisation anheim gefallen waren, galt noch in preußischer Zeit, dass jede Pfarrei, soweit sie nicht unter dem Patronat des Staates stand[238], die Baulast für Pfarrkirche und Pfarrhaus sowie den Unterhalt der Geistlichen aus Grundpächten und Kapitalien oder anderen subsidiä-

---

[232] AEK GVA Düsseldorf überhaupt 83, 22.11.1923.
[233] Vgl. AEK GVA Düsseldorf überhaupt 83, 22.11.1923.
[234] Vgl. AEK GVA Düsseldorf überhaupt 83, 22.11.1923.
[235] AEK GVA Düsseldorf überhaupt 83, 16.10.1923.
[236] Vgl. Carl Mosterts, Handbuch für die Katholiken Düsseldorfs, Düsseldorf 1909, 46.
[237] Zu den Filiationen vgl. Hans Rosenberg, Düsseldorf, eine Stadt der "Katholischen Aktion", in: Katholischer Kaufmännischer Verein "Confidentia" E. V. (Gegründet 1870) Düsseldorf. Festschrift zum diamantenen Jubelfest 4. Mai 1930, Düsseldorf 1930, 58 - 64, 69 f.
[238] Vgl. Jürgen Harder, Die katholischen und evangelischen Staatspatronate in Deutschland, in: Archiv für katholisches Kirchenrecht 127 (1955/56), 6 - 68 und 313 - 396, 31 ff.

ren Finanzquellen aufzubringen hatte[239]. Eine Wende bahnte sich erst Ende des 19. Jahrhunderts an, als infolge des rapiden Bevölkerungsanstiegs große kirchliche Bauaufgaben auf die Gemeinden zukamen und zur gleichen Zeit das Einkommen der Pfarrer an das Niveau akademisch gebildeter Staatsbeamter angepasst wurde[240]. Mit Gesetz vom 2. Juli 1898 war eine Mindestgehaltsgarantie für alle Pfarrer festgesetzt und eine dem Dienstalter entsprechende Steigerung nach jeweils fünf Jahren bis zum 25. Dienstjahr vorgesehen. Gemeinden, die wegen Einkommensschwankungen der Pfarrpfründe nicht zur Aufbringung des Mindestgehaltes in der Lage waren, konnten fortan staatliche Zuschüsse abrufen[241].

Obwohl die Tage des Pfründewesens gezählt schienen und alles auf eine Zusammenfassung der gesamten kirchlichen Finanzverwaltung auf pfarrlicher Basis hindrängte, distanzierten sich die Bischöfe ängstlich von solchen Bestrebungen ebenso wie von zwangsweisen Geldleistungen seitens der Gemeindemitglieder. Noch 1892 verneinte der Kölner Erzbischof Philipp Krementz ein Bedürfnis und fand, dass "ein kaltes Steuerverhältnis" anstelle freiwilliger Leistungen den Kontakt zwischen Pfarrer und Gemeinde ungünstig beeinflusse[242]. Ein Dezennium später hatte sich die Auffassung von einer durch alle Gemeindemitglieder zu erbringenden Zwangsabgabe, d.h. einer Kirchensteuer, indes völlig geändert. Die Notwendigkeit, neue Kirchen zu bauen und die geistlichen Stellen zu vermehren, hatte bei den Mitgliedern der Fuldaer Bischofskonferenz im Jahre 1902 zu einem Umschwung geführt[243]. Nachdem die Bischöfe die Mithilfe des Staates auf dem Gebiet des kirchlichen Steuerwesens gesucht hatten, erging am 29. Mai 1903 ein Gesetz zur Einrichtung kirchlicher Hilfsfonds für neu zu gründende Pfarreien, das es gestattete, eine jährliche Umlage bis zu 1 % der von den katholischen Gemeindemitgliedern zu zahlenden Einkommensteuer zu erheben[244]. Am 14. Juli 1905 folgte das Gesetz betreffend die Erhebung von Kirchensteuern in katholischen Gemeinden, das den Pfarreien in Finanzangelegenheiten eine vorausschauende, bessere Planung er-

---

[239] Vgl. Wolfgang Huber, Die Kirchensteuer als "wirtschaftliches Grundrecht". Zur Entwicklung des kirchlichen Finanzsystems in Deutschland zwischen 1803 und 1933, in: Wolfgang Lienemann, Die Finanzen der Kirche. Studien zu Struktur, Geschichte und Legitimation kirchlicher Ökonomie, München 1989, 130 - 154, 132.

[240] Vgl. Felix Porsch, Das Preußische Gesetz betreffend das Diensteinkommen der katholischen Pfarrer, in: Archiv für katholisches Kirchenrecht Jg. 78 Nr. 4 (1898), 711 - 794, 723 ff; Friedrich Giese, Deutsches Kirchensteuerrecht. Grundzüge und Grundsätze des in den deutschen Staaten für die evangelischen Landeskirchen und für die katholische Kirche gültigen kirchlichen Steuerrechts, Stuttgart 1910, 114 ff.

[241] Vgl. Felix Porsch, Das Preußische Gesetz betreffend das Diensteinkommen der katholischen Pfarrer, in: Archiv für katholisches Kirchenrecht Jg. 78 Nr. 4 (1898), 711 - 794, 757 ff.

[242] Vgl. AEK Gen. 6.30a, 19.10.1892.

[243] Vgl. AEK CR 2.19.25, 21.08.1902; Erwin Gatz, Auf dem Weg zur Kirchensteuer. Kirchliche Finanzierungsprobleme in Preußen an der Wende zum 20. Jahrhundert, in: Erwin Gatz, Römische Kurie. Kirchliche Finanzen. Vatikanisches Archiv. Studien zu Ehren von Hermann Hoberg Bd. 1, Rom 1979, 249 - 262, 261 f.

[244] Vgl. NN, Gesetz betreffend die Bildung kirchlicher Hilfsfonds für neu zu errichtende katholische Pfarrgemeinden. Vom 29. Mai 1903, in: Gesetz - Sammlung, für die Königlichen Preußischen Staaten Nr. 20 (22.06.1903), 182 - 183, 182 f.

laubte und sie unabhängiger machte. Nach der neuen Gesetzeslage war eine Erhebung von Kirchensteuern möglich, aber nicht verbindlich vorgeschrieben[245]. Das Prinzip der Bedarfskirchensteuer hatte zur Folge, dass jede Pfarrei über ihre Einführung und den dabei zu erhebenden Steuersatz selbst entscheiden durfte. So zahlten beispielsweise noch zu Beginn der zwanziger Jahre die Gläubigen in der Pfarrei St. Lambertus gar keine Kirchensteuer, während in anderen Düsseldorfer Gemeinden zur gleichen Zeit 33 Prozent, in "notleidenden Gemeinden" sogar bis zu 50 % zur Einkommenssteuer erhoben wurden[246]. Nicht selten kam es in Düsseldorf vor, "daß ein Pfarrangehöriger nach Verzug von einer Straße in die andere eine ganz gewaltige Veränderung in seinen kirchensteuerlichen Verhältnissen vorfand"[247]. Eine Wende brachte erst die Kölner Diözesansynode, die eine Einführung der Kirchensteuer in allen Gemeinden für unumgänglich erachtete. Gleichzeitig empfahl sie für Städte mit mehreren Pfarreien die Errichtung eines Gesamtverbandes nach dem Modell in der Stadt Köln. "Nur mit Hilfe eines Gesamtverbandes", so die Synodalen, "wird es leistungsunfähigen Kirchengemeinden möglich werden, ihre Aufgaben erfüllen zu können"[248].

Katholischer Gemeindeverband

Die Idee der Gemeindeverbände war nicht neu und reicht bis in das Jahr 1903 zurück[249]. Am gleichen Tag als "das Gesetz betr. die Bildung kirchlicher Hilfsfonds für neu zu errichtende katholische Pfarrgemeinden in Preußen" erlassen wurde[250], erging das "Gesetz, betreffend die Bildung von Gesamtverbänden in der katholischen Kirche", das die Einrichtung von überpfarrlichen Vereinigungen in der katholischen Kirche auf Antrag der jeweiligen Diözesanleitung vorsah[251]. Diesen, vor allem in Ballungsgebieten einzu-

---

[245] Vgl. NN, Gesetz betreffend die Erhebung von Kirchensteuern in katholischen Kirchengemeinden und Gesamtverbänden. Vom 14. Juli 1905, in: Gesetz - Sammlung, für die Königlichen Preußischen Staaten Nr. 28 (29.07.1905), 277 - 281, 277 ff. Vgl. dazu Heiner Marré, Das Kirchensteuerrecht im Land Nordrhein - Westfalen. Kommentar zum Gesetz über die Erhebung von Kirchensteuern im Land Nordrhein - Westfalen (Kirchensteuergesetz - KiStG) in der Fassung der Bekanntmachung vom 13. November 1968 (GV NW 1968 S. 375) und zu den Kirchensteuerordnungen der im Lande Nordrhein - Westfalen gelegenen Diözesen. Zugleich ein Beitrag zum allgemeinen Staatskirchenrecht, Münster 1969, 37 ff.
[246] Vgl. DT 07.12.1924; DT 13.02.1925. Ein Verzeichnis der Kirchensteuersätze aller katholischen Kirchengemeinden Düsseldorfs für das Jahr 1913 bietet Otto Most, Taschenbuch des Statistischen Amts der Stadt Düsseldorf. Hauptziffern aus der Reichs-, Staats- und Stadt - Statistik, Düsseldorf 1913[5], 110.
[247] DT 13.02.1925.
[248] Die Diözesan - Synode des Erzbistums Köln 1922 am 10., 11. und 12. Oktober, Köln 1922, 94.
[249] Vgl. Erwin Gatz, Zur Entwicklung der Pfarrei im Erzbistum Köln von der Säkularisation bis zum Zweiten Vatikanischen Konzil, in: Historisches Jahrbuch 105 (1985), 189 - 206, 202 f.
[250] Vgl. oben S. 458.
[251] Vgl. NN, Gesetz, betreffend die Bildung von Gesamtverbänden in der katholischen Kirche. Vom 29. Mai 1903, in: Gesetz - Sammlung, für die Königlichen Preußischen Staaten Nr. 20 (22.06.1903), 179 - 182, 179 ff; NN, Gesetz, betr. die Bildung von Gesamtverbänden in der katholischen Kirche in

richtenden Zusammenschlüssen, sollte die Erhebung einheitlicher, an der Einkommenssteuer orientierter Kirchensteuern zur Unterhaltung der Gemeinden obliegen. Von der Möglichkeit, einen Gemeindeverband zu installieren, machten im Erzbistum Köln bis zur Diözesansynode nur wenige Dekanate oder Pfarreien Gebrauch. Bis zum Jahre 1922 waren sie lediglich an fünf Orten eingerichtet: Viersen[252] (1906), Bonn[253] (1906), Kalk, St. Marien und St. Joseph[254] (1908), Aachen, St. Peter und St. Elisabeth[255] (1912) und Köln[256] (1922). Erst nach ausdrücklicher Empfehlung durch die Synode kam es im Bistum flächendeckend zur Bildung von Gemeindeverbänden. Nach Erweiterung des Gesamtverbandes Köln im Jahre 1923[257] folgten die Städte Düsseldorf[258] (1924), Aachen[259], Krefeld[260], Essen[261] (alle 1925), Bonn[262], Euskirchen[263], Düren[264] (alle 1926).

Bis es in Düsseldorf zur Gründung eines Gemeindeverbandes kam, galt es viele, von verschiedener Seite vorgetragene Vorbehalte aus dem Weg zu räumen[265]. Bereits im Jah-

---

Preußen, in: Archiv für katholisches Kirchenrecht Jg. 83 Nr. 3 (1903), 511 - 518, 511 ff. Vgl. auch AEK CR 2.19.25, 21.08.1902.

[252] Vgl. NN, Anordnung betreffend die Bildung eines Gesamtverbandes der katholischen Kirchengemeinden der Stadt Viersen, Bezirk Düsseldorf, in: Kirchlicher Anzeiger für die Erzdiözese Cöln Jg. 47 Nr. 1 (01.01.1907), 1 - 2, 1 f.

[253] Vgl. NN, Anordnung betreffend die Bildung eines Gesamtverbandes der katholischen Kirchengemeinden St. Martin, St. Remigius, St. Johann Baptist (Dietkirchen), Poppelsdorf, Endenich, Kessenich, Dottendorf im Stadtbezirk Bonn, in: Kirchlicher Anzeiger für die Erzdiözese Cöln Jg. 47 Nr. 15 (01.08.1907), 89.

[254] Vgl. NN, Anordnung betreffend die Bildung eines Gesamtverbandes der katholischen Kirchengemeinden 1. St. Marien, 2. St. Josef in Kalk, Bezirk Cöln, in: Kirchlicher Anzeiger für die Erzdiözese Cöln Jg. 48 Nr. 3 (01.02.1908), 22 - 23, 22 f.

[255] Vgl. NN, Urkunde über Errichtung der Pfarre St. Elisabeth in Aachen, in: Kirchlicher Anzeiger für die Erzdiözese Cöln Jg. 52 Nr. 13 (01.07.1912), 84 - 85, 84 f.

[256] Vgl. NN, Errichtungsurkunde des Gesamtverbandes der katholischen Kirchengemeinden der Stadt Köln, in: Kirchlicher Anzeiger für die Erzdiözese Köln Jg. 62 Nr. 18 (01.09.1922), 87 - 89, 87 ff.

[257] Vgl. NN, Einteilung der Stadt Köln in 6 Dekanate, in: Kirchlicher Anzeiger für die Erzdiözese Köln Jg. 63 Nr. 8 (15.04.1923), 45 - 46, 45 f.

[258] Vgl. NN, Errichtungsurkunde des Gemeindeverbandes der katholischen Kirchengemeinden der Stadt Düsseldorf, in: Kirchlicher Anzeiger für die Erzdiözese Köln Jg. 65 Nr. 7 (15.03.1925), 45 - 46, 45 f.

[259] Vgl. NN, Errichtungsurkunde des Gesamtverbandes der katholischen Kirchengemeinden der Stadt Aachen, in: Kirchlicher Anzeiger für die Erzdiözese Köln Jg. 65 Nr. 14 (01.07.1925), 75 - 76, 75 f.

[260] Vgl. NN, Errichtungsurkunde des Gemeindeverbandes der katholischen Kirchengemeinden der Stadt Crefeld, in: Kirchlicher Anzeiger für die Erzdiözese Köln Jg. 65 Nr. 14 (01.07.1925), 76.

[261] Vgl. NN, Errichtungsurkunde des Gemeindeverbandes der katholischen Kirchengemeinden der Stadt Essen, in: Kirchlicher Anzeiger für die Erzdiözese Köln Jg. 66 Nr. 4 (01.02.1926), 23 - 24, 23 f.

[262] Vgl. NN, Errichtungsurkunde des Gemeindeverbandes der katholischen Kirchengemeinden der Stadt Bonn, in: Kirchlicher Anzeiger für die Erzdiözese Köln Jg. 66 Nr. 8 (01.04.1926), 51 - 52, 51 f.

[263] Vgl. NN, Errichtungsurkunde des Gemeindeverbandes der katholischen Kirchengemeinden der Stadt Euskirchen, in: Kirchlicher Anzeiger für die Erzdiözese Köln Jg. 67 Nr. 3 (01.02.1927), 13 - 14, 13 f.

[264] Vgl. NN, Errichtungsurkunde des Gemeindeverbandes der katholischen Kirchengemeinden der Stadt Düren, in: Kirchlicher Anzeiger für die Erzdiözese Köln Jg. 67 Nr. 17 (01.09.1927), 85 - 86, 85 f.

[265] Vgl. PfA Düsseldorf St. Lambertus Akten 716, 30.10.1922; DN 11.05.1929.

re 1914 hatte es Bestrebungen gegeben, im Dekanat ein "katholisches Zentralgemeindebüro" einzurichten[266]. Nach dem Vorbild der Stadt Dortmund, wo seit dem Jahre 1910 eine gemeinsame Geschäftsstelle für alle Pfarreien eingerichtet war[267], sollten auch hier überpfarrliche Aufgaben von einem katholischen Büro wahrgenommen werden[268]. Wie aus einem Heft der Reihe "Soziale Auskunft" unter dem Titel "Wie zentralisiert man die Personenstandsregister in größeren Stadt- und Industriebezirken zu Zwecken des kirchlichen Vereinslebens und der Seelsorge. Dargestellt an dem Beispiel von Dortmund" hervorgeht, oblag dem katholischen Zentralbüro in der Ruhrgebietsmetropole nicht nur die Anlage und Fortführung eines kirchlichen Personenstandsregisters (Kartothek), sondern ebenso das Sammeln von Nachrichten wie auch die Herausgabe einer Kirchenzeitung; außerdem war im Gemeindebüro die Geschäfts- und Auskunftsstelle des Dortmunder Caritasverbandes untergebracht[269]. Folgt man einem Schreiben des Bilker Pfarrers Heinrich Bechem an das Kölner Generalvikariat, fand auf seine Anregung am 13. Januar 1914 eine Versammlung aller Düsseldorfer Pfarrer statt, um die Einrichtung eines katholischen Zentralbüros zu ventilieren[270]. Nachdem die dringliche Notwendigkeit für das Dekanat festgestellt war, kamen die Teilnehmer überein, dass die Kosten für eine Geschäftsstelle von den Pfarreien zu tragen waren. Zu den Hauptaufgaben des Büros sollte der Auf- und Ausbau einer Kartothek wie auch die Herausgabe und der Vertrieb der Düsseldorfer Kirchenzeitung gehören. Darüber hinaus war die Zentrale als Verwaltungsstelle einer gemeinsamen Fürsorgekasse und Auskunftei "für alle Fragen in katholisch kirchlichen Angelegenheiten" gedacht, weshalb der Leiter verpflichtet werden sollte, "sämtliche in Düsseldorf erscheinenden Blätter fortlaufend durchzusehen". Erwogen wurde schließlich, die Leitung der projektierten Geschäftsstelle dem Rektor des Hubertusstiftes anzuvertrauen und ihm ein Kuratorium aus Geistlichen an die Seite zu stellen[271].

Der Erste Weltkrieg und seine Folgewirkungen verhinderten die sofortige Realisierung eines katholischen Zentralgemeindebüros. Das Vorhaben rückte erst mit der Einrichtung des Düsseldorfer Gemeindeverbandes wieder in den Blick. Nachdem in Folge der Erzbergerschen Finanz- und Steuerreform der Jahre 1919/20 von den Pfarrgemeinden eines Ortes nur einheitliche Prozentsätze der Kirchensteuer erhoben werden durften, musste eine unterschiedslose Besteuerung eingeführt werden[272]. Durch die Erhe-

---

[266] Vgl. AEK GVA Düsseldorf überhaupt 13.1, 16.01.1914.
[267] Vgl. Ludwig Litzinger, Wie zentralisiert man die Personenstandsregister in größeren Stadt- und Industriebezirken zu Zwecken des kirchlichen Vereinslebens und der Seelsorge. Dargestellt an dem Beispiel von Dortmund, Mönchengladbach 1912, 3.
[268] Vgl. AEK GVA Düsseldorf überhaupt 13.1, 16.01.1914.
[269] Vgl. Ludwig Litzinger, Wie zentralisiert man die Personenstandsregister in größeren Stadt- und Industriebezirken zu Zwecken des kirchlichen Vereinslebens und der Seelsorge. Dargestellt an dem Beispiel von Dortmund, Mönchengladbach 1912, 4 ff.
[270] Vgl. AEK GVA Düsseldorf überhaupt 13.1, 16.01.1914.
[271] Vgl. AEK GVA Düsseldorf überhaupt 13.1, 16.01.1914. Vgl. auch NN, Die Pfarr- und Caritas - Zentrale, in: Nachrichtenblatt des Düsseldorfer Caritas - Verbandes Jg. 1 Nr. 1 (Oktober 1924), 2 - 3, 2 f.
[272] Vgl. DT 07.12.1924; DT 13.02.1925.

bung einheitlicher Kirchentaxen wurde zwar der Missstand einer ungleichen Besteuerung beseitigt, doch hatte dies zur Folge, "daß, da jetzt alle denselben Prozentsatz der Kirchensteuer erhoben, einzelne mehr als ausreichende Einnahmen hatten, während die Einnahmen für andere nicht hinreichten"[273]. Nach einer Aufstellung gab es 8 Gemeinden, bei denen der Steuersatz genügte, "während bei 17 Kirchengemeinden der Steuersatz bei weitem nicht ausreichte, um alle Bedürfnisse zu bestreiten (sogenannte Defizitgemeinden) und 8 Gemeinden sogenannte Überschußgemeinden waren, die bei dem gleichen Steuersatz zu viel Steuereinnahmen hatten"[274]. Folgerichtig musste nach einem Ausgleich gesucht werden. "Die besser situierten Kirchengemeinden", so das Düsseldorfer Tageblatt vom 7. Dezember 1924, "die aus den gleichen Prozentsätzen der Kirchensteuer Überschüsse erzielten, versprachen zwar, den notleidenden Gemeinden von ihrem Überschuß mitzuteilen"[275]. Doch war dies "eben nur ein Privatübereinkommen und die Defizitgemeinden waren immer auf das Wohlwollen der besser situierten Gemeinden angewiesen"[276]. Ohne Zweifel gab die Unsicherheit schon allein genug Anlass, dem Gedanken eines Gesamtverbandes näher zu treten. Als weiterer Umstand, "der den Gedanken des Gesamtverbandes der Kirchen - Pfarrgemeinden noch verstärkte", kam indes die fortschreitende Inflation hinzu und "die damit Hand in Hand gehende Schwierigkeit, noch ausreichende Gehälter für die Geistlichen und Kirchenbeamten zu zahlen"[277]. Nun waren die Gemeinden zum gemeinsamen Handeln genötigt, "denn die Not unter den Kirchenangestellten war derart, daß sie gezwungen waren, sich nach einem anderen Erwerb umzusehen"[278]. Es hätte wohl nicht mehr der Empfehlungen der Kölner Diözesansynode von 1922 bedurft, doch wurden erst eine Woche nach Synodenende ernsthafte Überlegungen für einen rechtlich - gesetzlichen Steuerausgleich und zur Gründung eines "Zweckverbandes der katholischen Pfarrgemeinden Düsseldorfs" angestrengt[279]. Nach vielen Vorbereitungen erfolgte am 23. Juli 1923 der provisorische Zusammenschluss zu einem Gemeindeverband mit einer "Kasse unter gemeinschaftlicher Verwaltung"[280], in die alle, nach einem für die ganze Stadt einheitlichen Steuersatz eingezogenen Kirchengelder flossen. Andere Einnahmen der Kirchengemeinden wie Kollekten, Fonds, Stiftungen usw. blieben davon unberührt[281]. Am 30. Juli 1923 erbat Dechant Franz Sasse vom Generalvikariat die behördliche Genehmigung, "nachdem die Kirchenvorstände und die kirchlichen Gemeindevertretungen des hiesigen Dekanates mit Ausnahme der Pfarrgemeinde zum hl. Maximilian die Gründung eines gemeinsamen

---

[273] DT 07.12.1924. Vgl. auch DT 13.02.1925.
[274] DT 13.02.1925.
[275] DT 07.12.1924.
[276] DT 07.12.1924. Vgl. auch DT 13.02.1925.
[277] DT 07.12.1924. Vgl. auch KGD 31, 31.03.1924.
[278] DT 07.12.1924.
[279] Vgl. AEK GVA Düsseldorf überhaupt 72, 18.10.1922 und 21.11.1922; PfA Düsseldorf St. Lambertus Akten 16, 30.10.1922; PfA Düsseldorf St. Lambertus Akten 31, Chronik der Pfarrei St. Lambertus 1913 - 1951, 1922.
[280] Vgl. KGD 31, 31.03.1924; KGD 66, 01.04.1923; PfA Düsseldorf St. Lambertus Akten 31, Chronik der Pfarrei St. Lambertus 1913 - 1951, 1923; DT 28.03.1924; DT 07.12.1924.
[281] Vgl. DT 07.12.1924.

Zweckverbandes mit der Aufgabe der Besoldung der Geistlichen und Kirchenangestellten sowie der Zahlung der Diözesanhilfssteuer nach Maßgabe des beigefügten Statuts beschlossen" hatten[282]. Da sich der neue Zusammenschluss der Gemeinden "sowohl im Interesse der notleidenden als auch der gutsituierten" schnell bewährte[283], wurde am 17. September 1924 auf einer Sitzung sämtlicher Pfarrgemeinden der Gemeindeverband der katholischen Kirchengemeinden Düsseldorfs definitiv gegründet[284].

Düsseldorf war die erste Stadt, die auf Grund des Gesetzes vom 24. Juli 1924 über die Verwaltung des katholischen Kirchenvermögens den Gemeindeverband errichtete[285]. Dem neuen Zusammenschluss waren alle katholischen Kirchengemeinden der Stadt Düsseldorf beigetreten, die im Gründungsjahr 34 Pfarreien zählte: St. Adolfus, St. Andreas, St. Antonius Friedrichstadt, St. Antonius Oberkassel, St. Anna, St. Apollinaris, St. Benediktus, St. Blasius, St. Bruno, St. Dionysius, Dreifaltigkeit, St. Elisabeth, St. Franziskus, St. Gertrud, Heilig Geist, Herz - Jesu, St. Joseph Oberbilk, St. Joseph Rath, St. Katharina, St. Lambertus, Liebfrauen, St. Margaretha, Maria Empfängnis, Maria unter dem Kreuze, Maria Rosenkranz, St. Martin, St. Maximilian, St. Nikolaus, St. Paulus, St. Petrus, St. Rochus, Schmerzhafte Mutter, St. Suitbertus, St. Ursula[286]. Laut erzbischöflicher Errichtungsurkunde vom 13. November 1924 hatte der Gemeindeverband "aus einer einheitlichen und gleichen Kirchensteuer, die entsprechend den Bedürfnissen der zugehörigen Einzelgemeinden von der Verbandsvertretung festgesetzt wurde, folgende Aufgaben zu bestreiten: "a) das Gehalt der Pfarrer nach den kirchlichen und staatlichen Bestimmungen und nach Maßgabe der Leistungsfähigkeit des Verbandes; b) ein angemessenes, nach einheitlichen Grundsätzen festgesetztes Gehalt für die Hilfsgeistlichen und kirchlichen Angestellten; c) die Diözesansteuer und die Kosten der gemeinsamen Einrichtungen; d) Zuschüsse zum Neubau von Kirchen und kirchlichen Dienstwohnungen, sowie zum Ankauf der hierzu erforderlichen Grundstücke; e) einen einheitlichen Zuschuß zu den übrigen Etatsaufgaben, der wenigstens 10 % des Steueraufkommens der Einzelgemeinde betragen muß"[287]. Die erzbischöfliche Anordnung trat mit dem 1. Oktober 1924 in Kraft und wurde am 31. Januar 1925 vom Düsseldorfer Regierungspräsidenten genehmigt[288]. Die dem Gemeindeverband übertragenen Rechte und Pflichten wurden von einer Verbandsvertretung wahrgenommen, die aus den Vorsitzenden und

---

[282] AEK GVA Düsseldorf überhaupt 72, 30.07.1923.

[283] DT 07.12.1924. Vgl. auch KGD 31, 31.03.1924.

[284] Vgl. DT 07.12.1924; DT 13.02.1925.

[285] Vgl. KGD 31, 19.09.1924; PfA Düsseldorf St. Lambertus Akten 16, 19.09.1924; NN, Gesetz über die Verwaltung des katholischen Kirchenvermögens. Vom 24. Juli 1924, in: Preußische Gesetzsammlung Nr. 43 (31.07.1924), 585 - 591, 585 ff.

[286] Vgl. KGD 31, 10.11.1924; NN, Errichtungsurkunde des Gemeindeverbandes der katholischen Kirchengemeinden der Stadt Düsseldorf, in: Kirchlicher Anzeiger für die Erzdiözese Köln Jg. 65 Nr. 7 (15.03.1925), 45 - 46, 45.

[287] NN, Errichtungsurkunde des Gemeindeverbandes der katholischen Kirchengemeinden der Stadt Düsseldorf, in: Kirchlicher Anzeiger für die Erzdiözese Köln Jg. 65 Nr. 7 (15.03.1925), 45 - 46, 45. Vgl. auch KGD 31, 19.09.1924; KGD 94, 17.02.1925; PfA Düsseldorf St. Lambertus Akten 16, 19.09.1924.

[288] Vgl. KGD 69, 13.11.1924 und 31.01.1925; NHS Regierung Düsseldorf 28655, Bl. 1 ff; AW 14.02.1925; NN, Errichtungsurkunde des Gemeindeverbandes der katholischen Kirchengemeinden der Stadt Düsseldorf, in: Kirchlicher Anzeiger für die Erzdiözese Köln Jg. 65 Nr. 7 (15.03.1925), 45 - 46, 46.

zwei weiteren Mitgliedern der einzelnen Kirchenvorstände bestand[289]. Zur Erleichterung der Geschäftsführung wählte die Verbandsvertretung sechs Mitglieder aus ihrer Mitte, die mit dem Vorsitzenden der Verbandsvertretung (Stadtdechant) und unter dessen Leitung einen Verbandsausschuss bildeten. Der Ausschuss vertrat "den Gemeindeverband in vermögensrechtlicher Beziehung, in strittigen wie in nicht strittigen Rechtssachen, nach außen und verwaltete dessen Vermögen nach Maßgabe der Verbandsvertretungsausschüsse"[290]. Die Kirchengemeinden behielten ihre ordentlichen Einnahmen aus Kapitalien, Stiftungen, Pachtungen, Kollekten usw., verzichteten indes auf die außerordentlichen Einnahmen aus Kirchensteuern und Kirchenumlagen, die in die Zentralkasse des Zweckverbandes flossen[291].

Der neu errichtete Gemeindeverband wurde vom Düsseldorfer Tageblatt als "gewaltiger Fortschritt" für das katholische Düsseldorf gefeiert, da "Ungerechtigkeiten zwischen einzelnen Kirchengemeinden in vermögensrechtlicher Hinsicht" jetzt nicht mehr bestanden[292]. "Zunächst ist einmal durch Neueinrichtung eine durchgreifende Hilfe für die leistungsschwachen Gemeinden (und das ist fast die Hälfte aller Düsseldorfer Gemeinden) gewährleistet. Der zweite Vorteil ist der, daß die Besoldungen für die Geistlichen und Kirchenangestellten in ganz Düsseldorf in gleicher Weise geordnet sind, so daß nicht der Zustand zu beklagen ist, der früher oft zu verzeichnen war, daß Geistliche und Kirchenangestellte in arbeitsreichen Vororts - Pfarreien kaum genug zu leben hatten, während die Geistlichen und Angestellten in einer gut situierten Pfarrei im Innern der Stadt jenen gegenüber sehr gut gestellt waren. Ein weiterer Vorteil besteht darin, daß die gleiche Kirchensteuer von allen Düsseldorfer Katholiken gezahlt werden muß"[293]. Da der Gemeindeverband "sowohl verwaltungstechnisch als auch finanziell ... ausgezeichnet arbeitete", konnte er in den zwanziger Jahren "die allerniedrigsten Kirchensteuern in der Erzdiözese Köln" erheben[294]. Während 1926 in Düsseldorf der Kirchensteuersatz noch 15 Prozent betrug, konnte er 1927/28 auf 12 Prozent gesenkt werden. Die evangelische und israelitische Gemeinde in Düsseldorf zogen zur gleichen Zeit eine Kirchensteuer von 14 Prozent ein. In Essen und Bonn war der Steuersatz auf 16 3/4 Prozent, in Köln und Krefeld auf 12 1/2 Prozent, in Aachen gleichfalls auf 12 Prozent festgelegt[295].

---

[289] Vgl. KGD 31, 19.09.1924; PfA Düsseldorf St. Lambertus Akten 16, 19.09.1924.
[290] KGD 31, 19.09.1924; PfA Düsseldorf St. Lambertus Akten 16, 19.09.1924.
[291] Vgl. DT 13.02.1925.
[292] DT 13.02.1925. Vgl. auch DN 11.05.1929.
[293] DT 13.02.1925.
[294] DN 15.05.1930.
[295] Vgl. DT 24.04.1927; NN, Kirchensteuer, in: Katholische Kirchenzeitung (Düsseldorf) Jg. 5 Nr. 27 (01.07.1928), 212 - 213, 212.

Verbandszentrale Tonhallenstraße

Der Zusammenschluss der Pfarreien zum Gemeindeverband brachte es mit sich, dass Düsseldorf die erste Stadt der Erzdiözese Köln war, "die eine große katholische Verwaltungszentrale aufweisen" konnte[296]. Als Kardinal Karl Joseph Schulte im Juni 1924 auf der Schlusskonferenz der Visitation des Dekanates Düsseldorf den Wunsch äußerte, "daß das katholische Düsseldorf demnächst in den Besitz einer eigenen katholischen Zentrale gelangen möchte, und die leitenden Kreise doch Schritte unternehmen möchten, um ein solches Haus ... zu bekommen"[297], ahnte niemand, dass sich der Wunsch des Metropoliten schon bald erfüllte. Nach einer Notiz im Düsseldorfer Tageblatt vom 17. Februar 1925 hatte es bereits mehrfach den Versuch gegeben, "insbesondere für den Caritasverband, der in einigen durchaus unzureichenden Räumen auf der Neustraße untergebracht war, ein geeigneteres und passenderes Unterkommen zu finden, eventuell ein eigenes Haus zu beschaffen"[298].

In der Tat bezeugen die erhaltenen Unterlagen über den Düsseldorfer Caritasverband, dass in den zurückliegenden Monaten wiederholt Anstrengungen unternommen worden waren, für das Caritassekretariat eigene Räumlichkeiten zu erwerben. Wie bereits geschildert, hatte der Caritasvorstand am 22. November 1923 das Generalvikariat davon in Kenntnis gesetzt, dass "Verhandlungen über Erwerb eines Caritashauses" in Gang waren, die von Johannes Becker eingeleitet und "bisher zu bestimmten Ergebnissen geführt" wurden[299]. Um welche Immobilie es sich dabei handelte und wie real die Möglichkeit ihres Erwerbes tatsächlich war, bleibt dunkel. Ähnliche Fragen wirft ein Schreiben von Johannes Becker an den Freiburger Generaldirektor Arthur Hugo Klieber vom 11. August 1924 auf, wenn es dort heißt: "Der hiesige Orts - Caritas -Verband steht im Begriffe, ein Haus zu erwerben. Der Kaufpreis ist zwar noch nicht endgültig festgesetzt, wird aber wahrscheinlich 55 - 60000 Mark betragen. Wenn wir auch einiges hiesiges Geld im Rücken haben, wird es doch notwendig sein, nach anderen Geldquellen Ausschau zu halten. Ich frage nun freundlichst - zunächst unverbindlich - an, ob Sie uns ein Kapital von 10000 Mark sichern können. Sollte der Betrag wegen seiner Höhe nicht zu erreichen sein, würden wir uns auch mit einem kleineren Darlehen begnügen"[300]. Ob die Mitteilung noch immer auf das gleiche Haus bezogen war oder der Vorstand bereits den Kauf eines neuen Objektes ins Auge gefasst hatte, ist nicht mehr in Erfahrung zu bringen. Fest steht jedoch, dass der Düsseldorfer Caritasverband bei der Kapitalbeschaffung auf sich allein gestellt blieb. Mit Bedauern antwortete Arthur Hugo Klieber am 18. August 1924 auf die Düsseldorfer Eingabe: "Wir können Ihnen ... einen Kredit nicht in Aussicht stellen, so leid uns das für den dortigen so rührigen Caritasverband tut". Zur Begründung fügte er an: "Die eigenen Mittel des Deutschen Caritasverbandes sind zur

---

[296] Vgl. DT 07.12.1924.
[297] DT 17.02.1925.
[298] DT 17.02.1925.
[299] Vgl. AEK GVA Düsseldorf überhaupt 83, 22.11.1923. Vgl. auch AEK GVA Düsseldorf überhaupt 83, 07.02.1924.
[300] DCF 127 D/2, 11.08.1924.

Zeit vollständig erschöpft. Aus dem Auslande geht fast nichts mehr ein und das Inland ist verarmt, insbesondere der Mittelstand, der uns früher über Wasser gehalten hat. Wenn wir nicht bescheidene wirtschaftliche Einnahmequellen hätten, könnten wir überhaupt nicht mehr existieren"[301].

Wenn das Düsseldorfer Tageblatt mit Blick auf den Immobilienerwerb des Caritasverbandes meinte, "alle diese Versuche aber scheiterten an den verschiedensten Schwierigkeiten"[302], so dürften diese wohl ausschließlich finanzieller Art gewesen sein[303]. Treffend bemerkte das Blatt: "Erst der Zusammenschluß der katholischen Pfarrgemeinden Düsseldorfs zu einem katholischen Gemeindeverbande, der u.a. die Kosten für die gemeinsamen Einrichtungen auf seine Rechnung nahm, ermöglichte es, für die gemeinsamen Unternehmungen der katholischen Pfarrgemeinden Düsseldorfs ein entsprechendes Haus zu erwerben"[304]. Glaubt man den überlieferten Quellen, kam es bei der Erwerbung einer Geschäftsstelle vor allem darauf an, "ein recht zentral gelegenes Objekt zu finden, das nicht nur die schon vorhandenen lokalen katholischen Einrichtungen aufnehmen konnte, sondern auch für später, wenn neue zentrale Einrichtungen noch geschaffen werden müssen oder die schon vorhandenen noch vergrößert werden müßten, auf jeden Fall ausreiche und in würdiger Weise das katholische Düsseldorf repräsentieren sollte, ohne dabei das Budget der katholischen Pfarrgemeinden allzu sehr zu belasten"[305].

Bei der Suche nach einer geeigneten Immobilie für die zukünftige katholische Zentrale wurde der Verwaltungsrat des provisorischen Zweckverbandes im Sommer 1924 auf das Haus Tonhallenstr. 15 aufmerksam[306]. Am 28. August 1924 besichtigten Dechant Franz Sasse, Pfarrer Max Döhmer, Pfarrer Johannes Röhrig, Caritassekretär Johannes Becker, Direktor Friedrich Flach und Geschäftsführer Peter Jansen das Haus an der Ecke Tonhallenstraße/Oststraße, für das die Besitzerin Johanna Gries einen Kaufpreis von 76600 forderte, und entschieden sich für einen Ankauf[307]. Ausschlaggebend war: "1.) die vorzügliche Lage, 2.) der Umstand, daß in dem Unterhaus die Geschäftsräume für den Gesamt- und den Caritasverband vorläufig untergebracht werden können, 3.) daß das Haus ... 9500,- Mark Miete, also gute Verzinsung einbringt, 4). in späterer Zeit durch einen Um- bzw. Erweiterungsbau voraussichtlich auch für alle zukünftigen Zwe-

---

[301] DCF 127 D/2, 18.08.1924.

[302] DT 17.02.1925.

[303] Vgl. Johannes Becker, Katholischer Caritas - Verband für die Stadt Düsseldorf, in: Mitteilungen der Caritassekretariate zu Aachen, Krefeld, Elberfeld, Essen - Stadt, Essen - Land, Düsseldorf Jg. 2 Nr. 1/3 (16.05.1925), 14 - 17, 16; Johannes Becker, Katholischer Caritas - Verband für die Stadt Düsseldorf. Geschichtlicher Rückblick, in: Katholische Kirchenzeitung (Düsseldorf) Jg. 2 Nr. 14 (05.07.1925), 124c.

[304] DT 17.02.1925.

[305] DT 17.02.1925.

[306] Vgl. KGD 31, 28.08.1924; PfA Düsseldorf St. Lambertus Akten 16, 28.08.1924. Eine Abbildung des Hauses bietet NN, Zur rheinischen Jahrtausendfeier. Düsseldorf, die Kunst- und Gartenstadt am Rhein, in: Weltwarte Jg. 2 Nr. 26 (28.06.1925), 204.

[307] Vgl. KGD 31, 28.08.1924; KGD 94, S. 137; PfA Düsseldorf St. Lambertus Akten 16, 28.08.1924; ALD Grundbuchblatt Pempelfort 6052, 19.09.1924.

cke des Gesamtverbandes hergerichtet werden kann"[308]. Wenige Tage später genehmigte die Verbandsvertretung der katholischen Pfarrgemeinden den Erwerb des Hauses, der am 1. Oktober 1924 durch Notariatsakt vom 19. September 1924 rechtswirksam wurde[309]. Mit den baulichen Veränderungen im Innern konnte schon Ende Oktober begonnen werden[310], so dass der Gemeindeverband, der seit der Jahreswende 1923/1924 in der Wohnung seines Geschäftsführers Peter Jansen (Lindemannstr. 1) ein provisorisches Sekretariat unterhielt[311], Anfang Dezember 1924[312] und der Caritasverband Anfang Januar 1925[313] an der Tonhallenstraße neue Räumlichkeiten beziehen konnten. Letzterer hatte das gesamte Erdgeschoss mit sieben Räumen für seine Zwecke zugewiesen bekommen, während der Gemeindeverband seine Geschäftsstelle im zweiten Stock einrichtete[314]. Hier befand sich auch ein großer Sitzungssaal, der dem Gemeindeverband, dem Pfarrkapitel, der Geistlichkeit wie auch den örtlichen katholischen Verbandsorganisationen als Beratungs- und Konferenzstätte dienen sollte[315]. Am 17. Februar 1925 wurde das Haus von Dechant Franz Sasse eingesegnet und seiner neuen Zweckbestimmung offiziell übergeben[316]. Da die Eröffnung der Zentrale mit der offiziellen Bekanntgabe der Errichtung des Gemeindeverbandes Düsseldorf zusammenfiel, schrieb das Düsseldorfer Tageblatt vom 17. Februar 1925 euphorisch: "Dieses glückliche Zusammentreffen zweier grundlegender Ereignisse ist für das katholische Düsseldorf ein ragender Markstein in der kirchlichen Entwicklung Düsseldorfs während der letzten Jahrzehnte. Stolz und freudig können jetzt die Düsseldorfer Katholiken sagen: Wir sind gewachsen! Der katholische Gemeinschaftsgedanke marschiert in Düsseldorf! Mögen katholischer Gemeindeverband und katholische Zentrale in Düsseldorf dazu beitragen, die großen Aufgaben der Zukunft glücklich lösen zu helfen zum Wohl unserer Stadt, unserer Kirche und unseres Volkes!"[317].

---

[308] KGD 31, 28.08.1924; PfA Düsseldorf St. Lambertus Akten 16, 28.08.1924.

[309] Vgl. PfA Düsseldorf St. Lambertus Akten 16, 04.09.1924; ALD Grundbuchblatt Pempelfort 6052, 19.09.1924.

[310] Vgl. DT 17.02.1925.

[311] Vgl. KGD 66, 11.01.1924.

[312] Vgl. DT 03.12.1924; AW 04.12.1924.

[313] Vgl. DT 07.12.1924; AW 14.01.1925; DT 14.01.1925; AW 17.01.1925; NN, Düsseldorfer Rückblick, in: Katholische Kirchenzeitung (Düsseldorf) Jg. 1 Nr. 44 (01.02.1925), o. S. (18); DT 13.02.1925; Johannes Becker, Katholischer Caritas - Verband für die Stadt Düsseldorf, in: Mitteilungen der Caritassekretariate zu Aachen, Krefeld, Elberfeld, Essen - Stadt, Essen - Land, Düsseldorf Jg. 2 Nr. 1/3 (16.05.1925), 14 - 17, 16; Johannes Becker, Katholischer Caritas - Verband für die Stadt Düsseldorf. Geschichtlicher Rückblick, in: Katholische Kirchenzeitung (Düsseldorf) Jg. 2 Nr. 14 (05.07.1925), 124c; Johannes Becker, Caritative Tätigkeit in Düsseldorf (1924), in: Mitteilungen des Katholischen Caritas - Sekretariates, Düsseldorf Jg. 1 Nr. 1 (Juli/August 1925), 1 - 15, 2.

[314] Vgl. DT 17.02.1925.

[315] Vgl. DT 17.02.1925; Fritz Magon, Das Märchen vom Zwerg und den drei Engelein. Eine Düsseldorfer Neujahrsbetrachtung, in: Katholische Kirchenzeitung (Düsseldorf) Jg. 2 Nr. 40 (03.01.1926), 332 - 333, 333.

[316] Vgl. DT 18.02.1925; NN, Die Weihe des neuen Verbandshauses auf der Tonhallenstraße, in: Katholische Kirchenzeitung (Düsseldorf) Jg. 1 Nr. 48 (01.03.1925), o. S. (20).

[317] DT 17.02.1925.

Wie aus dem Protokollbuch des Gemeindeverbandes hervorgeht, verlas Geschäftsführer Peter Jansen nach der feierlichen Einweihung des Hauses die vom Generalvikariat und der Staatsregierung genehmigte Errichtungsurkunde[318]. Danach berichtete Pfarrer Johannes Röhrig von den "mühseligen Verhandlungen" zum Erwerb des Hauses[319], "was wegen Lage und Preis" nach Ansicht von Pfarrer Franz Sasse "als eine besondere Fügung der gütigen Vorsehung betrachtet werden" musste[320]. Anschließend genehmigte die Versammlung einstimmig die Bedingungen des Kaufes zu 76600,- Goldmark und erteilte dem provisorischen Verwaltungsrat Entlastung[321]. Auf Vorschlag von Pfarrer Johannes Jansen wurde der vorläufige Verwaltungsrat als endgültiger einstimmig gewählt[322].

Die Verlegung des Sekretariates zur Tonhallenstraße "bahnte" dem Caritasverband für die Stadt Düsseldorf "den Weg zu neuem Aufstieg"[323], doch war beim Umzug aus der Altstadt nach Pempelfort auch Wehmut spürbar. Für viele Düsseldorfer Katholiken und Nichtkatholiken war die Neustr. 11 seit dem Jahre 1917 eine vertraut gewordene Auskunftsstelle, die den Bürgern der Stadt in Nöten aller Art mit Rat und Tat zur Seite stand. Noch am 26. Mai 1924 hatte Kardinal Karl Joseph Schulte bei einer Visitation des Dekanates Düsseldorf die Räume in der Neustraße aufgesucht, um sich ein Bild von der örtlichen Caritasarbeit zu verschaffen. "Die kleinen und bescheidenen Büroräume", so eine Zeitungsnotiz, "waren aus Anlaß des hohen Besuchs würdig geschmückt. Ein herzliches 'Caritas - Urget !' grüßte die eintretenden Gäste. Mitglieder des Kuratoriums und die Verbandsangestellten waren zur Begrüßung erschienen. In einer nachfolgenden Besprechung kamen einzelne Arbeiten und Aufgaben der Caritas zur Sprache. Der Oberhirt ermunterte zu reger Weiterarbeit in dem schönen und segensreichen Gebiete kirchlicher Liebestätigkeit"[324]. Mag der Abschied von den "armseligen Stübchen in der Neustraße, aus denen doch so viel Gutes hervorgegangen ist", schwer gefallen sein, so überwog die Freude, sie "mit den angemesseneren Räumen im neuen 'katholischen Haus' auf der Tonhallenstraße vertauschen" zu können[325]. Zu Recht bemerkte der Aufwärts im Januar 1925: "Die straffere Zusammenfassung der kirchlichen Liebestätigkeit in den letzten Jahren und die steigende Not der Zeit führten zu einer immer größer werdenden Tätigkeit des Karitassekretariates, sodaß die vorhandenen Räumlichkeiten den gewachsenen Anforderungen längst nicht mehr genügten. Die jetzigen Büroräume im katholischen Verwaltungshause geben der Karitas - Geschäftsstelle einen besseren und würdigeren Rahmen"[326]. An welchem Tag die Arbeit in Pempelfort aufgenommen wurde, ist nicht bekannt. Im Düsseldorfer Tageblatt vom 14. Januar 1925 heißt es lediglich: "We-

---

[318] Vgl. KGD 94, 17.02.1925.
[319] Vgl. DT 18.02.1925.
[320] Vgl. PfA Düsseldorf St. Lambertus Akten 31, Chronik der Pfarrei St. Lambertus 1913 - 1951, 1924.
[321] Vgl. KGD 94, 17.02.1925.
[322] Vgl. KGD 94, 17.02.1925.
[323] AEK GVA Düsseldorf überhaupt 83, 07.02.1924.
[324] DT 30.05.1924.
[325] Vgl. NN, Düsseldorfer Rückblick, in: Katholische Kirchenzeitung (Düsseldorf) Jg. 1 Nr. 44 (01.02.1925), o. S. (18).
[326] AW 14.01.1925.

gen Umzugs nach Tonhallenstr. 15 bleibt das Caritas - Sekretariat für eine Woche geschlossen"[327]. Drei Tage später wies der Aufwärts ausdrücklich darauf hin, dass mit dem Sekretariat des Caritasverbandes auch die Geschäftsstellen des Katholischen Männerfürsorgevereins, des Raphaelsvereins und des Huisvestings - Comites zur Tonhallenstraße verlegt werden[328]. Die Räumlichkeiten des neuen Caritassekretariates fanden schnell Gefallen; so schrieb der Redakteur der Düsseldorfer Kirchenzeitung nach seinem ersten Besuch: "Die einzelnen, etwas kleinen, hell erleuchtenden Zimmer machten entsprechend geschmückt, einen freundlichen, gewinnenden Eindruck und die emsige Tätigkeit der Hilfskräfte zeugte von dem emsigen Bestreben, der Not der leidenden Mitbrüder Herr zu werden"[329].

Die Zahl der "emsigen Hilfskräfte" im Düsseldorfer Caritassekretariat war bereits vor dem Umzug von drei (1923) auf sechs (Februar 1924) gestiegen[330]; im Juli 1925 beschäftigte der Verband "sieben bzw. acht Kräfte, die mit entsprechender Vor- und Ausbildung ausgerüstet, die vielgestaltigen Aufgaben der Großstadt - Caritas zu erledigen" hatten[331]. Die Verdoppelung der Mitarbeiterzahl wurde möglich, seit der Gemeindeverband Anfang 1924 die Gehaltszahlungen "für die im Sekretariat tätigen Beamten und Beamtinnen zu einem wesentlichen Anteil" übernahm und "damit endlich eine freie und sichere Bahn für eine günstige Aufwärtsentwicklung unserer Einrichtung gewonnen" war[332]. Zu Recht stellte Johannes Becker im Frühjahr 1925 fest: "Mit der Einrichtung des kirchlichen Gemeindeverbandes wurden die großen finanziellen Schwierigkeiten auch für den Caritasverband und dessen Sekretariat beseitigt"[333].

Verbandsbericht 1924 I

Wenn auch die verbesserten Finanzverhältnisse und der Zuwachs an Mitarbeitern "nicht allen uns zuströmenden Aufgaben und Arbeiten genügen" konnten, so war es doch

---

[327] DT 14.01.1925. Vgl. auch AW 14.01.1925.
[328] Vgl. AW 17.01.1925.
[329] NN, Die Weihe des neuen Verbandshauses auf der Tonhallenstraße, in: Katholische Kirchenzeitung (Düsseldorf) Jg. 1 Nr. 48 (01.03.1925), o. S. (20).
[330] Vgl. AEK GVA Düsseldorf überhaupt 83, 07.02.1924.
[331] Johannes Becker, Katholischer Caritas - Verband für die Stadt Düsseldorf, in: Mitteilungen der Caritassekretariate zu Aachen, Krefeld, Elberfeld, Essen - Stadt, Essen - Land, Düsseldorf Jg. 2 Nr. 1/3 (16.05.1925), 14 - 17, 16; Johannes Becker, Katholischer Caritas - Verband für die Stadt Düsseldorf. Geschichtlicher Rückblick, in: Katholische Kirchenzeitung (Düsseldorf) Jg. 2 Nr. 14 (05.07.1925), 124c.
[332] Johannes Becker, Katholischer Caritas - Verband für die Stadt Düsseldorf, in: Mitteilungen der Caritassekretariate zu Aachen, Krefeld, Elberfeld, Essen - Stadt, Essen - Land, Düsseldorf Jg. 2 Nr. 1/3 (16.05.1925), 14 - 17, 16; Johannes Becker, Katholischer Caritas - Verband für die Stadt Düsseldorf. Geschichtlicher Rückblick, in: Katholische Kirchenzeitung (Düsseldorf) Jg. 2 Nr. 14 (05.07.1925), 124c. Vgl. auch DN 15.05.1930.
[333] Johannes Becker, Katholischer Caritas - Verband für die Stadt Düsseldorf, in: Mitteilungen der Caritassekretariate zu Aachen, Krefeld, Elberfeld, Essen - Stadt, Essen - Land, Düsseldorf Jg. 2 Nr. 1/3 (16.05.1925), 14 - 17, 16; Johannes Becker, Katholischer Caritas - Verband für die Stadt Düsseldorf. Geschichtlicher Rückblick, in: Katholische Kirchenzeitung (Düsseldorf) Jg. 2 Nr. 14 (05.07.1925), 124c.

mehr als früher möglich, "großzügig zu arbeiten"[334]. Diese, von Johannes Becker Anfang Februar 1924 aufgestellte Behauptung findet ihre Bestätigung, nimmt man den Rechenschaftsbericht des gleichen Jahres zur Hand. Erstmals legte der Caritasverband für die Stadt Düsseldorf unter dem Titel "Caritative Tätigkeit in Düsseldorf (1924)" einen Jahresbericht vor, der über alle Bereiche katholischer Fürsorgearbeit gleichermaßen eingehend informierte[335]. Unterteilt in die beiden Abschnitte "Das Caritas - Sekretariat" und "Die caritativen Vereine und Fachorganisationen" war dem Bericht eine grundlegende Einführung vorangestellt, die über Zweck und Mittel des Caritasverbandes unterrichtete. Die Darlegungen folgten den Leitlinien der Gründungsjahre, doch waren die Kerngedanken erkennbar den Herausforderungen der Zeit angepasst. Verstand sich der Caritasverband 1904 als Zusammenschluss katholischer Anstalten, Stiftungen und Vereine Düsseldorfs, "um die Werke der Nächstenliebe in planmäßiger Weise gemeinsam zu fördern"[336], so lautete die Selbstinterpretation zwanzig Jahre später: "Zweck des Caritasverbandes ist es, die Werke der Caritas innerlich der Stadt Düsseldorf sachkundig anzuregen und planmäßig zu fördern, bei ihren Trägern die Einheitlichkeit der Grundsätze und, soweit erforderlich, die Geschlossenheit des Handels sicher zu stellen, sowie die Mitglieder des Verbandes in ihrer Gesamtheit gegenüber den öffentlichen Körperschaften und Behörden, den katholischen und nichtkatholischen Organisationen innerhalb der Stadt Düsseldorf zu vertreten"[337]. Bei der Rekonstituierung des Verbandes 1907 galt als Mittel, "jährlich eine Übersicht über die Tätigkeit der katholischen charitativen Vereine und Anstalten hierselbst zu veröffentlichen"[338]. Als dem Zweck dienlich wurden im Jahre 1924 folgende Mittel angesehen: "1. Das Caritas - Sekretariat als Geschäfts-, Auskunfts- und Beratungsstelle in allen Angelegenheiten der Caritas- und Wohlfahrtspflege. 2. Die praktische Ausführung solcher Liebeswerke, für die ein anderer berufener und geeigneter Träger fehlt. 3. Die Förderung der caritativen Vereine und Fachorganisationen. 4. Die Zusammenarbeit mit der städtischen und nichtkatholischen Wohlfahrtspflege"[339].

Die Berichterstattung über die Arbeit des Caritassekretariates begann mit einem Rückblick auf den gerade abgeschlossenen Umzug zur Tonhallenstraße, wo "endlich entsprechend der Bedeutung des Verbandes für diesen ein würdiger Mittelpunkt geschaffen worden" war. Wie in den Notjahren der Kriegs- und Nachkriegszeit musste auch 1924 die Kinderfürsorge durchgeführt werden. Zusammen mit einem Ausschuss der örtlichen Schulorganisation brachte der Verband zahlreiche Schüler in Erholungsheimen unter, wobei "der Zweck der Erholungsfürsorge ... an den Kindern vollauf er-

---

[334] Vgl. AEK GVA Düsseldorf überhaupt 83, 07.02.1924.
[335] Vgl. Johannes Becker, Caritative Tätigkeit in Düsseldorf (1924), in: Mitteilungen des Katholischen Caritas - Sekretariates, Düsseldorf Jg. 1 Nr. 1 (Juli/August 1925), 1 - 15, 1 ff. Vgl. auch NN, Kurze Mitteilungen, in: Nachrichtenblatt des Düsseldorfer Caritas - Verbandes Jg. 1 Nr. 4 (April 1925), o. S. (4).
[336] Vgl. oben S. 344.
[337] Johannes Becker, Caritative Tätigkeit in Düsseldorf (1924), in: Mitteilungen des Katholischen Caritas - Sekretariates, Düsseldorf Jg. 1 Nr. 1 (Juli/August 1925), 1 - 15, 1.
[338] Vgl. oben S. 352.
[339] Johannes Becker, Caritative Tätigkeit in Düsseldorf (1924), in: Mitteilungen des Katholischen Caritas - Sekretariates, Düsseldorf Jg. 1 Nr. 1 (Juli/August 1925), 1 - 15, 1.

reicht" wurde. Kinder mit Krankheitserscheinungen wie Skrofulose oder Tuberkulose konnte mit Hilfe der Krankenkassen eine Heilstättenkur vermittelt werden. Die Tätigkeit des Huisvestings - Comités, das "sich in der Kriegs- und Nachkriegszeit ungemein segensreich betätigt" hatte, "indem es vielen tausend deutschen Kindern in holländischen katholischen Familien gastliche Aufnahme vermittelte", war auch im Berichtsjahr "umfang- und erfolgreich". Bemerkenswert ist, dass die Kinder mehrere Monate in den Niederlanden blieben; "nicht selten waren es mehrere Jahre. Ja, wir haben sogar Fälle zu verzeichnen, in denen Kinder und Pflegeeltern sich so aneinander gewöhnten, und die Bande der Liebe und Güte sich so eng gestalteten, daß die Kinder für immer in die Familie der Pflegeeltern aufgenommen wurden". 1924 wurden 650 Kinder mit einer Gesamtpflegedauer von 19500 Tagen in Erholung gesandt; nach Bayern wurden 95, nach Ostpreußen 20 Kinder gebracht. In die Niederlande wurden 2382 Kinder befördert und 3893 zurückgebracht. Die Heilfürsorge des Caritassekretariates erstreckte sich auf Erwachsene, "die infolge leichterer Erkrankung und zur Verhüttung ernsterer Krankheiten oder auch zu einer Nachkur nach überstandener Krankheit eines ländlichen Erholungsaufenthaltes" bedurften. In 15 ländliche Anstalten wurden 90 Rekonvaleszenten gesandt, "die mangels der notwendigen Mittel und Verbindungen nicht in der Lage waren, die ärztlicherseits angeordnete Kur anzutreten". Die täglich im Caritassekretariat vorsprechenden Hilfesuchenden wurden, "soweit es sich um einfache Unterstützungsfälle bedürftiger Personen handelte ... sofort und unmittelbar dem zuständigen Pfarr - Caritas - Ausschuß als der hierfür zuständigen Stelle weitergegeben". Schwierig war die Unterstützung für Wanderarme. Viele trieb "Bettelsucht", viele aber auch "bittere wirtschaftliche Not, die zu lindern eine caritative Stelle außer Stande" war. In einzelnen Fällen vermittelte das Caritassekretariat Arbeit. Über das städtische Wohlfahrtsamt erhielten die mittellosen Durchreisenden Freifahrkarten "bis zur größeren nächsten Bahnstation". Wanderarme erhielten eine Nacht, ausnahmsweise auch mehrere Nächte freie Unterkunft im städtischen Obdachlosenheim (Kaiserswerther Str. 24/26). "Um die geringen caritativen Mittel", so Johannes Becker, "den wirklich Bedürftigen zuweisen zu können, ist anzuraten, die Ortsfremden und Wanderarmen dem Caritas - Sekretariat zuzuweisen und dadurch einem ungeordneten Bettel vorzubeugen". Einzelne Unterstützungsaktionen ermöglichten es, auch 1924 manche Not zu lindern. Zwei Eisenbahnwaggons gebrauchter Kleidung und Wäsche aus den Niederlanden wurden an Pfarreien und Klöster verteilt. Aus einer Papstspende vermittelte das Sekretariat "Bieber und Flanell". Zu Weihnachten erhielten bedürftige Familien ein Paket mit Erbsen, Feigen, Nudeln, Erdnüssen, Büchsenmilch, Honigkuchen und Spekulatius. Zu geringem Preis wurden 200 Zentner Kartoffeln, 1,5 Zentner Mehl und über 900 Kilo Schweizer Käse abgegeben. An Geldmittel konnten 45738 Mark und 25 Gulden zu Unterstützungszwecken verausgabt werden. Die Beträge stammten großenteils aus öffentlichen Zuwendungen und wurden nahezu ausschließlich für "geschlossene Fürsorge" verwandt. Andere Beträge waren aus der deutschen Nothilfe, aus Papst- und Katholikenspende. Auf Veranlassung des Kölner Generalvikariates veranstaltete das Caritassekretariat im Herbst 1924 eine Haussammlung für lungenkranke Ordensschwestern, die "mancher auch hierorts durch die widrigen Verhältnisse krank gewordenen Schwester" zur Genesung verhelfen konnte[340].

Von der Tätigkeit der dem Caritassekretariat angeschlossenen Geschäftsstellen teilte der Jahresbericht 1924 mit, der Katholische Männerfürsorgeverein habe mit der männlichen Bahnhofsmission, "die in Verbindung mit der weiblichen des hiesigen katholischen Mädchenschutzvereins zu einer mustergültigen 'Katholischen Bahnhofsmission Düsseldorf' geworden ist", ein neues Arbeitsgebiet betreten. Vom Männerfürsorgeverein war in jeder Pfarrgemeinde ein Vertrauensmann bestimmt worden, "der im Bedarfsfall für die Gewinnung weiterer Helfer bemüht sein" sollte. Die ehrenamtlichen Helfer versammelten sich zu monatlichen Sitzungen, "in denen die Aufgaben und Arbeiten des Vereins nach Theorie und Praxis erörtert" wurden[341]. Insgesamt bearbeiteten die Kräfte des Caritassekretariates für den Männerfürsorgeverein 3500 Fälle. Für "heimatmüde Menschen" war im Sekretariat weiterhin die Geschäftsstelle des Raphaelsvereins zuständig. Zu Beginn des Jahres 1924 hatte noch "Ungezählte die Auswanderungssucht wie eine Epidemie erfaßt", doch ließ sie "mit Besserwerden der wirtschaftlichen und politischen Verhältnisse nach". Als am 22. September 1924 in Düsseldorf eine Ortsgruppe des "Verbandes katholischer weltlicher Krankenschwestern und Pflegerinnen" gegründet wurde, oblag dem Caritassekretariat vorläufig die Geschäftsführung[342]. Der Ortsgruppe gehörten 55 examinierte Schwestern an, die Kranken-, Säuglings- und Wochenpflege gewerblich ausübten. "Um den Gefahren des Berufslebens gegenüber gerüstet zu sein", legte der Verband besonderen "Wert auf religiös - sittliche Erziehung".

Mit Bedauern stellte der Rechenschaftsbericht fest, dass trotz vielfacher Bemühungen des Caritassekretariates erst ein Teil der Düsseldorfer Gemeinden einen Pfarr - Caritas - Ausschuss eingerichtet hatte[343]. Erfolgreicher war das Sekretariat offenbar "in der Vertretung der katholischen Caritas - Interessen bei der städtischen, sowie auch nichtkatholischen Wohlfahrtspflege", wenn es im Bericht viel sagend heißt: "Der Hinweis auf fast 150 Sitzungen und Konferenzen, an denen der Caritas - Rektor teilzunehmen hatte, könnte diese Arbeit äußerlich erkennen lassen. Auch wären in diesem Zusammenhang die Tausende von Schriftsätzen zu nennen, die vom Sekretariat zu erledigen waren".

Der Streifzug durch die Aufgabenfelder der "caritativen Vereine und Fachorganisationen" begann mit einem Blick auf die Tätigkeit der Vinzenz- und Elisabethvereine. "Im Gegensatz zu der städtischen Zwangsarmenpflege", so der Rechenschaftsbericht des Caritasverbandes für das Jahr 1924, "die auf Gesetz beruhend ihre Mittel aus städtischen Steuern nimmt, hat die kirchliche Armenpflege, wie sie besonders in den caritativen Vinzenz- und Elisabethvereinen den besten organisatorischen Ausdruck findet, be-

---

[340] Vgl. dazu NN, Hauskollekte für lungenkranke Ordensschwestern, in: Nachrichtenblatt des Düsseldorfer Caritas - Verbandes Jg. 1 Nr. 1 (Oktober 1924), 4.
[341] Vgl. dazu Johannes Becker, Mehr Hilfe für das gefährdete Kind !, in: Mitteilungen der Caritassekretariate zu Aachen, Krefeld, Elberfeld, Essen - Stadt, Essen - Land, Düsseldorf Jg. 2 Nr. 1/3 (16.05.1925), 4 - 6, 6.
[342] Vgl. dazu NN, Verband katholischer weltlicher Krankenschwestern und -Pflegerinnen, Berlin, in: Nachrichtenblatt des Düsseldorfer Caritas - Verbandes Jg. 1 Nr. 1 (Oktober 1924), 4; DT 21.11.1924.
[343] Vgl. dazu NN, Pfarr - Caritas - Ausschüsse, in: Nachrichtenblatt des Düsseldorfer Caritas - Verbandes Jg. 1 Nr. 1 (Oktober 1924), 3.

stimmte Grenzen". Die aus freiwilligen Gaben und Kollekten stammenden Mittel kamen "grundsätzlich allen Bedürftigen praktisch besonders aber den Glaubensgenossen" zugute. Außerdem wollten beide Vereine "neben der wirtschaftlichen Hilfe wertvollere Unterstützung den unsterblichen Seelen durch religiöse und erzieherische Betreuung ihrer Pfleglinge geben". Während die Vinzenzkonferenzen sich nur "Familien mit lebendem Gatten" widmeten, beschäftigten sich die Elisabethvereine "mit alleinstehenden Witwen und Jungfrauen, sowie vaterlosen Familien". Von beiden Fürsorgevereinen, deren Mitglieder in wöchentlichen Sitzungen für jeden Pflegefall die Unterstützungsart, Höhe und Methode berieten, wurden 1924 mehr als 50000 Mark verausgabt. Meldungen für das Berichtsjahr gingen von den Vinzenz- und Elisabethvereinen der Düsseldorfer Pfarreien St. Adolfus, St. Andreas, St. Antonius Friedrichstadt, St. Antonius Oberkassel, St. Apollinaris, St. Benediktus, Dreifaltigkeit, St. Elisabeth, St. Franziskus, St. Gertrud, Heilig Geist, Herz - Jesu, St. Joseph Oberbilk, St. Joseph Rath, St. Lambertus, Liebfrauen, Liebfrauen II (später St. Vinzenz), St. Margaretha, Maria Empfängnis, St. Martin, St. Maximilian, St. Michael, St. Paulus, St. Petrus, St. Rochus, St. Suitbertus und St. Ursula ein. In den Gemeinden St. Anna, St. Blasius, St. Bruno, St. Dionysius, St. Katharina, Maria unter dem Kreuze, Maria Rosenkranz[344], St. Nikolaus und Schmerzhafte Mutter waren keine Vinzenz- und Elisabethvereine eingerichtet.

Unverändert lag 1924 die ambulante Armen- und Krankenpflege "an Hausarmen und Hauskranken" ausschließlich in den Händen von Ordensschwestern und den Barmherzigen Brüdern in der Talstraße. Die Tätigkeit der Ambulanz bestand hauptsächlich darin, "daß die für die einzelnen Pfarrgemeinden zuständigen Schwestern in die Häuser der Armen gehen, stellenweise Hauspflege vornehmen, die Kranken pflegen und Kranken- und Armenkost durch das Kloster vermitteln". Mit Bedauern stellte Johannes Becker fest, dass die "überaus rege und vielseitige Tätigkeit unserer ambulanten Stationen ... nicht immer so gewürdigt" wurde, "wie es ihre Bedeutung verlangt". Da den Ordensniederlassungen "bei der gänzlichen Verarmung der breiten Volksschichten keine nennenswerten Zuwendungen" mehr zugeflossen waren, erging an die "gut gestellten katholischen Bürger" der Appell, die Schwestern wirksamer zu unterstützen. Nach einer Zählung des Caritassekretariates gab es 1924 in Düsseldorf 22 ambulante Pflegestationen: Herz - Jesu Kloster (Mendelssohnstr. 15), Liebfrauenkloster (Lindenstr. 199), Städtisches Pflegehaus (Himmelgeister Str. 152), Kloster von der unbefleckten Empfängnis (Hubertusstr. 3), Nikolausstift (Nikolausstr. 19), Christinenstift (Siemensstr. 44), Augustakrankenhaus (Amalienstr. 9), Rochusstift (Derendorfer Str. 54), Antoniuskloster (Cheruskerstr. 29), Gertrudiskloster (Gertrudisstr. 14), Elisabethkloster (Hohenzollernstr. 20a), Josephskloster (Hammer Dorfstr. 121), Josephinenstift (Talstr. 65), Vinzenzhaus (Schlossstr. 81/85), Johannstift (Fischerstr. 75), Josephshaus (Alt - Heerdt 3), Annastift (Ritterstr. 20/22), Gerricusstift (Gerricusplatz 2/3), Martinskloster (Martinstr. 7), Kloster der Barmherzigen Brüder (Talstr. 104), Marienstift (Ellerstr. 213), St. Josephs-

---

[344] In dem seit 1908 in Wersten bestehenden Elisabethverein hatte die Vereinsarbeit von 1923 bis 1928 geruht (vgl. PfA Wersten Maria Rosenkranz, Protokollbuch des Elisabeth - Vereins zu Düsseldorf - Wersten 1908 - 1953, 07.01.1908, 13.02.1923 und 20.11.1928).

hospital (Unterrather Str. 1). Gegenüber dem Vorkriegsstand hatte sich die Anzahl der Pflegestationen in Düsseldorf nur geringfügig geändert.

Johannesstift

Noch während des Ersten Weltkrieges hatte die Kongregation der Grauen Schwestern von der heiligen Elisabeth (Breslau) in der Pfarrei St. Adolfus eine Niederlassung eröffnet[345]. Als Pfarrer Leonhard Buschen am 23. April 1916 beantragte, in Golzheim neben der bereits bestehenden Kinderbewahrschule der Vinzentinerinnen (Fischerstr. 75) eine Krankenambulanz, einen Kinderhort sowie eine Handarbeits- und Kochschule einzurichten, waren die Schwestern aus dem Vinzenzhaus an der Schlossstraße nicht in der Lage, allen Wünschen nachzukommen[346]. Sie erklärten sich daher mit der Berufung einer neuen Ordensgenossenschaft einverstanden, die auch die Leitung der Kinderbewahrschule übernehmen sollte[347]. Zur Übernahme der Aufgaben standen Graue Schwestern von der heiligen Elisabeth zur Verfügung, für deren Berufung der Rentner Johannes Kirschbaum bereits 1915 der Pfarrei 30000 Mark übergeben hatte[348]. Da bereits bei den Planungen zum Bau der Adolfuskirche und der angrenzenden Gemeindehäuser die Einrichtung einer Ordensniederlassung (Fischerstr. 75) berücksichtigt worden war[349], konnten die Grauen Schwestern zwei Monate nach Erteilung der staatlichen Genehmigung von Breslau ins Rheinland übersiedeln[350]. Am 26. Oktober 1916 trafen sechs Schwestern in Düsseldorf ein[351], wo sie am Elisabethtag (19. November) von Pfarrer Leonhard Buschen und Rektor Josef Lennartz (Christi Hilf) feierlich in die Pfarrei St. Adolfus eingeführt wurden[352]. Am 15. Dezember 1916 eröffneten die Schwestern neben der Krankenambulanz eine Kinderbewahrschule[353]; im Jahr darauf erfolgte die Einrichtung einer Handarbeitsschule (15. Februar 1917)[354] und eines Kinderhortes (5. Juni

---

[345] Vgl. PfA Derendorf St. Adolfus, Protokollbuch Kirchenvorstand 1905 - 1950, S. 92 ff; Joseph Schweter, Geschichte der Kongregation der Grauen Schwestern von der heiligen Elisabeth. Ein Beitrag zur Geschichte der katholischen Karitas und Mission in den letzten 100 Jahren Bd. 2, Breslau 1937, 184 f.

[346] Vgl. AEK GVA Düsseldorf überhaupt 52, 17.08.1915; NHS Regierung Düsseldorf 29389, 23.04.1916; SAD III 4751, 23.04.1916.

[347] Vgl. AEK GVA Düsseldorf überhaupt 52, 17.08.1915; NHS Regierung Düsseldorf 29389, 23.04.1916; SAD III 4751, 23.04.1916.

[348] Vgl. AEK GVA Düsseldorf überhaupt 52, 17.08.1915; PfA Derendorf St. Adolfus, Protokollbuch Kirchenvorstand 1905 - 1950, 06.07.1916; DT 20.11.1916; GA 20.11.1916.

[349] Vgl. AEK GVA Düsseldorf überhaupt 52, 17.08.1915.

[350] Vgl. NHS Regierung Düsseldorf 29389, 26.08.1916; SAD III 4317, 26.08.1916; SAD III 4751, 26.08.1916; DT 22.09.1916.

[351] Vgl. SAD III 4751, 26.10.1916.

[352] Vgl. DT 20.11.1916; GA 20.11.1916.

[353] Vgl. NHS Regierung Düsseldorf 29389, 15.12.1916; SAD III 4751, 16.03.1917.

[354] Vgl. NHS Regierung Düsseldorf 29389, 15.02.1917; SAD III 4751, 16.03.1917.

1917)³⁵⁵. Im Gedenken an den Stifter wurde die im St. Adolfushaus untergebrachte Niederlassung "Johannestift" benannt³⁵⁶.

Liebfrauenstift

Dank eines großherzigen Wohltäters war auch in Flingern nach Kriegsende die Einrichtung einer Schwesternstation möglich. Schon im August 1914 hatte Justizrat Otto Euler sein Landgut an der Lindenstraße der Pfarrei Liebfrauen zur Verfügung gestellt, um hier für die Dauer des Krieges eine Bewahrschule für etwa 200 Kinder unter Aufsicht der Töchter vom Hl. Kreuz aus dem Kloster Christi Hilf einzurichten³⁵⁷. Soweit bekannt, gelangte der Plan nicht zur Ausführung, doch durfte die Pfarrgemeinde das Anwesen für andere kirchliche Zwecke verwenden. Bezeugt ist, dass die Landhausvilla nach Kriegsende als katholisches Jugendheim diente³⁵⁸. Als sich 1918/19 wegen Geldmangels der Plan zerschlug, auf einem unbebauten Kirchengrundstück an der Degerstraße ein Schwesternheim zu errichten³⁵⁹, pachtete der Kirchenvorstand am 14. Oktober 1919 den Eulerhof, um hier eine provisorische Schwesternunterkunft für die Kongregation der Franziskanerinnen von der Heiligen Familie in Mayen einzurichten³⁶⁰. Wie aus der Chronik der Liebfrauenpfarrei hervorgeht, trafen die ersten Schwestern am 9. Oktober 1919 in Flingern ein, um im Eulerschen Haus (Lindenstr. 199) die Eröffnung einer ambulanten Pflegestation, Kinderbewahrschule und Handarbeitsschule vorzubereiten³⁶¹. Nachdem die Kongregation das vernachlässigte Haus auf eigene Kosten renoviert und für ihre Bedürfnisse hergerichtet hatte, wurde das Kloster am 8. Dezember 1919 eingesegnet³⁶². Auf Drängen von Pfarrer Matthias Dahlhausen entschied sich das Mutterhaus schon bald für einen Ankauf des Anwesens³⁶³. Da der Orden keine juristische Person war, wurde unter dem Namen Liebfrauenstift eine GmbH gegründet, die am 1. März 1920 für 270000 Mark das Euler Gut "weit unter Preis" erwarb³⁶⁴.

---

³⁵⁵ Vgl. SAD III 4751, 05.06.1917.
³⁵⁶ Vgl. GA 20.11.1916.
³⁵⁷ Vgl. DT 20.08.1914.
³⁵⁸ Vgl. DT 01.06.1919.
³⁵⁹ Vgl. AEK GVA Düsseldorf überhaupt 55, 25.10.1918; ALD Grundbuchblatt Flingern 1787, 10.09.1918 und 17.02.1919.
³⁶⁰ Vgl. AEK GVA Düsseldorf überhaupt 55, 15.07.1935; PfA Flingern Liebfrauen, St. Maria Himmelfahrt. Geschichtliche und urkundliche Aufzeichnungen, 08.12.1919; DN 25.03.1928; DT 25.03.1928.
³⁶¹ Vgl. AEK GVA Düsseldorf überhaupt 55, 29.09.1919 und 10.12.1919; PfA Flingern Liebfrauen, St. Maria Himmelfahrt. Geschichtliche und urkundliche Aufzeichnungen, 08.12.1919; DT 24.12.1919. Vgl. auch AEK GVA Düsseldorf überhaupt 55, 14.06.1920.
³⁶² Vgl. AEK GVA Düsseldorf überhaupt 55, 28.03.1926; PfA Flingern Liebfrauen, St. Maria Himmelfahrt. Geschichtliche und urkundliche Aufzeichnungen, 08.12.1919.
³⁶³ Vgl. AEK GVA Düsseldorf überhaupt 55, 28.03.1926.
³⁶⁴ Vgl. AEK GVA Düsseldorf überhaupt 55, 24.03.1926, 28.03.1926 und 24.11.1928; ALD Grundbuchblatt Flingern 1787, 01.03.1920.

Aloysianum

Neue Räumlichkeiten hatten die Augustinerinnen des Alyosianums in Gerresheim bezogen. Das Kapitelhaus des ehemaligen Damenstiftes (Gerricusplatz 2/3), in dem die Schwestern seit 1896 eine Bewahrschule und Handarbeitsschule[365], später auch einen Kinderhort und ein Tag- und Nachtheim für Kleinkinder unterhielten[366], war nach Kriegsende in den Besitz der Pfarrei St. Margareta übergegangen[367]. Um neue Dienstwohnungen für die Geistlichen, eine Bücherei und Vereinsräume einzurichten, hatte Pfarrer Peter Lindlar am 18. September 1919 das verwahrloste Gebäude für 50000 Mark von der Stadt Düsseldorf für Kirchenzwecke zurückerworben[368]. Nach einem Ratsbeschluss vom 15. Juli 1919 war die Pfarrgemeinde verpflichtet, "den kunsthistorischen Charakter des Gebäudes zu wahren und keine Änderungen an dem Gebäude, weder im Innern noch am Äußern des Gebäudes ohne Genehmigung des Gemeindevorstandes der Stadt Düsseldorf vorzunehmen"[369]. Da die schlechten Wirtschaftsverhältnisse noch keine Instandsetzung erlaubten, blieben die Räumlichkeiten des alten Stiftes zunächst ungenutzt[370]. Lediglich die Schwestern des Alyosianums setzten ihre Kinderfürsorgearbeit in den unteren Räumen des Hauses fort, für das schon seit 1917 die Bezeichnung "Gerricusstift" nachweisbar ist[371]. Nachdem im Jahre 1923 aus Mitteln der Rhein - Ruhrhilfe eine umfassende Sanierung der Gebäude begann, erweiterten die Schwestern auf Wunsch der Stadtverwaltung das Tages- und Nachtheim zu einer Waisenanstalt[372]. Im Jahre 1925 gaben die Augustinerinnen die Schwesternstation im Aloysianum auf und richteten im alten Kapitelhaus eine neue Klausur ein[373]. Neben Kinderfürsorge betreiben die Schwestern von hier auch ambulante Krankenpflege in Ger-

---

[365] Vgl. oben S. 241 f.

[366] Vgl. AEK GVA Düsseldorf überhaupt 70, 13.06.1921; DT 02.01.1917; DT 22.06.1918; Handbuch der Wohlfahrtspflege in der Stadt Düsseldorf, Düsseldorf 1922, 23.

[367] Vgl. PfA Gerresheim St. Margareta 74, 03.07.1919 und 21.07.1919.

[368] Vgl. AEK GVA Düsseldorf überhaupt 76, 05.08.1919 und 24.07.1941; PfA Gerresheim St. Margareta 96, 18.06.1919; SAD III 22308, 21.02.1919, 28.08.1919, 18.09.1919 und 28.11.1919; SAD XXIII 189, Heinrich Hoegen, Geschichte der Stadt Gerresheim, Manuskript Düsseldorf 1920, 151 ff; SAD Protokolle Stadtverordnetenversammlung Bd. 55, 15.07.1919; NN, Stadtverordneten - Sitzung zu Düsseldorf vom 15. Juli 1919, in: Stenographische Verhandlungsberichte der Stadtverordneten - Versammlung zu Düsseldorf Jg. 11 Nr. 13 (15.07.1919), 253 - 273, 273; Pfarrer Peter Lindlar 1919 - 1929. Ein Rückblick, Düsseldorf 1929, o. S. (2 f).

[369] SAD Protokolle Stadtverordnetenversammlung Bd. 55, 15.07.1919; NN, Stadtverordneten - Sitzung zu Düsseldorf vom 15. Juli 1919, in: Stenographische Verhandlungsberichte der Stadtverordneten - Versammlung zu Düsseldorf Jg. 11 Nr. 13 (15.07.1919), 253 - 273, 273.

[370] Vgl. AEK GVA Düsseldorf überhaupt 76, 24.07.1941.

[371] Vgl. AEK GVA Düsseldorf überhaupt 76, 24.07.1941; DT 03.07.1917.

[372] Vgl. AEK GVA Düsseldorf überhaupt 76, Juli 1939, 24.07.1941 und 23.01.1943; AEK Gen. 23.18.1, 1923; Erwin Lemmer, Gerresheim. Werden und Gestaltung 1236 - 1936. Heimatfestwoche und 700 - Jahr - Feier der Stiftskirche 26. September bis 4. Oktober, Düsseldorf 1936, 26; Else Rümmler, Das älteste Haus. Baudenkmal in Gerresheim, in: Rund um den Quadenhof Jg. 19 Nr. 1 (Frühjahr 1968), 5 - 7, 7.

[373] Vgl. AEK GVA Düsseldorf überhaupt 76, 24.07.1941.

resheim. Nach dem Gestellungsvertrag vom 13. Juni 1921 waren die Schwestern verpflichtet, "arme Kranke in der Gemeinde Gerresheim, mit Ausschluß der Wöchnerinnen, in ihren Häusern zu besuchen und daselbst zu pflegen und besonders bei ansteckenden Krankheiten jede mögliche Aushilfe zu leisten, ohne irgendwelche Renumeration dafür zu beanspruchen"[374]. Das 1891 von Heinrich Frieding für wohltätige Zwecke gestiftete Aloysianum wurde von der Pfarrgemeinde St. Margareta fortan als Dienstwohnung, Bücherei und Jugendheim genutzt[375].

Dritter Orden

Eine Sonderstellung unter den ambulanten Pflegestationen nahm das "Franziskushaus" des Dritten Ordens der Düsseldorfer Franziskaner ein. Mit Rückkehr der Patres im Jahre 1853 war auch die seit Mitte des 17. Jahrhunderts in der Stadt nachweisbare Tertiarengemeinschaft reorganisiert worden[376], die vor allem nach dem Kulturkampf einen bemerkenswerten Aufschwung nahm[377]. Eine besondere Förderung hatte der weltliche Zweig der Franziskaner, dem verheiratete und unverheiratete Frauen und Männer sowie Weltpriester angehörten, 1883 durch Leo XIII. erfahren. In diesem Jahr approbierte der Papst mit der apostolischen Konstitution Misericors Dei Filius ein zeitgemäßes Ordensstatut, durch das viele strenge Vorschriften (Fasten- und Abstinenztage, Gebetsverpflichtungen) der bis dahin gültigen Regel von 1289 gemildert wurden[378]. In den Augen des Papstes und der Bischöfe galt der Dritte Orden als Mittel zur Rechristianisierung der Gesellschaft und zur Lösung aktueller Zeitprobleme, insbesondere auf dem Gebiet sozialer Fragen[379]. Sichtbarer Ausdruck gemeinnützigen Engagements der Düsseldorfer Drittordensgemeinde war die seit dem Jahre 1912 betriebene Familienfürsorge[380]. Unter

---

[374] AEK GVA Düsseldorf überhaupt 70, 13.06.1921.
[375] Vgl. AEK GVA Düsseldorf überhaupt 76, April 1941; PfA Gerresheim St. Margareta 333, 25.02.1940; PfA Gerresheim St. Margareta 627, 16.08.1939; DT 28.03.1926; Monika Bunte, Aus der Geschichte des Aloysianums, in: Rund um den Quadenhof Jg. 34 Nr. 1 (Sommer 1983), 61 - 62, 62.
[376] Vgl. DJ 06.10.1858; Ulrich Brzosa, Die Geschichte der katholischen Kirche in Düsseldorf. Von den Anfängen bis zur Säkularisation, Köln 2001, 476 ff.
[377] Vgl. DV 20.06.1889; DV 16.01.1891; DV 16.02.1895.
[378] Vgl. Heribert Holzapfel, Handbuch der Geschichte des Franziskanerordens, Freiburg 1909, 660 ff; Dietrich von Hildebrand, Der Geist des heiligen Franziskus und der dritte Orden. Festschrift für das 700jährige Jubiläum des III. Ordens von der Buße 1221 - 1921, München 1921, 75 ff; Gabriel Schmidt, Drittordensleitung, Werl 1926, 23 ff; Arnulf Götz, Geschichte des Dritten Ordens des heiligen Franziskus, Altötting 1955, 6 ff; Heribert Roggen, Geschichte der franziskanischen Laienbewegung, Werl 1971, 25 ff.
[379] Vgl. Willibald Kullmann, Die Franziskaner in Düsseldorf. Segen der Jahrhunderte. Die Klöster der Altstadt. Bruderschaften. Die Kurfürsten als Gegner, in: Düsseldorfer Tageblatt Jg. 63 Nr. 357 (25.12.1929), o. S. (7).
[380] Vgl. Markus Müßig, Die Familien- und Hauspflege der westdeutschen Drittordensgemeinden, in: Matthäus Schneiderwirth, Der Dritte Orden des heiligen Franziskus. Festschrift zum 700jährigen Jubiläum seiner Gründung, Düsseldorf 1921, 90 - 94, 93; Martha Zimmermann, Katholische Einrichtungen

dem Namen "Haus- und Familienpflegevereinigung des Dritten Ordens vom Hl. Franziskus" hatten einige Tertiarinnen einen Zusammenschluss gebildet, der sich "durch Erkrankungen der Hausfrau gefährdeten Haushaltungen" sowie kranken und altersschwachen Personen ohne Unterschied des Bekenntnisses und des Geschlechts annahm[381]. Da die freiwilligen Helferinnen in der Pflege nur wenig geschult waren, wurden von der Drittordensgemeinde im August 1914 mit Eröffnung eines Vereinslazarettes zwei geprüfte Krankenpflegerinnen angestellt[382]. Untergebracht war das Lazarett mit 30 Betten im Franziskushaus Kurfürstenstr. 5[383], das der Dritte Orden am 18. Februar 1914 erworben[384] und am 21. Mai 1914 als Vereinshaus der Tertiarengemeinde eingeweiht hatte[385]. Wie andere Vereine stellten die Tertiaren bei Kriegsausbruch der Militärverwaltung nicht nur ihre Räumlichkeiten zu Lazarettzwecken zur Verfügung, sondern trugen auch aus eigenen Mitteln zu seiner Ausstattung und Unterhaltung bei[386]. Im zweiten Kriegsjahr war die Zahl der examinierten Krankenschwestern, die in ihrer Arbeit von rund 50 Tertiarinnen des Hauspflegevereins unterstützt wurden, auf vier Kräfte gestiegen[387]. Die hauptamtlich wirkenden Schwestern blieben auch nach Kriegsende für die Haus- und Familienpflegevereinigung tätig und betreuten 1924 in Zusammenarbeit mit etwa 100 freiwilligen Helferinnen in den einzelnen Gemeinden etwa 800 Fälle[388]. Außerdem un-

---

der Armen- und Familienfürsorge Deutschlands, in: Caritas. Zeitschrift für Caritaswissenschaft und Caritasarbeit Jg. 35 Nr. 8 (August 1930), 331 - 338, 335.

[381] Vgl. SAD III 4055, 1921. Vgl. auch Handbuch der Wohlfahrtspflege in der Stadt Düsseldorf, Düsseldorf 1922, 77; Markus Müßig, Die Hauspflege des Dritten Ordens des hl. Franziskus, Wiesbaden 1927, 7 ff.

[382] Vgl. AEK GVA Düsseldorf überhaupt 29, 25.08.1914; DT 15.08.1914; NN, Düsseldorf, in: Antoniusbote. Monatsschrift der Franziskaner Missionen und des Dritten Ordens Jg. 21 Nr. 12 (01.12.1914), 402; NN, Düsseldorf, in: Antoniusbote. Monatsschrift der Franziskaner Missionen und des Dritten Ordens Jg. 22 Nr. 6 (01.06.1915), 215; NN, Chronik des Dritten Ordens, in: Jahresbericht der Sächsischen Franziskanerprovinz vom Heiligen Kreuze 1915, Düsseldorf 1916, 58 - 65, 62.

[383] Vgl. DT 15.08.1914.

[384] Vgl. ALD Grundbuchblatt Pempelfort 5982, 18.02.1914; NN, Düsseldorf, in: Antoniusbote. Monatsschrift der Franziskaner Missionen und des Dritten Ordens Jg. 21 Nr. 12 (01.12.1914), 402.

[385] Vgl. DT 20.05.1914; NN, Franziskushaus Düsseldorf, in: Antoniusbote. Monatsschrift der Franziskaner Missionen und des Dritten Ordens Jg. 22 Nr. 12 (01.12.1915), 425; NN, Düsseldorf, in: Jahresbericht der Sächsischen Franziskanerprovinz vom Heiligen Kreuze 1914, Düsseldorf 1915, 23; Kaspar Wortmann, Der Dritte Orden in Deutschland, in: Matthäus Schneiderwirth, Der Dritte Orden des heiligen Franziskus. Festschrift zum 700jährigen Jubiläum seiner Gründung, Düsseldorf 1921, 27 - 42, 39.

[386] Vgl. DT 22.02.1915; NN, Kriegschronik, in: Jahresbericht der Sächsischen Franziskanerprovinz vom Heiligen Kreuze 1915, Düsseldorf 1916, 7 - 16, 12 f; NN, Düsseldorf, in: Jahresbericht der Sächsischen Franziskanerprovinz vom Heiligen Kreuze 1916 und 1917, Düsseldorf 1918, 40 - 41, 40.

[387] Vgl. NN, Kriegschronik, in: Jahresbericht der Sächsischen Franziskanerprovinz vom Heiligen Kreuze 1915, Düsseldorf 1916, 7 - 16, 12; NN, Bericht über den Dritten Orden, in: Jahresbericht der Sächsischen Franziskanerprovinz vom Heiligen Kreuze 1916 und 1917, Düsseldorf 1918, 87 - 93, 92.

[388] Vgl. Johannes Becker, Caritative Tätigkeit in Düsseldorf (1924), in: Mitteilungen des Katholischen Caritas - Sekretariates, Düsseldorf Jg. 1 Nr. 1 (Juli/August 1925), 1 - 15, 10. Vgl. auch SAD III 4055, 1921; DT 01.03.1921; Markus Müßig, Die Familien- und Hauspflege der westdeutschen Drittordensgemeinden, in: Matthäus Schneiderwirth, Der Dritte Orden des heiligen Franziskus. Festschrift zum 700jährigen Jubiläum seiner Gründung, Düsseldorf 1921, 90 - 94, 93.

terhielten sie im Franziskushaus ein mit acht Plätzen ausgestattetes Damenheim für berufstätige Mädchen und Frauen, das seit 1919 in Betrieb war[389]. Die im Stillen, aber segensreich wirkende Arbeit der Düsseldorfer Drittordensgemeinde, würdigte Johannes Becker mit den Worten: "Sie läßt den Caritasgeist, der dem seraphischen Heiligen und seinen Ordensgründungen innewohnte, in unserer materialistischen Zeit äußerlich recht wirksam in Erscheinung treten"[390]. Im Berichtsjahr gehörten der Düsseldorfer Gemeinde 335 Männer, 1609 Frauen, 60 Mädchen, 25 Jungen und 22 Priester an[391].

Josefsheim

Von der katholischen Kinderfürsorge ist im Verbandsbericht 1924 über die bereits geschilderte Tätigkeit des Caritassekretariates hinaus nur wenig zu erfahren. Die Zahl der Kinder, die eine katholische Kinderbewahrschule besuchten, betrug 1388. In den acht, nach Kriegsende stark verringerten Kinderhorten lag die Besuchsziffer bei durchschnittlich 422 Kindern. In vollständige Pflege und Erziehung wurden Mädchen und Jungen im Knabenwaisenhaus Oberbilker Allee 157/159 (172 Knaben), Mädchenwaisenhaus Annastr. 62/64 (149 Mädchen), Elisabethkloster Hohenzollernstr. 20a (58 Kinder), Gerricusstift Gerricusplatz 2/3 (92 Kinder), Antoniuskloster Cheruskerstr. 29 (15 Säuglinge) und Josephsheim Grafenberger Allee 399 (35 Kinder) genommen[392]. Letzteres war eine Einrichtung der Karmeliterinnen vom göttlichen Herzen Jesu aus dem Mutterhaus in Sittard, die sich insbesondere um die Erziehung verwahrloster Kinder und Kinder aus zerrütteten Ehen kümmerten[393]. Bemerkenswert ist, dass die Betreuung der Zöglinge nach dem Familiensystem erfolgte. Je 16 Kinder standen unter der Obhut von zwei Schwestern, "die gewissermaßen die Stelle der Eltern" vertraten. Die Schützlinge lebten zusammen, als "wenn sie unter sich Geschwister wären, sodaß sie möglichst wenig die eigene Familie entbehren" mussten[394]. Neben dem Kinderheim unterhielten die Schwestern in Grafenberg eine "Spiel (Fröbel) - Schule für 2 - 6 jährige Kinder" wie auch einen Hort für schulpflichtige Kinder. Schulentlassene Mädchen fanden sonntags "ein Heim und angemessene Unterhaltung" und an Wochentagen Gelegenheit zur Ausbildung in allen Handarbeiten. Schließlich suchten die Karmeliterinnen auch "bedrängte Familien" in ihren Häusern auf, unterstützten Hilfsbedürftige (u.a. Suppenküche) und linderten

---

[389] Vgl. SAD III 4055, 1921; Handbuch der Wohlfahrtspflege in der Stadt Düsseldorf, Düsseldorf 1922, 77.

[390] Johannes Becker, Caritative Tätigkeit in Düsseldorf (1924), in: Mitteilungen des Katholischen Caritas - Sekretariates, Düsseldorf Jg. 1 Nr. 1 (Juli/August 1925), 1 - 15, 10.

[391] Vgl. Jahresbericht 1924 der Stadtgemeinde des III. Ordens vom Hl. Franziskus in Düsseldorf, Düsseldorf 1925, 8.

[392] Johannes Becker, Caritative Tätigkeit in Düsseldorf (1924), in: Mitteilungen des Katholischen Caritas - Sekretariates, Düsseldorf Jg. 1 Nr. 1 (Juli/August 1925), 1 - 15, 10.

[393] Vgl. AEK GVA Düsseldorf überhaupt 56, 18.10.1917; NHS Regierung Düsseldorf 29391, 18.04.1918; Jacob Hubert Schütz, Das segensreiche Wirken der Orden und Kongregationen der katholischen Kirche in Deutschland samt Ordenstrachtenbildern Bd. 1, Paderborn 1926, 236 ff.

[394] Vgl. NHS Regierung Düsseldorf 29391, 18.04.1918; DT 22.04.1919.

"geistliche und leibliche Armut"³⁹⁵. Die kleine Niederlassung im aderschen Haus Grafenberger Allee 399³⁹⁶, deren Zweck Exteriat und Mission war³⁹⁷, war am 23. Dezember 1918 unter der Leitung einer Priorin mit fünf Schwestern eröffnet worden³⁹⁸. Als die Schwestern erkannten, "daß die Gegend für unsere Zwecke nicht geeignet ist, weil zu wenig Arbeiterbevölkerung dort wohnt"³⁹⁹, wurde das Josephsheim am 2. Juli 1928 von Grafenberg an die Stadtgrenze zwischen Neuss und Düsseldorf verlegt (Kinderheim St. Theresia, Neuss, Graf Landsbergstr. 3)⁴⁰⁰.

Verbandsbericht 1924 II

Die katholische Gefährdetenfürsorge in Düsseldorf nahm der Jahresbericht für 1924 vor allem unter dem Aspekt der Betreuung von Strafgefangenen und "sittlich und religiös gefährdeten und verwahrlosten" Jugendlichen in den Blick. Nach Auskunft des katholischen Gefängnisvereins hatte die Abteilung "soziale Gerichtshilfe" im zurückliegenden Jahr viel Ermittlungsarbeit bei den Familien in Untersuchungshaft genommener Personen erfordert. Außerdem wurden dem "Beauftragten in Gnadensachen" durch den Verein zahlreiche Führungsberichte über widerruflich entlassene Verurteilte zugestellt. Die Zahl der in Fürsorge genommenen Entlassenen betrug 812, der in Fürsorge genommenen Familien 95. Materielle Hilfen konnte der Verein in einer Gesamthöhe von über 4700, - Mark gewähren. Von der Arbeit an gefährdeten männlichen Jugendlichen wurde, da sie in den Händen des Caritassekretariates lag, bereits oben berichtet. Dem Fürsorgeverein für Mädchen, Frauen und Kinder lagen 4500 Fälle aus der "gefährdeten und gefallenen Mädchen- und Frauenwelt" zur Bearbeitung vor. Angesichts des "unermeßlich großen Arbeitsfeldes" konnte die Seelsorge "die von dem Verein geleistete Laienhilfe gar nicht mehr entbehren", da nur so die verschiedenen Teilgebiete neuzeitlicher, auf dem Reichsjugendwohlfahrtsgesetz beruhender Jugendfürsorge zu bearbeiten waren: Vormundschafts- und Pflegekinderwesen, Säuglings-, Gefährdeten- und Mütterfürsorge, Jugendgerichtshilfe, Fürsorgeerziehung usw.. Für die geschlossene Fürsorge wurde vom Verein an der Ulmerstraße das Gertrudisheim (103 Betten für Erwachsene, 55 für Kinder) und das Vorasyl (20 Betten für Erwachsene) unterhalten. Letzteres war im Jahre 1919 im Keller des Gertrudisheims eingerichtet worden⁴⁰¹, hatte aber am 15. April 1925

---

³⁹⁵ Vgl. NHS Regierung Düsseldorf 29391, 18.04.1918; DT 22.04.1919; Die Caritas im Erzbistum Köln. Übersicht über ihre Einrichtungen, Anstalten, Träger und ausübenden Kräfte nach dem Stand vom 1. April 1926, Köln 1926, 11.
³⁹⁶ Vgl. SAD III 22290, 09.10.1918.
³⁹⁷ Vgl. Edmund von Wecus, Die Klöster in Düsseldorf, in: Düsseldorfer Tageblatt Jg. 58 Nr. 171 (05.07.1924), o. S. (6).
³⁹⁸ Vgl. NHS Regierung Düsseldorf 29391, 18.04.1918 und 23.12.1918; SAD III 4753, 23.12.1918.
³⁹⁹ SAD III 22290, 13.10.1925.
⁴⁰⁰ Vgl. AEK CR 18.46.1, 23.05.1932; AEK CR 18.46.2, 16.07.1928; SAD III 17539, Bl. 26; DT 15.02.1928; 100 Jahre Karmel vom Göttlichen Herzen Jesu 1891 - 1991, Leutesdorf 1991, 52.
⁴⁰¹ Vgl. SKF Protokollbuch des Katholischen Frauenfürsorgevereins Düsseldorf 1916 - 1957, 19.05.1919; Handbuch der Wohlfahrtspflege in der Stadt Düsseldorf, Düsseldorf 1922, 47.

in einem Gartenhaus zwischen Ulmen- und Metzerstraße eigene Räumlichkeiten erhalten[402]. Lediglich kursorisch verwies der Jahresbericht 1924 auf die übrigen Anstalten zur Gefährdetenfürsorge, da sie "überlokalen Charakters" waren und "nicht nur hiesige, sondern auch auswärtige gefährdete verwahrloste Mädchen" aufnahmen. Hierzu zählte die Erziehungsanstalt der Dominikanerinnen Pariser Str. 115 (309 Kinder), der Armen Dienstmägde Christi Martinstr. 7 (150 Kinder) und der Töchter vom Hl. Kreuz Flurstr. 57 (305 Pfleglinge).

Der vierte Abschnitt des Rechenschaftsberichtes war der Krankenfürsorge gewidmet, die vom Düsseldorfer Caritasverband nach caritativer und gewerblicher Krankenpflege unterschieden wurde. "Während die erste aus religiösen Beweggründen arbeitet", so Johannes Becker, "sieht die zweite zunächst auf die wirtschaftliche Sicherstellung der in ihr wirkenden Kräfte. Beide müssen, wenn sie erfolgreich wirken wollen, zeitgemäß in ihren Einrichtungen, Anstalten und Pflegekräften sein". Außer den 22 klösterlichen Krankenambulanzen hatte Düsseldorf im Jahre 1924 sieben katholische Krankenhäuser mit über 1260 Betten aufzuweisen, die "eine unentbehrliche Ergänzung der kommunalen Krankenpflege" darstellten und sich wie folgt verteilten: Theresienhospital Stiftsplatz 13 (200 Betten), Vinzenzhaus Schlossstr. 81/85 (80), Augustakrankenhaus Amalienstr. 9 (160), Krankenhaus der Dominikanerinnen Rheinallee 26 (180), Marienhospital Sternstr. 91 (450), Josephskrankenhaus Kruppstr. 23 (130) und Martinskrankenhaus Gladbacherstr. 26 (60). Für die "wirtschaftliche Sicherstellung" der in der Krankenfürsorge wirkenden Kräfte war die Ortsgruppe des Verbandes katholischer weltlicher Krankenpflegerinnen verantwortlich.

Ein eigenes Kapitel nahm im Rückblick auf das Jahr 1924 der Mädchenschutz ein, der als Arbeitsgebiet katholischer Fürsorge vom Düsseldorfer Caritassekretär wie folgt eingeordnet und bewertet wurde: "Da sich der Zweig der Caritas zwar der religiös und sittlich gesunden weiblichen Jugend annimmt, diese aber überwiegend ortsfremd und darum besonders hilfsbedürftig ist, kann man den Mädchenschutz als ein Grenzgebiet, das zwischen vorbeugender Jugendpflege und bewahrender Fürsorge liegt, ansprechen". Zur praktischen Umsetzung des Mädchenschutzes standen in Düsseldorf vier verschiedene Einrichtungen zur Verfügung. Für erwerbstätige, Stellen suchende Mädchen, Laderinnen, Beamtinnen das Annastift Ritterstr. 20/22 (108 Plätze) und das Mädchenheim Klosterstr. 86/90 und 94 (130 Plätze), für wenig bemittelte, erwerbstätige Damen das Marienheim Leopoldstr. 30 (120 Plätze) und das Kloster von der unbefleckten Empfängnis Hubertusstr. 3 (20 Plätze). Als weitere Einrichtungen kamen die sozial - caritativen Stellennachweise des Annastiftes und des Katholischen Frauenvereins für weibliche Hausangestellte hinzu.

Katholische Anstalten, die arbeitsunfähige, pflegebedürftige und in öffentlicher Unterstützung stehende Menschen aufnahmen, waren 1924 nur vereinzelt anzutreffen.

---

[402] Vgl. SKF Protokollbuch des Katholischen Frauenfürsorgevereins Düsseldorf 1916 - 1957, 04.03.1925 und 02.04.1925; SKF Erinnerungsbericht Emmy Hopmann 1903 - 1928, Manuskript Düsseldorf 1928, Bl. 11 f; NN, Aus der Tätigkeit des Katholischen Fürsorgevereins für Mädchen, Frauen und Kinder, in: Katholische Kirchenzeitung (Düsseldorf) Jg. 3 Nr. 14 (04.07.1926), 114; Bericht über die Tätigkeit des Katholischen Fürsorgevereins für Mädchen, Frauen und Kinder gehalten auf seiner General - Versammlung im Frühjahr 1926, Düsseldorf 1926, o. S. (6 f); DT 25.11.1928.

Hierzu gehörten das Hubertusstift Neusser Str. 25 (40 Plätze), das Nikolausstift Nikolausstr. 19 (35 Plätze) und das Josephshaus Alt - Heerdt 3 (40 Plätze). Mit der Pflege von katholischen "Anormalen" beschäftigte sich in Düsseldorf allein die St. Josephs - Heil- und Pflegeanstalt Unterrather Str. 1, wo 276 Plätze für weibliche Epileptiker und "Schwachsinnige" zur Verfügung standen.

Der Schlussabsatz des Verbandsberichtes 1924 war dem Verhältnis zwischen Caritas und städtischer Wohlfahrtpflege gewidmet. Erneut wurde betont, beide Wohlfahrtseinrichtungen seien "nach Zweck und Ziel, sowie nach ihren Beweggründen verschieden, während sie in ihrem Betätigungsfeld übereinstimmen". Daher liege es in der Natur der Sache, "daß beide Richtungen zusammen gehen müssen", was auch durch die Fürsorgepflichtverordnung vom 13. Februar 1924 reichsgesetzlichen Ausdruck gefunden habe. Wie der allgemeine Grundsatz in der städtischen Fürsorgeordnung seine praktische Anwendung fand, ist dem Artikel "Katholischer Pfarr - Caritas - Ausschuß und städtisches Wohlfahrtsamt" zu entnehmen. Hier schrieb Johannes Becker im April 1925 mit Blick auf die Stadt Düsseldorf: "Wir stehen hierorts vor der bedeutungsvollen Tatsache, daß unser städtisches Unterstützungswesen seit dem vergangenen Jahre den Grundsatz aufgestellt hat: Jeder Arme muß entsprechend seiner weltanschaulichen Einstellung auch einen entsprechenden Armenpfleger haben. Anders ausgedrückt heißt das: Der katholische Hilfsbedürftige soll von einem katholischen Helfer betraut werden; der evangelische von einem evangelischen, der israelitische von einem israelitischen, der religionslose oder dissidentische von einem dissidentischen Helfer. Dieser Grundsatz ist vom städtischen Wohlfahrtsamt im Einvernehmen mit den Organisationen der freien Wohlfahrtspflege festgelegt worden, ... Entsprechend den 4 genannten weltanschaulichen Richtungen innerhalb der freien Wohlfahrtspflege anerkennt die Stadt 4 Spitzenverbände der freien Wohlfahrtspflege: 1. Katholischer Caritas - Verband, 2. Evangelisches Jugend - und Wohlfahrtsamt, 3. Rabbinat der israelitischen Gemeinde, 4. Sozialistische Arbeiterwohlfahrt. Mit diesen Organisationen wird der erwähnte Grundsatz in der praktischen Wohlfahrtsarbeit durchgeführt"[403]. Aufgabe des Caritasverbandes für die Stadt Düsseldorf musste es sein, genügend katholische Fürsorger und Fürsorgerinnen zur Verfügung zu stellen. "Es darf jetzt keine katholische hilfsbedürftige Familie oder Einzelperson, die städtische Unterstützung erhält, mehr geben, für die nicht auch ein katholischer Fürsorger (oder Fürsorgerin) da ist. Dies gilt nicht nur für die treu katholischen Hilfsbedürftigen, sondern mehr noch für diejenigen, die mit Kirche und Religion nur noch lose Verbindung haben oder selbst alle Verbindung verloren haben. Gerade hier kann die Caritas verlorenes Erbgut unserer Kirche zurückbringen. Ausgestattet mit einer Eintrittskarte in Form der städtischen Unterstützung, kann der katholische Fürsorger ein wahrhaft herrliches Laienapostolat üben, das modern in bestem Sinne des Wortes ist"[404]. So wichtig die Betreuung katholischer Hilfsbedürftiger war, so unerlässlich war die "lebendige Verbindung" mit den im städtischen Unterstützungswesen stehenden katholischen Fürsor-

---

[403] Johannes Becker, Katholischer Pfarr - Caritas - Ausschuß und städtisches Wohlfahrtsamt, in: Nachrichtenblatt des Düsseldorfer Caritas - Verbandes Jg. 1 Nr. 4 (April 1925), o. S. (3).
[404] Johannes Becker, Katholischer Pfarr - Caritas - Ausschuß und städtisches Wohlfahrtsamt, in: Nachrichtenblatt des Düsseldorfer Caritas - Verbandes Jg. 1 Nr. 4 (April 1925), o. S. (3).

gern. "Bisher vollzog sich vielfach", so die Analyse von Johannes Becker, "das städtische und katholische Unterstützungswesen gewissermaßen in Längsschnitten. Beide Richtungen gingen meistens nebeneinander her: die städtische Armenpflege wußte nichts von der katholischen und umgekehrt. Der städtische Armenpfleger war nicht immer zugleich Mitglied der Pfarr - Caritas. ... Umgekehrt waren die Mitglieder der katholischen caritativen Vereine nicht stets auch städtische Armenpfleger". In Zukunft sollten sich beide Wohlfahrtsrichtungen in Querschnitten treffen. "Katholischerseits ist darauf zu achten, daß in jeder Pfarrgemeinde die in der städtischen Arbeit stehenden Kräfte restlos Mitglieder der Pfarr - Caritas sind. Ein katholischer Mann und eine katholische Frau, die städtische Fürsorgedienste in katholischen Familien tun, nicht aber zugleich Mitglieder des Vinzenz-, Elisabethvereins oder einer sonstigen caritativen Arbeitsgruppe in einer Pfarre sind, können von uns nicht anerkannt werden"[405].

Verbandsorgan

Unerwähnt blieb im Bericht über die "Caritative Tätigkeit in Düsseldorf (1924)", dass der Caritasverband in diesem Jahr mit der Herausgabe eines eigenen Publikationsorgans begann. Nachdem ein erster Versuch unter dem Titel "Mitteilungen des katholischen Caritasverbandes Düsseldorf", von dem nur eine als Nr. 2 (März 1922) bezeichnete Ausgabe erhalten ist, wegen der fortschreitenden Preissteigerungen bald wieder zum Erliegen kam, gelang es dem Verband im Herbst 1924, mit dem "Nachrichtenblatt des Düsseldorfer Caritas - Verbandes" ein dauerhaft erscheinendes Medium einzuführen. Wie aus dem Geleitwort von Pfarrer Max Döhmer in der ersten Ausgabe vom Oktober 1924 hervorgeht, sollten die in zwangloser Folge, tatsächlich alle zwei Monate erscheinenden Blätter "der Förderung der Caritas - Arbeit, ihrer Ausbreitung und Vertiefung" dienen. "Sie wollen alle Caritasfreunde über alle caritativen Bestrebungen und Leistungen in unserer Stadt auf dem Laufenden halten, das Interesse für caritative Betätigung wecken und anregen zu freudiger Mitarbeit"[406]. In Anlehnung an das geflügelte Wort von Landesrat Max Brandts "Mehr Studium, Organisation und Publikation der katholischen Caritas!" vertiefte Caritassekretär Johannes Becker noch einmal die dreifache Zielsetzung des Nachrichtenblattes[407]. Im Sinne des Studiums, sollte es "in kurzer und knapper Fassung ... auf die Probleme und Aufgaben der Caritas und Wohlfahrts - Pflege verweisen". Da das Blatt in erster Linie rein praktischen Bedürfnissen dienen wollte, konnte es nur "Anregungen und Fingerzeige" geben, "wie Freunde unserer Bewegung und Arbeit in die Caritas- und Wohlfahrts - Probleme sich vertiefen können". Vorrangiges Ziel war es, "ein größeres Wissen im katholischen Düsseldorf um die neuzeitlichen Caritas - Aufgaben" wachzurufen. Im Sinne der Organisation sah Johannes Becker die

---

[405] Johannes Becker, Katholischer Pfarr - Caritas - Ausschuß und städtisches Wohlfahrtsamt, in: Nachrichtenblatt des Düsseldorfer Caritas - Verbandes Jg. 1 Nr. 4 (April 1925), o. S. (3).
[406] Vgl. Max Döhmer, Zum Geleite!, in: Nachrichtenblatt des Düsseldorfer Caritas - Verbandes Jg. 1 Nr. 1 (Oktober 1924), 1.
[407] Vgl. Johannes Becker, Das Nachrichtenblatt des Caritas - Verbandes, in: Nachrichtenblatt des Düsseldorfer Caritas - Verbandes Jg. 1 Nr. 1 (Oktober 1924), 1 - 2, 1 f.

lange Zeit "stark dezentralisierte kirchliche Liebestätigkeit" durch Gründung des Caritasverbandes überwunden. "Ihn bekannter zu machen, seine Organisation auszubauen und auszugestalten", war indes eine Aufgabe, die dem Nachrichtenblatt oblag. Im Sinne der Publikation wollte die Zeitung schließlich von den "Guttaten der Menschen" berichten, die andere Stellen nur selten zur Kenntnis nahmen. "Was an guten Werken auf dem Markt des Lebens, im Krankensaal, in der Krankenstube, in caritativen Konferenzen und Konventikeln usw. getan wird, - die alle Tage aufgehende Sonne der christlichen Caritas geht vielfach ungekannt und ungenannt vorüber, ohne daß eine größere Öffentlichkeit davon erfährt". Mit Nachdruck betonte Johannes Becker: "Die Caritas ist ein Wesen aus einer besseren Welt. Ihr liegt nicht die Zur - Schaustellung. Und doch muß sie, wenn sie in Wesen und Wirken nicht verkannt werden soll, mehr denn früher auf dem Leuchter gestellt werden".

Das Nachrichtenblatt des Verbandes wurde allen katholischen Pfarrämtern, Geistlichen, Pfarrcaritasausschüssen, Anstalten, Vinzenz- und Elisabethvereinen sowie anderen caritativen Vereinen zugestellt. Die Idee, im Anschluss an die Caritasmitteilungen des Elberfelder Caritasverbandes ein gemeinsames Mitteilungsblatt für die Caritassekretariate in Aachen, Krefeld, Elberfeld, Essen - Stadt, Essen - Land und Düsseldorf herauszugeben[408], erlitt schnell Schiffbruch und wurde nach zwei Ausgaben, die am 16. und 31. Mai 1925 erschienen waren[409], verworfen. In der Folgezeit brachte das Düsseldorfer Caritassekretariat wieder ein eigenes Verbandsorgan heraus, das zunächst unter dem Titel "Mitteilungen des Katholischen Caritas - Sekretariates, Düsseldorf" erschien. Mit Beginn des dritten Jahrganges erfolgte eine Änderung des Untertitels; seit Januar 1927 lautete die Kopfzeile des Blattes "Mitteilungen des Caritasverbandes für die Stadt Düsseldorf".

Monat für Monat berichteten die Mitteilungen des Caritasverbandes für die Stadt Düsseldorf bis zum Ende der Weimarer Republik über die Tätigkeit des Caritassekretariats und der katholischen Wohlfahrtseinrichtungen in der Stadt. Liest man die Ausgaben der Jahre 1925 bis 1931[410], entsteht noch heute vor dem Auge ein lebendiges Bild tätiger Nächstenliebe, das sich aus caritativer Alltagsarbeit wie auch beachtlichen, mitunter sehr öffentlichkeitswirksamen Einzelaktionen zusammensetzt.

---

[408] Vgl. NN, Der neuen Folge der Caritasmitteilungen zum Geleite, in: Mitteilungen der Caritassekretariate zu Aachen, Krefeld, Elberfeld, Essen - Stadt, Essen - Land, Düsseldorf Jg. 2 Nr. 1/3 (16.05.1925), 1 - 2, 1. Vgl. auch Mitteilungen des Caritas - Sekretariates zu Elberfeld an die katholischen Pfarrämter, Anstalten, caritativen Vereine und Vereinigungen Jg. 1 Nr. 1 (19.01.1924) ff; Hans Carls, Der Caritasverband Wuppertal in seiner geschichtlichen und finanztechnischen Entwicklung, Wuppertal 1931, 24.
[409] Vgl. Mitteilungen der Caritassekretariate zu Aachen, Krefeld, Elberfeld, Essen - Stadt, Essen - Land, Düsseldorf Jg. 2 Nr. 1/3 (16.05.1925); Mitteilungen der Caritassekretariate zu Aachen, Krefeld, Elberfeld, Essen - Stadt, Essen - Land, Düsseldorf Jg. 2 Nr. 4/5 (31.05.1925).
[410] Vom achten Jahrgang der Mitteilungen des Caritasverbandes für die Stadt Düsseldorf sind keine Ausgaben erhalten; das Blatt ist im Jahre 1932 jedoch nachweisbar erschienen (vgl. DT 02.03.1932; DT 25.12.1932; Mitteilungen des Caritasverbandes für die Stadt Düsseldorf Jg. 9 Nr. 1/3 (Januar/März 1933), 1).

Romfahrt 1925

Nicht im Sinne traditioneller Fürsorge, doch von großer Publizität war die vom Caritassekretariat organisierte Rompilgerfahrt der Düsseldorfer Katholiken im heiligen Jahr 1925. Als vielfach der Wunsch geäußert wurde, von Düsseldorf aus eine eigene Pilgerfahrt nach Rom zu organisieren, beschloss das Pfarrkapitel der Stadt im Herbst 1924, das örtliche Caritassekretariat mit der technischen Durchführung der Reise zu beauftragen[411]. Ohne Zweifel erfolgte die Übertragung der Aufgabe an Johannes Becker und seine Mitarbeiter in dem Vertrauen, dass das Sekretariat personell wie organisatorisch der Bewältigung einer solchen Aufgabe gewachsen war. Glaubt man den Aufzeichnungen des Düsseldorfer Caritasrektors, wurde der Verband den Erwartungen gerecht und die Pilgerfahrt für alle Teilnehmer zu einem unvergesslichen Erlebnis. Dass die Düsseldorfer Romfahrt in vielfacher Hinsicht ein "Karitas - Unternehmen"[412] war, verdeutlicht schon die Wahl des Reisetermins im September 1925. "Dies geschah deshalb", so Johannes Becker, "weil in diesem Monat das südliche Klima dem Nordländer erträglicher ist. Sodann sollte denjenigen, die nicht gerade aus dem Vollen schöpfen, bis dahin Zeit gelassen werden, um einen Sparpfennig zurücklegen und so die Teilnahme an der Pilgerreise ermöglichen zu können. Die Richtigkeit dieser Erwägung ist durch die Erfahrung bestätigt worden. In großer Zahl liefen die Anmeldungen aus Stadt und Land ein, und schon im Frühjahr war das Zustandekommen des Sonderzuges gesichert"[413]. Vom weiteren Gang der Vorbereitungen heißt es: "Große Ziele erfordern große Opfer. Monatelang war mehr als eine Kraft in Anspruch genommen, um alle Mitteilungen und Anfragen zu bewältigen. Man hätte sie nur sehen müssen, diese immer wachsende Flut von Briefen und Karten ! Aber mit Freuden haben wir dem uns einmal gewordenen Auftrage entsprochen. Auch hierbei schwebte uns, wie bei allen Arbeiten, das Apostelwort vor Augen: 'Caritas urget - die Liebe drängt !' Es bereitet uns eine innige Genugtuung, bis dato schriftlich und mündlich die Bekundung hoher Zufriedenheit seitens vieler, die mit uns gepilgert, zu vernehmen"[414]. Die Pilgerfahrt dauerte vom 13. bis 26. September 1925. In seinen "Erinnerungen an die Düsseldorfer Rompilgerfahrt"[415] berichtet Johan-

---

[411] Vgl. DT 12.10.1924; NN, Pilgerfahrt nach Rom im Jubiläumsjahre 1925, in: Nachrichtenblatt des Düsseldorfer Caritas - Verbandes Jg. 1 Nr. 1 (Oktober 1924), 3 - 4, 3 f; DT 08.02.1925; NN, Rompilgerfahrt der Düsseldorfer Katholiken im Heiligen Jahr, in: Katholische Kirchenzeitung (Düsseldorf) Jg. 1 Nr. 47 (22.02.1925), o. S. (6); NN, Rompilgerfahrt der Düsseldorfer Katholiken im Heiligen Jahr, in: Katholische Kirchenzeitung (Düsseldorf) Jg. 2 Nr. 1 (05.04.1925), o. S. (10); NN, Die Düsseldorfer Rompilger und Vertreterinnen des katholischen Frauenbundes beim heiligen Vater, in: Katholische Kirchenzeitung (Düsseldorf) Jg. 2 Nr. 28 (11.10.1925), 231 - 232, 231.
[412] Johannes Schmitz, Auf sonnigen Pfaden. Ein Reisebüchlein Anno santo 1925. Mit einem Geleitwort von Caritasdirektor Johannes Becker, Düsseldorf 1925, 28.
[413] Johannes Becker, Zum Geleite !, in: Johannes Schmitz, Auf sonnigen Pfaden. Ein Reisebüchlein Anno santo 1925. Mit einem Geleitwort von Caritasdirektor Johannes Becker, Düsseldorf 1925, 5 - 8, 6.
[414] Johannes Becker, Zum Geleite !, in: Johannes Schmitz, Auf sonnigen Pfaden. Ein Reisebüchlein Anno santo 1925. Mit einem Geleitwort von Caritasdirektor Johannes Becker, Düsseldorf 1925, 5 - 8, 6 f.
[415] Vgl. Johannes Becker, Erinnerungen an die Düsseldorfer Rompilgerfahrt, in: Düsseldorfer Tageblatt Jg. 59 Nr. 274 (03.10.1925), o. S. (10). Vgl. auch Johannes Becker, Aus dem caritativen Leben Düssel-

nes Becker: "Erhebend war der Blick auf die große Pilgerschar, die am Abreise - Sonntag in aller Frühe durch Empfang der hl. Sakramente in der hiesigen Dominikanerkirche den Segen des Allerhöchsten für eine glückliche und fruchtbringende Fahrt erflehte. Und viele gute Wünsche stiegen in den Massen der am Hauptbahnhof versammelten Zurückbleibenden auf, als sich um 1/2 8 Uhr der Sonderzug mit den fast 450 Pilgern in Bewegung setzte". Schon auf der Hinreise gab es "manche angenehme Unterbrechung", um kultur- und kirchengeschichtlich bedeutsame Orte wie Luzern, Mailand, Genua, Rapallo und Pisa zu besuchen. Am Abend des 15. Septembers erreichte die Pilgergruppe die ewige Stadt; "spontan ließen die Pilger als Ausdruck ihres Dankes den ambrosianischen Lobgesang zum Abendhimmel emporsteigen". Am nächsten Morgen wurden die Wallfahrer zum deutschen Campo santo geführt; anschließend folgte eine Führung durch den Petersdoms. An den nächsten Tagen folgten die für die Gewinnung des Jubelablasses vorgeschriebenen Besuche in Maria Maggiore, St. Johann im Lateran und St. Paul vor den Mauern. Den Höhepunkt der Romfahrt bildeten die Papstmesse und die Papstaudienz, "die uns Düsseldorfer bereits am zweiten Romtage zuteil wurden". Nach einem längeren Rundgang durch die Reihen der deutschen Pilger "ehrt der Papst die Deutschen mit längerer Rede in unserer Muttersprache[416]. Auf dem Throne sitzend, umgeben von Prälaten, römischen Adeligen, Schweizer- und Nobelgardisten, richtet er herzliche Begrüßungsworte an uns. Wie freut er sich über unser Kommen zum gemeinsamen Vater der Christenheit. Alle, welchen Verbänden und Organisationen sie angehören, segnet er in väterlicher und herzlicher Weise". Am Ende seiner Erinnerungen resümierte Johannes Becker: "Die Düsseldorfer Rompilgerfahrt war keine Vergnügungsfahrt. Als religiöse Übung gedacht, ist sie als solche durchgeführt worden. In technisch - organisatorischer Hinsicht ist sie, von unerheblichen Kleinigkeiten abgesehen, vollauf gelungen. Möge sie in seelisch - sittlicher Hinsicht allen Pilgern und Pilgerinnen reiche Werte und großen Nutzen vermitteln"[417].

Gesolei

Aufsehen weit über die Grenzen der Stadt Düsseldorf und des Deutschen Reiches hinaus erregte im Jahre 1926 die Ausstellung "Gesundheitspflege, Soziale Fürsorge und Leibesübungen" (Gesolei), die am 8. Mai auf dem Ausstellungsgelände in Golzheim eröffnet wurde[418]. Ziel der Messe war es, "das gesundheitsgeschädigte deutsche Volk"

---

dorfs, in: Mitteilungen des Katholischen Caritas - Sekretariates, Düsseldorf Jg. 2 Nr. 4/5 (April/Mai 1926), 4 - 5, 5.
[416] Vgl. dazu DT 04.10.1925; NN, Die Düsseldorfer Rompilger und Vertreterinnen des katholischen Frauenbundes beim heiligen Vater, in: Katholische Kirchenzeitung (Düsseldorf) Jg. 2 Nr. 28 (11.10.1925), 231 - 232, 231 f.
[417] Johannes Becker, Erinnerungen an die Düsseldorfer Rompilgerfahrt, in: Düsseldorfer Tageblatt Jg. 59 Nr. 274 (03.10.1925), o. S. (10).
[418] Vgl. NN, Glückauf Gesolei! Die Eröffnungsfeierlichkeiten der Großen Ausstellung Düsseldorf 1926, in: Gesolei. Offizielle Tageszeitung der Großen Ausstellung Düsseldorf 1926 für Gesundheitspflege, soziale Fürsorge und Leibesübungen Jg. 1 Nr. 1 (08.05.1926), o. S. (1 - 3, 1 ff); Hans - Joachim

nach dem Ersten Weltkrieg und der Wirtschaftsrezession "für die Zukunft auszurüsten und für die Kraftanspannung des Neuaufbaus zu ertüchtigen"[419]. Nach Ernst Poensgen zeigte die Gesolei, "wie der Mensch sich gesund und arbeitsfähig erhalten, wie er Schädigungen vorbeugen und verhindern, und wie er entstandenen Schaden am schnellsten und besten wieder beseitigen kann"[420]. Auf einem Gelände von 400000 qm waren 171 Ausstellungsbauten mit einer Fläche von 120000 qm errichtet[421], die für die Arbeitsfelder Gesundheitspflege, Soziale Fürsorge und Leibesübungen zeigen sollten, "was bereits geschieht und wo noch wichtige Aufgaben liegen, die in der Zukunft zu lösen sind"[422]. Dem Ruf, die Ausstellung zu beschicken, waren das Reich, einzelne Länder, städtische Verwaltungen sowie zahlreiche private Organisationen gefolgt[423]. Obgleich Großausstellungen für die Stadt Düsseldorf nichts Ungewöhnliches waren[424], bemerkte Johannes

---

Baus, Die Düsseldorfer Ausstellungen bis zum Jahre 1926, Staatsexamensarbeit Köln 1977, 57 ff; Edmund Spohr, Düsseldorf. Eine Stadt zwischen Tradition und Vision. Facetten der Stadt, Kleve 2002, 72 ff.

[419] Hubert Schiel, Zur "Gesolei", in: Caritas. Zeitschrift für Caritaswissenschaft und Caritasarbeit Jg. 31 Nr. 8 (August 1926), 252 - 254, 252.

[420] Ernst Poensgen, Die wirtschaftliche Bedeutung der Gesolei, in: Arthur Schloßmann, Ge - So - lei. Große Ausstellung Düsseldorf 1926 für Gesundheitspflege, soziale Fürsorge und Leibesübungen Bd. 1, Düsseldorf 1927, 15 - 17, 16. Vgl. auch Theodor J. Bürgers, Die allgemeine Bedeutung der Gesolei, in: Große Ausstellung Düsseldorf 1926 für Gesundheitspflege, soziale Fürsorge und Leibesübungen. Amtlicher Katalog, Düsseldorf 1926, 27 - 32, 27 ff.

[421] Vgl. Otto Teich - Balgheim, Grundgedanken, in: Otto Teich - Balgheim, Die Gesolei in Wort und Bild, Düsseldorf 1926, 5 - 6, 5; Robert Meyer, Die Ausstellungsbauten in technisch - organisatorischer Beziehung, in: Arthur Schloßmann, Ge - So - lei. Große Ausstellung Düsseldorf 1926 für Gesundheitspflege, soziale Fürsorge und Leibesübungen Bd. 1, Düsseldorf 1927, 65 - 91, 65 ff.

[422] Katharina Trutz, Die Düsseldorfer Ausstellung "Gesolei", in: Caritas. Zeitschrift für Caritaswissenschaft und Caritasarbeit Jg. 31 Nr. 6 (Juni 1926), 174 - 177, 174.

[423] Vgl. NN, Soziale Fürsorge und Gesolei, in: Mitteilungen des Katholischen Caritas - Sekretariates, Düsseldorf Jg. 2 Nr. 8 (August 1926), 1 - 5, 1 ff; Große Ausstellung Düsseldorf 1926 für Gesundheitspflege, soziale Fürsorge und Leibesübungen. Amtlicher Katalog, Düsseldorf 1926, 77 ff.

[424] Vgl. Katalog der Provinzial - Gewerbe - Ausstellung für Rheinland und Westphalen in Düsseldorf. Im Jahre 1852, Düsseldorf 1852, I ff; Gewerbe - Ausstellung für Rheinland, Westfalen und benachbarte Bezirke in Verbindung mit einer Allgemeinen Deutschen Kunst - Ausstellung in Düsseldorf 1880. Ausstellung der kunstgewerblichen Alterthümer in Düsseldorf 1880, Düsseldorf 1880, 5 ff; Großer Führer durch Stadt und Ausstellung Düsseldorf 1902 mit Abbildungen und Plänen sowie Führer durch das Rheintal, Düsseldorf 1902, 111 ff; Gottfried Stoffers, Die Industrie- und Gewerbeausstellung für Rheinland, Westfalen und benachbarte Bezirke verbunden mit einer deutsch - nationalen Kunst - Ausstellung Düsseldorf 1902, Düsseldorf 1903, 1 ff; Johannes Schoppen, Die Ausstellungsstadt Düsseldorf (Ein geschichtlicher Abriß), in: Adreßbuch der Stadt Düsseldorf sowie das amtliche Adreßbuch des Landkreises Düsseldorf 1926, Düsseldorf 1925, XXIV - XXVI, XXIV ff; Susanne Neusen, Die großen Ausstellungen in Düsseldorf 1852 - 1937 und ihr Einfluß auf das Wachsen und Werden der Stadt 2 Bde, Magisterarbeit Düsseldorf 1975, 7 ff; Hans - Joachim Baus, Die Düsseldorfer Ausstellungen bis zum Jahre 1926, Staatsexamensarbeit Köln 1977, 10 ff; Ellen Kreutz, Messe, Baukunst, Stadtentwicklung. Ausstellungsarchitektur in Düsseldorf 1880 - 2004, München 1998, 12 ff; Edmund Spohr, Düsseldorf. Eine Stadt zwischen Tradition und Vision. Facetten der Stadt, Kleve 2002, 13 ff.

Becker zur Eröffnung treffend, die Gesolei sei eine Ausstellung eigener Art[425]. "Während bisher die eine oder andere menschliche Arbeit dargestellt wurde, hat die Gesolei sich den Menschen selbst, in seinem Sein und Leben, in seiner Fürsorge für sich und andere, als Ausstellungsgegenstand gewählt"[426]. Stand der Düsseldorfer Caritasrektor dem "beängstigenden Ausstellungsfieber" der letzten Jahre auch skeptisch gegenüber, so fand er für die Düsseldorfer Ausstellung nur Worte der Anerkennung: "Der innere Gehalt der Gesolei verdient höchste Aufmerksamkeit. Was da vom In- und Ausland, von freier und öffentlicher Seite an Anschauungsmaterial über den Menschen zusammengetragen ist, verdient Bewunderung und Staunen. Die Tendenz, mit der die Gesolei zustande gekommen ist, mag der Kritik manche Angriffspunkte bieten, jedenfalls ist sie, wie sie dasteht, eine wohl nie wiederkehrende, einzigartige Lehrschau über den Menschen"[427].

In der Tat war die Gesolei, die bis zum 17. Oktober 1926 an 163 Tagen mehr als 7,5 Millionen Besucher aus dem In- und Ausland anlockte[428], ein Lehrstück zeitgemäßer Ausstellungsmethodik. Viel Anklang fand die didaktische Konzeption, "denn erstmalig ersetzt man langweilig wirkende Lehrobjekte und Statistiken durch eine leicht verständliche, einprägsame und oft mit spritzigem Humor ausgeführte Gestaltung"[429]. In allen Hallen waren anschauliche Graphiken, Schautafeln, Nachbildungen historischer Zustände und Ereignisse, Panoramen, Modelle, Karten, Reliefs, Skulpturen, Photographien, Filme, Scherenschnitte und Malereien[430]. Die Gesolei zog insgesamt 222 Kongresse, Tagungen, Sportveranstaltungen und Regimentsappelle an, vom Bund deutscher Gartenarchitekten bis zum Bund der jüdischen Kranken- und Pflegeanstalten, vom deutschen

---

[425] Vgl. Johannes Becker, Caritas und Gesolei, in: Mitteilungen des Katholischen Caritas - Sekretariates, Düsseldorf Jg. 2 Nr. 4/5 (April/Mai 1926), 1 - 4, 1.

[426] Johannes Becker, Caritas und Gesolei, in: Mitteilungen des Katholischen Caritas - Sekretariates, Düsseldorf Jg. 2 Nr. 4/5 (April/Mai 1926), 1 - 4, 1.

[427] Johannes Becker, Caritas und Gesolei, in: Mitteilungen des Katholischen Caritas - Sekretariates, Düsseldorf Jg. 2 Nr. 4/5 (April/Mai 1926), 1 - 4, 1. Vgl. auch Johannes Becker, Zum Schlusse der Gesolei, in: Mitteilungen des Katholischen Caritas - Sekretariates, Düsseldorf Jg. 2 Nr. 10 (Oktober 1926), 1 - 3, 3.

[428] Vgl. Heinrich Hinck, Lebe wohl Gesolei !, in: Gesolei. Offizielle Tageszeitung der Großen Ausstellung Düsseldorf 1926 für Gesundheitspflege, soziale Fürsorge und Leibesübungen Jg. 1 Nr. 162 (17.10.1926), o. S. (1 - 2, 1 f); Arthur Schloßmann, Entwicklung, Wesen, Ziele und Erfolg der Gesolei, in: Arthur Schloßmann, Ge - So - lei. Große Ausstellung Düsseldorf 1926 für Gesundheitspflege, soziale Fürsorge und Leibesübungen Bd. 1, Düsseldorf 1927, 23 - 48, 48.

[429] Herbert Engst, 145 Jahre im Dienst der Wirtschaft. Düsseldorfer Ausstellungen in Bildern. Ein Beitrag zur Kulturgeschichte deutscher Ausstellungen, Düsseldorf 1957, o. S. (60).

[430] Vgl. Arthur Schloßmann, Die GeSoLei, in: Die Umschau. Illustrierte Wochenschrift über die Fortschritte in Wissenschaft und Technik Jg. 30 Nr. 30 (24.07.1926), 589 - 590, 590; Marta Fraenkel, Organisatorisches und Methodisches auf der Gesolei, in: Große Ausstellung Düsseldorf 1926 für Gesundheitspflege, soziale Fürsorge und Leibesübungen. Amtlicher Katalog, Düsseldorf 1926, 41 - 48, 41 ff; Marta Fraenkel, Allgemeine organisatorische Fragen der wissenschaftlichen Abteilungen, in: Arthur Schloßmann, Ge - So - lei. Große Ausstellung Düsseldorf 1926 für Gesundheitspflege, soziale Fürsorge und Leibesübungen Bd. 2, Düsseldorf 1927, 397 - 421, 410 ff.

Reichsverband für soziale Gerichtshilfe bis zum Verband deutscher Getreidekaffeefabrikanten[431].

In Halle 28 an der Brüderstraße entrollte sich den Besuchern unter dem Motto "Helft den Helfenden" ein geschlossenes Bild der freien Wohlfahrtspflege von den in der Deutschen Liga zusammengeschlossenen Spitzenverbänden[432]. Neben dem Deutschen Caritasverband gehörten hierzu der Zentralausschuss für Innere Mission, das Rote Kreuz, die Zentralwohlfahrtsstelle der deutschen Juden, der Fünfte Wohlfahrtsverband und der Zentralausschuss der christlichen Arbeiterschaft[433]. Hauptanziehungspunkt in der Halle war eine Wohlfahrtsstadt, die einen Zusammenschluss aller Heime der freien Wohlfahrtspflege symbolisierte. Als Modell zeigte sie, wie eine Stadt aussehen würde, wenn alle von der freien Wohlfahrt unterhaltenen Anstalten und Einrichtungen an einem Ort vereinigt würden[434]. "Ein kreisrundes Modell mit 15 m Durchmesser sollte dem Besucher zum Bewußtsein bringen, daß in den beinahe 8000 Anstalten der freien Wohlfahrtspflege - ungerechnet die Mütter- und Brüderheime, ungerechnet die Herbergen zur Heimat, Wanderarbeitsstätten und ähnliche Einrichtungen, ungerechnet die Tages- und Halbtagsheime mit ihren an die 400000 Plätzen - über eine halbe Million Menschen, d.h. fast 1 % der gesamten Bevölkerung Deutschlands mit voller Verpflegung und Versorgung leben. Es sollte ihm begreiflich machen, welche gewaltigen Mengen von Lebensmitteln in diesen Anstalten im Tag und im Jahr verbraucht werden und welche Opfer an persönlichen Kräften und an Geldmitteln notwendig sind, um diese Betriebe zu unterhalten"[435]. Ziel der freien Wohlfahrtspflege war es, nicht die Not der Menschen als solche zum Ausstellungsgegenstand zu machen, sondern die Ursachen sozialer Hilfs-

---

[431] Vgl. DT 26.05.1926; NN, Tagungen, in: Mitteilungen des Katholischen Caritas - Sekretariates, Düsseldorf Jg. 2 Nr. 6 (Juni 1926), 1 - 2, 2; Marta Fraenkel, Kongresse, Feiern und Besuche, in: Arthur Schloßmann, Ge - So - lei. Große Ausstellung Düsseldorf 1926 für Gesundheitspflege, soziale Fürsorge und Leibesübungen Bd. 1, Düsseldorf 1927, 268 - 320, 291 ff; Verwaltungsbericht der Stadt Düsseldorf für den Zeitraum vom 1. April 1925 bis 31. März 1928, Düsseldorf 1928, 9 ff.

[432] Vgl. Wilhelma Tiltmann, Die soziale Fürsorge auf der Ausstellung, in: Otto Teich - Balgheim, Die Gesolei in Wort und Bild, Düsseldorf 1926, 44 - 46, 44 ff; Gotthilf Vöhringer, Ausstellung der Deutschen Liga der Freien Wohlfahrtspflege, in: Arthur Schloßmann, Ge - So - lei. Große Ausstellung Düsseldorf 1926 für Gesundheitspflege, soziale Fürsorge und Leibesübungen Bd. 2, Düsseldorf 1927, 879 - 909, 879 ff. Zur Deutschen Liga der freien Wohlfahrtspflege vgl. Hugo Lerchenfeld, Deutsche Liga der freien Wohlfahrtspflege, in: Julia Dünner, Handwörterbuch der Wohlfahrtspflege, Berlin 1929^2, 169 - 170, 169 f; Jochen - Christoph Kaiser, Sozialer Protestantismus im 20. Jahrhundert. Beiträge zur Geschichte der Inneren Mission 1914 - 1945, München 1989, 135 ff.

[433] Vgl. Gotthilf Vöhringer, Freie Wohlfahrtspflege und Gesolei, in: Mitteilungen des Katholischen Caritas - Sekretariates, Düsseldorf Jg. 2 Nr. 7 (Juli 1926), 1 - 3, 3; Große Ausstellung Düsseldorf 1926 für Gesundheitspflege, soziale Fürsorge und Leibesübungen. Amtlicher Katalog, Düsseldorf 1926, 191 f; Heinz Klute, Einzelausstellungen der Freien Wohlfahrtspflege auf der Gesolei, in: Arthur Schloßmann, Ge - So - lei. Große Ausstellung Düsseldorf 1926 für Gesundheitspflege, soziale Fürsorge und Leibesübungen Bd. 2, Düsseldorf 1927, 910 - 930, 910.

[434] Vgl. Hubert Schiel, Zur "Gesolei", in: Caritas. Zeitschrift für Caritaswissenschaft und Caritasarbeit Jg. 31 Nr. 8 (August 1926), 252 - 254, 253.

[435] Gotthilf Vöhringer, Ausstellung der Deutschen Liga der Freien Wohlfahrtspflege, in: Arthur Schloßmann, Ge - So - lei. Große Ausstellung Düsseldorf 1926 für Gesundheitspflege, soziale Fürsorge und Leibesübungen Bd. 2, Düsseldorf 1927, 879 - 909, 899 f.

bedürftigkeit aufzudecken. Armut sollte plastisch begreifbar werden, um so die Suche nach sinnvollen Hilfeleistungen anzuspornen[436]. In 22 Kojen, die an den Wänden der Halle entlang gebaut waren, wurden die verschiedensten Arbeitsgebiete behandelt, auf denen sich die freie Wohlfahrtspflege betätigte[437]. In der Koje "Altersfürsorge" war ein bis ins Mittelalter zurückreichendes Heim der Caritas einem neuzeitlich eingerichteten der Inneren Mission gegenübergestellt. Bei der Gerichts- und Gefangenenfürsorge hatte die Rheinisch - Westfälische Gefängnisgesellschaft die Fürsorge seit 1826 und die gegenwärtigen Aufgabengebiete herausgearbeitet. In der Wanderer- und Obdachlosenfürsorge wurden die Leistungen der Arbeiterkolonien gezeigt und unter dem Motto "Gebt Arbeit statt Almosen" auf die Notwendigkeit der Erhaltung der Heime hingewiesen. In der darauf folgenden Abteilung wurde der Umfang der katholischen und evangelischen Fürsorge im Auswandererwesen, in der Bahnhofsmission, in der Binnenschiffer- und Seemannsmission gezeigt. Um ein Bild der Leistungen der freien Wohlfahrtspflege in Notstandszeiten zu geben, waren die großen Hilfsaktionen in den Jahren 1923 und 1924 dargestellt. Die sechs Erziehungskojen ließen zunächst erkennen, wie lange die freie Wohlfahrtspflege auf diesem Gebiet schon wirkte. Unter Hinweis auf die aktuellen Gesetzesgrundlagen wurde dann das Wirken der Verbände in der offenen Fürsorge gezeigt. Weitere Abteilungen schilderten die Arbeit in den Heimen für Kinder und Jugendliche, insbesondere in Kindergärten, Horten und Waisenhäusern sowie die Heimfürsorge für gefährdete Jugendliche nach der Schulentlassung. Den Abschluss bildete die Koje Jugendpflege, die unter dem Motto gestaltet war: Gesund erhalten ist besser als heilen. In den drei nächsten Sektionen wurden die Aufgaben und Leistungen für Körperbehinderte wie "Schwachsinnige, Taubstumme, Blinde und Krüppel" zusammengestellt. Ziel der Präsentation war es, nicht tatenloses Mitleid zu wecken, sondern für eine lebenstüchtige Ausbildung der Betroffenen zu werben. Es folgte das Gebiet der Sorge für Mutter und Kind. Eine Landkarte zeigte die Lage der verschiedenen Heime der freien Wohlfahrtspflege, während die Arbeitsgebiete, die Fachschulen und Belehrungen an den Seitenwänden bildlich dargestellt waren. Die Arbeitsgemeinschaft für Volksgesundung zeigte die Bekämpfung von "Schund und Schmutz", indem sie das Wirken schlechter und guter Bücher gegenüberstellte. Die vermehrte Zunahme an Erholungsheimen war in der nächsten Koje zu erkennen. Wechselnde Lichtbildstreifen führten den Tagesablauf in verschiedenen Erholungsheimen vor. Weiter sah man die Verteilung der Gemeindekrankenpflegestationen der Verbände in Deutschland auf einer großen Landkarte. Daneben waren die Tätigkeiten der Gemeindeschwester und Familienpflegerinnen veranschaulicht. Der zweckmäßige Bau von Heilstätten wurde an Bildern und Grundrissen gezeigt, ebenso die Heilbehandlung von tuberkulösen Kindern. In der Krankenhauskoje war die geschichtliche Entwicklung dieses Zweiges zu verfolgen. Weiter war dargestellt, wie ein modernes Krankenhaus zweckmäßig baulich einzurichten sowie in wirtschaftlicher und hygienischer Hinsicht zu gestalten war. Die letzte Koje wies auf die Pflege von

---

[436] Vgl. Konrad Hahm, Die deutsche Liga der freien Wohlfahrtspflege und ihre Wanderausstellung, in: Die Wohlfahrtspflege in der Rheinprovinz Jg. 2 Nr. 12 (16.06.1926), 207 - 208, 208.
[437] Vgl. Gotthilf Vöhringer, Ausstellung der Deutschen Liga der Freien Wohlfahrtspflege, in: Arthur Schloßmann, Ge - So - lei. Große Ausstellung Düsseldorf 1926 für Gesundheitspflege, soziale Fürsorge und Leibesübungen Bd. 2, Düsseldorf 1927, 879 - 909, 885.

Lepra-, Lupus- und Krebskranken hin mit den Worten: "Wißt Ihr, was es bedeutet, solche Kranken zu pflegen ?" Im Kino eines Nebensaals war Gelegenheit, abwechselnd verschiedene Filme aus der Erziehungs-, Erholungs- und Heilfürsorge der freien Wohlfahrtspflege zu sehen[438].

In einer besonderen Abteilung zeigten die einzelnen Spitzenverbände das Wesen ihrer Organisation und die Träger der Arbeit. Der Deutsche Caritasverband schilderte auf acht großen Wandtafeln mit ausgewählten Beispielen die historische Entwicklung und die Arbeitsgebiete der Ordensgenossenschaften sowie die Ausbildung und Betreuung ihrer Mitglieder, die Caritasarbeit in einer Stadt und die Leistungen eines Landes- und eines Reichsverbandes der Jugend- und Gefährdetenfürsorge, ferner die katholische Kranken- und Gebrechlichenfürsorge, den Einfluss bedeutender Persönlichkeiten auf die Entwicklung einzelner Fürsorgezweige und den organisatorischen Aufbau seines Verbandes. Modelle auf Tischen ergänzten die Übersicht[439]. Die Koje des Deutschen Caritasverbandes wollte Motiv und Ziel katholischer Liebestätigkeit aufzeigen und einen Begriff von der Notwendigkeit organisatorischer Zusammenfassung aller caritativen Arbeit geben. Versinnbildlich wurde das Selbstverständnis des Caritasverbandes durch ein Gotteshaus, vor dem sich "die vielen caritativ tätigen Schwestern und Brüder in ihren verschiedenen Trachten scharten", um Kraft für ihren Dienst "an den Kranken, an den seelisch Schwachen und an dem Herr der Notgebeugten" zu schöpfen[440]. "Wie Caritas und Kirche grundsätzlich und historisch zusammenhängende Begriffe sind, so ist hier die Idee ausgedrückt, daß alle Caritas von dem menschgewordenen Gottessohn, dem mystischen Corpus Christi der Kirche ausgeht. Das ganze flutende Leben geht in der

---

[438] Vgl. Katharina Trutz, Die Düsseldorfer Ausstellung "Gesolei", in: Caritas. Zeitschrift für Caritaswissenschaft und Caritasarbeit Jg. 31 Nr. 6 (Juni 1926), 174 - 177, 176 f; Kurt Winner, Aus der Arbeit der katholischen Karitas. Die Gefährdetenfürsorge, in: Gesolei. Offizielle Tageszeitung der Großen Ausstellung Düsseldorf 1926 für Gesundheitspflege, soziale Fürsorge und Leibesübungen Jg. 1 Nr. 133 (18.09.1926), o. S. (5); Große Ausstellung Düsseldorf 1926 für Gesundheitspflege, soziale Fürsorge und Leibesübungen. Amtlicher Katalog, Düsseldorf 1926, 191 f; Gotthilf Vöhringer, Ausstellung der Deutschen Liga der Freien Wohlfahrtspflege, in: Arthur Schloßmann, Ge - So - lei. Große Ausstellung Düsseldorf 1926 für Gesundheitspflege, soziale Fürsorge und Leibesübungen Bd. 2, Düsseldorf 1927, 879 - 909, 883 ff.

[439] Vgl. Katharina Trutz, Die Düsseldorfer Ausstellung "Gesolei", in: Caritas. Zeitschrift für Caritaswissenschaft und Caritasarbeit Jg. 31 Nr. 6 (Juni 1926), 174 - 177, 176; Bernhard Weltring, Die Caritas in der Ausstellung der Deutschen Liga der freien Wohlfahrtspflege, in: Caritas. Zeitschrift für Caritaswissenschaft und Caritasarbeit Jg. 31 Nr. 8 (August 1926), 250 - 251, Nr. 9 (September 1926), 288 - 290 und Nr. 11 (November 1926), 346 - 350, 250 ff; Führer durch die freie Wohlfahrtspflege und ihre Ausstellung. Herausgegeben von der Deutschen Liga der freien Wohlfahrtspflege, Berlin 1926, 55 ff; Gotthilf Vöhringer, Ausstellung der Deutschen Liga der Freien Wohlfahrtspflege, in: Arthur Schloßmann, Ge - So - lei. Große Ausstellung Düsseldorf 1926 für Gesundheitspflege, soziale Fürsorge und Leibesübungen Bd. 2, Düsseldorf 1927, 879 - 909, 907 ff.

[440] Gotthilf Vöhringer, Ausstellung der Deutschen Liga der Freien Wohlfahrtspflege, in: Arthur Schloßmann, Ge - So - lei. Große Ausstellung Düsseldorf 1926 für Gesundheitspflege, soziale Fürsorge und Leibesübungen Bd. 2, Düsseldorf 1927, 879 - 909, 907.

Caritaskoje aus vom Bamberger Domportal als Symbol und Typus der Kirche. Der Fries der Bischofswappen weist hin auf die kirchliche Organisation der Caritas"[441].

Die Unterteilung der Halle nach Arbeit und Trägern der Freien Wohlfahrtspflege (Arbeits- und Trägerkojen) fand weithin Anerkennung. So urteilte Hubert Schiel vom Deutschen Caritasverband: "Die einheitliche Gestaltung, einheitliche geistige Durchdringung und einheitliche künstlerische Form ergibt die eindrucksame Wirkung größter Geschlossenheit. Die zweidimensionale künstlerische Behandlung, das Zurücktreten des Körperlichen, trägt erheblich zu dieser geschlossenen Wirkung bei. Mit Erfolg wurde versucht, die Motive, Leistungen und Probleme der Freien Wohlfahrtspflege sinnenfällig zum Ausdruck zu bringen. Immer wieder ist die Frage gestellt: wie werden wir der Sonderaufgabe dieses oder jenes Teiles der Freien Wohlfahrtspflege gerecht, welche ungelösten Fragen stehen vor uns auf, welches Neuland öffnet sich uns zur Beackerung und wie beackern wir es in ehrlichem Wetteifer mit den anderen Verbänden, um wahrhaft zeitgemäß die Not unseres Volkes zu mildern ?"[442].

Einen Zusammenschluss aller Gebiete auf der Gesolei zeigte das "Haus Düsseldorf" am Rheinufer (Halle 118)[443]. Hier war Düsseldorf nicht nur als Kunst-, Garten-, Industrie- und Handelsstadt beschrieben, sondern auch mit seinen Wohlfahrts- und Fürsorgeeinrichtungen dargestellt. "Die Düsseldorfer Caritas konnte", so Caritasrektor Johannes Becker, "nachdem die Ausstellungsleitung sich zur Errichtung eines eigenen Hauses Düsseldorf entschlossen hatte, in diesem als wichtiges Ausstellungsobjekt nicht fehlen. Ist sie doch neben der städtischen Fürsorge der wichtigste und bedeutungsvollste Faktor in den freien Wohlfahrtsbestrebungen unserer Stadt"[444]. Die "in streng religiösem, sakralem Ton" gehaltene Koje des Düsseldorfer Caritasverbandes hatte das Motiv freier Liebestätigkeit, "so überzeugend und künstlerisch herausgearbeitet, daß das Eingreifen der Caritas in die Schicksale der Hilfsbedürftigen von der Geburtshilfe bis zur Altersfürsorge leicht verständlich wurde"[445]. Unter dem Titel "Der Düsseldorfer Caritasverband auf der Gesolei" berichtete das Düsseldorfer Tageblatt vom 8. Mai 1926 über die vom Düsseldorfer Kunstmaler Albert Diemke entworfene Ausstellungskoje: "Es wurde ein hoher quadratischer Raum geschaffen. Das vornehme Rot der Innenausstattung und das gedämpfte natürliche Licht geben dem Raum eine festliche Stimmung. Die Stirnwand ziert ein Caritasbild (2,50 Meter mal 2 Meter groß), dem sich links und rechts 14 Bilderkartons (1,50 Meter mal 1,50 Meter groß) in symmetrischer Ordnung an den vier Wänden

---

[441] Hubert Schiel, Zur "Gesolei", in: Caritas. Zeitschrift für Caritaswissenschaft und Caritasarbeit Jg. 31 Nr. 8 (August 1926), 252 - 254, 254.

[442] Hubert Schiel, Zur "Gesolei", in: Caritas. Zeitschrift für Caritaswissenschaft und Caritasarbeit Jg. 31 Nr. 8 (August 1926), 252 - 254, 253.

[443] Vgl. Heinz Klute, Die Sonderausstellungen auf dem Gebiete der öffentlichen Wohlfahrtspflege, in: Arthur Schloßmann, Ge - So - lei. Große Ausstellung Düsseldorf 1926 für Gesundheitspflege, soziale Fürsorge und Leibesübungen Bd. 2, Düsseldorf 1927, 823 - 878, 867 ff.

[444] Johannes Becker, Caritas und Gesolei, in: Mitteilungen des Katholischen Caritas - Sekretariates, Düsseldorf Jg. 2 Nr. 4/5 (April/Mai 1926), 1 - 4, 2. Vgl. auch AW 01.05.1926.

[445] Heinz Klute, Die Sonderausstellungen auf dem Gebiete der öffentlichen Wohlfahrtspflege, in: Arthur Schloßmann, Ge - So - lei. Große Ausstellung Düsseldorf 1926 für Gesundheitspflege, soziale Fürsorge und Leibesübungen Bd. 2, Düsseldorf 1927, 823 - 878, 873.

anschließen. Alle Darstellungen stehen unter dem Leitmotiv des auf dem großen Bilde ausgedrückten Gedankens der Caritas Christi, seiner Kirche und seiner Gläubigen, sowie unter der Mahnung 'Wandelt in Liebe, sowie Christus euch auch geliebt hat'. Jeder der Bilderkartons enthält in der Mitte den Typus einer besonderen Caritasarbeit, sowie die entsprechenden statistischen Angaben vom Stande 1925. Eine Fülle photographischer Ansichten, die unter den Kartons symmetrisch angebracht sind, geben einen Einblick in Anstalten, Einrichtungen und Betätigungen der Düsseldorfer Caritas"[446]. Bedauerlicherweise sind von den ausgestellten Tafeln nur wenige Photographien überliefert, doch hat Hans A. Steinbach die Einzelmotive der friesähnlichen Bilder in einer Detailbeschreibung festgehalten: "Das Bild der offenen und geschlossenen Säuglingsfürsorge wird veranschaulicht durch eine Ordensschwester, die ein Kind betreut. In einem weiteren Bilde veranschaulicht eine Ordensschwester das Wirken der Kleinkinderschulen, der Fürsorge für die aufkeimende Menschenseele. Dann die Schulkinderfürsorge. Die Waisenfürsorge. Die Mädchenfürsorge für Schulentlassene und Dienstboten. Da ist junges Mädchen dargestellt, das vom Bahnhof kommt, und von einer katholischen Bahnhofsmissionarin zum Heim geleitet wird. Die Ledigenfürsorge wird durch den hl. Josef angezeigt, der schützend und segnend seine Arme über Männer und Jungfrauen bereitet. Das seraphische Liebeswerk, die Männerfürsorge, die Gefangenenfürsorge, ist durch die Gestalt Jesu veranschaulicht. Er wendet sich einem jungen Manne zu, um ihn vom Abgrund fortzuziehen. An seiner Hand hält der Heiland ein junges, unerfahrenes Mädchen, das er ebenfalls vom Sumpf und vom Abgrund der Großstadt fortziehen konnte. Die ambulante Krankenpflege, die geschlossene Krankenpflege wird durch einen barmherzigen Bruder dargestellt und durch Schwestern der einzelnen Orden. Man sieht die Schwestern kniend im Gebet oder einzelne Arbeiten, die mit der Krankenpflege verknüpft sind, verrichten. Die hl. Elisabeth, der hl. Vincenz leiten zur Armenpflege über. Die öffentliche Wohlfahrtspflege ist durch Christus verdeutlicht, der seine Arme um die Schultern eines Arbeiters legt, um ihm Trost und Hilfe zu bringen. Mit einfachen Mitteln, wirksam in ihrer ganzen Aufmachung, und würde- und weihevoll zeigt der Düsseldorfer Caritasverband sein Wirken und Sorgen um die notleidende Menschheit"[447]. Ungeachtet aller Anerkennung[448] warnte Johannes Becker vor jeder Überheblichkeit: "Bei aller Gedrängtheit klar und übersichtlich, hält sich die Caritas - Ausstellung frei von aller Effekthascherei. Bewußt und absichtlich ist nichts hineingenommen worden, was einer Kirmesware gleichen kann. Die Caritas ist ihrem Wesen nach heilig und hehr; als solche muß sie auch

---

[446] DT 08.05.1926. Vgl. auch AW 07.05.1926; R. Mohr, Die katholische Caritas auf der Gesolei, in: Düsseldorfer Tageblatt Jg. 60 Nr. 166 (17.06.1926), o. S. (5 - 6, 5 f); Hans A. Steinbach, Die Bekämpfung der sozialen Not und die Gesolei, in: Der Weckruf. Monatszeitschrift für Wahrheit, Recht und Freiheit Jg. 2 Nr. 7 (01.07.1926), 1 - 3, 2; NN, Karitas und Gesolei, in: Weltwarte Jg. 3 Nr. 27 (04.07.1926), 210; NN, Großes Karitasbild des Düsseldorfer Karitasverbandes, in: Weltwarte Jg. 3 Nr. 45 (07.11.1926), 359.
[447] Hans A. Steinbach, Die Bekämpfung der sozialen Not und die Gesolei, in: Der Weckruf. Monatszeitschrift für Wahrheit, Recht und Freiheit Jg. 2 Nr. 7 (01.07.1926), 1 - 3, 2.
[448] Vgl. dazu DT 19.10.1926.

wirken, wenn sie 'ausgestellt' wird"[449]. Für die 14 Bilder, die den Stand der katholischen Liebestätigkeit in Düsseldorf zum Gegenstand hatten, war ein zur Verteilung bestimmter Handzettel gedruckt worden. Versehen mit der markanten Aufschrift "Nimm und lies ! Die Katholische Caritas in Düsseldorf 1925", informierte das zweiseitige Blatt die Gesoleibesucher in kurzen Schlaglichtern über 1. Säuglingsfürsorge (4 Stationen mit 273 Säuglingen), 2. Kleinkinderfürsorge (19 Bewahrschulen, 25 Kindergärten mit 2491 "jungen Menschenblumen"), 3. Schulkinderfürsorge (7 Horte mit 283 Kindern), 4. Waisenfürsorge (5 Heime mit 574 Kindern), 5. Mädchenschutz (2 Anstalten mit 215 Betten), 6. Ledigenfürsorge (8 Mädchen- und Damenheime mit 434 und 3 Gesellenhospize mit 588 Plätzen), 7. offene Gefährdetenfürsorge (4 Vereine), 8. geschlossene Gefährdetenfürsorge (5 Anstalten für "Gesunkene und Gestrauchelte" mit 794 Plätzen), 9. ambulante Krankenpflege (22 Stationen mit 67358 Hilfeleistungen), 10. geschlossene Krankenpflege (7 Krankenhäuser mit 1265 Betten), 11. Abnormenfürsorge (1 Anstalt mit 255 Betten), 12. Mitarbeit in der städtischen Wohlfahrtspflege (Betreuung städtischer Unterstützungsempfänger durch 454 Caritashelfer), 13. Hausarmenpflege und -fürsorge (48 Vinzenz- und Elisabethkonferenzen mit 535 tätigen Mitgliedern), 14. Altersfürsorge (4 Häuser mit 390 Plätzen)[450]. Viel Aufmerksamkeit fand ein kleiner Nebenraum, der einen Überblick über die Arbeit der Düsseldorfer katholischen Jugendpflege gab. "In diesem Raum hat auch ein Duoskop Aufstellung gefunden, der kinomäßig 'einen Tag im katholischen Waisenhause' schildert. ... Bemerkenswert sind die in diesem Saale angebrachten prächtigen Fahnen, die Musterarbeiten in der Vitrine, sowie das Modell des Marienhospitals"[451].

Krankenhausfürsorge

Obwohl die Gesolei 1926 alle Kräfte des Caritassekretariates in Anspruch nahm, vermochte es der Düsseldorfer Caritasverband, noch im gleichen Jahr sein Fürsorgeangebot für die Stadt zu erweitern. Völliges Neuland betrat der Verband, als "eine angestellte Dame des Caritas - Sekretariats" am 1. Februar 1926 begann, in katholischen Anstalten soziale Krankenfürsorge zu betreiben[452]. Hilfsangebote dieser Art hatte es in Düsseldorf bisher nur in den Städtischen Krankenanstalten[453], nicht aber in konfessionellen Hospitälern gegeben. Das Desiderat wurde behoben, als Ende Januar 1926 eine Konferenz der

---

[449] Johannes Becker, Caritas und Gesolei, in: Mitteilungen des Katholischen Caritas - Sekretariates, Düsseldorf Jg. 2 Nr. 4/5 (April/Mai 1926), 1 - 4, 4. Vgl. auch KGD 94, 01.03.1926.
[450] Vgl. DCF 127 D/2, 1925; Johannes Becker, Caritas und Gesolei, in: Mitteilungen des Katholischen Caritas - Sekretariates, Düsseldorf Jg. 2 Nr. 4/5 (April/Mai 1926), 1 - 4, 3 f.
[451] DT 08.05.1926.
[452] Johannes Becker, Neuland der Caritas, in: Mitteilungen des Katholischen Caritas - Sekretariates, Düsseldorf Jg. 2 Nr. 2 (Februar 1926), 2 - 5, 5. Zur Geschichte der Krankenhausfürsorge vgl. Peter Reinicke, Wie die Sozialarbeit ins Krankenhaus kam, in: Caritas '92. Jahrbuch des Deutschen Caritasverbandes, 337 - 352, 337 ff; Peter Reinicke, Soziale Krankenhausfürsorge in Deutschland. Von den Anfängen bis zum Ende des Zweiten Weltkriegs, Opladen 1998, 33 ff.
[453] Vgl. SAD VII 1052, Bl. 1 ff; SAD VII 1053, Bl. 1 ff.

Oberinnen katholischer Krankenhäuser den Beschluss fasste, auf Dauer eine soziale Krankenhausfürsorge einzuführen[454]. Dass das Bedürfnis nach einer solchen Einrichtung in den katholischen Krankenhäusern der Stadt gegeben war, stand nicht nur für Johannes Becker außer Frage[455]. Anschaulich schrieb er in den Caritasmitteilungen vom Februar 1926: "Gegenüber dem Krankenhaus der alten Zeit, das nicht selten neben den Kranken auch sonstige Hilfsbedürftige, wie Altersschwache, aufnahm, ist das moderne Krankenhaus eine technische Heilanstalt geworden. Die bange Furcht vor ihm ist geschwunden; die meisten Menschen, die einer ernsten Operation sich unterziehen müssen, begrüßen geradezu die Aufnahme in ein Krankenhaus. Mit allen hygienischen Erfordernissen ausgerüstet, umgeben von ausgebildeten und edler Menschenliebe getragenen Pflegekräften, macht das heutige Krankenhaus seinen Insassen den Aufenthalt lieb und angenehm. Und doch ist die Sorge vom Krankenbett nicht zu bannen! Die kranke Mutter gedenkt sorgenvoll der daheim befindlichen Kinder, denen Pflege und Aufsicht fehlt. Der kranke Vater macht sich Sorge um den Ausfall des Verdienstes. Der alleinstehende junge Mann geht, weil die Krankenhausbehandlung zu lang dauert, seiner mühsam errungenen Stellung verlustig. Dazu kommen Sorgen und Leiden seelischer Art, die kaum ausgesprochen werden können"[456]. Aufgabe der Laienhelfer im sozialen Krankenfürsorgedienst sollte es daher sein, bei allen Nöten helfend einzugreifen. Ziel war es, eine vermittelnde Tätigkeit zu entfalten zwischen Kranken und deren Familien, zwischen Kranken und öffentlichen Stellen, zwischen Kranken und Krankenhaus[457]. Den Kranken mit seiner Familie zu verbinden, war besonders dort notwendig, "wo dieses Verhältnis gelöst oder gefährdet erscheint". Um "etwaige Schäden" abzustellen, mussten die sozialen Familienverhältnisse geprüft werden und insbesondere für "die der Mutter entbehrenden Kinder" gesorgt werden. Um die Rechte der Patienten zu vertreten, galt es, den Kranken in seinen Ansprüchen an kommunale und staatliche Einrichtungen wie beispielsweise Krankenkassen, Altersversicherungen, Wohlfahrtsämtern oder Gerichten zu unterstützen. Schließlich sollte begründeten Patientenbeschwerden gegen die Krankenhäuser nachgegangen, aber auch der Tag der Entlassung durch Vermittlung von Arbeit oder Besorgung einer Unterkunft vorbereitet werden[458].

Die vom Caritasverband in den katholischen Anstalten der Stadt versuchsweise auf vier Monate eingerichtete amtliche Krankenhausfürsorge bewährte sich erfolgreich, so

---

[454] Vgl. Johannes Becker, Neuland der Caritas, in: Mitteilungen des Katholischen Caritas - Sekretariates, Düsseldorf Jg. 2 Nr. 2 (Februar 1926), 2 - 5, 4 f.
[455] Vgl. Hans Carls, Die soziale Krankenhausfürsorge, in: Mitteilungen der Caritassekretariate zu Aachen, Krefeld, Elberfeld, Essen - Stadt, Essen - Land, Düsseldorf Jg. 2 Nr. 1/3 (16.05.1925), 8 - 14, 8 ff.
[456] Johannes Becker, Neuland der Caritas, in: Mitteilungen des Katholischen Caritas - Sekretariates, Düsseldorf Jg. 2 Nr. 2 (Februar 1926), 2 - 5, 4.
[457] Vgl. Johannes Becker, Neuland der Caritas, in: Mitteilungen des Katholischen Caritas - Sekretariates, Düsseldorf Jg. 2 Nr. 2 (Februar 1926), 2 - 5, 4.
[458] Vgl. Hans Carls, Die soziale Krankenhausfürsorge, in: Mitteilungen der Caritassekretariate zu Aachen, Krefeld, Elberfeld, Essen - Stadt, Essen - Land, Düsseldorf Jg. 2 Nr. 1/3 (16.05.1925), 8 - 14, 13 f; Johannes Becker, Ein Neuland der Düsseldorfer Caritas: Die soziale Krankenhausfürsorge in Düsseldorf, in: Mitteilungen des Caritasverbandes für die Stadt Düsseldorf Jg. 4 Nr. 4 (April 1928), 25 - 32, 25 ff; Hans Carls, Soziale Krankenhausfürsorge, in: Julia Dünner, Handwörterbuch der Wohlfahrtspflege, Berlin 1929², 606 - 607, 606 f.

dass am 1. Januar 1927 "mit Einstellung einer amtlichen Fürsorgerin durch das Caritas - Sekretariat die Arbeit in den katholischen Krankenhäusern erneut und umfassend aufgenommen werden" konnte[459]. Etwa zur gleichen Zeit nahmen auf Betreiben des Caritasverbandes mehrere katholische Helferinnen in den Städtischen Krankenanstalten ihren Dienst als ehrenamtliche Sozialfürsorgerinnen auf. Der dort schon seit Jahren bestehende Fürsorgedienst wurde bis dahin von zwei amtlichen Fürsorgeschwestern ausgeübt, "von denen eine (evangelisch) die Kinder bis zu 14 Jahren, die andere (katholisch) die Erwachsenen" betreute[460]. Nachdem die Leitung der städtischen Krankenanstalten dem Einsatz ehrenamtlicher Helferinnen zugestimmt hatte, fand auf Veranlassung des Caritasverbandes am 9. Dezember 1926 in der Verbandszentrale eine "Versammlung katholischer Organisationen" statt, die zu Fragen des Fürsorgedienstes verschiedene Festlegungen traf. Die Betätigungsarten der hierzu "besonders geeigneten Frauenwelt" sollte beschränkt sein auf: "Unterhaltung von zu Mensch zu Mensch, Vorlesen, Handfertigkeitsübungen, theatralische, musikalische, gesangliche und sportliche Darbietungen". Des Weiteren sollte beim Einsatz katholischer Fürsorgerinnen auf folgende Einzelheiten Rücksicht genommen werden: "a) Die Kranken sollen von Helfern der für sie zuständigen Heimat - Pfarrei betreut werden; b) Sittlich Gefährdete und Verwahrloste werden von den beiden Fürsorgevereinen erfaßt. ... c) Den Gemeinschaftsdienst sollen tunlichst die in der Nähe der städtischen und privaten Anstalten ansässigen Vereine übernehmen; d) In der Betreuungsarbeit von Mensch zu Mensch hilft der Katholik dem Katholiken; im Gemeinschafts - Fürsorgedienst ist Konfessions Gleichheit nicht immer möglich und nötig"[461].

Gerichtshilfe

Neues Terrain betrat das Düsseldorfer Caritassekretariat im Jahre 1926 auch mit der Gerichtshilfe für Erwachsene. Nachdem sich im deutschen Strafrecht der Gedanke durchgesetzt hatte, "daß die durch den Rechtsbrecher verwirkte Strafe nicht allein der Sühne für das begangene Vergehen, sondern mehr noch der Erziehung des Delinquenten dienen müsse", waren die Justizbehörden mehr und mehr zur Verhängung von Bewährungsstrafen übergegangen. Die hierzu erforderliche Aufsicht und Betreuung in Form der Gerichtshilfe wurde in Düsseldorf u.a. vom katholischen Gefängnisverein wahrgenommen, doch musste er diese Aufgabe aus Mangel eines "büromäßigen Apparates" zu

---

[459] Vgl. Johannes Becker, Soziale Krankenhausfürsorge in Düsseldorf, in: Mitteilungen des Katholischen Caritas - Sekretariates, Düsseldorf Jg. 2 Nr. 12 (Dezember 1926), 2 - 4, 4; Johannes Becker, Unsere Krankenhausfürsorge im ersten Halbjahr 1927, in: Mitteilungen des Caritasverbandes für die Stadt Düsseldorf Jg. 3 Nr. 7/8 (Juli/August 1927), 56 - 58, 56 ff.
[460] Johannes Becker, Soziale Krankenhausfürsorge in Düsseldorf, in: Mitteilungen des Katholischen Caritas - Sekretariates, Düsseldorf Jg. 2 Nr. 12 (Dezember 1926), 2 - 4, 3.
[461] Johannes Becker, Soziale Krankenhausfürsorge in Düsseldorf, in: Mitteilungen des Katholischen Caritas - Sekretariates, Düsseldorf Jg. 2 Nr. 12 (Dezember 1926), 2 - 4, 3 f.

Beginn des Jahres 1926 an die Geschäftsstelle des katholischen Männerfürsorgevereins im Caritassekretariat abtreten[462].

St. Regis Komitee

Seit 1. Januar 1926 war dem Caritassekretariat in der Tonhallenstraße auch die Geschäftsstelle des St. Regis Komitees angeschlossen[463]. Letzteres war im Jahre 1900 aus der Düsseldorfer Vinzenzkonferenz hervorgegangen[464] und hatte zur Aufgabe, "Brautleuten jeden Standes jeder Konfession und jeder Nationalität die zur zivilen und kirchlichen Eheschließungen erforderlichen Papiere und Urkunden und zwar den Unbemittelten unentgeltlich zu beschaffen"[465]. Darüber hinaus stand das Komitee "unter strengster Diskretion" jenen Menschen bei, "die in ungeordneten Verhältnissen leben, damit die Trauung erfolgen und gegebenenfalls die Legitimation der illegitimen Kinder herbeigeführt werden kann"[466]. Dass die Sanierung "wilder Ehen" ein ebenso christliches wie zeitgemäßes Unternehmen der Caritas war, ergab sich für Johannes Becker aus der Diagnose: "Ein christliches Werk, weil es gilt, besonders armen und mit den gesetzlichen Vorschriften unbekannten Brautleuten in ihrer Hilflosigkeit beizustehen oder gar Ärgernisse zu beseitigen, dem Frieden in solchen Familien Eingang zu erschließen und unschuldigen Kindern den Makel der Illegitimität zu ersparen. Zeitgemäß ist dies Werk, weil es eine ebenso betrübende wie feststehende Tatsache ist, daß die sogenannten 'wilden Ehen' immer häufiger geworden sind"[467].

Nichtsesshaftenhilfe

Intensiviert wurde im Jahre 1926 die Fürsorge an "Heimatlosen". Hierunter wurden vom Düsseldorfer Caritasverband diejenigen verstanden, "die infolge fehlender 'Heimat' obdach-, arbeits-, mittellos und daher nicht selten gott- und sittenlos geworden sind. Es sind die 'Schiffbrüchigen' und 'Gestrandeten', denen die Caritas eine neue Heimat zim-

---

[462] Vgl. Johannes Becker, Neuland der Caritas, in: Mitteilungen des Katholischen Caritas - Sekretariates, Düsseldorf Jg. 2 Nr. 2 (Februar 1926), 2 - 5, 3 f. Vgl. auch Johannes Becker, Helft den straffälligen Erwachsenen ! (Soziale Gerichtshilfe), in: Mitteilungen des Caritasverbandes für die Stadt Düsseldorf Jg. 3 Nr. 2 (Februar 1927), 13 - 14, 13 f.
[463] Vgl. DT 17.12.1925; NN, St. Regis - Verein, in: Katholische Kirchenzeitung (Düsseldorf) Jg. 2 Nr. 47 (21.02.1926), 390; AW 20.05.1926.
[464] Vgl. DV 09.01.1901; DV 26.02.1901.
[465] Johannes Becker, Neuland der Caritas, in: Mitteilungen des Katholischen Caritas - Sekretariates, Düsseldorf Jg. 2 Nr. 2 (Februar 1926), 2 - 5, 5. Vgl. auch DT 23.01.1907; NN, Kennst Du den St. Regisverein ?, in: Mitteilungen des Caritasverbandes für die Stadt Düsseldorf Jg. 5 Nr. 7 (Juli 1929), 53 - 54, 54.
[466] Johannes Becker, Neuland der Caritas, in: Mitteilungen des Katholischen Caritas - Sekretariates, Düsseldorf Jg. 2 Nr. 2 (Februar 1926), 2 - 5, 5.
[467] Johannes Becker, Neuland der Caritas, in: Mitteilungen des Katholischen Caritas - Sekretariates, Düsseldorf Jg. 2 Nr. 2 (Februar 1926), 2 - 5, 5.

mern will"⁴⁶⁸. Nichtsesshaftenhilfe war bereits seit Beginn der Industrialisierung sowohl für die öffentliche wie private Wohlfahrtspflege ein ständiges Aufgabenfeld, doch fand die Arbeit bei der Bevölkerung kaum Anerkennung und wurde durch Vorurteile und Ressentiments erheblich erschwert. Ausdrücke wie "Pack", "Janhagel", "Gesindel", "Landstreicher" und "Bettler" gehörten auch abseits von Stammtischen zur Alltagssprache⁴⁶⁹. Auch kirchentreue Katholiken bedienten sich des diffamierenden Vokabulars, obwohl es an Mahnungen von der Kanzel nicht fehlte. "Unser Herrgott gab uns Menschen", so wandte etwa Johannes Becker ein, "die unsterbliche Seele für die der Erlöser sein Herzblut dahingegeben hat. Und allen gab er mit dem Menschenantlitz und der Menschenseele die einheitliche Menschennatur. Auf alle läßt er seine Sonne scheinen, auf Gut und Böse, weil sie alle Kinder des einen Vaters sind, der im Himmel ist. Daher gibt es für den gläubigen Christen keine Differenzierung und Klassifizierung, die das Recht zu (beleidigenden) Ausdrücken ... gäbe"⁴⁷⁰. Das Faktum der Obdachlosigkeit erklärte Johannes Becker aus dem Befund, "daß der liebe Herrgott uns Menschen ein verschiedenartiges Maß von Eigenschaften, Fähigkeiten und Kenntnissen gab. ... Wenigen sind 5, anderen 2, vielen aber nur 1 Talent beschieden worden". Hinzu komme die Vermehrung der Verschiedenheiten durch zahllose, wirtschaftliche, soziale und sonstige Bedingtheiten, in die der einzelne Mensch gestellt sei. "Inwelt und Umwelt formen und gestalten den Menschen. Dabei bleibt vom theologischen Standpunkte bestehen: Jeder erhält hinreichende Gnade, um selig zu werden"⁴⁷¹. Aus dem Gesagten sollte die Einsicht wachsen, "daß das Jenseitsziel von den einzelnen Menschen mehr oder weniger leicht oder schwer zu erreichen ist. Kein Zweifel ist, daß unsere 'Heimatlosen' es mit der Erreichung der überirdischen Heimat recht schwer haben. Warum ? Aus dem leicht ersichtlichen Grunde, weil sie keine 'irdische Heimat' haben"⁴⁷². Die Ursachen der Heimatlosigkeit waren vielschichtig, doch gab es nach Johannes Becker zwei Grundtypen von Nichtsesshaften. Der erste Typ umfasste diejenigen, die aus wirtschaftlicher Not "wanderten". Ursache hierfür war die Zerrüttung der Wirtschaft, die viele Menschen aus "Selbsterhaltungstrieb zum Verlassen der alten Heimat" zwang. Zum zweiten Typ gehörten diejenigen, die aus sozialen Gründen "wanderten". Auslöser "ebenfalls Tausende aus dem Ankergrund der Heimat" zu reißen und sie auf die "Wanderstraßen" zu treiben, waren "zerrüttete Ehe- und Familienverhältnisse, Zerwürfnisse mit Angehörigen oder

---

⁴⁶⁸ Johannes Becker, Heimatlos, in: Mitteilungen des Caritasverbandes für die Stadt Düsseldorf Jg. 3 Nr. 1 (Januar 1927), 1 - 2, 1.

⁴⁶⁹ Vgl. Johannes Becker, Heimatlos, in: Mitteilungen des Caritasverbandes für die Stadt Düsseldorf Jg. 3 Nr. 1 (Januar 1927), 1 - 2, 1.

⁴⁷⁰ Johannes Becker, Heimatlos, in: Mitteilungen des Caritasverbandes für die Stadt Düsseldorf Jg. 3 Nr. 1 (Januar 1927), 1 - 2, 1. Vgl. auch Walter Baumeister, Katholische Wandererfürsorge. Eine Übersicht, in: Caritas. Zeitschrift für Caritaswissenschaft und Caritasarbeit Jg. 33 Nr. 9 (September 1928), 347 - 351, 347.

⁴⁷¹ Johannes Becker, Heimatlos, in: Mitteilungen des Caritasverbandes für die Stadt Düsseldorf Jg. 3 Nr. 1 (Januar 1927), 1 - 2, 1 f.

⁴⁷² Johannes Becker, Heimatlos, in: Mitteilungen des Caritasverbandes für die Stadt Düsseldorf Jg. 3 Nr. 1 (Januar 1927), 1 - 2, 2.

Vorgesetzten, Abenteuerlust, Wandertrieb, das Bewußtsein einer schweren Schuld, an der man zu tragen hat" und ähnliche Dinge[473].

Raphaelsheim und Jugendschutzheim Schützenstraße I

Ungeachtet der Ursachen erschienen auch im Düsseldorfer Caritassekretariat Tag für Tag Wanderer und Heimatlose, "teils schuldig, teils unschuldig, aller aber in Einem gleich: in ihrer großen, äußeren und mehr noch inneren Not!"[474]. Nicht zu Unrecht konnte Johannes Becker darauf verweisen, dass die "Düsseldorfer Caritas" schon "seit Jahren auf den Pfaden eines hl. Raphael" ging. In den Gesellenhäusern an der Bilker-, Birken- und Blücherstraße hatten wandernde Gesellen Unterkunft und Betreuung gefunden; für allein stehende Mädchen und Frauen hielten acht Heime der weiblichen Ledigenfürsorge eine ausreichende Zahl von Plätzen zur Verfügung[475]. Ein viel beklagtes Desiderat war indes, dass für ungelernte Jugendliche und Erwachsene katholischerseits keine ausreichenden Hilfsangebote bestanden. Als gravierender Mangel wurde vor allem das Fehlen eines Jugendschutzheimes empfunden, zu dessen Einrichtung bereits 1919 in Düsseldorf Geldsammlungen abgehalten wurden[476]. Über den weiteren Fortgang des Vorhabens berichtete Johannes Becker: "Leider wurde das auf rund 32000 Papiermark gestiegene Kapital durch die rasch folgende Inflation zunichte gemacht. Auf Anregung aus Düsseldorfer Caritaskreisen bezogen im Jahre 1921 die Deutschen Salesianer Don Boskos ein in Essen - Borbeck gestiftetes Gebäude, das als Sammelbecken für obdachlose, wandernde Jugendliche des ganzen Bezirkes gedacht war[477]. Leider hat dieses Haus mit fortschreitender Inflation sich nicht halten können und war gezwungen, seinen Heimzweck zu ändern. Heute ist es eine blühende Anstalt für Priester - Spätberufene der Salesianer, mit großen Horten für schulpflichtige Knaben und Mädchen. Im Jahre 1925 kaufte der Düsseldorfer Männer - Fürsorgeverein ein in hiesiger Stadt gelegenes Haus, das noch mit Mietern besetzt ist, aber bei Freimachung seinen Fürsorge - Zwecken in erhöhtem Maße dienstbar gemacht werden soll"[478].

Mit letzterem war das Haus Schützenstr. 29 gemeint, das vom Katholischen Männerfürsorgeverein im Jahre 1930 als Jugendwohnheim in Benutzung genommen wurde[479]. Die Gründe, warum fünf Jahre bis zur "Freimachung" des Hauses verstrichen, bleiben

---

[473] Vgl. Johannes Becker, Heimatlos, in: Mitteilungen des Caritasverbandes für die Stadt Düsseldorf Jg. 3 Nr. 1 (Januar 1927), 1 - 2, 2.

[474] Johannes Becker, Heimatlos, in: Mitteilungen des Caritasverbandes für die Stadt Düsseldorf Jg. 3 Nr. 1 (Januar 1927), 1 - 2, 2.

[475] Vgl. Johannes Becker, Auf Raphaels Pfaden, in: Mitteilungen des Caritasverbandes für die Stadt Düsseldorf Jg. 3 Nr. 1 (Januar 1927), 4 - 5, 4.

[476] Vgl. Johannes Becker, Auf Raphaels Pfaden, in: Mitteilungen des Caritasverbandes für die Stadt Düsseldorf Jg. 3 Nr. 1 (Januar 1927), 4 - 5, 4.

[477] Vgl. oben S. 429 f.

[478] Johannes Becker, Auf Raphaels Pfaden, in: Mitteilungen des Caritasverbandes für die Stadt Düsseldorf Jg. 3 Nr. 1 (Januar 1927), 4 - 5, 4 f.

[479] Vgl. unten S. 537 f.

dunkel. Fest steht jedoch, dass der Düsseldorfer Caritasverband und Katholische Männerfürsorgeverein in dieser Zeit ein provisorisches Asyl für nichtsesshafte Arbeitslose unterhielten[480]. Hierbei handelte es sich um das Raphaelsheim in der Nähe des Nordfriedhofs, das im Dezember 1926 vom Verein "Raphaelsheim Düsseldorf" am Viehweg 77 (heute Hugo - Viehhoff - Straße) eröffnet wurde. Unter dem Namen "Raphaelsheim Düsseldorf e.V." hatte sich am 15. November 1926 ein aus Caritasverband und Männerfürsorgeverein hervorgegangener gemeinnütziger Verein gebildet, der ungelernten männlichen Jugendlichen und Erwachsenen vorübergehend Obdach und Arbeit bieten wollte[481]. Unterzeichner des Gründungsprotokolls waren Kaufmann Nikolaus Antoni, Caritasdirektor Johannes Becker, Pfarrer Max Dechamps (Vorsitzender des Männerfürsorgevereins), Pfarrer Max Döhmer (Caritasverband für die Stadt Düsseldorf), Amtsgerichtsrat Leopold Peters, Stadtverordneter Ernst Tönnesmann und Landesrat Dr. Karl Vossen[482]. Der entscheidende Paragraph der Satzung lautete: "Zweck der Gesellschaft ist es, im Sinne der Wandererfürsorge durch Schaffung von Arbeitsgelegenheit den Wanderern Arbeit, Unterkunft und Verpflegung zu gewähren und sie nach den Grundsätzen der katholischen Weltanschauung in geordnete Verhältnisse zurückzuführen"[483]. Herzstück des Vereins war das Raphaelsheim, mit dem der Caritasverband für die Stadt Düsseldorf erstmals in seiner Geschichte in eigener Trägerschaft eine stationäre Wohlfahrtseinrichtung eröffnete und unterhielt. Das Heim, ein einstöckiges Hallengebäude, "das ehedem verschiedenen Zwecken" und zuletzt der Heeresverwaltung als Fahrzeughalle diente[484], konnte für seine neue Aufgabe bei den geringen zur Verfügung stehenden Mitteln nur notdürftig hergerichtet werden[485]. Am 9. Dezember 1926 wurde es vom Geschäftsführer Paul Bott bezogen und nahm den Betrieb auf[486]. "Der Segen unserer Einrichtung", so Johannes Becker, war "schon in den ersten Wochen recht

---

[480] Vgl. DT 04.03.1928; NN, Ein katholisches Wanderer - Arbeitsheim in Düsseldorf, in: Mitteilungen des Caritasverbandes für die Stadt Düsseldorf Jg. 6 Nr. 10/11 (Oktober/November 1930), 64 - 65, 64 f.
[481] Vgl. Johannes Becker, Raphaelsheim Düsseldorf. E. V., in: Mitteilungen des Caritasverbandes für die Stadt Düsseldorf Jg. 3 Nr. 1 (Januar 1927), 5 - 6, 5.
[482] Vgl. Johannes Becker, Raphaelsheim Düsseldorf. E. V., in: Mitteilungen des Caritasverbandes für die Stadt Düsseldorf Jg. 3 Nr. 1 (Januar 1927), 5 - 6, 5. Vgl. auch AEK GVA Düsseldorf überhaupt 87, 22.06.1927 und 17.01.1933.
[483] Zitiert nach Johannes Becker, Raphaelsheim Düsseldorf. E. V., in: Mitteilungen des Caritasverbandes für die Stadt Düsseldorf Jg. 3 Nr. 1 (Januar 1927), 5 - 6, 5.
[484] Vgl. AEK GVA Düsseldorf überhaupt 87, 15.06.1927; AEK O R 21.1, Aus der Geschichte des Caritasheims Düsseldorf - Rath. Ein Erinnerungsblatt aus Anlaß der kirchlichen Visitation durch Se. Eminenz den hochwürdigsten Herrn Erzbischof von Köln Kardinal Frings. Düsseldorf, den 25. Oktober 1949, Manuskript Düsseldorf 1949, Bl. 3; Johannes Becker, Raphaelsheim Düsseldorf. E. V., in: Mitteilungen des Caritasverbandes für die Stadt Düsseldorf Jg. 3 Nr. 1 (Januar 1927), 5 - 6, 5; NN, Das Raphaelsheim im Jahre 1927. Bericht, in: Mitteilungen des Caritasverbandes für die Stadt Düsseldorf Jg. 4 Nr. 1 (Januar 1928), 1 - 2, 3.
[485] Vgl. Johannes Becker, Raphaelsheim Düsseldorf. E. V., in: Mitteilungen des Caritasverbandes für die Stadt Düsseldorf Jg. 3 Nr. 1 (Januar 1927), 5 - 6, 5; NN, Notizen, in: Mitteilungen des Caritasverbandes für die Stadt Düsseldorf Jg. 3 Nr. 2 (Februar 1927), 15.
[486] Vgl. AEK GVA Düsseldorf überhaupt 87, 15.06.1927; NN, Aus dem Raphaelsheim, in: Mitteilungen des Caritasverbandes für die Stadt Düsseldorf Jg. 3 Nr. 5 (Mai 1927), 38.

sichtbar geworden. Neben einem kleinen Stamm brauchbarer, gutwilliger Leute sind auch bereits viele arbeitsscheue Elemente gekommen und - gegangen. So muß es ja auch sein: 'Wer nicht arbeiten will, soll auch nicht essen !'"[487]. Als Entgelt für Unterkunft und Verpflegung mussten die zunächst 20, später 100 "Wanderarmen" in einem Betrieb für Holzzerkleinerung arbeiten, der dem Raphaelsheim angeschlossen war[488]. Um die wirtschaftliche Existenz des Unternehmens zu sichern, ergingen vom Caritassekretariat an die Katholiken der Stadt immer wieder Aufrufe wie dieser: "Helft durch Abnahme von Brennholz die wirtschaftliche und damit die caritative Seite unseres jungen Unternehmens sicherstellen !"[489]. Dem Holzbetrieb waren verschiedene Nebenbetriebe wie Schusterei, Schneiderei usw. für den Eigenbedarf angegliedert[490]. Außerdem übernahmen die Männer Arbeiten wie Altpapiersortieren, Teppich klopfen und Gartenpflege[491]. Untergebracht waren die Bewohner des Raphaelsheims in "größeren und kleineren Sälen", in denen Feldbettstellen mit Strohsäcken, Leinenbezügen und Wolldecken aufgestellt waren[492]. Eine nach "militärischem Muster eingerichtete Küche" sorgte für das leibliche Wohl der Insassen[493], deren durchschnittliche Aufenthaltsdauer im Raphaelsheim etwa 16 Tage betrug[494]. Vorrangiges Ziel war es, in Zusammenarbeit mit dem städtischen Wohlfahrtsamt und Arbeitsamt, den Nichtsesshaften eine Unterbringung in

---

[487] Johannes Becker, Raphaelsheim Düsseldorf. E. V., in: Mitteilungen des Caritasverbandes für die Stadt Düsseldorf Jg. 3 Nr. 1 (Januar 1927), 5 - 6, 5 f.

[488] Vgl. NN, "Fremde beherbergen", in: Katholische Kirchenzeitung (Düsseldorf) Jg. 3 Nr. 42 (16.01.1927), 355; Johannes Becker, Raphaelsheim Düsseldorf. E. V., in: Mitteilungen des Caritasverbandes für die Stadt Düsseldorf Jg. 3 Nr. 1 (Januar 1927), 5 - 6, 5; NN, Hilfe für Heimatlose in Düsseldorf, in: Mitteilungen des Caritasverbandes für die Stadt Düsseldorf Jg. 3 Nr. 11 (November 1927), 82 - 83, 83; DSA 17.02.1929; DT 17.02.1929.

[489] Johannes Becker, Raphaelsheim Düsseldorf. E. V., in: Mitteilungen des Caritasverbandes für die Stadt Düsseldorf Jg. 3 Nr. 1 (Januar 1927), 5 - 6, 6. Vgl. auch NN, Raphaelsheim, in: Mitteilungen des Caritasverbandes für die Stadt Düsseldorf Jg. 3 Nr. 5 (Mai 1927), 40; NN, Das Raphaelsheim Düsseldorf im ersten Halbjahr 1927, in: Mitteilungen des Caritasverbandes für die Stadt Düsseldorf Jg. 3 Nr. 7/8 (Juli/August 1927), 55 - 56, 56; DT 27.12.1928; NN, Arbeits - mittel - obdachlos, in: Mitteilungen des Caritasverbandes für die Stadt Düsseldorf Jg. 4 Nr. 9/10 (September/Oktober 1929), 62 - 64, 62 ff; NN, Caritative Wandererfürsorge im Jahre 1930, in: Mitteilungen des Caritasverbandes für die Stadt Düsseldorf Jg. 7 Nr. 3 (März 1931), 22 - 23, 23; NN, Das Raphaelsheim, in: Mitteilungen des Caritasverbandes für die Stadt Düsseldorf Jg. 7 Nr. 6 (Juni 1931), 48.

[490] Vgl. DSA 17.02.1929.

[491] Vgl. AEK O R 21.1, Aus der Geschichte des Caritasheims Düsseldorf - Rath. Ein Erinnerungsblatt aus Anlaß der kirchlichen Visitation durch Se. Eminenz den hochwürdigsten Herrn Erzbischof von Köln Kardinal Frings. Düsseldorf, den 25. Oktober 1949, Manuskript Düsseldorf 1949, Bl. 3; NN, Das Raphaelsheim Düsseldorf im ersten Halbjahr 1927, in: Mitteilungen des Caritasverbandes für die Stadt Düsseldorf Jg. 3 Nr. 7/8 (Juli/August 1927), 55 - 56, 56; Verwaltungsbericht der Stadt Düsseldorf für den Zeitraum vom 1. April 1925 bis 31. März 1928, Düsseldorf 1928, 193.

[492] Vgl. DSA 17.02.1929.

[493] Vgl. DSA 17.02.1929.

[494] Vgl. NN, Das Raphaelsheim im Jahre 1927. Bericht, in: Mitteilungen des Caritasverbandes für die Stadt Düsseldorf Jg. 4 Nr. 1 (Januar 1928), 1 - 3, 3. Vgl. auch NN, Die Wandererfürsorge in der Rheinprovinz und in Düsseldorf, in: Mitteilungen des Caritasverbandes für die Stadt Düsseldorf Jg. 5 Nr. 6 (Juni 1929), 44 - 46, 45.

Dauerbeschäftigung zu vermitteln[495]. Im Laufe des Jahres 1927 konnten beispielsweise 231 Erwerbslose in eine reguläre Arbeitsstelle vermittelt werden[496].

Caritassekretariat 1926 (Beratungsstelle in Aufwertungsangelegenheiten, Ferienwanderungen, Rotala)

Nicht nur Projekte wie die Beteiligung des Verbandes an der Gesolei, die Einrichtung der Sozialen Krankenhausfürsorge und die Eröffnung des Raphaelsheims machten im Jahre 1926 eine Aufstockung der Mitarbeiter im Caritassekretariat auf 10 Kräfte notwendig[497]. "Dem wohlfahrtspflegerischen Zuge unserer Zeit folgend", so Caritasdirektor Johannes Becker, war das Caritassekretariat "mehr und mehr zu einem starken Stützpunkt der Düsseldorfer kirchlichen Liebestätigkeit geworden"[498]. Beweis hierfür war die ständig wachsende Inanspruchnahme des Sekretariates, das 1926 mehr als 7000 Briefeingänge und über 11200 Briefausgänge verzeichnete[499]. Die Einnahmen und Ausgaben des Caritassekretariates betrugen 945000 Mark[500]. Neben den bereits beschriebenen Einrichtungen war die Tätigkeit der Geschäftsstelle im Jahr der Gesolei um drei Aufgabenbereiche erweitert worden. Für Kleinrentner, Hypothekengläubiger, Sparer usw. hatte das Caritassekretariat eine "Beratungsstelle in Aufwertungsangelegenheiten" eingerichtet, die unter Leitung von Stadtoberinspektor a.D. Karl Peters stand. Neben der Auskunftserteilung setzte sich die Stelle für die Interessen besonders benachteiligter Inflationsgeschädigter ein und beantragte u.a. bei der Stadtverwaltung, "den alten Sparern vor dem Jahre 1932 einen Teil der aufgewerteten Guthaben auszuzahlen, da viele dieser Leute das Jahr 1932 nicht mehr erleben" würden[501]. In den Schulferien 1926 organisierte die katholische Elternvereinigung mit Unterstützung des Caritasverbandes anstelle der Kriegs- und Nachkriegserholungsfürsorge in Landpflegestellen Ferienwanderungen für Düsseldorfer Kinder, an denen im Sommer 17 und im Herbst 14 Schulen beteiligt waren[502].

---

[495] Vgl. NN, Das Raphaelsheim Düsseldorf im ersten Halbjahr 1927, in: Mitteilungen des Caritasverbandes für die Stadt Düsseldorf Jg. 3 Nr. 7/8 (Juli/August 1927), 55 - 56, 56.

[496] Vgl. NN, Das Raphaelsheim im Jahre 1927. Bericht, in: Mitteilungen des Caritasverbandes für die Stadt Düsseldorf Jg. 4 Nr. 1 (Januar 1928), 1 - 3, 3.

[497] Vgl. NN, Aus dem caritativen Leben Düsseldorfs, in: Mitteilungen des Katholischen Caritas - Sekretariates, Düsseldorf Jg. 2 Nr. 4/5 (April/Mai 1926), 4 - 5, 5.

[498] Johannes Becker, Die Tätigkeit des Düsseldorfer Caritasverbandes im Jahre 1926, in: Mitteilungen des Caritasverbandes für die Stadt Düsseldorf Jg. 3 Nr. 6 (Juni 1927), 43 - 46, 45.

[499] Vgl. Johannes Becker, Die Tätigkeit des Düsseldorfer Caritasverbandes im Jahre 1926, in: Mitteilungen des Caritasverbandes für die Stadt Düsseldorf Jg. 3 Nr. 6 (Juni 1927), 43 - 46, 45.

[500] Vgl. NN, Aus dem caritativen Leben Düsseldorfs, in: Mitteilungen des Katholischen Caritas - Sekretariates, Düsseldorf Jg. 2 Nr. 4/5 (April/Mai 1926), 4 - 5, 5.

[501] NN, Aufwertung, in: Mitteilungen des Katholischen Caritas - Sekretariates, Düsseldorf Jg. 2 Nr. 1 (Januar 1926), 5.

[502] Vgl. NN, Notizen, in: Mitteilungen des Katholischen Caritas - Sekretariates, Düsseldorf Jg. 2 Nr. 8 (August 1926), 5 - 6, 6; NN, Kindererholungsfürsorge in den Herbstferien, in: Mitteilungen des Katholischen Caritas - Sekretariates, Düsseldorf Jg. 2 Nr. 11 (November 1926), o. S. (3 - 4, 3 f). Vgl. auch NN,

Bemerkenswert ist schließlich, dass der Düsseldorfer Caritasverband im Frühjahr 1926 erstmals Pilgerfahrten des Katholischen Reisekomitees "Rotala" (grch. "Das beflügelte Rad", Sitz Berlin[503]) vermittelte und im Caritassekretariat eine eigene Abteilung "Rotala" einrichtete. Zu den ersten von hier vermittelten Reiseangeboten gehörten Wallfahrten nach Einsiedeln, Lourdes und zum 700jährigen Jubiläum des Hl. Franziskus in Assisi[504].

Ein Tag im Düsseldorfer Caritassekretariat

Wie das Caritassekretariat ungeachtet aller statistischen Erhebungen seine Arbeit selber verstand, erhellt ein Beitrag von Caritasdirektor Johannes Becker aus dem Jahre 1926, der unter dem Titel "Ein Tag im Düsseldorfer Caritassekretariat" Eingang in den Kirchenkalender der Pfarrgemeinde St. Franziskus Xaverius fand. In der fiktiven, gleichwohl noch heute lesenswerten Schilderung heißt es: "Etwas vor acht Uhr morgens! Scharen von Schulkindern, Arbeitern, Angestellten, Beamten u.a.m. - darunter auch wir - hasten eilend durch die Großstadtstraßen ihren Zielen zu. Bald stehen wir vor der im Stadtinnern zentral gelegenen Caritas- und Pfarrzentrale, Tonhallenstr. 15 und treten ein. Drinnen ist man schon eifrig tätig. Die Vorbereitungen für den um acht Uhr beginnenden Caritasdienst werden getroffen. Aus den Gestellen und Schränken werden heute fällige Akten geholt, die zahlreich eingegangene Post wird gesichtet und registriert. Während der ersten Stunde nehmen die angestellten Caritaskräfte die Gelegenheit wahr, um sich in freier Aussprache mit allem Neuem auf dem Gebiete des Fürsorge- und Wohlfahrtswesens bekannt und vertraut zu machen. Neue Zeiten, neue Aufgaben! Will die kirchliche Caritas nicht rückständig sein, muß sie am Pulsschlage der Zeit stehen und den im Strome der Zeit immer wieder aufsteigenden Nöten mit zeitgemäßen Heilmitteln zu begegnen suchen. Was man da nicht alles wissen und besprechen muß? Werden, Wachsen, Wichtigkeit der neuen deutschen Wohlfahrtsgesetze, ihre Erklärung und Anwendung für die Caritas; ferner Anordnungen und Maßnahmen von Stadt, Provinz, Staat, Reich auf dem weiten, weiten Wohlfahrtsfelde; ferner Überlegungen und Erwägungen, wie man diese oder jene Not in der Stadt lindern kann, wie diese oder jene Caritasarbeit zu leisten ist. Doch Halt! Da klingelt es im Fernsprecher: 'Hier Bahnhofsmission! - Herr Ha. (der katholische Bahnhofsmissionar) kommt mit vier Jungen im Alter von 15 bis 18 Jahren zum Caritasverband. Die Jungen wurden gestern spät abends aufgegriffen und haben im Raum der Bahnhofsmission übernachtet'. Da erscheinen sie schon. Drei von ihnen haben ohne elterliche Erlaubnis das Elternhaus verlassen; sie sind, wie so viele andere junge Menschen, zur Gesolei gekommen, nicht um zu sehen, sondern mehr, um Vergnügen und Abenteuer zu erleben. Noch am selben Tage werden

---

Caritative Kinderfürsorge während der Herbstferien 1928, in: Mitteilungen des Caritasverbandes für die Stadt Düsseldorf Jg. 4 Nr. 11 (November 1928), 66 - 69, 66 ff.
[503] Vgl. Katholisches Reisekomitee. Rotalareisen 1926, Würzburg 1926, 3.
[504] Vgl. NN, Pfingsten in Einsiedeln, in: Katholische Kirchenzeitung (Düsseldorf) Jg. 3 Nr. 3 (18.04.1926), 28; AW 28.04.1926; DT 28.04.1926; DT 29.04.1926; DT 24.09.1926; NN, Reisekalender der "Rotala" (Reisebüro für Katholiken, Zweigstelle: Tonhallenstraße 15), in: Mitteilungen des Caritasverbandes für die Stadt Düsseldorf Jg. 3 Nr. 3 (März 1927), 21 - 22, 21 f.

die drei Ausreißer den Eltern nach Oberhausen, Essen und Aachen zurückgebracht, während der vierte durch unsere Fürsprache beim städtischen Arbeitsamt eine Stelle erhält. Andere Bilder der Jugendnot enthalten die Akten, die gerade der Stadtbote hereinbringt. Schaue einmal schnell hinein! Welche Erziehungsschwierigkeiten gibt es in zahlreichen Familien! Wie ist die Jugend entartet! Wie türmen sich bergehoch die Zahlen straffällig gewordener Jugendlicher! Auf den ersten Blick in die Akten scheint es, als sei keine Rettung mehr in der großen Jugendnot unserer Lage. Und doch! Kein Caritasmensch darf den gefallenen Mitbruder aufgeben. Die gereifte Erfahrung gibt ihm schnell und sicher die dem einzelnen zukommende Maßnahme ein: Hier Verwarnung, dort Beaufsichtigung, beim dritten Unterbringung in ländlicher Dienststelle, beim vierten als ultima ratio die Fürsorgeerziehung. Aus meinen Gedanken reißt mich der gerade eintretende Herr Hü., unser vielseitiger Mitarbeiter. Einmal waltet er seines Amtes als Generalinspektor von 140 widerruflich entlassenen Fürsorgezöglingen, dann ist er eine Art katholischer Sammelvormund, und heute vertritt er zehn angeklagte Jugendliche beim Jugendgericht. Laienhelfer in Jugendsachen sein, ist Seelsorgearbeit; um richtig urteilen zu können, holt Herr Hü. noch vor der Sitzung seine letzten Informationen. Und schon zeigt das Kaleidoskop des Caritastages ein neues Bild: Zwei Caritasfürsorgerinnen begeben sich eiligen Schrittes hinaus. Wohin führt sie der Weg? In Familien, wo der Mann und Vater sich straffällig machte und vielleicht sogar in Untersuchungshaft genommen wurde. Hier helfend einzugreifen ist Aufgabe der sozialen Gerichtshilfe für Erwachsene. Um den Gerichtsbehörden objektive Unterlagen zu bieten, müssen wir zahlreiche Ermittlungsgänge machen und Ermittlungsberichte schreiben. Fürwahr, lieber Gast, das bisher Geschaute - und es ist nicht viel - zeigt dir, was ein Caritas - Sekretariat auf dem Gebiete der Jugend- und Männerfürsorge zu leisten hat. Es läutet im Telefon: 'Hier Dr. R. R. Haben Sie eine gute Säuglingspflegerin zur Verfügung?' - 'Jawohl!' Schwester R. R. wird sich bei unserer Mitteilung freuen, daß sie, die schon lange Stellenlose, endlich lohnende und befriedigende Berufsarbeit durch uns findet. Unterdessen hat sich der Warteraum des Sekretariats mit allerhand Bittstellern gefüllt. Die zwei ersten sind obdach-, mittel- und arbeitslose Wanderer. Brüder von der Landstraße. Ihnen ist schnell mit einem Gutschein für eine kräftige Mittagssuppe gedient. Doch der nachfolgende Mann erregt meine besondere Aufmerksamkeit. Ordentlich in Kleidung, vornehm in Haltung und höflich in Sprache steht er vor mir, der russische Emigrant. Er ist von altem Adel, war hoher Artillerieoffizier und hatte einflußreiche Verwandte, ein Bruder war russischer Innenminister. Ehemals steinreich, ist er durch die Revolution bettelarm geworden und muß von den Almosen seiner Glaubensgenossen leben. Könnte ich doch in der Seele des Mannes lesen und Klarheit bekommen? Da ich keinen Grund sehe, an seiner Ehrlichkeit zu zweifeln, gebe ich ihm, zumal seine Papiere stimmen - und nach Wochen höre ich, daß der Emigrant doch ein Schwindler war.... Da kommt ein junges, blasses Mädchen es begehrt Unterbringung in einer ländlichen und billigen Kur. Dem Wunsche kann Genüge geschehen; haben wir doch so manches Caritashaus in Westfalen, am Niederrhein und im Schwarzwald, das dich gern für billiges Geld durch eine Reihe von Wochen aufnimmt. Ein Bildchen, lieber Gast aus der Abteilung 'Heilfürsorge'! Und was ist dein Begehren, Mütterchen? Die Bürde des Alters können wir dir zwar nicht nehmen, aber wir wollen sie mildern. Wir stellen den Antrag auf Übernahme der Pflegekosten beim Unterstützungsamt und nach wenigen Wochen bist du im Marienhaus zu ... , wo du ohne Sorge für dein irdisches Haus einen friedlichen Lebensabend finden sollst. Ein Stückchen: Altersfürsorge! Im übrigen scheint man es heute auf unsere ohnehin schwache Kasse besonders abgesehen zu haben: Der eine hat kein Schlafgeld für die Herberge, der zweite ist entlassener Sträfling und kann die Zimmermiete nicht bezahlen, der dritte, ach wie rührend, bettelt um ein kleines Darlehn von 300 Mark, der vierte in der Reihe ist zur Abwechslung ein junges Mädchen. Tänzerin von Beruf ist das erst 16 Jahre alte Ding von Gelsenkirchen gekommen und bittet um Fahrgeld bis Stuttgart, wo sie heute Abend mit einer Truppe auftreten soll. Fahrgeld nach Stuttgart bekommt sie nicht, wohl aber eine Rückfahrkarte nach Gelsenkirchen. Und damit es an Abwechslung nicht fehle, läutet wiederholt der Fernsprecher, einmal für die Abteilung 'Rotala' wegen einer Lourdes- oder Romfahrt, das andere mal für die Abteilung 'Hansa' wegen der Krankenkassenangelegenheit eines katholischen Kaufmanns. Lange schon hat's auf dem Turm der prächtigen Marienkirche, draußen zum Angelus geläutet, und noch sind die Bittsteller nicht alle geworden. Die vielgestaltige Lebensnot gibt sich im Caritas - Sekretariat ein Stelldichein. Was nicht unser ist, wird sofort dem zuständigen Fachverein zur weiteren Bearbeitung überwiesen, die Mehrzahl der Fälle jedoch verbleibt uns. Kurz vor Büroschluß und Mittagspause klingelt nochmals das Telefon: 'Wir haben ein Telegramm bekommen, daß die Familie meines Bruders aus Brasilien abgereist ist und sich auf der Heimreise befindet'. Wie uns das freut! Die Familie war im Tropenklima Brasiliens dem Untergang nahe. Da gelang es unseren Bemühungen, den armen Menschen eine billige Heimfahrt zum deutschen Vaterland zu ermöglichen. Jetzt werden sie in wenigen Tagen wieder Heimatluft atmen. Wir freuen uns mit den Geretteten. Ähnlich wie der Vormittag ist auch der Nachmittag. Sinnverwirrend sind die Eindrücke, die sich dem Besucher aufdrängen. Konferenzen und Besprechungen verschiedenster Art dienen der Vertiefung und Förderung der Caritasarbeit, zahlreiche schriftliche Arbeiten rufen nach schneller Erledigung. Verlange nicht, lieber Leser, daß ich dich weiter unterhalte! Du hast einen kleinen und bescheidenen Einblick in die neuzeitliche Caritas erhalten. Willst nicht auch du zu deinem Teile mithelfen, daß in unserem materialistischen Zeitalter das Reich der Liebe ausgebreitet wird? Lasse die gewonnenen Eindrücke auf dich wirken und werde ein Jünger und eine Jüngerin der Liebe!"[505].

Statutenrevision

Entsprechend dem fortschreitenden Ausbau des Sekretariates musste die Organisation des Caritasverbandes für die Stadt Düsseldorf weiterentwickelt werden. Anstoß zum Handeln gab die Diözesancaritastagung, die vom 25. bis 27. April 1926 in Köln abgehalten wurde und eine neue, dem kirchlichen Recht angepasste Satzung für den Diö-

---

[505] Johannes Becker, Ein Tag im Düsseldorfer Caritassekretariat, in: Katholischer Kirchenkalender für die Pfarrgemeinde St. Franziskus Xaverius Düsseldorf 1927, Leutesdorf 1926, 27 - 31, 27 ff.

zesancaritasverband verabschiedete[506]. Die revidierten Statuten sahen neben der Mitgliederversammlung, der alle der Caritas dienenden Einzelpersonen, Anstalten und Vereine im Erzbistum angehörten, als Verbandsgremien einen Diözesanausschuss, Diözesanrat und Diözesanvorstand vor[507]. In enger, meist wörtlicher Anlehnung an die Diözesansatzung wurden ein Jahr später neue Statuten für den Düsseldorfer Caritasverband entworfen und der Mitgliederversammlung am 14. Juni 1927 zur Beratung und endgültigen Beschlussfassung vorgelegt[508]. Gegenüber den noch immer angewendeten Gründungsstatuten vom Jahre 1904 waren im Satzungsentwurf vor allem die Abschnitte über Zweck, Mittel und Organe des Verbandes deutlich erweitert und präzisiert worden[509]. Wichtigste Neuerung war indes die Voranstellung von Paragraph 1, der unter dem Titel "Name und Wesen" erstmals das Verhältnis zwischen Orts- und Diözesancaritasverband resp. Deutschem Caritasverband näher bestimmte. Wörtlich hieß es in dem Artikel: "Der Caritasverband für die Stadt Düsseldorf ist die von der Diözesan - Caritas - Zentrale in Köln anerkannte organisatorische Zusammenfassung der innerhalb der Stadt Düsseldorf der Caritas dienenden katholischen Einrichtungen, Anstalten, Körperschaften, Gemeinschaften, Vereine und Verbände. Er ist dem Diözesan - Caritas - Verband für das Erzbistum Köln und durch diesem dem Deutschen Caritasverband in Freiburg angeschlossen. Er ist in das Vereinsregister des Amtsgerichts Düsseldorf eingetragen". Die Umschreibung des Verbandszwecks folgte nahezu verbaliter der bereits an anderer Stelle besprochenen Definition von 1924[510] und lautete nun: "Zweck des Verbandes ist es, die Werke der Caritas innerhalb der Stadt Düsseldorf sachkundig anzuregen und planmäßig zu fördern, bei ihren Trägern die Einheitlichkeit der Grundsätze und, soweit erforderlich, die Geschlossenheit des Handels sicherzustellen, sowie die Mitglieder des Ortsverbandes in ihrer Gesamtheit bei den öffentlichen Körperschaften und Behörden, den katholischen und nichtkatholischen Organisationen innerhalb der Stadt Düsseldorf zu vertreten" (§ 2). Ähnlich ist der Befund für den Abschnitt über die einzusetzenden Mittel[511], wenn in den neuen Satzungen gesagt wird: "Der Verband sucht seine Zwecke vornehmlich durch folgende Mittel zu erreichen: a) durch ein Caritas - Sekretariat als Geschäftsstelle und als Auskunfts- und Beratungsstelle in Angelegenheiten der Caritas und Wohlfahrtspflege; b) durch Förderung der Caritasorganisation in der Stadt Düsseldorf sowie der angeschlossenen Fachorganisationen; c) durch Veranstaltung von Konfe-

---

[506] Vgl. NN, Aus dem caritativen Leben Düsseldorfs, in: Mitteilungen des Katholischen Caritas - Sekretariates, Düsseldorf Jg. 2 Nr. 4/5 (April/Mai 1926), 4 - 5, 5; NN, Der Diözesan - Caritasverband Köln, in: Caritas. Zeitschrift für Caritaswissenschaft und Caritasarbeit Jg. 31 Nr. 8 (August 1926), 257 - 259, 257 ff; Elisabeth Lakemeier, 50 Jahre Diözesan - Caritasverband für das Erzbistum Köln 1916 - 1966, Köln 1967, 44 ff.
[507] Vgl. NN, Die Satzungen des Diözesan - Caritasverbandes, in: Kirchlicher Anzeiger für die Erzdiözese Köln Jg. 66 Nr. 22 (01.11.1926), 114 - 117, 114 ff.
[508] Vgl. NN, Neue Satzungen für den Caritasverband Düsseldorf, in: Mitteilungen des Caritasverbandes für die Stadt Düsseldorf Jg. 3 Nr. 5 (Mai 1927), 34 - 37, 34; DT 14.06.1927; DT 15.06.1927.
[509] Vgl. NN, Neue Satzungen für den Caritasverband Düsseldorf, in: Mitteilungen des Caritasverbandes für die Stadt Düsseldorf Jg. 3 Nr. 5 (Mai 1927), 34 - 37, 34 ff.
[510] Vgl. oben S. 347.
[511] Vgl. oben S. 347.

renzen, Lehrgängen und Tagungen; d) durch praktische Ausführung solcher Werke der Caritas, für die ein anderer berufener und geeigneter Träger innerhalb der Stadt noch nicht vorhanden ist; e) durch eine die Selbständigkeit und den satzungsgemäßen Charakter des Verbandes wahrende Zusammenarbeit mit der öffentlichen und der freien Wohlfahrtspflege in der Stadt Düsseldorf" (§ 3).

Hatte nach den Statuten von 1904 jedes Mitglied im Verband die gleichen Rechte[512], so unterschied der Statutenentwurf zwischen "ordentlichen" und "außerordentlichen" resp. "beschließenden" und "beratenden" Mitgliedern. Neu war auch, dass von den eingehenden Mitgliederbeiträgen ein Pflichtteil an den Kölner Diözesancaritasverband abgeführt werden musste. Unter dem Titel "Mitgliederschaft" wurde festgeschrieben: "Ordentliche Mitglieder sind alle in der Stadt Düsseldorf der Caritas dienenden katholischen Einrichtungen, Anstalten, Körperschaften, Gemeinschaften, Vereine und Verbände. Sie haben auf der Mitgliederversammlung beschließende Stimme, wenn sie den vorgeschriebenen Jahresbeitrag entrichten. Außerordentliche Mitglieder können katholische Einzelpersonen der Stadt Düsseldorf werden, die den vorgeschriebenen Jahresbeitrag entrichten. Sie haben auf der Mitgliederversammlung beratende Stimme. Die Höhe des Jahresbeitrages wird durch Beschluß des Orts Caritasausschusses auf Grund der vom Diözesan - Caritas - Verband bestimmten Jahresbeiträge festgesetzt. Von den Beiträgen verbleiben nach Abzug eines etwaigen pflichtmäßigen Anteils für den Deutschen Caritas - Verband zwei Drittel beim Orts - Caritas - Verband, ein Drittel wird an die Diözesan - Caritas - Zentrale abgeliefert. Lebenslängliche Mitglieder werden solche Katholiken, die einen einmaligen Beitrag von wenigstens 300 Goldmark entrichten. Ehrenmitglieder können solche Katholiken werden, die sich um das caritative Leben besonders verdient gemacht haben. ... Alle Mitglieder des Orts - Caritasverbandes sind zugleich Mitglieder des Diözesan- und des Deutschen Caritasverbandes" (§ 4).

Unverändert gegenüber den Gründungsstatuten war die Dreizahl der Verbandsorgane "Mitgliederversammlung" (früher allgemeine Verbandsversammlung), "Orts - Caritasausschuß" (früher Ausschuss) und "Orts - Caritasvorstand" (früher Vorstand)[513], doch waren in der Neufassung ihre Obliegenheiten den Erfordernissen der Zeit angepasst. Die wenigstens einmal im Jahr einzuberufende Mitgliederversammlung umfasste alle ordentlichen Mitglieder; die übrigen Mitglieder sowie der Ausschuss und der Vorstand hatten lediglich beratende Stimme. Der Versammlung kam zu: "a) die Wahl des Orts - Caritasausschusses; b) die Bestellung des Vorstandes; c) die Entgegennahme des Tätigkeitsberichtes; d) die Beschlußfassung über ordnungsgemäß gestellte Anträge; e) die Beschlußfassung über Satzungsänderungen und Auflösung des Verbandes" (§ 6). Der Ortscaritasausschuss setzte sich aus folgenden Teilnehmern zusammen: den Vorstandsmitgliedern, den Dechanten der Stadt, je einem Vertreter der dem Caritasverband angeschlossenen, innerhalb der Stadt wirkenden caritativen Fachorganisationen, je zwei Pfarrcaritasausschussvorsitzende der Dekanate, bis zu fünf aus den Reihen der außerordentlichen Mitglieder durch die Mitgliederversammlung gewählten Einzelpersonen, "deren Mitarbeit für den Verband besonders wertvoll erscheint". Die Aufgaben des min-

---

[512] Vgl. oben S. 348.
[513] Vgl. oben S. 444 f.

destens einmal jährlich tagenden Ausschusses waren: "a) die Genehmigung der Jahresrechnung; b) die Beschlußfassung über wichtige Angelegenheiten des Verbandes, besonders über beträchtliche finanzielle Unternehmungen; c) die Wahl der nach § 8 Abs. 2 zu berufenden Mitglieder des Vorstandes; d) die Beschlußfassung über die Höhe des Jahresbeitrages, soweit er die vom Diözesan - Caritasverband aus festgesetzte Höhe überschreiten soll" (§ 7).

Ein Novum in der Geschichte des Düsseldorfer Caritasverbandes war die Bestätigung des Vorstandsvorsitzenden und des Geschäftsführers durch den Kölner Erzbischof. Der Satzungsentwurf sah hierzu wie auch über die Zusammensetzung und Rechte des Vorstandes folgende Bestimmungen vor: "Der Vorstand des Orts - Caritasverbandes setzt sich zusammen aus dem Vorsitzenden und dessen Stellvertreter, sowie 5 Beisitzern. Der Vorsitzende und sein Stellvertreter bilden den Vorstand im Sinne des § 26 des BGB. Der hauptamtliche Geschäftsführer ist von selbst Mitglied des Vorstandes. Dieser, soweit ihm die Vertretung des Orts - Caritasverbandes übertragen ist, sowie der Vorsitzende bedürfen der Bestätigung durch den Erzbischof. Die Mitglieder des Vorstandes werden durch den Orts - Caritasausschuß gewählt mit der Maßgabe, daß wenigstens 2 Beisitzer aus dem Laienstande sind" (§ 8). Der Vorstand hatte "das Recht und die Pflicht, das zur Erfüllung der Verbandszwecke erforderliche anzuordnen". Hierzu gehörte insbesondere: "a) die Ausführung der Beschlüsse des Orts - Caritasausschusses und der Mitgliederversammlung; b) die Regelung der Beziehungen des Ortsverbandes zu den Pfarrcaritasausschüssen, zum Diözesanverbande und zu den Fachorganisationen in der Stadt Düsseldorf; c) die Vorprüfung der Abschlußrechnung und des Voranschlages sowie die Genehmigung der Gehälter der Beamten und Angestellten" (§ 8).

Wie schon 1904 so wurde auch in der neuen Satzung betont, dass "durch den Anschluß an den Orts - Caritasverband ... die Selbstständigkeit der caritativen Fachorganisationen nicht berührt" werde (§ 12). Neu war hingegen der Passus, dass die Auflösung des Verbandes der ausdrücklichen Zustimmung des Erzbischofs bedurfte (§ 13). Bemerkenswert ist schließlich, dass im Falle der Verbandsauflösung das Vermögen nicht mehr an den "Erzbischöflichen Stuhl zu Cöln"[514] sondern "an den Stadt - Dechanten der Stadt Düsseldorf zur Verwendung im Sinne des Verbandszweckes" fiel (§ 14).

Insgesamt betrachtet, stellte der Satzungsentwurf den Düsseldorfer Caritasverband "nach geltenden kirchlichen Bestimmungen auf eine feste Grundlage" und brachte ihn "in organische Verbindung mit dem Diözesan - Caritasverband für das Erzbistum Köln"[515]. Mit nur einer Änderung, die Zahl der Beisitzer im Vorstand von 5 auf 7 zu erhöhen, nahm am 14. Juni 1927 im Verbandshaus Tonhallenstr. 15 "eine zahlreich besuchte Mitglieder - Versammlung des Caritasverbandes" die vorgelegte Neufassung der Satzung für den Düsseldorfer Caritasverband an[516]. Die von den Statuten in § 1 vorgesehene Eintragung in das Vereinsregister des Amtsgerichtes Düsseldorf, durch die der

---

[514] Vgl. oben S. 348.
[515] Vgl. DT 15.06.1927.
[516] Vgl. CVD Vorstandsprotokolle, 14.09.1928; NN, Mitglieder- und Ausschuß - Versammlung des Düsseldorfer Caritas - Verbandes, in: Mitteilungen des Caritasverbandes für die Stadt Düsseldorf Jg. 3 Nr. 6 (Juni 1927), 41 - 43, 41.

Verband "einen strengeren Rechtscharakter" erhielt[517], erfolgte am 4. August 1928 unter der Nummer VR 658 (heute VR 3073)[518].

Aus der Mitgliederversammlung wurde satzungsgemäß der Stadtcaritasausschuss bestimmt, "der in seiner Gliederung gewissermaßen das Parlament der Düsseldorfer Caritas" bildete[519]. Angestrebt war, "daß Frauen und Männer der praktischen Caritas und aus allen ihren Teilgebieten, sowie möglichst auch aus allen Stadtteilen gewählt wurden"[520]. Neben den Vorstandsmitgliedern gehörten dem Ausschuss im Jahre 1927 an: Dechant Leonhard Buschen (St. Adolfus), Dechant Matthias Dahlhausen (Liebfrauen), Dechant Johann Schmitz (St. Blasius), Schwester Johanna Franziska (Annakloster) für die Säuglingsfürsorge, Pater Matthias Nacken (Knabenwaisenhaus) für die Waisenfürsorge, Martha Holzapfel für den Katholischen Frauenfürsorgeverein, Pfarrer Max Dechamps für den Katholischen Männerfürsorgeverein, Schwester Oberin Wilburgis (Mädchenschutzheim Klosterstraße) für den katholischen Mädchenschutz, Schwester Oberin Stephanette (Martinuskrankenhaus) für die ambulante Krankenpflege, Balduin Schilling für die geschlossene Krankenpflege, Landesrat Paul Szajkowski für den Vinzenzverein, Strafanstaltspfarrer Hermann Faßbender für den Katholischen Gefängnisverein, Peter Wilden für den Kreuzbund, Kaplan Edmund Rothkranz (Maria unter dem Kreuz) für die "Abnormenfürsorge", Rektor Johannes Dahl (Gesellenhaus Flingern) für die Wanderfürsorge, Stadtinspektor Karl Klapdor für die Altenfürsorge, Fabrikbesitzer Franz Heusgen und Konrektor Wilhelm Bienefeld als Vertreter der Pfarrcaritasausschüsse Mitte, Anna Kauth und Johanna Zumengen als Vertreter der Pfarrcaritasausschüsse Süd, Schwester Hildegundis (Liebfrauenkloster) und Therese Platzbecker als Vertreter der Pfarrcaritasausschüsse Ost sowie Konrektor Wilhelm Böhler, Anna Niedieck, Gertrud Schäfer, Landessekretär Heinrich Schropp und Sybilla Steinbach[521]. Nach einem Bericht über die finanziellen Verhältnisse des Caritas - Sekretariates beschäftigte sich der Ausschuss mit der Wahl des Vorstandes, der auf vier Jahre aus folgenden Mitgliedern bestand: Caritasdirektor Johannes Becker, Schulrektor Josef Bücker, Dechant Leonhard Buschen (St. Adolfus), Rechtsanwalt Dr. Karl Dahmen, Maria Dickmann, Pfarrer Max Döhmer (St. Rochus), Stadtdechant Ferdinand Grysar (St. Antonius Friedrichstadt), Theodora Strunk, Johanna Zumengen. Mit erzbischöflicher Genehmigung übernahm Max Döhmer den Vorstandsvorsitz und Johannes Becker die Funktion des Caritasdi-

---

[517] NN, Mitglieder- und Ausschuß - Versammlung des Düsseldorfer Caritas - Verbandes, in: Mitteilungen des Caritasverbandes für die Stadt Düsseldorf Jg. 3 Nr. 6 (Juni 1927), 41 - 43, 41.
[518] Vgl. CVD Vorstandsprotokolle, 04.08.1928; ALD Vereinsregister 3073, 13.06.1928 und 14.06.1928; NN, Vereinsregistersachen, in: Öffentlicher Anzeiger. Beilage zum Amtsblatt der Regierung zu Düsseldorf Nr. 32 (11.08.1928), 517.
[519] DT 15.06.1927.
[520] NN, Mitglieder- und Ausschuß - Versammlung des Düsseldorfer Caritas - Verbandes, in: Mitteilungen des Caritasverbandes für die Stadt Düsseldorf Jg. 3 Nr. 6 (Juni 1927), 41 - 43, 43.
[521] Vgl. NN, Mitglieder- und Ausschuß - Versammlung des Düsseldorfer Caritas - Verbandes, in: Mitteilungen des Caritasverbandes für die Stadt Düsseldorf Jg. 3 Nr. 6 (Juni 1927), 41 - 43, 42 f.

rektors; letzterer war von der Mitgliederversammlung auch zum stellvertretenden Vorsitzenden gewählt worden[522].

Sterbeversicherung

Wenige Wochen vor der Mitgliederversammlung des Jahres 1927 war dem Düsseldorfer Caritassekretariat eine Agentur zur Vermittlung von Sterbeversicherungen angeschlossen worden[523]. Angeregt durch ein Referat über "die grundsätzliche Frage eines kirchlichen Versicherungswesens bzw. einer katholischen Versicherungszentrale und insbesondere die Frage einer leistungsfähigen katholischen Sterbekasse" auf der Kölner Diözesandechantenkonferenz vom 26. Oktober 1926, hatte die erzbischöfliche Behörde noch im gleichen Jahr in der Diözese Köln die Caritas - Sterbevorsorge als neues "Caritaswerk" eingeführt[524]. Wie aus den zahlreichen Werbeaufrufen für die neue Sterbeversicherung im Nachrichtenblatt des Düsseldorfer Caritasverbandes hervorgeht[525], war das neue Unternehmen nicht ökonomisch sondern pastoral motiviert. Unter dem Schlagwort "Katholisches Geld für katholische Zwecke"[526] sollte durch die Versicherung "katholisches Geld" in eine "katholische Wirtschaftsorganisation" fließen, die ihre Gewinne dem "katholischen Volk" dienstbar machte[527]. Zwingender als diese Überlegungen war indes "die geradezu erschreckend rührige Propaganda der Freidenker, insbesondere auch der Sozialisten und ihrer Presse, für die Feuerbestattung"[528]. Ihr gegenüber, so hatte auch der Referent auf der Diözesankonferenz hervorgehoben, "genüge nicht der Hinweis auf den katholischen Grundsatz des Erdbegräbnisses und die Bedrohung mit kirchlichen Strafen derer, die diesem Grundsatz zuwiderhandeln, sondern es müsse beschleunigt und in weitestem Umfange den Gläubigen die finanzielle Last für das Erdbegräbnis er-

---

[522] Vgl. NN, Mitglieder- und Ausschuß - Versammlung des Düsseldorfer Caritas - Verbandes, in: Mitteilungen des Caritasverbandes für die Stadt Düsseldorf Jg. 3 Nr. 6 (Juni 1927), 41 - 43, 43.

[523] Vgl. KGD 94, 27.05.1927; DT 10.04.1927.

[524] Vgl. NN, Diözesankonferenz, in: Kirchlicher Anzeiger für die Erzdiözese Köln Jg. 66 Nr. 20 (01.10.1926), 107; NN, Ein neues Caritaswerk: Die Caritas - Sterbevorsorge, in: Mitteilungen des Caritasverbandes für die Stadt Düsseldorf Jg. 3 Nr. 4 (April 1927), 25 - 31, 25.

[525] Vgl. etwa NN, Caritas in der Caritas - Sterbevorsorge, in: Mitteilungen des Caritasverbandes für die Stadt Düsseldorf Jg. 3 Nr. 11 (November 1927), 80 - 82, 80 ff; NN, Katholiken !, in: Mitteilungen des Caritasverbandes für die Stadt Düsseldorf Jg. 5 Nr. 4 (April 1929), 30 - 31, 31 f; NN, Die Caritas - Kinder- und Patenschaftsversicherung, in: Mitteilungen des Caritasverbandes für die Stadt Düsseldorf Jg. 5 Nr. 11 (November 1929), 75 - 77, 75 ff.

[526] NN, Katholisches Geld für katholische Zwecke, in: Mitteilungen des Caritasverbandes für die Stadt Düsseldorf Jg. 3 Nr. 11 (November 1927), 79 - 80, 79 f.

[527] Vgl. NN, Ein neues Caritaswerk: Die Caritas - Sterbevorsorge, in: Mitteilungen des Caritasverbandes für die Stadt Düsseldorf Jg. 3 Nr. 4 (April 1927), 25 - 31, 26.

[528] NN, Ein neues Caritaswerk: Die Caritas - Sterbevorsorge, in: Mitteilungen des Caritasverbandes für die Stadt Düsseldorf Jg. 3 Nr. 4 (April 1927), 25 - 31, 26. Vgl. auch NN, Katholische Weltanschauung, Feuerbestattung, Caritas - Sterbevorsorge, in: Mitteilungen des Caritasverbandes für die Stadt Düsseldorf Jg. 3 Nr. 12 (Dezember 1927), 89 - 90, 89 f.

leichtert und ihnen dadurch die Möglichkeit gegeben werden, den katholischen Grundsätzen treuzubleiben"[529].

In Düsseldorf begann die Propaganda für die Caritas - Sterbevorsorge im Frühjahr 1927 mit einem Werbeflugblatt, das der Düsseldorfer Kirchenzeitung vom 24. April 1927 beigelegt war[530]. Marktschreierisch wurde die katholische Sterbeversicherung mit den Worten angepriesen: "Sie will euch eine sofortige Hilfe sein, wenn ihr durch Todesfall plötzlich für Beerdigung, Exequien, Sarg und Trauerkleider usw. eine größere Barsumme ausgeben müßt. Wer kann das ohne weiteres und aus eigenen Mitteln ... ? Wohl Wenige ! Und doch könntet ihr jeden Tag vor eine solche Notwendigkeit gestellt werden. Durchschnittlich erreicht noch nicht die Hälfte der Menschen, die mit 30 Jahren ärztlich als gesund erachtet werden, ein Alter von 67 Jahren. Wie also vorsorgen ? ... Die Caritas - Sterbevorsorge ... hilft sofort am gleichen Tage. Sobald du Mitglied bist, erhalten deine Angehörigen bei Anmeldung deines Todes 100, 200, 300, ja bis zu 1200 Reichsmark, je nach deinem Monatsbeitrag, ausbezahlt, ganz gleich ob du nur einen Monat oder Jahre hindurch deinen Beitrag bezahlt hast"[531]. Im Gegensatz zu vielen anderen Anbietern war die Caritas - Sterbevorsorge "eine in jeder Hinsicht beständige und sichere Versicherung, für die der 'Versicherungsring katholischer Verbände (Sitz Berlin)', eine Zweigniederlassung der als finanzkräftig bekannten Lebensversicherungsbank A.G. 'Neuer Atlas' in Ludwigshafen das volle Risiko trägt"[532]. Besonders hervorgehoben wurde, dass die Kasse mehr als eine Sterbeversicherung sein wollte: "Sie heißt Caritas - Sterbevorsorge nicht nur, weil der Caritasverband, zusammen mit der katholischen Schulorganisation und dem Reichsverband der katholischen Gesellenhäuser und Lehrlingsheime, sie eingerichtet hat, sondern weil sie auch helfen soll, caritative Werke durchzuführen"[533]. Erwirtschaftete Gewinnüberschüsse sollten insbesondere "den einzelnen Pfarr - Caritas - Ausschüssen entsprechend ihrer Mitarbeit für Tauf-, Kommunion-, Trauungsbeihilfen und andere caritative Werke und Einrichtungen zur Verfügung" gestellt wer-

---

[529] NN, Ein neues Caritaswerk: Die Caritas - Sterbevorsorge, in: Mitteilungen des Caritasverbandes für die Stadt Düsseldorf Jg. 3 Nr. 4 (April 1927), 25 - 31, 26. Vgl. auch DT 25.03.1927; NN, Ein neues Caritas - Werk: Die Caritas - Sterbe - Vorsorge, in: Katholische Kirchenzeitung (Düsseldorf) Jg. 4 Nr. 4 (24.04.1927), 44; NN, Die Toten begraben, in: Mitteilungen des Caritasverbandes für die Stadt Düsseldorf Jg. 5 Nr. 2 (Februar 1929), 12 - 13, 12 f; NN, Die "Katholische Volkshilfe" (Caritas - Vorsorge), in: Mitteilungen des Caritasverbandes für die Stadt Düsseldorf Jg. 7 Nr. 9 (September 1931), 62 - 64, 63.
[530] Vgl. NN, Ein neues Caritas - Werk: Die Caritas - Sterbe - Vorsorge, in: Katholische Kirchenzeitung (Düsseldorf) Jg. 4 Nr. 4 (24.04.1927), 44. Vgl. auch NN, Ein neues Caritaswerk: Die Caritas - Sterbevorsorge, in: Mitteilungen des Caritasverbandes für die Stadt Düsseldorf Jg. 3 Nr. 4 (April 1927), 25 - 31, 26 ff.
[531] NN, Ein neues Caritaswerk: Die Caritas - Sterbevorsorge, in: Mitteilungen des Caritasverbandes für die Stadt Düsseldorf Jg. 3 Nr. 4 (April 1927), 25 - 31, 27.
[532] NN, Ein neues Caritaswerk: Die Caritas - Sterbevorsorge, in: Mitteilungen des Caritasverbandes für die Stadt Düsseldorf Jg. 3 Nr. 4 (April 1927), 25 - 31, 29. Vgl. auch NN, Notgemeinschaften, in: Mitteilungen des Caritasverbandes für die Stadt Düsseldorf Jg. 3 Nr. 7/8 (Juli/August 1927), 53 - 55, 53 ff.
[533] NN, Ein neues Caritaswerk: Die Caritas - Sterbevorsorge, in: Mitteilungen des Caritasverbandes für die Stadt Düsseldorf Jg. 3 Nr. 4 (April 1927), 25 - 31, 29.

den[534]. "Endlich wollen wir gegenüber der aufdringlichen Werbung für die neuheidnische Feuerbestattung, wie sie aus den Kreisen der Freidenker zurzeit mit besonderem Eifer betrieben wird, eine großzügige und planmäßige katholische Aktion für das christliche Erdbegräbnis durchführen. Auch hier können wir aber Treue gegenüber tief bedeutungsvoller christlicher Sitte um so eher erwarten, je mehr wir mithelfen, auch finanziell uns selbst und unseren Glaubensgenossen das Erdbegräbnis und die Exequien zu erleichtern. Darum sollte jeder Katholik der Caritas - Sterbevorsorge für das Erzbistum Köln beitreten"[535]. Um einem "ungesunden Zentralismus" vorzubeugen, war die Caritas - Sterbevorsorge in der Diözese Köln dezentralisiert worden. In allen größeren Städten wurden Bezirksstellen eingerichtet, die meist wie in Düsseldorf den Geschäftsstellen der örtlichen Caritasverbände angeschlossen waren[536]. Schon im Juni 1927 konnte von hier vermeldet werden: "In unserem Düsseldorfer Bezirk breitet sich der Gedanke der Caritas - Sterbevorsorge in erfreulicher Weise aus. Die Zahl der Anmeldungen wächst täglich in ansehnlicher Weise"[537]. Innerhalb der ersten fünf Monate ihres Bestehens traten der Kasse im Erzbistum Köln über 30000 Versicherte bei[538]. Im Jahre 1929 erfolgte die Umbenennung der Caritas - Sterbevorsorge in "Katholische Volkshilfe, gemeinnützige Versicherungs AG, Berlin" (seit 1935 "Volkshilfe AG, Berlin", 1938 Überleitung an die heutige Aachener und Münchener Versicherungen)[539].

---

[534] NN, Ein neues Caritaswerk: Die Caritas - Sterbevorsorge, in: Mitteilungen des Caritasverbandes für die Stadt Düsseldorf Jg. 3 Nr. 4 (April 1927), 25 - 31, 29 f. Vgl. auch NN, Caritas in der Caritas - Sterbevorsorge, in: Mitteilungen des Caritasverbandes für die Stadt Düsseldorf Jg. 3 Nr. 11 (November 1927), 80 - 82, 80 ff; NN, Die Caritas - Sterbevorsorge als Erzieherin, in: Mitteilungen des Caritasverbandes für die Stadt Düsseldorf Jg. 4 Nr. 5 (Mai 1928), 34 - 36, 34 ff; NN, Glückliche Fortschritte der Caritas - Sterbevorsorge im Laufe des Jahres 1928, in: Mitteilungen des Caritasverbandes für die Stadt Düsseldorf Jg. 5 Nr. 1 (Januar 1929), 4 - 5, 5; NN, Die Caritas - Vorsorge (Bezirksstelle Düsseldorf) im Jahre 1929, in: Mitteilungen des Caritasverbandes für die Stadt Düsseldorf Jg. 6 Nr. 3 (März 1930), 13 - 15, 14 f; NN, Die Caritas - Vorsorge der Bezirksstelle Düsseldorf im Jahre 1930, in: Mitteilungen des Caritasverbandes für die Stadt Düsseldorf Jg. 7 Nr. 2 (Februar 1931), 12 - 13, 13.

[535] NN, Ein neues Caritaswerk: Die Caritas - Sterbevorsorge, in: Mitteilungen des Caritasverbandes für die Stadt Düsseldorf Jg. 3 Nr. 4 (April 1927), 25 - 31, 30.

[536] Vgl. NN, Bezirksstelle Düsseldorf der Caritas - Sterbevorsorge, in: Mitteilungen des Caritasverbandes für die Stadt Düsseldorf Jg. 3 Nr. 5 (Mai 1927), 37 - 38, 37; NN, Die Caritas - Sterbevorsorge als Krönung der Notgemeinschaften, in: Mitteilungen des Caritasverbandes für die Stadt Düsseldorf Jg. 4 Nr. 6 (Juni 1928), 44 - 46, 44 ff.

[537] NN, Die Caritas - Sterbevorsorge, in: Mitteilungen des Caritasverbandes für die Stadt Düsseldorf Jg. 3 Nr. 6 (Juni 1927), 46 - 47, 47. Vgl. auch NN, Die Entwicklung der Caritas - Sterbevorsorge im ersten Jahr ihres Bestehens, in: Mitteilungen des Caritasverbandes für die Stadt Düsseldorf Jg. 4 Nr. 3 (März 1928), 21 - 23, 21 ff.

[538] Vgl. NN, Notgemeinschaften, in: Mitteilungen des Caritasverbandes für die Stadt Düsseldorf Jg. 3 Nr. 7/8 (Juli/August 1927), 53 - 55, 55.

[539] Vgl. Elisabeth Lakemeier, 50 Jahre Diözesan - Caritasverband für das Erzbistum Köln 1916 - 1966, Köln 1967, 48. Vgl. auch NN, Katholische Volkshilfe, in: Mitteilungen des Caritasverbandes für die Stadt Düsseldorf Jg. 12 Nr. 11/12 (November/Dezember 1936), 2 - 3, 2; Führer durch das religiöse Leben in St. Margaretha Düsseldorf - Gerresheim. Kirchliche Einrichtungen und Veranstaltungen des katholischen Düsseldorf im Jahre 1939, Düsseldorf 1938, o. S. (20); NN, Neue Anschriften, in: Caritas - Verband Düsseldorf. Rundbrief an unsere Mitarbeiter und Mitarbeiterinnen Jg. 19 Nr. 3 (Juli 1943), 1; Peter Hammerschmidt, Die Wohlfahrtsverbände im NS - Staat. Die NSV und die konfessionellen Ver-

Kindertageseinrichtung Ulmenstraße

Wesentlich unspektakulärer als die Einführung der Caritas - Sterbevorsorge verlief die Einrichtung eines Kinderhortes im städtischen Obdachlosenasyl Ulmenstr. 246, der "den ärmsten der Kinder das fehlende Heim in etwa ersetzen" sollte[540]. Der Hort auf dem Gelände einer Kaserne, die "exmittierten Familien" seit dem Abzug der französischen Besatzungstruppen als Obdachlosenasyl diente[541], war nach dem Raphaelsheim am Nordfriedhof die zweite stationäre Einrichtung, die der Caritasverband für die Stadt Düsseldorf in eigener Trägerschaft unterhielt[542]. Bedauerlicherweise ist in den überlieferten Unterlagen vom Derendorfer Kinderhort nur selten die Rede, so dass nicht einmal gesagt werden kann, wann die Fürsorgeanstalt ihre Pforten öffnete. Die älteste Nachricht findet sich in den Caritasmitteilungen vom November 1927, wo unter der Überschrift "Herzliche Weihnachtsbitte !" zu Gunsten des Kinderhortes folgender Aufruf erging: "Gerne möchten wir den Kleinen, welche sozusagen alles entbehren müssen, eine, wenn auch bescheidene Weihnachtsfreude bereiten. Aber leider fehlt es an allem Nötigen ! Wir richten daher deshalb an unsere Mitbürger die recht innige Bitte, uns mit Kleidungsstücken, Schuhzeug, Spielsachen und Süßigkeiten zu unterstützen. ... Alice Gretz, Jugendleiterin, Düsseldorf, Fürstenplatz 19"[543]. Letztgenannte war vermutlich die erste Hortleiterin, doch wurde sie schon bald von einer Schwester aus dem Unterrather St. Josephshospital abgelöst. Ende der zwanziger Jahre heißt es in der Chronik der Töchter vom Heiligen Kreuz über den Hort: "In der sogenannten 'Kaserne' ... wohnten nur arme Leute, denn die 'Kaserne' stammte aus der Besatzungszeit nach dem ... Weltkrieg und hatte ... als Pferdeställe gedient. Diese großen Räume waren dann durchgebaut und zu Wohnungen geschaffen worden. ... Die Kleinen wären den Kommunisten in die Hände gefallen, hätte Schwester Provinzialoberin sich nicht schnell entschlossen, eine Schwester für diesen Posten herzugeben"[544]. Wie lange der Düsseldorfer Caritasverband den Hort unterhielt, ist nicht bekannt, doch lässt sich seine Existenz bis Mitte der fünfziger Jahre nachweisen[545].

---

bände Caritas und Innere Mission im Gefüge der Wohlfahrtspflege des Nationalsozialismus, Opladen 1999, 301 ff.

[540] NN, Herzliche Weihnachtsbitte !, in: Mitteilungen des Caritasverbandes für die Stadt Düsseldorf Jg. 3 Nr. 11 (November 1927), 83 - 84, 84.

[541] Vgl. Verwaltungsbericht der Stadt Düsseldorf für den Zeitraum vom 1. April 1925 bis 31. März 1928, Düsseldorf 1928, 25.

[542] Vgl. NN, Herzliche Weihnachtsbitte !, in: Mitteilungen des Caritasverbandes für die Stadt Düsseldorf Jg. 3 Nr. 11 (November 1927), 83 - 84, 83 f.

[543] NN, Herzliche Weihnachtsbitte !, in: Mitteilungen des Caritasverbandes für die Stadt Düsseldorf Jg. 3 Nr. 11 (November 1927), 83 - 84, 83 f.

[544] PfA Unterrath Maria unter dem Kreuz 549, Chronik des Klosters der Töchter vom Hl. Kreuz in Düsseldorf - Unterrath von 1875 - 1965, S. 57 f und 65.

[545] Vgl. CVD 500, Juni 1954 und 1958; SAD IV 4962, 08.08.1946, 26.09.1947 und 21.09.1950; Schulen und Bildungsstätten in der Landeshauptstadt Düsseldorf, Düsseldorf 1951, 116; Caritas - Handbuch für das Erzbistum Köln. Übersicht über ihre Einrichtungen, Anstalten, Organisationen und ausübenden Kräfte nach dem Stand vom 1. Oktober 1956, Köln 1956, 19.

Caritasverband und Stadtverwaltung

Auffällig ist, dass in den Caritasmitteilungen des Jahres 1927 eine Reihe von Aufsätzen über die Zusammenarbeit zwischen städtischer und freier Wohlfahrtspflege zum Abdruck gelangte[546]. Nach einer Notiz von Caritasdirektor Johannes Becker richteten sich die Artikel vornehmlich an die Teilnehmer einer Veranstaltungsreihe, die der Düsseldorfer Caritasverband für die in der städtischen Wohlfahrtspflege tätigen katholischen ehrenamtlichen Fürsorger und Fürsorgerinnen eingerichtet hatte. Im Abstand von mehreren Monaten fanden 1927 in den 10 städtischen Wohlfahrtskreisen insgesamt 14 Konferenzen statt, an denen 364 Caritashelfer und Caritashelferinnen teilnahmen[547]. Gegenstand der Versammlungen waren in der Regel ein Referat "über die Vertiefung der städtischen Wohlfahrtspflege durch die katholische Caritas" und eine Aussprache "über verschiedenste praktische Fragen, die sich aus der Zusammenarbeit notwendig" ergaben[548]. Den Abschluss der Schulungsarbeit bildete eine große Caritasversammlung am 12. Januar 1928 im Paulushaus (Luisenstr. 33) mit Alfred Schappacher (Städtisches Wohlfahrtsamt Düsseldorf) und Oberstudienrat Joseph Willmeroth (Lessing - Oberrealschule), zu der alle ehrenamtlichen katholischen Fürsorger und Fürsorgerinnen, Mitglieder caritativer Vereine und "alle, denen Wohltun und neuzeitliche Liebestätigkeit eine Herzenssache und ernste Gewissenspflicht" bedeutete, eingeladen waren[549]. Unter dem Titel "Was erwartet die städtische Familienfürsorge von der Mitarbeit der katholischen Caritas ?" besprach Alfred Schappacher die Fragestellung vom Standpunkt der Stadtverwaltung[550]. Ausgehend von der These, "Wohlfahrtspflege" sei auch "Gesinnungspflege",

---

[546] Vgl. NN, Fürsorgeordnung des Bezirksfürsorgeverbandes Düsseldorf - Stadt, in: Mitteilungen des Caritasverbandes für die Stadt Düsseldorf Jg. 3 Nr. 6 (Juni 1927), 47 - 48, 47 f; NN, Fürsorgeordnung Anweisung für die Ausübung der Fürsorge in Düsseldorf, in: Mitteilungen des Caritasverbandes für die Stadt Düsseldorf Jg. 3 Nr. 7/8 (Juli/August 1927), 49 - 52, 49 ff; NN, Die städtische Familienfürsorge in Düsseldorf, in: Mitteilungen des Caritasverbandes für die Stadt Düsseldorf Jg. 3 Nr. 9 (September 1927), 61 - 64, 61 ff; NN, Richtlinien über die Aufgaben der Bezirksversammlung in Düsseldorf, in: Mitteilungen des Caritasverbandes für die Stadt Düsseldorf Jg. 3 Nr. 11 (November 1927), 77 - 79, 77 ff; NN, Richtlinien über die Zusammenarbeit des Städtischen Wohlfahrtsamtes Düsseldorf mit den Spitzenverbänden der freien Wohlfahrtspflege, in: Mitteilungen des Caritasverbandes für die Stadt Düsseldorf Jg. 3 Nr. 12 (Dezember 1927), 88 - 89, 88 f.

[547] Vgl. Johannes Becker, Zusammenarbeit zwischen städtischer Wohlfahrtspflege und katholischer Caritas in Düsseldorf, in: Mitteilungen des Caritasverbandes für die Stadt Düsseldorf Jg. 3 Nr. 12 (Dezember 1927), 86 - 87, 86.

[548] Johannes Becker, Zusammenarbeit zwischen städtischer Wohlfahrtspflege und katholischer Caritas in Düsseldorf, in: Mitteilungen des Caritasverbandes für die Stadt Düsseldorf Jg. 3 Nr. 12 (Dezember 1927), 86 - 87, 86.

[549] Vgl. DT 11.01.1928; DN 13.01.1928; DT 16.01.1928. Zu einer ähnlichen Veranstaltung im Jahre 1929 vgl. NN, Herzliche Einladung zu einer großen Caritas - Versammlung, in: Mitteilungen des Caritasverbandes für die Stadt Düsseldorf Jg. 5 Nr. 2 (Februar 1929), 9; NN, Vertiefung der städtischen Fürsorge durch die Caritas, in: Mitteilungen des Caritasverbandes für die Stadt Düsseldorf Jg. 5 Nr. 3 (März 1929), 17 - 19, 17 ff.

[550] Vgl. Johannes Becker, Zusammenarbeit zwischen städtischer Wohlfahrtspflege und katholischer Caritas in Düsseldorf, in: Mitteilungen des Caritasverbandes für die Stadt Düsseldorf Jg. 3 Nr. 12 (Dezember 1927), 86 - 87, 87.

führte er nach einem Bericht des Düsseldorfer Tageblattes hierzu aus: "Im neuen deutschen Wohlfahrtsrecht, zumal im Reichsjugendwohlfahrtsgesetz und in der Reichs - Fürsorgepflichtverordnung, wird einer engen Zusammenarbeit zwischen öffentlicher und freier Wohlfahrtspflege das Wort geredet. Praktisch hat sich dieser gesetzlich geregelte Grundsatz in Düsseldorf folgendermaßen ausgewirkt. Die Caritas ist offiziell in den behördlichen Organen, wie Jugendamt[551] und Wohlfahrts - Beirat, vertreten. Besonders starke Vertretung der freien Wohlfahrtspflege ist sodann in den Körperschaften der städtischen Außenfürsorge, die als Kernstück der ganzen behördlichen Wohlfahrtsarbeit angesprochen werden muß, gegeben. ... In der Familienfürsorge arbeiten u.a. die ehrenamtlichen Kräfte der katholischen Caritas. Es tut not, daß sie sich entsprechende Schulung aneignen, um mit Erfolg wirken zu können"[552]. Nach der Darlegung des behördlichen Standpunktes behandelte Joseph Willmeroth die Zusammenarbeit aus dem Blickwinkel der Caritas. Vor dem Hintergrund der Frage "Wie kann die katholische Caritas die Arbeit der städtischen Familienfürsorge vertiefen ?"[553], erinnerte er daran, dass rechte "Caritas - Gesinnung" Gott als Quelle und Ziel aller Caritasarbeit sieht. "Als Kinder der großen Gottes- und Erlöstenfamilie sind alle Menschen, besonders alle notleidenden Menschen, in Gott und Gottes wegen zu lieben. Diese Liebe findet ihren Ausdruck in Werken der Liebe. Wer so in der städtischen Familienfürsorge mitarbeitet, übt nach großen heiligen Vorbildern eine katholische Apologetik der Tat, die allein dem modernen gott- und kirchengewandten Menschen noch imponieren kann"[554].

Opfertag

Dass die organisierte Caritas in Düsseldorf Ende der zwanziger Jahre zu einem unverzichtbaren Teil kommunaler Sozialpolitik geworden war, brachte nicht nur die Schulungsarbeit des Jahres 1927 sichtbar zum Ausdruck. Das erstarkende Selbstbewusstsein katholischer Wohlfahrtspflege wurde ebenso bei einer großen Hilfsaktion spürbar, die am 10. Juni 1928 in Düsseldorf unter dem Titel "Opfertag für bedürftige kinderreiche

---

[551] Die katholische Jugendwohlfahrtspflege besetzte im städtischen Jugendpflegeausschuß seit seiner Konstituierung im Jahre 1924 von insgesamt 8 allein 4 Organisationssitze (vgl. CVD Vorstandsprotokolle, 14.09.1928; NN, Düsseldorfer Rückblick, in: Katholische Kirchenzeitung (Düsseldorf) Jg. 1 Nr. 44 (01.02.1925), o. S. (18); NN, Die katholische Jugendwohlfahrt im Düsseldorfer Jugendamt, in: Mitteilungen des Caritasverbandes für die Stadt Düsseldorf Jg. 6 Nr. 5 (Mai 1930), 30 - 31, 30 f; NN, Satzungen des städtischen Jugendamtes Düsseldorf, in: Mitteilungen des Caritasverbandes für die Stadt Düsseldorf Jg. 6 Nr. 5 (Mai 1930), 34 - 35, 34 f.).
[552] DT 16.01.1928. Vgl. auch NN, Zusammenarbeit zwischen öffentlicher und freier Wohlfahrtspflege, in: Mitteilungen des Caritasverbandes für die Stadt Düsseldorf Jg. 4 Nr. 2 (Februar 1928), 9 - 11, 10.
[553] Vgl. Johannes Becker, Zusammenarbeit zwischen städtischer Wohlfahrtspflege und katholischer Caritas in Düsseldorf, in: Mitteilungen des Caritasverbandes für die Stadt Düsseldorf Jg. 3 Nr. 12 (Dezember 1927), 86 - 87, 87.
[554] DT 16.01.1928. Vgl. auch NN, Zusammenarbeit zwischen öffentlicher und freier Wohlfahrtspflege, in: Mitteilungen des Caritasverbandes für die Stadt Düsseldorf Jg. 4 Nr. 2 (Februar 1928), 9 - 11, 10 f.

Familien" durchgeführt wurde⁵⁵⁵. Auf Veranlassung und unter Federführung des Caritasverbandes hatten sich im Februar 1928 der katholische Caritasverband, das evangelische Jugend- und Wohlfahrtsamt, das israelitische Wohlfahrtsamt, der fünfte Wohlfahrtsverband, die sozialdemokratische Arbeiterwohlfahrt, der Ortswohlfahrtsausschuss der christlichen Arbeiterschaft wie auch das städtische Wohlfahrtsamt zu einer "Arbeitsgemeinschaft" zur Abwicklung des Opfertages zusammengeschlossen⁵⁵⁶. "Während bisher", so Johannes Becker, "gemeinsame wohlfahrtspflegerische Angelegenheiten meist unter Leitung des städtischen Wohlfahrtsamts erledigt wurden, soll fortan bei Hilfsaktionen mehr die organisierte freie Liebestätigkeit in Erscheinung treten. Es ist kein Zweifel, daß damit der freien Wohlfahrtspflege eine große Verantwortung zugewiesen ist"⁵⁵⁷. Ausdrücklich betonte der Düsseldorfer Caritasdirektor, "daß in der Liebe zum Mitmenschen und in der Linderung gemeinsamer Not alle Wohlfahrtsverbände zusammenstehen können, wenn sie guten Willens sind. Die Eigenart des Beweggrundes, aus dem heraus die einzelnen Verbände ihre Hilfe leisten, wird damit nicht berührt"⁵⁵⁸.

Für den "Opfer- und Blumentag für bedürftige, kinderreiche Familien" hatten sich aus den Kreisen der Wohlfahrtsorganisationen 742 ehrenamtliche Sammler (Caritasverband 236, evangelisches Jugend- und Wohlfahrtsamt 68, jüdisches Wohlfahrtsamt 34, fünfter Wohlfahrtsverband 32, Arbeiterwohlfahrt 98, Ortswohlfahrtsausschuss der christlichen Arbeiterschaft 126, Bund der Kinderreichen 148) zur Verfügung gestellt, die nach einem genau festgelegten Plan auf den Straßen und Plätzen Düsseldorfs um eine Gabe für kinderreiche Familien baten. An 19 Stellen der Stadt hatten sich Gesangvereine und Musikkapellen "in den propagandistischen Dienst des Opfertages gestellt⁵⁵⁹. Mit dem Düsseldorfer Opfersonntag waren zwei Ziele verbunden: "Einmal wollte er durch eine einmalige praktische Hilfsmaßnahme den Willen bekunden, der Not unter den Kinderreichen zu steuern. Das Ergebnis (9628,35 Mark) ist äußerlich betrachtet zwar nicht glänzend, gestattet aber doch hie und da eine fühlbare Hilfeleistung". Mehr als dies sollte der Opfertag jedoch "die Geschlossenheit des Handelns aller für das Volkswohl berufenen Faktoren äußerlich in Erscheinung treten lassen und einer großen Idee dienstbar gemacht werden. Dieses Vorhaben ist vollauf gelungen. Die Presse aller Rich-

---

⁵⁵⁵ Vgl. NN, Opfertag für bedürftige kinderreiche Familien am 10. Juni 1928, in: Mitteilungen des Caritasverbandes für die Stadt Düsseldorf Jg. 4 Nr. 5 (Mai 1928), 39 - 40, 39 f; NN, Opfertag für bedürftige kinderreiche Familien, in: Mitteilungen des Caritasverbandes für die Stadt Düsseldorf Jg. 4 Nr. 6 (Juni 1928), 41 - 43, 41 ff.
⁵⁵⁶ Vgl. NN, Opfertag für bedürftige kinderreiche Familien am 10. Juni 1928, in: Mitteilungen des Caritasverbandes für die Stadt Düsseldorf Jg. 4 Nr. 5 (Mai 1928), 39 - 40, 39; Johannes Becker, Ehrfurcht vor dem Kinde ... . Düsseldorfer Opfertag für bedürftige kinderreiche Familien. Zum 10. Juni. Helft den notleidenden Kinderreichen !, in Düsseldorfer Tageblatt Jg. 62 Nr. 159 (09.06.1928), o. S (5 - 6, 5 f); DT 13.06.1928; NN, Opfertag für bedürftige kinderreiche Familien, in: Mitteilungen des Caritasverbandes für die Stadt Düsseldorf Jg. 4 Nr. 6 (Juni 1928), 41 - 43, 42.
⁵⁵⁷ NN, Opfertag für bedürftige kinderreiche Familien am 10. Juni 1928, in: Mitteilungen des Caritasverbandes für die Stadt Düsseldorf Jg. 4 Nr. 5 (Mai 1928), 39 - 40, 39.
⁵⁵⁸ NN, Opfertag für bedürftige kinderreiche Familien am 10. Juni 1928, in: Mitteilungen des Caritasverbandes für die Stadt Düsseldorf Jg. 4 Nr. 5 (Mai 1928), 39 - 40, 39.
⁵⁵⁹ Vgl. NN, Opfertag für bedürftige kinderreiche Familien, in: Mitteilungen des Caritasverbandes für die Stadt Düsseldorf Jg. 4 Nr. 6 (Juni 1928), 41 - 43, 42.

tungen ... hat geholfen den Tag zu einem Volkstag zu machen. Die Rheinbahn hatte den Sammlerinnen Freifahrt gewährt. Behördliche und private Stellen haben entgegenkommender Weise alles getan, um das Gelingen des Tages zu ermöglichen". Ermutigt durch den gelungenen Versuch fasste die Arbeitsgemeinschaft schließlich den Entschluss, "das Werk der gemeinsamen großen Sammlungen fortzusetzen und auszubauen"[560].

Arbeiterwohlfahrt

Die ersten gemeinsamen Unternehmungen der freien Wohlfahrtsverbände hinderten den Caritasverband für die Stadt Düsseldorf nicht daran, in weltanschaulichen und konfessionellen Fragen weiterhin die Friktion mit den übrigen Großverbänden zu suchen[561]. Vor allem galt dies für die Auseinandersetzung mit den Selbsthilfeorganisationen der Arbeiterschaft, insbesondere der Arbeiterwohlfahrt[562]. Letzterer war im August 1929 ein ganzes Heft der Mitteilungen des Düsseldorfer Caritasverbandes gewidmet, "um in katholischen Caritaskreisen ein möglichst klares Bild der sozialistischen Organisation erstehen zu lassen". Zwar vermied das Heft jede Polemik, indem es fast ausschließlich "Vertreter der sozialistischen Arbeiterwohlfahrt zu Worte kommen" ließ, doch waren die Zitate und Auszüge so gewählt, dass explizit nicht mehr gesagt werden brauchte, "daß wir die sozialistischen Auffassungen katholischerseits nicht teilen können"[563].

Dank der Vielzahl katholischer Wohlfahrtseinrichtungen und einem Heer ehrenamtlicher Helfer brauchte der Düsseldorfer Caritasverband den Wettbewerb mit den übrigen freien Wohlfahrtsverbänden der Stadt nicht zu fürchten. Zwar fehlen heute brauchbare Vergleichsunterlagen für die einzelnen Verbände, doch wird die Vorrangstellung des Caritasverbandes in Düsseldorf schon allein aus dem Verteilungsschlüssel der städtischen Beihilfen vom Jahre 1929 erkennbar. Von ihnen entfielen auf den Caritasverband 40 %, das evangelische Jugend- und Wohlfahrtsamt 22 %, das jüdische Wohlfahrtsamt

---

[560] NN, Opfertag für bedürftige kinderreiche Familien, in: Mitteilungen des Caritasverbandes für die Stadt Düsseldorf Jg. 4 Nr. 6 (Juni 1928), 41 - 43, 42. Vgl. auch DT 11.06.1928; DT 13.06.1928. Zu den Düsseldorfer Opfertagen der Jahre 1930 und 1931 vgl. NN, Düsseldorfer Opfertag, in: Mitteilungen des Caritasverbandes für die Stadt Düsseldorf Jg. 6 Nr. 6 (Juni 1930), 44; NN, Nachworte zum Düsseldorfer Opfertag, in: Mitteilungen des Caritasverbandes für die Stadt Düsseldorf Jg. 6 Nr. 7 (Juli 1930), 45 - 47, 45 ff; NN, Düsseldorfer Opfertag 1931, in: Mitteilungen des Caritasverbandes für die Stadt Düsseldorf Jg. 7 Nr. 5 (Mai 1931), 35 - 36, 35 f; NN, Düsseldorfer Opfertag 1931, in: Mitteilungen des Caritasverbandes für die Stadt Düsseldorf Jg. 7 Nr. 6 (Juni 1931), 46 - 48, 46 ff.
[561] Vgl. oben S. 430 ff.
[562] Vgl. NN, Sozialistische Arbeiterwohlfahrt und Gesolei, in: Mitteilungen des Katholischen Caritas - Sekretariates, Düsseldorf Jg. 2 Nr. 9 (September 1926), 1 - 2, 1 f; Hans Carls, Die "Arbeiterwohlfahrt", in: Mitteilungen des Katholischen Caritas - Sekretariates, Düsseldorf Jg. 2 Nr. 9 (September 1926), 2 - 5, 2 ff; NN, Die Arbeiterwohlfahrt Düsseldorf, in: Mitteilungen des Caritasverbandes für die Stadt Düsseldorf Jg. 4 Nr. 12 (Dezember 1928), 77 - 79, 77 ff.
[563] NN, Arbeiterwohlfahrt, in: Mitteilungen des Caritasverbandes für die Stadt Düsseldorf Jg. 5 Nr. 8/9 (August/September 1929), 57 - 64, 57 ff.

4 %, die Arbeiterwohlfahrt 22 %, die christliche Arbeiterschaft 12 %[564]. Im Geschäftsjahr 1929/30 waren dem Düsseldorfer Caritasverband städtische Beihilfen in Höhe von 24000 Reichsmark bewilligt worden, die der Vorstand am 31. Mai 1929 auf die katholischen Einrichtungen der Stadt wie folgt verteilte: Caritasverband mit Sekretariat 3600 Mark, Frauenfürsorgeverein 4200 Mark, Männerfürsorgeverein 6000 Mark, Bahnhofsmission mit Mädchenschutzheim 2000 Mark, Annastift 600 Mark, Gefängnisverein 600 Mark, Katholische Trinkerfürsorge 3000 Mark, Erholungs- und Heilfürsorge für 38 Pfarrbezirke 3000 Mark, Soziale Krankenfürsorge für 38 Pfarrbezirke 500 Mark, Renovierung Kindergarten des Josephshauses in Heerdt 500 Mark[565].

Kommunale Gebietsreform

Dass es dem Düsseldorfer Caritasverband gegen Ende der zwanziger Jahre nicht an Selbstbewusstsein mangelte, spiegelt sich in seinen Stellungnahmen zu kommunalpolitischen Fragen wider, die eigentlich nur am Rande die Interessen konfessioneller Wohlfahrtspflege berührten. Als im preußischen Landtag die Gesetzesvorlage zur Neuregelung der kommunalen Grenzen im rheinisch - westfälischen Industriegebiet beraten und die Eingemeindung der selbständigen Bürgermeistereien Kaiserswerth und Benrath nach Düsseldorf erwogen wurde[566], warnte der Düsseldorfer Caritasverband vor unabsehbaren Folgen für die örtliche Wohlfahrtspflege. Unter dem Titel "Umgemeindung und Wohlfahrtspflege" vertrat Johannes Becker im Aprilheft der Caritasmitteilungen die Auffassung: "Mögen auch wirtschaftliche, siedlungstechnische u.a. Erwägungen mehr oder weniger berechtigten Anlaß zu den bevorstehenden Um- und Eingemeindungen geben, vom wohlfahrtspflegerischen Standpunkte können die Projekte nicht in allem begrüßt werden. Warum nicht ? Wer gesunde ländliche Kultur und gesundes Landvolk als Jungbrunnen und als notwendig für Kultur und Volk überhaupt ansieht, muß unnötige und übertriebene und zwangsmäßige Verstadtlichung als nicht im Volkswohl liegend bedauern. Durch Aufhebung ihrer Selbständigkeit verlieren die kleineren Gemeinwesen ein wertvolles Verantwortungsbewußtsein gegenüber ihren Notleidenden. Das gilt von den Trägern der Verwaltung wie von der Bevölkerung in Land- und Kleinstadtgemeinden. Während man bisher sich ernstlich um Bereitstellung der notwendigen Fürsorgemittel sorgen muß, wird das künftig anders sein. Die Zentralkasse des Großstadt - Wohlfahrtsamtes muß dann eben alles bezahlen. Und es nimmt nicht Wunder, wenn sich bald die Meinung durchsetzt: Da fremde Verwaltung anstelle eigener Verwaltung getreten ist, kann auch fremde Verantwortung bei der Beschaffung der notwendigen Fürsorge- und Wohlfahrtsmittel die eigene Verantwortung abnehmen. Daher bezweifeln

---

[564] Vgl. CVD Vorstandsprotokolle, 31.05.1929.
[565] Vgl. CVD Vorstandsprotokolle, 31.05.1929.
[566] Vgl. NHS Landrat Düsseldorf 581, Bl. 1 ff; UBD St.u.R.G. 1239 (4º), Bl. 1 ff; Peter Kubbutat, Düsseldorf - Benrath, Hilden und Solingen - Ohligs. Die strukturelle Entwicklung unter Berücksichtigung des Problems der Eingemeindung oder Selbständigkeit in den Diskussionen der kommunalen Neugliederung der zwanziger und siebziger Jahre Bd. 1, Diss. Freiburg 1975, 53 ff; Michael Götting, Kommunalreform 1929 in Düsseldorf, Staatsexamensarbeit Düsseldorf 1978, 64 ff.

wir sehr, daß die zentralistische Großstadt - Verwaltung eine sparsamere Wohlfahrtspflege gewährleistet"[567].

Obwohl Bedenken gegen die kommunale Neuordnung nicht nur vom Caritasdirektor vorgetragen wurden[568], erfolgte am 1. August 1929 die Eingemeindung von Kaiserswerth und Benrath nach Düsseldorf. Welche Folgen die Gebietserweiterung für den Caritasverband hatte, bleibt aus Mangel an aussagekräftigen Unterlagen dunkel[569]. Zwar gehörten die Pfarrgemeinden der ehemaligen Bürgermeistereien Kaiserswerth und Benrath seit dem 1. Januar 1931 zum Stadtdekanat Düsseldorf[570], doch waren die Sprengel erst am 1. April 1939 dem Düsseldorfer Gemeindeverband beigetreten[571]. Nach den Statuten vom 14. Juni 1927 war "der Caritasverband für die Stadt Düsseldorf ... die ... organisatorische Zusammenfassung der innerhalb der Stadt Düsseldorf der Caritas dienenden katholischen Einrichtungen, Anstalten, Körperschaften, Gemeinschaften, Vereine und Verbände"[572], doch ist aus den überlieferten Unterlagen nicht erkennbar, wie sich die eingemeindeten Pfarreien bis zum Gemeindeverbandsbeitritt an der Finanzierung des Caritasverbandes beteiligten und ob sie in seiner Gremienarbeit vertreten waren.

Cäcilienstift

Die Geschichte und Entwicklung der caritativen Einrichtungen in den eingemeindeten Bürgermeistereien bis zum Jahre 1914 ist bereits an anderer Stelle beschrieben worden[573]. Noch während des Ersten Weltkrieges hatten die Armen Dienstmägde aus dem St. Josephskrankenhaus neben den Kinderbewahrschulen in der Schulstraße (Benrath) und Hasselsstraße (Hassels) zwei weitere Bewahranstalten an der Angerstraße in Urdenbach (12. Februar 1917)[574] und der Oststr. 25 (heute Einsiedelstraße) in Benrath (17.

---

[567] NN, Umgemeindung und Wohlfahrtspflege, in: Mitteilungen des Caritasverbandes für die Stadt Düsseldorf Jg. 5 Nr. 4 (April 1929), 27 - 28, 27 f.

[568] Vgl. KAB Protokollbuch des Katholischen Arbeitervereins Benrath, 05.05.1929 und 01.09.1929; DT 16.02.1928; DT 15.06.1928; DT 30.08.1928; DT 05.12.1928; DT 22.06.1929; DT 12.07.1929; DT 30.07.1929; DT 13.09.1929; DT 08.11.1929; Für ein selbständiges Benrath! Auszug aus einer Denkschrift, Düsseldorf 1929; Stellungnahme zu der von der Preußischen Staatsregierung vorgeschlagenen Eingemeindung Benraths nach Düsseldorf, Düsseldorf 1929.

[569] Zu den Auswirkungen der Eingemeindung auf die städtische Wohlfahrtspflege vgl. NN, Die Organisation der Wohlfahrtspflege in Groß - Düsseldorf, in: Monatsblatt des Städtischen Wohlfahrts- und Gesundheitsamtes Düsseldorf Jg. 3 Nr. 10 (Oktober 1929), 153 - 162 und Mitteilungen des Caritasverbandes für die Stadt Düsseldorf Jg. 5 Nr. 10 (Oktober 1929), 68 - 70, Nr. 11 (November 1929), 78 - 79 und Nr. 12 (Dezember 1929), 83 - 85.

[570] Vgl. NN, Neuumgrenzung bzw. Neubildung einzelner Dekanate in der Erzdiözese Köln, in: Kirchlicher Anzeiger für die Erzdiözese Köln Jg. 70 Nr. 26 (15.12.1930), 154 - 155, 154 f.

[571] Vgl. KGD 31, 22.04.1939; KGD 92, 14.03.1938 und 05.12.1938; NN, Erweiterung des Gemeindeverbandes der katholischen Kirchengemeinden der Stadt Düsseldorf, in: Kirchlicher Anzeiger für die Erzdiözese Köln Jg. 79 Nr. 12 (15.04.1939), 69; DN 21.04.1939.

[572] Vgl. oben S. 507.

[573] Vgl. oben S. 193 f.

[574] Vgl. NHS Regierung Düsseldorf 29432, 27.12.1916 und 12.02.1917.

Dezember 1917)[575] eröffnet. Am 1. Juni 1919 wurde die Benrather Niederlassung der Armen Dienstmägde vom Josephskrankenhaus an der Hospitalstraße in eine Wohnung des Hauses Friedhofstr. 17 verlegt[576]. Von hier aus betreuten die Schwestern die vier Bewahrschulen und seit dem 15. November 1919 eine Handarbeitsschule (zunächst bei August Lampenscherf Hauptstr. 43, später im Pfarrsälchen der Kirche Hauptstr. 36)[577]; außerdem setzten sie die ambulante Krankenpflege in Benrath und die stationäre Krankenpflege im Josephskrankenhaus fort[578], das sich seit dem Frühjahr 1914 im Besitz der Bürgermeisterei befand[579]. Ein eigenes Haus konnten die Dienstmägde erst mit Fertigstellung des Cäcilienstiftes Paulistr. 3 beziehen, das am 22. August 1926 feierlich eingeweiht und seiner neuen Bestimmung übergeben wurde[580].

Herz - Jesu Kloster Holthausen

Die Christenserinnen aus dem Herz - Jesu - Kloster an der Alicestraße, die im benachbarten Holthausen ambulante Krankenpflege, eine Kleinkinderbewahrschule und ein Altenheim betrieben, hatten am 20. Januar 1922 nach dem Tod des Stifters Gerhard Homrich (+25. August 1921)[581] für 45000 Reichsmark das Nachbarhaus Nr. 14 (heute Bahlenstr. 166) erworben[582], doch konnte es erst 1932 für die caritative Arbeit des Klosters nutzbar gemacht werden[583]. Schon vor Erweiterung der Niederlassung hatten die Schwestern am 18. September 1918 in Reisholz für das Rektorat St. Elisabeth im Hinterhaus Heyestr. 298 (heute Henkelstraße, seit 1927 in einer Baracke Heyestr. 294[584]) eine weitere Kinderbewahrschule eröffnet[585].

---

[575] Vgl. NHS Regierung Düsseldorf 29432, 09.06.1917 und 17.12.1917.
[576] Vgl. AEK GVA Benrath St. Cäcilia 8, 28.11.1919; MAD Chronik des Cäcilienstiftes Benrath, S. 3; NHS Landrat Düsseldorf 312, 01.06.1919; BT 31.05.1919; BZ 31.05.1919.
[577] Vgl. PfA Benrath St. Cäcilia 55, 21.01.1919; BT 05.11.1919; BT 14.11.1959.
[578] Vgl. AEK GVA Benrath St. Cäcilia 8, 23.11.1917; BT 31.05.1919; BZ 31.05.1919; DT 03.06.1919.
[579] Vgl. Theo Fühles, Das alte Benrather Krankenhaus an der Hospitalstraße, in: Gebäude in Benrath, Düsseldorf 1989, 57 - 64, 59.
[580] Vgl. NHS Regierung Düsseldorf 29430, 28.11.1918; BT 03.04.1925; BT 16.05.1925; BT 18.05.1925; DT 20.05.1925; DT 21.08.1926; DT 24.08.1926.
[581] Vgl. oben S. 245.
[582] Vgl. AEK GVA Holthausen St. Josef 7, 14.11.1921 und 16.09.1924; ALD Grundbuchblatt Itter 1490, 20.01.1922; SAD VI 18575, 29.03.1913.
[583] Vgl. AEK GVA Holthausen St. Josef 7, September 1938; MCS Ordensaufzeichnungen Mutterhaus - Holthausen, Bl. 2; SAD VI 18575, 10.12.1932 und 12.12.1932.
[584] Vgl. BSD Bauakte Henkelstr. 294, 24.06.1927 und 27.09.1927.
[585] Vgl. AEK GVA Reisholz St. Elisabeth 4, 01.10.1917; PfA Reisholz St. Elisabeth, Pfarrchronik St. Elisabeth 1966 - 2000, S. 261; NHS Landrat Düsseldorf 312, 18.09.1918; NHS BR 1013/129, 18.09.1918; BSD Bauakte Henkelstr. 296, 30.07.1921; BSD Bauakte Henkelstr. 294, 24.06.1927.

Herz - Jesu Kloster Urdenbach

Kurz vor Inkrafttreten der Kommunalreform hatte die Ordensgemeinschaft der Barmherzigen Schwestern vom heiligen Kreuz (Mutterhaus Bingen) in Urdenbach eine Schwesternstation eröffnet[586]. Das "Herz - Jesu Kloster" an der Moltkestr. 40 (heute Bockhackstraße) war im Jahre 1927 von der Urdenbacher Pfarrgemeinde in einer Siedlung des Katholischen Arbeitervereins erbaut[587] und am 15. Mai 1929 von Pfarrer Peter Jäger (Herz - Jesu) feierlich als Niederlassung eingeweiht worden[588]. Von hier aus betrieben die Barmherzigen Schwestern zunächst ambulante Krankenpflege und unterhielten eine Handarbeitsschule[589]. Ein Kindergarten unter Leitung der Schwestern wurde am 5. Juni 1932 in der Mädchenschule Garather Str. 16 eröffnet[590].

Marienkrankenhaus

Das Marienkrankenhaus in Kaiserswerth war während der Inflationszeit schwer in Bedrängnis geraten und dem finanziellen Ruin nahe[591]. Gleichwohl wurde nur kurze Zeit nach der Währungsstabilisierung der Bau eines Verbindungstraktes zwischen Anstaltshauptgebäude und Antoniushaus begonnen und im Jahre 1926 fertig gestellt[592]. Nach einer "kleinen Atempause" wurde im Herbst 1927 der Um- und Erweiterungsbau des Haupthauses in Angriff genommen und Anfang 1929 vollendet[593]. Dem Oberkasseler Architekten Franz Schneider war die Aufgabe gestellt, "unter möglichster Ausnutzung des beschränkten Platzes in einfachen Bauformen Räume für modernste Krankenhauseinrichtung und für eine erhöhte Zahl von Krankenbetten zu schaffen"[594]. Zusammen

---

[586] Vgl. AEK GVA Urdenbach Herz Jesu 6, 27.02.1929 und 25.04.1929; PfA Urdenbach Herz Jesu, Pfarrchronik Herz Jesu 1839 - 1929, 15.05.1929; PKB Niederlassung Urdenbach, 30.10.1928, 04.04.1929, 16.04.1929 und 25.04.1929.
[587] Vgl. BSD Bauakte Bockhackstr. 34, 02.09.1927 und 07.09.1927; DT 16.05.1929; DT 01.08.1929.
[588] Vgl. DT 09.04.1929; DT 28.04.1929; DT 08.05.1929; DT 16.05.1929.
[589] Vgl. DT 01.08.1929.
[590] Vgl. PKB Chronik der Niederlassung Urdenbach 1929 - 1961, 05.06.1932; BT 28.05.1932; BT 06.06.1932; DT 06.06.1932.
[591] Vgl. AEK GVA Kaiserswerth St. Suitbertus 9, 20.01.1925; MSF 8 - 070, S. 122 ff; Heinrich Zitzen, Vom Werden des St. - Marien - Krankenhauses in Kaiserswerth, in: Katholischer Kirchenkalender 1930 für die katholische Pfarrgemeinde Kaiserswerth, Essen 1929, 23 - 29, 26; DT 17.10.1930.
[592] Vgl. MSF 8 - 070, S. 128; NHS Regierung Düsseldorf 54054, Bl. 43 ff; NHS Regierung Düsseldorf 54512, Bl. 222 ff; DT 28.03.1928; Heinrich Zitzen, Vom Werden des St. - Marien - Krankenhauses in Kaiserswerth, in: Katholischer Kirchenkalender 1930 für die katholische Pfarrgemeinde Kaiserswerth, Essen 1929, 23 - 29, 26; DT 17.10.1930.
[593] Vgl. AEK GVA Kaiserswerth St. Suitbertus 10, 13.04.1928; MSF 8 - 070, S. 128 ff; NHS Regierung Düsseldorf 54054, Bl. 1 ff; SAD III 18379, 16.03.1931; DT 28.03.1928; Heinrich Zitzen, Vom Werden des St. - Marien - Krankenhauses in Kaiserswerth, in: Katholischer Kirchenkalender 1930 für die katholische Pfarrgemeinde Kaiserswerth, Essen 1929, 23 - 29, 26; DT 17.10.1930.
[594] Heinrich Zitzen, Vom Werden des St. - Marien - Krankenhauses in Kaiserswerth, in: Katholischer Kirchenkalender 1930 für die katholische Pfarrgemeinde Kaiserswerth, Essen 1929, 23 - 29, 26.

mit dem neu entstandenen Ostflügel, dessen Pläne während der zweijährigen Bauzeit wiederholt verändert worden waren, verfügte das Marienkrankenhaus über 210 Betten[595]. Im Kellergeschoss des Neubaues waren die medizinischen Bäder untergebracht: "Ein Planschbecken mit allen möglichen Duschen, Sitz-, Rücken-, Kopf-, Nebel-, Nadel-, Strahlen- etc.- Duschen in verschiedenen Temperaturen - Teil- und Vollwannenbäder, einfache Wasser- und auch medizinische Bäder verschiedenster Art, Dampf-, Heißluft- und Elektrischlichtkästen, diese für Vollkörper- und Gliedbehandlung, Vierzellen- und elektrisches Vollbad, Diathermie und Höhensonne, dazu Moorbad und Inhalatorien für Raum- und Apparatinhalation, kurz alle gebräuchlichen medizinischen Bäder"[596]. Eine "in Rheinland und Westfalen nicht vorhandene Spezialität" des Kaiserswerther Marienkrankenhauses war die Glashalle im vierten Obergeschoss. Hier sollten "Rachitis und ihre Folgeerscheinungen, sodann Knochentuberkulose und ähnliche Krankheiten, besonders bei Kindern, durch natürliches und künstliches Sonnenlicht, durch Luft, daneben bei Bedarf durch chirurgische Eingriffe und Hilfsmittel behandelt werden"[597]. Im Westflügel des gleichen Geschosses war die Wöchnerinnenstation untergebracht, wo die Mütter "nicht nur Hilfe in schwerer Stunde, sondern auch eine wohltuende Ruhe ... bei wundervoller Sicht über die Heimat und die schöne Rheinlandschaft ... genießen" konnten[598]. Die Operationsräume im dritten Obergeschoss waren vollständig abgeschlossen und von den Krankenzimmern getrennt. Sie boten alles, "auch das neueste, was die ärztliche Kunst für diese so wichtige Station, auf der es gar oft auf Leben und Tod geht, an Hilfsmitteln zur Verfügung hat: einen septischen und einen aseptischen Operationssaal mit neuestem Operationstisch und Zeislampe, mit Doppelfenstern, Filtrierung der Frischluft und automatischer Notbeleuchtung; im Vorzimmer des septischen Saales Gelegenheit zur Durchleuchtung während einer Operation oder eines Verbandes"[599]. Der Neubau war am 1. Februar 1929 von Dechant Heinrich Zitzen eingesegnet und seiner Bestimmung übergeben worden[600].

Nach längerer Vorplanung konnten Kindergarten und Kinderhort der Pfarrei St. Suitbertus 1931 neue Räumlichkeiten in Benutzung nehmen. Seit die Bewahrschule auf dem Gelände des Marienkrankenhauses im Jahre 1912/13 zu Krankenhauszwecken diente[601], war die Anstalt provisorisch in verschiedenen Häusern der Bürgermeisterei Kaiserswerth wie der Orgelbauwerkstätte von Josef Fabritius (früher Rheinstr. 187a,

---

[595] Vgl. MSF 8 - 070, S. 133 ff; SAD III 18379, 16.03.1931; Heinrich Zitzen, Vom Werden des St. - Marien - Krankenhauses in Kaiserswerth, in: Katholischer Kirchenkalender 1930 für die katholische Pfarrgemeinde Kaiserswerth, Essen 1929, 23 - 29, 26.
[596] Heinrich Zitzen, Vom Werden des St. - Marien - Krankenhauses in Kaiserswerth, in: Katholischer Kirchenkalender 1930 für die katholische Pfarrgemeinde Kaiserswerth, Essen 1929, 23 - 29, 26 f.
[597] Heinrich Zitzen, Vom Werden des St. - Marien - Krankenhauses in Kaiserswerth, in: Katholischer Kirchenkalender 1930 für die katholische Pfarrgemeinde Kaiserswerth, Essen 1929, 23 - 29, 27.
[598] Heinrich Zitzen, Vom Werden des St. - Marien - Krankenhauses in Kaiserswerth, in: Katholischer Kirchenkalender 1930 für die katholische Pfarrgemeinde Kaiserswerth, Essen 1929, 23 - 29, 27.
[599] Heinrich Zitzen, Vom Werden des St. - Marien - Krankenhauses in Kaiserswerth, in: Katholischer Kirchenkalender 1930 für die katholische Pfarrgemeinde Kaiserswerth, Essen 1929, 23 - 29, 28.
[600] Vgl. MSF 8 - 070, S. 133.
[601] Vgl. AEK GVA Kaiserswerth St. Suitbertus 11, 01.05.1929.

heute Kittelbachstr. 20), dem neuen Schulgebäude (Suitbertus - Stiftsplatz 1) und dem Gimbornhaus (früher Kirchplatz 83, heute Suitbertus - Stiftsplatz 14) untergebracht[602]. Obwohl bereits seit dem Jahre 1927 ernsthaft die Erstellung geeigneter Ersatzräume betrieben wurde[603], konnten der Kindergarten und Kinderhort unter Leitung der Armen Schwestern vom Hl. Franziskus erst am 29. November 1931 nach Ankauf und Umbau des Hauses An St. Swidbert 68 (früher Düsseldorfer Str. 168) wieder kindergerechte Räume beziehen[604]. Im benachbarten Lohausen hatten die Franziskanerinnen im ehemaligen Rektoratshaus (Im Grund 101) bereits am 13. April 1930 einen Kindergarten und eine ambulante Krankenpflegestation sowie am 15. Juli 1930 eine Handarbeitsschule für die Pfarrgemeinde Maria Himmelfahrt eröffnen können[605]. Die kleine Lohausener Schwesternstation musste von Kaiserswerth aus betrieben werden, da den Franziskanerinnen hier die Einrichtung einer festen Niederlassung nicht gestattet worden war[606].

Rheinhaus "Maria Viktoria"

Bemerkenswert ist, dass die Schwestern vom Armen Kinde Jesu im ehemaligen Kaiserswerther Kapuzinerkloster (früher Düsseldorfer Str. 159/160, heute An St. Swidbert 53), das seit Ostern 1914 als Gartenbauschule (Gärtnerinnenschule Haus Gandersheim von Margarethe Stock) diente[607] und seit dem 20. Juni 1923 eine höhere Schule für Jun-

---

[602] Vgl. MSF 8 - 070, S. 142; PfA Kaiserswerth St. Suitbertus Akten 561, Bl. 4; NHS Regierung Düsseldorf 54054, Bl. 21 05.09.1921; Katholischer Kirchenkalender 1930 für die katholische Pfarrgemeinde Kaiserswerth, Essen 1929, 21 f; DT 17.10.1930; D.R., Das Kinderheim. Die Einweihungsfeier, in: Die Kaiserpfalz. Unabhängige Heimatzeitung für Düsseldorf Kaiserswerth, Lohausen und die Gemeinden Wittlaer, Kalkum und Bockum Jg. 1 Nr. 13 (05.12.1931), o. S. (1).

[603] Vgl. AEK GVA Kaiserswerth St. Suitbertus 11, 30.04.1927, 05.06.1928, 25.04.1929 und 01.05.1929.

[604] Vgl. AEK GVA Kaiserswerth St. Suitbertus 11, 04.04.1930, 20.06.1930 und 28.07.1941; MSF 8 - 070, S. 142; PfA Kaiserswerth St. Suitbertus Akten 1292, 18.10.1928; DT 29.11.1931; DT 30.11.1931; D.R., Das Kinderheim. Die Einweihungsfeier, in: Die Kaiserpfalz. Unabhängige Heimatzeitung für Düsseldorf Kaiserswerth, Lohausen und die Gemeinden Wittlaer, Kalkum und Bockum Jg. 1 Nr. 13 (05.12.1931), o. S. (1); Hildegard Polis, Kindergärten in Düsseldorf, in: Monatsblatt des Städtischen Wohlfahrts- und Gesundheitsamtes Düsseldorf Jg. 6 Nr. 10 (Oktober 1932), 156.

[605] Vgl. MSF 8 - 070, S. 137; NN, Kindergarten, in: Katholische Kirchenzeitung (Düsseldorf) Jg. 7 Nr. 14 (06.04.1930), 108a; NN, Quartalskollekte für unser Kloster, in: Katholische Kirchenzeitung (Düsseldorf) Jg. 7 Nr. 29 (20.07.1930), 232.

[606] Vgl. August Kugelmeier, Kleine Pfarrchronik von Düsseldorf - Lohausen, Düsseldorf 1953, 32.

[607] Vgl. AEK CR 11.26, 23.11.1911; NN, Rheinische Gärtnerinnenschule Haus Gandersheim, in: Blätter für die Frauenwelt. Beilage zum Düsseldorfer Tageblatt Jg. 2 Nr. 33 (15.08.1909), o. S. (4); NN, Aus Frauenkreisen, in: Die christliche Frau. Zeitschrift für höhere weibliche Bildung und christliche Frauentätigkeit in Familie und Gesellschaft Jg. 7 Nr. 11 (August 1909), 394 - 396, 395; DT 30.09.1910; Julie Krauß, Ein Ausflug des Katholischen Frauenbundes nach Haus Gandersheim und Kaiserswerth am 27. Oktober 1910, in: Der Katholische Frauenbund Jg. 4 Nr. 5 (19.02.1911), 69 - 70 und Nr. 6 (19.03.1911), 81 - 82, 69 ff; DT 01.06.1911; DT 22.02.1913; DN 01.12.1926; Franz - Josef Vogel, "Haus Gandersheim" zu Kaiserswerth. Eine "Gärtnerinnenschule für gebildete Frauen", in: Heimat - Jahrbuch Wittlaer 19 (1998), 136 - 144, 140.

gen und Mädchen beherbergte[608], am 7. Oktober 1925 eine Mädchenrektoratsschule mit Pensionat (heute Erzbischöfliches Suitbertus - Gymnasium) als Zubringerschule zur Annaschule in Derendorf eröffneten[609]. Nachdem die Schwestern vom Armen Kinde Jesu am 21. Oktober 1926 die ehemalige Kapuzinerkirche dem gottesdienstlichen Gebrauch wieder zugeführt und das offen gelassene Kloster feierlich als neue Schwesternniederlassung eingeweiht und bezogen hatten, wurden im Rheinhaus "Maria Viktoria" auch eine Haushaltungsschule eingerichtet und Kochkurse für Frauen aus der näheren Umgebung abgehalten[610].

Randgemeinden

Die Folgen der Weltwirtschaftskrise, ausgelöst durch den Schwarzen Freitag an der New Yorker Börse am 25. Oktober 1929, waren seit Beginn der dreißiger Jahre auch in Düsseldorf auf allen Gebieten der Wohlfahrtspflege spürbar. Besonders drastisch machten sie sich dort bemerkbar, wo die sozialen Verhältnisse schon während der vermeintlichen "Goldenen Zwanziger Jahre" instabil waren. Nach katholischer Diktion handelte es sich dabei vor allem um jene "Randgemeinden" im Norden, Westen und Osten der Stadt, die "infolge der städtischen Wohnungspolitik während der allerletzten Jahre einen starken Zustrom neuer Gemeindemitglieder erhalten" hatten[611]. Betroffen hiervon waren vor allem die Pfarreien Maria unter dem Kreuz und St. Bruno in Unterrath, Maria Rosenkranz in Wersten, Heilig Sakrament in Heerdt, St. Vinzenz in Flingern, St. Michael in Lierenfeld, St. Franziskus Xaverius in Mörsenbroich und St. Katharina in Vennhausen. In Unterrath war der Bevölkerungszuwachs besonders durch die Stahlhaussiedlungen um die Pfarrkirche Maria unter dem Kreuz entstanden[612]. Zur Gemeinde St. Bruno gehörte ein Teil der ehemaligen Kasernen an der Ulmenstraße und das so genannte Heinefeld, wo "viele hundert aus ihren früheren Wohnungen zwangsweise Herausgesetzte ... Unterkunft gefunden" hatten[613]. Auch in Wersten war die Bevölkerung durch neue Stahlhaus-

---

[608] Vgl. AEK GVA Kaiserswerth St. Suitbertus 9, 20.01.1925; AEK GVA Kaiserswerth St. Suitbertus 11, 25.04.1929; Mechtild Haug, Zur Geschichte der Suitbertus - Schule in Düsseldorf - Kaiserswerth 1923 - 1939, in: Suitbertus - Gymnasium 1987, Düsseldorf 1987, 41 - 48, 41.
[609] Vgl. DT 22.10.1926; NN, Rheinhaus Maria Viktoria, das alte Kapuzinerkloster, in: Katholische Kirchenzeitung (Düsseldorf) Jg. 11 Nr. 15 (15.04.1934), 152.
[610] Vgl. DT 19.10.1926; DT 22.10.1926; DN 01.12.1926; Haus Loreto in Simpelved. Erinnerung an die goldene Jubelfeier des Generalmutterhauses der Schwestern vom Armen Kinde Jesu 1928, Düsseldorf 1928, 19; Katholischer Kirchenkalender 1930 für die katholische Pfarrgemeinde Kaiserswerth, Essen 1929, 17 und 21; Anna Reibel, Erinnerungen an meine Schulzeit 1924 - 28, in: Festschrift zum 75jährigen Schuljubiläum des Erzbischöflichen Suitbertus - Gymnasiums. Aus der Zeit, für die Zeit, in die Zeit, Düsseldorf 1998, 80 - 82, 81.
[611] Johannes Becker, Die Not in den Düsseldorfer Randpfarreien, in: Mitteilungen des Caritasverbandes für die Stadt Düsseldorf Jg. 6 Nr. 4 (April 1930), 21 - 25, 22.
[612] Vgl. Johannes Becker, Die Not in den Düsseldorfer Randpfarreien, in: Mitteilungen des Caritasverbandes für die Stadt Düsseldorf Jg. 6 Nr. 4 (April 1930), 21 - 25, 24.
[613] Johannes Becker, Die Not in den Düsseldorfer Randpfarreien, in: Mitteilungen des Caritasverbandes für die Stadt Düsseldorf Jg. 6 Nr. 4 (April 1930), 21 - 25, 24.

bauten kräftig gewachsen. Von den neu zugezogenen Katholiken waren rund dreiviertel Unterstützungsempfänger "und darum bitter arm !"[614]. Das Pfarrrektorat Hl. Sakrament am Handweiser in Heerdt bestand "restlos aus Arbeiterbevölkerung". Von den Erstkommunikanten des Jahres 1930 mussten 17 vollständig, die meisten übrigen teilweise von der Gemeinde ausgestattet werden; 12 Familien in der Siedlung Grünau lebten in wöchentlicher Dauerunterstützung[615]. Kaum lösbare caritative und seelsorgliche Aufgaben waren den Gemeinden St. Bruno, Herz - Jesu (Derendorf) und St. Suitbertus (Bilk) durch die städtischen Massenasyle in der Ulmen- und Färberstraße erwachsen[616]. "Die Hilfsbedürftigen dieser Gemeinden", so stellte Johannes Becker fest, "sind recht verschiedenartig. Zum Teil sind es kinderreiche Familien, die meist noch ein dankbares Betätigungsfeld der Seelsorge und Fürsorge bieten. Ein weiterer Teil ist infolge einer langzeitigen wirtschaftlichen Not dem Radikalismus verfallen und nur schwer zurückzugewinnen. Weitere Hilfsbedürftige sind als asozial anzusprechen oder machen aus dem Bettel ein gut gehendes Handwerk, das von den nahe gelegenen Pfarrhäusern und Klöstern nicht immer angenehm empfunden wird"[617]. Die Not in den Randpfarreien stellte die katholische Caritas vor erhebliche Aufgaben. Um der Massenarmut zu begegnen, mussten der offenen Fürsorge große Geldmittel bereitgestellt werden. Auf dem Gebiet der geschlossenen und halboffenen Fürsorge galt es, neue Krankenambulanzen, Kindergärten, Horte, Handarbeitsschulen usw. zu errichten. "Eine Fülle caritativer und jugendpflegerischer Aufgaben ! Alle gleichzeitig zu erfüllen", so die Quintessenz des Düsseldorfer Caritasdirektors, "geht über unsere Kraft. Aber, was geschehen kann, soll geschehen !"[618]. Auf die Frage, ob nicht "für die Lösung caritativer Aufgaben in einer Pfarrgemeinde zuerst die Pfarr - Caritas zuständig und verpflichtet" sei, gab Johannes Becker zu bedenken: "Gewiß ist es richtig, ... in vorliegenden Fällen aber ist zu sagen, daß die Notstände aus der ganzen Stadt sich auf den erwähnten Pfarrgebieten zusammengezogen haben. Sehr viele Innenpfarreien haben ihre Armen verloren, und gewissermaßen an die Außenpfarreien abgegeben". Darum sei es berechtigt, "von einer katholischen Gesamtverpflichtung gegenüber der Not in den Randpfarreien zu sprechen"[619]. Auf Anregung

---

[614] Johannes Becker, Die Not in den Düsseldorfer Randpfarreien, in: Mitteilungen des Caritasverbandes für die Stadt Düsseldorf Jg. 6 Nr. 4 (April 1930), 21 - 25, 24.

[615] Vgl. Johannes Becker, Die Not in den Düsseldorfer Randpfarreien, in: Mitteilungen des Caritasverbandes für die Stadt Düsseldorf Jg. 6 Nr. 4 (April 1930), 21 - 25, 24 f. Vgl. dazu Ulrich Brzosa, Vom "Stall von Bethlehem" zur Bunkerkirche. Ein Kapitel Kirchengeschichte im Düsseldorfer "Westend", in: Heerdter Pfarrbrief St. Benediktus, St. Sakrament Jg. 20 Nr. 4 (Dezember 1999), 18 - 20, 18 ff; Ulrich Brzosa, Das Westend im Wandel der Zeit. Von der "Barackenkirche" zur "Bunkerkirche" - oder vom "schlimmen Viertel" zur "gepflegten Gartenstadt", in: Heerdt im Wandel der Zeit 5 (2000), 81 - 112, 81 ff.

[616] Vgl. NN, Städtisches Asyl an der Färberstraße, in: Mitteilungen des Caritasverbandes für die Stadt Düsseldorf Jg. 6 Nr. 4 (April 1930), 28.

[617] Johannes Becker, Die Not in den Düsseldorfer Randpfarreien, in: Mitteilungen des Caritasverbandes für die Stadt Düsseldorf Jg. 6 Nr. 4 (April 1930), 21 - 25, 23.

[618] Johannes Becker, Die Not in den Düsseldorfer Randpfarreien, in: Mitteilungen des Caritasverbandes für die Stadt Düsseldorf Jg. 6 Nr. 4 (April 1930), 21 - 25, 23.

[619] Johannes Becker, Die Not in den Düsseldorfer Randpfarreien, in: Mitteilungen des Caritasverbandes für die Stadt Düsseldorf Jg. 6 Nr. 4 (April 1930), 21 - 25, 23.

des Caritasverbandes für die Stadt Düsseldorf war zu Beginn des Jahres 1930 eine Pfarrkonferenz der betroffenen Gemeinden zusammengetreten und beschloss, "die Lösung der dringlichen Caritasaufgaben entschlossen aufzugreifen"[620].

Heinefeld

Erstes sichtbares Zeichen der Hilfsmaßnahmen war die Errichtung eines Kindergartens im Heinefeld, der im Februar 1930 eröffnet wurde[621]. Die Golzheimer Heide, zu dem auch das Heinefeld gehörte, war seit der Jahrhundertwende und vor allem im Ersten Weltkrieg vom Heer als Exerzierplatz, Schießstand und Flughafen genutzt worden[622]. Nach dem Abzug französischer Truppen im Jahre 1925 hatten sich auf dem verlassenen Gelände erste Siedler niedergelassen, zunächst in leeren Munitionsbaracken und Pulverschuppen, später auch in selbst errichteten, zum größten Teil völlig unzulänglichen Notwohnungen[623]. In einer zeitgenössischen Beschreibung der Unterkünfte heißt es: "Ehemalige Pulverschuppen, alte Wagenoberbauten, Blechbuden, Wohnwagen und dergleichen, dienen mehrköpfigen Familien als Unterschlupf. Durch ein Ineinander- und Nebeneinanderbauen sind die kleinen Häuschen oft derart verklebt, daß in ihrer Mitte mehrere Räume liegen, in den sich keinerlei Fenster befindet. Nur wenige dieser Klein- und Kleinstwohnungen haben einen Fußboden oder sind etwa gegen Feuchtigkeit vom Boden her geschützt. Es ist daher nicht verwunderlich, daß die meisten Wohnungen stark unter der Feuchtigkeit zu leiden haben, was wiederum zur Folge hat, daß die Bewohner krank werden, Bettzeug und Möbel verderben. Häufig kommen sogar Fälle vor, wo Menschen und Tiere unter einem Dach leben, also daß der Schweine- oder Ziegenstall auch zugleich Wohnküche und Schlafraum für Erwachsene und Kinder ist. Der ganze Komplex ist derart verwirrend durcheinandergebaut, daß eine polizeiliche Kontrolle fast unmöglich ist"[624]. Obwohl die Siedlung illegal entstanden war, tolerierte die Stadtverwaltung nicht nur das Entstehen neuer Häuser und Hütten, sondern versuchte sogar, das Siedeln in geordnete Bahnen zu lenken[625]. Vordringlich galt es, die sozialen

---

[620] Johannes Becker, Die Not in den Düsseldorfer Randpfarreien, in: Mitteilungen des Caritasverbandes für die Stadt Düsseldorf Jg. 6 Nr. 4 (April 1930), 21 - 25, 23.
[621] Vgl. PfA Stockum Heilige Familie 1, 15.02.1930; NN, Auf dem Heinefeld, in: Mitteilungen des Caritasverbandes für die Stadt Düsseldorf Jg. 6 Nr. 4 (April 1930), 28.
[622] Vgl. Gustav von Mann, Das Heinefeld in Düsseldorf, in: Caritas. Zeitschrift für Caritaswissenschaft und Caritasarbeit Jg. 38 Nr. 6 (Juni 1933), 251 - 253, 251; Franz Rennefeld, Vom alten und neuen Derendorf bis 1948, Manuskript Düsseldorf 1948, 396; Peter Korbmacher, Die Golzheimer Heide. Ein Beitrag zur Geschichte Unterraths, in: Heimatblatt Unterrath - Lichtenbroich Jg. 7 Nr. 3 (Januar/Februar 1960), 1 - 4, 1 ff; Heinrich Carl Ständer, Wo einst die Heide war, in: Düsseldorfer Hefte Jg. 10 Nr. 8 (16./30.04.1965), 93 - 100, 93 ff.
[623] Vgl. Wernher Witthaus, Wilde Siedlung. Die Ärmsten besiedeln ohne fremde Hilfe Niemandsland. Bericht über eine Zeiterscheinung, in: Kölnische Zeitung Nr. 429 (09.08.1931), o. S. (2).
[624] August Huneke, Die Kleinsiedlung unter besonderer Berücksichtigung der Düsseldorfer Verhältnisse, Würzburg 1937, 16 f.
[625] Vgl. Tilman Harlander, Die Stadtrandsiedlung für Erwerbslose 1931/32. Schlußbericht zum Forschungsvorhaben "Arbeitslosigkeit und Wohnungsnot im Großstadtraum: Selbsthilfeprojekte in histori-

und gesundheitlichen Gefahren, vor allem Seuchengefahren zu reduzieren, da die Siedlung ohne Wasserleitungen war und über keine Abwasserbeseitigung verfügte[626]. Nur mit Mühe konnte zu Beginn der dreißiger Jahre einer Typhusepidemie, die bereits ein Todesopfer gefordert hatte, Einhalt geboten werden[627]. Ungeachtet der katastrophalen Lebensbedingungen war auf dem Heinefeld eine herkömmliche Siedlung mit eigenen Geschäften und ausgeprägtem Gemeinschaftssinn entstanden[628]. Die Bevölkerung des Heinefelds - im Sommer 1933 lebten hier 1221 Personen in 325 Gebäuden[629] - bestand im wesentlichen aus Obdach- und Erwerbslosen, "die an den städtischen Asylen kein Gefallen fanden und die Unterkunft in ihnen verweigerten"[630], sowie einer Vielzahl von Sinti[631]. Besonders das Leben und der Alltag letzterer war vom Düsseldorfer Künstler Otto Pankok, der auf dem Heinefeld zwischen 1931 und 1934 ein Atelier besaß, in zahlreichen Bildern festgehalten worden[632].

Zu Beginn des Jahres 1930 lebten auf dem Heinefeld etwa 30 vorschulpflichtige katholische Kinder, für die Pfarrer Josef Bolten von St. Bruno in einer vom Düsseldorfer Caritasverband beschafften Baracke am Mühligweg 56 (früher Heinefeld 8a, heute Fasanenweg 16) einen Kindergarten einrichtete, der am 16. Februar 1930 nach einer "anspre-

---

scher Sicht, Aachen 1986, 235 ff; Tilman Harlander, Siedeln in der Not. Umbruch von Wohnungspolitik und Siedlungsbau am Ende der Weimarer Republik, Hamburg 1988, 150 ff.

[626] Vgl. SAD III 20947, 20.08.1932, 24.08.1932, 27.08.1932, 01.09.1932, 05.09.1932, 19.09.1932, 11.11.1932 und 13.05.1933; VZ 22.08.1932; Paul C. Ettighoffer, Elendshöhlen auf heiligem Boden. Aus Hütten der Not unter dem Schlageterkreuz wachsen Stätten des Glücks, in: Rheinische Landeszeitung Jg. 7 Nr. 74 (15.03.1936), o. S. (13).

[627] Vgl. Denkschrift betreffend Wohnungselend, Wohnungsmangel, Wohnungsbeschaffung in Düsseldorf, Düsseldorf 1934, 3.

[628] Vgl. NN, "Christus in der Bannmeile". Die Elendsstadt neben der Stadt. 530 Familien mit 2000 Kindern hausen in Bunkern, in: Münsterischer Anzeiger Jg. 80 Nr. 1062 (13.10.1931), o. S. (9); NN, Selbsthilfe - Siedlungen von Arbeitslosen. Selbsthilfe - Maßnahmen der Arbeitslosen zur Linderung der Folgen der Arbeitslosigkeit. Notwendigkeit der Förderung dieser Maßnahmen durch Gemeinschaftsarbeit und staatliche Unterstützung, in: RKW (Reichskuratorium für Wirtschaftlichkeit) - Nachrichten Jg. 5 Nr. 10 (Oktober 1931), Sonderbeilage 1 - 8, 2; ns, Die Bannmeile, in: Katholische Kirchenzeitung (Düsseldorf) Jg. 9 Nr. 27 (03.07.1932), 214.

[629] Vgl. NN, Zigeuner werden kaserniert, in: Düsseldorfer Lokal - Zeitung Jg. 32 Nr. 1 (09.01.1937), o. S. (8). Vgl. auch Denkschrift betreffend Wohnungselend, Wohnungsmangel, Wohnungsbeschaffung in Düsseldorf, Düsseldorf 1934, 3.

[630] NN, Auf dem Heinefeld, in: Mitteilungen des Caritasverbandes für die Stadt Düsseldorf Jg. 6 Nr. 4 (April 1930), 28.

[631] Vgl. SAD VII 1976, 27.04.1935.

[632] Vgl. Otto Pankok, Zigeuner, Düsseldorf 1947, 9 ff; Eva Pankok, Otto Pankok. Werkverzeichnis 4 Bde, Düsseldorf 1985/1990/1995/2002; Karola Fings, "z.Zt. Zigeunerlager". Die Verfolgung der Düsseldorfer Sinti und Roma im Nationalsozialismus, Köln 1992, 21; Karola Fings, "Ach Freunde, wohin seid Ihr verweht ... ?" Otto Pankok und die Düsseldorfer Sinti, Düsseldorf 1993, 1 ff; Cyrus Overbeck, Otto Pankok. Maler, Grafiker, Bildhauer. Eine Biographie, Düsseldorf 1995, 174 ff; Lothar Theilig, Otto Pankok unter Sinti und Roma im Heinefeld, in: Carl - Sonnenschein - Brief. Heilige Familie Golzheim, Lohausen, Stockum (Pfingsten/Advent 1999), 10 - 14, 10 ff; Wilhelm Golls, Leben auf dem immergrünen Grunde der Hoffnung, Feusdorf 2000, 683 ff.

chenden Feier" seinen Betrieb aufnahm[633]. Die Unterrather St. Josephs Heil- und Pflegeanstalt stellte eine ausgebildete Kindergartenschwester und eine Hilfskraft zur Verfügung[634]. Für die Eltern war der Besuch des Kindergartens kostenlos; ebenso leisteten die Töchter vom Hl. Kreuz unentgeltliche Krankenpflege[635]. Caritasdirektor Johannes Becker wünschte dem "schlichten, aber bedeutungsvollen Caritaswerke" bei seiner Eröffnung: "Möge die caritative Station auf dem sandigen Heinefeld einen Strom des Segens in die Hütten und Herzen seiner Bewohner bringen!"[636]. Wie sich bald zeigte, blieb der Wunsch nicht unerhört. Seit dem 1. Advent 1931 hielt Pfarrer Josef Bolten für die katholischen Siedler in der nur 27 qm großen Kindergartenbaracke jeden Sonntag Gottesdienst[637]. Für viele Bewohner des Heinefelds war "der Stall von Bethlehem"[638] die erste Gelegenheit mit der Kirche in Berührung zu kommen[639]. Dass es für den Seelsorger nicht einfach war, den "armen, verbitterten Menschenkindern" nahe zu kommen[640], lag auf der Hand. "Mit den gewöhnlichen Mitteln der Seelsorge", so das Düsseldorfer Tageblatt vom 29. Mai 1932, "ist nicht viel zu wollen. Ehe der Priester die übernatürlichen Schätze der Religion anbietet, muß er in vielen Fällen erst sehr natürliche Dinge bereit halten, weil es diesen Menschen am Notwendigsten fehlt. Ein Sack Zement, eine Rolle Dachpappe ist und bleibt nun einmal begehrenswert für so arme Menschen, die bei Regenwetter nicht wissen, in welche Ecke des Raumes sie ihre Kinder und sich selbst betten sollen"[641].

Vom Leben der Bewohner, insbesondere der Katholiken auf dem Heinefeld hat Christa Thomas für die Kölner Kirchenzeitung eine Artikelreihe verfasst, die 1935 unter

---

[633] Vgl. PfA Stockum Heilige Familie 1, 15.02.1930; PfA Unterrath Maria unter dem Kreuz 549, Chronik des Klosters der Töchter vom Hl. Kreuz in Düsseldorf - Unterrath von 1875 - 1965, S. 63; NN, Auf dem Heinefeld, in: Mitteilungen des Caritasverbandes für die Stadt Düsseldorf Jg. 6 Nr. 4 (April 1930), 28; VP 28.08.1933; Christa Thomas, Seelsorge in der Bannmeile, in: Der Seelsorger Jg. 14 Nr. 2 (November 1937), 33 - 41 und Nr. 3 (Dezember 1937), 71 - 81, 72; Festbrief zum 50 - jährigen Gemeindejubiläum Heilige Familie Düsseldorf - Stockum, Düsseldorf 1984, 65.

[634] Vgl. PfA Unterrath Maria unter dem Kreuz 549, Chronik des Klosters der Töchter vom Hl. Kreuz in Düsseldorf - Unterrath von 1875 - 1965, S. 57 und 63.

[635] Vgl. Christa Thomas, Seelsorge in der Bannmeile, in: Der Seelsorger Jg. 14 Nr. 2 (November 1937), 33 - 41 und Nr. 3 (Dezember 1937), 71 - 81, 36; Festbrief zum 50 - jährigen Gemeindejubiläum Heilige Familie Düsseldorf - Stockum, Düsseldorf 1984, 65 f.

[636] NN, Auf dem Heinefeld, in: Mitteilungen des Caritasverbandes für die Stadt Düsseldorf Jg. 6 Nr. 4 (April 1930), 28.

[637] Vgl. AEK GVA Stockum Heilige Familie 1, 16.11.1931; DT 29.05.1932.

[638] Vgl. PfA Unterrath Maria unter dem Kreuz 549, Chronik des Klosters der Töchter vom Hl. Kreuz in Düsseldorf - Unterrath von 1875 - 1965, S. 57; Christa Thomas, Die am Rande der Großstadt, Leutesdorf 1936, 12.

[639] Vgl. DT 29.05.1932; NN, Das Heinefeld, in: Frauenland Jg. 25 Nr. 8 (August 1932), 209 - 210, 210; DT 19.06.1933; DT 30.07.1933.

[640] Vgl. DT 29.05.1932.

[641] DT 29.05.1932. Vgl. auch NN, Aufruf! Katholisches Hilfswerk für die Düsseldorfer Bannmeile, in: Katholische Kirchenzeitung (Düsseldorf) Jg. 10 Nr. 26 (25.06.1933), 306a.

dem Titel "Stimmungsbilder aus der Bannmeile einer deutschen Großstadt" erschien[642]. Nach eigenen Angaben arbeitete sie seit 1934 ohne Auftrag und Bezahlung als Sozialarbeiterin in der Elendssiedlung Heinefeld[643]. Im Jahre 1893 in Köln geboren, hatte sich Christa Thomas nach dem Ersten Weltkrieg dem Sozialberuf zugewandt[644]. Nach einem Besuch der Frauenschule in Freiburg und einer Ausbildung zur staatlich anerkannten Wohlfahrtspflegerin verdiente Christa Thomas ihren Unterhalt bis 1933 durch kleinere Veröffentlichungen in katholischen Verlagen, zuletzt beim schweizerischen Kanisiusverlag in Fribourg[645]. In einem Bericht von Pfarrer Matthias Beckers (Hl. Familie) aus dem Jahre 1955 heißt es über die Ankunft von Christa Thomas auf dem Heinefeld: "1934 wurde ich von unserem Bischof nach Düsseldorf - Stockum auf das sogenannte Heinefeld beordert. Nach kurzer Zeit erschien eines Tages Fräulein Thomas und bot mir ihre Hilfe an. Ich kannte sie bis dahin nicht und habe sie bei der Gelegenheit zum ersten Male gesehen. Sie erzählte mir, daß sie geprüfte Wohlfahrtspflegerin sei und daß sie von der Not dieser Menschen gehört habe und gekommen sei, um aus ihrem mütterlichen Herzen heraus zu helfen. Ich habe ihr dann sofort erklärt, ich könne ihr wohl kaum etwas dafür geben, da wir sehr arm seien und mit jedem Pfennig rechnen müssen. Da erklärte sie, sie stünde von Haus aus so, daß das nicht nötig sei, und ihr Vater würde ihr auch noch helfen. Das würde ihr nichts ausmachen. Ich habe Ja gesagt und erkannt, daß sie aus lautersten und edelsten Motiven kam, einfach weil sie das Christentum ernst nahm. Es ist meine Überzeugung, daß sie in dem Geist der Bergpredigt handeln und leben wollte. Sie wußte von Leuten wie Ketteler und Sonnenschein, und sie wußte auch,

---

[642] Vgl. Christa Thomas, Stimmungsbilder aus der Bannmeile einer deutschen Großstadt, in: Katholische Kirchenzeitung der Pfarre St. Maternus (Köln) Jg. 23 Nr. 4 (27.01.1935), 55 - 56, Nr. 6 (10.02.1935), 86, Nr. 7 (17.02.1935), 104, Nr. 9 (03.03.1935), 135, Nr. 12 (24.03.1935), 184, Nr. 14 (07.04.1935), 215, Nr. 17 (28.04.1935), 262, Nr. 18 (05.05.1935), 283, Nr. 19 (12.05.1935), 297, Nr. 22 (02.06.1935), 342, Nr. 25 (23.06.1935), 392, Nr. 28 (14.07.1935), 442, Nr. 31 (04.08.1935), 490, Nr. 39 (29.09.1935), 615 und Nr. 40 (06.10.1935), 633 und u.d.T. Christa Thomas, Die am Rande der Großstadt, Leutesdorf 1936. Vgl. dazu Nikolaus Ehlen, Die am Rande der Großstadt, in: Lotsenrufe Jg. 21 Nr. 12 (September 1936), 92 - 95, 92 ff.

[643] Vgl. Christa Thomas, Sieg des christlichen Gewissens. Protokoll - Auszüge aus dem Prozeß gegen Christa Thomas vor der IV. Strafkammer des Landgerichts Düsseldorf, Düsseldorf 1955, 4 und 6; Christa Thomas, Eine engagierte Pazifistin erzählt, in: Florence Hervé, Trotz alledem. Frauen im Düsseldorfer Widerstand. Berichte, Dokumente, Interviews, Düsseldorf 1979, 6 - 8, 6; Dorlies Pollmann, Nichts tut mir leid. Christa Thomas, in: Dorlies Pollmann, Weil ich das Leben liebe. Persönliches und Politisches aus dem Leben engagierter Frauen, Köln 1981, 11 - 22, 11 ff; Claudia Pinl, "Massenkriege hat es zur Zeit des Matriarchats nicht gegeben ...". Das Leben der Pazifistin und Feministin Christa Thomas, in: Irene Franken, Köln der Frauen. Ein Stadtwanderungs- und Lesebuch, Köln 1992, 61 - 72, 65 f; Florence Hervé, Bewegte Jahre. Düsseldorfer Frauen, Düsseldorf 1994, 22 f.

[644] Vgl. Christa Thomas, Sieg des christlichen Gewissens. Protokoll - Auszüge aus dem Prozeß gegen Christa Thomas vor der IV. Strafkammer des Landgerichts Düsseldorf, Düsseldorf 1955, 4; Christa Thomas, Eine 85jährige Frau erzählt, Köln 1978, 17.

[645] Vgl. Christa Thomas, Eine 85jährige Frau erzählt, Köln 1978, 11. Von ihren Schriften seien genannt: Christa Thomas, Dr. Carl Sonnenschein der Weltstadterwecker, Freiburg 1930/1932⁶; Christa Thomas, Margrit Lekeux. Eine Freundin der Arbeiter. Ein Seitenstück zum Carl Sonnenschein - Büchlein, Freiburg 1931/1932³; Christa Thomas, Margarete Sinclair. Lebensbild einer Fabrikarbeiterin, Freiburg 1931.

daß man den Leuten nicht mit frommen Bibelsprüchen helfen kann, sondern anpacken und ihnen durch die Tat helfen muß"[646].

In den "Stimmungsbildern aus der Bannmeile" beschrieb Christa Thomas das Leben in und um die Baracke der Pfarrei St. Bruno auf dem Heinefeld 1935 mit den Worten: "Mitten unter den Hütten der Bannmeile aber steht eine kleine Baracke. Morgens halten Schwestern dort Kindergarten, nachmittags Hort (seit 1934) ab. Sonntags ist hier katholischer Gottesdienst, Gemeinschaftsmesse. Der Pfarrer liest die heilige Messe mit dem Antlitz zur Gemeinde gewandt. Ergreifend ist diese sonntägliche Geburt Christi inmitten der Ärmsten der Armen. Ergreifend die Gestalt des Dieners Christi, eingehüllt in den altehrwürdigen Gewändern der Kirche, opfernd, betend in dieser Umgebung. Ergreifend, wie diese Armen mitbeten in den liturgischen Gebeten! Ganz ähnlich muß es bei den ersten Christen in den Katakomben gewesen sein. Damals waren es die ersten christlichen Gemeinden überhaupt. Und hier? Ist dies nicht ein Neuanfang? Es ist so, ohne Zweifel; denn diese Pfarrgemeinde setzte sich schon in ihren ersten Anfängen in der Hauptsache zusammen aus langjährig Abgestandenen, Neuheiden, aus der Kirche Ausgetretenen und mindestens zeitweise nichtpraktizierenden Christen. Und so handelt es sich in der Tat um eine Neuverkündigung der Frohbotschaft Gottes an die Armen. Deren Armut aber ist in den allermeisten Fällen so groß, daß sie ein Hindernis bildet für die restlose Annahme des Evangeliums. Hier ist es notwendig, daß die christliche Liebe ganz neue Wege geht, daß sie ganz hell und groß und stark auflodert, um das starre Eis der Verbitterung, jahrelanger Verbitterung zum Schmelzen zu bringen"[647]. An anderer Stelle heißt es: "Die Baracke ist langgestreckt, mit angebautem Nebenraum. Die 'Innenausstattung' wechselt drei-, viermal am Tage je nach den Bedürfnissen dieser Gemeinde. Zur Gemeinschaftsmesse in der Frühe wird der Altartisch aufgestellt, die Stühle aber werden nebeneinander gereiht. Um 9 Uhr kommen die Kleinen zum Kindergarten. Winzige rote Stühlchen und Tischchen warten auf sie. Am Nachmittag erscheinen die Hortkinder. Für die Schulaufgaben brauchen sie große Tische und Stühle. In einem Teil des Raumes versammeln sich die Frauen zum Nähen. Hier rattern die Maschinen, und auf langen Tischen wird geschneidert. An den Abenden endlich kommen die Männer zu lebhaften Diskussionen, die Frauen zu Erziehungsvorträgen, die Jugend zu Gruppenabenden und Volkstänzen. Manche, die zu den Abenden erscheinen, wohnen der Sonntagsmesse nicht bei; bei andern wieder ist die Ehe nach dem kirchlichen Recht nicht in Ordnung usw.. In einem kleinen, abgetrennten Raum hält der Pfarrer jeden Nachmittag Sprechstunden ab. Diese Sprechstunden sind beliebt, und manch einer, der jahrelang keine Kirche mehr gesehen hat findet, den Weg zu ihnen. Macht die Baracke im allgemeinen einen sauberen, ordentlichen und zweckdienlichen Eindruck, so greift die Beschaffenheit des kleinen Nebenraumes hinter den Kulissen geradezu ans Herz. Hier wird auf einem Herd für die Hort- und Kindergartenkinder Milch, Vieruhrkaffee und Kakao gekocht. An einer fast zugestellten Wand befinden sich die Waschbecken für die

---

[646] Christa Thomas, Sieg des christlichen Gewissens. Protokoll - Auszüge aus dem Prozeß gegen Christa Thomas vor der IV. Strafkammer des Landgerichts Düsseldorf, Düsseldorf 1955, 5.
[647] Christa Thomas, Die am Rande der Großstadt, Leutesdorf 1936, 10 f. Vgl. auch ns, Die Bannmeile, in: Katholische Kirchenzeitung (Düsseldorf) Jg. 9 Nr. 27 (03.07.1932), 214.

Kinder. Hier lagern vorübergehend die Liebesgaben für die Armen und eine Menge zerbrochenen Spielzeugs, das geflickt werden will. Dieser winzige Raum dient aber auch als das schon erwähnte Sprechzimmer des Pfarrers und als Sakristei! Auf einem Tisch liegen die heiligen Gewänder. Am Samstagnachmittag gar wandelt er sich zur Beichtkapelle, beim Schein einer einzigen Kerze, deren Licht es verschmäht, die Armseligkeit des Raumes zu erhellen und erkennen zu lassen. Zu seiner Neugeburt in der menschlichen Gesellschaft ruft der Herr, genau wie zu Beginn der Heilsgeschichte, nicht die Reichen und Satten, sondern die Armen. Nie ward der Glaube zur seligeren Gewißheit als hier"[648]. Von der Feier des Weihnachtsgottesdienstes berichteten die Stimmungsbilder: "Eine Stunde darauf war Frühmette in der Baracke. Ganz arm ging es dabei zu, so recht wie im Stall von Bethlehem, und doch innig und festlich. Auf diese Frühmette wollten die Leute nicht verzichten, trotz der Nähe der Großstadt mit ihren wunderbaren Kirchen und glanzvollen Mitternachtsmetten. Sie wollten Weihnachten unter sich feiern, und die allseitige Armut war trost- und friedvoll zugleich"[649].

Ein wichtiger Kristallisationspunkt in der Siedlung war Rektor Matthias Beckers, der seit dem Frühjahr 1934 selber in einer Baracke auf dem Heinefeld (Sandweg 8) lebte[650]. Mit welchen Erwartungen der Geistliche in der Bannmeile empfangen wurde, geht aus dem Brief einer Siedlerfrau an Matthias Beckers hervor: "Durch Herrn Pastor Bischofs in Lohausen brachten unsere Kinder gestern aus der Schule die Nachricht mit, daß Sie zum Seelsorger hier auf der Heide ernannt seien und für ein halbes Jahr eine Wohnung suchten. Unsere Freude kann ich Ihnen garnicht beschreiben, daß wir nun endlich einen Geistlichen bekommen sollen. Ich bin Siedlerfrau und arbeite seit einem halben Jahr als Vertrauensfrau des katholischen deutschen Frauenbundes hier auf der Heide. Es herrschen teilweise ganz trostlose Zustände, aber trotzdem konnte ich 30 katholische Frauen für den Frauenbund werben. Heute Morgen sprach ich mit Herrn Bischofs über eine Wohnung für Sie. Hier in der Heide würde Ihnen ein Mann in seinem Häuschen 3 Zimmer und Keller überlassen. Es ist außerdem auf dem Speicher Gelegenheit Möbel unterzustellen. ... Ich würde gar nicht den Mut haben, Ihnen dieses Angebot zu machen, aber die Not hier auf der Heide ist so groß, daß ich einem weiteren halben Jahr ohne Seelsorger viel verloren ginge. Hier kommen Kinder zur Welt und sterben ungetauft. Sollte es Ihnen möglich sein, sich für ein halbes Jahr damit begnügen zu können, so wäre es am besten, wenn Sie kämen und sich an Ort und Stelle aussprechen würden. ... Wir hoffen, daß wir Sie recht bald hier als unseren Seelsorger begrüßen dürfen"[651]. Rektor Matthias Beckers nahm die Wohnung an. Sein Haus war schon bald "ein regelrechtes katholisches Wohlfahrtsamt, allerdings ohne Akten", in dem "der Seelsorger nach Strich

---

[648] Christa Thomas, Die am Rande der Großstadt, Leutesdorf 1936, 14 f.
[649] Christa Thomas, Die am Rande der Großstadt, Leutesdorf 1936, 14.
[650] Vgl. NN, Personalchronik der Erzdiözese Köln, in: Kirchlicher Anzeiger für die Erzdiözese Köln Jg. 74 Nr. 6 (01.03.1934), 43 - 46, 44; Nikolaus Ehlen, Das Heinefeld, in: Lotsenrufe Jg. 20 Nr. 11 (August 1935), 86 - 87, 86 f.
[651] Zitiert nach Geschichte der neuen Pfarrgemeinde "Heilige Familie" mit den Pfarrbezirken Lohausen, Stockum und Golzheim, Düsseldorf 1999, 18.

und Faden angebettelt" wurde⁶⁵². Bemerkenswert ist, dass Matthias Beckers als "Pfarrer der Armen" ohne Vorbedingungen auf die Menschen im Heinefeld zutrat und sie zu Gemeinschaftsarbeiten für die Kirche motivieren konnte. Noch um das Jahr 1985 erinnerte sich eine Zeitzeugin: "Der Beckers hat das letzte Hemd abgegeben, egal wer's war ... meine zwei Schwäger und mein Mann haben die Kirche von innen verputzt ... die waren nicht fromm, aber wenn was zu machen war, dann sind die drei hingegangen"⁶⁵³. Dass die Hinwendung zum Nächsten selbstlos sein muss und nicht berechnend sein darf, war für Christa Thomas oberstes Handlungsprinzip, wenn sie 1937 schreibt: "Die Ausübung der Karitas darf nie und in keinem Falle die religiöse Betätigung des zu Betreuenden erzwingen wollen, weder sanft noch derb. Sie darf nur als christliche Bruderliebe geübt werden. Alles andere muß Gott überlassen werden. Der sie übt, muß wie der Landmann alles tun, um den Boden zu bestellen, aber das Gedeihen muß er Gott überlassen. Er allein bewegt die Herzen"⁶⁵⁴.

Lange bevor die Stadtverwaltung am 1. Dezember 1934 die Auflösung des "gesundheitlichen, sozialen, moralischen und politischen Gefahrenherdes erster Ordnung" beschloss⁶⁵⁵ und in den Jahren 1935/36 die Errichtung einer neuen Siedlung durchsetzte⁶⁵⁶, hatte Rektor Matthias Beckers bereits die Initiative zum Bau eines festen Gotteshauses auf dem Heinefeld ergriffen⁶⁵⁷. In einem bewegenden, gleichwohl feinsinnigen und von Kardinal Karl Joseph Schulte am 6. August 1934 empfohlenen Unterstützungsaufruf schrieb Matthias Beckers an die Gläubigen der Erzdiözese Köln: "Gewiß habt Ihr schon von der Bannmeile um Paris gehört. Kilometerbreit zieht sich um die schönste Stadt Frankreichs ein Streifen traurigster Wohnhöhlen. In Bretterbuden hausen da die Menschen und in selbstgebauten windschiefen Hütten. Armut und Not haben sich zum ständigen Wohnsitz dort niedergelassen. Aber auch Westdeutschland ist mit etwas Ähnlichem gesegnet. Das Heinefeld bei Düsseldorf darf den traurigen Ruhm für sich bean-

---

⁶⁵² Vgl. Christa Thomas, Seelsorge in der Bannmeile, in: Der Seelsorger Jg. 14 Nr. 2 (November 1937), 33 - 41 und Nr. 3 (Dezember 1937), 71 - 81, 36 f.
⁶⁵³ Zitiert nach Tilman Harlander, Die Stadtrandsiedlung für Erwerbslose 1931/32. Schlußbericht zum Forschungsvorhaben "Arbeitslosigkeit und Wohnungsnot im Großstadtraum: Selbsthilfeprojekte in historischer Sicht, Aachen 1986, 422 f; Tilman Harlander, Siedeln in der Not. Umbruch von Wohnungspolitik und Siedlungsbau am Ende der Weimarer Republik, Hamburg 1988, 260.
⁶⁵⁴ Christa Thomas, Seelsorge in der Bannmeile, in: Der Seelsorger Jg. 14 Nr. 2 (November 1937), 33 - 41 und Nr. 3 (Dezember 1937), 71 - 81, 37.
⁶⁵⁵ SAD VII 1976, 13.09.1935. Vgl. auch Herbert Gursky, Sozialhygienische Untersuchungen städtischer Kleinsiedlungen in Düsseldorf mit einem Rückblick auf den neuzeitlichen Deutschen Siedlungsbau, Diss. Düsseldorf 1939, 6; Klaus Novy, Reformführer NRW. Soziale Bewegungen, Sozialreform und ihre Bauten, Köln 1991, 329 f.
⁶⁵⁶ Vgl. Stefanie Schäfers, Vom Werkbund zum Vierjahresplan. Die Ausstellung Schaffendes Volk, Düsseldorf 1937, Düsseldorf 2001, 127 ff.
⁶⁵⁷ Vgl. AEK GVA Dekanatsakten 18, 05.06.1934; PfA Stockum Heilige Familie 1, 10.04.1933; ns, Die Bannmeile, in: Katholische Kirchenzeitung (Düsseldorf) Jg. 9 Nr. 27 (03.07.1932), 214; DT 13.02.1933; DN 18.02.1933; DT 19.06.1933; NN, Aufruf! Katholisches Hilfswerk für die Düsseldorfer Bannmeile, in: Katholische Kirchenzeitung (Düsseldorf) Jg. 10 Nr. 26 (25.06.1933), 306a; DT 30.07.1933; Geschichte der neuen Pfarrgemeinde "Heilige Familie" mit den Pfarrbezirken Lohausen, Stockum und Golzheim, Düsseldorf 1999, 18.

spruchen, 'Bannmeile' in verkleinertem Maßstabe zu sein. Aus dem Schutt der großen Stadt zusammengetragen, kauern da die Häuschen auf der Golzheimer Heide. Steinbeladen drücken die Pappdächer beinahe die Mauern zusammen. So ragt denn mitten in der einzigen Stube des Hauses ein Mast, der das Dächlein mittragen helfen muß. Andere lehnen sich fest aneinander, um von den Stürmen, die über die Heide brausen, nicht weggefegt zu werden. Mit manchen Fenstern spielt neckisch der Wind, die Kistenbretter - Rahmen reizen auch gerade dazu. Weit über der Straße weg liegt der Ort 00. Aber es sind keine Vagabunden, die hier wohnen, oder Verbrecher! Erwerbslose von Düsseldorf haben sich hier niedergelassen. Wohl haben auch Zigeuner ihre Wagen hier eingebaut, aber sie bleiben trotz aller gemeinsamen Not doch Isolierte, denn Nachbarschaft und all das Andere nivelliert noch nicht. Malerisch stechen ihre Sprößlinge aus der riesigen Kinderschar hervor. Mitten in diesem krausen Gewirr, gebrechlicher 'Heimstätten' steht unsere 'Kirche'. Sie fällt weiter nicht auf, ist Baracke wie alle andern, nur daß sie ein Vorortgärtchen hat und einen besseren Zaun. Sonntags drängen sich auf 27 Quadratmeter Nutzfläche 120 Kirchenbesucher zusammen. Werktags kann kein Gottesdienst sein. Dann dient der Raum als Kindergarten, Hort, Nähschule und Versammlungszimmer. Das geht ganz gut, nur haben wir zuviel Leute dafür. Denn mit der regulären Stadtrandsiedlung wohnen über 1800 Katholiken in unserm Rektorat. Dafür reicht es also beim besten Willen nicht. So müssen wir schon bauen. Einen schönen Platz hat uns die Stadt Düsseldorf gegeben. Eine Kasel, ein Ziborium und 50 Stühle haben wir auch schon. Nun fehlt uns noch: das Meßbuch, und der Kelch, die Dachziegel und der Fußboden, die Türklinke und die Fenster. Von den Bausteinen haben wir auch noch keinen, und deshalb kommen wir zu Euch. Könnt Ihr uns nicht ein paar Groschen schicken? Ihr helft uns, Gott ein Haus zu bauen und unsern erwerbslosen Vätern Brot für die vielen Kinder schaffen"[658].

Der Appell verhallte nicht ungehört. Am 4. November 1934 konnte Stadtdechant Ferdinand Grysar auf einem Platz an der Straße "Zum Schießstand" (heute Carl - Sonnenschein Str. 35) den Grundstein für eine einfache Hallenkirche mit Sitzplätzen für 125 Kinder und 160 Erwachsene legen[659]. Nach sechs Monaten Bauzeit wurde das neue Gotteshaus am 12. Mai 1935 von Pfarrer Max Döhmer benediziert und seiner Bestimmung übergeben[660]. Bereits bei der Ernennung von Matthias Beckers war festgelegt worden, dass der neue, auf die Hl. Familie von Nazareth geweihte Rektoratsbezirk aus Teilen der Pfarrgemeinden St. Bruno in Unterrath und Mariä Himmelfahrt in Lohausen gebildet werden sollte[661].

---

[658] AEK GVA Stockum Heilige Familie 1, 06.08.1934; PfA Stockum Heilige Familie 43, 06.08.1934; PfA Unterrath St. Bruno, Ordner "Historische Schriften Bd. 1", 06.08.1934. Vgl. auch NN, Christus in der Bannmeile, in: Katholische Kirchenzeitung (Düsseldorf) Jg. 11 Nr. 24 (17.06.1934), 235.
[659] Vgl. DN 05.11.1934; DT 05.11.1934; NN, Grundsteinlegung in der Bannmeile, in: Katholische Kirchenzeitung (Düsseldorf) Jg. 11 Nr. 45 (11.11.1934), 427.
[660] Vgl. AEK GVA Stockum Heilige Familie 1, 01.05.1935; DT 04.05.1935; DN 09.05.1935; DN 13.05.1935.
[661] Vgl. AEK GVA Stockum Heilige Familie 1, 16.10.1934; PfA Stockum Heilige Familie 48, 23.11.1940; PfA Unterrath St. Bruno, Ordner "Historische Schriften Bd. 1", 25.10.1934 und 04.11.1934.

Wirtschaftskrise

Von der wirtschaftlichen Krise zu Beginn der dreißiger Jahre war nicht nur das Heinefeld sondern nahezu jeder Stadtbezirk in Düsseldorf betroffen. Ende 1930 gab es in Deutschland fast vier Millionen Arbeitslose, von denen über 45000 in Düsseldorf lebten. Von 476000 Einwohnern erhielten hier im November 1930 rund 86000 Personen eine öffentliche Unterstützung[662]. Mit Blick auf die Nöte der Zeit schrieb Kardinal Karl Joseph Schulte am 9. November 1930 in einem Hirtenwort: "Der bevorstehende Winter läßt sich sorgenvoll an, sorgenvoller fast als je ein Winter nach dem Weltkrieg. Überall, wohin der Blick sich wendet, trifft er auf Elend und Armut, auf Erwerbs- und Arbeitslosigkeit". Daher appellierte er an die Gläubigen: "Denkt an das Wort des greisen Tobias: 'Tue den Armen Gutes nach der Größe deines Vermögens, und hast du nur wenig, so scheue dich nicht, dem wenigen entsprechend zu spenden'". Ungeachtet dessen gab der Kardinal aber auch zu bedenken: "Ebenso wichtig, fast noch wichtiger als Mildtätigkeit ... erscheint mir heutzutage die stille und ständige Rücksichtnahme auf die große Volksnot durch die Art eurer Lebenshaltung. 'Erbittere den Armen in seiner Armut nicht!' heißt eine ernste Mahnung und Warnung in der Heiligen Schrift. Wo so viele Herzen weh und wund sind, wo so viele euerer Mitbürger, vielleicht in euerer unmittelbarsten Nähe frieren und darben, da wollt ihr, weil ihr bis heute von der Not verschont geblieben seid, doch gewiß nicht in gedankenloser Eigenliebe dem Vergnügen nachjagen und dafür Geld vergeuden! Überhaupt ist es für alle allerhöchste Zeit, sich auf das Notwendige zu beschränken und größte Einfachheit und Sparsamkeit walten zu lassen"[663].

Nach Verlautbarung des Hirtenschreibens wurden in nahezu jeder Düsseldorfer Pfarrgemeinde Hilfsmaßnahmen zur Linderung der Volksnot eingeleitet. So eröffnete beispielsweise die Derendorfer Dreifaltigkeitsgemeinde für den bevorstehenden Winter in ihrem Vereinshaus (Barbarastr. 11) eine Lese- und Wärmestube und führte eine Speisung der Armen ein[664]. Letzteres war von der Pfarrei St. Joseph seit Weihnachten 1930 im Hause Kruppstr. 8 auch für Arbeitslose in Oberbilk eingerichtet worden[665]. Selbst in der Altstadt, deren Bewohner in der Mehrzahl noch am ehesten in der Lage waren, die Folgen der Wirtschaftskrise aus eigener Kraft zu bewältigen, waren die Kirchen gezwungen, Hilfsdienste anzubieten. Im Proklamandum der Pfarrei St. Lambertus ist für Sonntag, den 23. November 1930 von Pfarrer Johannes Frank vermerkt: "Im Anschluß an das Hirtenschreiben Sr. Eminenz ... möge Folgendes noch zur Verlautbarung kommen: Nachdem der Herr Erzbischof somit einen letzten Appell an seine Diözesanen gerichtet hat, ist auch für uns die Zeit zum Handeln gekommen. In der Erkenntnis, daß es in unserer Pfarre kaum ein Haus gibt, in dem die Not der Zeit nicht verspürt wird, haben die Herren und Damen des Kirchenvorstandes bereits seit einigen Wochen eine Summe zur Verfügung gestellt, die zur Linderung der Not unter den Pfarreingesessenen durch den

---

[662] Vgl. Johannes Becker, Düsseldorfer Notbilder, in: Mitteilungen des Caritasverbandes für die Stadt Düsseldorf Jg. 6 Nr. 12 (Dezember 1930), 69 - 71, 69.
[663] NN, Karitassonntag, in: Kirchlicher Anzeiger für die Erzdiözese Köln Jg. 70 Nr. 24 (15.11.1930), 139 - 140, 139 f.
[664] Vgl. PfA Derendorf Hl. Dreifaltigkeit 801, 01.12.1930.
[665] Vgl. PfA Oberbilk St. Joseph, Pfarrchronik Düsseldorf - Oberbilk St. Joseph, Weihnachten 1930.

Pfarr - Charitasausschuß verwendet werden soll. Mit anderen Worten: Es wird von einer besondern Sammlung außerhalb der Kirche für den genannten Zweck, so notwendig sie auch wäre, Abstand genommen. Wir danken dem Kirchenvorstande auch von dieser Stelle aus für sein so zeitgemäßes Verständnis. Der Pfarr - Charitasausschuß wird nach folgenden Grundsätzen vorgehen: 1. Jede Not, die gelindert werden kann, soll im Rahmen der Mittel, die zur Verfügung stehen, auch gelindert werden. 2. Diejenigen, die uns nötig haben, sollen bei dieser Gelegenheit auch fühlen, daß ihre Not ihren Glaubensgenossen nicht gleichgültig ist. 3. Wir freuen uns über jede Art von Dank, machen aber unsere Hülfe nicht von der Dankbarkeit abhängig"[666].

Im Winter 1930/31 fanden sich auch in den linksrheinischen Kirchengemeinden ehrenamtliche Helfer zur Einrichtung von Notgemeinschaften zusammen. So bildete sich im November 1930 unter Vorsitz von Pfarrer Gerhard Zentis in Niederkassel die "Nothülfe St. Anna", um arme und bedürftige, insbesondere aber erwerbslose Pfarrangehörige zu betreuen. Die hierzu erforderlichen Mittel wurden von der Hilfsgemeinschaft durch Haussammlungen und monatliche Kollekten aufgebracht. "Die Gemüsegärtner", so der Rechenschaftsbericht, "die doch selbst in bescheidenen Verhältnissen leben und vielfach um ihr Dasein kämpfen müssen, haben im vergangenen Winter allerlei Gemüse und Kartoffeln zur Verfügung gestellt. Die Gewerbetreibenden gaben bereitwilligst Kohlen, Fleisch, Kolonial- und Spezereiwaren. Von mehreren Familien wurden dem Ausschuß Kleidungsstücke und Schuhe zur Verfügung gestellt. Die Damen des Ausschusses setzten Nähstunden an, um die getragenen Bekleidungsstücke auszubessern und wieder brauchbar zu machen. Die bedürftigen Familien konnten daher unterstützt werden mit Bargeld, Brot, Milch, Gemüse, Kartoffeln, Schuhen und sonstigen Bekleidungsstücken"[667].

Ungewöhnlich war, dass die "Katholische Pfarrgeistlichkeit von Düsseldorf" im Anschluss an das Hirtenwort des Kölner Erzbischofs einen eigenen Aufruf "An die Katholiken Düsseldorfs!" verfasste und Anfang Dezember 1930 in Umlauf brachte. Darin hieß es: "Die große Not, die wir augenblicklich durchleben, veranlaßt uns, einige Mahnungen an Euch zu richten. In seinem Hirtenschreiben zum Caritassonntag mahnt der hochwürdigste Herr Kardinal: 'Erbarmet Euch in diesem Winter Eurer notleidenden Mitbrüder und Mitschwestern! Stellt Euch meinen priesterlichen Mitarbeitern, Euren Seelsorgern und den von ihnen betreuten Caritasausschüssen zur Verfügung, um mit ihnen möglichst planvoll die drückende Not in den kommenden Monaten zu lindern'. Möge diese Mahnung in den Herzen der Düsseldorfer Katholiken recht lebhaften Widerhall finden! Gerade jetzt muß es sich zeigen, daß wir eine lebendige Gemeinschaft bilden, daß nach den Worten des Apostels 'einer des andern Last trägt'. Die Not und Sorge unserer Mitbrüder muß unsere eigene sein. Darum richten wir an alle diejenigen unter Euch, die selbst nicht so unter der Not der Zeit leiden, die herzliche Bitte, nach besten Kräften zur Linderung der allgemeinen Notlage mitzuwirken. Wir bitten namentlich die begüterten Katholiken, uns durch Geldspenden in den Stand zu setzen, wenigs-

---

[666] PfA Düsseldorf St. Lambertus Akten 131 I, 23.11.1930. Vgl. auch PfA Düsseldorf St. Lambertus Akten 131 I, 07.12.1930.
[667] DT 31.08.1931.

tens der größten Not zu steuern; wir bitten, daß einzelne Familien sich bereit erklären, für eine besonders arme Familie die Patenschaft zu übernehmen und ihr durch eine regelmäßige wöchentliche oder monatliche Unterstützung zu helfen; wir bitten, brauchbare Kleidungsstücke usw. bei den Pfarr - Caritasausschüssen abzugeben. ... Wir wollen auch gerne die Mahnung unseres Oberhirten befolgen, daß wir in unserer Lebenshaltung auf die große Volksnot ständige Rücksicht nehmen und nicht in gedankenloser Eigenliebe dem Vergnügen nachjagen und dafür Geld vergeuden. Katholiken Düsseldorfs! Das Weihnachtsfest steht vor der Türe! ... Wollen wir alle mithelfen, daß der Friede und die Freude der heiligen Nacht auch in die Stätten der Armut hineinleuchte"[668].

Einzigartig in der langen Geschichte der katholischen Kirche Düsseldorfs war der Entschluss des Ortsklerus, auf 10 % seines Einkommens zu Gunsten caritativer Zwecke zu verzichten[669]. Mit Veröffentlichung seines Appells an die Katholiken der Stadt erklärte die Düsseldorfer Geistlichkeit: "Man kann mit Recht sagen: Ist schon jeder Christ zu Werken der Liebe verpflichtet, dann ist es besonders der Diener der Kirche, der Priester. Er wird immer darauf sehen, daß die Seelsorge mit der Fürsorge verbunden ist. Von der Erkenntnis durchdrungen, daß die Sicherung der natürlichen Lebensbedingungen in den Gläubigen die Voraussetzung für ein erfolgreiches Seelsorgewirken bieten muß, hat er von jeher seinen Teil zur Linderung materieller und leiblicher Not unter den Gläubigen beigetragen. Heute ist er sich dieser Caritaspflicht besonders bewußt. Nie wurde seine Haustür soviel von Bittstellern aller Art angegangen, wie jetzt". Daher hatten sich die Düsseldorfer Geistlichen "zu einer außergewöhnlichen Hilfeleistung entschlossen, indem sie den zehnten Teil ihres Gehalts zur Linderung der außergwöhnlichen Not abführen wollen. Die Hälfte hiervon soll als eine Art Ausgleichsfonds dem Caritasverband zur Weitergabe an die von der Not besonders betroffenen Randpfarreien abgegeben werden"[670].

Auffällig ist, dass der Caritasverband für die Stadt Düsseldorf an der Bekämpfung der Massenarmut zu Beginn der dreißiger Jahre kaum beteiligt war. Zwar hatte Johannes Becker Ende 1930 in einem Artikel mit dem Titel "Düsseldorfer Notbilder" die Auswirkungen der Wirtschaftskrise auf die Arbeit des Caritassekretariates skizziert[671], doch fehlte es dem Verband an Mitteln, um im größeren Umfang wirksame Hilfen realisieren zu können. Nicht von ungefähr heißt es in einer Darstellung über "die Hilfe der Klöster und caritativen Anstalten" in Düsseldorf zum Jahreswechsel 1930/31: "Die Hilfe des Caritasverbandes muß sich im Rahmen des Ganzen darauf beschränken, ordnend, anre-

---

[668] NN, Katholische Hilfsbereitschaft in Düsseldorf, in: Mitteilungen des Caritasverbandes für die Stadt Düsseldorf Jg. 6 Nr. 12 (Dezember 1930), 72 - 74, 72 f.
[669] Vgl. PfA Düsseldorf St. Lambertus Akten 131 I, 14.12.1930; NN, Katholische Hilfsbereitschaft in Düsseldorf, in: Mitteilungen des Caritasverbandes für die Stadt Düsseldorf Jg. 6 Nr. 12 (Dezember 1930), 72 - 74, 72.
[670] NN, Katholische Hilfsbereitschaft in Düsseldorf, in: Mitteilungen des Caritasverbandes für die Stadt Düsseldorf Jg. 6 Nr. 12 (Dezember 1930), 72 - 74, 72.
[671] Vgl. Johannes Becker, Düsseldorfer Notbilder, in: Mitteilungen des Caritasverbandes für die Stadt Düsseldorf Jg. 6 Nr. 12 (Dezember 1930), 69 - 71, 69 ff.

gend und unterstützend zu wirken"[672]. Gleichwohl wies das Caritassekretariat niemanden zurück, der in elementarer Not die Verbandsgeschäftsstelle in Pempelfort aufsuchte. In einem fiktiven Brief an einen Freund schrieb Johannes Becker: "Laßt uns hier in der Tonhallenstraße Halt machen und einen kurzen Blick in das Vorzimmer des Caritasverbandes werfen. Dir alle die Anliegen aufzuzählen, die hier vorgebracht werden, hat wirklich keinen Zweck. Dir den Blick zu erschließen für all das Elend, das sich hierher flüchtet, dazu brauchte man die Beredsamkeit eines Demosthenes oder den Griffel des Höllenschilderers Dante. Über beide verfüge ich leider nicht. Ich will für heute nur deine Aufmerksamkeit lenken auf jene Leute, die ein verhältnismäßig geringes Anliegen hierherführt, d.h. das Anliegen wird dir gering erscheinen, für jene Leute ist es aber groß. Sie wünschen nämlich nicht mehr und nicht weniger als ein Stück Brot, den hungergepeinigten Magen zu beruhigen. Du siehst, wie sich unaufhörlich die Tür öffnet, wie arbeitsharte, altersschwache, junge, saubere und schmutzige Hände gierig nach den dargereichten Butterbroten greifen. Betrachte die Empfänger! Du wirst keinen finden, dem nicht die unerbittliche Not ihre Runen in das fahle Gesicht gegraben hat. ... Du bist erstaunt und sagst, die könnten sich doch selbst ernähren, da sie ja Wohlfahrtsunterstützung erhielten. So ?! Ein paar Monate wirst du das vielleicht aushalten, aber nicht ein paar Jahre. Reißen die Kleider, verlieren sich Sohlen und Absätze und mußt du noch zurücklegen, um Ersatz zu schaffen, dann wirst du froh sein, wenn du dir ein Butterbrot holen kannst"[673].

Neben den Kirchengemeinden mit ihren Pfarrcaritasausschüssen leisteten in den Krisenjahren am Ende der Weimarer Republik vor allem die klösterlichen Niederlassungen auf Seiten der katholischen Kirche Düsseldorfs die umfassendste Hilfe. Im Dezember 1930 wurden an den Klosterpforten der Stadt rund 1340 Mittagessen, 200 Krankenverpflegungen und 1360 Butterbrote im Wert von über 550 Mark verausgabt. Nicht eingerechnet waren dabei sonstige Aufwendungen für Kleidung, Schuhwerk, Wäsche usw.[674]. Bemerkenswert ist, dass die Ausgabe nahezu ohne jede städtische Vergütung erfolgte, da in 36 katholischen Klöstern und Anstalten nur zwei Speisungsstellen im Auftrag der Stadt betrieben wurden[675].

Jugendschutzheim Schützenstraße II

Ungeachtet aller Not konnte im Jahre 1930 auf dem Gebiet der Obdachlosenfürsorge von Seiten der katholischen Caritas ein seit längerer Zeit geplantes Vorhaben zum Abschluss und ein weiteres Projekt neu in Angriff genommen werden. Am 2. November

---

[672] NN, Katholische Hilfsbereitschaft in Düsseldorf, in: Mitteilungen des Caritasverbandes für die Stadt Düsseldorf Jg. 6 Nr. 12 (Dezember 1930), 72 - 74, 74.
[673] Johannes Becker, Düsseldorfer Notbilder, in: Mitteilungen des Caritasverbandes für die Stadt Düsseldorf Jg. 6 Nr. 12 (Dezember 1930), 69 - 71, 70 f. Vgl. auch DT 19.06.1931.
[674] Vgl. NN, Katholische Hilfsbereitschaft in Düsseldorf, in: Mitteilungen des Caritasverbandes für die Stadt Düsseldorf Jg. 6 Nr. 12 (Dezember 1930), 72 - 74, 73 f.
[675] Vgl. NN, Katholische Hilfsbereitschaft in Düsseldorf, in: Mitteilungen des Caritasverbandes für die Stadt Düsseldorf Jg. 6 Nr. 12 (Dezember 1930), 72 - 74, 74.

1930 wurde das Jugendschutzheim des katholischen Männerfürsorgevereins Düsseldorf an der Schützenstr. 29 mit einer schlichten Feier eröffnet[676]. Dabei legte der Vereinsvorsitzende Pfarrer Max Dechamps dar, wie der Verein seit Jahren bestrebt gewesen war, "den gefährdeten männlichen Jugendlichen katholischen Bekenntnisses ein Heim zu schaffen"[677]. Obwohl der Männerfürsorgeverein das Haus bereits am 27. November 1925 erworben hatte[678], konnten erst jetzt die letzten Mieter zum Auszug bewogen und die Räume einer neuen Nutzung zugeführt werden. Diese waren "entsprechend hergerichtet" und machten "in ihrer praktischen und geschmacklichen Aufmachung den vorteilhaftesten Eindruck"[679]. Zunächst standen 22 Betten, ein Aufenthaltsraum und mehrere Bäder zur Verfügung, doch war Raum für weitere Schlafgelegenheit "ausgiebig" vorhanden[680]. Die Betreuung der Jugendlichen oblag einem Ehepaar, das als Hausverwalter Heim und Küche besorgte[681], doch sollte "bei größer werdender Belegschaft" noch "eine pädagogische Kraft" angestellt werden[682]. Das Jugendschutzheim, nach dem Zweiten Weltkrieg Don Bosco Haus genannt, sollte mehreren Zwecken dienen: "Einmal hat es den Charakter eines Vorasyls. Gefährdete Jugendliche, die im Elternhaus keine Bleibe mehr haben können oder dürfen, von der Bahnhofsmission oder dem Bahnhofsdienst überwiesene Jugendliche, obdachlose Fürsorgezöglinge werden hier aufgenommen. Sodann dient das Haus Übergangsheim für jene Zöglinge, die aus der Anstalt entlassen den Weg ins Elternhaus nicht sofort, sondern erst allmählich finden können. Weiterhin ist das Heim als Unterkunftsstätte für wandernde Jugendliche bestimmt, wo sie für ganz billiges Geld ein gutes Obdach finden können"[683]. Dank der zahlreichen Räume konnte eine Trennung des Heims in Vorasyl, Dauerheim und Wanderherberge ohne größeren Aufwand herbeigeführt werden[684].

---

[676] Vgl. NN, Das Jugendschutzheim des katholischen Männerfürsorge - Vereins Düsseldorf, in: Mitteilungen des Caritasverbandes für die Stadt Düsseldorf Jg. 6 Nr. 10/11 (Oktober/November 1930), 65.

[677] NN, Das Jugendschutzheim des katholischen Männerfürsorge - Vereins Düsseldorf, in: Mitteilungen des Caritasverbandes für die Stadt Düsseldorf Jg. 6 Nr. 10/11 (Oktober/November 1930), 65.

[678] Vgl. ALD Grundbuchblatt Flingern 4837, 27.11.1925; NN, Aus dem caritativen Leben Düsseldorfs, in: Mitteilungen des Katholischen Caritas - Sekretariates, Düsseldorf Jg. 2 Nr. 4/5 (April/Mai 1926), 4 - 5, 4.

[679] NN, Das Jugendschutzheim des katholischen Männerfürsorge - Vereins Düsseldorf, in: Mitteilungen des Caritasverbandes für die Stadt Düsseldorf Jg. 6 Nr. 10/11 (Oktober/November 1930), 65.

[680] Vgl. NN, Das Jugendschutzheim des katholischen Männerfürsorge - Vereins Düsseldorf, in: Mitteilungen des Caritasverbandes für die Stadt Düsseldorf Jg. 6 Nr. 10/11 (Oktober/November 1930), 65.

[681] Vgl. NN, Das Jugendschutzheim des katholischen Männerfürsorge - Vereins Düsseldorf, in: Mitteilungen des Caritasverbandes für die Stadt Düsseldorf Jg. 6 Nr. 10/11 (Oktober/November 1930), 65; DT 28.08.1931; NN, Das Jugendschutzheim des katholischen Männerfürsorgevereins, in: Monatsblatt des Städtischen Wohlfahrts- und Gesundheitsamtes Düsseldorf Jg. 5 Nr. 8 (August 1931), 123.

[682] Vgl. NN, Das Jugendschutzheim des katholischen Männerfürsorge - Vereins Düsseldorf, in: Mitteilungen des Caritasverbandes für die Stadt Düsseldorf Jg. 6 Nr. 10/11 (Oktober/November 1930), 65.

[683] NN, Das Jugendschutzheim des katholischen Männerfürsorge - Vereins Düsseldorf, in: Mitteilungen des Caritasverbandes für die Stadt Düsseldorf Jg. 6 Nr. 10/11 (Oktober/November 1930), 65. Vgl. auch DT 28.08.1931.

[684] Vgl. DT 28.08.1931.

Caritasheim

Nur wenige Tage vor Eröffnung des Jugendschutzheims an der Schützenstraße hatte der Caritasverband für die Stadt Düsseldorf "mit seinem unternehmungslustigen Direktor Becker" das Gelände des Siebelwerkes in Rath erwerben können[685]. Die ehemals chemische Fabrik für Asphalt, Bitumen und Teerprodukte, die zuletzt Dachpappen und fertige Holzhäuschen lieferte[686], war infolge der schlechten Wirtschaftsverhältnisse in Konkurs geraten und am 15. Oktober 1930 zur Zwangsversteigerung aufgerufen[687]. Das einzige Gebot in Höhe von 170000 Reichsmark wurde von Rechtsanwalt Franz Stockem als Vertreter und Beauftragten des Düsseldorfer Caritasverbandes abgegeben und erhielt den Zuschlag[688]. Nachdem die kirchliche und staatliche Genehmigung zum Erwerb vorlag und der Vorstand und Ortsausschuß des Caritasverbandes am 27. Oktober 1930 ihre Zustimmung erteilt hatten, konnte zwei Tage später der Kaufvertrag unterzeichnet werden[689]. Alle auf dem Objekt ruhenden Lasten, insgesamt über 600000 Reichsmark, fielen bei der Versteigerung aus. Nur die beiden ersten Hypotheken in Höhe von 175000 Reichsmark blieben auf Grund vorausgegangener Vereinbarungen stehen[690]. Der Besitz am Rather Broich 155 umfaßte ein Areal von 18383 qm, von denen etwa 10000 qm bebaut waren[691]. Außer dem eigentlichen Fabrikgebäude, das 1895 errichtet worden war[692] und eine Länge von 87 Metern hatte, standen auf dem Gelände die siebelsche Villa mit 26 Räumen, 8 Wohnhäuser (Rather Broich 155/165) mit Mieteinnahmen von 20000 Reichsmark und verschiedene weitere Fabrik- und Lagergebäude, deren Katasterwert

---

[685] Vgl. Josef Sommer, Christus in der Großstadt. Er ladet die Hungrigen zu Gast. Er sucht die Armen an Hecken und Zäunen. Hilf Du helfen!, in: Düsseldorfer Tageblatt Jg. 66 Nr. 237 (26.08.1932), o. S. (5).

[686] Vgl. KGD 65, 18.02.1942; Josef Sommer, Christus in der Großstadt. Er ladet die Hungrigen zu Gast. Er sucht die Armen an Hecken und Zäunen. Hilf Du helfen!, in: Düsseldorfer Tageblatt Jg. 66 Nr. 237 (26.08.1932), o. S. (5); Antje Olivier, "Min Vatter jeht no Mannesmann". Durch Rath und Aaper Wald, in: Udo Achten, Düsseldorf zu Fuß. 17 Stadtteilrundgänge durch Geschichte und Gegenwart, Hamburg 1989, 155 - 164, 156.

[687] Vgl. AEK GVA Düsseldorf überhaupt 91, 18.10.1930; CVD Vorstandsprotokolle, 27.10.1930; Johannes Becker, Ein katholisches Wanderer - Arbeitsheim in Düsseldorf, in: Mitteilungen des Caritasverbandes für die Stadt Düsseldorf Jg. 6 Nr. 10/11 (Oktober/November 1930), 64 - 65, 64.

[688] Vgl. AEK GVA Düsseldorf überhaupt 91, 18.10.1930; AEK O R 21.1, Aus der Geschichte des Caritasheims Düsseldorf - Rath. Ein Erinnerungsblatt aus Anlaß der kirchlichen Visitation durch Se. Eminenz den hochwürdigsten Herrn Erzbischof von Köln Kardinal Frings. Düsseldorf, den 25. Oktober 1949, Manuskript Düsseldorf 1949, Bl. 3 f; CVD Vorstandsprotokolle, 10.06.1932.

[689] Vgl. CVD Vorstandsprotokolle, 27.10.1930 und 10.06.1932; Johannes Becker, Ein katholisches Wanderer - Arbeitsheim in Düsseldorf, in: Mitteilungen des Caritasverbandes für die Stadt Düsseldorf Jg. 6 Nr. 10/11 (Oktober/November 1930), 64 - 65, 64.

[690] Vgl. AEK O R 21.1, Aus der Geschichte des Caritasheims Düsseldorf - Rath. Ein Erinnerungsblatt aus Anlaß der kirchlichen Visitation durch Se. Eminenz den hochwürdigsten Herrn Erzbischof von Köln Kardinal Frings. Düsseldorf, den 25. Oktober 1949, Manuskript Düsseldorf 1949, Bl. 4.

[691] Vgl. AEK GVA Düsseldorf überhaupt 91, 24.10.1930; Johannes Becker, Ein katholisches Wanderer - Arbeitsheim in Düsseldorf, in: Mitteilungen des Caritasverbandes für die Stadt Düsseldorf Jg. 6 Nr. 10/11 (Oktober/November 1930), 64 - 65, 64.

[692] Vgl. CVD 7, 14.11.1953.

zusammen etwa 3150000 Reichsmark betrug[693]. Als besonders vorteilhaft galt der eigene Bahnanschluss und die Nähe zur Straßenbahnlinie 12 (heute 712), wodurch das "hart am Aaper Wald gelegene Werk" von der Innenstadt aus leicht erreichbar war[694].

Der Ankauf des Siebelwerkes erfolgte mit der Absicht, das nur provisorisch eingerichtete Raphaelsheim am Viehweg durch ein dauerhaftes "Wanderer - Arbeitsheim" zu ersetzen[695]. "Der Wandererstrom", so Caritasdirektor Johannes Becker in einer Stellungnahme vom Oktober 1930, "der durch die Lande zieht, wird größer. Tausende verlassen ihre Heimat, um anderswo Arbeit und Unterkommen zu suchen. Die Stadt Düsseldorf hatte bisher außer dem kommunalen Obdachlosenasyl an der Kaiserswertherstraße (Nr. 24/26) an Einrichtungen für hilfsbedürftige Wanderer nur die Heilsarmee an der Rossstraße (Nr. 38) und die Herberge zur Heimat an der Langerstraße. Katholischerseits war Ende des Jahres 1926 das Raphaelsheim, Viehweg 77, als Wandererheim gegründet worden. Das Heim hat in den 4 Jahren seines Bestehens zahlreiche Hilfsbedürftige aufgenommen und betreut, und damit seine Existenz - Notwendigkeit erwiesen. Indessen konnten unsere Ziele in dem Gelände und Gebäude am Viehweg nicht befriedigend erreicht werden. Das Grundstück gehörte dem Fiskus und das auf ihm stehende einfach gehaltene Hallengebäude ließ eine ausreichende fürsorgerische Betreuung der Pflegebefohlenen nicht zu. Darum konnte das jetzige Raphaelsheim von vorneherein nur eine vorläufige Einrichtung sein, der eine bessere folgen mußte. In dem neuerworbenen Siebelwerk ist die Gewähr gegeben, daß in ihm eine zeitgemäße katholische Wandererfürsorge verwirklicht werden kann"[696].

Nach Übernahme des Fabrikgeländes musste zunächst daran gedacht werden, die einzelnen Gebäude für ihren neuen Verwendungszweck umzugestalten. Da der Caritasverband für die Stadt Düsseldorf über die hierzu erforderlichen Kapitalien nicht verfügte, beantragte der Vorstand im Dezember 1930 bei der städtischen Sparkasse einen Kredit in Höhe von 100000 Reichsmark und erbat die Gewährung einer städtischen Bürgschaft[697]. Obwohl sich die Stadtverordnetenversammlung am 26. Juni 1931 zur Übernahme der Bürgschaft bereiterklärt hatte[698], gelangte das Kapital wegen der "eingetretenen Geldkrisis", ausgelöst durch den Zusammenbruch der Darmstädter- und Nati-

---

[693] Vgl. AEK GVA Düsseldorf überhaupt 91, 18.10.1930 und 24.10.1930; Johannes Becker, Ein katholisches Wanderer - Arbeitsheim in Düsseldorf, in: Mitteilungen des Caritasverbandes für die Stadt Düsseldorf Jg. 6 Nr. 10/11 (Oktober/November 1930), 64 - 65, 64. Vgl. auch Matthäus Werner, 50 Jahre Caritasheim Düsseldorf - Rath. Eine Chronik, in: 1932 - 1982. 50 Jahre Caritasheim Düsseldorf - Rath, Düsseldorf 1982, 8 - 10, 8; Matthäus Werner, Baugeschichte, in: Johannes Höver Haus. Alten- und Pflegeheim, Düsseldorf 1984, 4 - 5, 4.
[694] Vgl. Johannes Becker, Ein katholisches Wanderer - Arbeitsheim in Düsseldorf, in: Mitteilungen des Caritasverbandes für die Stadt Düsseldorf Jg. 6 Nr. 10/11 (Oktober/November 1930), 64 - 65, 64.
[695] Vgl. AEK GVA Düsseldorf überhaupt 91, 18.10.1930 und 24.10.1930.
[696] Johannes Becker, Ein katholisches Wanderer - Arbeitsheim in Düsseldorf, in: Mitteilungen des Caritasverbandes für die Stadt Düsseldorf Jg. 6 Nr. 10/11 (Oktober/November 1930), 64 - 65, 64 f.
[697] Vgl. CVD Vorstandsprotokolle, 10.06.1932.
[698] Vgl. SAD Protokolle Stadtverordnetenversammlung Bd. 62, 26.06.1931; NN, Stadtverordneten - Sitzung zu Düsseldorf vom 26. Juni 1931, in: Stenographische Verhandlungs - Berichte der Stadtverordneten - Versammlung zu Düsseldorf Jg. 23 Nr. 6 (26.06.1931), 173 - 196, 188 ff und 194 f.

onalbank am 13. Juli 1931, nicht zur Auszahlung[699]. Der Konkurs der hessischen Großbank löste einen Ansturm der Sparer auf Banken und Sparkassen aus, mit der Folge, dass deutsche Geldinstitute kaum noch Darlehen und Kredite gewährten[700]. Selbst ein im Herbst 1931 gestellter Antrag auf Überlassung von 10000 Reichsmark zum Umbau des Wanderer - Arbeiterheims wurde abschlägig beschieden[701]. Nach einer Notiz im Protokollbuch des Caritasvorstandes hatten die "Geldbeschaffungsschwierigkeiten" zur Folge, "daß wir den Neubau mit eigenen Kräften und Mitteln vornehmen mußten. Die Dresdener Bank gewährte uns im Januar 1932 einen Betrag von 5000 Reichsmark. Sonstige erforderliche Mittel wurden bisher aus den laufenden Einnahmen des Caritasheimes genommen"[702].

Obgleich mit den "verhältnismäßig geringen Mitteln" nur ein Teil der "Neubau- und Reparaturpläne" des Architekten Joseph Kleesattel verwirklicht werden konnte, hatte das Caritasheim nach Auflösung des städtischen Männerheims an der Kaiserswerther Straße und Überweisung von etwa 50 "Invaliden" in die siebelsche Villa bereits am 1. April 1931 seinen Betrieb aufgenommen[703]. Nach Aufzeichnungen im Protokollbuch kamen zu diesen "einzelne leichtkranke Wanderer (schwankend zwischen 6 - 20)" hinzu, "die teils in der Villa, teils in dem Garagengebäude untergebracht wurden"[704]. Nach Auflösung des Raphaelsheims im Jahre 1932 wurden auch "die städtischen Obdachlosen und die anderen Dauerinsassen durch das Caritasheim übernommen"[705]. Zur Betreuung der "alleinstehenden, hilfebedürftigen Männer" berief der Düsseldorfer Caritasverband drei Brüder aus der Ordensgemeinschaft der Armen Brüder vom Hl. Franziskus in Bleyerheide[706], die am 31. März 1932 die Leitung des Caritasheimes am Rather Broich über-

---

[699] Vgl. CVD Vorstandsprotokolle, 10.06.1932.
[700] Vgl. DT 14.07.1931; VZ 14.07.1931; DN 15.07.1931; DN 16.07.1931; Wenzel Goldbaum, Währungsnotrecht. Kommentar zu den Notverordnungen über den Verkehr mit ausländischen Zahlungsmitteln, gegen die Kapital- und Steuerflucht, über die Darmstädter und Nationalbank, Bankfeiertage usw., Berlin 1931, 3 ff.
[701] Vgl. CVD Vorstandsprotokolle, 10.06.1932.
[702] CVD Vorstandsprotokolle, 10.06.1932.
[703] Vgl. CVD Vorstandsprotokolle, 10.06.1932; Josef Sommer, Christus in der Großstadt. Er ladet die Hungrigen zu Gast. Er sucht die Armen an Hecken und Zäunen. Hilf Du helfen !, in: Düsseldorfer Tageblatt Jg. 66 Nr. 237 (26.08.1932), o. S. (5).
[704] CVD Vorstandsprotokolle, 10.06.1932.
[705] CVD Vorstandsprotokolle, 10.06.1932. Vgl. auch AEK GVA Düsseldorf überhaupt 87, 17.01.1933; NN, Das Raphaelsheim, in: Mitteilungen des Caritasverbandes für die Stadt Düsseldorf Jg. 7 Nr. 6 (Juni 1931), 48; Josef Sommer, Christus in der Großstadt. Er ladet die Hungrigen zu Gast. Er sucht die Armen an Hecken und Zäunen. Hilf Du helfen !, in: Düsseldorfer Tageblatt Jg. 66 Nr. 237 (26.08.1932), o. S. (5).
[706] Vgl. AEK GVA Düsseldorf überhaupt 91, 08.04.1931; CVD Vorstandsprotokolle, 10.06.1932; Josef Sommer, Christus in der Großstadt. Er ladet die Hungrigen zu Gast. Er sucht die Armen an Hecken und Zäunen. Hilf Du helfen !, in: Düsseldorfer Tageblatt Jg. 66 Nr. 237 (26.08.1932), o. S. (5).

nahmen[707]. Bereits im ersten Jahr ihrer Tätigkeit verzeichnete das Obdachlosenasyl eine Belegungszahl von 14108 Übernachtungen[708].

Für die Franziskanerbrüder wie auch die "95 katholischen Dauerinsassen" und "täglich 60 - 70 Obdachlosen" wurde im Sommer 1932 in einem "besonderen Gebäude" eine Kapelle fertig gestellt[709], die am 13. November 1932 von Caritasdirektor Johannes Becker benediziert worden war[710]. Bei dem "besonderen Gebäude" handelte es sich um einen Pavillon der Industrie- und Gewerbe - Ausstellung von 1902, der anschließend in Rath aufgestellt und als Werkausstellungsraum benutzt wurde[711]. Über die feierliche Weihe berichtete das Düsseldorfer Tageblatt: "Die St. Christophorus - Kapelle im Karitasheim an der 'Zentrale' erhielt heute ihre kirchliche Weihe. Dechant Döhmer, der sie als Vorsitzender des Karitasverbandes vornahm, betonte in seiner Festpredigt, wie an der ehemaligen Stätte industrieller Arbeit nun die Karitas eine Heimstätte gefunden als gebende Hilfsbereitschaft und empfangende Hilfsbedürftigkeit. St. Christophorus, der Christusträger, St. Raphael, der führende, schützende, rettende Engel sind fortan die himmlischen Patrone des überaus stimmungsvollen Heiligtums, der all den vielen Heimatlosen eine Heimstätte der Ruhe, des Friedens, der Einkehr und Heimkehr für Leib und Seele werden soll. Ein besonders weihevoller Augenblick war es, als zur hl. Wandlung das Glöcklein vom schwungvollen Barocktürmchen zum ersten Male die Gegenwart des göttlichen Armen - Freundes inmitten der Seinen verkündete. Karitasdirektor Becker und Pfarrer Bertram (Rath) entzündeten nach der hl. Wandlung das ewige Licht in den von der kunstfertigen Hand des Kunstschlossers Hüser (Rath) geschaffenen Kandelabern. ... Am Nachmittag gab P. Guardian Bruno Feldmann OFM den Kreuzweg - Stationen die kirchliche Weihe, in der Ansprache den Leidensweg des Herrn als Pfad der Liebe und der Gnade preisend"[712].

Erziehungsberatungsstelle

Aus der Einsicht, "daß die seelische Not der Zeit noch drückender ist als die materielle", hatte das Caritassekretariat Mitte Oktober 1930 eine Erziehungsberatungsstelle eröff-

---

[707] Vgl. CVD Vorstandsprotokolle, 10.06.1932.

[708] Vgl. AEK O R 21.1, Aus der Geschichte des Caritasheims Düsseldorf - Rath. Ein Erinnerungsblatt aus Anlaß der kirchlichen Visitation durch Se. Eminenz den hochwürdigsten Herrn Erzbischof von Köln Kardinal Frings. Düsseldorf, den 25. Oktober 1949, Manuskript Düsseldorf 1949, Bl. 7.

[709] Vgl. AEK GVA Düsseldorf überhaupt 91, 19.10.1932; CVD Vorstandsprotokolle, 10.06.1932.

[710] Vgl. AEK GVA Düsseldorf überhaupt 91, 08.11.1932.

[711] Vgl. CVD 7, 14.11.1953.

[712] Johannes Becker, Kapellenweihe im Rather Karitasheim, in: Düsseldorfer Tageblatt Jg. 66 Nr. 317 (14.11.1932), o. S. (5). Vgl. auch KGD 65, 18.02.1942; NN, Eine Station für Heimatlose, in: Katholische Kirchenzeitung (Düsseldorf) Jg. 11 Nr. 10 (11.03.1934), 93; NN, Die alte Kapelle, in: 1932 - 1982. 50 Jahre Caritasheim Düsseldorf - Rath, Düsseldorf 1982, 69.

net[713]. In einem Artikel der Caritasmitteilungen zur Vorstellung der neuen Einrichtung heißt es: "Diese hat zunächst den Zweck, da helfend, ratend beizustehen, wo die durchschnittliche Erziehung in Elternhaus und Schule nicht erreicht, wo Kinder und Jugendliche Schwierigkeiten des Verhaltens zeigen, denen die normale Erziehungsart ratlos gegenübersteht. ... In der Erziehungsberatungsstelle könnten aber auch Eltern, die es recht ernst mit ihren Kindern meinen, eine willkommene Gelegenheit sehen, sich über die Einzelfragen an wissenschaftlich und praktisch erfahrener Stelle auszusprechen. Die neue Zeit stellt an die Erziehertätigkeit der Eltern ganz andere und meist schwierigere Forderungen als früher. Viel frühzeitiger als früher muß sich z.B. das Autoritätsverhältnis zum kameradschaftlichen vertiefen. Das setzt allerlei Kenntnisse und Überlegungen voraus, die nicht mit der Vater- und Mutterschaft an sich gegeben werden, die vielmehr Gegenstand einer besonderen Wissenschaft, der Erziehungswissenschaft sind. Den meisten Eltern ist es natürlich unbekannt, daß es überhaupt eine solche gibt, und es wird noch eine geraume Zeit dahingehen, ehe eine bewußte Ausbildung der Eltern zum Werke der Erziehung allgemein üblich wird. Wieviel Kinderleid, das doch viel verhängnisvoller wirkt als alles Leid der Erwachsenen, könnte dadurch verhütet und geheilt werden. Immerhin beweist die stetig anwachsende Zahl der Erziehungsberatungsstellen, daß man diese wenigstens schon als notwendig erkennt und besucht. Es zeigt sich aber auch immer deutlicher, daß katholische Erziehungsberatungsstellen notwendig sind. Das Erziehungsziel ist (heute) weltanschaulich recht verschieden, daher sind auch die Mittel und Wege verschiedenartig. Deshalb kann es dem Katholiken nicht gleichgültig sein, wo er sich beraten läßt, und er kann es im gegebenen Falle nur begrüßen, daß eine an der katholischen Weltanschauung orientierte Beratung zur Verfügung steht. Dazu ist für Kinder und Jugendliche eine regelmäßige Führung 'Privaterziehung' in wöchentlich mehrmaligen Besprechungen vorgesehen, etwa in dem gleichen Sinne, wie der Privatunterricht den Klassenunterricht ergänzt"[714]. Wie aus der Ankündigung weiter hervorgeht, war die Beratungsstelle im Caritassekretariat dienstags und freitags für jeweils eine Stunde besetzt. Die Beratungen, für die sich eine Kinderärztin und eine Psychiaterin "bereitwilligst in den Dienst der Guten Sache gestellt" hatten, waren streng vertraulich und kostenlos[715].

Obwohl die Notwendigkeit und der Bedarf nach einer katholischen Erziehungsberatungsstelle außer Frage standen, scheint die Einrichtung nur kurze Zeit bestanden zu haben. In den überlieferten Rechenschaftsberichten des Caritassekretariates, selbst für das Jahr 1930, findet die Beratungsstelle keine Erwähnung[716].

---

[713] Vgl. DT 19.10.1930; NN, Katholische Erziehungsberatungsstelle, in: Katholische Kirchenzeitung (Düsseldorf) Jg. 7 Nr. 43 (26.10.1930), 344; NN, Katholische Erziehungsberatung, in: Mitteilungen des Caritasverbandes für die Stadt Düsseldorf Jg. 6 Nr. 10/11 (Oktober/November 1930), 63 - 64, 63.
[714] NN, Katholische Erziehungsberatung, in: Mitteilungen des Caritasverbandes für die Stadt Düsseldorf Jg. 6 Nr. 10/11 (Oktober/November 1930), 63 - 64, 63 f.
[715] Vgl. NN, Katholische Erziehungsberatungsstelle, in: Katholische Kirchenzeitung (Düsseldorf) Jg. 7 Nr. 43 (26.10.1930), 344; NN, Katholische Erziehungsberatung, in: Mitteilungen des Caritasverbandes für die Stadt Düsseldorf Jg. 6 Nr. 10/11 (Oktober/November 1930), 63 - 64, 64.
[716] Vgl. DT 11.12.1930; Johannes Becker, Der gegenwärtige Stand der Düsseldorfer Caritasarbeit, in: Mitteilungen des Caritasverbandes für die Stadt Düsseldorf Jg. 7 Nr. 1 (Januar 1931), 2 - 5, 2 ff.

Verein für arme unbescholtene Wöchnerinnen

Berücksichtigung fand im Letzteren jedoch der "Verein für arme, unbescholtene Wöchnerinnen aller Bekenntnisse", der seine Geschäftsstelle offenbar zu Beginn des Jahres 1930 in das Caritassekretariat verlegt hatte[717]. Der Verein, dessen Geschichte bereits an anderer Stelle beschrieben wurde, bot "armen und unbescholtenen" Wöchnerinnen "eine die städtische Säuglings- und Mutterpflege ergänzende Hilfe" an. Nach Ausweis des Verbandsberichtes unterstützte der Verein im Jahre 1930 mehr als 220 Wöchnerinnen[718].

Caritassekretariat 1930

Mit dem Wöchnerinnenverein hatte sich dem Düsseldorfer Caritassekretariat neben dem Katholischen Männerfürsorgeverein, dem Raphaelsheim, dem Regisverein und der Caritasvorsorge die fünfte caritative Fachorganisation angeschlossen. Gegen Ende des Jahres 1930 waren im Caritassekretariat 22 hauptamtliche Kräfte beschäftigt, die sich wie folgt verteilten: Caritassekretariat 8, Katholischer Männerfürsorgeverein 5, Raphaelsheim 2, Caritasvorsorge 7. Rückgrat der "Düsseldorfer katholischen Karitas" waren zu Beginn der dreißiger Jahre die kirchlichen Anstalten und Vereine, die zusammen 950 hauptamtliche und "mehrere tausend" ehrenamtliche Kräfte zum Einsatz brachten. An katholischen Anstalten, Einrichtungen und Vereinen nennt der Jahresbericht 1930: 2 Säuglingsheime, 34 Kindergärten, 5 Kinderhorte, 5 Waisenhäuser und Kinderheime, 2 Mädchenheime, 1 Lehrlingsheim, 1 Jugendschutzheim, 1 Kreuzbundheim, 3 Gesellenhäuser, 5 Damenheime, 7 Altersheime, 1 Wandererarbeitsheim, 4 Fürsorge - Erziehungsheime, 1 Heim für Epileptiker, 9 Krankenhäuser, 1 Mädchenschutzverein (Bahnhofsmission), 2 Jugendfürsorgevereine, 1 Gefängnisverein, 25 Stationen der Ambulanz, 29 Elisabethenvereine, 28 Vinzenzvereine und 1 Caritassekretariat. Aus dem "vielgestaltigen Arbeitsgebieten" des Caritassekretariates hebt der Rechenschaftsbericht hervor: die Außenfürsorge durch die städtische Familienfürsorge (813 ehrenamtliche Kräfte) und den Männerfürsorgeverein (313 ehrenamtliche Kräfte), die Armenfürsorge (etwa 150 Fälle pro Tag), die soziale Krankenhausfürsorge mit zwei Fürsorgerinnen, die Erholungs- und Heilfürsorge für Kinder (333 Kuren), die Erholungs- und Heilfürsorge für Erwachsene (198 Kuren), die caritative Stellenvermittlung für Pflegerinnen (36 Vermittlungen), die caritative Fortbildung der Caritaskräfte durch Versammlungen und Schulungen, den Männerfürsorgeverein (2175 Fälle), das Raphaelsheim (1200 Übernachtungen), den Wöchnerinnenverein (222 Unterstützungen), den Regisverein (15 Fälle), die Caritas -

---

[717] Vgl. NN, Für arme, unbescholtene Wöchnerinnen aller Bekenntnisse, in: Mitteilungen des Caritasverbandes für die Stadt Düsseldorf Jg. 6 Nr. 3 (März 1930), 17.
[718] Vgl. DT 11.12.1930; Johannes Becker, Der gegenwärtige Stand der Düsseldorfer Caritasarbeit, in: Mitteilungen des Caritasverbandes für die Stadt Düsseldorf Jg. 7 Nr. 1 (Januar 1931), 2 - 5, 4.

Hilfskrankenhaus Blücherstraße

Vorsorge sowie die "Vertretung der katholischen Liebestätigkeit bei der öffentlichen und nichtkatholischen Wohlfahrtspflege"[719].

Hilfskrankenhaus Blücherstraße

Vergleicht man die Gesamtzahl der caritativen Anstalten und Vereine in Düsseldorf zu Beginn und Ende der Weimarer Republik, überrascht der Befund, dass die Summen sich kaum unterscheiden. In der Tat waren fast alle wichtigen und bedeutenden Aufgabenfelder auf dem Gebiet katholischer Wohlfahrtspflege bereits vor dem Ersten Weltkrieg mit ehrenamtlichen und hauptamtlichen Kräften besetzt, so dass nach der Revolution 1918/19 nur noch wenige kirchliche Fürsorgewerke neu hinzukamen. Außer den bereits beschriebenen Einrichtungen gehörte hierzu auch das Hilfskrankenhaus im Kolpinghaus an der Blücherstraße, das von der Stadt getragen, aber von Ordensschwestern betreut wurde. Als nach Kriegsende eine rentable Auslastung aller Düsseldorfer Gesellenhäuser wegen der Vielzahl gefallener Soldaten und der Abschnürung des Rheinlandes vom Reich nicht zu erwarten war, hatte der Verein am 20. August 1918 das Kolpinghaus am Dreieck der Stadt Düsseldorf zur Miete angeboten[720]. Da das Gesundheitsamt zusätzliche Betten zur Pflege verwundeter Soldaten vorhalten musste, kam es zwischen Gesellenverein und Stadtverwaltung schnell zu einer vertraglichen Einigung. Bereits am 18. Oktober 1918 wurde ein Kontrakt geschlossen, der die vorübergehende Einrichtung eines "Not- und Hilfskrankenhauses" der Stadt Düsseldorf im Kolpinghaus vorsah[721]. Die provisorische Krankenanstalt nahm am 28. Dezember 1918 mit 150 Betten ihren Betrieb auf[722] und diente vor allem zur Aufnahme von "Erwachsenen der III. Verpflegungsklasse mit nichtansteckenden Krankheiten"[723]. Die Pflege der Patienten und die hauswirtschaftliche Leitung der Anstalt wurde der "Kongregation der barmherzigen Schwestern von der heiligen Elisabeth aus dem Mutterhaus zu Essen" übertragen, die zehn Schwestern nach Derendorf entsandte[724]. Als die Elisabetherinnen ihre Aufgaben zur allgemeinen Zufriedenheit ausübten, wollte Präses Josef Palmen zu Beginn der

---

[719] Vgl. DT 11.12.1930; Johannes Becker, Der gegenwärtige Stand der Düsseldorfer Caritasarbeit, in: Mitteilungen des Caritasverbandes für die Stadt Düsseldorf Jg. 7 Nr. 1 (Januar 1931), 2 - 5, 2 ff.

[720] Vgl. SAD III 18678, 21.08.1918.

[721] Vgl. SAD IV 37808, 18.10.1918; Bericht über den Stand und die Verwaltung der Gemeinde - Angelegenheiten der Stadt Düsseldorf für den Zeitraum vom 1. April 1914 bis 31. März 1919, Düsseldorf 1919, 259.

[722] Vgl. AEK GVA Düsseldorf überhaupt 45, 18.12.1918; NHS BR 1013/129, 28.12.1919; SAD III 4754, 06.11.1918 und 31.12.1918.

[723] DT 01.01.1919. Vgl. auch NN, Stadtverordneten - Sitzung zu Düsseldorf vom 11. April 1919, in: Stenographische Verhandlungsberichte der Stadtverordneten - Versammlung zu Düsseldorf Jg. 11 Nr. 4 (11.04.1919), 65 - 82, 75.

[724] Vgl. NN, Stadtverordneten - Sitzung zu Düsseldorf vom 11. April 1919, in: Stenographische Verhandlungsberichte der Stadtverordneten - Versammlung zu Düsseldorf Jg. 11 Nr. 4 (11.04.1919), 65 - 82, 75; Bericht über den Stand und die Verwaltung der Gemeinde - Angelegenheiten der Stadt Düsseldorf für den Zeitraum vom 1. April 1914 bis 31. März 1919, Düsseldorf 1919, 259; Johannes Dahl, Der katholische Gesellenverein Düsseldorf. Festschrift zum 75 jährigen Stiftungsfeste, Düsseldorf 1924, 23.

zwanziger Jahre auch die Ökonomie der Gesellenhäuser Bilker Straße und Birkenstraße in die Hand von Ordensschwestern legen[725]. Da das Essener Mutterhaus keine Schwestern mehr abstellen konnte, erklärten sich "Schwestern von der heiligen Elisabeth zu Aachen" zur Übernahme hauswirtschaftlicher Aufgaben bereit[726]. Mit den Schwestern, die am 6. April 1920 im Josephshaus und am 1. Juli 1920 im Gesellenhaus Bilker Straße ihren Dienst aufnahmen, "zog ein neuer Geist der Frömmigkeit und der Ordnung ein"[727].

Lehrlingsheim Kruppstraße

Bestand nach Ende des Ersten Weltkrieges lange Zeit ein Überangebot an Unterkünften für Gesellen, so fehlten in Düsseldorf zur gleichen Zeit geeignete Räumlichkeiten zur Aufnahme katholischer Lehrlinge. Virulent war das Problem vor allem für das Waisenhaus an der Oberbilker Allee, das sich nach dem Krieg "vor die schier unlösbare Aufgabe gestellt" sah, "ihren schulentlassenen Schützlingen eine sichere Existenzmöglichkeit anzubahnen"[728]. Die wirtschaftlichen und sozialen Nöte der Zeit hatten seit Beginn der zwanziger Jahre dazu geführt, dass nur noch wenige Handwerksmeister ihre Lehrlinge in die Hausgemeinschaft aufnahmen[729]. Da ein Verbleib schulentlassener Waisen in Oberbilk nicht möglich war, vermochten nur wenige Jugendliche eine qualifizierte Berufsausbildung aufzunehmen[730]. "Arbeitslos, manchmal gänzlich verwahrlost", standen viele Waisen auf der Straße und fielen "sich selbst und der Gesellschaft zur Last"[731]. Mit den "bitteren Erfahrungen" konfrontiert, fasste Pater Matthias Nacken 1924 den Entschluss[732], "für alle Lehrlinge, die nicht die Möglichkeit haben, in eigener oder fremder Familie eine passende Unterkunft zu finden, ein eigenes Heim zu schaffen, das diesen bedauernswerten Knaben das nie gekannte oder verlorene Glück der eigenen Familie soweit als möglich ersetzen sollte"[733].

---

[725] Vgl. AEK GVA Düsseldorf überhaupt 45, 03.02.1920.

[726] Vgl. Erhard Schlund, Handbuch für das franziskanische Deutschland. Auf Grund amtlicher Quellen, München 1926, 64; Johannes Dahl, 1849 - 1949, in: Franz Hövelmann, 100 Jahre Kolpingsfamilie Düsseldorf 17. bis 19. September 1949, Düsseldorf 1949, 7 - 17, 15.

[727] Vgl. AEK GVA Düsseldorf überhaupt 45, 03.02.1920; Willibalda Schmitz - Dobbelstein, Die Hospitalschwestern von St. Elisabeth in Aachen 1622 - 1922, Aachen 1922, 155; Johannes Dahl, Der katholische Gesellenverein Düsseldorf. Festschrift zum 75 jährigen Stiftungsfeste, Düsseldorf 1924, 23.

[728] Karl Borgmann, Das Lehrlingsheim der Herz - Jesu - Priester in Düsseldorf, in: Das Reich des Herzens Jesu Jg. 30 Nr. 4 (April 1930), 109 - 112, 109.

[729] Vgl. Ks, Gedanken zur Eröffnung des 1. Lehrlingsheimes Deutschlands in Oberbilk Kruppstraße, in: Oberbilker Bürger- und Schützen - Zeitung Jg. 2 Nr. 14 (Juni 1929), o. S. (3 - 4, 3 f).

[730] Vgl. KRD 31, 15.06.1924.

[731] Karl Borgmann, Das Lehrlingsheim der Herz - Jesu - Priester in Düsseldorf, in: Das Reich des Herzens Jesu Jg. 30 Nr. 4 (April 1930), 109 - 112, 109.

[732] Vgl. KRD 31, 15.06.1924.

[733] Karl Borgmann, Das Lehrlingsheim der Herz - Jesu - Priester in Düsseldorf, in: Das Reich des Herzens Jesu Jg. 30 Nr. 4 (April 1930), 109 - 112, 109 f.

Dass Matthias Nacken den entscheidenden Impuls für den Bau eines Lehrlingsheims gab, war Resultat seiner langjährigen Tätigkeit in der Oberbilker Waisenanstalt[734]. Im April 1920 von Sittard nach Düsseldorf als Seelsorger für verwaiste Kinder entsandt, hatte er vor allem die Aufgabe, in der Stadt die Einrichtung einer Niederlassung und Seelsorgestation für die Ordensgemeinschaft der Herz - Jesu Priester vorzubereiten[735]. Da infolge der Wohnungsnot kein geeignetes Haus zu erwerben war, stellte der Waisenverein ein Nebengebäude der Anstalt für den genannten Zweck zur Verfügung[736]. Zum Arbeitsfeld der Kongregation gehörten Volksmissionen, Exerzitien, religiöse Wochen und Einkehrtage[737]. Nicht zuletzt wegen der zentralen Lage nahm in Oberbilk bald auch die deutsche Provinzleitung der Herz - Jesu Priester ihren Sitz[738].

Das Vorhaben zum Bau eines Lehrlingsheims in Düsseldorf kam voran, als die Wirtschaft nach Überwindung der Inflation den Mangel jüngerer Facharbeiter beklagte[739]. "Hier bot ein großes Heim die Möglichkeit", so die Provinzzeitschrift der Herz Jesu Priester, "den Lehrlingsmangel durch Aufnahme von Waisenknaben, wenn nötig auch aus der industrieärmeren Umgegend der Stadt, schnellstens und sicher zu beheben"[740]. Außerdem diente man der Stadt und dem Staat, "die in einem gesunden Handwerkerstand zufriedene, staatsbejahende und leistungsfähige Bürger" gewannen[741]. Nachdem es der Ordensgemeinschaft der Herz - Jesu Priester im Sommer 1927 gelang, von der arenbergischen Domänenverwaltung für 130000 Mark ein 7777 qm großes Grundstück (Kruppstr. 110) zu erwerben[742], konnte im folgenden Sommer der Bau eines Lehrlingsheims in Angriff genommen werden[743]. Als zu Beginn des Jahres 1929 die Arbeiten zum ersten Bauabschnitt beendet waren, schrieb das Düsseldorfer Tageblatt über den Entwurf der Architekten Georg Krekel und Prof. Hans Freese: "Das Heim wird tatsächlich

---

[734] Vgl. HJB Totenzettel Matthias Nacken, 15.07.1957; Fünfundzwanzig Jahre St. Apollinaris. Vom Werden und Wachsen einer Pfarrgemeinde. Festschrift zum 25jährigen Bestehen der katholischen Pfarrgemeinde St. Apollinaris zu Düsseldorf. 1907 - 26. Mai - 1932, Düsseldorf 1932, 15; RP 16.07.1957; Heinrich Thien, Düsseldorf, in: 50 Jahre Deutsche Ordensprovinz der Herz - Jesu - Priester 1908 - 1958, Düsseldorf 1958, 75 - 79, 76.

[735] Vgl. AEK GVA Düsseldorf überhaupt 63, 24.09.1920; 1878 - 1928. 50 Jahre Genossenschaft der Herz - Jesu - Priester. Gedenkschrift zum 50jährigen Jubiläum der Herz - Jesu - Priester, Sittard 1928, 24.

[736] Vgl. AEK GVA Düsseldorf überhaupt 63, 24.09.1920 und 10.06.1921; 1878 - 1928. 50 Jahre Genossenschaft der Herz - Jesu - Priester. Gedenkschrift zum 50jährigen Jubiläum der Herz - Jesu - Priester, Sittard 1928, 24.

[737] Vgl. DT 07.12.1933.

[738] Vgl. DT 15.05.1921; DT 07.09.1922; Karl Hoeber, Volk und Kirche. Katholisches Leben im deutschen Westen, Essen 1935, 344.

[739] Vgl. Ks, Gedanken zur Eröffnung des 1. Lehrlingsheimes Deutschlands in Oberbilk Kruppstraße, in: Oberbilker Bürger- und Schützen - Zeitung Jg. 2 Nr. 14 (Juni 1929), o. S. (3 - 4, 3 f).

[740] Karl Borgmann, Das Lehrlingsheim der Herz - Jesu - Priester in Düsseldorf, in: Das Reich des Herzens Jesu Jg. 30 Nr. 4 (April 1930), 109 - 112, 110.

[741] Karl Borgmann, Das Lehrlingsheim der Herz - Jesu - Priester in Düsseldorf, in: Das Reich des Herzens Jesu Jg. 30 Nr. 4 (April 1930), 109 - 112, 110.

[742] Vgl. KRD 31, 29.06.1927.

[743] Vgl. KRD 31, 10.06.1928.

unter denkbar praktischster Ausnutzung des vorhandenen Raumes mit allen modernen hygienischen und technischen Errungenschaften ausgestattet. Wer die Gefahren der Großstadt für unsere heutige Jugend kennt, weiß, daß mit der Errichtung gerade dieses Heimes ein großes Stück der sozialen Frage aus dem riesigen Komplex brennender sozialer, ethischer und volkswirtschaftlicher Probleme herausgeschält und seiner Lösung entgegengeführt ist. Man kann den Schöpfern und Erbauern dieses genialen Werkes nur dankbar sein"[744]. In der Tat setzte das Lehrlingsheim sowohl in architektonischer wie auch pädagogischer Hinsicht in vielen Bereichen neue Maßstäbe[745]. "Gleich am äußersten Ende des Gebäudes", so das Tageblatt weiter, "liegt der große gemeinschaftliche Speisesaal, dem sich fortlaufend Einzel - Aufenthaltsräume für Gäste, ein großes gemeinsames Wohnzimmer, Unterhaltungs- und Billardraum und eine reichhaltige Bibliothek anschließen. Über dem Speisesaal befindet sich die zwei Stockwerk hohe Kapelle, die nur mit Chorstühlen und einfacher Ausschmückung versehen wird[746]. ... Nach dem Garten zu liegt im Anschluß an den Speisesaal im Erdgeschoß eine große, geräumige Sommerterrasse, im Dachgeschoß ein sich über das ganze Gebäude erstreckender gedeckter Promenadengang, der einen sehr hübschen Ausblick auf den Volksgarten und die dahinterliegende Stadt gewährt"[747].

Über die Raumaufteilung und die Leitung im Heim heißt es an anderer Stelle: "Tritt man in das Innere des langgestreckten Baues, so fällt jedem die eigenartige Raumverteilung auf. Was man früher nur im sogenannten Pavillonsystem angestrebt hat, daß nämlich die Heimbewohner nicht herdenmäßig zusammenwohnen, sondern in kleinere Familiengruppen[748] mit eigener selbständiger Wohnung aufgeteilt werden, das wird hier in einem großen Gesamtbau auch bautechnisch bis zum letzten durchgeführt. Die Wohnung einer einzelnen Gruppe, die ungefähr 20 Mann zählt, besteht aus zwei Schlafräumen zu je 10 Betten, einem Waschraum und einem Wohnraum. Die Ausstattung ist einfach und solide und entspricht besonders in den Schlaf- und Waschräumen allen Anforderungen, die man an ein neuzeitliches Heim stellen kann. Recht anheimelnd sind die Wohnräume mit ihren gemütlichen Winkeln und Eckchen und den großen anschließenden Balkons. Durch die ganz originelle Bauart ist es gelungen, alle 15 Wohnungen scharf von einander zu trennen, ohne den Gesamtbau auseinander zu reißen und ohne anstaltsmäßiger Korridore zu benötigen. ... Die Leitung des Lehrlingsheimes liegt in den Händen der Herz - Jesu - Priester. Die Oberleitung des Hauses führt ein Rektor. Ihm zur Seite stehen drei Priester, die als Präfekten je 95 Jungen betreuen. Der Präfekt steht seinen Lehrlingen zu jeder Zeit zur Verfügung. Jedem Präfekten ist ein staatlich geprüfter Jugendpfleger beigegeben. Auch das frauliche Element ist nicht ganz ausgeschaltet. So werden die häuslichen Dienste in Küche und Keller, in Wäscherei und Nähstube, in

---

[744] DT 19.01.1929.
[745] Vgl. DT 14.04.1929; Ks, Gedanken zur Eröffnung des 1. Lehrlingsheimes Deutschlands in Oberbilk Kruppstraße, in: Oberbilker Bürger- und Schützen - Zeitung Jg. 2 Nr. 14 (Juni 1929), o. S. (3 - 4, 3 f); DT 27.11.1930.
[746] Zur Kapelle im Lehrlingsheim vgl. PfA Oberbilk St. Apollinaris, Ordner Ordensniederlassungen, 15.10.1932.
[747] DT 19.01.1929.
[748] Vgl. dazu DT 27.11.1930.

Wohnung und Krankenzimmer von Schwestern besorgt"[749]. Bei letzteren handelte es sich um Hiltruper "Missionsschwestern vom Heiligsten Herzen Jesu", die am 1. September 1930 im Oberbilker Waisenhaus die Barmherzigen Schwestern vom Hl. Borromäus ablösten[750] und im Lehrlingsheim die Hauswirtschaft übernahmen[751]. Bereits im Januar 1929 konnten die ersten 140 Lehrlinge ihr neues Heim beziehen[752]; bis zum 1. Mai 1929 stieg die Zahl auf 300 Jungen[753]. Die feierliche Benediktion des Lehrlingsheims, des Verwaltungshauses und der Kapelle erfolgte am 26. Juni 1929 durch Weihbischof Hermann Joseph Straeter[754].

Das Lehrlingsheim wollte ein Haus sein, ohne den "Verkehr mit dem Leben da draußen" zu unterbinden. Es verzichtete auf eigene Heimlehrstätten und vermittelte stattdessen Ausbildungsplätze in der Stadt[755]. "Auch sonst ist dem Lehrling reichlich Gelegenheit geboten, zu seiner Ausbildung oder Erholung geeignete Veranstaltungen in der Stadt zu besuchen. Ebenso wird im religiösen Leben eine völlige Absperrung von der Pfarrei nach Möglichkeit vermieden, damit die Lehrlinge nach und nach in den geordneten Pfarrverband hineinwachsen. Die Leitung des Hauses ist bemüht, allen unnötigen Zwang soweit als möglich zu vermeiden. Sie will ja nicht junge Menschen zu Rekruten drillen, die vielleicht während ihrer Lehrzeit glänzend paradieren, später aber mit der ihnen aufgezwungenen Dressur nur zu leicht auch die unerläßlichen Bindungen und Verpflichtungen gegen Gott und die Menschen rasch und oft für immer abstreifen. Vielmehr sind die Erzieher bestrebt, ihren Schutzbefohlenen schon frühzeitig ein hohes Maß von Verantwortlichkeitsgefühl und Selbständigkeit zu vermitteln, sie zu festen Charakteren heranzubilden, sie stark zu machen für die Stürme des Lebens, die sie nach wenigen Jahren ganz selbständig bestehen müssen"[756].

Liebfrauenkrankenhaus

Als die ersten Vorbereitungen zum Bau des Oberbilker Lehrlingsheims in Gang kamen, war im benachbarten Flingern eine neue "Stätte der Caritas" gerade fertig gestellt[757]. Im Frühjahr 1928 konnte an der Degerstr. 59/61 der Neubau des Liebfrauenstiftes für die

---

[749] Karl Borgmann, Das Lehrlingsheim der Herz - Jesu - Priester in Düsseldorf, in: Das Reich des Herzens Jesu Jg. 30 Nr. 4 (April 1930), 109 - 112, 111.
[750] Vgl. KRD 23, 24.05.1930; MHH Chronik der Niederlassung der Missionsschwestern vom heiligsten Herzen Jesu von Hiltrup in Düsseldorf Katholisches Waisenhaus vom Mai 1930 bis 31. Dezember 1949, Bl. 2.
[751] Vgl. AEK GVA Düsseldorf überhaupt 63, 27.11.1928; KRD 2, 19.01.1931.
[752] Vgl. DT 19.01.1929.
[753] Vgl. DT 14.04.1929.
[754] Vgl. DT 27.06.1929; DT 28.06.1929.
[755] Vgl. Karl Borgmann, Das Lehrlingsheim der Herz - Jesu - Priester in Düsseldorf, in: Das Reich des Herzens Jesu Jg. 30 Nr. 4 (April 1930), 109 - 112, 111.
[756] Karl Borgmann, Das Lehrlingsheim der Herz - Jesu - Priester in Düsseldorf, in: Das Reich des Herzens Jesu Jg. 30 Nr. 4 (April 1930), 109 - 112, 111.
[757] Vgl. DT 25.03.1928.

Franziskanerinnen von der Hl. Familie unter Dach gebracht werden[758]. Nachdem der Orden 1919 im Hause Lindenstr. 199 eine Schwesternstation mit ambulanter Krankenpflege, Kindergarten und Handarbeitsschule eingerichtet hatte[759], wurde sechs Jahre später zur Erweiterung "die Front an der Degerstraße" (Nr. 47) hinzugekauft[760]. Hier sollte "ein Erholungsheim für Schwestern gebaut werden, wozu nach bischöflicher Vorschrift im Hinblick auf die furchtbare Ernte, die der Tod gerade unter den jüngeren Ordensleuten hielt, jede klösterliche Genossenschaft verpflichtet war"[761]. Das Vorhaben konnte jedoch nicht realisiert werden; stattdessen erwarben die Franziskanerinnen ein Anwesen in Erkrath (Morperstr. 8) und richteten hier 1926 ein Erholungsheim für 25 Schwestern ein[762]. Im folgenden Jahr veräußerte der Orden wegen hoher Unterhaltungskosten das Liebfrauenstift an die Stadt Düsseldorf, die um den ehemaligen Eulerschen Park zwischen Dorotheen-, Deger- und Lindenstraße über 200 Kleinwohnungen zur Linderung der Wohnungsnot errichten ließ[763]. Zum Ersatz für das Haus an der Lindenstraße erwarb der Orden von der Pfarrei Maria Himmelfahrt ein direkt an den Siedlungspark "Eulerhof" angrenzendes Grundstück[764]. Nach Entwürfen des Düsseldorfer Architekten Joseph Schönen wurde für das Liebfrauenstift auf dem Areal ein Haus "im neusten Stile" erbaut[765], das am 20. Juni 1926 von Pfarrer Matthias Dahlhausen feierlich eingeweiht werden konnte[766]. Neben Räumlichkeiten für Kindergarten, Kinderhort und Nähschule verfügte das neue Liebfrauenstift über 30 Zimmer für "alleinstehende, ältere Damen"[767]. Letztere waren mit der "neuesten aller Errungenschaften", dem Radio, ausgestattet, "so daß die Einsamen nicht mehr einsam sind, sondern das Leben draußen mit seinem Ernst und Schmerz, mit Sang und Klang hineinrufen können in ihr stilles Heim"[768]. Von der Degerstraße aus betrieben die Franziskanerinnen auch ambulante Krankenpflege, "um Sonne und Licht in arme, verlassene Krankenstuben zu bringen"[769]. Über den selbstlosen Liebesdienst der Franziskanerinnen unter der Arbeiterbevölkerung von Flingern bemerkte das Düsseldorfer Tageblatt am 25. März 1928: "Ein freundliches Lächeln auf den Lippen, ein gütiges Wort auf der Zunge, eine weiche, linde Hand für den zer-

---

[758] Vgl. NHS Regierung Düsseldorf 54765, 13.06.1927; DT 25.03.1928; DT 20.06.1928.
[759] Vgl. oben S. 475.
[760] Vgl. DT 25.03.1928.
[761] DT 25.03.1928. Vgl. auch AEK GVA Düsseldorf überhaupt 55, 28.03.1926 und 11.01.1927.
[762] Vgl. AEK GVA Düsseldorf überhaupt 55, 28.03.1926; Handbuch des Erzbistums Köln 23 (1933), 317.
[763] Vgl. AEK GVA Düsseldorf überhaupt 55, 11.01.1927 und 07.08.1927; DN 25.03.1928; DT 25.03.1928.
[764] Vgl. AEK GVA Düsseldorf überhaupt 55, 15.03.1926; AEK GVA Düsseldorf überhaupt 81, 10.03.1927 und 22.03.1927.
[765] Vgl. DT 25.03.1928.
[766] Vgl. PfA Flingern Liebfrauen, St. Maria Himmelfahrt. Geschichtliche und urkundliche Aufzeichnungen, 20.06.1928; DT 20.06.1928; DSA 21.06.1928; DT 21.06.1928.
[767] Vgl. DT 25.03.1928. Vgl. auch DN 25.03.1928; DT 01.05.1928; DT 20.06.1928; NN, Kinderhort, in: Katholische Kirchenzeitung (Düsseldorf) Jg. 5 Nr. 44 (28.10.1928), 248b.
[768] DT 25.03.1928.
[769] DT 25.03.1928.

marterten Körper, am Arm den unmodisch lieben Franziskanerbeutel mit allerlei Köstlichem, was milde Herzen geschenkt, so treten die stillen, schlichten, oft geschmähten Gestalten als Jüngerinnen ihres Meisters in die Stätten grauen, herzergreifenden Großstadtelendes, Freude bringend, Segen spendend, und manch verbittertes Gemüt taut auf, mancher Verzweifelter wird dem Leben und seinem Gott zurückgewonnen"[770].

Als das Damenheim entgegen aller Erwartungen nicht den erhofften Gewinn erwirtschaftete, wurde im Juni 1929 "aus Gründen der eigenen Rentabilität" der Beschluss gefasst, das Stift in ein Krankenhaus umzuwandeln[771]. Vorgesehen waren 120 Betten "für Patienten aus den Kreisen der minderbemittelten Bevölkerung, also in der dritten Verpflegungsklasse"[772]. Da keine größeren baulichen Veränderungen notwendig waren, konnten die ersten Kranken bereits Anfang Juli von zwei Fachärzten und den Franziskanerinnen stationär behandelt und betreut werden[773]. Bedingt durch den Hospitalbetrieb, musste der Kindergarten und Kinderhort vorübergehend zur Ackerstr. 174 verlegt werden[774], bis zu Beginn des Jahres 1930 im Hause Grafenberger Allee 186 eine neue Kinderfürsorgeanstalt unter dem Namen "Theresianum" ihre Pforten öffnete[775].

Martinuskrankenhaus

Das Liebfrauenkrankenhaus in Flingern war nicht die erste klösterliche Niederlassung, die in Düsseldorf nach dem Ersten Weltkrieg von einer ambulanten zu einer stationären Krankenpflegestation ausgebaut wurde. Wie bereits berichtet, war mit Ausbruch des Krieges im gerade neu eröffneten Damenheim des Bilker Martinsklosters ein Vereinslazarett eingerichtet worden[776]. Als das Haus an der Gladbacher Straße nicht mehr zur Pflege verwundeter Soldaten benötigt wurde, mietete die Stadt Düsseldorf im Februar 1919 die Räumlichkeiten an und wandelte das Lazarett in ein "abseits vom Straßengeräusch" liegendes Hilfskrankenhaus der Städtischen Krankenanstalten um[777]. Am 4. Feb-

---

[770] DT 25.03.1928. Vgl. auch AEK GVA Düsseldorf überhaupt 81, 06.04.1929; DT 01.05.1928.
[771] Vgl. DT 12.06.1929.
[772] DT 12.06.1929. Vgl. auch SAD IV 2375, 01.08.1929 und 22.07.1935.
[773] Vgl. AEK GVA Düsseldorf überhaupt 81, 26.08.1935; SAD IV 2375, 22.07.1935; DT 12.06.1929; DT 16.10.1929.
[774] Vgl. SAD III 17539, 08.03.1929.
[775] Vgl. DT 12.06.1929; NN, Hausangestellten - Verein Düsseldorf - Ost, in: Katholische Kirchenzeitung (Düsseldorf) Jg. 7 Nr. 35 (31.08.1930), 279; Gertrud Bernert, Kinderhorte in Düsseldorf, ihr Zweck und ihre Entstehung, in: Monatsblatt des Städtischen Wohlfahrts- und Gesundheitsamtes Düsseldorf Jg. 7 Nr. 1 (Januar 1933), 6 - 9, 9; Handbuch des Erzbistums Köln 23 (1933), 169; 1891 - 1991. St. Maria Himmelfahrt (Liebfrauen), Düsseldorf 1991, 101.
[776] Vgl. oben S. 383.
[777] Vgl. MKD Chronik der Filiale Bilk 1859 - 1929, 1919; SAD III 18642, 24.05.1919; SAD IV 37808, 17.10.1918 und 19.02.1919; SAD IV 37817, 15.02.1919; DT 07.03.1919; NN, Stadtverordneten - Sitzung zu Düsseldorf vom 11. April 1919, in: Stenographische Verhandlungsberichte der Stadtverordneten - Versammlung zu Düsseldorf Jg. 11 Nr. 4 (11.04.1919), 65 - 82, 76; Bericht über den Stand und die Verwaltung der Gemeinde - Angelegenheiten der Stadt Düsseldorf für den Zeitraum vom 1. April 1914 bis 31. März 1919, Düsseldorf 1919, XX.

ruar 1919, dem Tag der Einsegnung durch Pfarrer Heinrich Bechem, wurden die ersten Kranken eingeliefert[778]. "Groß" war nach einer Notiz im Düsseldorfer Tageblatt vom 7. März 1919 "die Freude der in diesem großen Stadtteile wohnenden Katholiken, die ein von Schwestern geführtes Krankenhaus bisher schmerzlich entbehren mußten"[779]. Als dirigierender Arzt wurde Sanitätsrat Dr. Jakob Hecker gewonnen, der schon die Patienten des Vereinslazarettes medizinisch behandelt hatte[780]. Noch vor Ablauf des auf fünf Jahre geschlossenen Nutzungsvertrages wurde die Anstalt im Mai 1923 als selbständiges Krankenhaus konzessioniert[781]. Bei einer Bettenzahl von 60 wurden in der Frauenklinik mit den Abteilungen für innere Krankheiten, Gynäkologie, Chirurgie, Augen- und Ohrenkrankheiten im Jahresdurchschnitt etwa 500 bis 600 Patienten behandelt und von Schwestern aus der Ordensgemeinschaft der Armen Dienstmägde Jesu Christi gepflegt[782]. Zwei Jahre später kaufte die Kirchengemeinde ein angrenzendes Grundstück zur Erweiterung des Martinuskrankenhauses hinzu[783], doch wurden die Arbeiten zu einem Neubau an der Gladbacher Str. 26 erst am 1. September 1930 aufgenommen[784]. Wegen wirtschaftlicher Schwierigkeiten kamen die Baumaßnahmen nur langsam voran und gelangten erst im Jahre 1932 zum Abschluss[785].

Agnesheim

Die desolaten Finanzverhältnisse zu Beginn der dreißiger Jahre hemmten nicht nur den Ausbau bestehender Wohlfahrtseinrichtungen, sondern brachten zahlreiche Anstalten in existentielle Gefahr. Besonders hart von der Wirtschaftsrezession war das Agnesheim des Katholischen Fürsorgevereins für Frauen, Mädchen und Kinder betroffen, dessen Anfänge bis in das Jahr 1925 zurückreichten. Nachdem der Vorstand des Düsseldorfer Frauenfürsorgevereins beschlossen hatte, für "junge Mädchen, die im Anschluß an den Aufenthalt in einer Anstalt nicht unmittelbar in völlige Freiheit entlassen werden können", ein halboffenes Heim einzurichten[786], wurde zu diesem Zweck am 4. November

---

[778] Vgl. MKD Chronik der Filiale Bilk 1859 - 1929, 1919; SAD III 4055, 1921; SAD IV 37808, 07.09.1920; DT 07.03.1919.
[779] DT 07.03.1919. Vgl. auch Bericht über den Stand und die Verwaltung der Gemeinde - Angelegenheiten der Stadt Düsseldorf für den Zeitraum vom 1. April 1914 bis 31. März 1919, Düsseldorf 1919, XVI.
[780] Vgl. DT 07.03.1919. Vgl. auch DN 08.03.1919.
[781] Vgl. MKD Chronik der Filiale Bilk 1859 - 1929, 1923; NN, Stadtverordneten - Sitzung zu Düsseldorf vom 11. April 1919, in: Stenographische Verhandlungsberichte der Stadtverordneten - Versammlung zu Düsseldorf Jg. 11 Nr. 4 (11.04.1919), 65 - 82, 75; DT 18.04.1919.
[782] Vgl. SAD IV 37808, 19.02.1919; Jakob Hecker, St. Martinus - Krankenhaus, Martinstraße 7, in: Arthur Schloßmann, Die Düsseldorfer Kranken-, Heil- und Pflegeanstalten, Düsseldorf 1926, 214 - 218, 214.
[783] Vgl. MKD Chronik der Filiale Bilk 1859 - 1929, 1925 und 1926.
[784] Vgl. MKD Chronik der Filiale Bilk 1930 - 2000, 1930; NHS Regierung Düsseldorf 54674, Bl. 1 ff.
[785] Vgl. MKD Chronik der Filiale Bilk 1930 - 2000, 1930, 1931 und 1932.
[786] Vgl. SKF Erinnerungsbericht Emmy Hopmann 1903 - 1928, Manuskript Düsseldorf 1928, Bl. 13; NN, Katholischer Fürsorgeverein für Mädchen, Frauen und Kinder, in: Katholische Kirchenzeitung

1925 das Haus Benrather Str. 30 erworben[787]. Bereits am 1. Januar 1926 nahm das "Heim für widerruflich entlassene Fürsorgezöglinge" die ersten Mädchen auf, um sie unter Anleitung von zwei Fürsorgerinnen zu praktischer Selbständigkeit zu führen[788]. Vom Leben der bis zu sechzehn, "in Erziehungsanstalten erzogenen und ausgebildeten Mädchen" im Agnesheim berichtete Emmy Hopmann am 21. November 1928: "Sie gehen von dort aus einer Berufsarbeit nach, gewöhnen sich an den Gebrauch der Freiheit, während das Heim ihnen durch das Zusammensein mit den 2 Leiterinnen Schutz und Halt bietet gegen die Gefahr der Großstadt und den eigenen Leichtsinn, der bei der Rückkehr in die alten Verhältnisse allzu leicht wieder wach wird"[789]. Die Mädchen sollten eine Familie bilden, "weshalb auch ihre Zahl so niedrig gehalten worden ist"[790]. Drei Jahre nach Eröffnung konnten am 15. Februar 1929 Marienschwestern vom katholischen Apostolat für das Agnesheim gewonnen werden[791], doch zeichnete sich bereits zu diesem Zeitpunkt ab, dass die finanziell nur unzureichend ausgestattete Einrichtung auf Dauer kaum zu halten war. Wenig überraschend war es daher, dass auf dem Höhepunkt der allgemeinen Wirtschaftskrise die noch junge Einrichtung am 15. August 1931 wegen ausbleibender Beihilfen des Landeshauptmanns der Rheinprovinz ihre Pforten schließen musste[792]. Resignierend vermerkt die Provinzialchronik des Säkularinstituts der Schönstätter Marienschwestern unter dem 17. August 1931: "Heute kamen unsere Schwestern von Düsseldorf zurück. Das Heim mußte aufgehoben werden, weil das Landeshaus sich weigerte den arbeitslosen Mädchen Zuschüsse zu gewähren. Den Mädchen Stellen zu verschaffen, war infolge der wirtschaftlichen Depression unmöglich. Frau Landesverwaltungsrat Emmy Hopmann stellte unseren Schwestern anerkennende Zeugnisse aus über

---

(Düsseldorf) Jg. 2 Nr. 46 (14.02.1926), 383; Marie Sigrid Temme, Die Entwicklung des Sozialdienstes katholischer Frauen und Männer e. V., Düsseldorf 1903 - 1993. Eine Vereinschronik aus Anlaß des 90jährigen Vereinsjubiläums, Düsseldorf 1993, 13 f.

[787] Vgl. SKF Protokollbuch des Katholischen Frauenfürsorgevereins Düsseldorf 1916 - 1957, 30.07.1925, 29.10.1925, 11.11.1925 und 03.02.1926; ALD Grundbuchblatt Altstadt 1755, 04.11.1925.

[788] Vgl. SKF Erinnerungsbericht Emmy Hopmann 1903 - 1928, Manuskript Düsseldorf 1928, Bl. 13; NN, Heime für halboffene Fürsorge, in: Korrespondenzblatt Katholischer Fürsorgeverein für Mädchen, Frauen und Kinder Jg. 5 Nr. 2 (Mai 1926), 8 - 11, 9 f; Die Caritas im Erzbistum Köln. Übersicht über ihre Einrichtungen, Anstalten, Träger und ausübenden Kräfte nach dem Stand vom 1. April 1926, Köln 1926, 9; DT 25.11.1928; Bericht über die Arbeit des Katholischen Fürsorgevereins für Mädchen, Frauen und Kinder e. V. Düsseldorf vom 1. Januar 1926 bis 31. Oktober 1928, Düsseldorf 1928, 8.

[789] DT 25.11.1928. Vgl. auch NN, Düsseldorf, in: Korrespondenzblatt Katholischer Fürsorgeverein für Mädchen, Frauen und Kinder Jg. 5 Nr. 1 (März 1926), 13; Bericht über die Arbeit des Katholischen Fürsorgevereins für Mädchen, Frauen und Kinder e. V. Düsseldorf vom 1. Januar 1926 bis 31. Oktober 1928, Düsseldorf 1928, 8.

[790] Bericht über die Arbeit des Katholischen Fürsorgevereins für Mädchen, Frauen und Kinder e. V. Düsseldorf vom 1. Januar 1926 bis 31. Oktober 1928, Düsseldorf 1928, 8.

[791] Vgl. SKF Protokollbuch des Katholischen Frauenfürsorgevereins Düsseldorf 1916 - 1957, 13.02.1929; SMV, Provinzialchronik des Säkularinstituts der Schönstätter Marienschwestern, 15.02.1929; Emilie Engel, Schönstätter Marienschwester 1893 - 1955. Ein Leben für Gott und die Menschen, Vallendar 1998, 22 und 143; Margareta Wolff, Mein Ja bleibt. Emilie Engel, Schönstätter Marienschwester, Vallendar 2000, 117 f.

[792] Vgl. SKF Protokollbuch des Katholischen Frauenfürsorgevereins Düsseldorf 1916 - 1957, 23.10.1931.

ihre Tätigkeit im Agnesheim"[793]. Zwar vermochte der Katholische Frauenfürsorgeverein Ende 1931 das Haus durch Verlegung des Vorasyls von der Ulmen- zur Benrather Straße einem neuen Verwendungszweck zuzuführen[794], doch war der Stadt mit Aufgabe des Übergangsheims für Mädchen eine wichtige Fürsorgeeinrichtung verloren gegangen.

Winterhilfe

Als das Agnesheim im Sommer 1931 seinen Betrieb einstellte, war die Zahl der Erwerbslosen in Düsseldorf mit 51924 Arbeitsuchenden auf einen neuen Höchststand gestiegen[795]. Mit der Zunahme an Arbeitslosen war ein Zuwachs an Unterstützungsempfängern beim Arbeitsamt und den Wohlfahrtsstellen der Stadt einhergegangen[796]. Welche gewaltigen Geldmittel in die Fürsorge flossen, verdeutlicht das Anwachsen der städtischen Wohlfahrtsausgaben von 10,9 Millionen Mark im Jahre 1924 auf 34,5 Millionen im Jahre 1931. Im gleichen Zeitraum war der Geldaufwand für Düsseldorfer Erwerbslose von etwa 2 auf nahezu 13 Millionen Mark gestiegen[797]. Die Abnahme des Steueraufkommens und der Anstieg der Ausgaben für die Erwerbslosen und ihre Familien belastete den Haushalt der Stadt derart, dass die Unterstützungszahlungen für Privathaushalte ständig verringert wurden, um der steigenden Zahl der Empfänger gerecht zu werden und das Defizit im Stadthaushalt nicht weiter ansteigen zu lassen[798]. Da die öffentliche Hand außerstande war, allein die erforderliche Hilfe zu leisten, schlossen sich im Winter 1931/32 die Träger kommunaler und privater Wohlfahrtseinrichtungen zu einem gemeinsamen Hilfswerk zusammen[799]. Neben der Koordination gemeinsamer Arbeiten kam ihm vor allem die Aufgabe zu, Geldmittel für die Wohlfahrtspflege zu beschaffen. "Das war nicht leicht", resümierte Josef Wilden, Vorsitzender der Düsseldorfer Winterhilfe, im April 1932. "Denn der Kreis derer, die von ihrem Einkommen oder von ihrem Besitz abgeben können, ist stark zusammengeschmolzen. Selbst die, die noch etwas für die Linderung der Not tun können und wollen, sind an Schranken gebunden, weil sie fast alle schon für Familienangehörige, Verwandte und Bekannte zu sorgen haben. Fast jede Familie hat Glieder, die die wirtschaftlichen Schwierigkeiten ebenfalls in den Strudel gerissen haben. Darum gibt es zahlreiche Erwerbslose und Bedürftige, die nach außen nicht in die Erscheinung treten und bei der amtlichen Statistik nicht gezählt werden, weil

---

[793] SMV, Provinzialchronik des Säkularinstituts der Schönstätter Marienschwestern, 18.08.1931.
[794] Vgl. SKF Protokollbuch des Katholischen Frauenfürsorgevereins Düsseldorf 1916 - 1957, 23.10.1931 und 19.12.1931.
[795] Vgl. NN, Zahlen aus der sozialen Fürsorge in Düsseldorf, in: Monatsblatt des Städtischen Wohlfahrts- und Gesundheitsamtes Düsseldorf Jg. 5 Nr. 8 (August 1931), 125 - 128, 125. Vgl. auch DT 13.12.1931.
[796] Vgl. NN, Zahlen aus der sozialen Fürsorge in Düsseldorf, in: Monatsblatt des Städtischen Wohlfahrts- und Gesundheitsamtes Düsseldorf Jg. 5 Nr. 8 (August 1931), 125 - 128, 125.
[797] Vgl. Die Düsseldorfer Winterhilfe 1931 - 1932, Düsseldorf 1932, 4 ff.
[798] Vgl. NN, Düsseldorfer Volkshilfe, in: Mitteilungen des Caritasverbandes für die Stadt Düsseldorf Jg. 7 Nr. 7/8 (Juli/August 1931), 50 - 53, 51.
[799] Vgl. Die Düsseldorfer Winterhilfe 1931 - 1932, Düsseldorf 1932, 3 ff.

die Familie stillschweigend für sie sorgt. Dieser Umstand schwächte aber begreiflicherweise die Fähigkeit ab, Beiträge für das allgemeine Hilfswerk zu spenden"[800]. Gleichwohl gelang es, in Düsseldorf "schier Übermenschliches" zu leisten. "Kaum einer hat abseits gestanden, wenn er auch noch so geringe Habe sein eigen nannte. Darum ist ein Hilfswerk gelungen, das zwar die Not nicht zu bannen vermochte, das sie aber erheblich abgeschwächt und gemildert hat"[801]. Unabdingbare Voraussetzung für das Gelingen einer einheitlichen Not- und Hilfsgemeinschaft war die Zusammenführung aller vorhandenen Kräfte und Mittel. "Nur hierdurch war es möglich, überhaupt noch einigermaßen ausreichende Geld- und Lebensmittel und Kleider zusammenzubringen und sie zweckmäßig zu verwenden. Darum hatte der Zusammenschluß außer dem psychologischen einen praktischen Zweck. Er diente dem Werke, indem er die Gebelust stärkte und zum Helfen anspornte. Nichts nämlich schadet jeglicher Fürsorge mehr, hält Wohlgesinnte mehr ab als ein planloses Sammeln. Nichts bringt die Wohlfahrtspflege mehr in Verruf als ein planloses Geben"[802].

Die Anregung zur Düsseldorfer Winterhilfe hatten die Verbände der freien Wohlfahrtspflege gegeben. Schon im Juli 1931 wiesen sie auf die Aufgabe hin, die der Winter stellen würde[803]. Es kam die "Arbeitsgemeinschaft der öffentlichen und freien Wohlfahrtspflege" zustande, die eine Plattform aller Kreise der Bürgerschaft für das Hilfswerk bildete: der Wohlfahrtspflege, der Stadtverwaltung und der Wirtschaft[804]. Die förmliche Begründung der Winterhilfe vollzogen die teilnehmenden Körperschaften und Verbände durch einen gemeinsamen Beschluss am 24. September 1931 im Saal der Industrie- und Handelskammer[805]. Um die gewünschten Ziele zu erreichen, waren alle beteiligten Kräfte einig, "daß sich die Düsseldorfer Winterhilfe, wenn sie wirksam gegen die Not kämpfen wollte, nicht in ein Vielerlei von Aufgaben verzetteln dürfte, sondern ihre ganze Kraft nur einem Zwecke zuwenden müsse: den Bedürftigen Speise und Kleidung zu sichern"[806]. Als zusammenfassende Organisation hatte die Düsseldorfer Winterhilfe die Aufgabe, "die erforderlichen Geld- und Lebensmittel zu beschaffen, sie auf die ausführenden Stellen zu verteilen, für das Hilfswerk zu werben, alle fähigen und willigen Kräfte zu wecken und sie zweckmäßig anzuspannen"[807]. Oberster Leitsatz der Winterhilfe war es, keine Kosten für die Verwaltung zu beanspruchen. Daher griffen die Organisatoren auf bereits vorhandene Apparate der einzelnen Institutionen zurück. So stellte sich etwa die Industrie- und Handelskammer in den Dienst der Winterhilfe, indem sie die gesamte

---

[800] Die Düsseldorfer Winterhilfe 1931 - 1932, Düsseldorf 1932, 3 f.
[801] Die Düsseldorfer Winterhilfe 1931 - 1932, Düsseldorf 1932, 4.
[802] Die Düsseldorfer Winterhilfe 1931 - 1932, Düsseldorf 1932, 5 f.
[803] Vgl. NN, Düsseldorfer Volkshilfe, in: Mitteilungen des Caritasverbandes für die Stadt Düsseldorf Jg. 7 Nr. 7/8 (Juli/August 1931), 50 - 53, 50 f; DT 25.09.1931; Die Düsseldorfer Winterhilfe 1931 - 1932, Düsseldorf 1932, 7.
[804] Vgl. NN, Düsseldorfer Volkshilfe, in: Mitteilungen des Caritasverbandes für die Stadt Düsseldorf Jg. 7 Nr. 7/8 (Juli/August 1931), 50 - 53, 51; Die Düsseldorfer Winterhilfe 1931 - 1932, Düsseldorf 1932, 7.
[805] Vgl. DT 01.01.1932; Die Düsseldorfer Winterhilfe 1931 - 1932, Düsseldorf 1932, 8.
[806] Die Düsseldorfer Winterhilfe 1931 - 1932, Düsseldorf 1932, 8.
[807] Die Düsseldorfer Winterhilfe 1931 - 1932, Düsseldorf 1932, 8.

Verwaltung mit ihrem erheblichen Schreib- und Fernsprechdienst übernahm[808]. Der Klärung aller Fragen sowie der Beratung und Unterstützung der ausführenden Stellen dienten mehrere Ausschüsse. Die Leitung der Düsseldorfer Winterhilfe lag in den Händen des Gesamtausschusses, dem unter dem Vorsitz des Geschäftsführers der Industrie- und Handelskammer folgende Träger angehörten: der Caritasverband, das Evangelische Jugend- und Wohlfahrtsamt, das Wohlfahrtsamt der Synagogengemeinde, das Rote Kreuz, der Fünfte Wohlfahrtsverband, die Arbeiterwohlfahrt, die Christliche Arbeiterhilfe, die Hilfsgemeinschaft Düsseldorfer Frauen, das Städtische Wohlfahrtsamt, die Industrie- und Handelskammer, die Arbeitgeberverbände und Wirtschaftsverbände der Industrie, des Groß- und Einzelhandels, der Banken, des Handels und der Landwirtschaft, die Gewerkschaften der Arbeiter und Angestellten, die Verbände der Beamten und die Verbände der freien Berufe[809]. Dem Gesamtausschuss, dem vor allem die Festlegung der Grundsätze für die Art der Winterhilfe oblag, waren unterstellt: der Arbeitsausschuss, der Finanzausschuss, der Werbeausschuss, der Presseausschuss, der Ausschuss für Speisung, der Küchenausschuss und der Naturalienausschuss[810].

Anfang Oktober 1931 trat die Düsseldorfer Winterhilfe mit einem Aufruf erstmals an die Öffentlichkeit[811]. An die "Männer und Frauen" der Stadt gerichtet, erging von Geschäftsführer Josef Wilden, Oberbürgermeister Robert Lehr und den Spitzenverbänden der freien Wohlfahrt, unter ihnen der Caritasverband für die Stadt Düsseldorf, an die Mitbürger der Appell: "Keiner darf hungern! In allen Teilen der Stadt sollen die Hilfsbedürftigen in den Küchen der Winterhilfe warmes Essen erhalten. Ist diese erste, dringlichste Aufgabe gelöst, so sollen Lebensmittel den Haushaltungen, die sie brauchen, geliefert werden. Kleidung soll gesammelt und verteilt werden. Keiner darf frieren! Wir bitten alle, ohne Ausnahme, um ihre Mithilfe. Wer heute Arbeit hat, ist tausendfach bevorzugt. Er muß von dem, was er hat, und wäre es noch so wenig, opfern für den, der keine Arbeit finden kann. ... Unser deutsches Volk ist heute eine einzige große Schicksalsgemeinschaft. Nur größte Opferbereitschaft kann unser staatliches und privates Leben vor dem Zusammenbruch bewahren. Der Blick auf die Opfer der Not muß die Herzen und die Hände zur Mitarbeit und zur Hilfe öffnen"[812].

Die Speisung der Düsseldorfer Winterhilfe 1931/32 erfolgte durch öffentliche Küchen und Abgabe von Lebensmitteln an Familien[813]. Letzteres sollte den "Familiensinn" stärken und "die Hausfrau nicht des Brauches" entwöhnen, "selbst das Essen herzurichten"[814]. Die Abgabe von Lebensmitteln erfolgte in Form von Gutscheinen für Milch,

---

[808] Vgl. Die Düsseldorfer Winterhilfe 1931 - 1932, Düsseldorf 1932, 8.

[809] Vgl. DT 25.09.1931; DT 13.12.1931; Die Düsseldorfer Winterhilfe 1931 - 1932, Düsseldorf 1932, 9.

[810] Vgl. Änne Adams, Düsseldorfer Winterhilfe, in: Monatsblatt des Städtischen Wohlfahrts- und Gesundheitsamtes Düsseldorf Jg. 5 Nr. 11 (November 1931), 164 - 169, 165.

[811] Vgl. NN, Die Düsseldorfer Winterhilfe ruft zur Tat!, in: Mitteilungen des Caritasverbandes für die Stadt Düsseldorf Jg. 7 Nr. 10 (Oktober 1931), 65 - 70, 65 f.

[812] DT 02.10.1931; NN, Die Düsseldorfer Winterhilfe ruft zur Tat!, in: Mitteilungen des Caritasverbandes für die Stadt Düsseldorf Jg. 7 Nr. 10 (Oktober 1931), 65 - 70, 65 f: Vgl. auch DT 02.03.1932.

[813] Vgl. NN, Düsseldorfer Volkshilfe, in: Mitteilungen des Caritasverbandes für die Stadt Düsseldorf Jg. 7 Nr. 7/8 (Juli/August 1931), 50 - 53, 51 f.

[814] Die Düsseldorfer Winterhilfe 1931 - 1932, Düsseldorf 1932, 13.

Brot, Fleisch, Fisch, Petroleum und Hülsenfrüchte[815]. Der Wert der ausgegebenen Gutscheine betrug im November 1931 etwa 3000 Mark, im Dezember 12000 Mark[816]. Die Speisung in öffentlichen Küchen vollzog sich nach einem besonderen Verfahren. Die Geschäftsstellen der Freien Wohlfahrtspflege und der Bezirksfamilienfürsorge der Stadtbezirke hatten Sprechstunden eingerichtet, in denen die Bedürftigkeit der Antragssteller geprüft und Esskarten zum Preis von 10 Pfennig für eine Mahlzeit abgegeben wurden[817]. Die öffentlichen Küchen waren vorwiegend caritativen Einrichtungen wie Klöstern, Krankenhäusern, Gesellenhäusern, Lehrlingsheim, aber auch Industrie- und Handelsfirmen, Restaurants, Bürgervereinen und Schulen angeschlossen. Von 37 über das gesamte Düsseldorfer Stadtgebiet verteilten Kochstellen, waren allein 25 in katholischen Anstalten untergebracht: Antoniushaus Oberkassel, Krankenhaus der Dominikanerinnen, Theresienhospital, Annastift, Mädchenschutzheim Klosterstraße, Hubertusstift, Martinskloster, Canisiushaus Reichsstraße, Marienhospital, Gertrudisheim, Vinzenzhaus, Herz - Jesu Kloster Flingern, Antoniushaus Düsseltal, Kloster Christi Hilf, Katholisches Knabenwaisenhaus, Josephskrankenhaus Oberbilk, Kloster der barmherzigen Brüder, Dominikanerkloster, Paulushaus, Gertrudiskloster, Gerrikusstift, Augustakrankenhaus, Josephshospital Unterrath, Karthäuserkloster, Marienkrankenhaus[818]. Hier erfolgte auch die Abgabe von Naturalienspenden des Großhandels und des Nahrungsmittelgewerbes, vor allem der Mühlen[819]. Die Küchen der Düsseldorfer Winterhilfe hatten am 2. November 1931 ihren Betrieb aufgenommen und gaben bereits im ersten Monat über 52000 Mahlzeiten aus[820]; im April 1932 war die Zahl von 600000 Portionen überschritten[821]. Das Essen selbst bestand durchweg aus einem Eintopfgericht mit Fleisch, Gemüse und Kartoffeln nebst einer Brotzulage[822].

Die Versorgung der Bevölkerung mit Kleidung lag in Verantwortung der Hilfsgemeinschaft Düsseldorfer Frauen unter Leitung von Emma Horion und Änne Lehr[823]. Die Träger der Kleidersammlung waren die Arbeitsgemeinschaft der katholischen Frauenvereine Düsseldorfs, die Vereinigung der evangelischen Frauenverbände, die Vereinigung der jüdischen Frauenvereine, der Stadtverband für Frauenbestrebungen, die Frau-

---

[815] Vgl. Änne Adams, Düsseldorfer Winterhilfe, in: Monatsblatt des Städtischen Wohlfahrts- und Gesundheitsamtes Düsseldorf Jg. 5 Nr. 11 (November 1931), 164 - 169, 167.
[816] Vgl. Die Düsseldorfer Winterhilfe 1931 - 1932, Düsseldorf 1932, 17.
[817] Vgl. NN, Die Düsseldorfer Winterhilfe ruft zur Tat !, in: Mitteilungen des Caritasverbandes für die Stadt Düsseldorf Jg. 7 Nr. 10 (Oktober 1931), 65 - 70, 66 f.
[818] Vgl. NN, Die Düsseldorfer Winterhilfe ruft zur Tat !, in: Mitteilungen des Caritasverbandes für die Stadt Düsseldorf Jg. 7 Nr. 10 (Oktober 1931), 65 - 70, 68 ff. Vgl. auch NN, Düsseldorfer Volkshilfe, in: Mitteilungen des Caritasverbandes für die Stadt Düsseldorf Jg. 7 Nr. 7/8 (Juli/August 1931), 50 - 53, 53; DT 04.11.1931; Änne Adams, Düsseldorfer Winterhilfe, in: Monatsblatt des Städtischen Wohlfahrts- und Gesundheitsamtes Düsseldorf Jg. 5 Nr. 11 (November 1931), 164 - 169, 167 f.
[819] Vgl. Die Düsseldorfer Winterhilfe 1931 - 1932, Düsseldorf 1932, 14.
[820] Vgl. Änne Adams, Düsseldorfer Winterhilfe, in: Monatsblatt des Städtischen Wohlfahrts- und Gesundheitsamtes Düsseldorf Jg. 5 Nr. 11 (November 1931), 164 - 169, 165; Die Düsseldorfer Winterhilfe 1931 - 1932, Düsseldorf 1932, 14.
[821] Vgl. Die Düsseldorfer Winterhilfe 1931 - 1932, Düsseldorf 1932, 15.
[822] Vgl. Die Düsseldorfer Winterhilfe 1931 - 1932, Düsseldorf 1932, 15.
[823] Vgl. Die Düsseldorfer Winterhilfe 1931 - 1932, Düsseldorf 1932, 20.

enausschüsse der freien und christlichen Gewerkschaften und das Rote Kreuz[824]. Als Sammel- und Verwaltungsstätte diente der Jägerhof, wo die eingegangenen Kleiderspenden desinfiziert und gegebenenfalls ausgebessert wurden[825]. Größere Arbeiten führten Schuhmacher oder Damen- und Herrenschneider aus; zahlreiche Kaufleute gaben Rohmaterial für die Arbeiten teils kostenfrei, teils zu niedrigem Preis ab. In der Zeit von November 1931 bis April 1932 wurden von der Pempelforter Sammelstelle über 45000 Kleidungsstücke an Düsseldorfer Männer, Frauen und Kinder abgegeben[826].

Stand die Ausgabe von Lebensmitteln und Kleidung auch im Vordergrund, so konnte die Düsseldorfer Winterhilfe nicht auf die Auszahlung von Bargeldern an Bedürftige verzichten. Stärkste finanzielle Stütze war die Düsseldorfer Industrie, die sich zur Zahlung monatlicher Beiträge verpflichtet hatte. Die Monatsspenden der Unternehmer wurden aus Abgaben von Arbeitern und Angestellten ergänzt, die regelmäßig einen Teil ihres Lohnes der Winterhilfe zukommen ließen[827]. Eine Straßensammlung zugunsten der Düsseldorfer Winterhilfe hatte das Rote Kreuz betrieben. Nicht unbeträchtlich waren auch Spendeneingänge, die dem Hilfswerk aus öffentlichen Veranstaltungen kultureller, unterhaltender und sportlicher Art zuflossen[828].

Dass die öffentliche Winterhilfe die "katholische caritative Winterhilfe" nicht entbehrlich machte, daran erinnerte eindringlich ein Hirtenschreiben des Kölner Erzbischofs Karl Joseph Schulte vom 9. September 1931[829]. "Mit warmen und eindringlichen Worten", so die Auslegung von Johannes Becker, wurden hier Priester und Gläubige ermahnt und gebeten, "die bevorstehende Notzeit zu einer Blütezeit der praktischen Nächstenliebe zu machen"[830]. Anknüpfend an den Kerngedanken des Hirtenwortes, "nur die christliche Karitas" wisse "leibliches und seelisches Leid gleichzeitig zu lindern, und so zu erreichen, daß die Heimgesuchten nicht schließlich jeden inneren Halt und Lebensmut verlieren"[831], mahnte auch der Düsseldorfer Caritasdirektor, katholische Liebestätigkeit könne niemals auf eine Eigenbetätigung verzichten. Daher dürfe nicht die Rede davon sein, "daß die caritative Winterhilfe angesichts der behördlichen Winterhilfe einfach Gewehr bei Fuß stehen soll. Nein, im Gegenteil! Beide sollen und können einige Teilstrecken auf dem Wege der Notlinderung zusammen gehen; andere Teilstre-

---

[824] Vgl. NN, Abschließendes über die Düsseldorfer Winterhilfe 1931/32, in: Monatsblatt des Städtischen Wohlfahrts- und Gesundheitsamtes Düsseldorf Jg. 6 Nr. 6 (Juni 1932), 87 - 88, 87.

[825] Vgl. Johannes Holz, Die Kleidersammlung der Düsseldorfer Winterhilfe, in: Monatsblatt des Städtischen Wohlfahrts- und Gesundheitsamtes Düsseldorf Jg. 5 Nr. 11 (November 1931), 169 - 171, 169 f.

[826] Vgl. Die Düsseldorfer Winterhilfe 1931 - 1932, Düsseldorf 1932, 22 f.

[827] Vgl. Die Düsseldorfer Winterhilfe 1931 - 1932, Düsseldorf 1932, 18.

[828] Vgl. Die Düsseldorfer Winterhilfe 1931 - 1932, Düsseldorf 1932, 19.

[829] Vgl. NN, Karitashilfe für den bevorstehenden Winter, in: Kirchlicher Anzeiger für die Erzdiözese Köln Jg. 71 Nr. 20 (11.09.1931), 163 - 164, 163 f.

[830] Johannes Becker, Das Programm unseres Erzbischofs für eine caritative Winterhilfe, in: Mitteilungen des Caritasverbandes für die Stadt Düsseldorf Jg. 7 Nr. 9 (September 1931), 57 - 60, 58.

[831] NN, Karitashilfe für den bevorstehenden Winter, in: Kirchlicher Anzeiger für die Erzdiözese Köln Jg. 71 Nr. 20 (11.09.1931), 163 - 164, 163.

cken müssen getrennt gemacht werden (seelische Hilfen!)"[832]. Als Aufgaben, die von der Caritashilfe zu erfüllen waren, hatte Karl Joseph Schulte genannt: 1. Monatliche Kirchenkollekten und Haussammlungen, 2. Sammlungen von Kleidern, Schuhwerk etc., 3. Sammlungen von Lebensmitteln auf dem Land, 4. Arbeitsbeschaffung für den Mittelstand, insbesondere für Handwerker, 5. Einrichtung von Armenküchen, 6. Meidung aller "nennenswerte Kosten verursachende" Vereinsfestlichkeiten, 7. Gebete um Abwendung der Volksnot[833]. In organisatorischer Hinsicht waren vom Kölner Erzbischof die Pfarrcaritasausschüsse zu Trägern der caritativen Winterhilfe bestimmt worden[834]. Als "Führer und Träger der katholischen Liebestätigkeit in den Pfarrgemeinden" sollten sie das "planmäßige Vorgehen" aller Caritaskräfte einer Pfarrei gewährleisten[835]. Hierzu gehörte insbesondere die Mittelgewinnung durch Kirchenkollekten und Haussammlungen, die Ausgabe von Mahlzeiten und Kleidung sowie Einrichtung von Wärmestuben, die "bei kaltem Wetter eine starke Anziehungskraft auf die Erwerbslosen der Pfarrgemeinden ausüben"[836].

Mit welcher Bestimmtheit die Pfarrcaritasausschüsse den ihnen gestellten Aufgaben nachgehen sollten, veranschaulichen die "Praktischen Winke für die Caritas - Winterhilfe", die Karl Reibel im Oktober 1931 für das Mitteilungsblatt des Düsseldorfer Caritasverbandes zusammengestellt hatte. Über die wöchentliche Einholung des "Caritas - Groschens" heißt es hier beispielsweise: "Eine Listensammlung ist in der gegenwärtigen Zeit nicht tunlich. Einmal ist der Ertrag in diesem Falle ein höchstzweifelhafter und zum andern glauben viele Familien durch Zeichnung eines Betrages alle Verpflichtungen abgegolten zu haben. Die Einholung von vier bis fünf mal einen Groschen im Monate durch die Büchsen - Sammlung ist viel leichter, als einmal fünfzig Pfennige durch die Liste. ... Gewiß, diese Art der Sammlung ist mühseliger, es muß jede Straße, die katholische Familien aufweist, jede Woche gewissermaßen einmal ausgekämmt werden; aber wo ein Wille, da auch ein Weg! ... Also, in systematischer Weise kleinere Beträge mehrmals im Monat sammeln. Viel wenig gibt ein großes Viel"[837].

Dass die Caritashilfe der Düsseldorfer Kirchengemeinden mehr als nur ein Tropfen auf dem heißen Stein war[838], belegt eine vom Caritasverband veranlasste Umfrage über

---

[832] Johannes Becker, Das Programm unseres Erzbischofs für eine caritative Winterhilfe, in: Mitteilungen des Caritasverbandes für die Stadt Düsseldorf Jg. 7 Nr. 9 (September 1931), 57 - 60, 58.
[833] Vgl. NN, Karitashilfe für den bevorstehenden Winter, in: Kirchlicher Anzeiger für die Erzdiözese Köln Jg. 71 Nr. 20 (11.09.1931), 163 - 164, 163 f.
[834] Vgl. NN, Karitashilfe für den bevorstehenden Winter, in: Kirchlicher Anzeiger für die Erzdiözese Köln Jg. 71 Nr. 20 (11.09.1931), 163 - 164, 164.
[835] Vgl. Johannes Becker, Das Programm unseres Erzbischofs für eine caritative Winterhilfe, in: Mitteilungen des Caritasverbandes für die Stadt Düsseldorf Jg. 7 Nr. 9 (September 1931), 57 - 60, 59.
[836] Johannes Becker, Das Programm unseres Erzbischofs für eine caritative Winterhilfe, in: Mitteilungen des Caritasverbandes für die Stadt Düsseldorf Jg. 7 Nr. 9 (September 1931), 57 - 60, 59.
[837] Karl Reibel, Praktische Winke für die Caritas - Winterhilfe, in: Mitteilungen des Caritasverbandes für die Stadt Düsseldorf Jg. 7 Nr. 10 (Oktober 1931), 70 - 72, 70.
[838] Vgl. NN, Aus der Arbeit der Caritas - Winterhilfe Düsseldorfs, in: Mitteilungen des Caritasverbandes für die Stadt Düsseldorf Jg. 7 Nr. 11 (November 1931), 86 - 87, 87.

die katholische Winterhilfsarbeit 1931/32[839]. Danach wurden in den Monaten Oktober 1931 bis März 1932 in den 48 Düsseldorfer Pfarrbezirken insgesamt 163062,29 Mark für Lebensmittel, 82339,69 Mark für Bekleidungszwecke, 15854,58 Mark für Heizungszwecke, 36426,28 Mark für bedürftige Erstkommunikanten und 25378,85 Mark an Barunterstützungen verausgabt. Nicht eingeschlossen in diesem Betrag waren die Leistungen jener katholischen Anstalten, die ihre Küchen in den Dienst der Düsseldorfer Winterhilfe stellten[840]. Welche Hilfe vor Ort geleistet wurde, ist exemplarisch dem Rechenschaftsbericht des Caritasausschusses der Pfarrgemeinde Maria unter dem Kreuz für Jahr 1931 entnehmbar[841]. Für "unverschuldet in wirtschaftliche und soziale Not und Bedrängnis geratene Pfarrangehörige" hielten die katholischen Männervereine in Unterrath monatliche und wöchentliche Geldsammlungen ab, die zusammen etwa 1300 Mark erbrachten. Die Frauen der Gemeinde sammelten Naturalien und Kleidung; neben 80 Zentner Kartoffeln, 20 Zentner Gemüse und einem Zentner Mehl und Gries kamen hierbei 128 Mäntel, 60 Paar Schuhe sowie Anzüge, Kleider, Wäschestücke, Betten und Kinderwagen zusammen. Außerdem wurden von den Töchtern vom Hl. Kreuz im Josephshospital täglich über hundert Essen an Bedürftige verabreicht. Vor dem Weihnachtsfest ließ die Unterrather Caritashilfe den "besonders Bedrückten" eine Sonderzuwendung zukommen, "damit sie in froher Stimmung das Fest des Friedens in der Familie verleben konnten". Ganz im Sinne der bischöflichen Weisung wurde hierdurch "bei manchem Verbitterten ... der Glaube an die Liebe wieder geweckt und lebendig"[842].

Neben der Befriedigung existentieller Bedürfnisse war vielen Pfarrgemeinden die seelische Begleitung der "Freudlosen" ein Anliegen. So war in Flingern 1931 die "Arbeitslosengemeinschaft St. Elisabeth" eingerichtet worden, um den "Opfern der wirtschaftlichen Notlage, die alle den ehrlichen Willen nach Betätigung in sich tragen, aber durch unerbitterliche Härte des Schicksals von jeder Erwerbstätigkeit ausgeschaltet sind", sozialen Halt zu geben[843]. "An langen Winterabenden", berichtete das Düsseldorfer Tageblatt im Juni 1932, "hat man sich unter Leitung erfahrener und hilfsbereiter Männer, die ihre Kenntnisse gern zur Verfügung stellten, in den verschiedenen Kursen zu schulen versucht. Aussprachen, deren Themen bald wirtschaftlicher, bald politischer Natur waren, zeigten oft, mit welch schwierigen Problemen man sich befaßte. Manchmal zeigte es sich, wie man mit dem Schicksal haderte, sich gar nicht mehr mit der heutigen Wirtschaftsordnung, mit den furchtbaren Verhältnissen zurecht finden konnte. Schwer mag es den geistigen Beratern oft gewesen sein, hier Trost zu spenden. Doch kamen alle Mitglieder durch die gemeinsame Schicksalsverbundenheit in ein persönliches und freundschaftliches Verhältnis zueinander, in der man sich gegenseitig über manchen schweren Tag hinweg zu helfen versuchte"[844].

---

[839] Vgl. DT 26.02.1932; DT 28.02.1932.
[840] Vgl. DT 26.02.1932; DT 28.02.1932.
[841] Vgl. DT 03.01.1932.
[842] DT 03.01.1932.
[843] Vgl. DT 23.06.1932.
[844] DT 23.06.1932.

Für die gesamte "katholische Männerwelt Düsseldorfs" wurde am 10. Juli 1932 ein "Bittgang in deutscher Not" veranstaltet[845]. Aus allen Teilen der Stadt waren an diesem Tag etwa 15000 Katholiken zum Carlsplatz gezogen, "um aus der Kraft des Glaubens und des religiösen Geistes die gewaltige Not des deutschen Volkes fürbittend vor Gottes Thron zu tragen"[846]. Wie zeitgenössische Berichte betonen, hatte "ein einziges Beten und Flehen, aufsteigend aus tausenden von Männerherzen, ... die betriebsame Großstadt in seinen Bann geschlagen"[847]. Expressiv schrieb das Tageblatt: "Das katholische Düsseldorf war aufgestanden, um aus der Not dieser Stadt, um aus der Not des ganzen deutschen Vaterlandes, ja aus der Not aller Völker heraus den Himmel um Hilfe zu bestürmen. So wie unsere Vorfahren in den furchtbaren Notzeiten des Vaterlandes in gewaltigen Bittgängen und Wallfahrten sich Hilfe und Kraft erflehten, so war es auch heute wieder in Düsseldorf"[848].

---

[845] Vgl. DT 29.06.1932; DT 07.07.1932; DT 11.07.1932.
[846] DT 11.07.1932.
[847] DT 11.07.1932.
[848] DT 11.07.1932.

XI. Caritasarbeit in Düsseldorf während des Nationalsozialismus

Die Düsseldorfer Caritas stand zu Beginn der nationalsozialistischen Herrschaft in voller Blüte.

Katholische Wohlfahrtseinrichtungen in der Stadt Düsseldorf 1933

Einrichtung	Straße	Träger	Orden	Tätigkeiten	Gründung
Antoniushaus	Achenbachstr. 142/144	Pfarrei St. Paulus	Arme Schwestern vom Hl. Franziskus	ambulante Krankenpflege, Kindergarten	Sommer 1908
Kindergarten	Albertstr. 83	Rektorat St. Vinzenz	Vinzentinerinnen (aus dem Josephskrankenhaus Kruppstr. 23)	Kindergarten	14.11.1932
St. Josephshaus	Alt - Heerdt 3	Pfarrei St. Benediktus	Dominikanerinnen	ambulante Krankenpflege, Kindergarten, Handarbeitsschule, Haushaltungsschule, Altersheim	06.04.1890
Augustakrankenhaus	Amalienstr. 9	Töchter vom Hl. Kreuz	Töchter vom Hl. Kreuz	ambulante und stationäre Krankenpflege, Nähschule, Krankenpflegeschule	19.12.1904
Annakloster	Annastr. 62/64	Schwestern vom Armen Kinde Jesu	Schwestern vom Armen Kinde Jesu	Kinder- und Säuglingsheim, Säuglingspflegeschule, Handarbeitsschule, Haushaltungsschule, Pensionat,	29.07.1850
Rheinhaus Maria Viktoria	An St. Swidbert 53	Schwestern vom Armen Kinde Jesu	Schwestern vom Armen Kinde Jesu	Suitbertusschule (Rektoratschule und Haushaltungsschule), Pensionat	07.10.1925
Kindergarten	An St. Swidbert 68	Pfarrei St. Suitbertus	Arme Schwestern vom Hl. Franziskus (aus dem Marienkrankenhaus Suitbertus - Stiftsplatz 11/15)	Kindergarten, Kinderhort	20.10.1862
Herz - Jesu - Kloster	Bahlenstr. 164/166	Pfarrei St. Joseph	Christenserinnen	ambulante Krankenpflege, Kindergarten, Altersheim	15.08.1913
Agnesstift	Benrather Str. 30	Katholischer Fürsorgeverein für Frauen, Mädchen und Kinder	Weltliche Kräfte	Vorasyl	01.01.1926

Zentralhospiz	Bilker Str. 36/42	Katholischer Gesellenverein	Elisabetherinnen	Gesellenhospiz, materielle und geistige Unterstützung der Handwerksgesellen	05.05.1867
Josephshaus	Birkenstr. 14	Katholischer Gesellenverein	Elisabetherinnen	Gesellenhospiz, materielle und geistige Unterstützung der Handwerksgesellen	05.05.1886
Kolpinghaus	Blücherstr. 4/8	Katholischer Gesellenverein	Elisabetherinnen	Gesellenhospiz, materielle und geistige Unterstützung der Handwerksgesellen	18.09.1910
Herz-Jesu Kloster	Bockhackstr. 40	Pfarrei Herz-Jesu	Schwestern vom Hl. Kreuz	ambulante Krankenpflege, Handarbeitsschule	15.05.1929
Kindergarten	Burscheider Str. 20a	Pfarrei Maria Rosenkranz	Christenserinnen (aus dem Herz-Jesu Kloster Bahlenstr. 164/166)	Kindergarten	14.11.1932
Liebfrauenkrankenhaus	Degerstr. 59/61	Franziskanerinnen von der Hl. Familie	Franziskanerinnen von der Hl. Familie	ambulante und stationäre Krankenpflege, Krankenpflegeschule	08.12.1919
Rochusstift	Derendorfer Str. 54 und 58	Pfarrei St. Rochus	Arme Dienstmägde Christi	ambulante Krankenpflege, Kindergarten	31.01.1895
Kindergarten	Ellerstr. 116	Stadt Düsseldorf	Arme Dienstmägde Christi (aus dem Marienstift Ellerstr. 213)	Kindergarten	01.04.1867
Marienstift	Ellerstr. 213	Pfarrei St. Joseph	Arme Dienstmägde Christi	ambulante Krankenpflege, Kindergarten, Handarbeitsschule	01.04.1867
Johannesstift	Fischerstr. 75	Pfarrei St. Adolfus	Graue Schwestern von der heiligen Elisabeth	ambulante Krankenpflege, Handarbeitsschule	19.11.1916
Kloster Christi Hilf	Flurstr. 57	Töchter vom Hl. Kreuz	Töchter vom Hl. Kreuz	Erziehung und Verpflegung sittlich gefährdeter und gefallener Mädchen, Kindergarten, Kinderhort	1840
St. Angela-Schule	Fürstenwall 165	Ursulinen	Ursulinen	Lyzeum, Oberlyzeum, Reformiertes Realgymnasium, Vorschule	25.04.1906
Kindergarten	Garather Str. 16	Pfarrei Herz-Jesu	Schwestern vom Hl. Kreuz (aus dem Herz-Jesu Kloster Bockhackstr. 40)	Kindergarten	05.06.1932
Kindergarten	Gatherweg 57	Rektorat St. Michael	Arme Dienstmägde Christi (aus dem Marienstift Ellerstr. 213)	Kindergarten	02.11.1916
Gerricusstift	Gerricusplatz 2/3	Pfarrei St. Margareta	Cellitinnen	ambulante Krankenpflege, Kindergarten, Handarbeitsschule, Kinderheim	13.02.1895

Gertrudis- kloster	Gertrudisstr. 14	Pfarrei St. Gertrud	Cellitinnen	ambulante Krankenpflege, Kindergarten, Kinderhort, Handarbeitsschule	15.12.1897
Theresianum	Grafenberger Alle 186	Franziskanerinnen von der Hl. Familie	Franziskanerinnen von der Hl. Familie (aus dem Liebfrauenkrankenhaus Degerstr. 59/61)	Kindergarten, Kinderhort	08.12.1919
Kindergarten	Grünau	Rektorat Hl. Sakrament	Arme Schwestern vom Hl. Franziskus (aus dem Annastift Ritterstr. 20/22)	Kindergarten	01.02.1928
Josephskloster	Hammer Dorfstr. 121	Pfarrei St. Blasius	Arme Schwestern vom Hl. Franziskus	ambulante Krankenpflege, Handarbeitsschule	17.11.1911
Kindergarten	Hasselsstr. 125/127	Rektorat St. Antonius	Arme Dienstmägde Christi (aus dem Cäcilienstift Paulistr. 3)	Kindergarten	01.11.1910
Kindergarten	Hauptstr. 58	St. Cäcilia	Arme Dienstmägde Christi (aus dem Cäcilienstift Paulistr. 3)	Kindergarten	Mai 1864
Karthause Hain	Haus Hain	Karthäuser	Karthäuser	Beschauliches Leben	30.08.1869
Kindergarten	Helmholtzstr. 16/18	Arme Dienstmägde Christi	Arme Dienstmägde Christi (aus dem Josephinenstift Talstr. 65)	Kindergarten	Mai 1897
Kindergarten	Helmutstr. 8	Töchter vom Hl. Kreuz	Töchter vom Hl. Kreuz (aus dem Augustakrankenhaus Amalienstr. 9)	Kindergarten	01.06.1909
Dominikanerkloster	Herzogstr. 17	Dominikaner	Dominikaner	Aushilfe in der Seelsorge, Abhaltung von Exerzitien und Missionen, Studienhaus	18.01.1860
Kindergarten	Heyestr. 294	Pfarrverein St. Elisabeth	Christenserinnen (aus dem Herz - Jesu Kloster Bahlenstr. 164/166)	Kindergarten	18.09.1918
Städtisches Pflegehaus	Himmelgeister Str. 152	Stadt Düsseldorf	Arme Schwestern vom Hl. Franziskus	ambulante Krankenpflege, Kindergarten, Kinderhort, Altersheim	01.07.1868

Kinder-garten	Höhenstr. 5	Stadt Düsseldorf	Arme Dienst-mägde Christi (aus dem Ma-rienstift Ellerstr. 213)	Kindergarten	01.04.1892
Elisabeth-kloster	Hohenzol-lernstr. 20a	Pfarrei Maria Empfängnis	Töchter vom Hl. Kreuz	ambulante Krankenpflege, Erziehung von verwahr-losten Kindern, Handar-beitsschule,	06.10.1897
St. Jo-sephskran-kenhaus	Hospitalstr. 1	Stadt Düsseldorf	Arme Dienst-mägde Christi	stationäre Krankenpflege	24.06.1892
Kloster von der unbefleck-ten Emp-fängnis	Hubertusstr. 3	Christenserinnen	Christenserinnen	ambulante Krankenpflege, Heim für berufstätige Mäd-chen	28.12.1901
Jugend-heim	Im Grund 101	Pfarrei Maria Himmelfahrt	Arme Schwes-tern vom Hl. Franziskus (aus dem Marien-krankenhaus Su-itbertus - Stifts-platz 15)	Kindergarten, Kinderhort, Handarbeitsschule, ambu-lante Krankenpflege	24.04.1930
Klarissen-kloster	Kaiserstr. 40	Arme Klarissen	Arme Klarissen	Beschauliches Leben	23.08.1859
Kinder-garten	Kaisers-werther Str. 60	Pfarrei St. Adol-fus	Graue Schwes-tern von der hei-ligen Elisabeth (aus dem Johan-nesstift Fi-scherstr. 75)	Kindergarten	15.12.1916
Kinder-garten	Kalkumer Str. 62	Pfarrei St. Bruno	Töchter vom Hl. Kreuz (aus der Pflegeanstalt St. Joseph Unter-rather Str. 1)	Kindergarten	01.02.1928
Kinder-garten	Kathari-nenstr. 22	Pfarrei St. Ka-tharina	Cellitinnen (aus dem Gerri-cusstift Gerri-cusplatz 2/3)	Kindergarten, Handarbeits-schule	01.02.1928
Mädchen-schutz-heim	Klosterstr. 86/90 und 94	Katholischer Mädchenschutz-verein	Vinzentinerin-nen	Mädchen- und Damen-heim, Durchgangsheim der Bahnhofsmission, Stellen-vermittlung, Haushaltungs-schule, Handarbeitsschule	01.12.1906
St. Jo-sephs-kranken-haus	Kruppstr. 23	Vinzentinerin-nen	Vinzentinerin-nen	stationäre Krankenpflege	01.01.1898
Katholi-sches Lehrlings-heim St. Joseph	Kruppstr. 110	Katholische Lehrlingsheim GmbH	Herz - Jesu Priester und Missionsschwes-tern vom Hl. Herzen Jesu	Lehrlingsheim, Provinzialat der deutschen Provinz, Aushilfe in Seelsorge	Januar 1929

Katholische Wohlfahrtseinrichtungen in der Stadt Düsseldorf 1933

Franziskushaus	Kurfürstenstr. 5	Haus- und Familienpflegevereinigung des Dritten Ordens vom Hl. Franziskus	Schwestern des Caritas- und Missionsvereins der Franziskaner - Tertiarengemeinde	Mädchenheim, Hauspflege	1912
Marienheim	Leopoldstr. 24/30	Marienheim GmbH	Cellitinnen	Mädchen- und Damenheim, Kindergarten, Handarbeitsschule, ambulante Krankenpflege, Krankenstation	Mitte November 1898
Jesuitenkloster	Marienstr. 2 und 6	Jesuiten	Jesuiten	Vortragsreisen	1912
Martinuskrankenhaus	Martinstr. 7	Pfarrei St. Martin	Arme Dienstmägde Christi	ambulante und stationäre Krankenpflege, Handarbeitsschule, Altersheim, Fürsorgeerziehungsheim	15.07.1859
Kindergarten	Martinstr. 56	Stadt Düsseldorf	Arme Dienstmägde Christi (aus dem Martinuskrankenhaus Martinstr. 7)	Kindergarten	01.10.1885
Kindergarten	Max - Brandts - Straße	Rektorat St. Bonifatius	Arme Schwestern vom Hl. Franziskus (aus dem Städtischen Pflegehaus Himmelgeister Str. 152)	Kindergarten	17.06.1930
Herz - Jesu - Kloster	Mendelssohnstr. 11/15	Kuratorium Annastift	Arme Schwestern vom Hl. Franziskus	ambulante Krankenpflege, Kindergarten, Handarbeitsschule, Mädchen- und Damenheim	04.08.1888
Kindergarten	Moltkestr. 50	Schwestern vom Armen Kinde Jesu	Schwestern vom Armen Kinde Jesu (aus dem Annakloster Annastr. 62/64)	Kindergarten	25.03.1889
Kindergarten	Mühligweg 56	Pfarrei St. Bruno	Töchter vom Hl. Kreuz (aus der Pflegeanstalt St. Joseph Unterrather Str. 1)	Kindergarten	16.02.1930
Hubertusstift	Neusser Str. 25	Kuratorium	Christenserinnen (aus dem Kloster von der unbefleckten Empfängnis Hubertusstr. 3)	Altersheim	14. Jh.
Kindergarten	Neusser Str. 53	Stadt Düsseldorf	Arme Dienstmägde Christi aus dem Martinuskrankenhaus Martinstr. 7)	Kindergarten	01.12.1891

Kindergarten	Niederkasselerstr. 18	Pfarrei St. Anna	Weltliche Kräfte	Kindergarten	26.03.1892
Nikolausstift	Nikolausstr. 19	Vinzentinerinnen	Vinzentinerinnen	ambulante Krankenpflege, Kindergarten, Handarbeitsschule, Altersheim	10.08.1913
Katholisches Knabenwaisenhaus	Oberbilker Allee 157/159	Katholischer Waisenverein	Missionsschwestern vom Hl. Herzen Jesu	Waisenpflege	02.09.1850
Franziskanerkloster	Oststr. 62/64	Franziskaner	Franziskaner	Aushilfe in der Seelsorge	18.08.1853
Josephshaus	Pariser Str. 115	Dominikanerinnen	Dominikanerinnen	Pflege und Erziehung verwahrloster oder gefährdeter Kinder und Mädchen, Berufsschule	29.05.1909
Cäcilienstift	Paulistr. 3	St. Cäcilia	Arme Dienstmägde Christi	ambulante Krankenpflege, Handarbeitsschule	18.04.1864
Annaschule	Prinz-Georg-Str. 2	Schwestern vom Armen Kinde Jesu	Schwestern vom Armen Kinde Jesu (aus dem Annakloster Annastr. 62/64)	Lyzeum, Oberlyzeum, Frauenschule, Frauenoberschule, Mittelschule, Grundschule, Klosterschule zur Heranbildung von Ordensberufen	26.04.1900
Caritasheim	Rather Broich 155	Caritasverband für die Stadt Düsseldorf	Arme Brüder vom heiligen Franziskus Seraphikus	Altersheim, Obdachlosenasyl, Krankenstation	01.04.1931
Krankenhaus der Dominikanerinnen	Rheinallee 24 und 26/27	Dominikanerinnen	Dominikanerinnen	stationäre Krankenpflege, Krankenpflegeschule, Erholungsheim für Schwestern	01.10.1902
Ursulinenkloster	Ritterstr. 12/14	Ursulinen	Ursulinen	Lyzeum mit Grundschule, Frauenschule, 2 Kindergärten, Kinderhort, Lehrgang für Kindergärtnerinnen und Hortnerinnen, Kurse für erwerbslose Mädchen	1677
Annastift	Ritterstr. 20/22	Kuratorium	Arme Schwestern vom Hl. Franziskus	Dienstmädchen und Dienstbotenheim, ambulante Krankenpflege, Armenküche, Stellenvermittlung, Kindergarten, Handarbeitsschule, Haushaltungsschule	21.11.1871
Herz Jesu - Heim	Rossstr. 79	Vinzentinerinnen	Vinzentinerinnen (aus dem Vinzenzhaus Schlossstr. 81/85)	Kindergarten	06.12.1916

Katholische Wohlfahrtseinrichtungen in der Stadt Düsseldorf 1933

St. Antoniuskloster	Salierstr. 77	Pfarrei St. Antonius	Dominikanerinnen	ambulante Krankenpflege, Kindergarten, Kinderhort, Handarbeitsschule	16.04.1914
Vinzenzhaus	Schlossstr. 81/85	Vinzentinerinnen	Vinzentinerinnen	ambulante und stationäre Krankenpflege, Kindergarten, Haushaltungsschule, Nähschule, Armenküche, Altersheim	03.12.1894
Jugendschutzheim	Schützenstr. 29	Katholischer Männerfürsorgeverein	Weltliche Kräfte	Vorasyl	02.11.1930
Kindergarten	Schulstr. 11/13	Pfarrei St. Maximilian	Arme Dienstmägde Christi (aus dem Josephinenstift Talstr. 65)	Kindergarten, 2 Kinderhorte	15.10.1906
Christinenstift	Siemensstr. 44	Pfarrei St. Apollinaris	Arme Dienstmägde Christi	ambulante Krankenpflege, Kindergarten, Handarbeitsschule	02.10.1913
Kindergarten	Steinstr. 55	Katholischer Frauenbund	Weltliche Kräfte	Kindergarten	01.05.1909
Marienhospital	Sternstr. 91	Kuratorium	Arme Schwestern vom Hl. Franziskus	stationäre Krankenpflege	15.08.1870
Theresienhospital	Stiftsplatz 13	Töchter vom Hl. Kreuz	Töchter vom Hl. Kreuz	stationäre Krankenpflege, Krankenpflegeschule	01.01.1832
Kindergarten	Stoffeler Str. 11	Stadt Düsseldorf	Arme Dienstmägde Christi (aus dem Marienstift Ellerstr. 213)	Kindergarten	01.10.1890
Marienkrankenhaus	Suitbertus - Stiftsplatz 11/15	Pfarrei St. Suitbertus	Arme Schwestern vom Hl. Franziskus	ambulante und stationäre Krankenpflege, Kinderheim, Erholungsheim, Handarbeitsschule, Pflege- und Invalidenhaus	05.07.1855
Josephinenstift	Talstr. 65	Arme Dienstmägde Christi	Arme Dienstmägde Christi	ambulante Krankenpflege, Kindergarten, Handarbeitsschule	10.02.1847
Kloster der barmherzigen Brüder	Talstr. 104	Barmherzige Brüder Montabaur	Barmherzige Brüder Montabaur	ambulante Krankenpflege, Altersheim	26.04.1887
Kindergarten	Telleringstr. 56	St. Cäcilia	Arme Dienstmägde Christi (aus dem Cäcilienstift Paulistr. 3)	Kindergarten	17.12.1917
Gertrudisheim	Ulmenstr. 83/83a	Katholischer Fürsorgeverein für Frauen, Mädchen und Kinder	Cellitinnen	Fürsorgeheim, Wöchnerinnenheim, Stellenvermittlung	01.02.1908

Kinder-garten	Ulmenstr. 220	Stadt Düsseldorf	Töchter vom Hl. Kreuz (aus der Pflegeanstalt St. Joseph Unterrather Str. 1)	Kindergarten	1931
Kinder-garten	Ulmenstr. 246	Caritasverband für die Stadt Düsseldorf	Töchter vom Hl. Kreuz (aus der Pflegeanstalt St. Joseph Unterrather Str. 1)	Kindergarten, Kinderhort	1927
Pflegeanstalt St. Joseph	Unterrather Str. 1	Töchter vom Hl. Kreuz	Töchter vom Hl. Kreuz	Anstalt für weibliche Epileptiker, Kindergarten, ambulante Krankenpflege, Erholungsheim für Schwestern	20.04.1857
Bahnhofsmission	Wilhelmplatz 14 (Hauptbahnhof, Bahnsteig 2)	Katholischer Mädchenschutzverein	Weltliche Kräfte	Schutz und Hilfe für alleinreisende Mädchen und Frauen	02.04.1902

NSV

Als Adolf Hitler am 30. Januar 1933 zum Reichskanzler ernannt wurde, besaß die NSDAP weder ein soziales Programm noch präzise Vorstellungen über die künftige Politik auf dem Feld dessen, was man im Kaiserreich als Armenpflege und in der Weimarer Republik als Wohlfahrtspflege bezeichnete[1]. Fest stand nur, dass Fürsorge und Wohlfahrt unter neuen Vorzeichen standen: Nicht Humanität oder Nächstenliebe waren die zentralen Anliegen nationalsozialistischer Volkswohlfahrt, sondern eine Volksgesundheit, für die "aufbauende Vorsorge" als oberstes Gebot galt[2]. Leitbild war nicht mehr ein individualistisch geprägtes "sentimentales Mitleid"; an seine Stelle waren "heroische Kraft" und "Hilfe zur Selbsthilfe" getreten[3]. Die Vorgaben für die Kritik am "Weimarer Wohlfahrtsstaat" hatte Adolf Hitler bereits in "Mein Kampf" dargelegt. Während seines "Wiener Existenzkampfes" sei ihm "klar geworden, daß die soziale Tätigkeit nie und nimmer in ebenso lächerlichen wie zwecklosen Wohlfahrtsduseleien ihre Aufgaben zu erblicken hat, als vielmehr in der Beseitigung solcher grundsätzlicher Mängel in der Organisation unseres Wirtschafts- und Kulturlebens, die zu Entartungen einzelner führen müssen oder wenigstens verleiten können"[4]. Trotz dieser Auslassungen hatten sich in

---

[1] Vgl. Herwart Vorländer, Die NSV. Darstellung und Dokumentation einer nationalsozialistischen Organisation, Boppard 1988, 7 f.
[2] Vgl. Paul Schoen, Armenfürsorge im Nationalsozialismus. Die Wohlfahrtspflege in Preußen zwischen 1933 und 1939 am Beispiel der Wirtschaftsfürsorge, Weinheim 1985, 53 ff; Eckhard Hansen, Wohlfahrtspolitik im NS - Staat. Motivationen, Konflikte und Machtstrukturen im "Sozialismus der Tat" des Dritten Reiches, Augsburg 1991, 48 ff.
[3] Vgl. Hermann Althaus, Nationalsozialistische Volkswohlfahrt. Wesen, Aufgaben und Aufbau, Berlin 1935, 10 f.
[4] Adolf Hitler, Mein Kampf Bd. 1, München 1928³, 28.

den zwanziger Jahren wie bei anderen Parteien (Arbeiterwohlfahrt der SPD, Rote Hilfe der KPD) auch in der NSDAP verschiedene Selbsthilfeorganisationen gebildet, die Not leidenden Parteigängern in mehr oder weniger loser Form praktische Hilfe leisten sollten[5]. Das Sammelsurium nationalsozialistischer Fürsorgeeinrichtungen fand ein neues Dach, als Adolf Hitler am 3. Mai 1933 verfügte: "Die NS - Volkswohlfahrt (E.V.) wird hiermit als Organisation innerhalb der Partei für das Reich anerkannt. Sie ist zuständig für alle Fragen der Volkswohlfahrt und Fürsorge und hat ihren Sitz in Berlin"[6]. Einen Monat später gab Robert Ley am 2. Juni 1933 den Parteigliederungen die parteiamtliche Anerkennung der NSV bekannt und ordnete an, dass die Gauleiter "unverzüglich einen geeigneten Parteigenossen als Leiter der NSVW ihres Gaubereichs zu ernennen" haben[7]. Wenige Wochen später erfolgte am 15. Juli 1933 durch das Reichsarbeits- und Reichsinnenministerium die staatliche Anerkennung der NSV als Reichsspitzenverband der freien Wohlfahrtspflege und am 27. Juli 1933 ihre Aufnahme in die Liga der freien Wohlfahrtspflege[8]. Die Arbeit der NSV sollte sich, so die "Richtlinien für die Arbeit" der NSV vom Juli 1933, vor allem auf die Gebiete erstrecken, "in denen es möglich ist, aufbauende Arbeit zu leisten"[9]. Sie wollte dort helfen, wo "eine Gesundung" möglich war. Wörtlich hieß es in den Richtlinien: "Der bisherige 'Wohlfahrtsstaat' schwächte das Verantwortungsgefühl gegenüber dem einzelnen Volksgenossen durch Züchtung von Unterstützungsempfängern. Im Volke wurde die Auffassung großgezogen, daß allein das Wohlfahrtsamt dazu da sei, zu helfen. Auch nicht notleidende Kreise entzogen sich ihrer Pflicht dem Nächsten gegenüber, indem sie meinten, zur Hilfe sei nur die Wohlfahrt berufen. Der in Not Befindliche muß wieder dazu erzogen werden, daß er neben seinem Recht an die Volksgemeinschaft die Pflicht anerkennt, selbst zur Besserung seines Zustandes beizutragen. Denn das Recht an die Volksgemeinschaft kann nie größer sein als

---

[5] Vgl. BAK NS 26/261, 26.08.1932; IZM FA 16, 18.04.1932; Sozialisten der Tat. Das Buch der unbekannten Kämpfer der NSV Gau Groß - Berlin. Winterhilfswerk 1933 - 34, Berlin 1934, 25 f; Thomas Erich Joachim de Witt, The Nazi Party and Social Welfare, 1919 - 1939, Diss. Charlottesville 1971, 56 ff; Eckhard Hansen, Wohlfahrtspolitik im NS - Staat. Motivationen, Konflikte und Machtstrukturen im "Sozialismus der Tat" des Dritten Reiches, Augsburg 1991, 8.

[6] Verfügungen, Anordnungen, Bekanntgaben. Herausgegeben von der Partei - Kanzlei Bd. 2, München 1943, 21. Vgl. auch NN, "NS - Volkswohlfahrt E. V.", in: Caritas. Zeitschrift für Caritaswissenschaft und Caritasarbeit Jg. 38 Nr. 5 (Mai 1933), 239 - 240, 239 f; NN, NS - Volkswohlfahrt e. V., in: Mitteilungen des Caritasverbandes für die Stadt Düsseldorf Jg. 9 Nr. 6/7 (Juni/Juli 1933), 7 - 8, 7 f; Werner Reher, Die NS - Volkswohlfahrt, Berlin 1942, 9.

[7] NN, Bekanntgabe, in: Verordnungsblatt der Reichsleitung der Nationalsozialistischen Deutschen Arbeiter - Partei Jg. 2 Nr. 49 (15.06.1933), 106.

[8] Vgl. BAK NS 26/262, Geschichte der NSV von den Anfängen bis 1934 Bd. 1, S. 224; NN, Die Reichsspitzenverbände der freien Wohlfahrtspflege, in: Caritas. Zeitschrift für Caritaswissenschaft und Caritasarbeit Jg. 38 Nr. 8 (August 1933), 356 - 357, 356.

[9] N.S. Volkswohlfahrt (E.V.) Reichsleitung. Richtlinien für die Arbeit. Ausgabe Juli 1933, Berlin 1933, 4. Vgl. auch NN, Nationalsozialismus und Wohlfahrtspflege, in: Caritas. Zeitschrift für Caritaswissenschaft und Caritasarbeit Jg. 38 Nr. 7 (Juli 1933), 326 - 327, 326 f; NN, Die neue NS - Volkswohlfahrt und ihre Aufgaben, in: Monatsblatt des Städtischen Wohlfahrts- und Gesundheitsamtes Düsseldorf Jg. 7 Nr. 7 (Juli 1933), 101 - 103, 102.

die Verpflichtung, die der einzelne der Volksgemeinschaft gegenüber auf sich nimmt"[10]. Konkret benannten die Richtlinien drei künftig von der NSV zu erfüllende Hauptaufgaben: Einrichtung einer nationalsozialistischen Jugendfürsorge gegen "Verwahrlosung und Aufsässigkeit" der Jugend, einer nationalsozialistischen Mütterfürsorge zur Sicherung der "völkischen Zukunft" und einer Winterhilfe zur Linderung der Zeitnöte[11]. In der Satzung der NSV vom 14. August 1933 wurde außerdem die "Gesundheitsführung des deutschen Volkes" als Arbeitsgebiet deklariert[12]. Um alle Aufgabenfelder bewältigen zu können, musste die NSV zu einer handlungsfähigen reichsweiten Organisation aufgebaut werden, womit ab Sommer 1933 begonnen wurde[13].

Die Entwicklung der NSV im Gau Düsseldorf hat der Gaubeauftragte für das Winterhilfswerk und Gauamtsleiter der NSV Robert Friedrich in einer Propagandaschrift festgehalten, die im Jahre 1935 unter dem Titel "Zwei Jahre Tatsozialismus im Gau Düsseldorf" erschien[14]. Nach seiner Darstellung waren die Arbeiten der NSV in Düsseldorf bereits Ende August 1933 so umfangreich, dass die Errichtung eines besonderen Gauamtes mit eigenem Büro notwendig wurde[15]. Nachdem Robert Friedrich vom Düsseldorfer Gauleiter Karl Friedrich Florian zum Leiter des neu errichteten Amtes der NSV ernannt worden war, bezog die Gauamtsleitung im fünften Stock des Industriehauses (Am Wehrhahn 94/96) zwei Zimmer, die zuletzt die NS - Frauenschaft als Nähstuben benutzt hatte. "Im Eiltempo wurden nun zwei Telephonleitungen gelegt. Schreibtische, Stühle, Regale, Schreibmaschinen und andere notwendige Bedarfsartikel ließen wir uns von Parteifreunden schenken. Es war dieses die erste erfolgreiche 'Sammelaktion', die die NSV im Gau Düsseldorf durchgeführt hat. Ein Amtsleiter, ein Geschäftsführer, ein Kassenführer und zwei Stenotypistinnen, das waren die anfänglichen

---

[10] N.S. Volkswohlfahrt (E.V.) Reichsleitung. Richtlinien für die Arbeit. Ausgabe Juli 1933, Berlin 1933, 3 f. Vgl. auch NN, Die Rede des Reichsführers des WHW Pg. Hilgenfeldt auf dem ersten Gaukongreß der NSV in Düsseldorf am 27. Januar 1934, in: N.S.V.. Mitteilungsblatt des Amtes für Volkswohlfahrt im Gau Düsseldorf Jg. 1 Nr. 1 (01.03.1934), 1 - 6, 3 f; Erich Hilgenfeldt, Idee der nationalsozialistischen Wohlfahrtspflege, München 1937, 5 ff.

[11] Vgl. N.S. Volkswohlfahrt (E.V.) Reichsleitung. Richtlinien für die Arbeit. Ausgabe Juli 1933, Berlin 1933, 4. Vgl. auch Hermann Althaus, Die Stellung der NSV zu den gegenwärtigen Aufgaben der Wohlfahrtspflege, in: Nationalsozialistischer Volksdienst Jg. 1 Nr. 1 (Oktober 1933), 15 - 27, 15 ff; Hermann Althaus, Nationalsozialistische Volkswohlfahrt. Wesen, Aufgaben und Aufbau, Berlin 1935, 13 ff; Hanna Rees, Frauenarbeit in der NS - Volkswohlfahrt, Berlin 1938, 22 ff.

[12] Vgl. IZM FA 16, 14.08.1933; NN, Was jede(r) Caritasarbeiter(in) von der Nationalsozialistischen Volkswohlfahrt wissen muß ?, in: Mitteilungen des Caritasverbandes für die Stadt Düsseldorf Jg. 9 Nr. 10/11 (Oktober/November 1933), 1 - 6, 1 ff.

[13] Vgl. NN, Die NS - Volkswohlfahrt. Aufbau und Aufgaben, in: Monatsblatt des Städtischen Wohlfahrts- und Gesundheitsamtes Düsseldorf Jg. 7 Nr. 9 (September 1933), 135 - 139, 135 ff; Uwe Mann, Die nationalsozialistische "Volkswohlfahrtspflege". Organisatorische Entwicklung, Dimensionen ihrer Ideologie, Einblicke in ihre Praxis, in: Zeitschrift für Sozialreform Jg. 33 Nr. 4 (April 1987), 229 - 251 und Nr. 5 (Mai 1987), 261 - 275, 236.

[14] Vgl. Robert Friedrich, Zwei Jahre Tatsozialismus im Gau Düsseldorf, Düsseldorf 1935, 11 ff.

[15] Vgl. Robert Friedrich, Zwei Jahre Tatsozialismus im Gau Düsseldorf, Düsseldorf 1935, 12.

Streitkräfte, die den Kampf gegen Hunger und Kälte im Gau Düsseldorf zu organisieren und durchzuführen hatten"[16].

Mit dem Goethezitat "Das Maultier sucht im Nebel seinen Weg" wurden die bestehenden Düsseldorfer Wohlfahrtsorganisationen von Robert Friedrich als nicht "brauchbares Fundament" zur Lösung drängendster Fürsorgeprobleme abqualifiziert. "Dabei soll nicht verkannt werden", so eine Einschränkung des Gauamtsleiters, "daß es auch damals neben vielen kraß - egoistischen Maultiertreibern, die sich ihre Wohlfahrtstätigkeit klingende Münze, 'gesellschaftliches' Ansehen oder Beruhigung des Gewissens für begangene Missetaten verschaffen wollten, eine ganze Reihe edelster Idealisten gegeben hat. Sie konnten aber nichts Großes leisten, weil sie mit ihrem Wollen in der damaligen Zeit vereinzelt dastanden, während heute Wohlfahrtspflege Sache des gesamten Volkes geworden ist. Zum Teil aber waren diese Idealisten auch zu träumerisch und wirklichkeitsfremd veranlagt, um die organisatorisch - technischen Probleme meistern zu können, die einen geschärften Tatsachensinn, rasche Entschlußkraft und harte Energie erfordern"[17].

Da mit den vorhandenen Wohlfahrtsorganisationen und Wohlfahrtseinrichtungen eine Aufgabe, "wie sie der Führer gestellt hatte, schlechterdings nicht zu lösen" und "auf den morschen Altstadttrümmern des vorhandenen Wohlfahrtswesens" ein "so stolzes, himmeltragendes Gebäude, wie es die Organisation der NSV werden sollte", nicht aufzubauen war, musste für das tragende Fundament auf die "politische Organisation der Bewegung" rekrutiert werden[18]. "Wenngleich hier, wie die patentierten Wohlfahrtsapostel in den ersten Monaten stets einwandten, das so wertvolle Gut einer jahrzehntelangen Erfahrung fehlte, so war die Schaffensfreudigkeit, der gestaltende Wille, die souveräne Beherrschung der Organisationsmittel, über die die Bewegung verfügt, doch etwas unvergleichlich Wertvolleres. Es wurden deshalb alle 'guten Ratschläge' und alle 'erfahrenen Wohlfahrtsmänner', soweit sie sich für leitende Stellen empfohlen hielten, rundweg abgelehnt"[19].

Da auf "erfahrene Wohlfahrtsmänner der Vergangenheit" verzichtet wurde, rekrutierten sich die Leiter und Amtsleiter der NSV Düsseldorf vor allem aus der politischen Leitung der SA, SS, der NS - Frauenschaft und der Hitlerjugend. "Um den Arbeitswillen und der Schaffenskraft dieser begeisterten Menschen die notwendige einheitliche Richtung zu geben, hatte das Gauamt bereits im September 1933 eigene "Richtlinien für den Dienstgebrauch" herausgegeben. Von den "zahlreichen Leitfäden und dickleibigen Büchern ... über Wohlfahrtspflege und Sozialpolitik ... der Wohlfahrtsmänner der Vergangenheit", unterschied sich das Heft vor allem dadurch, "daß es nur sechzehn Seiten stark war, also in einer halben Stunde gelesen und begriffen werden konnte. Es enthielt eine Wiedergabe der Satzungen, ein Schema der aufzubauenden Organisation in vertikaler und horizontaler Richtung und einige Ausführungen über die Arbeitsweise. Das genügte für den Anfang vollkommen, denn die nationalsozialistische Gesinnung, die in den

---

[16] Robert Friedrich, Zwei Jahre Tatsozialismus im Gau Düsseldorf, Düsseldorf 1935, 12.
[17] Robert Friedrich, Zwei Jahre Tatsozialismus im Gau Düsseldorf, Düsseldorf 1935, 13 f.
[18] Vgl. Robert Friedrich, Zwei Jahre Tatsozialismus im Gau Düsseldorf, Düsseldorf 1935, 14.
[19] Robert Friedrich, Zwei Jahre Tatsozialismus im Gau Düsseldorf, Düsseldorf 1935, 14.

Amtsleitern und -waltern lebte, ließ sie das Richtige finden, auch wenn nicht für alle Einzelfälle tausend verschiedene Vorschriften vorhanden waren"[20].

Ziel des Düsseldorfer Gauamtes der NSV war es, noch vor Beginn des Winterhilfswerkes 1933/34 "eine Armee von Helfern und Helferinnen aus dem Boden" zu stampfen, die als ehrenamtliche Mitarbeiter "die Millionen Arbeitsstunden unentgeltlich leisten konnten, die bei der Durchführung des Winterhilfswerks notwendig" waren. Glaubt man den Ausführungen von Robert Friedrich, konnten im Gau Düsseldorf nach Beginn der Agitation im September 1933 innerhalb weniger Wochen mehr als 400000 Mitglieder geworben werden. "Damit war ein genügend großes Reservoir geschaffen, aus dem man jederzeit die für das WHW nötigen Helfer und Helferinnen nehmen konnte. Gleichzeitig war aber auch eine gesunde finanzielle Grundlage gegeben, denn diese 40000 Mitglieder brachten Monat für Monat rund 40000 Reichsmark an Mitgliedsbeiträgen auf"[21]. Sechs Monate später war die Mitgliederzahl in der NSV des Gauamtsbezirkes Düsseldorf im April 1934 nach einer "Frühjahrsoffensive" auf 70000 gestiegen[22]. Dank weiterer Propagandamaßnahmen kletterte die Zahl bis zum Sommer des gleichen Jahres auf 160000 Anmeldungen[23].

Mit dem Kampfruf "Die Türen auf, die Herzen auf!" sollte die Mitgliederziffer im Sommer 1935 auf 250000 gesteigert werden[24]. Nach Robert Friedrich musste bei der neuen Kampagne zunächst erreicht werden, "daß unsere Werber an die neuen Kandidaten herankamen, damit der geistige Nahkampf ausgefochten werden konnte". Ging die Tür auf, "so konnte der Nahkampf beginnen. Es gab selbstverständlich sehr viele Volksgenossen, die sich geistig durchaus mit unseren Werbern messen konnten und sie nun in ihrer schweren Arbeit mit allerlei Spitzfindigkeiten irre zu machen versuchten. Es war solchen Volksgenossen deshalb klar zu machen, daß die Werber Menschen sind, die dem Ruf des Führers zur sozialen Mitarbeit früher gefolgt sind als sie, Menschen, die keinen anderen Dank und Lohn für ihre mühevolle Arbeit erwarten, als die innere Genugtuung und das stolze Gefühl, in vorderster Linie mitgearbeitet zu haben an der Lösung der schweren sozialen Aufgaben unserer Zeit und unseres Volkes. Es galt, ihnen klar zu machen, daß unsere Werber deshalb eine höhere sittliche Auffassung als die neu zu werbenden Volksgenossen besitzen, weil diese Werber bereits gelernt haben, ihre eigene Bequemlichkeit und ihren eigenen Vorteil zurückzustellen und ihre freie Zeit und Arbeitskraft der Volksgemeinschaft zur Verfügung zu geben. Es wurde deshalb verlangt, daß jeder, der irgend welche triftigen Gründe hatte, die ihn noch davon abhalten konnten, Mitglied der NSV zu werden, sie offen und ehrlich ohne Umschweife nennen sollte. Wo solche Gründe aber nicht vorhanden waren, da haben wir gefordert, daß die Abseitsstehenden sich nicht schon vor den Werbetagen Scheingründe zurechtlegen und sich auf eine Spiegelfechterei vorbereiten dürften, sondern daß sie sich darauf zu prüfen

---

[20] Robert Friedrich, Zwei Jahre Tatsozialismus im Gau Düsseldorf, Düsseldorf 1935, 15.

[21] Robert Friedrich, Zwei Jahre Tatsozialismus im Gau Düsseldorf, Düsseldorf 1935, 15.

[22] Vgl. Robert Friedrich, Zwei Jahre Tatsozialismus im Gau Düsseldorf, Düsseldorf 1935, 18 f.

[23] Vgl. Robert Friedrich, Zwei Jahre Tatsozialismus im Gau Düsseldorf, Düsseldorf 1935, 20.

[24] Vgl. NN, Die Türen auf, die Herzen auf! NSV - Werbetage am 5., 6. und 7. Juli, in: Der Tatsozialist. Mitteilungsblatt des Amtes für Volkswohlfahrt bei der Gauleitung Düsseldorf Jg. 2 Nr. 6 (25.06.1935), o. S. (5); Robert Friedrich, Zwei Jahre Tatsozialismus im Gau Düsseldorf, Düsseldorf 1935, 25.

hätten, ob die eigene Not so groß sei, daß sie es verantworten konnten, der NSV nicht beizutreten"[25].

Dass der "geistige Nahkampf" der NSV - Werber schnell in Handgreiflichkeiten endete, ist der Propagandaschrift von Robert Friedrich nicht zu entnehmen, aber sowohl in Presseberichten[26] wie auch Gestapo - Unterlagen dokumentiert. So heißt es am 17. Juli 1935 in einem Polizeibericht: "Am Dienstag, den 16.7.1935, sammelte sich gegen 19.45 Uhr vor dem Hause des Amtsgerichtsrats Anton Vogels ... , wohnhaft in Düsseldorf, Lindenstrasse 250, eine erregte Menschenmenge, weil Vogels sich geweigert hatte, der NSV beizutreten. Mehrere Personen drangen, nachdem sie die Tür eingedrückt hatten, in die Wohnung des Vogels ein und mißhandelten ihn. Die erhaltenen Verletzungen sind nicht schwerer Natur. Vogels mußte zu seinem eignen Schutz in Polizeigewahrsam genommen werden, aus der am 17.7.1935 gegen 10 Uhr entlassen wurde. Das herbeigerufene Unfallkommando zerstreute die Menschenmenge. Strafverfahren ist eingeleitet. Wenn auch der Vorfall an und für sich bedauerlich ist, so ist er doch aus dem Verhalten des Vogels erklärlich. Es kann mit Recht von den Volksgenossen nicht eingesehen werden, daß ein Zeitgenosse, zumal er Beamter ist und in gesicherten Lebensverhältnissen sich befindet, so wenig Sinn für die Volksgemeinschaft hat, daß er der NSV nicht beitritt. Hinzu kommt noch, daß sich Vogels an den Eintopfsammlungen mit einer Ausnahme nicht beteiligt hat. Hierbei gab er lediglich 50 Pfg. Abzeichen kaufte Vogels nie. Nach einem Schriftwechsel bezüglich seines Eintritts in die NSV verbat er sich die Zusendung weiterer Schreiben. Bezeichnend für die Einstellung des Vogels ist, daß er für den Caritas - Verband Beiträge zahlt"[27].

Wie nicht anders zu erwarten, wurde der Mitgliederstand der NSV im Gau Düsseldorf bis zum Herbst 1935 auf über 250000 gesteigert[28]. Gemessen an der Gesamtbevölkerung schwankte die Mitgliederquote nach einer Statistik vom 30. September 1935 in den neun Kreisen des Gaues zwischen 9 und 14 %; sie betrug in Krefeld - Uerdingen 9,1 %, Solingen 9,6 %, Neuss - Grevenbroich 10,5 %, Viersen - Kempen 11 %, Bergisches Land 11,6 %, Mönchengladbach - Rheydt 11,9 %, Düsseldorf 11,9 %, Wuppertal 13,9 % und Niederberg 14,6 %[29]. Nach Auskunft von Robert Friedrich wurde die Werbung neuer Mitglieder durch "Nörgler", "satte Selbstzufriedenheit" und "konfessionelle Verbände" erschwert. Hinderlich sei insbesondere die Meinung "vieler Volksgenossen" gewesen, sie könnten oder brauchten nicht Mitglied der NSV zu werden, weil sie bereits der Caritas oder der Inneren Mission beigetreten waren. "Es war deshalb notwendig, unseren Werbern zunächst durch eine Reihe von Gründen klarzumachen, daß diese Meinung ein Irrglaube ist und daß sie die heilige Pflicht haben, diesen Irrglauben restlos zu zerstören"[30].

---

[25] Robert Friedrich, Zwei Jahre Tatsozialismus im Gau Düsseldorf, Düsseldorf 1935, 26.
[26] Vgl. DN 21.07.1935.
[27] NHS RW 58/66390, 17.07.1935.
[28] Vgl. Robert Friedrich, Zwei Jahre Tatsozialismus im Gau Düsseldorf, Düsseldorf 1935, 36.
[29] Vgl. Robert Friedrich, Zwei Jahre Tatsozialismus im Gau Düsseldorf, Düsseldorf 1935, 37.
[30] Robert Friedrich, Zwei Jahre Tatsozialismus im Gau Düsseldorf, Düsseldorf 1935, 27.

Der Standpunkt des Düsseldorfer Gauamtes der NSV war in dieser Frage eindeutig und wurde durch Auslassungen folgender Art unmissverständlich präzisiert: "Wir dürfen keinen Volksgenossen, der Mitglied der Caritas oder der Inneren Mission ist oder werden will, davon abhalten, in diese Wohlfahrtsorganisationen einzutreten oder in ihnen zu verbleiben. Wenn er aber guten Glaubens oder aus Geiz und Bequemlichkeit vorgibt, er habe damit seine soziale und nationale Pflicht vollauf erfüllt, so müssen wir diesen Irrtum mit jenem Fanatismus ausrotten, der unserer Liebe zur Volksgemeinschaft und zur Wahrheit würdig ist"[31]. Zur Untermauerung seiner Auffassung fügte Gauamtsleiter Robert Friedrich hinzu: "Es gibt zum Beispiel viele Mitglieder der Caritas, die es nur dem Namen nach, nicht aber der praktischen sozialen Wirkung nach sind. Sie bezahlen einige Groschen Monatsbeitrag, obgleich sie in der NSV ihrem Einkommen nach eine Reichsmark oder mehr zu bezahlen hätten. Diese Volksgenossen haben gespürt, daß die nationalsozialistische Bewegung in der NSV eine Organisation ausgleichender sozialer Gerechtigkeit geschaffen hat und sind deshalb in die Caritas geflohen, weil sie sich dort vor dem Arm der Gerechtigkeit gerettet glauben. Ihnen wurde klargemacht, daß man mit einigen Groschen Monatsbeitrag niemals ein gleiches Maß von Wohlfahrtstätigkeit erreichen kann wie mit einer Mark oder mehr, und daß sie deshalb mit diesen Groschen ihrer sozialen Pflicht nicht in gleichem Maße genügen wie das NSV - Mitglied mit seiner Mark. Wenn also jemand Anspruch darauf erheben will, als Volksgenosse seiner sozialen Pflicht, wie sie unsere Bewegung auffaßt, Genüge getan zu haben, und diesen Stolz muß jeder echte Deutsche haben, so genügt es uns nicht, wenn er für einige Groschen Mitglied der Caritas ist. Wir verlangen, daß er seinen Tatsozialismus auch durch Beitritt zur NSV unter Beweis stellt"[32].

Dem Einwand, die Caritas sei anerkannte Spitzenorganisation der Wohlfahrtsverbände, sollten die Werber mit Hinweis auf die verschiedenen Zwecke beider Organisationen begegnen. "Zwischen Caritas und NSV", so die Auslegung von Robert Friedrich, habe "bewußt eine Arbeitsteilung stattgefunden, die dahin geht, daß die Caritas sich aus Gründen der Barmherzigkeit in erster Linie körperlich, geistig und seelisch Kranker und Hoffnungsloser annimmt, während die NSV in erster Linie das gesunde, aufsteigende, kraftvolle Leben überall da fördert, wo es aus wirtschaftlicher und sozialer Bedrängnis oder aus augenblicklicher Not heraus nicht die seiner Anlage entsprechenden Entwicklungsmöglichkeiten hat. Wer also Mitglied der Caritas ist, unterstützt das, was für die Volksgemeinschaft und die Zukunft des Vaterlandes nichts mehr nützen kann, was aber aus Gründen der Barmherzigkeit erhalten werden muß. Wer aber will, daß alle gesunden Kräfte im deutschen Volke geweckt und gefördert werden, damit die Lebensfähigkeit und Selbstbehauptung unserer Nation für alle Zeiten garantiert ist, für den genügt es nicht, Mitglied der Caritas zu sein, er kann sein Ziel nur erreichen, wenn er auch in unsere Reihen tritt"[33].

Als hätte die Beschränkung der Caritasarbeit auf die Pflege "unwerten Lebens" nicht gereicht, suchte Robert Friedrich in seiner Broschüre auch noch die Schuld für die "Ver-

---

[31] Robert Friedrich, Zwei Jahre Tatsozialismus im Gau Düsseldorf, Düsseldorf 1935, 27.
[32] Robert Friedrich, Zwei Jahre Tatsozialismus im Gau Düsseldorf, Düsseldorf 1935, 27.
[33] Robert Friedrich, Zwei Jahre Tatsozialismus im Gau Düsseldorf, Düsseldorf 1935, 27 f.

elendung des Volkes" bei der katholischen Caritas und schwang sich zum letztgültigen Interpreten der Heiligen Schrift auf. Mit der Behauptung, seine Gedankengänge seien "so klar und unumstößlich aus der Vergangenheit zu beweisen, daß man sich wundern muß, warum so viele Volksgenossen sie noch nicht begriffen haben", wartete der Düsseldorfer Gauamtsleiter mit dem Befund auf: "Die Caritas besteht uneingeschränkt und mit gleicher Zielsetzung seit Jahrzehnten, ja Jahrhunderten. Trotzdem hat sie die Verelendung des Volkes bis zur Machtübernahme nicht verhindern können. Sie hat in der politischen Ebene weder dem drohenden Untergang der Nation durch den Marxismus Einhalt geboten, noch hat sie in der sozialen Ebene verhindert, daß dem Marxismus von Jahr zu Jahr neuer Zuwachs durch die fortschreitende soziale Verelendung erstanden ist. Dieser Abwärtsbewegung hat erst die NSV und das Winterhilfswerk entscheidend und endgültig Abbruch getan. Die Gefahren der sozialen Verelendung bannen und einen gesunden, kraftvollen Volkskörper aufbauen, kann keine andere Wohlfahrtsorganisation als die NSV allein". In überwiegend katholischen Gebieten wie dem Gau Düsseldorf, sei es daher besonders notwendig, "dieses der Bevölkerung klar und deutlich einzuprägen"[34].

Kein Zufall ist, dass gerade der zuletzt herangezogenen Textpassage das Photo eines katholischen Geistlichen bei der Arbeit in einem NSV - Büro mit folgender Bildunterschrift beigefügt war: "Pg. Heinsberg, ein katholischer Geistlicher, der seine ganze freie Zeit und Arbeitskraft als Amtswalter der NSV zur Verfügung stellt"[35]. In der Tat hatte Josef Heinsberg im Jahre 1933 die Amtsstelle der NSV in Flingern, wo er seit 1929 als Kaplan an der Liebfrauenkirche tätig war[36], "aus kleinsten Anfängen" aufgebaut[37], doch überging der Verfasser des NSV - Pamphlets bewusst, dass dem abgebildeten Vikar die Ausübung priesterlicher Amtshandlungen nicht mehr gestattet war. Welche Motive Kaplan Josef Heinsberg leiteten, am 1. Mai 1933 der NSDAP beizutreten und seine Kraft dem Aufbau der örtlichen NSV - Organisation zu widmen[38], liegt im Dunkeln. Bekannt ist nur, dass Josef Heinsberg auf Vorschlag von Kreisleiter Werner Keyßner am 1. April 1934 den Dienst an der städtischen Mittelschule Clarenbachstraße aufnahm, wo er neben Religion und Turnen auch "nationalsozialistischen Unterricht" erteilte[39]. Ein Jahr später wurde er am 1. September 1935 zum Stadtschulrat berufen[40], doch verweigerte die erzbischöfliche Behörde hierzu ihre Zustimmung und verlangte, das Amt zur Verfügung zu stellen[41]. Als Folge der Auseinandersetzung erklärte Josef Heinsberg 1936 sei-

---

[34] Robert Friedrich, Zwei Jahre Tatsozialismus im Gau Düsseldorf, Düsseldorf 1935, 28.

[35] Robert Friedrich, Zwei Jahre Tatsozialismus im Gau Düsseldorf, Düsseldorf 1935, 28.

[36] Vgl. DT 06.12.1929.

[37] RLZ 31.08.1935.

[38] Vgl. NHS RW 58/22682, Bl. 1.

[39] Vgl. AEK GVA Düsseldorf überhaupt 31b, 15.04.1936; NN, Personalchronik der Erzdiözese Köln, in: Kirchlicher Anzeiger für die Erzdiözese Köln Jg. 74 Nr. 8 (01.04.1934), 62; RLZ 31.08.1935; DT 03.09.1935.

[40] Vgl. RLZ 31.08.1935; NN, Personalnachrichten, in: Amtliches Schulblatt für den Regierungsbezirk Düsseldorf Jg. 29 Nr. 15 (01.08.1936), 191.

[41] Vgl. BAK R 58/1151, 12.03.1936; NHS BR 1004/1268, 02.05.1938.

nen Austritt aus der Kirche[42] und trat in der Öffentlichkeit immer häufiger als "Gauredner" der NSDAP auf[43].

Den Gipfel an Verunglimpfung der Caritas erreichte Robert Friedrich ohne Zweifel mit dem Versuch, die NSV als rechte Interpretin christlicher Glaubenslehre auszugeben. Mit welchen subtilen Mitteln er dabei arbeitete, veranschaulicht folgender Passus seiner Propagandaschrift, wo es wörtlich heißt: "Bei manchem Volksgenossen liegt in der Erklärung: 'Ich bin bereits Mitglied der Caritas' etwas von jener Überheblichkeit, die glaubt, er sei dadurch etwas ganz Besonderes. Diese Empfindung wird durch den Umstand genährt, daß die Pfarrer und die Kirchen die Caritas propagieren. Man spricht von der christlichen Barmherzigkeit und glaubt, ein christliches Werk getan zu haben, wenn man der Caritas einige Groschen gibt. Demgegenüber muß erwähnt werden, daß die Leistungen, die wir vollbringen, in besserem Sinne christlich sind als die der Caritas. Für uns gilt der Spruch 'Tuet Gutes allen' nicht nur auf dem Papier als Werbemaßnahme, sondern bei uns ist er praktische Wirklichkeit geworden. Wir suchen uns die Bedürftigen, denen unsere Liebe zuteil wird, nicht nach konfessionellen Gesichtspunkten aus. Außerdem hat Christus niemals erklärt: 'Wenn du ein hohes Einkommen hast, so erfülle deine Pflicht am Nächsten mit einigen Groschen Monatsbeitrag', er hat vielmehr erklärt: 'Wer zwei Mäntel hat, der gebe dem einen, der keinen hat', verlange also Opfer, nicht Almosen. Niemals lag ein Almosen sammeln und Almosen geben im Sinne des Stifters des Christentums. Er verlangte Opfer, genau so, wie die NSV Opfer verlangt. Opfer für die Bedürftigen fordern ist also christlich, nicht aber, sich mit einigen Bettelgroschen zufrieden zu geben"[44].

Als "letzten Grund" der NSV trotz Mitgliedschaft im Caritasverband beizutreten, sah der Düsseldorfer Gauamtsleiter durch den Befund gegeben: "Caritasmitglied kann nicht nur jeder Deutsche, sondern auch jeder getaufte Jude oder Neger werden. Mitglied der NSV kann nur ein deutscher Volksgenosse sein, der uns durch die unlöslichen Bande des Blutes verknüpft ist. Wenn ein Deutscher seinen Caritasbeitrag gezahlt hat, so hat er seiner Pflicht als barmherziger Mensch genügt, genau so, wie dieses ein Jude oder Neger auch tut. Wenn er aber ein echter Deutscher sein will, der auf sein Vaterland stolz ist, der nichts mehr liebt auf dieser Welt als sein Volk und seine Heimaterde, dann darf er sich niemals mit der gleichen Leistung begnügen, die ein Angehöriger einer fremden Rasse auch vollbringen kann, dann muß er für dieses Volk ein besonderes Opfer bringen und er hat dabei keine andere Wahl, als zu kommen und mit uns für dieses Volk und seinen ewigen Bestand zu kämpfen"[45].

---

[42] Vgl. BAK R 58/1151, 12.03.1936; NHS RW 58/22682, Bl. 2.
[43] Vgl. NHS RW 58/22682, Bl. 1; DT 02.11.1936; RLZ 19.11.1936; DT 10.10.1937; DT 12.10.1937; RLZ 12.10.1937; DT 01.07.1938; DT 30.11.1938; DT 05.12.1938.
[44] Robert Friedrich, Zwei Jahre Tatsozialismus im Gau Düsseldorf, Düsseldorf 1935, 29.
[45] Robert Friedrich, Zwei Jahre Tatsozialismus im Gau Düsseldorf, Düsseldorf 1935, 31.

Caritas

Welche Auswirkungen der massive Propagandafeldzug der NSV im Jahr der Machtergreifung auf die Arbeit des Caritasverbandes für die Stadt Düsseldorf und der übrigen katholischen Wohlfahrtseinrichtungen hatte, ist im Abstand von mehr als 70 Jahren schwer zu beurteilen. Während in Düsseldorf innerhalb eines Jahres die Arbeiterwohlfahrt aufgelöst, der Deutsche Paritätische Wohlfahrtsverband in die NSV überführt, die Zentralwohlfahrtsstelle der Juden zur Eingliederung in die "Reichsvertretung der deutschen Juden" gedrängt und die Christliche Arbeiterhilfe zur Selbstauflösung bewogen wurde[46], blieb das weite Feld katholischer Caritas 1933 vom stürmischen Verlauf der nationalsozialistischen Revolution nahezu unberührt. Weder war eine katholische Einrichtung in Düsseldorf gezwungen, ihren Dienst im Ganzen oder in Teilen einzustellen, noch war die vielfältige Tätigkeit der hauptamtlichen Mitarbeiter und ehrenamtlichen Helfer irgendwelchen Beschränkungen unterworfen oder ein massiver Mitgliederschwund in caritativen Vereinen zu verzeichnen.

Nicht nur vor dem Hintergrund dieses Befundes war die Düsseldorfer Caritas wie die katholische Kirche insgesamt gezwungen, ihre Haltung gegenüber der bisher vom deutschen Episkopat verurteilten nationalsozialistischen Bewegung neu bestimmen zu müssen[47]. Adolf Hitler und seine deutschnationalen Koalitionspartner hatten am 30. Januar 1933 legal eine neue Regierung gebildet, der nach katholischer Auffassung staatsbürgerlicher Gehorsam zu Schulden war[48]. Hinzu kam, dass Deutschland nach den Wahlen vom März 1933 in einen nationalen Rauschzustand versetzt war, der Verwirrung und Unsicherheit nicht nur in Reihen der Katholiken stiftete. Gerade bei letzteren waren Befürchtungen aufgekommen, abermals, wie im Kulturkampf, ins politische Abseits gedrängt und als Reichsbürger zweiter Klasse verfemt zu werden[49]. Nicht zu Unrecht spricht Werner K. Blessing davon, dass das "aus der Kaiserzeit stammende innerkatholische Trauma der nationalen Außenseiterrolle" im Jahr der Machtergreifung erneut viru-

---

[46] Vgl. SAD XX 463, 12.08.1933 und 07.11.1933; NN, Reichsspitzenverbände der freien Wohlfahrtspflege, in: Monatsblatt des Städtischen Wohlfahrts- und Gesundheitsamtes Düsseldorf Jg. 7 Nr. 10 (Oktober 1933), 156; Dietmar Niemann, Die Düsseldorfer Arbeiterwohlfahrt von ihren Ursprüngen bis zur Gegenwart 1904 - 1980. Ein Beitrag zur Sozialgeschichte der Stadt Düsseldorf, Düsseldorf 1980, 39. Vgl. auch BAK NS 26/262, Geschichte der NSV von den Anfängen bis 1934 Bd. 1, S. 228 ff; Karl Borgmann, Die deutsche Caritas in den Jahren 1933 - 1956, in: Jahrbuch für Caritaswissenschaft und Caritasarbeit 1957, 91 - 111, 95.

[47] Zu den bischöflichen Verurteilungen des Nationalsozialismus vgl. NN, Grundsätzliche Auseinadersetzung des bischöflichen Ordinariates Mainz über die Mitgliedschaft von Katholiken bei einer antifaschistischen Partei, in: Ecclesiastica. Archiv für zeitgenössische Kirchengeschichte Jg. 10 Nr. 43 (25.10.1930), 421 - 427, 421 ff; NN, Die Bischöfe der Kölner Kirchenprovinz zur nationalsozialistischen Bewegung, in: Kirchlicher Anzeiger für die Erzdiözese Köln Jg. 71 Nr. 7 (15.03.1931), 68 - 70, 68 ff; NN, Erlaß der rheinischen Bischöfe, in: Ecclesiastica. Archiv für zeitgenössische Kirchengeschichte Jg. 11 Nr. 12 (21.03.1931), 118 - 119, 118 f; NN, Kirche und Nationalsozialismus, in: Ecclesiastica. Archiv für zeitgenössische Kirchengeschichte Jg. 13 Nr. 6 (11.02.1933), 56 - 57, 56 f.

[48] Vgl. dazu Philipp Hergenröther, Der Gehorsam gegen die weltliche Obrigkeit und dessen Grenzen nach der Lehre der katholischen Kirche, Freiburg 1877, 1 ff.

[49] Vgl. Heinz Hürten, Deutsche Katholiken 1918 - 1945, Paderborn 1992, 178 ff.

lent wurde⁵⁰. In dem hier angelegten Konflikt zwischen Kirchengehorsam und Bürgerpflicht hatte Hitlers Regierungserklärung vom 23. März 1933 überraschend einen Ausweg geöffnet⁵¹. In seiner auf Verständigungsbereitschaft abgestellten Erklärung machte der Reichskanzler unerwartete Zusagen, die vor allem die Sicherung verfassungsmäßiger Institutionen und Rechte betreffen und von kulturpolitischen Zugeständnissen ergänzt wurden. Adolf Hitler bezeichnete beide christliche Konfessionen als "die wichtigsten Faktoren zur Erhaltung unseres Volkstums", weshalb die Rechte der Kirchen unangetastet bleiben sollten. Ebenso legte die Reichsregierung, "die im Christentum die unerschütterlichen Fundamente der Moral und Sittlichkeit des Volkes" sah, "größten Wert auf freundschaftliche Beziehungen zum Heiligen Stuhl und sucht sie auszugestalten"⁵². Das Gesamt dieser Konzessionen gab schließlich den Ausschlag dafür, dass die deutschen Bischöfe am 28. März 1933 ihre Warnungen vor dem Nationalsozialismus zurücknahmen und die NSDAP vom Odium der Nichtwählbarkeit befreiten. Die Gläubigen wurden "zur Treue gegenüber der rechtmäßigen Obrigkeit und zur gewissenhaften Erfüllung der staatsbürgerlichen Pflichten" ermahnt⁵³. Das bischöfliche Einlenken löste bei vielen Katholiken, sofern sie politisch interessiert waren, Erleichterung und Zustimmung aus, nährte indes aber auch hier den illusionären Zweckoptimismus, es werde alles nicht so schlimm werden⁵⁴.

Die Haltung des Deutschen Caritasverbandes zum neuen autoritären Staat glich der des katholischen Episkopates. Wie die deutschen Bischöfe, so hielt sich auch die Freiburger Caritaszentrale in den ersten Wochen nach der Machtergreifung mit Erklärungen zurück und gab ihre explizit ablehnende Haltung gegen die nationalsozialistische Bewegung⁵⁵ erst nach der Regierungserklärung vom 23. März 1933 auf. Fortan suchten führende Mitarbeiter des Caritasverbandes auf internen wie auch öffentlichen Verbandsveranstaltungen gemeinsame Berührungs- und Schnittpunkte von katholischer Wohl-

---

⁵⁰ Vgl. Werner K. Blessing, "Deutschland in Not, wir im Glauben ...". Kirche und Kirchenvolk in einer katholischen Region 1933 - 1949, in: Martin Broszat, Von Stalingrad zur Währungsreform. Zur Sozialgeschichte des Umbruchs in Deutschland, München 1988, 3 - 111, 22.

⁵¹ Vgl. NN, Der Führer der Nation im Reichstag: Für Freiheit und Ehre der Deutschen; keine Scheidung in "Sieger und Besiegte", in: Völkischer Beobachter Jg. 46 Nr. 83 (24.03.1933), o. S. (1 - 2, 1 f); Die Reden Hitlers als Kanzler. Das junge Deutschland will Arbeit und Frieden, München 1933, 13 ff.

⁵² Vgl. NN, Der Führer der Nation im Reichstag: Für Freiheit und Ehre der Deutschen; keine Scheidung in "Sieger und Besiegte", in: Völkischer Beobachter Jg. 46 Nr. 83 (24.03.1933), o. S. (1 - 2, 2); Die Reden Hitlers als Kanzler. Das junge Deutschland will Arbeit und Frieden, München 1933, 19 und 24 f.

⁵³ Vgl. NN, Kundgebung der Fuldaer Bischofskonferenz, in: Kirchlicher Anzeiger für die Erzdiözese Köln Jg. 73 Nr. 10 (01.04.1933), 53; NN, Der Deutsche Episkopat in der nationalen Revolution, in: Ecclesiastica. Archiv für zeitgenössische Kirchengeschichte Jg. 13 Nr. 47 (25.11.1933), 433 - 438, 433 ff.

⁵⁴ Vgl. Konrad Repgen, Kirche und Kirchenkampf im Dritten Reich 1933 - 1939, in: Christi Liebe ist stärker. 86. Deutscher Katholikentag vom 4. Juni bis 8. Juni 1980 in Berlin, Paderborn 1980, 457 - 473, 462 ff.

⁵⁵ Vgl. etwa Kurt Lücken, Grundsätzliches und Kritisches zur Caritasarbeit der Gegenwart, in: Caritas. Zeitschrift für Caritaswissenschaft und Caritasarbeit Jg. 38 Nr. 1 (Januar 1933), 6 - 12 und Nr. 2 (Februar 1933), 57 - 59, 7 ff. Vgl. dazu Peter Hammerschmidt, Die Wohlfahrtsverbände im NS - Staat. Die NSV und die konfessionellen Verbände Caritas und Innere Mission im Gefüge der Wohlfahrtspflege des Nationalsozialismus, Opladen 1999, 188 ff.

fahrtstätigkeit und nationalsozialistischem Gedankengut zu betonen[56]. So hob Benedict Kreutz auf der Zentralratssitzung des Deutschen Caritasverbandes am 7. Juni 1933 in Limburg hervor: "Tatsächlich hat ... die neue Regierung auf vielen Gebieten in sehr begrüßenswerter Weise Reformen angestrebt. Wir nennen hier: 1. den Kampf gegen die öffentliche Unsittlichkeit (Prostitution). Nach Ansicht vieler soll das Straßenbild schon wesentlich besser geworden sein. 2. Kampf gegen Schmutz und Schund, Zurückdrängung der unsittlichen literarischen Produktion. 3. Bekämpfung des Klassenhasses und des Klassengegensatzes durch zielsichere und energische Anpackung des Aufbaus der Volksgemeinschaft. 4. Energische Bekämpfung des Marxismus und der Gottlosenbewegung; bewußte Betonung der christlichen Grundlagen des Staatswesens. 5. Betonung der Selbsthilfe gegenüber den ständigen Ansprüchen an den Staat und den Überspitzungen der Sozialversicherung. 6. Lebendige Sorge für den erbgesunden Familienaufbau und für die kinderreiche Familie"[57].

Die Hoffnung, dass sich Deutscher Caritasverband und neue Machthaber auf einer Ebene gegenseitiger Respektierung hätten treffen können, wurde im Laufe des Sommers 1933 von verschiedenen Ereignissen genährt[58]. So hatte das preußische Innenministerium in einem Erlass vom 1. Juni 1933 verfügt, künftig den beiden konfessionellen Wohlfahrtsverbänden einen Vorrang vor der öffentlichen Fürsorge einzuräumen[59]. Am 25. Juli 1933 wurde der Deutsche Caritasverband neben der Inneren Mission, dem Deutschen Roten Kreuz und der NSV von den zuständigen Fachministerien als Reichsspitzenverband der freien Wohlfahrtspflege anerkannt[60]; zwei Tage später fügte sich die NSV in die Liga der freien Wohlfahrtsverbände ein, die fortan unter dem Namen "Reichsgemeinschaft der freien Wohlfahrtspflege" auftrat[61]. Der Eindruck, die Reichsre-

---

[56] Vgl. NN, Die Überzeitlichkeit der Caritas. Einiges zur Gegenwartslage freier Liebestätigkeit, in: Caritas. Zeitschrift für Caritaswissenschaft und Caritasarbeit Jg. 38 Nr. 5 (Mai 1933), 193 - 198, 196 f; NN, Der Rhythmus des sozialen Lebens in Deutschland, in: Caritas. Zeitschrift für Caritaswissenschaft und Caritasarbeit Jg. 38 Nr. 5 (Mai 1933), 238 - 239, 238 f; Reinhold A. Ihorst, Zur Situation der katholischen Kirche und ihrer caritativen Tätigkeit in den ersten Jahren des Dritten Reiches, Diplomarbeit Freiburg 1971, 29 ff.
[57] DCF 081.01.16, 07.06.1933; DCF 111.055-1933/2, 07.06.1933; DCF 104.107 Fasz. 2, 07.06.1933.
[58] Vgl. Kuno Joerger, Reichskonkordat und kirchliche Caritasarbeit, in: Caritas. Zeitschrift für Caritaswissenschaft und Caritasarbeit Jg. 38 Nr. 8 (August 1933), 329 - 334, 331 f.
[59] Vgl. NN, Zusammenwirken von öffentlicher und freier Wohlfahrtspflege, in: Caritas. Zeitschrift für Caritaswissenschaft und Caritasarbeit Jg. 38 Nr. 6 (Juni 1933), 264 - 265, 264 f; NN, Die Caritas im neuen Deutschland, in: Mitteilungen des Caritasverbandes für die Stadt Düsseldorf Jg. 9 Nr. 6/7 (Juni/Juli 1933), 1 - 3, 2 f; NN, Zusammenwirken von öffentlicher und freier Wohlfahrtspflege, in: Monatsblatt des Städtischen Wohlfahrts- und Gesundheitsamtes Düsseldorf Jg. 7 Nr. 7 (Juli 1933), 100 - 101, 100 f; Josef Wilden, Die freiwillige Liebestätigkeit, in: Monatsblatt des Städtischen Wohlfahrts- und Gesundheitsamtes Düsseldorf Jg. 7 Nr. 8 (August 1933), 120 - 124, 121 ff.
[60] Vgl. NN, Die Caritas im Rahmen der Freien Wohlfahrtspflege Deutschlands, in: Mitteilungen des Caritasverbandes für die Stadt Düsseldorf Jg. 9 Nr. 8/9 (August/September 1933), 1 - 2, 1 f; Walter Baumeister, Von der Arbeitsgemeinschaft zur Volksgemeinschaft. Ein Wort zur Dynamik des deutschen Wohlfahrtswesens, in: Caritas. Zeitschrift für Caritaswissenschaft und Caritasarbeit Jg. 38 Nr. 10 (Oktober 1933), 435 - 439, 436.
[61] Vgl. NN, Die Reichsspitzenverbände der freien Wohlfahrtspflege, in: Caritas. Zeitschrift für Caritaswissenschaft und Caritasarbeit Jg. 38 Nr. 8 (August 1933), 356 - 357, 356; NN, Die Caritas im Rahmen

gierung beabsichtigte die konfessionellen Wohlfahrtsverbände im öffentlichen Leben nicht aus-, sondern weiter einzuschalten[62], war angesichts der amtlichen Verfügungen nicht von der Hand zu weisen. Die Unterzeichnung des Reichskonkordates am 20. Juli 1933[63], das der Kirche die Respektierung ihrer Tätigkeitsfelder versprach, gab dem Optimismus weiteren Auftrieb. Wörtlich hieß es in Artikel 31: "Diejenigen katholischen Organisationen und Verbände, die ausschließlich religiösen, rein kulturellen und karitativen Zwecken dienen und als solche der kirchlichen Behörde unterstellt sind, werden in ihren Einrichtungen und in ihrer Tätigkeit geschützt. ... Die Feststellung der Organisationen und Verbände, die unter die Bestimmung dieses Artikels fallen, bleibt vereinbarlicher Abmachung zwischen der Reichsregierung und dem deutschen Episkopat vorbehalten"[64]. Auch wenn der Deutsche Caritasverband und die ihm angeschlossenen Vereine und Verbände namentlich ungenannt blieben, war der Artikel durchaus als staatliche Bestandsgarantie der katholischen Caritas zu verstehen[65]. Wohl im Sinne dieser Auslegung würdigte der Freiburger Generalsekretär Juno Joerger das Reichskonkordat als einen "bedeutsamen Markstein in der Geschichte des Christentums im Deutschen Volke"[66]. In einer Dankadresse des Deutschen Caritasverbandes an den Reichskanzler hieß es: "Mit aufrichtigem Dank gegen Gott beglückwünschen wir die Reichsregierung zum erfolgreichen Abschluß des Konkordates und geloben allzeit treueste Pflichterfüllung im Dienst der Notleidenden unseres heißgeliebten Volkes"[67].

Ungeachtet der Erklärung zu einer loyalen Haltung gegenüber dem neuen Staat und der Bereitschaft zu einer Zusammenarbeit mit der NSV, vergaß der Deutsche Caritasverband nicht, neben seiner Selbständigkeit auch den Schutz seines Eigengepräges einzufordern. In einer Eingabe von Benedict Kreutz vom 27. Mai 1933 an die Fuldaer Bi-

---

der Freien Wohlfahrtspflege Deutschlands, in: Mitteilungen des Caritasverbandes für die Stadt Düsseldorf Jg. 9 Nr. 8/9 (August/September 1933), 1 - 2, 2.

[62] Vgl. Kuno Joerger, Reichskonkordat und kirchliche Caritasarbeit, in: Caritas. Zeitschrift für Caritaswissenschaft und Caritasarbeit Jg. 38 Nr. 8 (August 1933), 329 - 334, 331 f.

[63] Vgl. Karl Dietrich Bracher, Nationalsozialistische Machtergreifung und Reichskonkordat. Ein Gutachten zur Frage des geschichtlichen Zusammenhangs und der politischen Verknüpfung von Reichskonkordat und nationalsozialistischer Revolution, Wiesbaden 1956, 44 ff; Ernst Deuerlein, Das Reichskonkordat. Beiträge zu Vorgeschichte, Abschluß und Vollzug des Konkordates zwischen dem Heiligen Stuhl und dem Deutschen Reich vom 20. Juli 1933, Düsseldorf 1956, 106 ff; Ludwig Volk, Kirchliche Akten über die Reichskonkordatsverhandlungen 1933, Mainz 1969, 3 ff; Ludwig Volk, Das Reichskonkordat vom 20. Juli 1933. Von den Ansätzen in der Weimarer Republik bis zur Ratifizierung am 10. September 1933, Mainz 1972, 59 ff.

[64] Joseph Wenner, Reichskonkordat und Länderkonkordate, Paderborn 1938[4], 24 f. Vgl. dazu Friedrich Wilhelm Saal, Die innerkirchlichen Folgen des Reichskonkordates: Die Bedeutung der Artikel 31 und 32, in: Sechzig Jahre Reichskonkordat (1933 - 1993). Falle oder Schutzwall für den deutschen Katholizismus? Fachtagung 1993, Essen 1994, 17 - 48, 37 ff.

[65] Vgl. Walter Baumeister, Von der Arbeitsgemeinschaft zur Volksgemeinschaft. Ein Wort zur Dynamik des deutschen Wohlfahrtswesens, in: Caritas. Zeitschrift für Caritaswissenschaft und Caritasarbeit Jg. 38 Nr. 10 (Oktober 1933), 435 - 439, 436 ff.

[66] Kuno Joerger, Reichskonkordat und kirchliche Caritasarbeit, in: Caritas. Zeitschrift für Caritaswissenschaft und Caritasarbeit Jg. 38 Nr. 8 (August 1933), 329 - 334, 329.

[67] NN, Zum Abschluß des Reichskonkordates, in: Caritas. Zeitschrift für Caritaswissenschaft und Caritasarbeit Jg. 38 Nr. 7 (Juli 1933), 302.

schofskonferenz stellte der Deutsche Caritasverband folgende, "aus dem Wesen der Caritas als der kirchlichen Liebestätigkeit" entspringende Forderungen auf: "1. Die Arbeit der katholischen caritativen Organisationen ist als kirchliche Liebestätigkeit vom Staate anzuerkennen. Der Kirche steht das Recht zu, auch die organisatorische Form ihrer Liebesarbeit selbst zu bestimmen. 2. Nach wie vor muß ihr die Freiheit zugestanden werden, ihre Mitarbeiter aus dem katholischen Liebesgedanken heraus selbst zu werben und sie für ihre Arbeit ihrem Ziel entsprechend ungehemmt zu schulen. 3. Ihr muß die Freiheit gewahrt bleiben, auch ihre Berufskräfte frei zu wählen, heranzubilden und fortzubilden. Sie fordert Freiheit für ihre eigenen Ausbildungsstätten .... 4. Sie fordert Freiheit für die Organisationen ihrer Berufskräfte mit deren berufsbildenden und damit untrennbar verbundenen berufsethischen Aufgaben. 5. Der kirchlichen Liebestätigkeit muß das Recht gegeben sein, die finanziellen Mittel, deren sie zu Erfüllen ihrer Aufgaben bedarf, ungehemmt zu beschaffen. Sie kann nicht zulassen, daß durch Unterdrückung und Einengung ihrer eigenen Mittelbeschaffung und Werbearbeit durch andere Organisationen die Opferkraft des katholischen Volkes von der kirchlichen Liebestätigkeit abgelenkt wird. 6. Niemals kann die katholische Kirche ihr Erziehungsrecht dahin einschränken lassen, daß ihrer Liebestätigkeit nur die Sorge für kranke, schwachbegabte, nicht vollsinnige oder krüppelhafte Kinder zuerkannt wird. Sie beansprucht die Erziehung aller katholischen Kinder, die in leiblicher und geistiger Not sind. 7. Die kirchlichen Verbände müssen in ihrer volkswichtigen und volksaufbauenden Tätigkeit anerkannt und in gleichem Ausmaße gefördert werden, wie die übrigen nationalen Verbände der Volkswohlfahrt"[68]. Das Siebenpunkteprogramm wurde am 1. Juni 1933 unverändert in die Entschließungen der Turnusversammlung der Fuldaer Bischofskonferenz aufgenommen[69]. Dass Caritas "Auswirkung der Kirche" sei, betonte auch der gemeinsame Hirtenbrief der deutschen Bischöfe zu Pfingsten 1933, wo es wörtlich hieß: "Was endlich die karitativen Vereine und Verbände betrifft, so bilden sie die naturgemäße Verkörperung des christlichen Geistes, der in der wohltätigen Liebe das Abbild der Gottes- und Erlöserliebe und in jedem Armen Christus selber erblickt. Kirche und Karitas sind miteinander darum so innig verwachsen, daß die Unterbindung karitativen Lebens einem Raub an den königlichen Aufgaben der Kirche und einem Eingriff in ihr innerstes Leben gleichkäme. Dazu vermag die staatliche Wohlfahrtspflege nie die christliche Nächstenliebe zu ersetzen, weil die Karitas sich nicht bloß durch die materiellen Unterstützungen äußert, sondern noch mehr durch die seelische Wärme, die wertvoller ist, als jede andere Gabe .... Es wäre darum die Gleichschaltung und Verstaatlichung der christlichen Wohlfahrtspflege ein unersetzlicher Verlust für den Staat selbst, ganz abgesehen davon, daß das deutsche Volk damit seelische Kräfte verlieren würde, auf die ein christliches Kulturvolk niemals verzichten darf"[70].

---

[68] DCF 104.107 Fasz. 2, 27.05.1933.
[69] Vgl. AEK CR 2.19.32, 01.06.1933; NN, Aufzeichnungen Sebastians von der (1.) Plenarkonferenz des deutschen Episkopates, in: Bernhard Stasiewski, Akten deutscher Bischöfe über die Lage der Kirche 1933 - 1945 Bd. 1, Mainz 1968, 231 - 237, 237; Karl Borgmann, Der Deutsche Caritasverband im "Dritten Reich", in: 1897 - 1972. 75 Jahre Deutscher Caritasverband, Freiburg 1972, 92 - 99, 95.
[70] NN, Gemeinsamer Hirtenbrief der Oberhirten der Diözesen Deutschlands, in: Kirchlicher Anzeiger für die Erzdiözese Köln Jg. 73 Nr. 15 (09.06.1933), 91 - 97, 96. Vgl. auch NN, Die Caritas im neuen

Ist es schon schwierig, für das Jahr 1933 die Haltung der Caritas zur nationalsozialistischen Staatsmacht auf Ebene des Deutschen Caritasverbandes nachzuzeichnen, so gilt dies umso mehr, wenn man den Blick auf die Diözesan- und Ortsverbände richtet. Auch wenn nur wenige Dokumente aus den Bistümern und Regionen zu dieser Fragestellung überliefert sind, ist dennoch erkennbar, dass die Repräsentanten der örtlichen Caritasarbeit die nationalsozialistische Wohlfahrtspolitik im Sinne der Freiburger Zentrale interpretierten. Auf dem Kölner Diözesancaritastag des Jahres 1933, der vom 19. bis 20. November in Essen zum Thema "Die Stellung der Caritas in der neuen Zeit" stattfand[71], ging Diözesancaritasdirektor Albert Emil Lenné im Hauptreferat ausführlich auf die Regierungserklärung vom 23. März, den Erlass des preußischen Innenministeriums vom 1. Juni, das Reichskonkordat vom 20. Juli sowie den Pfingsthirtenbrief der deutschen Bischöfe vom 3. Juni ein. Mit Blick auf die "Versprechen des Führers" rief Albert Emil Lenné den Caritasdelegierten zu: "Vergessen Sie nicht, daß solche programmatische Sätze und Abmachungen von einer Regierung stammen, die die äußere Macht gehabt hätte, auch anders zu sprechen, von einer Regierung, die noch vor wenigen Tagen und gewiß nicht ohne tiefe Bedeutung durch ihren höchsten Vertreter und Führer vor dem deutschen Volk, vor Europa, ja vor der ganzen Welt erklärte, daß sie nichts unterschriebe, was sie nicht auch halte". Getragen von dieser Hoffnung, erklärte der Diözesancaritasdirektor weiter: "Es ist nicht nur Prüfung, sondern wohl auch Gnade, wenn heutzutage der Katholizismus sich zur Neubesinnung auf sein Bestes veranlaßt fühlt und gerade auch hinsichtlich der Caritasübung wieder mehr auf sakralen Raum, auf die Kirche zurückfindet. Nicht um darin zu bleiben. Das kann gar nicht sein. Denn jeder, der wirklich mitbetend, mitopfernd im Gotteshaus gewesen ist, der kann ja garnichts anderes, als den Licht- und Wärmefunken vom Opferaltar des Neuen Bundes mit hinauszunehmen und hineinzutragen in die kalte, liebesleere Welt. ... Daß dies auch die Aufassung der zuständigen Stellen der Reichsregierung ist, scheint schon aus den grundsätzlichen Verlautbarungen hervorzugehen, die ich erwähnt habe. Dem steht nicht entgegen, daß neben und außer dieser kirchlichen Caritasübung gegenüber der großen und allgemeinen Not des Volkes vorübergehend einmal in Deutschland alle Hilfskräfte 'in Stadt und Land ohne Unterschied des Standes und der Konfession, des Alters und des Geschlechtes', wie der Erlaß des Erzbischöflichen Generalvikariates vom 15. September 1933 im Anschluß an die Verordnungen der Reichsregierung ausführt[72], zu einem großzügigen allgemeinen Hilfsunternehmen des ganzen deutschen Volkes zusammengerufen werden. Bei loyaler Zusammenarbeit von allen Seiten, loyal auch bei Verteilung der eingegangenen Spenden, kann ein solches Gemeinschaftswerk des ganzen Volkes auch dazu beitragen, die Menschen 'durch gemeinschaftliche Ausübung der Werke der Nächstenliebe zusammenzuführen und enger miteinander zu verbinden'. Man kann das eine tun und braucht grundsätzlich nicht das andere zu lassen. Das Gelingen so großer Wer-

---

Deutschland, in: Mitteilungen des Caritasverbandes für die Stadt Düsseldorf Jg. 9 Nr. 6/7 (Juni/Juli 1933), 1 - 3, 1 f.

[71] Vgl. NN, Caritastag der Erzdiözese Köln, in: Caritas. Zeitschrift für Caritaswissenschaft und Caritasarbeit Jg. 38 Nr. 12 (Dezember 1933), 551 - 553, 551 ff.

[72] Vgl. dazu NN, Winterhilfe, in: Kirchlicher Anzeiger für die Erzdiözese Köln Jg. 73 Nr. 22 (15.09.1933), 139 - 140, 139 f.

ke nebeneinander hängt von der inneren Glut ab, mit der man sie umfängt, hängt ab von der Aufrichtigkeit, der Hochherzigkeit und dem Herzenstakt der Menschen, die dabei mitwirken"[73].

Ob aus resignierendem Fatalismus oder vertrauensvoller Aufbruchsstimmung wollte auch die Düsseldorfer Caritasbewegung den Anschluss an die neue Zeit nicht verpassen. Auf der Generalversammlung der Düsseldorfer Vinzenzkonferenzen am 19. März 1933 konstatierte der Vorsitzende Clemens Adams, "man stehe jetzt im Beginn einer großen Staatsbewegung". Nach einem Bericht des Düsseldorfer Tageblattes äußerte er hierzu weiter: "Man müsse hoffen und wünschen und auch daran mitwirken, daß die derzeitige Bewegung zum Glück und Segen für das deutsche Volk sich auswirke und durch sie eine Belebung der darniederliegenden Wirtschaft herbeigeführt werde. Es sei besonderes Augenmerk darauf zu richten, daß die katholische Kirche ihre schwererrungene Stellung wahre. Das könne nicht erreicht werden, wenn man in Resignation danebenstehe, sondern man müsse ehrlich am Aufbau des Vaterlandes mitarbeiten, wie es Tradition im deutschen Katholizismus sei"[74]. Am 30. April 1933 betonte Clemens Adams auf einer weiteren Versammlung der Vinzenzkonferenzen, es komme darauf an, "das Gute und Anerkennungswerte zu bejahen und im Interesse besonders auch der Hilfsbedürftigen zu arbeiten, statt tatenlos in der Ecke zu stehen. ... Daß die klassenkämpferische Form der Fürsorge jetzt ausgeschaltet werde, könne den Vinzenzbruder nur erfreuen"[75]. Anknüpfend an diese Ausführungen hielt Caritasdirektor Johannes Becker "ein wegweisendes Referat" über Vinzenzarbeit in neuer Zeit. Getragen von der Überzeugung, dass die katholische Caritas in der städtischen Wohlfahrtspflege auch in Zukunft vertreten sein werde, erklärte der Düsseldorfer Caritasdirektor: "Die heutigen Machtträger legen besonderen Wert auf die Volksverbundenheit in der Fürsorgearbeit, auf ihre Entbürokratisierung. Da darf man hoffen, daß die Vinzenzarbeit neue und größere Bedeutung erhalten wird"[76]. Vieldeutig schloss Johannes Becker sein Referat mit der Bitte, "sich demnächst zu beteiligen, wenn es gelte, in der Öffentlichkeit Zeugnis abzulegen für die Ideale katholischer Liebestätigkeit"[77].

Winterhilfswerk

Nachdem deutlich geworden war, dass sich das Geschick der Düsseldorfer Caritasarbeit im "Jahr der nationalen Revolution" deutlich günstiger fügte als befürchtet, hatten die Caritaskräfte eine loyale Haltung gegenüber dem neuen Staat eingenommen und sich zu einer zweckgebundenen Kooperation mit der Düsseldorfer NSV bereiterklärt. Abgesehen davon, dass jede andere Haltung den Untergang der katholischen Wohlfahrtsver-

---

[73] NN, Caritas im neuen Reich, in: Katholische Kirchenzeitung (Düsseldorf) Jg. 10 Nr. 50 (10.12.1933), 401. Vgl. auch DT 21.11.1933.
[74] DT 20.03.1933.
[75] DT 01.05.1933. Vgl. auch DT 24.07.1933.
[76] DT 01.05.1933.
[77] DT 01.05.1933.

bände beschleunigt hätte, war es im Rausch nationaler Begeisterung auch nur schwer möglich, sich den großen Gemeinschaftswerken "volklicher Selbsthilfe" zu entziehen. Allem voran galt dies für die mit viel propagandistischem Aufwand betriebenen Winterhilfswerke, die wie keine andere Einrichtung geeignet waren, den Opfersinn des gesamten Volkes zu beschwören[78]. Die "Volksgemeinschaft" sollte sich als "Opfergemeinschaft" erfahren und bewusst wurde die religiöse Bedeutung, die dem Opferbegriff innewohnt, für die nationalsozialistische Volksgemeinschaft instrumentalisiert[79]. Wie bereits dargestellt[80], waren das Winterhilfswerk wie auch andere Werke der NSV keine Erfindung der Nationalsozialisten[81]. Die Winterhilfen der Jahre 1931/32 und 1932/33 waren angesichts extremer Notlagen weiter Bevölkerungsteile ein verzweifelter Versuch der Wohlfahrtsverbände und der öffentlichen Fürsorge gewesen, durch groß angelegte Spendenaktionen die schlimmste Not zu lindern[82].

Um der noch bestehenden Not in Deutschland wirksam zu begegnen und dadurch zugleich die Gefahr sozialer Unruhen auszuschalten, hatte Adolf Hitler im Sommer 1933 dem NSV - Reichswalter Erich Hilgenfeldt den Auftrag erteilt, ein Winterhilfswerk ins Leben zu rufen[83]. Der deutschen Bevölkerung sollte suggeriert werden, dass nunmehr Männer an der Macht waren, die ihren Versprechen gemäß binnen kürzester Frist die wirtschaftliche und soziale Not zu meistern verstanden. Als Adolf Hitler gemeinsam mit Joseph Goebbels am 13. September 1933 das erste Winterhilfswerk im Berliner Propagandaministerium feierlich eröffnete[84], war bereits die Direktive ausgegeben: Keiner soll hungern und frieren[85]. Propagandistisch und organisatorisch gut vorbereitet, war das Hilfswerk psychologisch geschickt auf die Entscheidungssituation abgestellt, in die jeder "Volksgenosse" sich gestellt fühlen sollte: war er bereit, sich in die "Volksgemeinschaft"

---

[78] Vgl. Florian Tennstedt, Wohltat und Interesse. Das Winterhilfswerk des Deutschen Volkes. Die Weimarer Vorgeschichte und ihre Instrumentalisierung durch das NS - Regime, in: Geschichte und Gesellschaft Jg. 13 Nr. 2 (2. Quartal 1987), 157 - 180, 175 ff.

[79] Vgl. Robert Friedrich, Winter - Hilfswerk des deutschen Volkes 1933/34 Gau Düsseldorf, Düsseldorf 1934, 102 ff.

[80] Vgl. oben S. 554 ff.

[81] Vgl. Florian Tennstedt, Wohltat und Interesse. Das Winterhilfswerk des Deutschen Volkes. Die Weimarer Vorgeschichte und ihre Instrumentalisierung durch das NS - Regime, in: Geschichte und Gesellschaft Jg. 13 Nr. 2 (2. Quartal 1987), 157 - 180, 171 ff.

[82] Zu den Leistungen der Düsseldorfer Caritas - Winterhilfe 1932/33 vgl. DT 08.12.1932; DT 25.12.1932; DT 20.01.1933; NN, Leistungen der Caritas - Winterhilfe im letzten Viertel 1932, in: Mitteilungen des Caritasverbandes für die Stadt Düsseldorf Jg. 9 Nr. 1/3 (Januar/März 1933), 3 - 5, 3 ff; DT 01.05.1933; NN, Was hat das katholische Düsseldorf zur Linderung der Winternot 1932/33 geleistet ?, in: Mitteilungen des Caritasverbandes für die Stadt Düsseldorf Jg. 9 Nr. 6/7 (Juni/Juli 1933), 3 - 5, 3 ff; DT 18.07.1933; Carl Becker, Volksdienst der Caritas in schwerster Notzeit. Abschlußbericht über das caritative Winterhilfswerk 1932/33, in: Caritas. Zeitschrift für Caritaswissenschaft und Caritasarbeit Jg. 38 Nr. 7 (Juli 1933), 287 - 296, 292.

[83] Vgl. BAK NS 22/340, 25.07.1933.

[84] Vgl. Sozialisten der Tat. Das Buch der unbekannten Kämpfer der NSV Gau Groß - Berlin. Winterhilfswerk 1933 - 34, Berlin 1934, 6 f.

[85] Vgl. Robert Friedrich, Winter - Hilfswerk des deutschen Volkes 1933/34 Gau Düsseldorf, Düsseldorf 1934, 11 f.

Abb. 43 Aloysianum, Gerricusplatz 28, nach 1895

Abb. 44   Gertrudiskloster, Gertrudisstr. 14, um 1915

Abb. 45   Theresianum, Grafenberger Alle 186, nach 1919

Abb. 46 Kindergarten Hl. Sakrament, Grünau, um 1945

Abb. 47 Karthause, Haus Hain, um 1960

Abb. 48   Josephskloster, Hammer Dorfstr. 121, nach 1911

Abb. 49   Barackensiedlung, Heinefeld, um 1930

Abb. 50   Kindergarten Hl. Familie, Heinefeld, 1933

Abb. 51   Dominikanerkloster, Herzogstr. 17, um 1925

Abb. 52   Städtisches Pflegehaus, Himmelgeister Str. 152, 1930

Abb. 53 Elisabethkloster, Hohenzollernstr. 20a, um 1925

Abb. 54   Josephskrankenhaus, Hospitalstr. 1, 1927

Abb. 55   Kloster von der unbefleckten Empfängnis, Hubertusstr. 3, 1942

Abb. 56   Raphaelsheim, Hugo-Viehhoff-Str. 77, um 1926

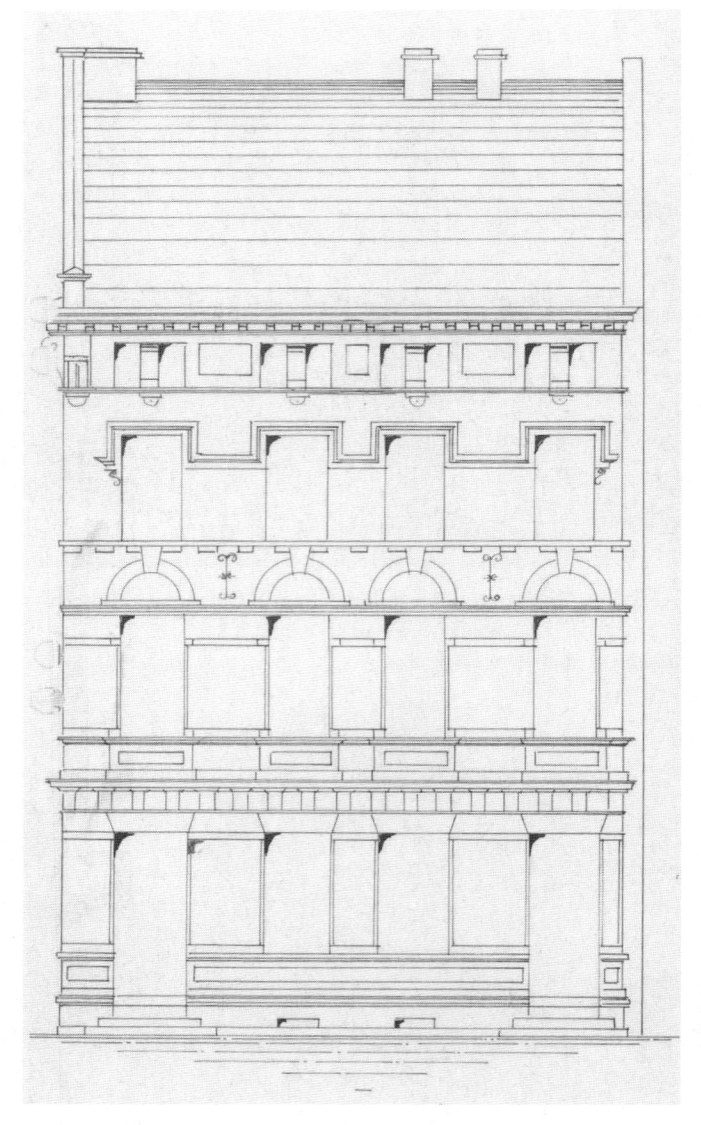

Abb. 57 Josephsheim, Grafenberger Alle 399, 1893

Abb. 58   Klarissenkloster, Kaiserstr. 40, um 1925

Abb. 59 Mädchenschutzheim, Klosterstr. 86/90, 1927

Abb. 60   Josephskrankenhaus, Kruppstr. 23, um 1930

Abb. 61   Lehrlingsheim St. Joseph, Kruppstr. 110, um 1934

Abb. 62 Franziskushaus, Kurfürstenstr. 5, 1915

Abb. 63   Marienheim, Leopoldstr. 24/30, vor 1943

Abb. 64   Jesuitenniederlassung, Marienstr. 2, vor 1941

Abb. 65   Martinskloster, Martinstr. 7, um 1910

Abb. 66   Herz-Jesu-Kloster, Mendelssohnstr. 13/15, vor 1939

Abb. 67   Hubertusstift, Neusser Str. 25, 1911

Abb. 68 Nikolausstift, Nikolausstr. 19, undatiert

Abb. 69   Katholisches Knabenwaisenhaus, Oberbilker Allee 157/159, um 1920

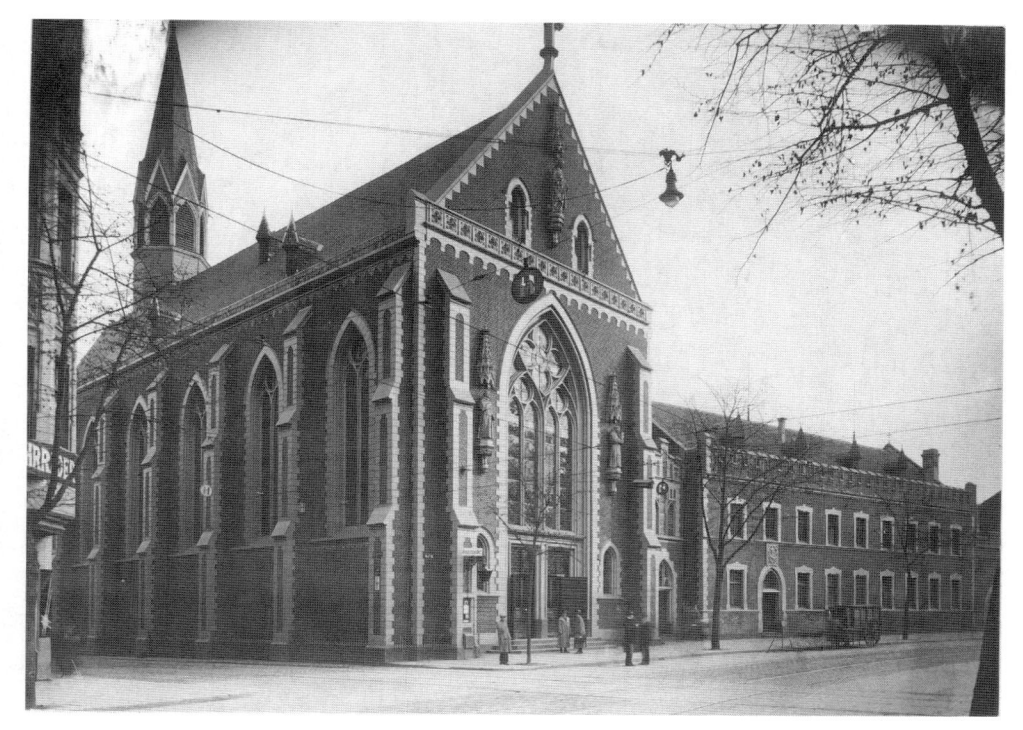

Abb. 70   Franziskanerkloster, Oststr. 62/64, um 1925

Abb. 71   Josephshaus, Pariser Str. 115, undatiert

Abb. 72   Cäcilienstift, Paulistr. 3, 1926

Abb. 73   Caritasheim, Rather Broich 155, 1949

Abb. 74   Krankenhaus der Dominikanerinnen, Rheinallee 24 und 26/27, um 1920

Abb. 75 Annastift, Ritterstr. 20/22, 1885

Abb. 76 Vinzenzhaus, Schlossstr. 81/85, um 1930

Abb. 77 Jugendschutzheim, Schützenstr. 29, 1883

Abb. 78 Christinenstift, Siemensstr. 44, 1913

Abb. 79   Marienhospital, Sternstr. 91, um 1930

Abb. 80   Marienkrankenhaus, Suitbertus-Stiftsplatz 11/15, um 1930

Abb. 81 Josephinenstift, Talstr. 65, 1904

Abb. 82   Kloster der barmherzigen Brüder, Talstr. 104, um 1910

Abb. 83   Gertrudisheim, Ulmenstr. 83/83a, um 1925

Abb. 84   Kindergarten Caritasverband, Ulmenstr. 246, um 1934

Abb. 85   Pflegeanstalt St. Joseph, Unterrather Str. 1, um 1925

Abb. 86 Bahnhofsmission, Wilhelmplatz 14, um 1934

Abb. 87 Schwiertz-Stephan Stiftung, Wilhelm-Tell-Str. 9, 1888

einzureihen, für die der Nationalsozialismus kämpfte, oder verweigerte er sich und stellte sich damit außerhalb dieser Gemeinschaft?[86] Hitlers politisches Erziehungsziel, das deutsche Volk in der Ablehnung des marxistischen Klassenkampfes seine Identität im Ideal der nationalsozialistischen Volksgemeinschaft finden zu lassen, ließ sich durch kein Instrument wirkungsvoller anstreben als durch das Winterhilfswerk. Emphatisch beschwor er bei der Eröffnung des Winterhilfswerks 1933/34: "Wir haben die internationale marxistische Solidarität innerhalb unseres Volkes zerbrochen, um den Millionen deutscher Arbeiter eine andere, bessere Solidarität dafür zu geben. Es ist die Solidarität unseres eigenen Volkes, die unzertrennliche Verbundenheit nicht nur in glücklichen, sondern auch in schlimmen Tagen. Die Verbundenheit nicht nur mit denjenigen, die vom Glück gesegnet sind, sondern auch mit denjenigen, die vom Unglück verfolgt sind. Wenn wir diesen Gedanken der nationalen Solidarität richtig auffassen, dann kann es nur ein Gedanke des Opferns sein. Das heißt also, wenn der eine oder andere sagt, man würde dabei zu stark belastet werden, man müsse ja immer wieder geben, dann kann man nur erwidern: Das ist nun einmal der Sinn einer wirklichen nationalen Solidarität. Im Nehmen kann die wirkliche nationale Solidarität ihren Sinn nicht haben. Wenn ein Teil unseres Volkes durch Verhältnisse, an denen alle mit schuld sind, in Not geraten ist, und der andere, vom Schicksal davon ausgenommene, nur einen Teil der Not freiwillig auf sich zu nehmen bereit ist, dem der andere durch den Zwang ausgeliefert ist, dann sagen wir: Es soll mit Absicht einem Teil unseres Volkes eine gewisse Not mit aufgebürdet werden, damit er dadurch hilft, die Not des anderen Teils erträglicher zu gestalten. ... Jeder muß verstehen, daß sein Geben überhaupt nur dann im Sinne der Herstellung einer wirklichen Volksgemeinschaft einen Wert hat, wenn dieses sein Geben für ihn ein Opfer bedeutet. ... Wenn das ganze Volk richtig erfaßt hat, daß diese Maßnahmen für jeden ein Opfer bedeuten müssen, dann wird aus diesen Maßnahmen heraus nicht nur eine Milderung der materiellen Not eintreten, sondern es wird noch etwas viel Gewaltigeres herauskommen, es wird daraus die Überzeugung erwachsen, daß die Volksgemeinschaft nicht ein leerer Begriff ist, sondern daß sie wirklich etwas Lebendiges ist"[87].

Der Nutzen des Winterhilfswerkes für die nationalsozialistische Bewegung lag offen auf der Hand: Zum einen konnte der Staatshaushalt entlastet und für andere Aufgaben freigestellt werden, zum anderen wurden alle Kräfte der Gesellschaft in die Pflicht genommen[88]. Getragen wurde das Hilfswerk von der "Reichsarbeitsgemeinschaft des Winterhilfswerkes", die entsprechende Arbeitsgemeinschaften auf den Ebenen der Gaue,

---

[86] Vgl. dazu Paula Siber, "Volksgemeinschaft", in: Monatsblatt des Städtischen Wohlfahrts- und Gesundheitsamtes Düsseldorf Jg. 7 Nr. 8 (August 1933), 113 - 115, 113 ff.

[87] Adolf Hitler, "Wir wollen die lebendige nationale Solidarität des deutschen Volkes aufbauen!" Aufruf des Führers zur Eröffnung des Winterhilfswerks 1933/34, in: Führer - Reden zum Winterhilfswerk 1933 - 1936, München 1937, 3 - 4, 3 f.

[88] Vgl. Peter Hammerschmidt, Die Wohlfahrtsverbände im NS - Staat. Die NSV und die konfessionellen Verbände Caritas und Innere Mission im Gefüge der Wohlfahrtspflege des Nationalsozialismus, Opladen 1999, 399 f.

Kreise und Ortsgruppen der NSDAP eingerichtet hatte[89]. Neben vielen anderen Verbänden und Institutionen waren in der Arbeitsgemeinschaft auch die Spitzenverbände Innere Mission, Caritas und Rotes Kreuz vertreten[90]. Die kirchlichen Werke stellten ihre eigenen Sammlungen während der Wintermonate zurück und beteiligten sich wie auch das Rote Kreuz an den Sammelaktionen für das Winterhilfswerk[91]. Auch einzelne Arbeitsfelder führten sie jetzt als Teil des Winterhilfswerks durch. Ein solches Miteinander im Geist der immer wieder beschworenen Kameradschaft mochte sich nach außen vorteilhaft ausnehmen, doch hatte man sich zugleich in bedenklicher Weise in die Hand der Organisatoren des Winterhilfswerkes begeben.

Da es "der Wille des Führers" war, "daß das gesamte deutsche Volk im kommenden Winter eine Kraftanstrengung macht, wie sie bisher noch nicht verlangt und noch nicht durchgeführt worden" sei[92], erging von Karl Friedrich Florian am 29. September 1933 für den Gau Düsseldorf ein Appell, der die von Adolf Hitler und Joseph Goebbels für das Winterhilfswerk ausgegebenen Losungen aufgriff[93]. Die Durchführung der Parole "Keiner soll hungern und frieren" (Joseph Goebbels) verlangte von jedem Volksgenossen "ein Opfer an wirtschaftlichen Gütern aller Art in einem Ausmaße, das ein Vielfaches von den Opfern darstellt, die er bislang für irgendwelche sonstigen Zwecke gegeben hat"[94]. Kein Deutscher, "der im vorigen Winter eine bestimmte Summe für das Winterhilfswerk gegeben hat", durfte glauben, "er hätte genug getan, wenn er dieses Jahr dasselbe gibt". Er sollte in diesem Jahr "nicht nur das Doppelte, sondern ein Vielfaches geben, weil die wirtschaftliche und organisatorische Lösung der ungeheuren Aufgaben, die das Winterhilfswerk stellt, nur erreicht werden kann, wenn jeder ein Vielfaches gibt"[95]. Für den Gau Düsseldorf hielt Karl Friedrich Florian folgende Mindestspendensätze für angebracht: bei einem Verdienst bis zu 150 Reichsmark ein Prozent des Einkommens, bei 500 Reichsmark vier, bei 1500 Reichsmark fünfzehn Prozent des Einkommens[96]. Die zweite Parole, "Wir haben in 14jährigem Kampf die internationale Solidarität der Marxisten zerbrochen, es gilt nun die nationale Solidarität des gesamten deutschen Volkes aufzubauen" (Adolf Hitler), kennzeichnete für Karl Friedrich Florian die "geistige und politische Aufgabe" des Winterhilfswerkes[97]. "Der Arbeiter", so der Gauleiter, "der noch in Arbeit und Brot steht, soll für den Volksgenossen geben, der noch keine Arbeitsstelle gefunden hat, der Bauer, der den Segen des deutschen Bodens eingeerntet hat, soll für den Städter geben, der kein Stück Land sein Eigen nennt, der vom Glück mit irdischen Gütern gesegnete soll dem geben, der vom Glücke weniger begünstigt ist. Keiner soll nur von dem geben, was er überflüssig hat und leicht entbeh-

---

[89] Vgl. A.I.N., Das Winterhilfswerk des Deutschen Volkes 1933/34, in: Nationalsozialistischer Volksdienst Jg. 1 Nr. 1 (Oktober 1933), 10 - 13, 10.
[90] Vgl. BAK NS 26/262, Geschichte der NSV von den Anfängen bis 1934 Bd. 1, S. 326 ff.
[91] Vgl. DT 30.08.1933.
[92] DT 29.09.1933.
[93] Vgl. DT 29.09.1933.
[94] DT 29.09.1933.
[95] DT 29.09.1933.
[96] Vgl. DT 29.09.1933.
[97] Vgl. DT 29.09.1933.

ren kann, sondern er soll Opfer bringen, im wahrsten Sinne des Wortes. Opfern aber heißt, über das Überflüssige und leicht Entbehrliche hinaus auch von den Gütern zu geben, von denen man sich nur ungern losreißt und deren Weggabe einem persönlich schmerzlich ist. Dieses ist der Sinn des Opfers für das Winterhilfswerk des deutschen Volkes und je mehr jeder opfernde Volksgenosse zum Bewußtsein dessen kommt, daß seine Opfergabe ein Sichversagen persönlicher Bedürfnisse wird, umsomehr wird er das Gefühl der unzertrennlichen Verbundenheit mit den Volksgenossen empfinden, denen sein Opfer zugute kommt. Nur so kann das Winterhilfswerk des deutschen Volkes auch die geistige und politische Aufgabe erfüllen, die der Führer ihm gestellt hat und die darin gipfelt, das deutsche Volk durch ein ungeheures Opfer zu einem durch keine Macht der Welt wieder auseinanderzureißenden festen Block zusammenzuschweißen"[98]. In diesem Sinne rief Karl Friedrich Florian "alle deutschen Volksgenossen im Gau Düsseldorf auf, nicht nur das, was hier als Mindestsatz genannt ist, zu geben, sondern darüber hinaus dafür zu sorgen, daß das Winterhilfswerk des deutschen Volkes unter Führung der Nationalsozialistischen Deutschen Arbeiter - Partei ein Markstein in der Geschichte des Zusammenschlusses der deutschen Nation wird"[99].

In der Stadt Düsseldorf waren vom Kreisführer des Winterhilfswerkes außer den Vertreterinnen der NS - Frauenschaft zur Mitarbeit in den Arbeitsausschuss die Repräsentanten des städtischen Wohlfahrtsamtes, der Inneren Mission, des Caritasverbandes, des Deutschen Roten Kreuzes sowie des Paritätischen Wohlfahrtsverbandes berufen worden. Ferner waren im Ausschuss die Handelskammer, Schulen sowie "Persönlichkeiten besonderen örtlichen Vertrauens" vertreten[100]. Für die praktische Durchführung des Winterhilfswerks waren in Düsseldorf entsprechend der Anzahl der NSDAP - Ortsgruppen je 25 Sammel- und Verteilungsausschüsse gebildet worden. In den Sammelausschüssen, deren Leitung in Händen des jeweiligen Gruppenwalters der NSV lag, arbeitete außer den Mitgliedern der NS - Frauenschaft je ein Vertreter der anerkannten Spitzenorganisationen der freien Wohlfahrtspflege mit[101].

Die besondere Eigentümlichkeit des Winterhilfswerkes war die enge Verbindung des angeblichen und stets hervorgekehrten Prinzips der Freiwilligkeit mit einem straff durchorganisierten Kontributationssystem. Dass die "freiwilligen Opfer" für das Winterhilfswerk 1933/34 einer Zwangsabgabe gleichkamen, bemühten sich die Organisatoren nur wenig zu verschleiern[102]. In einer von Gauschatzmeister Ludwig Kraft unter

---

[98] DT 29.09.1933.
[99] DT 29.09.1933.
[100] Vgl. Kocks, Winterhilfswerk des deutschen Volkes 1933/34 im Kreise Düsseldorf, in: Monatsblatt des Städtischen Wohlfahrts- und Gesundheitsamtes Düsseldorf Jg. 3 Nr. 11 (November 1933), 161 - 164, 162.
[101] Vgl. NN, Caritas und Winterhilfswerk 1933/34, in: Mitteilungen des Caritasverbandes für die Stadt Düsseldorf Jg. 9 Nr. 8/9 (August/September 1933), 3 - 6, 5; DT 20.10.1933; Kocks, Winterhilfswerk des deutschen Volkes 1933/34 im Kreise Düsseldorf, in: Monatsblatt des Städtischen Wohlfahrts- und Gesundheitsamtes Düsseldorf Jg. 3 Nr. 11 (November 1933), 161 - 164, 162; NN, Winterhilfswerk Düsseldorf, in: Mitteilungen des Caritasverbandes für die Stadt Düsseldorf Jg. 9 Nr. 12 (Dezember 1933), 3 - 5, 3 ff.
[102] Vgl. Robert Friedrich, Zwei Jahre Tatsozialismus im Gau Düsseldorf, Düsseldorf 1935, 22.

dem 27. September 1933 verbreiteten Mitteilung über die "Organisation des Winterhilfswerks im Gau Düsseldorf" hieß es: "Sämtliche im Gaugebiet noch in Arbeit und Brot befindliche Menschen erhalten auf dem Wege über ihren Betrieb, ihrer Arbeitsstelle oder ihrem Verein, Verband und dergleichen, in den nächsten Tagen eine Verpflichtungs - Erklärung, durch die sich für die Zeit vom 1. Oktober 1933 bis zum 31. März 1934 zur Zahlung eines Opferbeitrages freiwillig verpflichten. Diese Verpflichtungserklärung wird durch die Arbeitsstelle oder dergleichen gesammelt, und den örtlichen Dienststellen der Winterhilfe geschlossen übermittelt"[103]. Die gesamte Bevölkerung des Gaues Düsseldorf wurde für die Zeit der Durchführung des Winterhilfswerkes nach fünf Gesichtspunkten gegliedert: Landwirtschaft, Gehalts- und Lohnempfänger, selbständige Gewerbetreibende und Firmen, freie Berufe, alle übrigen, nicht unterstützungsbedürftigen Volksgenossen. So erhielt beispielsweise jeder Gehalts- und Lohnempfänger durch seine Betriebsleitung eine rote Verpflichtungskarte[104]. Durch diese Karte erklärte er sich mit einem regelmäßigen wöchentlichen oder monatlichen "Opfertag" einverstanden, der bei der Lohn- oder Gehaltszahlung direkt gekürzt und vom Betrieb an die örtliche Dienststelle des Winterhilfswerkes überwiesen wurde. Ähnlich war das Verfahren für die übrigen Standesgruppen, deren "Opfergelder" von Kammern oder Berufsvereinigungen eingezogen wurden; die Landwirtschaft war angehalten, Naturalienspenden zu leisten[105].

Um für das Winterhilfswerk ein Ergebnis zu erzielen, "daß der anerkannt großen und ungeheuren Opferbereitschaft des deutschen Volkes entspricht", musste jede andere Sammeltätigkeit ausgeschaltet werden. Für die Zeit vom 1. Oktober 1933 bis 31. März 1934 waren daher auf Grund einer Anordnung von Gauleiter Karl Friedrich Florian alle Sammlungen, die nicht dem Winterhilfswerk dienten, untersagt[106]. Von der Verfügung waren vor allem die traditionellen Advents- und Weihnachtssammlungen kirchlicher Wohlfahrtseinrichtungen betroffen, doch maßte sich das Düsseldorfer Winterhilfswerk ohnehin an, den "wahren Gotteswillen" zu erfüllen[107]. Auf einer Gautagung des Winterhilfswerkes, die Anfang November unter Teilnahme von 4000 Mitarbeitern und Helfern in der Düsseldorfer Tonhalle stattfand, verstieg sich Gauleiter Karl Friedrich Florian zu der Äußerung: "Wer will uns bei dieser Arbeit stören ? Wenn man bei einer solchen Arbeit uns den Vorwurf macht: Warum wählt Ihr gerade einen kirchlichen Feiertag, um eine solche Zusammenkunft zu halten, dann möchte ich ihm antworten: Stelle Du erst einmal fest, was wir tun. Wir pflegen hier den deutschen Sozialismus, wir pflegen hier eine Gemeinschaft um Deutschland willen, wir wollen arbeiten, damit im Winter niemand hungert und friert, und nun sage Du mir: Was verlangt denn der Herrgott mehr von uns ? Er verlangt von uns: Liebe Deinen Nächsten wie Dich selbst, und das ist es ja, was wir hier tun, das ist ja die Praxis, die wir hier üben, und diese Praxis ist immer wert-

---

[103] DT 29.09.1933.
[104] Vgl. DT 20.10.1933.
[105] Vgl. DT 20.10.1933.
[106] Vgl. DT 29.09.1933. Vgl. dazu NN, Kirchliches Sammlungswesen und Winterhilfe, in: Caritas. Zeitschrift für Caritaswissenschaft und Caritasarbeit Jg. 38 Nr. 10 (Oktober 1933), 449 - 450, 449 f.
[107] Vgl. Robert Friedrich, Winter - Hilfswerk des deutschen Volkes 1933/34 Gau Düsseldorf, Düsseldorf 1934, 31 f.

voller als die Theorie. So hebe ich mit Stolz hervor und möchte sie bitten, allen denen, die vielleicht aus Unverstand sich so an uns wenden, zu sagen: Wir haben mit unserer Arbeit im WHW im Dienste Gottes gestanden, und unsere Stunde war Gottesdienst. Wer mit diesem Ernst an seine Aufgabe geht, der wird in seinem Innern eine solch große Befriedigung und Ruhe haben, daß es keinen Platz für die Frage gibt: Hast Du am Feiertag auch wirklich alles getan, was Gott von Dir verlangt ? Wer sich für andere einsetzt, ist immer ein gottgefälliger Mensch"[108].

Der "erste Markstein" auf dem Weg der Spendenorganisation war im Gau Düsseldorf der Erntetag am 1. Oktober 1933, an dem die Landwirtschaft die von ihr zu liefernden Naturalspenden bekannt gab[109]. Anstelle des christlichen Erntedankfestes sollte der nationalsozialistische Erntedanktag "gerade dem Großstädter zum erstenmal zum Bewußtsein" bringen, "daß es außer den Steinmeeren unserer Städte eine lebenskräftige deutsche Landwirtschaft gibt, deren Bedeutung nun zum erstenmal in der neueren Geschichte des deutschen Volkes erkannt und so hochgeschätzt wurde, daß ihr ureigenstes Fest ein Fest des gesamten deutschen Volkes geworden ist"[110]. Nach Angaben von Robert Friedrich, Gauführer des Winterhilfswerkes und Gauamtsleiter der NSV[111], trug die Landwirtschaft des Gaues Düsseldorf zur Versorgung der Bedürftigen rund 40000 Zentner Kartoffeln, 2500 Zentner Getreide, 280 Zentner Fleisch, 3000 Zentner Gemüse und 3850 Zentner Hülsenfrüchte bei[112].

Wie keine andere Maßnahme, war der "Eintopfsonntag" geeignet, den nationalsozialistischen Opfergedanken mit dem Solidaritätserlebnis als der ideellen Seite des Winterhilfswerkes zu verbinden[113]. "Wenn am ersten Sonntag eines jeden Monats", so Robert Friedrich, "der Minister und der Beamtenanwärter, der Kaufmann und der Bauer, der Rentenempfänger und der noch Erwerbslose, der Arbeiter der Stirn und der Arbeiter der Faust im ganzen deutschen Vaterlande dieselbe einfache Mahlzeit genießen und jeder das, was er bei dieser Mahlzeit gegenüber dem sonst von ihm genossenen Mahl erspart, zur gleichen Stunde dem Sammler übergibt, damit diejenigen Volksgenossen, die sich normalerweise nicht einmal eine solche einfache Mahlzeit leisten können, eine Verbesserung ihrer wirtschaftlichen Lage erfahren, so ist das ein so tief einschneidender und umfassender Beweis der nationalsozialistischen Solidarität, wie er durch keine andere Maßnahmen bisher erbracht worden ist"[114]. Die Ergebnisse der fünf Eintopfsonntage,

---

[108] Robert Friedrich, Winter - Hilfswerk des deutschen Volkes 1933/34 Gau Düsseldorf, Düsseldorf 1934, 31 f. Vgl. auch Robert Friedrich, Der Herrgott will es !, in: N.S.V.. Mitteilungsblatt des Amtes für Volkswohlfahrt im Gau Düsseldorf Jg. 1 Nr. 1 (01.03.1934), 6 - 7, 6 f.

[109] Vgl. DT 29.09.1933.

[110] Robert Friedrich, Winter - Hilfswerk des deutschen Volkes 1933/34 Gau Düsseldorf, Düsseldorf 1934, 32.

[111] Vgl. DT 29.09.1933.

[112] Vgl. Robert Friedrich, Winter - Hilfswerk des deutschen Volkes 1933/34 Gau Düsseldorf, Düsseldorf 1934, 35.

[113] Vgl. Robert Friedrich, Winter - Hilfswerk des deutschen Volkes 1933/34 Gau Düsseldorf, Düsseldorf 1934, 36 ff.

[114] Robert Friedrich, Winter - Hilfswerk des deutschen Volkes 1933/34 Gau Düsseldorf, Düsseldorf 1934, 38.

die vom Oktober 1933 bis Februar 1934 im Gau Düsseldorf stattfanden und an denen nicht nur in Gastwirtschaften, Hotels und Speisewagen der Eisenbahn ein Einheitsessen ausgegeben wurden[115], waren beachtlich und betrugen zwischen 143631 Reichsmark (Oktober 1933) und 199727 Reichsmark (Februar 1934)[116].

Obwohl SA - Männer, Hitlerjungen und BDM - Mädchen mit der Sammelbüchse eine allbekannte Erscheinung im Straßenbild waren, schien der Erfindungsreichtum der Organisatoren des Winterhilfswerkes unerschöpflich. Mit hohen Stangen reichten Helfer ihre Sammelbüchsen selbst zu Fenstern der oberen Etagen hinauf. In Geschäften standen Büchsen zum Entrichten des "Zwillingspfennigs", eines Pfennigs pro ausgegebener Mark[117]. Auch das "Schildernageln" durch die Hitlerjugend war eine viel genutzte Einnahmequelle. So veranstaltete die Hitlerjugend im Gau Düsseldorf am 19. November eine groß angelegte Sammelaktion, "die in Gestalt der Nagelung eines Schildes in Form des Abzeichens der HJ stattgefunden hat". In einem Bericht von Robert Friedrich heißt es hierzu: "Den Auftakt zu diesem Sammeltag bildete um 7 Uhr morgens ein großes Wecken mit Landsknechttrommeln durch das Jungvolk, das im ganzen Gau stattfand. ... Um 8 Uhr marschierten dann die Gefolgschaften der HJ zu den Sammelplätzen. Auf diesen wurde das Nagelschild aufgestellt, worauf dann um 9 Uhr im gesamten Gau, wie auch im ganzen Reich die Nagelungen begannen. Die ersten Nägel haben in den Ortsbereichen die Oberbürgermeister, Bürgermeister, Landräte und Gemeindevorsteher eingeschlagen". Die Nagelung dauerte bis 17 Uhr und erbrachte im Gau Düsseldorf 11845 Reichsmark[118].

Neben Eintopfsonntagen und Nagelungen trugen "Pfundsammlungen", Kleidersammlungen und der Verkauf von WHW - Plaketten maßgeblich dazu bei[119], dass das Düsseldorfer Winterhilfswerk 1933/34 ein spektakulärer Erfolg wurde. Nach amtlichen Angaben gelangten durch das Hilfswerk zwischen Oktober 1933 und Februar 1934 im Gau Düsseldorf zur Verteilung: 1820000 Zentner Kohlen, 1340000 Zentner Kartoffeln, 4765000 Pfund Brot, 3825000 Pfund Mehl, 413150 Pfund Fleisch- und Wurstwaren, 7320000 Pfund sonstige Lebensmittel aller Art, 63900 Paar getragene Schuhe, 56160 Paar fabrikneue Schuhe, 46650 gebrauchte Kleidungsstücke, 58300 fabrikneue Kleidungsstücke, 48500 Stück gebrauchte Unterkleidung und Wäsche, 122300 Stück fabrikneue Unterkleidung und Wäsche, 56800 Meter fabrikneue Kleiderstoffe, 97900 Meter fabrikneue Wäschestoffe, 38780 Decken, 20000 Betttücher, 18500 Paar Strümpfe, 920 Öfen sowie 1210000 Portionen Essen und sonstige Aufwendungen im Gesamtwert von

---

[115] Vgl. DT 29.09.1933; A.I.N., Das Winterhilfswerk des Deutschen Volkes 1933/34, in: Nationalsozialistischer Volksdienst Jg. 1 Nr. 1 (Oktober 1933), 10 - 13, 11.

[116] Vgl. Robert Friedrich, Winter - Hilfswerk des deutschen Volkes 1933/34 Gau Düsseldorf, Düsseldorf 1934, 43.

[117] Vgl. Herwart Vorländer, Die NSV. Darstellung und Dokumentation einer nationalsozialistischen Organisation, Boppard 1988, 52.

[118] Vgl. Robert Friedrich, Winter - Hilfswerk des deutschen Volkes 1933/34 Gau Düsseldorf, Düsseldorf 1934, 56.

[119] Vgl. Robert Friedrich, Winter - Hilfswerk des deutschen Volkes 1933/34 Gau Düsseldorf, Düsseldorf 1934, 62 ff.

465000 Reichsmark[120]. Gab es auch keine Instanz, die sachlich neutral die Richtigkeit des vorgelegten Zahlenmaterials nachprüfen konnte, so lag das Ergebnis des Winterhilfswerkes 1933/34 ohne Zweifel weit über der Winterhilfe der verachteten "Systemzeit". Letztere diente nur noch als Negativfolie einer glänzenden Selbstdarstellung des nationalsozialistischen Regimes[121], von der auch das Düsseldorfer Winterhilfswerk gepaart mit Ausfällen gegen die freie Wohlfahrtspflege hinlänglich Gebrauch machte. Unter der Überschrift "Gesamtbilanz" heißt es im Rechenschaftsbericht wörtlich: "Wenn in den Wintermonaten früherer Jahre freie Wohlfahrtstätigkeit entfaltet wurde, so handelte es sich immer um Almosen. Der Begriff des Almosens ist durch zwei Wesenszüge gekennzeichnet. Einmal hat der Empfänger der Gabe, die als Almosen gegeben wird, keinen Rechtsanspruch und auch keinen sittlichen Anspruch irgendwelcher Art, zum anderen ist mit dem Begriff des Almosens immer der der Geringfügigkeit verbunden. Demgegenüber können wir feststellen, daß das WHW 1933/34 mit der Almosenverteilung des vergangenen Systems rein gar nichts gemeinsam hat. Wir sind erstens nicht der Meinung, daß der Empfänger unserer Gaben keinen sittlichen Anspruch darauf hätte, wir sind vielmehr der Meinung, daß sich aus seiner Zugehörigkeit zur deutschen Volksgemeinschaft heraus sein unabdingbares, sittliches Anrecht auf diese Gaben ergibt, genau so, wie der Begriff der Volksgemeinschaft für jeden vom Glück Begünstigten die unerläßliche Verpflichtung einschließt, von seinen Gütern den bedürftigen Volksgenossen soviel abzugeben, daß er sich und seine Familie erhalten kann. Zum anderen kann man angesichts der ... Ziffern auch nicht den Begriff der Geringfügigkeit auf unsere Gaben anwenden. Wir können vielmehr mit Fug und Recht behaupten, daß im Gau Düsseldorf im Verlauf dieses einen WHW mehr geleistet worden ist, als die gesamte freie Wohlfahrtstätigkeit in den Wintern der letzten 14 Jahre insgesamt getan hat"[122].

Dass das Winterhilfswerk als eine Unternehmung des Staates und nicht der Partei konzipiert war[123], ging im Rausch der vorgelegten Bilanzen unter, zumal die Propagan-

---

[120] Vgl. Robert Friedrich, Winter - Hilfswerk des deutschen Volkes 1933/34 Gau Düsseldorf, Düsseldorf 1934, 89 ff. Vgl. auch Robert Friedrich, Der Gau Düsseldorf marschiert an der Spitze. Die Bilanz des Winterhilfswerks vom 1. Oktober bis 31. Dezember 1933. 850000 Volksgenossen fanden Hilfe. Der Opferwille darf nicht erlahmen, in: N.S.V.. Mitteilungsblatt des Amtes für Volkswohlfahrt im Gau Düsseldorf Jg. 1 Nr. 1 (01.03.1934), 7 - 8, 7 f.

[121] Vgl. Alfred Schappacher, Wohlfahrtshaushalt 1933, in: Monatsblatt des Städtischen Wohlfahrts- und Gesundheitsamtes Düsseldorf Jg. 7 Nr. 7 (Juli 1933), 97 - 100, 97 ff; Alfred Schappacher, Grundgedanken zur Entwicklung der Wohlfahrtspflege, in: Monatsblatt des Städtischen Wohlfahrts- und Gesundheitsamtes Düsseldorf Jg. 7 Nr. 12 (Dezember 1933), 179 - 184, 179 ff; NN, Die Rede des Reichsführers des WHW Pg. Hilgenfeldt auf dem ersten Gaukongreß der NSV in Düsseldorf am 27. Januar 1934, in: N.S.V.. Mitteilungsblatt des Amtes für Volkswohlfahrt im Gau Düsseldorf Jg. 1 Nr. 1 (01.03.1934), 1 - 6, 2; Robert Friedrich, Zwei Jahre Tatsozialismus im Gau Düsseldorf, Düsseldorf 1935, 16; Robert Krups, 2000 Jahre Wohlfahrt in Deutschland, in: Der NSV - Helfer. Nachrichtenblatt des Gauamtes der NSV, Düsseldorf Jg. 1 Nr. 2/3 (April/Mai 1938), 1 - 16, Nr. 4/5 (Juni/Juli 1938), 1 - 16 und Nr. 6/7 (August/September 1938), 1 - 16, 1 ff.

[122] Robert Friedrich, Winter - Hilfswerk des deutschen Volkes 1933/34 Gau Düsseldorf, Düsseldorf 1934, 89.

[123] Vgl. A.I.N., Das Winterhilfswerk des Deutschen Volkes 1933/34, in: Nationalsozialistischer Volksdienst Jg. 1 Nr. 1 (Oktober 1933), 10 - 13, 10.

dastellen sich wenig um juristische Spitzfindigkeiten kümmerten. Die in der Düsseldorfer Arbeitsgemeinschaft des Winterhilfswerkes zusammengeschlossenen Kirchen, Verbände und Institutionen dürften sich in diesem Punkt auch kaum Illusionen hingegeben haben. An ihrer Rolle als gelittene "Mit - Arbeiter" ließen die Nationalsozialisten keine Zweifel aufkommen. "Wir wollen", so sagte Erich Hilgenfeldt am 16. Juli 1933 auf dem ersten Frauenkongress der NSDAP in Düsseldorf, "mit der Inneren Mission, mit der Caritas zusammenarbeiten; sie können uns noch nicht Kameraden, aber sie sollen uns liebe Mitarbeiter sein"[124]. Der lautstarken Propaganda parteiamtlicher Claqueure hatten die übrigen Düsseldorfer Wohlfahrtsverbände nur wenig entgegenzustellen. Obwohl der Caritasverband für die Stadt Düsseldorf mit seinen angeschlossenen Vereinen nicht unwesentlich zum Erfolg des Winterhilfswerkes beigetragen hatte, wurde sein Anteil wie die Leistung der übrigen Träger in den offiziellen Leistungsbilanzen bewusst verschwiegen[125].

Maßgebend für die Teilnahme des Caritasverbandes für die Stadt Düsseldorf am Winterhilfswerk war ein Erlass des Kölner Generalvikariats vom 15. September 1933, durch den die Kirche ausdrücklich Abstand von einer eigenen "Karitaswinterhilfe" nahm[126]. Stattdessen wurde die "hochwürdige Geistlichkeit, die Klöster, karitativen Anstalten und Vereine" aufgefordert, "in diesem Herbst und Winter das von der Reichsregierung angeordnete Hilfsunternehmen im Interesse der Notleidenden nachdrücklich zu fördern und freigebig zu unterstützen"[127]. Zur Begründung führte die kirchliche Behörde an: "Die große und allgemeine, fast alle Schichten unseres Volkes berührende Not fordert ganz besonders ein einmütiges Zusammenstehen und Zusammengehen, und gerade ein solch großzügiges allgemeines Hilfsunternehmen kann auch dazu beitragen, die deutschen Volksgenossen in Stadt und Land, ohne Unterschied des Standes und der Konfession, des Alters und des Geschlechtes, durch gemeinschaftliche Ausübung der Werke der Nächstenliebe zusammenzuführen und enger miteinander zu verbinden"[128]. Erwartet wurde, dass die Caritaseinrichtungen sich "mit erhöhtem Eifer und mit vorbildlicher Liebe und Treue der Not, die viele unserer Glaubens- und Volksgenossen im kommenden Winter bedrohen wird, entgegenarbeiten werden". Um Störungen des Winterhilfswerkes und Missbrauch der Hilfeleistungen zu vermeiden, sollte "durch Mitarbeit der Vertreter der Kirche in den örtlichen Arbeitsgemeinschaften des Winterhilfswerkes

---

[124] Mariarose Fuchs, Frauentum in der Gegenwart. Die deutsche Frau zur Arbeit bereit! Zum nationalsozialistischen Frauenkongreß, in: Zeit und Volk Jg. 1 Nr. 3 (05.08.1933), 124 - 126, 125. Vgl. auch DT 17.07.1933.
[125] Vgl. etwa Robert Friedrich, Winter - Hilfswerk des deutschen Volkes 1933/34 Gau Düsseldorf, Düsseldorf 1934, 89 ff.
[126] Vgl. NN, Winterhilfe, in: Kirchlicher Anzeiger für die Erzdiözese Köln Jg. 73 Nr. 22 (15.09.1933), 139 - 140, 139.
[127] NN, Winterhilfe, in: Kirchlicher Anzeiger für die Erzdiözese Köln Jg. 73 Nr. 22 (15.09.1933), 139 - 140, 139.
[128] NN, Winterhilfe, in: Kirchlicher Anzeiger für die Erzdiözese Köln Jg. 73 Nr. 22 (15.09.1933), 139 - 140, 139 f.

die notwendige Fühlung zwischen diesem und dem Karitaswirken der Kirche, ihrer Klöster, Vereine und Anstalten in diesem Winter besonders sichergestellt werden"[129].

In seinem Mitteilungsblatt unterrichtete der Düsseldorfer Caritasverband die katholischen Helfer zu Beginn des Winterhilfswerkes 1933/34 darüber, was seiner Feststellung nach "als zulässig und unzulässig bei der Mittelbeschaffung für die Caritas" galt. Zulässig war die Einholung von Mitgliederbeiträgen, die Geldkollekte in Gotteshäusern und an Kirchentüren, das Aufstellen von Opferkörben, die Annahme von "Liebesgaben für bedürftige Kinder" und alle Sammlungen "an heiliger Stätte" für rein gottesdienstliche Zwecke. Als unzulässig wurden alle Maßnahmen angesehen, die den Eindruck einer Sonder - Winterhilfe (z.B. Geldsammlungen auf Straßen und Plätzen) erweckten[130]. Die katholischen Vertreter in den Arbeitsgemeinschaften des Düsseldorfer Winterhilfswerkes waren aufgefordert, "in allen praktischen Aufgaben die Fühlung mit dem Caritas - Sekretariat zu behalten", da es "nur durch engsten Zusammenhalt innerhalb der großen und vielgestalteten Caritas - Organisation" möglich schien, "denjenigen Armen und Notleidenden, die bisher von caritativer Seite betreut worden sind, für die Dauer des amtlichen Winterhilfswerkes erfolgreich und wirksam zu dienen"[131].

Trotz kirchenamtlicher Erklärungen scheint sich mancher Caritashelfer in Düsseldorf nur unwillig in den Dienst des staatlich angeordneten Winterhilfswerkes gestellt zu haben. Vieldeutig berichtete im Dezember 1933 das lokale Caritasblatt: "Wenn auch Anfangs nicht überall die Erkenntnis vorgelegen haben mag, daß im Winterhilfswerk 1933/34 gegenüber den Vorjahren andere Wege und Formen zur Bannung der Wintersnot notwendig seien, so hat es doch nirgendwo an der aufrichtigen und ehrlichen Bereitwilligkeit gefehlt, von Seiten der katholischen Caritas mit allen Kräften die gemeinsame Not zu bekämpfen und dadurch den Weg zu einer wahren Volksgemeinschaft bahnen zu helfen"[132].

Zur Durchführung aller Aktionen des Winterhilfswerkes musste nicht nur ein Heer von ehrenamtlichen Helfern bereitstehen, sondern auch eine Vielzahl logistischer Probleme gelöst werden. Da die Düsseldorfer Nationalsozialisten im Jahr der Machtergreifung nur über wenige parteieigene Fürsorgeeinrichtungen wie dem "Wohlfahrtshaus der NS - Frauenschaft" (Kaiserstr. 48) verfügten[133], wurden viele Küchen und Wärmehallen des Winterhilfswerkes in kirchlichen Anstalten untergebracht. Um die Jahreswende wa-

---

[129] NN, Winterhilfe, in: Kirchlicher Anzeiger für die Erzdiözese Köln Jg. 73 Nr. 22 (15.09.1933), 139 - 140, 140.

[130] Vgl. NN, Caritas und Winterhilfswerk 1933/34, in: Mitteilungen des Caritasverbandes für die Stadt Düsseldorf Jg. 9 Nr. 8/9 (August/September 1933), 3 - 6, 4 f.

[131] NN, Caritas und Winterhilfswerk 1933/34, in: Mitteilungen des Caritasverbandes für die Stadt Düsseldorf Jg. 9 Nr. 8/9 (August/September 1933), 3 - 6, 6.

[132] NN, Die Caritas im Winterhilfswerk, in: Mitteilungen des Caritasverbandes für die Stadt Düsseldorf Jg. 9 Nr. 12 (Dezember 1933), 1 - 2, 2. Vgl. auch DT 04.12.1933.

[133] Vgl. DT 16.05.1933; DT 16.07.1933; DT 17.07.1933; Mariarose Fuchs, Frauentum in der Gegenwart. Die deutsche Frau zur Arbeit bereit ! Zum nationalsozialistischen Frauenkongreß, in: Zeit und Volk Jg. 1 Nr. 3 (05.08.1933), 124 - 126, 124; NN, Das erste nationalsozialistische Wohlfahrtshaus in Düsseldorf, in: Monatsblatt des Städtischen Wohlfahrts- und Gesundheitsamtes Düsseldorf Jg. 7 Nr. 8 (August 1933), 116.

ren in katholischen Klöstern, Anstalten und Vereinsheimen 24 von 43 Küchen und 6 von 15 Wärmehallen des Düsseldorfer Winterhilfswerkes eingerichtet[134]. In manchen Stadtbezirken, wie zum Beispiel im ländlichen Urdenbach, lag die praktische Durchführung des Hilfswerkes fast ausschließlich in kirchlicher Hand. Nach einem Bericht des Düsseldorfer Tageblattes vom 29. September 1933 gehörten dem Urdenbacher Arbeitsausschuss außer dem Ortsgruppenleiter Heinz Schulte als Gruppenwalter nur noch Pastor Adolf Luyken (Urdenbach), Pfarrer Joseph Robach (Herz - Jesu), Frau vom Bovert (NS - Frauenschaftsleiterin), Frau Helpertz (Elisabethverein) und Margarete Luyken (Evangelische Frauenhilfe) an. Die Lebensmittelausgabe erfolgte in den Räumen des evangelischen Gemeindehauses; eine Wärmehalle war in der evangelischen Schule Angerstraße, Kinderhorte in der evangelischen Schule Hochstraße und der katholischen Mädchenschule Garather Straße eingerichtet. Ledigenküchen für Männer waren im evangelischen Gemeindehaus, für Frauen im Herz - Kloster an der Bockhackstraße errichtet[135].

Durchaus positiv wertete der Pfarrcaritasausschuss St. Peter (Friedrichstadt) in seinem Rechenschaftsbericht 1933 die Gemeinschaftsarbeit im örtlichen Winterhilfswerk: "Anfang Oktober begann unsere Mitarbeit im Winterhilfswerk. Hier hatten wir Gelegenheit, unsere langjährigen Erfahrungen zu verwenden. 30 Helferinnen sind bei der Ausgabe, im Sammel- und Verteilungsausschuß tätig. Durch die harmonische Zusammenarbeit konnten wir auch unsern Hilfsbedürftigen durchgreifend helfen. Ferner sind unsere Helferinnen unermüdlich tätig bei der monatlichen Pfundsammlung, ... Zu Weihnachten wurden von uns nur einige verschämte Armen bedacht, alle anderen wurden durch die Winterhilfe erfaßt"[136].

Wie im ganzen Reich so wurde auch in Düsseldorf die Finanzaufsicht über das Spendenaufkommen des Winterhilfswerkes von der NSDAP ausgeübt, deren Recht hierzu allerdings mehr als fragwürdig war[137]. Die Verwendung der Mittel lag im Belieben lokaler Parteigrößen und war ihren Beschlüssen ausgeliefert, die Kontrolle allen anderen Mitträgern des Winterhilfswerkes entzogen. Auch wenn für die Stadt Düsseldorf keine Zahlen überliefert sind, ist anzunehmen, dass hier wie anderorts über die Köpfe der breiten Trägerschaft viele Mittel aus dem Winterhilfswerk zweckentfremdet wurden. Nur selten finden sich Hinweise, aus denen hervorgeht, auf welchem Weg die kirchlichen Wohlfahrtseinrichtungen an der Verteilung und Ausgabe der einlaufenden Spenden beteiligt waren. Dass sich die caritativen Werke der Stadt im erhöhten Maße während der Weihnachtszeit an der Austeilung beteiligen durften, erfolgte aus leicht durchschaubaren Gründen. Gleichwohl forderte Caritasdirektor Johannes Becker alle Vinzenzkonferenzen, Elisabethvereine und Pfarrcaritasausschüsse in Düsseldorf auf, "von

---

[134] Vgl. NN, Küchen des Winterhilfswerks, in: Mitteilungen des Caritasverbandes für die Stadt Düsseldorf Jg. 9 Nr. 12 (Dezember 1933), 5 - 6, 5 f; NN, Wärmehallen des Winterhilfswerks, in: Mitteilungen des Caritasverbandes für die Stadt Düsseldorf Jg. 9 Nr. 12 (Dezember 1933), 6 - 7, 6 f.
[135] Vgl. DT 29.09.1933.
[136] NN, Jahresbericht des Pfarr - Karitas - Ausschusses St. Peter 1933, in: Katholische Kirchenzeitung (Düsseldorf) Jg. 11 Nr. 7 (18.02.1934), 64.
[137] Vgl. Herwart Vorländer, Die NSV. Darstellung und Dokumentation einer nationalsozialistischen Organisation, Boppard 1988, 56.

der vereinbarten Vergünstigung des WHW weitgehendsten Gebrauch zu machen"[138]. Daher erging an sie in der Vorweihnachtszeit des Jahres 1933 folgender Aufruf: "Da im neuen Deutschland die christlichen Fundamente des Volkslebens stark betont werden, ist selbstverständlich, wenn Weihnachten als Fest christlicher Liebe auch im Rahmen des staatlichen Winterhilfswerks eine hervorstehende Note erhält. Weihnachtsfeiern mit Weihnachtsbescherungen sind daher nicht nur erlaubt, sondern sogar erwünscht. Dabei ist es selbstverständlich, daß der katholische Christ sein Weihnachtsfest zunächst an heiliger Stätte zu feiern verpflichtet ist. Aber es ist und bleibt ein sinniger Brauch, auch außerhalb des Gotteshauses die Weihnachtsgaben der Liebe zu spenden. Das Düsseldorfer Winterhilfswerk wird neben den vorgesehenen Dezemberspenden noch eine besondere Weihnachtsspende verteilen. Die am Winterhilfswerk beteiligten Wohlfahrtsverbände sollen die Möglichkeit erhalten, diese Spende des WHW persönlich den notleidenden Volksgenossen zu überbringen. Dagegen wird verlangt, daß die Verbände auf selbständige Weihnachtssammlungen verzichten. Der Caritas - Verband für die Stadt Düsseldorf hat sich gegenüber der Kreisführung Düsseldorf des WHW verpflichtet, von eigenen Sammlungen für Weihnachtszwecke abzusehen, um die geplante gemeinsame Aktion nicht zu schmälern. Den katholischen caritativen Anstalten und Einrichtungen ist Nachricht zugegangen, daß sie die für die Weihnachtsbescherungen überwiesenen Mittel des Winterhilfswerks durch das Caritas - Sekretariat erhalten"[139]. Die Vinzenzkonferenzen, Elisabethvereine und Pfarrcaritasausschüsse wurden gebeten, "die Namen und Anschriften ihrer Hilfsbedürftigen bei den zuständigen Gruppenstellen anzugeben, die Weihnachtsgutscheine ab 11. Dezember dort abzuholen und sie dann persönlich den Notleidenden zuzustellen". Da die persönliche Betreuung "katholisch - caritativem Empfinden" entsprach, wurden alle Caritasstellen ersucht, von den Weihnachtsbescherungen verstärkt Gebrauch zu machen[140].

Als der Caritasverband für die Stadt Düsseldorf im Frühjahr 1934 zusammen mit seinen Vertretern in den Arbeitsausschüssen auf die geleistete Arbeit zurückblickte, gelangte man zu der heute nur schwer verifizierbaren Feststellung, "daß die von Seiten der Caritas früher betreuten Hilfsbedürftigen während des Winterhilfswerkes ausgiebig mit dessen Gaben bedacht worden waren. Vielfach war Gelegenheit gegeben, durch persönliche Betreuung ... den Geist wahrer Volksgemeinschaft zu pflegen"[141].

---

[138] Johannes Becker, Weihnachtsbescherungen und Winterhilfswerk, in: Mitteilungen des Caritasverbandes für die Stadt Düsseldorf Jg. 9 Nr. 12 (Dezember 1933), 2 - 3, 3.
[139] Johannes Becker, Weihnachtsbescherungen und Winterhilfswerk, in: Mitteilungen des Caritasverbandes für die Stadt Düsseldorf Jg. 9 Nr. 12 (Dezember 1933), 2 - 3, 2 f.
[140] Vgl. Johannes Becker, Weihnachtsbescherungen und Winterhilfswerk, in: Mitteilungen des Caritasverbandes für die Stadt Düsseldorf Jg. 9 Nr. 12 (Dezember 1933), 2 - 3, 3.
[141] NN, Aus der Düsseldorfer Caritasarbeit, in: Mitteilungen des Caritasverbandes für die Stadt Düsseldorf Jg. 10 Nr. 4/5 (April/Mai 1934), 4 - 5, 4.

Caritas - Volkstag

Kaum hatte das staatliche Winterhilfswerk am 31. März 1934 seine Arbeit beendet, folgte fünf Wochen später mit dem Caritas - Volkstag eine der größten Sammelaktionen in der Geschichte des Deutschen Caritasverbandes[142]. Die ursprüngliche Finanzierung kirchlicher Liebestätigkeit und Armenfürsorge aus Spendenmitteln war in den zwanziger Jahren mit der Etablierung des Systems sozialer Sicherheit zunehmend in den Hintergrund getreten, auch wenn viele gemeindliche Caritaswerke wie Pfarrcaritasausschüsse, Vinzenzkonferenzen oder Elisabethvereine die Gelder für die Hausarmenpflege weiterhin aus Mitgliederbeiträgen und Spenden aufbrachten. Für die Finanzierung des Deutschen Caritasverbandes wie auch für die angeschlossenen Diözesan- und Ortsverbände spielten Spendenerträge bis zum Ende der Weimarer Republik eine vernachlässigenswerte Rolle. Das änderte sich 1934. Während die Staats- und Parteiführung durch Gesetz vom 24. März 1934 die Sammlungen von Parteigliederungen wie SA und Hitlerjugend einschränkten, befürworteten das Reichsinnen- und Reichsarbeitsministerium eine reichsweite Caritassammlung für die Zeit vom 5. bis 11. Mai[143].

Für den Düsseldorfer Caritasverband war die genehmigte Sammlung nicht nur eine willkommene Gelegenheit, dringend benötigte Gelder zu akquirieren, sondern auch Anlass, den Blick der Öffentlichkeit auf das gewandelte Verhältnis von Staat und Caritas zu lenken. In einem mit "Dr. W. D." gezeichneten Artikel mit dem Titel "Warum Karitas - Sammlung" hieß es Ende April 1934 im Düsseldorfer Tageblatt: "Am 5. und 6. Mai wird die katholische Karitas eine Straßensammlung, und am 7. bis 11. Mai eine Haussammlung veranstalten. Die staatliche Genehmigung dieser Sammlungen ist der äußere Beweis dafür, daß der nationalsozialistische Staat die karitativen Kräfte ausdrücklich in den Prozeß eingebaut wissen will, der die Volkskräfte weckt, dieselben in den Dienst des Volkes stellt und als Leistungen der verschiedensten Art erkennbar macht. Überdies hat Reichsminister Dr. Goebbels bei verschiedenen Gelegenheiten die Berechtigung und Berufung der Kirche zur organisierten Karitas hervorgehoben und ... es geradezu als Pflichtverletzung bezeichnet, wenn eine Kirche, die vom wahren christlichen Geist beseelt werde, nicht aus eigener Kraft ein geschlossenes Werk vollbringe. Im nationalsozialistischen Staat haben ja die Wohlfahrtsaufgaben ein völlig verändertes Gepräge erhalten. In radikaler Abkehr von der früheren Bürokratisierung der 'öffentlichen Wohlfahrtspflege' im marxistisch abgestempelten Staat, der in der freien Liebestätigkeit eine Art von Konkurrenz sah, ist nun das Schwergewicht überhaupt auf die freie Wohl-

---

[142] Vgl. NN, Sammlung für die katholische Karitas, in: Katholische Kirchenzeitung (Düsseldorf) Jg. 11 Nr. 17 (29.04.1934), 168; NN, Zum Deutschen Caritas - Volkstag, in: Caritas. Zeitschrift für Caritaswissenschaft und Caritasarbeit Jg. 39 Nr. 5 (Mai 1934), 137 - 139, 137 ff; NN, Der Ruf der Liebe: Nach dem Deutschen Caritas - Volkstag, in: Caritas. Zeitschrift für Caritaswissenschaft und Caritasarbeit Jg. 39 Nr. 6 (Juni 1934), 193 - 194, 193 f.
[143] Vgl. PfA Düsseldorf St. Lambertus Akten 131 K, 15.04.1934; NN, Haus- und Straßensammlung des Deutschen Caritasverbandes, in: Caritas. Zeitschrift für Caritaswissenschaft und Caritasarbeit Jg. 39 Nr. 3 (März 1934), 91 - 92, 92; NN, Caritas - Sammlung, in: Katholische Kirchenzeitung (Düsseldorf) Jg. 11 Nr. 16 (22.04.1934), 159; NN, Caritas rührt sich ! Zur Caritassammlung vom 5. - 11. Mai 1934, in: Caritas. Zeitschrift für Caritaswissenschaft und Caritasarbeit Jg. 39 Nr. 4 (April 1934), 136.

fahrtspflege gelegt. Amtliche und freie Wohlfahrtspflege stehen sich nicht mehr wie früher gegenüber. In der NS - Volkswohlfahrt ist ein beweglicher und lebendiger Organismus geschaffen, der im Geiste des Staates Dienst am Volke, Dienst an der Volksgemeinschaft ist. ... Die NS - Volkswohlfahrt hat sich die Zwecksetzung, dem Volksganzen zu dienen, zu eigen gemacht und ist dadurch als freies Organ der staatsbildenden Bewegung eine direkte Parallele zur Karitas als dem freien Organ der Kirche. So lautet denn die erste Konsequenz für uns: Wir wollen nicht Karitas üben als absichtlichen Demonstrationsgegenstand für die sichtbare Kirche als juristische Anstalt, für die 'Machtkirche', wie uns mitunter vorgeworfen wird. Unsere Liebestätigkeit geschehe absolut als Dienst am viel weiteren Reiche Gottes und am Volke in deutschen Landen. Nur für sich als sichtbare Institution werbend, verdienen wollend, würde die Kirche manches verlieren; dienend wird sie alles für Gott und sein Reich gewinnen. ... Wer Karitasübung nur als sein 'Recht' empfindet, befindet sich schon im Unrecht. Wer Karitas als seine Pflicht übt, von dem wird auch das Recht hierzu nicht genommen werden"[144].

Nach diesen, in Anlehnung an einen Aufsatz von Rupert Angermair in der Caritas[145] entwickelten Leitgedanken beleuchtete "Dr. W. D." die Notwendigkeit der Caritassammlung aus Sicht des Düsseldorfer Ortsverbandes[146]. Ausschlaggebend war vor allem die Kürzung der städtischen Zuschüsse für die Arbeit der katholischen Fürsorgeeinrichtungen. Im Etatentwurf 1934 der Stadt Düsseldorf war der Posten "Beihilfen an die freie Wohlfahrtspflege unter Führung der NS - Volkswohlfahrt" gegenüber der Istausgabe des Jahres 1932 von 66500 Mark auf 30000 Mark gesenkt worden[147]. "Aus der Verminderung dieses Postens an Beihilfe für die freie Wohlfahrtspflege", so die spitzfindige Auslegung des anonymen Autors, "wird durch ein praktisches Beispiel der grundsätzliche Wandel belegt, der in der Bewertung der Bedeutung von freier und amtlicher Wohlfahrtspflege im nationalsozialistischen Staat eingetreten ist"[148]. Um keine Zweifel an der Loyalität des Caritasverbandes gegenüber dem Regime zu erwecken, setzte der Verfasser seinen Gedankengang mit dem Bemerken fort: "In dem genannten Düsseldorfer Etatposten ist auch eine Beihilfe an den Caritas - Verband mitenthalten. Es ist selbstverständlich und bedarf keiner Erörterung, daß ebenso wie die NS - Volkswohlfahrt auch der Caritasverband seine segensreiche Tätigkeit für notleidende Volksgenossen nur zum kleinsten Teil mit amtlichen Mitteln finanziert. Wohl liegt in der städtischen Beihilfe eine wertvolle und dankenswerte Anerkennung für die freie Wohlfahrtätigkeit, aber es entspricht dem nationalsozialistischem und echt christlichem Denken, daß der besser ge-

---

[144] Dr. W. D., Warum Karitas - Sammlung, in: Düsseldorfer Tageblatt Jg. 68 Nr. 113 (29.04.1934), o. S. (3).
[145] Vgl. Rupert Angermair, Staat und Caritas, in: Caritas. Zeitschrift für Caritaswissenschaft und Caritasarbeit Jg. 39 Nr. 4 (April 1934), 105 - 113, Nr. 5 (Mai 1934), 146 - 159 und Nr. 6 (Juni 1934), 174 - 178, 105 ff.
[146] Vgl. Dr. W. D., Warum Karitas - Sammlung, in: Düsseldorfer Tageblatt Jg. 68 Nr. 118 (04.05.1934), o. S. (3 - 4, 3).
[147] Vgl. Dr. W. D., Warum Karitas - Sammlung, in: Düsseldorfer Tageblatt Jg. 68 Nr. 118 (04.05.1934), o. S. (3 - 4, 3).
[148] Dr. W. D., Warum Karitas - Sammlung, in: Düsseldorfer Tageblatt Jg. 68 Nr. 118 (04.05.1934), o. S. (3 - 4, 3).

stellte Volksgenosse für den notleidenden Volksgenossen sich einsetzt, ohne daß ein bürokratisiertes Schema, das in früheren Jahren oft genug zur berechtigten Kritik Anlaß gab, dazwischen geschaltet wird. Natürlich bedarf auch die freie Wohlfahrtstätigkeit einer sinn- und planvollen Organisation. Einen lebendigen und alle Adern des deutschen Volkskörpers durchpulsenden Beweis organisatorischer Kraft haben das Winterhilfswerk und die Werbewoche der NS - Volkswohlfahrt[149] geliefert. Nun ruft die Caritas als organisches Glied des deutschen und christlichen Opfergeistes und Opferwillen die Volksgenossen zur Opfertat auf"[150].

In welcher Defensivsituation sich der Caritasverband für die Stadt Düsseldorf mittlerweile befand, zeigt der zaudernde Versuch, über das 1933 unverändert hohe Niveau katholischer Fürsorgearbeit öffentlich Bilanz zu ziehen. Mit spürbarer Schamesröte im Gesicht führte "Dr. W. D." hierzu aus: "In den früheren, als die marxistische Propaganda in Anwendung des nunmehr glücklich überwundenen Klassen - Standpunktes unverhohlen erklärte, ihre Fürsorgeleistungen seien nur Werbemittel für die eigene Partei, waren alle Gegner marxistischen Ungeistes und marxistischer Methoden wohl oder übel gezwungen, auch den materiellen Wert ihrer caritativen Leistungen in möglichst breiter Statistik zu belegen. Dies geschah notgedrungen, um die materialistische Auffassung des marxistischen Gegners mit den eigenen Waffen schlagen zu können, obwohl das innere Wesen christlicher Liebestätigkeit immer und ewig ein Dienen am Volksganzen und ein heißes Bemühen darum ist und sein muß, die Volkskräfte zum Dienst am Volksganzen zu wecken und in praktischer Nächstenliebe zum realen Niederschlag zu bringen. Und zwar Nächstenliebe aus übernatürlichen Motiven, nämlich als Ausfluß der Gottesliebe. Im Gegensatz zur oben gekennzeichneten früheren marxistischen Propaganda gehört es zum Wesen jeder freien Wohlfahrtstätigkeit, die als Dienst am ganzen Volke sittliche Kräfte verlebendigt, den Wert ihrer Leistungen nicht nur mit materiellen Maßstäben zu bemessen. Weil aber menschliches Werk, das in Ordnung und mit Gewähr für zuverlässige Durchführung vor sich gehen soll, einer Organisation nicht entbehren kann, bedarf es auch eines Rechenschaftsberichtes darüber, daß solche Organisation in richtiger Weise funktioniert. Nur aus diesem Grunde seien einige der wichtigsten Zahlen aus dem Bereich des Düsseldorfer Caritasverbandes angegeben"[151]. Mitgeteilt wurde die Zahl der 1933 in Düsseldorf durch den katholischen Männerfürsorgeverein (2688 Schützlinge, 996 Vormünder) bzw. Fürsorgeverein für Mädchen, Frauen und Kinder (5633 Schützlinge, 1968 Vormünder) bearbeiteten Fälle wie auch die Leistungen der katholischen Krankenambulanzen (8252 Kranke, 27 Stationen, 95 Schwestern)[152]. "Diese Zahlen", hieß es abschließend, "die nur ein Bruchteil der geleisteten Arbeit aufzeigen, sind sprechende Belege für die Caritas - Arbeit, die von Mensch zu Mensch aus christlicher volksverbundener Nächstenliebe getan wurde. Die Weiterführung dieser Arbeit ist ein

---

[149] Vgl. oben S. 574.
[150] Dr. W. D., Warum Karitas - Sammlung, in: Düsseldorfer Tageblatt Jg. 68 Nr. 118 (04.05.1934), o. S. (3 - 4, 3).
[151] Dr. W. D., Warum Karitas - Sammlung, in: Düsseldorfer Tageblatt Jg. 68 Nr. 118 (04.05.1934), o. S. (3 - 4, 3).
[152] Vgl. Dr. W. D., Warum Karitas - Sammlung, in: Düsseldorfer Tageblatt Jg. 68 Nr. 118 (04.05.1934), o. S. (3 - 4, 3).

sittliches Gebot und ein für Staat und Volk wertvoller Dienst. Hierzu bedarf es hinreichender finanzieller Mittel, die aus kleinsten Rinnsalen zusammenfließend, sich im Caritas - Verband sammeln, um von dort aus ihren verschiedensten caritativen Bestimmungszwecken weitergeleitet zu werden"[153]. Nach einer Verfügung des Kölner Erzbischofs waren vom Ergebnis der Kirchenkollekte am 6. Mai 1934 wie auch von der Haus- und Straßensammlung 50 Prozent an die Bistumskasse zu überweisen. Das Geld war bestimmt für die Zentrale des Deutschen Caritasverbandes und caritative Aufgaben der Erzdiözese und als Ausgleich gedacht gegenüber leistungsschwachen Gemeinden[154].

Der Druck, bei den nationalsozialistischen Machthabern keinen Unwillen zu erregen, forderte seinen Tribut und sorgte in den Aufrufen zur Caritassammlung für bisher nicht gekannte Verbalklimmzüge. So endete der Appell zur Teilnahme im Düsseldorfer Tageblatt vom 7. Mai 1934 mit der Feststellung: "Deutsche Caritasarbeit erblickt im hilfsbedürftigen Volksgenossen zugleich das Kind Gottes, arbeitet also sowohl für das Diesseits wie für das Jenseits"[155]. Unter dem Leitwort "Seid Apostel der Karitas" gelangte Caritasdirektor Johannes Becker zur gleichen Zeit in der Katholischen Kirchenzeitung für Düsseldorf zu dem Befund, die Caritassammlung sei Ausdruck einer "katholischen", "kirchlichen" und "deutschen" Gesinnung[156]. Zum letztgenannten Attribut hieß es wörtlich: "Seid Apostel der Karitas, dann seid ihr gut deutsch!"[157]. Wie sich noch zeigen sollte, ging Johannes Becker von der irrigen Annahme aus, im Konkordat sei "die Karitas dem Schutze des Staates unterstellt" und dadurch "der deutsche Karitasverband und die ihm angeschlossenen Zweig- und Fachorganisationen, Anstalten und Einrichtungen in ihrer segensreichen, dem Volkswohl dienenden Tätigkeit besonders geschützt" worden[158].

Glaubt man den überlieferten Quellen, verhallte der Appell von Johannes Becker nicht ungehört, die Caritassammlung möge "äußerer Anlaß sein, im katholischen Düsseldorf einen neuen Karitas - Frühling wachzurufen"[159]. Nach einem Bericht des Düsseldorfer Tageblattes beteiligten sich im Stadtgebiet 5500 Helfer und Sammler an der Aktion. Sie sammelten "auf allen Straßen und Plätzen, in Gaststätten und Häusern, und auch zahlreiche katholische Geistliche hielten für ihre Armen bittend den sonntäglichen Spaziergängern Büchse und Abzeichen hin"[160]. Da die Zwangsabgaben für das gerade

---

[153] Dr. W. D., Warum Karitas - Sammlung, in: Düsseldorfer Tageblatt Jg. 68 Nr. 118 (04.05.1934), o. S. (3 - 4, 3).
[154] Vgl. NN, Oberhirtliches Mahnwort zur öffentlichen Karitassammlung und Karitaskollekte, in: Kirchlicher Anzeiger für die Erzdiözese Köln Jg. 74 Nr. 11 (02.05.1934), 81 - 82, 81 f.
[155] DT 07.05.1934.
[156] Vgl. Johannes Becker, Seid Apostel der Karitas !, in: Katholische Kirchenzeitung (Düsseldorf) Jg. 11 Nr. 19 (13.05.1934), 180.
[157] Johannes Becker, Seid Apostel der Karitas !, in: Katholische Kirchenzeitung (Düsseldorf) Jg. 11 Nr. 19 (13.05.1934), 180.
[158] Johannes Becker, Seid Apostel der Karitas !, in: Katholische Kirchenzeitung (Düsseldorf) Jg. 11 Nr. 19 (13.05.1934), 180.
[159] Johannes Becker, Seid Apostel der Karitas !, in: Katholische Kirchenzeitung (Düsseldorf) Jg. 11 Nr. 19 (13.05.1934), 180.
[160] DT 07.05.1934.

beendete Winterhilfswerk die Ursache weit verbreiteten Unmutes waren[161], ließ der Düsseldorfer Caritasverband, in dessen Geschäftsstelle die eingehenden Gelder zunächst gesammelt und dann auf die verschiedenen katholischen Wohlfahrtseinrichtungen verteilt wurden[162], nicht ohne Hintersinn kolportieren: "Es ist bemerkenswert und als erstes erfreuliches Ergebnis zu nennen, daß jeder gerne gab; man könnte von einer Welle der Gebefreudigkeit sprechen. Gewiß wird der Zweck dieser Sammlung werbewirksam genug gewesen sein, um es jedem klar werden zu lassen, daß jeder für die Arbeit des Caritas - Verbandes seinen Beitrag leisten muß. In den Kirchen wurde der Hirtenbrief zum Caritas - Werk verlesen[163], und von den Kanzeln wurde von seinem Sinn und Inhalt gesprochen. Aber eine besondere Werbung durch Reklame verbietet ja der Gedanke der christlichen Liebestätigkeit an sich schon, und es stehen dem Verband auch keine Mittel dafür zur Verfügung. Trotzdem ergab sich sehr bald schon, daß die für Düsseldorf vorgesehenen Schildchen nicht ausreichen würden, und es mußten eiligst Ansteckblumen beschafft werden"[164].

Bedauerlich ist, dass das finanzielle Ergebnis des Caritas - Volkstages 1934 für die Stadt Düsseldorf nicht überliefert ist. Nach einer Notiz in den Caritasmitteilungen hatte Anfang Juni 1934 eine Zusammenkunft stattgefunden, auf der "das schöne Ergebnis der Caritassammlung besprochen und gemäß den kirchlichen Anweisungen zur Verteilung gebracht" wurde[165]. Reichsweit erbrachte die Sammlung 2,2 Millionen Reichsmark; der Gesamtertrag der Caritasvolkstage 1935 bzw. 1936 betrug 3,4 Millionen bzw. 2,7 Millionen Reichsmark[166].

Reichsgemeinschaft der freien Wohlfahrtspflege

Soweit bekannt, konnten die Volkstags - Sammlungen des Caritasverbandes in Düsseldorf ohne größere Behinderungen durchgeführt werden. Zum ruhigen Verlauf hatte ohne Zweifel beigetragen, dass der Deutsche Caritasverband durch Umwandlung der "Reichsgemeinschaft der freien Wohlfahrtspflege" in die "Arbeitsgemeinschaft der Spitzenverbände der freien Wohlfahrtspflege" im Frühjahr 1934 formal noch einmal Rechtssicherheit erhalten hatte. Nachdem sich die Nationalsozialistische Volkswohlfahrt, das Deutsche Rote Kreuz, der Zentralausschuss für die Innere Mission und der Deutsche Caritasverband am 21. Februar 1934 unter Führung des Amtes für Volkswohlfahrt bei

---

[161] Vgl. Herwart Vorländer, Die NSV. Darstellung und Dokumentation einer nationalsozialistischen Organisation, Boppard 1988, 53.
[162] Vgl. PfA Gerresheim St. Margareta 461, 25.04.1934.
[163] Vgl. NN, Oberhirtliches Mahnwort zur öffentlichen Karitassammlung und Karitaskollekte, in: Kirchlicher Anzeiger für die Erzdiözese Köln Jg. 74 Nr. 11 (02.05.1934), 81 - 82, 81 f.
[164] DT 07.05.1934.
[165] NN, Aus der Düsseldorfer Caritasarbeit, in: Mitteilungen des Caritasverbandes für die Stadt Düsseldorf Jg. 10 Nr. 4/5 (April/Mai 1934), 4 - 5, 5.
[166] Vgl. Peter Hammerschmidt, Die Wohlfahrtsverbände im NS - Staat. Die NSV und die konfessionellen Verbände Caritas und Innere Mission im Gefüge der Wohlfahrtspflege des Nationalsozialismus, Opladen 1999, 321.

der obersten Politischen Organisation auf die Bildung einer neuen, dem Führerprinzip der Nationalsozialisten entsprechenden Form der Zusammenarbeit geeinigt hatten[167], war am 24. März 1934 die Satzung der "Arbeitsgemeinschaft der Spitzenverbände der freien Wohlfahrtspflege" in Kraft getreten[168]. Gemäß § 1 waren die genannten Verbände zu einer Körperschaft zusammengetreten, die "unter Führung des Amtsleiters des Amtes für Volkswohlfahrt bei der obersten Leitung der Politischen Organisation der NSDAP" stand. Ziel der Arbeitsgemeinschaft sollte "die Sicherstellung der einheitlichen und planwirtschaftlichen Gestaltung der gesamten Wohlfahrtsaufgaben im Sinne des nationalsozialistischen Staates" sein (§ 2). Entscheidend für die konfessionellen Wohlfahrtsverbände war, dass die Spitzenverbände "im Rahmen der Arbeitsgemeinschaft unter Wahrung der dem Wesen der Verbände gemäßen grundsätzlichen Rechte und Pflichten ihre Selbständigkeit und Unabhängigkeit" behielten (§ 2)[169].

Da nach einer mit der Satzung der Reichsarbeitsgemeinschaft veröffentlichten Verlautbarung "in derselben Weise ... in den Gauen Arbeitsgemeinschaften unter Führung des zuständigen Amtsleiters der Volkswohlfahrt gebildet" werden sollten, "um so eine Zusammenarbeit aller Organisationen der freien Wohlfahrtspflege herbeizuführen"[170], wurde am 28. April 1934 beim örtlichen Kreisamt für Volkswohlfahrt (Oststr. 21), als der für die Stadt zuständigen Stelle, eine Arbeitsgemeinschaft der Spitzenverbände der freien Wohlfahrtspflege in Düsseldorf gegründet[171]. Laut Gründungsprotokoll waren die einzelnen Organisationen bei der Konstituierung durch Kreisamtsleiter Pg. Josef Flies (NSV), Ernst Hastermann (Rotes Kreuz), Pastor Ernst Ufer (Innere Mission) und Johannes Becker (Caritasverband) vertreten. Nach einer Anweisung des Amtes für Volkswohlfahrt hatte der Kreisamtsleiter der NSV die "Führung" der Düsseldorfer Arbeitsgemeinschaft übernommen und die genannten Vertreter der anderen Spitzenverbände in den örtlichen "Führerrat" berufen, der vom "Führer der Arbeitsgemeinschaft ... von Fall zu Fall" einberufen wurde. Optimistisch verband Caritasdirektor Johannes Becker die Bekanntgabe der Einrichtung einer lokalen Arbeitsgemeinschaft in den Caritasmitteilungen mit der Erwartung, dass nun "auch in Düsseldorf ein organisatorischer Rahmen geschaffen worden" sei, "innerhalb dessen die katholische Caritas eine dem gesamten

---

[167] Vgl. ADW CA 1195 Bd. 12, 21.02.1934; NN, Die organisierte Caritas im Rahmen der freien Wohlfahrtspflege, in: Mitteilungen des Caritasverbandes für die Stadt Düsseldorf Jg. 10 Nr. 4/5 (April/Mai 1934), 1 - 2, 1 f.

[168] Abdruck der Satzung bei NN, Arbeitsgemeinschaft der Spitzenverbände der freien Wohlfahrtspflege, in: Mitteilungen des Caritasverbandes für die Stadt Düsseldorf Jg. 10 Nr. 2/3 (Februar/März 1934), 4 - 5, 4 f.

[169] Benedict Kreutz, Zur Bildung der "Arbeitsgemeinschaft der Spitzenverbände der freien Wohlfahrtspflege". Vom Gemeinschaftsweg der deutschen freien Liebestätigkeit, in: Caritas. Zeitschrift für Caritaswissenschaft und Caritasarbeit Jg. 39 Nr. 4 (April 1934), 118 - 122, 120.

[170] Abdruck der Verlautbarung bei Benedict Kreutz, Zur Bildung der "Arbeitsgemeinschaft der Spitzenverbände der freien Wohlfahrtspflege". Vom Gemeinschaftsweg der deutschen freien Liebestätigkeit, in: Caritas. Zeitschrift für Caritaswissenschaft und Caritasarbeit Jg. 39 Nr. 4 (April 1934), 118 - 122, 119. Vgl. auch NN, Die organisierte Caritas im Rahmen der freien Wohlfahrtspflege, in: Mitteilungen des Caritasverbandes für die Stadt Düsseldorf Jg. 10 Nr. 4/5 (April/Mai 1934), 1 - 2, 2.

[171] Abdruck des Gründungsprotokoll bei Johannes Becker, Die Arbeitsgemeinschaft in Düsseldorf, in: Mitteilungen des Caritasverbandes für die Stadt Düsseldorf Jg. 10 Nr. 4/5 (April/Mai 1934), 2 - 4, 2 ff.

Volkswohl dienende und wohlgeordnete Zusammenarbeit mit den anderen Wohlfahrtseinrichtungen erhoffen darf". Es warte "eine Fülle von Aufgaben auf diese Zusammenarbeit. Mögen sie alle nach einem Worte des Reichsführers 'in kameradschaftlichem Geiste' gelöst werden !"[172].

Obwohl keine weiteren Unterlagen über die Arbeit der Düsseldorfer Arbeitsgemeinschaft der freien Wohlfahrtspflege überliefert sind, bleibt festzuhalten, dass jeder, wenn auch nur vorgetäuschte Zweckoptimismus bald desillusioniert wurde. Den zusammengeschlossenen Spitzenverbänden war zwar "unter Wahrung der dem Wesen der Verbände gemäßen grundsätzlichen Rechte und Pflichten" ihre Selbständigkeit garantiert; doch hatte dies angesichts des Führerprinzips und der faktischen Macht des Kreisamtsleiters der NSV nur noch deklamatorische Bedeutung. Ob Pg. Josef Flies von seinem Recht der Einberufung des ohnehin zu keiner Beschlussfassung befugten Führerrates überhaupt einmal Gebrauch machte, bleibt dunkel.

Hilfswerk "Mutter und Kind"

Dass die Düsseldorfer Arbeitsgemeinschaft der freien Wohlfahrtspflege nicht der einzige Versuch war, gerade die konfessionellen Organisationen stärker als bisher an den Willen der Partei heranzuführen, hatte schon die Durchführung des Winterhilfswerkes 1933/34 gezeigt. Schon hier war es der NSV und den hinter ihr stehenden Kräften gelungen, die anderen Wohlfahrt treibenden Organisationen in ein Propagandawerk einzubinden und sie zu zwingen, ihre eigene fürsorgerische und caritative Tätigkeit zurückzustellen oder zumindest unterzuordnen. Es lag daher nahe, den einmal gelungenen Versuch bei der Abwicklung neuer Hilfswerke zu wiederholen, wozu sich nach Beendigung des Winterhilfswerkes das Hilfswerk "Mutter und Kind" anbot.

Schon in ihren Richtlinien vom Sommer 1933 hatte die NSV anstelle der situationsbedingten Nothilfe und Fürsorge die volkspflegerische "Vorsorge" propagiert[173], wodurch die "Volksgesundheit" innerhalb der Wohlfahrtspflege einen neuen Stellenwert erhielt. Im Herbst 1933 war durch die NSV unter der Regie von Joseph Goebbels ein breit angelegter "Aufklärungsfeldzug" zur Bekämpfung des Geburtenrückgangs, zur Reinhaltung der Rasse und der Verhinderung erbkranken Nachwuchses durchgeführt worden[174]. Reichsweit wurde die gesamte NSV mobilisiert, gemäß dem Leitwort von Erich Hilgenfeldt: "Wir wollen fanatische Gesundheitsdiener des deutschen Volkes sein"[175]. Zur Realisierung dieses Anspruches wurde am 28. Februar 1934, unter Verdrän-

---

[172] Johannes Becker, Die Arbeitsgemeinschaft in Düsseldorf, in: Mitteilungen des Caritasverbandes für die Stadt Düsseldorf Jg. 10 Nr. 4/5 (April/Mai 1934), 2 - 4, 3 f.
[173] Vgl. N.S. Volkswohlfahrt (E.V.) Reichsleitung. Richtlinien für die Arbeit. Ausgabe Juli 1933, Berlin 1933, 3 f.
[174] Vgl. A.I.K., Zweck, Ziel und Durchführung des Dreimonatsplanes für bevölkerungspolitische Aufklärung, in: Nationalsozialistischer Volksdienst Jg. 1 Nr. 1 (Oktober 1933), 13 - 14, 13 f.
[175] BAK NS 22/vorl 341, 18.06.1934.

gung einer gleichnamigen Bestrebung des evangelischen Frauenwerkes[176], das Hilfswerk "Mutter und Kind" als "Sommerhilfswerk" der NSV ins Leben gerufen[177]. Wie Bertha Finck von der Reichsleitung der NSV im Märzheft des Nationalsozialistischen Volksdienstes ausführte, zielte das Werk darauf, "Schwierigkeiten und Hemmungen, Nöte und Sorgen, die bis heute noch auf der Familie und insbesondere auf der Frau lasten, wegzuräumen, um die deutsche Mutter frei zu machen für ihre volksbiologische Aufgabe"[178]. Mit dem Werk sollte das Volk "Träger des Gedankens und der Tat werden, daß nur gesunde Mütter und gesunde Familien den Volksbestand sichern können". Obwohl nur "der biologisch wertvolle Teil des deutschen Volkes in erster Linie erfaßt werden" sollte, galt das Hilfswerk allen "irgendwie in Not" geratenen Müttern[179].

Mit der nationalsozialistischen Propaganda für den Fortbestand der deutschen Nation wurden die wohlfahrtspflegerischen Aktivitäten auf eine grundsätzliche weltanschauliche Basis gestellt. Wiederum unter dem Vorsitz von Erich Hilgenfeldt trat ein Reichsarbeitsausschuss zusammen, dem neben Reichsbehörden und Parteiorganisationen auch die beiden großen Konfessionen und die drei Spitzenorganisationen der Wohlfahrt (Innere Mission, Caritasverband, Rotes Kreuz) angehörten[180]. Zweck des Ausschusses war die Konzentration aller Kräfte für das Hilfswerk Mutter und Kind, doch wurden wichtige Entscheidungen ohne seine Mitwirkung und an anderer Stelle gefasst[181]. Dass die Kirchen sich bereit fanden, auch bei diesem Hilfswerk mitzuarbeiten, dürfte der Umstand erleichtert haben, dass die faktischen Maßnahmen sich zunächst auf die Beseitigung materieller Not richteten. Die praktische Tätigkeit des Mütterhilfswerks umfasste vor allem Wirtschaftshilfe (Ernährungs-, Kleider-, Heizbeihilfe), Arbeitsplatzhilfe (Arbeitsvermittlung), Wohnungshilfe (Wohnraumbeschaffung, Wohnraumsanierung), Müttererholung (Kuraufenthalte), Mütterschulung (Erziehung, Haushalt), Hilfe für werdende Mütter und Wöchnerinnen (ärztliche, rechtliche und persönliche Beratung) sowie Sondermaßnahmen für ledige Mütter (Mütterheime)[182].

Da der Deutsche Caritasverband die Sorge für das Wohl von Mutter und Kind als "Kernstück ... caritativen Wirkens" ansah, wollte die "Caritas, getreu der kirchlichen Tradition und dem Gottesgebot der Liebe", beim Hilfswerk Mutter und Kind nicht zu-

---

[176] Vgl. Jochen - Christoph Kaiser, Sozialer Protestantismus im 20. Jahrhundert. Beiträge zur Geschichte der Inneren Mission 1914 - 1945, München 1989, 286 f.
[177] Vgl. BAK R 36/1394, 28.02.1934.
[178] Bertha Finck, Das Hilfswerk "Mutter und Kind" der NSV, in: Nationalsozialistischer Volksdienst Jg. 1 Nr. 6 (März 1934), 161 - 167, 161.
[179] Vgl. Bertha Finck, Das Hilfswerk "Mutter und Kind" der NSV, in: Nationalsozialistischer Volksdienst Jg. 1 Nr. 6 (März 1934), 161 - 167, 162.
[180] Vgl. BAK R 36/1394, 28.02.1934; Kurt Fenner, Mutter und Kind, Leipzig 1936, 47 f.
[181] Vgl. Eduard Karl Spiewok, Der Aufbau des Wohlfahrtswesens im nationalsozialistischen Staat, Berlin 1937, 48 f.
[182] Vgl. Bertha Finck, Das Hilfswerk "Mutter und Kind" der NSV, in: Nationalsozialistischer Volksdienst Jg. 1 Nr. 6 (März 1934), 161 - 167, 163 ff; Maria Bornitz, Vom Hilfswerk "Mutter und Kind", in: Caritas. Zeitschrift für Caritaswissenschaft und Caritasarbeit Jg. 39 Nr. 7 (Juli 1934), 211 - 216, 211 ff.

rückstehen[183]. In einer ersten Stellungnahme im Verbandsorgan hieß es im März 1934: "Wir sehen in unseren Müttervereinen, in unserer Familien- und Kinderfürsorge, die seit Jahrhunderten ihre Blüten hervorbringen, wie sich die von ihrem Liebesruf und ihren Gnaden getragenen katholischen Christen zu diesen Aufgaben stets besonders gedrängt fühlten. ... Die Volkserziehungsarbeit, die in der Mütterschulung liegt, wird immer in vollem Umfang auch unsere Aufgabe bleiben. Katholische Mütterschulung muß einen breiten Raum im Interessenkreis der katholischen Mütter behalten. Sie muß sich auf alle Gebiete von Mutter und Kind erstrecken, denn die Persönlichkeit der Frau bildet mit ihrer natürlichen Aufgabe als Gattin, Mutter und Führerin des Haushaltes eine Einheit, innerhalb der nicht einzelne Teile gesondert genommen werden können, ohne das Ganze zu entseelen"[184]. Nachdem die Reichsregierung den vier Spitzenverbänden der freien Wohlfahrtspflege für den 16. und 17. Mai 1934 eine besondere Sammlung zur Durchführung des Hilfswerkes Mutter und Kind gestattet hatte[185], erklärte Benedict Kreutz hierzu: "Nach dem Wunsch des Amtsleiters des Amtes für Volkswohlfahrt, Herrn Hilgenfeldt, reichen sich hier die vier Träger freier Wohlfahrtspflege des deutschen Volkes in bewußt kameradschaftlichem Geiste die Hand, um weite Strecken des Weges gemeinsam zu gehen. ... Unsere Caritas wird den Geist des kameradschaftlichen Miteinanders überall mit Liebe pflegen, wo der Boden für lebendige Arbeitsausschüsse im Dienst an Mutter und Kind erwächst. Da wird es eine frohe Selbstverständlichkeit und eine innerliche Gemeinschaftspflicht sein, daß alle Caritashelfer und Caritashelferinnen sich in den kommenden Tagen für die große Straßensammlung des Hilfswerkes 'Mutter und Kind' bereithalten"[186].

Nach dem Vorbild des Reichsarbeitsausschusses für das Hilfswerk Mutter und Kind waren gemäß einer Verfügung von Erich Hilgenfeldt bei allen Gauen, Kreisen und Ortsgruppen entsprechende Arbeitsausschüsse zur Beratung und Unterstützung der Amtsleiter zu bilden[187]. Auch für die Stadt Düsseldorf war ein solches Gremium eingerichtet[188], doch sind von seiner Konstituierung und Tätigkeit keine Nachrichten überliefert. Ebenso dunkel bleibt, welche Rolle der Caritasverband für die Stadt Düsseldorf im Ausschuss spielte. Dass sich der Verband in den Dienst des Hilfswerkes Mutter und Kind gestellt hatte, belegt das Juniheft des örtlichen Caritasblattes, das einzig diesem

---

[183] Vgl. Benedict Kreutz, Zum Hilfswerk "Mutter und Kind", in: Caritas. Zeitschrift für Caritaswissenschaft und Caritasarbeit Jg. 39 Nr. 6 (Juni 1934), 194 - 195, 195.
[184] NN, Das Hilfswerk "Mutter und Kind", in: Caritas. Zeitschrift für Caritaswissenschaft und Caritasarbeit Jg. 39 Nr. 3 (März 1934), 95 - 97, 97.
[185] Vgl. Benedict Kreutz, Zum Hilfswerk "Mutter und Kind", in: Caritas. Zeitschrift für Caritaswissenschaft und Caritasarbeit Jg. 39 Nr. 6 (Juni 1934), 194 - 195, 194.
[186] Benedict Kreutz, Zum Hilfswerk "Mutter und Kind", in: Caritas. Zeitschrift für Caritaswissenschaft und Caritasarbeit Jg. 39 Nr. 6 (Juni 1934), 194 - 195, 195.
[187] Vgl. Eduard Karl Spiewok, Der Aufbau des Wohlfahrtswesens im nationalsozialistischen Staat, Berlin 1937, 48 f.
[188] Vgl. NN, Aus der Düsseldorfer Caritasarbeit, in: Mitteilungen des Caritasverbandes für die Stadt Düsseldorf Jg. 10 Nr. 4/5 (April/Mai 1934), 4 - 5, 5; NN, Zur Lage, in: Mitteilungen des Caritasverbandes für die Stadt Düsseldorf Jg. 10 Nr. 7/9 (Juli/September 1934), 1 - 2, 2; Robert Friedrich, Zwei Jahre Tatsozialismus im Gau Düsseldorf, Düsseldorf 1935, 89 f.

Thema gewidmet war[189]. In Verkennung der faktischen Lage, eröffnete Caritasdirektor Johannes Becker die Ausgabe mit dem Bemerken: "Dieses neue deutsche Hilfswerk hat das Winterhilfswerk abgelöst. Zum Unterschied von letzterem, das im wesentlichen der NS - Volkswohlfahrt unterstand und die anderen beteiligten Kräfte sich ein- und unterordnen ließ, will das neue Werk bestrebt sein, die Arbeit planmäßig zu verteilen, an das organisch Gewachsene anzuknüpfen und die vorhandenen Kräfte stärkstens mitarbeiten zu lassen. Die NSV will sich darauf konzentrieren, die Arbeit in ihren großen Zusammenhängen zu ordnen und zu leiten und die Lücken auszufüllen. Mit dieser grundsätzlichen Stellungnahme ist der organisierten Caritas eine weitgehende Mitarbeit im neuen Hilfswerk möglich gemacht"[190]. Bei den zahlreichen Aufgaben des Hilfswerkes Mutter und Kind glaubte der Düsseldorfer Caritasverband vor allem für den Bereich der Müttererholung besondere Kompetenz reklamieren zu dürfen[191]. Nicht zu Unrecht konnte Johannes Becker darauf verweisen, dass sich der Caritasverband für die Stadt Düsseldorf bereits seit dem Jahre 1918 der Entsendung von Müttern in Erholungsheime annahm[192]. "Damals geschah diese Arbeit im Rahmen der städtischerseits organisierten 'Zentralstelle für freiwillige Liebestätigkeit'. In der Folge und nach Aufhebung genannter Organisation blieb die Mütterentsendung eine ständige Sparte in unserer Caritasarbeit. Viele hundert Mütter sind im Laufe der Jahre ausgesandt und damit einer körperlichen und seelischen Gesundung zugeführt worden, viele zehntausende Reichsmark sind für diese Maßnahmen flüssig gemacht worden. ... Wenn jetzt im Rahmen von 'Mutter und Kind' die Müttererholung zu einer Volkssache werden soll, dann begrüßt die katholische Liebestätigkeit aufrichtig eine solche Entwickelung. Wie bisher wird sie auch künftig in dem neuen Rahmen eifrig mitarbeiten"[193]. Entsprechend der Stellungnahme erging an alle Pfarrcaritasausschüsse in Düsseldorf die Aufforderung, "nachzusehen, wo erholungsbedürftige Mütter in Ihrer Pfarrgemeinde sind", und die Namen und Anschriften der Mütter dem Caritassekretariat zu melden[194].

---

[189] Vgl. Johannes Becker, "Mutter und Kind", in: Mitteilungen des Caritasverbandes für die Stadt Düsseldorf Jg. 10 Nr. 6 (Juni 1934), 1 - 8, 1 ff. Vgl. auch NN, Aus der Düsseldorfer Caritasarbeit, in: Mitteilungen des Caritasverbandes für die Stadt Düsseldorf Jg. 10 Nr. 4/5 (April/Mai 1934), 4 - 5, 5.
[190] Johannes Becker, "Mutter und Kind", in: Mitteilungen des Caritasverbandes für die Stadt Düsseldorf Jg. 10 Nr. 6 (Juni 1934), 1 - 8, 1.
[191] Vgl. Johannes Becker, "Mutter und Kind", in: Mitteilungen des Caritasverbandes für die Stadt Düsseldorf Jg. 10 Nr. 6 (Juni 1934), 1 - 8, 4 ff.
[192] Vgl. oben S. 408.
[193] Johannes Becker, "Mutter und Kind", in: Mitteilungen des Caritasverbandes für die Stadt Düsseldorf Jg. 10 Nr. 6 (Juni 1934), 1 - 8, 4.
[194] Vgl. Johannes Becker, "Mutter und Kind", in: Mitteilungen des Caritasverbandes für die Stadt Düsseldorf Jg. 10 Nr. 6 (Juni 1934), 1 - 8, 7 f. Vgl. dazu NN, Müttererholung, in: Kirchlicher Anzeiger für die Erzdiözese Köln Jg. 74 Nr. 15 (01.07.1934), 102.

Wandernde Kirche

Zu den wenigen Neueinrichtungen im Düsseldorfer Caritassekretariat, die zwischen Machtergreifung und Ausbruch des Zweiten Weltkrieges ihren Anfang nahmen, gehörte der Aufbau einer Meldestelle für die "Wandernde Kirche"[195]. Die Heranziehung einer früher ungeahnt großen Zahl von Menschen zu Leistungen und Diensten außerhalb ihrer Heimat führte zu einer Fluktuation der Bevölkerung, der die bestehende Seelsorge nur schwer nachkommen konnte, zumal es für die nationalsozialistischen Organisationen wie Landjahr und Arbeitsdienst anders als für das Militär keine eigene Seelsorgestruktur gab[196]. In das kirchliche Meldewesen zur religiösen Betreuung der Ab- und Zuwandernder aus den Gemeinden wurde nun vielfach die Caritas eingeschaltet, die mit ihren Sekretariaten und ihren Helferkreisen wichtige Instrumente für den Kontakt der Geistlichen mit ortsfremden Gläubigen besaß[197]. Bereits um die Jahreswende 1933/34 war von verschiedenen Seiten gefordert worden, für die in den Ostprovinzen des Reiches eingesetzten, aber meist aus Westdeutschland stammenden Landjahrhelfer eine besondere Form der Seelsorge einzurichten[198]. Von den rund 165000 Männern und Frauen, die 1933 in der Landhilfe zum Einsatz kamen, war ein Großteil aus katholischen Entsendegebieten (Rheinland, Westfalen) in ausgesprochene Diasporagebiete (Ostpreußen, Pommern, Sachsen, Schlesien) verschickt worden. So waren von 28000 in Ostpreußen eingesetzten Helfern etwa 12000 katholischer Konfession, die sich auf über 5000 Dörfer verteilten[199]. "Nun muß man wissen", so die Caritas vom Januar 1934, "daß von den 15 Prozent Katholiken in Ostpreußen zwei Drittel im Ermland wohnen, während die übrigen Gegenden zum Teil nur 1 - 2 Prozent Katholiken aufzuweisen haben. Und gerade auch in solchen Gebieten waren die katholischen Landhelfer untergebracht. Sie hatten infolgedessen kaum eine Möglichkeit zum Gottesdienstbesuch, waren vom katholischen Leben, das sie in ihrer Heimat erfaßt und ihnen auch Halt gegeben hatte, völlig abgeschnitten und, was religiöse Fragen angeht, ganz auf sich selbst angewiesen"[200].

---

[195] Vgl. dazu Die wandernde Kirche. Praktische Winke für Seelsorger, Eltern und Seelsorgshelfer über Arbeitsdienst, Landhilfe, Landjahr, Wanderarbeiter, Stadtrand- und Streusiedlung, Berlin 1935, 56 ff; Konrad Algermissen, Wandernde Kirche, in: Michael Buchberger, Lexikon für Theologie und Kirche Bd. 10, Freiburg 1938², 748 - 749, 748 f; Hermann Joseph Schmitt, Von der "Wandernden Kirche", in: Theologie und Glaube Jg. 31 Nr. 5/6 (Mai/Juni 1939), 307 - 326, 307 ff; Maximilian Kaller, Wachsende Sorge um die "Wandernde Kirche", in: Priester - Jahrheft des Bonifatiusvereins 1940, 3 - 14, 3 ff; Hermann Joseph Schmitt, Binnenwanderung und katholische Kirche (Wandernde Kirche), in: Kirchliches Handbuch für das katholische Deutschland 22 (1943), 220 - 238, 220 ff.

[196] Vgl. Die wandernde Kirche. Praktische Winke für Seelsorger, Eltern und Seelsorgshelfer über Arbeitsdienst, Landhilfe, Landjahr, Wanderarbeiter, Stadtrand- und Streusiedlung, Berlin 1935, 7 ff.

[197] Vgl. NN, Das Meldewesen als eine Voraussetzung der Seelsorge für die "Wandernde Kirche", in: Kirchlicher Anzeiger für die Erzdiözese Köln Jg. 76 Nr. 13 (10.06.1936), Beilage 1 - 4, 1 ff.

[198] Vgl. Gustav von Mann, Wandernde Seelsorge, in: Caritas. Zeitschrift für Caritaswissenschaft und Caritasarbeit Jg. 39 Nr. 7 (Juli 1934), 222 - 224, 222 ff.

[199] Vgl. Rudolf Degen, Die Seelsorge in der Landhilfe, in: Caritas. Zeitschrift für Caritaswissenschaft und Caritasarbeit Jg. 39 Nr. 1 (Januar 1934), 22 - 24, 22.

[200] Rudolf Degen, Die Seelsorge in der Landhilfe, in: Caritas. Zeitschrift für Caritaswissenschaft und Caritasarbeit Jg. 39 Nr. 1 (Januar 1934), 22 - 24, 22 f.

Auf Beschluss der Fuldaer Bischofskonferenz vom Juni 1934 wurde daher für die außerordentliche Seelsorge an der "wandernden Kirche" für Landhelfer, Arbeitsdienstwillige, Landjahrkinder etc. eine Zentralstelle "Katholischer Seelsorgsdienst für DAD, Landhilfe und Landjahr" gegründet, die unter dem Vorsitz des Berliner Bischofs Nikolaus Bares stand. Hauptaufgabe der neuen Arbeitsstelle war der Aufbau einer eigenen Seelsorge "an den Gliedern der wandernden Kirche", wozu neben der Ausbildung geeigneter Hilfskräfte vor allem die Bereitstellung ausreichender Finanzmittel gehörte, da hierzu keine staatlichen Gelder zur Verfügung standen[201].

Um die pastorale Begleitung der Landhelfer in geordnete Bahnen zu lenken, hatte Erzbischof Karl Joseph Schulte für die Diözese Köln bereits am 1. Dezember 1933 ein Programm aufgestellt, dass der Auswahl, Gruppenzusammenstellung, Begleitung von Transporten, Finanzierung einer geordneten Seelsorge, Verbindung mit den Arbeitsämtern und einer dauernden Verbindung zwischen Heimatpfarreien und den Seelsorgern des Aufnahmegebietes dienen sollte[202]. Da 1933 etwa 300 Männer und Frauen aus Düsseldorf in Ostdeutschland als Landhelfer eingesetzt waren, wurde dem Thema auch in den örtlichen Caritasmitteilungen besondere Aufmerksamkeit geschenkt[203]. Anfang 1934 ging Caritasdirektor Johannes Becker erstmals auf die Folgen einer Landunterbringung in entlegenen Diasporagebieten ein[204], doch bleibt noch undeutlich, welche Mittel das Verbandssekretariat den aufgezeigten Gefahren entgegenstellte. Erst einem Bericht vom Frühjahr 1935 ist entnehmbar, dass vom Düsseldorfer Caritassekretariat "die in Landjahr, Landhilfe und Arbeitsdienst gekommenen oder noch kommenden Jugendlichen systematisch aufgenommen" und die Listen an Pfarrämter und andere kirchliche Dienststellen zur Aufrechterhaltung des Kontaktes zwischen Heimatgemeinde und Abgewandertem weitergeleitet wurden[205]. Auf diese Weise konnte auch dem erzbischöflichen Erlass vom 12. Februar 1935 Folge geleistet werden, der eine religiöse Unterwei-

---

[201] Vgl. NN, Katholischer Seelsorgsdienst für DAD, Landhilfe und Landjahr, in: Caritas. Zeitschrift für Caritaswissenschaft und Caritasarbeit Jg. 39 Nr. 12 (Dezember 1934), 391; Hermann Joseph Schmitt, Der "Katholische Seelsorgedienst" für die "Wandernde Kirche". Eine Einrichtung der deutschen Bischöfe zur Zeit des Nationalsozialismus, in: Festschrift Joseph Frings, Die Kirche und ihre Ämter und Stände, Köln 1960, 600 - 636, 600 ff.

[202] Vgl. NN, Landhilfe, in: Kirchlicher Anzeiger für die Erzdiözese Köln Jg. 73 Nr. 27 (01.12.1933), 178 - 180, 178 ff.

[203] Vgl. Johannes Becker, Landhelfer, in: Mitteilungen des Caritasverbandes für die Stadt Düsseldorf Jg. 10 Nr. 1 (Januar 1934), 3; DT 07.02.1934. Zum Freiwilligen Arbeitsdienst in Düsseldorf vor dem Jahre 1933 vgl. Hedwig Lucas, Düsseldorfer Mädchen im Freiwilligen Arbeitsdienst, in: Caritas. Zeitschrift für Caritaswissenschaft und Caritasarbeit Jg. 37 Nr. 11 (November 1932), 559 - 560, 559 f.

[204] Vgl. Johannes Becker, Landhelfer, in: Mitteilungen des Caritasverbandes für die Stadt Düsseldorf Jg. 10 Nr. 1 (Januar 1934), 3.

[205] Vgl. NN, Die Wandernde Kirche, in: Mitteilungen des Caritasverbandes für die Stadt Düsseldorf Jg. 11 Nr. 3/4 (März/April 1935), 1 - 2, 2. Vgl. auch PfA Friedrichstadt St. Peter 27, 11.09.1936, 04.06.1937 und 20.02.1938; PfA Gerresheim St. Margareta 461, 04.06.1937 und 12.11.1938; NN, Religiöse Betreuung der Landhelfer, in: Caritas. Zeitschrift für Caritaswissenschaft und Caritasarbeit Jg. 39 Nr. 9 (September 1934), 295; NN, "Die wandernde Kirche", in: Mitteilungen des Caritasverbandes für die Stadt Düsseldorf Jg. 11 Nr. 5/7 (Mai/Juli 1935), 3 - 4, 3 f.

sung der Jugendlichen vor ihrer Abreise in das Einsatzgebiet vorschrieb[206]. Bereits vor Einführung der allgemeinen Arbeitsdienstpflicht am 26. Juni 1935 war durch die neuen Arbeits- und Erziehungsformen des Landjahres, der Landhilfe und des freiwilligen Arbeitsdienstes "die Abwanderung katholischer Pfarrangehöriger zu einer Massenerscheinung geworden"[207]. Im Jahre 1936 wurden den katholischen Pfarrgemeinden in Düsseldorf 426 Landjahrkinder, 484 Landhelfer und 1273 Rekruten gemeldet; hinzu kamen noch einmal etwa 2000 katholische Männer im Arbeitsdienst[208].

Caritasmitgliedschaft und Pfarrcaritas

Um den neuen Bedingungen und Aufgaben, die seiner Arbeit durch das nationalsozialistische Herrschaftssystem vorgegeben waren, gerecht zu werden, verstärkte der Caritasverband für die Stadt Düsseldorf seit dem Jahre 1934 den Ausbau der Pfarrcaritas. Da die Kirche nach der Machtübernahme immer mehr auf ihren organisatorischen Kern von Bistum und Kirchengemeinde zurückgedrängt wurde[209], Caritas aber unverzichtbare Aufgabe der Christen ist, war es nur konsequent, nunmehr die Caritasarbeit in den Pfarrgemeinden voranzutreiben. Schon 1935 verfügten alle 50 Pfarreien in Düsseldorf über eigene Organisationen zu caritativen Zwecken[210], die ebenso der bestehenden Rechtslage gerecht wurden wie sie in Beziehung zum geistlichen Leben ihrer Mitarbeiter und aller Gläubigen standen. Wie auf anderen Gebieten wurde auch hier der Kirchenraum zur Mitte katholischer Aktivität[211].

Hinzu kam, dass die NSV in Düsseldorf ab dem Sommer 1933 mit massiven Mitgliederwerbeaktionen an die Öffentlichkeit getreten war, durch die vor allem Menschen an die politische Organisation der NSDAP gebunden wurden, die bisher in keiner Verbindung zu einer freien Wohlfahrtsorganisation standen[212]. Die Statuten des Caritasverbandes für die Stadt Düsseldorf vom Jahre 1928 kannten ordentliche, außerordentliche und lebenslängliche Mitglieder[213]. Letztgenannte Einzelmitglieder, die diesen Status durch eine einmalige Spende von wenigstens 300 Goldmark erwarben, waren die Aus-

---

[206] Vgl. NN, Seelsorge an der katholischen Jugend in Landjahr, Landhilfe, Arbeitsdienst und Landerholung, in: Kirchlicher Anzeiger für die Erzdiözese Köln Jg. 75 Nr. 4 (15.02.1935), 34 - 38, 35. Vgl. dazu PfA Friedrichstadt St. Peter 27, 28.07.1936, 23.03.1937 und 20.02.1938.

[207] NN, Die Wandernde Kirche, in: Mitteilungen des Caritasverbandes für die Stadt Düsseldorf Jg. 11 Nr. 3/4 (März/April 1935), 1 - 2, 1.

[208] Vgl. NN, Pfarrcaritas - Aufgaben für die "Wandernde Kirche", in: Mitteilungen des Caritasverbandes für die Stadt Düsseldorf Jg. 13 Nr. 1/2 (Januar/Februar 1937), 4.

[209] Vgl. Ulrich von Hehl, Das Kirchenvolk im Dritten Reich, in: Klaus Gotto, Die Katholiken und das Dritte Reich, Mainz 1990³, 93 - 118, 99 ff.

[210] Vgl. Johannes Becker, Nachwort zum Caritas - Volkstag 1935, in: Mitteilungen des Caritasverbandes für die Stadt Düsseldorf Jg. 11 Nr. 5/7 (Mai/Juli 1935), 1 - 2, 1.

[211] Vgl. Ludwig Volk, Nationalsozialismus, in: Anton Rauscher, Der soziale und politische Katholizismus. Entwicklungslinien in Deutschland 1803 - 1963 Bd. 1, München 1981, 165 - 208, 172 ff.

[212] Vgl. oben S. 572 ff.

[213] Vgl. NN, Neue Satzungen für den Caritasverband Düsseldorf, in: Mitteilungen des Caritasverbandes für die Stadt Düsseldorf Jg. 3 Nr. 5 (Mai 1927), 34 - 37, 35.

nahme. Innerhalb der Kategorie der ordentlichen Mitglieder unterschieden die Statuten zwischen Einzelmitgliedern und korporativen Mitgliedern, wozu "alle in der Stadt Düsseldorf der Caritas dienenden katholischen Einrichtungen, Anstalten, Körperschaften, Gemeinschaften, Vereine und Verbände" gehörten[214]. Soweit bekannt, spielten für den Düsseldorfer Caritasverband vor 1933 die Abgaben der korporativen Mitglieder nur eine untergeordnete, die Beiträge der Einzelmitglieder sogar eine bedeutungslose Rolle. Erst mit dem Amtsantritt der "nationalen Regierung" waren die caritativen Vereine und Verbände gezwungen, für ihre Arbeit eigene Finanzquellen zu erschließen[215]. Durch die Gewinnung neuer und die Reorganisation der bereits vorhandenen Mitglieder sollten sowohl für die unmittelbar fürsorgerisch tätigen Caritasgliederungen als auch für die Arbeit des Diözesancaritasverbandes und die Caritaszentrale in Freiburg zusätzliche Gelder mobilisiert werden.

Die Werbung neuer Mitglieder war eng mit der Reorganisation der Pfarrcaritas verbunden. Obwohl schon vor 1933 an fast allen Düsseldorfer Kirchen ein Caritasausschuss bestand[216], hatten viele Gemeinden bisher von einer nachdrücklichen Mitgliederwerbung abgesehen. Nicht selten sah sich die gesamte Pfarrgemeinde als Caritasgemeinde, doch konnte diese lose Gemeinschaft den neuen Verhältnissen kaum Genüge leisten. Sollte die Caritasarbeit weiterhin Bestand haben, schien gerade auf Ebene der Gemeinden ein einheitlicher, geschlossener und schlagkräftiger Aufbau unabdingbar.

Ohne Zweifel wurde sowohl der Ausbau der Mitgliedschaft als auch die Gewinnung der Pfarreien für die Caritasarbeit von allen Seiten als wünschenswert und notwendig erachtet. Da im Caritasverband für die Stadt Düsseldorf wie andernorts auch sowohl eine fachliche wie auch eine territoriale Gliederung koexistierten, waren Spannungen durch Umstrukturierungen nicht auszuschließen. Die fachliche Gliederung, die Zusammenfassung der unmittelbar caritativ Tätigen in Fachvereinen oder Konferenzen, war die historisch ältere, wurde aber letztlich von der territorialen Struktur dominiert, deren Schwergewicht im Caritassekretariat an der Tonhallenstraße lag. Der Aufbau der Territorialstruktur innerhalb des Düsseldorfer Caritasverbandes war von oben nach unten erfolgt; der Dekanatsverband war schon 1904 gegründet worden, während der Ausbau der Pfarrcaritasausschüsse erst Mitte der zwanziger Jahre begann und Anfang der dreißiger Jahre seine Vollendung fand. Die 1934 propagierte Reorganisation der Pfarrcaritas als unterste Strukturebene lag auf der bis dahin praktizierten Linie, doch war nicht abzusehen, wie sich das Verhältnis zwischen der neuen Pfarrcaritas unter dem Vorsitz des Ortspfarrers zu alteingesessenen Caritasgliederungen gestalten würde.

Ungeachtet dieser Unsicherheiten propagierte ab Sommer 1934 das Sekretariat des Caritasverbandes für die Stadt Düsseldorf mit großem Eifer die Pfarrcaritas. Mit grundsätzlichen Überlegungen zur Theologie der "Pfarrgemeinde als Caritasgemeinschaft" wurden die Caritashelfer der Stadt von Johannes Becker auf das Thema eingestimmt. "Die katholische Kirche", so schrieb der Düsseldorfer Caritasdirektor im Juli 1934, "ist

---

[214] NN, Neue Satzungen für den Caritasverband Düsseldorf, in: Mitteilungen des Caritasverbandes für die Stadt Düsseldorf Jg. 3 Nr. 5 (Mai 1927), 34 - 37, 35.
[215] Vgl. oben S. 598.
[216] Vgl. DT 02.06.1932.

dem Einen vornehmlich eine große, den Erdball umspannende äußere Organisation; dem Anderen ist sie mehr ein geistig - übernatürlicher Organismus. Die katholische Pfarrgemeinde ist im kleinen, was die Gesamtkirche im Großen ist: der fortlebende Christus ! Aufgaben der Pfarrgemeinde sind Pflanzung, Erhaltung und Ausgestaltung von Christi Leben in den einzelnen Pfarrkindern. Vollendung des christlichen Lebens in dieser und der anderen Welt ist die Caritas; ... . Pflege der Caritas - Gesinnung und Übung der Caritastat gehören daher pflichtgemäß in den Aufgabenkreis der Pfarrgemeinde. Wie unrichtig ist daher die oft anzutreffende Meinung, als ob Caritas eine Aufgabe etwa nur einiger Weniger oder nur eines caritativen Vereins sein dürfe ! Nein, sie ist Aufgabe der ganzen Pfarrgemeinde. Eine katholische Pfarrgemeinde ist umso mehr fortlebender Christus, als die Pfarrkinder ihre Caritas - Gesinnung und Caritasübung äußern. Hochziel alles Pfarrlebens muß daher die Schaffung der Caritasgemeinschaft sein"[217].

Da die katholische Liebestätigkeit im Deutschen Caritasverband "ihren, von den deutschen Bischöfen empfohlenen und befohlenen organisatorischen Zusammenschluß gefunden" hatte, sollte der Verband "in jeder Pfarrgemeinde seine kleinste Organisationszelle finden durch den Pfarr - Caritas - Ausschuß"[218]. Eine seiner "vordringlichsten und zeitgemäßesten" Aufgaben wurde in der "Vereinheitlichung und Vermehrung der Caritas - Mitgliedschaften" gesehen. Nach Angaben von Johannes Becker hatten 1934 von 49 Düsseldorfer Pfarrgemeinden 29 eine Vinzenzkonferenz und 27 eine Elisabethkonferenz. Daneben gab es eine Vielzahl überpfarrlicher Caritasvereine wie den Fürsorgeverein für Mädchen, Frauen und Kinder, den Mädchenschutzverein, den Gefängnisverein etc., die bisher alle eigene Mitglieder und Mitgliedskarten hatten[219]. Mit der Neuordnung der Caritasmitgliedschaft in Düsseldorf waren folgende Änderungen vorgesehen: "1) Die Mitgliederwerbung geschieht nur noch von der Pfarre für die Pfarre; 2) Die Mitgliedskarte ist einheitlich für alle Pfarrgemeinden und lautet auf: 'Caritasverband für das Erzbistum Köln, Orts - Caritasverband Düsseldorf, Pfarre N.N.'. Siegel und Unterschrift der Mitgliedskarte lauten auf den zuständigen Pfarr - Caritas - Ausschuß, bzw. können lauten den Pfarr - Vinzenz- oder Elisabethverein; 3) Der Mitgliedbeitrag soll monatlich wenigstens 0,25 Mark betragen. Doch ist es selbstverständlich, daß der Mildtätigkeit gegenüber einem höheren Beitrag keine Grenzen gesetzt sind; 4) Der Mitgliedschaftserlös verbleibt dem Pfarr - Caritas - Ausschuß, wobei die Pfarr - Vinzenz- und Elisabeth - Vereine ihren schlüsselmäßigen Anteil erhalten; 5) Eine Sonderabgabe aus

---

[217] Johannes Becker, Pfarr - Gemeinde als Caritas - Gemeinschaft, in: Mitteilungen des Caritasverbandes für die Stadt Düsseldorf Jg. 10 Nr. 7/9 (Juli/September 1934), 2 - 4, 2. Vgl. dazu Wendelin Siebrecht, Die aus dem Kirchenraum wirkende Caritas, in: Caritas. Zeitschrift für Caritaswissenschaft und Caritasarbeit Jg. 39 Nr. 6 (Juni 1934), 178 - 182, 178 ff.

[218] Johannes Becker, Pfarr - Gemeinde als Caritas - Gemeinschaft, in: Mitteilungen des Caritasverbandes für die Stadt Düsseldorf Jg. 10 Nr. 7/9 (Juli/September 1934), 2 - 4, 3.

[219] Vgl. Johannes Becker, Pfarr - Gemeinde als Caritas - Gemeinschaft, in: Mitteilungen des Caritasverbandes für die Stadt Düsseldorf Jg. 10 Nr. 7/9 (Juli/September 1934), 2 - 4, 3.

dem Mitgliedschaftserlös von 5 Pfennig pro Mitglied und Monat ist an das Caritas - Sekretariat für die oben erwähnten überpfarrlichen Caritas - Aufgaben abzuliefern"[220].

Um die Mitgliederwerbung zu intensivieren, wurde vom Caritassekretariat die Einteilung kleiner Bezirke und der Einsatz von tätigen Mitgliedern der caritativen Pfarr- und Fachvereine empfohlen. Da Johannes Becker die Neuordnung der Pfarrcaritas als ein Gebot der Stunde galt, schloss seine Direktive mit den Worten: "Gegenüber der Agitation und Propaganda anderer Wohlfahrtsverbände verlangt die Eigenständigkeit der katholischen Caritas von möglichst allen Pfarrangehörigen: Schließt und verstärkt auch eure Reihen !"[221]. Wie die NSV alle Bürger, so wollte der Caritasverband jeden Katholiken der Stadt als Mitglied gewinnen.

Schon Ende des Jahres vermeldete das Mitteilungsblatt des Düsseldorfer Caritasverbandes erste Erfolge bei der Umsetzung einer "zeitgemäßen Caritasaufgabe". Auf einer vom Vorsitzenden des Caritasverbandes, Dechant Max Döhmer, geleiteten Konferenz wurde am 26. November 1934 bekannt gegeben, dass bereits 37 Düsseldorfer Pfarrgemeinden die Neuordnung in Angriff genommen hatten. Viele "tausend Katholiken" seien für die Pfarrcaritas gewonnen; andere Pfarrgemeinden stünden im Begriff, die Pfarrcaritasmitgliedschaft einzuführen[222]. Bedauerlich ist, dass zuverlässige Angaben über die Zahl der Einzelmitglieder im Düsseldorfer Caritasverband für den gesamten Untersuchungszeitraum mit Ausnahme der Gründungszeit nicht zur Verfügung stehen.

Folgt man den überlieferten Unterlagen, hielt die Werbung zum Auf- und Ausbau der Pfarrcaritas in Düsseldorf bis zum Untergang des Dritten Reiches, aber auch noch längere Zeit darüber hinaus an[223]. Neben dem Mitteilungsblatt des Düsseldorfer Caritasverbandes, das regelmäßig zur Fortsetzung der begonnenen Arbeit "mit erhöhter Kraft" animierte, gab es in Düsseldorf eine Fülle von Konferenzen, Kursen und Vorträgen, um die Gemeindepfarrer für diese Idee zu gewinnen[224]. Außerdem hielten die Freiburger

---

[220] Johannes Becker, Pfarr - Gemeinde als Caritas - Gemeinschaft, in: Mitteilungen des Caritasverbandes für die Stadt Düsseldorf Jg. 10 Nr. 7/9 (Juli/September 1934), 2 - 4, 3 f. Vgl. auch DT 21.09.1934; Wilhelm Bienefeld, Pfarrkaritas, in: Düsseldorfer Tageblatt Jg. 68 Nr. 336 (09.12.1934), o. S. (3).

[221] Johannes Becker, Pfarr - Gemeinde als Caritas - Gemeinschaft, in: Mitteilungen des Caritasverbandes für die Stadt Düsseldorf Jg. 10 Nr. 7/9 (Juli/September 1934), 2 - 4, 4.

[222] Vgl. NN, Eine zeitgemäße Caritasaufgabe, in: Mitteilungen des Caritasverbandes für die Stadt Düsseldorf Jg. 10 Nr. 10/12 (Oktober/Dezember 1934), 3 - 4, 3 f.

[223] Vgl. NN, Pfarr - Caritas, in: Mitteilungen des Caritasverbandes für die Stadt Düsseldorf Jg. 15 Nr. 1 (Januar 1939), 1 - 3, Nr. 2 (Februar 1939), 1 - 3, Nr. 3 (März 1939), 1 - 4, Nr. 4 (April 1939), 2 - 4, Nr. 5 (Mai 1939), 1 - 3, Nr. 6 (Juni 1939), 1 - 3, Nr. 7/8 (Juli/August 1939), 1 - 3, Nr. 9 (September 1939), 1 - 3, Nr. 10 (Oktober 1939), 1 - 3, Nr. 11/12 (November/Dezember 1939), 1 - 2, Jg. 16 Nr. 1/2 (Januar/Februar 1940), 1 - 3, Nr. 3/4 (März/April 1940), 1 - 3, Nr. 5/6 (Mai/Juni 1940), 1 - 2, Nr. 7/8 (Juli/August 1940), 1 - 2, Nr. 9/10 (September/Oktober 1940), 1 - 3, Nr. 11/12 (November/Dezember 1940), 1 - 3, Jg. 17 Nr. 1/2 (Januar/Februar 1941), 2 - 3, Jg. 18 Nr. 1 (Januar 1942), 2 - 4 und Nr. 2 (April 1942), 2 - 3; Johannes Becker, Aus der Arbeit des Düsseldorfer Caritasverbandes, in: Caritasverband Düsseldorf. Rundbrief an unsere Mitarbeiter und Mitarbeiterinnen Jg. 23 Nr. 3 (Mai 1947), 1 - 2, 1.

[224] Vgl. NN, Caritas - Veranstaltungen 1935/36, in: Mitteilungen des Caritasverbandes für die Stadt Düsseldorf Jg. 11 Nr. 8/10 (August/September 1935), 1 - 2, 1 f; DT 12.10.1935; NN, Karitas, in: Katholische Kirchenzeitung für Düsseldorf und Umgegend Jg. 12 Nr. 45 (10.11.1935), 531; DT 18.11.1935.

Caritaszentrale und der Kölner Diözesanverband eine Vielzahl von Plakaten, Filmen, Kalendern und Zeitschriften vor, die zur Gewinnung neuer Mitglieder eingesetzt werden konnten[225].

Da Mitgliederstatistiken für den Düsseldorfer Caritasverband nicht vorliegen, bleibt offen, welche Erfolge die zum Teil aufwendig betriebenen Werbeaktionen tatsächlich erbrachten. In einer Zwischenbilanz der Freiburger Caritaszentrale vom Juni 1937 wurde für das Deutsche Reich desillusioniert festgestellt, der Geistlichkeit fehlten vielfach die elementarsten Begriffe zum Aufbau der Caritas. Eine Arbeitsmappe des Deutschen Caritasverbandes[226] sei in Vergessenheit geraten, die Caritaspublikationen würden in vielen Pfarrhäusern nicht gelesen. Von manchen Pfarrern sei die Angst geäußert worden, ihr Pfarrhaus könne von "unwürdigen" Bittstellern überlaufen werden[227]. Glaubt man den für das Dekanat Düsseldorf erhaltenen Berichten, gestaltete sich das Ergebnis hier wesentlich günstiger. In fast allen Kirchengemeinden der Stadt blieben die Pfarrcaritasausschüsse über die Katastrophenjahre des Zweiten Weltkrieges und der Nachkriegszeit hinaus erhalten, doch fehlen vielfach Unterlagen ihrer Wirksamkeit. Nach einem Gesamtbericht der Düsseldorfer Pfarrcaritasarbeit für 1936 waren die in den Kirchengemeinden erbrachten Leistungen bisweilen beachtlich. So betreuten 50 katholische Pfarrgemeinden in diesem Jahr 4977 Familien mit 16382 Angehörigen sowie 1674 Einzelpersonen und 389 Wöchnerinnen mit Hilfeleistungen im Geldwert von 155000 Reichsmark. Hinzu kamen 262 Kinder und 239 Mütter, die aus den Pfarrbezirken zur Erholung entsendet wurden; 50 Erholungskinder gelangten in den Pfarrgemeinden zur Aufnahme[228].

Wie die Fachorganisationen die Stärkung der Pfarrcaritas im Sinne des Caritasverbandes beurteilten[229], ist in den Akten nur wenig dokumentiert, doch scheinen sich viele Gemeinden auf ein pragmatisches Vorgehen verständigt zu haben. So wurde der Elisabethverein in der Pfarrei Maria unter dem Kreuz, der in Unterrath seit dem Jahre 1928 als einziger katholischer Verein ehrenamtliche Fürsorgearbeit leistete, ohne personelle

---

[225] Vgl. Rupert Angermair, Kirchenjahr und Caritas. Die natürliche Werbung für die Caritasidee in der Pfarrgemeinde, in: Caritas. Zeitschrift für Caritaswissenschaft und Caritasarbeit Jg. 39 Nr. 1 (Januar 1934), 1 - 3, 1 ff; Robert Svoboda, Zeitforderungen für die Pfarrcaritas, in: Caritas. Zeitschrift für Caritaswissenschaft und Caritasarbeit Jg. 39 Nr. 3 (März 1934), 86 - 88, 86 ff; Hans Schinagl, Pfarrei und Caritas, in: Caritas. Zeitschrift für Caritaswissenschaft und Caritasarbeit Jg. 40 Nr. 6 (Juli 1935), 169 - 172, 169 ff; NN, Caritas in der Pfarrfamilie, in: Caritas. Zeitschrift für Caritaswissenschaft und Caritasarbeit Jg. 41 Nr. 3 (März 1936), 100 - 101, 100 f.

[226] Vgl. Wir bauen die Pfarrcaritas. Ein Arbeitsplan dargeboten vom Caritas - Verband, Freiburg 1934, Nr. 1 ff. Vgl. dazu NN, Notizen, in: Mitteilungen des Caritasverbandes für die Stadt Düsseldorf Jg. 10 Nr. 7/9 (Juli/September 1934), 5.

[227] Vgl. DCF 103.030 Faz. 1, Juni 1937.

[228] Vgl. NN, Düsseldorfer Pfarr - Caritas - Arbeit in Zahlen (Berichtsjahr 1936), in: Mitteilungen des Caritasverbandes für die Stadt Düsseldorf Jg. 13 Nr. 7/8 (Juli/August 1937), 2 - 3, 2 f. Vgl. auch NN, Aus der Arbeit der Düsseldorfer Pfarr - Caritas im Jahre 1938, in: Mitteilungen des Caritasverbandes für die Stadt Düsseldorf Jg. 15 Nr. 1 (Januar 1939), 4.

[229] Vgl. dazu Elisabeth Zillken, Einbau der caritativen Facharbeit in die Liebesgemeinschaft der Pfarrgemeinde, in: Caritas. Zeitschrift für Caritaswissenschaft und Caritasarbeit Jg. 39 Nr. 11 (November 1934), 330 - 335 und Nr. 12 (Dezember 1934), 373 - 379, 330 ff.

Veränderungen am 17. Juni 1935 in einen "Pfarrcaritasausschuss" umgewandelt[230]. Schwieriger war die Situation in Gemeinden, in denen mehrere Vereine auf dem Gebiet der Caritasarbeit tätig waren. Mit dem Hinweis, "daß die Mitglieder des Elisabethenvereins weit zahlreicher und weit rühriger für den Elisabethenverein gesammelt hätten als der kleine Vinzenzverein" und "nur Dank der persönlichen Beziehungen einzelner Damen zu gewissen Wohltätern beträchtliche Beiträge zu erlangen gewesen seien", machte die Vorsitzende der Elisabethkonferenz an der Lambertuskirche starke Vorbehalte gegen die Einrichtung eines Pfarrcaritasausschusses geltend[231]. Erst unter Vermittlung von Pfarrer Joseph Sommer einigten sich am 16. Januar 1935 die Vorstände der Caritasvereine an St. Lambertus auf folgenden Beschluss: "Vinzenzverein und Elisabethenverein werben und sammeln fortan nicht mehr jeder selbständig unter dem Namen und für Rechnung seines Vereins, sondern nur noch im Namen und für Rechnung des Pfarr-Caritas-Ausschusses von St. Lambertus". Beide Vereine "üben ihre Werbe- und Sammeltätigkeit nach einer gemeinsamen Liste aus und verständigen sich zu welchen auf dieser Liste aufgeführten Wohltätern die einzelnen Vereinsmitglieder Dank ihrer persönlichen Beziehungen zwecks Werbung und Sammlung gehen". Der Verteilungsmaßstab der für den Pfarrcaritasausschuss gesammelten Beträge blieb einer künftigen Beschlussfassung vorbehalten, doch sollte als Richtmaß "die Anzahl der jeweils von dem betreffenden Verein betreuten Familien" dienen[232].

Übergriffe

Die Satzungen der "Arbeitsgemeinschaft der Spitzenverbände der freien Wohlfahrtspflege" vom 24. März 1934 hatten die Bedingungen formuliert, unter denen die Caritas auch im nationalsozialistisch gewordenen Deutschland in der Lage sein sollte, Existenz und Identität zu wahren[233]. Wenn auch sehr bald klar wurde, dass der staatliche Partner in diesen Statuten nicht die Grundlage eines dauerhaften Systems seiner Beziehungen zur freien Wohlfahrtspflege sah, waren sie gleichwohl zu einem Richtmaß der Selbstbestimmung für die Caritas geworden[234]. Unbeschadet aller vertraglichen Zusicherungen mehrten sich schon 1935 die Übergriffe gegen das konfessionelle Wohlfahrtswesen. Den Verdrängungsdruck des Staates und der Parteigliederungen bekamen vor allem jene Einrichtungen zu spüren, die in den Arbeitsfeldern Kleinkindpädagogik, Kinderfürsorge, Jugendfürsorge und Krankenpflege tätig waren.

Der Kampf des Regimes galt zunächst Ordensleuten, die im Bereich der Pflege oder in der Erziehung tätig waren. Auf Anweisung der Partei hatte Mitte der dreißiger Jahre gegen Angehörige des geistlichen Standes eine Diffamierung in Wort und Bild einge-

---

[230] Vgl. PfA Unterrath Maria unter dem Kreuz 402, 17.06.1935.
[231] Vgl. PfA Düsseldorf St. Lambertus unsignierte Akte, 15.01.1935.
[232] Vgl. PfA Düsseldorf St. Lambertus unsignierte Akte, 15.01.1935.
[233] Vgl. oben S. 603.
[234] Vgl. Benedict Kreutz, Caritasarbeit im neuen Deutschland, in: Caritas. Zeitschrift für Caritaswissenschaft und Caritasarbeit Jg. 41 Nr. 11 (November 1936), 393 - 402, 398 ff.

setzt, die alle Grenzen des Geschmacks hinter sich ließ[235]. Den Nationalsozialisten wäre die Diskreditierungskampagne weit schwerer gefallen, wenn nicht Tatsachen bekannt geworden wären, die zu ernsten Zweifeln an der moralischen Integrität von Klerikern und Ordensleuten Anlass gaben. Seit März 1935 wurden unter dem Verdacht von Devisenvergehen zahlreiche männliche und weibliche Ordensangehörige, aber auch Weltpriester verhaftet. Die Tatbestände, die den Festnahmen und späteren Verurteilungen zugrunde lagen, waren unbestreitbar. Ordensgenossenschaften und andere kirchliche Gesellschaften, die durch ihre internationale Verflechtung Auslandsverbindlichkeiten besaßen, hatten die aus der Zeit der Weimarer Republik stammende Devisengesetzgebung umgangen oder verletzt, wobei nicht immer klar war, ob sie sich der strafrechtlichen oder moralischen Seite ihres Tuns bewusst waren[236]. Von der Möglichkeit, solche Prozesse niederzuschlagen und gleichsam nachträglich Amnestie zu gewähren, die rechtlich gegeben war, machte das Regime keinen Gebrauch. Im Gegenteil - die nationalsozialistische Presse und die Sonntagsredner der Partei sparten nicht mit antikirchlichen Hetzkommentaren[237].

Durch Denunziationen wie durch Ermittlungen in Devisenangelegenheiten waren Polizeiorgane zur gleichen Zeit auf Sittlichkeitsdelikte gestoßen, die verschiedenen Priestern und Ordensangehörigen zur Last gelegt wurden[238]. Das Propagandaministerium trieb ihre publizistische Vermarktung voran und wies die Presse an, nicht von "Einzelfällen" sondern von einer für die Kirche "symptomatischen Erscheinung" zu sprechen[239]. Ihren Höhepunkt erreichte die Kampagne mit der Rede des Reichspropagandaministers Joseph Goebbels vom 28. Mai 1937 in der Berliner Deutschlandhalle. In Orden und Weltklerus habe sich "herdenmäßig Unzucht" ausgebreitet, diese "Schweinereien" würden von der Gesamtheit des Standes gedeckt. Tausende von Geistlichen und Ordensbrüdern, Tausende von kirchlichen Sexualverbrechern seien auf "planmäßige sittliche Verwilderung Tausender von Kindern und Kranken aus". Die Kirche habe das

---

[235] Vgl. Walter Hagemann, Publizistik im Dritten Reich. Ein Beitrag zur Methodik der Massenführung, Hamburg 1948, 340 ff.

[236] Vgl. Ernst Hoffmann, Die Wahrheit über die Ordensdevisenprozesse 1935/36, Bielefeld 1967, 78 ff; Petra Madeleine Rapp, Die Devisenprozesse gegen katholische Ordensangehörige und Geistliche im Dritten Reich. Eine Untersuchung zum Konflikt deutscher Orden und Klöster in wirtschaftlicher Notlage, totalitärer Machtausübung des nationalsozialistischen Regimes und im Kirchenkampf 1935/36, Diss. Bonn 1981, 42 ff.

[237] Vgl. Walter Hagemann, Publizistik im Dritten Reich. Ein Beitrag zur Methodik der Massenführung, Hamburg 1948, 340 ff; Petra Madeleine Rapp, Die Devisenprozesse gegen katholische Ordensangehörige und Geistliche im Dritten Reich. Eine Untersuchung zum Konflikt deutscher Orden und Klöster in wirtschaftlicher Notlage, totalitärer Machtausübung des nationalsozialistischen Regimes und im Kirchenkampf 1935/36, Diss. Bonn 1981, 203 ff.

[238] Vgl. Heinrich Faßbinder, Ärgernisse in der Kirche, Leutesdorf 1936, 2 ff; 1000 Sittlichkeitsprozesse für eine Encyklika. Von einem Rheinischen Katholiken, o. O. 1937, 3 ff; Hans Günter Hockerts, Die Sittlichkeitsprozesse gegen katholische Ordensangehörige und Priester 1936/37. Eine Studie zur nationalsozialistischen Herrschaftstechnik und zum Kirchenkampf, Mainz 1971, 4 ff.

[239] Von nationalsozialistischen Propagandaschriften seien genannt: Martin Schwaebe, Die Wahrheit über die Sittlichkeitsprozesse, Köln 1937, 5 ff; Franz Rose, Mönche vor Gericht. Eine Darstellung entarteten Klosterlebens nach Dokumenten und Akten, Berlin 1939², 199 ff.

Recht verloren, den nationalsozialistischen Staat zu kritisieren und an der Erziehung der Jugend weiter mitzuwirken[240].

Im Zuge der Devisenprozesse wurden auch in Düsseldorf mehrere Ordensangehörige verhaftet und in Schauprozessen der Öffentlichkeit vorgeführt. Neben dem Dominikanerprior Thomas M. Stuhlweißenburg, der wegen ungeklärter Geldtransaktionen zur Erhaltung der Ordensmission festgesetzt worden war[241] und sich tragischerweise noch vor Prozeßbeginn am 3. Oktober 1935 in seiner Zelle erhängt hatte[242], waren hiervon vor allem Herz - Jesu - Priester vom Lehrlingsheim an der Kruppstraße betroffen. Zusammen mit vier weiteren Angehörigen der Genossenschaft stand der Leiter der Missionsprokuratur, Pater Ludwig Jedersberger, wegen Devisenvergehens vor Gericht und war am 4. April 1936 zu drei Jahren und fünfzig Tagen Gefängnis verurteilt worden[243]. Ihm wurde zur Last gelegt, "umfangreiche Beträge unter Umgehung der bestehenden Devisenbestimmungen von Deutschland nach dem Mutterhaus der 'Herz Jesu Priester' in Sittard (Holland) verschoben" zu haben[244].

In Sittlichkeitsverfahren waren Düsseldorfer Ordensangehörige nicht verstrickt, doch sorgte Ende 1936 eine Broschüre des Düsseldorfer Polizeipräsidenten, SS - Obergruppenführer Fritz Weitzel, bei den Katholiken für erhebliche Unruhe[245]. Aus Zeitungsberichten hatte der Polizeipräsident, dessen unverhohlener Hass gegen die Kirche stadtbekannt war, unter dem Titel "An ihren Taten sollt ihr sie erkennen" ein Pamphlet zusammengestellt, mit dem er die "fast 2000jährige verbrecherische Geschichte Kirche" und ihren "in Gemeinschaft mit den Marxisten geführten Kampf gegen den Nationalsozialismus" anprangerte[246]. Zwar suchte Stadtdechant Max Döhmer am 15. Oktober 1936 beim Düsseldorfer Regierungspräsidenten ein Verbot der Schmähschrift zu erreichen, da sie eine "schamlose Beleidigung aller christlich denkenden Volksgenossen" und ein "Hohn" auf die christentumsfreundliche Regierungserklärung des Führers sei[247], doch verwundert es kaum, dass die Forderung keine Resonanz fand.

---

[240] Vgl. RLZ 29.05.1937.

[241] Vgl. Hieronymus Wilms, P. Titus Horten O. P.. Erinnerungen an ein Opfer der Devisenprozesse, Köln 1947/Limburg 1949, 35 ff.

[242] Vgl. DOD Chronik des Düsseldorfer Konventes 1935 - 1969, 03.10.1935; DT 05.10.1935; NN, Selbstmord im Gefängnis, in: Neue Zürcher Zeitung Jg. 157 Nr. 334 (27.02.1936), 2; NN, Selbstmord eines Paters, in: Der Gegenangriff Jg. 3 Nr. 10 (07.03.1936), o. S. (2); NN, Der verräterische Strick, in: Das Neue Volk. Parteipolitisch unabhängiges Organ im Sinne der katholischen Aktion (Rorschach) Jg. 7 Nr. 129 (10.03.1936), o. S. (3).

[243] Vgl. NHS RW 58/3021, 04.04.1936; DT 04.04.1936; DT 05.04.1936.

[244] NHS RW 58/5881, Bl. 6.

[245] Vgl. Max Döhmer, So soll die Kirche sein ?, in: Katholische Kirchenzeitung für Düsseldorf und Umgegend Jg. 13 Nr. 41 (11.10.1936), 518; Fritz Weitzel, Antwort an die Geistlichkeit, in: Rheinische Landeszeitung Jg. 7 Nr. 296 (25.10.1936), o. S. (1); NN, Antwort an den Herrn Polizeipräsidenten SS - Obergruppenführer Weitzel, in: Katholische Kirchenzeitung für Düsseldorf und Umgegend Jg. 13 Nr. 44 (01.11.1936), 553; NN, Der Polizeipräsident von Düsseldorf, in: Der Deutsche Weg Jg. 3 Nr. 46 (15.11.1936), o. S. (7).

[246] Vgl. Fritz Weitzel, An ihren Taten sollt ihr sie erkennen !, Mönchengladbach 1936, 3 f.

[247] Vgl. AEK Gen. 22.13.4, 15.10.1936; Wilhelm Corsten, Kölner Aktenstücke zur Lage der katholischen Kirche in Deutschland 1933 - 1945, Köln 1949, 147 ff.

Braune Schwestern

Nachdem der gesamte geistliche Stand von der nationalsozialistischen Propaganda in Verruf gebracht worden war, glaubten sich auch in Düsseldorf lokale Parteistellen legitimiert, katholische Ordensangehörige aus kommunalen Wohlfahrtseinrichtungen zu verdrängen und durch "Braune Schwestern" ersetzen zu müssen. Dem Anspruch auf die "Gesundheitsführung des deutschen Volkes" folgend, waren letztere auf Veranlassung von Rudolf Heß im März 1934 in der "Schwesternschaft der NSV" (später NS - Schwesternschaft) vereinigt worden[248]. Durch Nachahmung äußerer Formen, von der Organisation (Mutterhäuser, Formen der Pflegearbeit in Gemeinde und Anstalten) bis zur Tracht, versuchte der nationalsozialistische Schwesternverband, den gesamten Bereich der Pflegearbeit mit der neuen Weltanschauung zu durchdringen und auch organisatorisch in die Hand zu bekommen[249]. Nach den Richtlinien für die Schwesternschaft der NSV konnte "jede deutsche Volksgenossin unter 35 Jahren eingestellt werden, wenn sie nachweislich auf dem Boden der nationalsozialistischen Weltanschauung" stand und "arischer Abstammung" war (§ 1). Die Schwestern sollten "zu ihrem Teil in Ausübung ihres Berufes am kranken Volksgenossen an der Schaffung der wahren Volksgemeinschaft, wie sie die nationalsozialistische Weltanschauung erfordert, beitragen" (§ 2). Streng waren die Vorschriften zur Diensttracht, die dem Habit der konfessionellen Schwestern nachempfunden war. Sie bestand aus einem braun gemusterten Leinenkleid, einer weißen Schürze sowie einer weißen Haube, die sowohl im Dienst, als auch während der Freizeit getragen werden musste (§ 3)[250].

Im Oktoberheft des NSV - Mitteilungsblattes für den Gau Düsseldorf hieß es 1934 in einem Propagandaartikel zum Aufbau einer Braunen Schwesternschaft: "Sie muß so gut ausgebildet sein, und vor allem in der nationalsozialistischen Weltanschauung so eng verwurzelt sein und verankert sein, daß sie jede andere Schwesternschaft weit überragt. Gerade die braune Schwester soll die Aufgabe bekommen, durch größte Opferwilligkeit und Hilfsbereitschaft in alle Kreise des deutschen Volkes zu dringen. Sie muß wissen, daß sie immer und überall die Pläne und Ideale unseres Führers verwirklichen soll. Sie muß eine Persönlichkeit werden, die jedem deutschen Volksgenossen vertraut ist. Jeder muß die Überzeugung haben, wenn ich die braune Schwester rufe, ist sie immer zur Hilfe bereit. Mit dieser Hilfe verbindet die nationalsozialistische Schwester die Schulung weitester Volkskreise im Sinne unserer nationalsozialistischen Weltanschauung. Sie hat dazu die beste Gelegenheit, denn durch ihren Tatsozialismus, durch ihre ständige Opferbereitschaft, durch ihre unermüdliche Arbeit im Dienste des Führers gibt sie das beste Beispiel für den hohen Wert und die Richtigkeit nationalsozialistischen Gedankengutes. So wird der arme und kranke Volksgenosse diese Ideale am besten verstehen,

---

[248] Vgl. BAK NS 22/vorl 341, 28.03.1934; NN, Anordnung, in: Verordnungsblatt der Reichsleitung der Nationalsozialistischen Deutschen Arbeiter - Partei Jg. 2 Nr. 63 (15.01.1934), 137.

[249] Vgl. Walter Hebenbrock, Arbeit aus der Kraft des Lebens, in: Der NS - Reichsbund Deutscher Schwestern, Berlin 1943, 23 - 32, 23 ff; Birgit Breiding, Die braunen Schwestern. Ideologie, Struktur, Funktion einer nationalsozialistischen Elite, Stuttgart 1998, 36 ff.

[250] Vgl. BAK R 36/1060. Vgl. auch DT 03.08.1934; DT 13.08.1934.

denn er verspürt ja am eigenen Leib, daß alles in die Wirklichkeit und die Tat umgesetzt wird"[251].

Für Düsseldorf fand am 30. Mai 1935 im Planetarium durch Erich Hilgenfeldt die erste Vereidigung von NS - Schwestern statt[252]. Bei seiner Ansprache verglich der Reichswart der NSV die Arbeit der zukünftigen Schwestern mit dem Kampf von Frontsoldaten: "Wie der Mann mit dem Schwert die Grenzen seines Landes schützt, so kämpfen auch Sie für das Leben des Volkes. Sie müssen die Kraft des Glaubens ansetzen, dem Schwachen von eurer Stärke mitgeben. Sie müssen starke und frohe Menschen sein, um Ihrer Aufgabe dienen zu können. Sie können insbesondere abgeben von den Mutterkräften, die in Ihnen lebendig sind. So manchen Soldaten habe ich im Felde sterben sehen, aber nie rief einer in höchster Not nach dem Vater, immer nur nach der Mutter. Alles Leben stammt von der Mutter, wir alle sind von den Kräften der Mutter getragen. ... Unser Führer ist uns ein leuchtendes Vorbild; er hat keinen anderen Gedanken, als seinem Volk durch sein Leben zu dienen. Er will nur, daß sein Volk stark, glücklich und froh wird. Sie sollen seine treuen Gefolgsleute sein, Ihre Arbeit soll stehen unter dem Gedanken: 'Nichts für mich, alles für Deutschland!'"[253]. Entsprechend lautete der Eid, den die Schwestern leisten mussten: "Ich schwöre Adolf Hitler, meinem Führer, unverbrüchliche Treue und Gehorsam. Ich verpflichte mich, an jedem Platz, an den ich gestellt werde, meine Berufsaufgaben als nationalsozialistische Schwester treu und gewissenhaft im Dienst der Volksgemeinschaft zu erfüllen, so wahr mir Gott helfe"[254].

Obwohl Erich Hilgenfeldt am 28. März 1934 vollmundig verkündet hatte, "daß in allen insbesondere unter nationalsozialistischer Führung stehenden Einrichtungen der Krankenpflege künftig nur noch Schwestern der NSV beschäftigt werden"[255], wies der Düsseldorfer Gauamtsleiter Robert Friedrich noch im Oktober 1935 Befürchtungen zurück, in seinem Bezirk könnten konfessionelle von Braunen Schwestern verdrängt werden. In der Propagandaschrift "Zwei Jahre Tatsozialismus im Gau Düsseldorf" versicherte er beschwichtigend: "Die NS - Schwester ist eine Gemeindeschwester. Damit ist ein für allemal eine klare Arbeitsteilung zwischen den konfessionellen, freien und Rotkreuzschwestern einerseits und den NS - Schwestern andererseits gegeben. Die NS - Schwester will nicht in Wettbewerb zu den anderen Schwestern treten, sondern in ihrem Aufgabengebiet im Sinne nationalsozialistischer Weltanschauung arbeiten. Krankenanstalten werden von NS - Schwestern nur insoweit besetzt, als dieses für die Ausbildung notwendig ist. Die NS - Schwester hat als Gemeindeschwester die Aufgabe, in den Familien zu wirken. Sie ist nicht, wie die Schwester in den Krankenanstalten, in erster Linie dazu da, zu heilen und das Kranke und Schwache zu stützen, sondern dazu, das Erbgesunde und Lebenskräftige zu erhalten und zu fördern. Sie leistet Pionierarbeit im Dienste der NSV, indem sie uns durch ihre Kenntnis der Familien Fingerzeige gibt, wie wir

---

[251] Dr. B., Die braune Schwester, in: N.S.V.. Mitteilungsblatt des Amtes für Volkswohlfahrt im Gau Düsseldorf Jg. 1 Nr. 8 (Oktober 1934), 8. Zu früheren Versuchen im Gau Düsseldorf eine NS - Schwesternschaft einzurichten vgl. DT 15.11.1933.
[252] Vgl. DT 29.05.1935.
[253] RLZ 31.05.1935. Vgl. auch DT 31.05.1935.
[254] BAK NS 37/1039, 11.10.1935.
[255] BAK NS 22/vorl 341, 28.03.1934.

helfend und fördernd eingreifen können, um unsere Aufgabe, der Erhaltung und Steigerung der Lebenskraft des deutschen Volkes gerecht zu werden". Daher müsse die NS - Schwester "vorbehaltlos auf dem Boden unserer Weltanschauung stehen, hart sein können, wo es sich um asoziales Schmarotzertum handelt, das mit gierigen Griffen immer versucht, auf Kosten der Gemeinschaft zu leben, ohne selbst jemals eine Verpflichtung dieser Gemeinschaft gegenüber anzuerkennen und sie muß voll Güte und Herzenswärme sein, wo es sich um wirkliche unverschuldete Not handelt"[256].

Neben den ärztlich geleiteten NSV - Beratungsstellen sollten die Gemeindepflegestationen der NSV unter dem Etikett "gesundheitliche Volksbelehrung" einen Beitrag zur Propagierung der rassenhygienisch orientierten Bevölkerungspolitik des Regimes leisten[257]. Erst mit dieser Zielsetzung erhielt die an und für sich wenig spektakuläre NSV eine zentrale Bedeutung[258]. Erstaunlich ist, dass dem Aufbau einer nationalsozialistischen Gemeinde- und Familienpflege in der Stadt Düsseldorf überhaupt keine Beachtung geschenkt wurde. Zwar hatte Robert Friedrich im Herbst 1935 erklärt, "wir arbeiten besonders intensiv an der Errichtung weiterer Stationen, denn es besteht im Gau Düsseldorf ein dringendes Bedürfnis für wenigstens 1000 bis 1200 Schwestern"[259], doch ist in der Gauhauptstadt bis zum Untergang des Dritten Reiches keine einzige mit NS - Schwestern besetzte Gemeindestation nachweisbar[260]. Da die NSV unfähig war, in hinreichendem Maße eigene Schwestern zu rekrutieren, konnten in Düsseldorf sowohl der Caritasverband als auch die Innere Mission, den Monopolansprüchen der NSV zum Trotz, auch während der Hitlerdiktatur in diesem Arbeitsbereich ihre Dominanz behaupten. Zur Zeit der Machtergreifung hatte es in Düsseldorf etwa 25 Gemeindepflegestationen gegeben, die alle von der Caritas oder der Inneren Mission unterhalten wurden. In den Jahren 1933 bis 1939 blieb die Zahl kirchlicher Pflegestationen nahezu unverändert. Der Befund gilt auch für die erste Hälfte der vierziger Jahre, doch waren einzelne Stationen kriegsbedingt gezwungen, ihre Tätigkeit wegen Beschlagnahme, Zerstörung etc. vorübergehend einzustellen[261].

Auch im Bereich der stationären Krankenpflege blieb die NSV in Düsseldorf weit hinter ihren eigenen Ansprüchen zurück. Erst 1937 gelang es ihr, den Pflegedienst einer Krankenanstalt in die Hände von NS - Schwestern zu legen. Dass es sich dabei um das Krankenhaus mit der geringsten Bettenzahl in der Stadt handelte und die in der Anstalt tätigen Schwestern geschlossen in die NS - Schwesternschaft überführt wurden[262], spiegelt das unterentwickelte Leistungsvermögen der Düsseldorfer NSV wider. Betroffen von der Maßnahme war das 1901 eröffnete Luisenkrankenhaus (Degerstr. 8/10)[263], das

---

[256] Robert Friedrich, Zwei Jahre Tatsozialismus im Gau Düsseldorf, Düsseldorf 1935, 92.

[257] Vgl. NN, Die NS - Gemeindeschwester, in: Der NSV - Helfer. Nachrichtenblatt des Gauamtes der NSV, Düsseldorf Jg. 2 Nr. 8/10 (August/Oktober 1939), 3 - 6, 3 f.

[258] Vgl. Hermann Althaus, Nationalsozialistische Volkswohlfahrt. Wesen, Aufgaben und Aufbau, Berlin 1935, 36 f.

[259] Robert Friedrich, Zwei Jahre Tatsozialismus im Gau Düsseldorf, Düsseldorf 1935, 93.

[260] Vgl. Adreßbuch der Stadt Düsseldorf 1941/42, Düsseldorf 1942, 20.

[261] Vgl. unten S. 680 f.

[262] Vgl. DT 20.08.1937; DT 22.08.1937; DT 12.11.1937.

[263] Vgl. SAD III 4738, 20.09.1901.

seit dem Jahre 1920 vom Frauenarzt Dr. Paul Kuliga unterhalten und betrieben wurde[264]. Aufnahme in die kleine Privatanstalt von 40 Betten fanden Patienten aller Art, doch überwog die gynäkologisch - geburtshilfliche Praxis[265]. Wie aus Berichten der Düsseldorfer Tagespresse hervorgeht, übergab Paul Kuliga seine Anstalt und eine mit ihr verbundene Schwesternschule am 11. November 1937 der freien Schwesternschaft der NSV[266]. Aus Anlass der Übernahme fand am gleichen Tag in der Tonhalle ein Festakt statt, bei dem Reichshauptstellenleiter Heusler den Schwestern als Wegweisung für ihre Tätigkeit den Satz mitgab: "Nicht mit zu leiden, sondern mit zu kämpfen sind wir da"[267].

Nur wenige Wochen nach dem Luisenkrankenhaus traten Braune Schwestern auch im Benrather Krankenhaus ihren Dienst an. Wie dargestellt, war das Josephskrankenhaus an der Hospitalstraße 1892 von der Ortskrankenkasse Benrath eingerichtet worden und 1914 in den Besitz der Bürgermeisterei übergegangen[268]. Mit der Eingemeindung von Benrath im Jahre 1929 wurde das Haus von der Stadt Düsseldorf als Städtisches Krankenhaus weiterbetrieben[269]. Ungeachtet aller Veränderungen in der Trägerschaft lag die Pflege der Patienten von Beginn an in den Händen von Schwestern aus der Genossenschaft der Armen Dienstmägde Christi. Da nach nationalsozialistischem Selbstverständnis eine kommunale Wohlfahrtseinrichtung der Mitarbeit kirchlicher Kräfte nicht bedurfte, kündigte die Stadtverwaltung vorzeitig den Gestellungsvertrag der Ordensschwestern und zwang 18 Arme Dienstmägde am 31. Januar 1938 die Anstalt zu verlassen[270]. Am folgenden Tag wurde das Schwesternhaus des Benrather Krankenhauses von NS - Schwestern bezogen, "die im Krankendienst bereits erhebliches geleistet" hatten[271].

Zum 31. Januar 1938 waren auch 45 Arme Schwestern vom Hl. Franziskus im Städtischen Pflegehaus an der Himmelgeister Straße gezwungen, ihren lange Zeit in der kommunalen Fürsorgeeinrichtung ausgeübten Dienst einzustellen[272]. Mit Verweis auf eine geänderte Gesetzgebung und durch "politische Wandlung geschaffene Tatsachen" wurde der Oberin des Städtischen Pflegehauses am 21. April 1937 vom Dezernenten des Düsseldorfer Wohlfahrtsamtes mitgeteilt, die vor Jahrzehnten ausgehandelte Verwaltungsregelung in der Anstalt sei überholt. "Die deutsche Gemeindeordnung vom

---

[264] Vgl. Paul Kuliga, Luisenkrankenhaus, Degerstraße 8 - 10, in: Arthur Schloßmann, Die Düsseldorfer Kranken-, Heil- und Pflegeanstalten, Düsseldorf 1926, 192 - 200, 192.

[265] Vgl. Paul Kuliga, Luisenkrankenhaus, Degerstraße 8 - 10, in: Arthur Schloßmann, Die Düsseldorfer Kranken-, Heil- und Pflegeanstalten, Düsseldorf 1926, 192 - 200, 192.

[266] Vgl. DT 12.11.1937.

[267] Vgl. DT 12.11.1937; RLZ 12.11.1937.

[268] Vgl. oben S. 193 f.

[269] Vgl. NN, Zum Abschied, in: Mitteilungen des Caritasverbandes für die Stadt Düsseldorf Jg. 14 Nr. 1 (Januar 1938), 4; Theo Fühles, Das alte Benrather Krankenhaus an der Hospitalstraße, in: Gebäude in Benrath, Düsseldorf 1989, 57 - 64, 62.

[270] Vgl. NN, Zum Abschied, in: Mitteilungen des Caritasverbandes für die Stadt Düsseldorf Jg. 14 Nr. 1 (Januar 1938), 4.

[271] Vgl. DT 21.07.1937; DT 12.01.1938; DT 31.01.1938.

[272] Vgl. NN, Zum Abschied, in: Mitteilungen des Caritasverbandes für die Stadt Düsseldorf Jg. 14 Nr. 1 (Januar 1938), 4.

31.1.1935²⁷³ und die dazu ergangenen Ausführungsbestimmungen gehen von der Voraussetzung aus", so Eckart Augustin von der Lühe, "daß die Verwalter städtischen Vermögens dem Leiter der Gemeinde, d.h. dem Oberbürgermeister, disziplinär und unmittelbar unterstehen; die deutsche Gemeinde - Ordnung setzte weiter als selbstverständlich voraus, daß städtische Beamte und Angestellte ausschließlich dem Oberbürgermeister und seinen Beigeordneten unterstehen und nur von diesen Stellen mit Weisungen versehen werden. Die augenblicklichen Verwaltungsverhältnisse im Pflegehaus entsprechen diesen Forderungen der Deutschen Gemeinde - Ordnung nicht. Hinzu kommt, daß ... die derzeitigen Verwaltungsverhältnisse auch von den berufenen Stellen als unzeitgemäß bezeichnet und als der Änderung bedürftig erachtet worden sind"²⁷⁴. Da die Stadtverwaltung nach eigenem Bekunden nicht an die Auflösung der bestehenden Vertragsverhältnisse dachte, sondern die Mitarbeit der Schwestern in der Pflege auch weiterhin ausdrücklich wünschte, unterbreitete der Wohlfahrtsdezernent der Oberin den Vorschlag, "eine Aufteilung der in der Betreuung des Städtischen Pflegehauses zu erfüllenden Funktionen" nach Verwaltung und Fürsorge vorzunehmen. Nach dem Hinweis, schon jetzt werde in den Städtischen Krankenanstalten (Moorenstr. 5) "die Pflege der Kranken ausgeübt von der Genossenschaft der Schwestern vom Roten Kreuz²⁷⁵, während die Verwaltung im Rahmen des Städtischen Dienstbetriebes vor sich geht", schloss Eckart Augustin von der Lühe sein Schreiben mit dem Bemerken: "Ich habe Verständnis dafür, daß Ihr Orden Wert darauf legen wird, eine gewisse Einflußmöglichkeit hinsichtlich der Einstellung und Beschäftigung des weiblichen Dienstpersonals sich vorzubehalten; ich bin bereit etwaigen diesbezüglichen Wünschen Ihrerseits Rechnung zu tragen. Ich bin weiter der Auffassung, daß die Küche, wie bisher, unter Ihrer Oberleitung stehen und, daß auch die weibliche Nähstube, in der ja überwiegend Pfleglinge arbeiten, in den Bereich Ihrer Zuständigkeit wird fallen müssen. Anderseits glaube ich, daß die übrigen Anstaltsbetriebe der Verwaltung unmittelbar unterstehen müssen"²⁷⁶.

Beherzt wies Oberin Leutbergis Lambach am 1. Juni 1937 die angestrebte Trennung zwischen Betriebsführung und Pflegedienst mit Verweis auf die seit dem Jahre 1890 bestehende Regelung zwischen Orden und Stadtverwaltung zurück²⁷⁷. Ungerührt von der Eingabe ernannte die Stadt gegen alle geltenden Vertragsbestimmungen am 3. Juni 1937

---

²⁷³ Vgl. NN, Die Deutsche Gemeindeordnung. Vom 30. Januar 1935, in: Reichsgesetzblatt Nr. 6 (30.01.1935), 49 - 64, 49 ff.
²⁷⁴ MSF 8 - 058 Pflegehaus, 21.04.1937.
²⁷⁵ Zur Tätigkeit der DRK - Schwesternschaft in den Städtischen Krankenanstalten während der Zeit des Nationalsozialismus vgl. Marianne Dietrich, 75 Jahre DRK - Schwesternschaft Düsseldorf, Düsseldorf 1987, 63 ff; Marianne Dietrich, Die Geschichte der Schwesternschaft vom Deutschen Roten Kreuz an den Medizinischen Einrichtungen der Universität Düsseldorf, Diss. Düsseldorf 1991, 41 ff; Sabine Blum - Geenen, "Gerade aus dem Mund der Krankenschwester dringt ein freudiges 'Heil Hitler' so stark zu Herzen unserer Volksgenossen". Krankenpflege in den Städtischen Krankenanstalten während des Nationalsozialismus, in: Michael G. Esch, Die Medizinische Akademie Düsseldorf im Nationalsozialismus, Düsseldorf 1997, 113 - 138, 117 ff.
²⁷⁶ MSF 8 - 058 Pflegehaus, 21.04.1937. Vgl. auch MSF 8 - 058 Pflegehaus, 30.08.1937 und 19.11.1937.
²⁷⁷ Vgl. MSF 8 - 058 Pflegehaus, 01.06.1937. Vgl. auch AEK GVA Düsseldorf überhaupt 32, 13.11.1937.

Obersturmbannführer Adalbert Engler zum Betriebsoberinspektor für das Städtische Pflegehaus[278]. War auch absehbar, dass die Stadt von ihren Forderungen nicht zurücktrat, suchten die Franziskanerinnen gleichwohl in weiteren Verhandlungen ihre Interessen zu behaupten. Die auf verschiedenen Ebenen geführten Gespräche fanden ein abruptes Ende, als Eckart Augustin von der Lühe am 5. Januar 1938 der Aachener Generaloberin mitteilte: "Mit Bezug auf die mit Ihnen geführten Verhandlungen ... gebe ich Ihnen Kenntnis, daß die Vorarbeiten wegen der Übernahme der bisher von Schwestern Ihres Ordens ausgeübten Verwaltungsgeschäfte, des Pflegedienstes usw. in dem Pflegehaus der Stadt Düsseldorf, Himmelgeisterstraße, soweit gediehen sind, daß dieses zum 1.2.1938, d.i. zu dem von Ihnen gewünschten Termin, erfolgen kann"[279].

Wie der "gewünschte Termin" zu Stande kam, ist einem am 6. Januar 1938 aufgesetzten Schreiben von Oberin Leutbergis Lambach an Oberbürgermeister Helmut Otto zu entnehmen, in dem sie nicht ohne Verbitterung zu Protokoll gab, "daß diese Formulierung mißverständlich ist, denn unsere Genossenschaft hat nicht den Wunsch geäußert, zum 1. Februar 1938 aus dem Vertragsverhältnis mit der Stadt Düsseldorf entlassen zu werden, vielmehr hat die Stadtverwaltung Düsseldorf den dringenden Wunsch geäußert, das bestehende Vertragsverhältnis in einer, den Zeitverhältnissen angepaßteren Form abgeändert zu sehen". Nach längeren Verhandlungen habe "die Stadtverwaltung einseitig die von ihr gewünschte Abänderung angeordnet und damit unsere Genossenschaft vor die Entscheidung gestellt, entweder die angeordneten Änderungen anzunehmen oder abzulehnen. Da wir glaubten, dieses Verhalten der Stadtverwaltung mit den Grundsätzen des Vertragsrechtes, dessen oberster Grundsatz die Vertragstreue ist, nicht in Einklang bringen zu können, haben wir die einseitig getroffenen Maßnahmen der Stadtverwaltung als eine Kündigung des mit uns beschlossenen Vertragsverhältnisses angesehen". Nach Gesagtem stehe fest, "daß unser Ausscheiden aus dem städtischen Pflegehaus nicht auf einem Wunsch unserer Genossenschaft, sondern auf einem Wunsche der Stadtverwaltung nach Abänderung des bestehenden Vertragsverhältnisses beruht"[280]. Ohne eine Stellungnahme zu den erhobenen Vorwürfen abzugeben, bestand die Stadtverwaltung auf Einhaltung des festgelegten Kündigungstermins und übergab das Städtische Pflegehaus am 1. Februar 1938 der Schwesternschaft vom Deutschen Roten Kreuz[281].

Das Städtische Krankenhaus in Benrath und das Städtische Pflegehaus in Stoffeln waren zu Beginn der Machtergreifung die einzigen Fürsorgeeinrichtungen der Stadt Düsseldorf, in denen katholische Ordensschwestern den Pflegedienst verrichteten. Dass beide Anstalten am gleichen Tag ihre langjährigen Mitarbeiterinnen vor die Türe setzten, war kein Zufall und ohne Zweifel von höherer Stelle gesteuert. Ebenso berechnend war, dass die Düsseldorfer NSV jeden Versuch unterließ, katholische Krankenhäuser und Pflegeanstalten unter ihre unmittelbare Kontrolle zu bringen. Weder unter finanziellen

---

[278] Vgl. MSF 8 - 058 Pflegehaus, 04.06.1937 und 07.06.1937.
[279] AEK GVA Düsseldorf überhaupt 32, 05.01.1938; MSF 8 - 058 Pflegehaus, 05.01.1938.
[280] MSF 8 - 058 Pflegehaus, 06.01.1938.
[281] Vgl. MSF 8 - 058 Pflegehaus, 15.01.1938, 21.01.1938 und 29.01.1938; MSF 8 - 064, S. 4 f.

noch personellen Gesichtspunkten wäre sie in der Lage gewesen, ein auch nur annähernd vergleichbares Ersatzangebot bereitzustellen.

Marienheim Pempelfort

Von der Machtergreifung bis zum Ausbruch des Zweiten Weltkrieges war in Düsseldorf die Zahl der klösterlichen Niederlassungen und die mit ihnen verbundenen Einrichtungen wie Krankenhäuser, Krankenpflegeschulen, ambulante Krankenstationen, Pflegeheime, Lehrlings-, Gesellen-, Mädchen- und Damenwohnheime, Obdachlosenasyle, Waisenhäuser, Erziehungsanstalten nahezu unverändert geblieben. Nennenswerte Veränderungen gab es nur im Marienheim an der Leopoldstraße, dessen hauswirtschaftliche Leitung seit dem 15. April 1939 von Schwestern Unserer Lieben Frau (Mülhausen) anstelle von Cellitinnen ausgeübt wurde[282].

Schwiertz - Stephan - Stiftung

Bemerkenswert ist, dass zu den bestehenden Klosterniederlassungen in Düsseldorf in den Jahren 1936 und 1937 noch zwei neue Häuser hinzukamen. Unter der Bedingung eine Anstalt für allein stehende katholische Damen einzurichten, hatte Elisabeth Schwiertz (+9. Februar 1931), Tochter des Weinhändlers Wilhelm Schwiertz (+1903) und seiner Frau Elisabeth Stephan (+1918), am 4. Februar 1931 der Pfarrei St. Martin das Wohnhaus Wilhelm - Tell - Str. 9 vermacht[283]. Aufnahme in das Haus, das über 21 Zimmer verfügte und mit Ländereien in Hamm und Neuss verbunden war, sollten "jüngere kränkliche" oder ältere Damen "besserer Stände" finden, die in der Pfarrgemeinde St. Martin lebten[284]. Da die Schenkung von verschiedenen Seiten angefochten wurde[285], verstrichen mehr als vier Jahre bis zur Realisierung des Stifterwillens. Erst nach Beilegung von Prozessstreitigkeiten mit vermeintlichen Erben und Eintreffen der staatlichen resp. kirchlichen Genehmigung zur Schenkungsannahme am 20. Dezember 1934 bzw. 23. Januar 1935[286], konnte der Kirchenvorstand von St. Martin in Verhandlungen mit der Kongregation der Schwestern des Hl. Franziskus in Erlenbad treten[287]. Schnell einigten sich beide Parteien auf einen Gestellungsvertrag[288], so dass am 3. Oktober 1935 in Bilk unter dem Namen "Schwiertz - Stephan Stiftung" (heute Caritas Altenzentrum St.

---

[282] Vgl. AEK CR 18.58.1, 31.08.1939; AEK GVA Düsseldorf überhaupt 43, 20.03.1939 und 21.03.1939.
[283] Vgl. AEK GVA Düsseldorf überhaupt 94, 04.02.1931 und 03.03.1931; PfA Bilk St. Martin Urkunden St. Martin Düsseldorf - Bilk, 04.02.1931; ALD Grundbuchblatt Unterbilk 4554, 06.09.1935; HBH 920, 04.02.1931; HBH 921, 02.03.1931; Hans Neumann, Die Schwiertz - Stephan - Stiftung in Düsseldorf - Bilk, in: Die Bilker Sternwarte Jg. 14 Nr. 10 (Oktober 1968), 109 - 111, 109.
[284] Vgl. AEK GVA Düsseldorf überhaupt 94, 04.02.1931 und 03.03.1931.
[285] Vgl. EK GVA Düsseldorf überhaupt 94, 06.04.1931, 18.04.1931, 23.04.1931 und 26.04.1931.
[286] Vgl. AEK GVA Düsseldorf überhaupt 94, 20.12.1934 und 23.01.1935.
[287] Vgl. AEK GVA Düsseldorf überhaupt 94, 31.08.1935.
[288] Vgl. AEK GVA Düsseldorf überhaupt 94, 01.11.1935.

Martin) ein Damenheim für 16 Frauen eröffnet werden konnte[289]. Für den kleinen Konvent von vier Franziskanerinnen und die Bewohnerinnen des Hauses wurde bereits zu Beginn des Jahres 1936 eine Hauskapelle eingerichtet und mit einem Kreuzweg ausgestattet[290].

Marienheim Benrath

Marienschwestern vom katholischen Apostolat aus Schönstatt, die bereits in den Jahren 1929 bis 1931 im Agnesheim tätig waren[291], eröffneten am 15. Juli 1937 in Benrath eine neue Niederlassung[292]. Aus einem am 3. Mai 1937 abgesandten Schreiben von Pfarrer Alfred Adolph (St. Cäcilia) an das Kölner Generalvikariat geht hervor, seit längerer Zeit habe der Plan bestanden, in Benrath ein Haus mit Schönstätter Marienschwestern zu begründen, "um für die umfassenden Aufgaben der Pfarrseelsorge geschulte Helferinnen zur Hand zu haben"[293]. Da die im Cäcilienstift (Paulistr. 3) tätigen Dernbacher Schwestern "grundsätzlich die Arbeit als Seelsorge- und Pfarrhelferinnen" ablehnten, hatte der Kirchenvorstand den Beschluss gefasst, in der früheren Vikarie (Hauptstr. 36) unter dem Namen "Marienheim" eine Behausung für drei Schwestern einzurichten[294]. Laut Gestellungsvertrag vom 1. Juni 1937 sollten zwei Marienschwestern in der Seelsorgehilfe und eine dritte für den Schwesternhaushalt tätig sein[295].

NSV - Kindergärten

Wenig überraschend ist, dass die NSV in Düsseldorf auf dem Gebiet der Kleinkinderfürsorge eine ähnliche Strategie wie bei der Anstaltsfürsorge verfolgte. Die überwiegende Mehrzahl katholischer Kindergärten blieb unbehelligt, doch gerieten Einrichtungen unter Druck, die in stadteigenen Immobilien untergebracht oder in Trägerschaft der Stadt waren. Zur ersten Gruppe gehörten kirchliche Anstalten, die über keine eigenen Räumlichkeiten verfügten und meist städtischen Schulen angegliedert waren. Den dort untergebrachten Kindergärten kündigte die Stadtverwaltung spätestens bis zum Jahre 1938 das vertraglich vereinbarte Nutzungsrecht, doch gelang den meisten Trägern zur Fort-

---

[289] Vgl. AEK GVA Düsseldorf überhaupt 94, 04.02.1931; MKD Chronik der Filiale Bilk 1930 - 2000, 03.10.1935; Handbuch des Erzbistums Köln 24 (1954), 197; Archangela Heberle, 1874 - 1974. Die Erlenbader Franziskanerinnen. Beiträge zur Geschichte der europäischen Provinz der Kongregation der Schwestern des Hl. Franziskus in Erlenbad, Erlenbad 1976, 99.
[290] Vgl. AEK GVA Düsseldorf überhaupt 94, 13.01.1936 und 22.04.1936.
[291] Vgl. oben S. 552 ff.
[292] Vgl. AEK GVA Benrath St. Cäcilia 6, 03.05.1937; SMV, Liste der Ordensniederlassungen, 15.07.1937.
[293] AEK GVA Benrath St. Cäcilia 6, 03.05.1937.
[294] Vgl. AEK GVA Benrath St. Cäcilia 6, 03.05.1937; Theo Fühles, Die Hauptstraße in Benrath, Düsseldorf 1993, 53.
[295] Vgl. AEK GVA Benrath St. Cäcilia 6, 01.06.1937; PfA Benrath St. Cäcilia 63.2, 01.06.1937.

setzung ihrer Tätigkeit die Beschaffung kirchlicher oder privater Ersatzräume. Von Seiten der Stadtverwaltung wurden zwischen 1936 und 1938 die Mietverträge folgender Kindertageseinrichtungen aufgelöst:

Straße	Gebäude	Kündigung	Ersatzräume
Helmholtzstr. 16/18	Volksschule	01.06.1936	Fürstenwall 165 (St. Angelaschule), später Jahnstr. 11/13 (Paulushaus)
Kempgensweg 65	Volksschule	15.06.1936	Gatherweg 57 (Katholisches Vereinshaus)
Martinstr. 56	Volksschule	01.03.1937	Martinstr. 58 (Kaplanei)
Garather Str. 16	Volksschule	Juni 1937	Bockhackstr. 40 (Herz - Jesu Kloster)
Hasselsstr. 125/127	Volksschule	01.09.1937	Am Schönenkamp 145 (Baracke)
Telleringstr. 56	Berufsschule	Ende 1937	Flenderstr. 38 (Baracke)
Himmelgeister Str. 152	Städtisches Pflegehaus	31.01.1938	-

Etwa zeitgleich erfolgte ohne nähere Angabe von Gründen die Entlassung von Ordensschwestern, die in städtischen Kindergärten beschäftigt waren. Die Maßnahme betraf sechs von Armen Dienstmägden Christi betreute Anstalten, die auf drei Standorte verteilt waren und nach dem Ausscheiden der Ordensschwestern mit weltlichem Personal als NSV - Kindergärten weitergeführt wurden[296].

Straße	Gebäude	Träger	Kündigung
Neusser Str. 53	Volksschule	Stadt Düsseldorf	01.09.1935
Stoffeler Str. 11	Volksschule	Stadt Düsseldorf	01.09.1935
Ellerstr. 116	Volksschule	Stadt Düsseldorf	01.09.1935

Die Anstalten in Bilk und in Oberbilk gehörten zu den ersten NSV - Kinderfürsorgeeinrichtungen in Düsseldorf. Nach einer Aufstellung im örtlichen Adressbuch von 1938 gab es in der Stadt sechs Kindergärten und elf Kinderhorte, die dem Kreisamt der NSV Düsseldorf unterstellt waren[297]; nicht nur kriegsbedingt war 1941 die Zahl der NSV - Kindergärten auf 19 und die Zahl der NSV - Kinderhorte auf 14 gestiegen[298]. Trotz des geringfügigen Zuwachses an NSV - Anstalten blieb die Zahl der katholischen Kindertageseinrichtungen bis zum Ende des Zweiten Weltkrieges gegenüber der Zeit vor 1933 nahezu unverändert. Abgesehen von den bereits geschilderten Fällen, war kein Kindergarten gezwungen, seine Tätigkeit auf politischen Druck hin einzustellen. Bemerkenswert ist, dass die Gestapo im Gau Köln - Aachen im Kriegsjahr 1941 etwa 200 von knapp 600 katholischen Kindergärten beschlagnahmte[299].

---

[296] Vgl. NN, Notizen, in: Mitteilungen des Caritasverbandes für die Stadt Düsseldorf Jg. 11 Nr. 8/10 (August/September 1935), 5.

[297] Vgl. Adreßbuch der Stadt Düsseldorf zur 650 - Jahr - Feier 1938, Düsseldorf 1938, 23. Vgl. auch RLZ 28.05.1937.

[298] Vgl. Adreßbuch der Stadt Düsseldorf 1941/42, Düsseldorf 1942, 19.

[299] Vgl. Eckhard Hansen, Wohlfahrtpolitik im NS - Staat. Motivationen, Konflikte und Machtstrukturen im "Sozialismus der Tat" des Dritten Reiches, Augsburg 1991, 224.

Mit welcher Zielsetzung die Jungen und Mädchen in den Düsseldorfer NSV - Kindergärten im nationalsozialistischen Sinne sozialisiert werden sollten, war in den lokalen Propagandablättern der NSDAP mehrfach beschrieben worden[300]. Exemplarisch sei auf einen Artikel im "NSV - Helfer", dem Nachrichtenblatt des Gauamtes der NSV Düsseldorf, vom August 1939 verwiesen, der die Aufgaben der Kindertagesstätten und Kindergärtnerinnen im nationalsozialistischen Deutschland wie folgt umschrieb: "Die Kindertagesstätten der NSV sind Einrichtungen der nationalsozialistischen Bewegung, deren eines der Hauptziele die Gesundung und Erstarkung der deutschen Familie ist. ... Unterstützung und Erziehung der gesunden Familie, der Kernzelle des völkischen Wiederaufbaus des deutschen Volkes, sind erforderlich. Aus diesem Grunde werden in den Kindertagesstätten nur arische und erbgesunde Kinder aufgenommen. Nicht Bewahranstalten, sondern Erziehungsstätten sind die Kindertagesstätten der NSV, Erziehungsstätten für die Jüngsten des deutschen Volkes. Lebensbejahend und lebensnah sind äußere und innere Atmosphäre dieser Erziehungsstätten. ... Die erfaßten Kinder werden in ihrer körperlichen, geistigen und seelischen Entwicklung gefördert. ... Über die individuelle Erfassung jedes einzelnen Kindes hinaus, die als Grundlage für die Leitung und Erziehung vorhanden sein muß, werden die Kinder durch ihr Einordnen und Einfügen in die Kindergemeinschaft ihrer Altersstufe entsprechend zum Dienst an der Volksgemeinschaft erzogen"[301].

Auf die Frage, welche Aufgaben der Kindergärtnerin beim Aufbau und der Durchführung dieser Einrichtungen erwachsen, hieß es: "Sie muß ihre ganze Kraft in den Dienst der NSV und der ihr anvertrauten Kinder stellen. Ist sie aus innerer Einstellung zum Kinde zu ihrem Kindergärtnerinnenberuf gekommen, so wird sie jedes Kind in seiner Eigenart erkennen und zu lenken wissen, so daß es sich willig der Kindergemeinschaft einordnet. Über das Kind, das ja einer rechten Mutter das Größte ist, gewinnt sie den tiefsten Eingang in die Familien. ... In der augenblicklich ernsten Zeit haben gerade unsere Kindergärten große und bedeutende Aufgaben zu erfüllen. Sie nehmen der berufstätigen Mutter die Sorge ab um ihre Kinder. In Ruhe kann sie ihrer Arbeit in lebenswichtigen Betrieben nachgehen, weil sie ihre Kinder in sicherer Obhut weiß. Schon bevor sie zur Arbeit geht, kann sie ihre Kinder in den NSV - Kindergarten bringen, in denen überall Frühdienst eingerichtet ist. Ja, auch mittags können die Kinder in unseren Einrichtungen verbleiben und werden während des ganzen Tages verpflegt. Die Kindergärtnerin hat gerade in diesen Fällen eine herrliche Aufgabe, um die Kinder, deren Müt-

---

[300] Vgl. NN, Bericht über die Gautagung in Düsseldorf am 10. Juni, in: Soziale Berufsarbeit Jg. 15 Nr. 8 (August 1935), 3; NN, Die NSV - Kindergärtnerin erzieht ein neues Geschlecht, in: Der NSV - Helfer. Nachrichtenblatt des Gauamtes der NSV Düsseldorf Jg. 2 Nr. 8/10 (August/Oktober 1939), 14 - 15, 14 f; NN, Die Ausbildung der Kindergärtnerin, in: Der NSV - Helfer. Nachrichtenblatt des Gauamtes der NSV Düsseldorf Jg. 2 Nr. 8/10 (August/Oktober 1939), 15 - 16, 15 f; NN, Weihnachtsschau der NSV - Kindergärten im Gau Düsseldorf, in: Der NSV - Helfer. Nachrichtenblatt des Gauamtes der NSV Düsseldorf Jg. 3 Nr. 1 (Januar 1940), o. S. (4); DT 28.06.1940. Vgl. dazu Manfred Berger, Vorschulerziehung im Nationalsozialismus. Recherchen zur Situation des Kindergartenwesens 1933 - 1945, Weinheim 1986, 75 ff.

[301] NN, Die NSV - Kindergärtnerin erzieht ein neues Geschlecht, in: Der NSV - Helfer. Nachrichtenblatt des Gauamtes der NSV Düsseldorf Jg. 2 Nr. 8/10 (August/Oktober 1939), 14 - 15, 14 f.

ter berufstätig sind oder deren Väter im Kriege sind, liebevoll zu betreuen. Auf kulturellem Gebiet hat die Kindergärtnerin wertvolle Aufgaben zu erfüllen. Sie läßt arteigenes Volkstum und Brauchtum durch das deutsche Märchen, durch Volkslied und Volksreim, durch rechte Feiergestaltung bei Kindern und Müttern wieder aufleben. Indem sie selbst versucht, immer tiefer in die nationalsozialistische Weltanschauung hineinzuwachsen und durch ihre Tat und Lebenshaltung zu beweisen, wird sich ihr Einfluß auf Kinder und Familien auch in politischer Beziehung erzieherisch auswirken"[302].

Caritasschwestern

Eine am 9. Juli 1936 erlassene Bestimmung des Hauptamtes für Volkswohlfahrt, nach der jede freie Schwester einer anerkannten Schwesternorganisation (NS - Schwesternschaft, Reichsbund der freien Schwestern und Pflegerinnen, DRK - Schwesternschaft, Schwesternschaft der Inneren Mission) angehören musste[303], hatte im Oktober 1937 zur Gründung der "Reichsarbeitsgemeinschaft freier Caritasschwestern" bei der Zentrale des Deutschen Caritasverbandes in Freiburg geführt[304]. Auch in Düsseldorf schlossen sich katholische weltliche Krankenpflegerinnen in einem Kreis zusammen und riefen bereits im November 1937 eine Ortsgruppe der "Reichsarbeitsgemeinschaft freier Caritasschwestern" ins Leben, "der sofort eine Anzahl hiesiger Schwestern beitrat"[305]. Der Gemeinschaft, die dem Caritasverband für die Stadt Düsseldorf angegliedert war und für viele Schwestern schnell zu einem Zufluchtsort gegenüber dem weltanschaulichen Alleinanspruch des NS - Staates wurde[306], konnten Säuglings- und Kinderschwestern, Krankenschwestern, medizinisch - technische Gehilfinnen, medizinisch - technische Assistentinnen, Hebammen, Wochenpflegerinnen, Volkspflegerinnen und Gemeindehelferinnen beitreten[307]. Im Jahre 1943 zählte die Düsseldorfer Ortsgruppe 160 examinierte Schwestern und 53 Schwesternschülerinnen, von denen 179 in der Krankenpflege, eine in der Krankenhausfürsorge, 13 in der Säuglings- und Kinderpflege, 17 in der "Irrenpflege" und zwei als Hebammen tätig waren[308]. Erkennbar waren die Caritasschwes-

---

[302] NN, Die NSV - Kindergärtnerin erzieht ein neues Geschlecht, in: Der NSV - Helfer. Nachrichtenblatt des Gauamtes der NSV Düsseldorf Jg. 2 Nr. 8/10 (August/Oktober 1939), 14 - 15, 15.
[303] Vgl. Hans - Georg Ballarin, Deutsche Wohlfahrtspflege, Leipzig 1938, II E a, S. 52.
[304] Vgl. Hans - Josef Wollasch, Aus der Frühzeit der Caritas - Schwesternschaft (1937 - 1945), in: Hans - Josef Wollasch, Beiträge zur Geschichte der Deutschen Caritas in der Zeit der Weltkriege. Zum 100. Geburtstag von Benedict Kreutz (1879 - 1949), Freiburg 1978, 161 - 178, 165 f; Im Zeichen des Regenbogens. 50 Jahre Caritas - Schwesternschaft, Freiburg 1987, 73.
[305] NN, Rückblick auf 1937, in: Mitteilungen des Caritasverbandes für die Stadt Düsseldorf Jg. 14 Nr. 1 (Januar 1938), 2 - 3, 3.
[306] Vgl. NN, Die Caritasschwestern aus der Diözese Köln, in: Die Caritasschwester Jg. 5 Nr. 4 (Juli/August 1954), 13 - 14, 13.
[307] Vgl. NN, Zeitgemäße Frauenberufe, in: Caritasverband Düsseldorf. Rundbrief an unsere Mitarbeiter und Mitarbeiterinnen Jg. 19 Nr. 1 (Februar 1943), 1 - 3, 2 f.
[308] Vgl. NN, Reichsgemeinschaft freier Caritasschwestern, in: Caritasverband Düsseldorf. Rundbrief an unsere Mitarbeiter und Mitarbeiterinnen Jg. 19 Nr. 1 (Februar 1943), 3.

tern neben einheitlicher Berufskleidung an einem Haubenband und einer Brosche, die beide von einem Caritas - Flammenkreuz in der Opferschale geziert wurden[309]. "Entsprechend ihrem Berufsabzeichen", so der Rundbrief des Düsseldorfer Caritasverbandes im Februar 1943, war "die freie Caritasschwester bemüht, in enger Verbindung mit der ihr zahlenmäßig zwar überlegenen, zielmässig aber gleichgerichteten Ordens - Caritas - Schwester die menschliche Krankheit zu bannen oder zu lindern und damit Zeugnis der christlichen Liebe zu geben"[310].

Stellenvermittlung

Spezielle Dienste, mit denen katholische Fürsorgeeinrichtungen öffentlichkeitswirksam in Erscheinung traten, wurden der Kirche nach und nach entzogen. Hierzu gehörten etwa die Stellenvermittlungen des Caritasverbandes für Säuglings-, Wochen- und Krankenpflegerinnen (Tonhallenstr. 15), des Katholischen Mädchenschutzvereins für Hausgehilfinnen (Klosterstr. 86/90), des Gertrudisheims für "gefährdete und verwahrloste weibliche Personen" (Ulmenstr. 83/83a), des Annastiftes für Hausgehilfinnen (Ritterstr. 20/22) und des Katholischen Männerfürsorgevereins für "gefährdete und verwahrloste männliche Personen" (Tonhallenstr. 15)[311], die bis zum Verbot im Jahre 1936[312] "zahlreichen, nach tausenden zählenden, hilfsbedürftigen Menschen eine Arbeit und damit Erwerb, Brot u.a.m." vermitteln konnten[313]. Durch Schreiben vom 28. Juli 1936 teilte die Reichsanstalt für Arbeitsvermittlung und Arbeitslosenversicherung den genannten Einrichtungen mit, einem "Antrage auf Erteilung eines Auftrages zur nichtgewerbsmäßigen Arbeitsvermittlung, Berufsberatung und Lehrstellenvermittlung kann nicht entsprochen werden. ... Mit Ablauf des 31. Dezember 1936 ist jede Arbeitsvermittlungstätigkeit einzustellen"[314]. Fast trotzig reagierte Caritasdirektor Johannes Becker auf das Verbot der Arbeitsvermittlung sozial - caritativer Einrichtungen für "voll arbeitseinsatzfähige Personen" und kommentierte den Vorgang mit den Worten: "Trotzdem werden die katho-

---

[309] Vgl. NN, Reichsgemeinschaft freier Caritasschwestern, in: Caritasverband Düsseldorf. Rundbrief an unsere Mitarbeiter und Mitarbeiterinnen Jg. 19 Nr. 1 (Februar 1943), 3.

[310] NN, Reichsgemeinschaft freier Caritasschwestern, in: Caritasverband Düsseldorf. Rundbrief an unsere Mitarbeiter und Mitarbeiterinnen Jg. 19 Nr. 1 (Februar 1943), 3.

[311] Vgl. Johannes Becker, Arbeitsvermittlung, in: Mitteilungen des Caritasverbandes für die Stadt Düsseldorf Jg. 12 Nr. 7/8 (Juli/August 1936), 3 - 4, 3.

[312] Vgl. PfA Himmelgeist St. Nikolaus 205, 19.07.1945; Elisabeth Denis, Die gesetzliche Neuregelung der caritativen Stellenvermittlung, in: Caritas. Zeitschrift für Caritaswissenschaft und Caritasarbeit Jg. 41 Nr. 10 (Oktober 1936), 349 - 360, 349 ff.

[313] Johannes Becker, Arbeitsvermittlung, in: Mitteilungen des Caritasverbandes für die Stadt Düsseldorf Jg. 12 Nr. 7/8 (Juli/August 1936), 3 - 4, 3. Vgl. dazu Martin Patzek, Im Dienste der Jugend - offen dem Aufruf der Zeit. Elisabeth Denis und IN VIA - Deutscher Verband katholischer Mädchensozialarbeit, Diss. Freiburg 1989, 130 ff.

[314] Johannes Becker, Arbeitsvermittlung, in: Mitteilungen des Caritasverbandes für die Stadt Düsseldorf Jg. 12 Nr. 7/8 (Juli/August 1936), 3 - 4, 3. Vgl. auch SAD IV 966, 28.08.1937; NN, Die caritative Jugendfürsorge in Düsseldorf (1938), in: Mitteilungen des Caritasverbandes für die Stadt Düsseldorf Jg. 15 Nr. 3 (März 1939), 4 - 5, 5.

lischen Stellen unter gewissenhafter Beobachtung der an sie gegangenen Bescheide die fürsorgerische Tätigkeit an ihren Schützlingen eifrig fortsetzen"[315].

Bahnhofsdienste

Die konfessionellen Bahnhofsmissionen am Düsseldorfer Hauptbahnhof mussten im Herbst 1939 ihre Fürsorgearbeit einstellen, die fortan von der NSV wahrgenommen wurde. Die unmittelbare Einflussnahme der Nationalsozialisten auf das Gebiet der Bahnhofsdienste hatte im Frühjahr 1937 begonnen[316], als die NSV in der Reichshauptstadt den Anspruch erhob, "allen in Berlin an- und durchreisenden Partei- und Volksgenossen, Jugendlichen und Kindern nach nationalsozialistischen Grundsätzen Fürsorge und beratende Betreuung zu gewähren" sowie Mütter- und Kindertransporte und alleinreisende Jugendliche zu betreuen und Hilfesuchende in NSV - Unterkünfte einzuweisen[317]. Parteiamtliche Stellen beteuerten, eine flächendeckende Ausweitung des NSV - Bahnhofsdienstes und ein Eingreifen in die Arbeit der kirchlichen Wohlfahrtsverbände seien nicht beabsichtigt. In einem Schreiben von Erich Hilgenfeldt an Caritaspräsident Benedict Kreutz hieß es am 31. August 1937: "Im übrigen gestatte ich mir, Sie darauf hinzuweisen, daß die in der Presse und insbesondere in der Wohlfahrtskorrespondenz erschienenen Mitteilungen über den NSV - Bahnhofsdienst[318] nicht den Tatsachen entsprechen. Gemäß der mit Ihnen getroffenen Vereinbarung ist die Errichtung eines NSV - Bahnhofsdienstes vorgesehen, wo besondere Verhältnisse die Mitwirkung der NSV auf diesem Arbeitsgebiet erfordern"[319]. Nachdem die NSV auf deutschen Bahnhöfen aber mehr und mehr Fuß gefasst hatte, erklärte Rudolf Heß im April 1939, es sei "unerwünscht, daß auf denjenigen Bahnhöfen, auf denen die NSV einen Bahnhofsdienst eingerichtet hat, die kirchlichen Bahnhofsmissionen noch weiterhin ihre Tätigkeit ausüben"[320]. Wohl zu Recht konnte das Hauptamt für Volkswohlfahrt am 20. Mai 1939 in

---

[315] Johannes Becker, Arbeitsvermittlung, in: Mitteilungen des Caritasverbandes für die Stadt Düsseldorf Jg. 12 Nr. 7/8 (Juli/August 1936), 3 - 4, 4.
[316] Zu ersten, nicht abgestimmten Versuchen der Einflußnahme auf die Bahnhofsmissionen vgl. Bruno W. Nikles, Machtergreifung am Bahnhof. Nationalsozialistische Volkswohlfahrt und kirchliche Bahnhofsmission 1933 bis 1945, in: Neue Praxis. Zeitschrift für Sozialarbeit, Sozialpädagogik und Sozialpolitik Jg. 19 Nr. 3 (Juni 1989), 242 - 261, 246 ff; Bruno W. Nikles, Soziale Hilfe am Bahnhof. Zur Geschichte der Bahnhofsmission in Deutschland (1894 - 1960), Freiburg 1994, 231 ff; Gabriele Kranstedt, Migration und Mobilität im Spiegel der Verbandsarbeit Katholischer Mädchenschutzvereine 1895 - 1945. Ein Beitrag zur Geschichte der Katholischen Frauenbewegung, Freiburg 2003, 471 ff.
[317] Vgl. NN, Aus der NSV, in: Deutsche Zeitschrift für Wohlfahrtspflege Jg. 13 Nr. 5 (August 1937), 245 - 246, 245. Vgl. auch H.Bf., Bahnhofsdienst der NSV, in: Nationalsozialistischer Volksdienst Jg. 4 Nr. 9 (Juni 1937), 126.
[318] Der sozialpolitische Zeitungsdienst "Wohlfahrts - Korrespondenz" hatte am 12. August 1937 angekündigt, dass "in allen größeren Städten Deutschlands NS - Bahnhofsdienste durch die NSV aufgezogen" werden sollten (vgl. NN, Der NS - Bahnhofsdienst, in: Wohlfahrts - Korrespondenz. Sozialpolitischer Zeitungsdienst Jg. 13 Nr. 63 (12.08.1937), 1 - 2, 1).
[319] DCF 281.3 Fasz. 2, 31.08.1937.
[320] BAK NS 37/1009, 14.04.1939.

einem Rundbrief behaupten, dass "das Verhältnis zwischen NSV - Bahnhofsdienst und der kirchlichen Bahnhofsmission ... damit als endgültig geklärt anzusehen" sei[321].

Wie in anderen Städten des Reiches, so hatte auch in Düsseldorf der Verdrängungsprozess der konfessionellen Bahnhofsmissionen mit der Installierung einer eigenen, mit erheblichen Mitteln ausgestatteten Organisation eingesetzt. Als während der Propagandaschau "Schaffendes Volk" am 23. August 1937 im Düsseldorfer Hauptbahnhof der NS - Bahnhofsdienst mit einem "Volkspfleger" und einer "Volkspflegerin" eröffnet wurde, berichteten hierzu die Düsseldorfer Nachrichten: "Zu jedem einlaufenden Zug wird sich von jetzt ab der NS - Bahnhofsdienst einfinden, die Einreisenden beobachten und mit praktischer Hilfe zuspringen, wo es sich um Kranke, alleinreisende Jugendliche, Gebrechliche, Mütter mit Kindern oder überhaupt um Menschen handelt, die sich aus irgendeiner augenblicklichen Notlage nicht allein zu helfen wissen. ... Überall hilft der Bahnhofsdienst. Und so oft auch das Thema vom unerfahrenen Mädchen vom Lande, das von der Großstadt sich blühende Phantasiebilder ausmalt und dort bei der Ankunft allein und hilflos den Gefahren der Großstadt zum Opfer wird, erzählt worden ist und zum 'abschreckenden' Vorwurf für Filme, Novellen und Geschichten aller Art gedient hat, so oft taucht doch dieses Bild in der täglichen Praxis immer wieder auf und erfordert schnellen vorbeugenden Beistand. In diesen Fällen ist der NS - Bahnhofsdienst als Vermittlungsstelle eingerichtet, um ein solches Mädchen vorübergehend vorerst in einem Heim unterzubringen, in Verbindung mit dem Arbeitsamt eine neue Stelle zu vermitteln oder bei völlig Mittellosen die erste Hilfe des Wohlfahrtsamtes einzuleiten, bzw. für eine eventuelle sofortige Rückreise zu sorgen. ... Außerdem ist vorgesehen, daß sich der NS - Bahnhofsdienst bei den großen Transporten der NSV - Kinderlandverschickung beteiligt, die organisatorischen Vorarbeiten übernimmt und die Kindergruppen zu den Zügen leitet. ... Ein Anfang ist gemacht, und wiederum hat die NSV ein von ihr bisher nicht erfaßtes Arbeitsgebiet unter eigener Leitung und aus eigener Initiative in Angriff genommen"[322].

Kurz vor Ausbruch des Zweiten Weltkrieges legte die NSV eine erste Leistungsbilanz über ihre Tätigkeit am Bahnhof vor und kommentierte das Ergebnis mit dem Bemerken: "Im Jahre 1938 hat der Düsseldorfer NSV - Bahnhofsdienst über 8123 deutsche Menschen betreut, 3281 Helfer und Helferinnen haben im Laufe dieser Zeit dort ehrenamtlich ihren Dienst getan. Wie stark das Vertrauen unserer Volksgenossen zur NSV als der Verkörperung der deutschen Opferbereitschaft ist, kommt am besten dadurch zum Ausdruck, wie sich heute eben alle Volksgenossen an den Bahnhöfen, an denen ein NSV - Bahnhofsdienst besteht ... an die NSV wenden. ... Die NSV ist heute die Gesundheitsbetreuerin des deutschen Menschen schlechthin. An dieser Arbeit um ein gesundes Volk und für eine sichere Zukunft hat auch der Düsseldorfer NSV - Bahnhofsdienst seinen guten Teil beigetragen"[323].

---

[321] BAK NS 37/1009, 14.04.1939.
[322] DN 24.08.1937.
[323] DT 10.08.1939. Vgl. auch Lisette Müller, Brief an eine jugendliche Freundin, in: 1933 - 1950. Einzelschicksale und Erlebnisse von Bürgern aus dem Stadtbezirk 10 (Garath/Hellerhof) und angrenzenden Stadtteilen, Düsseldorf 1986, 68 - 89, 82 f.

Schon wenige Tage nach Einrichtung des NSV - Bahnhofdienstes in Düsseldorf hatte Oberbürgermeister Otto Liederley am 9. September 1937 den konfessionellen Wohlfahrtsverbänden die Erlaubnis entzogen, Natural- und Geldleistungen zu gewähren und mit der Stadt abzurechnen[324]. Außerdem war der katholischen und evangelischen Bahnhofsmission zur Auflage gemacht, "in Zukunft diejenigen hilfsbedürftigen Volksgenossen, die Reisekosten benötigen, an den NS - Bahnhofsdienst im Hauptbahnhof zu verweisen"[325]. Ungeachtet dieser Einschränkungen und des Verlustes eines Arbeitsraumes, der im Zuge des Bahnhofsumbaues 1936 für kirchliche Missionsdienste bestimmt war[326], nach Fertigstellung aber von der NSV bezogen wurde[327], setzten beide konfessionsgebundenen Bahnhofsmissionen ihre Tätigkeit fort. Die völlige Einstellung der Arbeit war indes nur eine Frage der Zeit und kam mit dem 30. September 1939[328].

Unter der Überschrift "Abschied von der Katholischen Bahnhofsmission Düsseldorf" würdigte das Nachrichtenblatt des Caritasverbandes im Oktober 1939 die über 35jährige Tätigkeit des Katholischen Mädchenschutzvereins mit den Worten: "Es ist rührend und ergreifend zugleich, in den Annalen der katholischen Bahnhofsmission zu lesen. Wieviel Opfersinn, caritative Hilfsbereitschaft und Begeisterung leuchten aus diesen Blättern ! Die getane Arbeit nennt sich schlicht 'kleine Hilfeleistungen'. ... Derartige 'kleine Hilfeleistungen' sind von 1902 bis 1939 insgesamt 186332 aufgezeichnet. Wieviel mögen nicht aufgezeichnet sein ? ... Die Namen der zahlreichen Helferinnen, amtlicher wie ehrenamtlicher, zu nennen, ist hier nicht möglich. Sie wollen auch nicht genannt sein. Sind sie doch eingetragen ins Buch des Lebens: Nur ihre Werke folgen ihnen nach ! Bahnhofsdienst ist, sofern er aus caritativen Beweggründen geleistet wird, ein Seelsorgsdienst. So hat die katholische Bahnhofsmission Düsseldorf in den verflossenen 37 Jahren ihre Arbeit stets aufgefaßt. Viel Böses hat sie verhindert, viel Gutes hat sie getan. Jetzt hat sie gehen müssen. Und Abschied schmerzt"[329].

Obgleich keine Nachrichten überliefert sind, ist anzunehmen, dass spätestens mit Ausbruch des Zweiten Weltkrieges auch der 1925 vom Katholischen Männerfürsorge eingerichtete Katholische Bahnhofsdienst, der am Düsseldorfer Hauptbahnhof "hilfs- und schutzbedürftigen Knaben, Jünglingen und Männern" mit einer amtlichen und etwa 20 ehrenamtlichen Kräften zur Seite stand[330], seine Tätigkeit einstellen musste. Dunkel

---

[324] Vgl. ADR 82.4.4.1, 09.09.1937.

[325] ADR 82.4.4.1, 09.09.1937.

[326] Vgl. Karl Endmann, Düsseldorf und seine Eisenbahnen in Vergangenheit und Gegenwart, Stuttgart 1987², 70 ff.

[327] Vgl. Evelyn Kroh, ... Vor 1900 fing es an. Geschichte der Bahnhofsmission in Deutschland. Chronik der evangelisch - katholischen Bahnhofsmission Düsseldorf, Düsseldorf 1984, 6.

[328] Vgl. ADR 82.4.4.1, 15.04.1946; NN, Abschied von der Katholischen Bahnhofsmission Düsseldorf, in: Mitteilungen des Caritasverbandes Düsseldorf Jg. 15 Nr. 10 (Oktober 1939), 3 - 4, 3.

[329] NN, Abschied von der Katholischen Bahnhofsmission Düsseldorf, in: Mitteilungen des Caritasverbandes Düsseldorf Jg. 15 Nr. 10 (Oktober 1939), 3 - 4, 3 f.

[330] Vgl. Johannes Becker, Aus dem caritativen Leben Düsseldorfs, in: Mitteilungen des Katholischen Caritas - Sekretariates, Düsseldorf Jg. 2 Nr. 4/5 (April/Mai 1926), 4 - 5, 4; Paul Regner, Katholischer Bahnhofsdienst, in: Josef Beeking, Katholische Kinder- und Jugendfürsorge. Festschrift zum ersten Gesamtkongreß der katholischen Kinder- und Jugendfürsorge Deutschlands. München 17. - 19. Oktober 1927, München 1927, 98 - 99, 98 f; NN, Für gefährdete und verwahrloste katholische Knaben, Jüng-

bleibt auch, wie lange die 1926 gegründete "Arbeitsgemeinschaft der Düsseldorfer Bahnhofsmissionen", die noch im September 1934 eine Spendensammlung aller konfessionellen Bahnhofsdienste organisierte und durchführte[331], Bestand hatte.

Sammlungen

Bei öffentlichen Sammlungen bewegten sich nicht nur die Bahnhofsdienste, sondern alle katholischen Wohlfahrtseinrichtungen im Rampenlicht der Öffentlichkeit. Neben dem Winterhilfswerk, an dessen Durchführung sich die Düsseldorfer Caritas noch bis zum Winter 1935/36 zu beteiligen versuchte[332], lenkten vor allem die Haus- und Straßensammlungen des Caritasverbandes für die Stadt Düsseldorf den Blick der Öffentlichkeit auf die katholische Fürsorgearbeit. Um Spendengelder selber abzuschöpfen und die kirchliche Wohlfahrt ihrer Finanzgrundlage zu berauben, schränkten die Nationalsozialisten die Sammeltätigkeit der Kirchen in nur kurzer Zeit immer mehr ein. Zwischen dem Erlass des ersten Sammlungsgesetzes am 1. November 1934, das den Einzug von Spendengeldern nur unter Einhaltung strenger Auflagen gestattete[333], bis zum Verbot öffentlicher Caritassammlungen 1937 lagen nur drei Jahre. Danach waren lediglich Kollekten erlaubt, die nur in Kirchenräumen oder während geschlossener Veranstaltungen abgehalten werden durften.

Erstaunlicherweise scheint trotz aller Repressionen die Beteiligung der Bevölkerung an den Kirchensammlungen kaum nachgelassen zu haben[334]. Über den Verlauf des Caritasvolkstages 1935, der vom 18. bis 24. Mai reichsweit durchgeführt wurde[335], berichtete Johannes Becker in den Caritasmitteilungen für seinen Verband: "In Düsseldorf durch das örtliche Caritas - Sekretariat und die 50 Pfarr - Caritas - Ausschüsse bestens vorbe-

---

linge und Männer in Düsseldorf, in: Mitteilungen des Caritasverbandes für die Stadt Düsseldorf Jg. 4 Nr. 3 (März 1928), 19 - 21, 20; Johann Happe, Bilder aus der Düsseldorfer katholischen Bahnhofsmission, in: Mitteilungen des Caritasverbandes für die Stadt Düsseldorf Jg. 4 Nr. 6 (Juni 1928), 46 - 48, 47 f; NN, Aus dem Tagebuches des Düsseldorfer katholischen Bahnhofsdienstes, in: Mitteilungen des Caritasverbandes für die Stadt Düsseldorf Jg. 6 Nr. 2 (Februar 1930), 9 - 12, 9 ff. Im Jahre 1925 war von evangelischer Seite gleichfalls ein Bahnhofsdienst für Männer in Düsseldorfer eingerichtet worden (vgl. NN, Düsseldorf, in: Jahres - Bericht der Gesellschaft zur Fürsorge für die zuziehende männliche Jugend E. V. über ihre Arbeit im Jahre 1925, Berlin 1926, 25 - 26, 25).

[331] Vgl. Johannes Becker, Die Tätigkeit des Düsseldorfer Caritasverbandes im Jahre 1926, in: Mitteilungen des Caritasverbandes für die Stadt Düsseldorf Jg. 3 Nr. 6 (Juni 1927), 43 - 46, 45; DT 15.09.1934.

[332] Da der Caritasverband für die Stadt Düsseldorf entgegen aller Richtlinien 1935/36 nicht in die Arbeitsgemeinschaft der Träger des Winterhilfswerkes berufen worden war, scheint der Verband sein Engagement für die Winterhilfswerke der Folgejahre eingestellt zu haben (vgl. NN, Winterhilfswerk und Caritas, in: Mitteilungen des Caritasverbandes für die Stadt Düsseldorf Jg. 12 Nr. 9/10 (September/Oktober 1936), 3 - 4, 3 f).

[333] Vgl. NN, Was jede(r) Caritasarbeiter(in) vom Sammlungsgesetz wissen muß, in: Mitteilungen des Caritasverbandes für die Stadt Düsseldorf Jg. 10 Nr. 10/12 (Oktober/Dezember 1934), 3.

[334] Vgl. Hans - Josef Wollasch, Caritasarbeit unter Diktatur. Zur Bedeutung von Caritassammlungen im Dritten Reich, in: Caritas '74. Jahrbuch des Deutschen Caritasverbandes, 270 - 290, 273 ff.

[335] Vgl. PfA Düsseldorf St. Lambertus Akten 131 K, 12.05.1935; DT 18.05.1935.

reitet, hat der Caritas - Volkstag zahlreiche katholische Kräfte im Sinne der katholischen Aktion mobil gemacht. 6000 Sammelkräfte sind in den genannten Tagen für die Caritasbestrebungen der Kirche tätig gewesen. Die schöne Plakette 'tuet Gutes allen' ist in 160000 Stück verteilt worden. Der materielle Erfolg ist gegenüber dem Vorjahre um ein bedeutendes gestiegen. In ideeller Hinsicht wird der Caritas - Volkstag auch in unserer Stadt von nachhaltiger Wirkung sein. Die Mittel sind entsprechend der kirchlichen Anordnung für Caritaszwecke zur Verteilung gebracht"[336]. Wie bereits berichtet, liegen keine Angaben über das Spendenaufkommen aus der Stadt Düsseldorf vor[337]. Bekannt ist lediglich, dass die Gläubigen in der Pfarrei St. Cäcilia am Caritasvolkstag 1935 mehr als 1900 Mark (Haussammlung 954 Mark, Straßensammlung 965 Mark) spendeten[338]. Im Proklamandum vom 26. Mai 1935 sprach der Benrather Pfarrer Alfred Adolph den vielen Helfern seinen Dank aus und kommentierte das Resultat mit den Worten: "Trotz mancher Anfeindungen und Lieblosigkeiten, womit sie stellenweise von unwissenden und böswilligen Mitmenschen bedacht worden sind, haben sie doch mit ihrem frohem Opfermut ein erhebendes Zeugnis ihrer Caritas - Gesinnung abgelegt. ... Unser Dank gilt auch allen denen, die durch ihre Spenden dazu beigetragen haben, den Gedanken der Volksverbundenheit und Christengemeinschaft zu fördern"[339]. Herabsetzungen mussten auch die "Karitasjünger" in der Pfarrei St. Peter ertragen, die nach einem Bericht der Düsseldorfer Kirchenzeitung während der Caritassammlung "manche Beschimpfungen hingenommen" hatten[340].

Obwohl der Caritasvolkstag 1936 nach einer Verfügung von Reichsinnenminister Wilhelm Frick auf zwei Tage (13. und 14. Juni) beschränkt war[341], stellten sich in Düsseldorf auch in diesem Jahr wieder 6000 ehrenamtliche Helfer zur Verfügung, die etwa "80 % des materiellen Erlöses von 1935" zusammentragen konnten[342]. Neben "religiös - sittlichen" Zwecken galt die Caritassammlung vorrangig der "Mittelbeschaffung für Caritaszwecke". In einem Beitrag über "das Wesenhafte und Bedeutsame" der Caritassammlung 1936 hob Caritasdirektor Johannes Becker hervor: "Nachdem im neuen Deutschland infolge der 'Entkonfessionalisierung des öffentlichen Lebens' öffentliche, d.h. staatliche Mittel für nichtgesetzliche Wohlfahrtsaufgaben ganz oder fast ganz in Fortfall gekommen sind, ist die Erhaltung und Fortführung zahlreicher Caritas - Ein-

---

[336] Johannes Becker, Nachwort zum Caritas - Volkstag 1935, in: Mitteilungen des Caritasverbandes für die Stadt Düsseldorf Jg. 11 Nr. 5/7 (Mai/Juli 1935), 1 - 2, 1 f. Vgl. auch NN, Karitas - Volkstag 1935, in: Katholische Kirchenzeitung für Düsseldorf und Umgegend Jg. 12 Nr. 22 (02.06.1935), 240.

[337] Vgl. oben S. 602.

[338] Vgl. PfA Benrath St. Cäcilia 302, 26.05.1935.

[339] PfA Benrath St. Cäcilia 302, 26.05.1935.

[340] Vgl. NN, Karitassammlung, in: Katholische Kirchenzeitung für Düsseldorf und Umgegend Jg. 12 Nr. 21 (26.05.1935), 236.

[341] Vgl. NN, Die Caritas - Sammlung 1936, in: Mitteilungen des Caritasverbandes für die Stadt Düsseldorf Jg. 12 Nr. 4 (April 1936), 1 - 3, 1 ff.

[342] Vgl. Johannes Becker, Über die Caritas - Sammlung 1936, in: Mitteilungen des Caritasverbandes für die Stadt Düsseldorf Jg. 12 Nr. 5/6 (Mai/Juni 1936), 1 - 4, 3. Vgl. auch NN, Nach der Karitas - Sammlung 1936, in: Katholische Kirchenzeitung für Düsseldorf und Umgegend Jg. 13 Nr. 26 (28.06.1936), 339.

richtungen nicht leicht geworden. Dazu kommt, daß durch das Sammelgesetz von November 1934 der privaten Initiative in der Mittelbeschaffung starke Einschränkungen gegeben worden sind. Wie wichtig war es daher, an den genehmigten Tagen eine öffentliche Sammlung, die einzige im ganzen Jahre, zum Zwecke der Mittelbeschaffung erfolgreich zu gestalten"[343].

Wie allen Caritasverbänden, war auch dem Düsseldorfer Lokalverband in den Jahren 1937 bis 1944 die Durchführung von Haus- und Straßensammlungen untersagt und lediglich die Abhaltung von Kollekten in Kirchenräumen gestattet[344]. Kommentarlos gab das Nachrichtenblatt des Düsseldorfer Caritasverbandes im Frühjahr 1937 unter der Rubrik "Notizen" bekannt: "Der Antrag des Deutschen Caritas - Verbandes vom 26. Juni 1936 auf Genehmigung einer Haus- und Straßen - Sammlung für 1937 ist unter dem 17. März 1937 abgelehnt worden. Begründung: ' ... weil die starke Beanspruchung der Gebefreudigkeit aller Volkskreise durch das WHW eine möglichst weitgehende Einschränkung der Sammlungen während der Sommermonate erfordert'"[345].

Obwohl sich die katholischen Fürsorgeeinrichtungen in Düsseldorf streng an die Richtlinien des Sammlungsgesetzes hielten, nahmen die nationalsozialistischen Machthaber den Erlass wiederholt zum Vorwand, Repräsentanten der katholischen Kirche in der Öffentlichkeit zu diskreditieren. So wurde beispielsweise Pfarrer Johannes Dahl (St. Bruno) zur Last gelegt, unter Missachtung des Sammlungsgesetzes am 11. November 1939 "zum Eintritt in eine Vereinigung und zur Entrichtung von Beiträgen an diese Vereinigung öffentlich aufgefordert und einen auf Grund dieser Aufforderung einkommenden Betrag entgegengenommen zu haben, indem er Anmeldescheine zum Eintritt in den Caritasverband und den St. Bruno - Pfarrverein im Gottesdienst in der St. Bruno - Kirche auslegte, und einen hierauf einkommenden Betrag von 1 Reichsmark vereinnahmte, ohne die erforderliche Genehmigung zu besitzen"[346]. Zwar endete das Verfahren vor dem Düsseldorfer Landgericht am 3. Juli 1940 mit einem Freispruch, doch erzielten Prozesse dieser Art ohne Zweifel die gewünschte Wirkung, indem sie die Unsicherheit unter den Caritaskräften steigerten[347].

Bemerkenswert ist, dass seit Mitte der dreißiger Jahre einige Düsseldorfer Pfarrgemeinden dazu übergegangen waren, Spendensammlungen verstärkt in die Liturgie des Gottesdienstes einzubauen. Im November 1935 berichteten die Mitteilungen des Düsseldorfer Caritasverbandes erstmals von "Caritas - Opfergängen", die in den Pfarreien St. Blasius, St. Martin, St. Margareta, Maria Empfängnis, St. Vinzenz abgehalten wurden. Zu Sinn und Zweck derartiger Einrichtungen bemerkte das Korrespondenzblatt: "Caritas - Opfergänge sind Spenden - Veranstaltungen, die bei liturgischen Handlungen im Gotteshaus teils bei Andachten, teils beim heiligen Meßopfer stattfinden, Priester und

---

[343] Johannes Becker, Über die Caritas - Sammlung 1936, in: Mitteilungen des Caritasverbandes für die Stadt Düsseldorf Jg. 12 Nr. 5/6 (Mai/Juni 1936), 1 - 4, 1.
[344] Vgl. PfA Düsseldorf St. Lambertus Akten 131 L, 04.07.1937, 22.05.1938, 07.07.1940, 04.05.1941, 26.04.1942, 18.04.1943 und 07.05.1944.
[345] NN, Notizen, in: Mitteilungen des Caritasverbandes für die Stadt Düsseldorf Jg. 13 Nr. 3/4 (März/April 1937), 7.
[346] AEK GVA Düsseldorf St. Adolfus 9, 03.07.1940.
[347] Vgl. AEK GVA Düsseldorf St. Adolfus 9, 03.07.1940.

Gläubige, Helfer und Hilfsbedürftige, zu einer sichtbaren Caritas - Gemeinschaft zusammenschließen und letztere durch Opferspenden zugunsten armer Pfarrangehöriger lebendig werden zulassen. Caritas - Opfergänge wollen zum Ausdruck bringen, daß sie mehr sind als ein nur weltliches Tun; darum werden sie an heiliger Stätte vorgenommen werden. Gegenüber der immer mehr zunehmenden Entchristlichung der weltlichen Fürsorge ist eine Besinnung auf die religiöse Quelle der katholischen Liebestätigkeit überaus zeitgemäß. Katholische Caritas will ja nicht nur leiblichen Hunger stillen oder sonstige äußere Not lindern, sondern mehr noch religiös - sittliche Werte schaffen. Die im Gotteshause vorgenommenen Sammlungen unterliegen nicht den Bestimmungen des Reichssammlungsgesetzes und müssen daher zur Schaffung von Mitteln für die leiblichen Werke der Barmherzigkeit besonders willkommen sein"[348].

Sterilisation

Das Ziel, die Caritas in ihrer Wirksamkeit zu schwächen und aus der Öffentlichkeit zurückzudrängen, verfolgten die nationalsozialistischen Machthaber nicht nur in propagandawirksamen Bereichen, sondern auch auf dem Feld, das das Regime freien Wohlfahrtseinrichtungen zunächst explizit belassen hatte: die Behindertenfürsorge. Den Auftakt bildete das "Gesetz zur Verhütung erbkranken Nachwuchses", das am 1. Januar 1934 in Kraft trat und bestimmte: "Wer erbkrank ist, kann durch chirurgischen Eingriff unfruchtbar gemacht (sterilisiert) werden, wenn nach den Erfahrungen der ärztlichen Wissenschaft mit großer Wahrscheinlichkeit zu erwarten ist, daß seine Nachkommen an schweren körperlichen oder geistigen Erbschäden leiden werden" (§ 1.1). Als erbkrank im Sinne des Gesetzes galt, wer an folgenden Erkrankungen litt: "1. Angeborenem Schwachsinn, 2. Schizophrenie, 3. zirkulärem (manisch - depressivem) Irresein, 4. erblicher Fallsucht, 5. erblichem Veitstanz, 6. erblicher Blindheit, 7. erblicher Taubheit, 8. schwerer erblicher körperlicher Mißbildung" (§ 2.1). Zuständig für die Entscheidung über eine Zwangssterilisation waren eigens eingerichtete "Erbgesundheitsgerichte" (§ 5), die aus einem Amtsrichter, einem beamteten Arzt und einem mit der "Erbgesundheitslehre" besonders vertrauten Mediziner zusammengesetzt waren (§ 6.1)[349]. Die Meldepflicht an die Erbgesundheitsgerichte verlangte von katholischen Ärzten und Pflegern

---

[348] NN, Caritas - Opfergänge, in: Mitteilungen des Caritasverbandes für die Stadt Düsseldorf Jg. 11 Nr. 11/12 (November/Dezember 1935), 2 - 3, 2 f. Vgl. auch NN, Der Christliche Opfer - Begriff, in: Mitteilungen des Caritasverbandes für die Stadt Düsseldorf Jg. 14 Nr. 2 (Februar 1938), 1 - 4, 1 ff.
[349] Vgl. NN, Gesetz zur Verhütung erbkranken Nachwuchses. Vom 14. Juli 1933, in: Reichsgesetzblatt Nr. 86 (25.07.1933), 529 - 531, 529 ff. Vgl. dazu Kurt Lücken, Das Gesetz zur Verhütung erbkranken Nachwuchses vom 14. Juli 1933. Eine Übersicht über die gesetzlichen Bestimmungen, in: Caritas. Zeitschrift für Caritaswissenschaft und Caritasarbeit Jg. 38 Nr. 12 (Dezember 1933), 536 - 542, 536 ff; Franz Keller, Eugenik und Caritas, in: Jahrbuch der Caritaswissenschaft 1935, 73 - 83, 73 ff; Kurt Nowak, Sterilisation und "Euthanasie" im Dritten Reich. Tatsachen und Deutungen, in: Geschichte in Wissenschaft und Unterricht 39 (1988), 327 - 341, 327 ff; Peter Weingart, Rasse, Blut und Gene. Geschichte der Eugenik und Rassenhygiene in Deutschland, Frankfurt 1988, 464 ff; Kerstin Griese, Opfer von Zwangssterilisierungen und NS - "Euthanasie" in der Rheinprovinz. Eine didaktische Arbeitshilfe mit Dokumenten, Bildern und Texten für Schule und Bildungsarbeit, Düsseldorf 2001, Nr. 2.

eine Form der Mitwirkung, die durch die Enzyklika "Casti connubii" untersagt war. "Zu verwerfen", so die autoritative Stellungnahme von Papst Pius XI. im Jahre 1930 zur Sterilisationsfrage, "sind jene bedenklichen Bestrebungen, die zwar zunächst das natürliche Recht des Menschen auf die Ehe, tatsächlich aber unter gewisser Rücksicht auch das Gut der Nachkommenschaft angehen. Es finden sich nämlich solche, die in übertriebener Sorge um die 'eugenischen' Zwecke nicht nur heilsame Ratschläge zur Erzielung einer starken und gesunden Nachkommenschaft geben ... , sondern dem 'eugenischen' Zwecke den Vorzug vor allen andern, selbst denen einer höheren Ordnung geben. ... Ja sie gehen so weit, solches von Gesetzes wegen, auch gegen ihren Willen, durch ärztlichen Eingriff jener natürlichen Fähigkeit berauben zu lassen, und zwar nicht als Körperstrafe für vergangene Verbrechen, noch auch um künftigen Vergehen solcher Schuldigen vorzubeugen, sondern indem sie gegen alles Recht und alle Gerechtigkeit für die weltliche Obrigkeit eine Gewalt in Anspruch nehmen, die sie nie gehabt hat und rechtmäßigerweise nicht haben kann. Sie vergessen zu Unrecht, daß die Familie höher steht als der Staat, und daß die Menschen nicht an erster Stelle für die Zeit und Erde, sondern für den Himmel und die Ewigkeit geboren werden"[350].

Zu Recht stellte der Deutsche Caritasverband nach der Veröffentlichung des Gesetzes im August 1933 fest: "Uns Katholiken bringt dieses Gesetz ... in eine besondere Lage, die der Schwierigkeiten nicht entbehrt"[351]. Wohl mahnten die Bischöfe die Gläubigen wiederholt zur Einhaltung der lehramtlichen Normen[352], doch blieben sie eine Antwort auf die Frage schuldig, wie sich Ärzte und Pfleger einer Mitwirkung an dem Gesetz entziehen sollten[353]. Bemerkenswert ist daher eine vertrauliche Aktennotiz von August Gronarz, dem Vorstandsvorsitzenden des Marienhospitals, datiert mit dem 9. Februar 1934: "In Ausführung des Beschlusses des Vorstandes vom 2. Februar begab ich mich gestern mit Herrn Dechant Döhmer nach Köln zum Herrn Generalvikar, um mit ihm die Frage der Zulässigkeit einer Buchführung von endgültigen Entscheidungen des Erbgesundheitsgerichtes zu besprechen. Das Ergebnis dieser Besprechung war, daß die Ausführung des im Gesetz zur Verhütung erbkranken Nachwuchses vom 14.7.33 vorgesehenen chirurgischen Eingriffs nach der kirchlichen Lehre nicht erlaubt ist, und daß sich daher das Marienhospital hier zu nicht bereit erklären darf"[354]. Wieweit die Ärzte

---

[350] Pius XI., Rundschreiben über die christliche Ehe in Hinsicht auf die gegenwärtigen Verhältnisse, Bedrängnisse, Irrtümer und Verfehlungen in Familie und Gesellschaft, Freiburg 1931, 56 f.
[351] NN, Sterilisierung in Deutschland. Zum "Gesetz zur Verhütung erbkranken Nachwuchses", in: Caritas. Zeitschrift für Caritaswissenschaft und Caritasarbeit Jg. 38 Nr. 8 (August 1933), 347 - 351, 350.
[352] Vgl. AEK CR 2.19.32, 01.06.1933.
[353] Vgl. Hans - Josef Wollasch, Kirchliche Reaktionen auf das "Gesetz zur Verhütung Erbkranken Nachwuchses" vom Jahre 1933, in: Caritas '74. Jahrbuch des Deutschen Caritasverbandes, 290 - 306, 290 ff. Vgl. auch Carl Becker, Die Durchführung der Euthanasie in den katholischen caritativen Heimen für geistig Behinderte, in: Jahrbuch der Caritaswissenschaft 10 (1968), 104 - 119, 104 ff; Martin Höllen, Katholische Kirche und NS - "Euthanasie". Eine vergleichende Analyse neuer Quellen, in: Zeitschrift für Kirchengeschichte Jg. 91 Nr. 1 (1980), 53 - 82, 53 ff; Jochen - Christoph Kaiser, Kritische Anmerkungen zu Neuerscheinungen über die Geschichte von Heil- und Pflegeanstalten im Kontext von Eugenik - Sterilisation - "Euthanasie", in: Westfälische Forschungen 38 (1988), 326 - 334, 330 ff.
[354] Abdruck des Schreibens bei Hans Stöcker, Dienst am Nächsten. Das Marienhospital in Düsseldorf. Ein Stück Stadtgeschichte 1864 - 1970, Düsseldorf 1970, 109.

der Pempelforter Anstalt wie auch die übrigen katholischen Mediziner in der Stadt der Ansicht folgten, ist nicht bekannt[355]. Desillusioniert musste die Konferenz der Bischöfe der Kölner Kirchenprovinz am 27./28. März 1935 in Bensberg feststellen, dass an der Umsetzung und Ausführung des Sterilisierungsgesetzes viele Katholiken beteiligt waren[356]. Dessen ungeachtet erinnerte das Kölner Generalvikariat die Krankenpflegeorden noch Ende Juli 1936 daran, dass jede Vorbereitung, Beteiligung und Durchführung von Sterilisationsoperationen verboten sei[357].

Im Konflikt zwischen Gewissensbefolgung und Gesetzesgehorsam standen in Düsseldorf vor allem die Mitarbeiter der St. Josephs Heil- und Pflegeanstalt für Epileptikerinnen, die sowohl von der rheinischen Provinzialbehörde wie auch vom Gesundheitsamt der Stadt gedrängt wurden, "Erbkrankheitsverdächtige" bei den zuständigen Behörden anzuzeigen[358]. Wie aus erhaltenen Krankenakten hervorgeht, meldete die Unterrather Anstaltsärztin Dr. Elisabeth Deiters im Frühjahr 1934 offenbar alle "erbkrankheitsverdächtigen" Patientinnen dem Düsseldorfer Gesundheitsamt. Zwar stellte Elisabeth Deiters keine "Anträge auf Unfruchtbarmachung", doch folgte der Anzeige meist die Zwangssterilisation, da das Gesundheitsamt beim "Erbgesundheitsgericht" in aller Regel entsprechende Anträge formulierte[359].

Euthanasie

Der nächste und entscheidende Schritt gegen Behinderte erfolgte kurz nach Ausbruch des Zweiten Weltkrieges. Hatte man 1933 Maßnahmen zur Verhütung "lebensunwerten Lebens" ergriffen, so ging man 1939 daran, "lebensunwertes Leben" zu vernichten. Am 1. September 1939 ordnete Adolf Hitler an, "die Befugnisse namentlich zu bestimmender Ärzte so zu erweitern, daß nach menschlichem Ermessen unheilbar Kranken bei kritischster Beurteilung ihres Krankheitszustandes der Gnadentod gewährt werden

---

[355] Vgl. Michael G. Esch, Die Umsetzung des "Gesetzes zur Verhütung erbkranken Nachwuchses" in Düsseldorf und die Rolle der "Medizinischen Akademie", in: Michael G. Esch, Die Medizinische Akademie Düsseldorf im Nationalsozialismus, Düsseldorf 1997, 199 - 227, 202; Ulrike Kessing, Der Krieg gegen die Wehrlosen. Die Anstalt Grafenberg in der Zeit von 1933 bis 1945, in: Wolfgang Gaebel, Psychiatrie im Wandel der Zeit. 125 Jahre "Grafenberg". Rheinische Kliniken Düsseldorf. Kliniken der Heinrich - Heine - Universität Düsseldorf 1876 - 2001, Köln 2001, 95 - 105, 95 ff.

[356] Vgl. AEK CR 2.19.24, 27./28.03.1935; Günter Lewy, Die katholische Kirche und das Dritte Reich, München 1965, 288.

[357] Vgl. BAK R 51.01/23468, Bl. 104; Kurt Nowak, "Euthanasie" und Sterilisierung im "Dritten Reich". Die Konfrontation der evangelischen und katholischen Kirche mit dem "Gesetz zur Verhütung erbkranken Nachwuchses" und der "Euthanasie" - Aktion, Göttingen 1978, 117 f.

[358] Vgl. Frank Sparing, Die St. Josefs - Heil- und Pflegeanstalt Düsseldorf - Unterrath während des Nationalsozialismus, in: Frank Sparing, Erbbiologische Selektion und "Euthanasie". Psychiatrie in Düsseldorf während des Nationalsozialismus, Essen 2001, 277 - 311, 285.

[359] Vgl. Frank Sparing, Die St. Josefs - Heil- und Pflegeanstalt Düsseldorf - Unterrath während des Nationalsozialismus, in: Frank Sparing, Erbbiologische Selektion und "Euthanasie". Psychiatrie in Düsseldorf während des Nationalsozialismus, Essen 2001, 277 - 311, 284 ff.

kann"[360]. Im Frühjahr 1940 wurden die Leitungen der Heil- und Pflegeanstalten aufgefordert, zum Zwecke der "planwirtschaftlichen Erfassung" über ihre Patienten Meldebögen vorzulegen. Nach Auswertung der Formulare sonderten Ärzte im Auftrag des Reichsinnenministeriums jene Insassen aus, die als unheilbar krank galten[361]. Die Betroffenen wurden von einer eigens für diesen Zweck organisierten Transportgesellschaft abgeholt und in geheime Vernichtungsanstalten gebracht, wo man sie durch Medikamente oder Gas tötete[362]. Die in Gang gesetzte Mordaktion betraf staatliche und kommunale, vorrangig jedoch konfessionelle Einrichtungen, deren Patienten bis zum Frühjahr 1943 in mehreren Wellen zwangsverlegt wurden[363].

So, wie einzelne Bischöfe gegen die Euthanasie auftraten[364], etwa als Bischof Clemens August von Galen am 3. August 1941 von der Kanzel aus die Machthaber der Ermordung "unproduktiver" Menschen anklagte[365], so gab es auch in konfessionellen Behinderteneinrichtungen couragierte Ärzte, Schwestern und Pfleger, die durch frühzeitige Entlassung von Pfleglingen in Familien, Fälschung von Krankenblättern, Verstecken von Patienten etc. versuchten, den organisierten Mord zu verhindern[366].

Zu den Anstalten, die im Rahmen der "Aktion T - 4" (1939/41) und der "Aktion Brandt" (1943) durchkämmt wurden, zählte auch die St. Josephs Heil- und Pflegeanstalt

---

[360] Der Prozeß gegen die Hauptkriegsverbrecher vor dem Internationalen Militärgerichtshof Nürnberg 14. November 1945 - 1. Oktober 1946 Bd. 26, Nürnberg 1947, 169. Vgl. auch Kurt Nowak, "Euthanasie" und Sterilisierung im "Dritten Reich". Die Konfrontation der evangelischen und katholischen Kirche mit dem "Gesetz zur Verhütung erbkranken Nachwuchses" und der "Euthanasie" - Aktion, Göttingen 1978, 79.

[361] Vgl. Michael Greve, Die organisierte Vernichtung "lebensunwerten Lebens" im Rahmen der "Aktion T 4" dargestellt am Beispiel des Wirkens und der strafrechtlichen Verfolgung ausgewählter NS - Tötungsärzte, Pfaffenweiler 1998, 42 ff.

[362] Vgl. Wolfgang Franz Werner, Euthanasie und Widerstand in der Rheinprovinz, in: Anselm Faust, Verfolgung und Widerstand im Rheinland und in Westfalen 1933 - 1945, Köln 1992, 224 - 233, 225.

[363] Vgl. Klaus - Peter Liere, Aus den Akten der Reichskanzlei: Über Krankenhäuser, Krankenanstalten und Bäderwesen im Deutschen Reich von 1921 - 1945 mit dem Versuch einer Darstellung der "Aktion Brandt", d.h. der Errichtung von Ausweichkrankenhäusern durch das Reich im letzten Kriege, Diss. Bochum 1980, 72 ff.

[364] Vgl. Johann Neuhäusler, Kreuz und Hakenkreuz. Der Kampf des Nationalsozialismus gegen die katholische Kirche und der kirchliche Widerstand Bd. 2, München 1946², 356 ff; Friedrich Stöffler, Die "Euthanasie" und die Haltung der Bischöfe im hessischen Raum 1940 - 1955, in: Archiv für mittelrheinische Kirchengeschichte 13 (1961), 301 - 325, 301 ff.

[365] Vgl. Clemens August von Galen, Predigt. Münster, 3. August 1941, in: Peter Löffler, Bischof Clemens August Graf von Galen. Akten, Briefe und Predigten 1933 - 1946 Bd. 2, Mainz 1996², 874 - 883, 875 ff . Vgl. dazu Johannes Grohmann, Ein Bischof stoppte die Euthanasie. Clemens - August Kardinal von Galen - 16. März 1878 - 22. März 1946, in: Freiheit und Recht Jg. 12 Nr. 3 (März 1966), 16 - 19, 16 ff.

[366] Vgl. Mathias Jung, Nonnen leisteten Widerstand gegen "Euthanasie". Sie fälschten Krankenblätter und versteckten Pfleglinge. Der Protest der Bischöfe, in: Entrüstet Euch ! Für Frieden und Völkerverständigung: Katholiken gegen Faschismus und Krieg, Frankfurt 1982, 33 - 39, 33 ff; Hans - Walter Schmuhl, "Euthanasie" und Ethik: Die Kirchen zwischen Anpassung und Widerstand, in: Hans - Walter Schmuhl, Rassenhygiene, Nationalsozialismus, Euthanasie. Von der Verhütung zur Vernichtung "lebensunwerten Lebens", 1890 - 1945, Göttingen 1987, 305 - 354, 346 ff.

in Unterrath³⁶⁷. Auf eine Anfrage der Freiburger Zentrale des Deutschen Caritasverbandes unter katholischen Anstalten, ob bereits Meldebogen ausgefüllt und Kranke verlegt seien, antwortete die Unterrather Oberin am 12. August 1940: "Bisher wurden aus unserer Anstalt keine Patienten verschickt, man hat aber auch noch keine Anforderungen gestellt. Die Fragebögen haben wir ausgefüllt"³⁶⁸. Dass die eingereichten Unterlagen für die Bewohnerinnen der St. Josephs Heil- und Pflegeanstalt ohne Folgen blieben, gründete in einem Führerbefehl vom 24. August 1941, der zur Sicherung der "inneren Front" einen sofortigen Abbruch der Tötungsaktion verlangte³⁶⁹. Soweit bekannt, gab es aus der Unterrather Anstalt nach Abbruch der "Aktion T - 4" keine Verlegungen von Patientinnen in Mordanstalten³⁷⁰.

Planungen für den Katastrophen- und Zivilschutz, Ausweichkrankenhäuser und Lazarettraum durch Räumung von Anstaltsbetten in den Heil- und Pflegeanstalten zu erlangen, führten indes 1943 zur Wiederaufnahme der Morde an Behinderten³⁷¹. Bei einer Zusammenkunft der Gauleitungen von Essen und Düsseldorf wurde am 9. April 1943 der sofortige Abtransport aller "Geisteskranken" aus beiden Bezirken beschlossen, um den freiwerdenden Platz zur Einrichtung von Hilfskrankenhäusern zu nutzen³⁷². Noch im gleichen Monat berichtete der Düsseldorfer Oberbürgermeister dem Regierungspräsidenten über die Ausführung der Anordnung im Bereich der Stadt Düsseldorf: "Dank der weiteren Initiative des Gauleiters wird jetzt auch noch die Heilanstalt in Unterrath von seinen vorwiegend epileptischen Insassen geräumt werden und der Stadt Düsseldorf dann zur Verfügung gestellt. Es ist beabsichtigt, in diesem Gebäude rund 300 Sieche und Altersschwache unterzubringen, also Patienten, die sich jetzt vorwiegend in Krankenhäusern befinden und diese verstopfen"³⁷³. In einem Rückblick auf den Vollzug der "Aktion Brandt" in Unterrath heißt es in Aufzeichnungen der Anstaltsärztin Dr. Elisabeth Deiters: "Unsere Belegzahl in der St. Josefs - Heil- und Pflegeanstalt Düsseldorf - Unterrath betrug damals 350 Patientinnen. Davon sollten wir 300 abgeben. Auf unsere

---

³⁶⁷ Vgl. Frank Sparing, Die St. Josefs - Heil- und Pflegeanstalt Düsseldorf - Unterrath während des Nationalsozialismus, in: Frank Sparing, Erbbiologische Selektion und "Euthanasie". Psychiatrie in Düsseldorf während des Nationalsozialismus, Essen 2001, 277 - 311, 293 ff.
³⁶⁸ DCF 732.27.030 Fasz. 1, 12.08.1940.
³⁶⁹ Vgl. Kurt Nowak, "Euthanasie" und Sterilisierung im "Dritten Reich". Die Konfrontation der evangelischen und katholischen Kirche mit dem "Gesetz zur Verhütung erbkranken Nachwuchses" und der "Euthanasie" - Aktion, Göttingen 1978, 82; Marie - Luise Heuser, Die Ermordung von Patientinnen und Patienten im Rahmen der "Euthanasie" - Aktion T 4, in: Wolfgang Gaebel, Psychiatrie im Wandel der Zeit. 125 Jahre "Grafenberg". Rheinische Kliniken Düsseldorf. Kliniken der Heinrich - Heine - Universität Düsseldorf 1876 - 2001, Köln 2001, 106 - 119, 106.
³⁷⁰ Vgl. Frank Sparing, Die St. Josefs - Heil- und Pflegeanstalt Düsseldorf - Unterrath während des Nationalsozialismus, in: Frank Sparing, Erbbiologische Selektion und "Euthanasie". Psychiatrie in Düsseldorf während des Nationalsozialismus, Essen 2001, 277 - 311, 296.
³⁷¹ Vgl. Klaus - Peter Liere, Aus den Akten der Reichskanzlei: Über Krankenhäuser, Krankenanstalten und Bäderwesen im Deutschen Reich von 1921 - 1945 mit dem Versuch einer Darstellung der "Aktion Brandt", d.h. der Errichtung von Ausweichkrankenhäusern durch das Reich im letzten Kriege, Diss. Bochum 1980, 72 ff.
³⁷² Vgl. NHS Regierung Düsseldorf 54470 I, 13.04.1943.
³⁷³ SAD IV 5556, 28.04.1943.

Vorstellung, daß wir mit den verbleibenden 50 Kranken die notwendigen Arbeiten nicht leisten können, wurden uns sofort 80 Arbeitskranke bewilligt. Von den nun zur Verlegung übrig bleibenden Kranken konnten wir noch 55 nachhause entlassen oder in andere Klöster verlegen"[374]. Die 215 zur Überstellung verbliebenen Patientinnen wurden zwischen dem 21. Mai und 12. Juli 1943 in fünf Transporten auf die Anstalten Kühr - Niederfell, Waldbreitbach, Meseritz - Obrawalde, Mauer - Öhling und Scheuern verteilt[375]. Soweit bekannt, wurden die meisten von ihnen in den Auffanganstalten durch Nahrungsentzug oder Medikamente systematisch ermordet[376].

Noch vor dem letzten Transport war die St. Josephs Heil- und Pflegeanstalt am 18. Juni 1943 beschlagnahmt und auf Anordnung des Düsseldorfer Gesundheitsamtes zunächst als Altenpflegeheim, später als Hilfskrankenhaus in Benutzung genommen[377]. Als die weitläufige Anlage der Töchter vom Heiligen Kreuz am 2. November 1944 in großen Teilen zerstört wurde[378], vermerkte das Gesundheitsamt in seinen Akten: "In der St. Josefs Heil- und Pflegeanstalt, Unterrath, in der außer 80 weiblichen Schwachsinnigen und Epileptikerinnen, die als Arbeitskräfte in der Haus-, Garten- und Landwirtschaft Verwendung fanden, 190 siechenkranke Frauen sich befanden, brannte der ältere Teil der Anstalt völlig aus. Am Neubau wurde der Dachstuhl durch Brand zerstört. Nur die Küche blieb erhalten. Die alten Frauen wurden zum Teil nach Süchteln verlegt und neuerdings in der Schule an der Telleringstraße, die als Haus für Siechenkranke eingerichtet wurde, untergebracht. Eine Anzahl alter Frauen befindet sich noch in den Luftschutzräumen der Anstalt, ebenso sind die geisteskranken Arbeitskräfte dort noch untergebracht. Es ist beabsichtigt durch ein Betonaschendach den neuen Teil der Anstalt wieder in betriebsfähigen Zustand zu versetzen. Es könnten dann dort 89 bis 100 Siechenkranke wieder Aufnahme finden"[379].

---

[374] DCF 732.27.030 Fasz. 2, 14.08.1959. Vgl. auch PfA Unterrath Maria unter dem Kreuz 549, Chronik des Klosters der Töchter vom Hl. Kreuz in Düsseldorf - Unterrath von 1875 - 1965, S. 115 ff; Hans - Josef Wollasch, Caritas und Euthanasie im Dritten Reich. Staatliche Lebensvernichtung in katholischen Heil- und Pflegeanstalten 1936 bis 1945, in: Caritas '73. Jahrbuch des Deutschen Caritasverbandes, 61 - 85, 73.

[375] Vgl. DCF 732.27.030 Fasz. 2, 14.08.1959; PfA Unterrath Maria unter dem Kreuz 549, Chronik des Klosters der Töchter vom Hl. Kreuz in Düsseldorf - Unterrath von 1875 - 1965, S. 116 ff.

[376] Vgl. DCF 732.27.030 Fasz. 2, 14.08.1959; PfA Unterrath Maria unter dem Kreuz 549, Chronik des Klosters der Töchter vom Hl. Kreuz in Düsseldorf - Unterrath von 1875 - 1965, S. 118 ff; Frank Sparing, Die St. Josefs - Heil- und Pflegeanstalt Düsseldorf - Unterrath während des Nationalsozialismus, in: Frank Sparing, Erbbiologische Selektion und "Euthanasie". Psychiatrie in Düsseldorf während des Nationalsozialismus, Essen 2001, 277 - 311, 303 ff und 309.

[377] Vgl. NHS Regierung Düsseldorf 54470 I, 15.07.1943.

[378] Vgl. PfA Unterrath Maria unter dem Kreuz 549, Chronik des Klosters der Töchter vom Hl. Kreuz in Düsseldorf - Unterrath von 1875 - 1965, S. 123 ff.

[379] SAD IV 480, 05.12.1944.

Entkonfessionalisierung der Wohlfahrtsarbeit

Angesichts einer vom totalitären Durchsetzungsdrang erfüllten Atmosphäre und einer mit allen Sanktionsmitteln ausgestatteten Staatsmacht stellt sich die Frage, warum das nationalsozialistische Regime die Tätigkeit konfessioneller Wohlfahrtseinrichtungen im Laufe der Zeit nicht vollends zum Erliegen brachte. Gerade mit Blick auf eine Stadt wie Düsseldorf wird indes deutlich, dass die Machthaber aus praktischen Abwägungen heraus gezwungen waren, caritative Einrichtungen wider aller Propaganda bestehen zu lassen. Das umfassende Angebot der Kirche an pflegerischen und sozialen Diensten hätte von der Düsseldorfer NSV mittelfristig kaum adäquat ersetzt werden können. Auch ließ das Ansehen der kirchlichen Fürsorge in der Öffentlichkeit ein gewaltsames Vorgehen nicht opportun erscheinen.

Wie berichtet, lagen die katholischen Fürsorgeeinrichtungen der Stadt Düsseldorf ständig im Fadenkreuz der nationalsozialistischen Überwachungsmaschinerie und hatten manche schmerzhafte Einschränkung ihrer Arbeit hinnehmen müssen, doch blieb die völlige Ausschaltung eines Trägers oder eines Dienstes wie etwa des Düsseldorfer Vereins zur Fürsorge entlassener katholischer Gefangener die Ausnahme. Letzterer musste am 31. Dezember 1938 seine Tätigkeit einstellen und die Betreuung seiner Schützlinge (1938: 1782 Personen) an die NSV abtreten[380]. Blickt man in die überlieferten Rechenschaftsberichte des Caritasverbandes für die Stadt Düsseldorf, überwiegt der Eindruck, dass auch in den Repressionsjahren 1935 bis 1939 und in den Kriegsjahren 1939 bis 1945 das soziale Engagement der Katholiken in ihren Vereinen und Institutionen ungebrochen anhielt[381].

Wie sich der Caritasverband für die Stadt Düsseldorf den politischen Veränderungen anpasste, ohne sein christliches Fundament preiszugeben, dokumentiert eine Standortbestimmung von Caritasdirektor Johannes Becker, die im Frühjahr 1936 im hauseigenen

---

[380] Vgl. PfA Himmelgeist St. Nikolaus 92, 31.12.1938; PfA Oberbilk St. Apollinaris, Ordner "Vom Generalvikariat" 1938 - 1945, 31.12.1938; NN, Abschied vom katholischen Gefängnisverein Düsseldorf, in: Mitteilungen des Caritasverbandes Düsseldorf Jg. 15 Nr. 11/12 (Dezember 1939), 3. Ein Jahr zuvor war bereits am 18. Dezember 1937 die Rheinisch - Westfälische Gefängnisgesellschaft zerschlagen worden (vgl. GVD Protokoll - Buch der Rheinisch - Westfälischen Gefängnis - Gesellschaft vom 16.4.1926 - 21.2.1947, 18.12.1937; DT 19.12.1937).

[381] Vgl. NN, Helft den gefährdeten katholischen Kindern, in: Mitteilungen des Caritasverbandes für die Stadt Düsseldorf Jg. 13 Nr. 5/6 (Mai/Juni 1937), 1 - 3, 1 ff; NN, Düsseldorfer Pfarr - Caritas - Arbeit in Zahlen. (Berichtsjahr 1936), in: Mitteilungen des Caritasverbandes für die Stadt Düsseldorf Jg. 13 Nr. 7/8 (Juli/August 1937), 2 - 3, 2 f; NN, Hinweise auf die caritativen Nähschulen, in: Mitteilungen des Caritasverbandes für die Stadt Düsseldorf Jg. 13 Nr. 7/8 (Juli/August 1937), 3 - 4, 3 f; NN, Vom Caritaswirken unserer Kranken, in: Mitteilungen des Caritasverbandes für die Stadt Düsseldorf Jg. 14 Nr. 3 (März 1938), 1 - 3, 1 ff; NN, Vinzentinische Caritas in Düsseldorf, in: Mitteilungen des Caritasverbandes für die Stadt Düsseldorf Jg. 14 Nr. 7/8 (Juli/August 1938), 1 - 3, 1 ff; NN, Ortsfremde Mädchen in Düsseldorf, in: Mitteilungen des Caritasverbandes für die Stadt Düsseldorf Jg. 14 Nr. 11 (November 1938), 1 - 3, 1 ff; NN, Dankbar rückwärts !, in: Mitteilungen des Caritasverbandes für die Stadt Düsseldorf Jg. 14 Nr. 12 (Dezember 1938), 1 - 2, 1 f; NN, Aus der Arbeit der Düsseldorfer Pfarr - Caritas im Jahre 1938, in: Mitteilungen des Caritasverbandes für die Stadt Düsseldorf Jg. 15 Nr. 1 (Januar 1939), 4; NN, Die caritative Jugendfürsorge in Düsseldorf (1938), in: Mitteilungen des Caritasverbandes für die Stadt Düsseldorf Jg. 15 Nr. 3 (März 1939), 4 - 5, 4 f.

Korrespondenzblatt zum Abdruck gelangte. "Wie alles Leben im deutschen Volke", so der Ausgangspunkt seiner Analyse, "ist auch die Caritasbewegung durch die Zeitwende stark beeinflußt worden. Wie könnte es anders sein! Kirche und Caritas werden von Menschen getragen und sind für Menschen bestimmt. Änderungen im Gemeinschaftsleben der Menschen können daher auch Kirche und Caritas nicht unberührt lassen. Natürlich gilt das nicht von den geistigen Grundlagen der Caritas - Arbeit. Ist doch die Caritas als Gesinnung nicht von dieser, sondern von einer anderen Welt. Als Liebe zu Gott hat sie ihr Herz im Himmel und als Liebe zum Menschen hat sie ihre helfende Hand beim hilfsbedürftigen Mitbruder auf Erden. Es ist daher klar, daß die christliche Caritas - Gesinnung sich stets gleich bleiben muß und von Zeitströmungen und Tagesmeinungen nicht geändert werden kann. Anders ist es mit der Caritas als Tat! Sie kann sehr wohl einer Veränderung unterliegen. Formen des Caritaslebens, die früher zu Recht bestanden haben, können unter neuen Verhältnissen auch neuen Formen Platz machen. Aufgabe des Caritasverbandes ... ist es, das Wort vom alten Wein in neuen Schläuchen im Laufe der Zeit stets wahr zu machen, d.h. die kirchliche Caritas 1. zeitgemäß anzuregen und zu fördern, sowie 2. bei der staatlichen, städtischen und nichtkatholischen Wohlfahrt zu vertreten"[382].

Mit Befriedigung konstatierte Johannes Becker, dass in den 50 katholischen Pfarrgemeinden "auch unter den anders gewordenen Zeiten nach wie vor ein blühendes Caritasleben" herrschte. "Auf dem Gebiete der offenen Fürsorge sind zugunsten der Hausarmen unsere Elisabeth- und Vinzenzvereine mit fast unverminderter Hilfe tätig. In denjenigen Pfarrgemeinden, die keinen Verein der kirchlichen Hausarmenpflege haben, werden die bedürftigen Personen oder Familien meist von den kirchlichen Standesvereinen betreut. Die Pfarrcaritas - Ausschüsse treten überall dort zusammen, wo die Pfarrgemeinden in einer intensiven Förderung der Caritas die Blüte und Krone des Pfarrlebens erkannt haben. ... Alle 50 Gemeinden (mit Ausnahme von Grafenberg, Benediktus, Himmelgeist, Lohausen und Volmerswerth) haben die Pfarrcaritas - Mitgliedschaft eingeführt; die Zahl der Einzelmitglieder ist trotz Inanspruchnahme des katholischen Volkes für Winterhilfswerk u.a.m. ständig im Wachsen". Den katholischen Fürsorgevereinen für Frauen und Männer wurden "zwar von behördlichen Stellen nicht mehr so viele Fälle zur Bearbeitung zugewiesen, wie es früher geschehen ist. Indessen mehren sich die Fälle von katholischer Seite. Erfreulich ist auch die Feststellung, daß sich die Zahl der helfenden, ehrenamtlichen Kräfte für Vormundschaften, Schutzaufsichten u.s.w. beträchtlich gesteigert hat"[383].

Bei seinem Gang durch die Tätigkeitsfelder des Caritassekretariates hob Johannes Becker hervor, trotz knapper Gelder hätte der Verband 105 erholungsbedürftigen Frauen und Müttern einen mehrwöchigen Erholungsaufenthalt vermitteln können; auch konnte eine nicht spezifizierte Zahl kurbedürftiger Kinder verschickt werden. Schmerzhaft in vielerlei Hinsicht war der Abbruch der ehemals guten Beziehungen zwischen

---

[382] Johannes Becker, Caritas - Umschau, in: Mitteilungen des Caritasverbandes für die Stadt Düsseldorf Jg. 12 Nr. 1/3 (Januar/März 1936), 1 - 3, 1.
[383] Johannes Becker, Caritas - Umschau, in: Mitteilungen des Caritasverbandes für die Stadt Düsseldorf Jg. 12 Nr. 1/3 (Januar/März 1936), 1 - 3, 2.

kommunaler und kirchlicher Wohlfahrtspflege. "Von den vielen Caritaskräften, die früher in der städtischen Wohlfahrtspflege mitgearbeitet haben, sind bis jetzt nur wenige in das neue Organisationsgebilde der amtlichen Fürsorge übernommen worden. Einbuße in finanzieller Hinsicht ist durch den Fortfall aller städtischen Beihilfen für den Caritasverband, für Kindergärten und für Freibenutzung der städtischen Straßenbahnen entstanden"[384].

Das Ende der fruchtbaren Zusammenarbeit mit der Stadt wurde besiegelt, als am 30. April 1935 die Bezirksversammlungen des städtischen Wohlfahrtsamtes aufgelöst wurden. Die Bestellung ehrenamtlicher Helfer und Helferinnen in der kommunalen Fürsorge geschah in der Folgezeit ausschließlich durch die NSV. "Damit ist nicht gesagt", so ein letzter Appell des Düsseldorfer Caritasverbandes, "daß alle ehrenamtlichen Kräfte Mitglieder der NSV sein müssen. Vielmehr ist auch künftig die Mitarbeit der Caritas möglich. Sofern also an unsere Caritas - Mitglieder, seien es Geistliche, seien es Laien, die Anforderung zur Mitarbeit in der städtischen Wohlfahrtspflege ergeht, ist es im Interesse der katholischen Caritas dringend, unter Zurücksetzung aller Bedenken sich nicht der Aufforderung zu versagen, sondern an den Bezirksversammlungen teilzunehmen"[385]. Soweit bekannt, wurden trotz aller Bereitschaft nach der Neuordnung indes nur wenige Caritaskräfte von den Versammlungen angefordert.

"Im Übrigen aber kann gesagt werden", so die Bilanz von Caritasdirektor Johannes Becker, "daß trotz allem das caritative Leben in Düsseldorf sich den veränderten Verhältnissen anzupassen weiß. Die stattgefundenen Veranstaltungen des Caritasverbandes mit ihren zeitaufgeschlossenen, begeisternden Caritasvorträgen und ihre gesanglichen und musikalischen Darbietungen haben nicht wenig dazu beigetragen, den Geist helfender Liebe im katholischen Düsseldorf zu stärken und der Öffentlichkeit deutlich zu machen, daß außer weltlichem Tun in der Fürsorge ein starkes Wohltun in der katholischen Caritas vorhanden ist"[386].

Pauschal wurde von der "halbgeschlossenen Fürsorge" im Bereich der caritativen Kinder-, Jugend- und Hauskrankenpflege berichtet: "Über 4000 Kinder werden von unseren Kindergärten und Horten betreut. In den klösterlichen Näh- und Haushaltungskursen werden hunderte junger Mädchen fachlich gut unterwiesen. Rund 100000 Nachtwachen werden jährlich von den Stationen der ambulanten Krankenpflege geleistet". Auf dem Arbeitsfeld der geschlossenen Fürsorge hätten zahlreiche neue Gesetzesvorschriften zu nicht unwesentlichen Änderungen geführt. "Die neuen Steuergesetze", so die Bewertung des Düsseldorfer Caritasdirektors, "haben starke Belastungen mit sich gebracht. Im Arbeitsrecht sind gesetzliche Bestimmungen erlassen worden, die für die caritativen Anstalten von großer Wichtigkeit sind. Zur Zeit laufen Ausbildungslehrgänge

---

[384] Johannes Becker, Caritas - Umschau, in: Mitteilungen des Caritasverbandes für die Stadt Düsseldorf Jg. 12 Nr. 1/3 (Januar/März 1936), 1 - 3, 2.

[385] NN, Mitarbeit der Caritas in der städtischen Wohlfahrtspflege, in: Mitteilungen des Caritasverbandes für die Stadt Düsseldorf Jg. 11 Nr. 11/12 (November/Dezember 1935), 4 - 5, 4 f. Vgl. auch Verwaltungs - Bericht der Stadt Düsseldorf für den Zeitraum vom 1. April 1933 bis 31. März 1936, Düsseldorf 1937, 239.

[386] Johannes Becker, Caritas - Umschau, in: Mitteilungen des Caritasverbandes für die Stadt Düsseldorf Jg. 12 Nr. 1/3 (Januar/März 1936), 1 - 3, 3.

im Luftschutzwesen. Die einzelne Anstalt kann sich allein in der Fülle der neuen Gesetze kaum noch recht zurecht finden. Wie wichtig ist daher ein Zusammenschluß, wie er im Caritasverband gegeben ist !"[387].

War der Bewegungsspielraum für die katholische Wohlfahrtsarbeit zur Jahreswende 1935/36 bereits empfindlich eingeengt, verbreitete Johannes Becker zum Abschluss seiner Analyse nicht nur vorgetäuschten Zweckoptimismus: "Jugendfrisch und ungebrochen in ihrer religiösen Begründung und Zielsetzung geht die Düsseldorfer Caritas, sei sie offener, halbgeschlossener oder geschlossener Art, ihren Weg zum Besten hilfsbedürftiger Mitmenschen. In kirchenpolitisch bewegten Zeitläufen erfährt sie - das beweist die Vergangenheit - immer wieder neue Impulse. So wird es auch künftig sein. 'Die Caritas ist langmütig - sie erträgt alles, - die Caritas hört niemals auf (1. Cor.)"[388].

Wesentlich ausführlicher und differenzierter wurde die Arbeit des Caritassekretariates im Rechenschaftsbericht für das Jahr 1936 dargelegt. Vorab stand die Werbung neuer Einzelmitglieder, da "kaum 5 % der katholischen Bevölkerung ... in den einzelnen Pfarrbezirken die Pfarrcaritasmitgliedschaft erworben" hatten. Betrug der Mitgliedsbeitrag auch nur wenige Pfennige, so war es doch erwünscht, "daß recht viele Katholiken durch Zahlung eines Betrages von wenigstens 0,25 Mark im Monat die Mitgliedschaft erwerben und dadurch Ausdruck ihrer Caritas - Gesinnung verleihen. Angesichts der Tatsache, daß die katholische Liebestätigkeit aller behördlichen Beihilfen entbehrt, angesichts des Umstandes, daß für das Jahr 1937 die Genehmigung zu einer öffentlichen Caritas - Sammlung nicht erteilt worden ist und des weiteren Umstandes, daß andere Wohlfahrts - Organisationen durch unermüdliche Propaganda ihre Mitgliedsziffern zu steigern versuchen", war der Mitgliedschaft im Caritasverband eine immer größere Bedeutung zugekommen[389].

Zur "Weckung und Vertiefung" der Caritasidee hatten 1936 verschiedene Veranstaltungen stattgefunden. Hierzu zählte etwa ein Vortrag des Dominikanerpriors Korbinian Roth (Walberberg) über "Die katholische Caritas als Lebensnotwendigkeit", von dem "viele hundert Caritasjünger- und Jüngerinnen ... unvergeßliche Eindrücke" mitnahmen. Zu Beginn des Jahres waren in Düsseldorf monatliche Schwesternkonferenzen eingeführt worden, "um den im Volke caritativ tätigen Ordensschwestern behilflich zu sein, ihren Caritasdienst mit religiöser Bereitschaft und fachlicher Kenntnis zu vervollkommnen". In den Versammlungen wurden Fragen der caritativen Armenpflege, ambulanten Krankenpflege und Seelsorgehilfe wie auch "praktische Fragen und Fälle" be-

---

[387] Johannes Becker, Caritas - Umschau, in: Mitteilungen des Caritasverbandes für die Stadt Düsseldorf Jg. 12 Nr. 1/3 (Januar/März 1936), 1 - 3, 3.
[388] Johannes Becker, Caritas - Umschau, in: Mitteilungen des Caritasverbandes für die Stadt Düsseldorf Jg. 12 Nr. 1/3 (Januar/März 1936), 1 - 3, 3.
[389] Johannes Becker, Wollen und Wirken im Jahre 1936, in: Mitteilungen des Caritasverbandes für die Stadt Düsseldorf Jg. 13 Nr. 3/4 (März/April 1937), 1 - 7, 3 f. Vgl. dazu NN, Zeitgemäße Gedanken zur Caritas - Mitgliederwerbung und -Mitgliedschaft, in: Mitteilungen des Caritasverbandes für die Stadt Düsseldorf Jg. 13 Nr. 9/10 (September/Oktober 1937), 2 - 4, 2 ff.

sprochen. Auf fünf Anstaltskonferenzen kamen "zeitgemäße Wohlfahrts - Themata zur Verhandlung", wie zum Beispiel "Neues zur sozial - caritativen Stellenvermittelung"[390].

Wie vor der Machtergreifung war das Caritassekretariat auch im Jahre 1936 eine viel frequentierte Auskunftsstelle in allen Fürsorgeangelegenheiten. Die neuere Gesetzgebung hatte im Steuer-, Arbeits-, Wirtschafts-, Sozial-, Versicherungs- und Allgemeinen Recht zahlreiche Änderungen gebracht, denen auch die Caritasarbeit unterworfen war. "Hier Aufklärung zu schaffen, Schriftsätze anzufertigen, Verhandlungen zu tätigen, war eine Aufgabe, die das Caritas - Sekretariat in zahllosen Fällen in Anspruch nahm". Viel Mühe bereitete es der Verbandsgeschäftsstelle, bei auswärtigen Anfragen zum Nachweis der "arischen Abstammung" die notwendigen Urkunden auf den Düsseldorfer Pfarrämtern zu beschaffen. Allein in den Jahren 1934 bis 1936 hatte das Caritassekretariat Abschriften von 964 Tauf-, 100 Heirats- und 64 Sterbeurkunden besorgen müssen[391]; bis zum Ausbruch des Zweiten Weltkrieges war die Zahl der eingehenden Anträge auf 3086 gestiegen[392].

Der "Verein für arme, unbescholtene Wöchnerinnen", dessen Geschäftsstelle dem Caritassekretariat angeschlossen war, leistete 1936 "im Rahmen seiner kleinen Mittel eine zwar bescheidene, aber doch segensreiche Tätigkeit". Mehr als 50 "hoffende Frauen" konnten mit Medikamenten, Bett- und Säuglingswäsche versorgt werden. Hausbesuche bei den Familien boten zudem die Gelegenheit, "den ihrer Stunde entgegen sehenden Müttern ein gutes Wort über Gebet und Sakramentenempfang zu sagen"[393]. Die seit zwei Jahrzehnten geförderte Entsendung erholungs- und heilbedürftiger Kinder musste "wegen Mangels an Mitteln verringert werden". Gleichwohl konnte man 117 Kinder an 2940 Pflegetagen verschicken. "Behördliche Beihilfen wurden keine gegeben; alle entstehenden Pflege- und Fahrtkosten gingen zu Lasten der Eltern, der Pfarrcaritas und des Caritasverbandes". Die Mütterentsendung kam 88 Frauen zugute, von denen ebenso nur ein geringer Teil der Kosten von den Krankenkassen übernommen wurde[394].

Für die katholische Krankenhausfürsorge in Düsseldorf waren 1936 beim Caritassekretariat zwei Fürsorgerinnen verantwortlich, die in regelmäßigen Abständen alle 9 katholischen und beide evangelische Krankenhäuser der Stadt aufsuchten und in 724 Fällen den Patienten auf dem Gebiet der Gesundheitsfürsorge, Wirtschaftsfürsorge, Familienfürsorge oder Gefährdetenfürsorge ihre Hilfe anboten. In Zusammenarbeit mit der

---

[390] Vgl. Johannes Becker, Wollen und Wirken im Jahre 1936, in: Mitteilungen des Caritasverbandes für die Stadt Düsseldorf Jg. 13 Nr. 3/4 (März/April 1937), 1 - 7, 4 f.

[391] Vgl. Johannes Becker, Wollen und Wirken im Jahre 1936, in: Mitteilungen des Caritasverbandes für die Stadt Düsseldorf Jg. 13 Nr. 3/4 (März/April 1937), 1 - 7, 5.

[392] Vgl. NN, Zum Nachweis der arischen Abstammung, in: Mitteilungen des Caritasverbandes Düsseldorf Jg. 16 Nr. 9/10 (September/Oktober 1940), 4 - 5, 4 f. Vgl. auch NN, Aus unserer Arbeit im ersten Halbjahr 1942, in: Caritas - Verband Düsseldorf. Rundbrief an unsere Mitarbeiter und Mitarbeiterinnen Jg. 18 Nr. 3 (Juli 1942), 3 - 4, 4.

[393] Johannes Becker, Wollen und Wirken im Jahre 1936, in: Mitteilungen des Caritasverbandes für die Stadt Düsseldorf Jg. 13 Nr. 3/4 (März/April 1937), 1 - 7, 5.

[394] Vgl. Johannes Becker, Wollen und Wirken im Jahre 1936, in: Mitteilungen des Caritasverbandes für die Stadt Düsseldorf Jg. 13 Nr. 3/4 (März/April 1937), 1 - 7, 5 f.

"Josefs - Gesellschaft für Krüppelfürsorge" wurden vom Düsseldorfer Caritassekretariat 40 behinderte Jugendliche nach der Anstaltsentlassung betreut[395].

Schwierig war die Arbeit des Caritasverbandes im Bereich der "Wandernden Kirche", doch konnte der Pfarrseelsorge "zahlreiches Adressen - Material der Landjahrkinder, Landhelfer und Arbeitsdienstler" zugänglich gemacht werden[396].

Von der Arbeit in den beiden verbandseigenen Einrichtungen, dem Kindergarten an der Ulmenstr. 246 und dem Caritasheim am Rather Broich 155, meldete der Rechenschaftsbericht 1936, dass die Bewahranstalt "zahlreichen armen und gefährdeten Kindern der ehemaligen Kasernen zu einer segensreichen Heimstatt geworden" war und die Wohnungsloseneinrichtung im letzten Jahr 8324 Personen "Obdach, Verpflegung, Arbeitsgewöhnung und religiöse Betreuung" geboten hatte[397].

Der "in Lokalunion und teilweiser Personalunion" mit dem Caritassekretariat stehende Katholische Männerfürsorgeverein war 1936 mehr als 1500 "verwahrlosten Knaben, Jünglingen und Männern" mit Vormündern, Schutzaufsichten, Heimunterbringung etc. helfend zur Seite getreten. Hervorzuheben ist, dass das vereinseigene Haus Schützenstr. 29 wegen mangelnder Auslastung seit 1934 nur noch als Mietshaus diente[398].

Da die Mitarbeit in der öffentlichen Wohlfahrtspflege 1936 "aus verständlichen Gründen keine nennenswerte Ausweitung" erfuhr, findet man im Jahresbericht des Caritassekretariates hierzu nur kursorische Angaben: "Die Teilnahme an den monatlichen Sitzungen des städtischen Fürsorge - Beirates wurden gewissenhaft wahrgenommen. Caritaskräfte wurden in der städtischen Familien - Fürsorge nicht mehr benötigt. Die vom Reichsbeauftragten für das Winterhilfswerk 1936/37 geforderte Arbeitsgemeinschaft fand in Düsseldorf soweit der Caritasverband in Betracht kam, keine Verwirklichung. Die Vereinbarung der Deutschen Zentrale für Jugendfürsorge mit den Spitzenverbänden der freien Wohlfahrtspflege bezüglich der offenen Jugendhilfe konnte ebenfalls in Düsseldorf noch nicht verwirklicht werden. Erfolgreiche Mitarbeit mit dem Reichs - Luftschutzbund wurde geleistet, indem mehrere caritative Anstalten Luftschutzkurse durchführten"[399].

Ob der Ausschluss von Caritaskräften bei der öffentlichen Wohlfahrtspflege ein schwerwiegender Nachteil war, darf mit Blick auf die Zielsetzungen kommunaler Fürsorgetätigkeit seit dem Untergang der Weimarer Republik zu Recht bezweifelt werden. Ganz im Sinne von Adolf Hitlers "Mein Kampf" feierte der städtische Verwaltungsbe-

---

[395] Vgl. Johannes Becker, Wollen und Wirken im Jahre 1936, in: Mitteilungen des Caritasverbandes für die Stadt Düsseldorf Jg. 13 Nr. 3/4 (März/April 1937), 1 - 7, 6.

[396] Vgl. Johannes Becker, Wollen und Wirken im Jahre 1936, in: Mitteilungen des Caritasverbandes für die Stadt Düsseldorf Jg. 13 Nr. 3/4 (März/April 1937), 1 - 7, 6.

[397] Vgl. Johannes Becker, Wollen und Wirken im Jahre 1936, in: Mitteilungen des Caritasverbandes für die Stadt Düsseldorf Jg. 13 Nr. 3/4 (März/April 1937), 1 - 7, 6.

[398] Vgl. Johannes Becker, Wollen und Wirken im Jahre 1936, in: Mitteilungen des Caritasverbandes für die Stadt Düsseldorf Jg. 13 Nr. 3/4 (März/April 1937), 1 - 7, 6. Vgl. auch NN, Die caritative Jugendfürsorge in Düsseldorf (1938), in: Mitteilungen des Caritasverbandes für die Stadt Düsseldorf Jg. 15 Nr. 3 (März 1939), 4 - 5, 5.

[399] Johannes Becker, Wollen und Wirken im Jahre 1936, in: Mitteilungen des Caritasverbandes für die Stadt Düsseldorf Jg. 13 Nr. 3/4 (März/April 1937), 1 - 7, 6 f.

richt für die Jahre 1933 bis 1936 die Überwindung des verhassten "Wohlfahrtsstaates" und fasste den neuen Kurs städtischer Wohlfahrtspflege in den Worten zusammen: "Mit der nationalsozialistischen Erhebung 1933 hat sich auch die öffentliche Fürsorge im Sinne der Weltanschauung des Nationalsozialismus gewandelt. Sie sieht von jetzt ab im Hilfsbedürftigen nicht mehr den Einzelmenschen mit seinen Rechten und Ansprüchen, sondern ausschlaggebend wird das Wohl des Volksganzen, von dem der einzelne nur Teil ist. Die Einstellung auf das Wohl des Volksganzen macht es notwendig, daß in erster Linie die erbgesunden und hochwertigen Familien gefördert werden. Diesen wendet die Fürsorge daher grundsätzlich ihre Mittel in erster Linie zu und erst in zweiter Linie den Erbkranken und Minderwertigen. Sie zielt damit bewußt auf eine Auslese der Vollwertigen im Gegensatz zu der vergangenen Zeit. Das heißt jedoch nicht etwa, daß die Unterstützungsrichtsätze für Erbkranke allgemein oder in einzelnen Fällen herabgesetzt worden wären. ... Die Fürsorge hat nach wie vor die gesetzliche Pflicht und die praktische Übung, jedem Hilfsbedürftigen, gleichgültig, ob er erbbiologisch wertvoll ist oder nicht, den Notbedarf des Lebens zu sichern. Die besonderen Unterstützungssätze für Asoziale kommen nur bei offensichtlich asozialem oder unwirtschaftlichem Verhalten und damit verhältnismäßig selten zur Anwendung. Aber in den zusätzlichen Leistungen, zum Beispiel der Gesundheitsfürsorge, bei der Auswahl zu Erholungs- und Heilkuren, tritt die verschiedene Berücksichtigung des Hilfsbedürftigen nach seinem Wert für das Volksganze in die Erscheinung. ... Die Wohlfahrtspflege braucht sich seit dem Umbruch nicht mehr wie noch kurz vorher darauf zu beschränken, die äußeren Erscheinungen der Not einigermaßen einzudämmen, weil ja der Staat mit der Neugestaltung aller Lebensverhältnisse auch die Beseitigung der Hauptursachen der Armut in seine kraftvolle Hand genommen hat. Die Ursachen der Hilfsbedürftigkeit, die im Menschen selbst liegen, werden bekämpft durch die die nationalsozialistische Weltanschauung entsprechende Bevölkerungspolitik usw., deren Ziel eine Bevölkerung von hochwertiger und gesunder Rasse ist. Der Erfolg dieses Kampfes kann sich naturgemäß erst auf weitere Sicht zeigen. So bedeutet zum Beispiel die Unfruchtbarmachung mit den hierdurch entstehenden Unkosten in den Berichtsjahren sogar eine kleine Belastung des Wohlfahrtshaushalts, während die Ersparnisse erst nach Jahren, dann aber um so gewaltiger, zu erwarten sind"[400].

Hilfsbedürftige Personen wurden nach einem Ministerialerlass vom 18. Juli 1940 vier Kategorien zugeordnet: 1. Die Gemeinschaftsfremden, "die infolge anlagebedingter Geisteshaltung fortgesetzt mit den Behörden in Konflikt kommen, Arbeitsscheue, Unwirtschaftliche, Hemmungslose, Erziehungsunfähige, Trinker, Dirnen". Im Falle gesetzlicher Hilfsbedürftigkeit wurde ihnen "das nur unbedingt Lebensnotwendige" gewährt. 2. Die noch tragbaren Familien, "die mit ihrer Leistungsfähigkeit für die Volksgemeinschaft deutlich unter der Norm" lagen und in denen "Erbkrankheiten und soziale Abwegigkeiten nicht vereinzelt" vorkamen, erhielten die "allgemeine Fürsorge". 3. Die Durchschnittsbevölkerung, die "nur vereinzelt Erbleiden und Abwegigkeiten" zeigte, wurde im Fall der Hilfsbedürftigkeit in der "gehobenen Fürsorge" unterstützt. 4. Die Hochwerti-

---

[400] Verwaltungs - Bericht der Stadt Düsseldorf für den Zeitraum vom 1. April 1933 bis 31. März 1936, Düsseldorf 1937, 26 f.

gen, "die selbst körperlich und geistig gesund sind, und in deren Blutsverwandtschaft auch keine Erbleiden vorliegen", kamen in den Genuss der "Bevorzugten Fürsorge"[401].

Unterlagen manche Fürsorgedienste, die dem Düsseldorfer Caritassekretariat unmittelbar zugeordnet waren, seit der Machtergreifung auch empfindlichen Beschränkungen, so ist bemerkenswert, dass bis 1936 mit Ausnahme der caritativen Stellenvermittlung kein Arbeitsbereich seine Wirksamkeit vollständig einstellen musste. Der Befund gilt auch für das Jahr 1937, dessen Rechenschaftsbericht mit Hinweis auf die Eröffnung einer katholischen Beratungs- und Hilfsstelle für Alkoholkranke sogar die Einführung eines neuen Caritasdienstes an der Tonhallenstraße ausweist[402].

Beratungs- und Hilfsstelle für Alkoholkranke

Unklar bleibt, in welchem Verhältnis die neue Fürsorgeeinrichtung zum Kreuzbund stand, der in Düsseldorf bereits seit dem Jahre 1912 eine Beratungsstelle für Alkoholkranke unterhielt (zunächst Steinstr. 55, seit 1915 Pempelforter Str. 92, 1918 Hohenzollernstr. 25a, 1925 Heinestr. 7, 1931 Ackerstr. 28, 1934 Worringer Str. 86, 1935 Fürstenwall 208)[403]. Noch Ende 1934, als der Kreuzbund seine Beratungsstelle von der Worringer Straße zum Fürstenwall verlegt hatte, wurde in den Caritasnachrichten das neue Kreuzbundheim als zentrale Anlaufstelle für alle katholischen Alkoholkranken vorgestellt. Zweck der Beratungsstelle sollte es sein, "den katholischen Alkoholkranken zu heilen und dessen Angehörigen durch sachgemäße Beratung zu helfen"[404]. Die Arbeit an der Kreuzbundberatungsstelle leistete ein Fürsorger in Verbindung mit einem Arzt, Juristen und Seelsorger wie auch einer "Schar geeigneter Helfer". Mit Blick auf den sozialen, aber auch auf den politischen Wert des Kreuzbundheimes schrieb das Mitteilungsblatt des Düsseldorfer Caritasverbandes im Frühjahr 1935: "Natürlich ist es in der heutigen Zeit doppelt schwer, unsere katholischen caritativen Einrichtungen aufrecht zu erhalten. Aber gerade heute wäre eine Einstellung dieser Arbeit und ein Versagen der Kirche auf diesem Gebiete am allerwenigsten zu verantworten. Man braucht nur an die erbbiologisch verderbliche Bedeutung des Alkohols zu denken, die heute immer mehr in das Bewußtsein des Volkes dringt. Die Tätigkeit dieser Stelle steht allen Pfarreien zur Verfügung und bitten wir, alle Fälle beginnender oder schwerer Trunksucht an obige Stelle melden zu wollen. ... Diese Stelle dient auch gleichzeitig als Zentrale und Heim des Düsseldorfer Kreuzbundes. Denn nur durch die Fundierung des Nüchternheitsgedankens unter den Katholiken, kann die Alkoholnot erfolgreich gesteuert werden. Man

---

[401] Vgl. NN, Neue Grundsätze und Richtsätze in der öffentlichen Fürsorge, in: Caritas - Verband Düsseldorf. Rundbrief an unsere Mitarbeiter und Mitarbeiterinnen Jg. 18 Nr. 6 (Dezember 1942), 1.
[402] Vgl. NN, Rückblick auf 1937, in: Mitteilungen des Caritasverbandes für die Stadt Düsseldorf Jg. 14 Nr. 1 (Januar 1938), 2 - 3, 2.
[403] Vgl. DT 12.07.1912; DT 26.02.1915; DT 14.04.1918; AW 06.11.1925; DT 01.08.1931; DT 05.11.1934; DT 06.07.1935.
[404] NN, Katholische Trinkerfürsorge, in: Mitteilungen des Caritasverbandes für die Stadt Düsseldorf Jg. 11 Nr. 3/4 (März/April 1935), 2 - 3, 3.

kann hoffen, daß das Verständnis auf evangelischer Seite und freireligiöser Seite auch bei uns Platz greifen möge"[405].

Die Idee, mit dem Düsseldorfer Caritassekretariat eine Beratungsstelle für Alkoholkranke zu verbinden, war nicht neu. Nachdem Kreuzbund und Deutscher Caritasverband zur flächendeckenden Einrichtung katholischer Trinkerfürsorgestellen am 5. Februar 1929 den "Reichsverband für katholische Trinkerfürsorge" ins Leben gerufen hatten[406], beschloss der Vorstand des Caritasverbandes für die Stadt Düsseldorf am 31. Mai 1929: "Wegen Mangels an Mitteln konnte bisher in Düsseldorf eine leistungsfähige katholische Trinkerfürsorgestelle nicht eingerichtet werden. Der Vorstand ist einverstanden, daß der Caritasverband in Verbindung mit dem Kreuzbund die Gründung einer solchen Stelle vorbereitet. Um diese finanziell zu sichern, werden 3000 Mark bewilligt"[407].

Ob es Versuche gab, den Vorstandsbeschluss vom 31. Mai 1929 in die Tat umzusetzen, bleibt dunkel. In den überlieferten Unterlagen des Düsseldorfer Caritasverbandes wird das Thema Suchtfürsorge erst wieder aufgegriffen, als der Geschäftsführer dem Vorstand am 30. Mai 1934 mitteilte, "daß man seit längerer Zeit vonseiten des Diözesan - Caritasverbandes, des Deutschen Caritasverbandes und des Kreuzbundes auf die Errichtung einer katholischen Trinkerfürsorgestelle beim Düsseldorfer Caritasverband dränge. Zu diesem Zwecke halte man einen ausgebildeten Trinkerfürsorger (Vlatten aus Köln) zur Verfügung. Die Gehaltszahlung würde bei Verwirklichung des Vorhabens zum größten Teil dem Düsseldorfer Caritasverband obliegen"[408]. Der Caritasvorstand erklärte sich einverstanden, "daß zur Förderung der Trinkerfürsorge eine besondere Stelle in unserem Caritas - Sekretariat hierfür errichtet wird. Er kann sich aber nicht bereitfinden, weder ein besonderes Gehalt für den Stelleninhaber zu bewilligen, noch den vorgeschlagenen Herrn Vlatten zu übernehmen"[409]. Da die Vorstandsmitglieder darauf bestanden, bei Einrichtung der Trinkerfürsorgestelle "zunächst auf geeignete einheimische Kräfte Bedacht" zu nehmen[410], verstrichen drei Jahre, bis das örtliche Korrespondenzblatt Ende 1937 melden konnte: "Seit einigen Monaten hat der Caritasverband eine 'Beratungsstelle für katholische Alkoholkranke' im Caritas - Sekretariat eingerichtet und für sie einen staatlich geprüften Wohlfahrtspfleger bestellt. Er hält regelmäßige Sprechstunden Mittwochs 1/2 9 - 1/2 1, und nachmittags 4 - 7 Uhr"[411]. Wie aus dem ersten Jahresbericht der "Katholischen Beratungs- und Hilfsstelle für Alkoholkranke" hervorgeht, betreute 1938 das neue Caritaswerk 58 meist von Angehörigen oder Pfarrämtern

---

[405] NN, Katholische Trinkerfürsorge, in: Mitteilungen des Caritasverbandes für die Stadt Düsseldorf Jg. 11 Nr. 3/4 (März/April 1935), 2 - 3, 3.
[406] Vgl. Walter Wilhelm Baumeister, Zehn Jahre Reichsverband für katholische Trinkerfürsorge, in: Caritas. Zeitschrift für Caritasarbeit und Caritaswissenschaft Jg. 44 Nr. 11 (November 1939), 316 - 319, 317.
[407] CVD Vorstandsprotokolle, 31.05.1929.
[408] CVD Vorstandsprotokolle, 30.05.1934.
[409] CVD Vorstandsprotokolle, 30.05.1934.
[410] CVD Vorstandsprotokolle, 30.05.1934.
[411] NN, Trinkernot, in: Mitteilungen des Caritasverbandes für die Stadt Düsseldorf Jg. 13 Nr. 11/12 (November/Dezember 1937), 2 - 3, 3.

überwiesene Alkoholabhängige. Die wöchentlichen Sprechstunden wurden von 154 Personen besucht; 225 Personen wurden zu Hause aufgesucht. 17 Patienten galten als geheilt, "d.h. daß sie zeitweise abstinent leben, oder wenigstens keine Alkoholexzesse bei ihnen mehr vorkommen". Neben der "direkten fürsorgerischen Tätigkeit" bildete die Beratungsstelle unter den Mitgliedern des Kreuzbundes und der Vinzenzvereine einen Helferkreis heran, da "nur eine große Schar opferbereiter geschulter Helfer in den Pfarreien ... einerseits die notwendige Erziehung und Betreuung unserer Schützlinge, und anderseits die rechtzeitige Erfassung von Frühfällen" gewährleisten konnte[412].

Statutenrevision

Neben der Eröffnung einer Trinkerfürsorgestelle war für das Caritasgeschäftsjahr 1937 die Überarbeitung der Verbandsstatuten von Bedeutung. Mit Zustimmung der Mitgliederversammlung wurden am 15. November 1937 die Bestimmungen über Zweck (§ 2) und Mitgliedschaft (§ 4) präzisiert und der Artikel über Wahlen (§ 11) neu formuliert[413]. Hatte es in den Statuten von 1927 geheißen, "alle Wahlen des Vorstandes werden auf die Dauer von 4 Jahren getätigt"[414], galt nun: "Die Wahlen zum Ausschuß und Vorstand erfolgen durch Stimmzettel oder Zuruf auf unbestimmte Zeit. ... Der gewählte Ausschuß und der gewählte Vorstand bleiben im Amt bis zur Beendigung der für die Neuwahl angesetzten Ausschuß- bzw. Mitglieder - Versammlung"[415]. Der Grund für die Neufassung des Paragraphen 11 lag angesichts der wachsenden Repression gegen das katholische Vereinswesen auf der Hand. Hätten die Organe des Caritasverbandes für die Stadt Düsseldorf nicht mehr satzungsgemäß zusammentreten können, wäre der Verband wenigstens unter juristischen Aspekten handlungsfähig geblieben.

Zwei Jahre später mussten die Caritasstatuten erneut revidiert werden. Am 9. August 1939 hatte die Stadtverwaltung beim Caritasverband für die Stadt Düsseldorf "das Ersuchen" gestellt, beim Amtsgericht den Zusatz "für die Stadt" zu löschen und "im sonstigen Verkehr" wegzulassen[416]. Zur Begründung wurde angeführt, der Zusatz erwecke den Eindruck, der Verband habe "irgendetwas mit der Stadtverwaltung Düsseldorf zu tun". Da der Name "Anlaß zu Täuschungen der Allgemeinheit" gebe, sah die Stadtverwaltung im Verbandsnamen der Düsseldorfer Caritas einen "unbefugten Namensgebrauch"[417]. In einer Aussprache des Vorstandes am 24. Oktober 1939 wurde klargestellt, "daß der Name 'Caritasverband für die Stadt Düsseldorf' die räumliche Zuständigkeit und örtliche Begrenzung unseres Verbandes auf das Gebiet der Stadt Düsseldorf

---

[412] NN, Aus der Arbeit der Düsseldorfer katholischen Beratungs- und Hilfsstelle für Alkoholkranke im Jahre 1938, in: Mitteilungen des Caritasverbandes für die Stadt Düsseldorf Jg. 15 Nr. 1 (Januar 1939), 4 - 5, 4 f.
[413] Vgl. CVD Vorstandsprotokolle, 15.11.1937.
[414] NN, Neue Satzungen für den Caritasverband Düsseldorf, in: Mitteilungen des Caritasverbandes für die Stadt Düsseldorf Jg. 3 Nr. 5 (Mai 1927), 34 - 37, 37.
[415] CVD Vorstandsprotokolle, 15.11.1937.
[416] Vgl. CVD Vorstandsprotokolle, 24.10.1939.
[417] Vgl. CVD Vorstandsprotokolle, 24.10.1939.

ausdrücken solle. Verwechselungen mit städtischen Dienststellen seien niemals vorgekommen; bei der Eintragung ins Vereinsregister am 4. August 1928 sei bezüglich unseres Namens keinerlei Beanstandung gemacht worden; andere großstädtische Caritasverbände tragen denselben oder ähnlichen Zusatz"[418]. Gleichwohl beschloss der Vorstand gegen die Stimme des Vorsitzenden, Stadtdechant Max Döhmer, "den Namen zu ändern und der nächsten Mitgliederversammlung die Namensänderung zu empfehlen"[419]. Wie aus dem Protokollbuch des Caritasverbandes hervorgeht, erfolgte am 12. März 1940 die Zustimmung der Mitgliederversammlung und am 3. April 1940 die Abänderung des Verbandsnamens beim Düsseldorfer Vereinsregister[420].

Aufgrund des Gesetzes zum Schutze von Bezeichnungen der NSDAP[421] war auch der Katholische Männerfürsorgeverein Düsseldorf gezwungen, seinen Verbandsnamen zu ändern und die Bezeichnung "Ortsgruppe" zu tilgen. Am 6. März 1939 fasste der Verein den Beschluss, die Bezeichnung "Ortsgruppe" durch "Zweig" zu ersetzen. Mit Eintrag in das Vereinsregister am 29. März 1939 nannte sich der Verein fortan "Katholischer Männer - Fürsorge - Verein, Zweig Düsseldorf, Düsseldorf"[422].

Widerstand

Verglichen mit der faktischen Allmacht des Regimes, waren die Möglichkeiten der Kirche, der katholischen Vereine und Verbände wie auch der einzelnen Gläubigen in Opposition oder gar in Widerstand zur nationalsozialistischen Diktatur zu treten, sehr beschränkt[423]. Dennoch hat es auch in Düsseldorfer Caritaskreisen nicht an Unmutsbekundungen und Widersetzlichkeiten gegen die menschenverachtende Staatsführung gefehlt.

Referendum vom 19. August 1934

Als nach dem Tod Paul von Hindenburgs die Regierung am 19. August 1934 in einem Plebiszit vom deutschen Volk die Zustimmung zu einer Vereinigung der Ämter des Reichspräsidenten und des Reichskanzlers einforderte, bildeten die meisten Düsseldorfer Krankenhäuser (Patienten, Ärzte, Pflegepersonal etc.) eigene Wahlbezirke[424]. Während die Wähler in den meisten Anstalten mit über 85 % für eine Annahme des geplan-

---

[418] CVD Vorstandsprotokolle, 24.10.1939.
[419] CVD Vorstandsprotokolle, 24.10.1939.
[420] Vgl. CVD Vorstandsprotokolle, 12.03.1940 und 03.04.1940. Vgl. auch ALD Vereinsregister 3073, 12.03.1940 und 03.04.1940.
[421] Vgl. NN, Gesetz zum Schutze von Bezeichnungen der Nationalsozialistischen Deutschen Arbeiterpartei. Vom 7. April 1937, in: Reichsgesetzblatt Nr. 47 (09.04.1937), 442.
[422] Vgl. ALD Vereinsregister 3047, 06.03.1939; NN, Vereinsregistersachen, in: Öffentlicher Anzeiger der Regierung zu Düsseldorf Nr. 14 (06.04.1939), 98.
[423] Vgl. Klaus Gotto, Nationalsozialistische Herausforderung und kirchliche Antwort. Eine Bilanz, in: Klaus Gotto, Die Katholiken und das Dritte Reich, Mainz 1990³, 173 - 190, 175 ff.
[424] Vgl. MSF 8 - 062, Chronik Marienhospital Bd. 2, 22.08.1934; VP 20.08.1933.

ten Gesetzesvorhaben stimmten (z.B. Städtische Krankenanstalten Moorenstraße 88 %, Evangelisches Krankenhaus Fürstenwall 90 %, Liebfrauenkrankenhaus Degerstraße 88 %, Martinuskrankenhaus Gladbacherstraße 92 %, Diakonissenkrankenhaus Alte Landstraße 100 %), votierten im Marienhospital an der Sternstraße von 243 Wählern 124 (51 %) gegen die geplante Ämterneuordnung[425]. Wie ein Schreiben von Caritasdirektor Johannes Becker an die Zentrale des Deutschen Caritasverbandes belegt, brach nach Bekanntgabe der Düsseldorfer Wahlergebnisse gegen das Marienhospital ein inszenierter Sturm der Empörung los. "Als am Sonntag abend von der nationalsozialistischen Zeitung 'Volksparole' das Resultat durch Lautsprecher bekannt gegeben wurde", so der Bericht des Düsseldorfer Caritasdirektors vom 22. August 1934, "setzte der Sprecher die evangelische Diakonissenanstalt und das katholische Marienhospital mit einer das letztere verunglimpfenden Bemerkung nebeneinander. Durch die öffentliche Diskreditierung veranlaßt, erhält das Marienhospital sehr viele anonyme Telefonanrufe und offene Postkarten haßerfüllten, nicht wiederzugebenden Inhaltes. Daneben kommen gleich viele Sympathie - Kundgebungen an, die die Selbständigkeit und Charakterfestigkeit des Hauses lobend anerkennen[426]. Wie die Oberin versichert, hat sie weder Anweisung erhalten noch gegeben, wie die (70) Schwestern des Hauses wählen sollten[427]. Auch weiß sie nicht, wie die einzelne Schwester gewählt hat. Heute sind bereits Vertreter der Stadtverwaltung im Hause gewesen, um die Wohlfahrtspatienten zu verlegen[428]. Es ist nach diesem Vorgehen zu befürchten, daß auch die Kassenpatienten heraus genommen werden. Damit würde die in dem beigefügten Schreiben angedrohte wirtschaftliche Vernichtung erreicht werden. Die entstehenden Folgen wären beklagenswert. Düsseldorf verlöre sein größtes katholisches Krankenhaus. Abgesehen von den 70 Ordensschwestern, die von der Genossenschaft anderweitig verwendet werden können, würden 104 Angestellte (Ärzte, Pflegekräfte, Hausgehilfinnen etc.) stellenlos und fielen dem Arbeits- und Wohlfahrtsamt zur Last. Die holländischen Hypothekengläubiger - vor einigen Jahren wurden an 2 Millionen für einen Erweiterungsbau aufgenommen - hätten, was Zins- und Tilgungszahlungen betrifft - das Nachsehen. Die ohnehin stark belasteten Beziehungen würden um ein Weiteres belastet. Ganz zu schweigen von der eintretenden Zerklüftung der doch regierungsseitig geförderten und geforderten Volksgemeinschaft! Ich bemerke noch, daß seitens des Kuratoriums des Marienhospitals entsprechende Schritte zur Rettung des Hauses unternommen sind"[429].

Bei dem angefügten Schreiben, das mit der "wirtschaftlichen Vernichtung" der Anstalt drohte, handelte es sich um einen Rundbrief, den der Vorsitzende des Vereins der Ärzte Düsseldorfs e.V. am 21. August 1934 an seine "Kollegen" gesandt hatte. Wörtlich hieß es darin: "Das Düsseldorfer Marienhospital hat am Sonntag den 19. August 1934, bei der Wahl mit mehr als 50 % den Führer und den Nationalsozialismus abgelehnt. Dieses Wahlergebnis bedeutet eine Herausforderung des Standes, der Stadt und darüber

---

[425] Vgl. DCF 127 D/2, 22.08.1934; MSF 8 - 062, Chronik Marienhospital Bd. 2, 19.08.1934.
[426] Vgl. dazu MSF 8 - 066, 24.08.1934 und 25.08.1934.
[427] Vgl. dazu MSF 8 - 066, 20.08.1934.
[428] Vgl. dazu MSF 8 - 062, Chronik Marienhospital Bd. 2, 21.08.1934.
[429] DCF 127 D/2, 22.08.1934. Vgl. auch MSF 8 - 062, Chronik Marienhospital Bd. 2, 22.08.1934.

hinaus des Staates. Die Düsseldorfer Ärzteschaft wird diese landesfremde Gesinnung durch schärfste Aussperrung des Hospitals bis zu seiner wirtschaftlichen Vernichtung gutzumachen versuchen. Ich ordne deshalb an, daß Überweisungen an das Marienhospital strengstens untersagt sind. Die deutschen Ärzte, die trotz des Verbotes noch Einweisungen vornehmen, gebe ich durch ein Rundschreiben öffentlich bekannt"[430].

Welches Aufsehen der Rundbrief des Vereinsvorsitzenden Dr. Heinrich Seiler über Düsseldorf hinaus erregte, belegt die Tatsache, dass das Schreiben am 13. September 1934 vom "L'Osservatore Romano" abgedruckt wurde. Unter dem Titel "Da Gerico a Düsseldorf" (Von Jericho nach Düsseldorf) kommentierte das Organ des Vatikans den Vorgang mit den Worten: "Wir glauben nicht, dass die Ärzte Düsseldorfs sich allzu sehr geehrt gefühlt haben durch dieses Rundschreiben, das von jeden von ihnen unterstellt, dass er von der gleichen unqualifizierbaren menschlichen, bürgerlichen und beruflichen Gefühllosigkeit besessen sei, und von seiner eigenen sektiererischen Überempfindlichkeit. Während nämlich der Führer des Staates in Nürnberg proklamierte, dass keinerlei Verfolgung stattgefunden habe gegen solche, die ihre Neinstimme in die Wahlurnen gelegt haben, ging ein gewisser Seiler in Düsseldorf hin und dekretierte eine Ächtung, die dahin auslief, den Kranken Beistand, den Sterbenden letzte Hilfe zu versagen. Unglaublich! Unbeschreiblich!, aber wahr! ... Wenn nicht Geist, Herz, Gewissen sich aufbäumen gegen den Fall Seiler als eine Herausforderung des ärztlichen Standes, der Stadt Düsseldorf und des deutschen Staates, so muss man angesichts einer solchen Erscheinung erklären, daß, wenn sich so die arische Rasse äußert, sie nicht mehr zur zivilisierten Menschheit gehört. Darüber hinaus glauben wir nicht, daß die Hebräer, insbesondere die Pharisäer, einen Arzt, gleich welcher Rasse, verjagt hätten, wenn er dem Überfallenen auf der Straße nach Jericho hätte beistehen wollen"[431].

Der angedrohte Boykott gegen das Marienhospital blieb aus. Bereits am 25. August 1934 wandte sich Heinrich Seiler erneut an seine "Kollegen" und teilte mit, "die von der Verwaltung des Marienhospitals getroffenen Maßnahmen rechtfertigen die hiermit ausgesprochene Aufhebung meiner Verfügung vom 22.8.1934"[432]. Außerdem habe der Vorstand des Marienhospitals "mit größter Vorbehaltlosigkeit zum Ausdruck gebracht, daß er das Abstimmungsergebnis in seinem Hospital auf das tiefste bedauere und bereit ist, jeden vom Hospital fernzuhalten und von ihm auszuschließen, der die Einheit der Deutschen Volksgemeinschaft zu stören sucht"[433].

Welche "Maßnahmen" den Widerruf der angedrohten Sanktionen "rechtfertigten", erschließt ein am 30. August 1934 von Stadtdechant Max Döhmer an das Generalvikariat gerichtetes Protestschreiben, das folgende Mitteilung enthielt: "Der Vorsitzende des Kuratoriums des Marienhospitals hat nach Rücksprache mit einem der beiden Chefärzte des Hauses, angeblich weil größte Eile im Handeln geboten gewesen sei, die Drohungen des Vorsitzenden des Ärztevereins dadurch abwenden zu sollen geglaubt, daß er ohneweiters die in dessen Schreiben enthaltenen Vorwürfe als berechtigt anerkannte und als

---

[430] DCF 127 D/2, 21.08.1934.
[431] NN, Da Gerico a Düsseldorf, in: L'Osservatore Romano Vol. 68 No. 212 (13.09.1934), 5.
[432] SAD IV 2364, 25.08.1934.
[433] SAD IV 2364, 25.08.1934.

Sühne die Entfernung der Oberin sowie des Anstaltspfarrers anbot[434]. Ich kann nicht anders als diese Aktion als eine himmelschreiende Ungerechtigkeit bezeichnen und zwar aus folgenden Gründen: 1. Nichts berechtigt den Vorsitzenden des Ärztevereins zu der Behauptung, daß die im Marienhospital abgegebenen 124 'Nein' - Stimmen von den Schwestern und dem Dienstpersonal des Hauses stammen. Selbst wenn es richtig wäre, was die Gegener behaupten, daß die Zahl der 'Nein' - Stimmen genau der Zahl der Schwestern und Hausangestellten entspräche, so könnte daraus doch nicht gefolgert werden, daß diese 'Nein' - Stimmen von den Schwestern und dem übrigen Hauspersonal herrührten. Aber tatsächlich haben, wie dies aus den Wahlscheinen nachgeprüft werden kann, nur 64 Schwestern bzw. ca. 15 Hausangestellte im Marienhospital gewählt. 2. Der Vorwurf, die Oberin habe die Schwestern und Hausangestellten zur Abgabe der 'Nein' - Stimmen beeinflußt, ist eine durch nichts begründete willkürliche Verdächtigung und kann durch die gegenteilige eidliche Erklärung sämmtlicher Schwestern widerlegt werden. Geradezu absurd muß demgegenüber der andere von denselben Leuten erhobene Vorwurf gegen die Oberin erscheinen, sie habe ihre Pflicht versäumt, wenn sie die ihr unterstellten Schwestern und Hausangestellten nicht im Sinne der Abgabe von 'Ja' - Stimmen beeinflußt habe. 3. Vor allem möchte ich darauf hinweisen, daß die Freiheit der Wahl garantiert war. Das besagt aber doch wohl, daß vor der Wahl niemand genötigt sein solle, seine Stimme in einer bestimmten Richtung abzugeben und daß nach der Wahl niemandem aus seiner Stimmabgabe irgend welcher Nachteil erwachsen solle. Gegen den Anstaltspfarrer sind meines Wissens von keiner Seite im Zusammenhang mit der Wahl Anklagen erhoben worden. Da fragt man sich doch, mit welchem Rechte der Vorsitzende des Kuratoriums zur Beschwichtigung kirchenfeindlicher Geister den Herrn' als Sündenbock in die Wüste schicken will"[435].

Da der Ärzteverein seine Boykottandrohung bereits zurückgezogen hatte, gab das Generalvikariat am 4. September 1934 Max Döhmer beschwichtigend zur Antwort: "Der Vorsitzende des Kuratoriums des Marienhospitals ist am 21. August 1934 nachmittags bei uns in der Angelegenheit vorstellig geworden. Er glaubte, im damaligen Augenblick wohl nicht unbegründet, daß das Marienhospital durch die von ihm gefürchteten Maßnahmen von Stadt, Ärzteschaft und vielleicht auch Partei wohl vor der wirtschaftlichen Vernichtung stände. ... Die von dem Kuratoriumsvorsitzenden in Verbindung mit einzelnen Ärzten und Mitgliedern des Kuratoriums getroffenen Maßnahmen, die gewiß vom grundsätzlichen Standpunkte aus nicht in allem als glücklich anzusehen sind, sind aus einem starken Verantwortungsgefühl für das künftige Schicksal der Anstalt zu beurteilen. Wir glauben allerdings, daß die entschiedene Verwahrung gegen die Terrormaßnahmen, die sofort von uns aus vorgenommen wurde, sich als wirksamer herausgestellt hat. Bereits am 22. August 1934 hat unser Sachbearbeiter, Herr Prälat Lenné, fernmündlich gegen die Terrormaßnahmen gegen das Marienhospital bei der Staatspolizeistelle für den Regierungsbezirk Düsseldorf protestiert. Wir haben ferner in einem Schreiben vom 24. August 1934 gegen die Ungeheuerlichkeit, die in dem Schreiben des Vorsitzenden des Düsseldorfer Ärztevereins gegenüber dem Charakter der

---
[434] Vgl. dazu MSF 8 - 062, Chronik Marienhospital Bd. 2, 22.08.1934; MSF 8 - 066, 22.08.1934.
[435] AEK GVA Düsseldorf überhaupt 21, 30.08.1934.

Volksabstimmung als einer freien und geheimen Wahl zu sehen sei, bei der Staatspolizeistelle auch schriftlich Verwahrung eingelegt und ein möglichst umgehendes Einschreiten der Staatspolizei verlangt. ... Wir halten es aber für nicht förderlich, nachdem die Stellungnahme der kirchlichen Behörde bekanntgegeben ist und überdies die Terrormaßnahmen zurückgenommen worden sind, die Lage des schwerringenden Marienhospitals noch durch scharfe Auseinandersetzungen im Kuratorium zu erschweren. Es muß vielmehr versucht werden, ohne Preisgabe der grundsätzlichen Stellungnahme das Vertrauen zwischen Kuratorium, Ärzteschaft und Schwesternschaft wiederherzustellen, da sonst der Kampf um die Existenz des Hospitals nicht erfolgreich geführt werden kann. Der Vorsitzende des Kuratoriums hat es unter allen Umständen gut und selbstlos gemeint. Die Ärzte kämpfen um ihre Existenz. ... Wir würden es daher begrüßen, wenn Euer Hochwürden als Erzbischöflicher Kommissar des Marienhospitals nun erfolgreich bemüht wären, die bleibenden Schwierigkeiten zu überwinden"[436].

Offenbar war es Max Döhmer schon bald gelungen, sein gespanntes Verhältnis mit dem Kuratorium des Marienhospitals zu entkrampfen. Auf der Kuratoriumssitzung vom 2. Oktober 1934 verlas er ein vorbereitetes Papier, in dem er u.a. das Schreiben des Düsseldorfer Ärztevereins "aufs tiefste" beklagte, "da es allem Recht und aller Gerechtigkeit Hohn spricht. ... Nachdrücklich muß ich sowohl die ehrwürdige Schwester Oberin und die ganze Schwesternschaft des Hauses, sowie auch den Herrn Pfarrer Hamacher gegen die gegen sie erhobenen, völlig unbegründeten Angriffe in Schutz nehmen. ... Der ruhigen und abgeklärten Auffassung, der Demut und Friedensliebe der Generaloberin haben wir es zu verdanken, daß sie den ihr hingeworfenen Fehdehandschuh nicht aufgenommen und sofort die ganze Schwesternschaft zurückgezogen hat[437]. ... Bezüglich des Herrn Pfarrers Hamacher hat die erzbischöfliche Behörde keinen Zweifel darüber gelassen, und auch der Staats - Regierung mitgeteilt, daß sie eine Versetzung des Herrn in Zusammenhang mit dem in Frage stehenden Wahlergebnis grundsätzlich ablehne. ... Ich bin persönlich der Überzeugung, daß das Kuratorium ruhig den Kampf mit dem Vorsitzenden des Ärzte - Vereins hätte aufnehmen und mit allen Mitteln und in allen Instanzen durchführen sollen. Der Endsieg wäre Unser gewesen. Auf unserer Seite hätte nicht bloß die weit überwiegende katholische Bürgerschaft, sondern auch eine große Zahl von Ärzten und auch Krankenkassen gestanden. ... Ich möchte meine Ausführungen zu diesen beklagenswerten Ereignissen nicht schließen, ohne dem wegen seiner unermüdlich, selbstlosen Arbeit im Dienste des Marien - Hospitals von uns allen, und ich darf hinzufügen, auch von der erzbischöflichen Behörde hochgeschätzten Vorsitzenden, Herrn Landeskulturamts - Direktor Gronarz, der selig unsagbar unter dem Druck der Ereignisse gelitten hat, zu danken für seine, von edelster Gesinnung getragenen Sorgen und Opfer. Lassen Sie uns alle, Kuratorium, Ärzte- und Schwesternschaft, einträchtig zusammen wirken, um die noch bestehenden Schwierigkeiten zu überwinden"[438].

---

[436] AEK GVA Düsseldorf überhaupt 21, 04.09.1934.
[437] Vgl. dazu MSF 8 - 062, Chronik Marienhospital Bd. 2, 31.08.1934 und 01.09.1934.
[438] AEK GVA Düsseldorf überhaupt 21, 02.10.1934; MSF 8 - 062, Chronik Marienhospital Bd. 2, 02.10.1934.

Spielte das Wahlergebnis vom 19. August 1934 für die Belegung und Auslastung des Hauses in der Folgezeit auch keine Rolle, so schwebte der Vorgang gleichwohl wie ein Damoklesschwert über dem Marienhospital und hatte die Anstalt für lange Zeit mit dem Kainsmal gezeichnet. Im Ganzen betrachtet, entpuppte sich die Hetzkampagne des Düsseldorfer Ärztevereins als Sturm im Wasserglas, doch lassen die übereilten Reaktionen des Kuratoriums erahnen, unter welchem Druck die Verantwortlichen des Marienhospitals geraten waren. Festzuhalten bleibt, dass weder der Anstaltsgeistliche noch eine Schwester gezwungen waren, die Anstalt in Pempelfort zu verlassen. Zwar wurden im Januar 1935 Oberin Hugolina Jansen und im Dezember 1935 Rektor Heinrich Hamacher vom Marienhospital abberufen[439], doch erfolgten ihre Versetzungen unabhängig von den geschilderten Ereignissen.

Elisabeth Heidkamp

Politische Opposition im Sinne von Umsturzbewegung war nach Auffassung des deutschen Episkopats nicht Aufgabe der Kirche, sondern blieb immer der Gewissensentscheidung des einzelnen Gläubigen vorbehalten. Ausdrucksformen der Gewissenstreue und Gegnerschaft zum nationalsozialistischen Regime gab es viele, vom Schweigen über das Bekennen bis zur gewaltsamen Auflehnung[440]. Zur Reihe katholischer Tatzeugen gegen die Tyrannei der braunen Machthaber gehörte Elisabeth Heidkamp, die als Mitarbeiterin des Katholischen Männerfürsorgevereins Düsseldorf im Jahre 1943 für ihre Gewissenshaltung in die Fangschnüre der Gestapo geraten war.

Am 25. November 1902 als Tochter eines Handwerksmeisters in Düsseldorf geboren, wuchs Elisabeth Heidkamp zusammen mit drei Geschwistern in der Friedrichstadt auf[441]. Nach dem Besuch der katholischen Volksschule an der Helmholtzstraße und der städtischen Handelsschule absolvierte sie seit 1919 eine Ausbildung am Kindergärtne-

---

[439] Vgl. MSF 8 - 062, Chronik Marienhospital Bd. 2, 18.01.1935; NN, Schwester Oberin Hugolina scheidet vom Marienhospital, in: Katholische Kirchenzeitung für Düsseldorf und Umgegend Jg. 12 Nr. 5 (03.02.1935), 52; NN, Personalchronik der Erzdiözese Köln, in: Kirchlicher Anzeiger für die Erzdiözese Köln Jg. 75 Nr. 25 (15.12.1935), 211 - 212, 212.

[440] Vgl. etwa Ulrich Brzosa, Benedikt Schmittmann (1872 - 1939). Weg und Schicksal eines "Alde Düsseldorfs" während der Zeit des Nationalsozialismus, in: Jan Wellem Jg. 76 Nr. 4 (Oktober 2001/Januar 2002), 7 - 9, 7 ff.

[441] Soweit nicht anders vermerkt, stützen sich die folgenden Angaben auf ein Zeitzeugengespräch, das am 3. Dezember 1993 von Angela Genger und Ulrich Brzosa mit Elisabeth Heidkamp geführt wurde. Ein Tonbandmitschnitt des Interviews findet sich im Archiv der Düsseldorfer Mahn- und Gedenkstätte. Ergänzend wurden herangezogen: Erinnerungen Elisabeth Heidkamp (vgl. CVD 1), Lebenslauf Elisabeth Heidkamp vom 15. Juli 1958 (vgl. CVD 128), Ermittlungsakten Elisabeth Heidkamp (vgl. NHS RW 58/296), Ermittlungsakten Gertrud Luckner (vgl. Hans - Josef Wollasch, "Betrifft: Nachrichtenzentrale des Erzbischofs Gröber in Freiburg". Die Ermittlungsakten der Geheimen Staatspolizei gegen Gertrud Luckner 1942 - 1944, Konstanz 1999). Vgl. auch Ulrich Brzosa, "Das ging gegen mein Gewissen!" Elisabeth Heidkamp - oder: Eine Düsseldorfer Katholikin paßte sich nicht an, in: Augenblick. Berichte, Informationen und Dokumente der Mahn- und Gedenkstätte Düsseldorf Jg. 5 Nr. 8/9 (1995), 7 - 12, 7 ff.

rinnen- und Hortnerinnenseminar des Katholischen Frauenbundes in Berlin. Der Diasporasituation der Katholiken in der Reichshauptstadt verdankte Elisabeth Heidkamp 1922 eine Anstellung beim St. Josephsheim für heimatlose Kinder im Bezirk Prenzlauer Berg. In der wirtschaftlichen Krisenzeit nach dem Ersten Weltkrieg improvisierte sie ohne öffentliche Unterstützung Kinderspeisungen für Arbeiterkinder und hielt den Betrieb des Kinderheims vor allem während der Inflation durch die Beschaffung notwendigster Mittel aufrecht. Im Frühjahr 1927 war Elisabeth Heidkamp gezwungen, ihre Tätigkeit in Berlin aufzugeben, da ihr Kindergärtnerinneneinkommen nicht mehr zur Bestreitung des Lebensunterhaltes ausreichte. Nach kurzen Aufenthalten in den Niederlanden, an der Mosel und in Aachen kehrte sie Ende der zwanziger Jahre zu ihren Eltern nach Düsseldorf zurück. Hier fand sie als private Kindererzieherin bei einer gut situierten Kaufmannsfamilie an der Schadowstraße ein bescheidenes Auskommen.

Neben ihrer beruflichen Tätigkeit widmete sich Elisabeth Heidkamp dem Ausbau der Düsseldorfer Ortsgruppe der "Reichsarbeitsgemeinschaft katholischer Jugendleiterinnen, Kindergärtnerinnen und Hortnerinnen", die am 11. Mai 1927 die Arbeit des in der Inflation untergegangenen "Katholischen Vereins für Kinderfürsorge" wieder aufnahm[442]. Als Fachverband des Deutschen Caritasverbandes verfolgte die Standesvereinigung den Zweck, "auf Grund der katholischen Religion" die Berufsauffassung der Erzieherinnen zu pflegen und zu vertiefen[443]. Daneben diente die Reichsarbeitsgemeinschaft der Förderung katholischer Grundsätze in der Erziehungsarbeit und der Wahrung der wirtschaftlichen Interessen ihrer Mitglieder[444]. In regelmäßigen Abständen kamen die katholischen Erzieherinnen Düsseldorfs im Ursulinenkloster oder Caritassekretariat zu Vorträgen mit wissenschaftlichen und praktischen Themen zusammen, die vielfach von Johannes Becker gehalten wurden[445].

Mit der Machtergreifung der Nationalsozialisten drohten die Erziehungseinrichtungen, im Sog von Umsturz und Gleichschaltung unterzugehen[446]. Gerade die konfessionelle Trägerschaft von Kindergärten und Schulen musste der Partei als Hindernis auf dem Weg einer totalen Erfassung der nachwachsenden Generation erscheinen. Zunächst beschränkten sich die Nationalsozialisten darauf, die Mitglieder katholischer Be-

---

[442] Vgl. DT 26.05.1927; NN, Vereinskalender, in: Katholische Kirchenzeitung (Düsseldorf) Jg. 4 Nr. 10 (05.06.1927), 96; NN, Zentralverband katholischer Kinderhorte und Kleinkinderanstalten, in: Kinderheim. Zeitschrift für Kleinkindererziehung und Hortwesen Jg. 11 Nr. 1 (Januar/Februar 1928), 26.
[443] Vgl. Heinrich Auer, Die caritativ - soziale Tätigkeit der Katholiken Deutschlands, in: Kirchliches Handbuch für das katholische Deutschland 12 (1924/25), 149 - 355, 312.
[444] Vgl. DT 16.06.1928.
[445] Vgl. DT 26.05.1927; NN, Vereinskalender, in: Katholische Kirchenzeitung (Düsseldorf) Jg. 4 Nr. 10 (05.06.1927), 96; NN, Der Ortsausschuß Düsseldorf, in: Kinderheim. Zeitschrift für Kleinkindererziehung und Hortwesen Jg. 13 Nr. 1 (Januar/Februar 1930), 25.
[446] Vgl. Rolf Eilers, Die nationalsozialistische Schulpolitik. Eine Studie zur Funktion der Erziehung im totalitären Staat, Köln 1963, 3 ff; Wilfried Breyvogel, Schulalltag im Nationalsozialismus, in: Detlev Peukert, Die Reihen fast geschlossen. Beiträge zur Geschichte des Alltags unterm Nationalsozialismus, Wuppertal 1981, 199 - 222, 199 ff; Erika Mann, Zehn Millionen Kinder. Die Erziehung der Jugend im Dritten Reich, München 1984, 18 ff; Manfred Berger, Vorschulerziehung im Nationalsozialismus. Recherchen zur Situation des Kindergartenwesens 1933 - 1945, Weinheim 1986, 37 ff; Kurt - Ingo Flessau, Erziehung im Nationalsozialismus. ... und sie werden nicht mehr frei ihr ganzes Leben! Köln 1987, 13 ff.

rufsvereine für ihre Organisationen zu gewinnen[447]. Wie viele andere Erzieherinnen wurde auch Elisabeth Heidkamp vom Nationalsozialistischen Lehrerbund (NSLB) aufgefordert, ihre Mitgliedschaft in der "Reichsarbeitsgemeinschaft katholischer Jugendleiterinnen, Kindergärtnerinnen und Hortnerinnen" aufzugeben und einer nationalsozialistischen Berufsorganisation beizutreten. "Das habe ich abgelehnt! Das ging gegen mein Gewissen", wusste Elisabeth Heidkamp noch 1993 zu berichten. Ausschlaggebend für ihre Haltung waren die politischen Ansichten, die in ihrem Elternhaus vorherrschten. "Mein Vater ist ein paar Mal in Vorträge gegangen, die über Hitler handelten, und meine Brüder fragten: 'Vater, was tust Du?' Und mein Vater antwortete: 'Ich will nur wissen, was der vorhat'. Und dann ist er nach zwei oder drei Vorträgen nach Hause gekommen und hat gesagt: 'Jetzt weiß ich Bescheid. Den lehnen wir ab". Den Beitritt in die nationalsozialistische Massenorganisation zu verweigern und an der Mitgliedschaft in der "Reichsarbeitsgemeinschaft katholischer Jugendleiterinnen, Kindergärtnerinnen und Hortnerinnen" festzuhalten, hatte für Elisabeth Heidkamp wie für gleich gesinnte Kolleginnen schwerwiegende Folgen. Der Eintritt in den NSLB war bei öffentlichen, aber auch bei vielen freien Erziehungseinrichtungen Voraussetzung für die Einstellung bzw. Weiterbeschäftigung von Mitarbeitern.

Trotz des schikanösen Verbotes der Doppelmitgliedschaft intensivierte Elisabeth Heidkamp ihr Engagement bei der "Reichsarbeitsgemeinschaft katholischer Jugendleiterinnen, Kindergärtnerinnen und Hortnerinnen" und übernahm auf dem Feld der Caritas weitere ehrenamtliche Aufgaben. Zunächst stellte sie sich in den Dienst des Katholischen Mädchenschutzvereins und opferte viele Stunden ihrer Freizeit, um auf dem Düsseldorfer Hauptbahnhof alleinreisenden Mädchen und Frauen helfend zur Seite zu stehen. Als die katholische Bahnhofsmission 1937 mit Einrichtung des NSV - Bahnhofsdienstes immer mehr zurückgedrängt wurde[448], widmete sich Elisabeth Heidkamp verstärkt dem St. Raphaelsverein, der seit der Machtergreifung neben katholischen auch zahlreiche "nichtarische" Auswanderwillige betreute[449]. Genaue Zahlen über die Wirksamkeit des St. Raphaelsvereins liegen für Düsseldorf von 1933 bis zur staatlich verord-

---

[447] Vgl. Elisabeth Mleinek, Der Verein katholischer deutscher Lehrerinnen im Kampfe gegen den Nationalsozialismus, Berlin 1948, 6 ff; Heinrich Küppers, Der katholische Lehrerverband in der Übergangszeit von der Weimarer Republik zur Hitler - Diktatur. Zugleich ein Beitrag zur Geschichte des Volksschullehrerstandes, Mainz 1975, 113 ff; Johannes Erger, Lehrer und Nationalsozialismus. Von den traditionellen Lehrerverbänden zum Nationalsozialistischen Lehrerbund (NSLB), in: Manfred Heinemann, Erziehung und Schulung im Dritten Reich Bd. 2, Stuttgart 1980, 206 - 231, 206 ff; Willi Feiten, Der Nationalsozialistische Lehrerbund. Entwicklung und Organisation. Ein Beitrag zum Aufbau und zur Organisation des nationalsozialistischen Herrschaftswesens, Weinheim 1981, 40 ff; Wilhelm Damberg, Der Kampf um die Schulen in Westfalen 1933 - 1945, Mainz 1986, 95 ff.
[448] Vgl. oben S. 630 ff.
[449] Vgl. Engelbert Monnerjahn, Der St. - Raphaels - Verein zum Schutze katholischer deutscher Auswanderer, in: Jahrbuch der Caritaswissenschaft 5 (1963), 109 - 115, 112; Lutz - Eugen Reutter, Katholische Kirche als Fluchthelfer im Dritten Reich. Die Betreuung von Auswanderern durch den St. Raphaels - Verein, Recklinghausen 1971, 117 ff und 181 ff; Victor Mohr, Die Geschichte des Raphaels - Werkes. Ein Beispiel für die Sorge um den Menschen unterwegs, in: Zeitschrift für Kulturaustausch Jg. 39 Nr. 3 (1989), 354 - 362, 358 f.

neten Auflösung 1941 nicht vor[450]. Eine umfangreiche Personenkartei, die Elisabeth Heidkamp im Auftrag von Caritasdirektor Johannes Becker in ihrer Wohnung aufbewahrte, hätte hier Auskunft geben können, doch gilt das Verzeichnis seit der Beschlagnahme durch die Düsseldorfer Gestapo als verloren. Erhalten ist eine Meldung im Mitteilungsblatt des Düsseldorfer Caritasverbandes vom Januar 1939, in der es wenige Wochen nach der Reichspogromnacht und dem Brand der Synagoge an der Kasernenstraße heißt: "Bei den Nichtariern besteht zur Zeit eine große Auswanderungsbereitschaft. Zuständig für katholische Ratsuchende in Auswanderungs - Angelegenheiten ist der St. Raphaels - Verein Hamburg ... . Seine Unterstellen im Lande sind die Caritas - Sekretariate. Im Laufe der Zeit hat sich eine große Zahl auswanderungswilliger Nichtarier bei unserem Caritas - Sekretariat gemeldet. Da die europäischen Länder fast ausnahmslos für Einwanderer gesperrt sind, kommt in den meisten Fällen nur die Übersee in Betracht. Aber auch da liegen die Einwanderungsmöglichkeiten recht schwierig. Vorsprechende Auswanderungswillige möge man dem Caritas - Sekretariat zuweisen"[451]. Wie viele ausreisewillige Glaubensjuden, aber auch konvertierte Juden, die nach den Nürnberger Gesetzen als Juden galten, indes von jüdischen Hilfswerken keine Unterstützung erhielten, beim Düsseldorfer Caritassekretariat an der Tonhallenstraße vorsprachen, wird verlässlich nicht mehr in Erfahrung zu bringen sein. Immerhin gibt es Anhaltspunkte: Für das Jahr 1939 nannte die Zweigstelle Düsseldorf 74 mündliche Beratungen von Nichtariern[452].

Ihrem ehrenamtlichen Engagement verdankte Elisabeth Heidkamp am 1. September 1940 eine Anstellung als Fürsorgerin beim Katholischen Männerfürsorgeverein. Zu ihrer Haupttätigkeit gehörte die Resozialisierung straffällig gewordener Männer und die Vermittlung von Vormundschaften für Jugendliche, die in Heil- und Pflegeanstalten untergebracht waren. An das Schicksal einiger Schutz befohlener Jugendlicher erinnerte sie sich bis zuletzt mit Wehmut: "Über diese bekamen wir sehr oft die Mitteilung: 'Ihr Pflegling ist nach Hadamar verlegt worden'. Und nach einiger Zeit: 'Er ist an Kreislaufstörungen gestorben ... . Sie können die Leiche abholen!' Wir wussten, was es hieß, wenn sie nach Hadamar verlegt wurden. Aber wir konnten gar nichts machen. Wir haben die Familien darauf aufmerksam gemacht, dass sie ihre Angehörigen zu sich nehmen sollen. Einige haben das gekonnt, andere nicht".

Als Mitarbeiterin des Katholischen Männerfürsorgevereins hatte Elisabeth Heidkamp häufig an Kursen und Tagungen teilzunehmen, die an der Zentrale des Deutschen Caritasverbandes stattfanden. Gelegentlich eines Kursus für Caritassekretärinnen lernte sie Anfang August 1942 Gertrud Luckner kennen, die in Freiburg bei der "Kirchlichen Kriegshilfestelle" des Deutschen Caritasverbandes arbeitete. Mit Beginn der ersten Massendeportation von Juden im Frühjahr 1940 baute Gertrud Luckner reichsweit ein illegal operierendes Caritasnotwerk auf, das sich vor allem um verfolgte Nichtarier küm-

---

[450] Vgl. CVD 102, 25.06.1941.
[451] NN, Auswanderer - Beratung für Nichtarier, in: Mitteilungen des Caritasverbandes für die Stadt Düsseldorf Jg. 15 Nr. 1 (Januar 1939), 6. Vgl. auch NN, Dankbar rückwärts !, in: Mitteilungen des Caritasverbandes für die Stadt Düsseldorf Jg. 14 Nr. 12 (Dezember 1938), 1 - 2, 2.
[452] Vgl. CVD 102, 10.02.1940.

merte[453]. Im Rückblick auf ihre Tätigkeit schrieb Gertrud Luckner im Jahre 1968: "Seit dem Beginn der Deportationen blieb nur noch die Hilfe von Mensch zu Mensch. Ich suchte sie durch eine ununterbrochene Wandertätigkeit im damaligen 'Groß - Deutschland' zu organisieren. ... Hinzu kam eine hilfreiche Kuriermöglichkeit durch die ohnehin ständig reisenden Referenten der Caritaszentrale. Die weitverzweigten Verbindungen der Caritas boten auch Möglichkeiten, um von Ort zu Ort Helfer zu finden, die eine stille Verbindung ... hielten. So entstand ein vielmaschiges Netz von Helfern über das ganze Land hinweg"[454]. Den Düsseldorfer Knotenpunkt des Hilfsnetzes bildete Elisabeth Heidkamp, die am Rande des genannten Freiburger Sekretärinnenkursus bereitwillig ihre Mitarbeit erklärte. Bereits wenige Wochen nach ihrer Zusage wurde die Düsseldorfer Fürsorgerin gebeten, für die Unterbringung eines nichtarischen Säuglings zu sorgen. Elisabeth Liebrecht (1903 - 1942), die Mutter des zu rettenden Kindes, hatte sich aus Verzweiflung über die bevorstehende Deportation ihres Mannes Heinrich Liebrecht (1897 - 1989) das Leben genommen[455]. Helfer brachten das Kind von Berlin nach Düsseldorf und übergaben es am 22. August 1942 der Obhut von Elisabeth Heidkamp. Mit ihren guten Beziehungen zu den Wohlfahrtseinrichtungen konnte sie den Säugling zunächst im katholischen Waisenhaus an der Oberbilker Allee als Findelkind "Maria Schmitz" versteckt halten. Hier wurde das Kind, das am 12. Januar 1942 in Berlin geboren war und dessen Name Reha Liebrecht lautete, am 23. Dezember 1942 auf den Namen Maria (Schmitz) getauft. Da die städtischen Behörden im Glauben waren, Maria sei ein "arisches" Findelkind, wurde Elisabeth Heidkamp offiziell zum Vormund von "Maria Schmitz" bestellt. Als das Waisenhaus im Frühjahr 1943 wegen der zunehmenden Luft-

---

[453] Vgl. Kurt R. Grossmann, Die unbesungenen Helden. Menschen in Deutschlands dunklen Tagen, Berlin 1957, 111 ff; Thomas Schnabel, Gertrud Luckner, Mitarbeiterin der Caritas in Freiburg, in: Michael Bosch, Der Widerstand im deutschen Südwesten 1933 - 1945, Stuttgart 1984, 117 - 128, 117 ff; Ernst - Ludwig Ehrlich, Als praktizierte Nächstenliebe lebensgefährlich war ... . Ein Vorbild in Freiburg: Gertrud Luckner, in: Erzdiözese Freiburg. Informationen. Berichte, Kommentare, Anregungen Nr. 4/6 (April/Juni 1985), 77 - 80, 77 ff; NN, Festakademie für Dr. Gertrud Luckner am 22. September 1985 in der Zentrale des Deutschen Caritasverbandes in Freiburg im Breisgau. Grußworte und Festansprachen, in: Freiburger Rundbrief 37/38 (1985/86), 34 - 48, 34 ff; Karl Siegfried Bader, Lebensbilder aus der Zeit des Widerstands: Gertrud Luckner (Geb. 1900), in: Max Müller, Senfkorn. Handbuch für den Katholischen Religionsunterricht Klasse 5 - 10 Bd. 3/1, Stuttgart 1987, 447 - 458, 447 ff; Angela Borgstedt, "... zu dem Volk Israel in einer geheimnisvollen Weise hingezogen". Der Einsatz von Hermann Maas und Gertrud Luckner für verfolgte Juden, in: Michael Kißener, Widerstand gegen die Judenverfolgung, Konstanz 1996, 227 - 259, 236 ff; Johanna Schmid, Die übersehenen Treuen. Studien über katholische und protestantische Frauen im Frauenkonzentrationslager Ravensbrück, Augsburg 1999, 90 ff; Hans - Josef Wollasch, Gertrud Luckner (1900 - 1995), in: Jürgen Aretz, Zeitgeschichte in Lebensbildern. Aus dem deutschen Katholizismus des 19. und 20. Jahrhunderts Bd. 9, Münster 1999, 260 - 275 und 349 - 350, 260 ff; Elizabeth Petuchowski, Gertrud Luckner: Widerstand und Hilfe, in: Freiburger Rundbrief Jg. 7 Nr. 4 (4. Quartal 2000), 242 - 259, 242 ff.
[454] Gertrud Luckner, Zur Einführung, in: Else Rosenfeld, Lebenszeichen aus Piaski. Briefe Deportierter aus dem Distrikt Lublin 1940 - 1943, München 1968, 7 - 17, 9 f.
[455] Vgl. Heinrich F. Liebrecht, "Nicht mitzuhassen, mitzulieben bin ich da". Mein Weg durch die Hölle des Dritten Reiches, Freiburg 1990, 93.

gefahr nach Silberg verlegt werden musste[456], konnte Elisabeth Heidkamp das kleine Mädchen am 13. Februar 1943 bei einer Familie in Neheim - Hüsten unterbringen. Hier wurde es auf Grund einer Denunziation ausfindig gemacht und fiel in Auschwitz dem Genozid zum Opfer[457].

Am 24. März 1943 wurde Gertrud Luckner auf dem Weg nach Berlin von der Düsseldorfer Gestapo verhaftet, da sie im Verdacht stand, als Nachrichtenübermittlerin für den deutschen Episkopat tätig zu sein[458]. Im Zuge der Ermittlungen gegen die Freiburger Caritasmitarbeiterin wurde die Gestapo auf Elisabeth Heidkamp aufmerksam. Nach einer ergebnislosen Hausdurchsuchung, die lediglich die Kartei der vom Raphaelsverein betreuten, aber bereits ausgereisten Emigranten zu Tage förderte, wurde Elisabeth Heidkamp am 11. Mai 1943 in Schutzhaft genommen und zum Verhör in die Gestapozentrale an der Prinz - Georg - Straße gebracht. Dem vernehmenden Beamten blieben ihre Aktivitäten unverständlich. Das Eintreten für verfolgte Menschen unter persönlichem Opfer lag außerhalb seiner Vorstellungswelt. Zum Schluss der Vernehmungen resümierte er: "Aha ! Und die katholische Kirche sagt: Alles was ein menschliches Antlitz trägt, gleich ob es Jude, Neger oder Heide ist, ist ein Kind Gottes ! Stimmt das ?" Elisabeth Heidkamp bejahte diese Frage und gab zu erkennen, dass es sich auch um ihre eigene Meinung handelte. Dieses "Geständnis" brachte ihr eine mehrmonatige Schutzhaft ein, über deren Vollzug sie später berichtete: "Prügel und Hunger, das ist zu ertragen, nicht aber die Erniedrigung des Menschen. Wir waren zeitweise zu viert oder zu fünft, lagen auf dem Boden, hatten nur wenig Wasser in einer Schüssel. Das war das Schlimmste. Da musste man sich innerlich hochhalten, dass man nicht alles mitmachte, dass man sich bewusst machte: es gibt noch andere Werte, auch wenn man eingesperrt ist. Man musste darauf achten, dass man sich selber nicht wegwarf. Die Gefahr bestand ... ". Kontakte zu ihrer Familie und zum katholischen Gefängnisseelsorger wurden ihr untersagt: "Pfarrer Merzbach durfte nicht mit mir sprechen, dann wäre er selbst entlassen worden. Ich hab's auch nicht gemacht, denn ich hatte mit dem lieben Gott keinen Krach !" Zu den unwürdigen Haftbedingungen kamen die Schreckensereignisse des Krieges. "In der Nähe der Ulmer Höh ist Rheinmetall, da lag die Flak. Die Leute in den Zellen schrieen vor Angst, wenn die Bomben fielen, und schlugen mit den Schemeln gegen die Eisentüre. Das führte zu Irritationen bei der Flak; sie konnten nichts mehr hören".

Nach wochenlangen Gestapoverhören sollte Elisabeth Heidkamp in das Frauenkonzentrationslager Ravensbrück gebracht werden, doch wurde ihre Überstellung aus ermittlungstaktischen Gründen im Fall Gertrud Luckner ausgesetzt. Stattdessen entließ man sie nach siebenmonatiger Schutzhaft am 17. Dezember 1943 aus dem Derendorfer

---

[456] Vgl. Ulrich Brzosa, 150 Jahre St. Raphael Haus. Ein Streifzug durch die Geschichte, in: Die Bilker Sternwarte Jg. 46 Nr. 10 (Oktober 2000), 238 - 240, Nr. 11 (November 2000), 251 - 255 und Nr. 12 (Dezember 2000), 277 - 282, 278 f.
[457] Vgl. Gedenkbuch. Opfer der Verfolgung der Juden unter der nationalsozialistischen Gewaltherrschaft in Deutschland 1933 - 1945 Bd. 1, Koblenz 1986, 891.
[458] Vgl. SAD XXIII 2144, S. 124; Bruno Schwalbach, Erzbischof Conrad Gröber und die nationalsozialistische Diktatur. Eine Studie zum Episkopat des Metropoliten der Oberrheinischen Kirchenprovinz während des Dritten Reiches, Freiburg 1985, 116 f.

Gefängnis mit der Auflage, ihre Arbeitsstelle beim Katholischen Männerfürsorgeverein aufzugeben und alle Kontakte zu caritativen Institutionen abzubrechen. Gegen ihren Willen wurde sie von den Behörden gezwungen, Büroarbeiten für die Vereinigten Stahlwerke zu übernehmen und sich für Spitzeldienste bereitzuhalten. "Bei der Entlassung hat mir jemand gesagt, ich solle als Spitzel dienen; dazu war ich aber ungeeignet. Eine Sache wurde mir angetragen: Von der Metzgerei Brieden war die gesamte Familie in Haft[459], da sie einen ausländischen Sender gehört hatte. Das Amtsgericht hatte sie freigesprochen, die Gestapo aber hatte sie sofort wieder abgeholt. Ich sollte sagen, was die Leute über die Verhaftung denken. Ich habe gesagt: 'Man kann das nicht verstehen: Das deutsche Gericht spricht frei, und vor dem Gericht werden sie verhaftet'. Ich hatte niemanden gefragt, ich bin ja selbst Bevölkerung. – Ein andermal bekam ich den Auftrag, den Religionslehrer der Luisenschule 'auszuhorchen', festzustellen, was er bei einem Vortrag im Haus des katholischen Frauenbundes sagt. Ich bin hingegangen. Er hatte nichts Verdächtiges gesagt, aber er hatte etwas gegen das Regime. Ich musste hinkommen und ich habe berichtet, was er gesagt hatte und es sei alles in Ordnung gewesen. Dagegen wurde eingewendet, dass jemand anderes andere Informationen weitergegeben habe. Da habe ich gesagt: 'Ach, wissen Sie, da kamen manchmal schwere Lastwagen vorbei, so dass ich nicht alles verstanden habe ... '".

Ihre Tätigkeit als ehrenamtliche Mitarbeiterin des Männerfürsorgevereins nahm Elisabeth Heidkamp ohne Rücksicht auf die eingegangenen Verpflichtungen sofort wieder auf. Da ihr das Betreten der Büroräume des Düsseldorfer Caritasverbandes untersagt war, improvisierte sie für Ratsuchende eine illegale Sprechstundenstelle hinter einer Litfassäule auf der Königsallee. Zu Hause bearbeitete sie die Akten des Jugendgerichtes, die ihr eine Mitarbeiterin des Düsseldorfer Caritasdirektors heimlich in die Wohnung brachte. Wenn auch die Zahl der von der NSV an den Männerfürsorgeverein überwiesenen Vormundschaftsfälle seit Beginn des Krieges stark zurückgegangen war und sich mehr und mehr allein auf "rassisch nicht einwandfreie oder erbbiologisch belastete" Jugendliche beschränkte, konnte auf diese Weise die Arbeit des Katholischen Männerfürsorgevereins in Düsseldorf über die gesamte Kriegszeit aufrecht gehalten werden[460]. Nach der Besetzung der Stadt durch amerikanische Truppen wurde Elisabeth Heidkamp am 1. Juli 1945 wieder fest angestellte Mitarbeiterin des Männerfürsorgevereins und betreute bis zu ihrer Pensionierung im Jahre 1965 verschiedene Projekte der caritativen Jugendfürsorge.

---

[459] Vgl. dazu NHS RW 58/71898, Bl. 1 ff.
[460] Vgl. ALD Vereinsregister 3047, 09.03.1947; NN, Die caritative Jugendfürsorge in Düsseldorf (1938), in: Mitteilungen des Caritasverbandes für die Stadt Düsseldorf Jg. 15 Nr. 3 (März 1939), 4 - 5, 4.

Der Zweite Weltkrieg

Um die Jahreswende 1938/39 war die katholische Kirche weitgehend auf den sakralen Bereich zurückgedrängt[461]. Die kirchlichen Verbände und Organisationen, seit der Machtübernahme ohnehin stärkstem Druck und schleichender Auszehrung unterworfen, hatten stark an Bedeutung verloren, so dass zahlreiche staatspolizeiliche Auflösungsverfügungen, die vor allem in die Jahre 1937 bis 1939 fielen, nur einen seit langem erwarteten Schlussstrich zogen. Der Klerus stand unter scharfer Beobachtung; seine Predigten wurden auf staatsfeindliche Äußerungen hin überwacht, und die Gestapo sorgte durch harte Maßnahmen für äußerliche Ruhe[462].

Seit dem 1. September 1939 bestimmte der Krieg das gesamte Leben in Deutschland. Die Illusion eines Burgfriedens, den das Regime während des Krieges der Kirche zugestanden hatte, mochte in den ersten Monaten auch manche Katholiken aufatmen lassen, die sonst wenig geneigt waren, sich noch Hoffnungen auf eine Wendung zum Besseren zu machen. In der Tat trat die antikatholische Polemik in der Öffentlichkeit zurück. Seitdem sie einen äußeren Feind besaßen, bedurften die Nationalsozialisten des inneren weniger, um die eigene Anhängerschaft zu mobilisieren. Die Parteiredner hatten jetzt in den führenden Persönlichkeiten der Feindstaaten neue Zielscheiben ihres Spottes, so dass nicht unbedingt Papst und Bischöfe dafür herhalten mussten. Zudem waren die Nachrichten, die man vom Kriegsgeschehen erfuhr, faszinierend genug, um Fragen der inneren Politik in den Hintergrund zu drängen. Für die Zeugen eines Krieges, dessen Erfolge - und dessen Katastrophen - alles bisher Erfahrene in den Schatten stellten, musste es schwer werden, die trotz allem weiterlaufende Bedrückung der Kirche als Signatur des Systems zu begreifen, in dem sie lebten[463].

Die Wegweisung des Episkopats zum Kriegsausbruch im Herbst 1939 beschränkte sich auf einen Aufruf zu Pflichterfüllung und Gebet, der frei war von nationalem Pathos und fern aller Identifikation mit diesem Krieg und seinen Zielen. "In dieser entscheidungsvollen Stunde", so eine Erklärung der deutschen Bischöfe zum Kriegsausbruch, "ermuntern und ermahnen wir unsere katholischen Soldaten, in Gehorsam gegen den Führer, opferwillig, unter Hingabe ihrer ganzen Persönlichkeit ihre Pflicht zu tun. Das gläubige Volk rufen wir auf zu heißem Gebet, daß Gottes Vorsehung den ausgebrochenen Krieg zu einem für Vaterland und Volk segensreichen Erfolg und Frieden führen möge"[464]. Der Appell war Prophylaxe gegen den Vorwurf nationaler Unzuverlässigkeit

---

[461] Vgl. Ulrich Brzosa, Die Geschichte der Düsseldorfer Fronleichnamsprozession, in: Düsseldorfer Jahrbuch 73 (2002), 107 - 173, 143 ff.

[462] Vgl. Ulrich von Hehl, Katholische Kirche und Nationalsozialismus im Erzbistum Köln 1933 - 1945, Mainz 1977, 136 ff.

[463] Vgl. Gordon Charles Zahn, Die deutschen Katholiken und Hitlers Kriege, Graz 1965, 91 ff; Thomas Breuer, Dem Führer gehorsam. Wie die deutschen Katholiken von ihrer Kirche zum Kriegsdienst verpflichtet wurden; Dokumente, Oberursel 1989, 3 ff; Konrad Repgen, Krieg, Gewissen und Menschenrechte. Zur Haltung der katholischen Bischöfe im Zweiten Weltkrieg, Köln 1995, 3 ff.

[464] Zitiert nach Ferdinand Strobel, Christliche Bewährung. Dokumente des Widerstandes der katholischen Kirche in Deutschland 1933 - 1945, Olten 1946, 116. Vgl. auch Ludwig Volk, Akten der Fuldaer Bischofskonferenz über die Lage der Kirche 1933 - 1945 Bd. 4, Mainz 1981, 700.

auf Seiten der Katholiken, entsprach aber auch konventionellen Verhaltensnormen. Waffendienst im Kriegsfall gehörte für viele Katholiken zu den staatsbürgerlichen Grundpflichten, und so wie die Verantwortung für den Kriegsentschluss selbst war auch das Urteil über seine moralische Vertretbarkeit zunächst den Trägern der Regierungsgewalt vorbehalten[465].

In den ersten Tagen des Ostfeldzuges 1941 formulierten die Bischöfe ihre prinzipielle Haltung zur Pflicht des deutschen Katholiken im Kriege noch einmal mit den Worten: "In schwerer Zeit des Vaterlandes, das auf weiten Fronten einen Krieg von nie gekanntem Ausmaße zu führen hat, mahnen wir Euch zu treuer Pflichterfüllung, tapferem Ausharren, opferwilligem Arbeiten und Kämpfen im Dienste unseres Volkes. Wir senden einen Gruß dankbarer Liebe und innige Segenswünsche unseren Soldaten, Eueren Männern, Söhnen und Brüdern im Felde, die in heldenmütiger Tapferkeit unvergleichliche Leistungen vollführen und schwere Strapazen ertragen. Von Euch allen fordert der Krieg Anstrengungen und Opfer. Bei der Erfüllung der schweren Pflichten dieser Zeit, bei den harten Heimsuchungen, die im Gefolge des Krieges über Euch kommen, möge die trostvolle Gewißheit Euch stärken, daß ihr damit nicht bloß dem Vaterland dient, sondern zugleich dem heiligen Willen folgt, der alles Geschehen, auch das Schicksal der Völker und der einzelnen Menschen in seiner weisen Vorsehung lenkt. Auf ihn, den allmächtigen Gott, setzen wir unser Vertrauen, von ihm erflehen wir Gottes Schutz und Segen für Volk und Vaterland"[466].

Schon bald nach Kriegsbeginn beeinträchtigten Einberufungen, Massenevakuierungen aus gefährdeten Gebieten und eine auf Arbeits- und Militärdienst sowie Kinderlandverschickung beruhende "Wanderbewegung" das kirchliche Leben und stellten an die Seelsorge und caritativen Hilfsdienste kaum lösbare Anforderungen. Gerade mit Blick auf die kirchliche Wohlfahrt sprachen die deutschen Bischöfe die Hoffnung aus: "Die gegenwärtigen kriegerischen Verwicklungen bedingen einen erhöhten Einsatz aller Caritaskräfte. In gesteigerter Form werden diese sich bemühen, die Leiden des Krieges lindern zu helfen, Wunden zu heilen und Vorsorgemaßnahmen zu treffen"[467].

In Köln wurde für das Bistum eine Kriegshilfestelle ins Leben gerufen, der ein Erzbischöflicher Kommissar, Diözesancaritasdirektor Dr. Johannes Becker (1892 - 1975), vorstand. Er hatte, "da die in der Heereskrankenpflege beschäftigten Ordensschwestern gemäß Entscheidung des Oberkommandos des Heeres nicht zu den Wehrmachtsgemeinden gehören und ihre seelsorgliche Betreuung nicht zum Aufgabenkreis der Wehrmachtsseelsorge, sondern zur Zivilseelsorge gehört, vor allem diejenigen Maßnahmen zu treffen, die sich noch für die seelsorgliche Betreuung der in der Heereskrankenpflege tä-

---

[465] Vgl. Heinz Hürten, Katholische Kirche und nationalsozialistischer Krieg, in: Martin Broszat, Die deutschen Eliten und der Weg in den Zweiten Weltkrieg, München 1989, 135 - 179 und 405 - 413, 135 ff.

[466] NN, Gemeinsamer Hirtenbrief der am Grabe des hl. Bonifatius versammelten Oberhirten der Diözesen Deutschlands: Die Bedrückung der Kirche in Deutschland, 26.6.1941, in: Wilhelm Corsten, Kölner Aktenstücke zur Lage der katholischen Kirche in Deutschland 1933 - 1945, Köln 1949, 252 - 256, 252 f.

[467] Zitiert nach Elisabeth Lakemeier, 50 Jahre Diözesan - Caritasverband für das Erzbistum Köln 1916 - 1966, Köln 1967, 74.

tigen katholischen Ordensschwestern und der sonstigen katholischen Pflegepersonen erweisen"[468]. Im Kirchlichen Anzeiger wurde die neue Hilfsstelle unter dem 25. September 1939 als wichtiges Instrumentarium zur Linderung der Kriegsnot vorgestellt: "Die gegenwärtigen kriegerischen Verwicklungen verlangen von allen gläubigen Christen einen erhöhten Einsatz nicht nur ihrer Treue und ihres Starkmutes, sondern auch ihrer werktätigen Liebe. Daher muß erwartet werden, daß trotz mancher gesteigerter Schwierigkeiten allenthalben in Stadt und Land unsere karitativen Anstalten und Einrichtungen ihre segensreiche Tätigkeit fortsetzen, soweit sie ihnen nicht durch eine notwendige Verwendung für andere Aufgaben unmöglich geworden ist. In Ergänzung der von den zuständigen Stellen der öffentlichen Gewalten und Einrichtungen vorzunehmenden Hilfsmaßnahmen sollten mehr denn je die Gläubigen sich für die karitativen Werke ihrer Pfarrgemeinden und für die großen diözesanmäßigen und überdiözesanmäßigen Aufgaben, die durch die Leiden und Wunden des Krieges aufgeworfen werden, bereitfinden. Gestützt auf die ausgezeichneten Erfahrungen, die im Weltkriege mit der Einrichtung einer kirchlichen Kriegshilfe gemacht wurden, hat der Episkopat Deutschlands den Deutschen Karitasverband beauftragt, eine Zentralstelle für die kirchliche Kriegshilfe in ganz Deutschland zu errichten. Unser hochwürdigster Oberhirt hat eine entsprechende Diözesanstelle im Erzbischöflichen Generalvikariat eingerichtet. Diese soll in zweckentsprechender Zusammenarbeit mit der bezeichneten Zentralstelle und mit den Diözesan- und Ortsorganisationen der Karitas auf ihren verschiedensten Fachgebieten planmäßig die Notstände feststellen, die noch der ergänzenden Hilfe kirchlicher Liebestätigkeit bedürfen, und diesen Notständen, mittelbar oder unmittelbar, durch Rat und Tat entgegenwirken"[469].

Im Sinne des bischöflichen Auftrages war auch vom Deutschen Caritasverband eine kirchliche Kriegshilfestelle eingerichtet worden, die in der Berliner Oranienburger Straße ihren Sitz hatte. Zu ihren ersten Aufgaben gehörte insbesondere: Förderung der Kriegskrankenpflege, Beschaffung religiöser Schriften für die Wehrmacht, Betreuung von Kriegsbeschädigten und Kriegshinterbliebenen in Verbindung mit dem Feldbischof, Zusammenarbeit mit dem Roten Kreuz in der Vermisstennachforschung und in der Fürsorge von Kriegs- und Zivilgefangenen[470].

Düsseldorf im Zweiten Weltkrieg

Die Düsseldorfer Bevölkerung nahm die Auswirkungen des Krieges anfänglich nur in ihren Einzelerscheinungen und am Rande wahr. Die Blitzkriege verliefen zunächst erfolgreich und unterbanden möglicherweise aufkommende Ängste und Unmut. Die Versorgung mit Gütern des alltäglichen Lebens verknappte sich zwar, aber sie verschlech-

---

[468] Zitiert nach Elisabeth Lakemeier, 50 Jahre Diözesan - Caritasverband für das Erzbistum Köln 1916 - 1966, Köln 1967, 74.
[469] NN, Kirchliche freie Liebestätigkeit während der Kriegszeit, in: Kirchlicher Anzeiger für die Erzdiözese Köln Jg. 79 Nr. 23 (01.10.1939), 143.
[470] Vgl. NN, Zentralstelle für kirchliche Kriegshilfe, in: Mitteilungen des Caritasverbandes Düsseldorf Jg. 15 Nr. 9 (September 1939), 3 - 4, 3 f.

terte sich insgesamt nicht entscheidend. Die Katastrophe versteckte sich hinter vermeintlichen Anfangserfolgen und bahnte sich nur langsam an. Der Frontverlauf lag weit im Westen bzw. Osten und nur gelegentlich, wie am 14. Mai 1940, fielen Bomben auf die Stadt.

Im Jahr 1942 brach allerdings ein Feuersturm los, der bis zum Ende des Krieges nicht mehr aufhören sollte[471]. Ein erster Großangriff am 1. August 1942 zielte auf die Friedrichstadt, Oberbilk, Oberkassel und die Königsallee. In der Folgezeit überflogen britische und amerikanische Kampfflugzeuge fast täglich die Stadt und ließen in unregelmäßigen Zeitabständen Bombenteppiche auf Düsseldorf und die nähere Umgebung niederregnen. Besonders verheerend war der Angriff in der Nacht zum Pfingstsamstag, 12. Juni 1943. Die Maschinen kamen aus allen Himmelsrichtungen und hinterließen vor allem in der Altstadt, Derendorf, im Gebiet um den Hauptbahnhof und in den südlichen Stadtteilen eine Spur der Verwüstung. Etwa 1200 Menschen kamen ums Leben, über 2000 wurden verwundet und 140000 obdachlos. In dieser Zeit begannen die Stadtverwaltung sowie zahlreiche Betriebe, ihre Büros an den Rand der Stadt zu verlegen. Die Grundversorgung der Bevölkerung drohte zusammenzubrechen: Das Wasserwerk in Flehe, das Kraftwerk in Flingern und die Kokerei in Grafenberg erlitten beträchtliche Schäden. Zwar gelang es verhältnismäßig rasch, die Grundversorgung der Düsseldorfer Bevölkerung wieder herzustellen. Aber das Leben änderte sich in der seit 1942 zerfallenden Stadt dramatisch. Der hastige Wechsel von Alarm und Entwarnung rief eine überreizte Stimmung unter den Menschen hervor. In der Chronik der Pfarrei St. Suitbertus (Bilk) ist die Stimmung jener Zeit mit den Worten festgehalten: "Es gab fast keine ruhige Nacht, und wenn einmal eine Nacht ruhig blieb, man erwartete doch das Alarmzeichen. Viele hielten ununterbrochen das Radio angestellt und wenn 'der Ticker' (das Geräusch einer lauten Weckuhr) die Musik plötzlich unterbrach, ging das Hasten zum Bunker an. Koffer, Taschen, Stühlchen wurden gegriffen und dann im Eilmarsch ab! Nachts ein Rennen, Stoßen, nervöses Rufen - schon der schwächste Lichtschein einer Taschenlampe machte die von Angst gescheuchte Menge wild. Und in den finstern Nächten, in denen man die Hand vor den Augen nicht sah - die Schutthaufen - das Huschen der Scheinwerfer - das Brausen der schweren Motoren - das Brüllen der Flakbatterien ... Nein! hörte man oft sagen, das ist kein Leben mehr! ... Die Leute in den Luftschutzräumen rückten zueinander, zogen die Kinder fest an sich, verstopften sich vielfach die Ohren mit Watte oder banden das Kopftuch fest und erwarteten das Verhängnis. Und, wenn es dann barst und krachte, die Flak schwieg, um die Stellung nicht zu verraten, der Boden schwankte, ½ - 1 Stunde lang, dann schien das Weltende mit seinem Schrecken gekommen zu sein"[472].

Das historische wie das moderne Düsseldorf, die Industrie-, Geschäfts- und Büroviertel der Stadt wie auch zahlreiche Wohngebiete verschwanden in Bombentrichtern und unter Trümmerhügeln. Als am 3. März 1945 amerikanische Truppen den Rhein er-

---

[471] Vgl. SAD IV 474; SAD IV 483; SAD XXIII 574 bis 599; Rudolf Weber, Vor fünf Jahren. Als Düsseldorf Front wurde. Ein Bericht, Düsseldorf 1950, 5 ff; Hans - Peter Görgen, Düsseldorf und der Nationalsozialismus, Diss. Köln 1968, 214 ff.
[472] PfA Bilk St. Suitbertus, Pfarrchronik 1945 - 1962, Bl. 17.

reichten, war Düsseldorf eine zerstörte und entvölkerte Stadt. Von Heerdt und Oberkassel aus beschoss die 83. US - Division mit Artillerie und Tieffliegern das rechtsrheinische Düsseldorf, wo Gauleiter Karl Friedrich Florian und Polizeipräsident August Korreng am 29. März 1945 die noch verbliebene Bevölkerung (1939: 555000; 1945: 185000 Einwohner) zu sinnlosem Widerstand angetrieben und die Räumung der Stadt angeordnet hatten[473]. Um den Alliierten das Nachrücken zu erschweren, sollten alle Verkehrs-, Produktions- und Versorgungsanlagen vernichtet werden. Das ganze Ausmaß der Politik der "Verbrannten Erde" überblickte kaum jemand, aber viele Menschen verweigerten die Unterstützung der Maßnahmen. In dieser Situation des apokalyptischen Widersinns und der kollektiven Verweigerung bewahrten einige Düsseldorfer ihre Vernunft und bereiteten Übergabeverhandlungen vor, um der Stadt weitere Kämpfe und Bombardements zu ersparen[474]. Dank ihres Einsatzes zog am 17. April 1945 ein Bataillon der 97. amerikanischen Infanteriedivision kampflos und ohne Blutvergießen in die nahezu menschenleere Stadt ein und nahm hier Quartier.

Wie die Menschen in der Stadt sich unter den veränderten Bedingungen, die der Krieg schuf, einrichteten, ohne viel zu fragen, ob er von ihnen etwas anderes fordere als eben die mehr oder weniger geduldige Hinnahme dessen, was er von ihnen verlangte, sah auch der Caritasverband Düsseldorf im Krieg eine Zeit der Bewährung. In diesem Sinne gab Johannes Becker im März 1941 auf die Frage "Wo stehen wir?" zur Antwort: "Wir leben in einer, auch für die Düsseldorfer organisierte Caritas problemreichen Zeit. Dabei denken wir nicht zuerst an die Umstaltungen, die der Krieg in politischer Hinsicht nach sich zieht, sondern an die religiösen Erschütterungen, die überall sichtbar werden und auch die Caritas nicht unbeeinflußt lassen. Hat sie noch Daseinsberechtigung? Ja! Wenn je, dann besonders jetzt! Krieg in seinem Vollzug ist Haß, Kampf, Vernichtung, Tod; Caritas dagegen ist Wollen und Wirken christlicher Liebe. Äußerlich schafft sie sich ihre zeitbedingten Formen. Es ist möglich, Formen christlicher Liebestätigkeit zu zerschlagen; doch unmöglich ist es, den Geist christlicher Liebe zu beseitigen. Liebe ist umso reger und lebensvoller, je stärker der Haß sich geltend macht. Aber die organisierte Caritas? ... Gegenwärtig ist in Deutschland die Organisation christlicher Liebestätigkeit an den Namen des deutschen Caritasverbandes geknüpft. Von der Kirche gegründet und vom Staate anerkannt gleicht er einer wohlgeordneten Heerschar, die Gottes Schlachten auf dem Felde des Hasses schlägt, um der christlichen Liebe immer wieder neue Siege zu erringen. Stehen wir treu zu dieser Gemeinschaft, insbesondere am Orte zum Düsseldorfer Caritasverbande! Mit seinen vielen caritativen Anstalten, Einrichtungen und Personen - Gemeinschaften bildet er ein geschlossenes Ganzes, das zwar in mannigfaltigen Betätigungen eine lebendige Vielheit, aber in seiner religiösen und caritativen Begründung eine ruhige Einheit darstellt"[475].

---

[473] Vgl. RLZ 30.03.1945
[474] Vgl. Rudolf Weber, Wie war es vor 20 Jahren? Düsseldorfer Frühling 1945, in: Der Derendorfer Jg. 9 Nr. 6 (Juni 1965), 182 - 190 und Nr. 7 (Juli 1965), 222 - 227, 188 ff.
[475] Johannes Becker, Wo stehen wir?, in: Mitteilungen des Caritasverbandes Düsseldorf Jg. 17 Nr. 1/2 (März 1941), 1 - 2, 1 f.

Der Caritasverband für die Stadt Düsseldorf im Zweiten Weltkrieg

Der Zweite Weltkrieg traf die Düsseldorfer Caritaseinrichtungen und ihre Helfer mit der gleichen Härte, die auch die Stadt traf[476]. Als am 1. September 1939 deutsche Truppen in das weit entfernte Polen einmarschierten, richtete der Caritasverband für die Stadt Düsseldorf "mit Rücksicht auf die Zeitverhältnisse" noch im gleichen Monat "eine erweiterte Besuchs- und Sprechzeit des Caritas - Sekretariates" ein. Unter der Leitung von Caritasdirektor Johannes Becker war die mit acht Angestellten besetzte Geschäftsstelle an der Tonhallenstraße fortan "von 1/2 9 - 13 Uhr und nachmittags (mit Ausnahme von Samstag) von 15 - 19 Uhr" geöffnet[477], um die an Umfang zunehmende Arbeit bewältigen zu können. Neben den üblichen Anforderungen waren jetzt auch Aufgaben der Kriegscaritas zu erfüllen. Hierzu gehörte neben der Versorgung und Beratung caritativer Anstalten unter den Bedingungen der Kriegswirtschaft[478] vor allem der "Katholische Seelsorgedienst Düsseldorf", der am 1. Oktober 1941 in Verbindung mit dem Gemeindeverband beim Caritassekretariat eingerichtet wurde[479].

Über Ursprung, Zweck und Einführung des "Katholischen Seelsorgedienstes Düsseldorf", der "vorerst dem kirchlichen Meldewesen dienen" sollte, berichtete der Rundbrief des örtlichen Caritasverbandes im Januar 1942: "Durch einen Erzbischöflichen Erlaß vom 29. Januar 1941 war bestimmt worden, daß die in den einzelnen Pfarreien bestehenden Pfarrkartotheken nicht nur, wie es die Diözesan - Synode von 1922 verlangte, die Meldungen der zugewanderten Katholiken enthalten sollten, sondern auch künftig die Meldungen der abgewanderten Katholiken führen müssen. Gleichzeitig war gefordert worden, daß das kirchliche Meldewesen dekanatsmäßig bzw. stadtmäßig besser zentralisiert werden sollte[480]. In Verfolg dieses Erlasses hatte die Erzbischöfliche Behörde im Laufe des Jahres 1941 eine Reihe von Durchführungsbestimmungen bekannt gegeben. Alle diese Anordnungen zielten darauf hin, durch ein geordnetes und den Zeitverhältnissen angepaßtes kirchliches Meldewesen die technische und organisatori-

---

[476] Vgl. etwa NN, Unsere Toten, in: Mitteilungen des Caritasverbandes Düsseldorf Jg. 16 Nr. 7/8 (Juli/August 1940), 5; NN, Unsere Toten, in: Caritas - Verband Düsseldorf. Rundbrief an unsere Mitarbeiter und Mitarbeiterinnen Jg. 18 Nr. 4 (August 1942), 3 - 4, 3 f; NN, Unsere Toten, in: Caritas - Verband Düsseldorf. Rundbrief an unsere Mitarbeiter und Mitarbeiterinnen Jg. 18 Nr. 5 (Oktober 1942), 4; NN, Unsere Toten, in: Caritas - Verband Düsseldorf. Rundbrief an unsere Mitarbeiter und Mitarbeiterinnen Jg. 20 Nr. 5 (Dezember 1944), 4 - 5, 4 f.

[477] Vgl. CVD Vorstandsprotokolle, 09.04.1943; NN, Erweiterte Öffnungszeit des Caritas - Sekretariates, in: Mitteilungen des Caritasverbandes Düsseldorf Jg. 15 Nr. 9 (September 1939), 4.

[478] Vgl. etwa NN, Aus unserer Arbeit im zweiten Halbjahr 1942, in: Caritas - Verband Düsseldorf. Rundbrief an unsere Mitarbeiter und Mitarbeiterinnen Jg. 18 Nr. 6 (Dezember 1942), 2 - 3, 2; NN, Neue Tarifordnung für unsere Krankenhäuser, in: Caritas - Verband Düsseldorf. Rundbrief an unsere Mitarbeiter und Mitarbeiterinnen Jg. 20 Nr. 5 (Dezember 1944), 3 - 4, 3 f.

[479] Vgl. PfA Friedrichstadt St. Peter 31, 16.06.1941; NN, Verbands - Caritas, in: Caritas - Verband Düsseldorf. Rundbrief an unsere Mitarbeiter und Mitarbeiterinnen Jg. 17 Nr. 5/7 (Mai/Juli 1941), 2 - 3, 2; NN, Katholischer Seelsorgsdienst Düsseldorf, in: Caritas - Verband Düsseldorf. Rundbrief an unsere Mitarbeiter und Mitarbeiterinnen Jg. 18 Nr. 1 (Januar 1942), 1.

[480] Vgl. dazu NN, Kirchliche Sorge für die wandernden Katholiken, in: Kirchlicher Anzeiger für die Erzdiözese Köln Jg. 81 Nr. 3 (01.02.1941), 13 - 16, 13 ff.

sche Grundlage für die heute so wichtige Seelsorge an den Gliedern der sogenannten 'wandernden Kirche' zu schaffen. Das ist nunmehr in Düsseldorf geschehen. Was folgen muß ist die Einstellung der Seelsorge auf die Bedürfnisse der 'wandernden Kirche'. Daran hat es in 1941 noch gefehlt. In einer am 10. Dezember 1941 stattgefundenen ersten Fachkonferenz wurden die Pfarrkartei - Geschäftsführer(innen) in die neuen Aufgaben eingeführt. Die gehaltenen Kurzreferate behandelten: 1) 'Die wandernde Kirche, was sie ist, und was sie von uns fordert'. 2) 'Die Pfarrkartei, ihre Notwendigkeit und Führung'. 3) 'Die Zentralmeldestelle'"[481].

Als die Zahl der Luftangriffe auf Düsseldorf in den Jahren 1942 und 1943 stieg und immer mehr Menschen die Stadt verließen, nahmen die Aufgabenfelder des Katholischen Seelsorgedienstes zu. Nach einer Aufstellung vom 1. September 1943 zählte das katholische Düsseldorf bei 54 Pfarrbezirken mit 131 Geistlichen noch immer 245600 Katholiken, doch hatte sich die Zahl der Gläubigen gegenüber 1939 bereits um 78220 verringert[482]. Soweit die Aufenthaltsorte der evakuierten Düsseldorfer Katholiken bekannt waren, wurden sie vom Katholischen Seelsorgedienst mit Bibeln, Katechismen und Kirchengesangsbüchern versorgt[483]. Noch wichtiger war der Hilfsstelle die Sicherstellung religiöser Unterweisung von evakuierten Düsseldorfer Kindern und Jugendlichen in der Diaspora. Da es dort an katholischen Seelsorgern und Gotteshäusern mangelte, hatte "die katholische Heimat ... die Pflicht, den Evakuierten im Geiste christlicher Liebe weitgehend zu Hilfe zu kommen". Nach den verheerenden Bombenangriffen Pfingsten 1943 wurden mehrere Geistliche der Stadt für Thüringen zur Ausübung der Seelsorge an Düsseldorfer Katholiken beurlaubt. "Ein wichtiges Mittel", so die Empfehlung des Caritasrundbriefes vom Oktober 1943, "unseren in die Diaspora gekommenen Kindern die Teilnahme am Gottesdienst und Religionsunterricht zu erwirken, ist die entsprechende Willenserklärung der Eltern dieser Kinder. Man gebe diese Willenserklärung zweckdienlich zweimal; die eine wird dem Kinde zur Abgabe an die Lagerleitung mitgegeben, die andere möge ... unserem 'Seelsorgsdienst' ... zur Weiterbeförderung eingerichtet werden. Die Erfahrung beweist, daß so den religiös - kirchlichen Bedürfnissen unserer Kinder am besten gedient wird"[484].

Mit dem Fortgang des Krieges steigerte sich "die vor dem Kriege schon vorhandene große Binnenwanderung ins Riesenhafte". Amtlichen Feststellungen zufolge war bereits vor 1939 ein Drittel der Düsseldorfer Katholiken an der Binnenwanderung beteiligt, "sei es an einer Zuwanderung nach Düsseldorf, oder an einer Abwanderung von Düsseldorf,

---

[481] NN, Katholischer Seelsorgsdienst Düsseldorf, in: Caritas - Verband Düsseldorf. Rundbrief an unsere Mitarbeiter und Mitarbeiterinnen Jg. 18 Nr. 1 (Januar 1942), 1. Vgl. dazu PfA Oberbilk St. Apollinaris, Ordner "Vom Generalvikariat" 1938 - 1945, 11.12.1941.

[482] Vgl. AEK Gen. 32.12.6, 31.12.1938; NN, Bevölkerungs- und Bekenntnisbewegung in Düsseldorf, in: Caritas - Verband Düsseldorf. Rundbrief an unsere Mitarbeiter und Mitarbeiterinnen Jg. 19 Nr. 4 (Oktober 1943), 2.

[483] Vgl. NN, Beschaffung von Religions- und Gebetbüchern, in: Caritas - Verband Düsseldorf. Rundbrief an unsere Mitarbeiter und Mitarbeiterinnen Jg. 19 Nr. 1 (Februar 1943), 3.

[484] NN, Seelsorgehilfe, in: Caritas - Verband Düsseldorf. Rundbrief an unsere Mitarbeiter und Mitarbeiterinnen Jg. 19 Nr. 4 (Oktober 1943), 3.

oder an einer Umwanderung in Düsseldorf". Mit Ausbruch des Krieges, besonders mit Einsetzen der Luftangriffe, waren daran "zwei Drittel und mehr" beteiligt[485].

Unter den Evakuierten waren Kinder und Jugendliche die zahlenmäßig größte Gruppe. Verantwortlich für die Organisation und den Transport in weniger gefährdete Gebiete war eine Abteilung der NSV: die Kinderlandverschickung. Als Erholungsverschickung im Rahmen der Kinder- und Jugenderholungsfürsorge eingerichtet, erhielt dieser Arbeitsbereich der NSV mit Kriegsbeginn ein völlig neues Gesicht. In Form der "erweiterten Kinderlandverschickung" wurde er zu der Katastrophenschutzeinrichtung, als die er dann in Erinnerung geblieben ist. Zwar sollten die Kinder zunächst nur auf freiwilliger Grundlage verschickt werden und "nach außen hin" die Verschickung als "verstärkte Erholungsfürsorge" herausgestellt werden, doch wurde intern bereits von "Evakuierung" und "Freimachung" gesprochen[486]. Zuständig für die zehn- bis vierzehnjährigen Kinder war die Hitlerjugend mit dem NS - Lehrerbund, für die vorschulpflichtigen und die sechs- bis zehnjährigen Kinder die NS - Volkswohlfahrt[487]. Wie andernorts waren auch in Düsseldorf bei Durchführung der Kinderlandverschickung kirchliche Hilfsdienste nicht zugelassen[488]. Schon Anfang 1941 war ein Fünftel der Düsseldorfer Schulkinder in die Slowakei, das Sudetenland oder nach Thüringen und Sachsen evakuiert[489]. Soweit die Mittel reichten, konnte der Caritasverband Düsseldorf während des Zweiten Weltkrieges lediglich die 1917 aufgenommene Vermittlung mehrwöchiger Kuraufenthalte für Kinder und Mütter weiterführen, für die seit 1940 vorrangig Unterkünfte in "nicht luftgefährdeten Gegenden" gesucht wurden[490].

---

[485] Vgl. NN, Aus der caritativen Seelsorgehilfe (Mitteilungen und Winke über die "wandernde Kirche" Düsseldorfs), in: Caritas - Verband Düsseldorf. Rundbrief an unsere Mitarbeiter und Mitarbeiterinnen Jg. 20 Nr. 4 (August 1944), 1 - 4, 1.

[486] Vgl. BAK NS 37/1004, 27.09.1940 und 30.09.1940.

[487] Vgl. BAK NS 37/1010, 09.03.1943; NN, Kinder - Entsendung 1943, in: Caritas - Verband Düsseldorf. Rundbrief an unsere Mitarbeiter und Mitarbeiterinnen Jg. 19 Nr. 2 (April 1943), 3 - 4, 3 f; Verfügungen, Anordnungen, Bekanntgaben. Herausgegeben von der Partei - Kanzlei Bd. 2, München 1943, 34.

[488] Vgl. NN, Kinder - Entsendung 1943, in: Caritas - Verband Düsseldorf. Rundbrief an unsere Mitarbeiter und Mitarbeiterinnen Jg. 19 Nr. 2 (April 1943), 3 - 4, 4.

[489] Vgl. SAD XXIII 1706, Irmgard Grau, (Berichte der Elisabeth - Charlotte - Schule an der Kirchfeldstraße während der Kinderlandverschickung im Schullager Lückendorf (Lausitz)), Manuskript Düsseldorf o. J. (um 1946), 3 ff; Heinz Stolz, Erlebte Schule. Sechzig Jahre vor und auf dem Katheder, Düsseldorf 1957, 140; Eugen Erntges, Überblick über die Geschichte der Luisenschule, in: Die Bastion. Sondernummer zum 125 - jährigen Jubiläum der Luisenschule 1962, Düsseldorf 1962, o. S. (4 - 17, 12); Heinz Baumgarten, 1908 - 1988. Schulchroniken berichten aus Unterrath. Herausgegeben anläßlich des 80 jährigen Bestehens des Schulgebäudes an der Unterrather Straße am 29. März 1988, Düsseldorf 1988, 107 ff; Hans - Peter Görgen, Schule im Dritten Reich dokumentiert am Beispiel des Benrather Jungengymnasiums, Düsseldorf 1988, 387 ff; Max Liedtke, Für Hitler erzogen ? Briefe und Notizen des Edgar Winzen aus der Kinderlandverschickung Leutenberg in Thüringen 1944/45, Münster 1999, 7 ff.

[490] Vgl. NN, Mutter- und Kindererholung, in: Caritas - Verband Düsseldorf. Rundbrief an unsere Mitarbeiter und Mitarbeiterinnen Jg. 17 Nr. 1/2 (März 1941), 4; NN, Verbands - Caritas, in: Caritas - Verband Düsseldorf. Rundbrief an unsere Mitarbeiter und Mitarbeiterinnen Jg. 17 Nr. 5/7 (Mai/Juli 1941), 2 - 3, 3.

Wer keine Möglichkeit hatte, sich aus der Stadt evakuieren zu lassen, lebte zwischen Hoffen und Bangen. War es vielen Menschen auch nur ein schwacher Trost, so konnten sie trotz aller Not sicher sein, dass sich ihnen selbst im größten Chaos eine helfende Hand entgegenstreckte. Als der Krieg Düsseldorf und das Rheinland erreichte, wurde der Arbeitseinsatz nicht nur kirchlicher Hilfseinrichtungen zum Teil übermenschlich. Nach den ersten großen Fliegerangriffen auf Düsseldorf im Jahre 1942 berichtete Caritasdirektor Johannes Becker in einem Mitarbeiterrundbrief: "Infolge der Luftangriffe vom 1. August und 11. August sind Schäden an Menschen, Gebäuden und Sachen entstanden, die einer umfangreichen Hilfe bedurften: Sie wurde teils von behördlicher, teils privater Seite geleistet. Auch die katholische Liebestätigkeit war wirksam beteiligt. Sie hat ausgiebig mitgeholfen bei Umquartierung von Einzelpersonen und Familien, bei Unterbringung von Alten und Siechen innerhalb und außerhalb der Stadt, bei Planung von auswärtigen Heimunterbringungen, bei Löschung von Bränden, bei Unterstellung von Hausrat u.a.m.. Sie hat aber auch die seelischen Kraftquellen christlicher Liebesgesinnung erschlossen durch ihre Lehrverkündigung 'Einer trage des Anderen Last, und so erfüllet ihr das Gesetz Christi !' - 'Der Herr hat es gegeben, der Herr hat es genommen, der Name des Herrn sei gebenedeit !' - 'Wer mein Jünger sein will, nehme täglich sein Kreuz auf sich und trage es mir nach !' Über das bei den Fliegergeschädigten in christlicher Liebe Geleistete gibt es zwar keine Statistik, wohl aber 'das Buch des Lebens' die entsprechende Auskunft"[491].

Als 1943 die Luftangriffe der Alliierten zu weiteren Evakuierungen der Zivilbevölkerung führten, rief der Deutsche Caritasverband ländliche Quartiergeber zu biblischer Gastfreundschaft für Bomben geschädigte Städter auf: "Mag mir der andere nun willkommen sein oder lästig, dankbar oder anmassend,, mag er gefällig oder unangenehm sein, immer spricht aus ihm der Herr zu mir: 'Ich war fremd, und du hast mich beherbergt'"[492]. Zur gleichen Zeit bezeichnete auch der Caritasverband Düsseldorf "Fremde beherbergen" als "ein zeitgemässes Werk christlicher Barmherzigkeit". Nachdem Erzbischof Josef Frings am 8. August 1943 appelliert hatte, allen verfügbaren Wohnraum zu teilen[493], erklärte Caritasdirektor Johannes Becker hieran anknüpfend: "Seiner innigen Bitte 'an alle, die noch ein Dach über dem Kopf haben: nehmt sie auf in eure Wohnungen, wenn es irgend zu machen ist', darf und kann sich kein Christ verschließen"[494].

Da "die Caritas an der Wohnraum - Beschaffung stärkstens interessiert" war, befasste sich das Korrespondenzblatt des Caritasverbandes während des Krieges wiederholt mit der "Wohnungsfrage in Düsseldorf"[495]. Von den Beschlüssen der "Ratsherren - Sitzung" vom 2. April 1944 wurde beispielsweise berichtet: "Wiederherstellungarbeiten

---

[491] NN, Aus unserer Arbeit im zweiten Halbjahr 1942, in: Caritas - Verband Düsseldorf. Rundbrief an unsere Mitarbeiter und Mitarbeiterinnen Jg. 18 Nr. 6 (Dezember 1942), 2 - 3, 2.
[492] DCF 104.107 Fasz. 3, 09.08.1943.
[493] Vgl. NN, Hirtenwort zu den Fliegerangriffen, in: Kirchlicher Anzeiger für die Erzdiözese Köln Jg. 83 Nr. 15/16 (01./15.08.1943), 103 - 104, 103 f.
[494] Johannes Becker, "Fremde beherbergen", in: Caritas - Verband Düsseldorf. Rundbrief an unsere Mitarbeiter und Mitarbeiterinnen Jg. 19 Nr. 4 (Oktober 1943), 1.
[495] Vgl. etwa Johannes Becker, "Fremde beherbergen", in: Caritas - Verband Düsseldorf. Rundbrief an unsere Mitarbeiter und Mitarbeiterinnen Jg. 19 Nr. 4 (Oktober 1943), 1.

erfolgen in einfachster kriegsmässiger Weise; nur das Allernotwendigste wird gemacht. Selbsthilfe ist sehr erwünscht. Dabei kann es sich aber nur um echte Selbsthilfe handeln, bei der der Bombengeschädigte selbst und seine Angehörigen eigenhändig leichtere handwerkliche Arbeiten ausführen oder dem Bauhandwerker als Hilfskraft zur Hand geht. In einem Aufnahmegau Düsseldorfs ist mit der Errichtung von mehreren hundert Baracken ... begonnen worden. Im Stadtgebiet Düsseldorf ist eine Anzahl Wohnbaracken aufgestellt; zahlreiche Behelfsheime ... befinden sich im Bau. Wohnungsreserven liegen noch in den unbeschädigten Wohnräumen"[496].

Obwohl die Stadtverwaltung ihren guten Willen zeigte, soviel wie möglich zur Bereitstellung von Notunterkünften beizutragen, blieb sie gegenüber dem Arbeitskräfte- und Materialmangel machtlos. Berücksichtigt man das Ausmaß der Angriffe und der Schäden, so ist erstaunlich, dass während der Kampfhandlungen überhapt Maßnahmen zur Wiederherstellung eines geordneten Lebens eingeleitet wurden. Von 1940 bis 1945 gab es in Düsseldorf über 5000 Warnungen wegen Luftgefahr. Von alliierten Flugzeugen wurden über der Stadt abgeworfen: 1473 Minenbomben, 17244 Sprengbomben, 1011815 Stabbrandbomben, 132157 Phosphorbrandbomben, 900 Phosphorkanister. Bei den Angriffen kamen 4406 Zivilisten, 220 Wehrmachts- und 77 Polizeiangehörige, 76 Kriegsgefangene und 30 Fremdarbeiter ums Leben. Am Ende des Krieges waren in Düsseldorf nur noch 7 % der Wohngebäude unbeschädigt; 30 % waren schwer oder mittel beschädigt und 35 % total zerstört[497].

Ebenso wichtig wie die Unterbringung der Obdachlosen war die Sicherstellung der Ernährung. Wurde die Versorgungslage in Düsseldorf mit dem Naherücken des Frontverlaufes auch immer schwieriger, so war die Ernährung der Bevölkerung bis zur Kapitulation weitgehend sichergestellt. Im Bericht des Düsseldorfer Ernährungsamtes für das Jahr 1943 hieß es: "In den streng bewirtschafteten Lebensmitteln konnten alle Kartenansprüche gedeckt werden. Die Rationssätze haben sich im allgemeinen auf der Höhe des Vorjahres gehalten. Lediglich im Fleisch wurde mit Beginn der 50. Zuteilungsperiode die Ration für Normalverbraucher um 100 g wöchentlich herabgesetzt. Dafür wurde vom gleichen Zeitpunkt an die Brotration um 300 g und die Butterration um 50 g je Zuteilungsperiode erhöht. Schwieriger als die Verteilung der streng bewirtschafteten Lebensmittel gestaltet sich die gerechte Verteilung der sonstigen Mangelware, die auf einen Bezugsausweis ausgegeben wird. Zum Beispiel Obst, Gemüse, Fisch, Kartoffeln, entrahmte Frischmilch, Wild und Geflügel, da die Erfassung dieser Waren schwieriger, der Anfall unbestimmt und die Ware meist leicht verderblich ist. Eine gerechte Verteilung auch dieser Warenarten ist aber unbedingt erforderlich, handelt es sich doch zum Teil um die wichtigsten Ausgleichslebensmittel. Das Ernährungsamt hat deshalb sein größtes Augenmerk auf eine ordnungsmäßige Verteilung besonders dieser Warenarten gerichtet. Auftretende Spannungen wurden ausgeräumt und gegen Händler, die gegen die Verbrauchsregelungsordnung verstoßen hatten, vorgegangen. Besonders schwierig gestaltete sich in diesem Jahr die Versorgung der Bevölkerung mit Spätkartoffeln. Durch

---

[496] NN, Zur Wohnungsfrage in Düsseldorf, in: Caritas - Verband Düsseldorf. Rundbrief an unsere Mitarbeiter und Mitarbeiterinnen Jg. 20 Nr. 3 (Juni 1944), 3.
[497] Vgl. SAD IV 474; SAD IV 483; SAD XXIII 574 bis 599.

die Verschärfung der Verkehrslage konnte die Kartoffeleinkellerung nicht zu Ende geführt werden. Etwa 60 % der Bevölkerung hat nicht eingekellert. ... Die Ende des Jahres aufgetretene besonders große Schwierigkeit in der Kartoffelversorgung konnte durch Zufuhren von Holland noch vor den Weihnachtstagen beseitigt werden. Die Ursache der schlechten Kartoffelbelieferung ist aber nicht nur auf Verkehrsschwierigkeiten, sondern weit mehr noch auf den Minderertrag in den hauptsächlichsten Anbaugebieten zurückzuführen. Die vorerst in Aussicht genommenen Rationssätze konnten deshalb nicht gehalten werden. Anfänglich war eine Wochenration von 3,5 kg für den Normalverbraucher vorgesehen, dieser Wochensatz ist inzwischen auf 2,5 kg herabgesetzt worden. Zum Ausgleich wird an Normalverbraucher 300 g Brot oder 225 g Roggenmehl ausgegeben"[498].

Im Unterschied zum Ersten Weltkrieg, als die Düsseldorfer Caritaswerke durch Beitritt zur "Zentralstelle für freiwillige Liebestätigkeit" unmittelbar in die kommunale Kriegshilfe eingebunden waren, hatte es im Zweiten Weltkrieg keine direkte Beteiligung kirchlicher Stellen bei öffentlichen Soforthilfemaßnahmen gegeben. Sowohl die Vermittlung von Wohnraum wie die Verteilung von Lebensmitteln blieben allein der NSV vorbehalten[499]. Wenn es auch Anzeichen dafür gab, dass sich die NSV mitunter übernahm, war der propagandistische Wert ihrer Kriegsfürsorge für das nationalsozialistische Regime kaum zu überschätzen. Sofortmaßnahmen für die Zivilbevölkerung wurden organisiert, auf dem Bahnhof versahen neben dem NSV Bahnhofsdienst "braune" Schwestern und Rot - Kreuz - Schwestern Beratungs- und Pflegedienste. Suchkarteien wurden angelegt. Evakuierte und Flüchtlinge wurden ärztlich untersucht und betreut; ebenso Nahrungsmittel und Kleidung ausgegeben[500]. Im Rahmen der Familienfürsorge des Hilfswerkes "Mutter und Kind" wurde die Erholungsverschickung auf Soldatenfrauen konzentriert. Zugleich musste die Einstellung der Frauen in den Produktionsprozess sichergestellt werden durch Unterbringung und Versorgung ihrer Kinder in NSV - Kindertagesstätten, die jetzt im Rahmen des Kriegs - Winterhilfswerks geführt wurden. Die Zahl der Kindergartenplätze wurde erweitert und zusätzliche Hilfskindergärten eingerichtet. Zum Jahreswechsel 1941/42 unterhielt die NSV in Düsseldorf 19 Kindergärten und 14 Kinderhorte[501]. Nach Luftangriffen wie zu Pfingsten 1943 richtete die NSV Suppenküchen für die betroffene Bevölkerung ein. Zur Gewährleistung der Verpflegung von Obdachlosen hatte das Ernährungsamt einen Verbindungsmann zum Kreisamt der NSV abgestellt, "um an Ort und Stelle die Belange des Ernährungsamtes wahrzunehmen"[502]. Waren den katholischen Fürsorgeeinrichtungen auch in organisatorischer Hinsicht vielfach die Hände gebunden, so hat sich keine Anstalt den Hilferufen der Zeit entzogen. Soweit Aufzeichnungen vorhanden sind, wird deutlich, dass alle kirchlichen Einrichtungen selbst bei eigenem Mangel zugewiesene Lebensmittel mit Bedürftigen

---

[498] SAD XXIII 552, 1943.
[499] Vgl. SAD IV 476, Nr. 6.
[500] Vgl. SAD IV 476, Nr. 4 und 7.
[501] Vgl. Adreßbuch der Stadt Düsseldorf 1941/42, Düsseldorf 1942, 19.
[502] SAD IV 476, Nr. 6; DN 17.06.1943.

teilten und alle zur Verfügung stehenden Räumlichkeiten für ausgebombte Familien freimachten[503].

Bemerkenswert ist, dass in Düsseldorf fast alle caritativen Wohlfahrtszweige bis zur Kapitulation des Deutschen Reiches im Frühjahr 1945 ihre Tätigkeit fortsetzen, obwohl der Kreis haupt- und ehrenamtlicher Helfer immer mehr dezimiert wurde[504] und sich die Zahl beschlagnahmter und vor allem ausgebombter Einrichtungen vervielfachte. Als amerikanische Verbände im April 1945 das rechtsrheinische Düsseldorf erreichten, gab es in der Stadt nur wenige Caritaswerke, die nicht den Verlust an Menschenleben oder die Zerstörung von Gebäuden zu beklagen hatten.

Einrichtung	Straße	Orden	Zerstörung oder Beschädigung	Bemerkungen
Antoniushaus	Achenbachstr. 142/144	Arme Schwestern vom Hl. Franziskus		
Kindergarten	Albertstr. 83	Vinzentinerinnen (aus dem Josephskrankenhaus Kruppstr. 23)		
Kloster zur Hl. Familie	Alt - Heerdt 3	Dominikanerinnen	01.08.1942, 31.12.1942	
Augustakrankenhaus	Amalienstr. 9	Töchter vom Hl. Kreuz	02.11.1944	
Pflegeanstalt St. Joseph	Am Klosterhof 1	Töchter vom Hl. Kreuz	02.11.1944	Oktober 1943 - 1945 Aufnahme des Noviziates aus Aspel
Kindergarten	Am Schönenkamp 145	Arme Dienstmägde Christi (aus dem Cäcilienstift Paulistr. 3)		
Annakloster	Annastr. 62/64	Schwestern vom Armen Kinde Jesu	10.09.1942, 12.06.1943, 23.04.1944 (total)	1942 bis Juli 1946 Evakuierung der Kinder nach Ravengiersburg; 22.10.1943 Beschlagnahme einiger Räume für die HJ
Rheinhaus Maria Viktoria	An St. Swidbert 53	Schwestern vom Armen Kinde Jesu		1944 Evakuierung der Schwestern nach Paderborn
Kindergarten	An St. Swidbert 68	Arme Schwestern vom Hl. Franziskus (aus dem Marienkrankenhaus Suitbertus - Stiftsplatz 11/15)		
Herz - Jesu - Kloster	Bahlenstr. 164/166	Christenserinnen		
Franz - Schweitzer - Haus	Bilker Str. 36/42	Elisabetherinnen	12.06.1943	Unterbringung von Fremdarbeiten; Abzug der Schwestern zur Krankenpflege

---

[503] Vgl. KMW Chronik der Kartause Maria Hain, S. 325 ff.
[504] Vgl. NN, Verschiedenes, in: Caritas - Verband Düsseldorf. Rundbrief an unsere Mitarbeiter und Mitarbeiterinnen Jg. 19 Nr. 3 (Juli 1943), 3 - 4, 4.

Josephshaus	Birkenstr. 14	Elisabetherinnen	03.11.1943 (total)	Unterbringung von Fremdarbeiten; Abzug der Schwestern zur Krankenpflege
Kolpinghaus	Blücherstr. 4/8	Elisabetherinnen	12.06.1943, 23.04.1944, 02.11.1944	Unterbringung von Fremdarbeiten; Abzug der Schwestern zur Krankenpflege
Kindergarten	Bockhackstr. 40	Schwestern vom Hl. Kreuz (aus dem Herz-Jesu Kloster Dorfstr. 12)		
Kindergarten	Burscheider Str. 20a	Vinzentinerinnen (aus dem Josephskrankenhaus Kruppstr. 23)		
Liebfrauenkrankenhaus	Degerstr. 59/61	Franziskanerinnen von der Hl. Familie	12.06.1943	
Rochusstift	Derendorfer Str. 54 und 58	Arme Dienstmägde Christi	23.01.1945 (total)	23.01.1945 bei Luftangriff eine Schwester und 12 Kinder getötet
Marienstift	Ellerstr. 213	Arme Dienstmägde Christi	12.06.1943, 03.11.1943, 29.03.1945	
Klarissenkloster	Ernst-vom-Rath-Str. 40	Arme Klarissen	12.06.1943 (total)	12.06.1943 Verlegung der Klausur in die Kartause Hain
Johannesstift	Fischerstr. 75	Graue Schwestern von der heiligen Elisabeth	23.04.1944, 02.11.1944 (total)	02.11.1944 Abzug der Schwestern in das Mutterhaus Breslau
Kindergarten	Flenderstr. 38	Arme Dienstmägde Christi (aus dem Cäcilienstift Paulistr. 3)		
Kloster Christi Hilf	Flurstr. 57	Töchter vom Hl. Kreuz	12.06.1943, 23.04.1944	
St. Antoniuskloster	Friesenstr. 77	Arme Schwestern vom Hl. Franziskus	12.06.1943, 23.04.1944, 10.01.1945, 05.04.1945	
Kindergarten	Fürstenwall 165; seit 1940 Jahnstr. 13	Arme Dienstmägde Christi (aus dem Josephinenstift Talstr. 65)	12.06.1943	
Damenheim	Fürstenwall 165	Ursulinen	03.11.1943	
Kindergarten	Gatherweg 57	Arme Dienstmägde Christi (aus dem Marienstift Ellerstr. 213)		
Gerricusstift	Gerricusplatz 2/3	Cellitinnen	02.11.1944	21.06.1943 Evakuierung der Kinder nach Pannesheide/Montzen
Gertrudiskloster	Gertrudisstr. 14	Cellitinnen, seit 30.09.1940 Rekollektinnen		01.08.1942 - 1945 Lazarett
Kindergarten	Grünau	Arme Schwestern vom Hl. Franziskus (aus dem Annastift Ritterstr. 20/22)		

Josephskloster	Hammer Dorfstr. 121	Arme Schwestern vom Hl. Franziskus	12.06.1943, 03.11.1943, 23.09.1944	
Herz-Jesu-Kloster	Hans-Schemm Str. 11/15	Arme Schwestern vom Hl. Franziskus	12.06.1943, 03.11.1943 (total)	03.11.1943 Verlegung der Schwestern in Nachbarhäuser, dann in das Antoniuskloster
Marienheim	Hauptstr. 36	Marienschwestern vom katholischen Apostolat		
Kindergarten	Hauptstr. 58	Arme Dienstmägde Christi (aus dem Cäcilienstift Paulistr. 3)		
Karthause Hain	Haus Hain	Karthäuser		12.06.1943 Aufnahme der Klarissen Ernst-vom-Rath-Straße; Aufnahme ausgebombter Familien, Fremdarbeiter und Wehrmachtsangehöriger
Agnesstift	Hermann-Göring Str. 30	Weltliche Kräfte	12.06.1943 (total)	12.06.1943 Verlegung in das Gertrudisheim Ulmenstraße
Dominikanerkloster	Herzogstr. 17	Dominikaner	10.09.1942, 12.06.1943, 03.11.1943	11.05.1940 Lazarett
Kindergarten	Heyestr. 294	Vinzentinerinnen (aus dem Josephskrankenhaus Kruppstr. 23)		
Elisabethkloster	Hohenzollernstr. 20a	Töchter vom Hl. Kreuz	01.08.1942, 12.06.1943, 03.11.1943, 23.04.1944, 02.11.1944	April 1943 Evakuierung der Kinder nach Aachen-Soers; 15.06.1943 Beschlagnahme der Küche für Luftschutzpolizei
Kloster von der unbefleckten Empfängnis	Hubertusstr. 3	Christenserinnen	01.08.1942, 03.11.1943 (total)	
Jugendheim	Im Grund 101	Arme Schwestern vom Hl. Franziskus (aus dem Marienkrankenhaus Suitbertus-Stiftsplatz 15)		
Kindergarten	Kaiserswerther Str. 60	Graue Schwestern von der heiligen Elisabeth (aus dem Johannesstift Fischerstr. 75)	02.11.1944 (total)	
Kindergarten	Kalkumer Str. 62	Töchter vom Hl. Kreuz (aus der Pflegeanstalt St. Joseph Unterrather Str. 1)		01.11.1939 - 29.03.1941 Beschlagnahme für die Wehrmacht
Kindergarten	Katharinenstr. 22	Cellitinnen (aus dem Gerricusstift Gerricusplatz 2/3)		

Luisenheim	Klosterstr. 86/90 und 94	Vinzentinerinnen	10.09.1942, 12.06.1943 (total)	12.06.1943 drei Tote bei Fliegerangriff und Verlegung nach Schloß Eller; 12.10.1943 Beschlagnahme Schloß Eller und Verlegung nach Villa Liesenfeld und Bockholtstr. 2
St. Josephskrankenhaus	Kruppstr. 23	Vinzentinerinnen	03.11.1943 (total)	03.11.1943 96 Tote bei Fliegerangriff
Katholisches Lehrlingsheim St. Joseph	Kruppstr. 110	Herz - Jesu Priester und Missionsschwestern vom Hl. Herzen Jesu		01.10.1941 Beschlagnahme des Lehrlingsheims für die DAF; 01.11.1941 Verlegung der Kommunität zur Mozartstr. 4; 12.06.1943 Zerstörung des Hauses und Verlegung zum Stiftsplatz 9
Marienheim	Leopoldstr. 24/30	Schwestern U. L. Frau	10.09.1942, 12.06.1943 (total)	
Jesuitenkloster	Marienstr. 2 und 6	Jesuiten	12.06.1943, 03.11.1943, 23.04.1944, 23.09.1944	29.07.1941 Beschlagnahme des Hauses und Ausweisung der Jesuiten
Martinuskrankenhaus	Martinstr. 7	Arme Dienstmägde Christi	10.09.1942, 08.04.1943, 12.06.1943, 03.11.1943, 23.04.1944	1940 Evakuierung der Kinder nach Opladen
Kindergarten	Martinstr. 58	Arme Dienstmägde Christi (aus dem Martinuskrankenhaus Martinstr. 7)	10.09.1942, 12.06.1943	
Kindergarten	Max - Brandts - Straße	Arme Schwestern vom Hl. Franziskus (aus dem Städtischen Pflegehaus Himmelgeister Str. 152)	12.06.1943 (total)	12.06.1943 Verlegung der Einrichtung zur Martinstr. 58
Kindergarten	Moltkestr. 50	Schwestern vom Armen Kinde Jesu (aus dem Annakloster Annastr. 62/64)		
Hubertusstift	Neusser Str. 25	Christenserinnen (aus dem Kloster von der unbefleckten Empfängnis Hubertusstr. 3)	01.08.1942, 03.11.1943	
Kindergarten	Niederkasselerstr. 18	Weltliche Kräfte		
Nikolausstift	Nikolausstr. 19	Vinzentinerinnen	23.01.1943, 10.01.1945	13.08.1943 - 20.09.1945 Beschlagnahme zur Aufnahme Berufstätiger und Verlegung der Siechen nach Königseggwald; 13.02.1945 Beschlagnahme der Nähstube für die Wehrmacht; 22.02.1945 Beschlagnahme des Kindergartens

Katholisches Knabenwaisenhaus	Oberbilker Allee 157/159	Missionsschwestern vom Hl. Herzen Jesu	03.09.1942, 27.01.1943, 12.06.1943	Juli 1941 Evakuierung von 100 Kindern nach Vussum/Eifel; 20.09.1942 - 1949 Evakuierung der Kinder nach Silberg
Josephshaus	Pariser Str. 115	Dominikanerinnen	22.08.1943	30.05.1943 - Herbst 1946 Evakuierung der Kinder nach Maria Engelport/Mosel
Cäcilienstift	Paulistr. 3	Arme Dienstmägde Christi	05.03.1945	
Caritasheim	Rather Broich 155	Arme Brüder vom heiligen Franziskus Seraphikus	02.11.1944	18.12.1943 Aufnahme der Elisabetherinnen aus den Kolpinghäusern
Krankenhaus der Dominikanerinnen	Rheinallee 24 und 26/27	Dominikanerinnen	22.08.1943	1940 - 1945 Lazarett
Ursulinenkloster	Ritterstr. 12/14	Ursulinen	12.06.1943	Ostern 1940 Unterrichtsverbot, seitdem Ausübung verschiedener Seelsorgedienste
Annastift	Ritterstr. 20/22	Arme Schwestern vom Hl. Franziskus	01.08.1942, 12.06.1943, März/April 1945 (Dauerbeschuß)	
Herz Jesu - Heim	Rossstr. 79	Vinzentinerinnen (aus dem Vinzenzhaus Schlossstr. 81/85)	23.04.1944 (total)	02.02.1944 Ausweichstation für das Marienheim Leopoldstraße der Schwestern U. L. Frau
Vinzenzhaus	Schlossstr. 81/85	Vinzentinerinnen	10.09.1942, 27.01.1943, 12.06.1943, 22.04.1944, 20.05.1944, 02.11.1944	
Kindergarten	Schulstr. 11/13	Arme Dienstmägde Christi (aus dem Josephinenstift Talstr. 65)		
Christinenstift	Siemensstr. 44	Arme Dienstmägde Christi	18.06.1940, 01.08.1942, 27.01.1943, 12.06.1943, 03.11.1943, 23.04.1944	
Kindergarten	Steinstr. 55	Weltliche Kräfte	23.04.1944	
Marienhospital	Sternstr. 91	Arme Schwestern vom Hl. Franziskus	27.01.1943, 12.06.1943, 23.04.1944, 02.11.1944	11.11.1939 - 15.03.1945 Lazarett; 06.05.1944 - 19.09.1945 Ausweichkrankenhaus Grafenberg
Theresienhospital	Stiftsplatz 13	Töchter vom Hl. Kreuz	12.06.1943, 03.11.1943, März/April 1945 (Dauerbeschuß)	07.08.1941 - Oktober 1943 Aufnahme des Noviziates aus Aspel

Franziskaner-kloster	Straße der SA 62/64	Franziskaner	25.02.1943, 12.06.1943, 03.11.1943, 23.04.1944, 24.09.1944	September 1939 Beschlagnahme des Refektoriums für den SHD; 1941 Bau eines Luftschutzbunkers im Klostergarten (nicht zu Ende geführt); 1943 - 1947 Verlegung des Provinzialates nach Hardenberg
Marienkrankenhaus	Suitbertus - Stiftsplatz 11/15	Arme Schwestern vom Hl. Franziskus	22.08.1943, 04.03.1943	1940 - 04.03.1945 Lazarett
Josephinenstift	Talstr. 65	Arme Dienstmägde Christi	01.08.1942, 12.06.1943, 03.11.1943	
Kloster der barmherzigen Brüder	Talstr. 104	Barmherzige Brüder Montabaur		28.06.1941 - Dezember 1945 Beschlagnahme für die Bewohner des Städtischen Pflegehauses Himmelgeisterstraße
Gertrudisheim	Ulmenstr. 83/83a	Cellitinnen	23.04.1944, 02.11.1944	02.11.1944 Entlassung aller Bewohnerinnen bis auf 10 Mädchen
Kindergarten	Ulmenstr. 220	Töchter vom Hl. Kreuz (aus der Pflegeanstalt St. Joseph Unterrather Str. 1)		
Kindergarten	Ulmenstr. 246	Töchter vom Hl. Kreuz (aus der Pflegeanstalt St. Joseph Am Klosterhof 1)		
Herz - Jesu Kloster	Urdenbacher Dorfstr. 12	Schwestern vom Hl. Kreuz		
Bahnhofsmission	Wilhelmplatz 14 (Hauptbahnhof, Bahnsteig 2)	Weltliche Kräfte		30.09.1939 Verbot
Schwiertz - Stephan Stiftung	Wilhelm - Tell Str. 9	Schwestern des Hl. Franziskus (Erlenbad)	26.05.1943, 12.06.1943	
Kindergarten	Zum Schießstand 35	Töchter vom Hl. Kreuz (aus der Pflegeanstalt St. Joseph Am Klosterhof 1)		

Am schlimmsten hatte es das Josephskrankenhaus in Oberbilk getroffen, das bei einem Fliegerangriff in der Nacht vom 3. zum 4. November 1943 vollständig zerstört wurde. Neben dem Haupthaus an der Kruppstraße wurden auch das im Garten liegende Wirtschaftsgebäude und die zugehörigen Häuser an der Bogenstraße und Höhenstraße schwer beschädigt. Zu beklagen war der Tod von 96 Menschen, darunter 22 Schwestern aus der Ordensgenossenschaft der Vinzentinerinnen. In einem Zeitzeugenbericht ist das entsetzliche Geschehen in Oberbilk mit den Worten festgehalten worden: "Am Abend des 3. Novembers 1943 ertönte kurz nach 7 Uhr die Sirene. Bis auf die Kranken in den Strecken waren alle in den Luftschutzräumen untergebracht. Schon glaubte man der Angriff sei nicht für Düsseldorf bestimmt, als es plötzlich sehr unruhig wurde. 2 Luftminen fielen in den Aufzug, die nach Aussage der geretteten Schwestern das ganze Haus in die Höhe hoben, um dann alles restlos zu zertrümmern. In der höchsten Lebensgefahr erteilte der Rektor des Hauses (Hermann Freudenberg) mitten unter den Kranken, Ärzten und Schwestern stehend, allen die heilige Generalabsolution und noch mehrere Male rufend: Mein Jesus, Barmherzigkeit! wurde er mit den übrigen unter den Trümmern begraben. ... Unsere Liebe Mutter, die sofort telefonisch von dem Geschehen in Kenntnis gesetzt worden war, kehrte noch in der Nacht von ihrer Reise nach Süddeutschland zurück und fuhr gleich weiter zur Unglücksstätte. Hochwürdiger Herr Direktor ist sofort nach Bekanntgabe des Unglücks nach Oberbilk gefahren und hat Schwester Luciosa, die er zwischen den Trümmern eingeschlossen fand, noch den letzten Trost gespendet. Bis 8 Uhr abends konnte man diese liebe Schwester befreien, aber schon nach 3 Stunden holte der Herr auch sie heim. ... Die einzige Sorge unserer lieben Schwester Hilaraia war, als sie unter den Trümmern lag, daß sie noch keine heiligen Gelübde abgelegt habe. ... Schwester Eberharda und weitere fünf Oberbilker Schwestern sind bis heute damit beschäftigt aus den Trümmern zu bergen, was noch zu retten ist. Die Anteilnahme und das herzliche Mitempfinden ist allseits überaus groß. Überall werden Seelenämter gehalten und hl. Messen gelesen"[505]. Mehrere Menschen waren auch bei einem Angriff auf das Luisenheim (Klosterstr. 86/90) am 10. September 1942 ums Leben gekommen, unter ihnen die 29jährige Therese Eckart, die "bei Rettung einer Altersklientin den Tod" fand[506].

Zu jenen Gebäuden, die bei den Bombenangriffen vollständig zerstört wurden, gehörte das Haus des katholischen Gemeindeverbandes Tonhallenstr. 15, in dem noch immer das Sekretariat des Caritasverbandes für die Stadt Düsseldorf untergebracht war. Am 1. März 1943 meldete Johannes Becker der Zentrale des Deutschen Caritasverbandes in Freiburg: "In der nicht abbrechenden Kette der fast täglich erfolgenden Angriffe hat auch uns am Spätabend des 24. Februar eine Bombe getroffen. Die Front des Verbandshauses ist von oben bis unten aufgerissen. Die straßenwärts gelegenen Büroräume des Caritasverbandes im Unterhause sind völlig zerstört. Nur einige, zwei rückwärts gelegene Räume sind noch benutzbar. Menschenleben sind nicht zu beklagen. ... Im übrigen werden wir in dem Gedanken, daß nach Pauli Wort die Caritas 'alles erträgt und alles überwindet' unsere Arbeit, wenn auch räumlich beschränkt, unter der alten Anschrift weiterführen"[507].

Obwohl die entstandenen Schäden am Gemeindeverbandshaus vergleichsweise gering waren, nahm der Freiburger Generalsekretär Kuno Joerger am Schicksal des Düsseldorfer Verbandes lebhaft Anteil. Unter dem 11. März 1943 schrieb er Johannes Becker: "Leider haben wir ... ersehen müssen, daß die uns durch einen Besuch aus dem Rheinland gewordene Mitteilung über die starke Beschädigung des Caritashauses Düsseldorf bei dem Luftangriff am 24.2. doch den Tatsachen entsprochen hat. Wie wir inzwischen erfuhren, soll sich der Schaden sogar noch als größer erwiesen haben, wie anfänglich angenommen, sodaß wegen Gefahr des Einsturzes auch die rückwärtigen Räu-

---

[505] MVK 58, 03.11.1943. Vgl. auch NN, Unsere Toten, in: Caritas - Verband Düsseldorf. Rundbrief an unsere Mitarbeiter und Mitarbeiterinnen Jg. 19 Nr. 5 (Dezember 1943), 1 - 3, 2 f; RP 02.10.1948.
[506] Vgl. NN, Unsere Toten, in: Caritas - Verband Düsseldorf. Rundbrief an unsere Mitarbeiter und Mitarbeiterinnen Jg. 18 Nr. 5 (Oktober 1942), 4.
[507] DCF 127 D/2, 01.03.1943.

me bis auf weiteres nicht mehr benutzt werden dürfen. Infolgedessen wird es sich wohl als notwendig erweisen, daß sich auch die Anschrift ihres Caritasverbandes ändert. Dürften wir Sie bitten, uns baldmöglichst über die genaue Adresse in Kenntnis zu setzen. Wir versichern Sie und alle Ihre Mitarbeiter nochmals unserer tiefempfundenen Teilnahme an der schweren Heimsuchung, die den Caritasverband Düsseldorf betroffen hat. Möge es durch Gottes Hilfe gelingen, bald einigermaßen ausreichende neue Arbeitsräume zu finden, damit diese bedeutende Tätigkeit keine allzu starke Verzögerung erfahren muß. Nach wie vor vereinigen wir uns mit Ihnen im Gebete, auf daß die Stadt Düsseldorf in Zukunft vor ähnlich schweren Katastrophen bewahrt bleiben möge"[508].

Dankbar für die "uns bekundete Teilnahme und Hilfsbereitschaft" antwortete Johannes Becker am 17. März 1943 nach Freiburg: "Was Ihr freundliches Schreiben vom 11. März betrifft, bemerke ich zu seinem Inhalt, daß, wie schon mitgeteilt, unsere Geschäftsstelle vorläufig im bisherigen Verbandshauses Düsseldorf, Tonhallenstr. 15, verbleiben soll. Es hat sich herausgestellt, daß einige Räume wieder hergestellt werden können, so daß wir bei entsprechender Einschränkung unsere Arbeit hier fortsetzen können. Verloren gegangenes Aktenmaterial ist teilweise unter den Trümmern herausgeholt worden, und wird, soweit es geht, zur Zeit gesäubert und geordnet. Da unsere Fachbücherei in einem rückwärts gelegenen, unversehrten Raum steht, ist uns der kostbarste Bücherbesitz erhalten geblieben. Indes ist eine Anzahl Bücher, die in den zerstörten Räumen waren, vernichtet worden. Darum begrüßen wir dankbarst Ihre Bücherspende. Im Übrigen steht noch nicht fest, was das Schädenamt an unserem Verbandshause wiederherstellen wird. Daher können wir gegenwärtig auch nicht sagen, ob der Caritasverband auf die Dauer bleiben wird. Bekanntlich werden heute wegen Menschen- und Materialmangels alle Gebäudeschäden nur langsam beseitigt. Es hat uns sehr wohl getan, daß Sie und der Deutsche Caritasverband so freundlich unser gedacht haben"[509].

Die Frage, wann die Schäden am Haus Tonhallenstraße behoben werden konnten, war wenige Wochen später überholt, als Johannes Becker am 29. Juni 1943 der Zentrale des Deutschen Caritasverbandes meldete: "In der Nacht zum 12. Juni 1943 ist bei einem Luftangriff unser Verbandshaus Tonhallenstraße 15 ausgebrannt, und der stehengebliebene Rest in den folgenden Tagen gesprengt worden. Nur einzelne Dinge, die vorsichtiger Weise im Bunker des Hauses untergebracht waren, sind erhalten geblieben. Alles andere ist verbrannt. Unsere neue Geschäftsstelle befindet sich Düsseldorf, Steinstraße 55. Telefon konnte bisher noch nicht gelegt werden"[510].

Die Auswirkungen der Fliegerangriffe, insbesondere vom 12. Juni 1943 waren für Düsseldorf verheerend. "Von caritativen Anstalten", so der Caritasrundbrief im Juni 1943, "wurden 31 ganz oder teilweise zerstört, mehr oder weniger beschädigt. In mehr als 50 Kirchen und Kapellen kann wegen Zerstörung oder Beschädigung kein Gottesdienst mehr gehalten werden. Zahlreiche kirchliche Dienstwohnungen und Gemeindehäuser sind ebenfalls den Fliegerangriffen zum Opfer gefallen. Die Seelenzahl der innenstädtischen Pfarreien ist wegen der entstandenen Obdachlosigkeit durchweg dezimiert.

---

[508] DCF 127 D/2, 11.03.1943.
[509] DCF 127 D/2, 17.03.1943.
[510] DCF 127 D/2, 29.06.1943.

Infolge der verschiedenen Kriegsmaßnahmen (Wehrdienst, Arbeitsdienst, Dienstverpflichtungen, Kinderverschickungen, Entsendungen von Frauen und Müttern) sind in der Bevölkerungsstruktur bisher unbekannte Veränderungen entstanden"[511]. Dass die skizzierten Folgeerscheinungen des Bombenkrieges nicht ohne Auswirkungen auf die kirchliche Seelsorge und caritative Hilfe blieben, lag auf der Hand. "Man denke", so hieß es im Caritasrundbrief weiter, "an die seelsorgliche Eingliederung der innerhalb Düsseldorfs umwandernden Katholiken. Von der Innenstadt ist ein starker Zug nach der Peripherie entstanden. ... Die caritative Seelsorgehilfe muß sich bemühen um die Neuschaffung der Unterlagen für die Pfarrkarteien, für den Meldedienst, für die Pfarrbücher, für die technischen und anderen Hilfsmittel der Seelsorge. Die organisierte Caritas hatte in den vergangenen Monaten alle Hände voll, um die caritativen Kinderheime in auswärtige, günstigere Gegenden zu verlegen. Neue Aufgaben sind augenblicklich zu meistern in der Verlegung unserer caritativen Altersheime. Dazu kommt der Wiederneuaufbau der zerstörten caritativen Anstalten und Einrichtungen und die Ingangsetzung ihrer caritativen Arbeit"[512].

Dass der Caritasverband Düsseldorf nach Zerstörung des Hauses an der Tonhallenstraße schnell eine neue, wenn auch improvisierte Geschäftsstelle einrichten konnte, geht auf einen Vorgang im Jahre 1938 zurück. Aus Furcht vor Zwangsauflösung und Vermögensenteignung hatte der Katholische Deutsche Frauenbund, Zweigverein Düsseldorf sein Verbandshaus Steinstr. 55 (heute Stresemannstr. 21) dem Gemeindeverband der katholischen Kirchengemeinden der Stadt Düsseldorf am 1. Oktober 1938 zum Preis von 30000 Reichsmark verkauft. In der Nutzung des Hauses trat zunächst keine Änderung ein, da der Katholische Frauenbund mit dem Verkauf sämtliche Räume vom Gemeindeverband für seine Vereinszwecke anmietete[513]. Nachdem die Geschäftsstellen des Gemeindeverbandes und Caritasverbandes in der Tonhallenstraße vollständig zerstört waren, stellte der Frauenbund am 1. Juli 1943 in der Steinstraße einige Büroräume "im Wege der freiwilligen Vereinbarung zur Verfügung"[514]. Mit dem Caritasverband, der im Erdgeschoss des Hinterhauses für eine Monatsmiete von 75 Reichsmark einen "hofwärts gelegenen Raum" des Kindergartens bezog[515], fanden auch der Katholische Männerfürsorgeverein und der Katholische Seelsorgedienst im Frauenbundhaus vorübergehend eine neue Unterkunft[516].

Seit dem Frühjahr 1944 war die improvisierte Geschäftsstelle des Düsseldorfer Caritasverbandes gezwungen, ihr kleines Büro mit dem Gemeindeverband und dem Frauenbund zu teilen. Nachdem im Frauenbundhaus am 23. April 1944 infolge eines Luftan-

---

[511] NN, Fliegerangriffe, in: Caritas - Verband Düsseldorf. Rundbrief an unsere Mitarbeiter und Mitarbeiterinnen Jg. 19 Nr. 3 (Juli 1943), 2 - 3, 2.
[512] NN, Fliegerangriffe, in: Caritas - Verband Düsseldorf. Rundbrief an unsere Mitarbeiter und Mitarbeiterinnen Jg. 19 Nr. 3 (Juli 1943), 2 - 3, 2 f.
[513] Vgl. KGD 23, 01.10.1938, 21.03.1939 und 01.03.1947; ALD Grundbuchblatt Pempelfort 6052, 01.10.1938.
[514] KGD 23, 04.08.1943. Vgl. auch KGD 92, 09.08.1943.
[515] Vgl. KGD 23, 02.07.1943 und 05.08.1943.
[516] Vgl. NN, Neue Anschriften, in: Caritas - Verband Düsseldorf. Rundbrief an unsere Mitarbeiter und Mitarbeiterinnen Jg. 19 Nr. 3 (Juli 1943), 1.

griffes nahezu alle Räume ausgebrannt waren, war lediglich das vom Caritasverband genutzte Büro unbeschädigt geblieben[517].

---

[517] Vgl. KGD 92, 05.06.1944; SAD VI 17459, 04.10.1944; BSD Bauakte Stresemannstr. 21, 19.05.1944 und 23.09.1944.

XII. Caritasarbeit in Düsseldorf während der Trümmerjahre

Kriegsende

Mit dem Einmarsch eines Bataillons der 97. amerikanischen Infanteriedivision am 17. April 1945 in das rechtsrheinische Düsseldorf war für die Stadt der Schrecken des Krieges und der nationalsozialistischen Unrechtsherrschaft zu Ende gegangen[1]. Die Hinterlassenschaft der menschenverachtenden Diktatur war Chaos, waren Trümmer in vielfacher Bedeutung des Wortes. Der erste städtische Verwaltungsbericht beschreibt die Situation in Düsseldorf nach Kriegsende mit den Worten: "Eine Trümmerstadt, durch einen brückenlosen und durch zahllose Schiffswracks gesperrten Strom in zwei Teile getrennt, eine Stadt, in der Tausende Menschen in Bunkern und Kellern wohnten, eine Großstadt, in der keine Straßenbahnen fahren konnten, eine Stadt, deren Bewohner durch die Schrecken des Krieges erschüttert und nach der politischen Verirrung mutlos geworden waren, eine Stadt, in der Hunger und Not herrschten und Verwahrlosung und Demoralisierung zu einer immer größeren Unsicherheit führten, eine Stadt, in der primitivste Regeln der Hygiene vielfach nicht mehr beachtet werden konnten, in der die notwendigsten Gebrauchsgegenstände fehlten und selbst keine Särge mehr für die Toten vorhanden waren, das war das traurige Erbe, das diejenigen vorfanden, die sich für die Wiederingangsetzung und den Wiederaufbau ... einsetzten"[2].

Für die Caritas bedeutete das Kriegsende keine "Stunde Null"[3]. Zu einer Zeit als noch niemand wusste, ob die Stadt jemals wieder aufgebaut werden würde, unternahmen in Düsseldorf die bestehen gebliebenen, organisatorisch intakten konfessionellen Wohlfahrtseinrichtungen erste Maßnahmen zur Reorganisation einer geordneten Fürsorgearbeit. Nach Ziffer 3 des Gesetzes Nr. 5 der Militärregierung vom 31. Mai 1945 waren die Obliegenheiten der untergegangenen NSV der Düsseldorfer Stadtverwaltung übertragen worden[4]. Da diese aber nicht in der Lage war, alle hieraus erwachsenen Aufgaben und Verpflichtungen zu übernehmen, wurden den katholischen Wohlfahrtsvereinen einige von der NSV unterhaltene Fürsorgeeinrichtungen übertragen. Dass der Caritasverband Düsseldorf und seine angeschlossenen Mitgliedervereine trotz erheblicher Verluste an Personal, Gebäuden und Finanzen bereit waren, sich an der Reorganisation kommunaler Fürsorge mit allen noch zur Verfügung stehenden Kräften und Res-

---

[1] Vgl. Volker Zimmermann, In Schutt und Asche. Das Ende des Zweiten Weltkrieges in Düsseldorf, Düsseldorf 1995, 93 ff.

[2] Verwaltungsbericht der Landeshauptstadt Düsseldorf vom Zeitpunkt der Besetzung der Stadt 1945 bis zum 31. März 1949, Düsseldorf 1949, 11.

[3] Vgl. dazu Hans - Josef Wollasch, 1945: Keine "Stunde Null" der Caritas, in: Hans - Josef Wollasch, Beiträge zur Geschichte der Deutschen Caritas in der Zeit der Weltkriege. Zum 100. Geburtstag von Benedict Kreutz (1879 - 1949), Freiburg 1978, 225 - 230, 225 ff.

[4] Vgl. Sammlung der Gesetze, Verordnungen, Anweisungen und Anordnungen der Militärregierung - Deutschland (Englischer und deutscher Text), Krefeld 1945, Nr. 5.

sourcen zu beteiligen, unterstreicht eine Standortbestimmung von Caritasdirektor Johannes Becker, die im Mai 1945 unter dem Titel "Die neue Stunde der Caritas" im Verbandsrundbrief zum Abdruck gelangte. Wörtlich hieß es dort: "Mit dem Ausfall der NSV ist eine neue Stunde der Caritas gekommen. Besinnen wir uns einen Augenblick auf ihre Bedeutung. Als 'sozialer Arm' der Partei hatte die NSV einen Führungsanspruch für alle Aufgaben und alle Richtungen der Wohlfahrtspflege und Fürsorge aufgestellt. Von einem politischen Beweggrund getragen, war sie ein politisches Instrument einer politischen Partei. Mit dem Zusammenbruch der Partei zerfiel auch die NSV. Die Caritas hat tiefe Beweggründe und höhere Ziele als die NSV. Sie ist wesensmäßig eine religiöse Liebestätigkeit. Als solche gründet sie in der anima naturaliter christiana, d.h. in der religiös - christlichen Naturanlage des Menschen und zielt auf Gott, der die ewige Liebe und Güte selber ist. Darum ist die Caritas als Gesinnung im Menschen unzerstörbar, selbst wenn ihre irdischen Betätigungsformen zerstört oder ausgeschaltet werden. Die Vergangenheit hat eine große Menge von Caritas - Einrichtungen beseitigt. Im Interesse der Hilfsbedürftigen war dies zu bedauern. Jetzt ist eine neue Stunde der Caritas und des Caritasverbandes gekommen. Zu den alten Aufgaben müssen neue übernommen werden. Grundlegend bleibt in aller Zukunft die alte Forderung, daß wir um Erhaltung und Ausgestaltung eines echten Caritasgeistes bemüht sind. Nur dann werden wir die neuen Aufgaben erfüllen können. Mögen alle Personen - Gemeinschaften, Anstalten und Einrichtungen des Düsseldorfer Caritas - Verbandes sich der Bedeutung ihrer neuen Stunde bewußt sein !"[5].

Bemerkenswert ist, dass der Caritasverband Düsseldorf im Trümmerchaos der ersten Nachkriegsmonate eindringlich davor warnte, im Angesicht der unüberschaubaren Massennot das personale Element christlicher Zuwendung aus dem Blick zu verlieren. "Diese Gefahr", so Johannes Becker im Januar 1946, "ist um so größer, als in der Vergangenheit die Person der Notleidenden und Hilfsbedürftigen in ihrem Recht, ihrer Ehre und Würde vielfach verkannt worden ist. Entweder wurde sie überschätzt oder unterschätzt, wie es nur eine Hilfe tun konnte, die ausschließlich politisch diesseitig gerichtet und deren Organisation nichts anderes als 'der soziale Arm' einer politischen Partei war. Es ist daher an der Zeit, sich ernsthaft auf die Wertschätzung der Person des Notleidenden zu besinnen. ... Wie ist die menschliche Person vom Unglauben der jüngsten Vergangenheit verkannt worden ! 'Der Einzelne ist nichts, die Gemeinschaft ist alles !', lautet eine Phrase. Auf der einen Seite stand die maßlose Überschätzung einzelner führender Personen, die sich eine an heidnischen Byzantinismus erinnernde Halbvergottung geben ließen, und auf der anderen Seite eine ungerechte und lieblose Unterschätzung geführter Personen. Wer als Erbkranker oder Nichtarier, als Alter oder Siecher der 'Gemeinschaft' nicht mehr nützlich zu sein schien, galt als wertlos. Sein lebensunwertes Leben unterlag oft der Willkür, Brutalität und Bestialität"[6]. Anders das Menschenbild der Caritas: "Sie weiß um die Gleichheit aller Menschen vor Gott. Ob Deutscher oder Aus-

---

[5] Johannes Becker, Die neue Stunde der Caritas, in: Caritas - Verband Düsseldorf. Rundbrief an unsere Mitarbeiter und Mitarbeiterinnen Jg. 21 Nr. 3 (Mai 1945), 3.
[6] Johannes Becker, Unsere Notleidenden: ihre "Person", in: Caritasverband Düsseldorf. Rundbrief an unsere Mitarbeiter und Mitarbeiterinnen Jg. 22 Nr. 1 (Januar 1946), 1 - 2, 1.

länder, ob Erbkranker oder Erbgesunder, ob Jude oder Christ, jeder Mensch, der Menschenantlitz trägt, ist Kind seines Vaters, der in den Himmeln wohnt. Und weil Kinder des himmlischen Vaters, sind alle Menschen untereinander Brüder und Schwestern in Christo, der durch seine Menschwerdung unser aller Bruder geworden ist. Als Geschwister sollen alle Menschen einander in herzlicher Liebe und Hilfsbereitschaft zugetan sein. Erst diese übernatürliche Schau und Wertung sichert der einzelnen Person das ihr zukommende Menschenrecht und die ihr gebührende Menschenwürde. Nur so läßt sich von einer wahren, alle menschlichen Personen umschließenden Gemeinschaft sprechen"[7].

Den Blick nach vorne gerichtet, gab Johannes Becker den Caritashelfern mit auf den Weg: "Nach dem Zusammenbruch unseres Volkes müssen wir uns auf die Person unserer Notleidenden und Hilfsbedürftigen neu besinnen. Caritas ist immer zuerst eine persönliche Hilfe, persönliche Hingabe des Ich an das Du. Erst wenn die innere Welle des helfenden Ich zur inneren Welle des hilfsbedürftigen Du gefunden hat, gibt es eine Harmonie beider Personen. Und wenn der Einzelne zum Einzelnen gefunden hat, ist die erste Gemeinschaft liebender helfender Menschen geschaffen. Erst auf dieser persönlichen Grundlage ist wirksame Hilfe möglich. Darum zuerst christliche Ehrfurcht vor der Person unserer Notleidenden!"[8].

Lebensmittelversorgung

Die Person des Notleidenden hatte nach dem Einmarsch der Alliierten in Düsseldorf vielerlei Gesichter, doch galt es im Kampf ums nackte Überleben vor allem Nahrungsmittel und Behelfsunterkünfte für Obdachlose, Heimatvertriebene und Heimkehrer zu beschaffen. Durch die Abtrennung der agrarischen Überschussgebiete des Ostens, die Zusammenballung der Bevölkerung auf engem Raum, den Produktionsausfall infolge von Kriegseinwirkungen und Beeinträchtigung der Infrastruktur war die Versorgung der Bevölkerung in Düsseldorf wie in allen westdeutschen Städten ernstlich bedroht.

Bereits am 30. Mai 1945 überreichten die Pfarrer des Dekanates Düsseldorf - Süd Erzbischof Josef Frings einen Bericht "über die gegenwärtige Notlage der Bevölkerung in Düsseldorf", in dem es zur Ernährungslage hieß: "Das Durchschnittsgewicht der Bevölkerung Düsseldorfs beträgt bei Männern 100 - 120 Pfund, bei den Frauen 90 - 100 Pfund. Anzeichen einer bereits tatsächlichen Hungerskatastrophe sind in den hiesigen Krankenhäusern festgestellt worden. Für den kommenden Winter erwartet man ein rapides Emporschnellen der Tuberkulose, ähnlich wie im Winter 1918/19. Die Gefahr anderer Seuchenkrankheiten steht vor der Tür und würde, falls verwirklicht, auch auf die Angehörigen der Besatzungsarmee übergreifen. Von dem zur Zeit bestehenden Existenzminimum an Nahrungsmitteln sind die alten Leute und die halbwüchsige Jugend be-

---

[7] Johannes Becker, Unsere Notleidenden: ihre "Person", in: Caritasverband Düsseldorf. Rundbrief an unsere Mitarbeiter und Mitarbeiterinnen Jg. 22 Nr. 1 (Januar 1946), 1 - 2, 1 f.
[8] Johannes Becker, Unsere Notleidenden: ihre "Person", in: Caritasverband Düsseldorf. Rundbrief an unsere Mitarbeiter und Mitarbeiterinnen Jg. 22 Nr. 1 (Januar 1946), 1 - 2, 2.

sonders schwer betroffen, ganz abgesehen von den Müttern mit Kleinkindern und der körperlich arbeitenden Schicht. Menschen, die auf der Straße, bei der Arbeit und in der Kirche zusammenbrechen, sind keine Seltenheit. ... Die Landwirte in der näheren und weiteren Umgebung der Stadt leiden noch immer unter der Russenplage. Das bedeutet eine ernste Gefahr für die kümmerlichen Lebensmittelreserven, die unserem überindustrialisierten Gebiet zur Verfügung stehen. Im Interesse der Bevölkerung, welche den Frieden und geordnete Lebensverhältnisse ebenso aufrichtig wünscht, wie eine ernste und gedeihliche Zusammenarbeit mit den alliierten Besatzungsbehörden, machen wir, Ew. Excellenz zur Anregung folgende Vorschläge: 1. Das Ernährungsproblem ist in der Hauptsache ein Verkehrsproblem. ... Man müßte die alliierte Militärregierung ersuchen, hier großzügig durch die Stellung von Transportmitteln und Treibstoff zu helfen, um Ernährungsmittel aus den ländlichen Gebieten heranzuschaffen. 2. ... Es verbittert die notleidenden Menschen über alle Maßen, wenn sie sehen und hören, wie nicht zur Verwertung gelangende Lebensmittel von den Besatzungstruppen verbrannt oder sonstwie unbrauchbar gemacht werden. Das Rote Kreuz müßte diese Lebensmittelvorräte der Bevölkerung zuführen dürfen. 3. Die Russenplage muß sofort abgestellt werden. 4. Der Deutsche Episkopat müßte bei dem Oberstkommandierenden der alliierten Truppen, General Eisenhower, vorstellig werden und auch den Hl. Stuhl von der besorgniserregenden Lage in Kenntnis setzen"[9].

Ein Jahr nach der Eingabe waren die Versorgungsprobleme noch nicht behoben; im Gegenteil: die Situation hatte sich dramatisch verschlechtert[10]. Nicht ohne Sarkasmus berichtete die Rheinische Post von der Stadtverordnetensitzung am 13. Juni 1946, die u.a. die Ernährungslage und Hungerfolgen zum Gegenstand hatte, folgende Begebenheit: "Ein Wachtmeister trägt behutsam einen kleinen Glaskasten in den Stadtverordnetensaal und stellt ihn mit schlichter Sachlichkeit auf den Präsidententisch. Einige lächeln im Saal, aber es ist ein Lächeln mit fatalen Zügen. Da steht nun der kleine Kasten, schmucklos und sehr bestimmt. Corpora delicti unter Glas: nämlich ein armseliges Brot von 1250 Gramm Gewicht, ein paar Stück Pergamentpapier mit 175 Gramm Fleisch, 125 Gramm Marmelade und 100 Gramm Fett, daneben ein mikroskopisches Häufchen Käse von 15,6 Gramm, eine Tüte mit 125 Gramm Zucker, eine mit 30 Gramm Ersatzkaffee und schließlich eine Tüte, von der nicht mit Sicherheit anzunehmen ist, daß sie mehr enthält als Luft. Dem Maß nach könnte sie 250 Gramm Nährmittel (die es seit längerem nicht mehr gibt) bequem fassen. Tröstlicherweise darf man sich zu diesem Konvolut noch etwas Magermilch und ein bißchen Hering hinzudenken. So also sieht, erbarmungslos demonstriert, die Wochenration eines Düsseldorfer Bürgers aus. ... Und so sieht, ins Statistische übersetzt, die sinnfällig servierte Addition von tausend und einigen Kalorien aus"[11].

Zum Tagesordnungspunkt "Die Versorgungslage Düsseldorfs" berichtete Walther Hensel in der Stadtverordnetensitzung: "Die nach dem Urteil aller internationalen Auto-

---

[9] PfA Friedrichstadt St. Peter 8, 30.05.1945.
[10] Vgl. Düsseldorf baut auf. Ein Verwaltungsbericht der Landeshauptstadt Düsseldorf für das Jahr 1945 - 46, Düsseldorf 1946, 17 ff.
[11] RP 15.06.1946.

ritäten ohnehin schon unzureichende Kalorienzahl von 1500 täglich wurde mit Wirkung vom 4. 3. 1946 auf 1050 täglich herabgesetzt. Tatsächlich wurde selbst diese Zahl monatelang nicht erreicht, weil von Januar bis Mai die Magermilch mit 42 Kalorien je Tag für den Normalverbraucher völlig ausfiel. Auch die übrigen Nahrungsmittel konnten teilweise nicht termingerecht geliefert werden. Die letzten Kartoffeln erhielten wir im November 1945. Der in Form von Mehl gewährte Ersatz, der zwar rechnerisch die Kartoffelkalorien ausgleicht, ist trotzdem kein gleichwertiger Ersatz, denn zur Mehlverarbeitung benötigt die Hausfrau Zutaten wie Milch, Eier, Hefe, die teils ganz fehlten, teils nur völlig ungenügend zu haben waren. Die Gemüseversorgung ist in den Wintermonaten fast auf den Nullpunkt herabgesunken. Eine leichte Besserung trat erst mit den Lieferungen aus dem Ausland vorübergehend im März ein. Auch heute noch ist die Gemüseversorgung, trotzdem von Holland Zufuhren erfolgen, völlig unzureichend. Die Fleischversorgung ist in den letzten Monaten immer schwieriger geworden. ... Seit Wochen sind wir trotz schärfster Aufbringungsmaßnahmen mit der Deckung der Fleischrationen mit ca. 25 bis 30 Prozent im Rückstand. In der Getreideversorgung, d.h. mit den Brotrationen, hängen wir seit Monaten restlos, ohne jedes Polster aus Eigenerzeugung, von dem ab, was uns vom Ausland geliefert wird. ... Da größere Mengen von Hafer eingetroffen und in der Verarbeitung begriffen sind, dürfte sich auch auf diesem Gebiete demnächst eine Erleichterung zeigen. ... Ingesamt: Unsere Ernährungslage ist im kritischsten Stadium, das wir überhaupt bisher erlebten. Der Hunger droht nicht nur, er ist bereits bei uns eingezogen"[12]. Von den Folgen und Auswirkungen der mangelhaften Ernährung berichtete der Düsseldorfer Stadtdirektor: "Es mehren sich die Fälle von Hungerödem. In den letzten Wochen wurden 937 solcher Fälle in Düsseldorf vertrauensärztlich festgestellt, weitere 200 Fälle von schwerer Hungerwassersucht sind aufgetreten. Rund 85 Prozent der amtlich gewogenen Personen hatten Untergewicht. Die Widerstandskraft der Bevölkerung gegen Krankheiten aller Art ist bedenklich zurückgegangen. Die Tuberkulose ist seit April vorigen Jahres bis heute ungefähr auf das doppelte angestiegen. Die Kindersterblichkeit ist auf einer bisher nicht erreichten Höhe angekommen. Sie beträgt heute in Düsseldorf rund 14 Prozent gegenüber normal 7 bis 8 Prozent"[13].

Dem Caritasverband Düsseldorf waren bei dem Versuch, durch gezielte Maßnahmen der sich immer mehr zuspitzenden Versorgungskrise entgegenzusteuern, zunächst die Hände gebunden. Da auf Anordnung der alliierten Kontrollorgane die Einfuhr ausländischer Lebensmittel nach Deutschland im größeren Umfang nicht möglich war, konnte der Caritasverband im Sommer 1945 die Bauern lediglich auffordern, ihre gesamten Erzeugnisse auf den Markt zu bringen und nichts zurückzuhalten. Wie eingeschränkt der Handlungsspielraum der Düsseldorfer Caritas in Angelegenheiten der Lebensmittelversorgung war, bezeugt im Juni 1945 eine Stellungnahme von Johannes Becker zur Ernährungslage, die Rechtfertigung wie auch Appell zugleich war. "Verständlicher, wenn auch

---

[12] Walther Hensel, Die Versorgungslage Düsseldorfs, in: Außerordentliche Sitzung der Düsseldorfer Stadtverordnetenversammlung am 13. Juni 1946, 15 Uhr, im großen Sitzungssaal des Verwaltungsamtes Stahl und Eisen, Breitestraße 27, 1 - 4, 1 f. Vgl. auch RP 15.06.1946.
[13] Walther Hensel, Die Versorgungslage Düsseldorfs, in: Außerordentliche Sitzung der Düsseldorfer Stadtverordnetenversammlung am 13. Juni 1946, 15 Uhr, im großen Sitzungssaal des Verwaltungsamtes Stahl und Eisen, Breitestraße 27, 1 - 4, 2. Vgl. auch RP 15.06.1946.

nicht berechtigter Weise", so der Caritasdirektor, "hat man dem Caritasverband den Vorwurf gemacht, bisher keine entscheidenden Maßnahmen zur Verbesserung der Ernährungslage getroffen zu haben". Darauf gab Johannes Becker zu bedenken: "Um allen Volksangehörigen das ihnen nach Quantität und Qualität zustehende Lebensmittelmaß zukommen zu lassen, sind gesetzliche Ernährungsvorschriften erlassen worden, die ... von allen in Betracht kommenden Behörden, also von Militärregierung und zuständigen deutschen Zivilverwaltungen, wiederholt als rechtsverbindlich bezeichnet worden sind. Nach diesen Vorschriften muß der 'Erzeuger' von Ernährungsmitteln alles abliefern bis auf den Teil, der ihm selbst gemäß Lebensmittelkarten für eigene Ernährung zusteht. Das abgelieferte Ernährungsgut kommt nicht unmittelbar, sondern mittelbar über Großmarkt, Groß- und Kleinhändler an die 'Verbraucher'. Diese Organisation hat bisher dem Volke die Ernährung gesichert und muß deshalb erhalten bleiben, wenn nicht das Hungergespenst zur Hungersnot werden soll. 'Diese ist schon da', wird man sagen ! Nein, sie ist solange nicht da, als alle Volksangehörigen ihre vaterländische und christliche Pflicht tun. Die Hungersnot bleibt aus, wenn der 'Erzeuger' alles abliefert, was er abliefern muß und der 'Verbraucher' keine störenden Eingriffe (Schwarzfahrten, Wucherpreise, Diebstähle) in die skizzierte Organisation macht. Daß gegenwärtig nicht alle Verbraucher zu dem ihnen zustehenden Lebensmittel - Anteil kommen, liegt an der Transportlage: es fehlt an Transportmitteln (Mangel an Eisenbahnwagen, Lastautos, Benzin etc.)"[14]. Auf den Vorwurf und die Frage, "die Caritas hat doch in der Zeit nach dem Weltkrieg 1914/1918 großzügig Lebensmittel - Predigten und Lebensmittel - Fahrten organisiert, warum nicht auch jetzt ?", gab Johannes Becker zur Antwort: "Man vergißt bei diesem oberflächlichen Hinweis, daß damals andere bzw. keine gesetzlichen Ernährungsvorschriften mehr bestanden. Man vergißt weiter, daß eine derartige Caritas - Aktion die jetzt bestehenden Ernährungsvorschriften verletzen und damit die Ernährungsgrundlage unseres Volkes gefährden würde. Dazu kann der Caritasverband seine Hand nicht bieten. Die angeregte Caritas - Aktion hätte nur dann einen Sinn und eine Berechtigung, wenn sie sich an 'Erzeuger' wenden könnte, die außer dem 'Selbstversorger' - Anteil und außer dem abzuliefernden 'Verbraucher' - Anteil noch sonstige Ernährungsmittel zur Verfügung hätten. Ob es wohl solche 'Erzeuger' gibt ?"[15].

Auslandshilfe

Da es die herbeiersehnten "Erzeuger" in Deutschland nicht gab, war man auf Hilfe aus dem Ausland angewiesen. Diese setzte im Jahre 1946 sowohl als Individualhilfe in Form von Paketen als auch durch Sendungen größeren Umfangs ein. Bis in die fünfziger Jahre hinein wurde sie von über 200 meist kirchlichen Hilfswerken aus mehr als 30 verschiedenen Staaten betrieben und umfasste neben Nahrungsmitteln auch Kleidung und Me-

---

[14] Johannes Becker, Zur Ernährungslage, in: Caritasverband Düsseldorf. Rundbrief an unsere Mitarbeiter und Mitarbeiterinnen Jg. 21 Nr. 4 (Juni 1945), 3 - 4, 3 f.
[15] Johannes Becker, Zur Ernährungslage, in: Caritasverband Düsseldorf. Rundbrief an unsere Mitarbeiter und Mitarbeiterinnen Jg. 21 Nr. 4 (Juni 1945), 3 - 4, 4.

dikamente[16]. Bemerkenswert ist, dass die Auslandshilfe nicht nur aus neutralen Ländern kam, sondern auch aus Staaten, die im Zweiten Weltkrieg gegen Deutschland gekämpft hatten oder von Deutschland okkupiert worden waren.

Zwischen 1946 und 1962 wurden mehr als 600000 Tonnen Sachgüter im Wert von mehr als 1,2 Milliarden DM gespendet und nach Deutschland geliefert[17]. Bei der Verteilung der einlaufenden Spenden kam den kirchlichen Wohlfahrtsverbänden vor allen wegen ihrer Verbindungen zu ausländischen Partnerorganisationen eine besondere Bedeutung zu[18]. Durch den Deutschen Caritasverband gelangten über die neu eingerichtete Abteilung "Auslandshilfe" vor allem Hilfssendungen vom Hl. Stuhl, aus Argentinien, Chile, Irland, Schweden, der Schweiz und den USA nach einem bestimmten Schlüssel in Deutschland zur Verteilung[19]. Die Caritas - Auslandshilfe verteilte bis 1958 mehr als 125000 Tonnen Sachspenden im geschätzten Wert von über 500 Millionen DM[20].

In Düsseldorf trafen die ersten ausländischen Hilfsgüter im Frühjahr 1946 ein. Seit dem 15. April 1946 konnte aus den Spenden des irischen Volkes eine Speisung von etwa 20000 Kleinkindern im Alter von 3 bis 6 Jahren durchgeführt werden[21]. Zur Organisation und Durchführung der Kinderspeisung waren Helfer und Helferinnen des Caritasverbandes, der Inneren Mission, der Arbeiterwohlfahrt und des Deutschen Roten Kreuzes eingesetzt. Die entstehenden Kosten für den täglichen Transport wurden von der Stadtverwaltung getragen, der Treibstoff von der Militärregierung zur Verfügung gestellt. Die Suppe wurde an 20 Kochstellen, meist provisorisch eingerichteten Nothilfeküchen der verschiedenen Wohlfahrtsorganisationen zubereitet. Die Tagessuppenration betrug einen halben Liter pro Kind und enthielt 45 g Biskuitmehl, 35 g Zucker, 29 g Büchsenmilch im Wert von 350 Kalorien. Die Ausgabe der Essen erfolgte wochentags in 81 über das gesamte Stadtgebiet verteilten Ausgabestellen[22]. "Dank der Einsatzfreudigkeit und der Liebe", heißt es in einem zeitgenössischen Bericht, "mit der sich allbeteiligten Helfer und Helferinnen der guten Sache angenommen haben, verläuft die Speisung seit dem

---

[16] Vgl. Franz Klein, Drei Jahre katholische Auslandshilfe 1946 - 48, in: Caritas. Zeitschrift für Caritasarbeit und Caritaswissenschaft Jg. 50 Nr. 3/4 (März/April 1949), 62 - 69, 62 ff; Hans - Josef Wollasch, Humanitäre Auslandshilfe für Deutschland nach dem Zweiten Weltkrieg. Darstellung und Dokumentation kirchlicher und nichtkirchlicher Hilfen, Freiburg 1976, 341 ff.

[17] Vgl. Hans - Josef Wollasch, Humanitäre Auslandshilfe für Deutschland nach dem Zweiten Weltkrieg. Darstellung und Dokumentation kirchlicher und nichtkirchlicher Hilfen, Freiburg 1976, 30.

[18] Vgl. NN, Die Verteilung der Auslandsspenden durch die Karitas, in: Kirchenzeitung für das Erzbistum Köln Jg. 1 Nr. 17 (10.11.1946), 132 - 133, 132 f.

[19] Vgl. Elisabeth Lakemeier, 50 Jahre Diözesan - Caritasverband für das Erzbistum Köln 1916 - 1966, Köln 1967, 92 f; Hans - Josef Wollasch, Humanitäre Auslandshilfe für Deutschland nach dem Zweiten Weltkrieg. Darstellung und Dokumentation kirchlicher und nichtkirchlicher Hilfen, Freiburg 1976, 33 ff.

[20] Vgl. Erich Püschel, Die Hilfe der Caritas, in: Eugen Lemberg, Die Vertriebenen in Westdeutschland. Ihre Eingliederung und ihr Einfluß auf Gesellschaft, Wirtschaft, Politik und Geistesleben Bd. 1, Kiel 1959, 263 - 273, 266; Erich Püschel, Die Hilfe der deutschen Caritas für Vertriebene und Flüchtlinge nach dem zweiten Weltkrieg (1945 - 1966), Freiburg 1972, 87.

[21] Vgl. NN, Kleinkinderspeisung aus der Spende des irischen Volkes, in: Caritasverband Düsseldorf. Rundbrief an unsere Mitarbeiter und Mitarbeiterinnen Jg. 22 Nr. 3 (Juni 1946), 3 - 4, 3.

[22] Vgl. NN, Kleinkinderspeisung aus der Spende des irischen Volkes, in: Caritasverband Düsseldorf. Rundbrief an unsere Mitarbeiter und Mitarbeiterinnen Jg. 22 Nr. 3 (Juni 1946), 3 - 4, 3.

ersten Tag, von den nicht zu umgehenden Anfangsschwierigkeiten abgesehen, glatt. In den vielen freundlichen Kindergärten Düsseldorfs und in den anderen Ausgabestellen kann man zwischen 16 und 18 Uhr eine muntere kleine Tischgesellschaft antreffen, die jeden Tag mit der gleichen Begeisterung bestätigt, daß die Suppe sehr lecker, fein süß und nach mehr schmeckt. Dieses begeisterte Urteil ist Dank für die freundlichen Spenden und für die vielen Menschen, die ihre Arbeitskraft und ihre Zeit bei der Kleinkinderspeisung zur Verfügung stellen"[23]. Die katholischen Hilfswerke der Stadt waren bei der Kinderspeisung mit 12 Küchen und 52 Ausgabestellen beteiligt, die täglich etwa 6000 Liter Speisen an fast 10000 Kinder ausgaben[24].

Frühe und erhebliche Hilfe kam aus der Schweiz nach Düsseldorf[25]. Auch der Vatikan beteiligte sich an der Linderung der Nachkriegsnot[26]. Wiederholt hatte Papst Pius XII. das deutsche Volk vor der Kollektivschuldthese in Schutz genommen und die Weltöffentlichkeit zur Hilfe aufgerufen. So sagte er in einer Radioansprache am 4. April 1946: "Während die Staatsmänner sich in ihren oft schwierigen Beratungen abmühen, die ersten Fundamente des politischen und wirtschaftlichen Wiederaufbaues zu legen und unvermeidliche Gegensätze von Auffassungen und Interessen zu beseitigen oder wenigstens zu mildern, erhebt sich hinter ihrem Rücken das drohende Gespenst des Hungers. ... Zweifelsohne bringen weite Gebiete viel mehr hervor als ihre eigenen Bevölkerungen bedürfen. Aber ... bedeutende, schon aufgehäufte Mengen sind während des Krieges der menschlichen Ernährung entzogen. ... Die schwierige Ernährungslage wird daher auch dann noch nicht endgültig beseitigt sein, sondern wird - was Gott verhüten möge - bis zur nächstfolgenden Ernte weiterbestehen. Es sind also 16 volle Monate, während derer die Bitte ... immer inbrünstiger und flehender werden muß: Unser tägliches Brot gib uns heute ! ... Das Menschengeschlecht ist von Hunger bedroht. Und der Hunger ist an sich schon Ursache unberechenbarer Störungen. ... Angesichts dieser gemeinsamen Gefahr ist kein Platz mehr für Rache- oder Vergeltungsgedanken, für Macht- oder Herrschaftsansprüche, auch nicht für ein Absonderungsverlangen oder Siegerprivileg. ... Möge allenthalben die Überzeugung durchdringen, daß die gegenwärtige Hungerbedrohung eine gemeinsame Gefahr darstellt, die alle Völker in geeinter, brüderlicher Gemeinschaft zusammenschließen muß, die alle Unterschiede, alle Gegensätze, alle Sonderinteressen hinter sich läßt. Was hat das für einen Wert, im gegenwärtigen Augenblick zu wissen, wo die Verantwortung lag, welches der Anteil des einzelnen am Unrecht oder an der verhängnisvollen Nachlässigkeit war ? Was jetzt brennend erheischt wird, ist sofortige, hinreichende Hilfe, wo immer die Not drängt ... "[27].

---

[23] NN, Kleinkinderspeisung aus der Spende des irischen Volkes, in: Caritasverband Düsseldorf. Rundbrief an unsere Mitarbeiter und Mitarbeiterinnen Jg. 22 Nr. 3 (Juni 1946), 3 - 4, 3 f.
[24] Vgl. NN, Kleinkinderspeisung aus der Spende des irischen Volkes, in: Caritasverband Düsseldorf. Rundbrief an unsere Mitarbeiter und Mitarbeiterinnen Jg. 22 Nr. 3 (Juni 1946), 3 - 4, 4.
[25] Vgl. Faust, Auslandshilfe, in: Caritasverband Düsseldorf. Rundbrief an unsere Mitarbeiter und Mitarbeiterinnen Jg. 22 Nr. 5 (November 1946), 4.
[26] Vgl. M. Pascalina Lehnert, Vatikan. Die Nachkriegshilfe Papst Pius' XII., in: Caritas '72. Jahrbuch des Deutschen Caritasverbandes, 94 - 96, 94 ff.
[27] NN, Papst Pius XII. über die Welternährungslage, in: Caritasverband Düsseldorf. Rundbrief an unsere Mitarbeiter und Mitarbeiterinnen Jg. 22 Nr. 3 (Juni 1946), 2 - 3, 2 f.

Am 1. Juli 1946 gab das Düsseldorfer Caritassekretariat bekannt, in der Stadt sei ein größeres Kontingent an Büchsenfleisch, Vollmilchpulver und Bohnenkaffee eingetroffen, das die katholische Auslandshilfe Schweiz von jenem Geld angekauft hatte, "welches unser hochwürdigster Herr Kardinal vom Hl. Vater und von amerikanischen Kardinälen auf seiner Romreise geschenkt bekommen hat"[28]. Da Kardinal Josef Frings insbesondere älteren Menschen und kinderreichen Familien "eine Freude" bereiten wollte, hatte das Generalvikariat angeordnet: "1. Der ungebrannte Bohnenkaffee soll mit je 100 gr. an die ältesten Frauen der Pfarreien gegeben werden. 2. Büchsenfleisch und Vollmilchpulver soll den kinderreichsten Familien der Pfarreien (4 und mehr Kinder unter 18 Jahren) gegeben werden und zwar den Familien mit Kleinkindern 1 Pfund Milchpulver, mit größeren Kindern 1 Büchse Fleisch"[29]. Um die Verteilung der Lebensmittel im Sinne des Erzbischofs durchzuführen, ersuchte das Caritassekretariat die Düsseldorfer Pfarrgemeinden, bis zum 15. Juli 1946 Listen der in Betracht kommenden Personen bzw. Familien zu erstellen. Ausdrücklich wurde von Caritasdirektor Johannes Becker betont: "Bei den vorgenannten Pfarrangehörigen soll ganz außer Betracht bleiben, ob sie am religiösen und pfarrlichen Leben teilnehmen oder nicht. Die Verteilung der Gaben soll durch die caritativen Vereine der Pfarren geschehen, also durch die Vinzenz - Konferenz, die Elisabeth - Vereine, Caritasgruppen usw."[30].

In den Jahren 1946 bis 1949 gelangten in unregelmäßigen Abständen weitere kirchliche Auslandsspenden nach Düsseldorf, die in der Regel über das Caritassekretariat und die katholischen Pfarrämter der Stadt verteilt wurden[31]. So konnten etwa Bedürftige der Pfarrgemeinde St. Lambertus am 5. März 1947 aus den Zuwendungen einer "Papstspende" mit folgenden Nahrungsmitteln versorgt werden: 265 Gläsern Suppe, 30 Dosen Pudding, 5 Gläsern Kakao - Stärkungsmittel, 1 Flasche Möhrensaft, 16 Gläsern Marmelade, 9 Pfund Erdnussbutter, 70 Pfund Gemüse, 35 Dosen Milch, 1 Flasche Sirup, 10 Gläsern Suppenpaste und 9 Kilogramm Bohnenkaffee[32]. Neben Grundnahrungsmitteln gelangten gelegentlich "marinierte Heringe" aus Schweden zur Verteilung[33]. Unter den Zuwendungen findet man auch eine Spende, die ausschließlich für Tuberkulose - Kranke bestimmt war und aus Lebertran - Malz, Lebertran, Schmalz und Seife bestand[34]. Im

---

[28] PfA Düsseldorf St. Lambertus Akte "Caritas - Verband - Spenden 1946 - 1949", 01.07.1946.
[29] PfA Düsseldorf St. Lambertus Akte "Caritas - Verband - Spenden 1946 - 1949", 01.07.1946.
[30] PfA Düsseldorf St. Lambertus Akte "Caritas - Verband - Spenden 1946 - 1949", 01.07.1946.
[31] Vgl. PfA Düsseldorf St. Lambertus Akte "Caritas - Verband - Spenden 1946 - 1949", 07.11.1946, 04.03.1947, 08.09.1947, 12.12.1947, 30.01.1948, 10.04.1948 und 21.01.1949; PfA Himmelgeist St. Nikolaus 6, 13.02.1948; NN, Notizen, in: Caritasverband Düsseldorf. Rundbrief an unsere Mitarbeiter und Mitarbeiterinnen Jg. 23 Nr. 5 (Oktober 1947), 2.
[32] Vgl. PfA Düsseldorf St. Lambertus Akte "Caritas - Verband - Spenden 1946 - 1949", 03.03.1947.
[33] Vgl. PfA Düsseldorf St. Lambertus Akte "Caritas - Verband - Spenden 1946 - 1949", 04.03.1947.
[34] Vgl. PfA Düsseldorf St. Lambertus Akte "Caritas - Verband - Spenden 1946 - 1949", 05.09.1947 und 08.09.1947.

Jahre 1947 wurden von den Ausgabestellen der katholischen Caritas 38881 Liebesgabenpakete an namentlich bestimmte Adressaten in Düsseldorf verteilt[35].

Beteiligt war der Caritasverband Düsseldorf auch an der Ausgabe von Paketen der Gesellschaft "Cooperative for American Remittances to Europe" (Care), die am 27. November 1945 von 22 amerikanischen Wohlfahrtsorganisationen gegründet wurde[36]. Als Geschäftsunternehmen betrieben, konnte jeder US - Bürger deutschen Staatsangehörigen gegen Einzahlung von 15 bzw. 10 Dollar ein 22 Kilogramm schweres Liebespaket zukommen lassen, das Lebensmittel in 10 Tagesrationen zu je 4000 Kalorien enthielt. Die Verteilung der Care - Pakete erfolgte in der britischen Zone von 10 Hauptlagern aus durch die von den freien Wohlfahrtsverbänden (Arbeiterwohlfahrt, Caritas, Evangelisches Hilfswerk, Rotes Kreuz) in allen größeren Städten eingerichteten Verteilungsstellen. Für den Caritasverband Düsseldorf fand die Ausgabe seit Anfang Oktober 1946 im Hauptlager der Firma W. Cretschmar am Hafen statt[37].

Schwarzmarkt

Trotz aller kirchlichen wie auch staatlicher und kommunaler Hilfsmaßnahmen war der Hunger in Düsseldorf bis zur Währungsreform 1948 nicht zu besiegen. Die unausweichliche Folge des ständigen Mangels an unentbehrlichen Bedarfsgütern war, dass sich in der Stadt ein riesiger Schwarzmarkt ausbreitete, dem sich trotz aller Illegalität im nackten Überlebenskampf nur wenige fernhielten[38]. In den Erinnerungen der Düsseldorfer Journalistin Gerda Kaltwasser ist zu lesen: "Das Verhältnis der Düsseldorfer zum Schwarzhandel war, wie hätte es anders sein können, zwiespältig. Ohne die Möglichkeit des Tauschhandels wäre Überleben nicht möglich gewesen: Silberbesteck gegen Speck, ein Fuchskragen gegen Butter oder auch mal gegen Zigaretten. ... Bohnenkaffee war neben Zigaretten das begehrteste Genußmittel. Hin und wieder wurde ich nach Oberbilk in die Wohnung einer Bekannten geschickt, um gegen ein Stückchen Speck aus der letzten Schwarzschlachtung ein Lot Kaffee einzutauschen. ... Ehrbare Staatsdiener, Lehrerinnen und Lehrer zum Beispiel, hatten wenig zu 'maggeln'. Wer ausgebombt war, hatte eh nichts, auch keinen Fuchskragen, kein Silberbesteck und keinen Perserteppich, um das Herz eines Bauern zu erweichen. Trotzdem war es meiner Englischlehrerin einmal gelungen, von Bekannten auf dem Land ein Stück frischen durchwachsenen Speck zu bekommen. Mit meinem Vater verhandelte sie um das Pökeln und Räuchern. Seit jener

---

[35] Vgl. Johannes Becker, Aus der Arbeit des Düsseldorfer Caritasverbandes im Jahre 1947, in: Caritasverband Düsseldorf. Rundbrief an unsere Mitarbeiter und Mitarbeiterinnen Jg. 24 Nr. 3 (Juni 1948), 1 - 3, 1.
[36] Vgl. Karl - Ludwig Sommer, Humanitäre Auslandshilfe als Brücke zu atlantischer Partnerschaft. CARE, CRALOG und die Entwicklung der deutsch - amerikanischen Beziehungen nach Ende des Zweiten Weltkriegs, Bremen 1999, 49 ff.
[37] Vgl. CVD 675, 17.12.1953; Faust, Auslandshilfe, in: Caritasverband Düsseldorf. Rundbrief an unsere Mitarbeiter und Mitarbeiterinnen Jg. 22 Nr. 5 (November 1946), 4.
[38] Vgl. Günter Klinger, Schwarzer Markt - ein dunkles Kapitel, in: Chronik Polizei Düsseldorf 1945 - 1953, Düsseldorf 2000, 101 - 102, 101.

Zeit wurde ich merklich besser in der Schule - nicht weil ich im Tausch bessere Noten bekommen hätte, sondern weil die Respektperson Studienrätin auf einmal menschliche Züge angenommen hatte. Es ging also nicht ohne Schwarzhandel. Mit Herzklopfen erklomm ich eine dunkle Stiege in einem halbzerstörten Hinterhaus an der Ratinger Straße, um gegen ein Stück 'Gummiwurst' etwas Bohnerwachs einzutauschen. ... Die Gummiwurst war ein Patent meines Vaters, sie wurde aus der Brühe von schwarzgeschlachteten und für die glücklichen Besitzer der Tiere verwursteten Schweinen hergestellt, mit viel Zwiebeln und Lauch zur Geschmacksverfeinerung und mit Buchweizenmehl, das eigentlich zum Herstellen von Panhas gebraucht wurde, zum Andicken. Die Masse wurde in Därme gefüllt und im großen Wurstkessel gebrüht. Nach dem Erkalten waren die Würste elastisch wie Gummi, aber sehr nahrhaft. Gute Kunden erhielten Stücke davon 'hintenrum' ohne Fleischmarken. Das alles war ungesetzlich, aber zur Selbsterhaltung nötig"[39].

Hungerdemonstration

Die Düsseldorfer Bevölkerung durchlebte die vielen Entbehrungen der Nachkriegszeit in großer Besonnenheit, doch brachte sie von Zeit zu Zeit auch ihre Unzufriedenheit lautstark zum Ausdruck. Von der großen "Hungerdemonstration" am 28. März 1947 in der Reitallee im Hofgarten berichtete die Rheinische Post: "In geschlossenen Gruppen zogen die Demonstranten, deren Zahl auf 80000 geschätzt wird, zum Hofgarten. Was auf zahlreichen Transparenten zum Ausdruck kam, das stand auch im Vordergrund der Ansprachen, die durch Lautsprecherwagen übertragen wurden. Die Gewerkschaftssekretäre ... machten sich zu Sprechern der werktätigen Bevölkerung, indem sie fragten: 'Wie ist es möglich, daß wir hungern müssen angesichts der unbestreitbaren Tatsache, daß in der Welt genügend Lebensmittel vorhanden sind, um alle Menschen satt zu machen? Wenn wir aber schon zugrunde gehen sollen, dann sollte man uns doch nicht langsam verhungern lassen, dann mache man es schnell und nicht auf kaltem Wege'. ... Eine vom Ortsausschuß der Gewerkschaften einstimmig gefaßte Entschließung, die im Anschluß an die Reden verlesen wurde, fordert Sofortmaßnahmen zur Behebung der Notlage. ... Die gesamte Bevölkerung sei am Ende ihrer Kraft, wenn nicht schnellste Abhilfe geschaffen werde"[40].

Wohnraumbeschaffung

Neben der unzureichenden Lebensmittelversorgung war der Mangel an Wohnraum eines der drückendsten Probleme der Nachkriegszeit. Beim Einmarsch amerikanischer

---

[39] Gerda Kaltwasser, Tausend Kalorien für Otto Normalverbraucher. Das tägliche Überleben im Hungerjahr 1946, in: 1946. Neuanfang: Leben in Düsseldorf. 2. März - 14. September 1986 Stadtmuseum Düsseldorf, Düsseldorf 1986, 41 - 48, 45.
[40] RP 29.03.1947; Günter Klinger, März 1947 - Hungerdemonstration im Hofgarten. Public Safety - Stadtkreis Düsseldorf, in: Chronik Polizei Düsseldorf 1945 - 1953, Düsseldorf 2000, 85.

Truppen im April 1945 lebten etwa 185000 Menschen in Düsseldorf[41], doch nahm die Bevölkerungszahl in den folgenden Wochen und Monaten ständig zu. Obwohl viele Düsseldorfer Stadtteile einem Trümmerfeld glichen und zahlreiche Wohnstätten vollkommen zerstört waren, suchten immer mehr Menschen zunächst aus dem näheren Umland, später auch aus entfernteren Vertreibungsgebieten in der Stadt nach einem dauerhaften Unterkommen[42]. Bereits am 4. Mai 1945 war die Zahl der in Düsseldorf lebenden Menschen wieder auf 243000 angestiegen[43]; am 26. August 1945 zählte die Verwaltung 324150 Personen[44], Ende März 1946 über 400000 Einwohner[45]. Die Zuwanderung nach Düsseldorf war nicht zu stoppen, obwohl Oberbürgermeister Wilhelm Füllenbach bereits im Sommer 1945 restriktive Maßnahmen ergriffen hatte. Durch Bekanntmachung war angeordnet worden: "Der Zuzug nach Düsseldorf nimmt ständig an Umfang zu, was bei der jetzigen Wohnungslage zu immer größeren Schwierigkeiten in der Unterbringung der Zuziehenden und zur Vergrößerung der Ernährungsschwierigkeiten führt. Deshalb ist der Zuzug von Personen, die früher nicht in Düsseldorf gewohnt haben, verboten. Ausnahmen sind nur aus Arbeitseinsatzgründen zulässig. ... Ich warne vor unberechtigtem Zuzug, da eine Registrierung von Personen, die entgegen diesem Verbot zuziehen, nicht erfolgt und eine polizeiliche Anmeldung nicht entgegengenommen wird. Lebensmittelkarten werden an die Betreffenden nicht ausgegeben"[46].

So unkontrolliert der Zuzug nach Düsseldorf blieb, so unkontrolliert war auch die Unterbringung der Menschen, die in der Stadt erfindungsreich jeden Quadratmeter überbauten Bodens zu Wohnstätten umfunktionierten[47]. Leerstehende Wohnräume zu vermitteln oder gar neue Behelfsunterkünfte (z.B. Nissenhütten) zu schaffen, waren die Wohlfahrtsorganisationen nur selten in der Lage. Angesichts der Tatsache, dass im Frühjahr 1946 in Düsseldorf etwa 45000 Menschen in Bunkern und Notunterkünften lebten[48], mussten sich die Fürsorgeeinrichtungen meist damit begnügen, das Los der Menschen in den kärglichen Behausungen zu lindern. Beim Caritasverband Düsseldorf hatte sich S. Miesen "mit großem Eifer und opferwilliger Hingabe der hilfsbedürftigern

---

[41] Vgl. Volker Zimmermann, In Schutt und Asche. Das Ende des Zweiten Weltkrieges in Düsseldorf, Düsseldorf 1995, 118.

[42] Vgl. NN, Notizen, in: Caritasverband Düsseldorf. Rundbrief an unsere Mitarbeiter und Mitarbeiterinnen Jg. 22 Nr. 4 (August 1946), 3.

[43] Vgl. SAD IV 1578, 15.05.1945.

[44] Vgl. SAD IV 1578, 26.08.1945.

[45] Vgl. NN, Helft den Heimatlosen !, in: Caritasverband Düsseldorf. Rundbrief an unsere Mitarbeiter und Mitarbeiterinnen Jg. 22 Nr. 2 (März 1946), 2; Düsseldorf baut auf. Ein Verwaltungsbericht der Landeshauptstadt Düsseldorf für das Jahr 1945 - 46, Düsseldorf 1946, 15.

[46] Zitiert nach Volker Zimmermann, In Schutt und Asche. Das Ende des Zweiten Weltkrieges in Düsseldorf, Düsseldorf 1995, 121.

[47] Vgl. Gerda Kaltwasser, "Düsseldorf soll wieder grünen". Der Neuanfang des Lebens in der Stadt, in: 1946. Neuanfang: Leben in Düsseldorf. 2. März - 14. September 1986 Stadtmuseum Düsseldorf, Düsseldorf 1986, 65 - 74, 68 f.

[48] Vgl. Düsseldorf baut auf. Ein Verwaltungsbericht der Landeshauptstadt Düsseldorf für das Jahr 1945 - 46, Düsseldorf 1946, 8 ff; Gerda Kaltwasser, "Düsseldorf soll wieder grünen". Der Neuanfang des Lebens in der Stadt, in: 1946. Neuanfang: Leben in Düsseldorf. 2. März - 14. September 1986 Stadtmuseum Düsseldorf, Düsseldorf 1986, 65 - 74, 68.

Bunker - Insassen" angenommen und seine "Einsichten" im August 1946 in einem Arbeitsbericht unter dem Titel "Bunker - Caritas" festgehalten: "Einst erschütterte das Buch eines russischen Dichters 'Aus einem Totenhause' (Fedor M. Dostoevskij) die abendländische Menschheit. Heute haben wir in unseren Großstädten ähnliche Häuser uns. Zum Teil sind sie angefüllt mit schuldlosen deutschen Mitbrüdern und Mitschwestern jeglichen Alters und jeglicher Gesellschaftsschicht. Wer einmal in das Unglück und die vielgestaltige Not unserer Bunkerinsassen geschaut hat, den läßt das Geschaute nicht mehr zur Ruhe kommen. An jedem Stein und Sack Zement, die für Tanzdielen und Vergnügungsstätten verbaut werden, klebt Blut, solange ein Mensch gezwungen ist, längere Zeit sein Leben in den engen und sonnenlosen Zellen der Bunker zuzubringen. Die Hoffnungslosigkeit der Menschen, die nun schon Monat für Monat in den Bunkern als lebendig Begrabene ihr Leben vertrauern, muß der Völkergemeinschaft ein ständiger Vorwurf sein. Wir dürfen erst zur Ruhe kommen, bis dem letzten Bunkerinsassen eine wenn auch noch so bescheidene Wohnung vermittelt ist. Zwischenzeitlich aber muß alles geschehen, um die Notlage der Bunkerinsassen, soviel es geht, zu lindern"[49].

Zu Kriegsende gab es in Düsseldorf 39 Bunker, von denen 21 Hochbunker und 18 Tiefbunker waren[50]. "Das Fassungsvermögen der Bunker", so S. Miesen, "geht in viele tausende Menschen. Gelegentlich meiner Besichtigungen waren nur 12 Bunker belegt. Die Insassen waren großenteils obdachlose Rückwanderer und Flüchtlinge. Die städtische Fürsorge ist gut organisiert. Neben dem Bunkerwart findet sich der Bunkerarzt, die Familienfürsorgerin, eine Krankenschwester. Die freie Fürsorge wird teils gut, teils weniger gut ausgeübt. In manchen finden regelmäßige Besuche der Pfarrschwester statt, in anderen ist selten jemand von der freien Fürsorge zu sehen. Die materielle Not der Bunkerinsassen ist oft erschreckend groß; es fehlt oft am Allernotwendigsten. Aber auch die geistig - sittliche Not ist nicht klein. Durch Notspeisung, Zuwendung von Geldmitteln, Kleidungs- und Hausratstücken ist in vielen Fällen geholfen worden. Schwierig ist es, der geistigen Not, der Heimatlosigkeit und Hoffnungslosigkeit, beizukommen"[51].

Zur Linderung der materiellen Nöte wurde im Winter 1947 in den katholischen Pfarrkirchen Düsseldorfs eine Kollekte für "notleidende Bunkerbewohner" gehalten, die mehr als 15700 Reichsmark erbrachte. Das Geld wurde vom Caritassekretariat verwaltet und zu Weihnachten in Verbindung mit dem für den Bunker jeweils zuständigen Pfarrcaritaskreis an Bedürftige verausgabt[52].

---

[49] S. Miesen, Bunker - Caritas, in: Caritasverband Düsseldorf. Rundbrief an unsere Mitarbeiter und Mitarbeiterinnen Jg. 22 Nr. 4 (August 1946), 4.
[50] Vgl. S. Miesen, Bunker - Caritas, in: Caritasverband Düsseldorf. Rundbrief an unsere Mitarbeiter und Mitarbeiterinnen Jg. 22 Nr. 4 (August 1946), 4.
[51] S. Miesen, Bunker - Caritas, in: Caritasverband Düsseldorf. Rundbrief an unsere Mitarbeiter und Mitarbeiterinnen Jg. 22 Nr. 4 (August 1946), 4.
[52] Vgl. CVD Vorstandsprotokolle, 12.12.1947 und 23.04.1948. Vgl. auch NN, Gedanken über Bunker - Weihnacht 1947, in: Caritasverband Düsseldorf. Rundbrief an unsere Mitarbeiter und Mitarbeiterinnen Jg. 24 Nr. 1 (Februar 1948), 2.

Kriegsgefangenenhilfe

Durch Krieg und Kapitulation waren über 11 Millionen deutsche Wehrmachtsangehörige in Gefangenschaft geraten. Ein großer Teil der Kriegsgefangenen wurde von den Siegermächten in den Gewahrsam anderer Mächte übergeben, die sie zu verschiedenen Arbeitsleistungen heranzogen. Vor allem in Frankreich, Belgien, den Niederlanden und England waren ehemalige Wehrmachtsangehörige in Bergwerken, in der Landwirtschaft und bei Aufräumungsarbeiten in kriegszerstörten Gebieten tätig[53]. Nachdem die USA die letzten Kriegsgefangenen bereits im Juli 1946 entlassen hatte, befanden sich Ende 1948 noch 5000000 Soldaten in russischem, polnischem oder jugoslawischem Gewahrsam[54].

Die Kriegsgefangenenhilfe der Caritas musste sich auf Lager in westeuropäischen Ländern beschränken. In Fortsetzung der Aufgaben der "Kirchlichen Kriegshilfe" gehörte zu den ersten Maßnahmen der Gefangenenhilfe das Ermitteln von Aufenthaltsorten und die Wiederherstellung von Familienkontakten[55]. Darüber hinaus bemühte sich die Caritas um vorzeitige Entlassungen, sandte Nahrungsmittel und Lesestoffe in die Lager. Besondere Aufmerksamkeit schenkte die Kriegsgefangenenhilfe den Angehörigen von Gefangenen in Deutschland, für die besondere Kontingente an Nahrungsmittel und Kleidung zur Verfügung standen. Ein besonderer Bestandteil der Kriegsgefangenenhilfe war die Sorge um Heimkehrer, für die in einigen Durchgangs- und Entlassungslagern eigene Beratungsstellen der Caritas eingerichtet waren. In den Heimatorten der Rückkehrer kümmerten sich die Einrichtungen der Caritas um Unterkünfte und die Vermittlung von Arbeitsstellen[56].

In Düsseldorf lag die Hilfe für katholische Kriegsgefangene hauptsächlich in den Händen der katholischen Jugend. Nach einem Bericht der Rheinischen Post hatte die katholische Jugend Düsseldorfs im Dezember 1946 einen Gefangenendienst eingerichtet, "der es sich zur Aufgabe gesetzt hat, die Not, besonders die seelische Not der Kriegsgefangenen zu lindern"[57]. Der Dienst vermittelte Briefpatenschaften und sorgte für den Versand von "Schriften und guten Büchern" in Kriegsgefangenenlager. Vorrangiges Ziel war es, "diesen Menschen das Bewußtsein zu geben, daß die Heimat sie nicht vergessen hat"[58]. Bis zum Frühjahr 1947 hatte der Düsseldorfer Gefangenendienst, der in der Brunnenstr. 30 eine kleine Geschäftsstelle unterhielt, etwa 1500 Gefangene in

---

[53] Vgl. Werner Ratza, Anzahl und Arbeitsleistungen der deutschen Kriegsgefangenen, in: Erich Maschke, Die deutschen Kriegsgefangenen des Zweiten Weltkrieges. Eine Zusammenstellung, München 1974, 185 - 230, 191 ff.

[54] Vgl. Werner Ratza, Anzahl und Arbeitsleistungen der deutschen Kriegsgefangenen, in: Erich Maschke, Die deutschen Kriegsgefangenen des Zweiten Weltkrieges. Eine Zusammenstellung, München 1974, 185 - 230, 214.

[55] Vgl. Alois Fischer, Die Caritas - Kriegsgefangenenhilfe beim Deutschen Caritasverband, in: Caritas '70. Jahrbuch des Deutschen Caritasverbandes, 153 - 160, 153 ff.

[56] Vgl. Alois Fischer, Die Caritas - Kriegsgefangenenhilfe beim Deutschen Caritasverband, in: Caritas '70. Jahrbuch des Deutschen Caritasverbandes, 153 - 160, 158 f.

[57] RP 10.05.1947.

[58] Vgl. RP 10.05.1947.

England, Frankreich, Ägypten, Nordafrika, Jugoslawien, Polen und der Tschechoslowakei mit rund 5000 Schriften und Büchern, aber auch mit Geld und Wäsche versorgt[59]. Bemerkenswert ist, dass der "Gefangenendienst Düsseldorf im Bund der Deutschen Katholischen Jugend" ein eigenes Korrespondenzblatt unter dem Titel "Bausteine" herausgab[60] und Bücher in einer "Reihe für Kriegsgefangene und Zivilarbeiter" verlegte[61].

Suchdienst

Um die durch den Krieg auseinander gerissenen Familien wieder zusammenzuführen, hatte die Fuldaer Bischofskonferenz bereits am 22. August 1945 die Einrichtung eines kirchlichen Suchdienstes beschlossen und die Aufgabe dem Deutschen Caritasverband in Freiburg übertragen[62]. Wiederum an die Organisation der Kirchlichen Kriegshilfestelle anknüpfend, konnte der Caritas - Suchdienst bereits im folgenden Monat seine Tätigkeit aufnehmen[63]. In Zusammenarbeit mit dem Hl. Stuhl, seinen diplomatischen Vertretungen und den Caritaszentralen im benachbarten Ausland gelang es schon bald, eine große Anzahl von Suchkarteien und Suchnachrichten zu erhalten. Bis April 1946 hatten die verschiedenen Caritassuchdienste mehrere Millionen Stammkarten von Vertriebenen, Flüchtlingen, Evakuierten, Kriegsgefangenen und Vermissten angelegt[64]. Am Ende

---

[59] RP 10.05.1947; RP 16.08.1948.

[60] Vgl. Bausteine. Schrift für Kriegsgefangene und Zivilarbeiter 1.1948,1 (Mai 1948) bis 1.1948,2 (Juni 1948).

[61] Vgl. "... und morgen sollt Ihr schauen Seine Herrlichkeit". Weihnachtsgabe für die Kriegsgefangenen der Deutschen Katholischen Jugend Düsseldorfs (Reihe für Kriegsgefangene und Zivilarbeiter 1), Düsseldorf 1947; Günter Nuth, Befreites Leben. Ein österliches Lesebuch für unsere Kriegsgefangenen und Zivilarbeiter in aller Welt (Reihe für Kriegsgefangene und Zivilarbeiter 3), Düsseldorf 1948; Theodor Storm, Bötjer Basch. Novelle (Reihe für Kriegsgefangene und Zivilarbeiter 4), Düsseldorf 1948. Vgl. auch RP 29.11.1947; RP 16.08.1948.

[62] Vgl. AEK CR II 2.19.37, 22.08.1945. Vgl. dazu Franz Müller, Der Kirchliche Suchdienst, in: An der Aufgabe gewachsen. Zum 60jährigen Bestehen des Deutschen Caritasverbandes 1897 - 1957. Vom Werden und Wirken des Deutschen Caritasverbandes aus Anlaß seines sechzigjährigen Bestehens herausgegeben vom Zentralvorstand 1957, Freiburg 1957, 98 - 102, 99; 25 Jahre Kirchlicher Suchdienst. Ein Vierteljahrhundert gemeinsame Aufgabe der Caritas und Diakonie, München 1970, 11 ff; Theodor Kosak, Kirchlicher Suchdienst. Geschichte und Zukunft der Heimatortskarteien, in: Caritas. Zeitschrift für Caritasarbeit und Caritaswissenschaft Jg. 91 Nr. 2 (Februar 1990), 74 - 79, 74; Ferdinand Michael Pronold, 50 Jahre Kirchlicher Suchdienst. Die Heimatortskarteien der kirchlichen Wohlfahrtsverbände. Stand 1995/96, München 1996, 10 f.

[63] Vgl. Erich Reisch, Vom Suchdienst der Caritas. Ein Werk christlicher Hilfe in menschlicher Not, in: Caritas. Zeitschrift für Caritasarbeit und Caritaswissenschaft Jg. 47 Nr. 1/2 (Juli/August 1946), 13 - 15, 13 ff; Theodor Kosak, Vierzig Jahre Kirchlicher Suchdienst, in: Caritas '86. Jahrbuch des Deutschen Caritasverbandes, 341 - 344, 341.

[64] Vgl. NN, Generalversammlung des Diözesan - Caritasverbandes Köln am 14. März 1946 im St. Elisabeth - Krankenhaus Köln - Hohenlind, in: Caritas - Nachrichten für das Erzbistum Köln Jg. 1 Nr. 4 (15.04.1946), 2 - 10, 4 f.

des Jahres waren bei den Diözesancaritasverbänden bereits über 3,5 Millionen Suchfälle registriert, von denen 500000 geklärt waren[65].

Die Meldestelle des Caritas - Suchdienstes beim Düsseldorfer Caritassekretariat wurde bis zum Januar 1946 von mehr als 6000 Bittstellern in Anspruch genommen[66]; bis zum Jahresende war die Zahl der Anfragen zu gefangenen Soldaten oder vermissten Zivilisten auf etwa 8000 gestiegen[67].

Vertriebenen- und Flüchtlingshilfe

Bei der Vertriebenen- und Flüchtlingshilfe stand zunächst die Bereitstellung provisorischer Unterkünfte und die Sicherstellung der Verpflegung im Vordergrund[68]. Da in Düsseldorf kein freier Wohnraum vorhanden war, mussten die Vertriebenen beim Fehlen von aufnahmebereiten Verwandten in Ausweichunterkünften, wie Kasernen, Turnhallen, Gasthäusern oder ehemaligen Barackenlagern untergebracht werden[69]. Welchen Beitrag der Caritasverband Düsseldorf bei der Vertriebenenhilfe leistete, ist nur unzureichend dokumentiert, da am Caritassekretariat eine eigene Beratungsstelle für Flüchtlinge fehlte, die bei der Deckung des Lebensbedarfs und der Besorgung einer Unterkunft half oder durch Hausbesuche den Kontakt zu den Vertriebenen aufrechterhielt. Auch hatte der Düsseldorfer Verband kein Flüchtlingslager unter seine Verwaltung genommen oder in größeren Lagern einen caritativen Dienst eingerichtet[70]. Unbekannt ist ebenso, wie viele Flüchtlinge (Düsseldorf 1948: 13709 Ostvertriebene, davon 5351 Katholiken[71]) in caritaseigenen oder sonstigen katholischen Einrichtungen ein vorübergehendes oder

---

[65] Vgl. Theodor Kosak, Kirchlicher Suchdienst. Geschichte und Zukunft der Heimatortskarteien, in: 1897 - 1972. 75 Jahre Deutscher Caritasverband, Freiburg 1972, 303 - 304, 303.

[66] Vgl. NN, Die caritative Nothilfe in Düsseldorf, in: Caritasverband Düsseldorf. Rundbrief an unsere Mitarbeiter und Mitarbeiterinnen Jg. 22 Nr. 1 (Januar 1946), 2.

[67] Vgl. Johannes Becker, Aus der Arbeit des Düsseldorfer Caritasverbandes, in: Caritasverband Düsseldorf. Rundbrief an unsere Mitarbeiter und Mitarbeiterinnen Jg. 23 Nr. 3 (Mai 1947), 1 - 2, 2.

[68] Vgl. Oskar Golombek, Caritas - Flüchtlingshilfe, in: Caritas - Nachrichten für das Erzbistum Köln Jg. 1 Nr. 5 (15.06.1946), o. S. (1 - 2, 1 f); Oskar Golombek, Jahresbericht 1948 über Tätigkeit der Diözesan - Seelsorge für die Ortsvertriebenen und über die Caritas - Flüchtlingshilfe, in: Caritas - Nachrichten für das Erzbistum Köln Jg. 4 Nr. 1 (01.02.1949), 2 - 8, 2 ff; Oskar Golombek, Jahresbericht 1949 über Tätigkeit der Diözesan - Seelsorge für die Heimatvertriebenen und über die Caritas - Flüchtlingshilfe, in: Caritas - Nachrichten für das Erzbistum Köln Jg. 5 Nr. 1 (01.02.1950), Beilage 1 - 11, 1 ff; Paul Frings, Das internationale Flüchtlingsproblem 1919 - 1950, Frankfurt 1951, 130 ff; Bruno Peters, Die Caritas und die Vertriebenen, in: Aus dem katholischen Leben. Mitteilungen des Diözesankomitees der Katholikenausschüsse der Erzdiözese Köln Jg. 5 Nr. 10 (Februar 1952), 9 - 10, 9 f.

[69] Vgl. PfA Eller St. Gertrudis Akte "Korrespondenz Generalvikariat", 13.04.1946.

[70] Vgl. dazu Erich Püschel, Die Hilfe der deutschen Caritas für Vertriebene und Flüchtlinge nach dem zweiten Weltkrieg (1945 - 1966), Freiburg 1972, 38 ff.

[71] Vgl. Oskar Golombek, Jahresbericht 1948 über Tätigkeit der Diözesan - Seelsorge für die Ortsvertriebenen und über die Caritas - Flüchtlingshilfe, in: Caritas - Nachrichten für das Erzbistum Köln Jg. 4 Nr. 1 (01.02.1949), 2 - 8, 2.

dauerhaftes Unterkommen fanden[72]. Sicher ist nur, dass Vertriebene und Flüchtlinge von den katholischen Fürsorgeeinrichtungen in Düsseldorf immer als eine besonderer Hilfe bedürftige Zielgruppe betrachtet wurden[73]. So hatte beispielsweise die "Pfarrcaritas von St. Anna" im Frühjahr 1947 mehr als 100 in Oberkassel untergebrachte Ostflüchtlinge zu einem Treffen ins katholische Jugendheim eingeladen. "Fast alle", so eine Notiz im Caritasrundbrief, "waren erschienen. Alle wurden mit praktischen Geschenken bedacht: Hemden, Schuhen, Dosen, Bratpfannen, Schüsseln, Tellern, Tassen, Bildern, Büchern, Obst, Kartoffeln und 30 Graubroten. Die Flüchtlinge waren sichtlich erfreut und bekundeten ihre Dankbarkeit für die ihnen bewiesene Hilfsbereitschaft und Verbundenheit"[74].

Düsseldorfer Nothilfe

Um die Anstrengungen der Düsseldorfer Fürsorgeeinrichtungen in der ersten Nachkriegszeit besser bündeln und steuern zu können, richteten die verantwortlichen Träger bereits wenige Monate nach der Kapitulation ein übergreifendes Gremium zur Koordinierung der Arbeit ein. Unter dem Titel "Düsseldorfer Nothilfe" hatte sich am 9. Oktober 1945 eine Arbeitsgemeinschaft aller Düsseldorfer Wirtschafts- und Wohlfahrtsorganisationen gebildet, "um mit vereinten Kräften die herrschende Not zu lindern"[75]. Ausdrücklich wurde bei der Konstituierung betont, die Hilfsgemeinschaft sei keine "neue Organisation mit neuen Zielsetzungen und Beweggründen, Büros und Angestellten", sondern "nichts anderes als eine restlose und systematische Zusammenfassung schon vorhandener und tätiger Hilfskräfte". Neben den Wohlfahrts- und Fürsorgestellen der Stadt, der Inneren Mission, des Deutschen Roten Kreuzes, der Arbeiterwohlfahrt und der Volkshilfe war der Caritasverband Düsseldorf als Vertreter für die katholischen Einrichtungen der Stadt in der Nothilfe vertreten[76]. Die Leitung des Koordinationskreises lag in den Händen von Josef Wilden, der in den zwanziger Jahren das städtische Wohlfahrtsamt reformiert und vor 1933 die Düsseldorfer Winterhilfen organisiert hatte[77]. Nach eigenen Angaben erfreute sich die Düsseldorfer Nothilfe der Unterstützung des Britischen Roten Kreuzes, der amerikanischen Organisation Cralog (Council of Relief

---

[72] Vgl. etwa PfA Wersten Maria Rosenkranz, Pfarrchronik Maria Rosenkranz 1929 - 1988, S. 79.

[73] Vgl. PfA Golzheim St. Albertus Magnus 8, 1946; NN, Unsere Notleidenden: die Heimatlosen, in: Caritasverband Düsseldorf. Rundbrief an unsere Mitarbeiter und Mitarbeiterinnen Jg. 22 Nr. 2 (März 1946), 1 - 2, 1; NN, Ostflüchtlingsfürsorge, in: Caritasverband Düsseldorf. Rundbrief an unsere Mitarbeiter und Mitarbeiterinnen Jg. 22 Nr. 3 (Juni 1946), 4.

[74] NN, Die Pfarr - Caritas von St. Anna, in: Caritasverband Düsseldorf. Rundbrief an unsere Mitarbeiter und Mitarbeiterinnen Jg. 23 Nr. 1 (März 1947), 3.

[75] NN, "Düsseldorfer Nothilfe", in: Caritasverband Düsseldorf. Rundbrief an unsere Mitarbeiter und Mitarbeiterinnen Jg. 22 Nr. 1 (Januar 1946), 2 - 3, 2.

[76] Vgl. NN, "Düsseldorfer Notgemeinschaft", in: Caritasverband Düsseldorf. Rundbrief an unsere Mitarbeiter und Mitarbeiterinnen Jg. 22 Nr. 4 (August 1946), 3.

[77] Vgl. NN, "Düsseldorfer Nothilfe", in: Caritasverband Düsseldorf. Rundbrief an unsere Mitarbeiter und Mitarbeiterinnen Jg. 22 Nr. 1 (Januar 1946), 2 - 3, 2.

Agencies Licensed for Operation in Germany) sowie schweizerischer, schwedischer und anderer Wohlfahrtsorganisationen im Ausland[78]. In einer Zwischenbilanz zum Jahreswechsel 1945/46 wurde von den ersten Tätigkeiten der Düsseldorfer Nothilfe berichtet: "Um möglichst praktische Arbeit leisten zu können, sind vorerst die Ausschüsse für Ernährung, Bekleidung und Wärme sowie mehrere Unterausschüsse gebildet worden. Seit Mitte November 1945 wird in einer Anzahl - Ausgabestellen täglich eine gute warme Mittagsmahlzeit ausgegeben. Die allmählich angestiegene Zahl der Speisungsteilnehmer geht zur Zeit über 2000. ... Der Bekleidungsausschuß konnte bisher 27 Nähstuben organisieren; gebrauchte Kleidungsstücke, Schuhe und Wäsche wurden zu mehreren tausend Stück bereits verteilt; andere stehen vor der Verteilung. Der Wärmeausschuß war trotz Kohlenmangels in der Lage, eine Reihe Wärmestuben in den kalten Wochen zur Verfügung zu stellen"[79]. Im Sommer 1946 wurde die "Düsseldorfer Nothilfe" in "Düsseldorfer Notgemeinschaft" umbenannt, ohne dass die Ausrichtung des Zweckbündnisses hierdurch eine Änderung erfahren hätte. Nach wie vor galt als Richtschnur, "die behördlichen anerkannten Kräfte der privaten Wohlfahrtspflege straffer zusammenzufassen, die Mittel und Wege der Fürsorge zu vereinheitlichen und planvoll zu gestalten"[80].

Nothilfe St. Martin

Zeitgleich mit der Düsseldorfer Nothilfe resp. Notgemeinschaft waren in der Stadt eine Vielzahl kleinerer Hilfsgemeinschaften ins Leben getreten, die auf unterschiedliche Weise versuchten, akuter Not wirksam entgegenzutreten[81]. So wurde am Bilker Martinuskrankenhaus von Rektor Hermann - Joseph Werhahn im Sommer 1945 die "Nothilfe St. Martin" gegründet, die sich vor allem "um die Speisung der Düsseldorfer Hilfsbedürftigen verdient" machte[82]. Nach Ausweis der Jahresstatistiken steigerte die dem Düsseldorfer Caritasverband angegliederte Nothilfe St. Martin ihre tägliche Speisenausgabe in drei Jahren von 1000 (1945) über 2400 (1946) auf 3000 (1947) Essen[83]; im Laufe des Jahres

---

[78] Vgl. Faust, Auslandshilfe, in: Caritasverband Düsseldorf. Rundbrief an unsere Mitarbeiter und Mitarbeiterinnen Jg. 22 Nr. 5 (November 1946), 4; NN, "Rettet das Kind", in: Caritasverband Düsseldorf. Rundbrief an unsere Mitarbeiter und Mitarbeiterinnen Jg. 23 Nr. 1 (März 1947), 1.
[79] NN, "Düsseldorfer Nothilfe", in: Caritasverband Düsseldorf. Rundbrief an unsere Mitarbeiter und Mitarbeiterinnen Jg. 22 Nr. 1 (Januar 1946), 2 - 3, 2 f. Vgl. auch NN, "Düsseldorfer Nothilfe", in: Caritasverband Düsseldorf. Rundbrief an unsere Mitarbeiter und Mitarbeiterinnen Jg. 22 Nr. 2 (März 1946), 3 - 4, 3 f.
[80] NN, "Düsseldorfer Notgemeinschaft", in: Caritasverband Düsseldorf. Rundbrief an unsere Mitarbeiter und Mitarbeiterinnen Jg. 22 Nr. 4 (August 1946), 3.
[81] Vgl. PfA Golzheim St. Albertus Magnus 8, 1946.
[82] Vgl. CVD Vorstandsprotokolle, 28.07.1947; NN, "Nothilfe St. Martin", in: Caritasverband Düsseldorf. Rundbrief an unsere Mitarbeiter und Mitarbeiterinnen Jg. 22 Nr. 4 (August 1946), 4.
[83] Vgl. CVD Vorstandsprotokolle, 28.07.1947; CVD 511, 21.01.1947; KRD 34, 10.05.1946; Johannes Becker, Aus der Arbeit des Düsseldorfer Caritasverbandes, in: Caritasverband Düsseldorf. Rundbrief an unsere Mitarbeiter und Mitarbeiterinnen Jg. 23 Nr. 3 (Mai 1947), 1 - 2, 2.

1948 stellte die an verschiedenen Standorten in Düsseldorf wirksame Nothilfevereinigung ihre Tätigkeit ein[84].

Notgemeinschaft christlicher Frauen und Mütter

Da die Nothilfe St. Martin ein "ausgesprochenes Männerwerk" war, hatte die ehrenamtliche Helferin Maria Morkramer im Juni 1946 zur Linderung der Hungersnot ein eigenes Frauenhilfswerk ins Leben gerufen, das die Bezeichnung "Notgemeinschaft christlicher Frauen und Mütter" trug[85]. Nach den Vereinsstatuten vom 10. Juli 1946 erfolgte der Zusammenschluss, um den Mitgliedern "in ihren persönlichen Nöten und Leiden" beizustehen und anderen Menschen nach Kräften Hilfe zu leisten. Wichtig war den Frauen, "als geschlossene Einheit den Kampf aufzunehmen gegen die fast unerträglich gewordenen Notzustände, insbesondere auch gegen die ständig zunehmende Gefährdung der heranwachsenden Jugend durch die Tuberculose". Auch wollte sich die Notgemeinschaft bei der Hilfsaktion für die aus der Kriegsgefangenschaft zurückkehrenden heimatlosen Soldaten beteiligen[86]. Im September 1946 richtete der Verein in den Ruinen des Trümmergrundstückes Oberbilker Allee 1 eine Notküche ein, deren Ausstattung die britische Besatzungsmacht aus Resten einer ehemaligen Werksküche zur Verfügung gestellt hatte[87]. Um den Betrieb der Notküche aufrecht zu halten, war Maria Morkramer mit verschiedenen in- und ausländischen Stellen in Verbindung getreten, um die erforderlichen Lebensmittel heranzuschaffen[88]. Von den über 250 Vereinsmitgliedern arbeiteten etwa 30 ehrenamtlich in der Notküche, die anfangs 300 bis 400, später täglich 1500 Personen versorgte[89]. Wie die Nothilfe St. Martin gab auch die "Notgemeinschaft christlicher Frauen und Mütter" Ende 1948 den Küchenbetrieb auf[90], doch verfolgte der Verein zu diesem Zeitpunkt bereits die Realisierung eines neuen Hilfsprojekts. Nachdem die Notgemeinschaft das Trümmergrundstück Oberbilker Allee 1 erworben hatte[91], konnte auf dem Areal im April 1949 mit der Errichtung eines Jugendwohnheimes begonnen werden[92]. Nach einjähriger Bauzeit war das Haus fertig gestellt und nahm Anfang März 1950 unter dem Namen "Carl - Sonnenschein Haus" seinen Betrieb auf. Die Einrich-

---

[84] Vgl. AEK Gen. II. 23.26.1, 15.03.1946; PfA Düsseldorf St. Lambertus Akte "Vinzenzkonferenz Lambertus 1947 - 1951", 03.12.1948; 1872 - 1947 Sankt Josef Düsseldorf - Oberbilk 6. Oktober. Vom Werden und Wachsen der St. Josef - Pfarrgemeinde in Düsseldorf - Oberbilk. Festschrift zum 75jährigen Bestehen unserer Pfarrkirche 1872 - 1947, Düsseldorf 1947, 25.
[85] Vgl. NHS Reg. Gerichte Rep. 222 Nr. 6, 05.07.1954.
[86] Vgl. NHS Reg. Gerichte Rep. 65 Nr. 3942, 10.07.1946.
[87] Vgl. NHS Reg. Gerichte Rep. 222 Nr. 6, 05.07.1954.
[88] Vgl. NHS Reg. Gerichte Rep. 222 Nr. 6, 05.07.1954; NHS Reg. Gerichte Rep. 222 Nr. 86, 02.09.1947; NHS Reg. Gerichte Rep. 65 Nr. 3942, 09.12.1946.
[89] Vgl. NHS Reg. Gerichte Rep. 222 Nr. 6, 05.07.1954.
[90] Vgl. NHS Reg. Gerichte Rep. 222 Nr. 6, 05.07.1954.
[91] Vgl. NHS Reg. Gerichte Rep. 222 Nr. 86, Bl. 230.
[92] Vgl. NHS Reg. Gerichte Rep. 222 Nr. 6, 05.07.1954.

tung verfügte neben einem Gaststättenbetrieb und mehreren Gesellschaftsräumen über 40 Betten, die vor allem von Alleinstehenden und Studenten belegt werden konnten[93].

Verbandsbericht 1945/1946

Als der Caritasverband Düsseldorf am 27. April 1947 seine erste Mitgliederversammlung nach Ende des Zweiten Weltkrieges abhielt, waren die seelischen und materiellen Nöte der Zeit noch keineswegs überwunden, doch gab die Versammlung willkommene Gelegenheit, nach zwei Jahren kontinuierlicher Aufbauarbeit den Blick auf die geleistete und noch bevorstehende Arbeit des Verbandes zu lenken. Der von Caritasdirektor Johannes Becker vorgetragene "Arbeitsbericht über 1945 und 1946" berührte zunächst die "Hemmungen und Hindernisse, die in der Nazi - Zeit von der Düsseldorfer Caritas zu überwinden waren". Nach Ansicht des Caritasdirektors war nach dem Zusammenbruch "eine Lawine materieller, leiblicher, geistiger und sittlicher Not" entstanden, "die zu lindern der Caritasverband sich mit allen ihm angeschlossenen Organisationen, Einrichtungen und Anstalten nach besten Kräften angelegen sein ließ"[94]. Der Berichterstatter machte hierzu mehrere statistische Angaben und schilderte die weit gespannte Tätigkeit der Pfarrcaritaskreise, der Vinzenz- und Elisabethvereine, der Jugendfürsorgevereine, des Mädchenschutzes, der neu gegründeten Nothilfe St. Martin und des Caritassekretariates. Zur Tätigkeit des Letzteren bemerkte Johannes Becker im einzelnen: "Das Caritassekretariat mußte unmittelbar nach dem Zusammenbruch (April 1945) wegen fehlender Verkehrsmittel einen mehrere Monate dauernden caritativen Postdienst organisieren. Es besorgte zahlreiche Nachtpassierscheine und Pässe bei der Militärregierung. Als kirchliche Zentralmeldestelle beschaffte es, nachdem das weltliche Meldewesen einigermaßen wieder funktionierte, für die katholischen Pfarreien vom 1. April bis 31. Dezember 1946 insgesamt 39829 Meldungen von (innerhalb Düsseldorfs) an-, ab-, umgewanderten Katholiken[95]. Als Meldestelle des Caritas - Suchdienstes nahm das Caritas - Sekretariat in den Berichtsjahren ca. 8000 Suchmeldungen von Vermißten und von gefangenen Soldaten oder Zivilpersonen entgegen. Nachdem die Siegermächte ihren deutschen Kriegsgefangenen den normalen Gebrauch der Post gestatteten, entfiel der caritative Suchdienst für die lebenden Kriegsgefangenen. Im Jahre 1946 bearbeitete unser Suchdienst 493 zivile Suchfälle. Ferner mußte das Caritas - Sekretariat in den beiden Berichtsjahren mehrere Geldsammlungen organisieren; am 30. - 31. März 1946 zugunsten der freien Wohlfahrtsspitzenverbände und am 31. August bis 1. September 1946 zugunsten des Caritasverbandes. Bei der ersten Sammlung waren die Caritas - Sammelkräfte mit einem Ergebnis von 55278,24 Reichsmark von insgesamt 117786,38 Reichsmark beteiligt; bei der zweiten, ausschließlich den Caritas - Anstalten zufließenden Erlös von 201634

---

[93] Vgl. NHS Reg. Gerichte Rep. 222 Nr. 85, 17.01.1950; HBH K 74, 08.08.1950; RP 13.07.1949; RP 15.02.1950.
[94] Johannes Becker, Aus der Arbeit des Düsseldorfer Caritasverbandes, in: Caritasverband Düsseldorf. Rundbrief an unsere Mitarbeiter und Mitarbeiterinnen Jg. 23 Nr. 3 (Mai 1947), 1 - 2, 1.
[95] Vgl. dazu NN, Seelsorgedienst ("Meldedienst"), in: Caritasverband Düsseldorf. Rundbrief an unsere Mitarbeiter und Mitarbeiterinnen Jg. 23 Nr. 5 (Oktober 1947), 2.

Reichsmark. Die Abteilung 'Auslandshilfe' des Caritas - Sekretariates nahm zahlreiche Verteilungen der vom Diözesan - Caritasverband und anderen Hilfsorganisationen vermittelten Liebesgabensendungen vor. An Paketen allein wurden letztjährig fast 11000 verteilt. Innerhalb der 'Düsseldorfer Notgemeinschaft', einer die städtische und freie Wohlfahrtspflege zusammenfassende Arbeitsgemeinschaft, hat der Caritasverband eine umfangreiche Mitarbeit zugunsten der Kleinkinder, Alten und Alleinstehenden, Kleidungsbedürftigen, Flüchtlinge und Rückkehrer, sowie der Kriegsopfer geleistet: Für die Kleinkinderspeisung stellte er die meisten Küchen und Ausgabestellen. Von ca. 20000 Düsseldorfer Kleinkindern wurden 11377 in 45 katholischen Kindergärten und 8 katholischen Ausgabestellen gespeist .... Zahlreiche Kleidungsstücke für Kinder und Erwachsene (zu vielen Tausenden aus Sammlungen) kamen wiederholt zur Verteilung. Gegen Ende 1946 begannen die Vorbereitungen für eine Geldsammlung zum besten der notleidenden Kriegsopfer. Innerhalb der öffentlichen Wohlfahrtspflege vertritt der Caritasverband die Interessen der katholischen Liebestätigkeit in den neu gebildeten Ausschüssen: Jugendausschuß, Jugendfürsorgeausschuß, Wohlfahrtsausschuß"[96].

Nach der Vorstellung des Rechenschaftsberichtes erfolgte durch die Mitgliederversammlung die Neuwahl des Vorstandes und des Ortscaritasausschusses. In letzteren wurden "33 Persönlichkeiten des gesamten Düsseldorfer Caritasverbandes als eine Art Caritas - Parlament entsandt"[97]. In den neunköpfigen Vorstand wurden einstimmig bestellt: Stadtdechant Ernst Kreuzberg (Vorsitzender, Hl. Dreifaltigkeit)[98], Caritasdirektor Johannes Becker (Stellvertretender Vorsitzender), Pfarrer Heinrich von der Stein (St. Suitbertus Bilk), Pfarrer Josef Pohlmann (St. Martin), Ministerialdirigent Alois Vogel (Vorsitzender Vinzenzkonferenz), Theodora Strunk, Oberin Marcionilla (Vinzenzkrankenhaus)[99], Oberlandesgerichtsrat Wilhelm Ostrop, Chefarzt Alfred Horchler (Vinzenzkrankenhaus)[100]. Gegenüber der letzten Vorstandswahl vom 15. November 1937 hatte der Caritasvorstand ein vollkommen neues Gesicht erhalten; nur Caritasdirektor Johannes Becker und Theodora Strunk hatten dem Gremium bereits vor dem Zweiten Weltkrieg angehört.

Der langjährige Vorsitzende des Caritasverbandes Düsseldorf, Pfarrer Max Döhmer von St. Rochus, war am 18. März 1947 im Alter von 82 Jahren im Marienhospital verstorben[101]. Der Ortsvorstand würdigte das caritative Wirken des Verstorbenen mit den

---

[96] Johannes Becker, Aus der Arbeit des Düsseldorfer Caritasverbandes, in: Caritasverband Düsseldorf. Rundbrief an unsere Mitarbeiter und Mitarbeiterinnen Jg. 23 Nr. 3 (Mai 1947), 1 - 2, 2.

[97] Johannes Becker, Aus der Arbeit des Düsseldorfer Caritasverbandes, in: Caritasverband Düsseldorf. Rundbrief an unsere Mitarbeiter und Mitarbeiterinnen Jg. 23 Nr. 3 (Mai 1947), 1 - 2, 2.

[98] Nach der Resignation von Max Döhmer als Stadtdechant war sein Nachfolger Ernst Kreuzberg bereits am 20. Januar 1947 vom Ortscaritasausschuß zum neuen Vorsitzenden des Caritasverbandes Düsseldorf gewählt worden (vgl. CVD Vorstandsprotokolle, 20.01.1947).

[99] Wenige Wochen nach der Neuwahl wurde die Oberin des Vinzenzkrankenhauses nach Godesberg versetzt; zum Ersatz wurde am 28. Juli 1947 die Oberin des Annaklosters, Schwester Antonetta, in den Vorstand des Caritasverbandes berufen (vgl. CVD Vorstandsprotokolle, 28.07.1947).

[100] Vgl. Johannes Becker, Aus der Arbeit des Düsseldorfer Caritasverbandes, in: Caritasverband Düsseldorf. Rundbrief an unsere Mitarbeiter und Mitarbeiterinnen Jg. 23 Nr. 3 (Mai 1947), 1 - 2, 2.

[101] Vgl. KGD 69, 18.03.1947.

Worten: "Mit ihm ist ein weitblickender Führer, tatkräftiger Förderer und warmherziger Freund der Düsseldorfer Caritas ins Grab gesunken. ... Der Verstorbene übernahm 1911 den Vorsitz des Verbandes und behielt ihn bis 1946, also fast bis zu seinem Tode. Was er in diesen 35 Jahren zugunsten der Düsseldorfer Caritas und ihrer Organisation angeregt und getan, gestritten und gelitten und gesiegt hat, das ist eingetragen ins 'Buch des Lebens'. Im Jahre 1916 veranlaßte er die Gründung eines hauptamtlichen Caritas - Sekretariates und legte damit das Fundament zu einer den Zeiterfordernissen entsprechenden extensiven und intensiven Caritas - Arbeit. In guten und schlechten Tagen stand er mit unentwegter Treue zu uns. Sein kluger Rat und weitreichender Einfluß haben uns immer wirksam unterstützt. Wenn heute der Düsseldorfer Caritasverband als kirchenamtlicher Zusammenschluß aller katholischen Liebestätigkeit eine achtunggebietende Stellung innerhalb der freien und öffentlichen Wohlfahrtspflege unserer Stadt einnimmt, ist das zum großen Teil dem Verstorbenen zu danken. ... Möge ihm die ewige Caritas ein ewiger Lohn sein !"[102].

Bemerkenswert ist, dass die am 3. April 1940 von den Nationalsozialisten erzwungene Namensänderung in "Caritasverband Düsseldorf" von der Mitgliederversammlung nicht annulliert und auch in der Folgezeit beibehalten wurde.

Schloss Heltorf

Im Bericht über die Verbandsarbeit der Jahre 1946/47 fehlt eigenartigerweise der Hinweis, dass Schloss Heltorf bei Angermund im Sommer 1946 von der Militärregierung für die Einrichtung eines vom Caritasverband Düsseldorf unterhaltenen und betriebenen Kinderheimes freigegeben wurde[103]. Dank dem Entgegenkommen von Reichsgraf Wilderich von Spee und im Einverständnis mit der Düsseldorfer Stadtverwaltung hatte der Caritasverband einen Teil des Schlosses und des Parks in Benutzung nehmen können, um vorrangig Flüchtlingskindern in Düsseldorfer Bunkern einen etwa sechswöchigen Erholungsaufenthalt bieten zu können[104]. Vom 15. Oktober 1946 bis 15. Oktober 1947 konnten in Heltorf bereits 510 Kinder untergebracht werden, deren Betreuung in den Händen von Missionsschwestern vom Heiligsten Herzen Jesu aus dem Mutterhaus Hiltrup lag[105]. Am 1. April 1953 wurden die Ordensschwestern zurückgezogen und von Caritasschwestern mit besonderer Ausbildung (Jugendleiterin, Kindergärtnerin etc.) ersetzt[106]. Zu dieser Zeit war in Heltorf außerdem eine kleine Station für erholungsbedürf-

---

[102] Johannes Becker, Aus der Arbeit des Düsseldorfer Caritasverbandes, in: Caritasverband Düsseldorf. Rundbrief an unsere Mitarbeiter und Mitarbeiterinnen Jg. 23 Nr. 3 (Mai 1947), 1 - 2, 2.
[103] Vgl. NN, Schloß Heltorf, in: Caritasverband Düsseldorf. Rundbrief an unsere Mitarbeiter und Mitarbeiterinnen Jg. 22 Nr. 5 (November 1946), 3.
[104] Vgl. NN, Schloß Heltorf, in: Caritasverband Düsseldorf. Rundbrief an unsere Mitarbeiter und Mitarbeiterinnen Jg. 22 Nr. 5 (November 1946), 3.
[105] Vgl. CVD Vorstandsprotokolle, 12.12.1947; MHH Chronik der Missionsschwestern vom heiligsten Herzen Jesu im Mutterhaus zu Hiltrup. 5. Buch, 01.10.1946.
[106] Vgl. CVD 66, 01.04.1953; MHH Chronik der Missionsschwestern vom heiligsten Herzen Jesu im Mutterhaus zu Hiltrup. 5. Buch, 27.03.1953.

tige Schwestern eingerichtet, in der "caritative Mitarbeiterinnen" Aufnahme fanden[107]. Beide Erholungseinrichtungen, das Kinderheim und die Schwesternstation, wurden Ende September 1956 aufgegeben[108]. "Daß das Kinderheim des Düsseldorfer Caritas - Verbandes aufgelöst wurde", so die Rheinische Post vom 28. September 1956, "ist ein Zeichen der Zeit: die Aufgaben, die man ihm in den schweren Nachkriegsjahren gestellt hatte, sind erfüllt. Tausende von Großstadtkindern haben seit Oktober 1946 in Schloß Heltorf und seinem prächtigen Park Erholung gefunden. Jetzt ist das Interesse abgeflaut, die letzten Kuren wiesen fast nur noch kleinere Kinder auf. Dafür ist das Kinderheim im Schloß Heltorf nicht geeignet"[109]. Mit Wehmut blickten die Mitarbeiterinnen beim Verlassen des Schlosses auf ihre Arbeit zurück: "Es war oft eine lebhafte und buntgemischte Schar, die sich um die Caritas - Schwestern mit Schwester Oberin Dorothee scharten. Während der letzten Ferien waren auch 20 Westberliner Ferienkinder dabei. Im großen Park von Schloß Heltorf, der wegen seiner seltenen Pflanzen und Bäume in ganz Europa berühmt ist, konnten die Kinder nach Herzenslust spielen. Ihre Kameraden waren die vielen Tiere, Hunde, Katzen, Enten, Kühe, bunte Pfaue und sogar die Goldfische im Schloßgraben. Die Kinder standen unter ständiger ärztlicher Betreuung durch einen Düsseldorfer Kinderarzt. Liegekuren, Gymnastik, gutes Essen und viele Spiele im Freien wirkten Wunder bei den Großstadtkindern, von denen einige die Kühe und Pferde nur aus Bilderbüchern kannten"[110]. In der Folgezeit wurden die Räumlichkeiten in Schloss Heltorf von Dominikanerinnen genutzt, die seelsorgliche und andere Aufgaben im Norden Düsseldorfs übernahmen[111].

Berufsnot der Jugendlichen

Neben der Gesundheitsfürsorge für Kinder war dem Caritasverband Düsseldorf in den ersten Nachkriegsjahren die Überwindung der "Berufsnot der Jugendlichen" ein besonderes Anliegen. In einer eingehenden Beschreibung des Problemfeldes und seiner Ursachen heißt es im August 1946 in den Düsseldorfer Caritasnachrichten: "Die Wirtschaft liegt am Boden und ist nicht in der Lage, allen Menschen eine ausreichende und sinnvolle Berufsarbeit zu geben. Daraus ist die Not der Berufs- und Arbeitslosen entstanden, deren Auswirkungen jetzt schon bei allen Einsichtigen die größte Besorgnis wachruft. ... Es fehlt an Lehr- und Ausbildungsstellen; es fehlt den Meistern das Ausbildungsmaterial, Holz, Metall, Steine etc.; viele Betriebe sind zerstört oder geschlossen. Dadurch ist der Jugend der Weg zur Berufsausbildung und Berufsarbeit großenteils versperrt. Gelegenheitsarbeit ist vorübergehend und nicht ausreichend; sie verdirbt auf die Dauer unsere Jugend und läßt aus ihr eine anonyme, beruflich und räumlich fluktuierende 'Masse',

---

[107] Vgl. NN, Kindererholung in Schloß Heltorf, in: Caritas - Nachrichten für das Erzbistum Köln Jg. 9 Nr. 4 (15.04.1954), 83.
[108] Vgl. CVD 66, September 1956; RP 28.09.1956.
[109] RP 28.09.1956.
[110] RP 28.09.1956.
[111] Vgl. RP 28.09.1956.

aber keine berufsfreudige 'Gemeinschaft' werden. Die Kriminalität der Jugendlichen wächst in beängstigender Weise. Der katholische Männerfürsorgeverein Düsseldorf mußte allein in den drei Monaten Februar, März, April 1946 fast 200 Jugendliche, die sich straffällig gemacht hatten, vor dem Jugendgericht vertreten. ... Auch die Kriminalität der Erwachsenen ist im Steigen begriffen. ... Vor einigen Tagen noch wurden bei einem Überfall 20000 Lebensmittelkarten geraubt. Einer der letzten Wochenberichte vermerkt: 116 Einbrüche, 313 Diebstähle, 7 Autodiebstähle, 2 Raubüberfälle, 17 Betrügereien, 23 Wirtschaftsdelikte, 204 andere Straftaten, die angezeigt wurden, 19 Einbrecher, 20 Diebe, 4 Autodiebe, 3 Räuber und 27 andere Täter wurden festgenommen. Der schwarze Markt steht wie das Unkraut auf den Trümmern unserer Stadt in üppiger Blüte. Auf der Ratinger Straße, im Hofgarten und anderswo werden die Zahlen der Käufer und Verkäufer trotz häufiger Razzien der Polizei immer größer. Gelegentlich einer solchen Razzia in der Ratinger Straße wurde die Polizei von der Menge angegriffen, weithin verfolgt, mit Steinen beworfen und blutig geschlagen. Woher das alles ? Aus Hunger und Unmoral ! Die Ordnung beginnt zu wanken und der Unordnung das Feld zu überlassen. Dringend not tut die Rückkehr zu normalen Wirtschafts-, Berufs- und Arbeitsverhältnissen !"[112].

Ein Mittel, den geschilderten Problemen wirksam begegnen zu können, sah der Caritasverband Düsseldorf in der Einrichtung von Berufstätigenheimen. "Heim ist Ersatz für Heimat und Elternhaus", lautete 1946 der Grundgedanke. "Das Berufstätigenheim soll vornehmlich den aus Heimat und Elternhaus kommenden, am Berufsort fremd und allein stehenden jungen und erwachsenen Menschen zur Verfügung stehen. In ihm finden sie Schutz gegen die Gefahren der Großstadt und Fremde, Förderung ihrer Berufsinteressen, aber auch würdige und erhebende Freizeitgestaltung und billige Wohnung und Verpflegung. Anlaß zur Errichtung derartiger Heime gab besonders im vorigen Jahrhundert die stark einsetzende Industrialisierung und Binnenwanderung. Die vom Lande in die Stadt und Industriebezirke einströmenden Menschen fanden keine Wohnungen. Es mußte ihnen geholfen werden. ... So entstanden Heime für Arbeiter und Arbeiterinnen, Kaufleute, kaufmännische Gehilfinnen und Beamtinnen, Gesellen und Lehrlinge. Alle waren getragen vom Geiste der helfenden Liebe. Auch in Düsseldorf hat es vor dem Kriege eine ganze Anzahl dieser Heime gegeben. Die meisten sind Opfer der Verhältnisse geworden, zerstört, beschädigt oder geschlossen. Jetzt ist an der Zeit, den Wiederaufbau vorzubereiten. Wenn auch die Wirtschaftsverhältnisse mancherlei Änderung erfahren, wird doch die Binnenwanderung einsetzen, ungenügende Wohnungen und andere Nöte werden weiter bleiben. Damit beliebt auch die Caritaspflicht der Hilfe"[113].

---

[112] NN, Unsere Notleidenden: Die Berufs- und Arbeitslosen, in: Caritasverband Düsseldorf. Rundbrief an unsere Mitarbeiter und Mitarbeiterinnen Jg. 22 Nr. 4 (August 1946), 1.
[113] NN, Berufstätigenheime, in: Caritasverband Düsseldorf. Rundbrief an unsere Mitarbeiter und Mitarbeiterinnen Jg. 22 Nr. 4 (August 1946), 3.

Luisenheim

Ein Anfang war im Sommer 1946 bereits gemacht. Für weibliche Berufstätige hatte der katholische Mädchenschutzverein im neu eingerichteten Luisenheim ein Haus mit 70 Plätzen geschaffen[114]. Nachdem das Luisenheim in der Klosterstraße am 12. Juni 1943 bei einem Luftangriff vollkommen zerstört wurde, war 108 Bewohnern in den Räumen von Schloss Eller eine provisorische Unterkunft bereitgestellt worden[115]. Schon am 12. Oktober 1943 mussten die Vinzentinerinnen wegen Beschlagnahme des Schlosses für die Hitlerjugend mit ihren Schützlingen nach Lohausen ausweichen, wo sie in den Häusern Niederrheinstr. 14 (Villa Liesenfeld) und Bockholtstr. 2 (heute Lilienthalstraße) ein neues Quartier fanden[116]. Als die Villa Liesenfeld am 25. April 1945 von den Alliierten als Offizierscasino beschlagnahmt wurde, zogen die Schwestern mit den Mädchen in das ehemals von Nationalsozialisten eingezogene Kloster der Barmherzigen Brüder (Talstr. 104)[117]. Mit der Rückkehr des Pflegeordens musste erneut Ausschau nach einem geeigneten Quartier gehalten werden, bis am 15. Dezember 1945 in Eller die schwer beschädigte Villa Graffweg (Schlossallee 2) gefunden wurde[118]. Die neuen Bewohnerinnen richteten in der ehemaligen Fabrikantenvilla ein Alters-, Lehrlings- und Jungarbeiterinnenheim ein, das den Namen "Luisenheim" in Fortführung der Arbeit des Mädchenschutzhauses in der Klosterstraße erhielt. Bis zum Jahre 1951 wurde das Luisenheim in Eller um mehrere Gebäude erweitert, deren Errichtung zum überwiegenden Teil aus Zuwendungen der Firma Brenninkmeyer (C&A) bestritten wurde[119].

Lehrlingsheim Eller

Für das Ende 1941 zwangsweise an die Deutsche Arbeitsfront verkaufte und nach Kriegsende von der Militärbehörde und deutschen Regierungsstellen genutzte Lehrlingsheim an der Kruppstraße wurde am 19. März 1948 auf dem ehemaligen Werksgelände von Piedboeuf (Ellerkirchstr. 65) eine neue Anstalt zur Unterbringung von 14 bis 18jährigen eltern- und heimatlosen Jugendlichen eröffnet[120]. Die Einrichtung war auf Initiative des Herz - Jesu Priesters Franz Kremer entstanden, der zur Realisierung des

---

[114] Vgl. NN, Berufstätigenheime, in: Caritasverband Düsseldorf. Rundbrief an unsere Mitarbeiter und Mitarbeiterinnen Jg. 22 Nr. 4 (August 1946), 3.
[115] Vgl. MVK Chronik. Niederlassungen der Töchter der christlichen Liebe vom heiligen Vinzenz von Paul Provinz Köln, 12.06.1943.
[116] Vgl. MVK Chronik. Niederlassungen der Töchter der christlichen Liebe vom heiligen Vinzenz von Paul Provinz Köln, 12.10.1943.
[117] Vgl. IVD, Gedenkbuch Bernhardine Israel, 25.04.1945.
[118] Vgl. MVK Chronik. Niederlassungen der Töchter der christlichen Liebe vom heiligen Vinzenz von Paul Provinz Köln, 15.12.1945.
[119] Vgl. MVK Chronik. Niederlassungen der Töchter der christlichen Liebe vom heiligen Vinzenz von Paul Provinz Köln, 01.04.1951; RP 03.08.1949.
[120] Vgl. HJB Chronik Haus Düsseldorf, 06.11.1941; TKD VSt/5226, 03.06.1946; RP 20.03.1948; RP 15.09.1948; RP 18.05.1949; RP 23.07.1949; RP 05.04.1950.

Unternehmens bereits am 28. Juni 1946 den "Verein zur sozialen Betreuung der Jungarbeiter" ins Leben gerufen hatte[121]. Die Gründungsmitglieder des Vereins waren: Ministerpräsident Karl Arnold, Landesinnungsmeister Franz Köbler, Pater Franz Kremer, Caritasdirektor Johannes Becker, Landesrat Paul Szajkowski (Vinzenzverein), Berufsberater Peter Steffen und Oberbürgermeister a.D. Wilhelm Füllenbach[122]. Anknüpfend an die Arbeit in Oberbilk wollte auch das Lehrlingsheim in Eller vor allem ein "Heim" sein. "Der junge Mann soll sich", so Franz Kremer, "wirklich zu Hause fühlen. Was die Familie jedem reifenden Menschen bieten muß, das soll der Heimbewohner in seinem Heim finden: Schutz, Hilfe, verständnisvolle Leitung und das Gefühl sicheren Geborgenseins. Dabei wird der Verkehr mit dem Leben da draußen nicht einseitig unterbunden. Daher verzichtet das Lehrlingsheim auf eigene Werkstätten und schickt die Jungen zur Arbeit in die Stadt. Selbst im religiösen Leben wird jede Absperrung vermieden, die Jugendlichen sollen in den Pfarrverband hineinwachsen. Neben eigenen Heimveranstaltungen wird reichlich Gelegenheit zur Teilnahme an den Veranstaltungen der Jugendorganisationen gegeben. So wächst der Jugendliche heran, das Heim will ihm die Familie ersetzen, in der Berufsausbildung wird die Arbeit der Schule fortgeführt. Es ist der Weg der vorbeugenden Erziehung, der Weg selbstloser Hilfe an unserer Jugend"[123]. Nachdem das Heim an der Kruppstraße im Sommer 1949 in den Besitz der Herz - Jesu Priester zurückgekehrt war, fanden in dem Haus seit dem 3. April 1950 auch hier Lehrlinge eine Unterkunft und soziale Betreuung[124]. Beide Einrichtungen blieben bis in die siebziger Jahre hinein unter der Leitung von Herz - Jesu Priestern, die seit dem 23. Mai 1945 an der Pfeifferstr. 68 ein neu eingerichtetes Kloster bewohnten[125].

Heimstatt

Wenige Wochen vor Eröffnung des Lehrlingsheimes in Eller hatte am 6. Januar 1948 das Jugendwohnheim in der Höhenstr. 5 seinen Betrieb aufgenommen, das der Heimstattbewegung, einer Selbsthilfeorganisation zum Bau und Unterhalt von Jugendwohnheimen[126], angeschlossen war[127]. Angestoßen wurde das Projekt aus Kreisen der Katho-

---

[121] Vgl. HJB Geschichte des Lehrlingsheimes Eller, 28.06.1946.
[122] Vgl. HJB Rechtliche Entwicklung des Katholischen Lehrlingsheimes Düsseldorf, 28.06.1946.
[123] Franz Kremer, Das Lehrlingsheim in Eller, in: Jugendnot und Jugendhilfe in Düsseldorf. Zur Einweihung der Dreikönigen - Heimstatt zu Düsseldorf am 6. Januar 1950, Düsseldorf 1950, 12.
[124] Vgl. RP 05.04.1950; NN, Sie wissen, wo sie hingehören. 120 Lehrlinge in Oberbilk, in: Drei - Groschen - Blatt. Düsseldorfer Wochenzeitung Jg. 2 Nr. 42 (20.10.1950), 14; RP 12.12.1950; RP 15.04.1952.
[125] Vgl. HJB Chronik Haus Düsseldorf, 23.05.1945.
[126] Vgl. ALD Vereinsregister 3267, 10.03.1949; Friedrich Eink, Aus dem Leben der Heimstattbewegung katholischer Jugend, in: Mitteilungsblatt der Arbeitsgemeinschaft Heimstatthilfe im Lande Nordrhein - Westfalen Jg. 1 Nr. 1 (10.03.1949), 13 - 14, 13 f; RP 17.09.1949; Paul Fillbrandt, Zehn Jahre Heimstatt. Bericht über die Arbeit der Katholischen Heimstatt - Bewegung Nordrhein - Westfalen, zugleich Besinnung und Ausschau, in: Die Heimstatt. Fachorgan der Katholischen Heimstatt - Bewegung Jg. 3 Nr. 6 (November/Dezember 1953), 378 - 384, 378 ff; Karl Hugo Breuer, Anfänge der Heimstatt im rheinischen Raum. Eine Dokumentation, Köln 1968, 11 ff; Elisabeth Graf, Die Katholische Heimstatt - Bewegung. Geschichte und Zielsetzungen einer jugendsozialen Initiative in Nordrhein - Westfalen, in: Bal-

lischen Jugend Düsseldorfs, die sich angesichts des Wohnraumsmangels von dem Gedanken leiten ließ: "Christentum in die Welt bringen ist nicht mehr in erster Linie eine Verkündigung des Wortes, sondern Zeugnis durch die Tat"[128]. Getragen von dieser Erkenntnis, so Jugendleiter Otto Zündorf im Jahre 1950, "konnte der Bund der Deutschen Katholischen Jugend in Düsseldorf in der Not der Nachkriegsjahre nicht mehr sein Eigenleben in schönen Gruppenabenden führen. Er mußte die Enge sprengen und aus dem Erleben der eigenen Not heraus noch die Frage um die größere Not der Umgebung übernehmen"[129]. Auf diese Weise kam nach einer groß angelegten "Brennholzaktion" zu Weihnachten 1945 eine Aktion zur Wohnraumbeschaffung in Gang. "Mitte 46", so Otto Zündorf weiter, "stand die heimatlose Jugend der Landstraßen und Bahnhöfe vor uns. Ihr wollten wir helfen. Aber wie? Nach langem Wägen und Suchen schien eine Rettungsstelle eines früheren Luftschutzkellers als Ausgangspunkt geeignet. Umständliche und zeitraubende Verhandlungen brachten im Oktober 1946 die Zusicherung des Schulamtes, daß wir unser Vorhaben in der halben Rettungsstelle der Schule an der Höhenstraße durchführen konnten. Sofort wurde mit der Arbeit begonnen. Alle Kräfte des Bundes halfen dabei. CAJ (Christliche Arbeiterjugend), Pfadfinder, ND (Neudeutschland), Stamengruppen, der Führerring, Bau- und Installationsfirmen, deren Inhaber in der katholischen Jugendbewegung stehen oder standen, alle setzten sich ein. In unheimlich schwerer Tag- und Nachtarbeit gingen alle Männer und Kaufleute, die Tischler und Schüler, alle Stände und Berufe daran, das Werk zu vollenden. 60 cm Betonwände wurden mit kleinen Handmeißeln durchbrochen, Wände gesetzt, bombenbeschädigte Decken repariert und gestrichen. Schon am 6. Januar 1948 konnte das kleine Heim mit 20 Betten durch den Stadtjugendseelsorger von Düsseldorf, Kaplan Heinrich Schmitz in Vertretung des Stadtdechanten Ernst Kreuzberg eingeweiht werden"[130].

Da klar war, "daß dieser Keller nur Ausgangspunkt zu einem Heim über der Erde sein konnte", wurde schon bald Ausschau nach einem geeigneten Baugrund gehalten. Noch kurz vor der Währungsreform konnte von der Heimstatt das Grundstück Hoffeldstr. 79 günstig erworben werden. Nach einer Stockung infolge der Währungsumstellung und der damit verbundenen Geldentwertung ging der Bau eines neuen Hauses

---

dur Hermanns, Steh auf und geh. Vergangenheit und Gegenwart kirchlicher Jugendarbeit im Bereich des Bistums Essen, Essen 1981, 152 - 194, 152 ff.

[127] Vgl. RP 07.01.1948; NN, Heimstatt, in: Der Weg. Bund der Deutschen Katholischen Jugend Düsseldorf Jg. 2 Nr. 1 (Januar 1948), 16; Otto Zündorf, Jugendarbeit ohne Erwachsenenhilfe?, in: Kirchenzeitung für das Erzbistum Köln Jg. 4 Nr. 6 (20.03.1949), VI - VII, VII.

[128] Otto Zündorf, Heimstatt in Düsseldorf - wie sie in der Jugend wurde, in: Jugendnot und Jugendhilfe in Düsseldorf. Zur Einweihung der Dreikönigen - Heimstatt zu Düsseldorf am 6. Januar 1950, Düsseldorf 1950, 5 - 6, 5.

[129] Otto Zündorf, Heimstatt in Düsseldorf - wie sie in der Jugend wurde, in: Jugendnot und Jugendhilfe in Düsseldorf. Zur Einweihung der Dreikönigen - Heimstatt zu Düsseldorf am 6. Januar 1950, Düsseldorf 1950, 5 - 6, 5.

[130] Otto Zündorf, Heimstatt in Düsseldorf - wie sie in der Jugend wurde, in: Jugendnot und Jugendhilfe in Düsseldorf. Zur Einweihung der Dreikönigen - Heimstatt zu Düsseldorf am 6. Januar 1950, Düsseldorf 1950, 5 - 6, 6. Vgl. dazu NN, Jugend hilft der Jugend. Katholische Jugend baut ein Heim für heimatlose Jugendliche, in: Rhein - Ruhr - Zeitung Jg. 3 Nr. 3 (09.01.1948), o. S. (6); RP 27.08.1949; RP 17.09.1949.

langsam voran. Zu Ostern 1949 konnte in Flingern das Richtfest[131], am 6. Januar 1950 die Eröffnung des Jugendwohnheimes gefeiert werden, das in Erinnerung an seinen Weihetag den Namen "Dreikönigen - Heimstatt" trug[132]. Neben der Einrichtung an der Hoffeldstraße wurden von der katholischen Heimstattbewegung in Düsseldorf noch zwei weitere Häuser gebaut und in Betrieb genommen. Anstelle der ehemaligen Kaplanei der Marienpfarrei wurde auf dem Grundstück Oststr. 40 am 15. März 1952 eine Heimstatt für 35 Mädchen eröffnet[133]; drei Jahre später nahm Anfang März 1955 im linksrheinischen Düsseldorf das Christopherushaus Löricker Str. 202 (heute Löricker Str. 39) seine Tätigkeit auf[134].

Don Bosco Haus

Als nach Ende des Zweiten Weltkrieges "tausende von heimat- und elternlosen Jungen herumvagabundierten und vergeblich um Unterkunft baten"[135], fasste am 15. Oktober 1947 der Vorstand des Katholischen Männerfürsorgevereins Düsseldorf den Beschluss, auf dem vereinseigenen Grundstück Schützenstr. 29 ein Jugendfürsorgeheim aufzubauen[136]. Das alte, bis 1934 als Vorasyl und Wohnheim für Jungen, dann als Mietshaus verwendete Gebäude war bei Luftangriffen vollkommen zerstört und später abgerissen worden; erhalten blieben lediglich die Kellergewölbe[137]. Schon nach Erstellung der Bauhütte am 19. März 1948 wurden einige Jungen aufgenommen und notdürftig untergebracht[138]. Von den ersten Monaten des Aufbaues berichtete Willi Koenen Ende 1949: "19.3.48. Vor uns eine Steinwüste. Schriftworte wie 'öd und leer'. 'Greuel der Verwüs-

---

[131] Vgl. RP 16.04.1949; RP 20.04.1949.
[132] Vgl. RP 24.09.1949; RP 23.12.1949; RP 04.01.1950; RP 07.01.1950; Otto Zündorf, Heimstatt in Düsseldorf - wie sie in der Jugend wurde, in: Jugendnot und Jugendhilfe in Düsseldorf. Zur Einweihung der Dreikönigen - Heimstatt zu Düsseldorf am 6. Januar 1950, Düsseldorf 1950, 5 - 6, 6.
[133] Vgl. PfA Pempelfort Maria Empfängnis, Pfarrchronik Maria Empfängnis 1890 - 1953, 15.03.1952; RP 04.06.1949; NN, Heimstatt auch für Mädchen ! Katholische Jugend baut neben der Marienkirche. Wohnung für 35 Mädchen, in: Kirchenzeitung für das Erzbistum Köln Jg. 5 Nr. 11 (28.05.1950), 176; NN, Katholisches Mädchenheim ersteht, in: Kirchenzeitung für das Erzbistum Köln Jg. 7 Nr. 16 (20.04.1952), 256; Josef Lehmbrock, Sechs Bauten und mehrere Fragen, in: Baukunst und Werkform Jg. 5 Nr. 6/7 (Juni/Juli 1952), 36 - 55, 49 ff; Josef Lehmbrock, Mädchenheimstatt der Marienpfarre an der Oststraße, Düsseldorf, in: Die Heimstatt. Fachorgan der Katholischen Heimstatt - Bewegung Jg. 1 Nr. 2 (März/April 1953), 53.
[134] Vgl. BSD Bauakte Löricker Str. 39, 30.12.1953; Dr.Khs, Weißes Haus hinterm Rheindamm, Christopherushaus bei Altlörick. Platz für junge Menschen, in: Kirchenzeitung für das Erzbistum Köln Jg. 10 Nr. 4 (23.01.1955), 64; RP 09.03.1955; NN, Haus voll Sonne am Niederrhein. Christophorusheim wurde eröffnet, in: Kirchenzeitung für das Erzbistum Köln Jg. 10 Nr. 12 (20.03.1955), 220.
[135] CVD 645, 11.01.1951.
[136] Vgl. CVD Protokoll - Buch des Katholischen Männer - Fürsorge Vereins Düsseldorf 1937 - 1980, 15.10.1947.
[137] Vgl. CVD Protokoll - Buch des Katholischen Männer - Fürsorge Vereins Düsseldorf 1937 - 1980, 15.10.1947.
[138] Vgl. CVD 645, 11.01.1951.

tung', kommen in den Sinn. Dennoch, wir wagen es im Vertrauen auf den Herrn. Wir finden freiwillige Helfer aus den Jugendgruppen. Polizei und Jugendgericht schicken uns 'Pflichthelfer'. Es sind dies 14 - 18jährige, die wegen kleinerer Vergehen Arbeitsauflagen bei uns ableisten müssen. Nachdem das Hintergelände entschuttet ist, wächst die Bauhütte. Schon schlafen neben Schaufeln und Zement zwei Jungen. Inzwischen wird aus der Bauhütte eine Wohnhütte. Eng zusammengepfercht wohnen, nein, hausen 17 Jungen. Heiligabend wird ein Raum des Neubaues durch weitere 12 Jungen bezogen. Durch Fertigstellung des Aufenthaltraumes wird zu Pfingsten ein zweiter Schlafraum frei. 38 Betten stehen nunmehr zur Verfügung. Augenblicklich schlafen jedoch 51 Jungen bei uns"[139]. Am 15. Februar 1950 konnte an der Schützenstraße das Richtfest gefeiert werden; Ende 1950 wohnten im Don Bosco Haus fast 100 Jungen, obwohl das Auffangheim nur für 70 Plätze eingerichtet war[140]. Da laufend neue Anfragen nach Unterbringung von Jugendlichen beim Katholischen Männerfürsorgeverein eingingen, genehmigte der Vorstand den Bau eines weiteren Hauses mit 70 Plätzen auf den Nachbargrundstücken Nr. 31 und 33, die der Verein am 14. Juli 1950 bzw. am 26. Februar 1952 erworben hatte[141]. Zu Beginn des Jahres 1953 war der Erweiterungsbau fertig gestellt und konnte am Fest des Hl. Johannes Bosco (31. Januar) als Lehrlings- und Jugendwohnheim eingesegnet werden[142]. Im Sommer 1962 erfolgte der Anbau des Hauses Schützenstr. 35[143], wofür der Katholische Männerfürsorgeverein bereits zehn Jahre zuvor ein brachliegendes Nachbargrundstück angekauft hatte[144].

Caritasheim

Zu den Fürsorgeeinrichtungen, die sich nach Kriegsende der Jugendarbeit zuwendeten, gehörte auch das Caritasheim am Rather Broich, obwohl es in der Zeit des Dritten Reiches schwer gelitten hatte. Als in der Pogromnacht vom 9. November 1938 wohnungs-

---

[139] Willi Koenen, Das Don - Bosco - Haus, in: Jugendnot und Jugendhilfe in Düsseldorf. Zur Einweihung der Dreikönigen - Heimstatt zu Düsseldorf am 6. Januar 1950, Düsseldorf 1950, 11. Vgl. auch CVD Protokoll - Buch des Katholischen Männer - Fürsorge Vereins Düsseldorf 1937 - 1980, 28.04.1949 und 07.11.1949; RP 27.10.1948; NN, Gestrandete Jugend - irrende Jugend, in: Rhein - Ruhr - Zeitung Jg. 3 Nr. 121 (07.12.1948), o. S. (3).
[140] Vgl. CVD Protokoll - Buch des Katholischen Männer - Fürsorge Vereins Düsseldorf 1937 - 1980, 07.11.1949, 30.11.1949, 11.07.1950 und 28.09.1950; CVD 645, 15.02.1950 und 11.01.1951.
[141] Vgl. CVD Protokoll - Buch des Katholischen Männer - Fürsorge Vereins Düsseldorf 1937 - 1980, 30.11.1949, 28.09.1950, 28.01.1952, 26.05.1952 und 22.09.1952; ALD Grundbuchblatt Flingern 3988, 14.07.1950; ALD Grundbuchblatt Flingern 4005, 26.02.1952.
[142] Vgl. NN, Jugend findet neue Heimat. Neues katholisches Jugendwohnheim fertiggestellt. Im Geiste Don Boscos, in: Kirchenzeitung für das Erzbistum Köln Jg. 8 Nr. 7 (15.02.1953), 112. Vgl. auch Ferdinand Oertel, Otto hat bisher viel Pech gehabt. Das Don - Bosco - Haus in Düsseldorf verschafft jungen Menschen einen neuen Start, in: Kirchenzeitung für das Erzbistum Köln Jg. 10 Nr. 5 (31.01.1955), 72.
[143] Vgl. CVD Protokoll - Buch des Katholischen Männer - Fürsorge Vereins Düsseldorf 1937 - 1980, 12.10.1961, 12.12.1961 und 19.07.1962; CVD 13, 01.06.1960 und 21.01.1961.
[144] Vgl. CVD Protokoll - Buch des Katholischen Männer - Fürsorge Vereins Düsseldorf 1937 - 1980, 26.05.1952.

los gewordene Düsseldorfer Juden in Notunterkünften untergebracht werden mussten, wurde von den Nationalsozialisten die als Altenheim genutzte "Villa" des Caritasheimes beschlagnahmt und die Bewohner nach Vellerhof bei Blankenheim umquartiert[145]. "Längere Zeit", so die Rather Hauschronik, "mußte das Heim etwa 35 jüdische Familien beherbergen"[146]. Am 2. Juli 1939 hatte ein Großbrand erhebliche Teile der abvermieteten gewerblichen Gebäude auf dem weitläufigen Heimgelände zerstört. In den Kriegsjahren 1942 bis 1944 wurde das Caritasheim bei Luftangriffen wiederholt getroffen, dass mehr als die Hälfte aller Gebäude, darunter fünf Mietshäuser (Rather Broich 155/165), vollkommen zerstört waren. Bei einem Bombenangriff auf das Hauptgebäude hatten am 2. November 1944 zwei ältere Franziskanerbrüder ihr Leben verloren. "Kurzum", so die Chronik, "außer den Schrecken des Krieges hat das Caritasheim auch schwerste Schäden im Kriege davon getragen"[147]. Nach der Kapitulation nahm das Caritasheim, in dem 1942 bis 1945 auch Fremdarbeiter aus den Niederlanden, Belgien, Frankreich, Polen und der Ukraine einquartiert waren[148], seine Arbeit im vollen Umfang wieder auf. "Dazu verpflichtete uns", so das Urteil des Chronisten, "die infolge des Krieges aufgetretene Massennot"[149]. War das Heim vor dem Zweiten Weltkrieg täglich mit 200 Personen und mehr belegt, so waren es 1949 durchschnittlich 300. Mitverantwortlich für den Zuwachs war die Erweiterung der Zweckbestimmung des Caritasheimes von einem Obdachlosen-, Wanderarmen- und Altersheim zu einem Jugendheim[150]. Von den Aufgaben und Bewohnern des Caritasheimes berichteten die Düsseldorfer Nachrichten im Dezember 1950: "Täglich werden hier 500 bis 600 Menschen jeden Alters betreut ... . Etwa 300 Obdachlose ... werden hier täglich durchgeschleust. 36 katholische Lehrlinge wohnen hier in einem 1947 eingerichteten Heim, 35 bis 40 junge Männer haben ebenfalls ständige Unterkunft gefunden, und im Altersheim verbringen 180 alte Männer jeder Konfession ihren Lebensabend. Ihre Führung und Pflege obliegt den neunzehn Brüdern und sieben Schwestern (Elisabethanerinnen aus Aachen), die unermüdlich bis in die späte Nacht am Werk sind. Zwar leisten Stadt und Land finanzielle Hilfe, aber der größte Teil der erforderlichen Mittel (fast 1000 DM pro Tag !) wird durch Spenden und Sammlun-

---

[145] Vgl. Matthäus Werner, 50 Jahre Caritasheim Düsseldorf - Rath. Eine Chronik, in: 1932 - 1982. 50 Jahre Caritasheim Düsseldorf - Rath, Düsseldorf 1982, 8 - 10, 8; Frank Sparing, Nach der Pogromnacht. Hinweise in einer Akte der Obdachlosenpolizei Düsseldorf, in: Augenblick. Berichte, Informationen und Dokumente der Mahn- und Gedenkstätte Düsseldorf Jg. 5 Nr. 7 (1995), 12 - 15, 12 ff.
[146] AEK O R 21.1, Aus der Geschichte des Caritasheims Düsseldorf - Rath. Ein Erinnerungsblatt aus Anlaß der kirchlichen Visitation durch Se. Eminenz den hochwürdigsten Herrn Erzbischof von Köln Kardinal Frings. Düsseldorf, den 25. Oktober 1949, Manuskript Düsseldorf 1949, Bl. 6.
[147] AEK O R 21.1, Aus der Geschichte des Caritasheims Düsseldorf - Rath. Ein Erinnerungsblatt aus Anlaß der kirchlichen Visitation durch Se. Eminenz den hochwürdigsten Herrn Erzbischof von Köln Kardinal Frings. Düsseldorf, den 25. Oktober 1949, Manuskript Düsseldorf 1949, Bl. 6.
[148] SAD Hausbuch Rather Broich 155.
[149] AEK O R 21.1, Aus der Geschichte des Caritasheims Düsseldorf - Rath. Ein Erinnerungsblatt aus Anlaß der kirchlichen Visitation durch Se. Eminenz den hochwürdigsten Herrn Erzbischof von Köln Kardinal Frings. Düsseldorf, den 25. Oktober 1949, Manuskript Düsseldorf 1949, Bl. 6.
[150] Vgl. AEK O R 21.1, Aus der Geschichte des Caritasheims Düsseldorf - Rath. Ein Erinnerungsblatt aus Anlaß der kirchlichen Visitation durch Se. Eminenz den hochwürdigsten Herrn Erzbischof von Köln Kardinal Frings. Düsseldorf, den 25. Oktober 1949, Manuskript Düsseldorf 1949, Bl. 6.

gen aufgebracht"[151]. Auf gleiche Weise bewerkstelligten die Brüder die Erweiterung und den Umbau der Fürsorgeeinrichtung, "wozu sie auch in den Reihen der Obdachlosen die nötigen Handwerker fanden". Nach und nach wurden die intakt gebliebenen Gebäude der ehemaligen Siebelwerke in den Ausbau des Heimes einbezogen. Während die Obdachlosen 1950 noch im Keller untergebracht waren, konnten die Altersheiminsassen bereits acht neue Wohnräume im Obergeschoss des Gebäudekomplexes beziehen; auch die Räume für das "Obdachlosen - Vorasyl" für jugendliche Durchwanderer waren fertig gestellt[152].

Caritaswerkheim

Ohne vergleichbares Vorbild war das Caritaswerkheim für Mädchen, das Anfang Dezember 1948 vom Caritasverband für das Erzbistum Köln in einer von der Pfarrei Hl. Familie angemieteten Baracke an der Weißdornstr. 14a als Modellmaßnahme der Jugendberufshilfe eingerichtet wurde[153]. Junge Frauen im Alter von 17 bis 25 Jahren fanden hier für ein halbes Jahr Aufnahme, um Vorpraktikas für eine soziale oder hauswirtschaftliche Ausbildung absolvieren zu können[154]. "Sinn und Zweck dieser Einrichtung", so eine Ausschreibung im Jahre 1950, "ist der uneigennützige und dienende Einsatz der katholischen Frauenjugend in kinderreichen und notleidenden Familien, die sich wirtschaftlich keine Hilfe leisten können. Aus der Kraft einer frohen Gemeinschaft wird hier der Dienst am Nächsten in selbstloser Weise verwirklicht. Nach einem achtstündigen Arbeitstag in diesen Familien finden sich alle im Heim ein. Unterricht, Spiel und Gesang, sowie die Gestaltung kleiner Feste füllen die Abende. Die Unterbringung erfolgt gemeinsam im Heim unter hauptamtlicher Leitung kostenlos. ... Im ersten Vierteljahr werden die Mädchen geistig und fachlich im Heim geschult. Dann kommen sie in den Arbeitseinsatz als Familienpflegerinnen. In dieser Zeit sind sie gegen Krankheit und Unfall versichert und erhalten ein Taschengeld von 6, - DM monatlich. Nach Abschluß erfolgt eine Stellenvermittlung bzw. ein sozialpflegerisches oder hauswirtschaftliches Studium, worauf die Zeit im Heim als Praktikum angerechnet wird"[155]. Im Jahre 1954 ging die Trägerschaft und Unterhaltung des Caritaswerkheims vom Diözesancaritasverband Köln auf den Caritasverband Düsseldorf über, der die Einrichtung bis 1964 unterhielt[156].

---

[151] Mittag 16./17.12.1950. Vgl. auch NN, Das Caritasheim in Rath, in: Jugendnot und Jugendhilfe in Düsseldorf. Zur Einweihung der Dreikönigen - Heimstatt zu Düsseldorf am 6. Januar 1950, Düsseldorf 1950, 12 - 13, 12 f.
[152] Vgl. Mittag 16./17.12.1950.
[153] Vgl. BSD Bauakte Weißdornstr. 14a, 10.12.1947, 11.12.1947 und 12.10.1949; RP 04.12.1948.
[154] PfA Stockum Heilige Familie 340, 03.09.1951; NN, Unser Werkheim für Mädchen, in: Caritas - Nachrichten für das Erzbistum Köln Jg. 3 Nr. 8 (10.12.1948), 6. Vgl. auch RP 16.05.1949; NN, Was soll unsere Tochter werden ?, in: Caritas - Nachrichten für das Erzbistum Köln Jg. 8 Nr. 2 (01.03.1953), 19 - 20, 19 f.
[155] NN, Ein Beitrag zur Linderung der weiblichen Berufsnot, in: Caritas - Nachrichten für das Erzbistum Köln Jg. 5 Nr. 7 (10.10.1950), 68.
[156] Vgl. CVD 500, 31.12.1958.

Seminar für Wohlfahrts- und Jugendpfleger

Eine weitere, vom Diözesancaritasverband Ende der vierziger Jahre in Düsseldorf gegründete und unterhaltene Einrichtung, war das Seminar für Wohlfahrts- und Jugendpfleger. Um nach dem Zweiten Weltkrieg den gestiegenen Bedarf an qualifizierten Fürsorgern zu befriedigen, wurde im Herbst 1948 vom Caritasverband für das Erzbistum Köln in der Volksschule an der Stoffeler Str. 11 eine eigene Fachschule eingerichtet und am 9. Januar 1949 eröffnet[157]. Wie an der bereits seit dem Jahre 1927 im Freiburger Werthmannhaus bestehenden "Berufsschule für männliche Wohlfahrtspfleger"[158] konnten auch am Düsseldorfer Seminar junge Männer nach einem zweijährigen Studium ein staatliches Examen in Jugend- und Wohlfahrtskunde ablegen[159]. Wegen der beengten Räumlichkeiten in der Volksschule und der steigenden Zahl an Ausbildungsbewerbern wurde das Seminar für Wohlfahrts- und Jugendpfleger am 19. November 1951 nach Köln in die Georgstr. 5b verlegt, wo der Diözesancaritasverband auch ein Jugendwohnheim unterhielt und seit 1953 seine Geschäftsstelle unterbrachte[160]. Ein Dezennium später konnte das Ausbildungsinstitut ein eigenes Gebäude beziehen, das neben der Pfarrkirche St. Peter an der Sternengasse 72 (heute Leonhard - Tietz Str. 8) errichtet und am 27. Mai 1961 von Kardinal Josef Frings eingeweiht wurde[161]. Mittlerweile als "Höhere Fachschule für Sozialarbeit" bezeichnet, wurde die Schule im Jahre 1971 Verwaltungssitz und eine von vier Abteilungen der Katholischen Fachhochschule Nordrhein - Westfalen, die 1982 das Gebäude Wörthstr. 10 bezog[162].

---

[157] Vgl. KGD 46, 04.09.1959; CVD Vorstandsprotokolle, 05.11.1948; RP 12.01.1950; NN, Unser Seminar für Wohlfahrts- und Jugendpfleger, in: Caritas - Nachrichten für das Erzbistum Köln Jg. 7 Nr. 2 (05.03.1952), 19 - 22, 19; NN, Fünf Jahre Seminar für Wohlfahrts- und Jugendpfleger Köln, in: Caritas - Nachrichten für das Erzbistum Köln Jg. 9 Nr. 1 (10.02.1954), 4 - 7, 4.
[158] Vgl. Hans - Josef Wollasch, Die Gründung sozialer Schulen in Freiburg durch den Deutschen Caritasverband, in: Hans - Josef Wollasch, Beiträge zur Geschichte der Deutschen Caritas in der Zeit der Weltkriege. Zum 100. Geburtstag von Benedict Kreutz (1879 - 1949), Freiburg 1978, 104 - 153, 123.
[159] Vgl. NN, Seminar für Wohlfahrtspflege, in: Caritas - Nachrichten für das Erzbistum Köln Jg. 3 Nr. 7 (01.11.1948), 3 - 4, 3 f; NN, Notizen, in: Caritasverband Düsseldorf. Rundbrief Jg. 26 Nr. 1 (April 1950), 2; Schulen und Bildungsstätten in der Landeshauptstadt Düsseldorf, Düsseldorf 1951, 72 f.
[160] Vgl. NN, Unser Seminar für Wohlfahrts- und Jugendpfleger, in: Caritas - Nachrichten für das Erzbistum Köln Jg. 7 Nr. 2 (05.03.1952), 19 - 22, 19; NN, Der nette junge Mann und der "Nachmittag", in: Blätter für Dich. Berichte aus der Arbeit der Caritasverbände in der Erzdiözese Köln 1959, Köln 1960, 12 - 13, 13.
[161] Vgl. NN, Einweihung des Seminars für Wohlfahrts- und Jugendpfleger in Köln, in: Kirchenzeitung für das Erzbistum Köln Jg. 16 Nr. 23 (04.06.1961), 17b; Elisabeth Lakemeier, 50 Jahre Diözesan - Caritasverband für das Erzbistum Köln 1916 - 1966, Köln 1967, 108.
[162] Vgl. Bruno Splett, Zur Chronik des Diözesan - Caritasverbandes für das Erzbistum Köln. Quellen und Erinnerungen zum Auf- und Ausbau in den letzten 90 Jahren, Köln 1987, 98 f; Harald E. Gersfeld, Die Caritas nach dem Zweiten Weltkrieg bis heute, in: Caritas im Erzbistum Köln, Kehl 1997, 34 - 48, 43.

Caritassekretariat

Der Wiederaufbau der Caritasarbeit in Düsseldorf wurde nach Kriegsende zunächst von der Bastionstraße, dann von der Blücherstraße und schließlich von der Benrather Straße aus in Angriff genommen. Nach dem Einmarsch amerikanischer Truppen am 17. April 1945 verzog das Düsseldorfer Caritassekretariat noch im gleichen Monat vom "Frauenbundhaus" (Steinstr. 55) in das Verlagshaus der "Gesellschaft für Buchdruckerei und Verlag" (Bastionstr. 14)[163], wo bis zum Verbot im Jahre 1941 das ehemalige Zentrumsorgan "Düsseldorfer Tageblatt" seinen Sitz hatte. Im Juni 1946 konnte der Caritasverband Düsseldorf in seinem Rundbrief "in eigener Sache" bekannt geben: "Die nachbenannten Arbeitsstellen des Caritasverbandes sind nach langer, durch die Kriegsverhältnisse hervorgerufener Trennung wieder zusammengelegt worden. Wir befinden uns jetzt Blücherstraße 4/6 (Kolpinghaus) ... : Caritas - Sekretariat Düsseldorf, Ortsgemeinschaft freier Caritas - Schwestern, Caritas - Meldedienst, Caritas - Suchdienst, Katholischer Männer - Fürsorgeverein"[164]. Welche Art von Räumlichkeiten dem Caritasverband Düsseldorf in der Bastionstraße bzw. Blücherstraße zur Verfügung standen und wie viele Mitarbeiter hier für den Verband tätig waren, ist heute nur unvollständig rekonstruierbar. Gesicherte Nachrichten über die Arbeitsorganisation des Düsseldorfer Caritassekretariates liegen erst wieder vor, nachdem der Verband seine Geschäftsstelle in das Dürener Teppichhaus (Benrather Str. 11) verlegt hatte[165]. Angemietet vom Katholischen Gemeindeverband, standen dem Caritasverband und dem Katholischen Kirchensteueramt seit dem 1. April 1950 zunächst einzelne Räume im Wohnhaus, dann die gesamte erste Etage des Hinterhauses mit einer Bürofläche von 400 qm zur Verfügung[166]. Im Vergleich zu den bisherigen Notunterkünften des Caritasverbandes ohne Zweifel eine Verbesserung war das neue Domizil indes auch nicht mehr als eine Übergangslösung. Zwar gab es in der Benrather Straße genügend Platz, um alle 18 Mitarbeiter des Caritassekretariates an einer Adresse zusammenzuziehen[167], doch blieben die Arbeitsbedingungen schwierig. Das angemietete Hinterhaus war 1888 als Saalbau für den Städtischen Männergesangverein errichtet worden[168] und hatte seit 1912 als Schauraum für Teppichware gedient[169]. Trotz jahrzehntelanger Fremdnutzung war der Anbau des Dürener Teppichhaus ein Stuck verzierter Konzertsaal geblieben, der nun alle Angestellten des Caritasverbandes in einem "Großraumbüro" vereinte. Soweit überhaupt möglich, waren die einzelnen Arbeitsplätze durch einfache Holz- und Stoffstellwände voneinander getrennt. Dass unter solchen Umständen gerade die Beratung von Klienten mehr als

---

[163] Vgl. PfA Derendorf Hl. Dreifaltigkeit 927, 28.04.1945.
[164] NN, In eigener Sache, in: Caritasverband Düsseldorf. Rundbrief an unsere Mitarbeiter und Mitarbeiterinnen Jg. 22 Nr. 3 (Juni 1946), 1.
[165] Vgl. KGD 29, 07.01.1950 und 29.03.1950.
[166] Vgl. NN, Notizen, in: Caritasverband Düsseldorf. Rundbrief Jg. 26 Nr. 2 (Mai 1950), 2.
[167] Vgl. CVD 645, 1950; SAD IX 10777, 24.10.1950.
[168] Vgl. BSD Bauakte Benrather Str. 11, 05.09.1888.
[169] Vgl. BSD Bauakte Benrather Str. 11, 13.06.1912, 15.08.1912 und 16.10.1912.

schwierig war, lag auf der Hand[170]. Nach einem Bericht vom 11. Januar 1951 bot das Caritassekretariat in der Benrather Straße hilfebedürftigen Menschen folgende Dienste an: Krankenhausfürsorge; Tuberkulosenbetreuung; Flüchtlingshilfe; Suchtkrankenfürsorge (1949 reorganisiert[171]); Kriegsopferfürsorge; Heimkehrerfürsorge; Heilfürsorge; Erholungsfürsorge; Seelsorgedienst; Kinderfürsorge (Kindergarten Ulmenstraße, Kindererholungsheim Schloss Heltorf); Anstaltsfürsorge (Caritasheim); Altersfürsorge (Caritasheim); Auswandererfürsorge (Geschäftsstelle des Raphaelsvereins); Jugendfürsorge (Caritasheim, Geschäftsstelle des Katholischen Männerfürsorgevereins); Caritasschwesternschaft (Geschäftsstelle der Freien Caritasschwestern). Außerdem unterstützte das Caritassekretariat den Ausbau der Pfarrcaritas, bereitete die Caritassammlungen in der Stadt vor und förderte die Mitarbeit von ehrenamtlichen Hilfskräften bei der städtischen Familienfürsorge[172].

Familienfürsorge

Insgesamt betrachtet, hatte das Dienstleistungsangebot des Caritassekretariates 1950 seinen Vorkriegsumfang wieder erreicht, in manchen Bereichen sogar erweitert und neue, zeitbedingte Aufgabenfelder hinzugenommen. Bedeutsam war, dass der Caritasverband Düsseldorf auch wieder Fürsorgedienste ausübte, die ihm zwischen 1933 und 1945 ausdrücklich verboten waren. Neben der Auswandererbetreuung durch den Raphaelsverein, der seit dem Jahre 1948 wieder eine Zweigstelle am Caritassekretariat unterhielt und 1949 fast 60 Fälle bearbeitete[173], galt dies vor allem für die Familienfürsorge, die seit dem Herbst 1946 vom Caritasverband intensiv gefördert wurde. Mit der Ankündigung des Düsseldorfer Oberstadtdirektors, zu Beginn des Jahres 1947 die frühere Zusammenarbeit zwischen amtlichen und ehrenamtlichen Kräften in der städtischen Familienfürsorge wieder aufzunehmen, war zugleich die Bitte "um 588 ehrenamtliche Caritas - Kräfte" ausgesprochen worden[174]. Da sich der Caritasverband Düsseldorf "gewiß" war, "daß sie gestellt werden", erging im November 1946 folgender Aufruf: "Der Caritasverband als Spitzenorganisation der freien Wohlfahrtspflege katholischer Richtung stand vor 1933 mit mehr als 800 geschulten Helfern und Helferinnen in der städtischen Familienfürsorge. Diese Kräfte wurden im Zuge der Entwicklung 'ausgeschaltet'. Jetzt ist die Zeit gekommen, daß unsere Mitarbeit wieder 'eingeschaltet' werden soll. Wir

---

[170] Vgl. NN, Das neue Haus Hubertusstraße 3. Katholischer Gemeindeverband Düsseldorf ist umgezogen, in: Kirchenzeitung für das Erzbistum Köln Jg. 13 Nr. 13 (30.03.1958), 13.
[171] Vgl. NN, Notizen, in: Caritasverband Düsseldorf. Rundbrief Jg. 26 Nr. 1 (April 1950), 2; Elisabeth Lakemeier, 50 Jahre Diözesan - Caritasverband für das Erzbistum Köln 1916 - 1966, Köln 1967, 131 f.
[172] Vgl. CVD 645, 11.01.1951; NN, Notizen, in: Caritasverband Düsseldorf. Rundbrief Jg. 26 Nr. 2 (Mai 1950), 2.
[173] Vgl. CVD 102, 02.11.1948, 09.11.1948 und 18.11.1948; NN, Auf St. Raphaelspfaden, in: Caritasverband Düsseldorf. Rundbrief Jg. 26 Nr. 2 (Mai 1950), 2; Elisabeth Lakemeier, 50 Jahre Diözesan - Caritasverband für das Erzbistum Köln 1916 - 1966, Köln 1967, 126 ff.
[174] Vgl. NN, Die Neuordnung der städtischen Familienfürsorge, in: Caritasverband Düsseldorf. Rundbrief an unsere Mitarbeiter und Mitarbeiterinnen Jg. 22 Nr. 5 (November 1946), 3.

Doppelspitze: Die Caritasdirektoren Johannes Becker und Werner Drehsen

können aus wichtigen Gründen uns nicht versagen. Diese Zeilen sind mit einer gleichzeitig an die Pfarr - Caritas - Ausschüsse ergangenen Mitteilung ein herzlicher Aufruf, in den kommenden Wochen auf die Gewinnung bereiter und geeigneter Helfer und Helferinnen in der Zusammenarbeit mit der städtischen Familienfürsorge bedacht zu sein"[175].

Doppelspitze: Die Caritasdirektoren Johannes Becker und Werner Drehsen

Sowenig zu Beginn der fünfziger Jahre die Raumfrage des Caritassekretariates geklärt war, sowenig herrschte zu dieser Zeit Klarheit darüber, wer für die Arbeit des Düsseldorfer Caritassekretariates verantwortlich war. Seit am 12. November 1947 Kaplan Werner Drehsen von der Rochuskirche zum Caritasdirektor neben Johannes Becker ernannt worden war[176], gab es in der deutschen Caritasgeschichte die wohl einmalige Situation, dass an einem Ort zwei Caritasdirektoren zeitgleich im Amt waren.

Die Umstände, die zu dieser Sachlage führten, sind heute nicht mehr zweifelsfrei zu klären, doch scheint die schlechte gesundheitliche Konstitution von Caritasdirektor Johannes Becker hierfür den Ausschlag gegeben zu haben. Ende der vierziger Jahre von verschiedenen Seiten gedrängt, nach mehr als 30 Jahren die Geschäftsführung des Caritasverbandes Düsseldorf niederzulegen, dachte Johannes Becker keineswegs an einen freiwilligen Amtsverzicht[177]. Da der Wiederaufbau der Caritasarbeit in Düsseldorf nach dem Untergang des Dritten Reiches die Kräfte von Johannes Becker überforderte, wurde dem verdienten Caritasdirektor mit Werner Drehsen ein "Koadjutor" zur Seite gestellt, der ihn vor allem in "überörtlichen diözesanen Aufgaben im Bereich der Stadt Düsseldorf und im Regierungsbezirk Düsseldorf" entlasten sollte[178]. Indes zeichnete sich schon bald ab, dass das Experiment mit der ungewöhnlichen Doppelspitze nicht den gewünschten Erfolg brachte. Daher ersuchte Stadtdechant Ernst Kreuzberg, dem noch "vor Jahren eine Nötigung zur Amtsniederlegung als Undank erschienen wäre", verschiedene Kölner Stellen, Johannes Becker in den Ruhestand zu versetzen[179]. So schrieb der Düsseldorfer Stadtdechant und Vorsitzende des Caritasverbandes am 28. Oktober 1951 an den Kölner Weihbischof Joseph Ferche: "Herr Caritasdirektor Msgr. Becker ist mir ein lieber, guter Freund, der sich in den 35 Jahren seines Direktorates um den Caritasverband unstreitig große Verdienste erworben hat und der auf Grund seiner hervorragenden Kenntnis der einschlägigen Bestimmungen und Gesetzesvorschriften eine erste Kraft darstellt. Wenn ich trotzdem an Ew. Excellenz die Bitte richte, Herrn Direktor Becker von der Leitung des Düsseldorfer Caritasverbandes abzuberufen, so bewegt mich dazu einzig und allein die Sorge um die weitere Entwickelung des Caritasverbandes und der durch ihn vertretenen Heime und Einrichtungen. Immer und immer

---

[175] NN, Die Neuordnung der städtischen Familienfürsorge, in: Caritasverband Düsseldorf. Rundbrief an unsere Mitarbeiter und Mitarbeiterinnen Jg. 22 Nr. 5 (November 1946), 3.
[176] Vgl. NN, Personalchronik der Erzdiözese Köln, in: Kirchlicher Anzeiger für die Erzdiözese Köln Jg. 87 Nr. 25 (15.12.1947), 299 - 300, 299.
[177] Vgl. CVD 646, 29.12.1949.
[178] Vgl. CVD 33, 26.07.1977.
[179] Vgl. CVD 33, 26.07.1977.

wieder werde ich von Damen und Herren des Sozialministeriums und der Stadtverwaltung gebeten, dafür sorgen zu wollen, daß zu den Verhandlungen mit den staatlichen und städtischen Stellen ein anderer Vertreter des Caritasverbandes entsandt werde. Das bedauerliche Gehörleiden mache Herrn Direktor Msgr. Becker bei den Verhandlungen so schwerfällig und manchmal auch mißtrauisch, daß dadurch die Besprechungen stark behindert würden. Zwar sollte dieser Übelstand durch die vor einigen Jahren erfolgte Ernennung des Zweiten Caritasdirektors Werner Drehsen in etwa behoben werden. Es hat sich aber gezeigt, daß eine fruchtbringende Zusammenarbeit zwischen beiden Herren nicht möglich war, weil Herr Direktor Becker meistens darauf bestand, in wichtigen Angelegenheiten die Verhandlungen persönlich durchzuführen. ... Noch in den letzten Tagen wurde mir aus dem Sozialministerium mitgeteilt, daß eine für die Erweiterung des Don Bosko - Hauses bewilligte Summe von 75000 DM aus der Mc Cloy - Spende wieder gefährdet sei. Die angeforderten Unterlagen wären nicht beigebracht worden. Die Ursache liegt meines Erachtens in einer Weigerung des Sachbearbeiters beim Sozialministerium, fernerhin mit Herrn Direktor Becker zu verhandeln"[180]. Neben den Schwierigkeiten im Verkehr mit öffentlichen Behörden, beklagte Ernst Kreuzberg die mangelnde Innovationskraft des Düsseldorfer Caritasverbandes. "Ich vermisse", so der Stadtdechant, "in unserem Caritassekretariat den lebendigen Geist, die aktive Caritas. Direktor Becker vertritt die Ansicht, der Caritasverband sei eine reine Verwaltungsstelle und nur dazu da, als Dachorganisation die Interessen der angeschlossenen Institute zu koordinieren und die an die Behörden gestellten Anträge weiterzuleiten. Er läßt aber die Stoßkraft vermissen, die für die Erreichung der gesteckten Ziele notwendig ist. Auf evangelischer Seite wird eine sehr intensive und erfolgreiche Tätigkeit entwickelt, die uns in vielen Fällen bereits überrundet hat. Der Einfluß des Caritasverbandes als des größten Verbandes der freien Liebestätigkeit in Düsseldorf müßte viel spürbarer sein im Leben unserer Stadt. Eine bessere Zusammenarbeit der gesamten Caritaskräfte ist notwendig, und neue zeitgemäße Caritasaufgaben müssen angepackt werden. ... Ew. Excellenz, der Düsseldorfer Caritasverband braucht frischen Wind ich bitte herzlich darum, durch eine ehrenvolle Abberufung des Herrn Caritasdirektor Msgr. Becker die Aufwärtsentwickelung der Caritasarbeit in Düsseldorf zu ermöglichen"[181].

Trotz des massiven Druckes dauerte es noch über ein Jahr, bis Johannes Becker am 31. Dezember 1952 in den Ruhestand trat und sich in das Hubertusstift zurückzog, wo er bis zu seinem Tod am 4. Januar 1958 als Hausgeistlicher wirkte[182]. Die Rheinische Post hob in ihrem Nachruf über Johannes Becker hervor: "Er hat einmal geschrieben: 'Caritas - Arbeit ist eine religiöse Arbeit, eine mit religiöser Gesinnung, daß heißt mit religiösen Beweggründen und Zielen geleistete Arbeit'. Danach hat er stets gehandelt.

---

[180] CVD 88, 28.10.1951.
[181] CVD 88, 28.10.1951.
[182] Vgl. CVD 645, 21.10.1952 und 31.12.1952; NN, Personalchronik der Erzdiözese Köln, in: Kirchlicher Anzeiger für die Erzdiözese Köln Jg. 92 Nr. 3 (15.07.1952), 278 - 279, 279; NN, Personalchronik der Erzdiözese Köln, in: Kirchlicher Anzeiger für die Erzdiözese Köln Jg. 93 Nr. 3 (01.01.1953), 5 - 6, 5; NN, Caritasdirektor Becker zum Abschied, in: Kirchenzeitung für das Erzbistum Köln Jg. 8 Nr. 5 (01.02.1953), 80; NN, Personalchronik der Erzdiözese Köln, in: Kirchlicher Anzeiger für die Erzdiözese Köln Jg. 98 Nr. 3 (15.01.1958), 40.

Nicht nur mit seiner ganzen Energie, mit seinem ganzen Herzen hat er diese Arbeit getan, die für ihn Dienst am Nächsten, vor allem aber Dienst an Gott war. Sein Wirken und seine Persönlichkeit wird für alle, die ihn kannten, vorbildlich bleiben"[183]. Johannes Becker wurde auf dem Düsseldorfer Nordfriedhof beigesetzt, wo sich noch heute sein Grab (Feld 70) befindet.

Nach dem Ausscheiden von Caritasdirektor Johannes Becker, der vom Verband am 19. Januar 1953 im Antoniussaal der Maxpfarre feierlich verabschiedet wurde[184], lag die verantwortliche Leitung des Caritasverbandes Düsseldorf alleine in den Händen von Werner Drehsen. Der gebürtige Benrather (*21. Juni 1907) hatte nach dem Abitur in Bonn und Freiburg Theologie studiert und war am 24. Februar 1933 im Kölner Dom zum Priester geweiht worden[185]. Seine erste Kaplanstelle erhielt Werner Drehsen in Solingen - Mangenberg, wo er drei Jahre an der Pfarrkirche St. Engelbert tätig war[186]. Seit dem 15. Mai 1936 erteilte er Religionsunterricht an den Städtischen Berufsschulen in Düsseldorf[187], bis er am 14. April 1938 an der Rochuskirche in Pempelfort zum Kaplan ernannt wurde[188]. Wie schon bei seinem Vorgänger, ist auch bei Werner Drehsen nicht erkennbar, welche Spezialqualifikation oder Tätigkeitserfahrungen im sozial - caritativen Bereich, den Kaplan von St. Rochus im Jahre 1947 zur Beteiligung an der Geschäftsführung des Düsseldorfer Caritassekretariates empfahlen. Fest steht jedoch, dass Werner Drehsen mit Übernahme der alleinigen Verantwortung im Jahre 1953 "sehr bald neue Initiativen und Aktivitäten in der offenen und geschlossenen Caritasarbeit" in Düsseldorf entwickelte[189].

---

[183] RP 07.01.1958. Vgl. auch DN 07.01.1958.
[184] Vgl. CVD 88, 19.01.1953; CVD 645, 31.12.1952 und 14.01.1953; RP 20.01.1953.
[185] Vgl. NN, Personalchronik der Erzdiözese Köln, in: Kirchlicher Anzeiger für die Erzdiözese Köln Jg. 73 Nr. 8 (01.03.1933), 49 - 50, 49; NN, Das Porträt, in: Kirchenzeitung für das Erzbistum Köln Jg. 32 Nr. 25 (17.06.1977), 19.
[186] Vgl. NN, Personalchronik der Erzdiözese Köln, in: Kirchlicher Anzeiger für die Erzdiözese Köln Jg. 73 Nr. 10 (01.04.1933), 60 - 62, 60.
[187] Vgl. NN, Personalchronik der Erzdiözese Köln, in: Kirchlicher Anzeiger für die Erzdiözese Köln Jg. 76 Nr. 13 (10.06.1936), 115.
[188] Vgl. NN, Personalchronik der Erzdiözese Köln, in: Kirchlicher Anzeiger für die Erzdiözese Köln Jg. 78 Nr. 11 (01.05.1938), 83 - 84, 83.
[189] Vgl. CVD 33, 26.07.1977.

XIII. Der Caritasverband für die Stadt Düsseldorf in der zweiten Hälfte des 20. Jahrhunderts und der Gegenwart

Überblickt man die Entwicklung des Caritasverbandes Düsseldorf in den Jahren des Wirtschaftswunders, so lässt sich die Periode als Übergang von der Massen- zur Einzelfallhilfe charakterisieren. War die Arbeit der haupt- und ehrenamtlichen Caritaskräfte in den ersten Not- und Katastrophenjahren nach dem Zusammenbruch weitgehend auf die Eindämmung und Bekämpfung des Massenelends beschränkt, so folgte zu Beginn der fünfziger Jahre mit Stabilisierung der wirtschaftlichen und sozialen Verhältnisse der Aufbau einer kontinuierlichen Caritasarbeit, die auch Hilfsangebote für einzelne Notleidende bereithielt. Voraussetzung für die erfolgreiche Durchführung fach- und sachgerechter Einzelfallhilfen war der Aufbau eines Netzes moderner, fachspezifischer Beratungsdienste und Hilfseinrichtungen.

1. Kinder-, Jugend- und Familienhilfe

Erziehungs- und Familienberatungsstelle

Zu den fachspezifischen Beratungsdiensten, die Menschen in Notsituationen qualifiziert helfen sollten, gehörte die Psychologische Erziehungsberatung, deren flächendeckende Einrichtung der Deutsche Caritasverband bereits 1952 in einer Denkschrift an die Fuldaer Bischofskonferenz als dringende Notwendigkeit bezeichnet hatte. "Es gibt zu ernster Besorgnis Anlaß", so der Befund der Freiburger Caritaszentrale, "daß unsere Kinder und Jugendlichen in steigendem Masse Erziehungsschwierigkeiten bereiten, die mit den üblichen Erziehungsmethoden in der Familie nicht behoben werden können, vielmehr sogar häufig gerade durch die Störung und Zerrüttung des Familienlebens, seine Entleerung von echten, tragenden Wertbezügen verursacht oder doch erheblich verschärft werden. Aber auch, wo die Eltern sich ernst um die Erziehung bemühen, bedürfen sie zur richtigen Führung zum Beispiel entwicklungsgehemmter (debiler, psychopathischer und entwicklungsgestörter, neurotischer) Kinder der fachgerechten Hilfe, wie sie die modernen Jugendwissenschaften (Heilpädagogik, Psychologie, Kinderpsychiatrie, Pädiatrie) zu vermitteln vermögen. In den jetzt vielerorts entstehenden Erziehungsberatungsstellen arbeiten entsprechende Fachleute (in team) zusammen. Auf eine gründliche, umfaßende Diagnose der Fehlentwicklung erfolgt die ambulante heilpädagogisch - psychotherapeutische Behandlung des schwierigen Kindes und die Beratung seiner Erzieher. Die Erziehungsberatungsstelle bietet weiterhin den Fachkräften der Jugendhilfe (Fürsorger(innen), Heimerzieher(innen) etc.) die notwendige berufliche Anregung und Weiterbildung. Ein beträchtlicher Anteil der erziehungsberaterischen Arbeit ist Psychotherapie, die ihrerseits nur in Orientierung an einer objektiven Wertwelt getätigt werden kann. Die Bedeutung der Psychotherapie in religiöser Hinsicht liegt auf der Hand. Es ergibt sich, daß sich auch die Erziehungsberatung entweder christlich oder antichristlich, entweder katholisch oder antikatholisch ausprägen wird. Dabei ist in Betracht zu ziehen, daß bei der Beratung der Eltern, deren Erziehungsgehemmtheit häufig auf Eheschwierigkeiten zurückzuführen ist, es sehr darauf ankommt, daß ihnen in ihrer Lage ein gewissenhafter Rat gegeben wird. Es ist daher zu wünschen, daß in jeder Diözese mindestens eine katholische Erziehungsberatungsstelle eingerichtet wird, die schwierigen Kindern und Jugendlichen und ihren Eltern und Erziehern, außerdem Heimen, Anstalten und Schulen sachgerechte, vom katholischen Geiste getragene Hilfe bieten kann, erzieherische Fachkräfte im Sinn einer christlichen Anthropologie fortbildet und damit der Ausbreitung naturalistischer Auffassungen entgegenwirkt"[1].

Bei Einrichtung der geforderten Beratungsstellen ging der Deutsche Caritasverband beispielhaft voran und eröffnete im Freiburger Werthmannhaus am 1. Mai 1954 eine katholische Erziehungsberatungsstelle, deren Leitung in den Händen des Mainzer Tiefenpsychologen Alois Leber lag[2]. Die Beratungsstelle hatte den Auftrag, auf Grundlage der Erkenntnisse und Methoden der Psychologie die gesamte offene, halboffene und geschlossene Jugendfürsorge der Caritas zu intensivieren. Durch umfassende Ermittlung der Ursache des Erziehungsnotstandes in der Familie oder im Heim und durch Erforschung der Eigenart des Kindes in geistiger und charakterlicher Hinsicht sollte die ihm entsprechende erzieherische Förderung angebahnt werden[3]. Die Besonderheit der Erziehungsberatungsstelle lag vor allem darin, dass hier erstmals in der Geschichte der deutschen Caritas psychologische Erkenntnisse in die gesamte Jugendfürsorge und Jugendhilfe einbezogen wurden.

Nur ein Jahr nach Eröffnung der Freiburger Beratungsstelle wurde auch in Düsseldorf, wo ein vergleichbarer Jugendhilfedienst schon im Jahre 1930 für kurze Zeit bestanden hatte[4], eine katholische Erziehungsberatungsstelle eingerichtet. Nach Ausweis des ersten Jahresberichtes nahm die Erziehungsberatungsstelle des Caritasverbandes Düsseldorf "wegen der dringenden Notwendigkeit" am 1. April 1955 den Betrieb auf[5]. In den ersten neun Monaten ihres Bestehens wurden 66 Kinder (38 Jungen und 28 Mädchen) untersucht, Anamnesen erhoben, gegebenenfalls psychologische Untersuchungen vorgenommen und ausgewertet. Im Oktober 1955 richtete die Düsseldorfer Erziehungsberatungsstelle erste Spielgruppen ein, zu denen vier Kinder bestellt und zwei Stunden lang mit Spielen, Basteln, Malen und dem Anfertigen von "Kasperlepuppenköpfen" beschäftigt wurden[6]. Außerdem hielten die Mitarbeiter der Beratungsstelle, de-

---

[1] DCF 104.107 Fasz. 4, 1952.
[2] Vgl. Walter Hemsing, Erziehungsberatung als caritative Aufgabe, in: Caritas. Zeitschrift für Caritasarbeit und Caritaswissenschaft Jg. 56 Nr. 4 (April 1955), 106 - 110, 110 ff.
[3] Vgl. Heinz - Rolf Lückert, Handbuch der Erziehungsberatung Bd. 1, München 1964, 9 ff; Andreas Hundsalz, Die Erziehungsberatung. Grundlagen, Organisation, Konzepte und Methoden, Weinheim 1995, 31.
[4] Vgl. oben S. 542 f.
[5] Vgl. KGD 56, 1955; CVD 20, 1956.
[6] Vgl. KGD 56, 1955.

ren Leitung seit dem 1. Oktober 1955 in den Händen des Diplompsychologen Hans Graf von Finckenstein (1955 - 1961) lag[7], auf Elternabenden und in katholischen Fürsorgeeinrichtungen mehrfach Kurse und Vorträge zu Fragen der Kinder- und Jugenderziehung. So fand im Spätherbst 1955 für die Mitarbeiter des Katholischen Frauenfürsorgevereins ein mehrmonatiger Kursus zum Thema "Entwicklungspsychologie der Kinder unter besonderer Berücksichtigung der möglichen Erziehungsschwierigkeiten" statt[8]. Zur Arbeitsweise und -methodik der Caritasberatungsstelle bemerkte der Jahresbericht 1956: "In Fällen, wo ambulante Betreuung und Behandlung nicht ausreichten und ein Milieuwechsel für die günstige Weiterentwicklung des Kindes sich als notwendig erwies, wurden im Einverständnis mit den Eltern auch andere Einrichtungen mit eingeschaltet, bzw. sie wurden den Erziehungsberechtigten angeraten, zum Teil auch vermittelt. ... Bei Heimunterbringungen wurden die Eltern der Kinder während der Zeit der Trennung in Abständen weiterberaten. Den Heimen wurde mit Einverständnis der Eltern ein Bericht zugestellt, der ihnen die ursächlichen Zusammenhänge der bestehenden Schwierigkeiten aufhellen sollte und Möglichkeiten erzieherischen Ansetzens aufzeigte. In 9 Fällen wurden Kinder in Heimen (auswärts und in Düsseldorf) besucht. Mit den Erziehungsberechtigten wurde persönlich Fühlung genommen. Es wurde dadurch versucht, den Kontakt zwischen Kind und Elternhaus aufrechtzuerhalten und eine bestmögliche Grundlage für die Weiterentwicklung des Kindes im Elternhaus nach der Heimentlassung vorzubereiten. Auch bei der Inhaftierung straffällig gewordener Jugendlicher wurde der Kontakt zu dem Jugendlichen und den Eltern während der Zeit der Haft aufrechterhalten. ... Die Arbeit unserer Beratungsstelle fußt auf der katholischen Weltanschauung und ist fundiert durch wissenschaftlich gesicherte diagnostische und therapeutische Verfahren. Es wird neben einer gründlichen Klärung der Diagnose in der Therapie besonderer Wert auf die Umweltbeeinflussung gelegt, sondern auch durch Ausschöpfung aller Hilfsmöglichkeiten im Sozialgefüge des Kindes"[9].

Die Erziehungsberatungsstelle war zunächst im Heilpädagogischen Heim "Haus Elbroich" (heute Am Falder 4/6)[10], seit April 1956 in drei angemieteten Räumen des Hauses Bilker Str. 12 und seit Dezember 1957 im Neubau des Katholischen Gemeindeverbandes Hubertusstr. 5 untergebracht, wo der Jugendhilfeeinrichtung zwei Sprechzimmer, zwei Spielräume und ein Büroraum zur Verfügung standen[11]. Drei Jahre nach Einrichtung der Beratungsstelle arbeiteten dort hauptamtlich ein Psychologe und eine Fürsorgerin, nebenamtlich ein Kinderarzt, ein Jugendpsychiater und ein Seelsorger[12]. In einer Selbstvorstellung der Katholischen Erziehungsberatungsstelle Düsseldorf vom November 1958 heißt es über den Zweck der noch jungen Einrichtung: "Die Erzie-

---

[7] Vgl. CVD 644, 07.11.1961.
[8] Vgl. KGD 56, 1955.
[9] CVD 20, 1956.
[10] Vgl. unten S. 729 ff.
[11] Vgl. CVD 20, 1956 und 1957; NN, Tätigkeitsbericht der Erziehungsberatungsstelle des Caritasverbandes Düsseldorf für das Jahr 1958, in: Caritas - Nachrichten für das Erzbistum Köln Jg. 14 Nr. 6/7 (Juni/Juli 1959), 132 - 135, 132 f.
[12] Vgl. Werner Drehsen, Werke und Einrichtungen christlicher Liebestätigkeit im katholischen Raum in Düsseldorf, in: Blätter der Gesellschaft für christliche Kultur Jg. 1 Nr. 5 (Mai 1958), 8 - 14, 13.

hungsberatungsstelle untersucht alle irgendwie schwierigen Kinder und Jugendlichen zwischen 2 und 20 Jahren, berät die Eltern sehr intensiv, wenn irgend möglich, über längere Zeit. Je nach Art der Entwicklungsstörungen werden die Kinder - einzeln und in Gruppen - spieltherapeutisch behandelt, sofern das als notwendig erscheint. In der Beratungsstelle werden auch zahlreiche Kinder untersucht, die keine besonderen Schwierigkeiten aufweisen, von denen nur festgestellt werden soll, ob sie zum Beispiel schulreif sind oder die zum erfolgreichen Besuch der höheren Schule notwendige Begabung und Arbeitsbereitschaft haben"[13]. Ziel der Erziehungsberatungsstelle war es, "die Eltern zum Besuch der Beratungsstelle zu veranlassen, sobald ihre Kinder ernstere Erziehungsschwierigkeiten machen. ... Überaus wichtig und oft von entscheidender Bedeutung für den Erfolg der Beratungstätigkeit ist, daß uns die Eltern freiwillig aufsuchen und daß sie auf die Art der Arbeit der Beratungsstelle etwas vorbereitet sind. Für die Untersuchung der Kinder werden mit den Eltern bestimmte Termine vereinbart, die meistens vormittags liegen. Bei Schulkindern ist also eine Beurlaubung vom Schulbesuch fast immer erforderlich. In der Regel müssen die Eltern 2 bis 3 Wochen, manchmal sogar 4 Wochen auf eine erste Beratung warten. ... Wenn die Mutter (oder Eltern) mit dem Kind zum vereinbarten Zeitpunkt zur Beratungsstelle gekommen sind, hat die Mutter soviel Zeit, wie sie wünscht, um alles mit der Sozialarbeiterin allein zu besprechen. Das Kind 'spielt' in der Zwischenzeit, d.h. wird zur gleichen Zeit vom Leiter der Stelle psychologisch untersucht. Danach wird ein weiterer Termin mit der Mutter (oder beiden Eltern) allein vereinbart, an welchem dann die beratende Besprechung erfolgt. ... Mit den entstehenden Kosten verhält es sich so, daß bedürftige oder sozial ungünstig gestellte Familien völlig frei beraten und betreut werden. In allen anderen Fällen bitten wir um einen freiwilligen Unkostenbeitrag"[14].

Unter der Leitung von Dr. Fritz - Ulrich von Kracht (1962 - 1965) wurde die "Katholische Beratungsstelle für Eltern, Kinder und Jugendliche des Caritasverbandes Düsseldorf" Mitte Mai 1965 von der Hubertusstraße wieder nach Haus Elbroich verlegt[15], wo in den Remisen neben dem Heilpädagogischen Kinderheim geeignetere Räume zur Verfügung standen, sich die Arbeit aber "im formalen und inhaltlichen Ablauf nicht wesentlich von der der vorhergehenden Jahre" unterschied[16]. Am methodischen Vorgehen in der Beratungsarbeit wurde in Holthausen ebenso festgehalten wie in der Art der Betreuungsmaßnahmen: während des ersten Besuchs wurden den Ratsuchenden die Hilfsmöglichkeiten angeboten und erklärt und die Art der weiteren Untersuchung festgelegt. In allen Fällen folgte die Aufnahme eingehender Anamnesen durch Sozialarbeiter und vielfach fanden psychologische Untersuchungen statt, die durch psychiatrisch - neu-

---

[13] PfA Gerresheim St. Margareta 461, November 1958.
[14] PfA Gerresheim St. Margareta 461, November 1958.
[15] Vgl. CVD Vorstandsprotokolle, 26.02.1963; CVD 20, 1965; NN, Neuer Leiter der Erziehungsberatungsstelle, in: Kirchenzeitung für das Erzbistum Köln Jg. 17 Nr. 3 (21.01.1962), 21; NN, Wenn Kinder sorgen machen. Aus der Arbeit der katholischen Erziehungsberatungsstelle, in: Kirchenzeitung für das Erzbistum Köln Jg. 17 Nr. 5 (04.02.1962), 20.
[16] Vgl. NN, Aus dem Tätigkeitsbericht 1966 der Katholischen Beratungsstelle für Eltern, Kinder und Jugendliche des Caritasverbandes Düsseldorf e. V., in: Caritas - Nachrichten für das Erzbistum Köln Jg. 22 Nr. 5/6 (Mai/Juni 1967), 90.

rologische Untersuchungen oder anderweitige Spezialuntersuchungen ergänzt wurden. In allwöchentlich stattfindenden Teambesprechungen stimmten die Mitarbeiter der Beratungsstelle die Vorgehensweise bei problematischen Probanden ab. In sich daran anschließenden Gesprächen wurden den Ratsuchenden die diagnostischen Befunde mitgeteilt, auf Ursachen hingewiesen, Empfehlungen gegeben und mögliche Betreuungsformen dargelegt[17]. Mitte der sechziger Jahre bestanden die Hilfsmöglichkeiten der Erziehungsberatungsstelle vor allem in: 1. fortlaufenden Beratungs- und analytischen Gesprächen mit Eltern, 2. vertiefenden und beratenden Gesprächen mit Jugendlichen, 3. Spieltherapien in Einzelsituationen, 4. Spieltherapien in Gruppen, 5. Werk- und Beschäftigungstherapien in Gruppen, 6. Rhythmik- und Bewegungstherapien, 7. Übungsgruppen für Legastheniker[18].

Nachdem der Beschluss gefallen war, auf dem Gelände von Haus Elbroich eine Geriatrische Klinik zu bauen[19], musste die Erziehungsberatungsstelle am 1. Dezember 1975 in das ehemalige Mechtildisheim (Klosterstr. 86) verlegt werden, wo schon seit Jahresfrist die "Katholische Eheberatung Düsseldorf" untergebracht war[20]. Mit Verlegung der Erziehungsberatungsstelle begann für den Jugendhilfedienst der Caritas ein neuer Abschnitt. Zwar wurde die Arbeit inhaltlich - konzeptionell im Wesentlichen fortgeführt, doch trat der therapeutische Auftrag der Beratungsstelle stärker als bisher ins Bewusstsein[21]. "Schließlich", so die Begründung im Tätigkeitsbericht der Erziehungsberatungsstelle für das Jahr 1975, "hat erziehungsberaterische Arbeit nicht in erster Linie die Aufdeckung, sondern vor allem die Beseitigung kindlicher Verhaltensstörungen sowie erzieherischer Fehlhaltungen zum Ziel. Wir verstärkten daher unsere therapeutischen Bemühungen, wobei wir dank der in den letzten Jahren erfolgten Verbesserung des Ausbildungsstandes einzelner Mitarbeiter ein methodisch reichhaltigeres Behandlungsangebot machen konnten"[22]. Während die Arbeit der Beratungsstelle früher vor allem in der Analyse der Ursachen (Diagnostik) und der Vermittlung von Veränderungsvorschlägen (Beratung) bestand, nahmen die Mitarbeiter (3 Psychologen, 1 Sozialarbeiter, 1 Heilpä-

---

[17] Vgl. CVD 20, 1966; NN, Aus dem Tätigkeitsbericht 1966 der Katholischen Beratungsstelle für Eltern, Kinder und Jugendliche des Caritasverbandes Düsseldorf e. V., in: Caritas - Nachrichten für das Erzbistum Köln Jg. 22 Nr. 5/6 (Mai/Juni 1967), 90.

[18] Vgl. NN, Verzeichnis der katholischen Erziehungsberatungsstellen im Lande Nordrhein - Westfalen, in: Caritas - Nachrichten für das Erzbistum Köln Jg. 17 Nr. 6/7 (Juni/Juli 1962), 169 - 170, 170; NN, Die katholischen Erziehungsberatungsstellen in der Erzdiözese Köln nach dem Stand vom 1. Oktober 1966, in: Caritas - Nachrichten für das Erzbistum Köln Jg. 22 Nr. 1/2 (Januar/Februar 1967), 14; NN, Aus dem Tätigkeitsbericht 1966 der Katholischen Beratungsstelle für Eltern, Kinder und Jugendliche des Caritasverbandes Düsseldorf e. V., in: Caritas - Nachrichten für das Erzbistum Köln Jg. 22 Nr. 5/6 (Mai/Juni 1967), 90; Irmgard Fricke, Verzeichnis der Erziehungsberatungsstellen in der Bundesrepublik Deutschland einschließlich Berlin (West), Hannover 1967[4], 38.

[19] Vgl. unten S. 734 f.

[20] Vgl. CVD Vorstandsprotokolle, 07.04.1976; NN, Katholische Ehe-, Familien- und Lebensberatung, in: 75 Jahre Caritasverband in Düsseldorf, Düsseldorf 1979, o. S. (91 - 95, 91).

[21] Vgl. CVD 20, 1971.

[22] CVD 20, 1975.

dagoge) fortan "stärkeren Einfluß auf die Störbedingungen selbst"[23]. Der hierzu erforderliche Einsatz neuer therapeutischer Verfahren und Techniken war möglich, seit die Räume im Hause Klosterstraße nach einer "innenarchitektonischen Umgestaltung voll den fachlichen Erfordernissen und besonderen Bedürfnissen einer Erziehungsberatungsstelle" entsprachen[24]. "Licht und Farbe", so eine Beschreibung aus dem Jahre 1979, "geben den Räumen ein freundliches Aussehen und fördern eine behagliche Beratungsatmosphäre. Das zur Verfügung stehende Raumvolumen erlaubte eine großzügige Raumaufteilung und die Errichtung dringend benötigter zusätzlicher Räume. So besitzen wir neben den Therapieräumen, die zum obligatorischen Raumbestand einer Erziehungsberatungsstelle gehören (Matschraum, Spieltherapieraum etc.), einen großen Mehrzweckraum, der sich für Gruppensitzungen etc. eignet, zwei weitere Therapieräume, sowie einen großen Rhythmikraum für entspannungstherapeutische Übungen. Hingewiesen sei schließlich auf eine Raumeinheit, deren technische Ausstattung sowohl die direkte, verdeckte Beobachtung mittels Einwegspiegel, zum Beispiel der Interaktion von Mutter und Kind im Nebenraum ermöglicht, als auch in geeigneter Weise eine unmittelbare Beeinflußung zum Beispiel des Erzieherverhaltens durch den für das Kind nicht sichtbaren Therapeuten erlaubt. Über eine drahtlose Anlage empfängt die Mutter über einen Ohrempfänger genaue Verhaltensanweisungen und kann auf diese Weise, fachlich kontrolliert, angemessenes Erzieherverhalten im direkten Umgang mit ihrem Kind einüben"[25].

Unabhängig von der Ausweitung des Arbeitskonzeptes mit Betonung des therapeutischen Auftrages blieb die Symptomverteilung der vorgestellten Kinder und Jugendlichen (1975: 456 Fälle; 1980: 364; 1986: 396) nahezu unverändert[26]. Nach wie vor dominierten Schwierigkeiten im schulbezogenen Lern- und Leistungsbereich, Aggressivität, Kontaktstörungen, Störungen im Bereich der Sprache und des Sprechens, akute Lebenskrisen (z.B. Pubertätsprobleme), sexuelle Beziehungsprobleme und Fehlentwicklungen und Auffälligkeiten im psycho - somatischen Bereich (z.B. Einnässen, Nägelkauen, Magersucht)[27].

Seit Beginn der neunziger Jahre gehörte die systemische Methode zu den bevorzugten Arbeitsweisen der Katholischen Erziehungsberatungsstelle. "Wir bemühen uns", so eine Informationsschrift aus dem Jahre 1994, "den Ratsuchenden einfühlsam in seinen Anliegen, Nöten und Ängsten zu begleiten. In unserem Blickfeld steht die Person des Ratsuchenden mit seiner individuellen Geschichte, aber auch mit seinen sozialen Beziehungen und seinen sonstigen Lebensbedingungen. Öfter ist es sinnvoll, Personen aus dem sozialen Umfeld mit einzubeziehen. Dies geschieht jedoch ausschließlich mit dem

---

[23] Bert Marszalek, Die katholische Erziehungsberatungsstelle - ein caritativer Dienst stellt sich vor, in: 75 Jahre Caritasverband in Düsseldorf, Düsseldorf 1979, o. S. (96 - 102, 96).
[24] Vgl. Bert Marszalek, Die katholische Erziehungsberatungsstelle - ein caritativer Dienst stellt sich vor, in: 75 Jahre Caritasverband in Düsseldorf, Düsseldorf 1979, o. S. (96 - 102, 97).
[25] Bert Marszalek, Die katholische Erziehungsberatungsstelle - ein caritativer Dienst stellt sich vor, in: 75 Jahre Caritasverband in Düsseldorf, Düsseldorf 1979, o. S. (96 - 102, 97 f).
[26] Vgl. CVD 20, 1975, 1980 und 1986.
[27] Vgl. CVD 20, 1975, 1978, 1981, 1986 und 1987.

Einverständnis des Ratsuchenden, dessen Mitteilungen in der Beratungssituation grundsätzlich vertraulich behandelt werden"[28].

Heilpädagogisches Kinderheim und Heilpädagogisches Seminar Haus Elbroich

Nach dem Zweiten Weltkrieg hatte die Heimerziehung einen tiefen Wandel durchgemacht, der sich an modernen sozialpädagogischen und psychologischen Erkenntnissen, sozialen Veränderungen und neuen Ausbildungskonzepten orientierte. Findel- und Waisenhäuser, wie sie in der ersten Hälfte des 20. Jahrhunderts existierten, verloren ihre Bedeutung durch die immer geringer werdende Zahl elternloser Kinder. Die Folge war, dass Waisenhäuser geschlossen wurden oder Kinder Aufnahme fanden, die in bestimmten Familienverhältnissen nicht mehr erzogen werden konnten ("Sozialwaisen"). Traditionell existierten auf der anderen Seite noch die "Besserungsanstalten", die bemüht waren, besonders verhaltensauffällige oder straffällige Kinder und Jugendliche in einem eigenen erzieherischen Milieu gesellschaftlich zu integrieren und zu rehabilitieren. Als die traditionelle Unterscheidung zwischen Kinderheimen auf der einen und Erziehungsheimen auf der anderen Seite sich überholt hatte, sah sich die Heimerziehung mit der Tatsache konfrontiert, dass fast alle Bewohner Verhaltensauffälligkeiten bzw. -störungen zeigten. Seither mussten die Erziehungsheime verstärkt darauf bedacht sein, durch heilpädagogische und psychotherapeutische Behandlung in Gruppen Sozialverhalten, Alltagsbewältigung, Beziehungen und Solidargemeinschaften einzuüben[29].

Das erste katholische Kinderheim in Düsseldorf mit explizit heilpädagogischer Ausrichtung war das "Heilpädagogische Kinderheim Haus Elbroich", das im Jahre 1956 vom Caritasverband Düsseldorf in Holthausen eröffnet wurde. Als das mittelalterliche Anwesen im Jahre 1954 in den Besitz des Caritasverbandes gelangte, blickte der einstige Rittersitz an der Itterstr. 70 (heute Am Falder 4/6) bereits auf eine über 500jährige Geschichte zurück.

Die Anfänge des Hauses Elbroich liegen im Dunkeln der Geschichte. Von einem Haus Elbroich ist bereits im Teilungsvertrag des Besitzes der Ritter von Eller am 13. Juli 1447 die Rede, wo es unter den Gütern des Johann von Elner erscheint[30]. Mit dem Verkauf von Haus Eller an die Familie Quade im Jahre 1448[31] verlieren sich die Spuren der Eigentümer des zum Pfarrsprengel Itter gehörenden Landgutes bis zum Jahre 1492, in dem Johann von Retraedt Haus Elbroich von Arnoult vam Spythe erwerben konnte[32]. Nachdem das Anwesen fast 100 Jahre lang im Besitz des bekannten rheinischen Adels-

---

[28] 90 Jahre Caritasverband für die Stadt Düsseldorf. Gemeindecaritas, häusliche Hilfen, soziale Dienste und Beratung, ambulante Pflegestationen, Wohnheim und Altenhilfeeinrichtungen, Düsseldorf 1994, 48.
[29] Vgl. Dr. Jans, Heilpädagogische Heime, in: Caritas - Nachrichten für das Erzbistum Köln Jg. 15 Nr. 6/7 (Juni/Juli 1960), 163 - 194, 163 f; Matthias Almstedt, Ortsbestimmung der Heimerziehung. Geschichte, Bestandsaufnahme, Entwicklungstendenzen, Weinheim 1982, 13 ff.
[30] Vgl. NHS Harff - Dreiborn Haus Eller Urkunden 25.
[31] Vgl. NHS Harff - Dreiborn Haus Eller Urkunden 27.
[32] Vgl. NHS Elbroich Haus Urkunden 2a.

geschlechts war³³, veräußerte Eberhard von Retraedt am 10. April 1589 Haus Elbroich an Georg vom Neuenhove³⁴. Der neue Gutsbesitzer ließ um die Wende zum 17. Jahrhundert alle Gebäude des Elbroicher Besitztums niederlegen und ersetzte sie durch einen heute noch erhaltenen Bau, zu dessen Charakteristikum ein dreigeschossiger Turm mit Barockhaube zählt³⁵. Durch Vermählung von Maria Anna Neuenhove mit Wilhelm Dietrich von der Horst im Jahre 1679 ging das Gut in den Besitz der Familie von Etzbach über³⁶. Ihr 1730 in den Reichsgrafenstand erhobener Enkel Adrian Wilhelm Ferdinand erbaute 1748 die Ökonomiegebäude und das äußere Torhaus³⁷. Um 1760 trocknete der Elbroich umgebende Wassergraben aus, da Nicolas de Pigage beim Bau des Schlosses Benrath die Itter umleiten ließ, um das Wasser für den Schlosspark zu nutzen³⁸. Graf Ferdinand starb am 6. April 1756 und seine Gemahlin Adolphine von Nesselrode - Reichenstein am 19. Februar 1769; beide liegen in der Pfarrkirche zu Itter begraben³⁹. Sie waren die letzten aus dem Geschlecht von der Horst, die Haus Elbroich bewohnten. Eine Nichte, Hofdame der Königin von Sachsen zu Dresden, verkaufte am 3. Juli 1802 Elbroich an den Weihbischof von Hildesheim, Freiherrn Friedrich von Wendt⁴⁰, der es 1804 für 32000 Taler an die Familie von Bertrab veräußerte⁴¹. Die Fami-

---

[33] Vgl. NHS Elbroich Haus Urkunden 3; Herbert M. Schleicher, Ernst von Oidtman und seine genealogisch - heraldische Sammlung in der Universitäts - Bibliothek zu Köln Bd. 12, Köln 1997, 683 ff.

[34] Vgl. NHS Elbroich Haus Urkunden 4. Vgl. dazu Eberhard Fricke, Zur Geschichte derer von Neuhoff auf Elbroich, in: Düsseldorfer Jahrbuch 52 (1966), 93 - 104.

[35] Vgl. SAD XXII A 2, Friedrich Anton von Bertrab, Historische Nachrichten vom Hause Elbroich, Manuskript o. O. o. J. (um 1835), Bl. 2. Vgl. auch Friedrich Everhard von Mering, Der Rittersitz Elbroich, in: Friedrich Everhard von Mering, Geschichte der Burgen, Rittergüter, Abteien und Klöster in den Rheinlanden und den Provinzen Jülich, Cleve, Berg und Westphalen nach archivarischen und anderen authentischen Quellen Bd. 3, Köln 1836, 54 - 102, 59; Inge Lackinger, Güter und Höfe in Benrath und Umgebung, Düsseldorf 1990, 44 ff.

[36] Vgl. Friedrich Everhard von Mering, Der Rittersitz Elbroich, in: Friedrich Everhard von Mering, Geschichte der Burgen, Rittergüter, Abteien und Klöster in den Rheinlanden und den Provinzen Jülich, Cleve, Berg und Westphalen nach archivarischen und anderen authentischen Quellen Bd. 3, Köln 1836, 54 - 102, 93 f.

[37] Vgl. Friedrich Everhard von Mering, Der Rittersitz Elbroich, in: Friedrich Everhard von Mering, Geschichte der Burgen, Rittergüter, Abteien und Klöster in den Rheinlanden und den Provinzen Jülich, Cleve, Berg und Westphalen nach archivarischen und anderen authentischen Quellen Bd. 3, Köln 1836, 54 - 102, 101.

[38] Vgl. Peter Müller, "... wegen extension derer allees, und points des vues ...". Der Bau des Kapuzinerkanals und seine Auswirkungen. Berichte von 1765 und 1773, in: Benrath und sein Schloß, Düsseldorf 2002, 91 - 100, 91 ff.

[39] Vgl. Friedrich Everhard von Mering, Der Rittersitz Elbroich, in: Friedrich Everhard von Mering, Geschichte der Burgen, Rittergüter, Abteien und Klöster in den Rheinlanden und den Provinzen Jülich, Cleve, Berg und Westphalen nach archivarischen und anderen authentischen Quellen Bd. 3, Köln 1836, 54 - 102, 101.

[40] Vgl. Friedrich Everhard von Mering, Der Rittersitz Elbroich, in: Friedrich Everhard von Mering, Geschichte der Burgen, Rittergüter, Abteien und Klöster in den Rheinlanden und den Provinzen Jülich, Cleve, Berg und Westphalen nach archivarischen und anderen authentischen Quellen Bd. 3, Köln 1836, 54 - 102, 102.

[41] Vgl. SAD XXII A 2, Friedrich Anton von Bertrab, Historische Nachrichten vom Hause Elbroich, Manuskript o. O. o. J. (um 1835), Bl. 16.

1. Heilpädagogisches Kinderheim und Heilpädagogisches Seminar Haus Elbroich

lie sorgte für eine großzügige Erweiterung und Verschönerung des Parks. Freiherr Friedrich Anton von Bertrab kaufte 1807 das freiadelige Gut Kamper Hof hinzu[42]. Im Jahre 1852 erwarb Katharina Trinkhaus, die Mutter des Bankiers Christian Gottfried Trinkhaus, Haus Elbroich[43]. Seine Enkelin Alice heiratete später Kommerzienrat Hermann Heye, Sohn des Gründers der Gerresheimer Glashütte. Um 1900 wurde von den Erben der Familien Heye und Trinkhaus das Wohnhaus und die Gartenanlage erweitert. Während des Zweiten Weltkrieges waren in Elbroich vorübergehend deutsche Soldaten untergebracht, denen nach der Besetzung der Stadt britische Soldaten folgten[44]. Zu Beginn der fünfziger Jahre befand sich das gesamte Anwesen in einem trostlosen Zustand, da sich für das Schloss nach Freigabe durch die britische Besatzungsbehörde zunächst kein neuer Verwendungszweck fand[45].

Aus welchen Gründen die Erben des Kommerzienrats Hermann Heye, einem Protestanten und Förderer zahlreicher diakonischer Einrichtungen[46], Haus Elbroich dem Caritasverband für die Stadt Düsseldorf vermachten, ist nicht bekannt. Am 15. Juli 1954 gab der Vermögensverwalter der Erbengemeinschaft notariell zu Protokoll: "Die durch mich vertretenen Grundstückseigentümer bieten hiermit dem Caritasverband für die Stadt Düsseldorf e.V. in Düsseldorf aus den im Grundbuche des Amtsgerichts Düsseldorf von Itter - Holthausen Band 26 Blatt 1070 eingetragenen Parzellen ... schenkungsweise zum Zwecke der Einrichtung einer caritativen Anstalt ein Trennstück in Größe von etwa 8500 qm an ... . Das Trennstück wird mit den darauf befindlichen Gebäulichkeiten, jedoch ohne den über die Fläche führenden Weg übertragen. ... An dieses Angebot halten sich die Veräußerer bis zum 31. Dezember 1954 gebunden. Zur Annahme des Angebotes genügt es, daß innerhalb der Angebotsfrist die Annahme vor einem deutschen Notar erklärt wird"[47].

Auf das Schenkungsangebot erklärten Stadtdechant Ernst Kreuzberg und Caritasdirektor Werner Drehsen als vertretungsberechtigte Vorstandsmitglieder am 12. November 1954: "Die Erben Kommerzienrat Hermann Heye haben durch Erklärung vor dem amtierenden Notar vom 15. Juli 1954 ... dem durch uns vertretenen Caritasverband für die Stadt Düsseldorf e.V. in Düsseldorf das in dieser Urkunde näher bezeichnete Trennstück in Größe von 8500 qm schenkungsweise zum Zwecke der Einrichtung einer caritativen Anstalt angeboten. Wir nehmen hiermit dieses Angebot ... für den durch uns vertretenen Caritasverband in allen Teilen an"[48].

---

[42] Vgl. Alphons Schmitz, Aus der Geschichte Itter - Holthausen, in: Am Rheinesstrand. Wochenbeilage zum "Benrather Tageblatt" Jg. 2 Nr. 10 (07.03.1920), o. S. (1).
[43] Vgl. Fritz Wiesenberger, Schloßromantik gleich neben an. Schlösser und Burgen in Düsseldorf und Umgebung, Düsseldorf 1980, 18.
[44] Vgl. Fritz Wiesenberger, Schloßromantik gleich neben an. Schlösser und Burgen in Düsseldorf und Umgebung, Düsseldorf 1980, 18 f.
[45] Vgl. A.D., Karitasarbeit in Düsseldorf. Grüne Oase in der Großstadt. Kinderparadies auf 800jährigem Fundament. Das Geheimnis von Schloß Elbroich, in: Kirchenzeitung für das Erzbistum Köln Jg. 16 Nr. 33/34 (13.08.1961), 28.
[46] Mechthild Wolf, Hermann Heye, in: Neue Deutsche Biographie Bd. 9, Berlin 1972, 78 - 79, 78.
[47] CVD 419, 15.07.1954.
[48] CVD 419, 12.11.1954. Vgl. auch CVD Vorstandsprotokolle, 14.10.1954.

Nur wenige Wochen nach Unterzeichnung des Schenkungsvertrages beantragte Caritasdirektor Werner Drehsen am 29. Dezember 1954 beim Arbeits- und Sozialminister des Landes Nordrhein - Westfalen eine Genehmigung, im neu erworbenen Schloss Elbroich ein "Heilpädagogisches Erziehungsheim für entwicklungsgestörte Kinder und Jugendliche katholischen Bekenntnisses" einrichten zu dürfen[49]. Zur Begründung führte er aus: "Es ist für die Entwicklung eines Menschen von entscheidender Bedeutung, daß Störungen seiner Charakterentwicklung frühzeitig behandelt werden. Diesem Zweck will der Caritasverband Düsseldorf das Haus Elbroich in Düsseldorf - Holthausen zur Verfügung stellen; ... . Das Heilerziehungsheim soll entwicklungsgestörte Kinder und Jugendliche aufnehmen, für die eine ambulante Behandlung, etwa durch eine Erziehungsberatungsstelle, nicht ausreichend ist. In einer sorgfältig durchgeführten Beobachtung und Behandlung in kleinsten Gruppen durch vorgebildete Erzieherkräfte in einer Teamarbeit, an der Psychologe, Arzt, Fürsorgerin und Erzieherin beteiligt sind, in familienhaft gestalteter Heimatmosphäre soll ein lösender und heilender Einfluß auf diese Jugendlichen ausgeübt werden. In besonderer Weise werden u.a. rhythmische Übungen und Atemübungen gepflegt, musische Kräfte im Kind geweckt; sprachgestörte Kinder und Jugendliche erhalten eine fachgemäße Behandlung; nicht zuletzt werden die heilenden Kräfte der Natur in den Dienst der Heilbehandlung gestellt, die in dem das Haus umgebenden Park zur Verfügung stehen. Die Nachfrage nach der Unterbringung entwicklungsgestörter Kinder und Jugendlicher in geeigneten Heimen ist außerordentlich groß. Durch das Heim Elbroich soll vorzugsweise die Aufnahme von Kindern und Jugendlichen gewährleistet werden, deren Entwicklung durch Bunker- und Lagerleben, durch Fluchterlebnisse und Heimatlosigkeit besondere Schädigungen erfahren hat. In Nordrhein - Westfalen besteht bisher von katholischer Seite kein entsprechendes Heim, wie auch in anderen Ländern nur einige fachlich geleitete Heime vorhanden sind; ihre Zahl ist aber nicht ausreichend. Die Lage von Haus Elbroich in Düsseldorf - Holthausen darf als außerordentlich günstig für den beabsichtigten Zweck bezeichnet werden. Neben der herrlichen Unterbringung, der ungewöhnlich schönen und gesunden Spielmöglichkeit ist Gelegenheit zum Besuch der verschiedenen Schulgattungen gegeben; zur ärztlichen Betreuung stehen Fachärzte auf allen Gebieten in unmittelbarer Nähe zur Verfügung. Der Heimleiterin soll als ständiges Personal zur Verfügung stehen eine Fürsorgerin, 4 Gruppenleiterinnen, 4 Praktikantinnen, 1 Wirtschaftsleiterin mit 3 Hilfskräften sowie der Hausmeister"[50]. Nach der Ausführung notwendiger Umbaumaßnahmen (Einzug eines Obergeschosses, Bau eines Schwimmbeckens im Garten, u.a.) nahmen Caritasmitarbeiter in Elbroich ihre Tätigkeit auf und bereiteten für den 1. Dezember 1955 die Eröffnung und Inbetriebnahme eines heilpädagogischen Kinderheimes vor[51].

Einige Jahre nach Eröffnung des Heimes wurde neben dem alten Vorgebäude ein neuer Ziegelbau errichtet, der am 1. Mai 1959 vom Heilpädagogischen Seminar des Ca-

---

[49] Vgl. CVD 415, 29.12.1954.
[50] CVD 415, 29.12.1954.
[51] Vgl. CVD 11, 01.12.1955.

1. Heilpädagogisches Kinderheim und Heilpädagogisches Seminar Haus Elbroich

ritasverbandes für die Stadt Düsseldorf bezogen wurde[52]. Im Auftrag und mit Genehmigung des Sozialministeriums des Landes Nordrhein - Westfalens schulte das Institut Sozialarbeiter, Sozialpädagogen und Kindergärtnerinnen in einjährigen Fortbildungskursen an verhaltensauffälligen Kindern und Jugendlichen[53]. Zum Stundenplan gehörten Kinder- und Jugendpsychologie, Sozialpsychologie, Tiefenpsychologie, Kinderpsychotherapie, Kinderpsychiatrie, Religion, Philosophie, Jugendrecht, Testmethodik sowie diagnostische und methodische Übungen[54]. Der theoretische Unterricht fand vormittags statt, während das praktische Arbeiten nachmittags in den Einzel- und Gruppentherapien für die im Heim befindlichen Kinder erlernt wurde. Das Fortbildungsinstitut wurde nach Genehmigung durch das Kultusministerium von Nordrhein - Westfalen am 1. Oktober 1968 in eine "Höhere Fachschule für außerschulische Heilpädagogik" umgewandelt[55]. Nachdem am 1. Oktober 1971 die Katholische Fachhochschule Nordrhein - Westfalen in Köln ihren Lehrbetrieb aufgenommen hatte, wurde die Höhere Fachschule "Haus Elbroich" dem neuen Institut als Außenstelle angegliedert[56].

Zeitgleich mit dem Ausbau des Heilpädagogischen Seminars wurde das Heilpädagogische Heim in Elbroich erweitert. Zu Beginn der sechziger Jahre veranlasste Caritasdirektor Werner Drehsen verschiedene Um- und Neubauten, in denen von 1965 bis 1975 u.a. die Erziehungsberatungsstelle des Caritasverbandes für die Stadt Düsseldorf untergebracht war[57]. Zur Entlastung des Hauses Elbroich wurde im Jahre 1961 in Sinzenich bei Zülpich (St. Anna - Haus) eine Dependance für 33 Kinder eingerichtet[58].

Weil die Symptomatik der zugewiesenen Kinder "mehr und mehr den Charakter der Verwahrlosung" annahm, fasste der Vorstand des Caritasverbandes Düsseldorf in seiner Sitzung vom 21. März 1972 den Beschluss, Haus Elbroich als Heilpädagogisches Kinderheim nicht über den 31. Dezember 1972 hinaus weiterzuführen[59]. In einem Schreiben vom 17. April 1972 an den Direktor des Landschaftsverbandes Rheinland begründete Verwaltungsdirektor Josef Mühlemeier den Schritt mit den Worten: "Durch den Ausbau der Erziehungsberatungsstellen in den letzten 15 Jahren, die sehr viele Kinder - 'die weniger schwierigen Fälle' - selbst therapieren, kommen in den letzten Jahren fast ausschließlich hochgradig neurotische und verwahrloste Kinder in unser Heim. Die Ag-

---

[52] Vgl. CVD 11, 01.05.1959; NN, Lehrmeister Caritas, in: Blätter für Dich. Berichte aus der Arbeit der Caritasverbände in der Erzdiözese Köln 1959, Köln 1960, 28 - 29, 29; NN, Chronik, in: 75 Jahre Caritasverband in Düsseldorf, Düsseldorf 1979, o. S. (21 - 42, 39).

[53] Vgl. A.D., Karitasarbeit in Düsseldorf. Grüne Oase in der Großstadt. Kinderparadies auf 800jährigem Fundament. Das Geheimnis von Schloß Elbroich, in: Kirchenzeitung für das Erzbistum Köln Jg. 16 Nr. 33/34 (13.08.1961), 28.

[54] Vgl. NN, Heilpädagogisches Institut des Caritasverbandes Düsseldorf, in: Caritas - Nachrichten für das Erzbistum Köln Jg. 15 Nr. 1/2 (Januar/Februar 1960), 24.

[55] Vgl. NN, Heilpädagogisches Seminar wird höhere Fachschule, in: Kirchenzeitung für das Erzbistum Köln Jg. 23 Nr. 31 (02.08.1968), 21.

[56] Vgl. NN, Katholische Fachhochschule Nordrhein - Westfalen eröffnet, in: Caritas - Nachrichten für das Erzbistum Köln Jg. 26 Nr. 6 (November/Dezember 1971), 254 - 263, 254.

[57] Vgl. oben S. 726.

[58] Vgl. CVD 417, 23.10.1971.

[59] Vgl. CVD 415, 17.04.1972.

gressionen der Kinder sind so groß, daß es uns nicht mehr möglich ist, geeignetes Fachpersonal auf Dauer zu haben. Vor allem bieten das Schloß und seine Umgebung den Kindern zuviel Raum, sich ihrer Aggression so zu entledigen, daß für uns fortlaufend erheblicher materieller Schaden entsteht. Die im Pflegesatz enthaltene Pauschale für Renovierung und Ersatzanschaffung reichten seit 1965 bei weitem nicht mehr aus. Alle Vorstellungen und Anträge, für Haus Elbroich eine Anpassung dieser Pauschale an die tatsächlichen Kosten zu erreichen, blieben fruchtlos. So entstanden uns erhebliche Verluste, ... Wir bitten daher um Verständnis dafür, daß uns keine andere Wahl blieb, als den für uns sehr harten Schritt der Einstellung des Betriebes des heilpädagogischen Kinderheims zu gehen"[60].

Mit Beginn der Sommerferien 1972 wurde das Kinderheim in Schloss Elbroich geschlossen. Die 32 Kinder, die dort zuletzt untergebracht waren, wurden entweder zu ihren Eltern entlassen oder anderen Heimen zugeführt[61]. In der Depandence St. Anna Haus in Sinzenich war der Heimbetrieb bereits zum 30. Juni 1971 eingestellt worden[62].

Da Schloss Elbroich nach dem Willen des Caritasverbandes für die Stadt Düsseldorf weiterhin caritativen Zwecken dienen sollte, wurde das Anwesen am 1. August 1972 der "Arbeitsgemeinschaft Sozialpädagogik und Gesellschaftsbildung" (ASG) zur Einrichtung einer "Fachschule für Sozialpädagogik" bzw. am 1. August 1973 dem Diözesancaritasverband für das Erzbistum Köln zur Einrichtung eines "Fachseminars für Altenpflege" überlassen[63]. Das Fachseminar für Altenpflege besuchten im Durchschnitt 35 Studierende, die von 20 Dozenten verschiedenster Fachbereiche für den Beruf des Altenpflegers ausgebildet wurden. Bedingt durch den Verkauf von Haus Elbroich am 15. April 1989 an ein privates Wirtschaftsunternehmen musste das Fachseminar für Altenpflege noch im gleichen Monat nach Neuss verlegt werden[64].

Geriatrisches Krankenhaus Elbroich

Unberührt vom Verkauf blieb das Grundstück Am Falder 6, auf dem sich heute eine Geriatrische Klinik befindet. Die Klinik wurde in den siebziger Jahren auf Betreiben der 1972 gegründeten GmbH "Pflegeheim Haus Elbroich" und 1973 in "Geriatrisches Krankenhaus Elbroich" umbenannten Gesellschaft errichtet. Das bereits seit längerer Zeit geplante Projekt wurde der Öffentlichkeit am 24. Oktober 1973 vorgestellt. In einer vorbereiteten Presseerklärung der Trägergesellschaft hieß es zu dem Vorhaben: "Die moderne Geriatrie und Gerontologie ... haben erkannt, daß die Betreuung alter Menschen weiter differenziert werden muß. Ein Teil der alten Menschen ist tatsächlich auf Dauer pflegebedürftig. Ein nicht geringer Teil aller alten Patienten kann aber durch gezielte Rehabilitationsmaßnahmen, wie Hydrotherapie, Ergotherapie, Beschäftigungsthe-

---

[60] CVD 415, 17.04.1972.
[61] Vgl. RP 27.07.1972.
[62] Vgl. CVD Vorstandsprotokolle, 21.03.1972 und 26.11.1974; CVD 417, 23.10.1971.
[63] Vgl. CVD 412, 05.12.1975.
[64] Vgl. CVD 417, 15.04.1989.

1. Familienpflege   735

rapie sowie altersgerechte medikamentöse Behandlung wieder soweit aktiviert werden, daß er in seiner früheren Wohnung und Umgebung, in einem Altenwohnheim oder einer anderen entsprechend geeigneten Einrichtung leben kann. Das bedeutet für die betagten Menschen nicht nur mehr Individualität, ... sondern auch bedeutende finanzielle Einsparungen"[65]. Zum weiteren Vorgehen erklärte die Geriatrische Krankenhaus Elbroich GmbH: "Diese Erkenntnis versucht die von C. & A. Brenninkmeyer initiierte und nachhaltig geförderte Geriatrische Krankenhaus Elbroich GmbH in Zusammenarbeit mit den Caritas - Verbänden in die Tat umzusetzen. Auf ihre Initiative wird ein Fachkrankenhaus für Alterskrankheiten mit 80 Betten und großzügigen Einrichtungen zur Rehabilitation errichtet werden. Von Köln ist vor wenigen Tagen das Fachseminar für Altenpflege des Diözesancaritasverbandes nach Düsseldorf umgezogen. In der Nähe von Haus Elbroich wird ein Altenkrankenheim für Dauerpflege entstehen. ... Nachdem das Objekt am 15. Oktober 1973 bei der Zielplanungsbesprechung für das Versorgungsgebiet Düsseldorf in den Krankenhausbedarfsplan des Landes NRW aufgenommen worden ist, rechnet die Leitung von Haus Elbroich damit, daß im Herbst 1974 Baubeginn ist und im Frühjahr 1977 die ersten Patienten aufgenommen werden können"[66]. Aus nicht bekannten Gründen erfolgte der Baubeginn erst im Jahre 1977, wodurch sich die Fertigstellung und Eröffnung der Klinik bis zum 8. April 1980 verzögerte[67]. Seit Mai 1984 befindet sich das Geriatrische Krankenhaus Elbroich in Trägerschaft der "Krankenhaus Mörsenbroich - Rath GmbH"[68].

Familienpflege

Die Aufgabe, bedrängten Familien und einzelnen Familienmitgliedern in vorübergehenden Notlagen mit häuslichen Diensten zur Seite zu stehen, wurde vor dem Zweiten Weltkrieg in Düsseldorf von genossenschaftlichen Pflegeorden und speziellen Pflegevereinen mit ehrenamtlichen Hilfskräften (z.B. Pflegeverein für arme unbescholtene Wöchnerinnen; Haus- und Familienpflegevereinigung des Dritten Ordens vom Hl. Franziskus) wahrgenommen[69]. Nach dem Zusammenbruch 1945 und dem Wiederaufbau Deutschlands waren in den Familien neue Probleme anzutreffen, die mit den Mitteln der traditionellen Familienhilfe nicht gelöst werden konnten. "Die Vertretung der erschöpften Mütter nach jahrelangen Entbehrungen und Belastungen wurde nun immer dringender. Die zunehmende Berufstätigkeit der Frauen, die Lockerung familiärer und nachbarschaftlicher Beziehungen, führten dazu, daß immer mehr Familien auf fremde Hilfe in solchen Notlagen angewiesen waren"[70]. So wurde im Erzbistum Paderborn be-

---

[65] CVD 11, 24.10.1973.
[66] CVD 11, 24.10.1973.
[67] Vgl. RP 03.04.1980; NN, Hilfe für kranke alte Bürger, in: Kirchenzeitung für das Erzbistum Köln Jg. 35 Nr. 24 (13.06.1980), 2; RP 12.07.1980.
[68] CVD 416, 30.05.1984; 10 Jahre Geriatrisches Krankenhaus Elbroich, Düsseldorf 1990, 4.
[69] Vgl. oben S. 288 und 477 ff.
[70] Maria Reichmann, Familienpflege - Familienpflegerin, in: Paul Nordhues, Handbuch der Caritasarbeit. Beiträge zur Theologie, Pastoral und Geschichte der Caritas mit Überblick über die Dienste in

reits im Jahre 1948 eine Schule für hauptberufliche Familienpflegerinnen eingerichtet und damit die Familienpflege zu einem erlernbaren Beruf gemacht[71].

Der Caritasverband Düsseldorf intensivierte den Aufbau einer organisierten Familienpflege am 1. April 1954 mit der Einstellung von zwei Familienpflegerinnen[72]. Vorrangig oblag ihnen die vorübergehende Betreuung von Familien und Einzelpersonen in pflegerischer, hauswirtschaftlicher und erzieherischer Hinsicht. Um sich gegenüber den reinen hauswirtschaftlichen und pflegerischen Caritasdiensten abzugrenzen, sollten bei einem Einsatz von den drei Funktionen wenigstens zwei ausgeübt werden. Die häufigste Aufgabe der Familienpflegerin war es, in einem Notfall bei Abwesenheit der Mutter deren Aufgaben in der Familie zu übernehmen. Wurde die Mutter zu Hause gepflegt, so kam zur Weiterführung des Haushalts die Pflege der erkrankten Mutter hinzu. Nicht selten wurde die Situation dadurch erschwert, dass außer den Kindern noch ein pflegebedürftiger oder behinderter Mensch zur Familie gehörte und versorgt werden musste. Im Jahre 1955 betreuten drei hauptamtliche Familienpflegerinnen des Caritasverbandes Düsseldorf 45 Familien[73]. In 9 Familien leisteten sie "Wöchnerinnenhilfe"; in 36 Familien vertraten sie Mütter, die sich im Krankenhaus oder in Kur befanden. Über erste Eindrücke und Erfahrungen hauptamtlicher Familienpflege heißt es im Rechenschaftsbericht des Düsseldorfer Caritasverbandes für das Jahr 1955: "Unsere Familienpfleger arbeiten in guten und weniger guten, in religiös fundierten und gleichgültigen Familien. Es ist eine Hauptaufgabe der Fürsorgerin des Caritasverbandes, die Pfarreien zur Mitarbeit in der Familienpflege zu gewinnen. Zur Zeit eines Familienpflegeeinsatzes verhält sich die Familie fremden Einflüssen gegenüber aufnahmebereiter, so daß hier alle Möglichkeiten ausgenutzt werden müssen, durch die Pfarrei eine seelsorgerische Arbeit anzubahnen. Die Einsätze der Familienpflegerinnen erfolgten zumeist in wirtschaftlich bedürftigen Familien, wo sie unter primitivsten Verhältnissen, ohne Brennmaterial, ohne Wirtschaftsgeld, ohne den nötigen Hausrat und in 2 Fällen selbst ohne Wasser einen geordneten Haushalt führen mußten. Aber nicht nur die reine Hausarbeit obliegt der Familienpflegerin. Sie sorgt darüber hinaus für die Erziehung und Förderung der Kinder und gestaltet in mütterlicher, selbstloser Weise das Familienleben. Sie erlebt die Familie wie sie ist. Sie sieht Erziehungsschwierigkeiten der Kinder und gleichzeitig das diesen zugrunde liegende Verhalten der Eltern untereinander und den Kinder gegenüber und es bedarf eines feinen Einfühlungsvermögens, Brücken zu bauen zwischen Eltern und Kindern, gegenseitiges Verständnis zu wecken und auch einmal auf unrechtes Verhalten aufmerksam zu machen. Auch nach Beendigung des Einsatzes läßt die Familienpflegerin ihre Familie nicht fallen. Sie besucht sie so oft es ihr möglich ist. Bei 32 Hausbesuchen konnten sie weiterhin beratend den einmal von ihnen betreuten Familien helfen. ... Die Familienpflegerinnen treffen sich regelmäßig mit unserer Fürsorgerin, die die Verteilung

---

Gemeinde und Verband, Paderborn 1986, 247 - 251, 247. Vgl. dazu Maria Reichmann, Familie in Not. Sieben charakteristische Studien, Freiburg 1971, 8 ff.

[71] Vgl. Maria Reichmann, Familienpflege - Familienpflegerin, in: Paul Nordhues, Handbuch der Caritasarbeit. Beiträge zur Theologie, Pastoral und Geschichte der Caritas mit Überblick über die Dienste in Gemeinde und Verband, Paderborn 1986, 247 - 251, 247.

[72] Vgl. CVD 500, Juni 1954.

[73] Vgl. KGD 56, 1955.

1. Sozialpädagogische Familienhilfe

der Einsätze regelt und mit 159 Familienbesuchen die Familienpflegekräfte in ihrer Arbeit innerhalb der Familien unterstützt hat"[74]. Neben den ausgebildeten Familienpflegerinnen leisteten 34 Kursteilnehmerinnen des Caritaswerkheims in Stockum im Jahre 1955 durch ihren Einsatz wertvolle familienpflegerische Unterstützung[75].

Nach Normalisierung der Wohnverhältnisse und Hebung des allgemeinen Lebensstandards wandelte sich die Arbeit der Familienpflegerin. Waren es 1955 meist Familien mit mehr als fünf Kindern, die familienpflegerisch betreut wurden[76], so waren es Ende der siebziger Jahre überwiegend Familien mit drei oder weniger Kindern[77]. Außerdem waren fast alle Haushalte der fürsorgebedürftigen Familien mit technischen Hilfsmitteln ausgestattet, die die Arbeit der Versorgung und Haushaltsführung wesentlich erleichterten. Neben der Hausarbeit hatte die Familienpflegerin verstärkt andere Fürsorgearbeiten zu leisten. "Sie begegnet", so ein Erfahrungsbericht aus dem Jahre 1979, "heute zunehmend überforderten Müttern – Müttern, die unter Depressionen leiden oder medikamentenabhängig sind, - Familien, deren Mütter davongelaufen sind. Öfter als bisher sind Einsätze in Familien relativ junger, chronisch schwerstkranker Mütter erforderlich. Fast immer wird die Familienpflegerin in Familien berufstätiger oder schwer kranker Mütter mit Problemkindern befaßt. In der Entbehrung mütterlicher Zuwendung sind die Kinder überfordert und zeigen Verhaltensstörungen verschiedener Art. Die neben der Haushaltsbewältigung zu leistende pädagogische Arbeit mit den Kindern wird der Familienpflegerin oft durch die besondere Zutraulichkeit, die emotional vernachlässigte Kinder ihr entgegenbringen, erleichtert"[78].

Vorübergehend wurden acht ausgebildete Familienpflegerinnen eingesetzt[79], deren ambulanter Versorgungsdienst seit Ende der siebziger Jahre von den neu eingerichteten Sozialstationen des Caritasverbandes Düsseldorf koordiniert wurde[80].

Sozialpädagogische Familienhilfe

Etwa zur gleichen Zeit richtete der Düsseldorfer Caritasverband im November 1978 mit der "Sozialpädagogischen Familienhilfe" eine Sonderform der begleitenden Fürsorge ein, um schweren Familienkrisen vorzubeugen und die Heimunterbringung von Kindern zu

---

[74] KGD 56, 1955. Vgl. auch NN, Nebenan ist etwas passiert ! Schauen wir einmal nach !, in: Kirchenzeitung für das Erzbistum Köln Jg. 11 Nr. 24 (10.06.1956), 444.
[75] Vgl. oben S. 715.
[76] Vgl. KGD 56, 1955.
[77] Vgl. CVD 29, 1978.
[78] NN, Familienpflege, in: 75 Jahre Caritasverband in Düsseldorf, Düsseldorf 1979, o. S. (53 - 54, 54).
[79] Vgl. CVD 29, 1969.
[80] Vgl. 90 Jahre Caritasverband für die Stadt Düsseldorf. Gemeindecaritas, häusliche Hilfen, soziale Dienste und Beratung, ambulante Pflegestationen, Wohnheim und Altenhilfeeinrichtungen, Düsseldorf 1994, 53.

vermeiden[81]. Im Jahre 1979 wurden die Familienpflegerinnen der Caritas in vier Fällen erstmals "gezielt familienpädagogisch in sozial schwachen Familien eingesetzt"[82]. Während die traditionelle Familienpflege in vorübergehenden Notlagen "das Familienleben im Sinne der Mutter" weiterführte, war der sozialpädagogische Familienpflegeeinsatz in besonderer Weise um die Hilfe und Unterstützung der Mutter bemüht, "die in einer gestörten Beziehung zu ihrem Mann und zu ihren Kindern" lebte[83]. Wie dem Rechenschaftsbericht der Caritas - Familienpflege für das Jahr 1979 zu entnehmen ist, handelte es sich um vier Mütter, die selbst nie "eine normale Familie" erlebt hatten. In der weiteren Analyse des Jahresberichtes heißt es über die betreuten Frauen: "Sie sind in zerrütteten Familienverhältnissen oder ohne Nestwärme und Bindung in Heimen aufgewachsen und wissen nicht, ihr eigenes Familienleben zu gestalten, eine echte personale Beziehung zum Partner aufzubauen, mit ihren Kindern umzugehen, sie zu beschäftigen, sie in ihr eigenes Leben mit einzubeziehen. So laufen die Kinder mehr oder weniger verwildert umher. Mütter, die keine eigene Geborgenheit erfahren haben, deren Gemütskräfte nie recht entwickelt wurden, vermögen ihren Kindern keine mütterliche Zuwendung zu geben. Sie begreifen nicht einmal, daß ihre Kinder einen Mangel erleiden, denn nach ihrer eigenen Erfahrung und Meinung muß ein Kind nur versorgt werden, also sein Essen und Bett haben. Diese Kinder verkümmern geistig - seelisch, wie auch ihre Mütter geistig - seelisch verkümmert und stumpf sind für die Bedürfnisse ihrer Kinder"[84].

War es einer Sozialarbeiterin gelungen, bei einer Klientin die Bereitschaft zur Annahme familienpädagogischer Hilfestellungen zu wecken, "so wurde in jedem Falle die Familienpflegerin zunächst mit großer Skepsis und Angst erwartet"[85]. Im Bewusstsein über die ambivalente Haltung der Mütter waren die Familienpflegerinnen darauf bedacht, "langsam die Position der Mutter und der anderen Familienmitglieder zu ertasten, sich in den Alltag dieser Familie einzufügen und das Vertrauen aller zu gewinnen"[86]. Dabei wirkte die Pflegerin nicht "durch viele Worte", sondern zeigte ein "anderes Verhalten im Umgang mit der Mutter, mit dem Vater, mit den Kindern oder mit sonstigen Angehörigen und Bekannten"[87]. Als Richtschnur gab der Jahresbericht 1979 den Familienpflegerinnen vor: "Sie zeigt Achtung und Hochschätzung zu allen Familienmitgliedern, sie nimmt die Kinder ernst in ihren Fragen und Wünschen, läßt jeden zu seinem Recht kommen, zu reden und verstanden zu werden. Sie leistet praktische Kommunikationshilfe, indem sie keinen ins Wort fällt, die Gedankengänge des anderen aufnimmt, indem sie dazu anleitet, aufeinander zu hören, um eine Basis zum besseren Verstehen zu schaffen"[88].

---

[81] Vgl. CVD 29, 1980; CVD 74, November 1978. Vgl. dazu NN, Empfehlungen zur Gestaltung und Durchführung der Sozialpädagogischen Familienhilfe im Deutschen Caritasverband, in: Caritas - Korrespondenz. Informationsblätter für die Caritaspraxis Jg. 55 Nr. 9 (September 1987), 5 - 10, 5 ff.
[82] CVD 29, 1979.
[83] CVD 29, 1979.
[84] CVD 29, 1979.
[85] CVD 29, 1979.
[86] CVD 29, 1979.
[87] CVD 29, 1979.
[88] CVD 29, 1979.

1. Sozialpädagogische Familienhilfe

Waren Caritas - Familienpflegerinnen es gewohnt, dass betreute Mütter von sich aus Verhaltensveränderungen an ihren Kindern beobachteten, blieben Feststellungen dieser Art bei familienpädagogischen Einsätzen in der Regel aus. "Diese Mütter sind eben nicht gewöhnt", so der erste Erfahrungsbericht zur sozialpädagogischen Familienhilfe, "auf ihre Kinder aufmerksam zu achten, da sie vielfach sich und ihre eigenen Probleme sehen. Sie müssen gelegentlich auf die Reaktionsweisen ihrer Kinder im Gespräch hingewiesen werden"[89].

Als Beleg für den Befund zeichnete der Jahresbericht 1979 einen über sechs Monate "pädagogisch" geführten Einsatz nach: "Die Mutter hat vor einem Jahr einen Suicidversuch unternommen, lebt von ihrem Mann getrennt, hat Partner- und Alkoholprobleme. Durch den Einsatz der Familienpflegerin konnten die drei noch nicht schulpflichtigen Kinder aus dem Heim nach Hause entlassen werden. Allmählich hat diese Mutter so viel Vertrauen zur Familienpflegerin gewonnen, daß sie in der Lage ist, mit ihr manche Fragen und Schwierigkeiten zu besprechen. Die Familienpflegerin stellte in den letzten Tagen mit Erstaunen fest, daß die Mutter sich einen ganz anderen Ton im Umgang mit ihrem Freund und ihren Kindern angewöhnt hat. Bisher war ein rauher, fordernder, harter und manchmal ordinärer Ton üblich, während sie heute in der Anrede höflich bittet und dankt. Diese Verhaltensweise, die die Familienpflegerin als völlig neue Situation erlebt, ist vielleicht darauf zurückzuführen, daß diese Frau einmal durch das Verhalten der Familienpflegerin erlebt hat, wie man im häuslichen Bereich auch miteinander umgehen kann"[90].

Obwohl noch im Jahre 1979 die Meinung vorherrschte, die Familienpflegerin hätte keinen Grund, "ängstlich zu meinen, pädagogischen Anforderungen nicht gewachsen zu sein"[91], richtete der Caritasverband Düsseldorf dennoch im Jahre 1986 eine eigene "Sozialpädagogische Familienhilfe" ein und stellte für das neue Arbeitsgebiet eine speziell ausgebildete Sozialpädagogin an[92]. In der Kirchenzeitung vom 6. Februar 1987 wurde der neue Dienst des Caritasverbandes Düsseldorf mit den Worten vorgestellt: "Seit einiger Zeit gibt es die 'Sozialpädagogische Familienhilfe', die Eltern (wieder) befähigen soll, ihren 'Aufgaben als erste und bevorzugte Erzieher ihres Kindes' (Erklärung des Zweiten Vatikanischen Konzils 'Garvissimum Educationis', Kapitel 3) gerecht zu werden. Im Blickpunkt der Caritas stehen Familien, die aufgrund persönlicher und gesellschaftlicher Benachteiligung in ihrer personalen und sozialen Entfaltung gehindert sind. Sozialpädagogische Familienhilfe ist ein Angebot zur Erziehung gefährdeter Kinder; dabei wird die familialsoziale Lebenssituation des Kindes einbezogen. So zielt diese Hilfe auf die Erhaltung des Lebensraumes Familie und auf die Stärkung der Erziehungsfähigkeit der Eltern"[93].

---

[89] CVD 29, 1979.
[90] CVD 29, 1979.
[91] CVD 29, 1979.
[92] Vgl. 90 Jahre Caritasverband für die Stadt Düsseldorf. Gemeindecaritas, häusliche Hilfen, soziale Dienste und Beratung, ambulante Pflegestationen, Wohnheim und Altenhilfeeinrichtungen, Düsseldorf 1994, 30.
[93] NN, Ein ambulantes Angebot des Caritasverbandes ergänzt die Heimerziehung. Neue Wege in der Jugendhilfe, in: Kirchenzeitung für das Erzbistum Köln Jg. 42 Nr. 6 (06.02.1987), 24.

Ende der neunziger Jahre waren in der "Sozialpädagogischen Familienhilfe" des Caritasverbandes für die Stadt Düsseldorf drei Erzieherinnen als sozialpädagogische Familienhelferinnen und eine Sozialpädagogin als Einsatzleiterin tätig[94]. Nach einem Konzeptpapier aus dem Jahre 1999 war die Sozialpädagogische Familienhilfe beim Caritasverband nach folgenden Grundsätzen ausgerichtet: Sie war freiwillig, vertraulich und orientierte sich an den von der Familie benannten Aufträgen und Zielen. Als Leitsatz galt, dass die Familie während der Zusammenarbeit mit der Sozialpädagogischen Familienhilfe die Verantwortung für ihr Handeln behielt. Zielgruppe der Sozialpädagogischen Familienhilfe waren Familien mit Erziehungsschwierigkeiten, mit behinderten oder langfristig erkrankten Kindern, mit psychischer oder physischer Überforderung, mit Beziehungsproblemen oder Problemen in der Partnerschaft, mit Schwierigkeiten in der Alltagsstruktur oder Haushaltsführung. Die Sozialpädagogische Familienhilfe war ein Angebot für Familien in schwierigen Belastungs- und Konfliktsituationen wie Veränderungen im Familiensystem (z.B. Trennung, Scheidung, Tod, Heimaufenthalt), Eingliederungsschwierigkeiten in das soziale Umfeld (z.B. Kontaktmangel, kulturelle und sprachliche Barrieren, körperliche Einschränkungen), belastender Wohnsituation (z.B. Wohnung ohne Rückzugsmöglichkeit, Nachbarschaftskonflikte), wirtschaftlichen Schwierigkeiten (z.B. Überschuldung, Arbeitslosigkeit, planloser Umgang mit Zeit und Geld) oder Konflikten im Umgang mit Behörden, Ämtern, Schulen etc.. Die Sozialpädagogische Familienhilfe suchte gemeinsam mit den Familien nach Lösungen und unterstützte und begleitete sie bei der Kindererziehung, Hausaufgabenbetreuung, Freizeitgestaltung, Haushaltsführung und Haushaltsplanung, Erledigung von amtlichen Angelegenheiten, Inanspruchnahme sozialer Dienste und Beratungsstellen, Kontaktvermittlung im Familienumfeld, Organisation des Alltags. Elementare Voraussetzung für eine gelingende Zusammenarbeit zwischen der Familie der Sozialpädagogischen Familienhilfe war der Wunsch der Klienten, die eigene Lebenssituation zu verändern. Die Klienten mussten in der Lage sein, sich auf eine intensive Form von Hilfe einzulassen und getroffene Vereinbarungen und Absprachen einzuhalten. Hauptziel der Sozialpädagogischen Familienhilfe war es, "eine Familie auf dem Weg zu unterstützen, ihr Gleichgewicht wiederzufinden oder zu erlangen"[95]. Um dieses Ziel zu erreichen, war die schrittweise Erarbeitung von Teilzielen (z.B. Erkennen von Konflikten, Erlernen neuer Umgangsformen in Belastungssituationen) notwendig[96].

---

[94] Vgl. CVD 443, April 1999.
[95] CVD 443, April 1999. Vgl. auch NN, Die Caritas Sozialpädagogische Familienhilfe. Das Prinzip heißt Vertrauen, in: Die Zeitung. Caritasverband für die Stadt Düsseldorf Jg. 2 Nr. 1 (Frühjahr 2001), 1 - 2, 1 f.
[96] Vgl. CVD 443, April 1999. Vgl. auch NN, Die Caritas Sozialpädagogische Familienhilfe. Das Prinzip heißt Vertrauen, in: Die Zeitung. Caritasverband für die Stadt Düsseldorf Jg. 2 Nr. 1 (Frühjahr 2001), 1 - 2, 1 f.

1. Freiwillige Hauswirtschafts- und Familienhilfe

Freiwillige Hauswirtschafts- und Familienhilfe

Bemerkenswert ist, dass der Caritasverband Düsseldorf für arbeitslose Frauen im November 1983 eine "Freiwillige Hauswirtschafts- und Familienhilfe" entwickelte[97]. Das Angebot war insbesondere auf Sonder- und Hauptschülerinnen sowie Absolventinnen des Berufsvorbereitungsjahres zugeschnitten, die keinen Ausbildungsplatz finden konnten, noch unklare Vorstellungen über ihre berufliche Zukunft hatten oder in ihrer Berufsmotivation der Förderung bedurften[98]. Die "Freiwillige Hauswirtschafts- und Familienhilfe" bot jungen Frauen die Möglichkeit, ein Jahr lang in einer Familie bei allen hauswirtschaftlichen Tätigkeiten sowie bei der Betreuung der Kinder mitzuhelfen[99]. Ziel war nicht nur die Überbrückung von Wartezeiten bis zum Erhalt eines Ausbildungsplatzes, sondern vor allem die Förderung der Persönlichkeitsentwicklung, Klärung eigener Erwartungen und Möglichkeiten, Förderung der Berufsmotivation und Vorbereitung auf einen anerkannten Ausbildungsberuf[100]. Während des Einsatzes wohnten die Mädchen bei den ihnen zugeteilten Familien und wurden von sozialpädagogischen Fachkräften des Düsseldorfer Caritasverbandes in ihrer Arbeit beraten und begleitet[101].

2. Seniorenhilfe

Die Altenhilfe ist eines der traditionellen, aber dauernden Wandlungen unterworfenen Arbeitsgebieten des Caritasverbandes Düsseldorf mit stationären Heimen und Angeboten der offenen Hilfe.

2.1 Stationäre Altenhilfe

Aus dem Siechen- oder Armenhaus, wie es vor dem Zweiten Weltkrieg existierte, wurde in den Nachkriegsjahren die stationäre Altenhilfe im Altenheim. Bis in die sechziger Jahre hatten Altenheime indes noch häufig den Charakter von Verwahranstalten[102]. Erst

---

[97] Vgl. CVD 26, 31.10.1983; Christiane Obermüller, Arbeitslosen Jugendlichen wird geholfen, in: Caritas in Nordrhein - Westfalen Jg. 18 Nr. 1 (Januar/Februar 1989), 77 - 78, 77.
[98] Vgl. CVD 26, 31.10.1983; NN, Wie man Wartezeiten überbrückt. Caritasprojekt bietet Jugendlichen sinnvolle Hilfe, in: Kirchenzeitung für das Erzbistum Köln Jg. 44 Nr. 51/52 (22.12.1989), 25.
[99] Vgl. Günther Fuchs, Pfarrgemeinde und Arbeitslosigkeit. Maßnahmen gegen die Arbeitslosigkeit beim Caritasverband Düsseldorf, in: Caritas '86. Jahrbuch des Deutschen Caritasverbandes, 205 - 210, 209.
[100] Vgl. CVD 26, 31.10.1983.
[101] Vgl. CVD 26, 31.10.1983; NN, Düsseldorf, in: Caritas in Nordrhein - Westfalen Jg. 13 Nr. 5 (Oktober/Dezember 1984), 406.
[102] Vgl. Sigrid Lohmann, Die Lebenssituation älterer Menschen in der geschlossenen Altersfürsorge, Hannover 1970, 25 ff.

durch fortschreitende medizinische, geriatrische, anthropologische und psychologische Erkenntnisse, aber auch eine verbesserte Rechtslage, vollzog sich seit dem Ende der sechziger Jahre der Wandel zu professionalisierten Sozialeinrichtungen. Mit großem technischem Aufwand wurden Voraussetzungen für rationelle intensive Pflege und Rehabilitation geschaffen, wodurch Heime in den siebziger Jahren starke Ähnlichkeit mit krankenhaustypischen Gebäuden hatten[103]. Erst in den achtziger Jahren nahm eine Entwicklung ihren Anfang, die auch das Pflegeheim als Wohnort für ältere Menschen verstand. Die stationären Einrichtungen wandelten sich zu Wohnheimen bzw. Wohnhäusern, in denen vordringlich Wohn- und Pflegeplätze in Wohngruppen angeboten wurden, die sich zu Wohnbereichen addierten[104]. Die hier geleistete Arbeit war neben der Wahrung der individuellen Autonomie darauf ausgerichtet, "jene Voraussetzungen und Bedingungen zu schaffen, die das physische und psychische Wohlbefinden des älteren und alten Menschen verbessern und bestmöglich erhalten sowie die Kontinuität der Lebensgestaltung in ihrer jeweils individuellen, sozialen und religiösen Ausprägung sichern können"[105]. In den neunziger Jahren vollzog sich im Pflegeheimbau eine erneute Wende. Vermehrt entstanden Altenpflegeheime, die ein Konzept der "alltagsnahen Normalität" verfolgten und sich am Leitbild des "Familienlebens" orientierten[106]. "Weg von pflegedominierten und streng, manchmal sogar ausschließlich nach wirtschaftlichen Gesichtspunkten ausgerichteten Einrichtungen", so eine schlaglichtartige Betrachtung des Bundesministeriums für Gesundheit im Jahre 2000, "hin zu neuen Hilfeformen für mehr selbstbestimmtes Leben Pflegebedürftiger, die humanen Maßstäben genügen, zugleich hohe Lebensqualität - bis hin zu Glück - statt vordergründiger Pflegequalität ausweisen und dennoch wirtschaftlich arbeiten"[107].

Herz - Jesu - Heim und Horten - Stiftung

Vom Kuratorium des St. Annastiftes wurde auf dem Grundstück Mendelsohnstr. 11/15 Mitte der fünfziger Jahre eine neue Wohltätigkeitsanstalt errichtet[108]. Der Bau war notwendig geworden, nachdem das Herz - Jesu Kloster seit dem Jahre 1943 vollständig in Trümmern lag. In der Provinzchronik der Aachener Franziskanerinnen ist über die Zerstörung der Flinger Niederlassung am 12. Juni und 3. November 1943 vermerkt: "Die

---

[103] Vgl. Anna Goeken, Caritative Altenhilfe im gesellschaftlichen Umbruch unserer Zeit, in: 1897 - 1972. 75 Jahre Deutscher Caritasverband, Freiburg 1972, 262 - 264, 263.

[104] Vgl. Renate Behr, Vom Pflegeheim zum Altenwohnhaus, Frankfurt 1995, 9 ff.

[105] Franz Josef Stoffer, Alteneinrichtungen, in: Paul Nordhues, Handbuch der Caritasarbeit. Beiträge zur Theologie, Pastoral und Geschichte der Caritas mit Überblick über die Dienste in Gemeinde und Verband, Paderborn 1986, 394 - 404, 399.

[106] Vgl. Hans - Peter Winter, Hausgemeinschaften. Die 4. Generation des Altenpflegeheimbaus. Architektur, Raumprogramm, Projektbeispiele, Leistungsangebote, Personalkalkulation, Köln 2000, 9.

[107] Hans - Peter Winter, Hausgemeinschaften. Die 4. Generation des Altenpflegeheimbaus. Architektur, Raumprogramm, Projektbeispiele, Leistungsangebote, Personalkalkulation, Köln 2000, 9.

[108] Vgl. ASD Protokolle des Vorstandes des St. Annastiftes 1907 - 1967, 13.05.1952, 16.04.1953, 08.04.1954, 05.04.1955, 16.09.1955, 15.12.1955 und 23.03.1956; CVD 206, Juni 1953; RP 24.07.1956.

2.1. Herz-Jesu-Heim und Horten-Stiftung

Vorderhäuser 11 - 13 wurden von einer Sprengbombe bis in den Keller durchschlagen und dann von einer solchen Anzahl Brandbomben belegt, daß sie fast restlos ausbrannten. Bei der großen Verwirrung konnte sich ein Mädchen leider nicht mehr retten und fand den Tod. Auch die gute Schwester Dalmatia wurde unter den Trümmern verschüttet und konnte nur mit einem Schädel- und Armbruch geborgen werden. Von dem Hause Nr. 15 ist noch die im Keller liegende Küche, sowie einige neue Zellen erhalten. Alles andere wurde auch hier ein Raub der Flammen. Das Dach der Kapelle ist zum Teil zerstört, alle Fenster zerbrochen, die Gewölbe so stark gerissen, daß immer noch Einsturzgefahr besteht. Das Allerheiligste wurde Gott Dank frühzeitig in die Kapelle des Gesellenhauses gerettet. Auch die Einrichtungsgegenstände der Kapelle bleiben erhalten. Die Hintergebäude, die bisher hauptsächlich als Kindergarten, Waschküche und Bügelzimmer dienten, können noch bewohnt werden. Zwei Räume wurden dort als Wohn- und Eßzimmer für die Schwestern und Mädchen eingerichtet. Ein Kellerraum dient als Schlafraum für die Mädchen, die Waschküche (ebenfalls im Keller gelegen) als Zelle für alle Schwestern. Der Kindergarten bleibt geöffnet, auch die Pfarrtätigkeit wird weiter ausgeübt. Für die Betreuung der Damen aber ist kein Raum mehr vorhanden. ... Es hatte alles seine Ordnung und seinen Platz gefunden und war zur Visitation der teuren Würdigen Mutter vorbereitet, als am 3.11. auch dieses Gebäude einschließlich Kellerräume gänzlich zerstört wurde. Das neue Kapellendach verlor etwa 5 - 6000 Ziegel, die recht bald ersetzt wurden. In der zweiten Woche danach stürzte das Gewölbe ein"[109]. Mit dem Angriff vom 3. November 1943 hatten die 12 Ordensschwestern das Haus an der Mendelssohnstraße verlassen und im Marienhospital eine vorübergehende Unterkunft gefunden[110]. Von Pempelfort aus gingen die Franziskanerinnen jeden Tag nach Flingern, um mit den Aufräumungsarbeiten zu beginnen und eine improvisierte Suppenküche einzurichten[111]. Nach dem Großangriff vom 22. April 1944 und Zerstörung der letzten noch aufstehenden Gebäudeteile wurde das Herz - Jesu Kloster aufgelöst und die Schwestern auf verschiedene Niederlassungen der Franziskanerinnen in Düsseldorf verteilt[112].

Da das Aachener Mutterhaus nach Ende des Zweiten Weltkriegs nicht mehr in der Lage war, das Herz - Jesu Kloster als Mädchen- und Damenheim, ambulante Krankenpflegestation, Kindergarten und Handarbeitsschule weiterzuführen, hatte das Kuratorium des Annastiftes die Umwandlung der Anstalt in ein Altenheim unter Leitung freier Caritasschwestern beschlossen[113]. Noch nicht vollständig fertig gestellt, nahmen am 8. Mai 1956 die ersten Caritasschwestern ihre Tätigkeit auf[114]; eingesegnet wurde das neu gebaute Herz - Jesu Heim am 23. Juli 1956 von Kaplan Karl Prinz (St. Elisabeth)[115]. Nach seiner endgültigen Fertigstellung bot das neue Haus auf vier Etagen Platz für 112

---

[109] MSF 8 - 066, Bl. 57 und 64.
[110] Vgl. MSF 8 - 066, Bl. 65.
[111] Vgl. MSF 8 - 066, Bl. 67.
[112] Vgl. MSF 8 - 066, Bl. 67.
[113] Vgl. ASD Protokolle des Vorstandes des St. Annastiftes 1907 - 1967, 16.04.1953, 05.04.1955 und 15.12.1955.
[114] Vgl. CVD 291, 18.05.1979.
[115] Vgl. DN 24.07.1956; RP 24.07.1956.

allein stehende ältere Frauen und Ehepaare[116]. Zwei Jahre nach der Eröffnung wechselte die Trägerschaft des Herz - Jesu Altenheimes durch Kaufvertrag vom 31. Januar 1958 und Übergabe am 1. September 1958 vom Kuratorium des St. Annastiftes auf den Caritasverband für die Stadt Düsseldorf[117].

Ende der fünfziger Jahre wurde in unmittelbarer Nachbarschaft des Altenheimes an der Mendelssohnstraße aus Mitteln der Düsseldorfer Kaufhauskette Helmut Horten ein Krankenpflegeheim errichtet und mit dem Herz - Jesu Heim verbunden. Nachdem der Caritasverband Düsseldorf am 31. Januar 1958 das Trümmergrundstück Lindenstr. 30/Birkenstr. 14 für 90000 DM vom Verein "Katholisches Gesellenhaus" erworben hatte[118], begann die Hortenstiftung im folgenden Mai auf dem Areal des 1943 zerstörten Josephhauses mit dem Bau einer Anstalt für pflegebedürftige Menschen[119]. Bis zur Einweihung am 6. Januar 1959 wurden für 2,5 Millionen Mark errichtet: ein als "Siechenheim" konzipiertes fünfgeschossiges Wohnhaus mit 60 Zimmern und 100 Betten, ein Schwesternheim mit Saalanbau, eine Kapelle mit Sakristei und eine Küche mit angrenzender Hausmeisterwohnung[120]. Der Zweck, den das Krankenpflegeheim erfüllen sollte, bestimmte die Art der ärztlichen Versorgung und der medizinischen Einrichtung. "Für die 100 Patienten", so Stadtdechant Ernst Kreuzberg am Tag der Einweihung und Übergabe des Hauses durch Helmut Horten an den Caritasverband Düsseldorf, "steht ein hauptamtlicher Arzt zur Verfügung. Neben der ärztlichen Praxis verfügt die Stiftung im diagnostischen Teil über ein komplettes Labor, über ein Elektrokardiografie - Gerät und über eine Röntgenabteilung. Auch der therapeutische Teil wurde mit allen zur Behandlung erforderlichen Geräten ausgestattet, über die nach dem heutigen Stand der medizinischen Technik ein modernes Krankenhaus verfügen sollte: Ultrakurzwelle, Mikrowellen und Ultra - Schall - Apparat; dazu als Ergänzung ein spezieller Kopf- und Rumpf - Heißluft - Umwälzapparat. Hinzu kommen Ultraviolette - Sollux- und Blaulichtbestrahlungs - Vorrichtungen. Für spezielle Behandlungen stehen eine voll klimatisierte Unterdruckkammer mit Inhalationseinrichtung und eine komplette Unterwassermassage - Anlage zur Verfügung"[121]. Wie im Altenheim Herz - Jesu waren auch in der "Helmut - Horten Stiftung" freie Caritasschwestern für die Versorgung der Bewohner und Patienten verantwortlich; in beiden Häusern, die durch einen überdachten und verglasten Gang über die Gartengrundstücke verbunden waren, arbeiteten zusammen 30 Schwestern[122]. Zur Bewirtschaftung der Häuser in Flingern wurde vom Vorstand des Caritasverbandes Düsseldorf am 5. März 1963 der Verein "St. Hildegardis - Heimstät-

---

[116] Vgl. DN 24.07.1956; RP 24.07.1956.
[117] Vgl. ASD Protokolle des Vorstandes des St. Annastiftes 1907 - 1967, 05.12.1957 und 16.06.1959; CVD 643, 13.03.1959 und 12.04.1959; ALD Grundbuchblatt Flingern 3666, 31.01.1958.
[118] Vgl. CVD 463, 31.01.1958; ALD Grundbuchblatt Flingern 3673, 31.01.1958.
[119] Vgl. CVD 643, 06.01.1959.
[120] Vgl. CVD 643, 06.01.1959; RP 07.01.1959; NN, Millionenstiftung für Hilfsbedürftige. Helmut Horten baute ein Heim für Alte und Gebrechliche, in: Kirchenzeitung für das Erzbistum Köln Jg. 14 Nr. 2 (11.01.1959), 18.
[121] CVD 643, 06.01.1959.
[122] Vgl. CVD 643, 06.01.1959; NN, In unserer Stadt, in: Kirchenzeitung für das Erzbistum Köln Jg. 14 Nr. 2 (11.01.1959), 17.

2.1. Herz-Jesu-Heim und Horten-Stiftung

ten" ins Leben gerufen[123], der statutengemäß den Zweck verfolgte, Heime für pflegebedürftige alte und kranke Menschen zu errichten, zu fördern und zu unterhalten (§ 2)[124].

Seit dem Jahre 1964 waren im Herz - Jesu Altenheim neben den Caritasschwestern auch indische Ordensschwestern aus der Kongregation "Sisters of the Destitute" (Ernakulam/Kerala) tätig, die noch heute für einige Jahre nach Deutschland kommen, um in der Kranken- und Altenpflege ausgebildet zu werden[125]. Die Ordensgemeinschaft der "Schwestern der Verlassenen" wurde 1927 von fünf Inderinnen und Pater Vargheses Payyappilly im südindischen Bundesstaat Kerala gegründet[126]. Die Mehrzahl der etwa 1400 Schwestern arbeitet heute in über 150 verschiedenen Einrichtungen wie Krankenhäusern, Alten- und Pflegeheimen, Hospizen, Frauenhäusern, Behinderteneinrichtungen und Schulen. Außerhalb Indiens unterhält der Orden Niederlassungen in Madagaskar, Italien, der Schweiz und Deutschland (Düsseldorf, München, Regensburg)[127]. Nachdem Kardinal Josef Frings und Kardinal Joseph Parrecattil (Ernakulam) in Absprache mit Generaloberin Mother Rose Mary und Caritasdirektor Werner Drehsen 1963 einen Gestellungsvertrag für das Herz - Jesu Heim ausgehandelt hatten[128], trafen in Düsseldorf am 1. September 1964 die ersten fünf Schwestern für Deutschland ein[129]. Da die indischen Ordensfrauen Thomaschristinnen sind und die Liturgie im syro - malabarischen Ritus feiern, ist für die Schwestern das Einleben in eine europäische Industrienation mit unbekannter Kulturwelt und fremden Gewohnheiten nicht einfach[130].

In den siebziger Jahren wurde das Herz - Jesu Heim wiederholt modernisiert und die Mehrbettzimmer dem steigenden Bedarf entsprechend in Einbettzimmer umgewandelt; im Jahre 1981 war das Haus eine Heimstatt für 190 Menschen, von denen 105 Pflegefälle waren[131]. Um allen Ansprüchen gerecht zu werden, war indes ein umfassender Um- und Neubau des Hauses notwendig, der vom Vorstand des Caritasverbandes für die Stadt Düsseldorf am 13. November 1986 beschlossen und in Auftrag gegeben wurde[132]. Einbezogen in die Planungen waren das Altenheim an der Mendelssohnstraße wie auch die Kapelle und das Schwesternwohnheim im Innenhof des Gevierts Birken-, Linden-,

---

[123] Vgl. CVD Vorstandsprotokolle, 03.05.1960, 26.02.1963 und 21.03.1972; CVD 643, 10.05.1960 und 05.03.1963.
[124] Vgl. CVD 643, 21.04.1960.
[125] Vgl. CVD 204, 24.10.1980; CVD 291, 18.05.1979 und 05.06.1979.
[126] Vgl. NN, Indische Schwestern für Düsseldorf. Im Alten- und Pflegeheim Mendelssohnstraße eingesetzt, in: Kirchenzeitung für das Erzbistum Köln Jg. 19 Nr. 36 (06.09.1964), 21.
[127] Vgl. NN, Indische Schwestern nun auch in Regensburg, in: Misericordia. Zeitschrift der Barmherzigen Brüder in Bayern Jg. 52 Nr. 1/2 (Januar/Februar 2001), 126.
[128] Vgl. NN, Auf die Fremde eingelassen. Seit 25 Jahren indische Schwestern im Caritasverband Düsseldorf, in: Kirchenzeitung für das Erzbistum Köln Jg. 44 Nr. 41 (13.10.1989), 24.
[129] Vgl. NN, Indische Schwestern für Düsseldorf. Im Alten- und Pflegeheim Mendelssohnstraße eingesetzt, in: Kirchenzeitung für das Erzbistum Köln Jg. 19 Nr. 36 (06.09.1964), 21.
[130] Vgl. NN, Was heißt hier schon Armut? Indische Ordensschwestern in Düsseldorfer Altersheim, in: Kirchenzeitung für das Erzbistum Köln Jg. 19 Nr. 51/52 (20.12.1964), 28.
[131] Vgl. WZ 26.06.1981.
[132] Vgl. CVD Vorstandsprotokolle, 13.11.1986.

Mendelssohnstraße und Grafenberger Allee[133]. Ausgenommen blieb der Krankenpflegetrakt der Hortenstiftung (Birkenstr. 14), der zur Arrondierung des Innenhofareals im Jahre 1995 mit Freiflächen aus den Grundstücken Birkenstr. 6 und 12 getauscht wurde[134]. Der Gebäude- und Grundstückstausch war notwendig geworden, da Bauauflagen und die Verpflichtung zum Bau einer Quartiertiefgarage eine vollständige Neuplanung des Projektes erforderte[135]. Von den ersten Vorüberlegungen und Antragsstellungen unter Caritasdirektor Hermann Franken bis zum ersten Spatenstich durch Caritasdirektor Johannes Böcker am 10. Mai 1996 verstrichen fast zehn Jahre[136]. Nach Abbruch der Kapelle und des Schwesternwohnheimes konnte am 14. März 1997 der Grundstein für das neue T - förmige Haus gelegt werden[137]. In der im Eingangsbereich des Neubaues eingemauerten Urkunde heißt es: "Die Wertschätzung der älteren, betreuungsbedürftigen Menschen mit ihren persönlichen Lebensentwicklungen und der Achtung vor ihrer Freiheit möge im Zusammenleben dieser Hausgemeinschaft aus christlichem Geist verwirklicht werden"[138]. Nach 26monatiger Bauzeit konnte am 27. Mai 1998 der nach Plänen von Heinz Zinke und Paul Pinger errichtete Neubau in Betrieb genommen werden[139]. Erstellt wurden neben einem Haus - Restaurant im Erdgeschoss 91 Einzel- und 25 Doppelzimmer mit seniorengerechtem Bad. In der fünften Etage befindet sich die Hauskapelle, ausgestattet mit Glaskunstwerken von Burkhard Siemsen nach Versen der Herz - Jesu - Litanei, die am 2. Juni 1998 von Stadtdechant Rolf Steinhäuser benediziert wurde[140]. Im Umbau an der Mendelssohnstraße entstanden bis zum Herbst 1998 noch einmal 34 Einzelzimmer und 4 Doppelzimmer[141]. Offiziell wurde der für 35,5 Millionen DM aus Mitteln des Landes Nordrhein - Westfalen, des Erzbistums Köln, der Stiftung Wohlfahrtspflege und des Caritasverbandes für die Stadt Düsseldorf errichtete Um- und Neubau am 28. Oktober 1998 durch den Kölner Generalvikar Norbert Feldhoff eingeweiht[142]. Aus Anlass der Feierlichkeiten im Caritas Altenzentrum Herz - Jesu gab Caritasdirektor Johannes Böcker in einem Interview zu bedenken: "Ansprüche und Anforderungen in der Pflege haben sich in den letzten Jahren bedeutend erhöht. In den Nachkriegsjahren bis zum Anfang der 70er Jahre war der vorrangige Auftrag der Altenheime, alleinstehenden älteren Menschen, die nicht auf die Hilfe von Angehörigen zurückgreifen konnten, eine gesicherte Versorgung zu bieten. Die verbesserten medizinischen Angebote sowie der Ausbau des ambulanten Netzes tragen heute dazu bei, daß die älteren Menschen erheblich länger in ihrer gewohnten häuslichen Umgebung leben

---

[133] Vgl. NRZ 29.10.1996.
[134] Vgl. CVD Vorstandsprotokolle, 12.01.1989, 06.02.1995 und 20.03.1995.
[135] CVD Vorstandsprotokolle, 20.03.1995.
[136] WZ 11.05.1996.
[137] Vgl. NRZ 15.03.1997; RP 18.03.1997.
[138] CVD 291, 14.03.1997.
[139] Vgl. CVD 291, 06.05.1998; RP 01.07.1997; NRZ 03.07.1997; RP 02.06.1998.
[140] Vgl. CVD 291, 06.05.1998; Ronald Morschheuser, Caritas - Altenzentrum aufwendig renoviert, in: Kirchenzeitung für das Erzbistum Köln Jg. 53 Nr. 26/27 (26.06.1998), 26.
[141] Vgl. NN, Das Caritas Altenzentrum Herz - Jesu gestern und heute, in: Fest - Zeitung "Wir pflegen mit Herz". Neubau des Caritas Altenzentrums Herz - Jesu, Düsseldorf 1998, 4.
[142] Vgl. RP 11.05.1997; WZ 11.05.1997; NRZ 29.10.1998; WZ 29.10.1998; RP 03.11.1998.

können. Mit unseren Caritas Pflegestationen und unserem Caritas Mahlzeiten Service unterstützen wir diese Entwicklung, die sich an den Wünschen der Menschen im Alter ausrichtet. Der Auftrag der Caritas Altenzentren ist heute, älteren Menschen ein Zuhause zu geben, die Pflege und Rund um die Uhr Betreuung benötigen"[143].

Johannes - Höver - Haus

Die Betreuung älterer Menschen gehörte neben der Obdachlosenfürsorge zum wichtigsten Aufgabenfeld der Franziskanerbrüder im Caritasheim am Rather Broich. Bereits bei Eröffnung der Anstalt am 1. April 1931 hatten 50 "Invaliden" Aufnahme im ehemaligen Direktorenhaus der Siebelwerke ("Villa") gefunden[144]. Zu Beginn der sechziger Jahre reifte der Plan, auf dem weitläufigen Areal des Caritasheimes ein neues Altenheim zu errichten, da die Räumlichkeiten der Villa den steigenden Ansprüchen der Zeit nicht mehr genügten[145]. Vorgesehen war der Bau eines Hauses nach Plänen des Architekten Jakob Zipper mit 121 Betten, von denen 100 alten und 21 pflegebedürftigen Menschen zur Verfügung stehen sollten[146]. Der Grundstein für das "nach modernsten wohntechnischen und hygienischen Erkenntnissen" konzipierte Haus wurde am 9. Juni 1963 von Caritasdirektor Werner Drehsen gesegnet[147]. Nach zweijähriger Bauzeit war das neue Altenheim fertig gestellt und konnte am 26. Mai 1965 zu Ehren von Johannes Höver, der im Jahre 1857 in Aachen die Ordensgemeinschaft der "Armen Brüder vom hl. Franziskus" gegründet hatte[148], eingeweiht werden[149]. Anerkennend hob die Rheinische Post hervor: "Das Heim hat vier Geschosse und enthält im wesentlichen auf jedem Flur die gleichen Einrichtungen. Im Erdgeschoß, der Pflegeabteilung, sind u.a. die Verwaltungs-, Warte-, Bade-, Untersuchungs- und Behandlungsräume untergebracht. Durch den Flur getrennt, zur Gartenseite hin, liegen die Wohn- bzw. Schlafzimmer. Während im allgemeinen auf Ein- und Zwei - Bettenzimmer Wert gelegt wurde, enthält die Pflegestation vier Betten. Eine moderne Teeküche, die alle technischen Hilfsmittel enthält, sowie der große lichtdurchflutete Tages bzw. Speiseraum schließen sich an; Einrichtungen, die in gleicher Ausführung in den übrigen Geschossen ebenfalls anzutreffen sind. Im Erdgeschoß dominiert die große, überdeckte Liegeterrasse, die es den Pflegebedürftigen erlaubt, auch bei weniger gutem Wetter frische Luft zu schöpfen. In den oberen Etagen werden jene alten Mitbürger untergebracht, die sich noch selbst gut helfen können. Es

---

[143] NN, "Das farbenfrohe Haus macht Freude". Gespräch mit Caritasdirektor Johannes Böcker über das Caritas Altenzentrum Herz - Jesu, in: Fest - Zeitung "Wir pflegen mit Herz". Neubau des Caritas Altenzentrums Herz - Jesu, Düsseldorf 1998, 6 - 7, 6.
[144] Vgl. oben S. 541.
[145] Vgl. CVD 7, 02.12.1961.
[146] Vgl. NN, Kleine Meldungen, in: Kirchenzeitung für das Erzbistum Köln Jg. 18 Nr. 1 (06.01.1963), 16.
[147] Vgl. Mittag 10.06.1963; RP 10.06.1963.
[148] Vgl. Lukas Jünemann, Lebensbild des Ordensstifters, in: 1932 - 1982. 50 Jahre Caritasheim Düsseldorf - Rath, Düsseldorf 1982, 11 - 20, 16.
[149] Vgl. DN 27.05.1965; RP 27.05.1965.

ist überall gesorgt, daß sich die Hausbewohner wohl fühlen können und in einer Atmosphäre ihren Lebensabend verbringen, die häusliche Wärme und Geborgenheit ausstrahlt. Auffallend ist die große Anzahl der Balkons. Vorbildliche hygienische Einrichtungen, Personen- und Speiseaufzug, Fernsehen und Radio runden das Bild einer Einrichtung ab, die ebenso zeitgemäß wie notwendig geworden war"[150]. Das neue Altenheim war eine Einrichtung des Caritasverbandes Düsseldorf, doch lag die Betriebsträgerschaft in den Händen der Franziskanerbrüder[151]; die "fraulichen Arbeiten"[152] im Haus hatten bis zum Jahre 1978 Elisabethschwestern aus Aachen übernommen.

Das Johannes Höver Haus war die erste Einrichtung, die im Rahmen eines zu Beginn der sechziger Jahre gemeinsam von den freien Wohlfahrtsverbänden und der Stadt Düsseldorf aufgestellten Altenheimplanes, fertig gestellt wurde[153]. Vorgesehen war die Bereitstellung von etwa 1000 Betten durch die Stadt (Altenheim in Flehe), den Caritasverband (Altenheime in Hassels, Garath und Derendorf), die Innere Mission (Altenheime in Heerdt, Golzheim und Bilk), die Arbeiterwohlfahrt (Altenheim in Eller), die Synagogengemeinde (Altenheim in Stockum) und das Rote Kreuz[154]. Mit der Dezentralisation von Altenheimen über das gesamte Stadtgebiet suchten die Düsseldorfer Wohlfahrtsverbände den Bau eines "Alten - Ghettos" zu verhindern, das noch im Jahre 1961 von der sozialdemokratischen Mehrheit im Düsseldorfer Stadtrat favorisiert worden war[155]. Nachdem die Landesregierung von Nordrhein - Westfalen aus "grundsätzlichen Erwägungen" die Errichtung eines Altenheimes mit 400 Plätzen in Nähe der Städtischen Krankenanstalten abgelehnt hatte, erklärte sich die Düsseldorfer Stadtverwaltung zum Bau einer kleineren Anstalt und zur Förderung weiterer, nichtkommunaler Heime bereit[156]. Mit der Entscheidung trug die Stadtverwaltung den Vorstellungen "moderner Altenbetreuung" Rechnung, "nach denen alte Menschen nicht isoliert in großen Anstalten, sondern in der nachbarschaftlichen Geborgenheit kleinerer Gemeindezentren leben" sollten[157].

Obwohl "nach modernsten wohntechnischen und hygienischen Erkenntnissen" geplant, wies das Johannes Höver Haus schon 15 Jahre nach seiner Inbetriebnahme erhebliche Baumängel auf und entsprach nicht mehr den Heim - Mindestbauforderungen. Bereits im April 1979 führten Mitglieder des Diözesancaritasverbandes Köln, des Caritasverbandes für die Stadt Düsseldorf, der Ordensgemeinschaft der Franziskanerbrüder mit dem Architektenbüro Heinz Zinke und Paul Pinger erste Gespräche über eine den

---

[150] RP 18.05.1965.
[151] Vgl. DN 27.05.1965
[152] NN, Caritasverband erhält neue Satzung. Interessanter Tätigkeitsbericht, in: Kirchenzeitung für das Erzbistum Köln Jg. 33 Nr. 43 (27.10.1978), 28.
[153] Vgl. DN 27.05.1965.
[154] Vgl. DN 27.05.1965; RP 27.05.1965.
[155] Vgl. NN, Altenheimbau macht zügige Fortschritte, in: Kirchenzeitung für das Erzbistum Köln Jg. 18 Nr. 49 (08.12.1963), 21.
[156] Vgl. NN, Altenheimbau macht zügige Fortschritte, in: Kirchenzeitung für das Erzbistum Köln Jg. 18 Nr. 49 (08.12.1963), 21.
[157] NN, Altenheimbau macht zügige Fortschritte, in: Kirchenzeitung für das Erzbistum Köln Jg. 18 Nr. 49 (08.12.1963), 21.

2.1. Johannes-Höver-Haus

gesetzlichen Auflagen genügende Sanierung der "Villa" und des Johannes - Höver Hauses[158]. Nachdem der Vorstand des Caritasverbandes Düsseldorf im Mai 1982 die Zustimmung für einen Neu- und Umbau gegeben hatte, mussten die Bewohner der Villa im folgenden September vorübergehend in der ehemaligen Wohnstation des Durchgangsheimes untergebracht werden[159]. Auf dem Grundstück der vollständig niedergelegten Villa wurde im Lauf des Jahres 1983 ein Neubau errichtet, in dessen Eingangshalle Stadtdechant Bernard Henrichs am 12. Januar 1984 den Grundstein gelegt hatte[160]. Am 24. Mai 1984 konnte das Richtfest gefeiert werden[161]; im November des gleichen Jahres begann der Umzug der Bewohner des alten Johannes Höver Hauses in den Neubau[162].

Endgültig beendet war der 16,5 Millionen Mark teuere Neu- und Umbau des Rather Altenheimes als das modernisierte Johannes Höver Haus am 11. April 1986 von Stadtdechant Gottfried Weber feierlich eingeweiht wurde[163]. Die Einrichtung bot nun Platz für 149 Bewohner und war aufgeteilt in 99 Einzelappartements mit Dusche, WC und Balkon, vier Zweiraumwohnungen für Ehepaare sowie 6 Einzelbettzimmern und 18 Zweibettzimmern für 42 pflegebedürftige Personen. Für die Pflegearbeit standen Bäder mit modernen Pflegewannen in ausreichender Zahl zur Verfügung. Versorgt wurden die Heimbewohner des Altenheimes wie auch des Durchgangsheimes durch eine moderne Großküche. "Die planerische Konzeption der versetzt angeordneten Baukörper und der Bildung von Flurerweiterungen zum Zwecke der Kommunikation", so die Kirchenzeitung vom 2. Mai 1986, "schufen gemütliche Aufenthaltszonen, die die Bewohner zu Gespräch und Spiel ermuntern". Ein Vielzweckraum im Sockelgeschoss, ein Gymnastikraum, eine Heimbücherei, eine Kegelbahn und ein Friseursalon boten verschiedene Möglichkeiten zur Freizeitgestaltung. Ein hauseigener Sozialdienst bot Beratung in sozialen Problemstellungen der Bewohner und ihrer Angehörigen[164].

Um den Ansprüchen moderner Pflegestandards zu genügen, wurde die Station "Villa" im Johannes Höver Haus Ende der neunziger Jahre noch einmal grundlegend saniert. 20 Einzelzimmer und 9 Doppelzimmer mit eigenen Nasszellen erstrecken sich heute auf zwei Etagen. Während der Umbaumaßnahmen, die mit der Einsegnung der Räume am 25. Oktober 2000 durch Stadtdechant Rolf Steinhäuser ihren Abschluss fanden, mussten

---

[158] Vgl. CVD 642, 1980; Matthäus Werner, Baugeschichte, in: Johannes Höver Haus. Alten- und Pflegeheim, Düsseldorf 1984, 4 - 5, 4.

[159] Vgl. Matthäus Werner, Baugeschichte, in: Johannes Höver Haus. Alten- und Pflegeheim, Düsseldorf 1984, 4 - 5, 4 f.

[160] Vgl. NN, Heimstatt für Bürger. Grundsteinlegung Johannes - Höver - Heim, in: Kirchenzeitung für das Erzbistum Köln Jg. 39 Nr. 5 (03.02.1984), 24.

[161] Vgl. RP 29.05.1984.

[162] Vgl. Matthäus Werner, Baugeschichte, in: Johannes Höver Haus. Alten- und Pflegeheim, Düsseldorf 1984, 4 - 5, 5.

[163] Vgl. RP 12.04.1985.

[164] Vgl. NN, Johannes - Höver - Heim der Armen Brüder des heiligen Franziskus: Moderne Alten- und Pflegeeinrichtung. Fröhliches Haus, in: Kirchenzeitung für das Erzbistum Köln Jg. 41 Nr. 18 (02.05.1986), 25. Vgl. auch Matthäus Werner, Baubeschreibung, in: Johannes Höver Haus. Alten- und Pflegeheim, Düsseldorf 1984, 6 - 7, 6 f; RP 12.04.1985.

Kloster der Barmherzigen Brüder

Am 1. Januar 1967 waren die Barmherzigen Brüder aus dem Mutterhaus Montabaur gezwungen, die Unterhaltung des Altenheimes an der Talstraße aus Mangel an eigenen Kräften dem Caritasverband Düsseldorf zu übertragen[166]. Waren vor dem Zweiten Weltkrieg in der Friedrichstadt bis zu zwölf Brüder eingesetzt[167], so war Mitte der sechziger Jahre die Zahl der Männer im schwarzen Habit auf vier gesunken[168]. Das Haus, das am 28. Juni 1941"zugunsten des Deutschen Reiches eingezogen", im Dezember 1945 aber zurückerstattet worden war[169], bot seit seiner Wiedereröffnung am 1. Juni 1946 Platz zur Aufnahme von 46 älteren und 12 pflegebedürftigen Männern[170]. Obwohl der Caritasverband Düsseldorf für den Pflegedienst eine ausreichende Zahl von Caritasschwestern verpflichten konnte[171], musste der Orden aus wirtschaftlichen Gründen das Haus Talstr. 104 am 30. April 1970 schließen und am 1. Juni 1970 an einen privaten Investor (Firma Halbig) verkaufen[172].

Hildegardisheim

Im Jahre 1957 war der Plan entstanden, in Garath ein neues Wohngebiet für etwa 25000 Menschen zu schaffen, in dem neben Einfamilienhäusern auch Miet- und Eigentumswohnungen gebaut werden sollten[173]. In diesem konstruierten, nicht natürlich gewachsenen Stadtteil waren Schulen, Kindergärten, Einkaufszentren, Sport- und Grünanlagen,

---

[165] Vgl. WZ 26.10.2000.
[166] Vgl. RP 28.10.1966; NN, Caritas in unserer Stadt, in: Kirchenzeitung für das Erzbistum Köln Jg. 23 Nr. 8 (23.02.1968), 20.
[167] Vgl. AEK GVA Düsseldorf überhaupt 23, 20.10.1941; PfA Friedrichstadt St. Peter 90, 05.02.1942; RP 18.04.1962.
[168] Vgl. RP 28.10.1966.
[169] Vgl. NN, Hier findet man Barmherzigkeit. Das Haus an der Talstraße. Barmherzige Brüder 65 Jahre in Düsseldorf, in: Kirchenzeitung für das Erzbistum Köln Jg. 7 Nr. 19 (11.05.1952), 304.
[170] Vgl. NN, Hier findet man Barmherzigkeit. Das Haus an der Talstraße. Barmherzige Brüder 65 Jahre in Düsseldorf, in: Kirchenzeitung für das Erzbistum Köln Jg. 7 Nr. 19 (11.05.1952), 304; DN 17.05.1952; RP 28.10.1966.
[171] Vgl. RP 28.10.1966.
[172] Vgl. CVD Vorstandsprotokolle, 03.05.1971; NN, Caritasverband unentbehrlich. Umfangreiche Tätigkeit. Geschäftsführer Josef Mühlemeier erstattete Bericht, in: Kirchenzeitung für das Erzbistum Köln Jg. 26 Nr. 20 (14.05.1971), 28.
[173] Vgl. Friedrich Tamms, Garath, ein neuer Stadtteil Düsseldorfs, in: Düsseldorf - Garath. Ein neuer Stadtteil, Düsseldorf 1965, 7 - 13, 10; Regina Krahwinkel, Die bauliche Entwicklung des Wohnstadtteils Düsseldorf - Garath 1958 - 1970, in: Düsseldorfer Jahrbuch 66 (1995), 271 - 296, 276 ff.

2.1. Hildegardisheim

Kirchen beider Konfessionen ebenso vorgesehen wie stationäre Altenhilfeeinrichtungen[174].

Nachdem 1961 der erste Spatenstich für die neue Trabantenstadt erfolgt war[175], wurde bereits im folgenden Jahr vom Kölner Generalvikariat ein Architektenwettbewerb für den Bau eines katholischen Gemeindezentrums (Kirche, Pfarrhaus, Jugendheim, Kindergarten) und Altenheims mit Personalhaus im südöstlichen Zipfel der Stadt ausgeschrieben[176]. Unter vier Einsendern entschied sich das Preisgericht am 3. Mai 1962 "eindeutig und mit Nachdruck" für einen Entwurf des Kölner Architekten Gottfried Böhm[177], der vorwiegend in Beton baute und für seine Bauwerke zu sehr persönlichen Lösungen gelangte[178]. Sein prämierter Vorentwurf sah stark gegliederte, zweigeschossige Baukörper für Altenheim und Gemeindezentrum vor, die sich um eine projektierte, zentral gelegene Kirche (St. Matthäus) gruppierten und durch ihre gelockerte Anordnung differenzierte Platzräume schufen[179]. Die Wege des geplanten Subzentrums Garath - Südwest führten über diese Platzräume und zwischen den einzelnen Baukörpern, die durch brückenförmige Überbauungen verknüpft waren und so einen zwar öffentlichen, aber versteckt begrenzten Stadtraum bildeten[180]. Das Konzept von Gottfried Böhm sah die Anordnung des Altenheimes im westlichen Teil des Stadtteilzentrums als dreiflügelige Anlage vor. Eine zentrale Eingangshalle mit einer Rampe ins Obergeschoss

---

[174] Vgl. CVD 230, 07.11.1961 und 23.11.1961; NN, Geborgenheit für 30000 Düsseldorfer. Minister Erkens tat den ersten Spatenstich in Garath, in: Kirchenzeitung für das Erzbistum Köln Jg. 16 Nr. 9 (26.02.1961), 17; Max Guther, Die Planung des neuen Stadtteils, in: Düsseldorf - Garath. Ein neuer Stadtteil, Düsseldorf 1965, 21 - 53, 21 ff; NN, Neue Altenwohnungen in Garath, in: Kirchenzeitung für das Erzbistum Köln Jg. 21 Nr. 36 (02.09.1966), 21; 1967 - 1977. St. Theresia - Gemeinde Düsseldorf - Garath, Düsseldorf 1977, 6 ff; Norbert Schloßmacher, Geschichte der Pfarrgemeinden, in: Bernard Henrichs, Düsseldorf. Stadt und Kirche, Düsseldorf 1982, 97 - 194, 173 ff.

[175] Vgl. RP 20.02.1961; NN, Geborgenheit für 30000 Düsseldorfer. Minister Erkens tat den ersten Spatenstich in Garath, in: Kirchenzeitung für das Erzbistum Köln Jg. 16 Nr. 9 (26.02.1961), 17.

[176] Vgl. CVD 230, Juli 1965.

[177] Vgl. Ulrich Hassels, Gottfried Böhm. Altenheim in Düsseldorf - Garath. Entwicklung der modernen Architektur, Studienarbeit Braunschweig 1978, 88 und 157 ff; Veronika Darius, Der Architekt Gottfried Böhm. Bauten der sechziger Jahre, Düsseldorf 1988, 22 ff.

[178] Vgl. Egon Schirmbeck, Gottfried Böhm. Anmerkungen zum architektonischen Werk, in: Bauen und Wohnen. Internationale Zeitschrift für die Gestaltung und Technik von Bau, Raum und Gerät Jg. 32 Nr. 11 (November 1977), 421 - 424, 421 ff; Raèv Svetlozar, Gottfried Böhm. Bauten und Projekte 1950 - 1980, Köln 1982, 9 ff; Raèv Svetlozar, Gottfried Böhm, Vorträge, Bauten, Projekte, Stuttgart 1988, 13 ff; J. Schlösser, Geschätzt und umstritten. Der Kölner Architekt Professor Gottfried Böhm wird 70 Jahre alt, in: Kirchenzeitung für das Erzbistum Köln Jg. 45 Nr. 3 (19.01.1990), 32; Christoph Strack, Humanes Bauen. Der Architekt Professor Gottfried Böhm wird 75 Jahre alt, in: Kirchenzeitung für das Erzbistum Köln Jg. 50 Nr. 3 (20.01.1995), 13; Christoph Strack, "Jedes Gebäude muss sich ändern können". Ein humaner Bauherr feiert Geburtstag: Architekt Gottfried Böhm wird 80 Jahre alt, in: Kirchenzeitung für das Erzbistum Köln Jg. 55 Nr. 2 (14.01.2000), 15.

[179] Vgl. Jörg A. E. Heimeshoff, Denkmalpflege in Düsseldorf. Bericht des Instituts für Denkmalschutz und Denkmalpflege über das Jahr 1999, in: Düsseldorfer Jahrbuch 71 (2000), 273 - 282, 279 f.

[180] Vgl. Max Bächer, Architektur kritisch. Oasen in der Wüste ... . Wanderer, kommst Du nach Garath, in: Der Architekt. Organ des Bundes Deutscher Architekten BDA Jg. 25 Nr. 4 (April 1976), 153 - 158, 153 ff.

war geplant als Verteiler für zwei Altenwohnbereiche mit vorwiegender Westorientierung und für den im Osten angeschlossenen Wirtschafts- und Pflegetrakt[181]. Personalhaus und Pfarrzentrum begrenzten den Platz und die zentral gelegene Kirche nach Norden. Die Pfarrkirche und die vom Obergeschoss des Altenheimes zugängliche Kapelle bildeten durch ihre korrespondierende, plastische Ausformung einen deutlichen Mittelpunkt der Anlage[182].

Wie aus dem Erläuterungsbericht zum Wettbewerb 1962 und der Baubeschreibung zum Bauantrag vom Juli 1965 hervorgeht, war es das ausdrückliche Anliegen des Architekten, städtebaulich der lockeren Bebauung des Siedlungsgebietes einen dichten Kern gegenüberzustellen und damit das gemeinschaftliche Leben zusammenzufassen[183]. Außerdem wurde bei der Anlage des Altenheimes besonderer Wert darauf gelegt, den Charakter eines Krankenhauses oder Sanatoriums zu vermeiden[184]. Um dem Anspruch gerecht zu werden, wurden die Zimmer des Altenheimes in Form von "Kleinsthäuschen" entlang der inneren Flurstraßen gegliedert[185]. Zur Betonung des öffentlichen Charakters der "Flurstraßen" sollte innen wie außen das gleiche Material, Ziegelmauerwerk, zur Raumabgrenzung verwendet werden[186]. Dadurch sollte die Individualität der einzelnen Räume besonders hervorgehoben werden, da nach Meinung von Gottfried Böhm "alte Menschen bekanntlich nicht zu stark kollektiviert sein wollen", sondern "sich jeweils in ihrem eigenen Reich zu Hause fühlen"[187]. Die mindere Bewertung kollektiver Bedürfnisse älterer Menschen hatte zur Folge, dass im Raumprogramm zunächst keine Gemeinschaftsräume vorgesehen waren. Lediglich Sitzecken und Bänke in den stark gegliederten Flurstraßen mit wechselnden Lichteinfällen und Ausblicken an den Flurstraßen sowie an der geschwungenen Rampe im Bereich der großen zweigeschossigen Eingangshalle sollten die Bewohner des Heims zu Treffen und Spaziergängen einladen[188].

Wie bei anderen Vorhaben von Gottfried Böhm baute auch die Altenheimanlage in Garath auf einem kleinmaßstäblichen Entwurfsprinzip auf, das Begriffe wie Häuslichkeit und Geborgenheit zu menschlichen Verhaltensweisen in Beziehung zu setzen ver-

---

[181] Vgl. CVD 230, Juli 1965.
[182] Vgl. Thomas F. Hansen, Renaissance der "Mitte". Anmerkungen zur Planung und zum Bau kirchlicher Gemeindezentren (KGZ) als Reaktion auf den "Verlust der Mitte", in: Architektur - Wettbewerbe Jg. 39 Nr. 92 (November 1977), III - V, III ff.
[183] Vgl. CVD 230, Juli 1965; Ulrich Hassels, Gottfried Böhm. Altenheim in Düsseldorf - Garath. Entwicklung der modernen Architektur, Studienarbeit Braunschweig 1978, 88 ff; Veronika Darius, Der Architekt Gottfried Böhm. Bauten der sechziger Jahre, Düsseldorf 1988, 22 ff.
[184] Vgl. CVD 230, Juli 1965.
[185] Vgl. CVD 230, Juli 1965; Ulrich Hassels, Gottfried Böhm. Altenheim in Düsseldorf - Garath. Entwicklung der modernen Architektur, Studienarbeit Braunschweig 1978, 90.
[186] Vgl. CVD 230, Juli 1965.
[187] Zitiert nach Ulrich Hassels, Gottfried Böhm. Altenheim in Düsseldorf - Garath. Entwicklung der modernen Architektur, Studienarbeit Braunschweig 1978, 90.
[188] Vgl. Ulrich Hassels, Gottfried Böhm. Altenheim in Düsseldorf - Garath. Entwicklung der modernen Architektur, Studienarbeit Braunschweig 1978, 90 und 120.

2.1. Hildegardisheim

suchte[189]. Mit dieser Art von Architektur erteilte Gottfried Böhm eine klare Absage an glattflächige, durch Stapelung vieler Geschosse hochgezogene "Altenkasernen"[190]. Der phantasiereichen Verkettung von eckigen und runden, vor- und zurückspringenden, nach Funktionen untergliederten Gebäude- und Bauteilen entsprachen sowohl die Konstruktion wie das Material. Die äußeren Wände wie die Wandflächen in den Flurstraßen bestanden aus Ziegelsichtmauerwerk, das in wiederkehrendem Rhythmus von Bauteilen aus Sichtbeton unterteilt oder unterbrochen wurde (Fensterstürze, Balkone, Schutzdächer). Die Betonsteinpflasterflächen in den äußeren Höfen und Durchgängen setzten sich im Innern als Ziegelrollschichten fort, die die Gussasphaltbahnen in den Flurzonen begrenzten[191].

Die Ausführung des Garather Projektes erfolgte in mehreren Bauabschnitten und wurde im Laufe der Zeit mehrfach überarbeitet[192]. Der erste Abschnitt umfasste das Altenheim mit Personalhaus und wurde in den Jahren 1966 bis 1968 erstellt[193]. Die Filialkirche St. Matthäus, Pfarrer- und Küsterwohnung entstanden als zweiter Bauabschnitt zwischen 1968 und 1970[194]. Die Realisierung des dritten Bauabschnittes, Jugendheim und Kindergarten im Nordosten des Gemeindezentrums, wurde wiederholt verschoben und schließlich verworfen[195].

Die Wettbewerbskonzeption des Altenheimes wurde bei der Ausführung im Wesentlichen beibehalten. Mit dem Bau der Altenhilfeeinrichtung, für die der Düsseldorfer Caritasverband und die Aachener Gemeinnützige Siedlungs- und Wohnungsbaugesellschaft (Köln) als Bauherren auftraten, wurde am 1. Oktober 1966 begonnen[196]. Die Bauleitung lag in den Händen des Kölner Architekten Adolf Jaquemod, der das etwa 4,6 Millionen Mark teure Bauvorhaben von der Baufirma Gustav Kowarzik (Düsseldorf) ausführen ließ[197]. Finanziert wurde die Anlage an der Ricarda - Huch - Str. 2 aus einer

---

[189] Vgl. Egon Schirmbeck, Gottfried Böhm. Anmerkungen zum architektonischen Werk, in: Bauen und Wohnen. Internationale Zeitschrift für die Gestaltung und Technik von Bau, Raum und Gerät Jg. 32 Nr. 11 (November 1977), 421 - 424, 422 ff.
[190] Vgl. NN, Altenheim und Personalhaus, Düsseldorf - Garath, in: DLW - Nachrichten. Zeitschrift für Architektur und Innenausbau Jg. 36 Nr. 54 (1972), 26 - 29, 26.
[191] Vgl. NN, Düsseldorf - Garath Südwest, in: Das Münster. Zeitschrift für christliche Kunst und Kunstwissenschaft Jg. 22 Nr. 4 (Juli/August 1969), 225; NN, Altenheim Düsseldorf - Garath, in: Das Münster. Zeitschrift für christliche Kunst und Kunstwissenschaft Jg. 26 Nr. 1/2 (März 1973), 38 - 39, 39; Gottfried Böhm, Altenheim und Gemeindezentrum Düsseldorf - Garath, in: Kunst und Kirche. Ökumenische Zeitschrift für Architektur und Kunst Jg. 39 Nr. 3 (3. Quartal 1976), 111 - 112, 111 f.
[192] Vgl. Ulrich Hassels, Gottfried Böhm. Altenheim in Düsseldorf - Garath. Entwicklung der modernen Architektur, Studienarbeit Braunschweig 1978, 91.
[193] Vgl. Veronika Darius, Der Architekt Gottfried Böhm. Bauten der sechziger Jahre, Düsseldorf 1988, 32.
[194] Vgl. Edmund Spohr, Architektur der Pfarrkirchen und Sakralbauten, in: Bernard Henrichs, Düsseldorf. Stadt und Kirche, Düsseldorf 1982, 97 - 194, 174 f.
[195] Vgl. CVD 230, 17.06.2003.
[196] Vgl. NRZ 21.06.1968.
[197] Vgl. CVD 230, 1968.

Spende des Düsseldorfer Warenhausbetreibers Helmut Horten[198], aus Bundes-, Landes- und städtischen Mitteln wie aus Eigenmitteln des Düsseldorfer Caritasverbandes[199]. Eine Millionen Mark, vom Erzbistum Köln zur Verfügung gestellt, brauchte der Caritasverband nicht abzurufen[200]. An der feierlichen Grundsteinlegung am 28. April 1967 durch Heidi Horten nahmen zahlreiche Ehrengäste teil, darunter Oberbürgermeister Willi Becker, Oberstadtdirektor Gilbert Just und Stadtdechant Werner Drehsen[201]. In der Urkunde, die dem Grundstein beigefügt war, hieß es: "Die zur Errichtung des Baus fehlende Summe in Höhe von 2 Millionen Deutsche Mark spendete in einzigartiger und großzügiger Weise Herr Helmut Horten, ein Bürger unserer Stadt. Ihm, Herrn Helmut Horten, dem die Sorge um die alten Leute besonders am Herzen liegt, gilt in dieser Stunde der feierlichen Grundsteinlegung des zweiten von ihm geförderten Altenheimbaues in Düsseldorf unserer besonderer Dank"[202]. Wie bereits geschildert, hatte Helmut Horten im Januar 1958 aus Anlass seines 50. Geburtstags ein schlüsselfertiges Krankenpflegeheim an der Birkenstraße im Wert von 2,5 Millionen Mark gestiftet[203]. "Für Frau Heidi Horten", so ein Bericht in der Rheinischen Post vom 29. April 1967, "war die Teilnahme an der Grundsteinlegung der erste offizielle Auftritt in der Öffentlichkeit. Sie trug ein türkisfarbenes Kleid und einen gleichfarbigen kunstvoll gewundenen Turban aus Chiffon". Nach Verlesung der Grundsteinlegungsurkunde ging "Frau Horten zum tannengeschmückten Grundstein und schlug nach altem Brauch mit einem Hammer dreimal gegen den Stein. Mit leiser, aber klarer Stimme sprach sie dabei ihre Segenswünsche für das Wachsen des Bauwerkes und seine künftige Aufgabe"[204].

Das Haus, das zum Jahreswechsel 1968/69 von den ersten Bewohnern bezogen[205] und am 28. Mai 1969 unter dem Namen St. Hildegardisheim eingeweiht wurde[206], bot bei seiner Fertigstellung 104 Plätze, die auf vier Stationen mit je 20 Betten und einer Pflegestation mit Liegeterrasse verteilt waren[207]. Zu jeder Station gehörten ein Aufenthaltsraum, ein Dienstraum, eine Teeküche mit Putzraum sowie sanitäre Einrichtungen, bestehend aus drei Toiletten, Brause, Bad und Fäkalienraum[208]. Hinter der Eingangshalle lag ein größerer Gemeinschaftsraum, der nach Gottfried Böhm "auch wiederum zur

---

[198] Vgl. NN, Zum Wohle der Alten. 2000000 DM Spende von Helmut Horten, in: Kirchenzeitung für das Erzbistum Köln Jg. 24 Nr. 2 (10.01.1969), 20.

[199] Vgl. CVD 230, 1968.

[200] Vgl. RP 07.01.1969.

[201] Vgl. BT 29.04.1967; RP 29.04.1967.

[202] CVD 230, 28.04.1967.

[203] Vgl. oben S. 744.

[204] RP 29.04.1967. Vgl. auch BT 29.04.1967; NN, Neues Altenheim in Garath. Düsseldorfer Bürger stiftete zwei Millionen Mark. Modern und behaglich, in: Kirchenzeitung für das Erzbistum Köln Jg. 22 Nr. 18 (05.05.1967), 20.

[205] Vgl. BT 07.01.1969; NRZ 07.01.1969.

[206] Vgl. CVD 230, 28.05.1969; DN 29.05.1969; RP 29.05.1969. Auch wenn keine Unterlagen hierzu erhalten sind, ist anzunehmen, dass die Namensgebung auf Betreiben des Vereins "St. Hildegardis - Heimstätten" erfolgt war (vgl. oben S. 744 f).

[207] Vgl. CVD 230, 1968.

[208] Vgl. CVD 230, Juli 1965.

2.1. Hildegardisheim

Vermeidung des Kasernierungsgefühls in verschiedene Einzelräume und Ecken gegliedert" und mit Büchern, Zeitschriften und Fernsehen ausgestattet war[209]. Darüber befand sich im Obergeschoss ein größerer Aufenthaltsraum für zwei Stationen sowie eine Dachterrasse. Die Verbindung zwischen Eingangshalle und Wirtschaftstrakt bildeten die Verwaltungsräume des Pflegepersonals und die Wasch- und Umkleideräume für das Wirtschaftspersonal[210]. Die Küche war so eingerichtet, dass die Bewohner die Mahlzeiten auf ihren Zimmern einnehmen konnten. Das Essen wurde mit Wärmewagen über einen Lasten- und Personenaufzug zu den einzelnen Stationen befördert und dort verteilt. Für das Personal war ein großer Speisesaal vorgesehen, der auch für gemeinschaftliche Veranstaltungen, Vorträge und Zusammenkünfte benutzt werden konnte[211]. Das Kellergeschoss verfügte über zahlreiche Vorratsräume mit direktem Zugang zur Küche, ferner eine Abfallverbrennungsanlage, Tiefkühlräume und einen Totenraum[212]. Nördlich und südlich des Eingangsgebäudes schlossen sich die stark verstaffelten Wohntrakte, östlich der zweigeschossige Wirtschaftstrakt und die ebenerdige Hausmeisterwohnung an. Während die Wände der Flurstraße in Backsteinmauerwerk verfugt und die Böden mit Backsteinpflaster belegt waren, waren in den Wohnräumen die Decken und Wände verputzt[213]. Die Eingänge zu den einzelnen Wohnungen (38 Einbett-, 60 Zweibett-, 2 Dreibettzimmer) hatten Naturholztüren mit Briefkästen und einem kleinen Fenster erhalten[214]. Außer den Innenhofzimmern im Parterre besaß jeder Raum einen Ausgang ins Freie, im Erdgeschoss in einen angedeuteten Garten, im Obergeschoss auf einen kleinen Balkon. Der nördliche Altenheimflügel hatte als Ergänzung eine vom Obergeschoss aus begehbare, ganz in Sichtbeton errichtete Kapelle (Benedizierung 28. Februar 1969[215]), um auch den Patienten der Pflegestation, die sich ebenfalls im Obergeschoss befand, den Besuch von Gottesdiensten zu ermöglichen[216]. Das Personalhaus (Renè - Schickele - Str. 8) mit 36 Plätzen war durch eine verglaste Brücke mit dem Altenheim verbunden; nach Osten fügten sich das Pfarrhaus und die Küsterwohnung an[217]. Geleitet wurde die Altenhilfeeinrichtung des Düsseldorfer Caritasverbandes zunächst von Caritasschwestern. In die Betreuung waren aber auch indische Ordensschwestern einbezogen, die seit Jahren in Düsseldorf in der Alten- und Krankenpflege tätig waren[218].

---

[209] Vgl. CVD 230, Juli 1965.
[210] Vgl. CVD 230, Juli 1965.
[211] Vgl. CVD 230, Juli 1965.
[212] Vgl. CVD 230, Juli 1965.
[213] Vgl. CVD 230, Juli 1965.
[214] Vgl. CVD 230, Juli 1965.
[215] Vgl. CVD 230, 18.02.1969.
[216] Vgl. CVD 230, Juli 1965; NN, Kapelle für Altenheim, in: Kirchenzeitung für das Erzbistum Köln Jg. 24 Nr. 12 (21.03.1969), 21; Edmund Spohr, Architektur der Pfarrkirchen und Sakralbauten, in: Bernard Henrichs, Düsseldorf. Stadt und Kirche, Düsseldorf 1982, 97 - 194, 174.
[217] Vgl. CVD 230, Juli 1965.
[218] Vgl. CVD Vorstandsprotokolle, 24.02.1993; DN 07.01.1969; NRZ 07.01.1969; RP 07.01.1969; NN, Indische Schwestern in Garath, in: Kirchenzeitung für das Erzbistum Köln Jg. 24 Nr. 9 (28.02.1969), 30; NN, Chronik, in: 75 Jahre Caritasverband in Düsseldorf, Düsseldorf 1979, o. S. (21 - 42, 41).

Nach zum Teil heftiger Kritik und Auslassungen über die Garather "Caritasburg"[219] oder "Alten - Festung"[220] folgte die Anerkennung durch Sachverständige aus dem In- und Ausland[221]. Zahlreiche Besuchergruppen zu Ende der sechziger und Anfang der siebziger Jahre bezeugen, dass das Hildegardisheim bei seiner Fertigstellung als richtungweisend für die stationäre Altenbetreuung galt[222]. Nicht zu Unrecht bezeichneten in- und ausländische Presseberichte die von Gottfried Böhm unter bewusstem Verzicht auf den üblichen "Heimstil" geplante Wohnanlage für ihre Zeit in vielerlei Hinsicht als "einmalig"[223].

Abgesehen von kleineren Renovierungs- und Modernisierungsmaßnahmen in den achtziger und neunziger Jahren, wie Sanierung der Bäder und Nasszellen[224] oder Verbleibung des Kapellendaches[225], blieb die von Gottfried Böhm geschaffene Anlage bis heute im Wesentlichen unverändert. Eine Generalsanierung verbunden mit einer Erweiterung des Caritas Altenzentrums St. Hildegard sind zurzeit in Planung und gelangen in nächster Zeit zur Ausführung[226]. Mit dieser Maßnahme trägt der Caritasverband für die Stadt Düsseldorf einer Entwicklung Rechnung, die sich seit einigen Jahren im Bereich der stationären Altenhilfe vollzog und den Charakter vieler Einrichtungen grundle-

---

[219] Vgl. NRZ 07.01.1969. Vgl. auch NRZ 21.06.1968; Wolfgang Pehnt, Die Architektur des Expressionismus, Stuttgart 1973, 12; Heinrich Klotz, Architektur in der Bundesrepublik. Gespräche mit Günter Behnisch, Wolfgang Döring, Helmut Hentrich, Hans Kammerer, Frei Otto, Oswald M. Ungers, Frankfurt 1977, 10.
[220] Vgl. NN, Die "Alten - Festung". Möchten Sie darin wohnen ?, in: Bild - Zeitung (Hamburger Ausgabe) Jg. 18 Nr. 7 (09.01.1969), 8.
[221] Vgl. Ulrich Hassels, Gottfried Böhm. Altenheim in Düsseldorf - Garath. Entwicklung der modernen Architektur, Studienarbeit Braunschweig 1978, 149.
[222] Vgl. CVD 230, 23.07.1969, 20.08.1970, 03.09.1970, 04.06.1971, 15.12.1972, 19.06.1973 und 24.09.1975.
[223] Vgl. BT 07.01.1969; RP 07.01.1969; Ursula Knief, Über Berg und Tal in Prof. Böhms roter Backsteinburg, in: Welt am Sonntag Jg. 22 Nr. 8 (23.02.1969), o. S. (22); C., Altenheim in Düsseldorf - Garath, in: Bauwelt Jg. 60 Nr. 20 (19.05.1969), 707 - 709, 707 ff; RP 29.05.1969; DN 18.10.1969; NN, Home for the aging. Apartment complex designed to meet needs of senior citizens, in: New York Sunday News Vol. 105 No. 3 (17.01.1971), 8; NN, Altersheim und Personalhaus in Düsseldorf - Garath, in: Werk. Schweizer Monatsschrift für Architektur und Kunst Jg. 58 Nr. 2 (Februar 1971), 100 - 103, 100 ff; NN, Microcittà per anziani a Düsseldorf, in: Architettura Vol. 17 No. 3 (Luglio 1971), 188 - 189, 188 f; NN, German Bricks and Mortar, in: Building Vol. 222 No. 6732 (02.06.1972), 43; Max Bächer, Architektur kritisch. Oasen in der Wüste ... . Wanderer, kommst Du nach Garath, in: Der Architekt. Organ des Bundes Deutscher Architekten BDA Jg. 25 Nr. 4 (April 1976), 153 - 158, 153 ff.
[224] Vgl. CVD Vorstandsprotokolle, 27.09.1984 und 27.03.1985; CVD 230, 21.05.1984.
[225] Vgl. CVD Vorstandsprotokolle, 11.09.1989 und 23.03.1992; Paul Fingerhut, Dachsanierung durch Zweischalenkonstruktion. Freibewittertes monolithisches Dach wurde durch eine holzkonstruktive äußere Dachschale mit Bleideckung zukunftssicher saniert, in: Das Dachdecker - Handwerk. Zeitschrift für Dach-, Wand- und Abdichtungstechnik Jg. 112 Nr. 23 (06.12.1991), 10 - 14, 10 ff.
[226] Vgl. CVD Vorstandsprotokolle, 27.11.1997, 25.03.1998, 20.01.1999, 18.03.1999, 11.06.1999, 14.12.1999 und 23.05.2000; CVD 230, 17.06.2003; NN, Sanierung muss verschoben werden. Keine öffentlichen Mittel für Caritas Altenzentren, in: Kirchenzeitung für das Erzbistum Köln Jg. 58 Nr. 10 (07.03.2003), 7.

2.1. Hildegardisheim

gend veränderte[227]. Stark verkürzt kann sie als Wandel vom Wohn- und Altenheim mit Pflegestation hin zum Altenzentrum mit vielen verschiedenen Pflege-, Hilfe- und Begleitungsbedarfen beschrieben werden[228].

Den Plänen des heutigen Caritas Altenzentrums St. Hildegard lag die Vorstellung der sechziger Jahre zugrunde, dass noch rüstige Menschen in den Wohnheimbereich einer Einrichtung einzogen und in den Altenheimbereich überwechselten, wenn sie ihren eigenen Haushalt nicht mehr versorgen konnten[229]. Für den Fall der dauernden Pflegebedürftigkeit war der Umzug in die Pflegestation der Einrichtung vorgesehen. Die konzeptionelle Ausrichtung der Pflegebereiche erfolgte am Model des Krankenhauses. So sollte auch in Garath ein Altwerden in der gleich bleibenden Umgebung einer stationären Einrichtung möglich sein[230].

Die Erfahrung zeigte aber bald, dass dieses "idealtypische Altwerden" in der mehrgliedrigen Einrichtung mit den vorgesehenen Wechseln der Bereiche nicht zur Regel wurde. Die Pflegestation mit ihren 20 Plätzen war viel zu klein, um der Nachfrage der im Altenheimbereich pflegebedürftig gewordenen Bewohner und Bewohnerinnen und der zusätzlichen Nachfrage nach Pflegeplätzen "von außen" gerecht zu werden. Mehr und mehr sah sich die Hausleitung zudem verpflichtet, zunächst pflegebedürftige alte Menschen stationär aufzunehmen, die zu Hause nicht mehr adäquat versorgt werden konnten. Dies geschah vor allem durch die Bereitstellung von ursprünglichen Altenheimplätzen als Pflegeplätze[231]. Verstärkt wurde die Entwicklung hin zum Pflegeheim durch den Ausbau ambulanter Dienste, mit dem der Grundsatz "ambulant vor stationär" im Bereich der Altenhilfe verwirklicht werden sollte. Schließlich beschleunigte in den neunziger Jahren die Einführung der Pflegeversicherung den Wandel noch einmal deutlich[232].

---

[227] Vgl. Helmut Braun, Die "Heimkonzepte der Zukunft" von DZA und KDA aus heutiger Sicht, in: Roland Schmidt, Konturen der neuen Pflegelandschaft. Positionen, Widersprüche, Konsequenzen, Regensburg 1998, 185 - 192, 192 ff.

[228] Vgl. Sven Lind, Das Altenpflegeheim. Entwicklungsgeschichte, Problemfelder und Lösungsansätze in der stationären Langzeitpflege in der Bundesrepublik Deutschland, in: Das Altenheim vor neuen Anforderungen. Leistungsspektrum, Versorgungsstrategien, Architektur. Fachtagung, Stuttgart - Hohenheim, 2. - 3. November 1995, 177 - 192, 177 ff.

[229] Vgl. NN, St. Hildegardisheim, in: 75 Jahre Caritasverband in Düsseldorf, Düsseldorf 1979, o. S. (80 - 81, 80). Vgl. dazu Kenan Holger, Der Sieche. Alte Menschen und die stationäre Altenhilfe in Deutschland 1924 - 1961, Essen 2002, 111 ff.

[230] Vgl. CVD 230, 01.10.1991; NN, Ein Vierteljahrhundert Hildegardisheim: Sorge um das Wohl, in: Kirchenzeitung für das Erzbistum Köln Jg. 49 Nr. 18 (06.05.1994), 22.

[231] Vgl. 90 Jahre Caritasverband für die Stadt Düsseldorf. Gemeindecaritas, häusliche Hilfen, soziale Dienste und Beratung, ambulante Pflegestationen, Wohnheim und Altenhilfeeinrichtungen, Düsseldorf 1994, 58.

[232] Vgl. CVD 230, Mai 1994; Johannes Winterhalter, Das Caritas - Altenzentrum St. Hildegard heute und morgen. Fragen an die Leiterin Frau Renate Rackl, in: Gemeinsam unterwegs. Pfarrbrief der katholischen Kirchengemeinden St. Norbert und St. Theresia Düsseldorf - Garath/Hellerhof Jg. 1 Nr. 1 (Mai 1999), o. S. (6 - 7, 6); 1975 - 2000. 25 Jahre Bezirksvertretung und Bezirksverwaltung im Stadtbezirk 10 Garath - Hellerhof, Düsseldorf 2001, 33.

Das umfassende Konzept eines stationären Altenhilfeangebotes für alle Grade der Hilfebedürftigkeit unter einem Dach hatte eine deutliche Differenzierung erfahren. Zentral bedeutsam war hierbei die Gestaltung der Bau- und Pflegekonzepte. Zwar blieben auch andere Bereiche (Hauswirtschaft, Seelsorge, Verwaltung, Organisation) von den Veränderungen nicht unberührt; im Hinblick auf die veränderte Nachfrage waren aber das Wohnen und die Pflege von ausschlaggebender Bedeutung. Das Pflegeheim war für die Bewohner, gerade wenn sie stark pflegebedürftig waren, ihr dauerhafter Lebensraum und nicht nur eine vorübergehende Unterkunft. Deswegen musste neben der Funktionalität im Hinblick auf eine gute Pflege auch den menschlichen Bedürfnissen an einem Wohnraum entsprochen werden. Als wichtigste Anforderungen erschienen in diesem Zusammenhang die Eröffnung der Möglichkeit zum Rückzug in die Privatheit einer geschützten Intimsphäre ebenso wie die Eröffnung der Möglichkeit zur Begegnung und Kommunikation mit andern[233]. Das Konzept des Einzelzimmers in Verbindung mit überschaubaren Gemeinschaftsräumen wird daher auch im Caritas Altenzentrum St. Hildegard künftig die Präferenz haben. Schon seit längerer Zeit arbeiteten die 77 Mitarbeiterinnen und Mitarbeiter des Hauses nach dem Prinzip der "aktivierenden Pflege"[234]. Körperliche und geistige Fähigkeiten der Hausbewohner sollten so erhalten, gefördert und auch neu geweckt werden[235].

Vinzentinum

Nur wenige Wochen nach der Kapitulation hatte der Caritasverband Düsseldorf ein unmittelbar neben der Vinzenzkirche gelegenes, "durch Kriegseinwirkungen stark mitgenommenes" HJ - Heim (Höherweg 42) von der Stadt Düsseldorf gemietet, das Pfarrrektor Engelbert Schilden (St. Vinzenz) "in erstaunlich kurzer Zeit unter größten Opfern zu einem vorbildlichen Altersheim 'Vinzentinum'" ausbaute und am 1. September 1945 seinen Betrieb aufnahm[236]. Die Betreuung der zunächst 44, später 70 Bewohner wurde Schwestern der Caritativen Vereinigung Köln - Nippes übertragen[237], die in Flingern bereits seit dem 14. November 1932 von Oberbilk aus einen Kindergarten (Albertstr. 83) unterhielten und ambulante Krankenpflege leisteten[238]. In der Provinzchronik der Kölner Vinzentinerinnen heißt es über die Anfänge des Vinzentinums im Jahre 1945: "Bald

---

[233] Vgl. Sibylle Heeg, "Pflegeheimat". Ideen für das Pflegeheim von morgen, Köln 1995, 6 ff.
[234] Vgl. NN, Ein Vierteljahrhundert Hildegardisheim: Sorge um das Wohl, in: Kirchenzeitung für das Erzbistum Köln Jg. 49 Nr. 18 (06.05.1994), 22.
[235] Vgl. 90 Jahre Caritasverband für die Stadt Düsseldorf. Gemeindecaritas, häusliche Hilfen, soziale Dienste und Beratung, ambulante Pflegestationen, Wohnheim und Altenhilfeeinrichtungen, Düsseldorf 1994, 59.
[236] Vgl. SAD III 20824, 20.07.1946; Engelbert Schilden, Halten Sie das für möglich ?, in: Neue Rheinische Zeitung Jg. 1 Nr. 50 (16.01.1946), 3; NN, Unsere Toten, in: Caritasverband Düsseldorf. Rundbrief an unsere Mitarbeiter und Mitarbeiterinnen Jg. 22 Nr. 5 (November 1946), 4.
[237] Vgl. MVK 54, 30.10.1945.
[238] Vgl. NN, Der neue Kindergarten in Düsseldorf, in: Gruß aus dem Kölner Mutterhaus. Familienblätter für die Töchter der christlichen Liebe Köln - Nippes Jg. 2 Nr. 2 (Februar 1933), 26 - 27, 26 f.

2.1. Vinzentinum

nach dem Einzug der Amerikaner im April 1945 wurde das Heim, in dem sich schon die KPD breit machte, dem Caritasverband und von diesem dem Pfarrer von St. Vinzenz zu Caritaszwecken übergeben. Nach einigem Hin- und Herschwanken wurde das Heim zur Aufnahme alter Leute bestimmt. Aber wie dieses Heim, das nur Schulungszwecken gedient hatte, wohnlich machen? Es begann nun die Jagd nach einem großen Herd, nach Betten, Wäsche, Küchen- und Hausgeräten, Geschirr etc.. Vor allem aber mußten Arbeiter und Baumaterial gesucht werden, damit das Gebäude wirklich ein 'Heim' werde. Es war dies keine kleine Aufgabe in unserer notvollen Zeit, in der es an allem mangelt. Nach dreimonatlichem, emsigem Schaffen bat Herr Pfarrer Schilden die verehrten Obern um Schwestern, die ihm auch zugesagt wurden. Am 29. Juli sollte das Heim feierlich eröffnet und den Schwestern übergeben werden. Nach einem feierlichen Hochamte um 10 Uhr zog die Pfarrprozession unter zahlreicher Beteiligung der Bevölkerung zum 1. Male nach 6 Jahren mit dem Allerheiligsten durch die das Heim begrenzenden Straßen. ... Hochw. Herr Caritasdirektor Becker hielt eine Ansprache mit dem Leitgedanken: 'Du sollst den Herrn Deinen Gott lieben aus Deinem ganzen Herzen, aus Deinem ganzen Gemüte und aus allen Deinen Kräften' und 'Du sollst Deinen Nächsten lieben wie Dich selbst'. Er führte aus, wie schon in altchristlicher Zeit neben dem Gotteshaus, das die Gottesliebe verwirklichte, ein Haus der Barmherzigkeit stand als Verwirklichung des Gebotes der Nächstenliebe. So stehe auch jetzt hier neben der St. Vinzenzkirche ein Haus der Barmherzigkeit. ... Herr Caritasdirektor trug das Allerheiligste dann in das Heim hinein und segnete es noch besonders. Ein alter Mann meinte: 'He kann dä Düfel nix mie mache'. ... Ab 1. September nahm das Heim Leute auf, am 15. Oktober werden wir wohl gut 40 alte Leutchen beherbergen"[239].

Obwohl das Vinzentinum nur wenige Schritte von der Pfarrkirche entfernt lag, wurde für die Schwestern und Bewohner der Anstalt eine eigene Hauskapelle eingerichtet und am 18. Januar 1948 von Pfarrrektor Wilhelm Pijls (St. Vinzenz) eingesegnet[240]. Als Anfang der fünfziger Jahre bei der Stadtverwaltung Stimmen laut wurden, das Haus Höherweg 42 einem neuen Verwendungszweck zuzuführen, kaufte Stadtdechant Ernst Kreuzberg am 1. Januar 1954 die Immobilie für die Pfarrgemeinde Hl. Dreifaltigkeit an und überließ sie den Vinzentinerinnen zur Fortsetzung ihrer bisherigen Tätigkeit[241]. Nachdem das Vinzentinum am 5. Oktober 1957 durch die Explosion einer Tankstelle an der Kettwigerstraße schwer beschädigt worden war[242], wurden mit der Reparatur des Daches und der Fassade auch sechs Zwölfbettzimmer in Dreibettzimmer umgewandelt; zur gleichen Zeit entstand ein Ende Dezember 1957 fertig gestellter Anbau mit 46 Betten (30 Heimplätze, 16 Personalplätze)[243]. Mit dem zunehmenden Mangel an Ordensschwestern waren die Vinzentinerinnen Ende der sechziger Jahre gezwungen, die kleine Niederlassung in Flingern am 30. September 1969 aufzugeben[244]. Da die Pfarrgemeinde

---

[239] MVK 54, 1945.
[240] Vgl. MVK 54, 22.01.1948.
[241] Vgl. MVK 54, 01.01.1954.
[242] Vgl. RP 06.10.1957.
[243] Vgl. MVK 54, 08.12.1957 und 31.12.1957.
[244] Vgl. MVK 54, 20.08.1968, 11.06.1969 und 07.08.1969.

Hl. Dreifaltigkeit zur Fortführung der Arbeit im Vinzentinum kein neues Ordensinstitut fand, übernahm der Caritasverband Düsseldorf am 1. Oktober 1969 die Betriebsträgerschaft und legte die Führung des Hauses in die Hände einer Heimleiterfamilie[245]. Obwohl der Caritasverband Düsseldorf in den siebziger Jahren am Höherweg eine ambulante Pflegestation einrichtete und "allernotwendigste Modernisierungsmaßnahmen" durchführte, arbeitete das auf 55 Betten reduzierte Haus auch in der Folgezeit "hart an der Grenze der Wirtschaftlichkeit"[246]. Wenig überraschend war es daher, als der Caritasverband im Frühjahr 1983 ankündigte, wegen unzureichender Kapazitäten und steigender Personalkosten den Betriebsträgervertrag für das Vinzentinum mit der Pfarrgemeinde Hl. Dreifaltigkeit zum Jahresende zu kündigen[247]. Obwohl allen Heimbewohnern die Unterbringung in anderen Düsseldorfer Altenheimen, vor allem im Oberbilker St. Josephshaus zugesichert worden war[248], berichtete die Rheinische Post am 20. April 1983 mit kritischem Unterton: "Vor Kummer vermochten fast alle 52 Senioren im Altenkrankenheim Vinzentinum ihr Mittagsmahl nicht mehr weiterzuessen, als sie den Brief mit der Mitteilung gelesen hatten, daß ihr Heim zum Jahresende aufgelöst werden müßte. Die Vorstellung, noch einmal und dann in ein größeres und höchstwahrscheinlich weniger familiäres Heim umzuziehen, nahm ihnen jeden Appetit. Sie fühlten sich von den scharf kalkulierenden Behörden und Verbänden erbarmungslos abgeschoben, die wegen der finanziellen Verluste beim Unterhalt des Heimes ihrer Meinung nach allzu leichtfertig eine Schließung ins Auge gefaßt haben. Doch der Caritasverband, der für die katholische Pfarre St. Dreifaltigkeit das Vinzentinum am Höher Weg führt, sieht trotz langer Überlegungen und dem Bemühen um eine kostengünstige Führung des Heims keine Möglichkeit, in der nächsten Zeit Defizite zu vermeiden. Seit 1979 habe das Heim jedes Jahr hohe Verluste gehabt. Nur eine Auflösung des Hauses und die Unterbringung der Senioren in zwei anderen Heimen sei finanziell machbar. Neue Unterkünfte für die Senioren könnten garantiert werden. Bedauerlich findet auch der Pfarrer der Dreifaltigkeitskirche, Guido Aix, den Entschluß des Caritasverbandes, das Heim ab 1984 nicht mehr weiterzuführen. Doch die Pfarre als Eigentümerin könne nicht einspringen, weil die nötigen Mittel fehlen würden. Das Heim könne nur überleben, wenn es modernisiert und auf 120 Plätze erweitert werde. Erst dann könne sich das Vinzentinum wieder selbst tragen. Doch dafür gebe es keine Zuschüsse, weil nach Meinung der Behörden in Düsseldorf ausreichend Heimplätze für Senioren zur Verfügung stünden. Das wiederum ist den Angehörigen der Senioren des Vinzentinums angesichts der langen Wartezeiten auf einen Heimplatz unbegreiflich. Noch weniger können sie verstehen, daß selbst kirchliche Altenheime nur auf die Finanzierbarkeit achten würden, menschliche Schicksale aber außer Acht ließen"[249].

---

[245] Vgl. MVK 54, 11.06.1969.
[246] NN, Vinzentinum, in: 75 Jahre Caritasverband in Düsseldorf, Düsseldorf 1979, o. S. (84 - 85, 84).
[247] Vgl. CVD 386, 11.03.1982, 25.01.1983 und 30.12.1983.
[248] Vgl. CVD 386, 23.08.1983.
[249] RP 20.04.1982.

2.1. Klara-Gase-Haus

Klara - Gase - Haus

Die Geschichte des Klara - Gase - Hauses in Wersten reicht bis in die Mitte der fünfziger Jahre zurück, als die Kirchengemeinde Maria Rosenkranz am 9. Mai 1955 mit der Bitte an den Caritasverband Düsseldorf herantrat, an der Burscheider Str. 24 ein Altersheim mit Krankenstation einzurichten[250]. Der Vorstand des Caritasverbandes erklärte sich zur Übernahme des Projektes bereit, rief einen Trägerverein ins Leben und stellte beim Erzbischöflichen Generalvikariat einen Genehmigungsantrag, der jedoch abschlägig entschieden wurde[251]. Im Mai 1962 unternahm der Kirchenvorstand von Maria Rosenkranz einen erneuten Versuch und erbat die Vorplanungsgenehmigung für die Errichtung eines Altersheimes. Von den Gemeindevertretern wurde betont, dass in der Pfarrei über 350 Bürger wohnten, die älter als 75 Jahre waren. Als Baugrundstück stellte der Kirchenvorstand nun ein 7659 Quadratmeter großes Gelände an der Sprockhöveler-, Lenneper- und Wipperfürtherstraße in Aussicht, das der Kirchengemeinde gehörte. Wiederum reagierte das Generalvikariat zurückhaltend und wies auf Finanzierungs- und Personalschwierigkeiten hin, die sich durch den Bau ergeben könnten[252]. Im Januar 1965 unternahm Pfarrer Heinrich Adelkamp einen dritten Anlauf und reichte in Köln einen überarbeiteten Bauantrag für Altenwohnungen ein, in dem es wörtlich hieß: "Der Kirchenvorstand hat sich beraten lassen und glaubt, solche Altenwohnungen verwirklichen zu können, um der großen Not abzuhelfen, die gerade in unserer Gemeinde diesbezüglich besteht"[253]. Vom Generalvikariat wurde eine grundsätzliche Stellungnahme und die Genehmigung einer Vorplanung für Altenwohnungen erbeten, die nach Plänen des Architekten Robert Gäs (Düsseldorf) errichtet werden sollten. Nachdem der Düsseldorfer Oberstadtdirektor im April 1969 sein Einverständnis erteilt hatte, stellte auch die Kölner Behörde ihre Zusage in Aussicht, forderte aber die Einschaltung der Aachener Allgemeinen Baubetreuungs GmbH und des Caritasverbandes Düsseldorf, um die Gemeinde von den Aufgaben eines Bauherrn zu entlasten[254]. Im Jahre 1970 fasste der Kirchenvorstand den Beschluss, auf dem Pfarrgrundstück in der "Grünen Siedlung" etwa 70 Altenwohnungen von der Kirchengemeinde und ein kleineres Altenkrankenheim vom Caritasverband errichten zu lassen[255].

---

[250] Vgl. NN, Modernes Altenzentrum Maria Rosenkranz Wersten. Altenwohnungen und Altenkrankenheim, in: Kirchenzeitung für das Erzbistum Köln Jg. 29 Nr. 29 (19.07.1974), 21.

[251] Vgl. NN, Modernes Altenzentrum Maria Rosenkranz Wersten. Altenwohnungen und Altenkrankenheim, in: Kirchenzeitung für das Erzbistum Köln Jg. 29 Nr. 29 (19.07.1974), 21.

[252] Vgl. NN, Modernes Altenzentrum Maria Rosenkranz Wersten. Altenwohnungen und Altenkrankenheim, in: Kirchenzeitung für das Erzbistum Köln Jg. 29 Nr. 29 (19.07.1974), 21.

[253] Zitiert nach NN, Modernes Altenzentrum Maria Rosenkranz Wersten. Altenwohnungen und Altenkrankenheim, in: Kirchenzeitung für das Erzbistum Köln Jg. 29 Nr. 29 (19.07.1974), 21.

[254] Vgl. NN, Modernes Altenzentrum Maria Rosenkranz Wersten. Altenwohnungen und Altenkrankenheim, in: Kirchenzeitung für das Erzbistum Köln Jg. 29 Nr. 29 (19.07.1974), 21.

[255] Vgl. NN, Caritasverband unentbehrlich. Umfangreiche Tätigkeit. Geschäftsführer Josef Mühlemeier erstattete Bericht, in: Kirchenzeitung für das Erzbistum Köln Jg. 26 Nr. 20 (14.05.1971), 28.

Der Bau von 71 Altenwohnungen als Appartements mit Koch- und Badegelegenheit konnte bereits im Dezember 1972 begonnen und im Sommer 1974 vollendet werden[256]; eingeweiht wurde das "Altenzentrum St. Maria Rosenkranz" (Lenneper Str. 3/Wipperfürther Str. 7) am 16. Oktober 1974[257]. "Hier können sich alte Menschen", so die Kölner Kirchenzeitung am 19. Juli 1974, "wirklich wohl fühlen. Noch sind Fernseh- und Leseraum sowie andere Gemeinschaftseinrichtungen dieses Zentrums nicht ganz fertig. Ende September hofft man jedoch, daß nicht nur die Einrichtungen des Begegnungszentrums fertig, sondern daß dann auch alle Wohnungen bezogen sind. Mit dem Altenkrankenheim wird das Projekt an der Wipperfürtherstraße noch das 'Ausrufungszeichen' christlicher Nächstenliebe erhalten"[258].

Bis es in Wersten zur Fertigstellung eines "Ausrufungszeichens christlicher Nächstenliebe" kam, sollten noch acht Jahre vergehen. Zwar hatte das Erzbistum bereits am 24. März 1971 den Bau eines Altenkrankenheimes mit 61 Betten und 12 Personalzimmern auf dem Grundstück Sprockhöveler Str. 36 genehmigt[259], das dem Caritasverband Düsseldorf von der Pfarrgemeinde Maria Rosenkranz in Erbpacht überlassen worden war[260], doch trafen die Zusagen des Landschaftsverbandes und der Landesministerien erst in den Jahren 1972 bis 1979 ein[261]. Nachdem alle Bewilligungsbescheide vorlagen und alle Gewerke ausgeschrieben waren[262], konnte im August 1979 der Baubeginn eingeleitet werden[263]. Kurz vor Fertigstellung des Rohbaues fand am 4. Juni 1980 die feierliche Grundsteinlegung für das Altenkrankenheim Klara - Gase - Haus durch Pfarrer Wilfried Pintgen statt[264]. In der Grundsteinlegungsurkunde ist festgehalten, dass die Ge-

---

[256] Vgl. Rita Reinhardt, Im neuen Altenzentrum Wersten: Wir leben hier wie im Paradies. Beispielhafte Anlage. Einzug begann, in: Rheinische Post Jg. 29 Nr. 146 (28.06.1974), Beilage "Bei uns in Eller, Lierenfeld, Wersten, Holthausen" o. S. (1); NN, Modernes Altenzentrum Maria Rosenkranz Wersten. Altenwohnungen und Altenkrankenheim, in: Kirchenzeitung für das Erzbistum Köln Jg. 29 Nr. 29 (19.07.1974), 21.
[257] Vgl. PfA Wersten Maria Rosenkranz, Pfarrchronik Maria Rosenkranz 1929 - 1988, S. 162; NN, Altenzentrum Wersten, in: Kirchenzeitung für das Erzbistum Köln Jg. 29 Nr. 40 (04.10.1974), 28; Karl H. Seumer, Im Frühjahr Baubeginn für Altenkrankenheim. Altenzentrum in Wersten feierlich eingeweiht, in: Rheinische Post Jg. 29 Nr. 248 (25.10.1974), Beilage "Bei uns in Eller, Lierenfeld, Wersten, Holthausen" o. S. (5).
[258] NN, Modernes Altenzentrum Maria Rosenkranz Wersten. Altenwohnungen und Altenkrankenheim, in: Kirchenzeitung für das Erzbistum Köln Jg. 29 Nr. 29 (19.07.1974), 21.
[259] Vgl. CVD 100, 25.09.1972.
[260] Vgl. CVD 358, 19.08.1970 und 26.07.1977; NN, Grünes Licht für Altenkrankenheim, in: Kirchenzeitung für das Erzbistum Köln Jg. 34 Nr. 19 (11.05.1979), 22.
[261] Vgl. CVD 358, 06.10.1972, 04.02.1974, 24.11.1978, 21.12.1978, 21.02.1979 und 13.03.1979; NN, Caritasverband erhält neue Satzung. Interessanter Tätigkeitsbericht, in: Kirchenzeitung für das Erzbistum Köln Jg. 33 Nr. 43 (27.10.1978), 28; NN, Grünes Licht für Altenkrankenheim, in: Kirchenzeitung für das Erzbistum Köln Jg. 34 Nr. 19 (11.05.1979), 22; NN, Altenkrankenheim "Klara - Gase - Haus", in: Kirchenzeitung für das Erzbistum Köln Jg. 35 Nr. 27/28 (04.07.1980), 25.
[262] Vgl. NN, Grünes Licht für Altenkrankenheim, in: Kirchenzeitung für das Erzbistum Köln Jg. 34 Nr. 19 (11.05.1979), 22.
[263] Vgl. CVD 358, 24.09.1979 und 17.12.1979.
[264] Vgl. Heidrun Pieper, Klara - Gase - Altenkrankenheim Wersten im Bau. Den Grundstein gelegt. Vor 25 Jahren Kuratorium in St. Maria Rosenkranz gebildet, in: Rheinische Post Jg. 35 Nr. 146 (27.06.1980),

2.1. Klara-Gase-Haus

samtkosten für den Bau 6,25 Millionen Mark (Endsumme 7,2 Mio[265]) betragen und vom Land Nordrhein - Westfalen, vom Landschaftsverband Rheinland, von der Stadt Düsseldorf und vom Caritasverband für die Stadt Düsseldorf aufgebracht werden sollten[266]. Letzterer leistete seinen Beitrag aus einer Stiftung des ehemaligen Bonner Staatssekretärs Dr. Walther Ernst Gase (1901 - 1991)[267], der zum ehrenden Gedächtnis an seine Mutter Klara (1878 - 1972) dem Düsseldorfer Caritasverband verschiedene Kapitalien überlassen hatte[268].

Aus Anlass der Eröffnung des Klara - Gase Hauses im Frühjahr 1982 berichtete Walther Gase, Mitglied des Cartellverbandes (Winfridia Breslau) und des päpstlichen "Ritterordens vom Heiligen Grab zu Jerusalem"[269], von den Lebensstationen seiner Mutter: "Sie hatte eine schwere Kindheit. 8jährig verlor sie zusammen mit ihren zwei jüngeren Schwestern den Vater. Die großväterliche Landwirtschaft bot zwar einen gewissen Rückhalt, gleichwohl blieb aber für sie als ältere eine ungewöhnlich frühe Herausforderung, die schon in der Jugend sie lehrte Schwierigkeiten im Leben zu meistern. Hieraus resultierte wohl ihre spätere Willens- und Tatkraft. Eine frühe Heirat im Jahr der Jahrhundertwende ebnete ihr den Weg und führte zu einer glücklichen Ehe. Die erste Hälfte ihres Lebens - bis kurz nach dem ersten Weltkrieg - verbrachte sie in der schlesischen Heimat Breslau. Ab 1919 lebte sie bis zu ihrem Tode 1972 in Westdeutschland; zunächst drei Jahrzehnte in Kassel - Wilhelmshöhe bis 1950. ... Mutters Übersiedlung im Jahre 1950 nach Bad Godesberg zu mir führte sie dann wieder in friedliche und ruhige Jahre. Mit der Zeit entwickelte sich in ihr aus der angeborenen Vitalität und aus ihrem immer vorhandenen Frohsinn eine echte Altersweisheit voller innerer Ausgeglichenheit und Würde. ... Neben ihrer Ausstrahlungskraft war sie mit der Gabe zum menschlichen Kontakt, den sie schätzte und suchte, gesegnet. Wie sie Freundlichkeit und Liebe gab, wurde ihr Sympathie und Verehrung entgegengebracht, von vielen Seiten. Sie strahlte Herzenswärme und Lebensbejahung aus. Wie glücklich wäre sie, wenn sie diese Stunde der Hauseinweihung erleben könnte. Die Aufgabe des Hauses entspricht ganz ihrer christlichen Einstellung und ihrer lebenslangen caritativen Betätigung"[270].

Das Altenkrankenheim Klara - Gase, das im Oktober 1981 von den ersten Bewohnern bezogen wurde[271], verfügte bei der Einweihung am 29. April 1982 durch Pfarrer Hein-

---

Beilage "Bei uns in Eller, Lierenfeld, Wersten, Himmelgeist" o. S. (5); NN, Altenkrankenheim "Klara - Gase - Haus", in: Kirchenzeitung für das Erzbistum Köln Jg. 35 Nr. 27/28 (04.07.1980), 25.

[265] Vgl. NN, Klara - Gase - Haus. Altenkrankenheim feierlich eingeweiht, in: Kirchenzeitung für das Erzbistum Köln Jg. 37 Nr. 20 (14.05.1982), 24.

[266] Vgl. CVD 358, 04.06.1980; RP 04.06.1980; NN, Altenkrankenheim "Klara - Gase - Haus", in: Kirchenzeitung für das Erzbistum Köln Jg. 35 Nr. 27/28 (04.07.1980), 25.

[267] Vgl. Peter Schindler, Datenhandbuch zur Geschichte des Deutschen Bundestages 1949 bis 1982, Baden - Baden 1984³, 337.

[268] Vgl. CVD 358, 14.08.1968 und 17.02.1969; NN, Altenkrankenheim "Klara - Gase - Haus", in: Kirchenzeitung für das Erzbistum Köln Jg. 35 Nr. 27/28 (04.07.1980), 25.

[269] Vgl. Günter Bachmann, Nachruf Bundesbruder Dr. Walther Gase, in: Die Bastei. Winfridenblätter Jg. 79 Nr. 2 (1991), 43 - 48, 44 ff.

[270] CVD 100, 29.04.1982. Vgl. auch Bruno Weber, Altenkrankenheim: Klara - Gase - Haus, in: Die Bastei. Winfridenblätter Jg. 71 Nr. 1 (1983), 65 - 66, 65 f.

[271] Vgl. CVD Vorstandsprotokolle, 10.07.1981 und 15.10.1981.

rich Adelkamp über 61 Plätze, die sich auf 21 Zweibett-, 7 Einbett- und 3 Vierbettzimmer verteilten[272]. Die Zimmer waren "freundlich" möbliert, hatten fließend kaltes und warmes Wasser und waren mit einem Notruf ausgestattet; Toiletten und Bäder befanden sich auf den drei Etagen. Zur gemeinsamen Benutzung standen Aufenthaltsräume, Therapieeinrichtungen und Arztzimmer zur Verfügung. Das nach Plänen von Robert Gäs gebaute Haus war so eingerichtet, dass Gehbehinderte und Personen in Rollstühlen Haus, Garten und Straße gut erreichen konnten. Für die Freizeitgestaltung standen Spiele, Fernseher, Stereoanlage und Bücher zur Verfügung. In der hauseigenen Kapelle finden bis heute regelmäßig Gottesdienste statt. Die Heimleitung und die Mitarbeiter waren auf ihre Aufgaben durch systematische Ausbildung und langjährige Erfahrung vorbereitet[273]. Ziel des Hauses war es, "verbliebene Kräfte der alten Menschen mit ärztlicher Hilfe zu üben und zu erhalten sowie eine Besserung des Allgemeinzustandes, insbesondere durch aktivierende Pflege herbeizuführen"[274]. In einer Presseaussendung aus dem Jahre 1992 hieß es über das Selbstverständnis: "Trotz der meist schweren Pflegebedürftigkeit und des hohen Alters der Heimbewohner/innen sind nur wenige fest bettlägerig. Nach dem Prinzip, daß Beweglichkeit mehr Selbstbestimmung ermöglicht, wird von Anfang an eine aktivierende, ganzheitliche Pflege und Betreuung durchgeführt. Dazu gehören auch regelmäßige und vielfältige Angebote im sozialtherapeutischen Bereich. Die hauptamtlichen Mitarbeiter werden bei vielen Aktionen unterstützt von einem Kreis ehrenamtlicher Personen der Pfarre St. Maria Rosenkranz und von Angehörigen. Dank dieser Hilfe können die Bewohner/innen im Rahmen des Möglichen auch an kulturellen Veranstaltungen der Stadt teilnehmen"[275]. Im Jahre 1984 erhielt das Klara - Gase Haus eine gerontopsychiatrische Abteilung; im Jahre 1999 wurden die Vier- und Dreibettzimmer in Doppel- und Einzelbettzimmer umgewandelt[276].

Seit dem Frühjahr 1993 werden die weltlichen Kräfte im Klara - Gase Haus in ihrer Arbeit von indischen Ordensschwestern unterstützt. Die Ordensfrauen gehören zur apostolischen Lebensgemeinschaft der Schwestern im "Werk des Heiligen Geistes", die Pfingsten 1950 in Königstein auf Anregung des Limburger Bischofs Wilhelm Kempf ins Leben gerufen wurde. Wie die Apostel an Pfingsten durch den Heiligen Geist zur Verkündigung der frohen Botschaft bis an die Grenzen der Erde ausgesandt wurden, so war die dem Heiligen Geist geweihte Schwesterngemeinschaft schon 1964 in die Mission gegangen und wirkt bis heute in Deutschland, Nordamerika, Tansania, Kenia und Indien auf pastoralem, erzieherischem und sozialem Gebiet. Die in Wersten eingesetzten

---

[272] Vgl. NN, Klara - Gase - Haus. Altenkrankenheim feierlich eingeweiht, in: Kirchenzeitung für das Erzbistum Köln Jg. 37 Nr. 20 (14.05.1982), 24.
[273] Vgl. CVD 358, 15.08.1972; NN, Klara - Gase - Haus. Altenkrankenheim feierlich eingeweiht, in: Kirchenzeitung für das Erzbistum Köln Jg. 37 Nr. 20 (14.05.1982), 24.
[274] CVD 358, 15.08.1972.
[275] CVD 100, 30.04.1992. Vgl. auch NN, Zehn Jahre Klara - Gase - Haus in Wersten. Für einen würdigen Lebensabend, in: Kirchenzeitung für das Erzbistum Köln Jg. 47 Nr. 22 (29.05.1992), 25.
[276] Vgl. CVD 100, 12.07.2002.

Josefshaus

Das St. Josefshaus in Oberbilk ist seit dem Jahre 1983 eine stationäre Altenhilfeeinrichtung des Caritasverbandes für die Stadt Düsseldorf[278], doch reicht seine Geschichte bis in das ausgehende 19. Jahrhundert zurück. Wie bereits geschildert, hatte die Ordensgemeinschaft der Vinzentinerinnen 1898 im Hause Kruppstr. 22 unter dem Namen "St. Josephshaus" ein Hospital eingerichtet, das drei Jahre später in einen gegenüberliegenden Neubau Kruppstr. 23 verlegt worden war[279]. Da das Krankenhaus im Industrievorort Oberbilk von zahlreichen Patienten aufgesucht wurde, musste das Krankenhaus im Laufe der Zeit immer wieder erweitert werden. Schon 1910/11 war von der Rückseite des Josefshauses aus in den Garten hinein ein Erweiterungsbau mit 65 Plätzen fertig gestellt worden[280]. Während des Ersten Weltkrieges wurde am 23. August 1916 das rückwärtig anschließende Haus Bogenstr. 9 erworben und zu einem Lazarett, später zu einem Schwesternwohnheim umgebaut[281]. Am 5. Juni 1924 erfolgte der Kauf eines großen, mit Wohnhaus, Fabrikhalle und Kontor (Höhenstr. 22) bebauten Grundstückes[282], auf dessen Freigelände zwei Jahre später ein neues Wirtschaftsgebäude errichtet wurde[283]. In den Jahren 1933 und 1934 erfolgte die Aufstockung des zweigeschossigen Krankenhaushaupt- und Längstraktes um zwei weitere Stockwerke[284]. Zu Beginn des Zweiten Weltkrieges verfügte das Josefskrankenhaus über 230 Betten (155 Erwachsene, 35 Wöchnerinnen, 20 Kinder, 40 Neugeborene) und versorgte monatlich 300 bis 400 Unfälle ambulant[285]. Nach der vollständigen Zerstörung des Krankenhauses (Kruppstraße) und des Ärztehauses (Höhenstraße) in der Nacht vom 3. zum 4. November 1943 waren die Schwestern bemüht, in dem vergleichsweise intakt gebliebenen Schwestern-

---

[277] Vgl. NN, Klara - Gase - Haus: Indische Schwestern, in: Kirchenzeitung für das Erzbistum Köln Jg. 48 Nr. 13 (02.04.1993), 23; Mercy Cheruvilparampil, Holy Spirit Sisters in India, in: Holy Spirit Sisters. Apostolic Life Community of Sisters in the Opus Spiritus Snacti. Golden Jubilee 1950 - 2000, Sikh Village 2000, 84 - 93, 84 ff.
[278] Vgl. CVD Vorstandsprotokolle, 28.06.1983.
[279] Vgl. oben S. 235 f.
[280] Vgl. oben S. 236 f.
[281] Vgl. MVK 58, 1918; ALD Grundbuchblatt Oberbilk 4645, 23.08.1916; SAD III 18633, 11.08.1916.
[282] Vgl. ALD Grundbuchblatt Oberbilk 5849, 05.06.1924; BSD Bauakte Höhenstr. 20, 26.04.1913; Gustav Fischer, St. Josefskrankenhaus Düsseldorf - Oberbilk, in: Arthur Schloßmann, Die Düsseldorfer Kranken-, Heil- und Pflegeanstalten, Düsseldorf 1926, 175 - 185, 177. Das Nachbarhaus Höhenstr. 20 wurde von der Caritativen Vereinigung am 18. Juni 1938 zur Einrichtung eines "Leichengebäudes" erworben (vgl. ALD Grundbuchblatt Oberbilk 5849, 18.06.1938; BSD Bauakte Höhenstr. 20, 25.08.1939).
[283] Vgl. MVK 58, 1926.
[284] Vgl. MVK Bildbericht der Aufstockung des St. Josephs - Krankenhauses in Düsseldorf - Oberbilk Baujahr 1933 - 1934, Bl. 1 ff; NHS Regierung Düsseldorf 54626, 1933; SAD III 18543, 02.11.1933.
[285] Vgl. MVK 58, 1940.

haus (Bogenstr. 9) ihren Fürsorgedienst in Oberbilk fortzusetzen[286]. Hieran wurden sie jedoch von der NSV gehindert, die nach Zerstörung der bisherigen Dienststelle Kölner Str. 221 das Wohnheim für ihre Zwecke einziehen ließ[287]. Hatten 22 Schwestern der Caritativen Vereinigung beim Angriff auf das Josefskrankenhaus ihr Leben verloren[288], waren die Vinzentinerinnen nun auch noch gezwungen, die Arbeit in Oberbilk gegen ihren Willen vorläufig einzustellen. Die in Ermangelung eigener Niederlassungen bisher in Oberbilk untergebrachten Ambulanz- und Kindergartenschwestern von Wersten, Reisholz und Flingern übersiedelten in das Nikolausstift (Himmelgeist) bzw. Vinzenzhaus (Derendorf); die übrigen Schwestern des Josefskrankenhauses wurden auf andere Häuser in der Ordensprovinz verteilt[289].

"Nach vielen Bemühungen und Vorstellungen des Pfarrers im Mutterhaus der Vinzentinerinnen in Köln - Nippes", so eine Notiz in der Pfarrchronik St. Joseph, hatte sich die Ordensgemeinschaft der Vinzentinerinnen anderthalb Jahre nach Kriegsende entschlossen, die zerstörte Niederlassung in Oberbilk wieder aufzubauen[290]. Am 19. September 1946 bezogen zwei Schwestern das Haus Bogenstr. 9 und begannen, die Ruinen des ehemaligen Krankenhauses an der Kruppstraße wohnfähig zu machen[291]. Obwohl das Grundstück noch von Trümmerbergen umgeben war[292], berichtete das Kölner Mutterhaus im Oktober 1946 in den Ordensnachrichten voller Zuversicht: "Der 19. September ist ein denkwürdiger Tag: Schwester Cyrenia zog mit Schwester Brigitta in Oberbilk ein. Sie bewohnen im ehemaligen Schwesternheim in der Bogenstraße Parterre zwei Zimmer. Im Keller des noch stehenden Teiles des Krankenhauses, in der Bäderabteilung, haben drei alte Männer sich eingerichtet. Ein Anfang! Das Ziel liegt sehr weit"[293]. Als am 25. Februar 1947 in der Bogenstraße für den kleinen Konvent eine Klausur eingesegnet wurde, war im Souterrain des ehemaligen Krankenhauslängstrakts bereits Platz für 23 ältere Menschen geschaffen worden[294]. Außerdem hatten die Schwestern am 1. März 1947 die Leitung eines Kinderhortes übernommen, der von der Pfarrgemeinde St. Joseph am 4. September 1946 in der Volksschule Höhenstr. 5 (später

---

[286] Vgl. MVK 57, 24.11.1943; MVK 58, 12.11.1943 und 07.12.1943.

[287] Vgl. MVK 57, 28.12.1943 und 15.02.1944.

[288] Vgl. oben S. 680 f.

[289] Vgl. MVK 57, 30.11.1943; MVK Chronik. Niederlassungen der Töchter der christlichen Liebe vom heiligen Vinzenz von Paul Provinz Köln, S. 42.

[290] Vgl. PfA Oberbilk St. Joseph, Pfarrchronik Düsseldorf - Oberbilk St. Joseph, 19.09.1946.

[291] Vgl. MVK 57, 01.04.1947; MVK 58, 25.02.1947. Vgl. auch NN, Oberbilk, in: Grüße aus dem Mutterhaus und aus dem Zentralhaus Nr. 6 (Februar 1947), o. S. (2); 1872 - 1947 Sankt Josef Düsseldorf - Oberbilk 6. Oktober. Vom Werden und Wachsen der St. Josef - Pfarrgemeinde in Düsseldorf - Oberbilk. Festschrift zum 75jährigen Bestehen unserer Pfarrkirche 1872 - 1947, Düsseldorf 1947, 24 ff; Festschrift zur Weihe der neuen Orgel am Sonntag, dem 21. September 1952 und zur 80 Jahrfeier der St. - Josefs - Pfarrkirche am 5. Oktober 1952 zu Düsseldorf, Düsseldorf 1952, o. S. (14).

[292] Vgl. MVK 58, 01.02.1946.

[293] NN, Oberbilk, in: Grüße aus dem Mutterhaus und aus dem Zentralhaus Nr. 3 (Oktober 1946), o. S. (2).

[294] Vgl. MVK 58, 03.09.1946, 05.09.1946 und 16.09.1946; NN, Oberbilk, in: Grüße aus dem Mutterhaus und aus dem Zentralhaus Nr. 7 (März 1947), o. S. (1).

2.1. Josefshaus

Pfarrheim Josefplatz 8a) eingerichtet worden war[295]. Unter großen Anstrengungen konnte für das Behelfsaltenheim eine Kapelle eingerichtet werden, die am 11. Juli 1948 von Direktor Josef Pauels benediziert wurde[296]. Seit dem 1. Januar 1950 beaufsichtigten die Vinzentinerinnen auch die Jungen und Mädchen des am 1. Mai 1946 eröffneten Pfarrkindergartens (Höhenstr. 5)[297] und errichteten für dieses Werk wie auch für den Hort auf dem Trümmergrundstück Höhenstr. 20 eigene Räumlichkeiten, die am 29. September 1951 unter dem Patronat St. Michael eingesegnet und in Benutzung genommen werden konnten[298].

Mit der Fertigstellung eines neuen Gartentraktes, den die Ordensgenossenschaft auf dem Grundstück des ehemaligen Wirtschaftsgebäudes errichtet hatte, war die Aufnahmekapazität des Josefshauses Mitte der fünfziger Jahre auf 200 Plätze gestiegen[299]. Nach Übergabe des Neubaues, der am 9. Januar 1955 eingeweiht wurde und den Namen "Katharinenheim" erhielt[300], bemerkte die Kirchenzeitung zur Oberbilker Seniorenheinrichtung: "Es ist ein Altersheim, wie es den Erfordernissen der Jetztzeit entspricht. Luft und Sonne strömen durch große Fensterflächen ins Innere. Die Insassen wohnen fern von jeder kasernenmäßigen Unterbringung zu zweit auf hübschen Zimmern. Pfarrer Vieten von St. Joseph, Oberbilk, wies in seiner Ansprache während des feierlichen Hochamtes am Einweihungstage und bei der kirchlichen Weihe selbst eindringlich auf die Pflichten hin, die wir den Alten schulden. Sie leiden am meisten unter der Wohnungsnot, sie sind allzu oft die beklagenswertesten Opfer der Familienzerrüttung, wo man an ihnen am ersten den Ärger ausläßt und ihnen zu verstehen gibt, wie überflüssig sie seien. Dankbarkeit ist auf diesem wie auf vielen anderen Gebieten weithin gestorben. Um so notwendiger sind solche Heime, und um so mehr können die Oberbilker Katholiken, die sich so großzügig für das Josefsheim einsetzen, stolz sein auf ihr beispielhaftes Tun"[301]. In Anwesenheit des Düsseldorfer Oberbürgermeisters Joseph Gockeln wurde am 14. September 1955 der Grundstein für eine neue Kapelle gelegt, die dem Heiligen Kreuz und dem Unbefleckten Herzen Mariä gewidmet war[302] und am 1. Juli 1956 von

---

[295] Vgl. MVK 58, 07.10.1946 und 01.03.1947; SAD IV 4962, 04.09.1946; NN, Oberbilk, in: Grüße aus dem Mutterhaus und aus dem Zentralhaus Nr. 7 (März 1947), o. S. (1); NN, Oberbilk, in: Grüße aus dem Mutterhaus und aus dem Zentralhaus Nr. 8 (April/Mai 1947), o. S. (3).

[296] Vgl. MVK 58, 11.07.1948; RP 02.10.1948.

[297] Vgl. MVK 58, 10.07.1947; SAD IV 4962, 01.05.1946.

[298] Vgl. MVK Chronik. Niederlassungen der Töchter der christlichen Liebe vom heiligen Vinzenz von Paul Provinz Köln, 29.09.1951.

[299] Vgl. NN, Josefsheim hat angebaut. Freude in Oberbilk. Neuer Flügel. KAB ehrt ihre Veteranen, in: Kirchenzeitung für das Erzbistum Köln Jg. 10 Nr. 3 (16.01.1955), 48.

[300] Vgl. MVK Chronik. Niederlassungen der Töchter der christlichen Liebe vom heiligen Vinzenz von Paul Provinz Köln, 09.01.1955.

[301] NN, Josefsheim hat angebaut. Freude in Oberbilk. Neuer Flügel. KAB ehrt ihre Veteranen, in: Kirchenzeitung für das Erzbistum Köln Jg. 10 Nr. 3 (16.01.1955), 48.

[302] Vgl. MVK Chronik. Niederlassungen der Töchter der christlichen Liebe vom heiligen Vinzenz von Paul Provinz Köln, 14.09.1955; NN, Grundsteinlegung an geschichtlicher Stätte, in: Kirchenzeitung für das Erzbistum Köln Jg. 10 Nr. 39 (25.09.1955), 724.

Dechant Josef Pohlmann den feierlichen Segen erhielt[303]. Zu Beginn der sechziger Jahre waren die 200 Bewohner des Josefshauses auf zwei Männer- und sechs Frauenstationen verteilt, die von 12 Vinzentinerinnen und 18 weiteren Helferinnen versorgt und betreut wurden[304]. Neben dem Altenheim (Kruppstraße) und der Kindertagesstätte (Höhenstraße) gehörte zum Josefshaus auch ein kleines Studentenwohnheim (Bischof Thiel - Kolleg), das im ehemaligen Schwesternhaus Bogenstraße untergebracht war[305].

Bedingt durch den zunehmenden Schwesternmangel war die Caritative Vereinigung in Nippes zu Beginn der achtziger Jahre gezwungen, das Josefshaus aufzugeben und einen Teil seiner 110, davon 54 pflegebedürftigen Heimbewohner in das gerade fertig gestellte Altenkrankenheim Katharina - Labouré (Tußmannstr. 102) zu verlegen[306]. Da die Pfarrgemeinde St. Joseph mit großem Nachdruck für den Erhalt des Josefhauses eintrat, konnte in nur kurzer Zeit eine Verständigung zwischen dem Kölner Mutterhaus und dem Caritasverband für die Stadt Düsseldorf herbeigeführt werden[307]. Während die Ordensgemeinschaft an einem baldigen Abzug der Schwestern interessiert war, benötigte der Caritasverband zur gleichen Zeit dringend neue Unterkunftsräume für die Bewohner des Vinzentinums in Flingern, das kurz vor der Schließung stand[308]. Nachdem beide Verhandlungspartner im Frühjahr 1983 einen Pachtvertrag für die stationäre Altenhilfeeinrichtung an der Kruppstraße ausgehandelt und unterzeichnet hatten[309], wechselte die Trägerschaft des Josefshauses am 1. Juli 1983 auf den Caritasverband[310].

Dass mit der Verlegung der Caritaseinrichtung vom Höherweg zur Kruppstraße der Erhalt eines katholischen Altenheimes in Oberbilk noch nicht auf Dauer gesichert war, lag angesichts der baulichen Mängel des Josefshauses offen zu Tage[311]. Hinzu kam, dass sich das ursprüngliche Altenheim im Laufe der Jahre zu einem Alten- und Pflegeheim gewandelt hatte, in dem nur noch 10 bis 15 % der Bewohner nicht pflegebedürftig wa-

---

[303] Vgl. MVK Chronik. Niederlassungen der Töchter der christlichen Liebe vom heiligen Vinzenz von Paul Provinz Köln, 01.07.1956; NN, Caritative Anstalten in wichtiger Arbeit unterstützen. Die alten Leute brauchen eine Heimat. Neue Kapelle im St. - Joseph - Haus, in: Kirchenzeitung für das Erzbistum Köln Jg. 11 Nr. 28 (15.07.1956), 518.

[304] Vgl. NN, Selbstlose Liebe zu alten Menschen. St. Josefshaus in Oberbilk, in: Kirchenzeitung für das Erzbistum Köln Jg. 16 Nr. 8 (19.02.1961), 21.

[305] Vgl. NN, Selbstlose Liebe zu alten Menschen. St. Josefshaus in Oberbilk, in: Kirchenzeitung für das Erzbistum Köln Jg. 16 Nr. 8 (19.02.1961), 21.

[306] Vgl. CVD 290, 08.01.1982; NN, Haus Katharina Labouré. Neues Altenkrankenheim der Vinzentinerinnen in Derendorf fertig, in: Kirchenzeitung für das Erzbistum Köln Jg. 38 Nr. 29/30 (22.07.1983), 24; NN, Herzen und Hände helfen. Weihe des Altenkrankenheim "Katharina Labouré, in: Kirchenzeitung für das Erzbistum Köln Jg. 39 Nr. 7 (17.02.1984), 24; Matthias Buchwald, Ersatzneubau des Josefshauses in Oberbilk. Altenheim für 120 Bewohner, in: Kirchenzeitung für das Erzbistum Köln Jg. 48 Nr. 46 (19.11.1993), 22.

[307] Vgl. CVD 290, 08.01.1982.

[308] Vgl. CVD Vorstandsprotokolle, 15.06.1982, 21.10.1982, 23.11.1982, 08.02.1983, 11.04.1983, 28.06.1983 und 22.08.1983; CVD 290, 08.10.1982; RP 06.02.1984.

[309] Vgl. CVD Vorstandsprotokolle, 11.04.1983; CVD 290, 17.03.1983.

[310] Vgl. CVD Vorstandsprotokolle, 28.06.1983.

[311] Vgl. Matthias Buchwald, Ersatzneubau des Josefshauses in Oberbilk. Altenheim für 120 Bewohner, in: Kirchenzeitung für das Erzbistum Köln Jg. 48 Nr. 46 (19.11.1993), 22.

2.1. Josefshaus

ren[312]. Da eine Sanierung des Hauses bei laufendem Betrieb nicht in Frage kam, wurde schon bald die Errichtung eines Neubaues an einem anderen Standort in Betracht gezogen. Als Bauplatz bot sich ein Gelände an der Schmiedestr. 14/16 an, das der Oberbilker Kohlen- und Ölhändler Anton Grün (+4. April 1982[313]) im Jahre 1980 dem Caritasverband für die Stadt Düsseldorf testamentarisch überlassen hatte[314]. Nachdem im Jahre 1988 ein Bebauungsplan für das Areal aufgestellt worden war[315], wurde im November 1993 auf dem ehemaligen Firmengelände die Baustelle eingerichtet, einige alte Schuppen abgerissen und mit der Ausschachtung begonnen[316]. Die Konturen des neuen Alten- und Pflegeheimes des Caritasverbandes waren schon deutlich erkennbar, als Stadtdechant Wilhelm Terboven und Caritasdirektor Hermann Franken am 10. Juni 1994 den offiziellen Grundstein legten[317]. Der Aufbau der dreigliedrigen Anlage, die nach Plänen der Architekten Heinz Zinke und Paul Pinger errichtet wurde, war in drei Bauabschnitten erfolgt[318]. Das neue, aus Mitteln des Landes, der Stadt und des Caritasverbandes errichtete Josefshaus bot auf drei Stockwerken Platz für 136 ältere Menschen[319]. Neben den Bewohnerzimmern und Pflegearbeitsräumen war in der Anlage eine Kapelle und eine Tiefgarage für Personal und Gäste integriert[320]. Nachdem im Herbst 1994 der Innenausbau des Josefshauses begann, erfolgte am 15. Mai 1995 die Möblierung der Zimmer und am 26. Mai 1995 der Umzug der Bewohner von der Krupp- zur Schmiedestraße[321]. Offiziell eingeweiht wurde das Caritas Altenzentrum St. Josefshaus am 8. Oktober 1995

---

[312] Vgl. 90 Jahre Caritasverband für die Stadt Düsseldorf. Gemeindecaritas, häusliche Hilfen, soziale Dienste und Beratung, ambulante Pflegestationen, Wohnheim und Altenhilfeeinrichtungen, Düsseldorf 1994, 61.
[313] Vgl. CVD Vorstandsprotokolle, 21.10.1982.
[314] Vgl. CVD Vorstandsprotokolle, 05.03.1987, 08.05.1987, 06.07.1987, 05.11.1987, 14.01.1988, 03.03.1988, 21.04.1988 und 23.06.1988; Matthias Buchwald, Ersatzneubau des Josefshauses in Oberbilk. Altenheim für 120 Bewohner, in: Kirchenzeitung für das Erzbistum Köln Jg. 48 Nr. 46 (19.11.1993), 22.
[315] Vgl. NN, Aufstellung eines Bebauungsplanes, in: Düsseldorfer Amtsblatt Jg. 43 Nr. 12 (26.03.1988), 5.
[316] Vgl. Matthias Buchwald, Ersatzneubau des Josefshauses in Oberbilk. Altenheim für 120 Bewohner, in: Kirchenzeitung für das Erzbistum Köln Jg. 48 Nr. 46 (19.11.1993), 22.
[317] Vgl. CVD 648, 10.06.1994; RP 11.06.1994; NN, Grundsteinlegung, Festvorbereitung: An Arbeit anknüpfen mit Heimstatt alter Menschen, in: Kirchenzeitung für das Erzbistum Köln Jg. 49 Nr. 24 (17.06.1994), 22.
[318] Vgl. CVD 290, 26.05.1995.
[319] Vgl. CVD 290, 18.05.1995 und 26.05.1995; Matthias Buchwald, Ersatzneubau des Josefshauses in Oberbilk. Altenheim für 120 Bewohner, in: Kirchenzeitung für das Erzbistum Köln Jg. 48 Nr. 46 (19.11.1993), 22.
[320] Vgl. Matthias Buchwald, Ersatzneubau des Josefshauses in Oberbilk. Altenheim für 120 Bewohner, in: Kirchenzeitung für das Erzbistum Köln Jg. 48 Nr. 46 (19.11.1993), 22.
[321] Vgl. CVD 290, 18.05.1995 und 26.05.1995; NN, Ein "Netzwerk", um die Beziehungen zu fördern. Josefshaus soll "nicht am Rande" stehen, in: Kirchenzeitung für das Erzbistum Köln Jg. 50 Nr. 20 (19.05.1995), 23; WZ 27.05.1995; RP 30.05.1995; NN, St. - Josefs - Haus an der Schmiedestraße fertiggestellt. Umzug in eine neue Ära, in: Kirchenzeitung für das Erzbistum Köln Jg. 50 Nr. 22 (02.06.1995), 23.

durch Kardinal Joachim Meisner[322]; ein Jahr später benedizierte Stadtdechant Wilhelm Terboven am 18. Dezember 1996 in der Hauskapelle einen Altar des Bildhauers Karl Kluth[323]. Die unter dem Dach des neuen Gebäudes eingerichtete Kapelle war mit sechs Fenstern nach Entwürfen des Glasmalers Burkhard Siemsen ausgestaltet, die den Sonnengesang des Franz von Assisi thematisieren[324].

Vor allem an die neuen Bewohner des Hauses gerichtet, schrieb Geschäftsführer Johannes Böcker in einem Grußwort: "Mit aufrichtig empfundenen Dank übergeben wir das neue Altenzentrum St. Josefshaus in die Hände der Bewohnerinnen und Bewohner und der Mitarbeiterinnen und Mitarbeiter zur Gestaltung eines frohen, ehrlichen und freundlichen Zuhauses. Sie haben in den letzten Monaten ihr neues Haus in gutem Sinne 'besetzt', es als ihre neue Heimat erlebt. Viele engagierte Menschen haben aktiv dazu beigetragen, daß dieses Haus so gut werden konnte, wie es ist. ... Wir sind dieser Verpflichtung mit Hilfe von Landesmitteln, eines Zuschusses der Landeshauptstadt Düsseldorf, Darlehen der Stadt - Sparkasse Düsseldorf und mit erheblichen Mitteln unseres Hauses sehr gerne nachgekommen, um für Oberbilk eine 'eigene gute Stube' für ältere Menschen, die pflegebedürftig geworden sind, bereitzustellen"[325].

In einer Selbstvorstellung aus Anlass der Eröffnung des neuen Caritas Altenzentrums hieß es über die Vorzüge des Josefshauses: "Viele Heimbewohner stammen aus Oberbilk und fühlen sich in ihrer Heimat wohl. Für die Oberbilker ist es selbstverständlich, daß für sie, wenn sie in ein Alten- oder Pflegeheim ziehen, nur das St. Josefshaus in Frage kommt. Das Altenzentrum St. Josefshaus des Caritasverbandes für die Stadt Düsseldorf ist fest eingebunden in die gemeindliche Struktur der Pfarrgemeinde St. Joseph, Oberbilk. Durch die Erweiterung um 30 Heimplätze konnte nicht nur das Angebot für alte und pflegebedürftige Menschen ausgebaut werden, sondern es wurden neue Arbeitsplätze im Pflege- und hauswirtschaftlichen Bereich geschaffen. Die Ausstattung der Ein- und Zweibettzimmer entspricht dem neuesten Stand. Sie besteht aus einer komplett neuen Einrichtung (Pflegebett, Schrank, Nachttisch, Kommode, Sessel und Tisch), damit die Bewohner sich wie zu Hause fühlen. Natürlich konnten auch liebgewonnene Möbelstücke - soweit wie möglich - mit in das neue St. Josefshaus übersiedeln. Das neue St. Josefshaus besitzt 32 Einzelzimmer (ca. 38 %) und 52 Doppelzimmer (ca. 52 %), auf 3 Stockwerken verteilt. Die 1 - Personen - Appartements sind mit Dusche und WC und einem Erker ausgestattet. Pflegebedürftige und alte Menschen werden in Wohnungen

---

[322] Vgl. CVD 290, 04.10.1995; NN, Partner der Pflegebedürftigen. Caritas: St. - Josefs - Haus wird offiziell eingeweiht, in: Kirchenzeitung für das Erzbistum Köln Jg. 50 Nr. 39 (29.09.1995), 23; NRZ 06.10.1995; RP 10.10.1995; WZ 11.10.1995; Ronald Morschheuser, Kardinal Meisner weihte das St. Josefs - Haus ein. Modernes Zentrum für Senioren, in: Kirchenzeitung für das Erzbistum Köln Jg. 50 Nr. 41 (13.10.1995), 27; NN, Haus am angestammten Platz. Durch den Förderverein im Oberbilker Stadtteil einbinden, in: Caritas in NRW Jg. 24 Nr. 5 (Dezember 1995), 53.
[323] Vgl. NRZ 19.12.1996; WZ 19.12.1996; RP 23.12.1996.
[324] Vgl. RP 18.06.1996; Burkhard Siemsen, Die Glasmalereien in der Kapelle des St. Josefshauses in Düsseldorf und ihre Genesis, in: Das Münster. Zeitschrift für christliche Kunst und Kunstwissenschaft Jg. 49 Nr. 4 (4. Quartal 1996), 322 - 323, 322 f.
[325] Johannes Böcker, Ein Wort des Grußes, in: Extrablatt. Zeitung Caritasverband für die Stadt Düsseldorf. Eröffnung Altenzentrum St. Josefshaus im Oktober 1995, Düsseldorf 1995, 4.

ganzheitlich gepflegt nach ihrem Bedürftigkeitsgrad. Die Zimmer der Bewohner sind etwa 25 qm groß. Bewohner und Besucher betreten das neue St. Josefshaus durch den offen gestalteten Eingangsbereich, der als Kommunikationszone für Bewohner und Besucher gedacht ist und als solche auch schon rege angenommen wird. ... Das neue St. Josefshaus hat ein eigenes Restaurant für Gäste und Bewohner mit einer Gartenterasse"[326].

In der neuen Altenhilfeeinrichtung konnte die Kurzzeitpflege und die gerontopsychiatrische Versorgung der Bewohner deutlich verbessert durchgeführt werden. "Im neuen St. Josefshaus", so das ganzheitliche Pflegekonzept aus dem Jahre 1995, "sollen die alten und pflegebedürftigen Menschen nach dem neuen Konzept die Normalisierung des Heimalltags und die Individualisierung des Pflegealltages durch bewohnerorientierte Pflege erfahren. Das heißt nichts anderes, als daß die aktivierende Pflege, die den Menschen in seiner Gesamtheit von Körper und Geist erfaßt, verwirklicht werden soll. Für den Caritasverband Düsseldorf sind Privatheit, Würde, Unabhängigkeit, Entscheidungsfreiheit, Bürgerrecht und Selbstverwirklichung oberste Kriterien hochwertiger Pflege. Ein besonderer Schwerpunkt der betreuerischen/pflegerischen Arbeit wird deshalb im neuen St. Josefshaus wie in allen anderen Altenhilfeeinrichtungen des Caritasverbandes für die Stadt Düsseldorf sein, den alten und pflegebedürftigen Menschen in den Mittelpunkt zu stellen. Umgesetzt werden soll dieser Schwerpunkt der Arbeit durch die Aktivierung und Motivierung möglichst aller Bewohner zur Teilnahme an Aktivitäten aller Art und der aktiven Teilnahme am Leben der eigenen Station bzw. außerhalb des Heimes"[327].

Hubertusstift

Die Geschichte des Hubertusstiftes, der ältesten Sozialeinrichtung Düsseldorfs, ist vom Mittelalter bis zum Ersten Weltkrieg bereits an anderer Stelle nachgezeichnet worden[328]. Nach dem "Adreßbuch der Wohlfahrtseinrichtungen in Düsseldorf" aus dem Jahre 1910 diente das Institut in der Neustadt der "Unterstützung und Aufnahme hilfsbedürftiger weiblicher, lediger oder verwitweter Personen aus Düsseldorf, die keine dienende Stellung eingenommen haben"[329]. Voraussetzung zur Aufnahme in das Haus war das katholische Bekenntnis und ein "Attest des zuständigen Pfarrers und dreier sonstiger glaubwürdiger Personen über Charakter und Lebenswandel"[330]. Im Jahre 1911 konnte das Hubertusstift aus seinen Zinseinkünften 40 Pfründnerinnen aufnehmen, von denen jede

---

[326] NN, Das neue St. Josefshaus kurz vorgestellt, in: Extrablatt. Zeitung Caritasverband für die Stadt Düsseldorf. Eröffnung Altenzentrum St. Josefshaus im Oktober 1995, Düsseldorf 1995, 8 - 9, 8.
[327] NN, Ganzheitliche Pflege wird im neuen St. Josefshaus ganz groß geschrieben, in: Extrablatt. Zeitung Caritasverband für die Stadt Düsseldorf. Eröffnung Altenzentrum St. Josefshaus im Oktober 1995, Düsseldorf 1995, 10.
[328] Vgl. oben S. 17 ff.
[329] Adreßbuch der Wohlfahrtseinrichtungen in Düsseldorf. Auf Grund der von der städtischen Armenverwaltung beschafften Unterlagen bearbeitet im städtischen Statistischen Amte, Düsseldorf 1910, 18.
[330] Adreßbuch der Wohlfahrtseinrichtungen in Düsseldorf. Auf Grund der von der städtischen Armenverwaltung beschafften Unterlagen bearbeitet im städtischen Statistischen Amte, Düsseldorf 1910, 18.

ein eigenes Zimmer bewohnte, eine Jahrespfründe von 316 Mark bezog und freie ärztliche Behandlung nebst freien Medikamenten genoss[331]. Für die Pflege in Krankheitsfällen sorgten die Christenserinnen, denen das Stift ein anschließendes Grundstück (heute Hubertusstr. 3/5) zur Erbauung eines Klosters pachtfrei überlassen hatte[332]. Neben dem Haupthaus (Neusser Str. 25) war das Hubertusstift seit dem 12. Juli 1900 im Besitz des rahrschen Hauses (Neusser Str. 27)[333], das Platz für 12 weitere Pfründnerinnen bot, "mangels verfügbarer Mittel" aber vermietet[334] und schließlich am 9. Juni 1922 an die Garagenbetreiber Hans und Josef Reisdorf verkauft werden musste[335]. "Im übrigen", so das Düsseldorfer Tageblatt vom 23. Februar 1911, war das Areal des Haupthauses aber so groß, "daß ein größerer Neubau errichtet werden kann"[336].

Die in Aussicht gestellte Erweiterung des Stiftes war erst nach Überwindung der Inflation, die dem Damenheim "den letzten Rest seines Barvermögens nahm" und die Einrichtung "an den Rand des finanziellen Zusammenbruchs brachte"[337], möglich. Im Laufe des Jahres 1927 hatte das Hubertusstift durch Errichtung "eines prachtvollen neuen Querflügels", so Caritasdirektor Johannes Becker, "seiner denkwürdigen Geschichte ein neues Blatt beigefügt"[338]. Nach einer Mitteilung des Stiftskuratoriums war durch den Bau des Gartentraktes (heute Hubertusstr. 3a), der am 1. Oktober 1927 in Nutzung und am 3. November 1927 feierlich eingeweiht wurde, dreißig Damen "ein gesichertes und geruhsames Altersheim unter den allergünstigsten Bedingungen" geschaffen worden[339]. Der modern eingerichtete Neubau verfügte über Zentralheizung, elektrisches Licht, Warmwasser und Bad. Der Pensionspreis, der seit der Inflation erhoben werden musste, betrug monatlich 100 Mark; bei Verzicht auf freie ärztliche Behandlung und Medikamente ermäßigte sich der Preis auf 95 Mark[340].

Anfang der dreißiger Jahre wurde das Hubertusstift grundlegend saniert und modernisiert. Begeistert schrieb das Mitteilungsblatt des Düsseldorfer Caritasverbandes im Sommer 1934: "In dem Kreise der Altersheime für weibliche Personen nimmt das St. Hubertusstift in der Neußerstraße nach Vollendung der über 3 Jahre sich erstreckenden Erneuerungs- und Erweiterungsarbeiten eine besonders glanzvolle Stellung ein. Das von

---

[331] Vgl. DT 23.02.1911.

[332] Vgl. oben S. 244 f.

[333] Vgl. SAD II 57, Bl. 75; SAD III 21617, 06.11.1902 und 05.12.1902.

[334] Vgl. DT 23.02.1911.

[335] Vgl. ALD Grundbuchblatt Neustadt 463, 09.06.1922; ALD Grundbuchblatt Neustadt 545, 01.09.1922; Düsseldorfer Adreßbuch 1924, Düsseldorf 1924, 217.

[336] DT 23.02.1911.

[337] Johannes Becker, Die älteste Wohltätigkeitsanstalt Düsseldorfs, in: Düsseldorfer Tageblatt Jg. 61 Nr. 263 (23.09.1927), o. S. (6).

[338] Johannes Becker, Die älteste Wohltätigkeitsanstalt Düsseldorfs, in: Düsseldorfer Tageblatt Jg. 61 Nr. 263 (23.09.1927), o. S. (6).

[339] Vgl. Johannes Becker, Die älteste Wohltätigkeitsanstalt Düsseldorfs, in: Düsseldorfer Tageblatt Jg. 61 Nr. 263 (23.09.1927), o. S. (6); DT 06.11.1927; NN, Das Hubertusstift, in: Mitteilungen des Caritasverbandes für die Stadt Düsseldorf Jg. 3 Nr. 11 (November 1927), 84.

[340] Vgl. Johannes Becker, Die älteste Wohltätigkeitsanstalt Düsseldorfs, in: Düsseldorfer Tageblatt Jg. 61 Nr. 263 (23.09.1927), o. S. (6).

2.1. Hubertusstift

Alters her allen Düsseldorfern wohlbekannte Hubertusstift wird heute jeden Besucher in Staunen versetzen durch die gänzlich neue Gestalt, die dem alten Hause einen geradezu vornehmen Charakter verliehen hat ... . Der historische Charakter der Fassade ist durch deren vollständige Erneuerung eine Zierde der Neustadt. Das Innere des Gebäudes mit seinen zwei großen Treppenaufgängen macht einen sehr vornehmen Eindruck. Darüber hinaus sind es aber ganz besonders die neuen Einrichtungen. In jedem Geschoß sind Spül- und Wärmeküchen eingerichtet. Ein Personen - Aufzug führt in das oberste Geschoß, neue, durch Aufstockung gewonnenen Räume sind mit fließendem Wasser versehen worden, eine große Dachterrasse von 100 qm mit Blick auf die Oberkasseler Rheinseite ersetzt den oberen Etagen den Garten, darüber hinaus sind auch in dem 1927 errichteten Gartenhause die Hälfte der Räume mit fließendem Wasser versehen worden. Das Hauptstimmungsbild ist aber die durch zwei Stockwerke durchgehende schöne Kirche. Für die leibliche Pflege sorgen die Christenserinnen in vorzüglicher Weise und ist es daher zu verstehen, wenn die Zahl der Pensionärinnen ständig zunimmt. Es stehen jetzt 100 Zimmer zur Verfügung. Wir möchten allen Katholiken empfehlen, dem St. Hubertusstift, das bei durchaus mäßigen Preisen konkurrenzlose Leistungen aufweist, ihr ganz besonderes Interesse zuzuwenden. In seiner heutigen Gestalt kann dem Hubertusstift eine gute Zukunft verbürgt werden"[341].

Die "gute Zukunft" des Hubertusstiftes drohte keine zehn Jahre später im Bombenhagel des Zweiten Weltkrieges zu enden. Die Hauschronik der Christenserinnen berichtet über das Schicksal des Hubertusstiftes und des Klosters von der unbefleckten Empfängnis Mariä in den Kriegsjahren: "In der Nacht zum 1. August 1942 wurden das Hubertusstift und Kloster bei einem Fliegerangriff zum großen Teil zerstört. Die Insassen des Hauses, 110 alte Leute, wurden gerettet. Ein älteres Fräulein ist leider zu Tode gekommen. Schon nach einigen Wochen ging man aber daran, die Teile des Hauses, die noch erhalten geblieben waren, wieder als Wohnräume einzurichten. Am 25. November konnten vier Schwestern wieder ins Kloster einziehen mit etwa 20 alten Leuten. Am 3. November 1943 wurde unser Hubertuskloster zum zweiten Male von Bomben getroffen. Dieses Mal zerstörte eine Sprengbombe das ganze Kloster an der Ecke Hubertus- und Neusser Straße. Es blieb nur das eigentliche Damenheim, im Hofe des Stiftes gelegen, erhalten. Schwestern und Insassen sind alle gerettet worden. Wochenlang haben die Schwestern und mehrere alte Leute im Keller gewohnt. Weihnachten 1943 hatten alle die große Freude, wieder ein kleines Kapellchen, das man in den Trümmern eingerichtet hatte, in ihrer Mitte zu haben. In der Mitternachtsmesse nahm der Heiland Besitz von seiner neuen Wohnstatt. Zu 95 % waren die Gebäude und zu 80 % die Inneneinrichtung unseres Düsseldorfer Klosters zerstört worden"[342].

Der Wiederaufbau des bis auf die Umfassungsmauern zerstörten Hubertusstiftes, dessen Bewohnerinnen vorübergehend in Oberkassel (Drakestr. 21) untergebracht wa-

---

[341] NN, Das Hubertus - Stift, in: Mitteilungen des Caritasverbandes für die Stadt Düsseldorf Jg. 10 Nr. 7/9 (Juli/September 1934), 4 - 5, 4 f.
[342] MCS Ordensaufzeichnungen Mutterhaus - Hubertusstift, Kloster von der unbefleckten Empfängnis Mariä, Bl. 2 f.

ren³⁴³, war mühselig³⁴⁴. Mit 24 Betten begann man 1945³⁴⁵. Nachdem bis zum Jahre 1948 die weniger beschädigten Flügel für 45 Bewohnerinnen und 5 Schwestern wiederhergestellt waren³⁴⁶, fanden die Arbeiten erst Mitte der fünfziger Jahre ihren Abschluss mit dem Wiederaufbau des Haupttraktes und der Kapelle³⁴⁷, deren Benediktion Weihbischof Joseph Ferche am 25. November 1956 vornahm³⁴⁸. "In zweierlei Hinsicht", so bemerkte die Rheinische Post am 24. November 1956, war "dieses Ereignis für die Landeshauptstadt von Bedeutung. Das Gebäude ... wurde 1712 - 1715 (richtig: 1709 - 1712) errichtet und ist ein bedeutendes Baudenkmal, das einzige, das Düsseldorfs Süden aus dieser Zeit besitzt. Architekt Adam Pfeifer BDA (Düsseldorf) hat es verstanden, das Problem zu lösen, das beim Wiederaufbau der Altstadt so aktuell geworden ist: das ausgebrannte Gebäude den Vorschriften der Denkmalpflege getreu wiederherzustellen und das Innere nach den Anforderungen unserer Tage auszubauen. So ist es wieder erstanden in seinen ausgewogenen, ruhigen Formen, das allen alten Düsseldorfern vertraute große Gebäude mit dem hohen Barockdach und dem zierlichen Glockentürmchen. Da die Pläne nicht mehr vorhanden waren, führte Architekt Pfeifer den Wiederaufbau nach alten Bildern und Photographien durch. Überflüssig zu sagen, daß die Rücksicht auf den Denkmalsschutz den Bau verteuerte. Aber das Kuratorium hielt es aus kultureller Verantwortung heraus für erforderlich, den Bestimmungen gewissenhaft nachzukommen. Das Innere wurde zu einem hochmodernen Altersheim für 170 Insassinnen ausgebaut. Die sechs einzelnen Baublocks wurden geschickt durch Gänge und bequeme Treppen miteinander verbunden. Das Haus besitzt zwei große Treppenhäuser, Aufzüge, eine Großküche. Die Zimmer der Insassinnen enthalten jeden Komfort. Ganz langsam war nach Kriegsende der Wiederaufbau begonnen worden. ... Als Architekt Pfeifer im April 1955 den Wiederaufbau begann waren etwa 80 Zimmer neuerstellt. Durch geschickte Raumausnutzung wurde das ursprüngliche Ziel weit übertroffen. Die Zahl der Zimmer wurde um 60, auf 140, erhöht. Mit den Räumen für das Personal umfaßt das Haus jetzt 175 Zimmer. Dazu kommen die Küchenräume, zwölf Bäder und vier Teezimmer, ein großer und ein kleiner Speisesaal. ... Die neue Kapelle ist einfach und würdig gehalten. Sie erhält ihr Gesicht durch die schöne Holzdecke. Für ihren Ausbau wurden von kirchlicher Seite Mittel zur Verfügung gestellt. Trotzdem muß man sich noch mit alten Bänken und dem Altar aus der Notkapelle begnügen. Über dem Altar ragt ein bemerkenswertes Kruzifix mit einem 400 Jahre alten Corpus auf. Daneben sieht man eine schöne Barockstatue des heiligen Hubertus. Eine große Empore und Fenster, die aus dem ers-

---

³⁴³ Vgl. Fernsprechbuch Düsseldorf mit Büderich, Hilden, Neuß, Ratingen. Stand vom Mai 1946, Düsseldorf 1946, 98.
³⁴⁴ Vgl. Heinz Peters, Die Baudenkmäler in Nord - Rheinland. Kriegsschäden und Wiederaufbau, Kevelaer 1951, 141.
³⁴⁵ Vgl. RP 24.11.1956.
³⁴⁶ Vgl. Handbuch des Erzbistums Köln 24 (1954), 199; NN, Es begann in einem kleinen Gasthaus. Das Hubertus - Stift auf der Neußer Straße. Heute wieder 172 Betten, in: Kirchenzeitung für das Erzbistum Köln Jg. 16 Nr. 28 (09.07.1961), 16.
³⁴⁷ Vgl. RP 16.11.1955.
³⁴⁸ Vgl. RP 24.11.1956; DN 27.11.1956; NN, "Vor der Porze" bis Neußer Straße, in: Kirchenzeitung für das Erzbistum Köln Jg. 11 Nr. 51 (16.12.1956), 964.

2.1. Hubertusstift

ten Stock in das Innere gehen, ermöglichen auch den Insassinnen, die nicht gerne Treppen steigen, die Teilnahme am heiligen Opfer"[349]. Mit der Einweihung des wiederhergestellten Hauptflügels stand das Heim nicht mehr nur weiblichen Insassen zur Verfügung, sondern auch Ehepaaren[350]. Die Pflege der Bewohner lag bereits seit Ende der vierziger Jahre in den Händen von weltlichen Kräften, da die Christenserinnen wegen Schwesternmangels schon im Frühjahr 1949 ihre Düsseldorfer Niederlassung aufgelöst hatten[351].

In den Jahren 1971/1973 wurde das Hubertusstift um einen Neubau an der Hubertusstr. 3 mit 36 Pflegebetten, 24 Altenwohnungen und Personalunterkünften erweitert[352]. Um die Ausstattung des Hubertusstiftes den Vorgaben und Richtlinien des Heimgesetzes anzupassen[353], erfolgten in den Jahren 1987/1989 und 1989/1991 durchgreifende Sanierungs- und Modernisierungsmaßnahmen am Straßen- und Hofflügel. Der erste, im Juni 1989 vollendete Bauabschnitt galt der Instandsetzung des Traktes an der Neusser Straße. Neben der Einrichtung von 60 behindertengerechten Pflegebetten wurden im Zuge der Renovierung auch der Eingangsbereich, der Speisesaal und die Kapelle neu gestaltet[354]. Im Frühjahr 1991 konnten die Arbeiten des zweiten Bauabschnittes zum Abschluss gebracht werden, die eine vollkommene Umgestaltung des nördlichen Hofflügels mit sich brachte. Anstelle des maroden Seitentraktes wurde nach Plänen des Architekten Hans - Erwin Schwartzmanns ein Neubau mit "geschmackvoll eingerichteten und modern ausgestatteten" Zimmern errichtet, nach dessen Fertigstellung das Hubertusstift insgesamt über 122 Betten verfügte[355].

Am 1. Januar 1996 ging die Verwaltung des Hubertusstiftes, nachdem erste Verhandlungen in den Jahren 1989/1990 ohne Ergebnis verlaufen waren[356], für zunächst

---

[349] RP 24.11.1956.
[350] Vgl. DN 27.11.1956.
[351] Vgl. KGD 35, 13.12.1948 und 21.12.1948; Handbuch des Erzbistums Köln 24 (1954), 199; NN, Es begann in einem kleinen Gasthaus. Das Hubertus - Stift auf der Neußer Straße. Heute wieder 172 Betten, in: Kirchenzeitung für das Erzbistum Köln Jg. 16 Nr. 28 (09.07.1961), 16.
[352] Vgl. CVD 205, 07.11.1973, 10.04.1981 und 09.05.1984; CVD 447, 02.01.1971, 18.10.1971, 24.04.1972, 16.05.1972, 28.02.1973 und 20.09.1973.
[353] Vgl. CVD 205, 09.05.1984.
[354] Vgl. CVD 477, 09.04.1987, 10.11.1987, 14.01.1988, 19.01.1989, 18.04.1989, 03.09.1990, 05.12.1990, 04.03.1991, 15.04.1991 und 29.10.1991; Hermannjosef Weiers, Wolle für die Armen. Das Hubertusstift. Kapelle fertiggestellt, in: Kirchenzeitung für das Erzbistum Köln Jg. 44 Nr. 42 (20.10.1989), 25; NN, Mehr als 10000 Jahre Lebenserfahrung versammelt. Kapelle des Hubertusstifts nach zweijährigem Umbau wieder benutzbar, in: Kirchenzeitung für das Erzbistum Köln Jg. 44 Nr. 44 (03.11.1989), 24; RP 21.11.1989.
[355] Vgl. Matthias Buchwald, Düsseldorfer Hubertusstift im Wandel. Keine Insel im Stadtteil Bilk. Zahl der Heimplätze steigt. Wechselvolle Geschichte, in: Kirchenzeitung für das Erzbistum Köln Jg. 45 Nr. 51/52 (21.12.1990), 24; RP 23.04.1991.
[356] Vgl. CVD Vorstandsprotokolle, 19.05.1989, 10.07.1989 und 22.01.1990; CVD 477, 18.04.1989 und 19.05.1989.

zehn Jahre an den Caritasverband für die Stadt Düsseldorf über[357]. In einer vom Kuratoriumsvorsitzenden Hansjosef Weiers und Geschäftsführer Johannes Böcker unterzeichneten Presseerklärung hieß es am 14. Dezember 1995 zur bevorstehenden Übernahme: "Durch die erheblichen Veränderungen in der Trägerschaft von Alten- und Pflegeheimen, durch die Entwicklungen im Pflegesatzverfahren und durch die Erwartungen der Veränderungen, die durch die Pflegeversicherung auf das Haus zukommen werden, besteht die Notwendigkeit, den Stiftungsauftrag in das nächste Jahrtausend sachgerecht überzuleiten. Das Kuratorium hat deswegen ... Gespräche mit dem Caritasverband für die Stadt Düsseldorf ... mit dem Ziel aufgenommen, das Alten- und Pflegeheim St. Hubertusstift ... in die Trägerschaft des Caritasverbandes für die Stadt Düsseldorf zu geben"[358].

Im Dezember 1999 erhielt das Hubertusstift die Genehmigung zum Umbau des Restaurants und zur Einrichtung eines Bewohneraufzuges. Die im Oktober 2000 mit der Neugestaltung der Rezeption und Wiedereröffnung des Restaurants abgeschlossene Baumaßnahme hatte vorübergehend für die Speisenausgabe den Aufbau eines Restaurantzeltes im Innenhof des Altenzentrums erfordert[359].

Martinstift

Einen Steinwurf vom Hubertusstift entfernt liegt das Caritas Altenzentrum St. Martin, das im Jahre 1935 unter dem Namen "Schwiertz - Stephan - Stiftung" gegründet worden war[360]. Zwar hatte die Alteneinrichtung der Pfarrei St. Martin die Luftangriffe des Zweiten Weltkrieges ohne nennenswerten Schaden überstanden, doch zeichnete sich schon in den fünfziger Jahre ab, dass sich das Haus an der Wilhelm - Tell - Str. 9 mit nur 16 Pflegeplätzen auf Dauer kaum halten konnte[361]. Wegen dringender Aufbauarbeiten an Kirche, Priesterwohnungen, Kindergarten und Jugendheim waren der Pfarrei St. Martin für eine Sanierung des Altenheims zunächst die Hände gebunden[362]. Erst Mitte der sechziger Jahre konnten Pfarrer Joseph Pohlmann und der Kirchenvorstand von St. Martin einen vollständigen Neubau der Schwiertz - Stephan - Stiftung ins Auge fassen[363]. Um die Bettenzahl auf über 50 zu erhöhen, hatte die Pfarrei am 23. Februar 1960 nach jahrelangen Verhandlungen mit der Erbengemeinschaft Franz Xaver Bonefeld das

---

[357] Vgl. CVD Vorstandsprotokolle, 22.05.1995, 26.06.1995, 04.09.1995, 02.10.1995, 13.11.1995, 01.02.1996, 26.03.1996, 15.05.1996, 16.07.1996 und 18.09.1996; CVD 232, 02.09.1996; CVD 447, 21.06.1995, 09.10.1995, 12.12.1995 und 02.09.1996.
[358] CVD 110, 14.12.1995. Vgl. auch RP 15.12.1995; WZ 15.12.1995.
[359] Vgl. CVD 112, 04.01.2001.
[360] Vgl. oben S. 624 f.
[361] Vgl. Handbuch des Erzbistums Köln 24 (1954), 197.
[362] Vgl. PfA Bilk St. Martin Protokollbuch des Kirchenvorstandes, 15.03.1960; NN, Neues Altersheim für Bilk. Grundsteinlegung am vergangenen Sonntag, in: Kirchenzeitung für das Erzbistum Köln Jg. 23 Nr. 34 (23.08.1968), 20.
[363] Vgl. NN, Schwester M. Bonfilia, in: Kirchenzeitung für das Erzbistum Köln Jg. 21 Nr. 49 (02.12.1966), 24.

2.1. Martinstift

benachbarte Trümmergrundstück Nr. 11 für 61200 Mark erworben[364]. Nachdem kirchliche, staatliche und städtische Stellen Zuschüsse für einen Neubau bewilligt hatten, wurde das Haus Nr. 9 im Jahre 1967 niedergelegt. Für die Zeit des Neubaus, der auf den zusammengelegten Grundstücken Wilhelm - Tell - Str. 9 und 11 entstand, waren die Erlenbader Franziskanerinnen und die Bewohnerinnen im Hubertusstift und im Herz - Jesu - Heim an der Mendelssohnstraße untergebracht[365]. Als am 18. August 1968 in einer feierlichen Zeremonie von Dechant Paul Gail der Grundstein gelegt wurde, war der Rohbau für das neue Altenheim fast fertig gestellt. Wörtlich hieß es in der Grundsteinlegungsurkunde: "Gott lasse immerdar seinen Segen ruhen über diesem Altersheim, das nun nach den Plänen des Architekten Dipl. - Ingenieur Walter Nitsch ... und in Verbindung mit der Aachener Gemeinnützigen Siedlungs- und Wohnungsgesellschaft vergrößert neu entsteht. Vor allem möge Er uns die hier seit Bestehen der Stiftung segensreich wirkenden Franziskanerinnen aus dem Mutterhaus Erlenbad - Obersasbach noch lange in Düsseldorf - Bilk erhalten"[366].

Bezogen wurde das neue Doppelhaus mit Schwesternheim, Wirtschaftsräumen und 60 Betten für ältere, zum Teil pflegebedürftige Frauen am Silvestertag des Jahres 1969[367]; die feierliche Einweihung fand am 8. November 1970 statt[368]. Zehn Jahre später waren die Erlenbader Franziskanerinnen gezwungen, ihre Schwestern aus Düsseldorf abzuziehen. In einem Schreiben an Pfarrer Peter Kurtenbach erläuterte Provinzialoberin M. Benedikta: "Durch den Verlust von Schwester Friedegund, das fortgeschrittene Alter von Schwester Bonfilia, den schlechten Gesundheitszustand von Schwester Willibrord und unseren Nachwuchsmangel sehe ich mich veranlaßt, Sie zu bitten, daß wir in beiderseitigem Einvernehmen den Schwesternvertrag lösen. Uns ist es nicht mehr möglich, die Vertragsbedingungen zu erfüllen. Ich weiß, wie schwer es für Sie ist, wenn ich schreibe, daß ich beide Schwestern zurücknehmen möchte. Doch bin ich überzeugt, daß Sie, Herr Pastor Kurtenbach, auch verstehen, wieviel Bitternis darin liegt, wenn wir eine Station nach der anderen auflösen müssen. Mein Wunsch ist, und darum bete ich, daß Sie wieder geeignete Kräfte als Ersatz für die beiden Schwestern finden"[369].

In den achtziger Jahren wurde der Schwiertz - Stephan - Stiftung ein weiteres Nachbarhaus hinzugefügt. Nachdem die Pfarrgemeinde St. Martin 1986 das Haus Wilhelm -

---

[364] Vgl. CVD 288, 08.09.1959; PfA Bilk St. Martin Protokollbuch des Kirchenvorstandes, 12.08.1959, 08.12.1959, 15.03.1960 und 05.05.1960; ALD Grundbuchblatt Unterbilk 5060, 23.02.1960.

[365] Vgl. BSD Bauakte Wilhelm - Tell - Str. 9, 14.06.1961; NN, Neues Altersheim für Bilk. Grundsteinlegung am vergangenen Sonntag, in: Kirchenzeitung für das Erzbistum Köln Jg. 23 Nr. 34 (23.08.1968), 20.

[366] Abdruck bei Hans Neumann, Die Schwiertz - Stephan - Stiftung in Düsseldorf - Bilk, in: Die Bilker Sternwarte Jg. 14 Nr. 10 (Oktober 1968), 109 - 111, 110 f.

[367] Vgl. NN, Neues Altersheim für Bilk. Grundsteinlegung am vergangenen Sonntag, in: Kirchenzeitung für das Erzbistum Köln Jg. 23 Nr. 34 (23.08.1968), 20; NN, Schwester Bonfilia 40 Jahre im Dienst. Bilk ist heute ihre Heimat, in: Kirchenzeitung für das Erzbistum Köln Jg. 31 Nr. 49 (03.12.1976), 27.

[368] Vgl. NN, Schwiertz - Stephan - Stiftung in St. Martin, in: Kirchenzeitung für das Erzbistum Köln Jg. 25 Nr. 46 (13.11.1970), 28.

[369] Zitiert nach NN, Schwestern verlassen Schwiertz - Stift, in: Kirchenzeitung für das Erzbistum Köln Jg. 35 Nr. 47 (21.11.1980), 25.

Tell - Str. 7 in seinen Besitz gebracht hatte, wurde das aus der Gründerzeit stammende Gebäude drei Jahre später niedergelegt[370] und 1990/1992 an seiner Stelle ein seniorengerechter Neubau mit 20 Plätzen errichtet[371]. Seit dem Jahre 1998 lag die Geschäftsführung des "Alten- und Pflegeheims St. Martin", so die offizielle Bezeichnung der Schwiertz - Stephan - Stiftung nach einem Kirchenvorstandsbeschluss vom 21. Oktober 1996[372], in den Händen des Caritasverbandes für die Stadt Düsseldorf. Aus Anlass der Übertragung erklärte Caritasdirektor Johannes Böcker: "Immer mehr hat der wachsende administrative Aufwand die Arbeit des ehrenamtlichen Kirchenvorstandes erheblich belastet und so ist es sinnvoll, die Führung des Hauses in die Verantwortung eines erfahrenen Trägers der Altenhilfe zu geben. Damit auch weiterhin das Alten- und Pflegeheim St. Martin in katholischer Trägerschaft am Standort Düsseldorf Bilk erhalten bleibt, hat der Kirchenvorstand entschieden, die Geschäftsführung zum 1. Mai 1998 dem Caritasverband für die Stadt Düsseldorf zu übertragen"[373]. Zum 1. Januar 1999 ging auch die Trägerschaft des Altenpflegeheims St. Martin mit seinen 43 Einzel-, 9 Doppel- und 3 Dreibettzimmern an den Caritasverband für die Stadt Düsseldorf über[374].

Betreutes Wohnen

Der demographische Wandel in der Bundesrepublik Deutschland zwang Ende des 20. Jahrhunderts nicht nur die offene sondern auch die stationäre Altenhilfe, neuen Problemstellungen mit innovativen Lösungen zu begegnen[375]. Dass Wohnen für die Lebenssituation eines Menschen von zentraler Bedeutung ist, war Allgemeinplatz, doch mit Blick auf ältere Menschen bis Anfang der neunziger Jahre nur unzureichend beachtet worden[376].

Wohnen kann Probleme bereiten oder Behagen vermitteln, es kann der Regeneration dienen oder der Gesundheit durch Lärm, Abgase, mangelnder Luftzufuhr schaden. Wohnen kann häusliche Kreativität, Gastlichkeit und Alltagskultur anregen oder zum Alptraum täglicher hauswirtschaftlicher Notwendigkeiten und Einschränkungen werden. Wohnen ist ein lebensnotwendiges Grundbedürfnis des Menschen und ein sichtbares Zeichen seiner Kultur. Wohnbedingungen und Wohnumfeld üben einen großen Einfluss auf die Kompetenzen bei der Alltagsgestaltung aus. Dies wird mit zunehmenden

---

[370] Vgl. CVD 288, 22.07.1986, 21.02.1992 und 18.01.1999; RP 12.04.1989; RP 20.04.1989.
[371] Vgl. CVD 288, 21.02.1992 und 18.01.1999; RP 07.04.1998.
[372] Vgl. PfA Bilk St. Martin Protokollbuch des Kirchenvorstandes, 21.10.1996.
[373] CVD 288, 02.04.1998. Vgl. auch NRZ 04.04.1998; WZ 06.04.1998; RP 07.04.1998; RP 09.04.1998.
[374] Vgl. CVD 288, 18.01.1999; NRZ 03.02.1999; WZ 03.02.1999; RP 09.02.1999.
[375] Vgl. Marie - Therese Krings - Heckemeier, Wohnen im Alter, in: Hans - Ulrich Klose, Alternde Bevölkerung - Wandel der Lebenswelten, Bonn 1994, 141 - 156, 141 ff.
[376] Vgl. Hans Thomae, Wohnen im Alter - psychologische Aspekte, in: Medizin, Mensch Gesellschaft Jg. 17 Nr. 3 (3. Quartal 1992), 176 - 181, 176 ff; Reinhard Schmitz - Scherzer, Ressourcen älterer Menschen. Expertise im Auftrag des Bundesministeriums für Familie und Senioren, Stuttgart 1994, 30 ff; Helmut Walter, Das Alter leben! Herausforderungen und neue Lebensqualitäten, Darmstadt 1995, 126 ff; Zweiter Altenbericht. Wohnen im Alter, Bonn 1998, 14 ff.

2.1. Betreutes Wohnen

Alter wichtiger, da räumlich - soziale Umweltgegebenheiten stärker ins Bewusstsein rücken, der Aktionsradius geringer und die innerhäusliche Lebensgestaltung intensiver wird[377]. Letzteres beginnt in der Regel mit Beendigung außerhäuslicher Erwerbstätigkeit und im Alter zunehmender körperlicher Gebrechlichkeit. Mit dem steigenden Lebensalter verändern sich psychische und physische Fähigkeiten und nehmen allmählich ab, wodurch Umweltfaktoren wie Wohnung und direktes Wohnumfeld eine wachsende Bedeutung für die selbständige Lebensführung, Daseinsfürsorge und Wohlbefinden gewinnen. Die Wohnung wird zum Mittelpunkt des alltäglichen Lebens, was sich vor allem in der Zeitverwendung bei der Gestaltung des Alltags und der Daseinsvorsorge widerspiegelt[378].

Schon im ersten Altenbericht der Bundesregierung war im Jahre 1993 die Erhaltung der Selbständigkeit älterer Menschen als gesellschaftliches und politisches Ziel erklärt worden[379]. Eine Voraussetzung hierfür war, das Leben in den "eigenen Wänden", der Wohnung oder dem Haus und der Wohnumgebung möglichst bis zum Lebensende zu erhalten, auch wenn das Weiterleben in der eigenen Wohnung zunehmend an Grenzen stieß und Veränderungsbereitschaft erforderte[380].

Der Wunsch des "selbständigen Wohnens im Alter" war in Nordrhein - Westfalen schon in den sechziger Jahren aufgegriffen und in der Wohnungsbauförderung beachtet worden[381]. Seit 1965 begünstigte das Land Wohnungen für Menschen, die älter als 60 Jahre waren und bestimmte Einkommensgrenzen nicht überschritten. Auf Grundlage der "Altenwohnungsbestimmungen" wurden Appartements für ein oder zwei Personen gefördert, die den Nutzungs- und Begegnungsansprüchen älterer Menschen besonders genügten. Von Mitte der sechziger bis Mitte der neunziger Jahre wurden in Nordrhein - Westfalen mehr als 100000 derartiger "Altenwohnungen" gefördert[382]. Damit ältere Menschen möglichst lange selbständig und in vertrauter Umgebung wohnen konnten, war von Planern, Architekten und Interessensvertretern eine Planungshilfe zum "barrierefreien Bauen" entwickelt und Ende 1992 als DIN - Norm 18025 verabschiedet worden[383].

---

[377] Vgl. Winfried Saup, Alter und Umwelt. Eine Einführung in die ökologische Gerontologie, Stuttgart 1993, 12 ff.
[378] Vgl. Christine Küster, Leistungen von privaten Haushalten und ihre Erfassung in der Zeitbudgetforschung, Baltmannsweiler 1994, 63 ff.
[379] Vgl. Erster Altenbericht. Die Lebenssituation älterer Menschen in Deutschland, Bonn 1993, 3 ff.
[380] Vgl. Rosemarie von Schweitzer, Lebenslagen der Generationen in den alten und neuen Bundesländern. Zur Verschiedenheit der Wohnbedürfnisse, in: Wohnbedürfnisse, Zeitverwendung und soziale Netzwerke älterer Menschen. Expertisenband 1 zum Zweiten Altenbericht der Bundesregierung, Frankfurt 1998, 11 - 50, 11 ff.
[381] Vgl. Annette Justen, Erfahrungsbericht zur Förderung von Altenwohnungen in Nordrhein - Westfalen, Duisburg 1983, 21 ff.
[382] Vgl. 40 Jahre Wfa. Förderung mit Kompetenz und Know - how, Düsseldorf 1998, 7 ff; NRZ 26.05.2001.
[383] Vgl. Rotraut Weeber, Barrierefreies Wohnen für ältere Menschen, insbesondere mit Blick auf Wohngemeinschaften, in: Wohnformen älterer Menschen im Wandel. Expertisenband 3 zum Zweiten Altenbericht der Bundesregierung, Frankfurt 1998, 52 - 111, 72 ff.

Erst wenn ein selbständiges Wohnen aufgrund anhaltenden Pflegebedarfs nicht mehr möglich war, sollten nach Vorstellungen der nordrhein - westfälischen Landesregierung ältere Menschen alternative Wohnformen in Anspruch nehmen. Als Königsweg im Schnittfeld zwischen herkömmlichen und stationären Wohnungsangeboten galt seit den achtziger Jahren das Konzept des "Betreuten Wohnens"[384]. Die grundsätzliche Idee des Betreuten Wohnens für Senioren lautete "So viel Selbständigkeit wie möglich, so viel Hilfe wie nötig", doch deuten Titulierungen wie "Wohnen mit Service", "Wohnen und mehr", "Wohnen Plus" an, dass der Kerngedanke in unterschiedlichen Formen seine Realisierung fand[385]. In der Regel bestand Betreutes Wohnen aus einer Kombination von Wohnraum und Serviceleistungen, doch gab es vor allem in Umfang und Art der angebotenen Serviceleistungen und Betreuungskonzepte gravierende Unterschiede. Das Spektrum der angebotenen Leistungen reichte von einfachen handwerklich - technischen Hilfen über hauswirtschaftliche Dienste bis hin zur Betreuung und Versorgung bei schwerer Pflegebedürftigkeit in der eigenen Wohnung[386]. Das "Wohnen mit Hausmeisterservice" bot einen minimalen Umfang an Serviceleistungen, der in der Regel auf die Wartung technischer Anlagen, die Hausreinigung, den Winterdienst und die Gartenpflege durch einen Hausmeister beschränkt war. In Wohnanlagen mit Betreuungskraft und externen Serviceangeboten standen außer dem Hausmeister weitere Ansprechpartner zur Verfügung, die halfen Dienstleistungen von externen Anbietern zu organisieren. Darüber hinaus kümmerten sich die Betreuungskräfte vielfach um gemeinsame Veranstaltungen und sorgten für Kontakte unter den Bewohnern. Pflegerische Hilfe erhielten ältere Menschen im Bedarfsfall problemlos, wenn der Wohnanlage eine eigene Pflegestation angeschlossen war. In der Regel stand der Pflegedienst den Bewohnern 24 Stunden als Ansprechpartner zur Verfügung und half, wenn ein Mahlzeiten- oder ein Reinigungsdienst benötigt wurde. Anlagen als "Wohnen im Heimverbund" lagen in direkter Nachbarschaft eines Alten- oder Pflegeheims des gleichen Trägers. In der Wohnanlage selbst war meist nur ein Ansprechpartner zu finden, doch konnten die Bewohner im Bedarfsfall alle Leistungen des Heimes wie Mahlzeiten im Speisesaal und Pflegedienste in Anspruch nehmen. Gedacht waren Anlagen dieser Art für Menschen, die schon beim Einzug leicht pflegebedürftig waren und in absehbarer Zeit einen Platz im benachbarten Heim benötigten. Zur Kategorie "Wohnen mit integrierter Pflege und Versorgung" gehörten Seniorenresidenzen sowie einige Altenheime, die ihr Angebot auf die veränderten Bedürfnisse von Senioren abgestimmt hatten. Sie boten in ihrem Haus umfangreiche

---

[384] Vgl. Ilse Brusis, Betreutes Wohnen - zukunftsweisende Beispiele und Perspektiven, in: Wohnen Plus. Betreutes Wohnen in NRW - zukunftsweisende Beispiele. Dokumentation der Tagung vom 12. Oktober 1994, Düsseldorf 1995, 4 - 9, 4 ff.
[385] Vgl. Wilgart Schuchardt, Wohnen im Alter. Zwischen Selbständigkeit und Hilfe: Modellprojekte zukunftsweisenden Wohnens und zukunftsweisender Hilfen für ältere Menschen, in: Wohnen Plus. Betreutes Wohnen in NRW - zukunftsweisende Beispiele. Dokumentation der Tagung vom 12. Oktober 1994, Düsseldorf 1995, 23 - 25, 23 ff.
[386] Vgl. Brigitta Fischer, Betreute Wohnformen für alte Menschen, in: Caritas '90. Jahrbuch des Deutschen Caritasverbandes, 114 - 121, 114; Franz Josef Stoffer, Konzept "Betreutes Wohnen", in: Das Altenheim. Zeitschrift für die Leitungen der öffentlichen und privaten Altenheime Jg. 31 Nr. 4 (April 1992), 192 - 200, 192 ff.

2.1. Betreutes Wohnen Stockum

Möglichkeiten der Versorgung und Pflege an. Das Standardangebot umfasste im Sinne einer Rundum - Versorgung mehrere Mahlzeiten, regelmäßige Wohnungsreinigung sowie Pflege bei Bedarf. Häufig wurde den Senioren beim Bezug ein lebenslanges Wohnrecht in der Anlage eingeräumt, auch wenn im Laufe der Zeit eine Schwerstpflegebedürftigkeit eintrat[387].

Betreutes Wohnen Stockum

Betreutes Wohnen für Senioren war beim Caritasverband für die Stadt Düsseldorf seit der Jahrtausendwende ein viel genutztes Angebot stationärer Altenhilfe. In grundsätzlichen Überlegungen zum Thema "Betreutes Wohnen" veranschaulichte Caritasdirektor Johannes Böcker am 2. November 2001 vor interessierten Zuhörern welchen hohen Stellenwert die Caritas für Düsseldorf der alternativen Wohnform für ältere Menschen einräumte. "Schon heute sind 24 % aller Bürgerinnen und Bürger der Landeshauptstadt Düsseldorf", gab der Düsseldorfer Caritasdirektor zu bedenken, "älter als 60 Jahre. ... Wie wir alle Wissen, ist die Lebensphase des Alters nicht grundsätzlich mit dem Eintritt von körperlichen Gebrechen gleichzusetzen. Jedem hier im Raum sind viele gute Beispiele bekannt, wie ältere Menschen vital und aktiv ihren Lebensabend gestalten. Trotzdem bleibt festzuhalten, dass mit dem Lebensalter die Risiken von Krankheit und Pflegebedürftigkeit zunehmen. ... Die Vielfalt der Lebenssituationen von Menschen im Alter gilt es bei der Entwicklung von Betreuungs- und Versorgungssystemen sorgfältig zu erfassen und unabdingbar als Grundlage aller Sozialplanungen zu beachten. So verstanden ist das Caritas Betreute Wohnen eine von vielen notwendigen Betreuungsformen für ältere Menschen, das die traditionellen Angebote der häuslichen Dienste und der stationären Versorgung nicht ersetzen will, sondern vielmehr sinnvoll ergänzt"[388]. Erstmals bot der Verband die alternative Betreuungshilfe im Frühjahr 2000 in Stockum an, wo die Düsseldorfer Beamten - Wohnungs - Baugenossenschaft (BWB) zwischen der Ganghofer-, Irmer- und Lönsstraße für ihre Mitglieder eine Anlage mit 43 alters- und behindertengerechten Zweiraumwohnungen neu errichtet hatte[389]. Nach dem ersten Spatenstich am 25. Juni 1998 und dem Richtfest am 28. Mai 1999 konnte der BWB Wohnhof - Stockum (Lönsstr. 5a) am 16. Februar 2000 von den ersten Mietern bezogen und am 26. Mai 2000 von Dechant Friedhelm Keuser eingesegnet werden[390]. Im Grundriss waren

---

[387] Vgl. RP 19.01.2001; Ursula Kremer - Preiß, Betreutes Seniorenwohnen: Entwicklungen, Konzepte, Qualitätsforderungen, in: Tagungsdokumentation Betreutes Wohnen. Fachtagung am 7. November 2000. Eine gemeinsame Veranstaltung der Seniorenhilfe und der Wohlfahrtsverbände der Landeshauptstadt Düsseldorf, Düsseldorf 2001, 10 - 18, 10 ff; Betreutes Wohnen. Was Sie über Leistungen, Kosten und Verträge wissen sollten, Düsseldorf 2002², 6 ff.
[388] CVD 528, 02.11.2001.
[389] Vgl. NN, Wohnhof Stockum, in: BWB - Report. Nachrichten für Mitglieder der Beamten - Wohnungs - Baugenossenschaft eG. Düsseldorf Jg. 43 Nr. 92 (Dezember 1999), 12 - 13, 12 f.
[390] Vgl. CVD 74, 25.06.1998; NRZ 01.07.1998; NRZ 29.05.1999; WZ 01.06.1999; NN, Wohnhof Stockum, in: BWB - Report. Nachrichten für Mitglieder der Beamten - Wohnungs - Baugenossenschaft eG. Düsseldorf Jg. 43 Nr. 92 (Dezember 1999), 12 - 13, 12 f; RP 22.01.2000; NRZ 27.05.2000; WZ

die 41 bis 55 Quadratmeter großen Wohnungen wie die gesamte Anlage barrierefrei konzipiert, um auch mobilitätseingeschränkten Menschen eine selbständige Lebensführung in "eigenen vier Wänden" zu ermöglichen[391]. "Seine Selbständigkeit solange wie möglich aufrechtzuerhalten", so Caritasdirektor Johannes Böcker beim Richtfest, "ist keine Frage des Alters. Das Betreute Service Wohnen ist auf diesem Grundsatz ausgerichtet. Wer zusätzliche Hilfe wünscht oder aufgrund einer Erkrankung benötigt, kann diese in Anspruch nehmen"[392]. Welche Hilfen und Serviceleistungen den 18 Ein- und 26 Zweipersonenhaushalten im Bedarfsfall zur Verfügung standen, konnte einer zeitgleich in Umlauf gebrachten Informationsbroschüre entnommen werden. "Service Wohnen heißt zunächst einmal", so versprach der gemeinsame Prospekt der Kooperationspartner, "daß für die Sicherheit der Bewohnerinnen und Bewohner gesorgt ist. Alle Wohnungen sind mit dem Caritas Notruf System rund um die Uhr verbunden. Im Notfall können ausgebildete Pflegefachkräfte schnell zur Hilfe verständigt werden. Eine fachkundige Mitarbeiterin informiert zweimal wöchentlich über die Möglichkeiten, viele kleine und große Entlastungs- und Servicedienste in Anspruch zu nehmen. So können zum Beispiel Haushaltshilfe, Friseur, Fußpflege, therapeutische Leistungen oder kosmetische Pflege vermittelt werden. Wenn durch eine Krankheit oder Gebrechlichkeit häusliche Betreuung benötigt wird, hilft die Caritas Pflegestation Düsseldorf Nord im BWB Wohnhof Stockum. In Absprache mit dem behandelnden Arzt wird die Pflege in der eigenen Wohnung sichergestellt"[393]. Für den Grundservice des Betreuten Wohnens schlossen die Bewohner der Stockumer Anlage einen Betreuungsvertrag mit dem Caritasverband für die Stadt Düsseldorf ab[394]. Zusätzlich konnten von den Mietern frei wählbare Dienste und Einrichtungen des Caritasverbandes wie Mahlzeiten - Service, Mobiler Hilfsdienst, Pflegedepot in Anspruch genommen werden. Neben der pflegerischen Fürsorge spielte die soziale Betreuung der Bewohner im Konzept der Stockumer Wohnhofanlage eine bedeutende Rolle. Realisiert wurde sie in erster Linie durch Angebote, die das gemeinschaftliche Miteinander förderten. Wohnflure, Gemeinschaftsräume und Kontaktinseln auf jeder Etage gaben Gelegenheit zum "Sehen und Gesehenwerden" und erleichterten die Kontaktaufnahme der Bewohner untereinander[395]. "Im Wohnhof Café", so eine Selbstdarstellung aus dem Jahre 2000, "findet sich immer die Gelegenheit für einen kleinen Plausch. Wer nicht selbst kocht oder gerne in Gesellschaft seine Mittagsmahlzeit einnehmen möchte, trifft sich zum Mittagstisch im Wohnhof Ca-

---

27.05.2000; RP 30.05.2000; Klaus - Peter Vogel, Wohnhof Stockum. Betreutes Wohnen für Senioren, in: Carl - Sonnenschein - Brief. Heilige Familie, St. Mariä Himmelfahrt, St. Albertus Magnus Nr. 1 (Pfingsten/Advent 2000), 9; WZ 27.11.2000.

[391] Vgl. WZ 28.07.1998; RP 01.06.1999.

[392] CVD 308, 28.05.1999.

[393] CVD 308, 2000.

[394] Vgl. NN, Mit dem Caritasverband: "Wohnen plus ...", in: Die Zeitung. Caritasverband für die Stadt Düsseldorf Jg. 1 Nr. 1 (Frühjahr 2000), 1 - 2, 1 f. Vgl. auch Ursula Kremer - Preiß, Betreutes Wohnen in Altenwohnheimen und Altenwohnanlagen, in: Betreutes Wohnen und Wohnen im Heim. Rechtliche Aspekte. Expertisenband 5 zum Zweiten Altenbericht der Bundesregierung, Frankfurt 1998, 64 - 144, 97 ff.

[395] Vgl. CVD 308, 2000.

fé. Wichtiger Bestandteil des gemeinschaftlichen Lebens im Wohnhof Stockum sind die regelmäßigen Veranstaltungen und Feste. Auch hier stehen die Interessen der Bewohnerinnen und Bewohner im Vordergrund und bestimmen das abwechslungsreiche Programm von Freizeit-, Sport- und Kulturveranstaltungen"[396].

Betreutes Wohnen am Hubertusstift

Zwei Jahre nach Eröffnung des BWB Wohnhofes Stockum nahm der Caritasverband für die Stadt Düsseldorf Mitte April 2002 mit dem "Caritas Betreuten Wohnen am Hubertusstift" (Hubertusstr. 3a) in eigener Trägerschaft eine weitere Wohnanlage nach dem Konzept "Wohnen Plus ... " in Betrieb[397]. Als das Kuratorium des Hubertusstiftes im Frühjahr 1998 entschieden hatte, in den leerstehenden Häusern 4, 5 und 6 ein Projekt Betreutes Wohnen einzurichten, äußerte der Caritasverband für die Stadt Düsseldorf sofort sein Interesse, im Rahmen eines Erbbaurechtsvertrages die Ausführung Maßnahme mit mehr als 25 Appartementeinheiten zu übernehmen[398]. Nachdem der Caritasverband am 25. Mai 1999 vom Hubertusstift in Erbpacht den südlichen Hofflügel und den Gartentrakt erworben und von Grund auf saniert hatte[399], konnte die neue Altenhilfeeinrichtung am 5. Juli 2002 in Gegenwart von Stadtdechant Rolf Steinhäuser und Oberbürgermeister Joachim Erwin ihrer Bestimmung übergeben und offiziell eingeweiht werden[400]. An die Mieter der 28 neuen Wohnungen gerichtet, sprach Caritasdirektor Johannes Böcker in seiner Begrüßungsrede den Wunsch aus: "Fühlen Sie sich wohl unter dem Dach der Caritas für Düsseldorf, danke auch für Ihre Geduld, die Sie mit uns bis zur Fertigstellung hatten ! Sie haben sich - oft nach langen und nicht immer einfachen Überlegungen, verbunden mit mancherlei Diskussionen - entschieden für eine neue, Ihrer persönlichen Lebenssituation entsprechende Wohnform. Sie alle wissen nur zu gut aus der eigenen Erfahrung, wie sich Lebenssituationen ändern. Oft gibt es für die sich im Leben stellenden Probleme keine oder nur halbherzige Lösungen. Nicht so beim Caritas Wohnen plus"[401]. Ähnlich wie in Stockum gab es auch in Unterbilk eine über die Caritas - Hausnotruf - Zentrale gesicherte Grundversorgung, die durch frei wählbare Zusatzangebote wie häusliche Pflege, Hilfe im Haushalt oder Fahr- und Begleitservice ergänzt werden konnte[402].

---

[396] CVD 308, 2000.
[397] Vgl. NRZ 06.07.2002; WZ 06.07.2002; RP 09.07.2002; NN, Erstbezug im Caritas "Wohnen Plus ..." am St. Hubertusstift, in: Die Zeitung. Caritas für Düsseldorf Jg. 3 Nr. 2 (Sommer 2002), 4.
[398] Vgl. CVD Vorstandsprotokolle, 25.03.1998, 23.06.1998 und 18.03.1999.
[399] Vgl. CVD Vorstandsprotokolle, 25.03.1998 und 29.08.2000; CVD 74, 25.05.1999; CVD 232, 08.12.1998.
[400] Vgl. CVD 528, 05.07.2002; NRZ 06.07.2002; WZ 06.07.2002; RP 09.07.2002.
[401] CVD 528, 05.07.2002.
[402] Vgl. WZ 06.07.2002.

Betreutes Wohnen im Marienstift

Später als geplant, konnte die Caritas für Düsseldorf am 1. Mai 2003 das Caritas "Wohnen - Plus ..." im Kaiserswerther Marienstift eröffnen[403]. Zur Chronologie der Kontaktaufnahme und der ersten Planungen berichtete Caritasdirektor Johannes Böcker am 25. August 1998 vor den Mitgliedern des Caritasvorstandes, bereits am 4. März 1998 habe ein erstes Gespräch mit der Kaiserswerther Kirchengemeinde stattgefunden. "Eine Krankenschwester ist im Auftrag des Caritasverbandes für die Stadt Düsseldorf", so Johannes Böcker weiter, "im Marienstift seit dem 1. Juli 1998 tätig, um die pflegende Betreuung der Bewohnerinnen und Bewohner sicherzustellen. ... Der Caritasverband für die Stadt Düsseldorf würde das gesamte Objekt St. Marienstift in Erbpacht übernehmen mit einer bestimmten Laufzeit. ... Mitte September 1998 wird über die Errichtung des Erbbaurechtsvertrages ein gemeinsames Gespräch mit dem Kirchenvorstand, dem Generalvikariat und dem Caritasverband für die Stadt Düsseldorf geführt"[404]. Nachdem die Trägerschaft des mit Einführung der Pflegeversicherung nicht mehr existenzfähigen Altenwohnheims der Pfarrei St. Suitbertus am 1. April 1999 durch einen Erbbaurechtsvertrag auf den Caritasverband für die Stadt Düsseldorf übergegangen war[405], sollte das traditionsreiche Marienstift nach einer Umbauzeit von etwa 16 Monaten einer neuen Verwendung im Bereich der stationären Altenhilfe zugeführt werden[406]. Während die Verlegung von 29 Heimbewohnern in Altenzentren des Caritasverbandes und des Stammhauses der Diakonie am Kaiserswerther Markt im Frühjahr 1999 keine Schwierigkeiten bereitete[407], geriet der Umbau und die Sanierung der mehr als 100 Jahre alten Immobilie zu einer Wohnanlage mit 11 altengerechten Zweizimmerwohnungen schon bald ins Stocken. Zeitraubende Verzögerungen hatten die schlechte Bausubstanz des Hauses, die eine vollständige Entkernung notwendig machte, aber auch überlange Wartezeiten auf staatliche Baugenehmigungen verursacht[408]. Ausgestattet waren die 40 bis 70 qm barrierefreien Wohnungen mit Parkettböden und einem seniorengerechten Bad. Wie in Stockum und Unterbilk konnten die Mieter neben den obligatorischen Grundleistungen bei Bedarf auch zusätzliche Wahlleistungen in Anspruch nehmen[409]. Feierlich eingeweiht wurde das Marienstift am 8. Juli 2003 von Stadtdechant Rolf Steinhäuser, Pfarrer Hermann - Josef Schmitz (St. Suitbertus) und Caritasdirektor Johannes Böcker[410]. Letzterer sagte bei der Eröffnung: "Bei aller Betonung der Wahrung von individuellen Bedürfnis-

---

[403] Vgl. CVD 74, 01.05.2003; RP 30.11.2002; NN, Caritasprojekt Wohnen plus ... im St. Marienstift wurde eingeweiht. Barrierefreie "neue Heimat" in Kaiserswerth, in: Die Zeitung. Caritas für Düsseldorf Jg. 4 Nr. 2 (Herbst 2003), 8.
[404] CVD Vorstandsprotokolle, 25.08.1998.
[405] Vgl. CVD 74, 05.03.1999; CVD 301, 26.03.1999; WZ 04.10.1998.
[406] Vgl. CVD 301, 01.04.1999 und 29.04.2003; RP 13.10.1998; NRZ 03.03.1999. Zur Geschichte des Marienstiftes in Kaiserswerth vgl. oben S. 206.
[407] Vgl. CVD Vorstandsprotokolle, 25.03.1998; CVD 301, 05.11.1998, 09.12.1998 und 14.12.1998; WZ 04.05.1999; NRZ 08.05.1999; RP 22.06.1999.
[408] Vgl. CVD 301, 27.09.2002 und 31.01.2003.
[409] Vgl. RP 30.11.2002; RP 11.01.2003.
[410] Vgl. CVD 301, 08.07.2003; NRZ 09.07.2003; WZ 09.07.2003; RP 22.07.2003.

sen ist die Förderung des Gemeinschaftssinnes zwischen den Bewohnerinnen und Bewohnern ein wesentliches Merkmal unseres Konzeptes vom Betreuten Wohnen. ... Ich hoffe, dass der zu diesem Zweck sanierte Pavillon bald zu einem beliebten Treffpunkt der Mitarbeiterinnen und Mieter wird und durch mancherlei Freizeitaktivitäten sich ein reges Gemeinschaftsleben einstellt"[411].

2.2 Offene Altenhilfe

Seniorenklubs

Die offene Altenhilfe der Caritas in Düsseldorf nahm in der Werstener Pfarrgemeinde Maria Rosenkranz ihren Anfang, wo am 24. Januar 1954 der erste katholische Altenklub der Stadt ins Leben gerufen wurde. "Zwei schöne, freundlich hergerichtete Zimmer im ersten Stock des Pfarrheims (Burscheider Str. 20)", so ein Bericht der Düsseldorfer Nachrichten über die Kluberöffnung, "stehen nun täglich mit Zeitungen und Zeitschriften allen alten Leuten der Gemeinde zur Benutzung offen. Ein Raum ist für die 'qualmenden' alten Männer, der andere für die Nichtraucher bestimmt. Pfarrer Adelkamp brachte zum Ausdruck, man habe die Räume nicht besser verwenden können, als zur Errichtung dieses 'Altenklubs'. Die alten Leute brauchten die Unterhaltung miteinander, und jeder soll auch Bekannte mitbringen können. Karitasdirektor Drehsen deutete den Wert des alten Menschen für die ganze Gemeinde. 'Das Wichtigste, was man den Alternden lehren muß, ist die Kunst, gut und schön zu altern!' Er ermunterte die alten Leute, aus der Geborgenheit, die sie hier im Schatten der Kirche fänden, in ihre Familien zu gehen und dort Freude zu verbreiten. Zum weiteren Ausschmuck der Klubräume stellte er einen ansehnlichen Betrag zur Verfügung"[412].

Dass die Einrichtung nicht nur für Düsseldorf sondern auch darüber hinaus "eine Pionierarbeit im Dienste der alten Menschen" war, mag daran zu ermessen sein, dass die "Caritas" im April 1954 ausführlich über den Altenklub in Wersten berichtete. Über die Situation alter Menschen in der Kirchengemeinde Maria Rosenkranz berichtete das Verbandsorgan des Deutschen Caritasverbandes: "Es wurde festgestellt, daß allein 375 Menschen über 75 Jahre in dieser Pfarrei wohnen und zum größten Teil auf engstem Raum mit der Familie ihrer verheirateten Söhne und Töchter zusammenleben müssen. Es bedarf keiner Erwähnung, daß dieses enge Zusammenleben - zumeist in Kleinstwohnungen - nicht selten zu Unerträglichkeiten in den Familien führt und den alten Menschen das Zuhausesein verleiden kann. Viele hielten sich darum bei gutem Wetter auf den Bänken entlang des nahe gelegenen Zubringers zur Autobahn auf oder während der kalten Jahreszeit in den Vorräumen zur Post, wo sie naturgemäß nur äußerst ungern

---

[411] CVD 301, 08.07.2003.
[412] DN 27.01.1954. Vgl. auch PfA Wersten Maria Rosenkranz, Pfarrchronik Maria Rosenkranz 1929 - 1988, S. 99 f; RP 27.01.1954.

geduldet wurden. Um diesem unwürdigen Zustand in etwa abzuhelfen, nahm der Pfarrer der Gemeinde (d.i. Heinrich Adelkamp) eine Anregung auf und schuf in kürzester Frist den ersten 'Altenklub' in Düsseldorf. Der pfarreigene Kindergarten ist verbunden mit einem Festsaal, der eine geräumige Empore hatte. Diese wurde nun durch eine Fensterwand abgetrennt und zu einem sehr freundlichen Wohnraum umgestaltet. Die danebenliegende Garderobe wurde ebenfalls als Raum hergerichtet, so daß nun zwei nette Klubräume mit den notwendigen Toiletten für die alten Leute zur Verfügung stehen"[413]. Schon acht Wochen nach der Einrichtung konnte eine erste Bilanz gezogen werden: "Vom ersten Tage erfreuen sich die beiden Räume lebhaftester Inanspruchnahme. Sie sind täglich geöffnet von morgens 9 bis 12 Uhr und nachmittags von 15 bis 18 Uhr. Bei Wind und Wetter sind die alten Leute gekommen, ständig wenigstens 20 bis 25. Da natürlich nicht jeden Tag die gleichen Leute kommen, ist der Kreis, der durch diese Einrichtung erfaßt wird, bedeutend größer. Das Echo der Pfarrgemeinde auf diese Einrichtung ist besonders bemerkenswert. Ein Teil der Pfarrangehörigen spricht schon mit Stolz von 'unserem Altenklub'. Man glaubt zu spüren, wie das Denken an die Bedürfnisse der alten Menschen bereits zunimmt. Die offene Zustimmung in allen Kreisen wird häufig unterstützt durch freiwillige Spenden an Kaffee und Tabakwaren. Skatspiele, Zeitungen und Zeitschriften werden hergebracht, so daß es den alten Leuten wirklich nicht an Unterhaltung fehlt. In den Karnevalstagen inszenierten die Mitglieder der Vinzenz- und Elisabethkonferenz einen 'tollen Nachmittag'. Dazu reichten natürlich die beiden Klubräume nicht aus. Man zog um in den Festraum der Pfarrgemeinde. Bei Kaffee, Bier und belegten Brötchen spielte eine eigene Musikgruppe. Es wurde nach rheinischer Art geschunkelt und viel gelacht. Einer der alten Gäste hielt sogar selbst eine zünftige Büttenrede. Wie fröhlich es zuging, zeigt wohl am besten, daß einige alte Paare noch ein Tänzchen riskierten"[414].

Trotz der positiven Resonanz fand das Werstener Beispiel in Düsseldorf zunächst nur in Reisholz Nachahmung, wo im September 1954 in den Räumen des Kindergartens der Pfarrgemeinde St. Elisabeth (Henkelstr. 294) ein Altenklub eröffnet wurde[415]. Erst Anfang der sechziger Jahre schlossen sich auch in anderen Düsseldorfer Pfarrgemeinden ältere Menschen in ähnlichen Gemeinschaften zusammen, bis schließlich Mitte der siebziger Jahre ein flächendeckendes Netz von katholischen Altenklubs über das gesamte Stadtgebiet entstanden war.

Pfarrei	Name	Gründung
St. Adolfus		1969
St. Albertus Magnus	Offene Tür	1979
St. Andreas	Seniorenkreis	1973
St. Anna	Seniorenkreis	1978

---

[413] H., Altenklub in Düsseldorf, in: Caritas. Zeitschrift für Caritasarbeit und Caritaswissenschaft Jg. 55 Nr. 4/5 (April/Mai 1954), 145 - 146, 145 f.

[414] H., Altenklub in Düsseldorf, in: Caritas. Zeitschrift für Caritasarbeit und Caritaswissenschaft Jg. 55 Nr. 4/5 (April/Mai 1954), 145 - 146, 146. Vgl. auch RP 27.01.1954; NN, Altenhilfe. Nachahmenswerte Altensorge, in: Caritas - Nachrichten für das Erzbistum Köln Jg. 10 Nr. 1 (25.01.1955), 3 - 4, 3 f.

[415] Vgl. NN, Aus der Chronik, in: 25 Jahre Altenklub St. Elisabeth Düsseldorf Reisholz, Düsseldorf 1979, o. S. (1 - 2, 1).

2.2. Seniorenklubs

St. Antonius Friedrichstadt		1972
St. Antonius Oberkassel	Fidelitas	1971
St. Antonius Hassels	Altenklub	1964
St. Apollinaris		1967
St. Augustinus	Augustinus Kreis	1968
St. Benediktus	Altenkreis	1969
St. Blasius	Altenklub	1973
St. Bonifatius	Katholischer Seniorenklub	1970
St. Bruno	Seniorenclub	1970
St. Cäcilia Benrath	Seniorenkreis (Damen)	1964
St. Cäcilia Benrath	Seniorenkreis (Damen und Herren)	1984
St. Cäcilia Hubbelrath	Altenklub	1985
St. Canisius	Altenkreis	1971
St. Canisius	Ernst - Kreuzberg - Kreis	1964
Christus - König	Fidele Senioren	1965
St. Dionysius	Seniorenkreis	1986
Dreifaltigkeit	Seniorenkreis	1974
Dreifaltigkeit	Seniorendamenkreis St. Barbara	1966
St. Elisabeth Flingern	Seniorenkreis	1965
St. Elisabeth Reisholz	Altenklub	1954
St. Franziskus Xaverius	Seniorenklub	1966
St. Gertrudis	Seniorenkreis	1972
Heilige Familie		1972
Heilig Geist	Fröhliche Runde	1969
Herz - Jesu Derendorf	Carl - Sonnenschein - Seniorenkreis	1969
Herz - Jesu Urdenbach	Frohe Runde Urdenbacher Allee 113	1963
Herz - Jesu Urdenbach	Frohe Runde Rebhuhnweg 108	1966
St. Hubertus	Seniorenkreis	1959
St. Joseph Oberbilk	Senioren - Club '68	1968
St. Joseph Rath	Seniorenklub	1965
St. Joseph Holthausen	Seniorenklub	1969
St. Katharina	Altenklub	1968
St. Konrad		1976
St. Lambertus Altestadt	Alten - Club	1962
St. Lambertus Kalkum	Seniorenkreis	1975
Liebfrauen	Altenklub	1965
St. Ludger	Zufriedener Süden	1969
St. Lukas		1975
St. Lukas	St. Lukas II	1991
St. Margareta	Seniorenklub	1968
Maria in den Benden	Seniorenkreis	1973
Maria in den Benden	Frohe Runde	1995
Maria Empfängnis	Feierabendkreis	1966
Maria Empfängnis	Seniorenklub für Gehörlose	1975
Maria vom Frieden		1966
Maria Hilfe der Christen	Altenkreis	1975
Maria Himmelfahrt Lohausen	Senioren - Treff	1986
Maria Himmelfahrt Unterbach	Seniorenclub	1975
Maria Königin	Seniorenklub	1972
Maria Rosenkranz	I	1954
Maria Rosenkranz	II	1975
Maria Rosenkranz	Fidelio St. Maria Rosenkranz II	1967
Maria Rosenkranz	Offener Senioren - Treff	1988

Maria Rosenkranz	Frohe Runde	1977
Maria unter dem Kreuze	Seniorenklub	1968
Maria unter dem Kreuze	Freizeitkreis	1975
St. Martinus	Altenclub	1960
St. Maximilian	Seniorenklub	1964
St. Michael	Seniorenklub	1973
St. Nikolaus	Altenklub	1974
St. Nikolaus	Seniorenklub '90	1990
St. Norbert	Hedwig - Dransfeld - Kreis	1971
St. Paulus	Seniorenclub	1970
St. Petrus	Senioren - Damenklub	1965
St. Petrus	Senioren - Herrenklub	1965
St. Pius	Seniorengemeinschaft	1966
St. Reinhold	Altenklub	1965
St. Remigius	Offene Tür	1974
St. Rochus	Seniorenkreis	1973
Zum Allerheiligsten Sakrament		
Zum Heiligen Kreuz	Seniorenclub	1971
Schmerzhafte Mutter	Frohsinn	1969
St. Suitbertus Bilk	Immer fidel	1965
St. Suitbertus Kaiserswerth	Altenklub	1969
St. Theresia	Seniorenklub	1970
St. Theresia	Seniorenklub im Nikolaus - Ehlen Haus	1975
St. Ursula	Altenkreis	1968
St. Vinzenz	Seniorenkreis	1985
St. Vinzenz	Abendfrieden	1968

Im Jahre 1979 wurde die Arbeit der Altenklubs, die in den Pfarrgemeinden etwa 5000 Personen erfassten, vom Caritasverband und der Stadt Düsseldorf mit einem Zuschuss in Höhe von 60000 DM gefördert[416]. "Aus dem Leben der Pfarrgemeinden", so eine Situationsanalyse Ende der siebziger Jahre, "sind Altenklubs nicht mehr wegzudenken. Von hieraus werden Kontakte geknüpft, Hilfen vermittelt und gegeben, gemeinsame Ferienreisen geplant und durchgeführt, Tagesausflüge gemacht, Konzerte und Theater besucht, Feste und Ferien vorbereitet und erlebt"[417].

Da Anfang der sechziger Jahre noch viele Düsseldorfer Senioren mit ihren Sorgen und Nöten alleine waren, hatte der Caritasverband Düsseldorf am 1. November 1961 in seiner Geschäftsstelle an der Hubertusstraße eine "Beratungsstelle für alte Menschen" eingerichtet[418]. Über Notwendigkeit und Zweck des Dienstes hieß es in einer Selbstvorstellung der neuen Einrichtung: "Der Dienst am alten Menschen und alternden Menschen gehört heute zu den wichtigsten Aufgaben der Caritasarbeit. Es ist nicht damit getan, von der Last des Altwerdens in einer hastigen, modernen Zeit zu reden, Renten zu erhöhen, routinemäßige Fürsorge zu betreiben und letzten Endes den alten Menschen

---

[416] Vgl. NN, Altenklubs der Katholischen Pfarrgemeinden in der Stadt Düsseldorf, in: 75 Jahre Caritasverband in Düsseldorf, Düsseldorf 1979, o. S. (63).

[417] NN, Altenklubs der Katholischen Pfarrgemeinden in der Stadt Düsseldorf, in: 75 Jahre Caritasverband in Düsseldorf, Düsseldorf 1979, o. S. (63).

[418] Vgl. NN, Beratungsstelle für alte Menschen, in: Kirchenzeitung für das Erzbistum Köln Jg. 16 Nr. 44 (29.10.1961), 12.

2.2. Altentagesstätten

als eine Belastung zu empfinden. Auf dem Gebiet der Altenbetreuung ist von katholischer Seite in Düsseldorf einiges geleistet worden. Man denke nur an die geriatrische Klinik (Horten - Stiftung), an die Altenklubs in einer ganzen Anzahl von Pfarreien, an die Hilfsbereitschaft und Aktionen der katholischen Jugend für alte Menschen. Dennoch ist auf diesem Gebiet noch bei weitem nicht genug getan worden. Die neueingerichtete Beratungsstelle für alte Menschen schließt hier wieder eine Lücke. Sie wird mit einer vollamtlichen Kraft besetzt, die über umfangreiche Kenntnisse in der Sozialbetreuung verfügt und bereits seit Jahren praktische Betreuungsarbeit leistet. Daneben stehen ein Arzt, ein Jurist und ein Priester für spezielle Fragen zur Verfügung. Die Einrichtung dieser Beratungsstelle ist besonders deshalb notwendig geworden, weil die karitativen Vereine in einzelnen Pfarrgemeinden, die oft mehr als tausend alten Menschen in einer Pfarre, besonders in Spezialfragen, nicht betreuen und beraten können. Das gilt vor allem für die rechtlichen Auskünfte und Fachberatung. ... Weder die alten Leute noch die Kinder wissen oft, daß ganz in der Nähe ein Altenklub besteht, wo die alten Leute ihren Freizeitinteressen in guteingerichteten Räumen mit Fernsehen und Spielmöglichkeiten nachgehen können"[419].

Altentagesstätten

Vor dem Hintergrund sich wandelnder sozialer Lebensbedingungen älterer Menschen und neuer gerontologischer Erkenntnisse wurden im letzten Viertel des 20. Jahrhunderts verschiedene Versuche unternommen, die Angebote der offenen Altenarbeit in Düsseldorf auszuweiten und fachlich zu qualifizieren[420]. Hatte die Altenhilfe ihren Schwerpunkt bisher auf die Versorgung und Betreuung alter hilfsbedürftiger Menschen gelegt, so definierte sich die offene Altenhilfe fortan vor allem als "aktivierende Altenarbeit"[421]. Seit den siebziger Jahren traten in der offenen Altenhilfe neben den Altenklubs die für das kommunikativ - soziale Feld wichtigen Altentagesstätten hinzu[422]. Während Altenklubs die zwanglose Begegnung alter Menschen nur in einem zeitlich und örtlich sehr begrenzten Rahmen ermöglichten und die Programmgestaltung sich vielfach in Geselligkeit und Austausch erschöpfte, beschritten Altenbegegnungsstätten einen neuen Weg. Sie waren an mehreren Tagen der Woche geöffnet und offerierten eine Programmgestaltung, die zum einen dem Bildungsanspruch älterer Menschen Rechnung trug, aber auch Möglichkeiten zu persönlicher, religiöser Orientierung gab oder Informationen zu

---

[419] NN, Beratungsstelle für alte Menschen, in: Kirchenzeitung für das Erzbistum Köln Jg. 16 Nr. 44 (29.10.1961), 12. Vgl. auch NN, Alte Menschen stehen nicht allein. Erfolgreiches erstes Jahr der Caritas - Altenberatung, in: Kirchenzeitung für das Erzbistum Köln Jg. 17 Nr. 46 (18.11.1962), 20.
[420] Vgl. dazu NN, Offene Altenarbeit der Caritas, in: Caritas. Zeitschrift für Caritasarbeit und Caritaswissenschaft Jg. 83 Nr. 2 (März 1982), 101 - 110, 101 ff.
[421] Vgl. Anna Goeken, Caritative Altenhilfe im gesellschaftlichen Umbruch unserer Zeit, in: 1897 - 1972. 75 Jahre Deutscher Caritasverband, Freiburg 1972, 262 - 264, 262 ff.
[422] Vgl. Margitta Lambert, Die kommunikative Etablierung von Nähe. Etholinguistische Untersuchungen der Kommunikation alter Frauen in Altentagesstätte und Heim, Frankfurt 1997, 83 ff.

Altersfragen und Problemen des täglichen Lebens vermittelte[423]. Während Altenklubs ehrenamtlich geleitet wurden, waren in den Begegnungsstätten hauptamtliche, besonders geschulte Mitarbeiter tätig[424].

Im Jahre 1983 umschrieb das Referat "Altenhilfe" im Deutschen Caritasverband in einer Broschüre mit dem Titel "Überlegungen für die Arbeit in Altentagesstätten/Altenbegegnungsstätten (ATS/ABS)" den Zweck von Seniorentreffpunkten mit den Worten: "Die ATS/ABS sind darauf ausgerichtet, ihren Besuchern Entspannung, Lebensfreude und Geselligkeit zu vermitteln"[425]. Um das "Altern als natürliche Lebensstufe" anzunehmen, sollte in den ATS/ABS Altwerden und Altsein "als sinnvoll und lebenswert erfahren werden". Der alte Mensch sollte durch die Begegnung mit anderen Menschen befähigt werden, "sich selber und seine Umwelt besser zu verstehen"[426]. Hierzu galt es ausgewählte Beschäftigungs- und Bildungsmaßnahmen anzubieten, durch die "der alte Mensch eigene Fähigkeiten neu entdeckt bzw. weiterentwickelt". Die Angebote sollten in besonderer Weise geeignet sein, "das Selbstwertgefühl und die Eigenverantwortlichkeit der alten Menschen zu stärken und ihre Selbständigkeit zu erhalten"[427].

Begegnungsstätte Hassels

Der Caritasverband für die Stadt Düsseldorf eröffnete Mitte der siebziger Jahre in Hassels seine erste Altentagesstätte in eigener Trägerschaft. In Räumen des Gemeindezentrums Am Schönenkamp 146, die dem Verband von der Pfarrgemeinde St. Antonius zur Verfügung gestellt wurden, nahm am 6. September 1976 eine examinierte Altenpflegerin ihren Dienst mit dem Ziel auf, "älteren Menschen ohne Rücksicht auf deren Zugehörigkeit zu einer Konfession oder politischen Partei" Gemeinde und Stadtteil bezogene Begegnungen zu bieten[428]. Letzteres war in Hassels eine dringende Notwendigkeit seit Fertigstellung eines großen, anonymen Neubaugebietes, das in den Jahren 1970/75 ohne Anbindung an den alten "Dorfkern" und zwei Wohnsiedlungen (Demag - Siedlung von 1950, KAB - Siedlung von 1960) errichtet worden war[429].

Das erste Organisationskonzept der Einrichtung, der ein Beratungszimmer, ein Gemeinschaftsraum, zwei Gruppenräume und eine Teeküche zur Verfügung stand, war auf fünf Arbeitsfelder ausgerichtet: 1. Pflegerische Tätigkeit mit Gesundheitsvorsorge (Blut-

---

[423] Vgl. Hans - Joachim Stenger, Gerontagogische Arbeit mit Senioren. Erziehungswissenschaftliche Implikationen der Gerontologie, dargestellt am Beispiel der Mainzer Altentagesstätten, Diss. Mainz 1977, 195 ff.
[424] Vgl. Überlegungen für die Arbeit in Altentagesstätten/Altenbegegnungsstätten, Freiburg 1983, 5.
[425] Überlegungen für die Arbeit in Altentagesstätten/Altenbegegnungsstätten, Freiburg 1983, 5.
[426] Überlegungen für die Arbeit in Altentagesstätten/Altenbegegnungsstätten, Freiburg 1983, 6.
[427] Überlegungen für die Arbeit in Altentagesstätten/Altenbegegnungsstätten, Freiburg 1983, 6.
[428] Vgl. CVD Vorstandsprotokolle, 25.04.1977; NN, Altentagesstätte St. Antonius - Hassels, in: 75 Jahre Caritasverband in Düsseldorf, Düsseldorf 1979, o. S. (62 - 63, 62); NN, Zehn Jahre Altentagesstätte Hassels. Kontakte als Ziel, in: Kirchenzeitung für das Erzbistum Köln Jg. 41 Nr. 38 (19.09.1986), 25; BT 11.09.1996.
[429] Vgl. CVD 245, August 1985.

2.2. Begegnungsstätte Hassels

druckmessung, Gewichtskontrolle, Fußpflege, Ernährungsempfehlung), vorbeugender Aufklärung (Individualhygiene, Fettsucht) und Krankheitsfürsorge (Diabetikerberatung, Aktivierungshilfen); 2. Sozial - erzieherische Tätigkeit durch Zusammenarbeit mit anderen Gruppen (Altenheimen, Jugendgruppen); 3. Beschäftigungstherapien (Altersgerechte Gymnastik, literarische Angebote, handwerkliche Betätigung, heimatkundliche Vorträge, Sprachkurse, Reiseberichte); 4. Beratende Tätigkeit (Sozialberatung, Rechtsberatung, Einkaufsberatung, Beratung in Behördensachen); 5. Unterhaltung (Gemeinsame Unternehmungen, Bunte Nachmittage, Feiergestaltung)[430].

Entsprechend ihrer Zielsetzung bot die Altentagesstätte in Hassels 1979 folgendes Wochenprogramm an: Montag: Tanz, Kochklub, Dienstag: Schwimmen und Wassergymnastik, Herrenskat mit Frühschoppen, Singkreis, Gedächtnistraining, Mittwoch: Malen, Basteln, Töpfern, Treff mit Vortrag, Filmvorführung, Wanderung oder Kegeln, Donnerstag: Gymnastik, Englischklub, Freitag: Herrenskat mit Frühschoppen, Haus- und Krankenbesuche[431]. In den siebziger Jahren wurde die Einrichtung bei einer Wohnbevölkerung von 1200 Bürgern über 65 Jahren wöchentlich von 120 bis 150 Personen aufgesucht[432].

In der Methodik dominierte Ende der siebziger Jahre in der Altentagesstätte das Prinzip der Gruppenarbeit als "Hilfe zur Aktivierung" der Besucher und Besucherinnen. "Die Zusammenarbeit in überschaubaren, kleinen Gruppen von ca. 8 - 15 Personen", so ein Arbeitsbericht, "wird in dieser Altentagesstätte gepflegt und eine große Bedeutung beigemessen. So kommen zwischenmenschliche Beziehungen auf. Jeder erhält seine Rolle oder Aufgabe und gewinnt an Sicherheit. In einer Kleingruppe hat jeder einzelne die Möglichkeit, aktiv zu werden. Das erfreuliche Resultat besteht darin, daß nicht nur Sorgen, Probleme, Erfahrungen, Erinnerungen ausgetauscht werden, Vorschläge für die gesamte Altentagesstätte gemacht werden, sich zahlreiche Personen mitverantwortlich fühlen, sondern auch besonders darin, daß die sozialen Kontakte auch außerhalb der Altentagesstätte bestehen. Bestimmte Angebote/Programmpunkte (Festgestaltung/Feste, Gymnastik, Vorträge, Museumsbesuche usw.) werden in größeren Gruppen oder auch gemeinsam erlebt, so daß jede Kleingruppe in der 'Einrichtung Altentagesstätte' integriert ist"[433].

Seit der Anstellung einer Sozialpädagogin im Jahre 1980 lag der Programmschwerpunkt der Hasseler Altentagesstätte im pädagogischen Bereich[434]. Das Gruppen- und Kursangebot wurde kontinuierlich erweitert und bildete Mitte der neunziger Jahre ein Netzwerk aktiver Alltagsgestaltung, zu dessen Knotenpunkten folgende feste Bestandteile gehörten: Hobby-, Lern-, Bewegungs- und Geselligkeitsgruppen, Gesprächskreise und Bildungsveranstaltungen, Feste und Ausflüge, Frühstückstreffs und gemeinsamer Mittagstisch, Offener Treff und Erzählcafé, Gesundheitsdienste, Soziale Sprechstunde,

---

[430] Vgl. CVD 245, 1976.
[431] Vgl. NN, Altentagesstätte St. Antonius - Hassels, in: 75 Jahre Caritasverband in Düsseldorf, Düsseldorf 1979, o. S. (62 - 63, 62 f).
[432] Vgl. CVD 245, 1978 und August 1985.
[433] NN, Altentagesstätte St. Antonius - Hassels, in: 75 Jahre Caritasverband in Düsseldorf, Düsseldorf 1979, o. S. (62 - 63, 63).
[434] Vgl. CVD 245, 04.02.1986.

Haus- und Krankenhausbesuche, Haushaltshilfen[435]. Bestimmt wurde die inhaltliche Arbeit von den drei Grundelementen Einzelfallhilfe (Beratung in Behördenangelegenheiten, persönliche Gespräche etc.), Gruppenangebote (Bewegungsgruppen, Sprachkurse, Singkreis, Skat- und Rommégruppen, Gedächtnistraining etc.) und Gemeinwesenarbeit (Zusammenarbeit mit der Pfarrei St. Antonius, dem Altenheim St. Antonius Am Schönenkamp 149, Öffentlichen Institutionen und Diensten in Hassels)[436]. Die Begegnungsstätte wollte ein Ort der Kommunikation und der Geselligkeit sein, aber auch Raum bieten, sich mit Fragen des Älterwerdens, des Glaubens und der eigenen Sinnfindung auseinanderzusetzen. Gemeinsam mit den Besuchern wurde versucht, Einfluss auf die physische und psychische Gesundheit des Einzelnen zu nehmen[437]. Im Jahre 1994 wurde die Begegnungsstätte, die älteren Personen unabhängig von Konfession, sozialem Status, Bildungsniveau und Nationalität offen stand[438], wöchentlich von 150 bis 200 Menschen besucht. Über 50 % der Gäste waren unter 65 Jahren alt; der jüngste Besucher war 40, der älteste Besucher 90 Jahre[439]. Die Teilnehmer an den Veranstaltungen waren zu etwa 2/3 katholisch und zu etwa 90 % weiblich. Der Anteil der über 65jährigen Einwohner in Hassels betrug zu dieser Zeit mit 3300 Bürgern 19 Prozent[440].

Begegnungsstätte Flingern

Im Frühjahr 1987 übernahm der Caritasverband für die Stadt Düsseldorf in Flingern eine weitere Begegnungsstätte in seine Trägerschaft, die von der Kirchengemeinde Liebfrauen bereits zwei Jahre zuvor im Pfarrzentrum Lindenstr. 176/178 ins Leben gerufen worden war[441]. Der Altenanteil im nördlichen Flingern war Mitte der achtziger Jahre mit 5000 Bürgern von 60 Jahren und älter überdurchschnittlich hoch[442]. Bis zur Anstellung einer hauptamtlichen Sozialarbeiterin am 15. Februar 1985, die eine Altentagesstätte in der Gemeinde aufbauen sollte[443], hatte der Altenklub von Liebfrauen seit dem 1. Mai 1965 an fünf Nachmittagen der Woche einen von ehrenamtlichen Kräften organisierten

---

[435] Vgl. CVD 245, Februar 2000; 90 Jahre Caritasverband für die Stadt Düsseldorf. Gemeindecaritas, häusliche Hilfen, soziale Dienste und Beratung, ambulante Pflegestationen, Wohnheim und Altenhilfeeinrichtungen, Düsseldorf 1994, 6.
[436] Vgl. 90 Jahre Caritasverband für die Stadt Düsseldorf. Gemeindecaritas, häusliche Hilfen, soziale Dienste und Beratung, ambulante Pflegestationen, Wohnheim und Altenhilfeeinrichtungen, Düsseldorf 1994, 6.
[437] Vgl. CVD 245, März 2003.
[438] Vgl. CVD 245, März 2003.
[439] Vgl. 90 Jahre Caritasverband für die Stadt Düsseldorf. Gemeindecaritas, häusliche Hilfen, soziale Dienste und Beratung, ambulante Pflegestationen, Wohnheim und Altenhilfeeinrichtungen, Düsseldorf 1994, 6.
[440] Vgl. 90 Jahre Caritasverband für die Stadt Düsseldorf. Gemeindecaritas, häusliche Hilfen, soziale Dienste und Beratung, ambulante Pflegestationen, Wohnheim und Altenhilfeeinrichtungen, Düsseldorf 1994, 6.
[441] Vgl. CVD 286, November 1985.
[442] Vgl. CVD 286, November 1985.
[443] Vgl. CVD 286, November 1985.

2.2. Begegnungsstätte Flingern

Seniorentreffpunkt mit Töpfer- und Kegelgruppe betrieben[444]. Wenige Wochen nach Arbeitsbeginn konnte die neue Gemeindemitarbeiterin im April 1985 in den Räumen des Pfarrzentrums eine Altenbegegnungsstätte eröffnen, die zunächst aus einem Klub-, Gesprächs- und Büroraum bestand[445]. Zu den ersten Angeboten der neuen Sozialeinrichtung gehörten Mittagstisch, Gymnastikkurs, Kegelgruppe, "Herrentreff", diverse Bastel-, Spiel- und Literaturtreffs sowie Ausflugsfahrten und Feste[446]. Über die "Auswirkungen der Programmgestaltung auf die Besucher" hieß es 1985 im ersten Rechenschaftsbericht der Altentagesstätte Liebfrauen: "Die Erweiterung der Angebote - orientierend an den Bedürfnissen und Wünschen der Besucher - hat dazu beigetragen, daß einige Besucher offensichtlich selbstbewußter, froher und aktiver geworden sind. Eine weitere Auswirkung ist die Tatsache, daß über das erweiterte Angebot neue Besucher für die Altentagesstätte gewonnen werden konnten. Inzwischen nehmen 15 Besucherinnen (die älteste ist 88 Jahre, die jüngste 52 Jahre) wöchentlich an der Seniorengymnastik teil. Aus der Gymnastikgruppe wurde eine lebendige Gruppe, die inzwischen den Wunsch nach mehr sportlichen Veranstaltungen äußerte. Viele Frauen, die an der Gymnastik teilnehmen, sind auch Mitglied der Kegel- und Bastelgruppe. Positiv aufgenommen wurde auch das Angebot des stationären Mittagstisches in der Altentagesstätte. Im Durchschnitt wurden täglich 5 - 10 Essen serviert; insgesamt wurden von April bis Dezember 1985 642 Menüs verzehrt. Neben einigen Stammessern nehmen oft Männer sporadisch am Essen teil, deren Frauen erkrankt sind. Insgesamt gesehen läßt sich feststellen, daß die Besucher gerne und zunehmend regelmäßiger in die Altentagesstätte kommen. Sie scheinen sich in 'ihrer' Altentagesstätte wohlzufühlen: über entsprechende Mundpropaganda haben neue Besucher den Weg in die Altentagesstätte gefunden. Somit besteht derzeit die große Chance, daß sich diese Einrichtung weiterhin zum lebendigen Treffpunkt der älteren (und jüngeren) Generation der Gemeinde entwickelt"[447].

Am 12. Juni 1987 wurde die Altenbegegnungsstätte der Pfarrgemeinde Liebfrauen, die sich seit dem 8. April 1987 in Trägerschaft des Caritasverbandes für die Stadt Düsseldorf befand[448], in den Wohnpark Flingern (Flurstr. 57 c) verlegt und von Pfarrer Norbert Kipp eingesegnet[449]. Zur Durchführung des regelmäßigen Wochenprogramms standen der Einrichtung in der Flurstraße ein Saal, ein Klubraum, ein Gruppenraum und ein Büro zur Verfügung, die alle im Erdgeschoss lagen[450]. Von besonderem Vorteil war,

---

[444] Vgl. CVD 135, 13.01.1987.
[445] Vgl. CVD 286, November 1985.
[446] Vgl. CVD 286, November 1985; RP 27.10.1986; Christel Golm, Niemals der eine ohne den anderen. Treffpunkt der Generationen in St. Liebfrauen, in: Kirchenzeitung für das Erzbistum Köln Jg. 41 Nr. 45 (07.11.1986), 24.
[447] CVD 286, Februar 1986.
[448] Vgl. CVD 286, Januar 1988.
[449] Vgl. CVD Vorstandsprotokolle, 08.05.1987; WZ 13.06.1987; RP 16.06.1987.
[450] Vgl. Andreas Flock, Offene Altenarbeit eines Freien Wohlfahrtsverbandes - Die Altentagesstätte Liebfrauen des Stadtcaritasverbandes Düsseldorf, Examensarbeit Düsseldorf 1990, 7.

dass die Caritaspflegestation Ost in unmittelbarer Nachbarschaft des neuen Standortes lag und mit der Begegnungsstätte eine enge Zusammenarbeit unterhielt[451].

In den neunziger Jahren nahmen 150 bis 230 ältere Menschen im Alter von 50 bis 80 Jahren an den Veranstaltungen der Begegnungsstätte Liebfrauen teil; rund 83 % dieser älteren Menschen waren Frauen[452]. Nach einer Selbstdarstellung aus dem Jahre 1994 gliederten sich die Interessensangebote in Bildungs-, Kreativ- und Bewegungsgruppen. So gab es einen Literaturkreis, Englisch- und Französischkurse, Gedächtnistraining, eine Bastelrunde, einen Malkreis und Gymnastikgruppen. Ergänzt wurden diese Angebote durch Spielenachmittage, Preisskatturniere, Frühstückstreffs und eine monatlich stattfindende Bibelgesprächsrunde. Besonderen Anklang fanden Feste und Feiern sowie Ausflüge und Besichtigungen[453]. Die Cafeteria war wochentags täglich geöffnet und vielen Besuchern ein "zweites Zuhause" geworden. Das Serviceangebot der Tagesstätte umfasste Beratung in Fragen der Krankenfürsorge wie auch Einzelfallhilfen beim Ausfüllen von Formularen oder Haus- und Krankenhausbesuchen. Kontakte zu den Bürgervereinen, zu anderen Begegnungsstätten und öffentlichen Einrichtungen in Flingern ergaben sich aus dem Anspruch, die Arbeit der Begegnungsstätte Gemeinde und Stadtteil orientiert zu gestalten[454].

Begegnungsstätte Unterrath

Ähnlich wie in Flingern war auch in Unterrath auf Initiative der Pfarrgemeinde eine feste Begegnungseinrichtung für ältere Menschen ins Leben gerufen worden. Angeregt durch ein Informationsrundschreiben des Caritasverbandes Düsseldorf über die Ausschüttung städtischer Förderungsmittel für den Bau von Altentagesstätten fasste im September 1970 der Kirchenvorstand den Beschluss, für den Pfarrbezirk Maria unter dem Kreuz einen Seniorentreffpunkt einzurichten[455]. Am 30. September 1970 teilte Pfarrer Karlklemens Brabeck der Geschäftsstelle des Caritasverbandes mit: "Als Beauftragter möchte ich auf die hier vorliegende günstige Ausgangssituation hinweisen: Mit dem restaurierten und erweiterten Pfarrheim (Kürtenstr. 160) besitzen wir bereits den Raum für die Altentagesstätte. Wir haben ein Zimmer von ca. 80 qm hauptsächlich für unsere alten Leute zur Verfügung gestellt. Außerdem ist Garderobe, Toilette und Küche (wie die

---

[451] Vgl. NN, Altentagesstätte Liebfrauen eröffnete die neuen Räume, in: Kirchenzeitung für das Erzbistum Köln Jg. 42 Nr. 27 (03.07.1987), 25.
[452] Vgl. 90 Jahre Caritasverband für die Stadt Düsseldorf. Gemeindecaritas, häusliche Hilfen, soziale Dienste und Beratung, ambulante Pflegestationen, Wohnheim und Altenhilfeeinrichtungen, Düsseldorf 1994, 7.
[453] Vgl. 90 Jahre Caritasverband für die Stadt Düsseldorf. Gemeindecaritas, häusliche Hilfen, soziale Dienste und Beratung, ambulante Pflegestationen, Wohnheim und Altenhilfeeinrichtungen, Düsseldorf 1994, 7.
[454] Vgl. 90 Jahre Caritasverband für die Stadt Düsseldorf. Gemeindecaritas, häusliche Hilfen, soziale Dienste und Beratung, ambulante Pflegestationen, Wohnheim und Altenhilfeeinrichtungen, Düsseldorf 1994, 7.
[455] Vgl. CVD 287, 24.08.1970 und 30.09.1970.

2.2. Begegnungsstätte Unterrath

Altenstube selbst ebenerdig) vorhanden. Um die Aufteilung in die geforderten zwei Räume zu erreichen, ist eine Faltwand erforderlich. Die dazu erforderliche Schiene ist bereits in die Decke eingelassen. Ferner halten wir den Einbau eines Wandschrankes für erforderlich. ... Den geforderten 3. Raum glauben wir in der mit dem Pfarrheim verbundenen Bücherei anbieten zu können. Das gilt erst recht, wenn die Bücherei in den geplanten, vom Erzbischöflichen Generalvikariat noch nicht genehmigten Neubau (Am Klosterhof 8) verlegt werden kann. Unser Antrag auf Einrichtung einer Altentagesstätte ist also gekoppelt mit der Bitte um Finanzierung der Schrank- und Faltwand. ... Mit dem Antrag verbinden muß ich die Frage: Wie denken sich Stadtverband und Sozialamt der Stadt die Finanzierung der laufenden Kosten, insbesondere für die Betreuung (Personalkosten) ? Ich bitte, unseren Antrag ... zu prüfen und an die Stadt Düsseldorf weiter zu geben"[456]. Nach eingehender Prüfung bewilligte die städtische Sozialverwaltung im Laufe des Jahres 1971 die beantragten Förderungsmittel, so dass im September 1972 in Unterrath unter Leitung einer pensionierten Krankenschwester die erste Altentagesstätte eröffnet werden konnte[457].

Mitte der siebziger Jahre war die Einrichtung an der Kürtenstraße wochentags von 10 bis 18 Uhr geöffnet und wurde regelmäßig von 90 älteren Menschen besucht[458]. In einem Visitationsbericht vom 27. Januar 1975 heißt es über die Arbeit der Unterrather Altentagesstätte: "Herr Pastor Brabeck hat offenbar ein großes Interesse an dieser Einrichtung. Durch sie hat er ständige persönliche Verbindung mit einem großen Teil der alten Leute seiner Pfarrei. Die Leiterin, Frau Huch, ist staatlich examinierte Krankenschwester und Jugendleiterin (65 Jahre). Sie legt auf die gesundheitliche Betreuung der Leute besonderen Wert. Sie holt Damen oder Herren, die nicht mehr gut laufen können selbst von Hause ab, versorgt sie in der Ambulanz und anschließend beteiligen sie sich in der Runde der Tagesstättenbesucher. Eine Gruppe der Besucher nimmt an der Gymnastik teil. Nach Abschluß des Gymnastikkurses beteiligen sich die durch Gymnastik vorgetrimmten Leute am regelmäßigen Turnen. Mit einer Gruppe von 9 bis 14 Leuten geht Frau Huch alle 14 Tage zum Schwimmen. ... Die Leute sind zur Gestaltung ihrer Feste stets selbst aktiviert. Sie tragen selbständig zum Karnevalsprogramm bei und sind interessiert an der Fertigung von Hand- und Bastelarbeiten, u.a. für Tisch- und Raumschmuck. 50 Personen reisen am 8. April für 14 Tage in den Allgäu. ... Die Räume der Altentagesstätte sind groß genug, um die sehr beliebten Polonaisen zu veranstalten. Am 1. Mai wird ein Maibaum errichtet. Der Herr Pastor hält Film- und Dia - Vorträge. Mitunter sind die älteren Leute aktiver als die Jugend"[459].

Am 15. Februar 1985 wurde die Leitung der Altentagesstätte Kürtenstraße in die Hände einer hauptamtlichen Sozialarbeiterin gelegt, die als ABM - Kraft beim Caritasverband Düsseldorf angestellt war[460]. Das bisherige Angebot von Wassergymnastik,

---

[456] CVD 287, 30.09.1970.
[457] Vgl. CVD 135, Januar 1991; CVD 287, 30.10.1970, 22.01.1971, 22.09.1971, 27.09.1971 und 27.01.1975; NN, Senioren - Altentagesstätte St. Maria unter dem Kreuz eröffnet, in: Kirchenzeitung für das Erzbistum Köln Jg. 44 Nr. 44 (03.11.1989), 25.
[458] Vgl. CVD 287, 27.01.1975.
[459] CVD 287, 27.01.1975.
[460] Vgl. CVD 287, Januar 1986.

Fußpflege, Mittagstisch wurde in der Folgezeit um Stuhlgymnastik, Seniorentanz, Basteln, Spielnachmittage, Sozialberatung, Hausbesuche und einer Vielzahl von Sonderveranstaltungen wie Ausflügen, Konzerten und Vorträgen erweitert[461].

Seit dem 1. Februar 1989 befand sich die Altentagesstätte St. Maria unter dem Kreuz in Trägerschaft des Caritasverbandes für die Stadt Düsseldorf[462]. Mit dem Wechsel konnte noch im gleichen Jahr das Raumangebot für die Begegnungsstätte erheblich verbessert werden. Am 22. September 1989 wurde die Einrichtung in Räume des Hauses Kürtenstr. 160a verlegt, wo das Programmangebot dank eines nun ständig zur Verfügung stehenden Tagesstättenraums erheblich ausgebaut werden konnte[463]. Mit einem breit gefächerten und differenzierten Angebot, das sowohl den Erkenntnissen der Alterswissenschaft Rechnung trug, ebenso aber auch die sich abzeichnenden Probleme des Strukturwandels des Alters berücksichtigte, leistete die Begegnungsstätte fortan einen wichtigen Beitrag, die Selbständigkeit und eigenständige Lebensführung alter Menschen, ihre Entscheidungs- und Handlungsfähigkeit zu fördern und zu erhalten[464]. Mitte der neunziger Jahre gliederte sich das Alter der überwiegend weiblichen, allein stehenden Besucher in der Begegnungsstätte Unterrath wie folgt: 80 % waren zwischen 75 und 85 Jahren, 15 % zwischen 65 und 75 Jahren, 5 % zwischen 50 und 65 Jahren[465].

Begegnungsstätte Wersten

Anfang der neunziger Jahre errichtete der Caritasverband für die Stadt Düsseldorf in Zusammenarbeit mit den Pfarrgemeinden Maria Rosenkranz und Maria in den Benden in Wersten eine Begegnungsmöglichkeit für Menschen in der "zweiten Lebenshälfte"[466]. Nach längeren Vorplanungen öffnete am 11. April 1991 im Hause Liebfrauenstr. 30 die Tagesstätte in den Räumen einer Buchhandlung mit einem "Schnuppernachmittag" ihre Pforten[467]. "Im Unterschied zu den meisten anderen Begegnungs- bzw. Altentagesstätten" so eine Presseaussendung des Caritasverbandes vom 8. Oktober 1991, "ist hier keine hauptamtliche Leitung tätig. Vielmehr wird die Einrichtung von einem Team von eh-

---

[461] Vgl. CVD 287, Januar 1986 und Februar 1988; WZ 13.03.1986.

[462] Vgl. CVD Vorstandsprotokolle, 16.01.1989, 13.03.1989 und 19.05.1989; CVD 287, 13.03.1990.

[463] Vgl. CVD 287, 13.03.1990; WZ 16.03.1989; NN, Senioren - Altentagesstätte St. Maria unter dem Kreuz eröffnet, in: Kirchenzeitung für das Erzbistum Köln Jg. 44 Nr. 44 (03.11.1989), 25; RP 12.12.1989; WZ 14.12.1989.

[464] Vgl. 90 Jahre Caritasverband für die Stadt Düsseldorf. Gemeindecaritas, häusliche Hilfen, soziale Dienste und Beratung, ambulante Pflegestationen, Wohnheim und Altenhilfeeinrichtungen, Düsseldorf 1994, 7.

[465] Vgl. 90 Jahre Caritasverband für die Stadt Düsseldorf. Gemeindecaritas, häusliche Hilfen, soziale Dienste und Beratung, ambulante Pflegestationen, Wohnheim und Altenhilfeeinrichtungen, Düsseldorf 1994, 8.

[466] Vgl. Stephanie Außem, Nachbarschaftsladen Düsseldorf - Wersten, in: Caritas, Gemeinde, Nachbarschaft. Beiträge und Projektbeschreibungen zur Lebensraumorientierung der Gemeindecaritas, Köln 1999, 45 - 49, 46.

[467] Vgl. CVD Vorstandsprotokolle, 05.11.1990 und 06.05.1991; RP 26.04.1991; RP 28.08.1996.

2.2. Begegnungsstätte Wersten

renamtlichen Mitarbeiterinnen und Mitarbeitern geführt. Dies schließt die Organisation des täglichen Mittagstisches und des Offenen Treffs ein sowie die Durchführung der Angebote in unterschiedlichen Bereichen"[468]. Während der Caritasverband den organisatorischen und finanziellen Rahmen sicherte, leisteten ehrenamtliche Kräfte den Großteil der Arbeit vor Ort. Koordiniert und begleitet wurde die ehrenamtliche Arbeit von zunächst 10, dann 18 Helfern, die nicht selten ihren Beruf oder ihr Hobby miteinbrachten, durch eine hauptamtliche Mitarbeiterin des Caritasverbandes[469]. Nach der offiziellen Einweihung am 31. Oktober 1991 war die mit einem Gruppenraum und einer Küche ausgestattete der Begegnungsstätte neben dem täglichen Mittagstisch zunächst an drei Tagen der Woche geöffnet[470]. Zu den ersten Programmangeboten für etwa 150 wöchentliche Besucher gehörten: Verzällcheskreis, Gymnastik, Treff für soziale Fragen, Kochgruppe, Gesprächskreis "Laßt uns miteinander reden", Aquarellmalgruppe, Kreatives Tun, Bibelgesprächskreis, Rentenberatung, Häuslicher Krankenpflegekurs, Sprachgruppen[471]. Im Herbst 1993 wurde der Treffpunkt für Senioren um das Ladenlokal eines früheren Friseursalons erweitert, wo im Mai 1994 ein "Erzählcafé" und ein weiterer Werkraum für Holzarbeiten und Buchbinderei eingerichtet werden konnte[472]. Zu dieser Zeit umfaßte das ehrenamtliche Mitarbeiterteam 22 Personen zwischen 46 und 71 Jahren. Hinzu kam ein als Subsidiar tätiger Geistlicher und eine in der Altenarbeit der Gemeinden eingesetzte Ordensschwester der Vinzentinerinnen[473]. "Die Hälfte der ehrenamtlichen MitarbeiterInnen", so ein Tätigkeitsbericht aus dem Jahre 1994, "ist im hauswirtschaftlichen Bereich tätig - sie organisieren den täglichen Mittagstisch. 20 ältere Menschen mit einem Durchschnittsalter von 82 Jahren schätzen das gemeinsame Essen mit anschließendem Kaffee sehr. Die andere Hälfte der ehrenamtlichen Mitarbeiter führt verschiedene Interessenangebote durch. Die Altersspanne der BesucherInnen liegt hier zwischen 38 und 90 Jahren. Die Interessenangebote umfassen Gymnastik mit Musik, eine Kochgruppe, Gesprächskreise und eine Malgruppe. Unter dem Motto 'Malen kann jeder' wurde die Aquarellmalgruppe 1991 aktiv. Inzwischen fanden schon mehrere Ausstellungen statt. Weitere Angebote sind ein kreativer Nachmittag mit Handarbeit und Seidenmalerei, den die Ordensschwester durchführt und ein Bibelgesprächskreis, den der Subsidiar leitet. ... Die 'Beratung in Rentenfragen' durch eine ehrenamtliche Mitarbeiterin und die 'Soziale Sprechstunde' durch hauptamtliche MitarbeiterInnen des Ca-

---

[468] CVD 135, 08.10.1991.
[469] Vgl. BT 28.08.1996.
[470] Vgl. CVD 135, 31.10.1991.
[471] Vgl. BT 26.04.1991; BT 26.09.1991; BT 15.12.1993.
[472] Vgl. CVD Vorstandsprotokolle, 18.04.1994; BT 15.12.1993; NN, Caritasverband: Noch mehr Begegnung, in: Kirchenzeitung für das Erzbistum Köln Jg. 49 Nr. 22 (03.06.1994), 22; BT 25.12.1994; BT 28.08.1996.
[473] Vgl. 90 Jahre Caritasverband für die Stadt Düsseldorf. Gemeindecaritas, häusliche Hilfen, soziale Dienste und Beratung, ambulante Pflegestationen, Wohnheim und Altenhilfeeinrichtungen, Düsseldorf 1994, 9.

ritasverbandes runden das Programm der Begegnungsstätte, die wöchentlich von 150 bis 180 Personen besucht wird, ab"[474].

Begegnungsstätte Oberbilk

Mit der Begegnungsstätte Kölner Str. 265 eröffnete die Caritas für Düsseldorf am 31. August 2001 ihre fünfte Begegnungsstätte für ältere Menschen im Düsseldorfer Stadtgebiet[475]. Die Einrichtung löste eine am 5. Juli 1983 im Hause Eisenstr. 75 von der Stadt Düsseldorf eingerichtete und unterhaltene Tagesstätte ab[476], die am 28. Juni 2001 ihre Tätigkeit eingestellt hatte[477]. Da sich die Stadt seit längerer Zeit "aus dem operativen Geschäft" der Begegnungsstätten zurückzog, hatte sich die Caritas für Düsseldorf auf Bitten der Stadt sofort zur Übernahme und Fortführung der Einrichtung bereit erklärt[478]. Von den 34 Tagesstätten in Düsseldorf waren nun 33 in der Trägerschaft von Wohlfahrtsverbänden[479]. Mit dem neuen Lokal an der Kölner Straße war ein kleineres Objekt als in der Eisenstraße vom Caritasverband angemietet worden, doch lag die neue Begegnungsstätte wesentlich zentraler und konnte bei größeren Veranstaltungen auf Räume der benachbarten Pfarrei St. Joseph ausweichen[480]. Von der Eröffnung der Oberbilker Begegnungsstätte durch Caritasdirektor Johannes Böcker und der Einsegnung durch Stadtdechant Rolf Steinhäuser berichtete die Rheinische Post am 4. September 2001: "Mit fünfzig bis achtzig Besuchern täglich rechnet die Caritas, die hier ab 10 Uhr morgens einfach vorbeikommen können, um Bekannte zu treffen oder einen Kaffee zu trinken. Täglich gibt es außerdem einen Mittagstisch, zu dem man sich am Vortag anmelden muß. Vormittags kann man sich zur medizinischen Fußpflege anmelden, nachmittags treffen sich die Skatspieler, und auch eine Gruppe türkischer Kartenspieler hat ihren Treffpunkt hierher verlegt. Wöchentlich werden Schach, Thai - chi - Gymnastik, Handarbeiten und Gedächtnistraining angeboten"[481].

Mahlzeitendienst

Im Rahmen der ambulanten Altenbetreuung erfüllte der Mahlzeitendienst "Essen auf Rädern" seit Mitte der sechziger Jahre beim Caritasverband Düsseldorf eine wichtige Aufgabe. Um alten und behinderten Menschen, die sich selber nicht mehr versorgen

---

[474] 90 Jahre Caritasverband für die Stadt Düsseldorf. Gemeindecaritas, häusliche Hilfen, soziale Dienste und Beratung, ambulante Pflegestationen, Wohnheim und Altenhilfeeinrichtungen, Düsseldorf 1994, 9.
[475] Vgl. CVD 617, 31.08.2001; NN, Senioreneinrichtung wurde von der Stadt übernommen. Caritas eröffnete fünfte Begegnungsstätte, in: Die Zeitung. Caritas für Düsseldorf Jg. 2 Nr. 3 (Herbst 2001), 2.
[476] Vgl. CVD 135, 13.01.1987.
[477] Vgl. RP 10.07.2001.
[478] Vgl. CVD 617, 31.08.2001; RP 10.07.2001.
[479] Vgl. RP 10.07.2001.
[480] Vgl. RP 10.07.2001.
[481] RP 04.09.2001. Vgl. auch WZ 01.09.2001.

2.2. Mahlzeitendienst

konnten, regelmäßig eine warme Mahlzeit zu bieten, richteten die Wohlfahrtsverbände der Stadt Düsseldorf im Jahre 1964 einen flächendeckenden Mahlzeitendienst ein. Aus organisatorischen Gründen erfolgte eine Aufteilung des Stadtgebietes in fünf Bezirke, die jeweils von einem Wohlfahrtsverband abgedeckt wurden[482]. Seit April 1964 versorgte der Caritasverband Düsseldorf das Gebiet Stadtmitte, Düsseltal, Grafenberg, Flingern, Bilk, Friedrichstadt, Hamm, Volmerswerth und Flehe[483]. Im gleichen Jahr nahm der Paritätische Wohlfahrtsverband die Betreuung der nördlichen Stadtteile von Derendorf bis Wittlaer und das Rote Kreuz die Versorgung der südlichen Bezirke von Reisholz bis Hellerhof auf. Ebenfalls seit 1964 fuhr die Diakonie mit ihren Fahrzeugen das Essen im linksrheinischen Düsseldorf wie auch in Gerresheim und Hubbelrath aus. Im Juni 1964 übernahm die Arbeiterwohlfahrt das Auslieferungsgebiet Oberbilk, Lierenfeld, Eller, Vennhausen und Unterbach[484].

"Wer täglich sein Essen bekommt", so eine Selbstdarstellung des Caritas - Mahlzeitendienstes aus dem Jahre 1994, "fühlt sich versorgt: eine wichtige Voraussetzung für ein zufriedenes Leben. Vielen älteren Menschen wird es durch die Versorgung mit 'Essen auf Rädern' erst möglich, weiter in ihrer vertrauten Umgebung leben zu können"[485]. Heute werden im gesamten Stadtgebiet nicht nur wochentags, sondern auch am Wochenende und an Feiertagen warme Mahlzeiten angeliefert[486]. Das Speisenangebot, das bei Einrichtung des Dienstes aus nur zwei Kostformen bestand (Vollkost und Diätkost), wurde entsprechend den gestiegenen Ansprüchen auf sieben verschiedene Menüformen erweitert[487]. Über den Arbeitsalltag und die Rolle der Zusteller, meist Zivildienstleistende, hieß es 1994: "Vier Wagen, besetzt mit je 2 Personen, versehen mit 50 - 60 Essensportionen und Dessert, verlassen jeden Morgen gegen 9.45 Uhr den Hof des Caritasverbandes. Für den Fahrer ist es nicht immer leicht, sich durch den dichten Verkehr und die zugeparkten Straßen zu manövrieren. Die Überbringer der Speisen erfüllen außer der einfachen Essensübergabe eine wichtige soziale Aufgabe. Sie sind für viele ältere Menschen der einzige ständige Kontakt zur Außenwelt. Sie müssen offene Augen und Ohren für viele kleine und größere Probleme haben. Wenn auch für größere Hilfeleistungen die Zeit fehlt, so gibt es doch eine Vielzahl von kleineren Dienstleistungen, die wie selbstverständlich im Service inbegriffen sind: zum Beispiel das Öffnen der Essenspackungen, ... das Mithochbringen der Post und Zeitungen, Mitnehmen der vollen Müll-

---

[482] Vgl. Hans Clande, Essen auf Rädern. Mobile Hilfe, in: Düsseldorfer Rheinbote Jg. 7 Nr. 34 (20.08.1986), 1.

[483] Vgl. NN, Mahlzeitendienst Essen auf Rädern, in: 75 Jahre Caritasverband in Düsseldorf, Düsseldorf 1979, o. S. (50).

[484] Vgl. Dietmar Niemann, Die Düsseldorfer Arbeiterwohlfahrt von ihren Ursprüngen bis zur Gegenwart 1904 - 1980. Ein Beitrag zur Sozialgeschichte der Stadt Düsseldorf, Düsseldorf 1980, 66 und 142; Hans Clande, Essen auf Rädern. Mobile Hilfe, in: Düsseldorfer Rheinbote Jg. 7 Nr. 34 (20.08.1986), 1.

[485] 90 Jahre Caritasverband für die Stadt Düsseldorf. Gemeindecaritas, häusliche Hilfen, soziale Dienste und Beratung, ambulante Pflegestationen, Wohnheim und Altenhilfeeinrichtungen, Düsseldorf 1994, 23. Vgl. dazu Trude Johann, Mahlzeitendienst "Essen auf Rädern", in: Caritas. Zeitschrift für Caritasarbeit und Caritaswissenschaft Jg. 83 Nr. 2 (März 1982), 85 - 88, 85 ff.

[486] Vgl. Caritas für Düsseldorf. Kontakt, Düsseldorf 2001, 71.

[487] Vgl. Caritas für Düsseldorf. Kontakt, Düsseldorf 2001, 71.

tüten, Zubinden der Schuhe, Briefe vorlesen und vor allem das Zuhören und Trösten"[488]. Waren für den Düsseldorfer Caritasverband 1971 drei Fahrzeuge im Einsatz, die täglich 170 Essen auslieferten[489], so waren 2003 acht Autos unterwegs, die 220 Mahlzeiten auch am Wochenende ins Haus brachten.

Netzwerke

Bis in die achtziger Jahre hinein wurde Alter weitgehend mit Hilfsbedürftigkeit gleichgesetzt und galt als Belastungsphase im Leben[490]. Man übersah dabei, dass die Lebensphase Alter nicht selten mehr als zwanzig Jahre betrug. Die Verlängerung der letzten Lebensphase war gekennzeichnet von den Merkmalen der Entberuflichung (früher Berufsaustritt), der Feminisierung (hoher Frauenanteil), der Singularisierung (hoher Anteil Alleinlebender) und der Hochaltrigkeit (hoher Anteil über 80jähriger Menschen)[491]. Mit dem Ausscheiden aus dem Beruf begann für viele Senioren eine "freie Zeit", die sie durch familiäres Engagement, Weiterbildung, Reisen und Hobbys füllten[492]. Nur eine kleine Zahl der Senioren war auf ständige Pflege angewiesen; die meisten lebten in eigenen Wohnungen[493]. Die Fehleinschätzung des tatsächlichen Ausmaßes von Pflegebedürftigkeit wie auch tief verankerte normative Vorstellungen über das Altern und das Alter hatte dazu geführt, dass "Altenhilfe" stark vom Hilfsgedanken her geprägt war[494]. In Wirklichkeit waren Senioren in der Mehrzahl nicht leidend, passiv und zurückgezogen, sondern aktiv und teilnehmend. Erst zu Beginn der neunziger Jahre setzte sich langsam

---

[488] 90 Jahre Caritasverband für die Stadt Düsseldorf. Gemeindecaritas, häusliche Hilfen, soziale Dienste und Beratung, ambulante Pflegestationen, Wohnheim und Altenhilfeeinrichtungen, Düsseldorf 1994, 23 f.

[489] Vgl. NN, Caritasverband unentbehrlich. Umfangreiche Tätigkeit. Geschäftsführer Josef Mühlemeier erstattete Bericht, in: Kirchenzeitung für das Erzbistum Köln Jg. 26 Nr. 20 (14.05.1971), 28.

[490] Vgl. Älterwerden in Deutschland. Lexikon, Altenheimführer, Adressen. Das Nachschlagewerk für alle, die bis ins hohe Alter jung und aktiv bleiben wollen, Ober - Olm 1986, 7 f.

[491] Vgl. Bernhard Joss - Dubach, Das Alter - Eine Herausforderung für die Kirche. Ein theologischer Beitrag zur Auseinandersetzung mit den Fragen des dritten und vierten Lebensabschnitts, Zürich 1987, 7 ff; Hans - Werner Prahl, Soziologie des Alterns. Eine Einführung, Paderborn 1996, 104 ff; Kurt Witterstätter, Soziologie für die Altenarbeit. Soziale Gerontologie, Freiburg 2003, 52.

[492] Vgl. Diether Wolf von Goddenthow, Ruhestand ohne Ruhe und Stand, in: Diether Wolf von Goddenthow, Das Märchen vom Ruhestand. Falsche Vorstellungen verabschieden. Neue Aufgaben entdecken. Älter werden mit Gewinn, Freiburg 1986², 21 - 50, 38 ff.

[493] Vgl. Hans - Werner Wahl, "Das kann ich allein !" Selbständigkeit im Alter: Chancen und Grenzen, Bern 1991, 16 ff.

[494] Vgl. Winfried Hofmann, Das Alter und seine Einschätzung. Aufgezeigt an Beispielen der volkstümlichen Überlieferung, in: Hilde Trapmann, Das Alter. Grundfragen, Einzelprobleme, Handlungsansätze, Dortmund 1991, 31 - 59, 31 ff.

2.2. Netzwerke

die Erkenntnis durch, dass der Ruhestand nicht der Beginn einer einseitigen Rollenverteilung war, in der Ältere lediglich zu Empfängern von Hilfen wurden[495].

Mit Aufdeckung des verzerrten Bildes vom Alter wurde auch die überkommene Offene Altenhilfe kritisch betrachtet, die durch traditionelle Angebote wie Altenklubs oder Altentagesstätten kaum in der Lage war, die "neuen Alten" zu erreichen[496]. Ein Ausweg bot sich an, als im Kontext des Wiederauflebens des Ehrenamtes alte Menschen als "Experten" entdeckt wurden, die Erfahrungen und Fertigkeiten in soziale, kulturelle oder ökologische Projekte einbringen konnten[497]. Über bürgerschaftliches Engagement sollte erreicht werden, kompetenten Senioren möglichst lange zu einem selbst bestimmten und würdigen Leben zu verhelfen. Voraussetzung hierzu war die Entwicklung, Förderung und Sicherung von Lebenskompetenz und die Mobilisierung eigener Ressourcen[498]. Da Freiwilligenarbeit alleine nicht ausreiche, um Isolation und Vereinsamung vorzubeugen, musste älteren Menschen auch die Teilhabe am gesellschaftlichen Leben und der Aufbau bzw. Erhalt sozialer Netze in ihrem Lebensumfeld ermöglicht werden[499]. Um die Lebensqualität älterer Menschen durch Eigenaktivitäten und Aufbau eines stabilen sozialen Umfeldes zu erhalten, entstanden im Bereich der Offenen Altenhilfe zu Beginn der neunziger Jahre erste Netzwerke für Senioren[500].

Der Begriff "Netzwerk", den die kulturanthropologische Forschung zur Darstellung sozialer Beziehungen zwischen Personen und Gruppen benutzt[501], wurde 1954 erstmals in der Untersuchung einer norwegischen Kommune entwickelt und bezeichnete im

---

[495] Vgl. Elfi Eichhorn - Kösler, Kirchliche Altenhilfe im Wandel, in: Caritas '91. Jahrbuch des Deutschen Caritasverbandes, 330 - 334, 330 f; Heinz - Herbert Noll, Lebensqualität im Alter, in: Das hohe Alter - Konzepte, Forschungsfelder, Lebensqualität, Hannover 2002, 229 - 313, 269 ff.

[496] Vgl. Gerhard Lück, Die Würde des Menschen ist Richtschnur konzeptioneller Planung, in: Caritas 2000. Jahrbuch des Deutschen Caritasverbandes, 229 - 234, 229 ff; Sylvia Kade, Selbstorganisiertes Alter. Theorie und Praxis der Erwachsenenbildung. Lernen in "reflexiven Milieus", Bielefeld 2001, 24 ff; Ulrike Wössner, Die neuen Alten. Eine kohärente Konzeption der Altenhilfe/Altenarbeit fehlt aufgrund der vielfältigen caritativen Strukturen und Angebote. Klare Ziele werden die Konzentration auf bestimmte Zielgruppen und Dienste voranbringen, in: Caritas 2002. Jahrbuch des Deutschen Caritasverbandes, 97 - 103, 100 ff.

[497] Vgl. Johannes Friedrich, Seniorenbüro Forchheim - ein Bundesmodellprojekt in Caritas -Trägerschaft, in: Caritas. Zeitschrift für Caritasarbeit und Caritaswissenschaft Jg. 96 Nr. 7/8 (Juli/August 1995), 305 - 306, 305 f; Kurt Witterstätter. Soziologie für die Altenarbeit. Soziale Gerontologie, Freiburg 2003, 52 ff.

[498] Vgl. Aktiv im Alter. Bürgerschaftliches Engagement in NRW. Entwicklungen, Modelle, Projekte, Düsseldorf 2002, 14 ff.

[499] Vgl. Anne - Katrin Töpfer, Bedingungen der Erhaltung und Förderung von Selbständigkeit im höheren Lebensalter (SIMA). Teil VIII. Soziale Integration, soziale Netzwerke und soziale Unterstützung, in: Zeitschrift für Gerontopsychiatrie und -psychiatrie Jg. 11 Nr. 3 (September 1998), 139 - 158, 143 ff.

[500] Vgl. Andreas Borchers, Soziale Netzwerke älterer Menschen, in: Wohnbedürfnisse, Zeitverwendung und soziale Netzwerke älterer Menschen. Expertisenband 1 zum Zweiten Altenbericht der Bundesregierung, Frankfurt 1998, 176 - 200, 176 ff.

[501] Vgl. Lilo Schmitz, Wider die Instrumentalisierung sozialer Netzwerke. Netzwerkanalyse und Netzwerkarbeit in Praxis und Studium sozialer Arbeit, in: Blätter der Wohlfahrtspflege. Deutsche Zeitschrift für Sozialarbeit Jg. 143 Nr. 9 (September 1996), 239 - 241, 239 ff; Gareth Morgan, Bilder der Organisation, Stuttgart 1997, 252 ff.

strukturellen Sinn das soziale Umfeld (Nachbarschaften, Bekanntschaften, Freundschaften), neben der geographischen, politischen und ökonomischen Struktur[502]. Das soziale Netz eines Menschen ist nicht statisch, sondern zahlreichen Veränderungen unterworfen, die in einzelnen Lebensphasen unterschiedlichste Beziehungsnetze entstehen lassen[503]. "Wenn Menschen in der Mitte ihres Lebens mit 30 Jahren sehr stark in feste soziale Bezüge wie Familie, Freunde, oder Berufswelt einbezogen sind", erläuterte eine Netzwerkmitarbeiterin des Düsseldorfer Caritasverbandes im Jahre 2002, "so ändert sich das soziale Netz, wenn sie beispielsweise 80 Jahre alt sind. Dann gibt es vielfach wenig Kontakte, bedingt durch den Wegzug der Kinder, durch Verlust des Partners oder ähnliche gravierende Veränderungen im persönlichen Umfeld"[504]. Ziel der Netzwerkarbeit mit Senioren war es, soziale Beziehungsnetze im unmittelbaren Lebensumfeld älterer Menschen, sei es in einer Stadt oder einem Stadtteil, zu erhalten, aufzubauen oder zu erweitern[505].

Vor der Folie des Phasenmodells "Ich für mich!" (Anstoß für Engagement), "Ich mit anderen für mich!" (Aufbau von Interessengruppen), "Ich mit anderen für andere!" (Aufbau von Unterstützungsangeboten) und "Andere mit anderen für mich!" (Soziale Vorsorge)[506] beschritt die Düsseldorfer Diakonie im Oktober 1993 einen neuen Weg in der Gemeinwesen orientierten Altenarbeit und rief in Gerresheim das erste Seniorennetzwerk der Stadt ins Leben[507]. "Herbert Tadde, früh pensioniert und voller Tatendrang", so ein Rückblick auf die Anfänge der Netzwerkarbeit in Düsseldorf, "war der erste ehrenamtliche Mitarbeiter, der sich von der Idee der Netzwerkarbeit anstecken ließ. Gemeinsam mit engagierten Mitstreiterinnen und Mitstreitern baute er das erste soziale Netzwerk in Düsseldorf - Gerresheim auf. Schon bald interessierten sich auch in anderen Stadtteilen aktive Seniorinnen und Senioren für die Netzwerkarbeit. Auch sie

---

[502] Vgl. John A. Barnes, Class and Commitees in a Norwegian Island Parish, in: Human Relations. Studies towards the Integration of the Social Sciences Vol. 7 No. 1 (February 1954), 39 - 58, 39 ff; Ernst von Kardorff, Soziale Netzwerke, in: Uwe Flick, Handbuch qualitative Sozialforschung. Grundlagen, Konzepte, Methoden und Anwendungen, München 1991, 402 - 405, 402; Dieter Fuchs, Soziale Netzwerke als Akteure ? Definitionen, Fragen und Aspekte zu sozialen Netzwerkanalysen, in: Sozialmagazin. Die Zeitschrift für soziale Arbeit Jg. 22 Nr. 10 (Oktober 1997), 40 - 46, 40.

[503] Vgl. Dieter Ferring, Soziale Netze im Alter: Selektivität in der Netzwerkgestaltung, wahrgenommene Qualität der Sozialbeziehungen und Affekt, in: Zeitschrift für Entwicklungspsychologie und Pädagogische Psychologie Jg. 31 Nr. 3 (3. Quartal 1999), 127 - 137, 127 ff.

[504] NN, Begegnungen von Mensch zu Mensch bei der Caritas für Düsseldorf. Netzwerke sind für alle Menschen da, in: Die Zeitung. Caritas für Düsseldorf Jg. 3 Nr. 2 (Sommer 2002), 1 - 2, 1.

[505] Vgl. Elisabeth Minnemann, Die Bedeutung sozialer Beziehungen für Lebenszufriedenheit im Alter, Regensburg 1994, 90 ff; Stephan Barth, Städtische soziale Netzwerke in der Moderne, in: Neue Praxis. Zeitschrift für Sozialarbeit, Sozialpädagogik und Sozialpolitik Jg. 27 Nr. 6 (Dezember 1997), 519 - 532, 519 ff; Oliver Schilling, Familiäre Netzwerke und Lebenszufriedenheit alter Menschen in ländlichen und urbanen Regionen, in: Kölner Zeitschrift für Soziologie und Sozialpsychologie Jg. 54 Nr. 2 (Juni 2002), 304 - 317, 304 ff.

[506] Vgl. dazu Sylvia Kade, Selbstorganisiertes Alter. Theorie und Praxis der Erwachsenenbildung. Lernen in "reflexiven Milieus", Bielefeld 2001, 288 ff.

[507] Vgl. Herbert Tadde, Sein Fünfjähriges feierte das Netzwerk Gerresheim mit einer Ausstellung. Fünf Jahre und kein bißchen müde, in: D.i.D. Diakonie in Düsseldorf. Die Zeitung der Diakonie in Düsseldorf Jg. 21 Nr. 79 (Februar 1999), 4; RP 26.02.2002.

wollten neue Leute kennen lernen, suchten sinnvolle Aufgaben für die nachberufliche Phase und hatten Lust, sich für ihren Stadtteil, vor allem für hochbetagte Menschen in ihrer Nachbarschaft zu engagieren. Nach und nach stiegen andere Verbände und Kirchengemeinden als Träger in die Netzwerkarbeit mit ein"[508]. In nur kurzer Zeit entstand in der Landeshauptstadt ein dichtes Netz von ehrenamtlichen Seniorenbüros, das um die Jahrtausendwende mehr als 20 Netzwerkstandorte zählte[509].

ExtraNett

Hierzu gehörte auch das Caritas Netzwerk "ExtraNett", das im Jahre 1997 als erstes Düsseldorfer Seniorennetzwerk nicht nur für einen Stadtteil, sondern einen ganzen Stadtbezirk eingerichtet wurde[510]. Das Netzwerk ExtraNett war eine Maßnahme für den Düsseldorfer Stadtbezirk 6, der sich in die vier nördlichen Stadtteile Unterrath, Lichtenbroich, Rath und Mörsenbroich gliederte. Ende 1992 lebten in diesem Bezirk 55804 Menschen, von denen 14035 älter als 60 Jahre (25 %) waren[511]. Für letztgenannte ein Netzwerk einzurichten, war eine Idee, die einem "Runden Tisch" aller Alteneinrichtungen des Stadtbezirkes entsprang, den zwei Mitglieder des Seniorenbeirates im Mai 1996 einberufen hatten[512]. Aufgabe eines hier gebildeten Arbeitskreises aus haupt- und ehrenamtlichen Vertretern sollte die Implementierung eines Stadtteil übergreifenden Netzwerkes im Stadtbezirk 6 für Menschen ab 55 Jahren sein[513]. Schon kurze Zeit nach Aufnahme weiterer Beratungen gab der Düsseldorfer Caritasverband seine Bereitschaft zur Übernahme der Trägerschaft für das neue Netzwerk zu erkennen, die im Januar 1997 begann[514].

Ziel des Netzwerkes "ExtraNett" war es, Rahmenbedingungen zu schaffen, die die Entfaltung ehrenamtlichen Engagements von Senioren im Sinne des Gemeinwohls ermöglichte, unterstützte, förderte und begleitete. Zurecht wies der Initiator der Caritasnetzwerke in Düsseldorf, Caritasdirektor Johannes Böcker, am 23. März 1998 in einer Ansprache darauf hin: "Netzwerkarbeit basiert auf der Wertschätzung anderer Menschen, ihrer Arbeit und ihrer Lebenswelt, das heißt ihre Lebensgeschichte, Kultur, Kommunikation, Beziehung, Werte. Die Lebenserfahrung, die Fähigkeiten und die soziale Kompetenz, also die Stärken der aktiveren älteren Menschen sind von unschätzbarem Wert für unsere Gesellschaft. Sich dieser Gedanken um den Wert älterer Menschen bewußt, hat der Caritasverband für die Stadt Düsseldorf vor über einem Jahr beschlossen, durch den Aufbau eines Netzwerkes Menschen im Vorruhestand, aktive Seniorin-

---

[508] Karin Nell, Wo, bitte, geht's zum Netzwerk, in: Netzwerk - Zeitung mobil und engagiert in Düsseldorf Jg. 2 Nr. 2 (Dezember 2001), 3.
[509] Vgl. WZ 31.07.2000.
[510] Vgl. CVD 114, 28.04.1997.
[511] Vgl. CVD 114, 17.09.1996.
[512] Vgl. CVD 114, 04.04.1997 und 23.03.1998; NRZ 25.03.1998; RP 31.03.1998.
[513] Vgl. RP 01.04.1997.
[514] Vgl. CVD 114, 04.04.1997.

nen und Senioren, zunehmend auch junge Mütter und Frauen in der Lebensmitte sowie arbeitslose Menschen anzusprechen"[515]. Die Aufgabenschwerpunkte der Netzwerkarbeit selbst sollten aus den aktuellen Gegebenheiten abgeleitet und von den ehrenamtlichen Mitarbeitern unter Berücksichtigung ihrer Fähigkeiten und Kompetenzen festgelegt werden[516]. Hauptanliegen von ExtraNett war die Installierung eines Beziehungsnetzes, das präventiv wirkte und ermöglichte, "dass der ältere Mensch in seinem unmittelbaren Lebensumfeld getragen wird und andere mitträgt"[517]. Nach einem Konzeptpapier aus dem Jahre 1996 war das Grundanliegen die Summe von sieben Teilzielen, die vom Netzwerk als "ehrenamtliches Dienstleistungsunternehmen" im Stadtbezirk vorrangig angestrebt wurden: "1. Förderung und Unterstützung der Zusammenarbeit und Vernetzung von Einrichtungen, Diensten, Projekten und Gruppen im Bereich Altenarbeit; 2. Motivation und Gewinnung von Menschen in der nachberuflichen und/oder nachfamiliären Phase, die ihre lebensgeschichtlich erworbenen Kompetenzen und Vorstellungen über die 'Lebensphase Alter' in Aufbau, Gestaltung und Organisation des Caritas - Netzwerkes aktiv einbringen möchten; 3. Aufbau einer Informations-, Kontakt- und Beratungsstelle für Menschen in der nachberuflichen und/oder nachfamiliären Phase; 4. Gründung, Förderung und Stärkung kleiner sozialer Netze mit älter werdenden Menschen in Form von Nachbarschaftshilfe, Selbsthilfe-, Eigeninitiativ- und Interessengruppen; 5. Entwicklung einer Koordianationsstelle für ehrenamtliches soziales Engagement; 6. Förderung von Selbständigkeit, Eigeninitiative und Hilfe auf Gegenseitigkeit; 7. Förderung und Unterstützung generationsübergreifender Kontakte und Initiativen"[518].

Zur Realisierung der Ziele von ExtraNett gehörte der Aufbau von Informations- und Kontaktstellen, die als Koordinationspunkte für freiwilliges Engagement und Wegweiser zu Diensten, Einrichtungen und Angeboten für Senioren in der Caritas Begegnungsstätte Unterrath (Kürtenstr. 160a) und im Pfarrzentrum St. Franziskus - Xaverius (Mörsenbroicher Weg 4) untergebracht werden sollten[519]. Ausdrücklich waren die Kontaktstellen zu bestehenden Einrichtungen und Diensten nicht als Konkurrenz sondern als Bindeglied gedacht, um vorhandene Ressourcen effektiver zu nutzen[520]. Im Sinne der Vernetzung mit bestehenden Einrichtungen im nördlichen Düsseldorf sollten die einzelnen Aktivitäten und Gruppen nicht ausschließlich in den Kontaktstellen von Extra-Nett sondern auch in Stadtbüchereien, Begegnungsstätten, Altenzentren und Kirchengemeinden beider Konfessionen stattfinden[521].

Am 28. April 1997 eröffnete Caritasdirektor Johannes Böcker in der Begegnungsstätte Unterrath das erste Caritas Netzwerk mit der Aufforderung: "Steigen Sie mit uns ein ins ExtraNett und tragen Sie die Ziele, Gedanken und Ideen des Netzwerkes in den Stadtbezirk hinein, so daß sich viele Menschen ab 55 an Aufbau und Gestaltung des Ca-

---

[515] CVD 114, 23.03.1998.
[516] Vgl. CVD 114, September 1997.
[517] CVD 114, Oktober 2002.
[518] CVD 114, 17.09.1996.
[519] Vgl. RP 29.04.1997.
[520] Vgl. CVD 114, 28.03.1998.
[521] Vgl. CVD 114, Oktober 2002.

2.2. ExtraNett

ritas - Netzwerkes ExtraNett beteiligen"[522]. Orientiert an den Bedürfnissen, Fähigkeiten, Interessen und Kompetenzen der ehrenamtlichen Mitarbeiter entstand im Netzwerk ExtraNett in nur kurzer Zeit eine beachtliche Bandbreite von Beschäftigungsfeldern. Neben einer Vielzahl von Freizeit- und Hobbygruppen entwickelten sich verschiedene Unterstützungshilfen für Senioren wie Besuchs- und Begleitdienste, Telefonkette, Handwerkerservice, Beratungsdienst und Sprachkurse für Migranten[523]. Kommunikative Angebote wie der Offene Samstags- und Sonntagstreff oder ein Mitarbeiterstammtisch hatten ebenfalls einen festen Platz[524]. Netzwerkarbeit im Sinne von ExtraNett bedeutete nicht nur die Verengung des Blickfeldes auf Senioren, sondern auch Förderung des Dialoges unter den Generationen. Hierzu gehörten Angebote wie "Jung und Alt gemeinsam am PC", das Internetcafé, die Wissensbörse oder das Erzählcafé[525]. Als das Netzwerk ExtraNett im Jahre 1998 einen "Großeltern - Service" für in Not geratene Familien einrichtete, berichtete die Kölner Kirchenzeitung über die Zielsetzung des Projektangebotes: "Der Großeltern Service möchte Müttern oder Vätern, gleich ob sie alleinerziehend sind oder in einer Partnerschaft leben, die aber keine Großeltern 'zur Verfügung' haben, bei der Betreuung ihrer Kinder helfen. Gleichzeitig bietet der Großeltern Service älteren Menschen die Möglichkeit erfüllter Freizeitbeschäftigung. ... Mit diesem generationsübergreifenden Dienst kommt der Großeltern Service einem besonderen Anliegen des Caritasverbandes nach: Familien, die in eine Notsituation geraten sind, unbürokratisch zu unterstützen. Die Erkrankung eines Geschwisterkindes ... oder der Mutter und andere vorübergehende Zwangssituationen sind typische Beispiele für die in der Regel begrenzte Tätigkeit des Großeltern Service. ... Pädagogisch begleitet wird das Projekt von Mitarbeitern des Caritasverbandes"[526].

Für die inhaltliche und organisatorische Weiterentwicklung des Netzwerkes war ein 12köpfiger Arbeitskreis verantwortlich, dem die Kontaktpflege zu den Multiplikatoren, die Erschließung finanzieller Mittel und die Fortbildung der Netzwerkmitarbeiter oblag[527]. Einmal im Monat fand ein Treffen aller Mitarbeiter statt, um neue Ideen und Wünsche in die Netzwerkarbeit einzubringen und Informationen an die angeschlossenen Gruppen weiterzugeben[528]. Um den unterschiedlichen Bedürfnissen und Interes-

---

[522] CVD 114, 28.04.1997. Vgl. auch RP 01.04.1997; NRZ 29.04.1997; RP 29.04.1997; WZ 29.04.1997; RP 06.05.1997; WZ 06.05.1997.
[523] Vgl. CVD 114, 23.03.1998; RP 31.03.1998; RP 27.10.1998; RP 23.04.1999.
[524] NN, Wie alles begann, 5 Jahre Netzwerk ExtraNett - das besondere Netz, in: Die Zeitung. Caritas für Düsseldorf Jg. 3 Nr. 2 (Sommer 2002), 4.
[525] Vgl. CVD 114, September 1997; RP 01.02.2000; Theodor Crux, Netzwerk ExtrNett im Stadtbezirk 6 der Stadt Düsseldorf. Alt und Jung gemeinsam am Computer, in: Netzwerk - Zeitung mobil und engagiert in Düsseldorf Jg. 2 Nr. 2 (Dezember 2001), 7.
[526] Ronald Morschheuser, Großeltern gesucht. Caritasverband fördert neue Formen des ehrenamtlichen Engagements, in: Kirchenzeitung für das Erzbistum Köln Jg. 54 Nr. 23 (11.06.1999), 26. Vgl. auch CVD 114, 27.05.1999, 04.06.1999 und 29.03.2000; WZ 05.06.1999; NRZ 08.06.1999; RP 08.06.1999; NRZ 08.04.2000; RP 27.06.2000; Gabriele von Schultz, Wir stellen uns vor. ExtraNett. Seit drei Jahren im Netzwerk ExtraNett. Großeltern - Service für alle Fälle, in: mobil und engagiert. Zeitung der Netzwerke in Düsseldorf Jg. 1 Nr. 1 (Dezember 2000), 8.
[527] Vgl. CVD 114, März 2000.
[528] Vgl. CVD 114, Oktober 2002.

sensgebieten der Mitarbeiter gerecht zu werden, wurde das ExtraNett in sieben Arbeitsressorts gegliedert, die im Jahre 1999 folgende Aktivitäten anboten: 1. Wissensbörse (Vermittlung von Anbietern und Nutzern), 2. Begleit- und Unterstützungsdienste (Beratung, Friedhofsbegleitung, Einkäufe, Spaziergänge, Handwerkerdienst, Telefonkette), 3. Kreativität und Handwerk (Töpfer- und Malgruppe), 4. Bildung - Kultur - Freizeit (Wandern, Literatur, Schreibwerkstatt, Kunst und Kultur, Video), 5. Öffentlichkeitsarbeit (ExtraNett - Info, Sommerfest), 6. Kommunikation (Stadtteilfrühstück, Stammtisch, Offener Samstags - Treff, Seniorentanz), 7. Alt und Jung (Großeltern - Service, Jung und Alt gemeinsam am PC)[529]. Von großem Nutzen war eine Broschüre mit dem Titel "Senioreneinrichtungen und Seniorenhilfen im Bezirk 6 der Stadt Düsseldorf", die 1998 als Vademekum für Senioren, Angehörige und in der Seniorenarbeit tätige Menschen in Mörsenbroich, Rath, Unterrath und Lichtenbroich vom Netzwerk ExtraNett zusammengestellt, publiziert und verteilt wurde[530].

Netzwerk Bilk

In den Jahren 2000 bis 2002 war der Düsseldorfer Caritasverband an der Einrichtung und dem Ausbau von vier weiteren Netzwerken in der Stadt Düsseldorf beteiligt. Auf Anregung der Bezirksvertretung 3 trafen der Arbeiter - Samariter - Bund Region Düsseldorf, der Caritasverband für die Stadt Düsseldorf und die Diakonie in Düsseldorf im Oktober 2000 eine Kooperationsvereinbarung zur Gründung der "Arbeitsgemeinschaft Netzwerk Düsseldorf - Bilk"[531]. Mit der Vereinbarung verpflichteten sich die Partner der Arbeitsgemeinschaft, in Bilk ein Netzwerk einzurichten und zu betreiben, "das den Anforderungen an Altenselbsthilfe nach dem Landesaltenplan Nordrhein - Westfalen und aktuellen Konzeptionen und Veröffentlichungen über Netzwerke entspricht"[532]. Mit dem Netzwerk Bilk wurde das Ziel verfolgt: 1. Die Lebensqualität älterer und alter Menschen in ihrem sozialen Umfeld zu erhöhen; 2. Versorgungs- und Beziehungsnetze in Nachbarschaft und Stadtteil zu stärken bzw. neu zu knüpfen; 3. Bürgerliches Engagement anzuregen; 4. Generationsübergreifende Kontakte zu unterstützen; 5. Die Zusammenarbeit und Vernetzung von Einrichtungen, Diensten, Vereinen, Projekten und Interessengruppen im Stadtteil zu fördern; 6. Hilfe zur Selbsthilfe, Förderung von Eigeninitiative und Hilfe auf Gegenseitigkeit anzuregen; 7. Informationen und Kontakte zwischen Angeboten und Nachfragen herzustellen[533]. "Die Partner der Arbeitsgemeinschaft", so Abschnitt 2 der Kooperationsvereinbarung, "engagieren sich gemeinsam an

---

[529] Vgl. CVD 114, März 2000. Vgl. auch NN, Netzwerk für Senioren. "ExtraNett" koordiniert vielfältige ehrenamtliche Aktivitäten, in: Düsseldorfer Amtsblatt Jg. 54 Nr. 33 (21.08.1999), 3.
[530] Vgl. Netzwerk ExtraNett. Senioreneinrichtungen und Seniorenhilfen im Bezirk 6 der Stadt Düsseldorf. Informationen für Senioren, Angehörige und in der Seniorenarbeit tätige Menschen in Mörsenbroich, Rath, Unterrath und Lichtenbroich, Düsseldorf 1998, 7 ff. Vgl. auch RP 01.12.1998.
[531] Vgl. CVD 493, 08.05.2000, 26.06.2000 und 23.10.2000; Erika Worbs, Netzwerk Düsseldorf - Bilk, in: Die Bilker Sternwarte Jg. 47 Nr. 1 (Januar 2001), 8 - 9, 8 f.
[532] CVD 493, 23.10.2000.
[533] Vgl. CVD 493, 23.10.2000.

2.2. Netzwerk Bilk

ihren Standorten mit ihren verbandlichen Ressourcen, Kontakten und Fähigkeiten die oben genannten Ziele durch den Aufbau und die Begleitung des Netzwerkes in Bilk"[534]. Zur Realisierung der selbst gesteckten Aufgaben wurde neben einem Mitarbeiter - Forum und einem Arbeitskreis der hauptamtlichen Netzwerkmitarbeiter auch eine Trägergruppe ins Leben gerufen, die für die Entwicklung der Konzeption und Arbeit, die Sicherstellung der Information und Zusammenarbeit und der Erstellung eines Jahresberichtes verantwortlich war[535]. Zielgruppe des Netzwerkes Bilk waren "Menschen ab 50 Jahren oder auch jünger, die noch einmal etwas Neues anpacken und gemeinsam mit anderen ihre Ideen in die Tat umsetzen" wollten[536]. Gelegenheit hierzu sollten vor allem die Standorte der Kooperationspartner bieten, die über den gesamten Stadtteil verstreut lagen: Kronprinzenstr. 123 (Arbeiter - Samariter - Bund Region Düsseldorf), Wilhelm - Tell - Str. 9 (Caritas Altenzentrum St. Martin), Fabriciusstr. 9 (Leben im Alter Zentrum Katharina - von - Bora - Haus, Diakonie) und Im Dahlacker 8 (Nachbarschaftszentrum, Diakonie)[537]. Aufgaben, Ziele und Träger des Netzwerkes Bilk, das seine Arbeit unter das Motto "Ich für mich, mit anderen für andere und irgendwann andere für mich" gestellt hatte[538], wurden der Öffentlichkeit bei der offiziellen Auftaktveranstaltung am 21. Oktober 2000 im Technischen Rathaus (Brinckmannstr. 5) vorgestellt[539]. Bereits im ersten Jahr seines Bestehens war das Netzwerk Bilk eine wichtige Stütze der Offenen Altenhilfe im Stadtbezirk 3 geworden. "Heute treffen sich rund 30 Menschen", so berichtete die Rheinische Post am 11. Dezember 2001, "regelmäßig beim Netzwerkfrühstück. Dort beratschlagen sie, was sie alles auf die Beine stellen wollen. Und zwar in unterschiedliche Gruppen unterteilt: Die Freizeitgruppe macht Ausflüge, beispielsweise ins Schokoladenmuseum nach Köln. Die Handwerkergruppe hilft bei kleinen Reparaturarbeiten. Und der Filmclub trifft sich zu Vorführungen. ... Das Netzwerk entwickelt sich schneller, als erwartet. Denn als die Idee aufkam, sind andere Vereine und Verbände auf den fahrenden Zug aufgesprungen: Pro familia, der Freundeskreis Düsseldorfer Buch, die evangelische Lutherkirchengemeinde, die Jugendgerichtshilfe, die Begegnungsstätte der AWO Siegstraße und Spielen und Leben in Bilk"[540].

---

[534] CVD 493, 23.10.2000.

[535] Vgl. CVD 493, 13.06.2000 und 23.10.2000.

[536] Vgl. Erika Worbs, Netzwerk Düsseldorf - Bilk, in: Die Bilker Sternwarte Jg. 47 Nr. 1 (Januar 2001), 8 - 9, 8.

[537] Vgl. CVD 493, 18.09.2000.

[538] Vgl. NN, Kurz notiert, in: Düsseldorfer Amtsblatt Jg. 55 Nr. 42 (21.10.2000), 1.

[539] Vgl. WZ 20.10.2000; RP 31.10.2000; Joachim von Richter, Eröffnung Netzwerk Bilk, in: mobil und engagiert. Zeitung der Netzwerke in Düsseldorf Jg. 1 Nr. 1 (Dezember 2000), 10.

[540] RP 11.12.2001. Vgl. auch WZ 10.02.2001; WZ 28.12.2001; Marlene Kroth, Neues aus dem Netzwerk Bilk, in: Netzwerk - Zeitung mobil und engagiert in Düsseldorf Jg. 2 Nr. 2 (Dezember 2001), 10; Holger Hutterer, Im Dienst für die älteren Mitbürger. Das Netzwerk Bilk, in: Die Bilker Sternwarte Jg. 48 Nr. 4 (April 2002), 114; RP 16.07.2002; NN, Tatkräftige Nachbarschaftshilfe ist gefragt: Handwerker - Service im Netzwerk Bilk, in: Die Zeitung. Caritas für Düsseldorf Jg. 3 Nr. 2 (Sommer 2002), 7.

Netzwerk Oberbilk

Mit Übernahme der Begegnungsstätte Eisenstraße durch die Caritas für Düsseldorf[541] wechselte am 1. Juli 2001 die Trägerschaft für das Netzwerk Oberbilk, das die Stadt Düsseldorf Ende August 1996 ins Leben gerufen hatte[542], auf den Caritasverband über[543]. Nachdem die Kontaktstelle des Netzwerkes von der Eisenstr. 75 zur Kölner Str. 265 verlegt worden war, konnten sich "Menschen ab 50plus" seit dem 9. Juli 2001 in der Caritas Begegnungsstätte Oberbilk über seniorenrelevante Angebote, Dienste, Einrichtungen und Initiativen in ihrem Stadtteil informieren[544]. "Das Netzwerk Oberbilk", so der Rechenschaftsbericht für das Jahr 2002, "versteht sich als ehrenamtlicher Dienstleister im Stadtteil und als 'Sparkasse' für soziales Kapital. Zielgruppe der Netzwerkarbeit sind Menschen in der nachberuflichen und nachfamiliären Phase und die, die sich auf ihren Ruhestand vorbereiten. Zunehmend werden durch die Netzwerkarbeit in Oberbilk jedoch auch andere Altersgruppen angesprochen, wie etwa Vorruheständler, Arbeitslose und Sozialhilfeempfänger, die ihre Zeit sinnvoll gestalten und nutzen möchten"[545]. Schon in den ersten Wochen zeichnete sich ab, dass der neue Standort an der Oberbilker Hauptgeschäftsstraße von den Senioren des Viertels wegen der günstigen Verkehrsanbindung gut angenommen wurde. "Es zeigt sich", so Caritasdirektor Johannes Böcker auf einer Pressekonferenz am 13. September 2002, "dass die Wahl des Standortes einen entscheidenden Anteil für den Erfolg einer bedarfs- und zielgruppenorientierten Seniorenarbeit im Stadtteil Oberbilk hat. In den ersten Monaten konnten verschiedenartige Projekte und Programme ins Leben gerufen werden. So gibt es beispielsweise seit September vergangenen Jahres den regelmäßigen 'Sonntagstreff'. Neben einer Kochgruppe gibt es den Unterstützungsdienst von zwei 'Netzwerkern', die beispielsweise regelmäßig hier im Stadtteil Essen rundbringen. Sowohl kulturelle Angebote, als auch Bildungsangebote werden zunehmend von interessierten 'Netzwerkerinnen' und 'Netzwerkern' in Oberbilk wahrgenommen. So fand im Frühjahr diesen Jahres zum 'Tag des Buches' ein Rundgang durch die Düsseldorfer Buchhandlungen und Verlage statt"[546].

Netzwerk Flingern/Düsseltal

Auf breiter Basis wurde im Januar 2002 eine Trägerkooperation für ein Netzwerk Flingern/Düsseltal vereinbart, an der sich die Arbeiterwohlfahrt Düsseldorf, die Caritas für Düsseldorf, die Diakonie in Düsseldorf, die Evangelische Matthäi - Kirchengemeinde

---

[541] Vgl. oben S. 798.
[542] Vgl. CVD 617, 06.06.2000; RP 23.12.1996; WZ 18.03.1997.
[543] Vgl. CVD 617, 31.08.2001, 13.09.2002 und Januar 2003; WZ 01.09.2001.
[544] Vgl. CVD 617, 13.09.2001 und Januar 2003.
[545] CVD 617, Januar 2003.
[546] CVD 617, 13.09.2002. Vgl. auch NN, Ein neuer Standort wird gut angenommen. Das Netzwerk im Herzen von Oberbilk, in: Die Zeitung. Caritas für Düsseldorf Jg. 3 Nr. 2 (Sommer 2002), 5.

und die Katholische Kirche Flingern/Düsseltal beteiligten[547]. Die Anfänge des Projektes reichen bis zum Januar 1999 zurück, als die Matthäi - Kirchengemeinde (Schumannstr. 89) in Verbindung mit dem Pestalozzihaus (Grafenberger Allee 186) erste Schritte zur Gründung eines Netzwerkes für den Stadtteil Düsseltal unternahm[548]. Nachdem die ersten aktiven Mitarbeiter Anschluss an das Netzwerk gefunden hatten, konnten noch im gleichen Jahr verschiedene Angebote wie Stadtteilkonferenz, Stadtteilfrühstück, Telefonkette oder Besuchsdienst eingerichtet und regelmäßig durchgeführt werden[549]. Mit Annahme der Trägervereinbarung zu Beginn des Jahres 2002 wurde im Düsseldorfer Osten die Netzwerkidee auf den benachbarten Stadtteil Flingern ausgedehnt. Neben dem von der Netzwerkgruppe Düsseltal schon bislang genutzten Pfarrzentrum der Kirchengemeinde St. Paulus (Achenbachstr. 142) standen dem Netzwerk Flingern/Düsseltal fortan auch die Caritas Begegnungsstätte Flingern (Flurstr. 57c) und das Leben im Alter Zentrum Flingern der Diakonie (Gerresheimer Str. 171) als Informations- und Kontaktstellen zur Verfügung[550]. Unter dem Titel "Wo aus Bekanntschaften Freundschaften werden" berichtete die Düsseldorfer Caritaszeitung im Herbst 2002 vom Aufbau der neuen Seniorenhilfe für Düsseltal und Flingern: "Beginnend mit zunächst 23 Interessenten in Düsseltal, bildeten sich im Laufe der Zeit feste Interessengruppen zum Kegeln, Surfen im Internet, zum gemeinsamen Reisen, zu einem Kulturkreis, zum Wandern, zum Literaturkreis, zum Spieletreff. Weiterhin hat sich ein Telefon- und Beratungsdienst gebildet, ... Das gemeinsame Netzwerktreffen Düsseltal zur Planung und zum Austausch von Ideen findet regelmäßig jeden Freitag ... im Saal der Paulusgemeinde statt. Weitere Netzwerktreffen finden im 14 - tägigen Rhythmus abwechselnd im Leben im Alter Zentrum Flingern und in der Caritas Begegnungsstätte Flurstraße statt"[551].

Netzwerk Stockum

Ein halbes Jahr nach Einrichtung des Netzwerkes Flingern/Düsseltal nahm am 1. Juni 2002 das Netzwerk Stockum als fünftes Netzwerk in Trägerschaft der Caritas für Düsseldorf seine Tätigkeit auf[552]. Bereits mit Eröffnung des Wohnhofes Stockum (Lönsstr. 5a) im Mai 2000 war vom Caritasverband für die Stadt Düsseldorf im Rahmen des Betreuten Wohnens ein "kleines Netzwerk" für die dort lebenden Senioren aufgebaut worden[553], an dessen Angeboten und Aktivitäten seit Sommer 2002 alle "Menschen in der nachberuflichen und nachfamiliären Phase" des Stadtbezirkes 5 teilnehmen konnten[554].

---

[547] Vgl. CVD 74, Januar 2002; Matthias Thomes, Neues Netzwerk in Flingern, in: Netzwerk - Zeitung mobil und engagiert in Düsseldorf Jg. 3 Nr. 3 (Oktober 2002), 7.
[548] Vgl. CVD 665, 20.09.1999 und 2002; WZ 15.06.1999.
[549] Vgl. CVD 665, 20.09.1999 und 20.03.2000; NRZ 18.01.2001.
[550] Vgl. CVD 665, 2002.
[551] NN, Flingern/Düsseltal - ein neues Netzwerk entsteht. Wo aus Bekanntschaften Freundschaften werden, in: Die Zeitung. Caritas für Düsseldorf Jg. 3 Nr. 2 (Sommer 2002), 7.
[552] Vgl. CVD 74, 01.06.2002.
[553] Vgl. oben S. 781 ff.
[554] Vgl. CVD 665, April 2003.

"Für die Bewohnerinnen und Bewohner des Wohnhofes", so ein Bericht in der Düsseldorfer Netzwerkzeitung vom Oktober 2002, "ist die Öffnung nach außen hin eine willkommene Bereicherung. Sie haben Gelegenheit neue Kontakte zu knüpfen, ohne ihren geschützten Raum verlassen zu müssen. Ein weiterer Vorteil ergibt sich für die Menschen aus dem Stadtbezirk, da sie sich durch den Kontakt zu den Bewohnerinnen und Bewohnern ein objektives Bild über das Wohnprojekt schaffen können"[555].

Zu den ersten regelmäßigen Programmangeboten des Netzwerkes Stockum gehörten der Nachbarschaftstreff, das Internetcafé, das Netzwerkfrühstück, die Skatrunde, die Aquarellmalgruppe, der Englischkurs, das Forum Reisen und der Besuchsdienst[556]. Unter dem Motto "Aktiv und Kreativ im Alter" wollte das neue Netzwerk außerdem ältere Menschen in den Stadtteilen Angermund, Kaiserswerth, Kalkum, Lohausen, Stockum und Wittlaer animieren, ihre künstlerischen Talente zu entdecken und zu entfalten[557].

Koordination der Netzwerke

Um die Arbeit der verschiedenen Netzwerke in Trägerschaft des Caritasverbandes untereinander abzustimmen, hatte der Verband am 26. Juni 2001 in der Geschäftsstelle Klosterstr. 88 eine Koordinationsstelle eingerichtet[558]. Neben der Mitwirkung bei der Entwicklung und dem Aufbau neuer Netzwerke in Düsseldorf hatte die Koordinationsstelle die Aufgabe, die in der Netzwerkarbeit bereits Tätigen bei der Vernetzung von Einrichtungen, Diensten, Projekten und Gruppen im Bereich der Seniorenarbeit zu unterstützen[559].

3. Erholungshilfe

Kindererholung

Seit dem Ersten Weltkrieg machte es der Gesundheitszustand vieler Düsseldorfer Kinder erforderlich, geeignete Maßnahmen zur Erholung und Heilung bereitzustellen. Wie bereits geschildert, gehörte die Linderung dieser Not zu den ersten und durch alle Wirren der Zeit hindurch fortgesetzten Aufgaben des Caritasverbandes für die Stadt Düs-

---

[555] Andrea Benz, Netzwerk Stockum. Aktiv und Kreativ im Alter, in: Netzwerk - Zeitung mobil und engagiert in Düsseldorf Jg. 3 Nr. 3 (Oktober 2002), 7.
[556] Vgl. CVD 665, April 2003.
[557] Vgl. Andrea Benz, Netzwerk Stockum. Aktiv und Kreativ im Alter, in: Netzwerk - Zeitung mobil und engagiert in Düsseldorf Jg. 3 Nr. 3 (Oktober 2002), 7.
[558] Vgl. CVD 74, 26.06.2001.
[559] Vgl. Caritas für Düsseldorf. Kontakt, Düsseldorf 2001, 12.

3. Kindererholung

seldorf[560]. Während des Ersten Weltkrieges, der Revolution, Rheinlandbesetzung, Inflation, Weltwirtschaftskrise, des Dritten Reiches und Zweiten Weltkrieges fehlt in keinem Rechenschaftsbericht des Düsseldorfer Caritasverbandes der Hinweis, dass einer großen Zahl von Kindern und Jugendlichen mehrwöchige Kur- und Erholungsaufenthalte auf dem Land vermittelt wurden[561]. Auch in den Hungerjahren nach dem Zweiten Weltkrieg war dem Ortscaritasverband in Düsseldorf das Erholungswerk für Kinder ein besonderes Anliegen[562]. Unermüdlich waren haupt- und ehrenamtliche Caritaskräfte Ende der vierziger Jahre bemüht, Aufnahmefamilien und Freistellen für Düsseldorfer Ferienkinder vor allem in den Dekanaten Münstereifel, Lövenich, Ratingen und Mettmann zu finden[563]. Im Jahre 1947 konnte die Düsseldorfer Caritas 58 Kinder in Landfamilien unterbringen[564].

"Zu den schönsten Beweisen lebendiger christlicher Caritas" gehörten indes nach Ansicht der Kölner Kirchenzeitung vom 3. April 1949 "die liebevollen Bemühungen unserer Glaubensbrüder und -schwestern im Ausland, den durch die Kriegs- und Nachkriegsverhältnisse in schwerer gesundheitlicher Gefährdung lebenden deutschen Kindern einen längeren Erholungsaufenthalt zu bieten"[565]. In der Tat waren mehrere tausend deutsche Kinder durch Vermittlung des Deutschen Caritasverbandes in den Genuss eines längeren Ferienaufenthaltes in der Schweiz, den Niederlanden, Schweden, Irland und Spanien gekommen[566].

Mehr als eine Erholungsfahrt war das Angebot der portugiesischen Caritas, 100 deutsche Kinder für mehrere Monate in ausgewählten Gastfamilien unterzubringen[567]. Als sich Ende September 1948 achtzig Kinder aus der britischen und zwanzig Jugendliche aus der französischen Besatzungszone auf den Weg nach Portugal machten, gehörten der Gruppe auch zwanzig Jungen und Mädchen aus Düsseldorf an[568]. Über ihren Aufenthalt in Portugal und ihre Rückkehr nach Düsseldorf berichtete die Rheinische Post am 18. Oktober 1949: "Ursprünglich war nur von acht Monaten Aufenthaltes am Tejostrand die Rede, aber die Pflegeeltern konnten sich so schwer von ihren Schutzbefohlenen trennen, daß mehr als ein Jahr daraus wurde. Die Heimkehr war devisentech-

---

[560] Vgl. oben S. 400 f.
[561] Vgl. oben S. 400 f und CVD 16, 29.05.1941; CVD 675, 25.05.1938.
[562] Vgl. NN, Ferienkinderfürsorge, in: Caritasverband Düsseldorf. Rundbrief an unsere Mitarbeiter und Mitarbeiterinnen Jg. 22 Nr. 4 (August 1946), 3.
[563] Vgl. NN, Erholungswerk für Kinder, in: Caritas - Nachrichten für das Erzbistum Köln Jg. 2 Nr. 5 (15.05.1947), 2 - 3, 2.
[564] Vgl. Johannes Becker, Aus der Arbeit des Düsseldorfer Caritasverbandes im Jahre 1947, in: Caritasverband Düsseldorf. Rundbrief an unsere Mitarbeiter und Mitarbeiterinnen Jg. 24 Nr. 3 (Juni 1948), 1 - 3, 1.
[565] NN, Aus dem Bereich der Caritas. Deutsche Kinder in Portugal, in: Kirchenzeitung für das Erzbistum Köln Jg. 4 Nr. 7 (03.04.1949), IX - XI und Nr. 8 (17.04.1949), X - XII, IX.
[566] Vgl. CVD 16, 23.03.1948; NN, Aus dem Bereich der Caritas. Deutsche Kinder in Portugal, in: Kirchenzeitung für das Erzbistum Köln Jg. 4 Nr. 7 (03.04.1949), IX - XI und Nr. 8 (17.04.1949), X - XII, IX ff.
[567] Vgl. CVD 16, 14.09.1948 und 23.09.1949.
[568] Vgl. RP 18.10.1949.

nisch kein einfaches Problem. Schon die Hinfahrt war nicht leicht zu organisieren; der Düsseldorfer Caritas - Direktor weiß ein Lied davon zu singen. Schließlich hatte die Schweizer Caritas die Ausreise finanziert, und die Kosten der Rückkehr übernahm die portugiesische. Ein Flugzeug brachte die Kinder von Lissabon nach Hamburg. Es war übrigens das erste portugiesische Flugzeug, daß nach dem Kriege auf einem deutschen Flughafen landete. Von Hamburg aus ging es dann per Bahn der Heimat zu. Eltern, Geschwister und Großmütter standen am Montagmorgen auf dem Düsseldorfer Hauptbahnhof in gespannter Erwartung bereit, die kleinen Heimkehrer zu begrüßen. Daß es ihnen in der Ferne an nichts gefehlt hatte, wußten sie natürlich; stolz erzählte eine Mutter, in einem halben Jahr habe ihr Kleiner volle 26 Pfund zugenommen. Als endlich die Einfahrt des Hamburger D - Zugs angekündigt wird, schreit eine Oma regelrecht auf vor freudiger Erregung. ... 'Wie gut du aussiehst ! Wie dick du geworden bist !' heißt es immer wieder. ... Die dicken Backen und die braune Farbe der Kinder sprechen für sich, und ebenso ihre neuen und schönen Kleidungsstücke. Mehrere der kleinen Ströppe stolzieren recht würdevoll in langen Hosen, die da unten im Süden schon zum Sonntagsanzug eines ABC - Schützen gehören. ... Eine Unmenge großer Koffer und Reisesäcke werden ausgeladen, und wir hören, das sei nur 'Handgepäck', das andere schwimme auf dem Ozean via Hamburg. 'Dadrin sind lauter Spielsachen' erklärt stolz ein Junge und weist auf einen gewaltigen Sack. ... Nun hat der deutsche Alltag die Kinder wiederaufgenommen. Aber der Gedanke an das gastfreundliche Portugal wird ihnen eine Erinnerung für das Leben bleiben. Das portugiesische Flugzeug aber hat in Hamburg 71 weitere deutsche Kinder aufgenommen, um auch ihnen dasselbe Erlebnis zu vermitteln als Beitrag eines kleinen Landes zur Völkerverständigung im Sinne christlicher Caritas"[569].

Mit zunehmendem Wohlstand als Folge des wirtschaftlichen Aufschwunges war in den fünfziger Jahren eine Abnahme der für Notzeiten typischen Krankheitsbilder (Tbc, Pferchungsschäden, Mangel- und Unterernährung etc.) zu verzeichnen, die eine Neuakzentuierung der Erholungshilfe beim Caritasverband Düsseldorf bewirkte. Schon dem Rechenschaftsbericht 1955 ist zu entnehmen, dass der Verband für die "Ferien - Kinderaktion" fortan deutlich mehr Mittel als für die "Erholungsverschickung" einsetzte[570]. Nach Ausweis des Berichtes wurden in diesem Jahr 46 Kinder und 89 Mütter zu drei-, vier- oder sechswöchigen Kuraufenthalten entsandt, an denen der Caritasverband Düsseldorf mit einem Zuschuss von 25829 DM beteiligt war. Für die "Ferien - Kinderaktion" brachte der Verband mit 321000 DM im gleichen Rechnungsjahr mehr als das Zehnfache an Eigenmittel auf[571]. In den Sommerferien des Jahres 1955 betreute der Düsseldorfer Caritasverband 1094 Kinder in der örtlichen Ferienerholung und 710 Kinder bei Ferienwanderungen; 2609 Kinder wurden für drei bis vier Wochen nach Baden, Württemberg, Nieder- und Oberbayern, in den Westerwald und die Eifel sowie die Niederlande, Schweiz und Österreich verschickt[572]. Für die Ferienkinderbetreuung musste

---

[569] RP 18.10.1949.
[570] Vgl. KGD 56, 1955.
[571] Vgl. KGD 56, 1955.
[572] Vgl. KGD 56, 1955; NN, 4900 Kinder in "Caritas - Erholung". Bis acht Pfund Gewichtszunahme. Vorbildliche Betreuung, in: Kirchenzeitung für das Erzbistum Köln Jg. 11 Nr. 39 (23.09.1956), 720.

3. Kindererholung

der Verband etwa 60 Betreuungskräfte zur Verfügung stellen. Die Helfer waren meist Studenten Pädagogischer Akademien oder Schülerinnen der Kindergärtnerinnenseminare, die der Caritasverband auf einem Wochenendseminar in Fragen der Pädagogik, Freizeitgestaltung, Erster Hilfe etc. besonders geschult hatte[573]. Im Jahre 1956 organisierte der Düsseldorfer Caritasverband die Verschickung von 4700 Ferienkindern, von denen 900 in Heimen, 1250 in Jugendherbergen und 40 in Zeltlagern untergebracht waren. Hinzu kamen 1200 Jugendliche, die an der mit den Pfarreien durchgeführten Stadtranderholung und weitere 1200, die an Ferienwanderungen teilnahmen[574].

Die Ferien - Kinderaktion, die der Caritasverband Düsseldorf erstmals im Jahre 1952 durchgeführt hatte[575], war in den fünfziger und sechziger Jahren eine der öffentlichkeitswirksamsten Veranstaltungen katholischer Wohlfahrtsarbeit[576]. Unter dem Titel "Uns gefällt et hier ganz prima !" berichtete die Kirchenzeitung am 3. August 1958 von der Erholungshilfe des Düsseldorfer Caritasverbandes: "Der Düsseldorfer Hauptbahnhof gleicht in diesen Tagen einem Ameisenhaufen. Mit Koffern, Taschen und Kartons beladen strömen Stunde für Stunde Hunderte von Ferienreisenden durch die Sperren. Da fallen die kleinen quicklebendigen Grüppchen - mal Jungen, mal Mädchen - kaum auf, wenn sie, vom Reisefieber erfaßt, an Muttis Hand oder selbstbewußt allein zu den Bahnsteigen hochklettern. Schnell stopfen besorgte Mütter ihren Kleinen ein paar Süßigkeiten in die Tasche, dann fährt der Zug ein. Sturm auf die reservierten Abteile, letzte Kußhände, dann hören die winkenden Mütter nur noch von Ferne: 'Aus grauer Städte Mauern ziehen wir in Wald und Feld'. Rund 1600 Kinder fahren bis Mitte August vom Düsseldorfer Hauptbahnhof oder mit Sonderbussen in die Freienheime des Katholischen Caritasverbandes. Drei Wochen sollen sie die Großstadt vergessen und sich im Grünen einmal richtig austoben. Sorgen brauchen sich die Eltern keine zu machen. Erfahrene Jugendbetreuer und Kindergärtnerinnen verleben mit den Kindern drei oder vier glückliche Ferienwochen an der Ostsee, im Sauerland oder in einem großen Heim in Holland. Wie sich die Kinder untereinander verstehen ? 'Kein Problem', sagen die Damen von der Caritas. Viele Kinder kennen sich schon vom vorigen Jahr her. Bei den anderen wird gleich auf dem Bahnsteig Freundschaft geschlossen: 'Auf wat für en Schul jehst du denn ?' Und dann stellt sich schnell heraus, daß sie beide den Pitter kennen: 'Dä is bei dich in de Schul'. Während der Zug oder Autobus noch dem Ferienziel entgegen rattert, werden schon eifrig Ferienpläne geschmiedet: Schwimmen, Indianerspiele und Fußballwettkämpfe stehen auf der Wunschliste obenan. ... In drei oder vier Wochen können die Eltern dann ihren Sprößling oder ihre Tochter sonnenverbrannt und ausgiebig erholt am Bahnhof wieder in Empfang nehmen. Die Caritas aber hofft, daß sie durch diese große umfassende Ferienaktion ... möglichst vielen Düsseldorfer Kindern, die von Hause aus nicht ihre Schulferien an einem Ferienort verbringen können, das bieten kann, was den

---

[573] Vgl. KGD 56, 1955.
[574] Vgl. NN, Caritasreisen der Kinder, in: Kirchenzeitung für das Erzbistum Köln Jg. 10 Nr. 20 (15.05.1955), 381.
[575] Vgl. NN, "Uns gefällt et hier ganz prima !" 1600 Düsseldorfer Schulkinder fahren mit der Caritas in Ferien, in: Kirchenzeitung für das Erzbistum Köln Jg. 13 Nr. 31 (03.08.1958), 17.
[576] Vgl. NN, Wer will mit in die Ferien fahren ? Kinderferienwerk der Caritas hat noch Plätze frei, in: Kirchenzeitung für das Erzbistum Köln Jg. 19 Nr. 26 (28.06.1964), 21.

Großstadtschulkindern so notwendig fehlt: eine körperliche, seelische und geistige Entspannung außerhalb rauchender Schlote und Großstadttrubel. Junge Menschen sollen nicht schon frühzeitig die Krankheitserscheinungen unserer modernen Zivilisation zeigen"[577].

Viel Wert wurde beim Düsseldorfer Caritasverband auf einen längeren Ferienaufenthalt der Kinder außerhalb der Stadt gelegt. In einer Verlautbarung erklärte der Verband am 7. August 1960: "Der Karitasverband ist der Ansicht, daß eine Stadtranderholung - so begrüßenswert jede Ferieninitiative ist - nur ein Notbehelf sein kann. Entscheidend sei vielmehr, daß die Kinder genau wie Erwachsene, für mindestens drei Wochen die Möglichkeit haben, in einer klimatisch und landschaftlich reizvollen Feriengegend, in einem anderen Milieu und in der Gemeinschaft Gleichaltriger ihre Ferien verleben können. Nur so ... können die seelischen und körperlichen Störungen der Kinder im Großstadtalltag wieder ausgeglichen werden. Die Erfahrung der Ferienaktion des Karitasverbandes hat gezeigt, daß hier der richtige Weg beschritten wird"[578].

Ende der sechziger Jahre zog sich der Caritasverband Düsseldorf aus dem Arbeitsfeld "Kindererholung" zurück. "Um den Charakter der katholischen Trägerschaft noch mehr zu verdeutlichen", so eine Erklärung von Verwaltungsdirektor Josef Mühlemeier im Jahre 1979, "wurden die Pfarrgemeinden motiviert, noch mehr Kindererholung in eigener Regie durchzuführen, auch im Hinblick auf das Kennen von Kindern und Betreuern, so daß seit einigen Jahren der Caritasverband unmittelbar keine Erholungsmaßnahme mehr durchführt, wohl in der Vermittlung von Heimen und Finanzierungsmittel tätig ist"[579]. Im Jahre 1978 nahmen an diesen Maßnahmen außerorts 1423 Kinder und an der Stadtranderholung 868 Kinder teil[580]. Die Vermittlung sechswöchiger Kinderkurheilmaßnahmen zur Vorbeugung drohender Gesundheitsschäden wurde vom Caritasverband Düsseldorf weiterhin durchgeführt[581].

Familienerholung

Zu den katholischen Einrichtungen in Düsseldorf, die nach dem Zweiten Weltkrieg der Familienerholung verpflichtet waren, gehörte das "Familienwerk St. Martin". Anfang der fünfziger Jahre aus dem Bund Katholischer Männer und Frauen (KJM) hervorgegangen,

---

[577] NN, "Uns gefällt et hier ganz prima!" 1600 Düsseldorfer Schulkinder fahren mit der Caritas in Ferien, in: Kirchenzeitung für das Erzbistum Köln Jg. 13 Nr. 31 (03.08.1958), 17.
[578] NN, Ferienglück für 4000 Kinder. Jugendliche müssen auch einmal "ausspannen", in: Kirchenzeitung für das Erzbistum Köln Jg. 15 Nr. 32 (07.08.1960), 17.
[579] NN, Kindererholung, -kuren, Familienferien, in: 75 Jahre Caritasverband in Düsseldorf, Düsseldorf 1979, o. S. (56). Vgl. auch CVD 16, 29.12.1983.
[580] Vgl. NN, Kindererholung, -kuren, Familienferien, in: 75 Jahre Caritasverband in Düsseldorf, Düsseldorf 1979, o. S. (56).
[581] Vgl. CVD 16, 29.12.1983; NN, Caritasverband unentbehrlich. Umfangreiche Tätigkeit. Geschäftsführer Josef Mühlemeier erstattete Bericht, in: Kirchenzeitung für das Erzbistum Köln Jg. 26 Nr. 20 (14.05.1971), 28; NN, Kindererholung, -kuren, Familienferien, in: 75 Jahre Caritasverband in Düsseldorf, Düsseldorf 1979, o. S. (56).

3. Familienerholung

verfolgte das Hilfswerk das Ziel, kinderreichen Familien einen kostengünstigen Ferienaufenthalt in den Erholungsheimen Obermendig und Mehlem zu vermitteln[582]. Aus "organisatorischen Gründen" vom Caritasverband Düsseldorf getrennt gehalten[583], stand das Familienwerk St. Martin nicht nur wegen seines Sitzes beim Caritassekretariat an der Hubertusstraße in engster Verbindung mit dem Düsseldorfer Caritasverband. Geleitet von der Auffassung, "daß die Erneuerung der Familie in Volk und Kirche in den kleinen praktischen Dingen des Alltags beginnt", wozu auch "eine sinngemäße Ferienerholung in der Familiengemeinschaft" gehörte, hatte das Werk nach den Sommerferien des Jahres 1952 seinen Anfang genommen[584]. "Einige Familienväter aus der Pfarre St. Martin in Düsseldorf", so ein Zeitungsbericht aus dem Jahre 1960, "unterhielten sich zwanglos über Probleme und Schwierigkeiten für die Familienerholung der gerade vorübergegangenen Ferien. Der Umstand, daß Familien mit ihren Kindern in Pensionen und Hotels kaum Unterkunft gefunden hatten, und die Tatsache, daß viele Väter nicht in der Lage waren, die hohen Preise zu bezahlen, führten schnell zu einer sehr konkreten Überlegung: Selbsthilfe. Der Zufall wollte es, daß die Bilker Männer Kontakte zur Neußer Katholischen Jungen Mannschaft fanden, die bereits seit 1951 auf dem Gebiet der Familienerholung aktiv war. Die Zeit drängte, wollte man in Düsseldorf für 1953 noch etwas Brauchbares schaffen. Dank der Hilfe der Neußer gelang es für dieses Jahr, das Eigentum einer Neußer Familie in Obermendig/Eifel für die Familien - Erholung zu erwerben[585]. Im Jahr darauf - inzwischen hatte das Familien - Erholungswerk St. Martin e.V. im Caritasverband Düsseldorf seine feste Organisation erreicht - konnten die ersten Ferienfamilien in das eigene Haus 'Martinshöhe' in der Nähe von Maria Laach einziehen. Mit großem Idealismus und unter selbstlosem Einsatz wurde das Haus im Laufe der Jahre dann vergrößert[586], Spenden von privater Seite und karitativen Organisationen halfen zudem, die Pensionssätze so niedrig und erschwinglich wie möglich zu halten. Kaum hatte das Werk sein erstes Haus eröffnet, da zeigte sich, wie groß das Interesse und Bedürfnis nach familiengerechter Erholung war. Waren es im Jahre 1954 noch 31 Familien mit 162 Kindern, die mit Hilfe des Familienwerkes St. Martin in Ferien fuhren, so stieg die Zahl 1955 schon auf 79 Familien mit 213 Kindern, im Jahre 1956 auf 92 Familien mit 236 Kindern, bis schließlich im Jahre 1959 auf 161 Familien mit 419 Kindern. Ab 1957 stand dann ein weiteres Haus in Mehlem am Rhein zur Verfügung, dessen Aufnahmemöglichkeit durch Erweiterung und einen genau kalkulierten Plan durch intensive Belegung von im allgemeinen dreiwöchigen Aufenthalten bis zum letzten ausgenutzt wurde. Das Haus Mehlem mußte dann leider 1959 wieder aufgegeben werden, da die ge-

---

[582] Vgl. Werner Drehsen, Werke und Einrichtungen christlicher Liebestätigkeit im katholischen Raum in Düsseldorf, in: Blätter der Gesellschaft für christliche Kultur Jg. 1 Nr. 5 (Mai 1958), 8 - 14, 14.
[583] Vgl. NN, Kernzelle in Volk und Kirche. Familienerholung, eine wichtige Aufgabe karitativer Arbeit, in: Kirchenzeitung für das Erzbistum Köln Jg. 15 Nr. 37 (11.09.1960), 17.
[584] Vgl. NN, Kernzelle in Volk und Kirche. Familienerholung, eine wichtige Aufgabe karitativer Arbeit, in: Kirchenzeitung für das Erzbistum Köln Jg. 15 Nr. 37 (11.09.1960), 17.
[585] Vgl. dazu DN 30.07.1956.
[586] Vgl. dazu DN 30.07.1956; RP 03.08.1956; Do, Haus "Martinshöhe", in: Kirchenzeitung für das Erzbistum Köln Jg. 11 Nr. 33 (12.08.1956), 608.

forderte hohe Miete nicht aufgebracht werden konnte, ohne die Existenz des Familienwerkes ernsthaft zu gefährden"[587].

In einem Gespräch mit der Kölner Kirchenzeitung wurde im Jahre 1963 von den "leitenden Herren des Familienwerkes" der familientherapeutische Gedanke des Selbsthilfevereins St. Martin wie folgt entwickelt: "In einer Zeit, in der die Familie fast pausenlos von den technischen Errungenschaften beherrscht wird, wo Geist und Seele zu verkümmern drohen, weil bei der Jagd nach dem Lebensstandard meist kaum noch Zeit für ein geordnetes Familienleben übrig bleibt, sollte wenigstens die Ferienzeit zur Stärkung der geistigen und seelischen Kräfte aller Familienangehörigen genutzt werden. Wie könnte das besser geschehen als in einer Zeit gemeinsamer Erholung, wo Eltern und Kinder der Hast des Alltags entfliehen und wieder zu sich selbst und zueinander finden können. Von diesem Grundgedanken ausgehend möchte das Familienwerk helfen. Wenn - aus vielerlei Gründen - schon nicht ein beständiges harmonisches Familienleben möglich ist, so sollte aber gerade die gemeinsame Erholung der Familie angestrebt werden. Während dieser Zeit bietet sich auch die Gelegenheit zu Gesprächen zwischen den Eltern und mit ihren Kindern. Mit den Kindern in Ferien zu fahren ist heute, bei einer schon großen Anzahl von Familienorganisationen zu einer umfassenden Aufgabe geworden. Gerade die Tatsache, daß zur echten Erholung auch die Mutter von ihren täglichen Hausfrauenpflichten befreit werden muß hat dazu geführt, eine Familienerholung aufzubauen, die voll und ganz ihren Sinn erfüllt"[588].

Altenerholung

Um der zunehmenden Vereinsamung von alten Menschen zu begegnen, hatte der Landesaltenplan für Nordrhein - Westfalen 1959 Landesmittel für Altenerholungsmaßnahmen zur Verfügung gestellt[589]. Zwei Jahre später bot der Caritasverband Düsseldorf erstmalig für ältere Menschen spezielle Erholungsreisen an, die noch heute einen festen Bestandteil der örtlichen Caritasarbeit bilden[590]. Im Frühjahr 1961 konnte einigen Düsseldorfer Senioren ein mehrwöchiger Aufenthalt in einem Altenheim in Steinheim (Höxter) vermittelt werden, das dem Caritasverband acht Plätze für Erholungsmaßnahmen überlassen hatte[591]. Neben Steinheim wurden auch Ferienfahrten nach Bröhl (Hennef) und Fürstenberg angeboten, bis der Caritasverband Düsseldorf 1963 in Winterberg ein eigenes Erholungsheim erwarb[592].

---

[587] NN, Kernzelle in Volk und Kirche. Familienerholung, eine wichtige Aufgabe karitativer Arbeit, in: Kirchenzeitung für das Erzbistum Köln Jg. 15 Nr. 37 (11.09.1960), 17.
[588] NN, Ferien für die ganze Familie. Haus Martinshöhe in der Eifel. Erholung und Gespräche, in: Kirchenzeitung für das Erzbistum Köln Jg. 18 Nr. 9 (03.03.1963), 20.
[589] Vgl. Klaus Tintelott, Erholungshilfen, in: Paul Nordhues, Handbuch der Caritasarbeit. Beiträge zur Theologie, Pastoral und Geschichte der Caritas mit Überblick über die Dienste in Gemeinde und Verband, Paderborn 1986, 206 - 211, 208.
[590] Vgl. NN, Altenerholung, in: Kirchenzeitung für das Erzbistum Köln Jg. 27 Nr. 43 (27.10.1972), 29.
[591] Vgl. CVD 16, 05.04.2001.
[592] Vgl. CVD 16, 05.04.2001.

3. Altenerholung

Mit dem Kauf von "Haus Westfalen" (Am Waltenberg 50) verfügte der Düsseldorfer Caritasverband über eine eigene Pension, die ganzjährig belegt werden konnte. Das Winterberger Anwesen wurde 1922 als vornehme Villa errichtet, war 1928 als Erholungsheim in die Hände des Wirtschaftsbeamtenbundes übergegangen und 1934 von einer ortsansässigen Familie zu einem Hotel umgebaut worden[593]. Nachdem sich die letzte Besitzerin entschlossen hatte, das Haus und das 3000 Quadratmeter große Gartengelände einem wohltätigen Zweck zu übereignen, wurden Verhandlungen mit dem Caritasverband Düsseldorf aufgenommen, die im September 1963 zum Abschluss kamen. Nach umfangreicher Renovierung und moderner Ausstattung des Innern, insbesondere der Wirtschaftsräume, trafen Anfang 1965 die ersten Gäste ein[594]. Feierlich eingeweiht wurde das Altenerholungsheim des Düsseldorfer Caritasverbandes am 12. Januar 1965 durch Stadtdechant Karl Maaßen[595]. In dem dreigeschossigen Gebäude konnten 23 Gäste in sieben Einzel- und acht Doppelzimmern aufgenommen werden. Zum Belegungsplan des Hauses hieß es 1965 in einer Presseaussendung: "Eine Erholungsperiode dauert drei Wochen. Zur Altenerholung können sich alle Personen ab 65 Jahren melden, bei Ehepaaren genügt es, wenn ein Partner 65 Jahre alt ist. In der Regel schlagen die Düsseldorfer Pfarreien, das städtische Sozialamt und die Helfer der Caritas alte Bürger zur Erholung vor. Der Pensionssatz beträgt pro Tag durchschnittlich zwölf Mark. Dieser Betrag wird - individuell unterschiedlich - aus Mitteln des nordrhein-westfälischen Altenplans, der Krankenkasse, der Stadt und der Caritas sowie durch angemessene Eigenleistung aufgebracht. Der Leiterin des Hauses, Hildegard Lachsen, stehen ständig fünf Hilfskräfte zur Verfügung. Die seelsorgliche und ärztliche Betreuung ist ebenfalls gesichert"[596].

Obwohl das im Laufe der Zeit auf 36 Plätze erweiterte "Haus Westfalen" ständig belegt war[597], musste der Caritasverband Düsseldorf aus Rentabilitätsgründen das Altenerholungsheim am 30. Dezember 1980 schließen und verkaufen[598]. Da die Stabilisierung oder Besserung des körperlichen Befindens als wichtige Voraussetzung für eine selbständige Lebensführung galt[599], blieb die Altenerholung gleichwohl als ein Arbeitsfeld des Düsseldorfer Caritasverbandes erhalten. Mit Hotels in landschaftlich reizvollen und klimatisch günstigen Ferienorten der Bundesrepublik Deutschland wie Naumburg, Riet-

---

[593] Vgl. NN, Erholung für unsere alten Mitbürger. Düsseldorfer Prominenz bei der Eröffnung. Moderne caritative Arbeit, in: Kirchenzeitung für das Erzbistum Köln Jg. 20 Nr. 3 (17.01.1965), 20.

[594] Vgl. NN, Erholung für unsere alten Mitbürger. Düsseldorfer Prominenz bei der Eröffnung. Moderne caritative Arbeit, in: Kirchenzeitung für das Erzbistum Köln Jg. 20 Nr. 3 (17.01.1965), 20.

[595] Vgl. RP 13.01.1965.

[596] NN, Erholung für unsere alten Mitbürger. Düsseldorfer Prominenz bei der Eröffnung. Moderne caritative Arbeit, in: Kirchenzeitung für das Erzbistum Köln Jg. 20 Nr. 3 (17.01.1965), 20. Vgl. auch RP 13.01.1965; NN, Neues Altenerholungsheim des Caritasverbandes der Stadt Düsseldorf, in: Caritas-Nachrichten für das Erzbistum Köln Jg. 20 Nr. 3 (März 1965), 58.

[597] Vgl. RP 12.12.1974.

[598] Vgl. CVD 302, 22.01.1981.

[599] Vgl. NN, Altenerholung, in: Kirchenzeitung für das Erzbistum Köln Jg. 27 Nr. 43 (27.10.1972), 29; NN, Ferien mit der Caritas. Jeweils 21 Tage unterwegs. In Gemeinschaft kleiner Gruppen. Neue Termine. Die Seniorin war 95 Jahre alt, in: Kirchenzeitung für das Erzbistum Köln Jg. 43 Nr. 50 (09.12.1988), 24.

berg, Wünnenberg - Fürstenberg, Rossbach - Wied, Hemmer - Westwig, Bad Salzschlirf, Künzell wurden längerfristige Verträge zur Unterbringung von Düsseldorfer Senioren geschlossen[600]. Entsprechend den Richtlinien des Deutschen Caritasverbandes verstand auch der Düsseldorfer Verband unter Altenerholung ein ganzheitliches Angebot für Menschen, die im Alter das Bedürfnis und den Wunsch nach Erholung, Abwechslung im Lebensrhythmus und Gemeinschaft hatten. Durch die Altenerholung sollte sowohl das Selbstwertgefühl der Senioren gestärkt als auch Möglichkeiten zur Aufnahme bzw. Vertiefung menschlicher Beziehungen angeboten werden[601]. "In der Gemeinschaft einer kleinen Feriengruppe besteht die Gelegenheit", so die Erfahrung eines ehrenamtlichen Reisebegleiters im Jahre 1988, "Kontakte zu schließen und Ferienaktivitäten zu starten. Der Unternehmungslust sind keine Grenzen gesetzt"[602]. Zwei- bis dreiwöchige Seniorenreisen nach Mallorca oder Andalusien mit Flughafentransfer, Kofferservice und ehrenamtlicher Betreuung runden Dank einer Initiative von Caritasdirektor Johannes Böcker seit einigen Jahren das Angebot der Caritasseniorenreisen ab[603]. Außerdem fanden seit dem Jahre 1998 "Ferien ohne Kofferpacken" statt, um Menschen eine stundenweise Erholungszeit zu erlauben, die ihre Wohnung über Nacht nicht verlassen wollten. So konnten etwa Düsseldorfer Senioren in das Kloster Langwaden fahren, wo sie tagsüber eine altengerechte Tagesfreizeit erwartete[604]. Älteren Menschen, die aus gesundheitlichen Gründen nicht verreisen durften, vermittelte der Caritasverband für die Stadt Düsseldorf eine Kurzzeitpflege in ausgesuchten Unterkünften, um pflegenden Angehörigen in dieser Zeit einen Erholungsurlaub zu ermöglichen[605].

Beratungsstelle "Ferien und Erholung"

Im Jahre 1987 wurden die Bereiche Kinderferienhilfswerk (Zuschussvermittlung), Kinderkuren (Anträge), Familienerholung (Zuschussvermittlung, Reiseangebote) und Seniorenerholung (Reiseangebote) zu einem Referat im Caritasverband zusammengefasst[606]. Vorrangiges Ziel der Beratungsstelle "Ferien und Erholung" war es, Beratung und Be-

---

[600] Vgl. NN, Caritas lud Ehrenamtliche zum Schnuppertag. 60 Personen aus 76 Altenklubs erhielten Informationen über Seniorenreisen, in: Kirchenzeitung für das Erzbistum Köln Jg. 44 Nr. 2 (13.01.1989), 24.
[601] Vgl. Erholungsangebote für alte Menschen. Arbeitshilfe für Planung, Organisation und Durchführung, Freiburg 1979, 8.
[602] NN, Ferien mit der Caritas. Jeweils 21 Tage unterwegs. In Gemeinschaft kleiner Gruppen. Neue Termine. Die Seniorin war 95 Jahre alt, in: Kirchenzeitung für das Erzbistum Köln Jg. 43 Nr. 50 (09.12.1988), 24.
[603] NN, Der Sonne entgegen. "Mallorca war Spitze, da wollen wir wieder hin", in: Die Zeitung. Caritasverband für die Stadt Düsseldorf Jg. 2 Nr. 2 (Sommer 2001), 7.
[604] Vgl. CVD 16, 26.05.2003.
[605] Vgl. CVD 16, 26.05.2003.
[606] Vgl. 90 Jahre Caritasverband für die Stadt Düsseldorf. Gemeindecaritas, häusliche Hilfen, soziale Dienste und Beratung, ambulante Pflegestationen, Wohnheim und Altenhilfeeinrichtungen, Düsseldorf 1994, 21.

4. Ostzonenhilfe

gleitung bei der Planung, Finanzierung und Durchführung von Kuren und Erholung für Einzelne und Gruppen anzubieten⁶⁰⁷. Im Jahre 1993 konnte das Referat 141 bedürftigen Familien mit 595 Angehörigen einen Urlaub, 1268 Kindern eine Ferien- oder Kurmaßnahme und 859 Senioren eine Erholungsfahrt vermitteln⁶⁰⁸. Seit dem Jahre 1996 bot der Caritasverband für die Stadt Düsseldorf auf dem Gebiet der Kindererholung wieder eigene Maßnahmen an. Mit dem Versprechen, "aus finanziellen Gründen muß kein Kind zu Hause bleiben", warb Caritasdirektor Johannes Böcker für die Aktion "Kinderferienspaß", die der Düsseldorfer Caritasverband erstmals vom 29. Juli bis 9. August 1996 durchführte⁶⁰⁹. Für 120 Mark wurde 30 Jungen und Mädchen, darunter vielen Kindern aus schwierigen Familienverhältnissen, ein umfangreiches Tagesprogramm mit Besuch des Aqua Zoos, des Spaßbades Düsselstrand, der Tropfsteinhöhle in Iserlohn und ein einwöchiger Aufenthalt in der Jugendherberge Essen - Werden am Baldeneysee angeboten⁶¹⁰. Seit dem Jahre 1998 wurde der "Kinderferienspaß" des Caritasverbandes für die Stadt Düsseldorf von den Mitgliedern des Düsseldorfer Rotary Clubs mit nennenswerten Spenden unterstützt⁶¹¹, wodurch das Angebot bis zum Jahre 2000 auf 150 Kinder erweitert werden konnte⁶¹².

4. Ostzonenhilfe

Anfang der fünfziger Jahre mehrten sich dringende Hilferufe aus der DDR und Polen um Nahrung und Kleidung. Angesichts der wirtschaftlichen Misere im Osten entschloss sich der Deutsche Caritasverband in Gemeinschaft mit den Diözesanverbänden im Jahre 1950 zu einer gezielten Hilfsaktion. Um Überschneidungen und Duplizitäten zu vermeiden und wirkungsvolle Hilfe zu leisten, hatten sich die Diözesen auf die Übernahme abgegrenzter Bezirke verständigt⁶¹³. Dem Diözesancaritasverband für das Erzbistum Köln fiel die Patenschaft für das Bistum Berlin zu, aus dem der Geschäftsstelle am Georgsplatz auf Umwegen die Adressen einer Vielzahl von Notleidenden zugingen. Nach-

---

⁶⁰⁷ Vgl. NN, Der heiße Draht für alle Fragen. Caritas und BDKJ: Ferien - Freizeit - Hotline in Düsseldorf, in: Kirchenzeitung für das Erzbistum Köln Jg. 53 Nr. 5 (30.01.1998), 26.
⁶⁰⁸ Vgl. 90 Jahre Caritasverband für die Stadt Düsseldorf. Gemeindecaritas, häusliche Hilfen, soziale Dienste und Beratung, ambulante Pflegestationen, Wohnheim und Altenhilfeeinrichtungen, Düsseldorf 1994, 21.
⁶⁰⁹ Vgl. CVD 16, 20.05.1996. Vgl. auch NRZ 22.07.1997.
⁶¹⁰ Vgl. WZ 10.08.1996.
⁶¹¹ Vgl. RP 27.04.1998; WZ 11.06.1999; NRZ 17.05.2000.
⁶¹² Vgl. NN, Kinderspaß in Sicht. Düsseldorfer Rotary Club hilft Caritas in den Ferien, in: Kirchenzeitung für das Erzbistum Köln Jg. 55 Nr. 21 (26.05.2000), 30; NN, Rotarier machten es möglich. Schöne Ferien gehabt zu haben, in: Die Zeitung. Caritasverband für die Stadt Düsseldorf Jg. 1 Nr. 3 (Herbst 2000), 9.
⁶¹³ Vgl. Anton Laubacher, Gelebte Caritas. Das Werk der Caritas in der Diözese Rottenburg - Stuttgart, Stuttgart 1982, 193 f.

dem bereits in den Jahren 1950 bis 1952 durch den Kölner Diözesancaritasverband sowie durch Adressenvermittlung an Ortscaritasverbände, Pfarrgemeinden und Privatpersonen einige tausend "Liebesgabensendungen" nach Ostberlin, Pommern und in die Mark Brandenburg gegangen waren[614], erreichte der Paketversand 1953 seinen Höhepunkt.

Nachdem am 17. Juni 1953 der Volksaufstand in der DDR und Ostberlin blutig niedergeschlagen wurde, übermittelte Kardinal Josef Frings vier Tage später dem Berliner Bischof Wilhelm Weskamm folgende Solidaritätsadresse: "Zu dem furchtbaren Schicksal, das in diesen Tagen über unzählige Familien und Einzelne der Ostzone hereingebrochen ist, spreche ich Euer Exzellenz als dem Bischof des am meisten betroffenen Gebietes namens meiner Erzdiözesanen und in eigenem Namen von Herzen meine Anteilnahme aus. Wenn ein Glied leidet, leiden alle Glieder mit (1. Kor 12,16). Das ganze Erzbistum habe ich aufgerufen, im Gebet aller Verwundeten und Eingekerkerten, aller zu Witwen und Waisen gewordenen, aller in Not und Verzweifelung Befindlichen eingedenk zu sein, ebenso aber auch aller derer, die ihr Leben lassen mußten. Am Feste Peter und Paul wollen wir der verfolgten Kirche gedenken. Als Auftakt gleichsam wird am Tage vorher unser Gebet für die Opfer der letzten Tage in allen Kirchen verrichtet werden. Gottes Erbarmen bewirke, daß die Herzen derer, die in Ostberlin und in der Ostzone die Macht haben, zur Menschlichkeit gelenkt werden, so daß sie der gequälten Bevölkerung nicht weitere Lasten auferlegen. Möge der Tag nicht mehr fern sein, an dem der Riß sich schließt, der mitten durch unser Volk geht und so viel Unheil auslöst"[615].

Eine Woche nach Veröffentlichung des Handschreibens rief der Kölner Erzbischof die Gläubigen seines Bistums zu vermehrten Lebensmittelspenden für die DDR auf. "Ich bitte", so Kardinal Josef Frings am 30. Juni 1953, "meine Erzdiözesanen um der Liebe Christi willen, unter Zurückstellung persönlicher Wünsche und gegebenenfalls mit einer gewissen Einschränkung der eigenen Lebenshaltung, noch mehr als bisher Lebensmittelpakete zu den Bedrängten zu schicken, soweit den einzelnen Adressen in Ostberlin und in der Ostzone schon bekannt sind. Wer keine solche Adresse weiß, erbitte sie sich von unseren Caritasorganisationen oder überweise an diese einen Geldbetrag für eine entsprechende Sendung"[616]. Zugelassen für den Versand in die DDR waren Päckchen bis zu 2 kg und Pakete bis zu 7 kg. Besonders erwünscht waren Fette jeder Art, Öl in Dosen, geräucherter Speck, Fleischkonserven, Dauerwurst, Schinken, Milch-

---

[614] Vgl. NN, Einfuhr von religiösem Schrifttum in Verbindung mit kirchlichen Liebesgabensendungen in die Ostzone, in: Caritas - Nachrichten für das Erzbistum Köln Jg. 5 Nr. 9 (10.12.1950), 88; NN, Pakete für die Ostzone, in: Caritas - Nachrichten für das Erzbistum Köln Jg. 6 Nr. 3 (20.04.1951), 35; NN, Geschenksendungen in die Sowjetzone und in den sowjetischen Sektor Berlin, in: Caritas - Nachrichten für das Erzbistum Köln Jg. 7 Nr. 3 (20.04.1952), 40.

[615] NN, Handschreiben Seiner Eminenz des Hochwürdigsten Herrn Kardinals und Erzbischofs von Köln an den Bischof von Berlin, in: Caritas - Nachrichten für das Erzbistum Köln Jg. 8 Nr. 6 (28.07.1953), 82.

[616] NN, Aufruf zur Lebensmittelspende für die Ostzone, in: Kirchlicher Anzeiger für die Erzdiözese Köln Jg. 93 Nr. 20 (15.07.1953), 287; NN, Aufruf zur Lebensmittelspende für die Ostzone, in: Caritas - Nachrichten für das Erzbistum Köln Jg. 8 Nr. 6 (28.07.1953), 82. Vgl. auch NN, Der Deutsche Caritasverband ruft zur Hilfe für die Ostzone auf, in: Caritas. Zeitschrift für Caritasarbeit und Caritaswissenschaft Jg. 54 Nr. 7/8 (Juli/August 1953), 224 - 225, 224 f.

4. Ostzonenhilfe

pulver, Zucker, Kakao, Schokolade, Rosinen, Stärkungsmittel für Tbc - Kranke, Kindernahrung, Lebertran und Nährmittel wie Reis, Grieß, Haferflocken, Nudeln[617].

Die Anfang der fünfziger Jahre initiierte Ostzonenhilfe umfasste nicht nur den Versand von Paketen, sondern auch Hilfen für die zahlreichen Besucher aus der DDR in die Bundesrepublik Deutschland. Schon bei deren Einreise waren die Bahnhofsmissionen um sie bemüht. Die Städte und Kreise halfen den Gästen mit etatmäßig festgelegten Barbeträgen. Bei Bedarf ergänzten die Caritasverbände das kommunale "Begrüßungsgeld" mit zusätzlichen Geld- und Sachgaben. Mitunter gelang es ihnen auch, Besuchern aus Ostdeutschland zu einem kurzen Erholungsurlaub oder zu dringend notwendigen Medikamenten zu verhelfen, die in der DDR nicht erhältlich waren. Menschen, die trotz aller Absperrmaßnahmen ein Schlupfloch in den Westen fanden und für die es kein Zurück mehr gab, fanden bei den Einrichtungen der Caritas gleichfalls sachkundige Hilfe[618]. Ausgelöst durch die Erhöhung der Arbeitsnormen und den Preisanstieg für Lebensmittel und Konsumgüter hatte schon Monate vor dem Volksaufstand des Jahres 1953 ein Flüchtlingsstrom von Ost- nach Westdeutschland eingesetzt. Am 10. April 1953 berichteten die Caritas - Nachrichten für das Erzbistum Köln: "In diesen Tagen treffen in vielen Kreisen unserer Erzdiözese die ersten Transporte der ostzonalen Flüchtlinge ein. Seit Weihnachten hat sich der Zustrom dieser Flüchtlinge erheblich verstärkt und beginnt, katastrophale Formen anzunehmen. In Westberlin melden sich täglich 1000 bis 2000 ostzonale Flüchtlinge. Nach einem längeren oder kürzeren Lageaufenthalt in Berlin werden die anerkannten Flüchtlinge in die Bundesrepublik eingeflogen. Ein Großteil ist für das Land Nordrhein - Westfalen bestimmt. ... Für alle Ostzonen- und Ostberlin - Bewohner ist das wesentlichste, daß wir ihnen das Bewußtsein geben, daß sie nicht 'abgeschrieben' sind, sondern daß wir uns mit ihnen verbunden fühlen. Alle in der Ostzone müssen in ihrem Ausharren noch bestärkt werden, solange für sie noch keine akute Gefahr für Freiheit und Leben besteht. Lassen wir darum nicht nach, unsere Pakete und Päckchen immer wieder in die Familien und Patenschaftspfarreien zu senden. Vielen ist dadurch das Leben wieder lebenswert geworden. Den Ostzonenflüchtlingen, die uns täglich begegnen, werden wir mit großem Verständnis entgegenkommen müssen. Es sind Menschen, die den stärker werdenden Terror nicht aushalten konnten, und die nun aus politischen, religiösen und sozialen Gründen ein Asyl im Westen erhalten haben oder ein solches suchen. Wir wollen ihnen mit materieller und seelischer Hilfe ihr Schicksal so gut es geht erleichtern. Vor allem wird es notwendig sein, in den Lagern und Massenunterkünften sowohl eine seelsorgliche wie caritative Betreuung durchzuführen. ... In den größeren Städten steht die Bahnhofsmission Tag und Nacht im Einsatz.

---

[617] Vgl. NN, Sendet Pakete in die Sowjetzone und helft Pakete packen, in: Caritas - Nachrichten für das Erzbistum Köln Jg. 8 Nr. 6 (28.07.1953), 84 - 85, 85; NN, Praktische Winke für die Pakethilfe, in: Caritas. Zeitschrift für Caritasarbeit und Caritaswissenschaft Jg. 54 Nr. 7/8 (Juli/August 1953), 226; NN, Hilfe für die russische Zone, in: Caritas - Nachrichten für das Erzbistum Köln Jg. 8 Nr. 7 (20.09.1953), 99 - 101, 101; NN, Paketsendungen in die Ostzone, in: Caritas - Nachrichten für das Erzbistum Köln Jg. 8 Nr. 8 (25.10.1953), 123.
[618] Vgl. Joseph Weber, Warum mangelt es sosehr in der Seelsorge an den Flüchtlingen aus der DDR, in: Caritas. Zeitschrift für Caritasarbeit und Caritaswissenschaft Jg. 56 Nr. 9/10 (September/Oktober 1955), 236 - 239, 236 ff.

Es werden noch weitere Helfer gebraucht: Männer, Frauen, Jungmänner und Mädchen. Beim Einflug in die Bundesrepublik ist der Bahnhofsmission oft die erste Begegnung zwischen Flüchtlingen und der Kirche aufgegeben. In unsere Diözese kommen auch bereits Transporte mit dem Flugzeug in Düsseldorf an. Die meisten Transporte werden jedoch nach Hannover - Langenhagen eingeflogen. In den Nächten der letzten Wochen überstieg die Zahl der zu Betreuenden manchmal Eintausend"[619].

In welcher Weise und in welchem Umfang der Caritasverband Düsseldorf sich an der "Ostzonenhilfe" beteiligte, ist nur lückenhaft dokumentiert. Dem Verbandsbericht für das Jahr 1955 ist zu entnehmen, dass die "Ostzonen - Pakethilfe" weiter ausgebaut und um "ein Vielfaches" vermehrt wurde. "Lebensmittel an Ostzonenbesucher", so eine Randnotiz im Jahresrückblick, "wurden nur noch in sehr geringem Umfange ausgegeben, da wir die Erfahrung machen mußten, daß dann in sehr vielen Fällen nicht die wirklich Bedürftigen unsere Hilfe erfuhren. Darum war in jedem Falle erst eine Rückfrage in der Ostzone notwendig, woraufhin uns durch die betreffenden Pfarrer häufig andere Familien als weitaus bedürftiger angegeben wurden, denen dann unsere Pakethilfe zuteil wurde"[620]. Nach einem Vortrag von Caritasdirektor Werner Drehsen gehörte im Frühjahr 1958 zum Arbeitsfeld der lokalen "Ostzonenhilfe" neben der Beratung der Besucher auch die Pakethilfe, Medikamentenhilfe und Vermittlung von Erholungskuren[621]. In den sechziger Jahren nahm die Zahl der versandten Ostzonenpakete langsam ab[622]; nach 1971 konzentrierte sich Pakethilfe auf Polen, insbesondere auf die ehemaligen deutschen Ostgebiete. Nach einer Stagnation erreichte die Hilfe seit 1981 wieder einen Aufschwung, als in Polen eine erneute Versorgungskrise ausbrach und sich zahlreiche Initiativen zu Sonderaktionen entschlossen[623].

Exkurs: DDR - Kontakte

Etwa zur gleichen Zeit gelang es 1982 dem Caritasverband für die Stadt Düsseldorf, inoffizielle Kontakte zu Caritasmitarbeitern aus Leipzig, Chemnitz und Gera herzustellen und erstmals Einblick in den Arbeitsalltag der Caritas in Ostdeutschland zu gewinnen[624]. In einer "vertraulichen Information" des Düsseldorfer Caritasverbandes vom 25. September 1984 über ein Kontaktgespräch mit Caritasmitarbeitern in der DDR waren als Ziele der "Austausch über die Arbeit", die "Unterstützung und Hilfe der dortigen Cari-

---

[619] NN, Der Flüchtlingsstrom aus der Ostzone, in: Caritas - Nachrichten für das Erzbistum Köln Jg. 8 Nr. 3 (10.04.1953), 30 - 32, 31 f. Vgl. auch NN, Hilfe den Ostzonenflüchtlingen, in: Caritas - Nachrichten für das Erzbistum Köln Jg. 8 Nr. 4 (20.05.1953), 47 - 50, 47 ff; NN, Erfassung und Betreuung der ostzonalen Jugend, in: Caritas - Nachrichten für das Erzbistum Köln Jg. 8 Nr. 4 (20.05.1953), 50 - 51, 50 f.
[620] KGD 56, 1955.
[621] Vgl. Werner Drehsen, Werke und Einrichtungen christlicher Liebestätigkeit im katholischen Raum in Düsseldorf, in: Blätter der Gesellschaft für christliche Kultur Jg. 1 Nr. 5 (Mai 1958), 8 - 14, 9.
[622] Vgl. CVD Vorstandsprotokolle, 03.05.1971.
[623] Vgl. CVD Vorstandsprotokolle, 03.11.1983.
[624] Vgl. CVD 476, 03.10.2000.

4. Exkurs: DDR - Kontakte

tasarbeit" und die "Begegnung von Menschen in einem geteilten Land" genannt worden. Zum Verlauf des Gesprächs am Rande der Leipziger Herbstmesse bemerkte das Dossier: "Unsere Partner dort waren: Ein hauptamtlicher Mitarbeiter einer Caritas - Behinderteneinrichtung, eine ehrenamtliche Mitarbeiterin der Elisabeth - Konferenz, ein Arzt, ein Pfarrer und verschiedene andere Gemeindemitglieder. Wir waren: Ein Pfarrer, ein Sozialarbeiter, eine Dekanatssprecherin der Caritasgruppen, einer Leiterin einer Pfarrcaritasgruppe, eine Pfarrgemeinderats - Vorsitzende. Die Schwerpunkte unserer Gespräche waren: Überlegungen zu dauerhaften Begegnungen, Informationen zu den jeweiligen Arbeitsbedingungen und -voraussetzungen, Erfahrungs- und Informationsaustausch über kirchliche und sozial - caritative Themen, Entwicklungen und Aufgaben. Es zeigte sich, daß eine materielle Unterstützung nachrangig zu sehen ist. Vorrangige Absicht war und ist die menschliche Begegnung und der Austausch"[625]. Anders als in der Bundesrepublik Deutschland war die Caritas in der DDR kein juristisch selbständiger, als gemeinnützig anerkannter Wohlfahrtsverband katholischer Christen, da der sozialistische Arbeiter- und Bauernstaat sich selbst als Träger aller gemeinnützigen Tätigkeit verstand[626]. Vom ideologischen Ansatz her wurden Kirche und christlicher Glaube als Relikte einer vergangenen Epoche betrachtet, doch suchte man sich ihrer zur Erreichung eigener Ziele zu bedienen, wo es dem SED - Regime ohne Preisgabe des eigenen Macht- und Führungsanspruchs nützlich erschien. Ziel der restriktiven Politik war es, ein Hineinwirken der Kirche in die Gesellschaft mit allen Mittel zu verhindern. Gleichwohl bleibt festzuhalten, dass die DDR als einziger sozialistischer Staat überhaupt kirchliche Caritas in nennenswertem Umfang zuließ.

Im Jahre 1970 waren in den Einrichtungen der Caritas in der DDR etwa 6000 Mitarbeiter, darunter 1948 Ordensschwestern, hauptamtlich tätig. Dem Statistischen Jahrbuch der DDR zufolge waren 1960 von 88 konfessionellen Krankenhäusern 35 in katholischer Trägerschaft, was angesichts der geringen Katholikenzahl in Ostdeutschland überrascht. Während die Finanzierung der laufenden Arbeit der Krankenhäuser über kostendeckende Pflegesätze erfolgte, mussten notwendige Investitionen im Baubereich und zur Modernisierung von den Kirchen selbst aufgebracht werden. Harte staatliche Attacken erfolgten vor allem in den fünfziger Jahren gegen katholische Kinderheime. Bestanden 1952 in der DDR und Ost - Berlin insgesamt 75 katholische Kinder- und Säuglingsheime, waren es 1988 nur noch 12 Kinderheime mit 315 Plätzen. Unter beträchtlichem Propaganda - Aufwand hatte man die als Erzieherinnen tätigen Ordensschwestern krimineller Vergehen verschiedenster Art beschuldigt, doch wurden die eigentlichen Vorwürfe mit Ausweisung der Ordensschwestern aus dem Caritasheim Bad Saarow deutlich, als der "Neue Tag" (Bernau) am 12. Mai 1953 kolportierte: "Als klare Feinde des Fortschritts entlarvten sich die Schwestern, indem sie bewußt die Kinder vom politischen Geschehen fernhalten und den Kindern Bücher zu lesen geben, die nicht geeignet sind,

---

[625] CVD 476, 25.09.1984.
[626] Zur Geschichte der Caritas in der DDR vgl. Hellmut Puschmann, Caritas in einer marxistischen Umwelt. Die Arbeit der Caritas seit 1945 im Ostteil Deutschlands, in: Caritas '91. Jahrbuch des Deutschen Caritasverbandes, 37 - 41, 37 ff; Ursula Pruss, Caritas in der DDR, in: Horst Dähn, Die Rolle der Kirchen in der DDR. Eine erste Bilanz, München 1993, 198 - 210, 198 ff; Gerhard Lange, Caritas in der DDR, in: Erwin Gatz, Caritas und soziale Dienste, Freiburg 1997, 343 - 377, 343 ff.

das Bewußtsein in fortschrittlichem Sinne zu beeinflussen"[627]. Nach dem Mauerbau gab es derart spektakuläre Heimschließungen kaum noch, doch war man staatlicherseits bemüht, die Einweisung bildungsfähiger Kinder in kirchliche Heime zu verhindern. Während alles darangesetzt wurde, den Kirchen den Einfluss auf junge, gesunde Menschen zu entziehen, war die Unterbringung behinderter Jugendlicher in kirchlichen Einrichtungen geradezu erwünscht. War das 1885 gegründete St. Johannesstift in Ershausen bei Gründung der DDR die einzige Behinderteneinrichtung der Caritas, so unterhielt die katholische Kirche 1988 in der DDR 17 Heime für Geistigbehinderte. Erhebliche Schwierigkeiten bereitete der ostdeutschen Kirche die Finanzierung gemeindeeigener Kindergärten, die gezwungen waren, ohne jede staatliche Zuwendung die Betriebskosten zu decken. Trotz angestrebter flächendeckender Versorgung mit staatlichen Kindertageseinrichtungen gab es im Jahre 1975 in der DDR 152 katholische Kindergärten und Kinderhorte mit 9031 Plätzen, deren Unterhalt zumeist aus Mitteln des Bonifatiuswerkes (Paderborn) bestritten wurde. Die Zahl katholischer Gemeindeschwesternstationen zur ambulanten Kranken- und Altenpflege hatte bereits in den fünfziger Jahren wegen Mangel an Ordensschwestern stark abgenommen (1955: 999 Stationen; 1966: 502) und war 1988 auf unter 100 gesunken. Bemerkenswert ist, dass trotz aller Beschränkungen in den meisten ostdeutschen Dekanaten im Laufe der Zeit Caritassekretariate als Anlaufpunkte für soziale Fragen und sogar eigene Beratungsdienste für Alkohol- und Drogenabhängige oder Familien in Konflikt- und Krisensituationen eingerichtet werden konnten.

Waren die Möglichkeiten für kirchlich - caritatives Wirken in der DDR auch nicht mit denen in der Bundesrepublik Deutschland vergleichbar, so gab es auch hier Bereiche, in denen Caritas an Not leidenden Menschen immer möglich blieb. Eine Unterstützung der caritativen Arbeit hinter dem Eisernen Vorhang war von Westdeutschland aus nur im begrenzten Umfang durchführbar. Zwar hatten die 1982 am Rande der Leipziger Messe geknüpften Kontakte zwischen Caritasmitarbeitern aus Gera und Düsseldorf seit Mitte der achtziger Jahre offiziellen Charakter[628], doch waren finanzielle oder materielle Zuwendungen vom Rheinland nach Ostthüringen nur beschränkt möglich.

Mit dem Fall der Mauer am 9. November 1989 gewannen die von Studiendirektor Peter Wilhelm Sülzen und Günther Fuchs (Fachberatungsleiter Gemeindecaritas) über Jahre aufgebauten Kontakte zwischen Caritaskräften in Gera und Düsseldorf eine neue Qualität. Um den gegenseitigen Erfahrungs- und Informationsaustausch in Gang zu halten, fanden seit 1990 wechselseitige Besuche von haupt- und ehrenamtlichen Mitarbeitern statt[629]. Ihre Eindrücke von einem Besuch in Gera im August 1990 fasste eine Mitarbeiterin des Düsseldorfer Caritasverbandes mit den Worten zusammen: "Es war

---

[627] Zitiert nach NN, Maßnahmen gegen Kinderheim. Unqualifizierte Presseangriffe gegen Ordensschwestern, in: Petrus Blatt. Katholisches Kirchenblatt für das Bistum Berlin Jg. 9 Nr. 20 (17.05.1953), o. S. (3).

[628] Vgl. 50 Jahre hauptamtliche Caritasarbeit in Ostthüringen 1952 - 2002, Gera 2002, 14.

[629] Vgl. CVD 476, 01.08.2002; NN, Zeichen gegen Fremdheit, in: Kirchenzeitung für das Erzbistum Köln Jg. 48 Nr. 27/28 (09.07.1993), 23; Ronald Morschheuser, Enge Kontakte seit 1982. Thüringer Caritasmitarbeiter zu Besuch in Düsseldorf, in: Kirchenzeitung für das Erzbistum Köln Jg. 52 Nr. 26 (27.06.1997), 26; 50 Jahre hauptamtliche Caritasarbeit in Ostthüringen 1952 - 2002, Gera 2002, 14.

bedrückend für mich, in den Gesprächen von den großen Ängsten der dortigen Menschen zu erfahren: von drohender Arbeitslosigkeit durch Stillegung der Betriebe; von ihren Unsicherheiten im Umgang mit Versicherung und Banken - bedingt durch mangelnde Information; Ihren Sorgen um eventuelle Erhöhung der Mieten; von den finanziellen Problemen meist junger Leute, die, plötzlich arbeitslos geworden, ihre Raten für die gerade angeschafften West - Autos nicht mehr zahlen können; von der Hilflosigkeit des von seiner Gemeinde als Vertrauter mit diesen Sorgen angefragten Pfarrers, der keinen Rat weiß. Voll Zuversicht ersehnten die Menschen die Wiedervereinigung, von der sie sich ein Ende der Unsicherheiten erhoffen. Ich wünsche ihnen, daß sich ihre Hoffnungen mit unserer Hilfe erfüllen"[630]. Der erste Gegenbesuch von Caritasmitarbeitern aus Gera fand im Juli 1991 statt und galt neben den Sehenswürdigkeiten der nordrhein - westfälischen Landeshauptstadt vor allem den Einrichtungen und Diensten des Caritasverbandes für die Stadt Düsseldorf[631].

5. Gefährdetenhilfe

Von den Anfängen des Kreuzbundes in Düsseldorf und der Einrichtung einer "Beratungsstelle für katholische Alkoholkranke" im Caritassekretariat an der Tonhallenstraße ist bereits berichtet worden[632]. Nachdem mit Ausbruch des Zweiten Weltkrieges sowohl die Arbeit des Kreuzbundes als auch der Caritasberatungsstelle für Alkoholkranke eingestellt worden war, kam die Reorganisation der katholischen Suchtkrankenhilfe in Düsseldorf nach der Kapitulation nur langsam in Gang. Der Befund überrascht, da die Abhängigkeit von Suchtmitteln gerade in Folge des Krieges eine nicht zu übersehende Zeiterscheinung geblieben war. In einem Bericht über die Hilfe an Suchtkranken hieß es im Jahre 1946: "Der akute Alkoholismus als Massenerscheinung ist zur Zeit zwar verschwunden. Die Süchtigkeit erstreckt sich jetzt auf jene Menschengruppe, die für die Suchtmittel Alkohol, Nikotin oder Morphium etc. höchste Tauschwerte - (selbst Lebensmittelkarten) gibt oder die sich selbst, meist auf primitive Weise gefährliche schnapsähnliche Getränke herstellt. Daher in erster Linie Auftreten von Süchtigkeit auf dem Lande (Schnapsbrennereien). In den Städten Morphonismus und Tablettensüchtigkeit"[633]. Ein Mahnschreiben von Kardinal Josef Frings, das am 25. Januar 1948 in Umlauf gelangte, beklagte die Zunahme von Tanzveranstaltungen mit Alkoholexzessen.

---

[630] Margret Bloemkamp, Besuch in Gera/Thüringen, in: Ruf - St. Suitbertus Kaiserswerth Jg. 25 Nr. 88 (Dezember 1990), 18.
[631] Vgl. CVD 476, 21./25.07.1991.
[632] Vgl. oben S. 270 ff und 649 ff.
[633] NN, Generalversammlung des Diözesan - Caritasverbandes Köln am 14. März 1946 im St. Elisabeth - Krankenhaus Köln - Hohenlind, in: Caritas - Nachrichten für das Erzbistum Köln Jg. 1 Nr. 4 (15.04.1946), 2 - 10, 5. Vgl. auch Walter Wilhelm Baumeister, Suchtgefährdung heute, in: Caritas. Zeitschrift für Caritasarbeit und Caritaswissenschaft Jg. 48 Nr. 9/10 (September/Oktober 1947), 161 - 166, 161 ff.

"Die Wirkung der entarteten Tanzlustbarkeiten", so der Kölner Erzbischof, "wird noch dadurch verschlimmert, daß die Teilnehmer vielfach dem unmäßigen Genuß alkoholischer Getränke, insbesondere gebrannter Getränke, die eine ungesetzliche Herkunft haben, frönen. Leider beteiligen sind vielerorts auch Frauen und Mädchen an solchen Trinkunsitten"[634].

Mit Beginn des Jahres 1949 wurde die Suchtkrankenfürsorge innerhalb des Diözesancaritasverbandes Köln neu auf- und ausgebaut. Ausgehend von der Stadt Köln wurden in fast allen größeren Orten des Bistums sachkundige Beratungsstellen mit haupt- oder nebenamtlichen Kräften eingerichtet[635]. Außerdem wurden in zahlreichen Städten "Frohe Inseln" ins Leben gerufen, um "geheilten und gebesserten" Klienten aus Heilstätten in geselligen Zirkeln zu zeigen, "daß auch ohne Alkohol Frohsinn herrschen kann"[636]. Regelmäßige Zusammenkünfte in alkoholfreier Geselligkeit wurden seit Ende des Krieges auch vom Kreuzbund angeboten, dem es jedoch nicht gelang, sein ehemals flächendeckendes Netz von Pfarrabteilungen in der Diözese Köln wiederherzustellen. Soweit bekannt, gab es in den vierziger und fünfziger Jahren in Düsseldorf nur eine Gruppe, die der Hoheneck - Zentrale, der Bundesgeschäftsstelle des Kreuzbundes in Hamm, angeschlossen war. Hierbei handelte es sich um die Kreuzbundgruppe an der Pfarrgemeinde St. Gertrud, die unter Leitung der Zentrumsfunktionärin Thea Hartmann alle Stürme der Zeit überstanden hatte[637].

Beim Caritasverband für die Stadt Düsseldorf, der seit dem Jahre 1950 in seinen Räumen Benrather Str. 11 wieder eine wöchentliche Sprechstunde für Alkoholkranke anbot[638], wurde die Idee der "Frohen Insel" im Juni 1953 aufgegriffen, als der spätere Verwaltungsdirektor Josef Mühlemeier in der Geschäftsstelle an der Benrather Straße

---

[634] NN, Warnung vor verwerflichen Vergnügungen, in: Kirchlicher Anzeiger für die Erzdiözese Köln Jg. 88 Nr. 5 (15.02.1948), 41 - 42, 42.

[635] Vgl. NN, Suchtkrankenfürsorge, in: Caritas - Nachrichten für das Erzbistum Köln Jg. 5 Nr. 1 (01.02.1950), 5; NN, Jahresbericht 1949 der Katholischen Beratungsstelle für Suchtkranke, in: Caritas - Nachrichten für das Erzbistum Köln Jg. 5 Nr. 3 (01.04.1950), 32 - 33, 32 f; NN, Suchtkrankenfürsorge, in: Caritas - Nachrichten für das Erzbistum Köln Jg. 6 Nr. 4 (15.07.1951), 7; NN, Pfarrei und Trinkerfürsorge, in: Caritas - Nachrichten für das Erzbistum Köln Jg. 6 Nr. 8 (20.12.1951), 76; NN, Jahresbericht 1951 der Katholischen Suchtkrankenfürsorge in der Erzdiözese Köln, in: Caritas - Nachrichten für das Erzbistum Köln Jg. 7 Nr. 2 (05.03.1952), 24 - 25, 24 f; NN, Suchtkrankenfürsorge des Diözesancaritasverbandes im Jahre 1952, in: Caritas - Nachrichten für das Erzbistum Köln Jg. 8 Nr. 5 (25.06.1953), 66 - 69, 66 ff; NN, Suchtkrankenfürsorge 1953 im Erzbistum Köln, in: Caritas - Nachrichten für das Erzbistum Köln Jg. 9 Nr. 2 (01.03.1954), 30 - 33, 30 ff; NN, Suchtkrankenfürsorge 1954 im Erzbistum Köln, in: Caritas - Nachrichten für das Erzbistum Köln Jg. 10 Nr. 3 (25.03.1955), 57 - 60, 57 ff; Elisabeth Lakemeier, 50 Jahre Diözesan - Caritasverband für das Erzbistum Köln 1916 - 1966, Köln 1967, 131.

[636] Elisabeth Lakemeier, 50 Jahre Diözesan - Caritasverband für das Erzbistum Köln 1916 - 1966, Köln 1967, 132. Vgl. auch NN, Brief aus Köln: 5 Jahre "Frohe Insel" in der Domstadt, in: Johannesruf. Werkblatt des Kreuzbundes Jg. 52 Nr. 5 (Mai 1955), o. S. (6).

[637] Vgl. PfA Eller St. Gertrudis 23.02, 15.03.1946, 08.03.1950 und 30.03.1954.

[638] Vgl. CVD Vorstandsprotokolle, 11.01.1951; NN, Suchtkrankenfürsorge, in: Caritas - Nachrichten für das Erzbistum Köln Jg. 6 Nr. 4 (15.07.1951), 7.

5. Gefährdetenhilfe

eine Anlaufstelle für Alkoholkranke einrichtete[639]. Mit Blick auf die Reorganisation der katholischen Suchthilfearbeit in Düsseldorf berichtete Gisela Pollack, Geschäftsführerin des Kreuzbundes Düsseldorf, im Jahre 1986: Als Josef Mühlemeier im Frühjahr 1953 seine Arbeit beim Caritasverband aufnahm, "bestand der Kreuzbund aus einem Gebetskreis unter der Leitung einer Frau Hartmann. Regelmäßig am Sonntagmorgen traf sich dieser Kreis, um für die 'Armen Säufer' zu beten. Herrn Mühlemeier war klar, daß hier mehr geschehen mußte. Er hatte bereits andere Möglichkeiten kennengelernt. Der Gebetskreis konnte nicht die Hilfe bringen, die er selbst für nötig erachtete. Er beriet sich mit Herrn Dr. Johannes Schick aus Köln, von dem er wußte, daß er sich mit der Suchtproblematik beschäftigte und gründete schließlich zusammen mit drei weiteren Mitstreitern ... die 'Frohe Insel'. Wöchentlich dienstags trafen sich die Mitglieder der 'Frohen Insel' in den Räumen des Caritasverbandes. Hier wurde die alkoholfreie Geselligkeit gepflegt, hier konnte man miteinander reden, ohne mit dem Alkohol konfrontiert zu werden. ... So gab es auf der einen Seite das Kreuzbündnis, dessen Mitglieder Hilfe im Gebet erflehten, auf der anderen Seite die Frohe Insel, wo Alkoholkranke die Möglichkeit hatten, in geselliger Runde zusammenzutreffen. Beide lebten nebeneinander, beiden lag der Wille Hilfe zu geben zugrunde"[640].

Im Gründungsjahr der Frohen Insel betreute die Suchtkrankenfürsorge der Caritas 48 Suchtkranke, 108 Suchtgefährdete kamen in die Sprechstunde. "In vielen Fällen", so das Resümee im Jahresbericht 1953, "konnten die Verhältnisse so geordnet werden, daß für die betreffenden Familien die wirtschaftliche Sicherheit gewährleistet ist. Zur Nachbetreuung gebesserter bzw. geheilter Suchtkranker wurde die 'Frohe Insel' eingerichtet. Hier haben die 'Ehemaligen' Gelegenheit, sich über ihre Sorgen auszusprechen. Es werden Kurzreferate gehalten. Frohe Geselligkeit wird gepflegt bei alkoholfreien Getränken. Zur frohen Insel treffen sich diese Leute alle 2 Wochen, zum Teil mit ihren Ehefrauen. Die Zusammenarbeit mit dem städtischen Gesundheitsamt in Düsseldorf ist gut"[641].

Dass katholische Suchtkrankenfürsorge nach dem Zweiten Weltkrieg vielfach noch immer als "Trinkerrettung" verstanden wurde, die Alkoholismus nicht als Krankheit im medizinisch - psychosozialen Sinne, sondern als Willensschwäche verstand, unterstreicht ein Bericht in der Kirchenzeitung vom 14. Juni 1964, der unter dem Titel "Erzfeind Alkohol" über die Arbeit der "Beratungsstelle für Suchtkranke bei der Düsseldorfer Caritas" berichtete: "In der Beratungsstelle sprechen ... häufig Frauen und Mütter vor, denen die Verzweiflung und Angst im Gesicht geschrieben steht: Der Vater ist zum Trinker geworden. Auch Männer kommen, zaghaft und zögernd, mit nur einem geringen Funken Hoffnung, dem Laster entsagen zu können. Trunksucht ist als eine echte Krankheit anerkannt. Den Alkoholkranken fehlt es meist am eigenen Willen zur Überwindung. Es gibt kein Rezept, das zur Mäßigkeit rät und Erfolg verspricht. Nur die völlige Abstinenz hilft diesen Menschen. Und wer hilft? Alkoholkranke brauchen einen Menschen, der

---

[639] Vgl. KGD 55, 01.12.1954; NN, Treffpunkt: Die frohe Insel, in: Johannesruf. Werkblatt des Kreuzbundes Jg. 52 Nr. 5 (Mai 1955), o. S. (6).
[640] Gisela Pollack, Kreuzbund Düsseldorf 1911 - 1986. 75 Jahre Nächstenliebe - Hilfe für Suchtkranke, in: 75 Jahre Verständnis und Verständigung. Kreuzbund Düsseldorf. Selbsthilfe- und Helfergemeinschaft für Suchtkranke. Fachverband des Deutschen Caritasverbandes, Düsseldorf 1986, 35 - 41, 35 f.
[641] KGD 55, 01.12.1954.

tapfer den Weg der Entwöhnung mitgeht. In Düsseldorf ist die 'frohe Insel' gegründet worden, eine Gemeinschaft alkoholfreier Geselligkeit. Hier treffen sich Gefährdete und Geheilte. Wenn man sieht, daß der andere es geschafft hat, dann wird der Weg zur Abstinenz für den Trinker vielleicht leichter. Die Herren von der Beratungsstelle sind keine fanatischen Alkoholgegner. Aber ihr Beruf läßt sie einen tiefen Blick in jene Situation tun, die durch den Mißbrauch des Alkohols hervorgerufen werden. ... Ein Trinker muß Abstinenzler werden, sonst droht fortlaufend Rückfall. Entwöhnungskuren, die zwischen sechs Monaten und zwei Jahren dauern, haben nur Aussicht auf Erfolg, wenn sie in Trinkerheilanstalten durchgestanden werden. Zur Behandlung gehört nicht nur die körperliche Entwöhnung. Parallel dazu muß vielmehr durch psychologische Behandlung die Erkenntnis geweckt werden, daß die Gefahren des Alkohols nur durch einen festen Lebensstil beseitigt werden können. Damit stellt sich die Frage nach der persönlichen und familiären Lage des Patienten. Wenn Trinker auch aus allen Berufsschichten, Altersklassen und den verschiedensten familiären Verhältnissen kommen, so stellt sich jedoch immer wieder heraus, daß Trinker vorzugsweise unter den Junggesellen, unter sexuell gestörten und familiär unzufriedenen Personen zu suchen sind. Nach der Beendigung einer Kur kommt es darauf an, die Ehefrau oder die ganze Familie des Geheilten für eine verständnisvolle Mithilfe zu gewinnen. Kehrt der Geheilte in das alte Milieu zurück, so droht ein Rückfall"[642].

Bis Mitte der sechziger Jahre wurde Suchtkrankenfürsorge fast ausschließlich als Hilfe für Alkohol- bzw. Medikamentenabhängige verstanden[643]. Indes hatte zu dieser Zeit die Zahl von Konsumenten illegaler Drogen bereits ein Niveau erreicht, das auch in Düsseldorf große Beunruhigung ausgelöst hatte. So berichtete die Kirchenzeitung am 20. Februar 1966 unter der Überschrift "Rauschgift in Düsseldorf?" mit Besorgnis: "Was sich in Düsseldorf breitmacht und beunruhigt, ist das ständige Ansteigen der Alkohol und Sexualdelikte, ist die Zunahme des Gammlertums, sind die Gefahren, die jungen Menschen durch abartig veranlagte Personen drohen. Und nun taucht auch noch Rauschgift in der Altstadt auf. Soweit bekannt wurde, wird nämlich in einigen Altstadtkneipen, unter der Hand Marihuana gehandelt"[644]. Um das Drogenproblem in den Griff zu bekommen, richtete die Düsseldorfer Polizei folgenden Appell an die Öffentlichkeit: "Die Polizei und die Jugendschutzbehörden sind vor allem verpflichtet, Gefahren abzuwenden. Doch ohne Hilfe und Mitarbeit aller Erziehungsberechtigten, vor allem der Eltern, geht es nicht. So bittet denn die Polizei: Achtet auf eure Kinder und fragt sie, wo und mit wem sie ihre Freizeit verbringen"[645].

Der Aufruf erzielte nicht die gewünschte Wirkung. Im Gegenteil: Die Düsseldorfer Kriminalstatistik der Jahre 1968 bis 1971 belegt einen sprunghaften Anstieg der "polizei-

---

[642] NN, Erzfeind Alkohol. Beratungsstelle für Suchtkranke bei der Düsseldorfer Caritas, in: Kirchenzeitung für das Erzbistum Köln Jg. 19 Nr. 24 (14.06.1964), 20.
[643] Vgl. Ernst Gabriel, Die Süchtigkeit: Psychopathologie der Suchten, Hamburg 1962, 20 ff.
[644] NN, Rauschgift in Düsseldorf?, in: Kirchenzeitung für das Erzbistum Köln Jg. 21 Nr. 8 (20.02.1966), 20.
[645] NN, Rauschgift in Düsseldorf?, in: Kirchenzeitung für das Erzbistum Köln Jg. 21 Nr. 8 (20.02.1966), 20.

5. Gefährdetenhilfe

lich festgestellten Täter in unmittelbarem Zusammenhang mit Rauschgiftdelikten"[646]. Immer mehr Jugendliche und junge Erwachsene konsumierten Heroin, Haschisch und LSD[647]. Wie in anderen Großstädten der Bundesrepublik Deutschland entwickelte sich auch in Düsseldorf eine illegale Drogenszene mit speziellen Treffpunkten und provokativen Erscheinungsformen[648].

Als die Zahl der Drogentoten und verelendeten Heroinabhängigen immer weiter stieg, wurde am 10. Februar 1971 die "Drogenberatung Düsseldorf" als erster suchtpräventiver Verein in der Landeshauptstadt ins Leben gerufen[649]. Zu den Gründungsmitgliedern gehörten neben Vertretern der Stadt, Parteien, Kirchen und Jugendverbände auch die freien Wohlfahrtsverbände (Arbeiterwohlfahrt, Deutsches Rotes Kreuz, Evangelischer Gemeindedienst, Caritasverband, Deutscher Paritätischer Wohlfahrtsverband)[650]. Zur Realisierung des Vereinszweckes, der in den Gründungsstatuten mit "Beratung und Hilfe für Drogengefährdete und -abhängige und deren Angehörige sowie ... Aufklärung der Öffentlichkeit über Drogen und Drogenmißbrauch" (§ 2) angegeben wurde[651], eröffnete die Drogenberatung Düsseldorf im Haus Heinrich - Heine - Allee 7 eine Beratungsstelle[652].

Mit der Zunahme des Drogengebrauches wurden Suchterkrankungen als ein multifaktoriell bedingtes komplexes soziales Geschehen betrachtet, das Auswirkungen im individuellen und gesellschaftlichen Bereich mit sich bringt. Erst jetzt kam in den Blick, dass Entwicklungsstörungen in verschiedenen Lebensaltern mögliche Einbruchstellen für Süchte sein konnten. Da Suchtmittelgebraucher und Suchtabhängige vielfach in einem spannungsgeladenen Beziehungsverhältnis zu sich selbst und zu ihren Mitmenschen standen, wurden zur gleichen Zeit auch mittelbare und unmittelbare Bezugspersonen und Gruppen im familiären und gesellschaftlichen Bereich in die Behandlung von Suchtkranken einbezogen[653].

Vor dem Hintergrund neuer Erkenntnisse setzte die Suchtkrankenhilfe beim Düsseldorfer Caritasverband, die Anfang der siebziger Jahre noch ausschließlich auf Alkoholkranke ausgerichtet war[654], 1972 mit der Anstellung eines qualifizierten Sozialarbeiters ihren konzeptionellen Schwerpunkt auf ambulante Beratung und Behandlung. Die Erfahrung hatte gezeigt, dass die Therapie von Drogenabhängigen nur dann Erfolg ver-

---

[646] NN, Hauptumschlagplatz für Rauschgifte. Gewaltverbrechen, Drogenabhängigkeit und Pornobrutalität in Düsseldorf, in: Kirchenzeitung für das Erzbistum Köln Jg. 27 Nr. 10 (10.03.1972), 29.
[647] Vgl. Leopold Schütte, Schon der bloße Gebrauch ist nicht Privatsache. Drogenkonsum, in: Christian Reinicke, Nordrhein - Westfalen. Ein Land in seiner Geschichte. Aspekte und Konturen 1946 - 1996, Münster 1996, 557 - 561, 557.
[648] Vgl. NN, "Drogenberatung Düsseldorf": Drogenszene verdüstert sich laufend, in: Kirchenzeitung für das Erzbistum Köln Jg. 27 Nr. 34 (25.08.1972), 3; RP 27.12.1972.
[649] Vgl. ALD Vereinsregister 4909, 10.02.1971; RP 23.01.1971; DN 11.02.1971; RP 11.02.1971.
[650] Vgl. ALD Vereinsregister 4909, 10.02.1971.
[651] ALD Vereinsregister 4909, 10.02.1971.
[652] Vgl. RP 23.01.1971; DN 11.02.1971; RP 11.02.1971.
[653] Vgl. Bernhard Schmidtobreick, Hilfe für Suchtkranke, in: 1897 - 1972. 75 Jahre Deutscher Caritasverband, Freiburg 1972, 278.
[654] Vgl. CVD Vorstandsprotokolle, 03.05.1971.

sprechend war, wenn sie langfristig (etwa 1 - 2 Jahre) und intensiv gehandhabt wurde. Hinzu kam, dass die Behandlung von Beginn auch das soziale Umfeld berücksichtigte. Ebenso hatte sich gezeigt, dass eine Erfolg versprechende Behandlung Drogenabhängiger im Wesentlichen auf einer tragfähigen Beziehung zwischen Klient und Therapeut basierte und entscheidend war, ob beim Klienten ein Nachreifungsprozess in Gang kam[655]. Aufgrund dieser Einsicht und Erfahrung konzipierte der "Psychosoziale Dienst des Caritasverbandes Düsseldorf", so die offizielle Bezeichnung der Beratungs- und Behandlungsstelle für Suchtkranke seit Mitte der siebziger Jahre[656], sein gesamtes Behandlungsprogramm in der Weise, dass der Kontakt des Klienten zu einem Therapeuten durchgängig bestehen blieb[657].

Nach dem Tätigkeitsbericht für das Jahr 1980 war die Arbeit des Psychosozialen Dienstes in den achtziger Jahren in sechs Bereiche unterteilt: 1. Ambulante Therapie, 2. Vermittlung in stationäre Therapie, 3. Nachbetreuung nach stationärer Therapie, 4. Zusammenarbeit mit dem Kreuzbund, 5. Gruppenarbeit in der Justizvollzugsanstalt Düsseldorf, 6. Öffentlichkeitsarbeit bzw. Prophylaxe[658]. War der Kontakt zu einem Patienten hergestellt, machte die Beratungsstelle des Caritasverbandes dem Klienten das Angebot einer ambulanten Therapie. Dabei versuchten die Sozialarbeiter, zusammen mit dem Patienten "seine Probleme für seine Flucht aus der Realität per Alkohol" zu erkennen und gemeinsam Möglichkeiten der Problemlösung bzw. Problembewältigung zu finden. "Hierzu bedienen wir uns", so der Berichterstatter 1980, "primär der Methode der sozialen Einzelhilfe, analytisch orientiert"[659]. In die ambulante Einzelberatung wurden, wenn die Situation es erlaubte, die Familienangehörigen einbezogen, "da die Störungen beim Patienten vielfach aufgrund eines neurotischen Beziehungsgeflechtes innerhalb der Familie entstehen"[660]. Gezielt wurde bei der ambulanten Therapie darauf hingearbeitet, die Patienten zum Anschluss an einen Abstinenzverband wie dem Kreuzbund mit seinen über das gesamte Stadtgebiet verteilten Gruppenangeboten zu bewegen[661]. Stellte sich heraus, "daß wir mit der ambulanten Therapie das gewünschte Ziel, zufriedene Leben bei Abstinenz, nicht erreichen", hielten die Mitarbeiter des Beratungsdienstes eine stationäre psychotherapeutische Entziehungsbehandlung für geboten[662]. War der Klient (1978: 95 % Alkohol- und Arzneimittelabhängige, 5 % "Heroinfixer"[663]) nach einer eingehenden Beratung hierzu bereit, wurde er vom Psychosozialen Dienst für eine stationäre Therapie angemeldet und ihm bei der Erledigung aller notwendigen

---

[655] Vgl. Martin Schmid, Die Entwicklung des Drogenhilfesystems in Deutschland 1970 - 1995, in: Wiener Zeitschrift für Suchtforschung Jg. 21 Nr. 2/3 (2./3. Quartal 1998), 39 - 52, 42.
[656] Vgl. Paul Georg Hoffmann, Suchtkrankenhilfe. Antwort auf ein Problem - oder Problem, das eine Antwort sucht ?, in: 75 Jahre Caritasverband in Düsseldorf, Düsseldorf 1979, o. S. (72 - 74, 73).
[657] Vgl. CVD 182, 04.03.1981.
[658] Vgl. CVD 182, 04.03.1981.
[659] CVD 182, 04.03.1981.
[660] CVD 182, 04.03.1981.
[661] Vgl. CVD 182, 04.03.1981.
[662] Vgl. CVD 182, 04.03.1981.
[663] Vgl. Paul Georg Hoffmann, Suchtkrankenhilfe. Antwort auf ein Problem - oder Problem, das eine Antwort sucht ?, in: 75 Jahre Caritasverband in Düsseldorf, Düsseldorf 1979, o. S. (72 - 74, 73).

5. Gefährdetenhilfe

Formalitäten geholfen. Bevorzugt erfolgte die Vermittlung in eine Fachklinik des Deutschen Heilstättenverbandes, in denen eine Behandlung unter Einsatz verschiedenster Methoden der Gruppen-, Gesprächs-, Arbeits- und Beschäftigungstherapie in der Regel sechs Monate dauerte[664]. Nach der stationären Therapie bot die Suchthilfestelle des Düsseldorfer Caritasverbandes den Patienten und ihren Angehörigen wieder eine ambulante Therapie in Form von Einzel- und Gruppengesprächen an, um die "unter einer Käseglocke" in der Fachklinik erlernten Verhaltensweisen auch im Alltagsleben umsetzen zu können[665]. Da die ambulante Therapie einen breiten Raum einnahm, fand eine intensive Zusammenarbeit mit dem Kreuzbund statt, dessen Gruppenverantwortliche von Mitarbeitern des Caritasverbandes in den Bereichen Gruppenleitung und Einzelgesprächen mit abhängigkeitskranken Patienten geschult wurden[666]. Für alkohol- und arzneimittelabhängige Gefangene war in der Justizvollzugsanstalt Düsseldorf (Ulmenstr. 95) ein wöchentlicher Beratungsdienst eingerichtet, der wegen der hohen Fluktuation von Untersuchungshäftlingen vielen Schwierigkeiten unterlag. Trotzdem waren die Berater des Psychosozialen Dienstes bemüht, "in der Gruppe jeden optimal über die Abhängigkeitserkrankung, der damit verbundenen negativen Persönlichkeitsveränderung aufzuklären und allen weitergehende Hilfe für die Zeit nach der Entlassung aus der Justizvollzugsanstalt anzubieten"[667]. Um über die Gefahren des Drogenkonsums aufzuklären, organisierten die Sozialarbeiter der Caritasberatungsstelle für Schulen und Erwachsenengruppen, insbesondere "christlich orientierten Verbänden", zahlreiche Informationsveranstaltungen[668].

Trotz aller präventiven Aktivitäten war das Drogenproblem nicht in den Griff zu bekommen. Der Psychosoziale Dienst des Düsseldorfer Caritasverbandes setzte sich deshalb wiederholt dafür ein, das Abstinenz - Paradigma durch ein flexibles System der Lebensbewältigung zu ersetzen[669]. Drogenfreiheit war dabei Teil des Handlungszieles, nicht aber etwa Voraussetzung für die Hilfe oder deren Fortsetzung. Allein dem Suchtkranken oblag die Entscheidung, ob er Anstrengungen zur Überwindung der Sucht unternahm. "Abstinentes Leben", so das Fazit einer Informationsschrift aus dem Jahre 1979, "ist lediglich nur eine Voraussetzung zur Erreichung unseres Zieles, nämlich ein menschenwürdiges Leben führen zu können, zufrieden mit sich und der Umwelt. Da das Leben aber immer wieder Probleme, Schwierigkeiten und Schicksalsschläge mit sich bringt, hat letztlich nur der eine Chance zufrieden mit sich selbst und der Umwelt zu leben, der überhaupt einen Sinn im Leben sieht. ... Diejenigen, die in ihrem Dasein wieder einen Sinn im Leben gefunden haben, werden den Freund und Tröster Alkohol und

---

[664] Vgl. CVD 182, 04.03.1981.

[665] Vgl. CVD 182, 04.03.1981.

[666] Vgl. CVD 182, 04.03.1981. Vgl. dazu Ingrid Arent - Greiving, Zusammenarbeit von Mitarbeitern der Caritas - Beratungsstellen und Mitarbeitern des Kreuzbundes, in: Caritas '80. Jahrbuch des Deutschen Caritasverbandes, 262 - 265, 262 ff.

[667] CVD 182, 04.03.1981.

[668] Vgl. CVD 182, 04.03.1981.

[669] Vgl. 90 Jahre Caritasverband für die Stadt Düsseldorf. Gemeindecaritas, häusliche Hilfen, soziale Dienste und Beratung, ambulante Pflegestationen, Wohnheim und Altenhilfeeinrichtungen, Düsseldorf 1994, 46.

Drogen nicht mehr benötigen. Hier sehen wir Sozialarbeiter im caritativen Bereich von unserem Auftrag her eine besondere Aufgabe: Antwort zu finden auf ein Problem, auf das Problem des Wertes und Sinnes menschlichen Daseins"[670].

Eine Erleichterung der Arbeit an suchtkranken Menschen brachte Ende Februar 1991 die Einrichtung einer Beratungsstelle im Hause Bendemannstr. 17 mit sich[671], wo der Düsseldorfer Kreuzbund bereits seit dem Jahre 1987 ein Begegnungszentrum für Alkohol- und Tablettenabhängige unterhielt[672]. Auf 130 Quadratmeter verteilt über fünf Räume war nun Beratungsarbeit in einer anonymen Umgebung gewährleistet, die in den bisher genutzten Sprechzimmern an der Klosterstraße nicht immer geboten werden konnte[673]. Die neuen Räume, die am 10. Juni 1992 offiziell eingeweiht wurden, waren freundlich ausgestattet, schallgeschützt und abschließbar, was vielen Hilfesuchenden ein Gefühl größerer Sicherheit gab[674].

Die Politik der kleinen Schritte in der Beratung und Behandlung von Suchtgefährdeten und Suchtkranken erforderte von den Mitarbeitern des Psychosozialen Dienstes nicht nur weitreichende Qualifikationen, sondern auch die Fähigkeit, eine an die jeweilige Lebenssituation der Klienten ausgerichtete Einzelfall- und Spezialhilfe anbieten zu können. So wurden seit dem Jahre 1981 in der Firma Krupp (Benrath) regelmäßig Sprechstunden für suchtkranke Mitarbeiter abgehalten und "prophylaktische Maßnahmen in Form von Referaten und Diskussionen" durchgeführt[675]. Im Jahre 1995 wurde mit Einsatz der Musiktherapie eine alternative Hilfe zur Selbsterfahrung eingeführt. "Mit Hilfe von Musikinstrumenten", so die Bilanz des ersten Erfahrungsberichtes, "wird eine Brücke geschlagen zwischen verdrängten, verschütteten und verborgenen Gefühlen und der mit Floskeln belegten Sprache. Viele Klienten können sich über ihre zu Grunde liegenden Probleme aus verschiedensten Gründen ... verbal schlecht äußern. Das Medium Musik bildet hier eine ideale Möglichkeit, den Weg von den angstbeladenen Gefühlen zur Sprache zu öffnen"[676]. Vor dem Hintergrund der Annahme, "daß es geschlechtsspezifische Ursachen und Verläufe der Suchtentwicklung gibt", wurde im April 1995 eine Frauentherapiegruppe beim Psychosozialen Dienst des Düsseldorfer Caritasverbandes eingerichtet. Im Gründungsjahr gehörten der Gruppe, die nach der Methode "Psychodrama" arbeitete, 8 alkohol-, medikamenten- und drogenabhängige wie auch essgestörte Frauen an[677]. Dem Projekt "Jugend und Sucht", das im Januar 1999 seinen Anfang

---

[670] Paul Georg Hoffmann, Suchtkrankenhilfe. Antwort auf ein Problem - oder Problem, das eine Antwort sucht ?, in: 75 Jahre Caritasverband in Düsseldorf, Düsseldorf 1979, o. S. (72 - 74, 74).

[671] Vgl. CVD Vorstandsprotokolle, 03.09.1990, 03.11.1990 und 11.03.1991.

[672] Vgl. RP 08.09.1997. Von 1980 bis 1987 hatte sich das Informations- und Beratungszentrum des Kreuzbundes an der Brüder - Grimm - Schule (Rosmarinstr. 28) befunden (vgl. Gisela Pollack, Kreuzbund Düsseldorf 1911 - 1986. 75 Jahre Nächstenliebe - Hilfe für Suchtkranke, in: 75 Jahre Verständnis und Verständigung. Kreuzbund Düsseldorf. Selbsthilfe- und Helfergemeinschaft für Suchtkranke. Fachverband des Deutschen Caritasverbandes, Düsseldorf 1986, 35 - 41, 39).

[673] Vgl. WZ 11.06.1992.

[674] Vgl. RP 11.06.1992.

[675] Vgl. CVD 182, 05.02.1982.

[676] CVD 182, Mai 1996.

[677] Vgl. CVD 182, Mai 1996.

5. Gefährdetenhilfe

nahm, oblag vor allem die Prophylaxe in Schulen und Jugendclubs[678]. "Die Absicht des Caritasverbandes für die Stadt Düsseldorf auf diesem neuen konzeptionellen Weg ist es", so Caritasdirektor Johannes Böcker bei der Projekteinführung, "insbesondere junge Menschen über die Wirkungen und Folgen von Alkoholkonsum und die daran anschließenden Gefährdungen aufzuklären"[679]. Mit einer gezielten Suchtprävention wurde vor allem angestrebt, "bei noch abstinenten Jugendlichen den Einstieg in den Drogenkonsum zu verhindern oder hinauszuzögern" und "möglichst langfristige Drogenfreiheit zu gewähren"[680]. Um das gewünschte Ziel zu erreichen, bot die Suchtprävention der Caritas die Begleitung und Mitarbeit bei Suchtaktionswochen, die Durchführung von geschlechtsspezifischen und geschlechtssensiblen Präventionsveranstaltungen, die Schulung von Multiplikatoren, die Abhaltung von Elternseminaren und die Beratung jugendlicher Konsumenten an[681]. Am 26. September 2003 schickte die Suchtprävention des Caritasverbandes einen ausgedienten und umgebauten Bauwagen als Fantasymobil auf Reisen, um Kinder und Jugendliche nach einem ganzheitlichen Präventionsansatz auf spielerische Weise vom Drogenkonsum abzuhalten[682]. Durch die Beschäftigung und Identifikation mit Beispielen aus der Welt der Magie sollten Kinder und Jugendliche ermutigt werden, Entwicklungsaufgaben positiv nachzuspüren. Im Rollenspiel wurden sie animiert, sich schwierigen Situationen zu stellen und Lösungsansätze spielerisch zu entwickeln[683]. Gegenwärtig steht beim Psychosozialen Dienst des Düsseldorfer Caritasverbandes, der seit dem 1. Januar 2001 die Bezeichnung "Fachstelle für Beratung, Therapie und Suchtprävention" trägt[684], neben der spezifischen Betreuung von alkoholauffälligen Verkehrsteilnehmern und suchtkranken Wohnungslosen vor allem die Suche nach einer wirksamen Hilfestellung für comorbide Patienten im Vordergrund[685].

Zusammen mit dem Katholischen Jugendamt und dem Caritasverband für die Stadt Düsseldorf rief die Pfarrgemeinde St. Elisabeth in Flingern am 13. April 1997 den Verein "Flingern mobil" ins Leben, der sich "die Beratung und Hilfe für Personen in sozialen Problemlagen (Drogengefährdete, Drogenabhängige und deren Angehörige) insbesondere im Düsseldorfer Stadtteil Flingern" und "die Aufklärung und Information der Öffentlichkeit über soziale Problemlagen im Düsseldorfer Stadtteil Flingern" zum Ziel setzte[686]. Um den Vereinszweck zu realisieren, setzte der Drogenhilfeverein seit Mai 1998 einen aus Spenden finanzierten Kleinbus ein, der regelmäßig verschiedene "Jun-

---

[678] Vgl. CVD 182, März 2000.
[679] CVD 112, 25.01.2000.
[680] Vgl. CVD 182, 15.01.2002.
[681] Vgl. CVD 182, 15.01.2002.
[682] Vgl. CVD 182, 28.01.2003; NRZ 23.07.2003; RP 23.07.2003; WZ 23.07.2003; Ronald Morschheuser, "Fantasymobil" gegen Sucht. Hilfsangebot zur Suchtprävention soll frühestmöglich wirken, in: Kirchenzeitung für das Erzbistum Köln Jg. 58 Nr. 31/32 (01.08.2003), 30; NRZ 27.09.2003; RP 02.10.2003; NN, Mit Fantasie gegen Konflikte. Das Fantasymobil kommt zum Einsatz, in: Die Zeitung. Caritas für Düsseldorf Jg. 4 Nr. 2 (Herbst 2003), 11.
[683] Vgl. CVD 182, 28.01.2003.
[684] Vgl. CVD 182, März 2001.
[685] Vgl. CVD 182, März 2001.
[686] Vgl. CVD 253, 01.08.1997.

kie - Treffpunkte" in Flingern, Oberbilk und der Innenstadt anfuhr. In der mobilen Hilfsstelle boten ein Sozialarbeiter und ein ehrenamtlich tätiger Arzt den Abhängigen medizinische Hilfe und Beratung an. Auch wurden hier saubere Spritzen ausgegeben und gebrauchte Spritzen eingesammelt[687].

6. Migrationshilfe

Displaced Persons

Die Sorge des Caritasverbandes Düsseldorf um ausländische Mitbürger in der Stadt begann Anfang der fünfziger Jahre und galt zunächst den "Displaced Persons" (DPs), die unter den durch Krieg und Nachkriegszeit entwurzelten Menschen Europas eine besondere Stellung einnahmen[688]. Bei den DPs handelte es sich um ausländische Arbeiter und ihre Familien, die zwangsweise oder durch einen Vertrag angeworben während der Zeit des Nationalsozialismus nach Deutschland gekommen waren[689]. Bis zum Ende des Zweiten Weltkrieges war ihre Zahl auf 7,6 Millionen gestiegen[690], von denen im November 1944 etwa 30000 in Düsseldorf gelebt hatten[691]. Nach der Kapitulation wurden sie der Zuständigkeit deutscher Behörden entzogen; für ihre Betreuung waren ausschließlich freie Wohlfahrtsorganisationen zugelassen[692]. Um die Katholiken unter ihnen kümmerten sich vor allem Mitarbeiter der "National Catholic Welfare Conference" (NCWC)[693]. Die meisten DPs wurden in ihre Heimatländer zurückgeführt, was bei den

---

[687] Vgl. Ronald Morschheuser, Drogenhilfe macht Probleme. Düsseldorfer Pfarrgemeinde St. Elisabeth wirbt um Verständnis und Hilfe, in: Kirchenzeitung für das Erzbistum Köln Jg. 51 Nr. 48 (29.11.1996), 26; RP 27.06.1997; WZ 28.06.1997; RP 14.10.1997; RP 06.01.1998; RP 02.05.1998; RP 01.08.1998; Carsten Horn, Gemeinden als Initiator caritativer Projekte. Flingern mobil, in: Die Zeitung. Caritas für Düsseldorf Jg. 2 Nr. 3 (Herbst 2001), 12.
[688] Vgl. Michael Pegel, Fremdarbeiter, displaced persons, heimatlose Ausländer. Konstanten eines Randgruppenschicksals in Deutschland nach 1945, Münster 1997, 22 ff.
[689] Vgl. Juliane Wetzel, "Displaced Persons". Ein vergessenes Kapitel der deutschen Nachkriegsgeschichte, in: Aus Politik und Zeitgeschichte Jg. 45 Nr. 7/8 (10.02.1995), 34 - 39, 34 ff.
[690] Vgl. Ulrich Herbert, Politik und Praxis des "Ausländer - Einsatzes" in der Kriegswirtschaft des Dritten Reiches, Bonn 1999, 11.
[691] Vgl. Zwangsarbeiter in der Stadt Düsseldorf. Ein dunkles Kapitel der Stadtgeschichte wird jetzt untersucht, Düsseldorf 2000, o. S. (1). Vgl. dazu Rafael R. Leissa, Zwangsarbeit in Düsseldorf. Struktur, Organisation und Alltag im Arbeitseinsatz von Ausländern im nationalsozialistischen Düsseldorf, in: Clemens von Looz - Corswarem, Zwangsarbeit in Düsseldorf. "Ausländereinsatz" während des Zweiten Weltkrieges in einer rheinischen Großstadt, Essen 2002, 19 - 362, 19 ff.
[692] Vgl. Erich Püschel, Die Hilfe der Caritas, in: Eugen Lemberg, Die Vertriebenen in Westdeutschland. Ihre Eingliederung und ihr Einfluß auf Gesellschaft, Wirtschaft, Politik und Geistesleben Bd. 1, Kiel 1959, 263 - 273, 271 f.
[693] Vgl. Erich Püschel, Die Hilfe der deutschen Caritas für Vertriebene und Flüchtlinge nach dem zweiten Weltkrieg (1945 - 1966), Freiburg 1972, 78. Vgl. dazu Karl Borgmann, The National Catholic Wel-

6. Displaced Persons

DPs aus der Sowjetunion häufig unter Zwang geschah[694]. In vielen Fällen konnten aber auch neue Aufnahmeländer gefunden werden[695]. Die Zahl der in Westdeutschland verbliebenen DPs, unter denen sich viele Alte, Kranke und Schwache befanden, wurde 1953 auf 200000 Männer, Frauen und Kinder geschätzt[696]. Durch das "Gesetz über die Rechtsstellung heimatloser Ausländer im Bundesgebiet" vom 25. April 1951 wurden die DPs aus der Betreuung der Sonderorganisationen der Vereinten Nationen herausgenommen; für ihre rechtliche, kulturelle und wirtschaftliche Eingliederung war nun die Bundesregierung verantwortlich[697]. Die langjährige Unterstellung unter Besatzungsrecht, die lediglich betreuende Fürsorge durch ausländische freie Organisationen und die Konzentration in Lagern, wo heimatlose Ausländer nach Volksgruppen gesondert zusammenlebten, hatte viele von ihnen einer selbst verantworteten Lebensgestaltung und geregelten Arbeit entwöhnt[698]. Die Aufgabe der Wohltätigkeitsverbände bestand vor allem darin, neben der fürsorgerischen Tätigkeit Eingliederungshilfe zu leisten[699]. Die Betreuung der katholischen heimatlosen Ausländer erfolgte auch in den fünfziger Jahren hauptsächlich durch die NCWC, die dabei eng mit dem Deutschen Caritasverband zusammenarbeitete[700]. 1957 standen beiden Organisationen in Deutschland neben einer Reihe stationärer Einrichtungen auch 4 Rechtsberater, 12 Eingliederungsberater und 50 Caritasfürsorgerinnen zur Verfügung[701].

Von letzteren waren zwei in Düsseldorf tätig, was aus dem Jahresbericht des Düsseldorfer Caritasverbandes für das Jahr 1953 hervorgeht, wo es unter dem Titel "Heimatlose Ausländer" heißt: "Für die Beratung und Betreuung der Heimatlosen Ausländer in Wohnstätten und Siedlungen sind 2 Fürsorgerinnen beim Caritasverband tätig (in Verbindung mit der nordamerikanischen Caritas = NCWC). Die Unkosten für diese Arbeit

---

fare Conference, in: Caritas. Zeitschrift für Caritasarbeit und Caritaswissenschaft Jg. 48 Nr. 9/10 (September/Oktober 1947), 187 - 189, 187 ff.

[694] Vgl. Wolfgang Jacobmeyer, Vom Zwangsarbeiter zum heimatlosen Ausländer. Die Displaced Persons in Westdeutschland 1945 - 1951, Göttingen 1985, 123 ff.

[695] Vgl. Gabriele Dietz - Göring, Displaced Persons. Ihre Integration in Wirtschaft und Gesellschaft des Landes Nordrhein - Westfalen, Diss. Düsseldorf 1992, 29 ff.

[696] Vgl. Martin Vorgrimler, Die heimatlosen Ausländer, in: Lebendige Seelsorge Jg. 4 Nr. 7 (1953), 237 - 242, 238.

[697] Vgl. Gabriele Dietz - Göring, Displaced Persons. Ihre Integration in Wirtschaft und Gesellschaft des Landes Nordrhein - Westfalen, Diss. Düsseldorf 1992, 71 ff.

[698] Vgl. Martin Vorgrimler, Die heimatlosen Ausländer, in: Lebendige Seelsorge Jg. 4 Nr. 7 (1953), 237 - 242, 238 ff.

[699] Vgl. Erich Püschel, Die Hilfe der Caritas, in: Eugen Lemberg, Die Vertriebenen in Westdeutschland. Ihre Eingliederung und ihr Einfluß auf Gesellschaft, Wirtschaft, Politik und Geistesleben Bd. 1, Kiel 1959, 263 - 273, 271 f.

[700] Vgl. Erich Püschel, Zwölf Jahre Caritasdienst für Vertriebene und Flüchtlinge, in: An der Aufgabe gewachsen. Zum 60jährigen Bestehen des Deutschen Caritasverbandes 1897 - 1957. Vom Werden und Wirken des Deutschen Caritasverbandes aus Anlaß seines sechzigjährigen Bestehens herausgegeben vom Zentralvorstand 1957, Freiburg 1957, 118 - 126, 125 f.

[701] Vgl. Erich Püschel, Die Hilfe der Caritas, in: Eugen Lemberg, Die Vertriebenen in Westdeutschland. Ihre Eingliederung und ihr Einfluß auf Gesellschaft, Wirtschaft, Politik und Geistesleben Bd. 1, Kiel 1959, 263 - 273, 271 f.

trägt die NCWC zu 2/3"⁷⁰². Bedauerlich ist, dass über die Arbeit der beiden Düsseldorfer Caritasfürsorgerinnen keine Aufzeichnungen erhalten sind. Neben der Fürsorge an den DPs dürfte ihre Arbeit vor allem dem Abbau von Vorurteilen und Ressentiments gegenüber heimatlosen Ausländern bei der deutschen Bevölkerung gegolten haben. "Die deutsche Bevölkerung", so Martin Vorgrimler von der Abteilung Auslandshilfe im Freiburger Werthmannhaus zu Beginn der fünfziger Jahre, "stand den heimatlosen Ausländern am Ende des Krieges mehr oder weniger skeptisch gegenüber. Klarblickende mußten bei Kriegsausgang erkennen, daß der in den Zwangsarbeitern angestaute Haß bei Wegfall des äußeren Druckes sich gewaltsam entladen würde. Tatsächlich standen die vorgekommenen Übergriffe, so schwer sie im Einzelfall waren, in keinem Verhältnis zu dem, was zu befürchten war. Solange die heimatlosen Ausländer bis Anfang 1950 von der IRO (International Refugee Organization⁷⁰³) betreut und versorgt wurden, hatten sie, vor allem in den Hungerjahren, einen bevorzugten Lebensstandard vor der deutschen Bevölkerung und fühlten sich ihr überlegen, was psychologisch das gegenseitige Verstehenlernen keineswegs erleichterte. Märchenhafte Gerüchte über das Schlemmer- und Schieberleben in den Lagern gingen um. Es fiel sogar Behörden leicht, die DPs für alle möglichen Untaten in Bausch und Bogen verantwortlich zu machen"⁷⁰⁴.

Schon wenige Wochen nach der Kapitulation hatten Düsseldorfer Geistliche dem Kölner Erzbischof am 30. Mai 1945 von einer "Russenplage" in der Stadt berichtet⁷⁰⁵, was in der drastischen Wortwahl ohne Zweifel eine weit verbreiteten Stimmung der Bevölkerung gegenüber den DPs widergab. Nachdem der Caritasverband Düsseldorf sich dem Schicksal der heimatlosen Ausländer angenommen hatte, war er zunächst gezwungen, die Katholiken der Stadt an das Herrenwort "Ich war fremd, und ihr habt mich beherbergt" (Mt 25,35) mit allen seinen Konsequenzen zu erinnern. Mit dem Einzug von etwa 100 Familien heimatloser Ausländer in eine neu erstandene Siedlung am Rather Broich (St. - Franziskus - Straße⁷⁰⁶) lancierte der Verband unter dem Titel "Caritas betreut heimatlose Ausländer" am 12. August 1951 folgenden Artikel über die Situation der Düsseldorfer DPs in die Kirchenzeitung: "Manche Stimme, auch aus christlichen Kreisen, hat sich - wir wollen dem Problem nicht aus dem Wege gehen - mehr oder weniger laut dagegen erhoben. Es klingt ja auch so einleuchtend, man möge doch erst für die Bunker- und Kellerbewohner und die Vertriebenen des eigenen Volkes Wohnraum schaffen. Und gerade die DP's! Erinnert sich nicht jeder von uns der Zeit, wo Berichte über alle nur möglichen Verbrechen sich an diesen Namen knüpften, wo Banden von

---

⁷⁰² KGD 55, 01.12.1954.

⁷⁰³ Vgl. dazu Paul Frings, Das internationale Flüchtlingsproblem 1919 - 1950, Frankfurt 1951, 66 ff.

⁷⁰⁴ Martin Vorgrimler, Die heimatlosen Ausländer, in: Lebendige Seelsorge Jg. 4 Nr. 7 (1953), 237 - 242, 240.

⁷⁰⁵ Vgl. PfA Friedrichstadt St. Peter 8, 30.05.1945.

⁷⁰⁶ Vgl. dazu NN, Z wedrówek po obozach Lintorf i Düsseldorf - Rath, in: Polak. Tygodnik Jg. 5 Nr. 44 (31.10.1952), 6; Gabriele Dietz - Göring, Displaced Persons. Ihre Integration in Wirtschaft und Gesellschaft des Landes Nordrhein - Westfalen, Diss. Düsseldorf 1992, 105; Rafael R. Leissa, Zwangsarbeit in Düsseldorf. Struktur, Organisation und Alltag im Arbeitseinsatz von Ausländern im nationalsozialistischen Düsseldorf, in: Clemens von Looz - Corswarem, Zwangsarbeit in Düsseldorf. "Ausländereinsatz" während des Zweiten Weltkrieges in einer rheinischen Großstadt, Essen 2002, 19 - 362, 349.

6. Displaced Persons 837

Verschleppten ein wahres Schreckensregiment, vor allem auf dem Lande, ausübten ? So menschlich verständlich es ist, daß jetzt diese Erinnerungen beschworen werden, es ziemt nicht dem Christen, ihnen nachzuhängen. Gerade der Deutsche neigt dazu, lieber das Gewissen der anderen, als das eigene zu erforschen, und er vergißt bei der Empörung über die Verbrechen der DP's leicht, daß es ja Deutsche waren, die diese Menschen gegen ihren Willen nach hier verschleppten. Viele wissen nicht einmal, daß die Mitglieder dieser Banden längst Deutschland verlassen haben und die Zurückgebliebenen, nur wenige aus der Millionenschar von 1945, unter deutschem Gesetz stehen. Es sind Heimatlose, die nicht mehr in das große Zuchthaus jenseits des Eisernen Vorhangs zurückkehren wollen, Menschen, die Mitgefühl und Hilfe brauchen. Wo Hilfe verlangt wird, wo Tränen zu trocknen sind, fehlt niemals katholische Caritas. Sie erbarmt sich des Elendes, ohne nach der Abstammung und Nation zu fragen. ... 80 Sonderfürsorgerinnen, alle Deutsche von Geburt, die von der NCWC besoldet werden, stehen den katholischen Heimatlosen im Bundesgebiet zur Verfügung. Drei davon wirken im Bezirk Düsseldorf. Eine ihrer wichtigsten Aufgaben ist die Auswandererhilfe. 80000 DP's konnten bereits durch Vermittlung des NCWC aus Deutschland nach Nordamerika auswandern. Auch in ihrer neuen Heimat empfängt und betreut sie die Caritas. Die zweite große Aufgabe katholischer Liebestätigkeit ist die Sorge für die Kinder, die dritte die Erholungsfürsorge, die letzte endlich die Betreuung derjenigen, die noch in Lagern untergebracht sind. Allein 80000 kg Naturalien gelangten im Laufe der Zeit als Liebesgaben nach Deutschland. ... Unter den in Deutschland Zurückgebliebenen befinden sich viele Alte und Kranke, die die Fürsorge besonders bedürftig sind. Die Düsseldorfer Neubürger in Rath, zu 40 % römische Katholiken und 15 % griechische Unierte, gehören nicht in diese Kategorie. Es sind Facharbeiter, die in Mangelberufen tätig sind und von der hiesigen Industrie begehrt werden. Jetzt endlich haben sie, die so viele Jahre in Lagern hausen mußten, wieder ein eigenes Heim und können ein wirkliches Familienleben führen. Freilich fehlt es ihnen fast allen an Möbeln und Hausrat. Die notwendigen Neuanschaffungen fallen den meisten recht schwer. Auch hier helfen Spenden aus Amerika. Die geistliche Betreuung der heimatlosen polnischen Ausländer liegt in den Händen eines polnischen Geistlichen, der in Düsseldorf seinen Wohnsitz hat. Die Katholiken Düsseldorfs aber mögen ihre fremdstämmigen Glaubensbrüder, die neben ihnen die Kirche betreten und an der Kommunionbank knieen, als das betrachten was sie sind: als Brüder und Schwestern in Christo"[707].

Für die Betreuung heimatloser Ausländer waren in Düsseldorf bis Ende 1957 zwei Fürsorgerinnen des Caritasverbandes hauptamtlich im Einsatz. Ihre Abberufung war erfolgt, da sich nach einer Äußerung von Caritasdirektor Werner Drehsen inzwischen "eine ständige Sonderbetreuung dieser Personengruppe erübrigt" hatte[708].

Als der Düsseldorfer Caritasdirektor im Frühjahr 1958 diese Feststellung in einem Vortrag bei der Gesellschaft für christliche Kultur äußerte, ahnte er nicht, dass die Sorge

---

[707] NN, Caritas betreut heimatlose Ausländer. DP's in Düsseldorf. Neue Brüder und Schwestern in Christo, in: Kirchenzeitung für das Erzbistum Köln Jg. 6 Nr. 30 (12.08.1951), 480.
[708] Vgl. Werner Drehsen, Werke und Einrichtungen christlicher Liebestätigkeit im katholischen Raum in Düsseldorf, in: Blätter der Gesellschaft für christliche Kultur Jg. 1 Nr. 5 (Mai 1958), 8 - 14, 13.

um Ausländer unter anderen Vorzeichen schon kurze Zeit später wieder zu einem Arbeitsfeld des Caritasverbandes werden sollte.

Gastarbeiter

Durch gezielte Anwerbung in verschiedenen europäischen Ländern hatte die Bundesrepublik Deutschland Anfang der sechziger Jahre eine starke Migrationsbewegung in Gang gesetzt[709]. Schon 1959 hatte es auf dem deutschen Arbeitsmarkt erstmals weniger Arbeitsuchende als offene Stellen gegeben. Für die Unternehmen war es zunehmend schwieriger, Arbeitskräfte zu bekommen, um die Produktion auszuweiten. Am 19. August 1959 schrieb der Spiegel, "der Kampf um Arbeiter" sei "zu einer aufreibenden Dauerbeschäftigung geworden, in die sich Personalverwaltungen großer Industrieunternehmen genauso verstrickt sehen wie kleinere Betriebe mit nur wenigen Beschäftigten"[710].

Eine neue Arbeitsmarktpolitik musste eingeleitet werden, die in der Anwerbung von "Gastarbeitern" aus dem Mittelmeerraum ihren Ausdruck fand. Die ersten Ausländer die nach Deutschland kamen, waren Italiener, die im Bergbau und in der Landwirtschaft den Mangel an Arbeitskräften ausgleichen sollten[711]. Um die Anwerbung zu vereinfachen und zu beschleunigen, wurden Agenturen in Verona und Neapel eingerichtet. Rechtsgrundlage für die Anwerbung war eine deutsch - italienische Wanderungsvereinbarung, die bereits am 22. Dezember 1955 von beiden Staaten ausgehandelt und unterzeichnet worden war. Durch das Abkommen wurde geregelt, dass Arbeitskräfte in Italien von einer Kommission der Nürnberger Bundesanstalt für Arbeit in Verbindung mit der italienischen Arbeitsverwaltung ausgewählt und angeworben werden konnten, die ihrerseits Anforderungsprofile deutscher Betriebe erhalten und italienische Arbeiter je nach Eignung den Unternehmen zugewiesen hatte[712]. Trotz anhaltender Wachstumsschübe in der Industrie kamen Mitte der fünfziger Jahre nur Anfragen nach wenigen tausend Arbeitskräften, meist aus der deutschen Landwirtschaft[713]. Erst als die Produktionsausweitungen nicht mehr allein durch Zuwanderung von Vertriebenen, Flüchtlingen oder durch Binnenwanderung gedeckt werden konnten, begann eine Massenanwerbung

---

[709] Vgl. Klaus J. Bade, Vom Auswanderungsland zum Einwanderungsland ? Deutschland 1880 - 1980, Berlin 1983, 67 ff.

[710] NN, Vollbeschäftigung. Die dritte Garnitur, in: Der Spiegel Jg. 13 Nr. 34 (19.08.1959), 26.

[711] Vgl. Barbara von Breitenbach, Italiener und Spanier als Arbeitnehmer in der Bundesrepublik Deutschland. Eine vergleichende Untersuchung zur europäischen Arbeitsmigration, München 1982, 32 f.

[712] Vgl. Rechtsvorschriften, die bei der Anwerbung, Vermittlung und Beschäftigung ausländischer Arbeitnehmer zu beachten sind, München 1965³, 68 ff; Rolf Weber, Der Arbeitsmarkt in der Bundesrepublik Deutschland und die Beschäftigung ausländischer Arbeitnehmer, in: Winfried Schlaffke, Vom Gastarbeiter zum Mitarbeiter. Ursachen, Folgen und Konsequenzen der Ausländerbeschäftigung in Deutschland, Köln 1982, 23 - 38, 24 f.

[713] Vgl. Siegfried Bethlehem, Heimatvertreibung, DDR - Flucht, Gastarbeiterzuwanderung. Wanderungsströme und Wanderungspolitik in der Bundesrepublik Deutschland, Stuttgart 1982, 140 ff.

6. Gastarbeiter

für die deutsche Industrie, die ab 1960 durch weitere Anwerbeverträge mit südeuropäischen und nordafrikanischen Ländern effektiver gestaltet werden konnte. Entsprechende Regierungsvereinbarungen wurden 1960 mit Griechenland und Spanien abgeschlossen. Ein Jahr später richtete die Bundesanstalt für Arbeitsvermittlung und Arbeitslosenversicherung eine Dienststelle in der Türkei ein, der neue Einrichtungen in Marokko (1963), Tunesien (1965) und zuletzt 1968 in Jugoslawien folgten[714].

Im Ausländergesetz vom 28. April 1965, das die bis dahin geltenden Gesetze und Erlasse aus der Vorkriegszeit ablöste, wurde für viele Gastarbeiter in Deutschland das Konzept des vorübergehenden Aufenthaltes zur Rechtsvorschrift[715]. Sie erhielten zunächst für ein Jahr das Aufenthaltsrecht, waren aber während dieser Zeit an den deutschen Arbeitgeber gebunden. Eine Verlängerung der Arbeits- und Aufenthaltserlaubnis über ein Jahr hinaus stand im freien Ermessen der Behörden und wurde nur erteilt, wenn dadurch "die Belange der Bundesrepublik Deutschland nicht beeinträchtigt" wurden (§ 2)[716]. Eine ständige Niederlassung in der Bundesrepublik wurde als Verstoß gegen geltende Rechtsvorschriften gewertet, war aber von den ersten Gastarbeitern in der Regel auch nicht beabsichtigt[717].

Die soziale Lage der Gastarbeiter in der ersten Hälfte der sechziger Jahre war vor allem davon geprägt, dass ihr Aufenthalt in Deutschland nur vorübergehend war[718]. Dadurch ergab sich, dass der überwiegende Teil der Gastarbeiter zwanzig- bis vierzigjährige Männer waren, die in der Regel allein und ohne Familie nach Deutschland kamen. Kennzeichnend für sie war die feste Absicht, bald nach Hause zurückzukehren; ihre Verbindungen zur Heimat waren entsprechend eng. Letzteres hatte zur Folge, dass die sozialen und wirtschaftlichen Verhältnisse in ihrer Heimat die Vergleichsnorm blieben, mit dem sie ihr Leben in Deutschland maßen. Vorrangiges Ziel war es, in kurzer Zeit viel Geld zu verdienen, um nach einigen Jahren in die Heimat zurückzukehren und dort auf verbesserter wirtschaftlicher Grundlage Arbeit aufzunehmen oder sich selbständig zu machen[719]. Die Grundeinstellung hatte Auswirkungen auf ihr Verhalten in Deutschland: Sie akzeptierten eher als Deutsche sowohl unangenehme als auch besonders schwere Arbeit, machten mehr Überstunden, verzichteten auf einen ihrem Lohn entsprechenden Lebensstandard und Konsum, wohnten einfach und zeigten an politischen

---

[714] Vgl. Rolf Fischer, Übersicht, in: Bundesarbeitsblatt Jg. 26 Nr. 4 (April 1975), 243 - 262, 256 ff.

[715] Vgl. NN, Ausländergesetz vom 28. April 1965, in: Bundesgesetzblatt Nr. 19 (08.05.1965), 353 - 362, 353 ff.

[716] Vgl. NN, Ausländergesetz vom 28. April 1965, in: Bundesgesetzblatt Nr. 19 (08.05.1965), 353 - 362, 353.

[717] Vgl. Siegfried Bethlehem, Heimatvertreibung, DDR - Flucht, Gastarbeiterzuwanderung. Wanderungsströme und Wanderungspolitik in der Bundesrepublik Deutschland, Stuttgart 1982, 168; Volker Ackermann, Integrationsangebote und Rückkehrförderungsprogramme. Ausländer in Nordrhein - Westfalen, in: Christian Reinicke, Nordrhein - Westfalen. Ein Land in seiner Geschichte. Aspekte und Konturen 1946 - 1996, Münster 1996, 357 - 360, 360.

[718] Vgl. Klaus J. Bade, Vom Auswanderungsland zum Einwanderungsland ? Deutschland 1880 - 1980, Berlin 1983, 85 ff.

[719] Vgl. Giacomo Maturi, Arbeitsplatz: Deutschland. Wie man südländische Gastarbeiter verstehen lernt, Mainz 1964, 67.

und sozialen Aktivitäten wenig Interesse. Ihre Beziehung zur Bundesrepublik war auf kurze Fristen eingestellt, an längerfristigen Veränderungen in Deutschland nahmen sie keinen Anteil[720].

Die Arbeitsbedingungen der Gastarbeiter in deutschen Betrieben lassen sich für die sechziger Jahre mit einigen Zahlen umreißen: 1965 waren 90 % der ausländischen Männer als Arbeiter beschäftigt. 71,8 % aller ausländischen Arbeitskräfte waren 1961 im sekundären Sektor tätig; 72 % arbeiteten 1965 als an- und ungelernte Arbeiter. Im Jahre 1963 waren die höchsten Ausländerquoten im Baugewerbe, in der Eisen- und Metallindustrie sowie im Bergbau anzutreffen[721].

Etwa zwei Drittel der neu angeworbenen Gastarbeiter wohnten 1962 in Gemeinschaftsunterkünften, die entweder von Betrieben, städtischen Behörden, Wohlfahrtsverbänden oder Privatpersonen unterhalten wurden[722]. Über die Zustände in den Ausländerwohnheimen ist zu einer Zeit, als Gastarbeiter in den Medien nur wenig Beachtung fanden, viel geschrieben worden. So berichtete das Handelsblatt am 16. Februar 1967 über eine Polizeiaktion in Düsseldorf: "In einem Raum von nicht mehr als 15 Quadratmetern hausen sechs türkische und griechische Gastarbeiter. Übereinander und eng zusammengerückt stehen die Betten; alle Männer liegen schon, obwohl es gerade erst halb neun ist. Aber was sollen sie in diesem Loch anders anfangen ? Nicht einmal genügend Stühle sind vorhanden; in der Mitte, unter einer schief herabhängenden Glühbirne, steht ein kleiner, von einer 'Tischdecke' aus Zeitungspapier bedeckter Tisch. Der Fußboden ist kahl und schmutzig, nicht anders die Wände; nach einem Bild, einer Gardine sucht man vergeblich. ... Um ins nächste Zimmer zu gelangen, muß man eine steile Holztreppe erklimmen. Nur durch Sperrholzwände wird der Raum zusammengehalten. Hier brennt noch Licht. Ein Arbeiter kniet gerade auf einem kleinen Teppich und verrichtet sein Gebet, die anderen hocken in ihren Betten. Aus der Papiertragetüte eines Kaufhauses haben sie sich einen notdürftigen Lampenschirm gemacht. Einen Ofen gibt es für die Leute aus dem Süden nicht, die kaum etwas anderes so sehr bei uns vermissen wie Sonne und Wärme. Man sucht nach Worten, um den Toilettenraum zu beschreiben. Auf dem Boden schwimmt eine einzige dreckige Lache, das Inventar besteht aus einer kalten steinernen Latrine, ohne Besatz. Das letzte Zimmer erreicht man erst nach einer bei Dunkelheit und Regen halsbrecherischen Kletterei. Über den Dachgarten und von dort über eine wackelige Stiege kommt man in eine Art Verandazimmer von knapp 20 Quadratmetern, das sieben Gastarbeiter ihr 'Zuhause' nennen. So dicht stehen die Betten zusammen, daß kaum für ein paar Hocker und einen kleinen Tisch Platz bleibt. ... Ein paar

---

[720] Vgl. Otto Uhlig, Gastarbeiter in Deutschland, Mannheim 1966, 5 ff.

[721] Vgl. Anwerbung und Vermittlung ausländischer Arbeitnehmer. Erfahrungsbericht 1961, Nürnberg 1962, 3 ff; Anwerbung, Vermittlung, Beschäftigung ausländischer Arbeitnehmer. Erfahrungsbericht 1963, Nürnberg 1964, 3 ff; Anwerbung, Vermittlung, Beschäftigung ausländischer Arbeitnehmer. Erfahrungsbericht 1965, Nürnberg 1966, 3 ff; Bevölkerungsstruktur und Wirtschaftskraft der Bundesländer. Zusammenfassende Veröffentlichungen, Wiesbaden 1973, 78 f.

[722] Vgl. Anwerbung, Vermittlung, Beschäftigung ausländischer Arbeitnehmer. Erfahrungsbericht 1962, Nürnberg 1963, 9; Ernst Klee, Fips schafft sie alle. Elias aus Griechenland und die anderen Gastarbeiter wohnen in einem Barackenlager. Es geht ihnen schlecht. Aber keiner will helfen. Da faßt Fips einen verrückten Plan, Düsseldorf 1972, 5 ff.

Straßen weiter befindet sich das zweite Ziel der Razzia, eine Baracke. Die Umgebung ist trist, der Regen drischt gegen die Holzwände, vor dem Eingang steht in einem Blumentopf eine kleine Palme. Hundert Südländer führen hier ein trauriges Dasein. 80 DM monatlich zahlt jeder von ihnen dem Vermieter, einem Deutschen. Wer diesen Mann sieht, zweifelt nicht daran, daß die 8000 Mark Monat für Monat pünktlich in seine Kasse wandern. Verschüchtert stehen die Männer in Schlafanzügen und beobachten stumm, was um sie herum vor sich geht. Man kann sich leicht ausmalen, wie 'Zucht und Ordnung' aussehen, deren sich der zu Wohlstand gekommene Barackenvermieter grinsend rühmt. Auch bei ihm wohnen jeweils sechs Leute in einem bescheidenen Raum. Einmal für sich allein zu sein, davon darf man nur träumen. Und die Gewohnheit, nachts die Zimmertür hinter sich abzuschließen, wird jedem Neuling schon am ersten Tag ausgetrieben. Für 480 Mark Miete pro Raum ist den Ausländern nur erlaubt, einen Stuhl an die Zimmertür zu stellen. Dritte Station ist ein zweistöckiges Mietshaus in einer allgemein als vornehm geltenden Straße unmittelbar an einem Park. Mit betonter Freundlichkeit bittet die Vermieterin die beiden Beamten ins Haus. Sie sei sehr dafür, daß sich die Polizei hin und wieder davon überzeuge, daß in ihrem Haus alles in Ordnung ist, meint sie, auf das erste Zimmer losgehend. Ohne anzuklopfen, tritt sie ein, schaltet Licht an. Sechs Marokkaner schlafen in dem Raum. Einem nach dem anderen reißt sie die fast bis über den Kopf gezogene Bettdecke vom Gesicht. Für den bescheidenen Einwand der Kripo - Leute, soviel Aufwand sei gar nicht nötig, hat die Frau nur ein Lächeln übrig: 'Ach, das haben die gerne'. Über sich selbst spricht sie nur als der 'Mama'. Nach Spezialität des Hauses wird mit einem Tuch über den Kopf geschlafen. 'Damit die Bettwäsche nicht so schnell schmutzig wird', erklärt 'Mama'. Darauf seien die Männer von ganz allein gekommen. In fünfzig Gesichter blicken die Männer von der Kripo. Jeder zahlt 65 Mark Miete. Sogar im Keller hausen sechs Nordafrikaner, in einem winzigen Raum; die Toilette ist schmuddelig und so eng, daß man sich in ihr kaum drehen kann"[723].

Migrationsdienst

Seit Beginn der ökonomisch bedingten Wanderungsbewegung in die Bundesrepublik kümmerte sich in Düsseldorf die katholische Kirche und der Caritasverband um die Gastarbeiter mit ihrer Existenznot zwischen heimatlicher Geborgenheit und Fremdsein in der unsicheren Fremde.

Der erste Anstoß zur Sorge für katholische Arbeitnehmer aus dem Ausland kam Anfang der sechziger Jahre aus Kreisen der Düsseldorfer Kolpingfamilie und galt Gastarbeitern spanischer Herkunft. Auf einer Pressekonferenz im August 1961 gab Kolpingpräses Peter Kamphausen den Bau des ersten deutsch - spanischen Zentrums in der Bundesrepublik Deutschland bekannt, das auf dem Innenhof des Franz - Schweitzer -

---

[723] NN, Fremd- statt Gastarbeiter ? Gastfreundschaft klein, Gewinnsucht groß geschrieben, in: Handelsblatt Jg. 22 Nr. 34 (16.02.1967), 20.

Hauses an der Bilker Straße errichtet werden sollte[724]. Erläuternd führte der Präses vor den Pressevertretern aus, dass sich die Düsseldorfer Kolpingfamilie seit langer Zeit große Sorgen um ausländische Gastarbeiter gemacht habe. Sehr bald sei aus dieser Sorge ein konkreter Plan entstanden, da es im Sinne des Gesellenvaters Adolf Kolping sei, nicht nur deutschen Handwerksgesellen, sondern auch ausländischen Gastarbeitern zu helfen. Zu Recht stellte Präses Peter Kamphausen fest, dass im Zeichen der Hochkonjunktur genügend Arbeitsplätze, aber nur wenig geeigneter Wohnraum vorhanden war; Kontaktmöglichkeiten zwischen einheimischen und ausländischen Mitbürgern fehlten ganz[725]. Um den Mangel abzustellen, hatte sich die Kolpingfamilie Düsseldorf - Zentral bereit erklärt, auf den Fundamenten des alten, im Krieg zerstörten Vereinssaals einen Neubau als Wohnheim und Begegnungszentrum für spanische Gastarbeiter zu errichten[726].

Anfang der sechziger Jahre lebten in der Bundesrepublik 47000 spanisch sprechende Neubürger, davon im Nordteil der Erzdiözese Köln 7000 und in Düsseldorf 2300. "Sprachschwierigkeiten, ein ungewohntes Klima, andere Arbeitsweise, unterschiedliche Mentalität", so die Kirchenzeitung vom 13. August 1961, "gehören zu ihren hauptsächlichen Anpassungssorgen. Sie würden diese Probleme wohl kaum überwinden, wenn nicht eine tatkräftige Hand zufassen würde. Da ist die Düsseldorfer Kolpingsfamilie im rechten Moment zur Stelle gewesen"[727]. Von der Finanzierung und dem seit einigen Wochen in Gang befindlichen Bauvorhaben berichtete das Blatt: "Kardinal Frings griff nach sorgsamer Überlegung tief in die Kasse der Erzdiözese ('rund 20000 Spanier leben in meiner Erzdiözese; das sind rund acht selbständige Pfarreien. Da müssen wir etwas tun') und die Stadt Düsseldorf sowie Nordrhein - Westfalen wollen mit 230000 Mark ihr Scherflein aus Landesjugendplanmitteln zu dem 900000 - Mark - Projekt beitragen. Das Zentrum soll eine echte Begegnungsstätte zwischen Spaniern und Deutschen werden. Das heißt, daß man mit einer gewissen Großzügigkeit die Räumlichkeiten bauen muß. Nach den Plänen des Düsseldorfer Architekten, Dipl. - Ing. Heinz Grygo BDA soll im Parterre eine spanische Cafeteria entstehen. Im 1. Obergeschoß wird der spanische Dominikanerpater Salvador mit einem zweiten geistlichen Betreuer einziehen. Im 1. Stock sollen zwei Beratungsräume, ein Clubraum mit Fernsehen, die Bücherei und ein Leseraum mit spanischen Zeitungen aufgenommen werden. Das 2. Obergeschoß wird den Unterrichtsraum, einen Bastel- und Musikraum erhalten. Hier sollen die Spanier un-

---

[724] Vgl. NN, Spanische Cafeteria im Kolpinghaus. Das erste spanische Zentrum der Bundesrepublik. Kolpingsfamilie steht zur Idee ihres Gründers, in: Kirchenzeitung für das Erzbistum Köln Jg. 16 Nr. 33/34 (13.08.1961), 21.

[725] Vgl. NN, Spanische Cafeteria im Kolpinghaus. Das erste spanische Zentrum der Bundesrepublik. Kolpingsfamilie steht zur Idee ihres Gründers, in: Kirchenzeitung für das Erzbistum Köln Jg. 16 Nr. 33/34 (13.08.1961), 21.

[726] Vgl. NN, Spanische Cafeteria im Kolpinghaus. Das erste spanische Zentrum der Bundesrepublik. Kolpingsfamilie steht zur Idee ihres Gründers, in: Kirchenzeitung für das Erzbistum Köln Jg. 16 Nr. 33/34 (13.08.1961), 21.

[727] NN, Spanische Cafeteria im Kolpinghaus. Das erste spanische Zentrum der Bundesrepublik. Kolpingsfamilie steht zur Idee ihres Gründers, in: Kirchenzeitung für das Erzbistum Köln Jg. 16 Nr. 33/34 (13.08.1961), 21.

Abb. 88 Jugendheim der Salesianer, Borbeck, um 1925

Abb. 89 Notburgahaus, Neuss, 1925

Abb. 90   Petrusheim, Weeze, 1925

Abb. 91   Kindergarten Herz-Jesu, Rossstr. 79, 1953

Abb. 92 Lazarett Franziskanerkloster, Oststr. 62/64, um 1914

Abb. 93   Caritasbild, Gesolei 1926

Abb. 94   Elisabeth Heidkamp (1902–1999), um 1990

Abb. 95   Eintopfsonntag, Marktplatz, 1938

Abb. 96   Lazarett Dominikanerkloster, Talstr. 31, 1940

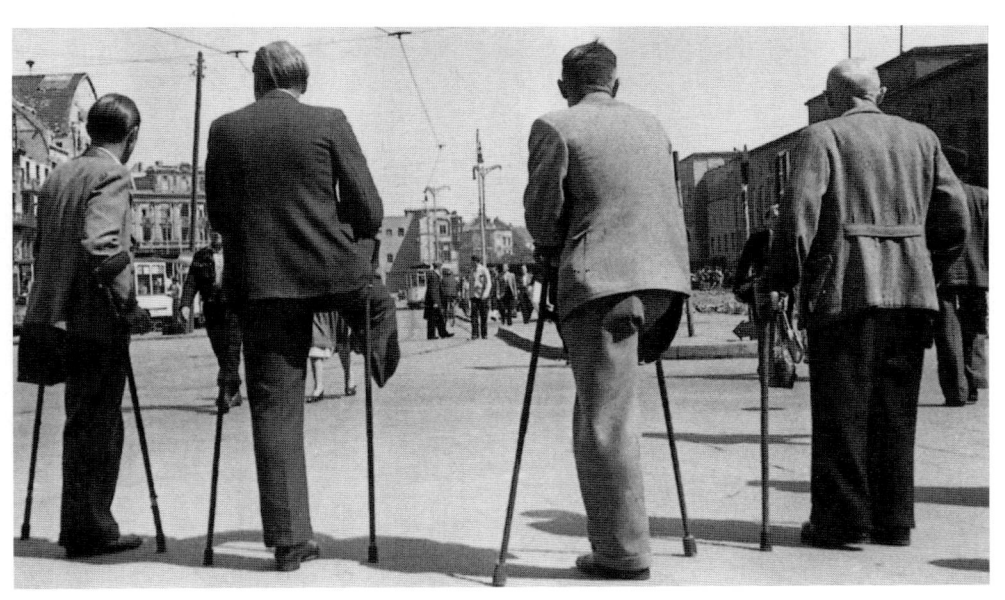

Abb. 97   Kriegsversehrte, Wilhelmplatz, um 1946

Abb. 98 Hungerdemonstration, Hofgarten, 1947

Abb. 99 Behelfsunterkunft, Düsseldorf, 1948

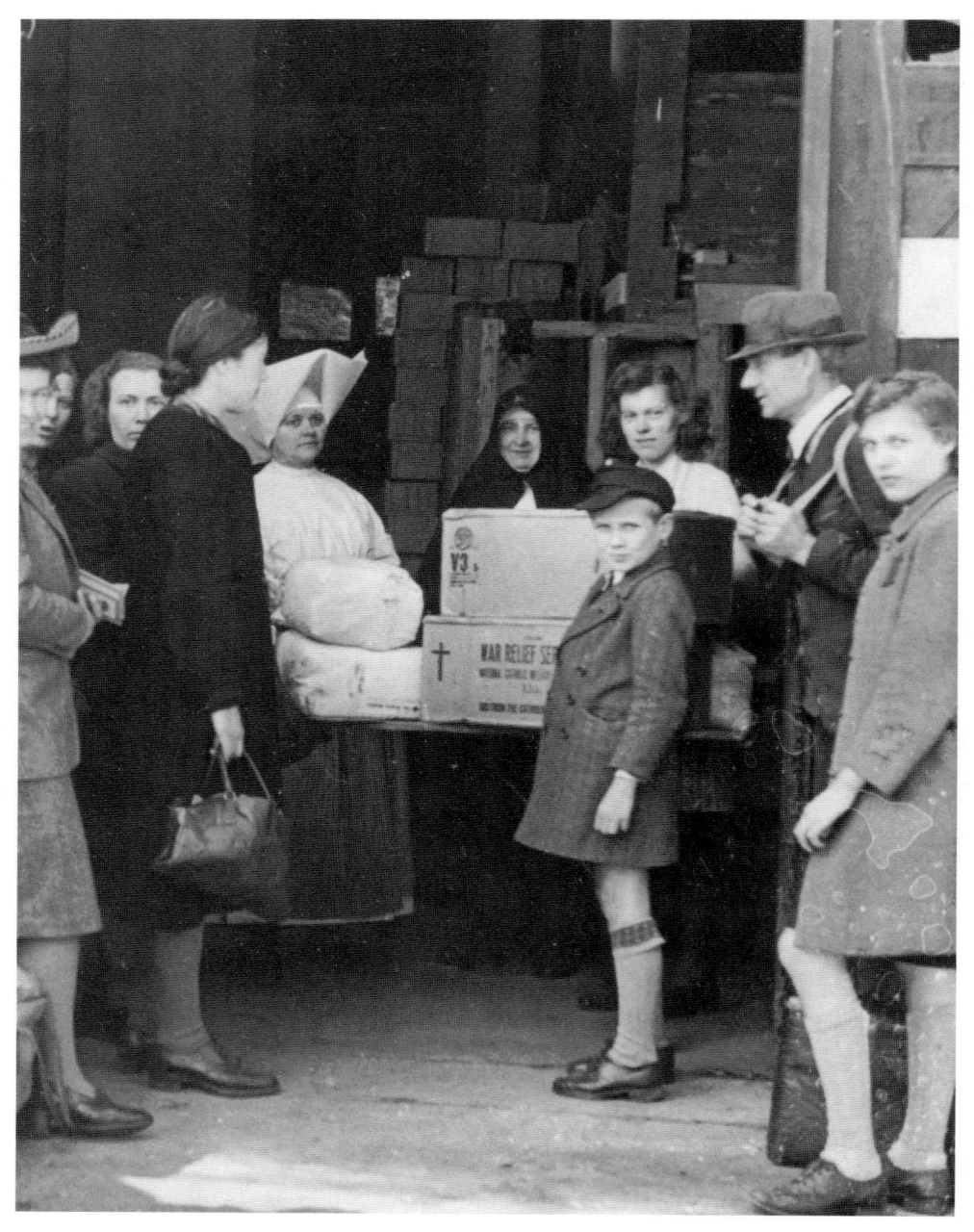

Abb. 100 Care-Pakete Ausgabe Luisenheim, Schlossallee 2, um 1947

Abb. 101 Lehrlingsheim Eller, Ellerkirchstr. 65, 1959

Abb. 102 Dreikönigen-Heimstatt, Hoffeldstr. 79, 1950

Abb. 103   Kindererholungsheim, Schloss Heltorf, um 1938

Abb. 104   Heimstatt Christopherus, Löricker Str. 39, 1953

Abb. 105   Luisenheim, Schlossallee 2, um 1945

Abb. 106 Caritaswerkheim, Weißdornstr. 14a, 1948

Abb. 107 Heilpädagogisches Heim Elbroich, Am Falder 4/6, um 1955

Abb. 108   Geriatrisches Krankenhaus Elbroich, Am Falder 6, 1980

Abb. 109   Haus Martinshöhe, Obermendig, um 1960

gestört und nach Herzenslust mit Guitarren und Kastagnetten die Musik ihrer Heimat erklingen lassen und an einigen Tagen der Woche Deutschunterricht erhalten. Pater Salvador ... plant sogar, Düsseldorfer in Spanisch zu unterrichten, 'damit die Verständigung auf beiden Seiten besser klappt'. Attraktion des neuen Gebäudes ist der große Festsaal, der im Parterre und auf der Empore 400 Personen Platz bietet, eine Podiumsbühne erhalten soll sowie eine komplette Ton- und Filmanlage. ... Bis zur feierlichen Einweihung wird noch einige Zeit vergehen. Doch die Spanier liegen bis dahin nicht auf der Straße. Nachdem sie in den letzten Monaten im Dominikanerkloster ein Obdach gefunden hatten, wurde am letzten Montag dort Abschied gefeiert. Bis zur endgültigen Fertigstellung des Neubaus hat Pater Salvador sein Büro im Franz - Schweitzer - Haus - neben den Wohnräumen der Kolpingsöhne eingerichtet. Und - provisorisch - können die spanischen Gastarbeiter hier auch ihre Treffen veranstalten sowie den spanischen Gottesdienst am Sonntagmorgen in der Kapelle des Kolpinghauses besuchen"[728].

In feierlicher Form wurde am 26. Oktober 1963 den spanischen Gastarbeitern in der Landeshauptstadt von der Düsseldorfer Kolpingfamilie das "Spanische Zentrum" (Bilker Str. 36) übergeben[729]. In einer Erklärung zur Fertigstellung des neuen Hauses warf die Düsseldorfer Kolpingfamilie die Frage auf, ob es richtig gewesen sei, den Arbeitskräftemangel in Deutschland durch die Anwerbung junger Ausländer ohne Familienbindung zu beheben. Mit Nachdruck wiesen die Kolpingsöhne darauf hin, dass "die Gefährdung dieser Gastarbeiter in unserer Stadt nicht verborgen bleiben" konnte. Aus diesem Grund hätten sie sich entschlossen, helfend einzugreifen und den spanischen Seelsorger Pater Salvador y Conde beim Aufbau eines spanischen Zentrums zu unterstützen. Weiter hieß es in der Mitteilung: "Wir möchten diese Menschen nicht sich selbst überlassen, sie gleichsam in ein Ghetto verbannen; sie sollen vielmehr die weltweite Kirche und das weltweite Kolpingswerk erfahren"[730]. Wie die Kirchenzeitung berichtete, kam in den Reden der Eröffnungsfeierlichkeiten zum Ausdruck, "daß die spanischen Gastarbeiter nicht nur das Gefühl haben sollen, sie seien willkommene Arbeitskräfte um die Produktionsziffern und die Zahlungsbilanz der Bundesrepublik zu verbessern". Vertreter aus dem politischen Bereich würdigten das neue Haus als "bescheidenen Beitrag zur Schaffung eines vereinten Europas auf der unteren Ebene"[731].

Bemerkenswert ist, dass Mitte der sechziger Jahre in Düsseldorf zwei weitere Wohnheime in katholischer Trägerschaft für spanische Gastarbeiter und Gastarbeiterinnen geplant waren. Nach der Maxime "Heute Gastarbeiterhaus, morgen Altenheim" sollte 1965 nahe der Hasseler Pfarrkirche ein Heim für 70 spanische Arbeiter (Am Schönenkamp 149)[732] und 1967 in Golzheim neben der Adolfuskirche ein spanisches Mädchen-

---

[728] NN, Spanische Cafeteria im Kolpinghaus. Das erste spanische Zentrum der Bundesrepublik. Kolpingsfamilie steht zur Idee ihres Gründers, in: Kirchenzeitung für das Erzbistum Köln Jg. 16 Nr. 33/34 (13.08.1961), 21.
[729] Vgl. DN 28.10.1963; Mittag 28.10.1963; NRZ 28.10.1963; RP 28.10.1963.
[730] NN, Festakt für das "Spanische Zentrum". Düsseldorfer Kolpingssöhne wollen Gastarbeiter auch weiterhin helfen, in: Kirchenzeitung für das Erzbistum Köln Jg. 18 Nr. 43 (27.10.1963), 22.
[731] NN, Einmalig im Bundesgebiet. Kontakte zwischen spanischen Gastarbeitern und deutschen Gastgebern, in: Kirchenzeitung für das Erzbistum Köln Jg. 18 Nr. 44 (03.11.1963), 18.
[732] Vgl. RP 11.05.1963; RP 26.03.1965.

heim (Kaiserswerther Str. 62) mit 96 Plätzen gebaut werden[733]. Sowohl in Hassels wie in Golzheim war das Haus so angelegt, "daß es in späteren Zeiten auch der Pfarrgemeinde dienstbar gemacht werden kann, für den Fall, daß die Gastarbeiterinnen bei einem möglichen Rückgang der Konjunktur wieder in ihre Heimat zurückkehren"[734]. Während das Haus in Hassels noch vor seiner Fertigstellung umgewidmet und am 15. Juli 1969 als Altenheim St. Antonius eröffnet wurde[735], konnte in Golzheim mit Übergabe des neuen Pfarrzentrums von St. Adolfus am 10. Mai 1967 auch das sechsgeschossige Wohnheim für Spanierinnen seinen Betrieb aufnehmen[736]. "Praktisch, modern und großzügig von Architekt Grygo entworfen und errichtet", so das Urteil der Kirchenzeitung, "ist das Wohnheim mit Sicherheit eine soziale, daneben auch eine europäische und im ursprünglichen Sinn katholische Tat. Rund hundert junge Spanierinnen werden hier eine Heimstatt finden, die nicht nur preisgünstig ist, sondern vor allem auch Geborgenheit bietet. Den äußeren Rahmen geben gepflegt ausgestattete Zwei-, Drei- und Vierbettzimmer"[737]. Die Leitung des Hauses lag bis zu seiner Schließung am 31. März 2000 in den Händen spanischer Ordensschwestern von der Kongregation "Amor de Dio" aus Zamora[738].

Obwohl erste Überlegungen für den Bau eines Zentrums für italienische Gastarbeiter in Düsseldorf etwa zeitgleich mit dem Ausländerprojekt der Kolpingfamilie aufgekommen waren, erfolgte die Realisierung erst Ende der sechziger Jahre. Zwar war es Dominikanerpater Laurentius Pandolfo bereits am 1. Dezember 1961 gelungen, nachdem er "wacker am Gerechtigkeitssinn der Kolpingsfamilie" gerüttelt hatte, im Kolpinghaus an der Blücherstraße für die italienische Mission ein kleines Büro und im "Johannes - Dahl - Saal" einen provisorischen Versammlungsraum einzurichten, doch blieb ein Begegnungszentrum für italienische Gastarbeiter in Düsseldorf und Umgebung noch lange Zeit "ein Traumschloß"[739].

Zusammen mit 27 italienischen Geistlichen war Pater Laurentius Pandolfo von der "Congregation consistoriales" zur Seelsorge an Italienern in die Bundesrepublik entsandt worden und Anfang März 1961 in Düsseldorf angekommen[740]. Ein Jahr nach seiner An-

---

[733] Vgl. NN, Sorge um ausländische Gastarbeiter. Das Maß des Vernünftigen darf jedoch nicht überschritten werden, in: Kirchenzeitung für das Erzbistum Köln Jg. 19 Nr. 9 (01.03.1964), 20.
[734] NN, Wohnheim für Spanierinnen, in: Kirchenzeitung für das Erzbistum Köln Jg. 18 Nr. 21 (26.05.1963), 17.
[735] Vgl. PfA Hassels St. Antonius, Pfarrchronik St. Antonius, 15.07.1969; BT 16.07.1969; WZ 14.06.2003.
[736] Vgl. DN 11.05.1967; RP 11.05.1967; NN, Endlich fertiggestellt: Pfarrzentrum von St. Adolfus, in: Kirchenzeitung für das Erzbistum Köln Jg. 22 Nr. 20 (19.05.1967), 21.
[737] NN, Endlich fertiggestellt: Pfarrzentrum von St. Adolfus, in: Kirchenzeitung für das Erzbistum Köln Jg. 22 Nr. 20 (19.05.1967), 21.
[738] Vgl. CVD 641, 31.03.2000; NN, Endlich fertiggestellt: Pfarrzentrum von St. Adolfus, in: Kirchenzeitung für das Erzbistum Köln Jg. 22 Nr. 20 (19.05.1967), 21.
[739] Vgl. Heinz Schweden, "Un momento !" sagt Bruder Pförtner ... dann erscheint ein Wüstensohn im Ordenskleid, in: Kirchenzeitung für das Erzbistum Köln Jg. 18 Nr. 9 (03.03.1963), 13; NN, Chronik, in: 75 Jahre Caritasverband in Düsseldorf, Düsseldorf 1979, o. S. (21 - 42, 39); NN, "Ausländische Mitbürger", in: 75 Jahre Caritasverband in Düsseldorf, Düsseldorf 1979, o. S. (46 - 49, 46).
[740] Vgl. NN, Die Fußballmannschaft der Signori. Pater Pandolfo will ein "Italienisches Zentrum" bauen. Sorge um 10000 Gastarbeiter, in: Kirchenzeitung für das Erzbistum Köln Jg. 17 Nr. 15 (15.04.1962), 20.

6. Migrationsdienst

kunft berichtete die Kirchenzeitung über sein Wirken unter den etwa 3000 Italienern in der Landeshauptstadt: "'Der Pater hilft immer', so heißt es. Die jungen Männer und Familienväter, die aus Kalabrien, Apulien und aus den kleinen Dörfern Siziliens kommen, sind fast alle tiefgläubige Katholiken, und für sie ist der Pater oft Retter in der Not. Was heißt hier Not? Wir haben uns einmal mit Pater Pandolfo darüber unterhalten und erfahren, daß es in erster Linie die Trennung von der Familie ist, die den meisten italienischen Gastarbeitern nicht nur Kummer, sondern sie geradezu unglücklich macht. Nur 300 von 10000 Italienern in Düsseldorf und Umgebung haben ihre Familien mit in die Bundesrepublik gebracht. Die anderen wollen zwei bis drei Jahre in Deutschland arbeiten, um mit den Ersparnissen in ihre meist noch unterentwickelten süditalienischen Heimatorte zurückzukehren und eine neue Existenz zu gründen. Not heißt für die meisten sehr sensiblen Italiener, daß sie nach Arbeitsschluß in enge, unzulängliche Unterkünfte kommen (wofür sie häufig noch Wuchermieten zahlen müssen) und nicht wissen, was sie mit ihrer Freizeit anfangen sollen. Es sind die Sprach- und Kontaktschwierigkeiten, die ihnen dabei am meisten zu schaffen machen. Die deutsche Bevölkerung ist daran nicht ganz unschuldig. Zwar sehen viele Italiener zuwenig die harte Wirklichkeit, die es auch in Deutschland gibt und glauben, alles müsse so wie bei ihnen zu Hause sein. Auf der anderen Seite sind aber Vorurteile gegenüber den Italienern bei den Deutschen noch längst nicht ausgeräumt. Schließlich gibt es Mißverständnisse, die aus dem unterschiedlichen südländischen und deutschen Temperament herrühren. Was zum Beispiel für einen deutschen Arbeiter ein klarer Hinweis in der Fabrik ist, empfinden die Italiener als Kasernenhofton. Was ist zu tun? Pater Pandolfo sieht in einem 'Italienischen Zentrum' eine brauchbare Lösung. Zentrum bedeutet, daß die italienischen Gastarbeiter in Düsseldorf einen Platz erhalten, wo sie sich mit ihren Landsleuten treffen können, wo ein wenig Atmosphäre der Heimat eingefangen ist. ... Vorläufig hat Pater Pandolfo im Kolpinghaus auf der Blücherstraße ein kleines Zentrum eingerichtet. Es besteht zwar nur aus einem Büroraum, aber die Gastarbeiter wissen wenigstens, an wen sie sich mit ihren vielen Fragen wenden können. Erfreulich für die Arbeit des Paters ist die Tatsache, daß die ersten Bemühungen, seine Schäflein zu einer Herde zu vereinigen, Erfolg gehabt haben. Erst waren es nur 20, heute sind es schon über 400 Italiener, die jeden Sonntag zum italienischen Gottesdienst nach 'Heilig Geist' kommen. Anschließend trifft man sich im Großen Saal der Landesbildstelle (Prinz - Georg Str. 80), hört zehn Minuten Katechismusunterricht und sieht dann mit großem Interesse einen Dokumentarfilm über Deutschland und vergnügt sich anschließend bei einem italienischen Spielfilm. Zu den treuen Helfern des Italiener - Paters gehören ein Sozialhelfer und eine Schwester, die übrigens jeden Samstag Familien und Junggesellen besucht, um nach dem Rechten zu sehen. Nicht selten muß dann der Pater in irgendeiner wichtigen Frage mit Rat und Tat eingreifen. Stark besucht sind zur Zeit zwei Sprachkurse im Kolpinghaus. Darüber hinaus will Pater Pandolfo eine italienische Fußballmannschaft aufstellen, denn - so

---

Vgl. auch Heinz Schweden, "Un momento!" sagt Bruder Pförtner ... dann erscheint ein Wüstensohn im Ordenskleid, in: Kirchenzeitung für das Erzbistum Köln Jg. 18 Nr. 9 (03.03.1963), 13; Matthias Buchwald, 30 Jahre katholische italienische Mission in Düsseldorf. Überleben im Zusammenstehen, in: Kirchenzeitung für das Erzbistum Köln Jg. 47 Nr. 51 (18.12.1992), 22.

meint der aufgeschlossene Dominikaner - durch Sport und Spiel schafft man am besten Kontakte"[741].

Trotz seines unermüdlichen Engagements blieb es Pater Laurentius Pandolfo vergönnt, bis zu seiner Rückkehr nach Italien im Jahre 1965 für die mittlerweile auf 5000 Katholiken angewachsene Italienergemeinde in Düsseldorf ein Begegnungszentrum einzurichten[742]. Das "Centro Italiano" nahm erst mit dem Bau eines Gemeindezentrums für die Kirchengemeinde Hl. Dreifaltigkeit konkrete Gestalt an. Als am 12. November 1967 im Hause Becherstr. 25 von Pfarrer Guido Aix der neu erbaute "Pfarr- und Dekanatssaal" feierlich geweiht wurde[743], stand bereits fest, dass "in Anbetracht der Finanzierung durch das Erzbistum Köln" ein Teil der Räumlichkeiten (Pfarrsaal, Vorführungsraum, Cafeteria, etc.) der Italienischen Katholischen Mission in Düsseldorf zum Gebrauch vorbehalten blieb[744]. Die gemeinsame Nutzung durch Einheimische und Italiener war "auch der Sinn des Zentrums: nicht Ghetto für die Gastarbeiter, sondern Kontaktstelle mit den Menschen in der neuen Heimat zu sein"[745]. Eröffnet wurde das Centro Italiano am 16. Juni 1968 von Weihbischof Augustinus Frotz und Don Alfredo Fomia[746], der seit drei Jahren der italienischen Gemeinde als Pfarrer vorstand[747]. Als Seelsorger war er für die italienischen Katholiken in Düsseldorf, Hilden, Haan und Ratingen verantwortlich. "Die eigentlichen Probleme seiner Landsleute in der Fremde", so eine Reportage vom Herbst 1968, "entstehen weniger aus der mangelhaften Begegnung mit Gott als vielmehr aus dem Unvermögen seiner Schützlinge, sich in deutschen Ordnungskategorien und im Bürokratismus zurechtzufinden"[748].

In den Räumen des Centro Italiano war neben der Katholischen Mission auch eine Sozialberatung für Italiener untergebracht, für die der Caritasverband Düsseldorf eine

---

[741] NN, Die Fußballmannschaft der Signori. Pater Pandolfo will ein "Italienisches Zentrum" bauen. Sorge um 10000 Gastarbeiter, in: Kirchenzeitung für das Erzbistum Köln Jg. 17 Nr. 15 (15.04.1962), 20. Vgl. auch Heinz Schweden, "Un momento !" sagt Bruder Pförtner ... dann erscheint ein Wüstensohn im Ordenskleid, in: Kirchenzeitung für das Erzbistum Köln Jg. 18 Nr. 9 (03.03.1963), 13.

[742] Vgl. NN, Abschied italienischer Gastarbeiter - Seelsorger, in: Kirchenzeitung für das Erzbistum Köln Jg. 20 Nr. 11 (14.03.1965), 21.

[743] Vgl. CVD 352, 12.11.1967; NN, St. Dreifaltigkeit 75 Jahre Pfarrkirche, in: Kirchenzeitung für das Erzbistum Köln Jg. 22 Nr. 46 (17.11.1967), 22; NN, Centro Italiano - Missione Cattolica Italiana. 10 Jahre italienische Gemeinde Düsseldorf, in: Kirchenzeitung für das Erzbistum Köln Jg. 33 Nr. 50 (15.12.1978), 21.

[744] Vgl. CVD 352, undatiert (1968).

[745] NN, Helfen und sich selbst helfen. Die italienische Pfarrgemeinde in Düsseldorf, in: Kirchenzeitung für das Erzbistum Köln Jg. 23 Nr. 11 (08.11.1968), 21.

[746] Vgl. CVD 352, 06.05.1968; RP 17.06.1968; NN, Centro Italiano - Missione Cattolica Italiana. 10 Jahre italienische Gemeinde Düsseldorf, in: Kirchenzeitung für das Erzbistum Köln Jg. 33 Nr. 50 (15.12.1978), 21.

[747] Vgl. NN, Abschied italienischer Gastarbeiter - Seelsorger, in: Kirchenzeitung für das Erzbistum Köln Jg. 20 Nr. 11 (14.03.1965), 21.

[748] NN, Helfen und sich selbst helfen. Die italienische Pfarrgemeinde in Düsseldorf, in: Kirchenzeitung für das Erzbistum Köln Jg. 23 Nr. 11 (08.11.1968), 21.

6. Migrationsdienst

Sozialarbeiterin und einen Sozialarbeiter, beide italienischer Herkunft, abgestellt hatte[749]. Letzterer war seit dem 1. Januar 1962 für den Verband tätig und hatte bereits in den unzureichenden Räumlichkeiten des Kolpinghauses an der Blücherstraße für seine Landsleute einen sozialen Beratungsdienst aufgebaut[750]. Anfang der sechziger Jahre war der Sozialdienst der Caritas für die Italiener in Düsseldorf, Neuss, Grevenbroich, Mettmann, Ratingen, Hilden, Haan, Hochdahl und Erkrath zuständig und vor allem auf allein stehende Männer ausgerichtet, "so daß die Sozialberatung sich in Kleinigkeiten erschöpfte"[751]. Dem Paradigma der Zeit folgend war die Arbeit zu Beginn nicht auf Integration ausgerichtet, sondern befasste sich ausschließlich mit Rechtsfragen, Wohnraumbeschaffung, Übersetzungsdiensten und Rückkehrberatung[752].

Erst in der zweiten Hälfte der sechziger Jahre, als immer mehr Familienangehörige den ausländischen Arbeitern nach Deutschland folgten, veränderte sich die Klientel und somit auch die Tätigkeit des Sozialdienstes für Ausländer. Zu Recht stellte die Kirchenzeitung vom 8. November 1968 fest: "Die Probleme für die italienischen Gastarbeiter stellen sich differenzierter. Die meisten von ihnen kommen nicht mehr nur als Saisonarbeiter zu uns, sondern wünschen mitsamt ihren Familien für einen längeren Zeitraum in der Bundesrepublik zu bleiben. Damit ändert sich der Katalog der Fragen: nicht mehr die billige Behausung und größtmöglicher Verdienst rangieren an erster Stelle, sondern die qualifizierte Arbeitsstelle mit gesichertem Einkommen und die anständige Wohnung. Bei diesen langfristigen Plänen italienischer Gastarbeiter muß aber auch in Rechnung gestellt werden, daß viele von ihnen aus wirtschaftlich und sozial unterentwickelten Gebieten Italiens kommen. Konkret: Arbeitswilligkeit wird in einigen Fällen durch Analphabetentum und in den meisten Fällen durch Nichtbeherrschen der deutschen Sprache behindert"[753]. Daher fanden im Italienischen Zentrum Kurse für Analphabeten statt, ebenso wie deutsche Sprachkurse und Fachkurse[754].

Mit dem Anwerbestop von 1973 kamen verstärkt Frauen und Kinder im Rahmen des Familiennachzugs in die Bundesrepublik[755]. Das Beratungsangebot musste entsprechend erweitert werden, etwa um Fragen von Schule, Berufsbildung oder Familienkonflikte. Die Beratung galt nun Menschen, die längerfristig in Deutschland bleiben wollten. Mitte der siebziger Jahre hatten die beiden italienischen Mitarbeiter des Caritasverbandes "alle Hände voll zu tun" (1978: 4290 Einzelberatungen)[756]. Neben der eigentlichen Sozi-

---

[749] Vgl. NN, Italienische Mission Düsseldorf. Neuer Pfarrer: Don Marcello Bortolini, in: Kirchenzeitung für das Erzbistum Köln Jg. 30 Nr. 44 (31.10.1975), 30.
[750] Vgl. CVD 19, 03.05.1979.
[751] CVD 19, 03.05.1979.
[752] Vgl. CVD 19, 03.05.1979.
[753] NN, Helfen und sich selbst helfen. Die italienische Pfarrgemeinde in Düsseldorf, in: Kirchenzeitung für das Erzbistum Köln Jg. 23 Nr. 11 (08.11.1968), 21.
[754] Vgl. NN, Helfen und sich selbst helfen. Die italienische Pfarrgemeinde in Düsseldorf, in: Kirchenzeitung für das Erzbistum Köln Jg. 23 Nr. 11 (08.11.1968), 21.
[755] Vgl. RP 24.11.1973.
[756] Vgl. NN, Italienische Mission Düsseldorf. Neuer Pfarrer: Don Marcello Bortolini, in: Kirchenzeitung für das Erzbistum Köln Jg. 30 Nr. 44 (31.10.1975), 30; NN, "Ausländische Mitbürger", in: 75 Jahre Caritasverband in Düsseldorf, Düsseldorf 1979, o. S. (46 - 49, 47).

alberatung, zu der vor allem die Krankenhaus-, Gefangenen- und Familienbetreuung (Wohnungsvermittlung, Kindergarten- und Schulhilfe, Erziehungsberatung, Lehrstellen- und Arbeitsplatzvermittlung, etc.) gehörte, waren sie auch für die Durchführung des Freizeitprogramms in der Becherstraße verantwortlich. Jeden Sonntag lief ein Film in italienischer Sprache; außerdem wurden folkloristische und gesellige Sonderveranstaltungen angeboten[757]. Der Fußballverein "Centro Sportivo Italiano", der vor allem junge Italiener über den Sport mit deutschen Jugendlichen in Kontakt bringen sollte, war bereits am 1. Mai 1966 ins Leben gerufen worden[758].

Ein Expose aus dem Jahre 1979 umschrieb Ziel und Zweck des italienischen Sozialdienstes beim Düsseldorfer Caritasverband mit den Worten: "Das Hauptziel unserer Arbeit ist, unseren Landsleuten bei den ersten Schritten in einem durch Sprache, Kultur, Sitten und Institutionen fremden Land zu helfen. ... Unser Ziel ist, diesen Menschen dabei zu helfen, sich zurechtzufinden und Anschluß an die neue gastgebende Gesellschaft zu erlangen. Die Eingliederung ist nicht leicht und kann nicht sehr schnell erfolgen: man muß langsam vorgehen und jedem, dem Einzelnen wie auch der Gruppe begreiflich machen, daß die Rechte eines jeden Menschen auf persönlichem Respekt, Würde und Gleichstellung zusammen mit den sozialen Pflichten sich selbst, seiner Familie und der gastgebenden Gesellschaft einhergehen. Mit unserer Arbeit versuchen wir, den Menschen zu helfen bei der klaren Erkennung des Gebens und des Habens zwischen der Gesellschaft und den Menschen als Individuen, Gruppen und Gemeinschaften. Der einzelne Mensch wie auch die Gruppe muß sensibilisiert werden; es muß erkannt werden, daß wenn unsere Rechte anerkannt werden sollen, wir unsere Pflichten und ihre Grenzen anerkennen müssen und Rechte und Wünsche der Anderen annehmen und würdigen. Unser Ziel ist, nicht nur Personen, Familien oder Gruppen in ihren sozialen Fragen zu betreuen: wir wollen auch die Gesellschaft verbessern, indem wir versuchen, den hygienischen und ökonomischen Zustand zu verbessern und deshalb setzen wir uns für bessere Wohnungen und Arbeitsbedingungen ein. Im Streitfalle, ist es Ziel unserer Arbeit, den Menschen zu helfen, die Schwierigkeiten mit Hilfe der im gastgebenden Land eingesetzten Mittel zu überwinden. Darunter versteht sich auch die Hilfe für eine bedürftige Person und seine Familie, solche Hilfe, die durch Sozialversicherung und Hilfe durch die öffentliche Hand möglich sind, in Anspruch zu nehmen. Andere Hilfen bestehen in Arbeitsbeschaffung durch die Arbeitsämter, ärztliche Behandlung, Kultur- und Erziehungsverbesserung, den Grund dafür herauszubekommen (Unstimmigkeiten zwischen Eheleuten oder zwischen Eltern und Kindern) und zu versuchen, den Frieden in der Familie wieder herzustellen"[759].

Vorrangiges Ziel des katholischen Beratungsdienstes war es, "ausländische Arbeiterfamilien durch subsidiäre Hilfe in den normalen Alltag einzuführen"[760]. Schon im Frühjahr 1964, als Integration in der Arbeit mit Ausländern noch ein weithin unbekanntes

---

[757] Vgl. CVD 19, 03.05.1979.
[758] Vgl. CVD 19, 04.05.1979; CVD 352, 10.05.1971.
[759] CVD 19, 04.05.1979.
[760] NN, Sorge um ausländische Gastarbeiter. Das Maß des Vernünftigen darf jedoch nicht überschritten werden, in: Kirchenzeitung für das Erzbistum Köln Jg. 19 Nr. 9 (01.03.1964), 20.

6. Migrationsdienst

Wort war, forderte der Caritasverband Düsseldorf, Ausländer sollten nicht in "Reservaten" leben[761]. "Erwünscht ist vielmehr die Integration der Gastarbeiter in das normale Alltagsleben. Den besonderen Schwierigkeiten, die sich dabei ergeben, soll durch großzügige Hilfe Rechnung getragen werden, vor allem im Hinblick auf Erlernen der deutschen Sprache, Vertrautmachen mit dem sozialen, kulturellen und politischen Leben. In dieser Richtung ist in der Landeshauptstadt vor allem von katholischer Seite schon Beachtliches unternommen worden. Im Caritasverband sieht man mit Sorgen den Trend der Gastarbeiter, gleich die ganze Familie in das ihnen fremde Land mitzubringen. Abgesehen von der Schwierigkeit, ausreichende Unterkünfte zu finden, taucht in diesem Zusammenhang auch die Frage der Frauenbeschäftigung auf. Die guten Verdienstmöglichkeiten verleiten dazu, daß Spanier und Italiener nach dem unguten Beispiel deutscher Familien handeln, wenn beide Elternteile berufstätig werden und die Kinder sich selbst überlassen bleiben. Mit Recht hat darum der Caritasverband Bedenken angemeldet, als von spanischer und italienischer Seite der Wunsch vorgetragen wurde, für die Kinder der Gastarbeiter eigene Kindergärten und -horte einzurichten. Die Düsseldorfer Caritas vertritt die Auffassung, daß solche speziellen Kindergärten nur in Ausnahmefällen und nur für schwer erziehbare Kinder eingerichtet werden sollen. Im übrigen wird auf die Erziehungspflicht der Eltern und die normalen Kindergärten verwiesen. Brauchtum und nationale Eigenart ... könnten innerhalb der Familie am besten gepflegt werden. Da viele Gastarbeiterfamilien den Wunsch haben, in Deutschland seßhaft zu werden, erscheint die Forderung des Caritasverbandes berechtigt, jegliche Hilfe mit dem Ziel zu gewähren, ausländische Arbeiterfamilien durch subsidiäre Hilfe in den normalen Alltag einzuführen"[762].

Im Jahre 1963 erfolgte beim Caritasverband Düsseldorf die Anstellung eines Sozialarbeiters zur Betreuung von etwa 3500 griechischen Gastarbeitern[763], die seit Juli 1962 in der alten Stockumer Pfarrkirche zur Hl. Familie einen liturgischen Versammlungsort (St. Andreas, Carl - Sonnenschein Str. 35) besaßen[764]. Die Einrichtung eines griechischen Sozialdienstes beim Caritasverband war in den sechziger Jahren mehr als ungewöhnlich, da die Herkunftsnationalitäten zu dieser Zeit zwischen den deutschen Wohlfahrtsverbänden aufgeteilt waren. Der Caritasverband war für Italiener, Spanier und Portugiesen, die Diakonie für Griechen und die Arbeiterwohlfahrt für alle nichtchristlichen Nationalitäten (Türken etc.), aber auch für Jugoslawen zuständig[765]. Der Grund, warum beide konfessionellen Wohlfahrtsverbände in Düsseldorf fast zeitgleich einen Beratungsdienst für Griechen einrichteten, ist heute nicht mehr zu klären. Eine Gesprächsnotiz in den

---

[761] Vgl. NN, Sorge um ausländische Gastarbeiter. Das Maß des Vernünftigen darf jedoch nicht überschritten werden, in: Kirchenzeitung für das Erzbistum Köln Jg. 19 Nr. 9 (01.03.1964), 20.

[762] NN, Sorge um ausländische Gastarbeiter. Das Maß des Vernünftigen darf jedoch nicht überschritten werden, in: Kirchenzeitung für das Erzbistum Köln Jg. 19 Nr. 9 (01.03.1964), 20.

[763] Vgl. NN, "Ausländische Mitbürger", in: 75 Jahre Caritasverband in Düsseldorf, Düsseldorf 1979, o. S. (46 - 49, 46).

[764] Vgl. PfA Stockum Heilige Familie 81, 06.08.1962; Festbrief zum 50 - jährigen Gemeindejubiläum Heilige Familie Düsseldorf - Stockum, Düsseldorf 1984, 44.

[765] Vgl. CVD 590, 02.12.1963; Friedemann Tiedt, Sozialberatung für Ausländer. Perspektiven für die Praxis, Weinheim 1985, 156.

Akten der Stadtverwaltung gibt nicht mehr als einen vagen Hinweis, bezeugt aber, dass der Sachverhalt zu Spannungen zwischen den Wohlfahrtsverbänden geführt hatte. "Die Besprechung zeigte", so ein Mitarbeiter des Düsseldorfer Wirtschaftsförderungsamtes am 2. Dezember 1963, "daß hinsichtlich der Griechen - Betreuung zwischen dem Caritas - Verband und dem Evangelischen Hilfswerk erhebliche Kompetenzschwierigkeiten bestehen. Angeblich sei auf Grund eines ungeschriebenen Gesetzes eine Einigung dahingehend erzielt worden, daß die soziale und gesellschaftliche Betreuung ... aufgeteilt sei ... . Der Vertreter des Caritas - Verbandes bestritt diese Darstellung. Tatsächlich habe der Caritas - Verband bereits seit längerem auf Antrag der Griechen einen Griechen als Sozialbetreuer ... eingestellt. Die beiden Parteien wurden von mir gebeten, diese Kompetenzfrage kurzfristig zu klären, damit für die Anmietung eines eventuellen Raumes als Betreuungs - Zentrum ein verbindlicher Partner vorhanden sei. Es besteht der nicht unbegründete Verdacht, daß die Griechen die eine Religionsgemeinschaft gegen die andere ausspielen wollen unter dem Motto: 'Wenn ich bei Dir nicht kriege, was ich will, so gehe ich zur Konkurrenz'"[766]. Offenbar hielt der Missklang unter den konfessionellen Verbänden längere Zeit an, da Caritas und Diakonie ihre Beratungsräume erst am 1. September 1966 zusammenlegten[767] und gemeinsam im Hause Duisburger Str. 66 einen Sozialdienst für Griechen einrichteten[768].

Neben der Beratung und Betreuung italienischer und griechischer Arbeitnehmer kümmerte sich der Caritasverband Düsseldorf seit 1965 verstärkt um spanische Gastarbeiter und richtete in diesem Jahr im Spanischen Zentrum an der Bilker Straße einen weiteren Sozialdienst ein[769]. Im Mittelpunkt der Tätigkeit stand hier vor allem das Problem der Familienzusammenführung, da Spanien im Gegensatz zu Italien nicht zu den EWG - Staaten gehörte. Zahlreiche Spanier waren als Touristen mit einer auf drei Monate begrenzten Aufenthaltsgenehmigung nach Düsseldorf gekommen, wollten in Wirklichkeit aber dauerhaft bei ihren hier bereits arbeitenden Angehörigen bleiben[770]. Für die Sozialberatung der Portugiesen, die seit 1975 der Caritasverband Neuss wahrgenommen hatte, wurde ab dem 1. September 1979 eine portugiesische Sozialarbeiterin vom Düsseldorfer Verband eingesetzt, die in einem Büro der Geschäftsstelle Hubertusstr. 5 den Beratungsdienst durchführte[771].

Für katholische Arbeitnehmer aus Jugoslawien und deren Familien bestand seit dem Jahre 1972 ein Beratungsangebot beim Caritasverband Düsseldorf, seit 1976 mit eigenem Büro in der Katholischen Kroatischen Mission an der St. Apollinariskirche (Van -

---

[766] CVD 590, 02.12.1963. Vgl. auch PfA Stockum Heilige Familie 81, 19.02.1963.
[767] Vgl. CVD 19, 06.12.1978.
[768] Vgl. CVD 234, 06.05.1976; NN, Beratungsstellen für Gastarbeiter in der Erzdiözese Köln, in: Kirchenzeitung für das Erzbistum Köln Jg. 25 Nr. 46 (13.11.1970), 15.
[769] Vgl. NN, "Ausländische Mitbürger", in: 75 Jahre Caritasverband in Düsseldorf, Düsseldorf 1979, o. S. (46 - 49, 48).
[770] Vgl. Barbara von Breitenbach, Italiener und Spanier als Arbeitnehmer in der Bundesrepublik Deutschland. Eine vergleichende Untersuchung zur europäischen Arbeitsmigration, München 1982, 47 ff.
[771] Vgl. NN, "Ausländische Mitbürger", in: 75 Jahre Caritasverband in Düsseldorf, Düsseldorf 1979, o. S. (46 - 49, 48).

6. Migrationsdienst

Douven - Str. 8)[772]. Zum Beratungsbereich des Sozialberaters gehörten außer Düsseldorf auch Ratingen, Hilden, Opladen, Heiligenhaus, Erkrath, Haan, Hochdahl und Mettmann[773]. Grund für die späte Gründung war auch hier die in früheren Jahren getroffene Vereinbarung, nach der die Zuständigkeit für die Betreuung jugoslawischer Staatsbürger der Arbeiterwohlfahrt vorbehalten blieb. Da sich unter den jugoslawischen Gastarbeitern zahlreiche Katholiken, meist Kroaten, befanden, war der Caritasverband nach Gründung der Kroatisch katholischen Mission im Jahre 1970 (zunächst am Franziskanerkloster, seit April 1973 an St. Apollinaris) wiederholt zur Eröffnung einer jugoslawischen Beratungsstelle gedrängt worden[774].

Bedingt durch die veränderten Bedürfnisse, hervorgerufen durch den Nachzug der Familien, Heranwachsen der zweiten und dritten Generation, war Ende der siebziger Jahre das Beratungsangebot für Ausländer spezieller und individueller geworden. "Die Unsicherheit des 'Lebens aus dem Koffer'", so eine Analyse des Caritasverbandes Düsseldorf aus dem Jahre 1979, "das Aufwachsen zwischen zwei Kulturen, die Unmöglichkeit, im Gestrüpp der Paragraphen und Verordnungen einen Lebensplan und Zukunftsperspektiven zu entwickeln und vieles andere mehr, verursachen Ängste, führen zu psycho - somatischen Erkrankungen, Flucht in eine Traumwelt durch Alkohol- und Tablettenmißbrauch, Leistungsabfall und Resignation"[775]. Der Wandel von der materiellen zur psychosozialen Not hatte zur Folge, dass "der Sozialberater als 'Berufener Helfer' und Fürsprecher in der Not ... nicht mehr gefragt" war. Seine Aufgaben waren spezifischer geworden. "Das Zusammenspiel von objektivem Wissen, subjektivem Können und die Nutzung aller verfügbaren Hilfsmittel bilden die Voraussetzung für adäquates fachliches Handeln. Darüber hinaus erwartet die Caritas von ihren Sozialberatern ein starkes Engagement aus christlicher Grundhaltung. Der 'berufene Helfer' ist heute 'Anwalt' der Benachteiligten, beauftragt, die Anliegen des Ratsuchenden zu vertreten und seine berechtigten Ansprüche in der Öffentlichkeit zu unterstützen. Öffentlichkeitsarbeit und Vertretung des ausländischen Mitmenschen geschieht durch Mitgliedschaft der Caritas in der Kommunalen Arbeitsgemeinschaft für ausländische Arbeitnehmer, in Sachausschüssen, durch Mitarbeit auf Diözesanebene. Aktive Teilnahme im Sachausschuß 'Ausländische Mitbürger' des Katholikenrates schließlich schlägt die Brücke zwischen Caritas und Gemeinde, verbindet berufliches und ehrenamtliches Handeln miteinander. Aber nicht allein individuelle Beratung und Öffentlichkeitsarbeit sind die Säulen unseres sozialen Dienstes. Die Förderung ausländischer Gruppen und Vereine durch kontinuierliche Beratung und Begleitung in methodischer, ideeller und materieller Hinsicht ist von großer Bedeutung. 'Hilfe zur Selbsthilfe' wird hier nicht zur Farce, begrenzt sich hier nicht auf

---

[772] Vgl. CVD 251, 05.05.1976; NN, "Ausländische Mitbürger", in: 75 Jahre Caritasverband in Düsseldorf, Düsseldorf 1979, o. S. (46 - 49, 48).

[773] Vgl. NN, "Ausländische Mitbürger", in: 75 Jahre Caritasverband in Düsseldorf, Düsseldorf 1979, o. S. (46 - 49, 48).

[774] Vgl. PfA Oberbilk St. Apollinaris, Pfarrchronik St. Apollinaris, April 1973; NN, 20 Jahre Katholische Mission in Düsseldorf. Kroaten feierten das Jubiläum, in: Kirchenzeitung für das Erzbistum Köln Jg. 45 Nr. 45 (09.11.1990), 25; RP 16.10.1995.

[775] NN, "Ausländische Mitbürger", in: 75 Jahre Caritasverband in Düsseldorf, Düsseldorf 1979, o. S. (46 - 49, 48).

fürsorgerische Symptombeseitigung, wie es in der Einzelberatung bei der großen Zahl der Ratsuchenden und den begrenzten Hilfsmöglichkeiten oft nicht anders machbar ist. 'Hilfe zur Selbsthilfe' wird hier sichtbar in der Fülle der Vereinsaktivitäten, in der fachlichen Begleitung von Gruppenprozessen, in den finanziellen Zuschüssen zur Durchführung von Veranstaltungen und Begegnungstreffen, wird erkennbar in der wachsenden Fähigkeit von Individuen und Gruppen, einzeln und gemeinsam, ihre Anliegen und Rechte zu vertreten. Berufliches und ehrenamtliches Handeln in der Sozialberatung des Caritasverbandes hat letztlich das Ziel, die eigenen Kräfte des ausländischen Mitmenschen zu mobilisieren, ihm alle äußeren Hilfsmittel zur Verfügung zu stellen, Entwicklungshilfe zu leisten bei der Bewältigung seiner persönlichen und national - spezifischen Schwierigkeiten und Besonderheiten, gemeinsam mit ihm seine Interessen in der Öffentlichkeit zu vertreten, damit er als gleichberechtigter Partner, als Nachbar, Kollege und Freund, in Freiheit und Selbstbestimmung in Deutschland mit Deutschen angstfrei zusammenleben kann"[776].

Am 14. November 1984 traten vom Bundesministerium für Arbeit und Sozialordnung erlassene "Grundsätze für Aufgaben, Arbeitsweise und Organisation der Sozialberatung für ausländische Arbeitnehmer und ihre Familien in der Trägerschaft der Arbeiterwohlfahrt, des Deutschen Caritasverbandes und des Diakonischen Werkes" in Kraft[777], denen auch der Caritasverband Düsseldorf verpflichtet war. Sie regelten erstmals Ziele, Schwerpunkte, Aufgaben und Organisation der Ausländersozialberatung und die fachliche Qualifikation der Berater. Die Aufgaben wurden so abgegrenzt, dass Sozialberater keine Spezialdienste mehr wahrnehmen sollten, "die vorhandenen allgemeinen öffentlichen oder freien Versorgungsinstanzen obliegen oder aufgrund gesetzlicher Vorgaben einzurichten sind"[778]. Schriftliche und mündliche Übersetzungstätigkeiten für andere Dienste und Institutionen wurden damit genauso ausgeschlossen, wie Beratungsdienste für andere Versorgungseinrichtungen oder Rechts- und Steuerberatung[779].

Mit dem Sozialdienst für Koreaner, der im Jahre 1981 an der Geschäftsstelle Klosterstr. 88 in Zusammenarbeit mit dem Kölner Caritasverband eröffnet wurde, hatte der Caritasverband Düsseldorf seine sechste Beratungsstelle für Ausländer eingerichtet[780]. Obwohl alle Fachdienste über eigene Räumlichkeiten verfügten, war die Durchführung der Beratung für die Sozialarbeiter nicht einfach. Besonders nachteilig machte sich vor allem die Trennung der Diensträume bemerkbar, die über das gesamte Stadtgebiet verstreut waren und kaum einen Austausch und eine Kooperation der ver-

---

[776] NN, "Ausländische Mitbürger", in: 75 Jahre Caritasverband in Düsseldorf, Düsseldorf 1979, o. S. (46 - 49, 48 f).

[777] Abgedruckt bei Friedemann Tiedt, Sozialberatung für Ausländer. Perspektiven für die Praxis, Weinheim 1985, 152 ff.

[778] Zitiert nach Friedemann Tiedt, Sozialberatung für Ausländer. Perspektiven für die Praxis, Weinheim 1985, 154.

[779] Vgl. Die Arbeit der Caritas mit Migranten. Leitsätze der Migrationsdienste im Erzbistum Köln verabschiedet von der Geschäftsführerkonferenz der Caritas- und Fachverbände im Erzbistum Köln am 22.4.1998, Köln 1998, 12 ff.

[780] Vgl. NN, Ein Sozialdienst für ausländische Mitbürger. Der Caritasverband weihte neues Haus. Alles unter einem Dach, in: Kirchenzeitung für das Erzbistum Köln Jg. 41 Nr. 10 (07.03.1986), 24.

6. Migrationsdienst

schiedenen Beratungsstellen zuließen[781]. Anfang der achtziger Jahre waren die sechs Einrichtungen des Caritasverbandes Düsseldorf zur Ausländerfürsorge auf fünf verschiedene Standorte verteilt: Becherstr. 25 (Italiener), Bilker Str. 36 (Spanier), Van - Douven - Str. 8 (Jugoslawen), Duisburger Str. 66 (Griechen), Klosterstr. 88 (Portugiesen und Koreaner).

Die Unzulänglichkeit konnte erst Mitte der achtziger Jahre durch Anmietung des Hauses Oststr. 40 behoben werden. Wie bereits dargestellt, war auf dem Trümmergrundstück in Pempelfort, auf dem bis zum Zweiten Weltkrieg die Kaplanei der Pfarrgemeinde Maria Empfängnis stand, nach Plänen des Architekten Josef Lehmbrock (Düsseldorf) im Frühjahr 1952 eine Heimstatt für 35 berufstätige, auswärtige Mädchen errichtet worden[782]. Als sich das Haus in den achtziger Jahren wirtschaftlich nicht mehr trug, kamen Kirchenvorstand und Mädchenheimstatt 1984 überein, das Gebäude einer neuen Nutzung zuzuführen[783]. Nach umfangreichen Umbau-, Modernisierungs- und Sanierungsarbeiten aus Mitteln der Erzdiözese Köln, des Caritasverbandes Düsseldorf und Landschaftsverbandes Rheinland konnte der Caritasverband im Herbst 1985 im ehemaligen Mädchenheim eine zentrale Beratungsstelle für Ausländer eröffnen[784].

Nachdem die neun Mitarbeiter des Sozialdienstes für ausländische Mitbürger bereits seit Oktober 1985 an der Oststraße unter einem Dach vereint waren[785], wurde das Haus am 21. Februar 1986 von Pfarrer Johannes Kaulmann (Maria Empfängnis) feierlich eingeweiht[786]. Statt beengter Büros standen griechischen, italienischen, koreanischen, portugiesischen, spanischen und jugoslawischen Ratsuchenden in Düsseldorf nun großzügig gestaltete Räume zur Verfügung[787]. In das ehemalige Mädchenwohnheim wurden nicht nur Beratungsbüros eingebaut, sondern auch Werk-, Versammlungs- und Gemeinschaftsräume[788]. "Wir brauchen glücklicherweise kein Stoßgebet zum Himmel zu schicken, daß das Haus auch von den ausländischen Mitbürgern angenommen wird", meinte Stadtdechant Gottfried Weber bei der offiziellen Einweihung, da der Betrieb in der Einrichtung bereits "auf Hochtouren" lief[789].

---

[781] Vgl. RP 27.03.1985.
[782] Vgl. oben S. 712. Vgl. auch PfA Pempelfort Maria Empfängnis, Pfarrchronik Maria Empfängnis 1890 - 1953, S. 32 ff; NN, Katholisches Mädchenheim ersteht, in: Kirchenzeitung für das Erzbistum Köln Jg. 7 Nr. 16 (20.04.1952), 256; Josef Lehmbrock, Sechs Bauten und mehrere Fragen, in: Baukunst und Werkform Jg. 5 Nr. 6/7 (Juni/Juli 1952), 36 - 55, 49 ff; Josef Lehmbrock, Mädchenheimstatt der Marienpfarre an der Oststraße, Düsseldorf, in: Die Heimstatt. Fachorgan der Katholischen Heimstatt - Bewegung Jg. 1 Nr. 2 (März/April 1953), 53.
[783] Vgl. CVD 19, 16.10.1984; RP 29.05.1984; RP 27.03.1985.
[784] Vgl. CVD 19, 19.10.1984; NRZ 27.03.1985; RP 27.03.1985.
[785] Vgl. NN, Interessante Projekte des Caritas - Verbandes für Ausländer, Arbeitslose und Nichtseßhafte. In Sorge um Benachteiligte, in: Kirchenzeitung für das Erzbistum Köln Jg. 42 Nr. 5 (01.02.1985), 25.
[786] Vgl. NRZ 22.02.1986; RP 22.02.1986; WZ 22.02.1986; NN, Ein Sozialdienst für ausländische Mitbürger. Der Caritasverband weihte neues Haus. Alles unter einem Dach, in: Kirchenzeitung für das Erzbistum Köln Jg. 41 Nr. 10 (07.03.1986), 24.
[787] Vgl. CVD 19, 1986.
[788] Vgl. RP 27.03.1985.
[789] Vgl. RP 22.02.1986.

Als die neue Anlaufstelle eingeweiht wurde, hatte Düsseldorf nach einer Erhebung des städtischen Amtes für Statistik und Wahlen mit 72978 ausländischen Einwohnern eine Ausländerquote von 12,9 Prozent der Gesamtbevölkerung (1961: 15000 Ausländer, 1964: 34000, 1970: 46000, 1974: 70000, 1978: 65000, 1981: 76000)[790]. Die Mitte der achtziger Jahre sich in Düsseldorf aufhaltenden Ausländer gehörten etwa 100 verschiedenen Nationalitäten an und kamen zu 70 % aus Europa, 12 % aus Asien, 8 % aus Afrika und 2 % aus Amerika. In der Landeshauptstadt waren am stärksten türkische Staatsangehörige mit rund 12000 Personen vertreten, gefolgt von Jugoslawen mit 11300 Einwohnern, den Griechen (8200), Italienern (6800), Japanern (3700), Marokkanern (3600), Spaniern (3400) und Niederländern (2500). Hatten Anfang der sechziger Jahre noch die Italiener das größte Kontingent gestellt, so waren in den siebziger Jahren zunächst die Griechen, dann die Jugoslawen die einwohnerstärkste Ausländergruppe. Seit 1979 dominierten in Düsseldorf schließlich die Türken vor Jugoslawen, Griechen und Italienern[791].

Auch in der Beratungsstelle neben der Marienkirche war die Arbeit des Sozialdienstes für Ausländer in ihren Schwerpunkten auf Beratung, Bildung und Begegnung ausgerichtet. Die Beratung galt vor allem Fragen aus den Bereichen Gesundheit, Wohnung, Arbeit, Bildung, Familie, Sucht und Schulden. "Die Berater/innen müssen sich bei den vorgenannten Problemfragen", so eine Selbstbeschreibung aus dem Jahre 1994, "stets selbst kontrollieren, Grenzen ziehen, da die Gefahr nahe liegt, Grenzen zu vermischen bei der Frage: Wo hört ein Beratungsgespräch auf und wo beginnt eine psychologische oder psychotherapeutische Betreuung ? Hier ist es wichtig, eine gute und intensive Zusammenarbeit mit caritasinternen Fachbereichen wie z.B. Erziehungs-, Sucht-, Aidsberatung und weiteren Institutionen verschiedenster Träger wie z.B. Allgemeiner Sozialdienst, Mieterverein, Schuldnerberatung, Sozial-, Ausländer-, Wohnungsamt etc. zu pflegen"[792]. Im Bildungsbereich reichte das Angebotsspektrum von Sprachkursen über Frauengesprächskreisen, Gymnastik-, Näh- und Tanzkursen bis hin zu Veranstaltungen mit spezifischen Themenschwerpunkten. Zum Bereich der Begegnung zählten alle Veranstaltungen, Treffen und Feste, bei denen sowohl die ausländischen Mitbürger als auch die deutsche Bevölkerung angesprochen waren. Neben den drei Arbeitsschwerpunkten gab es Mitte der neunziger Jahre beim Sozialdienst für ausländische Mitbürger eine Vielzahl von Angeboten und Projekten, die über die Beratung hinausgingen: "Die Kollegen/innen aus dem spanischen und italienischen Bereich bieten wöchentlich für die entsprechende Personengruppe in der Justizvollzugsanstalt Düsseldorf Einzelberatung und Gruppengespräche in den Räumen der JVA an. Für spanisch- und deutschsprechende

---

[790] Vgl. Manfred Kocks, Die ausländischen Einwohner der Stadt Düsseldorf. Eine Analyse der Entwicklung des ausländischen Bevölkerungsanteils in Düsseldorf und seiner soziodemographischen Zusammensetzung, Düsseldorf 1987, 12. Vgl. auch NN, Düsseldorf und seine Ausländer. Statistischer Beitrag über ausländische Mitbürger erschienen. Rund 100 Nationen am Rhein, in: Düsseldorfer Amtsblatt Jg. 42 Nr. 21 (23.05.1987), 1.
[791] Vgl. Manfred Kocks, Die ausländischen Einwohner der Stadt Düsseldorf. Eine Analyse der Entwicklung des ausländischen Bevölkerungsanteils in Düsseldorf und seiner soziodemographischen Zusammensetzung, Düsseldorf 1987, 15 ff.
[792] 90 Jahre Caritasverband für die Stadt Düsseldorf. Gemeindecaritas, häusliche Hilfen, soziale Dienste und Beratung, ambulante Pflegestationen, Wohnheim und Altenhilfeeinrichtungen, Düsseldorf 1994, 32.

6. Migrationsdienst

Klienten bietet die im spanischen Bereich tätige Sozialberaterin zusätzlich den Schwerpunkt Eheberatung an. Über den kroatischen Sozialberater im Hause laufen seit knapp zwei Jahren die Vorbereitungen und Durchführungen von Hilfsaktionen für die notleidende Bevölkerung in den Krisengebieten des ehemaligen Jugoslawien. Durch den direkten Kontakt mit den Caritaskollegen vor Ort ist die Möglichkeit gegeben, Hilfsgüter ... zu organisieren und mit LKWs in die Krisengebiete zu senden. Der spanische Sozialberaterkollege organisiert bereits seit vielen Jahren deutsch - spanische Jugendbegegnungen in Spanien, an der jeweils Gruppen von Düsseldorf sowie Jugendgruppen aus Spanien teilnehmen"[793]. Als Ende der neunziger Jahre die Zahl ausländischer Arbeitnehmer wuchs, die nach dem Ausscheiden aus dem Erwerbsleben dauerhaft in Deutschland blieb, gewannen Fragen der Grundsicherung und Versorgung bei Pflegebedürftigkeit in der Sozialberatung ein bisher nicht gekanntes Gewicht[794]. Nachdem von der Caritas für Düsseldorf immer häufiger eine muttersprachliche Pflege gewünscht wurde, richtete der Migrationsdienst in Zusammenarbeit mit dem Referat Pflegende Begleitung einen Hauskrankenpflegekurs für Migranten mit pflegebedürftigen Angehörigen ein[795].

Mit Beginn gewalttätiger Übergriffe auf Ausländer in Deutschland[796] intensivierten die Mitarbeiter des Migrationsdienstes beim Düsseldorfer Caritasverband zu Beginn der neunziger Jahre die bereits seit langer Zeit geleistete Aufklärungsarbeit, um in der Landeshauptstadt die Integrationsbereitschaft der Bevölkerung zu stärken. Von der wachsenden Angst der Ausländer in Düsseldorf und der Antidiskriminierungsarbeit des Caritasverbandes berichtete die Rheinische Post am 14. Januar 1993: "Schockierend wirken Nachrichten, daß ein Tunesier verprügelt oder ein Iraner zusammengeschlagen wurde. Manche Ausländer geben offen zu, daß sie ungern abends allein ausgehen und sich für die Wege eine Begleitung organisieren warnt Kornelia Meder (Koordinatorin der Caritas - Ausländerbetreuung) davor, diese Fälle aufzubauschen, 'weil damit das Klima der Angst verstärkt wird'. Viele Ausländer empfänden allein die Umstellung auf die neue, fremde Umgebung als schwierig und reagierten auf bedrohliche Nachrichten mit Niedergeschlagenheit. Statt allein Hiobsbotschaften zu verkünden, 'muß den Deutschen auf die Füße getreten werden, damit sie mit den ausländischen Bürgern reden, diskutieren, feiern', sagte Kornelia Meder. Nur bei solchen Kontakten könnten Vorurteile überwunden und gegenseitiges Verständnis aufgebaut werden. Nicht zu unterschätzen sei beispielsweise das in letzter Zeit häufiger genutzte Angebot der Caritas, im Schulunterricht über die Lage der Ausländer zu informieren. 'Dort werden große Informationslücken sichtbar. So weiß kaum ein Schüler, daß Asylbewerber per Gesetz nicht arbeiten dürfen. Das Vorurteil vom faulen Ausländer fällt bei dieser Information regelmäßig in sich zusammen', berichtet die Koordinatorin von den Erfahrungen der Caritas - Referenten"[797].

---

[793] 90 Jahre Caritasverband für die Stadt Düsseldorf. Gemeindecaritas, häusliche Hilfen, soziale Dienste und Beratung, ambulante Pflegestationen, Wohnheim und Altenhilfeeinrichtungen, Düsseldorf 1994, 33.
[794] Vgl. CVD 19, 20.05.2003.
[795] Vgl. CVD 19, 20.05.2003.
[796] Vgl. Harald Schuhmacher, Einwanderungsland BRD, Düsseldorf 1995³, 13 ff.
[797] RP 14.01.1993. Vgl. auch Matthias Buchwald, Sozialdienst der Caritas für ausländische Mitbürger. Gemeinsamkeiten herausstellen, in: Kirchenzeitung für das Erzbistum Köln Jg. 48 Nr. 2 (15.01.1993), 22.

Flüchtlingsdienst

Wenige Monate vor dem Bezug des Beratungszentrums an der Oststraße hatte der Caritasverband Düsseldorf im April 1985 für die Gruppe der Flüchtlinge eine Sozialarbeiterin eingestellt, die sich vor allem um die Belange von Asylanten kümmerte[798]. Zwar war Migranten in Düsseldorf vom Caritasverband bereits seit den siebziger Jahren in akuten Notsituationen Beratung und Hilfe durch verschiedene Verbandsstellen gewährt worden, doch machte die "Betreuung der Asylanten, besonders der Vietnamesen", so eine Aktennotiz von 1980, "große Sorgen, weil wir personell nicht entsprechend ausgestattet sind und große Sprachschwierigkeiten bestehen"[799].

In der Tat war Ende der siebziger Jahre die Zahl von Asylbewerbern in der Bundesrepublik Deutschland sprunghaft angestiegen. Nach vergleichsweise niedrigen Zahlen von Asylbewerbern seit Einrichtung des Bundesamtes für die Anerkennung ausländischer Flüchtlinge im Jahr 1953, mit Ausschlägen bei einzelnen politischen Ereignissen (Ungarnaufstand 1956, Prager Frühling 1968, etc.) ergab sich ein plötzlicher Anstieg auf 107818 (1980), danach ein steiler Rückgang und seit Mitte der achtziger Jahre, in Verbindung mit politischen Veränderungen im Ostblock, wieder ein starker Anstieg auf 121318 (1989) und schließlich, im Zusammenhang mit dem Krieg im ehemaligen Jugoslawien, eine Höchstmarke im Jahr 1992 mit 483191 Asyl suchenden Flüchtlingen. Mit der Einschränkung des Asylrechts im Asylkompromiss (1992) sanken die Zahlen von Asylsuchenden auf 104353 (1997) und 88287 (2001) ab[800].

Der Sozialdienst für Flüchtlinge beim Caritasverband Düsseldorf war Anlaufstelle für Asylbewerber und Flüchtlinge, die in Deutschland vorübergehend oder dauerhaft Zuflucht suchten. Im Anschluss an die Rahmenorientierung zum Sozialdienst der Caritas für ausländische Flüchtlinge, die der Zentralrat des Deutschen Caritasverbandes am 8. Mai 1987 in Würzburg verabschiedet hatte, bildete auch in Düsseldorf die gemeinsame Entwicklung einer Aufenthalts- und Lebensperspektive für Flüchtlinge einen Hauptteil der Beratungsarbeit[801]. Vorrangiges Ziel war, die Ratsuchenden zu befähigen, für sich und ihre Familie eine eigenständige und tragfähige Entscheidung treffen zu können. Das Angebot richtete sich unabhängig von der Religionszugehörigkeit an Flüchtlinge, Konventionsflüchtlinge, Kontingentflüchtlinge, Asylberechtigte, Asylbewerber wie auch endgültig abgelehnte Asylantragssteller. Der Flüchtlingsdienst bot Beratung bei Asyl- und Ausländerrechtsfragen, praktische Hilfe im Umgang mit Behörden, Ämtern und anderen Institutionen, Informationen über Ansprüche auf öffentliche Leistungen sowie praktische Hilfe bei der Umsetzung der Ansprüche, Unterstützung bei der

---

[798] Vgl. CVD 19, 19.10.1984 und 1986; RP 27.03.1985.
[799] CVD 642, 1980.
[800] CVD 137, 15.09.2003.
[801] Vgl. Sozialdienst der Caritas für ausländische Flüchtlinge. Verabschiedet vom Zentralrat des Deutschen Caritasverbandes in Würzburg am 8.5.1987, Freiburg 1987, 19 ff; Flüchtlings - Sozialarbeit. Standort und Perspektiven am Beispiel der Flüchtlings - Sozialdienste der Caritas im Erzbistum Köln, Köln 1995, 11 ff; Die Arbeit der Caritas mit Migranten im Erzbistum Köln. Kernsätze der Flüchtlings - Sozialdienste verabschiedet von der Konferenz der Träger der Caritas - Flüchtlings - Sozialdienste im Erzbistum Köln am 8.12.1999, Köln 2000, 12 ff.

Regelung finanzieller Angelegenheiten und bei Überschuldung, Beratung und Hilfe bei persönlichen Schwierigkeiten sowie familiären Konflikten, Orientierungshilfen in der fremden Gesellschaft, Unterstützung ehrenamtlich tätiger Personen, Sprachkurse wie auch Räumlichkeiten für Aktivitäten und Begegnung[802].

"Die Flüchtlinge", so im Herbst 1995 ein Rückblick auf zehn Jahre Sozialdienst für Flüchtlinge beim Caritasverband für die Stadt Düsseldorf, "die sich in Situation wirtschaftlicher und persönlicher Notlage befanden/befinden, wenden sich häufig an uns als kirchliche Institution, weil ihnen Kirche aus ihrer Heimat vertraut ist und sie sich zugehörig fühlen. Viele Kontakte wurden über Gemeinden und Pfarrer vermittelt. Demgegenüber sind vielfach alle Formen von Verwaltung für sie mit Angst besetzt, wie sie ihre Erfahrungen aus ihrem Herkunftsland lehrten. ... Gerade in der Anfangsphase aber auch wieder in den letzten Monaten stellte die Unterstützung der Selbsthilfe - Vereine einen wichtigen Schwerpunkt der Arbeit dar (Verein der vietnamesischen Flüchtlinge in Düsseldorf, Beratung bei der Gründung des Eritreischen Selbsthilfevereins Düsseldorf sowie eines eritreischen Fußballvereins, u.a.). So konnten mit Hilfe des Caritasverbandes viele Veranstaltungen, Freizeitaktivitäten sowie muttersprachlicher Unterricht realisiert werden. So zum Beispiel konnte eine dreiwöchige Ferienfreizeit in Malgarten mit 50 vietnamesischen Kindern und Jugendlichen finanziell unterstützt werden. ... Es gab Freizeitgruppen wie Nähkurs, Frauengruppen, Kindergruppen, Gymnastik sowie Bildungsangebote wie Alphabetisierungskurse und Deutschlandkunde"[803].

Hatte der Flüchtlingsdienst des Caritasverbandes Düsseldorf 1985 etwa 40 Menschen aus 14 Nationen betreut, so half er zehn Jahre später bereits 151 Menschen aus 32 Ländern. Die größte Anzahl kam Mitte der neunziger Jahre aus dem Iran, Irak, Sri Lanka, Zaire, Togo, Vietnam, Ghana und den Staaten der russischen Föderation[804]. Dass jeder Fall ein Einzelfall war, liegt ebenso auf der Hand, wie die Tatsache, dass für jeden Klienten eine individuelle Lösung gefunden werden musste. Nicht selten war Hilfe allerdings nur unter öffentlichem Druck möglich. Erinnert sei an das Schicksal des Ghanaer Ambrose A., der 1981 in Deutschland einen Asylantrag gestellt und sich seitdem in Düsseldorf aufgehalten hatte[805]. Mehr als sieben Jahre nach Aufnahme seines Asylverfahrens berichtete die Rheinische Post am 1. Februar 1988 über sein Schicksal: "In einer ausweglosen Lage sieht sich der Ghanaer Ambrose A.. Ganz gleich, was er unternimmt, ihm droht Gefängnis. Denn er befürchtet, nach seiner Ausweisung nach Ghana dort sofort hinter Gitter zu kommen, weil er unter dem vorherigen Machthaber des Landes in der Militärpolizei gedient hatte und daher jetzt als politisch verdächtigt gilt. Verweigert er seine Ausreise, wird er in Deutschland in Abschiebehaft kommen. Das jedenfalls drohte ihm das Düsseldorfer Ausländeramt an. Auch seine Frau werde festgenommen, seine Kinder ... müßten dann in ein Heim. Über diese rüde Vorgehensweise ist nicht nur Ambrose A. entsetzt, sondern auch die Düsseldorfer Caritas und die katholische Gemeinde St. Josef in Oberbilk, die A. betreut. Denn schließlich waren es deutsche Behör-

---

[802] Vgl. Caritas für Düsseldorf. Kontakt, Düsseldorf 2001, 21.
[803] CVD 137, 07.11.1995.
[804] Vgl. CVD 137, Januar 1996; RP 09.11.1995.
[805] Vgl. RP 02.04.1987.

den und Gerichte, die A. Hoffnung auf ein neues Zuhause in Düsseldorf gemacht hatten. So wurde er vom Verwaltungsgericht Düsseldorf 1986 als asylberechtigt anerkannt, weil ihm in Ghana politische Verfolgung drohe. ... Doch im September 1987 befand das Oberverwaltungsgericht Münster genau das Gegenteil: A. und seine Familie müssen ausgewiesen werden. Zwar verkannte auch der nordrhein - westfälische Innenminister Herbert Schnoor nicht, daß der Verfahrensablauf Hoffnungen schürte, die nicht in Erfüllung gingen. Doch sah er sich zu einer Ausnahmegenehmigung für einen Aufenthalt in der Bundesrepublik Deutschland nicht in der Lage. Über diese Ignoranz der persönlichen Not, aber auch über die herzlosen Äußerungen im Ausländeramt zu Inhaftierung und Trennung der Familie ist die Caritas beschämt: 'So kann man nicht mit Menschen umgehen !' Die Caritas will alles daransetzen, daß die Kinder nicht in ein Heim müssen. Und weil A. große Angst hat, in Ghana sofort ins Gefängnis zu verschwinden, hat man Kontakt zum dortigen Bischof Sarpong aufgenommen und um Schutz gebeten"[806]. Die Bemühungen waren nicht umsonst: Die Abschiebung wurde ausgesetzt und A. lebt noch heute in Düsseldorf.

Gemeinwesen- und Schulsozialarbeit

Im Auftrag des Bundesministeriums für Arbeit und Sozialordnung wurde 1986 eine Studie über Ausländersozialberatung begonnen. Nach zwei Zwischenberichten, die den Stand der Ausländersozialberatung in der Bundesrepublik deskriptiv darstellten, wurde 1988 ein Endbericht (Tiedt - Studie) mit umfassenden Empfehlungen vorgelegt[807]. Die Auseinandersetzungen um die Studie regten eine umfassende Diskussion in den Verbänden für eine konzeptionelle Arbeit und Umgestaltung der bisherigen Tätigkeit an. Als Hauptentwicklungsrichtung wurde die Neuorientierung auf Migrationsfachdienste angestrebt, welche die bisherige, auf Herkunftsnationalitäten bezogene Aufteilung der Sozialberatung ablösen sollten und eine Lebenslagen bezogene und Gemeinwesen orientierte Sozialarbeit mit Migranten generell in Kooperation mit Regeldiensten anstrebten[808].

Als die Tiedt - Studie veröffentlicht wurde, nahm der Caritasverband Düsseldorf in der Migrationsarbeit noch im gleichen Jahr ein Projekt auf, bei dem Gemeinwesenarbeit als oberstes Handlungsprinzip galt. Waren die Migrationssozialdienste der Düsseldorfer Caritas bisher mit unterschiedlicher Schwerpunktsetzung in der Einzelhilfe tätig, die gegebenenfalls durch Gruppenangebote, pädagogische Maßnahmen oder Öffentlichkeitsarbeit ergänzt wurden, ging das Gemeinwesen orientierte Projekt der Ausländerberatung in das sozialräumliche Lebensfeld der Klienten hinein. Ziel der Mitarbeiter des Projektes war es, in der Pfarrgemeinde St. Katharina für italienische Kinder eine ganzheitliche

---

[806] RP 01.02.1988.
[807] Vgl. Friedemann Tiedt, Quantitative und qualitative Analyse des Nachfrage-, Leistungs- und Kooperationsprofils sozialer Dienste für Ausländer. Endbericht, Bonn 1988, 1 ff.
[808] Vgl. Helmut Schwalb, Vom Ausländersozialdienst zum Fachdienst für Migrationsfragen, in: Caritas '92. Jahrbuch des Deutschen Caritasverbandes, 117 - 124, 118 ff.

6. Gemeinwesen- und Schulsozialarbeit

Förderung und Betreuung im schulischen und freizeitpädagogischen Bereich anzubieten[809]. Am 1. Oktober 1987 nahmen zwei Sozialpädagogen mit Unterstützung eines italienischen Sozialberaters ihre Arbeit im Gebiet um die Gerresheimer Glashütte auf und begannen das Projekt zu realisieren[810]. In Zusammenarbeit mit Lehrern der katholischen Grundschule Kamperweg boten die Mitarbeiter des Caritasverbandes in Kleingruppen eine individuelle und differenzierte Förderung leistungsschwacher Kinder an, die nachmittags in den Räumen der Schule stattfand[811]. Anschließend hatten die Kinder die Möglichkeit, in einer 1988 eröffneten Einrichtung des Caritasverbandes (Katharinenstr. 9) an pädagogischen Einzel- und Gruppenangeboten (Spiel- und Bastelgruppe, Sportgruppe, Backgruppe, Lerngruppe) teilzunehmen, die an der jeweiligen Situation und den Bedürfnissen der Kinder orientiert waren[812]. In den Schulferien bot der Caritasverband für daheim gebliebene Kinder ein reichhaltiges und abwechslungsreiches Oster-, Sommer- und Herbstferienprogramm an. Von der Durchführung des ersten Sommerferienprogramms des Projektes "Gemeinwesen- und Schulsozialarbeit" berichtete die Kirchenzeitung am 19. August 1988: "Insgesamt zehn verschiedene Aktivitäten standen für die 30 teilnehmenden Kinder aus Gerresheim auf dem Programm: Dem Förster konnte bei einem Waldbesuch bei der Arbeit zugeschaut werden. Auf dem Abenteuerspielplatz in Eller wurde nach Herzenslust gesägt, getobt und gehämmert. Aber auch der Flughafen und die Erkrather Sternwarte wurden aufgesucht und kennengelernt sowie ein Indianertag veranstaltet. Die Sechs- bis Zwölfjährigen waren froh über das abwechslungsreiche vierzehntägige Ferienprogramm"[813].

In den neunziger Jahren wurde das Angebot der Gemeinwesen- und Schulsozialarbeit an der Katharinenstraße auf Kinder aller Nationalitäten, insbesondere aber von Spätaussiedlern erweitert[814]. Die Zuwanderung sowohl aus Mitgliedstaaten der Europäischen Union als auch aus osteuropäischen Staaten sowie die Wiedereinwanderung und der Nachzug ausländischer Familien hatte auch in Vennhausen und Gerresheim dazu geführt, dass viele Kinder mit unzureichenden Voraussetzungen in die Schule kamen. Das Wohnumfeld mit Durchgangsstraßen und Industrieanlagen, die engen Werkswohnungen der Gerresheimer Glashütte und der anschließenden Hochhaussiedlung wie der Mangel an Kinderspielplätzen waren neben fehlenden Anregungen durch das Elternhaus negative Sozialisationsbedingungen[815]. Die Schüler konnten dem Unterricht nicht folgen und waren kaum in der Lage, Hausaufgaben selbständig zu erledigen. Sie benötigten Erklärungshilfen, die Eltern wegen eigener Sprach- und Bildungsdefizite nur selten leisten konnten. Die Grundschule Kamperweg war vor erhebliche Integrationsaufgaben gestellt, denen sie bei einem Ausländeranteil von über 40 % kaum gerecht werden konn-

---

[809] Vgl. CVD 674, April 2002.
[810] Vgl. CVD 74, 01.10.1987; CVD 674, April 2002.
[811] Vgl. CVD 674, 1993.
[812] Vgl. CVD 674, 1993.
[813] NN, Auch mal in die Sterne geguckt. Kinderferienprogramm der Caritas beendet, in: Kirchenzeitung für das Erzbistum Köln Jg. 43 Nr. 34 (19.08.1988), 25.
[814] Vgl. CVD 19, 1997.
[815] Vgl. CVD 674, April 2002.

te[816]. Die Gemeinwesensozialarbeit des Düsseldorfer Caritasverbandes entsprach dem Bedarf durch das Angebot regelmäßiger Hausaufgabenhilfen und kreativer, Gruppen orientierter Freizeitmaßnahmen und Ferienprogramme. Inhalte der Arbeit waren vor allem Lernhilfen, Persönlichkeitsbildung, Förderung sozialer Kompetenz, Kontaktpflege zu Eltern und sozialen Institutionen, Hilfen beim Übergang von der Grundschule zu weiterführenden Schulen, Förderung allgemeiner kreativer Tätigkeiten und Fähigkeiten und Förderung des aktiven Freizeitverhaltens[817]. Grundlage für die Arbeit der Sozialpädagogen im Gebiet um die Gerresheimer Glashütte war die Zusammenarbeit mit anderen sozialen Institutionen wie Allgemeine Sozialberatung, Erziehungsberatung, Schulpsychologischer Dienst, Kirchengemeinden und eine intensive Elternarbeit[818].

Mit Blick auf die drei großen Migrantengruppen, die in Deutschland als Arbeitsmigranten, Asylsuchende oder Aussiedler lebten, die aus unterschiedlichen Motiven gekommen waren und meist einen unterschiedlichen Aufenthaltsstatus besaßen, aber dennoch als Migranten vielfach in gleiche Lebensnotlagen geraten waren, hatte der Deutsche Caritasverband am 10. Mai 1994 in Augsburg ein Rahmenkonzept zur Arbeit der Caritas mit Migranten verabschiedet. Nach der Beschlussempfehlung sollten die bisher weitgehend getrennt agierenden gruppenspezifischen Dienste kooperieren und durch die Bündelung ihrer Kräfte ihre Effizienz und ihre Beratungsqualität verstärken[819].

Beim Sozialdienst für ausländische Mitbürger des Caritasverbandes Düsseldorf waren bereits mit Bezug des Hauses Oststraße die Beratungsstellen für Arbeitsemigranten und Flüchtlinge unter einem Dach zusammengefasst. Entsprechend den Empfehlungen des Augsburger Rahmenkonzeptes vereinte Caritasdirektor Johannes Böcker 1996 in Düsseldorf den bisherigen Ausländer Sozialdienst mit dem Raphaelswerk und der Flüchtlingsberatung zum "Caritas Migrationsdienst"[820]. Dem neuen Fachbereich war auch die Aussiedlerberatung angeschlossen, die der Caritasverband Düsseldorf bereits Anfang der siebziger Jahre ins Leben gerufen, aber als eigenständige Abteilung geführt hatte.

Aussiedlerberatung

Seit den Anfängen der Bundesrepublik Deutschland waren Aussiedler, d.h. deutsche Volkszugehörige im Sinne des Bundesvertriebenengesetzes, eine bedeutsame Gruppe von Immigranten. Angefangen von Vertriebenen aus Schlesien, Böhmen und Mähren oder Jugoslawien, über Aussiedler aus der DDR bis hin zu Spätaussiedlern in den siebziger Jahren hatten sie einen wesentlichen Teil zur Zuwanderung in die Bundesrepublik

---

[816] Vgl. CVD 674, April 2002.
[817] Vgl. CVD 674, April 2002.
[818] Vgl. CVD 19, 1997; CVD 674, 2000.
[819] Vgl. CVD 19, 10.05.1994. Vgl. dazu Konrad Pölzl, Migrationsdienststellen unter einem Dach, in: Caritas '94. Jahrbuch des Deutschen Caritasverbandes, 163 - 168, 163 ff; Josef Follmann, Ziel ist ein Migrationsdienst für alle, in: Caritas '96. Jahrbuch des Deutschen Caritasverbandes, 254 - 256, 254 ff.
[820] Vgl. CVD 19, 29.04.2002.

6. Aussiedlerberatung

Deutschland beigetragen[821]. Die Wohlfahrtsverbände waren seit den fünfziger Jahren im Bereich der Eingliederungsberatung und sozialen Betreuung von Aussiedlern tätig, die nicht selten an noch bestehende Lagerdienste für Vertriebene aus Mittel- und Osteuropa anknüpfen konnten[822]. Die relativ geringe Zahl von Aussiedlern hatte sie bis Ende der sechziger Jahre indes nicht als eine problematische Zielgruppe erkennen lassen[823].

Dies änderte sich mit Unterzeichnung der Ostverträge im Jahre 1970, die noch im gleichen Jahr den Zustrom an Aussiedlern in die Bundesrepublik anschwellen ließen[824]. Bereits im September 1971 war der Caritasverband Düsseldorf gezwungen, eine hauptamtliche Mitarbeiterin für die Spätaussiedlerberatung abzustellen[825]. Über die Durchgangs- und Auffanglager kamen allein 1971 über 800 Spätaussiedler vor allem aus Schlesien nach Düsseldorf[826]. In einer Meldung der Katholischen Nachrichten Agentur (KNA) vom 6. Dezember 1972 wurde von der Arbeit mit Aussiedlern in Düsseldorf berichtet: "Den Spätaussiedlern will der Düsseldorfer Caritas - Verband mit einem umfangreichen Angebot an Dienstleistungen über die Startschwierigkeiten in der Bundesrepublik hinweghelfen. Wie das Referat Spätaussiedler erläuterte, erstreckt sich dieses Angebot von persönlicher Aussprache, Hilfestellung bei Wohnungs- und Arbeitssuche über Behördenwege, Beschaffung gebrauchter Möbel und Kleidung bis hin zur schulischen Förderung der Kinder"[827]. Schon früh nahm der Düsseldorfer Caritasverband Anstoß an Notunterkünften für Spätaussiedler, die lediglich als Provisorium und nicht als "ständiges Domizil" angesehen werden durften[828]. Bemängelt wurde auch die Bildungs-

---

[821] Vgl. Werner Nellner, Die Wanderungen der Vertriebenen im Bundesgebiet. Voraussetzung für ihre wirtschaftliche Eingliederung, in: Hans Joachim von Merkatz, Aus Trümmern wurden Fundamente. Vertriebene, Flüchtlinge, Aussiedler. Drei Jahrzehnte Integration, Düsseldorf 1979, 35 - 68, 35 ff; Klaus J. Bade, Einführung: Aussiedlerzuwanderung und Aussiedlerintegration. Historische Entwicklung und aktuelle Probleme, in: Klaus J. Bade, Aussiedler: Deutsche Einwanderer aus Osteuropa, Osnabrück 1999, 9 - 51, 18 ff.

[822] Vgl. Erich Püschel, Unsere Sorge um die Spätaussiedler, in: Caritas. Zeitschrift für Caritasarbeit und Caritaswissenschaft Jg. 58 Nr. 5/6 (Mai/Juni 1957), 136 - 142, 136 ff.

[823] Vgl. NN, Deutsche lernen endlich deutsch, in: Kirchenzeitung für das Erzbistum Köln Jg. 15 Nr. 42 (16.10.1960), 20.

[824] Vgl. Wolfgang Kopp, Das Aussiedlerproblem. Ein Nachkriegsproblem, in: Caritas '73. Jahrbuch des Deutschen Caritasverbandes, 171 - 175, 171 ff; Dieter Lück, Schwierige Integration. Spätaussiedler, in: Christian Reinicke, Nordrhein - Westfalen. Ein Land in seiner Geschichte. Aspekte und Konturen 1946 - 1996, Münster 1996, 546 - 548, 546.

[825] Vgl. NN, Spätaussiedler - Beratung, in: 75 Jahre Caritasverband in Düsseldorf, Düsseldorf 1979, o. S. (70 - 71, 70).

[826] Vgl. NN, 800 Aussiedler kamen nach Düsseldorf, in: Katholische Nachrichtenagentur (KNA). Westdeutscher Dienst Jg. 2 Nr. 273 (06.12.1972), 1.

[827] NN, 800 Aussiedler kamen nach Düsseldorf, in: Katholische Nachrichtenagentur (KNA). Westdeutscher Dienst Jg. 2 Nr. 273 (06.12.1972), 1. Vgl. auch NN, Spätaussiedler. Ein deutsches Nachkriegsproblem, in: Kirchenzeitung für das Erzbistum Köln Jg. 28 Nr. 10 (09.03.1973), 21.

[828] Vgl. NN, Unzumutbare Zustände, in: Kirchenzeitung für das Erzbistum Köln Jg. 28 Nr. 34 (24.08.1973), 29; NN, Die Stadt antwortet. Unzumutbare Zustände. Zu unserem gleichlautenden Bericht in der Ausgabe Nr. 34/24.8.73, in: Kirchenzeitung für das Erzbistum Köln Jg. 28 Nr. 38 (21.09.1973), 28.

situation älterer Schüler, "da sie verhältnismäßig lange auf ihre Einschulung in Förderschulinternate warten" mussten[829].

Ende der siebziger Jahre waren unter den Aussiedlern, die in Düsseldorf eine neue Heimat suchten, viele Menschen aus der Allensteiner Gegend, Danzig und Pommern aber auch aus Rumänien (Siebenbürgen Sachsen), der Sowjetunion und der DDR[830]. "Bei allen Unterschieden in Struktur und Mentalität innerhalb dieser Gruppen", so eine Einschätzung des Düsseldorfer Caritasverbandes im Jahre 1979, "haben sie eines gemeinsam: ihr Deutschtum, das Motiv ihrer Emigration. Denn in den allerwenigsten Fällen sind es materielle Überlegungen, die diese Menschen veranlaßten, Heimat und Haus zu verlassen. Es ist gut und wichtig beim Umgang mit Spätaussiedlern, nie zu vergessen, daß es sich um deutsche Landsleute handelt, selbst dann, wenn sie kein Wort deutsch verstehen"[831].

Mit Blick auf die Sprachprobleme ist es nicht verwunderlich, dass der Aussiedlerdienst beim Düsseldorfer Caritasverband in den siebziger Jahren den Schwerpunkt seiner Hilfestellung im Bildungsbereich sah[832]. Neben Deutschkursen und Umschulungslehrgängen wurden 1978 zwei spezielle Bildungsmaßnahmen durchgeführt. "Diese Aufbauwochen zu je 14 Tagen sollen den Neubürgern neben Erholung Gelegenheit bieten, Informationen über das Leben in der Bundesrepublik zu sammeln. Bei beiden Veranstaltungen wurde zum Beispiel das Bundeshaus in Bonn besichtigt und die Aussiedler erhielten Gelegenheit, mit einem Abgeordneten zu sprechen. Für Kinder konnten in den großen Ferien über die Pfarreien bzw. das Katholische Jugendamt Maßnahmen in Anspruch genommen werden"[833]. Weiter heißt es in dem Dossier über die Arbeit mit Spätaussiedlern in Düsseldorf: Es "muß überhaupt gesagt werden, daß bei dem augenblicklichen Stand von ca. 2000 Aussiedlern die Arbeit nur mit Einsatz der von den Pfarreien zur Verfügung gestellten Helfer und in Kontakt zu den anderen Aktivitäten zu bewältigen ist[834]. Jeder ankommende Transport wird zusammen mit den Mitarbeitern des evangelischen Gemeindedienstes begrüßt und in die Wohnheime begleitet. Dort erhalten die Aussiedler eine Mahlzeit, für deren Kosten der Caritasverband und der Gemeindedienst aufkommen[835]. Sorge bereitet die Nachbetreuung der Aussiedler, wenn sie das Wohnheim verlassen. Sobald von ihrem Auszug in die eigene Wohnung die Mitarbeiterin des

---

[829] Vgl. NN, 800 Aussiedler kamen nach Düsseldorf, in: Katholische Nachrichtenagentur (KNA). Westdeutscher Dienst Jg. 2 Nr. 273 (06.12.1972), 1.

[830] Vgl. NN, Spätaussiedler - Beratung, in: 75 Jahre Caritasverband in Düsseldorf, Düsseldorf 1979, o. S. (70 - 71, 70).

[831] NN, Spätaussiedler - Beratung, in: 75 Jahre Caritasverband in Düsseldorf, Düsseldorf 1979, o. S. (70 - 71, 70). Vgl. auch NN, Aussiedler leben unter uns. Einsam unter Menschen, in: Kirchenzeitung für das Erzbistum Köln Jg. 36 Nr. 27 (03.07.1981), 25.

[832] Vgl. Renate Boehlke, Gedanken zum Thema "Spätaussiedler", in: Caritas in Nordrhein - Westfalen Jg. 5 Nr. 6 (November/Dezember 1976), 517 - 518, 517.

[833] NN, Spätaussiedler - Beratung, in: 75 Jahre Caritasverband in Düsseldorf, Düsseldorf 1979, o. S. (70 - 71, 71). Vgl. auch NN, Orientierungswochen für ältere Menschen. Mehr Integration und Heimatgefühl, in: Kirchenzeitung für das Erzbistum Köln Jg. 50 Nr. 32/33 (11.08.1995), 23.

[834] Vgl. dazu NN, Das Porträt, in: Kirchenzeitung für das Erzbistum Köln Jg. 32 Nr. 22 (27.05.1977), 29.

[835] Vgl. dazu NRZ 18.12.1982.

6. Aussiedlerberatung

Caritasverbandes Kenntnis erhält, wird das zuständige Pfarramt angeschrieben mit der Bitte um einen persönlichen Hausbesuch"[836].

Zwischen 1950 und 1987 hatte sich die Zahl der aufgenommenen Aussiedler in der Bundesrepublik Deutschland konstant zwischen 20000 und 60000 pro Jahr bewegt. Bedingt durch die Liberalisierung und Demokratisierung in den Staaten des ehemaligen Ostblocks und der damit einhergehenden Lockerung der Migrations- und Reisebestimmungen, stieg die Zahl der Aussiedler ab 1987 sprunghaft an (1986: 42788; 1987: 78523; 1988: 202679)[837]. Allein in Düsseldorf trafen 1988 über 5000 Aussiedler ein; ein Jahr später kamen 7500 hinzu[838]. Gab es Anfang der achtziger Jahre in Düsseldorf acht Übergangsheime für Spätaussiedler[839], so waren 1989 etwa dreißig Aufnahmestellen eingerichtet[840]. In der Mehrzahl konnten in der Landeshauptstadt eintreffende Aussiedler nur noch provisorisch in Schulen (Schönaustraße, Helmutstraße, Tersteegenstraße, etc.) oder Containersiedlungen untergebracht werden[841]. Wie dramatisch sich die Situation in Düsseldorf zuzuspitzen drohte, bezeugt der Hilferuf von Oberstadtdirektor Karl Ranz, der wenige Wochen vor der Kommunalwahl im Herbst 1989 erklärte: "Wir sind am Ende, wir können keine Leute mehr aufnehmen. ... Wir brauchen jetzt eine Pause - im Interesse der Menschen"[842].

Die Vervielfachung der Aussiedlerzahlen überstieg nicht nur die Kapazitäten der Stadtverwaltung, sondern auch das Leistungsvermögen des Betreuungs- und Beratungspersonals der Düsseldorfer Wohlfahrtsverbände. Stand bislang Formularausfüllhilfe und Beratung bei Behördenangelegenheiten im Vordergrund der Arbeit mit Aussiedlern, so zeigten sich nun zunehmend Problemfelder, denen nur mit gezielten sozialpädagogischen Interventionen begegnet werden konnte. Hierzu gehörten: die Bewältigung des "Kulturschockes", der Zerfall gewohnter Familien- und Sozialstrukturen, die Sprachproblematik vor allem bei jugendlichen Aussiedlern und psychosoziale Probleme wie Vereinsamung, Sucht, Orientierungsschwierigkeiten in der neuen Umgebung und Motivationsprobleme[843]. Hinzu kam, dass die Akzeptanz der Aussiedler in der Bevölkerung inzwischen stark von Ablehnung und Gleichgültigkeit geprägt war und eine Erfolg versprechende Eingliederung dieser Gruppe kaum noch erwarten ließ[844]. Verantwortlich für die Haltung waren meist fehlende Kenntnisse über Herkunft und Situation der Aus-

---

[836] NN, Spätaussiedler - Beratung, in: 75 Jahre Caritasverband in Düsseldorf, Düsseldorf 1979, o. S. (70 - 71, 71).
[837] Vgl. Joachim Rogall, Vorbemerkung, in: Informationen zur politischen Bildung Jg. 38 Nr. 222 (1. Quartal 1989), 1.
[838] Vgl. RP 13.09.1989.
[839] Vgl. CVD 8, 1983.
[840] Vgl. CVD 8, 11.04.1989.
[841] Vgl. CVD 8, 11.04.1989; WZ 27.07.1988; NN, Caritas - Sonntag: Aussiedler standen im Mittelpunkt, in: Kirchenzeitung für das Erzbistum Köln Jg. 44 Nr. 40 (06.10.1989), 24.
[842] RP 13.09.1989.
[843] Vgl. CVD Vorstandsprotokolle, 05.11.1987.
[844] Vgl. Bernhard Dittrich, Erstaufnahme von Aussiedlern, in: Caritas '90. Jahrbuch des Deutschen Caritasverbandes, 178 - 180, 179 f; Bernhard Hallermann, Aussiedlern weiter helfen, in: Caritas '92. Jahrbuch des Deutschen Caritasverbandes, 129 - 135, 131 ff.

siedler. Dazu gesellte sich ein Neidgefühl der einheimischen Bevölkerung über angebliche und großzügige finanzielle Hilfen für Aussiedler. Zudem wirkte die deutsche Identität des Aussiedlers hierzulande fremd und überholt[845]. Auch war der Arbeitsmarkt für ungelernte und weniger qualifizierte Arbeitskräfte, jener Sektor, in dem Aussiedler verstärkt nach Arbeit suchten, nicht mehr unbegrenzt aufnahmefähig[846]. Schließlich hatte auch die Krise auf dem Wohnungsmarkt inzwischen weite Kreise der Bevölkerung erfasst. Für Aussiedler bedeutete dieser Zustand eine längere Verweildauer in Übergangswohnheimen und Ausweichquartieren auf engstem Raum[847].

Unter dem Titel "Wohnmodule für jeweils vier Aussiedler" berichtete die Rheinische Post am 13. Oktober 1988 über die Lebensbedingungen in einer Grafenberger Containersiedlung: "Sie wirken wie versteckt, die drei Wohnviertel für Aussiedler an der Hardtstraße 18, nur einen Steinwurf vom Staufenplatz entfernt. ... Leihtransformatoren und Bauwagen sind abgestellt, zwei mäßig bepflanzte Kübel dienen weniger dem Dekor als zur Durchfahrtssperre für Autos. 22 zusammengefügte Containerschachteln, jeweils 2,70 Meter breit und fast doppelt so lang, ergeben für vier Personen 13,5 Quadratmeter Wohnfläche. Darin müssen zwei Etagenbetten, vier graue Metallspinde, eine Kühl - Koch - Kombination und natürlich die Bewohner ihren Platz finden. ... Das Zusammenleben auf engstem Raum, für 73 Mark im Monat, inklusive aller Nebenkosten, wird zwar als schwierig bezeichnet, doch hier regiert Genügsamkeit: 'Lautes Sprechen kann man durch die dünnen Wände hören', erzählt Charlotte Kaczmaczyk, 'wenn die Toilettentüren knallen, denke ich immer, da bellt ein Hund'. Und wenn - in der Nebenstube - der Untermann im Etagenbett die ganze Nacht Kette raucht, dann muß der darüber auch häufiger husten. ... Für den 18. Oktober sind alle Container - Bewohner zu einem Kaffeetrinken eingeladen: 'Ich glaube, von der Caritas', meint Charlotte Kaczmaczyk, 'kann aber auch Kirche sein'. Im dritten Container befinden sich der überheizte Gemeinschaftsraum und das Büro des Verwalters. 'Administrator' steht in großen Buchstaben zusätzlich an der Tür des städtischen Mitarbeiters, der nach eigener Darstellung über keinerlei Polnisch - Kenntnisse verfügt: 'Da sollen die Leute doch Deutsch lernen'. ... Container für Waschmaschinen und Trockner, sollen angeschafft werden, Lagermöglichkeiten für persönliche Habe und mehr Sanitärräume - daran mangelt es. 1,3 Millionen Mark hat die Siedlung an der Hardtstraße bisher gekostet, die den häßlichen Namen 'Container' in Zukunft vermeiden will. ... 'Wir sprechen jetzt vom Wohn - Modul'"[848].

Den trostlosen Lebensverhältnissen der Aussiedler versuchte der Caritasverband für die Stadt Düsseldorf mit einem gezielten Beratungsangebot entgegenzuwirken. "Die einzelnen Kontakte", so eine Arbeitsbeschreibung aus dem Jahre 1994, "erfolgen in Form von Sprechstunden in der Dienststelle, Sprechstunden in den Not - Unterkünften, Hausbesuchen und persönlicher Begleitung zu Institutionen und anderen wichtigen Anlaufstellen im Lebensalltag. In Gesprächen, teilweise mit Hilfe eines Dolmetschers, wird

---

[845] Vgl. RP 25.04.1990.
[846] Vgl. RP 10.12.1988.
[847] Vgl. NN, Für Übersiedler, Aussiedler und Asylanten. Hilferuf des Stadtdechanten. Prekäre Wohnraumsituation in Düsseldorf, in: Kirchenzeitung für das Erzbistum Köln Jg. 44 Nr. 44 (03.11.1989), 24; RP 13.12.1989.
[848] RP 13.10.1988.

6. Aussiedlerberatung

versucht, die Sachlage zu klären, um dann unterstützend einzugreifen. ... Konkrete Hilfe erfolgt durch die Beratung bei sämtlichen Statusfragen in Zusammenarbeit mit dem Vertriebenenamt, dem Bundesverwaltungsamt, Rechtsanwälten, dem Diözesan - Caritasverband sowie dem Katholischen Lagerdienst in Unna - Massen; durch Beratung in Sozialhilfeangelegenheiten, Hilfestellung beim Umgang mit Behörden, soziale Beratung bei persönlichen Fragestellungen sowie die Vermittlung zu speziellen Fachdiensten. Auch die Vermittlung von materiellen Hilfen (Möbel, Kleidung) wird aufgrund der geringen Einkommen ... entgegengenommen. Nur gelegentlich ist es möglich, der angespannten Situation auf dem Wohnungs- und Arbeitsmarkt entgegenzuwirken und behilflich zu sein bei der jeweiligen Suche nach Wohnung und Arbeit. Ein weiterer Arbeitsschwerpunkt ist die Integration in das Gemeinschaftsleben. Es wird versucht, den Neubürgern Kontakte zur einheimischen Bevölkerung, zu Gemeinden, Vereinen, Interessengemeinschaften und speziellen Einrichtungen zu vermitteln"[849]. Da der Katalog von Hilfen für Aussiedler mit hauptamtlichen Kräften alleine nicht zu bewältigen war, bemühte sich der Caritasverband, in den Düsseldorfer Pfarrgemeinden eine Vielzahl ehrenamtlicher Helfer zu gewinnen. Diese sollten vor allem Besuchsdienste und Patenschaften für einzelne Familien übernehmen, aber auch bei der Suche nach einem Kindergartenplatz behilflich sein oder als Begleiter bei Ämter- und Behördengängen zur Verfügung stehen[850].

Als Handlungsfeld für Ehrenamtliche galt in der Aussiedlerarbeit auch die Betreuung von Kindern. Über eine Initiative für Aussiedlerkinder in der Pfarrei St. Katharina, in deren Bezirk eine Containersiedlung an der Vennhauser Allee 291 errichtet worden war, berichtete die Rheinische Post am 8. April 1989: "Im Januar wurden die Wohncontainer an der Vennhauser Allee bezogen. Nur kurze Zeit später begannen Edith Poeschl und Marile Verspohl mit der Betreuung der Kinder aus den zumeist aus Oberschlesien stammenden Familien. Zunächst wurde der Gemeinschaftsraum im ersten Container an zwei Vormittagen in der Woche für die Arbeit geöffnet. Seit Anfang April ist der Kindergarten der Frauen von St. Katharina nun täglich von 11 bis 14 Uhr in Betrieb. Inzwischen haben die rührigen Damen eine recht beachtliche Spielesammlung erbettelt, hat ein Schreinermeister begehrte Bauklötze geliefert, werden Kuscheltiere und Puppen liebkost, hat sich der weiche Teppich, der natürlich auch gestiftet worden ist, als Spielwiese bewährt. ... Und im Spiel wird dann auch gleich Deutsch gelernt. ... Als Beitrag zur Eingliederung der Neu - Düsseldorfer sehen Edith Poeschl und ihre Mitstreiterinnen ihr Engagement. Und der Erfolg bleibt nicht aus. Fünf Kinder singen schon im Kinderchor von St. Katharina; drei wollen Meßdiener werden"[851].

---

[849] 90 Jahre Caritasverband für die Stadt Düsseldorf. Gemeindecaritas, häusliche Hilfen, soziale Dienste und Beratung, ambulante Pflegestationen, Wohnheim und Altenhilfeeinrichtungen, Düsseldorf 1994, 25.
[850] Vgl. CVD 137, 1989; NN, Der Brückenschlag ist schwer. Katholikenrat mit heißem Thema: Aussiedler - was geht das uns an ?, in: Kirchenzeitung für das Erzbistum Köln Jg. 44 Nr. 11 (17.03.1989), 24.
[851] RP 08.04.1989. Vgl. auch NN, Gehversuche auf zwölf Quadratmetern. Kolpingfamilien setzen sich für Aussiedler ein, in Düsseldorf, in: Kirchenzeitung für das Erzbistum Köln Jg. 44 Nr. 29/30 (21.07.1989), 16 - 17, 16 f.

Als die Stadt Düsseldorf den freien Wohlfahrtsverbänden in den Übergangswohnheimen und Wohncontaineranlagen geeignete Räumlichkeiten zur Einrichtung von Tagesstätten für Aussiedlerkinder anbot, begann der Caritasverband für die Stadt Düsseldorf Ende der achtziger Jahre ein Netz von Betreuungsgruppen für Kinder und Jugendliche aus Aussiedlerfamilien und jüdischen Emigrantenfamilien aufzubauen[852]. Für nicht schulpflichtige Kinder wurden von Januar 1989 bis September 1991 dreizehn Tageseinrichtungen geschaffen, die über das gesamte Stadtgebiet verstreut waren:

Stadtteil	Straße	Eröffnung	Schließung
Urdenbach	Franz - Liszt - Str. 5	16.01.1989	31.05.1993
Grafenberg	Hardtstr. 18	13.03.1989	31.07.1990
Reisholz	Buchenstr. 1	01.04.1989	31.12.1998
Rath	Rather Kirchplatz 16	10.04.1989	30.06.1992
Unterrath	Kürtenstr. 160a	24.04.1989	31.07.1994
Wersten	Flemingweg 1	01.11.1989	31.07.1994
Vennhausen	Vennhauser Allee 291	01.12.1989	31.07.1999
Flingern	Degerstr. 59	15.11.1989	31.07.1998
Gerresheim	Diepenstr. 30	01.08.1990	31.08.1997
Pempelfort	Oststr. 51	19.02.1990	19.11.1997
Lohausen	Leuchtenberger Kirchweg 70	01.03.1990	31.07.1996
Lörick	Oberlöricker Str. 327	01.04.1990	31.08.1991
Oberkassel	Schanzenstr. 76	01.09.1991	31.12.1997
Hellerhof	Duderstätter Str. 18	04.01.1999	31.07.1999

Angeleitet von einem Dutzend deutscher und polnischer Fach- und Ergänzungskräften, konnte 1989 in den Notkindergärten mehr als 420 Kleinkindern die Eingewöhnung in eine für sie fremde Lebensumwelt und Sprache erleichtert werden[853]. In einer Eingabe des Düsseldorfer Caritasverbandes vom 22. Juli 1991 an die Stadtverwaltung Düsseldorf heißt es über die Zielsetzung der Aussiedlerkindergruppen: "Es ist unser vorrangiges Ziel, den Kindern die Eingewöhnung in die für sie zunächst fremde (deutsche) Lebensumwelt und Sprache zu erleichtern, zugleich aber auch die intellektuellen, kreativen und körperlichen Kräfte zu fördern und so u.a. zur Schulreife hinzuführen. Unser weiteres Ziel ist es, auch die Eltern zu integrieren. Die Eltern nehmen am Gruppengeschehen der Kinder durch Elternhilfe teil und werden in pädagogischer Hinsicht unterstützt. Der Einsatz der Eltern in der Kindergruppe ist für sie eine Hilfe im Hinblick auf die gegenwärtigen und zukünftigen Aufgaben: Sprachenschule, westliche Erziehungsmethoden, Feste und Bräuche aus christlicher Sicht. Weiteres Ziel ist es ebenfalls, die Integration im Pfarrleben zu intensivieren: Die Erzieher nehmen Kontakte zum katholischen Regelkindergarten auf, um gemeinsame Aktivitäten (St. Martin, Pfarrfeste, Kinder - Gottesdienste u.a.) durchzuführen. Gleichzeitig pflegen sie Kontakte zur Grundschule des Einzugsgebietes und zum ständigen psychologischen Dienst"[854].

---

[852] Vgl. CVD Vorstandsprotokolle, 16.01.1989, 13.03.1989 und 19.05.1989.
[853] Vgl. CVD 8, 17.01.1997; WZ 31.08.1994. Vgl. dazu Theresia Wunderlich, Aussiedlerfamilien. Eine Herausforderung für Tageseinrichtungen für Kinder, Freiburg 1991, 25 ff.
[854] CVD 678, 22.07.1991.

6. Aussiedlerberatung

Am 1. Januar 1991, als es in Düsseldorf 40 Notunterkünfte und 8 Hotelschiffe zur Aufnahme von Aussiedlern gab[855], wurde mit Einrichtung des Referates "Aussiedlerarbeit Jugend" beim Caritasverband für die Stadt Düsseldorf die Arbeit auf die Betreuung schulpflichtiger Kinder im Alter von sechs bis zwölf Jahren ausgeweitet[856]. In den sieben Notunterkünften Degerstr. 59 (1991 - 1998), Theodor - Litt - Str. 1 (1991 - 2000), Alte Landstr. 179f (1991 - 2001), Oberlöricker Str. 327 (1991 - 1997), In der Elb 30 (1991 - 1993), Buchenstr. 1 (1991 - 1993) und Zur Lindung 31 (1991 - 1993) waren Treffpunkte eingerichtet worden, die vor allem von Kindern und Jugendlichen aus Polen, Rumänien, den GUS - Staaten und Russland aufgesucht wurden[857]. Neben einer gemeinsamen Freizeitgestaltung boten die Projekte verschiedene Hilfestellungen im schulischen Bereich (Hausaufgabenhilfe, Nachhilfe, Kontaktpflege zwischen Lehrern und Eltern, etc.) an[858]. "In der Hausaufgabenzeit", so ein Bericht aus dem Jahre 1993, "ist die Gruppe nur für Kinder mit Schulaufgaben geöffnet. Die Kinder haben hier die Möglichkeit, in einer ruhigen Atmosphäre und mit fachlicher Unterstützung ihre Aufgaben zu erledigen. Schulische Defizite können hier erkannt, Hilfestellung und konkrete Förderung geleistet werden. Im freizeitpädagogischen Bereich, der durch offene Gruppenangebote gekennzeichnet ist, soll zum einen die Freizeit der Kinder sinnvoll gestaltet werden und zum anderen der Integrationsprozeß der Kinder in ihre Umgebung gefördert werden. Die Angebote setzen sich aus verschiedenen Aktionen zusammen, zum Beispiel Angebote innerhalb des Containers. Durch Gesellschaftsspiele, Bastel- und Kochangebote oder Bewegungsspiele und Sprachförderungsspiele wird die Kreativität und Konzentration der Kinder gefördert. Die Mitarbeiter bieten auch ständig Außenaktivitäten an. Ziel ist es, daß die Kinder möglichst schnell die Stadt Düsseldorf kennenlernen sollen. Auch Kultur und Bildung werden gefördert. Dazu dienen Filme, Ausstellungen, Besichtigungen oder der Besuch von Schwimmbädern"[859].

Das Programm der Tageseinrichtungen war darauf ausgerichtet, Aussiedlerkinder auf den Besuch von Regeltagesstätten vorzubereiten und soziale wie auch psychische Verhaltensauffälligkeiten abzubauen[860]. "Die Auffälligkeiten", so eine Lebenssituationsbeschreibung der Garather Aussiedlerkinder aus dem Jahre 1999, "äußern sich als Konzentrationsstörungen, Nervosität und Aggressivität, Wutausbrüche, innere Immigration bei seelischen Belastungen. Die Probleme, die der Anfang in der neuen Heimat mit sich bringt, sind für die Erwachsenen schwer zu bestehen. Die Unsicherheit der Eltern über ihre Zukunft überträgt sich unmittelbar auf die Kinder. Die Enge des Wohnraumes im

---

[855] Vgl. NN, Neue Hilfe zur Integration. Schwester M. Franziska betreut ab sofort die Aus- und Übersiedler, in: Kirchenzeitung für das Erzbistum Köln Jg. 45 Nr. 11 (16.03.1990), 24.
[856] Vgl. 90 Jahre Caritasverband für die Stadt Düsseldorf. Gemeindecaritas, häusliche Hilfen, soziale Dienste und Beratung, ambulante Pflegestationen, Wohnheim und Altenhilfeeinrichtungen, Düsseldorf 1994, 29.
[857] Vgl. CVD 491, 1991.
[858] Vgl. N. Nanavskaja, Kindergruppen des Caritasverbandes. Integration fördern, in: Kirchenzeitung für das Erzbistum Köln Jg. 48 Nr. 37 (17.09.1993), 23.
[859] N. Nanavskaja, Kindergruppen des Caritasverbandes. Integration fördern, in: Kirchenzeitung für das Erzbistum Köln Jg. 48 Nr. 37 (17.09.1993), 23.
[860] Vgl. E.B., Freiraum für Kinder, in: Caritas in NRW Jg. 21 Nr. 2 (Mai 1992), 44.

Übergangshaus hat enorme Auswirkungen auf die Psyche der Kinder, die täglich mit den Problemen der Erwachsenen, wie z.B. Streitigkeiten, materielle Not, Alkohol, übermäßiger Fernsehkonsum, Intimleben der Eltern, etc. konfrontiert werden. Für diese Kinder gibt es so gut wie keine Rückzugsmöglichkeit, denn alles spielt sich weitestgehend in einem Raum ab. Zur 'Normalität' in der Kindereinrichtung gehört die Konfrontation mit übermäßig vielen Konfliktsituationen besonders am Montag. Ein Spiegelbild vom vergangenen Wochenende ? ... Die einzige Möglichkeit die kindliche Spontaneität und die Bedürfnisse zu erleben, bietet die Kindereinrichtung"[861]. Dass die Erzieher und Pädagogen der Integrationseinrichtungen für Kinder und jugendliche Aussiedler beim Düsseldorfer Caritasverband eine "gute und solide Arbeit" leisteten, unterstreicht die Tatsache, dass ihr Engagement beim Bundeswettbewerb "Vorbildliche Integration von Aussiedlern in der Bundesrepublik Deutschland" 1994 und 1997 mit einer Goldplakette bzw. Urkunde ausgezeichnet wurde[862].

Zum 1. April 2001 wurde das Aufgabenfeld der Aussiedlerberatung beim Caritasverband für die Stadt Düsseldorf ausgeweitet und umbenannt in "Sozialdienst für Aussiedler und andere Zuwanderer aus Osteuropa"[863]. Um die Integration osteuropäischer Migranten zu fördern, richtete die Caritas für Düsseldorf am 1. September 2002 in Garath ein Stadtteil orientiertes Projekt ein[864]. Neben eigenverantwortlicher Lebensgestaltung, Förderung der Kompetenz in deutscher Sprache und Qualifizierung für den Arbeitsmarkt war das Unternehmen vor allem auf die Verbesserung des nachbarschaftlichen und sozialen Engagements im südlichen Düsseldorf ausgerichtet[865]. Für die Realisierung des Vorhabens wurde im Nikolaus - Ehlen - Haus (Carl - Severing - Str. 4), dem Gemeindezentrum der Pfarrei St. Theresia, ein zentrales Beratungs- und Schulungszentrum eingerichtet. Das Leistungsangebot der Sozialarbeit mit Zuwanderern aus Osteuropa in Düsseldorf - Garath umfasste bei seiner Aufnahme: Sozialberatung zur Vermittlung individueller Hilfen, Organisation von Bildungsangeboten und Begegnungsmaßnahmen, Gewinnung ehrenamtlicher Helfer[866].

Caritas Zentrum International

Zwei Jahre vor Aufnahme des Garather Stadtteilprojektes hatte der Migrationsdienst des Caritasverbandes für die Stadt Düsseldorf bereits in der Karlstadt einen neuen Schwerpunkt im Bereich der Bildungs- und Begegnungsmaßnahmen gesetzt, der sowohl auf Migranten aller Nationalitäten wie auch die einheimische Bevölkerung gerichtet war. Am

---

[861] CVD 491, 09.02.1999.

[862] Vgl. NN, Caritasarbeit wurde ausgezeichnet: Aussiedler in Düsseldorf vorbildlich integriert, in: Kirchenzeitung für das Erzbistum Köln Jg. 49 Nr. 27/28 (08.07.1994), 22; NN, Herausragende Arbeit. Düsseldorfer Caritasverband vom Bundesminister gewürdigt, in: Kirchenzeitung für das Erzbistum Köln Jg. 53 Nr. 1 (02.01.1998), 26.

[863] Vgl. CVD 19, 15.02.2002.

[864] Vgl. CVD 671, 07.10.2002.

[865] Vgl. CVD 671, 02.05.2002.

[866] Vgl. CVD 671, 02.05.2002.

6. Raphaelswerk

22. September 2000 wurde in den Räumen des Katholischen Gesellenhauses an der Bilker Str. 36 nach einer umfangreichen Sanierung das "Caritas Zentrum International" eröffnet[867]. Den Anstoß zur Einrichtung hatte Caritasdirektor Johannes Böcker gegeben, dem es gelungen war, für das Vorhaben nach Erarbeitung eines migrationsspezifischen Konzeptes ungenutzte Räume im Spanierzentrum anzumieten. "Wir werden in diesem Haus beweisen", so Caritasdirektor Johannes Böcker bei der Einweihung, "daß diejenigen, die aus anderen Ländern zu uns gekommen sind, hier eine freie Entfaltungsmöglichkeit haben. ... Wir möchten interkulturelle Lernprozesse in Gang setzen, die der Förderung wechselseitiger Akzeptanz von Kultur und Religion dienen"[868]. Im Caritas Zentrum International sollten sich Menschen unterschiedlicher Sprache und Kultur bei musikalischen, kreativen und kulinarischen Aktionen, in Mutter - Kind - Gruppen, in Frauengesprächskreisen, in Senioren- und Selbsthilfegruppen, in Deutsch - Sprachkursen und in Projektgruppen begegnen[869].

Zu den besonderen Angeboten im Caritas Zentrum International gehörte neben der Sozialberatung für Inder (seit 1. April 2001) und Philippiner (seit 1. Januar 2002) das polnischsprachige Vertrauenstelefon "Telefon Zaufania". Auf Initiative der Projektgruppe "Psychosoziale Beratung und Begleitung interkulturell" war Mitte Mai 2000 in den Räumen an der Bilker Straße eine telefonische Krisenintervention und psychosoziale Beratung für Zuwanderer aus Polen mit deutscher und polnischer Staatsangehörigkeit eingerichtet worden, die mehrmals in der Woche ehrenamtlich von Sozialtherapeuten und Psychologen begleitet wurde[870].

Raphaelswerk

In Umsetzung der Empfehlungen des Augsburger Rahmenkonzeptes zur Arbeit der Caritas mit Migranten vom 10. Mai 1994 waren auch die Mitarbeiter des Raphaelswerkes in Düsseldorf enger in das Netz der Caritasdienste für Migranten eingebunden worden. Bezog sich die Arbeit des Raphaelsvereins (seit 1977 Raphaelswerk) bis in die siebziger Jahre hinein ausschließlich auf den Schutz jener Menschen, die auswanderten, um in einem fremden Land eine neue Existenz aufzubauen[871], so hatte sich in den letzten dreißig

---

[867] Vgl. CVD 455, 22.09.2000; NRZ 23.09.2000; WZ 27.09.2000; Ronald Morschheuser, Fremdes entfalten - Neuem begegnen. "Caritas Zentrum International" in der Düsseldorfer Innenstadt eröffnet, in: Kirchenzeitung für das Erzbistum Köln Jg. 55 Nr. 39 (29.09.2000), 38; NN, Das Caritas Zentrum International. Ein unübersehbares Zeichen, in: Die Zeitung. Caritasverband für die Stadt Düsseldorf Jg. 1 Nr. 4 (Winter 2000), 1 und 3.
[868] CVD 455, 22.09.2000.
[869] Vgl. CVD 455, 22.10.2002.
[870] Vgl. NN, Die Rufnummer 8639 - 662 schafft Vertrauen. Das Telefon Zaufania, in: Die Zeitung. Caritas für Düsseldorf Jg. 2 Nr. 3 (Herbst 2001), 13.
[871] Vgl. NN, Vor dem Sprung ins Abenteuer. Beratungsstelle des St. Raphael - Vereins hilft den Auswanderern, in: Kirchenzeitung für das Erzbistum Köln Jg. 13 Nr. 36 (07.09.1958), 16; NN, Die Reise ins große Abenteuer ... beginnt oft beim Raphaelsverein auf der Hubertusstraße, in: Kirchenzeitung für das Erzbistum Köln Jg. 16 Nr. 48 (26.11.1961), 21; NN, Statistik des St. Raphaelsvereins. Beratungsstellen

Jahren die Zielgruppe stark gewandelt. Ab dem Jahre 1979, als über das südchinesische Meer der Massenexodus vietnamesischer "Bootsflüchtlinge" nach Europa einsetzte, wurde die Düsseldorfer Beratungsstelle des Raphaelswerkes auch von Menschen aufgesucht, die in Deutschland vorübergehend Schutz oder auf Dauer eine neue Heimat suchten[872].

Unter dem Titel "Alltag einer Beraterin" berichtete 1981 Regina Gretemeier, die seit Februar 1951 für das Raphaelswerk in Düsseldorf tätig war[873], im Jahrbuch des Caritasverbandes über ihre Arbeit mit ausländischen Flüchtlingen: "Wir sind nicht die Beratungsstelle Frankfurt mit 30 - 40 Asylbewerbern vor der Tür und ihrem Wunsch nach Weiterwanderung. Aber auch in unserem Bereich kommen die Flüchtlinge aus Äthiopien, Pakistan und Afghanistan spontan. Es kommen Kurden aus Syrien und Christen aus dem Irak. Sie möchten heraus. Ihre Möglichkeiten sind begrenzt oder ungewiß. Wo wir eine Chance sehen, beginnt die Prozedur der Antragstellung und Weiterleitung an die zuständigen Konsulate. Die Bearbeitung bis zur Ausreise nimmt dort einige Monate in Anspruch. Also gilt die erste Sorge dem Obdach, der Regelung des Aufenthaltes und der Bemühung um Unterhalt. Das setzt u.a. ein Asylbegehren voraus, zumal die Entscheidungen über die Auswanderungsanträge in ihrem Resultat noch ungewiß sind. So sind wir, unter Einbeziehung der Caritas - Rechtsberatung, oft auch mit Asylverfahren befaßt. Unter den kontingentierten Flüchtlingen, die behördlich in unseren Bereich eingewiesen werden, befinden sich u.a. zahlreiche Vietnamesen. Viele von ihnen wurden auf der Flucht oder durch andere Umstände von ihren nächsten Angehörigen getrennt. Väter sitzen in den Umerziehungslagern in Nord - Vietnam, Kinder waren allein oder mit Nachbarn unterwegs und gelangten nach Deutschland, während es Mütter, Geschwister oder Verwandte nach Übersee verschlagen hat. Der Familienzusammenführung gilt hier unsere besondere Aufmerksamkeit. ... Aber auch die Flüchtlinge aus dem Ostblock, aus Polen, Ungarn, Rumänien usw. zählen zu den Auswanderungswilligen. Sie vor allem suchen Sicherheit vor Verfolgung in Übersee. ... Aber was ist mit den ausländischen Flüchtlingen, die nicht weiterwandern können oder wollen ? In welche Fluchtländer dürften wir wohl mit einer verstärkten und freiwilligen Rückwanderung rechnen ? Wo gibt es die 'befriedeten' Heimatländer ? Die neuen Regelungen um das 'Asylbegehren' der schutz- und hilfesuchenden Ausländer und die beschränkten Möglichkeiten der Weiterwanderung mehren unsere Sorge um diesen Personenkreis"[874].

Mit Blick auf die veränderte Aufgabenstellung war das Raphaelswerk bereits am 17. Juni 1974 vom Ständigen Rat der Deutschen Bischofskonferenz beauftragt worden, Beratung anzubieten für alle deutschen und ausländischen Staatsbürger, die ihren Wohnsitz

---

Köln und Düsseldorf im Jahre 1971, in: Caritas in Nordrhein - Westfalen Jg. 1 Nr. 2 (März/April 1972), 26; Dienst am Menschen unterwegs. 1971. 100 Jahre St. Raphaels - Verein, Hamburg 1972, 13 f.

[872] Vgl. NN, Raphaels - Werk e. V., in: 75 Jahre Caritasverband in Düsseldorf, Düsseldorf 1979, o. S. (64 - 66, 66).

[873] Vgl. CVD 309, 27.03.1987.

[874] Regina Gretemeier, Raphaels - Werk "Dienst am Menschen" unterwegs. Alltag einer Beraterin, in: Caritas '81. Jahrbuch des Deutschen Caritasverbandes, 331 - 333, 333.

6. Raphaelswerk

befristet oder unbefristet ins Ausland verlegen wollen[875]. "Die Basis des Auftrags", so eine Selbstbeschreibung der Düsseldorfer Beratungsstelle des Raphaelswerkes aus dem Jahre 1994, "ist die Wanderung als Ganzes, ungeachtet aller Verschiedenheiten der Erscheinungen wie Sprache, Ursachen, Motive, Wanderungsgruppen usw.. Hieraus ergibt sich ein breites Angebot und eine Flexibilität, die immer am Wanderungsgeschehen orientiert bleibt und auch neue Entwicklungen erkennt"[876]. Von 1987 bis 1993 erfasste das Raphaelswerk Düsseldorf über 4500 deutsche und ausländische Ratsuchende und bot in mehr als 15000 Beratungsgesprächen verschiedenste Hilfestellungen an[877]. Neben der Unterstützung von Personen, die sich vorübergehend oder dauerhaft in einem fremden Land niederlassen wollten, stand dabei vor allem die Beratung von ausländischen Flüchtlingen und Arbeitnehmern im Vordergrund, die von Deutschland aus weiterwandern wollten. Hinzu kam die Auskunftserteilung über Lebens-, Arbeits-, Lohn- und Rechtsverhältnisse, die kirchliche, soziale, wirtschaftliche, schulische und politische Lage in den Einwanderungsländern und Einreise- und Aufenthaltsbestimmungen[878]. Erklärtes Ziel der Beratung war es, durch Gespräch und fachgerechte Informationen dem Wanderungswilligen zu einer fundierten und tragfähigen Entscheidung zu verhelfen und durch Vermittlung von Kenntnissen beizutragen, "daß der Wanderungswillige die Übergangsphase der Integration im Gastland bewältigt und zugleich auch die religiösen und menschlichen Chancen einer Begegnung mit fremden Gesellschaften und Kulturen nutzen kann"[879]. Seit dem Jahre 1995 befand sich die Düsseldorfer Beratungsstelle des Raphaelswerkes im Hause des Migrationsdienstes des Caritasverbandes für die Stadt Düsseldorf (Oststr. 40). Bemerkenswert ist, dass im ausgehenden 20. Jahrhundert die Zahl deutscher Rückkehrwilliger stetig anwuchs. "Das Rapahels - Werk", so eine Bemerkung der Generalsekretärin Gabriele Mertens im Jahre 2001, "bekommt aus allen Teilen dieser Welt Anfragen von Menschen, die nach zum Teil jahrzehntelangem Aufenthalt im Ausland nur noch einen einzigen Wunsch haben: nach Deutschland zurückzukehren. Deutsche Botschaften im Ausland und deutschsprachige Gemeinden verweisen diese oft verzweifelten Menschen an uns und wir versuchen zu helfen". Wie in anderen Städten standen auch die Mitarbeiter des Raphelswerkes in Düsseldorf deutschen Rückkehrern

---

[875] Vgl. CVD 102, 17.06.1974. Vgl. auch CVD 102, 11.06.2003; NN, Das Raphaels - Werk. Dienst am Menschen unterwegs e. V. Auszug aus den Leitlinien, in: Caritas. Zeitschrift für Caritasarbeit und Caritaswissenschaft Jg. 80 Nr. 2 (März 1979), 108 - 110, 108; NN, Aus dem letzten Jahresbericht: Beratung bei Flüchtlingen und Deutschen, in: Raphaels - Werk. Jahrbuch 1991, Hamburg 1990, 52 - 59, 52.
[876] 90 Jahre Caritasverband für die Stadt Düsseldorf. Gemeindecaritas, häusliche Hilfen, soziale Dienste und Beratung, ambulante Pflegestationen, Wohnheim und Altenhilfeeinrichtungen, Düsseldorf 1994, 35.
[877] Vgl. 90 Jahre Caritasverband für die Stadt Düsseldorf. Gemeindecaritas, häusliche Hilfen, soziale Dienste und Beratung, ambulante Pflegestationen, Wohnheim und Altenhilfeeinrichtungen, Düsseldorf 1994, 36.
[878] Vgl. Christopher Layden, 125 Jahre Raphaels - Werk, in: 125 Jahre Raphaels - Werk e. V.. Dienst am Menschen unterwegs. Eine Jubiläumsschrift, Hamburg 1998, 24 - 36, 24 ff; NN, Beratungsangebot des Raphaels - Werkes, in: Raphaels - Werk. Jahrbuch 2001, Hamburg 2000, 8 - 9, 9.
[879] CVD 102, 2003.

als erste Ansprechpartner zur Verfügung und vermittelten bei Bedarf entsprechende Kontakte zu den Behörden[880].

7. Wohnungslosenhilfe

In den siebziger Jahren setzte im Bereich der caritativen Obdachlosen- und Nichtsesshaftenhilfe in Düsseldorf ein tief greifender Wandel ein. War die Fürsorge an "unbehausten Menschen" seit Eröffnung des Caritasheimes am Rather Broich ausschließlich auf die vorübergehende Bereitstellung von Schlafplätzen und Vermittlung von Arbeitsstellen beschränkt[881], so kam es nun zu einer Ausdifferenzierung und Spezifizierung bestehender Häuser wie auch zur Einrichtung neuer Hilfs- und Beratungsstellen[882].

Gerade letztere waren für Menschen ohne festen Wohnsitz eine dringende Notwendigkeit, da ihr Auftreten als "Störung der öffentlichen Ordnung" galt, die von der Polizei und den Ordnungsdiensten zu untersagen und zu sanktionieren war[883]. Noch heute gilt die ungeschriebene Gebotsnorm, dass jeder volljährige Bundesbürger selbstverantwortlich ist, sich ein Unterkommen zu beschaffen[884]. Wer dies nicht tut, dem kann gemäß nordrhein - westfälischem Ordnungsbehördengesetz zur Herstellung der öffentlichen Ordnung aufgegeben werden, sich binnen einer bestimmten Frist ein Unterkommen zu beschaffen (§ 14 mit §§ 29, 33 und 37 OBG)[885]. Die Bleibe muss sich an einem für diesen Zweck zur Verfügung gestellten Ort befinden, zu dem auch Übernachtungsasyle und Heime der Nichtsesshaftenhilfe gehören. Anfallende Kosten für Unterkünfte werden von den Sozialämtern getragen, die verpflichtet sind, Menschen ohne Unterkunft und Einkommen "die Führung eines Lebens zu ermöglichen, das der Würde des Menschen entspricht" (§ 1 Bundessozialhilfegesetz (BSHG))[886]. Dazu sollen "Hilfen zum Lebensunterhalt" (§ 11 ff BSHG) und "Hilfen in besonderen Lebenslagen" (§§ 27 ff und

---

[880] Gabriele Mertens, Dienst am Menschen unterwegs - unser Auftrag seit 130 Jahren, in: Raphaels - Werk. Jahrbuch 2001, Hamburg 2000, 6 - 7, 7.

[881] Vgl. oben S. 541 f.

[882] Vgl. dazu Konzeption für eine differenzierte und integrierte Nichtseßhaftenhilfe der Caritas. Beschluß des Zentralrates des Deutschen Caritasverbandes vom 7. Oktober 1976, Freiburg 1977, 5 ff; Alleinstehende Menschen ohne Wohnung - "Nichtseßhafte". Fortschreibung einer Konzeption für eine differenzierte und integrierte Nichtseßhaftenhilfe der Caritas. Beschluß des Zentralrates des Deutschen Caritasverbandes vom 16. April 1986, Freiburg 1986, 2 ff.

[883] Vgl. Peter Zimmermann, Die rechtliche Situation der Hilfe für Nichtseßhafte. Anspruch und Wirklichkeit, in: Caritas. Zeitschrift für Caritasarbeit und Caritaswissenschaft Jg. 80 Nr. 3 (Mai 1979), 145 - 147, 145 ff.

[884] Vgl. Ewald Wietschorke, Vagabunden, Wanderer, Nichtseßhafte. Die Entwicklung einer ambulanten Hilfe, in: Caritas in Nordrhein - Westfalen Jg. 17 Nr. 3 (Mai/Juni 1988), 231 - 243, 233 ff.

[885] Vgl. NN, Bekanntmachung der Neufassung des Gesetzes über Aufbau und Befugnisse der Ordnungsbehörden - Ordnungsbehördengesetz (OBG). Vom 13. Mai 1980, in: Gesetz- und Verordnungsblatt für das Land Nordrhein - Westfalen Jg. 34 Nr. 34 (28.05.1980), 528 - 533, 530 ff.

[886] NN, Bundessozialhilfegesetz (BSHG), in: Bundesgesetzblatt Nr. 20 (07.04.1994), 647 - 672, 648.

7. Wohnungslosenhilfe

§ 72 BSHG) gewährt werden[887]. Bedingung für den Eintritt der Sozialhilfe ist allerdings, dass der Betroffene seine Rechte geltend macht. Sowohl Objekt staatlicher Eingriffsverwaltung als auch Subjekt staatlicher Leistungsverwaltung zu sein, stellt indes für viele Nichtsesshafte einen kaum zu überbrückenden Zwiespalt dar[888].

Als im Jahre 1972 aus Kräftemangel das Lehrlingsheim am Rather Broich geschlossen werden musste, gaben die Armen Brüder vom Hl. Franziskus zur gleichen Zeit der Nichtsesshaftenarbeit im Caritasheim eine neue Ausrichtung[889]. Da der Obdachlosenhilfe in Rath bisher jede konzeptionelle Grundlage gefehlt hatte, war das Caritasheim Ende der sechziger Jahre mehr und mehr zu einer Vermittlungsstelle für billige Arbeitskräfte herabgesunken. Von den unwürdigen Zuständen auf dem Gelände der ehemaligen Siebelwerke berichtete die Rheinische Post am 20. Januar 1973: "In den sechziger Jahren, zum Ende des Jahrzehnts verstärkt, brach plötzlich eine Lawine los, die niemand hatte kommen sehen. Je knapper die Personallage auf dem Arbeitsmarkt, desto gieriger griffen die Wohlstandsträger nach den letzten verfügbaren Händen. Zweifelhafte Subunternehmer, kurz 'Subbis' genannt, fuhren vor den Toren des Heimes auf und fischten sich die kräftigsten Bizepse heraus. Das war der Beginn eines illegalen Arbeitsmarktes, dessen Folgen sich bald abzeichneten. Der Rather Broich wurde allmorgendlich zwischen 4.30 und acht Uhr zu einer Umschlagstelle für Menschen, denen korrupte Vermittler Arbeit für Stunden, höchstens für einen Tag anboten. Illegale Arbeit ohne Papiere, ohne Steuerkarte, ohne Versicherung. Stundenlöhne zwischen sechs und sieben Mark. Wer weniger bot, bekam eins auf die Nase. Der Markt lockte viele an, nicht zuletzt Kriminelle. Das Durchgangsheim platzte aus allen Nähten. Unangemeldete krochen nachts durch die Fenster. In den Fluren war zeitweise kein Durchkommen mehr, Betrunkene lagen selbst auf den total verschmutzten Toiletten. Schlägereien, Diebstähle: Die Heimverwaltung war machtlos. Wer keinen warmen Platz ergatterte, zimmerte sich eine Bude im Aaper Wald oder buddelte sich im nahen Gelände der Rheinmetall ein Erdloch. Am nächsten Morgen standen annähernd 200 Leute am Heim und warteten auf die 'Subbis'"[890]. Als die Beschwerden über die Zustände am Rather Broich nicht mehr abrissen, traten Pfingsten 1972 Stadt, Caritasverband, Ordensgemeinschaft, Landschaftsverband, Polizei, Arbeitsamt und Krankenkassen zu einem Krisengespräch zusammen und sperrten noch im gleichen Sommer das Caritasheim für den Arbeitsmarkt[891]. Von der Umsetzung des Verbotes berichtete die Rheinische Post: "Anfang August starteten die Verantwortlichen eine spektakuläre Aktion. Starke Polizeikräfte, in denen sich irrtümlich auch Caritasdirektor (sic!) Josef Mühlemeier verfing, tauchten plötzlich vor dem Heimtor auf und schnappten die 'Subbis'. Da die Uniformierten nicht nur einmal, sondern noch Wochen später regelmäßig erschienen, ging den Unternehmern

---

[887] Vgl. NN, Bundessozialhilfegesetz (BSHG), in: Bundesgesetzblatt Nr. 20 (07.04.1994), 647 - 672, 649 ff.
[888] Vgl. Ursula Adams, Nichtseßhafte - alte Armut, neu in den Blick genommen, in: Caritas in Nordrhein - Westfalen Jg. 17 Nr. 3 (Mai/Juni 1988), 197 - 206, 198 f.
[889] Vgl. Matthäus Werner, 50 Jahre Caritasheim Düsseldorf - Rath. Eine Chronik, in: 1932 - 1982. 50 Jahre Caritasheim Düsseldorf - Rath, Düsseldorf 1982, 8 - 10, 9.
[890] RP 20.01.1973.
[891] Vgl. RP 20.01.1973.

langsam die Luft aus. Zugleich wurde die Belegung der Obdachlosen - Station drastisch reduziert. Von 350 auf nunmehr 204. An die Fenster im Erdgeschoß kamen Gitter; Anstreicher, Installateure, Maurer begannen mit der Renovierung, das Aufnahmeverfahren wurde strenger gehandhabt, der Aaper Wald durchforstet, das Rheinmetall - Gelände planiert"[892].

Zeitgleich mit der Vertreibung dubioser Arbeitsvermittler nahmen 1972 im Caritasheim drei Sozialarbeiter ihren Dienst auf, um die Nichtsesshaften zur Annahme legaler Arbeiten zu befähigen und auf ein Leben außerhalb von Einrichtungen vorzubereiten[893]. "Mit den Methoden der Sozialarbeit", so Bruder Matthäus Werner, sollte "versucht werden, die Nichtseßhaften auf Dauer seßhaft und von der Sozialhilfe unabhängig zu machen"[894]. Da die "größere Qualität der Arbeit" eine "moderne und menschenwürdigere Unterbringung der Hilfesuchenden" im Caritasheim erforderlich machte, kamen schon bald Pläne für einen Neu- und Umbau auf[895]. Nachdem Stadtdechant Bernard Henrichs am 25. Juni 1975 feierlich den Grundstein gelegt hatte[896], konnte am 27. April 1977 ein Erweiterungsbau mit 148 Plätzen in Benutzung genommen werden[897]. Über das "neue Zuhause für die Leute ohne Zuhause" schrieb die Westdeutsche Zeitung aus Anlass der Einweihung: "In den letzten fünf Jahren hat sich das ehemals diskriminierend als 'Penner - Asyl' in Rath bezeichnete Heim zu einer Institution entwickelt, die durch therapeutische Hilfestellungen nicht nur ein Dach über dem Kopf gibt, sondern versucht ihnen zu helfen. Für solche Hilfestellungen wurde auch der Neubau konzipiert: Es gibt Räume für Gruppengespräche, soziale Verhaltenstechniken sollen beim Spielen, Töpfern und Tischtennis im Haus erlernt werden, vier Sozialarbeiter und eine Sozialpädagogin stehen zu Einzelgesprächen zur Verfügung"[898].

Über die am Rather Broich angebotenen Hilfen für Nichtsesshafte heißt es im März 1977 in einer Selbstdarstellung über das Caritasheim und seine Aufgaben: "Bekundet der Klient, daß er länger im Heim bleiben möchte, werden ihm vom Sozialarbeiter die Aufnahmebedingungen erläutert. In der Regel muß er sich beim Arbeitsamt arbeitsuchend melden, damit bei Nichtvermittlung eventuelle Ansprüche auf Arbeitslosengeld realisiert werden können, oder andere notwendige Behördengänge erledigen. Hat er in früherer Zeit schon wiederholt das Caritasheim aufgesucht, muß er, bevor er eingewiesen werden kann, 1 - 2 Tage gemeinnützige Arbeiten nachweisen. Die gemeinnützigen Arbeiten werden nach § 18 BSHG ff verrichtet und können bei verschiedenen Stellen der Stadt

---

[892] RP 20.01.1973.
[893] Vgl. NN, An erster Stelle steht der Mensch. Caritasheim Düsseldorf: Vielschichtige ambulante und stationäre Betreuung, in: Kirchenzeitung für das Erzbistum Köln Jg. 43 Nr. 14 (04.04.1986), 24.
[894] Matthäus Werner, 50 Jahre Caritasheim Düsseldorf - Rath. Eine Chronik, in: 1932 - 1982. 50 Jahre Caritasheim Düsseldorf - Rath, Düsseldorf 1982, 8 - 10, 10.
[895] Vgl. Matthäus Werner, 50 Jahre Caritasheim Düsseldorf - Rath. Eine Chronik, in: 1932 - 1982. 50 Jahre Caritasheim Düsseldorf - Rath, Düsseldorf 1982, 8 - 10, 10.
[896] Vgl. RP 26.06.1975; WZ 26.06.1975; NN, Neubau eines Nichtseßhaftenheimes des Caritasverbandes. Dienst an der Gesellschaft, in: Kirchenzeitung für das Erzbistum Köln Jg. 26 Nr. 27 (04.07.1975), 29.
[897] Vgl. NRZ 28.04.1977; WZ 28.04.1977.
[898] WZ 28.04.1977.

oder im Caritasheim ausgeübt werden. Der Klient soll wissen, daß persönliche Anstrengung von ihm verlangt wird, wenn er länger im Caritasheim bleiben möchte. Geht der Klient auf die Bedingungen ein, kann der Sozialarbeiter ihm Sozialhilfe in Form einer Einweisung auf begrenzte Zeit gewähren. Die Hilfe umfaßt Unterkunft, Vollverpflegung und Taschengeld. Durch Absprache mit dem Sozialamt 50/24 der Stadt Düsseldorf hat die Sozialabteilung des Caritasheimes das Recht für ihre Heimbewohner Hilfe nach § 72 BSHG zu bewilligen. Da die Einweisung nur für eine begrenzte Zeit (8 - 10 Tage) erfolgt, wendet sich der Klient spätestens nach Ablauf dieser Frist erneut an den Sozialarbeiter, um eine Verlängerung der Einweisung zu bekommen. Zeigt der Klient weitere Bereitschaft zur Mitarbeit, indem er zum Beispiel notwendige Behördengänge erledigt oder gemeinnützige Arbeiten verrichtet hat, erhält er eine weitere Einweisung. Hat er die Auflagen nicht erfüllt, muß er nicht sogleich das Haus verlassen ... sondern sich täglich beim Sozialarbeiter melden, damit dieser in einem Konfliktgespräch den Klienten mit seinem unerwünschten Verhalten konfrontiert. Vermeidet er die Auseinandersetzung mit dem Sozialarbeiter, verliert er sein gewohntes Bett und hat Schwierigkeiten, seine Verpflegung zu bekommen. ... Zumeist ist dann der Boden für eine vertrauenswürdige Zusammenarbeit geebnet. Selbst an- bzw. betrunkene Klienten haben sich schnell daran gewöhnt, daß sie so nicht akzeptiert werden. Wenn sie erleben, daß ihnen hernach keine Vorwürfe gemacht werden, reagieren sie im Gespräch gelöster. Durch diese Gesprächshaltung wird dem Klienten die Wahl gelassen zwischen dem Verweilen im Hause, verbunden mit Auflagen, oder aber das Haus zu verlassen; es bleibt jedesmal seine Wahl. Verrichtet der Klient weiter gemeinnützige Arbeiten, dienen diese nur zur Überbrückung bis es möglich wird, daß der Klient mit Hilfe des Arbeitsamtes oder selber eine feste Arbeit gefunden hat. Durch die gemeinnützigen Arbeiten soll der Klient soweit in seinem Selbstvertrauen gestärkt werden, daß er nicht nur passive Hilfe erhält, sondern durch seine eigene Leistung wirklich einen Hilfsanspruch begründet"[899]. Als sich im Laufe der Zeit die Erkenntnis durchsetzte, dass die Beschaffung eines Arbeitsplatzes und einer Unterkunft keineswegs genügten, die Klienten auf ein selbständiges Leben vorzubereiten, boten die Sozialarbeiter im Caritasheim seit August 1974 regelmäßige Gruppengespräche an[900]. Der gemeinsame Gedankenaustausch sollte helfen, die Obdachlosen zu Verhaltensänderungen zu motivieren und aus der sozialen Isolation herauszuführen. In der Regel erfolgte die Loslösung vom Heim, sobald der Klient eine feste Stelle gefunden hatte. Da die Sicherstellung eines regelmäßigen Einkommens meist schneller als die Fähigkeit zur sozialen Integration realisiert werden konnte, wünschten viele Bewohner einen längeren Aufenthalt im Caritasheim, der in der Regel auch gestattet wurde. Gleichwohl verloren die Sozialarbeiter am Rather Broich nicht das Ziel aus den Augen, "die Klienten zu motivieren, außerhalb des Heimes zu leben, um sie von Sozialhilfemitteln unabhängig zu machen"[901].

Im November 1983 richteten die Armen Brüder vom Hl. Franziskus zusammen mit der Initiative "Freunde von der Straße" im Hause Kölner Str. 186 eine Übernachtungs-

---

[899] CVD 7, März 1977.
[900] Vgl. CVD 7, März 1977.
[901] CVD 7, März 1977.

stätte für 30 Nichtsesshafte ein, die eine menschenwürdige Nachtunterkunft suchten, aus unterschiedlichsten Gründen aber das Rather Caritasheim mieden[902]. Die Betreuung der Obdachlosen erfolgte durch Mitarbeiter vom Rather Broich wie durch eine Vielzahl ehrenamtlicher Helfer. Außerdem wurden im Saal des Franziskanerklosters (Oststr. 64) monatliche Treffen abgehalten, "wo man gemeinsam singt, ißt und auch Wäsche erhalten kann"[903]. Als das Nachtasyl an der Kölner Straße Anfang der neunziger Jahre dem Internationalen Handelszentrum weichen musste, wurden am 12. November 1990 im Garten des Franziskanerklosters (Klosterstr. 59) zum Ersatz drei Wohncontainer mit 42 Betten aufgestellt[904]. Seit Herbst 2002 stand Wohnungslosen das Franziska Schervier Haus (Kaiserswerther Str. 13) als Nachtunterkunft zur Verfügung.

Obdachlosen, denen es an der Fähigkeit mangelte, selbständig und unter normalen Bedingungen zu wohnen, bot das Caritasheim seit Mitte der achtziger Jahre mit dem Projekt "Wohnhaus" einen geschützten Übergang ins eigen verantwortete Leben an. Fünfzehn Männer, die bisher am Rather Broich lebten, bezogen im Juni 1985 an der Dabringhauser Straße drei von der Ordensgemeinschaft der Armen Brüder des Hl. Franziskus angemietete Wohnungen[905]. Um die "Mietfähigkeit" zu erlangen, wurden die bisher Wohnungs- und Arbeitslosen für eine Zeit der Eingewöhnung drei Jahre von einem Sozialarbeiter betreut[906]. "Mit diesem Projekt", so die Kirchenzeitung vom 15. November 1985, "möchte das Caritasheim Wege ausprobieren zur angemessenen Hilfestellung für Personen, die in den Lebensverhältnissen des Caritasheimes eine relative Zufriedenheit erfahren haben. Diesen Personen ist ... die Bewirtschaftung einer eigenen Wohnung nicht erstrebenswert. Sie bevorzugen aus guten Gründen ein Leben in der Gemeinschaft. Den Mietern des Projektes traut man zu, daß sie sich nach Beendigung der Betreuung ausreichend gegenseitige Unterstützung gewähren. ... Die Männer werden dann ihr Leben eigenverantwortlich führen"[907]. In der Folgezeit richtete die Ordensgemeinschaft der Armen Brüder vom Hl. Franziskus weitere, verstreut über das Düsseldorfer Stadtgebiet liegende Wohngemeinschaften für Obdachlose ein. Im Sommer 1995

---

[902] Vgl. RP 10.09.1983; NN, Interessante Projekte des Caritas - Verbandes für Ausländer, Arbeitslose und Nichtseßhafte. In Sorge um Benachteiligte, in: Kirchenzeitung für das Erzbistum Köln Jg. 42 Nr. 5 (01.02.1985), 25; NN, An erster Stelle steht der Mensch. Caritasheim Düsseldorf: Vielschichtige ambulante und stationäre Betreuung, in: Kirchenzeitung für das Erzbistum Köln Jg. 43 Nr. 14 (04.04.1986), 24.

[903] NN, Interessante Projekte des Caritas - Verbandes für Ausländer, Arbeitslose und Nichtseßhafte. In Sorge um Benachteiligte, in: Kirchenzeitung für das Erzbistum Köln Jg. 42 Nr. 5 (01.02.1985), 25.

[904] Vgl. FKD Chronik Konvent Düsseldorf 1959 - 1996, 13.12.1990; RP 15.05.1990; WZ 05.05.1990; RP 30.08.1990; WZ 27.09.1990; RP 31.10.1990.

[905] Vgl. RP 31.10.1985.

[906] Vgl. NN, Projekt "Wohnhaus" des Caritasheimes. Männer wollen selbständig werden, in: Kirchenzeitung für das Erzbistum Köln Jg. 42 Nr. 46 (15.11.1985), 25; Matthäus Werner, Rather Broich 155, Düsseldorf - Rath, in: Alla Pfeffer, Zeitzeugen. Bekenntnisse zu Düsseldorf, Düsseldorf 2001, 337 - 341, 339.

[907] NN, Projekt "Wohnhaus" des Caritasheimes. Männer wollen selbständig werden, in: Kirchenzeitung für das Erzbistum Köln Jg. 42 Nr. 46 (15.11.1985), 25.

7. Wohngemeinschaft Harkortstraße

wurde das Haus Graudenzer Str. 35 erworben und bezogen[908]; seit dem 1. Oktober 1996 konnten fünf stationäre Außenwohngruppen in der Breslauer Straße und Graf - Engelbert - Straße, später auch Römer Straße (1997) und Prinz - Georg - Straße (1998) die eigenständige Mietfähigkeit einüben[909].

Wohngemeinschaft Harkortstraße

Wohngemeinschaften, die ortsgebundenen Nichtsesshaften trotz strenger Hausordnung eine private Lebensgestaltung erlaubten, waren von verschiedenen Trägern Anfang 1994 auch in der städtischen Notunterkunft Harkortstr. 21/25 (seit 15. Juli 2000 Dorotheenstr. 85) eingerichtet worden[910]. Neben Stadtverwaltung, Diakonie, Aidshilfe Düsseldorf und Haus Weißenburg war an dem Projekt auch der Caritasverband für die Stadt Düsseldorf beteiligt, der hier bis zum Frühjahr 2002 sieben Männern aus dem Don Bosco Haus zum Übergang eine betreute Wohnform anbot[911].

Don Bosco Haus

Das Don Bosco Haus, das 1948 an der Schützenstraße als Jugendfürsorgeheim wiedererrichtet[912] und 1952 um eine "geschlossene Abteilung" für kriminelle und "völlig haltlose" Jugendliche erweitert worden war[913], hatte im Laufe der siebziger Jahre einen neuen Nutzungszweck erhalten. Schon in den Jahren 1967 bis 1970 war in Räumen des Hauses eine Kinderschutzstation untergebracht, die Tag und Nacht zur Aufnahme akut gefährdeter Kinder bereit stand[914]. Aus dem Jahre 1971 wird berichtet, dass unter den 100 Bewohnern des Hauses etwa 60 Spanier lebten, die bei verschiedenen städtischen

---

[908] Vgl. Christoph Müller - Honecker, "Arme Brüder vom heiligen Franziskus" leisten Wohnungslosenhilfe. Neue Heimat für obdachlose Männer, in: Kirchenzeitung für das Erzbistum Köln Jg. 50 Nr. 22 (02.06.1995), 7.

[909] Vgl. RP 24.09.1996; Christoph Müller - Honecker, Wohnungslosen ein Dach über dem Kopf schaffen. Neue Projekte der Franziskanerbrüder in Düsseldorf, in: Kirchenzeitung für das Erzbistum Köln Jg. 51 Nr. 39 (27.09.1996), 7; WZ 03.12.1996; Christoph Müller - Honecker, Wohnungslosenhilfe der "Armen - Brüder des heiligen Franziskus". "In die Schuhe der Betroffenen schlüpfen", in: Kirchenzeitung für das Erzbistum Köln Jg. 54 Nr. 3 (17.01.1997), 12 - 13, 12 f; RP 28.10.1999.

[910] Vgl. CVD 17, 31.01.1996; CVD 654, 30.09.1993, 29.12.1993 und 25.01.2002.

[911] Vgl. CVD 654, 29.12.1993 und 25.01.2002.

[912] Vgl. oben S. 712 f.

[913] Vgl. CVD Protokoll - Buch des Katholischen Männer - Fürsorge Vereins Düsseldorf 1937 - 1980, 28.01.1952; Heribert Welter, Katholische Übernachtungs- und Unterbringungsmöglichkeiten für Strafentlassene im Lande Nordrhein - Westfalen, in: Caritas - Nachrichten für das Erzbistum Köln Jg. 16 Nr. 8 (August 1961), 176 - 182, 178; RP 19.12.1977; G. E., Verständnis statt Alkohol. Peter Müller. Heimleiter im Don Bosco Haus, in: Düsseldorfer Rheinbote Jg. 7 Nr. 4 (22.01.1986), 2.

[914] Vgl. CVD Protokoll - Buch des Katholischen Männer - Fürsorge Vereins Düsseldorf 1937 - 1980, 09.10.1967; CVD 13, 1979.

Ämtern arbeiteten[915]. Am 16. März 1972 fasste der Vorstand des Sozialdienstes Katholischer Männer (bis 1963 Katholischer Männerfürsorgeverein[916]) den Beschluss, das Don Bosco Haus als Jugendheim zum 31. Dezember 1975 auslaufen zu lassen und in eine Einrichtung der Nichtsesshaftenhilfe umzuwandeln[917]. Über den mehrjährigen Wandlungsprozess des Don Bosco Hauses vom Jugendfürsorge- zum Nichtsesshaftenheim berichtete ein Ende der siebziger Jahre angefertigtes Dossier: "Mit dem steigenden kommerziellen Freizeitangebot durch Diskotheken, Spielhallen, Kneipen, Rauschgifthandel etc. lockerte sich der familiäre Charakter des Wohnheims. Die Jungen verbringen heute ihre Freizeit mehr und mehr außerhalb des Hauses. Besonders große Probleme stellen hohe Anforderungen an das pädagogische Geschick des Erziehers. Das Heim stellt sich jeder zeitgemäßen Notwendigkeit zur Verfügung. Junge Menschen bevorzugen heute ihr eigenes Zimmer oder ihre eigene Wohnung und nehmen das Wohnen in einem Wohnheim nur vorübergehend als Notlösung in Kauf. So ist das Haus in den letzten Jahren in zunehmendem Maße ein Heim für Nichtseßhafte geworden. Viele dieser oft hilflosen Menschen fühlen sich wohl in diesem Zuhause. Hier können sie ihre Probleme aussprechen, und sie spüren die Bemühung um echtes Verständnis und Hilfe. Ziel dieses Dienstes ist, jedem zu mehr Selbstschätzung und Lebenstüchtigkeit zu verhelfen. Entsprechend dieser neuen Aufgabe ist ein Umbau beabsichtigt"[918].

Die Ausführung der geplanten Sanierungsmaßnahmen musste wiederholt verschoben werden. Schuld daran war nicht zuletzt der schlechte Ruf des Don Bosco Hauses, der im Herbst 1977 einen Tiefpunkt erreicht hatte. Unter dem Titel "Ausreißer ins Verlies gesperrt" berichtete die Rheinische Post am 25. November 1977 von drei Kellerzellen im Jugendheim an der Schützenstraße: "Eine eiserne Tür gibt den Weg zum Keller frei. 15 rotfarbene Steinstufen führen in das Verließ, in dem eine provisorische Dusche, ein Waschraum mit einem Mini - Becken und ein paar Holzspinde weniger auffallen als drei mächtige Stahltüren mit je zwei hervorspringenden Schloßzylindern. Es ist bedrückend dunkel da unten. Das dicke Mauerwerk schirmt gegen Geräusche von draußen ab. Hinter der ersten Stahltür der erste Haftraum - eine Doppelzelle. An die weiß angestrichenen Wände sind Steinsockel gebaut, die als Betten dienen. Auf den 'Betten' liegen blaßblaue Matratzen. Über Kopfhöhe dringt Licht in den Raum. Undurchsichtige Glasbausteine führen zum Hof. Vier Bausteine haben mehrere Löcher in der Größe von Gewehrpatronen: die einzige Belüftung. Brandgeruch stand gestern in dieser Zelle. Ein 17 Jahre alter Ausreißer aus Würzburg - ein Junge, der im Besitz von 200 Mark und einem Personalausweis war, hatte hier am Mittwochabend durchgedreht. Nach 48 Stun-

---

[915] Vgl. NN, Die Don - Boscojaner. Arbeit an eltern- und heimaltloser Jugend, in: Kirchenzeitung für das Erzbistum Köln Jg. 26 Nr. 51 (17.12.1971), 20.
[916] Vgl. CVD Protokoll - Buch des Katholischen Männer - Fürsorge Vereins Düsseldorf 1937 - 1980, 09.04.1963; Carl Richter, Fünfzig Jahre Katholischer Männer - Fürsorge - Verein, in: Unser Dienst. Mitteilungen für die Ortsgruppe des Sozialdienstes Katholischer Männer Jg. 11 Nr. 1/2 (April 1963), 59 - 65, 65.
[917] Vgl. CVD Protokoll - Buch des Katholischen Männer - Fürsorge Vereins Düsseldorf 1937 - 1980, 16.03.1972 und 29.04.1976; CVD Vorstandsprotokolle, 21.03.1972; CVD 74, 20.11.1980.
[918] CVD 13, 1979. Vgl. dazu NN, Die Don - Boscojaner. Arbeit an eltern- und heimaltloser Jugend, in: Kirchenzeitung für das Erzbistum Köln Jg. 26 Nr. 51 (17.12.1971), 20.

7. Don Bosco Haus

den Zellenaufenthalt hatte der Junge, der nie eine Straftat begangen hat und Düsseldorf einmal kennenlernen wollte, in seiner Not Matratzen angesteckt. ... Es war sein Glück, daß im Haus jemand Brandgeruch wahrgenommen hat. Die beiden anderen Zellen sind Einzelzellen, noch bedeutend kleiner als die in einem normalen 'Knast' und kärglicher ausgestattet dazu. Nur eine Zelle hat eine Toilette, die andere nicht. Von einem Wasserbecken ganz zu schweigen. Wer dort eingeschlossen ist, kann einen einzigen Schritt in nur eine Richtung gehen. Sonst kann er sich nur drehen. Mehr Platz ist nicht da. Auch hier kommt Frischluft aus durchbohrten Glasbausteinen. Die Mitarbeiter des Heimes, das Obdachlosen offensteht, sind bedrückt. 'Immer dann, wenn ich wieder einen Jungen runter bringen mußte, war das schlechte Gewissen da', bekennt einer. Er will, nachdem es 'unten' schon zum zweiten Mal innerhalb von wenigen Wochen gebrannt hat, niemanden mehr nach unten bringen, 'weil ich das mit meinem Gewissen nicht länger vereinbaren kann'. Die Hilfeschreie vieler Eingeschlossener gellen ihm noch in den Ohren, 'aber wir dürfen ja hier nur das Essen durch die Stahlluke schieben'. ... Die Belegung im Verließ ist so unterschiedlich wie die - amtlich so genannte - 'Verweildauer'. Die Mitarbeiter im Don - Bosco - Haus wissen von Fällen, in denen Aufgegriffene mehrere Tage und Nächte dort eingeschlossen waren, ehe sie vom Jugendamt oder von den Eltern herausgeholt wurden. Vor allem zum Wochenende hin ist angeblich ein längerer Aufenthalt praktisch vorprogrammiert. Ein Mitarbeiter: 'Wer freitags um die Mittagszeit zu uns kommt, muß meist bis Montag ausharren. Raus kommt er aus einer Zelle in dieser Zeit nicht'"[919]. Angesichts der offenkundigen Missstände verwundert es wenig, dass nach den Vorfällen das Don Bosco Haus von der Stadt Düsseldorf nicht mehr als Jugendschutzstelle anerkannt wurde und Jugendliche in dem überwiegend von Nichtsesshaften bewohnten Heim keine Aufnahme mehr fanden[920].

Nachdem der Sozialdienst Katholischer Männer (SKM) und der Sozialdienst Katholischer Frauen (SKF; bis 1968 Katholischer Fürsorgeverein für Mädchen, Frauen und Kinder[921]) in Düsseldorf am 8. Mai 1979 zum "Katholischen Sozialdienst" fusionierten, war am 1. Juli 1979 die Trägerschaft des Don Bosco Hauses an den Caritasverband für die Stadt Düsseldorf übergegangen[922]. Durch konzeptionelle Veränderungen und Anpassung an aktuelle Anforderungen reduzierte der neue Träger in den achtziger Jahren im Don Bosco Haus die Zahl der Plätze von 100 auf 77[923]. Bemerkenswert ist, dass in der Einrichtung seit Oktober 1990 die Möglichkeit bestand, Personen gemäß § 72 BSHG aufzunehmen, wofür 35 Heimplätze zur Verfügung standen[924]. "Dies gibt uns die Möglichkeit", so die Hausleitung im Jahre 1994, "mit den hier lebenden Menschen gemeinsam an einem für sie sinnvollen, langfristigen Hilfeplan zu arbeiten. An 'Verweilfristen' von 18 Monaten, wie sie die Verordnungen vorsehen, sind wir dadurch nicht ge-

---

[919] RP 25.11.1977.
[920] Vgl. RP 02.12.1977; RP 21.12.1977.
[921] Vgl. SKF Ordner "Fusion SKF - SKM", 14.11.1968.
[922] Vgl. CVD Protokoll - Buch des Katholischen Männer - Fürsorge Vereins Düsseldorf 1937 - 1980, 18.07.1975 und 28.07.1980; CVD Vorstandsprotokolle, 03.11.1983; ALD Grundbuchblatt Flingern 3988, 27.05.1980.
[923] Vgl. RP 19.03.1996.
[924] Vgl. CVD Vorstandsprotokolle, 13.03.1989; CVD 74, Oktober 1990.

bunden"[925]. Mit einem Team von zwölf Mitarbeitern wurden den Bewohnern neben der Unterbringung in 13 Ein- oder 32 Zweibettzimmern eine allgemeine Beratung nach dem Bundessozialhilfegesetz, spezielle Sozialberatung, Hilfe bei Arbeitsbeschaffung, Entschuldungshilfe, Wohnungsvermittlung, Hilfe bei der Tagesplanung und Freizeitgestaltung, Hilfestellung bei Behördenkontakten, Geldverwaltung und Hilfe beim Aufbau sozialer Kontakte angeboten[926]. Im Juni 1998 wurde im Don Bosco Haus, das bislang nur allein stehende Männer aufnahm, eine eigene Wohneinheit mit sechs Betten für Frauen eingerichtet[927]. "Im Rahmen einer vollen Versorgung einer stationären Wohnungsloseneinrichtung", so das Fazit von Caritasdirektor Johannes Böcker, "kommt der pädagogischen Begleitung und der sozialarbeiterischen Hilfestellung besondere Bedeutung zu. Durch diese besondere Herausforderung ist erkennbar, daß die Besetzung der Sozialarbeiterstellen mit Frauen in dem ehemaligen 'Nur - Männer - Haus' fachlich sinnvoll war"[928]. Im Juli 1998 erhielt das Nichtsesshaftenasyl des Caritasverbandes zwei Krankenzimmer, für deren Unterhaltung die "Medizinische Hilfe für Obdachlose" sorgte[929]. Zur gleichen Zeit begann eine umfassende Innen- und Außensanierung des Hauses, die im Jahre 2000 ihren Abschluss fand[930].

Fachberatung

Neben dem Caritasheim in Rath und dem Don Bosco Haus in Flingern unterhielt der Caritasverband für die Stadt Düsseldorf seit Anfang der siebziger Jahre eine Fachberatungsstelle für wohnungslose Männer[931]. Nach Ausweis des Rechenschaftsberichts 1983 wurde die Anlaufstelle für Obdachlose in diesem Jahr von 1432 Klienten aufgesucht[932]. "In erster Linie", so die Bilanz der Beratungsstelle in der Klosterstraße, "bestand die geleistete Hilfe im Angebot und in der Vermittlung von Unterkunft: in Arbeiterkolonien konnten 689 Personen eingewiesen werden, fast 50 % der Klienten. In Wohn- und Resozialisierungsheime und in das Erwerbsbehindertenheim in Essen konnten 54 vermittelt werden; neun fanden Aufnahme in Entziehungsheimen für Langzeitkuren. Zwei He-

---

[925] 90 Jahre Caritasverband für die Stadt Düsseldorf. Gemeindecaritas, häusliche Hilfen, soziale Dienste und Beratung, ambulante Pflegestationen, Wohnheim und Altenhilfeeinrichtungen, Düsseldorf 1994, 54.
[926] Vgl. 90 Jahre Caritasverband für die Stadt Düsseldorf. Gemeindecaritas, häusliche Hilfen, soziale Dienste und Beratung, ambulante Pflegestationen, Wohnheim und Altenhilfeeinrichtungen, Düsseldorf 1994, 55.
[927] Vgl. RP 30.04.1999; Ronald Morschheuser, Zurückführen ins Leben. Das Don Bosco Haus soll nur eine Station sein, in: Kirchenzeitung für das Erzbistum Köln Jg. 54 Nr. 18 (07.05.1999), 26. Vgl. dazu Theresia Thun, Beratung für gefährdete, obdachlose Frauen im Sozialdienst katholischer Frauen e. V. München, in: Caritas '95. Jahrbuch des Deutschen Caritasverbandes, 135 - 139, 135 ff.
[928] CVD 112, 02.02.1999.
[929] Vgl. CVD 13, April 2000; RP 30.04.1999.
[930] Vgl. CVD Vorstandsprotokolle, 09.02.2000; CVD 13, April 2000; Ronald Morschheuser, Zurückführen ins Leben. Das Don Bosco Haus soll nur eine Station sein, in: Kirchenzeitung für das Erzbistum Köln Jg. 54 Nr. 18 (07.05.1999), 26.
[931] Vgl. CVD 9, 04.01.1984.
[932] Vgl. CVD 9, 04.01.1984.

7. Fachberatung

ranwachsenden konnte eine Wohnung in Düsseldorf vermittelt werden, vier Jugendliche konnten wieder den Eltern zugeführt und drei Heranwachsende überredet werden, in ihr Heim, von dem sie ausgerissen waren, zurückzukehren. Neunmal mußten Insassen von Landeskrankenhäusern - oftmals von Kopf bis Fuß neu ausgestattet - motiviert werden, das LKH erneut aufzusuchen. Wohl 30 mal mußte für auf der Autobahn oder in der Altstadt Gestrandete per Telefon das Fahrgeld von Verwandten oder Bekannten erbettelt werden. Wöchentlich ein- bis zweimal mußte bei Nichtseßhaften oder in der Altstadt Gestrandeten das Gepäck in den Bahnhofsschließfächern mit Hilfe der Bahnhofsmission ausgelöst werden. Oft gefragte und geleistete Hilfe bestand in der Aushändigung von Socken und Wäsche und Oberbekleidung aus der Kleiderkammer im Hause. ... Mehrmals wöchentlich konnte - dank des großen Entgegenkommens der Diakonie - auch deren wohl ausgestattete Kleiderkammer für unsere Klienten genutzt werden. Weitere Soforthilfe erfolgte in der Verabreichung von Kaltverpflegung und gelegentlich von Getränken. Nur die arbeitsunfähigen oder kranken Stadtstreicher wurden verpflegt und mit Kleidung ausgestattet; den arbeitsfähigen wurde ein Heim- oder Kolonieplatz angeboten: nur zwei haben dies Angebot angenommen. In der Beratung stand das Wie und Wo der Beschaffung neuer Papiere (Personalausweis, Steuerkarte) im Vordergrund. Bei älteren Klienten mußte oft der ganze Rentenverlauf (Ersatz- und Ausfallzeiten) und Zuständigkeit der Versicherungen und Kassen durchgesprochen und Rat erteilt werden"[933].

Seit 1987 war die Beratungsstelle des Caritasverbandes als Teil des "Düsseldorfer Modells" eine vom Landschaftsverband Rheinland anerkannte Fachberatungsstelle für allein stehende wohnungslose Männer[934]. Nach einem anamnestischen Gespräch und Befriedigung elementarer Bedürfnisse wie Essen und Kleidung suchten die Mitarbeiter gemeinsam mit den Hilfesuchenden Behörden, Makler und Vermieter auf oder übernahmen Aufgaben, die von den Klienten selbst nicht erledigt werden konnten. Für das Don Bosco Haus wurden Aufnahmegespräche geführt und ehemaligen Heimbewohnern eine Nachsorge angeboten. Um den Anspruch auf Arbeitslosenunterstützung nicht zu verlieren, war es Menschen ohne festen Wohnsitz gestattet, die Beratungsstelle des Caritasverbandes als "Briefkasten" zu nutzen. Da viele Klienten wegen Überschuldung kein Konto eröffnen konnten, verwalteten die Mitarbeiter der Nichtsesshaftenhilfe das Geld ortsansässiger Obdachloser; außerdem wurden Entschuldungshilfen aufgezeigt[935].

Als Anfang des 21. Jahrhunderts bei der Beratungsstelle für Wohnungslose immer mehr Hilfesuchende mit eigener Wohnung, aber besonderen sozialen Schwierigkeiten vorsprachen, reagierte die Caritas für Düsseldorf und baute die Anlaufstelle für Nichtsesshafte im April 2002 zu einer "Fachberatungsstelle für Personen mit besonderen so-

---

[933] CVD 9, 04.01.1984. Vgl. auch Matthias Buchwald, Obdachlose und Nichtseßhafte. Caritas hilft auf kurzen Wegen, in: Kirchenzeitung für das Erzbistum Köln Jg. 47 Nr. 15 (10.04.1992), 22.
[934] Vgl. 90 Jahre Caritasverband für die Stadt Düsseldorf. Gemeindecaritas, häusliche Hilfen, soziale Dienste und Beratung, ambulante Pflegestationen, Wohnheim und Altenhilfeeinrichtungen, Düsseldorf 1994, 39.
[935] Vgl. 90 Jahre Caritasverband für die Stadt Düsseldorf. Gemeindecaritas, häusliche Hilfen, soziale Dienste und Beratung, ambulante Pflegestationen, Wohnheim und Altenhilfeeinrichtungen, Düsseldorf 1994, 39 f.

zialen Schwierigkeiten" aus[936]. Der soziale Dienst für "akut Wohnungslose" oder von "Wohnungslosigkeit bedrohte Menschen" richtete sich vor allem an Klienten, deren persönliche Situation durch "instabile Lebensverhältnisse" gekennzeichnet war. Letztere waren häufig ein Konglomerat verschiedener Problemlagen, die in ihrer Gesamtheit viele Betroffene in die soziale Isolation getrieben hatten. Unter dem Titel "Problemsituation" führte der erste Jahresbericht der neuen Beratungsstelle Anfang 2003 hierzu im Einzelnen aus: "45 % der Klienten haben eine Suchtproblematik, wobei die Anzahl der Drogenabhängigen so gering ist, dass sie nicht extra erfasst wurde. 17,3 % der Menschen, die in die Beratung kamen, haben eine psychische Erkrankung. 8 % der Klienten sind überschuldet. 75,7 % der Klienten hatten finanzielle Probleme. Diese Zahl ist jedoch nicht identisch mit den überschuldeten Klienten. Hierzu zählen Klienten, die sich in einer akut finanziellen Notlage befanden, sowie Klienten, deren Ansprüche gegenüber Leistungsträgern ungeklärt waren. Ein wesentliches Problem der Klienten ist, dass 52 % ohne festen Wohnsitz sind und alleine leben. Diese Problematik schließt nicht nur fehlende Familienmitglieder ein, sondern auch andere tragfähige soziale Kontakte zu Freunden, Nachbarn, Verwandten etc."[937]. Ziel der Fachberatungsstelle war es, die Hilfesuchenden bei der Lösung ihrer Probleme zu unterstützen, ihre Ressourcen aufzudecken und für Lösungen nutzbar zu machen. Die begleitenden Hilfsangebote der Caritasmitarbeiter umfassten Beratung über Rechtsansprüche auf Sozialleistungen, Hilfen bei der Wohnungserhaltung, Wohnungssuche und Wohnungseinrichtung, Unterstützung bei der Bewältigung persönlicher Probleme, Einrichtung postalischer Adressen, Rückführung an den Ort des gewöhnlichen Aufenthaltes, Beratung über stationäre Angebote, Hilfestellung in Finanzangelegenheiten, Clearing bei unklarer Zuständigkeit und Vermittlung an spezielle Dienste[938].

Wohnen nach § 72 BSHG, Streetwork für Wohnungslose und Wohnungslosenhilfe

Mit dem Betreuten Wohnen nach § 72 BSHG nahm der Caritasverband für die Stadt Düsseldorf am 15. Mai 2001 ein Projekt auf[939], das die bewährte Idee der Nichtsesshaftenwohnhilfe in weiterentwickelter Form aufgriff. Es richtete sich an wohnungslose Frauen und Männer, die in Einzelwohnungen oder Wohngemeinschaften in ihrem Vorhaben unterstützt wurden, ein selbst bestimmtes und eigenständiges Leben zu führen[940]. Zugleich hatten die Klienten die Möglichkeit an ihrer individuellen Problematik zu arbeiten. Die Lebenslagen bzw. soziale Situation der Hilfesuchenden war meist durch psychische Erkrankungen, gesundheitliche Beeinträchtigungen in Folge von Drogen, Über-

---

[936] Vgl. CVD 696, Januar 2003.
[937] CVD 696, Januar 2003.
[938] Vgl. CVD 696, Januar 2003. Vgl. auch CVD 9, 22.03.1999 und 15.02.2000; Caritas für Düsseldorf. Kontakt, Düsseldorf 2001, 38.
[939] Vgl. CVD 692, Januar 2003.
[940] Vgl. CVD 692, Januar 2003.

schuldung oder sozialer Isolation gekennzeichnet[941]. Die Klienten waren nicht mehr auf eine stationäre Versorgung angewiesen, jedoch ohne begleitende Hilfen und Unterstützungen nicht in der Lage, alleine in einer Wohnung zu leben[942]. Die Hilfeangebote im Betreuten Wohnen richteten sich nach dem individuellen Hilfebedarf, der meist folgende Arbeitsfelder berührte: Wohnungsvermittlung und Wohnungseinrichtung, Haushaltsführung, Suchtberatung, Behördenbesuche, Arbeitsvermittlung, Herstellung sozialer Kontakte[943].

Mit der Anstellung eines Streetworkers bei der Caritas für Düsseldorf wurde am 1. Mai 2002 die Hilfe für wohnungslose Menschen um ein niedrigschwelliges Angebot erweitert. In enger Kooperation mit Streetworkern der Ordensgemeinschaft der Armen Brüder vom Hl. Franziskus und der Diakonie suchte der Sozialarbeiter des Caritasverbandes betroffene Personen in der Stadt auf, baute in zwangloser Weise Kontakte auf und vermittelte durch kontinuierliche Präsenz weiterführende Hilfen[944].

Um "Aufgaben gemeinsam auszurichten" und "integrative Bestandteile in Bezug auf die Zielgruppe in den Blick zu nehmen", wurde die Wohnungslosenhilfe der Caritas für Düsseldorf, bestehend aus Don Bosco Haus, Fachberatungsstelle für Personen mit besonderen sozialen Schwierigkeiten, Betreutes Wohnen für Wohnungslose und Streetwork für Wohnungslose, am 1. Oktober 2002 zu einem Arbeitsgebiet im Rahmen der sozialen und beruflichen Integration zusammengefasst[945].

8. Pflegehilfe

Die Wirkform der Krankenpflege durch Ordensschwestern mit kirchlichem Auftrag für eine Pfarrei hatte sich seit der Mitte des 19. Jahrhunderts in Form gemeindlicher Schwesternstationen durchgesetzt. Neben der Betreuung von Kranken waren die Niederlassungen meist auch für die Fürsorge an Bedürftigen und Notleidenden verantwortlich. Die Stationen entsprachen so ganz den Bedürfnissen der Zeit, ihren religiösen Bestrebungen wie den sozialen Verhältnissen[946].

Länger als ein Jahrhundert waren die Schwesternstationen auch in Düsseldorf eine Basis katholischer Caritas. Abgesehen vom Sonderfall der Cellitinnen, die von 1650 bis 1856 in der heutigen Altstadt ambulante Krankenpflege übten[947], begann im Düsseldorfer Raum der Aufbau eines flächendeckenden Netzes von Schwesternstationen 1855, als

---

[941] Vgl. CVD 692, Januar 2003.
[942] Vgl. Caritas für Düsseldorf. Kontakt, Düsseldorf 2001, 40.
[943] Vgl. CVD 692, Januar 2003.
[944] Vgl. CVD 677, 10.02.2003.
[945] Vgl. CVD 112, 30.12.2002.
[946] Vgl. Erich Reisch, Von der Gemeindekrankenpflege zur Sozialstation, in: Caritas. Zeitschrift für Caritasarbeit und Caritaswissenschaft Jg. 79 Nr. 6 (November/Dezember 1978), 297 - 300, 298.
[947] Vgl. oben S. 38 ff.

Franziska Schervier drei Franziskanerinnen aus Aachen in das Kaiserswerther Armenhaus entsandte[948]. Es folgten bis zur Jahrhundertwende katholische Krankenambulanzen in Rath (1857), Bilk (1859), Benrath (1864), Oberbilk (1867), Karlstadt (1867), Altstadt (1871), Friedrichstadt (1887), Flingern (1888), Heerdt (1890), Derendorf (1894), Nordpempelfort (1895), Gerresheim (1895), Südpempelfort (1897) und Eller (1897)[949]. Der zahlenmäßige Höchststand war im Untersuchungsraum bei Ausbruch des Zweiten Weltkrieges mit 29 Stationen erreicht[950]. Danach setzte nicht nur wegen Kriegszerstörungen und materieller Not eine rückläufige Bewegung ein (1958: 23 Stationen)[951]. Regressive Geburtenzahlen, das stark erweiterte Spektrum an Frauenberufen und das gewandelte religiöse Bewusstsein hatten in den fünfziger und sechziger Jahren dazu geführt, dass als Folge des Schwesternmangels immer mehr Ambulanzen von den Ordensgemeinschaften aufgegeben werden mussten[952]. Da es zur gleichen Zeit eine wachsende Zahl allein stehender und pflegebedürftiger Menschen, eine unzureichende Organisation bestehender Einrichtungen sowie eine bisher nicht gekannte Kostenexplosion im Gesundheitswesen gab, war der Caritasverband für die Stadt Düsseldorf gezwungen, die Organisation und Finanzierung ambulanter Stationen für den Einsatz freier Pflegekräfte auf eine neue Grundlage zu stellen.

Wie in anderen Städten und Kreisen erfolgte auch in Düsseldorf die Neuordnung der Gemeindekrankenpflege in Anlehnung an eine Denkschrift des Deutschen Caritasverbandes zur ambulanten Krankenversorgung, die im Jahre 1971 von Vertretern aller Diözesancaritasverbände erarbeitet worden war[953]. Um das Aufgabenverständnis zukünftiger Gemeindekrankenpflege klar zu umreißen, wurde ambulante Krankenpflege in dem Papier definiert als "ambulanter ärztlicher Hilfsdienst sowie Pflegedienst an kranken Menschen, der zur Genesung, Besserung oder Linderung von Krankheiten und Krankheitsfolgen erforderlich ist". Zugleich wurde klargestellt, "daß Gemeindekrankenpflege nicht schlechthin ist, was der Gemeindeschwester zu tun zugemutet wird, sondern was im Sinne eines solchen Krankenpflegebegriffes erforderlich ist". Mit der Umschreibung sollte die ambulante Krankenpflege bewusst gegenüber anderen Tätigkeiten, auch gegenüber sozial - pflegerischen Diensten der Familien- und Hauspflege, Altenpflege usw., abgegrenzt werden, "unbeschadet der engen Verflechtung dieser Dienste und unbeschadet der dringenden Notwendigkeit enger Zusammenarbeit"[954].

---

[948] Vgl. oben S. 152.

[949] Vgl. oben S. 140 ff.

[950] Vgl. oben S. 675 ff.

[951] Vgl. Werner Drehsen, Werke und Einrichtungen christlicher Liebestätigkeit im katholischen Raum in Düsseldorf, in: Blätter der Gesellschaft für christliche Kultur Jg. 1 Nr. 5 (Mai 1958), 8 - 14, 12.

[952] Vgl. Elisabeth Bieberich, Die Gemeindekrankenpflege und die Zentralisation, in: 1897 - 1972. 75 Jahre Deutscher Caritasverband, Freiburg 1972, 249 - 250, 249.

[953] Vgl. Denkschrift des Deutschen Caritasverbandes zur Neuordnung der Gemeindekrankenpflege, Freiburg 1972, 1.

[954] Denkschrift des Deutschen Caritasverbandes zur Neuordnung der Gemeindekrankenpflege, Freiburg 1972, 5. Vgl. auch Neuordnung der ambulanten gesundheits- und sozialpflegerischen Dienste (Sozialstationen), Freiburg 1974, 11 ff.

8. Pflegehilfe 885

Die Ziele einer Neuordnung der Gemeindekrankenpflege fasste die Denkschrift in einem Katalog von zehn Punkten zusammen: "1. Bestmögliche pflegerische Versorgung der kranken und alten Menschen im häuslichen Bereich und Mitwirkung bei ihrer medizinischen und gesellschaftlichen Rehabilitation; 2. Stärkere Betonung der gesundheitserzieherischen und pflegetechnischen Bildung der Bevölkerung (etwa Kurse in häuslicher Krankenpflege, Altenpflege, Säuglingspflege, Gesundheitspflege) als Aufgabe der Gemeindekrankenpflegestationen; 3. Aufwertung des Berufsbildes der Gemeindekrankenschwester (-pflegers) ... ; 4. Gewinnung der erforderlichen haupt- und nebenamtlichen sowie ehrenamtlichen Mitarbeiter; 5. Bildung von leistungsfähigen Trägern; 6. Intensivere Zusammenarbeit mit den Ärzten; 7. Zusammenarbeit mit weiteren sozialen und sozialpflegerischen Berufen und Diensten in der Gemeinde; 8. Kontakte und gegebenenfalls Zusammenarbeit mit den freien Wohlfahrtsverbänden, der öffentlichen Wohlfahrtspflege und dem Gesundheitsamt; 9. Zusammenarbeit mit den Seelsorgern; 10. Impulse für eine neue Sicht christlicher Existenz: Gemeinsame Verantwortung und gute Zusammenarbeit von Ordens- und Weltchristen, positive Präsenz der Kirche in ihrer urchristlichen Funktion dienender Liebe, Angebot religiöser Information und Hilfe für den Kranken, den Sterbenden und dessen Angehörige"[955].

Vor dem Hintergrund kommunaler Gemeindereformen im öffentlichen Leben und Überlegungen in der kirchlichen Pastoralplanung schien die Krankenbetreuung mehrerer Gemeinden durch eine Zentralisation der einzig gangbare Weg für die Verwirklichung des vorgelegten Programms zu sein[956]. Entsprechend hieß es in der Denkschrift aus dem Jahre 1971: "Im Hinblick auf die Tendenzen der Raumplanung und unter Berücksichtigung der Zielvorstellung ist auf lange Sicht eine Neuordnung der Gemeindekrankenpflege in der Zusammenfassung von mehreren Einzelstationen zu einer Station anzustreben. Für den kirchlichen Bereich bedeutet dies, daß in einem bestimmten Gebiet nicht mehr jede Pfarrgemeinde 'ihre' Station und 'ihre' Schwester hat, sondern daß für diesen Raum der Dienst der Gemeindekrankenpflege von einer einzigen Station, die entsprechend personell besetzt und technisch ausgestattet ist, erbracht wird. Die Einwohnerzahl des von einer solchen Station zu versorgenden Gebietes sollte etwa zwischen 20000 bis 30000 Einwohner liegen, wobei je nach Bevölkerungs- und Landschaftsstruktur diese Zahlen im Einzelfall unter- oder überschritten werden können. Die Entfernungen innerhalb des zu versorgenden Gebietes sollen in der Regel nicht mehr als 20 km betragen. Für das Gebiet mehrerer Pfarrgemeinden gibt es dann: eine zentrale Anmeldestelle für Patienten, eine zentrale Einsatzstelle für die Pflegekräfte, nur einen Rechtsträger für die zentrale Station. Eine solche personelle und organisatorische Zusammenfassung im Bereich der Gemeindekrankenpflege kann einen ersten Schritt auf dem Weg zur Sozialstation bedeuten. Mit Sozialstation wird ein umfassenderes Angebot von offenen Hilfen bezeichnet: Kranken-, Alten-, Haus- und Familienpflege. Die Erfah-

---

[955] Denkschrift des Deutschen Caritasverbandes zur Neuordnung der Gemeindekrankenpflege, Freiburg 1972, 9.
[956] Vgl. Elisabeth Bieberich, Die Gemeindekrankenpflege und die Zentralisation, in: 1897 - 1972. 75 Jahre Deutscher Caritasverband, Freiburg 1972, 249 - 250, 249 f; Sabine Meuter, Geißler gab den Anstoß. Caritas: 20 Jahre Sozialstationen, in: Kirchenzeitung für das Erzbistum Köln Jg. 44 Nr. 33 (18.08.1989), 13.

rungen aus der Arbeit der Gemeindekrankenpflegestationen zeigen eine enge Verzahnung zwischen Krankenpflege und Altenpflege. Nachdem sich der Beruf der Altenpflegerin/des Altenpflegers als eigenständiger Beruf allgemein durchgesetzt hat, sollte bei einer Neuorganisation der Gemeindekrankenpflege die Integration dieser Fachkräfte von Anfang an versucht werden"[957].

Der angestrebte Strukturwandel von der Gemeindekrankenpflege zur Sozialstation war in wenigen Jahren vollzogen[958]. Nach Modellversuchen in Rheinland - Pfalz, wo in den Diözesen Trier und Speyer in rascher Folge Sozialstationen entstanden, ermöglichten auch die Länder Bayern und Baden - Württemberg eine Modellphase[959]. Die Förderungsmaßnahme bewirkte in der Erzdiözese Freiburg, dass 1977 bereits 54 Sozialstationen in Betrieb und 20 weitere in der Planung weit fortgeschritten waren. Der eingeleitete Strukturwandel spiegelte sich in einer Statistik des Deutschen Caritasverbandes wider, nach der 1977 bundesweit 2000 meist überalterte Gemeindepflegestationen in Betrieb waren, denen 225 gut organisierte Sozialstationen mit etwa 1500 hauptamtlichen Kräften gegenüberstanden[960].

Im Erzbistum Köln wurde der Aufbau von Sozialstationen erst Ende der siebziger Jahre in Angriff genommen. Zu dieser Zeit existierten in der Diözese noch eine Reihe von Einzelambulanzen, in denen 130 Krankenschwestern, 17 Altenpflegerinnen, 23 Familienpflegerinnen und 7 Dorfhelferinnen tätig waren[961]. Nach vorbereitenden Arbeiten der Hauptabteilung Seelsorge - Personal und des Diözesancaritasverbandes[962] entschieden der Erzbischöfliche Rat und die Dechantenkonferenz im September 1976, die ambulanten Dienste neu zu ordnen und die Einrichtung von Caritaspflegestationen voranzutreiben[963]. Dem Aufbau der Stationen im Erzbistum Köln lagen verschiedene Prämissen zugrunde: Zur Erhaltung größtmöglicher Gemeindenähe sollten Caritaspflegestationen auf Dekanatsebene entstehen und so kirchlichen Strukturen angepasst bleiben. Jeder Alten- und Krankenpflegekraft war ein Einsatzgebiet zuzuweisen, das aus einer oder mehreren Pfarreien bestand. Die Sozialstationen sollten "eindeutig katholisch" ausge-

---

[957] Denkschrift des Deutschen Caritasverbandes zur Neuordnung der Gemeindekrankenpflege, Freiburg 1972, 9 f.
[958] Vgl. Werner Lauer, 10 Jahre Sozialstationen. Ein Blick zurück - ein Blick nach vorn, in: Caritas '85. Jahrbuch des Deutschen Caritasverbandes, 161 - 168, 161 ff; Ingeburg Barden, Entwicklungen der ambulanten Alten- und Krankenpflege in Sozialstationen, in: Caritas '89. Jahrbuch des Deutschen Caritasverbandes, 234 - 237, 234 ff; Hans Harro Bühler, Die katholischen sozialen Einrichtungen der Caritas in der Bundesrepublik Deutschland 1980 - 1990, in: Caritas '92. Jahrbuch des Deutschen Caritasverbandes, 319 - 336, 320.
[959] Vgl. Erich Reisch, Von der Gemeindekrankenpflege zur Sozialstation, in: Caritas. Zeitschrift für Caritasarbeit und Caritaswissenschaft Jg. 79 Nr. 6 (November/Dezember 1978), 297 - 300, 299.
[960] Vgl. Erich Reisch, Von der Gemeindekrankenpflege zur Sozialstation, in: Caritas. Zeitschrift für Caritasarbeit und Caritaswissenschaft Jg. 79 Nr. 6 (November/Dezember 1978), 297 - 300, 299.
[961] Vgl. Ulrich Brisch, Ambulante Pflegedienste im Erzbistum Köln. 10 Jahre Caritas - Pflegestationen, in: Wertewandel. 10 Jahre Caritas - Pflegestationen. Arbeitstagung der Dechanten des Erzbistums Köln vom 24. - 26. November 1986 im Katholisch - Sozialen Institut, Bad Honef. Priesterrat Tätigkeitsbericht 1985/1986, Köln 1986, 53 - 66, 54.
[962] Vgl. dazu CVD 578, 12.02.1975.
[963] Vgl. dazu CVD 28, 21.10.1976.

8. Pflegestation Ost

richtet sein und die Bezeichnung "Caritaspflegestation" erhalten. Als Träger der Caritaspflegestationen war in der Regel der zuständige Caritasverband vorgesehen, doch waren andere Träger nicht ausgeschlossen. Zu den wesentlichen Aufgaben der hauptamtlichen Pflegekräfte gehörte es, den ehrenamtlichen Dienst an den Kranken in den Pfarrgemeinden zu fördern und auszubauen. Eine flächendeckende Versorgung war nicht angestrebt; vielmehr wurde die Caritaspflegestation als ein katholisches Wahlangebot angesehen. Gemäß den Landesrichtlinien sollte jede Station mit vier Pflegefachkräften ausgestattet sein[964].

Mit Beginn der Landesförderung im Jahre 1978 gelang es, im Erzbistum Köln 23 Caritaspflegestationen zur Förderung anzumelden[965]. Wegen der schlechten Haushaltslage in Nordrhein - Westfalen wurden jedoch nur 13 Stationen in das Programm aufgenommen, darunter die Caritaspflegestation Düsseldorf - Ost[966].

Pflegestation Ost

Bis zur Eröffnung der Caritaspflegestation Düsseldorf - Ost Ende 1978 arbeiteten im Stadtgebiet 24 ambulante Krankenpflegestationen mit 25 hauptamtlichen Pflegekräften, deren Tätigkeit von den katholischen Pfarrgemeinden aus Kirchensteuermitteln und Spendensammlungen finanziert wurde. Mehr als die Hälfte der Ordensschwestern waren überaltert. Ihre Wochenarbeitszeit betrug nicht selten 60 bis 70 Stunden; dazu kamen Nachtbesuche und Nachtwachen. Nur wenige Schwestern waren motorisiert und gegenseitige Vertretungen im Krankheitsfall oder Urlaub kaum möglich[967].

In einer Rückschau auf die Anfänge und den Ausbau der Pflegestation Ost berichtete Marianne Joswig, Koordinatorin für die Düsseldorfer Caritaspflegestationen, im Januar 1984: "Erste Bestrebungen zur Neuordnung der ambulanten, pflegerischen Dienste im Bereich des Dekanates Ost waren bereits im Jahre 1978 unter den Pfarrgemeinden abgesprochen worden. Nach erfolgter Überstellung der Pflegefachkräfte der katholischen Kirchengemeinden St. Ursula, St. Konrad, Maria vom Frieden, St. Elisabeth, Zum Heiligen Kreuz, St. Katharina, St. Mariä Himmelfahrt (Unterbach) wurde die Trägerschaft am 28. Dezember 1978 offiziell an den Caritasverband übergeben und 5 Pflegefachkräfte in die Station eingebracht. ... Am 23.1.1979 fand im Caritasverband das erste gemeinsame Informationsgespräch mit den Mitarbeiterinnen statt. Nachdem bereits eine Reihe von organisatorischen Arbeiten vom Caritasverband übernommen worden waren,

---

[964] Vgl. CVD 578, September 1976; Ulrich Brisch, Ambulante Pflegedienste im Erzbistum Köln. 10 Jahre Caritas - Pflegestationen, in: Wertewandel. 10 Jahre Caritas - Pflegestationen. Arbeitstagung der Dechanten des Erzbistums Köln vom 24. - 26. November 1986 im Katholisch - Sozialen Institut, Bad Honef. Priesterrat Tätigkeitsbericht 1985/1986, Köln 1986, 53 - 66, 55.
[965] Vgl. Ulrich Brisch, Ambulante Pflegedienste im Erzbistum Köln. 10 Jahre Caritas - Pflegestationen, in: Wertewandel. 10 Jahre Caritas - Pflegestationen. Arbeitstagung der Dechanten des Erzbistums Köln vom 24. - 26. November 1986 im Katholisch - Sozialen Institut, Bad Honef. Priesterrat Tätigkeitsbericht 1985/1986, Köln 1986, 53 - 66, 56.
[966] Vgl. CVD 28, Januar 1984.
[967] Vgl. CVD 28, Januar 1984.

wie zum Beispiel Modalitäten zur Übernahme der Gehaltszahlungen, konnte nunmehr mit dem Aufbau der Stationen begonnen werden. Die Anlaufphase war gekennzeichnet von einer Fülle verwaltungstechnischer und organisatorischer Überlegungen durch die Koordinatorin der zentralen Leitstelle. So wurden die Ärzte in den entsprechenden Stadtgebieten angeschrieben und von der Einrichtung der Caritas - Pflegestationen in Kenntnis gesetzt und um Kooperation gebeten[968]. Es wurden Antragsformulare für ärztliche Verordnungen, Vordrucke für die verschiedensten Anträge und Abrechnungsverfahren entwickelt. Pflegeanfragen wurden nun von den Pfarrbüros an den Caritasverband direkt weitergegeben, und die Koordinatorin bemühte sich um eine menschliche und fachliche Beratung der Hilfesuchenden und eine gerechte Zuordnung der übernommenen Pflegen an die Mitarbeiterinnen. Inzwischen waren auch durch Anmietung von geeigneten Räumen im Haus Kamperweg 314 (St. Reinhold) und der Installation eines Anrufbeantworters die räumlichen Auflagen erfüllt. Gleichlaufend wurden Kontakte zu den Krankenhäusern, dem städtischen Sozialdienst und den Krankenkassen hergestellt. Alle Patienten, die von den Pflegefachkräften bei Übernahme durch den Caritasverband versorgt worden waren, wurden nicht nur karteimäßig erfaßt, sondern auch von der Koordinatorin besucht. Die Intention, durch die Zusammenführung der Krankenschwestern eine Pflegeorganisation aufzubauen und den Mitarbeitern endlich oft erstmals nach vielen Jahren unermüdlicher Arbeit freie Wochenenden, eine geregelte Arbeitszeit und eine Urlaubsvertretung zu garantieren, war noch bis Ende 1979 ein unlösbares Problem. Zwei der überstellten Ordensschwestern waren durch Erkrankung monatelang ausgefallen, eine weitere Ordensschwester bereits bei der Überstellung 70 Jahre alt und nur für leichte Pflegen einsetzbar. Eine weitere Schwester fiel wegen Auflagen seitens ihres Ordens für Vertretung aus. Erst durch Überstellungen der beiden Krankenschwestern der katholischen Kirchengemeinden St. Margareta und St. Franziskus und der Einstellung einer neuen Mitarbeiterin für die Gemeinde Liebfrauen brachte endlich Erleichterung. Ständiger Personalmangel bestimmte die Anlaufphase der Station, so daß die Koordinatorin, selbst Pflegefachkraft, viele Pflegeeinsätze und Vertretungen übernahm. Dieses vertrauensvolle, gemeinsame Aufbauen der Einrichtung hat viel zum Gelingen der Station beigetragen. Gleichlaufend waren in vielen Einzel- und Gruppengesprächen mit der Einsatzleiterin Vorurteile abgebaut, transparente Arbeitsweisen untereinander verabredet, zur gegenseitigen Hilfe motiviert worden. ... Durch die Arbeit der Koordinatorin im Caritasverband wurden die Schwestern von Verwaltungsarbeiten entlastet, so daß mehr Zeit für Pflegen erbracht werden konnte. Andererseits war die Einsatzleiterin als alleinige Ansprechpartnerin bei Rückfragen der Kostenträger, Krankenkassen etc. immer in der Lage, aus eigener Kenntnis über die Situation der zu pflegenden Patienten Auskunft geben zu können, so daß sich bereits im Anlaufjahr ein besonders gutes und vertrauensvolles Verhältnis zu den Sachbearbeitern der Krankenkassen entwickelte. Wie aus den Jahresberichten 1979[969] und 1980[970] ersichtlich wird, ist es trotz aller Anfangsschwierigkeiten durch personelle Engpässe gelungen, die Caritas -

---

[968] Vgl. dazu CVD 578, undatiert.
[969] Vgl. dazu CVD 578, Februar 1980.
[970] Vgl. dazu CVD 578, 1980.

Pflegestation Ost aufzubauen, organisatorisch in zwei Arbeitsteams mit geregelter Wochenend- und Urlaubsvertretung einzuteilen. ... Inzwischen konnten Dienstwagen für alle Mitarbeiterinnen (mit Ausnahme der inzwischen 75 Jahre alten Schwester) angeschafft werden. Durch zähes Verhandeln mit den Krankenkassen wurde vom ersten Jahr an bis heute Kostendeckung erreicht, so daß weder das Generalvikariat noch die Kirchengemeinden zur Mitfinanzierung herangezogen werden brauchten"[971]. Am 1. Januar 1987 wurde die Caritaspflegestation Ost vom Kamperweg 314 zur Flurstr. 57a verlegt[972]; am 25. April 2000 bezog die Station im Herz - Jesu Heim (Mendelssohnstr. 15) neue Räume[973].

Pflegestation Mitte

Im Jahre 1980 wurde in den Düsseldorfer Dekanaten Mitte und Heerdt mit der Einrichtung und dem Aufbau einer Caritaspflegestation begonnen[974], was aus Mangel an qualifizierten Ambulanzkräften mit vielen Schwierigkeiten verbunden war. "Zwei Schwestern aus dem gleichen Orden", so Marianne Joswig, "die in jeweils kleinen Ordensgemeinschaften den Pfarren St. Antonius und St. Sakrament zugeordnet waren, versorgten die Kranken in ihrer eigenen Gemeinde. Eine Vertretung gegenseitig oder Pfarrgebietsüberschreitende Hilfen waren aus den verschiedensten Gründen nie erwogen und für die Zukunft abgeblockt worden. In dem einen Fall handelt es sich um traditionell begüterte Schichten, mit einer großen Zahl von Alterspatienten mit psychischen Auffälligkeiten, denen es immer wieder gelang, durch Abhängigkeiten Zuwendung Tag und Nacht zu erkaufen. Das Umdenken, eine häusliche Krankenpflege als Regelleistung der Kassen anzubieten, konnte nur behutsam angegangen werden. Auf der anderen Seite handelte es sich um einen sozial schwachen Bereich, wo die Schwester unvorstellbar überlastet war, und vor allem nachts - weil man es nicht wagte, den Arzt zu rufen oder das Krankenhaus vermeiden wollte - ständig gefordert war. Auch die Ärzte haben diesen Zustand der permanenten Überlastung gefördert, zu ihrer eigenen Entlastung, von der Schwester medizinische Verrichtungen erwartet, die über den Rahmen der normalen Krankenpflege hinausgeht. Nachdem die einzige, in der Pfarrgemeinde St. Lambertus tätige Krankenschwester dann noch in den Ruhestand ging, war im ganzen rechtsrheinischen Gebiet des Dekanates Mitte keine Möglichkeit von ambulanten Versorgungen gegeben. Im Januar 1980 konnte die Koordinatorin durch Einstellung einer Verwaltungskraft für halbe Tag, die bereitwillig und tatkräftig stundenweise auch Betreuungen übernahm, entlastet werden. ... Im Juli 1980 wurde dann für die Pfarrgemeinden St. Rochus und St. Maria Empfängnis eine weitere Pflegefachkraft eingestellt. Das Jahr 1980 als Anlaufphase für die Station Mitte kann nur als verzweifeltes Bemühen gewertet werden, durch ständigen Einsatz der Koordinatorin und ihrer Mitarbeiterin, durch Lückenstop-

---

[971] CVD 28, Januar 1984.
[972] Vgl. CVD 354, 07.01.1987.
[973] Vgl. CVD 28, 15.05.2000; CVD 74, 25.04.2000.
[974] Vgl. CVD 578, 31.03.1980.

fen und Suche nach Honorarkräften, durch Fahnden nach unbesetzten Planstellen, durch Komplettierung und Einsatz von weiteren Pflegekräften eine Regelung im Sinne einer Caritas - Pflegestation voranzubringen. Der sehr optimistisch klingende Jahresbericht 1980[975] sagt aus, daß zu keiner Zeit die Hoffnung aufgegeben wurde, das Unmögliche möglich zu machen"[976]. Im Frühjahr 1980 wurde das Domizil der Station Mitte von Oberkassel in die ehemalige Ambulanzstation der Pfarrgemeinde St. Lambertus (Lambertusstr. 2) verlegt[977]. Spürbare Erleichterungen ergaben sich für die Mitarbeiterinnen der Pflegestation durch Überstellung einer Ordensschwester für die Pfarrgemeinde Dreifaltigkeit und die Einstellung von zwei Halbtagskräften für die linksrheinischen Gebiete Heerdt und Lörick. Allerdings konnte die Station erst im Jahre 1982 eine allen Ansprüchen genügende Pflegeorganisation sicherstellen[978]. Am 1. Dezember 1984 wurde die Caritaspflegestation Mitte zur Klosterstr. 88 verlegt[979]; am 1. Juli 1995 wurden Räume im Nachbarhaus Nr. 92 bezogen[980]. Seit dem 2. November 1999 stand der Einsatzleitung ein Büro im Herz - Jesu Heim (Mendelssohnstr. 15) zur Verfügung[981]. Nachdem der Caritasverband für die Stadt Düsseldorf mit dem Marienhospital eine Pflegekooperation vereinbart hatte, wurde die Caritaspflegestation Mitte am 1. Dezember 2000 zur Rochusstr. 2 verlegt[982].

Pflegestation Süd und Benrath

Wesentlich zügiger konnte für die Düsseldorfer Dekanate Süd und Benrath eine Caritaspflegestation eingerichtet werden. Da in den Kirchengemeinden St. Antonius, St. Apollinaris, St. Bonifatius, St. Cäcilia, St. Gertrud, St. Josef, Maria Rosenkranz, St. Michael, St. Norbert, St. Peter, St. Suitbertus und St. Theresia bereits qualifizierte Ambulanzschwestern im Einsatz waren, war hier für den Aufbau "eine vergleichsweise hervorragende Ausgangssituation" gegeben[983]. Als die Caritaspflegestation Süd am 1. Januar 1982 den Betrieb aufnahm, waren bereits acht Mitarbeiterinnen im Einsatz. "Wie in den anderen Stationen", so Marianne Joswig, "wurden regelmäßig wöchentliche Besprechungen der Mitarbeiterinnen angesetzt, Erfahrungen der langjährigen Kräfte erfragt und die neuen Mitarbeiterinnen informiert und nach und nach eingewiesen. Gebiete, in denen bisher keine Versorgungen erfolgten, wurden konsequent bearbeitet, d.h. anhand von Pfarrbesuchslisten alte Menschen besucht und die Kontakte aufgebaut. Solange im

---

[975] Vgl. dazu CVD 578, 1980.
[976] CVD 28, Januar 1984.
[977] Vgl. CVD 349, 29.07.1980; PfA Unterrath Maria unter dem Kreuz 400, 10.03.1980.
[978] Vgl. CVD 28, Januar 1984.
[979] Vgl. CVD 349, 18.10.1984.
[980] Vgl. CVD 349, 15.03.1995.
[981] Vgl. CVD 28, 04.11.1999.
[982] Vgl. CVD 28, 08.12.2000; NRZ 09.12.2000; RP 27.12.2000; NN, Die Caritas CPS im Marien - Hospital. Düsseldorf Mitte im Blick, in: Die Zeitung. Caritasverband für die Stadt Düsseldorf Jg. 2 Nr. 1 (Frühjahr 2001), 1 - 2, 1 f.
[983] Vgl. CVD 28, Januar 1984.

eigenen Pfarrbereich noch nicht genügend Patienten zu versorgen waren, wurden die neuen Mitarbeiterinnen den langjährig erfahrenen und meist überlasteten Schwestern zugeordnet. Es wurde dabei auch Einigung über eine einheitliche Pflegetechnik erzielt bei der Handhabung und Lagerung der Beschriftung von Medikamentationen und Sichtbarmachung von für den Patienten wichtigen Informationen, Adressen etc.. Die Motivation der Schwestern für die gemeinsame Sache und die Bereitschaft, durch tatkräftige Hilfe die Station aufzubauen, schafften sehr bald eine Vertrauensbasis. Nach den ersten Wochenend- und Urlaubsvertretungen war die anfängliche Skepsis der älteren Kräfte abgebaut und die Erleichterungen, endlich eine geregelte Freizeit und dabei die absolute Gewißheit zu haben, daß die Patienten sorgsam gepflegt werden, gerne angenommen. Wenige Monate nach Beginn der gemeinsamen Arbeit war die Station in drei Arbeitsgruppen zu je drei Mitarbeiterinnen eingeteilt und die Zusammenarbeit intensiviert worden. Eine transparente Arbeitsweise untereinander und gegenüber der Koordinatorin sowie gegenseitige Hilfsbereitschaft führten konstant zu einem guten Klima. Das gute Verstehen untereinander wurde auch auf die Patienten übertragen, die natürliche Scheu bei den ersten Vertretungen konnte problemlos abgebaut werden. Im finanziellen Bereich stellte sich das Problem, daß das Land keine Zuschüsse für 1982 neugegründete Stationen zahlte. Durch Zahlung städtischer Mittel wurde diese Klippe überwunden, so daß auch die Station Düsseldorf - Süd keine Forderungen betr. Kostenbeteiligungen an die Kirchengemeinden zu stellen brauchte"[984]. Bis zur Verlegung in das Klara - Gase Haus (Sprockhöveler Str. 36) am 1. September 1992 war die Einsatzleitung der Caritaspflegestation Süd in Oberbilk untergebracht, wo zunächst im Hause Josefplatz 8a, kurze Zeit später im Nachbarhaus Nr. 12a pfarreigene Räume zur Verfügung standen[985]. Als die Pflegestation am 17. Februar 1998 innerhalb des Klara - Gase Hauses größere und modern ausgestattete Räume bezog[986], trug die Einrichtung bereits seit mehr als zwei Jahren die offizielle Bezeichnung "Caritaspflegestation Benrath". Die Umbenennung war erfolgt, nachdem für das Dekanat Düsseldorf - Süd am 10. Juli 1995 im Hubertusstift eine eigene Caritaspflegestation eröffnet wurde. 334 Pflegebedürftige aus den Stadtteilen Bilk, Oberbilk, Hafen, Itter bis nach Lierenfeld konnten fortan direkt von der Neusser Str. 25 aus betreut werden[987]. Im Zuge der Sanierung des Altenzentrums wurde die Caritaspflegestation Süd am 22. Mai 2000 vom Hubertusstift in das nahe gelegene Martinuskrankenhaus (Gladbacher Str. 26) verlegt[988].

Pflegestation Nord

Mehr als schwierig war die Implementierung einer Caritaspflegestation im Dekanat Düsseldorf - Nord. Obwohl der Düsseldorfer Caritasverband hier bereits am 2. Januar 1979

---

[984] CVD 28, Januar 1984.
[985] Vgl. CVD 28, 23.06.1992; CVD 348, 19.02.1982 und 04.08.1982.
[986] Vgl. CVD 28, 17.02.1998; BT 19.02.1998; NRZ 19.02.1998; WZ 20.02.1998; RP 27.02.1998.
[987] Vgl. CVD 347, 10.07.1995; WZ 11.07.1995; RP 18.07.1995.
[988] Vgl. CVD 28, 28.07.2000.

durch Übernahme der ehemaligen Sozialstation der Pfarrei Hl. Familie (Carl - Sonnenschein - Str. 37) den Grundstein zum Aufbau einer entsprechenden Einrichtung gelegt hatte[989], kam das Projekt nach nur einem Jahr vollständig zum Erliegen. Da zur Unterhaltung der Pflegestation nicht genügend Personal gefunden wurde, kündigte der Kirchenvorstand der Pfarrgemeinde Heilige Familie am 5. Dezember 1979 den Gestellungsvertrag für Schwester Vincenta Maria aus der Kongregation der Armen Schwestern vom Heiligen Franziskus. Wörtlich war hierzu im Protokollbuch des Kirchenvorstandes vermerkt worden: "Die Sozial - Station Düsseldorf - Nord besteht auf dem Papier aus 4 Kräften. In Wirklichkeit arbeitet seit Beginn Schwester Vincenta Maria allein. Die Bemühungen, weitere Kräfte zu bekommen, sind fehlgeschlagen. Der Kirchenvorstand kann die Dauerbelastung einer Schwester nicht mehr zumuten"[990]. Mit dem Abzug der Pflegeschwester am 31. März 1980 durch die Pfarrgemeinde Heilige Familie ruhte die Caritaspflegestation Nord für mehrere Jahre[991]. Den Anstoß zur Reorganisation gab der Düsseldorfer Sozialdezernent Karl Ranz als er am 16. Januar 1984 an Stadtdechant Bernard Henrichs folgendes Schreiben richtete: "In Düsseldorf haben Stadt und Verbände der freien Wohlfahrtspflege ein plurales Angebot an Sozialstationen, das zugleich eine flächendeckende Versorgung garantiert, vereinbart. Danach werden 16 Sozialstationen für notwendig und ausreichend angesehen. ... Das Planziel von 16 Sozialstationen wäre in diesem Jahr, nachdem die Arbeiterwohlfahrt eine weitere Sozialstation in Bilk vorsieht, erfüllt worden, wäre nicht die Sozialstation Nord des Caritasverbandes, Carl - Sonnenschein - Straße, wieder geschlossen worden, weil die personellen Voraussetzungen für eine öffentliche Förderung nicht geschaffen werden konnten. ... Vielleicht können Sie darauf einwirken, daß die personellen Schwierigkeiten beseitigt werden, um möglichst bald eine Wiedereröffnung der Sozialstation Carl - Sonnenschein - Straße mit den Einzugsgebieten Wittlaer, Kaiserswerth, Lohausen, Unterrath, Lichtenbroich, Stockum, Golzheim zu ermöglichen"[992]. Tatsächlich gelang es dem Caritasverband für die Stadt Düsseldorf noch im gleichen Jahr die Pflegestation Nord zu reaktivieren. Nachdem mit den Pfarrgemeinden entsprechende Verträge ausgehandelt waren, konnte die Caritaspflegestation Nord am 1. Juli 1984 im Hause Kürtenstr. 160 wiedereröffnet werden[993]. Bereits im folgenden Jahr wurde die Station zur Carl - Sonnenschein - Str. 37 verlegt[994]; seit 1. Juli 1998 hatte die Einsatzleitung Nord ihren Sitz Gerstäcker Str. 20, seit dem 28. März 2000 Lönsstr. 5a[995].

---

[989] Vgl. PfA Stockum Heilige Familie 225, 23.01.1979.
[990] PfA Stockum Heilige Familie 128, 05.12.1979. Vgl. auch PfA Stockum Heilige Familie 225, 18.12.1979; PfA Unterrath Maria unter dem Kreuz 400, 25.03.1979.
[991] Vgl. PfA Stockum Heilige Familie 225, 25.03.1980.
[992] CVD 28, 16.01.1984.
[993] Vgl. CVD 346, 18.10.1984 und 01.11.1984.
[994] Vgl. CVD 346, 27.08.1985.
[995] Vgl. CVD 28, 13.08.1998 und 24.03.2000; CVD 74, 01.07.1998.

Pflegestation Heerdt

Das Ziel des Düsseldorfer Caritasverbandes, ein flächendeckendes Netz von häuslichen Pflegediensten in allen Dekanaten der Landeshauptstadt zu knüpfen, war mit Eröffnung der sechsten Caritaspflegestation im Heerdter Dominikuskrankenhaus (Am Heerdter Krankenhaus 2) erreicht[996]. "Wir sind besonders glücklich darüber", erklärte Caritasdirektor Johannes Böcker am 24. Oktober 1996 aus Anlass der Einweihung, "daß wir die Räume im Dominikus - Krankenhaus bekommen haben. So ist die optimale Vernetzung zwischen ambulanter und stationärer Pflege gewährleistet"[997]. Nur wenige Wochen nach der Eröffnung der Caritaspflegestation West erschien in der Rheinischen Post ein Bericht über den Arbeitsalltag der Ordensschwester Victoria, die dem Konvent der Michaelitinnen im Antoniuskloster (Friesenstr. 77) angehörte und seit 1991 für den Caritasverband im ambulanten Pflegedienst tätig war. "Als ausgebildete Krankenschwester", so das Blatt am 30. Dezember 1996, "sorgt sie für die medizinische Betreuung vieler alter Menschen, setzt Spritzen, besorgt Medikamente, wäscht und pflegt diejenigen, die das alleine nicht mehr können. Von 4.45 bis 23 Uhr ist sie eigentlich immer auf den Beinen, bemüht sich stets um Freundlichkeit, vergibt und vergißt sofort, auch dann, wenn die Patienten wirklich einmal schwierig sind. Wenn andere nur noch von Stress reden, gibt es für Schwester Victoria lediglich einen Gedanken: 'Ich glaube ganz oft, daß Gott mich nur prüfen will, von ihm kommt meine Kraft. ... Die Menschen vergessen oft, daß unser Beruf - sie entschuldigen das Wort - eben nicht nur Popowaschen ist. Die seelische Betreuung ist oft viel wichtiger', sagt sie entrüstet. Ganz oft befinde sie sich in der Rolle des Vermittlers zwischen den Kranken und ihren Angehörigen. Auch deshalb könne man es den alten Menschen einfach nicht zumuten, sich jeden Tag auf neues Pflegepersonal einzustellen. 'Ich sag da auch ganz klar meine Meinung: Aushilfskräfte bringen uns einfach nicht weiter'"[998]. Im Zuge der Zusammenlegung der Düsseldorfer Dekanate Mitte und Heerdt zu Beginn des Jahres 2002 wurden auch die Caritaspflegestationen vereinigt[999]; bereits seit dem 1. Juli 2001 bildeten beide Einrichtungen die Station Mitte/West und koordinierten vom Marienhospital (Rochusstr. 2) aus ihre Einsätze[1000].

Neuorganisation der Pflegestationen

Aus organisatorischen Gründen wurden am 1. Mai 2002 die häuslichen Dienste der Caritas für Düsseldorf neu strukturiert und an drei Standorten zusammengefasst: Mendelssohnstr. 15 (Caritas Häusliche Dienst Düsseldorf Nord), Gladbacher Str. 26 (Caritas

---

[996] Vgl. CVD 345, 24.10.1996.
[997] WZ 26.10.1996. Vgl. auch NRZ 25.10.1996; RP 05.11.1996.
[998] RP 30.12.1996.
[999] Vgl. NN, Urkunde über die Auflösung der Dekanate Düsseldorf - Mitte und Düsseldorf - Heerdt sowie die Errichtung des neuen Dekanates Düsseldorf - Mitte/Heerdt, in: Amtsblatt des Erzbistums Köln Jg. 142 Nr. 1 (01.01.2002), 33.
[1000] Vgl. CVD 28, 13.06.2001.

Häusliche Dienst Düsseldorf Stadtmitte) und Sprockhöveler Str. 36 (Caritas Häusliche Dienst Düsseldorf Süd)[1001]. Eine weitere Konzentration der Dienste erfolgte am 1. Juli 2003 durch eine dekanatsunabhängige Neueinteilung des Düsseldorfer Stadtgebietes in die Pflegebezirke "Caritas Häusliche Dienst Düsseldorf Nord" (Mendelssohnstr. 15) und "Caritas Häusliche Dienst Düsseldorf Süd" (Gladbacher Str. 26)[1002].

Pflegestation und Pfarrei

Als Ende der siebziger Jahre in Düsseldorf die ersten Caritaspflegestationen ihren Dienst aufnahmen, war die Arbeit auf drei Ziele gerichtet. Vorrangig sollten die Pflegekräfte bemüht sein, "qualifizierte pflegerische Dienste zu erbringen und kranken, alten und behinderten Mitbürgern im häuslichen Bereich die auf ärztliche Verordnung erforderlichen Hilfen anzubieten"[1003]. In Absprache mit den behandelnden Ärzten wurden bei der Alten- und Krankenpflege vor allem folgende Hilfen erbracht: Grundpflege (Waschen, Baden, Duschen, Betten, Lagern der Kranken), Behandlungspflege (Wundversorgung, Verbandswechsel, Katheter- und Stomapflege, Blutdruck- und Medikamentenkontrolle, Insulinspritzen und andere Injektionen, intensive Pflege und Betreuung von Schwerkranken und Sterbenden[1004].

Nicht weniger bedeutsam war der Gedanke, die katholischen Pfarrgemeinden "in die Verantwortung für die Caritas - Pflegedienste" einzubinden, um so "die Gemeindebindung klar zum Ausdruck" zu bringen[1005]. Über die Verankerung der Caritaspflegestationen in die Düsseldorfer Kirchengemeinden hieß es in einem Rückblick aus dem Jahre 1984: "Der Aufbau der Caritas - Pflegestationen ist von den Pfarrgemeinden, die ihre Gemeindeschwester in die neue Einrichtung und damit unter die Dienst- und Fachaufsicht des Caritasverbandes überstellt haben, vielfach mit Skepsis betrachtet worden. Die Befürchtung, daß gewachsene, traditionelle Anbindungen der Gemeindeschwester an ih-

---

[1001] Vgl. CVD 28, 10.05.2002.
[1002] Vgl. CVD 74, 01.07.2003.
[1003] CVD 28, 1979.
[1004] Vgl. 90 Jahre Caritasverband für die Stadt Düsseldorf. Gemeindecaritas, häusliche Hilfen, soziale Dienste und Beratung, ambulante Pflegestationen, Wohnheim und Altenhilfeeinrichtungen, Düsseldorf 1994, 51.
[1005] CVD 28, 1979. Vgl. dazu Michael Manderscheid, Sozialstation und Gemeindebezug, in: Caritas '74. Jahrbuch des Deutschen Caritasverbandes, 75 - 81, 75 ff; Christa Müller, Caritas - Sozialstationen und ihre Verankerung in den Gemeinden, in: Caritas in Nordrhein - Westfalen Jg. 11 Nr. 2 (März/April 1982), 133 - 135, 133 ff; Maria Reichmann, Sozialstationen (Caritas - Pflegestationen), in: Paul Nordhues, Handbuch der Caritasarbeit. Beiträge zur Theologie, Pastoral und Geschichte der Caritas mit Überblick über die Dienste in Gemeinde und Verband, Paderborn 1986, 241 - 246, 244 f; Clemens Feldhoff, Wie sind die Dienste der Caritas - Pflegestationen in die Pastoral eingebunden ?, in: Wertewandel. 10 Jahre Caritas - Pflegestationen. Arbeitstagung der Dechanten des Erzbistums Köln vom 24. - 26. November 1986 im Katholisch - Sozialen Institut, Bad Honef. Priesterrat Tätigkeitsbericht 1985/1986, Köln 1986, 67 - 69, 67 ff; NN, Ordnung der katholischen Gemeindekranken-, Alten- und Familienpflege im Erzbistum Köln - Caritas - Pflegestationen, in: Amtsblatt des Erzbistums Köln Jg. 134 Nr. 26 (15.12.1994), 288 - 290, 288.

ren Pfarrbereich verloren gehen könnten, hat sich als unbegründet erwiesen. Caritas - Pflegestationen haben sich aus der Gemeinde entwickelt, dort haben sie ihren Ursprung und sie arbeiten in und für die Gemeinden. Die Versorgung des eigenen Pfarrbereichs hat für jede Schwester absolute Priorität. Aus diesem Selbstverständnis heraus ist die Krankenschwester bemüht, ihre Patienten nicht nur pflegerisch zu versorgen, sondern die Seelsorge mit einzubeziehen. Aus vielen gemeinsamen Gesprächen wissen wir, wie oft es den Schwestern mit viel Behutsamkeit gelungen ist, Menschen zum Glauben zurückzuführen, die lange keinen Kontakt zu ihrer Kirche hatten. Kein Patient, der von uns gepflegt wurde, ist ohne kirchlichen Segen verstorben. Die Schwestern der Caritas - Pflegestationen werden von unserem Caritaspfarrer (d.i. Peter Wilhelm Sülzen, 1983 - 1987[1006]) in regelmäßigen, fortlaufenden Gesprächen innerhalb der Dienstbesprechungen in ihrer Aufgabe begleitet. Die Pfarrgemeinde ist und bleibt Anstellungsträger und entscheidet über die Einstellung. ... In allen Caritas - Pflegestationen ist es gelungen, Ordensschwestern zu integrieren. Sie haben sich in die Arbeitsteams eingeordnet und begrüßen den Freiraum und die spürbare Entlastung, die ihnen für Aufgaben in der Gemeinde oder innerhalb der Orden zugutekommt. Die nach Einrichtung der Stationen stetig steigende Nachfrage bedingt durch Empfehlungen der Patienten, Ärzte und Krankenkassen hat den Caritasverband bewogen, weitgehend auf Werbung und Öffentlichkeitsarbeit zu verzichten, um eine Überlastung der Mitarbeiter zu vermeiden und die Qualität der geleisteten Arbeit nicht zu reduzieren. Der Arbeitsanfall war jedoch so konstant, daß es vielen Schwestern nicht möglich ist, zusätzliche Arbeiten in den Gemeinden anzunehmen. Aber überall dort, wo lebendige Pfarrgemeinden die Arbeit der Schwester mit der ganzen körperlichen und seelischen Belastung sehen, positiv bewerten und anerkennen, sind sie bemüht, durch Eigeninitiativen, Pfarrbesuchskreise und freiwillige und ehrenamtliche Pfarrcaritas Hilfen zu schaffen"[1007].

Pflegekurse

Aus letztgenannter Prämisse erwuchs für die Caritaspflegestationen als dritte Zielvorgabe die Fortbildung ehrenamtlicher Pflegehelfer, "um eine zum Wohle der Hilfsbedürftigen intensive und umfassende Hilfe zu gewährleisten"[1008]. Bis heute werden vom Caritasverband für die Stadt Düsseldorf regelmäßig Hauskrankenpflegekurse angeboten, in denen unter Anleitung examinierter Pflegekräfte praktische Hilfen zu wichtigen Pflegetechniken vermittelt werden[1009]. Die erste Schulung zur Ausbildung ehrenamtlicher Helfer für die Caritaspflegestationen wurde von Oktober bis Dezember 1979 in der Kai-

---

[1006] Vgl. CVD 74, 09.12.1982.
[1007] CVD 28, Januar 1984.
[1008] CVD 28, 1979. Vgl. dazu Jakob Leusch, Ist es gelungen, ein helfendes Umfeld zu schaffen ?, in: Wertewandel. 10 Jahre Caritas - Pflegestationen. Arbeitstagung der Dechanten des Erzbistums Köln vom 24. - 26. November 1986 im Katholisch - Sozialen Institut, Bad Honef. Priesterrat Tätigkeitsbericht 1985/1986, Köln 1986, 70 - 74, 70 ff.
[1009] Vgl. NRZ 06.01.2000; RP 16.01.2002.

serswerther Pfarrei St. Suitbertus durchgeführt[1010]. In zwölf Einheiten standen folgende Unterrichtsthemen auf dem Programm: 1. Aufgaben und Ziele der Caritaspflegestation, 2. Grundlagen der Krankenpflege, 3. Einführung in Anatomie und Krankheitslehre, 4. Krankenbeobachtung und Hilfen bei Verhaltensstörungen, 5. Die Pflege von Schwer- und Langzeitkranken, 6. Der Umgang mit Medikamenten und Pflegemittel, 7. Die Ernährung alter und kranker Menschen, 8. Altwerden und Gesundbleiben aus medizinischer Sicht, 9. Altwerden und Gesundbleiben aus psychologischer Sicht, 10. Sterbebeistand, 11. Praktische Anleitungen: Verbände, 12. Praktische Anleitungen: Heben und Betten von Kranken[1011].

Mobiler Sozialer Hilfsdienst und Pflegehilfsmitteldepot

Zur Ergänzung des häuslichen Krankenpflegedienstes war den Caritaspflegestationen ein Mobiler Sozialer Hilfsdienst angeschlossen, der die Patienten vor allem in hauswirtschaftlichen Angelegenheiten unterstützte[1012]. Zivildienstleistende halfen beim Sauberhalten der Wohnung, Erledigen der Einkäufe, Zubereiten der Mahlzeiten, Besuch von Ärzten und Behörden, Versorgen der Wäsche und Kleidung[1013]. Um die notwendigen Voraussetzungen zur ambulanten Pflege in der eigenen Wohnung zu schaffen, hatte der Caritasverband für die Stadt Düsseldorf am 1. Februar 1995 ein Pflegehilfsmitteldepot eingerichtet, das zunächst der Caritas Möbelbörse (Kölner Landstr. 18), später der Caritaspflegestation Benrath (Sprockhöveler Str. 36) angeschlossen war. Hier konnten Pflegebetten, Roll- und Toilettenstühle, Badehilfen und andere Alltagshilfen entliehen, wie auch zum Verbrauch bestimmte Pflegehilfsmittel (Inkontinenzmaterial etc.) gekauft werden[1014].

Individuelle Schwerstbehinderten Betreuung, Pflegenotruf, Kinderkrankenpflege und Pflegeberatung

In den Jahren 1987 bis 1997 wurde der Pflegeservice beim Caritasverband für die Stadt Düsseldorf mit der Individuellen Schwerstbehinderten Betreuung (ISB), dem Pflegenotruf, der Kinderkrankenpflege und der Pflegeberatung um vier zusätzliche Hilfsdienste erweitert. Die Individuelle Schwerstbehinderten Betreuung war im Sommer 1987 als kostenloses Angebot für Eltern schwerstbehinderter Kinder eingerichtet worden[1015]. Be-

---

[1010] Vgl. CVD 28, 27.05.1980.
[1011] Vgl. CVD 28, 1979.
[1012] Vgl. dazu Marita Braband - Hoegner, Zusammenarbeit zwischen Sozialstationen und Mobilen Sozialen Diensten, in: Caritas '94. Jahrbuch des Deutschen Caritasverbandes, 123 - 128, 124 ff.
[1013] Vgl. 90 Jahre Caritasverband für die Stadt Düsseldorf. Gemeindecaritas, häusliche Hilfen, soziale Dienste und Beratung, ambulante Pflegestationen, Wohnheim und Altenhilfeeinrichtungen, Düsseldorf 1994, 51.
[1014] Vgl. CVD 28, undatiert; CVD 74, 01.02.1995.
[1015] Vgl. CVD 229, 19.10.1987, 28.06.1988, 12.08.1996 und 09.05.2003.

8. Individuelle Schwerstbehinderten Betreuung

gonnen wurde der Dienst mit drei Planstellen für Zivildienstleistende, die unter Leitung eines Sozialpädagogen die Betreuung, Begleitung und Förderung der Kinder und Jugendlichen übernahmen und für eine Entlastung der Familien sorgten. Die Zivildienstleistenden halfen bei der Körperpflege, begleiteten die Kinder zur Schule oder therapeutischen Behandlung oder unterstützten die Familie im Haushalt[1016]. Am 1. April 1995 richtete der Caritasverband für die Stadt Düsseldorf einen Pflege - Notruf ein, der die häusliche Versorgung der Patienten auch während der Nachtstunden sicherte. Ausgebildete Pflegekräfte halfen in der Zeit von 21.30 Uhr bis 7.30 Uhr bei Notfällen und konnten in Absprache mit Ärzten auch Schmerzpatienten betreuen. Auch boten sie Angehörigen von sterbenden Menschen eine fachliche Unterstützung an[1017]. Ein Jahr nach Schaltung der Notrufnummer nahm die Caritas Kinderkrankenpflege in Düsseldorf den Dienst auf. Seit dem 10. Juli 1996 übernahmen ausgebildete Kinderkrankenschwestern in Zusammenarbeit mit Kinderärzten und Krankenhäusern die Grund- und Behandlungspflege von kranken und behinderten Säuglingen, Kindern und Jugendlichen in häuslicher Umgebung[1018]. "Die Schwestern zeigen den hilflosen Eltern", so die Rheinische Post vom 12. März 1998, "wie sie ihre akut oder chronisch erkrankten Kleinen richtig versorgen. Vorteil ist: die Kinder werden in ihrer gewohnten Umgebung gepflegt, der Heilungsprozeß wird so gefördert. ... In enger Zusammenarbeit mit den Ärzten werde entschieden, ob der kleine Patient zu Hause bleiben darf und wie oft eine Schwester nach ihm sehen muß"[1019]. Abgerundet wurde der Pflegeservice des Düsseldorfer Caritasverbandes mit der Einrichtung einer Beratungsstelle, die seit dem 1. September 1997 sowohl Pflegebedürftige als auch deren Angehörige über das komplexe Leistungsspektrum in der Alten- und Krankenhilfe informierte[1020]. "Der offene Markt und der Wettbewerb im Bereich der ambulanten und stationären pflegenden Begleitung", so Caritasdirektor Johannes Böcker im Geschäftsführungsbericht 1997, "hat in der Geschäftsführung zu der Überlegung geführt, die Beratung für Düsseldorfer Bürger für Pflegefragen zu bündeln und in einer Fachstelle zusammenzuschließen"[1021]. In einer Selbstdarstellung der Caritaspflegeberatung, die zunächst in der Klosterstr. 92, ab August 2000 in der Neusser Str. 25 untergebracht war[1022], heißt es im Jahre 1999: "An die Caritas - Pflegeberatung wenden sich Menschen, deren eigenes Leben oder das Leben eines nahen Angehörigen sich drastisch verändern wird. Sie kommen mit bisher für sie unbekannten Fragen in die Beratungsstelle oder nutzen die Möglichkeit der telefonischen Kontaktaufnahme. So besteht die Tätigkeit der Mitarbeiter nicht nur in der konkreten Beratung zu den gesetzlichen Grundlagen und der Finanzierung künftiger Pflege, sondern in der psychosozialen Beratung und Begleitung Pflegebedürftiger und ihrer Angehörigen. Häufig ist die Suche nach dem richtigen Ansprechpartner der erste Beratungsschritt. Nach dem

---

[1016] Vgl. WZ 19.05.1998; NN, Zehn Jahre ISB, in: Caritas in NRW Jg. 27 Nr. 3 (August 1998), 36.
[1017] Vgl. RP 31.03.1995; NN, Caritas - Pflege - Notruf in der Nacht, in: Kirchenzeitung für das Erzbistum Köln Jg. 50 Nr. 15 (14.04.1995), 23; Caritas für Düsseldorf. Kontakt, Düsseldorf 2001, 77.
[1018] Vgl. CVD 355, 1996; Caritas für Düsseldorf. Kontakt, Düsseldorf 2001, 70.
[1019] RP 12.03.1998. Vgl. auch WZ 24.03.1998.
[1020] Vgl. CVD 28, 09.09.1997; RP 20.09.1997; RP 07.11.1997.
[1021] CVD 112, 28.01.1997.
[1022] Vgl. CVD 28, 29.08.2000; RP 28.09.2000.

klärenden Erstgespräch können die Ratsuchenden in den meisten Fällen an zuständige Fachdienste des Caritasverbandes oder andere Stellen weiter vermittelt werden. In einem regelmäßigen Turnus wird der bestehende Informationspool aktualisiert, um alle Veränderungen auf dem Anbietermarkt für Pflegeleistungen erfassen zu können"[1023].

Pflegeversicherung

In der Tat war das Hilfeangebot der Anbieter von Pflegeeinrichtungen und -diensten für den einzelnen Pflegebedürftigen mit Inkrafttreten der Pflegeversicherung am 1. April 1995 nahezu undurchschaubar geworden. Letztere hatte nicht nur einen erhöhten Beratungsbedarf verursacht, sondern auch die Arbeit in und um die Caritaspflegestationen grundlegend verändert. Mit § 11 des Sozialgesetzbuches XI waren die Rahmenbedingungen für die Wohlfahrtsverbände neu gesteckt, da ihre bisherige Monopolstellung formal aufgehoben wurde. Freigemeinnützige und private Träger hatten bei der Zulassung (§§ 72 ff SGB XI) und bei der Förderung (§ 82 SGB XI) Chancengleichheit. Beides, eine Vielfalt der Träger und ein verstärkter Wettbewerb zwischen den einzelnen Anbietern von Gesundheitsleistungen, war vom Gesetzgeber gewollt. Ziel war es, die Kosten im Pflegebereich zu senken, doch stiegen im Geltungsbereich des Sozialgesetzbuches V die Ausgaben der Krankenkassen schneller als die Einnahmen[1024]. Verschärfende Faktoren waren dabei die demographische Entwicklung, die konjunkturelle Entwicklung mit einer sich verfestigenden hohen Sockelarbeitslosigkeit und die steigende Leistungsfähigkeit der Gesundheitsbetriebe durch medizinische und pflegerische Forschung. Hinter der Ausgabensteigerung der Krankenkassen versteckte sich jedoch nicht nur eine Kostenexplosion, sondern auch eine Leistungsexplosion. Die pflegewissenschaftliche Forschung hatte neue, ganzheitliche Pflegemodelle entwickelt, und die medizinische Forschung zeigte neue Perspektiven in Diagnostik und Therapie auf. Veränderungen im Leistungsspektrum der Krankenhäuser hatten direkten Einfluss auf die Leistungsspektren in den Sozialstationen oder Pflegeheimen. Eine ganzheitliche Sichtweise der pflegerischen und medizinischen Versorgung der Patienten wurde besonders unter betriebswirtschaftlichem Blickwinkel notwendig. Dabei bestand die Hauptaufgabe des Patientenmanagements darin, den Nutzen für den Patienten bei wirtschaftlicher Ressourcenverwendung zu maximieren. Unter wirtschaftlichen und pflegerischen Gesichtspunkten war es notwendig, die für den Patienten in seiner ganz konkreten individuellen Situation optimale Versorgungsform anzubieten. Die Begrenztheit der Ressourcen wurde indes mehr und mehr deutlich: Nicht alle Leistungen, die pflegerisch und medizinisch machbar erschienen, waren in der Gesellschaft solidarisch für alle Mitglieder unbegrenzt finanzierbar. Gedeckelte Erlöse in den Gesundheitsbetrieben führten letztendlich zur Rationalisierung von Leistungen. Da die meisten Preise für Gesundheitsdienstleistungen

---

[1023] NN, Informationen. Caritas - Pflegeberatung, in: Der gute Rat. Wer hilft wem. Ausgabe Düsseldorf 1999/2000, Neuss 1999, 11.
[1024] Vgl. Roland Schmidt, Pflegedienste im Wandel ambulanter Versorgungsstrukturen: Neue Konkurrenzen, veränderte Anforderungen, in: Gedenkschrift Margret Dieck, Soziale Gerontologie und Sozialpolitik für ältere Menschen, Opladen 1999, 355 - 374, 355 ff.

8. Pflegeversicherung

festgelegt waren, fand der Wettbewerb zwischen den Gesundheitsbetrieben auf anderen Gebieten statt. So waren Schwerpunkte des externen Wettbewerbs: die Lenkung der Patientenströme, die Qualität der erbrachten Leistungen, die Patientenzufriedenheit, die Kosten- und Erlössituation der Sozialstation, die Höhe der Stückkosten je Dienstleistung und das Marketing - Management der Sozialstation[1025].

Während sich ein Profit orientiertes Unternehmen im Hauptzweck mit der Gewinnmaximierung, der Rentabilität, der Kapitalverzinsung und mit der Optimierung der Erwerbswirtschaft befasst, stehen bei den Caritaspflegestationen bis heute Sachziele wie die ganzheitliche Pflege und das Beachten der Patientenbedürfnisse im Vordergrund. Um diese Ansprüche zu erfüllen, müssen Pflegemodelle zur Anwendung gelangen, die neben der Grundpflege, der medizinischen Behandlungspflege, der palliativ - medizinischen Behandlungspflege auch die psychosoziale und spirituelle Begleitung der Patienten enthalten. Darüber hinaus gehören auch die hauswirtschaftliche Versorgung der Patienten und das Erbringen von "nicht abrechenbaren Leistungen" zum typischen Leistungsspektrum einer Caritaspflegestation. Ein transparentes Leistungsangebot soll es den Patienten ermöglichen, selber zu entscheiden, welche und wie viel zusätzliche pflegerische oder hauswirtschaftliche Leistungen hinzugekauft werden, nachdem die Höchstsätze laut Pflegeversicherung erreicht sind. Transparenz bedeutet in diesem Zusammenhang auch, die erbrachten "nicht abrechenbaren Leistungen" zu dokumentieren, um deutlich zu machen, wofür Überschüsse aus einzelnen Bereichen der Sozialstation verwendet werden. Da das Leistungsspektrum einer Sozialstation kein starres Gebilde ist, müssen die Patientenbedürfnisse regelmäßig erfasst und evaluiert werden. Auch ist die Beobachtung, Erfassung und Bewertung aller von anderen Pflegediensten auf dem Markt angebotenen Dienstleistungen eine wichtige Voraussetzung zur Entwicklung des eigenen Leistungsspektrums[1026].

Da es wegen örtlicher Besonderheiten nicht möglich ist, Leistungsspektren zentral zu erarbeiten, war der Caritasverband für die Stadt Düsseldorf gezwungen, für seinen Wirkungsbereich die Pflegestandards selbst festzuschreiben. Nach mehrmonatiger Vorbereitung konnte der Öffentlichkeit im November 1999 ein "Handbuch der Pflege" mit den "Qualitätsrichtlinien für die Caritas Häuslichen Dienste und die Caritas Altenzentren des Caritasverbandes für die Stadt Düsseldorf" vorgelegt werden[1027]. "Der uns selbst

---

[1025] Vgl. Michael Helmbrecht, Markt und Ethos. Sozialstation Forchheim bereitet sich auf den Pflegemarkt vor, in: Caritas '96. Jahrbuch des Deutschen Caritasverbandes, 240 - 242, 240 ff; Werner Veith, Pflegeversicherung verändert Sozialstationen, in: Caritas '97. Jahrbuch des Deutschen Caritasverbandes, 284 - 290, 284 ff; Reinhard Dinter, Caritas - Sozialstation - ein leistungsfähiges Non - Profit - Dienstleistungsunternehmen, in: Caritas '98. Jahrbuch des Deutschen Caritasverbandes, 97 - 104, 97 ff; Gerhard Igl, Die Pflegeversicherung hat die Welt der Pflege verändert. Skizzen zu einigen Grundfragen der Umsetzung der Pflegeversicherung, in: Gedenkschrift Margret Dieck, Soziale Gerontologie und Sozialpolitik für ältere Menschen, Opladen 1999, 317 - 332, 317 ff; Willi Rückert, Die pflegerische Versorgung nach dem SGB XI - eine erste Bestandsaufnahme, in: Gedenkschrift Margret Dieck, Soziale Gerontologie und Sozialpolitik für ältere Menschen, Opladen 1999, 333 - 345, 333 ff.
[1026] Vgl. Beate Neuhöfer, Bausteine für ein ganzheitliches Pflegekonzept im ambulanten Pflege- und Betreuungsdienst. Diözesan - Caritasverband für das Erzbistum Köln, Köln 2000, 6 ff.
[1027] Vgl. Handbuch der Pflege. Qualitätsrichtlinien für die Caritas Häuslichen Dienste und die Caritas Altenzentren des Caritasverbandes für die Stadt Düsseldorf 2 Bde, Düsseldorf 1999.

auferlegte Anspruch", so Caritasdirektor Johannes Böcker im Vorwort des über 300 Seiten starken Vademekums, "'eine gute - an den Bedürfnissen und Wünschen der kranken und pflegebedürftigen Menschen ausgerichtete - Pflege zu leisten', nimmt uns in die Pflicht, verbindlich festzulegen, was wir damit verbinden. Erst durch die allgemeingültige Vereinbarung der Konzepte und Handlungsabläufe wird es möglich, unseren Anspruch von einer von unseren christlichen Grundsätzen geprägten und von fachlicher Kompetenz getragenen ganzheitlichen Pflege umzusetzen"[1028]. Mit dem neuen Handbuch war nicht nur die Qualität der ambulanten und stationären Dienste des Verbandes messbar und vergleichbar geworden, sondern auch mehr Handlungssicherheit bei der Durchführung von Maßnahmen im Pflegealltag geschaffen[1029].

9. Gemeindecaritas

Mit der Charakterisierung der Kirche als Volk Gottes und der Betonung des gemeinsamen Priestertums aller Gläubigen hatten das Zweite Vatikanische Konzil (1962 - 1965) und die Würzburger Synode (1972 - 1975) alle Gläubigen dazu ermuntert, am Schicksal und Leben der Pfarrei teilzunehmen[1030]. Die Zielvorstellung lautete: "Aus einer Gemeinde, die sich seelsorglich versorgen läßt, muß eine Gemeinde werden, die ihr Leben im gemeinsamen Dienst aller und in unübertragbarer Eigenverantwortung jedes einzelnen gestaltet"[1031]. Da die Gemeinde, ihre Struktur und ihre Funktion, ihr Gottes- und Menschendienst, in den theologischen Überlegungen und pastoralen Planungen der Folgezeit eine immer wichtigere Stellung einnahm, wurde in den siebziger Jahren auch der Caritas in der Gemeinde mehr Interesse als in den zurückliegenden Dezennien geschenkt. Zwar war in den Pfarrgemeinden die Sorge um den Nächsten zu keiner Zeit in Vergessenheit geraten, doch drohte die Caritasarbeit nicht selten die Bindung zu der untrennbaren Einheit der kirchlichen Grundfunktionen martyria - liturgia - diakonia zu verlieren[1032]. Dass Caritas unerlässlich zum Wesen und zum Leben einer Gemeinde ge-

---

[1028] Johannes Böcker, Vorwort, in: Handbuch der Pflege. Qualitätsrichtlinien für die Caritas Häuslichen Dienste und die Caritas Altenzentren des Caritasverbandes für die Stadt Düsseldorf Bd. 1, Düsseldorf 1999, 1.

[1029] Vgl. NRZ 04.12.1999; RP 04.12.1999; NN, Pflege ist jetzt meßbar. Der Caritasverband Düsseldorf stellte Handbuch und Qualitätsbeauftragte vor, in: Kirchenzeitung für das Erzbistum Köln Jg. 54 Nr. 50 (17.12.1999), 26; NN, Vorarbeiten abgeschlossen. Caritas setzt Pflegestandards, in: Die Zeitung. Caritasverband für die Stadt Düsseldorf Jg. 1 Nr. 1 (Frühjahr 2000), 3.

[1030] Vgl. Caritasverband in Kirche, Staat und Gesellschaft. Ein Positionspapier des Deutschen Caritasverbandes zu Selbstverständnis und Auftrag verbandlich organisierter Caritas im heutigen kirchlichen und gesellschaftlichen Kontext, Freiburg 1983, 21; Leo Karrer, Wir sind wirklich das Volk Gottes ! Auf dem Weg zu einer geschwisterlichen Kirche, Freiburg 1994, 11 ff.

[1031] Gemeinsame Synode der Bistümer in der Bundesrepublik Deutschland. Beschlüsse der Vollversammlung. Offizielle Gesamtausgabe Bd. 1, Freiburg 1976, 602.

[1032] Vgl. Norbert Mette, Grundprinzip Gemeindecaritas, in: Caritas. Zeitschrift für Caritasarbeit und Caritaswissenschaft Jg. 98 Nr. 4 (April 1997), 149 - 161, 151 ff.

hört, schien verdunkelt zu sein. Vielfach wurde der Dienst am Nächsten als etwas gesehen, was man tun oder lassen konnte oder was man in Gottes Namen gerade auch noch tun musste. Die mangelnde Einheit von Pastoral und Caritas hatte zur Folge, dass Caritas nicht mehr als eine Verwirklichung der Heilssorge der ganzen Gemeinde für den ganzen Menschen zu seinem ganzen Heil, sondern als eine Form "außerordentlicher" Seelsorge oder als Hobby besonders frommer Gemeindemitglieder verstanden wurde[1033].

In methodischer Hinsicht und von außen her gesehen, taten die Caritashelfer einer Pfarrgemeinde das gleiche wie andere Wohltäter auch; das spezifisch Christliche an einer Hilfeleistung, die Hilfe für Menschen in Not als Wesens- und Lebensäußerung der Gemeinde war nicht erkennbar. Der Dienst am Nächsten wurde nicht vom Tisch des Wortes und Sakramentes aus angestoßen, sondern vom Konferenztisch aus verwaltet und in Gang gehalten[1034]. Unter dem Titel "Die Pfarrcaritas braucht immer Helfer" berichtete die Kirchenzeitung am 24. Dezember 1961 vom Selbstverständnis pfarrgemeindlicher Caritasarbeit: "In einem Pfarrheim in Düsseldorf saßen sie am runden Tisch zusammen: ein paar ältere Damen vom Frauen- und Mütterverein, einige Herren von der Vincenzkonferenz, die Vorsitzende des Elisabethvereins, und einige junge Leute aus katholischen Jugendgruppen der Pfarre. Die Helferinnen und Helfer der Pfarrcaritas tagten. Irgendwo war ein neuwertiger Küchenschrank umzugshalber kostenlos abzugeben; er mußte nur abgeholt werden, auf der xy - Straße fehlte in einem Fünf - Personen - Haushalt mit drei Kindern eine Hilfe, weil die Mutter bettlägerig ist. Der Altenclub der Pfarre bittet um Zeitschriften und einige gute Illustrierte für den Clubraum. Große und kleine Sorgen, die die Pfarrcaritas aufgespürt hatte. Was ist zu tun? Eine Jugendgruppe will den Küchenschrank abholen, ein Herr von der Vincenzkonferenz weiß eine Familie, die einen Schrank gut gebrauchen könnte. Im Frauenverein ist eine Witwe bereit, der kinderreichen Familie ein paar Stunden am Tag zu helfen, vor allem morgens, damit die Kinder mit einem guten Frühstück zur Schule kommen. Schließlich will die Mädchenjugend der Pfarre nach guten Zeitschriften Ausschau halten, damit die Alten der Pfarre an kalten Tagen im Clubheim ein wenig in den Aktualitäten der heutigen Zeit blättern können. Die ganze Konferenz dauert noch keine Stunde, obwohl noch weitere Punkte auf der Tagesordnung stehen. Hier wird nicht geschwafelt über das, was man alles tun könnte. Hier wird gehandelt! Der übernimmt diese Aufgabe, der andere jene, immer ist einer der Helfer verantwortlich, daß die Sache auch klappt. Wenn es Schwierigkeiten gibt, soll sofort Rücksprache mit dem Vorsitzenden der Konferenz genommen werden. Irgendein Weg zu wirksamer Hilfe wird dann schon gefunden. Pfarrcaritas ist eine hochaktuelle und moderne Aufgabe, und dazu eine ehrenamtliche Arbeit, zu der eine gehörige Portion Fingerspitzengefühl gehört. Wer die Treppenstufen zu einer Mansarde hinaufpoltert, um einer Familie oder einem alten Herrn, an dem das Wirtschaftswunder aus irgendwelchen Gründen vorbeigegangen ist, ein Almosen zu bringen oder mit einem tieffrommen

---

[1033] Vgl. Rolf Zerfaß, Lebensnerv Caritas. Helfer brauchen Rückhalt, Freiburg 1992, 167 ff.
[1034] Vgl. Wilhelm Zauner, Caritas, Diakonie, Pastoral. Probleme und Aufgaben, in: Josef Wiener, Diakonie in der Gemeinde. Caritas in einer erneuerten Pastoral. Österreichische Pastoraltagung 28. - 30. Dezember 1977, Wien 1978, 149 - 151, 151.

Augenschlag caritative Hilfe anzutragen, der ist fehl am Platze. Heutzutage geht es nicht um Lebensmittel-, sondern um Lebenshilfe, wobei die hier und da anzutreffende Sorge um das tägliche Brot nur eine unter vielen Nöten ist. Für die Helfer der Pfarrcaritas bedeutet das: Einfühlungsvermögen in die Sorgen des anderen und Eingreifen mit psychologischem Geschick. Nicht umsonst legt der Caritasverband Wert darauf, daß nur verschwiegene und ausgebildete Helfer diesen Ehrendienst versehen. Ehe jemand Helfer der Caritas wird, muß er einige Kurse besuchen und sich in der Pfarre einarbeiten lassen. Das ist notwendig: denn Not in moderner Zeit zu erkennen, sie hinter einem falsch verstandenen Wohlstand aufzuspüren und so zu helfen, daß der andere sich nicht als Dauer - Almosen - Empfänger vorkommt, sondern sich bewußt wird, eine Starthilfe zu erhalten, das ist heutzutage die wirkungsvollste und vielleicht auch einzig mögliche Form caritativer Hilfe in der Pfarrgemeinde. Um die ganze Not in ihrer Vielfalt aufzuspüren, kommt die Pfarrcaritas natürlich nicht ohne ein wenig Organisation aus. Da ist zunächst der größere Kreis von Laienhelfern, die in der allgemeinen Pfarrarbeit die Geistlichen entlasten wollen. Kommt ihnen ein Fall zu Ohren, der caritatives Eingreifen erfordert, melden die Laienhelfer das Gehörte an die Pfarrcaritas. Sofort sieht der für den betreffenden Pfarrbezirk zuständige Helfer nach dem Rechten und veranlaßt von sich aus eine 'Erste Hilfe'. Auf der nächsten Konferenz der Pfarrkaritas wird dann beraten, wie am schnellsten und wirkungsvollsten geholfen werden kann. Hier hat sich der gute Kontakt zum Sozialamt der Stadt und zu der Familienfürsorge bestens bewährt. Woran es der Pfarrcaritas in nahezu allen Düsseldorfer Pfarreien fehlt, ist einmal Geld, sind zum anderen freiwillige Helfer. Zweimal jährlich ist in jeder Pfarre eine Kollekte für die Caritas. Dieses Geld bleibt ausschließlich in der Pfarre. Aber auf der anderen Seite müssen die Helfer der Pfarrcaritas mit diesem Geld das ganze Jahr auskommen, wenn nicht hin und wieder eine Spende weiterhilft. Der Helfermangel ist jedoch meist noch bedrückender. Wieviel alleinstehende Frauen und Witwen könnten hier der Pfarrcaritas helfen. ... Nicht nur von der Notwendigkeit zur Hilfeleistung reden, sondern zur Pfarrcaritas gehen und seine Hilfe anbieten, darauf kommt es an"[1035].

Dass die Verwirklichung von Caritas nicht nur Angelegenheit für einige Helfer, sondern Aufgabe aller Angehörigen einer Gemeinde ist, gehörte zu den grundlegenden Aussagen des Konzils und der Synode[1036]. So wurde im Priesterdekret daran erinnert, dass sich die Diakonie des priesterlichen Amtes gerade in der Caritas der Gemeinde sichtbar und fruchtbar verwirklichen müsse (Presbyterorum ordinis 14). Die caritative Funktion der Diakone war von der Gemeinsamen Synode besonders hervorgehoben worden[1037]. Dass die Gemeinde neben dem unerlässlichen Dienst der Ordensleute (Perfectae caritatis 8) auch die actio caritativa der Laien benötigt, wurde im Laiendekret in

---

[1035] NN, Die Pfarrcaritas braucht immer Helfer. Familienpflege bewährt sich, in: Kirchenzeitung für das Erzbistum Köln Jg. 16 Nr. 52/53 (24.12.1961), 28.
[1036] Vgl. Richard Völkl, Diakonie und Caritas in den Dokumenten der deutschsprachigen Synoden, Freiburg 1977, 13 ff; Paul Nordhues, Gemeinsame Synode und Caritas, in: Paul Nordhues, Handbuch der Caritasarbeit. Beiträge zur Theologie, Pastoral und Geschichte der Caritas mit Überblick über die Dienste in Gemeinde und Verband, Paderborn 1986, 195 - 199, 195 ff.
[1037] Vgl. Gemeinsame Synode der Bistümer in der Bundesrepublik Deutschland. Beschlüsse der Vollversammlung. Offizielle Gesamtausgabe Bd. 1, Freiburg 1976, 614 ff.

9. Gemeindecaritas

einem eigenen Kapitel beschrieben (Apostolicam actuositatem 8). Aus allen Dokumenten ergab sich für die gemeindliche Caritas die Notwendigkeit hauptberuflicher und ehrenamtlicher Dienste, um den vielfältigen und komplizierten Nöten der Zeit mit einer sachgerechten, zugleich aber in der christlichen Gemeinschaft gründenden und von ihr getragenen Hilfe entgegenzutreten. "Die Gemeinde", so der Schluss von Richard Völkl, "braucht also die verbandliche Caritas, diese aber braucht die Gemeinde und kann die Caritas der Gemeinde nicht ersetzen. Aber auch die Gemeinde darf ihre Aufgaben, unangenehme und schwierige vielleicht, nicht an Fachleute abschieben und sich nicht von ihrem eigenen christlichen Engagement dispensieren mit dem Hinweis auf die 'Caritas', die ja 'dafür' da ist und der man ja dafür, wenn es wieder einmal fällig ist, ein mehr oder minder williges 'Almosen' gibt. Wenn die caritative Diakonie eine Grundfunktion der Gemeinde ist, dann ist sie im angedeuteten Sinne eben nicht übertragbar, sondern Auftrag und Auftrag aller"[1038].

Die Wiederentdeckung einer zeitweilig in den Hintergrund geratenen Sicht der Gemeinde und ihrer Caritas[1039], zwang den Deutschen Caritasverband Ende der siebziger Jahre, Konzepte und Strategien für eine Gemeinde orientierte Verbandsarbeit zu entwickeln[1040]. Der Arbeitskreis "Auf dem Weg zur Caritas der Gemeinde" der 6. Vertreterversammlung des Deutschen Caritasverbandes in Stuttgart formulierte im Juni 1977 hierzu: "Gemeindeorientierung bedeutet, anzuerkennen und umzusetzen: Caritas ist eine primäre, unveräußerliche Grundfunktion der christlichen Gemeinde. Der Caritasverband mit seinen Fachverbänden hat durch seine spezifische Facharbeit die Gemeindecaritas subsidiär zu fördern und zu stützen. Das verlangt auch, daß in alle Fachbereiche des Caritasverbandes das soziale Umfeld Gemeinde (Nachbarschaft, Bezugspersonen, Familien, Kleingruppen) einzubeziehen ist. Es ist ein unverzichtbarer Anteil qualifizierter Facharbeit (und nicht Anhängsel) im Sinne eines gemeinsamen Hilfeprozesses und eines ganzheitlichen Dienstes an und mit einzelnen Menschen, Gruppen und Gemeinwesen"[1041]. Die Begriffsdeutung unterstrich den ekklesiologischen Aspekt zwischen Caritasarbeit und Pfarrgemeinde und die Orientierung fachlicher Arbeit an den Betroffenen und Beteiligten im sozialen Umfeld des Gemeinwesens. Letzteres implizierte die Notwendigkeit, dass der Caritasverband seine laufenden und neu zu entwickelnden Dienste in allen Fachbereichen im konkreten Lebensraum, an den Bedürfnissen und Problemen der Menschen, besonders der gesellschaftlich Benachteiligten, aus-

---

[1038] Richard Völkl, Theologische Überlegungen zur Caritas der Gemeinde, in: Caritas '83. Jahrbuch des Deutschen Caritasverbandes, 19 - 26, 26.

[1039] Vgl. Gemeindecaritas im Erzbistum Köln. Standort, Auftrag, Grenzen, Köln 1978, 7 ff.

[1040] Vgl. Michael Manderscheid, Caritas der Gemeinde und Caritasverband. Thesen und Reflexionen zur Gemeindeorientierung der Caritasverbandsarbeit, in: Lebendige Seelsorge Jg. 27 Nr. 6 (November 1976), 393 - 401, 393 ff.

[1041] DCF 178.022.3 Fasz. 4, 04.08.1978. Vgl. dazu NN, Auf dem Weg zur Caritas der Gemeinde. Zwischenbilanz, in: Caritas. Zeitschrift für Caritasarbeit und Caritaswissenschaft Jg. 78 Nr. 6 (November/Dezember 1977), 380 - 385, 380 ff; Michael Manderscheid, Auf dem Weg zur Caritas der Gemeinde, in: Caritas '79. Jahrbuch des Deutschen Caritasverbandes, 210 - 217, 210 ff.

zurichten hatte[1042]. Alle Verbandstätigkeit sollte von der Vorrangigkeit der Gemeinde und des kleinen Gemeinwesens ausgehen und ihr erstes Ziel darin sehen, bei der Lösung von Nöten und Problemen zuerst die Eigen- und Selbsthilfekräfte des einzelnen Menschen, der Gemeinde und des Gemeinwesens zu stärken und zu aktivieren. Angestrebt wurde, das Prinzip der Subsidiarität im eigenen kirchlichen, wie im gesellschaftlichen Bereich, aber auch in der sozialen Arbeit, ernst zu nehmen: "Wie dasjenige", so eine Formulierung der Enzyklika Quadragesimo anno (1931), "was der Einzelmensch aus eigener Initiative und mit seinen eigenen Kräften leisten kann, ihm nicht entzogen und der Gesellschaftstätigkeit zugewiesen werden darf, so verstößt es gegen die Gerechtigkeit, das, was die kleineren und untergeordneten Gemeinwesen leisten und zum guten Ende führen können, für die weitere und übergeordnete Gemeinschaft in Anspruch zu nehmen. ... Jedwede Gesellschaftstätigkeit ist ja ihrem Wesen und Begriff nach subsidiär; sie soll die Glieder des Sozialkörpers unterstützen, darf sie aber niemals zerschlagen oder aufsaugen"[1043]. Bezogen auf das Verhältnis von verbandlicher Caritasarbeit und christlicher Gemeinde bedeutete Subsidiarität: Ohne Anerkennung der Vorrangigkeit der Gemeinden und der Eigenkräfte des kleineren Gemeinwesens durch den Caritasverband, seine Fachverbände und Fachbereiche bei der Lösung von Nöten und Problemen im sozialen und caritativen Dienst gab es keine Gemeindeorientierung[1044].

Um die Zielsetzungen und Aufgabenstellungen der Gemeindeorientierung in der laufenden Verbandsarbeit umzusetzen, wurden seit Ende der siebziger Jahre in fast allen Diözesan- und Ortsverbänden der Caritas eigene Fachberatungen für die "Gemeindecaritas" ins Leben gerufen[1045]. Nachdem die Dechantenkonferenz im Erzbistum Köln im Mai 1978 die Freigabe von 13 Planstellen für Fachberater in der Gemeindecaritas befürwortet und die Anstellung im Einvernehmen zwischen Stadtdechant und Diözesan-

---

[1042] Vgl. Rolf Zerfaß, Der Beitrag des Caritasverbandes zur Diakonie, in: Caritas. Zeitschrift für Caritasarbeit und Caritaswissenschaft Jg. 88 Nr. 1 (Januar 1987), 12 - 27, 12 ff.

[1043] Die Rundschreiben Leos XIII. und Pius XI. über die Arbeiterfrage. Die Enzyklika Leos XIII. "Rerum novarum" über die Arbeiterfrage und die Enzyklika Pius XI. "Quadragesimo anno" über die gesellschaftliche Ordnung, ihre Wiederherstellung und ihre Vollendung nach dem Heilsplan der Frohbotschaft, zum 40. Jahrestag des Rundschreibens Leos XIII. "Rerum novarum". Amtlicher deutscher Text, Köln 1931, 58 f. Vgl. dazu Ursula Schoen, Subsidiarität. Bedeutung und Wandel des Begriffs in der katholischen Soziallehre und in der deutschen Sozialpolitik. Eine diakoniewissenschaftliche Untersuchung, Neukirchen - Vluyn 1998, 60 ff.

[1044] Vgl. Karl Lehmann, Gemeinde im Dienst der Caritas - Caritas im Dienst der Gemeinde, in: Karl Lehmann, Signale der Zeit. Spuren des Heils, Freiburg 1983, 150 - 171, 165 ff; Norbert Mette, Grundprinzip Gemeindecaritas, in: Caritas. Zeitschrift für Caritasarbeit und Caritaswissenschaft Jg. 98 Nr. 4 (April 1997), 149 - 161, 158 f.

[1045] Vgl. Gemeindecaritas im Erzbistum Köln. Standort, Auftrag, Grenzen, Köln 1978, 17 f; Ulrich Thien, Gemeindecaritas: Praktische Erfahrungen und konzeptionelle Überlegungen, in: Caritas '86. Jahrbuch des Deutschen Caritasverbandes, 241 - 246, 241 f; Herbert Stöhr, Wie kann Gemeindecaritas in einer Diözese effektiver gestaltet werden ?, in: Caritas '96. Jahrbuch des Deutschen Caritasverbandes, 192 - 196, 192 f; Theodor Damm, Rahmenkonzept für den Fachbereich Gemeindecaritas in der Diözese Münster, in: Caritas '96. Jahrbuch des Deutschen Caritasverbandes, 281 - 286, 281; Wolfgang Kues, Erfahrungen mit der Gemeindecaritas in der Diözese Regensburg, in: Caritas '96. Jahrbuch des Deutschen Caritasverbandes, 293 - 299, 293 ff.

9. Gemeindecaritas

verband empfohlen hatte[1046], genehmigte im Sommer 1981 auch der Vorstand des Caritasverbandes für die Stadt Düsseldorf die Einrichtung einer "Planstelle Gemeindecaritas", die am 1. Oktober 1981 von Günther Fuchs übernommen wurde[1047]. Zwar bestand beim Düsseldorfer Caritasverband bereits seit mehreren Jahrzehnten ein "Referat Pfarrcaritas", das "allerdings nur sporadisch und unter einem anderen Grundkonzept wahrgenommen wurde"[1048]. Vorrangiges Ziel des neuen Fachbereiches war es, die Caritas der Düsseldorfer Gemeinden aufzubauen, zu begleiten und weiterzuentwickeln wie auch bei der Gemeindeorientierung der verbandlichen Caritasarbeit mitzuwirken. Ein Rahmenkonzept für die Arbeit verbandlicher Gemeindecaritas lag noch nicht vor, doch hatte der Diözesancaritasverband bereits im Jahre 1978 eine Schrift mit dem Titel "Gemeindecaritas im Erzbistum Köln" veröffentlicht, in der einige Leitlinien für den "Beitrag des örtlichen Caritasverbandes zur Caritas der Gemeinde" vorgezeichnet waren. Hiernach waren Ortscaritasverbände und ihre Fachverbände Gemeinde orientiert ausgerichtet: "1. durch das Selbstverständnis ihrer subsidiären und dienenden Funktion, 2. durch die Förderung ehrenamtlicher caritativer Dienste, 3. durch den Aufbau einer gemeindebezogenen persönlichen Caritasmitgliedschaft, 4. durch die Einrichtung modellhafter Dienste, aus denen sich die verbandliche Caritas nach Übernahme durch die Pfarrgemeinden wieder zurückzieht, 5. durch die Einbeziehung der Gemeinden bei Planungen und Prioritätensetzung, 6. durch den Auftrag an jeden hauptamtlichen Mitarbeiter, bei seiner Hilfeleistung für den einzelnen stets dessen Pfarrgemeinde als Lebensgefüge mit einzubeziehen, 7. durch den Einsatz besonders befähigter Mitarbeiter der Caritasverbände, die unmittelbar mit den Gemeinden arbeiten sollen"[1049].

Wo die Eigenkräfte der Pfarrgemeinde verkümmert, noch nicht hinreichend entwickelt oder überfordert waren, sollte die Facharbeit des Caritasverbandes dazu beitragen, dass Pfarrgemeinden und Gemeinwesen die individuellen und gesellschaftlichen Probleme und Defizite bewusst sahen und erkannten[1050]. Jeder Fachbereich und Fachverband des Caritasverbandes sollte helfen, dass Pfarrgemeinden ihren Auftrag und ihre Chance im caritativen Bereich wahrnehmen konnten. Sie sollten in ihren unterschiedlichen Arbeitsfeldern und in den unterschiedlichen sozialen Situationen von Gemeinden und Gemeinwesen die Entwicklung offener und solidarischer Gemeinden fördern und unterstützen[1051]. Durch kontinuierliche Beratung und Zusammenarbeit, durch Information und gemeinsame Planung, durch Initiierung von Projekten sollten Gemeinden motiviert werden, immer mehr Dienste auch selber zu übernehmen. Ziel war es, das Verhältnis zwischen den primären Diensten der Gemeinden und den ergänzenden Diensten

---

[1046] Vgl. Gemeindecaritas im Erzbistum Köln. Standort, Auftrag, Grenzen, Köln 1978, 20.
[1047] Vgl. CVD Vorstandsprotokolle, 10.07.1981.
[1048] Günther Fuchs, Der Beitrag des örtlichen Caritasverbandes zur Diakonie der Gemeinde, in: Caritas. Zeitschrift für Caritasarbeit und Caritaswissenschaft Jg. 88 Nr. 1 (Januar 1987), 49 - 50, 49.
[1049] Gemeindecaritas im Erzbistum Köln. Standort, Auftrag, Grenzen, Köln 1978, 16.
[1050] Vgl. Eugen Baldas, Gemeindecaritas: Profil, Standort und Perspektiven, in: Caritas. Zeitschrift für Caritasarbeit und Caritaswissenschaft Jg. 98 Nr. 4 (April 1997), 167 - 173, 168.
[1051] Vgl. Hellmut Puschmann, Gemeindecaritas: Alibi für Kirchlichkeit oder Grundprinzip sozialer Arbeit im Caritasverband ?, in: Caritas. Zeitschrift für Caritasarbeit und Caritaswissenschaft Jg. 98 Nr. 4 (April 1997), 161 - 167, 163 ff.

des Verbandes auszugleichen. Durch die Einbeziehung von Familie und Nachbarschaft wie auch Freizeitgeschehen und Berufswelt konnte am ehesten der angestrebte ganzheitliche Dienst am Menschen geleistet werden[1052].

Historisch gewachsen und bedingt, lagen bei Einrichtung der Fachberatung Gemeindecaritas im Jahre 1981 die Schwerpunkte der Hilfen des Caritasverbandes für die Stadt Düsseldorf, der Fachverbände und Pfarrgemeinden überwiegend im stationären und teilstationären Bereich, während der offene bzw. ambulante Bereich noch wenig entwickelt war. Nach einem Faltblatt mit dem Titel "caritas in düsseldorf" gehörten zur katholischen Wohlfahrtsarbeit in der Landeshauptstadt 1982 neben der "Zentrale des Caritasverbandes für die Stadt Düsseldorf e.V., Klosterstr. 88" folgende Beratungsstellen, Dienste, Einrichtungen und Fachverbände[1053]:

	Name	Straße	Träger	Bemerkung
1	Fachberatung für Gemeindecaritas	Klosterstr. 88	Caritasverband Düsseldorf	Beratung von Pfarrgemeinden bei sozial - caritativen Aufgaben
2	Offene Altenarbeit	Klosterstr. 88	Caritasverband Düsseldorf	Beratung und Hilfe, Kontakte zu Altenklubs und Altentagesstätten
3	Krankenhausfürsorge	Klosterstr. 88	Caritasverband Düsseldorf	Beratung und Hilfe, Unterbringung in Alten- und Pflegeheimen
4	Sozialdienst in Altenheimen	Klosterstr. 88	Caritasverband Düsseldorf	Beratung von Heimbewohnern, Kontakte zu Behörden und Angehörigen
5	Koordination der Caritaspflegestationen	Klosterstr. 88	Caritasverband Düsseldorf	Zentrale Leitstelle der Sozialstationen
6	Fachberatung der Tageseinrichtungen für Kinder	Klosterstr. 88	Diözesancaritasverband Köln	
7	Katholische Beratungsstelle für Eltern, Kinder, Jugendliche	Klosterstr. 86	Caritasverband Düsseldorf	Beraterische und therapeutische Hilfen in Erziehungsschwierigkeiten und Familienproblemen
8	Beratungsstelle für Jugendliche	Ulmenstr. 67	Sozialdienst Katholischer Frauen und Männer Düsseldorf	Beratung für Jugendliche in Konfliktsituationen
9	Katholische Beratungsstelle für Ehe-, Familien- und Lebensfragen	Klosterstr. 86	Katholische Eheberatung Düsseldorf e.V.	Beratung bei Fragen der Familiengründung und -planung, Sexualberatung, Konfliktberatung bei persönlichen Problemen

---

[1052] Vgl. Hubert Wiesehöfer, Sozialarbeit in der lebensweltlichen Realität, in: Caritas '91. Jahrbuch des Deutschen Caritasverbandes, 244 - 250, 244 ff; Bernd Kraus, Gemeindecaritas zwischen Kirchengemeinde und Wohlfahrtsverband. Erfahrungen mit dem lebensraumorientierten Ansatz im Arbeitsbereich Gemeindecaritas, in: Caritas '92. Jahrbuch des Deutschen Caritasverbandes, 153 - 158, 153 ff; Rudolf Devic, Gemeinde- und lebensraumbezogene Sozialarbeit, in: Caritas '95. Jahrbuch des Deutschen Caritasverbandes, 199 - 202, 199 ff; Klaus Fengler, Sozialraum Gemeinde: Arbeitsfeld der Fachberatung Gemeindecaritas, in: Caritas, Gemeinde, Nachbarschaft. Beiträge und Projektbeschreibungen zur Lebensraumorientierung der Gemeindecaritas, Köln 1999, 7 - 12, 7 ff.
[1053] Vgl. CVD 74, 1982.

9. Gemeindecaritas

10	Anerkannte Schwangerschaftsberatungsstelle	Ulmenstr. 67	Sozialdienst Katholischer Frauen und Männer Düsseldorf	Beratung bei Schwangerschaftsproblemen (§ 218)
11	Adoptionen- und Pflegschaftenvermittlungsstelle	Ulmenstr. 67	Sozialdienst Katholischer Frauen und Männer Düsseldorf	
12	Psychosozialer Dienst	Klosterstr. 88	Caritasverband Düsseldorf	Beratung und Behandlung von Alkohol- und Suchtkranken, Arzneimittelabhängiger und deren Bezugspersonen
13	Nichtsesshaftenhilfe, Haftenlassenenhilfe	Klosterstr. 88	Caritasverband Düsseldorf	Beratung, erstes Hilfsangebot, Kleidung und Verpflegung, Vermittlung in Heime
14	Beratung für Inhaftierte, deren Familien und Angehörige	Ulmenstr. 95	Katholischer Gefängnisverein Düsseldorf	Beratung und Hilfe nach der Haftentlassung
15	Koordination des Sozialdienstes für Ausländer	Klosterstr. 88	Caritasverband Düsseldorf	
16	Beratungsstelle für Spätaussiedler und Besucher aus Ostgebieten	Klosterstr. 88	Caritasverband Düsseldorf	Beratung in allen Integrationsfragen, Besucherdienste
17	Raphaelswerk Dienst am Menschen unterwegs	Klosterstr. 88	Raphaelswerk Hamburg	Beratungsstelle für Auswanderer, Auslandstätige, Ehen mit Ausländern
18	Katholischer Sozialdienst offene Sozialarbeit	Ulmenstr. 67	Sozialdienst Katholischer Frauen und Männer Düsseldorf	Jugendgerichtshilfe, Vormundschaften, Pflegschaften, Familienberatung, Beratung von Alleinstehenden
19	Sozialdienst für Ausländer Griechen	Duisburger Str. 66	Caritasverband Düsseldorf	
20	Sozialdienst für Ausländer Italiener	Becherstr. 25	Caritasverband Düsseldorf	
21	Sozialdienst für Ausländer Jugoslawen	Van - Douven - Str. 8	Caritasverband Düsseldorf	
22	Sozialdienst für Ausländer Portugiesen	Klosterstr. 88	Caritasverband Düsseldorf	
23	Sozialdienst für Ausländer Spanier	Bilker Str. 36	Caritasverband Düsseldorf	
24	Mahlzeitendienst Essen auf Rädern	Klosterstr. 88	Caritasverband Düsseldorf	
25	Caritas - Pflegestation Mitte	Lambertusstr. 2	Caritasverband Düsseldorf	Kranken-, Alten- und Familienpflege im häuslichen Bereich
25	Caritas - Pflegestation Ost	Kamperweg 314	Caritasverband Düsseldorf	Kranken-, Alten- und Familienpflege im häuslichen Bereich
25	Caritas - Pflegestation Süd	Josefplatz 12a	Caritasverband Düsseldorf	Kranken-, Alten- und Familienpflege im häuslichen Bereich
26	Haus- und Familienpflege	Klosterstr. 88	Caritasverband Düsseldorf	Beratung, Einsatzleitung, sozialpädagogische Einsätze
27	Katholische Häusliche Krankenpflege	Mühlenstr. 3	Katholische Häusliche Krankenpflege e.V. Düsseldorf	Häusliche Kranken- und Altenpflege, Ausleihen von Krankenpflege - Gegenständen, Ausbildung als Schwesternhelferin
28	Altenerholung	Klosterstr. 88	Caritasverband Düsseldorf	

29	Familienerholung	Klosterstr. 88	Caritasverband Düsseldorf	
30	Kindererholungsmaßnahmen	Klosterstr. 88	Caritasverband Düsseldorf	
31	Kinder- und Mütterkuren	Klosterstr. 88	Caritasverband Düsseldorf	
32	Katholisches Jugendferienwerk	Hubertusstr. 5	Katholisches Jugendamt Düsseldorf	
33	Familienwerk St. Martin	Klosterstr. 88	Familienwerk St. Martin e.V.	Familienerholung im Hause "Martinshöhe" in Mendig/Eifel
34	Bahnhofsmission	Konrad - Adenauer - Platz 14	Verband Katholischer Mädchensozialarbeit Düsseldorf	Beratung, Auskünfte, Reisehilfen, Betreuung der DDR - Besucher und Spätaussiedler
35	Kreuzbund	Rosmarinstr. 28	Kreuzbund Düsseldorf	Selbsthilfeorganisation und Helfergemeinschaft für Suchtkranke
36	Rundfunkhilfe	Klosterstr. 88	Caritasverband Düsseldorf	Hilfe zur Antragstellung von Rundfunk- und Fernsehgeräten
37	Wohlfahrtsmarken, Caritaslotterie, Caritassammlungen	Klosterstr. 88	Caritasverband Düsseldorf	
38	St. Anna Stift	Eiskellerstr. 7	Kuratorium	Alten- und Pflegeheim
38	Altenheim St. Antonius	Am Schönenkamp 149	Pfarrgemeinde St. Antonius Hassels	Alten- und Pflegeheim
38	Gerrikus - Stift	Gerrikusstr. 14/18	Pfarrgemeinde St. Margareta	Alten- und Pflegeheim
38	Altenheim zur Hl. Familie	Alt - Heerdt 3	Mutterhaus der Dominikanerinnen Arenberg	Alten- und Pflegeheim
38	Herz - Jesu - Heim	Mendelssohnstr. 15	Caritasverband Düsseldorf	Alten- und Pflegeheim
38	St. Hildegardisheim	Ricarda - Huch - Str. 2	Caritasverband Düsseldorf	Alten- und Pflegeheim
38	Edmund - Hilvert - Heim	Rossstr. 79	Pfarrgemeinde Herz - Jesu Derendorf	Alten- und Pflegeheim
38	Johannes - Höver - Heim	Rather Broich 155	Caritasverband Düsseldorf	Alten- und Pflegeheim
38	St. Hubertusstift	Neusser Str. 25	Kuratorium	Alten- und Pflegeheim
38	St. Josefs - Haus	Kruppstr. 23	Caritasverband Düsseldorf	Alten- und Pflegeheim
38	Klara - Gase - Haus	Sprockhöveler Str. 36	Caritasverband Düsseldorf	Alten- und Pflegeheim
38	Luisenheim	Schlossallee 2	Verband Katholischer Mädchensozialarbeit Düsseldorf	Alten- und Pflegeheim
38	Marienstift	Suitbertus - Stiftsplatz 11	Pfarrgemeinde St. Suitbertus Kaiserswerth	Alten- und Pflegeheim
38	Schwiertz - Stephan - Stift	Wilhelm - Tell - Str. 9	Pfarrgemeinde St. Martin	Alten- und Pflegeheim
38	Theresienhospital	Altestadt 2	Ordensgemeinschaft der Töchter vom Hl. Kreuz	Alten- und Pflegeheim

9. Gemeindecaritas

38	Vinzentinum	Höherweg 42	Caritasverband Düsseldorf	Alten- und Pflegeheim
39	Altentagesstätte Hassels	Am Schönenkamp 146	Caritasverband Düsseldorf	
39	Altentagesstätte Unterrath	Kürtenstr. 160	Caritasverband Düsseldorf	
39	Altentagesstätte Flingern	Lindenstr. 176/178	Caritasverband Düsseldorf	
40	Altenclubs			Auskunft in den katholischen Pfarrgemeinden und beim Caritasverband
41	Augusta - Krankenhaus	Amalienstr. 9	Ordensgemeinschaft der Töchter vom Hl. Kreuz	Krankenhaus
41	Dominikus - Krankenhaus	Am Heerdter Krankenhaus 2	Mutterhaus der Dominikanerinnen Arenberg	Krankenhaus
41	Geriatrisches Fachkrankenhaus Elbroich	Am Falder 4	Geriatrisches Krankenhaus Elbroich GmbH	Geriatrisches Krankenhaus
41	Liebfrauenkrankenhaus	Degerstr. 59/61	Franziskanerinnen von der Heiligen Familie e.V.	Krankenhaus
41	Marienhospital	Rochusstr. 2	Kuratorium	Krankenhaus
41	St. Josefs - Hospital	Am Klosterhof 1	Ordensgemeinschaft der Töchter vom Hl. Kreuz	Heim für Schwachsinnige
41	St. Martinus - Krankenhaus	Gladbacher Str. 26	Genossenschaft der Armen Dienstmägde Jesu Christi	Krankenhaus
41	St. Vinzenz - Krankenhaus	Schlossstr. 85	Caritative Vereinigung e.V. Köln - Nippes (Vinzentinerinnen)	Krankenhaus
42	Caritasheim	Rather Broich 155	Caritasverband Düsseldorf	Nichtsesshaftenheim
42	Don - Bosco - Haus	Schützenstr. 31	Caritasverband Düsseldorf	Erwachsenenwohnheim
42	Haus Weißenburg	Weißenburger Str. 17	Zentrale des Sozialdienstes Katholischer Männer e.V.	Ledigenwohnheim
43	Agnesheim	Ulmenstr. 75	Sozialdienst Katholischer Frauen und Männer Düsseldorf	Aufnahmeheim für weibliche Jugendliche
44	Heim der öffentlichen Erziehung (Gertrudisheim)	Ulmenstr. 83	Sozialdienst Katholischer Frauen und Männer Düsseldorf	Pädagogische Hilfe für Mädchen und Mütter mit Kindern
45	Anna - Niedieck - Haus	Ulmenstr. 75	Sozialdienst Katholischer Frauen und Männer Düsseldorf	Heim für weibliche Jugendliche
45	Christopherus - Heimstatt	Löricker Str. 39	Dreikönigen - Heimstatt e.V. Düsseldorf	Heim für männliche Jugendliche
45	St. Georg	Am Schönenkamp 151	Jugendwohnheim e.V. Düsseldorf - Benrath	Heim für männliche Jugendliche

45	Mädchenheimstatt	Oststr. 40	Mädchenheimstatt e.V. Düsseldorf	Heim für weibliche Jugendliche
46	Haus Michael	Ulmenstr. 32	Zentrale des Sozialdienstes Katholischer Männer e.V.	Wohnheim für Geistigbehinderte
47	Kinderheim St. Raphael	Oberbilker Allee 157	Katholischer Waisenverein Düsseldorf	
48	Kindergärten			Auskunft in den katholischen Pfarrgemeinden, beim Caritasverband und Gemeindeverband
49	Projekt Hackenbruch	Am Hackenbruch 200	Caritasverband Düsseldorf	Beratung und Hilfe für Sinti (Zigeuner)
50	Fachseminar für Altenpflege	Am Falder 4	Diözesancaritasverband Köln	
51	Fachschule der Ursulinen, Fachschule 12 b	Ritterstr. 14	Ursulinen aus dem Mutterhaus zu Düsseldorf e.V.	Fachhochschulreife
52	Fachschule der Ursulinen für Sozialpädagogik	Ritterstr. 14	Ursulinen aus dem Mutterhaus zu Düsseldorf e.V.	Erzieherausbildung
53	Fachschule der Ursulinen für Sonderpädagogik	Ritterstr. 14	Ursulinen aus dem Mutterhaus zu Düsseldorf e.V.	
54	ASG	Gerresheimer Str. 90	Arbeitsgemeinschaft für Sozialpädagogik und Gesellschaftsbildung e.V. Düsseldorf	Institut für Erwachsenen- und Familienbildung
55	Malteser - Hilfsdienst	Fürstenwall 206	Malteser - Hilfsdienst Düsseldorf	Erste Hilfe Ausbildung
56	Sozialdienst Katholischer Frauen und Männer e.V.	Ulmenstr. 67		
57	Malteser - Hilfsdienst e.V.	Fürstenwall 206		
58	Verband Katholischer Mädchensozialarbeit e.V.	Schlossallee 2		
59	Katholischer Gefängnisverein e.V.	Ulmenstr. 95		
60	Arbeitskreis der Caritaskonferenzen (Elisabethkonferenzen) und Caritasgruppen	Sohnstr. 50		Beratung und Schulung der ehrenamtlichen Mitarbeiter und pfarrlichen Caritasgruppen
61	Ortsrat der Vinzenzkonferenzen	Im Heidewinkel 26		Beratung und Schulung der ehrenamtlichen Mitarbeiter und pfarrlichen Caritasgruppen
62	Deutsches Katholisches Blindenwerk Stadtgruppe Düsseldorf	Sohnstr. 50		
63	Katholischer Gehörlosenverein	Lindenstr. 223		
64	Katholischer Deutscher Frauenbund Zweigverein Düsseldorf e.V.	Stresemannstr. 21		

9. Gemeindecaritas

65	Stadtverband der Katholischen Frauengemeinschaft Düsseldorf e.V.	Ritterstr. 28		
66	Krankenhaus - Seelsorge			Seelsorger in allen katholischen Krankenhäusern
67	Katholisches Jugendamt	Hubertusstr. 5		
68	Katholischer Gemeindeverband	Hubertusstr. 5		
69	Katholikenrat	Hubertusstr. 5		
70	Glaubensberatung Fides	Immermannstr. 20		
71	Telefonseelsorge	Hohenzollernstr. 24		

Die historisch gewachsene Leistungsstruktur des Düsseldorfer Caritasverbandes, der caritativen Fachverbände und der katholischen Kirchengemeinden mit ihren Schwerpunkten Krankenhilfe, Altenhilfe, Behindertenhilfe sowie Kinder- und Jugendhilfe musste Anfang der achtziger Jahre dringend um die neu erwachsenen Arbeitsfelder der offenen bzw. ambulanten Caritashilfe erweitert werden, wollte die katholische Wohlfahrt in der Stadt Düsseldorf ihre allgemein anerkannte Kompetenz auf dem Gebiet der Fürsorge- und Sozialarbeit nicht verlieren. Da gerade die Bereiche der offenen bzw. ambulanten Arbeit typische und ideale Felder gemeindlicher Caritas waren, wo sich haupt- und ehrenamtlicher Caritasdienst sinnvoll ergänzten, verwundert es nicht, dass der Caritasverband für die Stadt Düsseldorf mit Einrichtung der Fachberatung Gemeindecaritas eine nicht zu übersehende Neuausrichtung erlebte.

Die Gemeindeorientierung des Caritasverbandes und die Caritasorientierung der Gemeinden erforderten einen längeren Prozess der praktischen Umsetzung, der unter Caritasdirektor Werner Drehsen begann, von Caritasdirektor Hermann Franken fortgesetzt und durch Caritasdirektor Johannes Böcker neu ausgerichtet wurde. Adressaten des Caritasverbandes in den Düsseldorfer Kirchengemeinden waren zunächst die hier bestehenden Vereine, Selbsthilfegruppen und Initiativen mit ihren ehrenamtlichen Mitarbeitern und Mitarbeiterinnen[1054]. Nach einer Aufstellung vom Sommer 1983 waren in den 68 Pfarrgemeinden des Stadtdekanates Düsseldorf 1550 ehrenamtliche Caritashelfer tätig, davon 889 in festen Gruppen und 661 in ad hoc Gemeinschaften für zeitlich befristete Aufgaben. Insgesamt gab es in der Stadt 86 Caritasgruppen (47 Caritas- oder Sozialkreise, 21 Caritas- oder Elisabethkonferenzen, 18 Vinzenzkonferenzen), deren ehrenamtliches Engagement die Aufgabenbereiche Altenhilfe, Kranken- und Behindertenhilfe, Familienhilfe, Kinder- und Jugendhilfe wie auch Ausländer- und Aussiedlerhilfe umfasste. Darüber hinaus boten 187 Besuchsdienste im Bereich der Caritas ihre Hilfe an: 56 Altenbesuchsdienste, 43 Krankenbesuchsdienste, 39 Krankenhausbesuchsdienste, 49 allgemeine Pfarrbesuchsdienste. Im Bereich der offenen Altenhilfe wirkten 66 Altenklubs und 4 Altentagesstätten. In 52 Pfarrgemeinden gab es einen Ausschuss "Caritas und Soziales" des Pfarrgemeinderates, der die sozial-caritative Arbeit der Pfarrge-

---

[1054] Vgl. dazu Maria Reichmann, Caritashelfergruppen in der Gemeinde, in: Lebendige Seelsorge Jg. 27 Nr. 6 (November 1976), 408 - 412, 408 ff.

meinde koordinierte und in weiteren 11 Pfarrgemeinden war ein Caritasmitarbeiter im Pfarrgemeinderat vertreten. Zu den Arbeitsgruppen im Bereich der Gemeindecaritas zählten auch folgende Initiativen: 15 Gruppen in der Schulaufgabenhilfe für Ausländer, 4 Gruppen für Ausländer, 23 Angebote im Bereich der Nachbarschaftshilfe im Pfarrbezirk, 14 Arbeitsgruppen mit Spätaussiedlern, 7 Gruppen in der Behindertenhilfe, 34 Familienkreise mit sozial - caritativen Aufgaben. Neben den Zusammenschlüssen mit vergleichbaren Diensten, gab es in einigen Pfarrgemeinden besondere Initiativen mit speziellen Aufgaben: Fahrten für ältere Mitbürger, Fahrdienst für alte und behinderte Menschen, Einzelberatung und Einzelhilfe, Soziale Sprechstunde, Kleiderkammer, Aufzeichnung von Gottesdiensten, Aktion Babykorb, Gruppen für Alleinerziehende, Arbeitskreis Jugend und Erwachsene, Zigeunerhilfe, Angebote für Arbeitslose und arbeitslose Jugendliche, Zusammenarbeit mit Sozialstationen[1055].

Um die angestrebte Gemeindeorientierung des Caritasverbandes und die Caritasorientierung der Gemeinden zu verwirklichen, mussten die vielen, letztlich auf Einzelfallhilfe ausgerichteten Dienste der Caritas und Pastoral ihren Arbeitsansatz überdenken und fortentwickeln. Ein Hebel auf dem Weg dorthin waren die Gemeinde und Lebensraum bezogene Sozialarbeit, die Gemeindeorientierung des Caritasverbandes und seiner Dienste, die Projekt bezogene Zusammenarbeit von Caritasverband und Gemeinden sowie die Zusammenarbeit mit Hauptamtlichen und Ehrenamtlichen in den Pfarreien[1056]. Die Gemeinde und Lebensraum bezogene Sozialarbeit diente vor allem der Entwicklung von Hilfsmöglichkeiten im Lebensraum der Gemeinde: Beratung und Unterstützung von Helfergruppen, Initiativen, Nachbarschaftshilfen; Informationen über Ansätze von Gemeindecaritas und Gemeindesozialarbeit; Aufbau und Entwicklung von Gruppen, Initiativen und Diensten in den Gemeinden; Vernetzung von informeller und institutioneller sozialer Arbeit; Informationen, Beratung und Schulung von Gruppen, Gremien, Personen. Zur Gemeindeorientierung des Caritasverbandes und seiner Dienste gehörten: Absprachen mit den Fachdiensten des Caritasverbandes im Blick auf die Zusammenarbeit mit den Gemeinden; Entwicklung von Konzepten und Arbeitsplanungen; Entwicklung von Projekten in der Zusammenarbeit von Fachdiensten und Caritasverband. Charakteristisch für die Projekt bezogene Zusammenarbeit von Caritasverband und Gemeinden war in Düsseldorf die gezielte und langfristige Kooperation von Gemeinden und Caritasverband in den Bereichen Arbeitslosigkeit, offene Altenarbeit und Mobiler Sozialer Hilfsdienst. Voraussetzung für die praktische Durchführung waren: gemeinsame Klärung und Bestandsaufnahme sozialer Lebenszusammenhänge und Entscheidung über die Entwicklung von Projekten; Koordinierung sozialer Ressourcen der Gemeinden und fachlicher Möglichkeiten des Caritasverbandes in Lebensraum bezogenen Projekten; Zusammenarbeit der Gemeinden und des Caritasverbandes mit dem Ziel, auch komplexen sozialen Problemen im Lebensraum Gemeinde durch konkrete Projekte zu begegnen. Die Kooperation mit den pastoralen Diensten in den Gemeinden berührte vor allem die Zusammenarbeit oder Mitarbeit in den Gremien der Pfarrgemeinden, Seelsorgebereiche und Dekanate, die Zusammenarbeit mit den Deka-

---

[1055] Vgl. CVD 192, 16.08.1983.

[1056] Vgl. Gemeinde - Orientierung des Caritasverbandes und seiner Fachverbände, Freiburg 1981, 15 ff.

nats - Caritasbeauftragten, die Information und Beratung von Hauptamtlichen der Pastoral in Fragen der Sozialarbeit und Caritas, die Mitwirkung bei der Praxisbegleitung von pastoralen Mitarbeitern in der Ausbildung wie auch die Hinwirkung auf eine pastorale Begleitung der Ehrenamtlichen. Die Arbeit mit letzteren hatte schließlich zum Gegenstand: Mitwirken beim Aufbau ehrenamtlicher Gruppen, Unterstützung, Beratung und Fortbildung Ehrenamtlicher, Ermöglichen der Selbstvertretung Ehrenamtlicher, Einsatz im Caritasverband für die Belange Ehrenamtlicher und für die Beachtung ihrer selbst gegebenen Strukturen, Weitergabe von Informationen über den und aus dem Caritasverband und anderer sozial - caritativer Träger, Kooperation und Abstimmung mit caritativen Fachverbänden[1057].

9.1 Arbeitslosenhilfe

Neue Ansätze für die Caritasarbeit auf Ebene der Pfarrgemeinden ergaben sich Anfang der achtziger Jahre vor allem aus dem Problemfeld "Arbeitslosigkeit". Seit dem Verlust der Vollbeschäftigung Mitte der siebziger Jahre war auch in Düsseldorf nicht mehr von Arbeitslosigkeit, sondern nur noch von Massenarbeitslosigkeit die Rede. Letzteres bedeutete, dass die Zahl der Arbeitslosen nicht vorrangig saisonal oder konjunkturell, sondern durch die Wirtschaftsentwicklung strukturell bedingt war. Waren in Düsseldorf 1970 nur 926 Menschen ohne dauerhafte Erwerbsstelle, so stieg die Zahl 1980 auf 10863, 1982 auf 21913 und 1985 auf 27881[1058]. Obwohl sich die Konjunkturentwicklung in den achtziger Jahren in Nordrhein - Westfalen und damit auch in der Landeshauptstadt als insgesamt günstig darstellte, bestand eine nicht unerhebliche Arbeitsplatzlücke, die nur langfristig abgebaut werden konnte[1059]. Problematisch an der Entwicklung war, dass es nicht mehr gelang, die in der Rezession verlorenen Arbeitsplätze im nächstfolgenden Konjunkturaufschwung in gleicher Zahl durch neue Stellen zu ersetzen. Neben den Langzeitarbeitslosen waren von der steigenden Sockelarbeitslosigkeit vor allem Menschen mit geringer beruflicher Qualifikation, Ausländer und Frauen betroffen. Gleichwohl bestand von Seiten der Wirtschaft durchaus eine Nachfrage an Arbeitskräften, die aber offensichtlich nicht befriedigt werden konnte[1060]. Im Jahre 1987 stellte das

---

[1057] Vgl. Hubert Wiesehöfer, Gemeindesozialarbeit und Lebensweltorientierung. Entwicklung und Ausblick, in: Projektbeschreibungen, Praxisberichte, Schwerpunkte, Anregungen, Grundlagen, Konzepte zum Rahmenkonzept für den Fachbereich Gemeindecaritas in örtlichen Caritasverbänden, Münster 1996, 41 - 47, 41 ff.
[1058] Vgl. Düsseldorf in Zahlen. Vierteljährliche Mitteilungen des statistischen Amtes der Landeshauptstadt Nr. 4 (1970), 6; Düsseldorf in Zahlen. Vierteljährliche Mitteilungen des Amtes für Statistik und Wahlen der Landeshauptstadt Nr. 4 (1980), 7; Düsseldorf in Zahlen. Vierteljährliche Mitteilungen des Amtes für Statistik und Wahlen der Landeshauptstadt Nr. 4 (1982), 7; Düsseldorf in Zahlen. Vierteljährliche Mitteilungen des Amtes für Statistik und Wahlen der Landeshauptstadt Nr. 4 (1985), 8.
[1059] Vgl. Stefan Welzk, Boom ohne Arbeitsplätze, Köln 1986, 13 ff.
[1060] Vgl. Christian Reinicke, "Konjunktur alleine nützt auch nichts". Strukturelle Arbeitslosigkeit, in: Christian Reinicke, Nordrhein - Westfalen. Ein Land in seiner Geschichte. Aspekte und Konturen 1946 - 1996, Münster 1996, 570 - 572, 570 f.

Ministerium für Wirtschaft, Mittelstand und Technologie in einer langfristigen Analyse der nordrhein - westfälischen Wirtschaft folgende sektorale Differenzierung fest: "1. Wir haben keine Branchen, bei denen wir in sämtlichen Regionen eine Zunahme der Beschäftigung registrieren können. 2. Branchen mit regional unterschiedlichen Arbeitsplatzgewinnen und -verlusten, die landesweit per Saldo ein Beschäftigungsplus aufweisen, sind die Büro- und Informationstechnik, Fahrzeugbau und Elektrotechnik. 3. Branchen mit Arbeitsplatzgewinnen und -verlusten, die per saldo schrumpfen, sind der Maschinenbau, Eisen-, Blech - Industrien, Druckereien, Bekleidungsgewerbe, Nahrungs- und Genußmittelgewerbe. 4. Branchen, in denen derzeit nahezu durchweg Arbeitsplatzverluste zu beobachten sind, sind der Bergbau, Steine und Erden, Eisenschaffende Industrie, Stahlbau, Textilgewerbe, aber auch Teile der chemischen Industrie wie die Mineralölverarbeitung"[1061].

Als Antwort der Politiker auf die strukturelle Arbeitslosigkeit wurden im Laufe der achtziger Jahre auf Landesebene verschiedene Konzepte für den Strukturwandel entworfen. Gemeinsam mit der Europäischen Gemeinschaft und der Bundesregierung wurden Schwerpunktprogramme ausgearbeitet, die die Auswirkungen der Arbeitslosigkeit mildern und den begonnenen Strukturwandel stützen sollten[1062]. Trotz aller Bemühungen konnte die Zahl der Arbeitslosen nicht entscheidend reduziert werden, wodurch sich immer stärker die gefürchtete Langzeitarbeitslosigkeit mit verheerenden Folgen für die betroffenen Menschen entwickelte. Belastend waren nicht nur die wirtschaftlichen Probleme, mit denen Langzeitarbeitslose zu kämpfen hatten: Gefühle des Versagens stellten sich ein, die Erfahrung von Ausgegrenztsein, familiäre und psychische Belastungen machten ihnen das Leben schwer. Dazu kam, dass die Solidarität in der Gesellschaft einem Konkurrenzkampf um die verbleibenden Arbeitsplätze gewichen war und der Riss in der Gesellschaft durch Politik und Wirtschaft noch vertieft wurde. Arbeitslose wurden mehr oder weniger direkt als "Drückeberger" diffamiert und die Opfer der Wirtschaftsentwicklung zu Tätern gemacht[1063]. Gegen solche Unterstellungen wandte sich mit Entschiedenheit neben vielen Initiativen auch der Caritasverband für die Stadt Düsseldorf, der über öffentliche Appelle hinaus, in den Grenzen seiner Möglichkeiten verschiedene Projekte zur Linderung der Folgen von Arbeitslosigkeit in Gang setzte.

Arbeitslosentreffpunkte

Der Anfang wurde in der Oberbilker Pfarrgemeinde St. Joseph gemacht, wo am 28. Mai 1983 ein Treffpunkt für Arbeitslose eingerichtet worden war[1064]. "In enger Zusammen-

---

[1061] Zitiert nach Christian Reinicke, "Konjunktur alleine nützt auch nichts". Strukturelle Arbeitslosigkeit, in: Christian Reinicke, Nordrhein - Westfalen. Ein Land in seiner Geschichte. Aspekte und Konturen 1946 - 1996, Münster 1996, 570 - 572, 572.
[1062] Vgl. Gerhard Brunn, Kleine Geschichte von Nordrhein - Westfalen 1946 - 1996, Köln 1996, 197 ff.
[1063] Vgl. Achim Trube, Arbeitslosigkeit und Neue Armut in Düsseldorf. Ein Bericht über Ursachen, Ausmaß und Folgen des sozialen Elends sowie Vorschläge für Gegenmaßnahmen, Bochum 1986, 4 ff.
[1064] Vgl. CVD 311, 12.03.1984; WZ 15.05.1983; NN, Arbeitslosentreff in St. Josef, in: Kirchenzeitung für das Erzbistum Köln Jg. 39 Nr. 33 (17.08.1984), 25.

9.1. Arbeitslosentreffpunkte

arbeit mit den hauptamtlichen Mitarbeitern des Caritasverbandes, von ehren- und nebenamtlichen Mitarbeitern und dem Pfarrer der Gemeinde", so Günther Fuchs im Jahre 1985, "hat sich diese Initiative entwickelt. Nach anfänglichen Unsicherheiten ist dieser Treff zu einer guten Adresse für arbeitslose Mitbürger geworden. Jeden Mittwoch treffen sich ca. 15 Arbeitslose von 9.00 - 12.00 Uhr zum Gespräch. Bei Kaffee und Brötchen wird diskutiert, gefragt, nach Antworten gesucht. Ideen zu entwickeln, wie die Zeit der Arbeitslosigkeit bewältigt werden kann, auch für Dauerarbeitslose, ist eine Hauptaufgabe im Treff. Das Problem der Dauerarbeitslosigkeit bzw. einer langfristigen Arbeitslosigkeit wird von vielen Besuchern als besonders schwerwiegend empfunden. Perspektivlosigkeit und tiefe Enttäuschung sind Grunderfahrungen der hier zusammenkommenden Menschen. Was können wir tun? Gemeinsam nach Lösungen suchen, heißt die Devise. Manches ist noch Zukunftsmusik, aber: Gemeinsam ist besser als einsam! So ist es oft zu hören und zu erfahren. Wichtigste Bereiche gemeinsamer Hilfen und Aktionen sind: Gespräche und Hilfen bei Lebensproblemen; Beratung in Fragen von Sozialhilfe, bei Problemen mit dem Arbeitsamt, in Wohnungsgeldsachen u.a.m.; Hilfen beim Umgang mit Behörden; Rechtsberatung; Seminare, Schulungen und Ausflüge; Freizeitgestaltung etc."[1065].

Im Arbeitslosentreff, der im pfarreigenen Haus Josefplatz 12a zusammenkam, hatte sich schnell eine Kerngruppe von etwa zehn Arbeitslosen gebildet, die bestimmte Tätigkeiten zur Aufrechterhaltung des Betriebes selbstverantwortlich ausübten[1066]. Schon nach wenigen Monaten gewann die Idee einiger Arbeitsloser konkrete Gestalt, im Werkraum der Gemeinde unter Anleitung einer Lehrkraft einen Werk - Treff für verschiedene handwerkliche Arbeiten einzurichten[1067]. Hieraus entstand 1984 eine Fahrradwerkstatt, die aus Platzmangel zwei Jahre später in Räume der Pfarrgemeinde St. Bruno verlegt wurde, wo inzwischen ein zweiter Arbeitslosentreff ins Leben gerufen worden war[1068].

Etwa zeitgleich mit Einrichtung des Oberbilker Arbeitslosentreffs waren in Unterrath bereits bestehende Kontakte zwischen dem Caritasverband für die Stadt Düsseldorf und der Pfarrei St. Bruno intensiviert und innerhalb eines Jahres eine Bestandsaufnahme für Anknüpfungspunkte einer Gemeinde orientierten Caritasarbeit durchgeführt worden[1069]. Zur bestehenden ehrenamtlichen Sozialarbeit der Frauengemeinschaft wurde zunächst eine weitere Caritashelfergruppe gegründet, dann der seit längerer Zeit durchgeführte Besuchsdienst intensiviert und schließlich am 7. März 1985 ein Gesprächskreis

---

[1065] Günther Fuchs, Pfarrgemeinde und Arbeitslosigkeit. Maßnahmen gegen die Arbeitslosigkeit beim Caritasverband Düsseldorf, in: Caritas '86. Jahrbuch des Deutschen Caritasverbandes, 205 - 210, 206.
[1066] Vgl. Günther Fuchs, Pfarrgemeinde und Arbeitslosigkeit. Maßnahmen gegen die Arbeitslosigkeit beim Caritasverband Düsseldorf, in: Caritas '86. Jahrbuch des Deutschen Caritasverbandes, 205 - 210, 207.
[1067] Vgl. RP 29.09.1983; RP 03.08.1985.
[1068] Vgl. Günther Fuchs, Pfarrgemeinde und Arbeitslosigkeit. Maßnahmen gegen die Arbeitslosigkeit beim Caritasverband Düsseldorf, in: Caritas '86. Jahrbuch des Deutschen Caritasverbandes, 205 - 210, 207.
[1069] Vgl. RP 17.01.1992.

für arbeitslose Mitbürger eingerichtet[1070]. Anders als in Oberbilk, wo überwiegend ungelernte Arbeiter den Treff aufsuchten, setzte sich in Unterrath der Kreis aus gelernten Kräften mit abgeschlossenen, zum Teil spezialisierten Ausbildungen zusammen. Auch einige Frauen gehörten von Beginn an zu den regelmäßigen Besuchern, die sich zunächst einmal in der Woche in Räumen des Pfarrzentrums (Kalkumer Str. 60) versammelten[1071]. Ähnlich wie in St. Joseph wurde auch in St. Bruno großer Wert auf eine enge Zusammenarbeit mit der Pfarrgemeinde gelegt und waren ehrenamtliche Mitarbeiter ein fester Bestandteil der Arbeit. Auch wurde darauf hingewirkt, dass die Gemeinde mit ihren Gruppen und Verbänden gegenüber sozialen Missständen sensibilisiert und befähigt wurde, konkrete soziale Dienste zu erfüllen[1072]. Die Arbeitslosentreffs konnten hierzu einen Beitrag leisten, da ihre Gemeindeorientierung zu einer konkreten Betroffenheit der Gemeinden und ihrer Gruppen führte. Für die Betroffenen bildeten beide Arbeitslosentreffs eine der wenigen Möglichkeiten, aus ihrer Isolation herauszukommen[1073]. Dankbar wurde von den Besuchern aber auch jede Form der begleitenden Unterstützung angenommen, die sich vor allem auf folgende Aufgabenschwerpunkte konzentrierte: Hilfestellung bei Behördenangelegenheiten, Beratung für eine sinnvolle Gestaltung der freien Zeit, Austausch über aus der Arbeitslosigkeit resultierenden Problemen, Hilfen zur realistischen Selbsteinschätzung der persönlichen und sozialen Situation, Reflexion von Schuldgefühlen, Förderung der Ich - Stärke, Motivation zur Teilnahme an Fortbildungen, Kursen und Seminaren[1074].

Nach ähnlicher Anlage und Konzeption wurden bis Mitte der neunziger Jahre in sechs weiteren Düsseldorfer Gemeinden Beratungstreffs für Arbeitslose eingerichtet: St. Katharina (Katharinenstr. 22, Juni 1985), Maria vom Frieden (Dreherstr. 202, 17. März 1986), St. Martin (Gladbacher Str. 11, 16. September 1986), St. Norbert (Josef - Kleesattel - Str. 2, 24. September 1987), Maria Rosenkranz (Burscheider Str. 20, später Liebfrauenstr. 30, 20. April 1988), Maria Empfängnis (Oststr. 40, später Oststr. 42, 4. Oktober 1993), St. Gertrud (Gertrudisstr. 14, 6. Oktober 1995)[1075]. In einem Dossier über die

---

[1070] Vgl. RP 22.02.1985; WZ 23.02.1985; NN, Zuwendung statt Mitleid. Caritasverband: Neuer Arbeitslosentreff in St. Bruno, in: Kirchenzeitung für das Erzbistum Köln Jg. 40 Nr. 10 (08.03.1985), 27; Günther Fuchs, Der Beitrag des örtlichen Caritasverbandes zur Diakonie der Gemeinde, in: Caritas. Zeitschrift für Caritasarbeit und Caritaswissenschaft Jg. 88 Nr. 1 (Januar 1987), 49 - 50, 50.

[1071] Vgl. Günther Fuchs, Pfarrgemeinde und Arbeitslosigkeit. Maßnahmen gegen die Arbeitslosigkeit beim Caritasverband Düsseldorf, in: Caritas '86. Jahrbuch des Deutschen Caritasverbandes, 205 - 210, 207.

[1072] Vgl. CVD 311, Januar 1990.

[1073] Vgl. CVD 311, Januar 1990.

[1074] Vgl. CVD 311, Januar 1990.

[1075] Vgl. CVD 25, 29.09.1995; CVD 311, 10.07.1986, 24.09.1987, 20.04.1988 und 11.08.1988; RP 05.06.1985; NN, Wider den Rückzug in die Isolation. Caritasverband richtete weiteren Arbeitslosentreff im Stadtgebiet ein, in: Kirchenzeitung für das Erzbistum Köln Jg. 40 Nr. 23 (07.06.1985), 25; RP 11.03.1986; NN, Caritas: Arbeitslosentreff St. Maria vom Frieden. Wider den lautlosen Rückzug, in: Kirchenzeitung für das Erzbistum Köln Jg. 41 Nr. 12 (21.03.1986), 26; NN, Chance für Lebensmut. Caritas unterhält Arbeitslosentreff St. Martin. Hilfe bei den Folgen, in: Kirchenzeitung für das Erzbistum Köln Jg. 41 Nr. 38 (19.09.1986), 24; BT 09.09.1987; BT 18.09.1987; NN, Wo Zuwendung, Vertrauen und Bestätigung der Persönlichkeit allein im Vordergrund stehen. Ab 20. April neuer Treffpunkt für

9.1. Arbeit für Alle-St. Bruno e.V.   917

Angebote der Arbeitslosentreffs in Trägerschaft des Caritasverbandes für die Stadt Düsseldorf heißt es im Jahre 1990: "Die Arbeitslosentreffs sind auf den Morgen gelegt, um einmal den Besuchern einen normalen Tagesablauf nahezubringen und zum anderen werden am Morgen die wenigsten Beschäftigungsmöglichkeiten oder Freizeitaktivitäten angeboten. Jeder Treff beginnt mit einem gemeinsamen Frühstück, welches zu einer Atmosphäre beiträgt, in der schneller Schwellenängste abgebaut und Gesprächsbereitschaft hergestellt werden kann. Meistens beginnen die Gespräche über 'Gott und die Welt'. Es werden aktuelle Orts- und Tagesthemen angesprochen. Aber gerade aus diesen, nach außen hin banal erscheinenden Gesprächen, entstehen meist Diskussionen und eine Vertrautheit, in denen einzelne oder allgemeine Probleme der Gruppe und/oder in Einzelgesprächen vorgetragen werden. Gemeinsam werden dann Lösungsmöglichkeiten gesucht. ... Andere, die sich mit ihren Problemen nicht vor der Gruppe äußern wollen oder können, vereinbaren Einzeltermine. Außerhalb des Arbeitslosentreffs wird dann das Problem erörtert, Nöte und Sorgen erzählt und Hilfestellungen angeboten. Die am meisten vorkommenden Probleme betreffen Angelegenheiten mit dem Arbeitsamt. ... Durch die finanziell eingeschränkte Situation kommen noch viele andere Probleme hinzu. Probleme mit der monatlichen Mietzahlung, Schwierigkeiten mit laufenden Versicherungs- und Ratenverträgen. Pfändungen usw.. Feststellbar ist, daß finanzielle und psychologische Belastungen eng miteinander verflochten sind. ... Was nicht geboten werden kann, ist die Beschaffung eines Arbeitsplatzes"[1076]. Die Arbeit der Beratungstreffs war nicht nur auf die konkrete Hilfe im Umgang mit Behörden und Ämtern beschränkt, sondern bezog auch den Freizeit- und Bildungsbereich ein. So wurden neben Bildungsfreizeiten auch gemeinsame Aktivitäten wie Schwimmen, Wandern, Besichtigungen usw. angeboten. Für viele Teilnehmer bedeutet die Bildungsfreizeit oftmals die einzige Möglichkeit, in den Genuss eines "Urlaubs" zu kommen[1077].

Arbeit für Alle - St. Bruno e.V.

Angehörige der Kirchengemeinde St. Bruno hatte die durch den Unterrather Arbeitslosentreff erfahrbar gewordene "Not und das mit der Arbeitslosigkeit der Menschen verbundene Elend" so sehr sensibilisiert, dass am 12. Februar 1987 in der Pfarrei ein Verein

---

Arbeitslose, in: Kirchenzeitung für das Erzbistum Köln Jg. 43 Nr. 16 (15.04.1988), 26; RP 16.04.1988; Achim Trube, Arbeitsloseninitiativen und -zentren. Zur Professionalisierung eines neuen Zweiges sozialer Arbeit. Eine Bestands- und Bedarfsanalyse am Beispiel Düsseldorfs, Bochum 1988, 73 f; RP 22.09.1993; NRZ 05.10.1993; NN, Jetzt auch in der City. Caritas gründet weiteren Arbeitslosentreffpunkt, in: Kirchenzeitung für das Erzbistum Köln Jg. 48 Nr. 40 (08.10.1993), 23; RP 11.01.1994; NRZ 21.10.1995.
[1076] CVD 311, Januar 1990.
[1077] Vgl. CVD 311, Januar 1990; NN, Ferienprogramm der Arbeitslosentreffpunkte. Vom Minigolf bis zum Museumsbesuch, in: Kirchenzeitung für das Erzbistum Köln Jg. 47 Nr. 31/32 (30.07.1992), 23; RP 29.08.1992.

mit dem Namen "Arbeit für Alle - St. Bruno e.V." gegründet wurde[1078]. Über die Ziele des Vereins berichtete "die zeitung" im Herbst 2001: "Erste Aktion des Vereins, der seinem Namen alle Ehre machen wollte: Ein Arbeitsloser, der auf dem ersten Arbeitsmarkt keine Chance mehr hatte, wurde als Hausmeistergehilfe eingestellt. ... Die Worte von Kardinal Höffner: 'So kann es nicht weitergehen mit unserer Welt! Werft das Steuer herum. Schafft, baut eine menschenwürdigere Welt', war für viele Gemeindemitglieder, aber auch andere Menschen aus dem Stadtbezirk eine Aufforderung, sich für das nächste Umfeld zu engagieren. Zum Teil konnten Wohnungen vermittelt oder ein Platz im therapeutisch betreuten Wohnen organisiert werden. ... Gelungen ist das, weil viele Menschen sich begeistern ließen, solidarisch zu handeln. Große und kleine Spenden ermöglichten die Gehaltszahlungen für die Eingestellten, einschließlich der Lohnnebenkosten. Immerhin sind pro Monat gut 3500 Mark aufzubringen"[1079].

Arbeitslosenzentren

Wie alle Düsseldorfer Beratungsstellen und Initiativen für Arbeitslose waren auch die Treffs des Caritasverbandes für die Stadt Düsseldorf auf Zuwendungen aus dem Programm zur Förderung von Arbeitslosenzentren und Arbeitslosentreffs angewiesen, dass die nordrhein - westfälische Landesregierung 1984 mit einer Laufzeit von zehn Jahren eingerichtet hatte[1080]. Da die Maßnahme bei Auslauf einen erheblichen Veränderungs- und Weiterentwicklungsbedarf aufwies, wurde das Programm nicht verlängert, sondern am 14. November 1994 von den "Richtlinien über die Gewährung von Zuwendungen an Beratungsstellen und Arbeitslosenzentren für Langzeitarbeitslose und von Langzeitarbeitslosigkeit bedrohten Personen" abgelöst[1081]. Das neue Landesprogramm war auf fünf Jahre begrenzt, um unter Berücksichtigung praktischer Erfahrungen und einer Analyse im Rahmen wissenschaftlicher Begleitung zu einer fachlichen Bewertung zu gelangen. Im Jahre 1999 erhielten 52 Beratungsstellen und 133 Arbeitslosenzentren für Langzeitarbeitslose und von Langzeitarbeitslosigkeit bedrohte Personen fortlaufende Zuwendungen aus dem Förderungsprogramm[1082], darunter drei Arbeitslosenzentren des

---

[1078] Vgl. WZ 16.05.1987; RP 22.05.1987; NN, Solidarität in Praxis. Pfarrgemeinde St. Bruno stellt Arbeitslose ein, in: Kirchenzeitung für das Erzbistum Köln Jg. 42 Nr. 29/30 (17.07.1987), 25; Heinz Schmidt, Was ich im Umgang mit Arbeitslosen gelernt habe, in: Caritas - Werkheft '87, Freiburg 1987, 25 - 27, 25 ff; NN, Der Pfarrer zog eigens um. Vinzenzkonferenz informierte sich beim Verein "Arbeit für all St. Bruno", in: Kirchenzeitung für das Erzbistum Köln Jg. 43 Nr. 52/53 (23.12.1988), 25; RP 06.11.1992.
[1079] NN, Seit 15 Jahren begeistern sich Menschen in St. Bruno für einen Verein. Arbeit für alle, in: Die Zeitung. Caritas für Düsseldorf Jg. 2 Nr. 3 (Herbst 2001), 13 - 14, 13 f.
[1080] Vgl. NN, Richtlinien über die Gewährung von Zuwendungen zur Förderung von Arbeitslosenzentren und Arbeitslosentreffs, in: Ministerialblatt für das Land Nordrhein - Westfalen Jg. 37 Nr. 57 (23.08.1984), 958 - 965, 958 ff.
[1081] Vgl. NN, Richtlinien über die Gewährung von Zuwendungen an Beratungsstellen und Arbeitslosenzentren für Langzeitarbeitslose und von Langzeitarbeitslosigkeit bedrohten Personen, in: Ministerialblatt für das Land Nordrhein - Westfalen Jg. 47 Nr. 77 (14.12.1994), 1470 - 1482, 1470 ff.
[1082] Vgl. CVD 311, 05.07.1999.

9.1. Kleiderkammer St. Konrad   919

Caritasverbandes für die Stadt Düsseldorf: St. Bruno (Kalkumer Str. 60, später Klosterstr. 88, 1. November 1995), St. Martin (Gladbacher Str. 11, später Erftstr. 24, 1. Oktober 1996), St. Josef (Kölner Str. 267, später Ellerstr. 180, 1. Juni 1997)[1083]. Über die konzeptionellen Grundlagen und die Angebote des Arbeitslosenzentrums St. Bruno, das am 1. November 1995 seinen Betrieb aufgenommen hatte[1084], hieß es im ersten Jahresbericht: "Nachdem die Einrichtung von Arbeitslosenzentren durch die Mittel des Landes NRW möglich wurden, nahm der Caritasverband diese Idee auf und entwickelte auf Grundlage der Landesrichtlinien ein Konzept für ein Arbeitslosenzentrum, das in Kooperation mit der Kirchengemeinde St. Bruno entwickelt wurde. Die Gemeinde erklärte sich bereit, die Räumlichkeiten für das Arbeitslosenzentrum zur Verfügung zu stellen. In dem zweigeschossigen Pfarrzentrum stehen dem Arbeitslosenzentrum ein großer Saal mit anliegender geräumiger Küche und mehrere kleinere Räume zur Verfügung. Der hinter dem Haus gelegene, von Räumen umsäumte Parkplatz bietet zudem Platz für größere Aktionen im Freien"[1085]. Zum Hilfsangebot des Arbeitslosenzentrums gehörten: Beratungssprechstunde, Selbsthilfegruppe, Beratungtreff, Freizeitprogramme (Kochkurs, Mittagstisch, Arbeitslosencafé, Werkangebote), Bildungsangebote (Frauentreff, Arbeiten am Computer) und Nachbarschaftshilfe[1086]. "Durch die gute Anbindung an die Gemeinde St. Bruno in Unterrath", so die Bilanz des Jahresberichtes zum letztgenannten Angebot, "konnte für den Personenkreis der Arbeitslosen mit niedriger Qualifikation und/oder gesundheitlicher Einschränkungen ein nachbarschaftliches Hilfsangebot aufgebaut werden. (Hierbei helfen Arbeitslose bei Mitbürgern und sozialen Einrichtungen in Form von gemeinnütziger nachbarschaftlicher Hilfe). Dieses Projekt, bei dem vorwiegend Garten- und Hausarbeiten verrichtet werden, ist bei beiden Seiten sehr gut angenommen worden. Barrieren zwischen Arbeitslosen, Gemeindemitgliedern und Nachbarn werden abgebaut, neue Kontakte geknüpft, die Arbeitslosen entwickeln neues Selbstvertrauen und erleben oftmals nach langer Zeit wieder soziale Anerkennung. Nicht zuletzt hat diese langsame Heranführung an das Arbeitsleben das Ziel, Leistungsfähigkeit sowie Erfordernisse des Arbeitsmarktes (z.B. Pünktlichkeit, Zuverlässigkeit, Höflichkeit etc.) neu zu entwickeln bzw. zu fördern. So versteht sich dieses Projekt sowohl als reintegrative Maßnahme, als auch als Versuch der sozialen Isolation entgegenzuwirken"[1087].

Kleiderkammer St. Konrad

Der Überwindung von Isolation und der Hilfe zur Reintegration diente auch ein Gemeinde orientiertes Arbeitslosenprojekt, das im Sommer 1983 seinen Anfang nahm. Als

---

[1083] Vgl. CVD 311, 27.11.1997, Januar 1998 und 07.09.2000; WZ 16.11.1996; NRZ 29.11.1997; RP 29.11.1997; RP 02.12.1997; Ronald Morschheuser, Caritasverband eröffnete drittes Arbeitslosenzentrum, in: Kirchenzeitung für das Erzbistum Köln Jg. 52 Nr. 49 (05.12.1997), 26.
[1084] Vgl. RP 15.04.1997; RP 10.03.1998; RP 17.11.1998; RP 14.12.1999.
[1085] CVD 311, 22.07.1996.
[1086] Vgl. CVD 311, 22.07.1996.
[1087] CVD 311, 22.07.1996.

im Arbeitsamtsbezirk Düsseldorf etwa 2600 Jugendliche arbeitslos gemeldet waren[1088], wurde auf Initiative der Pfarrgemeinden St. Konrad und Maria vom Frieden, des Caritasverbandes für die Stadt Düsseldorf, des Stadtverbandes des Bundes der Deutschen Katholischen Jugend und der Jugendbildungsstätte St. Swidbert in Flingern am 1. Juni 1983 eine Kleiderkammer eröffnet[1089]. Mit Hilfe des Projektes zur Bekämpfung der Jugendarbeitslosigkeit konnte zehn schwervermittelbaren Jungen und Mädchen ein zeitlich befristeter Arbeitsplatz zur Verfügung gestellt werden[1090]. Als vorrangige Zielgruppe galten: Jugendliche ohne Hauptschulabschluss, Sonderschulabgänger, ausländische Jugendliche, behinderte Jugendliche, vorbestrafte Jugendliche, Jugendliche mit Sozialisationsschwierigkeiten und daraus resultierenden Verhaltensauffälligkeiten[1091]. Die Auswahl der Jugendlichen wurde in Abstimmung zwischen der Arbeitsverwaltung und dem Düsseldorfer Caritasverband vorgenommen. Die Leitung des Projektes lag in den Händen eines Sozialarbeiters und einer handwerklichen Fachkraft; ehrenamtliche und nebenamtliche Mitarbeiter leisteten verschiedene Hilfen[1092]. Für die Fachberatung war der Caritasverband für die Stadt Düsseldorf verantwortlich, dem auch die Trägerschaft für das in Räumen der Pfarrei St. Konrad (Sterntalerweg 50) untergebrachte Projekt oblag. In der Kleiderkammer wurde gut erhaltene Gebrauchtkleidung gesammelt, aufbereitet, repariert, sortiert und an Bedürftige kostenlos abgegeben[1093].

Mit Hilfe der Kleiderkammer sollten arbeitslosen Jugendlichen über das Vehikel Arbeitsplatz vor allem Hilfen sozialpädagogischer Art angeboten werden. Unter der Überschrift "Leben lernen" umschrieb ein am 25. August 1983 erstelltes Konzept die Zielvorstellungen des Projektes "Kleiderkammer" mit den Worten: "Aufgrund ihrer Situation als Arbeitslose, mit all den negativen Erscheinungen, die gerade junge Arbeitslose betreffen, soll durch die Maßnahme den Jugendlichen die Gelegenheit gegeben werden, sinnvolle Aufgaben zu übernehmen und Verantwortung zu tragen. Die Jugendlichen sollen nicht versorgt werden, sondern ihnen die Möglichkeit zur Verfügung gestellt werden, sich selbst in Arbeitssituationen zu erfahren. Deshalb gelten in der Kleiderkammer die allgemeinen Bedingungen eines handwerklichen Betriebes. Da jeder Jugendliche beim Antritt seiner Tätigkeit einen Arbeitsvertrag erhält, lernt er durch die Erfüllung des Vertrages die Arbeitsbedingungen einzuhalten, wie Arbeitszeit, Krankmeldung, Arbeitsinhalte und Aufgaben, Termine, Absprachen, Aufteilung von Arbeitsbereichen u.ä.. Durch das praktische Tun wird gewährleistet, daß im Rahmen des Arbeitsprozesses

---

[1088] Vgl. CVD 22, 25.08.1983.
[1089] Vgl. CVD 22, 21.06.1983 und 25.08.1983; Ruth Bone, Modellversuch: Kleiderkammer St. Konrad. Hilfe für arbeitslose Jugendliche zu gutem Zweck, in: Rheinische Post Jg. 39 Nr. 291 (14.12.1984), Beilage "Bei uns in Gerresheim und Vennhausen" o. S. (6).
[1090] Vgl. WZ 23.08.1983; RP 11.03.1993.
[1091] Vgl. CVD 22, 25.08.1983; NN, Interessante Projekte des Caritas - Verbandes für Ausländer, Arbeitslose und Nichtseßhafte. In Sorge um Benachteiligte, in: Kirchenzeitung für das Erzbistum Köln Jg. 42 Nr. 5 (01.02.1985), 25.
[1092] Vgl. CVD 22, 25.08.1983 und 13.11.1987.
[1093] Vgl. CVD 22, 15.07.1983; Günther Fuchs, Pfarrgemeinde und Arbeitslosigkeit. Maßnahmen gegen die Arbeitslosigkeit beim Caritasverband Düsseldorf, in: Caritas '86. Jahrbuch des Deutschen Caritasverbandes, 205 - 210, 208.

handwerklich - technische Fertigkeiten entwickelt und weiter ausgebaut werden. Zwar kann durch die Teilnahme an der Maßnahme keine anerkannte (Zusatz) - Qualifikation erteilt werden, wie z.B. eine Berufsausbildung, jedoch werden arbeitsprozeßgebundene Qualifikationsmerkmale vermittelt. Dies geschieht in der Befähigung zur Arbeitsplatzkompetenz, deren Mindestumfang aus handwerklichen Fähigkeiten (Materialgefühl, Materialkenntnisse, manuelle Geschicklichkeit etc.) und technischen Kenntnissen (Kenntnisse über die Bedienungs- und Wirkungsweise von Handwerkszeug und technischen Geräten), besteht"[1094]. Da die Kleiderkammer aufgearbeitete Kleidungsstücke an sozial Benachteiligte weitergab, konnte der Jugendliche durch seine Arbeit erleben, "daß er eine nützliche Aufgabe für die Gesellschaft erfüllt. Er lernt sich selbst einzuschätzen und seine Fähigkeiten zu erkennen, durch den Umgang mit Materialien und Werkzeugen und das Erlernen von neuen Arbeitstechniken. Durch die Übernahme von selbständiger Arbeit (Verwaltung der Kleidungsstücke), selbständige Beurteilung eines Kleidungsstücks, selbständige Einteilung und Ausführung eines Arbeitsvorganges und selbständige Verteilung der Kleidungsstücke lernen die Jugendlichen Verantwortung zu tragen. Für den arbeitslosen Jugendlichen bedeutet diese Möglichkeit der Entwicklung arbeitsgebundener Fähigkeiten eine Chance, den Teufelskreis von Beschäftigungslosigkeit und Schwervermittelbarkeit - u.a. aufgrund der mangelnden Arbeitskompetenz - zu durchbrechen. Er wird durch die Arbeit aktiviert. Sein Selbstvertrauen nimmt zu, dem gleichgültigen Lebensgefühl und dem Verkümmern wichtiger, arbeitsbezogener und persönlicher Einstellungen wird entgegengewirkt. Dadurch wird eine erste große Hürde genommen, um - über einen Tätigkeitsnachweis - die Vermittlungschancen der Jugendlichen zu verbessern"[1095].

Die pädagogische Arbeit in der Kleiderkammer war von dem Gedanken geleitet, bei den Jugendlichen arbeitsprozessunabhängige Fähigkeiten zu fördern und persönliche Defizite auszugleichen. "Dabei ist von besonderer Wichtigkeit", so die Bewertung des Konzeptpapiers aus dem Jahre 1983, "das Selbstvertrauen zu erhöhen, Motivation und Ausdauer am Arbeitsplatz sowie eine Persönlichkeitsstabilisierung zu erreichen. Hierzu gehören auch Fragestellungen und Probleme, die sich mit einer konkreten Zukunftsgestaltung, mit jugendspezifischen Konfliktsituationen (Schwierigkeiten mit Autoritäten, Alkohol, Drogen, Jugendkriminalität, Ablösung vom Elternhaus, etc.), mit dem Verhalten untereinander (Aufrichtigkeit, Solidarität, peer - group, Gewalt, Entscheidungsfindung, etc.) und mit persönlichen Handlungsmustern (Vermeidungsstrategien, Minderwertigkeitsgefühlen, Eigeninitiative) auseinanderzusetzen. Durch Einzelgespräche und Gruppenarbeit sollen die Jugendlichen befähigt werden, ihren Lebenszusammenhang selbstverantwortlich zu gestalten. Die Tätigkeit in der Kleiderkammer stellt auch ein wichtiges soziales Kontaktfeld für die Jugendlichen dar und bildet damit die Grundlage für die Entwicklung kooperativer Fähigkeiten. So sind die Jugendlichen z.B. bei Transporten aufeinander angewiesen und müssen lernen, miteinander auszukommen. Persönlichkeitsdefizite, die sich bei den Jugendlichen durch die Arbeitslosigkeit noch verfestigt haben, z.B. Kontaktarmut, Minderwertigkeitsgefühle, Ängste können im 'Arbeits- und

---

[1094] CVD 22, 25.08.1983.
[1095] CVD 22, 25.08.1983.

Lebensraum Kleiderkammer' aufgearbeitet werden. Verschiedene Aufgaben in der Kleiderkammer bereiten auch auf eine selbständige Lebensführung vor, z.B. Sortieren und Reparieren der Kleidungsstücke. Diese Arbeiten sind ein gutes Lernfeld: Die Jugendlichen müssen innerhalb einer kurzen Zeitspanne einen Arbeitsvorgang planen, durch- und zu Ende führen und erfahren eine direkte Kontrolle durch die Gruppe und die Leitung. Der Lerneffekt hierbei ist sehr groß, denn es entwickeln sich beim Jugendlichen Fähigkeiten und Verhaltensweisen, die in allen Arbeitssituationen gefordert werden: Ausdauer, Konzentrationsfähigkeit, Geduld, Durchhalte- und Planungsvermögen, Ordnungssinn und Sauberkeit"[1096].

Nähstube St. Josef

Die verstärkte Zusammenarbeit von Kirchengemeinden und Caritasverband eröffnete die Möglichkeit, in der Oberbilker Pfarrei St. Joseph ein weiteres Projekt zur Bekämpfung der Jugendarbeitslosigkeit zu verankern. Um schwervermittelbaren Mädchen und jungen Frauen für ein Jahr eine Arbeitsstelle anzubieten, wurde am 15. Mai 1985 im Gemeindehaus Josefplatz 12b die Nähstube St. Josef eingerichtet[1097]. Nachdem der Träger der Maßnahme, der Caritasverband für die Stadt Düsseldorf, die Arbeitsräume mit Mobiliar, Nähmaschinen und Schneiderutensilien ausgestattet hatte, konnten elf Frauen unterschiedlicher Nationalitäten im Alter von 18 bis 23 Jahren ihre Tätigkeit aufnehmen[1098]. Ähnlich wie in der Kleiderkammer St. Konrad erfolgte die Anleitung der Beschäftigten durch eine Sozialpädagogin und eine Textilingenieurin, um sowohl sozialpädagogische wie auch handwerklich - technische Zielvorstellungen realisieren zu können[1099]. Folgt man den Ausführungen des ersten Jahresberichtes der Nähstube St. Josef, wurde von Beginn an vier Schwerpunktaufgaben ein besonderer Wert beigemessen. Hierzu gehörte: 1. Die Vorbereitung auf das Arbeitsleben (Training kontinuierlichen Arbeitsverhaltens wie Pünktlichkeit, Gewissenhaftigkeit, Sorgfalt; Verstärkung von Motivation und Ausdauer am Arbeitsplatz; Lernen von Verantwortlichkeit im Arbeitsprozess; Aufbau und Ausbau einer positiven Lern- und Leistungsbereitschaft); 2. Die Vorbereitung auf einen anerkannten Ausbildungsberuf bzw. Arbeitsplatz (Lernen verschiedener Techniken und Fähigkeiten im Bereich Nähen, Schneidern, Flicken; Umgang mit Maschinen und Textilien; Übernahme besonderer Aufgaben im textilen Bereich); 3. Die Verbesserung der Vermittlungschancen in feste Arbeitsstellen; 4. Förderung der Persönlichkeitsentwicklung (Klärung eigener Erwartungen, Möglichkeiten und Fähigkeiten; Entwicklung und Ausbau von Kreativität; Aufarbeitung schulischer Defizite; Sozialtraining bei der Bewältigung von Alltagsproblemen; Förderung sozialer Kontaktfähigkeit;

[1096] CVD 22, 25.08.1983.
[1097] Vgl. CVD 24, 05.06.1985; RP 20.07.1985; RP 25.07.1985; NN, Düsseldorf, in: Caritas in Nordrhein - Westfalen Jg. 14 Nr. 4 (Juli/Oktober 1985), 337; Michael Brockerhoff, Alltägliche Aufgaben selbstbewußt lösen. Caritas Düsseldorf richtet Nähstube für arbeitslose Frauen ein, in: Kirchenzeitung für das Erzbistum Köln Jg. 40 Nr. 32 (09.08.1985), 8.
[1098] Vgl. CVD 24, 1986.
[1099] Vgl. CVD 24, 1986.

9.1. Nähstube St. Josef

Entwicklung und Ausbau von Selbständigkeit bei der Ablösung vom Elternhaus; Übernahme von Verantwortung für die Ausstattung und Pflege der Räumlichkeiten)[1100].

In einem Rückblick auf die erste Dekade der Nähstube St. Josef heißt es über die Entwicklung der Einrichtung in den Jahren 1985 bis 1995: "Als die Nähstube 1985 in den Räumlichkeiten der Gemeinde St. Josef begann, war sie eine Vollzeitbeschaffungsmaßnahme und beschränkte sich auf den Näh- und Schneiderbereich. Bereits nach einem Jahr erweiterte sich ihr Repertoire um die Herstellung von Flickenteppichen, denn ein Webstuhl wurde angeschafft. Auf den alljährlich stattfindenden Weihnachtsbasaren der Gemeinde präsentierten die Mitarbeiterinnen stolz ihre selbsthergestellten Produkte und verkauften sie mit Erfolg. Doch Neues und Schönes zu nähen war eher eine Ausnahme; das alltägliche Brot der Mitarbeiterinnen war gebrauchte Kleidung, die geflickt oder umgeändert wurde. Eine Abwechslung brachten Nähaufträge, bei denen Gardinen, Polsterbezüge, Tischdecken u.ä. genäht werden mußten. Solche Aufträge kamen von Kindergärten und Heimen. Im großen und ganzen hat sich dieses Aufgabengebiet bis heute erhalten. Es wurde um etliches erweitert, als 1993 die Kleiderstube hinzukam. Dieser Erweiterung war folgende Entwicklung vorangegangen: Die finanzielle Situation des Arbeitsamtes hatte sich verschlechtert, staatliche Zuschüsse wurden gekürzt[1101]. ... Die Erleichterung und Freude war groß, als feststand, daß die Nähstube weiter wirken durfte[1102]. Allerdings unter anderen Vorzeichen als vorher: 1. Die 12 Arbeitsplätze wurden vorübergehend auf neun gekürzt. 2. Nur noch 28,5 Arbeitsstunden pro Woche werden bezahlt, in den verbleibenden 10 Stunden findet ein theoretisch - praktischer Unterricht statt. Ein weiterer Tätigkeitsbereich sollte hinzugenommen werden, damit die Mitarbeiterinnen nach der Arbeitsbeschaffungsmaßnahme durch umfangreichere Erfahrungen in andere Arbeitsplätze besser vermittelt werden können. Nach vielen Überlegungen auch mit der Gemeinde, wie denn dieser neue Tätigkeitsbereich aufgebaut werden kann, wurde beschlossen, den Kleiderkeller der Gemeinde St. Josef (Josefplatz 12a) unter die Obhut des Caritasverbandes zu stellen und an die Nähstube (Josefplatz 12b) anzugliedern. Der Keller wurde renoviert und zu einem kleinen Ladenlokal umgebaut. Geführt wird er von den Mitarbeitern der Nähstube, die sich in Verkaufs- und Lagertätigkeiten üben. Nach wie vor wird dort gebrauchte Kleidung abgegeben, jetzt gegen eine geringe Schutzgebühr zur Deckung der Materialkosten. Sechs ehrenamtliche Mitarbeiterinnen aus der Gemeinde, die zum Teil den Kleiderkeller vorher führten, betreuen nun im Team die Kunden des Kellers. Wenn ein Kunde darauf wartet, daß er an der Reihe ist, erzählt er ihnen oft von seinen Sorgen und Problemen und ist dankbar für ihr offenes Ohr, ihre Anteilnahme und einen gelegentlichen Ratschlag. So wird die Gemeinde mit dem Kleiderkeller an einer weiteren Stelle seelsorgerisch tätig. Und die Näh- und Kleiderstube St. Josef, wie sich die Einrichtung nun nennt, mag auf die hilfreichen Geister aus der Gemeinde nicht mehr verzichten, denn ohne sie bräche das Chaos in dem win-

---

[1100] Vgl. CVD 24, 1986.
[1101] Vgl. dazu RP 01.04.1993; Matthias Buchwald, Nähstube St. Josef gefährdet. Unterschriftenaktion für den Erhalt, in: Kirchenzeitung für das Erzbistum Köln Jg. 48 Nr. 14 (09.04.1993), 23; NN, Caritas schreibt an Minister, in: Kirchenzeitung für das Erzbistum Köln Jg. 48 Nr. 15 (16.04.1993), 23.
[1102] Vgl. dazu Matthias Buchwald, Hilfe bei schmaler Brieftasche. Kleiderstube in St. Josef, Düsseldorf - Oberbilk, arbeitet weiter, in: Kirchenzeitung für das Erzbistum Köln Jg. 48 Nr. 41 (15.10.1993), 22.

zigen Laden aus"¹¹⁰³. Zwischen Mai 1985 und Dezember 1993 durchliefen etwa 100 Frauen die Arbeitsbeschaffungsmaßnahme in der Pfarrgemeinde St. Joseph, von denen 6 in eine Ausbildung, meist eine Schneiderlehre, 15 auf den ersten Arbeitsmarkt und 15 in andere oder ähnliche Projekte vermittelt werden konnten¹¹⁰⁴.

Arbeit statt Sozialhilfe

Die zunehmende Konfrontation der Kommunen mit regional spezifischen Auswirkungen der bundesweiten Arbeitsmarktkrise seit Anfang der achtziger Jahre hatte mit kurzer zeitlicher Verzögerung zu einer verstärkten Anwendung von Maßnahmen der "Hilfe zur Arbeit" geführt. Gemäß Bundessozialhilfegesetz waren arbeitsfähige Hilfebezieher zum Einsatz ihrer Arbeitskraft verpflichtet (§ 18 Abs. 1 BSHG). Der Sozialhilfeträger musste umgekehrt darauf hinwirken, dass der Hilfesuchende sich nicht nur um Arbeit bemühte, sondern diese auch fand (§ 18 Abs. 2 BSHG). Um dieses Ziel zu erreichen, sollte er mit anderen Institutionen (Bundesanstalt für Arbeit, Träger der Jugendhilfe etc.) kooperieren und in geeigneten Fällen "einen Gesamtplan" erstellen (§ 19 Abs. 4 BSHG). Die Hilfe zur Arbeit, bereits 1961 Bestandteil des BSHG¹¹⁰⁵, wurde in den siebziger Jahren erstmals in größerem Umfang praktisch angewendet, als einzelne Sozialhilfeträger Arbeitseinsätze anboten, in denen neben der Sozialhilfe eine Mehraufwandsentschädigung von einer oder zwei Mark pro erbrachter Stunde Arbeitsleistung gezahlt wurde¹¹⁰⁶. Ein wichtiges Motiv der Anwendung des § 19 BSHG war nicht selten die Unterstellung eines zahlenmäßig relevanten Sozialhilfemissbrauchs und die Erwartung, diesen durch die enge Verknüpfung von Leistungsgewährung und Heranziehung zur Hilfe zur Arbeit wirksam einzudämmen. Ohne Zweifel stand hinter dieser Praxis die These, dass die meisten arbeitslosen Sozialhilfeempfänger sehr wohl in der Lage waren, einen Arbeitsplatz zu finden. Ein mindestens gleichrangiges Motiv bestand allerdings von Anfang an darin, langfristig arbeitslose und dadurch von sozialer Desintegration bedrohte Sozialhilfeempfänger durch einfach ausgestaltete Maßnahmen wieder an die Grundnormen des Erwerbslebens heranzuführen¹¹⁰⁷. Einen neuen Aufschwung erhielt die "Hilfe zur Arbeit" durch verschiedene Landesprogramme, die sozialversicherungspflichtige Arbeits-

---

¹¹⁰³ Waltraud Böckelmann, Ute Maase, Nicht nur zum Nähen gut ... . Rückblick auf 10 Jahre Nähstube St. Josef in der Gemeinde, in: Pfarrbrief der Pfarrgemeinde St. Josef Düsseldorf - Oberbilk Nr. 1 (Sommer 1995), o. S. (7 - 8, 7 f). Vgl. auch RP 11.07.1995.
¹¹⁰⁴ Vgl. 90 Jahre Caritasverband für die Stadt Düsseldorf. Gemeindecaritas, häusliche Hilfen, soziale Dienste und Beratung, ambulante Pflegestationen, Wohnheim und Altenhilfeeinrichtungen, Düsseldorf 1994, 16.
¹¹⁰⁵ Vgl. Hermann Gottschick, Das Bundessozialhilfegesetz, Köln 1963², 18 ff.
¹¹⁰⁶ Vgl. Lisa Böckmann - Schewe, "Hilfe zur Arbeit". Analyse der Wirksamkeit öffentlich geförderter Beschäftigung für SozialhilfeempfängerInnen. Abschlußbericht des Forschungsprojektes Berlin - Brandenburg Institut für Sozialforschung und sozialwissenschaftliche Praxis e. V. (BIS), Düsseldorf 1997, 9 ff.
¹¹⁰⁷ Vgl. Notiert in NRW. Pilotprojekt "Integrierte Hilfe zur Arbeit". Bericht der wissenschaftlichen Begleitung, Düsseldorf 2002, 27 ff.

9.1. Arbeit statt Sozialhilfe

verhältnisse subventionierten und teilweise gezielt auf die berufliche Integration mittels Erhöhung der Qualifikation gerichtet waren[1108]. In Nordrhein - Westfalen wurde im Rahmen dieser Maßnahmen im Jahre 1984 das Programm "Arbeit statt Sozialhilfe" aufgelegt[1109], an dessen Umsetzung auch der Caritasverband für die Stadt Düsseldorf beteiligt war.

Dank des Landesprogramms "Arbeit statt Sozialhilfe" (ASS) konnte der Caritasverband in enger Zusammenarbeit mit dem Düsseldorfer Sozialamt seit August 1985 etwa 20 arbeitslosen Sozialhilfeempfängern in verbandseigenen Einrichtungen oder katholischen Pfarrgemeinden für mindestens ein Jahr eine Arbeitsstelle anbieten[1110]. Bevorzugte Einsatzfelder waren: Pfortendienste, Technische Hausdienste, handwerkliche Einsatzbereiche, Möbelinstandsetzung und Anfertigung, Holzbearbeitung, Rollstuhlwerkstatt, Fahrradwerkstatt, Gartenarbeit, Transportdienst, Lagertätigkeit, hauswirtschaftliche und pflegerische Tätigkeiten, Arbeitserprobung in verschiedenen Arbeitsbereichen[1111]. Vorrangige Zielgruppe waren arbeitslose Düsseldorfer Bürger, die laufende Sozialleistungen bezogen und auf dem Ersten Arbeitsmarkt keine Arbeit fanden. Da gerade dieser Kreis von Arbeitslosen besonderen sozialen Belastungsfaktoren wie Restriktionen im Bereich sozialer Kontakte, Erfahrung von Ablehnung, Statusverlust, Arbeitsentwöhnung, Schulden oder Sucht ausgesetzt war, kam der sozialpädagogischen Begleitung der ASS - Teilnehmer durch Mitarbeiter des Düsseldorfer Caritasverbandes eine besondere Bedeutung zu. Nach einer Darstellung aus dem Jahre 1994 reichte sie von der Einzelfallhilfe über Krisenintervention bis zur Schuldnerberatung und Vermittlung zu weiteren Beschäftigungsprojekten[1112]. Zur Koordination des weitläufigen Arbeitsfeldes war bereits am 1. Februar 1988 in der Geschäftsstelle an der Klosterstr. 88 ein Referat "Sozialarbeit für arbeitslose Sozialhilfeempfänger" eingerichtet worden[1113], dem neben der Beratung und Betreuung von ASS - Teilnehmern vor allem eine "Mittlerfunktion zu Dienstgebern (z.B. Pfarrgemeinde o.ä.) und dem Sozialamt" zukam[1114].

[1108] Vgl. Christoph Wilk, Erfolgskriterien von Maßnahmen der Hilfe zur Arbeit. Expertise im Auftrag des Bundesministeriums für Gesundheit. Schlußbericht Dezember 1996, Baden - Baden 1997, 25 ff.

[1109] Vgl. Rudolf Boll, Arbeit statt Sozialhilfe. Kommunale Gestaltungsmöglichkeiten gegen Arbeitslosigkeit. Eine Materialsammlung zur "Hilfe zur Arbeit" nach dem Bundessozialhilfegesetz, Düsseldorf 1987, 1 ff; Hans - Jürgen Hofmann, Kommunale Beschäftigungshilfen für arbeitslose Sozialhilfeempfänger zwischen politischen Interessen und sozialpädagogischen Intentionen unter besonderer Berücksichtigung des nordrhein - westfälischen Landesprogramms "Arbeit statt Sozialhilfe", Diss. Berlin 1988, 81 ff.

[1110] Vgl. CVD 74, August 1985; Günther Fuchs, Pfarrgemeinde und Arbeitslosigkeit. Maßnahmen gegen die Arbeitslosigkeit beim Caritasverband Düsseldorf, in: Caritas '86. Jahrbuch des Deutschen Caritasverbandes, 205 - 210, 209.

[1111] Vgl. Caritas Alternative Arbeit. Ein Projekt des Caritasverbandes für die Stadt Düsseldorf, Düsseldorf 1994, 22.

[1112] Vgl. 90 Jahre Caritasverband für die Stadt Düsseldorf. Gemeindecaritas, häusliche Hilfen, soziale Dienste und Beratung, ambulante Pflegestationen, Wohnheim und Altenhilfeeinrichtungen, Düsseldorf 1994, 19.

[1113] Vgl. CVD 74, 01.02.1988.

[1114] Vgl. CVD 430, Juni 1993.

Erprobungs- und Motivationsprojekt für arbeitslose Sozialhilfeempfänger

Zur Eingewöhnung in das Arbeitsleben hatte der Caritasverband für die Stadt Düsseldorf im Mai 1993 vor das ASS - Programm ein "Erprobungs- und Motivationsprojekt für arbeitslose Sozialhilfeempfänger" (EMAS) geschaltet, um Betroffenen in Zusammenarbeit mit dem städtischen Sozialamt die Möglichkeit zur beruflichen Neuorientierung zu ermöglichen. Die Bewerber, die weiterhin Sozialhilfe bezogen, wurden ein halbes Jahr lang an längst vergessene Abläufe im Berufsleben gewöhnt, konnten je nach Lage verschiedene Betriebe kennen lernen und beraten werden[1115]. Einsatzorte waren katholische Pfarrgemeinden und Kindergärten, Altenhilfeeinrichtungen und Einrichtungen der Caritas Alternativen Arbeit wie Kleiderkammer, Nähstube, Möbelbörse, Fahrradwerkstatt, etc.. Einsatzgebiete waren haustechnische, pädagogische, pflegerische und verwaltungstechnische Bereiche. Ziel der halbjährigen EMAS - Schulung war es, das Projekt in einen ASS - Vertrag münden zu lassen, der auf ein Jahr befristet war[1116]. Wie beim ASS - Programm war den Mitarbeitern auch beim EMAS - Projekt eine sozialpädagogische Begleitung zur Seite gestellt, die etwa bei der Schuldenregulierung half, allgemeine Sozialberatung leistete und weiterführende Hilfen vermittelte[1117].

Möbelbörse

Zum Herzstück des ASS - Programms und EMAS - Projektes des Caritasverbandes für die Stadt Düsseldorf hatte sich schon bald die Möbelbörse des Verbandes entwickelt, die am 1. Juni 1988 als Arbeitsbeschaffungsmaßnahme für etwa zehn Jugendliche eröffnet wurde[1118]. Vorgesehen war, unter Anleitung von zwei Schreinern und eines Sozialpädagogen, gebrauchte Möbelstücke in einem alten Bauernhof in Lohausen (Im Grund 73) aufzuarbeiten und zu verkaufen[1119], doch musste der Warenverkauf bereits am 1. Oktober 1988 in ein Lagerdepot an der Kölner Landstr. 18 verlegt werden[1120]. In einem Dossier aus dem Jahre 1997 hieß es über die Aufgaben und Ziele der Möbelbörse: "Die Caritas - Möbelbörse bietet gebrauchte Möbel und Haushaltsgegenstände für einkommensschwache Familien und Einzelpersonen, Sozialhilfeempfänger, Asylbewerber, Aus- und Übersiedler etc. an. Neben der Weitergabe von Gebrauchtmöbeln ist die Müllvermeidung und Wiederverwertung von gebrauchsfähigen Materialien hierbei ein wichtiger Bestandteil unserer Konzeption. Ein weiterer Aufgabenbereich erschließt sich auf dem Dienstleistungssektor für kirchliche Einrichtungen, wie z.B. Umzüge, Transporte, Entsorgungen, Montagen sowie Anfertigungen und Einbauten. Schwerpunkt des Beschäfti-

---

[1115] Vgl. NN, Dank EMAS und AsS: Calimero 02 hat eine Zukunft, in: Die Zeitung. Caritasverband für die Stadt Düsseldorf Jg. 1 Nr. 3 (Herbst 2000), 1 - 2, 1 f.
[1116] Vgl. CVD 520, Februar 1998.
[1117] Vgl. Jeder kann was tun. Projekte gegen Arbeitslosigkeit im Erzbistum Köln, Köln 1998, 18.
[1118] Vgl. CVD 23, 18.05.1988.
[1119] Vgl. WZ 19.10.1999.
[1120] Vgl. CVD 23, 13.12.1988 und 01.12.1994.

gungsprojektes Caritas Möbelbörse ist es, schwervermittelbaren Langzeitarbeitslosen einen Wiedereinstieg in das Berufsleben zu ermöglichen. Den Mitarbeitern werden dabei handwerkliche Kenntnisse und Fertigkeiten in verschiedenen Arbeitsbereichen vermittelt, wie Lager-, Fahr- und Transportdienst, Schreinerei, Verwaltung und Organisation. Neben dieser Grundqualifizierung und der Entwicklung beruflicher Perspektiven wird kontinuierliches Arbeitsverhalten trainiert und eine Lern- und Leistungsbereitschaft bei den oft arbeitsentwöhnten Teilnehmern aufgebaut. Durch sozialpädagogische Begleitung werden Hilfen in praktischen Lebenslagen sowie stabilisierende Maßnahmen in schwierigen Lebenssituationen entwickelt, wie z.B. Erstellen von Entschuldungskonzepten, Haftvermeidungsstrategien, Suchtarbeit u.v.m.. Vermittlung von weiterführenden Hilfen und nachfolgenden Beschäftigungsangeboten gehören ebenso zur pädagogischen Arbeit wie Nachbetreuung ausgeschiedener Mitarbeiter"[1121]. Mitte der neunziger Jahre betrug in der Möbelbörse die durchschnittliche Teilnehmerzahl im ASS - Projekt 13 bis 15 Beschäftigte, im EMAS - Programm 10 bis 15 Teilnehmer. Die Arbeitsfelder für die Mitarbeiter in der Caritas Möbelbörse waren vielfältig und umfassten vor allem: Lagerdisposition, Verkaufspräsentation, Kundenbetreuung, Transportdisposition, Transportdienst, Kleintransporte, mobile Montageeinsätze, Dienstleistungen für kirchliche Einrichtungen, Recycling von Wertstoffen, Entsorgungsarbeiten, Aufarbeitung von Gebrauchtmöbeln, Anfertigung von Einrichtungsgegenständen. Durch technische Anleiter wurden den Langzeitarbeitslosen handwerkliche Fähigkeiten vermittelt, kontinuierliches Arbeitsverhalten trainiert und berufliche Perspektiven aufgezeigt. Die sozialpädagogische Begleitung sollte die Teilnehmer für ihre eigene soziale, gesundheitliche und finanzielle Situation sensibilisieren und sie dahingehend motivieren, Missstände mit eigenem Engagement zu überwinden. Flankierend wurde daher angeboten: Stabilisierende Maßnahmen in schwierigen Lebenssituationen, Schuldnerberatung, lebenspraktische Beratung, Vermittlung in Einrichtungen der ambulanten oder stationären psychischen Gesundheitshilfe[1122].

Fahrrad- und Rollstuhlwerkstatt

Unter Aufsicht und in den Räumlichkeiten der Caritas Möbelbörse wurde in Lohausen (Im Grund 73) am 16. Dezember 1991 eine Rollstuhlwerkstatt eingerichtet[1123]. Anlass hierzu gab der Umstand, dass die Möbelbörse bei vielen Wohnungsauflösungen auch gebrauchte Roll- und Toilettenstühle, Krankenbetten und andere Pflegebedarfsartikel zur Weiterverwendung erhalten hatte[1124]. "Bei genauerer Betrachtung stellte sich heraus", so eine Bemerkung im ersten Jahresbericht der Rollstuhlwerkstatt, "daß die Instandsetzung der Rollstühle etc. sich zwar teilweise schwierig gestaltete, uns aber nicht

---

[1121] CVD 23, Mai 1997
[1122] Vgl. CVD 23, Mai 1997; 90 Jahre Caritasverband für die Stadt Düsseldorf. Gemeindecaritas, häusliche Hilfen, soziale Dienste und Beratung, ambulante Pflegestationen, Wohnheim und Altenhilfeeinrichtungen, Düsseldorf 1994, 17.
[1123] Vgl. CVD 430, 09.07.1992.
[1124] Vgl. CVD 430, 09.07.1992.

vor unlösbare Aufgaben stellte. Durch die überwiegend für den Holzbearbeitungsbereich bestimmten Maschinen in der Möbelbörse waren aber bestimmte Reparaturen von uns nicht durchzuführen. Ein weiterer Gedanke bei den Überlegungen, eine Werkstatt einzurichten, die sich vorwiegend mit Instandhaltung und Reparatur von Rollstühlen und ähnlichen Pflegebedarfsartikeln beschäftigt, war, daß die Mitarbeiter selbst behindert sein sollten"[1125]. Nachdem das Konzept für eine Rollstuhlwerkstatt erstellt, der Antrag für eine Arbeitsbeschaffungsmaßnahme genehmigt und ein eigener Werkstattbereich eingerichtet worden war, konnte das Projekt Ende 1991 mit drei schwer behinderten Mitarbeitern und einem Zweiradmechaniker seine Tätigkeit aufnehmen[1126]. "Da wir über die Erfolgsaussichten des neuen Projektes natürlich keine Angaben machen konnten", so der Rückblick auf das erste Arbeitsjahr, "sollte ein weiterer Arbeitsbereich eine Fahrradwerkstatt sein. Der Bedarf nach funktionstüchtigen Fahrrädern war neben der normalen Kundschaft der Möbelbörse auch innerverbandlich (Dienstfahrräder für Zivildienstleistende und Gemeindeschwestern) so groß, daß Prognosen in diesem Bereich zuverlässiger gemacht werden konnten. Die tägliche Praxis zeigt, daß beide Bereiche - Rollstuhl- und Fahrradwerkstatt - gleichberechtigt nebeneinander stehen und beide auch über eine entsprechende Auslastung verfügen"[1127].

In der Tat war aus der projektierten Rollstuhlwerkstatt bereits im Gründungsjahr eine Fahrrad- und Rollstuhlwerkstatt geworden[1128]. Unter fachlicher Anleitung wurden den Beschäftigten handwerkliche Kenntnisse vermittelt, die sie befähigen sollten, selbständig Arbeitsprozesse wie Kontrolle, Reparatur und Wartung von Fahrrädern und Rollstühlen zu planen und durchzuführen[1129]. Nicht weniger wichtig als das Beschäftigungsspektrum war der Umfang der pädagogischen Mitarbeiterbetreuung, zu dem vor allem folgende begleitende Maßnahmen gehörten: Arbeitsmotivierende Angebote, Vermittlung von weiterführenden Hilfen und Therapien, Schuldnerberatung, Hilfen bei praktischen Lebensfragen, Hilfen bei Behörden, Training im sozialen Verhalten, Steuerung und Intervention bei gruppendynamischen Prozessen, Kontakte mit behandelnden Ärzten und Therapeuten, Vermittlung zu Weiterbeschäftigungsangeboten[1130]. Neben der "betrieblichen" Sozialarbeit hatte sich das Projekt die Aufgabe gestellt, verschiedene Formen von sozialer Gruppenarbeit und Trainingsprogrammen im psychosozialen Bereich mit dem Ziel anzubieten, Schwierigkeiten, seelische Belastungen, persönliche Probleme und Spannungen in der Gruppe zur Sprache zu bringen und mit fachlicher Beratung gemeinsame Lösungswege zu entdecken[1131]. Ende der neunziger Jahre waren in der Fahrrad- und Rollstuhlwerkstatt, die im Sommer 1995 von der Möbelbörse getrennt und als eigenständige Einrichtung im Düsseldorfer Caritasverband geführt wur-

---

[1125] CVD 430, Juni 1993.
[1126] Vgl. CVD 430, 19.07.1992.
[1127] CVD 430, Juni 1993.
[1128] Vgl. CVD 430, 19.07.1992.
[1129] Vgl. CVD 430, 19.07.1992.
[1130] Vgl. CVD 430, Juni 1993.
[1131] Vgl. CVD 430, Juni 1993.

de[1132], elf mindestens 50 Prozent körperbehinderte und lange Zeit arbeitslose Menschen beschäftigt[1133]. Erwähnenswert ist, dass aus dem Verleihservice der Fahrrad- und Rollstuhlwerkstatt im Jahre 1995 das bereits beschriebene Pflegehilfsmitteldepot des Caritasverbandes für die Stadt Düsseldorf erwachsen war[1134].

Mobiler Sozialer Hilfsdienst/Sozialer Betreuungsdienst

Zu den Projekten der "Caritas Alternativen Arbeit"[1135] gehörte auch der "Soziale Betreuungsdienst", der am 16. Dezember 1994 in Zusammenarbeit mit dem Düsseldorfer Arbeitsamt als Arbeitsbeschaffungsmaßnahme für Langzeitarbeitslose eingerichtet wurde[1136]. Die Idee, hilfsbedürftige Menschen in den katholischen Pfarrgemeinden der Stadt durch Mitarbeiter des Caritasverbandes zu betreuen, war nicht neu, sondern bereits seit dem Jahre 1989 realisiert worden.

Die dringende Notwendigkeit für den Aufbau eines mobilen Betreuungsdienstes hatte sich Ende der achtziger Jahre in Düsseldorf als Folge der Neuordnung der Gemeindekrankenpflege ergeben. Wie bereits dargestellt, war seit 1978 in der Landeshauptstadt die jahrzehntelang praktizierte und in den Gemeindekrankenstationen institutionalisierte Gemeindekrankenpflege einer Reform unterzogen und den sozialen und demographischen Entwicklungen angepasst worden[1137]. Letztere lauteten: Zunahme der Zahl älterer Menschen bei gleichzeitigem Rückgang des familiären und nachbarschaftlichen Hilfepotentials sowie Anstieg des geronto - psychiatrischen Betreuungsbedarfs. An die Stelle der ursprünglichen Gemeindekrankenpflegestationen waren Sozialstationen getreten, die neben der ambulanten Krankenpflege auch die Alten- und Familienpflege umfasste. Dienstleistungen, die über das Kernangebot der Alten-, Kranken- und Familienpflege hinausgingen, wie Mahlzeitendienst, Beratungs- und Besuchsdienst, Reparatur- und Wäschedienste, sollten nicht Aufgaben der Sozialstationen sein[1138]. Da sich im Laufe der Zeit aus den Pfarrgemeinden die Nachfrage nach Dienstleistungen, die nicht in das Konzept der Sozialstationen integriert waren, immer mehr steigerte, entschied der Caritasverband für die Stadt Düsseldorf, neben den Ambulanzen einen Pflege ergänzenden "Mobilen Sozialen Hilfsdienst" (MSHD) aufzubauen[1139]. Als Ergänzung zu den me-

---

[1132] Vgl. CVD 430, März 1997 und 25.09.2003.

[1133] Vgl. RP 13.07.1995; NRZ 17.11.1995; NRZ 30.03.1996; WZ 19.10.1999.

[1134] Vgl. oben S. 896. Vgl. auch 90 Jahre Caritasverband für die Stadt Düsseldorf. Gemeindecaritas, häusliche Hilfen, soziale Dienste und Beratung, ambulante Pflegestationen, Wohnheim und Altenhilfeeinrichtungen, Düsseldorf 1994, 18.

[1135] Vgl. dazu Caritas Alternative Arbeit. Ein Projekt des Caritasverbandes für die Stadt Düsseldorf, Düsseldorf 1994, 2 ff; Helene Wentker, Mit Fingergefühl den Einstieg schaffen. "Caritas Alternative Arbeit" in Düsseldorf wächst und wächst ... , in: Caritas in NRW Jg. 27 Nr. 3 (August 1998), 13 - 15, 13 ff; Jeder kann was tun. Projekte gegen Arbeitslosigkeit im Erzbistum Köln, Köln 1998, 18 ff.

[1136] Vgl. CVD 523, 12.03.2003.

[1137] Vgl. oben S. 887 ff.

[1138] Vgl. CVD 97, Juli 1994.

[1139] Vgl. CVD 97, Juli 1994.

dizinischen und pflegerischen Leistungen der Caritaspflegestationen sollte der MSHD insbesondere Hilfen im Haushalt, Verpflegungsdienste, ergänzende pflegerische und betreuende Hilfen, Hilfen zur Erhaltung und Erweiterung von Kontakten zur Umwelt, Hilfen zur Überwindung besonderer sozialer Belastungen, Reinigungs-, Hol-, Bring-, Fahr- und Begleitdienste anbieten[1140]. Alle Aufgaben waren darauf ausgerichtet, alten oder behinderten Menschen möglichst lange das Verbleiben in der eigenen Wohnung und vertrauten Umgebung zu ermöglichen[1141]. Der MSHD wurde von Zivildienstleistenden ausgeführt, die von ehrenamtlichen Helfern in den Düsseldorfer Kirchengemeinden in ihrer Arbeit unterstützt wurden. Die Zivildienstleistenden waren Angestellte des Bundesamtes für Zivildienst und in der Regel für den Einsatz in einer bestimmten Pfarrei abgestellt. Die Fachaufsicht der Zivildienstleistenden sowie sämtliche Verwaltungsaufgaben übernahm der Caritasverband, während die Dienstaufsicht sowie die Absprachen über die Einsätze durch Verantwortliche in den Gemeinden erfolgte[1142].

Begonnen hatte der MSHD des Düsseldorfer Caritasverbandes am 1. September 1989 in neun Gemeinden des Stadtdekanates[1143]. Drei Jahre später waren es bereits 18 Pfarreien, denen 16 Zivildienstleistende zur Verfügung standen[1144]. Vom alltäglichen Einsatz des Zivildienstleistenden "Axel" im Stadtbezirk Bilk berichtete die Rheinische Post am 7. Januar 1992: "Axel arbeitet im Einzugsbereich von Sankt Martin. 'Ich bin für viele der einzige regelmäßige Besuch', erzählt der 19jährige. Oft stehen die Tasse Kaffee und die Tafel Schokolade schon bereit. Was ihm bei seiner Arbeit 'an die Nerven geht', sind das Leid, von dem ihm oft berichtet wird und die Sorgen, die die alten und kranken Menschen sich oft machen. Während seiner Langzeitbetreuung lernt er die verschiedenen Lebensgeschichten seiner Anvertrauten kennen. Und obwohl er manchmal putzen muß, 'bis es steriler ist als in der Intensivstation', sind die Gespräche wichtiger als die blitzsaubere Wohnung. Ein Stück Lebensqualität, die es den alten Menschen zu erhalten gilt, ist auch die Begleitung der gewohnten Gänge: ein Spaziergang durch den Flora - Garten, ein Cafébesuch oder den Einkauf beim gewohnten Bäcker oder Metzger. Kleine Einsätze zwischendurch lockern den Wochenplan auf. Da sind Geranien auf den Speicher zu tragen, Sprudelwasserkästen aus dem Keller zu holen. Auch als Friedhofsgärtner hat sich Zivi Axel schon verdingt. ... Und manchmal ist ein kompletter Wocheneinkauf zu erledigen"[1145]. Im Dezember 1994, als der MSHD wegen Umschichtung von Fördermitteln auslief und schrittweise vom Sozialen Betreuungsdienst (SBD) abgelöst wur-

---

[1140] Vgl. CVD 97, Juli 1994.
[1141] Vgl. Marianne Hojtzyk, MSHD - ein Projekt von Caritasverband und Gemeinden, in: Caritas in Nordrhein - Westfalen Jg. 19 Nr. 3 (Mai/Juni 1990), 264.
[1142] Vgl. 90 Jahre Caritasverband für die Stadt Düsseldorf. Gemeindecaritas, häusliche Hilfen, soziale Dienste und Beratung, ambulante Pflegestationen, Wohnheim und Altenhilfeeinrichtungen, Düsseldorf 1994, 13.
[1143] Vgl. CVD 97, 18.09.1989; RP 13.09.1989; WZ 13.09.1989; NN, Caritasverband: Mobiler sozialer Hilfsdienst. Pilotprojekt, in: Kirchenzeitung für das Erzbistum Köln Jg. 44 Nr. 51/52 (22.12.1989), 24.
[1144] Vgl. RP 07.01.1992.
[1145] RP 07.01.1992.

9.1. Mobile Gruppe

de[1146], waren 30 Düsseldorfer Gemeinden in das Netz des mobilen Hilfsdienstes einbezogen[1147].

Mit dem Aufbau des SBD änderte sich für den zu betreuenden Personenkreis und die organisatorische Durchführung der Arbeit in den Düsseldorfer Pfarrgemeinden zunächst nur wenig. Im Unterschied zum MSHD waren im SBD jedoch keine Zivildienstleistenden, sondern ausschließlich über Arbeitsbeschaffungsmaßnahmen finanzierte Langzeitarbeitslose eingesetzt, die wie alle Mitarbeiter in Projekten der "Caritas Alternativen Arbeit" eine sozialpädagogische Begleitung und Betreuung zur Integration in die Arbeitsprozesse erhielten[1148]. Während das Arbeitsamt die zur Einrichtung der Arbeitsplätze erforderlichen Gelder bereits seit Dezember 1994 bewilligte[1149], konnte das zur Ausstattung der sozialpädagogischen Begleitung notwendige Förderungsprogramm erst zu Beginn des Jahres 1997 mit der Stadt Düsseldorf abgeschlossen werden[1150]. Von diesem Zeitpunkt an waren 20 arbeitslose Männer und Frauen befristet auf ein Jahr im Sozialen Betreuungsdienst beschäftigt. Wie zuvor die Zivildienstleistenden halfen auch die ABM - Kräfte älteren, allein stehenden Menschen im Haushalt, gingen mit ihnen spazieren, brachten sie zum Arzt oder waren einfach als Ansprechpartner für sie da. Eingeführt in ihre Arbeit wurden die Maßnahmeteilnehmer durch ehrenamtliche Helfer in den Kirchengemeinden, die die zu betreuenden Menschen meist schon längere Zeit kannten[1151]. Seit dem Jahre 1996 wurden die Mitarbeiter und Mitarbeiterinnen des SBD auch in Caritas Begegnungsstätten und Caritas Altenzentren eingesetzt[1152]. Während in den Begegnungsstätten vor allem Serviceleistungen wie Essen wärmen und verteilen oder der Begleitdienst von und zur Begegnungsstätte im Mittelpunkt der Arbeit stand, waren die Einsatzmöglichkeiten in den Altenzentren vor allem auf die Bewohnerbetreuung und -beschäftigung zur Erweiterung der sozialen Kontakte der Heimbewohner ausgerichtet[1153].

Mobile Gruppe, GzA - Mobile Gruppe, Arbeit direkt, HaGaCa, Grünmobil

Nachdem der Soziale Betreuungsdienst seine Tätigkeit aufgenommen hatte, rief der Caritasverband für die Stadt Düsseldorf in kurzer Folge eine Reihe weiterer Projekte zur

---

[1146] Vgl. CVD 523, 12.03.2003.
[1147] Vgl. PfA Lichtenbroich St. Maria Königin, Chronik der Pfarrgemeinde St. Maria Königin Düsseldorf - Lichtenbroich, S. 214; NN, Mobiler sozialer Hilfsdienst, in: Kirchenzeitung für das Erzbistum Köln Jg. 46 Nr. 33/34 (16.08.1991), 23; NN, Zivi hilft, in: Kirchenzeitung für das Erzbistum Köln Jg. 49 Nr. 32 (12.08.1994), 23; 90 Jahre Caritasverband für die Stadt Düsseldorf. Gemeindecaritas, häusliche Hilfen, soziale Dienste und Beratung, ambulante Pflegestationen, Wohnheim und Altenhilfeeinrichtungen, Düsseldorf 1994, 13.
[1148] Vgl. Jeder kann was tun. Projekte gegen Arbeitslosigkeit im Erzbistum Köln, Köln 1998, 19.
[1149] Vgl. CVD 523, Juli 1996.
[1150] Vgl. CVD 74, 01.01.1997.
[1151] Vgl. CVD 523, Januar 1998.
[1152] Vgl. CVD 523, Juli 1996.
[1153] Vgl. CVD 523, Januar 1998.

Qualifizierung und Beschäftigung von Langzeitarbeitslosen ins Leben. Den Auftakt unter den Beschäftigungsförderungsmaßnahmen machte am 15. September 1997 die "Caritas Mobile Gruppe", deren Einsatz aus Mitteln eines Sonderprogramms der Landeshauptstadt Düsseldorf bestritten wurde[1154]. Die Mobile Gruppe übernahm vor allem Arbeitsfelder, in denen langzeitarbeitslose Sozialhilfeempfänger unter Anleitung eines Agraringenieurs in gartenpflegerische Grundqualifikationen wie Baumschnitt und Begrünungsarbeiten eingeführt werden konnten[1155]. Bereits vor Projektbeginn war mit dem Sportamt der Stadt Düsseldorf vereinbart worden, dass die Caritas Mobile Gruppe etwa die Hälfte ihrer Einsatzzeit für die Unterhaltung kommunaler Sportanlagen verwenden sollte[1156]. Ein weiterer Einsatzschwerpunkt der Mobilen Gruppe war die Übernahme haustechnischer Dienste wie Entsorgungs- und Renovierungsarbeiten[1157]. Neben dem Erwerb von Grundqualifikationen war die Maßnahme darauf ausgerichtet, die Teilnehmer unter Anleitung eines Sozialarbeiters an den Arbeitsalltag zu gewöhnen. Hierzu zählte das Erkennen eigener Belastbarkeit, der Arbeitsfähigkeit und verantwortlichen Handels. Je nach persönlicher Voraussetzung der etwa 20 Beschäftigten wurde angestrebt, den Teilnehmern einen Wiedereinstieg in den ersten Arbeitsmarkt oder in weiterführende Maßnahmen zu ermöglichen[1158]. Räumlich war die Mobile Gruppe der Caritas Möbelbörse (Kölner Str. 18, später Völklinger Str. 24/36) angeschlossen[1159].

In Zusammenarbeit mit dem Garten-, Friedhofs- und Forstamt der Stadt Düsseldorf startete im Rahmen des Programms "Gemeinnützige zusätzliche Arbeit" (GzA) am 1. Juni 2000 die GzA - Mobile Gruppe im Caritasverband für die Stadt Düsseldorf. GzA war ein grundlegender Baustein im Angebot des Düsseldorfer Sozialamtes zur Eingewöhnung von Langzeitarbeitslosen in geregelte Arbeitsprozesse. Ohne ein sozialversicherungspflichtiges Arbeitsverhältnis zu begründen, behielten die Teilnehmer im GzA - Programm den Status als Sozialhilfeempfänger bei und erhielten zu ihrer "Hilfe zum Lebensunterhalt" einen Mehrbedarf von 1,50 DM pro Stunde[1160]. Die GzA - Mobile Gruppe des Düsseldorfer Caritasverbandes war überwiegend im Bereich der Garten- und Landschaftspflege tätig und stellte daher an die Teilnehmer ein Anforderungsprofil, das in etwa dem der Caritas Mobilen Gruppe entsprach. Vorrangiges Ziel des GzA - Projektes war es, mit Hilfe einer individuellen sozialpädagogischen Begleitung während der Maßnahme eine realistische berufliche Perspektive mit anschließender Integration in den ersten Arbeitsmarkt oder in eine weiterführende Qualifizierungsmaßnahme zu gewinnen[1161].

[1154] Vgl. CVD 543, 11.02.1998; RP 23.07.1997.
[1155] Vgl. CVD 543, Februar 1999.
[1156] Vgl. CVD 543, 11.02.1998.
[1157] Vgl. CVD 543, 11.02.1998.
[1158] Vgl. CVD 543, 11.02.1998.
[1159] Vgl. CVD 543, 11.02.1998.
[1160] Vgl. Günther Fuchs, Die Rolle der Wohlfahrtsverbände im Rahmen regionaler Arbeitsmarktpolitik, insbesondere für am Arbeitsmarkt benachteiligte Personen, in: Fachtagung "Qualifizierungs- und Beschäftigungseinrichtungen für am Arbeitsmarkt benachteiligte Personen" 15. bis 17. Juni 1999 in Bergisch Gladbach. Dokumentation, Freiburg 1999, 15 - 28, 18.
[1161] Vgl. CVD 543, 12.03.2003; Caritas für Düsseldorf. Kontakt, Düsseldorf 2001, 51.

9.1. Einrichtung Qualifizierung und Beschäftigung

Seit dem 1. April 2002 war die Caritas für Düsseldorf auch an dem Modellprojekt "Arbeit direkt" beteiligt, das im Auftrag des Düsseldorfer Sozialamtes in Kooperation mit der Beratungsstelle des Jugendamtes und Beteiligung verschiedener Praktikumsträger durchgeführt wurde[1162]. Das im Oktober 2000 von der Stadt gestartete Pilotprojekt richtete sich in erster Linie an jugendliche Sozialhilfeempfänger und bot Antragstellern, die nicht direkt in eine ASS oder EMAS Maßnahme vermittelt werden konnten, einen niederschwelligen Einstieg in eine sozialpädagogische Begleitung und Beratung, um Selbsthilfeprozesse zur Stabilisierung der Persönlichkeit in Gang zu setzen[1163]. Bei der Caritas für Düsseldorf konnte den Teilnehmern hierzu eine Arbeitsstelle im Bereich Möbelrecycling und Schreinerei mit einer Verweildauer von drei Monaten angeboten werden. In diesem Zeitraum wurde unter Berücksichtigung der persönlichen Voraussetzungen mit dem Projektteilnehmer ein Perspektivplan zur sozialen und beruflichen Eingliederung erarbeitet. Erklärtes Ziel des Projektes "Arbeit direkt" war es, jugendliche Arbeitslose zu einem Ausbildungsplatz hinzuführen oder auf den ersten Arbeitsmarkt zu vermitteln[1164].

Zu den versicherungspflichtigen Beschäftigungsmaßnahmen von arbeitslosen Sozialhilfeempfängern im Rahmen des europäischen Sozialfonds "Arbeit statt Sozialhilfe" gehörte das Caritas Projekt HaGaCa (Hauswirtschaft, Gastronomie und Catering), das vom 1. September 2002 bis 31. August 2003 im Auftrag der Zentralstelle für Beschäftigungsförderung aufgelegt war[1165]. Um einen Wiedereinstieg in den ersten Arbeitsmarkt zu finden, wurde 13 Teilnehmern im Altenzentrum Hubertusstift und Caritas Altenzentrum St. Martin eine berufspraktische Grundqualifizierung in den Arbeitsbereichen Hauswirtschaft, Gastronomie und Catering mit sozialpädagogischer Betreuung und Beratung angeboten[1166]. Ziel war es, die Projektteilnehmer in ihrer Persönlichkeit zu stabilisieren und durch Vermittlung von Schlüsselqualifikationen wie Zuverlässigkeit, Pünktlichkeit, Konfliktfähigkeit an ein Dauerarbeitsverhältnis heranzuführen[1167].

Am 1. Oktober 2002 wurde in Kooperation mit dem Gartenamt ein "Grünmobil" bei der Caritas für Düsseldorf eingesetzt, bei dem sechs Mitarbeiter im Rahmen des Programms "Gemeinnützige zusätzliche Arbeit" verschiedene Arbeitsaufträge in städtischen Grünanlagen erfüllten[1168].

Einrichtung Qualifizierung und Beschäftigung

Alle über das gesamte Düsseldorfer Stadtgebiet verstreut untergebrachten Einrichtungen des Bereiches "Qualifizierung und Beschäftigung" beim Caritasverband für die Stadt

---

[1162] Vgl. CVD 74, 01.04.2002; CVD 680, 12.03.2003.
[1163] Vgl. RP 13.01.2001; NN, "Arbeit direkt" für OB Erwin, in: Düsseldorfer Amtsblatt Jg. 56 Nr. 10 (10.03.2001), 2.
[1164] Vgl. CVD 680, 12.03.2003.
[1165] Vgl. CVD 679, 12.03.2003.
[1166] Vgl. CVD 679, 18.03.2003.
[1167] Vgl. CVD 679, 18.03.2003.
[1168] Vgl. CVD 74, 01.10.2002.

Düsseldorf wurden in den Jahren 2001 und 2002 in der Völklinger Str. 24/36 zusammengeführt. Nachdem die Werkstätten und Büros des ehemaligen Autohauses "Ford Seidel" vom Caritasverband angemietet und entsprechend der Richtlinien der Arbeitsstättenverordnung umgebaut worden waren, konnte ab April 2001 mit der Konzentration der verschiedenen Projekte und ihrer fachlichen Ansprechpartner auf dem etwa 2500 qm großen Areal in Bilk begonnen werden[1169]. Den Anfang machte die Möbelbörse zusammen mit der Mobilen Gruppe, den ASS Einzelmaßnahmen und dem Sozialen Betreuungsdienst[1170]. Im kurzen Abstand folgte die Verlegung der Rollstuhl- und Fahrradwerkstatt und der Textilwerkstätten St. Joseph und St. Konrad wie auch die Ansiedlung der neuen Projekte Arbeit direkt, HaGaCa und Grünmobil[1171]. Unter dem Titel "Wege in den Arbeitsmarkt" berichtete "die zeitung" im Winter 2002 über die Entwicklung der Caritaseinrichtungen an der Völklinger Straße: "Beschäftigt sind hier mittlerweile über 250 Menschen. Davon sind 26 hauptamtliche Mitarbeiter, die in den verschiedensten Bereichen pädagogisch oder technisch die Teilnehmer anleiten. Wir haben über 220 Teilnehmer in den einzelnen Projekten. Das geht von jugendlichen Sozialhilfeempfängern, jugendlichen Arbeitslosen bis hin zu Erwachsenen, die entweder finanziell vom Arbeitsamt oder vom Sozialamt unterstützt werden und die in unseren Einrichtungen arbeiten. Viele der durch uns betreuten Menschen arbeiten auch in den Pfarrgemeinden, in den dort angesiedelten Begegnungsstätten, in katholischen Schulen oder in katholischen Krankenhäusern. Sie tragen dort alle zur Verbesserung der sozialen Situation bei. ... Die Projektstruktur ist, seit dem sie existiert, immer in Bewegung auch aufgrund veränderter Finanzlagen. Wir haben in diesem Jahr vier neue Projekte (d.i. E-MAS - Erweiterung ab 1. Januar 2002, Arbeit direkt, HaGaCa, Grünmobil) aufgelegt, die sich ganz exakt an den wechselnden Vorgaben entwickelt haben. ... Geplant ist weiterhin eine Ausrichtung an der Wirtschaftslage Stadt Düsseldorf. Für die Zukunft planen wir unter anderem gemeinsame Konzeptentwicklungen mit der Zentralstelle für Beschäftigungsförderung, um uns tatsächlich auf die Bedürfnisse der Zuschussgeber in Punkto Arbeitsmarkt, Arbeitsvermittlung, Dienstleistung einzustellen und um mit unseren Angeboten markt- und wettbewerbsfähig zu sein"[1172].

Um die Beratung, Qualifizierung und Beschäftigung erwerbsloser Menschen effizienter zu gestalten, fasste der Caritasverband für die Stadt Düsseldorf das gesamte Aufgabenfeld im Mai 2000 in einen Fachbereich "Berufliche und Soziale Integration" zusammen. Nach Caritasdirektor Johannes Böcker sollte mit der Zusammenführung "so vielen Düsseldorfer Bürgerinnen und Bürger wie möglich, die berufliche und soziale Integration, also die gesellschaftlich Teilhabe durch Erwerbsarbeit" ermöglicht werden[1173].

[1169] Vgl. NN, Qualifizierung und Beschäftigung für 250 Menschen an der Völklinger Straße. Wege in den Arbeitsmarkt, in: Die Zeitung. Caritas für Düsseldorf Jg. 3 Nr. 4 (Winter 2002), 6.
[1170] Vgl. CVD 74, 01.05.2001.
[1171] Vgl. NN, Qualifizierung und Beschäftigung für 250 Menschen an der Völklinger Straße. Wege in den Arbeitsmarkt, in: Die Zeitung. Caritas für Düsseldorf Jg. 3 Nr. 4 (Winter 2002), 6.
[1172] NN, Qualifizierung und Beschäftigung für 250 Menschen an der Völklinger Straße. Wege in den Arbeitsmarkt, in: Die Zeitung. Caritas für Düsseldorf Jg. 3 Nr. 4 (Winter 2002), 6.
[1173] NN, Wege, Mühe, Zeit gespart, in: Die Zeitung. Caritas für Düsseldorf Jg. 3 Nr. 4 (Winter 2002), 2.

9.1. Beratungsstelle für Arbeitslose

Beratungsstelle für Arbeitslose

Etwa zeitgleich mit dem Ausbau berufsvorbereitender und weiterführender Orientierungs- und Qualifizierungsmaßnahmen für Arbeitslose wurde beim Caritasverband für die Stadt Düsseldorf der Bereich der Beratung und Vermittlung in Ausbildung und Arbeit erweitert. Zwar hatte der Düsseldorfer Caritasverband in den Jahren 1983 bis 1995 acht über das gesamte Stadtgebiet verstreut liegende Treffpunkte für Arbeitslose eingerichtet[1174], doch mangelte es in der Landeshauptstadt an einer zentralen Beratungsstelle, die von Betroffenen unabhängig von ihrem Aufenthaltsort aufgesucht werden konnte. Dass die Behebung des lange gefühlten Missstandes im Sommer 1995 erfolgte, war kein Zufall, hatte der Deutsche Caritasverband seine Arbeit doch in diesem Jahr unter die Losung "Arbeitslos: abgeschrieben" gestellt[1175]. Zu Recht betonte Thomas Broch (Freiburg) in grundsätzlichen Überlegungen zum Jahresthema 1995, das Schicksal der Dauerarbeitslosigkeit von über vier Millionen Menschen mit all seinen sozialen und menschlich - existentiellen Folgen stelle eine bedrückende gesellschaftliche Realität und ein menschliches Drama dar, welches für die Caritas zu einer unübersehbaren Herausforderung geworden war, der sie sich stellen musste[1176]. "Nun kann bei der Durchführung dieses Jahresthemas", so Thomas Broch weiter, "für die Caritas nicht in erster Linie die Klärung der - zweifellos äußerst komplexen - wirtschaftswissenschaftlichen und -politischen Sachfragen im Mittelpunkt stehen, so sehr eine fundierte Theoriediskussion damit verbunden sein muß. Aber im Zentrum unserer Sorge steht zuerst und zuletzt der Mensch, für welchen der dauerhafte Verlust des Arbeitsplatzes mit einer Fülle wirtschaftlicher und sozialer, psychisch - existentieller, gesundheitlicher, familiärer Belastungen verbunden ist. Die Hintergründe von Arbeitslosigkeit können bei den jeweils Betroffenen unterschiedlich und vielfältig sein. ... Schwierig ist die Situation von Menschen, welche unter ihrer Arbeitslosigkeit leiden und gerne wieder ins Erwerbsleben zurückkehren würden, aber wegen nicht mehr marktgerechter Ausbildung, zu einseitiger Berufspraxis, Mängeln im Bereich 'Schlüsselqualifikationen' wie Lernfähigkeit, Flexibilität, Kreativität oder der sozialen Kompetenzen, fortgeschrittenem Lebensalter, gesundheitlichen Beeinträchtigungen nur noch schwer oder gar nicht mehr in den Arbeitsmarkt reintegriert werden können. ... So unterschiedlich die Hintergründe und Faktoren der Arbeitslosigkeit und die Reaktionen der Betroffenen darauf auch sein mögen - für die allermeisten bedeutet Arbeitslosigkeit ein schweres Schicksal und das Grundübel einer ganzen Reihe von daraus hervorgehenden Problemen: zunehmende wirtschaftliche Bedrängnis bis hin zur Verarmung und sozialen Verelendung; Verlust der Teilnahme am gesellschaftlichen Leben und den darin geltenden Standards; Verlust an Ansehen und - damit verbunden - an Selbstbewußtsein; Verlust der Wohnung und damit der vertrauten sozialen Umgebung, des Bekannten- und Freundeskreises bis hin zur gesellschaftlichen

---

[1174] Vgl. oben S. 914 ff.
[1175] Vgl. Hellmut Puschmann, Jahresthema: "Arbeitslos: abgeschrieben.", in: Caritas. Zeitschrift für Caritasarbeit und Caritaswissenschaft Jg. 96 Nr. 1 (Januar 1995), 1.
[1176] Vgl. Thomas Broch, "Arbeitslos: abgeschrieben.", in: Caritas '95. Jahrbuch des Deutschen Caritasverbandes, 11 - 15, 11.

Isolation; Belastungen der ehelichen und der familiären Beziehungen; Scham-, Versagens- und Schuldgefühle sowie Zukunftsangst; psychische und psychosomatische Erkrankungen, Suchterkrankungen inbegriffen"[1177].

Mit dem Ziel, die zum Teil trostlose Lebenssituation Rat suchender Arbeitsloser zu stabilisieren und ihre persönliche Fähigkeit zur Reintegration in den ersten Arbeitsmarkt zu stärken, eröffnete der Caritasverband für die Stadt Düsseldorf am 1. August 1995 in den Räumen der Geschäftsstelle Klosterstr. 88 eine aus Landesmitteln geförderte "Beratungsstelle für Arbeitslose"[1178]. Um den Arbeitslosen berufliche und gesellschaftliche Integrationsperspektiven zu erschließen, bot die Arbeitslosenberatung des Düsseldorfer Caritasverbandes folgende Leistungen an: Hilfen bei Behördengängen und bei Fragen zum Bundessozialhilfegesetz und Arbeitsförderungsgesetz; psychosoziale Beratung; Anregung und Motivation zur Teilnahme an Bildungsveranstaltungen, Kursen, Seminaren und Erholungswochen für arbeitslose Mitbürger; "Hilfe zur Selbsthilfe" bei durch Arbeitslosigkeit entstandenen Schwierigkeiten; anfordernde und motivierende Arbeits- und Berufsfindungsberatung; unterstützende Hilfestellungen beim Einstieg in Arbeitsverhältnisse durch Maßnahmen aus dem Bereich der Förderprogramme der Stadt Düsseldorf (ASS) und des Arbeitsamtes (ABM); Zusammenarbeit mit Fachdiensten und Beratungsstellen im Caritasverband (z.B. Suchtberatung, Allgemeine Sozialberatung etc.) und Kooperationspartnern in Kirche und Kommunalverwaltung; Vermittlung in Fachdienste wie z.B. Schuldnerberatung[1179]. Partner bei der Vermittlung von Hilfsangeboten waren die Arbeitslosentreffs und Arbeitslosenzentren des Caritasverbandes, deren Tätigkeit von der Beratungsstelle für Arbeitslose fortan zentral koordiniert wurde[1180]. Mit Genugtuung stellte Geschäftsführer Johannes Böcker am 4. Dezember 1995 bei der offiziellen Einweihung fest: "Der Caritasverband hat durch die neue Beratungsstelle und die Schaffung einer Koordinierungsstelle für die Arbeitslosenprojekte, seine Hilfe für Arbeitslose gebündelt, um so zukünftig noch engagierter als bisher bereits geschehen, zu helfen und zu beraten"[1181]. Um eine optimale Beratung der Ratsuchenden zu gewährleisten, wurde die Caritas Beratungsstelle für Arbeitslose am 28. Mai 1998 in die ehemalige Bücherei der Pfarrei St. Elisabeth (Ackerstr. 28) verlegt[1182]. Im Jahre 1999 fanden in Kooperation mit Anderson Consulting zwei Bewerbungstrainings für Klienten der Caritas Beratungseinrichtungen statt, um Sicherheiten für Vorstellungsgespräche zu vermitteln[1183]. Nach dem Konzept "Train the Trainer" wurden die Mitarbeiter der Caritas Arbeitslosenberatung im Sommer 2001 von der Düsseldorfer Unternehmensberatung accenture über die

---

[1177] Thomas Broch, "Arbeitslos: abgeschrieben.", in: Caritas '95. Jahrbuch des Deutschen Caritasverbandes, 11 - 15, 11 f.

[1178] Vgl. CVD 544, 09.10.1995; RP 14.10.1995.

[1179] Vgl. CVD 544, 29.01.1996; RP 23.03.1996.

[1180] Vgl. CVD 544, 29.01.1996; RP 23.03.1996.

[1181] CVD 544, 05.12.1995. Vgl. auch RP 05.12.1995; WZ 05.12.1995.

[1182] Vgl. CVD 74, 28.05.1998; RP 24.03.1998.

[1183] Vgl. CVD 544, 2000.

neueste Arbeitsmarktentwicklung informiert und für eine zielgerichtete Online - Stellensuche und Bewerbung geschult[1184].

Jugend in Arbeit

Wenige Tage nach Eröffnung der Beratungsstelle an der Ackerstraße, wurde der Caritasverband für die Stadt Düsseldorf am 9. Juni 1998 als Träger des Landesprogramms "Jugend in Arbeit" anerkannt[1185]. Das Projekt wurde der Caritas Beratungsstelle für Arbeitslose angegliedert und richtete sich an langzeitarbeitslose Jugendliche und junge Erwachsene unter 25 Jahren[1186]. In Nordrhein - Westfalen waren 1997 etwa 100000 Jugendliche arbeitslos gemeldet; 10000 von ihnen hatten schon mehr als ein Jahr keine Arbeit. Vor diesem Hintergrund gründete die Landesregierung die Initiative "Jugend in Arbeit", die von Vertretern aus Wirtschaft, Gewerkschaften, Arbeitsverwaltung und Wohlfahrtsverbänden unterstützt wurde[1187]. Ziel des Projektes war es, jugendliche Arbeitslose flächendeckend zu informieren, über berufliche Entwicklungspläne und individuelle Maßnahmen, die zu einem Arbeitsplatz führen. Im Mittelpunkt stand die individuelle Berufswegplanung, die verstärkt durch vermittlungsorientierte Beratung, intensive Bewerbungshilfen und einer Begleitung vor, bei und nach der Vermittlung in Arbeit die berufliche Integration ermöglichen sollte[1188]. Klienten, die länger als sechs Monate arbeitslos waren, erhielten für die Dauer von zwölf Monaten eine tariflich entlohnte Arbeitsstelle, konnten so Berufserfahrung sammeln und sich beruflich qualifizieren. Einstellenden Betrieben wurde bei Teilnahme an dem Projekt für ein Jahr ein Lohnkostenzuschuss von 50% gewährt[1189].

TABIM/MOrie

Mit Übergabe neuer Räumlichkeiten an die Arbeitslosenberatungsstelle erfolgte am gleichen Tag die Verlegung der Caritas Beratungsagentur TABIM von Pempelfort (Klosterstr. 88) nach Flingern[1190]. Am EU - Modellprojekt "Transkulturelle Ausbildung und berufliche Integration von Migranten" (TABIM) im europäischen Beschäftigungsnetzwerk INTEGRA war der Caritasverband für die Stadt Düsseldorf seit dem 1. Januar 1998 beteiligt[1191]. Ziel des Gesamtprojektes, das bundesweit vom Deutschen Caritasver-

---

[1184] Vgl. NN, Erfolgreiche Zusammenarbeit mit accenture. Train the Trainer, in: Die Zeitung. Caritasverband für die Stadt Düsseldorf Jg. 2 Nr. 2 (Sommer 2001), 9.
[1185] Vgl. CVD 74, 09.06.1998.
[1186] Vgl. Caritas für Düsseldorf. Kontakt, Düsseldorf 2001, 53.
[1187] Vgl. CVD 681, 14.03.2003.
[1188] Vgl. CVD 681, 12.03.2003.
[1189] Vgl. CVD 681, 14.03.2003.
[1190] Vgl. CVD 108, 07.05.1998; NRZ 14.03.1998; RP 14.03.1998; WZ 14.03.1998; RP 24.03.1998; WZ 28.05.1998; RP 02.06.1998.
[1191] Vgl. CVD 108, 07.05.1998; NRZ 14.03.1998.

band koordiniert wurde, war die soziale und berufliche Förderung von ausländischen Arbeitnehmern zur Verbesserung ihrer Beschäftigungsmöglichkeiten[1192]. Als Mittler zwischen Arbeitnehmern und Arbeitgebern sollte die Caritas Beratungsagentur TABIM die berufliche Integration von Migranten durch transkulturelle Ausbildung und Beratung fördern[1193]. Das Projekt TABIM bot Kleinbetrieben, Firmen und Unternehmen eine qualifizierte Beratung und Vermittlung von Personal[1194]. Mit Hilfe von Persönlichkeitsprofilen Arbeit suchender Migranten konnte der Caritasverband Arbeitgebern in Düsseldorf und Umgebung wichtige Informationen über Ressourcen, Defizite und Qualifikationen für die richtige Bewerberauswahl geben[1195]. Praktika oder spezielle Trainingsprogramme, die auf die besonderen Bedürfnisse in den Unternehmen abgestimmt waren, ermöglichten es, die Eignung der Bewerber zu erproben. Vor, während und nach der Einarbeitung erhielt das Personal fachliche Beratung und Begleitung von der Caritas Beratungsstelle[1196]. Die Agentur akquirierte Arbeitsplätze bei lokalen Betrieben, baute einen Pool von kooperierenden Unternehmen und Arbeitsuchenden auf und platzierte so geeignete Bewerber nach dem Vorbild der in den Niederlanden erfolgreichen "Maatwerk-Methode" in den Unternehmen[1197]. Im Rahmen der transnationalen Zusammenarbeit mit Partnern in Italien, Frankreich und Spanien wurden über einen Erfahrungs- und Informationsaustausch hinaus Konzepte und Strategien zur Verbesserung der Ausbildungs- und Beschäftigungsmöglichkeiten entwickelt, die transnational verwirklicht werden sollten[1198].

Im ersten Jahr ihres Bestehens wurde die Caritas Beratungsagentur TABIM in Flingern von 142 Migranten aufgesucht. 80 Hilfesuchende konnten kontinuierlich beraten, 18 in neue sozialversicherungspflichtige Arbeitsstellen vermittelt werden: in Kaufhäuser, Reinigungsdienste, zum Flughafenservice oder in die Krankenpflege[1199]. Zur Klienteln gehörten sozialhilfebedürftige Schwarzafrikaner ebenso wie arbeitslose Italiener und Aussiedler. Zu rund 400 Betrieben hatte der Caritasverband für die Stadt Düsseldorf Kontakt aufgenommen, von denen etwa die Hälfte das Interesse an einer Vermittlung bekundete[1200]. Die hohe Zahl der Rückmeldung überrascht wenig, da die Firmen nicht nur von der gezielten Vorbereitung ihrer neuen Mitarbeiter auf den Arbeitsplatz profi-

---

[1192] Vgl. CVD 108, 10.03.1998; NN, Arbeit im Euro - Job. Beratungs - Agentur für Ausländer, in: Caritas in NRW Jg. 27 Nr. 2 (Juni 1998), 35.
[1193] Vgl. Ronald Morschheuser, Ziel ist die Jobvermittlung. Caritasverband Düsseldorf führt Modellprojekt durch, in: Kirchenzeitung für das Erzbistum Köln Jg. 53 Nr. 13 (27.03.1998), 7.
[1194] Vgl. RP 04.08.1998.
[1195] Vgl. RP 14.03.1998.
[1196] Vgl. Helene Wentker, Mit Fingergefühl den Einstieg schaffen. "Caritas Alternative Arbeit" in Düsseldorf wächst und wächst ... , in: Caritas in NRW Jg. 27 Nr. 3 (August 1998), 13 - 15, 14.
[1197] Vgl. CVD 108, 22.07.1998.
[1198] Vgl. CVD 108, 22.07.1998.
[1199] Vgl. P. Esser, TABIM hilft bei Arbeitssuche. Düsseldorfer Caritas - Beratungsagentur wird von der EU gefördert, in: Kirchenzeitung für das Erzbistum Köln Jg. 54 Nr. 7 (19.02.1999), 7.
[1200] Vgl. P. Esser, TABIM hilft bei Arbeitssuche. Düsseldorfer Caritas - Beratungsagentur wird von der EU gefördert, in: Kirchenzeitung für das Erzbistum Köln Jg. 54 Nr. 7 (19.02.1999), 7.

Abb. 110   Haus Westfalen, Winterberg, um 1965

Abb. 111   Kindererholung Portugal, Hauptbahnhof, 1949

Abb. 112 Düsseldorfer Bürgergesellschaft, Schadowstr. 40, 1904

Abb. 113 Bilker Str. 36/40, Caritassekretariat 1916–1918

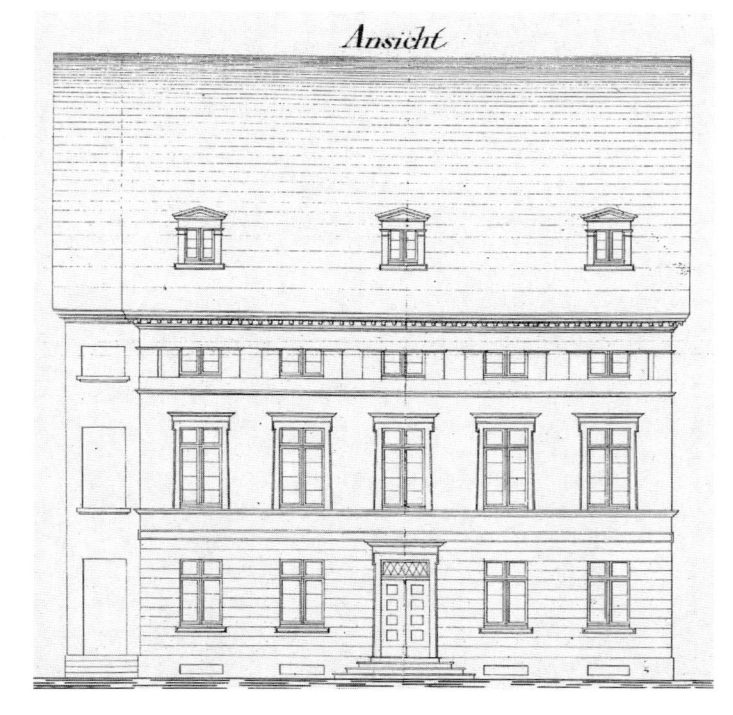

Abb. 114
Neustr. 11 (Vorderhaus Hunsrückenstr. 10), Caritassekretariat 1918–1925

Abb. 115 Tonhallenstr. 15, Caritassekretariat 1925–1943

Abb. 116   Tonhallenstr. 15, Caritassekretariat 1943

Abb. 117   Steinstr. 55, Caritassekretariat 1943–1945

Abb. 118 Bastionstr. 14, Caritassekretariat 1945–1946

Abb. 119 Blücherstr. 4/6, Caritassekretariat 1946–1950

Abb. 120   Benrather Str. 11, Caritassekretariat 1950–1957

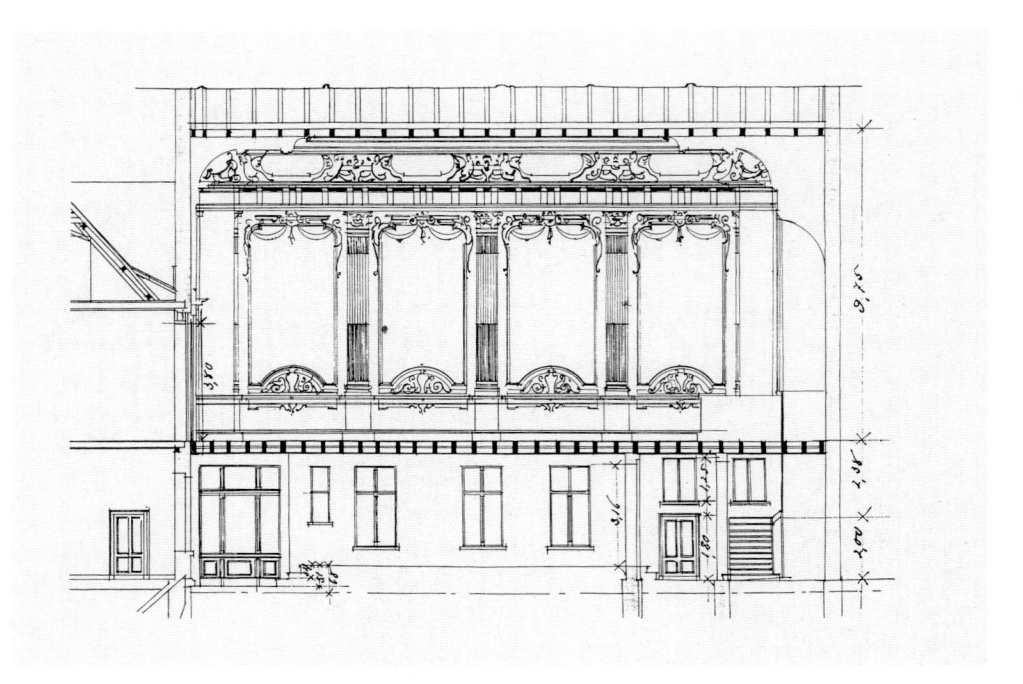

Abb. 121 Benrather Str. 11, Konzertsaal, später Caritassekretariat, 1901

Abb. 122 Benrather Str. 11, Caritassekretariat 1955

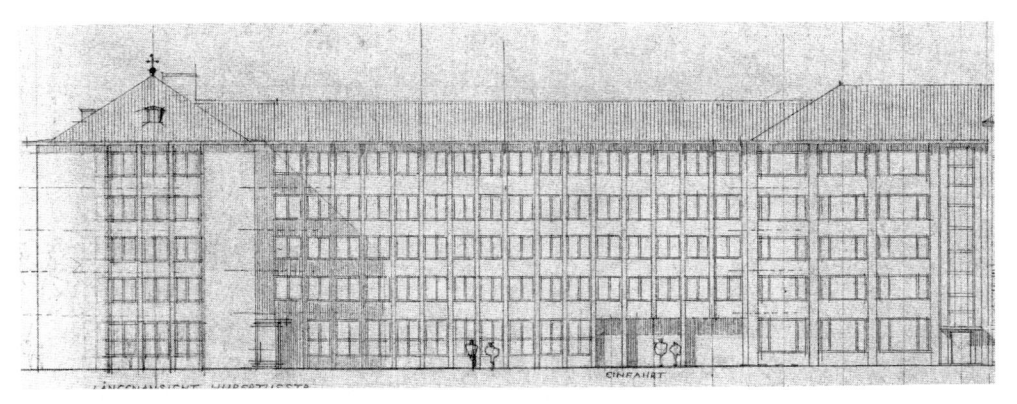

Abb. 123   Hubertusstr. 5 (Entwurf), Caritassekretariat 1957–1981

Abb. 124   Klosterstr. 86/88, Caritasgeschäftsstelle 1981–2001

Abb. 125   Hubertusstr. 5 (Umbau), Caritasgeschäftsstelle seit 2001

Abb. 126a Armenarzt Joseph Bücheler, vor 1879
Abb. 126b Gymnasialdirektor Karl Kiesel, vor 1903

Abb. 126c Landesrat Max Brandts, vor 1905
Abb. 126d Generalpräses Carl Mosterts, vor 1926

Abb. 127a Anna Niedieck, vor 1947
Abb. 127b Pfarrer Heinrich Bechem, Caritasvorsitzender 1904–1907

Abb. 127c Pfarrer Peter Flecken, Caritasvorsitzender 1907–1910
Abb. 127d Pfarrer Max Döhmer, Caritasvorsitzender 1911–1947

Abb. 128a Pfarrer Ernst Kreuzberg, Caritasvorsitzender 1947–1963
Abb. 128b Pfarrer Karl Maaßen, Caritasvorsitzender 1964–1968

Abb. 128c Pfarrer Bernard Henrichs, Caritasvorsitzender 1980–1985
Abb. 128d Pfarrer Gottfried Weber, Caritasvorsitzender 1985–1990

Abb. 129a Pfarrer Wilhelm Terboven, Caritasvorsitzender 1990–1997
Abb. 129b Pfarrer Rolf Steinhäuser, Caritasvorsitzender seit 1997

Abb. 129c Kaplan Josef Palmen, Caritasgeneralsekretär 1915–1916
Abb. 129d Kaplan Johannes Becker, Caritasdirektor 1917–1953

Abb. 130a Pfarrer Werner Drehsen, Caritasdirektor 1947–1985
Abb. 130b Hermann Franken, Caritasdirektor 1987–1994

Abb. 130c Johannes Böcker, Caritasdirektor seit 1996
Abb. 130d Josef Mühlemeier, Caritasverwaltungsdirektor 1968–1984

Abb. 131   Herz-Jesu-Heim, Mendelssohnstr. 11/15, um 1965

Abb. 132   Horten-Stiftung, Birkenstr. 14, um 1965

Abb. 133   Herz-Jesu-Heim, Indische Schwestern, um 1965

Abb. 134   Johannes-Höver-Haus, Rather Broich 155, 1984

Abb. 135 Vinzentinum, Höherweg 42, um 1965

Abb. 136 Josefshaus, Kruppstr. 23, um 1955

Abb. 137 Hildegardisheim, Ricarda-Huch-Str. 2, um 1968

Abb. 138   Hubertusstift, Neusser Str. 25, um 1965

Abb. 139   Martinstift, Wilhelm-Tell-Str. 9/11, 1961

Abb. 140   Johannes-Höver-Heim, Rather Broich 155, 2003

Abb. 141   CAZ Herz-Jesu, Mendelssohnstr. 15, 2003

Abb. 142   Kapelle CAZ Herz-Jesu, Mendelssohnstr. 15, 2003

Abb. 143 CAZ St. Josefshaus, Schmiedestr. 16, 2003

Abb. 144 Kapelle CAZ St. Josefshaus, Schmiedestr. 16, 2003

Abb. 145   CAZ St. Hildegard, Ricarda-Huch-Str. 2, 2003

Abb. 146   Kapelle CAZ St. Hildegard, Ricarda-Huch-Str. 2, 2003

Abb. 147 CAZ Klara-Gase-Haus, Sprockhöveler Str. 36, 2003

Abb. 148 Kapelle CAZ Klara-Gase-Haus, Sprockhöveler Str. 36, 2003

Abb. 149
AZ Hubertusstift, Neusser Str. 25, 2003

Abb. 150
Kapelle AZ Hubertusstift, Neusser Str. 25, 2003

Abb. 151
CAZ St. Martin, Wilhelm-Tell-Str. 9, 2003

Abb. 152 Kapelle CAZ St. Martin, Wilhelm-Tell-Str. 9, 2003

Abb. 153   Betreutes Wohnen Stockum, Lönsstr. 5a, 2003

Abb. 154   Betreutes Wohnen Hubertusstift, Hubertusstr. 3a, 2003

Abb. 155 Betreutes Wohnen Marienstift, Suitbertus-Stiftsplatz 11, 2003

Abb. 156 Begegnungsstätte Flingern, Flurstr. 57c, 2003

Abb. 157 Begegnungsstätte Oberbilk, Kölner Str. 265, 2003

Abb. 158 Begegnungsstätte Wersten, Liebfrauenstr. 30, 2003

tierten, sondern auch öffentliche Fördermittel wie Lohnkosten- oder Eingliederungszuschüsse vom Arbeitsamt abrufen konnten[1201].

Nachdem das auf drei Jahre angelegte Projekt TABIM am 31. Dezember 2000 ausgelaufen war[1202], folgte am 15. Januar 2001 als modifizierte Fortsetzung die "Caritas Orientierungsmaßnahme für Migrantinnen und Migranten" (MOrie = Migranten Orientierung)[1203]. Wie TABIM war auch MOrie eine berufliche Orientierungsmaßnahme für ausländische Mitbürger und Aussiedler, die Arbeitslosengeld oder Sozialhilfe bezogen. Um die Vermittlungschancen für arbeitslose Ausländer auf dem Düsseldorfer Arbeitsmarkt zu verbessern, wurden die Teilnehmer des Projektes vom Caritasverband für die Stadt Düsseldorf praxisnah auf den deutschen Arbeitsmarkt und seine Anforderungen vorbereitet[1204]. In der Regel erfolgten Schulungen vor allem in folgenden Bereichen: Berufsbezogener Deutschkurs, EDV - Basistraining, Bewerbungstraining, Arbeitsrecht, Berufsfeldinformationen, Kommunikation, Stressbewältigung, Konflikttraining und Schuldenbewältigung[1205]. Die Projektteilnehmer wurden bei der Arbeitsuche aktiv unterstützt und erhielten Hilfestellungen im Umgang mit persönlichen und sozialen Problemen. Erklärtes Ziel von MOrie war die Integration in den ersten Arbeitsmarkt, Qualifizierung oder Ausbildung. Finanziert wurde die Trainingsmaßnahme, die unter Anleitung pädagogischer Berater erfolgte, aus Landesmitteln und dem Europäischen Sozialfond[1206].

V.I.A. - Vermittlung in Arbeit

Nach TABIM und Jugend in Arbeit richtete der Caritasverband für die Stadt Düsseldorf im Jahre 1998 ein drittes Projekt zur Vermittlung in Arbeitsstellen und zur Nachbetreuung in Arbeitsverhältnissen ein. Mit dem Projekt "Vermittlung in Arbeit" (V.I.A.), das ein Verbundteam aus Arbeiterwohlfahrt, Caritasverband, Diakonie und Paritätischer Wohlfahrtsverband am 28. September 1998 ins Leben gerufen hatte, beschritten die Düsseldorfer Wohlfahrtsverbände bei der Arbeitsvermittlung einen neuen Weg[1207]. Beruhte die Vermittlung der Verbände bisher auf Kooperationen mit Industrie, Handwerk, Handel und Dienstleistungsunternehmen, so koppelte V.I.A. branchenübliche Vermittlungsmethoden mit effektiven Hilfsangeboten, Beratung und Kurzqualifizierung zum Erwerb von Teilqualifikationen. Insbesondere durch die Einbindung in die verbandliche Struktur der Düsseldorfer Wohlfahrtsverbände stand den zu vermittelnden Personen ein breites Hilfsangebot zur Verfügung, das von der psychosozialen Beratung des einzelnen über die Schuldnerberatung bis hin zu persönlicher und beruflicher Qualifizierung reich-

---

[1201] Vgl. CVD 108, 22.07.1998.
[1202] Vgl. CVD 74, 31.12.2000.
[1203] Vgl. CVD 74, 15.01.2001.
[1204] Vgl. NN, Neues Angebot für ausländische Mitbürger. MOrie hilft bei der Orientierung am Arbeitsmarkt, in: Die Zeitung. Caritasverband für die Stadt Düsseldorf Jg. 2 Nr. 1 (Frühjahr 2001), 11; NN, Düsseldorf, in: Kirchenzeitung für das Erzbistum Köln Jg. 57 Nr. 1 (04.01.2002), 26.
[1205] Vgl. CVD 563, 12.03.2003.
[1206] Vgl. CVD 563, 12.03.2003; Caritas für Düsseldorf. Kontakt, Düsseldorf 2001, 56.
[1207] Vgl. CVD 74, 28.09.1998.

te[1208]. Auf diese Weise konnte neben der reinen Vermittlung arbeitsmarktnaher Personen eine breitere Zielgruppe erfasst werden, die mit passenden Unterstützungsleistungen ebenso in Arbeit zu vermitteln war. Folgerichtig betonte eine Presseerklärung des Verbundteams zur Vorstellung des Projektes V.I.A. in der Öffentlichkeit: "Das Ziel ist die langfristige Vermittlung von Sozialhilfeempfängern in Stellen des ersten Arbeitsmarktes. ... Im Mittelpunkt der täglichen Arbeit der vielfältigen und flächendeckenden Einrichtungen und Dienste der Wohlfahrtsverbände in dieser Stadt stehen meist die Probleme und Nöte der Menschen, die am Rande der Arbeitsgesellschaft leben müssen. Die langjährige und enge Kooperation der Wohlfahrtsverbände mit Betrieben und Institutionen der Wirtschaft stellen in diesem neuen Verbundprojekt einen weiteren Eckpfeiler dar. Die Situation der arbeitslosen Sozialhilfeempfänger durch entsprechende Stärkung und Qualifizierung aufzubrechen sowie die Vermittlung in die 'richtige' Arbeitsstelle gehören zu den Schwerpunkten der V.I.A."[1209].

Realisiert wurde die Vermittlung von Sozialhilfeempfängern in den ersten Arbeitsmarkt durch die Einrichtung einer Kontaktstelle beim Caritasverband (Klosterstr. 88, später Kölner Str. 267 und Ellerstr. 180) und die Vermittlungstätigkeit durch Mitarbeiter der Arbeiterwohlfahrt, der Diakonie und des Paritätischen Wohlfahrtsverbandes[1210]. Für Menschen, die einen Weg aus der Sozialhilfe und für ihren beruflichen Wiedereinstieg eine fachkundige Beratung und Betreuung suchten, war die Kontaktstelle der V.I.A. der erste Ansprechpartner. Die Aufgaben der Vermittler lagen in der Gewinnung von Arbeitsstellen und der passenden Vermittlung der Hilfesuchenden. Grundvoraussetzung für eine langfristige Beschäftigung der zu vermittelnden Menschen war eine genaue Analyse ihrer Fähigkeiten und Fertigkeiten[1211]. War eine Qualifizierung für die Vermittlung notwendig, so wurden entsprechende Förderungselemente wie psychosoziale Stabilisierung, Arbeitsplatz orientierte Qualifizierung oder Bewerbungstraining durchgeführt[1212].

Kritisch bemerkte die Westdeutsche Zeitung drei Jahre nach Beginn des städtischen Schulungs- und Qualifizierungsprogramms für Arbeitslose: "'Via': Ein schöner Name für kommunale Arbeitsmarktpolitik geht in die zweite Auflage. Denn 'Via', die 'Vermittlung in Arbeit', hat in ihrer Fassung nicht funktioniert. ... 400000 Mark gab die Stadt für das Modell. Doch 'Via' dümpelte knapp zwei Jahre lang mehr schlecht als recht vor sich hin. 80 Menschen sollten vermittelt werden, 22 waren es nach knapp einem Jahr, aber keiner hielt sich die geforderten sechs Monate in der Stelle. Ein Grund für das Scheitern: Neben den vier Wohlfahrtsverbänden tummelten sich auch die Gesellschaft für Qualifizierung im Handwerk (GQH) und die Zukunftswerkstatt Düsseldorf (ZWD) sowie der Privatvermittler Belz auf dem Markt. Das gab Gerangel, denn so viele Klientel gab es gar nicht. Zudem war noch nicht bekannt, warum welche Sozialhilfeempfänger eigentlich nicht arbeiten können. Das wurde erst im vorigen Jahr durch eine Studie klar. Jetzt hat

---

[1208] Vgl. CVD 547, 1998.
[1209] CVD 547, 28.09.1998.
[1210] Vgl. NRZ 29.09.1998; RP 29.09.1998.
[1211] Vgl. CVD 547, 28.09.1998.
[1212] Vgl. CVD 547, 1998.

9.1. Jugendagentur

sich die Zielsetzung geändert. 'Via 2' kümmert sich nun um die besonders schwer zu vermittelnden Sozialhilfeempfänger. Seit Mitte 2000 hat das Sozialamt 500 Sozialhilfeempfänger an 'Via' überwiesen. Die Wohlfahrtsverbände analysieren zunächst, was an Arbeitshemmnissen vorliegt"[1213]. Die Untersuchungen ergaben, dass mehr als die Hälfte der Klienten suchtkrank und behandlungsbedürftig waren. Außerdem war jeder zweite Projektteilnehmer verschuldet[1214].

Jugendagentur

Mit der Absicht, junge Menschen gezielt für den Arbeitsmarkt vorzubereiten, eröffnete der Caritasverband für die Stadt Düsseldorf am 1. März 1999 in Oberbilk (Kölner Str. 267) eine Jugendagentur für Arbeitsberatung und Arbeitsvermittlung[1215]. Das Angebot der Beratungsstelle richtete sich an Jugendliche und junge Erwachsene unter 27 Jahren, die arbeitslos, Arbeit suchend oder von Arbeitslosigkeit bedroht waren[1216]. Durch umfassende Einzel- und Gruppenangebote sollten die Jugendlichen auf den Berufseinstieg oder den Wiedereinstieg in die Arbeitswelt vorbereitet werden[1217]. Die Angebotspalette reichte von der individuellen Beratung zur Berufsfindung und -orientierung bis hin zu intensiven Bewerbungshilfen und Coaching für Vorstellungsgespräche[1218]. Neben den Beratungsangeboten, wie die Klärung rechtlicher Fragen oder die Integration in den Arbeitsmarkt, stand die Berufswahlplanung im Vordergrund. Hauptziel war die Aktivierung individueller Ressourcen und die Befähigung der Jugendlichen, die eigenen Talente und Fähigkeiten für die berufliche Orientierung zu erkennen[1219]. Ein weiterer wesentlicher Bestandteil des Aufgabenbereiches der Caritas Jugendagentur war die Beratung und enge Zusammenarbeit mit Multiplikatoren[1220]. Die Caritas Jugendagentur verstand sich als Ergänzung zu anderen Angeboten für arbeitslose junge Menschen im Rahmen der Caritas Alternativen Arbeit und arbeitete nach dem Ansatz der "aufsuchenden Sozialarbeit"[1221]. So gingen die Mitarbeiter der Agentur in kirchliche und andere Jugendeinrichtungen der Stadt, um hier als Ansprechpartner zur Verfügung zu stehen[1222]. Auch wurden kirchliche Gremien in den Gemeinden angesprochen, um Kontakte zu Unternehmen für die Arbeit suchenden Jugendlichen herzustellen. Im ersten Jahr konnten von

---

[1213] WZ 06.02.2001.
[1214] Vgl. WZ 06.02.2001.
[1215] Vgl. CVD 436, 23.06.1999; WZ 27.01.2000; NN, Caritas Jugendagentur. Versuch geglückt, in: Die Zeitung. Caritasverband für die Stadt Düsseldorf Jg. 1 Nr. 1 (Frühjahr 2000), 7.
[1216] Vgl. NN, Jugendagentur, in: Die Zeitung. Caritas für Düsseldorf Jg. 3 Nr. 4 (Winter 2002), 8.
[1217] Vgl. CVD 436, 21.08.1998.
[1218] Vgl. RP 22.01.2000.
[1219] Vgl. NN, Jugendagentur, in: Die Zeitung. Caritas für Düsseldorf Jg. 3 Nr. 4 (Winter 2002), 8.
[1220] Vgl. Caritas für Düsseldorf. Kontakt, Düsseldorf 2001, 58.
[1221] Vgl. NN, Netze knüpfen, Arbeit schaffen. Caritas - Jugendagentur bietet Arbeitsberatung und -vermittlung, in: Caritas in NRW Jg. 29 Nr. 2 (April 2000), 28.
[1222] Vgl. Ronald Morschheuser, Jugendagentur zog Eröffnungsbilanz. Düsseldorfer Caritasverband berät und vermittelt Arbeit, in: Kirchenzeitung für das Erzbistum Köln Jg. 55 Nr. 4 (28.01.2000), 26.

der Jugendagentur 14 Praktikumsstellen eingerichtet, 4 Ausbildungsplätze besetzt und 14 Vollarbeitszeitplätze vermittelt werden. Außerdem wurden geeignete Stellen für drei junge Menschen auf 630 Mark Basis gefunden, die als Vorbereitung für eine Ausbildung dienten[1223]. Zusammen mit dem Projekt V.I.A, dem Caritas Beratungstreff für Arbeitslose St. Josef und dem Caritas Arbeitslosenzentrum St. Josef wurde die Caritas Jugendagentur am 1. April 2001 in das Haus Ellerstr. 180 verlegt[1224].

Beschäftigungsbegleitende Hilfen

Wenige Monate nach Eröffnung der Caritas Jugendagentur wurde am 1. September 1999 ein Kooperationsprojekt zwischen dem AWO - Berufsbildungszentrum und dem Caritasverband für die Stadt Düsseldorf im Bereich der beschäftigungsbegleitenden Hilfen (bbH) eingerichtet[1225]. Die bbH waren darauf ausgerichtet, junge Arbeitnehmer während der ersten sechs Monate ihres Arbeitsverhältnisses zu unterstützen und zu beraten. Hauptziel des vom Arbeitsamt geförderten Projektes war es, den Arbeitsplatz zu sichern und Kündigungen zu vermeiden[1226]. Das Angebot umfasste individuelle Einzelberatungen, Krisenintervention, Unterstützung bei Problemen am Arbeitsplatz, Hilfen zur beruflichen Orientierung und Qualifizierung sowie aktive Unterstützung bei der Arbeitssuche und bei Verlust des Arbeitsplatzes[1227]. Hatten jugendliche Arbeitnehmer Schwierigkeiten in ihrem neuen Betrieb, nahm ein Coach der bbH Kontakt zum Arbeitgeber auf und suchte mit den Klienten nach gemeinsamen Lösungen. Die bbH des Düsseldorfer Caritasverbandes waren im Haus Liststr. 2 untergebracht, dann Grafenberger Allee 258, wo sich auch die im Mai 1999 vom Arbeitsamt eingerichtete Jugendbörse "B 3" befand[1228]. In der Börse waren Mitarbeiter der Jugendberufshilfe und der Wirtschaftsschule Paykowski beschäftigt, die junge Arbeitslose berieten und vermittelten sowie verschiedene Trainingsmaßnahmen gegen Jugendarbeitslosigkeit anboten[1229].

Freiwilliges Soziales Trainingsjahr

Der Suche nach einem Ausbildungs- oder Arbeitsplatz für Jugendliche und junge Erwachsene zwischen 16 und 25 Jahren diente das Freiwillige Soziale Trainingsjahr (FSTJ), das am 19. Oktober 2000 als Modellprojekt von der Arbeiterwohlfahrt, dem Caritasverband und der Diakonie ins Leben gerufen wurde[1230]. Unterstützt durch den Europäi-

---

[1223] Vgl. RP 22.01.2000.
[1224] Vgl. CVD 74, 01.04.2001.
[1225] Vgl. CVD 131, 01.09.1999.
[1226] Vgl. CVD 131, 1999.
[1227] Vgl. Caritas für Düsseldorf. Kontakt, Düsseldorf 2001, 59.
[1228] Vgl. NRZ 22.05.1999.
[1229] Vgl. RP 24.03.2001.
[1230] Vgl. CVD 74, 19.10.2000; CVD 530, 12.03.2003.

9.1. Beratungsagentur für Klein- und Mittelständische Unternehmen 943

schen Sozialfond, die Bundesanstalt für Arbeit, dem Jugendamt der Stadt Düsseldorf und dem Bundesministerium für Familie, Senioren, Frauen und Jugend im Rahmen der Agenda 21 eröffnete das Programm benachteiligten Jugendlichen in den Stadtteilen Flingern und Oberbilk die Chance, den Weg in die Ausbildung oder auf den Arbeitsmarkt zu finden[1231]. Die Hilfen im FSTJ umfassten insbesondere die Unterstützung bei der Praktikums- und Arbeitsplatzsuche, Einzelberatung, Orientierungshilfen bei der Berufsfindung, Unterstützung bei sozialen Problemen, Qualifizierungsangebote und Nachholen des Schulabschlusses[1232]. Auf der gesetzlichen Grundlage des Freiwilligen Sozialen Jahres[1233] bot das FSTJ Jugendlichen in besonderen Lebenslagen die Gelegenheit, über freiwilliges Engagement die für eine Lehre oder einen Beruf notwendigen beruflichen und sozialen Schlüsselqualifikationen zu erwerben. Für ein Jahr arbeiteten Jugendliche in Krankenhäusern, Heimen, Kindertagesstätten, Sportvereinen und anderen gemeinnützigen Einrichtungen oder sammelten berufspraktische Erfahrungen im Kleingewerbe[1234]. Mit Hilfe der Mitarbeiter des Qualifizierungsbüros im Hause Birkenstr. 94 wurde gemeinsam mit den Jugendlichen herausgearbeitet, welche Qualifikationen fehlen, um den gewünschten Berufseinstieg zu erreichen[1235]. Nach zwölfmonatiger Teilnahme an niederschwelligen Angeboten sollten die Jugendlichen durch die Verknüpfung von sozialpädagogischer Betreuung, Praxiseinsätzen und Qualifizierungsbausteinen für den Eintritt in eine berufliche Ausbildung oder Tätigkeit auf dem ersten Arbeitsmarkt vorbereitet sein. Als besondere Qualifizierungen im FSTJ wurden angeboten: Computerkurse, Sprachkurse, Führerscheinerwerb, soziales Kompetenztraining und Bewerbungstraining. Bereits in den Arbeitsmarkt integrierte Jugendliche, die eine Ausbildung oder Erwerbstätigkeit aufgenommen hatten, wurden auch in den nachfolgenden Monaten sozialpädagogisch betreut[1236].

Beratungsagentur für Klein- und Mittelständische Unternehmen

Mit der "Beratungsagentur für Klein- und Mittelständische Unternehmen" (KMU) bot der Caritasverband für die Stadt Düsseldorf seine soziale Kompetenz erstmals auch gewerblichen Unternehmen an, die im Arbeitsamtsbezirk Düsseldorf ansässig waren[1237]. Aufgabe der am 1. Juni 2001 in der Ellerstr. 180 eingerichteten Beratungsstelle war es, klein- und mittelständische Unternehmen bis 250 Beschäftigte bei der Ein- und Durch-

---

[1231] Vgl. CVD 530, 2001.
[1232] Vgl. Caritas für Düsseldorf. Kontakt, Düsseldorf 2001, 60.
[1233] Vgl. dazu Christine Rössle, Ein Jahr für andere - ein Jahr für Dich. Seit letztem Jahr ist das Freiwillige Soziale Jahr statt Zivildienst möglich, in: Sozialcourage. Das Magazin für soziales Handeln Jg. 8 Nr. 1 (2003), 14 - 15, 14 f.
[1234] Vgl. CVD 530, 12.03.2003.
[1235] Vgl. NN, Chancen im Stadtteil. Bezahltes Soziales Trainingsjahr in Flingern und Oberbilk, in: Düsseldorfer Anzeiger Jg. 18 Nr. 5 (31.01.2001), o. S. (11).
[1236] Vgl. NN, Freiwilliges Jahr, in: Die Zeitung. Caritas für Düsseldorf Jg. 3 Nr. 4 (Winter 2002), 8.
[1237] Vgl. CVD 591, 13.06.2001; NN, Sozialarbeit in Betrieben, in: Caritas in NRW Jg. 30 Nr. 4 (Oktober 2001), 38.

führung betrieblicher Sozialarbeit zu unterstützen[1238]. Sie stand Arbeitgebern und Arbeitnehmern gleichermaßen als Ansprechpartner zur Verfügung[1239]. Hauptziel der vom Europäischen Sozialfond und dem Land Nordrhein - Westfalen geförderten Agentur war es, die Beschäftigten bei der Lösung von Problemen zu unterstützen, die Arbeitgeber zu entlasten und so einen Beitrag zur Sicherung von Arbeitsplätzen zu leisten[1240]. Unter Einsatz verschiedener Methoden der Sozialarbeit (Beratung, Konflikt- und Krisenintervention, Meditation, etc.) galt es Kündigungen für Arbeitnehmer in persönlichen, familiären und finanziellen Schwierigkeiten zu vermeiden, aber auch innerbetriebliche Spannungen zu entschärfen, um die Arbeitsqualität und Motivation in den Betrieben zu verbessern[1241]. Alkohol am Arbeitsplatz, Schulden, Unsicherheiten in der Probezeit aber auch Mitarbeitermobbing waren nur einige Problemkreise, die durch betriebliche Sozialarbeit aufgefangen und gelöst werden konnten[1242]. "Wenn dem Chef der Acht - Mann - Firma die dritte Lohnpfändung seines Gesellen auf den Schreibtisch kommt", so ein Bericht über den Arbeitsalltag der KMU im Winter 2002, "wenn der zuvor absolut zuverlässige Mitarbeiter seit längerem immer unausgeschlafen und verspätet erscheint, wenn sich Kunden über die 'Fahne' des Außendienstlers beschweren oder die Auszubildende in der Buchhaltung neuerdings unkonzentriert arbeitet und kaum ansprechbar erscheint, dann können die Mitarbeiterinnen und Mitarbeiter der Beratungsagentur für Klein- und Mittelständische Unternehmen eingeschaltet werden. In der Beratungsagentur KMU haben Arbeitnehmer wie Arbeitgeber einen Ansprechpartner der dafür sorgt, dass Probleme nicht weiter eskalieren oder in letzter Konsequenz sogar das Weiterbestehen des Beschäftigungsverhältnisses bedrohen. Denn hierin besteht eines der Ziele des Projekts: dafür Sorge zu tragen, dass vor dem Hintergrund hoher Arbeitslosenzahlen nicht noch weitere Beschäftigte in die Arbeitslosigkeit entlassen werden müssen, weil ihnen ihre Probleme über den Kopf gewachsen sind und sie ihrer Arbeitsverpflichtung deshalb nicht mehr ausreichend oder überhaupt nicht nachkommen können"[1243]. Auf Wunsch konnte die Caritas für Düsseldorf den Unternehmen themenspezifische Informationsveranstaltungen und Workshops und den Arbeitnehmern eine Vermittlung in caritative Fachdienste wie Sucht- oder Schuldnerberatung anbieten[1244]. Mit Aufgabe der angemieteten Räume in Oberbilk wurde die Beratungsagentur am 1. April 2003 in das Soziale Zentrum an der Klosterstraße verlegt[1245].

Die Beratungsagentur KMU war aus einem Forschungsauftrag der Europäischen Union und des Landes Nordrhein - Westfalen mit der Zielsetzung entstanden, betriebliche

---

[1238] Vgl. CVD 591, 28.11.2001.
[1239] Vgl. NRZ 15.06.2001.
[1240] Vgl. WZ 15.06.2001.
[1241] Vgl. NN, Betriebliche Sozialarbeit, in: Die Zeitung. Caritas für Düsseldorf Jg. 3 Nr. 4 (Winter 2002), 8.
[1242] Vgl. NN, Neues Aufgabenfeld. Sozial - Know - How für Unternehmen bereitstellen, in: Die Zeitung. Caritasverband für die Stadt Düsseldorf Jg. 2 Nr. 2 (Sommer 2001), 9.
[1243] NN, Mittelständische Unternehmen nutzen KMU Modellprojekt. Erfolgreicher Start der Caritas Beratungsagentur, in: Die Zeitung. Caritas für Düsseldorf Jg. 3 Nr. 1 (Winter/Frühjahr 2002), 7.
[1244] Vgl. CVD 591, 12.03.2003.
[1245] Vgl. CVD 74, 01.04.2003.

9.1. Projekt B 72

Sozialarbeit in Klein- und Mittelständischen Unternehmen einzuführen. Verbunden mit dieser Untersuchung war seit April 2002 ein weiterer Forschungsauftrag, der Schülern durch Entwicklung präventiver Beratungs- und Orientierungskonzepte den Übergang zwischen Schule und Beruf sichern sollte[1246].

Projekt B 72

Am 1. März 2002 startete die Caritas für Düsseldorf das Projekt "B 72" als berufliche Orientierungs-, Qualifizierungs- und Vermittlungsmaßnahme für Menschen mit besonderen sozialen Schwierigkeiten. Mit dem Projekt sollten vor allem Personen ohne festen Wohnsitz angesprochen werden, die unter fachlicher Anleitung eine Perspektive für den Wiedereinstieg in das Berufsleben suchten[1247]. Die einjährige Maßnahme für etwa zehn Teilnehmer gliederte sich in die vier Module Orientierung, Qualifizierung, Praktikum und Vermittlung. In den Räumen des Sozialen Zentrums (Klosterstr. 88) wurde mit Blick auf die berufliche Zielplanung in einer viermonatigen Orientierungsphase zunächst die Belastungs- und Arbeitsfähigkeit jedes einzelnen Teilnehmers geklärt[1248]. Dann folgte eine vier Monate dauernde Arbeitserprobung, in der fachtheoretische und -praktische Kenntnisse in den Berufsfeldern Gastronomie, Service und Dienstleistung, Gebäudereinigung und Handwerk vermittelt wurden. Schließlich absolvierten die Teilnehmer ein viermonatiges Praktikum mit dem Ziel der anschließenden Arbeitsaufnahme[1249]. Zu den angebotenen Lehrgangsinhalten gehörten: berufsbezogener Deutsch- und Mathematikunterricht, EDV Basistraining, Informationen zur Berufswelt, Bewerbungstraining, berufliche Schlüsselqualifikationen wie Motivation oder Konflikttraining, Arbeits- und Sozialrecht[1250].

9.2 Das Ehrenamt

In der Bundesrepublik hatte sich in den sechziger und siebziger Jahren ein Professionalisierungsschub im Umgang mit psychischen und sozialen Problemen vollzogen. Neben zahlreichen weiteren Faktoren waren hierfür verantwortlich die solide Lage öffentlicher Haushalte, die den Ausbau sozialer Dienste im weitesten Sinne begünstigten, wie auch die allgemeine gesellschaftliche Aufbruchstimmung, bei der das psychische und soziale Wohlbefinden der Menschen immer stärker als eine öffentliche Angelegenheit angese-

---

[1246] Vgl. NN, Übergang Schule - Beruf, in: Die Zeitung. Caritas für Düsseldorf Jg. 3 Nr. 4 (Winter 2002), 8.
[1247] Vgl. CVD 74, 01.03.2002.
[1248] Vgl. CVD 682, 12.03.2003.
[1249] Vgl. CVD 682, 12.03.2003.
[1250] Vgl. NN, Qualifizierung, Vermittlung, B 72, in: Die Zeitung. Caritas für Düsseldorf Jg. 3 Nr. 4 (Winter 2002), 8.

hen wurde. Die Entwicklung blieb nicht ohne Auswirkungen auf die soziale Arbeit, wie sie seit der Mitte des 19. Jahrhunderts von Vinzenz- und Elisabethkonferenzen, caritativen Helferkreisen und ähnlichen Gruppen getragen wurde. Durch die Professionalisierung des Helfens waren die traditionellen Formen ehrenamtlicher sozialer Betätigung immer mehr aus dem Gesichtsfeld der Öffentlichkeit geraten[1251]. Sozialpolitiker aller Couleur sahen in ihnen Relikte aus Zeiten naiver Problemlösungen, Hilfebedürftige erschienen sie laienhaft im negativen Sinne. Und auch die ehrenamtlich Engagierten selbst hegten Zweifel am Stellenwert und an der Qualität ihres Handelns. Trotz aller Selbstzweifel der Beteiligten und der weit verbreiteten Meinung, das Ehrenamt sei angesichts der gesellschaftlichen Modernisierung ein auslaufendes Modell des Helfens, brach die von Laien getragene soziale Arbeit in dieser Zeit nicht ab, vollzog sich jedoch weitgehend unbeachtet von der Öffentlichkeit[1252].

Eine Wende trat ein, als das weithin geteilte Vertrauen in Expertentum und Professionalität einer realistischeren Einstellung wich. Die zunächst am Gesundheitsbereich festgemachte Kritik am Expertentum griff bald auch auf andere Bereiche helfenden Handelns über. Nun häuften sich jene Stimmen, die auf die Entmündigung der Hilfesuchenden durch professionelle Helfer hinwiesen und beklagten, dass Hilfesuchende im Umgang mit Experten mehr und mehr in eine Objektstellung gerieten[1253]. Unter diesen Umständen fand auch das Engagement von ehrenamtlich Tätigen für die Belange ihrer Mitmenschen bald wieder mehr Beachtung. Politiker schenkten den traditionellen Formen sozialer Betätigung wieder verstärkt Aufmerksamkeit, vor allem als sich abzeichnete, dass angesichts der Finanznot des Bundes, der Länder und Kommunen die Aufrechterhaltung des bisherigen Niveaus der Sozialleistungen zunehmend problematisch wurde. Seit Anfang der achtziger Jahre wurden die Ehrenamtlichen, die in den vorangegangenen zwei Dezennien weitgehend unbeachtet tätig waren, wieder umworben. Ihr Tun wurde als wichtiges Element einer an den Belangen der Menschen orientierten Gesellschaft herausgestellt, wodurch sich ein neues Selbstbewusstsein der ehrenamtlich Tätigen entwickelte[1254].

Die selbständigen Helfergruppen vor Ort wurden wieder zu einem unverzichtbaren Glied in der Kette subsidiärer und partnerschaftlicher Hilfe. Sie wirkten der Gefahr einer einseitigen Professionalisierung, Institutionalisierung, Bürokratisierung und Zentrali-

---

[1251] Vgl. Teresa Bock, Ehrenamtliche Mitarbeit in der Caritas, in: Caritas. Zeitschrift für Caritasarbeit und Caritaswissenschaft Jg. 85 Nr. 3 (Mai 1984), 105 - 114, 105; Meike Peglow, Das neue Ehrenamt. Erwartungen und Konsequenzen für die soziale Arbeit, Marburg 2002, 13 ff.

[1252] Vgl. Hans Thiersch, Laienhilfe, Alltagsorientierung und professionelle Arbeit. Zum Verhältnis von beruflicher und ehrenamtlicher Arbeit, in: Siegfried Müller, Das soziale Ehrenamt. Nützliche Arbeit zum Nulltarif, Weinheim 1988, 9 - 17, 12 f.

[1253] Vgl. Hans Braun, Helfen im Sozialstaat. Zum Verhältnis von "gemeinschaftlichen" Handlungsmustern und "gesellschaftlichen" Problemlösungen, in: Festschrift Friedrich H. Tenbruck, Kultur im Zeitalter der Sozialwissenschaften, Berlin 1984, 93 - 109, 102 ff.

[1254] Vgl. Erich Reisch, Caritaswichtige Worte: Ehrenamtlich, in: Caritas. Zeitschrift für Caritasarbeit und Caritaswissenschaft Jg. 85 Nr. 3 (Mai 1984), 142 - 143, 142 f; Hans Braun, Neue Tendenzen ehrenamtlicher Arbeit, in: Caritas '90. Jahrbuch des Deutschen Caritasverbandes, 43 - 48, 43 ff; Peter Graeff, Ehrenamtliche besinnen sich auf ihre eigenen Stärken, in: Neue Caritas Jg. 103 Nr. 10 (29.05.2002), 15 - 19, 15 ff.

9.2. Das Ehrenamt

sierung des Helfens in der verbandlichen Caritas entgegen und ergänzten die schwächer gewordenen Primärsysteme durch kleine, aber tragfähige Netze. Neben den traditionellen Vinzenz- und Caritaskonferenzen traten in den achtziger Jahren neue Helfergruppen hinzu, die sich beispielsweise um Ausländer, Flüchtlinge, Obdachlose oder Strafgefangene kümmerten. Andere organisierten ehrenamtliche Besuchs- und Helferdienste in Krankenhäusern, Einrichtungen für Behinderte und psychisch Kranke, Alters- und Kinderheimen. Oft waren die Gruppen in die Strukturen der Pfarrei eingebunden, doch gab es auch Zusammenschlüsse, die mit ihren Hilfen über die Gemeinde hinaus größere Einzugsbereiche erfassten. Von besonderer Bedeutung waren Vereinigungen, in denen sich Menschen als Kreuzbundgruppen, Seniorenkreise, Ausländervereine, Eltern behinderter Kinder aus ihrer jeweiligen gemeinsamen Betroffenheit heraus gegenseitig halfen und unterstützten[1255].

Eine weitere Form ehrenamtlicher Tätigkeit bestand darin, dass der ehrenamtliche Mitarbeiter die berufliche Hilfe, die hauptamtliche Mitarbeiter wie Sozialarbeiter oder Pflegekräfte leisteten, unterstützte und ergänzte. Zwischen hauptamtlichen und ehrenamtlichen Mitarbeitern wurde vereinbart, welche Aufgaben im Gesamtvollzug der Hilfe der ehrenamtliche Mitarbeiter in mehr oder weniger großer Selbständigkeit übernahm. Die meist zeitlich begrenzte Hilfe konnte dadurch um Hilfen, die alltägliche Lebensvollzüge oder kontinuierliche Begleitung, vor allem aber die persönliche Zuwendung betrafen, bereichert werden. Zu den besonders verantwortlichen Funktionen, die Ehrenamtlichen in diesem Bereich zufielen, gehörten Vormundschaften und Pflegschaften für alte und gebrechliche Menschen oder für Kinder und Jugendliche, deren Eltern auf Unterstützung bei ihren Erziehungsaufgaben angewiesen waren[1256].

Angesichts der Bedeutung, die der ehrenamtlichen Tätigkeit in der Caritas seit Beginn der achtziger Jahre wieder zugefallen war, verwundert es, dass der Deutsche Caritasverband zum Thema Ehrenamt erst auf der Frühjahrstagung des Zentralrates am 10. Mai 1995 in Würzburg ein Positionspapier verabschiedete[1257]. Unter dem Titel "Ehrenamtliche Tätigkeit in der Caritas - Bestandsaufnahme, Perspektiven, Positionen" nahm der Deutsche Caritasverband in seiner fast einhundertjährigen Geschichte hier das erste Mal umfassend Stellung zum caritativen Ehrenamt. Präzise formulierte das Papier zu "Begriff und Aufgaben" des Ehrenamtes: "Unter 'ehrenamtlicher Arbeit' wird das freiwillige, kontinuierlich eingebrachte, nicht auf Entgelt ausgerichtete und mit einem gewissen Grad an Organisiertheit verbundene Engagement verstanden. Im sozialen Bereich gehören dazu mit fließenden Übergängen und Überschneidungen: Aktivitäten der

---

[1255] Vgl. Elisabeth Buschmann, Ehrenamtliche Arbeit contra Selbsthilfe? Dargestellt am Beispiel der Caritas - Konferenzen/Caritas - Helfergruppen, in: Fritz Boll, Ehrenamt und Selbsthilfe, Freiburg 1986, 109 - 129, 109 ff.
[1256] Vgl. Petra Gaidetzka, Auswertung der Umfrage bei Ehrenamtlichen innerhalb der Caritas - Konferenzen Deutschlands, in: Zusammenarbeit von haupt- und ehrenamtlichen Mitarbeitern in der Gemeindecaritas. Ergebnisse und Auswertung einer Doppelumfrage der Caritas - Konferenzen Deutschlands und des Referates Caritas und Pastoral im Deutschen Caritasverband, Freiburg 1990, 3 - 23, 5 ff.
[1257] Vgl. NN, Ehrenamtliche Tätigkeit in der Caritas - Bestandsaufnahme, Perspektiven, Positionen, in: Caritas. Zeitschrift für Caritasarbeit und Caritaswissenschaft Jg. 96 Nr. 7/8 (Juli/August 1995), 309 - 329, 309 ff.

unmittelbaren Hilfe oder andere Dienste in Gemeinden, in Organisationen, in Einrichtungen, oft in Zusammenarbeit mit hauptberuflich Beschäftigten; Nächstenhilfe, die Frauen, Männer und Jugendliche für Menschen in Not organisieren; Tätigkeiten, die aus der Wahl oder der Berufung in ein Amt resultieren; Selbsthilfe, zu der sich Menschen aufgrund ihrer persönlichen Betroffenheit oder der Betroffenheit von Angehörigen und Nahestehenden zusammenschließen; Aktivitäten zur Veränderung der Lebensbedingungen von Menschen, die am Rande der Gesellschaft stehen und ausgegrenzt werden. Wer sich ehrenamtlich engagiert, kann dies auch für eine begrenzte Zeit tun, z.B. im Übergang zwischen Schule und Studium oder Ausbildung, während der Phase der Kindererziehung bis zum Wiedereinstieg in eine Berufstätigkeit oder um Zeiten der Arbeitslosigkeit zu überbrücken. Nach der Familienphase suchen Frauen neue Aufgaben. Ältere Menschen möchten in den Jahren 'später Freiheit', wenn sie von Familien- und Berufsaufgaben entlastet sind, anderen Menschen nützlich sein. Die ehrenamtliche Tätigkeit kann sich auf eine Aufgabe beschränken (z.B. Hausaufgabenbetreuung für ausländische Kinder) oder verschiedene Aufgaben umfassen (z.B. Nachbarschaftshilfe). Ehrenamtliche können sich an einem Projekt beteiligen (z.B. Aufbau einer Kindertagesstätte), eine Aktion durchführen (z.B. Transport von Hilfsgütern nach Bosnien), eine Initiative starten (z.B. gegen Fremdenhaß) oder kontinuierlich in einem Verband die dort entstehenden Aufgaben wahrnehmen (z.B. Caritas - Konferenzen oder Vinzenz - Konferenzen, Bahnhofsmission). Ehrenamtliche sind auch in der Leitung und in Vorstandsgremien von Verbänden und Einrichtungen tätig"[1258].

Kommern - Seminare

Als Folge des höheren Grades der Informiertheit, aber auch des gestiegenen Wunsches nach mehr Beteiligung, Einflussnahme und Mitbestimmung, waren caritative Organisationen und Einrichtungen nach Wiederentdeckung des Ehrenamtes gezwungen, freiwilligen Helfern neue Formen des Mittuns und der Mitverantwortung anzubieten. Da Ehrenamtliche nicht mehr der verlängerte Arm institutionalisierter und professionalisierter Dienste sein wollten, kam in den Helfergruppen schon früh der Wunsch auf, in gemeinnützige Aufgaben eingeführt, fortgebildet und begleitet zu werden[1259]. Der Caritasverband für die Stadt Düsseldorf reagierte bereits in der ersten Hälfte der achtziger Jahre auf das gewachsene Bedürfnis und bietet seither regelmäßig ein weit gefächertes Fortbildungsangebot für, mit und über Ehrenamtliche an. Die Anfänge der Schulungen reichen bis in das Jahr 1984 zurück, als der Düsseldorfer Caritasverband im Exerzitien- und Tagungshaus Luise von Marillac in Kommern/Eifel erstmals ein Fortbildungsseminar für Ehrenamtliche durchführte. Über die Bildungsarbeit für Ehrenamtliche in Düsseldorf vor 1984 und die Entwicklung eines Praxiskonzeptes für regelmäßige Schulungswochen

---

[1258] NN, Ehrenamtliche Tätigkeit in der Caritas - Bestandsaufnahme, Perspektiven, Positionen, in: Caritas. Zeitschrift für Caritasarbeit und Caritaswissenschaft Jg. 96 Nr. 7/8 (Juli/August 1995), 309 - 329, 310.
[1259] Vgl. Martha Krause - Lang, Weiterbildung ehrenamtlicher Mitarbeiter, Freiburg 1986, 18 ff.

9.2. Kommern-Seminare

berichtete Günther Fuchs im Jahrbuch des Deutschen Caritasverbandes: "Eine regelmäßige Aus- oder Fortbildung von Ehrenamtlichen gab es in der Vergangenheit nicht. Ehrenamtliche Mitarbeiter waren zwar aktiv in den Pfarrgemeinden tätig, hatten aber bisher nicht die Möglichkeit, an einer gezielten Schulung teilzunehmen. Es gab im Bereich des Caritasverbandes gelegentliche Informationsveranstaltungen zu unterschiedlichen Inhalten; darüber hinaus fanden in den Dekanaten unregelmäßige Treffen statt, in denen Themen aus der sozialen Arbeit besprochen wurden. Es mangelte allerdings an einer regelmäßigen und kontinuierlichen Fortbildung der Ehrenamtlichen. Ausgehend von dieser Situation wurden verschiedene Ideen entwickelt, wie eine kontinuierliche Bildungsarbeit umgesetzt werden könnte. Auf dem Hintergrund dieser Situation wurden erste Überlegungen für eine kontinuierliche Fortbildungsarbeit angestellt. Neben den verschiedenen Vorstellungen über kurzfristige Veranstaltungen und weiteren Überlegungen zur Durchführung von Wochenenden für ehrenamtliche Mitarbeiter entwickelte sich die Idee einer längerdauernden Veranstaltung von ca. vier Tagen bzw. einer Woche, um die notwendige Zeit für gediegene Seminararbeit zur Verfügung zu haben. Dabei war es eine wichtige Überlegung, daß die Begegnung der Ehrenamtlichen untereinander, die Abwesenheit vom Wohnort und eben die länger dauernde Seminarzeit die Möglichkeit beinhalten, prozeß- und themenorientiert zu arbeiten. Selbstverständlich sollten die durchzuführenden Seminare dazu beitragen, Kenntnisse und Fähigkeiten der Ehrenamtlichen im Bereich der sozialen Arbeit zu erweitern, aber neben der Vermittlung von Sachinformationen sollte dabei immer wieder auf die Bedeutung der Helferpersönlichkeit hingewiesen werden. ... Ein weiterer Aspekt dieser Veranstaltungen ist, daß der Caritasverband, der als Veranstalter zeichnet, als subsidiärer Unterstützer für die Gemeindearbeit mit diesen Schulungsmaßnahmen tätig wird. Außerdem gibt es einen stärkeren Kontakt zwischen Caritasverband und Gemeinden, daraus entwickelt sich eine gute Zusammenarbeit zwischen Verband und Gemeinden"[1260].

Der Teilnehmerkreis für die Fortbildungsseminare in Kommern war zunächst auf die Leiter pfarrgemeindlicher Caritasgruppen beschränkt, doch wurde die Zielgruppe schon bald auf alle Caritashelfer in den Düsseldorfer Kirchengemeinden erweitert[1261]. Wesentliche Arbeitsformen der Seminare waren: Impulsreferate zur Informationsvermittlung, Kleingruppenarbeit, erfahrungsbezogene Lernübungen, Einzel und Gruppen aktivierende Methoden und praktische Gesprächsübungen[1262]. "Bei allen angebotenen Seminaren", so Günther Fuchs, "kam der religiösen Besinnung in Form von Gottesdienst, Meditation, Gebet und Entspannung besondere Bedeutung zu. Sie gehörte nicht zum Rahmen dieser Seminare, sondern war wesentlicher Bestandteil"[1263].

Themenschwerpunkt des ersten vom Düsseldorfer Caritasverband angebotenen Seminars für Ehrenamtliche (26. - 29. März 1984) war die Motivation des Caritashelfers zur Caritasarbeit. In Kleingruppenarbeit und im Plenum wurde nach persönlichen Moti-

---

[1260] Günther Fuchs, Seminare für Ehrenamtliche, in: Caritas '89. Jahrbuch des Deutschen Caritasverbandes, 173 - 179, 173 f.
[1261] Vgl. CVD 629, 23./26.02.1988.
[1262] Vgl. CVD 629, 23./26.02.1988.
[1263] Günther Fuchs, Seminare für Ehrenamtliche, in: Caritas '89. Jahrbuch des Deutschen Caritasverbandes, 173 - 179, 174.

ven und Gründen für soziales Engagement gefragt, aber auch tiefer gehenden Wurzeln nachgegangen[1264]. Im Mittelpunkt der Seminarwochen des folgenden Jahres stand die Erfahrung von Not und der Umgang mit persönlichen und gesellschaftlichen Notsituationen[1265]. Über den regen Zuspruch und die vielgestaltigen Erfahrungen der Veranstaltungsteilnehmer schrieb die Kölner Kirchenzeitung am 16. August 1985: "Es ist schon erstaunlich, wenn sich auf eine Seminarausschreibung des Düsseldorfer Caritasverbandes fast 50 ehrenamtliche Leiter/innen von Caritasgruppen anmeldeten, so daß man kurzfristig eine zweite Schulung planen und auch durchführen mußte. ... Während der Seminarwochen war deutlich zu spüren, wie wichtig den Teilnehmern die persönliche Glaubwürdigkeit im christlichen Handeln ist. Neue Informationen über gesellschaftliche Entwicklungen und Zusammenhänge sowie hilfreiche Methodenhinweise zur Bewältigung von Problemsituationen einzelner rückten da in ihrer Bedeutung in den Hintergrund. Dies zeigte sich besonders bei der Bearbeitung des Themenbereiches 'Menschen in Not - Notsituationen heute'. Hierbei ging es nicht nur darum gesellschaftliche Mißstände auf Gemeindeebene bewußter wahrzunehmen, sondern auch, sich mit dem ganz persönlichen Erleben von Not auseinanderzusetzen. Weitere Aufmerksamkeit wurde den Themen 'Mitarbeitergewinnung' und 'Fachdienste des Caritasverbandes' gewidmet. Wenn auch einige Aspekte dieser Bereiche nur andiskutiert werden konnten, war es den Teilnehmern nach eigener Beurteilung dennoch möglich, mit neuen Ideen und ermutigt durch den Austausch mit Gleichgesinnten, in ihre Gemeindearbeit zurückzukehren"[1266].

Die Angebotspalette der vom Düsseldorfer Caritasverband durchgeführten Seminare für Ehrenamtliche war breit. Sie umfaßte gleichermaßen Themen zur individuellen Situation der Hilfesuchenden wie zu ihren Lebensbedingungen, zur Situation der Helfenden und zu den Formen, in denen geholfen wurde, als auch Themen zur Gewinnung und Begleitung von Mitarbeitern, zu Rechts-, Organisations- und Finanzierungsaufgaben sowie zu Fragen der Kooperation und gesellschaftspolitischen Fragestellungen mit jeweils unterschiedlichen Schwerpunkten. Die Leitthemen der Ehrenamtlichenkurse lauteten u.a.: "Der alte Mensch in der Gemeinde" (1986)[1267], "Helfende Gespräche und Gesprächsleitung in der Caritasgruppe" (1987)[1268], "Die Persönlichkeit des Caritashelfers" (1988)[1269], "Caritas - Kennzeichen von Gemeinde ?" (1992)[1270], "Zwischen Armensuppe

---

[1264] Vgl. NN, Engagement im Verborgenen. Seminar für Leiter von Caritasgruppen in Mechernich - Kommern, in: Kirchenzeitung für das Erzbistum Köln Jg. 39 Nr. 18 (04.05.1984), 25.
[1265] Vgl. CVD 629, 18./21.03.1985.
[1266] NN, Einige Gedanken zu Schulungen von ehrenamtlichen Caritashelfern. Ist das noch Ehrensache ?, in: Kirchenzeitung für das Erzbistum Köln Jg. 40 Nr. 33 (16.08.1985), 24.
[1267] Vgl. CVD 629, 25./28.02.1986.
[1268] Vgl. CVD 629, 10./13.03.1987.
[1269] Vgl. CVD 629, 23./26.02.1988.
[1270] Vgl. Matthias Buchwald, "Caritas - Kennzeichen von Gemeinde ?" Aufgaben, Schwerpunkte und Perspektiven der sozialen Pfarrgemeindearbeit, in: Kirchenzeitung für das Erzbistum Köln Jg. 47 Nr. 5 (31.01.1992), 23; NN, Seminare für ehrenamtliche Caritasmitarbeiter. Kirche ohne Caritas: harmlos und herzlos !, in: Kirchenzeitung für das Erzbistum Köln Jg. 47 Nr. 50 (11.12.1992), 23.

9.2. Arbeitsgemeinschaft der Düsseldorfer Caritasgruppen

und sozialer Revolution" (1994)[1271], "Not sehen und handeln"[1272], "Einsam" (2001)[1273], "Mittendrin draußen: Psychisch krank" (2002)[1274]. Mit der Erfahrung von fünf Jahren Seminare für Ehrenamtliche in Kommern resümierte Günther Fuchs im Jahre 1988: "Innerverbandlich werden ehrenamtliche Arbeit und ehrenamtliches Engagement ernster genommen, geachtet und gestärkt. Es ergibt sich ein stärkeres Miteinander, eine wichtige Kooperation von ehrenamtlichen und hauptamtlichen Mitarbeitern. Ehrenamtliche verfügen verstärkt über Informationen aus verschiedenen Bereichen der sozialen Arbeit, werden selbstbewußter und bringen neben ihrer Lebenserfahrung auch stärker inhaltliche Schwerpunkte ein"[1275].

Arbeitsgemeinschaft der Düsseldorfer Caritasgruppen

Etwa zeitgleich mit Aufnahme der Seminare in Kommern wurden im Jahre 1985 die caritativen Vereinigungen in den Kirchengemeinden zur Arbeitsgemeinschaft der Düsseldorfer Caritasgruppen zusammengefasst[1276]. Nach einer Statistik aus dem Jahre 1994 vereinigte die Arbeitsgemeinschaft unter ihrem Dach 86 Gruppen mit etwa 2200 ehrenamtlichen Helfern (83,5 % Frauen, 16,5 % Männer); hinzu kamen weitere Helfer für gelegentliche Aufgaben wie beispielsweise Caritassammlungen[1277]. Neben den traditionellen Vinzenz- und Elisabethkonferenzen waren in der Arbeitsgemeinschaft Düsseldorfer Caritasgruppen ehrenamtliche Gemeinschaften vertreten, die sich unterschiedlichsten Caritasaufgaben zuwendeten. Hierzu gehörten Besuchsdienste im Stadtteil und in Einrichtungen, Hilfen für Familien, Hilfen für Menschen mit Behinderungen, Hilfen für Senioren und für kranke Menschen, Aktivitäten für und mit ausländischen und ausgesiedelten Menschen, Hilfen für Personen in besonderen Schwierigkeiten sowie Partnerschaftsaktivitäten mit Menschen in anderen Ländern. Die Palette der Aufgaben macht deutlich, dass klassische Tätigkeiten (z.B. Besuchsdienste) ebenso vertreten waren wie neue Tätigkeiten (z.B. Asylhelferkreise, Hospizgruppen) und auch Selbsthilfeaktivitäten (z.B. Seniorengruppen, Arbeitslosenclubs, Ausländervereine, Selbsthilfegruppen von Flüchtlingen ohne rechtmäßige Aufenthaltserlaubnis)[1278].

Da Ehrenamtliche einen Raum brauchen, wo sie Informationen und Neuigkeiten erhalten und weitergeben, Termine mitteilen, sich treffen und austauschen können, rich-

---

[1271] Vgl. NN, Drei Seminare für Caritas - Gruppen in 1994. Armensuppe und Revolution, in: Kirchenzeitung für das Erzbistum Köln Jg. 49 Nr. 6 (11.02.1994), 23.
[1272] Vgl. CVD 192, 09.04.1998.
[1273] Vgl. CVD 629, August 2001.
[1274] Vgl. CVD 629, August 2002.
[1275] Günther Fuchs, Seminare für Ehrenamtliche, in: Caritas '89. Jahrbuch des Deutschen Caritasverbandes, 173 - 179, 178 f.
[1276] Vgl. CVD 74, 1985.
[1277] Vgl. 90 Jahre Caritasverband für die Stadt Düsseldorf. Gemeindecaritas, häusliche Hilfen, soziale Dienste und Beratung, ambulante Pflegestationen, Wohnheim und Altenhilfeeinrichtungen, Düsseldorf 1994, 3.
[1278] Vgl. Ehrenamtliche Caritasarbeit in den Düsseldorfer Pfarrgemeinden, Düsseldorf 1994, o. S. (1 ff)

tete der Caritasverband für die Vertreter der Caritasgruppen 1982/1986 in den sechs Düsseldorfer Dekanaten (Mitte, Nord, Süd, Ost, Benrath, Heerdt) so genannte "Dekanatstreffen" ein, die zweimal im Jahr in Zusammenarbeit von der Fachberatung Gemeindecaritas des Caritasverbandes und den Caritasbeauftragten vorbereitet und durchgeführt wurden. Ebenfalls zweimal im Jahr kamen die Sprecher der sechs Dekanate zusammen, um u.a. einen Vertreter für das Stadtdekanat Düsseldorf in die "Arbeitsgemeinschaft Ehrenamt" für die Diözese Köln zu entsenden[1279]. Ohne Zweifel hatte die Vernetzung der Düsseldorfer Caritasgruppen dazu beigetragen, dass Anregungen und Ideen für neue ehrenamtliche Projekte in den einzelnen Kirchengemeinden schneller als bisher aufgegriffen und umgesetzt werden konnten. Zudem gab die Erfahrung "wir sind viele" die Gewissheit, dass man nicht alleine war, sondern viele andere Menschen am gleichen Strang zogen. Im August 1999 kam als neues Austauschforum das regelmäßige Kooperationsgespräch von Dekanatscaritasbeauftragten, Caritasdekanatssprechern und dem Caritasverband für die Stadt Düsseldorf hinzu, um aktuelle Fragen der Caritasarbeit auf Stadtebene zu behandeln[1280].

Fachberatung Freiwilligenarbeit Gemeinden

Um die ehrenamtliche Arbeit in den Pfarreien besser zu begleiten und die Gemeindeorientierung der Verbandsarbeit zu betonen, wurde beim Caritasverband für die Stadt Düsseldorf am 1. Juni 1998 die Fachberatung Freiwilligenarbeit Gemeinden eingerichtet[1281]. Im Mittelpunkt der Beratungstätigkeit stand die Entwicklung und Begleitung von ehrenamtlichen Projekten in den Düsseldorfer Pfarrgemeinden (z.B. Nachbarschaftsladen Wersten[1282], Sozialkompass Oberbilk[1283], Citypastoral Düsseldorf[1284], Förderkreis lernschwacher Schüler Eller[1285]), die Arbeit mit Ehrenamtlichen (z.B. Kommern - Seminare), die Zusammenarbeit mit pastoralen Diensten zum Aufbau sozial - caritativer, Gemeinde bezogener und Lebensraum orientierter Projekte und die Orientierung der Caritas Fachdienste auf die katholischen Kirchengemeinden hin[1286]. Angestrebt war, die Kontakte zwischen der verbandlichen und der gemeindlichen Caritas zu intensivieren und Kooperationen zwischen ehrenamtlichen und hauptamtlichen Mitarbeitern in Fragen sozial - caritativen Engagements aufzubauen. Zur Unterstützung der ehrenamtlichen

---

[1279] Vgl. CVD 192, 28.01.1985 und 19.08.1985; CVD 685, 21.10.1982, 17.05.1983, 30.07.1984, 28.08.1984 und 26.11.1986.
[1280] Vgl. CVD 685, 03.03.2000.
[1281] Vgl. CVD 685, März 1999.
[1282] Vgl. dazu Stephanie Außem, Nachbarschaftsladen Düsseldorf - Wersten, in: Caritas, Gemeinde, Nachbarschaft. Beiträge und Projektbeschreibungen zur Lebensraumorientierung der Gemeindecaritas, Köln 1999, 45 - 49, 45 ff.
[1283] Vgl. dazu Wir in Oberbilk. Angebote und Hilfe für Bürger und Bürgerinnen in Oberbilk, Düsseldorf 2002, 2.
[1284] Vgl. dazu CVD 685, Februar 2002.
[1285] Vgl. dazu CVD 685, Januar 2003.
[1286] Vgl. CVD 685, März 1999.

9.2. Caritassonntag, Ideenbörsen, Fachmessen

Arbeit in den Gemeinden wurden von der Fachberatung Freiwilligenarbeit Gemeinden angeboten: persönliche Gespräche, Informationen über Hilfs- und Unterstützungsmöglichkeiten, Gemeindeanalysen zum Auf- und Ausbau der Freiwilligenarbeit, Vortragsveranstaltungen zu bestimmten, mit den Ehrenamtlichen vereinbarten Schwerpunkten. Erstmals wurden im Jahre 2000 alle Fortbildungsangebote für ehrenamtliche Caritashelfer in einer Broschüre mit dem Titel "Engagiert im Ehrenamt" zusammengefasst und veröffentlicht[1287]. "Caritasarbeit ist mehr als das", so Caritasdirektor Johannes Böcker im Vorwort der Broschüre, "was hauptamtliche Mitarbeiterinnen und Mitarbeiter leisten können, sie lebt von dem Engagement derjenigen, die sich in den Gemeinden und in Projekten für die Senioren, Sterbenden, Behinderten, sozial Benachteiligten und Ausgegrenzten einsetzen. ... Der Caritasverband für die Stadt Düsseldorf unterstützt dieses vielfältige Engagement u.a. durch die von ihm angebotenen Fortbildungsmaßnahmen"[1288]. Im Programm waren u.a. Unterrichtskurse zu den Themenkreisen Rechtsfragen, Hauskrankenpflege, Hospizarbeit, Gesprächsführung, Seniorentanz, Konfliktmanagement, Grundlagen ehrenamtlicher Arbeit zu finden[1289].

Caritassonntag, Ideenbörsen, Fachmessen

Zu den Aufgaben der Fachberatung Freiwilligenarbeit Gemeinden gehörte die Begleitung der Düsseldorfer Kirchengemeinden bei der Durchführung des Caritassonntages, der in der Stadt seit dem Jahre 1920 mit nur wenigen Unterbrechungen abgehalten wurde[1290]. Seit 1980 bundeseinheitlich am vorletzten Sonntag im September veranstaltet[1291], diente er dazu, die breite Öffentlichkeit auf die Arbeit der verbandlichen wie auch der gemeindlichen Caritas aufmerksam zu machen. Mit Beginn der neunziger Jahre hatte der Caritasverband für die Stadt Düsseldorf zur Vorbereitung der Caritassonntage eine Informations- und Ideenbörse für haupt- und ehrenamtliche Caritashelfer eingerichtet. Über den Verlauf der ersten Ideenbörse am 29. Mai 1990 in den Räumen der Geschäftsstelle Klosterstr. 88 berichtete die Rheinische Post: "Selbsthilfegruppe für Langzeitarbeitslose, Versorgung und Unterbringung älterer Menschen, Beratung schwangerer Frauen und biologische Vollwert - Kost standen im Mittelpunkt einer Informationsbörse des Caritasverbandes für seine ehrenamtlichen Mitarbeiter in den Gemeinden. Sie sollte einem besseren Austausch der einzelnen Helfer - Gruppen dienen, die sich auf den diesjährigen Caritassonntag am 23. September vorbereiten. Auf der rege besuchten Börse diskutierten die Mitarbeiter der Caritas Möglichkeiten zur Verbesserung der Öffentlichkeitsarbeit sowie Vorschläge und Anregungen zur Gestaltung von Gottesdiensten, Festen und Aktionen. An den verschiedenen Informationsständen konnten sie Er-

---

[1287] Vgl. CVD 685, März 2001.
[1288] CVD 685, 2000.
[1289] Vgl. CVD 685, 2000 und Februar 2002.
[1290] Vgl. oben S. 430 ff.
[1291] Vgl. CVD 191, 01.02.1980.

fahrungen und Ideen austauschen und neue Projekte, zum Beispiel Selbsthilfegruppen für Langzeitarbeitslose, kennenlernen"[1292].

Großen Anklang fand auch die 1999 erstmals veranstaltete Fachmesse "caritas düsseldorf konkret"[1293], die im Internationalen Jahr der Freiwilligenarbeit als Infomarkt "Freiwillig aktiv" ausgerichtet wurde[1294]. Am 21. September 2001 stellten in der Katholischen Hauptschule St. Benedikt (Charlottenstr. 110) mehr als 25 Initiativen und Gruppen verschiedenste Formen ehrenamtlichen Engagements vor[1295]. "Der Markt ist für Düsseldorfer, die sich ehrenamtlich engagieren wollen", so Caritasdirektor Johannes Böcker bei der Eröffnung, "eine gute Möglichkeit, in unterschiedliche Aufgabenfelder hineinzuschnuppern"[1296]. An über 15 Ständen zeigten neben der Bahnhofsmission und der Katholischen Krankenhaushilfe u.a. auch der Kreuzbund, der Malteser Hilfsdienst, der Sozialdienst katholischer Männer und Frauen, der Verein "Arbeit für Alle St. Bruno" und die Caritas Netzwerke, in welchen sozial - caritativen Aufgabenfeldern Düsseldorfer Katholiken ehrenamtlich aktiv waren[1297].

Freiwilligenagentur Impuls

Auf dem Infomarkt "Freiwillig aktiv" war auch die Caritas Freiwilligen Agentur Impuls vertreten, die wenige Monate zuvor in einem ehemaligen Ladenlokal des Hauses Klosterstr. 92 die Arbeit aufgenommen hatte[1298]. Die neue Einrichtung verstand sich als Beratungsstelle für Menschen, die an ehrenamtlicher Tätigkeit interessiert waren wie auch für Organisationen und Einrichtungen, die mit Ehrenamtlichen arbeiteten[1299]. Mit der Freiwilligen Agentur Impuls hatte der Caritasverband für die Stadt Düsseldorf auf Entwicklungen reagiert, die in Konturen bereits Anfang der neunziger Jahre erkennbar waren. Schon damals beobachtete man in Deutschland, dass die Zahl ehrenamtlicher Mitarbeiter in gemeinnützigen Vereinen und Verbänden rückläufig war, die Bereitschaft sich freiwillig zu engagieren in der Bevölkerung indes kaum abnahm[1300]. Der scheinbare Widerspruch resultierte aus dem Umstand, dass Verbände nur regelmäßig tätige Ehrenamtliche zum Kreis ihrer Mitarbeiter zählten, sporadisch oder einmalig engagierte Men-

---

[1292] RP 31.05.1990.
[1293] Vgl. CVD 176, 13.09.1999; NN, Gewalt in der Pflege. Düsseldorfer Caritas veranstaltete Fachmesse, in: Caritas in NRW Jg. 28 Nr. 5 (Dezember 1999), 35.
[1294] Vgl. NN, Bürgerengagement wieder populär. Stadt plant ein Gesamtkonzept für das "Jahr der Freiwilligen". 15000 Ehrenamtler in Düsseldorf, in: Düsseldorfer Amtsblatt Jg. 55 Nr. 51 (23.12.2000), 6; RP 13.01.2001; WZ 20.09.2001.
[1295] Vgl. NRZ 20.09.2001.
[1296] RP 20.09.2001.
[1297] Vgl. CVD 622, 21.09.2001; RP 22.09.2001.
[1298] Vgl. CVD 74, 21.06.2001.
[1299] Vgl. CVD 536, 21.02.2003; NN, Die Caritas Freiwilligenagentur Impuls. Eine Idee wurde zum Fernsehstar, in: Die Zeitung. Caritasverband für die Stadt Düsseldorf Jg. 2 Nr. 1 (Frühjahr 2001), 3.
[1300] Vgl. Hermann Brandenburg, Neues Ehrenamt - Herausforderung und Perspektiven, in: Archiv für Wissenschaft und Praxis der sozialen Arbeit Jg. 26 Nr. 2 (2. Vierteljahr 1995), 107 - 119, 110 ff.

9.2. Freiwilligenagentur Impuls

schen in den Vereins- und Helferstatistiken hingegen keine Berücksichtigung fanden. Dass das Feld der verbandsbezogenen ehrenamtlichen Arbeit an seinen Rändern unbestimmt war, stellte keine neue Entwicklung dar. Neu war indes, dass sich ehrenamtliches Engagement zunehmend außerhalb organisierter Vereine und Verbände artikulierte. Nachbarschaftshilfen, Helferkreise, Initiativen zur Verbesserung der Lage von Problemgruppen sowie selbst organisierte Beratungs- und Begegnungsstätten stellten Formen der sozialen Betätigung dar, die zunehmend an ehrenamtlicher Mitarbeit interessierte Bürger anzogen[1301]. Dabei handelte es sich um Erscheinungsformen sozialer Betätigung, die sich oft durch einen lokalen Bezug, durch flexible Organisationsstrukturen, durch Freiräume für selbst bestimmtes Tun der Mitarbeiter und durch die Chance zur Teilhabe an den die Gruppe oder Einrichtung betreffenden Entscheidungen auszeichneten[1302]. Liegen auch keine genauen Zahlen vor, ergab das Engagement, welches Nachbarschaftshilfen, Helferkreise und Initiativgruppen zur Verbesserung der sozialen Infrastruktur beitrugen, ein nicht unerhebliches Volumen an ehrenamtlicher sozialer Arbeit, die in keinem oder nur einem losen Zusammenhang mit den Verbänden der freien Wohlfahrtspflege stand.

Die Bereitschaft zum freiwilligen Engagement war nach wie vor vorhanden, doch hatte das Feld ehrenamtlicher sozialer Betätigung vielgestaltigere Formen angenommen. Nahezu alle Untersuchungen und Befragungen zum Thema Ehrenamt bestätigten den Trend[1303]. So kam 1996 eine empirische Studie über ehrenamtliches Engagement in den Pfarrgemeinden der Erzdiözese Bamberg nach der Befragung von 800 Freiwilligen zu dem Schluss, dass "von einer Krise des Ehrenamtes nicht die Rede sein könne", wenngleich der Trend wegführte vom "einsamen Samariterdienst" hin zum "sozialen Erlebnis"[1304]. Auch kirchlich engagierte Ehrenamtliche wollten der Studie zufolge keine

---

[1301] Vgl. Heinz Bartjes, Die etwas andere Professionalität. Thesen, Überlegungen und offene Fragen zum "Neuen Ehrenamt", in: Sozialmagazin. Die Zeitschrift für soziale Arbeit Jg. 20 Nr. 3 (März 1995), 14 - 18, 14 ff.

[1302] Vgl. Michael N. Ebertz, Ehrenamtliche gewinnen, einbinden und qualifizieren, Köln 1993, 3 ff; Meike Peglow, Das neue Ehrenamt. Erwartungen und Konsequenzen für die soziale Arbeit, Marburg 2002, 27 ff.

[1303] Vgl. Petra Gaidetzka, Auswertung der Umfrage bei Ehrenamtlichen innerhalb der Caritas - Konferenzen Deutschlands, in: Zusammenarbeit von haupt- und ehrenamtlichen Mitarbeitern in der Gemeindecaritas. Ergebnisse und Auswertung einer Doppelumfrage der Caritas - Konferenzen Deutschlands und des Referates Caritas und Pastoral im Deutschen Caritasverband, Freiburg 1990, 3 - 23, 5 ff; Paul - Stefan Roß, Die Arbeit muß unten getan werden, in: Caritas. Zeitschrift für Caritasarbeit und Caritaswissenschaft Jg. 96 Nr. 5 (Mai 1995), 206 - 215, 206 ff; Bernhard Brantzen, Ehrenamtliche caritative Dienste in der Pfarrgemeinde. Eine Befragung zum Stand der ehrenamtlichen caritativen Arbeit in der Diözese Mainz, in: Caritas. Zeitschrift für Caritasarbeit und Caritaswissenschaft Jg. 96 Nr. 5 (Mai 1995), 215 - 223, 215 ff; Winfried Kösters, Ehre allein - das reicht nicht mehr. Zur Zukunft des freiwilligen Engagements in Deutschland, Freiburg 2002, 7 ff.

[1304] Walter Bender, Ehrenamtliches Engagement in den Pfarrgemeinden der Erzdiözese Bamberg. Ein Forschungsprojekt des Lehrstuhls Andragogik, Prof. Dr. Jost Reischmann, an der Universität Bamberg im Auftrag des Erzbischofs von Bamberg Dr. Karl Braun, Bamberg 1998, 23. Vgl. auch Harald Rink, Bestandsaufnahme "Ehrenamt in Bamberg". Dokumentation, Bamberg o. J. (um 1998), 2 ff; Josef Wachtler, Ehrenamt im Erzbistum Bamberg. Empfehlungen und Impulse des Diözesanrates der Katholiken im Erzbistum Bamberg für eine zukunftsfähige Gestaltung des Ehrenamtes in der Kirche,

"Hilfsdiener" sein, sondern "gleichwertige freiwillige Mitarbeiter". 75 Prozent der Befragten wünschten sich Mitsprache und Einflussmöglichkeiten, 73 Prozent wollten für ihr Engagement anerkannt werden und 62 Prozent wünschten sich Weiterbildung und Supervision[1305]. Obwohl die Studie insgesamt eine hohe Zufriedenheit der Ehrenamtler feststellte, fühlte sich ein Viertel der Befragten "bis zur Grenze der Überlastung" in die Pflicht genommen. Fünf Prozent wollten "am liebsten sofort aufhören", doch fehlte es am Nachwuchs[1306]. Gleichwohl hieß es in der Studie zusammenfassend: "Eine Krise des Ehrenamtes läßt sich weder in der Gesellschaft noch in der Kirche feststellen. Allerdings sind Trends zu einem Formwandel des Ehrenamtes hin zu mehr Eigenverantwortung, Selbstentfaltung und sozialem Erlebnis zu beobachten. Diese Tendenzen stellen die Verbände und die Kirchen vor neue Anforderungen an die Gewinnung, die Einführung und die Begleitung Ehrenamtlicher in ihrer Arbeit"[1307].

Der Deutsche Caritasverband hatte dem neuen Trend bereits im Jahre 1995 seine besondere Aufmerksamkeit geschenkt und im Würzburger Positionspapier "Ehrenamtliche Tätigkeit in der Caritas" als Konsequenz gefordert: "An einzelnen Orten sollen als Pilotprojekte 'Ideen-Börsen' oder 'Zentren für Ehrenamtliche' nach dem Muster der 'Voluntary Center' der Caritas in Italien, Spanien, Frankreich sowie anderer Träger in England und den Niederlanden aufgebaut werden[1308]. Auch die Erfahrungen aus dem Modellprojekt 'Seniorenbüros' des Bundesministeriums für Familie und Senioren (BMFuS)[1309] und des 'Treffpunktes Hilfsbereitschaft' in Berlin, der ersten 'Agentur', die Ehrenamtliche auf Nachfrage von Einrichtungen vermittelt, können dafür genützt werden. Zu denken ist an ein 'Haus des sozialen Ehrenamtes', das Anlauf- und Vermittlungsstelle für ehrenamtlich interessierte und sozial engagierte Bürgerinnen und Bürger ist. In diesem Zentrum gibt es Angebote für ehrenamtliche Tätigkeiten der Verbände, Einrichtungen, Pfarrgemeinden und Initiativen. Interessierte können sich darüber in-

---

Bamberg 1999, 4 ff; Margit Peras, Ehrenamtliches Engagement in den Pfarrgemeinden der Erzdiözese Bamberg. Eine empirische Untersuchung, in: Walter Bender, "Ich bewege etwas". Ehrenamtliches Engagement in der katholischen Kirche. Eine Untersuchung am Lehrstuhl Andragogik der Otto - Friedrich - Universität Bamberg (Prof. Dr. J. Reischmann), Freiburg 2001, 18 - 62, 61 f.

[1305] Vgl. Walter Bender, Ehrenamtliches Engagement in den Pfarrgemeinden der Erzdiözese Bamberg. Ein Forschungsprojekt des Lehrstuhls Andragogik, Prof. Dr. Jost Reischmann, an der Universität Bamberg im Auftrag des Erzbischofs von Bamberg Dr. Karl Braun, Bamberg 1998, 21 und 23. Vgl. dazu Rainer A. Roth, Nicht nur reparieren, sondern die Gesellschaft mitgestalten, in: Neue Caritas Jg. 103 Nr. 10 (29.05.2002), 20 - 26, 20 ff.

[1306] Vgl. Walter Bender, Ehrenamtliches Engagement in den Pfarrgemeinden der Erzdiözese Bamberg. Ein Forschungsprojekt des Lehrstuhls Andragogik, Prof. Dr. Jost Reischmann, an der Universität Bamberg im Auftrag des Erzbischofs von Bamberg Dr. Karl Braun, Bamberg 1998, 11.

[1307] Walter Bender, Ehrenamtliches Engagement in den Pfarrgemeinden der Erzdiözese Bamberg. Ein Forschungsprojekt des Lehrstuhls Andragogik, Prof. Dr. Jost Reischmann, an der Universität Bamberg im Auftrag des Erzbischofs von Bamberg Dr. Karl Braun, Bamberg 1998, 7.

[1308] Vgl. dazu Harald Westbeld, Alles im Fluss. Ehrenamt im Wandel. Erfahrungen in den Niederlanden, in: Caritas in NRW Jg. 28 Nr. 2 (April 1999), 18 - 19, 18 f.

[1309] Vgl. dazu Johannes Friedrich, Seniorenbüro Forchheim - ein Bundesmodellprojekt in Caritas - Trägerschaft, in: Caritas. Zeitschrift für Caritasarbeit und Caritaswissenschaft Jg. 96 Nr. 7/8 (Juli/August 1995), 305 - 306, 305 f; Bernhard Appel, Senioren haben politische Verantwortung, in: Caritas '95. Jahrbuch des Deutschen Caritasverbandes, 83 - 89, 85 f.

9.2. Freiwilligenagentur Impuls

formieren, welche Aufgaben anstehen, und sich beraten lassen. Dort werden auch Einführungen zur Vorbereitung auf bestimmte Aufgaben (z.B. Betreuung, häusliche Krankenpflege, Besuchsdienste, Beaufsichtigung von Kindern) angeboten und Fortbildungsveranstaltungen durchgeführt. Den Ehrenamtlichen stehen die technische Ausstattung (z.B. PC, Kopiergerät, Telefon) und Räume als Treffpunkt für Kontakte, Absprachen und Erfahrungsaustausch zur Verfügung. Ein solches Zentrum könnte entweder vom Caritasverband, eventuell auch zusammen mit der Diakonie getragen werden oder als eigener 'e.V.' Mitglied des Caritasverbandes sein. Als 'Umschlagplatz' für soziales Ehrenamt kann es von allen Pfarrgemeinden, Einrichtungen (z.B. Altenheimen, Frauenhäusern, Krankenhäusern, Fachverbänden), aber auch von Initiativen, die Mitarbeiter für Aktionen suchen, genutzt werden. Zunächst ist dabei das breite Feld ehrenamtlicher kirchlich - sozialer Dienste und Aktivitäten im Blick. Das Zentrum steht aber auch Interessierten offen, die in freien Gruppen und Initiativen ehrenamtlich tätig sind und dafür Informationen, Beratung sowie Mitarbeiter und Mitarbeiterinnen suchen"[1310].

Am 5. Dezember 1996, dem internationalen Tag des Ehrenamtes, startete der Deutsche Caritasverband den Modellverbund Freiwilligenzentren, um neue Kooperationen von Ehrenamtlichen und Hauptamtlichen zu erproben und den Bedürfnissen der "neuen Ehrenamtlichen" gerecht zu werden[1311]. Im Modellverbund arbeiteten bundesweit 16 Freiwilligenzentren zusammen, darunter vier in Nordrhein - Westfalen (Geldern - Kevelaer, Herne, Leverkusen, Mönchengladbach), die vom Deutschen Caritasverband aufgebaut und drei Jahre lang wissenschaftlich begleitet wurden[1312]. Jedes Zentrum sollte in seinem Einzugsbereich für soziales Engagement eine Vermittlungsstelle, ein Forum und eine Werkstatt sein. Als "Vermittlungsstelle" operierte es zwischen Interesse und Aufgabe, zwischen Personen und Institutionen. Als "Forum soziales Engagement" bot es den sich freiwillig und unentgeltlich Engagierenden Informationsveranstaltungen, Fachgespräche, Raum zum Erfahrungsaustausch und eine Plattform zur Meinungsbildung. Als "Werkstatt sozialer Aktionen" ermöglichte es den Freiwilligen, sich neuen sozialen Ideen zu öffnen, Umsetzungen zu planen und selbst organisierte Hilfegruppen zu fördern[1313]. In einer ersten Auswertung der Kontaktdokumentationen wurde 1999 festgestellt: "Bemerkenswert ist, ... daß mehr als die Hälfte der Interessierten, die mit den Mitarbeiterinnen und Mitarbeitern in den Zentren des Modellverbundes Kontakt aufnahmen, aktuell nicht freiwillig tätig waren. Mit der Konzeption der Freiwilligen - Zentren gelingt es tat-

---

[1310] NN, Ehrenamtliche Tätigkeit in der Caritas - Bestandsaufnahme, Perspektiven, Positionen, in: Caritas. Zeitschrift für Caritasarbeit und Caritaswissenschaft Jg. 96 Nr. 7/8 (Juli/August 1995), 309 - 329, 325 f.

[1311] Vgl. NN, Ehrenamt in der Caritas, in: Caritas - Korrespondenz. Informationsblätter für die Caritaspraxis Jg. 67 Nr. 3 (März 1999), 5 - 36, 9 und 27.

[1312] Vgl. NN, Ehrenamt in der Caritas, in: Caritas - Korrespondenz. Informationsblätter für die Caritaspraxis Jg. 67 Nr. 3 (März 1999), 5 - 36, 27.

[1313] Vgl. NN, Ehrenamt in der Caritas, in: Caritas - Korrespondenz. Informationsblätter für die Caritaspraxis Jg. 67 Nr. 3 (März 1999), 5 - 36, 27. Vgl. auch Michael Helmbrecht, Freiwilligen - Zentren und kirchliche Beratungsdienste als lokale Beratungs- und Brückeninstanzen für Freiwilligendienste, in: Eugen Baldas, Freiwilligendienste haben es in sich. Studien zu Art, Umfang und Ausbaumöglichkeiten von Freiwilligendiensten im kirchlich - sozialen Umfeld, Freiburg 2003, 291 - 308, 293 ff.

sächlich, an potentielle Freiwillige heranzukommen, an Menschen, die durch die vorhandene Verbändestruktur oft nur schwer anzusprechen waren. Die umfangreichen Befragungen der mit den Zentren zusammenarbeitenden freiwilligen und beruflichen Mitarbeiter und Vertreter von Einrichtungen, mit denen die Zentren zusammenarbeiten, belegen, daß es hier gelungen ist, einen Weg einzuschlagen, der die auch in der Öffentlichkeit inzwischen vieldiskutierten veränderten Rahmenbedingungen eines freiwilligen Engagements berücksichtigt. Ein großer Teil der Menschen, die sich in den Freiwilligen - Zentren der Caritas engagieren, nennt so beispielsweise auf die Frage, warum sie dies bisher nicht taten, neben den schon immer auftauchenden Begründungen 'Zeitmangel aus beruflichen Gründen' (87 Prozent) und 'Zeitmangel aus familiären Gründen' (57 Prozent) interessanterweise auch Aspekte, wie 'Wollte mich nicht fest an eine Organisation binden' (76 Prozent) oder 'Ich brauchte einen Anstoß' (52 Prozent)"[1314].

Der Modellverbund Freiwilligen - Zentren hatte gezeigt, dass der Caritasverband wie auch andere Verbände ihre Funktion bei der Aktivierung und Förderung ehrenamtlichen Engagements nicht verloren hatten. Zu Recht hielt die Begleitstudie daher als vorläufiges Ergebnis fest: "Freiwilligen - Zentren verwirklichen vor dem Hintergrund der konzeptionellen Grundvorstellungen des Modellverbundes einen Aufgabenkanon, der sich an der feststellbaren Ausdifferenzierung des freiwilligen Engagements und des Unterstützungsbedarfs einer 'neuen Ehrenamtlichkeit' orientiert. Im Unterschied zu einer reinen Agenturtätigkeit, bei der es um die Vermittlung von Informationen und Tätigkeitsmöglichkeiten geht, entfalten Freiwilligen - Zentren darüber hinausgehende Aktivitäten: mittels der Foren soziales Engagement wird auch eine fachpolitische Lobby für freiwilliges Engagement begründet und eine neue Kultur des Ehrenamts im lokalen Umfeld mitgestaltet. Mittels Werkstätten sozialer Aktionen werden die Selbstorganisation engagierter Menschen und die selbstorganisierte Lösung sozialer Probleme systematisch stimuliert und unterstützt. Freiwilligen - Zentren sind damit keine 'Rekrutierungsinstrumente' zur Deckung ehrenamtlichen Handlungsbedarfs. Sie knüpfen vielmehr an den Engagementbereitschaften, -wünschen und -motiven engagierter Menschen an, schaffen vielfältige Engagement - Optionen und respektieren die unterschiedlichen weltanschaulichen Bezüge und Gestaltungsformen ehrenamtlichen Engagements"[1315].

Da sich Freiwillige meist nur noch gezielt und für einen begrenzten Zeitraum für eine von ihnen selbst gewählte Aufgabe zur Verfügung stellten[1316], eröffnete der Caritasverband für die Stadt Düsseldorf mit Beginn des Internationalen Jahres der Freiwilligen am 5. Januar 2001 die Freiwilligenagentur Impuls, die als Bindeglied zwischen Freiwilligen und Organisationen, Kirchengemeinden, Vereinen und Initiativen fungierte[1317]. "Wir tragen mit dieser Form der Organisation für freiwilliges, ehrenamtliches Engagement der veränderten Motivation vieler Menschen Rechnung", erklärte Caritasdirektor Johannes

---

[1314] NN, Ehrenamt in der Caritas, in: Caritas - Korrespondenz. Informationsblätter für die Caritaspraxis Jg. 67 Nr. 3 (März 1999), 5 - 36, 29.
[1315] NN, Ehrenamt in der Caritas, in: Caritas - Korrespondenz. Informationsblätter für die Caritaspraxis Jg. 67 Nr. 3 (März 1999), 5 - 36, 30.
[1316] Vgl. Reiner Klaes, Ehrenamt auf Zeit, in: Caritas '94. Jahrbuch des Deutschen Caritasverbandes, 315 - 319, 315 ff.
[1317] Vgl. NRZ 06.01.2001; RP 06.01.2001; WZ 06.01.2001.

9.2. Freiwilligenagentur Impuls

Böcker auf einer Pressekonferenz zur Vorstellung der neuen Einrichtung. "Denn nicht die Bereitschaft, sich ehrenamtlich zu engagieren, hat nachgelassen. Nur die Formen haben sich verändert"[1318]. Die Agentur gab Menschen, die an einem ehrenamtlichen Engagement interessiert waren, Gelegenheit, sich unverbindlich über verschiedene Arbeitsfelder zu informieren und sich entsprechend beraten zu lassen[1319]. Auch die Nachfrager nach freiwilligem Engagement wurden beraten. Häufig waren vor allem Rahmenbedingungen wie Versicherung, Fahrtkostenerstattung und Aufwandsentschädigung zu klären[1320]. War ein Kontakt vermittelt, stellte Impuls auch die fachliche Begleitung der Freiwilligen vor und während der ehrenamtlichen Tätigkeit sicher[1321]. Gleichzeitig wurden bedarfsorientierte Fortbildungsangebote für Ehrenamtliche entwickelt, da die neue Generation von Freiwilligen oft anspruchsvolle berufliche Tätigkeiten ausübte und für ihr Wirkungsfeld eine persönliche Weiterbildung wünschte[1322].

In einer Selbstdarstellung vom März 2003 hieß es zu den Angeboten der Freiwilligenagentur Impuls: "Möglichkeiten für freiwilliges Engagement gibt es reichlich. Wir helfen, das Richtige zu finden. Denn ehrenamtliches Engagement soll sowohl denen, die Hilfe erfahren, als auch denen, die sich engagieren, etwas bringen. Man kann durch eine freiwillige Tätigkeit Spaß haben, neue Kontakte knüpfen, die Zeit sinnvoll gestalten, eigene Fähigkeiten und Kompetenzen einbringen, sich weiterentwickeln und Neues ausprobieren"[1323]. Als Beispiele für ehrenamtliches Engagement wurden genannt: Mitarbeit in der Bahnhofsmission, Angebote in Begegnungsstätten und Netzwerken, Behinderteneinrichtungen, Hospizdienste, Mitarbeit in Museen, Reisebegleitung, Unterstützung von Migranten, Seniorenarbeit, Unterstützung von Kindern und Jugendlichen, PC - Kurse für Migranten, Senioren oder arbeitslose Menschen, Mitarbeit im Verwaltungsbereich von gemeinnützigen, ehrenamtlichen Vereinen[1324]. Das "Arbeitsamt für Freiwillige" vermittelte Ehrenamtliche nicht nur an soziale Einrichtungen, sondern auch an kommerzielle Unternehmen, wenn eine Ausnutzung des freiwillig Arbeitenden ausgeschlossen war[1325].

[1318] CVD 536, 05.01.2001.
[1319] Vgl. Ronald Morschheuser, Rolle des Lückenfüllers lehnen sie ab. Düsseldorfer Caritas eröffnete Freiwilligenagentur "Impuls", in: Kirchenzeitung für das Erzbistum Köln Jg. 56 Nr. 3 (19.01.2001), 26.
[1320] Vgl. Petra Hermes - Wigge, Freiwilligenagentur mit Rat und Tat zur Seite. Viele Einsatzmöglichkeiten für Ehrenamtliche, in: Die Zeitung. Caritas für Düsseldorf Jg. 3 Nr. 4 (Winter 2002), 5.
[1321] Vgl. NN, Neue Formen für das Ehrenamt. Caritas richtet Freiwilligenagentur ein, in: Caritas in NRW Jg. 30 Nr. 3 (Juni 2001), 35.
[1322] Vgl. NN, Die Freiwilligenagentur ist das Bindeglied zwischen Angebot und Nachfrage. Per "Impuls" zum Ehrenamt, in: Die Zeitung. Caritas für Düsseldorf Jg. 2 Nr. 3 (Herbst 2001), 9.
[1323] CVD 536, 21.03.2003.
[1324] Vgl. CVD 536, 21.03.2003.
[1325] Vgl. NRZ 06.01.2001.

Junge Leute in Aktion - JuLiA

Übereinstimmend hatten verschiedene Jugendstudien in den neunziger Jahren festgestellt, dass die Bereitschaft junger Menschen zum sozialen Engagement und freiwilliger Mitarbeit vorhanden, jedoch von anderen Vorstellungen als bei anderen Altersgruppen geleitet war[1326]. So kam die Shell - Studie "Jugend '97" zu dem Ergebnis, dass für Jugendliche Werte wie Toleranz, Ehrlichkeit, Offenheit, Gewaltfreiheit, Pluralität im Mittelpunkt standen und junge Menschen eine ablehnende Haltung gegenüber der so genannten "Ellenbogengesellschaft" einnahmen[1327]. Im gleichen Jahr gelangte auch Sabrina Auerbach zu dem Ergebnis, dass Jugendlichen Selbstverwirklichung, Streben nach Bedürfnisbefriedigung und Selbstentfaltung sowie emotionale Zuwendung zu Menschen wichtig waren. Im Gegensatz dazu hätten traditionelle Werte wie Fleiß, Vermehrung von Wohlstand, Sozialprestige, Aufopferung, Gehorsam und Unterordnung an Bedeutung verloren. Das Ehrenamt als "Ausdruck der Aufopferung eigener Ansprüche" sei für die Jugend nicht mehr reizvoll gewesen. Für fest gefügte hierarchisch geprägte Organisationen, die weiterhin nur an traditionellen Werten festhielten, sei es zunehmend schwieriger geworden, die Jugend mit veränderten Wertstrukturen für sich zu gewinnen[1328].

Vielen ehrenamtlich engagierten Jugendlichen waren mit dem eigenen Nutzen und der Mitgestaltung verbundene Motive wichtiger als Motive der Pflichterfüllung oder altruistische Motive. So hatte die Shell - Studie vor allem zwei Beweggründe für das soziale Engagement von Jugendlichen ermittelt: Für Jüngere war es wichtig, dass sich Freunde am Engagement beteiligten, es sich um etwas anderes als Schule oder Betrieb handelte und ihnen keine Vorschriften gemacht wurden. Für ältere Jugendliche ab 15 Jahren standen persönliche Ziele im Mittelpunkt wie Mitbestimmung, Einbringen eigener Fähigkeiten und Zielerreichung[1329]. In enger Anlehnung an die Shell - Studie stellte auch Rolf G. Heinze fest, das Engagement der Jugendlichen müsse sich lohnen (Eigennutz, persönlicher Gewinn für das Berufsleben, Stärkung des Selbstbewusstseins), Spaß machen (Lebensfreude, Humor, Lockerheit), dem Ego gut tun (im Rampenlicht stehen, etwas zu sagen haben) und sichtbar sein (Öffentlichkeit, Selbstinszenierung)[1330]. Ähnlich wie erwachsene Ehrenamtliche bevorzugten auch Jugendliche eher zeitlich begrenzte

---

[1326] Vgl. Martin Nörber, Jung und engagiert. Neuere Daten zum ehrenamtlichen Engagement junger Menschen, in: deutsche jugend. Zeitschrift für die Jugendarbeit Jg. 49 Nr. 4 (April 2001), 165 - 174, 165 ff.

[1327] Vgl. Renate Blank, "Ich habe andere Sorgen als Politik". Qualitative Studie "Jugend '97", in: Arthur Fischer, Jugend '97. Zukunftsperspektiven, gesellschaftliches Engagement, politische Orientierungen, Opladen 1997, 33 - 35, 35.

[1328] Vgl. Sabrina Auerbach, "Jugend ohne Amt und Ehre ?" Eine Untersuchung zu Determinanten ehrenamtlichen Engagements Jugendlicher im kleinstädtischen Milieu, Pfaffenweiler 1997, 233.

[1329] Vgl. Arthur Fischer, Die gesellschaftliche Krise hat die Jugend erreicht. Zusammenfassung der zentralen Ergebnisse der 12. Shell Jugendstudie, in: Arthur Fischer, Jugend '97. Zukunftsperspektiven, gesellschaftliches Engagement, politische Orientierungen, Opladen 1997, 11 - 23, 18 f.

[1330] Vgl. Rolf G. Heinze, Gesellschaftliche Bedeutung von Tätigkeiten außerhalb der Erwerbsarbeit. Gutachten für die "Kommission für Zukunftsfragen" der Freistatten Bayern und Sachsen, München 1997, 84 f.

9.2. Junge Leute in Aktion-JuLiA

Tätigkeiten, die in den jeweiligen Lebenskontext passten und beendet werden konnten, wenn dies nicht mehr der Fall war[1331].

Konkrete Zahlen zum Interesse der Jugendlichen an einer ehrenamtlichen Tätigkeit und dem tatsächlichen Engagement lieferte im Jahre 1995 eine IBM - Studie. Danach hielten 70 % der Jugendlichen gesellschaftliches Engagement des einzelnen in der Gesellschaft für wichtig; von den Befragten schätzen sich 8 % als stark, 59 % als etwas und 32 % als überhaupt nicht engagiert ein[1332]. Obwohl nur ein Drittel der Jugendlichen in Distanz zum freiwilligen Engagement stand, beklagte die IBM - Studie wie auch andere Untersuchungen an vielen Stellen den Mangel an Nachwuchs[1333]. Der Befund legte offen, dass es eine deutliche Diskrepanz zwischen dem Interesse an einem Engagement und der Umsetzung dieses Interesses in vorhandenen Vereinen und Organisationen gab.

Vor dem Hintergrund dieser Feststellung hatte der Deutsche Caritasverband bereits 1995 in seinem Würzburger Positionspapier "Ehrenamtliche Tätigkeit in der Caritas" als Konsequenz gefordert: "Junge Menschen sind sensibel für Unrechtssituationen und voll von Idealismus. Solidarität für Schwache und persönliches soziales Engagement dürfen in der Schule nicht nur kognitiv Teil des Lernziels 'Solidarität' sein; als 'Lernort des Lebens' kann die Schule vielfältige Möglichkeiten solidarischen Handelns bieten. Soziale Projekte legen im Jugendalter den Grund dafür, daß die künftige Generation auch im Erwachsenenalter Sensibilität für soziale Nöte und Bereitschaft für persönliches soziales Engagement wachhält. Soziale Projekte bieten sich z.B. im Kontext des Profils einer kirchlichen Schule mit den Möglichkeiten des Religionsunterrichts und der außerschulischen Jugendarbeit an. Die verbandliche Caritas ist gefordert, sich als Partner den Jugendlichen und den Institutionen anzubieten, indem sie Felder sozialen Handelns im Rahmen von Sozialpraktika und adäquate Formen ehrenamtlichen Engagements bereitstellt und die Jugendlichen bei diesen Aufgaben begleitet"[1334].

Um die Wünsche und Anfragen junger Menschen nach sozialem Tun aufzugreifen und nicht etwa den vorhandenen Tätigkeitsbedarf als Maßstab für die Suche nach "jungen Ehrenamtlichen" zu nehmen, stellte der Caritasverband für die Stadt Düsseldorf am 26. Juni 2001 einen "Diakonischen Motivator" ein[1335]. "Der Auftrag des Caritasverbandes für die Stadt Düsseldorf, die ehrenamtliche Arbeit der Caritas in den Gemeinden und im eigenen Verband zu unterstützen", so Caritasdirektor Johannes Böcker in einem Informationsschreiben vom 3. Januar 2001, "soll auf junge Menschen ausgedehnt werden, die Interesse am sozialen Aufgabenfeld zeigen. Sie sollen mit den karitativen Ideen

---

[1331] Vgl. Rolf G. Heinze, Gesellschaftliche Bedeutung von Tätigkeiten außerhalb der Erwerbsarbeit. Gutachten für die "Kommission für Zukunftsfragen" der Freistaaten Bayern und Sachsen, München 1997, 87.
[1332] Vgl. "Wir sind o.k.!" Stimmungen, Einstellungen, Orientierungen der Jugend in den 90er Jahren. Die IBM Jugendstudie, Köln 1995, 66.
[1333] Vgl. "Wir sind o.k.!" Stimmungen, Einstellungen, Orientierungen der Jugend in den 90er Jahren. Die IBM Jugendstudie, Köln 1995, 67.
[1334] NN, Ehrenamtliche Tätigkeit in der Caritas - Bestandsaufnahme, Perspektiven, Positionen, in: Caritas. Zeitschrift für Caritasarbeit und Caritaswissenschaft Jg. 96 Nr. 7/8 (Juli/August 1995), 309 - 329, 327.
[1335] Vgl. CVD 74, 21.06.2001.

und Positionen in Berührung gebracht werden, um sie auf diese Weise für ein Engagement in sozialen Zusammenhängen zu motivieren. Zu der direkten Ansprache junger Menschen sollen Erfahrungen vor Ort eröffnet werden, die ein Interesse an sozialen Aufgaben reflektieren und damit sinnstiftende Lebensperspektiven für junge Menschen mit entwickeln helfen. Zugleich kann auf diesem Wege jungen Menschen ein 'anderes' Bild von Kirche angeboten werden, das ihre Glaubwürdigkeit in der Öffentlichkeit durch das Tun für den Nächsten verstärkt"[1336].

Erste Frucht des Vorhabens war das Projekt "Junge Leute in Aktion" (JuLiA), das Jugendliche und junge Menschen zwischen 16 und 40 Jahren für das sozial - caritative Ehrenamt gewinnen wollte[1337]. Hauptaufgabe von JuLiA war es, unter jungen Menschen freiwilliges Engagement anzuregen und Rahmenbedingungen für bedarfsorientierte Einsatzmöglichkeiten und Begleitangebote zu schaffen. Neben traditionellen Einsatzorten wie Kirchengemeinden und Sozialeinrichtungen vermittelte die Beratungsstelle auch Tätigkeiten in neue, den individuellen Bedürfnissen der Teilnehmer entsprechende Aufgabenfelder[1338]. Um Jugendliche und junge Erwachsene zur Auseinandersetzung mit sozialen Fragestellungen zu befähigen und sie zur Mitgestaltung gesellschaftlicher Gegebenheiten zu ermutigen, entwickelte JuLiA zur praktischen Umsetzung der angestrebten Ziele die drei Teilprojekte "Jugendliche in Gemeindebezügen", "Balu und Du" und "Corporate Citizenship"[1339].

Durch das Projekt "Jugendliche in Gemeindebezügen" sollten Firmlinge, Studenten und junge Berufstätige der Pfarreien St. Franziskus Xaverius, Maria Rosenkranz, St. Norbert und St. Theresia über einen Zeitraum von drei bis vier Wochen zu einem ehrenamtlichen Einsatz in sozialen Einrichtungen der Kirchengemeinden, der Caritas für Düsseldorf oder eines anderen Trägers im jeweilgen Stadtteil animiert werden[1340]. "Als Beispiel für Firmlinge", so ein Konzeptentwurf vom Sommer 2002, "sind etwa die Betreuung und Begleitung eines Sport- oder Spielenachmittags mit einer Schülergruppe zu nennen, die Begleitung eines älteren Menschen in einem Altenheim, ein Gruppenangebot für ältere Menschen in einer Begegnungsstätte, EDV - Kurse in den Caritas Netzwerken, Verschönerungsarbeiten in den Jugendräumen der Pfarrgemeinde, Organisation eines Flohmarkts zu Gunsten einer sozialen Einrichtung im Stadtteil"[1341].

In Zusammenarbeit mit dem Diözesancaritasverband Köln und der Universität Osnabrück bot die Caritas für Düsseldorf mit dem Modellprojekt "Balu und Du" benachteiligten Grundschulkindern einen Jugendlichen oder jungen Erwachsenen als "verläßlichen Paten" für Gespräche, Spiel und Sport an[1342]. Mit einer "großen Schwester" oder einem "großen Bruder" an der Seite sollten die Kinder unterstützt werden, "etwas muti-

---

[1336] CVD 574, 03.01.2001.
[1337] Vgl. CVD 574, 21.03.2003.
[1338] Vgl. CVD 574, 30.06.2002.
[1339] Vgl. CVD 574, 30.06.2002, 31.12.2002 und 21.03.2003.
[1340] Vgl. CVD 574, 30.06.2002 und 31.12.2002.
[1341] CVD 574, 30.06.2002.
[1342] Vgl. CVD 574, 21.03.2003.

ger, fröhlicher und selbstbewußter zu werden"[1343]. Zu den Hauptaufgaben von JuLiA gehörte es, über die Düsseldorfer Pfarrgemeinden ehrenamtliche Tutoren für das Projekt zu gewinnen und ihren Einsatz mit Hilfe eines Helfer- und Gesprächskreises zu koordinieren und zu begleiten[1344]. Im Jahresbericht 2002 ist über den Arbeitsbeginn der Paten für das Projekt "Balu und Du" vermerkt: "Bei den ersten 'Balus' handelt es sich um eine Studentin der Sozialpädagogik, 20 Jahre alt und eine Bürokauffrau, 24 Jahre alt. Die beiden 'Moglis' sind Geschwister 8 und 10 Jahre alt und leben in Düsseldorf - Oberbilk mit ihrer Mutter. Der 10 - jährige Christian ist sehr kreativ, malt und bastelt sehr gerne und hat viel Energie. Die Mutter ist Diabetikerin und stößt häufiger an ihre körperlichen Grenzen. Christian trifft sich mit seinem 'Balu' Annette. Annette ist ebenfalls sehr künstlerisch interessiert, hat ein Jahr Praktikum am Schauspielhaus gemacht, besucht einen Malkurs und dachte eigentlich, dass mehr Mädchen ihre Interessen teilen würden. Michelle ist die Schwester von Christian und trifft sich mit Kerstin. Da die Wohnsituation der Familie sehr eingeschränkt ist, benötigt das Kind einen Ansprechpartner, der Aktivitäten außerhalb der Wohnung plant und begleitet, wie etwa der Besuch auf dem Spielplatz, Rad fahren, Schlittschuh laufen. Das sind alles Aktivitäten, die die Mutter auf Grund ihrer Erkrankung nur sehr eingeschränkt leisten kann. Die beiden Kinder, Michelle und Christian sind von 'ihren' Balus begeistert, auch die Mutter ist mit der ehrenamtlichen Begleitung ihrer Kinder sehr zufrieden"[1345]. Regelmäßig kamen die "Balus" in Gesprächsrunden zusammen, um ihre Beobachtungen und Erfahrungen mit hauptamtlichen Mitarbeitern des Projektes JuLia zu reflektieren[1346].

Im Rahmen des Corporate Citizenship bzw. Corporate Volunteering hatte die Firma Ford in Köln ihren Mitarbeitern bereits seit längerer Zeit die Möglichkeit eingeräumt, sich an zwei Arbeitstagen im Jahr freiwillig zu engagieren[1347]. Um geeignete Einsatzorte in Düsseldorf zu akquirieren, war das Projekt JuLiA zusammen mit der Caritas Freiwilligenagentur Impuls seit dem 1. Januar 2003 in die Vermittlung sozial - caritativer Beschäftigungen für Fordarbeiter einbezogen[1348].

[1343] CVD 574, 31.12.2002.
[1344] Vgl. CVD 574, 30.06.2002.
[1345] CVD 574, 31.12.2002.
[1346] Vgl. CVD 574, 31.12.2002.
[1347] Vgl. CVD 574, 24.03.2003.
[1348] Vgl. CVD 536, März 2003; CVD 574, 31.12.2002.

10. Sinti - Projekt und Sinti Kindertagesstätte

Die Geschichte der Sinti in Düsseldorf ist mit Ausnahme der Zeit des Nationalsozialismus[1349] ein Desiderat der lokalgeschichtlichen Forschung. Wann das "fahrende Volk" in Düsseldorf und der näheren Umgebung "sesshaft" wurde, liegt völlig im Dunkeln.

Nachdem die Sinti zwischen dem 8. und 12. Jahrhundert aus ihrer ursprünglichen Heimat, dem indischen Punjab, über Pakistan, Iran, die Türkei und die Balkanländer nach Europa gekommen waren, hatten sich große Gruppen in den heutigen Ländern Rumänien, Bulgarien, auf dem Gebiet des früheren Jugoslawien, der Slowakischen und der Tschechischen Republik sowie in Ungarn niedergelassen[1350]. Einige Gruppen zogen nach Westeuropa weiter, wo sie seit Ende des 14. Jahrhunderts nachweisbar sind[1351]. Dass bereits im Zeitalter der Reformation Sinti am Niederrhein über Land zogen, belegt die Vielzahl "zigeunerfeindlicher" Erlasse, die für die Herzogtümer Jülich, Kleve und Berg seit dem Jahre 1534 nachweisbar sind[1352]. Exemplarisch sei auf eine Verordnung von Pfalzgraf Philipp Wilhelm vom 30. Mai 1668 verwiesen, in der es wörtlich hieß: "Nachdem Uns der Bericht geschehen, unnd nun abermahlen klagten vorkommen, waßgestalt Unseren vorhin außgangenem Verbott und Verordnung zu wieder in Unseren Landfürstlichen Gebieth daß heillose Gesindel der Zigeiner, hin und wieder sich finden lasse, allerhand ärgernuß, muthwillen, leichtfertigkeiten, und sonst unzulässige excessus nicht allein verüben, sondern auch zu zeiten, mit rauben und stehlen, den Leuten schaden und überlast veruhrsachen. Wan wir aber diese müssige nichtswürdige Landtstreicher, keineswegs in Unserem Landfürstlichem Gebieth zu gedulden gnedigst gemeint. Als befehlen Wir allen ... Unseren Ambtleuthen und Befehlshaberen gnedigst, und ernstlich hiemit, und krafft dieses fleissige auffsicht zu haben, und daranzusein, daß keinen Zeigeineren, und dergleichen Landstreicherischen Herrnlosen Gesindtlein, so

---

[1349] Vgl. Karola Fings, "z.Zt. Zigeunerlager". Die Verfolgung der Düsseldorfer Sinti und Roma im Nationalsozialismus, Köln 1992, 17 ff.
[1350] Vgl. Reimar Gilsenbach, Weltchronik der Zigeuner. 2500 Ereignisse aus der Geschichte der Roma und Sinti, der Luri, Zott und Boža, der Athinganer, Tattern, Heiden und Sarazenen, der Bohémiens, Gypsies und Gitanos und aller anderen Minderheiten, die "Zigeuner" genannt werden Bd. 1, Frankfurt 1994, 15 ff.
[1351] Vgl. Lukrezia Jochimsen, Zigeuner heute. Untersuchung einer Außenseitergruppe in einer deutschen Mittelstadt, Stuttgart 1963, 3.
[1352] Vgl. NHS Handschriften L II 7 I, Nr. 27 (12.12.1534); NHS Handschriften L II 7 I, Nr. 176 (30.10.1607); NHS Handschriften L II 7 III, Nr. 483 (22.02.1663); NHS Handschriften L II 7 III, Nr. 542 (30.05.1668); NHS Handschriften L II 7 V, Nr. 847 (11.08.1696); NHS Handschriften L II 7 VI, Nr. 1011 (11.08.1706); NHS Handschriften L II 7 VI, Nr. 1026 (18.10.1707); NHS Handschriften L II 7 VI, Nr. 1063 (13.01.1710); NHS Handschriften L II 7 VI, Nr. 1163 (22.04.1717); NHS Handschriften L II 7 VII, Nr. 1227 (16.10.1722); NHS Handschriften L II 7 VII, Nr. 1253 (20.02.1725); NHS Handschriften L II 7 VII, Nr. 1280 (29.05.1728); NHS Handschriften L II 7 VII, Nr. 1304 (10.02.1730); NHS Handschriften L II 7 VII, Nr. 1305 (25.02.1730); NHS Handschriften L II 7 VII, Nr. 1345 (04.08.1733); NHS Handschriften L II 7 VII, Nr. 1379 (01.02.1736); NHS Handschriften L II 7 VII, Nr. 1382 (12.06.1736); NHS Handschriften L II 7 VIII, Nr. 1550 (21.02.1744); NHS Handschriften L II 7 VIII, Nr. 1562 (27.04.1744); NHS Handschriften L II 7 VIII, Nr. 1583 (27.04.1745).

woll Weibs alß Manspersohnen, weder zu Fueß oder zu Pferdt, eintgen Orths in Unseren Aembteren und Städten, oder Dorffschafften, und sonsten dem Platten - Landt der unterschleiff, noch eintges nachtläger, weder durchzug verstattet, sonderen denselben durch die Landschützen unnd Underthanen bester gestalt auffgemercket, nachgetarchtet, und von stundt an, Unser Gebieth und Boden würklich zu räumen angewiesen"[1353].

Zwar schlugen die im Herzogtum Berg in der Folgezeit erlassenen "Zigeunerverordnungen" moderatere Töne an, doch änderte dies kaum etwas an der Tatsache, dass die Sinti wie in ganz Europa auch hier bis ins 18. Jahrhundert hinein für "vogelfrei" erklärt waren[1354]. Im Zeitalter der Aufklärung wurde mit entsprechenden Gesetzen (Sprachverbot, Zwangsehen mit Nicht - "Zigeunern", Wegnahme der Kinder) ihre Assimilation angestrebt[1355], doch waren die über Jahrhunderte aufgebauten Vorurteile gegen die Sinti in der Bevölkerung nicht mehr auszuräumen[1356].

Als Ende des 19. Jahrhunderts wiederholt fahrende Sinti in Grafenberg auftauchten, schrieb das Düsseldorfer Volksblatt am 23. Dezember 1896: "So traf auch am Samstag Mittag wieder eine aus etwa 50 Köpfen bestehende Bande mit 10 Wagen dort ein. Zunächst wurden die hiesigen Geschäfte von den schmutzigen Weibern, die sich thatsächlich kaum aus dem Hause schlagen lassen, unsicher gemacht. Da man aber die Gesellschaft kennt, sieht man ihr genau auf die Finger und verabfolgt die Ware erst nach geschehener Bezahlung. Die Männer suchten während dessen Käufer für ihre Pferde, und wirklich hatten sie schon nach kurzer Zeit einen Milchmann durch einen Tauschhandel, bei welchem die Zigeuner natürlich immer Geld herausbekommen, nach Ansicht des Schreibers gründlich übers Ohr gehauen. Nach diesem seinen Geschäftchen konnte jetzt Schmaus und Trinkgelage beginnen. Die ganze Gesellschaft, Männer, Weiber und Kinder, welche bereits morgens in der Stadt genau gegen 300 Mark verjubelt hatte, begab sich denn auch bald in die hiesigen Restaurationen, wo man die unwillkommenen Gäste lieber an die Luft gesetzt hätte, aber sie nicht los werden konnte, aß und trank und war guter Dinge. Der Wein floß in Strömen. Es sollen wieder einige Hundert Mark verzehrt worden sein. Schreiber dieses hat sich die Mühe genommen, dem Treiben einige Stunden zuzusehen. Man feierte angeblich Kindtaufe, und der Täufling konnte wahrhaftig mit der ihm erwiesenen Ehre zufrieden sein. Die Bande bot anfangs in ihrer eigenartigen Erscheinung und der Art ihres Benehmens ein interessantes Bild, das sich aber bald ins Widerliche verkehrte, als sämtliche Zigeuner, die Weiber nicht ausgenommen, mehr o-

---

[1353] NHS Handschriften L II 7 III, Nr. 542 (30.05.1668); SAD D 1 X, 30.05.1668.
[1354] Vgl. Leo Lucassen, Zigeuner. Die Geschichte eines polizeilichen Ordnungsbegriffes in Deutschland 1700 - 1945, Köln 1996, 35 ff.
[1355] Vgl. George von Soest, Zigeuner zwischen Verfolgung und Integration. Geschichte, Lebensbedingungen und Eingliederungsversuche, Weinheim 1979, 28 f; Reimer Gronemeyer, Zur Geschichte der Zigeuner, in: Reimer Gronemeyer, Die Zigeuner. Reisende in Europa. Roma, Sinti, Manouches, Gitanos, Gypsies, Kalderasch, Vlach und andere, Köln 1988, 23 - 78, 64 ff.
[1356] Vgl. Rainer Hehemann, Die "Bekämpfung des Zigeunerunwesens" im wilhelminischen Deutschland und in der Weimarer Republik, 1871 - 1933, München 1987, 11 ff; Michael Frost, "Der bettelnde Zigeuner". Produktion eines Stereotyps und sein Nutzen für die Diskriminierung von Roma und Sinti, in: Joachim S. Hohmann, Sinti und Roma in Deutschland. Versuch einer Bilanz, Frankfurt 1995, 216 - 230, 216 ff.

der weniger betrunken waren. Jetzt wurden sie auch ungemütlich: die Kerle gerieten unter sich, und als der Wirt Feierabend bot, auch mit diesem in Streit. Man weigerte sich, trotz des gütlichen, später auch sehr energischen Auftretens des gerade bezüglich der Qualität seiner Gäste peinlich besorgten Wirtes, das Lokal zu verlassen, griff nach Weinflaschen und machte Miene, das Zimmer zu demolieren. Als nun aber auch der hiesige Polizeisergeant mit in Aktion trat, zog die Bande es doch vor, das Feld zu räumen; die Weiber waren natürlich wieder am frechsten. Obwohl es fast 11 Uhr war, ging die Gesellschaft noch nicht zur Ruhe, belästigte vielmehr noch bis 1 Uhr nachts die hiesigen Wirte um Wein. Die schönste Überraschung aber sollte der nächste Morgen bringen. Als der hiesige Metzgermeister Sch. seinen Laden betrat, entdeckte er zu seinem großen Leidwesen, daß man ihm durch das Oberlicht eines Schaufensters einen nächtlichen Besuch abgestattet hatte. Es fehlten eine Anzahl Rollschinken, Fleischwürste, ein Posten Rindfleisch etc. in Summa für 90 - 100 Mark. Der Verdacht richtete sich natürlich sofort auf die Zigeuner; aber trotz der sofort angestellten Recherchen und Visitationen wurde nichts entdeckt. Die Zigeuner sind eben schlauer als manche glauben, und so mußte man das Raubgesindel ungeschoren ziehen lassen"[1357].

Soweit bekannt, lagerten die meisten Düsseldorfer Sinti vor der Machtergreifung der Nationalsozialisten mit ihren Wagen auf privaten Stellplätzen, die vor allem im südlichen Stadtgebiet anzutreffen waren. Lagerplätze befanden sich unter anderem an der Mettmanner Straße (Flingern), der Schmiedestraße (Oberbilk), am Stoffeler Kapellenweg (Oberbilk/Wersten), am Hellweg (Flingern), der Stoffeler Straße (Oberbilk), der Fichtenstraße (Flingern), der Albertstraße (Flingern), der Gerresheimer Straße (Pempelfort/Flingern), Am Schönenkamp (Hassels), der Germaniastraße (Bilk) und der Aachener Straße (Bilk/Flehe). Vermutlich dienten die Stellplätze vorzugsweise als Winterquartiere, da die Sinti im Sommer als fahrende Musiker, Artisten, Kaufleute und Handwerker in der näheren Umgebung unterwegs waren[1358].

Nachdem die nationalsozialistische Volksparole am 16. September 1933 gedroht hatte, die "Zigeunerscharen" werden bald aus dem Weichbild der Städte verschwunden sein[1359], begannen die Ordnungsbehörden bereits im April 1934 alle privaten Wohnwagenstellplätze in Düsseldorf aufzulösen. Gemäß baupolizeilicher Verfügung hatten die Sinti innerhalb eines Jahres neun Grundstücke mit 42 Wohnwagen und vier Holzhütten zu räumen[1360]. Einer der wenigen Orte, an dem sie sich in Düsseldorf zu diesem Zeitpunkt noch ohne größere Repressalien aufhalten konnten, war das bereits an anderer Stelle beschriebene Heinefeld[1361]. Dorthin waren die meisten Sinti, soweit sie überhaupt in der Stadt blieben, im Jahre 1934 übersiedelt[1362].

[1357] DV 23.12.1896.
[1358] Vgl. VP 16.02.1933; VP 10.06.1934; DN 12.03.1937; Karola Fings, "z.Zt. Zigeunerlager". Die Verfolgung der Düsseldorfer Sinti und Roma im Nationalsozialismus, Köln 1992, 17.
[1359] Vgl. VP 16.09.1933.
[1360] Vgl. Karola Fings, "z.Zt. Zigeunerlager". Die Verfolgung der Düsseldorfer Sinti und Roma im Nationalsozialismus, Köln 1992, 20.
[1361] Vgl. oben S. 526 ff.
[1362] Otto Pankok, Zigeuner, Düsseldorf 1947, 9 ff.

10. Sinti - Projekt und Sinti Kindertagesstätte

Mit der Räumung des Heinefeldes im Sommer 1935 tauchte zum ersten Mal der Gedanke auf[1363], alle auf der Golzheimer Heide und sonst noch in Düsseldorf lebenden Sinti in einem "Zigeunerlager" am Rande der Stadt zu konzentrieren[1364]. Mit der Ausführung des Planes wurde im Winter 1936/37 begonnen, als die Stadtverwaltung am Höherweg 301/311 (heute Höherweg 333/349) ein geeignetes Grundstück der Vereinigten Stahlwerke gefunden und erworben hatte[1365]. Am 30. Juni 1937 war die "Zigeunerunterkunft am Höherweg" mit fünf "Wohnbaracken", einem "Waschhaus", einem Stellplatz für Wohnwagen und einem "Häuschen für den Aufseher" fertig gestellt und sollte "baldmöglichst in Benutzung genommen werden". Die ersten Sinti, die im Juli 1937 das Lager bezogen, waren vom Heinefeld vertrieben worden; in kurzer Zeit folgte die Räumung der verbliebenen Stellplätze Mettmanner Straße und Stoffeler Kapellenweg[1366].

In den Düsseldorfer Nachrichten vom 12. März 1937 waren die "Zigeunerbaracken" als zwar "bescheidene, so doch menschenwürdige, gesundheitlich einwandfreie ständige Unterkunft" bezeichnet worden[1367]. In Wirklichkeit mussten sich sechs bis sieben Personen mit maximal 20 Quadratmeter Wohnfläche begnügen[1368]. Zwar gab es keine Ausgangssperre für die Bewohner, doch war ein Verlassen des Lagers nur mit Erlaubnis des Aufsehers möglich. Eine eigenständige Berufsausübung war den Sinti mit der Überweisung zum Höherweg untersagt worden, so dass viele Lagerinsassen ein lohnabhängiges Arbeitsverhältnis, meist bei der nahen Gerresheimer Glashütte eingehen mussten[1369]. Da die Kinder überwiegend katholischer Konfession waren, sollten sie die Volksschule am Kempgensweg besuchen, doch nahmen nach Ausweis erhaltener Schülerlisten hier nur wenige "Zigeunerkinder" am Unterricht teil[1370]. Schon zu Beginn der nationalsozialistischen Herrschaft war die Tendenz zu beobachten, dass Sintikinder von den Regelschulen ausgesondert und an Hilfsschulen überwiesen wurden. In einer stereotypische Vorurteile gegen Sinti aufgreifenden Hilfsschulüberweisung vom November 1933 hieß es etwa: "Katharina W. ist 8 1/2 Jahre alt und wiegt 21 kg, leidet zur Zeit an Bronchitis, ist aber nicht schulbesuchsunfähig. Da das Kind die deutsche Sprache fast gar nicht ver-

---

[1363] Vgl. oben S. 532 ff.
[1364] Vgl. Karola Fings, "z.Zt. Zigeunerlager". Die Verfolgung der Düsseldorfer Sinti und Roma im Nationalsozialismus, Köln 1992, 25 ff.
[1365] Vgl. NN, Zigeuner werden kaserniert, in: Düsseldorfer Lokal - Zeitung Jg. 32 Nr. 1 (09.01.1937), o. S. (8). Vgl. auch RP 01.07.1993; NN, Gedenktafel erinnert an Sinti - Lager, in: Kirchenzeitung für das Erzbistum Köln Jg. 48 Nr. 26 (02.07.1993), 23; RP 06.07.1993; NN, Gedenktafel erinnert an Sinti - Verfolgung in Düsseldorf. Zeichen setzen, in: Kirchenzeitung für das Erzbistum Köln Jg. 48 Nr. 31/32 (06.08.1993), 22.
[1366] Vgl. Karola Fings, "z.Zt. Zigeunerlager". Die Verfolgung der Düsseldorfer Sinti und Roma im Nationalsozialismus, Köln 1992, 33.
[1367] Vgl. DN 12.03.1937.
[1368] Vgl. Karola Fings, "z.Zt. Zigeunerlager". Die Verfolgung der Düsseldorfer Sinti und Roma im Nationalsozialismus, Köln 1992, 36 ff.
[1369] Vgl. Karola Fings, "z.Zt. Zigeunerlager". Die Verfolgung der Düsseldorfer Sinti und Roma im Nationalsozialismus, Köln 1992, 41 ff.
[1370] Vgl. Karola Fings, "z.Zt. Zigeunerlager". Die Verfolgung der Düsseldorfer Sinti und Roma im Nationalsozialismus, Köln 1992, 38 ff.

steht, konnte eine vollständige Intelligenzprüfung nicht durchgeführt werden. Für die Volksschule kommt das Kind nicht in Frage; denn Auffassungsvermögen und Merkfähigkeit sind sehr gering, dafür fast gar kein Erfahrungswissen (unterscheidet zum Beispiel ein 5 Pfennigstück nicht vom 10 Pfennigstück, was bei einem Zigeunerkind in dem Alter wohl selten vorkommt). Ich habe den Eindruck, dass ein wesentlicher Intelligenzrückstand vorliegt. Da das Kind leicht ermüdet, schlage ich eine vorläufige Schulbesuchszeit von 1 - 2 Stunden vor"[1371].

Am Tor des Lagers Höherweg war ein großes Schild mit der Aufschrift "Betreten des Lagers strengstens verboten. Der Polizeipräsident" angebracht. Wie verschiedene Zeitzeugen später berichteten, stand auf dem Schild keine Phrase, sondern war "Nichtzigeunern" der Zutritt in das Lager grundsätzlich verwehrt[1372]. Umso erstaunlicher ist es, dass Elisabeth Heidkamp im Jahre 1993 über ihre Fürsorgearbeit während des Zweiten Weltkrieges berichtete: "Wir hatten ja die Zigeuner aus Düsseldorf und Umgebung zu versorgen, ... Sie durften dann ja nicht mehr die Schule und Kirche besuchen, die Zigeuner, die am Höherweg waren. Aber Pfarrer Johannes Lefarth (St. Joseph Oberbilk) ist dann einfach dahin gegangen, er hat gesagt: 'Gut, wenn sie nicht kommen können, aber wollen, gehe ich zu ihnen hin !'"[1373].

Bei Kriegsausbruch im September 1939 lebten im "Zigeunerlager" am Höherweg etwa 200 Sinti[1374]; nur wenige von ihnen erlebten sechs Jahre später den Einmarsch alliierter Truppen in Düsseldorf. Bereits im Frühjahr 1940 hatte das Berliner Reichssicherheitshauptamt mit der Deportation der ersten Sinti in das Generalgouvernement Polen begonnen[1375]. Am 16. Mai 1940 fuhren auf dem Lagerplatz am Höherweg mehrere Polizeifahrzeuge und Lastwagen vor, um etwa 130 zur Deportation bestimmte Personen in ein Sammellager auf dem Kölner Messegelände zu überführen. Von Deutz aus wurden die Verschleppten wenige Tage später in Viehwaggons in das Generalgouvernement weitertransportiert[1376]. Hier waren die Sinti in der Regel in Zwangsarbeiterlagern, Ghettos oder Konzentrationslagern inhaftiert. Durch Armbinden mit einem "Z" gekennzeichnet und lediglich mit einem "Zigeunerausweis" ausgestattet, hatten sie kaum Möglichkeiten zur Flucht[1377]. Fast alle Düsseldorfer Sinti waren in Siedlce untergebracht,

---

[1371] SAD IV 253, 14.11.1933.

[1372] Vgl. Karola Fings, "z.Zt. Zigeunerlager". Die Verfolgung der Düsseldorfer Sinti und Roma im Nationalsozialismus, Köln 1992, 36.

[1373] CVD 128, 03.12.1993.

[1374] Vgl. Karola Fings, "z.Zt. Zigeunerlager". Die Verfolgung der Düsseldorfer Sinti und Roma im Nationalsozialismus, Köln 1992, 34.

[1375] Vgl. Romani Rose, Sinti und Roma im "Dritten Reich". Das Programm der Vernichtung durch Arbeit, Göttingen 1991, 174; Romani Rose, "Den Rauch hatten wir täglich vor Augen". Der nationalsozialistische Völkermord an den Sinti und Roma, Heidelberg 1999, 13 ff; Günter Lewy, "Rückkehr nicht erwünscht" . Die Verfolgung der Zigeuner im Dritten Reich, Berlin 2001, 156 ff.

[1376] Vgl. Karola Fings, "z.Zt. Zigeunerlager". Die Verfolgung der Düsseldorfer Sinti und Roma im Nationalsozialismus, Köln 1992, 65 f.

[1377] Vgl. Michael Zimmermann, Verfolgt, vertrieben, vernichtet. Die nationalsozialistische Vernichtungspolitik gegen Sinti und Roma, Essen 1989, 18 ff; Michael Zimmermann, Rassenutopie und Genozid. Die nationalsozialistische "Lösung der Zigeunerfrage", Hamburg 1996, 167 ff; Martin Luchterhandt,

10. Sinti - Projekt und Sinti Kindertagesstätte

wo mehrere Zwangsarbeitskommandos bestanden[1378]. Über die dortigen Lebensbedingungen berichtete eine im Mai 1940 als sechsjähriges Mädchen vom Höherweg verschleppte Sintezza später: "Eingezäunt, nix zu essen, haben uns von Kartoffelschalen ernährt, tote Katzen gegessen, und damit hat uns unsere Mutter durchgefüttert. Mein Vater ist dageblieben, die haben den praktisch totgeschlagen, der hatte Typhus und wurde noch geschlagen. Jeden 2. Tag ein Viertel Brot haben wir gekriegt, nix zum Anziehen, nackt auf dem Schnee. ... Wenn ich nicht gearbeitet hab', hat's Schläge gegeben, von der SS"[1379].

Auf Anordnung von Heinrich Himmler war am 16. Dezember 1942 die Einweisung aller "Zigeunermischlinge, Rom - Zigeuner und balkanischen Zigeuner in ein Konzentrationslager" angeordnet worden[1380]. Die Verschleppung der noch im Regierungsbezirk Düsseldorf lebenden Sinti in das "Zigeunerfamilienlager" Auschwitz fand am 10. März 1943 statt[1381]. Im Lager am Höherweg blieben nur sechs Familien, überwiegend Kinder und Greise, mit insgesamt 42 Personen zurück. Sie sollten zu einem späteren Zeitpunkt in ein Konzentrationslager deportiert werden, wozu es bis zum Ende des Krieges indes nicht mehr kam[1382]. Als am 5. März 1945 der Aufseher des Lagers am Höherweg abgezogen wurde[1383], nutzten einige Sinti die Gelegenheit zur Flucht, obwohl in der Stadt und näheren Umgebung noch gekämpft wurde. "Da sind wir doch", so ein Erinnerungsbericht, "alle rausgestürmt. Da haben wir uns nicht mehr umgeguckt, nur raus, weg, weg, weg! Ganz weit weg in den Wald, in die Freiheit, immer weg. Da war noch Krieg! Alles zu Fuß. Nichts gesehen, nichts. Wir sind dem Wald nachgegangen, in Dörfer, damit wir was zum Futtern kriegten. Aber die Angst blieb noch, immer noch die Angst. Das hat sehr lange gedauert, bis wir die Angst überstanden haben"[1384].

Die wenigen Düsseldorfer Sinti, die die Deportationen überlebten, kehrten ab Frühjahr 1945 zunächst ins ehemalige Lager am Höherweg zurück, doch entstanden schon

---

Der Weg nach Birkenau. Entstehung und Verlauf der nationalsozialistischen Verfolgung der "Zigeuner", Lübeck 2000, 164 ff.

[1378] Vgl. Karola Fings, "z.Zt. Zigeunerlager". Die Verfolgung der Düsseldorfer Sinti und Roma im Nationalsozialismus, Köln 1992, 69.

[1379] Zitiert nach Karola Fings, "z.Zt. Zigeunerlager". Die Verfolgung der Düsseldorfer Sinti und Roma im Nationalsozialismus, Köln 1992, 69.

[1380] Vgl. Michael Zimmermann, Verfolgt, vertrieben, vernichtet. Die nationalsozialistische Vernichtungspolitik gegen Sinti und Roma, Essen 1989, 61 ff; Michael Zimmermann, Rassenutopie und Genozid. Die nationalsozialistische "Lösung der Zigeunerfrage", Hamburg 1996, 293 ff; Martin Luchterhandt, Der Weg nach Birkenau. Entstehung und Verlauf der nationalsozialistischen Verfolgung der "Zigeuner", Lübeck 2000, 235 ff.

[1381] Vgl. Karola Fings, "z.Zt. Zigeunerlager". Die Verfolgung der Düsseldorfer Sinti und Roma im Nationalsozialismus, Köln 1992, 74 ff.

[1382] Vgl. Karola Fings, "z.Zt. Zigeunerlager". Die Verfolgung der Düsseldorfer Sinti und Roma im Nationalsozialismus, Köln 1992, 77.

[1383] Vgl. Karola Fings, "z.Zt. Zigeunerlager". Die Verfolgung der Düsseldorfer Sinti und Roma im Nationalsozialismus, Köln 1992, 80.

[1384] Zitiert nach Karola Fings, "z.Zt. Zigeunerlager". Die Verfolgung der Düsseldorfer Sinti und Roma im Nationalsozialismus, Köln 1992, 80.

bald überall im Stadtgebiet neue Wohnwagenstellplätze[1385]. Mit allen Mitteln versuchte das Düsseldorfer Ordnungsamt diesen "Missstand" zu beseitigen und durch verschiedene Maßnahmen eine Konzentration der "Zigeuner" am Höherweg zu erzwingen[1386]. Fassungslos beschrieb Otto Pankok die Lebensbedingungen der Sinti in Düsseldorf zu Beginn der fünfziger Jahre mit den Worten: "So wies man ihnen in meiner Stadt dieselben mit dichtem Stacheldraht umzogenen Lagerbaracken als Unterkunft zu, in denen sie unter den Nazis eingeschlossen waren. Hier lebt noch ein großer Teil heute in Schmutz und in primitivsten Verhältnissen. Was Hitler bei den Zigeunern nicht gelungen war, sie auszurotten, das geschieht heute langsam aber stetig durch die neue, und wie man sich einbildet, zivilisierte Epoche"[1387].

Allen restriktiven Ordnungsmaßnahmen zum Trotz zerstreuten sich die Düsseldorfer Sinti im Laufe der fünfziger Jahre wieder auf verschiedene Plätze im Stadtgebiet, so etwa im "Gurkenland" (Seeheimer Weg/Wormser Weg), am Aachener Platz und an der Ellerkirchstraße[1388]. Ab dem Jahre 1961 wohnten die meisten Düsseldorfer Sinti auf einem von der Stadt zugewiesenen Platz an der Jägerstr. 109 (später Am Hackenbruch 209/215, heute Nachbarschaftspark)[1389], wo sie in abbruchreifen Wohnwagen und selbst gezimmerten Bretterverschlägen ohne Strom- und Wasseranschluss in unwürdigsten Verhältnissen lebten[1390]. Eine Verbesserung der Situation trat ein, als im Jahre 1975 auf der gegenüberliegenden Straßenseite (Am Hackenbruch 200, heute Otto - Pankok - Str. 1/29) ein asphaltierter Stellplatz mit Sanitärhaus sowie Strom- und Wasseranschlüssen in Benutzung genommen werden konnte[1391].

Mit dem befestigten Stellplatz in Eller hatten die Sinti ihre Wohnsituation etwas verbessern, nicht aber ihre Randposition in der Düsseldorfer Gesellschaft verlassen können. Das Zusammenleben auf engstem Raum in den Wagen war selbst gewählt,

---

[1385] Vgl. Karola Fings, "z.Zt. Zigeunerlager". Die Verfolgung der Düsseldorfer Sinti und Roma im Nationalsozialismus, Köln 1992, 82.

[1386] Vgl. Karola Fings, "z.Zt. Zigeunerlager". Die Verfolgung der Düsseldorfer Sinti und Roma im Nationalsozialismus, Köln 1992, 69. Vgl. dazu Peter Widmann, An den Rändern der Städte. Sinti und Jenische in der deutschen Kommunalpolitik, Berlin 2001, 35 ff.

[1387] Zitiert nach Karola Fings, "z.Zt. Zigeunerlager". Die Verfolgung der Düsseldorfer Sinti und Roma im Nationalsozialismus, Köln 1992, 82 f.

[1388] Vgl. Sinti in der Pfarrgemeinde "St. Gertrud", Düsseldorf - Eller. Informationen über das Sinti - Projekt "Am Hackenbruch" in Düsseldorf - Eller. Herausgegeben aus Anlaß des 87. Deutschen Katholikentages vom 1. bis 5. September 1982 in Düsseldorf von der Katholischen Kirchengemeinde "St. Gertrud", Düsseldorf - Eller, Düsseldorf 1982, o. S. (4).

[1389] Vgl. Dokumentation über die Zigeunersiedlung "Am Hackenbruch" in Düsseldorf - Eller 1961/62 - 1980, Köln 1980, 1.

[1390] Vgl. RP 31.08.1974; NN, Dokumentation über die Zigeunersiedlung in Düsseldorf - Eller, in: Caritas in Nordrhein - Westfalen Jg. 10 Nr. 3 (Mai/Juni 1981), 333.

[1391] Vgl. PfA Lierenfeld St. Michael, Pfarrchronik St. Michael 1974 - 1976, S. 60; WZ 10.01.1980; Dokumentation über die Zigeunersiedlung "Am Hackenbruch" in Düsseldorf - Eller 1961/62 - 1980, Köln 1980, 7 ff; Sinti in der Pfarrgemeinde "St. Gertrud", Düsseldorf - Eller. Informationen über das Sinti - Projekt "Am Hackenbruch" in Düsseldorf - Eller. Herausgegeben aus Anlaß des 87. Deutschen Katholikentages vom 1. bis 5. September 1982 in Düsseldorf von der Katholischen Kirchengemeinde "St. Gertrud", Düsseldorf - Eller, Düsseldorf 1982, o. S. (4).

nicht jedoch die Perspektivlosigkeit, jemals wieder den Wohnplatz an der Jägerstraße verlassen zu können[1392]. Die alten Wohnwagen und ausrangierten Busse waren derart ramponiert, dass sie meist aus eigener Kraft nicht mehr bewegt werden konnten[1393]. Mit zunehmender Aufenthaltsdauer resignierten viele Sinti, vor allem, als immer deutlicher zu Tage trat, dass ihre traditionelle Lebensweise kein tragendes Fundament mehr besaß[1394]. Über viele Jahrhunderte waren ihre Vorfahren als fahrende Kesselflicker, Kupferschmiede, Körbeflechter, Besenbinder, Scherenschleifer, Pferdehändler, Kurzwaren- und Schmuckhändler, Kräutersammler, Gaukler, Artisten, Wahrsager und insbesondere Musikanten unterwegs[1395]. Spätestens mit Beginn der Konsumgesellschaft und Wegwerfmentalität wurden ihre handwerklichen Fähigkeiten und Waren nicht mehr benötigt[1396]. Wenig überraschend ist daher, dass in den siebziger Jahren nur noch wenige Sintos auf dem "Zigeunerplatz" in Eller ein Handwerk betrieben[1397]. Stattdessen war die Zahl der Händler stark angestiegen; aber von den Erträgen aus dieser Tätigkeit konnten die meisten nicht leben. Nur wenige Familien schafften es, ohne staatliche Unterstützungsleistungen auszukommen[1398]. Ohne Frage hatte hier nicht nur der schwindende Markt für die angebotenen Produkte und Dienstleistungen, sondern auch die gesellschaftliche Ausgrenzung der "Zigeuner" eine Rolle gespielt[1399].

Die Resignation der Sinti, von der Otto Pankok im Jahre 1958 nur eine düstere Vorahnung hatte, schien in den siebziger Jahren Realität geworden zu sein. In seinem Bildband "Zigeuner" hatte er schon damals geschrieben: "Die von den Zigeunern so sehnlich erhoffte Rückerstattung ihrer Lebensmöglichkeiten ist ausgeblieben. ... Die Reste dieses Volkes, des kindlichen und schuldlosesten Europas, das in der Zeit der Schande die ungeheure Wolke von Todesstaub hinter sich gelassen, diese Reste sind dabei, sich aufzugeben. ... Nicht lange mehr und die letzte Spur wird verweht sein. ... Unverständliche Polizeibestimmungen und spitzfindig ausgeklügelte Paragraphen sind die Netze, in

---

[1392] Vgl. WZ 10.01.1980.
[1393] Vgl. CVD 39, 01.05.1980.
[1394] Vgl. CVD 39, 27.01.1981; NRZ 05.09.1979; Ilma Reißner, Sinti, in: Frau und Mutter Jg. 66 Nr. 9 (September 1983), 8 - 11, 9.
[1395] Vgl. Martin Block, Zigeuner. Ihr Leben und ihre Seele dargestellt auf Grund eigener Reisen und Forschungen, Leipzig 1936, 98 ff; Walter Dostal, Zigeunerleben und Gegenwart, in: Walter Starkie, Auf Zigeunerspuren. Von Magie und Musik, Spiel und Kult der Zigeuner in Geschichte u. Gegenwart, München 1957, 275 - 297, 275 ff; Peter Wirtz, Was weiß man eigentlich über Zigeuner ?, in: Caritas in Nordrhein - Westfalen Jg. 13 Nr. 3 (Mai/Juni 1984), 208 - 210, 209; Reimer Gronemeyer, Erwerbsleben, in: Reimer Gronemeyer, Die Zigeuner. Reisende in Europa. Roma, Sinti, Manouches, Gitanos, Gypsies, Kalderasch, Vlach und andere, Köln 1988, 107 - 127, 107 ff; Brigitte Fuchs, Verantwortung der Kirche für Sinti und Roma. Studien zur Wahrnehmung einer kulturellen Minderheit, Diss. Gießen 1991, 74 ff.
[1396] Vgl. Andreas Hundsalz, Soziale Situation der Sinti in der Bundesrepublik Deutschland. Endbericht. Lebensverhältnisse Deutscher Sinti unter besonderer Berücksichtigung der eigenen Aussagen und Meinungen der Betroffenen, Stuttgart 1982, 84.
[1397] Vgl. WZ 10.01.1980; Dokumentation über die Zigeunersiedlung "Am Hackenbruch" in Düsseldorf - Eller 1961/62 - 1980, Köln 1980, 4.
[1398] Vgl. Dokumentation über die Zigeunersiedlung "Am Hackenbruch" in Düsseldorf - Eller 1961/62 - 1980, Köln 1980, 18 ff; NRZ 09.06.1982.
[1399] Vgl. WZ 10.01.1980.

die sie verstrickt werden. Die Großstädte verzehren sie schließlich mit Haut und Haar. Schützende Verordnungen ? Siedlungen ? Reservationen ? eigene Schulen ? Nichts da ! Die letzten deutschen Zigeuner verschwinden. ... Die Jahrhunderte alten traditionellen Wege der Sippen laufen jetzt in enge und hart zementierte Pfade aus. Kein Raum mehr für lustige Wagen. Die harte Enge führt nur noch Einzelne hierhin und dorthin, irgendwohin und nirgendwohin"[1400].

Nachdem "Zigeuner" in Deutschland jahrhundertelang nur als ordnungspolitisches Problem wahrgenommen und behandelt wurden, deutete sich Anfang der siebziger Jahre ein Perspektivwandel an. Als eine Folge sozialdemokratischer Reformpolitik war in der Bundesrepublik das Problem gesellschaftlicher Benachteiligung und institutionalisierter Verarmung zu einem vieldiskutierten Thema geworden, an dessen Rand auch die "Obdachlosigkeit" der Sinti berührt wurde[1401]. Bei der Suche nach praktischen Lösungen gingen zunächst die Sozialdienste kirchlicher Verbände voran, die in der "Zigeunerfürsorge" mancherorts bereits auf mehrjährige Erfahrungen zurückblickten[1402]. So hatte der Katholische Männerfürsorgeverein Köln 1959 auf dem "Zigeunerplatz" Sinnersdorfer Straße in einem ausgedienten Omnibus eine Spielstube für Sintikinder eingerichtet[1403]. Drei Jahre später folgte, gefördert vom Erzbistum Köln und Landschaftsverband Rheinland, ein "transportables Bauwerk in Form einer fliegenden Klasse", das über mehrere Zimmer, Duschen und Toiletten verfügte und dem Männerfürsorgeverein bis zum Bau der Sinti - Wohnsiedlung Roggendorf/Tenhoven als Sozialarbeitsraum diente[1404].

In Düsseldorf scheint sich bis zum Winter 1977/78, als die Pfarrgemeinde St. Gertrud das Projekt "Zigeunerplatz Am Hackenbruch" in Gang setzte, niemand für die deprimierende Lebenssituation der Düsseldorfer Sinti interessiert zu haben[1405]. Seit Ende des Zweiten Weltkrieges waren ihnen von verschiedenen Seiten mancherlei Verspre-

---

[1400] Otto Pankok, Zigeuner, Düsseldorf 1958², 5.

[1401] Vgl. Josef Bura, Die unbewältigte Gegenwart. "Zigeunerpolitik" und alltäglicher Rassismus in der Bundesrepublik, in: Sinti in der Bundesrepublik. Beiträge zur sozialen Lage einer verfolgten Minderheit erstellt im Projekt "Sinti in der Bundesrepublik" Universität Bremen Fachbereich 12 Diplom - Studiengang Sozialpädagogik, Bremen 1984, 9 - 84, 49 ff.

[1402] Vgl. Ingrid Braach, Zum Konflikt zwischen der "Katholischen Zigeunerseelsorge" und den Roma - Selbstorganisationen, in: Sinti in der Bundesrepublik. Beiträge zur sozialen Lage einer verfolgten Minderheit erstellt im Projekt "Sinti in der Bundesrepublik" Universität Bremen Fachbereich 12 Diplom - Studiengang Sozialpädagogik, Bremen 1984, 107 - 133, 113 ff.

[1403] Vgl. Peter Ludemann, Zwischen "Spielstube" und Sozialzentrum. Zur Arbeit in Sozialen Brenn- und Schwerpunkten aus dem Erfahrungsbereich des Sozialdienst Katholischer Männer e. V., in: Helga Merker, Tageseinrichtungen für Kinder. Beiträge aus der Praxis, Köln 1982, 77 - 124, 77 ff.

[1404] Vgl. Peter Ludemann, Ein Wohnprojekt für "seßhafte" Zigeuner, in: Caritas. Zeitschrift für Caritasarbeit und Caritaswissenschaft Jg. 74 Nr. 6 (November 1973), 306 - 311, 306 ff; Peter Ludemann, 1902 - 1982. Sozialer Dienst im Wandel von Not und Zeit. Vincenz - Fürsorge - Verein Köln. Katholischer Männer - Fürsorge - Verein e. V. Köln. Sozialdienst katholischer Männer e. V. Köln. Ein fragmentarischer Versuch zur Geschichte des Vereins anläßlich seines 80jährigen Bestehens, Köln 1982, 149 ff.

[1405] Vgl. Sinti in der Pfarrgemeinde "St. Gertrud", Düsseldorf - Eller. Informationen über das Sinti - Projekt "Am Hackenbruch" in Düsseldorf - Eller. Herausgegeben aus Anlaß des 87. Deutschen Katholikentages vom 1. bis 5. September 1982 in Düsseldorf von der Katholischen Kirchengemeinde "St. Gertrud", Düsseldorf - Eller, Düsseldorf 1982, o. S. (7).

10. Sinti - Projekt und Sinti Kindertagesstätte

chungen gemacht worden, doch gab es keinen ernsthaften Versuch, ihre Lage zu verbessern[1406]. Nachdem Pfarrer Anton Scheuß am 2. Februar 1977 zum Pfarrer in Eller ernannt worden war[1407], begriff er die unwürdigen Lebensverhältnisse Am Hackenbruch als eine Herausforderung für seine neue Gemeinde[1408]. Mitglieder der Pfarrgemeinde suchten schon bald das Gespräch mit den Sinti und begannen, mit ihnen gemeinsam eine Zukunftsperspektive für 22 Familien mit 54 Erwachsenen und 66 Kindern zu entwickeln[1409]. Die Nöte der Sinti waren, wie es 1982 eine Rückschau auf die Anfänge des Projektes beschreibt, meist elementarer Natur: "Baufällige, durchgefaulte Wohnwagen, die oftmals nicht mehr ausreichend zu beheizen waren und keinen ausreichenden Schutz vor Nässe und Kälte boten; fehlende Wasseranschlüsse und Sanitäreinrichtungen für die einzelnen Familien; eine Wasserzapfstelle für ca. 130 Personen, die im Winter oft eingefroren war; räumliche Enge durch zu dicht nebeneinander aufgestellte Wohnwagen; bedingt durch die Wohnverhältnisse eine überdurchschnittliche Krankheitsrate bei Kindern und Erwachsenen; große wirtschaftliche Not, zum überwiegenden Teil Abhängigkeit von der Sozialhilfe ...; Perspektivlosigkeit, vor allem bei Jüngeren, fehlende Arbeits- und Ausbildungsplätze, schlechte Schulausbildung ohne Abschlüsse; isoliertes Leben in einer Gettosituation, Randgruppendasein in ständigem Konflikt oder mangelhaftem Kontakt zu Nachbarschaft, Umwelt, Pfarrgemeinde"[1410].

Angesichts der Vielzahl von Problemfeldern benannte der am 27. August 1978 gegründete Arbeitskreis Sinti fünf Ziele, die in einem überschaubaren Zeitraum realisiert werden sollten: 1. Verbesserung der Wohnsituation, 2. Bildungsangebot für alle Altersstufen, 3. Verbesserung der Beziehungen zum sozialen Umfeld, 4. Verbesserung der wirtschaftlichen Situation, 5. Eine den Sinti angemessene pastorale Betreuung[1411]. Da die Pfarrgemeinde St. Gertrud mit der Umsetzung des Zielfelderkatalogs alleine überfordert

---

[1406] Vgl. Peter Wirtz, Die Sintis noch immer Randgruppe der Gesellschaft. Projekt "Zigeunerumsiedlung am Hackenbruch". Ein Experiment, das Abhilfe schafft ?, in: Der Weg. Evangelisches Sonntagsblatt für das Rheinland Jg. 39 Nr. 30 (22.07.1984), V.

[1407] Vgl. NN, Personalchronik der Erzdiözese Köln, in: Kirchlicher Anzeiger für die Erzdiözese Köln Jg. 117 Nr. 6 (01.03.1977), 89 - 90, 89.

[1408] Vgl. NN, Zigeuner sollen menschenwürdig leben. Pfarrei St. Gertrud in Düsseldorf startet Projekt, in: Katholische Nachrichtenagentur (KNA). Westdeutscher Dienst Jg. 10 Nr. 17 (23.01.1980), 1; Erwin Golm, Hilfe für die Zigeuner. Initiative von St. Gertrud soll Lebenssituation verbessern, in: Rheinische Post Jg. 35 Nr. 45 (22.02.1980), Beilage "Bei uns in Eller, Lierenfeld, Wersten, Himmelgeist" o. S. (2); NN, Zigeuner sollen menschenwürdig leben, in: Caritas in Nordrhein - Westfalen Jg. 9 Nr. 6 (November/Dezember 1980), 472.

[1409] Vgl. CVD 39, 01.05.1980; PfA Eller St. Gertrudis, Chronik der Pfarre St. Gertrud Düsseldorf - Eller 1921 - 1983, S. 192 und 221 ff; Dokumentation über die Zigeunersiedlung "Am Hackenbruch" in Düsseldorf - Eller 1961/62 - 1980, Köln 1980, 12.

[1410] Sinti in der Pfarrgemeinde "St. Gertrud", Düsseldorf - Eller. Informationen über das Sinti - Projekt "Am Hackenbruch" in Düsseldorf - Eller. Herausgegeben aus Anlaß des 87. Deutschen Katholikentages vom 1. bis 5. September 1982 in Düsseldorf von der Katholischen Kirchengemeinde "St. Gertrud", Düsseldorf - Eller, Düsseldorf 1982, o. S. (7). Vgl. auch NRZ 05.09.1979.

[1411] Vgl. NN, Pfarrer Scheuß: "Kein Projekt sozialer Spinner". Zigeuner sind unsere Nachbarn, in: Kirchenzeitung für das Erzbistum Köln Jg. 35 Nr. 6 (06.02.1980), 24; Dokumentation über die Zigeunersiedlung "Am Hackenbruch" in Düsseldorf - Eller 1961/62 - 1980, Köln 1980, 29 und 31.

war, wurden in das Vorhaben sofort verschiedene staatliche, kommunale und kirchliche Institutionen einbezogen[1412]. Neben dem Kölner Generalvikariat gehörten hierzu der Diözesancaritasverband für das Erzbistum Köln, die Katholische Fachhochschule für Nordrhein - Westfalen (Köln), die Katholische Zigeuner- und Nomadenseelsorge, das Ministerium für Landesentwicklung und Städtebau des Landes Nordrhein - Westfalen, die Stadtverwaltung Düsseldorf, die Bezirksvertretung und Bezirksverwaltungsstelle des Stadtbezirkes 8 und die Gemeinnützige soziale Wohnungsbaugesellschaft "Familienhilfe"[1413]. Unter Federführung des Kölner Diözesancaritasverbandes wurde am 4. September 1979 der Arbeitsausschuss "Zigeunerprojekt der katholischen Pfarrgemeinde St. Gertrud in Düsseldorf - Eller" eingerichtet, der alle weiteren Schritte plante und koordinierte[1414]. Seit dem 10. Dezember 1979 war auch der Caritasverband für die Stadt Düsseldorf im Arbeitsausschuss vertreten[1415], doch zeigte der Verband zunächst wenig Interesse an einem weitergehenden Engagement. Dies betraf vor allen Dingen die Einrichtung eines Sinti - Sozialzentrums mit Räumen für Gottesdienst, Katechese, Bildungsarbeit, Jugendarbeit, Kindergarten und Hort wie auch die Anstellung eines hierzu notwendigen Sozialarbeiters. Erst als das Generalvikariat die Aufstellung einer provisorischen Baracke und der Diözesancaritasverband die Einrichtung einer Planstelle für das Projekt Am Hackenbruch in Aussicht stellte, erklärte sich der Düsseldorfer Caritasverband bereit, die Trägerschaft für das Sozialzentrum zu übernehmen[1416]. Nachdem die Stadt Düsseldorf bereits am 1. Oktober 1979 einen Mitarbeiter zur Betreuung der Sinti abgestellt hatte[1417], konnte ab Weihnachten auch eine Sozialarbeiterin des Caritasverbandes ihre Tätigkeit in einem Wohnwagen, seit Februar 1980 in einer Baracke (Am Hackenbruch 200, heute Otto - Pankok - Str. 2) auf dem Sintiplatz aufnehmen[1418]. Bereits am 18. Januar 1980 berichtete die Neue Rhein - Zeitung von den ersten Arbeitstagen der Sozialarbeiterin: "Für die 60 Kinder im Zigeunerquartier wurde Maria Amons Wohnwagen schnell ein Ort der offenen Tür. Auch für die Erwachsenen war sie bald kein Fremdling mehr. Das Aufbocken des Wagens und den elektrischen Anschluß erledigten einige Zigeuner auf dem Wege der Nachbarnhilfe. Jeden Abend ist Frau Amon bei einer anderen Familie zu Gast"[1419]. Am 1. April 1980 konnte für den Kindergarten eine Päda-

---

[1412] Vgl. PfA Eller St. Gertrudis, Chronik der Pfarre St. Gertrud Düsseldorf - Eller 1921 - 1983, S. 221 ff.
[1413] Vgl. CVD 39, 27.01.1981; Dokumentation über die Zigeunersiedlung "Am Hackenbruch" in Düsseldorf - Eller 1961/62 - 1980, Köln 1980, 1 ff.
[1414] Vgl. CVD 39, 10.12.1979; PfA Eller St. Gertrudis, Chronik der Pfarre St. Gertrud Düsseldorf - Eller 1921 - 1983, S. 222; Dokumentation über die Zigeunersiedlung "Am Hackenbruch" in Düsseldorf - Eller 1961/62 - 1980, Köln 1980, 37; Helmut Winzen, Ein festes Heim für Zigeuner, in: Caritas '84. Jahrbuch des Deutschen Caritasverbandes, 277 - 280, 279.
[1415] Vgl. CVD 39, 10.12.1979.
[1416] Vgl. CVD 39, 10.12.1979, 01.02.1980, 02.05.1980 und 08.08.1980; PfA Eller St. Gertrudis, Chronik der Pfarre St. Gertrud Düsseldorf - Eller 1921 - 1983, S. 233 f.
[1417] Vgl. CVD 39, 10.12.1979.
[1418] Vgl. CVD 39, 01.02.1980; Anton Scheuß, Zigeunerprojekt "Am Hackenbruch", in: Caritas in Nordrhein - Westfalen Jg. 11 Nr. 4/5 (Juli/Oktober 1982), 329.
[1419] NRZ 18.01.1980.

10. Sinti - Projekt und Sinti Kindertagesstätte

gogin angestellt und in der Baracke des Caritasverbandes ein Raum als Spielstube hergerichtet werden[1420]. Die Arbeiten vor Ort wurden vom "Arbeitskreis Hackenbruch" koordiniert, der am 29. April 1980 neben der Planungsgruppe des Diözesancaritasverbandes aus Vertretern der Pfarreigemeinde St. Gertrud, des Diözesancaritasverbandes für das Erzbistum Köln und des Caritasverbandes für die Stadt Düsseldorf eingerichtet worden war und den Kontakt mit den Sinti halten sollte[1421].

Zu den Hauptaufgaben der Sozialarbeiter zählte es, den Sinti verschiedenste Hilfestellungen zur Bewältigung ihres Alltagslebens anzubieten. Hierzu gehörte die Kontaktherstellung zu Institutionen, Ämtern und Behörden bei rechtlichen, wirtschaftlichen und sozialen Problemen wie auch die Beratung bei Kreditverträgen, die Vermittlung von Arbeitsstellen und die Unterstützung bei Schulschwierigkeiten der Kinder[1422]. Ziel war es, so ein Projektbericht aus dem Jahre 1982, "den Sinti oft nicht durchschaubare bürokratische Wege und Verhaltensweisen verständlicher zu machen und dadurch die Fähigkeit zu eigenständiger Wahrung und Vertretung ihrer Interessen zu verstärken. All diese Bemühungen verstehen sich als Bestandteile eines langfristigen Prozesses, der hinführen soll zur Integration in die Gesellschaft, ohne die Identität als Sinti aufgeben zu müssen"[1423].

Neben der Sozialberatung der Erwachsenen stand die pädagogische Begleitung der Sintikinder im Mittelpunkt der Caritasarbeit auf dem Wohnwagenstellplatz. In einer Informationsschrift für die Besucher des 87. Deutschen Katholikentages in Düsseldorf hieß es 1982 zu den Zielen, aber auch zu den pädagogischen Besonderheiten der Kindertagesstätte in Eller: "Betreut werden hier morgens bis zu 15 Kindergartenkinder im Alter von 3 - 6 Jahren und nachmittags ca. 25 Hortkinder im Alter von 6 - 14 Jahren. Eingerichtet wurde die Kindertagesstätte mit dem Ziel, die Kinder ein Stück aus der Gettosituation auf dem Zigeunerplatz herauszuführen, ihnen Hilfestellungen beim Eintritt in die Schule zu geben, ihre Begabungen und individuellen Fähigkeiten zu fördern und ihre spezifischen Probleme im Bereich Schule/Bildung zu bewältigen. Vor allen Dingen zu Beginn der Arbeit ergaben sich durch die spezifischen Probleme auf dem Zigeunerplatz vielfältige Schwierigkeiten bei der Erreichung dieser Ziele. Kinder wachsen bei den Sinti in der Regel frei und ohne große einengende Ge- und Verbote auf. Das hat zur Folge, daß sie sehr natürlich und spontan auf ihre Umwelt reagieren, in der Schule aber Mühe haben, Verhaltensweisen zu zeigen, die bei den Sinti nicht gefordert werden (z.B. Disziplin, Stillsitzen usw.). Ein zusätzliches Problem bestand darin, daß die Kinder bis zum Besuch von Kindergarten und Schule weitgehendst in ihrer Sprache, in Roma-

---

[1420] Vgl. CVD 39, 01.05.1980 und 08.07.1981; PfA Eller St. Gertrudis, Chronik der Pfarre St. Gertrud Düsseldorf - Eller 1921 - 1983, S. 234; Dokumentation über die Zigeunersiedlung "Am Hackenbruch" in Düsseldorf - Eller 1961/62 - 1980, Köln 1980, 43.

[1421] Vgl. CVD 39, 10.06.1980 und 08.07.1981; Dokumentation über die Zigeunersiedlung "Am Hackenbruch" in Düsseldorf - Eller 1961/62 - 1980, Köln 1980, 43.

[1422] Vgl. CVD 39, 08.08.1980.

[1423] Sinti in der Pfarrgemeinde "St. Gertrud", Düsseldorf - Eller. Informationen über das Sinti - Projekt "Am Hackenbruch" in Düsseldorf - Eller. Herausgegeben aus Anlaß des 87. Deutschen Katholikentages vom 1. bis 5. September 1982 in Düsseldorf von der Katholischen Kirchengemeinde "St. Gertrud", Düsseldorf - Eller, Düsseldorf 1982, o. S. (10).

nes, aufwachsen, so daß eine Verständigung schwierig war. Eine wichtige Aufgabe hatte hierbei unsere Mitarbeiterin, eine Sintizza vom Zigeunerplatz, die in der Anfangszeit viel übersetzen mußte. Heute geschieht die Verständigung mit den Kindern problemlos in deutsch. Besonders schwierig ist die Arbeit mit Sinti - Kindern vor allen Dingen deshalb, weil hier sowohl die eigenständige Kultur der Zielgruppe gewahrt werden muß, als auch die Einbeziehung der Nichtzigeuner - Kultur in das Leben der Kinder gelingen soll. Tanz, Musik und handwerkliches Geschick zu fördern ist deshalb eine wichtige Aufgabe. Gleichzeitig müssen aber auch verstärkt Lebensgewohnheiten der Nichtzigeuner verständlich gemacht werden. Die Freizeitaktivitäten, wie Schwimmen, Sport, Ausflüge u.ä. nehmen einen wichtigen Teil der Arbeit ein. Sie geben den Kindern die Möglichkeit, den Zigeunerplatz auch über die nähere Umgebung hinaus zu verlassen und sich in veränderten Situationen zurechtzufinden. Dadurch wird auch ein Stück Isolation aufgehoben. ... Ein wichtiges Ziel der Arbeit ist die Hilfe bei schulischen Problemen. Durch die Andersartigkeit der Kultur, anderer Sitten und Gewohnheiten, dazu das fehlende sprachliche Ausdrucksvermögen in der zweiten Sprache deutsch, werden die Kinder oft schon früh als lernbehindert eingestuft und in Sonderschulen abgeschoben. Dies geschieht oft, bevor sie die Chance haben, sich in der Nichtzigeuner - Kultur zurechtzufinden. Dazu kommt, daß vielen Sinti unsere Kulturgüter wie Lesen, Schreiben und Rechnen fremd sind. In ihrer Tradition haben die Sinti bisher keine Schriftkultur. Neben der täglichen individuellen Schulaufgabenbetreuung finden gruppenweise für jedes Kind einmal pro Woche Förderstunden statt. ... In Zusammenarbeit mit der Pfarre werden die 9 - 10jährigen Kinder auch auf Erstbeichte und Erstkommunion vorbereitet"[1424].

Gemessen an den personellen und finanziellen Ressourcen hatte die Projektgruppe in nur anderthalb Jahren viel bewegt. Als Pfarrer Anton Scheuß am 27. Januar 1981 den Generalsekretär des Zentralkomitees der deutschen Katholiken ersuchte, die Kollekten des bevorstehenden Düsseldorfer Katholikentages zur Verbesserung der Lebenssituation der Sinti Am Hackenbruch zu verwenden[1425], konnte er bereits auf folgende Ergebnisse verweisen: "Schaffung eines Vertrauensverhältnisses zu den Zigeunern durch intensive Pflege von Beziehungen verschiedenster Art; Punktuelle materielle Hilfe in krassen Notsituationen (Lebensmittelspenden, Einrichtungsgegenstände, Geld); Versorgung mit Gebrauchtkleidern aus der Kleiderkammer der Pfarre; Betreuung von Kranken; Vermittlung in Konflikten; Kinderbetreuung durch einen Kreis ehrenamtlicher Jugendlicher; Pastorale Betreuung: Taufen, Sakramentenkatechese, Beerdigungen, Regelmäßige Katechese mit Kindern und Erwachsenen; Gelegentliche Gottesdienste teils in der Kirche, teils auf dem Platz ...; Ersatz von unbrauchbaren Wohnwagen durch gute Gebrauchtwagen und Reparatur von schadhaften Wohnwagen durch das Sozialamt der Stadt Düsseldorf; Vermittlung von drei kostenlosen Ausbildungsplätzen für Schweißer

---

[1424] Sinti in der Pfarrgemeinde "St. Gertrud", Düsseldorf - Eller. Informationen über das Sinti - Projekt "Am Hackenbruch" in Düsseldorf - Eller. Herausgegeben aus Anlaß des 87. Deutschen Katholikentages vom 1. bis 5. September 1982 in Düsseldorf von der Katholischen Kirchengemeinde "St. Gertrud", Düsseldorf - Eller, Düsseldorf 1982, o. S. (10 f).
[1425] Vgl. CVD 39, 27.01.1981. Vgl. dazu PfA Eller St. Gertrudis, Chronik der Pfarre St. Gertrud Düsseldorf - Eller 1921 - 1983, S. 253 f und 268 f; NRZ 31.08.1982; RP 31.08.1982; WZ 31.08.1982.

durch die Handwerkskammer Düsseldorf; Kursus für musikalische Früherziehung durch Studenten der Katholischen Fachhochschule"[1426].

Zeitgleich mit dem Auf- und Ausbau des Sozialzentrums und der Kindertagesstätte des Caritasverbandes war in den Arbeitsgremien für den Sintiplatz nach einer Lösung für die katastrophalen Wohnverhältnisse gesucht worden. Durch einen Grundstückstausch (Am Hackenbruch 219) mit der Stadt Düsseldorf konnte die Pfarrei St. Gertrud ein etwa 17000 qm großes Grundstück zur Verfügung stellen, das sich hinter der Caritasbaracke entlang den Gleisanlagen in Richtung Vennhausen erstreckte (heute Otto - Pankok - Str. 1/29)[1427]. Die Vorstellungen über die Verwendung des Areals reichten vom Aufstellen neuer Wohnwagen, von Wohncontainern, Mobilheimen und der Errichtung von Sanitärhäuschen bis zum Bau von Sozialwohnungen[1428]. Um Fehler anderer Städte zu vermeiden, wurden die Sinti durch einen eigenen Sprecherrat in die Entscheidung miteinbezogen[1429]. Da die Düsseldorfer Sintifamilien nur noch selten auf Reisen gingen, fiel schon nach kurzer Zeit der Entschluss zum Bau einer Siedlung mit festen Häusern. Es entstand ein Lageplan mit 21 Parzellen von je 350 bis 400 qm Größe, auf denen vier verschiedene Haustypen von 60 bis 85 qm Wohnfläche errichtet werden konnten[1430]. Die nicht unterkellerten Liegenschaften waren alle ebenerdig, da "Zigeuner" es nicht gewohnt waren, übereinander zu wohnen[1431]. Um Gewerbematerial und Kleingeräte zu lagern, Raum für Kleintierhaltung und einen Abstellplatz für einen Campingwagen vorzuhalten, wurden um die Häuser große Freiflächen angelegt[1432]. Die Zuordnung der Parzellen wurde von den 120 zukünftigen Bewohnern nach Familienkonstellation gewählt[1433] und war so beschaffen, dass jeweils Verwandte in direkter Nachbarschaft wohnen konnten und eine räumliche Trennung der fünf auf dem Platz vertretenen Sippen gewährleistet war[1434].

[1426] CVD 39, 27.01.1981. Vgl. auch PfA Eller St. Gertrudis, Chronik der Pfarre St. Gertrud Düsseldorf - Eller 1921 - 1983, S. 234.

[1427] Vgl. CVD 39, 27.01.1981; PfA Eller St. Gertrudis, Chronik der Pfarre St. Gertrud Düsseldorf - Eller 1921 - 1983, S. 222 und 253.

[1428] Vgl. Sinti in der Pfarrgemeinde "St. Gertrud", Düsseldorf - Eller. Informationen über das Sinti - Projekt "Am Hackenbruch" in Düsseldorf - Eller. Herausgegeben aus Anlaß des 87. Deutschen Katholikentages vom 1. bis 5. September 1982 in Düsseldorf von der Katholischen Kirchengemeinde "St. Gertrud", Düsseldorf - Eller, Düsseldorf 1982, o. S. (11).

[1429] Vgl. NRZ 09.06.1982.

[1430] Vgl. Sinti in der Pfarrgemeinde "St. Gertrud", Düsseldorf - Eller. Informationen über das Sinti - Projekt "Am Hackenbruch" in Düsseldorf - Eller. Herausgegeben aus Anlaß des 87. Deutschen Katholikentages vom 1. bis 5. September 1982 in Düsseldorf von der Katholischen Kirchengemeinde "St. Gertrud", Düsseldorf - Eller, Düsseldorf 1982, o. S. (11).

[1431] Vgl. NRZ 09.06.1982.

[1432] Vgl. RP 09.06.1982.

[1433] Vgl. CVD 39, 10.08.1982; WZ 09.06.1982.

[1434] Vgl. NN, Familienhilfe Düsseldorf. Ein festes Heim für Zigeuner, in: Bauen und Siedeln. Zeitschrift für Wohnungswesen und Städtebau des Katholischen Siedlungsdienstes e. V. Köln Jg. 24 Nr. 2 (Mai 1982), 51.

Nach der Überwindung zahlreicher Schwierigkeiten, vor allem bei der Finanzierung[1435], konnte von Oberbürgermeister Josef Kürten am 8. Juni 1982 der erste Spatenstich zum Bau fester Unterkünfte vorgenommen werden[1436]. Dabei mahnte Pfarrer Anton Scheuß: "Wir müssen uns diesem Brennpunkt vielfältiger Not stellen. Wir wären als christliche Gemeinde letztlich nicht glaubwürdig, wenn wir viele Spenden in alle Welt gäben und uns um die Not vor der Haustür nicht kümmerten"[1437]. Die Bauausführung auf dem Erbbaugrundstück der Pfarrei wurde von der Gemeinnützigen sozialen Wohnungsbau GmbH "Familienhilfe" realisiert, die als Träger des Modellprojekts auch für die Vermietung der Häuser an die Sinti verantwortlich war[1438]. Die 4,81 Millionen Mark Baukosten wurden vom Land (2,1 Millionen), vom Diözesancaritasverband für das Erzbistum Köln (1,63 Millionen), von der Stadtsparkasse Düsseldorf (1 Millionen), der Stadt Düsseldorf (21000 Mark) und durch Spenden aufgebracht[1439]. Für die Dauer der Bauzeit waren die Sinti im Mai 1982 auf den früheren Stellplatz auf der gegenüberliegenden Straßenseite (Am Hackenbruch 209/215, heute Nachbarschaftspark) übersiedelt[1440].

Nachdem am 27. Januar 1983 das Richtfest für die Sinti - Siedlung gefeiert wurde[1441], konnten die 21 Häuser ab 15. Juli bezogen und am 25. Oktober 1983 feierlich an die neuen Bewohner übergeben werden[1442]. "Nun, nachdem die Häuser stehen, kommt ein zweiter, viel wichtigerer Bauabschnitt - die Gestaltung des Lebens in der Siedlung und mit den Nachbarn", meinte Bischof Heinrich Maria Janssen, der in Deutschland für die Sinti und Roma Seelsorge verantwortlich war[1443]. Der Hildesheimer Bischof stand nicht nur der Einweihungsfeier vor, sondern segnete auch einen Bildstock mit einer Darstellung der Mutter Gottes, der neben der Zufahrt auf die neue, nach Otto Pankok be-

---

[1435] Vgl. CVD 642, 10.07.1981.
[1436] Vgl. PfA Eller St. Gertrudis, Chronik der Pfarre St. Gertrud Düsseldorf - Eller 1921 - 1983, S. 274 f; RP 09.06.1982.
[1437] Zitiert nach Sabine Hermes, Beispielhaft in Lierenfeld. Für die Sinti entstehen 21 Häuser. Oberbürgermeister tat ersten Spatenstich, in: Rheinische Post Jg. 37 Nr. 144 (25.06.1982), Beilage "Bei uns in Eller, Lierenfeld, Wersten, Himmelgeist" o. S. (1).
[1438] Vgl. CVD Vorstandsprotokolle, 10.07.1981; PfA Eller St. Gertrudis, Chronik der Pfarre St. Gertrud Düsseldorf - Eller 1921 - 1983, S. 234; NN, Familienhilfe Düsseldorf. Ein festes Heim für Zigeuner, in: Bauen und Siedeln. Zeitschrift für Wohnungswesen und Städtebau des Katholischen Siedlungsdienstes e. V. Köln Jg. 24 Nr. 2 (Mai 1982), 51; Helmut Winzen, Ein festes Heim für Zigeuner, in: Caritas '84. Jahrbuch des Deutschen Caritasverbandes, 277 - 280, 279 f.
[1439] Vgl. WZ 09.06.1982; NRZ 31.08.1982; RP 31.08.1982; WZ 31.08.1982; Wolfgang Rollik, Zigeunersiedlung: Katholikentags - Friedenszeichen. Keine Blechbüchsen hängen mehr im Raum, in: Kirchenzeitung für das Erzbistum Köln Jg. 37 Nr. 36 (03.09.1982), 32.
[1440] Vgl. CVD 39, 16.02.1988; Sabine Hermes, Beispielhaft in Lierenfeld. Für die Sinti entstehen 21 Häuser. Oberbürgermeister tat ersten Spatenstich, in: Rheinische Post Jg. 37 Nr. 144 (25.06.1982), Beilage "Bei uns in Eller, Lierenfeld, Wersten, Himmelgeist" o. S. (1).
[1441] Vgl. RP 28.01.1983; Sabine Hermes, Jetzt Richtfest gefeiert. Sinti - Häuser sollen im Mai bezugsfertig sein, in: Rheinische Post Jg. 38 Nr. 47 (25.02.1983), Beilage "Bei uns in Eller, Lierenfeld, Wersten, Himmelgeist" o. S. (7).
[1442] Vgl. CVD Vorstandsprotokolle, 28.06.1983, 22.08.1983 und 03.11.1983; PfA Eller St. Gertrudis, Chronik der Pfarre St. Gertrud Düsseldorf - Eller 1921 - 1983, S. 281 f; NRZ 26.10.1983; WZ 26.10.1983.
[1443] RP 26.10.1983.

10. Sinti - Projekt und Sinti Kindertagesstätte

nannten Siedlungsstraße aufgestellt worden war[1444]. Im Jahre 1992 wurde die kleine Kolonie der Sinti noch einmal um sechs zweigeschossige Häuser (Otto - Pankok - Str. 2 a/e) erweitert[1445].

Nach Übergabe der Siedlungshäuser an die Sintifamilien verschwanden schnell alle Wohnwagen und Notunterkünfte, die über 20 Jahre das Bild am Ende des Hackenbruchs geprägt hatten[1446]. Auch das letzte Provisorium, das Sozialzentrum mit Kindergarten und Hort, sollte bald durch ein festes Gebäude am Ende der Otto - Pankok - Straße ersetzt werden[1447], doch verstrichen bis zur Verwirklichung des Vorhabens noch mehrere Jahre. Der ursprünglich verfolgte Plan, eine ehemalige Notkirche in Bornheim zu demontieren und in der Sinti - Siedlung als Zentrum für Bildung, Begegnung und Aktivitäten aufzustellen[1448], wurde vom Landschaftsverband Rheinland am 24. September 1984 verworfen[1449]. Zwar mahnte der Caritasverband für die Stadt Düsseldorf als Träger des Sozialzentrums, rasch eine Alternativlösung zu finden, doch scheiterten alle Überlegungen an nicht zu lösenden Finanzierungsfragen[1450]. Gleichwohl blieb der Neubau eine dringende Notwendigkeit, hatte es doch über den Zustand der Kindergartenbaracke schon am 7. November 1983 in einem Gutachten des Diözesancaritasverbandes geheißen: "Die Dachbalken im Innern der Baracke sind teilweise lose, bzw. klaffen weit auseinander, die Lampen (Neonröhren) sind dadurch zum Teil nicht mehr sicher zu befestigen, oder lockern sich zusehends. In wieweit es durchregnet, ist noch nicht sicher abzuklären, da es anhaltende Regenfälle im Grunde in diesem Herbst noch nicht gab. So wie es von innen aussieht, ist jedoch damit zu rechnen. Laut Aussage der Erzieher im Kindergarten dringt, die sich draußen stauende Feuchtigkeit bei anhaltendem Regen, durch die Verfugung zwischen Boden und Außenwänden. Die Heizung der Baracke ist funktionstüchtig, läßt sich aber nicht regulieren, d.h. bei Sturm wird es auf Grund der undichten Wände, trotz allem nicht warm. Die Erzieher klagen über ständige Erkältungskrankheiten und berichten ähnliches über die Kinder ... . Der Boden der Baracke ist teilweise mit Metallplatten repariert (Stolperstellen). Ursache sind Mäuse und Ratten, die sich immer wieder durch den Boden fressen. Der Kammerjäger bestätigte, daß trotz Desinfizierung auch weiterhin mit neuen Besuchen von Ratten zu rechnen sei. Der Zustand der Baracke ist katastrophal, eigentlich müßte sie geschlossen werden"[1451].

[1444] Vgl. NN, Einweihung der Sinti - Siedlung in Düsseldorf - Eller, in: Caritas in Nordrhein - Westfalen Jg. 13 Nr. 1 (Januar/Februar 1984), 58.
[1445] Vgl. CVD Vorstandsprotokolle, 28.01.1991; RP 07.11.1992.
[1446] Vgl. Hedi Porten, Vom Wohnwagen zum Wohlgefühl, in: Liboriusblatt. Wochenzeitschrift für die Katholische Familie Jg. 86 Nr. 10 (11.03.1984), 12 - 13, 12 f; Peter Wirtz, Zu meinen Fotos, in: Sinti am Hackenbruch. Otto Pankok - Siedlung. Stadtmuseum Düsseldorf 27.3. - 19.5.1985, Düsseldorf 1985, o. S. (5 - 6, 5 f).
[1447] Vgl. CVD Vorstandsprotokolle, 03.11.1983, 02.04.1984 und 04.06.1984.
[1448] Vgl. CVD Vorstandsprotokolle, 02.04.1984 und 15.11.1984; CVD 39, 23.11.1979 und 26.11.1979; CVD 642, 20.11.1980; RP 09.06.1982.
[1449] Vgl. CVD Vorstandsprotokolle, 27.09.1984; CVD 39, 08.02.1984 und 24.09.1984.
[1450] Vgl. CVD Vorstandsprotokolle, 22.01.1985 und 29.05.1985; RP 13.06.1985; WZ 13.06.1985.
[1451] CVD 39, 07.11.1983. Vgl. auch CVD Vorstandsprotokolle, 22.01.1985 und 28.08.1985.

Trotz aller Unzulänglichkeiten konnte erst im Sommer 1986 mit dem Bau eines neuen Sozialzentrums begonnen werden[1452], dessen Richtfest noch im gleichen Jahr am 3. November gefeiert wurde[1453]. Bei seiner Fertigstellung und Übergabe im September 1987 bot es 384 qm Fläche zum Spielen und Lernen und 268 qm Arbeitsräume für Jugendliche und Eltern[1454]. Die Kosten von 1,5 Millionen Mark für das von der Familienhilfe errichtete Gemeinschaftshaus (Otto - Pankok - Str. 29) wurden zum Teil von Land, Stadt und Caritasverband für die Stadt Düsseldorf getragen, der Rest aus Spenden der Kirche und privater Geldgeber finanziert[1455]. Mit Schlüsselübergabe, Segnung und Nachbarschaftsfest wurde es am 19. Februar 1988 von Prälat Karl Heinz Pieper offiziell eingeweiht[1456]. "Vom Gemeinschaftshaus", so berichtete die Neue Rhein - Zeitung am folgenden Tag, "sollen besonders die Kinder profitieren. 35 Kinder werden von 4 Erzieherinnen täglich in der Kindertagesstätte, 20 im Kinderhort betreut und 15 gehen in den Kindergarten. Kochen, Turnen, Schulaufgabenhilfe und Freizeitaktivitäten stehen auf dem Programm. Der neue Werkraum im Keller lädt ein zum Töpfern oder Basteln mit Holz. Tips im Umgang mit Ämtern und Behörden, Kontakt zu Jugendwerkstätten und Schulen, Vermittlung von ABM - Stellen, sowie juristische Beratung - bei diesen wichtigen Problemen helfen die Mitarbeiter des Hauses. Nicht zuletzt sind die Sinti zum Feiern in der Tagesstätte gern gesehen"[1457]. Standen in der alten Holzbaracke nur 160 qm Fläche zur Verfügung, so waren es im Neubau 380 qm. Der Kindergarten und Kinderhort befanden sich im Erdgeschoss; dazu kamen ein großer Versammlungsraum und ein Turnraum in der oberen Etage wie auch zwei größere Räume im Keller[1458].

Während Kindern und Erwachsenen über das Gemeinschaftshaus verschiedene Betreuungshilfen offeriert wurden, war das pädagogische Angebot für Jugendliche nur wenig entwickelt. In der Regel mussten die Sintikinder den Hort mit 12 oder 13 Jahren verlassen[1459]. "Sie fühlen sich den Kleinen weit überlegen und es ist unmöglich", so ein Situationsbericht vom 3. Februar 1989, "den verschiedenen Interessen adäquate Angebote zu machen. Da die älteren, und hier vor allem die Mädchen, es von Kindesbeinen an gewöhnt waren, die Einrichtung zu besuchen, fallen sie nach Verlassen des Horts in ein Loch, wo sie bis auf die Tanzgruppe durch nichts aufgefangen werden. Die Jungen erleben den Bruch nicht ganz so stark, da sie sich früh als Männer fühlen und mit Kin-

---

[1452] Vgl. CVD Vorstandsprotokolle, 16.12.1985, 06.03.1986 und 11.06.1986.
[1453] Vgl. CVD Vorstandsprotokolle, 13.11.1986; PfA Eller St. Gertrudis, Chronik der Pfarre St. Gertrud Düsseldorf - Eller 1984 ff, S. 41.
[1454] Vgl. CVD Vorstandsprotokolle, 05.11.1987; WZ 04.11.1986.
[1455] Vgl. RP 04.11.1986; WZ 04.11.1986; RP 11.11.1986; WZ 20.02.1988.
[1456] Vgl. CVD Vorstandsprotokolle, 14.01.1988 und 03.03.1988.
[1457] NRZ 20.02.1988.
[1458] Vgl. RP 20.02.1988; WZ 20.02.1988; Sabine Meuter, Fingerspitzengefühl ist gefragt. Zigeunerkinder besuchen Tagesstätte freiwillig, in: Katholische Nachrichtenagentur (KNA). Westdeutscher Dienst. Die Reportage Jg. 18 Nr. 2 (27.02.1988), 1 - 2, 1 f; NN, Eine Heimat für die Sinti. In Eller wurde ein Gemeinschaftshaus mit Kindertagesstätte eröffnet, in: Kirchenzeitung für das Erzbistum Köln Jg. 43 Nr. 11 (11.03.1988), 24; Michael Hein, Neues Gemeinschaftshaus für die Sinti in Düsseldorf, in: Caritas in Nordrhein - Westfalen Jg. 17 Nr. 2 (März/April 1988), 163 - 164, 163 f.
[1459] Vgl. CVD 39, 03.02.1989.

derkram nichts zu tun haben wollen. Überhaupt gibt es bei den Sinte eine Phase der Jugendlichkeit als eigenen Status nicht. Traditionell gelten sie sehr schnell als Erwachsene. Erst durch die zunehmende Einbindung in die Mehrheitsgesellschaft, vor allem durch die Schule und den Umgang mit gleichaltrigen Deutschen gibt es hier eine Umbruchsituation. ... Der Schulbesuch bei den Jugendlichen in den letzten Klassen der Sonderschulen, im Einzelfall auch Hauptschule, verläuft äußerst lustlos, oft auch nur sporadisch. Der Druck der Eltern, einen Schulabschluß zu erlangen, ist äußerst gering, da formale Bildung für die Sinti selbst nie große Bedeutung hatte. Bekanntlich ist ihre Kultur nach wie vor schriftlos. Umso bemerkenswerter, daß ein Mädchen aus einer gemischten deutsch - zigeunerischen Familie ein Gymnasium besucht. Ansonsten versuchen die Jugendlichen, möglichst häufig den altersüblichen Vergnügungen nachzugehen. Am beliebtesten sind natürlich Disko - Veranstaltungen. ... In den letzten Jahren wurden ca. 15 Jugendliche in Arbeitsförderungsmaßnahmen vermittelt. Die meisten brachen bereits nach kurzer Zeit ab. Nur in einem Fall besuchte eine Jugendliche die Jugendwerkstatt für 2 Jahre. Das mangelnde Durchhaltevermögen wird wesentlich durch die fremde soziale Umgebung sowie eine fordernde Disziplin bestimmt. Sinte leben in erster Linie in ihrer Familie, wo man für alle verbindliche Zeiten nicht kennt"[1460]. Eine bildungsorientierte Jugendarbeit ist bis heute Desiderat, doch bietet der Düsseldorfer Caritasverband für die Sinti seit dem Jahre 1996 Aktivitäten im offenen Jugendbereich mit Hausaufgabenbetreuung, Tischtennis, Dart, Billard, Kreativangebot, Jugendabende, etc. an[1461].

Zu den besonderen Angeboten des Erwachsenenprojekts zählte in der Sinti - Siedlung seit Anfang der neunziger Jahre die Gruppenarbeit mit Frauen. "Der Frauenabend", so ein Erfahrungsbericht aus dem Jahre 1997, "bedeutet eine Abwechslung im täglichen Alltagstrott, die Möglichkeit ein paar Stunden Abstand von Haushalt und den Kindern zu genießen. In einer Atmosphäre der Entspannung und Gemütlichkeit sollen die Frauen Zeit zum gemeinsamen Gespräch haben. Kreative Angebote, in erster Linie Dinge, die den Haushalt verschönern, sind bei den Frauen stets sehr gefragt und steigern das Selbstbewußtsein. Der Wert etwas selbst hergestellt zu haben, wird geschätzt und bereitet immer wieder Freude. Neben diesen Abenden in unserem Haus ist es für die Frauen wichtig von Zeit zu Zeit die Siedlung und den Stadtteil zu verlassen. Ein Bummel durch die City, ein Besuch im Theater oder Essengehen in einem Lokal sind Höhepunkte die den meisten Frauen in dieser Form (ohne Männer) nicht möglich wäre. ... Auch bei der Leitung der Frauengruppe steht der persönliche Kontakt und die Beziehungen zu jedem einzelnen im Vordergrund. Auf der Basis des hier aufgebauten Vertrauens, lassen sich Probleme mit Kindern oder in Beratungssituationen weit leichter besprechen und Ratschläge werden angenommen"[1462].

[1460] CVD 39, 03.02.1989.
[1461] Vgl. CVD 39, August 1996, 25.01.1998 und 12.01.2003.
[1462] CVD 39, 25.01.1998.

11. Psychosoziale HIV/AIDS - Beratung

Nur wenige Monate nach Fertigstellung des neuen Gemeinschaftshauses in der Sinti-Siedlung wurde der soziale Beratungsdienst des Caritasverbandes für die Stadt Düsseldorf um ein weiteres Hilfsangebot vermehrt. Am 1. Juli 1988 nahm die psychosoziale HIV/AIDS - Beratung in der Klosterstr. 88 ihre Tätigkeit auf[1463]. Zu diesem Zeitpunkt waren in Düsseldorf bereits 45 Menschen an Aids gestorben und 112 an der Immunschwäche akut erkrankt[1464].

Richtschnur für die Einrichtung der neuen Beratungsstelle waren die Leitlinien des Zentralrates des Deutschen Caritasverbandes, die am 8. Oktober 1987 unter der Überschrift "Hilfen für HIV - infizierte und AIDS - kranke Menschen" in Freiburg verabschiedet wurden[1465]. Obwohl die Immunschwächekrankheit bereits seit sechs Jahren unter dem Namen Aids bekannt war[1466], betrat der Verband mit der angekündigten Bereitstellung von Hilfsangeboten für den betroffenen Personenkreis ein noch weitgehend unbekanntes Terrain. Wörtlich hieß es in den Leitlinien: "Der Deutsche Caritasverband mit seinen Fachverbänden stellt sich der Aufgabe, zur Linderung der gesundheitlichen, sozialen und seelischen Probleme beizutragen, die mit der Krankheit AIDS verbunden sind. Dazu gehören Beratung, umfassende Hilfen und seelsorgerliche Begleitung für AIDS - kranke, HIV - infizierte und gefährdete Menschen und deren Angehörige, wie auch Mitwirkung daran, die weitere Verbreitung der Krankheit zu verhindern. Dieser Dienst der Caritas für HIV - infizierte und AIDS - kranke Menschen mit der Verpflichtung zur solidarischen Hilfe steht in der Nachfolge Jesu. Christus bezeugte in seinem Umgang gerade mit kranken, an ihrer Schuld leidenden oder gesellschaftlich ausgegrenzten Menschen, daß Gottes Liebe bedingungslos jedem Menschen gilt, wer immer er ist. Gottes Sorge um den Menschen, wie sie in Jesus Christus sichtbar wird, will den leidbelasteten Menschen befreiende Lebensperspektiven eröffnen. Diese Sorge um den Menschen muß sich in der Caritas der Kirche fortsetzen"[1467].

Alle Mitarbeiter der Caritas waren aufgerufen, Betroffene und Nichtbetroffene zu solidarischem Handeln zu befähigen, um Ausgrenzung und Gettoisierung der Infizierten und Kranken zu vermeiden. "HIV - infizierte und AIDS - kranke Menschen haben eine große Verantwortung", so die Leitlinien, "andere vor Ansteckung zu schützen. Es gehört zur Aufgabe jedes Mitarbeiters, ihnen zu helfen, dieser Verantwortung gerecht werden zu können. Je besser die soziale Integration der infizierten und kranken Men-

---

[1463] Vgl. CVD 17, April 1992; CVD 74, 01.07.1988.
[1464] Vgl. WZ 25.11.1988.
[1465] Vgl. Hilfen für HIV - infizierte und AIDS - kranke Menschen. Leitlinien des Deutschen Caritasverbandes, Freiburg 1987, o. S. (1 ff). Vgl. dazu Elisabeth Nowak, Zehn Jahre Caritas - Aids - Arbeit, in: Neue Caritas Jg. 100 Nr. 3 (17.11.1999), 27 - 30, 27; Birgit Trockel, Das Thema Aids kommt in die Jahre, in: Neue Caritas Jg. 101 Nr. 12 (12.07.2000), 8 - 11, 9.
[1466] Vgl. RP 05.06.1991.
[1467] Hilfen für HIV - infizierte und AIDS - kranke Menschen. Leitlinien des Deutschen Caritasverbandes, Freiburg 1987, o. S. (1).

schen erhalten bleibt, desto eher wird es ihnen möglich sein, diese Verpflichtung durchzutragen"[1468].

Von speziellen Einrichtungen für HIV - Infizierte und Aidskranke riet der Deutsche Caritasverband ab, was die Bereitstellung eigener Beratungsstellen indes nicht ausschloss. Mit Blick auf die caritativen Sozialdienste formulierten die Leitlinien: "Alle Beratungsdienste müssen ihren Auftrag auch in diesem Bereich wahrnehmen. Die Träger der Dienste müssen durch Schulung und Begleitung sicherstellen, daß die Mitarbeiter Ratsuchenden kompetent begegnen und helfen können. Erfahrungen aus der Drogenberatung und der Gefährdetenhilfe können hierbei hilfreich sein. In Ballungszentren sind Überlegungen anzustellen, welche besonderen Hilfen für die Betroffenen durch die Caritas geschaffen werden müssen. Dies können auch spezielle Beratungsdienste sein, vor allem im Hinblick auf die wahrscheinliche Entwicklung, daß HIV - Infizierte und AIDS - Kranke nicht auf den bisherigen Personenkreis beschränkt bleiben"[1469].

Obwohl im kirchlichen Bereich das Engagement für HIV- bzw. Aids - Betroffene trotz der wachrüttelnden Leitlinien des Deutschen Caritasverbandes noch vielfach großem Argwohn und Misstrauen ausgesetzt war[1470], stellte der Caritasverband für die Stadt Düsseldorf am 1. April 1988 eine Krankenschwester an, die ambulant ausschließlich aidskranke Patienten betreute[1471]. Drei Monate später richtete der Düsseldorfer Caritasverband die psychosoziale HIV/AIDS - Beratungsstelle ein, die als Modellprojekt des Bundesgesundheitsministeriums für die Betreuung und Begleitung HIV - infizierter und aidskranker Menschen und ihrer Angehörigen verantwortlich war[1472]. Als im Oktober 1988 die Arbeit mit Patienten aufgenommen werden konnte, umfasste die Caritas Aidshilfe in Düsseldorf die Bereiche psychosoziale Lebensbegleitung, Hilfen im Haushalt und häusliche Krankenpflege[1473]. Zur psychosozialen Lebensbegleitung gehörten regelmäßige Gesprächskontakte, Hilfen zur psychischen Bewältigung des Krankheitsprozesses und damit verknüpften reaktiven Depressionen, Gesprächangebote zur Suche nach Lebensperspektiven angesichts einer unheilbaren Krankheit mit deutlich reduzierter Lebenserwartung, Unterstützung zur Sicherung der sozialen Grundlage (Wohnraum, Lohnfortzahlung, Krankengeld, Rente, etc.), Organisation der häuslichen Versorgung in Zusammenarbeit mit der Aidshilfe Düsseldorf, kontinuierliche Begleitung der Kranken in der letzten Lebensphase, psychische Begleitung der Angehörigen bis über den Tod hinaus (Trauerbegleitung) wie auch seelsorgliche Betreuung[1474]. Während die psychosoziale Betreuung ausschließlich durch qualifizierte Fachkräfte erfolgte, wurden Hilfen im Haushalt meist von ehrenamtlichen Mitarbeitern oder Honorarkräften geleistet. Eine

---

[1468] Hilfen für HIV - infizierte und AIDS - kranke Menschen. Leitlinien des Deutschen Caritasverbandes, Freiburg 1987, o. S. (2).
[1469] Hilfen für HIV - infizierte und AIDS - kranke Menschen. Leitlinien des Deutschen Caritasverbandes, Freiburg 1987, o. S. (2).
[1470] Vgl. Elisabeth Nowak, Zehn Jahre Caritas - Aids - Arbeit, in: Neue Caritas Jg. 100 Nr. 3 (17.11.1999), 27 - 30, 27 f.
[1471] Vgl. CVD Vorstandsprotokolle, 05.03.1987, 06.07.1987 und 03.03.1988; CVD 74, April 1988.
[1472] Vgl. CVD 17, 20.06.1989.
[1473] Vgl. CVD 17, April 1992.
[1474] Vgl. CVD 17, April 1992 und März 1996.

Unterstützung in diesem Bereich sollte den Kranken die eigene Haushaltsführung wie auch die Ausübung privater Aktivitäten zur Überwindung der sozialen Isolation ermöglichen[1475]. Die häusliche Krankenpflege umfasste die Grund- und Behandlungspflege, die Unterweisung von medizinischem Hilfspersonal (Familie, Freund, ehrenamtliche Mitarbeiter) und die Finalpflege[1476]. Um eine umfassende und ganzheitliche Versorgung der Kranken zu gewährleisten, erfolgte die Betreuung der Kranken in enger Zusammenarbeit mit den Pflegestationen des Düsseldorfer Caritasverbandes. Die Beratung, Betreuung und Pflege der Hilfesuchenden war Patienten orientiert, d.h. der Betroffene bestimmte selbst, ob und in welchem Umfang ein Betreuungskontakt zustande kam. War der Patient hierzu nicht mehr in der Lage, geschah die Kontaktaufnahme durch eine Vertrauensperson. In der Regel wurde der Erstkontakt durch das behandelnde Krankenhaus, den Hausarzt oder die Aidshilfe Düsseldorf vermittelt[1477].

In den ersten fünf Jahren wurden die Hilfen der psychosozialen HIV/AIDS - Beratungsstelle, deren Büro- und Gesprächsräume am 1. November 1991 in die Caritas Suchtberatung (Bendemannstr. 17) verlegt worden waren[1478], von über 100 Patienten und etwa 50 Angehörigen in Anspruch genommen; 55 Klienten waren im Laufe der Beratungskontakte trotz verbesserter Therapiemöglichkeiten verstorben[1479]. Die HIV - positiven Klienten waren überwiegend homosexuell orientierte Männer, doch war zu beobachten, dass der Anteil heterosexueller HIV - Infizierter immer größer wurde. Durch primäre und sekundäre Präventionsarbeit wollte die Beratungsstelle zu einer ganzheitlichen Gesundheitsfürsorge beitragen, die sowohl den Körper als auch die Seele ansprach. Ebenso leistete sie einen Beitrag zum Abbau von Diskriminierungen wie auch zur Verhinderung von Neuinfizierungen. Neben der psychologischen und psychosozialen Beratung von infizierten und erkrankten Menschen, die auf Wunsch unter Einbeziehung von Angehörigen erfolgte, gehörte es zu den Hauptzielen der Mitarbeiter in der Aidsberatung, die Lebensqualität HIV - positiver Menschen zu erhalten, durch Hilfestellung krankheitsbedingte Krisen zu bewältigen und den betroffenen Personen ein menschenwürdiges Sterben in der von ihnen gewählten Umgebung zu ermöglichen. Die Beratungsstelle war offen für alle Menschen, die Fragen zu HIV oder Aids hatten, unabhängig von der Religion, dem Geschlecht, der Lebenswelt und der sexuellen Orientierung des Hilfesuchenden[1480].

Mit welchen Problemen und Schwierigkeiten die Zielgruppe der Beratungsstelle zu kämpfen hatte, verdeutlichen zwei Fallbeispiele aus dem Jahre 1994. "Klient A ruft an", heißt es zu Beginn eines authentischen Musterfalles. "Er sollte heute in die Klinik, um

---

[1475] Vgl. CVD 17, April 1992 und März 1996.
[1476] Vgl. CVD 17, April 1992 und März 1996.
[1477] Vgl. CVD 17, April 1992.
[1478] Vgl. CVD Vorstandsprotokolle, 11.11.1991; WZ 11.06.1991; Matthias Buchwald, Psychosozialer Dienst beim Caritasverband. Betreuung der Aids - Kranken, in: Kirchenzeitung für das Erzbistum Köln Jg. 47 Nr. 26 (26.06.1992), 22.
[1479] Vgl. 90 Jahre Caritasverband für die Stadt Düsseldorf. Gemeindecaritas, häusliche Hilfen, soziale Dienste und Beratung, ambulante Pflegestationen, Wohnheim und Altenhilfeeinrichtungen, Düsseldorf 1994, 43.
[1480] Vgl. CVD 17, 20.11.1996.

operiert zu werden. Seit Wochen gehen die vorbereitenden Untersuchungen und Gespräche; alles war geklärt. Heute nun die überraschende Nachricht: eine Operation ist zu risikoreich. Die Ärzte haben Angst vor unabsehbaren Folgen. Eine große Enttäuschung für A, denn die letzten Wochen haben ihn innerlich sehr gefordert und viel Kraft gekostet. Er macht seinem Ärger, seiner Wut und Hilflosigkeit Luft. Dann aber die Frage: Welche Chancen hab' ich denn ? Es geht um die Entscheidung Chemotherapie ja oder nein. Sorge macht A auch, daß für seinen Freund, der auch HIV - positiv ist, aber nicht krank, die lange Zeit der Ungewißheit schwerauszuhalten ist, und daß er unter der Ohnmacht und Hilflosigkeit sehr leidet; dem Freund fällt es schwer, über sein Erleben zu sprechen. Zur Freundschaft dieser beiden Männer gehört zunehmend die persönliche Einsamkeit des Leids, mit der sie leben (lernen) müssen und auch wollen"[1481]. Von einem Patienten, der immer weniger in der Lage war, seinen Lebensalltag zu bewältigen, wurde berichtet: "Klient B geht es seit ca. einer Woche deutlich schlechter. Bisher konnte er seine alte Mutter noch versorgen. Nun reichen seine Kräfte nicht mehr aus. Es beunruhigt und quält ihn. Wie soll es weitergehen ? Bei einem Hausbesuch überlegen wir, welche und wieviel Hilfe er in der jetzigen Situation benötigt. Anschließend bespreche ich dieses mit der Kollegin der AIDS - Hilfe. Sie übernehmen die häusliche Versorgung von B und seiner Mutter"[1482].

Da HIV und Aids eine vorwiegend auf sexuellem Wege übertragbare Infektion und Erkrankung ist, verwundert es wenig, dass die psychosoziale Beratungsstelle des Düsseldorfer Caritasverbandes der Präventionsarbeit viel Raum gab[1483]. Vor dem Hintergrund, dass in kirchlichen Organisationen der Bereich der Sexualpädagogik nur wenig integriert war[1484], erschloss sich den Mitarbeitern hier ein neues, bisher nur wenig beachtetes Aufgabenfeld. Besondere Aufmerksamkeit galt dabei Jugendlichen, denen nach einem Konzeptentwurf aus dem Jahre 1996 vermittelt werden sollte, "Sorge für sich und den anderen zu tragen, beispielsweise nicht nur den Umgang mit einem Kondom theoretisch zu kennen, sondern auch praktisch"[1485]. Angestrebt wurde eine umfassende Aidsprävention, die über das Verteilen von Kondomen und Aufklären von Übertragungs- und Schutzmöglichkeiten hinausging. "Sie ist", so der Entwurf, "eine umfassende Werte- und Persönlichkeitsbildung und steht im Dienste der Gesundheitsförderung. Caritas kann hier Orientierung anbieten und Normen und Werte wieder lebbar machen. Voraussetzung ist jedoch eine offene, kritische, auch akzeptierende Haltung, um Zugang zu den Bedürfnissen der jeweiligen Zielgruppe zu finden. Kirche und Institutionen werden als kompetente Ansprechpartner erst akzeptiert werden, wenn sie den Menschen mit seinen

---

[1481] 90 Jahre Caritasverband für die Stadt Düsseldorf. Gemeindecaritas, häusliche Hilfen, soziale Dienste und Beratung, ambulante Pflegestationen, Wohnheim und Altenhilfeeinrichtungen, Düsseldorf 1994, 43.
[1482] 90 Jahre Caritasverband für die Stadt Düsseldorf. Gemeindecaritas, häusliche Hilfen, soziale Dienste und Beratung, ambulante Pflegestationen, Wohnheim und Altenhilfeeinrichtungen, Düsseldorf 1994, 43.
[1483] Vgl. CVD 17, 20.11.1996.
[1484] Vgl. Ilona Grammer, Aids - eine ethische Herausforderung an die Gesellschaft, in: Caritas '98. Jahrbuch des Deutschen Caritasverbandes, 105 - 111, 109 f.
[1485] CVD 17, 20.11.1996.

Diskrepanzen und Fragen wieder in den Mittelpunkt stellt und als solchen bedingungslos annimmt"[1486].

Der Konzeptionsentwurf der psychosozialen HIV/AIDS - Beratungsstelle vom 20. November 1996 enthielt nicht nur Vorschläge zur Prävention, sondern benannte auch Aufgaben und Ziele, Zielgruppen, Beratungsangebote, Aktivitäten und Projekte, Aktionen in Kirchengemeinden und zukünftige Projekte[1487]. Gerade vom letzten Titel konnte nur noch wenig umgesetzt werden, da die psychosoziale HIV/AIDS - Beratungsstelle des Caritasverbandes für die Stadt Düsseldorf am 31. Dezember 1996 ihre Tätigkeit einstellte[1488].

12. Sozialberatung für Hörbehinderte und Gehörlose

Hatte der Caritasverband für die Stadt Düsseldorf mit Einrichtung der psychosozialen HIV/AIDS - Beratungsstelle 1988 zeitnah auf die Bedürfnisse eines erst kurze Zeit bestehenden Klientenkreises reagiert, so war die Anfang der neunziger Jahre eröffnete Sozialberatung für hörbehinderte und gehörlose Menschen ein lange Zeit beklagtes Desiderat[1489]. Dessen ungeachtet blickte die katholische Hilfe für Sinnes behinderte Menschen auf eine lange Tradition zurück, die in Düsseldorf bis in die Zeit vor dem Ersten Weltkrieg reicht. Wie bereits dargestellt, wurden in der Stadt für katholische Taubstumme seit dem Jahre 1910 regelmäßig Gottesdienste gehalten, in deren Gefolge 1911 der "Katholische Taubstummenverein St. Joseph" entstand[1490]. Als der Zusammenschluss, der alle Wirrnisse der Zeit überstand[1491], im Jahre 1971 sein 60jähriges Bestehen feierte, berichtete die Kölner Kirchenzeitung über Aufgaben, Ziele und Entwicklung des Selbsthilfevereins: "Jene Mitbürger ... , denen das Schicksal den Gehör- und Sprachsinn versagte, fanden sich hier zu einer großen Familie. Auch die Kirche sah die Notwendigkeit solcher Zusammenschlüsse. Sie setzte Priester ein, die sich dieser Vereinigungen als Präsides annahmen. Aufgabe des Vereins ist es, die Mitglieder seelsorglich zu betreuen und ihnen hier Geselligkeit und zwischenmenschliche Kontakte zu vermitteln. Aber auch auf dem sozialen Sektor ist der Düsseldorfer Verein tätig. So vermittelt er Erholungsaufenthalte und stellt Dolmetscher für Behördenbesuche. ... Wie kaum anderswo noch anzutreffen, herrscht hier eine ausgeprägte Vereinsdisziplin. Dechant Karl Maer-

---

[1486] CVD 17, 20.11.1996.
[1487] Vgl. CVD 17, 20.11.1996.
[1488] Vgl. CVD 74, 31.12.1996.
[1489] Vgl. CVD Vorstandsprotokolle, 14.05.1990 und 03.09.1990; CVD 27, Dezember 1992.
[1490] Vgl. oben S. 305 f.
[1491] Vgl. Maria Goldberg, Düsseldorf, in: Taubstummen - Führer. Zeitschrift für die katholischen Gehörlosen Deutschlands Jg. 46 Nr. 3 (01.03.1941), 23; NN, Unsere Toten, in: Caritas - Verband Düsseldorf. Rundbrief an unsere Mitarbeiter und Mitarbeiterinnen Jg. 18 Nr. 2 (April 1942), 4; NN, Katholische Gehörlosen - Seelsorge, Düsseldorf, in: Kirchenzeitung für das Erzbistum Köln Jg. 6 Nr. 36 (23.09.1951), 575.

12. Sozialberatung für Hörbehinderte und Gehörlose

cker (St. Benediktus), seit 1947 Seelsorger der Gehörlosen in Düsseldorf[1492] meinte hierzu: 'Der Verein ist die Heimat der Gehörlosen. Hier kann er sich ungehemmt mitteilen und wird unter Seinesgleichen verstanden'"[1493]. Zum gemeinsamen Gottesdienst versammelten sich die Vereinsmitglieder zuerst in der Andreaskirche[1494], seit Juni 1920 in der Kapelle der Barmherzigen Brüder (Talstr. 104)[1495] und ab Juni 1959 in der Kapelle des Hubertusstiftes (Neusser Str. 25)[1496]. Seit Mitte der sechziger Jahre fand der Gottesdienst für Gehörlose in verschiedenen Düsseldorfer Kirchen und Kapellen statt, u.a. in St. Benediktus (Heerdt) und Maria Empfängnis (Pempelfort)[1497].

Wie in Düsseldorf lag auch in anderen Städten und Kreisen der Bundesrepublik die katholische Gehörlosenfürsorge bis in die siebziger Jahre hinein ausschließlich in der Hand von ehrenamtlichen Kräften. Dass von diesen allein die Bereitstellung notwendiger Hilfen auf Dauer nicht sichergestellt werden konnte, hatte der Fachausschuss Behindertenhilfe des Deutschen Caritasverbandes schon 1977 erkannt und daher den Aufbau eines Netzes von qualifizierten Hilfsangeboten für Sinnes behinderte Menschen gefordert[1498]. Noch im gleichen Jahr griff der Zentralrat des Deutschen Caritasverbandes das Anliegen auf und empfahl in der Denkschrift "Behinderte Menschen - Auftrag, Aufgaben und Dienste der Caritas" vom 28. April 1977 u.a. die Einrichtung von sozialen

---

[1492] Vgl. dazu NN, Eigens Zeichen und Gebärden gelernt. Msgr. Karl Maercker - vier Jahrzehnte Gehörlosenseelsorger, in: Kirchenzeitung für das Erzbistum Köln Jg. 43 Nr. 1 (01.01.1988), 24.

[1493] NN, Der Verein ist ihre Heimat. 60 Jahre katholische Gehörlosenseelsorge Düsseldorf, in: Kirchenzeitung für das Erzbistum Köln Jg. 26 Nr. 44 (29.10.1971), 20.

[1494] Vgl. NN, Düsseldorf, in: Taubstummen - Führer. Organ katholischer Taubstummen - Vereine Jg. 25 Nr. 1 (03.01.1920), o. S (8).

[1495] Vgl. NN, Düsseldorf, in: Taubstummen - Führer. Organ katholischer Taubstummen - Vereine Jg. 25 Nr. 13 (19.06.1920), o. S (6 - 7, 6 f); Franz Mansfeld, Düsseldorf, in: Taubstummen - Führer. Zeitschrift für die katholischen Gehörlosen Deutschlands Jg. 33 Nr. 3 (01.02.1928), 18; NN, Der Taubstummendienst, in: Katholische Kirchenzeitung (Düsseldorf) Jg. 8 Nr. 49 (06.12.1931), 291; NN, Gehörlosenseelsorge, in: Kirchenzeitung für das Erzbistum Köln Jg. 4 Nr. 9 (01.05.1948), 108; NN, Katholische Gehörlosen - Seelsorge, Düsseldorf, in: Kirchenzeitung für das Erzbistum Köln Jg. 7 Nr. 45 (09.11.1952), 708.

[1496] Vgl. NN, Schwerhörigenbund, in: Kirchenzeitung für das Erzbistum Köln Jg. 14 Nr. 26 (28.06.1959), 17.

[1497] Vgl. NN, Gehörlosen - Seelsorge, in: Kirchenzeitung für das Erzbistum Köln Jg. 19 Nr. 45 (08.11.1964), 20; NN, Der Verein ist ihre Heimat. 60 Jahre katholische Gehörlosenseelsorge Düsseldorf, in: Kirchenzeitung für das Erzbistum Köln Jg. 26 Nr. 44 (29.10.1971), 20; NN, Katholischer Gehörlosen - Verein 70. Stiftungsfest, in: Kirchenzeitung für das Erzbistum Köln Jg. 36 Nr. 45 (06.11.1981), 25; NN, Gehörlose feiern Vereinsjubiläum, in: Kirchenzeitung für das Erzbistum Köln Jg. 41 Nr. 45 (07.11.1986), 24; NN, Auch Hörende zum Gottesdienst geladen. Pfarrer Johannes Kaulmann wurde neuer Gehörlosenseelsorger, in: Kirchenzeitung für das Erzbistum Köln Jg. 44 Nr. 38 (22.09.1989), 24; Ronald Morschheuser, Sprechen in Gebärden. Gehörlosenseelsorge in der Düsseldorfer Gemeinde St. Mariä Empfängnis, in: Kirchenzeitung für das Erzbistum Köln Jg. 51 Nr. 24 (14.06.1996), 26.

[1498] Vgl. Behinderte Menschen - Auftrag, Aufgaben und Dienste der Caritas. Denkschrift zur Behindertenhilfe der Caritas. Beschluß des Zentralrates des Deutschen Caritasverbandes vom 28. April 1977, Freiburg 1977, 3.

Beratungsstellen für Gehörlose[1499]. Im Abschnitt "Aufgaben ambulanter Dienste und offener Angebote" hieß es in der Denkschrift wörtlich: "Der Behinderte bedarf zu der ihm möglichen individuellen Entfaltung seiner Menschlichkeit und Mitmenschlichkeit Lebensbedingungen in einem sozialen Feld, in dem er Grunderfahrungen wie Angenommensein, Vertrauen, Sicherheit und Glück erleben kann. Das erste prägende Sozialfeld für den Behinderten ist zunächst seine Familie. Um dieses zu erhalten, bedarf es vermehrt ambulanter und offener Dienste und besonders Beratungsstellen, die die Aufgabe haben, Behinderte und ihre Angehörigen in Problemsituationen zu beraten, differenzierte Hilfsmöglichkeiten zu vermitteln und unterstützende und entlastende Dienste für Behinderte anzubieten. Ambulante und offene Dienste nehmen in Zukunft eine noch stärkere Bedeutung ein, insbesondere im Bereich der Früherkennung und Frühförderung, der Unterstützung der Erziehungskraft der Familie und der Pflege Behinderter. Im Bereich der Caritas sollte durch die engere Zusammenarbeit von Behinderteneinrichtungen, allgemeinen und speziellen Beratungsstellen, Kliniken, Sozialstationen und anderen sozialen Einrichtungen auf regionaler Ebene das Angebot ambulanter und mobiler Dienste verbessert werden. Von besonderer Bedeutung sind dabei familienunterstützende und familienentlastende Dienste. Dieses gilt nicht nur für Familien mit behinderten Kindern, sondern auch für Familien mit erwachsenen Behinderten. Die Errichtung von fachlich qualifizierten Beratungsstellen für Behinderte sollte vorrangig betrieben werden. Die Beratungsstelle steht Behinderten, ihren Angehörigen und der Öffentlichkeit zur Verfügung. Sie kann Caritasverbänden oder Behinderteneinrichtungen angegliedert sein. In einer Region von etwa 250000 Einwohnern sollte eine Beratungsstelle mit zwei hauptamtlichen Mitarbeitern in der Beratung und einem Mitarbeiter in der Verwaltung vorhanden sein. Neben Information, persönlicher Beratung und Hilfen zur Problemverarbeitung sollte ein besonderer Schwerpunkt in der Aktivierung ehrenamtlicher Mitarbeiter liegen. Die besondere Situation Gehörloser in unserer Gesellschaft macht es erforderlich, daß diese Beratungsstellen besondere Verständigungshilfen und Dolmetscherdienste für Gehörlose anbieten. Von daher müssen Mitarbeiter vorhanden sein, die Erfahrung in der Verständigung mit Gehörlosen haben"[1500].

Als die Bundesarbeitsgemeinschaft katholischer Einrichtungen für Sinnes behinderte Menschen im Jahre 1994 das Positionspapier "Problemsituationen im Bereich der Hilfe für gehörlose Menschen - Anforderungen an die Caritas" verabschiedete[1501], wiesen die Vertreter des Verbandes der Katholischen Gehörlosen Deutschlands "mit unüberhörbarer Bitterkeit und Enttäuschung" darauf hin, dass der 1977 geforderte Aufbau von Sozi-

---

[1499] Vgl. Behinderte Menschen - Auftrag, Aufgaben und Dienste der Caritas. Denkschrift zur Behindertenhilfe der Caritas. Beschluß des Zentralrates des Deutschen Caritasverbandes vom 28. April 1977, Freiburg 1977, 9 ff.

[1500] Behinderte Menschen - Auftrag, Aufgaben und Dienste der Caritas. Denkschrift zur Behindertenhilfe der Caritas. Beschluß des Zentralrates des Deutschen Caritasverbandes vom 28. April 1977, Freiburg 1977, 53 ff.

[1501] Vgl. NN, Problemsituationen im Bereich der Hilfe für gehörlose Menschen - Anforderungen an die Caritas, in: Caritas. Zeitschrift für Caritasarbeit und Caritaswissenschaft Jg. 96 Nr. 1 (Januar 1995), 30 - 37, 30 ff.

12. Sozialberatung für Hörbehinderte und Gehörlose

aldiensten für Hörgeschädigte nicht flächendeckend umgesetzt worden war[1502]. Zu der nicht sehr großen Zahl von katholischen Beratungsstellen für Gehörlose gehörte die "Sozialberatung für Hörbehinderte und Gehörlose" des Caritasverbandes für die Stadt Düsseldorf, die im Jahre 1990 ihre Tätigkeit aufgenommen hatte[1503]. Die Einrichtung einer Gehörlosenberatungsstelle in Trägerschaft des Caritasverbandes war erfolgt, nachdem die Stadt Düsseldorf ihr 1986 begonnenes Sozialberatungsangebot für hörbehinderte und gehörlose Menschen nach zweijährigem Probelauf wieder eingestellt hatte[1504]. Von den Anfängen, Voraussetzungen und ersten Erfahrungen im Umgang mit Sinnes behinderten Menschen berichtete ein von der Stadtverwaltung am 23. Oktober 1986 erstelltes Dossier: "Nach Angaben des Geschäftsführers des Stadtverbandes der Gehörlosen Düsseldorf e.V. leben ca. 1000 Gehörlose und Ertaubte in Düsseldorf und der näheren Umgebung. Hinzu kommt noch die große Zahl der Schwerhörigen. Genauere Zahlen liegen jedoch nicht vor, da viele Hörgeschädigte ihre Behinderung nicht offenbaren und somit eine hohe Dunkelziffer besteht. Bereits seit 1977 drängte der Stadtverband der Gehörlosen immer wieder in Gesprächen mit der Behindertenkoordination des Jugendamtes auf die Notwendigkeit einer umfassenden Sozialberatung für Gehörlose. In der immer komplizierter werdenden Welt neuer Gesetzte, Vorschriften, Verordnungen etc. findet selbst der unbehinderte Mensch sich kaum noch zurecht, so daß das Angebot von Beratungsstellen bei verschiedenen Lebensproblemen immer häufiger genutzt wird. Diese können jedoch von Gehörlosen, schon allein aus Verständigungsschwierigkeiten nicht aufgesucht werden. ... Ab 1.2.1986 wurde eine Sozialberatung für Gehörlose eingerichtet. ... Der geeignete Einstieg in die Arbeit schien die Kontaktaufnahme zu den 7 Düsseldorfer Gehörlosenvereinen zu sein, da ... der Verein für die Hörbehinderten ein wichtiger Bestandteil in ihrem Leben darstellt. Somit, wurde die Sozialberatung, zentral und für alle Gehörlosen sichtbar, im Gehörlosenzentrum Düsseldorf (Max - Halbe - Str. 14) angeboten. ... Hörgeschädigte sind verständlicherweise leicht mißtrauisch. Da sie keine Möglichkeiten haben, unterschiedliche Beratungsangebote in Anspruch zu nehmen, ist für sie die absolute Zuverlässigkeit 'Ihres Beraters', der dann für alle Lebensbereiche ihr Ansprechpartner ist, unabdingbar. Gehörlose wollen Beweise dafür sehen, daß man sich wirklich für sie interessiert, sie kennenlernt und mit ihnen zusammenarbeiten will. Aus diesem Grunde wurde gerade zu Beginn der Zusammenarbeit mit den Hörgeschädigten viel Zeit, auch abends und an den Wochenenden bei Freizeitaktivitäten verbracht"[1505]. Von Februar bis September 1986 wurde die städtische Sozialberatung für Hörbehinderte von etwa 65 schwerhörigen, gehörlosen, oder ertaubten Klienten aufgesucht[1506]. Die Aufgabenschwerpunkte lagen in den Bereichen Dolmetschen (Hilfen beim Arztbesuch, bei Behördengängen oder bei Vorstellungsgesprächen), Beraten (Hilfen bei

---

1502 Vgl. Robert Rapp, Problemsituationen im Bereich der Hilfe für gehörlose Menschen - Anforderungen an die Caritas, in: Caritas. Zeitschrift für Caritasarbeit und Caritaswissenschaft Jg. 96 Nr. 1 (Januar 1995), 28 - 30, 28.
1503 Vgl. CVD Vorstandsprotokolle, 14.05.1990 und 03.09.1990; CVD 27, Dezember 1992.
1504 Vgl. CVD 27, 18.11.1988.
1505 CVD 27, 23.10.1986.
1506 Vgl. CVD 27, 23.10.1986.

Antragstellungen und beim Ausfüllen von Formularen) und Betreuen (Hilfen in Elternhaus und Schule, in Ehe und Familie oder am Arbeitsplatz)[1507].

Obwohl die städtische "Koordination der Behindertenhilfen" am 18. November 1988 forderte, "daß die Stadt Düsseldorf eine Sozialarbeiterin/einen Sozialarbeiter für die Einzelfallhilfe des immerhin nicht geringen Personenkreises einstellt, der in der Lage ist, den Gehörlosen - mit Unterstützung der verschiedenen Fachdienste - umfassende Hilfe zu geben"[1508], nahm die Stadtverwaltung Abstand von der Einrichtung einer dauerhaften Planstelle für die Gehörlosensozialberatung. Da zu dieser Zeit neben der städtischen keine weitere Beratungsstelle für gehörlose Menschen bestand[1509], hatte die Entscheidung der Kommunalverwaltung zur Folge, dass 334 gehörlose und 1406 schwerhörige Menschen in der Landeshauptstadt (Stand: 31. Dezember 1987) ohne qualifizierte Sozialberatung und Sozialbetreuung leben mussten[1510].

Der beschämende Mangel wurde behoben, als der Düsseldorfer Caritasverband mit Unterstützung der Stadtverwaltung am 3. September 1990 in der Klosterstr. 88 eine Sozialberatung für Hörbehinderte und Gehörlose einrichtete[1511]. Der neue Caritasdienst war vorrangig auf Klienten mit psychosozialen Problemen eingestellt[1512], doch war die Beratungsstelle schnell zu einem "Sammelbecken aller hörgeschädigtenspezifischen Anfragen" und zu einer Vermittlungsstelle zu anderen Fachdiensten geworden[1513]. Als Zielgruppe galten in erster Linie schwerhörige, früh und spät ertaubte wie auch gehörlose Menschen, die unabhängig vom Grad ihrer Behinderung nur eingeschränkt Kontakt zur hörenden Umwelt aufnehmen konnten[1514].

Besonders letzteres war nicht einfach. Gehörlosigkeit ist eine Kommunikationsstörung, die von der taubblinden Philosophin Helen Keller treffend mit den Worten umschrieben wurde: "Blindheit trennt von den Dingen, Taubheit aber von den Menschen"[1515]. Das, was die Behinderung ausmacht, ist nicht sichtbar, weil man sie dem Betroffenen nicht ansieht und nicht in ihn und seine Welt hineinsieht, "weil man seine Gefühle von Angst, Unsicherheit, Ausgeschlossensein, von Trauer, Entmutigung, Versagen, die er täglich zu spüren bekommt, nicht sehen kann. Eine Hörbehinderung ist nicht in erster Linie eine Sprachstörung, sie ist eine tiefgreifende Störung der Kommunikation. Sie ist eine Störung mit erheblichen Einschränkungen im beruflichen und privaten Bereich für das ganze Leben, und sie ist verbunden mit einem oft wenig sichtbaren

---

[1507] Vgl. CVD 27, 23.10.1986.
[1508] CVD 27, 18.11.1986.
[1509] Vgl. CVD 27, 12.01.1987.
[1510] Vgl. CVD 27, 18.11.1988.
[1511] Vgl. CVD Vorstandsprotokolle, 14.05.1990 und 03.09.1990.
[1512] Vgl. dazu Jörg Fengler, Konfliktberatung, Krisenintervention und Psychotherapie bei Gehörlosen und deren Bezugspersonen, in: Heribert Welter, Gehörlose Menschen mit psychosozialen Problemen. Konfliktberatung, Krisenintervention, Psychotherapie, Freiburg 1992, 9 - 22, 9 ff.
[1513] Vgl. CVD 27, 1995.
[1514] Vgl. CVD 27, 1995.
[1515] Vgl. dazu Helen Keller, Die Geschichte meines Lebens, Stuttgart 1905^{15}, 3 ff; Helen Keller, Meine Welt, Stuttgart 1908^{7}, 5 ff; Helen Keller, Licht in mein Dunkel, Zürich 1955, 9 ff.

12. Sozialberatung für Hörbehinderte und Gehörlose

Leidensdruck - auch für das ganze Leben"[1516]. Da von Hörenden die Behinderung "Gehörlosigkeit" nur selten nachvollzogen werden kann[1517], kommt es im alltäglichen Zusammentreffen zu Missverständnissen, Verunsicherung und Vereinsamung des Gehörlosen[1518].

Die in der Beratungsstelle des Düsseldorfer Caritasverbandes eingesetzten Sozialarbeiter waren in der Lage, sich mittels Gebärdensprache oder Fingeralphabet auf das jeweilige Sprachniveau der Gehörlosen einzustellen[1519]. Zu ihren Aufgabenfeldern gehörte neben dem Dolmetschen auch Beratungs- und Betreuungsarbeit, Gruppen- und Öffentlichkeitsarbeit[1520]. Nahm ein Klient den Beratungsdienst zum ersten Mal in Anspruch, galt es zunächst, die genaue Fragestellung zu erarbeiten, Hintergründe zu klären und nach einer gemeinsamen Lösungsstrategie zu suchen. Hauptgegenstand der Beratungsarbeit waren Hilfestellungen beim Formulieren von Anträgen, Ausfüllen von Formularen für Sozialhilfe oder Wohngeld, Beantragen von technischen Hilfsmitteln wie Schreibtelefon, Lichtsignalanlagen, Faxgeräten[1521]. Eine Begleitung zum Dolmetschen war vor allem notwendig, wenn sich der Hörende wegen undeutlicher oder schneller Aussprache nicht auf den Gehörlosen oder Schwerhörigen einzustellen vermochte. "Aus der Sicht der Klientel", so der Jahresbericht 1995, "ist meistens eine Begleitung zum Dolmetschen zu folgenden Stellen erforderlich: Behörden, Ärzte, Vermieter usw.. Beim Begleiten zum Dolmetschen spielt auch die Beratung und Unterstützung der Klienten eine wichtige Rolle. Wenn es sich aber um Untersuchungen, Gerichtsverhandlungen u.ä. handelt, wo Neutralität des Dolmetschers gefordert wird, endet die Begleitung. Hier beginnen die Aufgaben des geprüften oder ausgebildeten Gebärdensprachdolmetschers"[1522]. Beratungsarbeit wurde auch bei rechtlichen, finanziellen oder zwischenmenschlichen Problemen in der Familie, bei Drogenproblemen[1523], Arbeitslosigkeit oder

---

[1516] Gehörlosigkeit. Hilfen der Caritas für eine unsichtbare Behinderung, Freiburg 1992, 13. Vgl. auch Leben ohne Gehör. Wege zur Verständigung, Freiburg 2000, 12.

[1517] Vgl. Heinz Keitz, Mit der Taubheit leben. Beitrag eines Betroffenen, in: Gehörlosigkeit - Hilfen der Caritas für eine unsichtbare Behinderung. Informationen und Empfehlungen verabschiedet vom Zentralrat des Deutschen Caritasverbandes in seiner Sitzung vom 8.5. - 10.5.1984 in Hamburg, Freiburg 1984, 7 - 8, 7.

[1518] Vgl. Werner Althaus, Der Sozialdienst für Gehörlose, in: Caritas '91. Jahrbuch des Deutschen Caritasverbandes, 293 - 297, 293 f.

[1519] Vgl. 90 Jahre Caritasverband für die Stadt Düsseldorf. Gemeindecaritas, häusliche Hilfen, soziale Dienste und Beratung, ambulante Pflegestationen, Wohnheim und Altenhilfeeinrichtungen, Düsseldorf 1994, 41.

[1520] Vgl. CVD 27, 1995. Vgl. dazu Konstantin Kohler, Bundesarbeitsgemeinschaft Katholischer Einrichtungen für Sinnesbehinderte. Anlaß, Aufgaben, Ziele, in: Caritas '89. Jahrbuch des Deutschen Caritasverbandes, 242 - 247, 244.

[1521] Vgl. CVD 27, 1995.

[1522] CVD 27, 1995.

[1523] Vgl. dazu Georg Althaus, Hilfe für gehörlose Suchtkranke, in: Caritas '90. Jahrbuch des Deutschen Caritasverbandes, 164 - 167, 164 ff.

Schulproblemen geleistet[1524]. Senioren oder erkrankten Klienten wurden Hausbesuche angeboten, um ihnen Hilfestellungen anzubieten und die Isolation zu durchbrechen. Dazu gehörten auch Krankenhausbesuche. "Gehörlose fühlen sich dort", so eine Problemanzeige, "besonders isoliert, da meist eine gemeinsame Kommunikationsebene fehlt. Ohne Dolmetscher fühlen sich Gehörlose dem Krankenhauspersonal hilflos ausgeliefert. Die angstbesetzte Situation verringert das Ablesevermögen"[1525].

In den Büroräumen an der Klosterstraße war ein Schreibtelefon installiert, um Schwierigkeiten bei der Informationsvermittlung zwischen gehörloser und hörender Welt zu überbrücken[1526]. Als am 24. November 1999 beim Caritasverband die erste Bildtelefonzelle für Gehörlose in Düsseldorf in Betrieb genommen wurde, berichtete die Rheinische Post: "Gebannt schauen die gehörlosen Kinder und Jugendlichen auf das Videobild, verfolgen von den Räumen der Caritas aus aufmerksam die rasche Gebärdenabfolge der Dolmetscherin, die in einem Call - Center im österreichischen Graz sitzt und eine Verbindung zum Düsseldorfer Rathaus herstellt. Die Verbindung klappt, eine kurze Unterhaltung mit der Sekretärin des Oberbürgermeisters geht über den Bildschirm. Es ist der Beweis: Stumm telefonieren ist möglich. An diese neue Möglichkeit der Kommunikation knüpfen sich viele Hoffnungen der rund 500 Gehörlosen und 5000 Schwersthörigen in Düsseldorf. Sie können künftig mit Behörden oder Bekannten telefonieren. ... Die Idee für diese Telefonzelle hatte die Caritas - Beraterin Kathrin Kluge, die aus ihren vielen Gesprächen mit Gehörlosen deren Wunsch kennt, selbständig und unkompliziert mit anderen Kontakt aufzunehmen. ... Weil die rund 1000 Mark teuren Bildtelefone für Gehörlose meist zu teuer seien, wurde die Zelle eingerichtet. Der Service des Dolmetschens wird mit dem Bildtelefon automatisch geboten"[1527].

Bei der Beratung von Angehörigen spielte das Aufzeigen von Fördermöglichkeiten und Hilfsangeboten eine große Rolle. Ebenso wurde versucht, das visuelle Erleben der Welt zu erklären. Durch Vermittlung der Gehörlosenkultur sollte gezeigt werden, dass die Hörbehinderung nicht verdrängt werden durfte, sondern der Hörgeschädigte in seinem Anderssein angenommen werden musste[1528].

Da der Sozialdienst für Hörgeschädigte mit verschiedensten Beratungs- und Betreuungssituationen konfrontiert wurde, denen sonst die Sozialarbeit mit höchst differenzierten Angeboten an Fachdiensten begegnete, war innerhalb des Düsseldorfer Caritasverbandes eine Kooperation und Vernetzung aller sozialer Dienste wie Aidsberatung,

---

[1524] Vgl. 90 Jahre Caritasverband für die Stadt Düsseldorf. Gemeindecaritas, häusliche Hilfen, soziale Dienste und Beratung, ambulante Pflegestationen, Wohnheim und Altenhilfeeinrichtungen, Düsseldorf 1994, 41.
[1525] CVD 27, 1995.
[1526] Vgl. CVD 27, 1995.
[1527] RP 25.11.1999. Vgl. auch CVD 27, 22.10.1999; Helmut Pathe, Erste Bildtelefonzelle für Gehörlose eingerichtet. Caritas in Düsseldorf nutzt moderne Telekommunikationstechnik, in: Kirchenzeitung für das Erzbistum Köln Jg. 54 Nr. 46 (16.11.1999), 7; NRZ 25.11.1999; WZ 25.11.1999; NN, Bildtelefon für Gehörlose. Mit den Augen hören, in: Die Zeitung. Caritasverband für die Stadt Düsseldorf Jg. 1 Nr. 1 (Frühjahr 2000), 6.
[1528] Vgl. CVD 27, 1995.

12. Sozialberatung für Hörbehinderte und Gehörlose

Erziehungsberatung, Gemeindecaritas, Essen auf Rädern, etc. erforderlich[1529]. Die Zusammenarbeit wurde verschieden ausgestaltet, als Beratung, Mitarbeiterfortbildung (Gebärdenkurse für Caritasmitarbeiter), fachliche Konsultation, Dolmetscherdienst. Gemeinsam mit dem Sozialen Betreuungsdienst des Caritasverbandes und der Katholischen Gehörlosengemeinde Maria Empfängnis konnte die Caritas Sozialberatung für Gehörlose seit dem 1. August 1998 einen speziellen Betreuungsdienst für Sinnes behinderte Senioren anbieten[1530]. Damit neben hauswirtschaftlichen Aufgaben wie Einkaufen, Putzen, Bügeln, etc. die Kommunikation und dadurch der soziale Kontakt zu den Klienten geleistet war, wurde die Stelle mit einer gehörlosen, gebärdensprach- und schriftsprachkompetenten Person besetzt[1531]. Neben den Fachdiensten des Düsseldorfer Caritasverbandes unterhielt der Sozialdienst für Hörgeschädigte auch zu anderen Einrichtungsträgern im Bereich der Gehörlosenfürsorge enge Kontakte, wie etwa zur Rheinischen Schule für Schwerhörige (Gräulinger Str. 103), wo Caritasmitarbeiter seit dem Jahre 1995 eigene Beratungssprechstunden für Schüler abhielten[1532].

Im Bereich der Bildungs- und Freizeitarbeit bot die Sozialberatung des Caritasverbandes einen Treff für gehörlose Mütter an, um ihnen Anregungen im Umgang mit Kleinkindern zu vermitteln. Gemeinsam mit den Caritaspflegestationen wurden Hauskrankenpflegekurse speziell für Gehörlose durchgeführt. Ältere Gehörlose hatten die Möglichkeit, an Erholungsmaßnahmen des Trägers teilzunehmen. Dank finanzieller Unterstützung des Caritasverbandes konnte eine gehörlose Pantomimengruppe aufgebaut werden[1533]. Im Jahre 1997 wurde in Zusammenarbeit mit den Caritas Arbeitslosenzentren erstmals ein Bewerbungstraining für gehörlose Arbeitslose angeboten[1534]. Hervorzuheben ist, dass die Düsseldorfer Beratungsstelle für gehörlose Menschen eng mit der Gehörlosenseelsorge und dem Gehörlosenverein St. Joseph zusammenarbeitete[1535].

[1529] Vgl. CVD 27, 1995.
[1530] Vgl. CVD 27, 1998.
[1531] Vgl. CVD 27, 1998; WZ 02.07.1998; NRZ 10.07.1998; NN, Vorbildliche Gehörlosen - Altenbetreuung beim Caritasverband Düsseldorf. Gespräche und Hilfen für alte Gehörlose, in: Deutsche Gehörlosen Zeitung Jg. 126 Nr. 10 (20.10.1998), 297 - 298, 297 f.
[1532] Vgl. CVD 27, 1995.
[1533] Vgl. 90 Jahre Caritasverband für die Stadt Düsseldorf. Gemeindecaritas, häusliche Hilfen, soziale Dienste und Beratung, ambulante Pflegestationen, Wohnheim und Altenhilfeeinrichtungen, Düsseldorf 1994, 41 f.
[1534] Vgl. CVD 27, 1997.
[1535] Vgl. 90 Jahre Caritasverband für die Stadt Düsseldorf. Gemeindecaritas, häusliche Hilfen, soziale Dienste und Beratung, ambulante Pflegestationen, Wohnheim und Altenhilfeeinrichtungen, Düsseldorf 1994, 42. Zur Hörgeschädigtenpastoral vgl. Karl - Heinz Stockhausen, Hörgeschädigtenpastoral 3 Bde, Heidelberg 1998/1999/2001.

13. Kindertageseinrichtung Volmerswerth

"Tageseinrichtungen für Kinder" sind Einrichtungen der vorschulischen Erziehung, für die im Alltagssprachgebrauch meist die Bezeichnung "Kindergarten" verwendet wird[1536]. Dass es in Deutschland keine der Schule zugeordnete "Vorschule" gibt, ist historisch bedingt. Schon das Reichsjugendwohlfahrtsgesetz von 1922 hatte festgelegt, dass die Erziehung von Kleinkindern nicht vom Bildungssystem Schule, sondern von freien Trägern angeboten werden sollte[1537]. Nach dem Subsidiaritätsprinzip konnten öffentliche Träger nur dort Kindergärten oder Kinderhorte einrichten, wo keine Angebote freier Träger vorhanden waren[1538]. Trotz zahlreicher gesetzlicher Novellierungen im Bereich der Kinder- und Jugendfürsorge blieb die Regelung bis heute in Kraft[1539].

Eine veränderte Rechtslage brachte das Schwangeren- und Familienhilfegesetz vom 27. Juli 1992, das für alle Kleinkinder die Vorhaltung eines Kindergartenplatzes anstrebte[1540]. Der Rechtsanspruch auf einen Kindergartenplatz war in Artikel 5 festgehalten, der unter der Überschrift "Ausgestaltung des Förderungsangebots" bestimmte: "1. Ein Kind hat vom vollendeten dritten Lebensjahr an bis zum Schuleintritt Anspruch auf den Besuch eines Kindergartens. Für Kinder unter drei Jahren und Kinder im schulpflichtigen Alter sind nach Bedarf Plätze in Tageseinrichtungen und, soweit für das Wohl des Kindes erforderlich, Tagespflegeplätze vorzuhalten. 2. Die Träger der öffentlichen Jugendhilfe und die kreisangehörigen Gemeinden ohne Jugendamt haben darauf hinzuwirken, daß 1. für jedes Kind vom vollendeten dritten Lebensjahr an bis zum Schuleintritt ein Platz im Kindergarten zur Verfügung steht, 2. das Betreuungsangebot für Kinder im Alter unter drei Jahren und Kinder im schulpflichtigen Alter bedarfsge-

---

[1536] Vgl. Elisabeth Dammann, Namen und Formen in der Geschichte des Kindergartens, in: Günter Erning, Geschichte des Kindergartens Bd. 2, Freiburg 1987, 18 - 28, 18 ff.

[1537] Vgl. Gertrud Bäumer, Das Reichsgesetz für Jugendwohlfahrt auf Grund amtlichen Materials, Berlin 1923, 43 f.

[1538] Vgl. Jürgen Reyer, Geschichte der öffentlichen Kleinkindererziehung im deutschen Kaiserreich, in der Weimarer Republik und in der Zeit des Nationalsozialismus, in: Günter Erning, Geschichte des Kindergartens Bd. 1, Freiburg 1987, 43 - 81, 70 ff.

[1539] Vgl. Heribert Mörsberger, Tageseinrichtungen für Kinder, in: Paul Nordhues, Handbuch der Caritasarbeit. Beiträge zur Theologie, Pastoral und Geschichte der Caritas mit Überblick über die Dienste in Gemeinde und Verband, Paderborn 1986, 363 - 371, 368; Karl Neumann, Geschichte der öffentlichen Kleinkindererziehung von 1945 bis in die Gegenwart, in: Günter Erning, Geschichte des Kindergartens Bd. 1, Freiburg 1987, 83 - 115, 96 ff; Jürgen Reyer, Entwicklung der Trägerstruktur in der öffentlichen Kleinkindererziehung, in: Günter Erning, Geschichte des Kindergartens Bd. 2, Freiburg 1987, 40 - 66, 58 ff.

[1540] Vgl. NN, Gesetz zum Schutz des vorgeburtlichen/werdenden Lebens, zur Förderung einer kinderfreundlichen Gesellschaft, für Hilfen im Schwangerschaftskonflikt und zur Regelung des Schwangerschaftsabbruchs (Schwangeren- und Familienhilfegesetz). Vom 27. Juli 1992, in: Bundesgesetzblatt Nr. 37 (04.08.1992), 1398 - 1404, 1398 ff.

13. Kindertageseinrichtung Volmerswerth

recht ausgebaut wird und 3. ein bedarfsgerechtes Angebot an Ganztagsplätzen vorgehalten wird"[1541].

Als "Träger der öffentlichen Jugendhilfe" war das Jugendamt der Stadt Düsseldorf verpflichtet, in der Landeshauptstadt das Betreuungsangebot so zu erweitern, dass auch hier ab 1. Januar 1996 der Rechtsanspruch auf einen Kindergartenplatz erfüllt werden konnte[1542]. Nach einer Beschlussvorlage des Düsseldorfer Stadtrates war hierzu die Neueinrichtung von 133 Plätzen für Kinder unter 3 Jahren, von 1342 Plätzen für Kinder von 3 bis 6 Jahren und von 200 Plätzen für Kinder im schulpflichtigen Alter notwendig[1543]. Gemäß dem Subsidiaritätsprinzip waren neben den "öffentlichen" auch die "freien" Träger der Jugendhilfe aufgerufen, sich an der Bereitstellung neuer Kindertagesstättenplätze zu beteiligen[1544]. Als "anerkannte Träger der freien Jugendhilfe" hatte das Sozialgesetzbuch explizit "Kirchen und Religionsgemeinschaften des öffentlichen Rechts sowie die auf Bundesebene zusammengeschlossenen Verbände der freien Wohlfahrtspflege" (Deutscher Caritasverband, Diakonisches Werk, Arbeiterwohlfahrt, Deutsches Rotes Kreuz, Deutscher Paritätischer Wohlfahrtsverband, Zentralwohlfahrtsstelle der Juden in Deutschland) benannt (§ 75 SGB VIII). Dass die freien Wohlfahrtsverbände in Düsseldorf bei der Tagesbetreuung von Kindern und Jugendlichen nicht erst seit der Gesetzesnovelle eine wichtige Rolle spielten, belegt eine Aufstellung aus dem Frühjahr 1997, nach der sich der Anteil an Kindergartenplätzen auf die unterschiedlichen Trägergruppen wie folgt verteilte: 39 % in katholischen Einrichtungen, 22 % in evangelischen Einrichtungen, 25 % in kommunalen Einrichtungen, 14 % bei der Arbeiterwohlfahrt, dem Deutschen Roten Kreuz, dem Deutschen Paritätischen Wohlfahrtsverband und Elterninitiativen[1545].

Die Trägerschaft von 86 katholischen Kindertagesstätten mit 282 Gruppen für etwa 5150 Kinder lag in den Händen der Düsseldorfer Pfarrgemeinden, Ordensgemeinschaften oder Vereinigungen wie dem Katholischen Deutschen Frauenbund[1546]. Unter Beachtung seiner Statuten, "caritative Werke" nur dann selbst durchzuführen, wenn "keine anderen Träger zur Verfügung stehen"[1547], war der Caritasverband für die Stadt Düsseldorf bis Mitte der neunziger Jahre nur marginal an der Einrichtung und Unterhaltung von Regeltageseinrichtungen für Kinder beteiligt. Abgesehen vom Kasernenkindergarten an der Ulmenstraße und der Sinti - Kindertagesstätte in Eller, deren Anfang

---

[1541] NN, Gesetz zum Schutz des vorgeburtlichen/werdenden Lebens, zur Förderung einer kinderfreundlichen Gesellschaft, für Hilfen im Schwangerschaftskonflikt und zur Regelung des Schwangerschaftsabbruchs (Schwangeren- und Familienhilfegesetz). Vom 27. Juli 1992, in: Bundesgesetzblatt Nr. 37 (04.08.1992), 1398 - 1404, 1400.
[1542] Vgl. CVD 52, 04.02.1997. Vgl. dazu Heribert Mörsberger, Tageseinrichtungen für Kinder, in: Paul Nordhues, Handbuch der Caritasarbeit. Beiträge zur Theologie, Pastoral und Geschichte der Caritas mit Überblick über die Dienste in Gemeinde und Verband, Paderborn 1986, 363 - 371, 366 f.
[1543] Vgl. CVD 52, 1996.
[1544] Vgl. CVD 52, 11.10.1995.
[1545] Vgl. CVD 52, 27.05.1997.
[1546] Vgl. CVD 52, 27.05.1997; WZ 28.05.1997.
[1547] CVD 83, 02.12.1954.

und Entwicklung bereits an anderer Stelle geschildert wurde[1548], hatte der Verband bis zu diesem Zeitpunkt lediglich für einige provisorische Kindertageseinrichtungen im Bereich städtischer Aussiedlerheime die Verantwortung übernommen[1549].

Als die Stadt Düsseldorf mit der Umsetzung des Notprogramms zur Schaffung neuer Kindergartenplätze begann, bot Geschäftsführer Johannes Böcker vom Düsseldorfer Caritasverband dem städtischen Jugendamt am 6. November 1995 die Einrichtung von fünf zusätzlichen Gruppen in seinen provisorischen Kindertageseinrichtungen an[1550]. Nach zweijährigen Verhandlungen mit den zuständigen Behörden konnte schließlich eine Offerte zur Sicherstellung des gesetzlichen Anspruches auf einen Kindergartenplatz in Volmerswerth realisiert werden. Am 22. September 1997 begann in einem am Rande des Schützenplatzes (Volmerswerther Str. 400) aufgestellten Bürocontainer, der zuvor als Pavillon auf der Leipziger Messe gedient hatte, die Arbeit mit einer 23köpfigen Kindergartengruppe[1551]. Als der Düsseldorfer Caritasverband seine provisorische Kindertagesstätte Oststr. 51 am 19. November 1997 wegen unzureichender Brandschutzvorrichtungen aufgeben musste, konnte die Aussiedlerkindergruppenarbeit fünf Tage später in Volmerswerth mit Hilfe eines Fahrdienstes fortgesetzt werden[1552]. Vom Konzept nicht vorgesehen, gewann die Caritas Kindertagesstätte Volmerswerth schnell Modellcharakter für die Integration von Migrantenkindern in katholischen Kindergärten. Wenige Wochen nach Einrichtung einer zweiten (1. Februar 1998) und dritten (1. August 1998) Betreuungsgruppe[1553] berichtete die Zeitschrift "Caritas in NRW" im Dezember 1998 über die "Containerkids" in Volmerswerth: "Der 'Container' wurde aus Leipzig 'importiert', war zuvor Blumenlager, ist hell und freundlich und löst bei Monika Dahmen (Leiterin) fast Begeisterung aus: 'Der räumliche Zuschnitt ist ideal!' Elisabeth Natzke ist seit zehn Jahren in Deutschland und stammt aus Stolpmunde in Polen. 'Ich bin Aussiedlerin und habe selber Migrationserfahrung', sagt sie und weist damit auf eine besondere Anforderung der Arbeit in ihrer Gruppe hin .... Zur 'roten Gruppe' gehören derzeit fünf deutsche, zwei bosnische und zwei türkische Kinder, ein russisches, ein griechisches, ein polnisches, ein irakisches und ein marokkanisches Kind. ... Die 'gelbe Gruppe' hat 19 und die 'blaue Gruppe' 22 Kinder. Und auch darin finden sich bei weitem nicht nur deutsche, sondern viele ausländische Namen: wieder türkische, marokkanische, griechische, aber auch zwei polnische, und die Eltern von Iris kommen aus Togo. ... 'Bei der Gruppenzusammenstellung achten wir natürlich auf eine gute Mischung zwischen deutschen und ausländischen Kindern', sagt Monika Dahmen. Eine solche Organisation diene letztlich der Integration aller: 'Eltern und Kinder kommen mit ihren jeweiligen unterschiedlichen kulturellen Wurzeln immer wieder untereinander in Kontakt'. Nur selten komme es vor, daß Eltern muslimischer Kinder wegen der religiösen Ausrichtung der Tageseinrichtung, die sich ja besonders im Gebet, dem Kirchenbesuch oder der Thema-

---

[1548] Vgl. oben S. 513 und 972.
[1549] Vgl. oben S. 865 ff.
[1550] Vgl. CVD 52, 13.10.1995 und 06.11.1995.
[1551] Vgl. CVD 74, 22.09.1997.
[1552] Vgl. CVD Vorstandsprotokolle, 27.11.1997; CVD 678, 20.11.1997.
[1553] Vgl. CVD 52, 29.01.1998, 07.04.1998 und 07.05.1998.

tisierung von religiösen Festen im Jahreslauf zeige, Fragen hätten. Dabei werde gelegentlich die Frage gestellt, warum es keine erreichbaren Einrichtungen mit islamischer Ausrichtung gebe. 'Wir erläutern den Eltern dann unsere aus dem katholischen Glauben resultierende Auffassung, daß bei uns jeder Mensch angenommen ist und wir ihn auch mit seinen eigenen kulturellen und religiösen Wurzeln akzeptieren'. Daraus habe sich zum Beispiel ganz praktisch ergeben, 'daß die muslimischen Eltern zu ihren eigenen Festen Speisen mitbringen, über die alle Kinder mit dem anderen Glauben in Kontakt kommen'"[1554]. Um die Jahrtausendwende war die Zahl von Migrantenkindern in der Volmerswerther Kindertagesstätte deutlich zurückgegangen und betrug in der Folgezeit nur noch etwa 20 Prozent[1555].

Ziel der Caritastagesstätte war es, so eine Selbstdarstellung aus dem Jahre 2002, "aus den Kindern lebensbejahende, gemeinschaftsfähige Menschen zu machen, die sich in der Gesellschaft behaupten und durch positives Miteinander, offene Augen für den Nächsten sowie für die Natur und die Umwelt, die Welt ein Stück verbessern"[1556]. Die Pädagogik der Volmerswerther Kindergartenarbeit folgte einer situationsorientierten Konzeption. Im Mittelpunkt standen der pädagogische Bezug zu Lebenssituationen von Kindern und die Öffnung der Einrichtung in das Gemeinwesen[1557]. Im Gegensatz zur breiten Vorschuldiskussion Ende der sechziger Jahre spielten Intelligenztraining, Sprachlernprogramme oder andere didaktische Materialien nur eine untergeordnete Rolle. Entscheidend war die Unterstützung der Kinder, sich in gegenwärtigen Situationen möglichst selbständig, sozial angemessen und sachlich zutreffend zu verhalten. Durch ganzheitliche Förderung sollten die 3 bis 6jährigen Kinder ihre eigene Rolle innerhalb der Kindergruppe erfahren und "ein gewaltfreies gleichberechtigtes Miteinander unter christlichen Grundsätzen lernen"[1558].

Ihr Proprium als kirchliche Tageseinrichtungen für Kinder zeigte die Volmerswerther Kindertagesstätte schon durch ihre äußere Gestaltung. Hierzu gehörte neben der ständigen selbstkritischen Überprüfung von Angebotsumfang (heute 65 Plätze) und tatsächlichem Bedarf, auch die Frage nach einer kindgerechten Personalbesetzung und Raumgestaltung und eine an der konkreten Lebenssituation der Familien orientierte Angebotsgestaltung (Öffnungszeiten, Mittagsbetreuung, etc.). Im Container an der Volmerswerther Straße wurden die Kinder in der Zeit von 7.30 Uhr bis 16 Uhr betreut und erhielten auf Wunsch mittags eine warme Mahlzeit[1559]. Kirchliche Feste wurden innerhalb der Gemeinde mitorganisiert und gefeiert. Das tägliche Gebet bildete die Grundlage der religiösen Erziehung; anderen Kulturen und Weltanschauungen wurde mit Toleranz begegnet. Die Kinder konnten den gesamten Kindergarten zum Spielen nutzen und bestimmten weitgehend ihren Tagesablauf. Jedes der etwa 65 Kinder hatte eine

---

[1554] Heinz Müller, Die Containerkids. Migrantenkinder in katholischen Kindergärten: Chancen und Probleme des Miteinanders, in: Caritas in NRW Jg. 27 Nr. 5 (Dezember 1998), 18 - 19, 18 f.
[1555] Vgl. CVD 52, 05.01.1999.
[1556] CVD 52, 20.11.2002.
[1557] Vgl. CVD 52, 20.11.2002.
[1558] Caritas für Düsseldorf. Kontakt, Düsseldorf 2001, 35.
[1559] Vgl. Caritas für Düsseldorf. Kontakt, Düsseldorf 2001, 35.

Stammgruppe mit festen Bezugspersonen. Angeboten wurden Rollenspiele, Spiele im Freien, grob- und feinmotorische Bewegungserziehung, Bastelarbeiten, Gemeinschaftsspiele, Kochen, Werken, Bauen, Musizieren und eine Kinderbibliothek. Grundlage aller Planung waren so genannte Kinderkonferenzen. Das gemeinschaftliche Miteinander und Füreinander mit Kindern, Eltern und Team bestimmte den Tagesablauf[1560].

14. Caritas Hospiz und Caritas Fachberatung Hospiz

Im Unterschied zu vielen Einrichtungen und Diensten der heutigen Kranken- und Altenhilfe sind für Sterbende bestimmte Hospize noch jungen Datums. Von den Vereinigten Staaten, England und Australien kommend, nahm die Hospizbewegung erst Mitte der achtziger Jahre in Deutschland ihren Anfang[1561]. Wie in vielen Industrieländern war auch hier seit Ende des 19. Jahrhunderts das Sterben mehr und mehr aus dem häuslichen und familiären Rahmen in öffentliche Versorgungseinrichtungen verlagert worden. In Altenheimen, Pflegeheimen oder Krankenhäusern starben im ausgehenden 20. Jahrhundert etwa 70 bis 80 % der Bevölkerung, wodurch persönliche Erfahrungen mit dem Tod von Bezugspersonen immer seltener waren[1562]. Die Verringerung der Mortalitätsrate und eine deutliche Zunahme der räumlichen Trennung der Generationen führte dazu, dass im Durchschnitt 10 bis 15 Jahre vergingen bis ein Mensch innerhalb seiner Familie mit dem Tod eines Angehörigen konfrontiert wurde[1563]. Die wenigen Menschen, die noch in häuslicher Umgebung starben, wurden schnell und unauffällig nach Eintritt des Todes im Leichenwagen abtransportiert. Die Bitte, von Beileidsbekundungen am Grab und Kondolenzbesuchen abzusehen, waren ebenso Zeichen der Privatisierung von Sterben und Tod wie die Beerdigung im engsten Familienkreis[1564]. "Das Leben der Großstadt wirkt so", schrieb der Historiker Philippe Aries im Jahre 1978, "als ob niemand mehr stürbe"[1565]. Vielen Menschen war ein körperliches Abschiednehmen von ih-

---

[1560] Vgl. CVD 52, 20.11.2002.

[1561] Vgl. Andreas Heller, Ambivalenzen des Sterbens heute. Einschätzungen zum gegenwärtigen Umgang mit dem Sterben und den Sterbenden, in: Andreas Heller, Bedingungen für das Lebensende gestalten, Freiburg 2000², 17 - 34, 17 ff; Oliver Seitz, Die moderne Hospizbewegung in Deutschland auf dem Weg ins öffentliche Bewusstsein. Ursprünge, kontroverse Diskussionen, Perspektiven, Herbolzheim 2002, 54 ff.

[1562] Vgl. Hugo Mennemann, Sterben lernen, heißt leben lernen. Sterbebegleitung aus sozialpädagogischer Perspektive, Münster 1998, 91 ff.

[1563] Vgl. Ingeburg Barden, Sterben als Teil des Lebens, in: Caritas '97. Jahrbuch des Deutschen Caritasverbandes, 149 - 153, 149.

[1564] Vgl. Armin Nassehi, Tod, Modernität und Gesellschaft. Entwurf einer Theorie der Todesverdrängung, Opladen 1989, 249 ff; Klemens Richter, Der Umgang mit Toten und Trauernden in der christlichen Gemeinde. Eine Einführung, in: Klemens Richter, Der Umgang mit den Toten. Tod und Bestattung in der christlichen Gemeinde, Freiburg 1990, 9 - 26, 20 f.

[1565] Philippe Ariès, Geschichte des Todes, München 1980, 716.

ren toten Angehörigen nicht mehr vorstellbar oder rief Berührungsängste hervor. Die letzten Handlungen an verstorbenen Familienmitgliedern wurden delegiert. Bestattungsinstitute übernahmen das Waschen und Ankleiden für die Trauerfreier sowie die sachgerechte Einsargung, wodurch Hinterbliebenen der Einfluss auf den Umgang mit den Toten zunehmend entzogen wurde[1566]. Die Aussonderung des Todes führte nicht nur zur Enteignung der persönlichen Sterbe- und Todeserfahrung für Sterbende und Hinterbliebene, auch die Öffentlichkeit entzog sich selbst die Möglichkeit, ein aktives Verhalten zum Tod zu entwickeln[1567].

Ein weiterer Ausdruck der gesellschaftlichen Tabuisierung des Todes war die Trauervermeidung. Ebenso wie Sterben und Tod war auch die Trauer in Folge des Strukturwandels sozialer Beziehungen in der Moderne zu einer privaten Angelegenheit geworden, die intrasubjektiv verarbeitet werden musste[1568]. "Der Tod ist obszön und peinlich", so 1976 Jean Baudrillard, "und auch die Trauer wird es: es gehört zum guten Ton, sie zu verstecken: Sie könnte die anderen in ihrem Wohlbefinden stören. Der Anstand verbietet jede Anspielung auf den Tod"[1569]. Öffentlich gezeigte Trauer wurde als Schwäche definiert und löste Verlegenheit und Hilflosigkeit aus. Schmerzliche Trauerarbeit, die sich in gesteigertem emotionalen Ausdruck wie Weinen, Klagen oder Schreien entlädt, war unerwünscht[1570]. Auch Bezugspersonen wussten oft nicht, was sie Trauernden sagen sollten, vermieden den Kontakt und wandten sich schweigend ab.

Die fehlende Kommunizierbarkeit des Sterbens und des Todes war die Folge eines gesellschaftlich nicht mehr vorhandenen "memento mori"[1571]. Leitmotive wie unabhängig, frei und selbst bestimmt leben sowie jung und dynamisch sein, vermittelten ein subjektives Gefühl der Unsterblichkeit. Anfragen an das eigene Leben und den entwickelten Lebensstil, die zwangsläufig aus der Beschäftigung mit dem Sterben entstehen, vertrugen sich damit nicht. In einer leistungs- und Jugend orientierten Gesellschaft waren Fragen, die mit dem Lebensende, mit Sterben und Tod zusammenhingen unerwünscht. Entbehrungen, Krankheit, Schmerz oder andere Grenzsituationen konnten sich viele Menschen für ihr eigenes Leben kaum noch vorstellen. Sie vermieden die Auseinandersetzung mit diesen Grenzen und verdrängten die Notwendigkeit jeglicher Vorsorge wie etwa Investitionen in den Aufbau tragfähiger Beziehungen oder das Zulassen eigener Ängste und empfundener Trauer[1572].

[1566] Vgl. Johann - Christoph Student, Trennen und zusammenfügen. Persönliche Erfahrungen auf dem Wege zur Hospizarbeit, in: Johann - Christoph Student, Das Hospiz - Buch, Freiburg 1999⁴, 14 - 20, 14.
[1567] Vgl. Klaus Feldmann, Sterben und Tod. Sozialwissenschaftliche Theorien und Forschungsergebnisse, Opladen 1997, 32 ff.
[1568] Vgl. Armin Nassehi, Tod, Modernität und Gesellschaft. Entwurf einer Theorie der Todesverdrängung, Opladen 1989, 257 ff.
[1569] Jean Baudrillard, Der symbolische Tausch und der Tod, München 1991, 289.
[1570] Vgl. Julia Schäfer, Tod und Trauerrituale in der modernen Gesellschaft. Perspektiven einer alternativen Trauerkultur, Stuttgart 2002, 11 ff.
[1571] Vgl. Albert Freybe, Das Memento mori in deutscher Sitte, bildlicher Darstellung und Volksglauben, deutscher Sprache, Dichtung und Seelsorge, Gotha 1909, 1 ff.
[1572] Vgl. Ingeburg Barden, Sterben als Teil des Lebens, in: Caritas '97. Jahrbuch des Deutschen Caritasverbandes, 149 - 153, 149 f.

Der Verlust des Bewusstseins über die Endlichkeit des Menschen überrascht, galt doch der Tod in vielen Kulturen und Religionen als Vollendung irdischen Lebens[1573]. Schon die Israeliten des Alten Testamentes betrachteten das Leben als ein Geschenk Gottes, das durch Geburt und Tod eine natürliche Begrenzung hat. Die Selbstbestimmung des Menschen über sein Leben konnte ihm jederzeit entzogen werden, da nur Gott die Macht besaß, Leben zu geben und wieder zu nehmen. Die Erkenntnis vom endlichen Leben löste beim Menschen im Alten Testament jedoch keine Krise aus, verstand er sich doch als Teil der Schöpfung. Erst in der Gemeinschaft mit Gott konnte der Mensch zu seinem wahren Sein gelangen und sein Leben zur Erfüllung bringen. In der festen Bindung an Gott konnte er in seiner Kreatürlichkeit auch sein Lebensende als integralen Bestandteil der Schöpfungsordnung Jahwes akzeptieren und anerkennen. Der Tod wurde ohne Dramatik oder Auflehnung aus Gottes Hand angenommen: "Der Herr hat gegeben, der Herr hat genommen; gelobt sei der Name des Herrn" (Ijob 2,1). Der Tod war für den Israeliten keine Glaubensanfechtung, sondern eine Ermahnung, sein Leben zu überprüfen, ob es in der Beziehung zu Gott stand[1574].

Das Todesverständnis im Neuen Testament setzte die alttestamentliche Vorstellung voraus, dass es ein Leben nach dem irdischen Tod gibt. Der Tod war die sichtbare Folge und Strafe Gottes für die Sünden der Menschen. Die eigentliche Sünde des Menschen bestand darin, dass er versucht hatte, in seinem Wesen göttlich zu werden. Der Mensch strebte danach, ein Leben ohne die Bindung an Gott zu führen und selbst zum Schöpfer zu werden. Damit hatte er die Gottesbeziehung selbst zerstört und sich in eine Verhältnislosigkeit begeben, die ihn sterblich werden ließ (Gen 3,1-24). Der Schlüssel zum neutestamentlichen Verständnis des Sieges über den Tod ist im Kreuzestod und der Auferstehung Jesu Christi zu finden. Gott hat durch den Tod und die Auferweckung seines Sohnes ein neues Verhältnis geschaffen. Kein Mensch kann sich aus Sünde und Tod selbst befreien. Die Befreiung aus dem Tod lässt sich nur als Geschenk des Glaubens an den auferstandenen Christus annehmen. Christus ist die Brücke, mit der die Gottesferne und Verhältnislosigkeit überwunden werden kann. Durch Jesus Christus sind Leben und Tod in ein neues Verhältnis zueinander gesetzt. Allein der Glaube an den auferstandenen Christus, dessen Leben aus dem Tod kommt, bringt das lebensspendende Gottesverhältnis hervor: "Ich bin der Weg und die Wahrheit und das Leben; niemand kommt zum Vater außer durch mich" (Joh.14,6)[1575].

Im Wissen um den Tod als Folge eines gebrochenen Gottesverhältnisses nahm in der zweiten Hälfte des 20. Jahrhunderts die moderne Hospizbewegung ihren Anfang[1576].

[1573] Vgl. Birgit Heller, Kulturen des Sterbens. Interreligiosität als Herausforderung für Palliative Care, in: Andreas Heller, Bedingungen für das Lebensende gestalten, Freiburg 2000², 177 - 192, 177 ff; Oliver Seitz, Die moderne Hospizbewegung in Deutschland auf dem Weg ins öffentliche Bewusstsein. Ursprünge, kontroverse Diskussionen, Perspektiven, Herbolzheim 2002, 10 ff.

[1574] Vgl. Eberhard Jüngel, Tod, Stuttgart 1985³, 78 ff.

[1575] Vgl. Eberhard Jüngel, Tod, Stuttgart 1985³, 103 ff.

[1576] Vgl. Mathilde Hackmann, Die Hospizidee - Erfahrungen mit der Sterbebegleitung in England, in: Thomas Hiemenz, Chancen und Grenzen der Hospizbewegung. Dokumentation zum 2. Ökumenischen Hospizkongress "Sich einlassen und loslassen". Würzburg 22. - 24. Oktober 1999, Freiburg 2000, 47 - 55, 47.

14. Caritas Hospiz und Fachberatung Hospiz

Kurz nach dem Zweiten Weltkrieg pflegte die anglikanische Krankenschwester Cicely Saunders in einem Londoner Krankenhaus den polnischen Juden David Tasma, der dem Warschauer Ghetto entkommen und 1948 unheilbar an Krebs erkrankt war. In dieser Zeit entwickelten beide gemeinsam die Vision von einem besseren Sterbeort, als es das Londoner Großklinikum war. David Tasma hinterließ Cicely Saunders ein bescheidenes Vermögen in Höhe von 500 Pfund mit der Bitte: "Lassen Sie mich ein Fenster sein in Ihrem Haus". Die Realisierung der gemeinsamen Vision war 1967 im Londoner Süden die Errichtung eines Licht durchfluteten Hauses, in dem 50 sterbenskranke Patienten eine Herberge für die letzte Station ihrer Lebensreise fanden[1577]. Mit der Namensgebung "St. Christopher's Hospice" knüpfte Cicely Saunders an die Tradition der mittelalterlichen Hospize an, deren Entstehung und Entwicklung bereits an anderer Stelle geschildert wurde[1578]. In Hospizen fanden nicht nur Wanderer und Pilger, sondern Hilfsbedürftige aller Art Schutz und Hilfe. Wie an keinem anderen Ort war hier die Idee der Gastfreundschaft (Hospitalität) für die Schwachen in der Gesellschaft verwirklicht. Aus dem aufgenommenen Fremden (Peregrinus) wurde ein Pilger, dem man in mitmenschlicher und brüderlicher Solidarität begegnete[1579].

Die moderne Hospizbewegung des 20. Jahrhunderts war an der Person in ihrer Ganzheitlichkeit ausgerichtet. Nach David Kessler hat jeder Mensch das Recht, im Tod nicht einsam zu sein, sondern inmitten vertrauter Menschen an einem vertrauten Ort zu sterben. Neben der körperlichen Schmerzfreiheit muss die Möglichkeit gegeben sein, eigenen Gedanken und Gefühlen individuellen Ausdruck zu verleihen. Der Trost und die Hoffnung des eigenen Glaubens sind gerade im Sterbeprozess existenziell notwendig und darf niemanden verweigert werden[1580]. Um dem sterbenden Menschen die Verwirklichung seiner Subjektivität zu ermöglichen, hielt die moderne Hospizbewegung interdisziplinäre Teams aus Pflegekräften, Ärzten, Sozialarbeitern und Seelsorgern für notwendig[1581]. Die Hospizteams richteten ihre Aufmerksamkeit nicht nur auf den Menschen, der sich am Ende seines Lebens befand, sondern in gleicher Weise auf sein soziales Umfeld, seine Angehörigen und Freunde[1582]. Ergänzt und unterstützt wurden die Teams der hauptamtlichen Mitarbeiter durch das Engagement freiwilliger Helfer. Sie waren Teil des Gemeinwesens und trugen dazu bei, dass Sterben und Tod nicht hinter den

---

[1577] Vgl. Shirley du Boulay, Cicely Saunders. Ein Leben für Sterbende, Innsbruck 1987, 7 ff; Cicely Saunders, Brücke in eine andere Welt. Was hinter der Hospiz - Idee steht, Freiburg 1999, 13 ff; Johann - Christoph Student, Was ist ein Hospiz ?, in: Johann - Christoph Student, Das Hospiz - Buch, Freiburg 1999[4], 21 - 34, 21.

[1578] Vgl. oben S. 7.

[1579] Vgl. Norbert Ohler, Pilgerleben im Mittelalter. Zwischen Andacht und Abenteuer, Freiburg 1993, 123 ff.

[1580] Vgl. David Kessler, Die Rechte des Sterbenden, Weinheim 1997, 17 ff. Vgl. auch Ida Lamp, Hospizarbeit in Deutschland, in: Ida Lamp, Hospizarbeit konkret. Grundlagen, Praxis, Erfahrungen, Gütersloh 2001, 17 - 38, 17 f.

[1581] Vgl. Johann - Christoph Student, Was ist ein Hospiz ?, in: Johann - Christoph Student, Das Hospiz - Buch, Freiburg 1999[4], 21 - 34, 24 f.

[1582] Vgl. Ute Student, Die Angehörigen, in: Johann - Christoph Student, Das Hospiz - Buch, Freiburg 1999[4], 170 - 187, 170 ff.

Kulissen des Lebens stattfinden musste, sondern seinen Raum in der Öffentlichkeit erhielt[1583].

Seit Beginn der achtziger Jahre bemühten sich verschiedene christliche Gruppen, der Hospizidee auch in Deutschland zum Durchbruch zu verhelfen[1584]. Im Jahre 1983 war eine erste Station für Palliativmedizin mit Hilfe der Deutschen Krebshilfe an der chirurgischen Universitätsklinik in Köln entstanden[1585]. Das erste stationäre Hospiz "Haus Hörn" mit 53 Betten wurde 1986 in Aachen von den Brüdern des Oratoriums des Heiligen Philipp Neri gegründet[1586]. Vier Jahre später wurde als zweite stationäre Einrichtung das Hospiz "Zum heiligen Franziskus" in Recklinghausen mit acht Einzelzimmern eröffnet[1587]. In den Folgejahren hatte sich auch der Deutsche Caritasverband dem Aufgabenbereich zugewendet[1588]. Am 31. Januar 1990 veröffentlichte der Zentralrat eine Empfehlung "Sterbebegleitung als Lebenshilfe", in der die Grundlagen der caritativen Hospizarbeit für verschiedene Arbeitsfelder der Caritas entfaltet wurden[1589]. Ohne der Kontroverse auszuweichen, ob ein menschenwürdiges Sterben zu Hause ermöglicht werden muss, oder ob Hospize hierfür bessere Voraussetzungen bieten, formulierte das Papier: "Der Verband begrüßt, daß sich verstärkt Menschen in der Regel aus christlicher Motivation der Sterbebegleitung als Lebenshilfe in der letzten Lebensphase widmen und so bisherige Angebote ambulanter und stationärer Hilfen bereichern und begleiten. Die Hospizbewegung in der Bundesrepublik wirbt dafür, den Tod als Teil des Lebens anzunehmen. Diese Initiative aus christlicher Motivation soll in unserem Verband ihren Platz haben. Dort wo auf Verbandsebene Hospizbewegungen entstehen, ist deren Initiative zu begrüßen, zu unterstützen und zur Kooperation mit den Diensten und Einrichtungen der Caritas einzuladen. Es entstehen in der Bundesrepublik erste eigenständige stationäre und ambulante Einrichtungen. Die Nationale Hospizorganisation der USA definiert den Begriff 'Hospiz' so: 'Hospize bejahen das Leben. Hospize machen es sich zur Auf-

---

[1583] Vgl. Jürgen Weber, Hospizidee und Ehrenamt, in: Caritas. Zeitschrift für Caritasarbeit und Caritaswissenschaft Jg. 96 Nr. 6 (Juni 1995), 256 - 266, 256 ff; Johann - Christoph Student, Die Rolle der freiwilligen Helferinnen und Helfer, in: Johann - Christoph Student, Das Hospiz - Buch, Freiburg 1999⁴, 150 - 155, 150 ff; Andreas Heller, Ehrenamtlichkeit - Eine unverzichtbare Dimension von Palliative Care ?, in: Andreas Heller, Bedingungen für das Lebensende gestalten, Freiburg 2000², 162 - 176, 162 ff.

[1584] Vgl. Renate Wiedemann, Die Anfänge der deutschen Hospizbewegung, in: Johann - Christoph Student, Das Hospiz - Buch, Freiburg 1999⁴, 35 - 42, 35 ff.

[1585] Vgl. Oliver Seitz, Die moderne Hospizbewegung in Deutschland auf dem Weg ins öffentliche Bewusstsein. Ursprünge, kontroverse Diskussionen, Perspektiven, Herbolzheim 2002, 145.

[1586] Vgl. Ida Lamp, Hospiz - Zur Geschichte einer Idee, in: Ida Lamp, Hospizarbeit konkret. Grundlagen, Praxis, Erfahrungen, Gütersloh 2001, 9 - 16, 15.

[1587] Vgl. Janbernd Kirschner, Die Hospizbewegung in Deutschland am Beispiel Recklinghausen, Frankfurt 1996, 59 ff; Norbert Homann, Ein integrativer Bestandteil der Gesundheitsversorgung der Stadt: Hospiz Zum Heiligen Franziskus in Recklinghausen, in: Katharina Heimerl, Eine große Vision in kleinen Schritten. Aus Modellen der Hospiz- und Palliativbetreuung lernen, Freiburg 2001, 39 - 46, 39 ff.

[1588] Vgl. Thomas Hiemenz, Hospizarbeit im Deutschen Caritasverband, in: Krankendienst. Zeitschrift für katholische Krankenhäuser, Sozialstationen und Pflegeberufe Jg. 68 Nr. 10 (Oktober 1995), 329 - 337, 329 ff.

[1589] Vgl. NN, Sterbebegleitung als Lebenshilfe, in: Caritas. Zeitschrift für Caritasarbeit und Caritaswissenschaft Jg. 91 Nr. 5 (Mai 1990), 236 - 238, 236 ff.

gabe, Menschen in der letzten Phase einer unheilbaren Krankheit zu unterstützen und zu pflegen, damit sie in dieser Zeit so bewußt und zufrieden wie möglich leben können. Hospize wollen den Tod weder beschleunigen noch hinauszögern. Hospize leben aus der Hoffnung und Überzeugung, daß sich Patienten und ihre Familien so weit geistig und spirituell auf den Tod vorbereiten können, daß sie bereit sind, ihn anzunehmen. Voraussetzung hierfür ist, daß eine angemessene Pflege gewährleistet ist und es gelingt, eine Gemeinschaft von Menschen zu bilden, die sich ihrer Bedürfnisse verständnisvoll annimmt'. Aufgabe der Caritas wird es sein, eine adäquate Sterbebegleitung in allen ihren Diensten im Verständnis der Hospizbewegung zu erhalten, zu schaffen und sicherzustellen. Das ist auch die Forderung der gemeinsamen Erklärung der Evangelischen Kirche in Deutschland und der Deutschen Bischofskonferenz 'Gott ist ein Freund des Lebens' vom 30.11.89[1590]. 'Begleitung des sterbenden Menschen wurde und wird durch ganz elementare Handreichungen wie durch tröstenden Zuspruch in vielen Familien praktiziert. Heute stellt sich die Aufgabe, diese Form der Sterbehilfe wieder stärker einzuüben und ihr auch in den Bereichen der professionellen Krankenbetreuung, also in den Krankenhäusern, den Pflegeheimen und der ambulanten Krankenversorgung, mehr Raum zu schaffen. In dieser Hinsicht hat die 'Hospiz' - Bewegung wichtige Impulse und Anregungen gegeben'. Dort wo selbständige Hospize entstehen, ist zu überlegen und zu planen, inwieweit die neue Einrichtung eine sinnvolle und gute Ergänzung bestehender Angebote sein kann. Dabei ist aber darauf zu achten, daß sie für andere Dienste keine Alibifunktion übernehmen, daß durch selbständige Einrichtungen der Integrations- und Enttabuisierungsgedanke ihrer eigenen Zielsetzung nicht behindert wird. Nach Erhebungen in USA und Kanada rechnet man für ein Einzugsgebiet von einer Million Einwohnern mit einem Bedarf von etwa 20 Betten. Mitarbeiter und Träger von Krankenhäusern, Pflege- und Altenheimen, von Sozialstationen behalten immer ihre Aufgabe, sterbende Menschen nach besten Möglichkeiten zu begleiten. Die Tendenz zur Isolierung von unheilbar Pflegebedürftigen in der Gesellschaft darf nicht unterstützt werden. Es sind alle Anstrengungen zu unternehmen, diese Unheilbaren am Leben der Gesellschaft und der Menschen 'draußen' teilnehmen zu lassen"[1591].

Zu den Leitprinzipien katholischer Sterbebegleitung gehörte es, jedem Menschen sein eigenes Sterben zu ermöglichen. Dort, wo Menschen leben und sterben, also zu Hause, im Krankenhaus, im Altenheim oder Pflegeheim, galt es, Voraussetzungen für ein würdevolles Sterben zu schaffen. So war beispielsweise mit dem Modellprojekt "Spes viva" in der medizinischen Abteilung eines kirchlichen Krankenhauses in Ostercappeln eine Wohneinheit von zwei Zimmern für Patienten in der Endphase und deren Angehörige eingerichtet worden[1592]. Mit Blick auf derartige Einrichtungen erklärten die deut-

---

[1590] Vgl. dazu Gott ist ein Freund des Lebens. Herausforderungen und Aufgaben beim Schutz des Lebens. Gemeinsame Erklärung des Rates der Evangelischen Kirche in Deutschland und der Deutschen Bischofskonferenz, Trier 1989, 9 ff.
[1591] NN, Sterbebegleitung als Lebenshilfe, in: Caritas. Zeitschrift für Caritasarbeit und Caritaswissenschaft Jg. 91 Nr. 5 (Mai 1990), 236 - 238, 237 f.
[1592] Vgl. Werner Lauer, Spes viva - Weggefährte bei Sterbenden im Krankenhaus, in: Caritas '96. Jahrbuch des Deutschen Caritasverbandes, 105 - 109, 105 ff; Ilona Grammer, Hospiz - Arbeit im Krankenhaus. Das Projekt Spes Viva, in: Johann - Christoph Student, Das Hospiz - Buch, Freiburg 1999⁴, 98 -

schen Bischöfe am 23. September 1993 in der Verlautbarung "Die Hospizbewegung - Profil eines hilfreichen Weges in katholischem Verständnis" wörtlich: "Die Hospizidee verfolgt die Absicht, in Gemeinsamkeit verschiedener Dienste die Fragen und Nöte schwerstkranker und sterbender Menschen sowie die der Angehörigen aufzugreifen und - soweit möglich - Hilfe und Begleitung anzubieten, um körperliches und seelisches Leid zu lindern, Überlastung abzubauen und berechtigten Erwartungen entgegenzukommen. Hierbei soll die größtmögliche Eigenverantwortlichkeit und Freiheit der Betroffenen und Beteiligten gewahrt bleiben. Die Hospizbewegung sieht die unabnehmbare Verantwortung von Krankenhäusern und entsprechenden Einrichtungen, ihren schwerstkranken Patientinnen und Patienten menschenwürdiges Sterben zu ermöglichen. Sie tragen nicht nur für die Gesundung des kranken Menschen Verantwortung, sondern auch für das zu Ende gehende Leben des nicht mehr genesenden Menschen, der ihnen anvertraut ist. In diesem Sinne wirken zu Hause oder in entsprechenden Einrichtungen wie Krankenhäusern, Palliativstationen, Altenheimen oder Sozialstationen viele Menschen, unabhängig davon, ob sie einem Hospizverein angehören oder sich in ihrem Selbstverständnis ausdrücklich auf die Hospizbewegung beziehen"[1593]. Einrichtungen der "Lebensbejahung" verzichteten auf aktive Sterbehilfe, nutzten aber medizinische Möglichkeiten zur Schmerzlinderung und wurden von ehrenamtlichen Hospizhelfern getragen, die auch den trauernden Menschen begleiteten. Sterben als Teil des Lebens wurde so zur Sterbebegleitung, die den Sterbenden nicht in Anonymität versinken ließ[1594].

Im Laufe der neunziger Jahre entwickelten sich in Deutschland verschiedene Formen der Hospizarbeit[1595]. Das ambulante Hospiz mit entsprechend geschulten Mitarbeitern begleitete Sterbende im gewohnten Lebensraum[1596]. "Im familiären Beziehungsfeld", so die bischöfliche Verlautbarung zur Hospizbewegung, "in dem Angehörige mit gleicher Aufmerksamkeit angesprochen werden, wird unter weitestgehender Wahrung der Freiheit und Selbstbestimmung des Kranken die Schmerz- und Symptombehandlung des Arztes unterstützt und Hilfe zu bestmöglicher Pflege und menschlicher Be-

---

105, 98 ff; Werner Lauer, Das Model "SPES VIVA". Sterbebegleitung im Krankenhaus - eine Skizze, in: Thomas Hiemenz, Chancen und Grenzen der Hospizbewegung. Dokumentation zum 2. Ökumenischen Hospizkongress "Sich einlassen und loslassen". Würzburg 22. - 24. Oktober 1999, Freiburg 2000, 129 - 136, 129 ff.

[1593] Die Hospizbewegung - Profil eines hilfreichen Weges in katholischem Verständnis. 23. September 1993, Bonn 1993, 9.

[1594] Vgl. Catarina E. Schneider, Hospizarbeit und Ehrenamtlichkeit, in: Ida Lamp, Hospizarbeit konkret. Grundlagen, Praxis, Erfahrungen, Gütersloh 2001, 59 - 71, 59 ff; Catarina E. Schneider, Ehrenamtliche Hospizarbeit konkret, in: Ida Lamp, Hospizarbeit konkret. Grundlagen, Praxis, Erfahrungen, Gütersloh 2001, 72 - 89, 72 ff.

[1595] Vgl. Ida Lamp, Hospizarbeit in Deutschland, in: Ida Lamp, Hospizarbeit konkret. Grundlagen, Praxis, Erfahrungen, Gütersloh 2001, 17 - 38, 21 ff.

[1596] Vgl. Mathilde Hackmann, Die Hospizidee - Erfahrungen mit der Sterbebegleitung in England, in: Thomas Hiemenz, Chancen und Grenzen der Hospizbewegung. Dokumentation zum 2. Ökumenischen Hospizkongress "Sich einlassen und loslassen". Würzburg 22. - 24. Oktober 1999, Freiburg 2000, 47 - 55, 49.

14. Caritas Hospiz und Fachberatung Hospiz

gleitung gegeben"[1597]. Das geschah auch im stationären Hospiz, wo der Tagesablauf auf die Bedürfnisse der Kranken eingestellt war und Angehörige, die eine Betreuung zu Hause nicht durchführen konnten, besonders im medizinisch - pflegerischen Bereich entlastet wurden[1598]. Um den jeweiligen persönlichen Bedürfnissen gerecht zu werden, bot die Hospizarbeit den stationären Aufenthalt als Tages-, Kurz- oder Langzeithospiz an. Betroffene konnten das Hospiz als Tagesstätte besuchen, wenn sie in Vereinsamung lebten und ihr Krankheitsbild den stunden- oder tageweisen Aufenthalt in entsprechend ausgestatteten Einrichtungen erlaubte. Die Tagesstätten boten den Besuchern Möglichkeiten zur Kommunikation an und verbanden diese mit kommunikativen, musischen, kreativen sowie pflegerischen und seelsorglichen Begleitmaßnahmen[1599]. Das Kurzzeithospiz ermöglichte einen Aufenthalt von wenigen Tagen oder Wochen, "wenn der Kranke an die Grenze seines Schmerzertragens, die Familie an die Grenze ihrer Belastbarkeit, die pflegerische und medizinische Betreuung an die Grenze ihrer häuslichen Hilfsmöglichkeiten und die Mitarbeiterinnen und Mitarbeiter des Hausbetreuungsdienstes an die Grenze ihrer Leistungsfähigkeit" stießen[1600]. Das Langzeithospiz war als Ort für jene Menschen gedacht, bei denen alles zur Gesundung Nötige bereits getan und der Eintritt des Todes in absehbarer Zeitspanne zu erwarten war. In seinen verschiedenen Stufen der Verwirklichung sollte das Hospiz eine Hilfe zur Annahme des Lebens auf den Tod hin sein[1601]. In diesem Sinne erklärten die deutschen Bischöfe im Jahre 1993: "Das Hospiz möchte ... ein Haus sein, das schwerstkranken Menschen behilflich ist, die veränderten und oft mühevollen Bedingungen ihres Lebens anzunehmen und mit anderen Menschen sich gemeinsam auf den Weg der Einsicht und Bejahung der zeitlichen Grenze des eigenen Daseins zu begeben. Zudem vermag die Entlastung der pflegenden Angehörigen durch das Hospiz immer wieder die erneute Zuwendung dem schwerstkranken Angehörigen gegenüber zu finden helfen, die ihn neu entdecken und lieben läßt. Nicht zuletzt wird das Hospiz für jene sterbenskranken Menschen zum Zufluchtsort, die in der Verlorenheit ihres vereinzelten Lebens keinen Menschen mehr haben"[1602].

Im Jahre 2001 gab es in Deutschland mehr als 500 Hospizinitiativen, etwa 55 Palliativstationen und 64 stationäre Hospize, die mehr als 1000 Sterbende versorgten und begleiteten[1603]. In Düsseldorf hatte im November 1994 das erste stationäre Hospiz der

---

[1597] Die Hospizbewegung - Profil eines hilfreichen Weges in katholischem Verständnis. 23. September 1993, Bonn 1993, 10; Ida Lamp, Hospizarbeit in Deutschland, in: Ida Lamp, Hospizarbeit konkret. Grundlagen, Praxis, Erfahrungen, Gütersloh 2001, 17 - 38, 31 ff.
[1598] Vgl. Johann - Christoph Student, Entwicklung und Perspektiven der Hospizbewegung in Deutschland, in: Johann - Christoph Student, Das Hospiz - Buch, Freiburg 1999⁴, 43 - 57, 44 ff.
[1599] Vgl. Paul Becker, Ein Tageshospiz, in: Johann - Christoph Student, Das Hospiz - Buch, Freiburg 1999⁴, 87 - 92, 87 ff.
[1600] Die Hospizbewegung - Profil eines hilfreichen Weges in katholischem Verständnis. 23. September 1993, Bonn 1993, 10.
[1601] Vgl. Die Hospizbewegung - Profil eines hilfreichen Weges in katholischem Verständnis. 23. September 1993, Bonn 1993, 11.
[1602] Die Hospizbewegung - Profil eines hilfreichen Weges in katholischem Verständnis. 23. September 1993, Bonn 1993, 11.
[1603] Vgl. Rainer Sabatowski, Ambulante Hospizdienste. Ihre Bedeutung im Rahmen der palliativmedizinischen Versorgung in Deutschland, in: Zeitschrift für ärztliche Fortbildung und Qualitätssicherung Jg.

Stadt am Evangelischen Krankenhaus Düsseldorf (Kirchfeldstr. 35/37) mit der Pflege und Begleitung sterbenskranker Patienten begonnen[1604]. Drei Jahre später öffnete das Caritas Hospiz in Garath als zweite stationäre Einrichtung in der Landeshauptstadt seine Türen, doch reichen die Anfänge der Hospizarbeit beim Caritasverband für die Stadt Düsseldorf bis zum Ausgang der achtziger Jahre zurück. Nachdem die psychosoziale HIV/AIDS - Beratung am 1. Juli 1988 in der Klosterstraße ihre Tätigkeit aufgenommen hatte[1605], war von den Mitarbeitern schon bald der Mangel einer stationären Unterbringung von schwerstpflegebedürftigen Aids - Kranken beklagt und mehrfach die dringende Notwendigkeit eines Hospizes angemahnt worden[1606]. Erstmals war der Vorstand des Caritasverbandes für die Stadt Düsseldorf am 10. Juli 1989 mit dem Thema Hospiz befasst, als der Erwerb einer zu diesem Zweck offerierten Immobilie in Pempelfort zur Entscheidung stand[1607]. Wegen baulicher Mängel wurde das Angebot bald verworfen[1608], doch traf der Düsseldorfer Caritasvorstand am 28. Februar 1990 die grundsätzliche Entscheidung, ein stationäres Hospiz in eigener Trägerschaft einzurichten[1609]. Noch im gleichen Frühjahr begannen Verhandlungen mit den Töchtern vom Heiligen Kreuz, um einen Teil des Theresienhospitals in der Altestadt zu einem Sterbehospiz umzugestalten[1610]. Die Gespräche mit der Ordensgemeinschaft endeten ohne Ergebnis wie auch der 1991 bis 1995 angestrengte Versuch, das offen gelassene Kloster der Herz - Jesu Priester in Gerresheim (Pfeifferstr. 68) für die Hospizarbeit des Caritasverbandes zu verwenden[1611]. Erst nach Gründung des "Vereins Caritas - Hospiz Düsseldorf e.V." am 13. Januar 1995 und Einrichtung einer Koordinationsstelle für Hospizdienste in der Caritasgeschäftsstelle (Klosterstr. 88) am 1. März 1995 nahm die Realisierung des Hospizprojektes konkrete Gestalt an[1612]. Nachdem Geschäftsführer Johannes Böcker dem Caritasvorstand am 22. Mai 1995 vorgeschlagen hatte, das ehemalige Personalwohnheim des Caritas Altenzentrums St. Hildegard (René - Schickele - Str. 8) zu einem stationären

---

92 Nr. 6 (1998), 377 - 383, 381; Ida Lamp, Hospiz - Zur Geschichte einer Idee, in: Ida Lamp, Hospizarbeit konkret. Grundlagen, Praxis, Erfahrungen, Gütersloh 2001, 9 - 16, 16.
[1604] Vgl. RP 19.01.1993; NRZ 22.02.1997; RP 17.11.1998; Helmut Ackermann, Ich bin krank gewesen .... Das Evangelische Krankenhaus Düsseldorf 1849 - 1999, Düsseldorf 1999, 201 f.
[1605] Vgl. oben S. 982.
[1606] Vgl. Matthias Buchwald, Psychosozialer Dienst beim Caritasverband. Betreuung der Aids - Kranken, in: Kirchenzeitung für das Erzbistum Köln Jg. 47 Nr. 26 (26.06.1992), 22.
[1607] Vgl. CVD Vorstandsprotokolle, 10.07.1989.
[1608] Vgl. CVD Vorstandsprotokolle, 10.07.1989 und 22.01.1990.
[1609] Vgl. CVD Vorstandsprotokolle, 28.02.1990.
[1610] Vgl. CVD Vorstandsprotokolle, 14.05.1990, 03.09.1990, 05.11.1990 und 28.01.1991.
[1611] Vgl. CVD Vorstandsprotokolle, 11.03.1991, 06.05.1991, 08.07.1991, 09.09.1991, 11.11.1991, 13.01.1992, 23.03.1992, 11.05.1992, 29.06.1992, 24.09.1992, 09.11.1992, 24.02.1993, 22.03.1993, 17.05.1993, 05.07.1993, 20.09.1993, 22.11.1993, 31.01.1994, 18.04.1994, 02.11.1994, 06.12.1994, 06.02.1995, 20.03.1995 und 22.05.1995; RP 23.03.1991; NN, Ambulanter Hospizdienst wird aufgebaut, in: Kirchenzeitung für das Erzbistum Köln Jg. 47 Nr. 37 (11.09.1992), 23.
[1612] Vgl. CVD Vorstandsprotokolle, 06.02.1995; CVD 300, 13.01.1995; ALD Vereinsregister 7930, 13.01.1995.

14. Caritas Hospiz und Fachberatung Hospiz
1007

Hospiz umzugestalten[1613], konnte nach Einreichung des Bauantrages (5. Dezember 1995) und Erteilung der Baugenehmigung (15. April 1996) mit den erforderlichen Umbauarbeiten am 4. November 1996 begonnen werden[1614]. Nach Plänen der Architekten Heinz Zinke und Paul Pinger wurde der vollständig entkernte Personaltrakt in nur acht Monaten zu einem Hospiz für zehn Patienten umgestalltet[1615]. Eingeweiht wurde das Licht durchflutete Haus[1616], das am 24. Juni 1997 den ersten Gast aufnahm[1617], am 29. September 1997 von seinem Schirmherrn Weihbischof Friedhelm Hofmann[1618]. "Der Caritasverband für die Stadt Düsseldorf", so Caritasdirektor Johannes Böcker bei der Einweihung, "hat mit seiner Entscheidung, Ende der 80iger Jahre die ambulante und stationäre Hospizarbeit mit haupt- und ehrenamtlichen 'Hospizarbeitern' als neuen Schwerpunkt der Begleitung Düsseldorfer Bürger aufzubauen, an die Tradition der Hospize angeknüpft ... . Die Zuwendung hier im Hospiz, die mehr ist als Pflege und medizinische Versorgung, diese Zuwendung ist zugleich der Auftrag an alle, die im Haus aufeinander treffen, besser noch im guten Sinne aneinander geraten und dadurch zueinander finden. Nicht nur die Gäste, Hauptamtliche und Ehrenamtliche, sondern gerade auch die Familien, Freunde, Lebensgefährten, die den Weg bis zum Sterben mitgehen wollen, sind die, die Sorge dafür tragen, daß das Hospiz eingebettet ist in die kirchliche und kommunale Gemeinde und Gemeinschaft. Dies ist das Ziel und gleichzeitig der Weg der Caritas - Hospizarbeit hier im Haus"[1619]. Aus Anlass der mit einem Tag der offenen Tür verbundenen Einsegnung berichtete das Benrather Tageblatt über Zweck und Ausstattung der neuen Caritaseinrichtung in Garath: "Unter dem Motto 'Nicht alleine gehen' bietet das Caritas - Hospiz eine freundliche und liebevolle Atmosphäre für Menschen an, die unheilbar krank sind und die letzte Zeit ihres Lebens nicht zuhause verbringen können. Das ist dann der Fall, wenn sie niemanden haben, der sich um sie kümmern kann oder wenn die Kräfte der Angehörigen einfach am Ende sind. Zehn Plätze bietet das Caritas - Hospiz, zusätzlich gibt es ein Gästezimmer für Angehörige,

---

[1613] Vgl. CVD Vorstandsprotokolle, 22.05.1995. Vgl. auch RP 05.10.1995; NRZ 29.12.1995; RP 16.01.1996; RP 20.07.1996; RP 06.09.1996.
[1614] Vgl. CVD Vorstandsprotokolle, 15.05.1996; NN, Zahlen zum Caritas - Hospiz Düsseldorf. Nur wenige Monate vergingen vom Baubeginn bis zur Fertigstellung, in: Hospiz - Zeitung. Caritasverband für die Stadt Düsseldorf e. V. "Nicht alleine gehen". Caritas - Hospiz Düsseldorf eröffnet, Düsseldorf 1997, 13.
[1615] Vgl. NN, Zahlen zum Caritas - Hospiz Düsseldorf. Nur wenige Monate vergingen vom Baubeginn bis zur Fertigstellung, in: Hospiz - Zeitung. Caritasverband für die Stadt Düsseldorf e. V. "Nicht alleine gehen". Caritas - Hospiz Düsseldorf eröffnet, Düsseldorf 1997, 13.
[1616] Vgl. NRZ 12.03.1997; WZ 12.03.1997; Ronald Morschheuser, Familiärer Rahmen für Sterbende. Letzter Bauabschnitt für das neue stationäre Caritas - Hospiz beginnt, in: Kirchenzeitung für das Erzbistum Köln Jg. 52 Nr. 12 (21.03.1997), 26; NN, Hospiz und gute Nachbarschaft. Das ist "unser" Hospiz, in: Die Zeitung. Caritas für Düsseldorf Jg. 3 Nr. 1 (Winter/Frühjahr 2002), 8.
[1617] Vgl. CVD 98, 03.06.1998; BT 15.07.1997.
[1618] Vgl. NRZ 30.09.1997; RP 30.09.1997; WZ 30.09.1997; NN, Über den Tod hinaus. Caritas - Hospiz in Garath eingeweiht, in: Caritas in NRW Jg. 26 Nr. 5 (Dezember 1997), 36; Friedhelm Hofmann, Gott lebt mit uns über den Tod hinaus, in: Hospiz - Zeitung. Caritasverband für die Stadt Düsseldorf e. V. "Nicht alleine gehen". Caritas - Hospiz Düsseldorf eröffnet, Düsseldorf 1997, 5.
[1619] CVD 98, 29.09.1997.

die im Haus übernachten möchten. Im Keller der in jeder Ecke hell und freundlich gestalteten Einrichtung gibt es eine Cafeteria, die Gelegenheit bietet für eine ungezwungene Begegnung zwischen Hausgästen, ihren Angehörigen, den Mitarbeitern, aber auch Nachbarn aus der Umgebung, die das Café direkt von außen betreten können. Außerdem ist hier eine kleine Kapelle für die stille Einkehr und ein Aufbahrungsraum zum Abschiednehmen eingerichtet[1620]. Die Atmosphäre im Hospiz ist ganz und gar nicht bedrückend. Das merkt der Besucher schon beim Betreten der Eingangshalle. Der Besucher hat hier eher den Eindruck, in einer kleinen Pension gelandet zu sein, von Heimatmosphäre ist keine Spur"[1621].

Dass die beschriebene Atmosphäre im Haus bis heute bewahrt werden konnte, geht vor allem auf den Förderverein Caritas Hospiz Düsseldorf zurück. Ursprünglich zum "Betrieb eines Hospizes zur Sterbebegleitung mit stationärer und ambulanter Wirkweise" vom Caritasverband für die Stadt Düsseldorf und dem Malteser Hilfsdienst Düsseldorf ins Leben gerufen[1622], unterhielt er nicht nur einen Sozialfond für mittellose Gäste, sondern stellte auch Gelder für eine wohnliche Innenausstattung des Hospizes zur Verfügung[1623]. Aus Mitteln der Stiftung Georg und Elisabeth Palm konnten dem Garather Hospiz am 23. Juni 2000 zwei Gästezimmer und der neu gestaltete Raum der Stille übergeben werden[1624].

Welche Intentionen der Caritasverband für die Stadt Düsseldorf mit dem Caritas Hospiz verfolgte, verdeutlicht ein Interview mit Caritasdirektor Johannes Böcker, das im Sommer 1997 aus Anlass der Einweihung des Hauses geführt wurde. Wörtlich hieß es hier: "Im Vordergrund aller Bemühungen der Caritas - Hospiz - Dienste steht der Mensch mit seinen ganz persönlichen Wünschen, Hoffnungen und Bedürfnissen. In den Hospiz - Diensten ... versuchen wir zu verdeutlichen, daß Sterben und Tod untrennbar zu unserem Leben gehören. Das verletzte Leben ... weist auf die letzte Lebensphase intensiv hin. Unsere Begleitung durch die ambulanten und stationären Hospiz - Dienste hat zum Ziel, die Lebensgewohnheiten, die Vorlieben, Wünsche und Erwartungen der Menschen zu respektieren und ihnen durch eine lindernde, umsorgende und schmerztherapeutisch orientierte Pflege den Alltag zu erleichtern. Hierzu gehört die Einbeziehung der Angehörigen, der Freunde, die in ihrem Schmerz und in ihrer Trauer oft erstaunliche Kraft finden, den Sterbenden zu begleiten. Wichtig ist uns, daß die Einbeziehung der Gemeinde, des Wohnumfeldes, der Caritas - Hospizhelfer und unserer Mitar-

---

[1620] Vgl. dazu NN, Der brennende Dornbusch wird grün. Überlegungen von Burkhard Siemsen zu seinen Glasmalereien im Caritas - Hospiz, in: Hospiz - Zeitung. Caritasverband für die Stadt Düsseldorf e. V. "Nicht alleine gehen". Caritas - Hospiz Düsseldorf eröffnet, Düsseldorf 1997, 10; NN, Ehren- und Hauptamt in der Hospizbewegung. Die Mischung macht's !, in: Die Zeitung. Caritas für Düsseldorf Jg. 2 Nr. 3 (Herbst 2001), 11.
[1621] BT 30.09.1997.
[1622] Vgl. CVD 300, 13.01.1995.
[1623] Vgl. NN, Der Förderverein Caritas Hospiz Düsseldorf e. V. Schon die Mitgliedschaft ist ein Stück Hilfe, in: Die Zeitung. Caritasverband für die Stadt Düsseldorf Jg. 2 Nr. 2 (Sommer 2001), 5.
[1624] Vgl. CVD Vorstandsprotokolle, 18.08.1999 und 14.12.1999; CVD 98, Sommer 2002; NN, Caritas Hospiz Garath. "Es werde Licht ...", in: Die Zeitung. Caritasverband für die Stadt Düsseldorf Jg. 1 Nr. 3 (Herbst 2000), 4.

beiter ein Klima schafft, in dem der kranke Mensch eine Atmosphäre des Vertrauens erleben kann"[1625]. In seiner Arbeit orientierte sich das Caritas Hospiz Düsseldorf an den zentralen Anliegen der Hospizbewegung: 1. Unheilbar kranke Menschen mit begrenzter Lebenserwartung, deren Angehörige und Trauernde zu begleiten und zu unterstützen; 2. Sorge für eine umfassende Schmerztherapie zu tragen; 3. Für ein menschenwürdiges Sterben, ohne gezielt für lebensverlängernde oder verkürzende Maßnahmen einzutreten; 4. Palliativpflege zu ermöglichen; 5. Anwalt für die Wahrung der Menschenwürde und -rechte auch in der Grenzsituation von Sterben und Tod zu sein[1626]. Im Unterschied zu Heimen oder Krankenhäusern kannte das Hospiz keine feste Zeiteinteilung. "Zu unserer Konzeption gehört es", so eine Selbstdarstellung aus dem Jahre 1997, "daß unsere Gäste ihren Tagesablauf selbst bestimmen. Wir helfen ihnen nur dabei. Denn niemand soll alleine gehen, wenn er nicht möchte"[1627]. So konnten die Patienten auch selbst bestimmen, ob und wann sie ein Gespräch mit dem Pflegepersonal führen wollten. Im medizinischen Bereich arbeitete das Hospiz mit den Ärzten der Gäste zusammen, doch gab es auch einen Hausarzt[1628]. Wie die individuelle Schmerztherapie gehörte zur Begleitung im Hospiz auch die individuelle Küche. "Da werden sowohl rheinischer Sauerbraten als auch Sülze und Bratkartoffeln vorbereitet. Und wer statt Tee lieber Altbier mag, der kann auch das bestellen. Die Geschmäcker sind halt verschieden und sie sollen es auch im Hospiz bleiben"[1629]. Zur kreativen Alltagsgestaltung wurden den Bewohnern mal- und musiktherapeutische Kurse angeboten[1630].

In den ersten zwei Jahren seines Bestehens wurden im Caritas Hospiz 150 schwersterkranke und sterbende Menschen zwischen 18 und 92 Jahren von 13 examinierten Pflegekräften und 40 ehrenamtlichen Mitarbeitern in der letzten Lebensphase begleitet[1631]. Unabhängig von Hautfarbe, religiöser, ethnischer oder nationaler Zugehörigkeit und sozialer Herkunft, standen die Dienste des Garather Hospizes grundsätzlich allen Menschen offen, die die letzte Phase ihres Lebensweges begonnen hatten und dem Tod entgegengingen[1632]. Bewusst wurde bei der Aufnahme eines Gastes darauf hingewiesen, dass die Begleitung und Unterstützung durch das Hospiz einen ergänzenden

---

[1625] Helmut Pathe, "Macht Euch keine Sorgen". Der Caritasverband für die Stadt Düsseldorf und seine Hospizdienste. Ein Gespräch mit Caritasdirektor Johannes Böcker, in: Hospiz - Zeitung. Caritasverband für die Stadt Düsseldorf e. V. "Nicht alleine gehen". Caritas - Hospiz Düsseldorf eröffnet, Düsseldorf 1997, 8 - 9, 8.

[1626] Vgl. Barbara Feldhammer, Caritasverband für die Stadt Düsseldorf. Caritas Hospiz Dienste Konzeption, Düsseldorf 1997, 11.

[1627] NN, Nicht alleine gehen. Das Caritas - Hospiz Düsseldorf wurde feierlich eingeweiht, in: Hospiz - Zeitung. Caritasverband für die Stadt Düsseldorf e. V. "Nicht alleine gehen". Caritas - Hospiz Düsseldorf eröffnet, Düsseldorf 1997, 2 - 3, 3.

[1628] Vgl. RP 30.09.1997.

[1629] NN, Altbier statt Tee. Das Caritas - Hospiz ist ein echtes Zuhause, in: Hospiz - Zeitung. Caritasverband für die Stadt Düsseldorf e. V. "Nicht alleine gehen". Caritas - Hospiz Düsseldorf eröffnet, Düsseldorf 1997, 6 - 7, 6 f.

[1630] Vgl. CVD 98, 12.03.2001.

[1631] Vgl. CVD 98, Oktober 1999.

[1632] Vgl. Barbara Feldhammer, Caritasverband für die Stadt Düsseldorf. Caritas Hospiz Dienste Konzeption, Düsseldorf 1997, 19.

Charakter hat, der das Netz familiärer und freundschaftlicher Hilfe für den Kranken durch professionelle und ehrenamtliche Hospizbegleiter unterstützt und stärkt, nicht jedoch ersetzt[1633].

Menschen, die sich über die Hospizarbeit in Düsseldorf und Umgebung informieren wollten oder eine qualifizierte, persönliche Beratung und Begleitung bei Tumor - Erkrankungen oder in der Zeit der Trauer suchten, fanden seit dem Frühjahr 1995 Hilfe bei der Koordinationsstelle der Hospizdienste des Caritasverbandes für die Stadt Düsseldorf[1634]. Durch psychosoziale und seelsorgliche Angebote trug die Hospiz - Koordinationsstelle wie alle Caritas Hospizdienste dazu bei, dass Schwerkranken und Sterbenden, ihren Angehörigen und Hinterbliebenen die Unterstützung, Beratung und Begleitung zukam, die es ihnen ermöglichte, in ihrer jeweiligen Situation ihren Lebensweg in Würde, Selbstbestimmung und menschlicher Nähe zu gehen[1635]. Durch die Arbeit der Koordinationsstelle sollte das Bewusstsein für den diakonischen Auftrag der Christen, Kranke, Sterbende und Trauende zu begleiten und ihr Leid zu lindern, in den Gemeinden vertieft und Menschen zur Mitarbeit ermutigt werden[1636]. Verbunden damit war die Aufgabe, die Arbeit der verschiedenen Hospizgruppen in Düsseldorf zu stärken, fördern und auszubauen, mit dem Ziel eines flächendeckenden Netzes ambulanter Hospizbegleitung, verankert im kirchlichen Bereich und im Gemeinwesen der Stadt[1637]. In der ambulanten und stationären Hospizarbeit hatte die Koordinationsstelle eine Brückenfunktion und sollte gewährleisten, dass das stationäre Hospiz in die Stadtteile Garath und Hellerhof integriert und in das Hospizangebot auf Stadtebene eingebunden wurde[1638]. Über die Koordinationsstelle sollte außerdem der Qualitätsstandard der Hospizarbeit durch Praxisbegleitung und durch Seminare gesichert und weiterentwickelt und die Öffentlichkeit durch geeignete Veranstaltungen sensibilisiert werden, sich mit dem Hospizgedanken vertraut zu machen[1639]. Über die Fortbildungsangebote und Praxisbegleitung der Hospiz - Koordinationsstelle hieß es im ersten Jahresbericht der Caritashospizdienste 1995/96: "Insgesamt wurden 52 verschiedene Veranstaltungen zum Thema Hospiz und/oder Sterbebegleitung durchgeführt. ... Nach der Einrichtung der Koordinationsstelle bestand in den kirchlichen Gemeinden und ihren Gremien ein reges Interesse an Information über die Hospizarbeit. An den Veranstaltungen nahmen jeweils etwa 15 - 40 Personen teil ... . Es zeigte sich schnell, daß in diesen Veranstaltungen nicht nur Information gewünscht war, sondern daß die TeilnehmerInnen in der Regel auch einen emotionalen 'Sprach - Raum' für ihre persönlichen leidvollen Erfahrungen mit den Themen: Sterben, Tod, Verlust, Trauer suchten"[1640]. Da die Informationsver-

---

[1633] Vgl. Barbara Feldhammer, Sterbende und Trauernde gastfreundlich begleiten. Hospiz: alte Tradition, neu belebt, in: Der Wecker. Zeitschrift für den katholischen Seelsorgebereich Pempelfort - Düsseldorf Jg. 27 Nr. 1 (April/Juli 1998), 6.
[1634] Vgl. CVD 98, 29.04.2003.
[1635] Vgl. CVD 98, 29.10.1996.
[1636] Vgl. CVD 98, 29.10.1996.
[1637] Vgl. CVD 98, 29.10.1996.
[1638] Vgl. CVD 98, 29.10.1996.
[1639] Vgl. CVD 98, 29.10.1996.
[1640] CVD 98, 05.09.1996.

14. Caritas Hospiz und Fachberatung Hospiz

anstaltungen einen erhöhten Bedarf an inhaltlicher Arbeit zum Thema "Trauer" erkennen ließen, bot der Caritasverband für die Stadt Düsseldorf zu diesem Thema im Frühjahr 1996 eine Abendveranstaltung und ein Vertiefungswochenende an. Zur Beteiligung des Düsseldorfer Caritasverbandes an der "Woche für das Leben", die 1996 unter dem Titel "Leben bis zuletzt" stand, vermerkte der Rechenschaftsbericht: "Die Vorbereitungen hierzu begannen bereits im Herbst 1995. An der Konzeption und Durchführung dieses Projektes war der Caritasverband für die Stadt Düsseldorf maßgeblich mitbeteiligt. Das Programm war so angelegt, daß sehr unterschiedliche Gruppen erreicht werden konnten: Betroffene, Hospizgruppen, Pflegefachkräfte, Kirchengemeinden, Interessierte, Besucher des Caritasverbandes und Caritas - MitarbeiterInnen. Obwohl es auf Orts- und Diözesanebene zeitgleich Alternativveranstaltungen gab, fanden die einzelnen Angebote gute Resonanz. Besondere Aufmerksamkeit fand die von Herrn Caritasdirektor Johannes Böcker eröffnete Ausstellung 'Zeit des Sterbens - Zeit des Lebens', in der authentische Bilder von Schwerstkranken und Sterbenden gezeigt wurden, die in therapeutischen Sitzungen entstanden waren. Diese Bilder waren Auslöser für unerwartet viele, sehr persönliche Einzelgespräche über Sterben, Tod, Trauer und Leben"[1641]. Am ersten Vorbereitungsseminar des Caritasverbandes für Hospizhelfer, das von Januar bis Juni 1996 für die Mitglieder der Hospizgruppe Garath - Hellerhof stattfand, nahmen 15 Interessierte teil[1642].

Bis zur Jahrtausendwende wurden die Arbeitsfelder der Koordinationsstelle der Hospizdienste des Caritasverbandes (seit Januar 2001: Caritas Fachberatung Hospizarbeit) kontinuierlich erweitert. Die Hospiz - Vorbereitungsseminare differenzierten sich nunmehr in Grundkurse, Hospitationen und Aufbaukurse, die Angebote zur Trauerbegleitung in persönliche Einzelberatung, offene Trauergruppe (seit August 1998), Urlaub für Menschen in Trauer und Trauerseminare[1643]. Letztgenannte boten nach einer Ausschreibung aus dem Jahre 1997 die Möglichkeit, "Trauer mit all ihren Facetten wie Verzweifelung, Resignation, Wut, aber auch Hoffnung zu spüren und sie auszudrücken"[1644]. Um dem wachsenden Informationsbedarf zum Themenkreis "Patientenverfügung, Vorsorgevollmacht und Betreuungsverfügung" gerecht zu werden, brachte die Caritas Fachberatung Hospizarbeit hierzu nicht nur Informationsmaterialien in Umlauf, sondern führte auch eigene Informationsveranstaltungen durch[1645].

[1641] CVD 98, 05.09.1996.
[1642] Vgl. CVD 98, 05.09.1996.
[1643] Vgl. CVD 98, Juni 2002 und 15.03.2003; Ronald Morschheuser, Seminar für Trauernde, in: Kirchenzeitung für das Erzbistum Köln Jg. 58 Nr. 18 (02.05.2003), 30.
[1644] NN, Trauer leben, getröstet werden. Seminare des Caritasverbandes für Menschen in Trauer, in: Hospiz - Zeitung. Caritasverband für die Stadt Düsseldorf e. V. "Nicht alleine gehen". Caritas - Hospiz Düsseldorf eröffnet, Düsseldorf 1997, 15.
[1645] Vgl. CVD 98, Juni 2002 und 15.03.2003.

14.1 Hospizvereine

Als Kooperationspartner des Caritas Hospizes wollten der Caritasverband für die Stadt Düsseldorf und der Malteser - Hilfsdienst Düsseldorf gemeinsam die notwendigen Dienste und Hilfen leisten, wobei der Caritasverband fachliche Aufgaben übernehmen und der Malteser - Hilfsdienst durch seine besonders geschulten Hospizhelfer im ehrenamtlichen Bereich tätig werden sollte[1646]. In der Praxis blieb die Durchführung aller Aufgaben aber in Händen des Caritasverbandes[1647]. Da seit Beginn der neunziger Jahre in Düsseldorf fünf über das gesamte Stadtgebiet verteilte Hospizgruppen entstanden waren, verzichtete der Caritasverband auf die Gründung eines eigenen ehrenamtlichen Helferkreises für sein Hospiz und förderte stattdessen die Vernetzung der ehren- und hauptamtlichen Hospizarbeit auf Stadtebene[1648]. Bereits im September 1995 war zwischen dem Caritas Hospiz und der gerade ins Leben gerufenen Hospizgruppe Garath - Hellerhof eine enge Kooperation vereinbart worden[1649]. Der kleine Helferkreis war zusammen mit einer Hospizgruppe an der Pfarrei Herz - Jesu (Urdenbach)[1650] Keimzelle der am 30. Oktober 1996 gegründeten "Ökumenischen Hospizbewegung Düsseldorf - Süd e.V."[1651], die sich statutengemäß dafür einsetzte, "Menschen unabhängig von ihrem Glauben, ihrer Abstammung, ihrer Rasse, ihrer religiösen und politischen Anschauung ein Sterben in Würde zu ermöglichen"[1652]. Der Verein förderte sowohl den ambulanten Hausbetreuungsdienst, "um den Menschen das Sterben in der gewohnten häuslichen Umgebung zu erleichtern", als auch das Caritas Hospiz zur Aufnahme sterbender Menschen, bei denen eine Begleitung zu Hause nicht möglich war[1653]. Neben der Sorge um die Aus- und Fortbildung ehrenamtlicher Hospizmitarbeiter, leistete der Verein auch Öffentlichkeitsarbeit und Bildungsarbeit, "um die Tabuisierung des Sterbens in unserer Gesellschaft abzubauen"[1654]. Seit November 1995 pflegten alle Düsseldorfer Hospizgruppen über den neu gegründeten "Hospiz - Arbeitskreis" einen kontinuierlichen In-

---

[1646] Vgl. NN, Grundlage für Hospiz. Malteser bieten Vorbereitung an, in: Kirchenzeitung für das Erzbistum Köln Jg. 50 Nr. 37 (15.09.1995), 22.
[1647] Vgl. Barbara Feldhammer, Caritasverband für die Stadt Düsseldorf. Caritas Hospiz Dienste Konzeption, Düsseldorf 1997, 14.
[1648] Vgl. CVD 98, 05.09.1996.
[1649] Vgl. CVD 98, 05.09.1996.
[1650] Vgl. NN, Hospizbewegung Düsseldorf - Süd. Menschliche Nähe und Dasein bieten, in: Kirchenzeitung für das Erzbistum Köln Jg. 50 Nr. 38 (22.09.1995), 23.
[1651] Vgl. CVD 98, 30.10.1996; Ronald Morschheuser, Sterben in Würde ermöglichen. Ökumenische Hospizbewegung in Düsseldorf - Süd gegründet, in: Kirchenzeitung für das Erzbistum Köln Jg. 51 Nr. 46 (15.11.1996), 26; RP 16.12.2000.
[1652] CVD 98, 30.10.1996.
[1653] Vgl. CVD 98, 30.10.1996.
[1654] CVD 98, 30.10.1996. Vgl. auch NN, Gesehen - Getragen - Geborgen. Die Ökumenische Hospizbewegung Düsseldorf - Süd e. V., in: Hospiz - Zeitung. Caritasverband für die Stadt Düsseldorf e. V. "Nicht alleine gehen". Caritas - Hospiz Düsseldorf eröffnet, Düsseldorf 1997, 10; NN, Ehren- und Hauptamt in der Hospizbewegung. Die Mischung macht's !, in: Die Zeitung. Caritas für Düsseldorf Jg. 2 Nr. 3 (Herbst 2001), 10.

formationsaustausch und übten gegenseitige Unterstützung[1655]. Im Februar 2000 erwuchs aus diesem Kreis das "Hospizforum - Düsseldorf", dem der Hospizverein Düsseldorf Nord, die Ökumenische Hospizgruppe Gerresheim, die Ökumenische Hospizbewegung Düsseldorf Süd, die Ökumenische Hospizgruppe Kaiserswerth, das Hospiz am Evangelischen Krankenhaus und der Caritasverband für die Stadt Düsseldorf beitraten[1656]. Auf Anregung der Hospizgruppe Süd konnte der Caritasverband im Januar 1996 mit dem ersten Vorbereitungsseminar für ehrenamtliche Hospizbegleiter beginnen[1657].

15. Schülerhilfe

Schule von acht bis eins

Seit Ende der achtziger Jahre wurde in der Bundesrepublik Deutschland ein ständig steigender Bedarf an schulischer Betreuung festgestellt. Immer öfter kam es vor, dass Kinder sich vor und nach dem regulären Unterricht auf dem Schulgelände aufhielten. Nicht selten waren Sechs- und Siebenjährige lange vor Unterrichtsbeginn in den Schulen anzutreffen. Nach dem Unterricht gingen nicht alle Schüler direkt nach Hause, sondern verbrachten noch einige Stunden bei Großeltern oder Freunden. Andere mussten die Zeit bis zur Rückkehr eines Elternteils als "Schlüsselkinder" unbeaufsichtigt allein zu Hause verbringen[1658]. Vor allem berufstätige Mütter waren mit dem Übergang ihrer Kinder vom Kindergarten zur Schule vor die Entscheidung gestellt, entweder den Beruf aufgeben zu müssen oder für eine Betreuung der Kinder durch eine Betreuungsperson oder einen Hort zu sorgen. Die hierzu erforderlichen Aufwendungen stellten viele Familien vor kaum zu lösende Finanzprobleme[1659]. Mehr und mehr wurde die "Rückständigkeit" der Institution Schule bemängelt. Nicht zu Unrecht kritisierten Eltern die unregelmäßigen und zu kurzen Unterrichtszeiten wie auch die Tatsache, dass die Schule im Gegensatz zum Kindergarten in ihrer Unterrichtszeit erwerbstätigen Eltern nur selten

---

[1655] Vgl. CVD 98, 05.09.1996.
[1656] Vgl. Ronald Morschheuser, Gemeinsames Dach für eine Idee, die keine Konkurrenz kennt. "Hospizforum Düsseldorf" gegründet, in: Kirchenzeitung für das Erzbistum Köln Jg. 55 Nr. 8 (25.02.2000), 30; NN, Ehren- und Hauptamt in der Hospizbewegung. Die Mischung macht's !, in: Die Zeitung. Caritas für Düsseldorf Jg. 2 Nr. 3 (Herbst 2001), 10.
[1657] Vgl. CVD 98, 05.09.1996.
[1658] Vgl. Bruno Bermes, Dokumentation Offene Ganztagsschule. Neue Wege zum Ausbau von Ganztagsangeboten in Nordrhein - Westfalen. Projektbeispiele verlässlicher Ganztagsangebote in Nordrhein - Westfalen. Regionale Fachtagungen der Sozialdemokratischen Gemeinschaft für Kommunalpolitik Nordrhein - Westfalen 2001/2002, Düsseldorf 2002, 9 ff.
[1659] Vgl. Gregor Berger, "Schule von acht bis eins". Betreuung in Grundschulen und Sonderschulen vor und nach dem Unterricht, in: Städte- und Gemeinderat Jg. 50 Nr. 9 (September 1996), 313 - 317, 313.

entgegenkam[1660]. Als belastend wurde vor allem herausgestellt, dass es berufstätigen Müttern kaum möglich war, bei Unterrichtsausfall kurzfristig eine Betreuung für die Kinder zu organisieren[1661].

Die Zunahme der Klagen zwang die Schulen, trotz regional unterschiedlicher Ausgangsbedingungen und Rahmenvorgaben sowie unterschiedlicher sachlicher und personeller Voraussetzungen nach neuen Betreuungsangeboten zu suchen. Als wünschenswert erschien eine Kooperation mit Unterricht und Schulleben, bei der sich Lehrkräfte und Betreuungskräfte organisatorischen und erzieherischen Aufgaben gemeinsam verpflichtet fühlten und sich in ihrem Arbeitsverständnis aufeinander zu entwickelten[1662]. Zwar fiel es Lehrkräften und Vertretern der Jugendhilfe anfangs schwer, sich über traditionelle Aufträge hinweg einander zu nähern[1663], doch konnten in vielen Orten auftretende Schwierigkeiten schrittweise überwunden werden. Schon bald war klar, dass vorhandene unterschiedliche Ressourcen in ihren Wirkungsmöglichkeiten zugunsten der Kinder nur gemeinsam zu optimieren waren. Die verbindende Blickrichtung war Grundlage für vielfältige Kooperationsstrukturen im Bereich der Betreuung von Kindern und Jugendlichen[1664].

Mit Veröffentlichung des Runderlasses "Betreuung von Schülerinnen und Schülern in Grund- und Sonderschulen vor und nach dem Unterricht im Schuljahr 1996/97 (Schule von acht bis eins)" durch das Ministerium für Schule und Weiterbildung war am 14. Februar 1996 in Nordrhein - Westfalen der Startschuss zu einer flächendeckenden Einrichtung von "verlässlichen" Betreuungsangeboten in Schulen zwischen 8 und 13 Uhr gefallen[1665]. Welche Ziele die Landesregierung mit dem Förderprogramm verfolgte, war in der Präambel des Runderlasses mit den Worten zusammengefasst: "Betreuungsangebote, die Teil des schulischen Konzeptes sind und an denen die Erziehungsberechtigten ihre Kinder unmittelbar vor und nach dem Unterricht freiwillig teilnehmen lassen, sollen dazu beitragen, vor allem die Situation von Kindern berufstätiger Eltern oder Alleinerziehender zu erleichtern. Das Angebot kann Spiel, Sport, Ruhepausen, Anregung für gemeinsames und eigenständiges Tun sowie Gelegenheit zur Erledigung der Hausaufgaben umfassen und je nach Erfordernis auch eine Mahlzeit. Die Verbindung

---

[1660] Vgl. Gertrud van den Berg, Dienstleistungsunternehmen Schule. Beispiele zeitgemäßer Gestaltung des Lern- und Lebensraums Schule, Baltmannsweiler 2001, 5 ff.

[1661] Vgl. Axel Horstmann, Begrüßung und Eröffnung, in: Schule aus - was nun ? Ganztagsangebote für schulpflichtige Kinder. Dokumentation der Fachtagung vom 4. September 1997 in Dortmund, Düsseldorf 1998, 15 - 25, 17.

[1662] Vgl. Tino Bargel, Bestands- und Bedarfsanalysen zu Ganztagsschulen und Ganztagsangeboten, in: Heinz Günter Holtappels, Ganztagserziehung in der Schule. Modelle, Forschungsbefunde und Perspektiven, Opladen 1995, 67 - 85, 71 ff.

[1663] Vgl. unten S. 1022.

[1664] Vgl. Schule von acht bis eins. Betreuung von Schülerinnen und Schülern in Grundschulen und Sonderschulen vor und nach dem Unterricht. Informationen und Materialien für die Einrichtung, Durchführung und Weiterentwicklung von Betreuungsmaßnahmen, Düsseldorf 1997, 1.

[1665] Vgl. CVD 304, 14.02.1996. Vgl. auch NN, Betreuung von Schülerinnen und Schülern in Grund- und Sonderschulen vor und nach dem Unterricht im Schuljahr 1996/97 (Schule von acht bis eins), in: Gemeinsames Amtsblatt Ministerium für Schule und Weiterbildung und Ministerium für Wissenschaft und Forschung des Landes Nordrhein - Westfalen Jg. 48 Nr. 3 (15.03.1996), 38 - 39, 38 f.

des Unterrichts mit zusätzlichen Betreuungszeiten führt für die teilnehmenden Kinder zu regelmäßigen und verläßlichen Schulzeiten. Gleitende Anfangs- und Schlußzeiten ermöglichen dabei eine individuelle Verweildauer in der Schule. Die Verknüpfung des Unterrichts mit dem Betreuungsangebot wird durch gemeinsame Planung und Erfahrungsaustausch der Lehrkräfte und des Betreuungspersonals erreicht; sie soll mittelfristig zu einer Integration der Betreuung in das schulische Erziehungskonzept im Rahmen des Schulprogramms führen"[1666]. Für den Aufbau einer "kindgerechten und familienfreundlichen Schule" sollten Erziehungsberechtigte, Lehrkräfte, Schulträger, Träger der öffentlichen und freien Jugendhilfe sowie weitere Kooperationspartner der Schule intensiv zusammenarbeiten. Ausdrücklich wurde betont, dass die Betreuung von Schulkindern im Primarbereich in der Verantwortung der Schule als schulische Veranstaltung, durch Maßnahmen der freien und öffentlichen Träger der Jugendhilfe wie auch sonstiger Träger gewährleistet werden konnte[1667]. Die Einrichtung einer zusätzlichen Betreuung und ihre Ausgestaltung war an einen Beschluss der Schulkonferenz und der Zustimmung des Schulträgers gebunden. Der Entscheidung hatte eine Beratung in den Klassenpflegschaften, in der Schulpflegschaft und in der Lehrerkonferenz vorauszugehen[1668]. Ein Betreuungsangebot sollte die Dauer eines Schuljahres nicht unterschreiten und an allen Unterrichtstagen in einem festen zeitlichen Rahmen stattfinden. Die Dauer der täglichen Betreuung war dem Bedarf der Erziehungsberechtigten und der Unterrichtsorganisation anzupassen, sollte aber in der Regel von 8 bis 13 Uhr in geeigneten Räumen stattfinden und grundsätzlich allen Schülern der Primarstufe offen stehen[1669]. Als Betreuungskräfte kamen Beschäftigte des Schulträgers, von Eltern- oder Fördervereinen beauftragte Mitarbeiter wie auch Erziehungsberechtigte in Betracht[1670]. Über die Auswahl des Betreuungspersonals für die "Schule von acht bis eins" hieß es 1997 in einem ersten Erfahrungsbericht des Schulministeriums: "Das Gelingen einer Maßnahme hängt nicht zuletzt davon ab, daß die Betreuungspersonen die pädagogische Konzeption auch umsetzen können. Häufig wird Betreuungspersonal mit pädagogischer Ausbildung eingesetzt, wie etwa arbeitslose bzw. pensionierte Lehrkräfte oder Lehrkräfte in Beurlaubung, Erzieherinnen oder Erzieher, Sozialpädagoginnen und Sozialpädagogen, Psychologinnen und Psychologen usw. Es können aber auch geeignete Personen ohne pädagogische Ausbildung in der Betreuung beschäftigt werden. Solche Personen sind häufig entweder Erziehungsberechtigte oder Menschen mit Erfahrungen in der Kinder- und Jugendarbeit. Von den ca. 5000 Betreuungskräften im Schuljahr 1996/97 hatten 58 eine berufliche pädagogische Qualifikation, 13 % eine sonstige pädagogische Qualifikation"[1671].

Um überall dort, wo Eltern für ihre Kinder Betreuungsangebote mit regelmäßigen und verlässlichen Schulzeiten über die Stundentafel gebundene Unterrichtszeit hinaus

---

[1666] CVD 304, 14.02.1996.
[1667] Vgl. CVD 304, 14.02.1996.
[1668] Vgl. CVD 304, 14.02.1996.
[1669] Vgl. CVD 304, 14.02.1996.
[1670] Vgl. CVD 304, 14.02.1996.
[1671] Schule von acht bis eins. Betreuung von Schülerinnen und Schülern in Grundschulen und Sonderschulen vor und nach dem Unterricht. Informationen und Materialien für die Einrichtung, Durchführung und Weiterentwicklung von Betreuungsmaßnahmen, Düsseldorf 1997, 8 f.

wünschten, hatte die Landesregierung für das Schuljahr 1996/97 über 23 Millionen DM bereitgestellt[1672]. Die finanzielle Unterstützung sollte Schulen, Eltern, Kommunen, Träger der Jugendhilfe und sonstige Kooperationspartner anregen, Betreuungsmaßnahmen im Zusammenwirken aller am Schulleben Beteiligten durchzuführen. Bereits im ersten Jahr der Landesförderung war es gelungen, etwa 3000 Betreuungsgruppen einzurichten, in denen etwa 45000 Kinder von über 5000 Kräften betreut wurden[1673].

Mit dem kategorischen Hinweis, "die Haushaltslage der Stadt und die mit der Haushaltskonsolidierung einhergehenden Sparbemühungen schließen ... ein personelles und finanzielles Engagement der Stadt im Rahmen des Landesprojektes 'Schule von 8 bis 1' aus", legte die Düsseldorfer Schulverwaltung am 1. Juli 1996 allen Grundschulen und Sonderschulen mit Primarstufe den Ministerialerlass "Schule von acht bis eins" zur Kenntnisnahme vor[1674]. Nachdem der Düsseldorfer Stadtrat mit dem Schulverwaltungsamt bereits Anfang der neunziger Jahre auf die geänderten Rahmenbedingungen und die sich wandelnden Familienstrukturen reagiert und zum Schuljahr 1991/92 an 12 Schulen eine geregelte Halbtagsschule bzw. Ganztagsbetreuung "mit einem nicht unerheblichen" finanziellen Aufwand eingerichtet hatte, waren nun alle übrigen Schulen aufgefordert, unter dem Einsatz von Landesmitteln "eine auf die individuellen schulischen Bedürfnisse zugeschnittene Betreuung zu organisieren"[1675]. Noch im gleichen Jahr wurde von 54 Schulen in der Stadt ein Interesse bekundet und die Finanzierung für 74 Gruppen beantragt[1676].

Als Maßnahmeträger für die "Schule von acht bis eins" stellten sich in Düsseldorf neben Eltern- und Fördervereinen vor allem öffentliche oder freie Träger der Jugendhilfe zur Verfügung[1677]. Während die Arbeiterwohlfahrt und die Diakonie bereits zu Beginn des Schuljahres 1996/97 verlässliche Betreuungsangebote an mehr als fünfzehn Düsseldorfer Schulen unterhielten[1678], begann der Caritasverband für die Stadt Düsseldorf im Frühjahr 1997 an katholischen Grundschulen ein Netz von Kindergruppen aufzubauen[1679]. Die Aufgaben des Verbandes als Träger der Betreuungsgruppen waren: Gestaltung und Fortschreibung der konzeptionellen Entwicklung, Fachberatung und Begleitung, Auswahl und Einstellung der Betreuungskräfte, Abschluss von Vereinbarun-

---

[1672] Vgl. Gabriele Behler, Schule von acht bis eins. Betreuung von Schülerinnen und Schülern in Grundschulen und Sonderschulen vor und nach dem Unterricht, in: SGK - Forum. Organ der Sozialdemokratischen Gemeinschaft für Kommunalpolitik e. V. Jg. 24 Nr. 5 (Mai 1996), 4.
[1673] Vgl. CVD 304, 27.02.1997.
[1674] Vgl. CVD 304, 01.07.1996. Vgl. auch RP 03.05.1996; NN, Stadt hilft Schulen bei Mittagsbetreuung, in: Düsseldorfer Amtsblatt Jg. 51 Nr. 27 (06.07.1996), 6.
[1675] CVD 304, 01.07.1996.
[1676] Vgl. Davorka Bukovcan, Aller Anfang ist schwer. Betreuung von Kindern - Schule von 8.00 bis 13.00 Uhr, in: AWO - Spiegel. Quartals - Magazin (Düsseldorf) Jg. 2 Nr. 4 (Dezember 1996), 12 - 13, 12.
[1677] Vgl. CVD 304, 04.02.1997.
[1678] Vgl. CVD 304, 02.07.1996 und 04.02.1997; Davorka Bukovcan, Aller Anfang ist schwer. Betreuung von Kindern - Schule von 8.00 bis 13.00 Uhr, in: AWO - Spiegel. Quartals - Magazin (Düsseldorf) Jg. 2 Nr. 4 (Dezember 1996), 12 - 13, 12 f.
[1679] Vgl. CVD 304, 28.01.1997.

15. Schule von acht bis eins

gen mit Schulen und Eltern, Beteiligung bei der Festlegung der Betreuungszeiten, Erhebung von Elternbeiträgen, Planung und Organisation, Sicherstellung der Finanzierung, Fortbildung der Mitarbeiter[1680].

Nachdem der Caritasverband für die Stadt Düsseldorf im Herbst 1996 den Betreuungsbedarf an katholischen Grundschulen ermittelt und unter Caritasdirektor Johannes Böcker erste konzeptionelle Überlegungen entwickelt hatte[1681], begann am 1. Februar 1997 an zwei Düsseldorfer Schulen eine "Test- und Vorlaufphase"[1682]. Sowohl an der Katholischen Grundschule St. Franziskus (Herchenbachstr. 2) als auch an der Katholischen Grundschule Kamperweg (Kamperweg 291) übernahm der Caritasverband mit Beginn des zweiten Schulhalbjahres die Betreuung von Schülern vor und nach dem Unterricht[1683]. In der Anfangsphase beschränkte sich das Angebot auf additive Maßnahmen (Unterricht und Betreuung), doch waren die Caritasmitarbeiter von Beginn an bestrebt, alle Beteiligten für die inhaltliche Verknüpfung des Unterrichts mit dem Betreuungsangebot zu einem pädagogisch abgestimmten integrativen Konzept zu gewinnen[1684]. Ohne Frage hatte ein solches Konzept zu berücksichtigen, dass die pädagogische Arbeit in der Gruppenbetreuung in ihren Zielen und ihrem Aufbau nicht mit dem Schulunterricht zu vergleichen war. Spiel und Freiwilligkeit waren die pädagogischen Prinzipien der Betreuung, da Kinder im Grundschulalter nach dem Unterrichtstag Gelegenheit zur Entspannung benötigen. In den Betreuungsgruppen des Caritasverbandes wurden überwiegend frei gewählte Aktivitäten und eigenständiges Arbeiten in einer Atmosphäre ohne Leistungsdruck angeboten[1685]. Zu den Angeboten gehörte kreative Freizeitgestaltung wie Basteln, Werken, Töpfern, Drucken, aber auch Kochen und Backen, Nähkurse, Spielgruppen, Hausaufgabenhilfe, Musik- und Chorgruppen, Theater- und Lesekreise, Förderangebote, sportliche Betätigung, Spielen im Freien[1686].

Schon in den ersten Monaten der Testphase wurde deutlich, dass der Betreuungswunsch der Eltern mit zunehmendem Alter der Kinder abnahm[1687]. Ursache hierfür war die erhöhte Wochenstundenzahl des Unterrichts wie auch das steigende Freizeitangebot für ältere Kinder und ihre zunehmende Selbständigkeit[1688]. Bemerkenswert ist, dass die altersgemischte Gruppe, mit der die Grundschulen bisher nur wenig Erfahrung hatte, generell als unproblematisch und positiv wahrgenommen wurde. Da die teilnehmenden

---

[1680] Vgl. CVD 304, 1997; Schule von acht bis eins. Betreuung von Schülerinnen und Schülern in Grundschulen und Sonderschulen vor und nach dem Unterricht. Informationen und Materialien für die Einrichtung, Durchführung und Weiterentwicklung von Betreuungsmaßnahmen, Düsseldorf 1997, 4; RP 09.09.1998.
[1681] Vgl. CVD 304, 1997.
[1682] Vgl. CVD 304, 19.12.1996 und 28.01.1997.
[1683] Vgl. CVD 304, 28.01.1997.
[1684] Vgl. CVD 304, 1997.
[1685] Vgl. CVD 304, 1997.
[1686] Vgl. CVD 304, 1997 und März 2003.
[1687] Vgl. CVD 304, 27.02.1997.
[1688] Vgl. dazu Schule von acht bis eins. Betreuung von Schülerinnen und Schülern in Grundschulen und Sonderschulen vor und nach dem Unterricht. Informationen und Materialien für die Einrichtung, Durchführung und Weiterentwicklung von Betreuungsmaßnahmen, Düsseldorf 1997, 18.

Kinder aus verschiedenen Jahrgangsklassen mit unterschiedlichem Unterrichtsende in das Betreuungsangebot kamen, ergaben sich im Laufe des Tages und der Woche variierende Gruppenzusammensetzungen und Gruppenstärken. Die Höchststärke der Gesamtgruppe wurde nur in einer kurzen Zeitspanne erreicht, während vorher oder nachher auch Kleinstgruppen in unterschiedlichsten Zusammensetzungen entstanden[1689]. Daraus leitete sich ein besonderer Anspruch an die Gestaltung der einzelnen Betreuungsphasen und deren zeitliche Staffelung ab[1690]. Zu den Zuwendungsvoraussetzungen für die Träger gehörte es, dass grundsätzlich alle Schüler an der Betreuungsmaßnahme teilnehmen konnten[1691]. Wenn jedoch die Nachfrage das Angebot überstieg[1692], waren spezielle Aufnahmekriterien anzuwenden wie Grad der Dringlichkeit, Berufstätigkeit der Eltern, allein erziehende Elternteile, Geschwisterkinder, Probleme im Lern-, Arbeits- und Sozialverhalten, individueller Erziehungs- und Integrationsbedarf[1693].

Nach Abschluss der Erprobungsphase dehnte der Düsseldorfer Caritasverband das Projekt "Schule von acht bis eins" im Laufe des Schuljahres 1997/98 auf acht weitere Schulen aus[1694]. Zum Stichtag 31. Dezember 2002 wurden 304 Schulkinder in 18 Gruppen an 16 Düsseldorfer Grundschulen von 38 Caritasmitarbeiterinnen verlässlich betreut[1695].

Schule	Straße	Beginn/Ende
Katholische Grundschule Franz - Boehm - Schule	Kamperweg 291	01.02.1997
Katholische Grundschule St. Franziskus - Schule	Herchenbachstr. 2	01.02.1997
Katholische Grundschule Essener Straße	Essener Str. 1	18.08.1997
Katholische Grundschule Florensstraße	Heinsenstr. 21	18.08.1997
Katholische Grundschule Itterstraße	Steinkaul 27	18.08.1997
Gemeinschaftsgrundschule Regenbogen - Schule in Kooperation mit Katholischer Grundschule St. Peter - Schule	Jahnstr. 97	18.08.1997
Katholische Grundschule Kartause - Hain - Schule	Unterrather Str. 76	18.08.1997
Gemeinschaftsgrundschule Matthias - Claudius - Schule in Kooperation mit Katholischer Grundschule St. Rochus - Schule	Bongardstr. 9	18.08.1997
Katholische Grundschule Thomas - Schule	Blumenthalstr. 11	18.08.1997
Katholische Grundschule Christophorus - Schule in Kooperation mit Gemeinschaftsgrundschule Theodor - Heuss - Schule	Werstener Friedhofstr. 10 und Lützenkircher Str. 2	15.09.1997/ 30.11.1997

[1689] Vgl. CVD 304, 19.02.1997.
[1690] Vgl. CVD 304, 27.02.1997.
[1691] Vgl. CVD 304, 14.02.1996.
[1692] RP 18.08.2001.
[1693] Vgl. Schule von acht bis eins. Betreuung von Schülerinnen und Schülern in Grundschulen und Sonderschulen vor und nach dem Unterricht. Informationen und Materialien für die Einrichtung, Durchführung und Weiterentwicklung von Betreuungsmaßnahmen, Düsseldorf 1997, 18.
[1694] Vgl. CVD 304, 1997; RP 18.06.1997; NRZ 03.09.1998.
[1695] Vgl. CVD 222, März 2003.

15. Schule von acht bis eins

Katholische Grundschule Christophorus - Schule	Werstener Friedhofstr. 10	10.08.1998
Katholische Grundschule Niederkassel	Niederkasseler Str. 36	10.08.1998/ 29.06.2000
Gemeinschaftsgrundschule Unterrath	Beedstr. 31	10.08.1998
Katholische Grundschule St. Rochus - Schule	Bongardstr. 9	02.08.1999
Katholische Grundschule Itterstraße	Itterstr. 16	02.08.1999
Gemeinschaftsgrundschule Theodor - Heuss - Schule	Lützenkircher Str. 2	02.08.1999
Evangelische Grundschule Brehm - Schule	Karl - Müller - Str. 25	20.08.2001
Katholische Grundschule Rather Kreuzweg	Rather Kreuzweg 21	01.10.2001

Die Betreuung der Schulkinder fand in der Regel in ehemaligen Klassenräumen der jeweiligen Schulen statt[1696]. Die Gestaltung der Räume war auf das freizeitpädagogische Angebot der Projektmaßnahme abgestimmt und umfasste Bauecken, Puppenecken, Spieltische, Schreibtische, Esstische, Kuschelecken etc.. Allen Betreuungsgruppen war die Nutzung des Schulhofes und der Turnhalle, mancherorts auch der Schulbibliothek und der Werkräume gestattet[1697].

Mit Runderlass vom 19. Februar 2001 und 11. Dezember 2001 hatte das Ministerium für Schule und Weiterbildung in Nordrhein - Westfalen die gesetzlichen Grundlagen für eine Ganztagsbetreuung von Grundschülern (13plus P) geschaffen[1698]. Durch das neue Förderprogramm war die Möglichkeit einer verlässlichen Betreuung für Kinder der Primarstufe über 13 Uhr hinaus bis in den Nachmittag hinein gegeben[1699]. Zu Beginn des Schuljahres 2002/03 richtete die Caritas für Düsseldorf am 2. September 2002 in der Thomas - Schule (Blumenthalstr. 11) das Projekt "13plus P" ein, das 14 Kindern neben einem Mittagstisch auch Freizeitgestaltung und Hausaufgabenbetreuung anbot[1700]. Seit dem 15. September 2003 wurde die aus Landesmitteln geförderte Betreuung am Nachmittag auch für Schüler der Grundschule an der Itterstraße in Holthausen angeboten[1701].

[1696] Vgl. CVD 222, 1997 und März 2003.

[1697] Vgl. CVD 222, 1997 und März 2003.

[1698] Vgl. CVD 222, März 2003; CVD 304, Juli 2002; NN, Richtlinien über Zuwendungen für die Betreuung von Schülerinnen und Schülern vor und nach dem Unterricht (Primarstufe und Sekundarstufe I: "Schule von acht bis eins", "Dreizehn Plus P", "Dreizehn Plus S I", Silentien"), in: Amtsblatt Ministerium für Schule, Wissenschaft und Forschung Jg. 53 Nr. 3 (15.03.2001), 58 - 61, 58 ff; NN, Verlässliche Ganztagsangebote ("Schule von acht bis eins", "Dreizehn Plus P", "Silentien"); Änderung, in: Amtsblatt Ministerium für Schule, Wissenschaft und Forschung des Landes Nordrhein - Westfalen Jg. 54 Nr. 1 (15.01.2002), 19.

[1699] Vgl. CVD 222, März 2003; CVD 304, Juli 2002.

[1700] Vgl. CVD 222, März 2003.

[1701] Vgl. CVD 304, 08.05.2003.

Schulsozialarbeit

Der fortschreitende Ausbau des auf den Primarbereich beschränkten Projektes "Schule von acht bis eins" hatte zur Folge, dass in Düsseldorf Ende der neunziger Jahre auch für weiterführende Schulen neue Formen der Schülerbetreuung außerhalb des regulären Unterrichtes gesucht und geprüft wurden. Die gesellschaftlichen, wirtschaftlichen, politischen und sozialen Veränderungen und Umbrüche im ausgehenden 20. Jahrhundert, die den Anstoß zur Einrichtung einer verlässlichen Grundschule gaben[1702], hatten in gleicher oder ähnlicher Weise vor allem in den Bereich der städtischen Hauptschulen hineingewirkt[1703]. In einem von Johannes Böcker verantworteten Positionspapier des Düsseldorfer Caritasverbandes vom 15. November 1998 hieß es zu veränderten Arbeitsgrundlagen: "Die Schule ist nach wie vor eine festgefügte Einrichtung, die jedoch immer deutlicher zu spüren bekommt, daß sie sich angesichts der Probleme, die junge Menschen heute in die Schule mitbringen und angesichts geänderter gesellschaftlicher Rahmenbedingungen, nicht mehr auf die Wissensvermittlung konzentrieren kann. Zentrale Leitwerte der Schule, wie Bildungsauftrag und Vorbereitung auf den Beruf, werden hinterfragt und nicht mehr als ausreichende Aufgabenstellung angesehen. Es wird deshalb heute an die Schule verstärkt die Erwartung gerichtet, sich mehr als Lebensort von Schülern zu verstehen und das soziale Lernen als wichtigen Bestandteil des schulischen Lebens zu fördern. Allerdings sind die hierfür erforderlichen Rahmenbedingungen nicht ausreichend geschaffen, sondern sie haben sich - aufgrund finanzieller Einschränkungen - zunehmend verschlechtert. In dieser Situation ist es notwendig, daß die Schule vom Angebot der Jugendhilfe als einer stärker lebenslagen- und problemorientiert arbeitenden Sozialisationsinstanz Gebrauch macht. Dabei ist allerdings zu beachten, daß die Vorstellung Jugendhilfe könne Schülerprobleme und Erziehungsprobleme schnell lösen und so zur Entlastung der Unterrichtssituation beitragen, zu kurz gedacht. Jugendhilfe und Schule müssen sich in dieser Situation begegnen und nach gemeinsamen Lösungsmöglichkeiten suchen. Dabei ist zu berücksichtigen, daß die jungen Menschen in der Schule nicht nur als gute oder schlechte Schüler betrachtet werden, sondern das familiäre und soziale Umfeld muß ebenso berücksichtigt werden. Das bedeutet, daß die Jugendhilfe und auch die Schule sensibel für die gesamte Persönlichkeit eines jungen Menschen werden müssen und entsprechend mit ihr umgehen. Beide Seiten müssen sich also aufeinander zu bewegen und voneinander lernen. Insbesondere ist als Ziel zu formulieren, daß die Entwicklung des jungen Menschen im Rahmen des schulischen Feldes die Bemühung von Schule und Jugendhilfe in Anspruch nehmen kann. Dies soll möglichst an dem Ort geschehen, wo die Probleme auch unmittelbar zum Tragen kommen, nämlich in der Schule selbst"[1704].

[1702] Vgl. Gisela Burkhardt, Schulsozialarbeit am Beispiel der Erzdiözese Freiburg, in: Caritas '90. Jahrbuch des Deutschen Caritasverbandes, 307 - 310, 308; Helena Durtschi, Schulsozialarbeit: Antwort auf Schule und Familie im Wandel. Ein neues Arbeitsfeld für SozialarbeiterInnen etabliert sich, in: Zeitschrift für Sozialhilfe Jg. 98 Nr. 9 (September 2001), 133 - 136, 133 ff.
[1703] Vgl. CVD 222, März 2001. Vgl. dazu Rudolf Barz, Möglichkeiten der Schulsozialarbeit im Bereich der Hauptschule, Dortmund 1981, 1 ff.
[1704] CVD 222, 15.11.1998.

15. Schulsozialarbeit

Wenn auch nicht ausdrücklich, so war der Idee "Schulsozialarbeit" bereits das Kinder- und Jugendhilfegesetz (KJHG) vom 26. Juni 1990 verpflichtet, hieß es doch im ersten Absatz des § 13 "Jugendsozialarbeit" wörtlich: "Jungen Menschen, die zum Ausgleich sozialer Benachteiligungen oder zur Überwindung individueller Beeinträchtigungen in erhöhtem Maße auf Unterstützung angewiesen sind, sollen im Rahmen der Jugendhilfe sozialpädagogische Hilfen angeboten werden, die ihre schulische und berufliche Ausbildung, Eingliederung in die Arbeitswelt und ihre soziale Integration fördern"[1705]. Dass hierbei auch auf Angebote aus dem Bereich der Schulsozialarbeit zurückgegriffen werden sollte, ist einer Erklärung der Bundesregierung zum Entwurf des Kinder- und Jugendhilfegesetzes zu entnehmen. Dort war explizit klargelegt: "Die Vorschrift bezieht auch Angebote und Maßnahmen der Schulsozialarbeit mit ein. Sie sind in besonderem Maße geeignet, bereits in allgemeinbildenden Schulen zu einem reibungslosen Übergang Jugendlicher von der Schule in ein Ausbildungsverhältnis beizutragen"[1706].

Ideengeschichtlich liegt der Ursprung der Schulsozialarbeit in den USA, wo zu Beginn des 20. Jahrhunderts zur Durchsetzung der gerade erlassenen Schulpflicht bei noch vorhandener Kinderarbeit das Prinzip school - social - work eingeführt wurde[1707]. Als Schule unterstützender und ergänzender Arbeitsbereich konnte sich die school - social - work in der nordamerikanischen Sozialarbeit schnell etablieren und war bald fester Bestandteil an den Schulen[1708]. Für die sozialarbeiterischen und sozialpädagogischen Aktivitäten an deutschen Schulen wurde nur der Begriff school - social - work in seiner Übersetzung übernommen, ohne eine verbindliche, einheitliche Definition festzulegen[1709]. Gleichwohl galt auch hier, dass man sozialisationsbedingten Benachteiligungen durch Schulsozialhilfe begegnen wollte[1710]. Als im ausgehenden 20. Jahrhundert vor allem an deutschen Haupt-, Sonder- und Berufsschulen erkennbar wurde, dass psychosoziale Probleme und damit einhergehende Verhaltensauffälligkeiten wie aggressives und gewaltsames Verhalten oder im anderen Extrem zurückgezogenes und zum Teil selbst zerstörendes Verhalten der Schüler zunahmen und einem reibungslosen Unterrichtsverlauf entgegenstanden, nahm in der Schulsozialarbeit eine andere Entwicklungslinie ihren An-

---

[1705] NN, Gesetz zur Neuordnung des Kinder- und Jugendhilferechts (Kinder- und Jugendhilfegesetz - KJHG). Vom 26. Juni 1990, in: Bundesgesetzblatt Nr. 30 (28.06.1990), 1163 - 1195, 1168.

[1706] Zitiert nach Heinz Krug, Kinder- und Jugendhilfe. Sozialgesetzbuch (SGB), Achtes Buch (VIII). Kommentar, sowie Bundesrecht, internationales Recht und Landesrecht, mit Hinweisen auf den Einigungsvertrag, Starnberg 1991 ff, § 13.

[1707] Vgl. Lela B. Costin, Schulsozialarbeit in Amerika. Ein Blick auf Geschichte und gegenwärtige Strömungen, in: Lela B. Costin, Schulsozialarbeit in den USA, München 1983, 9 - 129, 49 ff.

[1708] Vgl. Erich Raab, Handbuch Schulsozialarbeit. Konzeption und Praxis sozialpädagogischer Förderung von Schülern, München 1987, 213 ff.

[1709] Vgl. Wilma Grossmann, Aschenputtel im Schulalltag. Historische Entwicklungen und Perspektiven von Schulsozialarbeit, Weinheim 1987, 121 ff; Hans Günther Homfeldt, Schulsozialarbeit: eine konstruktiv - kritische Bestandsaufnahme, in: Neue Praxis. Zeitschrift für Sozialarbeit, Sozialpädagogik und Sozialpolitik Jg. 31 Nr. 1 (Februar 2001), 9 - 28, 12 ff.

[1710] Vgl. Klaus - Jürgen Tillmann, Schulsozialarbeit. Eine Einführung in Praxisansätze und Theoriekonzepte, in: Klaus - Jürgen Tillmann, Schulsozialarbeit. Problemfelder und Erfahrungen aus der Praxis, München 1982, 9 - 41, 12 ff.

fang[1711]. Charakteristisch für die neue Richtung war, dass sie die Sozialarbeit und Sozialpädagogik einforderte um der Schule willen, damit sie ihrem Auftrag, Lerninhalte zu vermitteln, gerecht werden konnte, ohne sich selbst ändern zu müssen[1712]. Die "gesellschaftlich verursachten Defizite", so eine Analyse von Piotr Salustowicz, "die sich als Verhaltensstörungen und -auffälligkeiten bei den Schülern äußern, werden zwar nicht mehr an Institutionen außerhalb der Schule, wohl aber außerhalb des Unterrichts an die Schulsozialarbeit delegiert"[1713]. Trotz unübersehbarer Defizite vermochte die neue Entwicklungslinie eine Annäherung zwischen Schule und Jugendhilfe in Gang zu bringen, die für deutsche Verhältnisse nicht selbstverständlich war, da beide Institutionen sich im Gegensatz zu anderen Ländern hier als zwei voneinander getrennte gesellschaftliche Bereiche entwickelt und etabliert hatten[1714]. Die Entwicklung der Schule unterlag der Bildungspolitik, die Entwicklung der Jugendhilfe der Sozialpolitik. Damit waren auch die Zuständigkeiten sowohl politisch als auch verwaltungstechnisch voneinander verschieden[1715]. Im Sinne einer ganzheitlichen Förderung von Kindern und Jugendlichen lag es zwar auf der Hand, beide Systeme trotz vielfältiger systemimmanenter Sachzwänge zu einer intensiveren Kooperation zu bewegen, doch war das Konfliktpotential in der Begegnung von Schule und Jugendhilfe nicht unerheblich[1716]. Während die Schule aus soziologischer Sicht Kinder qualifizierte, selektierte, integrierte und so soziale Benachteiligungen mitproduzierte[1717], sollte die Jugendhilfe "junge Menschen in ihrer individuellen und sozialen Entwicklung fördern und dazu beitragen, Benachteiligungen zu vermeiden und abzubauen" (§ 1 Abs. 3 KJHG).

An der Schnittstelle von Schule und Jugendhilfe war der Caritasverband für die Stadt Düsseldorf seit dem Jahre 1987 mit den Projekten "Gemeinwesen- und Schulsozialarbeit Katharinenstraße" und "Aussiedlerarbeit Jugend" tätig[1718]. Erfahrungen in der individu-

---

[1711] Vgl. Gerhard Segel, Die zentrale Rolle der Schulsozialarbeit in der zukünftigen Jugendhilfelandschaft. Eine realisierbare Utopie !, in: Jugend, Beruf, Gesellschaft. Zeitschrift für Jugendsozialarbeit Jg. 50 Nr. 4 (4. Quartal 1999), 256 - 260, 256 ff; Matthias Drilling, Schulsozialarbeit. Antworten auf veränderte Lebenswelten, Bern 2001, 37 ff.

[1712] Vgl. Werner Glanzer, Schulsozialarbeit auf der Suche nach Zukunft, in: Jugendhilfe Jg. 35 Nr. 1 (Januar/Februar 1997), 3 - 10, 6 ff.

[1713] Piotr Salustowicz, Sozialarbeiter in der Schule. Kritische Bemerkungen zu den Legitimationsmustern, in: Hilfen für Schüler und Schule durch Sozialarbeit. Beiträge, Materialien und Ergebnisse einer Fachtagung, München 1982, 98 - 104, 99.

[1714] Vgl. Franz Bettmer, "Die Angst vor dem Gesichtsverlust ..." - sind Funktionsüberschneidungen das Problem ?, in: Archiv für Wissenschaft und Praxis der sozialen Arbeit Jg. 33 Nr. 2 (2. Vierteljahr 2002), 12 - 42, 12 ff.

[1715] Vgl. Thomas Olk, Jugendhilfe und Schule. Empirische Befunde und theoretische Reflexionen zur Schulsozialarbeit, Weinheim 2000, 11 ff.

[1716] Vgl. Erich Raab, Handbuch Schulsozialarbeit. Konzeption und Praxis sozialpädagogischer Förderung von Schülern, München 1987, 13 ff; Jens Jongebloed, "Es geht doch !?" - Zur Kooperation zwischen Lehrern und Schulsozialarbeitern, in: Archiv für Wissenschaft und Praxis der sozialen Arbeit Jg. 33 Nr. 2 (2. Vierteljahr 2002), 72 - 83, 72 ff.

[1717] Vgl. Ursula Menzemer, Leiden an der Schule. Eine sozialpädagogische Analyse, Frankfurt 1981, 92 ff.

[1718] Vgl. oben S. 859 f und 865 ff.

ellen und differenzierten Förderung leistungsschwacher Schüler und in der Durchführung pädagogischer Einzel- und Gruppenangebote hatte der Verband auch durch das Projekt "Schule von acht bis eins" gesammelt, das in nur einem Jahr an zwölf Düsseldorfer Schulen eingerichtet werden konnte[1719]. Als weitere Jugendhilfemaßnahme begann am 1. März 1998 das Projekt "Hausaufgabenhilfe St. Benediktschule", das in Kooperation zwischen dem Caritasverband für die Stadt Düsseldorf und der Katholischen Hauptschule St. Benedikt (Charlottenstr. 110) durchgeführt wurde[1720]. Die aus den Angeboten gewonnenen Erfahrungen gaben Veranlassung, die Einrichtung eines selbstständigen Projektes "Schulsozialarbeit" beim Caritasverband für die Stadt Düsseldorf zu prüfen. Bereits im Mai 1998 war der Verband mit seinen Überlegungen an das Jugendamt der Landeshauptstadt Düsseldorf herangetreten, um gemeinsam nach Wegen für eine Realisierbarkeit des Vorhabens zu suchen[1721]. Was "Auftrag und Anspruch" einer vom Düsseldorfer Caritasverband durchgeführten Schulsozialarbeit sein sollte, ist einer Projektskizze zu entnehmen, die der Stadtverwaltung am 15. November 1998 vorgelegt wurde[1722]. Die konzeptionellen Grundmotive lauteten: "Aufgaben und Aktivitäten für und mit Schülern sowie für und mit Lehrern und Eltern, die geeignet sind, die soziale Integration der Schüler unmittelbar oder über die Förderung der integrierenden Möglichkeiten der Schule zu erreichen, versteht der Caritasverband für die Stadt Düsseldorf als Schulsozialarbeit. Soziale Integration junger Menschen heißt, ihnen gesellschaftliche Teilhabe zu ermöglichen: durch eine existentielle Absicherung auf der Grundlage einer bewußten Lebensplanung, indem gesellschaftliche Zusammenhänge erkannt werden können und in ihnen ein eigener Standort eingenommen werden kann und durch die Fähigkeit, in diesen Zusammenhängen zu handeln bzw. diese Verantwortung bewußt mitzugestalten. In dieser Weise ist Schulsozialarbeit ein wirksamer präventiver Ansatz, der in der Lage ist, gesellschaftlicher Desintegration junger Menschen mit den entsprechenden individuellen und volkswirtschaftlichen Folgen entgegenzuwirken"[1723]. In der Umsetzung sollte das Projekt Schulsozialarbeit vor allem folgenden drei Prinzipien verpflichtet sein: "1. Schülerinnen und Schüler werden akzeptiert und angenommen vor aller Leistung. Sie werden in ihrer Würde gestärkt. Es sollen alle Voraussetzungen genutzt werden, um ihrer persönlichen Entfaltung entsprechende Wege zu bereiten. 2. Schülerinnen und Schüler werden sensibilisiert, die Würde der anderen zu achten, und ihr Anderssein zu tolerieren sowie Verantwortung für ein solidarisches Zusammenleben zu tragen. 3. Es wird an den Stärken und Ressourcen von Schülerinnen und Schülern angesetzt. Ihre Selbsthilfekräfte und die ihrer sozialen Umgebung werden geachtet und gefördert"[1724].

[1719] Vgl. oben S. 1013 ff.
[1720] Vgl. CVD 74, 01.03.1998.
[1721] Vgl. CVD 222, 15.11.1998.
[1722] Vgl. CVD 222, 15.11.1998.
[1723] CVD 222, 15.11.1998. Vgl. dazu Marion Paar, Schulsozialarbeit. Vorbeugen ist besser als Heilen, in: Caritas '94. Jahrbuch des Deutschen Caritasverbandes, 91 - 96, 91 ff.
[1724] CVD 222, 15.11.1998.

Bei seinen Überlegungen ging der Caritasverband für die Stadt Düsseldorf davon aus, dass Schulsozialarbeit in Trägerschaft der Jugendhilfe durchgeführt wird, um frei von behördlichen und vor allem schulbehördlichen Rahmenbedingungen und Einschränkungen handeln zu können[1725]. Aus Sicht des Caritasverbandes trug nur eine so verankerte Schulsozialarbeit die Möglichkeit in sich, Schüler jenseits schulischer Anforderungen anzusprechen und trägerspezifische Ressourcen wie Mitarbeiter, Räume, Dienste und Vernetzungen sinnvoll zum Einsatz zu bringen[1726]. Außerdem stand der Schule auf diese Weise eine Instanz gegenüber, die in der Lage war, die Qualifikations-, Selektions- und Integrationsprozesse in einem hohen Maß Schüler orientiert zu begleiten[1727]. Vor dieser Folie war es der Schulsozialarbeit möglich, dort anzusetzen, wo die Schule sich in ihrer Integrationsfunktion aufgrund ihrer Selektionsfunktion selbst im Wege stand. Die Schulsozialarbeit wollte anwaltschaftliche Funktion übernehmen und verstand sich als Bindeglied zwischen Schule und Jugendhilfe, "welches sich nahe und dadurch oft noch rechtzeitig an den existentiellen Sorgen der Jugendlichen befindet und unmittelbar Antworten geben kann, zum Beispiel bei materiellen Sorgen, bei drohender Obdachlosigkeit, bei notwendiger Betreuung vor und nach dem Unterricht oder über Mittag, bei Fragen von Körperhygiene, Gesundheit und Krankheit, bei Selbstmordgefährdung, bei Gefährdung durch Drogen"[1728]. Sich selbst stellte die Schulsozialarbeit des Düsseldorfer Caritasverbandes unter den Anspruch, "Schülerinnen und Schüler nicht nur leistungsbezogen und in ihrer Schülerrolle zu sehen", sondern "an der Überwindung von Konflikten zwischen Lehrern, Eltern und Schülern und an der Gestaltung des sozialen Lebens in der Schule" mitzuwirken[1729].

Vorrangige Zielgruppe der Schulsozialarbeit waren Schüler, "die bei der Entfaltung ihrer Fähigkeiten und bei der Nutzung und Entwicklung ihrer personalen und situationsbezogenen Handlungsmöglichkeiten sozialarbeiterische Hilfen oder sozialpädagogische Angebote" benötigten[1730]. Der mittelbare Zugang zu den Schülern sollte über Lehrer und Eltern wie auch durch "die Mitgestaltung der Kommunikationsstrukturen und des sozialen Lebens in der Schule und über die Einflussnahme auf Problem lösende Momente in der Schule" erfolgen[1731]. Die Angebote der Caritas Schulsozialarbeit waren an Jungen und Mädchen gerichtet, doch galt letzteren besondere Aufmerksamkeit, "weil sie ihre Wünsche und Nöte oft nicht oder nur leise zum Ausdruck bringen und so häufig übersehen werden, weil sie sich mit ihrer Berufswahl häufig immer noch auf ein vergleichsweise schmales Spektrum an Möglichkeiten beziehen ... , weil sie gestärkt werden

---

[1725] Vgl. CVD 222, 15.11.1998.

[1726] Vgl. CVD 222, 15.11.1998.

[1727] Vgl. Erich Hollenstein, Ein Studienkonzept und seine Bedeutung für die Praxis, in: Erich Hollenstein, Schulsozialarbeit. Studium, Praxis und konzeptionelle Entwicklungen, Hannover 1999, 14 - 35, 24 ff.

[1728] CVD 222, 15.11.1998.

[1729] CVD 222, 15.11.1998.

[1730] CVD 222, 15.11.1998.

[1731] CVD 222, 15.11.1998.

sollen, ihre Wünsche nach Gleichberechtigung in Partnerschaft, Familie und Beruf zu entfalten und leben zu können"[1732].

Ein eigenständiges Profil gewann die Schulsozialarbeit des Caritasverbandes für die Stadt Düsseldorf mit Festlegung der Inhalte des neuen Projektes. Neben Hilfen bei psychosozialen Problemen und beim Übergang von der Schule in Ausbildung und Beschäftigung wurden in der Planungsphase vor allem Lernhilfen, Persönlichkeitsbildung, Förderung der sozialen Kompetenz, Kontaktpflege zu Eltern und Lehrern und Beratungs- und Fortbildungsangebote für Lehrerinnen und Lehrer genannt[1733]. Die projektierten Inhalte der Schulsozialarbeit sollten in Form von Einzelhilfen, sozialer Gruppenarbeit und Gemeinwesen orientierten Arbeitsansätzen vermittelt werden, wodurch der Einsatz und die Anwendung verschiedener Angebote und Methoden erforderlich war: sozialpädagogische Beratung, soziale Gruppenarbeit, Pausentreff, Hausausgabenhilfen, Bildungs- und Orientierungsangebote, Projektarbeiten, Personen orientierte Unterstützung und Begleitung, Hausbesuche, Ausflüge und Ferienfreizeiten, Mitwirkung bei Veranstaltungen und in den Gremien der Schule[1734]. In der methodischen Ausgestaltung der Angebote ließ sich der Düsseldorfer Caritasverband von folgenden vier Prinzipien leiten: "1. Die Angebote gehen auf die unterschiedlichen Lebenslagen und Bedürfnisse von Mädchen und Jungen ein; 2. Kulturelle Unterschiede werden wahrgenommen und berücksichtigt sowie als Ansatzpunkt für interkulturelles Lernen und zum Abbau von Fremdenfeindlichkeit einbezogen; 3. Die Angebote werden vernetzt und abgestimmt mit anderen Angeboten innerhalb der Schule ... und anderer öffentlicher und freier Träger der Jugendhilfe; 4. Die Sozialarbeiter und Sozialpädagogen des Caritasverbandes für die Stadt Düsseldorf kooperieren mit den zuständigen Behörden innerhalb des Einzugsgebietes sowie mit anderen Trägern der Jugendhilfe"[1735].

Um nicht realisierbare Erwartungen bei den Projektpartnern auszuschließen, grenzte der Caritasverband für die Stadt Düsseldorf den Tätigkeitsbereich der Schulsozialarbeit noch während der konzeptionellen Gestaltung klar gegen fachfremde Arbeitsfelder ab. Nachdrücklich wurde bereits in der Vorbereitungsphase betont: "Es ist nicht Aufgabe der Schulsozialarbeit, für einen reibungslosen Ablauf des Schulalltags zu sorgen. Schulsozialarbeit ist auch keine Lückenbüßerin für fehlende Lehrer, mangelnde Pausenaufsicht und unzureichende Möglichkeiten von nötigem Förderunterricht. Ebenso versteht sich Schulsozialarbeit nicht als ein Institut für Nachhilfe. Dabei ist in besonderer Weise darauf zu achten, daß Schulsozialarbeit das Recht und die Möglichkeit hat, schülerinnen- und schülerbezogene Informationen vertraulich zu behandeln. Bezüglich weitergehender Aufgabenstellungen ist es notwendig zu verdeutlichen, daß psychotherapeutische Leistungen von der Schulsozialarbeit vorbereitet werden und vermittelt werden können, aber nicht von ihr selbst erbracht werden können"[1736].

[1732] CVD 222, 15.11.1998.
[1733] Vgl. CVD 222, 15.11.1998.
[1734] Vgl. CVD 222, 15.11.1998.
[1735] CVD 222, 15.11.1998.
[1736] CVD 222, 15.11.1998.

Mit dem Projekt Schulsozialarbeit wurde der Caritasverband für die Stadt Düsseldorf zunächst an der Katholischen Hauptschule St. Benedikt (Charlottenstr. 110) tätig, da hier "im besonderen Maße individuelle Beeinträchtigungen und soziale Benachteiligungen bei Schülerinnen und Schülern offensichtlich" waren[1737]. Als eine der wenigen konfessionellen Hauptschulen der Landeshauptstadt und aufgrund ihrer zentralen Lage wurde die Lehranstalt von Kindern und Jugendlichen aus dem gesamten Stadtgebiet besucht[1738]. Zwar war die Nähe der Schule zum Düsseldorfer Hauptbahnhof und der hier anzutreffenden Prostitution und Drogenkriminalität problematisch, doch galt St. Benedikt nicht als "Brennpunktschule"[1739]. Der vergleichsweise geringe Ausländeranteil unter den 420 Schülerinnen und Schülern lag bei etwa 30 %, was vor allem auf die verbindliche Teilnahme am Religionsunterricht und an Gottesdiensten zurückzuführen war[1740].

Der Kontakt zwischen Verband und Schule war hergestellt, als im Frühjahr 1998 das Kooperationsprojekt "Hausaufgabenhilfe St. Benediktschule" begann[1741]. Dass noch im gleichen Jahr am 1. Dezember das Projekt "Schulsozialarbeit an der katholischen Hauptschule St. Benedikt" in Trägerschaft des Caritasverbandes für die Stadt Düsseldorf aufgenommen werden konnte[1742], war vor allem dem städtischen Jugendamt zu verdanken, das zu diesem Zweck nicht verausgabte Fördermittel der Aussiedlerhilfe umgewidmet und für die neue Aufgabe bereitgestellt hatte[1743]. Aus Anlass der Präsentation und feierlichen Eröffnung der Schulsozialarbeit am 4. Februar 1999 durch Caritasdirektor Johannes Böcker berichtete die Kirchenzeitung über den präventiven Ansatz des Projektes: "In täglichen Sprechstunden können sich Schüler und Eltern mit ihren Problemen wie beispielsweise schlechten Schulnoten, Konzentrationsmangel oder Konflikten mit Mitschülern beziehungsweise Lehrern an die Diplom - Sozialpädagogin wenden. Falls notwendig werden Kontakte mit zuständigen Beratungsstellen der Caritas und anderen Trägern hergestellt"[1744].

Schwerpunkt der Caritas Schulsozialarbeit war die Einzelfallhilfe, die Schülern aller Klassen bei Problemen konkrete Hilfen anbot[1745]. In der Beratung wurde gemeinsam mit den Betroffenen nach Lösungsmöglichkeiten gesucht und Unterstützung bei der Umsetzung zugesagt. Hausbesuche, Begleitung zu anderen Schulen, zum Jugendamt und zur Drogenberatung gehörten ebenso zur Einzelfallhilfe wie die Vermittlung zu speziali-

---

[1737] Vgl. CVD 222, 15.11.1998.
[1738] Vgl. CVD 222, Februar 2000; Rolf Hackenberg, Die Katholische Volksschule Neusser Straße - Hauptschule St. Benedikt. Umzug nach 160 Jahren, in: Heimatverein Bilker Heimatfreunde. Jubiläumsbuch zum 50 - jährigen Bestehen des Heimatvereins Bilker Heimatfreunde e.V., Düsseldorf 2001, 95 - 98, 98.
[1739] Vgl. CVD 222, Februar 2000; WZ 09.03.2000.
[1740] Vgl. CVD 222, Februar 2000.
[1741] Vgl. oben S. 1023.
[1742] Vgl. CVD 222, 06.01.1999.
[1743] Vgl. CVD 222, 05.07.1999; RP 05.02.1999; RP 20.02.1999.
[1744] Ronald Morschheuser, Helfen, bevor es zu spät ist, in: Kirchenzeitung für das Erzbistum Köln Jg. 54 Nr. 6 (12.02.1999), 26. Vgl. auch CVD 222, 06.01.1999; NRZ 05.02.1999; RP 05.02.1999; RP 20.02.1999.
[1745] Vgl. CVD 222, Februar 2000.

15. Schulsozialarbeit

sierten Fürsorgestellen und die Beratung von Erziehungsberechtigten[1746]. Einmal in der Woche fand für jüngere Schulkinder eine sozialpädagogische Übungseinheit zum Thema "Soziales Lernen" statt, um die soziale Kompetenz der Jungen und Mädchen zu stärken[1747]. Begleitet von Mitarbeitern der Schulsozialarbeit, kamen an der Benediktschule zwei Schülerarbeitskreise in regelmäßigen Abständen zusammen[1748]. Der Arbeitskreis "Streitschlichter" der Klassen 5 bis 7 verfolgte das Ziel, engagierte Schüler zu Streitschlichtern auszubilden, die bei kleineren Alltagskonflikten eine Vermittlung übernahmen[1749]. Von Schülern der Klassen 8 bis 10 wurde der Arbeitskreis "Drogen- und Gewaltprävention" ins Leben gerufen, um eine altersgerechte Auseinandersetzung über das Gewalt- und Suchtpotential von Jugendlichen anzuregen[1750]. In den Sommerferien hatten Schüler und Schülerinnen der St. Benediktschule die Gelegenheit am zweiwöchigen Kinderferienspaß des Düsseldorfer Caritasverbandes teilzunehmen[1751], dessen Programm und Durchführung bereits an anderer Stelle beschrieben wurde[1752]. Um den Schülern neue Fähigkeiten und Fertigkeiten im Umgang mit sich zu vermitteln, kamen bei der Schulsozialarbeit des Caritasverbandes verstärkt Elemente aus Erlebnispädagogik zum Einsatz[1753]. Ob durch Segelkurse am Baldeneysee oder Veranstaltungen des "Internationalen Bundes für Sozialarbeit" (Mönchengladbach) sollten erlebnispädagogische Elemente wie Klettern oder Blindenparcour helfen, neue Fähigkeiten spielerisch zu erlernen und im Alltag umzusetzen[1754]. Großer Wert wurde in der Schulsozialarbeit auf die Berufsorientierung für die Schüler der Klassen 9 und 10 gelegt[1755]. Neben einer wöchentlichen "Beruf AG", die gemeinsam mit Beratungslehrern veranstaltet wurde, gehörte das Formulieren von Bewerbungsschreiben zu den Unterstützungsangeboten der Sozialarbeiter[1756]. Mehrfach fand in der Aula der Hauptschule ein "Markt der Möglichkeiten" statt, der in Kooperation mit verschiedenen Einrichtungen, Beratungsstellen und Betrieben unterschiedliche Berufsfelder praxisnah vorstellte[1757]. Zu den festen Einrichtungen der Caritas Schulsozialarbeit an der Benediktschule gehörte schließlich auch die

---

[1746] Vgl. CVD 222, Februar 2000.
[1747] Vgl. NRZ 02.03.1999.
[1748] Vgl. CVD 222, Februar 2000.
[1749] Vgl. WZ 09.03.2000; WZ 22.03.2001.
[1750] Vgl. CVD 222, 01.11.1999. Vgl. dazu Ron Halbright, Gewalt überall - und ich ? Prävention in der Schule, in: Matthias Drilling, Gewalt an Schulen. Ursachen, Prävention, Intervention. Beiträge der 2. nationalen Fachtagung der Stiftung Erziehung und Toleranz, Zürich 2002, 125 - 127, 125 ff.
[1751] Vgl. CVD 222, Februar 2000.
[1752] Vgl. oben S. 819.
[1753] Vgl. CVD 222, Februar 2000.
[1754] Vgl. RP 20.02.1999; NN, Segelwoche am Baldeney - See Klasse 5a, in: Schul - WIS - sen. Schulzeitung von Eltern für Eltern der Katholischen Hauptschule St. Benedikt Jg. 2 Nr. 4 (November 2000), 4.
[1755] Vgl. CVD 222, Februar 2000.
[1756] Vgl. CVD 222, 25.06.2001; NRZ 27.06.2001; Ronald Morschheuser, Fruchtbare Zusammenarbeit. Hauptschule und Caritasverband arbeiten zusammen, in: Kirchenzeitung für das Erzbistum Köln Jg. 56 Nr. 29/30 (20.07.2001), 30; RP 28.07.2001.
[1757] Vgl. CVD 222, Februar 2000; NN, Markt der Möglichkeiten, in: Die Zeitung. Caritasverband für die Stadt Düsseldorf Jg. 2 Nr. 1 (Frühjahr 2001), 10; WZ 25.01.2002; RP 05.02.2002.

Hausaufgabenbetreuung für Schüler der 5. Klasse, die von Honorarkräften im Silentium der Schule durchgeführt wurde[1758].

Am 2. November 1999 wurde für Schüler der Katholischen Hauptschule Itterstraße (Itterstr. 16) ein weiteres Projekt der Caritas Schulsozialarbeit eingerichtet[1759]. Um die individuelle und soziale Kompetenz von Kindern und Jugendlichen zu stärken, kam in Holthausen das SEIL - Programm zum Einsatz[1760]. Die Gliederung der Förderschwerpunkte "Soziales Lernen", "Erfahrungsräume öffnen", "Identität stärken", "Lebendige Teilhabe" (SEIL) orientierte sich am Entwicklungsstand und Alter der Schüler. Für Mädchen und Jungen der 5. und 6. Klasse war der Schwerpunkt "Soziales Lernen" mit Förderung von Kompetenzen zur individuellen Stärkung und grundlegender Gestaltung von Beziehungen, Entwicklung von Konfliktlösungsstrategien und Gesundheits-, Sucht- und Gewaltprävention vorgesehen. In der Jahrgangsstufe 7 und 8 stand der Förderschwerpunkt "Identität stärken" mit Identitätssicherung und -stärkung, Schaffung von Erfahrungsräumen zur Stärkung und zur realistischen Einschätzung eigener Fähigkeiten und Verstärkung der Gesundheits-, Sucht- und Gewaltprävention im Mittelpunkt der Arbeit. Unter dem Schlagwort "Lebendige Teilhabe" war schließlich im 9. und 10. Schuljahr angestrebt, die Bereitschaft der Schüler zur Übernahme von Aufgaben und Verantwortung im Sinne mitverantwortlicher, kooperativer, solidarischer Gestaltung des Schulalltages zu fördern und mit ihnen Ziele im Hinblick auf eine eigenständige Lebensführung mit dem Schwerpunkt eines sicheren Übergangs in die Erwerbswelt zu entwickeln[1761].

Inhaltlich waren die Angebote der Schulsozialarbeit für die jüngeren Klassen an der Hauptschule Itterstraße in die Bereiche "Emotional - soziales Lernen" und "Betreuung am Nachmittag" unterteilt[1762]. Über die Arbeit mit zwei Fördergruppen "Soziales Lernen" hieß es im ersten Jahresbericht der Caritas Schulsozialarbeit Itterstraße: "Jede Gruppe fand zweimal wöchentlich für eine Stunde über einen Zeitraum von zehn Wochen hinweg statt. ... Im weiteren wurde im 2. Schulhalbjahr 1999/2000 eine 5. Klasse sozialpädagogisch begleitet. In einer intensiven Einführungsphase über vier Wochen war die Schulsozialarbeiterin ca. sechs Schulstunden wöchentlich zusätzlich zur Lehrkraft in der Klasse. Dieses Vorgehen ermöglicht ein direktes Eingehen auf das soziale Verhalten einzelner SchülerInnen sowie der Klasse insgesamt, und diente dem Erlernen, Einüben und Stärken von positiven, gewaltfreien Verhalten und zur Verbesserung der Gruppenstrukturen. Nach Abschluss der Maßnahmen waren bei dem überwiegenden Teil der Kinder deutliche Veränderungen bei der Kenntnis und Gebrauch sozialer Regeln und

---

[1758] Vgl. Christiane Gramatis, Silentium oder wie mache ich meine Hausaufgaben ?, in: Schul - WISsen. Schulzeitung von Eltern für Eltern der Katholischen Hauptschule St. Benedikt Jg. 2 Nr. 4 (November 2000), 5; NRZ 23.08.2001.
[1759] Vgl. CVD 222, 22.03.2000; NRZ 23.03.2000; WZ 23.03.2000; BT 29.03.2000; Ronald Morschheuser, Eine Idee macht weiter Schule. Sozialarbeit der Düsseldorfer Caritas, in: Kirchenzeitung für das Erzbistum Köln Jg. 55 Nr. 14 (07.04.2000), 26; NN, Die Caritas Schulsozialarbeit. Mehr als gute Noten, in: Die Zeitung. Caritasverband für die Stadt Düsseldorf Jg. 1 Nr. 2 (Sommer 2000), 1 - 2, 1.
[1760] Vgl. CVD 222, Februar 2001 und März 2003.
[1761] Vgl. CVD 222, Februar 2001 und März 2003.
[1762] Vgl. CVD 222, Februar 2001 und März 2003.

im Sozialverhalten festzustellen. Die Klassenlehrerinnen werteten das Angebot als sehr hilfreich. So, dass seit Beginn des Schuljahres 2000/01 das 'Soziale Lernen' in den Stundenplan als fester Bestandteil integriert ist"[1763]. Zum Betreuungsangebot am Nachmittag gehörte neben dem Silentium auch die verlässliche Betreuung "13plus", die seit Beginn des Schuljahres 2000/01 in Zusammenarbeit mit der städtischen Jugendfreizeiteinrichtung "Kamper 17" (Kamperstr. 17) durchgeführt werden konnte[1764]. Mit dem Ziel, Kinder durch strukturelle Hilfen und pädagogische Maßnahmen in ihrer Entwicklung zu unterstützen, wurden etwa 20 Schüler zwischen 13.00 und 15.30 Uhr in der nahen Jugendfreizeitstätte betreut, wo sie gemeinsam eine Mahlzeit einnahmen und bei Hausaufgaben und Freizeitgestaltung unter fachlicher Aufsicht standen[1765]. Für Schüler der 7. und 8. Klasse gehörte außer einem monatlichen Frühstück die Mädchengruppe "Mädchen - Power" und die Jungengruppe "Time out" zu den festen Angeboten der Schulsozialarbeit. Während das Frühstück als praktisches Übungsfeld zur Übernahme von Eigenverantwortung und -engagement diente, waren die geschlechtsgetrennten Jugendgruppen im Sinne der Gesundheits- und Suchtprävention auf eine Stärkung der Identität und des Selbstbildes ausgerichtet[1766]. Bei der Betreuung von Schülern der Jahrgangsstufen 9 und 10 standen wie an der Hauptschule St. Benedikt auch in Holthausen verschiedene Projekte zur Berufsfindung im Vordergrund der Arbeit[1767].

Im Zuge einer flächendeckenden Ausweitung über das gesamte Stadtgebiet übernahm der Caritasverband für die Stadt Düsseldorf nach der Jahrhundertwende die Trägerschaft für die Schulsozialarbeit an der Fritz - Henkel - Schule (Stettiner Str. 98, 2. November 2000), der Gemeinschaftshauptschule Rather Kreuzweg (Rather Kreuzweg 21, 15. August 2001), der Gemeinschaftshauptschule Bernburger Straße (Bernburger Str. 44, 15. August 2001), der Gemeinschaftshauptschule Blücherstraße (Gneisenaustr. 58, 15. April 2002), der Gemeinschaftshauptschule Dumont - Lindemann - Schule (Weberstr. 3, 1. September 2002) und der Gemeinschaftshauptschule Karl - Röttger Tageshauptschule (Diepenstr. 24, 1. Februar 2003)[1768].

Rather Modell

An der Schnittstelle von Schule und Jugendhilfe wurde Ende der neunziger Jahre einem Phänomen, das seit Jahrzehnten unter dem Stichwort "Schulschwänzen" bekannt

---

[1763] CVD 222, Februar 2001.
[1764] Vgl. BT 15.02.2001. Vgl. dazu 13 plus. Ein neues Förderprogramm des Ministeriums für Schule und Weiterbildung, Wissenschaft und Forschung für verlässliche Ganztagsangebote in der Sekundarstufe I, Düsseldorf 2000, o. S. (1 ff); WZ 28.02.2001; WZ 06.09.2001.
[1765] Vgl. CVD 222, Februar 2001 und März 2003.
[1766] Vgl. CVD 222, Februar 2001 und März 2003.
[1767] Vgl. CVD 222, Februar 2001 und März 2003.
[1768] Vgl. CVD 222, März 2003 und 30.04.2003.

war[1769], im Kontext der Neupädagogisierung eine bisher nicht gekannte Aufmerksamkeit geschenkt[1770]. Der Bedeutungszuwachs, den das Thema erfuhr, war schon aus der Einführung einer Vielzahl unterschiedlichster Neuumschreibungen wie "Schulverdrossenheit", "Schulverweigerer" oder "Schulflucht" ablesbar[1771]. In der Studie "Schulverweigerung" hatte Karlheinz Thimm im Jahre 2000 den neutralen Fachbegriff "Absentismus" eingeführt und unterschied bei der Verwendung die Stufen "Gelegenheitsschwänzen", "Regelschwänzen" und "Intensivschwänzen"[1772]. War die anhaltende Schulverweigerung lange Zeit ein Thema für einen überschaubaren Kreis spezialisierter Fachkräfte[1773], so wurde seit der Jahrhundertwende immer häufiger über sinnvolle Wege der Arbeit mit Jugendlichen nachgedacht, die kontinuierlich die Schule mieden[1774]. Dabei schwankten die Antworten zwischen der Suche nach ordnungspolitischen Interventionen auf der einen und der Entwicklung neuer pädagogischer Spezialangebote auf der anderen Seite[1775]. In den letzten Jahren wurden zudem Modellprojekte entwickelt, die sich der Zielgruppe in besonderer Weise mit unterschiedlichsten Konzepten und Angeboten zuwandten[1776].

Eine Hürde für die Durchführung der Angebote war, wie Schulverweigerer überhaupt erreicht werden konnten[1777]. Mit den seit Beginn der siebziger Jahre implementierten Modellprojekten der Streetwork und mobilen Jugendarbeit wurde ein neuer Zugang zu Schulverweigerern auch an den Orten gefunden, an denen sie sich außerhalb des Wohn- und Schulumfeldes aufhielten. Dabei waren sie in der Regel nicht die vorrangige Zielgruppe aufsuchender Jugendarbeit, sondern wurden dort erreicht, wo andere "auf-

---

[1769] Vgl. Susanne Müller, Schulschwänzen als Problemlösungsstrategie. Eine kritische Analyse der Problematik Schulschwänzen unter besonderer Berücksichtigung einer pädagogischen Zugänglichkeit, Diss. Berlin 1991, 6 ff.

[1770] Vgl. Gerhard Christe, SchulverweigerInnen und AusbildungsabbrecherInnen, in: Paul Fülbier, Handbuch Jugendsozialarbeit. Geschichte, Grundlagen, Konzepte, Handlungsfelder, Organisation Bd. 1, Münster 2001, 534 - 548, 534 ff.

[1771] Vgl. Karlheinz Thimm, Schulverdrossenheit und Schulverweigerung. Phänomene, Hintergründe und Ursachen, Alternativen in der Kooperation von Schule und Jugendhilfe, Berlin 1998, 43 ff; NRZ 14.05.2003.

[1772] Vgl. Karlheinz Thimm, Schulverweigerung. Zur Begründung eines neuen Verhältnisses von Sozialpädagogik und Schule, Münster 2000, 300 ff.

[1773] Vgl. etwa Max B. Clyne, Schulkrank ? Schulverweigern als Folge psychischer Störungen, Stuttgart 1969, 13 ff.

[1774] Vgl. Titus Simon, Arbeit mit Schulverweigerern - nur eine Modeerscheinung ? Einige einführende Überlegungen, in: Steffen Uhlig, Da geh' ich nicht mehr hin ! Zum Umgang mit Schulabstinenten und Möglichkeiten alternativer Betreuungs- und Beschulungsprojekte, Magdeburg 2000, 7 - 12, 7 ff.

[1775] Vgl. Maria Schreiber - Kittl, Abgeschrieben ? Ergebnisse einer empirischen Untersuchung über Schulverweigerer, München 2002, 24 ff.

[1776] Vgl. Susanne Nowak, Null Bock auf Schule von gestern. Schulverweigerung - ein (Massen-) Phänomen betroffener Jugendlicher oder auch ein Hinweis auf dringend erforderliche Veränderungen des bestehenden Schulsystems ?, in: Neue Caritas Jg. 101 Nr. 9 (31.05.2000), 19 - 22, 21; NRZ 05.03.2002.

[1777] Vgl. Birgit Warzecha, Schulschwänzen und Schulverweigerung. Eine Herausforderung an das Bildungssystem, Münster 2001, 16 ff.

15. Rather Modell

fällige" Gruppen die Adressaten waren[1778]. Im Kontext von Streetwork und Jugendsozialarbeit wurde festgestellt, dass sich Schulverweigerer in den Szenen der jungen Menschen aufhalten, die arbeitslos, obdachlos und drogenabhängig waren[1779].

Eine besondere Schwierigkeit der Zusammenarbeit zwischen Schule und Jugendhilfe resultierte aus der notwendigen Zusammenführung nur schwer kompatibler Rechtsbereiche. Während auf der einen Seite die Arbeit mit Schulabstinenten als Form der Jugendsozialarbeit im Sinne des § 13 KJHG zu verstehen war, waren diese andererseits aus rechtlichen Gründen mit den Schulverwaltungen wegen Erfüllung der Schulpflicht abzustimmen[1780]. Aus diesem Grund wurden in einer Reihe von Bundesländern unterschiedliche Regelungen geschaffen, die dem Gedanken der Erfüllung der Schulpflicht bzw. der möglichen späteren Wiedereingliederung in das Regelschulsystem in besonderer Weise Rechnung trugen[1781].

Zu den Projekten, die vorrangig und gezielt mit Schulverweigerern arbeiteten, gehörte das "Rather Modell", das von einem am 22. Mai 1997 gegründeten Trägerverein gleichen Namens initiiert wurde[1782]. Die Bezeichnung "Rather Modell" kam in Gebrauch, weil das Projekt in der städtischen Jugendfreizeiteinrichtung Rath (Ekkehardstr. 2) erstmals Anwendung fand[1783]. Ziel des "Rather Modell - Hilfen für Schulverweigerer e.V." war es, neben der Errichtung schulischer und außerschulischer Fördergruppen für schulverweigernde Jugendliche die konzeptionelle Koordination aller entsprechenden Maßnahmen und Angebote im Stadtgebiet Düsseldorf wahrzunehmen[1784]. Als flexibles und vernetztes Fördermodell zwischen Schule und Jugendhilfe entwickelte der Verein schulische und berufsbezogene Angebote für schulpflichtige Jugendliche in Not- und Konfliktsituationen[1785]. Hierzu gehörten spezifisch ausgerichtete Hilfen der Integration in sozialen Belastungssituationen, besondere schulische Förderprogramme, die Vermittlung von Zukunftsperspektiven im Übergang von der Schule in den Beruf,

---

[1778] Vgl. Karlheinz Thimm, Schulverweigerung als Stören und Schwänzen. Hintergründe und hilfreiche Strategien, in: Unsere Jugend. Die Zeitschrift für Studium und Praxis der Sozialpädagogik Jg. 50 Nr. 7 (Juli 1998) 291 - 301, 291 ff.
[1779] Vgl. RP 28.11.2001; Titus Simon, Empirische Befunde zu Fragen der Schulverweigerung, in: Titus Simon, Schulverweigerung. Muster, Hypothesen, Handlungsfelder, Opladen 2002, 109 - 138, 109 ff.
[1780] Vgl. Titus Simon, Schulverweigerung. Projekte an der Schnittstelle Schule - Jugendhilfe, in: Sozialmagazin. Die Zeitschrift für soziale Arbeit Jg. 28 Nr. 5 (Mai 2003), 48 - 50, 49 f.
[1781] Vgl. Frank Braun, Modellprojekte gegen eine "Pädagogik der Resignation". Schulverweigerung, Jugendarbeitslosigkeit, Jugendobdachlosigkeit, in: Sozialpädagogik Jg. 39 Nr. 4 (Juli/September 1997), 163 - 168, 164 ff.
[1782] Vgl. CVD 650, 06.03.1998; RP 24.08.2001.
[1783] Vgl. NRZ 06.06.2002.
[1784] Vgl. Karlheinz Saueressig, Das Rather Modell - Hilfen für Schulverweigerer. Ein vernetztes Förderkonzept zwischen Schule und Jugendhilfe, in: Sozialmagazin. Die Zeitschrift für soziale Arbeit Jg. 28 Nr. 5 (Mai 2003), 43 - 47, 43.
[1785] Vgl. CVD 650, 13.05.2003.

eine verstärkte Prävention für Jugendliche in vernachlässigten Situationen, eine Stadtteil bezogene Integration[1786].

Im Rather Modell wurden Jugendliche gefördert, die sich im achten Schulbesuchsjahr befanden und in einem Schulhalbjahr an mindestens 50 Prozent der Unterrichtstage gefehlt hatten[1787]. Die schulische und berufliche Perspektive der Jugendlichen wurde in einem gemeinsamen Förder- und Hilfeplan erarbeitet. In den Projekten sollten die Schüler in neuen Lebensräumen Zutrauen zu eigenem Können und Leisten erfahren und vorbereitet werden auf die weitere schulische und berufliche Integration[1788]. Die Jugendlichen sollten so weit gefördert werden, dass sie in ihre Stammschule zurückkehrten, den Hauptschulabschluss erreichten, an einer beruflichen Förderung teilnahmen, einer regelmäßigen Arbeit nachkamen oder an Maßnahmen des Verbundsystems "Jugendberufshilfe" teilnehmen konnten[1789]. Im Jahre 2003 gab es in Düsseldorf ein Stadtteil übergreifendes Projekt und vier Stadtteil bezogene Projekte, die mit Hilfe verschiedener Kooperationspartner unterschiedliche Förderschwerpunkte umsetzten[1790]. Letztere unterschieden sich vor allem hinsichtlich ihrer Aufnahmekonzeption: So waren im Projekt "Gerricusstr. 16" (Kooperationspartner: Berufsbildungszentrum der Arbeiterwohlfahrt Düsseldorf, 1998) überwiegend Hauptschüler, im Projekt "Werkhof Halle 14 - Ronsdorfer Str. 74 (heute Fürstenwall 234)" (Kooperationspartner: Trotzdem e.V., 1998) Schüler der Schule für Erziehungshilfe, im Projekt "Graf - Recke - Str. 230" (Kooperationspartner: Diakonie in Düsseldorf, 1998) jüngere Hauptschüler, im Projekt "Kölner Landstr. 18" (Kooperationspartner: Caritas für Düsseldorf, 2001) Hauptschüler und lernbehinderte Schüler und im Projekt "Berufliche Eingliederung - Willi - Becker - Allee 7" (Kooperationspartner: Arbeitsamt Düsseldorf und Jugendministerium des Landes Nordrhein - Westfalen) schwervermittelbare Jugendliche anzutreffen[1791].

Das Projekt "Kölner Landstr. 18", das für die Hauptschulen im Düsseldorfer Süden und alle Schulen für Lernbehinderte verantwortlich war, hatte am 1. September 2001 begonnen[1792]. Ziel des Kooperationsprojektes von Rather Modell und Caritas für Düs-

---

[1786] Vgl. Karlheinz Saueressig, Das Rather Modell - Hilfen für Schulverweigerer. Ein vernetztes Förderkonzept zwischen Schule und Jugendhilfe, in: Sozialmagazin. Die Zeitschrift für soziale Arbeit Jg. 28 Nr. 5 (Mai 2003), 43 - 47, 43.

[1787] Vgl. Karlheinz Saueressig, Das Rather Modell - Hilfen für Schulverweigerer. Ein vernetztes Förderkonzept zwischen Schule und Jugendhilfe, in: Sozialmagazin. Die Zeitschrift für soziale Arbeit Jg. 28 Nr. 5 (Mai 2003), 43 - 47, 45.

[1788] Vgl. Karlheinz Saueressig, Das Rather Modell - Hilfen für Schulverweigerer. Ein vernetztes Förderkonzept zwischen Schule und Jugendhilfe, in: Sozialmagazin. Die Zeitschrift für soziale Arbeit Jg. 28 Nr. 5 (Mai 2003), 43 - 47, 45.

[1789] Vgl. Karlheinz Saueressig, Das Rather Modell - Hilfen für Schulverweigerer. Ein vernetztes Förderkonzept zwischen Schule und Jugendhilfe, in: Sozialmagazin. Die Zeitschrift für soziale Arbeit Jg. 28 Nr. 5 (Mai 2003), 43 - 47, 45.

[1790] Vgl. CVD 650, 06.03.1998, 28.04.1998 und 21.04.2002.

[1791] Vgl. CVD 650, 06.03.1998; NRZ 06.06.2002; RP 12.03.2003; WZ 14.03.2003; NRZ 27.05.2003; WZ 28.05.2003; NRZ 28.05.2003; Karlheinz Saueressig, Das Rather Modell - Hilfen für Schulverweigerer. Ein vernetztes Förderkonzept zwischen Schule und Jugendhilfe, in: Sozialmagazin. Die Zeitschrift für soziale Arbeit Jg. 28 Nr. 5 (Mai 2003), 43 - 47, 46 f.

[1792] Vgl. CVD 74, 01.09.2001.

seldorf war es, jugendliche Schulverweigerer durch Erfolgserlebnisse, Identifizierungsmöglichkeiten und identitätsfördernde Angebote in den Schul-, Berufs- und Lebensalltag zu integrieren[1793]. Für die Maßnahme konnte ein Hinterhaus an der Kölner Landstr. 18 genutzt werden, das über einen Wohn- und Essbereich, zwei Klassenräume, ein Atelier, eine Werkstatt und ein Büro verfügte[1794]. Zur Betreuung stand ein Team von fünf Pädagogen bereit, das sich aus zwei Sozialpädagogen, einem Künstler, einem Sonderpädagogen und einem Hauptschullehrer zusammensetzte[1795]. Im Frühjahr 2003 wurde eine Gruppe von 18 Schülern im Alter zwischen 14 und 17 Jahren angeleitet, die an der Gemeinschaftshauptschule Benrath (Melanchthonstr. 2) und der Alfred - Herrhausen - Sonderschule (Carl - Friedrich - Goerdeler Str. 21) gemeldet waren[1796].

In der Kölner Landstraße wurden die Schüler unterrichtet, im künstlerischen Bereich gefördert und durch soziales Lernen in Gruppen, Einzelfallhilfe und niedrigschwellige Beratung in besonderen Problemlagen gestärkt. Über die inhaltliche Arbeit der Förderangebote bemerkte der Jahresbericht 2002: "Im Bereich künstlerisches Gestalten und Kunsterziehung wird beabsichtigt, Persönlichkeitsfindung und ästhetische Erziehung ganzheitlich zu fördern. Die Schüler verarbeiten in der Auseinandersetzung mit künstlerischen Techniken und Medien ihre unterschiedlichen individuellen Problemlagen, dabei entwickeln sie Eigeninitiative in einem kreativen Prozess unter Anleitung. Darüber hinaus erlernen sie bildnerische Techniken zur Umsetzung eigener Ideen. ... Im Bereich der sozialpädagogischen Förderung werden sowohl Gruppenangebote als auch individuelle Angebote gemacht. So wird regelmäßig in geschlechterhomogenen Gruppen gearbeitet. Dies soll zur Reflexion der Geschlechterrollen in unserer Gesellschaft (Rollenverständnis) und zur Identitätsbildung in gruppendynamischen Prozessen anleiten. ... Zur Krisenintervention werden Hausbesuche, Elternberatung etc. angeboten oder Kontakte zu Beratungsstellen vermittelt (Drogenhilfe, Schuldnerberatung). Die Schüler werden darüber hinaus individuell zu sinnvollem Freizeitverhalten angeleitet (Kontakte zu Pfadfindergruppen, Sportvereinen, Schützenvereinen etc.). Im Bereich der Berufsorientierung und -findung werden Schülerpraktika individuell betreut. Weiterhin werden die Schüler bei ihren Kontakten zur Berufsberatung und zum Gesundheitsamt begleitet. ... In Einzelfällen werden Schüler zu Gerichtsverhandlungen und Terminen mit Bewährungshelfern bzw. Jugendgerichtshelfern begleitet. ... Im Unterricht lernen die Schüler nach den Richtlinien der jeweiligen Stammschulform. Ziel ist es, in differenzierten Unterrichtsformen Motivation zum Lernen zu wecken, bestehende Defizite auszugleichen und vorhandene Lernpotentiale zu fördern"[1797].

[1793] Vgl. CVD 650, 13.05.2003.
[1794] Vgl. CVD 222, März 2003.
[1795] Vgl. CVD 222, März 2003.
[1796] Vgl. CVD 222, März 2003.
[1797] CVD 222, März 2003.

Offene Ganztagsgrundschule

In Reaktion auf die im Jahre 2002 veröffentlichte Pisa - Studie verabschiedete die nordrhein - westfälische Landesregierung ein Förderprogramm zum Ausbau offener Ganztagsgrundschulen[1798]. Organisatorisches bzw. strukturelles Ziel war es, die insbesondere in Schule und Jugendhilfe vorhandene Angebotsstruktur der Ganztagsbetreuung für Kinder im Grundschulalter (Schule von acht bis eins, 13 Plus, Hort, etc.) schrittweise zu einer offenen Ganztagsgrundschule zusammenzuführen[1799]. Bis zum Schuljahr 2007/08 sollten etwa 2600 von 3500 Grundschulen ein Angebot als offene Ganztagsgrundschule vorhalten und für etwa 195000 Kinder Ganztagsangebote bieten. Schon zum Schuljahr 2003/04 sollte die Zielmarke von 300 offenen Ganztagsgrundschulen bzw. Angebote für 20000 Kinder erreicht werden[1800]. Durch Runderlass vom 12. Februar 2003 gab das Ministerium für Schule, Jugend und Kinder die Ziele, Grundsätze und Organisationsstruktur der offenen Ganztagsgrundschule bekannt[1801]. Mit Hilfe des neuen Bildungsprojektes sollte durch die Zusammenarbeit von Schule, Kinder- und Jugendhilfe und weiteren außerschulischen Trägern "ein neues Verständnis von Schule" entwickelt werden. Wörtlich hieß es im Runderlass zur offenen Ganztagsgrundschule: "Sie sorgt für eine neue Lernkultur zur besseren Förderung der Schülerinnen und Schüler. Sie fördert die Zusammenarbeit von Lehrkräften mit anderen Professionen. Sie ermöglicht mehr Zeit für Bildung und Erziehung, individuelle Förderung, Spiel- und Freizeitgestaltung sowie eine bessere Rhythmisierung des Schultages. Sie sorgt für ein umfassendes Bildungs- und Erziehungsangebot, das sich an dem jeweiligen Bedarf der Kinder und der Eltern orientiert. Sie umfasst insbesondere: Förder-, Betreuungs- und Freizeitangebote, besondere Förderangebote für Kinder aus bildungsbenachteiligten Familien und für Kinder mit besonderen Begabungen sowie Angebote zur Stärkung der Familienerziehung"[1802]. Die offene Ganztagsgrundschule sollte zusätzlich zum planmäßigen Unterricht an Unterrichtstagen, an unterrichtsfreien Tagen und bei Bedarf in den Ferien Angebote außerhalb der Unterrichtszeit anbieten. In Kooperation mit Partnern aus der Kinder- und Jugendhilfe, des Sports und der Kultur sollte sie zur Erfüllung des Bildungs-, Erziehungs- und Betreuungsauftrags eine bessere Förderung für alle Kinder ermöglichen. Städte, Kreise und Gemeinden konnten Horte und Schulkinderhäuser sowie

---

[1798] Vgl. Markus Schnapka, Mehr Schule - weniger Kinder- und Jugendhilfe? Das Projekt "Offene Ganztags - Grundschule" hat einen schwierigen Start, in: Jugendhilfe - Report. Informationen aus dem Landesjugendamt Rheinland Jg. 14 Nr. 1 (1. Quartal 2003), 4 - 7, 4.
[1799] Vgl. NN, Protest gegen "Billigbetreuung". Erzbistum, Gewerkschaft und Verbände gründen "Aktionsgemeinschaft Pro Hort", in: Kirchenzeitung für das Erzbistum Köln Jg. 58 Nr. 20 (16.05.2003), 7.
[1800] Vgl. CVD 687, 17.02.2003.
[1801] Vgl. NN, Offene Ganztagsschule im Primarbereich, in: Amtsblatt Ministerium für Schule, Jugend und Kinder des Landes Nordrhein - Westfalen Jg. 55 Nr. 2 (15.02.2003), 45 - 47, 45 ff.
[1802] NN, Offene Ganztagsschule im Primarbereich, in: Amtsblatt Ministerium für Schule, Jugend und Kinder des Landes Nordrhein - Westfalen Jg. 55 Nr. 2 (15.02.2003), 45 - 47, 45 f.

15. Offene Ganztagsgrundschule

andere Angebote der Ganztagsbetreuung für Schulkinder schrittweise in die offene Ganztagsgrundschule überführen[1803].

Vorgesehen war, auf der Grundlage von Kooperationsvereinbarungen zwischen dem Schulträger, den Schulen und den beteiligten außerschulischen Partnern die offene Ganztagsgrundschule auszugestalten. Die Teilnahme an außerunterrichtlichen Angeboten der offenen Ganztagsgrundschule war freiwillig. Der Zeitrahmen der offenen Ganztagsschule im Primarbereich sollte sich nach dem Bedarf der Erziehungsberechtigten, der Kinder und nach der Unterrichtsorganisation richten. Er erstreckte sich unter Einschluss der allgemeinen Unterrichtszeit in der Regel an allen Unterrichtstagen von spätestens 8 Uhr bis 16 Uhr, mindestens aber bis 15 Uhr. Die außerunterrichtlichen Angebote der offenen Ganztagsgrundschule konnten je nach Bedarf umfassen: 1. Über den in der Stundentafel verankerten Förderunterricht hinausgehende Förderangebote für Schülerinnen und Schüler mit besonderen Bedarfen und für besonders begabte Schülerinnen und Schüler; 2. Themen bezogene, Klassen und Jahrgangsstufen übergreifende Aktivitäten, Arbeitsgemeinschaften und Projekte in unterschiedlich großen und heterogenen Gruppen; 3. Angebote zur musisch - künstlerischen Bildung und Erziehung sowie Bewegung, Spiel und Sport einschließlich kompensatorischer Bewegungsförderung; 4. Projekte der Kinder- und Jugendhilfe, vor allem der außerschulischen Jugendarbeit. Für die teilnehmenden Kinder sollte Gelegenheit für einen Imbiss oder eine Mahlzeit bestehen[1804].

Für die Durchführung eines außerunterrichtlichen Angebotes sollten Träger der Kinder- und Jugendhilfe oder andere Träger oder Organisationen wie Kirchen, Bibliotheken, Sportvereine, Musikschulen, örtliche Vereine einbezogen werden. Die jeweilige Ausgestaltung hatte auf der Grundlage einer zwischen den Beteiligten abzuschließenden Kooperationsvereinbarung zu erfolgen, in der u.a. die gegenseitigen Leistungen der Kooperationspartner sowie die Erstellung und Umsetzung eines gemeinsam zu entwickelnden pädagogischen Konzepts geregelt waren[1805].

Die Caritas für Düsseldorf, die zur Verbesserung der Bildungsqualität und der Chancengleichheit sowohl den Erhalt bereits bestehender Kinderhorte forderte[1806], als auch im Bedarfsfall die Einführung der offenen Ganztagsgrundschule unterstützte, legte im April 2003 unter dem Titel "Oskar's" (Offene Schule für Kinder - Alternative Räumen schaffen) ein Konzept zur Grundsicherung im Rahmen der offenen Ganztagsgrund-

---

[1803] Vgl. NN, Offene Ganztagsschule im Primarbereich, in: Amtsblatt Ministerium für Schule, Jugend und Kinder des Landes Nordrhein - Westfalen Jg. 55 Nr. 2 (15.02.2003), 45 - 47, 46.
[1804] Vgl. NN, Offene Ganztagsschule im Primarbereich, in: Amtsblatt Ministerium für Schule, Jugend und Kinder des Landes Nordrhein - Westfalen Jg. 55 Nr. 2 (15.02.2003), 45 - 47, 46.
[1805] Vgl. NN, Offene Ganztagsschule im Primarbereich, in: Amtsblatt Ministerium für Schule, Jugend und Kinder des Landes Nordrhein - Westfalen Jg. 55 Nr. 2 (15.02.2003), 45 - 47, 46.
[1806] Vgl. CVD 687, 07.05.2003 und 25.05.2003; Johannes Bernhauser, Halbwahrheiten, Schönrederei, Spekulationen. Die Offene Ganztagsgrundschule darf die Horte nicht verdrängen, in: Caritas in NRW - Aktuell Jg. 2 Nr. 2 (März 2003), 1; NRZ 08.05.2003; RP 08.05.2003; WZ 08.05.2003; RP 14.05.2003; RP 15.05.2003; Norbert Feldhoff, Es rappelt im Hort, in: Neue Caritas Jg. 104 Nr. 12 (26.06.2003), 25 - 28, 25 ff; Peter Willenborg, "Kinder brauchen Horte". Erzbistum Köln und Caritas starten Kampagne PRO HORT, in: Caritas in NRW Jg. 32 Nr. 3 (Juli 2003), 44; Rolf Steinhäuser, Wir setzten weiter auf Klasse statt Masse, in: Die Zeitung. Caritas für Düsseldorf Jg. 4 Nr. 2 (Herbst 2003), 12.

schule vor[1807]. Um den veränderten Lebensbedingungen von Kindern und ihren Familien (Einzelkinder, berufstätige Väter und Mütter etc.) und den hieraus resultierenden sozialen Benachteiligungen entgegenzuwirken, hatte die Caritas für Düsseldorf für Schüler der Primarstufe ein gestuftes Angebot im Bausteinsystem entwickelt[1808].

Auf Grundlage der jeweiligen Schulprogramme sollte zwischen den Kooperationspartnern zunächst eine gemeinsame Zielentwicklung zur konkreten und spezifischen Ausgestaltung der offenen Ganztagsgrundschule formuliert werden, die an den pädagogischen Standards in der Jugendhilfe der Caritas für Düsseldorf orientiert war (Baustein A)[1809]. Zur Grundsicherung gehörte zwischen 8 und 16 Uhr das tägliche verlässliche Angebot außerschulischer Förderung, das auch eine Betreuung der Kinder bei den Hausaufgaben einschloss. Um die emotionalen, sozialen und kommunikativen Fähigkeiten der Schüler zu fördern und die individuelle Entwicklung und Fähigkeit zur sozialen Integration zu unterstützen, sollte an den Grundschulen ein gemeinsames sozialpädagogisches Gruppenangebot aus kreativen, musischen, bewegungs- und entspannungsorientierten Elementen vorgehalten werden (Baustein B 1)[1810]. Zur Förderung von "grundlegenden Kulturtechniken" und als "bedeutsamer emotionaler und sozialer Erlebnisraum im Tagesablauf der Kinder" konnte die offene Ganztagsgrundschule um einen "pädagogischen Mittagstisch" ergänzt werden (Baustein B 2)[1811]. Mit Übernahme der Trägerschaft an einer Grundschule verpflichtete sich die Caritas für Düsseldorf zur Akquirierung und Koordination geeigneter Angebote für die Verbesserung der schulischen und außerschulischen Bildung (Baustein C). Ein Eckstein für den Aufbau einer verlässlichen Schülerbetreuung war schließlich, dass die Angebote des Projektes mit Ausnahme einer dreiwöchigen Schließung in den Sommerferien auch in Ferienzeiten durchgeführt wurden (Baustein D)[1812].

Mit Beginn des Schuljahres 2003/04 gingen in der Landeshauptstadt sieben Ganztagsgrundschulen in einem Pilotprojekt an den Start, darunter die Katholische Grundschule St. Peter (Jahnstr. 97) und die Gemeinschaftsgrundschule Regenbogenschule (Jahnstr. 97), deren außerschulisches Betreuungsangebot in der Verantwortung der Caritas für Düsseldorf lag[1813]. Die Förderung des Projektes und die Verhandlungen mit der Stadt Düsseldorf lagen beim Caritasverband in den Händen des stellvertretenden Geschäftsführers Ronald Vogel.

[1807] Vgl. CVD 687, April 2003.
[1808] Vgl. CVD 687, April 2003.
[1809] Vgl. CVD 687, April 2003.
[1810] Vgl. CVD 687, April 2003.
[1811] Vgl. CVD 687, April 2003.
[1812] Vgl. CVD 687, April 2003.
[1813] Vgl. NRZ 10.04.2003; WZ 08.05.2003; RP 14.05.2003; NN, Düsseldorf startet Projekt "Offene Ganztagsschulen". Nachmittage voller Sport und Kultur. Sieben Grundschulen beteiligen sich in der Pilotphase, in: Düsseldorfer Amtsblatt Jg. 58 Nr. 21 (24.05.2003), 5; WZ 20.06.2003; NRZ 11.07.2003; NRZ 26.08.2003; WZ 06.09.2003; NRZ 16.09.2003; WZ 17.09.2003; NRZ 18.09.2003.

16. Geschäftsstellen

Nachdem der Caritasverband für die Stadt Düsseldorf am 1. Januar 1916 im Katholischen Gesellenhaus Bilker Str. 36/40 ein bescheidenes Sekretariat eingerichtet hatte[1814], war der Verband aus verschiedenen Gründen gezwungen, seine Diensträume im Laufe der Zeit zu verlegen. An anderer Stelle bereits dargestellt, befand sich das Caritassekretariat in den Jahren 1918 bis 1925 Neustr. 11, 1925 bis 1943 Tonhallenstr. 15, 1943 bis 1945 Steinstr. 55, 1945 bis 1946 Bastionstr. 14 und 1946 bis 1950 Blücherstr. 4/6[1815]. Wie die drei letztgenannten Standorte gehörte auch das am 1. April 1950 eröffnete Sekretariat im Dürener Teppichhaus (Benrather Str. 11) zur Reihe kriegsbedingter Provisorien, doch war hier trotz aller Unzulänglichkeiten bereits wieder die Abwicklung eines halbwegs geordneten Geschäftsverkehrs möglich[1816].

Die Zeit der Not- und Übergangslösungen war vorbei, als der Caritasverband für die Stadt Düsseldorf im November 1957 mehrere Büros im gerade fertig gestellten Neubau des Katholischen Gemeindeverbandes Düsseldorf an der Hubertusstr. 5 bezog[1817]. Wie der Caritasverband war auch der Gemeindeverband seit der Zerstörung seines Hauses Tonhallenstr. 15 gezwungen, den Geschäftsbetrieb in behelfsmäßig eingerichteten Räumen aufrechtzuerhalten[1818]. Mag angesichts der bereits geschilderten Umstände niemand von Glück reden wollen, so war es für den Gemeindeverband doch eine günstige Fügung, dass er im Jahre 1938 das Verbandshaus des Katholischen Deutschen Frauenbundes, Zweigverein Düsseldorf an der Steinstr. 55 (heute Stresemannstr. 21) erworben hatte[1819]. Ohne die Arbeit unterbrechen zu müssen, konnte der Gemeindeverband nur wenige Tage nach den verheerenden Bombenabwürfen auf sein Haus die Tätigkeit in der Steinstraße fortsetzen[1820]. Das Miteinander von Gemeindeverband und Frauenbund unter einem Dach blieb auch erhalten, als der unter nationalsozialistischem Druck herbeigeführte Immobilienverkauf am 15. März 1950 rückgängig gemacht wurde und das Haus Steinstr. 55 an den Frauenbund zurückfiel[1821]. Noch zwei Jahre hatte der Gemeindeverband hier für die Mitarbeiter drei Räume angemietet[1822], bis am 8. Januar 1952 im Haus des Stadtdechanten und Derendorfer Pfarrers Ernst Kreuzberg (Barbarastr. 9) neue Büros bezogen wurden[1823]. Auch wenn der kleine Stab des Gemeindeverbandes für

---

[1814] Vgl. oben S. 391.
[1815] Vgl. oben S. 408 ff.
[1816] Vgl. oben S. 717 f.
[1817] Vgl. KGD 93, 22.10.1957; CVD Protokoll - Buch des Katholischen Männer - Fürsorge Vereins Düsseldorf 1937 - 1980, 12.11.1957; NN, Chronik, in: 75 Jahre Caritasverband in Düsseldorf, Düsseldorf 1979, o. S. (21 - 42, 39).
[1818] Vgl. oben S. 681 ff.
[1819] Vgl. oben S. 683.
[1820] Vgl. oben S. 683.
[1821] Vgl. KGD 92, 04.03.1947 und 19.04.1948; KGD 93, 29.03.1950; ALD Grundbuchblatt Pempelfort 6052, 15.03.1950 und 11.05.1950.
[1822] Vgl. KGD 23, 11.03.1950.
[1823] Vgl. PfA Benrath St. Cäcilia 65.2, 01.02.1952.

die Erledigung seiner Aufgaben im Pfarrhaus der Kirchengemeinde Hl. Dreifaltigkeit ausreichend Platz vorfand, so gab der Mangel einer katholischen Verbandszentrale in der Landeshauptstadt weiterhin Anlass zur Klage[1824].

Zwar war schon vor der Währungsreform an die Wiedereinrichtung eines Hauses zur Unterbringung verschiedener katholischer Dienststellen gedacht worden[1825], doch kam bis Mitte der fünfziger Jahre kein Projekt über das Stadium der Vorplanung hinaus[1826]. Ernsthaft vorangetrieben wurde der Bau eines neuen Verbandhauses erst, als der Katholische Gemeindeverband Düsseldorf am 27. September 1955 das Trümmergrundstück Neusser Str. 23/Hubertusstr. 3/5 für 38000 DM vom Hubertusstift erwarb[1827]. Wie dargestellt, war das Kloster von der unbefleckten Empfängnis der Christenserinnen neben dem Hubertusstift im Sommer 1942 und Herbst 1943 vollkommen zerstört und nach Kriegsende nicht mehr aufgebaut worden[1828]. Über die Planung und Ausführung der neuen Verbandszentrale sind keine Unterlagen erhalten. Bekannt ist lediglich, dass der Verbandsausschuss am 16. März 1956 einen Bauausschuss einsetzte und den Düsseldorfer Architekten Adam Pfeifer mit der Bauleitung beauftragte[1829]. Im November 1957 waren alle Arbeiten abgeschlossen und erste Büros der neuen Verbandszentrale von Mitarbeitern des Gemeindeverbandes und des Caritasverbandes in Gebrauch genommen[1830]. Nach einer Notiz im Sitzungsprotokoll des Verbandsausschusses vom 11. März 1958 wurde auf eine feierliche Einweihung des Hauses bewusst verzichtet. Wörtlich heißt es in der Niederschrift: "Auf Vorschlag des Vorsitzers (d.i. Stadtdechant Ernst Kreuzberg) beschließt der Ausschuss, keine große Einweihungsfeier zu halten. Lediglich ein Abend mit dem Düsseldorfer Pfarrklerus soll die Einweihung bedeuten. Somit können erhebliche Kosten unterbleiben"[1831].

Vermutlich fand die "Einweihung" noch im gleichen Monat statt, da in der Kirchenzeitung vom 30. März 1958 ein ausführlicher Bericht über die neue Zentrale des katholischen Düsseldorfs zum Abdruck gelangte[1832]. Anschaulich hatte der Düsseldorfer Redakteur des Blattes seine Eindrücke nach einem Rundgang durch das fünfgeschossige Haus mit den Worten festgehalten: "Ich besuchte den Gemeindeverband in seinem neu-

---

[1824] Vgl. RP 03.11.1955; NN, Gemeinde - Verband baut Zentrale, in: Kirchenzeitung für das Erzbistum Köln Jg. 10 Nr. 46 (13.11.1955), 868.
[1825] Vgl. KGD 29, 22.07.1948 und 28.04.1949; KGD 74, 08.08.1946.
[1826] Vgl. KGD 92, 27.07.1948; KGD 93, 30.11.1948, 28.04.1949 und 31.03.1953; NN, Gemeinde - Verband baut Zentrale, in: Kirchenzeitung für das Erzbistum Köln Jg. 10 Nr. 46 (13.11.1955), 868.
[1827] Vgl. ALD Grundbuchblatt Neustadt 586A, 27.09.1955; SAD IV 30946, 23.02.1956; RP 03.11.1955.
[1828] Vgl. oben S. 773.
[1829] Vgl. KGD 93, 16.03.1956 und 22.10.1957; RP 03.11.1955.
[1830] Vgl. KGD 93, 22.10.1957; CVD Protokoll - Buch des Katholischen Männer - Fürsorge Vereins Düsseldorf 1937 - 1980, 12.11.1957; NN, Chronik, in: 75 Jahre Caritasverband in Düsseldorf, Düsseldorf 1979, o. S. (21 - 42, 39).
[1831] KGD 93, 11.03.1958.
[1832] Vgl. NN, Das neue Haus Hubertusstraße 3. Katholischer Gemeindeverband Düsseldorf ist umgezogen, in: Kirchenzeitung für das Erzbistum Köln Jg. 13 Nr. 13 (30.03.1958), 13.

16. Geschäftsstellen
1039

en Heim. Neben dem großen Eingang in der Hubertusstraße 3[1833] befindet sich ein Parkplatz mit Garagen. Ein wohlunterrichteter Pförtner sitzt hinter Glaswänden und durchschaut schnell die Anliegen der vielen Besucher. Ich wollte zum Gemeindeverband, 3. Stock. Ein Selbstfahrer - Aufzug, Tragkraft 300 kg oder vier Personen, führt von der lichten Halle nach oben. Hier im 3. Stock befindet sich das Büro des Stadtdechanten Kreuzberg, und hier wurde mir Auskunft über Plan und Planung, Hinter- und Untergrund des neuen Hauses gegeben, das mit Unterstützung der Erzbischöflichen Behörde von der Firma Franz Hamelmann nach Entwürfen des Düsseldorfer Architekten Adam Pfeifer gebaut wurde. Ein Gang durch das Haus, welches das Zentrum des katholischen Lebens Düsseldorfs werden wird, gab mir eine Vorstellung von der Fülle an Aufgaben, die zu bewältigen sind. Im 3. Stockwerk besuchte ich die Räume des Katholikenausschusses, des Betriebsmännerwerkes, der Christlichen Gilde Eisen und Stahl, des Schulreferats und des Kirchlichen Meldedienstes, wo fleißige Hände bemüht sind, alle katholischen Christen dieser Stadt, vor allem auch die vielen Tausende, die alljährlich zuwandern, zu erfassen. Im Stockwerk darüber kam ich zum NCWC, der amerikanischen 'National Catholic Welfare Conference', die alle heimatlosen Ausländer und ausländischen Flüchtlinge in Rheinland - Westfalen betreut. Auf einer Karte fand ich 14 rote und 4 blaue Stecknadeln. Sie zeigen, wo die 14 Siedlungen und 4 Lager der NCWC, dieser amerikanischen Hilfsorganisation, liegen, die auch den Deutschen nach dem Kriege viel Hilfe hat angedeihen lassen. Im 2. Stock sind der Männer - Fürsorgeverein, ferner die Kinder- und Familien - Beratungsstelle, die das Heilpädagogische Kinderheim im Haus Elbroich verwaltet, untergebracht. Im 1. Stock traf ich alte Freunde des Caritasverbandes, die aus ihrer Notunterkunft im Dürener Teppichhaus nun endlich Raum finden, um mit den sie aufsuchenden Notleidenden einmal ein Wort unter vier Augen zu sprechen. Im Erdgeschoß endlich stand ich überrascht in einem großen modernen Saal, der 200 Personen faßt. Ein Konferenzzimmer schließt sich an für die Sitzungen der Vorstände. Hier stößt auch das neue Haus an das alte des Hubertusstiftes - und profitiert davon. Ein Schalter läßt sich hier zur Küche des Stiftes hin öffnen, so daß bei langen Tagungen niemand zu hungern und zu dürsten braucht. Auch läßt sich eine Tür in das Stift hin öffnen, damit bei Einkehrtagen und ähnlichen kirchlichen Anlässen die dortige Kapelle mitbenutzt werden kann. All die neuen Räume fand ich wohlausgestattet und mit Neon beleuchtet. Ein Haus, modern von außen und innen, ein Ausgangspunkt kirchlichen Dienstes am Menschen, mitten im Herzen der betriebsamen Landeshauptstadt Düsseldorf"[1834]. Nach einer Aufstellung aus dem Jahre 1958 hatte der Caritasverband für die Stadt Düsseldorf für seine Mitarbeiter in der Hubertusstraße sieben Büros

---

[1833] Die Postadresse für das Haus des Katholischen Gemeindeverbandes lautete ursprünglich "Hubertustr. 3", da der Bau eines Doppelhauses über die Grundstücke Hubertusstr. 3 und 5 vorgesehen war. Erst als Anfang der sechziger Jahre die Ausführung des zweiten Bauabschnitts endgültig verworfen war, wurde die korrekte Katasterbezeichnung "Hubertusstr. 5" auch im Postverkehr verwendet (vgl. BSD Bauakte Hubertusstr. 5, 30.09.1955).
[1834] NN, Das neue Haus Hubertusstraße 3. Katholischer Gemeindeverband Düsseldorf ist umgezogen, in: Kirchenzeitung für das Erzbistum Köln Jg. 13 Nr. 13 (30.03.1958), 13.

angemietet; hinzu kamen zehn weitere Räume für den Raphaelsverein (1), den Männerfürsorgeverein (5) und die Erziehungsberatungsstelle (4)[1835].

Nahezu ein Vierteljahrhundert war das unscheinbare Eckhaus in Unterbilk, das am 15. Februar 1963 aus Anlass des goldenen Priesterjubiläums seines Bauherrn den Namen "Ernst - Kreuzberg - Haus" erhalten hatte[1836], nicht nur zentraler Verwaltungs- und Versammlungsort der Düsseldorfer Katholiken sondern auch sachverständige Anlauf- und Beratungsstelle für Caritasangelegenheiten[1837]. Mit fortwährender Übernahme neuer Arbeitsfelder war der Düsseldorfer Caritasverband Anfang der achtziger Jahre gezwungen, zur fachgerechten Abwicklung seiner Tätigkeiten eine neue Geschäftsstelle einzurichten. Obgleich nicht als Verwaltungs- und Beratungsstelle erbaut, bot sich hierzu eine Immobilie des Verbandes Katholischer Mädchensozialarbeit Düsseldorf in der Klosterstraße an, für die der Verein keine Eigenverwendung mehr hatte. Bei dem Doppelhaus Klosterstr. 86/88 handelte es sich um die ehemaligen Mädchenwohnheime St. Mechtild und Maria Königin, die der Katholische Mädchenschutzverein 1954/55 auf den Trümmern des vormaligen Luisenheims errichtet und unterhalten hatte[1838].

Von der Odyssee der Bewohnerinnen des Luisenheims vom Pfingstangriff 1943 bis zum Einzug in die Villa Graffweg (Schlossallee 2) im Dezember 1945 ist bereits an anderer Stelle berichtet worden[1839]. Obwohl die Fabrikantenvilla Ende der vierziger und Anfang der fünfziger Jahre mehrfach erweitert worden war[1840], reichten die Plätze im neu erstandenen Luisenheim bei weitem nicht aus, um dem tatsächlichen Bedarf zu genügen[1841]. Aus diesem Grund hatte der Katholische Mädchenschutzverein 1953 den Entschluss gefasst, neben dem Alters-, Lehrlings- und Jungarbeiterinnenheim in Eller ein weiteres Mädchenwohnheim auf den mittlerweile geräumten Trümmergrundstücken Klosterstr. 86 - 90 zu errichten[1842]. Über den Bau und die Inbetriebnahme der neuen Jugendhilfeeinrichtung berichtete die Kölner Kirchenzeitung am 11. Dezember 1955: "Nach Beseitigung vieler Schwierigkeiten wurde der Bau im Mai 1954 begonnen. Bereits am 1. April 1955 zogen die ersten Mädchen in eine Etage des fast erst rohbaufertigen Baues ein. Im August hat dann Prälat Becker als geistlicher Beirat des Vereins nur in Anwesenheit des engsten Vorstandes, der Schwestern und der Heiminsassen in aller Stille

---

[1835] Vgl. KGD 81, 1958.
[1836] Vgl. CVD 363, 15.02.1963; RP 18.02.1963; NN, Der Papst ehrte Pfarrer Kreuzberg. Das katholische Düsseldorf ehrte seinen langjährigen Stadtdechanten, in: Kirchenzeitung für das Erzbistum Köln Jg. 18 Nr. 8 (24.02.1963), 21; RP 17.09.1963; NN, In memoriam Ernst Kreuzberg, in: Kirchenzeitung für das Erzbistum Köln Jg. 18 Nr. 39 (29.09.1963), 18.
[1837] Vgl. oben S. 725.
[1838] Vgl. KGD 41, 07.09.1955; NN, Neue Mädchen - Wohnheime. Luisenheim neuerstanden: "St. Mechtild" und "Maria Königin", in: Kirchenzeitung für das Erzbistum Köln Jg. 10 Nr. 50 (11.12.1955), 946.
[1839] Vgl. oben S. 709.
[1840] Vgl. oben S. 709.
[1841] Vgl. KGD 79, 08.02.1956.
[1842] Vgl. BSD Bauakte Klosterstr. 86/88, 12.03.1954 und 25.03.1954; NN, Neue Mädchen - Wohnheime. Luisenheim neuerstanden: "St. Mechtild" und "Maria Königin", in: Kirchenzeitung für das Erzbistum Köln Jg. 10 Nr. 50 (11.12.1955), 946.

16. Geschäftsstellen

die kirchliche Weihe vorgenommen. So ist das nach dem früheren Hausgehilfinnenverein benannte Jugendheim 'St.Mechthild' für Mädchen von 14 bis 18 Jahren (Klosterstr. 86, 50 Plätze) und das Jugendheim 'Maria Königin' für Mädchen von 18 bis 25 Jahren (Klosterstr. 88, 60 Plätze) neu erstanden. Seine beiden großen Portale halten die Flügel gleich den Armen einer Mutter den heim- und heimatlosen Mädchen offen. Hatten sich früher vier kleine 2stöckige Häuser bescheiden in seine Umgebung eingefügt, so zieht nunmehr ein 5geschossiger moderner Bau mit hellem Verputz und Balkonen den Blick der Vorübergehenden auf sich. Landesjugendplan, Arbeitsamt und andere Behörden haben den größten Teil der Mittel bereitgestellt"[1843].

Neben der Heimstatt bildete die 1956 eröffnete und mit den Mädchenwohnheimen verbundene Offene Tür eine weitere wichtige Einrichtung in der Klosterstraße[1844]. Zwei Jahre nach Aufnahme des noch neuartigen Jugendhilfeprojektes berichtete ein 15jähriges Mädchen in einer Reportage über die Angebote der Offenen Tür: "Kommen Sie sonntags. Dann haben wir hier Tanztee mit einer richtigen Drei - Mann - Kapelle. ... 'Drinnen bei uns' ist ein großer heller Raum mit großen Bücherschränken, an den Wänden, einer eingebauten Theke, hinter der eine kleine Teeküche ist, ein Klavier, Fernseh- und Radioapparat, in der Mitte kleine Tische mit Stühlen und kleinen Sesseln. In diesem Raum, der fast schon ein kleiner Saal ist, tummeln sich rund 20 Mädchen. Die einen lesen oder hören Radio, die anderen versuchen einen abgerissenen Faden wieder in den Webrahmen einzuflechten, wieder andere spielen oder diskutieren heftig vor einem Bild der Modeillustrierten, ob man die Röcke nun so oder nur so kurz tragen solle"[1845]. Erklärtes Ziel der Offenen Tür war es, anstelle von "Automatenhallen, zweifelhaften Kneipen, Tanzkneipen und sonstigen gewissenlosen Vergnügungsbetrieben" jungen Frauen in Düsseldorf etwas "Zugkräftiges" entgegenzusetzen[1846].

Spätestens mit Ausbruch der Studentenrevolte im Jahre 1968 und der sie begleitenden Jugendrebellion war sowohl das Ende herkömmlicher Jugendwohnheime wie auch Jugendfreizeiteinrichtungen eingeleitet[1847]. Das neue Jugendselbstverständnis mit dem Ruf nach Emanzipation hatte gerade Einrichtungen wie die des Verbandes Katholischer Mädchensozialarbeit Düsseldorf in Frage gestellt[1848], so dass eine Schließung der Mädchenwohnheime wie der Offenen Tür in der Klosterstraße über kurz oder lang abzuse-

---

[1843] NN, Neue Mädchen - Wohnheime. Luisenheim neuerstanden: "St. Mechtild" und "Maria Königin", in: Kirchenzeitung für das Erzbistum Köln Jg. 10 Nr. 50 (11.12.1955), 946. Vgl. auch KGD 80, 1955; Caritas - Handbuch für das Erzbistum Köln. Übersicht über ihre Einrichtungen, Anstalten, Organisationen und ausübenden Kräfte nach dem Stand vom 1. Oktober 1956, Köln 1956, 17.
[1844] Vgl. KGD 79, 08.02.1956.
[1845] NN, Am Sonntag ist bei uns was los. Aber auch in der Woche herrscht frohes Leben in der OT für Mädchen, in: Kirchenzeitung für das Erzbistum Köln Jg. 13 Nr. 15 (13.04.1958), 21.
[1846] Vgl. NN, Am Sonntag ist bei uns was los. Aber auch in der Woche herrscht frohes Leben in der OT für Mädchen, in: Kirchenzeitung für das Erzbistum Köln Jg. 13 Nr. 15 (13.04.1958), 21.
[1847] Vgl. Werner Lindner, Jugendprotest seit den fünfziger Jahren. Dissens und kultureller Eigensinn, Opladen 1996, 216 ff.
[1848] Vgl. dazu Gabriele Kranstedt, IN VIA Katholische Mädchensozialarbeit - Deutscher Verband. 100 Jahre IN VIA Katholische Mädchensozialarbeit, in: Caritas '95. Jahrbuch des Deutschen Caritasverbandes, 351 - 360, 358 f.

hen war. Noch vor der endgültigen Einstellung des Heimbetriebes am 31. Dezember 1976 war ein Teil der Räumlichkeiten von St. Mechtild und Maria Königin einem neuen Verwendungszweck zugeführt worden[1849]. Schon im Jahre 1975 hatten die Katholische Eheberatung Düsseldorf und die Erziehungsberatung des Caritasverbandes für die Stadt Düsseldorf in der Klosterstraße neue Beratungsstellen eingerichtet[1850]. Ohne Zweifel war dieser Umstand wie auch die zentrale Lage in der Innenstadt von nicht geringer Relevanz, dass der Caritasverband für die Stadt Düsseldorf bei der Suche nach einer neuen Geschäftsstelle sich zur Anmietung der Häuser Klosterstr. 86 und 88 entschied[1851]. Der Umzug von Unterbilk nach Pempelfort fand zu Beginn des Jahres 1981 statt und bereitete nach zuvor abgeschlossenen Umbauarbeiten keine nennenswerten Schwierigkeiten[1852]. Knapp meldete Verwaltungsdirektor Josef Mühlemeier der Freiburger Caritaszentrale am 22. Januar 1981: "Wir teilen Ihnen mit, daß der Caritasverband für die Stadt Düsseldorf am 12. Februar 1981 zur Klosterstraße 88, 4000 Düsseldorf 1, umziehen wird"[1853].

Als der Caritasverband für die Stadt Düsseldorf die Zentrale des Katholischen Gemeindeverbandes verließ, ahnte niemand, dass der Auszug aus dem Haus Hubertusstr. 5 nur ein Fortgang auf Zeit war. Dass die Caritas für Düsseldorf zwanzig Jahre später hierher noch einmal zurückkehrte, war abermals aus Mangel an geeigneten Beratungs- und Verwaltungsräumen veranlasst, indes nur realisierbar, da der Katholische Gemeindeverband Düsseldorf seine langjährige Geschäftsstelle zum Verkauf angeboten hatte[1854]. Wie bereits dargestellt, war beim Caritasverband für die Stadt Düsseldorf vor allem in der zweiten Hälfte der neunziger Jahre nicht nur die Zahl der Dienste und Einrichtungen sondern auch die Zahl der Beschäftigten um ein vielfaches gestiegen[1855]. Hatte der Verband im Jahre 1982 an 20 Standorten 33 Dienste und Einrichtungen mit etwa 400 Mitarbeitern[1856], so waren es 1994 an 25 Standorten 43 Dienste und Einrichtungen mit rund 700 Mitarbeitern und 2001 an 56 Standorten 99 Dienste und Einrichtungen mit 995 Mitarbeitern[1857]. Um die Ressourcen der eingesetzten Kräfte effektiver zum Einsatz zu bringen, fasste der Caritasvorstand im Jahre 1998 den Entschluss, neben einem Sozialen Zentrum in der Klosterstraße eine neue Geschäftsstelle zur Konzentration der in der Verwaltung beschäftigten Mitarbeiter einzurichten[1858]. Bereits sechs Jahre zuvor hatte der Katholische Gemeindeverband beschlossen, das Haus Hubertusstr. 5 zu veräu-

---

[1849] Vgl. CVD 63, 16.10.1986.
[1850] Vgl. oben S. 727.
[1851] Vgl. CVD 642, 20.11.1980.
[1852] Vgl. CVD 642, 20.11.1980.
[1853] CVD 316, 22.01.1981.
[1854] Vgl. NN, An der Hubertusstraße. Die Caritas baut für die Zukunft, in: Die Zeitung. Caritasverband für die Stadt Düsseldorf Jg. 2 Nr. 1 (Frühjahr 2001), 11.
[1855] Vgl. oben S. 929 ff.
[1856] Vgl. CVD 74, 1982; CVD 503, 03.11.1983.
[1857] Vgl. CVD 112, 18.01.2001; 90 Jahre Caritasverband für die Stadt Düsseldorf. Gemeindecaritas, häusliche Hilfen, soziale Dienste und Beratung, ambulante Pflegestationen, Wohnheim und Altenhilfeeinrichtungen, Düsseldorf 1994, 3 ff und 63; Caritas für Düsseldorf. Kontakt, Düsseldorf 2001, 8 ff.
[1858] Vgl. CVD Vorstandsprotokolle, 18.08.1998, 20.10.1998 und 17.11.1998.

16. Geschäftsstellen

ßern und im ehemaligen Franziskanerkloster an der Citadellstraße eine neue, verkehrsgünstiger gelegene Zentrale für die Katholiken in der Landeshauptstadt zu eröffnen[1859]. Nachdem der Caritasverband für die Stadt Düsseldorf am 12. Januar 2000 das ehemalige Ernst - Kreuzberg - Haus für zwei Millionen DM erworben hatte und am 10. November 2000 die offizielle Schlüsselübergabe erfolgt war[1860], wurde am 23. November 2000 mit der Ausführung der bereits seit längerer Zeit ausgearbeiteten Umbaupläne begonnen[1861]. Nach Plänen der Düsseldorfer Architekten Heinz Zinke und Gisbert Krause erhielt das Haus nicht nur eine neue Fassadengestaltung, sondern wurde auch der Innenbereich von Grund auf saniert und das Gebäude zu einer leistungsfähigen Geschäftsstelle mit modern ausgestatteten Büro-, Service- und Konferenzräumen für 60 Mitarbeiter umgestaltet[1862]. Schon Ende März 2001 waren die Entkernungs-, Mauerer- und Betonarbeiten abgeschlossen, so dass noch im Frühjahr mit der Installation neuer Technik- und Kommunikationsanlagen begonnen werden konnte[1863]. Am 26. Juni 2001 stellte Caritasdirektor Johannes Böcker, der nicht nur den Anstoß zur Einrichtung einer neuen Geschäftsstelle gab, sondern auch der Planung und Umsetzung immer wieder neue Impulse verlieh, den Mitarbeitern der Caritas für Düsseldorf bei einem Baustellenfest das für 1,8 Millionen Euro sanierte Verwaltungszentrum vor[1864]. Ins Mauerwerk des Eingangbereiches wurde eine Zeitröhre mit einer Abschrift des Kaufvertrages, Geldstücken, Tageszeitungen und Publikationen des Düsseldorfer Caritasverbandes anstelle eines Grundsteines eingelassen[1865]. Nach Fertigstellung des Hauses wurde der Mauersockel mit einer Granitplatte verkleidet, die die Aufschrift trug: "Gottes Menschenfreundlichkeit erfülle dieses Haus 2001 Caritas für Düsseldorf"[1866].

Von allen Verantwortlichen erhofft, konnte termingerecht am 10. Dezember 2001 in der neuen, erstmals auch caritaseigenen Geschäftsstelle der Betrieb aufgenommen werden, nachdem eine Woche zuvor der Einzug der Mitarbeiter begonnen hatte[1867]. Aus Anlass der offiziellen Einweihung am 29. Mai 2002 stellte Caritasdirektor Johannes Böcker auf einer am Vortag einberufenen Pressekonferenz das Konzept der neuen Geschäftsstelle vor und erläuterte der interessierten Öffentlichkeit hierzu: "Sie und viele Menschen werden fragen, wozu benötigt ein Wohlfahrtsverband eine neue Geschäfts-

---

[1859] Vgl. KGD Sitzungsprotokolle des Verbandsausschusses des Katholischen Gemeindeverbandes, 17.03.1992 und 23.11.1992; CVD Vorstandsprotokolle, 18.08.1998; CVD 447, 27.09.1993; WZ 23.05.2001.
[1860] Vgl. ALD Grundbuchblatt Neustadt 586A, 12.01.2000; CVD Vorstandsprotokolle, 05.01.2000; CVD 74, 23.11.2000.
[1861] Vgl. CVD 477, 26.06.2001.
[1862] Vgl. CVD 477, 26.06.2001, 28.05.2002 und 29.05.2002.
[1863] Vgl. CVD 477, 04.12.2001.
[1864] Vgl. CVD 477, 26.06.2001; RP 29.05.2002.
[1865] Vgl. CVD 477, 26.06.2001.
[1866] Vgl. CVD 74, 10.12.2001; Ronald Morschheuser, Die Menschenfreundlichkeit Gottes in die Stadt tragen. Caritas für Düsseldorf: Neue Wortmarke, neues Logo, neue Anlaufstätte, in: Kirchenzeitung für das Erzbistum Köln Jg. 57 Nr. 24 (14.06.2002), 30.
[1867] Vgl. WZ 05.12.2001; NN, Neues Dienstleistungs - Center in Düsseldorf, in: Caritas in NRW Jg. 31 Nr. 2 (April 2002), 35.

stelle ? Die bisherigen Möglichkeiten an der Klosterstraße reichten doch eigentlich aus. Bei genauerem Hinsehen würde sich diese Frage anders stellen und ... damit unsere Aufgaben verständlicher werden. Die Angebote der Caritas für Düsseldorf sind außerordentlich unterschiedlich und auf die Bedürfnisse der Menschen in unserer Stadt möglichst genau abgestellt. Das Angebotsspektrum reicht von der Altenpflege über die sozialen Dienste und Beratungen, wie beispielsweise Sucht- oder Familienberatung bis hin zur Schwerstbehindertenbetreuung oder der Hospizarbeit. Unser mit dem Umzug in die Hubertusstraße vorgelegtes, über 100 Seiten starkes Dienste- und Adressenverzeichnis[1868], macht dem Leser deutlich, dass wir nur mit differenzierten Angeboten die Menschen in der Stadt erreichen. Es ist notwendig, dass wir unsere Angebote stets hinterfragen, ob diese noch zeitgemäß sind, den Problemlagen der Hilfesuchenden entsprechen oder ob wir unsere Angebote verbessern müssen oder gar neue Angebote in unsere Dienstleistungsangebote mit aufnehmen müssen. Wenn wir effizient arbeiten wollen und die sich uns anvertrauenden Menschen fachlich qualifiziert begleiten wollen, dann brauchen wir eine professionell gemanagte soziale Arbeit. ... Der Caritasverband ist einer der in Düsseldorf tätigen sechs Wohlfahrtsverbände, der an 56 Standorten in dieser Stadt mit über 1000 hauptberuflichen und etwa 2200 ehrenamtlichen Mitarbeiterinnen und Mitarbeitern arbeitet. Eine soziale Unternehmung dieser Größenordnung braucht eine effiziente und moderne Organisation, die die Zukunft im Blick hat. Es war erkennbar, dass die zukünftigen Anforderungen an den Caritasverband unter den Bedingungen, wie wir lange Jahre auf der Klosterstraße mit der Geschäftsstelle gearbeitet haben, nicht mehr bewerkstelligt werden können. Daher war es eine wichtige Entscheidung des Vorstandes, im Rahmen der Zukunftssicherung und der Reorganisation des Verbandes, eine neue Geschäftsstelle an einem für das katholische Düsseldorf historischen Ort zu errichten. ... Die Tätigkeit des Verbandes ist zum einen auf die zuverlässige Sicherung der bestehenden Angebote ausgerichtet zum anderen wollen wir uns den Zukunftsaufgaben stellen und dafür gut gerüstet sein. Es sind keine vagen Prognosen, wenn uns die Statistik sagt, dass es etwa im Jahre 2050 erstmals mehr alte als junge Menschen in unserer Gesellschaft geben wird oder, dass die sozialen Konfliktpotentiale sich verändern und tendenziell komplexer und größer werden. Die heute deutlich erkennbaren gesellschaftlichen Umbrüche müssen wir rechtzeitig wahrnehmen und uns darauf mit neuen Konzepten einstellen. Wir tun das unter anderem mit dem Aufbau und der Einrichtung einer neuen Geschäftsstelle, die sich durch moderne Bürokommunikation und optimale Organisationsabläufe auszeichnet. ... Auf der Hubertusstraße 5 sind folgende Organisationseinheiten zu finden: Die 'Geschäftsführung' mit dem Geschäftsführungsbüro, dem Stab des Geschäftsführers, das Referat 'Pflegende Begleitung' und die Querschnittsaufgaben wahrnehmenden Referate 'Personal und Recht' sowie das Referat 'Finanzen und Administration'. In der neuen Geschäftsstelle befindet sich ebenfalls das neue Caritas - Service - Center, unser soziales Call - Center, das unter der Telefonnummer 16 0 20 alle Fragen rund um die Caritas für Düsseldorf schnell und kompetent beantwortet"[1869].

[1868] Vgl. Caritas für Düsseldorf. Kontakt, Düsseldorf 2001, 8 ff.
[1869] CVD 477, 28.05.2002.

16. Geschäftsstellen

In Gegenwart zahlreicher Ehrengäste und des Caritasvorstandes fand einen Tag nach der Pressekonferenz die feierliche Einweihung der Caritasgeschäftsstelle Hubertusstr. 5 statt[1870]. Nach der offiziellen Begrüßung der etwa 200 Festteilnehmer durch Caritasdirektor Johannes Böcker segnete Stadtdechant Rolf Steinhäuser das Haus und die Kreuze, darunter ein Kruzifix des Düsseldorfer Künstlers Bert Gerresheim[1871].

Kaum war der Umzug der Verwaltung zur Hubertusstraße abgeschlossen, wurde mit dem Umbau der ehemaligen Caritasgeschäftsstelle in der Klosterstraße zu einem Sozialen Zentrum begonnen[1872]. Schon neun Monate später waren alle notwendigen Sanierungsmaßnahmen abgeschlossen und die neue Beratungsstelle fertig gestellt[1873]. Bei der offiziellen Einweihung am 20. September 2002 stellte Caritasdirektor Johannes Böcker das Soziale Zentrum als "Headquarter" für alle sozialen Belange in der Stadt Düsseldorf vor[1874]. Wenige Tage nach der Einweihung erläuterte Referatsleiter Günther Fuchs die Aufgaben und Ziele der neu konzeptionierten Einrichtung in der Düsseldorfer Caritaszeitung mit den Worten: "Die grundsätzliche Frage nach den Beweggründen für ein Soziales Zentrum ergaben sich aufgrund der belasteten räumlichen Situation, in der wir uns mit den Sozialen Diensten befanden. Es kam zur Entscheidung des Vorstandes für den Aufbau der Geschäftsstelle an der Hubertusstraße und in diesem Zusammenhang wurde die Entscheidung für die Errichtung eines Sozialen Zentrums an der Klosterstraße möglich. Wir wollten im Schwerpunkt eine Konzentration im Hinblick auf unsere Beratungsarbeit, auf die Sozialen Dienste und bei den Angeboten der Beruflichen Integration erreichen. Unter Konzentration ist auch zu verstehen - im wirtschaftlichen Bereich benutzt man den Begriff Synergien - dass sich Ressourcen gegenseitig ergänzen und unterstützen. ... Wir müssen nahe bei den Menschen sein. Wir sind in dem Sinne nicht auf dem Weg zu einer Zentralisierung. Im Gegenteil: Wir erhalten sehr bewusst die Standorte, die wir in den Stadtteilen brauchen. Aber nicht einfach unter dem Aspekt einer irgendwie gearteten Flächendeckung, sondern um präsent zu sein, damit wir bei den Menschen, z.B. in den Stadtteilen mit besonderem Erneuerungsbedarf immer zur Stelle sind"[1875].

Als wichtiger Anlaufpunkt im Sozialen Zentrum galt die Allgemeine Sozialberatung und Clearingstelle, die bereits Ende der achtziger Jahre eingerichtet und am 1. Mai 1995

[1870] Vgl. CVD 477, 29.05.2002; RP 31.05.2002.

[1871] Vgl. CVD 477, 29.05.2002; NN, Neue Geschäftsstelle der Caritas für Düsseldorf eingeweiht und ihrer Bestimmung übergeben. Gottes Menschenfreundlichkeit erfülle dieses Haus, in: Die Zeitung. Caritas für Düsseldorf Jg. 3 Nr. 2 (Sommer 2002), 11.

[1872] Vgl. NN, Kompetenz in der Klosterstraße. Erste Schritte für das "Soziale Zentrum", in: Die Zeitung. Caritas für Düsseldorf Jg. 2 Nr. 4 (Winter 2001), 3.

[1873] Vgl. CVD 469, 20.09.2002; WZ 21.09.2002; NRZ 23.09.2002; RP 01.10.2002.

[1874] Vgl. CVD 469, 20.09.2002.

[1875] NN, Das Soziale Zentrum der Caritas - durch Konzentration schlagkräftiger vor Ort. Ein Angebot für alle Menschen, in: Die Zeitung. Caritas für Düsseldorf Jg. 3 Nr. 4 (Winter 2002), 1. Vgl. auch Rolf Steinhäuser, Das Soziale Zentrum der Caritas für Düsseldorf - ein wichtiger Baustein der City - Pastoral, in: Die Zeitung. Caritas für Düsseldorf Jg. 3 Nr. 4 (Winter 2002), 12.

neu organisiert worden war[1876]. Das Angebot der Allgemeinen Sozialberatung verstand sich als Kontakt-, Informations- und Vermittlungsstelle zur unmittelbaren Unterstützung und zur existenziellen Sicherung und Förderung von Menschen mit psychosozialen Schwierigkeiten. Im Vordergrund stand die individuelle Problemklärung für alle Rat suchenden Menschen, die das Soziale Zentrum aufsuchten und sich informieren und orientieren wollten. Eine schnelle Vermittlung in Fachdienste oder in Maßnahmen ermöglichte das vernetzte Arbeiten der Fachberater im Sozialen Zentrum. Ziel der Allgemeinen Sozialberatung war die existenzielle Sicherung der Rat suchenden Bürger und die Förderung der Hilfe zur Selbsthilfe[1877].

17. Statuten

Abgesehen von Angleichungen an die Bestimmungen neuer Gemeinnützigkeitsverordnungen waren die Statuten des Caritasverbandes für die Stadt Düsseldorf von 1927 nahezu unverändert über 50 Jahre in Kraft geblieben[1878]. Modifiziert wurden in dieser Zeit lediglich die Paragraphen § 2 (Zweck) und § 14 (Auflösung), die nach einer ersten Anpassung am 4. Dezember 1950[1879] in einer weiteren Überarbeitung vom 2. Dezember 1954[1880] schließlich folgenden Wortlaut hatten: "Der Verband dient ausschließlich und unmittelbar kirchlichen, gemeinnützigen und mildtätigen Zwecken. Insbesondere soll er die Werke der Caritas innerhalb der Stadt Düsseldorf sachkundig anregen und planmäßig fördern, bei ihren Trägern die Einheitlichkeit der Grundsätze und, soweit erforderlich, die Geschlossenheit des Handelns sicherstellen, sowie die Mitglieder des Verbandes in ihrer Gesamtheit gegenüber den öffentlichen Körperschaften und Behörden, den katholischen und nichtkatholischen Organisationen innerhalb der Stadt Düsseldorf vertreten und, wenn keine anderen Träger zur Verfügung stehen, auch selbst caritative Werke einrichten und durchführen. Etwaige Gewinne dürfen nur für die satzungsmäßigen Zwecke verwendet werden. Die Mitglieder erhalten keine Gewinnanteile und in ihrer Eigenschaft als Mitglieder auch keine sonstigen Zuwendungen aus Mitteln des Verbandes. Sie erhalten bei ihrem Ausscheiden oder bei Auflösung oder Aufhebung des Verbandes nicht mehr als ihre eingezahlten Kapitalanteile und den gemeinen Wert ihrer geleisteten Sacheeinlagen zurück" (§ 2)[1881]. Da nach den Statuten von 1927 bei Auflösung des Caritasverbandes das Vermögen dem Stadtdechanten "zur Verwendung im

---

[1876] Vgl. CVD 74, 1989 und 01.05.1995; CVD 109, 22.05.1995; NN, Caritas: Allgemeine Sozialberatung. Erste Hilfestellungen geben, in: Kirchenzeitung für das Erzbistum Köln Jg. 50 Nr. 23 (09.06.1995), 23.
[1877] Vgl. CVD 109, 10.02.2003; NN, Verbesserter Service - Orientierung und Information. Allgemeine Sozialberatung, in: Die Zeitung. Caritas für Düsseldorf Jg. 3 Nr. 4 (Winter 2002), 4.
[1878] Vgl. oben S. 505 ff.
[1879] Vgl. CVD Vorstandsprotokolle, 13.10.1950 und 04.12.1950; ALD Vereinsregister 3073, 04.12.1950.
[1880] Vgl. CVD Vorstandsprotokolle, 02.12.1954; ALD Vereinsregister 3073, 02.12.1954.
[1881] ALD Vereinsregister 3073, 02.12.1954.

17. Statuten

Sinne des Verbandszweckes" zugefallen wäre[1882], musste 1950 bzw. 1954 mit Blick auf den neuen § 2 auch § 14 geändert werden. Vor dem Hintergrund, dass der Stadtdechant als Mitglied des Verbandes keine Gewinnanteile erhalten durfte, lautete § 14 in der Fassung vom 2. Dezember 1954 folgerichtig: "Bei Auflösung oder Aufhebung des Verbandes oder bei Wegfall seines bisherigen Zweckes fällt das Vermögen des Verbandes, soweit es die etwa eingezahlten Kapitalanteile der Mitglieder und den gemeinen Wert der von den Mitgliedern etwa geleisteten Sacheinlagen übersteigt, anteilig im Verhältnis der Seelenzahl an die katholischen Pfarreien des Stadtbezirks Düsseldorf, die es unmittelbar und ausschließlich für kirchliche, gemeinnützige oder mildtätige Zwecke im Sinne der bisherigen Vereinszwecke zu verwenden haben"[1883].

Erst Ende der siebziger Jahre kam es zu einer grundlegenden Revision der Statuten des Caritasverbandes für die Stadt Düsseldorf, als die Mitgliederversammlung eine kurz zuvor verabschiedete Mustersatzung für Stadt- und Kreiscaritasverbände im Erzbistum Köln wortgetreu übernahm[1884]. Neben einer veränderten Zeitverhältnissen angepassten Umschreibung des Verbandszweckes, der Aufgaben, Organisation und Mitgliedschaft sah die auch für Düsseldorf verbindliche Mustersatzung eine Schärfung der Rechte und Pflichten der Verbandsorgane vor[1885]. Die Überarbeitung des Düsseldorfer Regelwerkes begann im September 1977[1886], kam am 16. Oktober 1978 mit Annahme einer neuen Satzung vorübergehend zur Ruhe[1887] und fand mit Verabschiedung der noch heute gültigen Statuten vom 28. Februar 1980 ihren Abschluss[1888]. Mit Ausnahme der Präambel und Bestimmungen über die Zusammensetzung des Vorstandes, waren die Fassungen von 1978 und 1980 nahezu wortgleich. Bemerkenswert ist, dass die Präambel von 1978 vom Bischof aus, die Präambel von 1980 hingegen vom Gottesvolk aus zu den Bestimmungen der einzelnen Richtlinien hinführte. In der Fassung von 1978 lautete die Präambel: "Caritas ist Ausdruck des Lebens der Kirche, in der Gott durch die Menschen sein Werk verwirklicht. Diesen Auftrag in seiner Diözese zu erfüllen, gehört zu den vorrangigen Pflichten des Bischofs. Hierzu bedient sich der Erzbischof von Köln dieses

---

[1882] Vgl. oben S. 508.
[1883] ALD Vereinsregister 3073, 02.12.1954.
[1884] Vgl. NN, Einladung zur Mitgliederversammlung des Diözesan - Caritasverbandes für das Erzbistum Köln e.V., in: Caritas in Nordrhein - Westfalen Jg. 6 Nr. 6 (November/Dezember 1977), 560 - 561, 560 f; NN, Einladung zur Mitgliederversammlung des Diözesan - Caritasverbandes für das Erzbistum Köln e.V., in: Caritas in Nordrhein - Westfalen Jg. 8 Nr. 1 (Januar/Februar 1979), 88; NN, Satzung des Diözesan - Caritasverbandes für das Erzbistum Köln e.V., in: Amtsblatt des Erzbistums Köln Jg. 119 Nr. 5 (02.02.1979), 47 - 51, 47 ff; NN, Mustersatzung für die Stadt- und Kreiscaritasverbände im Erzbistum Köln, in: Amtsblatt des Erzbistums Köln Jg. 119 Nr. 5 (02.02.1979), 51 - 55, 51 ff; Bruno Splett, Zur Chronik des Diözesan - Caritasverbandes für das Erzbistum Köln. Quellen und Erinnerungen zum Auf- und Ausbau in den letzten 90 Jahren, Köln 1987, 138 f. Vgl. auch NN, Satzung des Diözesan - Caritasverbandes für das Erzbistum Köln e.V., in: Caritas - Nachrichten für das Erzbistum Köln Jg. 21 Nr. 7/8 (Juli/August 1966), 147 - 154, 147 ff.
[1885] Vgl. NN, Caritasverband erhält neue Satzung. Interessanter Tätigkeitsbericht, in: Kirchenzeitung für das Erzbistum Köln Jg. 33 Nr. 43 (27.10.1978), 28.
[1886] Vgl. ALD Vereinsregister 3073, 09.09.1977.
[1887] Vgl. ALD Vereinsregister 3073, 16.10.1978.
[1888] Vgl. ALD Vereinsregister 3073, 28.02.1980.

Caritasverbandes mit seinen Gliederungen. Unter dem Schutz und der Aufsicht des Erzbischofs faßt der Verband alle innerhalb seines Bereiches der Caritas dienenden Einrichtungen und Dienste institutionell zusammen und vertritt die Caritas seines Bereiches nach außen"[1889]. Ein spürbar anderer Akzent lag den gleichfalls aus einer Diözesanmustersatzung erwachsenen Statuten von 1980 zugrunde, wenn es in der Hinführung heißt: "Caritas ist Ausdruck des Lebens der Kirche, in der Gott durch die Menschen sein Werk verwirklicht. In der Caritas 'wird der Glaube in der Liebe wirksam' (Gal 5,6). Somit ist Caritas Pflicht des gesamten Gottesvolkes und jedes einzelnen Christen. Ihrer vollen Erfüllung in der Diözese gilt die besondere Sorge des Bischofs. Daher steht dieser Caritasverband unter dem Schutz und der Aufsicht des Erzbischofs von Köln"[1890].

Geleitet von dem Grundsatz, der Caritasverband für die Stadt Düsseldorf "soll in seinem Bereich die Interessen der Caritas wahrnehmen sowie Aktionen und Werke grundsätzlich im Zusammenwirken mit den Pfarreien und den katholischen Fachverbänden und Vereinigungen durchführen", wurden in § 3 elf Aufgaben der sozialen und caritativen Hilfe als Hauptgegenstand der Verbandstätigkeit benannt. Der Düsseldorfer Caritasverband sollte insbesondere: "1. die Werke der Caritas anregen, fördern und das Zusammenwirken aller auf dem Gebiet der Caritas tätigen Personen, Gruppen und Einrichtungen herbeiführen; 2. auf der Ebene der Pfarreien und Dekanate die ehrenamtliche Caritasarbeit im Zusammenwirken mit den Dekanats - Caritasbeauftragten anregen, fördern und vertiefen; 3. die Caritas in Angelegenheiten örtlicher Bedeutung vertreten und die Zusammenarbeit mit Behörden und sonstigen Organisationen gewährleisten; 4. in Organisationen mitwirken, soweit Aufgabengebiete sozialer und caritativer Hilfe berührt werden; 5. als Verband der Freien Wohlfahrtpflege tätig werden; 6. mit den übrigen Verbänden der Freien Wohlfahrtpflege zusammenarbeiten und in der öffentlichen Sozial-, Jugend- und Gesundheitshilfe mitwirken; 7. das Interesse für soziale Berufe wecken, sowie das Spezifische des kirchlichen Auftrages bewußt machen; 8. zur Förderung und Entwicklung der sozialen und caritativen Facharbeit und ihrer Methoden beitragen; 9. die Ausbildung, Fortbildung und Schulung von haupt- und ehrenamtlich im sozialen und caritativen Bereich Tätigen wahrnehmen und unterstützen; 10. die Öffentlichkeit informieren; 11. in Organen und Ausschüssen des Diözesan - Caritasverbandes und des Deutschen Caritasverbandes mitwirken"[1891].

Wie jede Satzung, benannten auch die Statuten von 1980 den Kreis, der beim Caritasverband für die Stadt Düsseldorf eine Mitgliedschaft beantragen konnte. Gegenüber den Bestimmungen aus den fünfziger Jahren, wo noch zwischen ordentlichen und außerordentlichen Mitgliedern sowie Ehrenmitgliedern unterschieden wurde[1892], war in den neuen Statuten die Frage der Mitgliedschaft wesentlich erschöpfender behandelt. Nach § 4 umfasste der Düsseldorfer Verband "1. alle im Verbandsbereich bestehenden Caritasausschüsse und sonstigen caritativen Gruppen; 2. alle im Verbandsbereich bestehenden örtlichen Gliederungen der dem Deutschen Caritasverband angeschlossenen an-

---

[1889] ALD Vereinsregister 3073, 16.10.1978.
[1890] ALD Vereinsregister 3073, 28.02.1980.
[1891] ALD Vereinsregister 3073, 28.02.1980.
[1892] Vgl. ALD Vereinsregister 3073, 02.12.1954.

erkannten zentralen katholischen caritativen Fachverbände und Vereinigungen; 3. alle katholisch - caritativen Einrichtungen, die den innerhalb des Deutschen Caritasverbandes gebildeten Zusammenschlüssen caritativer Einrichtungen gleicher Fachrichtung angehören und deren Einzugsbereiche nicht wesentlich über den Verbandsbereich hinausgehen"[1893]. Mitglieder des Verbandes konnten natürliche und solche juristischen Personen sein, die entweder vom Deutschen Caritasverband anerkannte caritative Fachverbände oder Vereinigungen waren oder nach ihrer Satzung und Tätigkeit im Verbandsbereich Aufgaben der Caritas erfüllten und sich verpflichteten, in ihren Einrichtungen die vom Erzbischof von Köln jeweils in Kraft gesetzte Mitarbeiterverordnung anzuwenden. Berechtigt zur Mitgliedschaft waren auch die im Verbandsbereich gelegenen Pfarreien sowie die in § 4 unter Ziffer 2 und 3 genannten Gliederungen und Einrichtungen sowie deren Mitglieder (§ 5)[1894].

Schwerpunkt der Satzungsreform von 1980 war die Erneuerung der Organstruktur. Mit dem Ziel, die Organe des Caritasverbandes für die Stadt Düsseldorf handlungsfähiger zu machen, wurden ihre Struktur, Funktion und Zusammensetzung einer grundlegenden Revision unterzogen. Anstelle der bisherigen Verbandsorgane "Orts - Caritas - Vorstand", "Orts - Caritas - Ausschuß" und "Mitglieder - Versammlung"[1895] traten nun der "Vorstand", der "Caritasrat" und die "Vertreterversammlung" (§ 8)[1896].

Dem Vorstand gehörten der Vorsitzende, der stellvertretende Vorsitzende und bis zu drei weitere Mitglieder an. Der Vorsitzende war der Stadtdechant oder ein von ihm benannter Geistlicher. Der stellvertretende Vorsitzende und die übrigen Mitglieder wurden von der Vertreterversammlung auf jeweils drei Jahre gewählt. Alle Mitglieder des Vorstandes bedurften zur Ausübung ihres Amtes der Bestätigung durch den Kölner Erzbischof (§ 9). Der Vorstand hatte das Recht und die Pflicht, alles zur Erfüllung der Verbandsaufgaben Erforderliche zu veranlassen und durchzuführen. Ihm oblagen nach § 10 alle Angelegenheiten des Verbandes, insbesondere "1. die Wahrnehmung der Beziehungen des Verbandes zu den caritativen Einrichtungen und Organisationen des Verbandsbereiches, zum Diözesan - Caritasverband und zu den örtlichen Fachverbänden; 2. die Vorbereitung und Durchführung der Beschlüsse des Caritasrates und der Vertreterversammlung sowie die Berücksichtigung ihrer Empfehlungen; 3. die Vorlage des Tätigkeitsberichtes, des Haushaltsvoranschlages und der Jahresrechnung beim Caritasrat; 4. die Beschlußfassung über den Erwerb, die Belastung und Veräußerung von Grundstücken und die Bestellung, Änderung, Veräußerung und Aufgabe von Rechten an Grundstücken; 5. die Beschlußfassung über Bürgschaften, Aufnahme und Vergabe von Darlehn sowie über die Planung und Durchführung von Bauvorhaben und größeren Instandsetzungsarbeiten, die im Wirtschafts- oder Haushaltsplan nicht vorgesehen sind; 6. die Mitteilung der Ergebnisse der ... durchgeführten Wahlen an den Vorstand des Diözesan - Caritasverbandes". Zur Erfüllung seiner Aufgaben bediente sich der Vorstand

---

[1893] ALD Vereinsregister 3073, 28.02.1980.
[1894] Vgl. ALD Vereinsregister 3073, 28.02.1980.
[1895] Vgl. ALD Vereinsregister 3073, 02.12.1954.
[1896] Vgl. ALD Vereinsregister 3073, 28.02.1980.

einer Geschäftsstelle, die durch einen von ihm bestellten und beauftragten Geschäftsführer geleitet wurde[1897].

Der Caritasrat bestand aus 1. dem Vorstand, 2. den vom Erzbischof im Verbandsbereich ernannten Dekanats - Caritasbeauftragten, 3. zehn Mitgliedern des Verbandes, 4. bis zu fünf Mitgliedern der angeschlossenen, vom Deutschen Caritasverband anerkannten caritativen Fachverbände und Vereinigungen und 5. bis zu fünf Vertretern der juristischen Personen, die nach ihrer Satzung und Tätigkeit auf Verbandsebene Aufgaben der Caritas wahrnahmen. Als weitere Mitglieder mit nur beratender Stimme konnte der Caritasrat bis zu fünf Mitarbeiter des Verbandes, der Fachverbände und Vereinigungen oder der juristischen Personen berufen und jederzeit abberufen (§ 14). Dem Caritasrat oblag es: "1. eine fruchtbare Zusammenarbeit der Mitglieder des Verbandes zu fördern sowie eine erfolgreiche Zusammenarbeit des Verbandes mit den im Verbandsbereich bestehenden Pfarrcaritasausschüssen sowie sonstigen auf caritativem Gebiet Tätigen herbeizuführen; 2. Hinweise und Anregungen für die Caritastätigkeit aufzugreifen und zu geben; 3. Aufgeschlossenheit und persönliches Engagement für die Arbeit der Caritas zu wecken sowie 4. unter Beachtung von Empfehlungen der Vertreterversammlung über Fragen von grundsätzlicher Bedeutung, über die Durchführung neuer Aufgaben, über die Bildung von Schwerpunkten der Caritasarbeit im Verbandsbereich und über Fragen der Öffentlichkeitsarbeit zu beraten". Weiterhin hatte der Caritasrat das Recht, "1. den Vorstand zu unterstützen und zu überwachen; 2. den Tätigkeitsbericht des Vorstandes entgegenzunehmen und zu beraten sowie den Haushaltsvoranschlag und die Jahresrechnung zu prüfen und darüber zu beschließen; 3. den Bericht über die Prüfung des Jahresabschlusses entgegenzunehmen; 4. den Vorstand zu entlasten; 5. über Art und Umfang der jährlichen Rechnungsprüfung zu entscheiden; 6. der Vertreterversammlung einen Tätigkeitsbericht vorzulegen; 7. über den Ausschluß von Mitgliedern ... zu entscheiden" (§ 15)[1898].

Die Mitglieder der Caritasverbandes für die Stadt Düsseldorf nahmen ihre satzungsgemäßen Rechte und Pflichten durch die Vertreterversammlung wahr. Die Vertreterversammlung setze sich zusammen aus "1. dem Vorstand, 2. den Dekanats - Caritasbeauftragten, 3. den durch die Mitglieder in den Pfarreien gewählten Vertretern, 4. Vertretern der im Verbandsbereich bestehenden örtlichen Gliederungen der dem Deutschen Caritasverband angeschlossenen anerkannten zentralen katholischen caritativen Fachverbände und Vereinigungen, 5. Vertretern der caritativen Einrichtungen, die den innerhalb des Deutschen Caritasverbandes gebildeten Zusammenschlüssen katholisch - caritativer Einrichtungen gleicher Fachrichtung angehören und deren Einzugsbereiche nicht wesentlich über den Verbandsbereich hinausgehen" (§ 17). Rechte und Pflichten der Vertreterversammlung waren: "1. die Beratung über Grundsatzfragen; 2. die Beratung über den Tätigkeitsbericht des Caritasrates; 3. die Wahl des Stellvertretenden Vorstandsvorsitzenden ... und zu wählenden Mitglieder des Caritasrates; 4. die Wahl und die Abberufung der in die Vertreterversammlung des Diözesan - Caritasverbandes zu entsenden

---

[1897] Vgl. ALD Vereinsregister 3073, 28.02.1980.
[1898] ALD Vereinsregister 3073, 28.02.1980.

Vertreter; 5. die Verabschiedung einer Beitragsordnung ... ; 6. die Beschlußfassung über Änderung der Satzung und Auflösung des Vereins" (§ 18)[1899].

18. Die Caritas für Düsseldorf im 21. Jahrhundert - Schlaglichter

Satzungsreform

Im Jubiläumsjahr 2004 steht der Caritasverband für die Stadt Düsseldorf in einer Struktur- und Satzungsreform, die prüft, ob Organisationsformen, Strukturen und Satzungen ihrer Entstehungsidee noch dienen oder ob sie diese mittlerweile behindern, weil sie durch gesellschaftliche Entwicklungen überholt sind. Die Leitgedanken der Struktur- und Satzungsdiskussion, die im Jahre 2003 mit der Vorlage eines neuen Satzungsentwurfes des Caritasverbandes für die Stadt Düsseldorf einen vorläufigen Abschluss fand, fasste Aloys Buch am 22. Juli 2003 vor Vertretern des Caritasrates mit den Worten zusammen: "Lassen Sie mich auf drei grundsätzliche Fragestellungen kurz eingehen, die in der neuen Satzung anders als in der Vergangenheit geregelt werden sollen: 1. Hauptamtlicher Vorstand. Zukünftig soll der hauptamtliche Vorstand die operative Verantwortung für die Arbeit des Caritasverbandes für die Stadt Düsseldorf ausführen. Sie kennen diese Diskussion darüber, dass ein ehrenamtlicher Vorstand nicht die operative Verantwortung für den komplexen Caritasverband für die Stadt Düsseldorf nach dem Vereinsrecht tragen kann. Aus diesem Grund ist es notwendig, dass der Vorstand des Caritasverbandes für die Stadt Düsseldorf hauptamtlich arbeitet. 2. Caritasrat. Der Caritasrat hat bei einem hauptamtlichen Vorstand neben der Verantwortung für die gesamtinhaltliche Ausrichtung des Caritasverbandes die Aufsicht und Kontrolle über den Vorstand auszuüben. Diese Aufgabe soll durch einen kleineren Caritasrat ausgeübt werden, der aus mindestens fünf und höchstens elf Mitgliedern gebildet werden kann. In dieser 'kleinen' Caritasratslösung ist eine Tagungsfrequenz von mindestens sechs Mal im Jahr vorgesehen. Damit ist eine Aufgabenerfüllung der Aufsicht und Kontrolle über den Vorstand strukturell gegeben. 3. Vertreterversammlung. Die Vertreterversammlung soll zukünftig jährlich tagen und eine wesentlich engere Zusammenarbeit mit dem Caritasrat ermöglichen. Eine erhebliche Verringerung der Mitgliederzahl auf 40 bis 50 Personen erleichtert z.B. die Beratung von Grundsatzfragen und die Entscheidung von satzungsgemäßen Aufgaben". In der Tat bedurfte es schon seit längerer Zeit einer schärferen Definition der Aufgaben und Kompetenzen der Organe, in denen Willenbildung, Leitung und Aufsicht wahrgenommen werden. Um die Balance zwischen der Arbeitsfähigkeit der Organe und einer breiten Partizipation des Verbandes nicht zu gefährden, waren im Satzungsentwurf vom 23. Mai 2003 die Rechte und Pflichten der Gremien im Düsseldorfer Caritasverband neu festgelegt worden.

[1899] ALD Vereinsregister 3073, 28.02.1980.

Der aus zwei hauptamtlichen Mitgliedern bestehende und vom Caritasrat bestellte Vorstand "hat das Recht und die Pflicht, das zur Erfüllung der Verbandsaufgaben Erforderliche zu veranlassen und durchzuführen. Er führt die Geschäfte im Rahmen der Gesetze, der Satzung und der Beschlüsse des Caritasrates und der Vertreterversammlung. Ihm obliegen alle Angelegenheiten des Verbandes, soweit nicht nach anderen Vorschriften dieser Satzung der Caritasrat oder die Vertreterversammlung zuständig ist". Dem Vorstand soll insbesondere obliegen: "1. Die Verbandsgeschäftsführung und die Vertretung des Verbandes ... ; 2. Die Sicherung, Fort- und Weiterentwicklung der christlichen Identität des Verbandes sowie die Umsetzung des Leitbildes; 3. Die Wahrnehmung der Beziehungen des Verbandes zu den caritativen Einrichtungen und Organisationen des Verbandsbereiches, zum Diözesan - Caritasverband und zu den örtlichen Fachverbänden; 4. Die Vorbereitung und Durchführung der Beschlüsse des Caritasrates und der Vertreterversammlung sowie die Berücksichtigung ihrer Empfehlungen; 5. Die Aufstellung des Jahresabschlusses und des Lageberichtes in den ersten sechs Monaten des Geschäftsjahres für das vergangene Geschäftsjahr ... und die Veranlassung der Prüfung des selben durch einen Wirtschaftsprüfer, vereidigten Buchprüfer bzw. Steuerberater ... ; 6. Die Vorlage des Tätigkeitsberichtes und des Wirtschaftsplanes, bestehend aus Erfolgs-, Investitions- und Stellenplan und des geprüften Jahresabschlusses mit Lagebericht beim Caritasrat; 7. Die Berichtspflicht über grundsätzliche Fragen an den Caritasrat bzw. - in Eil- und Notfällen - an den Vorsitzenden des Caritasrates bzw. seinen Stellvertreter; 8. die Mitteilung der Ergebnisse der ... durchgeführten Wahlen an den Vorstand des Diözesan-Caritasverbandes".

Dem mit dem Stadtdechanten als geborenem Vorsitzenden aus mindestens fünf Mitgliedern bestehenden und von der Vertreterversammlung gewählten Caritasrat obliegt es "1. Eine fruchtbare Zusammenarbeit der Mitglieder des Verbandes zu fördern sowie eine erfolgreiche Zusammenarbeit des Verbandes mit den im Verbandsbereich bestehenden Pfarrcaritasausschüssen sowie sonstigen auf caritativem Gebiet Tätigen herbeizuführen sowie bei Auseinandersetzungen zwischen dem Verband und seinen Mitgliedern oder zwischen Mitgliedern des Verbandes untereinander zu vermitteln; 2. Hinweise und Anregungen für die Caritastätigkeit aufzugreifen und zu geben; 3. Aufgeschlossenheit und persönliches Engagement für die Arbeit der Caritas zu wecken sowie 4. unter Beachtung von Empfehlungen der Vertreterversammlung über Fragen von grundsätzlicher Bedeutung, über die Durchführung neuer Aufgaben, über die Bildung von Schwerpunkten der Caritasarbeit im Verbandsbereich und über Fragen der Öffentlichkeitsarbeit zu beraten". Weiterhin hat der Caritasrat u.a. das Recht und die Pflicht, den Vorstand zu bestellen und abzuberufen, strategische Ziele des Caritasverbandes festzulegen, aus seinen Mitgliedern einen Prüfungsausschuss für Wirtschaftsfragen zu bilden sowie über die Übernahme, Änderung oder Einstellung wesentlicher caritativer Arbeitsfelder, Geschäftsbereiche, Dienste oder Einrichtungen zu entscheiden.

Der Vertreterversammlung, die sich aus Vertretern der Kirchengemeinden, der persönlichen Mitglieder, der Personalfachverbände und Vereinigungen, der Einrichtungsfachverbände und sonstigen korporativen Mitgliedern zusammensetzt, obliegt "1. Die Beratung über Grundsatzfragen; 2. Die Beratung über den vom Caritasrat vorgelegten Tätigkeitsbericht einschließlich des Berichtes über die wirtschaftliche Lage sowie die Entlastung des Caritasrates bezüglich der dem Caritasrat ... obliegenden Aufgaben; 3.

Die Wahl der ... zu wählenden Mitglieder des Caritasrates; 4. Die Wahl und die Abberufung der in die Vertreterversammlung des Diözesan - Caritasverbandes zu entsendenden Vertreter; 5. Die Verabschiedung einer Beitragsordnung ... ; 6. Die Beschlussfassung über Änderungen der Satzung und Auflösung des Verbandes ... ; 7. Die Zustimmung zur Geschäftsordnung für den Caritasrat und deren Änderungen ... ; 8. Die Vertretung des Verbandes gegenüber Caritasratsmitgliedern, insbesondere die Geltendmachung von evtl. Ersatzansprüchen des Verbandes gegen Caritasratsmitglieder"[1900].

Organisationsentwicklung

Die zunehmende Ökonomisierung sozialer Arbeit lässt keinen Zweifel: Die Leistungsfähigkeit sozialer Unternehmen hängt davon ab, wie es gelingt, den Wirkungsgrad der vorhandenen Ressourcen zu steigern. Dies erfordert die Entwicklung der gesamten Organisation und in diesem Zusammenhang gezielte Strukturentwicklung, denn eine Veränderung der Organisation ist ohne Veränderungen und Entwicklungen im Bereich seiner Strukturen nicht stimmig. In solcher Komplexität gehört Organisationsentwicklung mittlerweile unbestritten zur Qualitätssicherung und Weiterentwicklung der Dienste und Einrichtungen des Caritasverbandes für die Stadt Düsseldorf.

Vor dem Hintergrund veränderter externer Rahmenbedingungen, der zunehmenden Konkurrenz verschiedener Anbietergruppen und des Wachstums des Verbandes, begann der Caritasverband für die Stadt Düsseldorf im Dezember 1998 auf Initiative der Geschäftsführung seine Organisationsstruktur den umfangreichen Entwicklungen anzupassen. In einem Informationsschreiben an die Mitarbeiter vom 3. Januar 2000 umriss Caritasdirektor Johannes Böcker die Zielsetzungen des mittlerweile abgeschlossenen Beratungsprozesses mit den Worten: "Die Organisationsentwicklung 2000 wird vor allem die Strukturen dafür schaffen, daß in der Geschäftsführung die soziale, kirchliche, strategisch - politische und wirtschaftliche Ausrichtung des Verbandes besser entwickelt und realisiert werden kann. Durch die Organisationsentwicklung 2000 wird auch die dafür notwendige Vernetzung fachlich zusammenhängender Aufgaben des Verbandes berücksichtigt. Der für die Umsetzung notwendige interne Kommunikationsprozeß steht damit gleichzeitig auch für die Konkretisierung der Marktfähigkeit und des Dienstleistungsgedankens innerhalb und außerhalb des Verbandes. Die Caritas muß politisch offener werden und sich als Anwältin der Armen, Kranken sowie der Bedürftigen, aber auch als wirtschaftlich verantwortungsbewußter Träger wichtiger sozialer Unternehmungen und Einrichtungen engagieren. Die Verbindung von sozialer Tat und Wirtschaftlichkeit mit caritativ - politischer Verantwortung im Sinne christlicher Ethik ist Ausgangspunkt für die Organisationsentwicklung 2000. Folgende Ziele sollen mit der Organisationsentwicklung 2000 unter anderem erreicht werden: 1. Verbesserung der bedarfsorientierten und marktfähigen Entwicklung von Diensten, Beratungsstellen und Einrichtungen; 2. Vertiefung der 'Kundenorientierung' und Stärkung des Dienstleistungsauftrages der sozialen Aufgaben und Verwaltungsarbeiten; 3. Verlagerung der Ent-

---

[1900] CVD 83, 23.05.2003 und 22.07.2003.

scheidungsebene für fachliche Fragestellungen, Konzeptentwicklung, Strategieentwürfe und Verwaltungsaufgaben auf die kleinst mögliche Ebene; 4. Intensivierung der Beteiligung der verschiedenen Ebenen des Verbandes an Entscheidungsprozessen innerhalb der Referate; 5. Verbesserung der Kommunikations- und Informationsstrukturen zwischen den unterschiedlichen Ebenen unseres Verbandes; 6. Optimierung der Ablauforganisation".

Der Struktur des Caritasverbandes für die Stadt Düsseldorf lag nach Inkrafttreten der neuen Organisationsstruktur am 1. Mai 2000 eine Matrixorganisation zugrunde. "Ziel der Matrixorganisation ist es", so Caritasdirektor Johannes Böcker in dem bereits herangezogenen Mitarbeiterschreiben, "dienstleistungsgerecht sicherzustellen, daß die Verwaltung ihre Funktion für die sozialen Aufgaben des Verbandes dienstleistungsgerecht wahrnehmen kann. Aus diesem Grunde sind die Referate der Verwaltung und die fachlich ausgerichteten Referate auf ein und derselben Leitungs- und Verantwortungsebene angesiedelt. Die Verwaltung soll so ihre originären Aufgaben wahrnehmen, die insbesondere in der Unterstützung der fachlichen Referate bestehen. Zusätzlich können auf diese Weise auch die unterschiedlichen fachlichen Kompetenzen der einzelnen Referate verstärkt zum Einsatz kommen". Aus der Umsetzung ergaben sich Schnittpunkte bei den sozialen Aufgaben der fachlichen Referate Soziale Dienste und Pflegende Begleitung mit den Verwaltungsaufgaben der Referate Personal und Recht sowie Finanzen und Administration. "In diesen Schnittpunkten", so Caritasdirektor Johannes Böcker weiter, "besteht die Notwendigkeit einer engen Zusammenarbeit. Um diese sicherzustellen, besteht ein hoher Kommunikationsbedarf, der sich sowohl in der Leitungskonferenz wie auch in der konkreten Sachbearbeitung in den Einrichtungen, Diensten, Beratungsstellen und Verwaltung des Verbandes niederschlagen wird".

Wichtig für die Umsetzung der neuen Organisationsstruktur war die Implementierung von vier Leitungsebenen, die wie folgt definiert wurden: Referatsleitung (Leitungsebene 1), Fachbereichsleitung (Leitungsebene 2), Einrichtungsleitung (Leitungsebene 3), Leitung eines Dienstes, Pflegedienstleitung oder Hauswirtschaftsleitung (Leitungsebene 4).

Aus dem Bewusstsein, dass es nicht reicht, einen Idealzustand der Organisation, der Führung, der Zusammenarbeit und Kommunikation zu suchen, sondern dass eine laufende Anpassung notwendig ist, begann bei der Caritas für Düsseldorf Ende 2002 eine Revision der kaum zwei Jahre alten Organisationsstruktur. Auf der Eröffnungssitzung zur Überprüfung der Organisationsentwicklung am 12. Dezember 2002 benannte Caritasdirektor Johannes Böcker fünf Ziele, die im Vordergrund der Überarbeitung stehen sollten: "1. Eingliederung der neuen Stelle 'stellvertretender Geschäftsführer' mit dem Ziel, die Führungsverantwortung in der Caritas für Düsseldorf zu stärken; 2. Deutliche Überarbeitung der Führungsstruktur im Referat Pflegende Begleitung und in den stationären Einrichtungen der Altenhilfe mit dem Ziel der fachlichen Stärkung und der Eingliederung des Qualitätsmanagements in die Führungsstruktur; 3. Konzeptionelle Ausrichtung des Referates Soziale Dienste und Differenzierung der Leitungsstruktur (Bereichsleiter, Fachdiensteleiter, Leiter von Diensten) zur fachlichen Präzisierung der Vernetzungen im Referat; 4. Darstellung der Vertretung der Caritas für Düsseldorf in den Gremien mit dem Ziel des direkten Zugriffs der Leitungsebene 2 - 4 auf die Verantwortlichen für die Gremienarbeit; 5. Verbesserung der Darstellung und Vollständigkeit der Verantwortung und Kompetenzen der Geschäftsführung und der Leitungsebene 1 bis 4".

Bereits im Geschäftsführungsbericht für das Jahr 2003 konnte der Abschluss der Revisionsarbeiten bekannt gegeben werden. Über Verlauf und Ergebnis heißt es dort: "Im Rahmen der Durchführung der Revision hatten die Mitarbeiterinnen und Mitarbeiter der Caritas für Düsseldorf Gelegenheit, ihre Meinung zur Revision des Organisationshandbuches zu äußern, indem sie die Vorlage in ihren Referatskonferenzen, Bereichskonferenzen oder Dienstbesprechungen diskutierten und die Ergebnisse daraus dem Caritasdirektor zur Verfügung stellten; der Abschluss dieses Prozesses erfolgte Ende Februar 2003. Im Ergebnis wurden aus den verschiedenen Gremien der Caritas für Düsseldorf 28 Voten abgegeben. Zur Bearbeitung der Voten wurde in einem nächsten Schritt durch den Caritasdirektor eine Arbeitsgruppe gegründet, die in geplanten vier bzw. fünf Terminen die Voten zu bewerten und zu gewichten hatte. Schließlich gaben die Teilnehmer der Arbeitsgruppe (Referatsleiter, Fachbereichsleiter, Vorsitzende der Mitarbeitervertretungen Häusliche Dienste, Soziales Zentrum, Geschäftsstelle sowie zwei Vorsitzende aus Mitarbeitervertretungen der stationären Einrichtungen) für die vorgestellten Voten eine Beschlussempfehlung ab, für die eine qualifizierte Mehrheit notwendig war. Um Unklarheiten zu beseitigen und Verständnisfragen zu beantworten, wurden im Organisationshandbuch erläuternde Anhänge eingebunden, wie ... eine Aufstellung über die Vertretungen der Caritas für Düsseldorf in Gremien als auch der Leitungsebenen. Gleichzeitig erfolgte die Einbindung der Dienstanweisungen 'Arbeitszeit - Überstunden - Mehrarbeit', 'Fahrsicherheitstraining', der Standardliste Arbeitsplatzausstattung und des Handlungsleitfadens Krisensituation in das Organisationshandbuch. Das Organisationshandbuch wurde im Juli 2003 als Gesamtpaket verabschiedet und durch den Caritasdirektor zum 01. Oktober 2003 in Kraft gesetzt"[1901].

Risikopotentialanalyse

Der Caritasverband für die Stadt Düsseldorf ist als Non - Profit Unternehmen erheblichen unternehmerischen Risiken ausgesetzt. Daher hat der Vorstand des Verbandes zu Beginn des Jahres 2001 beschlossen, die Wirtschaftsprüfungsgesellschaft Ernst & Young (Frankfurt) mit der Erstellung einer Risikopotentialanalyse für den Düsseldorfer Caritasverband zu beauftragen. Die Risikopotentialanalyse dient zur Identifizierung möglicher zukünftiger Problemfelder. Dazu wird das Untersuchungsobjekt aus unterschiedlichen Blickwinkeln beleuchtet und das jeweilige Risiko bewertet. Basierend auf dieser Risikobewertung werden im Anschluss Maßnahmen erarbeitet, die geeignet sind, die vorhandenen Risiken zu minimieren.

Nachdem die Mitarbeiter der Caritas für Düsseldorf im Herbst 2001 über das Projekt informiert worden waren, konnte Anfang 2002 mit der Durchführung des Chancen- und Risikomanagements begonnen werden. Im Rückblick auf das Jahr 2002 heißt es im Bericht des Geschäftsführers über den Stand der Erhebung: "Zielsetzung dieser Analyse ist

---

[1901] CVD 112, 04.01.2001 und 30.12.2003; CVD 337, 03.01.2000 und 12.12.2002.

es, ein auf die besonderen Anforderungen der Caritas für Düsseldorf zugeschnittenes Risikomanagement - System zu entwickeln, um Bestand gefährdende Risiken frühzeitig zu erkennen und zu bewältigen. Dieses System wird auch die Identifikation möglicher Chancen und deren Nutzbarmachung für den Verband berücksichtigen. Im Rahmen der Beauftragung von Ernst & Young wurden im Zeitraum Februar bis Juni 2002 zunächst die Phase 1 'Initialisierung bzw. Projektvorbereitung und Projekterstellung' und die Phase 2 'Analyse und Bewertung der Chancen und Risiken' durchgeführt. In der 1. Phase, der Initialisierung bzw. Projektvorbereitung und Projekterstellung wurde das Projekt der Leitungebene 1 bis 4 vorgestellt. Hierzu gehörten Informationen wie Ziel des Auftrages, geplante Vorgehensweise, einzusetzende Methoden und Instrumente sowie Zeitplanung. In der 2. Phase, der Phase der Analyse und Bewertung der Chancen und Risiken wurden mit Unterstützung des Vorstandes und der Leitungsebene 1 bis 4 im Zeitraum vom 18. Februar bis zum 12. April 2002 die Chancen und Risiken identifiziert und bewertet. Als Methoden und Instrumente dieser Projektphase sind Kurzinterviews und Fragebögen angewendet worden. Für die weitere Analyse, Einschätzung, Bewertung und Überprüfung der Chancen und Risiken wurden abschließend moderierte Arbeitsgruppen bzw. Workshops mit den Führungskräften durchgeführt. Aufgrund der dargelegten Ergebnisse der Analyse Ende Juni 2002 entschied Caritasdirektor Johannes Böcker im August 2002, die Firma Ernst & Young mit der 3. Projektphase 'Unterstützung bei der Entwicklung eines Risikomanagement - Systems - Risikobewältigung und Systemaufbau' zu beauftragen. Start der 3. Phase war der 23. September 2002; an diesem Tag wurden der Leitungskonferenz Ziele, Inhalte und Vorgehensweise beim Aufbau des Risikomanagement - Systems sowie die Zeitplanung vorgestellt. Für den Aufbau des Risikomanagement - Systems hat sich Ernst & Young in Abstimmung mit dem Caritasdirektor für ein Vorgehen in drei Arbeitsschritten entschieden. Der Arbeitsschritt 1 'Risikobewältigung und Chancennutzung' befasst sich mit der Entwicklung und Dokumentation der Bewältigungsmaßnahmen für die in der Phase 2 identifizierten Risiken und Chancen. Die Erarbeitung der Maßnahmen erfolgt im Rahmen von referatsbezogenen Workshops, an denen Führungskräfte der Referate sowie der Einrichtungen und Dienste teilnehmen. Dieser partizipative Ansatz wurde gewählt, um ein möglichst hohes Maß an Mitverantwortung bei der Entwicklung und Akzeptanz für die spätere Umsetzung der Maßnahmen zu erreichen. Damit die einzelnen Risikomanagement - Prozesse ineinander greifen, kommt dem 2. Arbeitsschritt der Systemgestaltung besondere Bedeutung zu. Ein Risikomanagement - System beinhaltet im Wesentlichen die Punkte Report - Inhalte, Report - Beteiligte, Report - Wege, Aggregationsebenen, Report - Rhythmus und Report - Medien. Nach einem ersten Gespräch mit dem Caritasdirektor, in dem die wesentlichen Rahmenbedingungen festgelegt werden, werden von Ernst & Young die im Verband vorhandenen Komponenten des Risikomanagement - Systems analysiert und bewertet. Zudem werden zwei referatsübergreifende Workshops zu Fragen und Anforderungen des künftigen Risikomanagement-Systems durchgeführt. Im 3. Arbeitsschritt wird, basierend auf den Erkenntnissen der bisher erarbeiteten Projektphasen 1 bis 3 ein Risikomanagement - Handbuch seitens Ernst & Young erstellt. Dieses Handbuch beschreibt und dokumentiert die Rahmenbedingungen (Zielsetzung und Komponenten des Risikomanagement - Systems), die Prozesse (z.B. Risikoidentifizierung, Risi-

18. Risikopotentialanalyse

koanalyse, Risikobewältigung, Risikoüberwachung) und die Aufbauorganisation (z.B. Prozessbeteiligte) des Risikomanagement-Systems für die Caritas für Düsseldorf".

Über den Abschluss der dritten und vierten Phase der Risikopotentialanalyse und ihre Konsequenzen für die Caritas für Düsseldorf ist im Geschäftsführungsbericht für das Jahr 2003 vermerkt: "Im Mai 2003 konnte die dritte Projektphase 'Unterstützung bei der Entwicklung eines Risikomanagement-Systems - Risikobewältigung und Systemaufbau' der Risiko- und Chancen - Analyse abgeschlossen werden. In dieser Phase wurden die Maßnahmen und Prioritäten der Risikobewältigung als auch die Gestaltung des Risikomanagement - Systems festgelegt. Dabei wurde im Rahmen der durchgeführten Workshops ein Maßnahmenplan erstellt. Gleichzeitig erfolgten die Ernennung der Risk Owner und die Klärung der operativen Maßnahmeverantwortung. Schließlich wurde seitens Ernst & Young das Risikomanagement - Handbuch erstellt, in dem die Rahmenbedingungen des Risikomanagement - Systems, die Prozesse des Risikomanagements wie Risiko - Analyse und -Bewertung, Risiko - Bewältigung, Risiko - Dokumentation und Risiko - Überwachung (Berichtswesen) sowie die Risikomanagement - Organisation festgeschrieben sind. Die Ergebnisdokumentation dieser Projektphase konnte der Leitungskonferenz am 18. März 2003 durch Ernst & Young vorgestellt werden. Hierbei erfolgte eine exemplarische Präsentation einzelner Maßnahmen. In der Gesamtdienstbesprechung am 12. Mai 2003 wurden die Mitarbeiterinnen und Mitarbeiter der Caritas für Düsseldorf über den aktuellen Sachstand des Chancen- und Risikomanagements bei der Caritas für Düsseldorf informiert. Schließlich wurden dem Vorstand die Ergebnisse am 22. Mai 2003 präsentiert. Die Caritas für Düsseldorf wird nun nach Abschluss der Durchführung des Projektes 'Risiko- und Chancen - Analyse' das Risikomanagement - System im Verband umsetzen. Dabei hat die Referentin für Risikomanagement die Aufgabe, den Risikomanagement - Prozess im Auftrag des Caritasdirektors zu steuern und sicher zu stellen. In einem ersten Schritt erfolgt zunächst ein Review der Risikomanagement - Dokumentation in den Referaten. Hierzu gehört die Überprüfung der Chancen, Risiken und Maßnahmen auf ihre Aktualität sowie die Definition des Berichtsrhythmus. Im Anschluss daran wird ein Detailkonzept erarbeitet; dabei werden die Prozessabläufe mit den Referaten, die Aufgaben der Beteiligten definiert als auch die Berichtsabläufe und Dokumentationsverfahren festgelegt sowie die Informations- und Kommunikationsstrukturen erarbeitet. Geplant ist, das Detailkonzept Anfang Januar 2004 zu implementieren. Im zeitlichen Ablauf bedeutet die Integration des Risikomanagements als fester Bestandteil der Arbeit der Caritas für Düsseldorf die regelmäßige Berichterstattung zu definierten Chancen und Risiken, die fortlaufende Identifikation und Definition neuer Chancen und Risiken sowie mindestens einmal jährlich stattfindende Risikoworkshops zur Risiko-/Chancenidentifikation und -Bewertung als auch zur Entwicklung konkreter Maßnahmen zur Risikobewältigung"[1902]. Seit dem Frühjahr 2003 obliegt das Risikomanagement einer Stabstelle der Geschäftsführung und ist damit fester Bestandteil der Caritas für Düsseldorf[1903].

[1902] CVD 112, 30.12.2001, 30.12.2002 und 30.12.2003.
[1903] Vgl. Johannes Böcker, Rainer W. Wieschollek, Risiken sind bewältigbar, in: Neue Caritas Jg. 104 Nr. 21 (27.11.2003), 32 - 34, 32.

Interne Revision

Interne Revision ist eine unabhängige und objektive Tätigkeit mit dem Ziel, durch Prüfung und Beratung zu einer angemessenen Beurteilung der Risikosituation (assurance), zur Sicherheit, Wertsteigerung und Verbesserung der Geschäftsprozesse beizutragen. Die Aufgabe der Internen Revision umfasst dabei die Unterstützung des Managements und der einzelnen Mitarbeiter bei deren Zielerreichung. Zum einen stellt die Interne Revision sicher, dass den ständig komplexer werdenden Unternehmensrisiken adäquate interne Kontrollen gegenüberstehen. Zum anderen überwacht die Interne Revision die Einrichtung und Durchführung dieser Kontrollen.

Die Caritas für Düsseldorf richtete Anfang 2003 eine Stelle "Interne Revision/Risikomanagement" ein, um das Aufgabenfeld der Internen Revision im Verband zu implementieren. Hierzu wurde eine Revisionsordnung erstellt, die am 1. Juni 2003 in Kraft trat. Die Aufgaben, die von der Internen Revision wahrzunehmen sind, umfassen die Prüfung des Finanz- und Rechnungswesens, die Prüfung im organisatorischen Bereich, die Prüfung der Managementleistungen und die Beratung und Begutachtung sowie Entwicklung von Verbesserungsvorschlägen. Durchgeführt wird die Interne Revision mit Blick auf Ordnungsmäßigkeit, Risiken, Sicherheit, Wirtschaftlichkeit, Zukunftssicherung und Zweckmäßigkeit. Im Einzelfall kann dies bedeuten, dass formelle und materielle Ordnungsmäßigkeitsprüfungen durchgeführt, die Einhaltung gesetzlicher und interner Dienst- und Arbeitsanweisungen überprüft und die Funktionsfähigkeit und Ordnungsmäßigkeit aller Arbeitsabläufe geprüft werden. Auch kann eine Revision der Wirtschaftlichkeit und Zweckmäßigkeit der Organisation, der Arbeitsabläufe und einzelner Maßnahmen wie auch eine Überprüfung der internen Informations- und Kontrollsysteme erfolgen[1904].

Interne Fortbildung

Seit der Gründung des Caritasverbandes für die Stadt Düsseldorf gehören Fort- und Weiterbildung der Mitarbeiter in der sozialen Arbeit der Dienste und Einrichtungen des Verbandes zu seinem Auftrag. Mit der Errichtung eines eigenen Arbeitsfeldes "Interne Fortbildung" im Jahre 1995 wurde der Bedeutung dieser Aufgabe beim Caritasverband für die Stadt Düsseldorf verstärkt Rechnung getragen. Heute trägt die Interne Fortbildung als Teil der Personalentwicklung durch ihre Angebote zur Verwirklichung der satzungsgemäßen Ziele und Aufgaben des Caritasverbandes bei. Die Interne Fortbildung unterstützt die individuelle und verbandliche Sinn- und Identitätssuche sowie den Erwerb von kognitiven, methodischen und psychosozialen Kompetenzen. Ihre Programmplanung orientiert sich an den Lern- und Entwicklungsbedarfen beim Caritasverband für die Stadt Düsseldorf und stützt sich auf die Analyse des im Verband organisationsinternen Bedarfs an Wissen und Können. Im Fortbildungsjahr 2002 nahmen 814 Teilnehmer an 50 Veranstaltungen mit 744 Unterrichtsstunden teil. Über das hinter den

---

[1904] Vgl. CVD 112, 30.12.2003; CVD 698, 01.06.2003.

18. Interne Fortbildung

zahlreichen Veranstaltungen stehende Angebot heißt es in der Evaluation Interne Fortbildung des gleichen Jahres: "Das Seminarangebot des innerverbandlichen Fortbildungsprogramms richtet sich an alle MitarbeiterInnen der Caritas für Düsseldorf. Ferner steht es, bei ausreichender Kapazität, Interessierten und Mitarbeitern aus anderen Verbänden und Institutionen offen. Die Veranstaltungen und Seminare sind je nach thematischem Schwerpunkt in folgenden Kategorien zusammengefasst: Wegbegleitung im Glauben, Grundlagen der Caritas, Verwaltung und Kommunikation, Soziale Dienste und Pflegende Begleitung. ... In dem Angebotsfeld Führung fanden 5 Veranstaltungen statt (10%). In Abstimmung mit den Bedürfnissen der Führungskräfte des Verbandes wurden hier Themen wie 'Mitarbeiterauswahlverfahren' und 'Projektmanagement' mit jeweils 2 Veranstaltungen geschult. Darüber hinaus gab es ein Angebot zum Thema 'Umgang mit Ermahnungen, Abmahnungen und Kündigungen'. Bei dem Angebot im Themenfeld Wegbegleitung im Glauben (2 %) handelt es sich um eine Besinnungszeit zum Advent ... . Zu den Grundlagen der Caritas (12 %) zählten neben den Einführungstagen, die neuen MitarbeiterInnen den Verband, seinen Auftrag, seine Ausrichtung und seine Aufgaben vorstellt und sie in die Aufbauorganisation der Caritas für Düsseldorf einführt, die Angebote zu den Orientierungspunkten der Caritasarbeit und die Veranstaltung 'Caritas zwischen Barmherzigkeit und unternehmerischem Handeln'. Das Angebotsfeld Soziale Dienste beinhaltete 9 Veranstaltungen (16 %). Hierzu gehörten vor allem die Angebote, die MitarbeiterInnen dabei unterstützen, kompetente Beratung und Begleitung zu leisten. Angebote zum Thema 'Psychische Erkrankungen', 'Spiele in der pädagogischen Praxis', 'Rechtliche Schulung zu Kinderferienmaßnahmen' u.v.m. zählten zu diesem Bereich. Aufbauend auf einen Grundkurs im Jahr 2001 nahmen 15 TeilnehmerInnen an einem weiterführenden Kurs zur 'Lösungsorientierten Gesprächsführung' teil. Einen großen inhaltlichen Raum nahm die Fachtagung 'Wie lernen Kinder und Jugendliche aus Ungewissheit Optimismus zu gewinnen - Identitätsarbeit auch für die Jugendhilfe?' ein. Der mit 42% überwiegende Teil der Angebote fiel in das Angebotsfeld Pflegende Begleitung. Die Kursauswahl in diesem Themenbereich berücksichtigte besonders die mehrdimensionalen Anforderungen in der Pflege. So fanden sich hier neben Seminaren zu neuen Erfolg versprechenden Pflegeimpulsen auch Angebote zur Qualitätssicherung und Seminare, welche die Entwicklung der persönlichen und sozialen Kompetenz anregen. 8 Angebote (18 %) siedelten sich im Angebotsfeld Verwaltung und Kommunikation an. Inhaltlich umfasst dieser Bereich sämtliche Angebote zu Ersthelferausbildungen und - Trainings. Angebote, wie 'Finanzen aktuell' und 'Einführung in die Dienstanweisung Personal und Recht' runden das Angebot ab. In dieser Statistik unberücksichtigt blieben diesmal die individuellen Einzelmaßnahmen im EDV - Bereich. Die EDV - Schulungen werden in Kooperation mit der ASG angeboten. Dies ermöglicht uns ein breites Spektrum an verschiedenen Kursen anzubieten und so den individuellen Bedürfnissen und Könnensstufen einzelner Mitarbeiter gerecht zu werden"[1905].

[1905] CVD 603, 13.11.2003.

Geistliche Begleitung

Angesichts der Grenzerfahrungen im täglichen Umgang mit Menschen, die sich in schwierigen Lebenssituationen befinden, ist eine Seelsorge wichtig, die hilft, diese Erfahrungen vor dem Hintergrund des Evangeliums zu verstehen. Aus diesem Grund bietet der Caritasverband für die Stadt Düsseldorf seit dem Jahre 1995 den haupt- und ehrenamtlichen Mitarbeitern eine fundierte geistliche Begleitung an. Zu den Aufgaben der geistlichen Begleitung bei der Caritas für Düsseldorf gehört neben dem Angebot von Gottesdiensten, Gebetszeiten und Besinnungstagen auch die berufsethische Fortbildung, die Mitwirkung bei der Gestaltung und Weiterentwicklung der Caritas für Düsseldorf im Sinne des christlichen Propriums und das persönliche Gesprächsangebot. In einer Selbstdarstellung für das Caritasjahrbuch 2004 heißt es über das Angebot einer geistlichen Begleitung: "Geistliche Begleitung ist für die Mitarbeiter im Caritasverband für die Stadt Düsseldorf so konzipiert, dass 1. der gemeinsame Glauben lebendig gehalten wird und Jesus Christus immer wieder als die Mitte und Quelle unseres Handelns bewusst wird, 2. Mitarbeiter die eigene Berufung und Sendung als Getaufte in der jeweils gegebenen Situation entdecken und wahrnehmen können, 3. Mitarbeiter in der Dienstgemeinschaft auch in persönlichen Umbruchphasen und Krisenzeiten, in der Konfrontation mit Schmerz, Leid und Tod Begleitung und Unterstützung erfahren können, 4. die Dimension des Glaubens in die praktische und konzeptionelle Arbeit des Caritasverbandes mit einbezogen wird, 5. Mitarbeitern, die nicht christlich sozialisiert sind oder sich vom Glauben entfremdet haben, die Chance haben, den christlichen Glauben (neu) zu entdecken". Um die genannten Ziele zu erreichen, benötigt die geistliche Begleitung sichere Rahmenbedingungen, die eine Zuwendung überhaupt erst ermöglichen. Hierzu gehört, dass "1. Vertraulichkeit über die Inhalte von Gesprächen gewahrt wird (Verschwiegenheit, Forum Internum), 2. keine äußeren Zwänge und Abhängigkeiten das offene Miteinander erschweren und die Annahme von Angeboten auf freiwilliger Basis erfolgt ... , 3. ein personales Angebot besteht, dem die Mitarbeiter vertrauen und dem sie zutrauen, dass sie in angemessener Weise begleitet werden, 4. die geistliche Begleiterin Grundkenntnisse von der beruflichen Situation der Mitarbeiter hat und sie in der Lage ist, spezifische Fragen aufzugreifen und weiterzuführen (z.B. berufliche Ethik), 5. Mitarbeiter auch während der regulären Dienstzeit Zeitressourcen einsetzen dürfen, um Angebote der geistlichen Begleitung wahrzunehmen, 6. die geistliche Begleiterin Freiräume hat, auf Mitarbeiter zuzugehen, auf akute Situationen zu reagieren und Prozess orientiert zu handeln"[1906].

Zeitung

Seit dem Jahre 2000 gibt der Caritasverband für die Stadt Düsseldorf im Frühjahr, Sommer, Herbst und Winter unter dem Titel "die Zeitung" ein Kommunikationsme-

---

[1906] Martina Kreß, Johannes Böcker, Für das Proprium der Caritas. Die geistliche Begleitung für Mitarbeiter(innen) sichern, in: Caritas 2004. Jahrbuch des Deutschen Caritasverbandes, 24 - 26, 24 ff.

dium heraus, das in einer Auflage von etwa 10000 Exemplaren über Dienste und Einrichtungen des Verbandes, Pfarrgemeinden und öffentliche Stellen verteilt wird. Über die Aufmachung und Ziele des Verbandsblattes heißt es im Geschäftsführungsbericht des Jahres 2000: "'die Zeitung' berichtet aus dem und über den Caritasverband für die Stadt Düsseldorf. Der Umfang liegt bei 8 oder 12 Seiten. Die Titelthemen greifen wichtige Arbeitsschwerpunkte des Verbandes auf. Durch die inhaltliche Mischung eines breiten Themenspektrums sollen möglichst viele Leserinnen und Leser angesprochen werden. Der Gemeindebezug der Themen spielt eine wichtige Rolle, wobei 'die Zeitung' nicht auf Unterhaltungselemente verzichtet. Gleichfalls werden bezahlte Anzeigen aufgenommen. Erste Leserresonanzen zeigen, dass das Medium positiv aufgenommen wird".

In der Tat bezeugen Zuschriften aus dem Leserkreis, dass "die Zeitung" als wichtiges Band zwischen Caritasverband und Öffentlichkeit gilt. So schrieb der Kölner Generalvikar Norbert Feldhoff: "Sie haben sich vorgenommen mit der Herausgabe Ihrer Verbandszeitschrift eine alte Tradition des Düsseldorfer Caritasverbandes wieder aufzunehmen. Ich bin davon überzeugt, dass Sie damit den richtigen Schritt getan haben. 'Gutes tun und darüber reden' ist ein Leitspruch, der zwar inzwischen schon in vielen Caritasverbänden umgesetzt wird, entscheidend ist jedoch, wie und mit wem kommuniziert wird. Die von Ihnen dafür ausgewählte Form halte ich für gelungen. Mit angemessener Sorgfalt und Intensität stellen Sie, journalistisch gut aufbereitet, eine Vielzahl von Tätigkeitsbereichen des Düsseldorfer Stadt - Caritasverbandes in Ihrer Zeitschrift dar. Ihr Augenmerk liegt nicht nur darauf, die Sachzusammenhänge, so zu schildern, dass auch Außenstehende sie gut nachvollziehen können. Sie haben es auch im Blick, die Themen so auszuwählen, dass auch die Bereiche berührt werden, die ansonsten in der Öffentlichkeit nicht so umfangreich wahrgenommen werden". Neben dem Düsseldorfer Oberbürgermeister Joachim Erwin, der besonders die Aktualität der Zeitschrift unterstrich, sprach auch Winfried Risse dem Verbandsmedium ein uneingeschränktes Lob aus. "Ihre Zielsetzung", so der Kölner Diözesancaritasdirektor, "mit diesem Mitteilungsblatt auch über die Grenzen der Caritas hinaus Interesse für unsere Anliegen zu wecken, unterstütze ich im vollem Umfang. Auch scheint mir die von Ihnen dafür gewählte Form die richtige zu sein. Es ist meines Erachtens gelungen, informativ, prägnant und sensibel über die alltägliche Arbeit der Caritas und ihrer Mitarbeiterinnen und Mitarbeiter zu berichten. Unsere Öffentlichkeitsarbeit muss das Ziel haben, der Not derer, denen wir nachhaltig helfen, ein menschliches Gesicht zu geben. Nur dann können wir auch erwarten, dass die nichtbetroffene Öffentlichkeit Verständnis für die Situation der Hilfsbedürftigen bekommt. Allen, die an der Erstellung dieser Zeitung mitgewirkt haben, möchte ich zu dieser gelungenen Erstausgabe mein Kompliment aussprechen. Ich weiß sehr wohl, wie mühsam es sein kann, sich den Themen der 'Caritas - Welt' journalistisch so zu widmen, dass auch die Außenstehenden ein Verständnis der Zusammenhänge unserer Interna bekommen". Themenschwerpunkte in der Düsseldorfer Caritaszeitung waren u.a. Betreutes Wohnen, Schulsozialarbeit, Berufliche Integration, Sozialpädagogische Familienhilfe, Caritas Pflegestationen, Ehrenamt, Migrationsdienst, Seniorenhilfe, Netzwerkarbeit, Soziales Zentrum, Ferienprogramme[1907].

Internet und Intranet

Die Benutzung des Internet als Kommunikationsmedium ist seit der Jahrtausendwende für große Teile der Bevölkerung selbstverständlicher Alltag. Der Nachfrage steht ein stetig wachsendes Angebot gegenüber, da immer mehr Institutionen und gesellschaftliche Gruppen sich mit ihren Informationen, Anliegen und Leistungen in der virtuellen Welt präsentieren. Für Wirtschaftsunternehmen gleich welcher Art wie für staatliche Stellen, Parteien, Vereine und Verbände ist es unverzichtbar geworden, im Medium Internet vertreten zu sein. Gleiches gilt für Organisationen aus dem Non - Profit - Bereich, die sich des neuen Mediums bedienen müssen, um auch in der virtuellen Welt zu den Menschen gelangen zu können.

Der Caritasverband für die Stadt Düsseldorf ist seit Juni 1999 im Internet mit einer eigenen Homepage vertreten, die im Laufe der Zeit immer weiter ausgebaut wurde. Im Geschäftsführungsbericht für das Jahr 2000 heißt es zum Internetauftritt des Verbandes: "Die Internetseiten des Caritasverbandes für die Stadt Düsseldorf stießen auch im vergangenen Jahr auf das Interesse zahlreicher 'Besucher'. So wurden im Zeitraum September 1999 bis September 2000 die Internetseiten des Verbandes mehr als 70000 mal besucht. Allein über 18000 mal wurde eine Internetseite durch einen Besucher abgespeichert. ... Dabei war die am meisten besuchte Seite die Pflegeseite. Alle anderen Seiten waren im Durchschnitt gleich gut besucht". Im Jahre 2001 konnten insgesamt 151625 Zugriffe auf die Internetseiten des Düsseldorfer Caritasverbandes gezählt werden. "Die wachsende Anzahl von Zugriffen und Seitenabrufen", so im gleichen Jahr das Resümee von Caritasdirektor Johannes Böcker, "ist zum einen darauf zurückzuführen, dass im Laufe der Zeit immer mehr Menschen das Internet als Kommunikationsmedium entdecken, zum anderen trägt sicherlich das verbesserte Informationsangebot der Internetseiten der Caritas für Düsseldorf dazu bei, dass die Internetseiten von interessierten Besuchern kontinuierlicher in Anspruch genommen werden. Aufgrund dieser aussagestarken Ergebnisse ist klar, dass die Caritas für Düsseldorf ihr Internetangebot weiter ausbauen wird und zugleich eine noch zeitnähere Aktualisierung der Daten vorhalten will".

Der angekündigte Ausbau wurde bereits im Jahre 2002 mit einem vollständig neu gestalteten Internetauftritt realisiert. Durch eine Pressemitteilung unter dem Titel "Zum Caritassonntag neu im Internet" informierte die Caritas für Düsseldorf am 19. September 2002 die Öffentlichkeit über ihr neues Erscheinungsbild im virtuellen Raum. "Rechtzeitig zum diesjährigen Caritassonntag", so die Erklärung, "präsentiert sich die Caritas für Düsseldorf im Internet mit einem neuen Auftritt. Ab sofort sind unter der bekannten Adresse www.caritas-duesseldorf.de die neu gestalteten Seiten zu finden. Mit einer klar gegliederten, übersichtlichen und optisch ansprechenden Darstellung über-

---

[1907] Vgl. CVD 112, 03.01.2000; NN, Ihre Meinung, in: Die Zeitung. Caritasverband für die Stadt Düsseldorf Jg. 1 Nr. 2 (Sommer 2000), 8.

zeugt die Caritas für Düsseldorf inhaltlich mit ihren umfangreichen Betreuungs- und Beratungsangeboten. Ratsuchende können jetzt noch bequemer als gewohnt Informationen und Ansprechpartner zu sämtlichen Angeboten, Diensten und Einrichtungen der Caritas Düsseldorf vom heimischen PC aus einsehen. Nützliche Links erlauben ein schnelles Auffinden der gewünschten Informationen. Die Caritas Mitarbeiterinnen und Mitarbeiter sind ab sofort über persönliche e - mail Adressen jederzeit direkt erreichbar. Ein integrierter Stadtplan zum downloaden ermöglicht eine leicht verständliche Orientierung bei persönlichen Besuchen in den Diensten und Einrichtungen der Caritas für Düsseldorf".

Da jede Änderung im Caritas Netz durch einen EDV - Mitarbeiter programmiert werden muss, plant die Caritas für Düsseldorf neben dem Internet auch das Intranet als Kommunikationsplattform einzuführen. Ein Intranet ist ein Netz innerhalb des Unternehmens, das nicht öffentlich zugänglich ist, aber die gleichen Dienste wie das Internet bietet. Es nutzt die Internet - Technologie für den Hausgebrauch. Die Gründe, die für die Installation eines unternehmensweiten Intranets sprechen, liegen auf der Hand: Über den Intranet - Server stehen sämtliche unternehmensrelevanten Informationen an jedem Ort, zu jeder Zeit in der gleichen Version zur Verfügung, völlig unabhängig davon, welche Infrastruktur oder Hardware - Plattform am jeweiligen Standort vorzufinden ist. Den Anwendungsformen eines Intranets sind keine Grenzen gesetzt. Es kann für den Austausch von Informationen zwischen Abteilungen ebenso genutzt werden, wie für den Einsatz an externen Standorten. Dabei lässt sich eine Vielfalt von Applikationen einsetzen, wozu elektronische Arbeitspläne, Formulare oder Produktinformationen ebenso gehören wie das elektronische Telefonverzeichnis[1908].

Hartzreform

Planungsunsicherheit erschwert beim Caritasverband für die Stadt Düsseldorf seit einiger Zeit die Arbeit des Fachbereichs Berufliche und Soziale Integration. Auslöser ist die Umsetzung des Hartz - Konzepts "Moderne Dienstleistungen am Arbeitsmarkt", das in seinem Kern auf Vermeidung von Arbeitslosigkeit, schnellere Vermittlung von arbeitslosen Menschen sowie Verkürzung von Zeiten der Arbeitslosigkeit für auf den regulären Arbeitsmarkt vermittelbare Arbeitslose zielt. Alle neuen Arbeitsmarktdaten deuten jedoch darauf hin, dass "Hartz" alleine zur Lösung der gegenwärtigen Arbeitsmarktprobleme nicht ausreicht. Der Umfang der von langer oder dauerhafter Arbeitslosigkeit betroffenen Menschen in Deutschland wird auf 1,5 bis 2 Millionen geschätzt. Bei einer sich nicht signifikant verbessernden Arbeitsmarktsituation wird der Großteil der am Arbeitsmarkt aus verschiedensten Gründen benachteiligten Menschen auch in Zukunft kaum Chancen auf die Erlangung eines Arbeitsplatzes auf dem regulären Arbeitsmarkt erhalten. Für Menschen, die am Arbeitsmarkt aufgrund ihres Alters, aufgrund persönlicher Probleme wie Qualifikationsmängel, Sprachproblemen, Krankheiten, Behinderungen etc. ausgegrenzt werden, muss es zur erzwungenen Passivität aber auch weiterhin

---

[1908] Vgl. CVD 112, 04.01.2001, 30.12.2001, 30.12.2002 und 30.12.2003; CVD 425, 19.09.2002.

Alternativen geben, wie sie u.a. vom Caritasverband für die Stadt Düsseldorf seit Jahrzehnten angeboten werden.

Schon im Oktober 2003 warnte ein internes Thesenpapier der Caritas für Düsseldorf davor, dass mit den Hartzreformen die Finanzierung verschiedener Maßnahmen und Projekte der beruflichen und sozialen Integration ganz oder teilweise gefährdet sei. Wörtlich hieß es über die zu erwartenden Konsequenzen: "Für den Personenkreis der besonders und mehrfach benachteiligten Menschen sieht insbesondere der Bund keine Unterstützung mehr vor. Es ist damit zu rechnen, dass nur noch für lediglich ein Drittel der 'Grundleistungsbezieher' (erwerbsfähige Hilfebedürftige) zukünftig Eingliederungsleistungen zur Verfügung stehen". Dass sich die Caritas für Düsseldorf jedoch gerade den Grundleistungsbeziehern gegenüber in einer besonderen Verantwortung sieht, wird deutlich, wenn an anderer Stelle ausdrücklich darauf hingewiesen wird: "Wenn die öffentliche Hand sich zunehmend aus den Kernfeldern sozialer Arbeit zurückzieht, ist die Installation neuer solidarischer und sozialer Netze dringend erforderlich. Will sich die Caritas als professioneller Anbieter auf dem 'sozialen Markt' in Düsseldorf behaupten, muss sie sich noch mehr als bisher den marktwirtschaftlichen Strukturen stellen. Sie hat dabei einen entscheidenden Vorteil: Denn während der Dienstleistungssektor erst seit kurzem die Kundenorientierung für sich entdeckt hat, ist der Dienst am Nächsten, am 'sozialen Kunden', seit Bestehen unserer Kirche Grundauftrag der Caritas. Trotz schwieriger werdender Rahmenbedingungen geht die Caritas diesen Weg mit innovativen Konzepten konsequent weiter. Die Basisqualifizierung für Sozialgeldempfänger 'Basic' ist ein aktuelles Beispiel dafür"[1909].

Sparmaßnahmen Land - Bistum

Die bisher bekannt gewordenen Einsparungen im Doppelhaushalt des Landes Nordrhein - Westfalen für die Jahre 2004/2005 werden gravierende Auswirkungen auf das Sozialgefüge auch in der Stadt Düsseldorf mitsichbringen. Wie schon so oft werden auch diesmal sozial benachteiligte Menschen davon betroffen sein, vor allem Kinder, Jugendliche und Familien. Als sich abzeichnete, dass die Mittel für den Landesjugendplan von 96 auf 58 Millionen Euro reduziert, die Zuschüsse für Personalkosten um 45 Prozent gekürzt und die Sachkostenzuschüsse auf 62 Prozent herabgesetzt werden sollen, trat der Caritasverband für die Stadt Düsseldorf den Plänen entschieden entgegen. Im Editorial der Düsseldorfer Caritaszeitung kommentierte Caritasdirektor Johannes Böcker im November 2003 die Pläne der Landesregierung mit den Worten: "Da muss jedem deutlich werden, hier geht es nicht um eine operative kurzfristige Haushaltsjustierung, sondern hier werden dauerhaft Einschnitte festgelegt, deren Folgen für die Düsseldorfer Bürgerinnen und Bürger heute noch nicht abzuschätzen sind. Ich will wohl glauben, dass es auch den in der Verantwortung stehenden Politikerinnen und Politikern nicht leicht fallen wird, diesen Kahlschlag zu beschließen. Denn die Folgen wiegen schwer für die Menschen, die Hilfe brauchen, die das Leistungsangebot der Beratungs-

---

[1909] CVD 699, Oktober 2003.

stellen, der Dienste und Einrichtungen in ihrem Lebensplan zumindest zeitweise fest integriert haben. Dort findet die authentische Belastungsprobe statt, nicht in den Haushaltsplanungen, nicht in den politischen Beratungen. Aber auch wir bei der Caritas selbst gehören zu den Betroffenen, denn unsere Mitarbeiter, unsere Angebote und sozialen Dienste werden bisher aus gutem Grund aus der Landeskasse mitfinanziert". Nicht zu unrecht prognostizierte Johannes Böcker, dass Menschen nicht mehr die notwendige Unterstützung erhalten werden, weil die Wohlfahrtsverbände Mitarbeiterstellen kürzen müssen. "Wie kommen wir unter den neuen Prämissen", so die Frage des Caritasdirektors, "mit unseren Besuchern und Hilfesuchenden zusammen ? Welche Differenzierungen können wir erarbeiten, wenn es zukünftig z. B. um Entgelte für Beratungsarbeit geht, wenn der Caritasverband dem Einen die Stunde Zeit 'schenkt', von dem Nächsten, der sie bezahlen kann, einen Eigenbetrag einfordert ?"[1910].

Nicht weniger dramatisch als die Kürzung von Mitteln aus dem Landeshaushalt ist für die kirchlichen Wohlfahrtsorganisationen der Einbruch des Kirchensteueraufkommens. Nach einer Statistik der Deutschen Bischofskonferenz betrug das Minus bei den katholischen Kirchensteuereinnahmen im Jahr 2002 mehr als 54,8 Millionen Euro. Der zuständige Kölner Generalvikar Norbert Feldhoff hatte bereits im Juni 2003 für die Erzdiözese Köln als dem finanzstärkstem Bistum eine Wiederbesetzungssperre für alle Dienststellen des Generalvikariates verordnet und zugleich eine Kürzung der Sachkostenbudgets des Generalvikariates um 10 Prozent verfügt. Mit diesen Maßnahmen wollte das Kölner Generalvikariat rechtzeitig einer absehbaren Entwicklung begegnen, um mittel- und langfristig nicht in finanzielle Schwierigkeiten zu geraten. In einer am 25. Juni 2003 veröffentlichten Erklärung der Bistumspressestelle wurde ausdrücklich darauf hingewiesen, dass das Erzbistum keine weiteren Verpflichtungen in Form der Übernahme von Trägerschaften oder ausfallenden öffentlichen Finanzmitteln übernehmen kann und in den kommenden Jahren erhebliche Einsparungen vorgenommen werden müssen. In welchem Ausmaß letzteres katholische Wohlfahrtseinrichtungen betreffen wird, zeichnet sich noch in undeutlichen Konturen ab[1911].

Caritas Hausgemeinschaften Lörick

Der Maxime "Dem Alltagsleben zugewandt" folgend, plant die Caritas für Düsseldorf seit Beginn des Jahres 2003 an der Löricker Str. 39 sechs Hausgemeinschaften für 60 altersverwirrte Menschen zu errichten. In einer Konzeptstudie mit dem Titel "Caritas Hausgemeinschaften Düsseldorf - Lörick. Lebensraumgestaltung für demenziell erkrankte alte Menschen", die der Bezirksvertretung 4 am 25. Juni 2003 zur Kenntnisnahme vorgelegt wurde, heißt es über Zweck und Ziel des integrativen Wohn-, Betreuungs- und Pflegeprojektes: "Als traditioneller Träger ambulanter und stationärer Dienste der Altenhilfe will die Caritas für Düsseldorf eine neue Betreuungsform nur für demen-

---

[1910] Johannes Böcker, Belastungsproben ?!, in: Die Zeitung. Caritasverband für die Stadt Düsseldorf Jg. 4 Nr. 3 (Winter 2003), 2.
[1911] Vgl. CVD 183, 25.06.2003.

ziell erkrankte alte Menschen gestalten, die sich an ihrem Lebensalltag orientiert und ein hohes Maß an gewohnter Lebensführung bieten soll. Grundlage der fachlichen Überlegungen bilden umfassende Kenntnisse und Erfahrungen der Caritas in den klassischen Formen ambulanter und stationärer Versorgung alter Menschen, Gespräche mit Fachleuten des Kuratoriums Deutsche Altenhilfe und Visitationen bereits bestehender Hausgemeinschafts - Modelle in Wetter und bei der Bremer Heimstiftung. Die Caritas Hausgemeinschaften sind ein Wohnangebot für mobile demenziell erkrankte Menschen mit einem Betreuungs- und Pflegebedarf, der in der eigenen Häuslichkeit nicht mehr selbständig oder von Angehörigen geleistet werden kann. Ist damit die Aufgabe der eigenen Wohnung verbunden, bietet sich der Umzug in eine Hausgemeinschaft an. In einem geschützten Umfeld wird sichergestellt, dass die demenziell erkrankten Menschen in einer für sie überschaubaren Gemeinschaft und einer der eigenen Häuslichkeit sehr nahe kommenden Umgebung viel von dem erhalten können, was sie in ihrem Alltag gewohnt waren". Angestrebt wird die "Sicherstellung einer größtmöglichen Lebenszufriedenheit des demenziell erkrankten Menschen durch eine Begleitung, die seine Würde, Individualität und sein Selbstbestimmungsrecht respektiert". Darin ist impliziert: "1. Eine Gestaltung des häuslichen Umfeldes, das dem Mitglied der Hausgemeinschaft Sicherheit, Wohlbefinden, Rückzugsmöglichkeiten und Gemeinschaftsleben bietet; 2. Die Gewährleistung einer ganzheitlichen Pflege und Betreuung, die noch vorhandene Ressourcen nutzt, notwendige therapeutische Maßnahmen unterstützt sowie eine würdevolle Sterbebegleitung in der Wohngruppe ermöglicht, 3. Die Einbindung von persönlichen Bezugspersonen und ehrenamtlicher Helfer durch die Förderung und Aufrechterhaltung von Beziehungen zu Angehörigen, Freunden und Menschen aus dem früheren sozialen Umfeld und die Gewinnung von Ehrenamtlichen". Mit Blick auf die Ausstattung der Anlage, die auf dem Areal der ehemaligen Christopherus - Heimstatt errichtet wird, betonten die Initiatoren bei der Präsentation des Vorhabens: "Die Hausgemeinschaften sind räumliche und organisatorische Einheiten, in denen zehn an Demenz erkrankte Menschen mit unterschiedlichem Betreuungsbedarf gemeinsam leben. Insgesamt sollen sechs Hausgemeinschaften in der geplanten Einrichtung in Düsseldorf - Lörick untergebracht werden. In den überschaubaren Einheiten ist eine ganzheitliche Betreuung und Pflege möglich, welche nach dem Prinzip der Vertrautheit ausgerichtet ist und für die demenziell erkrankten Hausgemeinschaftsmitglieder in den Wohneinheiten eine familienähnliche Lebens- und Wohnform erzeugt. In Anlehnung an ein klassisches Wohnhaus sind die vorgesehenen Funktions- und Gemeinschaftsräume auf ein Minimum reduziert. Die Wohneinheiten sind von außen nicht unmittelbar zugänglich. Alle Bereiche vor dem Haus und im Gebäude sind barrierefrei gestaltet. Die Konzeption verzichtet bewusst auf die zentrale Zusammenführung von Organisationseinheiten, wie etwa die Sicherung der Gemeinschaftsverpflegung in einer Produktionsküche oder die Abwicklung der Reinigung von Haus und Wäsche durch einen zentralisierten Wäscheversorgungs- und Hausreinigungsstützpunkt. Alle Abläufe werden in jeder Hausgemeinschaft separat abgewickelt. Dadurch entfällt eine umfangreiche Lagerhaltung und Warenanlieferung. Wie in

Abb. 159 Migrationsdienst, Oststr. 40, 2003

Abb. 160 Caritas Häusliche Dienste Süd, St. Martinus Krankenhaus, Gladbacher Str. 26, 2003

Abb. 161 Caritas Häusliche Dienste Nord, CAZ Herz-Jesu, Mendelssohnstr. 15, 2003

Abb. 162
Freiwilligenagentur Impuls,
Klosterstr. 92, 2003

Abb. 163
Caritas Reisecenter, Klosterstr. 92, 2003

Abb. 164 Netzwerk ExtraNett, 2003

Abb. 165   Caritas-Hospiz, René-Schickele-Str. 8, 2003

Abb. 166   Kindertagesstätte Volmerswerth, Volmerswerther Str. 400, 2003

Abb. 167 Sinti-Kindertagesstätte, Otto-Pankok-Str. 29, 2003

Abb. 168
Don-Bosco-Haus, Schützenstr. 31, 2003

Abb. 169
Fachstelle für Beratung, Therapie und
Suchtprävention, Bendemannstr. 17, 2003

Abb. 170 Möbelbörse, Völklinger Str. 24/36, 2003

Abb. 171   Fahrradwerkstatt, Völklinger Str. 24/36, 2003

Abb. 172   Textilwerkstatt, Völklinger Str. 24/36, 2003

Abb. 173   Mobile Gruppe, Völklinger Str. 24/36, 2003

Abb. 174   Arbeitslosenzentrum St. Bruno, Kloster Str. 88, 2003

Abb. 175   MOrie, Ackerstr. 28, 2003

Abb. 176   Projekt Jugend in Arbeit, Ackerstr. 28, 2003

Abb. 177   Fantasymobil der Suchtberatung, 2003

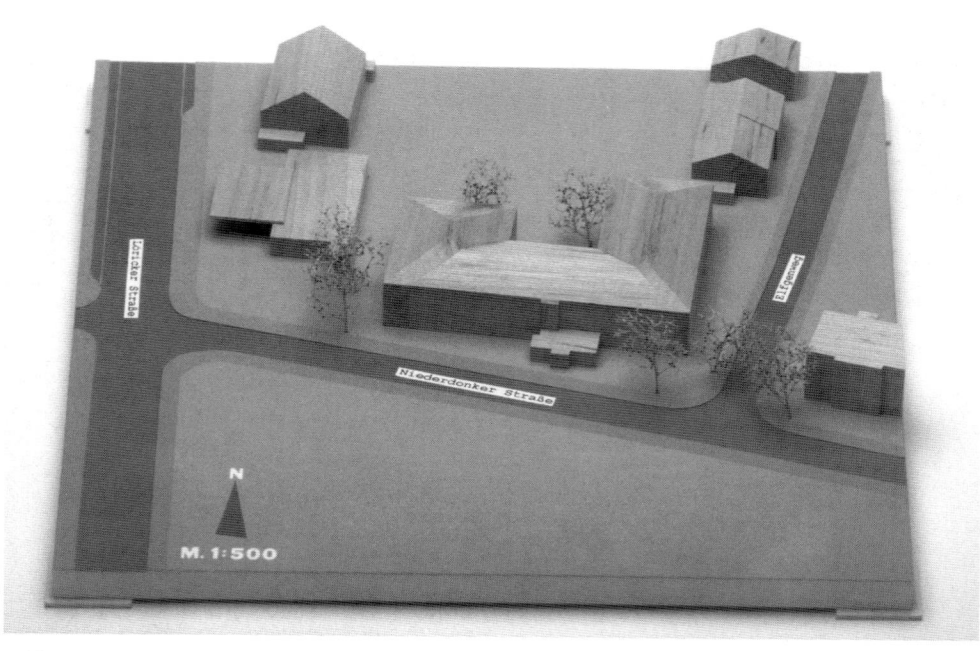

Abb. 178   Hausgemeinschaften Düsseldorf Lörick, Löricker Str. 39, 2003

Abb. 179   Soziales Zentrum, Klosterstr. 88, 2003

Abb. 180   Empfang Caritas Geschäftsstelle, Hubertusstr. 5, 2003

Abb. 181 Gottesdienst Kapelle CAZ Herz-Jesu, Mendelssohnstr. 15, 2003

Abb. 182 Jung und Alt am PC, 2003

Abb. 183 Bildtelefon für Gehörlose, Klosterstr. 88, 2003

Abb. 184 Schreinerei Möbelbörse, Völklinger Str. 24/36, 2003

Abb. 185   Mahlzeitenservice, 2003

Abb. 186   Mahlzeitenservice, 2003

Abb. 187 Schulsozialarbeit, 2003

Abb. 188 Betreutes Wohnen Hamm, Florensstraße / Auf dem Kampe, 2003

Abb. 189 Vorstand des Caritasverbandes für die Stadt Düsseldorf: Caritasdirektor Johannes Böcker, Stadtdechant Msgr. Rolf Steinhäuser, Ratsfrau Hildegard Kempkes, Dr. Aloys Buch, Wilhelm Esser, 2003

der häuslichen Umgebung werden die benötigen Nahrungs- und Sachmittel in kleinen Einheiten zum zeitnahen Verbrauch angeschafft und aufbewahrt"[1912].

Betreutes Wohnen Hamm

An der Florensstraße im Stadtteil Hamm plant die Caritas für Düsseldorf eine vierte Anlage für das Projekt Betreutes Wohnen. Das Bauvorhaben liegt im Entwurf vor und sieht eine Bebauung mit zwei um 90 Grad zueinander abgewinkelten Baukörpern vor. Die Gebäudeeinheiten mit 62 Wohnungen und Tagesräumen sind zur Straße hin schräg angeordnet, "so dass sich ein kommunikativer Innenbereich ergibt". Nachdem die Baupläne dem Kirchenvorstand der Pfarrgemeinde St. Blasius vorgestellt und das Betreuungskonzept erläutert wurde, erhielt die Caritas für Düsseldorf im Mai 2003 den Projektzuschlag. Vorgesehen ist, zwei Baukörper mit 31 Wohneinheiten zu errichten, die auf etwa 50 qm jeweils über einen eigenen Schlafraum, separaten Wohn- und Essbereich und ein behindertengerechtes Bad verfügen. Um die gemeinsamen Aktivitäten der Mieter zu fördern, ist im Erdgeschossbereich ein Gemeinschaftsraum vorgesehen, der auch für Beratungsangebote der Caritas genutzt werden kann. Der Baubeginn in Hamm soll Ende 2004 erfolgen und zu Beginn des Jahres 2007 bezugsfertig sein. Wie alle Einrichtungen von "Caritas Wohnen Plus ... " wird auch den Mietern in Hamm ein Basispaket mit feststehenden Grundleistungen wie Beratungsstunden oder Anschluss an die Caritas Hausnotruf - Zentrale angeboten werden. Ferner wird den Bewohnern ein Angebot mit umfangreichen Wahlleistungen wie Krankenpflege, Haushaltsführung, Hol- und Bringdienste zur Verfügung stehen[1913].

Sanierung CAZ St. Hildegard und CAZ St. Martin

Im Jahre 1999 hatte der Düsseldorfer Caritasverband beim Landschaftsverband Rheinland für das Altenzentrum St. Hildegard den Antrag auf Förderung einer Pflegeeinrichtung gemäß des Gesetzes zur Umsetzung des Pflegeversicherungsgesetzes gestellt. Erklärtes Ziel war es, durch den Umbau der Garather Anlage für das südliche Düsseldorf ein zeitgemäßes stationäres Altenhilfeangebot zu schaffen. Bereits im März 1999 hatte das beauftragte Architekturbüro Heinz Zinke eine Vorentwurfsplanung fertig gestellt, die zur Erweiterung des Hauses die Errichtung eines dritten Wohngeschosses vorsah. Da der vorgelegte Entwurf beim Architekten Gottfried Böhm, der in den sechziger Jahren den Komplex entworfen hatte, auf Ablehnung stieß, musste eine neue Lösung gefunden werden. "Intensive Beratungen zwischen dem Architekturbüro Zinke, dem Architekturbüro Böhm und Herrn Caritasdirektor Böcker führten dazu", so der Geschäftsführungsbericht, "dass das Architekturbüro Böhm im Oktober 1999 eine eigene Vorentwurfsskizze für den Umbau des Gebäudes vorstellte, die ebenfalls eine dritte Ge-

---

[1912] CVD 697, 25.06.2003.
[1913] Vgl. CVD 112, 30.12.2002 und 30.12.2003.

schossebene" vorsah. Da die projektierte Angliederung eines kubusartigen Gebäudeteiles mit 420 qm bebauter Fläche aus Trägersicht "keine bauliche Umsetzung der für die stationäre Altenhilfe erforderlichen Maßnahmen" darstellte, geriet die Ausführung der Baumaßnahme erneut in Verzug. Ein Ausgleich zwischen den wirtschaftlichen Erfordernissen caritativer Altenhilfe und dem Architektenwunsch nach Stilerhaltung des Hauses war erst im Laufe des Jahres 2002 gefunden. Statt den Altbau um ein Stockwerk aufzusatteln, verständigten sich beide Seiten darauf, die Hausmeisterwohnung und den Küchentrakt für einen An- bzw. Neubau abzureißen. Als am 10. Oktober 2002 bei der Bauaufsichtsbehörde der Bauantrag eingereicht wurde, hatte sich die Haushaltslage der öffentlichen Hand so verschlechtert, dass der Landschaftsverband Rheinland für den projektierten Umbau keine Fördermittel zur Verfügung stellen konnte[1914]. Nachdem der Caritasverband für die Stadt Düsseldorf zur Sanierung des Altenzentrums St. Hildegard auf Grundlage des neuen Landespflegegesetzes ein alternatives Finanzierungskonzept entwickelt hatte, informierte Caritasdirektor Johannes Böcker am 6. November 2003 die Öffentlichkeit über die bevorstehenden Sanierungsmaßnahmen. "Die Konzeption des An-/Neubaus", so ein Bericht im Benrather Tageblatt, "sieht auf jeder Etage eine Schwesternstation vor. Die neuen Altenwohnungen werden 16 bis 18 Quadratmeter groß sein und mit Nasszelle und Diele ausgestattet werden. Auf Balkone wird zugunsten von französischen Fenstern verzichtet. Das Essen wird angeliefert, aber im Souterrain wird es eine kleine Aufwärm- und eine Spülküche geben. Außerdem werden Lagerräume und Personalräume eingerichtet. Der Restaurationsbetrieb mit Cafeteria wird beibehalten. Die Wohnungen im Altbau werden den modernen Standards angepasst - aus drei Wohnungen werden zwei gemacht. Insgesamt wird das Heim nach Anbau und Renovieren 88 Betten haben. Anfang 2005 soll mit den Arbeiten begonnen werden. Die Bauzeit wird voraussichtlich 24 Monate betragen. Während der Bauphase werden die Heimbewohner Quartier in der Stadtmitte erhalten. Mitarbeiter und Heimbewohner sollen aber als Einheit zusammenbleiben"[1915].

Wie das Altenzentrum St. Hildegard in Garath bedarf auch das Altenzentrum St. Martin in Bilk einer Gesamtsanierung. Schon im Rückblick auf das Geschäftsjahr 2000 berichtete Caritasdirektor Johannes Böcker: "Im Februar 2000 konnte sich bei einer Ortsbegehung im Caritas Altenzentrum St. Martin der Vorstand des Caritasverbandes ein Bild der Ist - Situation verschaffen und so den umfangreichen Sanierungsbedarf der stationären Altenhilfeeinrichtung erkennen. In den Planungsgesprächen kam der Vorstand zum Ergebnis, dass durch Abriss eines Teiles des alten Gebäudes, die Sanierung und bauliche Erweiterung des Hauptteiles der Bau die heutigen Anforderungen an eine stationäre Altenhilfeeinrichtung erfüllen wird. Die Auslagerung der Essenszubereitung in das Altenzentrum St. Hubertusstift und die Ausgestaltung des Saales in ein Restaurant sind wichtige Voraussetzungen dafür, dass eine positive Perspektive für die zukünftige Nutzung des Caritas Altenzentrums St. Martin gegeben ist. Die Kapelle, die ebenfalls sanierungsbedürftig ist, soll an einer anderen Stelle im Caritas Altenzentrum St. Martin neu geschaffen werden. Im Endausbau wird das Caritas Altenzentrum St. Martin 51

[1914] Vgl. CVD 112, 03.01.2000, 04.01.2001, 30.12.2001 und 30.12.2002.
[1915] BT 08.11.2003.

Einzelzimmer und 6 Doppelzimmer umfassen, damit eine Betreuung von 63 Bewohnern - zurzeit sind es noch 70 Bewohner - erreicht wird. Die Planung wurde im Dezember 2000 abschließend mit dem Landschaftsverband Rheinland beraten". Am 25. Juli 2001 stellte die Caritas für Düsseldorf für den Umbau der Bilker Altenhilfeeinrichtung einen Bauantrag bei der Bauaufsichtsbehörde und einen Förderantrag beim Landschaftsverband Rheinland. Letzterer wurde indes abschlägig entschieden, da mit der Novellierung des Landespflegegesetzes am 4. Juli 2003 eine Abkehr von der bisherigen Objektförderung zur Subjektförderung über das Pflegewohngeld stattgefunden hatte. Wie im Fall des Altenzentrums St. Hildegard ist der Caritasverband für die Stadt Düsseldorf bemüht, für den Umbau des Altenzentrums St. Martin ein alternatives Finanzierungskonzept aufzustellen. Zu erwarten ist, dass mit den Bauarbeiten in der Wilhelm - Tell - Straße im Frühjahr 2004 begonnen werden kann[1916].

[1916] Vgl. CVD 112, 04.01.2001, 30.12.2001 und 30.12.2002; CVD 288, 02.04.2001, 06.06.2002, 31.10.2002, 16.01.2003 und 17.09.2003.

Anhang

Verzeichnis der Vorsitzenden des Caritasverbandes für die Stadt Düsseldorf

Heinrich Bechem 1904 - 1907
Peter Flecken 1907 - 1910
Max Döhmer 1911 - 1947
Ernst Kreuzberg 1947 - 1963
Karl Maaßen 1964 - 1968
Werner Drehsen 1968 - 1980
Bernard Henrichs 1980 - 1985
Gottfried Weber 1985 - 1990
Wilhelm Terboven 1990 - 1997
Rolf Steinhäuser 1997 -

Verzeichnis der Geschäftsführer des Caritasverbandes für die Stadt Düsseldorf

Josef Palmen 1915 - 1916
Johannes Becker 1917 - 1953
Werner Drehsen 1953 - 1968
Josef Mühlemeier 1968 - 1984
Hermann Franken 1984 - 1994
Johannes Böcker 1995 -

Verzeichnis der Düsseldorfer Caritasdirektoren

Johannes Becker 1917 - 1953
Werner Drehsen 1947 - 1985
Hermann Franken 1987 - 1994
Johannes Böcker 1996 -

Verzeichnis der Vorstandsmitglieder des Caritasverbandes für die Stadt Düsseldorf, () = nachgewiesen

Schwester Antonetta 1947 - 1954
Schwester Marcionilla (1947)
Heinrich Bechem 1904 - 1907
Johannes Becker 1917 - 1953
Dessire Bicheroux (1904 - 1923)
Johannes Böcker 1995 -

Aloys Buch 1998 -
Josef Bücker (1927 - 1943)
Leonhard Buschen (1927 - 1931)
August Claßen 1904 - 1907
Matthias Dahlhausen (1923)
Karl Dahmen (1927 - 1976)
Herbert Dickmann (1968 - 1976)
Maria Dickmann (1927 - 1943)
Max Döhmer (1911 - 1947)
Werner Drehsen 1954 - 1985
Wilhelm Esser 2001 -
Peter Flecken 1907 - 1910
Hermann Franken 1984 - 1995
Ferdinand Grysar (1927 - 1934)
Therese Hanisch 1960 - 1972
Gotthard Hastrich 1960
Heinz Henk 1986 - 2001
Bernard Henrichs 1980 - 1985
Alfred Horchler (1947 - 1964)
Johannes Horion 1904 - 1909
Johannes Jansen (1923)
Hildegard Kempkes 1995 -
Ernst Kreuzberg 1947 - 1963
Caroline von Kühlwetter (1904 - 1923)
Margarete Linn 1980 - 1995
Karl Maaßen 1964 - 1976
Karl Mosterts (1909 - 1923)
Josef Mühlemeier 1968 - 1986
Heinrich Münstermann (1968 -1976)
Hiltrud Nachtwey 1954 - 1960
Anna Niedieck (1904 - 1923)
Ludwig Offenberg (1904 - 1923)
Wilhelm Ostrop (1947 - 1960)
Josef Palmen 1915 - 1916
Albert Piekarek (1923)
Wilhelm Pilz (1960 - 1964)
Josef Pohlmann (1947 - 1973)
Ludwig Pütz (1923)
Heinrich Salzmann 1986 - 1998
Jakob Schmitt (1907 - 1908)
Johannes Schmitz (1932 - 1943)
Heinrich von der Stein (1947 - 1965)
Rolf Steinhäuser 1997 -
Theodora Strunk 1927 - 1960
Wilhelm Terboven 1990 - 1997
Alois Vogels (1947 - 1964)
Gottfried Weber 1985 - 1990
Franz Weishaupt 1964 - 1986
Johanna Zumengen (1927 - 1943)

Anhang

Verzeichnis der Dienste und Einrichtungen des Caritasverbandes für die Stadt Düsseldorf

14. Jh.	Altenzentrum St. Hubertusstift	Neusser Str. 25
1888	Caritas Altenzentrum Herz - Jesu	Mendelssohnstr. 15
1898	Caritas Altenzentrum St. Josefshaus	Schmiedestr. 16
1916	Beratungsstelle Ferien und Erholung	Klosterstr. 88
1919	Raphaelswerk	Oststr. 40
1930	Caritas Haus Don Bosco	Schützenstr. 31
1931	Caritasheim für Nichtsesshafte am Rather Broich (in Betriebsträgerschaft der Armen Brüder des Hl. Franziskus)	Rather Broich 155
1935	Caritas Altenzentrum St. Martin	Wilhelm - Tell - Str. 9
1937	Fachstelle für Beratung, Therapie und Suchtprävention	Bendemannstr. 17
1954	Caritas Familienpflege	Mendelssohnstr. 15
1955	Caritas Erziehungs- und Familienberatungsstelle	Klosterstr. 86
1962	Migrationsdienst	Oststr. 40
1964	Caritas Mahlzeitenservice	Hubertusstr. 5
1965	Johannes Höver Haus (in Betriebsträgerschaft der Armen Brüder des Hl. Franziskus)	Rather Broich 155
1968	Caritas Altenzentrum St. Hildegardis	Ricarda - Huch - Str. 2
1971	Sozialdienst für Aussiedler und andere Zuwanderer aus Osteuropa	Oststr. 40
1976	Begegnungsstätte St. Antonius, Hassels	Am Schönenkamp 146
1978	Caritas Häusliche Dienste Düsseldorf Nord	Mendelssohnstr. 15
1978	Caritas Häusliche Dienste Düsseldorf Süd	Gladbacher Str. 26
1979	Sinti - Projekt	Otto - Pankok - Str. 29
1979	Sozialpädagogische Familienhilfe	Klosterstr. 88
1980	Sinti - Kindertagesstätte	Otto - Pankok - Str. 29
1981	Fachberatung Freiwilligenarbeit Gemeinden	Klosterstr. 88
1982	Caritas Altenzentrum Klara - Gase Haus	Sprockhöveler Str. 36
1983	Caritas Beratungstreff für Arbeitslose St. Josef Oberbilk	Josefplatz 8a
1983	Caritas Textilwerkstatt St. Konrad	Völklinger Str. 18/24
1985	Begegnungsstätte St. Maria unter dem Kreuze, Unterrath	Kürtenstr. 160 a
1985	Caritas Beratungstreff für Arbeitslose St. Bruno Unterrath	Kalkumer Str. 60
1985	Caritas Projekt Arbeit statt Sozialhilfe AsS (Einzelmaßnahmen)	Völklinger Str. 18/24

1985	Caritas Textilwerkstatt St. Josef	Völklinger Str. 18/24
1986	Caritas Beratungstreff für Arbeitslose St. Martin/Bilk	Erftstr. 24
1986	Sozialdienst für Flüchtlinge	Oststr. 40
1987	Begegnungsstätte Liebfrauen, Flingern	Flurstr. 57c
1987	Gemeinwesen- und Schulsozialarbeit Katharinenstraße	Katharinenstr. 9
1988	Caritas Möbelbörse	Völklinger Str. 18/24
1988	Caritas Individuelle Schwerstbehindertenbetreuung	Gladbacher Str. 26
1989	Allgemeine Sozialberatung	Klosterstr. 88
1989	Caritas Projekt Sozialer Betreuungsdienst	Völklinger Str. 18/24
1990	Soziale Beratung für Gehörlose u. Schwerhörige	Klosterstr. 88
1991	Begegnungsstätte Wersten, St. Maria Rosenkranz, St. Maria in den Benden	Liebfrauenstr. 30
1991	Caritas Rollstuhl- und Fahrradwerkstatt	Völklinger Str. 18/24
1993	Caritas Projekt Arbeit statt Sozialhilfe E-MAS/Ass (Einzelmaßnahmen)	Völklinger Str. 18/24
1995	Caritas Arbeitslosenzentrum St. Bruno	Klosterstr. 88
1995	Caritas Beratungsstelle für Arbeitslose	Klosterstr. 92
1995	Caritas Beratungstreff für Arbeitslose St. Gertrud	Gertrudisstr. 14
1995	Caritas Hospiz - Fachberatung	Klosterstr. 88
1995	Caritas Pflege - Notruf Nacht	Sprockhöveler Str. 36
1996	Caritas Arbeitslosenzentrum St. Martin	Erftstr. 24
1996	Caritas Kinderkrankenpflege	Mendelssohnstr. 15
1997	Caritas Hospiz - Düsseldorf	René - Schickele - Str. 8
1997	Caritas Netzwerk ExtraNett	Kürtenstr. 160 a
1997	Kindertageseinrichtung Volmerswerth	Volmerswerther Str. 400
1997	Mobile Gruppe	Völklinger Str. 18/24
1997	Projekt Schule von 8 - 1, Gemeinschaftsgrundschule Jahnstraße	Jahnstr. 97
1997	Projekt Schule von 8 - 1, Gemeinschaftsgrundschule Matthias Claudius	Bongardstr. 9
1997	Projekt Schule von 8 - 1, Katholische Grundschule Essener Straße	Essener Str. 1
1997	Projekt Schule von 8 - 1, Katholische Grundschule Florensstraße	Heinsenstr. 21
1997	Projekt Schule von 8 - 1, Katholische Grundschule Franz - Boehm - Schule	Kamper Weg 291
1997	Projekt Schule von 8 - 1, Katholische Grundschule Itterstraße (Dependance)	Steinkaul 27

Jahr	Projekt	Adresse
1997	Projekt Schule von 8 - 1, Katholische Grundschule Kartause - Hain - Schule	Unterrather Str. 76
1997	Projekt Schule von 8 - 1, Katholische Grundschule St. Franziskus - Schule	Herchenbachstr. 2
1997	Projekt Schule von 8 - 1, Katholische Grundschule Thomas - Schule	Blumenthalstr. 11
1998	Hausaufgabenhilfe - Silentium Hauptschule St. Benedikt	Charlottenstr. 110
1998	Projekt Jugend in Arbeit	Klosterstr. 92
1998	Projekt Schule von 8 - 1, Gemeinschaftsgrundschule Unterrath	Beedstr. 31
1998	Projekt Schule von 8 - 1, Katholische Grundschule Christopherus - Schule	Werstener Friedhofstr. 10
1998	Schulsozialarbeit Katholische Hauptschule St. Benedikt	Charlottenstr. 110
1999	Projekt Schule von 8 - 1, Katholische Grundschule Itterstraße	Itterstr. 16
1999	Projekt Schule von 8 - 1, Katholische Grundschule St. Rochus - Schule	Bongardstr. 9
1999	Schulsozialarbeit Katholische Hauptschule Itterstraße	Itterstr. 16
1999	Suchtprophylaxe für Kinder, Jugendliche und Erwachsene	Klosterstr. 88
2000	Caritas Betreutes Wohnen BWB Wohnhof Stockum	Lönsstr. 5a
2000	Caritas Infostelle für soziale Berufe	Hubertusstr. 5
2000	Caritas Zentrum International	Bilker Str. 36
2000	Freiwilliges Soziales Trainingsjahr	Birkenstr. 94
2000	Mobile Gruppe GzA	Völklinger Str. 18/24
2000	Netzwerk Bilk	Wilhelm - Tell - Str. 9
2000	Polnischsprachige Vertrauenstelefon	Bilker Str. 36
2000	Projekt 13plus Hauptschule Itterstraße	Itterstr. 16
2000	Schulsozialarbeit GHS Hauptschule Fritz - Henkel - Schule	Stettiner Str. 98
2001	Begegnungsstätte Oberbilk, St. Josef	Kölner Str. 265
2001	Betreutes Wohnen für Wohnungslose	Klosterstr. 88
2001	Caritas Projekt Morie	Klosterstr. 92
2001	Caritas Service Center	Hubertusstr. 5
2001	Freiwilligenagentur Impuls	Klosterstr. 88
2001	Netzwerk Oberbilk	Kölner Str. 265
2001	Projekt: Junge Leute in Aktion	Klosterstr. 88
2001	Projekt Schule von 8 - 1, Evangelische Grundschule Brehmschule	Karl - Müller Str. 25

2001	Projekt Schule von 8 - 1, Katholische Grundschule Rather Kreuzweg	Rather Kreuzweg 21
2001	Rather Modell	Kölner Landstr. 18
2001	Schulsozialarbeit GHS Bernburger Straße	Bernburger Str. 44
2001	Schulsozialarbeit GHS Rather Kreuzweg	Rather Kreuzweg 21
2001	Sozialdienst für Inder	Bilker Str. 36
2002	Arbeit Direkt für Jugendliche	Völklinger Str. 18/24
2002	Caritas Betreutes Wohnen am Hubertusstift	Hubertusstr. 3a
2002	Grünmobil	Völklinger Str. 18/24
2002	Netzwerk Flingern/Düsseltal	Flurstr. 57a
2002	Netzwerk Stockum	Lönsstr. 5a
2002	Schulsozialarbeit GHS Blücher Straße	Gneisenaustr. 58
2002	Schulsozialarbeit GHS Dumont - Lindemann Schule	Weberstr. 3
2002	Sozialarbeit mit Zuwanderern aus Osteuropa in Garath	Carl - Severing - Str. 4
2002	Sozialdienst für Phillippiner	Bilker Str. 36
2003	Caritas Betreutes Wohnen im St. Marienstift	Suitbertus - Stiftsplatz 11
2003	Fallmanagement im Sozialamt Flingern und Oberbilk	Cranachstr. 35 und Bogenstr. 39
2003	Offene Ganztagsschule Katholische Grundschule St. Peter und Gemeinschaftsgrundschule Regenbogenschule	Jahnstr. 97
2003	Projekt 13plusP Hauptschule Itterstraße	Itterstr. 16
2003	Schulsozialarbeit Tageshauptsschule Karl - Röttger - Schule	Diepenstr. 24

Quellen- und Literaturverzeichnis

A. Archive

ADR	Archiv des Diakonischen Werkes Rheinland Düsseldorf
ADW	Archiv des Diakonischen Werkes der EKD Berlin
AEK	Archiv des Erzbistums Köln
AFM	Archiv der Kölnischen Franziskanerprovinz Mönchengladbach
AHB	Archiv der Heimatgemeinschaft Groß - Benrath
ALD	Amts- und Landgericht Düsseldorf
ANJ	Archiv der Norddeutschen Provinz der Gesellschaft Jesu München
ASD	Annastift Düsseldorf
ASE	Archiv der Schule an der Erich - Müller - Straße Düsseldorf
AUD	Archiv der Ursulinenschule Düsseldorf
BAK	Bundesarchiv Koblenz
BDA	Bischöfliches Diözesanarchiv Aachen
BMR	Bibliothèque Municipale Reims
BNP	Bibliothèque Nationale de France Paris
BSB	Bayerische Staatsbibliothek München
BSD	Bauamt der Stadt Düsseldorf
CVD	Caritasverband für die Stadt Düsseldorf
DCF	Deutscher Caritasverband Freiburg
DKD	Dominikuskrankenhaus Düsseldorf
DOD	Dominikanerkloster Düsseldorf
ESG	Erzbischöfliches Suitbertus Gymnasium Düsseldorf
FDK	Föderation der deutschsprachigen Klarissen Kevelaer
FKD	Franziskanerkloster Düsseldorf
GVD	Katholischer Gefängnisverein Düsseldorf
HAK	Historisches Archiv der Stadt Köln
HBH	Archiv des Heimatvereins Bilker Heimatfreunde
HHS	Hessisches Hauptstaatsarchiv Wiesbaden
HJB	Provinzialat der Herz - Jesu - Priester Bonn
IVD	IN VIA Verband Katholischer Mädchensozialarbeit Düsseldorf
IZM	Institut für Zeitgeschichte München
KAB	Katholische Arbeitnehmerbewegung Benrath
KAD	Kongregation der Arenberger Dominikanerinnen Koblenz
KDF	Katholischer Deutscher Frauenbund Köln
KGD	Katholischer Gemeindeverband Düsseldorf
KMW	Kartause Marienau Bad Wurzach
KRD	Kinderheim St. Raphael Düsseldorf
LAS	Landesarchiv Speyer
LBR	Landesbildstelle Rheinland Düsseldorf

LHK	Landeshauptarchiv Koblenz
LRP	Landschaftsverband Rheinland Pulheim - Brauweiler
MAD	Mutterhaus der Armen Dienstmägde Jesu Christi Dernbach
MCA	Mutterhaus der Cellitinnen nach der Regel des hl. Augustinus Köln
MCS	Mutterhaus der Christenserinnen Stolberg
MGD	Mahn- und Gedenkstätte Düsseldorf
MHH	Provinzialat der Missionsschwestern vom Heiligsten Herzen Jesu Hiltrup
MKD	Martinuskrankenhaus Düsseldorf
MKK	Museum Kurhaus Kleve
MSF	Mutterhaus der Armen Schwestern vom hl. Franziskus Aachen
MVK	Mutterhaus der Vinzentinerinnen Köln
NHS	Nordrhein - westfälisches Hauptstaatsarchiv Düsseldorf
PfA	Pfarrarchiv Benrath St. Cäcilia
PfA	Pfarrarchiv Bilk St. Martin
PfA	Pfarrarchiv Bilk St. Suitbertus
PfA	Pfarrarchiv Derendorf Hl. Dreifaltigkeit
PfA	Pfarrarchiv Derendorf St. Adolfus
PfA	Pfarrarchiv Düsseldorf St. Andreas
PfA	Pfarrarchiv Düsseldorf St. Lambertus
PfA	Pfarrarchiv Eller St. Gertrudis
PfA	Pfarrarchiv Flingern Liebfrauen
PfA	Pfarrarchiv Friedrichstadt St. Peter
PfA	Pfarrarchiv Gerresheim St. Margareta
PfA	Pfarrarchiv Golzheim St. Albertus Magnus
PfA	Pfarrarchiv Hamm St. Blasius
PfA	Pfarrarchiv Hassels St. Antonius
PfA	Pfarrarchiv Heerdt St. Benediktus
PfA	Pfarrarchiv Himmelgeist St. Nikolaus
PfA	Pfarrarchiv Holthausen St. Joseph
PfA	Pfarrarchiv Itter St. Hubertus
PfA	Pfarrarchiv Kaiserswerth St. Suitbertus
PfA	Pfarrarchiv Lichtenbroich St. Maria Königin
PfA	Pfarrarchiv Lierenfeld St. Michael
PfA	Pfarrarchiv Lohausen Maria Himmelfahrt
PfA	Pfarrarchiv Mörsenbroich St. Franziskus Xaverius
PfA	Pfarrarchiv Oberbilk St. Apollinaris
PfA	Pfarrarchiv Oberbilk St. Joseph
PfA	Pfarrarchiv Pempelfort Heilig Geist
PfA	Pfarrarchiv Pempelfort Maria Empfängnis
PfA	Pfarrarchiv Pempelfort St. Rochus
PfA	Pfarrarchiv Rath St. Joseph
PfA	Pfarrarchiv Reisholz St. Elisabeth
PfA	Pfarrarchiv Stockum Hl. Familie
PfA	Pfarrarchiv Unterrath Maria unter dem Kreuz
PfA	Pfarrarchiv Unterrath St. Bruno

PfA	Pfarrarchiv Urdenbach Herz Jesu
PfA	Pfarrarchiv Volmerswerth St. Dionysius
PfA	Pfarrarchiv Wersten Maria Rosenkranz
PKB	Provinzmutterhaus der Kreuzschwestern Bingen
RAD	Rheinisches Amt für Denkmalpflege Brauweiler
RKK	Rheinisch - westfälische Kapuzinerprovinz Koblenz
SAD	Stadtarchiv Düsseldorf
SAN	Stadtarchiv Neuss
SKF	Sozialdienst Katholischer Frauen und Männer Düsseldorf
SKK	Staatliche Kunstsammlungen Kassel
SMD	Stadtmuseum Düsseldorf
SMK	Stadtmuseum Köln
SMV	Mutterhaus der Schönstätter Marienschwestern Vallendar
STD	Stadtarchiv Düren
THD	Theresienhospital Düsseldorf
TKA	Provinzialat der Töchter vom heiligen Kreuz Aspel
TKD	ThyssenKrupp Konzernarchiv Duisburg
UBD	Universitätsbibliothek Düsseldorf
UKM	Ursulinen - Kongregation Düsseldorf e. V. Bad Münstereifel
ULF	Provinzialat Schwestern Unserer Lieben Frau Mülhausen

B. Zeitungen

AW	Aufwärts (Düsseldorf)
BB	Bürgermeistereiblatt für den Landkreis Düsseldorf
BT	Benrather Tageblatt
BZ	Benrather Zeitung
DA	Düsseldorfer Anzeiger
DJ	Düsseldorfer Journal und Kreisblatt
DK	Düsseldorfer Kreisblatt und Täglicher Anzeiger
DN	Düsseldorfer Nachrichten
DS	Düsseldorfer Sonntagsblatt
DSA	Düsseldorfer Stadt - Anzeiger
DT	Düsseldorfer Tageblatt
DV	Düsseldorfer Volksblatt
DZ	Düsseldorfer Zeitung
FP	Düsseldorfer Freie Presse
GA	General - Anzeiger für Düsseldorf und Umgegend
Mittag	Mittag (Düsseldorf)
NRZ	Neue - Rhein - Zeitung (Düsseldorf)
NVZ	Niederrheinische Volkszeitung (Düsseldorf)
NZ	Neusser Zeitung

RLZ   Rheinische Landeszeitung (Düsseldorf)
RP   Rheinische Post (Düsseldorf)
VP   Die Volksparole (Düsseldorf)
VZ   Volkszeitung (Düsseldorf)
WZ   Westdeutsche Zeitung (Düsseldorf)

C. Gedruckte Quellen und Literatur

Leonard von AACHEN, Eigentliche Abbildung einer recht vollkommener Obrigkeit. Historisch- und Sittlicher Weiß entworffen in dem geführten Leben der Ehrwürdiger Muttern, Mariae Joannae Franciscae, Erster Priorinnen deren Annunciaten Coelestineren zu Düsseldorff. Von dem Viel - Ehrwürdigen P. Mansueto Novocastrensi, deß Ordens deß H. Vatters Francisci, Capuciner genant, Prediger, auff dem Papier in der Frantzösischer Sprach beschrieben, in die Teutsche aber übersetzt und zum Truck verfertigt durch R. P. Leonardum von Aachen, selbigen Ordens Prediger, Köln 1683.

Wilhelm ABEL, Der Pauperismus in Deutschland am Vorabend der industriellen Revolution, Dortmund 1966.

Werner ABELSHAUSER, Die Weimarer Republik - ein Wohlfahrtsstaat ?, in: Werner Abelshauser, Die Weimarer Republik als Wohlfahrtsstaat. Zum Verhältnis von Wirtschaft- und Sozialpolitik in der Industriegesellschaft, Stuttgart 1987, 9 - 31.

1878 - 1928. 50 Jahre Genossenschaft der Herz - Jesu - Priester. Gedenkschrift zum 50jährigen Jubiläum der Herz - Jesu - Priester, Sittard 1928.

1891 - 1991. St. Maria Himmelfahrt (Liebfrauen), Düsseldorf 1991.

1859 - 1984. 125 Jahre Klarissenkloster Düsseldorf, Düsseldorf 1984.

1897 - 1997. Jubiläum "100 Jahre Caritas in Essen". Nah' dran. Zuwendung als gelebter Glaube, Essen 1997.

1847. Die Zustände der arbeitenden Klasse. Beleuchtet und gezeichnet von einem Proletarier. Ein Beitrag zur sozialen Reformation des neunzehnten Jahrhunderts, Düsseldorf 1847.

1872 - 1947 Sankt Josef Düsseldorf - Oberbilk 6. Oktober. Vom Werden und Wachsen der St. Josef - Pfarrgemeinde in Düsseldorf - Oberbilk. Festschrift zum 75jährigen Bestehen unserer Pfarrkirche 1872 - 1947, Düsseldorf 1947.

Helmut ACKERMANN, Ich bin krank gewesen ... . Das Evangelische Krankenhaus Düsseldorf 1849 - 1999, Düsseldorf 1999.

Volker ACKERMANN, Integrationsangebote und Rückkehrförderungsprogramme. Ausländer in Nordrhein - Westfalen, in: Christian Reinicke, Nordrhein - Westfalen. Ein Land in seiner Geschichte. Aspekte und Konturen 1946 - 1996, Münster 1996, 357 - 360.

Änne ADAMS, Düsseldorfer Winterhilfe, in: Monatsblatt des Städtischen Wohlfahrts- und Gesundheitsamtes Düsseldorf Jg. 5 Nr. 11 (November 1931), 164 - 169.

Ursula ADAMS, Nichtseßhafte - alte Armut, neu in den Blick genommen, in: Caritas in Nordrhein - Westfalen Jg. 17 Nr. 3 (Mai/Juni 1988), 197 - 206.

Günter ADERS, Die Geschichte der Pfarrei St. Lambertus und des Marienstiftes Düsseldorf, in: Die Stifts- und Pfarrkirche St. Lambertus zu Düsseldorf, Ratingen 1956, 15 - 40.

Günter ADERS, Zur Geschichte des Hauses Ratinger Straße 15 und seiner Nachbarhäuser, in: Jan Wellem Jg. 32 Nr. 4 (April 1957), 5 - 8 und Nr. 5 (Mai 1957), 9 - 11.

ADRESSBUCH der Wohlfahrtseinrichtungen in Düsseldorf. Auf Grund der von der städtischen Armenverwaltung beschafften Unterlagen bearbeitet im städtischen Statistischen Amte, Düsseldorf 1910.
ÄLTERWERDEN in Deutschland. Lexikon, Altenheimführer, Adressen. Das Nachschlagewerk für alle, die bis ins hohe Alter jung und aktiv bleiben wollen, Ober - Olm 1986.
Konrad ALGERMISSEN, Wandernde Kirche, in: Michael Buchberger, Lexikon für Theologie und Kirche Bd. 10, Freiburg 1938², 748 - 749.
Matthias ALMSTEDT, Ortsbestimmung der Heimerziehung. Geschichte, Bestandsaufnahme, Entwicklungstendenzen, Weinheim 1982.
Erster ALTENBERICHT. Die Lebenssituation älterer Menschen in Deutschland, Bonn 1993.
Zweiter ALTENBERICHT. Wohnen im Alter, Bonn 1998.
Aktiv im ALTER. Bürgerschaftliches Engagement in NRW. Entwicklungen, Modelle, Projekte, Düsseldorf 2002.
Georg ALTHAUS, Hilfe für gehörlose Suchtkranke, in: Caritas '90. Jahrbuch des Deutschen Caritasverbandes, 164 - 167.
Hermann ALTHAUS, Die Stellung der NSV zu den gegenwärtigen Aufgaben der Wohlfahrtspflege, in: Nationalsozialistischer Volksdienst Jg. 1 Nr. 1 (Oktober 1933), 15 - 27.
Hermann ALTHAUS, Nationalsozialistische Volkswohlfahrt. Wesen, Aufgaben und Aufbau, Berlin 1935.
Werner ALTHAUS, Der Sozialdienst für Gehörlose, in: Caritas '91. Jahrbuch des Deutschen Caritasverbandes, 293 - 297.
Marianisches ANDACHTSBUCH zum Gebrauche der hochlöblichen Bürgersodalität unter dem Titel der Himmelfahrt Mariä zu Düsseldorf, Düsseldorf 1826.
Das Marianische ANDACHTSBUCH zum Gebrauche der hochlöblichen Junggesellensodalität unter dem Titel der Reinigung Mariae zu Düsseldorf, Düsseldorf 1799.
ANDACHTSBÜCHLEIN zum Gebrauch der hochlöblichen Versammlung des weiblichen Geschlechtes unter dem Titel der allerseligsten Jungfrau Maria, der h. Ursula und ihrer Gesellschaft in der Kirche zum h. Andreas zu Düsseldorf, Düsseldorf 1817.
Jasmine De ANGELIS, Hurra, wir leben noch! Düsseldorf nach 1945, Gudensberg - Gleichen 2002.
Rupert ANGERMAIR, Kirchenjahr und Caritas. Die natürliche Werbung für die Caritasidee in der Pfarrgemeinde, in: Caritas. Zeitschrift für Caritaswissenschaft und Caritasarbeit Jg. 39 Nr. 1 (Januar 1934), 1 - 3.
Rupert ANGERMAIR, Staat und Caritas, in: Caritas. Zeitschrift für Caritaswissenschaft und Caritasarbeit Jg. 39 Nr. 4 (April 1934), 105 - 113, Nr. 5 (Mai 1934), 146 - 159 und Nr. 6 (Juni 1934), 174 - 178.
Bernhard APPEL, Senioren haben politische Verantwortung, in: Caritas '95. Jahrbuch des Deutschen Caritasverbandes, 83 - 89.
Franz APPELIUS, Das zehnjährige Bestehen der Zentralstelle für Privatwohltätigkeit in Düsseldorf, in: Concordia. Zeitschrift der Zentralstelle für Volkswohlfahrt Jg. 1 Nr. 13 (01.07.1914), 231 - 232.
Franz APPELIUS, Die Zentralisation der Privatwohltätigkeit, in: Zeitschrift für Kommunalwissenschaft Jg. 1 Nr. 5 (August 1914), 198 - 202.
Die ARBEIT der Caritas mit Migranten. Leitsätze der Migrationsdienste im Erzbistum Köln verabschiedet von der Geschäftsführerkonferenz der Caritas- und Fachverbände im Erzbistum Köln am 22.4.1998, Köln 1998.
Die ARBEIT der Caritas mit Migranten im Erzbistum Köln. Kernsätze der Flüchtlings - Sozialdienste verabschiedet von der Konferenz der Träger der Caritas - Flüchtlings - Sozialdienste im Erzbistum Köln am 8.12.1999, Köln 2000.

Ingrid ARENT - GREIVING, Zusammenarbeit von Mitarbeitern der Caritas - Beratungsstellen und Mitarbeitern des Kreuzbundes, in: Caritas '80. Jahrbuch des Deutschen Caritasverbandes, 262 - 265.

Philippe ARIÈS, Geschichte des Todes, München 1980.

ARMENORDNUNG für die Stadt Düsseldorf, Geschäftsordnung für die städtische Armenverwaltung und Instruktion für die Bezirksvorsteher und Armenpfleger vom 19. Juni 1877, Düsseldorf 1895.

Städtische ARMENVERWALTUNG Düsseldorf. Verzeichnis der Armenbezirke, der Bezirksvorsteher und Pfleger, Düsseldorf 1921.

Heinrich ARNDT, Die katholische Arbeiterkolonie St. Josef in Elkenroth 1886 - 1927: Ereignisse - Erinnerungen, in: 1886 - 1986. 100 Jahre Katholische Arbeiterkolonien im Rheinland. Rheinischer Verein für Katholische Arbeiterkolonien e. V., Aachen 1986, 64 - 85.

Alfred ARNOLDS, Theresienhospital der Töchter vom hl. Kreuz Stiftsplatz 13, in: Arthur Schloßmann, Die Düsseldorfer Kranken-, Heil- und Pflegeanstalten, Düsseldorf 1926, 235 - 246.

Julius ASBACH, Das Düsseldorfer Lyceum unter bairischer und französischer Herrschaft (1805 - 1813), Düsseldorf 1900.

Margaret ASMUTH, Gewerbliche Unterstützungskassen in Düsseldorf. Die Entwicklung der Krankenversicherung der Arbeitnehmer 1841 bis 1884/85, Köln 1984.

ASYL für entlassene weibliche Gefangene zu Ratingen, Düsseldorf 1841.

Heinrich AUER, Friedrich Ozanam, der Gründer des Vinzenz - Vereins. Ein Leben der Liebe, Freiburg 1913².

Heinrich AUER, Handbücherei für Caritassekretariate und ähnliche Einrichtungen. Ein Verzeichnis der notwendigen Bücher und Zeitschriften, Freiburg 1919².

Heinrich AUER, Die caritativ - soziale Tätigkeit der Katholiken Deutschlands, in: Kirchliches Handbuch für das katholische Deutschland 12 (1924/25), 149 - 355.

Heinrich AUER, Die ersten fünf Jahre des Vinzenzvereins in Deutschland auf Grund meist unerforschten Materials dargestellt, in: Hermann Bolzau, Vinzenzgeist und Vinzenzverein. Festgabe zum hundertjährigen Bestehen des Vinzenzvereins, Köln 1933, 17 - 48.

Sabrina AUERBACH, "Jugend ohne Amt und Ehre ?" Eine Untersuchung zu Determinanten ehrenamtlichen Engagements Jugendlicher im kleinstädtischen Milieu, Pfaffenweiler 1997.

Eckart von AUFSESS, Max BRANDTS, Das Deutsche Armenrecht, insbesondere das Reichsgesetz vom 6. Juni 1870 über den Unterstützungswohnsitz in seiner Bedeutung für die Privatwohlthätigkeits - Vereine und -Anstalten. Mit einem Anhange über die öffentliche Armenpflege in Bayern, Freiburg 1898/1902²/1909³.

Stephanie AUSSEM, Nachbarschaftsladen Düsseldorf - Wersten, in: Caritas, Gemeinde, Nachbarschaft. Beiträge und Projektbeschreibungen zur Lebensraumorientierung der Gemeindecaritas, Köln 1999, 45 - 49.

Große AUSSTELLUNG Düsseldorf 1926 für Gesundheitspflege, soziale Fürsorge und Leibesübungen. Amtlicher Katalog, Düsseldorf 1926.

Günter BACHMANN, Nachruf Bundesbruder Dr. Walther Gase, in: Die Bastei. Winfridenblätter Jg. 79 Nr. 2 (1991), 43 - 48.

Norbert BACKMUND, Geschichte des Prämonstratenserordens, Grafenau 1986.

Klaus J. BADE, Vom Auswanderungsland zum Einwanderungsland ? Deutschland 1880 - 1980, Berlin 1983.

Klaus J. BADE, Einführung: Aussiedlerzuwanderung und Aussiedlerintegration. Historische Entwicklung und aktuelle Probleme, in: Klaus J. Bade, Aussiedler: Deutsche Einwanderer aus Osteuropa, Osnabrück 1999, 9 - 51.

Karl Siegfried BADER, Lebensbilder aus der Zeit des Widerstands: Gertrud Luckner (Geb. 1900), in: Max Müller, Senfkorn. Handbuch für den Katholischen Religionsunterricht Klasse 5 - 10 Bd. 3/1, Stuttgart 1987, 447 - 458.
Max BÄCHER, Architektur kritisch. Oasen in der Wüste .... Wanderer, kommst Du nach Garath, in: Der Architekt. Organ des Bundes Deutscher Architekten BDA Jg. 25 Nr. 4 (April 1976), 153 - 158.
Gertrud BÄUMER, Das Reichsgesetz für Jugendwohlfahrt auf Grund amtlichen Materials, Berlin 1923.
Eugen BALDAS, Gemeindecaritas: Profil, Standort und Perspektiven, in: Caritas. Zeitschrift für Caritasarbeit und Caritaswissenschaft Jg. 98 Nr. 4 (April 1997), 167 - 173.
Manfred BALDUS, Gründung des Diözesan - Caritasverbandes für das Erzbistum Köln - 1904, 1916 oder wann ? Von der Mühe des kanonischen Rechts mit der christlichen Caritas, in: Norbert Feldhoff, Die verbandliche Caritas. Praktisch - theologische und kirchenrechtliche Aspekte, Freiburg 1991, 9 - 20.
Hans - Georg BALLARIN, Deutsche Wohlfahrtspflege, Leipzig 1938.
Ingeburg BARDEN, Entwicklungen der ambulanten Alten- und Krankenpflege in Sozialstationen, in: Caritas '89. Jahrbuch des Deutschen Caritasverbandes, 234 - 237.
Ingeburg BARDEN, Sterben als Teil des Lebens, in: Caritas '97. Jahrbuch des Deutschen Caritasverbandes, 149 - 153.
Tino BARGEL, Bestands- und Bedarfsanalysen zu Ganztagsschulen und Ganztagsangeboten, in: Heinz Günter Holtappels, Ganztagserziehung in der Schule. Modelle, Forschungsbefunde und Perspektiven, Opladen 1995, 67 - 85.
John A. BARNES, Class and Commitees in a Norwegian Island Parish, in: Human Relations. Studies towards the Integration of the Social Sciences Vol. 7 No. 1 (February 1954), 39 - 58.
Colman James BARRY, Geburtswehen einer Nation - Peter Paul Cahensly und die Einbürgerung der katholischen deutschen Auswanderer in Kirche und Nation der Vereinigten Staaten von Amerika, Recklinghausen 1971.
Christian BARTELS, Der katholische Männer - Fürsorge - Verein, in: Zeitschrift für katholische caritative Erziehungstätigkeit Jg. 2 Nr. 6 (Juni 1913), 84 - 87.
Christian BARTELS, Der Katholische Männer - Fürsorge - Verein, in: Theologie und Glaube Jg. 6 Nr. 6 (Juni 1914), 441 - 448.
Christian BARTELS, Der Katholische Männer - Fürsorge - Verein, o. O. 1914.
Stephan BARTH, Städtische soziale Netzwerke in der Moderne, in: Neue Praxis. Zeitschrift für Sozialarbeit, Sozialpädagogik und Sozialpolitik Jg. 27 Nr. 6 (Dezember 1997), 519 - 532.
Heinz BARTJES, Die etwas andere Professionalität. Thesen, Überlegungen und offene Fragen zum "Neuen Ehrenamt", in: Sozialmagazin. Die Zeitschrift für soziale Arbeit Jg. 20 Nr. 3 (März 1995), 14 - 18.
Rudolf BARZ, Möglichkeiten der Schulsozialarbeit im Bereich der Hauptschule, Dortmund 1981.
A. Fr. Wilhelm BASSE, Düsseldorfer Weihnachts- und Neujahrsbüchlein. Ein Geschenk für Kinder, Düsseldorf 1845/1853.
Jean BAUDRILLARD, Der symbolische Tausch und der Tod, München 1991.
Rudolph BAUER, August Pieper, in: Hugo Maier, Who is who der Sozialen Arbeit, Freiburg 1998.
Walter BAUMEISTER, Katholische Wandererfürsorge. Eine Übersicht, in: Caritas. Zeitschrift für Caritaswissenschaft und Caritasarbeit Jg. 33 Nr. 9 (September 1928), 347 - 351.
Walter BAUMEISTER, Von der Arbeitsgemeinschaft zur Volksgemeinschaft. Ein Wort zur Dynamik des deutschen Wohlfahrtswesens, in: Caritas. Zeitschrift für Caritaswissenschaft und Caritasarbeit Jg. 38 Nr. 10 (Oktober 1933), 435 - 439.
Walter Wilhelm BAUMEISTER, Alkoholismus, in: Michael Buchberger, Lexikon für Theologie und Kirche Bd. 1, Freiburg 1930^2, 270 - 274.

Walter Wilhelm BAUMEISTER, Zehn Jahre Reichsverband für katholische Trinkerfürsorge, in: Caritas. Zeitschrift für Caritasarbeit und Caritaswissenschaft Jg. 44 Nr. 11 (November 1939), 316 - 319.

Walter Wilhelm BAUMEISTER, Suchtgefährdung heute, in: Caritas. Zeitschrift für Caritasarbeit und Caritaswissenschaft Jg. 48 Nr. 9/10 (September/Oktober 1947), 161 - 166.

Heinz BAUMGARTEN, 1908 - 1988. Schulchroniken berichten aus Unterrath. Herausgegeben anläßlich des 80 jährigen Bestehens des Schulgebäudes an der Unterrather Straße am 29. März 1988, Düsseldorf 1988.

Hans - Joachim BAUS, Die Düsseldorfer Ausstellungen bis zum Jahre 1926, Staatsexamensarbeit Köln 1977.

Alois BAUSE, Entwicklung der Schule und Aspekte der heutigen Arbeit der Salesianer Don Boscos in Essen - Borbeck, in: 1921 - 1971. 50 Jahre Salesianer Don Boscos in Essen - Borbeck, Essen 1971, 16 - 19.

Bernhard Gustav BAYERLE, Die katholischen Kirchen Düsseldorf's von ihrer Entstehung bis auf die neueste Zeit. Ein Beitrag zur Geschichte der Stadt, Düsseldorf 1844.

Boris BECKER, Düsseldorf in frühen Photographien 1855 - 1914, München 1990.

Carl BECKER, Volksdienst der Caritas in schwerster Notzeit. Abschlußbericht über das caritative Winterhilfswerk 1932/33, in: Caritas. Zeitschrift für Caritaswissenschaft und Caritasarbeit Jg. 38 Nr. 7 (Juli 1933), 287 - 296.

Carl BECKER, Die Durchführung der Euthanasie in den katholischen caritativen Heimen für geistig Behinderte, in: Jahrbuch der Caritaswissenschaft 10 (1968), 104 - 119.

Hermann BECKER, Gertrudisheim, Ulmenstraße 83, in: Arthur Schloßmann, Die Düsseldorfer Kranken-, Heil- und Pflegeanstalten, Düsseldorf 1926, 160 - 166.

Johannes BECKER, Strömungen in der Düsseldorfer Wohlfahrtspflege, in: Mitteilungen des katholischen Caritasverbandes Düsseldorf Nr. 2 (März 1922), o. S. (1 - 4).

Johannes BECKER, Die große Not in der Wohlfahrtspflege und Caritas in: Düsseldorfer Tageblatt Jg. 57 Nr. 206 (15.09.1923), o. S. (5).

Johannes BECKER, Das Nachrichtenblatt des Caritas - Verbandes, in: Nachrichtenblatt des Düsseldorfer Caritas - Verbandes Jg. 1 Nr. 1 (Oktober 1924), 1 - 2.

Johannes BECKER, Katholischer Pfarr - Caritas - Ausschuß und städtisches Wohlfahrtsamt, in: Nachrichtenblatt des Düsseldorfer Caritas - Verbandes Jg. 1 Nr. 4 (April 1925), o. S. (3).

Johannes BECKER, Mehr Hilfe für das gefährdete Kind !, in: Mitteilungen der Caritassekretariate zu Aachen, Krefeld, Elberfeld, Essen - Stadt, Essen - Land, Düsseldorf Jg. 2 Nr. 1/3 (16.05.1925), 4 - 6.

Johannes BECKER, Katholischer Caritas - Verband für die Stadt Düsseldorf, in: Mitteilungen der Caritassekretariate zu Aachen, Krefeld, Elberfeld, Essen - Stadt, Essen - Land, Düsseldorf Jg. 2 Nr. 1/3 (16.05.1925), 14 - 17.

Johannes BECKER, Der Pfarrcaritasausschuß, in: Mitteilungen der Caritassekretariate zu Aachen, Krefeld, Elberfeld, Essen - Stadt, Essen - Land, Düsseldorf Jg. 2 Nr. 4/5 (31.05.1925), 24 - 29.

Johannes BECKER, Katholischer Caritas - Verband für die Stadt Düsseldorf. Geschichtlicher Rückblick, in: Katholische Kirchenzeitung (Düsseldorf) Jg. 2 Nr. 14 (05.07.1925), 124c.

Johannes BECKER, Caritative Tätigkeit in Düsseldorf (1924), in: Mitteilungen des Katholischen Caritas - Sekretariates, Düsseldorf Jg. 1 Nr. 1 (Juli/August 1925), 1 - 15.

Johannes BECKER, Erinnerungen an die Düsseldorfer Rompilgerfahrt, in: Düsseldorfer Tageblatt Jg. 59 Nr. 274 (03.10.1925), o. S. (10).

Johannes BECKER, Zum Geleite !, in: Johannes Schmitz, Auf sonnigen Pfaden. Ein Reisebüchlein Anno santo 1925. Mit einem Geleitwort von Caritasdirektor Johannes Becker, Düsseldorf 1925, 5 - 8.

Johannes BECKER, Neuland der Caritas, in: Mitteilungen des Katholischen Caritas - Sekretariates, Düsseldorf Jg. 2 Nr. 2 (Februar 1926), 2 - 5.

Johannes BECKER, Caritas und Gesolei, in: Mitteilungen des Katholischen Caritas - Sekretariates, Düsseldorf Jg. 2 Nr. 4/5 (April/Mai 1926), 1 - 4.

Johannes BECKER, Aus dem caritativen Leben Düsseldorfs, in: Mitteilungen des Katholischen Caritas - Sekretariates, Düsseldorf Jg. 2 Nr. 4/5 (April/Mai 1926), 4 - 5.

Johannes BECKER, Zum Schlusse der Gesolei, in: Mitteilungen des Katholischen Caritas - Sekretariates, Düsseldorf Jg. 2 Nr. 10 (Oktober 1926), 1 - 3.

Johannes BECKER, Soziale Krankenhausfürsorge in Düsseldorf, in: Mitteilungen des Katholischen Caritas - Sekretariates, Düsseldorf Jg. 2 Nr. 12 (Dezember 1926), 2 - 4.

Johannes BECKER, Ein Tag im Düsseldorfer Caritassekretariat, in: Katholischer Kirchenkalender für die Pfarrgemeinde St. Franziskus Xaverius Düsseldorf 1927, Leutesdorf 1926, 27 - 31.

Johannes BECKER, Heimatlos, in: Mitteilungen des Caritasverbandes für die Stadt Düsseldorf Jg. 3 Nr. 1 (Januar 1927), 1 - 2.

Johannes BECKER, Auf Raphaels Pfaden, in: Mitteilungen des Caritasverbandes für die Stadt Düsseldorf Jg. 3 Nr. 1 (Januar 1927), 4 - 5.

Johannes BECKER, Raphaelsheim Düsseldorf. E. V., in: Mitteilungen des Caritasverbandes für die Stadt Düsseldorf Jg. 3 Nr. 1 (Januar 1927), 5 - 6.

Johannes BECKER, Helft den straffälligen Erwachsenen ! (Soziale Gerichtshilfe), in: Mitteilungen des Caritasverbandes für die Stadt Düsseldorf Jg. 3 Nr. 2 (Februar 1927), 13 - 14.

Johannes BECKER, Die Tätigkeit des Düsseldorfer Caritasverbandes im Jahre 1926, in: Mitteilungen des Caritasverbandes für die Stadt Düsseldorf Jg. 3 Nr. 6 (Juni 1927), 43 - 46.

Johannes BECKER, Unsere Krankenhausfürsorge im ersten Halbjahr 1927, in: Mitteilungen des Caritasverbandes für die Stadt Düsseldorf Jg. 3 Nr. 7/8 (Juli/August 1927), 56 - 58.

Johannes BECKER, Die älteste Wohltätigkeitsanstalt Düsseldorfs, in: Düsseldorfer Tageblatt Jg. 61 Nr. 263 (23.09.1927), o. S. (6).

Johannes BECKER, Zusammenarbeit zwischen städtischer Wohlfahrtspflege und katholischer Caritas in Düsseldorf, in: Mitteilungen des Caritasverbandes für die Stadt Düsseldorf Jg. 3 Nr. 12 (Dezember 1927), 86 - 87.

Johannes BECKER, Ein Neuland der Düsseldorfer Caritas: Die soziale Krankenhausfürsorge in Düsseldorf, in: Mitteilungen des Caritasverbandes für die Stadt Düsseldorf Jg. 4 Nr. 4 (April 1928), 25 - 32.

Johannes BECKER, Ehrfurcht vor dem Kinde .... Düsseldorfer Opfertag für bedürftige kinderreiche Familien. Zum 10. Juni. Helft den notleidenden Kinderreichen !, in Düsseldorfer Tageblatt Jg. 62 Nr. 159 (09.06.1928), o. S (5 - 6).

Johannes BECKER, Die Vertiefung der städtischen Wohlfahrtspflege durch die katholische Caritas, in: Monatsblatt des Städtischen Wohlfahrts- und Gesundheitsamtes Düsseldorf Jg. 3 Nr. 5 (Mai 1929), 73 - 76.

Johannes BECKER, Die Not in den Düsseldorfer Randpfarreien, in: Mitteilungen des Caritasverbandes für die Stadt Düsseldorf Jg. 6 Nr. 4 (April 1930), 21 - 25.

Johannes BECKER, Ein katholisches Wanderer - Arbeitsheim in Düsseldorf, in: Mitteilungen des Caritasverbandes für die Stadt Düsseldorf Jg. 6 Nr. 10/11 (Oktober/November 1930), 64 - 65.

Johannes BECKER, Düsseldorfer Notbilder, in: Mitteilungen des Caritasverbandes für die Stadt Düsseldorf Jg. 6 Nr. 12 (Dezember 1930), 69 - 71.

Johannes BECKER, Der gegenwärtige Stand der Düsseldorfer Caritasarbeit, in: Mitteilungen des Caritasverbandes für die Stadt Düsseldorf Jg. 7 Nr. 1 (Januar 1931), 2 - 5.

Johannes BECKER, Das Programm unseres Erzbischofs für eine caritative Winterhilfe, in: Mitteilungen des Caritasverbandes für die Stadt Düsseldorf Jg. 7 Nr. 9 (September 1931), 57 - 60.

Johannes BECKER, Kapellenweihe im Rather Karitasheim, in: Düsseldorfer Tageblatt Jg. 66 Nr. 317 (14.11.1932), o. S. (5).

Johannes BECKER, Landeshauptmann Dr. Johannes Horion+, in: Caritas. Zeitschrift für Caritaswissenschaft und Caritasarbeit Jg. 38 Nr. 3 (März 1933), 118 - 119.

Johannes BECKER, Weihnachtsbescherungen und Winterhilfswerk, in: Mitteilungen des Caritasverbandes für die Stadt Düsseldorf Jg. 9 Nr. 12 (Dezember 1933), 2 - 3.
Johannes BECKER, Landhelfer, in: Mitteilungen des Caritasverbandes für die Stadt Düsseldorf Jg. 10 Nr. 1 (Januar 1934), 3.
Johannes BECKER, Die Arbeitsgemeinschaft in Düsseldorf, in: Mitteilungen des Caritasverbandes für die Stadt Düsseldorf Jg. 10 Nr. 4/5 (April/Mai 1934), 2 - 4.
Johannes BECKER, Seid Apostel der Karitas !, in: Katholische Kirchenzeitung (Düsseldorf) Jg. 11 Nr. 19 (13.05.1934), 180.
Johannes BECKER, "Mutter und Kind", in: Mitteilungen des Caritasverbandes für die Stadt Düsseldorf Jg. 10 Nr. 6 (Juni 1934), 1 - 8.
Johannes BECKER, Pfarr - Gemeinde als Caritas - Gemeinschaft, in: Mitteilungen des Caritasverbandes für die Stadt Düsseldorf Jg. 10 Nr. 7/9 (Juli/September 1934), 2 - 4.
Johannes BECKER, Nachwort zum Caritas - Volkstag 1935, in: Mitteilungen des Caritasverbandes für die Stadt Düsseldorf Jg. 11 Nr. 5/7 (Mai/Juli 1935), 1 - 2.
Johannes BECKER, Caritas - Umschau, in: Mitteilungen des Caritasverbandes für die Stadt Düsseldorf Jg. 12 Nr. 1/3 (Januar/März 1936), 1 - 3.
Johannes BECKER, Über die Caritas - Sammlung 1936, in: Mitteilungen des Caritasverbandes für die Stadt Düsseldorf Jg. 12 Nr. 5/6 (Mai/Juni 1936), 1 - 4.
Johannes BECKER, Arbeitsvermittlung, in: Mitteilungen des Caritasverbandes für die Stadt Düsseldorf Jg. 12 Nr. 7/8 (Juli/August 1936), 3 - 4.
Johannes BECKER, Wollen und Wirken im Jahre 1936, in: Mitteilungen des Caritasverbandes für die Stadt Düsseldorf Jg. 13 Nr. 3/4 (März/April 1937), 1 - 7.
Johannes BECKER, Wo stehen wir ?, in: Mitteilungen des Caritasverbandes Düsseldorf Jg. 17 Nr. 1/2 (März 1941), 1 - 2.
Johannes BECKER, "Fremde beherbergen", in: Caritas - Verband Düsseldorf. Rundbrief an unsere Mitarbeiter und Mitarbeiterinnen Jg. 19 Nr. 4 (Oktober 1943), 1.
Johannes BECKER, Die neue Stunde der Caritas, in: Caritas - Verband Düsseldorf. Rundbrief an unsere Mitarbeiter und Mitarbeiterinnen Jg. 21 Nr. 3 (Mai 1945), 3.
Johannes BECKER, Zur Ernährungslage, in: Caritasverband Düsseldorf. Rundbrief an unsere Mitarbeiter und Mitarbeiterinnen Jg. 21 Nr. 4 (Juni 1945), 3 - 4.
Johannes BECKER, Unsere Notleidenden: ihre "Person", in: Caritasverband Düsseldorf. Rundbrief an unsere Mitarbeiter und Mitarbeiterinnen Jg. 22 Nr. 1 (Januar 1946), 1 - 2.
Johannes BECKER, Aus der Arbeit des Düsseldorfer Caritasverbandes, in: Caritasverband Düsseldorf. Rundbrief an unsere Mitarbeiter und Mitarbeiterinnen Jg. 23 Nr. 3 (Mai 1947), 1 - 2.
Johannes BECKER, Aus der Arbeit des Düsseldorfer Caritasverbandes im Jahre 1947, in: Caritasverband Düsseldorf. Rundbrief an unsere Mitarbeiter und Mitarbeiterinnen Jg. 24 Nr. 3 (Juni 1948), 1 - 3.
Paul BECKER, Ein Tageshospiz, in: Johann - Christoph Student, Das Hospiz - Buch, Freiburg 1999^4, 87 - 92.
Thomas Paul BECKER, Konfessionalisierung in Kurköln. Untersuchungen zur Durchsetzung der katholischen Reform in den Dekanaten Ahrgau und Bonn anhand von Visitationsprotokollen 1583 - 1761, Bonn 1989.
Josef BEEKING, Die grundsätzliche Stellung der freien Liebestätigkeit im Reichsgesetz für Jugendwohlfahrt, in: Josef Beeking, Das Reichsgesetz für Jugendwohlfahrt und die Caritas. Eine grundsätzliche Würdigung verbunden mit Wegweisung für die praktische Arbeit, Freiburg 1923/1925^3, 60 - 73.
Josef BEEKING, Die katholische Jugendfürsorge, in: Josef Beeking, Katholische Kinder- und Jugendfürsorge. Festschrift zum ersten Gesamtkongreß der katholischen Kinder- und Jugendfürsorge Deutschlands. München 17. - 19. Oktober 1927, München 1927, 57 - 60.

Gabriele BEHLER, Schule von acht bis eins. Betreuung von Schülerinnen und Schülern in Grundschulen und Sonderschulen vor und nach dem Unterricht, in: SGK - Forum. Organ der Sozialdemokratischen Gemeinschaft für Kommunalpolitik e. V. Jg. 24 Nr. 5 (Mai 1996), 4.

Renate BEHR, Vom Pflegeheim zum Altenwohnhaus, Frankfurt 1995.

Ursula BENDER, Das Neunzehnte Jahrhundert und die Jahrhundertwende, in: Ursula Bender, Zierlich und zerbrechlich. Zur Geschichte der Frauenarbeit am Beispiel Düsseldorf, Köln 1988, 49 - 183.

Walter BENDER, Ehrenamtliches Engagement in den Pfarrgemeinden der Erzdiözese Bamberg. Ein Forschungsprojekt des Lehrstuhls Andragogik, Prof. Dr. Jost Reischmann, an der Universität Bamberg im Auftrag des Erzbischofs von Bamberg Dr. Karl Braun, Bamberg 1998.

Andrea BENZ, Netzwerk Stockum. Aktiv und Kreativ im Alter, in: Netzwerk - Zeitung mobil und engagiert in Düsseldorf Jg. 3 Nr. 3 (Oktober 2002), 7.

Dieter BERG, Die Franziskaner in Westfalen (1215 - 1800), in: Géza Jászai, Monastisches Westfalen. Klöster und Stifte 800 - 1800, Münster 1982, 143 - 162.

Gertrud van den BERG, Dienstleistungsunternehmen Schule. Beispiele zeitgemäßer Gestaltung des Lern- und Lebensraums Schule, Baltmannsweiler 2001.

Gregor BERGER, "Schule von acht bis eins". Betreuung in Grundschulen und Sonderschulen vor und nach dem Unterricht, in: Städte- und Gemeinderat Jg. 50 Nr. 9 (September 1996), 313 - 317.

Manfred BERGER, Vorschulerziehung im Nationalsozialismus. Recherchen zur Situation des Kindergartenwesens 1933 - 1945, Weinheim 1986.

BERICHT über die im Jahre 1904 am Donnerstag, den 17. März, nachmittags 3 1/2 Uhr, im Ständehause stattgehabte Besprechung zwecks Gründung einer Zentral - Auskunftsstelle für Privatwohltätigkeit, Düsseldorf 1904.

BERICHT des Marien - Hospitals zu Düsseldorf über das Jahr 1911 und über die am 16. April 1912 eingeweihten Neubauten, Düsseldorf 1912.

Bruno BERMES, Dokumentation Offene Ganztagsschule. Neue Wege zum Ausbau von Ganztagsangeboten in Nordrhein - Westfalen. Projektbeispiele verlässlicher Ganztagsangebote in Nordrhein - Westfalen. Regionale Fachtagungen der Sozialdemokratischen Gemeinschaft für Kommunalpolitik Nordrhein - Westfalen 2001/2002, Düsseldorf 2002.

Gertrud BERNERT, Kinderhorte in Düsseldorf, ihr Zweck und ihre Entstehung, in: Monatsblatt des Städtischen Wohlfahrts- und Gesundheitsamtes Düsseldorf Jg. 7 Nr. 1 (Januar 1933), 6 - 9.

Johannes BERNHAUSER, Halbwahrheiten, Schönrederei, Spekulationen. Die Offene Ganztagsgrundschule darf die Horte nicht verdrängen, in: Caritas in NRW - Aktuell Jg. 2 Nr. 2 (März 2003), 1.

Ernst von BERTOUCH, Kurzgefaßte Geschichte der geistlichen Genossenschaften und der daraus hervorgegangenen Ritterorden, Wiesbaden 1887.

Kurze BESCHREIBUNG der Lebensweise der Karthäuser, Düsseldorf o. J.[3] (nach 1909).

Siegfried BETHLEHEM, Heimatvertreibung, DDR - Flucht, Gastarbeiterzuwanderung. Wanderungsströme und Wanderungspolitik in der Bundesrepublik Deutschland, Stuttgart 1982.

Franz BETTMER, "Die Angst vor dem Gesichtsverlust ..." - sind Funktionsüberschneidungen das Problem ?, in: Archiv für Wissenschaft und Praxis der sozialen Arbeit Jg. 33 Nr. 2 (2. Vierteljahr 2002), 12 - 42.

BEVÖLKERUNGSSTRUKTUR und Wirtschaftskraft der Bundesländer. Zusammenfassende Veröffentlichungen, Wiesbaden 1973.

Franz BEYER, Der Separatistenputsch in Düsseldorf 30. September 1923, Berlin 1933.

Elisabeth BIEBERICH, Die Gemeindekrankenpflege und die Zentralisation, in: 1897 - 1972. 75 Jahre Deutscher Caritasverband, Freiburg 1972, 249 - 250.

Wilhelm BIENEFELD, Pfarrkaritas, in: Düsseldorfer Tageblatt Jg. 68 Nr. 336 (09.12.1934), o. S. (3).

Andreas BINGENER, Almosen und Sozialleistungen im Haushalt deutscher Städte des späten Mittelalters und der frühen Neuzeit, in: Peter Johanek, Städtisches Gesundheits- und Fürsorgewesen vor 1800, Köln 2000, 41 - 62.

Anton Josef BINTERIM, Die Wünsche und Vorschläge der katholischen Geistlichkeit Düsseldorfs an den Hochwürdigsten Herrn Erzbischof von Köln. Ein Wort zur Rechtfertigung derselben, Düsseldorf 1848.

Anton Josef BINTERIM, Die vorzüglichsten Denkwürdigkeiten der Christ - Katholischen Kirche aus den ersten, mittlern und letzten Zeiten. Mit besonderer Rücksichtnahme auf die Disciplin der katholischen Kirche in Deutschland 7 Bde, Mainz 1825/1841.

Renate BLANK, "Ich habe andere Sorgen als Politik". Qualitative Studie "Jugend '97", in: Arthur Fischer, Jugend '97. Zukunftsperspektiven, gesellschaftliches Engagement, politische Orientierungen, Opladen 1997, 33 - 35.

Werner K. BLESSING, "Theuerungsexesse" im vorrevolutionären Kontext. Getreidetumult und Bierkrawall im späten Vormärz, in: Werner Conze, Arbeiterexistenz im 19. Jahrhundert. Lebensstandard und Lebensgestaltung deutscher Arbeiter und Handwerker, Stuttgart 1981, 356 - 384.

Werner K. BLESSING, "Deutschland in Not, wir im Glauben ...". Kirche und Kirchenvolk in einer katholischen Region 1933 - 1949, in: Martin Broszat, Von Stalingrad zur Währungsreform. Zur Sozialgeschichte des Umbruchs in Deutschland, München 1988, 3 - 111.

Martin BLOCK, Zigeuner. Ihr Leben und ihre Seele dargestellt auf Grund eigener Reisen und Forschungen, Leipzig 1936.

Margret BLOEMKAMP, Besuch in Gera/Thüringen, in: Ruf - St. Suitbertus Kaiserswerth Jg. 25 Nr. 88 (Dezember 1990), 18.

Sabine BLUM - GEENEN, Fürsorgeerziehung in der Rheinprovinz von 1871 - 1933, Köln 1997.

Sabine BLUM - GEENEN, "Gerade aus dem Mund der Krankenschwester dringt ein freudiges 'Heil Hitler' so stark zu Herzen unserer Volksgenossen". Krankenpflege in den Städtischen Krankenanstalten während des Nationalsozialismus, in: Michael G. Esch, Die Medizinische Akademie Düsseldorf im Nationalsozialismus, Düsseldorf 1997, 113 - 138.

Franz BOCK, Die Stiftskirche zu Kaiserswerth, in: Organ für christliche Kunst Jg. 3 Nr. 9 (01.05.1853), 69 - 70 und Nr. 10 (15.05.1853), 77 - 79.

Teresa BOCK, Ehrenamtliche Mitarbeit in der Caritas, in: Caritas. Zeitschrift für Caritasarbeit und Caritaswissenschaft Jg. 85 Nr. 3 (Mai 1984), 105 - 114.

Berthold BOCKHOLT, Festschrift zur Feier des 50 jährigen Bestehens des Marienhospitals in Düsseldorf, Düsseldorf 1922.

Friedrich von BODELSCHWINGH, Die Ackerbau - Colonie "Wilhelmsdorf" nach ihren bisherigen Erfahrungen, Bielefeld 1882.

Waltraud BÖCKELMANN, Ute Maase, Nicht nur zum Nähen gut .... Rückblick auf 10 Jahre Nähstube St. Josef in der Gemeinde, in: Pfarrbrief der Pfarrgemeinde St. Josef Düsseldorf - Oberbilk Nr. 1 (Sommer 1995), o. S. (7 - 8).

Johannes BÖCKER, Ein Wort des Grußes, in: Extrablatt. Zeitung Caritasverband für die Stadt Düsseldorf. Eröffnung Altenzentrum St. Josefshaus im Oktober 1995, Düsseldorf 1995, 4.

Johannes BÖCKER, Vorwort, in: Handbuch der Pflege. Qualitätsrichtlinien für die Caritas Häuslichen Dienste und die Caritas Altenzentren des Caritasverbandes für die Stadt Düsseldorf Bd. 1, Düsseldorf 1999, 1.

Johannes BÖCKER, Rainer W. WIESCHOLLEK, Risiken sind bewältigbar, in: Neue Caritas Jg. 104 Nr. 21 (27.11.2003), 32 - 34.

Johannes BÖCKER, Belastungsproben ?!, in: Die Zeitung. Caritasverband für die Stadt Düsseldorf Jg. 4 Nr. 3 (Winter 2003), 2.

Lisa BÖCKMANN - SCHEWE, "Hilfe zur Arbeit". Analyse der Wirksamkeit öffentlich geförderter Beschäftigung für SozialhilfeempfängerInnen. Abschlußbericht des Forschungsprojektes

Berlin - Brandenburg Institut für Sozialforschung und sozialwissenschaftliche Praxis e. V. (BIS), Düsseldorf 1997.

Renate BOEHLKE, Gedanken zum Thema "Spätaussiedler", in: Caritas in Nordrhein - Westfalen Jg. 5 Nr. 6 (November/Dezember 1976), 517 - 518.

Gottfried BÖHM, Altenheim und Gemeindezentrum Düsseldorf - Garath, in: Kunst und Kirche. Ökumenische Zeitschrift für Architektur und Kunst Jg. 39 Nr. 3 (3. Quartal 1976), 111 - 112.

Heinrich BÖRSTING, Errichtung einer Rosenkranz - Bruderschaft an der ehemaligen Kreuzherrenkirche in Düsseldorf im Jahre 1408, in: Maria im Kult, Essen 1964, 226 - 228.

Rosemarie BOLDT, Friedrich Wilhelm August Fröbel, Köln 1982.

Rudolf BOLL, Arbeit statt Sozialhilfe. Kommunale Gestaltungsmöglichkeiten gegen Arbeitslosigkeit. Eine Materialsammlung zur "Hilfe zur Arbeit" nach dem Bundessozialhilfegesetz, Düsseldorf 1987.

Ruth BONE, Modellversuch: Kleiderkammer St. Konrad. Hilfe für arbeitslose Jugendliche zu gutem Zweck, in: Rheinische Post Jg. 39 Nr. 291 (14.12.1984), Beilage "Bei uns in Gerresheim und Vennhausen" o. S. (6).

BONSMANN, Die Wanderfürsorge, in: Johannes Horion, Die rheinische Provinzial - Verwaltung. Ihre Entwicklung und ihr heutiger Stand. Herausgegeben zur Jahrtausendfeier der Rheinprovinz, Düsseldorf 1925, 275 - 282.

Andreas BORCHERS, Soziale Netzwerke älterer Menschen, in: Wohnbedürfnisse, Zeitverwendung und soziale Netzwerke älterer Menschen. Expertisenband 1 zum Zweiten Altenbericht der Bundesregierung, Frankfurt 1998, 176 - 200.

Karl BORGMANN, Das Lehrlingsheim der Herz - Jesu - Priester in Düsseldorf, in: Das Reich des Herzens Jesu Jg. 30 Nr. 4 (April 1930), 109 - 112.

Karl BORGMANN, The National Catholic Welfare Conference, in: Caritas. Zeitschrift für Caritasarbeit und Caritaswissenschaft Jg. 48 Nr. 9/10 (September/Oktober 1947), 187 - 189.

Karl BORGMANN, Die deutsche Caritas in den Jahren 1933 - 1956, in: Jahrbuch für Caritaswissenschaft und Caritasarbeit 1957, 91 - 111.

Karl BORGMANN, Max BRANDTS, in: An der Aufgabe gewachsen. Zum 60jährigen Bestehen des Deutschen Caritasverbandes 1897 - 1957. Vom Werden und Wirken des Deutschen Caritasverbandes aus Anlaß seines sechzigjährigen Bestehens herausgegeben vom Zentralvorstand 1957, Freiburg 1957, 212.

Karl BORGMANN, Der Deutsche Caritasverband im "Dritten Reich", in: 1897 - 1972. 75 Jahre Deutscher Caritasverband, Freiburg 1972, 92 - 99.

Angela BORGSTEDT, "... zu dem Volk Israel in einer geheimnisvollen Weise hingezogen". Der Einsatz von Hermann Maas und Gertrud Luckner für verfolgte Juden, in: Michael Kißener, Widerstand gegen die Judenverfolgung, Konstanz 1996, 227 - 259.

Maria BORNITZ, Vom Hilfswerk "Mutter und Kind", in: Caritas. Zeitschrift für Caritaswissenschaft und Caritasarbeit Jg. 39 Nr. 7 (Juli 1934), 211 - 216.

Shirley du BOULAY, Cicely Saunders. Ein Leben für Sterbende, Innsbruck 1987.

Ingrid BRAACH, Zum Konflikt zwischen der "Katholischen Zigeunerseelsorge" und den Roma - Selbstorganisationen, in: Sinti in der Bundesrepublik. Beiträge zur sozialen Lage einer verfolgten Minderheit erstellt im Projekt "Sinti in der Bundesrepublik" Universität Bremen Fachbereich 12 Diplom - Studiengang Sozialpädagogik, Bremen 1984, 107 - 133.

Marita BRABAND - HOEGNER, Zusammenarbeit zwischen Sozialstationen und Mobilen Sozialen Diensten, in: Caritas '94. Jahrbuch des Deutschen Caritasverbandes, 123 - 128.

Karl Dietrich BRACHER, Nationalsozialistische Machtergreifung und Reichskonkordat. Ein Gutachten zur Frage des geschichtlichen Zusammenhangs und der politischen Verknüpfung von Reichskonkordat und nationalsozialistischer Revolution, Wiesbaden 1956.

Eugen BRACHVOGEL, Zur Taubstummenseelsorge, in: Caritas. Zeitschrift für die Werke der Nächstenliebe im katholischen Deutschland Jg. 22 Nr. 4/5 (Januar/Februar 1917), 114 - 117.

Ernle BRADFORD, Kreuz und Schwert. Der Johanniter/Malteser - Ritterorden, München 1983.

Alois BRAEKLING, Die Gründung des Katholischen Männerfürsorgevereins, in: Korrespondenzblatt Katholischer Fürsorgeverein für Mädchen, Frauen und Kinder Jg. 13 Nr. 3 (März 1934), 124 - 128.

Hermann BRANDENBURG, Neues Ehrenamt - Herausforderung und Perspektiven, in: Archiv für Wissenschaft und Praxis der sozialen Arbeit Jg. 26 Nr. 2 (2. Vierteljahr 1995), 107 - 119.

Jörg - Dieter BRANDES, Korsaren Christi. Johanniter und Malteser. Die Herren des Mittelmeeres, Sigmaringen 1997.

Hans Jürgen BRANDT, Grundzüge der Caritasgeschichte, in: Paul Nordhues, Handbuch der Caritasarbeit. Beiträge zur Theologie, Pastoral und Geschichte der Caritas mit Überblick über die Dienste in Gemeinde und Verband, Paderborn 1986, 142 - 158.

Hans Jürgen BRANDT, Der Caritasverband für das Erzbistum Paderborn in Geschichte und Gegenwart, Paderborn 1993.

Max BRANDTS, Die neuen preußischen Verwaltungsgesetze für die Rheinprovinz nebst den Rheinischen Gemeinde - Verfassungsgesetzen in der durch die neuere Gesetzgebung veränderten Fassung, Aachen 1887.

Max BRANDTS, Die Organisation der katholischen Wohltätigkeit, in: Arbeiterwohl Jg. 11 Nr. 9 (September 1891), 173 - 181.

Max BRANDTS, (Die besonderen Aufgaben der katholischen Liebesthätigkeit in der heutigen Zeit), in: Arbeiterwohl Jg. 11 Nr. 10/12 (Oktober/Dezember 1891), 207 - 219.

Max BRANDTS, Die öffentliche und private Armenpflege in Gesetzgebung und Praxis. Vortrag des Herrn Landesrath Brandts - Düsseldorf im Praktisch - socialen Cursus in Mönchengladbach, in: Arbeiterwohl Jg. 12 Nr. 9/11 (September/November 1892), 187 - 210.

Max BRANDTS, (Die katholischen Wohlthätigkeits - Anstalten und -Vereine, sowie das katholisch - sociale Vereinswesen, insbesondere in der Erzdiöcese Köln), in: Arbeiterwohl Jg. 13 Nr. 7/9 (Juli/September 1893), 132 - 145, Nr. 10/12 (Oktober/Dezember 1893), 190 - 199, Jg. 14 Nr. 1/2 (Januar/Februar 1894), 23 - 27, Nr. 4/5 (April/Mai 1894), 73 - 116, Jg. 15 Nr. 1/2 (Januar/Februar 1895), 99 - 134, Nr. 6/7 (Juni/Juli 1895), 155 - 168, Nr. 9/10 (September/Oktober 1895), 231 - 285 und Nr. 11/12 (November/Dezember 1895), 323 - 382.

Max BRANDTS, Fürsorge für entlassene Gefangene und deren Familien, in: Arbeiterwohl Jg. 13 Nr. 10/12 (Oktober/Dezember 1893), 209 - 218.

Max BRANDTS, Die katholischen Wohlthätigkeits - Anstalten und -Vereine, sowie das katholisch - sociale Vereinswesen, insbesondere in der Erzdiöcese Köln, Köln 1895.

Max BRANDTS, Der Anstaltszögling nach der Anstaltspflege. Einige Winke für die Beaufsichtigung der aus der Erziehungsanstalt entlassenen armen Kinder, in: Charitas. Zeitschrift für die Werke der Nächstenliebe im katholischen Deutschland Jg. 1 Nr. 4 (April 1896), 64 - 66.

Max BRANDTS, Wohnungsnoth und Vincentiusvereine, in: Charitas. Zeitschrift für die Werke der Nächstenliebe im katholischen Deutschland Jg. 1 Nr. 5 (Mai 1896), 92 - 95.

Max BRANDTS, Fragebogen für die Charitas - Enquete, in: Charitas. Zeitschrift für die Werke der Nächstenliebe im katholischen Deutschland Jg. 1 Nr. 6 (Juni 1896), 121 - 129.

Max BRANDTS, Die Lösung der Wohnungsfrage in Paul Lechlers "Nationaler Wohnungsreform", in: Charitas. Zeitschrift für die Werke der Nächstenliebe im katholischen Deutschland Jg. 1 Nr. 9 (September 1896), 198 - 200.

Max BRANDTS, Vincenzverein und Wohnungsfrage, in: Charitas. Zeitschrift für die Werke der Nächstenliebe im katholischen Deutschland Jg. 2 Nr. 1 (Januar 1897), 15 - 16.

Max BRANDTS, Die Arbeiterwohnungsfrage, eine Frage des Stadtbauplanes und der Stadtordnung, in: Arbeiterwohl Jg. 17 Nr. 1/3 (Januar/März 1897), 8 - 36.

Max BRANDTS, Die Betheiligung des Staates an der Lösung der Wohnungsfrage, in: Arbeiterwohl Jg. 17 Nr. 4/5 (April/Mai 1897), 65 - 97.

Max BRANDTS, Der deutsche Verein für Armenpflege und Wohlthätigkeit, in: Charitas. Zeitschrift für die Werke der Nächstenliebe im katholischen Deutschland Jg. 2 Nr. 6 (Juni 1897), 110 - 113.

Max BRANDTS, Die Beteiligung größerer Verbände an der Armenlast, in: Max Brandts, Die Beteiligung größerer Verbände an der Armenlast. Zwei Berichte erstattet im Auftrage des Vereins, Leipzig 1897, 1 - 15.

Max BRANDTS, Die katholischen Liebeswerke der Diöcesen Köln und Würzburg - eine vergleichende Studie, in: Charitas. Zeitschrift für die Werke der Nächstenliebe im katholischen Deutschland Jg. 3 Nr. 1 (Januar 1898), 18 - 20.

Max BRANDTS, Centralstellen für Armenpflege und Wohlthätigkeit, in: Charitas. Zeitschrift für die Werke der Nächstenliebe im katholischen Deutschland Jg. 3 Nr. 3 (März 1898), 63 - 65.

Max BRANDTS, Die Ausbildung ländlicher Krankenbesucherinnen. (Vortrag, gehalten auf dem sechsten Charitastag am 16. Juli 1901 zu Aachen), in: Charitas. Zeitschrift für die Werke der Nächstenliebe im katholischen Deutschland Jg. 6 Nr. 10 (Oktober 1901), 221 - 224 und Nr. 11 (November 1901), 246 - 250.

Bernhard BRANTZEN, Ehrenamtliche caritative Dienste in der Pfarrgemeinde. Eine Befragung zum Stand der ehrenamtlichen caritativen Arbeit in der Diözese Mainz, in: Caritas. Zeitschrift für Caritasarbeit und Caritaswissenschaft Jg. 96 Nr. 5 (Mai 1995), 215 - 223.

Frank BRAUN, Modellprojekte gegen eine "Pädagogik der Resignation". Schulverweigerung, Jugendarbeitslosigkeit, Jugendobdachlosigkeit, in: Sozialpädagogik Jg. 39 Nr. 4 (Juli/September 1997), 163 - 168.

Hans BRAUN, Helfen im Sozialstaat. Zum Verhältnis von "gemeinschaftlichen" Handlungsmustern und "gesellschaftlichen" Problemlösungen, in: Festschrift Friedrich H. Tenbruck, Kultur im Zeitalter der Sozialwissenschaften, Berlin 1984, 93 - 109.

Hans BRAUN, Neue Tendenzen ehrenamtlicher Arbeit, in: Caritas '90. Jahrbuch des Deutschen Caritasverbandes, 43 - 48.

Helmut BRAUN, Die "Heimkonzepte der Zukunft" von DZA und KDA aus heutiger Sicht, in: Roland Schmidt, Konturen der neuen Pflegelandschaft. Positionen, Widersprüche, Konsequenzen, Regensburg 1998, 185 - 192.

Joseph BRAUN, Die Kirchenbauten der deutschen Jesuiten. Ein Beitrag zur Kultur- und Kunstgeschichte des 16., 17. und 18. Jahrhunderts 2 Bde, Freiburg 1908/1910.

Birgit BREIDING, Die braunen Schwestern. Ideologie, Struktur, Funktion einer nationalsozialistischen Elite, Stuttgart 1998.

Barbara von BREITENBACH, Italiener und Spanier als Arbeitnehmer in der Bundesrepublik Deutschland. Eine vergleichende Untersuchung zur europäischen Arbeitsmigration, München 1982.

Konstantin BRETTLE, Bedeutung des katholischen Mädchenschutzes für die Gegenwart und Zukunft (Referat, gehalten in der Mädchenschutz - Versammlung zu Straßburg am 21. August 1905), in: Charitas. Zeitschrift für die Werke der Nächstenliebe im katholischen Deutschland Jg. 11 Nr. 4/5 (Januar/Februar 1906), 120 - 123.

Karl Hugo BREUER, Anfänge der Heimstatt im rheinischen Raum. Eine Dokumentation, Köln 1968.

Thomas BREUER, Dem Führer gehorsam. Wie die deutschen Katholiken von ihrer Kirche zum Kriegsdienst verpflichtet wurden; Dokumente, Oberursel 1989.

Wilfried BREYVOGEL, Schulalltag im Nationalsozialismus, in: Detlev Peukert, Die Reihen fast geschlossen. Beiträge zur Geschichte des Alltags unterm Nationalsozialismus, Wuppertal 1981, 199 - 222.

J. BRINKMANN, 25 Jahre Kreuzbündnis. Geschichtlicher Rückblick, in: Volksfreund. Monatsschrift zur Förderung der Enthaltsamkeit und zur Pflege katholischer Lebenswerte Jg. 25 Nr. 7/8 (Juli/August 1921), 100 - 107.

Ulrich BRISCH, Ambulante Pflegedienste im Erzbistum Köln. 10 Jahre Caritas - Pflegestationen, in: Wertewandel. 10 Jahre Caritas - Pflegestationen. Arbeitstagung der Dechanten des Erzbistums Köln vom 24. - 26. November 1986 im Katholisch - Sozialen Institut, Bad Honef. Priesterrat Tätigkeitsbericht 1985/1986, Köln 1986, 53 - 66.

Thomas BROCH, "Arbeitslos: abgeschrieben.", in: Caritas '95. Jahrbuch des Deutschen Caritasverbandes, 11 - 15.

Michael BROCKERHOFF, Alltägliche Aufgaben selbstbewußt lösen. Caritas Düsseldorf richtet Nähstube für arbeitslose Frauen ein, in: Kirchenzeitung für das Erzbistum Köln Jg. 40 Nr. 32 (09.08.1985), 8.

Joseph BROSCH, Mutter Franziska Schervier. Stifterin der Armen Schwestern vom hl. Franziskus, Aachen 1953.

Johannes Thomas BROSIUS, Juliae, Montiumque Comitum, Marchionum et Ducum Annalium a primis primordiis ex classicis autoribus, vetustis documentis, imperatorum, regumque plurimis diplomatibus ad haec usque tempora deductorum Tom. 3, Köln 1731.

Heinrich BRUCKMANN, 100 Jahre Rheinische Evangelische Arbeiterkolonie Lühlerheim 1886 - 1986. Dargestellt auf Grund der Jahresberichte des Kuratoriums und des Vorstandes in hundert Jahren, in: 100 Jahre Rheinische Evangelische Arbeiterkolonie Lühlerheim 1886 - 1986, Schermbeck 1986, 9 - 88.

Hermann BRUNGS, Jubiläums - Bericht der rheinischen katholischen Arbeiter - Kolonie St. Josephshaus bei Elkenroth, Düsseldorf 1911.

Gerhard BRUNN, Kleine Geschichte von Nordrhein - Westfalen 1946 - 1996, Köln 1996.

Ilse BRUSIS, Betreutes Wohnen - zukunftsweisende Beispiele und Perspektiven, in: Wohnen Plus. Betreutes Wohnen in NRW - zukunftsweisende Beispiele. Dokumentation der Tagung vom 12. Oktober 1994, Düsseldorf 1995, 4 - 9.

Ulrich BRZOSA, "Das ging gegen mein Gewissen !" Elisabeth Heidkamp - oder: Eine Düsseldorfer Katholikin paßte sich nicht an, in: Augenblick. Berichte, Informationen und Dokumente der Mahn- und Gedenkstätte Düsseldorf Jg. 5 Nr. 8/9 (1995), 7 - 12.

Ulrich BRZOSA, Der 9. Mai 1849: Zur Erinnerung an Düsseldorfs blutigste Straßenschlacht. Wie Düsseldorf zum "Hauptherd der Anarchie und Unordnung für die Rheinprovinz" wurde, in: Die Bilker Sternwarte Jg. 45 Nr. 6 (Juni 1999), 134 - 136.

Ulrich BRZOSA, Aus der Vorgeschichte der St. Sebastianus Schützenbruderschaft Düsseldorf - Unterrath. Ein Beitrag zur Geschichte des Düsseldorfer Bruderschaftswesens, in: Die Bilker Sternwarte Jg. 45 Nr. 11 (November 1999), 251 - 257.

Ulrich BRZOSA, Vom "Stall von Bethlehem" zur Bunkerkirche. Ein Kapitel Kirchengeschichte im Düsseldorfer "Westend", in: Heerdter Pfarrbrief St. Benediktus, St. Sakrament Jg. 20 Nr. 4 (Dezember 1999), 18 - 20.

Ulrich BRZOSA, "Compassio Beatae Mariae virginis - Mitleid der seligen Jungfrau Maria". Ein Streifzug durch die Geschichte der Pfarrei "Maria unter dem Kreuz" in Düsseldorf - Unterrath von den Ursprüngen bis zum Zweiten Weltkrieg, in: Düsseldorfer Jahrbuch 70 (1999), 13 - 85.

Ulrich BRZOSA, Die Geschichte der Kolpingfamilie Düsseldorf von den Anfängen bis zur Aufstellung des Kolpingdenkmals im Jahre 1954, in: 150 Jahre Kolpingfamilie Düsseldorf - Zentral 1849 - 1999. Festschrift zum 150jährigen Bestehen der Kolpingfamilie Düsseldorf - Zentral, Düsseldorf 1999, 1 - 120.

Ulrich BRZOSA, 150 Jahre Dienst am Nächsten. Aus der Geschichte des Düsseldorfer Vinzenzvereins, in: Jan Wellem Jg. 75 Nr. 3 (Juli/September 2000), 5 - 7.

Ulrich BRZOSA, 150 Jahre St. Raphael Haus. Ein Streifzug durch die Geschichte, in: Die Bilker Sternwarte Jg. 46 Nr. 10 (Oktober 2000), 238 - 240, Nr. 11 (November 2000), 251 - 255 und Nr. 12 (Dezember 2000), 277 - 282.

Ulrich BRZOSA, Benedikt Schmittmann (1872 - 1939). Weg und Schicksal eines "Alde Düsseldorfs" während der Zeit des Nationalsozialismus, in: Jan Wellem Jg. 76 Nr. 4 (Oktober 2001/Januar 2002), 7 - 9.

Ulrich BRZOSA, Das Westend im Wandel der Zeit. Von der "Barackenkirche" zur "Bunkerkirche" - oder vom "schlimmen Viertel" zur "gepflegten Gartenstadt", in: Heerdt im Wandel der Zeit 5 (2000), 81 - 112.

Ulrich BRZOSA, Die Geschichte der katholischen Kirche in Düsseldorf. Von den Anfängen bis zur Säkularisation, Köln 2001.

Ulrich BRZOSA, Theresienhospital. 150 Jahre Töchter vom Hl. Kreuz in Düsseldorf 1852 - 2002, Düsseldorf 2002.

Ulrich BRZOSA, Die Geschichte der Düsseldorfer Fronleichnamsprozession, in: Düsseldorfer Jahrbuch 73 (2002), 107 - 173.

Ulrich BRZOSA, Die Geschichte der Franziskaner in Düsseldorf von 1853 bis 1960, in: Robert Jauch, Franziskaner in Düsseldorf. 150 Jahre "Klösterchen" (1853 - 2003), Düsseldorf 2003, 29 - 72.

Matthias BUCHWALD, Düsseldorfer Hubertusstift im Wandel. Keine Insel im Stadtteil Bilk. Zahl der Heimplätze steigt. Wechselvolle Geschichte, in: Kirchenzeitung für das Erzbistum Köln Jg. 45 Nr. 51/52 (21.12.1990), 24.

Matthias BUCHWALD, "Caritas - Kennzeichen von Gemeinde ?" Aufgaben, Schwerpunkte und Perspektiven der sozialen Pfarrgemeindearbeit, in: Kirchenzeitung für das Erzbistum Köln Jg. 47 Nr. 5 (31.01.1992), 23.

Matthias BUCHWALD, Obdachlose und Nichtseßhafte. Caritas hilft auf kurzen Wegen, in: Kirchenzeitung für das Erzbistum Köln Jg. 47 Nr. 15 (10.04.1992), 22.

Matthias BUCHWALD, Psychosozialer Dienst beim Caritasverband. Betreuung der Aids - Kranken, in: Kirchenzeitung für das Erzbistum Köln Jg. 47 Nr. 26 (26.06.1992), 22.

Matthias BUCHWALD, 30 Jahre katholische italienische Mission in Düsseldorf. Überleben im Zusammenstehen, in: Kirchenzeitung für das Erzbistum Köln Jg. 47 Nr. 51 (18.12.1992), 22.

Matthias BUCHWALD, Sozialdienst der Caritas für ausländische Mitbürger. Gemeinsamkeiten herausstellen, in: Kirchenzeitung für das Erzbistum Köln Jg. 48 Nr. 2 (15.01.1993), 22.

Matthias BUCHWALD, Nähstube St. Josef gefährdet. Unterschriftenaktion für den Erhalt, in: Kirchenzeitung für das Erzbistum Köln Jg. 48 Nr. 14 (09.04.1993), 23.

Matthias BUCHWALD, Hilfe bei schmaler Brieftasche. Kleiderstube in St. Josef, Düsseldorf - Oberbilk, arbeitet weiter, in: Kirchenzeitung für das Erzbistum Köln Jg. 48 Nr. 41 (15.10.1993), 22.

Matthias BUCHWALD, Ersatzneubau des Josefshauses in Oberbilk. Altenheim für 120 Bewohner, in: Kirchenzeitung für das Erzbistum Köln Jg. 48 Nr. 46 (19.11.1993), 22.

Else BUDNOWSKI, Ein Leben tätiger Liebe. Schwester Emilie Schneider. Tochter vom Heiligen Kreuz, Kevelaer 1949.

Joseph BÜCHELER, Wo ist Arbeit ? oder das Adreß - Comptoir für die arbeitende Klasse zu Düsseldorf. Ein Versuch, Düsseldorf 1847.

Joseph BÜCHELER, Das Gasthaus der Stadt Düsseldorf oder das St. Hubertus - Hospital geschichtlich dargestellt, Düsseldorf 1849.

Joseph BÜCHELER, Die Reform des Armen - Wesens mit Rücksicht auf den Entwurf der neuen Armen - Ordnung zu Düsseldorf, Düsseldorf 1851.

Hans Harro BÜHLER, Die katholischen sozialen Einrichtungen der Caritas in der Bundesrepublik Deutschland 1980 - 1990, in: Caritas '92. Jahrbuch des Deutschen Caritasverbandes, 319 - 336.

Theodor J. BÜRGERS, Die allgemeine Bedeutung der Gesolei, in: Große Ausstellung Düsseldorf 1926 für Gesundheitspflege, soziale Fürsorge und Leibesübungen. Amtlicher Katalog, Düsseldorf 1926, 27 - 32.

Davorka BUKOVCAN, Aller Anfang ist schwer. Betreuung von Kindern - Schule von 8.00 bis 13.00 Uhr, in: AWO - Spiegel. Quartals - Magazin (Düsseldorf) Jg. 2 Nr. 4 (Dezember 1996), 12 - 13.

Rudolf BULTMANN, Jesus, Tübingen 1951.

Monika BUNTE, Aus der Geschichte des Aloysianums, in: Rund um den Quadenhof Jg. 34 Nr. 1 (Sommer 1983), 61 - 62.

Josef BURA, Die unbewältigte Gegenwart. "Zigeunerpolitik" und alltäglicher Rassismus in der Bundesrepublik, in: Sinti in der Bundesrepublik. Beiträge zur sozialen Lage einer verfolgten Minderheit erstellt im Projekt "Sinti in der Bundesrepublik" Universität Bremen Fachbereich 12 Diplom - Studiengang Sozialpädagogik, Bremen 1984, 9 - 84.

Johann Joseph von der BURG, Kurzer Bericht über die Leiden und den Tod der ehrwürdigen Schwester Emilie, in: Geistliche Briefe der ehrwürdigen Schwester Emilie, Oberin des Klosters der Töchter vom heiligen Kreuze zu Düsseldorf, nebst einem kurzen Bericht über ihre Leiden und ihren Tod, Düsseldorf 1860, 187 - 213.

Hermann BURGHARD, Kaiserswerth im späten Mittelalter. Personen-, wirtschafts- und sozialgeschichtliche Untersuchungen zur Geschichte einer niederrheinischen Kleinstadt, Köln 1994.

Gisela BURKHARDT, Schulsozialarbeit am Beispiel der Erzdiözese Freiburg, in: Caritas '90. Jahrbuch des Deutschen Caritasverbandes, 307 - 310.

Leo BUSCH, Düsseldorf im Wahlkampfe zum ersten deutschen Parlament im Jahre 1848, in: Düsseldorfer Tageblatt Jg. 59 Nr. 183 (04.07.1925), o. S. (3).

Wilhelm BUSCH, Die Berliner Märztage von 1848. Die Ereignisse und ihre Überlieferung, München 1899.

Elisabeth BUSCHMANN, Ehrenamtliche Arbeit contra Selbsthilfe ? Dargestellt am Beispiel der Caritas - Konferenzen/Caritas - Helfergruppen, in: Fritz Boll, Ehrenamt und Selbsthilfe, Freiburg 1986, 109 - 129.

Ingrid BUSCHMANN - HÖLTGEN, Höfe und Familien im Kirchenspiel Gerresheim vor 1805, Ratingen 1987.

Peter Paul CAHENSLY, Die deutschen Auswanderer und der St. Raphael - Verein, in: Frankfurter zeitgemäße Broschüren Jg. 8 Nr. 11 (1887), 325 - 350.

Peter Paul CAHENSLY, Der Raphaelsverein zum Schutze katholischer deutscher Auswanderer. Sein Werden, Wirken und Kämpfen während des 30jährigen Bestehens, Freiburg 1900.

Peter Paul CAHENSLY, Der Auswanderungsapostel Pater Lambert Rethmann und die Anfänge des St. Raphaels - Vereins, in: Jahrbuch des Caritasverbandes für das Geschäftsjahr 3 (1909/1910), 21 - 34.

CALENDARIUM inclyti ordinis equestris D. Huberto sacri, Mannheim 1769.

CARITAS Alternative Arbeit. Ein Projekt des Caritasverbandes für die Stadt Düsseldorf, Düsseldorf 1994.

CARITAS für Düsseldorf. Kontakt, Düsseldorf 2001.

Die CARITAS im Erzbistum Köln. Übersicht über ihre Einrichtungen, Anstalten, Träger und ausübenden Kräfte nach dem Stand vom 1. April 1926, Köln 1926.

Ehrenamtliche CARITASARBEIT in den Düsseldorfer Pfarrgemeinden, Düsseldorf 1994.

CARITAS - HANDBUCH für das Erzbistum Köln. Übersicht über ihre Einrichtungen, Anstalten, Organisationen und ausübenden Kräfte nach dem Stand vom 1. Oktober 1956, Köln 1956.

XV. allgemeiner CARITASTAG in Essen (Ruhr). (10. bis 13. Oktober 1910). Leitsätze für die Referate in den Sektionsberatungen und Caritas - Versammlungen, Freiburg 1910.

CARITASVERBAND in Kirche, Staat und Gesellschaft. Ein Positionspapier des Deutschen Caritasverbandes zu Selbstverständnis und Auftrag verbandlich organisierter Caritas im heutigen kirchlichen und gesellschaftlichen Kontext, Freiburg 1983.

Hans CARLS, Der Caritasverband Wuppertal in seiner geschichtlichen und finanztechnischen Entwicklung, Wuppertal 1931.

Hans CARLS, Die soziale Krankenhausfürsorge, in: Mitteilungen der Caritassekretariate zu Aachen, Krefeld, Elberfeld, Essen - Stadt, Essen - Land, Düsseldorf Jg. 2 Nr. 1/3 (16.05.1925), 8 - 14.

Hans CARLS, Die "Arbeiterwohlfahrt", in: Mitteilungen des Katholischen Caritas - Sekretariates, Düsseldorf Jg. 2 Nr. 9 (September 1926), 2 - 5.

Hans CARLS, Soziale Krankenhausfürsorge, in: Julia Dünner, Handwörterbuch der Wohlfahrtspflege, Berlin 1929², 606 - 607.

CHARITAS - VERBAND für das katholische Deutschland, Freiburg 1898².

Claudia CHEHAB, Soziale Lage im 19. und frühen 20. Jahrhundert im Spiegel von Quellen des Stadtarchivs Neuss, Neuss 1988.

Mercy CHERUVILPARAMPIL, Holy Spirit Sisters in India, in: Holy Spirit Sisters. Apostolic Life Community of Sisters in the Opus Spiritus Snacti. Golden Jubilee 1950 - 2000, Sikh Village 2000, 84 - 93.

Gerhard CHRISTE, SchulverweigerInnen und AusbildungsabbrecherInnen, in: Paul Fülbier, Handbuch Jugendsozialarbeit. Geschichte, Grundlagen, Konzepte, Handlungsfelder, Organisation Bd. 1, Münster 2001, 534 - 548.

Hans CLANDE, Essen auf Rädern. Mobile Hilfe, in: Düsseldorfer Rheinbote Jg. 7 Nr. 34 (20.08.1986), 1.

Paul CLEMEN, Die Kunstdenkmäler der Stadt und des Kreises Düsseldorf, Düsseldorf 1894.

Max B. CLYNE, Schulkrank ? Schulverweigern als Folge psychischer Störungen, Stuttgart 1969.

Wilhelm CORSTEN, Kölner Aktenstücke zur Lage der katholischen Kirche in Deutschland 1933 - 1945, Köln 1949.

Lela B. COSTIN, Schulsozialarbeit in Amerika. Ein Blick auf Geschichte und gegenwärtige Strömungen, in: Lela B. Costin, Schulsozialarbeit in den USA, München 1983, 9 - 129.

Valmar CRAMER, Die Katholische Bewegung im Vormärz und im Revolutionsjahr 1848/49, in: Ludwig Lenhart, Idee, Gestalt und Gestalter des ersten deutschen Katholikentages in Mainz 1848, Mainz 1948, 21 - 63.

Wilhelm CRECELIUS, Die ältesten Grafen von Berg und das Kloster Altenberg, Elberfeld 1882.

Theodor CRUX, Netzwerk ExtrNett im Stadtbezirk 6 der Stadt Düsseldorf. Alt und Jung gemeinsam am Computer, in: Netzwerk - Zeitung mobil und engagiert in Düsseldorf Jg. 2 Nr. 2 (Dezember 2001), 7.

Hilmar CZERWINSKI, Die Stadtentwicklung Düsseldorfs im 19. Jahrhundert, in: 1882. Düsseldorf wird Großstadt, Düsseldorf 1982, 19 - 41.

Johannes DAHL, Der katholische Gesellenverein Düsseldorf. Festschrift zum 75 jährigen Stiftungsfeste, Düsseldorf 1924.

Johannes DAHL, Um die Jugend. Katholische Anstalten und Zentralen in Düsseldorf, Düsseldorf 1930.

Johannes DAHL, 1849 - 1949, in: Franz Hövelmann, 100 Jahre Kolpingsfamilie Düsseldorf 17. bis 19. September 1949, Düsseldorf 1949, 7 - 17.

Wilhelm DAMBERG, Der Kampf um die Schulen in Westfalen 1933 - 1945, Mainz 1986.

Theodor DAMM, Rahmenkonzept für den Fachbereich Gemeindecaritas in der Diözese Münster, in: Caritas '96. Jahrbuch des Deutschen Caritasverbandes, 281 - 286.

Elisabeth DAMMANN, Namen und Formen in der Geschichte des Kindergartens, in: Günter Erning, Geschichte des Kindergartens Bd. 2, Freiburg 1987, 18 - 28.

Veronika DARIUS, Der Architekt Gottfried Böhm. Bauten der sechziger Jahre, Düsseldorf 1988.

August DATTENFELD, Die St. Lambertuspfarre einst und jetzt. Zur 700jährigen Jubelfeier, Düsseldorf 1906.

Eduard DEBUSMANN, Der bergische Schulfonds, in: Jan Wellem Jg. 4 Nr. 8 (August 1929), 275 - 281.

Rudolf DEGEN, Die Seelsorge in der Landhilfe, in: Caritas. Zeitschrift für Caritaswissenschaft und Caritasarbeit Jg. 39 Nr. 1 (Januar 1934), 22 - 24.

Gerhard DEIMLING, Die Entstehung der rheinisch - westfälischen Gefängnisgesellschaft 1826 - 1830, in: Zeitschrift des Bergischen Geschichtsvereins 92 (1986), 69 - 100.

Johann Andreas DEMIAN (u.d.P. Willibald Rheineck), Rheinreise von Mainz bis Düsseldorf. Nebst ausführlichen Gemälden von Frankfurt, Mainz, Koblenz, Bonn, Köln und Düsseldorf mit ihren Umgebungen, Mainz 1826².

Elisabeth DENIS, Vom Werden und Wachsen des Deutschen Nationalverbandes der katholischen Mädchenschutzvereine, in: Mädchenschutz Jg. 6 Nr. 11/12 (August/September 1930), 87 - 105.

Elisabeth DENIS, Mädchenschutzgedanke und Mädchenschutzarbeit in Vergangenheit und Gegenwart, in: Jahrbuch der Caritaswissenschaft 1930, 179 - 192.

Elisabeth DENIS, Die gesetzliche Neuregelung der caritativen Stellenvermittlung, in: Caritas. Zeitschrift für Caritaswissenschaft und Caritasarbeit Jg. 41 Nr. 10 (Oktober 1936), 349 - 360.

DENK - SCHRIFT betreffend den Bau eines allgemeinen städtischen Krankenhauses in Düsseldorf in Verbindung mit der Errichtung einer Akademie für praktische Medizin, Düsseldorf 1904.

DENKSCHRIFT des Deutschen Caritasverbandes zur Neuordnung der Gemeindekrankenpflege, Freiburg 1972.

DENKSCHRIFT betreffend Wohnungselend, Wohnungsmangel, Wohnungsbeschaffung in Düsseldorf, Düsseldorf 1934.

Die DEPARTEMENTAL - IRRENANSTALT zu Düsseldorf. 1826 - 1898, Düsseldorf 1898.

Ernst DEUERLEIN, Das Reichskonkordat. Beiträge zu Vorgeschichte, Abschluß und Vollzug des Konkordates zwischen dem Heiligen Stuhl und dem Deutschen Reich vom 20. Juli 1933, Düsseldorf 1956.

Rudolf DEVIC, Gemeinde- und lebensraumbezogene Sozialarbeit, in: Caritas '95. Jahrbuch des Deutschen Caritasverbandes, 199 - 202.

DIENST am Menschen unterwegs. 1971. 100 Jahre St. Raphaels - Verein, Hamburg 1972.

Marianne DIETRICH, 75 Jahre DRK - Schwesternschaft Düsseldorf, Düsseldorf 1987.

Marianne DIETRICH, Die Geschichte der Schwesternschaft vom Deutschen Roten Kreuz an den Medizinischen Einrichtungen der Universität Düsseldorf, Diss. Düsseldorf 1991.

Gabriele DIETZ - GÖRING, Displaced Persons. Ihre Integration in Wirtschaft und Gesellschaft des Landes Nordrhein - Westfalen, Diss. Düsseldorf 1992.

Reinhard DINTER, Caritas - Sozialstation - ein leistungsfähiges Non - Profit - Dienstleistungsunternehmen, in: Caritas '98. Jahrbuch des Deutschen Caritasverbandes, 97 - 104.

Die DIÖZESAN - SYNODE des Erzbistums Köln 1922 am 10., 11. und 12. Oktober, Köln 1922.

Theodor von DITFURTH, Die Gründung des Internationalen Vereins der Freundinnen junger Mädchen und die Entwicklung eines deutschen Zweigs, Berlin 1913.

Bernhard DITTRICH, Erstaufnahme von Aussiedlern, in: Caritas '90. Jahrbuch des Deutschen Caritasverbandes, 178 - 180.

Max DÖHMER, Zum Geleite !, in: Nachrichtenblatt des Düsseldorfer Caritas - Verbandes Jg. 1 Nr. 1 (Oktober 1924), 1.

Max DÖHMER, So soll die Kirche sein ?, in: Katholische Kirchenzeitung für Düsseldorf und Umgegend Jg. 13 Nr. 41 (11.10.1936), 518.

DOKUMENTATION über die Zigeunersiedlung "Am Hackenbruch" in Düsseldorf - Eller 1961/62 - 1980, Köln 1980.

DOMINIKUS - KRANKENHAUS Düsseldorf - Heerdt 1972, Koblenz 1972.

Heinrich DORFNER, (Rede über Strafanstaltseelsorge), in: Verhandlungen der siebenzehnten General - Versammlung der Katholischen Vereine Deutschlands in Trier am 10., 11., 12. 13. und 14. September 1865. Amtlicher Bericht, Trier 1865, 34 - 46.

Walter DOSTAL, Zigeunerleben und Gegenwart, in: Walter Starkie, Auf Zigeunerspuren. Von Magie und Musik, Spiel und Kult der Zigeuner in Geschichte u. Gegenwart, München 1957, 275 - 297.

Werner DREHSEN, Werke und Einrichtungen christlicher Liebestätigkeit im katholischen Raum in Düsseldorf, in: Blätter der Gesellschaft für christliche Kultur Jg. 1 Nr. 5 (Mai 1958), 8 - 14.

13 plus. Ein neues Förderprogramm des Ministeriums für Schule und Weiterbildung, Wissenschaft und Forschung für verlässliche Ganztagsangebote in der Sekundarstufe I, Düsseldorf 2000.

Franz DRELING, Technische Beschreibung und Erläuterung der fünf neuen Irrenanstalten, in: Die Provinzial - Irren-, Blinden- und Taubstummen - Anstalten der Rheinprovinz in ihrer Entstehung, Entwickelung und Verfassung, dargestellt auf Grund eines Beschlusses des 26. Rheinischen Provinzial - Landtages vom 3. Mai 1879, Düsseldorf 1880, 37 - 178.

Willi DRESE, Krankenpflegeschule besteht 70 Jahre. Schwestern und Pfleger lernen drei Jahre, in: Rheinische Post Jg. 32 Nr. 284 (08.12.1977), Beilage "Bei uns in Oberkassel, Heerdt, Lörick, Niederkassel" o. S. (15).

Matthias DRILLING, Schulsozialarbeit. Antworten auf veränderte Lebenswelten, Bern 2001.

Fritz DROSS, Krankenhaus und lokale Politik um 1800. Das Beispiel Düsseldorf 1770 - 1850, Diss. Düsseldorf 2002.

DÜSSELDORF 1848. Bilder und Dokumente, Düsseldorf 1948.

DÜSSELDORF baut auf. Ein Verwaltungsbericht der Landeshauptstadt Düsseldorf für das Jahr 1945 - 46, Düsseldorf 1946.

DÜSSELDORF und seine Bauten. Herausgegeben vom Architekten- und Ingenieur - Verein zu Düsseldorf, Düsseldorf 1904.

DÜSSELDORF im Jahre 1898. Festschrift den Theilnehmern an der 70. Versammlung deutscher Naturforscher und Ärzte, Düsseldorf 1898.

Bernhard DUHR, Geschichte der Jesuiten in den Ländern deutscher Zunge 4 Bde, Freiburg 1907/1928.

Karl Theodor DUMONT, Sammlung kirchlicher Erlasse, Verordnungen und Bekanntmachungen für die Erzdiözese Köln, Köln 1891².

Helena DURTSCHI, Schulsozialarbeit: Antwort auf Schule und Familie im Wandel. Ein neues Arbeitsfeld für SozialarbeiterInnen etabliert sich, in: Zeitschrift für Sozialhilfe Jg. 98 Nr. 9 (September 2001), 133 - 136.

Immo EBERL, Die Zisterzienser. Geschichte eines europäischen Ordens, Stuttgart 2002.

Michael N. EBERTZ, Ehrenamtliche gewinnen, einbinden und qualifizieren, Köln 1993.

Willehad Paul ECKERT, Das Dominikanerkloster St. Joseph in der Herzogstraße von den Anfängen bis 1933, in: caritas und scientia. Dominikanerinnen und Dominikaner in Düsseldorf. Begleitbuch zur Ausstellung, Düsseldorf 1996, 83 - 97.

Nikolaus EHLEN, Das Heinefeld, in: Lotsenrufe Jg. 20 Nr. 11 (August 1935), 86 - 87.

Nikolaus EHLEN, Die am Rande der Großstadt, in: Lotsenrufe Jg. 21 Nr. 12 (September 1936), 92 - 95.

Ernst - Ludwig EHRLICH, Als praktizierte Nächstenliebe lebensgefährlich war ... . Ein Vorbild in Freiburg: Gertrud Luckner, in: Erzdiözese Freiburg. Informationen. Berichte, Kommentare, Anregungen Nr. 4/6 (April/Juni 1985), 77 - 80.

Elfi EICHHORN - KÖSLER, Kirchliche Altenhilfe im Wandel, in: Caritas '91. Jahrbuch des Deutschen Caritasverbandes, 330 - 334.

Urs EIGENMANN, Agape feiern. Grundlagen und Modelle, Luzern 2002.

Rolf EILERS, Die nationalsozialistische Schulpolitik. Eine Studie zur Funktion der Erziehung im totalitären Staat, Köln 1963.

Friedrich EINK, Aus dem Leben der Heimstattbewegung katholischer Jugend, in: Mitteilungsblatt der Arbeitsgemeinschaft Heimstatthilfe im Lande Nordrhein - Westfalen Jg. 1 Nr. 1 (10.03.1949), 13 - 14.

Tilemann ELHEN VON WOLFHAGEN, Die Limburger Chronik, in: Monumenta Germaniae Historica inde ab anno Christi quingentesimo usque ad annum millesimum et quingentesimum. Scriptorum qui vernacula lingua usi sunt Tom. 4.1, Hannover 1883, 1 - 118.

Kaspar ELM, Die Stellung des Zisterzienserordens in der Geschichte des Ordenswesens, in: Kapsar Elm, Zisterzienser. Ordensleben zwischen Ideal und Wirklichkeit. Eine Ausstellung des Landschaftsverbandes Rheinland, Rheinisches Museumsamt, Brauweiler. Aachen, Krönungssaal des Rathauses 3. Juli - 28. September 1980, Köln 1980, 1 - 40.

Kaspar ELM, Franziskus und Dominikus. Wirkungen und Antriebskräfte zweier Ordensstifter, in: Festgabe Kaspar Elm, Vitasfratrum. Beiträge zur Geschichte der Eremiten- und Mendikantenorden des zwölften und dreizehnten Jahrhunderts, Werl 1994, 121 - 141.

Salesius ELSNER, Die Ursulinen von St. Salvator nach meist ungedruckten Quellen, Trier 1913.

Karl ENDMANN, Düsseldorf und seine Eisenbahnen in Vergangenheit und Gegenwart, Stuttgart 1987[2].

Emilie ENGEL, Schönstätter Marienschwester 1893 - 1955. Ein Leben für Gott und die Menschen, Vallendar 1998.

Jörg ENGELBRECHT, Die Säkularisation der Klöster im Herzogtum/Großherzogtum Berg, in: Das Herzogtum Berg 1794 - 1815. Herzogtum Berg 1794 - 1806. Großherzogtum Berg 1806 - 1813. Generalgouvernement Berg 1813 - 1815. 20.3. - 26.5.1985. Stadtmuseum Düsseldorf, Düsseldorf 1985, 44 - 47.

Herbert ENGST, 145 Jahre im Dienst der Wirtschaft. Düsseldorfer Ausstellungen in Bildern. Ein Beitrag zur Kulturgeschichte deutscher Ausstellungen, Düsseldorf 1957.

ENTWICKLUNG des Düsseldorfer städtischen Wohlfahrtsamtes, Düsseldorf 1926.

ENTWURF von Statuten des Rheinischen Vereins wider die Vagabundennoth, festgestellt von dem in der Versammlung am 28. Mai 1883 erwählten Comité, Düsseldorf 1883.

Johannes ERGER, Lehrer und Nationalsozialismus. Von den traditionellen Lehrerverbänden zum Nationalsozialistischen Lehrerbund (NSLB), in: Manfred Heinemann, Erziehung und Schulung im Dritten Reich Bd. 2, Stuttgart 1980, 206 - 231.

ERHOLUNGSANGEBOTE für alte Menschen. Arbeitshilfe für Planung, Organisation und Durchführung, Freiburg 1979.

Franz - Reiner ERKENS, Das Erzstift Köln im geschichtlichen Überblick, in: Kurköln. Land unter dem Krummstab. Essays und Dokumente, Kevelaer 1985, 19 - 52.

Eugen ERNTGES, Überblick über die Geschichte der Luisenschule, in: Die Bastion. Sondernummer zum 125 - jährigen Jubiläum der Luisenschule 1962, Düsseldorf 1962, o. S. (4 - 17).

Michael G. ESCH, Die Umsetzung des "Gesetzes zur Verhütung erbkranken Nachwuchses" in Düsseldorf und die Rolle der "Medizinischen Akademie", in: Michael G. Esch, Die Medizinische Akademie Düsseldorf im Nationalsozialismus, Düsseldorf 1997, 199 - 227.

P. ESSER, TABIM hilft bei Arbeitssuche. Düsseldorfer Caritas - Beratungsagentur wird von der EU gefördert, in: Kirchenzeitung für das Erzbistum Köln Jg. 54 Nr. 7 (19.02.1999), 7.

Paul C. ETTIGHOFFER, Elendshöhlen auf heiligem Boden. Aus Hütten der Not unter dem Schlageterkreuz wachsen Stätten des Glücks, in: Rheinische Landeszeitung Jg. 7 Nr. 74 (15.03.1936), o. S. (13).

Georg EUCKEN - ADDENHAUSEN, Krankenversicherungsgesetz. Text - Ausgabe mit Einleitung, Anmerkungen, Anhang und Sachregister, Berlin 1903[10].

Anton FAHNE, Das Ende der Siechenhäuser im westlichen Deutschland, in: Zeitschrift des Bergischen Geschichtsvereins 10 (1874), 81 - 115.

Walter FANDREY, Krüppel, Idioten, Irre. Zur Sozialgeschichte behinderter Menschen in Deutschland, Stuttgart 1990.

Heinrich FASSBINDER, Ärgernisse in der Kirche, Leutesdorf 1936.
FAUST, Auslandshilfe, in: Caritasverband Düsseldorf. Rundbrief an unsere Mitarbeiter und Mitarbeiterinnen Jg. 22 Nr. 5 (November 1946), 4.
Willi FEITEN, Der Nationalsozialistische Lehrerbund. Entwicklung und Organisation. Ein Beitrag zum Aufbau und zur Organisation des nationalsozialistischen Herrschaftswesens, Weinheim 1981.
Barbara FELDHAMMER, Caritasverband für die Stadt Düsseldorf. Caritas Hospiz Dienste Konzeption, Düsseldorf 1997.
Barbara FELDHAMMER, Sterbende und Trauernde gastfreundlich begleiten. Hospiz: alte Tradition, neu belebt, in: Der Wecker. Zeitschrift für den katholischen Seelsorgebereich Pempelfort - Düsseldorf Jg. 27 Nr. 1 (April/Juli 1998), 6.
Clemens FELDHOFF, Wie sind die Dienste der Caritas - Pflegestationen in die Pastoral eingebunden ?, in: Wertewandel. 10 Jahre Caritas - Pflegestationen. Arbeitstagung der Dechanten des Erzbistums Köln vom 24. - 26. November 1986 im Katholisch - Sozialen Institut, Bad Honef. Priesterrat Tätigkeitsbericht 1985/1986, Köln 1986, 67 - 69.
Norbert FELDHOFF, Es rappelt im Hort, in: Neue Caritas Jg. 104 Nr. 12 (26.06.2003), 25 - 28.
Bruno FELDMANN, Die Franziskaner der sächsischen Provinz vom Hl. Kreuz und der Weltkrieg, in: Franziskanische Studien Jg. 5 Nr. 1/2 (1918), 138 - 141.
Klaus FELDMANN, Sterben und Tod. Sozialwissenschaftliche Theorien und Forschungsergebnisse, Opladen 1997.
Ruth FELGENTREFF, Das Diakoniewerk Kaiserswerth 1836 - 1998. Von der Diakonissenanstalt zum Diakoniewerk - ein Überblick, Düsseldorf 1998.
Jörg FENGLER, Konfliktberatung, Krisenintervention und Psychotherapie bei Gehörlosen und deren Bezugspersonen, in: Heribert Welter, Gehörlose Menschen mit psychosozialen Problemen. Konfliktberatung, Krisenintervention, Psychotherapie, Freiburg 1992, 9 - 22.
Klaus FENGLER, Sozialraum Gemeinde: Arbeitsfeld der Fachberatung Gemeindecaritas, in: Caritas, Gemeinde, Nachbarschaft. Beiträge und Projektbeschreibungen zur Lebensraumorientierung der Gemeindecaritas, Köln 1999, 7 - 12.
Kurt FENNER, Mutter und Kind, Leipzig 1936.
Heinrich FERBER, Historische Wanderung durch die alte Stadt Düsseldorf 2 Bde, Düsseldorf 1889/1890.
Heinrich FERBER, Die Rittergüter im Amte Angermund, in: Beiträge zur Geschichte des Niederrheins 7 (1893), 100 - 119.
Dieter FERRING, Soziale Netze im Alter: Selektivität in der Netzwerkgestaltung, wahrgenommene Qualität der Sozialbeziehungen und Affekt, in: Zeitschrift für Entwicklungspsychologie und Pädagogische Psychologie Jg. 31 Nr. 3 (3. Quartal 1999), 127 - 137.
FEST - BERICHT zur Einweihung des neuen Hospitalgebäudes der barmherzigen Schwestern Töchter vom heiligen Kreuz zu Düsseldorf, den 4. Juni 1912, Düsseldorf 1912.
FESTBRIEF zum 50 - jährigen Gemeindejubiläum Heilige Familie Düsseldorf - Stockum, Düsseldorf 1984.
FESTSCHRIFT zur Weihe der neuen Orgel am Sonntag, dem 21. September 1952 und zur 80 Jahrfeier der St. - Josefs - Pfarrkirche am 5. Oktober 1952 zu Düsseldorf, Düsseldorf 1952.
Paul FILLBRANDT, Zehn Jahre Heimstatt. Bericht über die Arbeit der Katholischen Heimstatt - Bewegung Nordrhein - Westfalen, zugleich Besinnung und Ausschau, in: Die Heimstatt. Fachorgan der Katholischen Heimstatt - Bewegung Jg. 3 Nr. 6 (November/Dezember 1953), 378 - 384.
Annette FIMPELER - PHILIPPEN, Ein Blick auf und hinter die Mauern des Schlosses, in: Annette Fimpeler - Philippen, Das Schloß in Düsseldorf, Düsseldorf 1999, 101 - 288.
Bertha FINCK, Das Hilfswerk "Mutter und Kind" der NSV, in: Nationalsozialistischer Volksdienst Jg. 1 Nr. 6 (März 1934), 161 - 167.

Heinz FINGER, Neuss und Düsseldorf als mittelalterliche Wallfahrtsorte, in: Hans Hecker, Pilgerfahrten, Düsseldorf (zurzeit im Druck).

Paul FINGERHUT, Dachsanierung durch Zweischalenkonstruktion. Freibewittertes monolithisches Dach wurde durch eine holzkonstruktive äußere Dachschale mit Bleideckung zukunftssicher saniert, in: Das Dachdecker - Handwerk. Zeitschrift für Dach-, Wand- und Abdichtungstechnik Jg. 112 Nr. 23 (06.12.1991), 10 - 14.

Karola FINGS, "z.Zt. Zigeunerlager". Die Verfolgung der Düsseldorfer Sinti und Roma im Nationalsozialismus, Köln 1992.

Karola FINGS, "Ach Freunde, wohin seid Ihr verweht ... ?" Otto Pankok und die Düsseldorfer Sinti, Düsseldorf 1993.

Alois FISCHER, Die Caritas - Kriegsgefangenenhilfe beim Deutschen Caritasverband, in: Caritas '70. Jahrbuch des Deutschen Caritasverbandes, 153 - 160.

Arthur FISCHER, Die gesellschaftliche Krise hat die Jugend erreicht. Zusammenfassung der zentralen Ergebnisse der 12. Shell Jugendstudie, in: Arthur Fischer, Jugend '97. Zukunftsperspektiven, gesellschaftliches Engagement, politische Orientierungen, Opladen 1997, 11 - 23.

Brigitta FISCHER, Betreute Wohnformen für alte Menschen, in: Caritas '90. Jahrbuch des Deutschen Caritasverbandes, 114 - 121.

Gustav FISCHER, St. Josefskrankenhaus Düsseldorf - Oberbilk, in: Arthur Schloßmann, Die Düsseldorfer Kranken-, Heil- und Pflegeanstalten, Düsseldorf 1926, 175 - 185.

Michael FISCHER, Wie die Caritas für die Krüppelkinder sorgt, in: Josef Beeking, Katholische Kinder- und Jugendfürsorge. Festschrift zum ersten Gesamtkongreß der katholischen Kinder- und Jugendfürsorge Deutschlands. München 17. - 19. Oktober 1927, München 1927, 35 - 38.

Peter FISCHER, Die Schule zu Düsseldorf - Derendorf im 19. Jahrhundert, Examensarbeit Neuss 1965.

Rolf FISCHER, Übersicht, in: Bundesarbeitsblatt Jg. 26 Nr. 4 (April 1975), 243 - 262.

Thomas FISCHER, Städtische Armut und Armenfürsorge im 15. und 16. Jahrhundert. Sozialgeschichtliche Untersuchungen am Beispiel der Städte Basel, Freiburg im Breisgau und Straßburg, Göttingen 1979.

Gisela FLECKENSTEIN, Frauen des Gebetes: Das Kloster der Klarissen in Düsseldorf 1859 - 1949, in: Ariane Neuhaus - Koch, Der eigene Blick. Frauen - Geschichte und -Kultur in Düsseldorf, Neuss 1989, 93 - 106.

Kurt - Ingo FLESSAU, Erziehung im Nationalsozialismus. ... und sie werden nicht mehr frei ihr ganzes Leben! Köln 1987.

Fritz FLIEDNER, Aus meinem Leben. Erinnerungen und Erfahrungen Bd. 1, Berlin 1903[7].

Theodor FLIEDNER, Erster Bericht über das evangelische Asyl für weibliche Entlassene zu Kaiserswerth, von der Mitte des September 1833 bis zu Ende des Juni 1834, in: Siebenter Bericht, enthaltend den in der siebenten General Versammlung am 22. Juli 1834 vorgelegten Jahresbericht der Rheinisch - Westphälischen Gefängnis - Gesellschaft zur sittlichen und bürgerlichen Besserung der Gefangenen, Düsseldorf 1834, 49 - 53.

Theodor FLIEDNER, Kurze Geschichte der Entstehung der ersten evangelischen Liebes - Anstalten zu Kaiserswerth. (Des Asyls, des Diakonissen - Mutter - Hauses und des Hospitals), in: Der Armen- und Krankenfreund. Eine Monatsschrift für die Diakonie der evangelischen Kirche Jg. 8 Nr. 1 (Januar/Februar 1856), 2 - 16.

Theodor FLIEDNER, Züge aus der fünf und zwanzigjährigen Geschichte unsers Asyles und Magdalenen - Stiftes, in: Der Armen- und Krankenfreund Eine Monatsschrift für die Diakonie der evangelischen Kirche Jg. 10 Nr. 5 (September/Oktober 1858), 1 - 12.

Theodor FLIEDNER, Entstehungsgeschichte der ersten evangelischen Liebesanstalten zu Kaiserswerth. Wie sie der Diakonissenvater D. Theodor Fliedner anno 1856 selbst aufgezeichnet hat, Düsseldorf 1933.

Andreas FLOCK, Offene Altenarbeit eines Freien Wohlfahrtsverbandes - Die Altentagesstätte Liebfrauen des Stadtcaritasverbandes Düsseldorf, Examensarbeit Düsseldorf 1990.

FLÜCHTLINGS - SOZIALARBEIT. Standort und Perspektiven am Beispiel der Flüchtlings - Sozialdienste der Caritas im Erzbistum Köln, Köln 1995.

Louise FOGT, Die deutschen Mädchenschutzvereine auf der Katholiken - Versammlung in Straßburg, in: Charitas. Zeitschrift für die Werke der Nächstenliebe im katholischen Deutschland Jg. 10 Nr. 12 (September 1905), 284 - 286.

Josef FOLLMANN, Ziel ist ein Migrationsdienst für alle, in: Caritas '96. Jahrbuch des Deutschen Caritasverbandes, 254 - 256.

Marta FRAENKEL, Organisatorisches und Methodisches auf der Gesolei, in: Große Ausstellung Düsseldorf 1926 für Gesundheitspflege, soziale Fürsorge und Leibesübungen. Amtlicher Katalog, Düsseldorf 1926, 41 - 48.

Marta FRAENKEL, Kongresse, Feiern und Besuche, in: Arthur Schloßmann, Ge - So - lei. Große Ausstellung Düsseldorf 1926 für Gesundheitspflege, soziale Fürsorge und Leibesübungen Bd. 1, Düsseldorf 1927, 268 - 320.

Marta FRAENKEL, Allgemeine organisatorische Fragen der wissenschaftlichen Abteilungen, in: Arthur Schloßmann, Ge - So - lei. Große Ausstellung Düsseldorf 1926 für Gesundheitspflege, soziale Fürsorge und Leibesübungen Bd. 2, Düsseldorf 1927, 397 - 421.

Franz FRECHEN, Der Golzheimer Friedhof zu Düsseldorf. Verzeichnis der im Jahre 1938 noch vorfindlichen Grabzeichen, in: Clemens von Looz - Corswarem, Der Golzheimer Friedhof zu Düsseldorf, Köln 1990, 29 - 150.

Charles DuFRESNE DuCange, Historia Byzantina duplici commentario illustrata. Prior Familias ac stemmata imperatorum Constantinopolitanorum, cum eorundem Augustorum nomismatibus, et aliquot Iconibus; praeterea familias dalmaticas et turcicas complectitur: alter descriptionem urbis Constantinopolitanae, qualis extitit sub Imperatoribus Christianis, Paris 1680.

Albert FREYBE, Das Memento mori in deutscher Sitte, bildlicher Darstellung und Volksglauben, deutscher Sprache, Dichtung und Seelsorge, Gotha 1909.

Eberhard FRICKE, Zur Geschichte derer von Neuhoff auf Elbroich, in: Düsseldorfer Jahrbuch 52 (1966), 93 - 104.

Irmgard FRICKE, Verzeichnis der Erziehungsberatungsstellen in der Bundesrepublik Deutschland einschließlich Berlin (West), Hannover 1967[4].

Jens FRIEDHOFF, Territorium und Stadt zwischen Ruhr und Sieg (1200 - 1350). Untersuchungen zur Stadterhebungs- und Territorialpolitik der Grafen von Berg im Hoch- und Spätmittelalter, in: Düsseldorfer Jahrbuch 69 (1998), 11 - 125.

Johannes FRIEDRICH, Seniorenbüro Forchheim - ein Bundesmodellprojekt in Caritas -Trägerschaft, in: Caritas. Zeitschrift für Caritasarbeit und Caritaswissenschaft Jg. 96 Nr. 7/8 (Juli/August 1995), 305 - 306.

Robert FRIEDRICH, Der Herrgott will es !, in: N.S.V.. Mitteilungsblatt des Amtes für Volkswohlfahrt im Gau Düsseldorf Jg. 1 Nr. 1 (01.03.1934), 6 - 7.

Robert FRIEDRICH, Der Gau Düsseldorf marschiert an der Spitze. Die Bilanz des Winterhilfswerks vom 1. Oktober bis 31. Dezember 1933. 850000 Volksgenossen fanden Hilfe. Der Opferwille darf nicht erlahmen, in: N.S.V.. Mitteilungsblatt des Amtes für Volkswohlfahrt im Gau Düsseldorf Jg. 1 Nr. 1 (01.03.1934), 7 - 8.

Robert FRIEDRICH, Winter - Hilfswerk des deutschen Volkes 1933/34 Gau Düsseldorf, Düsseldorf 1934.

Robert FRIEDRICH, Zwei Jahre Tatsozialismus im Gau Düsseldorf, Düsseldorf 1935.

Paul FRINGS, Das internationale Flüchtlingsproblem 1919 - 1950, Frankfurt 1951.

Cyprian FRÖHLICH, Vortrag über die Charitas gehalten zu Neisse auf dem praktisch - socialen Cursus, in: Arbeiterwohl Jg. 13 Nr. 10/12 (Oktober/Dezember 1893), 167 - 178 und Jg. 14 Nr. 1/2 (Januar/Februar 1894), 14 - 23.

Cyprian FRÖHLICH, Fünfundzwanzig Jahre im Dienste des göttlichen Kinderfreundes. Eine Geschichte des Seraphischen Liebeswerkes und eine Zeitgeschichte, Altötting 1914.

Cyprian FRÖHLICH, Das Seraphische Liebeswerk in seiner caritativ - sozialen und religiösen Bedeutung, in: Chrysostomus Schulte, Aus dem Leben und Wirken des Kapuziner - Ordens mit besonderer Berücksichtigung der deutschsprachigen Provinzen. Festschrift zum 400jährigen Jubiläum des Ordens, München 1928, 130 - 132.

Friedrich FRÖHLING, Ein Jahrhundert Dienst der Kirche am wandernden Menschen durch den St. Raphaels - Verein, in: Caritas '71. Jahrbuch des Deutschen Caritasverbandes, 183 - 190.

Konrad FROHN, Neueste Staatskunde von Deutschland aus authentischen Quellen. Erste Abteilung 4. und 5. Stück. Gülich und Berg, Frankfurt 1785.

Michael FROST, "Der bettelnde Zigeuner". Produktion eines Stereotyps und sein Nutzen für die Diskriminierung von Roma und Sinti, in: Joachim S. Hohmann, Sinti und Roma in Deutschland. Versuch einer Bilanz, Frankfurt 1995, 216 - 230.

Brigitte FUCHS, Verantwortung der Kirche für Sinti und Roma. Studien zur Wahrnehmung einer kulturellen Minderheit, Diss. Gießen 1991.

Dieter FUCHS, Soziale Netzwerke als Akteure ? Definitionen, Fragen und Aspekte zu sozialen Netzwerkanalysen, in: Sozialmagazin. Die Zeitschrift für soziale Arbeit Jg. 22 Nr. 10 (Oktober 1997), 40 - 46.

Günther FUCHS, Pfarrgemeinde und Arbeitslosigkeit. Maßnahmen gegen die Arbeitslosigkeit beim Caritasverband Düsseldorf, in: Caritas '86. Jahrbuch des Deutschen Caritasverbandes, 205 - 210.

Günther FUCHS, Der Beitrag des örtlichen Caritasverbandes zur Diakonie der Gemeinde, in: Caritas. Zeitschrift für Caritasarbeit und Caritaswissenschaft Jg. 88 Nr. 1 (Januar 1987), 49 - 50.

Günther FUCHS, Seminare für Ehrenamtliche, in: Caritas '89. Jahrbuch des Deutschen Caritasverbandes, 173 - 179.

Günther FUCHS, Die Rolle der Wohlfahrtsverbände im Rahmen regionaler Arbeitsmarktpolitik, insbesondere für am Arbeitsmarkt benachteiligte Personen, in: Fachtagung "Qualifizierungs- und Beschäftigungseinrichtungen für am Arbeitsmarkt benachteiligte Personen" 15. bis 17. Juni 1999 in Bergisch Gladbach. Dokumentation, Freiburg 1999, 15 - 28.

Mariarose FUCHS, Frauentum in der Gegenwart. Die deutsche Frau zur Arbeit bereit ! Zum nationalsozialistischen Frauenkongreß, in: Zeit und Volk Jg. 1 Nr. 3 (05.08.1933), 124 - 126.

Ottmar FUCHS, Der Diakonat als Ferment einer diakonischen Kirche, in: Diaconia Christi. Kairos und Aufbruch Jg. 25 Nr. 1 (Februar 1990), 2 - 8.

Theo FÜHLES, Das alte Benrather Krankenhaus an der Hospitalstraße, in: Gebäude in Benrath, Düsseldorf 1989, 57 - 64.

Theo FÜHLES, Die Hauptstraße in Benrath, Düsseldorf 1993.

Amtlicher FÜHRER durch die Fürstbischöfliche Delegatur. Wegweiser durch die kirchlichen, sozialen und charitativen Einrichtungen Berlins und der Delegatur 1904, Berlin 1904.

FÜHRER durch Düsseldorf und die Industrie- und Gewerbe - Ausstellung für Rheinland, Westfalen und benachbarte Bezirke, verbunden mit einer deutsch - nationalen Kunstausstellung, Düsseldorf 1902. Mit Plänen und Ansichten, Düsseldorf 1902.

FÜHRER durch das religiöse Leben in St. Margaretha Düsseldorf - Gerresheim. Kirchliche Einrichtungen und Veranstaltungen des katholischen Düsseldorf im Jahre 1939, Düsseldorf 1938.

Großer FÜHRER durch Stadt und Ausstellung Düsseldorf 1902 mit Abbildungen und Plänen sowie Führer durch das Rheintal, Düsseldorf 1902.

FÜHRER in das katholisch - politische, christlich - sociale und kirchliche Vereinswesen umfassend die katholischen Vereine in Deutschland, Österreich - Ungarn und der Schweiz, Würzburg 1880.

FÜHRER durch die freie Wohlfahrtspflege und ihre Ausstellung. Herausgegeben von der Deutschen Liga der freien Wohlfahrtspflege, Berlin 1926.

FÜR ein selbständiges Benrath ! Auszug aus einer Denkschrift, Düsseldorf 1929.
Die FÜRSORGE - Anstalt St. Raphael Dormagen. St. Raphaelshaus Fürsorgeerziehungs - Anstalt zu Dormagen. Festschrift anläßlich der Einweihung der voll ausgebauten Anstalt im Jahre 1911, Dormagen 1911.
Eugen FUNKE, 25 Jahre evangelischen Gemeindelebens. Geschichte der Evangelischen Gemeinde Düsseldorf von 1881 bis 1907, Düsseldorf 1908.
Ernst GABRIEL, Die Süchtigkeit: Psychopathologie der Suchten, Hamburg 1962.
Paul GAECHTER, Die Sieben (Apg 6,1-6), in: Zeitschrift für katholische Theologie Jg. 74 Nr. 2 (1952), 129 - 166.
Petra GAIDETZKA, Auswertung der Umfrage bei Ehrenamtlichen innerhalb der Caritas - Konferenzen Deutschlands, in: Zusammenarbeit von haupt- und ehrenamtlichen Mitarbeitern in der Gemeindecaritas. Ergebnisse und Auswertung einer Doppelumfrage der Caritas - Konferenzen Deutschlands und des Referates Caritas und Pastoral im Deutschen Caritasverband, Freiburg 1990, 3 - 23.
Clemens August von GALEN, Predigt. Münster, 3. August 1941, in: Peter Löffler, Bischof Clemens August Graf von Galen. Akten, Briefe und Predigten 1933 - 1946 Bd. 2, Mainz 1996², 874 - 883.
Jörg GAMER, Matteo Alberti. Oberbaudirektor des Kurfürsten Johann Wilhelm von der Pfalz, Herzogs zu Jülich und Berg etc., Düsseldorf 1978.
Erwin GATZ, Kirche und Krankenpflege im 19. Jahrhundert. Katholische Bewegung und karitativer Aufbruch in den preußischen Provinzen Rheinland und Westfalen, München 1971.
Erwin GATZ, Auf dem Weg zur Kirchensteuer. Kirchliche Finanzierungsprobleme in Preußen an der Wende zum 20. Jahrhundert, in: Erwin Gatz, Römische Kurie. Kirchliche Finanzen. Vatikanisches Archiv. Studien zu Ehren von Hermann Hoberg Bd. 1, Rom 1979, 249 - 262.
Erwin GATZ, Zur Entwicklung der Pfarrei im Erzbistum Köln von der Säkularisation bis zum Zweiten Vatikanischen Konzil, in: Historisches Jahrbuch 105 (1985), 189 - 206.
Léon GAUTIER, Études et tableaux historiques, Lille 1890.
GEDENKBOEK van het Nederlandsch R.K. Huisvestings - comité te 's-Hertogenbosch. De liefdadigheid der katholieken van Nederland. Volledig overzicht der hulpacties van het Nederlandsch R.K. Huisvestings - comité te 's-Hertogenbosch, ten bate van noodlijdenden in Belgie, Duitsland, Oostenrijk, Hongarije en Nederland, gedurende de jaren 1914 - 1924, 's-Hertogenbosch 1924.
GEDENKBUCH. Opfer der Verfolgung der Juden unter der nationalsozialistischen Gewaltherrschaft in Deutschland 1933 - 1945 2 Bde Koblenz 1986.
Fritz GEHNE, Wie in Kaiserswerth eine staatliche Arbeitsanstalt errichtet werden sollte, in: Jan Wellem Jg. 36 Nr. 7 (Juli 1961), 104 - 106.
GEHÖRLOSIGKEIT. Hilfen der Caritas für eine unsichtbare Behinderung, Freiburg 1992.
Peter GEILS, Gesamtverzeichnis des deutschsprachigen Schrifttums (GV) 1700 - 1910 161 Bde, München 1980/1987.
Imanuel GEISS, Das Deutsche Reich und der Erste Weltkrieg, München 1978.
GEMEINDECARITAS im Erzbistum Köln. Standort, Auftrag, Grenzen, Köln 1978.
GEMEINDE - ORIENTIERUNG des Caritasverbandes und seiner Fachverbände, Freiburg 1981.
GENERAL - BERICHT der Centralstelle der Johanniter - Malteser - Genossenschaft in Rheinland - Westfalen. Krieg 1870 - 1871, Köln 1871.
GENERALKONFERENZ der Zentralstelle der Privatwohltätigkeit (Auskunftsstelle) in Düsseldorf am 16. März 1911 im Sitzungssaale des Ständehauses, Düsseldorf 1911.
Die GENOSSENSCHAFT der Armen Brüder vom Hl. Franziskus Ser. Mutterhaus Bleyerheide. Johannes Höver und seine Stiftung. Die Genossenschaft der Armen Brüder vom Hl. Franziskus Ser., Düsseldorf o. J. (um 1929).

Die GENOSSENSCHAFT der Franziskanerbrüder zu St. Josefshaus bei Waldbreitbach, Waldbreitbach 1912.
GENOSSENSCHAFT der Franziskanerbrüder von Waldbreitbach Diözese Trier, Waldbreitbach 1928.
Friedrich GEORGI, Fest - Büchlein über Entstehung, Verlauf und gegenwärtigen Bestand der Rettungsanstalten zu Overdyck und Düsselthal, Düsseldorf 1850.
Oswald GERHARD, Düsseldorfer Sagen aus Stadt und Land, Düsseldorf 1926.
Martin GERHARDT, Theodor Fliedner. Ein Lebensbild 2 Bde, Düsseldorf 1933/1937.
Martin GERHARDT, Ein Jahrhundert Innere Mission. Die Geschichte des Central - Ausschusses für die Innere Mission der Deutschen Evangelischen Kirche 2 Bde, Gütersloh 1948.
Harald E. GERSFELD, Die Caritas nach dem Zweiten Weltkrieg bis heute, in: Caritas im Erzbistum Köln, Kehl 1997, 34 - 48.
GESÄNGE zur Feier der Grundsteinlegung des evangelischen Kranken- und Pflegehauses zu Düsseldorf am 15. Juli 1864, Düsseldorf 1864.
GESCHICHTE der neuen Pfarrgemeinde "Heilige Familie" mit den Pfarrbezirken Lohausen, Stockum und Golzheim, Düsseldorf 1999.
GEWERBE - AUSSTELLUNG für Rheinland, Westfalen und benachbarte Bezirke in Verbindung mit einer Allgemeinen Deutschen Kunst - Ausstellung in Düsseldorf 1880. Ausstellung der kunstgewerblichen Alterthümer in Düsseldorf 1880, Düsseldorf 1880.
J. August GIEBE, Verordnungen, betreffend das gesamte Volksschulwesen in Preußen mit besonderer Berücksichtigung des Regierungs - Bezirks Düsseldorf, Düsseldorf 1875^2.
Friedrich GIESE, Deutsches Kirchensteuerrecht. Grundzüge und Grundsätze des in den deutschen Staaten für die evangelischen Landeskirchen und für die katholische Kirche gültigen kirchlichen Steuerrechts, Stuttgart 1910.
Reimar GILSENBACH, Weltchronik der Zigeuner. 2500 Ereignisse aus der Geschichte der Roma und Sinti, der Luri, Zott und Boža, der Athinganer, Tattern, Heiden und Sarazenen, der Bohémiens, Gypsies und Gitanos und aller anderen Minderheiten, die "Zigeuner" genannt werden 4 Bde, Frankfurt 1994.
Nikolaus GLADEL, Caritas vom Arenberge. Geschichte der deutschen Kongregation der Schwestern von der hl. Katharina von Siena, Trier 1936.
Werner GLANZER, Schulsozialarbeit auf der Suche nach Zukunft, in: Jugendhilfe Jg. 35 Nr. 1 (Januar/Februar 1997), 3 - 10.
Rudolf GOECKE, Das Großherzogthum Berg unter Joachim Murat, Napoleon I. und Louis - Napoleon 1806 - 1813. Ein Beitrag zur Geschichte der französischen Fremdherrschaft auf dem rechten Rheinufer, Köln 1877.
Anna GOEKEN, Caritative Altenhilfe im gesellschaftlichen Umbruch unserer Zeit, in: 1897 - 1972. 75 Jahre Deutscher Caritasverband, Freiburg 1972, 262 - 264.
Anne GOEKEN, Hundert Jahre Elisabetharbeit in Trier, in: Maria Bornitz, Erbe der Heiligen. Von christlichem Armendienst in Vergangenheit und Gegenwart, Freiburg 1940, 31 - 80.
Hans - Peter GÖRGEN, Düsseldorf und der Nationalsozialismus, Diss. Köln 1968.
Hans - Peter GÖRGEN, Schule im Dritten Reich dokumentiert am Beispiel des Benrather Jungengymnasiums, Düsseldorf 1988.
Michael GÖTTING, Kommunalreform 1929 in Düsseldorf, Staatsexamensarbeit Düsseldorf 1978.
Arnulf GÖTZ, Geschichte des Dritten Ordens des heiligen Franziskus, Altötting 1955.
Wenzel GOLDBAUM, Währungsnotrecht. Kommentar zu den Notverordnungen über den Verkehr mit ausländischen Zahlungsmitteln, gegen die Kapital- und Steuerflucht, über die Darmstädter und Nationalbank, Bankfeiertage usw., Berlin 1931.
Maria GOLDBERG, Düsseldorf, in: Taubstummen - Führer. Zeitschrift für die katholischen Gehörlosen Deutschlands Jg. 46 Nr. 3 (01.03.1941), 23.

Wilhelm GOLLS, Leben auf dem immergrünen Grunde der Hoffnung, Feusdorf 2000.
Christel GOLM, Niemals der eine ohne den anderen. Treffpunkt der Generationen in St. Liebfrauen, in: Kirchenzeitung für das Erzbistum Köln Jg. 41 Nr. 45 (07.11.1986), 24.
Erwin GOLM, Hilfe für die Zigeuner. Initiative von St. Gertrud soll Lebenssituation verbessern, in: Rheinische Post Jg. 35 Nr. 45 (22.02.1980), Beilage "Bei uns in Eller, Lierenfeld, Wersten, Himmelgeist" o. S. (2).
Oskar GOLOMBEK, Caritas - Flüchtlingshilfe, in: Caritas - Nachrichten für das Erzbistum Köln Jg. 1 Nr. 5 (15.06.1946), o. S. (1 - 2).
Oskar GOLOMBEK, Jahresbericht 1948 über Tätigkeit der Diözesan - Seelsorge für die Ortsvertriebenen und über die Caritas - Flüchtlingshilfe, in: Caritas - Nachrichten für das Erzbistum Köln Jg. 4 Nr. 1 (01.02.1949), 2 - 8.
Oskar GOLOMBEK, Jahresbericht 1949 über Tätigkeit der Diözesan - Seelsorge für die Heimatvertriebenen und über die Caritas - Flüchtlingshilfe, in: Caritas - Nachrichten für das Erzbistum Köln Jg. 5 Nr. 1 (01.02.1950), Beilage 1 - 11.
Bruno GOSSENS, Die Genossenschaft der Christenserinnen zu Aachen, Aachen 1933.
GOTT ist ein Freund des Lebens. Herausforderungen und Aufgaben beim Schutz des Lebens. Gemeinsame Erklärung des Rates der Evangelischen Kirche in Deutschland und der Deutschen Bischofskonferenz, Trier 1989.
Anton GOTTESLEBEN, Die Fürsorge für Krüppel und ihre Durchführung in Düsseldorf in den Jahren 1921 - 1927, Düsseldorf 1927.
Klaus GOTTO, Nationalsozialistische Herausforderung und kirchliche Antwort. Eine Bilanz, in: Klaus Gotto, Die Katholiken und das Dritte Reich, Mainz 1990[3], 173 - 190.
Hermann GOTTSCHICK, Das Bundessozialhilfegesetz, Köln 1963[2].
Martin GRAEBER, Bericht des Kuratoriums über seine Thätigkeit während des Vereinsjahres 1887/88, in: Erster Jahresbericht der Rheinischen evangelischen Arbeiterkolonie Lühlerheim über das Vereinsjahr 1887/88, Düsseldorf 1888, 3 - 8.
Peter GRAEFF, Ehrenamtliche besinnen sich auf ihre eigenen Stärken, in: Neue Caritas Jg. 103 Nr. 10 (29.05.2002), 15 - 19.
Karl GRAETZ, Beiträge zur Geschichte der Erziehung der Waisen, verlassener und verwahrloster Kinder unter besonderer Berücksichtigung der Frage: Anstalts- oder Familienerziehung ? nebst einem Anhange: Übersicht der Entwickelung der Waisensache in Düsseldorf während des zehnjährigen Zeitraumes von 1876/77 bis 1885/86, Düsseldorf 1888.
Eduard GRAF, Die Königlichen Reserve - Lazarette zu Düsseldorf während des Krieges 1870/71, Elberfeld 1872.
Elisabeth GRAF, Die Katholische Heimstatt - Bewegung. Geschichte und Zielsetzungen einer jugendsozialen Initiative in Nordrhein - Westfalen, in: Baldur Hermanns, Steh auf und geh. Vergangenheit und Gegenwart kirchlicher Jugendarbeit im Bereich des Bistums Essen, Essen 1981, 152 - 194.
Christiane GRAMATIS, Silentium oder wie mache ich meine Hausaufgaben ?, in: Schul - WIS - sen. Schulzeitung von Eltern für Eltern der Katholischen Hauptschule St. Benedikt Jg. 2 Nr. 4 (November 2000), 5.
Ilona GRAMMER, Aids - eine ethische Herausforderung an die Gesellschaft, in: Caritas '98. Jahrbuch des Deutschen Caritasverbandes, 105 - 111.
Ilona GRAMMER, Hospiz - Arbeit im Krankenhaus. Das Projekt Spes Viva, in: Johann - Christoph Student, Das Hospiz - Buch, Freiburg 1999[4], 98 - 105.
Engelbert GRAU, Leben und Schriften der Heiligen Klara von Assisi, Werl 1952.
Franz - Ludwig GREB, Nachwort, in: Düsseldorfer Jahrbuch 52 (1966), 67 - 76.
Franz - Ludwig GREB, Zwei Gnadenbilder in der St. - Lambertus - Pfarrkirche zu Düsseldorf, in: Leonhard Küppers, Die Gottesmutter. Marienbild in Rheinland und in Westfalen Bd. 1, Recklinghausen 1974, 127 - 151.

Franz - Ludwig GREB, Die Geschichte des "Karmelitessenklosters", in: Edmund Spohr, Das Theresienhospital. Ein Stück Düsseldorfer Stadtgeschichte 1288 - 1980, Düsseldorf 1980, 29 - 60.

Franz - Ludwig GREB, Die Anfänge der Ursulinen in Düsseldorf, in: 300 Jahre Ursulinen in Düsseldorf 1681 - 1981, Düsseldorf 1981, 14 - 37.

Franz - Ludwig GREB, Düsseldorf als Wallfahrtsort. Ein Beitrag zur Stadtgeschichte, in: Hermann J. Richartz, St. Lambertus - Ons grote Kerk en Düsseldorf. Aufsätze zur Geschichte und Kunst in und um St. Lambertus, Düsseldorf 1990, 39 - 57.

Franz - Ludwig GREB, Cellitinnen und Kreuzschwestern im Karmel zu Düsseldorf zwischen 1803 und 1859, Düsseldorf 1991.

Regina GRETEMEIER, Raphaels - Werk "Dienst am Menschen" unterwegs. Alltag einer Beraterin, in: Caritas '81. Jahrbuch des Deutschen Caritasverbandes, 331 - 333.

Max GREVE, Geleitwort zur Feier der Eröffnung der Allgemeinen Krankenanstalten und der Akademie für Praktische Medizin in Düsseldorf, Düsseldorf 1907.

Michael GREVE, Die organisierte Vernichtung "lebensunwerten Lebens" im Rahmen der "Aktion T 4" dargestellt am Beispiel des Wirkens und der strafrechtlichen Verfolgung ausgewählter NS - Tötungsärzte, Pfaffenweiler 1998.

Kerstin GRIESE, Opfer von Zwangssterilisierungen und NS - "Euthanasie" in der Rheinprovinz. Eine didaktische Arbeitshilfe mit Dokumenten, Bildern und Texten für Schule und Bildungsarbeit, Düsseldorf 2001.

Max GRÖSSER, Raphaelsdienst. Ein Büchlein für den katholischen Auswanderer und seine Freunde in Kirche und Vaterland, Hamburg 1931.

Johannes GROHMANN, Ein Bischof stoppte die Euthanasie. Clemens - August Kardinal von Galen - 16. März 1878 - 22. März 1946, in: Freiheit und Recht Jg. 12 Nr. 3 (März 1966), 16 - 19.

Reimer GRONEMEYER, Zur Geschichte der Zigeuner, in: Reimer Gronemeyer, Die Zigeuner. Reisende in Europa. Roma, Sinti, Manouches, Gitanos, Gypsies, Kalderasch, Vlach und andere, Köln 1988, 23 - 78.

Reimer GRONEMEYER, Erwerbsleben, in: Reimer Gronemeyer, Die Zigeuner. Reisende in Europa. Roma, Sinti, Manouches, Gitanos, Gypsies, Kalderasch, Vlach und andere, Köln 1988, 107 - 127.

Kurt R. GROSSMANN, Die unbesungenen Helden. Menschen in Deutschlands dunklen Tagen, Berlin 1957.

Wilma GROSSMANN, Aschenputtel im Schulalltag. Historische Entwicklungen und Perspektiven von Schulsozialarbeit, Weinheim 1987.

Josef GRUNAU, Festschrift zum goldenen Jubiläum des Pius - Vereins, Neuss 1898.

GRUNDGESETZE der Rheinisch - Westphälischen Gefängniß - Gesellschaft, Düsseldorf o. J (um 1827).

Justus GRUNER, Meine Wallfahrt zur Ruhe und Hoffnung oder Schilderung des sittlichen und bürgerlichen Zustandes Westphalens am Ende des achtzehnten Jahrhunderts 2 Bde, Frankfurt 1803.

Josef GÜNTHER, St. Josefs - Heil- und Pflegeanstalt Düsseldorf - Unterrath, in: Arthur Schloßmann, Die Düsseldorfer Kranken-, Heil- und Pflegeanstalten, Düsseldorf 1926, 186 - 191.

Herbert GURSKY, Sozialhygienische Untersuchungen städtischer Kleinsiedlungen in Düsseldorf mit einem Rückblick auf den neuzeitlichen Deutschen Siedlungsbau, Diss. Düsseldorf 1939.

Max GUTHER, Die Planung des neuen Stadtteils, in: Düsseldorf - Garath. Ein neuer Stadtteil, Düsseldorf 1965, 21 - 53.

Robert HAASS, Die Kreuzherren in den Rheinlanden, Bonn 1932.

Wilhelm HABERLING, Die Geschichte der Düsseldorfer Ärzte und Krankenhäuser bis zum Jahre 1907, in: Düsseldorfer Jahrbuch 38 (1936), 1 - 141.

Rolf HACKENBERG, Die Katholische Volksschule Neusser Straße - Hauptschule St. Benedikt. Umzug nach 160 Jahren, in: Heimatverein Bilker Heimatfreunde. Jubiläumsbuch zum 50 - jährigen Bestehen des Heimatvereins Bilker Heimatfreunde e.V., Düsseldorf 2001, 95 - 98.

Mathilde HACKMANN, Die Hospizidee - Erfahrungen mit der Sterbebegleitung in England, in: Thomas Hiemenz, Chancen und Grenzen der Hospizbewegung. Dokumentation zum 2. Ökumenischen Hospizkongress "Sich einlassen und loslassen". Würzburg 22. - 24. Oktober 1999, Freiburg 2000, 47 - 55.

August von HAEFTEN, Überblick über die Niederrheinisch - Westfälische Territorial - Geschichte bis zum Anfange des 15. Jahrhunderts, in: Zeitschrift des Bergischen Geschichtsvereins 2 (1865), 1 - 41 und 3 (1866), 224 - 300.

Karl HÄRTER, "... zum Besten und Sicherheit des gemeinen Weesens ...". Kurkölnische Policeygesetzgebung während der Regierung des Kurfürsten Clemens August, in: Frank Günter Zehnder, Im Wechselspiel der Kräfte. Politische Entwicklungen des 17. und 18. Jahrhunderts in Kurköln, Köln 1999, 203 - 235.

Walter HAGEMANN, Publizistik im Dritten Reich. Ein Beitrag zur Methodik der Massenführung, Hamburg 1948.

Konrad HAHM, Die deutsche Liga der freien Wohlfahrtspflege und ihre Wanderausstellung, in: Die Wohlfahrtspflege in der Rheinprovinz Jg. 2 Nr. 12 (16.06.1926), 207 - 208.

Ron HALBRIGHT, Gewalt überall - und ich ? Prävention in der Schule, in: Matthias Drilling, Gewalt an Schulen. Ursachen, Prävention, Intervention. Beiträge der 2. nationalen Fachtagung der Stiftung Erziehung und Toleranz, Zürich 2002, 125 - 127.

Winfrid HALDER, Katholische Vereine in Baden und Württemberg 1848 - 1914. Ein Beitrag zur Organisationsgeschichte des südwestdeutschen Katholizismus im Rahmen der Entstehung der modernen Industriegesellschaft, Paderborn 1995.

Bernhard HALLERMANN, Aussiedlern weiter helfen, in: Caritas '92. Jahrbuch des Deutschen Caritasverbandes, 129 - 135.

Peter HAMMERSCHMIDT, Die Wohlfahrtsverbände im NS - Staat. Die NSV und die konfessionellen Verbände Caritas und Innere Mission im Gefüge der Wohlfahrtspflege des Nationalsozialismus, Opladen 1999.

Bernhard HAMPEL, Düsseldorf im Mittelalter 1288 - 1510, Düsseldorf 1990.

HANDBUCH der Pflege. Qualitätsrichtlinien für die Caritas Häuslichen Dienste und die Caritas Altenzentren des Caritasverbandes für die Stadt Düsseldorf 2 Bde, Düsseldorf 1999.

HANDBUCH der Wohlfahrtspflege in der Stadt Düsseldorf, Düsseldorf 1922.

Eckhard HANSEN, Wohlfahrtspolitik im NS - Staat. Motivationen, Konflikte und Machtstrukturen im "Sozialismus der Tat" des Dritten Reiches, Augsburg 1991.

Thomas F. HANSEN, Renaissance der "Mitte". Anmerkungen zur Planung und zum Bau kirchlicher Gemeindezentren (KGZ) als Reaktion auf den "Verlust der Mitte", in: Architektur - Wettbewerbe Jg. 39 Nr. 92 (November 1977), III - V.

Johann HAPPE, Bilder aus der Düsseldorfer katholischen Bahnhofsmission, in: Mitteilungen des Caritasverbandes für die Stadt Düsseldorf Jg. 4 Nr. 6 (Juni 1928), 46 - 48.

Jürgen HARDER, Die katholischen und evangelischen Staatspatronate in Deutschland, in: Archiv für katholisches Kirchenrecht 127 (1955/56), 6 - 68 und 313 - 396.

Tilman HARLANDER, Die Stadtrandsiedlung für Erwerbslose 1931/32. Schlußbericht zum Forschungsvorhaben "Arbeitslosigkeit und Wohnungsnot im Großstadtraum: Selbsthilfeprojekte in historischer Sicht, Aachen 1986.

Tilman HARLANDER, Siedeln in der Not. Umbruch von Wohnungspolitik und Siedlungsbau am Ende der Weimarer Republik, Hamburg 1988.

Woldemar HARLESS, Heberegister der Höfe des Stifts Gerresheim (1218 - 1231), mit Nachträgen bis um 1350, in: Woldemar Harleß, Archiv für die Geschichte des Niederrheins Bd. 6, Düsseldorf 1867, 116 - 137.

Theodor HARTMANN, Die zu errichtende allgemeine Armenanstalt in Düsseldorf nach dem von der Hauptverwaltung erhaltenen Auftrage am letzten Sonntage im Oktober 1800 öffentlich angezeigt und empfohlen, Düsseldorf 1800.

Ulrich HASSELS, Gottfried Böhm. Altenheim in Düsseldorf - Garath. Entwicklung der modernen Architektur, Studienarbeit Braunschweig 1978.

Mechtild HAUG, Zur Geschichte der Suitbertus - Schule in Düsseldorf - Kaiserswerth 1923 - 1939, in: Suitbertus - Gymnasium 1987, Düsseldorf 1987, 41 - 48.

HAUPTSCHLUSS der ausserordentlichen Reichsdeputation vom 25sten Februar 1803 die Entschädigungen betreffend, mit der französischen Original - Ausfertigung der 47 ersten §§ nebst dem Reichsgutachten darüber vom 24sten März, und dem kaiserlichen Kommissions - Ratifikationsdekret vom 27sten April desselben Jahres, Frankfurt 1803.

HAUS Loreto in Simpelved. Erinnerung an die goldene Jubelfeier des Generalmutterhauses der Schwestern vom Armen Kinde Jesus 1928, Düsseldorf 1928.

Walter HEBENBROCK, Arbeit aus der Kraft des Lebens, in: Der NS - Reichsbund Deutscher Schwestern, Berlin 1943, 23 - 32.

Archangela HEBERLE, 1874 - 1974. Die Erlenbader Franziskanerinnen. Beiträge zur Geschichte der europäischen Provinz der Kongregation der Schwestern des Hl. Franziskus in Erlenbad, Erlenbad 1976.

Jakob HECKER, St. Martinus - Krankenhaus, Martinstraße 7, in: Arthur Schloßmann, Die Düsseldorfer Kranken-, Heil- und Pflegeanstalten, Düsseldorf 1926, 214 - 218.

Sibylle HEEG, "Pflegeheimat". Ideen für das Pflegeheim von morgen, Köln 1995.

Wilhelm HEERMANN, Der weiße Mönch. Szenen aus dem Karthäuserleben. Festgabe zum fünfzigjährigen Bestehen der Karthause Hain bei Düsseldorf, Düsseldorf 1919/1921[2].

Eduard HEGEL, Das Erzbistum Köln zwischen Barock und Aufklärung. Vom Pfälzischen Krieg bis zum Ende der Französischen Zeit 1688 - 1814, Köln 1979.

Eduard HEGEL, Das Erzbistum Köln zwischen der Restauration des 19. Jahrhunderts und der Restauration des 20. Jahrhunderts 1815 - 1962, Köln 1987.

Rainer HEHEMANN, Die "Bekämpfung des Zigeunerunwesens" im wilhelminischen Deutschland und in der Weimarer Republik, 1871 - 1933, München 1987.

Ulrich von HEHL, Katholische Kirche und Nationalsozialismus im Erzbistum Köln 1933 - 1945, Mainz 1977.

Ulrich von HEHL, Das Kirchenvolk im Dritten Reich, in: Klaus Gotto, Die Katholiken und das Dritte Reich, Mainz 1990[3], 93 - 118.

Jörg A. E. HEIMESHOFF, Denkmalpflege in Düsseldorf. Bericht des Instituts für Denkmalschutz und Denkmalpflege über das Jahr 1999, in: Düsseldorfer Jahrbuch 71 (2000), 273 - 282.

Michael HEIN, Neues Gemeinschaftshaus für die Sinti in Düsseldorf, in: Caritas in Nordrhein - Westfalen Jg. 17 Nr. 2 (März/April 1988), 163 - 164.

Ernst HEINEN, Der Kölner Piusverein 1848/49 - ein Beitrag zu den Anfängen des politischen Katholizismus in Köln, in: Jahrbuch des Kölnischen Geschichtsvereins 57 (1986), 147 - 242.

Ernst HEINEN, Das katholische Vereinswesen in der Rheinprovinz und in Westfalen 1848 bis 1955. Kirchenpolitik oder Christliche Demokratie ?, in: Winfried Becker, Christliche Demokratie in Europa. Grundlagen und Entwicklungen seit dem 19. Jahrhundert, Köln 1988, 29 - 58.

Ernst HEINEN, Der demokratische Katholikenverein/Piusverein Trier (1848 - 1850), in: Kurtrierisches Jahrbuch 30 (1990), 253 - 305.

Ernst HEINEN, Der katholische Volksverein/Piusverein Koblenz 1848/50 (53), in: Archiv für mittelrheinische Kirchengeschichte 42 (1990), 193 - 216.

Ernst HEINEN, Anfänge des politischen Katholizismus in Aachen. Der Piusverein (1848 - 1854/55), in: Zeitschrift des Aachener Geschichtsvereins 100 (1995/96), 327 - 471.

Josef HEINSBERG, Die Elendenbruderschaft des Mittelalters als soziologisches Phänomen, Düsseldorf 1933.
Rolf G. HEINZE, Gesellschaftliche Bedeutung von Tätigkeiten außerhalb der Erwerbsarbeit. Gutachten für die "Kommission für Zukunftsfragen" der Freistatten Bayern und Sachsen, München 1997.
Andreas HELLER, Ambivalenzen des Sterbens heute. Einschätzungen zum gegenwärtigen Umgang mit dem Sterben und den Sterbenden, in: Andreas Heller, Bedingungen für das Lebensende gestalten, Freiburg 2000², 17 - 34.
Andreas HELLER, Ehrenamtlichkeit - Eine unverzichtbare Dimension von Palliative Care ?, in: Andreas Heller, Bedingungen für das Lebensende gestalten, Freiburg 2000², 162 - 176.
Birgit HELLER, Kulturen des Sterbens. Interreligiosität als Herausforderung für Palliative Care, in: Andreas Heller, Bedingungen für das Lebensende gestalten, Freiburg 2000², 177 - 192.
Michael HELMBRECHT, Markt und Ethos. Sozialstation Forchheim bereitet sich auf den Pflegemarkt vor, in: Caritas '96. Jahrbuch des Deutschen Caritasverbandes, 240 - 242.
Michael HELMBRECHT, Freiwilligen - Zentren und kirchliche Beratungsdienste als lokale Beratungs- und Brückeninstanzen für Freiwilligendienste, in: Eugen Baldas, Freiwilligendienste haben es in sich. Studien zu Art, Umfang und Ausbaumöglichkeiten von Freiwilligendiensten im kirchlich - sozialen Umfeld, Freiburg 2003, 291 - 308.
Robert HELSPER, 100 Jahre Verein der Ärzte Düsseldorfs. Festschrift zur Erinnerung an die Gründung des Vereins im Jahre 1865, Neuss 1965.
Hippolyt HELYOT, Ausführliche Geschichte aller geistlichen und weltlichen Kloster- und Ritterorden für beyderley Geschlecht, in welcher deren Ursprung, Stiftung, Regeln, Anwachs, und merkwürdigste Begebenheiten, die aus ihnen entstandenen oder auch nach ihren Mustern gebildeten Brüderschafften und Congregationen, imgleichen der Verfall und die Aufhebung einiger, nebst der Vergrößerung anderer, durch die mit ihnen vorgenommenen Verbesserungen, wie auch die Lebensbeschreibungen der Stifter und Verbesserer hinlänglich vorgestellt, und die besondern Kleidungen eines jeden Ordens nebst den Ordenszeichen der Ritter 8 Bde, Leipzig 1753/1756.
Benvenuta HEMMELRATH, Auf den Spuren von Mutter M. Cherubine Willimann. Gründerin der Dominikanerinnen von Arenberg. Meditative Studie, Trier 1968.
Rita HEMMER, Katholische Vereinsbildung im Revolutionsjahr 1848. Ein Beitrag zur Geschichte der Piusvereine bis zu ihrer ersten Generalversammlung, in: Munuscula. Versuch einer Festschrift für Konrad Repgen zum 50. Geburtstag am 5. Mai 1973, Bonn 1973, 36 - 49.
Walter HEMSING, Erziehungsberatung als caritative Aufgabe, in: Caritas. Zeitschrift für Caritasarbeit und Caritaswissenschaft Jg. 56 Nr. 4 (April 1955), 106 - 110.
Friedrich - Wilhelm HENNING, Düsseldorf und seine Wirtschaft. Zur Geschichte einer Region 2 Bde, Düsseldorf 1981.
Walther HENSEL, Die Versorgungslage Düsseldorfs, in: Außerordentliche Sitzung der Düsseldorfer Stadtverordnetenversammlung am 13. Juni 1946, 15 Uhr, im großen Sitzungssaal des Verwaltungsamtes Stahl und Eisen, Breitestraße 27, 1 - 4.
Karl Bernd HEPPE, Düsseldorfer Brückengeschichte. 28 April bis 31. Juli 1988. Stadtmuseum Düsseldorf. Schiffahrtmuseum im Schlossturm Düsseldorf, Burgplatz 30, Düsseldorf 1988.
Karl Bernd HEPPE, Kirche und Kloster der Ursulinen an der Ritterstraße. Fotografie um 1900. Stadtmuseum Düsseldorf, in: Düsseldorf Archiv, Braunschweig 1988 ff, Nr. D 02031.
Ulrich HERBERT, Politik und Praxis des "Ausländer - Einsatzes" in der Kriegswirtschaft des Dritten Reiches, Bonn 1999.
Wilhelm HERCHENBACH, Der Düsseldorfer Waisenmädchenverein und sein Pflege- und Erziehungshaus in Derendorf, in: Düsseldorfer Sonntags - Bote. Gratis - Beilage zum Düsseldorfer Merkur Jg. 2 Nr. 5 (30.01.1881), o. S. (4).

Wilhelm HERCHENBACH, Düsseldorf und seine Umgebung in den Revolutionsjahren von 1848 - 1849, Düsseldorf 1882.

Wilhelm HERCHENBACH, Geschichte des Limburger Erbfolgestreites. Die Schlacht bei Worringen und die Erhebung Düsseldorfs zur Stadt, Düsseldorf 1888.

Philipp HERGENRÖTHER, Der Gehorsam gegen die weltliche Obrigkeit und dessen Gränzen nach der Lehre der katholischen Kirche, Freiburg 1877.

Alex HERMANDUNG, Das ehemalige Kloster der Kreuzbrüder zu Beyenburg - Wupper, Beyenburg - Wupper 1908.

Sabine HERMES, Beispielhaft in Lierenfeld. Für die Sinti entstehen 21 Häuser. Oberbürgermeister tat ersten Spatenstich, in: Rheinische Post Jg. 37 Nr. 144 (25.06.1982), Beilage "Bei uns in Eller, Lierenfeld, Wersten, Himmelgeist" o. S. (1).

Sabine HERMES, Jetzt Richtfest gefeiert. Sinti - Häuser sollen im Mai bezugsfertig sein, in: Rheinische Post Jg. 38 Nr. 47 (25.02.1983), Beilage "Bei uns in Eller, Lierenfeld, Wersten, Himmelgeist" o. S. (7).

Petra HERMES - WIGGE, Freiwilligenagentur mit Rat und Tat zur Seite. Viele Einsatzmöglichkeiten für Ehrenamtliche, in: Die Zeitung. Caritas für Düsseldorf Jg. 3 Nr. 4 (Winter 2002), 5.

Johann HERTING, Die Provinzial - Heil und Pflegeanstalt Grafenberg und die Psychiatrische Klinik der Medizinischen Akademie, in: Arthur Schloßmann, Die Düsseldorfer Kranken-, Heil- und Pflegeanstalten, Düsseldorf 1926, 219 - 229.

Florence HERVÉ, Bewegte Jahre. Düsseldorfer Frauen, Düsseldorf 1994.

U. HESSE, Vierte Generalversammlung des Katholischen Frauenbundes zu Düsseldorf vom 23. bis 27. Oktober, in: Der Katholische Frauenbund Jg. 4 Nr. 2 (20.11.1910), 13 - 32.

Marie - Luise HEUSER, Die Ermordung von Patientinnen und Patienten im Rahmen der "Euthanasie" - Aktion T 4, in: Wolfgang Gaebel, Psychiatrie im Wandel der Zeit. 125 Jahre "Grafenberg". Rheinische Kliniken Düsseldorf. Kliniken der Heinrich - Heine - Universität Düsseldorf 1876 - 2001, Köln 2001, 106 - 119.

Thomas HIEMENZ, Hospizarbeit im Deutschen Caritasverband, in: Krankendienst. Zeitschrift für katholische Krankenhäuser, Sozialstationen und Pflegeberufe Jg. 68 Nr. 10 (Oktober 1995), 329 - 337.

Dietrich von HILDEBRAND, Der Geist des heiligen Franziskus und der dritte Orden. Festschrift für das 700jährige Jubiläum des III. Ordens von der Buße 1221 - 1921, München 1921.

HILFEN für HIV - infizierte und AIDS - kranke Menschen. Leitlinien des Deutschen Caritasverbandes, Freiburg 1987.

Erich HILGENFELDT, Idee der nationalsozialistischen Wohlfahrtspflege, München 1937.

Heinrich HINCK, Lebe wohl Gesolei !, in: Gesolei. Offizielle Tageszeitung der Großen Ausstellung Düsseldorf 1926 für Gesundheitspflege, soziale Fürsorge und Leibesübungen Jg. 1 Nr. 162 (17.10.1926), o. S. (1 - 2).

Paul HINSCHIUS, Die Preußischen Kirchengesetze der Jahre 1874 und 1875 nebst dem Reichsgesetze vom 4. Mai 1874 mit Einleitung und Kommentar, Berlin 1875, 81 - 103.

Paul HINSCHIUS, Das Preußische Kirchengesetz vom 14. Juli 1880 nebst den Gesetzen vom 7. Juni 1876 und 13. Februar 1878 mit Kommentar. Nachtragsheft zu den Kommentaren der Preußischen Kirchengesetze der Jahre 1873, 1874 und 1875, Berlin 1881.

Paul HINSCHIUS, Das Preußische Kirchengesetz betreffend Abänderungen der kirchenpolitischen Gesetze vom 21. Mai 1886, Berlin 1886.

Paul HINSCHIUS, Das Preußische Kirchengesetz betreffend Abänderungen der kirchenpolitischen Gesetze vom 29. April 1887. Nachtragsheft zu der Ausgabe des Preußischen Kirchengesetzes vom 21. Mai 1886, Berlin 1887.

Adolf HITLER, Mein Kampf 2 Bde, München 1927/1928^3.

Adolf HITLER, "Wir wollen die lebendige nationale Solidarität des deutschen Volkes aufbauen !" Aufruf des Führers zur Eröffnung des Winterhilfswerks 1933/34, in: Führer - Reden zum Winterhilfswerk 1933 - 1936, München 1937, 3 - 4.

Franz HITZE, Organisation der katholischen Charitas, in: Charitas. Zeitschrift für die Werke der Nächstenliebe im katholischen Deutschland Jg. 1 Nr. 2 (Februar 1896), 22 - 27 und Nr. 3 (März 1896), 43 - 44.

Hans Günter HOCKERTS, Die Sittlichkeitsprozesse gegen katholische Ordensangehörige und Priester 1936/37. Eine Studie zur nationalsozialistischen Herrschaftstechnik und zum Kirchenkampf, Mainz 1971.

Karl HOEBER, Volk und Kirche. Katholisches Leben im deutschen Westen, Essen 1935.

Martin HÖLLEN, Katholische Kirche und NS - "Euthanasie". Eine vergleichende Analyse neuer Quellen, in: Zeitschrift für Kirchengeschichte Jg. 91 Nr. 1 (1980), 53 - 82.

Horst HÖRL, "Rheinischer Verein wider die Vagabundennoth", in: Jahrbuch für den rechten Niederrhein 1 (1987), 31 - 46.

Johannes HÖVER Haus. Alten- und Pflegeheim, Düsseldorf 1984.

August HOFACKER, Karte von Düsseldorf und Umgebung. Mit einem historischen Plane der Stadt und erläuterndem Text, Düsseldorf 1874.

August HOFACKER, Kurze Geschichte der Kranken-, Heil- und Pflegeanstalten Düsseldorfs, in: Arthur Schloßmann, Die Düsseldorfer Kranken-, Heil- und Pflegeanstalten, Düsseldorf 1926, 7 - 8.

August HOFFMANN, Wohlfahrtspflege in den Provinzen Rheinland, Westfalen, dem Regierungsbezirk Wiesbaden, den Städten Offenbach und Hanau, Düsseldorf 1902.

Ernst HOFFMANN, Die Wahrheit über die Ordensdevisenprozesse 1935/36, Bielefeld 1967.

Paul Georg HOFFMANN, Suchtkrankenhilfe. Antwort auf ein Problem - oder Problem, das eine Antwort sucht ?, in: 75 Jahre Caritasverband in Düsseldorf, Düsseldorf 1979, o. S. (72 - 74).

Friedhelm HOFMANN, Gott lebt mit uns über den Tod hinaus, in: Hospiz - Zeitung. Caritasverband für die Stadt Düsseldorf e. V. "Nicht alleine gehen". Caritas - Hospiz Düsseldorf eröffnet, Düsseldorf 1997, 5.

Hans - Jürgen HOFMANN, Kommunale Beschäftigungshilfen für arbeitslose Sozialhilfeempfänger zwischen politischen Interessen und sozialpädagogischen Intentionen unter besonderer Berücksichtigung des nordrhein - westfälischen Landesprogramms "Arbeit statt Sozialhilfe", Diss. Berlin 1988.

Winfried HOFMANN, Das Alter und seine Einschätzung. Aufgezeigt an Beispielen der volkstümlichen Überlieferung, in: Hilde Trapmann, Das Alter. Grundfragen, Einzelprobleme, Handlungsansätze, Dortmund 1991, 31 - 59.

Wilhelm HOHN, Die Nancy - Trierer Borromäerinnen in Deutschland 1810 - 1899. Ein Beitrag zur Statistik und Geschichte der barmherzigen Schwestern ihres wohltätigen und sozialen Wirkens, Trier 1899.

Marianne HOJTZYK, MSHD - ein Projekt von Caritasverband und Gemeinden, in: Caritas in Nordrhein - Westfalen Jg. 19 Nr. 3 (Mai/Juni 1990), 264.

Kenan HOLGER, Der Sieche. Alte Menschen und die stationäre Altenhilfe in Deutschland 1924 - 1961, Essen 2002.

Erich HOLLENSTEIN, Ein Studienkonzept und seine Bedeutung für die Praxis, in: Erich Hollenstein, Schulsozialarbeit. Studium, Praxis und konzeptionelle Entwicklungen, Hannover 1999, 14 - 35.

Johannes HOLZ, Die Kleidersammlung der Düsseldorfer Winterhilfe, in: Monatsblatt des Städtischen Wohlfahrts- und Gesundheitsamtes Düsseldorf Jg. 5 Nr. 11 (November 1931), 169 - 171.

Heribert HOLZAPFEL, Handbuch der Geschichte des Franziskanerordens, Freiburg 1909.

Norbert HOMANN, Ein integrativer Bestandteil der Gesundheitsversorgung der Stadt: Hospiz Zum Heiligen Franziskus in Recklinghausen, in: Katharina Heimerl, Eine große Vision in kleinen Schritten. Aus Modellen der Hospiz- und Palliativbetreuung lernen, Freiburg 2001, 39 - 46.

Hans Günther HOMFELDT, Schulsozialarbeit: eine konstruktiv - kritische Bestandsaufnahme, in: Neue Praxis. Zeitschrift für Sozialarbeit, Sozialpädagogik und Sozialpolitik Jg. 31 Nr. 1 (Februar 2001), 9 - 28.

Maria Victoria HOPMANN, Agnes Neuhaus. Leben und Werk, Mainz 1949.

Johannes HORION, Max Brandts+, in: Charitas. Zeitschrift für die Werke der Nächstenliebe im katholischen Deutschland Jg. 11 Nr. 2/3 (November/Dezember 1905), 30 - 35.

Johannes HORION, Abhaltung von Charitaskursen. Referat, gehalten auf dem zehnten Charitastage zu Dortmund, am 3. Oktober 1905, in: Charitas. Zeitschrift für die Werke der Nächstenliebe im katholischen Deutschland Jg. 11 Nr. 2/3 (November/Dezember 1905), 47 - 51.

Johannes HORION, Das Notburgahaus in Neuß, in: Charitas. Zeitschrift für die Werke der Nächstenliebe im katholischen Deutschland Jg. 14 Nr. 4 (Januar 1909), 97 - 102.

Carsten HORN, Gemeinden als Initiator caritativer Projekte. Flingern mobil, in: Die Zeitung. Caritas für Düsseldorf Jg. 2 Nr. 3 (Herbst 2001), 12.

Axel HORSTMANN, Begrüßung und Eröffnung, in: Schule aus - was nun ? Ganztagsangebote für schulpflichtige Kinder. Dokumentation der Fachtagung vom 4. September 1997 in Dortmund, Düsseldorf 1998, 15 - 25.

Heinrich HORSTMANN, Aus einem goldenen Düsseldorfer Marienbuche, in: Katholische Kirchenzeitung (Düsseldorf) Jg. 1 Nr. 32 (09.11.1924), o. S. (6 - 7).

Die HOSPIZBEWEGUNG - Profil eines hilfreichen Weges in katholischem Verständnis. 23. September 1993, Bonn 1993.

Wolfgang HUBER, Die Kirchensteuer als "wirtschaftliches Grundrecht". Zur Entwicklung des kirchlichen Finanzsystems in Deutschland zwischen 1803 und 1933, in: Wolfgang Lienemann, Die Finanzen der Kirche. Studien zu Struktur, Geschichte und Legitimation kirchlicher Ökonomie, München 1989, 130 - 154.

Anton Hubert HUCKLENBROICH, Krankenpflege und Krankenhauswesen am Niederrhein, insbesondere in Düsseldorf, in: Historische Studien und Skizzen zu Naturwissenschaft, Industrie und Medizin am Niederrhein. Der 70. Versammlung der deutschen Naturforscher und Ärzte gewidmet von dem naturwissenschaftlichen Verein, dem Architekten- und Ingenieur - Verein, dem Geschichts - Verein und dem Verein der Ärzte Düsseldorfs, Düsseldorf 1898, 89* - 101*.

Hans HÜMMELER, Helden und Heilige Bd. 1, Bonn 1934², 162 - 164.

Heinz HÜRTEN, Die Kirchen in der Novemberrevolution. Eine Untersuchung zur Geschichte der Deutschen Revolution 1918/19, Regensburg 1984.

Heinz HÜRTEN, Kurze Geschichte des deutschen Katholizismus 1800 - 1960, Mainz 1986.

Heinz HÜRTEN, Katholische Kirche und nationalsozialistischer Krieg, in: Martin Broszat, Die deutschen Eliten und der Weg in den Zweiten Weltkrieg, München 1989, 135 - 179 und 405 - 413.

Heinz HÜRTEN, Deutsche Katholiken 1918 - 1945, Paderborn 1992.

Nederlandsch R. K. HUISVESTINGSCOMITÉ 1914 - 1964. Mensen in Nood. Katholieke Nationale Stichting voor Bijzondere Noden en Vluchtelingenzorg, 's-Hertogenbosch 1964.

Andreas HUNDSALZ, Soziale Situation der Sinti in der Bundesrepublik Deutschland. Endbericht. Lebensverhältnisse Deutscher Sinti unter besonderer Berücksichtigung der eigenen Aussagen und Meinungen der Betroffenen, Stuttgart 1982.

Andreas HUNDSALZ, Die Erziehungsberatung. Grundlagen, Organisation, Konzepte und Methoden, Weinheim 1995.

August HUNEKE, Die Kleinsiedlung unter besonderer Berücksichtigung der Düsseldorfer Verhältnisse, Würzburg 1937.
Gottfried HUPERZ, Die Anfänge katholisch - politischer Vereinsbildung in Westfalen. Ein Beitrag zur Geschichte der katholisch - politischen Bewegung in Deutschland in den Jahren 1848 und 1849, Diss. Münster 1927.
Jakob HUSCHENS, Geschichte des Vereins vom heiligen Vincentius von Paul in der Diözese Trier (1848 - 1895), Trier 1895.
Holger HUTTERER, Im Dienst für die älteren Mitbürger. Das Netzwerk Bilk, in: Die Bilker Sternwarte Jg. 48 Nr. 4 (April 2002), 114.
Gerhard IGL, Die Pflegeversicherung hat die Welt der Pflege verändert. Skizzen zu einigen Grundfragen der Umsetzung der Pflegeversicherung, in: Gedenkschrift Margret Dieck, Soziale Gerontologie und Sozialpolitik für ältere Menschen, Opladen 1999, 317 - 332.
Reinhold A. IHORST, Zur Situation der katholischen Kirche und ihrer caritativen Tätigkeit in den ersten Jahren des Dritten Reiches, Diplomarbeit Freiburg 1971.
Theodor ILGEN, Rheinisches Archiv. Wegweiser durch die für die Geschichte des Mittel- und Niederrheins wichtigen Handschriften Bd. 1, Trier 1885.
Anton ISEKE, Deutschlands einzige Karthause, Warnsdorf 1900.
Georg Arnold JACOBI, Ursprüngliche Verfassung der im Jahr 1800 gestifteten allgemeinen Armenpflege zu Düsseldorf, Düsseldorf 1815[2].
Wolfgang JACOBMEYER, Vom Zwangsarbeiter zum heimatlosen Ausländer. Die Displaced Persons in Westdeutschland 1945 - 1951, Göttingen 1985.
Arsenius JACOBS, Die Rheinischen Kapuziner 1611 - 1725. Ein Beitrag zur Geschichte der katholischen Reform, Münster 1933.
25 JAHRE Josefs - Gesellschaft für Krüppelfürsorge Bigge - Ruhr am 15. August 1929, Bigge 1929.
25 JAHRE Kirchlicher Suchdienst. Ein Vierteljahrhundert gemeinsame Aufgabe der Caritas und Diakonie, München 1970.
Fünfundzwanzig JAHRE St. Apollinaris. Vom Werden und Wachsen einer Pfarrgemeinde. Festschrift zum 25jährigen Bestehen der katholischen Pfarrgemeinde St. Apollinaris zu Düsseldorf. 1907 - 26. Mai - 1932, Düsseldorf 1932.
100 JAHRE 1893 - 1993 Katholischer Gefängnisverein Düsseldorf e. V.. Unterstützen statt verwahren, eingliedern statt ausschließen, Düsseldorf 1993.
Hundert JAHRE Buchverlag 1821 - 1921 Leonhard Schwann Druckerei und Verlag Düsseldorf, Düsseldorf 1921.
100 JAHRE Arenberger Dominikanerinnen in Düsseldorf - Heerdt. Festschrift, Düsseldorf 2002.
100 JAHRE Karmel vom Göttlichen Herzen Jesu 1891 - 1991, Leutesdorf 1991.
40 JAHRE Wfa. Förderung mit Kompetenz und Know - how, Düsseldorf 1998.
50 JAHRE hauptamtliche Caritasarbeit in Ostthüringen 1952 - 2002, Gera 2002.
50 JAHRE Josefs - Gesellschaft für Krüppelfürsorge 1904 - 15. August - 1954, Bigge 1954.
90 JAHRE Caritasverband für die Stadt Düsseldorf. Gemeindecaritas, häusliche Hilfen, soziale Dienste und Beratung, ambulante Pflegestationen, Wohnheim und Altenhilfeeinrichtungen, Düsseldorf 1994.
10 JAHRE Geriatrisches Krankenhaus Elbroich, Düsseldorf 1990.
Dr. JANS, Heilpädagogische Heime, in: Caritas - Nachrichten für das Erzbistum Köln Jg. 15 Nr. 6/7 (Juni/Juli 1960), 163 - 194.
JEDER kann was tun. Projekte gegen Arbeitslosigkeit im Erzbistum Köln, Köln 1998.
Ignatius JEILER, Die selige Mutter Francisca Schervier. Stifterin der Genossenschaft der Armenschwestern vom hl. Franciscus, dargestellt in ihrem Leben und Wirken, Freiburg 1893.
Ignatius JEILER, Die gottselige Mutter Franziska Schervier. Stifterin der Genossenschaft der Armenschwestern vom hl. Franziskus, Freiburg 1913[3].

Lukrezia JOCHIMSEN, Zigeuner heute. Untersuchung einer Aussenseitergruppe in einer deutschen Mittelstadt, Stuttgart 1963.
Kuno JOERGER, Reichskonkordat und kirchliche Caritasarbeit, in: Caritas. Zeitschrift für Caritaswissenschaft und Caritasarbeit Jg. 38 Nr. 8 (August 1933), 329 - 334.
Kuno JOERGER, Deutscher Caritasverband und St. Raphaels - Verein, in: 80 Jahre St. Raphaels - Verein 1871 - 1951, Hamburg 1951, 15 - 19.
Trude JOHANN, Mahlzeitendienst "Essen auf Rädern", in: Caritas. Zeitschrift für Caritasarbeit und Caritaswissenschaft Jg. 83 Nr. 2 (März 1982), 85 - 88.
Wolfgang JOHN, Die Vorgeschichte der Arbeiterkolonien, in: Ein Jahrhundert Arbeiterkolonien. "Arbeit statt Almosen". Hilfe für Obdachlose Wanderarme 1884 - 1984, Freiburg 1984, 12 - 22.
Jens JONGEBLOED, "Es geht doch !?" - Zur Kooperation zwischen Lehrern und Schulsozialarbeitern, in: Archiv für Wissenschaft und Praxis der sozialen Arbeit Jg. 33 Nr. 2 (2. Vierteljahr 2002), 72 - 83.
Die JOSEFS - GESELLSCHAFT e.V. zu Bigge an der Ruhr. Ihre Tätigkeit und ihre Anstalten für Krüppelfürsorge in Bigge, Aachen, Hochheim und Cöln 1904 - 1917. Josefs - Gesellschaft e.V. charitativer Verein für Heilung, Pflege und gewerbliche Ausbildung verkrüppelter Personen zu Bigge an der Ruhr. Bericht über die Gründung und zwölfeinhalbjährige Tätigkeit der Gesellschaft und ihrer Anstalten August 1904 - März 1917, Bigge 1917.
Bernhard JOSS - DUBACH, Das Alter - Eine Herausforderung für die Kirche. Ein theologischer Beitrag zur Auseinandersetzung mit den Fragen des dritten und vierten Lebensabschnitts, Zürich 1987.
Lukas JÜNEMANN, Lebensbild des Ordensstifters, in: 1932 - 1982. 50 Jahre Caritasheim Düsseldorf - Rath, Düsseldorf 1982, 11 - 20.
Eberhard JÜNGEL, Tod, Stuttgart 1985[3].
JUGENDNOT und Jugendhilfe in Düsseldorf. Zur Einweihung der Dreikönigen - Heimstatt zu Düsseldorf am 6. Januar 1950, Düsseldorf 1950.
Mathias JUNG, Nonnen leisteten Widerstand gegen "Euthanasie". Sie fälschten Krankenblätter und versteckten Pfleglinge. Der Protest der Bischöfe, in: Entrüstet Euch ! Für Frieden und Völkerverständigung: Katholiken gegen Faschismus und Krieg, Frankfurt 1982, 33 - 39.
Theodor JUST, Hundert Jahre Geschichte der Rheinisch - Westfälischen Gefängnis - Gesellschaft 1826 - 1926, Düsseldorf 1926.
Annette JUSTEN, Erfahrungsbericht zur Förderung von Altenwohnungen in Nordrhein - Westfalen, Duisburg 1983.
Sylvia KADE, Selbstorganisiertes Alter. Theorie und Praxis der Erwachsenenbildung. Lernen in "reflexiven Milieus", Bielefeld 2001.
Jochen - Christoph KAISER, Kritische Anmerkungen zu Neuerscheinungen über die Geschichte von Heil- und Pflegeanstalten im Kontext von Eugenik - Sterilisation - "Euthanasie", in: Westfälische Forschungen 38 (1988), 326 - 334.
Jochen - Christoph KAISER, Sozialer Protestantismus im 20. Jahrhundert. Beiträge zur Geschichte der Inneren Mission 1914 - 1945, München 1989.
Jochen - Christoph KAISER, Die zeitgeschichtlichen Umstände der Gründung des Deutschen Caritasverbandes am 9. November 1897, in: Michael Manderscheid, Lorenz Werthmann und die Caritas. Aufgegriffenes und Liegengelassenes der Verbandsgründung im Jahre 1897. Dokumentation eines Kolloquiums der Fortbildungs - Akademie des Deutschen Caritasverbandes vom November 1987, Freiburg 1989, 11 - 29.
Maximilian KALLER, Wachsende Sorge um die "Wandernde Kirche", in: Priester - Jahrheft des Bonifatiusvereins 1940, 3 - 14.
Adolf KALSBACH, Die altkirchliche Einrichtung der Diakonissen bis zu ihrem Erlöschen, Freiburg 1926.

Gerda KALTWASSER, Tausend Kalorien für Otto Normalverbraucher. Das tägliche Überleben im Hungerjahr 1946, in: 1946. Neuanfang: Leben in Düsseldorf. 2. März - 14. September 1986 Stadtmuseum Düsseldorf, Düsseldorf 1986, 41 - 48.

Gerda KALTWASSER, "Düsseldorf soll wieder grünen". Der Neuanfang des Lebens in der Stadt, in: 1946. Neuanfang: Leben in Düsseldorf. 2. März - 14. September 1986 Stadtmuseum Düsseldorf, Düsseldorf 1986, 65 - 74.

Adolf von KAMP, Beschribung der Begrebnüs weilandt des Durchleuchtigen Hochgebornen Fürsten - und - Herren, Herren Iohan - Wilhelm, Hertzogen zu Gulich, Cleve und Berg, Grave zu der Marck, Ravensberg und Moers, Herr zu Ravenstein, Cristseliger Gedechtnüs der letzte Aus diesem Fürstlichem stam, Welche gehalten worden zu Düsseldorf den 30 Octobris Anno 1628. Nach dem Ihre Fürst. Gnade Leichnam Bey de 20 Jahr Nach Dero seligen Absterben in der Hoff Capellen Alda Oben der Erden unbegraben gestanden, Düsseldorf 1629.

Alfred KAMPHAUSEN, Die Pfarrkirche zum hl. Maximilian in Düsseldorf. Ein geschichtlicher Führer durch die ehemalige Franziskanerkirche, Düsseldorf 1930.

Ernst von KARDORFF, Soziale Netzwerke, in: Uwe Flick, Handbuch qualitative Sozialforschung. Grundlagen, Konzepte, Methoden und Anwendungen, München 1991, 402 - 405.

Oskar KARPA, Die Stifts- und Pfarrkirche St. Lambertus zu Düsseldorf, Düsseldorf 1932.

Leo KARRER, Wir sind wirklich das Volk Gottes ! Auf dem Weg zu einer geschwisterlichen Kirche, Freiburg 1994.

Der KARTHÄUSER - ORDEN. Ein Beitrag zur Kenntnis der Orden im Allgemeinen und des Karthäuser - Ordens im Besonderen, sowie das Wesen und die Geschichte desselben. Von einem Karthäuser der Karthause Hain bei Düsseldorf, Dülmen 1892.

Katharina KASPER. Gründerin der Kongregation der Armen Dienstmägde Jesu Christi. Schriften Bd. 1, Kevelaer 2001.

KATALOG der Provinzial - Gewerbe - Ausstellung für Rheinland und Westphalen in Düsseldorf. Im Jahre 1852, Düsseldorf 1852.

Leo KAUFFELDT, Elend und Auswege im 19. Jahrhundert, Frankfurt 1981.

Paul KAUHAUSEN, Das Stadthaus in der Mühlenstraße im Wandel der Zeiten. Jesuitenkloster - Stadthaus - Andreasstraße - Mühlenstraße, in: Mitteilungen für die Stadtverwaltung Düsseldorf Jg. 18 Nr. 21 (15.11.1951), Beilage o. S. (1 - 4).

Paul KAUHAUSEN, Hundert Jahre Katholischer Waisenverein Düsseldorf 1851 - 1951, Düsseldorf 1951.

Heinz KEITZ, Mit der Taubheit leben. Beitrag eines Betroffenen, in: Gehörlosigkeit - Hilfen der Caritas für eine unsichtbare Behinderung. Informationen und Empfehlungen verabschiedet vom Zentralrat des Deutschen Caritasverbandes in seiner Sitzung vom 8.5. - 10.5.1984 in Hamburg, Freiburg 1984, 7 - 8.

Franz KELLER, Eugenik und Caritas, in: Jahrbuch der Caritaswissenschaft 1935, 73 - 83.

Helen KELLER, Die Geschichte meines Lebens, Stuttgart 1905[15].

Helen KELLER, Meine Welt, Stuttgart 1908[7].

Helen KELLER, Licht in mein Dunkel, Zürich 1955.

Josef M. KELLER, P. Ceslaus M. Graf von Robiano vom Dominicaner - Orden. Lector der Theologie und Doctor beider Rechte, +2. April 1902 im Kloster seines Ordens zu Düsseldorf, in: Der Marien - Psalter Jg. 25 Nr. 8 (Mai 1902), 175 - 180, Nr. 9 (Juni 1902), 201 - 205 und Nr. 10 (Juli 1902), 221 - 227.

Josef M. KELLER, Die letzten Tage und das gottselige Hinscheiden des hochwürdigen Pater Ceslaus Maria Grafen von Robiano aus dem Dominicaner - Orden, Dülmen 1902.

Heinrich KELLETER, Urkundenbuch des Stiftes Kaiserswerth, Bonn 1904.

Ulrike KESSING, Der Krieg gegen die Wehrlosen. Die Anstalt Grafenberg in der Zeit von 1933 bis 1945, in: Wolfgang Gaebel, Psychiatrie im Wandel der Zeit. 125 Jahre "Grafenberg". Rhei-

nische Kliniken Düsseldorf. Kliniken der Heinrich - Heine - Universität Düsseldorf 1876 - 2001, Köln 2001, 95 - 105.
David KESSLER, Die Rechte des Sterbenden, Weinheim 1997.
Hannes KIEBEL, "Rheinischer Verein für Katholische Arbeiterkolonien". Anmerkungen zur historischen Entwicklung, in: 1886 - 1986. 100 Jahre Katholische Arbeiterkolonien im Rheinland. Rheinischer Verein für Katholische Arbeiterkolonien e. V., Aachen 1986, 9 - 44.
Hannes KIEBEL, Die zweite katholische Kolonie im Rheinland: St. Hermann - Joseph - Haus in Urft/Eifel. Hinweise, in: 1886 - 1986. 100 Jahre Katholische Arbeiterkolonien im Rheinland. Rheinischer Verein für Katholische Arbeiterkolonien e. V., Aachen 1986, 86 - 91.
Hannes KIEBEL, Das "St. Raphaelshaus" zu Dormagen. Der "Rheinische Verein für katholische Arbeiterkolonien" engagiert sich für männliche Minderjährige, in: 1886 - 1986. 100 Jahre Katholische Arbeiterkolonien im Rheinland. Rheinischer Verein für Katholische Arbeiterkolonien e. V., Aachen 1986, 92 - 94.
Hannes KIEBEL, St. Petrusheim. Arbeiterkolonie und Altenheim in Weeze/Niederrhein, in: 1886 - 1986. 100 Jahre Katholische Arbeiterkolonien im Rheinland. Rheinischer Verein für Katholische Arbeiterkolonien e. V., Aachen 1986, 95 - 114.
Die wandernde KIRCHE. Praktische Winke für Seelsorger, Eltern und Seelsorgshelfer über Arbeitsdienst, Landhilfe, Landjahr, Wanderarbeiter, Stadtrand- und Streusiedlung, Berlin 1935.
Katholischer KIRCHENKALENDER 1930 für die katholische Pfarrgemeinde Kaiserswerth, Essen 1929.
Janbernd KIRSCHNER, Die Hospizbewegung in Deutschland am Beispiel Recklinghausen, Frankfurt 1996.
Johannes Baptist KISSLING, Geschichte der deutschen Katholikentage 2 Bde, Münster 1920/1923.
Reiner KLAES, Ehrenamt auf Zeit, in: Caritas '94. Jahrbuch des Deutschen Caritasverbandes, 315 - 319.
Th. KLASSEN, Die Friedrichstadt von 1854 bis 1929, in: 75 Jahre Friedrichstadt. Eine Denkschrift zum 75jährigen Bestehen des Stadtgebietes Friedrichstadt, Düsseldorf 1929, 16 - 23.
Peter KLAUSENER, Bericht über die Gründung der zweiten Arbeiter - Kolonie, in: Verhandlungen der ersten ordentlichen Generalversammlung des Rheinischen Vereins wider die Vagabundennoth am Mittwoch, den 11. März 1885 in Düsseldorf, Düsseldorf 1885, 17 - 21.
Christina KLAUSMANN, Revolutionärer Aufbruch in Deutschland, in: Lothar Gall, 1848: Aufbruch zur Freiheit. Eine Ausstellung des Deutschen Historischen Museums und der Schirn Kunsthalle Frankfurt zum 150jährigen Jubiläum der Revolution von 1848/49. 18 Mai bis 18. September 1998 in der Schirn Kunsthalle Frankfurt, Berlin 1998, 115 - 158.
Ernst KLEE, Fips schafft sie alle. Elias aus Griechenland und die anderen Gastarbeiter wohnen in einem Barackenlager. Es geht ihnen schlecht. Aber keiner will helfen. Da faßt Fips einen verrückten Plan, Düsseldorf 1972.
Wilhelm KLEEBLATT, Die Kapuziner in Düsseldorf. Das ehemalige Kapuzinerkloster an der Flinger Straße. Rettung aus Feuersnot. Kapuzinerpredigten an der Schwarzen Kapelle. Prophezeiung eines Kapuziners, in: Düsseldorfer Nachrichten Jg. 53 Nr. 530 (17.10.1928), o. S. (5).
Franz KLEIN, Drei Jahre katholische Auslandshilfe 1946 - 48, in: Caritas. Zeitschrift für Caritasarbeit und Caritaswissenschaft Jg. 50 Nr. 3/4 (März/April 1949), 62 - 69.
Ursula KLEIN, Die Säkularisation in Düsseldorf, in: Annalen des Historischen Vereins für den Niederrhein 109 (1926), 1 - 67.
Wilhelm KLEIN, Arbeiterkolonie, in: Oskar Karstedt, Handwörterbuch der Wohlfahrtspflege, Berlin 1924, 17 - 20.
Heinz KLEMENT, Das Blaue Kreuz in Deutschland. Mosaiksteine aus über 100 Jahren evangelischer Suchtkrankenhilfe, Wuppertal 1990.

Arthur Hugo KLIEBER, Caritasverband für das katholische Deutschland E. V.. Bericht über die Geschäftsjahre 1913/14 und 1914/15, in: Caritas. Zeitschrift für die Werke der Nächstenliebe im katholischen Deutschland Jg. 21 Nr. 2/3 (November/Dezember 1915), 41 - 56.

Arthur Hugo KLIEBER, Statistisches zur Übersicht über die Caritasverbandsorganisationen, in: Caritas. Zeitschrift für die Werke der Nächstenliebe im katholischen Deutschland Jg. 21 Nr. 2/3 (November/Dezember 1915), 116 - 120.

Arthur Hugo KLIEBER, Die Mitwirkung des katholischen Caritasverbandes bei der Kriegsgefangenenheimkehr, in: Caritas. Zeitschrift für die Werke der Nächstenliebe im katholischen Deutschland Jg. 24 Nr. 10/12 (Juli/September 1919), 165 - 169.

Günter KLINGER, März 1947 - Hungerdemonstration im Hofgarten. Public Safety - Stadtkreis Düsseldorf, in: Chronik Polizei Düsseldorf 1945 - 1953, Düsseldorf 2000, 85.

Günter KLINGER, Schwarzer Markt - ein dunkles Kapitel, in: Chronik Polizei Düsseldorf 1945 - 1953, Düsseldorf 2000, 101 - 102.

Brigitte KLOSTERBERG, Zur Ehre Gottes und zum Wohle der Familie. Kölner Testamente von Laien und Klerikern im Spätmittelalter, Köln 1995.

Heinrich KLOTZ, Architektur in der Bundesrepublik. Gespräche mit Günter Behnisch, Wolfgang Döring, Helmut Hentrich, Hans Kammerer, Frei Otto, Oswald M. Ungers, Frankfurt 1977.

Heinz KLUTE, Die Sonderausstellungen auf dem Gebiete der öffentlichen Wohlfahrtspflege, in: Arthur Schloßmann, Ge - So - lei. Große Ausstellung Düsseldorf 1926 für Gesundheitspflege, soziale Fürsorge und Leibesübungen Bd. 2, Düsseldorf 1927, 823 - 878.

Heinz KLUTE, Einzelausstellungen der Freien Wohlfahrtspflege auf der Gesolei, in: Arthur Schloßmann, Ge - So - lei. Große Ausstellung Düsseldorf 1926 für Gesundheitspflege, soziale Fürsorge und Leibesübungen Bd. 2, Düsseldorf 1927, 910 - 930.

Ulrich KNEFELKAMP, Das Heilig - Geist - Spital in Nürnberg vom 14. - 17. Jahrhundert. Geschichte, Struktur, Alltag, Nürnberg 1989.

J. KNICHEL, Der Schutzengelbund. Grundsätzliches und Praktisches, Leutesdorf 1914.

Ursula KNIEF, Über Berg und Tal in Prof. Böhms roter Backsteinburg, in: Welt am Sonntag Jg. 22 Nr. 8 (23.02.1969), o. S. (22).

Richard KNIPPING, Die Regesten der Erzbischöfe von Köln im Mittelalter, Bonn 1901 ff.

Rudolf KNOBLOCH, Das päpstliche Hilfswerk für Deutschland, in: Caritas. Zeitschrift für Caritaswissenschaft und Caritasarbeit Jg. 30 Nr. 3 (März 1925), 87 - 88.

Johanna KNOPP, Die St. Anna - Schule 1900 - 1937, in: 100 Jahre St. Anna - Kloster, Düsseldorf. Festschrift des St. Anna - Klosters Düsseldorf zum hundertjährigen Bestehen 29 Juli 1850 - 29. Juli 1950, Düsseldorf 1950, 38 - 45.

Otto KOCH, Eine Agitationsreise, in: Der Kreuzritter. Monatsschrift für die katholische deutsche Abstinenzbewegung. Organ des Vereins abstinenter Katholiken Jg. 3 Nr. 3/4 (September/Oktober 1908), 23 - 24.

Erich KOCK, Franziska Schervier. Zeugin einer dienenden Kirche, Mainz 1976.

KOCKS, Winterhilfswerk des deutschen Volkes 1933/34 im Kreise Düsseldorf, in: Monatsblatt des Städtischen Wohlfahrts- und Gesundheitsamtes Düsseldorf Jg. 3 Nr. 11 (November 1933), 161 - 164.

Manfred KOCKS, Die ausländischen Einwohner der Stadt Düsseldorf. Eine Analyse der Entwicklung des ausländischen Bevölkerungsanteils in Düsseldorf und seiner soziodemographischen Zusammensetzung, Düsseldorf 1987.

Wolfgang KÖLLMANN, Pauperismus in Rheinland - Westfalen im Vormärz, in: Kurt Düwell, Rheinland - Westfalen im Industriezeitalter. Beiträge zur Landesgeschichte des 19. und 20. Jahrhunderts Bd. 1, Wuppertal 1983, 148 - 157.

Willi KOENEN, Das Don - Bosco - Haus, in: Jugendnot und Jugendhilfe in Düsseldorf. Zur Einweihung der Dreikönigen - Heimstatt zu Düsseldorf am 6. Januar 1950, Düsseldorf 1950.

Ulrich KÖPF, Bestattung, in: Hans Dieter Betz, Religion in Geschichte und Gegenwart. Handwörterbuch für Theologie und Religionswissenschaft Bd. 1, Tübingen 1998⁴, 1366 - 1367.

Winfried KÖSTERS, Ehre allein - das reicht nicht mehr. Zur Zukunft des freiwilligen Engagements in Deutschland, Freiburg 2002.

Theodor KOGGE, Hundert Jahre evangelisches Krankenhaus Düsseldorf. Bericht über die Geschichte des Hauses, Düsseldorf 1949.

Konstantin KOHLER, Bundesarbeitsgemeinschaft Katholischer Einrichtungen für Sinnesbehinderte. Anlaß, Aufgaben, Ziele, in: Caritas '89. Jahrbuch des Deutschen Caritasverbandes, 242 - 247.

Wilhelm KOHLER, Unser Schutzengelbund, in: Volksfreund gegen den Alkoholismus und für Gesundheitspflege Jg. 11 Nr. 4 (01.04.1907), 59 - 60.

M. KOHTZ, Geschichte der Infanterie- und Artillerie - Kaserne zu Düsseldorf nebst Aufzeichnung verschiedener Garnison - Angelegenheiten, in: Zeitschrift des Düsseldorfer Geschichtsvereins Jg. 2 Nr. 1 (1883), 1 - 21.

Adolph KOLPING, Der Gesellen - Verein. Zur Beherzigung für Alle, die es mit dem wahren Volkswohl gut meinen, Köln 1849.

Die KONGREGATION der Barmherzigen Schwestern vom heiligen Borromäus, Trier 1953.

KONZEPTION für eine differenzierte und integrierte Nichtseßhaftenhilfe der Caritas. Beschluß des Zentralrates des Deutschen Caritasverbandes vom 7. Oktober 1976, Freiburg 1977.

Wolfgang KOPP, Das Aussiedlerproblem. Ein Nachkriegsproblem, in: Caritas '73. Jahrbuch des Deutschen Caritasverbandes, 171 - 175.

Peter KORBMACHER, Die Golzheimer Heide. Ein Beitrag zur Geschichte Unterraths, in: Heimatblatt Unterrath - Lichtenbroich Jg. 7 Nr. 3 (Januar/Februar 1960), 1 - 4.

Theodor KOSAK, Kirchlicher Suchdienst. Geschichte und Zukunft der Heimatortskarteien, in: 1897 - 1972. 75 Jahre Deutscher Caritasverband, Freiburg 1972, 303 - 304.

Theodor KOSAK, Vierzig Jahre Kirchlicher Suchdienst, in: Caritas '86. Jahrbuch des Deutschen Caritasverbandes, 341 - 344.

Theodor KOSAK, Kirchlicher Suchdienst. Geschichte und Zukunft der Heimatortskarteien, in: Caritas. Zeitschrift für Caritasarbeit und Caritaswissenschaft Jg. 91 Nr. 2 (Februar 1990), 74 - 79.

Wolfgang KRÄMER, Verfassung und Verwaltung der Stadt Düsseldorf 1856 - 1914, Examensarbeit o. O. 1958.

Regina KRAHWINKEL, Die bauliche Entwicklung des Wohnstadtteils Düsseldorf - Garath 1958 - 1970, in: Düsseldorfer Jahrbuch 66 (1995), 271 - 296.

KRANKEN-, HEIL- UND PFLEGE - ANSTALTEN im Rheinland, Düsseldorf 1930.

Gabriele KRANSTEDT, IN VIA Katholische Mädchensozialarbeit - Deutscher Verband. 100 Jahre IN VIA Katholische Mädchensozialarbeit, in: Caritas '95. Jahrbuch des Deutschen Caritasverbandes, 351 - 360.

Gabriele KRANSTEDT, Migration und Mobilität im Spiegel der Verbandsarbeit Katholischer Mädchenschutzvereine 1895 - 1945. Ein Beitrag zur Geschichte der Katholischen Frauenbewegung, Freiburg 2003.

Bernd KRAUS, Gemeindecaritas zwischen Kirchengemeinde und Wohlfahrtsverband. Erfahrungen mit dem lebensraumorientierten Ansatz im Arbeitsbereich Gemeindecaritas, in: Caritas '92. Jahrbuch des Deutschen Caritasverbandes, 153 - 158.

Käthe KRAUS, Zum Fest des 25jährigen Bestehens des katholischen Taubstummen - Vereins "St. Josef" Düsseldorf, in: Taubstummen - Führer. Zeitschrift für die katholischen Gehörlosen Deutschlands Jg. 41 Nr. 21 (01.11.1936), Beilage "Unsere Welt. Nachrichten aus dem Reichs - Verband und den Vereinen der katholischen Taubstummen", 83.

Thomas R. KRAUS, Die Entstehung der Landesherrschaft der Grafen von Berg bis zum Jahre 1225, Neustadt an der Aisch 1981.

Martha KRAUSE - LANG, Weiterbildung ehrenamtlicher Mitarbeiter, Freiburg 1986.

Julie KRAUSS, Ein Ausflug des Katholischen Frauenbundes nach Haus Gandersheim und Kaiserswerth am 27. Oktober 1910, in: Der Katholische Frauenbund Jg. 4 Nr. 5 (19.02.1911), 69 - 70 und Nr. 6 (19.03.1911), 81 - 82.

Richard KRAUTHEIMER, Die Kirchen der Bettelorden in Deutschland, Köln 1925.

Peter KRAUTWIG, Die katholische Krüppelfürsorge und ihr notwendiger Ausbau, in: Caritas. Zeitschrift für die Werke der Nächstenliebe im katholischen Deutschland Jg. 15 Nr. 2/3 (November/Dezember 1909), 52 - 61.

Joseph KREBS, Zur Geschichte der Heiligthumsfahrten. Als Erinnerung an die Aachener Heiligthumsfahrt im Jahre 1881, Köln 1881.

Peter KREBSBACH, Die Sammelstation der noch nicht schulentlassenen Fürsorgezöglinge im Erziehungshause der Dominikanerinnen zu Düsseldorf - Heerdt, in: Düsseldorfer Tageblatt Jg. 46 Nr. 328 (28.11.1912), o. S. (6).

Karl KREINER, Geschichte der Neußer Augustinerinnen. Festschrift zur Hundertjahrfeier des St. - Josef - Krankenhaus in Neuß, Neuss 1958.

Franz KREMER, Das Lehrlingsheim in Eller, in: Jugendnot und Jugendhilfe in Düsseldorf. Zur Einweihung der Dreikönigen - Heimstatt zu Düsseldorf am 6. Januar 1950, Düsseldorf 1950.

Ursula KREMER - PREISS, Betreutes Wohnen in Altenwohnheimen und Altenwohnanlagen, in: Betreutes Wohnen und Wohnen im Heim. Rechtliche Aspekte. Expertisenband 5 zum Zweiten Altenbericht der Bundesregierung, Frankfurt 1998, 64 - 144.

Ursula KREMER - PREISS, Betreutes Seniorenwohnen: Entwicklungen, Konzepte, Qualitätsforderungen, in: Tagungsdokumentation Betreutes Wohnen. Fachtagung am 7. November 2000. Eine gemeinsame Veranstaltung der Seniorenhilfe und der Wohlfahrtsverbände der Landeshauptstadt Düsseldorf, Düsseldorf 2001, 10 - 18.

Martina KRESS, Johannes BÖCKER, Für das Proprium der Caritas. Die geistliche Begleitung für Mitarbeiter(innen) sichern, in: Caritas 2004. Jahrbuch des Deutschen Caritasverbandes, 24 - 26.

Benedict KREUTZ, Caritas und Deutscher Caritasverband E. V., in: Oskar Karstedt, Handwörterbuch der Wohlfahrtspflege, Berlin 1924, 102 - 110.

Benedict KREUTZ, Zur Bildung der "Arbeitsgemeinschaft der Spitzenverbände der freien Wohlfahrtspflege". Vom Gemeinschaftsweg der deutschen freien Liebestätigkeit, in: Caritas. Zeitschrift für Caritaswissenschaft und Caritasarbeit Jg. 39 Nr. 4 (April 1934), 118 - 122.

Benedict KREUTZ, Zum Hilfswerk "Mutter und Kind", in: Caritas. Zeitschrift für Caritaswissenschaft und Caritasarbeit Jg. 39 Nr. 6 (Juni 1934), 194 - 195.

Benedict KREUTZ, Caritasarbeit im neuen Deutschland, in: Caritas. Zeitschrift für Caritaswissenschaft und Caritasarbeit Jg. 41 Nr. 11 (November 1936), 393 - 402.

Ellen KREUTZ, Messe, Baukunst, Stadtentwicklung. Ausstellungsarchitektur in Düsseldorf 1880 - 2004, München 1998.

Josef G. KREUTZER, Beschreibung der Beleuchtung, die am 15. und 20. August 1821 zu Düsseldorf statt hatte, als man daselbst das zweihundertjährige Jubelfest der Marianischen Bruderschaft feierte, Düsseldorf 1821.

Unter dem KREUZESBANNER im Schatten von Sankt Lambertus. Geschichte des Theresienhospitals Düsseldorf 1852 - 1952, Aspel 1952.

Johannes KREYENPOTH, Die Auslandshilfe für das Deutsche Reich, Stuttgart 1932.

Kirchliche KRIEGSHILFE Paderborn. Vierter Tätigkeitsbericht (Stand vom 1. Oktober 1917), Paderborn 1917.

Marie - Therese KRINGS - HECKEMEIER, Wohnen im Alter, in: Hans - Ulrich Klose, Alternde Bevölkerung - Wandel der Lebenswelten, Bonn 1994, 141 - 156.

Evelyn KROH, ... Vor 1900 fing es an. Geschichte der Bahnhofsmission in Deutschland. Chronik der evangelisch - katholischen Bahnhofsmission Düsseldorf, Düsseldorf 1984.

Marlene KROTH, Neues aus dem Netzwerk Bilk, in: Netzwerk - Zeitung mobil und engagiert in Düsseldorf Jg. 2 Nr. 2 (Dezember 2001), 10.

Heinz KRUG, Kinder- und Jugendhilfe. Sozialgesetzbuch (SGB), Achtes Buch (VIII). Kommentar, sowie Bundesrecht, internationales Recht und Landesrecht, mit Hinweisen auf den Einigungsvertrag, Starnberg 1991 ff.

Robert KRUPS, 2000 Jahre Wohlfahrt in Deutschland, in: Der NSV - Helfer. Nachrichtenblatt des Gauamtes der NSV, Düsseldorf Jg. 1 Nr. 2/3 (April/Mai 1938), 1 - 16, Nr. 4/5 (Juni/Juli 1938), 1 - 16 und Nr. 6/7 (August/September 1938), 1 - 16.

KRUSE, Dominikanerpater Anno J. Neumann, in: Mäßigkeits - Blätter Jg. 30 Nr. 1 (Januar 1913), 7.

Peter KUBBUTAT, Düsseldorf - Benrath, Hilden und Solingen - Ohligs. Die strukturelle Entwicklung unter Berücksichtigung des Problems der Eingemeindung oder Selbständigkeit in den Diskussionen der kommunalen Neugliederung der zwanziger und siebziger Jahre 3 Bde, Diss. Freiburg 1975.

Franz KUDLEK, Marienhospital, Sternstraße 91, in: Arthur Schloßmann, Die Düsseldorfer Kranken-, Heil- und Pflegeanstalten, Düsseldorf 1926, 201 - 213.

Friedrich KÜCH, Beiträge zur Kunstgeschichte Düsseldorfs, in: Beiträge zur Geschichte des Niederrheins 11 (1897), 64 - 81.

Hatto KÜFFNER, Edmund Spohr, Burg und Schloß Düsseldorf. Baugeschichte einer Residenz, Jülich 1999.

Bernhard KÜHLE, Der Münchener Vinzenzverein. Eine typische Laienorganisation katholischer Caritas, Wuppertal 1935.

Heinrich KÜPPERS, Der katholische Lehrerverband in der Übergangszeit von der Weimarer Republik zur Hitler - Diktatur. Zugleich ein Beitrag zur Geschichte des Volksschullehrerstandes, Mainz 1975.

Wolfgang KUES, Erfahrungen mit der Gemeindecaritas in der Diözese Regensburg, in: Caritas '96. Jahrbuch des Deutschen Caritasverbandes, 293 - 299.

Albert KÜSTER, Erinnerungen aus den ersten zwanzig Jahren meines Lebens, Düsseldorf 1906.

Christine KÜSTER, Leistungen von privaten Haushalten und ihre Erfassung in der Zeitbudgetforschung, Baltmannsweiler 1994.

Josef KÜSTER, Übersicht der Fortschritte und des gegenwärtigen Bestandes der Armenversorgungs - Anstalt, Düsseldorf 1801.

August KUGELMEIER, Kleine Pfarrchronik von Düsseldorf - Lohausen, Düsseldorf 1953.

Paul KULIGA, Luisenkrankenhaus, Degerstraße 8 - 10, in: Arthur Schloßmann, Die Düsseldorfer Kranken-, Heil- und Pflegeanstalten, Düsseldorf 1926, 192 - 200.

Willibald KULLMANN, Die Franziskaner in Düsseldorf. Segen der Jahrhunderte. Die Klöster der Altstadt. Bruderschaften. Die Kurfürsten als Gegner, in: Düsseldorfer Tageblatt Jg. 63 Nr. 354 (22.12.1929), o. S. (20) und Nr. 357 (25.12.1929), o. S. (7).

Willibald KULLMANN, P. Ildephons Schmitz, der erste Pfarrer an St. Maximilian in Düsseldorf, in: Rhenania Franciscana Jg. 3 Nr. 3 (Juli 1932), 82 - 88, Nr. 4 (Oktober 1932), 122 - 126, Jg. 4 Nr. 4 (1933), 108 - 115, Jg. 5 Nr. 1 (1934), 9 - 14, Jg. 5 Nr. 3 (1934), 74 - 80 und Jg. 5 Nr. 4 (1934), 109 - 116.

Franz LAARMANN, Die katholische charitative Vereinigung für die Stadt Essen, in: Charitas. Zeitschrift für die Werke der Nächstenliebe im katholischen Deutschland Jg. 5 Nr. 10 (Oktober 1900), 219 - 221.

Inge LACKINGER, Güter und Höfe in Benrath und Umgebung, Düsseldorf 1990.

Elisabeth LAKEMEIER, 50 Jahre Diözesan - Caritasverband für das Erzbistum Köln 1916 - 1966, Köln 1967.

Margitta LAMBERT, Die kommunikative Etablierung von Nähe. Etholinguistische Untersuchungen der Kommunikation alter Frauen in Altentagesstätte und Heim, Frankfurt 1997.

W. LAMERS, Ein Besuch im St. Kamillushaus zu Werden - Heidhausen, in: Zur katholischen Mäßigkeitsbewegung. Festschrift Würzburg 1907, Würzburg 1907, 9 - 13.

Ida LAMP, Hospiz - Zur Geschichte einer Idee, in: Ida Lamp, Hospizarbeit konkret. Grundlagen, Praxis, Erfahrungen, Gütersloh 2001, 9 - 16.

Ida LAMP, Hospizarbeit in Deutschland, in: Ida Lamp, Hospizarbeit konkret. Grundlagen, Praxis, Erfahrungen, Gütersloh 2001, 17 - 38.

Julius Ferdinand LANDSBERG, Jugendgerichte, in: Paul Posener, Rechtslexikon. Handwörterbuch der Rechts- und Staatswissenschaften Bd. 1, Berlin 1909, 871 - 876.

Joseph Gregor LANG, Reise auf dem Rhein Bde, Koblenz 1789/1790.

Gerhard LANGE, Caritas in der DDR, in: Erwin Gatz, Caritas und soziale Dienste, Freiburg 1997, 343 - 377.

Joseph LANGE, Das katholische Neuß in Vergangenheit und Gegenwart, Neuss 1960.

Friedrich LAU, Die Düsseldorfer Neustadt (Extension), in: Düsseldorfer Jahrbuch 31 (1920/24), 66 - 73.

Friedrich LAU, Die Bauten am Düsseldorfer Schloß während des 16. Jahrhunderts, in: Düsseldorfer Jahrbuch 31 (1920/24), 138 - 151.

Friedrich LAU, Geschichte der Stadt Düsseldorf. Von den Anfängen bis 1815, Düsseldorf 1921.

Friedrich LAU, Das Gasthaus an der Flinger Straße und der Düsselstein, in: Alt - Düsseldorf Jg. 1 Nr. 1 (07.02.1924), 2 - 3.

Anton LAUBACHER, Gelebte Caritas. Das Werk der Caritas in der Diözese Rottenburg - Stuttgart, Stuttgart 1982.

Werner LAUER, 10 Jahre Sozialstationen. Ein Blick zurück - ein Blick nach vorn, in: Caritas '85. Jahrbuch des Deutschen Caritasverbandes, 161 - 168.

Werner LAUER, Spes viva - Weggefährte bei Sterbenden im Krankenhaus, in: Caritas '96. Jahrbuch des Deutschen Caritasverbandes, 105 - 109.

Werner LAUER, Das Model "SPES VIVA". Sterbebegleitung im Krankenhaus - eine Skizze, in: Thomas Hiemenz, Chancen und Grenzen der Hospizbewegung. Dokumentation zum 2. Ökumenischen Hospizkongress "Sich einlassen und loslassen". Würzburg 22. - 24. Oktober 1999, Freiburg 2000, 129 - 136.

Christopher LAYDEN, 125 Jahre Raphaels - Werk, in: 125 Jahre Raphaels - Werk e. V.. Dienst am Menschen unterwegs. Eine Jubiläumsschrift, Hamburg 1998, 24 - 36.

LEBEN ohne Gehör. Wege zur Verständigung, Freiburg 2000.

Paul August LEDER, Die Diakonen der Bischöfe und Presbyter und ihre urchristlichen Vorläufer. Untersuchungen über die Vorgeschichte und die Anfänge des Archidiakonats, Stuttgart 1905.

Karl LEHMANN, Gemeinde im Dienst der Caritas - Caritas im Dienst der Gemeinde, in: Karl Lehmann, Signale der Zeit. Spuren des Heils, Freiburg 1983, 150 - 171.

Josef LEHMBROCK, Sechs Bauten und mehrere Fragen, in: Baukunst und Werkform Jg. 5 Nr. 6/7 (Juni/Juli 1952), 36 - 55.

Josef LEHMBROCK, Mädchenheimstatt der Marienpfarre an der Oststraße, Düsseldorf, in: Die Heimstatt. Fachorgan der Katholischen Heimstatt - Bewegung Jg. 1 Nr. 2 (März/April 1953), 53.

Ulrich LEHNART, Die Schlacht von Worringen 1288. Kriegführung im Mittelalter. Der Limburger Erbfolgekrieg unter besonderer Berücksichtigung der Schlacht von Worringen, 5.6.1288, Frankfurt 1993.

M. Pascalina LEHNERT, Vatikan. Die Nachkriegshilfe Papst Pius' XII., in: Caritas '72. Jahrbuch des Deutschen Caritasverbandes, 94 - 96.

Rafael R. LEISSA, Zwangsarbeit in Düsseldorf. Struktur, Organisation und Alltag im Arbeitseinsatz von Ausländern im nationalsozialistischen Düsseldorf, in: Clemens von Looz - Corswarem, Zwangsarbeit in Düsseldorf. "Ausländereinsatz" während des Zweiten Weltkrieges in einer rheinischen Großstadt, Essen 2002, 19 - 362.

Erwin LEMMER, Gerresheim. Werden und Gestaltung 1236 - 1936. Heimatfestwoche und 700 - Jahr - Feier der Stiftskirche 26. September bis 4. Oktober, Düsseldorf 1936.
Friedrich LENGER, Zwischen Kleinbürgertum und Proletariat. Studien zur Sozialgeschichte der Düsseldorfer Handwerker 1816 - 1878, Göttingen 1986.
Albert Emil LENNÉ, Reichsjugendwohlfahrtsgesetz, in: Julia Dünner, Handwörterbuch der Wohlfahrtspflege, Berlin 1929², 521 - 526.
Johann Peter LENTZEN, Historische Spaziergänge. Das Kloster Mönchenwerth, in: Niederrheinische Volkszeitung (Krefeld) Jg. 41 Nr. 218 (21.09.1889), o. S. (2) und Nr. 224 (28.09.1889), o. S. (2).
Johann Peter LENTZEN, Kloster Mönchenwerth, in: General - Anzeiger für Düsseldorf und Umgegend Jg. 15 Nr. 61 (02.03.1890), o. S. (2).
Theodor Johann Josef LENZEN, Beiträge zur Geschichte der Stadt Düsseldorf, in: Niederrheinisch - Westfälische Blätter Jg. 1 Nr. 1 (Erstes Quartal 1801), 105 - 121.
LEO XIII., Enzyklika Sapientiae christianae vom 10. Januar 1890, in: Helmut Schnatz, Päpstliche Verlautbarungen zu Staat und Gesellschaft. Originaldokumente mit deutscher Übersetzung, Darmstadt 1973, 189 - 231.
Hugo LERCHENFELD, Deutsche Liga der freien Wohlfahrtspflege, in: Julia Dünner, Handwörterbuch der Wohlfahrtspflege, Berlin 1929², 169 - 170.
Jakob LEUSCH, Ist es gelungen, ein helfendes Umfeld zu schaffen ?, in: Wertewandel. 10 Jahre Caritas - Pflegestationen. Arbeitstagung der Dechanten des Erzbistums Köln vom 24. - 26. November 1986 im Katholisch - Sozialen Institut, Bad Honef. Priesterrat Tätigkeitsbericht 1985/1986, Köln 1986, 70 - 74.
Michael LEWEK, Der örtliche Caritasverband in größeren Städten. Begriff, Aufgaben, Einrichtung und Gründung, in: Kuno Joerger, Caritashandbuch. Ein Leitfaden für die Caritasarbeit, Freiburg 1920, 17 - 32.
Günter LEWY, Die katholische Kirche und das Dritte Reich, München 1965.
Günter LEWY, "Rückkehr nicht erwünscht" . Die Verfolgung der Zigeuner im Dritten Reich, Berlin 2001.
Heinrich F. LIEBRECHT, "Nicht mitzuhassen, mitzulieben bin ich da". Mein Weg durch die Hölle des Dritten Reiches, Freiburg 1990.
Max LIEDTKE, Für Hitler erzogen ? Briefe und Notizen des Edgar Winzen aus der Kinderlandverschickung Leutenberg in Thüringen 1944/45, Münster 1999.
Klaus - Peter LIERE, Aus den Akten der Reichskanzlei: Über Krankenhäuser, Krankenanstalten und Bäderwesen im Deutschen Reich von 1921 - 1945 mit dem Versuch einer Darstellung der "Aktion Brandt", d.h. der Errichtung von Ausweichkrankenhäusern durch das Reich im letzten Kriege, Diss. Bochum 1980.
Wilhelm LIESE, Die katholische Bahnhofsmission, in: Charitas. Zeitschrift für die Werke der Nächstenliebe im katholischen Deutschland Jg. 6 Nr. 12 (Dezember 1901), 261 - 264.
Wilhelm LIESE, Die katholischen Wohltätigkeits - Anstalten und sozialen Vereine in der Diözese Paderborn, Freiburg 1906.
Wilhelm LIESE, Der Charitasverband für das katholische Deutschland, in: Soziale Kultur Jg. 27 Nr. 12 (Dezember 1907), 793 - 798.
Wilhelm LIESE, Die St. Elisabethen - Vereine, in: Anton P. Plattner, Die heilige Elisabeth von Thüringen. Ihr Leben, ihre Verehrung und ihre Nachfolge. Mit Gebeten, einer Meßandacht und einer Novene. Nebst einem Sozial - charitativen ABC für Frauen, zusammengestellt von der Zentralstelle des Volksvereins für das katholische Deutschland, Mönchengladbach 1907, 93 - 98.
Wilhelm LIESE, Handbuch des Mädchenschutzes, Freiburg 1908².
Wilhelm LIESE, Wohlfahrtspflege und Caritas im Deutschen Reich, in Deutsch - Österreich, der Schweiz und Luxemburg, Mönchengladbach 1914.

Wilhelm LIESE, Die katholischen Orden Deutschlands und der Völkerkrieg 1914/15. Statistik ihrer Kriegsarbeit vom 1. August bis 31. Dezember 1914, Freiburg 1915.
Wilhelm LIESE, Caritativ - soziale Lebensbilder, Mönchengladbach 1916.
Wilhelm LIESE, Die Fürsorge für Abnormale, in: Caritasstimmen. Zeitschrift für die Mitglieder der Caritasverbände, Vinzenz- und Elisabethvereine und anderer katholischer Wohltätigkeitsorganisationen Deutschlands. Ausgabe für den Diözesan - Caritasverband Köln Jg. 3 Nr. 1/2 (1918/19), 2 - 7.
Wilhelm LIESE, Zum Silberjubiläum der "Caritas", in: Caritas. Zeitschrift für die Werke der Nächstenliebe. Organ des Deutschen Caritasverbandes Jg. 26 Nr. 1/2 (Oktober/November 1920), 2 - 4.
Wilhelm LIESE, Fürsorge für die Abnormen, in: Kuno Joerger, Caritashandbuch. Ein Leitfaden für die Caritasarbeit, Freiburg 1920, 175 - 186.
Wilhelm LIESE, 25 Jahrgänge "Caritas", in: Caritas. Zeitschrift für die Werke der Nächstenliebe. Organ des Deutschen Caritasverbandes Jg. 26 Nr. 5/6 (Februar/März 1921), 37 - 38.
Wilhelm LIESE, Josef Neumann zum Gedächtnis, in: Volksfreund. Monatsschrift zur Förderung der Enthaltsamkeit und zur Pflege katholischer Lebenswerte Jg. 25 Nr. 7/8 (Juli/August 1921), 126 - 128.
Wilhelm LIESE, Geschichte der Caritas 2 Bde, Freiburg 1922.
Wilhelm LIESE, Der Krüppelvater Heinrich Sommer, in: Caritas. Zeitschrift für Caritaswissenschaft und Caritasarbeit Jg. 32 Nr. 7 (Juli 1927), 198 - 206 und Nr. 8 (August 1927), 234 - 241.
Wilhelm LIESE, Lorenz Werthmann und der Deutsche Caritasverband, Freiburg 1929.
Sven LIND, Das Altenpflegeheim. Entwicklungsgeschichte, Problemfelder und Lösungsansätze in der stationären Langzeitpflege in der Bundesrepublik Deutschland, in: Das Altenheim vor neuen Anforderungen. Leistungsspektrum, Versorgungsstrategien, Architektur. Fachtagung, Stuttgart - Hohenheim, 2. - 3. November 1995, 177 - 192.
Mechtild LINDE, Emilie Schneider (1820 - 1859), in: Elisabeth Fischer - Holz, Anruf und Antwort. Bedeutende Frauen aus dem Raum der Euregio Maas - Rhein. Lebensbilder in drei Bänden Bd. 2, Aachen 1991, 118 - 144.
Mechtild LINDE, Emilie Schneider (1820 - 1859). Tätige Liebe unter dem Kreuz, in: Günter Beaugrand, Die neuen Heiligen. Große Christen auf dem Weg zur Heilig- oder Seligsprechung, Augsburg 1991, 179 - 186.
Werner LINDNER, Jugendprotest seit den fünfziger Jahren. Dissens und kultureller Eigensinn, Opladen 1996.
Ludwig LITZINGER, Wie zentralisiert man die Personenstandsregister in größeren Stadt- und Industriebezirken zu Zwecken des kirchlichen Vereinslebens und der Seelsorge. Dargestellt an dem Beispiel von Dortmund, Mönchengladbach 1912.
Paulus von LOE, Geschichtliches über das Dominikanerkloster zu Düsseldorf. Zur fünfzigjährigen Jubelfeier seines Bestehens, in: Düsseldorfer Tageblatt Jg. 45 Nr. 212 (04.08.1911), o. S. (6 - 7).
Peter LÖFFLER, Studien zum Totenbrauchtum in den Gilden, Bruderschaften und Nachbarschaften Westfalens vom Ende des 15. bis zum Ende des 19. Jahrhunderts, Münster 1975.
August LÖHR, Die Gründung des Caritasverbandes für die Erzdiözese Köln, in: Caritasstimmen. Zeitschrift für die Mitglieder der Caritasverbände, Vinzenz- und Elisabethvereine und anderer katholischer Wohltätigkeitsorganisationen Deutschlands. Ausgabe für den Diözesan - Caritasverband Köln Jg. 1 Nr. 1 (1917), 13 - 14.
August LÖHR, Die Unterbringung unterernährter Stadtkinder auf dem Lande, in: Caritas. Zeitschrift für die Werke der Nächstenliebe im katholischen Deutschland Jg. 22 Nr. 6/7 (März/April 1917), 202 - 221.
Joseph LÖHR, Geist und Wesen der Caritas, in: Caritas. Zeitschrift für Caritaswissenschaft und Caritasarbeit Jg. 27 Nr. 1 (Januar/Februar 1922), 18 - 27 und Nr. 2 (März/April 1922), 55 - 72.

Wolfgang LÖHR, Franz Brandts (1834 - 1914), in: Jürgen Aretz, Zeitgeschichte in Lebensbildern. Aus dem deutschen Katholizismus des 19. und 20. Jahrhunderts Bd. 3, Mainz 1979, 91 - 105 und 286.

Hermann LOHAUSEN, Die Düsseldorfer Gasthausmeister. Düsseldorfer Dokumente aus einem halben Jahrtausend bürgerlicher Fürsorge, Düsseldorf 1986.

Sigrid LOHMANN, Die Lebenssituation älterer Menschen in der geschlossenen Altersfürsorge, Hannover 1970.

Meinolf LOHRUM, Die Wiederanfänge des Dominikanerordens in Deutschland nach der Säkularisation 1856 - 1875, Mainz 1971.

Clemens von LOOZ - CORSWAREM, Wo residierte der Fürst ? Überlegungen zu den Aufenthaltsorten der Herzöge von Jülich - Berg bzw. Jülich - Kleve - Berg und ihres Hofes im 15. und 16. Jahrhundert, in: Klaus Fink, Territorium und Residenz am Niederrhein. Referate der 7. Niederrhein - Tagung des Arbeitskreises niederrheinischer Kommunalarchivare für Regionalgeschichte (25. - 26. September 1992 in Kleve), Kleve 1993, 189 - 209.

Clemens von LOOZ - CORSWAREM, Düsseldorfer Wirtschaftsgeschichte von den Anfängen bis 1609, in: Düsseldorfer Wirtschaftschronik, Wien 1996, I/11 - I/40.

Hedwig LUCAS, Düsseldorfer Mädchen im Freiwilligen Arbeitsdienst, in: Caritas. Zeitschrift für Caritaswissenschaft und Caritasarbeit Jg. 37 Nr. 11 (November 1932), 559 - 560.

Leo LUCASSEN, Zigeuner. Die Geschichte eines polizeilichen Ordnungsbegriffes in Deutschland 1700 - 1945, Köln 1996.

Martin LUCHTERHANDT, Der Weg nach Birkenau. Entstehung und Verlauf der nationalsozialistischen Verfolgung der "Zigeuner", Lübeck 2000.

Gertrud LUCKNER, Zur Einführung, in: Else Rosenfeld, Lebenszeichen aus Piaski. Briefe Deportierter aus dem Distrikt Lublin 1940 - 1943, München 1968, 7 - 17.

Peter LUDEMANN, Ein Wohnprojekt für "seßhafte" Zigeuner, in: Caritas. Zeitschrift für Caritasarbeit und Caritaswissenschaft Jg. 74 Nr. 6 (November 1973), 306 - 311.

Peter LUDEMANN, 1902 - 1982. Sozialer Dienst im Wandel von Not und Zeit. Vincenz - Fürsorge - Verein Köln. Katholischer Männer - Fürsorge - Verein e. V. Köln. Sozialdienst katholischer Männer e. V. Köln. Ein fragmentarischer Versuch zur Geschichte des Vereins anläßlich seines 80jährigen Bestehens, Köln 1982.

Peter LUDEMANN, Zwischen "Spielstube" und Sozialzentrum. Zur Arbeit in Sozialen Brenn- und Schwerpunkten aus dem Erfahrungsbereich des Sozialdienst Katholischer Männer e. V., in: Helga Merker, Tageseinrichtungen für Kinder. Beiträge aus der Praxis, Köln 1982, 77 - 124.

Dieter LÜCK, Schwierige Integration. Spätaussiedler, in: Christian Reinicke, Nordrhein - Westfalen. Ein Land in seiner Geschichte. Aspekte und Konturen 1946 - 1996, Münster 1996, 546 - 548.

Gerhard LÜCK, Die Würde des Menschen ist Richtschnur konzeptioneller Planung, in: Caritas 2000. Jahrbuch des Deutschen Caritasverbandes, 229 - 234.

Kurt LÜCKEN, Grundsätzliches und Kritisches zur Caritasarbeit der Gegenwart, in: Caritas. Zeitschrift für Caritaswissenschaft und Caritasarbeit Jg. 38 Nr. 1 (Januar 1933), 6 - 12 und Nr. 2 (Februar 1933), 57 - 59.

Kurt LÜCKEN, Das Gesetz zur Verhütung erbkranken Nachwuchses vom 14. Juli 1933. Eine Übersicht über die gesetzlichen Bestimmungen, in: Caritas. Zeitschrift für Caritaswissenschaft und Caritasarbeit Jg. 38 Nr. 12 (Dezember 1933), 536 - 542.

Heinz - Rolf LÜCKERT, Handbuch der Erziehungsberatung 2 Bde, München 1964.

Martina LÜDEKE, Raphaels - Werk "Dienst am Menschen" unterwegs. Deutsche gehen ins Ausland, in: Caritas '91. Jahrbuch des Deutschen Caritasverbandes, 373 - 377.

Theodor LUIG, Die Josefs - Gesellschaft für Krüppelfürsorge e.V., in: Jahrbuch der Caritaswissenschaft 4 (1962), 123 - 129.

Martin LUTHER, Eyn Sermon von dem Hochwirdigen Sacrament des heyligen waren Leychnamß Christi, und von den Bruderschafften, Wittenberg 1519.

Heinrich LUTZ, Demokratie im Zwielicht. Der Weg der deutschen Katholiken aus dem Kaiserreich in die Republik. 1914 - 1925, München 1963.

Fritz MAGON, Das Märchen vom Zwerg und den drei Engelein. Eine Düsseldorfer Neujahrsbetrachtung, in: Katholische Kirchenzeitung (Düsseldorf) Jg. 2 Nr. 40 (03.01.1926), 332 - 333.

Gunter MAI, "Wenn der Mensch Hunger hat, hört alles auf". Wirtschaftliche und soziale Ausgangsbedingungen der Weimarer Republik (1914 - 1924), in: Werner Abelshauser, Die Weimarer Republik als Wohlfahrtsstaat. Zum Verhältnis von Wirtschaft- und Sozialpolitik in der Industriegesellschaft, Stuttgart 1987, 3 - 62.

Hugo MAIER, Who is who der Sozialen Arbeit, Freiburg 1998.

Michael MANDERSCHEID, Sozialstation und Gemeindebezug, in: Caritas '74. Jahrbuch des Deutschen Caritasverbandes, 75 - 81.

Michael MANDERSCHEID, Caritas der Gemeinde und Caritasverband. Thesen und Reflexionen zur Gemeindeorientierung der Caritasverbandsarbeit, in: Lebendige Seelsorge Jg. 27 Nr. 6 (November 1976), 393 - 401.

Michael MANDERSCHEID, Auf dem Weg zur Caritas der Gemeinde, in: Caritas '79. Jahrbuch des Deutschen Caritasverbandes, 210 - 217.

Bernhard MANN, Biographisches Handbuch für das preußische Abgeordnetenhaus 1867 - 1918, Düsseldorf 1988.

Erika MANN, Zehn Millionen Kinder. Die Erziehung der Jugend im Dritten Reich, München 1984.

Gustav von MANN, Das Heinefeld in Düsseldorf, in: Caritas. Zeitschrift für Caritaswissenschaft und Caritasarbeit Jg. 38 Nr. 6 (Juni 1933), 251 - 253.

Gustav von MANN, Wandernde Seelsorge, in: Caritas. Zeitschrift für Caritaswissenschaft und Caritasarbeit Jg. 39 Nr. 7 (Juli 1934), 222 - 224.

Helmut MANN, Der Beginn der Abkehr Bismarcks vom Kulturkampf 1878 - 1880 unter besonderer Berücksichtigung der Politik des Zentrums und der römischen Kurie, Diss. Frankfurt 1953.

Uwe MANN, Die nationalsozialistische "Volkswohlfahrtspflege". Organisatorische Entwicklung, Dimensionen ihrer Ideologie, Einblicke in ihre Praxis, in: Zeitschrift für Sozialreform Jg. 33 Nr. 4 (April 1987), 229 - 251 und Nr. 5 (Mai 1987), 261 - 275.

Franz MANSFELD, Düsseldorf, in: Taubstummen - Führer. Zeitschrift für die katholischen Gehörlosen Deutschlands Jg. 33 Nr. 3 (01.02.1928), 18.

Franz MANSFELD, Zum 25jährigen Jubelfest des katholischen Taubstummen - Vereins "St. Josef" in Düsseldorf, in: Taubstummen - Führer. Zeitschrift für die katholischen Gehörlosen Deutschlands Jg. 41 Nr. 17 (01.09.1936), Beilage "Unsere Welt. Nachrichten aus dem Reichs - Verband und den Vereinen der katholischen Taubstummen", 67.

Das MARIEN - DENKMAL von Düsseldorf und die Antwort des Stadtraths auf die Eingabe um Bewilligung des Friedrichplatzes für dies Denkmal im Jahre 1866, beleuchtet vom Standpunkt der Kunst, Parität und Billigkeit, Düsseldorf 1869.

MARIEN - HOSPITAL zu Düsseldorf, Düsseldorf 1871.

Das MARIEN - HOSPITAL zu Düsseldorf. Bericht des Vorstandes für die Jahre 1864 - 1873, Düsseldorf 1874.

Heiner MARRÉ, Das Kirchensteuerrecht im Land Nordrhein - Westfalen. Kommentar zum Gesetz über die Erhebung von Kirchensteuern im Land Nordrhein - Westfalen (Kirchensteuergesetz - KiStG) in der Fassung der Bekanntmachung vom 13. November 1968 (GV NW 1968 S. 375) und zu den Kirchensteuerordnungen der im Lande Nordrhein - Westfalen gelegenen Diözesen. Zugleich ein Beitrag zum allgemeinen Staatskirchenrecht, Münster 1969.

Bert MARSZALEK, Die katholische Erziehungsberatungsstelle - ein caritativer Dienst stellt sich vor, in: 75 Jahre Caritasverband in Düsseldorf, Düsseldorf 1979, o. S. (96 - 102).
Angelika MASBERG, Schulalltag im Spiegel zeitgeschichtlicher Entwicklungen. Studien zum Wandel der ältesten höheren Schule in Düsseldorf, des heutigen Görres - Gymnasiums, Diss. Düsseldorf 1985.
Georg MATERN, Die katholischen Wohlthätigkeits - Anstalten und -Vereine sowie das Katholisch - soziale Vereinsleben in der Diöcese Ermland, Freiburg 1900.
Giacomo MATURI, Arbeitsplatz: Deutschland. Wie man südländische Gastarbeiter verstehen lernt, Mainz 1964.
Catherine MAURER, Wie entstand die "Caritaswissenschaft" ? Ursprung und Entwicklung eines Konzeptes und einer Handlungspraxis, in: Michael Manderscheid, Die ersten hundert Jahre. Forschungsstand zur Caritasgeschichte. Dokumentation eines Symposions der Fortbildungsakademie des Deutschen Caritasverbandes, Freiburg 1998, 138 - 158.
Catherine MAURER, Le modèle allemand de la charité. La Caritas de Guillaume II à Hitler, Strasbourg 1999.
Wilhelm MAURER, Die christliche Diakonie im Mittelalter, in: Herbert Krimm, Das Diakonische Amt der Kirche, Stuttgart 1953, 124 - 155.
Franz Anton MAY, Unterricht für Krankenwärter zum Gebrauch öffentlicher Vorlesungen, Mannheim 1782.
Josef MAY, Geschichte der Generalversammlungen der Katholiken Deutschlands, Köln 1903.
Elvira MAYER - MONTFORT, Aus der Geschichte der deutschen Elisabethvereine, in: Mathilde Otto, Elisabethgeist und Elisabethengeist. Zum VII. Centenarium den deutschen Elisabeth- und Frauen - Vinzenzvereinen gewidmet, Freiburg 1931, 13 - 34.
Paul MAZURA, Die Entwicklung des politischen Katholizismus in Schlesien von seinen Anfängen bis zum Jahre 1880, Breslau 1925.
Martin MEISE VON AMBÜREN, Die Revolution 1848/49 in Düsseldorf, in: Bernd Füllner, Düsseldorf als Stadt der Kunst 1815 - 1850. Quellensammlung, Düsseldorf 1987, 317 - 387.
Karl MENGELKOCH, Die städtischen Jugendämter und die freiwillige Jugendfürsorge, in: Die staatliche und gemeindliche Jugendfürsorge und die Caritas. Auf Grund der Jugendfürsorgekonferenz des sechzehnten Caritastages zu Dresden, 25. September 1911, Freiburg 1912, 221 - 231.
Hugo MENNEMANN, Sterben lernen, heißt leben lernen. Sterbebegleitung aus sozialpädagogischer Perspektive, Münster 1998.
Alleinstehende MENSCHEN ohne Wohnung - "Nichtseßhafte". Fortschreibung einer Konzeption für eine differenzierte und integrierte Nichtseßhaftenhilfe der Caritas. Beschluß des Zentralrates des Deutschen Caritasverbandes vom 16. April 1986, Freiburg 1986.
Behinderte MENSCHEN - Auftrag, Aufgaben und Dienste der Caritas. Denkschrift zur Behindertenhilfe der Caritas. Beschluß des Zentralrates des Deutschen Caritasverbandes vom 28. April 1977, Freiburg 1977.
Ursula MENZEMER, Leiden an der Schule. Eine sozialpädagogische Analyse, Frankfurt 1981.
Friedrich Everhard von MERING, Der Rittersitz Elbroich, in: Friedrich Everhard von Mering, Geschichte der Burgen, Rittergüter, Abteien und Klöster in den Rheinlanden und den Provinzen Jülich, Cleve, Berg und Westphalen nach archivarischen und anderen authentischen Quellen Bd. 3, Köln 1836, 54 - 102.
Friedrich Everhard von MERING, Die Abtei Düsselthal, in: Friedrich Everhard von Mering, Geschichte der Burgen, Rittergüter, Abteien und Klöster in den Rheinlanden und den Provinzen Jülich, Cleve, Berg und Westphalen nach archivarischen und anderen authentischen Quellen Bd. 11, Köln 1858, 1 - 7.

Luise MERKENS, Fürsorge und Erziehungsarbeit bei Körperbehinderten in Deutschland bis zum preußischen Krüppelfürsorgegesetz 1920 mit Ausblick auf die gegenwärtige Situation. Eine historische Grundlegung zur Körperbehindertenpädagogik, Diss. Köln 1974.

Gabriele MERTENS, Dienst am Menschen unterwegs - unser Auftrag seit 130 Jahren, in: Raphaels - Werk. Jahrbuch 2001, Hamburg 2000, 6 - 7.

Josef MERTTENS, St. Vincenzhaus, Privatfrauenklinik, Schloßstraße 81, in: Arthur Schloßmann, Die Düsseldorfer Kranken-, Heil- und Pflegeanstalten, Düsseldorf 1926, 256 - 264.

Norbert METTE, Grundprinzip Gemeindecaritas, in: Caritas. Zeitschrift für Caritasarbeit und Caritaswissenschaft Jg. 98 Nr. 4 (April 1997), 149 - 161.

Helmut METZMACHER, Der Novemberumsturz 1918 in der Rheinprovinz, in: Annalen des Historischen Vereins für den Niederrhein 168/169 (1967), 135 - 265.

Heinrich METZNER, "Das Werk der Nächstenliebe", der St. Vinzenz - Verein auf der 1. Versammlung der "Katholischen Vereine" in Mainz, in: Ludwig Lenhart, Idee, Gestalt und Gestalter des ersten deutschen Katholikentages in Mainz 1848, Mainz 1948, 248 - 267.

Max MEURER, Die Maxschule. Ein Beitrag zur Düsseldorfer Schulgeschichte, in: Das Tor Jg. 4 Nr. 9 (September 1935), 225 - 248.

Sabine MEUTER, Fingerspitzengefühl ist gefragt. Zigeunerkinder besuchen Tagesstätte freiwillig, in: Katholische Nachrichtenagentur (KNA). Westdeutscher Dienst. Die Reportage Jg. 18 Nr. 2 (27.02.1988), 1 - 2.

Sabine MEUTER, Geißler gab den Anstoß. Caritas: 20 Jahre Sozialstationen, in: Kirchenzeitung für das Erzbistum Köln Jg. 44 Nr. 33 (18.08.1989), 13.

Otto MEYER, Bürgerspital Würzburg 1319 bis 1969. Festrede aus Anlaß der 650. Wiederkehr des Stiftungstages am 23. Juni 1969, Würzburg 1969.

Robert MEYER, Die Ausstellungsbauten in technisch - organisatorischer Beziehung, in: Arthur Schloßmann, Ge - So - lei. Große Ausstellung Düsseldorf 1926 für Gesundheitspflege, soziale Fürsorge und Leibesübungen Bd. 1, Düsseldorf 1927, 65 - 91.

Wendelin MEYER, Mutter Maria Kasper. Stifterin der Genossenschaft der Armen Dienstmägde Jesu Christi. Heiliges Magdtum vor Gott, Wiesbaden 1933.

Luigi MEZZADRI, Federico Ozanam. Se non ho la carità, non sono niente, Milano 2000.

S. MIESEN, Bunker - Caritas, in: Caritasverband Düsseldorf. Rundbrief an unsere Mitarbeiter und Mitarbeiterinnen Jg. 22 Nr. 4 (August 1946), 4.

Klaus MILITZER, Quellen zur Geschichte der Kölner Laienbruderschaften vom 12. Jahrhundert bis 1562/63 2 Bde, Düsseldorf 1997.

Klaus MILITZER, Laienbruderschaften in Köln im 16. Jahrhundert, in: Georg Mölich, Köln als Kommunikationszentrum. Studien zur frühneuzeitlichen Stadtgeschichte, Köln 2000, 255 - 270.

Klaus MILITZER, Laienbruderschaften in Köln in Spätmittelalter und früher Neuzeit, in: Albert Gerhards, Kölnische Liturgie und ihre Geschichte. Studien zur interdisziplinären Erforschung des Gottesdienstes im Erzbistum Köln, Münster 2000, 222 - 242.

Carl Heinrich August MINDEL, Wegweiser Düsseldorf's oder Grundlage zur geographisch, statistisch-, topographisch-, historischen Darstellung von Düsseldorf, nach seinen frühern und derzeitigen Verhältnissen. Aus den zuverläßigsten Quellen entnommen, zusammengetragen und aufgestellt, Düsseldorf 1817.

Elisabeth MINNEMANN, Die Bedeutung sozialer Beziehungen für Lebenszufriedenheit im Alter, Regensburg 1994.

MITGLIEDER - VERZEICHNISS des Charitas - Verbandes für das katholische Deutschland. (Nach den Anmeldungen bis 1. August 1898), Freiburg 1898.

Elisabeth MLEINEK, Der Verein katholischer deutscher Lehrerinnen im Kampfe gegen den Nationalsozialismus, Berlin 1948.

Hubert MOCKENHAUPT, Franz Hitze (1851 - 1921), in: Rudolf Morsey, Zeitgeschichte in Lebensbildern. Aus dem deutschen Katholizismus des 20. Jahrhunderts, Mainz 1973, 53 - 64 und 299 - 300.

Gerhard MODEMANN, Hundert Jahre Klarissenkloster Düsseldorf, in: Kirchenzeitung für das Erzbistum Köln Jg. 14 Nr. 34 (23.08.1959), 16.

Ernst von MOELLER, Die Elendenbrüderschaften. Ein Beitrag zur Geschichte der Fremdenfürsorge im Mittelalter, Leipzig 1906.

Walter MÖNCH, Weimar. Gesellschaft, Politik, Kultur in der Ersten Deutschen Republik, Frankfurt 1988.

Heribert MÖRSBERGER, Tageseinrichtungen für Kinder, in: Paul Nordhues, Handbuch der Caritasarbeit. Beiträge zur Theologie, Pastoral und Geschichte der Caritas mit Überblick über die Dienste in Gemeinde und Verband, Paderborn 1986, 363 - 371.

R. MOHR, Die katholische Caritas auf der Gesolei, in: Düsseldorfer Tageblatt Jg. 60 Nr. 166 (17.06.1926), o. S. (5 - 6).

Victor MOHR, Die Geschichte des Raphaels - Werkes. Ein Beispiel für die Sorge um den Menschen unterwegs, in: Zeitschrift für Kulturaustausch Jg. 39 Nr. 3 (1989), 354 - 362.

Wolfgang J. MOMMSEN, Die zweite Revolution, die nicht sein sollte: Die Reichsverfassungskampagne: die letzte Phase der Revolution von 1848/1849, in: Festschrift Wolfgang Schieder, Europäische Sozialgeschichte, Berlin 2000, 113 - 126.

Engelbert MONNERJAHN, Der St. - Raphaels - Verein zum Schutze katholischer deutscher Auswanderer, in: Jahrbuch der Caritaswissenschaft 5 (1963), 109 - 115.

Werner MONSELEWSKI, Der barmherzige Samariter. Eine auslegungsgeschichtliche Untersuchung zu Lukas 10, 25 - 37, Tübingen 1967.

Max MONTEGLAS, Die deutschen Dokumente zum Kriegsausbruch. Vollständige Sammlung der von Karl Kautsky zusammengestellten amtlichen Aktenstücke mit einigen Ergänzungen 5 Bde, Berlin 1919.

Ludwig MORAHT, Bericht betreffend die Besichtigung von Anstalten der geschlossenen Armenpflege in Rostock, Lübeck, Halle a. S., Frankfurt, Mainz, Wiesbaden und Düsseldorf, Hamburg 1898.

Gareth MORGAN, Bilder der Organisation, Stuttgart 1997.

Ronald MORSCHHEUSER, Kardinal Meisner weihte das St. Josefs - Haus ein. Modernes Zentrum für Senioren, in: Kirchenzeitung für das Erzbistum Köln Jg. 50 Nr. 41 (13.10.1995), 27.

Ronald MORSCHHEUSER, Sprechen in Gebärden. Gehörlosenseelsorge in der Düsseldorfer Gemeinde St. Mariä Empfängnis, in: Kirchenzeitung für das Erzbistum Köln Jg. 51 Nr. 24 (14.06.1996), 26.

Ronald MORSCHHEUSER, Sterben in Würde ermöglichen. Ökumenische Hospizbewegung in Düsseldorf - Süd gegründet, in: Kirchenzeitung für das Erzbistum Köln Jg. 51 Nr. 46 (15.11.1996), 26.

Ronald MORSCHHEUSER, Drogenhilfe macht Probleme. Düsseldorfer Pfarrgemeinde St. Elisabeth wirbt um Verständnis und Hilfe, in: Kirchenzeitung für das Erzbistum Köln Jg. 51 Nr. 48 (29.11.1996), 26.

Ronald MORSCHHEUSER, Familiärer Rahmen für Sterbende. Letzter Bauabschnitt für das neue stationäre Caritas - Hospiz beginnt, in: Kirchenzeitung für das Erzbistum Köln Jg. 52 Nr. 12 (21.03.1997), 26.

Ronald MORSCHHEUSER, Enge Kontakte seit 1982. Thüringer Caritasmitarbeiter zu Besuch in Düsseldorf, in: Kirchenzeitung für das Erzbistum Köln Jg. 52 Nr. 26 (27.06.1997), 26.

Ronald MORSCHHEUSER, Caritasverband eröffnete drittes Arbeitslosenzentrum, in: Kirchenzeitung für das Erzbistum Köln Jg. 52 Nr. 49 (05.12.1997), 26.

Ronald MORSCHHEUSER, Ziel ist die Jobvermittlung. Caritasverband Düsseldorf führt Modellprojekt durch, in: Kirchenzeitung für das Erzbistum Köln Jg. 53 Nr. 13 (27.03.1998), 7.

Ronald MORSCHHEUSER, Caritas - Altenzentrum aufwendig renoviert, in: Kirchenzeitung für das Erzbistum Köln Jg. 53 Nr. 26/27 (26.06.1998), 26.
Ronald MORSCHHEUSER, Helfen, bevor es zu spät ist, in: Kirchenzeitung für das Erzbistum Köln Jg. 54 Nr. 6 (12.02.1999), 26.
Ronald MORSCHHEUSER, Zurückführen ins Leben. Das Don Bosco Haus soll nur eine Station sein, in: Kirchenzeitung für das Erzbistum Köln Jg. 54 Nr. 18 (07.05.1999), 26.
Ronald MORSCHHEUSER, Großeltern gesucht. Caritasverband fördert neue Formen des ehrenamtlichen Engagements, in: Kirchenzeitung für das Erzbistum Köln Jg. 54 Nr. 23 (11.06.1999), 26.
Ronald MORSCHHEUSER, Jugendagentur zog Eröffnungsbilanz. Düsseldorfer Caritasverband berät und vermittelt Arbeit, in: Kirchenzeitung für das Erzbistum Köln Jg. 55 Nr. 4 (28.01.2000), 26.
Ronald MORSCHHEUSER, Gemeinsames Dach für eine Idee, die keine Konkurrenz kennt. "Hospizforum Düsseldorf" gegründet, in: Kirchenzeitung für das Erzbistum Köln Jg. 55 Nr. 8 (25.02.2000), 30.
Ronald MORSCHHEUSER, Eine Idee macht weiter Schule. Sozialarbeit der Düsseldorfer Caritas, in: Kirchenzeitung für das Erzbistum Köln Jg. 55 Nr. 14 (07.04.2000), 26.
Ronald MORSCHHEUSER, Fremdes entfalten - Neuem begegnen. "Caritas Zentrum International" in der Düsseldorfer Innenstadt eröffnet, in: Kirchenzeitung für das Erzbistum Köln Jg. 55 Nr. 39 (29.09.2000), 38.
Ronald MORSCHHEUSER, Rolle des Lückenfüllers lehnen sie ab. Düsseldorfer Caritas eröffnete Freiwilligenagentur "Impuls", in: Kirchenzeitung für das Erzbistum Köln Jg. 56 Nr. 3 (19.01.2001), 26.
Ronald MORSCHHEUSER, Fruchtbare Zusammenarbeit. Hauptschule und Caritasverband arbeiten zusammen, in: Kirchenzeitung für das Erzbistum Köln Jg. 56 Nr. 29/30 (20.07.2001), 30.
Ronald MORSCHHEUSER, Die Menschenfreundlichkeit Gottes in die Stadt tragen. Caritas für Düsseldorf: Neue Wortmarke, neues Logo, neue Anlaufstätte, in: Kirchenzeitung für das Erzbistum Köln Jg. 57 Nr. 24 (14.06.2002), 30.
Ronald MORSCHHEUSER, Seminar für Trauernde, in: Kirchenzeitung für das Erzbistum Köln Jg. 58 Nr. 18 (02.05.2003), 30.
Ronald MORSCHHEUSER, "Fantasymobil" gegen Sucht. Hilfsangebot zur Suchtprävention soll frühestmöglich wirken, in: Kirchenzeitung für das Erzbistum Köln Jg. 58 Nr. 31/32 (01.08.2003), 30.
Hans MOSLER, Die Abtei Altenberg in ihrem Verhältnis zum Landesherrn, in: Düsseldorfer Jahrbuch 47 (1955), 177 - 198.
Otto MOST, Taschenbuch des Statistischen Amts der Stadt Düsseldorf. Hauptziffern aus der Reichs-, Staats- und Stadt - Statistik, Düsseldorf 1913^5.
Otto MOST, Geschichte der Stadt Düsseldorf. Von 1815 bis zur Einführung der Rheinischen Städteordnung (1856), Düsseldorf 1921.
Carl MOSTERTS, Handbuch für die Katholiken Düsseldorfs, Düsseldorf 1909.
Christa MÜLLER, Caritas - Sozialstationen und ihre Verankerung in den Gemeinden, in: Caritas in Nordrhein - Westfalen Jg. 11 Nr. 2 (März/April 1982), 133 - 135.
Franz MÜLLER, Der Kirchliche Suchdienst, in: An der Aufgabe gewachsen. Zum 60jährigen Bestehen des Deutschen Caritasverbandes 1897 - 1957. Vom Werden und Wirken des Deutschen Caritasverbandes aus Anlaß seines sechzigjährigen Bestehens herausgegeben vom Zentralvorstand 1957, Freiburg 1957, 98 - 102.
Heinz MÜLLER, Die Containerkids. Migrantenkinder in katholischen Kindergärten: Chancen und Probleme des Miteinanders, in: Caritas in NRW Jg. 27 Nr. 5 (Dezember 1998), 18 - 19.

Klaus MÜLLER, Unter pfalz - neuburgischer und pfalz - bayerischer Herrschaft (1614 - 1806), in: Hugo Weidenhaupt, Düsseldorf. Geschichte von den Ursprüngen bis ins 20. Jahrhundert Bd. 2, Düsseldorf 1988, 7 - 312.

Lisette MÜLLER, Brief an eine jugendliche Freundin, in: 1933 - 1950. Einzelschicksale und Erlebnisse von Bürgern aus dem Stadtbezirk 10 (Garath/Hellerhof) und angrenzenden Stadtteilen, Düsseldorf 1986, 68 - 89.

Peter MÜLLER, "... wegen extension derer allees, und points des vues ...". Der Bau des Kapuzinerkanals und seine Auswirkungen. Berichte von 1765 und 1773, in: Benrath und sein Schloß, Düsseldorf 2002, 91 - 100.

Susanne MÜLLER, Schulschwänzen als Problemlösungsstrategie. Eine kritische Analyse der Problematik Schulschwänzen unter besonderer Berücksichtigung einer pädagogischen Zugänglichkeit, Diss. Berlin 1991.

Christoph MÜLLER - HONECKER, "Arme Brüder vom heiligen Franziskus" leisten Wohnungslosenhilfe. Neue Heimat für obdachlose Männer, in: Kirchenzeitung für das Erzbistum Köln Jg. 50 Nr. 22 (02.06.1995), 7.

Christoph MÜLLER - HONECKER, Wohnungslosen ein Dach über dem Kopf schaffen. Neue Projekte der Franziskanerbrüder in Düsseldorf, in: Kirchenzeitung für das Erzbistum Köln Jg. 51 Nr. 39 (27.09.1996), 7

Christoph MÜLLER - HONECKER, Wohnungslosenhilfe der "Armen - Brüder des heiligen Franziskus". "In die Schuhe der Betroffenen schlüpfen", in: Kirchenzeitung für das Erzbistum Köln Jg. 54 Nr. 3 (17.01.1997), 12 - 13.

Emil MÜNSTERBERG, Generalbericht über die Thätigkeit des deutschen Vereins für Armenpflege und Wohlthätigkeit während der ersten 15 Jahre seines Bestehens 1880 - 1895 nebst Verzeichnissen der Vereinsschriften und alphabetischem Register zu den Vereinsschriften, Leipzig 1896.

Emil MÜNSTERBERG, Generalbericht über die Thätigkeit des deutschen Vereins für Armenpflege und Wohltätigkeit während der ersten 25 Jahre seines Bestehens 1880 - 1905 nebst Verzeichnissen der Vereinsschriften und alphabetischem Register zu den Vereinsschriften, Leipzig 1905.

Markus MÜSSIG, Die Familien- und Hauspflege der westdeutschen Drittordensgemeinden, in: Matthäus Schneiderwirth, Der Dritte Orden des heiligen Franziskus. Festschrift zum 700jährigen Jubiläum seiner Gründung, Düsseldorf 1921, 90 - 94.

Markus MÜSSIG, Die Hauspflege des Dritten Ordens des hl. Franziskus, Wiesbaden 1927.

Axel Hinrich MURKEN, Krankenpflege unter dem Banner des Malteserkreuzes. Zur Geschichte des Johanniter- und Malteserordens und ihrer Hospitäler (1099 - 1798), in: Axel Hinrich Murken, Krankenpflege unter dem Banner des Malteserkreuzes. Zur Geschichte des Johanniter- und Malteserordens und ihrer Hospitäler (1099 - 1798), Herzogenrath 2001, 7 - 33.

Geschichtliche NACHRICHTEN über Ursprung und Entwickelung des Vereins für Pflege und Erziehung armer katholischer Waisenmädchen zu Düsseldorf, nebst den Statuten und einigen Erörterungen über das Amt einer Aufseherin und die Hausordnung in der Pflegeanstalt, Düsseldorf 1880.

N. NANAVSKAJA, Kindergruppen des Caritasverbandes. Integration fördern, in: Kirchenzeitung für das Erzbistum Köln Jg. 48 Nr. 37 (17.09.1993), 23.

Karl Friedrich Werner NASSE, Geschichtliche Entwicklung der rheinischen Irrenpflege von der Gründung der Provinzial - Irren - Heilanstalt zu Siegburg bis zu deren Aufhebung, in: Die Provinzial - Irren-, Blinden- und Taubstummen - Anstalten der Rheinprovinz in ihrer Entstehung, Entwickelung und Verfassung, dargestellt auf Grund eines Beschlusses des 26. Rheinischen Provinzial - Landtages vom 3. Mai 1879, Düsseldorf 1880, 3 - 36.

Armin NASSEHI, Tod, Modernität und Gesellschaft. Entwurf einer Theorie der Todesverdrängung, Opladen 1989.

Wilhelm NATHEM, Peter Paul Cahensly, der Gründer des St. Raphaelsvereins zum Schutze katholischer deutscher Auswanderer. Ein Gedenkblatt zu seinem 100. Geburtstag. 1838 - 28. Oktober - 1938, Hamburg 1938.

Adelbert NATORP, Kreuz und Kerker. Die Arbeit der christlichen Liebe an den Gefangenen und aus dem Gefängniß Entlassenen, vorzüglich nach der Wirksamkeit der Rheinisch - Westfälischen Gefängniß - Gesellschaft, Köln 1867.

Adelbert NATORP, Geschichte der evangelischen Gemeinde zu Düsseldorf. Eine Festschrift zur Einweihung ihres neuen Gotteshauses, der Johanneskirche, Düsseldorf 1881.

Gudrun NEISES, Die Trierer Borromäerinnen als Wegbereiter der missionarischen Krankenpflege (1811 - 1889), Diss. Köln 1990.

Karin NELL, Wo, bitte, geht's zum Netzwerk, in: Netzwerk - Zeitung mobil und engagiert in Düsseldorf Jg. 2 Nr. 2 (Dezember 2001), 3.

Werner NELLNER, Die Wanderungen der Vertriebenen im Bundesgebiet. Voraussetzung für ihre wirtschaftliche Eingliederung, in: Hans Joachim von Merkatz, Aus Trümmern wurden Fundamente. Vertriebene, Flüchtlinge, Aussiedler. Drei Jahrzehnte Integration, Düsseldorf 1979, 35 - 68.

NETZWERK ExtraNett. Senioreneinrichtungen und Seniorenhilfen im Bezirk 6 der Stadt Düsseldorf. Informationen für Senioren, Angehörige und in der Seniorenarbeit tätige Menschen in Mörsenbroich, Rath, Unterrath und Lichtenbroich, Düsseldorf 1998.

Johann NEUHÄUSLER, Kreuz und Hakenkreuz. Der Kampf des Nationalsozialismus gegen die katholische Kirche und der kirchliche Widerstand 2 Bde, München 1946².

Agnes NEUHAUS, Aus der Werkstätte des Guten Hirten, in: Charitas. Zeitschrift für die Werke der Nächstenliebe im katholischen Deutschland Jg. 10 Nr. 9 (Juni 1905), 197 - 203.

Agnes NEUHAUS, Moderne Probleme der Jugendfürsorge. Vortrag auf dem Caritastag in Essen am 12. Oktober 1910, in: Caritas. Zeitschrift für die Werke der Nächstenliebe im katholischen Deutschland Jg. 16 Nr. 5/6 (Februar/März 1911), 121 - 127.

Agnes NEUHAUS, Aus der Geschichte des Katholischen Fürsorgevereins für Mädchen, Frauen und Kinder, Dortmund 1929.

Heinrich NEUHAUS, Bericht über die Departemental - Irrenanstalt zu Düsseldorf in den letzten 25 Jahren (1884 bis 1909), Düsseldorf 1909.

Beate NEUHÖFER, Bausteine für ein ganzheitliches Pflegekonzept im ambulanten Pflege- und Betreuungsdienst. Diözesan - Caritasverband für das Erzbistum Köln, Köln 2000.

Hans NEUMANN, Die Schwiertz - Stephan - Stiftung in Düsseldorf - Bilk, in: Die Bilker Sternwarte Jg. 14 Nr. 10 (Oktober 1968), 109 - 111.

Josef NEUMANN, Zum Kampf gegen den Alkohol, in: Charitas. Zeitschrift für die Werke der Nächstenliebe im katholischen Deutschland Jg. 1 Nr. 5 (Mai 1896), 103 - 106, Nr. 7 (Juli 1896), 149 - 153, Nr. 9 (September 1896), 200 - 202 und Nr. 12 (Dezember 1896), 268 - 269.

Josef NEUMANN, Die Aufgabe der katholischen Charitas in der Mäßigkeitsbewegung. Vortrag gehalten zu Schwäbisch - Gmünd auf dem I. Charitastag und dem VI. praktisch - sozialen Kursus am 14. Oktober 1896, Essen 1896.

Josef NEUMANN, Zum Geleite, in: Volksfreund zur Beförderung der Mäßigkeitsbestrebungen Jg. 1 Nr. 1 (Mai 1897), 1.

Josef NEUMANN, Zur Reform der Trunksitten. Die Mitarbeit der deutschen Katholikentage an denselben, dargelegt aus ihren Verhandlungen. Ein kleiner Beitrag zur großen Alkoholfrage, Köln 1903.

Josef NEUMANN, Mäßigkeitskatechismus in Wort und Bild, Rellinghausen o. J.³

Karl NEUMANN, Geschichte der öffentlichen Kleinkindererziehung von 1945 bis in die Gegenwart, in: Günter Erning, Geschichte des Kindergartens Bd. 1, Freiburg 1987, 83 - 115.

Ina NEUNDÖRFER, Schwester Emilie Schneider, Tochter vom heiligen Kreuz. Ein Lebensbild, in: Katholischer Frauenkalender 2 (1926), 42 - 50.

1930 St. Peter. Kirchenkalender 1930 und Wegweiser durch die Pfarre St. Peter, Düsseldorf 1929.

1975 - 2000. 25 Jahre Bezirksvertretung und Bezirksverwaltung im Stadtbezirk 10 Garath - Hellerhof, Düsseldorf 2001.

1967 - 1977. St. Theresia - Gemeinde Düsseldorf - Garath, Düsseldorf 1977.

NEUORDNUNG der ambulanten gesundheits- und sozialpflegerischen Dienste (Sozialstationen), Freiburg 1974.

Susanne NEUSEN, Die großen Ausstellungen in Düsseldorf 1852 - 1937 und ihr Einfluß auf das Wachsen und Werden der Stadt 2 Bde, Magisterarbeit Düsseldorf 1975.

Franz Xaver NIEDERMAYER, Das Deutsche Don - Bosco - Werk im Jahre der Seligsprechung Don Boscos 1929, München 1929.

Maurus M. NIEHUES, Die Fürsorgesammelstation der Dominikanerinnen zu Düsseldorf - Heerdt, in: Caritas. Zeitschrift für die Werke der Nächstenliebe im katholischen Deutschland Jg. 19 Nr. 6 (März 1914), 150 - 155.

Dietmar NIEMANN, Die Düsseldorfer Arbeiterwohlfahrt von ihren Ursprüngen bis zur Gegenwart 1904 - 1980. Ein Beitrag zur Sozialgeschichte der Stadt Düsseldorf, Düsseldorf 1980.

Dietmar NIEMANN, Düsseldorf während der Revolution 1848/49, Münster 1983.

Dietmar NIEMANN, Die Revolution von 1848/49 in Düsseldorf. Geburtsstunde politischer Parteien und Bürgerinitiativen, Düsseldorf 1993.

Walter NIGG, Die verborgene Heilige. Katharina Kasper (1820 - 1898), Dernbach 1967.

Bruno W. NIKLES, Machtergreifung am Bahnhof. Nationalsozialistische Volkswohlfahrt und kirchliche Bahnhofsmission 1933 bis 1945, in: Neue Praxis. Zeitschrift für Sozialarbeit, Sozialpädagogik und Sozialpolitik Jg. 19 Nr. 3 (Juni 1989), 242 - 261.

Bruno W. NIKLES, Pater Cyprian Fröhlich (1853 - 1931) - Ein Wegbereiter des Deutschen Caritasverbandes, in: Caritas '93. Jahrbuch des Deutschen Caritasverbandes, 321 - 331.

Bruno W. NIKLES, Soziale Hilfe am Bahnhof. Zur Geschichte der Bahnhofsmission in Deutschland (1894 - 1960), Freiburg 1994.

Bruno W. NIKLES, "Mehr Organisation, mehr Publikation". Maximilian Brandts und die Gründung des Deutschen Caritasverbandes, in: Stimmen der Zeit Jg. 122 Bd. 215 Nr. 9 (September 1997), 593 - 602.

Andreas NISSEN, Gott und der Nächste im antiken Judentum. Untersuchungen zum Doppelgebot der Liebe, Tübingen 1974.

Martin NÖRBER, Jung und engagiert. Neuere Daten zum ehrenamtlichen Engagement junger Menschen, in: deutsche jugend. Zeitschrift für die Jugendarbeit Jg. 49 Nr. 4 (April 2001), 165 - 174.

Thomas NÖRBER, Organisation der katholischen Caritas, in: Erwin Gatz, Akten der Fuldaer Bischofskonferenz Bd. 3, Mainz 1985, 247 - 253.

Heinz - Herbert NOLL, Lebensqualität im Alter, in: Das hohe Alter - Konzepte, Forschungsfelder, Lebensqualität, Hannover 2002, 229 - 313.

Rüdiger NOLTE, Pietas und Pauperes. Klösterliche Armen-, Kranken- und Irrenpflege im 18. und frühen 19. Jahrhundert, Köln 1996.

Constantin NOPPEL, Denkschrift über den Ausbau der katholischen Caritasorganisation, Freiburg 1915.

Paul NORDHUES, Gemeinsame Synode und Caritas, in: Paul Nordhues, Handbuch der Caritasarbeit. Beiträge zur Theologie, Pastoral und Geschichte der Caritas mit Überblick über die Dienste in Gemeinde und Verband, Paderborn 1986, 195 - 199.

NOT sehen und handeln. Der Caritasverband für die Region Krefeld e. V., Krefeld 2000.

NOTIERT in NRW. Pilotprojekt "Integrierte Hilfe zur Arbeit". Bericht der wissenschaftlichen Begleitung, Düsseldorf 2002.

Klaus NOVY, Reformführer NRW. Soziale Bewegungen, Sozialreform und ihre Bauten, Köln 1991.

Elisabeth NOWAK, Zehn Jahre Caritas - Aids - Arbeit, in: Neue Caritas Jg. 100 Nr. 3 (17.11.1999), 27 - 30.

Kurt NOWAK, "Euthanasie" und Sterilisierung im "Dritten Reich". Die Konfrontation der evangelischen und katholischen Kirche mit dem "Gesetz zur Verhütung erbkranken Nachwuchses" und der "Euthanasie" - Aktion, Göttingen 1978.

Kurt NOWAK, Sterilisation und "Euthanasie" im Dritten Reich. Tatsachen und Deutungen, in: Geschichte in Wissenschaft und Unterricht 39 (1988), 327 - 341.

Susanne NOWAK, Null Bock auf Schule von gestern. Schulverweigerung - ein (Massen-) Phänomen betroffener Jugendlicher oder auch ein Hinweis auf dringend erforderliche Veränderungen des bestehenden Schulsystems ?, in: Neue Caritas Jg. 101 Nr. 9 (31.05.2000), 19 - 22.

Günter NUTH, Befreites Leben. Ein österliches Lesebuch für unsere Kriegsgefangenen und Zivilarbeiter in aller Welt, Düsseldorf 1948.

Christiane OBERMÜLLER, Arbeitslosen Jugendlichen wird geholfen, in: Caritas in Nordrhein - Westfalen Jg. 18 Nr. 1 (Januar/Februar 1989), 77 - 78.

Adalbert OEHLER, Düsseldorf im Weltkrieg. Schicksal und Arbeit einer deutschen Großstadt, Düsseldorf 1927.

Ferdinand OERTEL, Otto hat bisher viel Pech gehabt. Das Don - Bosco - Haus in Düsseldorf verschafft jungen Menschen einen neuen Start, in: Kirchenzeitung für das Erzbistum Köln Jg. 10 Nr. 5 (31.01.1955), 72.

Norbert OHLER, Sterben, Tod und Grablege nach ausgewählten mittelalterlichen Quellen, in: Hansjakob Becker, Im Angesicht des Todes. Ein interdisziplinäres Kompendium Bd. 1, St. Ottilien 1987, 569 - 591.

Norbert OHLER, Sterben und Tod im Mittelalter, München 1990.

Norbert OHLER, Pilgerleben im Mittelalter. Zwischen Andacht und Abenteuer, Freiburg 1993.

Antje OLIVIER, "Min Vatter jeht no Mannesmann". Durch Rath und Aaper Wald, in: Udo Achten, Düsseldorf zu Fuß. 17 Stadtteilrundgänge durch Geschichte und Gegenwart, Hamburg 1989, 155 - 164.

Thomas OLK, Jugendhilfe und Schule. Empirische Befunde und theoretische Reflexionen zur Schulsozialarbeit, Weinheim 2000.

Peter OPLADEN, Groß St. Martin. Geschichte einer stadtkölnischen Abtei, Düsseldorf 1954.

ORDNUNG für die Departemental - Irren - Anstalt zu Düsseldorf, Düsseldorf 1826.

Eberhard ORTHBANDT, Der Deutsche Verein in der Geschichte der deutschen Fürsorge. Zum hundertjährigen Bestehen des Deutschen Vereins aus Quellen erarbeitet und dargestellt, Frankfurt 1980.

Franz OSTERMANN, Die Aufgaben des katholischen Männer - Fürsorge - Vereins, insbesondere die durch den Krieg geschaffenen, in: Theologie und Glaube Jg. 7 Nr. 10 (08.10.1915), 617 - 628.

Anton OVERBACH, Ausführliche Nachweisung über Empfang und Ausgabe bey der Allgemeinen Armen - Anstalt in Düsseldorf für das Jahr 1805 nebst zweckmäßigen Bemerkungen, Düsseldorf 1806.

Cyrus OVERBECK, Otto Pankok. Maler, Grafiker, Bildhauer. Eine Biographie, Düsseldorf 1995.

Marion PAAR, Schulsozialarbeit. Vorbeugen ist besser als Heilen, in: Caritas '94. Jahrbuch des Deutschen Caritasverbandes, 91 - 96.

PACTUM Marianum de una missa quae, dum pacti socius moritur, tam pro isto quam pro omnibus adhuc vivis a quolibet confoederatio curari debet Anno MDCXIX inceptum Dusseldorpii, et ad praesentem annum MDCCCLV continuatum, Düsseldorf 1855.

Josef PALMEN, Vom katholischen Caritasverband, Düsseldorf, in: Düsseldorfer Tageblatt Jg. 50 Nr. 1 (01.01.1916), o. S. (6).

Josef PALMEN, Die deutsche Caritas und ihre Zentralisationsbestrebungen, in: Düsseldorfer Tageblatt Jg. 50 Nr. 29 (30.01.1916), o. S. (5).

Josef PALMEN, Vom örtlichen katholischen Caritasverband in Düsseldorf, in: Caritas. Zeitschrift für die Werke der Nächstenliebe im katholischen Deutschland Jg. 21 Nr. 5/6 (Februar/März 1916), 198.
Eva PANKOK, Otto Pankok. Werkverzeichnis 4 Bde, Düsseldorf 1985/1990/1995/2002.
Otto PANKOK, Zigeuner, Düsseldorf 1947/1958².
Helmut PATHE, "Macht Euch keine Sorgen". Der Caritasverband für die Stadt Düsseldorf und seine Hospizdienste. Ein Gespräch mit Caritasdirektor Johannes Böcker, in: Hospiz - Zeitung. Caritasverband für die Stadt Düsseldorf e. V. "Nicht alleine gehen". Caritas - Hospiz Düsseldorf eröffnet, Düsseldorf 1997, 8 - 9.
Helmut PATHE, Erste Bildtelefonzelle für Gehörlose eingerichtet. Caritas in Düsseldorf nutzt moderne Telekommunikationstechnik, in: Kirchenzeitung für das Erzbistum Köln Jg. 54 Nr. 46 (16.11.1999), 7.
Martin PATZEK, Im Dienste der Jugend - offen dem Aufruf der Zeit. Elisabeth Denis und IN VIA - Deutscher Verband katholischer Mädchensozialarbeit, Diss. Freiburg 1989.
Auguste von PECHMANN, Der St. Elisabethen - Verein in München, in: Charitas. Zeitschrift für die Werke der Nächstenliebe im katholischen Deutschland Jg. 2 Nr. 1 (Januar 1897), 8 - 11.
Michael PEGEL, Fremdarbeiter, displaced persons, heimatlose Ausländer. Konstanten eines Randgruppenschicksals in Deutschland nach 1945, Münster 1997.
Meike PEGLOW, Das neue Ehrenamt. Erwartungen und Konsequenzen für die soziale Arbeit, Marburg 2002.
Wolfgang PEHNT, Die Architektur des Expressionismus, Stuttgart 1973.
Carl PELMAN, Bericht über die Provinzial - Irrenanstalt zu Grafenberg, in: Die Provinzial - Irren-, Blinden- und Taubstummen - Anstalten der Rheinprovinz in ihrer Entstehung, Entwickelung und Verfassung, dargestellt auf Grund eines Beschlusses des 26. Rheinischen Provinzial - Landtages vom 3. Mai 1879, Düsseldorf 1880, 189 - 201.
Carl PELMAN, Chronik der Anstalt, in: Bericht über die Rheinische Provinzial - Irrenanstalt Grafenberg in den Jahren 1876 - 1885, Düsseldorf 1886, 5 - 10.
Carl PELMAN, Erinnerungen eines alten Irrenarztes, Bonn 1912.
Margit PERAS, Ehrenamtliches Engagement in den Pfarrgemeinden der Erzdiözese Bamberg. Eine empirische Untersuchung, in: Walter Bender, "Ich bewege etwas". Ehrenamtliches Engagement in der katholischen Kirche. Eine Untersuchung am Lehrstuhl Andragogik der Otto - Friedrich - Universität Bamberg (Prof. Dr. J. Reischmann), Freiburg 2001, 18 - 62.
Josef PERETTI, Die Rheinische Provinzial - Irrenanstalt zu Grafenberg, in: Düsseldorf im Jahre 1898. Festschrift den Theilnehmern an der 70. Versammlung deutscher Naturforscher und Ärzte, Düsseldorf 1898, 219 - 223.
Heinrich PESCH, Die Wohltätigkeitsanstalten der christlichen Barmherzigkeit in Wien, Freiburg 1891.
Rudolf PESCH, Die Diakonie der Gemeinde nach dem Neuen Testament, Freiburg 1974.
Bruno PETERS, Die Caritas und die Vertriebenen, in: Aus dem katholischen Leben. Mitteilungen des Diözesankomitees der Katholikenausschüsse der Erzdiözese Köln Jg. 5 Nr. 10 (Februar 1952), 9 - 10.
Heinz PETERS, Die Baudenkmäler in Nord - Rheinland. Kriegsschäden und Wiederaufbau, Kevelaer 1951.
Elizabeth PETUCHOWSKI, Gertrud Luckner: Widerstand und Hilfe, in: Freiburger Rundbrief Jg. 7 Nr. 4 (4. Quartal 2000), 242 - 259.
PFARRER Peter Lindlar 1919 - 1929. Ein Rückblick, Düsseldorf 1929.
Otto PFÜLF, M. Clara Fey vom armen Kinde Jesus und ihre Stiftung 1815 - 1894, Freiburg 1913².
Heidrun PIEPER, Klara - Gase - Altenkrankenheim Wersten im Bau. Den Grundstein gelegt. Vor 25 Jahren Kuratorium in St. Maria Rosenkranz gebildet, in: Rheinische Post Jg. 35 Nr. 146 (27.06.1980), Beilage "Bei uns in Eller, Lierenfeld, Wersten, Himmelgeist" o. S. (5).

Claudia PINL, "Massenkriege hat es zur Zeit des Matriarchats nicht gegeben ...". Das Leben der Pazifistin und Feministin Christa Thomas, in: Irene Franken, Köln der Frauen. Ein Stadtwanderungs- und Lesebuch, Köln 1992, 61 - 72.

PIUS XI., Rundschreiben über die christliche Ehe in Hinsicht auf die gegenwärtigen Verhältnisse, Bedrängnisse, Irrtümer und Verfehlungen in Familie und Gesellschaft, Freiburg 1931.

Konrad PÖLZL, Migrationsdienststellen unter einem Dach, in: Caritas '94. Jahrbuch des Deutschen Caritasverbandes, 163 - 168.

Ernst POENSGEN, Die wirtschaftliche Bedeutung der Gesolei, in: Arthur Schloßmann, Ge - So - lei. Große Ausstellung Düsseldorf 1926 für Gesundheitspflege, soziale Fürsorge und Leibesübungen Bd. 1, Düsseldorf 1927, 15 - 17.

Brigitte POHL - RESL, Rechnen mit der Ewigkeit. Das Wiener Bürgerspital im Mittelalter, Wien 1996.

Stadt - Düsseldorffische POLICEY- UND TAX - ORDNUNG auffgerichtet im Jahr 1706 und 1728 wiederumb auffs neu auffgelegt, Düsseldorf 1728.

Hildegard POLIS, Kindergärten in Düsseldorf, in: Monatsblatt des Städtischen Wohlfahrts- und Gesundheitsamtes Düsseldorf Jg. 6 Nr. 10 (Oktober 1932), 156.

POLIZEI - VERORDNUNG betreffend Bezeichnung der Strassen, Thore, öffentlichen Plätze, Werfte etc. und die Nummerirung der Häuser in dem innerhalb des Stadtbau- und Stadterweiterungs - Planes liegenden Theile der Ober - Bürgermeisterei Düsseldorf nebst Nummerirungs - Register und Nummerirungs - Plan, Düsseldorf 1858.

Gisela POLLACK, Kreuzbund Düsseldorf 1911 - 1986. 75 Jahre Nächstenliebe - Hilfe für Suchtkranke, in: 75 Jahre Verständnis und Verständigung. Kreuzbund Düsseldorf. Selbsthilfe- und Helfergemeinschaft für Suchtkranke. Fachverband des Deutschen Caritasverbandes, Düsseldorf 1986, 35 - 41.

Dorlies POLLMANN, Nichts tut mir leid. Christa Thomas, in: Dorlies Pollmann, Weil ich das Leben liebe. Persönliches und Politisches aus dem Leben engagierter Frauen, Köln 1981, 11 - 22.

Felix PORSCH, Das Preußische Gesetz betreffend das Diensteinkommen der katholischen Pfarrer, in: Archiv für katholisches Kirchenrecht Jg. 78 Nr. 4 (1898), 711 - 794.

Hedi PORTEN, Vom Wohnwagen zum Wohlgefühl, in: Liboriusblatt. Wochenzeitschrift für die Katholische Familie Jg. 86 Nr. 10 (11.03.1984), 12 - 13.

Hans - Werner PRAHL, Soziologie des Alterns. Eine Einführung, Paderborn 1996.

Ferdinand Michael PRONOLD, 50 Jahre Kirchlicher Suchdienst. Die Heimatortskarteien der kirchlichen Wohlfahrtsverbände. Stand 1995/96, München 1996.

Lorain PROSPER, Geschichte der Abtei Cluny von ihrer Stiftung bis zu ihrer Zerstörung zur Zeit der französischen Revolution, Tübingen 1858.

Der PROZESS gegen die Hauptkriegsverbrecher vor dem Internationalen Militärgerichtshof Nürnberg 14. November 1945 - 1. Oktober 1946 42 Bde, Nürnberg 1947/1949.

Ursula PRUSS, Caritas in der DDR, in: Horst Dähn, Die Rolle der Kirchen in der DDR. Eine erste Bilanz, München 1993, 198 - 210.

Erich PÜSCHEL, Unsere Sorge um die Spätaussiedler, in: Caritas. Zeitschrift für Caritasarbeit und Caritaswissenschaft Jg. 58 Nr. 5/6 (Mai/Juni 1957), 136 - 142.

Erich PÜSCHEL, Zwölf Jahre Caritasdienst für Vertrieben und Flüchtlinge, in: An der Aufgabe gewachsen. Zum 60jährigen Bestehen des Deutschen Caritasverbandes 1897 - 1957. Vom Werden und Wirken des Deutschen Caritasverbandes aus Anlaß seines sechzigjährigen Bestehens herausgegeben vom Zentralvorstand 1957, Freiburg 1957, 118 - 126.

Erich PÜSCHEL, Die Hilfe der Caritas, in: Eugen Lemberg, Die Vertriebenen in Westdeutschland. Ihre Eingliederung und ihr Einfluß auf Gesellschaft, Wirtschaft, Politik und Geistesleben Bd. 1, Kiel 1959, 263 - 273.

Erich PÜSCHEL, Die Hilfe der deutschen Caritas für Vertriebene und Flüchtlinge nach dem zweiten Weltkrieg (1945 - 1966), Freiburg 1972.

Placidus PÜTZ, Eine historisch - rechtliche Denkschrift zur Wiederherstellung der Kölnischen Ordensprovinz von P. Placidus Pütz aus seinem Nachlaß herausgegebene und mit einer Einleitung und Anmerkungen versehen von P. Edmund Kurten, in: Rhenania Franciscana Jg. 37 Nr. 4 (Oktober/Dezember 1984), 247 - 249, Jg. 38 Nr. 1 (Januar/März 1985), 335 - 342, Nr. 3 (Juli/September 1985), 566 - 572, Nr. 4 (Oktober/Dezember 1985), 701 - 706, Jg. 39 Nr. 1 (Januar/März 1986), 784 - 789, Nr. 2 (April/Juni 1986), 948 - 951, Nr. 3 (Juni/September 1986), 1033 - 1037.

Hellmut PUSCHMANN, Caritas in einer marxistischen Umwelt. Die Arbeit der Caritas seit 1945 im Ostteil Deutschlands, in: Caritas '91. Jahrbuch des Deutschen Caritasverbandes, 37 - 41.

Hellmut PUSCHMANN, Jahresthema: "Arbeitslos: abgeschrieben.", in: Caritas. Zeitschrift für Caritasarbeit und Caritaswissenschaft Jg. 96 Nr. 1 (Januar 1995), 1.

Hellmut PUSCHMANN, Gemeindecaritas: Alibi für Kirchlichkeit oder Grundprinzip sozialer Arbeit im Caritasverband ?, in: Caritas. Zeitschrift für Caritasarbeit und Caritaswissenschaft Jg. 98 Nr. 4 (April 1997), 161 - 167.

Michaela PUZICHA, "Ich war fremd, und ihr habt mich aufgenommen". Zur Aufnahme des Fremden in der Alten Kirche, in: Ottmar Fuchs, Die Fremden, Düsseldorf 1988, 167 - 182.

Erwin QUEDENFELDT, Einzelbilder vom Niederrhein. Zur Pflege der Heimatkunst 3 Bde, Düsseldorf 1909/1911.

Henricus QUODBACH, Regel, und Satzungen der so genannten Wart - Schwestern. Aus Alten, schier unlesbaren Schriften in gegenwärtiges Teutsch übersetzt, und gemelten Schwesteren zum besten in Druck übergeben. Alles zu grösserer Ehren Gottes, der Clösterlichen Zucht, Aufnahm und Fortpflanzung, Düsseldorf 1785.

Erich RAAB, Handbuch Schulsozialarbeit. Konzeption und Praxis sozialpädagogischer Förderung von Schülern, München 1987.

Josef RADOMSKI, Die religiöse Versorgung der katholischen Taubstummen im Königreich Preußen, in: Caritas. Zeitschrift für die Werke der Nächstenliebe im katholischen Deutschland Jg. 18 Nr. 4 (Januar 1913), 98 - 100.

Karl RAHNER, Über die Einheit von Nächsten- und Gottesliebe, in: Geist und Leben. Zeitschrift für Aszese und Mystik 38 (1965), 168 - 185.

Franz RANFT, Ernst Franz August Münzenberger. Stadtpfarrer von Frankfurt (1870 - 1890). Studien zu seinem Wirken und zu seiner Persönlichkeit, Fulda 1926.

Petra Madeleine RAPP, Die Devisenprozesse gegen katholische Ordensangehörige und Geistliche im Dritten Reich. Eine Untersuchung zum Konflikt deutscher Orden und Klöster in wirtschaftlicher Notlage, totalitärer Machtausübung des nationalsozialistischen Regimes und im Kirchenkampf 1935/36, Diss. Bonn 1981.

Robert RAPP, Problemsituationen im Bereich der Hilfe für gehörlose Menschen - Anforderungen an die Caritas, in: Caritas. Zeitschrift für Caritasarbeit und Caritaswissenschaft Jg. 96 Nr. 1 (Januar 1995), 28 - 30.

Werner RATZA, Anzahl und Arbeitsleistungen der deutschen Kriegsgefangenen, in: Erich Maschke, Die deutschen Kriegsgefangenen des Zweiten Weltkrieges. Eine Zusammenstellung, München 1974, 185 - 230.

Georg RATZINGER, Geschichte der Kirchlichen Armenpflege, Freiburg 1884².

Friedrich von RAUMER, Lebenserinnerungen und Briefwechsel 2 Bde, Leipzig 1861.

REALSCHEMATISMUS der Diözese Aachen, Mönchengladbach 1933.

RECHTSVORSCHRIFTEN, die bei der Anwerbung, Vermittlung und Beschäftigung ausländischer Arbeitnehmer zu beachten sind, München 1965³.

Petra RECKLIES - DAHLMANN, Religion und Bildung, Arbeit und Fürsorge. Die Rheinisch - Westfälische Gefängnisgesellschaft 1826 - 1850, Essen 2001.

Die REDEN Hitlers als Kanzler. Das junge Deutschland will Arbeit und Frieden, München 1933.
Otto R. REDLICH, Düsseldorf und das Herzogthum Berg nach dem Rückzug der Österreicher aus Belgien 1794 und 1795. Zugleich ein Beitrag zur Geschichte des kurpfälzischen Heeres, in: Beiträge zur Geschichte des Niederrheins 10 (1895), 1 - 125.
Hanna REES, Frauenarbeit in der NS - Volkswohlfahrt, Berlin 1938.
REGELN des Vereins von der heiligen Elisabeth. Zum Gebrauche für die Mitglieder, insbesondere für den Vorstand, Köln 1852.
Paul REGNER, Katholischer Bahnhofsdienst, in: Josef Beeking, Katholische Kinder- und Jugendfürsorge. Festschrift zum ersten Gesamtkongreß der katholischen Kinder- und Jugendfürsorge Deutschlands. München 17. - 19. Oktober 1927, München 1927, 98 - 99.
Werner REHER, Die NS - Volkswohlfahrt, Berlin 1942.
Anna REIBEL, Erinnerungen an meine Schulzeit 1924 - 28, in: Festschrift zum 75jährigen Schuljubiläum des Erzbischöflichen Suitbertus - Gymnasiums. Aus der Zeit, für die Zeit, in die Zeit, Düsseldorf 1998, 80 - 82.
Karl REIBEL, Praktische Winke für die Caritas - Winterhilfe, in: Mitteilungen des Caritasverbandes für die Stadt Düsseldorf Jg. 7 Nr. 10 (Oktober 1931), 70 - 72.
Maria REICHMANN, Familie in Not. Sieben charakteristische Studien, Freiburg 1971.
Maria REICHMANN, Caritashelfergruppen in der Gemeinde, in: Lebendige Seelsorge Jg. 27 Nr. 6 (November 1976), 408 - 412.
Maria REICHMANN, Sozialstationen (Caritas - Pflegestationen), in: Paul Nordhues, Handbuch der Caritasarbeit. Beiträge zur Theologie, Pastoral und Geschichte der Caritas mit Überblick über die Dienste in Gemeinde und Verband, Paderborn 1986, 241 - 246.
Maria REICHMANN, Familienpflege - Familienpflegerin, in: Paul Nordhues, Handbuch der Caritasarbeit. Beiträge zur Theologie, Pastoral und Geschichte der Caritas mit Überblick über die Dienste in Gemeinde und Verband, Paderborn 1986, 247 - 251.
Frank - Michael REICHSTEIN, Das Beginenwesen in Deutschland. Studien und Katalog, Berlin 2001.
Siegfried REICKE, Das deutsche Spital und sein Recht im Mittelalter 2 Bde, Stuttgart 1932.
Friedrich REIFFENBERG, Historia Societatis Jesu ad Rhenum inferiorem e mss. codicibus, principum, urbiumque diplomatis, et authoribus synchronis nunc primum eruta; atque ad historiam patriae ex occasione illustrandam accommodata Tom. 1, Köln 1764.
Rita REINHARDT, Im neuen Altenzentrum Wersten: Wir leben hier wie im Paradies. Beispielhafte Anlage. Einzug begann, in: Rheinische Post Jg. 29 Nr. 146 (28.06.1974), Beilage "Bei uns in Eller, Lierenfeld, Wersten, Holthausen" o. S. (1).
Christian REINICKE, "Konjunktur alleine nützt auch nichts". Strukturelle Arbeitslosigkeit, in: Christian Reinicke, Nordrhein - Westfalen. Ein Land in seiner Geschichte. Aspekte und Konturen 1946 - 1996, Münster 1996, 570 - 572.
Peter REINICKE, Wie die Sozialarbeit ins Krankenhaus kam, in: Caritas '92. Jahrbuch des Deutschen Caritasverbandes, 337 - 352.
Peter REINICKE, Soziale Krankenhausfürsorge in Deutschland. Von den Anfängen bis zum Ende des Zweiten Weltkriegs, Opladen 1998.
Erich REISCH, Auch ein Apostel christlicher Caritas. Zum 25. Jahrestag des Todes von Pater Anno Neumann, in: Caritas. Zeitschrift für Caritaswissenschaft und Caritasarbeit Jg. 43 Nr. 1 (Januar 1938), 19 - 21.
Erich REISCH, Vom Suchdienst der Caritas. Ein Werk christlicher Hilfe in menschlicher Not, in: Caritas. Zeitschrift für Caritasarbeit und Caritaswissenschaft Jg. 47 Nr. 1/2 (Juli/August 1946), 13 - 15.
Erich REISCH, Caritasverband und Fachverbände in historisch - genetischer Betrachtung, in: Caritas. Zeitschrift für Caritasarbeit und Caritaswissenschaft Jg. 75 Nr. 3 (Mai 1974), 141 - 149.

Erich REISCH, Von der Gemeindekrankenpflege zur Sozialstation, in: Caritas. Zeitschrift für Caritasarbeit und Caritaswissenschaft Jg. 79 Nr. 6 (November/Dezember 1978), 297 - 300.
Erich REISCH, Caritaswichtige Worte: Ehrenamtlich, in: Caritas. Zeitschrift für Caritasarbeit und Caritaswissenschaft Jg. 85 Nr. 3 (Mai 1984), 142 - 143.
Katholisches REISEKOMITEE. Rotalareisen 1926, Würzburg 1926.
Ilma REISSNER, Sinti, in: Frau und Mutter Jg. 66 Nr. 9 (September 1983), 8 - 11.
Franz RENNEFELD, Vom alten und neuen Derendorf bis 1948, Manuskript Düsseldorf 1948.
Konrad REPGEN, Kirche und Kirchenkampf im Dritten Reich 1933 - 1939, in: Christi Liebe ist stärker. 86. Deutscher Katholikentag vom 4. Juni bis 8. Juni 1980 in Berlin, Paderborn 1980, 457 - 473.
Konrad REPGEN, Krieg, Gewissen und Menschenrechte. Zur Haltung der katholischen Bischöfe im Zweiten Weltkrieg, Köln 1995.
Die RESERVELAZARETTE, Vereinslazarette und Genesungsheime im Bereiche des VII. Armeekorps, Münster 1914.
Jürgen REULECKE, Vorgeschichte und Entstehung des Sozialstaats in Deutschland bis ca. 1930. Ein Überblick, in: Jochen - Christoph Kaiser, Sozialer Protestantismus und Sozialstaat. Diakonie und Wohlfahrtspflege in Deutschland 1890 bis 1938, Stuttgart 1996, 57 - 71.
Wolfgang REUSCH, Bahnhofsmission in Deutschland 1897 - 1987. Sozialwissenschaftliche Analyse einer diakonisch - caritativen Einrichtung im sozialen Wandel, Frankfurt 1988.
Lutz - Eugen REUTTER, Katholische Kirche als Fluchthelfer im Dritten Reich. Die Betreuung von Auswanderern durch den St. Raphaels - Verein, Recklinghausen 1971.
Jürgen REYER, Entwicklung der Trägerstruktur in der öffentlichen Kleinkindererziehung, in: Günter Erning, Geschichte des Kindergartens Bd. 2, Freiburg 1987, 40 - 66.
Jürgen REYER, Geschichte der öffentlichen Kleinkindererziehung im deutschen Kaiserreich, in der Weimarer Republik und in der Zeit des Nationalsozialismus, in: Günter Erning, Geschichte des Kindergartens Bd. 1, Freiburg 1987, 43 - 81.
Die RHEINPROVINZ der preußischen Monarchie, oder Beschreibung der systematischen Eintheilung in Regierungsbezirke, Kreise, Bürgermeistereien und Honnschaften, so wie der Städte, Flecken, Dörfer, einzelner Etablissements, mit Angabe der Einwohnerzahl, Gewerbe, Merkwürdigkeiten, Anstalten usw.. Ferner die Beschreibung der Hauptstädte Europa's etc.. Ein historisch - geographisch - statistisches Handbuch zum Gebrauche aller Stände. Aus den neuesten Quellen geschöpft und zusammengestellt von mehreren Gelehrten Bd. 1, Düsseldorf 1833.
Wilhelm RIBHEGGE, Das Parlament als Nation. Die Frankfurter Nationalversammlung 1848/49, Düsseldorf 1998.
Karl RICHSTÄTTER, Eine moderne deutsche Mystikerin. Leben und Briefe der Schwester Emilie Schneider, Oberin der Töchter vom heiligen Kreuz zu Düsseldorf, Freiburg 1924.
Carl RICHTER, Fünfzig Jahre Katholischer Männer - Fürsorge - Verein, in: Unser Dienst. Mitteilungen für die Ortsgruppe des Sozialdienstes Katholischer Männer Jg. 11 Nr. 1/2 (April 1963), 59 - 65.
Joachim von RICHTER, Eröffnung Netzwerk Bilk, in: mobil und engagiert. Zeitung der Netzwerke in Düsseldorf Jg. 1 Nr. 1 (Dezember 2000), 10.
Klemens RICHTER, Der Umgang mit Toten und Trauernden in der christlichen Gemeinde. Eine Einführung, in: Klemens Richter, Der Umgang mit den Toten. Tod und Bestattung in der christlichen Gemeinde, Freiburg 1990, 9 - 26.
Ephrem RICKING, Die deutschen Wanderarbeitsstätten, Mönchengladbach 1912.
Klemens RIEG, Die Verhandlungen auf dem zweiten Charitastag über die Organisation der katholischen Charitas, in: Charitas. Zeitschrift für die Werke der Nächstenliebe im katholischen Deutschland Jg. 3 Nr. 2 (Februar 1898), 35 - 42.

Angelika RIEMANN, Krieg, Verelendung und Armenpolitik, in: Das Herzogtum Berg 1794 - 1815. Herzogtum Berg 1794 - 1806. Großherzogtum Berg 1806 - 1813. Generalgouvernement Berg 1813 - 1815. 20.3. - 26.5.1985. Stadtmuseum Düsseldorf, Düsseldorf 1985, 61 - 68.

Harald RINK, Bestandsaufnahme "Ehrenamt in Bamberg". Dokumentation, Bamberg o. J. (um 1998).

Wendelin RÖHRICH, Lorenz Werthmann. Seine Bedeutung für die Entwicklung der caritativ - sozialen Arbeit in Deutschland. Zu seinem 100. Geburtstag am 1. Oktober 1958, in: Jahrbuch für Caritaswissenschaft und Caritasarbeit 1958, 25 - 36.

Tilman RÖHRIG, Die Schlacht bei Worringen, in: Tilman Röhrig, Die Schlacht bei Worringen. Freiheit für Köln. Eine Residenz für Bonn. Stadtrecht für Düsseldorf, Köln 1988, 9 - 18.

Anne ROERKOHL, Hungerblockade und Heimatfront. Die kommunale Lebensmittelversorgung in Westfalen während des Ersten Weltkrieges, Stuttgart 1991.

Christine RÖSSLE, Ein Jahr für andere - ein Jahr für Dich. Seit letztem Jahr ist das Freiwillige Soziale Jahr statt Zivildienst möglich, in: Sozialcourage. Das Magazin für soziales Handeln Jg. 8 Nr. 1 (2003), 14 - 15.

Joachim ROGALL, Vorbemerkung, in: Informationen zur politischen Bildung Jg. 38 Nr. 222 (1. Quartal 1989), 1.

Heribert ROGGEN, Geschichte der franziskanischen Laienbewegung, Werl 1971.

Gustav von ROHDEN, Geschichte der Rheinisch - Westfälischen Gefängniß - Gesellschaft. Festschrift zum 75jährigen Bestehen der Gesellschaft, Düsseldorf 1901.

Jürgen ROLLE, Der Hort im Spiegel seiner Geschichte. Quellen und Dokumente, Köln 1988.

Wolfgang ROLLIK, Zigeunersiedlung: Katholikentags - Friedenszeichen. Keine Blechbüchsen hängen mehr im Raum, in: Kirchenzeitung für das Erzbistum Köln Jg. 37 Nr. 36 (03.09.1982), 32.

Franz ROSE, Mönche vor Gericht. Eine Darstellung entarteten Klosterlebens nach Dokumenten und Akten, Berlin 1939[2].

Romani ROSE, Sinti und Roma im "Dritten Reich". Das Programm der Vernichtung durch Arbeit, Göttingen 1991.

Romani ROSE, "Den Rauch hatten wir täglich vor Augen". Der nationalsozialistische Völkermord an den Sinti und Roma, Heidelberg 1999.

Hans ROSENBERG, 25 Jahre Katholischer Mädchenschutzverein (Bahnhofmission) Düsseldorf 1902 - 1927, Düsseldorf 1927.

Hans ROSENBERG, Düsseldorf, eine Stadt der "Katholischen Aktion", in: Katholischer Kaufmännischer Verein "Confidentia" E. V. (Gegründet 1870) Düsseldorf. Festschrift zum diamantenen Jubelfest 4. Mai 1930, Düsseldorf 1930, 58 - 64.

Paul - Stefan ROSS, Die Arbeit muß unten getan werden, in: Caritas. Zeitschrift für Caritasarbeit und Caritaswissenschaft Jg. 96 Nr. 5 (Mai 1995), 206 - 215.

Franz ROSSNICK, Am Grabe P. Annos. Ein Gedenkblatt für den Begründer der neuen katholischen Nüchternheitsbewegung im Deutschen Reiche, in: Franz Roßnick, Deutsche Nüchternheitsbewegung. In Skizzen bearbeitet und dem Andenken P. Anno Joseph Neumanns O. P. gewidmet, Hamm 1915, 217 - 304.

Rainer A. ROTH, Nicht nur reparieren, sondern die Gesellschaft mitgestalten, in: Neue Caritas Jg. 103 Nr. 10 (29.05.2002), 20 - 26.

Edmund ROTHKRANZ, Die Kirchen- und Schulpolitik der Düsseldorfer Regierung in den Jahren 1820 - 1840 (Johann Vincenz Josef Bracht, 1771 - 1840), Diss. Köln 1943.

Guido ROTTHOFF, Inventar des Archivs der Pfarrkirche St. Suitbertus in Kaiserswerth, Essen 1961.

Willi RÜCKERT, Die pflegerische Versorgung nach dem SGB XI - eine erste Bestandsaufnahme, in: Gedenkschrift Margret Dieck, Soziale Gerontologie und Sozialpolitik für ältere Menschen, Opladen 1999, 333 - 345.

Else RÜMMLER, Das älteste Haus. Baudenkmal in Gerresheim, in: Rund um den Quadenhof Jg. 19 Nr. 1 (Frühjahr 1968), 5 - 7.
Else RÜMMLER, Die Kasernenstraße in Düsseldorf. Anfänge eines Stadtteils, in: Düsseldorfer Jahrbuch 57/58 (1980), 277 - 302.
Die RUNDSCHREIBEN Leos XIII. und Pius XI. über die Arbeiterfrage. Die Enzyklika Leos XIII. "Rerum novarum" über die Arbeiterfrage und die Enzyklika Pius XI. "Quadragesimo anno" über die gesellschaftliche Ordnung, ihre Wiederherstellung und ihre Vollendung nach dem Heilsplan der Frohbotschaft, zum 40. Jahrestag des Rundschreibens Leos XIII. "Rerum novarum". Amtlicher deutscher Text, Köln 1931.
Friedrich Wilhelm SAAL, Die innerkirchlichen Folgen des Reichskonkordates: Die Bedeutung der Artikel 31 und 32, in: Sechzig Jahre Reichskonkordat (1933 - 1993). Falle oder Schutzwall für den deutschen Katholizismus ? Fachtagung 1993, Essen 1994, 17 - 48.
Rainer SABATOWSKI, Ambulante Hospizdienste. Ihre Bedeutung im Rahmen der palliativmedizinischen Versorgung in Deutschland, in: Zeitschrift für ärztliche Fortbildung und Qualitätssicherung Jg. 92 Nr. 6 (1998), 377 - 383.
Christoph SACHSSE, Geschichte der Armenfürsorge in Deutschland vom Spätmittelalter bis zum Ersten Weltkrieg, Stuttgart 1980.
Alfred SALTZGEBER, Die katholischen Wohlthätigkeits - Anstalten und -Vereine sowie das katholisch - soziale Vereinswesen in der Diözese Breslau preußischen Anteils, einschließlich des Delegaturbezirks, Freiburg 1904.
Piotr SALUSTOWICZ, Sozialarbeiter in der Schule. Kritische Bemerkungen zu den Legitimationsmustern, in: Hilfen für Schüler und Schule durch Sozialarbeit. Beiträge, Materialien und Ergebnisse einer Fachtagung, München 1982, 98 - 104.
Die SAMMELSTATION der noch nicht schulentlassenen Fürsorgezöglinge im Erziehungshause der Dominikanerinnen zu Düsseldorf - Heerdt Pariserstraße 115, Düsseldorf 1912.
SAMMLUNG der Gesetze, Verordnungen, Anweisungen und Anordnungen der Militärregierung - Deutschland (Englischer und deutscher Text), Krefeld 1945.
Vollständige SAMMLUNG deren die Verfassung des Hohen Erzstifts Cölln betreffender Stucken, mit denen benachbahrten Hohen Landes - Herrschaften geschlossener Concordaten und Verträgen, dan in Regal- und Cameral - Sachen, in Justitz-, Policey- und Militair - Weesen vor- und nach ergangener Verordnungen, und Edicten 2 Bde, Köln 1772/1773.
ST. ANNA - STIFT Marienstr. 19. Statuten des Vereins zur Gründung eines Hauses für Beherbung von weiblichen dienstlosen Dienstboten und ambulante Krankenpflege, Düsseldorf 1871.
SATZUNGEN des katholischen Charitas - Verbandes Düsseldorf, Düsseldorf 1904.
SATZUNGEN des Katholischen Fürsorge - Vereins für Mädchen, Frauen und Kinder, Düsseldorf 1903.
SATZUNGEN des Katholischen Mädchenschutzvereins - eingetragener Verein - in Düsseldorf, Düsseldorf 1911.
Wolfgang D. SAUER, Düsseldorf in den Jahren 1919 - 1923, in: Bodo Brücher, Düsseldorf während der Weimarer Republik 1919 - 1933. Quellensammlung, Düsseldorf 1985, 4 - 110.
Wolfgang D. SAUER, Düsseldorf im ersten Weltkrieg 1914 - 1918. Quellensammlung, Düsseldorf 1993.
Karlheinz SAUERESSIG, Das Rather Modell - Hilfen für Schulverweigerer. Ein vernetztes Förderkonzept zwischen Schule und Jugendhilfe, in: Sozialmagazin. Die Zeitschrift für soziale Arbeit Jg. 28 Nr. 5 (Mai 2003), 43 - 47.
Cicely SAUNDERS, Brücke in eine andere Welt. Was hinter der Hospiz - Idee steht, Freiburg 1999.
Winfried SAUP, Alter und Umwelt. Eine Einführung in die ökologische Gerontologie, Stuttgart 1993.

Hans SCHADEWALDT, Zur Geschichte der Düsseldorfer Krankenhäuser, in: Der Krankenhausarzt Jg. 42 Nr. 6 (Juni 1969), 185 - 190.

Hans SCHADEWALDT, Düsseldorf und seine Krankenanstalten, Düsseldorf 1969.

Julia SCHÄFER, Tod und Trauerrituale in der modernen Gesellschaft. Perspektiven einer alternativen Trauerkultur, Stuttgart 2002.

Stefanie SCHÄFERS, Vom Werkbund zum Vierjahresplan. Die Ausstellung Schaffendes Volk, Düsseldorf 1937, Düsseldorf 2001.

Wolfgang SCHAFFER, Schulorden im Rheinland. Ein Beitrag zur Geschichte religiöser Genossenschaften im Erzbistum Köln zwischen 1815 und 1875, Köln 1988.

Alfred SCHAPPACHER, Wohlfahrtshaushalt 1933, in: Monatsblatt des Städtischen Wohlfahrts- und Gesundheitsamtes Düsseldorf Jg. 7 Nr. 7 (Juli 1933), 97 - 100.

Alfred SCHAPPACHER, Grundgedanken zur Entwicklung der Wohlfahrtspflege, in: Monatsblatt des Städtischen Wohlfahrts- und Gesundheitsamtes Düsseldorf Jg. 7 Nr. 12 (Dezember 1933), 179 - 184.

Franz SCHAUB, Die katholische Caritas und ihre Gegner, Mönchengladbach 1909.

Jürgen SCHEFFLER, Die Gründungsjahre 1883 - 1913, in: Ein Jahrhundert Arbeiterkolonien. "Arbeit statt Almosen". Hilfe für Obdachlose Wanderarme 1884 - 1984, Freiburg 1984, 23 - 35.

Jürgen SCHEFFLER, Frömmigkeit und Fürsorge: Die Gründung der Arbeiterkolonie Wilhelmsdorf und die Wohlfahrtspflege in Westfalen und Lippe um 1880, in: Hans Bachmann, Diakonie: Geschichte von unten. Christliche Nächstenliebe und kirchliche Sozialarbeit in Westfalen, Bielefeld 1995, 117 - 142.

Jürgen SCHEFFLER, Die Wandererfürsorge zwischen konfessioneller, kommunaler und staatlicher Wohlfahrtspflege, in: Jochen - Christoph Kaiser, Sozialer Protestantismus und Sozialstaat. Diakonie und Wohlfahrtspflege in Deutschland 1890 bis 1938, Stuttgart 1996, 104 - 117.

Anton SCHEUSS, Zigeunerprojekt "Am Hackenbruch", in: Caritas in Nordrhein - Westfalen Jg. 11 Nr. 4/5 (Juli/Oktober 1982), 329.

Johannes SCHICK, Jungborn, in: Volksfreund. Monatsschrift zur Förderung der Enthaltsamkeit und zur Pflege katholischer Lebenswerte Jg. 25 Nr. 7/8 (Juli/August 1921), 116 - 119.

Hubert SCHIEL, Zur "Gesolei", in: Caritas. Zeitschrift für Caritaswissenschaft und Caritasarbeit Jg. 31 Nr. 8 (August 1926), 252 - 254.

Engelbert SCHILDEN, Halten Sie das für möglich ?, in: Neue Rheinische Zeitung Jg. 1 Nr. 50 (16.01.1946), 3.

Oliver SCHILLING, Familiäre Netzwerke und Lebenszufriedenheit alter Menschen in ländlichen und urbanen Regionen, in: Kölner Zeitschrift für Soziologie und Sozialpsychologie Jg. 54 Nr. 2 (Juni 2002), 304 - 317.

Hans SCHINAGL, Pfarrei und Caritas, in: Caritas. Zeitschrift für Caritaswissenschaft und Caritasarbeit Jg. 40 Nr. 6 (Juli 1935), 169 - 172.

Peter SCHINDLER, Datenhandbuch zur Geschichte des Deutschen Bundestages 1949 bis 1982, Baden - Baden 1984[3].

Egon SCHIRMBECK, Gottfried Böhm. Anmerkungen zum architektonischen Werk, in: Bauen und Wohnen. Internationale Zeitschrift für die Gestaltung und Technik von Bau, Raum und Gerät Jg. 32 Nr. 11 (November 1977), 421 - 424.

Herbert M. SCHLEICHER, Ernst von Oidtman und seine genealogisch - heraldische Sammlung in der Universitäts - Bibliothek zu Köln 16 Bde, Köln 1992/1998.

J. SCHLÖSSER, Geschätzt und umstritten. Der Kölner Architekt Professor Gottfried Böhm wird 70 Jahre alt, in: Kirchenzeitung für das Erzbistum Köln Jg. 45 Nr. 3 (19.01.1990), 32.

Norbert SCHLOSSMACHER, Geschichte der Pfarrgemeinden, in: Bernard Henrichs, Düsseldorf. Stadt und Kirche, Düsseldorf 1982, 97 - 194.

Norbert SCHLOSSMACHER, Die Piusvereine Poppelsdorf, Bonn und Rheinbach 1848/49 - 1857. Ein Beitrag über die Anfänge des politischen Katholizismus und des kirchlichen Vereinswesens im Bonner Raum, in: Bonner Geschichtsblätter 42 (1992), 339 - 383.

Arthur SCHLOSSMANN, Die GeSoLei, in: Die Umschau. Illustrierte Wochenschrift über die Fortschritte in Wissenschaft und Technik Jg. 30 Nr. 30 (24.07.1926), 589 - 590.

Arthur SCHLOSSMANN, Entwicklung, Wesen, Ziele und Erfolg der Gesolei, in: Arthur Schloßmann, Ge - So - lei. Große Ausstellung Düsseldorf 1926 für Gesundheitspflege, soziale Fürsorge und Leibesübungen Bd. 1, Düsseldorf 1927, 23 - 48.

Erhard SCHLUND, Handbuch für das franziskanische Deutschland. Auf Grund amtlicher Quellen, München 1926.

Johanna SCHMID, Die übersehenen Treuen. Studien über katholische und protestantische Frauen im Frauenkonzentrationslager Ravensbrück, Augsburg 1999.

Joseph SCHMID, Auswandererfürsorge, in: Kuno Joerger, Caritashandbuch. Ein Leitfaden für die Caritasarbeit, Freiburg 1920, 282 - 289.

Martin SCHMID, Die Entwicklung des Drogenhilfesystems in Deutschland 1970 - 1995, in: Wiener Zeitschrift für Suchtforschung Jg. 21 Nr. 2/3 (2./3. Quartal 1998), 39 - 52.

Gabriel SCHMIDT, Drittordensleitung, Werl 1926.

Heinz SCHMIDT, Was ich im Umgang mit Arbeitslosen gelernt habe, in: Caritas - Werkheft '87, Freiburg 1987, 25 - 27.

Roland SCHMIDT, Pflegedienste im Wandel ambulanter Versorgungsstrukturen: Neue Konkurrenzen, veränderte Anforderungen, in: Gedenkschrift Margret Dieck, Soziale Gerontologie und Sozialpolitik für ältere Menschen, Opladen 1999, 355 - 374.

Bernhard SCHMIDTOBREICK, Hilfe für Suchtkranke, in: 1897 - 1972. 75 Jahre Deutscher Caritasverband, Freiburg 1972.

Horst SCHMITGES, Caspar Clemens Pickel 1847 - 1939. Beiträge zum Kirchenbau des 19. Jahrhunderts, München 1971.

Hermann Joseph SCHMITT, Von der "Wandernden Kirche", in: Theologie und Glaube Jg. 31 Nr. 5/6 (Mai/Juni 1939), 307 - 326.

Hermann Joseph SCHMITT, Binnenwanderung und katholische Kirche (Wandernde Kirche), in: Kirchliches Handbuch für das katholische Deutschland 22 (1943), 220 - 238.

Hermann Joseph SCHMITT, Der "Katholische Seelsorgedienst" für die "Wandernde Kirche". Eine Einrichtung der deutschen Bischöfe zur Zeit des Nationalsozialismus, in: Festschrift Joseph Frings, Die Kirche und ihre Ämter und Stände, Köln 1960, 600 - 636.

Alphons SCHMITZ, Aus der Geschichte Itter - Holthausen, in: Am Rheinesstrand. Wochenbeilage zum "Benrather Tageblatt" Jg. 1 Nr. 19 (09.11.1919), o. S. (1 - 2), Nr. 20 (16.11.1919), o. S. (1 - 2), Nr. 21 (23.11.1919), o. S. (1 - 2), Nr. 22 (30.11.1919), o. S. (1 - 2), Nr. 23 (07.12.1919), o. S. (1 - 2), Nr. 24 (14.12.1919), o. S. (1 - 2), Jg. 2 Nr. 3 (18.01.1920), o. S. (1 - 2), Nr. 4 (25.01.1920), o. S. (1 - 2), Nr. 5 (01.02.1920), o. S. (1 - 2), Nr. 6 (08.02.1920), o. S. (1 - 2), Nr. 7 (15.02.1920), o. S. (1 - 2), Nr. 8 (22.02.1920), o. S. (1 - 2), Nr. 9 (29.02.1920), o. S. (1 - 2), Nr. 10 (07.03.1920), o. S. (1), Nr. 11 (14.03.1920), o. S. (1 - 2), Nr. 12 (21.03.1920), o. S. (1 - 2), Nr. 13 (28.03.1920), o. S. (1 - 2), Nr. 14 (03.04.1920), o. S. (1 - 2), Nr. 15 (11.04.1920), o. S. (1), Nr. 16 (18.04.1920), o. S. (1 - 2), Nr. 17 (25.04.1920), o. S. (1 - 2), Nr. 18 (02.05.1920), o. S. (1 - 2), Nr. 19 (09.05.1920), o. S. (1 - 2), Nr. 20 (16.05.1920), o. S. (1 - 2) und Nr. 24 (13.06.1920), o. S. (1).

Cajetan SCHMITZ, Das Franziskanerkloster in Düsseldorf, in: Festblatt 55. Generalversammlung der Katholiken Deutschlands Nr. 4 (17.08.1908), o. S. (1 - 2).

Cajetan SCHMITZ, Gründung des Franziskanerklosters in Düsseldorf, in: Beiträge zur Geschichte der sächsischen Franziskaner - Ordens - Provinz. Separat - Ausgabe des Jahrbuchs 1907, Düsseldorf 1908, 83 - 111.

Hermann - Joseph SCHMITZ, Zielpunkte der charitativen Thätigkeit in der Gegenwart (Rede in der öffentlichen Charitasversammlung am 10. November 1897 zu Köln am Rhein, in: Charitas. Zeitschrift für die Werke der Nächstenliebe im katholischen Deutschland Jg. 3 Nr. 1 (Januar 1898), 1 - 7.

Hubert SCHMITZ (u.d.P. H. Faber), Unter den Karthäusern. Eine Beschreibung der Karthause Hain bei Düsseldorf und des Lebens ihrer Bewohner, Mönchengladbach 1892.

Johannes SCHMITZ, Kunde von Hamm. Festschrift zur Einweihung der neuen Kirche, Düsseldorf 1911.

Johannes SCHMITZ, Auf sonnigen Pfaden. Ein Reisebüchlein Anno santo 1925. Mit einem Geleitwort von Caritasdirektor Johannes Becker, Düsseldorf 1925.

Lilo SCHMITZ, Wider die Instrumentalisierung sozialer Netzwerke. Netzwerkanalyse und Netzwerkarbeit in Praxis und Studium sozialer Arbeit, in: Blätter der Wohlfahrtspflege. Deutsche Zeitschrift für Sozialarbeit Jg. 143 Nr. 9 (September 1996), 239 - 241.

Willibalda SCHMITZ - DOBBELSTEIN, Die Hospitalschwestern von St. Elisabeth in Aachen 1622 - 1922, Aachen 1922.

Reinhard SCHMITZ - SCHERZER, Ressourcen älterer Menschen. Expertise im Auftrag des Bundesministeriums für Familie und Senioren, Stuttgart 1994.

Bernard SCHMÜDERRICH, Die katholische Abstinenzbewegung, ihr Werden und Wesen, ihre Wege und Ziele, in: Frankfurter zeitgemäße Broschüren Jg. 32 Nr. 6 (1913), 205 - 242.

Hans - Walter SCHMUHL, "Euthanasie" und Ethik: Die Kirchen zwischen Anpassung und Widerstand, in: Hans - Walter Schmuhl, Rassenhygiene, Nationalsozialismus, Euthanasie. Von der Verhütung zur Vernichtung "lebensunwerten Lebens", 1890 - 1945, Göttingen 1987, 305 - 354.

Thomas SCHNABEL, Gertrud Luckner, Mitarbeiterin der Caritas in Freiburg, in: Michael Bosch, Der Widerstand im deutschen Südwesten 1933 - 1945, Stuttgart 1984, 117 - 128.

Markus SCHNAPKA, Mehr Schule - weniger Kinder- und Jugendhilfe ? Das Projekt "Offene Ganztags - Grundschule" hat einen schwierigen Start, in: Jugendhilfe - Report. Informationen aus dem Landesjugendamt Rheinland Jg. 14 Nr. 1 (1. Quartal 2003), 4 - 7.

Wilhelm SCHNEEMELCHER, Der diakonische Dienst in der Alten Kirche, in: Herbert Krimm, Das Diakonische Amt der Kirche, Stuttgart 1953, 60 - 101.

Bernhard SCHNEIDER, Wandel und Beharrung. Bruderschaften und Frömmigkeit in Spätmittelalter und Früher Neuzeit, in: Hansgeorg Molitor, Volksfrömmigkeit in der frühen Neuzeit, Münster 1994, 65 - 87.

Catarina E. SCHNEIDER, Hospizarbeit und Ehrenamtlichkeit, in: Ida Lamp, Hospizarbeit konkret. Grundlagen, Praxis, Erfahrungen, Gütersloh 2001, 59 - 71.

Catarina E. SCHNEIDER, Ehrenamtliche Hospizarbeit konkret, in: Ida Lamp, Hospizarbeit konkret. Grundlagen, Praxis, Erfahrungen, Gütersloh 2001, 72 - 89.

Willi SCHNELLENBACH, Streifzüge durch Düsseldorfs Baugeschichte. Herausgegeben von der Bau - Innung Düsseldorf zu ihrem 250. Jubiläum im Jahre 1957, Düsseldorf 1957.

Josef SCHÖBER, Geschichte der Arenberger Dominikanerinnen in Düsseldorf, in: caritas und scientia. Dominikanerinnen und Dominikaner in Düsseldorf. Begleitbuch zur Ausstellung, Düsseldorf 1996, 165 - 174.

Josef SCHÖBER, Die Geschichte der Arenberger Dominikanerinnen und ihrer Niederlassung in Düsseldorf - Heerdt, in: Heerdt im Wandel der Zeit 5 (2000), 61 - 80.

Paul SCHOEN, Armenfürsorge im Nationalsozialismus. Die Wohlfahrtspflege in Preußen zwischen 1933 und 1939 am Beispiel der Wirtschaftsfürsorge, Weinheim 1985.

Ursula SCHOEN, Subsidiarität. Bedeutung und Wandel des Begriffs in der katholischen Soziallehre und in der deutschen Sozialpolitik. Eine diakoniewissenschaftliche Untersuchung, Neukirchen - Vluyn 1998.

Werner SCHÖNEN, Gott segne das ehrbare Handwerk ! Festschrift zum Goldenen Jubiläum des katholischen Gesellen - Vereins zu Düsseldorf 1849 - 1899, Düsseldorf 1899.
August SCHÖNHERR, Das Düsseldorfer Pflegehaus und seine Geschichte. Ein Beitrag zur Düsseldorfer Heimatgeschichte, Düsseldorf 1927.
Johannes SCHOPPEN, Die Ausstellungsstadt Düsseldorf (Ein geschichtlicher Abriß), in: Adreßbuch der Stadt Düsseldorf sowie das amtliche Adreßbuch des Landkreises Düsseldorf 1926, Düsseldorf 1925, XXIV - XXVI.
Julius SCHREIBER, Anfang und Entwicklung der kölnischen Provinz der Barmherzigen Schwestern, in: Annalen der Kongregation der Missionen oder erbauliche Briefe der Priester dieser Kongregation und der Barmherzigen Schwestern Jg. 9 Nr. 2(1902), 169 - 175, Nr. 3 (1902), 315 - 320, Nr. 4 (1902), 501 - 508, Jg. 10 Nr. 2 (1903), 121 - 128, Jg. 11 Nr. (1904), 121 - 131, Jg. 14 Nr. 3(1907), 277 - 282, Jg. 15 Nr. 1 (1908), 18 - 22 und Jg. 16 Nr. 2 (1909), 145 - 153.
Maria SCHREIBER - KITTL, Abgeschrieben ? Ergebnisse einer empirischen Untersuchung über Schulverweigerer, München 2002.
Claus SCHREINER, Frauenorden in Deutschland, Fulda 1993.
Heinrich SCHRÖRS, Der Krieg und der Katholizismus, Kempten 1915.
Friedrich SCHUBERT, Düsseldorfer Zeitungswesen in Vergangenheit und Gegenwart, Düsseldorf 1932.
Wilgart SCHUCHARDT, Wohnen im Alter. Zwischen Selbständigkeit und Hilfe: Modellprojekte zukunftsweisenden Wohnens und zukunftsweisender Hilfen für ältere Menschen, in: Wohnen Plus. Betreutes Wohnen in NRW - zukunftsweisende Beispiele. Dokumentation der Tagung vom 12. Oktober 1994, Düsseldorf 1995, 23 - 25.
Daniel SCHÜRMANN, Bemerkungen über Düsseldorf und Elberfeld auf einer Reise von Köln nach Hamm, Elberfeld 1794.
Sonja SCHÜRMANN, Triptychon der Rosenkranzbruderschaft mit der Darstellung der herzoglichen Familie. Katholische Pfarrkirche St. Lambertus, Düsseldorf, in: Düsseldorf Archiv, Braunschweig 1988 ff, Nr. D 03012.
Leopold SCHÜTTE, Schon der bloße Gebrauch ist nicht Privatsache. Drogenkonsum, in: Christian Reinicke, Nordrhein - Westfalen. Ein Land in seiner Geschichte. Aspekte und Konturen 1946 - 1996, Münster 1996, 557 - 561.
Jacob Hubert SCHÜTZ, Das segensreiche Wirken der Orden und Kongregationen der katholischen Kirche in Deutschland samt Ordenstrachtenbildern Bd. 1, Paderborn 1926.
Harald SCHUHMACHER, Einwanderungsland BRD, Düsseldorf 1995[3].
SCHULE von acht bis eins. Betreuung von Schülerinnen und Schülern in Grundschulen und Sonderschulen vor und nach dem Unterricht. Informationen und Materialien für die Einrichtung, Durchführung und Weiterentwicklung von Betreuungsmaßnahmen, Düsseldorf 1997.
SCHULEN und Bildungsstätten in der Landeshauptstadt Düsseldorf, Düsseldorf 1951.
Peter - Johannes SCHULER, Das Anniversar. Zu Mentalität und Familienbewußtsein im Spätmittelalter, in: Peter - Johannes Schuler, Die Familie als sozialer und historischer Verband. Untersuchungen zum Spätmittelalter und zur frühen Neuzeit, Sigmaringen 1987, 67 - 117.
Raphael SCHULTE, Jesus Christus. Leitbild christlich - caritativer Diakonie, in: Heinrich Pompey, Caritas - das menschliche Gesicht des Glaubens. Ökumenische und internationale Anstöße einer Diakonietheologie, Würzburg 1997, 278 - 303.
Gabriele von SCHULTZ, Wir stellen uns vor. ExtraNett. Seit drei Jahren im Netzwerk ExtraNett. Großeltern - Service für alle Fälle, in: mobil und engagiert. Zeitung der Netzwerke in Düsseldorf Jg. 1 Nr. 1 (Dezember 2000), 8.
Robert SCHULTZE, Das evangelische Krankenhaus, in: Wilhelm Simonis, Düsseldorf im Jahre 1898. Festschrift den Theilnehmern an der 70. Versammlung deutscher Naturforscher und Ärzte, Düsseldorf 1898, 207 - 209.
Martin SCHWAEBE, Die Wahrheit über die Sittlichkeitsprozesse, Köln 1937.

Helmut SCHWALB, Vom Ausländersozialdienst zum Fachdienst für Migrationsfragen, in: Caritas '92. Jahrbuch des Deutschen Caritasverbandes, 117 - 124.

Bruno SCHWALBACH, Erzbischof Conrad Gröber und die nationalsozialistische Diktatur. Eine Studie zum Episkopat des Metropoliten der Oberrheinischen Kirchenprovinz während des Dritten Reiches, Freiburg 1985.

Heinz SCHWEDEN, "Un momento !" sagt Bruder Pförtner ... dann erscheint ein Wüstensohn im Ordenskleid, in: Kirchenzeitung für das Erzbistum Köln Jg. 18 Nr. 9 (03.03.1963), 13.

Rosemarie von SCHWEITZER, Lebenslagen der Generationen in den alten und neuen Bundesländern. Zur Verschiedenheit der Wohnbedürfnisse, in: Wohnbedürfnisse, Zeitverwendung und soziale Netzwerke älterer Menschen. Expertisenband 1 zum Zweiten Altenbericht der Bundesregierung, Frankfurt 1998, 11 - 50.

Joseph SCHWETER, Geschichte der Kongregation der Grauen Schwestern von der heiligen Elisabeth. Ein Beitrag zur Geschichte der katholischen Karitas und Mission in den letzten 100 Jahren 2 Bde, Breslau 1937.

Gerhard SEGEL, Die zentrale Rolle der Schulsozialarbeit in der zukünftigen Jugendhilfelandschaft. Eine realisierbare Utopie !, in: Jugend, Beruf, Gesellschaft. Zeitschrift für Jugendsozialarbeit Jg. 50 Nr. 4 (4. Quartal 1999), 256 - 260.

Oliver SEITZ, Die moderne Hospizbewegung in Deutschland auf dem Weg ins öffentliche Bewusstsein. Ursprünge, kontroverse Diskussionen, Perspektiven, Herbolzheim 2002.

Peter SENDLER, Von der Krüppelheilanstalt zum Universitätsklinikum. Die "Hüfferstiftung" in Münster in Westfalen, Herzogenrath 1984.

Karl H. SEUMER, Im Frühjahr Baubeginn für Altenkrankenheim. Altenzentrum in Wersten feierlich eingeweiht, in: Rheinische Post Jg. 29 Nr. 248 (25.10.1974), Beilage "Bei uns in Eller, Lierenfeld, Wersten, Holthausen" o. S. (5).

Paul SEUWEN, Organisation und Aufgaben des Düsseldorfer städtischen Gesundheitsamtes, Düsseldorf 1925.

Paula SIBER, "Volksgemeinschaft", in: Monatsblatt des Städtischen Wohlfahrts- und Gesundheitsamtes Düsseldorf Jg. 7 Nr. 8 (August 1933), 113 - 115.

Karl Artur SIEBEL, Die geschichtliche Entwicklung von Rath. Nach einem auf dem I. Rather Volks - Unterhaltungsabend am 27. März 1904 gehaltenen Vortrage, Düsseldorf 1904.

Wendelin SIEBRECHT, Die aus dem Kirchenraum wirkende Caritas, in: Caritas. Zeitschrift für Caritaswissenschaft und Caritasarbeit Jg. 39 Nr. 6 (Juni 1934), 178 - 182.

Wolfram SIEMANN, Die deutsche Revolution von 1848/49, Frankfurt 1985.

Burkhard SIEMSEN, Die Glasmalereien in der Kapelle des St. Josefshauses in Düsseldorf und ihre Genesis, in: Das Münster. Zeitschrift für christliche Kunst und Kunstwissenschaft Jg. 49 Nr. 4 (4. Quartal 1996), 322 - 323.

Titus SIMON, Arbeit mit Schulverweigerern - nur eine Modeerscheinung ? Einige einführende Überlegungen, in: Steffen Uhlig, Da geh' ich nicht mehr hin ! Zum Umgang mit Schulabstinenten und Möglichkeiten alternativer Betreuungs- und Beschulungsprojekte, Magdeburg 2000, 7 - 12.

Titus SIMON, Empirische Befunde zu Fragen der Schulverweigerung, in: Titus Simon, Schulverweigerung. Muster, Hypothesen, Handlungsfelder, Opladen 2002, 109 - 138.

Titus SIMON, Schulverweigerung. Projekte an der Schnittstelle Schule - Jugendhilfe, in: Sozialmagazin. Die Zeitschrift für soziale Arbeit Jg. 28 Nr. 5 (Mai 2003), 48 - 50.

Wilhelm SIMONIS, Düsseldorf im Jahre 1898. Festschrift den Theilnehmern an der 70. Versammlung deutscher Naturforscher und Ärzte, Düsseldorf 1898.

SINTI in der Pfarrgemeinde "St. Gertrud", Düsseldorf - Eller. Informationen über das Sinti - Projekt "Am Hackenbruch" in Düsseldorf - Eller. Herausgegeben aus Anlaß des 87. Deutschen Katholikentages vom 1. bis 5. September 1982 in Düsseldorf von der Katholischen Kirchengemeinde "St. Gertrud", Düsseldorf - Eller, Düsseldorf 1982.

1000 SITTLICHKEITSPROZESSE für eine Encyklika. Von einem Rheinischen Katholiken, o. O. 1937.

Marianisches SODALITÄTS - BUCH in dreien Teilen. Erstens: Sodalitäts - Pflichten; Zweitens: Gebethe; Drittens: Gesänge. Herausgegeben von der Bürger Sodalität in Düsseldorf. Zusammengetragen von einem Mitglied selbiger Sodalität, Düsseldorf 1796.

Julius SÖHN, Düsseldorf während des großen Völkerringens 1914 - 1918. Eine Sammlung Kriegsbilder, Düsseldorf 1919.

Georg SÖLL, Die Salesianer Don Boscos (SDB) im deutschen Sprachraum 1888 - 1988. Rückblick zum 100. Todestag des heiligen Johannes Bosco (31. Januar 1988), des Gründers der "Gesellschaft des heiligen Franz von Sales", München 1989.

George von SOEST, Zigeuner zwischen Verfolgung und Integration. Geschichte, Lebensbedingungen und Eingliederungsversuche, Weinheim 1979.

Elisabeth SOLLE, Glaube und soziales Handeln der Fürstin Pauline zur Lippe (1769 - 1820), in: Lippische Mitteilungen aus Geschichte und Landeskunde 38 (1969), 101 - 150.

Josef SOMMER, Christus in der Großstadt. Er ladet die Hungrigen zu Gast. Er sucht die Armen an Hecken und Zäunen. Hilf Du helfen !, in: Düsseldorfer Tageblatt Jg. 66 Nr. 237 (26.08.1932), o. S. (5).

Karl - Ludwig SOMMER, Humanitäre Auslandshilfe als Brücke zu atlantischer Partnerschaft. CARE, CRALOG und die Entwicklung der deutsch - amerikanischen Beziehungen nach Ende des Zweiten Weltkriegs, Bremen 1999.

SOZIALDIENST der Caritas für ausländische Flüchtlinge. Verabschiedet vom Zentralrat des Deutschen Caritasverbandes in Würzburg am 8.5.1987, Freiburg 1987.

SOZIALISTEN der Tat. Das Buch der unbekannten Kämpfer der NSV Gau Groß - Berlin. Winterhilfswerk 1933 - 34, Berlin 1934.

Deutsche SOZIALPOLITIK 1918 - 1928. Erinnerungsschrift des Reichsarbeitsministeriums, Berlin 1929².

Frank SPARING, Nach der Pogromnacht. Hinweise in einer Akte der Obdachlosenpolizei Düsseldorf, in: Augenblick. Berichte, Informationen und Dokumente der Mahn- und Gedenkstätte Düsseldorf Jg. 5 Nr. 7 (1995), 12 - 15.

Frank SPARING, Die St. Josefs - Heil- und Pflegeanstalt Düsseldorf - Unterrath während des Nationalsozialismus, in: Frank Sparing, Erbbiologische Selektion und "Euthanasie". Psychiatrie in Düsseldorf während des Nationalsozialismus, Essen 2001, 277 - 311.

Wilderich von SPEE, Statistik des Kreises Düsseldorf für die Jahre 1859, 1860 und 1861, Düsseldorf 1864.

Jonathan SPERBER, Popular Catholicism in nineteenth - century Germany, Princeton 1984.

Georg SPICKHOFF, Die Mariensäule auf dem Maxplatze. Ihre Geschichte: Denkmalsverein, Platzfrage, Vollendung. Unterhaltungspflicht. Denkmalspflege. Gesamtverband, in: Düsseldorfer Tageblatt Jg. 59 Nr. 104 (15.04.1925), o. S. (5).

Georg SPICKHOFF, 100 Jahre im Dienste Düsseldorfer Waisen. Dem katholischen Waisenmädchenverein zum 100jährigen Bestehen am 20. Januar 1930, in: Düsseldorfer Tageblatt Jg. 64 Nr. 19 (19.01.1930), o. S. (5).

Georg SPICKHOFF, Das Klostergut im Winkelsfeld, in: Jan Wellem Jg. 5 Nr. 2 (Februar 1930), 49 - 50.

Eduard Karl SPIEWOK, Der Aufbau des Wohlfahrtswesens im nationalsozialistischen Staat, Berlin 1937.

Bruno SPLETT, Zur Chronik des Diözesan - Caritasverbandes für das Erzbistum Köln. Quellen und Erinnerungen zum Auf- und Ausbau in den letzten 90 Jahren, Köln 1987.

Edmund SPOHR, Düsseldorf Stadt und Festung, Düsseldorf 1979².

Edmund SPOHR, Architektur der Pfarrkirchen und Sakralbauten, in: Bernard Henrichs, Düsseldorf. Stadt und Kirche, Düsseldorf 1982, 97 - 194.

Edmund SPOHR, Düsseldorf. Eine Stadt zwischen Tradition und Vision. Facetten der Stadt, Kleve 2002.
Heinz SPROLL, Studien zur sozio - ökonomischen Struktur von Randgruppen in Baden im 19. und 20. Jahrhundert. Die staatliche und verbandliche Fürsorge und die katholische Pastoration an Gehörlosen 1780 - 1939, Frankfurt 1975.
Ernst SPRUNGMANN, Die Geschichte des Bergischen Vereins für Gemeinwohl, anläßlich seines 30jährigen Bestehens am 17. November 1916, Elberfeld 1916.
Heinrich Carl STÄNDER, "Et Klösterke" am Rhein, in: Kirchenzeitung für das Erzbistum Köln Jg. 16 Nr. 35 (27.08.1961), 17.
Heinrich Carl STÄNDER, Wo einst die Heide war, in: Düsseldorfer Hefte Jg. 10 Nr. 8 (16./30.04.1965), 93 - 100.
John E. STAM, Episcopacy in the Apostolic Tradition of Hippolytus, Basel 1969.
STATUT der Rheinischen evangelischen Arbeiterkolonie Lühlerheim bei Wesel, Langenberg 1890.
STATUT der Kranken- und Sterbe - Lade Erneuerter Liebesverein in Düsseldorf, Düsseldorf 1855.
STATUT der Kranken- und Sterbelade für die Pfarre Bilk, Oberbürgermeisterei Düsseldorf, Düsseldorf 1848.
STATUT der Kranken- und Sterbelade der St. Donatus - Bruderschaft zu Düsseldorf, Düsseldorf 1868.
STATUT der allgemeinen Kranken- und Sterbe - Lade des Vereins zur Beförderung von Arbeitsamkeit, Sparsamkeit, Wohlstand und Sittlichkeit unter der arbeitenden Bevölkerung der Ober - Bürgermeisterei Düsseldorf, Düsseldorf 1845.
STATUT des Vereins zur Beförderung von Arbeitsamkeit, Sparsamkeit, Wohlstand und Sittlichkeit unter der arbeitenden Bevölkerung der Oberbürgermeisterei Düsseldorf, Düsseldorf 1841.
STATUT des Vereins zur Errichtung einer Marien - Säule in Düsseldorf, Düsseldorf 1859.
STATUTA quarundam Illustrissimi Principis ac Domini D. Guilielmi Juliacensium Clivorum, ac Montensium Ducis, Comitis Marchiae et Ravensburgi, Domini in Ravenstein etc. Collegiatarum Ecclesiarum, authoritate Apostolica correcta et confirmata, Düsseldorf 1575.
STATUTA oder Satzungen der würdigen Closter Jungfrawen deß Ordens B. V. Annunciatae oder Mariae Verkündigung unter der Regel deß H. Vatters Augustini, welcher gestifft worden zu Genua, Anno Christi 1604. Auß Welscher und Frantzösischer in die Teutsche Sprach versetzet im Jahr 1648, Linz 1648.
STATUTEN der evangelischen Kranken- und Sterbelade zu Düsseldorf, Düsseldorf 1854.
STATUTEN des Pius - Vereins zu Düsseldorf, Düsseldorf 1849.
STATUTEN des Vereins vom heiligen Rochus in Pempelfort und Flingern, verbunden mit einer Kranken- und Sterbelade, gestiftet am 15. Februar 1848. Statuten - Buch, Düsseldorf 1850.
STATUTEN des Rheinischen Vereins wider die Vagabundennoth, Düsseldorf o. J. (um 1884).
STATUTEN der katholischen charitativen Vereinigung für die Stadt Essen, Essen 1897.
STATUTEN der katholischen charitativen Vereinigung für die Stadt Krefeld, Krefeld 1898.
STATUTEN des Vereins gegen Verarmung und Bettelei in Düsseldorf, Düsseldorf 1875.
Hans A. STEINBACH, Die Bekämpfung der sozialen Not und die Gesolei, in: Der Weckruf. Monatszeitschrift für Wahrheit, Recht und Freiheit Jg. 2 Nr. 7 (01.07.1926), 1 - 3.
Rolf STEINHÄUSER, Das Soziale Zentrum der Caritas für Düsseldorf - ein wichtiger Baustein der City - Pastoral, in: Die Zeitung. Caritas für Düsseldorf Jg. 3 Nr. 4 (Winter 2002), 12.
Rolf STEINHÄUSER, Wir setzten weiter auf Klasse statt Masse, in: Die Zeitung. Caritas für Düsseldorf Jg. 4 Nr. 2 (Herbst 2003), 12.
STELLUNGNAHME zu der von der Preußischen Staatsregierung vorgeschlagenen Eingemeindung Benraths nach Düsseldorf, Düsseldorf 1929.

Hans - Joachim STENGER, Gerontagogische Arbeit mit Senioren. Erziehungswissenschaftliche Implikationen der Gerontologie, dargestellt am Beispiel der Mainzer Altentagesstätten, Diss. Mainz 1977.

Erich STEPHANY, Der Zusammenhang der großen Wallfahrtsorte an Rhein - Maas - Mosel, in: Kölner Domblatt 23/24 (1964), 163 - 179.

Wolfgang STOCKBURGER, Der Diakon im Auftrag der Armen, München 1997.

Karl - Heinz STOCKHAUSEN, Hörgeschädigtenpastoral 3 Bde, Heidelberg 1998/1999/2001.

Hans STÖCKER, Düsseldorfer Zeitungskunde. Ein Überblick über die Düsseldorfer Zeitungen und allgemeinen Zeitschriften von 1723 bis 1943, Düsseldorf 1947.

Hans STÖCKER, Dienst am Nächsten. Das Marienhospital in Düsseldorf. Ein Stück Stadtgeschichte 1864 - 1970, Düsseldorf 1970.

Friedrich STÖFFLER, Die "Euthanasie" und die Haltung der Bischöfe im hessischen Raum 1940 - 1955, in: Archiv für mittelrheinische Kirchengeschichte 13 (1961), 301 - 325.

Herbert STÖHR, Wie kann Gemeindecaritas in einer Diözese effektiver gestaltet werden ?, in: Caritas '96. Jahrbuch des Deutschen Caritasverbandes, 192 - 196.

Franz Josef STOFFER, Alteneinrichtungen, in: Paul Nordhues, Handbuch der Caritasarbeit. Beiträge zur Theologie, Pastoral und Geschichte der Caritas mit Überblick über die Dienste in Gemeinde und Verband, Paderborn 1986, 394 - 404.

Franz Josef STOFFER, Konzept "Betreutes Wohnen", in: Das Altenheim. Zeitschrift für die Leitungen der öffentlichen und privaten Altenheime Jg. 31 Nr. 4 (April 1992), 192 - 200.

Gottfried STOFFERS, Die Industrie- und Gewerbeausstellung für Rheinland, Westfalen und benachbarte Bezirke verbunden mit einer deutsch - nationalen Kunst - Ausstellung Düsseldorf 1902, Düsseldorf 1903.

Alexander STOLLENWERK, Zur Geschichte des "Hospitals zum Heiligen Geist" und des "Gotteshauses" in Boppard, Boppard 1961.

Heinz STOLZ, Erlebte Schule. Sechzig Jahre vor und auf dem Katheder, Düsseldorf 1957.

Theodor STORM, Bötjer Basch. Novelle, Düsseldorf 1948.

Christoph STRACK, Humanes Bauen. Der Architekt Professor Gottfried Böhm wird 75 Jahre alt, in: Kirchenzeitung für das Erzbistum Köln Jg. 50 Nr. 3 (20.01.1995), 13

Christoph STRACK, "Jedes Gebäude muss sich ändern können". Ein humaner Bauherr feiert Geburtstag: Architekt Gottfried Böhm wird 80 Jahre alt, in: Kirchenzeitung für das Erzbistum Köln Jg. 55 Nr. 2 (14.01.2000), 15.

Ludwig STRÄTER, Das Marienhospital, in: Wilhelm Simonis, Düsseldorf im Jahre 1898. Festschrift den Theilnehmern an der 70. Versammlung deutscher Naturforscher und Ärzte, Düsseldorf 1898, 205 - 207.

Joseph STRAKE, Die kirchliche Auskunftsstelle für Kriegsvermißte, in: Theologie und Glaube Jg. 7 Nr. 6 (Juni 1915), 441 - 445.

Franziskus STRATMANN, P. Anno Joseph Neumann, O.P.+, in: Der Marien - Psalter Jg. 36 Nr. 5 (Februar 1913), 149 - 153 und Nr. 6 (März 1913), 171 - 175.

Karl Leopold STRAUVEN, Geschichte des Schlosses zu Düsseldorf von seiner Gründung bis zum Brand am 20. März 1872, Düsseldorf 1872.

Karl Leopold STRAUVEN, Die Gefangennahme Herzog Wilhelm von Berg durch seinen Sohn, den Grafen Adolf von Ravensberg am 28. November 1403, in: Zeitschrift des Bergischen Geschichtsvereins 15 (1879), 227 - 240.

Jakob STRIETH, Die katholischen Wohltätigkeits - Anstalten und -Vereine sowie das katholisch - soziale Vereinsleben in der Diözese Limburg, Freiburg 1903.

Ferdinand STROBEL, Christliche Bewährung. Dokumente des Widerstandes der katholischen Kirche in Deutschland 1933 - 1945, Olten 1946.

Christian STUBBE, Programm und Arbeit des Deutschen Vereins gegen den Mißbrauch geistiger Getränke, Kiel 1897.

Christian STUBBE, Der Deutsche Verein gegen den Mißbrauch geistiger Getränke e. V.. Sein Werden, Wachsen und Wirken in den ersten fünfundzwanzig Jahren, Berlin 1908².

Johann - Christoph STUDENT, Trennen und zusammenfügen. Persönliche Erfahrungen auf dem Wege zur Hospizarbeit, in: Johann - Christoph Student, Das Hospiz - Buch, Freiburg 1999⁴, 14 - 20.

Johann - Christoph STUDENT, Was ist ein Hospiz ?, in: Johann - Christoph Student, Das Hospiz - Buch, Freiburg 1999⁴, 21 - 34.

Johann - Christoph STUDENT, Entwicklung und Perspektiven der Hospizbewegung in Deutschland, in: Johann - Christoph Student, Das Hospiz - Buch, Freiburg 1999⁴, 43 - 57.

Johann - Christoph STUDENT, Die Rolle der freiwilligen Helferinnen und Helfer, in: Johann - Christoph Student, Das Hospiz - Buch, Freiburg 1999⁴, 150 - 155.

Ute STUDENT, Die Angehörigen, in: Johann - Christoph Student, Das Hospiz - Buch, Freiburg 1999⁴, 170 - 187.

Hugo STURSBERG, Die Vagabundenfrage, Düsseldorf 1882.

Hugo STURSBERG, Bericht über die bisherige Vereinsthätigkeit und die Gründung der Arbeiter - Kolonie in der Lühler - Heide bei Wesel, in: Verhandlungen der ersten ordentlichen Generalversammlung des Rheinischen Vereins wider die Vagabundennoth am Mittwoch, den 11. März 1885 in Düsseldorf, Düsseldorf 1885, 8 - 16.

Raèv SVETLOZAR, Gottfried Böhm. Bauten und Projekte 1950 - 1980, Köln 1982.

Raèv SVETLOZAR, Gottfried Böhm, Vorträge, Bauten, Projekte, Stuttgart 1988.

Robert SVOBODA, Zeitforderungen für die Pfarrcaritas, in: Caritas. Zeitschrift für Caritaswissenschaft und Caritasarbeit Jg. 39 Nr. 3 (März 1934), 86 - 88.

Gemeinsame SYNODE der Bistümer in der Bundesrepublik Deutschland. Beschlüsse der Vollversammlung. Offizielle Gesamtausgabe 2 Bde, Freiburg 1976/1978.

Herbert TADDE, Sein Fünfjähriges feierte das Netzwerk Gerresheim mit einer Ausstellung. Fünf Jahre und kein bißchen müde, in: D.i.D. Diakonie in Düsseldorf. Die Zeitung der Diakonie in Düsseldorf Jg. 21 Nr. 79 (Februar 1999), 4.

Andrea TAFFERNER, Gottes- und Nächstenliebe in der deutschsprachigen Theologie des 20. Jahrhunderts, Innsbruck 1992.

Der denkwürdige TAG von Düsseldorf oder das Marien - Denkmal zum 3. Male vor dem Forum des Stadtraths, Düsseldorf 1870.

Friedrich TAMMS, Garath, ein neuer Stadtteil Düsseldorfs, in: Düsseldorf - Garath. Ein neuer Stadtteil, Düsseldorf 1965, 7 - 13.

Heinrich TAPPE, Auf dem Weg zur modernen Alkoholkultur. Alkoholproduktion, Trinkverhalten und Temperenzbewegung in Deutschland vom frühen 19. Jahrhundert bis zum Ersten Weltkrieg, Stuttgart 1994.

Otto TEICH - BALGHEIM, Grundgedanken, in: Otto Teich - Balgheim, Die Gesolei in Wort und Bild, Düsseldorf 1926, 5 - 6.

Marie Sigrid TEMME, Die Entwicklung des Sozialdienstes katholischer Frauen und Männer e. V., Düsseldorf 1903 - 1993. Eine Vereinschronik aus Anlaß des 90jährigen Vereinsjubiläums, Düsseldorf 1993.

Florian TENNSTEDT, Wohltat und Interesse. Das Winterhilfswerk des Deutschen Volkes. Die Weimarer Vorgeschichte und ihre Instrumentalisierung durch das NS - Regime, in: Geschichte und Gesellschaft Jg. 13 Nr. 2 (2. Quartal 1987), 157 - 180.

Werner TESCHENMACHER, Annales Cliviae, Juliae, Montium, Marcae Westphalicae, Ravensbergae, Geldriae et Zutphaniae, Frankfurt 1721.

Lothar THEILIG, Otto Pankok unter Sinti und Roma im Heinefeld, in: Carl - Sonnenschein - Brief. Heilige Familie Golzheim, Lohausen, Stockum (Pfingsten/Advent 1999), 10 - 14.

Heinrich THIEN, Düsseldorf, in: 50 Jahre Deutsche Ordensprovinz der Herz - Jesu - Priester 1908 - 1958, Düsseldorf 1958, 75 - 79.

Ulrich THIEN, Gemeindecaritas: Praktische Erfahrungen und konzeptionelle Überlegungen, in: Caritas '86. Jahrbuch des Deutschen Caritasverbandes, 241 - 246.
Hans THIERSCH, Laienhilfe, Alltagsorientierung und professionelle Arbeit. Zum Verhältnis von beruflicher und ehrenamtlicher Arbeit, in: Siegfried Müller, Das soziale Ehrenamt. Nützliche Arbeit zum Nulltarif, Weinheim 1988, 9 - 17.
Karlheinz THIMM, Schulverweigerung als Stören und Schwänzen. Hintergründe und hilfreiche Strategien, in: Unsere Jugend. Die Zeitschrift für Studium und Praxis der Sozialpädagogik Jg. 50 Nr. 7 (Juli 1998) 291 - 301.
Karlheinz THIMM, Schulverdrossenheit und Schulverweigerung. Phänomene, Hintergründe und Ursachen, Alternativen in der Kooperation von Schule und Jugendhilfe, Berlin 1998.
Karlheinz THIMM, Schulverweigerung. Zur Begründung eines neuen Verhältnisses von Sozialpädagogik und Schule, Münster 2000.
Hans THOMAE, Wohnen im Alter - psychologische Aspekte, in: Medizin, Mensch Gesellschaft Jg. 17 Nr. 3 (3. Quartal 1992), 176 - 181.
Christa THOMAS, Dr. Carl Sonnenschein der Weltstadterwecker, Freiburg 1930/1932[6].
Christa THOMAS, Margarete Sinclair. Lebensbild einer Fabrikarbeiterin, Freiburg 1931.
Christa THOMAS, Margrit Lekeux. Eine Freundin der Arbeiter. Ein Seitenstück zum Carl Sonnenschein - Büchlein, Freiburg 1931/1932[3].
Christa THOMAS, Stimmungsbilder aus der Bannmeile einer deutschen Großstadt, in: Katholische Kirchenzeitung der Pfarre St. Maternus (Köln) Jg. 23 Nr. 4 (27.01.1935), 55 - 56, Nr. 6 (10.02.1935), 86, Nr. 7 (17.02.1935), 104, Nr. 9 (03.03.1935), 135, Nr. 12 (24.03.1935), 184, Nr. 14 (07.04.1935), 215, Nr. 17 (28.04.1935), 262, Nr. 18 (05.05.1935), 283, Nr. 19 (12.05.1935), 297, Nr. 22 (02.06.1935), 342, Nr. 25 (23.06.1935), 392, Nr. 28 (14.07.1935), 442, Nr. 31 (04.08.1935), 490, Nr. 39 (29.09.1935), 615 und Nr. 40 (06.10.1935), 633 und u.d.T. Christa Thomas, Die am Rande der Großstadt, Leutesdorf 1936.
Christa THOMAS, Seelsorge in der Bannmeile, in: Der Seelsorger Jg. 14 Nr. 2 (November 1937), 33 - 41 und Nr. 3 (Dezember 1937), 71 - 81.
Christa THOMAS, Sieg des christlichen Gewissens. Protokoll - Auszüge aus dem Prozeß gegen Christa Thomas vor der IV. Strafkammer des Landgerichts Düsseldorf, Düsseldorf 1955.
Christa THOMAS, Eine 85jährige Frau erzählt, Köln 1978.
Christa THOMAS, Eine engagierte Pazifistin erzählt, in: Florence Hervé, Trotz alledem. Frauen im Düsseldorfer Widerstand. Berichte, Dokumente, Interviews, Düsseldorf 1979, 6 - 8
Matthias THOMES, Neues Netzwerk in Flingern, in: Netzwerk - Zeitung mobil und engagiert in Düsseldorf Jg. 3 Nr. 3 (Oktober 2002), 7.
Theresia THUN, Beratung für gefährdete, obdachlose Frauen im Sozialdienst katholischer Frauen e. V. München, in: Caritas '95. Jahrbuch des Deutschen Caritasverbandes, 135 - 139.
Friedemann TIEDT, Sozialberatung für Ausländer. Perspektiven für die Praxis, Weinheim 1985.
Friedemann TIEDT, Quantitative und qualitative Analyse des Nachfrage-, Leistungs- und Kooperationsprofils sozialer Dienste für Ausländer. Endbericht, Bonn 1988.
Klaus - Jürgen TILLMANN, Schulsozialarbeit. Eine Einführung in Praxisansätze und Theoriekonzepte, in: Klaus - Jürgen Tillmann, Schulsozialarbeit. Problemfelder und Erfahrungen aus der Praxis, München 1982, 9 - 41.
Wilhelma TILTMANN, Die soziale Fürsorge auf der Ausstellung, in: Otto Teich - Balgheim, Die Gesolei in Wort und Bild, Düsseldorf 1926, 44 - 46.
Georg TIMPE, St. Raphaels - Handbuch. Ein Hilfsbuch für Priester in der Raphaelsarbeit, Hamburg 1921.
Klaus TINTELOTT, Erholungshilfen, in: Paul Nordhues, Handbuch der Caritasarbeit. Beiträge zur Theologie, Pastoral und Geschichte der Caritas mit Überblick über die Dienste in Gemeinde und Verband, Paderborn 1986, 206 - 211.

Anne - Katrin TÖPFER, Bedingungen der Erhaltung und Förderung von Selbständigkeit im höheren Lebensalter (SIMA). Teil VIII. Soziale Integration, soziale Netzwerke und soziale Unterstützung, in: Zeitschrift für Gerontopsychologie und -psychiatrie Jg. 11 Nr. 3 (September 1998), 139 - 158.

Birgit TROCKEL, Das Thema Aids kommt in die Jahre, in: Neue Caritas Jg. 101 Nr. 12 (12.07.2000), 8 - 11.

Achim TRUBE, Arbeitslosigkeit und Neue Armut in Düsseldorf. Ein Bericht über Ursachen, Ausmaß und Folgen des sozialen Elends sowie Vorschläge für Gegenmaßnahmen, Bochum 1986.

Achim TRUBE, Arbeitsloseninitiativen und -zentren. Zur Professionalisierung eines neuen Zweiges sozialer Arbeit. Eine Bestands- und Bedarfsanalyse am Beispiel Düsseldorfs, Bochum 1988.

Katharina TRUTZ, Die Düsseldorfer Ausstellung "Gesolei", in: Caritas. Zeitschrift für Caritaswissenschaft und Caritasarbeit Jg. 31 Nr. 6 (Juni 1926), 174 - 177.

ÜBERLEGUNGEN für die Arbeit in Altentagesstätten/Altenbegegnungsstätten, Freiburg 1983

ÜBERSICHT der Wirksamkeit der Rheinisch - Westfälischen Gefängnis - Gesellschaft, zunächst in der Rheinprovinz, Düsseldorf 1841.

ÜBERSICHT der Wirksamkeit der Rheinisch - Westphälischen Gefängniss - Gesellschaft seit ihrem Bestehen, Düsseldorf 1835.

Otto UHLIG, Gastarbeiter in Deutschland, Mannheim 1966.

"... UND morgen sollt Ihr schauen Seine Herrlichkeit". Weihnachtsgabe für die Kriegsgefangenen der Deutschen Katholischen Jugend Düsseldorfs, Düsseldorf 1947.

Unsere URSULINEN - SCHULEN. Eine Erinnerung an das Jubiläum 1913. Von einem Freunde der Schulen, Düsseldorf 1913.

Alfons VÄTH, Unter dem Kreuzesbanner. Die ehrwürdige Mutter Maria Theresia Haze und ihre Stiftung die Genossenschaft der Töchter vom heiligen Kreuz, Düsseldorf 1922/1929².

Reiner van der VALK, Krankenhäuser in Düsseldorf, 1840 - 1939, Diss. Düsseldorf 1996.

Johannes VEEN, Jugendheime, Düsseldorf 1913.

Werner VEITH, Pflegeversicherung verändert Sozialstationen, in: Caritas '97. Jahrbuch des Deutschen Caritasverbandes, 284 - 290

VEREIN gegen Verarmung und Bettelei. Bericht für das Jahr 1876, Düsseldorf 1876.

VERFÜGUNGEN, Anordnungen, Bekanntgaben. Herausgegeben von der Partei - Kanzlei Bd. 2, München 1943.

VERHANDLUNGEN der ersten ordentlichen Generalversammlung des Rheinischen Vereins wider die Vagabundennoth am Mittwoch, den 11. März 1885 in Düsseldorf, Düsseldorf 1885.

VERZEICHNIS der von der Stadt Düsseldorf verwalteten Stiftungen und Fonds zu gemeinnützigen Zwecken nach dem Stande vom 1. April 1920. Zusammengestellt vom Statistischen Amt der Stadt Düsseldorf, Düsseldorf 1920.

Vollständiges VERZEICHNISS von sämmtlichen im Friedrichs - Haine Beerdigten, welche als Opfer für die Freiheit am 18. und 19. März in Berlin gefallen sind, Berlin 1848.

VERZEICHNISS der Mitglieder und Theilnehmer des Katholischen Waisenvereins zu Düsseldorf während des Jahres 1857, Düsseldorf 1857.

Gerlinde VIERTEL, Anfänge der Rettungshausbewegung unter Adelbert Graf von der Recke Volmerstein (1791 - 1878). Eine Untersuchung zu Erweckungsbewegung und Diakonie, Köln 1993.

Théophile de VILLE, Geschichte des Lebens und Wirkens der Mutter Maria Theresia, Stifterin der Genossenschaft der Töchter vom heiligen Kreuz in Lüttich, Köln 1891.

Charles Paul VINCENT, The politics of hunger. The Allied Blockade of Germany, 1915 - 1919, Ohio 1985.

Rudolf VIRCHOW, Der Hospitaliter - Orden vom heiligen Geiste, zumal in Deutschland, in: Monatsberichte der Königlich Preußischen Akademie der Wissenschaften 1877, Berlin 1878, 339 - 371.

Gotthilf VÖHRINGER, Freie Wohlfahrtspflege und Gesolei, in: Mitteilungen des Katholischen Caritas - Sekretariates, Düsseldorf Jg. 2 Nr. 7 (Juli 1926), 1 - 3.

Gotthilf VÖHRINGER, Ausstellung der Deutschen Liga der Freien Wohlfahrtspflege, in: Arthur Schloßmann, Ge - So - lei. Große Ausstellung Düsseldorf 1926 für Gesundheitspflege, soziale Fürsorge und Leibesübungen Bd. 2, Düsseldorf 1927, 879 - 909.

Richard VÖLKL, Diakonie und Caritas in den Dokumenten der deutschsprachigen Synoden, Freiburg 1977.

Richard VÖLKL, Theologische Überlegungen zur Caritas der Gemeinde, in: Caritas '83. Jahrbuch des Deutschen Caritasverbandes, 19 - 26.

Franz - Josef VOGEL, "Haus Gandersheim" zu Kaiserswerth. Eine "Gärtnerinnenschule für gebildete Frauen", in: Heimat - Jahrbuch Wittlaer 19 (1998), 136 - 144.

Klaus - Peter VOGEL, Wohnhof Stockum. Betreutes Wohnen für Senioren, in: Carl - Sonnenschein - Brief. Heilige Familie, St. Mariä Himmelfahrt, St. Albertus Magnus Nr. 1 (Pfingsten/Advent 2000), 9.

Jörg VOGELER, "... für eine kleine Opferbringung, eine große Erleichterung". Freie Kranken- und Sterbekassen in Düsseldorf, Düsseldorf 2000.

Caspar von VOGHT, Über die Errichtung der hamburgischen Armenanstalt im Jahre 1788, in: Carl Jantke, Die Eigentumslosen. Der deutsche Pauperismus und die Emanzipationskrise in Darstellungen und Deutungen der zeitgenössischen Literatur, Freiburg 1965, 197 - 207.

Ludwig VOLK, Kirchliche Akten über die Reichskonkordatsverhandlungen 1933, Mainz 1969.

Ludwig VOLK, Das Reichskonkordat vom 20. Juli 1933. Von den Ansätzen in der Weimarer Republik bis zur Ratifizierung am 10. September 1933, Mainz 1972.

Ludwig VOLK, Akten der Fuldaer Bischofskonferenz über die Lage der Kirche 1933 - 1945 6 Bde Mainz 1968/1985.

Ludwig VOLK, Nationalsozialismus, in: Anton Rauscher, Der soziale und politische Katholizismus. Entwicklungslinien in Deutschland 1803 - 1963 Bd. 1, München 1981, 165 - 208.

N.S. VOLKSWOHLFAHRT (E.V.) Reichsleitung. Richtlinien für die Arbeit. Ausgabe Juli 1933, Berlin 1933.

Thomas VOLLMER, Mystik - Impulse für Christen von morgen ? Zur Bedeutung der Mystikerin Emilie Schneider, in: Pastoralblatt für die Diözesen Aachen, Berlin, Essen, Hildesheim, Köln, Osnabrück Jg. 45 Nr. 2 (Februar 1993), 49 - 57.

Martin VORGRIMLER, Die heimatlosen Ausländer, in: Lebendige Seelsorge Jg. 4 Nr. 7 (1953), 237 - 242.

Martin VORGRIMLER, Auslandshilfe nach zwei Weltkriegen. Der Wandel der Auslandshilfe 1919 und 1945, in: Jahrbuch für Caritaswissenschaft und Caritasarbeit 1958, 86 - 101.

Herwart VORLÄNDER, Die NSV. Darstellung und Dokumentation einer nationalsozialistischen Organisation, Boppard 1988.

Andreas VOSS, Betteln und Spenden. Eine soziologische Studie über Rituale freiwilliger Armenunterstützung, ihre historischen und aktuellen Formen sowie ihre sozialen Leistungen, Berlin 1993.

Carl VOSSEN, Die Anschreibebücher des Johann Holzschneider, "Schmit in Heerdt", in: Heerdt im Wandel der Zeit 3 (1985), 43 - 48.

Karl VOSSEN, Fürsorgeerziehung und Landesjugendamt, in: Johannes Horion, Die rheinische Provinzial - Verwaltung. Ihre Entwicklung und ihr heutiger Stand. Herausgegeben zur Jahrtausendfeier der Rheinprovinz, Düsseldorf 1925, 325 - 402.

VOYAGE litteraire de deux Religieux Benedictins de la Congregation de Saint Maur Vol. 2, Paris 1724.

Josef WACHTLER, Ehrenamt im Erzbistum Bamberg. Empfehlungen und Impulse des Diözesanrates der Katholiken im Erzbistum Bamberg für eine zukunftsfähige Gestaltung des Ehrenamtes in der Kirche, Bamberg 1999.

J. WAGELS, Der Vincenzverein zu Aachen. (Ein Gedenkblatt zum fünfzigjährigen Bestehen des Vereins), in: Charitas. Zeitschrift für die Werke der Nächstenliebe im katholischen Deutschland Jg. 5 Nr. 7 (Juli 1900), 159 - 162, Nr. 8/9 (August/September 1900), 182 - 185, Nr. 10 (Oktober 1900), 221 - 234 und Nr. 11/12 (November/Dezember 1900), 252 - 255.

Hans - Werner WAHL, "Das kann ich allein!" Selbständigkeit im Alter: Chancen und Grenzen, Bern 1991.

Hubert von WALDBURG - WOLFEGG, Der Orden auf Malta, in: Adam Wienand, Der Johanniterordern, der Malteserorden. Der ritterliche Orden des hl. Johannes vom Spital zu Jerusalem. Seine Geschichte, seine Aufgaben, Köln 1988³, 191 - 225.

Helmut WALTER, Das Alter leben! Herausforderungen und neue Lebensqualitäten, Darmstadt 1995.

Helmut G. WALTHER, Bettelorden und Stadtgründung im Zeichen des Landesausbaus. Das Beispiel Kiel, in: Dieter Berg, Bettelorden und Stadt. Bettelorden und städtisches Leben im Mittelalter und in der Neuzeit, Werl 1992, 19 - 32.

Viktor WARNACH, Agape. Die Liebe als Grundmotiv der neutestamentlichen Theologie, Düsseldorf 1951.

Birgit WARZECHA, Schulschwänzen und Schulverweigerung. Eine Herausforderung an das Bildungssystem, Münster 2001.

WAS hat die katholische Caritas im Weltkrieg geleistet? Gesamtbericht der Freiburger Kriegshilfsstelle des Deutschen Caritasverbandes über ihre Tätigkeit in den Jahren 1914 - 1918, Freiburg 1919.

WAS ihr tut ... . 75 Jahre Caritasverband für die Stadt Essen, Essen 1972.

Aloys WEBER, Emilie Schneider, in: Albert Köhler, Kommende deutsche Heilige. Heiligmäßige Deutsche aus jüngerer Zeit, Dülmen 1936, 184 - 194.

Bruno WEBER, Altenkrankenheim: Klara - Gase - Haus, in: Die Bastei. Winfridenblätter Jg. 71 Nr. 1 (1983), 65 - 66.

Dieter WEBER, Das Zucht- oder Stockhaus, in: Christa - Maria Zimmermann, Kayserswerth. 1300 Jahre Heilige, Kaiser, Reformen, Düsseldorf 1981, 210 - 214.

Dieter WEBER, Zucht- und Arbeitshäuser am Niederrhein im 18. Jahrhundert, in: Düsseldorfer Jahrbuch 60 (1986), 78 - 96.

Joseph WEBER, Warum mangelt es so sehr an der Seelsorge in den Flüchtlingen aus der DDR, in: Caritas. Zeitschrift für Caritasarbeit und Caritaswissenschaft Jg. 56 Nr. 9/10 (September/Oktober 1955), 236 - 239.

Jürgen WEBER, Hospizidee und Ehrenamt, in: Caritas. Zeitschrift für Caritasarbeit und Caritaswissenschaft Jg. 96 Nr. 6 (Juni 1995), 256 - 266.

Rolf WEBER, Der Arbeitsmarkt in der Bundesrepublik Deutschland und die Beschäftigung ausländischer Arbeitnehmer, in: Winfried Schlaffke, Vom Gastarbeiter zum Mitarbeiter. Ursachen, Folgen und Konsequenzen der Ausländerbeschäftigung in Deutschland, Köln 1982, 23 - 38.

Rudolf WEBER, Vor fünf Jahren. Als Düsseldorf Front wurde. Ein Bericht, Düsseldorf 1950.

Rudolf WEBER, Wie war es vor 20 Jahren? Düsseldorfer Frühling 1945, in: Der Derendorfer Jg. 9 Nr. 6 (Juni 1965), 182 - 190 und Nr. 7 (Juli 1965), 222 - 227.

Edmund von WECUS, Die Klöster in Düsseldorf, in: Düsseldorfer Tageblatt Jg. 58 Nr. 171 (05.07.1924), o. S. (6).

Rotraut WEEBER, Barrierefreies Wohnen für ältere Menschen, insbesondere mit Blick auf Wohngemeinschaften, in: Wohnformen älterer Menschen im Wandel. Expertisenband 3 zum Zweiten Altenbericht der Bundesregierung, Frankfurt 1998, 52 - 111.

Gerhard Heinrich WEERTZ, Das katholische Kreuzbündnis zur Bekämpfung des Alkoholismus, Essen 1905.
Gerhard Heinrich WEERTZ, Kreuzbündnis und katholischer Mäßigkeitsbund, in: Sobrietas Jg. 5 Nr. 3 (Juli 1911), 89 - 90.
Gerhard Heinrich WEERTZ, Pater Anno Neumann und die neuere katholische Antialkoholbewegung, Heidhausen 1913.
Matthias WEGO, Maria Hain. Die wechselvolle Geschichte der ehemaligen Kartause in Düsseldorf, Kevelaer 1991.
Hugo WEIDENHAUPT, Von der französischen zur preußischen Zeit (1806 - 1856), in: Hugo Weidenhaupt, Düsseldorf. Geschichte von den Ursprüngen bis ins 20. Jahrhundert Bd. 2, Düsseldorf 1988, 313 - 479.
Hermannjosef WEIERS, Wolle für die Armen. Das Hubertusstift. Kapelle fertiggestellt, in: Kirchenzeitung für das Erzbistum Köln Jg. 44 Nr. 42 (20.10.1989), 25.
Friedhelm WEINFORTH, Armut im Rheinland. Dokumente zur Geschichte von Armut und Fürsorge im Rheinland vom Mittelalter bis heute, Kleve 1992.
Peter WEINGART, Rasse, Blut und Gene. Geschichte der Eugenik und Rassenhygiene in Deutschland, Frankfurt 1988.
Fritz WEITZEL, Antwort an die Geistlichkeit, in: Rheinische Landeszeitung Jg. 7 Nr. 296 (25.10.1936), o. S. (1).
Fritz WEITZEL, An ihren Taten sollt ihr sie erkennen !, Mönchengladbach 1936.
Heribert WELTER, Katholische Übernachtungs- und Unterbringungsmöglichkeiten für Strafentlassene im Lande Nordrhein - Westfalen, in: Caritas - Nachrichten für das Erzbistum Köln Jg. 16 Nr. 8 (August 1961), 176 - 182.
Bernhard WELTRING, Die Caritas in der Ausstellung der Deutschen Liga der freien Wohlfahrtspflege, in: Caritas. Zeitschrift für Caritaswissenschaft und Caritasarbeit Jg. 31 Nr. 8 (August 1926), 250 - 251, Nr. 9 (September 1926), 288 - 290 und Nr. 11 (November 1926), 346 - 350.
Stefan WELZK, Boom ohne Arbeitsplätze, Köln 1986.
Joseph WENNER, Reichskonkordat und Länderkonkordate, Paderborn 1938[4].
Helene WENTKER, Mit Fingergefühl den Einstieg schaffen. "Caritas Alternative Arbeit" in Düsseldorf wächst und wächst ... , in: Caritas in NRW Jg. 27 Nr. 3 (August 1998), 13 - 15.
Paul WENTZCKE, Den Helden des Ruhrkampfes, Düsseldorf 1931.
Paul WENTZCKE, Düsseldorf als Garnisonstadt, Düsseldorf 1933.
Josef WENZLER, Kennst Du den Karthäuserorden ? Eine Frage, gebildeten Jünglingen und Männern zum Überdenken vorgelegt, Kempen 1912.
Matthäus WERNER, 50 Jahre Caritasheim Düsseldorf - Rath. Eine Chronik, in: 1932 - 1982. 50 Jahre Caritasheim Düsseldorf - Rath, Düsseldorf 1982, 8 - 10.
Matthäus WERNER, Baugeschichte, in: Johannes Höver Haus. Alten- und Pflegeheim, Düsseldorf 1984, 4 - 5.
Matthäus WERNER, Baubeschreibung, in: Johannes Höver Haus. Alten- und Pflegeheim, Düsseldorf 1984, 6 - 7.
Matthäus WERNER, Rather Broich 155, Düsseldorf - Rath, in: Alla Pfeffer, Zeitzeugen. Bekenntnisse zu Düsseldorf, Düsseldorf 2001, 337 - 341.
Wolfgang Franz WERNER, Euthanasie und Widerstand in der Rheinprovinz, in: Anselm Faust, Verfolgung und Widerstand im Rheinland und in Westfalen 1933 - 1945, Köln 1992, 224 - 233.
Lorenz WERTHMANN, Die Zeitschrift "Charitas" und ihre Bestrebungen. Referat auf dem Charitastag zu Schwäbisch - Gmünd am 14. Oktober), in: Charitas. Zeitschrift für die Werke der Nächstenliebe im katholischen Deutschland Jg. 1 Nr. 11 (November 1896), 231 - 239.

Lorenz WERTHMANN, Charitas - Verband für das katholische Deutschland, in: Charitas. Zeitschrift für die Werke der Nächstenliebe im katholischen Deutschland Jg. 2 Nr. 4 (April 1897), 83 - 84.

Lorenz WERTHMANN, Einladung zum zweiten Charitastag in Köln am Rhein, in: Charitas. Zeitschrift für die Werke der Nächstenliebe im katholischen Deutschland Jg. 2 Nr. 10 (Oktober 1897), 193 - 194.

Lorenz WERTHMANN, Die soziale Bedeutung der Charitas und die Ziele der Charitasverbandes. (Rede, gehalten auf der General - Versammlung der Katholiken Deutschlands zu Neiße am 31. August 1899). Mit einem Anhang: Satzungen und Mitgliederverzeichnis des Charitasverbandes, Freiburg 1900.

Lorenz WERTHMANN, Bilder aus der katholischen Mäßigkeitsbewegung, in: Jahrbuch des Charitasverbandes für das Geschäftsjahr 2 (1908/1909), 34 - 48.

Lorenz WERTHMANN, Vorboten und Vorkämpfer der Caritasbestrebungen, in: Jahrbuch des Caritasverbandes für das Geschäftsjahr 6 (1912/1913), 1 - 11.

Lorenz WERTHMANN, Die Wohltätigkeit im Kriege und die Aufgaben der Caritas nach dem Kriege, in: Caritas. Zeitschrift für die Werke der Nächstenliebe im katholischen Deutschland Jg. 21 Nr. 2/3 (November/Dezember 1915), 35 - 41.

Lorenz WERTHMANN, Die hochwürdigsten deutschen Bischöfe und die Caritasorganisation. Gründung des Caritasverbandes für die Diözese Paderborn, in: Caritas. Zeitschrift für die Werke der Nächstenliebe im katholischen Deutschland Jg. 21 Nr. 5/6 (Februar/März 1916), 157 - 163.

Lorenz WERTHMANN, Die Bedeutung der Fuldaer Bischofsbeschlüsse über die Organisation der Caritas im katholischen Deutschland, in: Caritas. Zeitschrift für die Werke der Nächstenliebe im katholischen Deutschland Jg. 22 Nr. 1 (Oktober 1916), 2 - 7.

Lorenz WERTHMANN, Unser Caritasprogramm an der Neige des Weltkrieges, in: Caritas. Zeitschrift für die Werke der Nächstenliebe im katholischen Deutschland Jg. 22 Nr. 8 (Mai 1917), 245 - 250.

Lorenz WERTHMANN, Die Caritas und die neue Zeit, in: Caritas. Zeitschrift für die Werke der Nächstenliebe im katholischen Deutschland Jg. 24 Nr. 1/3 (Oktober/Dezember 1918), 1 - 6.

Lorenz WERTHMANN, Zum fünfzigjährigen Jubiläum des St. - Raphaels - Vereins, in: Caritas. Zeitschrift für die Werke der Nächstenliebe im katholischen Deutschland Jg. 24 Nr. 1/3 (Oktober/Dezember 1918), 15 - 22.

Lorenz WERTHMANN, Die drohende Auswandererflut im neuen Deutschland, in: Caritas. Zeitschrift für die Werke der Nächstenliebe im katholischen Deutschland Jg. 24 Nr. 7/9 (April/Juni 1919), 113 - 119.

Lorenz WERTHMANN, Die Pflichten der deutschen Katholiken gegenüber der neuen Massenauswanderung, in: Caritas. Zeitschrift für die Werke der Nächstenliebe im katholischen Deutschland Jg. 24 Nr. 7/9 (April/Juni 1919), 119 - 122.

Hugo WESENDONK, Erinnerungen aus dem Jahre 1848, New York 1898.

Kurt WESOLY, Widerstand gegen die Säkularisation ? Zur Aufhebung der Klöster im Herzogtum Berg im Jahre 1803, in: Georg Mölich, Klosterkultur und Säkularisation im Rheinland, Essen 2002, 321 - 330.

Harald WESTBELD, Alles im Fluss. Ehrenamt im Wandel. Erfahrungen in den Niederlanden, in: Caritas in NRW Jg. 28 Nr. 2 (April 1999), 18 - 19.

Juliane WETZEL, "Displaced Persons". Ein vergessenes Kapitel der deutschen Nachkriegsgeschichte, in: Aus Politik und Zeitgeschichte Jg. 45 Nr. 7/8 (10.02.1995), 34 - 39.

Josef WEYDMANN, Die Wanderarmenfürsorge in Deutschland, Mönchengladbach 1908.

Johanna WEZEL, Kindergarten, in: Oskar Karstedt, Handwörterbuch der Wohlfahrtspflege, Berlin 1924, 227 - 235.

Peter WIDMANN, An den Rändern der Städte. Sinti und Jenische in der deutschen Kommunalpolitik, Berlin 2001.

Renate WIEDEMANN, Die Anfänge der deutschen Hospizbewegung, in: Johann - Christoph Student, Das Hospiz - Buch, Freiburg 1999[4], 35 - 42.

Ernst WIEHL, Fürsorge für Geisteskranke. Idioten und Epileptiker, in: Johannes Horion, Die rheinische Provinzial - Verwaltung. Ihre Entwicklung und ihr heutiger Stand. Herausgegeben zur Jahrtausendfeier der Rheinprovinz, Düsseldorf 1925, 125 - 178.

Johannes WIELGOSS, Zur Geschichte des St. - Johannes - Stiftes in Essen - Borbeck (1921 - 1942), in: 1921 - 1971. 50 Jahre Salesianer Don Boscos in Essen - Borbeck, Essen 1971, 20 - 32.

Johannes WIELGOSS, 60 Jahre im Dienst an der Jugend. Die Salesianer Don Boscos im Ruhrgebiet, in: Baldur Hermanns, Steh auf und geh. Vergangenheit und Gegenwart kirchlicher Jugendarbeit im Bereich des Bistums Essen, Essen 1981, 79 - 99.

Johannes WIELGOSS, Das Jugendheim der Salesianer Don Boscos im Leben des Jugendlichen Heinrich Bongers (1921 - 1946), in: Markus Graulich, 75 Jahre Padders in Borbeck, Essen 1996, 14 - 20.

Adam WIENAND, Die Johanniter und die Kreuzzüge, in: Adam Wienand, Der Johanniterordern, der Malteserorden. Der ritterliche Orden des hl. Johannes vom Spital zu Jerusalem. Seine Geschichte, seine Aufgaben, Köln 1988[3], 32 - 103.

Hubert WIESEHÖFER, Sozialarbeit in der lebensweltlichen Realität, in: Caritas '91. Jahrbuch des Deutschen Caritasverbandes, 244 - 250.

Hubert WIESEHÖFER, Gemeindesozialarbeit und Lebensweltorientierung. Entwicklung und Ausblick, in: Projektbeschreibungen, Praxisberichte, Schwerpunkte, Anregungen, Grundlagen, Konzepte zum Rahmenkonzept für den Fachbereich Gemeindecaritas in örtlichen Caritasverbänden, Münster 1996, 41 - 47.

Wilhelm WIESEN, Die Entwicklung der Caritas während des 19. Jahrhunderts im Rheinlande, Freiburg 1925.

Fritz WIESENBERGER, Ons Cita. Geschichte der Citadellstraße und ihrer Bewohner, Düsseldorf 1980.

Fritz WIESENBERGER, Schloßromantik gleich neben an. Schlösser und Burgen in Düsseldorf und Umgebung, Düsseldorf 1980.

Ewald WIETSCHORKE, Vagabunden, Wanderer, Nichtseßhafte. Die Entwicklung einer ambulanten Hilfe, in: Caritas in Nordrhein - Westfalen Jg. 17 Nr. 3 (Mai/Juni 1988), 231 - 243.

Josef WILDEN, Zur Geschichte der öffentlichen Armenpflege in Düsseldorf, in: Beiträge zur Geschichte des Niederrheins 21 (1906/07), 276 - 311.

Josef WILDEN, Die Entwicklung der Armenpflege zur Wohlfahrtspflege, Düsseldorf 1921.

Josef WILDEN, Auf dem Wege zur Wohlfahrtspflege. Dargestellt an den Düsseldorfer Einrichtungen, Düsseldorf 1921.

Josef WILDEN, Von Versailles bis Locarno. Die Notzeit der Düsseldorfer Wirtschaft, Düsseldorf 1926.

Josef WILDEN, Die freiwillige Liebestätigkeit, in: Monatsblatt des Städtischen Wohlfahrts- und Gesundheitsamtes Düsseldorf Jg. 7 Nr. 8 (August 1933), 120 - 124.

Johann Ferdinand WILHELMI, Panorama von Düsseldorf und seinen Umgebungen. Mit besonderer Rücksicht auf Geschichte, Topographie, Statistik, Gewerbfleiß und Handel des Regierungsbezirks Düsseldorf, Düsseldorf 1828.

Christoph WILK, Erfolgskriterien von Maßnahmen der Hilfe zur Arbeit. Expertise im Auftrag des Bundesministeriums für Gesundheit. Schlußbericht Dezember 1996, Baden - Baden 1997.

Edmund WILLEMS, Kleinarbeit weiblicher Großstadtcaritas, in: Sankt Vinzenz Jg. 2 Nr. 4 (Juli/August 1927), 113 - 117.

Peter WILLENBORG, "Kinder brauchen Horte". Erzbistum Köln und Caritas starten Kampagne PRO HORT, in: Caritas in NRW Jg. 32 Nr. 3 (Juli 2003), 44.

Hieronymus WILMS, Heilende Liebe im Leben und in der Gründung der Mutter M. Cherubine Willimann, Dülmen 1921.

Hieronymus WILMS, Ceslaus von Robiano, in: Albert Köhler, Kommende deutsche Heilige. Heiligmäßige Deutsche aus jüngerer Zeit, Dülmen 1936, 316 - 322.

Hieronymus WILMS, Cherubine Willimann, in: Albert Köhler, Kommende deutsche Heilige. Heiligmäßige Deutsche aus jüngerer Zeit, Dülmen 1936, 359 - 361.

Hieronymus WILMS, P. Titus Horten O. P.. Erinnerungen an ein Opfer der Devisenprozesse, Köln 1947/Limburg 1949.

Hieronymus WILMS, Alfred Graf Robiano. P. Ceslaus, der Erneuerer des Dominikanerordens in Deutschland, Düsseldorf 1957.

Theodor WINDMÜLLER, Aus dem Lazarett Dominikanerkloster in Düsseldorf, in: Der Marien - Psalter Jg. 38 Nr. 4 (Januar 1915), 138 - 139, Nr. 5 (Februar 1915), 173 - 174, Nr. 6 (März 1915), 210 - 211 und Nr. 7 (April 1915), 251 - 213.

Kurt WINNER, Aus der Arbeit der katholischen Karitas. Die Gefährdetenfürsorge, in: Gesolei. Offizielle Tageszeitung der Großen Ausstellung Düsseldorf 1926 für Gesundheitspflege, soziale Fürsorge und Leibesübungen Jg. 1 Nr. 133 (18.09.1926), o. S. (5).

Hans - Peter WINTER, Hausgemeinschaften. Die 4. Generation des Altenpflegeheimbaus. Architektur, Raumprogramm, Projektbeispiele, Leistungsangebote, Personalkalkulation, Köln 2000.

Johannes WINTERHALTER, Das Caritas - Altenzentrum St. Hildegard heute und morgen. Fragen an die Leiterin Frau Renate Rackl, in: Gemeinsam unterwegs. Pfarrbrief der katholischen Kirchengemeinden St. Norbert und St. Theresia Düsseldorf - Garath/Hellerhof Jg. 1 Nr. 1 (Mai 1999), o. S. (6 - 7).

Die Düsseldorfer WINTERHILFE 1931 - 1932, Düsseldorf 1932.

Helmut WINZEN, Ein festes Heim für Zigeuner, in: Caritas '84. Jahrbuch des Deutschen Caritasverbandes, 277 - 280.

WIR bauen die Pfarrcaritas. Ein Arbeitsplan dargeboten vom Caritas - Verband, Freiburg 1934.

WIR in Oberbilk. Angebote und Hilfe für Bürger und Bürgerinnen in Oberbilk, Düsseldorf 2002.

"WIR sind o.k.!" Stimmungen, Einstellungen, Orientierungen der Jugend in den 90er Jahren. Die IBM Jugendstudie, Köln 1995.

Peter WIRTZ, Was weiß man eigentlich über Zigeuner ?, in: Caritas in Nordrhein - Westfalen Jg. 13 Nr. 3 (Mai/Juni 1984), 208 - 210.

Peter WIRTZ, Die Sintis noch immer Randgruppe der Gesellschaft. Projekt "Zigeunerumsiedlung am Hackenbruch". Ein Experiment, das Abhilfe schafft ?, in: Der Weg. Evangelisches Sonntagsblatt für das Rheinland Jg. 39 Nr. 30 (22.07.1984), V.

Peter WIRTZ, Zu meinen Fotos, in: Sinti am Hackenbruch. Otto Pankok - Siedlung. Stadtmuseum Düsseldorf 27.3. - 19.5.1985, Düsseldorf 1985, o. S. (5 - 6).

Clemens WISCHERMANN, Hungerkrisen im vormärzlichen Westfalen, in: Kurt Düwell, Rheinland - Westfalen im Industriezeitalter. Beiträge zur Landesgeschichte des 19. und 20. Jahrhunderts Bd. 1, Wuppertal 1983, 126 - 147.

Erich WISPLINGHOFF, Mittelalter und frühe Neuzeit. Von den ersten schriftlichen Nachrichten bis zum Ende des Jülich - Klevischen Erbstreites (ca. 700 - 1614), in: Hugo Weidenhaupt, Düsseldorf. Geschichte von den Ursprüngen bis ins 20. Jahrhundert Bd. 1, Düsseldorf 1988, 161 - 445.

Thomas Erich Joachim de WITT, The Nazi Party and Social Welfare, 1919 - 1939, Diss. Charlottesville 1971.

Kurt WITTERSTÄTTER, Soziologie für die Altenarbeit. Soziale Gerontologie, Freiburg 2003.

Wernher WITTHAUS, Wilde Siedlung. Die Ärmsten besiedeln ohne fremde Hilfe Niemandsland. Bericht über eine Zeiterscheinung, in: Kölnische Zeitung Nr. 429 (09.08.1931), o. S. (2).

Ulrike WÖSSNER, Die neuen Alten. Eine kohärente Konzeption der Altenhilfe/Altenarbeit fehlt aufgrund der vielfältigen caritativen Strukturen und Angebote. Klare Ziele werden die Konzentration auf bestimmte Zielgruppen und Dienste voranbringen, in: Caritas 2002. Jahrbuch des Deutschen Caritasverbandes, 97 - 103.

Die katholischen WOHLTHÄTIGKEITS - ANSTALTEN und Vereine sowie das katholisch - soziale Vereinswesen in der Diözese Straßburg, Freiburg 1900.

Betreutes WOHNEN. Was Sie über Leistungen, Kosten und Verträge wissen sollten, Düsseldorf 2002².

WOHNKULTUR in gesellschaftlicher Verantwortung. 100 Jahre Wohnungswirtschaft in Rheinland und Westfalen 1901 - 2001, Düsseldorf 2001.

Irmgard WOLF, Caritas und Mystik. Schwester Emilie Schneider F. C., Oberin in Düsseldorf, in: Annalen des Historischen Vereins für den Niederrhein 196 (1994), 103 - 157.

Irmgard WOLF, Schwester Emilie Schneider. Ihr Leben, ihr Wirken, ihre Düsseldorfer Zeit, o. O. 1999.

Mechthild WOLF, Hermann Heye, in: Neue Deutsche Biographie Bd. 9, Berlin 1972, 78 - 79.

Diether WOLF VON GODDENTHOW, Ruhestand ohne Ruhe und Stand, in: Diether Wolf von Goddenthow, Das Märchen vom Ruhestand. Falsche Vorstellungen verabschieden. Neue Aufgaben entdecken. Älter werden mit Gewinn, Freiburg 1986², 21 - 50.

Margareta WOLFF, Mein Ja bleibt. Emilie Engel, Schönstätter Marienschwester, Vallendar 2000.

Andreas WOLLASCH, Der Katholische Fürsorgeverein für Mädchen, Frauen und Kinder (1899 - 1945). Ein Beitrag zur Geschichte der Jugend- und Gefährdetenfürsorge in Deutschland, Freiburg 1991.

Andreas WOLLASCH, Von der Fürsorge "für die Verstoßenen des weiblichen Geschlechts" zur anwaltschaftlichen Hilfe. 100 Jahre Sozialdienst katholischer Frauen (1899 - 1999, Dortmund 1999.

Hans - Josef WOLLASCH, 75 Jahre Zeitschrift "Caritas", in: Caritas. Zeitschrift für Caritasarbeit und Caritaswissenschaft Jg. 72 Nr. 1 (Januar 1972), 1 - 6.

Hans - Josef WOLLASCH, Caritasverband und katholische Kirche in Deutschland. Zur Bedeutung des "Anerkennungsbeschlusses" der Fuldaer Bischofskonferenz vom Jahre 1916, in: Caritas '72. Jahrbuch des Deutschen Caritasverbandes, 59 - 75.

Hans - Josef WOLLASCH, Caritas und Euthanasie im Dritten Reich. Staatliche Lebensvernichtung in katholischen Heil- und Pflegeanstalten 1936 bis 1945, in: Caritas '73. Jahrbuch des Deutschen Caritasverbandes, 61 - 85.

Hans - Josef WOLLASCH, Caritasarbeit unter Diktatur. Zur Bedeutung von Caritassammlungen im Dritten Reich, in: Caritas '74. Jahrbuch des Deutschen Caritasverbandes, 270 - 290.

Hans - Josef WOLLASCH, Kirchliche Reaktionen auf das "Gesetz zur Verhütung Erbkranken Nachwuchses" vom Jahre 1933, in: Caritas '74. Jahrbuch des Deutschen Caritasverbandes, 290 - 306.

Hans - Josef WOLLASCH, Humanitäre Auslandshilfe für Deutschland nach dem Zweiten Weltkrieg. Darstellung und Dokumentation kirchlicher und nichtkirchlicher Hilfen, Freiburg 1976.

Hans - Josef WOLLASCH, Die Gründung sozialer Schulen in Freiburg durch den Deutschen Caritasverband, in: Hans - Josef Wollasch, Beiträge zur Geschichte der Deutschen Caritas in der Zeit der Weltkriege. Zum 100. Geburtstag von Benedict Kreutz (1879 - 1949), Freiburg 1978, 104 - 153.

Hans - Josef WOLLASCH, Aus der Frühzeit der Caritas - Schwesternschaft (1937 - 1945), in: Hans - Josef Wollasch, Beiträge zur Geschichte der Deutschen Caritas in der Zeit der Weltkriege. Zum 100. Geburtstag von Benedict Kreutz (1879 - 1949), Freiburg 1978, 161 - 178.

Hans - Josef WOLLASCH, 1945: Keine "Stunde Null" der Caritas, in: Hans - Josef Wollasch, Beiträge zur Geschichte der Deutschen Caritas in der Zeit der Weltkriege. Zum 100. Geburtstag von Benedict Kreutz (1879 - 1949), Freiburg 1978, 225 - 230.

Hans - Josef WOLLASCH, Ein Kaufmannssohn aus Radolfzell als Pionier für Jugendpflege und Seelsorge. Zum 100. Geburtstag von P. Constantin Noppel SJ (1883 - 1945), in: Hegau Jg. 28 Nr. 40 (1983), 7 - 58.

Hans - Josef WOLLASCH, "Kriegshilfe" der Caritas im Ersten Weltkrieg. Eine Skizze, in: Caritas '87. Jahrbuch des Deutschen Caritasverbandes, 331 - 340.

Hans - Josef WOLLASCH, "Der an sich schöne Gedanke der Charitas" und die Geburtswehen des Verbandes 1897, in: Caritas '88. Jahrbuch des Deutschen Caritasverbandes, 311 - 333.

Hans - Josef WOLLASCH, Der Deutsche Caritasverband - eine imperialistische Scheinmacht? Geschichtliche Zeugnisse zum Verhältnis zwischen Caritasverband und caritativen Fachverbänden, in: Caritas '90. Jahrbuch des Deutschen Caritasverbandes, 365 - 383.

Hans - Josef WOLLASCH, Lorenz Werthmann und der Deutsche Caritasverband, in: Erwin Gatz, Caritas und soziale Dienste, Freiburg 1997, 173 - 183.

Hans - Josef WOLLASCH, Gertrud Luckner (1900 - 1995), in: Jürgen Aretz, Zeitgeschichte in Lebensbildern. Aus dem deutschen Katholizismus des 19. und 20. Jahrhunderts Bd. 9, Münster 1999, 260 - 275 und 349 - 350.

Hans - Josef WOLLASCH, "Betrifft: Nachrichtenzentrale des Erzbischofs Gröber in Freiburg". Die Ermittlungsakten der Geheimen Staatspolizei gegen Gertrud Luckner 1942 - 1944, Konstanz 1999.

Joachim WOLLASCH, Die mittelalterliche Lebensform der Verbrüderung, in: Karl Schmid, Memoria. Der geschichtliche Zeugniswert des liturgischen Gedenkens im Mittelalter, München 1984, 215 - 232.

Gertraud WOPPERER, Die neuen Formen sozial - caritativer Arbeit in der Oberrheinischen Kirchenprovinz 1834 - 1870, Freiburg 1957.

Erika WORBS, Netzwerk Düsseldorf - Bilk, in: Die Bilker Sternwarte Jg. 47 Nr. 1 (Januar 2001), 8 - 9.

Kaspar WORTMANN, Der Dritte Orden in Deutschland, in: Matthäus Schneiderwirth, Der Dritte Orden des heiligen Franziskus. Festschrift zum 700jährigen Jubiläum seiner Gründung, Düsseldorf 1921, 27 - 42.

Franz J. WOTHE, Carl Mosterts. Ein Leben für die Jugend, Kevelaer 1959.

Theresia WUNDERLICH, Aussiedlerfamilien. Eine Herausforderung für Tageseinrichtungen für Kinder, Freiburg 1991.

Paul WURSTER, Die Litteratur zur sozialen Frage im Jahre 1896, in: Zeitschrift für Pastoral - Theologie Jg. 20 Nr. 4 (April 1897), 222 - 227 und Nr. 5 (Mai 1897), 258 - 269.

Gordon Charles ZAHN, Die deutschen Katholiken und Hitlers Kriege, Graz 1965.

Wilhelm ZAUNER, Caritas, Diakonie, Pastoral. Probleme und Aufgaben, in: Josef Wiener, Diakonie in der Gemeinde. Caritas in einer erneuerten Pastoral. Österreichische Pastoraltagung 28. - 30. Dezember 1977, Wien 1978, 149 - 151.

Im ZEICHEN des Regenbogens. 50 Jahre Caritas - Schwesternschaft, Freiburg 1987.

Martin ZEILLER, Topographia Westphaliae, das ist, Beschreibung der vornembsten, und bekantisten Stätte, und Plätz, im Hochlöblichen Westphälischen Craiße an tag gegeben von Mattheo Merian, Frankfurt 1647.

Wilhelm ZELLER, Das Reichsgesetz, betreffend die Krankenversicherung der Arbeiter. Vom 15. Juni 1883. Mit einer geschichtlichen Einleitung, einer Darstellung der Prinzipien des Gesetzes auf Grund der Motive, Kommissionsberichte und Reichstagsverhandlungen, sowie kurzen Noten und alphabetischem Sachregister, Nördlingen 1883.

Rolf ZERFASS, Der Beitrag des Caritasverbandes zur Diakonie, in: Caritas. Zeitschrift für Caritasarbeit und Caritaswissenschaft Jg. 88 Nr. 1 (Januar 1987), 12 - 27.

Rolf ZERFASS, Lebensnerv Caritas. Helfer brauchen Rückhalt, Freiburg 1992.

Elisabeth ZILLKEN, Einbau der caritativen Facharbeit in die Liebesgemeinschaft der Pfarrgemeinde, in: Caritas. Zeitschrift für Caritaswissenschaft und Caritasarbeit Jg. 39 Nr. 11 (November 1934), 330 - 335 und Nr. 12 (Dezember 1934), 373 - 379.

Elisabeth ZILLKEN, Dem Gedächtnis von Frau Agnes Neuhaus, der Gründerin und Führerin des Katholischen Fürsorgevereins für Mädchen, Frauen und Kinder, Bigge 1944.

Elisabeth ZILKEN, Entwicklung und Gestalt des KFV aus der Verantwortung für Jugend und Familie, in: Katholische Fürsorgearbeit im 50. Jahr des Werkes von Frau Agnes Neuhaus. Erbe, Aufgabe und Quellgrund 50jähriger Arbeit des Katholischen Fürsorgevereins für Mädchen, Frauen und Kinder. Dargestellt in den Vorträgen und Arbeitsergebnissen der Jubiläumstagung vom 13. bis 16. September 1950 in Dortmund, Dortmund 1950, 9 - 30.

Friedrich Wilhelm Rudolph ZIMMERMANN, Der Deutsche Verein für Armenpflege und Wohltätigkeit in den ersten 25 Jahren seines Bestehens 1880 - 1905, in: Zeitschrift für die gesamte Staatswissenschaft Jg. 62 Nr. 4 (20.09.1906), 739 - 756.

Martha ZIMMERMANN, Katholische Einrichtungen der Armen- und Familienfürsorge Deutschlands, in: Caritas. Zeitschrift für Caritaswissenschaft und Caritasarbeit Jg. 35 Nr. 8 (August 1930), 331 - 338.

Michael ZIMMERMANN, Verfolgt, vertrieben, vernichtet. Die nationalsozialistische Vernichtungspolitik gegen Sinti und Roma, Essen 1989.

Michael ZIMMERMANN, Rassenutopie und Genozid. Die nationalsozialistische "Lösung der Zigeunerfrage", Hamburg 1996.

Peter ZIMMERMANN, Die rechtliche Situation der Hilfe für Nichtseßhafte. Anspruch und Wirklichkeit, in: Caritas. Zeitschrift für Caritasarbeit und Caritaswissenschaft Jg. 80 Nr. 3 (Mai 1979), 145 - 147.

Volker ZIMMERMANN, In Schutt und Asche. Das Ende des Zweiten Weltkrieges in Düsseldorf, Düsseldorf 1995.

Heinrich ZITZEN, Vom Werden des St. - Marien - Krankenhauses in Kaiserswerth, in: Katholischer Kirchenkalender 1930 für die katholische Pfarrgemeinde Kaiserswerth, Essen 1929, 23 - 29.

Otto ZÜNDORF, Jugendarbeit ohne Erwachsenenhilfe ?, in: Kirchenzeitung für das Erzbistum Köln Jg. 4 Nr. 6 (20.03.1949), VI - VII.

Otto ZÜNDORF, Heimstatt in Düsseldorf - wie sie in der Jugend wurde, in: Jugendnot und Jugendhilfe in Düsseldorf. Zur Einweihung der Dreikönigen - Heimstatt zu Düsseldorf am 6. Januar 1950, Düsseldorf 1950, 5 - 6.

ZWANGSARBEITER in der Stadt Düsseldorf. Ein dunkles Kapitel der Stadtgeschichte wird jetzt untersucht, Düsseldorf 2000.

Hans Karl von ZWEHL, Nachrichten über die Armen- und Kranken - Fürsorge des Ordens vom Hospital des heiligen Johannes von Jerusalem oder Souveränen Malteser - Ritterordens, Rom 1911.

NN, Verkauf und Vergantung, in: Gülich- und Bergische Wochentliche Nachrichten Nr. 12 (22.03.1774), o. S. (3 - 4).

NN, Nachricht wegen des dahier zu errichtenden Armen Krankenhauses, in: Gülich- und Bergische wochentlichen Nachrichten Nr. 31 (30.07.1799), o. S. (6).

NN, Anzeige, in: Gülich- und Bergische wochentlichen Nachrichten Nr. 46 (12.11.1799), o. S. (2 - 3).

NN, Bekanntmachungen, in: Gülich- und Bergische wochentlichen Nachrichten Nr. 7 (18.01.1800), o. S. (7).

NN, Anzeige, in: Gülich- und Bergische wochentlichen Nachrichten Nr. 18 (06.05.1800), o. S. (6).

NN, Nachricht für Arbeitssuchende, in: Gülich- und Bergische wochentlichen Nachrichten Nr. 42 (21.10.1800), Beilage.

NN, Nachricht von der Armen - Versorgungs - Anstalt in der Stadt Düsseldorf, in: Gülich- und Bergische wochentlichen Nachrichten Nr. 47 (25.11.1800), o. S. (2).

NN, Geistliche Rede von der Mildthätigkeit gegen die Armen, in: Gülich- und Bergische wochentlichen Nachrichten Nr. 49 (09.12.1800), o. S. (6).

NN, Errichtung einer Armenpflege, in: Gülich- und Bergische wochentlichen Nachrichten Nr. 50 (16.12.1800), o. S. (4).

NN, Das Jahrbuch der Armen - Versorgungsanstalt und Adreßbuch von Düsseldorf 1801, in: Gülich- und Bergische wochentlichen Nachrichten Nr. 51 (23.12.1800), o. S. (4).

NN, Predigt Nachricht, in: Gülich- und Bergische wochentlichen Nachrichten Nr. 52 (30.12.1800), o. S. (6 - 7).

NN, An das wohlthätige Publikum, in: Gülich- und Bergische wochentlichen Nachrichten Nr. 5 (03.02.1801), o. S. (2).

NN, Nachricht von der hiesigen Marianischen Bürger - Sodalität des Armen - Krankenhauß, genannt: H. Maria betreffend, in: Gülich- und Bergische wochentlichen Nachrichten Nr. 17 (28.04.1801), o. S. (5 - 6).

NN, Nachricht von der hiesigen Marianischen Bürgersodalität des Armen - Kranken betreffend, genannt H. Maria, in: Gülich- und Bergische wochentlichen Nachrichten Nr. 30 (28.07.1801), o. S. (5 - 6).

NN, Nachricht an das Publikum, in: Gülich- und Bergische wochentlichen Nachrichten Nr. 33 (18.08.1801), o. S. (2 - 3).

NN, Nachricht von dem allgemeinen Armen Krankenhaus, in: Gülich- und Bergische wochentlichen Nachrichten Nr. 3 (19.01.1802), o. S. (5 - 6).

NN, Bekanntmachung, in: Gülich- und Bergische wochentlichen Nachrichten Nr. 5 (02.02.1802), o. S. (7 - 8).

NN, Armen Krankenhauß, in: Gülich- und Bergische wochentlichen Nachrichten Nr. 13 (30.03.1802), o. S. (6).

NN, Bekanntmachung, in: Gülich- und Bergische wochentlichen Nachrichten Nr. 33 (17.08.1802), o. S. (3).

NN, Anzeige, in: Gülich- und Bergische wochentlichen Nachrichten Nr. 36 (07.09.1802), o. S. (6).

NN, (Düsseldorfer Armenanstalt), in: Bergische wöchentlichen Nachrichten Nr. 24 (14.06.1803), o. S. (1 - 4).

NN, Im Nahmen einer Churfürstlichen Durchlaucht zu Pfalz - Bayern, in: Bergische wochentliche Nachrichten Nr. 41 (11.10.1803), o. S. (1).

NN, Nachricht an die Einwohner Düsseldorfs über die Errichtung eines Erziehungshauses für verwaiste und vernachläßigte Kinder, nebst einer Aufforderung zur Unterstützung dieser Anstalt, in: Wochentliche Nachrichten (Düsseldorf). Mit Churpfalz - Bayerisch Gnädigster Freyheit Nr. 14 (03.04.1804), Beilage.

NN, Vergantungen, in: Wochentliche Nachrichten (Düsseldorf). Mit Churpfalz - Bayerisch Gnädigster Freyheit Nr. 17 (24.04.1804), o. S. (3).

NN, Düsseldorfer Armenanstalt, in: Wochentliche Nachrichten (Düsseldorf). Mit Churpfalz - Bayerisch Gnädigster Freyheit Nr. 17 (24.04.1804), o. S. (8).

NN, Düsseldorfer Armenanstalt, in: Wochentliche Nachrichten (Düsseldorf). Mit Churpfalz - Bayerisch Gnädigster Freyheit Nr. 21 (22.05.1804), o. S. (4).

NN, Bekanntmachung, in: Wochentliche Nachrichten (Düsseldorf). Mit Churpfalz - Bayerisch Gnädigster Freyheit Nr. 31 (31.07.1804), o. S. (2).

NN, Abtey Düsselthal, in: Wochentliche Nachrichten (Düsseldorf). Mit Churpfalz - Bayerisch Gnädigster Freyheit Nr. 42 (16.10.1804), o. S. (1).

NN, Kaiserliches Decret, in Betreff der Wohltätigkeits - Anstalten, in: Gesetz - Buelletin des Großherzogthums Berg. Bulletin des Lois du Grand - Duché de Berg Abt. 2 Nr. 2 (1809), 92 - 123.

NN, Düsseldorf, in: Das Echo der Berge Nr. 87 (27.03.1812), o. S. (1).
NN, Kirchliche Nachrichten, in: Der Religions - Freund für Katholiken Jg. 1 Nr. 35 (30.11.1822), 674 - 675.
NN, Vorrede, in: Zwölf geistliche Reden, gehalten bei dem zweihundertjährigen Jubelfeste der Heiligsprechung der heiligen Theresia, in der Carmelitessen - Klosterkirche zu Düsseldorf 1822, Köln 1823, III - IX.
NN, Düsseldorf, in: Niederrheinischer Beobachter Nr. 202 (24.08.1824), o. S. (4).
NN, Über die Rettungsanstalt des Herrn Grafen von der Recke in Düsselthal bei Düsseldorf, in: Der Katholik Jg. 7 Bd. 23 Nr. 7 (1827), 275 - 279.
NN, Ausserrömische Proselyten - Macherei, in: Der Katholik Jg. 7 Bd. 26 Nr. 10 (1827), IX - XII.
NN, Die Bildung der Rheinisch - Westphälischen Gefängniß - Gesellschaft betreffend, in: Amtsblatt der Regierung zu Düsseldorf Nr. 22 (21.04.1828), 175 - 176.
NN, Auszug aus dem Zeitungs - Berichte der Königlichen Regierung zu Düsseldorf für den Monat März 1834, in: Gemeinnützige und unterhaltende Rheinische Provinzial - Blätter Jg. 1 Nr. 2 (1834), 41 - 47.
NN, Das Asyl für entlassene weibliche Gefangene katholischer Konfession zu Kaiserswerth betreffend, in: Amtsblatt der Regierung zu Düsseldorf Nr. 62 (15.10.1836), 350.
NN, Erster Bericht über das katholische Asyl für weibliche Entlassene zu Kaiserswerth, in: Zehnter Bericht, enthaltend den in der zehnten General Versammlung am 3. Juli 1837 vorgelegten Jahresbericht der Rheinisch - Westphälischen Gefängnis - Gesellschaft zur sittlichen und bürgerlichen Besserung der Gefangenen, Düsseldorf 1837, 41 - 48.
NN, Personal - Chronik, in: Amtsblatt der Regierung zu Düsseldorf Nr. 10 (04.03.1839), 76.
NN, Das Asyl für entlassene weibliche Gefangene katholischer Konfession zu Ratingen betreffend, in: Amtsblatt der Regierung zu Düsseldorf Nr. 28 (20.05.1840), 237 - 238.
NN, Trier, in: Der Katholik Jg. 21 Bd. 81 Nr. 7 (1841), XXXV - XXXVII.
NN, Erster Jahresbericht für weibliche Entlassene zu Ratingen, vom 1. Mai 1840 bis Ende Mai 1841, in: Vierzehnter Bericht, enthaltend den in der vierzehnten General Versammlung am 21. Juni 1841 vorgelegten Jahresbericht der Rheinisch - Westphälischen Gefängnis - Gesellschaft zur sittlichen und bürgerlichen Besserung der Gefangenen, Düsseldorf 1841, 42 - 48.
NN, Düsseldorf, in: Sion Jg. 13 Nr. 7 (17.01.1844), 71.
NN, Düsseldorf, in: Rheinisches Kirchenblatt Jg. 1 Nr. 1 (Januar 1844), 67.
NN, Stiftungs - Urkunde der S. Sebastiany Bruderschaft vom Jahre 1435, in: Düsseldorfer Kreisblatt und Täglicher Anzeiger Jg. 7 Nr. 194 (20.07.1845), o. S. (1) und Nr. 195 (21.07.1845), o. S. (1).
NN, Mainz, in: Der Katholik Jg. 28 Nr. 36 (24.03.1848), 147.
NN, Mainz, in: Der Katholik Jg. 28 Nr. 40 (02.04.1848), 163 - 164.
NN, Verein Pius IX., in: Pius IX. Christlich - democratische Wochenschrift Jg. 1 Nr. 2 (12.07.1848), o. S. (2 - 4).
NN, Der Düsseldorfer Verein zur Beförderung von Arbeitsamkeit, Sparsamkeit, Wohlstand und Sittlichkeit, in: Mittheilungen des Centralvereins für das Wohl der arbeitenden Klassen Jg. 1 Nr. 1 (25.08.1848), 35 - 40.
NN, Statut des Vereins Pius IX. zu Köln, in: Pius IX. Vereins - Organ. Herausgegeben unter Leitung des Kölner Vereins - Vorstandes Jg. 1 Nr. 3 (30.03.1849), 9 - 10.
NN, Düsseldorf, in: Der Katholik Jg. 29 Nr. 71 (15.06.1849), 284.
NN, Düsseldorf, in: Sion Jg. 18 Nr. 82 (11.07.1849), 758.
NN, Verordnungen und Bekanntmachungen der Königlichen Regierung, in: Amtsblatt der Regierung zu Düsseldorf Nr. 56 (16.08.1849), 391 - 395.
NN, Der Verein zum heiligen Vincenz von Paula in Köln, in: Der Katholik Jg. 29 Nr. 103 (29.08.1849), 411 - 412.

NN, Düsseldorf, in: Katholische Sonntagsblätter zur Belehrung und Erbauung Jg. 8 Nr. 35 (02.09.1849), 278.
NN, Neunter und letzter Jahresbericht über das katholische Asyl für weibliche entlassene Gefangene zu Ratingen, vom 1. Januar 1848 bis 1. Mai 1849, als dem Zeitpunkte der Auflösung desselben, in: Zweiundzwanzigster Jahresbericht, enthaltend die in der General - Versammlung vom 23. Juli 1849 vorgetragene Darstellung des Umfanges und der Wirksamkeit der Rheinisch - Westphälischen Gefängniß - Gesellschaft zur sittlichen und bürgerlichen Besserung der Gefangenen, Düsseldorf 1849, 35 - 37.
NN, Düsseldorf, in: Katholische Sonntagsblätter zur Belehrung und Erbauung Jg. 9 Nr. 4 (27.01.1850), 29.
NN, Revue de la Correspondance, in: Bulletin de la Société de Saint - Vincent - de - Paul Tom. 2 No. 13 (Janvier 1850), 9 - 23.
NN, Düsseldorf, in: Der Katholik Jg. 30 Bd. 1 Nr. 2 (1850), 95.
NN, Protokoll der Generalversammlung der Conferenzen von Rheinland und Westphalen, gehalten zu Köln am 11. März 1851, in: Jahrbücher des Vereins vom heiligen Vincenz von Paul Jg. 1 Nr. 3 (März 1851), 107 - 122.
NN, Allgemeiner Bericht über die Werke des Vereines vom h. Vincenz von Paul während des Jahres 1850, in: Jahrbücher des Vereins vom heiligen Vincenz von Paul Jg. 1 Nr. 4 (April/Mai 1851), 155 - 175.
NN, Übersichtliche Zusammenstellung der Wirksamkeit der Conferenzen in Rheinland und Westphalen im Jahre 1850, in: Jahrbücher des Vereins vom heiligen Vincenz von Paul Jg. 1 Nr. 4 (April/Mai 1851), 177.
NN, Düsseldorf, in: Neue Sion. Eine Zeitschrift für katholisches Leben und Wissen Jg. 8 Nr. 108 (07.09.1852), 576.
NN, Apostolisches Breve für die Elisabeth - Vereine, in: Kirchlicher Anzeiger für die Erzdiöcese Köln Jg. 1 Nr. 21 (15.11.1852), 91 - 92.
NN, Elisabeth - Vereine betreffend, in: Kirchlicher Anzeiger für die Erzdiöcese Köln Jg. 1 Nr. 22 (01.12.1852), 96.
NN, Düsseldorf, in: Katholisches Missionsblatt Jg. 2 Nr. 17 (24.04.1853), 156.
NN, Düsseldorf, in: Katholisches Missionsblatt Jg. 2 Nr. 36 (04.09.1853), 320.
NN, Zur Enthaltsamkeits - Sache, in: Kirchlicher Anzeiger der evangelischen Gemeinde zu Düsseldorf Jg. 3 Nr. 50 (11.12.1853), o. S. (2 - 4).
NN, Düsseldorf, in: Katholisches Missionsblatt Jg. 4 Nr. 25 (24.06.1855), 218.
NN, Düsseldorf, in: Katholisches Missionsblatt Jg. 5 Nr. 7 (17.02.1856), 63.
NN, Düsseldorf, in: Katholisches Missionsblatt Jg. 5 Nr. 9 (02.03.1856), 79 - 80.
NN, Düsseldorf, in: Katholisches Missionsblatt Jg. 5 Nr. 34 (24.08.1856), 288.
NN, Kirchen - Collecte für den Neubau einer Kirche und Wohnung der Franziscaner in Düsseldorf, in: Kirchlicher Anzeiger für die Erzdiöcese Köln Jg. 5 Nr. 17 (01.09.1856), 74 - 75.
NN, Düsseldorf, in: Katholisches Missionsblatt Jg. 5 Nr. 45 (09.11.1856), 375.
NN, Düsseldorf, in: Katholisches Missionsblatt Jg. 7 Nr. 7 (14.02.1858), 62.
NN, Bilk, in: Kölnische Blätter Nr. 156 (06.10.1860), o. S. (4).
NN, Jahresberichte aus dem Provinzialraths - Bezirke Rheinpreußen, in: Jahrbücher des Vereins vom heiligen Vincenz von Paul Jg. 11 Nr. 3 (März 1861), 89 - 104.
NN, Verordnungen und Bekanntmachungen der Königlichen Regierung, in: Amtsblatt der Regierung zu Düsseldorf Nr. 14 (10.03.1866), 99 - 100.
NN, Düsseldorf, in: Kölnische Blätter Nr. 299 (24.10.1866), o. S. (3).
NN, Kaiserswerth, in: Kölnische Volkszeitung Jg. 12 Nr. 349 (18.12.1871), 3.
NN, Düsseldorf, in: Organ für christliche Kunst Jg. 22 Nr. 4 (15.02.1872), 46.
NN, Verordnungen und Bekanntmachungen anderer Behörden, in: Amtsblatt der Königlichen Regierung zu Düsseldorf Nr. 21 (24.05.1879), 206 - 208.

NN, Urkunden und Actenstücke, die Frauenklöster in Düsseldorf betreffend, in: Zeitschrift des Düsseldorfer Geschichtsvereins Jg. 1 Nr. 6 (1882), 1 - 9 und Jg. 2 Nr. 2 (1883), 25 - 36.

NN, Ein Beitrag zur Lösung der socialen Frage, in: Germania Jg. 13 Nr. 39 (18.02.1883), o. S. (6).

NN, Gesetz, betreffend die Krankenversicherung der Arbeiter. Vom 15. Juni 1883, in: Reichs - Gesetzblatt Nr. 9 (15.04.1883), 73 - 104.

NN, III. General - Versammlung des Verbandes "Arbeiterwohl", in Düsseldorf, den 10. September 1883, in: Arbeiterwohl Jg. 3 Nr. 10 (Oktober 1883), 169 - 186.

NN, Verordnungen und Bekanntmachungen der Provinzialbehörden, in: Amtsblatt der Königlichen Regierung zu Düsseldorf Nr. 50 (15.12.1883), 399 - 402.

NN, Düsseldorf, in: Katholisches Missionsblatt Jg. 34 Nr. 47 (22.11.1885), 749.

NN, Lühlerheim, in: Die Arbeiter - Kolonie. Correspondenzblatt für die Interessen der deutschen Arbeiter - Kolonien und Natural - Verpflegungs - Stationen Jg. 3 Nr. 7 (Juli 1886), 150 - 152 und Nr. 8 (August 1886), 199 - 207.

NN, Wo liegt die Arbeiter - Kolonie ?, in: Die Arbeiter - Kolonie. Correspondenzblatt für die Interessen der deutschen Arbeiter - Kolonien und Natural - Verpflegungs - Stationen Jg. 4 Nr. 2 (Februar 1887), 35 - 36.

NN, Düsseldorf, in: Katholisches Missionsblatt Jg. 36 Nr. 20 (15.05.1887), 316.

NN, Düsseldorf, in: Katholisches Missionsblatt Jg. 36 Nr. 34 (21.08.1887), 540.

NN, Der Rheinische Verein wider die Vagabundennoth, in: Die Arbeiter - Kolonie. Correspondenzblatt für die Interessen der deutschen Arbeiter - Kolonien und Natural - Verpflegungs - Stationen Jg. 4 Nr. 8 (August 1887), 234 - 235.

NN, Düsseldorf, in: Katholisches Missionsblatt Jg. 36 Nr. 37 (11.09.1887), 589.

NN, Düsseldorf, in: Katholisches Missionsblatt Jg. 36 Nr. 46 (13.11.1887), 729.

NN, Düsseldorf, in: Katholisches Missionsblatt Jg. 36 Nr. 52 (25.12.1887), 827.

NN, Elkenroth, in: Die Arbeiter - Kolonie. Correspondenzblatt für die Interessen der deutschen Arbeiter - Kolonien und Natural - Verpflegungs - Stationen Jg. 4 Nr. 12 (Dezember 1887), 355 - 356.

NN, Fürsorge für entlassene Gefangene betreffend, in: Kirchlicher Anzeiger für die Erzdiöcese Köln Jg. 28 Nr. 13 (01.07.1888), 61.

NN, Statut des Rheinischen Vereins für katholische Arbeiter - Kolonien, in: Jahres - Bericht des Rheinischen Vereins für katholische Arbeiter - Colonien zu Düsseldorf und des Lokal - Vorstandes der katholischen Arbeiter - Colonie zu Elkenroth pro 1887/88, Brauweiler 1888, 1 - 8.

NN, Die katholische Arbeiter - Colonie in der Rheinprovinz, in: Kölnische Volkszeitung Jg. 30 Nr. 112 (25.04.1889), 2.

NN, Zur Empfehlung der katholischen Arbeiterkolonien, in: Christlich - sociale Blätter Jg. 22 Nr. 8 (1889), 250 - 255.

NN, Rath bei Düsseldorf, in: Kölnische Volkszeitung Jg. 31 Nr. 229 (20.08.1890), 1.

NN, X. General - Versammlung des Verbandes "Arbeiterwohl" in Koblenz, am 26. August 1890, in: Arbeiterwohl Jg. 10 Nr. 9 (September 1890), 205 - 232.

NN, Personal - Chronik der Erzdiözese Köln, in: Kirchlicher Anzeiger für die Erzdiözese Köln Jg. 31 Nr. 16 (15.08.1891), 114.

NN, Vermischte kirchliche Nachrichten, in: Kirchlicher Anzeiger für die Erzdiöcese Köln Jg. 31 Nr. 18 (15.09.1891), 126.

NN, Resultate einer Enquete über die katholischen Wohlthätigkeits - Anstalten der Erzdiöcese Köln, in: Arbeiterwohl Jg. 12 Nr. 12 (Dezember 1892), 241 - 245.

NN, Benrath, in: Der Rheinländer. Generalanzeiger für die Bürgermeistereien Benrath, Dormagen, Hitdorf, Monheim, Richrath und Zons Jg. 8 Nr. 47 (22.04.1893), o. S. (1).

NN, Verschiedene Nachrichten, in: Der Marien - Psalter Jg. 16 Nr. 11 (August 1893), 261 - 263.

NN, Satzungen des Vereins zur Fürsorge für die aus den Gefängnißanstalten in Düsseldorf entlassenen katholischen Gefangenen und deren Familien, in: Arbeiterwohl Jg. 13 Nr. 10/12 (Oktober/Dezember 1893), 218 - 219.

NN, Düsseldorf, in: Katholisches Missionsblatt Jg. 42 Nr. 45 (05.11.1893), 717.

NN, Praktisch - sozialer Kursus in Freiburg i. B., in: Der Volksverein. Zeitschrift für das katholische Deutschland Jg. 4 Nr. 8 (1894), 121 - 122.

NN, Zur Einführung, in: Charitas. Zeitschrift für die Werke der Nächstenliebe im katholischen Deutschland Jg. 1 "Programm - Nummer" (Oktober 1895), I - II.

NN, Was will die neue Zeitschrift ?, in: Charitas. Zeitschrift für die Werke der Nächstenliebe im katholischen Deutschland Jg. 1 "Programm - Nummer" (Oktober 1895), II - III.

NN, Der erste "Charitas" - Tag, in: Charitas. Zeitschrift für die Werke der Nächstenliebe im katholischen Deutschland Jg. 1 Nr. 1 (Januar 1896), 16.

NN, Die katholischen Wohlthätigkeits - Anstalten und -Vereine sowie das katholisch - sociale Vereinswesen, insbesondere in der Erzdiöcese Köln, in: Arbeiterwohl Jg. 16 Nr. 1/2 (Januar/Februar 1896), 46 - 48.

NN, Die Wohlthätigkeitsanstalten und -vereine der Erzdiöcese Köln, in: Charitas. Zeitschrift für die Werke der Nächstenliebe im katholischen Deutschland Jg. 1 Nr. 2 (Februar 1896), 29 - 30.

NN, Neue katholische Arbeiterkolonie in der Erzdiöcese Köln, in: Charitas. Zeitschrift für die Werke der Nächstenliebe im katholischen Deutschland Jg. 1 Nr. 4 (April 1896), 82.

NN, Das St. Hermann Joseph - Haus zu Urft, in: Charitas. Zeitschrift für die Werke der Nächstenliebe im katholischen Deutschland Jg. 1 Nr. 6 (Juni 1896), 129.

NN, Der erste katholische Charitastag, in: Monatsschrift für Innere Mission Jg. 16 Nr. 7 (Juli 1896), 519 - 523.

NN, Auf zum Charitastage nach Schwäbisch - Gmünd !, in: Charitas. Zeitschrift für die Werke der Nächstenliebe im katholischen Deutschland Jg. 1 Nr. 9 (September 1896), 180 - 183.

NN, Vorläufiges vom ersten Charitastag, in: Charitas. Zeitschrift für die Werke der Nächstenliebe im katholischen Deutschland Jg. 1 Nr. 11 (November 1896), 242 - 244.

NN, XVI. Generalversammlung des Verbandes "Arbeiterwohl" in Schwäbisch Gmünd am 15. October 1896, in: Arbeiterwohl Jg. 16 Nr. 11/12 (November/Dezember 1896), 255 - 277.

NN, Aufruf zur Gründung eines Charitas - Verbandes für das katholische Deutschland, in: Charitas. Zeitschrift für die Werke der Nächstenliebe im katholischen Deutschland Jg. 2 Nr. 3 (März 1897), 37 - 41.

NN, Organisation der Charitas, in: Charitas. Zeitschrift für die Werke der Nächstenliebe im katholischen Deutschland Jg. 2 Nr. 6 (Juni 1897), 121 - 122.

NN, Charitas - Verband für das katholische Deutschland, in: Charitas. Zeitschrift für die Werke der Nächstenliebe im katholischen Deutschland Jg. 2 Nr. 6 (Juni 1897), 123.

NN, Leitsätze für die Besprechung über die örtliche Organisation der Armenpflege auf dem Charitastage zu Köln, in: Charitas. Zeitschrift für die Werke der Nächstenliebe im katholischen Deutschland Jg. 3 Nr. 10 (Oktober 1897), Beilage.

NN, Die katholische charitative Vereinigung für Essen, in: Charitas. Zeitschrift für die Werke der Nächstenliebe im katholischen Deutschland Jg. 2 Nr. 11 (November 1897), 228 - 229.

NN, Die Gründung des Charitas - Verbandes für das katholische Deutschland, in: Charitas. Zeitschrift für die Werke der Nächstenliebe im katholischen Deutschland Jg. 2 Nr. 12 (Dezember 1897), 246 - 250.

NN, Satzung des Charitas - Verbandes für das katholische Deutschland. (Nach den Beschlüssen der constituirenden Versammlung vom 9. November 1897 zu Köln am Rhein), in: Charitas. Zeitschrift für die Werke der Nächstenliebe im katholischen Deutschland Jg. 2 Nr. 12 (Dezember 1897), 250 - 251.

NN, Neue Mitglieder des Charitas - Verbandes, in: Charitas. Zeitschrift für die Werke der Nächstenliebe im katholischen Deutschland Jg. 2 Nr. 12 (Dezember 1897), 251 - 253.

NN, Vom Charitastage zu Köln am Rhein, in: Charitas. Zeitschrift für die Werke der Nächstenliebe im katholischen Deutschland Jg. 2 Nr. 12 (Dezember 1897), 253 - 254.

NN, Der erste Diöcesan - Charitas - Verband, in: Charitas. Zeitschrift für die Werke der Nächstenliebe im katholischen Deutschland Jg. 3 Nr. 1 (Januar 1898), 22 - 23.

NN, Krefeld, in: Kölnische Volkszeitung Jg. 39 Nr. 215 (20.03.1898), 2.

NN, Charitative Vereinigungen, in: Charitas. Zeitschrift für die Werke der Nächstenliebe im katholischen Deutschland Jg. 3 Nr. 4 (April 1898), 94.

NN, Neue Mitglieder des Charitasverbandes, in: Charitas. Zeitschrift für die Werke der Nächstenliebe im katholischen Deutschland Jg. 3 Nr. 5 (Mai 1898), 111 - 113.

NN, Düsseldorf, in: Annalen der Congregation der Mission oder Sammlung erbaulicher Briefe der Priester dieser Congregation und der barmherzigen Schwestern Jg. 5 Nr. 3 (1898), 359 - 369.

NN, Der St. Vincenz - Verein für Rheinpreußen, in: Jahrbücher des Vereins vom heiligen Vincenz von Paul Jg. 51 Nr. 1 (Januar 1899), 1 - 7.

NN, Marianischer Mädchenschutz - Verein (katholische Bahnhofsmission) in: Kirchlicher Anzeiger für die Erzdiözese Köln Jg. 40 Nr. 18 (01.09.1900), 87 - 88.

NN, St. Kamillus - Haus, Heilanstalt für alkoholkranke Männer katholischer Konfession zu Werden - Heidhausen an der Ruhr, in: Katholische Mäßigkeitsblätter Jg. 6 Nr. 5 (Oktober 1901), 36 - 39.

NN, Die Einweihung des Kamillushauses, in: Volksfreund zur Beförderung der Mäßigkeit und Gesundheitspflege Jg. 5 Nr. 12 (Dezember 1901), 90 - 92.

NN, Katholischer Fürsorge - Verein für Mädchen und Frauen, in: Charitas. Zeitschrift für die Werke der Nächstenliebe im katholischen Deutschland Jg. 7 Nr. 2 (Februar 1902), 40 - 42.

NN, Der Schutz und die Fürsorge gegen die Verwahrlosung der Jugend, in: Jahrbücher des Vereins vom heiligen Vincenz von Paul Jg. 54 Nr. 3 (März 1902), 37 - 47.

NN, Dormagen, in: Kölnische Volkszeitung Jg. 43 Nr. 866 (29.09.1902), 1.

NN, Der Vincenzverein, Abteilung Jugendfürsorge, in: Jahrbücher des Vereins vom heiligen Vincenz von Paul Jg. 54 Nr. 9 (September 1902), 161 - 167.

NN, Wo liegt die Kolonie Weeze ?, in: Der Wanderer Jg. 19 Nr. 9 (September 1902), 286.

NN, Der Vincenzverein, Abteilung Jugendfürsorge, in: Jahrbücher des Vereins vom heiligen Vincenz von Paul Jg. 55 Nr. 1 (Januar 1903), 1 - 5.

NN, Personal - Chronik der Erzdiözese Cöln, in: Kirchlicher Anzeiger für die Erzdiözese Cöln Jg. 43 Nr. 12 (01.06.1903), 78.

NN, Gesetz, betreffend die Bildung von Gesamtverbänden in der katholischen Kirche. Vom 29. Mai 1903, in: Gesetz - Sammlung, für die Königlichen Preußischen Staaten Nr. 20 (22.06.1903), 179 - 182.

NN, Gesetz betreffend die Bildung kirchlicher Hilfsfonds für neu zu errichtende katholische Pfarrgemeinden. Vom 29. Mai 1903, in: Gesetz - Sammlung, für die Königlichen Preußischen Staaten Nr. 20 (22.06.1903), 182 - 183.

NN, Jahresbericht des Oberwaltungsrates des St. Vincenz - Vereins in Rheinpreußen für das Jahr 1902, in: Jahrbücher des Vereins vom heiligen Vincenz von Paul Jg. 55 Nr. 6 (Juni 1903), 101 - 110.

NN, Generalversammlung der Vincenzvereine Deutschlands, in: Jahrbücher des Vereins vom heiligen Vincenz von Paul Jg. 55 Nr. 10 (Oktober 1903), 190 - 198.

NN, Comités nationaux et comités locaux. Membres actifs isolés. Vorstände der Landesverbände und der örtlichen Mädchenschutzvereine. Tätige Einzelmitglieder, in: Annuaire de l'Association Catholique Internationale des Oeuvres de protection de la jeune fille. Jahrbuch des internationalen Verbands der katholischen Mädchenschutzvereine 1 (1903), 9 - 56.

NN, Gesetz, betr. die Bildung von Gesamtverbänden in der katholischen Kirche in Preußen, in: Archiv für katholisches Kirchenrecht Jg. 83 Nr. 3 (1903), 511 - 518.

Quellen- und Literaturverzeichnis

NN, Oberhirtlicher Erlaß betreffend Organisation der Werke christlicher Liebe und sozialer Fürsorge innerhalb der Erzdiözese, in: Kirchlicher Anzeiger für die Erzdiözese Cöln Jg. 44 Nr. 3 (01.02.1904), 12 - 16.
NN, Satzungen des katholischen Kreuzbündnisses, in: Volksfreund gegen den Alkoholismus und für Gesundheitspflege Jg. 8 Nr. 3 (März 1904), 35 - 36.
NN, Vereinskalender für Sonntag den 17. April, in: Westdeutsche Arbeiter - Zeitung Jg. 6 Nr. 16 (16.04.1904), 64.
NN, Düsseldorf, in: Volksfreund gegen den Alkoholismus und für Gesundheitspflege Jg. 8 Nr. 5 (Mai 1904), 62.
NN, Katholischer Charitasverband Düsseldorf, in: Charitas. Zeitschrift für die Werke der Nächstenliebe im katholischen Deutschland Jg. 9 Nr. 9 (Juni 1904), 179 - 180.
NN, Comités nationaux et comités locaux. Membres actifs isolés. Vorstände der Landesverbände und der örtlichen Mädchenschutzvereine. Tätige Einzelmitglieder, in: Annuaire de l'Association Catholique Internationale des Oeuvres pour la protection de la jeune fille. Jahrbuch des Internationalen Verbands der katholischen Mädchenschutzvereine 2 (1904), 9 - 64.
NN, Ortsgruppen des Kreuzbündnisses, in: Volksfreund gegen den Alkoholismus und für Gesundheitspflege Jg. 9 Nr. 1 (Januar 1905), 9 - 10.
NN, Eller, in: Volksfreund gegen den Alkoholismus und für Gesundheitspflege Jg. 9 Nr. 5 (Mai 1905), 73.
NN, Eller, in: Volksfreund gegen den Alkoholismus und für Gesundheitspflege Jg. 9 Nr. 7 (Juli 1905), 101.
NN, Gesetz betreffend die Erhebung von Kirchensteuern in katholischen Kirchengemeinden und Gesamtverbänden. Vom 14. Juli 1905, in: Gesetz - Sammlung, für die Königlichen Preußischen Staaten Nr. 28 (29.07.1905), 277 - 281.
NN, Diözesan - Ausschuß für die Werke christlicher Liebe und sozialer Fürsorge in der Erzdiözese Köln, in: Charitas. Zeitschrift für die Werke der Nächstenliebe im katholischen Deutschland Jg. 10 Nr. 10 (Juli 1905), 241 - 242.
NN, Landesrat Dr. Brandts, in: Kölnische Zeitung Nr. 1081 (17.10.1905), o. S. (1 - 2).
NN, Max Brandts, in: Kölnische Volkszeitung Jg. 46 Nr. 862 (18.10.1905), 4.
NN, Direktor Dr. Brandts+, in: Kölnische Volkszeitung Jg. 46 Nr. 864 (18.10.1905), 1.
NN, Direktor Dr. Max Brandts+, in: Westdeutsche Arbeiter - Zeitung Jg. 7 Nr. 43 (28.10.1905), 170.
NN, Der zehnte Charitastag in Dortmund, in: Charitas. Zeitschrift für die Werke der Nächstenliebe im katholischen Deutschland Jg. 11 Nr. 2/3 (November/Dezember 1905), 35 - 39.
NN, Generalversammlung des Charitasverbandes zu Dortmund am Dienstag, den 3. Oktober, in: Charitas. Zeitschrift für die Werke der Nächstenliebe im katholischen Deutschland Jg. 11 Nr. 2/3 (November/Dezember 1905), 43 - 47 und Nr. 4/5 (Januar/Februar 1906), 111 - 115.
NN, Deutscher National - Verband der katholischen Mädchenschutz - Vereine, in: Charitas. Zeitschrift für die Werke der Nächstenliebe im katholischen Deutschland Jg. 11 Nr. 2/3 (November/Dezember 1905), 80.
NN, Dr. Max Brandts, in: Soziale Kultur Jg. 25 Nr. 12 (Dezember 1905), 665 - 674.
NN, Geschäftsbericht des Charitasverbandes für die Zeit vom 1. Oktober 1905 bis 1. Oktober 1906, in: Charitas. Zeitschrift für die Werke der Nächstenliebe im katholischen Deutschland Jg. 12 Nr. 1/2 (Oktober/November 1906), 41 - 46.
NN, Zur Erinnerung an Dr. Karl Kiesel, in: Jahrbücher des Vereins vom heiligen Vincenz von Paul Jg. 58 Nr. 3/4 (März/April 1906), 67 - 72.
NN, Düsseldorf, in: Die Sächsische Franziskaner - Provinz vom Heiligen Kreuze. Jahresbericht 1905, Düsseldorf 1906, 16 - 20.
NN, Comités nationaux et comités locaux. Membres actifs isolés. Vorstände der Landesverbände und der örtlichen Mädchenschutzvereine. Tätige Einzelmitglieder, in: Annuaire de l'Associa-

tion Catholique Internationale des Oeuvres pour la protection de la jeune fille. Jahrbuch des internationalen Verbands der katholischen Mädchenschutzvereine 1906/1907, Fribourg 1906, 9 - 182.

NN, Anordnung betreffend die Bildung eines Gesamtverbandes der katholischen Kirchengemeinden der Stadt Viersen, Bezirk Düsseldorf, in: Kirchlicher Anzeiger für die Erzdiözese Cöln Jg. 47 Nr. 1 (01.01.1907), 1 - 2.

NN, Anordnung betreffend die Bildung eines Gesamtverbandes der katholischen Kirchengemeinden St. Martin, St. Remigius, St. Johann Baptist (Dietkirchen), Poppelsdorf, Endenich, Kessenich, Dottendorf im Stadtbezirk Bonn, in: Kirchlicher Anzeiger für die Erzdiözese Cöln Jg. 47 Nr. 15 (01.08.1907), 89.

NN, Der Charitasverband für das katholische Deutschland, in: Jahrbuch des Charitasverbandes für das Geschäftsjahr 1 (1907/1908), 5 - 9.

NN, Dr. Max Brandts, Mitbegründer des Charitasverbandes für das katholische Deutschland, in: Jahrbuch des Charitasverbandes für das Geschäftsjahr 1 (1907/1908), 9 - 13.

NN, Einzelberichte der Charitasvereinigungen, in: Jahrbuch des Charitasverbandes für das Geschäftsjahr 1 (1907/1908), 15 - 27.

NN, Mitglieder - Verzeichnis, in: Jahrbuch des Charitasverbandes für das Geschäftsjahr 1 (1907/1908), 80 - 113.

NN, Personal - Chronik der Erzdiözese Cöln, in: Kirchlicher Anzeiger für die Erzdiözese Cöln Jg. 48 Nr. 2 (15.01.1908), 16.

NN, Anordnung betreffend die Bildung eines Gesamtverbandes der katholischen Kirchengemeinden 1. St. Marien, 2. St. Josef in Kalk, Bezirk Cöln, in: Kirchlicher Anzeiger für die Erzdiözese Cöln Jg. 48 Nr. 3 (01.02.1908), 22 - 23.

NN, Düsseldorf, in: Volksfreund gegen den Alkoholismus und für Gesundheitspflege Jg. 12 Nr. 2 (01.02.1908), 30.

NN, Der Verband katholisch - kaufmännischer Gehilfinnen und Beamtinnen, in: Blätter für die Frauenwelt. Beilage zum Düsseldorfer Tageblatt Jg. 1 Nr. 4 (22.03.1908), o. S. (4).

NN, Der Verband katholisch - kaufmännischer Gehilfinnen und Beamten, in: Blätter für die Frauenwelt. Beilage zum Düsseldorfer Tageblatt Jg. 1 Nr. 5 (29.03.1908), o. S. (4).

NN, Auskunft über den Verein abstinenter Katholiken, in: Der Kreuzritter. Monatsschrift für die katholische deutsche Abstinenzbewegung. Organ des Vereins abstinenter Katholiken Jg. 2 Nr. 10 (April 1908), Einbandseite 2.

NN, Heerdt - Oberkassel, in: Heerdt - Ober - Niedercasseler Zeitung Jg. 8 Nr. 137 (17.06.1908), o. S. (1).

NN, Generalversammlung des Katholischen Frauenbundes zu Düsseldorf, in: Blätter für die Frauenwelt. Beilage zum Düsseldorfer Tageblatt Jg. 1 Nr. 20 (12.07.1908), o. S. (2).

NN, Das Dominikanerkloster zu Düsseldorf, in: Festblatt 55. Generalversammlung der Katholiken Deutschlands Nr. 7 (19.08.1908), o. S. (17 - 18).

NN, Zum fünfundzwanzigjährigen Jubelfeste des deutschen Vereins gegen den Mißbrauch geistiger Getränke (14. bis 17. September in Kassel), in: Charitas. Zeitschrift für die Werke der Nächstenliebe im katholischen Deutschland Jg. 13 Nr. 12 (September 1908), 315 - 318.

NN, Die Düsseldorfer Tagung, in: Der Kreuzritter. Monatsschrift für die katholische deutsche Abstinenzbewegung. Organ des Vereins abstinenter Katholiken Jg. 3 Nr. 3/4 (September/Oktober 1908), 17 - 19.

NN, Einigungsverhandlungen, in: Der Kreuzritter. Monatsschrift für die katholische deutsche Abstinenzbewegung. Organ des Vereins abstinenter Katholiken Jg. 3 Nr. 3/4 (September/Oktober 1908), 19 - 23.

NN, Das Marienheim, in: Blätter für die Frauenwelt. Beilage zum Düsseldorfer Tageblatt Jg. 1 Nr. 35 (25.10.1908), o. S. (4).

NN, Personal - Chronik der Erzdiözese Cöln, in: Kirchlicher Anzeiger für die Erzdiözese Cöln Jg. 48 Nr. 22 (15.11.1908), 156.
NN, Der Katholische Mädchenschutz - Verein, in: Blätter für die Frauenwelt. Beilage zum Düsseldorfer Tageblatt Jg. 1 Nr. 42 (13.12.1908), o. S. (3).
NN, Zu den Einigungsverhandlungen in Düsseldorf, in: Der Kreuzritter. Monatsschrift für die katholische deutsche Abstinenzbewegung. Organ des Vereins abstinenter Katholiken Jg. 3 Nr. 6 (Dezember 1908), 51.
NN, Die Charitasverbände im katholischen Deutschland, in: Jahrbuch des Charitasverbandes für das Geschäftsjahr 2 (1908/1909), 1 - 16.
NN, Die Charitas - Druckerei zu Freiburg i. Br. von 1897 - 1907, in: Jahrbuch des Charitasverbandes für das Geschäftsjahr 2 (1908/1909), 31 - 34.
NN, Der katholische Krankenfürsorgeverein zur Ausbildung weltlicher Krankenpflegerinnen, in: Jahrbuch des Charitasverbandes für das Geschäftsjahr 2 (1908/1909), 85 - 90.
NN, Der katholische Mädchenschutzverein in Düsseldorf, in: Charitas. Zeitschrift für die Werke der Nächstenliebe im katholischen Deutschland Jg. 14 Nr. 6 (März 1909), 175.
NN, Jahresbericht des Katholischen Frauenbundes Zweigverein Düsseldorf, in: Blätter für die Frauenwelt. Beilage zum Düsseldorfer Tageblatt Jg. 2 Nr. 16 (18.04.1909), o. S. (1 - 3).
NN, Statistik III des Katholischen Kreuzbündnisses. Bestand am 31. Dezember 1908, in: Volksfreund gegen den Alkoholismus und für Gesundheitspflege Jg. 13 Nr. 5 (01.05.1909), 84.
NN, Katholischer Mädchenschutzverein (Bahnhofsmission) Düsseldorf. Jahresbericht für das Jahr 1909 - 1910. in: Blätter für die Frauenwelt. Beilage zum Düsseldorfer Tageblatt Jg. 3 Nr. 20 (15.05.1910), o. S. (3).
NN, Rheinische Gärtnerinnenschule Haus Gandersheim, in: Blätter für die Frauenwelt. Beilage zum Düsseldorfer Tageblatt Jg. 2 Nr. 33 (15.08.1909), o. S. (4).
NN, Aus Frauenkreisen, in: Die christliche Frau. Zeitschrift für höhere weibliche Bildung und christliche Frauentätigkeit in Familie und Gesellschaft Jg. 7 Nr. 11 (August 1909), 394 - 396.
NN, Fröbelscher Kindergarten, in: Blätter für die Frauenwelt. Beilage zum Düsseldorfer Tageblatt Jg. 2 Nr. 42 (17.10.1909), o. S. (3 - 4).
NN, Satzung des Priester - Abstinentenbundes, in: Sobrietas Jg. 3 Nr. 4 (Oktober 1909), 66 - 67.
NN, Rez. "Carl Mosterts, Handbuch für die Katholiken Düsseldorfs. Herausgegeben im Auftrage des Verbandes der katholischen Wohlfahrts - Einrichtungen und Vereine Düsseldorfs (Charitasverband), Düsseldorf 1909", in: Pastoralblatt (Köln) Jg. 43 Nr. 12 (Dezember 1909), 382.
NN, Die Caritasverbände im katholischen Deutschland, in: Jahrbuch des Caritasverbandes für das Geschäftsjahr 3 (1909/1910), 1 - 20.
NN, Vermische kirchliche Nachrichten, in: Kirchlicher Anzeiger für die Erzdiözese Cöln Jg. 50 Nr. 5 (01.03.1910), 42.
NN, Katholischer Mädchenschutzverein, in: Blätter für die Frauenwelt. Beilage zum Düsseldorfer Tageblatt Jg. 3 Nr. 10 (06.03.1910), o. S. (3).
NN, Personal - Chronik der Erzdiözese Cöln, in: Kirchlicher Anzeiger für die Erzdiözese Cöln Jg. 50 Nr. 6 (15.03.1910), 48 - 50.
NN, Düsseldorf, in: Taubstummen - Führer. Katholische Blätter zur Erbauung, Belehrung und Unterhaltung für erwachsene Taubstumme Jg. 15 Nr. 14 (16.07.1910), 110.
NN, Fröbelschule des katholischen Frauenbundes, Zweigverein Düsseldorf (E. V.), in: Blätter für die Frauenwelt. Beilage zum Düsseldorfer Tageblatt Jg. 3 Nr. 31 (31.07.1910), o. S. (4).
NN, Personal - Chronik der Erzdiözese Cöln, in: Kirchlicher Anzeiger für die Erzdiözese Cöln Jg. 50 Nr. 17 (01.09.1910), 102 - 104.
NN, Düsseldorf, in: Taubstummen - Führer. Katholische Blätter zur Erbauung, Belehrung und Unterhaltung für erwachsene Taubstumme Jg. 15 Nr. 20 (16.10.1910), 158.
NN, Die Jugendfürsorge, in: Jahrbücher des Vereins vom heiligen Vincenz von Paul Jg. 62 Nr. 10 (Oktober 1910), 207 - 211.

NN, Der fünfzehnte Caritastag in Essen an der Ruhr, in: Caritas. Zeitschrift für die Werke der Nächstenliebe im katholischen Deutschland Jg. 16 Nr. 2/3 (November/Dezember 1910), 42 - 80.

NN, Die Caritasverbände im katholischen Deutschland, in: Jahrbuch des Caritasverbandes für das Geschäftsjahr 4 (1910/1911), 6 - 31.

NN, Peter Joseph Flecken, in: Caritas. Zeitschrift für die Werke der Nächstenliebe im katholischen Deutschland Jg. 16 Nr. 4 (Januar 1911), 116.

NN, Caritasverband Düren, in: Caritas. Zeitschrift für die Werke der Nächstenliebe im katholischen Deutschland Jg. 16 Nr. 7 (April 1911), 203.

NN, Personal - Chronik der Erzdiözese Cöln, in: Kirchlicher Anzeiger für die Erzdiözese Cöln Jg. 51 Nr. 18 (15.09.1911), 115 - 116.

NN, Der fünfzehnte Caritastag in Essen an der Ruhr vom 10. bis 13. Oktober 1910, in: Jahrbuch des Caritasverbandes für das Geschäftsjahr 5 (1911/1912), 6 - 22.

NN, Die Caritasverbände im katholischen Deutschland, in: Jahrbuch des Caritasverbandes für das Geschäftsjahr 5 (1911/1912), 22 - 56.

NN, Vermischte kirchliche Nachrichten, in: Düsseldorfer Kirchenblatt Jg. 2 Nr. 2 (07.04.1912), o. S. (6).

NN, Aus der Bewegung, in: Sobrietas Jg. 6 Nr. 2 (April 1912), 58 - 60.

NN, Urkunde über Errichtung der Pfarre St. Elisabeth in Aachen, in: Kirchlicher Anzeiger für die Erzdiözese Cöln Jg. 52 Nr. 13 (01.07.1912), 84 - 85.

NN, Der Vinzenzverein und die caritative Jugendfürsorge, in: Flugblätter des Vinzenzvereins für Deutschland Nr. 3 (Juli 1912), o. S. (1 - 3).

NN, Geschäftsordnung des Gesamtvereins Katholischer Männer - Fürsorge - Verein, in: Vinzenz - Blätter. Zeitschrift des Vinzenzvereins für Deutschland Jg. 1 Nr. 7 (1912), 108 - 111.

NN, Düsseldorf, in: Taubstummen - Führer. Blätter zur Erbauung, Belehrung und Unterhaltung für erwachsene Taubstumme Jg. 17 Nr. 19 (01.10.1912), 147 - 148.

NN, Katholischer Männer - Fürsorge - Verein und Vinzenz - Verein, in: Zeitschrift für katholische caritative Erziehungstätigkeit Jg. 1 Nr. 10 (Oktober 1912), 159.

NN, Kirchliches, in: Kölnische Volkszeitung Jg. 53 Nr. 1094 (14.12.1912), 2.

NN, Deutscher Nationalverband der katholischen Mädchenschutzvereine mit dem Sitze in Frankfurt am Main, in: Annuaire de l'Association Catholique Internationale des Oeuvres pour la protection de la jeune fille. Jahrbuch des internationalen Verbands der katholischen Mädchenschutzvereine 1912, Fribourg 1912, 9 - 37.

NN, P. Anno Joseph Neumann+, in: Volksfreund. Organ des Kreuzbündnis. Verein abstinenter Katholiken Jg. 17 Nr. 1 (01.01.1913), 2 - 3.

NN, P. Anno Neumann, in: Westdeutsche Arbeiter - Zeitung Jg. 15 Nr. 1 (04.01.1913), 2.

NN, Katholischer Mädchenschutz - Verein, e. V., in: Blätter für die Frauenwelt. Beilage zum Düsseldorfer Tageblatt Jg. 6 Nr. 2 (12.01.1913), o. S. (3).

NN, Düsseldorf, in: Taubstummen - Führer. Organ katholischer Taubstummen - Vereine Jg. 18 Nr. 2 (18.01.1913), 11.

NN, Vermischte kirchliche Nachrichten, in: Kirchlicher Anzeiger für die Erzdiözese Cöln Jg. 53 Nr. 5 (01.03.1913), 30.

NN, Personal - Chronik, in: Kirchlicher Anzeiger für die Erzdiözese Cöln Jg. 53 Nr. 6 (15.03.1913), 37 - 38.

NN, Düsseldorf, in: Taubstummen - Führer. Organ katholischer Taubstummen - Vereine Jg. 18 Nr. 8 (12.04.1913), 62.

NN, Gottesdienstordnung für die Taubstummen von Düsseldorf und Umgebung, in: Düsseldorfer Kirchenblatt Jg. 2 Nr. 39 (28.09.1913), o. S. (6).

NN, Denkschrift über die Einrichtung von Caritassekretariaten in Großstädten, in: Arthur Hugo Klieber, Katholische Liebestätigkeit in Baden. Bericht über den vierten badischen Diözesan - Caritastag in Mannheim vom 22. bis 24. Juni 1913, Freiburg 1913, 231 - 238.

NN, Der allgemeine Caritasverband. Geschäftsbericht vom 1. Oktober 1912 bis 30. September 1913, in: Jahrbuch des Caritasverbandes für das Geschäftsjahr 7 (1913/1914), 21 - 32.

NN, Düsseldorf, in: Kolpingsblatt. Organ des Verbandes katholischer Gesellenvereine Jg. 14 Nr. 35 (06.09.1914), 267.

NN, Düsseldorf, in: Antoniusbote. Monatsschrift der Franziskaner Missionen und des Dritten Ordens Jg. 21 Nr. 12 (01.12.1914), 402

NN, Momentbilder aus dem Reserve - Lazarett der Dominikanerinnen zu Düsseldorf - Heerdt (Von einer pflegenden Schwester eingesandt), in: Der Marien - Psalter Jg. 38 Nr. 3 (Dezember 1914), 101 - 103.

NN, Neugegründete Anstalten der Barmherzigen Schwestern, in: Annalen der Kongregation der Mission und der Barmherzigen Schwestern Jg. 21 Nr. 2 (1914), 377 - 379.

NN, Etwas von der Liebestätigkeit des Vinzenz - Vereins während der Kriegszeit 1914, in: Vinzenz - Blätter. Zeitschrift des Vinzenzvereins für Deutschland Jg. 3 Nr. 3/4 (1914/15), 42 - 59.

NN, Personal - Chronik der Erzdiözese Cöln, in: Kirchlicher Anzeiger für die Erzdiözese Cöln Jg. 55 Nr. 1 (01.01.1915), 14.

NN, St. Martin und St. Nikolaus im Kriegslazarett der Dominikanerinnen zu Düsseldorf Heerdt (Von einer Krankenschwester), in: Der Marien - Psalter Jg. 38 Nr. 5 (Februar 1915), 174 - 177.

NN, Im Kriegslazarett der Dominikanerinnen zu Düsseldorf - Heerdt (Von einer Krankenschwester), in: Der Marien - Psalter Jg. 38 Nr. 6 (März 1915), 208 - 210 und Nr. 10 (Juli 1915), 368 - 369.

NN, Drei kleine Rosenkranzgeschichten aus dem Heerdter Kriegslazarett (Von einer Krankenschwester), in: Der Marien - Psalter Jg. 38 Nr. 8 (Mai 1915), 293 - 294.

NN, Düsseldorf, in: Antoniusbote. Monatsschrift der Franziskaner Missionen und des Dritten Ordens Jg. 22 Nr. 6 (01.06.1915), 215.

NN, Gründung eines katholischen Caritasverbandes für die Stadt Köln, in: Caritas. Zeitschrift für die Werke der Nächstenliebe im katholischen Deutschland Jg. 20 Nr. 11 (August 1915), 298 - 300.

NN, Caritasverband für das katholische Deutschland e. V.. Bericht über die Geschäftsjahre 1913/14 und 1914/15, in: Caritas. Zeitschrift für die Werke der Nächstenliebe im katholischen Deutschland Jg. 21 Nr. 2/3 (November/Dezember 1915), 41 - 56.

NN, Franziskushaus Düsseldorf, in: Antoniusbote. Monatsschrift der Franziskaner Missionen und des Dritten Ordens Jg. 22 Nr. 12 (01.12.1915), 425.

NN, Wehrdienst, in: Jahresbericht der Sächsischen Franziskanerprovinz vom Heiligen Kreuze 1914, Düsseldorf 1915, 9 - 10.

NN, Düsseldorf, in: Jahresbericht der Sächsischen Franziskanerprovinz vom Heiligen Kreuze 1914, Düsseldorf 1915, 23.

NN, Die Gründung eines katholischen Caritas - Verbandes Köln, in: Vinzenz - Blätter. Zeitschrift des Vinzenzvereins für Deutschland Jg. 4 Nr. 2 (1915/16), 29 - 30.

NN, Die Vorständekonferenz des Bezirksverbandes Düsseldorf, in: Der Jugendverein. Ratgeber und Verbandszeitschrift für die Vorstände und Mitarbeiter in katholischen Jünglingsvereinigungen Jg. 7 Nr. 1 (Januar 1916), 14 - 15.

NN, Programm des Diöcesan - Caritastages zu Cöln am Sonntag den 27. und Montag den 28. Februar 1916, in: Kirchlicher Anzeiger für die Erzdiözese Cöln Jg. 56 Nr. 4 (15.02.1916), 27 - 28.

NN, Caritas - Organisation in der Erzdiözese, in: Kirchlicher Anzeiger für die Erzdiözese Cöln Jg. 56 Nr. 6 (15.03.1916), 45 - 46.

NN, Aus dem Heerdter Kriegslazarett, in: Der Marien - Psalter Jg. 39 Nr. 6 (März 1916), 221 - 222.
NN, Ansprache Sr. Eminenz des Kardinal - Erzbischofs Felix von Hartmann beim Kölner Diözesan - Caritastag am 27. Februar 1916, in: Caritas. Zeitschrift für die Werke der Nächstenliebe im katholischen Deutschland Jg. 21 Nr. 7 (April 1916), 203 - 205.
NN, Der erste Diözesan - Caritastag und die Gründung des Diözesan - Caritasverbandes für die Erzdiözese Köln, in: Caritas. Zeitschrift für die Werke der Nächstenliebe im katholischen Deutschland Jg. 21 Nr. 7 (April 1916), 222 - 224.
NN, Personal - Chronik der Erzdiöze Cöln, in: Kirchlicher Anzeiger für die Erzdiöze Cöln Jg. 56 Nr. 20 (01.10.1916), 142.
NN, Personal - Chronik der Erzdiöze Cöln, in: Kirchlicher Anzeiger für die Erzdiöze Cöln Jg. 56 Nr. 21 (15.10.1916), 154.
NN, Aufgaben eines örtlichen Caritasverbandes, in: Caritas. Zeitschrift für die Werke der Nächstenliebe im katholischen Deutschland Jg. 22 Nr. 1 (Oktober 1916), 22 - 24.
NN, Diözesan - Caritas - Verband, in: Kirchlicher Anzeiger für die Erzdiöze Cöln Jg. 56 Nr. 25 (15.12.1916), 165 - 166.
NN, Personal - Chronik, in: Kirchlicher Anzeiger für die Erzdiöze Cöln Jg. 56 Nr. 25 (15.12.1916), 169.
NN, Übersicht über die Zweigvereine des Katholischen Frauenbundes und ihre Tätigkeit, in: Katholischer Frauen - Kalender für das Jahr 6 (1916), 98 - 173.
NN, Kriegschronik, in: Jahresbericht der Sächsischen Franziskanerprovinz vom Heiligen Kreuze 1915, Düsseldorf 1916, 7 - 16.
NN, Chronik des Dritten Ordens, in: Jahresbericht der Sächsischen Franziskanerprovinz vom Heiligen Kreuze 1915, Düsseldorf 1916, 58 - 65.
NN, Oberhirtlicher Erlaß über caritative Maßnahmen zur Ermöglichung des vaterländischen Hilfsdienstes der Frauen, in: Kirchlicher Anzeiger für die Erzdiöze Cöln Jg. 57 Nr. 2 (15.01.1917), 5.
NN, Der Caritasverband in seiner Neugestaltung, in: Caritas. Zeitschrift für die Werke der Nächstenliebe im katholischen Deutschland Jg. 22 Nr. 4/5 (Januar/Februar 1917), 117 - 121.
NN, Kriegsarbeitsgemeinschaft katholischer Frauen - Organisationen für den Vaterländischen Hilfsdienst der Frauen, in: Kirchlicher Anzeiger für die Erzdiöze Cöln Jg. 57 Nr. 5 (15.02.1917), 26 - 27.
NN, Huisvestingscomité zur Unterbringung von Kindern aus den Industriebezirken, in: Kirchlicher Anzeiger für die Erzdiöze Cöln Jg. 57 Nr. 22 (15.10.1917), 145.
NN, Kriegsarbeitsgemeinschaft katholischer Frauenorganisationen der Erzdiöze für den Vaterländischen Hilfsdienst, in: Caritasstimmen. Zeitschrift für die Mitglieder der Caritasverbände, Vinzenz- und Elisabethvereine und anderer katholischer Wohltätigkeitsorganisationen Deutschlands. Ausgabe für den Diözesan - Caritasverband Köln Jg. 1 Nr. 2 (1917), 29.
NN, Der Deutsche Caritasverband in den Kriegsjahren 1915/16 und 1916/17, in: Caritas. Zeitschrift für die Werke der Nächstenliebe im katholischen Deutschland Jg. 23 Nr. 4/6 (Januar/März 1918), 69 - 89.
NN, Die dem Caritasverband angeschlossenen Fachorganisationen, in: Caritas. Zeitschrift für die Werke der Nächstenliebe im katholischen Deutschland Jg. 23 Nr. 4/6 (Januar/März 1918), 121 - 151.
NN, Oberhirtlicher Erlaß an die Geistlichkeit und die Gläubigen der Erzdiöze auf dem Lande, in: Kirchlicher Anzeiger für die Erzdiöze Cöln Jg. 58 Nr. 4 (15.02.1918), 19 - 20.
NN, Landaufenthalt von Kindern aus Stadt- und Industriegegenden, in: Kirchlicher Anzeiger für die Erzdiöze Cöln Jg. 58 Nr. 4 (15.02.1918), 20 - 21.
NN, Die Klein - "Hamsterer", in: Westdeutsche Arbeiter - Zeitung Jg. 20 Nr. 20 (19.05.1918), 79 - 80.

NN, Düsseldorf, in: Jahresbericht der Sächsischen Franziskanerprovinz vom Heiligen Kreuze 1916 und 1917, Düsseldorf 1918, 40 - 41.

NN, Bericht über den Dritten Orden, in: Jahresbericht der Sächsischen Franziskanerprovinz vom Heiligen Kreuze 1916 und 1917, Düsseldorf 1918, 87 - 93.

NN, Fastenhirtenbrief, in: Kirchlicher Anzeiger für die Erzdiözese Cöln Jg. 59 Nr. 6 (18.02.1919), 35 - 39.

NN, Stadtverordneten - Sitzung zu Düsseldorf vom 11. April 1919, in: Stenographische Verhandlungsberichte der Stadtverordneten - Versammlung zu Düsseldorf Jg. 11 Nr. 4 (11.04.1919), 65 - 82.

NN, Stadtverordneten - Sitzung zu Düsseldorf vom 15. Juli 1919, in: Stenographische Verhandlungsberichte der Stadtverordneten - Versammlung zu Düsseldorf Jg. 11 Nr. 13 (15.07.1919), 253 - 273.

NN, Das Reichswanderungsamt und die Mitarbeit des Raphaelsvereins, in: Caritas. Zeitschrift für die Werke der Nächstenliebe im katholischen Deutschland Jg. 24 Nr. 10/12 (Juli/September 1919), 205 - 206.

NN, Frau Geheimrat Trimborn+, in: Caritas. Zeitschrift für die Werke der Nächstenliebe im katholischen Deutschland Jg. 24 Nr. 10/12 (Juli/September 1919), 212.

NN, Die Fuldaer Bischofskonferenz und die neue Reichsverfassung, in: Bayerischer Kurier und Münchner Fremdenblatt Jg. 63 Nr. 323 (18.11.1919), 1.

NN, Hilfe für notleidende Kinder aus Wien, in: Kirchlicher Anzeiger für die Erzdiözese Cöln Jg. 59 Nr. 29 (15.12.1919), 176.

NN, Linderung der Hungersnot in Deutsch - Österreich, in: Kirchlicher Anzeiger für die Erzdiözese Cöln Jg. 59 Nr. 29 (15.12.1919), 176.

NN, Düsseldorf, in: Taubstummen - Führer. Organ katholischer Taubstummen - Vereine Jg. 25 Nr. 1 (03.01.1920), o. S (8).

NN, Düsseldorf, in: Taubstummen - Führer. Organ katholischer Taubstummen - Vereine Jg. 25 Nr. 13 (19.06.1920), o. S (6 - 7).

NN, NN, in: Taubstummen - Führer Jg. 25 Nr. 13 (), o. S (NN).

NN, Verantwortlich, in: Düsseldorfer Kirchenblatt Jg. 10 Nr. 8 (20.02.1921), o. S. (4).

NN, Ein Caritasverband für die Stadt Bonn, in: Caritas. Zeitschrift für die Werke der Nächstenliebe. Organ des Deutschen Caritasverbandes Jg. 26 Nr. 5/6 (Februar/März 1921), 46.

ck, Don Bosco in Borbeck, in: Essener Volks - Zeitung Jg. 54 Nr. 195 (19.08.1921), o. S. (3).

NN, Bücherschau, in: Caritas. Zeitschrift für Caritaswissenschaft und Caritasarbeit Jg. 27 Nr. 1 (Januar/Februar 1922), 46 - 48.

NN, Errichtungsurkunde des Gesamtverbandes der katholischen Kirchengemeinden der Stadt Köln, in: Kirchlicher Anzeiger für die Erzdiözese Köln Jg. 62 Nr. 18 (01.09.1922), 87 - 89.

NN, Einteilung der Stadt Köln in 6 Dekanate, in: Kirchlicher Anzeiger für die Erzdiözese Köln Jg. 63 Nr. 8 (15.04.1923), 45 - 46.

NN, Personal - Chronik der Erzdiözese Köln, in: Kirchlicher Anzeiger für die Erzdiözese Köln Jg. 63 Nr. 18 (24.09.1923), 93 - 94.

NN, Verordnung über die Fürsorgepflicht. Vom 13. Februar 1924, in: Reichsgesetzblatt Nr. 12 (15.02.1924), 100 - 107.

NN, Pfarramtliche Mitteilungen, in: Katholische Kirchenzeitung (Düsseldorf) Jg. 1 Nr. 5 (04.05.1924), o. S. (9).

NN, Caritas - Pfarrausschuß, in: Katholische Kirchenzeitung (Düsseldorf) Jg. 1 Nr. 7 (18.05.1924), o. S. (9).

NN, Gesetz über die Verwaltung des katholischen Kirchenvermögens. Vom 24. Juli 1924, in: Preußische Gesetzsammlung Nr. 43 (31.07.1924), 585 - 591.

NN, Die Pfarr- und Caritas - Zentrale, in: Nachrichtenblatt des Düsseldorfer Caritas - Verbandes Jg. 1 Nr. 1 (Oktober 1924), 2 - 3.

NN, Pfarr - Caritas - Ausschüsse, in: Nachrichtenblatt des Düsseldorfer Caritas - Verbandes Jg. 1 Nr. 1 (Oktober 1924), 3.

NN, Pilgerfahrt nach Rom im Jubiläumsjahre 1925, in: Nachrichtenblatt des Düsseldorfer Caritas - Verbandes Jg. 1 Nr. 1 (Oktober 1924), 3 - 4.

NN, Hauskollekte für lungenkranke Ordensschwestern, in: Nachrichtenblatt des Düsseldorfer Caritas - Verbandes Jg. 1 Nr. 1 (Oktober 1924), 4.

NN, Verband katholischer weltlicher Krankenschwestern und -Pflegerinnen, Berlin, in: Nachrichtenblatt des Düsseldorfer Caritas - Verbandes Jg. 1 Nr. 1 (Oktober 1924), 4.

W., ... Sturm auf dem Meere. Er aber schlief. Zum 4. Sonntag nach Epiphanie. Eine moderne deutsche Mystikerin, in: Bonner Katholische Kirchenzeitung Jg. 1 Nr. 18 (01.02.1925), o. S. (5 - 7).

NN, Tätigkeitsbericht des Charitas - Pfarrausschusses St. Peter, in: Katholische Kirchenzeitung (Düsseldorf) Jg. 1 Nr. 44 (01.02.1925), o. S. (6).

NN, Düsseldorfer Rückblick, in: Katholische Kirchenzeitung (Düsseldorf) Jg. 1 Nr. 44 (01.02.1925), o. S. (18).

NN, Rompilgerfahrt der Düsseldorfer Katholiken im Heiligen Jahr, in: Katholische Kirchenzeitung (Düsseldorf) Jg. 1 Nr. 47 (22.02.1925), o. S. (6).

NN, Die Weihe des neuen Verbandshauses auf der Tonhallenstraße, in: Katholische Kirchenzeitung (Düsseldorf) Jg. 1 Nr. 48 (01.03.1925), o. S. (20).

NN, Errichtungsurkunde des Gemeindeverbandes der katholischen Kirchengemeinden der Stadt Düsseldorf, in: Kirchlicher Anzeiger für die Erzdiözese Köln Jg. 65 Nr. 7 (15.03.1925), 45 - 46.

NN, Rompilgerfahrt der Düsseldorfer Katholiken im Heiligen Jahr, in: Katholische Kirchenzeitung (Düsseldorf) Jg. 2 Nr. 1 (05.04.1925), o. S. (10).

NN, Der Pfarr - Caritas - Ausschuß, in: Nachrichtenblatt des Düsseldorfer Caritas - Verbandes Jg. 1 Nr. 4 (April 1925), o. S. (1 - 3).

NN, Kurze Mitteilungen, in: Nachrichtenblatt des Düsseldorfer Caritas - Verbandes Jg. 1 Nr. 4 (April 1925), o. S. (4).

NN, Der neuen Folge der Caritasmitteilungen zum Geleite, in: Mitteilungen der Caritassekretariate zu Aachen, Krefeld, Elberfeld, Essen - Stadt, Essen - Land, Düsseldorf Jg. 2 Nr. 1/3 (16.05.1925), 1 - 2.

NN, Zur rheinischen Jahrtausendfeier. Düsseldorf, die Kunst- und Gartenstadt am Rhein, in: Weltwarte Jg. 2 Nr. 26 (28.06.1925), 204.

NN, Errichtungsurkunde des Gesamtverbandes der katholischen Kirchengemeinden der Stadt Aachen, in: Kirchlicher Anzeiger für die Erzdiözese Köln Jg. 65 Nr. 14 (01.07.1925), 75 - 76.

NN, Errichtungsurkunde des Gemeindeverbandes der katholischen Kirchengemeinden der Stadt Crefeld, in: Kirchlicher Anzeiger für die Erzdiözese Köln Jg. 65 Nr. 14 (01.07.1925), 76.

NN, Verein katholisch kaufmännischer Gehilfinnen und Beamtinnen, in: Katholische Kirchenzeitung (Düsseldorf) Jg. 2 Nr. 14 (05.07.1925), 124b.

NN, Die Düsseldorfer Rompilger und Vertreterinnen des katholischen Frauenbundes beim heiligen Vater, in: Katholische Kirchenzeitung (Düsseldorf) Jg. 2 Nr. 28 (11.10.1925), 231 - 232.

NN, Ein Doppeljubiläum der Schwestern vom armen Kinde Jesu und der St. Anna - Schule in Düsseldorf, in: Katholische Kirchenzeitung (Düsseldorf) Jg. 2 Nr. 34 (22.11.1925), 279 - 281.

NN, Caritas - Pfarrausschuß, in: Katholische Kirchenzeitung (Düsseldorf) Jg. 2 Nr. 40 (03.01.1926), 336a.

NN, Aufwertung, in: Mitteilungen des Katholischen Caritas - Sekretariates, Düsseldorf Jg. 2 Nr. 1 (Januar 1926), 5.

NN, Errichtungsurkunde des Gemeindeverbandes der katholischen Kirchengemeinden der Stadt Essen, in: Kirchlicher Anzeiger für die Erzdiözese Köln Jg. 66 Nr. 4 (01.02.1926), 23 - 24.

NN, Jahresbericht des Caritas - Pfarrausschusses St. Peter für 1925, in: Katholische Kirchenzeitung (Düsseldorf) Jg. 2 Nr. 45 (07.02.1926), 376b.

NN, Katholischer Fürsorgeverein für Mädchen, Frauen und Kinder, in: Katholische Kirchenzeitung (Düsseldorf) Jg. 2 Nr. 46 (14.02.1926), 383.

NN, St. Regis - Verein, in: Katholische Kirchenzeitung (Düsseldorf) Jg. 2 Nr. 47 (21.02.1926), 390.

NN, Düsseldorf, in: Korrespondenzblatt Katholischer Fürsorgeverein für Mädchen, Frauen und Kinder Jg. 5 Nr. 1 (März 1926), 13.

NN, Errichtungsurkunde des Gemeindeverbandes der katholischen Kirchengemeinden der Stadt Bonn, in: Kirchlicher Anzeiger für die Erzdiözese Köln Jg. 66 Nr. 8 (01.04.1926), 51 - 52.

NN, Pfingsten in Einsiedeln, in: Katholische Kirchenzeitung (Düsseldorf) Jg. 3 Nr. 3 (18.04.1926), 28.

NN, Aus dem caritativen Leben Düsseldorfs, in: Mitteilungen des Katholischen Caritas - Sekretariates, Düsseldorf Jg. 2 Nr. 4/5 (April/Mai 1926), 4 - 5.

NN, Glückauf Gesolei! Die Eröffnungsfeierlichkeiten der Großen Ausstellung Düsseldorf 1926, in: Gesolei. Offizielle Tageszeitung der Großen Ausstellung Düsseldorf 1926 für Gesundheitspflege, soziale Fürsorge und Leibesübungen Jg. 1 Nr. 1 (08.05.1926), o. S. (1 - 3).

NN, Heime für halboffene Fürsorge, in: Korrespondenzblatt Katholischer Fürsorgeverein für Mädchen, Frauen und Kinder Jg. 5 Nr. 2 (Mai 1926), 8 - 11.

NN, Tagungen, in: Mitteilungen des Katholischen Caritas - Sekretariates, Düsseldorf Jg. 2 Nr. 6 (Juni 1926), 1 - 2.

NN, Aus der Tätigkeit des Katholischen Fürsorgevereins für Mädchen, Frauen und Kinder, in: Katholische Kirchenzeitung (Düsseldorf) Jg. 3 Nr. 14 (04.07.1926), 114.

NN, Karitas und Gesolei, in: Weltwarte Jg. 3 Nr. 27 (04.07.1926), 210.

NN, Der Diözesan - Caritasverband Köln, in: Caritas. Zeitschrift für Caritaswissenschaft und Caritasarbeit Jg. 31 Nr. 8 (August 1926), 257 - 259.

NN, Soziale Fürsorge und Gesolei, in: Mitteilungen des Katholischen Caritas - Sekretariates, Düsseldorf Jg. 2 Nr. 8 (August 1926), 1 - 5.

NN, Notizen, in: Mitteilungen des Katholischen Caritas - Sekretariates, Düsseldorf Jg. 2 Nr. 8 (August 1926), 5 - 6.

NN, Sozialistische Arbeiterwohlfahrt und Gesolei, in: Mitteilungen des Katholischen Caritas - Sekretariates, Düsseldorf Jg. 2 Nr. 9 (September 1926), 1 - 2.

NN, Diözesankonferenz, in: Kirchlicher Anzeiger für die Erzdiözese Köln Jg. 66 Nr. 20 (01.10.1926), 107.

NN, Generalpräses Prälat Karl Mosterts+, in: Caritas. Zeitschrift für Caritaswissenschaft und Caritasarbeit Jg. 31 Nr. 10 (Oktober 1926), 326.

NN, Die Satzungen des Diözesan - Caritasverbandes, in: Kirchlicher Anzeiger für die Erzdiözese Köln Jg. 66 Nr. 22 (01.11.1926), 114 - 117.

NN, Großes Karitasbild des Düsseldorfer Karitasverbandes, in: Weltwarte Jg. 3 Nr. 45 (07.11.1926), 359.

NN, Kindererholungsfürsorge in den Herbstferien, in: Mitteilungen des Katholischen Caritas - Sekretariates, Düsseldorf Jg. 2 Nr. 11 (November 1926), o. S. (3 - 4).

NN, Düsseldorf, in: Jahres - Bericht der Gesellschaft zur Fürsorge für die zuziehende männliche Jugend E. V. über ihre Arbeit im Jahre 1925, Berlin 1926, 25 - 26.

NN, Seligsprechungsprozeß Emilie Schneider, in: Kirchlicher Anzeiger für die Erzdiözese Köln Jg. 67 Nr. 2 (15.01.1927), 5.

NN, "Fremde beherbergen", in: Katholische Kirchenzeitung (Düsseldorf) Jg. 3 Nr. 42 (16.01.1927), 355.

NN, Jahresbericht des Pfarr - Karitas - Ausschusses St. Peter 1926, in: Katholische Kirchenzeitung (Düsseldorf) Jg. 3 Nr. 43 (23.01.1927), 364.

NN, Errichtungsurkunde des Gemeindeverbandes der katholischen Kirchengemeinden der Stadt Euskirchen, in: Kirchlicher Anzeiger für die Erzdiözese Köln Jg. 67 Nr. 3 (01.02.1927), 13 - 14.

NN, Notizen, in: Mitteilungen des Caritasverbandes für die Stadt Düsseldorf Jg. 3 Nr. 2 (Februar 1927), 15.

NN, Reisekalender der "Rotala" (Reisebüro für Katholiken, Zweigstelle: Tonhallenstraße 15), in: Mitteilungen des Caritasverbandes für die Stadt Düsseldorf Jg. 3 Nr. 3 (März 1927), 21 - 22.

NN, Ein neues Caritas - Werk: Die Caritas - Sterbe - Vorsorge, in: Katholische Kirchenzeitung (Düsseldorf) Jg. 4 Nr. 4 (24.04.1927), 44.

NN, Ein neues Caritaswerk: Die Caritas - Sterbevorsorge, in: Mitteilungen des Caritasverbandes für die Stadt Düsseldorf Jg. 3 Nr. 4 (April 1927), 25 - 31.

NN, Neue Satzungen für den Caritasverband Düsseldorf, in: Mitteilungen des Caritasverbandes für die Stadt Düsseldorf Jg. 3 Nr. 5 (Mai 1927), 34 - 37.

NN, Bezirksstelle Düsseldorf der Caritas - Sterbevorsorge, in: Mitteilungen des Caritasverbandes für die Stadt Düsseldorf Jg. 3 Nr. 5 (Mai 1927), 37 - 38.

NN, Aus dem Raphaelsheim, in: Mitteilungen des Caritasverbandes für die Stadt Düsseldorf Jg. 3 Nr. 5 (Mai 1927), 38.

NN, Raphaelsheim, in: Mitteilungen des Caritasverbandes für die Stadt Düsseldorf Jg. 3 Nr. 5 (Mai 1927), 40.

NN, Vereinskalender, in: Katholische Kirchenzeitung (Düsseldorf) Jg. 4 Nr. 10 (05.06.1927), 96.

NN, Mitglieder- und Ausschuß - Versammlung des Düsseldorfer Caritas - Verbandes, in: Mitteilungen des Caritasverbandes für die Stadt Düsseldorf Jg. 3 Nr. 6 (Juni 1927), 41 - 43.

NN, Die Caritas - Sterbevorsorge, in: Mitteilungen des Caritasverbandes für die Stadt Düsseldorf Jg. 3 Nr. 6 (Juni 1927), 46 - 47.

NN, Fürsorgeordnung des Bezirksfürsorgeverbandes Düsseldorf - Stadt, in: Mitteilungen des Caritasverbandes für die Stadt Düsseldorf Jg. 3 Nr. 6 (Juni 1927), 47 - 48.

NN, Fürsorgeordnung Anweisung für die Ausübung der Fürsorge in Düsseldorf, in: Mitteilungen des Caritasverbandes für die Stadt Düsseldorf Jg. 3 Nr. 7/8 (Juli/August 1927), 49 - 52.

NN, Notgemeinschaften, in: Mitteilungen des Caritasverbandes für die Stadt Düsseldorf Jg. 3 Nr. 7/8 (Juli/August 1927), 53 - 55.

NN, Das Raphaelsheim Düsseldorf im ersten Halbjahr 1927, in: Mitteilungen des Caritasverbandes für die Stadt Düsseldorf Jg. 3 Nr. 7/8 (Juli/August 1927), 55 - 56.

NN, Errichtungsurkunde des Gemeindeverbandes der katholischen Kirchengemeinden der Stadt Düren, in: Kirchlicher Anzeiger für die Erzdiözese Köln Jg. 67 Nr. 17 (01.09.1927), 85 - 86.

NN, Die städtische Familienfürsorge in Düsseldorf, in: Mitteilungen des Caritasverbandes für die Stadt Düsseldorf Jg. 3 Nr. 9 (September 1927), 61 - 64.

NN, Richtlinien über die Aufgaben der Bezirksversammlung in Düsseldorf, in: Mitteilungen des Caritasverbandes für die Stadt Düsseldorf Jg. 3 Nr. 11 (November 1927), 77 - 79.

NN, Katholisches Geld für katholische Zwecke, in: Mitteilungen des Caritasverbandes für die Stadt Düsseldorf Jg. 3 Nr. 11 (November 1927), 79 - 80.

NN, Caritas in der Caritas - Sterbevorsorge, in: Mitteilungen des Caritasverbandes für die Stadt Düsseldorf Jg. 3 Nr. 11 (November 1927), 80 - 82.

NN, Hilfe für Heimatlose in Düsseldorf, in: Mitteilungen des Caritasverbandes für die Stadt Düsseldorf Jg. 3 Nr. 11 (November 1927), 82 - 83.

NN, Herzliche Weihnachtsbitte !, in: Mitteilungen des Caritasverbandes für die Stadt Düsseldorf Jg. 3 Nr. 11 (November 1927), 83 - 84.

NN, Das Hubertusstift, in: Mitteilungen des Caritasverbandes für die Stadt Düsseldorf Jg. 3 Nr. 11 (November 1927), 84.

NN, Richtlinien über die Zusammenarbeit des Städtischen Wohlfahrtsamtes Düsseldorf mit den Spitzenverbänden der freien Wohlfahrtspflege, in: Mitteilungen des Caritasverbandes für die Stadt Düsseldorf Jg. 3 Nr. 12 (Dezember 1927), 88 - 89.

NN, Katholische Weltanschauung, Feuerbestattung, Caritas - Sterbevorsorge, in: Mitteilungen des Caritasverbandes für die Stadt Düsseldorf Jg. 3 Nr. 12 (Dezember 1927), 89 - 90.

NN, Das Raphaelsheim im Jahre 1927. Bericht, in: Mitteilungen des Caritasverbandes für die Stadt Düsseldorf Jg. 4 Nr. 1 (Januar 1928), 1 - 2.

NN, Zentralverband katholischer Kinderhorte und Kleinkinderanstalten, in: Kinderheim. Zeitschrift für Kleinkindererziehung und Hortwesen Jg. 11 Nr. 1 (Januar/Februar 1928), 26.

NN, Zusammenarbeit zwischen öffentlicher und freier Wohlfahrtspflege, in: Mitteilungen des Caritasverbandes für die Stadt Düsseldorf Jg. 4 Nr. 2 (Februar 1928), 9 - 11.

NN, Für gefährdete und verwahrloste katholische Knaben, Jünglinge und Männer in Düsseldorf, in: Mitteilungen des Caritasverbandes für die Stadt Düsseldorf Jg. 4 Nr. 3 (März 1928), 19 - 21.

NN, Die Entwicklung der Caritas - Sterbevorsorge im ersten Jahr ihres Bestehens, in: Mitteilungen des Caritasverbandes für die Stadt Düsseldorf Jg. 4 Nr. 3 (März 1928), 21 - 23.

NN, Die Caritas - Sterbevorsorge als Erzieherin, in: Mitteilungen des Caritasverbandes für die Stadt Düsseldorf Jg. 4 Nr. 5 (Mai 1928), 34 - 36.

NN, Opfertag für bedürftige kinderreiche Familien am 10. Juni 1928, in: Mitteilungen des Caritasverbandes für die Stadt Düsseldorf Jg. 4 Nr. 5 (Mai 1928), 39 - 40.

NN, Die Auswandererberatungsstelle des Caritasverbandes in Düsseldorf, in: Mitteilungen des Caritasverbandes für die Stadt Düsseldorf Jg. 4 Nr. 5 (Mai 1928), 40.

NN, Opfertag für bedürftige kinderreiche Familien, in: Mitteilungen des Caritasverbandes für die Stadt Düsseldorf Jg. 4 Nr. 6 (Juni 1928), 41 - 43.

NN, Die Caritas - Sterbevorsorge als Krönung der Notgemeinschaften, in: Mitteilungen des Caritasverbandes für die Stadt Düsseldorf Jg. 4 Nr. 6 (Juni 1928), 44 - 46.

NN, Kirchensteuer, in: Katholische Kirchenzeitung (Düsseldorf) Jg. 5 Nr. 27 (01.07.1928), 212 - 213.

NN, Vereinsregistersachen, in: Öffentlicher Anzeiger. Beilage zum Amtsblatt der Regierung zu Düsseldorf Nr. 32 (11.08.1928), 517.

NN, Düsseldorf, in: Taubstummen - Führer. Zeitschrift für die katholischen Gehörlosen Deutschlands Jg. 33 Nr. 20 (15.10.1928), 154.

NN, Kinderhort, in: Katholische Kirchenzeitung (Düsseldorf) Jg. 5 Nr. 44 (28.10.1928), 248b.

NN, Caritative Kinderfürsorge während der Herbstferien 1928, in: Mitteilungen des Caritasverbandes für die Stadt Düsseldorf Jg. 4 Nr. 11 (November 1928), 66 - 69.

NN, Die Arbeiterwohlfahrt Düsseldorf, in: Mitteilungen des Caritasverbandes für die Stadt Düsseldorf Jg. 4 Nr. 12 (Dezember 1928), 77 - 79.

NN, Jahresbericht des Pfarr - Karitas - Ausschusses St. Peter 1928, in: Katholische Kirchenzeitung (Düsseldorf) Jg. 6 Nr. 3 (20.01.1929), 20a.

NN, Glückliche Fortschritte der Caritas - Sterbevorsorge im Laufe des Jahres 1928, in: Mitteilungen des Caritasverbandes für die Stadt Düsseldorf Jg. 5 Nr. 1 (Januar 1929), 4 - 5.

NN, Herzliche Einladung zu einer großen Caritas - Versammlung, in: Mitteilungen des Caritasverbandes für die Stadt Düsseldorf Jg. 5 Nr. 2 (Februar 1929), 9.

NN, Die Toten begraben, in: Mitteilungen des Caritasverbandes für die Stadt Düsseldorf Jg. 5 Nr. 2 (Februar 1929), 12 - 13.

NN, Vertiefung der städtischen Fürsorge durch die Caritas, in: Mitteilungen des Caritasverbandes für die Stadt Düsseldorf Jg. 5 Nr. 3 (März 1929), 17 - 19.

NN, Umgemeindung und Wohlfahrtspflege, in: Mitteilungen des Caritasverbandes für die Stadt Düsseldorf Jg. 5 Nr. 4 (April 1929), 27 - 28.

NN, Katholiken !, in: Mitteilungen des Caritasverbandes für die Stadt Düsseldorf Jg. 5 Nr. 4 (April 1929), 30 - 31.

NN, Die Wandererfürsorge in der Rheinprovinz und in Düsseldorf, in: Mitteilungen des Caritasverbandes für die Stadt Düsseldorf Jg. 5 Nr. 6 (Juni 1929), 44 - 46.

Ks, Gedanken zur Eröffnung des 1. Lehrlingsheimes Deutschlands in Oberbilk Kruppstraße, in: Oberbilker Bürger- und Schützen - Zeitung Jg. 2 Nr. 14 (Juni 1929), o. S. (3 - 4).

NN, Kennst Du den St. Regisverein ?, in: Mitteilungen des Caritasverbandes für die Stadt Düsseldorf Jg. 5 Nr. 7 (Juli 1929), 53 - 54.

NN, Arbeiterwohlfahrt, in: Mitteilungen des Caritasverbandes für die Stadt Düsseldorf Jg. 5 Nr. 8/9 (August/September 1929), 57 - 64.

NN, Arbeits - mittel - obdachlos, in: Mitteilungen des Caritasverbandes für die Stadt Düsseldorf Jg. 4 Nr. 9/10 (September/Oktober 1929), 62 - 64.

NN, Die Organisation der Wohlfahrtspflege in Groß - Düsseldorf, in: Monatsblatt des Städtischen Wohlfahrts- und Gesundheitsamtes Düsseldorf Jg. 3 Nr. 10 (Oktober 1929), 153 - 162 und Mitteilungen des Caritasverbandes für die Stadt Düsseldorf Jg. 5 Nr. 10 (Oktober 1929), 68 - 70, Nr. 11 (November 1929), 78 - 79 und Nr. 12 (Dezember 1929), 83 - 85.

NN, Die Caritas - Kinder- und Patenschaftsversicherung, in: Mitteilungen des Caritasverbandes für die Stadt Düsseldorf Jg. 5 Nr. 11 (November 1929), 75 - 77.

NN, Der Ortsausschuß Düsseldorf, in: Kinderheim. Zeitschrift für Kleinkindererziehung und Hortwesen Jg. 13 Nr. 1 (Januar/Februar 1930), 25.

NN, Jahresbericht des Pfarr - Karitas - Ausschusses St. Peter 1929, in: Katholische Kirchenzeitung (Düsseldorf) Jg. 7 Nr. 6 (09.02.1930), 44a.

NN, Aus dem Tagebuches des Düsseldorfer katholischen Bahnhofsdienstes, in: Mitteilungen des Caritasverbandes für die Stadt Düsseldorf Jg. 6 Nr. 2 (Februar 1930), 9 - 12.

NN, Die Caritas - Vorsorge (Bezirksstelle Düsseldorf) im Jahre 1929, in: Mitteilungen des Caritasverbandes für die Stadt Düsseldorf Jg. 6 Nr. 3 (März 1930), 13 - 15.

NN, Für arme, unbescholtene Wöchnerinnen aller Bekenntnisse, in: Mitteilungen des Caritasverbandes für die Stadt Düsseldorf Jg. 6 Nr. 3 (März 1930), 17.

NN, Kindergarten, in: Katholische Kirchenzeitung (Düsseldorf) Jg. 7 Nr. 14 (06.04.1930), 108a.

NN, Auf dem Heinefeld, in: Mitteilungen des Caritasverbandes für die Stadt Düsseldorf Jg. 6 Nr. 4 (April 1930), 28.

NN, Städtisches Asyl an der Färberstraße, in: Mitteilungen des Caritasverbandes für die Stadt Düsseldorf Jg. 6 Nr. 4 (April 1930), 28.

NN, Die katholische Jugendwohlfahrt im Düsseldorfer Jugendamt, in: Mitteilungen des Caritasverbandes für die Stadt Düsseldorf Jg. 6 Nr. 5 (Mai 1930), 30 - 31.

NN, Satzungen des städtischen Jugendamtes Düsseldorf, in: Mitteilungen des Caritasverbandes für die Stadt Düsseldorf Jg. 6 Nr. 5 (Mai 1930), 34 - 35.

NN, Düsseldorfer Opfertag, in: Mitteilungen des Caritasverbandes für die Stadt Düsseldorf Jg. 6 Nr. 6 (Juni 1930), 44.

NN, Quartalskollekte für unser Kloster, in: Katholische Kirchenzeitung (Düsseldorf) Jg. 7 Nr. 29 (20.07.1930), 232.

NN, Nachworte zum Düsseldorfer Opfertag, in: Mitteilungen des Caritasverbandes für die Stadt Düsseldorf Jg. 6 Nr. 7 (Juli 1930), 45 - 47.

NN, Hausangestellten - Verein Düsseldorf - Ost, in: Katholische Kirchenzeitung (Düsseldorf) Jg. 7 Nr. 35 (31.08.1930), 279.

NN, Berichte der Arbeiterkolonien über die Monate April, Mai, Juni 1930, in: Der Wanderer Jg. 47 Nr. 9 (September 1930), 192.

NN, Grundsätzliche Auseinadernsetzung des bischöflichen Ordinariates Mainz über die Mitgliedschaft von Katholiken bei einer antifaschistischen Partei, in: Ecclesiastica. Archiv für zeitgenössische Kirchengeschichte Jg. 10 Nr. 43 (25.10.1930), 421 - 427.

NN, Katholische Erziehungsberatungsstelle, in: Katholische Kirchenzeitung (Düsseldorf) Jg. 7 Nr. 43 (26.10.1930), 344.

NN, Katholische Erziehungsberatung, in: Mitteilungen des Caritasverbandes für die Stadt Düsseldorf Jg. 6 Nr. 10/11 (Oktober/November 1930), 63 - 64.

NN, Ein katholisches Wanderer - Arbeitsheim in Düsseldorf, in: Mitteilungen des Caritasverbandes für die Stadt Düsseldorf Jg. 6 Nr. 10/11 (Oktober/November 1930), 64 - 65.

NN, Das Jugendschutzheim des katholischen Männerfürsorge - Vereins Düsseldorf, in: Mitteilungen des Caritasverbandes für die Stadt Düsseldorf Jg. 6 Nr. 10/11 (Oktober/November 1930), 65.

NN, Karitassonntag, in: Kirchlicher Anzeiger für die Erzdiözese Köln Jg. 70 Nr. 24 (15.11.1930), 139 - 140.

NN, Neuumgrenzung bzw. Neubildung einzelner Dekanate in der Erzdiözese Köln, in: Kirchlicher Anzeiger für die Erzdiözese Köln Jg. 70 Nr. 26 (15.12.1930), 154 - 155.

NN, Katholische Hilfsbereitschaft in Düsseldorf, in: Mitteilungen des Caritasverbandes für die Stadt Düsseldorf Jg. 6 Nr. 12 (Dezember 1930), 72 - 74.

NN, Die Caritas - Vorsorge der Bezirksstelle Düsseldorf im Jahre 1930, in: Mitteilungen des Caritasverbandes für die Stadt Düsseldorf Jg. 7 Nr. 2 (Februar 1931), 12 - 13.

NN, Die Bischöfe der Kölner Kirchenprovinz zur nationalsozialistischen Bewegung, in: Kirchlicher Anzeiger für die Erzdiözese Köln Jg. 71 Nr. 7 (15.03.1931), 68 - 70.

NN, Erlaß der rheinischen Bischöfe, in: Ecclesiastica. Archiv für zeitgenössische Kirchengeschichte Jg. 11 Nr. 12 (21.03.1931), 118 - 119.

NN, Caritative Wandererfürsorge im Jahre 1930, in: Mitteilungen des Caritasverbandes für die Stadt Düsseldorf Jg. 7 Nr. 3 (März 1931), 22 - 23.

NN, Düsseldorfer Opfertag 1931, in: Mitteilungen des Caritasverbandes für die Stadt Düsseldorf Jg. 7 Nr. 5 (Mai 1931), 35 - 36.

NN, Stadtverordneten - Sitzung zu Düsseldorf vom 26. Juni 1931, in: Stenographische Verhandlungs - Berichte der Stadtverordneten - Versammlung zu Düsseldorf Jg. 23 Nr. 6 (26.06.1931), 173 - 196.

NN, Düsseldorfer Opfertag 1931, in: Mitteilungen des Caritasverbandes für die Stadt Düsseldorf Jg. 7 Nr. 6 (Juni 1931), 46 - 48.

NN, Das Raphaelsheim, in: Mitteilungen des Caritasverbandes für die Stadt Düsseldorf Jg. 7 Nr. 6 (Juni 1931), 48.

NN, Düsseldorfer Volkshilfe, in: Mitteilungen des Caritasverbandes für die Stadt Düsseldorf Jg. 7 Nr. 7/8 (Juli/August 1931), 50 - 53.

NN, Das Jugendschutzheim des katholischen Männerfürsorgevereins, in: Monatsblatt des Städtischen Wohlfahrts- und Gesundheitsamtes Düsseldorf Jg. 5 Nr. 8 (August 1931), 123.

NN, Zahlen aus der sozialen Fürsorge in Düsseldorf, in: Monatsblatt des Städtischen Wohlfahrts- und Gesundheitsamtes Düsseldorf Jg. 5 Nr. 8 (August 1931), 125 - 128.

NN, Karitashilfe für den bevorstehenden Winter, in: Kirchlicher Anzeiger für die Erzdiözese Köln Jg. 71 Nr. 20 (11.09.1931), 163 - 164.

NN, Die "Katholische Volkshilfe" (Caritas - Vorsorge), in: Mitteilungen des Caritasverbandes für die Stadt Düsseldorf Jg. 7 Nr. 9 (September 1931), 62 - 64.

NN, "Christus in der Bannmeile". Die Elendsstadt neben der Stadt. 530 Familien mit 2000 Kindern hausen in Bunkern, in: Münsterischer Anzeiger Jg. 80 Nr. 1062 (13.10.1931), o. S. (9).

NN, Herzlicher Aufruf zur karitativen Betätigung, in: Katholische Kirchenzeitung (Düsseldorf) Jg. 8 Nr. 42 (18.10.1931), 236.

NN, Die Düsseldorfer Winterhilfe ruft zur Tat !, in: Mitteilungen des Caritasverbandes für die Stadt Düsseldorf Jg. 7 Nr. 10 (Oktober 1931), 65 - 70.

NN, Selbsthilfe - Siedlungen von Arbeitslosen. Selbsthilfe - Maßnahmen der Arbeitslosen zur Linderung der Folgen der Arbeitslosigkeit. Notwendigkeit der Förderung dieser Maßnahmen durch Gemeinschaftsarbeit und staatliche Unterstützung, in: RKW (Reichskuratorium für Wirtschaftlichkeit) - Nachrichten Jg. 5 Nr. 10 (Oktober 1931), Sonderbeilage 1 - 8.

NN, Aus der Arbeit der Caritas - Winterhilfe Düsseldorfs, in: Mitteilungen des Caritasverbandes für die Stadt Düsseldorf Jg. 7 Nr. 11 (November 1931), 86 - 87.

D.R., Das Kinderheim. Die Einweihungsfeier, in: Die Kaiserpfalz. Unabhängige Heimatzeitung für Düsseldorf Kaiserswerth, Lohausen und die Gemeinden Wittlaer, Kalkum und Bockum Jg. 1 Nr. 13 (05.12.1931), o. S. (1).

NN, Der Taubstummendienst, in: Katholische Kirchenzeitung (Düsseldorf) Jg. 8 Nr. 49 (06.12.1931), 291.

NN, Abschließendes über die Düsseldorfer Winterhilfe 1931/32, in: Monatsblatt des Städtischen Wohlfahrts- und Gesundheitsamtes Düsseldorf Jg. 6 Nr. 6 (Juni 1932), 87 - 88.

ns, Die Bannmeile, in: Katholische Kirchenzeitung (Düsseldorf) Jg. 9 Nr. 27 (03.07.1932), 214.

NN, Das Heinefeld, in: Frauenland Jg. 25 Nr. 8 (August 1932), 209 - 210.

NN, Leistungen der Caritas - Winterhilfe im letzten Viertel 1932, in: Mitteilungen des Caritasverbandes für die Stadt Düsseldorf Jg. 9 Nr. 1/3 (Januar/März 1933), 3 - 5.

NN, Kirche und Nationalsozialismus, in: Ecclesiastica. Archiv für zeitgenössische Kirchengeschichte Jg. 13 Nr. 6 (11.02.1933), 56 - 57.

NN, Der neue Kindergarten in Düsseldorf, in: Gruß aus dem Kölner Mutterhaus. Familienblätter für die Töchter der christlichen Liebe Köln - Nippes Jg. 2 Nr. 2 (Februar 1933), 26 - 27.

NN, Personalchronik der Erzdiözese Köln, in: Kirchlicher Anzeiger für die Erzdiözese Köln Jg. 73 Nr. 8 (01.03.1933), 49 - 50.

NN, Der Führer der Nation im Reichstag: Für Freiheit und Ehre der Deutschen; keine Scheidung in "Sieger und Besiegte", in: Völkischer Beobachter Jg. 46 Nr. 83 (24.03.1933), o. S. (1 - 2).

NN, Kundgebung der Fuldaer Bischofskonferenz, in: Kirchlicher Anzeiger für die Erzdiözese Köln Jg. 73 Nr. 10 (01.04.1933), 53.

NN, Personalchronik der Erzdiözese Köln, in: Kirchlicher Anzeiger für die Erzdiözese Köln Jg. 73 Nr. 10 (01.04.1933), 60 - 62.

NN, Die Überzeitlichkeit der Caritas. Einiges zur Gegenwartslage freier Liebestätigkeit, in: Caritas. Zeitschrift für Caritaswissenschaft und Caritasarbeit Jg. 38 Nr. 5 (Mai 1933), 193 - 198.

NN, Der Rhythmus des sozialen Lebens in Deutschland, in: Caritas. Zeitschrift für Caritaswissenschaft und Caritasarbeit Jg. 38 Nr. 5 (Mai 1933), 238 - 239.

NN, "NS - Volkswohlfahrt E. V.", in: Caritas. Zeitschrift für Caritaswissenschaft und Caritasarbeit Jg. 38 Nr. 5 (Mai 1933), 239 - 240.

NN, Gemeinsamer Hirtenbrief der Oberhirten der Diözesen Deutschlands, in: Kirchlicher Anzeiger für die Erzdiözese Köln Jg. 73 Nr. 15 (09.06.1933), 91 - 97.

NN, Bekanntgabe, in: Verordnungsblatt der Reichsleitung der Nationalsozialistischen Deutschen Arbeiter - Partei Jg. 2 Nr. 49 (15.06.1933), 106.

NN, Aufruf! Katholisches Hilfswerk für die Düsseldorfer Bannmeile, in: Katholische Kirchenzeitung (Düsseldorf) Jg. 10 Nr. 26 (25.06.1933), 306a.

NN, Zusammenwirken von öffentlicher und freier Wohlfahrtspflege, in: Caritas. Zeitschrift für Caritaswissenschaft und Caritasarbeit Jg. 38 Nr. 6 (Juni 1933), 264 - 265.

NN, Die Caritas im neuen Deutschland, in: Mitteilungen des Caritasverbandes für die Stadt Düsseldorf Jg. 9 Nr. 6/7 (Juni/Juli 1933), 1 - 3.

NN, Was hat das katholische Düsseldorf zur Linderung der Winternot 1932/33 geleistet?, in: Mitteilungen des Caritasverbandes für die Stadt Düsseldorf Jg. 9 Nr. 6/7 (Juni/Juli 1933), 3 - 5.

NN, NS - Volkswohlfahrt e. V., in: Mitteilungen des Caritasverbandes für die Stadt Düsseldorf Jg. 9 Nr. 6/7 (Juni/Juli 1933), 7 - 8.

NN, Zum Abschluß des Reichskonkordates, in: Caritas. Zeitschrift für Caritaswissenschaft und Caritasarbeit Jg. 38 Nr. 7 (Juli 1933), 302.

NN, Nationalsozialismus und Wohlfahrtspflege, in: Caritas. Zeitschrift für Caritaswissenschaft und Caritasarbeit Jg. 38 Nr. 7 (Juli 1933), 326 - 327.

NN, Zusammenwirken von öffentlicher und freier Wohlfahrtspflege, in: Monatsblatt des Städtischen Wohlfahrts- und Gesundheitsamtes Düsseldorf Jg. 7 Nr. 7 (Juli 1933), 100 - 101.

NN, Die neue NS - Volkswohlfahrt und ihre Aufgaben, in: Monatsblatt des Städtischen Wohlfahrts- und Gesundheitsamtes Düsseldorf Jg. 7 Nr. 7 (Juli 1933), 101 - 103.
NN, Gesetz zur Verhütung erbkranken Nachwuchses. Vom 14. Juli 1933, in: Reichsgesetzblatt Nr. 86 (25.07.1933), 529 - 531.
NN, Sterilisierung in Deutschland. Zum "Gesetz zur Verhütung erbkranken Nachwuchses", in: Caritas. Zeitschrift für Caritaswissenschaft und Caritasarbeit Jg. 38 Nr. 8 (August 1933), 347 - 351.
NN, Die Reichsspitzenverbände der freien Wohlfahrtspflege, in: Caritas. Zeitschrift für Caritaswissenschaft und Caritasarbeit Jg. 38 Nr. 8 (August 1933), 356 - 357.
NN, Das erste nationalsozialistische Wohlfahrtshaus in Düsseldorf, in: Monatsblatt des Städtischen Wohlfahrts- und Gesundheitsamtes Düsseldorf Jg. 7 Nr. 8 (August 1933), 116.
NN, Die Caritas im Rahmen der Freien Wohlfahrtspflege Deutschlands, in: Mitteilungen des Caritasverbandes für die Stadt Düsseldorf Jg. 9 Nr. 8/9 (August/September 1933), 1 - 2.
NN, Caritas und Winterhilfswerk 1933/34, in: Mitteilungen des Caritasverbandes für die Stadt Düsseldorf Jg. 9 Nr. 8/9 (August/September 1933), 3 - 6.
NN, Winterhilfe, in: Kirchlicher Anzeiger für die Erzdiözese Köln Jg. 73 Nr. 22 (15.09.1933), 139 - 140.
NN, Die NS - Volkswohlfahrt. Aufbau und Aufgaben, in: Monatsblatt des Städtischen Wohlfahrts- und Gesundheitsamtes Düsseldorf Jg. 7 Nr. 9 (September 1933), 135 - 139.
NN, Kirchliches Sammlungswesen und Winterhilfe, in: Caritas. Zeitschrift für Caritaswissenschaft und Caritasarbeit Jg. 38 Nr. 10 (Oktober 1933), 449 - 450.
NN, Reichsspitzenverbände der freien Wohlfahrtspflege, in: Monatsblatt des Städtischen Wohlfahrts- und Gesundheitsamtes Düsseldorf Jg. 7 Nr. 10 (Oktober 1933), 156.
A.I.N., Das Winterhilfswerk des Deutschen Volkes 1933/34, in: Nationalsozialistischer Volksdienst Jg. 1 Nr. 1 (Oktober 1933), 10 - 13.
A.I.K., Zweck, Ziel und Durchführung des Dreimonatsplanes für bevölkerungspolitische Aufklärung, in: Nationalsozialistischer Volksdienst Jg. 1 Nr. 1 (Oktober 1933), 13 - 14.
NN, Was jede(r) Caritasarbeiter(in) von der Nationalsozialistischen Volkswohlfahrt wissen muß ?, in: Mitteilungen des Caritasverbandes für die Stadt Düsseldorf Jg. 9 Nr. 10/11 (Oktober/November 1933), 1 - 6.
NN, Der Deutsche Episkopat in der nationalen Revolution, in: Ecclesiastica. Archiv für zeitgenössische Kirchengeschichte Jg. 13 Nr. 47 (25.11.1933), 433 - 438.
NN, Landhilfe, in: Kirchlicher Anzeiger für die Erzdiözese Köln Jg. 73 Nr. 27 (01.12.1933), 178 - 180.
NN, Caritas im neuen Reich, in: Katholische Kirchenzeitung (Düsseldorf) Jg. 10 Nr. 50 (10.12.1933), 401.
NN, Caritastag der Erzdiözese Köln, in: Caritas. Zeitschrift für Caritaswissenschaft und Caritasarbeit Jg. 38 Nr. 12 (Dezember 1933), 551 - 553.
NN, Die Caritas im Winterhilfswerk, in: Mitteilungen des Caritasverbandes für die Stadt Düsseldorf Jg. 9 Nr. 12 (Dezember 1933), 1 - 2.
NN, Winterhilfswerk Düsseldorf, in: Mitteilungen des Caritasverbandes für die Stadt Düsseldorf Jg. 9 Nr. 12 (Dezember 1933), 3 - 5.
NN, Küchen des Winterhilfswerks, in: Mitteilungen des Caritasverbandes für die Stadt Düsseldorf Jg. 9 Nr. 12 (Dezember 1933), 5 - 6.
NN, Wärmehallen des Winterhilfswerks, in: Mitteilungen des Caritasverbandes für die Stadt Düsseldorf Jg. 9 Nr. 12 (Dezember 1933), 6 - 7.
NN, Anordnung, in: Verordnungsblatt der Reichsleitung der Nationalsozialistischen Deutschen Arbeiter - Partei Jg. 2 Nr. 63 (15.01.1934), 137.
NN, Jahresbericht des Pfarr - Karitas - Ausschusses St. Peter 1933, in: Katholische Kirchenzeitung (Düsseldorf) Jg. 11 Nr. 7 (18.02.1934), 64.

NN, Arbeitsgemeinschaft der Spitzenverbände der freien Wohlfahrtspflege, in: Mitteilungen des Caritasverbandes für die Stadt Düsseldorf Jg. 10 Nr. 2/3 (Februar/März 1934), 4 - 5.

NN, Personalchronik der Erzdiözese Köln, in: Kirchlicher Anzeiger für die Erzdiözese Köln Jg. 74 Nr. 6 (01.03.1934), 43 - 46.

NN, Die Rede des Reichsführers des WHW Pg. Hilgenfeldt auf dem ersten Gaukongreß der NSV in Düsseldorf am 27. Januar 1934, in: N.S.V.. Mitteilungsblatt des Amtes für Volkswohlfahrt im Gau Düsseldorf Jg. 1 Nr. 1 (01.03.1934), 1 - 6.

NN, Eine Station für Heimatlose, in: Katholische Kirchenzeitung (Düsseldorf) Jg. 11 Nr. 10 (11.03.1934), 93.

NN, Haus- und Straßensammlung des Deutschen Caritasverbandes, in: Caritas. Zeitschrift für Caritaswissenschaft und Caritasarbeit Jg. 39 Nr. 3 (März 1934), 91 - 92.

NN, Das Hilfswerk "Mutter und Kind", in: Caritas. Zeitschrift für Caritaswissenschaft und Caritasarbeit Jg. 39 Nr. 3 (März 1934), 95 - 97.

NN, Personalchronik der Erzdiözese Köln, in: Kirchlicher Anzeiger für die Erzdiözese Köln Jg. 74 Nr. 8 (01.04.1934), 62.

NN, Rheinhaus Maria Viktoria, das alte Kapuzinerkloster, in: Katholische Kirchenzeitung (Düsseldorf) Jg. 11 Nr. 15 (15.04.1934), 152.

NN, Caritas - Sammlung, in: Katholische Kirchenzeitung (Düsseldorf) Jg. 11 Nr. 16 (22.04.1934), 159

Dr. W. D., Warum Karitas - Sammlung, in: Düsseldorfer Tageblatt Jg. 68 Nr. 113 (29.04.1934), o. S. (3) und Nr. 118 (04.05.1934), o. S. (3 - 4).

NN, Sammlung für die katholische Karitas, in: Katholische Kirchenzeitung (Düsseldorf) Jg. 11 Nr. 17 (29.04.1934), 168.

NN, Caritas rührt sich ! Zur Caritassammlung vom 5. - 11. Mai 1934, in: Caritas. Zeitschrift für Caritaswissenschaft und Caritasarbeit Jg. 39 Nr. 4 (April 1934), 136.

NN, Die organisierte Caritas im Rahmen der freien Wohlfahrtspflege, in: Mitteilungen des Caritasverbandes für die Stadt Düsseldorf Jg. 10 Nr. 4/5 (April/Mai 1934), 1 - 2.

NN, Aus der Düsseldorfer Caritasarbeit, in: Mitteilungen des Caritasverbandes für die Stadt Düsseldorf Jg. 10 Nr. 4/5 (April/Mai 1934), 4 - 5.

NN, Oberhirtliches Mahnwort zur öffentlichen Karitassammlung und Karitaskollekte, in: Kirchlicher Anzeiger für die Erzdiözese Köln Jg. 74 Nr. 11 (02.05.1934), 81 - 82.

NN, Zum Deutschen Caritas - Volkstag, in: Caritas. Zeitschrift für Caritaswissenschaft und Caritasarbeit Jg. 39 Nr. 5 (Mai 1934), 137 - 139.

NN, Christus in der Bannmeile, in: Katholische Kirchenzeitung (Düsseldorf) Jg. 11 Nr. 24 (17.06.1934), 235.

NN, Der Ruf der Liebe: Nach dem Deutschen Caritas - Volkstag, in: Caritas. Zeitschrift für Caritaswissenschaft und Caritasarbeit Jg. 39 Nr. 6 (Juni 1934), 193 - 194.

NN, Müttererholung, in: Kirchlicher Anzeiger für die Erzdiözese Köln Jg. 74 Nr. 15 (01.07.1934), 102.

NN, Zur Lage, in: Mitteilungen des Caritasverbandes für die Stadt Düsseldorf Jg. 10 Nr. 7/9 (Juli/September 1934), 1 - 2.

NN, Das Hubertus - Stift, in: Mitteilungen des Caritasverbandes für die Stadt Düsseldorf Jg. 10 Nr. 7/9 (Juli/September 1934), 4 - 5.

NN, Notizen, in: Mitteilungen des Caritasverbandes für die Stadt Düsseldorf Jg. 10 Nr. 7/9 (Juli/September 1934), 5.

NN, Da Gerico a Düsseldorf, in: L'Osservatore Romano Vol. 68 No. 212 (13.09.1934), 5.

NN, Religiöse Betreuung der Landhelfer, in: Caritas. Zeitschrift für Caritaswissenschaft und Caritasarbeit Jg. 39 Nr. 9 (September 1934), 295.

Dr. B., Die braune Schwester, in: N.S.V.. Mitteilungsblatt des Amtes für Volkswohlfahrt im Gau Düsseldorf Jg. 1 Nr. 8 (Oktober 1934), 8.

NN, Was jede(r) Caritasarbeiter(in) vom Sammlungsgesetz wissen muß, in: Mitteilungen des Caritasverbandes für die Stadt Düsseldorf Jg. 10 Nr. 10/12 (Oktober/Dezember 1934), 3.

NN, Eine zeitgemäße Caritasaufgabe, in: Mitteilungen des Caritasverbandes für die Stadt Düsseldorf Jg. 10 Nr. 10/12 (Oktober/Dezember 1934), 3 - 4.

NN, Grundsteinlegung in der Bannmeile, in: Katholische Kirchenzeitung (Düsseldorf) Jg. 11 Nr. 45 (11.11.1934), 427.

NN, Katholischer Seelsorgsdienst für DAD, Landhilfe und Landjahr, in: Caritas. Zeitschrift für Caritaswissenschaft und Caritasarbeit Jg. 39 Nr. 12 (Dezember 1934), 391.

NN, Die Deutsche Gemeindeordnung. Vom 30. Januar 1935, in: Reichsgesetzblatt Nr. 6 (30.01.1935), 49 - 64.

NN, Schwester Oberin Hugolina scheidet vom Marienhospital, in: Katholische Kirchenzeitung für Düsseldorf und Umgegend Jg. 12 Nr. 5 (03.02.1935), 52.

NN, Seelsorge an der katholischen Jugend in Landjahr, Landhilfe, Arbeitsdienst und Landerholung, in: Kirchlicher Anzeiger für die Erzdiözese Köln Jg. 75 Nr. 4 (15.02.1935), 34 - 38.

NN, Die Wandernde Kirche, in: Mitteilungen des Caritasverbandes für die Stadt Düsseldorf Jg. 11 Nr. 3/4 (März/April 1935), 1 - 2.

NN, Katholische Trinkerfürsorge, in: Mitteilungen des Caritasverbandes für die Stadt Düsseldorf Jg. 11 Nr. 3/4 (März/April 1935), 2 - 3.

NN, Karitassammlung, in: Katholische Kirchenzeitung für Düsseldorf und Umgegend Jg. 12 Nr. 21 (26.05.1935), 236.

NN, "Die wandernde Kirche", in: Mitteilungen des Caritasverbandes für die Stadt Düsseldorf Jg. 11 Nr. 5/7 (Mai/Juli 1935), 3 - 4.

NN, Karitas - Volkstag 1935, in: Katholische Kirchenzeitung für Düsseldorf und Umgegend Jg. 12 Nr. 22 (02.06.1935), 240.

NN, Die Türen auf, die Herzen auf! NSV - Werbetage am 5., 6. und 7. Juli, in: Der Tatsozialist. Mitteilungsblatt des Amtes für Volkswohlfahrt bei der Gauleitung Düsseldorf Jg. 2 Nr. 6 (25.06.1935), o. S. (5).

NN, Bericht über die Gautagung in Düsseldorf am 10. Juni, in: Soziale Berufsarbeit Jg. 15 Nr. 8 (August 1935), 3.

NN, Caritas - Veranstaltungen 1935/36, in: Mitteilungen des Caritasverbandes für die Stadt Düsseldorf Jg. 11 Nr. 8/10 (August/September 1935), 1 - 2.

NN, Notizen, in: Mitteilungen des Caritasverbandes für die Stadt Düsseldorf Jg. 11 Nr. 8/10 (August/September 1935), 5.

NN, Karitas, in: Katholische Kirchenzeitung für Düsseldorf und Umgegend Jg. 12 Nr. 45 (10.11.1935), 531.

NN, Caritas - Opfergänge, in: Mitteilungen des Caritasverbandes für die Stadt Düsseldorf Jg. 11 Nr. 11/12 (November/Dezember 1935), 2 - 3.

NN, Mitarbeit der Caritas in der städtischen Wohlfahrtspflege, in: Mitteilungen des Caritasverbandes für die Stadt Düsseldorf Jg. 11 Nr. 11/12 (November/Dezember 1935), 4 - 5.

NN, Personalchronik der Erzdiözese Köln, in: Kirchlicher Anzeiger für die Erzdiözese Köln Jg. 75 Nr. 25 (15.12.1935), 211 - 212.

NN, Selbstmord im Gefängnis, in: Neue Zürcher Zeitung Jg. 157 Nr. 334 (27.02.1936), 2.

NN, Selbstmord eines Paters, in: Der Gegenangriff Jg. 3 Nr. 10 (07.03.1936), o. S. (2).

NN, Der verräterische Strick, in: Das Neue Volk. Parteipolitisch unabhängiges Organ im Sinne der katholischen Aktion (Rorschach) Jg. 7 Nr. 129 (10.03.1936), o. S. (3).

NN, Caritas in der Pfarrfamilie, in: Caritas. Zeitschrift für Caritaswissenschaft und Caritasarbeit Jg. 41 Nr. 3 (März 1936), 100 - 101.

NN, Die Caritas - Sammlung 1936, in: Mitteilungen des Caritasverbandes für die Stadt Düsseldorf Jg. 12 Nr. 4 (April 1936), 1 - 3.

NN, Personalchronik der Erzdiözese Köln, in: Kirchlicher Anzeiger für die Erzdiözese Köln Jg. 76 Nr. 13 (10.06.1936), 115.

NN, Das Meldewesen als eine Voraussetzung der Seelsorge für die "Wandernde Kirche", in: Kirchlicher Anzeiger für die Erzdiözese Köln Jg. 76 Nr. 13 (10.06.1936), Beilage 1 - 4.

NN, Nach der Karitas - Sammlung 1936, in: Katholische Kirchenzeitung für Düsseldorf und Umgegend Jg. 13 Nr. 26 (28.06.1936), 339.

NN, Personalnachrichten, in: Amtliches Schulblatt für den Regierungsbezirk Düsseldorf Jg. 29 Nr. 15 (01.08.1936), 191.

NN, Winterhilfswerk und Caritas, in: Mitteilungen des Caritasverbandes für die Stadt Düsseldorf Jg. 12 Nr. 9/10 (September/Oktober 1936), 3 - 4).

NN, Antwort an den Herrn Polizeipräsidenten SS - Obergruppenführer Weitzel, in: Katholische Kirchenzeitung für Düsseldorf und Umgegend Jg. 13 Nr. 44 (01.11.1936), 553.

NN, Der Polizeipräsident von Düsseldorf, in: Der Deutsche Weg Jg. 3 Nr. 46 (15.11.1936), o. S. (7).

NN, Katholische Volkshilfe, in: Mitteilungen des Caritasverbandes für die Stadt Düsseldorf Jg. 12 Nr. 11/12 (November/Dezember 1936), 2 - 3.

NN, Zigeuner werden kaserniert, in: Düsseldorfer Lokal - Zeitung Jg. 32 Nr. 1 (09.01.1937), o. S. (8).

NN, Pfarrcaritas - Aufgaben für die "Wandernde Kirche", in: Mitteilungen des Caritasverbandes für die Stadt Düsseldorf Jg. 13 Nr. 1/2 (Januar/Februar 1937), 4.

NN, Notizen, in: Mitteilungen des Caritasverbandes für die Stadt Düsseldorf Jg. 13 Nr. 3/4 (März/April 1937), 7.

NN, Gesetz zum Schutze von Bezeichnungen der Nationalsozialistischen Deutschen Arbeiterpartei. Vom 7. April 1937, in: Reichsgesetzblatt Nr. 47 (09.04.1937), 442.

NN, Helft den gefährdeten katholischen Kindern, in: Mitteilungen des Caritasverbandes für die Stadt Düsseldorf Jg. 13 Nr. 5/6 (Mai/Juni 1937), 1 - 3.

H.Bf., Bahnhofsdienst der NSV, in: Nationalsozialistischer Volksdienst Jg. 4 Nr. 9 (Juni 1937), 126.

NN, Düsseldorfer Pfarr - Caritas - Arbeit in Zahlen (Berichtsjahr 1936), in: Mitteilungen des Caritasverbandes für die Stadt Düsseldorf Jg. 13 Nr. 7/8 (Juli/August 1937), 2 - 3.

NN, Hinweise auf die caritativen Nähschulen, in: Mitteilungen des Caritasverbandes für die Stadt Düsseldorf Jg. 13 Nr. 7/8 (Juli/August 1937), 3 - 4.

NN, Der NS - Bahnhofsdienst, in: Wohlfahrts - Korrespondenz. Sozialpolitischer Zeitungsdienst Jg. 13 Nr. 63 (12.08.1937), 1 - 2).

NN, Aus der NSV, in: Deutsche Zeitschrift für Wohlfahrtspflege Jg. 13 Nr. 5 (August 1937), 245 - 246.

NN, Zeitgemäße Gedanken zur Caritas - Mitgliederwerbung und -Mitgliedschaft, in: Mitteilungen des Caritasverbandes für die Stadt Düsseldorf Jg. 13 Nr. 9/10 (September/Oktober 1937), 2 - 4.

NN, Trinkernot, in: Mitteilungen des Caritasverbandes für die Stadt Düsseldorf Jg. 13 Nr. 11/12 (November/Dezember 1937), 2 - 3.

NN, Rückblick auf 1937, in: Mitteilungen des Caritasverbandes für die Stadt Düsseldorf Jg. 14 Nr. 1 (Januar 1938), 2 - 3.

NN, Zum Abschied, in: Mitteilungen des Caritasverbandes für die Stadt Düsseldorf Jg. 14 Nr. 1 (Januar 1938), 4.

NN, Der Christliche Opfer - Begriff, in: Mitteilungen des Caritasverbandes für die Stadt Düsseldorf Jg. 14 Nr. 2 (Februar 1938), 1 - 4.

NN, Vom Caritaswirken unserer Kranken, in: Mitteilungen des Caritasverbandes für die Stadt Düsseldorf Jg. 14 Nr. 3 (März 1938), 1 - 3.

NN, Personalchronik der Erzdiözese Köln, in: Kirchlicher Anzeiger für die Erzdiözese Köln Jg. 78 Nr. 11 (01.05.1938), 83 - 84.

NN, Vinzentinische Caritas in Düsseldorf, in: Mitteilungen des Caritasverbandes für die Stadt Düsseldorf Jg. 14 Nr. 7/8 (Juli/August 1938), 1 - 3.

NN, Ortsfremde Mädchen in Düsseldorf, in: Mitteilungen des Caritasverbandes für die Stadt Düsseldorf Jg. 14 Nr. 11 (November 1938), 1 - 3.

NN, Dankbar rückwärts !, in: Mitteilungen des Caritasverbandes für die Stadt Düsseldorf Jg. 14 Nr. 12 (Dezember 1938), 1 - 2.

W.O., 25 Jahre katholischer Männerfürsorgeverein, in: Der Weg. Vierteljahresschrift für Wanderer- und Straffälligenfürsorge Jg. 9 Nr. 1 (1938), 2 - 6.

NN, Pfarr - Caritas, in: Mitteilungen des Caritasverbandes für die Stadt Düsseldorf Jg. 15 Nr. 1 (Januar 1939), 1 - 3, Nr. 2 (Februar 1939), 1 - 3, Nr. 3 (März 1939), 1 - 4, Nr. 4 (April 1939), 2 - 4, Nr. 5 (Mai 1939), 1 - 3, Nr. 6 (Juni 1939), 1 - 3, Nr. 7/8 (Juli/August 1939), 1 - 3, Nr. 9 (September 1939), 1 - 3, Nr. 10 (Oktober 1939), 1 - 3, Nr. 11/12 (November/Dezember 1939), 1 - 2, Jg. 16 Nr. 1/2 (Januar/Februar 1940), 1 - 3, Nr. 3/4 (März/April 1940), 1 - 3, Nr. 5/6 (Mai/Juni 1940), 1 - 2, Nr. 7/8 (Juli/August 1940), 1 - 2, Nr. 9/10 (September/Oktober 1940), 1 - 3, Nr. 11/12 (November/Dezember 1940), 1 - 3, Jg. 17 Nr. 1/2 (Januar/Februar 1941), 2 - 3, Jg. 18 Nr. 1 (Januar 1942), 2 - 4 und Nr. 2 (April 1942), 2 - 3.

NN, Aus der Arbeit der Düsseldorfer Pfarr - Caritas im Jahre 1938, in: Mitteilungen des Caritasverbandes für die Stadt Düsseldorf Jg. 15 Nr. 1 (Januar 1939), 4.

NN, Aus der Arbeit der Düsseldorfer katholischen Beratungs- und Hilfsstelle für Alkoholkranke im Jahre 1938, in: Mitteilungen des Caritasverbandes für die Stadt Düsseldorf Jg. 15 Nr. 1 (Januar 1939), 4 - 5.

NN, Auswanderer - Beratung für Nichtarier, in: Mitteilungen des Caritasverbandes für die Stadt Düsseldorf Jg. 15 Nr. 1 (Januar 1939), 6.

NN, Die caritative Jugendfürsorge in Düsseldorf (1938), in: Mitteilungen des Caritasverbandes für die Stadt Düsseldorf Jg. 15 Nr. 3 (März 1939), 4 - 5.

NN, Vereinsregistersachen, in: Öffentlicher Anzeiger der Regierung zu Düsseldorf Nr. 14 (06.04.1939), 98.

NN, Erweiterung des Gemeindeverbandes der katholischen Kirchengemeinden der Stadt Düsseldorf, in: Kirchlicher Anzeiger für die Erzdiözese Köln Jg. 79 Nr. 12 (15.04.1939), 69.

NN, Kurze Lebensbilder, in: Rhenania Franciscana Jg. 10 Nr. 3/4 (1939), 175 - 184, 180.

NN, Die NS - Gemeindeschwester, in: Der NSV - Helfer. Nachrichtenblatt des Gauamtes der NSV, Düsseldorf Jg. 2 Nr. 8/10 (August/Oktober 1939), 3 - 6.

NN, Die NSV - Kindergärtnerin erzieht ein neues Geschlecht, in: Der NSV - Helfer. Nachrichtenblatt des Gauamtes der NSV Düsseldorf Jg. 2 Nr. 8/10 (August/Oktober 1939), 14 - 15.

NN, Die Ausbildung der Kindergärtnerin, in: Der NSV - Helfer. Nachrichtenblatt des Gauamtes der NSV Düsseldorf Jg. 2 Nr. 8/10 (August/Oktober 1939), 15 - 16.

NN, Zentralstelle für kirchliche Kriegshilfe, in: Mitteilungen des Caritasverbandes Düsseldorf Jg. 15 Nr. 9 (September 1939), 3 - 4.

NN, Erweiterte Öffnungzeit des Caritas - Sekretariates, in: Mitteilungen des Caritasverbandes Düsseldorf Jg. 15 Nr. 9 (September 1939), 4.

NN, Kirchliche freie Liebestätigkeit während der Kriegszeit, in: Kirchlicher Anzeiger für die Erzdiözese Köln Jg. 79 Nr. 23 (01.10.1939), 143.

NN, Abschied von der Katholischen Bahnhofsmission Düsseldorf, in: Mitteilungen des Caritasverbandes Düsseldorf Jg. 15 Nr. 10 (Oktober 1939), 3 - 4.

NN, Abschied vom katholischen Gefängnisverein Düsseldorf, in: Mitteilungen des Caritasverbandes Düsseldorf Jg. 15 Nr. 11/12 (Dezember 1939), 3.

NN, Weihnachtsschau der NSV - Kindergärten im Gau Düsseldorf, in: Der NSV - Helfer. Nachrichtenblatt des Gauamtes der NSV Düsseldorf Jg. 3 Nr. 1 (Januar 1940), o. S. (4).

NN, Unsere Toten, in: Mitteilungen des Caritasverbandes Düsseldorf Jg. 16 Nr. 7/8 (Juli/August 1940), 5.
NN, Zum Nachweis der arischen Abstammung, in: Mitteilungen des Caritasverbandes Düsseldorf Jg. 16 Nr. 9/10 (September/Oktober 1940), 4 - 5.
NN, Kirchliche Sorge für die wandernden Katholiken, in: Kirchlicher Anzeiger für die Erzdiözese Köln Jg. 81 Nr. 3 (01.02.1941), 13 - 16.
NN, Mutter- und Kindererholung, in: Caritas - Verband Düsseldorf. Rundbrief an unsere Mitarbeiter und Mitarbeiterinnen Jg. 17 Nr. 1/2 (März 1941), 4.
NN, Verbands - Caritas, in: Caritas - Verband Düsseldorf. Rundbrief an unsere Mitarbeiter und Mitarbeiterinnen Jg. 17 Nr. 5/7 (Mai/Juli 1941), 2 - 3.
NN, Katholischer Seelsorgsdienst Düsseldorf, in: Caritas - Verband Düsseldorf. Rundbrief an unsere Mitarbeiter und Mitarbeiterinnen Jg. 18 Nr. 1 (Januar 1942), 1.
NN, Unsere Toten, in: Caritas - Verband Düsseldorf. Rundbrief an unsere Mitarbeiter und Mitarbeiterinnen Jg. 18 Nr. 2 (April 1942), 4.
NN, Aus unserer Arbeit im ersten Halbjahr 1942, in: Caritas - Verband Düsseldorf. Rundbrief an unsere Mitarbeiter und Mitarbeiterinnen Jg. 18 Nr. 3 (Juli 1942), 3 - 4.
NN, Unsere Toten, in: Caritas - Verband Düsseldorf. Rundbrief an unsere Mitarbeiter und Mitarbeiterinnen Jg. 18 Nr. 4 (August 1942), 3 - 4.
NN, Unsere Toten, in: Caritas - Verband Düsseldorf. Rundbrief an unsere Mitarbeiter und Mitarbeiterinnen Jg. 18 Nr. 5 (Oktober 1942), 4.
NN, Neue Grundsätze und Richtsätze in der öffentlichen Fürsorge, in: Caritas - Verband Düsseldorf. Rundbrief an unsere Mitarbeiter und Mitarbeiterinnen Jg. 18 Nr. 6 (Dezember 1942), 1.
NN, Aus unserer Arbeit im zweiten Halbjahr 1942, in: Caritas - Verband Düsseldorf. Rundbrief an unsere Mitarbeiter und Mitarbeiterinnen Jg. 18 Nr. 6 (Dezember 1942), 2 - 3.
NN, Zeitgemäße Frauenberufe, in: Caritasverband Düsseldorf. Rundbrief an unsere Mitarbeiter und Mitarbeiterinnen Jg. 19 Nr. 1 (Februar 1943), 1 - 3.
NN, Beschaffung von Religions- und Gebetbüchern, in: Caritas - Verband Düsseldorf. Rundbrief an unsere Mitarbeiter und Mitarbeiterinnen Jg. 19 Nr. 1 (Februar 1943), 3.
NN, Reichsgemeinschaft freier Caritasschwestern, in: Caritasverband Düsseldorf. Rundbrief an unsere Mitarbeiter und Mitarbeiterinnen Jg. 19 Nr. 1 (Februar 1943), 3.
NN, Kinder - Entsendung 1943, in: Caritas - Verband Düsseldorf. Rundbrief an unsere Mitarbeiter und Mitarbeiterinnen Jg. 19 Nr. 2 (April 1943), 3 - 4.
NN, Neue Anschriften, in: Caritas - Verband Düsseldorf. Rundbrief an unsere Mitarbeiter und Mitarbeiterinnen Jg. 19 Nr. 3 (Juli 1943), 1.
NN, Fliegerangriffe, in: Caritas - Verband Düsseldorf. Rundbrief an unsere Mitarbeiter und Mitarbeiterinnen Jg. 19 Nr. 3 (Juli 1943), 2 - 3.
NN, Hirtenwort zu den Fliegerangriffen, in: Kirchlicher Anzeiger für die Erzdiözese Köln Jg. 83 Nr. 15/16 (01./15.08.1943), 103 - 104.
NN, Bevölkerungs- und Bekenntnisbewegung in Düsseldorf, in: Caritas - Verband Düsseldorf. Rundbrief an unsere Mitarbeiter und Mitarbeiterinnen Jg. 19 Nr. 4 (Oktober 1943), 2.
NN, Seelsorgehilfe, in: Caritas - Verband Düsseldorf. Rundbrief an unsere Mitarbeiter und Mitarbeiterinnen Jg. 19 Nr. 4 (Oktober 1943), 3.
NN, Unsere Toten, in: Caritas - Verband Düsseldorf. Rundbrief an unsere Mitarbeiter und Mitarbeiterinnen Jg. 19 Nr. 5 (Dezember 1943), 1 - 3.
NN, Verschiedenes, in: Caritas - Verband Düsseldorf. Rundbrief an unsere Mitarbeiter und Mitarbeiterinnen Jg. 19 Nr. 3 (Juli 1943), 3 - 4.
NN, Zur Wohnungsfrage in Düsseldorf, in: Caritas - Verband Düsseldorf. Rundbrief an unsere Mitarbeiter und Mitarbeiterinnen Jg. 20 Nr. 3 (Juni 1944), 3.

NN, Aus der caritativen Seelsorgehilfe (Mitteilungen und Winke über die "wandernde Kirche" Düsseldorfs), in: Caritas - Verband Düsseldorf. Rundbrief an unsere Mitarbeiter und Mitarbeiterinnen Jg. 20 Nr. 4 (August 1944), 1 - 4.

NN, Neue Tarifordnung für unsere Krankenhäuser, in: Caritas - Verband Düsseldorf. Rundbrief an unsere Mitarbeiter und Mitarbeiterinnen Jg. 20 Nr. 5 (Dezember 1944), 3 - 4.

NN, Unsere Toten, in: Caritas - Verband Düsseldorf. Rundbrief an unsere Mitarbeiter und Mitarbeiterinnen Jg. 20 Nr. 5 (Dezember 1944), 4 - 5.

NN, Die caritative Nothilfe in Düsseldorf, in: Caritasverband Düsseldorf. Rundbrief an unsere Mitarbeiter und Mitarbeiterinnen Jg. 22 Nr. 1 (Januar 1946), 2.

NN, "Düsseldorfer Nothilfe", in: Caritasverband Düsseldorf. Rundbrief an unsere Mitarbeiter und Mitarbeiterinnen Jg. 22 Nr. 1 (Januar 1946), 2 - 3.

NN, Unsere Notleidenden: die Heimatlosen, in: Caritasverband Düsseldorf. Rundbrief an unsere Mitarbeiter und Mitarbeiterinnen Jg. 22 Nr. 2 (März 1946), 1 - 2.

NN, Helft den Heimatlosen !, in: Caritasverband Düsseldorf. Rundbrief an unsere Mitarbeiter und Mitarbeiterinnen Jg. 22 Nr. 2 (März 1946), 2.

NN, "Düsseldorfer Nothilfe", in: Caritasverband Düsseldorf. Rundbrief an unsere Mitarbeiter und Mitarbeiterinnen Jg. 22 Nr. 2 (März 1946), 3 - 4.

NN, Generalversammlung des Diözesan - Caritasverbandes Köln am 14. März 1946 im St. Elisabeth - Krankenhaus Köln - Hohenlind, in: Caritas - Nachrichten für das Erzbistum Köln Jg. 1 Nr. 4 (15.04.1946), 2 - 10.

NN, In eigener Sache, in: Caritasverband Düsseldorf. Rundbrief an unsere Mitarbeiter und Mitarbeiterinnen Jg. 22 Nr. 3 (Juni 1946), 1.

NN, Papst Pius XII. über die Welternährungslage, in: Caritasverband Düsseldorf. Rundbrief an unsere Mitarbeiter und Mitarbeiterinnen Jg. 22 Nr. 3 (Juni 1946), 2 - 3.

NN, Kleinkinderspeisung aus der Spende des irischen Volkes, in: Caritasverband Düsseldorf. Rundbrief an unsere Mitarbeiter und Mitarbeiterinnen Jg. 22 Nr. 3 (Juni 1946), 3 - 4.

NN, Ostflüchtlingsfürsorge, in: Caritasverband Düsseldorf. Rundbrief an unsere Mitarbeiter und Mitarbeiterinnen Jg. 22 Nr. 3 (Juni 1946), 4.

NN, Unsere Notleidenden: Die Berufs- und Arbeitslosen, in: Caritasverband Düsseldorf. Rundbrief an unsere Mitarbeiter und Mitarbeiterinnen Jg. 22 Nr. 4 (August 1946), 1.

NN, Berufstätigenheime, in: Caritasverband Düsseldorf. Rundbrief an unsere Mitarbeiter und Mitarbeiterinnen Jg. 22 Nr. 4 (August 1946), 3.

NN, "Düsseldorfer Notgemeinschaft", in: Caritasverband Düsseldorf. Rundbrief an unsere Mitarbeiter und Mitarbeiterinnen Jg. 22 Nr. 4 (August 1946), 3.

NN, Ferienkinderfürsorge, in: Caritasverband Düsseldorf. Rundbrief an unsere Mitarbeiter und Mitarbeiterinnen Jg. 22 Nr. 4 (August 1946), 3.

NN, Notizen, in: Caritasverband Düsseldorf. Rundbrief an unsere Mitarbeiter und Mitarbeiterinnen Jg. 22 Nr. 4 (August 1946), 3.

NN, "Nothilfe St. Martin", in: Caritasverband Düsseldorf. Rundbrief an unsere Mitarbeiter und Mitarbeiterinnen Jg. 22 Nr. 4 (August 1946), 4.

NN, Oberbilk, in: Grüße aus dem Mutterhaus und aus dem Zentralhaus Nr. 3 (Oktober 1946), o. S. (2).

NN, Die Verteilung der Auslandsspenden durch die Karitas, in: Kirchenzeitung für das Erzbistum Köln Jg. 1 Nr. 17 (10.11.1946), 132 - 133.

NN, Die Neuordnung der städtischen Familienfürsorge, in: Caritasverband Düsseldorf. Rundbrief an unsere Mitarbeiter und Mitarbeiterinnen Jg. 22 Nr. 5 (November 1946), 3.

NN, Schloß Heltorf, in: Caritasverband Düsseldorf. Rundbrief an unsere Mitarbeiter und Mitarbeiterinnen Jg. 22 Nr. 5 (November 1946), 3.

NN, Unsere Toten, in: Caritasverband Düsseldorf. Rundbrief an unsere Mitarbeiter und Mitarbeiterinnen Jg. 22 Nr. 5 (November 1946), 4.

NN, Oberbilk, in: Grüße aus dem Mutterhaus und aus dem Zentralhaus Nr. 6 (Februar 1947), o. S. (2).

NN, "Rettet das Kind", in: Caritasverband Düsseldorf. Rundbrief an unsere Mitarbeiter und Mitarbeiterinnen Jg. 23 Nr. 1 (März 1947), 1.

NN, Die Pfarr - Caritas von St. Anna, in: Caritasverband Düsseldorf. Rundbrief an unsere Mitarbeiter und Mitarbeiterinnen Jg. 23 Nr. 1 (März 1947), 3.

NN, Oberbilk, in: Grüße aus dem Mutterhaus und aus dem Zentralhaus Nr. 7 (März 1947), o. S. (1).

NN, Oberbilk, in: Grüße aus dem Mutterhaus und aus dem Zentralhaus Nr. 8 (April/Mai 1947), o. S. (3).

NN, Erholungswerk für Kinder, in: Caritas - Nachrichten für das Erzbistum Köln Jg. 2 Nr. 5 (15.05.1947), 2 - 3.

NN, Notizen, in: Caritasverband Düsseldorf. Rundbrief an unsere Mitarbeiter und Mitarbeiterinnen Jg. 23 Nr. 5 (Oktober 1947), 2.

NN, Seelsorgedienst ("Meldedienst"), in: Caritasverband Düsseldorf. Rundbrief an unsere Mitarbeiter und Mitarbeiterinnen Jg. 23 Nr. 5 (Oktober 1947), 2.

NN, Personalchronik der Erzdiözese Köln, in: Kirchlicher Anzeiger für die Erzdiözese Köln Jg. 87 Nr. 25 (15.12.1947), 299 - 300.

NN, Jugend hilft der Jugend. Katholische Jugend baut ein Heim für heimatlose Jugendliche, in: Rhein - Ruhr - Zeitung Jg. 3 Nr. 3 (09.01.1948), o. S. (6).

NN, Heimstatt, in: Der Weg. Bund der Deutschen Katholischen Jugend Düsseldorf Jg. 2 Nr. 1 (Januar 1948), 16.

NN, Warnung vor verwerflichen Vergnügungen, in: Kirchlicher Anzeiger für die Erzdiözese Köln Jg. 88 Nr. 5 (15.02.1948), 41 - 42.

NN, Gedanken über Bunker - Weihnacht 1947, in: Caritasverband Düsseldorf. Rundbrief an unsere Mitarbeiter und Mitarbeiterinnen Jg. 24 Nr. 1 (Februar 1948), 2.

NN, Gehörlosenseelsorge, in: Kirchenzeitung für das Erzbistum Köln Jg. 4 Nr. 9 (01.05.1948), 108.

NN, Seminar für Wohlfahrtspflege, in: Caritas - Nachrichten für das Erzbistum Köln Jg. 3 Nr. 7 (01.11.1948), 3 - 4.

NN, Gestrandete Jugend - irrende Jugend, in: Rhein - Ruhr - Zeitung Jg. 3 Nr. 121 (07.12.1948), o. S. (3).

NN, Unser Werkheim für Mädchen, in: Caritas - Nachrichten für das Erzbistum Köln Jg. 3 Nr. 8 (10.12.1948), 6.

NN, Aus dem Bereich der Caritas. Deutsche Kinder in Portugal, in: Kirchenzeitung für das Erzbistum Köln Jg. 4 Nr. 7 (03.04.1949), IX - XI und Nr. 8 (17.04.1949), X - XII.

NN, Gemeinsamer Hirtenbrief der am Grabe des hl. Bonifatius versammelten Oberhirten der Diözesen Deutschlands: Die Bedrückung der Kirche in Deutschland, 26.6.1941, in: Wilhelm Corsten, Kölner Aktenstücke zur Lage der katholischen Kirche in Deutschland 1933 - 1945, Köln 1949, 252 - 256.

NN, Suchtkrankenfürsorge, in: Caritas - Nachrichten für das Erzbistum Köln Jg. 5 Nr. 1 (01.02.1950), 5.

NN, Jahresbericht 1949 der Katholischen Beratungsstelle für Suchtkranke, in: Caritas - Nachrichten für das Erzbistum Köln Jg. 5 Nr. 3 (01.04.1950), 32 - 33.

NN, Notizen, in: Caritasverband Düsseldorf. Rundbrief Jg. 26 Nr. 1 (April 1950), 2.

NN, Heimstatt auch für Mädchen ! Katholische Jugend baut neben der Marienkirche. Wohnung für 35 Mädchen, in: Kirchenzeitung für das Erzbistum Köln Jg. 5 Nr. 11 (28.05.1950), 176.

NN, Auf St. Raphaelspfaden, in: Caritasverband Düsseldorf. Rundbrief Jg. 26 Nr. 2 (Mai 1950), 2.

NN, Notizen, in: Caritasverband Düsseldorf. Rundbrief Jg. 26 Nr. 2 (Mai 1950), 2.

NN, Ein Beitrag zur Linderung der weiblichen Berufsnot, in: Caritas - Nachrichten für das Erzbistum Köln Jg. 5 Nr. 7 (10.10.1950), 68.
NN, Sie wissen, wo sie hingehören. 120 Lehrlinge in Oberbilk, in: Drei - Groschen - Blatt. Düsseldorfer Wochenzeitung Jg. 2 Nr. 42 (20.10.1950), 14.
NN, Zum Bilde von Frau Niedieck, in: Korrespondenzblatt für die Ortsgruppen des Katholischen Fürsorgevereins für Mädchen, Frauen und Kinder Jg. 20 Nr. 5 (Oktober 1950), 125 - 127.
NN, Einfuhr von religiösem Schrifttum in Verbindung mit kirchlichen Liebesgabensendungen in die Ostzone, in: Caritas - Nachrichten für das Erzbistum Köln Jg. 5 Nr. 9 (10.12.1950), 88.
NN, Das Caritasheim in Rath, in: Jugendnot und Jugendhilfe in Düsseldorf. Zur Einweihung der Dreikönigen - Heimstatt zu Düsseldorf am 6. Januar 1950, Düsseldorf 1950, 12 - 13.
NN, Pakete für die Ostzone, in: Caritas - Nachrichten für das Erzbistum Köln Jg. 6 Nr. 3 (20.04.1951), 35.
NN, Suchtkrankenfürsorge, in: Caritas - Nachrichten für das Erzbistum Köln Jg. 6 Nr. 4 (15.07.1951), 7.
NN, Caritas betreut heimatlose Ausländer. DP's in Düsseldorf. Neue Brüder und Schwestern in Christo, in: Kirchenzeitung für das Erzbistum Köln Jg. 6 Nr. 30 (12.08.1951), 480.
NN, Katholische Gehörlosen - Seelsorge, Düsseldorf, in: Kirchenzeitung für das Erzbistum Köln Jg. 6 Nr. 36 (23.09.1951), 575.
NN, Pfarrei und Trinkerfürsorge, in: Caritas - Nachrichten für das Erzbistum Köln Jg. 6 Nr. 8 (20.12.1951), 76.
NN, Unser Seminar für Wohlfahrts- und Jugendpfleger, in: Caritas - Nachrichten für das Erzbistum Köln Jg. 7 Nr. 2 (05.03.1952), 19 - 22.
NN, Jahresbericht 1951 der Katholischen Suchtkrankenfürsorge in der Erzdiözese Köln, in: Caritas - Nachrichten für das Erzbistum Köln Jg. 7 Nr. 2 (05.03.1952), 24 - 25.
NN, Geschenksendungen in die Sowjetzone und in den sowjetischen Sektor Berlin, in: Caritas - Nachrichten für das Erzbistum Köln Jg. 7 Nr. 3 (20.04.1952), 40.
NN, Katholisches Mädchenheim ersteht, in: Kirchenzeitung für das Erzbistum Köln Jg. 7 Nr. 16 (20.04.1952), 256.
NN, Hier findet man Barmherzigkeit. Das Haus an der Talstraße. Barmherzige Brüder 65 Jahre in Düsseldorf, in: Kirchenzeitung für das Erzbistum Köln Jg. 7 Nr. 19 (11.05.1952), 304.
NN, Personalchronik der Erzdiözese Köln, in: Kirchlicher Anzeiger für die Erzdiözese Köln Jg. 92 Nr. 3 (15.07.1952), 278 - 279.
J.K., Das Kamillus - Haus in Essen - Heidhausen. 50 Jahre Trinker Heilanstalt, in: Kirchenzeitung für das Erzbistum Köln Jg. 7 Nr. 43 (26.10.1952), 680.
NN, Z wedrówek po obozach Lintorf i Düsseldorf - Rath, in: Polak. Tygodnik Jg. 5 Nr. 44 (31.10.1952), 6.
NN, Katholische Gehörlosen - Seelsorge, Düsseldorf, in: Kirchenzeitung für das Erzbistum Köln Jg. 7 Nr. 45 (09.11.1952), 708.
NN, Personalchronik der Erzdiözese Köln, in: Kirchlicher Anzeiger für die Erzdiözese Köln Jg. 93 Nr. 3 (01.01.1953), 5 - 6.
NN, Caritasdirektor Becker zum Abschied, in: Kirchenzeitung für das Erzbistum Köln Jg. 8 Nr. 5 (01.02.1953), 80.
NN, Jugend findet neue Heimat. Neues katholisches Jugendwohnheim fertiggestellt. Im Geiste Don Boscos, in: Kirchenzeitung für das Erzbistum Köln Jg. 8 Nr. 7 (15.02.1953), 112.
NN, Was soll unsere Tochter werden ?, in: Caritas - Nachrichten für das Erzbistum Köln Jg. 8 Nr. 2 (01.03.1953), 19 - 20.
NN, Der Flüchtlingsstrom aus der Ostzone, in: Caritas - Nachrichten für das Erzbistum Köln Jg. 8 Nr. 3 (10.04.1953), 30 - 32.

NN, Maßnahmen gegen Kinderheim. Unqualifizierte Presseangriffe gegen Ordensschwestern, in: Petrus Blatt. Katholisches Kirchenblatt für das Bistum Berlin Jg. 9 Nr. 20 (17.05.1953), o. S. (3).

NN, Hilfe den Ostzonenflüchtlingen, in: Caritas - Nachrichten für das Erzbistum Köln Jg. 8 Nr. 4 (20.05.1953), 47 - 50.

NN, Erfassung und Betreuung der ostzonalen Jugend, in: Caritas - Nachrichten für das Erzbistum Köln Jg. 8 Nr. 4 (20.05.1953), 50 - 51.

NN, Suchtkrankenfürsorge des Diözesancaritasverbandes im Jahre 1952, in: Caritas - Nachrichten für das Erzbistum Köln Jg. 8 Nr. 5 (25.06.1953), 66 - 69.

NN, Aufruf zur Lebensmittelspende für die Ostzone, in: Kirchlicher Anzeiger für die Erzdiözese Köln Jg. 93 Nr. 20 (15.07.1953), 287.

NN, Aufruf zur Lebensmittelspende für die Ostzone, in: Caritas - Nachrichten für das Erzbistum Köln Jg. 8 Nr. 6 (28.07.1953), 82.

NN, Handschreiben Seiner Eminenz des Hochwürdigsten Herrn Kardinals und Erzbischofs von Köln an den Bischof von Berlin, in: Caritas - Nachrichten für das Erzbistum Köln Jg. 8 Nr. 6 (28.07.1953), 82.

NN, Sendet Pakete in die Sowjetzone und helft Pakete packen, in: Caritas - Nachrichten für das Erzbistum Köln Jg. 8 Nr. 6 (28.07.1953), 84 - 85.

NN, Der Deutsche Caritasverband ruft zur Hilfe für die Ostzone auf, in: Caritas. Zeitschrift für Caritasarbeit und Caritaswissenschaft Jg. 54 Nr. 7/8 (Juli/August 1953), 224 - 225.

NN, Praktische Winke für die Pakethilfe, in: Caritas. Zeitschrift für Caritasarbeit und Caritaswissenschaft Jg. 54 Nr. 7/8 (Juli/August 1953), 226.

NN, Hilfe für die russische Zone, in: Caritas - Nachrichten für das Erzbistum Köln Jg. 8 Nr. 7 (20.09.1953), 99 - 101.

NN, Paketsendungen in die Ostzone, in: Caritas - Nachrichten für das Erzbistum Köln Jg. 8 Nr. 8 (25.10.1953), 123.

NN, Fünf Jahre Seminar für Wohlfahrts- und Jugendpfleger Köln, in: Caritas - Nachrichten für das Erzbistum Köln Jg. 9 Nr. 1 (10.02.1954), 4 - 7.

NN, Suchtkrankenfürsorge 1953 im Erzbistum Köln, in: Caritas - Nachrichten für das Erzbistum Köln Jg. 9 Nr. 2 (01.03.1954), 30 - 33.

NN, Kindererholung in Schloß Heltorf, in: Caritas - Nachrichten für das Erzbistum Köln Jg. 9 Nr. 4 (15.04.1954), 83.

H., Altenklub in Düsseldorf, in: Caritas. Zeitschrift für Caritasarbeit und Caritaswissenschaft Jg. 55 Nr. 4/5 (April/Mai 1954), 145 - 146.

NN, Die Caritasschwestern aus der Diözese Köln, in: Die Caritasschwester Jg. 5 Nr. 4 (Juli/August 1954), 13 - 14.

NN, Zwischen Glashaus und Geheimpolizei. Dramatischer Weg eines Jubilars. Eine Reportage, in: Kirchenzeitung für das Erzbistum Köln Jg. 9 Nr. 43 (24.10.1954), 22.

NN, Josefsheim hat angebaut. Freude in Oberbilk. Neuer Flügel. KAB ehrt ihre Veteranen, in: Kirchenzeitung für das Erzbistum Köln Jg. 10 Nr. 3 (16.01.1955), 48.

Dr.Khs, Weißes Haus hinterm Rheindamm, Christopherushaus bei Altlörick. Platz für junge Menschen, in: Kirchenzeitung für das Erzbistum Köln Jg. 10 Nr. 4 (23.01.1955), 64.

NN, Altenhilfe. Nachahmenswerte Altensorge, in: Caritas - Nachrichten für das Erzbistum Köln Jg. 10 Nr. 1 (25.01.1955), 3 - 4.

NN, Haus voll Sonne am Niederrhein. Christophorusheim wurde eröffnet, in: Kirchenzeitung für das Erzbistum Köln Jg. 10 Nr. 12 (20.03.1955), 220.

NN, Suchtkrankenfürsorge 1954 im Erzbistum Köln, in: Caritas - Nachrichten für das Erzbistum Köln Jg. 10 Nr. 3 (25.03.1955), 57 - 60.

NN, Caritasreisen der Kinder, in: Kirchenzeitung für das Erzbistum Köln Jg. 10 Nr. 20 (15.05.1955), 381.

NN, Brief aus Köln: 5 Jahre "Frohe Insel" in der Domstadt, in: Johannesruf. Werkblatt des Kreuzbundes Jg. 52 Nr. 5 (Mai 1955), o. S. (6).

NN, Treffpunkt: Die frohe Insel, in: Johannesruf. Werkblatt des Kreuzbundes Jg. 52 Nr. 5 (Mai 1955), o. S. (6).

NN, Grundsteinlegung an geschichtlicher Stätte, in: Kirchenzeitung für das Erzbistum Köln Jg. 10 Nr. 39 (25.09.1955), 724.

NN, Gemeinde - Verband baut Zentrale, in: Kirchenzeitung für das Erzbistum Köln Jg. 10 Nr. 46 (13.11.1955), 868.

NN, Neue Mädchen - Wohnheime. Luisenheim neuerstanden: "St. Mechtild" und "Maria Königin", in: Kirchenzeitung für das Erzbistum Köln Jg. 10 Nr. 50 (11.12.1955), 946.

NN, Nebenan ist etwas passiert! Schauen wir einmal nach!, in: Kirchenzeitung für das Erzbistum Köln Jg. 11 Nr. 24 (10.06.1956), 444.

NN, Caritative Anstalten in wichtiger Arbeit unterstützen. Die alten Leute brauchen eine Heimat. Neue Kapelle im St. - Joseph - Haus, in: Kirchenzeitung für das Erzbistum Köln Jg. 11 Nr. 28 (15.07.1956), 518.

Do, Haus "Martinshöhe", in: Kirchenzeitung für das Erzbistum Köln Jg. 11 Nr. 33 (12.08.1956), 608.

NN, 4900 Kinder in "Caritas - Erholung". Bis acht Pfund Gewichtszunahme. Vorbildliche Betreuung, in: Kirchenzeitung für das Erzbistum Köln Jg. 11 Nr. 39 (23.09.1956), 720.

NN, "Vor der Porze" bis Neußer Straße, in: Kirchenzeitung für das Erzbistum Köln Jg. 11 Nr. 51 (16.12.1956), 964.

NN, Personalchronik der Erzdiözese Köln, in: Kirchlicher Anzeiger für die Erzdiözese Köln Jg. 98 Nr. 3 (15.01.1958), 40.

NN, Das neue Haus Hubertusstraße 3. Katholischer Gemeindeverband Düsseldorf ist umgezogen, in: Kirchenzeitung für das Erzbistum Köln Jg. 13 Nr. 13 (30.03.1958), 13.

NN, Am Sonntag ist bei uns was los. Aber auch in der Woche herrscht frohes Leben in der OT für Mädchen, in: Kirchenzeitung für das Erzbistum Köln Jg. 13 Nr. 15 (13.04.1958), 21.

NN, "Uns gefällt et hier ganz prima!" 1600 Düsseldorfer Schulkinder fahren mit der Caritas in Ferien, in: Kirchenzeitung für das Erzbistum Köln Jg. 13 Nr. 31 (03.08.1958), 17.

NN, Vor dem Sprung ins Abenteuer. Beratungsstelle des St. Raphael - Vereins hilft den Auswanderern, in: Kirchenzeitung für das Erzbistum Köln Jg. 13 Nr. 36 (07.09.1958), 16.

NN, Gerresheimer Zeitung, in: Rund um den Quadenhof Jg. 9 Nr. 2 (September 1958), 14 - 15.

NN, In unserer Stadt, in: Kirchenzeitung für das Erzbistum Köln Jg. 14 Nr. 2 (11.01.1959), 17.

NN, Millionenstiftung für Hilfsbedürftige. Helmut Horten baute ein Heim für Alte und Gebrechliche, in: Kirchenzeitung für das Erzbistum Köln Jg. 14 Nr. 2 (11.01.1959), 18.

NN, Schwerhörigenbund, in: Kirchenzeitung für das Erzbistum Köln Jg. 14 Nr. 26 (28.06.1959), 17.

NN, Tätigkeitsbericht der Erziehungsberatungsstelle des Caritasverbandes Düsseldorf für das Jahr 1958, in: Caritas - Nachrichten für das Erzbistum Köln Jg. 14 Nr. 6/7 (Juni/Juli 1959), 132 - 135.

NN, Vollbeschäftigung. Die dritte Garnitur, in: Der Spiegel Jg. 13 Nr. 34 (19.08.1959), 26.

NN, Heilpädagogisches Institut des Caritasverbandes Düsseldorf, in: Caritas - Nachrichten für das Erzbistum Köln Jg. 15 Nr. 1/2 (Januar/Februar 1960), 24.

NN, Ferienglück für 4000 Kinder. Jugendliche müssen auch einmal "ausspannen", in: Kirchenzeitung für das Erzbistum Köln Jg. 15 Nr. 32 (07.08.1960), 17.

NN, Kernzelle in Volk und Kirche. Familienerholung, eine wichtige Aufgabe karitativer Arbeit, in: Kirchenzeitung für das Erzbistum Köln Jg. 15 Nr. 37 (11.09.1960), 17.

NN, Deutsche lernen endlich deutsch, in: Kirchenzeitung für das Erzbistum Köln Jg. 15 Nr. 42 (16.10.1960), 20.

NN, Der nette junge Mann und der "Nachmittag", in: Blätter für Dich. Berichte aus der Arbeit der Caritasverbände in der Erzdiözese Köln 1959, Köln 1960, 12 - 13.

NN, Lehrmeister Caritas, in: Blätter für Dich. Berichte aus der Arbeit der Caritasverbände in der Erzdiözese Köln 1959, Köln 1960, 28 - 29.

NN, Selbstlose Liebe zu alten Menschen. St. Josefshaus in Oberbilk, in: Kirchenzeitung für das Erzbistum Köln Jg. 16 Nr. 8 (19.02.1961), 21.

NN, Geborgenheit für 30000 Düsseldorfer. Minister Erkens tat den ersten Spatenstich in Garath, in: Kirchenzeitung für das Erzbistum Köln Jg. 16 Nr. 9 (26.02.1961), 17.

NN, Einweihung des Seminars für Wohlfahrts- und Jugendpfleger in Köln, in: Kirchenzeitung für das Erzbistum Köln Jg. 16 Nr. 23 (04.06.1961), 17b.

NN, Es begann in einem kleinen Gasthaus. Das Hubertus - Stift auf der Neußer Straße. Heute wieder 172 Betten, in: Kirchenzeitung für das Erzbistum Köln Jg. 16 Nr. 28 (09.07.1961), 16.

NN, Spanische Cafeteria im Kolpinghaus. Das erste spanische Zentrum der Bundesrepublik. Kolpingsfamilie steht zur Idee ihres Gründers, in: Kirchenzeitung für das Erzbistum Köln Jg. 16 Nr. 33/34 (13.08.1961), 21.

A.D., Karitasarbeit in Düsseldorf. Grüne Oase in der Großstadt. Kinderparadies auf 800jährigem Fundament. Das Geheimnis von Schloß Elbroich, in: Kirchenzeitung für das Erzbistum Köln Jg. 16 Nr. 33/34 (13.08.1961), 28.

NN, Beratungsstelle für alte Menschen, in: Kirchenzeitung für das Erzbistum Köln Jg. 16 Nr. 44 (29.10.1961), 12.

NN, Die Reise ins große Abenteuer ... beginnt oft beim Raphaelsverein auf der Hubertusstraße, in: Kirchenzeitung für das Erzbistum Köln Jg. 16 Nr. 48 (26.11.1961), 21.

NN, Die Pfarrcaritas braucht immer Helfer. Familienpflege bewährt sich, in: Kirchenzeitung für das Erzbistum Köln Jg. 16 Nr. 52/53 (24.12.1961), 28.

NN, Neuer Leiter der Erziehungsberatungsstelle, in: Kirchenzeitung für das Erzbistum Köln Jg. 17 Nr. 3 (21.01.1962), 21.

NN, Wenn Kinder sorgen machen. Aus der Arbeit der katholischen Erziehungsberatungsstelle, in: Kirchenzeitung für das Erzbistum Köln Jg. 17 Nr. 5 (04.02.1962), 20.

NN, Die Fußballmannschaft der Signori. Pater Pandolfo will ein "Italienisches Zentrum" bauen. Sorge um 10000 Gastarbeiter, in: Kirchenzeitung für das Erzbistum Köln Jg. 17 Nr. 15 (15.04.1962), 20.

NN, Verzeichnis der katholischen Erziehungsberatungsstellen im Lande Nordrhein - Westfalen, in: Caritas - Nachrichten für das Erzbistum Köln Jg. 17 Nr. 6/7 (Juni/Juli 1962), 169 - 170.

NN, Alte Menschen stehen nicht allein. Erfolgreiches erstes Jahr der Caritas - Altenberatung, in: Kirchenzeitung für das Erzbistum Köln Jg. 17 Nr. 46 (18.11.1962), 20.

NN, Kleine Meldungen, in: Kirchenzeitung für das Erzbistum Köln Jg. 18 Nr. 1 (06.01.1963), 16.

NN, Der Papst ehrte Pfarrer Kreuzberg. Das katholische Düsseldorf ehrte seinen langjährigen Stadtdechanten, in: Kirchenzeitung für das Erzbistum Köln Jg. 18 Nr. 8 (24.02.1963), 21.

NN, Ferien für die ganze Familie. Haus Martinshöhe in der Eifel. Erholung und Gespräche, in: Kirchenzeitung für das Erzbistum Köln Jg. 18 Nr. 9 (03.03.1963), 20.

NN, Wohnheim für Spanierinnen, in: Kirchenzeitung für das Erzbistum Köln Jg. 18 Nr. 21 (26.05.1963), 17.

NN, In memoriam Ernst Kreuzberg, in: Kirchenzeitung für das Erzbistum Köln Jg. 18 Nr. 39 (29.09.1963), 18.

NN, Festakt für das "Spanische Zentrum". Düsseldorfer Kolpingssöhne wollen Gastarbeiter auch weiterhin helfen, in: Kirchenzeitung für das Erzbistum Köln Jg. 18 Nr. 43 (27.10.1963), 22.

NN, Einmalig im Bundesgebiet. Kontakte zwischen spanischen Gastarbeitern und deutschen Gastgebern, in: Kirchenzeitung für das Erzbistum Köln Jg. 18 Nr. 44 (03.11.1963), 18.

NN, Altenheimbau macht zügige Fortschritte, in: Kirchenzeitung für das Erzbistum Köln Jg. 18 Nr. 49 (08.12.1963), 21.

NN, Sorge um ausländische Gastarbeiter. Das Maß des Vernünftigen darf jedoch nicht überschritten werden, in: Kirchenzeitung für das Erzbistum Köln Jg. 19 Nr. 9 (01.03.1964), 20.

NN, Erzfeind Alkohol. Beratungsstelle für Suchtkranke bei der Düsseldorfer Caritas, in: Kirchenzeitung für das Erzbistum Köln Jg. 19 Nr. 24 (14.06.1964), 20.

NN, Wer will mit in die Ferien fahren ? Kinderferienwerk der Caritas hat noch Plätze frei, in: Kirchenzeitung für das Erzbistum Köln Jg. 19 Nr. 26 (28.06.1964), 21.

NN, Indische Schwestern für Düsseldorf. Im Alten- und Pflegeheim Mendelssohnstraße eingesetzt, in: Kirchenzeitung für das Erzbistum Köln Jg. 19 Nr. 36 (06.09.1964), 21.

NN, Ein Leben im Dienst katholischer Frauenarbeit. Emma Horion feierte in Düsseldorf ihren 75. Geburtstag, in: Kirchenzeitung für das Erzbistum Köln Jg. 19 Nr. 37 (13.09.1964), 25.

NN, Gehörlosen - Seelsorge, in: Kirchenzeitung für das Erzbistum Köln Jg. 19 Nr. 45 (08.11.1964), 20.

NN, Was heißt hier schon Armut ? Indische Ordensschwestern in Düsseldorfer Altersheim, in: Kirchenzeitung für das Erzbistum Köln Jg. 19 Nr. 51/52 (20.12.1964), 28.

NN, Abschied italienischer Gastarbeiter - Seelsorger, in: Kirchenzeitung für das Erzbistum Köln Jg. 20 Nr. 11 (14.03.1965), 21.

NN, Erholung für unsere alten Mitbürger. Düsseldorfer Prominenz bei der Eröffnung. Moderne caritative Arbeit, in: Kirchenzeitung für das Erzbistum Köln Jg. 20 Nr. 3 (17.01.1965), 20.

NN, Neues Altenerholungsheim des Caritasverbandes der Stadt Düsseldorf, in: Caritas - Nachrichten für das Erzbistum Köln Jg. 20 Nr. 3 (März 1965), 58.

NN, Ausländergesetz vom 28. April 1965, in: Bundesgesetzblatt Nr. 19 (08.05.1965), 353 - 362.

NN, Rauschgift in Düsseldorf ?, in: Kirchenzeitung für das Erzbistum Köln Jg. 21 Nr. 8 (20.02.1966), 20.

NN, Satzung des Diözesan - Caritasverbandes für das Erzbistum Köln e.V., in: Caritas - Nachrichten für das Erzbistum Köln Jg. 21 Nr. 7/8 (Juli/August 1966), 147 - 154.

NN, Neue Altenwohnungen in Garath, in: Kirchenzeitung für das Erzbistum Köln Jg. 21 Nr. 36 (02.09.1966), 21.

NN, Schwester M. Bonfilia, in: Kirchenzeitung für das Erzbistum Köln Jg. 21 Nr. 49 (02.12.1966), 24.

NN, Die katholischen Erziehungsberatungsstellen in der Erzdiözese Köln nach dem Stand vom 1. Oktober 1966, in: Caritas - Nachrichten für das Erzbistum Köln Jg. 22 Nr. 1/2 (Januar/Februar 1967), 14.

NN, Fremd- statt Gastarbeiter ? Gastfreundschaft klein, Gewinnsucht groß geschrieben, in: Handelsblatt Jg. 22 Nr. 34 (16.02.1967), 20.

NN, Neues Altenheim in Garath. Düsseldorfer Bürger stiftete zwei Millionen Mark. Modern und behaglich, in: Kirchenzeitung für das Erzbistum Köln Jg. 22 Nr. 18 (05.05.1967), 20.

NN, Endlich fertiggestellt: Pfarrzentrum von St. Adolfus, in: Kirchenzeitung für das Erzbistum Köln Jg. 22 Nr. 20 (19.05.1967), 21.

NN, Aus dem Tätigkeitsbericht 1966 der Katholischen Beratungsstelle für Eltern, Kinder und Jugendliche des Caritasverbandes Düsseldorf e. V., in: Caritas - Nachrichten für das Erzbistum Köln Jg. 22 Nr. 5/6 (Mai/Juni 1967), 90.

NN, St. Dreifaltigkeit 75 Jahre Pfarrkirche, in: Kirchenzeitung für das Erzbistum Köln Jg. 22 Nr. 46 (17.11.1967), 22.

NN, Caritas in unserer Stadt, in: Kirchenzeitung für das Erzbistum Köln Jg. 23 Nr. 8 (23.02.1968), 20.

NN, Heilpädagogisches Seminar wird höhere Fachschule, in: Kirchenzeitung für das Erzbistum Köln Jg. 23 Nr. 31 (02.08.1968), 21.

NN, Neues Altersheim für Bilk. Grundsteinlegung am vergangenen Sonntag, in: Kirchenzeitung für das Erzbistum Köln Jg. 23 Nr. 34 (23.08.1968), 20.

NN, Helfen und sich selbst helfen. Die italienische Pfarrgemeinde in Düsseldorf, in: Kirchenzeitung für das Erzbistum Köln Jg. 23 Nr. 11 (08.11.1968), 21.

NN, Aufzeichnungen Sebastians von der (1.) Plenarkonferenz des deutschen Episkopates, in: Bernhard Stasiewski, Akten deutscher Bischöfe über die Lage der Kirche 1933 - 1945 Bd. 1, Mainz 1968, 231 - 237.

NN, Die "Alten - Festung". Möchten Sie darin wohnen ?, in: Bild - Zeitung (Hamburger Ausgabe) Jg. 18 Nr. 7 (09.01.1969), 8.

NN, Zum Wohle der Alten. 2000000 DM Spende von Helmut Horten, in: Kirchenzeitung für das Erzbistum Köln Jg. 24 Nr. 2 (10.01.1969), 20.

NN, Indische Schwestern in Garath, in: Kirchenzeitung für das Erzbistum Köln Jg. 24 Nr. 9 (28.02.1969), 30.

NN, Kapelle für Altenheim, in: Kirchenzeitung für das Erzbistum Köln Jg. 24 Nr. 12 (21.03.1969), 21.

C., Altenheim in Düsseldorf - Garath, in: Bauwelt Jg. 60 Nr. 20 (19.05.1969), 707 - 709.

NN, Düsseldorf - Garath Südwest, in: Das Münster. Zeitschrift für christliche Kunst und Kunstwissenschaft Jg. 22 Nr. 4 (Juli/August 1969), 225.

NN, Beratungsstellen für Gastarbeiter in der Erzdiözese Köln, in: Kirchenzeitung für das Erzbistum Köln Jg. 25 Nr. 46 (13.11.1970), 15.

NN, Schwiertz - Stephan - Stiftung in St. Martin, in: Kirchenzeitung für das Erzbistum Köln Jg. 25 Nr. 46 (13.11.1970), 28.

NN, Home for the aging. Apartment complex designed to meet needs of senior citizens, in: New York Sunday News Vol. 105 No. 3 (17.01.1971), 8.

NN, Altersheim und Personalhaus in Düsseldorf - Garath, in: Werk. Schweizer Monatsschrift für Architektur und Kunst Jg. 58 Nr. 2 (Februar 1971), 100 - 103.

NN, Caritasverband unentbehrlich. Umfangreiche Tätigkeit. Geschäftsführer Josef Mühlemeier erstattete Bericht, in: Kirchenzeitung für das Erzbistum Köln Jg. 26 Nr. 20 (14.05.1971), 28.

NN, Microcittà per anziani a Düsseldorf, in: Architettura Vol. 17 No. 3 (Luglio 1971), 188 - 189.

NN, Der Verein ist ihre Heimat. 60 Jahre katholische Gehörlosenseelsorge Düsseldorf, in: Kirchenzeitung für das Erzbistum Köln Jg. 26 Nr. 44 (29.10.1971), 20.

NN, Katholische Fachhochschule Nordrhein - Westfalen eröffnet, in: Caritas - Nachrichten für das Erzbistum Köln Jg. 26 Nr. 6 (November/Dezember 1971), 254 - 263.

NN, Die Don - Boscojaner. Arbeit an eltern- und heimatloser Jugend, in: Kirchenzeitung für das Erzbistum Köln Jg. 26 Nr. 51 (17.12.1971), 20.

NN, Hauptumschlagplatz für Rauschgifte. Gewaltverbrechen, Drogenabhängigkeit und Pornobrutalität in Düsseldorf, in: Kirchenzeitung für das Erzbistum Köln Jg. 27 Nr. 10 (10.03.1972), 29.

NN, Statistik des St. Raphaelsvereins. Beratungsstellen Köln und Düsseldorf im Jahre 1971, in: Caritas in Nordrhein - Westfalen Jg. 1 Nr. 2 (März/April 1972), 26.

NN, German Bricks and Mortar, in: Building Vol. 222 No. 6732 (02.06.1972), 43.

NN, "Drogenberatung Düsseldorf": Drogenszene verdüstert sich laufend, in: Kirchenzeitung für das Erzbistum Köln Jg. 27 Nr. 34 (25.08.1972), 3.

NN, Altenerholung, in: Kirchenzeitung für das Erzbistum Köln Jg. 27 Nr. 43 (27.10.1972), 29.

NN, 800 Aussiedler kamen nach Düsseldorf, in: Katholische Nachrichtenagentur (KNA). Westdeutscher Dienst Jg. 2 Nr. 273 (06.12.1972), 1.

NN, Altenheim und Personalhaus, Düsseldorf - Garath, in: DLW - Nachrichten. Zeitschrift für Architektur und Innenausbau Jg. 36 Nr. 54 (1972), 26 - 29.

NN, Spätaussiedler. Ein deutsches Nachkriegsproblem, in: Kirchenzeitung für das Erzbistum Köln Jg. 28 Nr. 10 (09.03.1973), 21.

NN, Altenheim Düsseldorf - Garath, in: Das Münster. Zeitschrift für christliche Kunst und Kunstwissenschaft Jg. 26 Nr. 1/2 (März 1973), 38 - 39.

NN, Unzumutbare Zustände, in: Kirchenzeitung für das Erzbistum Köln Jg. 28 Nr. 34 (24.08.1973), 29.
NN, Die Stadt antwortet. Unzumutbare Zustände. Zu unserem gleichlautenden Bericht in der Ausgabe Nr. 34/24.8.73, in: Kirchenzeitung für das Erzbistum Köln Jg. 28 Nr. 38 (21.09.1973), 28.
NN, Modernes Altenzentrum Maria Rosenkranz Wersten. Altenwohnungen und Altenkrankenheim, in: Kirchenzeitung für das Erzbistum Köln Jg. 29 Nr. 29 (19.07.1974), 21.
NN, Altenzentrum Wersten, in: Kirchenzeitung für das Erzbistum Köln Jg. 29 Nr. 40 (04.10.1974), 28.
NN, Neubau eines Nichtseßhaftenheimes des Caritasverbandes. Dienst an der Gesellschaft, in: Kirchenzeitung für das Erzbistum Köln Jg. 26 Nr. 27 (04.07.1975), 29.
NN, Italienische Mission Düsseldorf. Neuer Pfarrer: Don Marcello Bortolini, in: Kirchenzeitung für das Erzbistum Köln Jg. 30 Nr. 44 (31.10.1975), 30.
NN, Schwester Bonfilia 40 Jahre im Dienst. Bilk ist heute ihre Heimat, in: Kirchenzeitung für das Erzbistum Köln Jg. 31 Nr. 49 (03.12.1976), 27.
NN, Personalchronik der Erzdiözese Köln, in: Kirchlicher Anzeiger für die Erzdiözese Köln Jg. 117 Nr. 6 (01.03.1977), 89 - 90.
NN, Das Porträt, in: Kirchenzeitung für das Erzbistum Köln Jg. 32 Nr. 22 (27.05.1977), 29.
NN, Das Porträt, in: Kirchenzeitung für das Erzbistum Köln Jg. 32 Nr. 25 (17.06.1977), 19.
NN, Auf dem Weg zur Caritas der Gemeinde. Zwischenbilanz, in: Caritas. Zeitschrift für Caritasarbeit und Caritaswissenschaft Jg. 78 Nr. 6 (November/Dezember 1977), 380 - 385.
NN, Einladung zur Mitgliederversammlung des Diözesan - Caritasverbandes für das Erzbistum Köln e.V., in: Caritas in Nordrhein - Westfalen Jg. 6 Nr. 6 (November/Dezember 1977), 560 - 561.
NN, Caritasverband erhält neue Satzung. Interessanter Tätigkeitsbericht, in: Kirchenzeitung für das Erzbistum Köln Jg. 33 Nr. 43 (27.10.1978), 28.
NN, Centro Italiano - Missione Cattolica Italiana. 10 Jahre italienische Gemeinde Düsseldorf, in: Kirchenzeitung für das Erzbistum Köln Jg. 33 Nr. 50 (15.12.1978), 21.
NN, Einladung zur Mitgliederversammlung des Diözesan - Caritasverbandes für das Erzbistum Köln e.V., in: Caritas in Nordrhein - Westfalen Jg. 8 Nr. 1 (Januar/Februar 1979), 88.
NN, Satzung des Diözesan - Caritasverbandes für das Erzbistum Köln e.V., in: Amtsblatt des Erzbistums Köln Jg. 119 Nr. 5 (02.02.1979), 47 - 51.
NN, Mustersatzung für die Stadt- und Kreiscaritasverbände im Erzbistum Köln, in: Amtsblatt des Erzbistums Köln Jg. 119 Nr. 5 (02.02.1979), 51 - 55.
NN, Das Raphaels - Werk. Dienst am Menschen unterwegs e. V. Auszug aus den Leitlinien, in: Caritas. Zeitschrift für Caritasarbeit und Caritaswissenschaft Jg. 80 Nr. 2 (März 1979), 108 - 110.
NN, Grünes Licht für Altenkrankenheim, in: Kirchenzeitung für das Erzbistum Köln Jg. 34 Nr. 19 (11.05.1979), 22.
NN, Aus der Chronik, in: 25 Jahre Altenklub St. Elisabeth Düsseldorf Reisholz, Düsseldorf 1979, o. S. (1 - 2).
NN, Chronik, in: 75 Jahre Caritasverband in Düsseldorf, Düsseldorf 1979, o. S. (21 - 42).
NN, "Ausländische Mitbürger", in: 75 Jahre Caritasverband in Düsseldorf, Düsseldorf 1979, o. S. (46 - 49).
NN, Mahlzeitendienst Essen auf Rädern, in: 75 Jahre Caritasverband in Düsseldorf, Düsseldorf 1979, o. S. (50).
NN, Haus Westfalen, in: 75 Jahre Caritasverband in Düsseldorf, Düsseldorf 1979, o. S. (51).
NN, Familienpflege, in: 75 Jahre Caritasverband in Düsseldorf, Düsseldorf 1979, o. S. (53 - 54).
NN, Kindererholung, -kuren, Familienferien, in: 75 Jahre Caritasverband in Düsseldorf, Düsseldorf 1979, o. S. (56).

NN, Altentagesstätte St. Antonius - Hassels, in: 75 Jahre Caritasverband in Düsseldorf, Düsseldorf 1979, o. S. (62 - 63).

NN, Altenklubs der Katholischen Pfarrgemeinden in der Stadt Düsseldorf, in: 75 Jahre Caritasverband in Düsseldorf, Düsseldorf 1979, o. S. (63).

NN, Raphaels - Werk e. V., in: 75 Jahre Caritasverband in Düsseldorf, Düsseldorf 1979, o. S. (64 - 66).

NN, Spätaussiedler - Beratung, in: 75 Jahre Caritasverband in Düsseldorf, Düsseldorf 1979, o. S. (70 - 71).

NN, St. Hildegardisheim, in: 75 Jahre Caritasverband in Düsseldorf, Düsseldorf 1979, o. S. (80 - 81).

NN, Vinzentinum, in: 75 Jahre Caritasverband in Düsseldorf, Düsseldorf 1979, o. S. (84 - 85).

NN, Katholische Ehe-, Familien- und Lebensberatung, in: 75 Jahre Caritasverband in Düsseldorf, Düsseldorf 1979, o. S. (91 - 95).

NN, Zigeuner sollen menschenwürdig leben. Pfarrei St. Gertrud in Düsseldorf startet Projekt, in: Katholische Nachrichtenagentur (KNA). Westdeutscher Dienst Jg. 10 Nr. 17 (23.01.1980), 1.

NN, Pfarrer Scheuß: "Kein Projekt sozialer Spinner". Zigeuner sind unsere Nachbarn, in: Kirchenzeitung für das Erzbistum Köln Jg. 35 Nr. 6 (06.02.1980), 24.

NN, Bekanntmachung der Neufassung des Gesetzes über Aufbau und Befugnisse der Ordnungsbehörden - Ordnungsbehördengesetz (OBG). Vom 13. Mai 1980, in: Gesetz- und Verordnungsblatt für das Land Nordrhein - Westfalen Jg. 34 Nr. 34 (28.05.1980), 528 - 533.

NN, Hilfe für kranke alte Bürger, in: Kirchenzeitung für das Erzbistum Köln Jg. 35 Nr. 24 (13.06.1980), 2.

NN, Altenkrankenheim "Klara - Gase - Haus", in: Kirchenzeitung für das Erzbistum Köln Jg. 35 Nr. 27/28 (04.07.1980), 25.

NN, Schwestern verlassen Schwiertz - Stift, in: Kirchenzeitung für das Erzbistum Köln Jg. 35 Nr. 47 (21.11.1980), 25.

NN, Zigeuner sollen menschenwürdig leben, in: Caritas in Nordrhein - Westfalen Jg. 9 Nr. 6 (November/Dezember 1980), 472.

NN, Dokumentation über die Zigeunersiedlung in Düsseldorf - Eller, in: Caritas in Nordrhein - Westfalen Jg. 10 Nr. 3 (Mai/Juni 1981), 333.

NN, Aussiedler leben unter uns. Einsam unter Menschen, in: Kirchenzeitung für das Erzbistum Köln Jg. 36 Nr. 27 (03.07.1981), 25.

NN, Katholischer Gehörlosen - Verein 70. Stiftungsfest, in: Kirchenzeitung für das Erzbistum Köln Jg. 36 Nr. 45 (06.11.1981), 25.

NN, Offene Altenarbeit der Caritas, in: Caritas. Zeitschrift für Caritasarbeit und Caritaswissenschaft Jg. 83 Nr. 2 (März 1982), 101 - 110.

NN, Klara - Gase - Haus. Altenkrankenheim feierlich eingeweiht, in: Kirchenzeitung für das Erzbistum Köln Jg. 37 Nr. 20 (14.05.1982), 24.

NN, Familienhilfe Düsseldorf. Ein festes Heim für Zigeuner, in: Bauen und Siedeln. Zeitschrift für Wohnungswesen und Städtebau des Katholischen Siedlungsdienstes e. V. Köln Jg. 24 Nr. 2 (Mai 1982), 51.

NN, Die alte Kapelle, in: 1932 - 1982. 50 Jahre Caritasheim Düsseldorf - Rath, Düsseldorf 1982, 69.

NN, Haus Katharina Labouré. Neues Altenkrankenheim der Vinzentinerinnen in Derendorf fertig, in: Kirchenzeitung für das Erzbistum Köln Jg. 38 Nr. 29/30 (22.07.1983), 24.

NN, Einweihung der Sinti - Siedlung in Düsseldorf - Eller, in: Caritas in Nordrhein - Westfalen Jg. 13 Nr. 1 (Januar/Februar 1984), 58.

NN, Heimstatt für Bürger. Grundsteinlegung Johannes - Höver - Heim, in: Kirchenzeitung für das Erzbistum Köln Jg. 39 Nr. 5 (03.02.1984), 24.

NN, Herzen und Hände helfen. Weihe des Altenkrankenheim "Katharina Labouré, in: Kirchenzeitung für das Erzbistum Köln Jg. 39 Nr. 7 (17.02.1984), 24.
NN, Engagement im Verborgenen. Seminar für Leiter von Caritasgruppen in Mechernich - Kommern, in: Kirchenzeitung für das Erzbistum Köln Jg. 39 Nr. 18 (04.05.1984), 25.
NN, Arbeitslosentreff in St. Josef, in: Kirchenzeitung für das Erzbistum Köln Jg. 39 Nr. 33 (17.08.1984), 25.
NN, Richtlinien über die Gewährung von Zuwendungen zur Förderung von Arbeitslosenzentren und Arbeitslosentreffs, in: Ministerialblatt für das Land Nordrhein - Westfalen Jg. 37 Nr. 57 (23.08.1984), 958 - 965.
NN, Düsseldorf, in: Caritas in Nordrhein - Westfalen Jg. 13 Nr. 5 (Oktober/Dezember 1984), 406.
NN, Interessante Projekte des Caritas - Verbandes für Ausländer, Arbeitslose und Nichtseßhafte. In Sorge um Benachteiligte, in: Kirchenzeitung für das Erzbistum Köln Jg. 42 Nr. 5 (01.02.1985), 25.
NN, Zuwendung statt Mitleid. Caritasverband: Neuer Arbeitslosentreff in St. Bruno, in: Kirchenzeitung für das Erzbistum Köln Jg. 40 Nr. 10 (08.03.1985), 27.
NN, Wider den Rückzug in die Isolation. Caritasverband richtete weiteren Arbeitslosentreff im Stadtgebiet ein, in: Kirchenzeitung für das Erzbistum Köln Jg. 40 Nr. 23 (07.06.1985), 25.
NN, Düsseldorf, in: Caritas in Nordrhein - Westfalen Jg. 14 Nr. 4 (Juli/Oktober 1985), 337.
NN, Einige Gedanken zu Schulungen von ehrenamtlichen Caritashelfern. Ist das noch Ehrensache ?, in: Kirchenzeitung für das Erzbistum Köln Jg. 40 Nr. 33 (16.08.1985), 24.
NN, Projekt "Wohnhaus" des Caritasheimes. Männer wollen selbständig werden, in: Kirchenzeitung für das Erzbistum Köln Jg. 42 Nr. 46 (15.11.1985), 25.
NN, Protokoll der Bischofskonferenz Fulda, 17. - 19. August 1915, in: Erwin Gatz, Akten der Fuldaer Bischofskonferenz Bd. 3, Mainz 1985, 233 - 245.
NN, Protokoll der Bischofskonferenz Fulda, 22. - 23. August 1916, in: Erwin Gatz, Akten der Fuldaer Bischofskonferenz Bd. 3, Mainz 1985, 261 - 269.
NN, Festakademie für Dr. Gertrud Luckner am 22. September 1985 in der Zentrale des Deutschen Caritasverbandes in Freiburg im Breisgau. Grußworte und Festansprachen, in: Freiburger Rundbrief 37/38 (1985/86), 34 - 48.
G. E., Verständnis statt Alkohol. Peter Müller. Heimleiter im Don Bosco Haus, in: Düsseldorfer Rheinbote Jg. 7 Nr. 4 (22.01.1986), 2.
NN, Ein Sozialdienst für ausländische Mitbürger. Der Caritasverband weihte neues Haus. Alles unter einem Dach, in: Kirchenzeitung für das Erzbistum Köln Jg. 41 Nr. 10 (07.03.1986), 24.
NN, Caritas: Arbeitslosentreff St. Maria vom Frieden. Wider den lautlosen Rückzug, in: Kirchenzeitung für das Erzbistum Köln Jg. 41 Nr. 12 (21.03.1986), 26.
NN, An erster Stelle steht der Mensch. Caritasheim Düsseldorf: Vielschichtige ambulante und stationäre Betreuung, in: Kirchenzeitung für das Erzbistum Köln Jg. 43 Nr. 14 (04.04.1986), 24.
NN, Johannes - Höver - Heim der Armen Brüder des heiligen Franziskus: Moderne Alten- und Pflegeeinrichtung. Fröhliches Haus, in: Kirchenzeitung für das Erzbistum Köln Jg. 41 Nr. 18 (02.05.1986), 25.
NN, Chance für Lebensmut. Caritas unterhält Arbeitslosentreff St. Martin. Hilfe bei den Folgen, in: Kirchenzeitung für das Erzbistum Köln Jg. 41 Nr. 38 (19.09.1986), 24.
NN, Zehn Jahre Altentagesstätte Hassels. Kontakte als Ziel, in: Kirchenzeitung für das Erzbistum Köln Jg. 41 Nr. 38 (19.09.1986), 25.
NN, Gehörlose feiern Vereinsjubiläum, in: Kirchenzeitung für das Erzbistum Köln Jg. 41 Nr. 45 (07.11.1986), 24.
le, Von der Idee zur Wirklichkeit, in: Unser Sozialer Dienst. Mitteilungen und Anregungen für die Ortsgruppen des Sozialdienstes Katholischer Männer Jg. 4 Nr. 1 (Sonderheft 1987), 2 - 4.

NN, Ein ambulantes Angebot des Caritasverbandes ergänzt die Heimerziehung. Neue Wege in der Jugendhilfe, in: Kirchenzeitung für das Erzbistum Köln Jg. 42 Nr. 6 (06.02.1987), 24.

NN, Düsseldorf und seine Ausländer. Statistischer Beitrag über ausländische Mitbürger erschienen. Rund 100 Nationen am Rhein, in: Düsseldorfer Amtsblatt Jg. 42 Nr. 21 (23.05.1987), 1.

NN, Altentagesstätte Liebfrauen eröffnete die neuen Räume, in: Kirchenzeitung für das Erzbistum Köln Jg. 42 Nr. 27 (03.07.1987), 25.

NN, Solidarität in Praxis. Pfarrgemeinde St. Bruno stellt Arbeitslose ein, in: Kirchenzeitung für das Erzbistum Köln Jg. 42 Nr. 29/30 (17.07.1987), 25.

NN, Empfehlungen zur Gestaltung und Durchführung der Sozialpädagogischen Familienhilfe im Deutschen Caritasverband, in: Caritas - Korrespondenz. Informationsblätter für die Caritaspraxis Jg. 55 Nr. 9 (September 1987), 5 - 10.

NN, Eigens Zeichen und Gebärden gelernt. Msgr. Karl Maercker - vier Jahrzehnte Gehörlosenseelsorger, in: Kirchenzeitung für das Erzbistum Köln Jg. 43 Nr. 1 (01.01.1988), 24.

NN, Eine Heimat für die Sinti. In Eller wurde ein Gemeinschaftshaus mit Kindertagesstätte eröffnet, in: Kirchenzeitung für das Erzbistum Köln Jg. 43 Nr. 11 (11.03.1988), 24.

NN, Aufstellung eines Bebauungsplanes, in: Düsseldorfer Amtsblatt Jg. 43 Nr. 12 (26.03.1988), 5.

NN, Wo Zuwendung, Vertrauen und Bestätigung der Persönlichkeit allein im Vordergrund stehen. Ab 20. April neuer Treffpunkt für Arbeitslose, in: Kirchenzeitung für das Erzbistum Köln Jg. 43 Nr. 16 (15.04.1988), 26.

NN, Auch mal in die Sterne geguckt. Kinderferienprogramm der Caritas beendet, in: Kirchenzeitung für das Erzbistum Köln Jg. 43 Nr. 34 (19.08.1988), 25.

NN, Ferien mit der Caritas. Jeweils 21 Tage unterwegs. In Gemeinschaft kleiner Gruppen. Neue Termine. Die Seniorin war 95 Jahre alt, in: Kirchenzeitung für das Erzbistum Köln Jg. 43 Nr. 50 (09.12.1988), 24.

NN, Der Pfarrer zog eigens um. Vinzenzkonferenz informierte sich beim Verein "Arbeit für all St. Bruno", in: Kirchenzeitung für das Erzbistum Köln Jg. 43 Nr. 52/53 (23.12.1988), 25.

NN, Caritas lud Ehrenamtliche zum Schnuppertag. 60 Personen aus 76 Altenklubs erhielten Informationen über Seniorenreisen, in: Kirchenzeitung für das Erzbistum Köln Jg. 44 Nr. 2 (13.01.1989), 24.

NN, Der Brückenschlag ist schwer. Katholikenrat mit heißem Thema: Aussiedler - was geht das uns an ?, in: Kirchenzeitung für das Erzbistum Köln Jg. 44 Nr. 11 (17.03.1989), 24.

NN, Gehversuche auf zwölf Quadratmetern. Kolpingfamilien setzen sich für Aussiedler ein, in Düsseldorf, in: Kirchenzeitung für das Erzbistum Köln Jg. 44 Nr. 29/30 (21.07.1989), 16 - 17.

NN, Auch Hörende zum Gottesdienst geladen. Pfarrer Johannes Kaulmann wurde neuer Gehörlosenseelsorger, in: Kirchenzeitung für das Erzbistum Köln Jg. 44 Nr. 38 (22.09.1989), 24.

NN, Caritas - Sonntag: Aussiedler standen im Mittelpunkt, in: Kirchenzeitung für das Erzbistum Köln Jg. 44 Nr. 40 (06.10.1989), 24.

NN, Auf die Fremde eingelassen. Seit 25 Jahren indische Schwestern im Caritasverband Düsseldorf, in: Kirchenzeitung für das Erzbistum Köln Jg. 44 Nr. 41 (13.10.1989), 24.

NN, Für Übersiedler, Aussiedler und Asylanten. Hilferuf des Stadtdechanten. Prekäre Wohnraumsituation in Düsseldorf, in: Kirchenzeitung für das Erzbistum Köln Jg. 44 Nr. 44 (03.11.1989), 24.

NN, Mehr als 10000 Jahre Lebenserfahrung versammelt. Kapelle des Hubertusstifts nach zweijährigem Umbau wieder benutzbar, in: Kirchenzeitung für das Erzbistum Köln Jg. 44 Nr. 44 (03.11.1989), 24.

NN, Senioren - Altentagesstätte St. Maria unter dem Kreuz eröffnet, in: Kirchenzeitung für das Erzbistum Köln Jg. 44 Nr. 44 (03.11.1989), 25.

NN, Caritasverband: Mobiler sozialer Hilfsdienst. Pilotprojekt, in: Kirchenzeitung für das Erzbistum Köln Jg. 44 Nr. 51/52 (22.12.1989), 24.

NN, Wie man Wartezeiten überbrückt. Caritasprojekt bietet Jugendlichen sinnvolle Hilfe, in: Kirchenzeitung für das Erzbistum Köln Jg. 44 Nr. 51/52 (22.12.1989), 25.

NN, Neue Hilfe zur Integration. Schwester M. Franziska betreut ab sofort die Aus- und Übersiedler, in: Kirchenzeitung für das Erzbistum Köln Jg. 45 Nr. 11 (16.03.1990), 24.

NN, Sterbebegleitung als Lebenshilfe, in: Caritas. Zeitschrift für Caritasarbeit und Caritaswissenschaft Jg. 91 Nr. 5 (Mai 1990), 236 - 238.

NN, Gesetz zur Neuordnung des Kinder- und Jugendhilferechts (Kinder- und Jugendhilfegesetz - KJHG). Vom 26. Juni 1990, in: Bundesgesetzblatt Nr. 30 (28.06.1990), 1163 - 1195.

NN, 20 Jahre Katholische Mission in Düsseldorf. Kroaten feierten das Jubiläum, in: Kirchenzeitung für das Erzbistum Köln Jg. 45 Nr. 45 (09.11.1990), 25.

NN, Aus dem letzten Jahresbericht: Beratung bei Flüchtlingen und Deutschen, in: Raphaels - Werk. Jahrbuch 1991, Hamburg 1990, 52 - 59.

NN, Mobiler sozialer Hilfsdienst, in: Kirchenzeitung für das Erzbistum Köln Jg. 46 Nr. 33/34 (16.08.1991), 23.

NN, Zehn Jahre Klara - Gase - Haus in Wersten. Für einen würdigen Lebensabend, in: Kirchenzeitung für das Erzbistum Köln Jg. 47 Nr. 22 (29.05.1992), 25.

E.B., Freiraum für Kinder, in: Caritas in NRW Jg. 21 Nr. 2 (Mai 1992), 44.

NN, Ferienprogramm der Arbeitslosentreffpunkte. Vom Minigolf bis zum Museumsbesuch, in: Kirchenzeitung für das Erzbistum Köln Jg. 47 Nr. 31/32 (30.07.1992), 23.

NN, Gesetz zum Schutz des vorgeburtlichen/werdenden Lebens, zur Förderung einer kinderfreundlichen Gesellschaft, für Hilfen im Schwangerschaftskonflikt und zur Regelung des Schwangerschaftsabbruchs (Schwangeren- und Familienhilfegesetz). Vom 27. Juli 1992, in: Bundesgesetzblatt Nr. 37 (04.08.1992), 1398 - 1404.

NN, Ambulanter Hospizdienst wird aufgebaut, in: Kirchenzeitung für das Erzbistum Köln Jg. 47 Nr. 37 (11.09.1992), 23.

NN, Seminare für ehrenamtliche Caritasmitarbeiter. Kirche ohne Caritas: harmlos und herzlos !, in: Kirchenzeitung für das Erzbistum Köln Jg. 47 Nr. 50 (11.12.1992), 23.

NN, Klara - Gase - Haus: Indische Schwestern, in: Kirchenzeitung für das Erzbistum Köln Jg. 48 Nr. 13 (02.04.1993), 23.

NN, Caritas schreibt an Minister, in: Kirchenzeitung für das Erzbistum Köln Jg. 48 Nr. 15 (16.04.1993), 23.

NN, Gedenktafel erinnert an Sinti - Lager, in: Kirchenzeitung für das Erzbistum Köln Jg. 48 Nr. 26 (02.07.1993), 23.

NN, Zeichen gegen Fremdheit, in: Kirchenzeitung für das Erzbistum Köln Jg. 48 Nr. 27/28 (09.07.1993), 23.

NN, Gedenktafel erinnert an Sinti - Verfolgung in Düsseldorf. Zeichen setzen, in: Kirchenzeitung für das Erzbistum Köln Jg. 48 Nr. 31/32 (06.08.1993), 22.

NN, Jetzt auch in der City. Caritas gründete weiteren Arbeitslosentreffpunkt, in: Kirchenzeitung für das Erzbistum Köln Jg. 48 Nr. 40 (08.10.1993), 23.

NN, Drei Seminare für Caritas - Gruppen in 1994. Armensuppe und Revolution, in: Kirchenzeitung für das Erzbistum Köln Jg. 49 Nr. 6 (11.02.1994), 23.

NN, Bundessozialhilfegesetz (BSHG), in: Bundesgesetzblatt Nr. 20 (07.04.1994), 647 - 672.

NN, Ein Vierteljahrhundert Hildegardisheim: Sorge um das Wohl, in: Kirchenzeitung für das Erzbistum Köln Jg. 49 Nr. 18 (06.05.1994), 22.

NN, Caritasverband: Noch mehr Begegnung, in: Kirchenzeitung für das Erzbistum Köln Jg. 49 Nr. 22 (03.06.1994), 22.

NN, Grundsteinlegung, Festvorbereitung: An Arbeit anknüpfen mit Heimstatt alter Menschen, in: Kirchenzeitung für das Erzbistum Köln Jg. 49 Nr. 24 (17.06.1994), 22.

NN, Caritasarbeit wurde ausgezeichnet: Aussiedler in Düsseldorf vorbildlich integriert, in: Kirchenzeitung für das Erzbistum Köln Jg. 49 Nr. 27/28 (08.07.1994), 22.

NN, Zivi hilft, in: Kirchenzeitung für das Erzbistum Köln Jg. 49 Nr. 32 (12.08.1994), 23.

NN, Richtlinien über die Gewährung von Zuwendungen an Beratungsstellen und Arbeitslosenzentren für Langzeitarbeitslose und von Langzeitarbeitslosigkeit bedrohten Personen, in: Ministerialblatt für das Land Nordrhein - Westfalen Jg. 47 Nr. 77 (14.12.1994), 1470 - 1482.

NN, Ordnung der katholischen Gemeindekranken-, Alten- und Familienpflege im Erzbistum Köln - Caritas - Pflegestationen, in: Amtsblatt des Erzbistums Köln Jg. 134 Nr. 26 (15.12.1994), 288 - 290.

NN, Problemsituationen im Bereich der Hilfe für gehörlose Menschen - Anforderungen an die Caritas, in: Caritas. Zeitschrift für Caritasarbeit und Caritaswissenschaft Jg. 96 Nr. 1 (Januar 1995), 30 - 37.

NN, Caritas - Pflege - Notruf in der Nacht, in: Kirchenzeitung für das Erzbistum Köln Jg. 50 Nr. 15 (14.04.1995), 23.

NN, Ein "Netzwerk", um die Beziehungen zu fördern. Josefshaus soll "nicht am Rande" stehen, in: Kirchenzeitung für das Erzbistum Köln Jg. 50 Nr. 20 (19.05.1995), 23.

NN, St. - Josefs - Haus an der Schmiedestraße fertiggestellt. Umzug in eine neue Ära, in: Kirchenzeitung für das Erzbistum Köln Jg. 50 Nr. 22 (02.06.1995), 23.

NN, Caritas: Allgemeine Sozialberatung. Erste Hilfestellungen geben, in: Kirchenzeitung für das Erzbistum Köln Jg. 50 Nr. 23 (09.06.1995), 23.

NN, Ehrenamtliche Tätigkeit in der Caritas - Bestandsaufnahme, Perspektiven, Positionen, in: Caritas. Zeitschrift für Caritasarbeit und Caritaswissenschaft Jg. 96 Nr. 7/8 (Juli/August 1995), 309 - 329.

NN, Orientierungswochen für ältere Menschen. Mehr Integration und Heimatgefühl, in: Kirchenzeitung für das Erzbistum Köln Jg. 50 Nr. 32/33 (11.08.1995), 23.

NN, Grundlage für Hospiz. Malteser bieten Vorbereitung an, in: Kirchenzeitung für das Erzbistum Köln Jg. 50 Nr. 37 (15.09.1995), 22.

NN, Hospizbewegung Düsseldorf - Süd. Menschliche Nähe und Dasein bieten, in: Kirchenzeitung für das Erzbistum Köln Jg. 50 Nr. 38 (22.09.1995), 23.

NN, Partner der Pflegebedürftigen. Caritas: St. - Josefs - Haus wird offiziell eingeweiht, in: Kirchenzeitung für das Erzbistum Köln Jg. 50 Nr. 39 (29.09.1995), 23.

NN, Haus am angestammten Platz. Durch den Förderverein im Oberbilker Stadtteil einbinden, in: Caritas in NRW Jg. 24 Nr. 5 (Dezember 1995), 53.

NN, Das neue St. Josefshaus kurz vorgestellt, in: Extrablatt. Zeitung Caritasverband für die Stadt Düsseldorf. Eröffnung Altenzentrum St. Josefshaus im Oktober 1995, Düsseldorf 1995, 8 - 9.

NN, Ganzheitliche Pflege wird im neuen St. Josefshaus ganz groß geschrieben, in: Extrablatt. Zeitung Caritasverband für die Stadt Düsseldorf. Eröffnung Altenzentrum St. Josefshaus im Oktober 1995, Düsseldorf 1995, 10.

NN, Betreuung von Schülerinnen und Schülern in Grund- und Sonderschulen vor und nach dem Unterricht im Schuljahr 1996/97 (Schule von acht bis eins), in: Gemeinsames Amtsblatt Ministerium für Schule und Weiterbildung und Ministerium für Wissenschaft und Forschung des Landes Nordrhein - Westfalen Jg. 48 Nr. 3 (15.03.1996), 38 - 39.

NN, Stadt hilft Schulen bei Mittagsbetreuung, in: Düsseldorfer Amtsblatt Jg. 51 Nr. 27 (06.07.1996), 6.

NN, Über den Tod hinaus. Caritas - Hospiz in Garath eingeweiht, in: Caritas in NRW Jg. 26 Nr. 5 (Dezember 1997), 36.

NN, Nicht alleine gehen. Das Caritas - Hospiz Düsseldorf wurde feierlich eingeweiht, in: Hospiz - Zeitung. Caritasverband für die Stadt Düsseldorf e. V. "Nicht alleine gehen". Caritas - Hospiz Düsseldorf eröffnet, Düsseldorf 1997, 2 - 3.

NN, Altbier statt Tee. Das Caritas - Hospiz ist ein echtes Zuhause, in: Hospiz - Zeitung. Caritasverband für die Stadt Düsseldorf e. V. "Nicht alleine gehen". Caritas - Hospiz Düsseldorf eröffnet, Düsseldorf 1997, 6 - 7.

NN, Der brennende Dornbusch wird grün. Überlegungen von Burkhard Siemsen zu seinen Glasmalereien im Caritas - Hospiz, in: Hospiz - Zeitung. Caritasverband für die Stadt Düsseldorf e. V. "Nicht alleine gehen". Caritas - Hospiz Düsseldorf eröffnet, Düsseldorf 1997, 10.

NN, Gesehen - Getragen - Geborgen. Die Ökumenische Hospizbewegung Düsseldorf - Süd e. V., in: Hospiz - Zeitung. Caritasverband für die Stadt Düsseldorf e. V. "Nicht alleine gehen". Caritas - Hospiz Düsseldorf eröffnet, Düsseldorf 1997, 10.

NN, Zahlen zum Caritas - Hospiz Düsseldorf. Nur wenige Monate vergingen vom Baubeginn bis zur Fertigstellung, in: Hospiz - Zeitung. Caritasverband für die Stadt Düsseldorf e. V. "Nicht alleine gehen". Caritas - Hospiz Düsseldorf eröffnet, Düsseldorf 1997, 13.

NN, Trauer leben, getröstet werden. Seminare des Caritasverbandes für Menschen in Trauer, in: Hospiz - Zeitung. Caritasverband für die Stadt Düsseldorf e. V. "Nicht alleine gehen". Caritas - Hospiz Düsseldorf eröffnet, Düsseldorf 1997, 15.

NN, Herausragende Arbeit. Düsseldorfer Caritasverband vom Bundesminister gewürdigt, in: Kirchenzeitung für das Erzbistum Köln Jg. 53 Nr. 1 (02.01.1998), 26.

NN, Der heiße Draht für alle Fragen. Caritas und BDKJ: Ferien - Freizeit - Hotline in Düsseldorf, in: Kirchenzeitung für das Erzbistum Köln Jg. 53 Nr. 5 (30.01.1998), 26.

NN, Arbeit im Euro - Job. Beratungs - Agentur für Ausländer, in: Caritas in NRW Jg. 27 Nr. 2 (Juni 1998), 35.

NN, Zehn Jahre ISB, in: Caritas in NRW Jg. 27 Nr. 3 (August 1998), 36.

NN, Vorbildliche Gehörlosen - Altenbetreuung beim Caritasverband Düsseldorf. Gespräche und Hilfen für alte Gehörlose, in: Deutsche Gehörlosen Zeitung Jg. 126 Nr. 10 (20.10.1998), 297 - 298.

NN, Das Caritas Altenzentrum Herz - Jesu gestern und heute, in: Fest - Zeitung "Wir pflegen mit Herz". Neubau des Caritas Altenzentrums Herz - Jesu, Düsseldorf 1998, 4.

NN, "Das farbenfrohe Haus macht Freude". Gespräch mit Caritasdirektor Johannes Böcker über das Caritas Altenzentrum Herz - Jesu, in: Fest - Zeitung "Wir pflegen mit Herz". Neubau des Caritas Altenzentrums Herz - Jesu, Düsseldorf 1998, 6 - 7.

NN, Ehrenamt in der Caritas, in: Caritas - Korrespondenz. Informationsblätter für die Caritaspraxis Jg. 67 Nr. 3 (März 1999), 5 - 36.

NN, Netzwerk für Senioren. "ExtraNett" koordiniert vielfältige ehrenamtliche Aktivitäten, in: Düsseldorfer Amtsblatt Jg. 54 Nr. 33 (21.08.1999), 3.

NN, Pflege ist jetzt meßbar. Der Caritasverband Düsseldorf stellte Handbuch und Qualitätsbeauftragte vor, in: Kirchenzeitung für das Erzbistum Köln Jg. 54 Nr. 50 (17.12.1999), 26.

NN, Gewalt in der Pflege. Düsseldorfer Caritas veranstaltete Fachmesse, in: Caritas in NRW Jg. 28 Nr. 5 (Dezember 1999), 35.

NN, Wohnhof Stockum, in: BWB - Report. Nachrichten für Mitglieder der Beamten - Wohnungs - Baugenossenschaft eG. Düsseldorf Jg. 43 Nr. 92 (Dezember 1999), 12 - 13.

NN, Informationen. Caritas - Pflegeberatung, in: Der gute Rat. Wer hilft wem. Ausgabe Düsseldorf 1999/2000, Neuss 1999.

NN, Mit dem Caritasverband: "Wohnen plus ...", in: Die Zeitung. Caritasverband für die Stadt Düsseldorf Jg. 1 Nr. 1 (Frühjahr 2000), 1 - 2.

NN, Vorarbeiten abgeschlossen. Caritas setzt Pflegestandards, in: Die Zeitung. Caritasverband für die Stadt Düsseldorf Jg. 1 Nr. 1 (Frühjahr 2000), 3.

NN, Bildtelefon für Gehörlose. Mit den Augen hören, in: Die Zeitung. Caritasverband für die Stadt Düsseldorf Jg. 1 Nr. 1 (Frühjahr 2000), 6.

NN, Caritas Jugendagentur. Versuch geglückt, in: Die Zeitung. Caritasverband für die Stadt Düsseldorf Jg. 1 Nr. 1 (Frühjahr 2000), 7.

NN, Netze knüpfen, Arbeit schaffen. Caritas - Jugendagentur bietet Arbeitsberatung und -vermittlung, in: Caritas in NRW Jg. 29 Nr. 2 (April 2000), 28.

NN, Kinderspaß in Sicht. Düsseldorfer Rotary Club hilft Caritas in den Ferien, in: Kirchenzeitung für das Erzbistum Köln Jg. 55 Nr. 21 (26.05.2000), 30.

NN, Die Caritas Schulsozialarbeit. Mehr als gute Noten, in: Die Zeitung. Caritasverband für die Stadt Düsseldorf Jg. 1 Nr. 2 (Sommer 2000), 1 - 2.

NN, Ihre Meinung, in: Die Zeitung. Caritasverband für die Stadt Düsseldorf Jg. 1 Nr. 2 (Sommer 2000), 8.

NN, Dank EMAS und AsS: Calimero 02 hat eine Zukunft, in: Die Zeitung. Caritasverband für die Stadt Düsseldorf Jg. 1 Nr. 3 (Herbst 2000), 1 - 2.

NN, Caritas Hospiz Garath. "Es werde Licht ...", in: Die Zeitung. Caritasverband für die Stadt Düsseldorf Jg. 1 Nr. 3 (Herbst 2000), 4.

NN, Rotarier machten es möglich. Schöne Ferien gehabt zu haben, in: Die Zeitung. Caritasverband für die Stadt Düsseldorf Jg. 1 Nr. 3 (Herbst 2000), 9.

NN, Kurz notiert, in: Düsseldorfer Amtsblatt Jg. 55 Nr. 42 (21.10.2000), 1.

NN, Segelwoche am Baldeney - See Klasse 5a, in: Schul - WIS - sen. Schulzeitung von Eltern für Eltern der Katholischen Hauptschule St. Benedikt Jg. 2 Nr. 4 (November 2000), 4.

NN, Das Caritas Zentrum International. Ein unübersehbares Zeichen, in: Die Zeitung. Caritasverband für die Stadt Düsseldorf Jg. 1 Nr. 4 (Winter 2000), 1 und 3.

NN, Bürgerengagement wieder populär. Stadt plant ein Gesamtkonzept für das "Jahr der Freiwilligen". 15000 Ehrenamtler in Düsseldorf, in: Düsseldorfer Amtsblatt Jg. 55 Nr. 51 (23.12.2000), 6.

NN, Beratungsangebot des Raphaels - Werkes, in: Raphaels - Werk. Jahrbuch 2001, Hamburg 2000, 8 - 9.

NN, Chancen im Stadtteil. Bezahltes Soziales Trainingsjahr in Flingern und Oberbilk, in: Düsseldorfer Anzeiger Jg. 18 Nr. 5 (31.01.2001), o. S. (11).

NN, Indische Schwestern nun auch in Regensburg, in: Misericordia. Zeitschrift der Barmherzigen Brüder in Bayern Jg. 52 Nr. 1/2 (Januar/Februar 2001), 126.

NN, "Arbeit direkt" für OB Erwin, in: Düsseldorfer Amtsblatt Jg. 56 Nr. 10 (10.03.2001), 2.

NN, Richtlinien über Zuwendungen für die Betreuung von Schülerinnen und Schülern vor und nach dem Unterricht (Primarstufe und Sekundarstufe I: "Schule von acht bis eins", "Dreizehn Plus P", "Dreizehn Plus S I", Silentien"), in: Amtsblatt Ministerium für Schule, Wissenschaft und Forschung Jg. 53 Nr. 3 (15.03.2001), 58 - 61.

NN, Die Caritas CPS im Marien - Hospital. Düsseldorf Mitte im Blick, in: Die Zeitung. Caritasverband für die Stadt Düsseldorf Jg. 2 Nr. 1 (Frühjahr 2001), 1 - 2.

NN, Die Caritas Sozialpädagogische Familienhilfe. Das Prinzip heißt Vertrauen, in: Die Zeitung. Caritasverband für die Stadt Düsseldorf Jg. 2 Nr. 1 (Frühjahr 2001), 1 - 2.

NN, Die Caritas Freiwilligenagentur Impuls. Eine Idee wurde zum Fernsehstar, in: Die Zeitung. Caritasverband für die Stadt Düsseldorf Jg. 2 Nr. 1 (Frühjahr 2001), 3.

NN, Markt der Möglichkeiten, in: Die Zeitung. Caritasverband für die Stadt Düsseldorf Jg. 2 Nr. 1 (Frühjahr 2001), 10.

NN, Neues Angebot für ausländische Mitbürger. MOrie hilft bei der Orientierung am Arbeitsmarkt, in: Die Zeitung. Caritasverband für die Stadt Düsseldorf Jg. 2 Nr. 1 (Frühjahr 2001), 11.

NN, Neue Formen für das Ehrenamt. Caritas richtet Freiwilligenagentur ein, in: Caritas in NRW Jg. 30 Nr. 3 (Juni 2001), 35.

NN, Der Förderverein Caritas Hospiz Düsseldorf e. V. Schon die Mitgliedschaft ist ein Stück Hilfe, in: Die Zeitung. Caritasverband für die Stadt Düsseldorf Jg. 2 Nr. 2 (Sommer 2001), 5.

NN, Der Sonne entgegen. "Mallorca war Spitze, da wollen wir wieder hin", in: Die Zeitung. Caritasverband für die Stadt Düsseldorf Jg. 2 Nr. 2 (Sommer 2001), 7.

NN, Erfolgreiche Zusammenarbeit mit accenture. Train the Trainer, in: Die Zeitung. Caritasverband für die Stadt Düsseldorf Jg. 2 Nr. 2 (Sommer 2001), 9.

Quellen- und Literaturverzeichnis 1203

NN, Neues Aufgabenfeld. Sozial - Know - How für Unternehmen bereitstellen, in: Die Zeitung. Caritasverband für die Stadt Düsseldorf Jg. 2 Nr. 2 (Sommer 2001), 9.
NN, Senioreneinrichtung wurde von der Stadt übernommen. Caritas eröffnete fünfte Begegnungsstätte, in: Die Zeitung. Caritas für Düsseldorf Jg. 2 Nr. 3 (Herbst 2001), 2.
NN, Die Freiwilligenagentur ist das Bindeglied zwischen Angebot und Nachfrage. Per "Impuls" zum Ehrenamt, in: Die Zeitung. Caritas für Düsseldorf Jg. 2 Nr. 3 (Herbst 2001), 9.
NN, Ehren- und Hauptamt in der Hospizbewegung. Die Mischung macht's !, in: Die Zeitung. Caritas für Düsseldorf Jg. 2 Nr. 3 (Herbst 2001), 10.
NN, Ehren- und Hauptamt in der Hospizbewegung. Die Mischung macht's !, in: Die Zeitung. Caritas für Düsseldorf Jg. 2 Nr. 3 (Herbst 2001), 11.
NN, Die Rufnummer 8639 - 662 schafft Vertrauen. Das Telefon Zaufania, in: Die Zeitung. Caritas für Düsseldorf Jg. 2 Nr. 3 (Herbst 2001), 13.
NN, Seit 15 Jahren begeistern sich Menschen in St. Bruno für einen Verein. Arbeit für alle, in: Die Zeitung. Caritas für Düsseldorf Jg. 2 Nr. 3 (Herbst 2001), 13 - 14.
NN, Sozialarbeit in Betrieben, in: Caritas in NRW Jg. 30 Nr. 4 (Oktober 2001), 38.
NN, Kompetenz in der Klosterstraße. Erste Schritte für das "Soziale Zentrum", in: Die Zeitung. Caritas für Düsseldorf Jg. 2 Nr. 4 (Winter 2001), 3.
NN, Urkunde über die Auflösung der Dekanate Düsseldorf - Mitte und Düsseldorf - Heerdt sowie die Errichtung des neuen Dekanates Düsseldorf - Mitte/Heerdt, in: Amtsblatt des Erzbistums Köln Jg. 142 Nr. 1 (01.01.2002), 33.
NN, Düsseldorf, in: Kirchenzeitung für das Erzbistum Köln Jg. 57 Nr. 1 (04.01.2002), 26.
NN, Verlässliche Ganztagsangebote ("Schule von acht bis eins", "Dreizehn Plus P", "Silentien"); Änderung, in: Amtsblatt Ministerium für Schule, Wissenschaft und Forschung des Landes Nordrhein - Westfalen Jg. 54 Nr. 1 (15.01.2002), 19.
NN, An der Hubertusstraße. Die Caritas baut für die Zukunft, in: Die Zeitung. Caritasverband für die Stadt Düsseldorf Jg. 2 Nr. 1 (Frühjahr 2001), 11.
NN, Mittelständische Unternehmen nutzen KMU Modellprojekt. Erfolgreicher Start der Caritas Beratungsagentur, in: Die Zeitung. Caritas für Düsseldorf Jg. 3 Nr. 1 (Winter/Frühjahr 2002), 7.
NN, Hospiz und gute Nachbarschaft. Das ist "unser" Hospiz, in: Die Zeitung. Caritas für Düsseldorf Jg. 3 Nr. 1 (Winter/Frühjahr 2002), 8.
NN, Neues Dienstleistungs - Center in Düsseldorf, in: Caritas in NRW Jg. 31 Nr. 2 (April 2002), 35.
NN, Begegnungen von Mensch zu Mensch bei der Caritas für Düsseldorf. Netzwerke sind für alle Menschen da, in: Die Zeitung. Caritas für Düsseldorf Jg. 3 Nr. 2 (Sommer 2002), 1 - 2.
NN, Erstbezug im Caritas "Wohnen Plus ..." am St. Hubertusstift, in: Die Zeitung. Caritas für Düsseldorf Jg. 3 Nr. 2 (Sommer 2002), 4.
NN, Wie alles begann, 5 Jahre Netzwerk ExtraNett - das besondere Netz, in: Die Zeitung. Caritas für Düsseldorf Jg. 3 Nr. 2 (Sommer 2002), 4.
NN, Ein neuer Standort wird gut angenommen. Das Netzwerk im Herzen von Oberbilk, in: Die Zeitung. Caritas für Düsseldorf Jg. 3 Nr. 2 (Sommer 2002), 5.
NN, Flingern/Düsseltal - ein neues Netzwerk entsteht. Wo aus Bekanntschaften Freundschaften werden, in: Die Zeitung. Caritas für Düsseldorf Jg. 3 Nr. 2 (Sommer 2002), 7.
NN, Tatkräftige Nachbarschaftshilfe ist gefragt: Handwerker - Service im Netzwerk Bilk, in: Die Zeitung. Caritas für Düsseldorf Jg. 3 Nr. 2 (Sommer 2002), 7.
NN, Neue Geschäftsstelle der Caritas für Düsseldorf eingeweiht und ihrer Bestimmung übergeben. Gottes Menschenfreundlichkeit erfülle dieses Haus, in: Die Zeitung. Caritas für Düsseldorf Jg. 3 Nr. 2 (Sommer 2002), 11.
NN, Das Soziale Zentrum der Caritas - durch Konzentration schlagkräftiger vor Ort. Ein Angebot für alle Menschen, in: Die Zeitung. Caritas für Düsseldorf Jg. 3 Nr. 4 (Winter 2002), 1.

NN, Wege, Mühe, Zeit gespart, in: Die Zeitung. Caritas für Düsseldorf Jg. 3 Nr. 4 (Winter 2002), 2.
NN, Verbesserter Service - Orientierung und Information. Allgemeine Sozialberatung, in: Die Zeitung. Caritas für Düsseldorf Jg. 3 Nr. 4 (Winter 2002), 4.
NN, Qualifizierung und Beschäftigung für 250 Menschen an der Völklinger Straße. Wege in den Arbeitsmarkt, in: Die Zeitung. Caritas für Düsseldorf Jg. 3 Nr. 4 (Winter 2002), 6.
NN, Betriebliche Sozialarbeit, in: Die Zeitung. Caritas für Düsseldorf Jg. 3 Nr. 4 (Winter 2002), 8.
NN, Freiwilliges Jahr, in: Die Zeitung. Caritas für Düsseldorf Jg. 3 Nr. 4 (Winter 2002), 8.
NN, Jugendagentur, in: Die Zeitung. Caritas für Düsseldorf Jg. 3 Nr. 4 (Winter 2002), 8.
NN, Qualifizierung, Vermittlung, B 72, in: Die Zeitung. Caritas für Düsseldorf Jg. 3 Nr. 4 (Winter 2002), 8.
NN, Übergang Schule - Beruf, in: Die Zeitung. Caritas für Düsseldorf Jg. 3 Nr. 4 (Winter 2002), 8.
NN, Offene Ganztagsschule im Primarbereich, in: Amtsblatt Ministerium für Schule, Jugend und Kinder des Landes Nordrhein - Westfalen Jg. 55 Nr. 2 (15.02.2003), 45 - 47.
NN, Sanierung muss verschoben werden. Keine öffentlichen Mittel für Caritas Altenzentren, in: Kirchenzeitung für das Erzbistum Köln Jg. 58 Nr. 10 (07.03.2003), 7.
NN, Protest gegen "Billigbetreuung". Erzbistum, Gewerkschaft und Verbände gründen "Aktionsgemeinschaft Pro Hort", in: Kirchenzeitung für das Erzbistum Köln Jg. 58 Nr. 20 (16.05.2003), 7.
NN, Düsseldorf startet Projekt "Offene Ganztagsschulen". Nachmittage voller Sport und Kultur. Sieben Grundschulen beteiligen sich in der Pilotphase, in: Düsseldorfer Amtsblatt Jg. 58 Nr. 21 (24.05.2003), 5.
NN, Caritasprojekt Wohnen plus ... im St. Marienstift wurde eingeweiht. Barrierefreie "neue Heimat" in Kaiserswerth, in: Die Zeitung. Caritas für Düsseldorf Jg. 4 Nr. 2 (Herbst 2003), 8.
NN, Mit Fantasie gegen Konflikte. Das Fantasymobil kommt zum Einsatz, in: Die Zeitung. Caritas für Düsseldorf Jg. 4 Nr. 2 (Herbst 2003), 11.

Abbildungsnachweis

Abb. 1 Martin Zeiller, Topographia Westphaliae, das ist, Beschreibung der vornembsten, und bekantisten Stätte, und Plätz, im Hochlöblichen Westphälischen Craiße an tag gegeben von Mattheo Merian, Frankfurt 1647, 21.

Abb. 2 Franz Bock, Die Stiftskirche zu Kaiserswerth, in: Organ für christliche Kunst Jg. 3 Nr. 9 (01.05.1853), 69 - 70 und Nr. 10 (15.05.1853), 77 - 79, Beilage.

Abb. 3 SAD Bildersammlung 040.170.024.

Abb. 4 Bernhard Gustav Bayerle, Die katholischen Kirchen Düsseldorf's von ihrer Entstehung bis auf die neueste Zeit. Ein Beitrag zur Geschichte der Stadt, Düsseldorf 1844, Frontispiz.

Abb. 5 SAD Bildersammlung 071.370.002.

Abb. 6 SKK Inventarnummer N. T. 80.

Abb. 7 Adolf von Kamp, Beschribung der Begrebnüs weilandt des Durchleuchtigen Hochgebornen Fürsten - und - Herren, Herren Iohan - Wilhelm, Hertzogen zu Gulich, Cleve und Berg, Grave zu der Marck, Ravensberg und Moers, Herr zu Ravenstein, Cristseliger Gedechtnüs der letzte Aus diesem Fürstlichem stam, Welche gehalten worden zu Düsseldorf den 30 Octobris Anno 1628. Nach dem Ihre Fürst. Gnade Leichnam Bey de 20 Jahr Nach Dero seligen Absterben in der Hoff Capellen Alda Oben der Erden unbegraben gestanden, Düsseldorf 1629, Bl. 8.

Abb. 8 Calendarium inclyti ordinis equestris D. Huberto sacri, Mannheim 1769, o. S. (3).

Abb. 9 SAD Bildersammlung 273.160.001.

Abb. 10 LBR 162/562.

Abb. 11 SAD Bildersammlung 272.110.001.

Abb. 12 RAD Photosammlung 39043.

Abb. 13 SMD C 5010.

Abb. 14 Photosammlung Günther Behr, Düsseldorf.

Abb. 15 SAD Bildersammlung 273.250.004.

Abb. 16 SMD D 5622.

Abb. 17 Erwin Quedenfeldt, Einzelbilder vom Niederrhein. Zur Pflege der Heimatkunst Bd. 3, Düsseldorf 1911, Nr. 546.

Abb. 18 UBD K 347, Erwin Quedenfeldt, Einzelbilder vom Niederrhein. Zur Pflege der Heimatkunst, Düsseldorf o. J. (um 1911), Nr. 1058.

Abb. 19 THD Photosammlung.

Abb. 20 SAD Karten 69.

Abb. 21 Karl Bernd Heppe, Kirche und Kloster der Ursulinen an der Ritterstraße. Fotografie um 1900. Stadtmuseum Düsseldorf, in: Düsseldorf Archiv, Braunschweig 1988 ff, Nr. D 02031.

Abb. 22 Fritz Wiesenberger, Ons Cita. Geschichte der Citadellstraße und ihrer Bewohner, Düsseldorf 1980, 7.

Abb. 23 SMK Graphische Sammlung, Düsseltal Nr. 2.

Abb. 24 BSD Bauakte Achenbachstr. 142.

Abb. 25 Boris Becker, Düsseldorf in frühen Photographien 1855 - 1914, München 1990, 39.

Abb. 26 Alfred Arnolds, Theresienhospital der Töchter vom hl. Kreuz Stiftsplatz 13, in: Arthur Schloßmann, Die Düsseldorfer Kranken-, Heil- und Pflegeanstalten, Düsseldorf 1926, 235 - 246, 238.

Abb. 27 KAD Photosammlung.

Abb. 28 SAD Bildersammlung 027.220.001.

Abb. 29 Photosammlung Franz - Josef Etz, Düsseldorf.
Abb. 30 Photosammlung Ulrich Brzosa, Düsseldorf.
Abb. 31 SAD Bildersammlung 073.150.001.
Abb. 32 SAD VI 612, Bl. 16.
Abb. 33 Photosammlung Claus - Torsten Schmidt, Düsseldorf.
Abb. 34 Photosammlung Claus - Torsten Schmidt, Düsseldorf.
Abb. 35 Johannes Dahl, Um die Jugend. Katholische Anstalten und Zentralen in Düsseldorf, Düsseldorf 1930, 30.
Abb. 36 BSD Bauakte Bockhackstr. 34.
Abb. 37 SAD Bildersammlung Wilhelm Höltgen 1335/44.
Abb. 38 BSD Bauakte Degerstr. 59.
Abb. 39 SAD VI 20531.
Abb. 40 BSD Bauakte Ellerstr. 213.
Abb. 41 Johannes Veen, Jugendheime, Düsseldorf 1913, 137.
Abb. 42 TKA Photosammlung.
Abb. 43 Photosammlung Günther Behr, Düsseldorf.
Abb. 44 SAD Bildersammlung 040.130.003.
Abb. 45 PfA Flingern Liebfrauen Photosammlung.
Abb. 46 PfA Heerdt St. Benediktus, Pfarrchronik Hl. Sakrament.
Abb. 47 SAD Bildersammlung 073.210.003.
Abb. 48 ASD Chronik des St. Anna - Stiftes 1871 - 1959, S. 236.
Abb. 49 SAD Bildersammlung 038.106.001.
Abb. 50 PfA Stockum Heilige Familie 43.
Abb. 51 DOD Photosammlung.
Abb. 52 Kranken-, Heil- und Pflege - Anstalten im Rheinland, Düsseldorf 1930, 74.
Abb. 53 TKA Photosammlung.
Abb. 54 BSD Bauakte Hospitalstr. 1.
Abb. 55 SAD Bildersammlung 127.605.011.
Abb. 56 Photosammlung Ulrich Brzosa, Düsseldorf.
Abb. 57 BSD Bauakte Grafenberger Allee 399.
Abb. 58 FDK Photosammlung.
Abb. 59 Hans Rosenberg, 25 Jahre Katholischer Mädchenschutzverein (Bahnhofmission) Düsseldorf 1902 - 1927, Düsseldorf 1927, 4.
Abb. 60 MVK Photosammlung.
Abb. 61 NHS RW 261 - 523.
Abb. 62 NN, Franziskushaus Düsseldorf, in: Antoniusbote. Monatsschrift der Franziskaner Missionen und des Dritten Ordens Jg. 22 Nr. 12 (01.12.1915), 425.
Abb. 63 ULF Photosammlung.
Abb. 64 ANJ Abt. 80 A Nr. 159.
Abb. 65 MKD Photosammlung.
Abb. 66 MSF 8 - 066.
Abb. 67 Erwin Quedenfeldt, Einzelbilder vom Niederrhein. Zur Pflege der Heimatkunst Bd. 3, Düsseldorf 1911, Nr. 569.
Abb. 68 MVK Photosammlung.
Abb. 69 SAD Bildersammlung 227.910.001.
Abb. 70 SAD Bildersammlung 073.140.004.
Abb. 71 KAD Photosammlung.
Abb. 72 AHB I - 1 - 02 - 1 - 2 - 2255
Abb. 73 AEK O R 21.1, Aus der Geschichte des Caritasheims Düsseldorf - Rath. Ein Erinnerungsblatt aus Anlaß der kirchlichen Visitation durch Se. Eminenz den hochwürdigsten Herrn

Abbildungsnachweis 1207

Erzbischof von Köln Kardinal Frings. Düsseldorf, den 25. Oktober 1949, Manuskript Düsseldorf 1949, Bl. 4.
Abb. 74 AEK Photosammlung Düsseldorf - Heerdt.
Abb. 75 Boris Becker, Düsseldorf in frühen Photographien 1855 - 1914, München 1990, 76.
Abb. 76 MVK 49.
Abb. 77 BSD Bauakte Schützenstr. 29.
Abb. 78 BSD Bauakte Siemensstr. 44.
Abb. 79 SAD Bildersammlung 027.320.003.
Abb. 80 MSF 8 - 073.
Abb. 81 SAD VI 7829.
Abb. 82 SAD Bildersammlung 073.110.001.
Abb. 83 SKF Photosammlung.
Abb. 84 NHS RW 261 - 511.
Abb. 85 TKA Photosammlung.
Abb. 86 NHS RW 261 - 474.
Abb. 87 SAD VI 16179.
Abb. 88 Johannes Wielgoß, 60 Jahre im Dienst an der Jugend. Die Salesianer Don Boscos im Ruhrgebiet, in: Baldur Hermanns, Steh auf und geh. Vergangenheit und Gegenwart kirchlicher Jugendarbeit im Bereich des Bistums Essen, Essen 1981, 79 - 99, 81.
Abb. 89 Karl Vossen, Fürsorgeerziehung und Landesjugendamt, in: Johannes Horion, Die rheinische Provinzial - Verwaltung. Ihre Entwicklung und ihr heutiger Stand. Herausgegeben zur Jahrtausendfeier der Rheinprovinz, Düsseldorf 1925, 325 - 402, 367.
Abb. 90 Bonsmann, Die Wanderfürsorge, in: Johannes Horion, Die rheinische Provinzial - Verwaltung. Ihre Entwicklung und ihr heutiger Stand. Herausgegeben zur Jahrtausendfeier der Rheinprovinz, Düsseldorf 1925, 275 - 282, 275.
Abb. 91 LBR 116/72.
Abb. 92 FKD Photosammlung.
Abb. 93 NN, Großes Karitasbild des Düsseldorfer Karitasverbandes, in: Weltwarte Jg. 3 Nr. 45 (07.11.1926), 359.
Abb. 94 MGD Photosammlung.
Abb. 95 LBR 165/64.
Abb. 96 SAD Bildersammlung 120.600.004.
Abb. 97 Jasmine De Angelis, Hurra, wir leben noch ! Düsseldorf nach 1945, Gudensberg - Gleichen 2002, 4.
Abb. 98 Jasmine De Angelis, Hurra, wir leben noch ! Düsseldorf nach 1945, Gudensberg - Gleichen 2002, 19.
Abb. 99 Jasmine De Angelis, Hurra, wir leben noch ! Düsseldorf nach 1945, Gudensberg - Gleichen 2002, 15.
Abb. 100 IVD, Gedenkbuch Bernhardine Israel.
Abb. 101 SAD Bildersammlung 027.830.001.
Abb. 102 Jugendnot und Jugendhilfe in Düsseldorf. Zur Einweihung der Dreikönigen - Heimstatt zu Düsseldorf am 6. Januar 1950, Düsseldorf 1950, 2.
Abb. 103 SAD Bildersammlung 035.155.001.
Abb. 104 BSD Bauakte Löricker Str. 39.
Abb. 105 IVD, Gedenkbuch Bernhardine Israel.
Abb. 106 BSD Bauakte Weißdornstr. 14a.
Abb. 107 CVD Photosammlung.
Abb. 108 CVD 11.
Abb. 109 Photosammlung Norbert Bein, Grevenbroich.

Abb. 110 NN, Haus Westfalen, in: 75 Jahre Caritasverband in Düsseldorf, Düsseldorf 1979, o. S. (51).
Abb. 111 CVD Photosammlung.
Abb. 112 Düsseldorf und seine Bauten. Herausgegeben vom Architekten- und Ingenieur - Verein zu Düsseldorf, Düsseldorf 1904, 298.
Abb. 113 Boris Becker, Düsseldorf in frühen Photographien 1855 - 1914, München 1990, 103.
Abb. 114 SAD Karten 73.
Abb. 115 Johannes Becker, Caritative Tätigkeit in Düsseldorf (1924), in: Mitteilungen des Katholischen Caritas - Sekretariates, Düsseldorf Jg. 1 Nr. 1 (Juli/August 1925), 1 - 15, 15.
Abb. 116 CVD Photosammlung.
Abb. 117 KDF Photosammlung.
Abb. 118 DT 17.07.1934.
Abb. 119 Johannes Dahl, Der katholische Gesellenverein Düsseldorf. Festschrift zum 75 jährigen Stiftungsfeste, Düsseldorf 1924, 10.
Abb. 120 BSD Bauakte Benrather Str. 11.
Abb. 121 BSD Bauakte Benrather Str. 11.
Abb. 122 CVD Photosammlung.
Abb. 123 BSD Bauakte Hubertusstr. 5.
Abb. 124 IVD, Gedenkbuch Bernhardine Israel.
Abb. 125 CVD Photosammlung.
Abb. 126a Wilhelm Haberling, Die Geschichte der Düsseldorfer Ärzte und Krankenhäuser bis zum Jahre 1907, in: Düsseldorfer Jahrbuch 38 (1936), 1 - 141, Tafel IV.
Abb. 126b Verhandlungen der 55. Generalversammlung der Katholiken Deutschlands in Düsseldorf vom 16. bis 20. August 1908, Düsseldorf 1908, 464a.
Abb. 126c NN, Dr. Max Brandts, Mitbegründer des Charitasverbandes für das katholische Deutschland, in: Jahrbuch des Charitasverbandes für das Geschäftsjahr 1 (1907/1908), 9 - 13, 10.
Abb. 126d Johannes Dahl, Um die Jugend. Katholische Anstalten und Zentralen in Düsseldorf, Düsseldorf 1930, 16.
Abb. 127a SKF Photosammlung.
Abb. 127b Unsere Ursulinen - Schulen. Eine Erinnerung an das Jubiläum 1913. Von einem Freunde der Schulen, Düsseldorf 1913, 27.
Abb. 127c SAD Totenzettel Peter Flecken.
Abb. 127d Photosammlung Ulrich Brzosa, Düsseldorf.
Abb. 128a Photosammlung Ulrich Brzosa, Düsseldorf.
Abb. 128b PfA Benrath St. Cäcilia Photosammlung.
Abb. 128c CVD Photosammlung.
Abb. 128d CVD Photosammlung.
Abb. 129a CVD Photosammlung.
Abb. 129b CVD Photosammlung.
Abb. 129c BDA Totenzettel Josef Palmen.
Abb. 129d NN, Chronik, in: 75 Jahre Caritasverband in Düsseldorf, Düsseldorf 1979, o. S. (21 - 42, 32).
Abb. 130a Photosammlung Ulrich Brzosa, Düsseldorf.
Abb. 130b CVD Photosammlung.
Abb. 130c CVD Photosammlung.
Abb. 130d CVD Photosammlung.
Abb. 131 CVD Photosammlung.
Abb. 132 CVD Photosammlung.
Abb. 133 CVD Photosammlung.

Abb. 134 Johannes Höver Haus. Alten- und Pflegeheim, Düsseldorf 1984, Titelblatt.
Abb. 135 NN, Vinzentinum, in: 75 Jahre Caritasverband in Düsseldorf, Düsseldorf 1979, o. S. (84 - 85, 85).
Abb. 136 MVK Photosammlung.
Abb. 137 CVD 230.
Abb. 138 Photosammlung Ulrich Brzosa, Düsseldorf.
Abb. 139 BSD Bauakte Wilhelm - Tell - Str. 11.
Abb. 140 - 189 CVD Photosammlung.

Index

A. Orden, Ordensgemeinschaften und Stifter
B. Bruderschaften und Sodalitäten
C. Fürsorgeeinrichtungen und -vereine
D. Dienste und Einrichtungen des Caritasverbandes für die Stadt Düsseldorf

A. Orden, Ordensgemeinschaften und Stifter

Arme Brüder des hl. Franziskus Dormagen vgl. Raphaelshaus Dormagen
Arme Brüder des hl. Franziskus Rath vgl. Caritasheim
Arme Dienstmägde Jesu Christi Benrath vgl. Josephskrankenhaus Benrath
Arme Dienstmägde Jesu Christi Bilk vgl. Martinuskrankenhaus
Arme Dienstmägde Jesu Christi Friedrichstadt vgl. Josephinenstift
Arme Dienstmägde Jesu Christi Hamm 170, 181
Arme Dienstmägde Jesu Christi Karlstadt vgl. Josephinenstift
Arme Dienstmägde Jesu Christi Oberbilk I vgl. Marienstift
Arme Dienstmägde Jesu Christi Oberbilk II vgl. Christinenstift
Arme Dienstmägde Jesu Christi Pempelfort vgl. Rochusstift
Arme Schwestern vom hl. Franziskus Altstadt vgl. Annastift
Arme Schwestern vom hl. Franziskus Flingern I vgl. Herz-Jesu-Kloster Flingern
Arme Schwestern vom hl. Franziskus Flingern II vgl. Antoniushaus
Arme Schwestern vom hl. Franziskus Hamm vgl. Josephskloster
Arme Schwestern vom hl. Franziskus Kaiserswerth vgl. Marienkrankenhaus
Arme Schwestern vom hl. Franziskus Neustadt vgl. Hubertushospital
Arme Schwestern vom hl. Franziskus Oberkassel vgl. Antoniuskloster
Arme Schwestern vom hl. Franziskus Pempelfort vgl. Marienhospital
Arme Schwestern vom hl. Franziskus Stoffeln vgl. Städtisches Pflegehaus
Augustinerinnen Eller vgl. Gertrudiskloster
Augustinerinnen Gerresheim vgl. Aloysianum
Barmherzige Brüder vgl. Kloster der barmherzigen Brüder
Barmherzige Schwestern vom hl. Karl Borromäus vgl. Katholisches Knabenwaisenhaus
Cellitinnen Altstadt vgl. Elisabethkloster Altstadt
Cellitinnen Derendorf vgl. Gertrudisheim
Cellitinnen Oberbilk vgl. Barackenkrankenhaus
Cellitinnen Pempelfort vgl. Marienheim Pempelfort
Christenserinnen Holthausen vgl. Herz-Jesu-Kloster Holthausen
Christenserinnen Neustadt I vgl. Kloster von der unbefleckten Empfängnis
Christenserinnen Neustadt II vgl. Hubertushospital
Cölestinerinnen 35 ff, 74, 96
Dominikaner 142, 174 ff, 181 f, 196 f, 309, 383 f, 557, 565, 617, 677
Dominikanerinnen Heerdt I vgl. Kloster zur Hl. Familie
Dominikanerinnen Heerdt II vgl. Krankenhaus Heerdt
Dominikanerinnen Heerdt III vgl. Josephshaus
Dominikanerinnen Oberkassel vgl. Antoniuskloster
Franziskaner 40 ff, 75, 146 ff, 181, 196, 310, 383, 568, 680
Franziskanerbrüder Waldbreitbach vgl. Arbeiterkolonien Elkenroth, Urft und Weeze
Franziskanerinnen von der hl. Familie vgl. Liebfrauenkrankenhaus
Graue Schwestern von der hl. Elisabeth vgl. Johannesstift
Herz-Jesu Priester Eller vgl. Lehrlingsheim Eller

Herz-Jesu Priester Oberbilk vgl. Lehrlingsheim Oberbilk
Jesuiten 30 ff, 74 f, 308, 567, 678
Kapuziner Düsseldorf 29 f, 75
Kapuziner Kaiserswerth 51, 75, 524
Karmeliterinnen vom göttlichen Herzen Jesu vgl. Josefsheim
Karmelitessen 37 f, 76, 127 ff
Karthäuser 178 f, 182, 196, 198, 308, 557, 565, 677
Klarissen 172 ff, 182, 196 ff, 309, 566, 676
Kongregation der barmherzigen Schwestern von der hl. Elisabeth vgl. Katholischer Gesellenverein
Kreuzbrüder 23 f, 46, 74
Marienschwestern vom katholischen Apostolat Benrath vgl. Marienheim Benrath
Marienschwestern vom katholischen Apostolat Karlstadt vgl. Agnesheim
Missionsschwestern vom Heiligsten Herzen Jesu I vgl. Katholisches Knabenwaisenhaus
Missionsschwestern vom Heiligsten Herzen Jesu II vgl. Lehrlingsheim Oberbilk
Schwestern des hl. Franziskus Erlenbad vgl. Schwiertz-Stephan-Stiftung
Schwestern Unserer Lieben Frau vgl. Marienheim Pempelfort
Schwestern vom Armen Kinde Jesu Altstadt vgl. Katholisches Knabenwaisenhaus
Schwestern vom Armen Kinde Jesu Derendorf vgl. Annakloster
Schwestern vom Armen Kinde Jesu Kaiserswerth vgl. Rheinhaus Maria Viktoria
Schwestern vom Armen Kinde Jesu Oberbilk vgl. Katholisches Knabenwaisenhaus
Schwestern vom Hl. Kreuz vgl. Herz-Jesu Kloster Urdenbach
Schwestern von der hl. Elisabeth vgl. Katholischer Gesellenverein
Sisters of the Destitute vgl. Herz-Jesu-Kloster Flingern
Stift Düsseldorf 13 ff, 77 f
Stift Gerresheim 78
Stift Kaiserswerth 14, 78
Töchter vom Heiligen Kreuz Altestadt vgl. Krankenpflegeanstalt der Barmherzigen Schwestern

Töchter vom Heiligen Kreuz Flingern vgl. Kloster Christi Hilf
Töchter vom Heiligen Kreuz Friedrichstadt vgl. Töchterschule Friedrichstadt
Töchter vom Heiligen Kreuz Pempelfort vgl. Elisabethkloster Pempelfort
Töchter vom Heiligen Kreuz Rath I vgl. Deutsch-französisches Pensionat
Töchter vom Heiligen Kreuz Rath II vgl. Augustakrankenhaus
Töchter vom Heiligen Kreuz Unterrath vgl. Pflegeanstalt St. Joseph
Ursulinen 43 f, 77, 181 f, 196, 198 f, 308, 310, 378 f, 564, 568, 658, 676, 679
Vinzentinerinnen Derendorf vgl. Vinzenzhaus
Vinzentinerinnen Himmelgeist vgl. Nikolausstift
Vinzentinerinnen Oberbilk vgl. Josephskrankenhaus Oberbilk
Vinzentinerinnen Pempelfort vgl. Luisenheim
Zisterzienser 44 f, 96

B. Bruderschaften und Sodalitäten

Bürger-Sodalität 33 ff, 59 ff
Donatusbruderschaft 84
Hauptarmenbruderschaft St. Lukas 51, 105
Jesuitenkongregationen 33 ff
Junggesellen-Sodalität 35, 84, 125
Liebfrauenbruderschaft Düsseldorf 26 ff
Liebfrauenbruderschaft Gerresheim 26
Marienbruderschaft 25 f, 51, 105
Pactum Marianum 33, 92
Rosenkranzbruderschaft 27 f, 75
Schüler-Sodalität 33
Sebastianusbruderschaft 27 f
Ursula-Gesellschaft 35, 99 f, 310, 409

C. Fürsorgeeinrichtungen und -vereine

Adreß-Comptoir für die arbeitende Klasse 85 ff, 250
Agnesheim 552 ff, 563, 625, 677

Index   1213

Aloysianum 241 f, 253, 308, 380, 473, 476 f, 479, 557, 564, 566, 676 f
Annakloster 142, 144 ff, 148, 181, 184, 210 ff, 254, 307 f, 479, 509, 563, 567 f, 675, 678
Annastift 163 ff, 183, 199 f, 201, 203, 248 f, 253, 281, 310, 354, 473, 481, 557, 565, 568, 629, 676, 679
Antoniushaus 203 f, 253, 307, 563, 557, 675
Antoniuskloster 221, 308, 383, 473, 479, 557, 569, 676
Arbeit für Alle-St. Bruno e.V. 917 f
Arbeiterkolonie Elkenroth 264 ff, 307
Arbeiterkolonie Urft 265 f, 307
Arbeiterkolonie Weeze 265 f, 307
Arbeitsanstalt 69 f, 80
Arbeitsgemeinschaft der Düsseldorfer Bahnhofsmissionen vgl. Luisenheim
Armen- und Hülfsverein 93
Armenhaus Kaiserswerth 60, 51, 105 ff, 152
Armenschule 70, 80
Armenversorgungsanstalt Düsseldorf vgl. Zentralwohltätigkeitsanstalt
Armenversorgungsanstalt Kaiserswerth 51
Asyl für weibliche Strafgefangene 103 ff
Augustakrankenhaus 228 ff, 253, 308, 382, 385, 473, 481, 557, 563, 565, 675
Auslandshilfe 690 ff, 705
Auswandererfürsorge vgl. Raphaelsverein
Bahnhofsmission vgl. Luisenheim
Barackenkrankenhaus 238 f, 290 f, 293
Braune Schwestern 618 f, 674
Cäcilienstift 519 f, 565, 568 f, 675 ff, 679
Caritaskreise 92 ff
Caritasschwestern 706 f
Christinenstift 195, 253, 310, 473, 569, 679
Comitè für die Errichtung eines katholischen Kranken- und Verpflegungshauses 159
Departemental-Irren-Anstalt 80, 301 ff
Deutsch-französisches Pensionat 140 ff, 181 f
Deutscher Verein gegen den Mißbrauch geistiger Getränke 268 f, 273
Don Bosco Haus vgl. Jugendschutzheim
Düsseldorfer Nothilfe 701 f, 705
Elisabethkloster Altstadt 38 ff, 76 f, 127 ff, 238, 409
Elisabethkloster Pempelfort 221 f, 240, 289, 301, 309, 383, 473, 479, 566, 677

Elisabethverein 121 ff, 307, 339, 377, 384, 399, 472 f, 484, 544, 596 f, 612, 615, 643, 704
Erziehungsanstalt für elternlose und verwahrloste Kinder 70, 93
Familienfürsorge 453 f, 515, 718 f
Familienwerk St. Martin 814 ff
Franziskushaus 309, 477 ff, 567
Frauenpflegehaus 80
Frauenverein für Pempelfort und Flingern vgl. Kloster Christi Hilf und Marienheim Pempelfort
Fröbelscher Kindergarten 142, 254 f
Gasthaus Benrath 53
Gasthaus Düsseldorf vgl. Hubertushospital
Gasthaus Gerresheim 26, 52 f
Gasthaus Kaiserswerth 51
Gasthaus Liefergasse 23 f
Gefangenendienst Düsseldorf im Bund der Deutschen Katholischen Jugend 699
Gefangenenfürsorge 255 ff
Geriatrisches Krankenhaus Elbroich 734 f
Gerricusstift vgl. Aloysianum
Gertrudisheim 286 ff, 293 f, 311, 339, 345, 348 f, 354, 356, 362, 364, 377, 480 f, 509, 557, 569, 629, 643, 680, 704
Gertrudiskloster 242 f, 253, 308, 473, 557, 565, 676
Haus- und Familienpflegevereinigung des Dritten Ordens vom Hl. Franziskus vgl. Franziskushaus
Heimstattbewegung 710 ff
Heinefeld 524, 526 ff
Herz-Jesu-Kloster Flingern 200 ff, 223, 253, 310, 377, 473, 557, 567, 677, 742 ff
Herz-Jesu-Kloster Holthausen 245 f, 253, 307, 384, 520 f, 563
Herz-Jesu Kloster Urdenbach 521, 564 f, 596, 626, 675 f, 680
Hilfswerk Mutter und Kind 604 ff, 674
Hospizvereine 1012 f
Hubertushospital 17 f, 21 ff, 26 f, 46, 54 ff, 60 ff, 155 f, 158 f, 163, 182, 204, 244 f, 251, 310, 383, 473, 481, 557, 678, 771 ff
Johannesstift 473 ff, 564, 566, 676 f
Josefsheim 479 f
Josephinenstift 91 f, 171, 181 f, 190 f, 201, 249, 253, 311, 383, 565, 569, 676, 679 f
Josephshaus 218 ff, 310, 416, 481, 568, 679
Josephskloster 208 f, 308, 473, 565, 677

Josephskrankenhaus Benrath 172, 181 f, 193 f, 309, 519 f, 566, 621, 623
Josephskrankenhaus Oberbilk 234 ff, 309, 365, 385, 481, 566, 675 ff, 678, 680 f, 760, 765 ff
Josephsverein 120
Jugendschutzheim 295 ff, 307, 406, 408 ff, 428 f, 453, 469, 472, 480, 496 f, 499 f, 504, 509, 537 f, 544, 569, 629, 643, 647, 652, 660, 663, 704, 712 f, 718, 877 ff
Katholische Erziehungsfürsorge-Gesellschaft 264 f
Katholischer Pflegeverein für arme unbescholtene Wöchnerinnen 288, 339, 345, 348, 544, 646
Katholischer Bahnhofsdienst vgl. Luisenheim
Katholischer Deutscher Frauenbund 253 ff, 377, 569, 679, 683
Katholischer Fürsorgeverein für Frauen, Mädchen und Kinder vgl. Agnesheim und Gertrudisheim
Katholischer Gemeindeverband 459 ff
Katholischer Gesellenverein 124 ff, 203, 260, 308, 382, 384 f, 499, 509, 545 f, 564, 675 f
Katholischer Liebesverein 98 f
Katholischer Mädchenschutzverein vgl. Luisenheim
Katholischer Männerfürsorgeverein vgl. Jugendschutzheim und Raphaelsheim
Katholischer Seelsorgedienst Düsseldorf 669 f
Katholischer Taubstummenverein St. Joseph 305 ff
Katholischer Verein für Kinderfürsorge 377, 387, 400, 658
Katholisches Knabenwaisenhaus 95 ff, 115 ff, 146, 165 ff, 170, 177, 181, 184, 212 ff, 310, 383 ff, 479, 509, 546 ff, 557, 568, 661 f, 679
Kinderhorte 379 f
Kinderlandverschickung 671
Kleinkinderbewahranstalt Neustadt 251 f
Kleinkinderbewahranstalt St. Andreas 249 ff
Kleinkinderbewahranstalt St. Lambertus 248 f
Kleinkinderbewahranstalt St. Maximilian 249
Kleinkinderbewahranstalten 247 ff

Kloster Christi Hilf 97 f, 142 ff, 183 f, 222 ff, 239 f, 244, 253, 277, 283, 289, 291, 308, 339, 345, 348, 354, 383, 481, 557, 564, 676
Kloster der barmherzigen Brüder 209 f, 311, 383, 473, 557, 569, 680, 709, 750
Kloster von der unbefleckten Empfängnis 243 ff, 309, 384, 481, 566 f, 677
Kloster zur Hl. Familie 214 ff, 220, 253, 307, 382, 473, 482, 563, 675
Komitee für die Gründung eines katholischen Knabenwaisenhauses vgl. Katholisches Knabenwaisenhaus
Kranken-, Sterbe- und Unterstützungskassen 83 ff
Krankenanstalt für venerische Weibsbilder 80
Krankenhaus Heerdt 217 f, 220, 310, 365, 382, 481, 557, 568, 679
Krankenpflegeanstalt der Barmherzigen Schwestern 135 ff, 156, 182, 184, 226 ff, 311, 356, 362, 364, 382, 385 f, 481, 557, 569, 679
Kreuzbündnis 269 ff, 307, 365 f, 509, 649 ff
Kuratorium für Unterbringung der Waisen und verlassenen Kinder 93 f
Lehrlingsheim Eller 709 f
Lehrlingsheim Oberbilk 546 ff, 566, 617, 678, 709 f
Liebfrauenkrankenhaus 473, 475, 509, 549 ff, 564 f, 653, 676
Luisenheim 276 ff, 283, 309, 311, 339, 345, 348, 362, 378, 405 f, 417, 425, 481, 503, 509, 557, 566, 570, 629, 630 ff, 659, 674, 678, 680 f, 704, 709
Männerpflegehaus 80
Marienheim Benrath 625, 677
Marienheim Pempelfort 222, 239 ff, 253, 277, 281, 289, 309, 383, 481, 567, 624, 678
Marienhospital 156 ff, 182, 184, 205 f, 228, 310, 356, 365, 382, 384 f, 481, 557, 569, 637 f, 653 ff, 679
Marienkrankenhaus 51, 151 ff, 182, 206 ff, 253, 309, 383, 521 ff, 557, 566, 675, 677, 680
Marienstift 169 f, 181 f, 189 f, 308, 383, 473, 557, 564, 566, 569, 626, 676

Martinuskrankenhaus 167 ff, 181 f, 191 ff, 252 f, 309, 383, 473, 481, 509, 551 f, 557, 567, 569, 626, 653, 678
Max-Joseph-Krankenhaus 58 ff, 80, 131 f, 155 ff, 163, 301
Nikolausstift 237 f, 253, 310, 473, 482, 568, 678
Notburgahaus Neuß 292 f, 310, 354, 356
Notgemeinschaft christlicher Frauen und Mütter 703 f
Nothilfe St. Martin 702 ff
NSV-Kindergarten 625 ff, 674
NSV 570 ff, 674, 685 f
Pflegeanstalt St. Joseph 186 ff, 253, 303 f, 311, 473, 482, 528, 557, 566 f, 570, 638 ff, 675, 677 f, 680
Piusverein 112 ff, 117
Provinzial-Heil- und Pflegeanstalt 302 f
Raphaelshaus Dormagen 265 f, 307
Raphaelsheim 500 ff, 513, 540, 544
Raphaelsverein 421 ff, 453, 469, 472, 505, 659 f, 662, 718, 869 ff
Reichsarbeitsgemeinschaft freier Caritasschwestern 628 f, 718
Reichsarbeitsgemeinschaft katholischer Jugendleiterinnen, Kindergärtnerinnen und Hortnerinnen 658
Reichsgemeinschaft der freien Wohlfahrtspflege 602 ff
Rheinhaus Maria Viktoria 523 f, 563, 675
Rheinisch-Westfälische Gefängnis-Gesellschaft 100 ff, 255 ff, 261 f, 307
Rheinischer Verein für katholische Arbeiter-Kolonien 264 f, 345, 348
Rheinischer Verein wider die Vagabundennoth 262 ff
Rochusstift 194, 253, 308, 377, 473, 564, 676
Roomsch-Katholiek Huisvesting Comitee voor Oorlogskinderen uit Duitschland vgl. Erholungsfürsorge
Schwiertz-Stephan-Stiftung 624 f, 680, 776 ff, 1068 f
Seniorenklubs 785 ff
St. Regis Komitee 497, 544
Städtisches Pflegehaus 204 f, 309, 473, 565, 567, 621 ff, 626, 678
Suppenküche 70 f, 89
Theresienhospital vgl. Krankenpflegeanstalt der Barmherzigen Schwestern

Theresianum vgl. Liebfrauenkrankenhaus
Töchterschule Friedrichstadt 142, 182
Verband der Mädchenschutzvereine in Düsseldorf 286 f
Verband katholischer weltlicher Krankenschwestern und Pflegerinnen 472, 481
Verein abstinenter Katholiken 275 f
Verein für Pflege, Erziehung und Unterricht armer katholischer Waisen 93 ff, 144 ff, 167
Verein gegen Verarmung und Bettelei 260
Verein zur Beförderung von Arbeitsamkeit, Sparsamkeit, Wohlstand und Sittlichkeit unter der arbeitenden Bevölkerung 84
Verein zur Einrichtung und Unterhaltung einer Mädchenherberge vgl. Annastift
Verein zur Fürsorge für die aus den Gefängnisanstalten in Düsseldorf entlassenen katholischen Gefangenen und deren Familien 258 ff, 307, 339, 345, 348, 355, 480, 509
Verein zur Fürsorge für entlassene katholische Gefangene und deren Familien 257 f
Verein zur sozialen Betreuung der Jungarbeiter vgl. Lehrlingsheim Eller
Vinzenzhaus 231 ff, 253, 281, 289 ff, 310, 382, 473 f, 481, 557, 568 f, 679
Vinzenzverein 117 ff, 296 ff, 307, 339, 345, 348, 354, 364, 377, 390, 399, 417, 472 f, 484, 509, 544, 585, 596 f, 612, 615, 643, 651, 704
Wandernde Kirche 608 ff, 647
Winterhilfe 554 ff, 585 ff, 647, 674
Wohlfahrtsamt Düsseldorf 434 ff
Zentralarmenverwaltung 88 f
Zentralauskunftstelle der Privatwohltätigkeit 339 ff, 400
Zentralstelle für freiwillige Liebestätigkeit 374 ff, 407, 674
Zentralwohltätigkeitsanstalt 63 ff, 79 ff
Zucht- und Arbeitshaus Kaiserswerth 52

D. Dienste und Einrichtungen des Caritasverbandes für die Stadt Düsseldorf

Arbeit direkt 933
Arbeit statt Sozialhilfe 924 f
Arbeitsgemeinschaft der Düsseldorfer Caritasgruppen 951 f
Arbeitslosenhilfe 913 ff
Arbeitslosentreffpunkte 914 ff
Arbeitslosenzentren 918 f
Aussiedlerberatung 860 ff
Begegnungsstätte Flingern 792 ff
Begegnungsstätte Hassels 790 ff
Begegnungsstätte Oberbilk 798
Begegnungsstätte Unterrath 794 ff
Begegnungsstätte Wersten 796 ff
Beratungs- und Hilfsstelle für Alkoholkranke 649 ff, 718
Beratungsagentur für Klein- und Mittelständische Unternehmen 943 ff
Beratungsstelle für Arbeitslose 935 ff
Beratungsstelle in Aufwertungsangelegenheiten 502
Beschäftigungsbegleitende Hilfen 942
Betreutes Wohnen am Hubertusstift 783
Betreutes Wohnen Hamm 1067
Betreutes Wohnen im Marienstift 784 f
Betreutes Wohnen Stockum 781 ff
Caritas Hausgemeinschaften Lörick 1065 ff
Caritas Hospiz 998 ff
Caritas Zentrum International 868 f
Caritas-Sterbevorsorge 510 ff, 544 f
Caritasheim 539 ff, 568, 647, 679, 713 ff, 718, 873 ff
Caritassekretariat 366, 388 ff, 403, 406, 409 ff, 456, 465 ff, 502 ff, 506, 537, 544 f, 646, 669, 681 ff, 704, 717 f, 1037 ff
Caritassonntag 430 ff, 953 f
Caritaswerkheim 715
Don Bosco Haus vgl. Jugendschutzheim
Einrichtung Qualifizierung und Beschäftigung 933 f
Erholungsfürsorge 400, 405, 407 f, 412, 427 f, 453, 456, 469 ff, 502, 504, 544, 607, 643, 646, 706 f, 718, 810 ff
Erprobungs- und Motivationsprojekt für arbeitslose Sozialhilfeempfänger 926

Erziehungs- und Familienberatungsstelle 542 f, 723 ff
Fachberatung Freiwilligenarbeit Gemeinden 952 f
Fachberatung Hospiz 998 ff
Fahrrad- und Rollstuhlwerkstatt 927 ff
Familienpflege 735 ff
Flüchtlingsdienst 856 ff
Freiwillige Hauswirtschafts- und Familienhilfe 741
Freiwilligenagentur Impuls 954 ff
Freiwilliges Soziales Trainingsjahr 942 f
Gefährdetenhilfe 825 ff
Geistliche Begleitung 1060
Gemeindecaritas 900 ff
Gemeinwesen- und Schulsozialarbeit 858 ff
Geschäftsstelle vgl. Caritassekretariat
Grünmobil 933
GzA-Mobile Gruppe 932
HaGaCa 933
Heilpädagogisches Kinderheim Elbroich 729 ff
Heilpädagogisches Seminar Elbroich 729 ff
Herz-Jesu-Heim vgl. Herz-Jesu-Kloster Flingern
Hildegardisheim 750 ff, 1067 f
Horten-Stiftung vgl. Herz-Jesu-Kloster Flingern
Hubertusstift vgl. Hubertushospital
Individuelle Schwerstbehinderten Betreuung 896 f
Interne Fortbildung 1058 f
Interne Revision 1058
Internet 1062 f
Intranet 1063
Johannes-Höver-Haus 747 ff
Josefshaus vgl. Josephskrankenhaus Oberbilk
Jugend in Arbeit 937
Jugendagentur 941 f
Jugendhaus Borbeck 429 f, 499
Junge Leute in Aktion-JuLiA 960 ff
Kinderkrankenpflege 897
Kindertageseinrichtung Ulmenstraße 513, 570, 647, 680, 718
Kindertageseinrichtung Volmerswerth 994 ff
Klara-Gase-Haus 761 ff
Kleiderkammer St. Konrad 919 ff
Kommern-Seminare 948 ff

Index

Krankenhausfürsorge 494 ff, 502, 544, 646, 718
Mahlzeitendienst 798 ff
Martinstift vgl. Schwiertz-Stephan-Stiftung
Migrationsdienst 841 ff
Möbelbörse 926 f
Mobile Gruppe 931 f
Mobiler Sozialer Hilfsdienst 896, 929 f
MOrie 939
Nähstube St. Josef 922 ff
Netzwerk Bilk 806 f
Netzwerk ExtraNett 803 ff
Netzwerk Flingern/Düsseltal 808 f
Netzwerk Oberbilk 808
Netzwerk Stockum 809 f
Nichtsesshaftenhilfe 497 ff, 872 ff
Offene Ganztagsgrundschule 1034 ff
Organisationsentwicklung 1053 ff
Ostzonenhilfe 819 ff
Pfarrcaritas 445 ff, 472, 509, 537, 560, 596 f, 607, 610 ff, 643, 704, 718
Pflegeberatung 897
Pflegehilfsmitteldepot 896
Pflegekurse 895 f
Pflegenotruf 897
Pflegestationen 883 ff
Projekt B 72 945
Psychosoziale HIV/AIDS-Beratung 982 ff
Rather Modell 1029 ff
Risikopotentialanalyse 1055 ff
Rotala 503
Schloss Heltorf 706 f, 718
Schule von acht bis eins 1013 ff
Schulsozialarbeit 1020 ff
Seminar für Wohlfahrts- und Jugendpfleger 716
Sinti Kindertagesstätte 972 ff
Sinti-Projekt 972 ff
Sozialberatung für Hörbehinderte und Gehörlose 986 ff
Sozialer Betreuungsdienst 930 f
Soziales Zentrum vgl. Caritassekretariat
Sozialpädagogische Familienhilfe 737 ff
Statuten 347 f, 393 f, 505 ff, 651 f, 706, 1046 ff, 1051 ff
Streetwork für Wohnungslose 883
Suchdienst 699 f, 704
TABIM 937 ff
V.I.A.-Vermittlung in Arbeit 939 ff
Vinzentinum 758 ff

Wohnen nach § 72 BSHG 882 f
Zeitung 1060 ff